lonely planet

Thailand

David Eimer, Anirban Mahapatra, Daniel McCrohan, Tim Bewer, Paul Harding, Ashley Harrell, Tharik Hussain, Michael Kohn, Olivia Pozzan, Barbara Woolsey

REISEPLANUNG

REISEZIELE IN THAILAND

GABRIEL PEREZ / GETTY IMAGES ©

RÄUCHERSTÄBCHEN

TUUL & BRUNO MORANDI / GETTY IMAGES ©

DAMNOEN SADUAK FLOATING MARKET S. 160

RMNUNES / GETTY IMAGES ©

Inhalt

WAT RONG KHUN S. 228

CORONA

Wir haben für jeden im Buch genannten Betrieb überprüft, ob er nach Ausbruch der Coronavirus-Pandemie noch geöffnet ist. Die Pandemie wird jedoch langfristige wirtschaftliche und gesellschaftliche Auswirkungen haben, und Betriebe, Dienstleistungen und Veranstaltungen könnten weiteren Beschränkungen unterliegen. Betriebe könnten zeitweise schließen, Öffnungszeiten und Angebote ändern oder Reservierungen erfordern; andere könnten dauerhaft geschlossen bleiben. Wir empfehlen, vor einem Besuch die aktuelle Lage direkt bei den jeweiligen Örtlichkeiten zu checken.

REISEZIELE IN THAILAND

SÔM-ĐAM (THAILÄNDISCHER PAPAYA-SALAT) S. 52

NAIT029 / SHUTTERSTOCK ©

RITUALE ZU SONGKRAN S. 355, CHIANG MAI

JUNJIRA KONSANG / SHUTTERSTOCK ©

CHAIN45154 / GETTY IMAGES ©

Inhalt

REISFELDER, PROVINZ CHIANG MAI S. 329

THAILAND VERSTEHEN

PRAKTISCHE INFORMATIONEN

SPECIALS

Rechts: Ao Phang-Nga Marine National Park (S. 660)

BENTO FOTOGRAPHY/GETTY IMAGES ©

WILLKOMMEN IN

Thailand

Thailand löst eine unbändige Reiselust aus. In der dynamischen Hauptstadt wie auch in den abgeschiedenen Berg- und Meereslandschaften findet sich für jeden etwas. Egal ob man von Tempel zu Tempel tourt, schweißtreibende Dschungeltreks unternimmt, sich auf Nachtmärkten drängelt oder auf Bangkoker Partys feiert – immer erlebt man Abenteuer von großer Intensität. Dazwischen gibt's jede Menge Gelegenheiten zum Abhängen und zur Reflexion: ob an weißen Stränden, bei zupackenden Massagen oder bei buddhistischen Ritualen. Und dann noch das tolle Essen! Thailands Küche ist bekannt für ihr großartiges Angebot in allen Preisklassen, stets serviert mit einem Lächeln.

Barbara Woolsey, Autorin
@barbarawoolsey @barbara.woolsey
Mehr über unsere Autoren s. S. 858

Thailand

0 200 km
Provinz Mae Hong Son
Berglandschaften, Trekking und Bergvölker (S. 299)
Chiang Mai
Relaxte Stadt mit Kultur und guter Küche (S. 330)
Sukhothai Historical Park
Zwischen den Ruinen umherradeln (S. 268)
Ayutthaya
Welterbestätte mit historisch bedeutsamen Ruinen (S. 176)
Provinz Kanchanaburi
Natur, Nationalparks und Weltkriegsgeschichte (S. 193)
Provinz Chiang Rai
Wanderungen, Goldenes Dreieck und Flusstrips (S. 219)
Mekong
Dem Fluss von Chiang Khan (S. 398) bis Khong Jiam (S. 465) folgen
Phanom Rung Historical Park
Entlegene Khmer-Ruinen auf einem Vulkan (S. 452)
Khao Yai National Park
Dschungelartiger Wald und Wildtiere (S. 445)
MYANMAR (BIRMA)
LAOS
VIETNAM
Golf von Tonkin
Golf von Martaban
20° N
18° N
YANGON (RANGUN)
Mawlamyaing
Myawaddy
Mae Sai
Tha Ton
Chiang Saen
Chiang Khong
Fang
Chiang Rai
Luang Prabang
Huay Kon
Chiang Kham
Phayao
Pai
Mae Hong Son
Doi Inthanon (2565 m)
Doi Inthanon National Park
Chiang Mai
Nan
Vang Vieng
Lamphun
Lampang
Mae Sariang
Phrae
Den Chai
Kheuan Sirikit
Chiang Khan
VIENTIANE
Bueng Kan
Mekong
Nong Khai
Kheuan Phumiphon
Uttaradit
Loei
Udon Thani
Nakhon Phanom
Tha Khaek
Sawankhalok
Sakhon Nakhon
Phu Phan National Park
Sukhothai
Phu Kradung National Park
Lang San National Park
Tak
Lom Sak
Kheuan Ubon Ratana
Kheuan Lam Pao
Mae Sot
Phitsanulok
Kheuan Chulabhol
Nam Nao National Park
Savannakhet
Mukdahan
Kamphaeng Phet
Phichit
Phetchaburi
Khon Kaen
Kalasin
Mahasarakham
Um Phang
Roi Et
Amnat Charoen
Chaiyaphum
Yasothon
Nakhon Sawan
Kheuan Mae Wong
Drei-Pagoden-Pass
Pha Taem National Park
Uthai Thani
Nakhon Ratchasima (Khorat)
Ubon Ratchathani
Chong Mek
Chainat
Sangkhlaburi
Phimai
Si Saket
Warin Chamrap
Pakse
Khao Laem Reservoir
Si Nakharin Reservoir
Singburi
Buriram
Surin
Lopburi
Pak Thong Cha
Ang Thong
Saraburi
Prasat Phanom Rung
Suphanburi
Khao Yai National Park
Ayutthaya
Nam Tok
Pathum Thani
Prachinburi
Kanchanaburi
Aranya Prathet
BANGKOK
Nakhon Pathom
Chachoengsao
Ratchaburi

Bangkok
Mega-Stadt, Mega-Spaß (S. 67)
Khao Sok National Park
Urzeitlicher Regenwald (S. 644)
Similan Islands Marine National Parks
Erstklassige Tauchspots (S. 651)
Phuket
Internationales Strand-Resort (S. 659)
Ko Lipe
Weißer Sand, intakte Korallen, lebhafte Kneipen (S. 742)
Ko Kut
Ruhiges Strandparadies (S. 512)
Ko Pha-Ngan
Vollmondpartys und in Hängematten abhängen (S. 579)
Railay
Urwald-Mekka für Kletterer mit Karstfelsen (S. 699)
KAMBODSCHA
MALAYSIA
GOLF VON THAILAND
ANDAMANEN-SEE
SÜDCHINESISCHES MEER
Tonlé Sap
PHNOM PENH
Ho-Chi-Minh-Stadt
Samut Songkhram
Phetchaburi
Kaeng Krachan National Park
Cha-am
Hua Hin
Chonburi
Si Racha
Pattaya
Sattahip
Rayong
Ko Samet
Chanthaburi
Trat
Ko Chang
Ko Kut
Hat Lek
Prachuap Khiri Khan
Thap Sakae
Bang Saphan
Chumphon
Isthmus of Kra
Ko Tao
Ranong
Ang Thong Marine National Park
Ko Pha-Ngan
Ko Samui
Surin Islands
Chaiya
Khao Sok National Park
Surat Thani
Khao Lak
Similan Islands
Phang-Nga
Nakhon Si Thammarat
Krabi
Thung Song
Ko Yao Yai
Phuket (Stadt)
Railay
Ko Phi Phi
Ranot
Phatthalung
Ko Lanta
Kantang
Trang
Thaleh Luang
Songkhla
Ko Tarutao Marine National Park
Thaleh Ban National Park
Hat Yai
Pattani
Satun
Sadao
Yala
Narathiwat
Ko Lipe
Pulau Langkawi
Alor Setar
Sungai Kolok
Kota Bharu
Sungai Petani
Betong
HÖHE
1250 m
1000 m
750 m
500 m
250 m
0
12° N
10° N
8° N
6° N
96° O
98° O
100° O
104° O
106° O

Top-Erlebnisse in Thailand

1 EINMAL IM LEBEN

Thailand bietet vielfältigste Reiseabenteuer, eine abwechslungsreiche Mischung aus Geschichte, Kultur und Landschaft, miteinander verwoben auf atemberaubende Weise. Weite Landschaften mit den Ruinen alter Königreiche, üppigem tropischem Grün und reizenden abgeschiedenen Dörfern bilden die Kulisse für Erlebnisse, die das Leben verändern und die man nie wieder vergessen wird.

Oben: Phang-Nga (S. 648)

Am Mekong

Der herrliche Mekong im Nordosten Thailands bietet ein wahres Füllhorn an Kultur und Schönheit. Wer in der wenig besuchten Region dem gewundenen Fluss folgt, ob im klapprigen Bus, im Longtail-Boot oder mit dem Rad, wird mit Stoff für tolle Geschichten belohnt.

Rechts: Amphawa Floating Market (S. 160), Mekong

Sukhothai

Eine der eindrucksvollsten historischen Stätten des Landes schickt ihre Besucher rund 800 Jahre in die Vergangenheit. Bei Radtouren durch die Ruinen der früheren Hauptstadt kurvt man an Tempeln, anmutigen Buddhastatuen und fischreichen Teichen vorbei. S. 267

Oben links: Sukhothai Historical Park

Wandern in Chiang Rai

Chiang Rai ist wohl Thailands schönste Provinz. Der thailändische Teil des einst berüchtigten Goldenen Dreiecks mit Opiumfeldern ohne Ende lockt heute mit Abenteuern in der freien Natur Besucher an. Wanderungen zu den Dörfern der Bergvölker sind ein eindrucksvolles Erlebnis. Und man kommt von hier aus auch gut nach Myanmar und Laos. S. 219

Oben rechts: Doi Mae Salong (S. 231), Provinz Chiang Rai

2 SCHÄTZE DER NATUR

Thailand hat 127 Nationalparks, darunter 22 Meeresparks, die Möglichkeiten für Outdoorabenteuer zwischen Bergen und Küste sind endlos: Man kann Tiere beobachten, raften und Kanu fahren, alles inmitten des üppigen tropischen Dschungels. An silbrigen Wasserfällen vorbeizuwandern und in Höhlen zu kraxeln sind wunderbare Naturerfahrungen. Nächtigen kann man im Zelt oder in Baumhütten, in Privatzimmern in traditionellen Häusern oder in opulenten Resorts.

Khao Yai National Park

Im Khao Yai leben Elefanten, Affen, Gibbons, Nashornvögel, Pythons, Bären, 1 Mio. Fledermäuse und sogar ein paar scheue Tiger. Die Chancen, wilde Tiere zu sehen, stehen hier sehr gut. Orchideen, Vögel und Wasserfälle vervollständigen das Abenteuer. S. 445

Unten: Der Wasserfall Nam Tok Haew Suwat

JKI14/SHUTTERSTOCK ©

CHANCHAI DUANGDOOSAN/SHUTTERSTOCK ©

24NOVEMBERS/SHUTTERSTOCK ©

Khao Sok National Park

In diesem uralten Regenwald (Foto oben links) führen lange Wanderrouten hinauf auf spektakuläre Kalksteinformationen mit Traumaussicht. Neben Vögeln und Fledermäusen ist hier mit der *Rafflesia kerrii* eine der größten und am übelsten riechenden Blumen der Welt heimisch. S. 651

Oben links: Chiaw Lan Lake

Provinz Mae Hong Son

Diese abgeschiedene Provinz hat mit ihren hohen Bergen und ihrer einzigartigen Kultur mehr mit Myanmar gemein als mit dem übrigen Thailand. Hier kann man durch vier Nationalparks wandern, mit dem Motorrad die Gegend erkunden oder auf eigene Faust eine längere Trekkingtour unternehmen. S. 299

Oben rechts: Pai Canyon

3 STRANDFREUDEN

Die berühmtesten Strände hat Südthailand, doch auch an der Ostküste gibt's einige, die einen Abstecher lohnen. Beide Regionen bieten Strandparty-Action und abgeschiedene Strände mit ruhigerer Atmosphäre – ein unschlagbarer Mix. Aber man kann nicht nur auf samtigem Sand abhängen, sondern sich auch in erstklassigen Spas und mit Massagen am Strand verwöhnen lassen oder bei Yoga und Meditation entschleunigen.

TUUL & BRUNO MORANDI/GETTY IMAGES ©

RAZVAN CIUCA/GETTY IMAGES ©

RONEMMONS/SHUTTERSTOCK ©

Railay

Am Ende der Halbinsel Krabi ragen die Karstinseln von Railay aus dem Meer empor – ein echtes Naturwunder! Besucher reisen per Langboot an, um zu faulenzen, zu schwimmen, zu tauchen oder zu klettern. Von den Felsen kann man sich gefahrlos ins kobaltblaue Meer fallen lassen. S. 708

Oben links: Hat Tham Phra Nang

Ko Lanta

Ein entspannter Insel-Vibe und Traumstrände machen Ko Lanta (Foto rechts oben) zum Paradies. Gesellige Traveller schätzen die Partyszene an der Nordküste. Wer es einsam mag, reist lieber in den Süden, wo in ruhiger Atmosphäre schlichte Strandhütten warten. S. 724

Ko Chang

Diese Insel (Foto rechts unten) bietet Top-Resorts und -Spas, mehrere einsame Pensionen mit Hängematten als einzigem Luxus und atemberaubende Sonnenuntergänge. Die langen, einladenden Strände umfassen das gesamte Spektrum von backpacker- bis familienfreundlich. S. 505

4 KÖSTLICHES STREETFOOD

Die intensiven, vielfältigen Aromen der Thai-Küche sind wirklich zum Verlieben! Man kann hier unkompliziert und preiswert superlecker essen. Die Gerichte und deren Schärfe variieren von Region zu Region; jedes Tantchen hat sein eigenes deftiges Curry-Rezept. Straßenhändler bieten für ein paar Baht saftige tropische Früchte in Scheiben oder auch Gaumenfreuden aus Flüssen und dem Meer.

Isan-Küche

Die drei berühmtesten Speisen des Nordostens – *gài yâhng* (Grillhühnchen; Foto unten links), *sôm·đam* (würziger Papaya-Salat) und *kôw nĕe·o* (Klebreis) – gehören zu den schärfsten und köstlichsten Thailands. S. 403

YAOWALAK RAHUNG/SHUTTERSTOCK ©

Schlemmen in Chinatown

Die Yaowarat Road (Foto rechts oben) in Bangkoks Chinatown ist perfekt für einen Foodie-Bummel, mit den Fischständen an der Thanon Phadungdao und dem Jek Pui mit thai-chinesischen Currys. S. 126

Gourmet-Streetfood

Jay Fai (Foto rechts unten) brät Bangkoks köstlichste Krabbenomeletts – sie hat sogar einen Michelin-Stern! Vor ihrer kleinen Küche tummeln sich die Gäste, und sie selbst trägt eine Skibrille und roten Lippenstift. S. 124

5 TEMPELHOPPING

BAMGRAPHY/SHUTTERSTOCK ©

IPHOTO-THAILAND/SHUTTERSTOCK ©

DEVIN TOLLESON/SHUTTERSTOCK ©

Die buddhistischen Tempel, goldenen Schreine und alten Khmer-Heiligtümer bilden einen wichtigen Bestandteil der Geschichte Thailands, aber auch seiner Gegenwart und Zukunft. Buddhistische Traditionen sind Teil des Alltags, vom täglichen Almosengeben bis zur Politik. In den Tempeln hinterlassen die Thais für ein gutes Karma Blattgold und Kerzen als Opfergaben und beten – zwar ist auch die Architektur dieser sakralen Stätten umwerfend, doch diese Momente sind ein echtes Erlebnis.

Chiang Mai

Das kulturelle Zentrum des Nordens strotzt vor Tempeln des einstigen Königreichs Lanna. Diese lassen sich ebenso wie die gewundenen Landsträßchen am besten mit dem Fahrrad erkunden. S. 330

Oben: Wat Phra That Doi Suthep (S. 346)

Ayutthaya

Ayutthaya, die zweite Hauptstadt Siams vom 14. bis zum 18. Jh., verströmt einen gewissen Zauber. Um die Tempelruinen des Weltkulturerbes aus Gips und Backstein zu besichtigen, ist ebenfalls ein Rad am besten geeignet. S. 176

Phanom Rung Historical Park

Die eindrucksvollste Khmer-Ruine Thailands hoch oben auf einem erloschenen Vulkan ist etwas ganz Besonderes und lohnt dank ihrer Einzigartigkeit auf jeden Fall einen Besuch. S. 452

6 TRAUMHAFTE TAUCHSPOTS

Mit seinem warmen und klaren Meerwasser zählt Thailand zu den fünf Top-Tauchdestinationen der Welt. Hier bieten sich jede Menge Gelegenheiten, um Mantarochen, Walhaie und andere Meeresbewohner zu sehen. Dichter Dschungel, Karstklippen und weiße Sandstrände zwischen Korallenriffen machen auch die Inseln selbst zur Attraktion. Hier kann man die ausgetretenen Pfade wirklich verlassen.

METHA1819/SHUTTERSTOCK ©

RAINAN DENBEN/SHUTTERSTOCK ©

Surin & Similan Islands National Marine Parks

Surin (S. 649) und Similan (Foto links oben) bieten Felsschluchten, Riffe mit Stein- und Weichkorallen und jede Menge Meeresleben. S. 658

Ko Lipe

Hier gibt's gesunde Korallen, eine tiefe Felsnadel und in der frühen Regenzeit gute Sicht. Die Anreise nach Ko Lipe (Foto links unten) ist ein wenig umständlich, doch die Mühe lohnt sich. S. 751

Ko Tao

Mit seinen vielen Tauchschulen, dem seichten Wasser und den ganzjährig guten Bedingungen ist Ka Tao (Foto rechts) noch immer eins der Top-Tauchziele des Landes. S. 604

7 PARTYMEKKA

LESHIY985/SHUTTERSTOCK ©

I VIEWFINDER/SHUTTERSTOCK ©

Wem der Sinn nach Trinken, Tanzen und Feiern steht, ist in Thailand genau richtig. Die Partyszene ist sehr vielseitig: von schicken Clubs und Dachbars in Bangkok und den Urlaubsorten bis zu bodenständigen Backpackerkneipen und Tanzflächen im Sand. Besonders hoch im Kurs steht Livemusik, ob Akustik, Reggae oder DJ-Spektakel. Für Stärkung sorgen erstklassige Cocktails genauso wie Eimer voller Red Bull mit Wodka – ein prima Rezept für einen üblen Kater.

Ko Pha-Ngan

Ko Pha-Ngan ist für seine Vollmondpartys mit Techno-Beats berühmt. Schon vor längerer Zeit hat sich die einst alternativ angehauchte Insel in eine Art asiatisches Ibiza verwandelt.

Oben links: Hat Rin (S. 585)

Pai

Pais Partyszene kombiniert altmodisches Hippie-Flair mit einer schönen Bergkulisse. Backpacker freuen sich über Reggae-Shows in Freiluftbars und VW-Bullis. S. 299

Bangkoks Dachbars

Von den Dachbars Bangkoks kann man in wunderbarer Entrückung auf das Chaos unter einem schauen. Meist herrscht ein eher gechilltes Flair, doch mit einem Pool oder einem guten DJ kann auch schnell Feierlaune aufkommen.

Unten links: Die Bar Park Society (S. 143)

8 MARKTTREIBEN

Auf den quirligen thailändischen Märkten zu shoppen ist ein echtes Erlebnis! Neben viel Kundschaft und Straßenmusikern gibt's hier ein Wahnsinnsangebot, von Essen und Getränken bis zu Kleidung, Antiquitäten und allen möglichen Kuriositäten zu fabelhaften Preisen. Kleidung kann man meist nicht anprobieren, aber einige Entdeckungen lohnen das Risiko. Und das Feilschen um den Preis ist nicht nur eine echte Kunst, sondern macht auch noch richtig Spaß!

Chatuchak Weekend Market

Der Chatuchak (auch „Jatujak" oder „JJ" genannt; Foto links unten) in Bangkok ist einer der größten Freiluftmärkte der Welt: ein Labyrinth mit einem gewaltigen Sammelsurium an Dingen. Am besten gleich zuschlagen – eventuell findet man den Stand nicht wieder! S. 156

NUTZ/SHUTTERSTOCK ©

Cicada

Der Cicada (Foto rechts oben) am Rand von Hua Hin ist einer der einzigartigsten Märkte Thailands: Hier verkaufen Kunsthandwerker ihre Artikel. Dazu gibt's Live-Unterhaltung und einen guten Foodcourt. S. 535

Khon Kaen Walking Street Market

Der Wochenendbasar (Foto rechts unten) von Khon Kaen ist überhaupt nicht touristisch: Händler, jede Menge Straßenmusiker und chinesische Laternen sorgen für ein reizendes Flair. S. 469

9 FANTASTISCHE FESTE

TAKE PHOTO/SHUTTERSTOCK © ARTAPARTMENT/SHUTTERSTOCK © AKEKALAK PHATCHAITONG/SHUTTERSTOCK ©

In Thailand gibt's fast an jeder Ecke ein Fest mit Essen, Feierlichkeiten oder Umzügen. Die größten Feste sind buddhistische Feiertage wie das fünftägige thailändische Neujahr, doch das Land ist auch für ausgezeichnete Jazz- und Electronic-Festivals bekannt. Originell sind die Obstfeste auf dem Land: In Chiang Rai feiert man die Litschi, in Chanthaburi die geruchsintensivste Frucht der Welt, die Durian.

Songkran

Beim thailändischen Neujahr im April reinigt man sich mit Wasser und erweist in Tempeln seinen Respekt. Danach brechen auf den Straßen Wasserschlachten aus. S. 30

Loi Krathong

Anfang November beten die Thais um Vergebung, indem sie auf Wasserwegen Laternen aussetzen. Besonders beliebt ist diese Tradition bei Familien und jungen Turteltauben. S. 32

Oben: Loi Krathong, Chiang Mai (S. 355)

Vegetarierfeste

Im Oktober finden in ganz Thailand Vegetarierfeste statt. Berühmt ist das in Phuket (S. 668). Thais chinesischer Abstammung feiern den Beginn der zehn fleischfreien Tage, die der spirituellen Reinigung dienen. S. 32

Gut zu wissen

Näheres siehe Praktische Informationen (S. 807)

Währung
Baht (B)

Sprache
Thai

Visa
Bei touristischen Aufenthalten bis zu 30 Tagen benötigen Besucher aus 64 Ländern kein Visum.

Geld
In Thailand kann man überwiegend nur mit Bargeld bezahlen. Einige Reisebüros und gehobene Hotels, Restaurants, Einkaufszentren und Geschäfte akzeptieren auch ausländische Kreditkarten.

Handy
Am einfachsten ist es, sich in Thailand eine SIM-Karte zu besorgen. Vor der Reise auf jeden Fall prüfen, ob das Handy entsperrt ist!

Zeit
MEZ+6 Std., während der europäischen Sommerzeit MEZ+5 Std.

Reisezeit

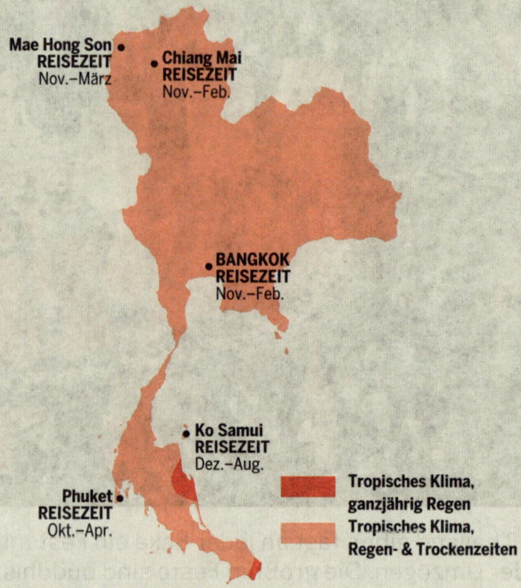

Hauptsaison
(Nov.–März)

- Nach dem Monsun folgt eine kühle und trockene Phase: Die Landschaft ist grün und die Temperaturen sind angenehm.
- Die Weihnachtsferien in westlichen Ländern sorgen für Besuchermassen und die Preise steigen.

Zwischensaison
(April–Juni, Sept. & Okt.)

- Von April bis Juni ist es sehr heiß und trocken, in Bangkok sind durchschnittlich 30 °C. Kühler ist es in den Küstengebieten.
- Im September und Oktober bieten die Inseln an der Golfküste die besten Chancen, dem Regen zu entgehen.

Nebensaison
(Juli–Okt.)

- Monsunzeit: Von Schauern am Nachmittag bis zu Überschwemmungen ist alles möglich. Es regnet meist nur kurz, aber sehr stark.
- Auf einigen Inseln ist alles geschlossen; die Fähren fahren eingeschränkt – Reisepläne flexibel gestalten!

Infos im Internet

Thaivisa (www.thaivisa.com) Expat-Website mit Nachrichten und Diskussionen.

Richard Barrow (www.richard barrow.com) Ein auf Thailandreisen spezialisierter Blogger, der auch sehr aktiv auf Twitter ist.

Tourism Authority of Thailand (TAT; www.tourismthailand.org) Die Seite der nationalen Tourismusbehörde hält Infos bereit, u. a. zu speziellen Events.

Thai Language (www.thai language.com) Online-Wörterbuch und Thai-Kurse.

Lonely Planet (lonelyplanet. com/thailand) Infos zum Land und zu Sehenswertem.

Wichtige Telefonnummern

Landesvorwahl Thailand	☎66
Notruf	☎191
Vorwahl für internationale Gespräche	☎001, ☎007, ☎008, ☎009 (& andere spezielle Nummern)
Auslandsgespräche mit Vermittlung	☎100
Touristenpolizei	☎1155

Wechselkurse

Euro	1€	36,18 B
	100 B	2,77 €
Schweiz	1 SFr	34,91 B
	100 B	2,86 SFr

Aktuelle Wechselkurse sind unter www.xe.com abrufbar.

Tagesbudget

Budget: bis 1000 B

- Einfaches Pensionszimmer: 500–1000 B
- Essen vom Markt-/Imbissstand: 40–100 B
- Kleine Flasche Bier: 100 B
- Städtischer ÖPNV: 20–50 B

Mittelklasse: 1000–4000 B

- Zimmer in Flashpacker-Pension oder Mittelklassehotel: 1000–4000 B
- Westliches Mittagessen und Seafood-Dinner: 150–350 B
- Organisierte Tour oder Aktivität: 1000–1500 B
- Leihmotorrad: 150–250 B

Gehoben: über 4000 B

- Zimmer im Boutiquehotel: 4000 B
- Abendessen in edlem Restaurant: 350–1000 B
- Individuelle Touren: 2000 B
- Mietwagen: ab 900 B

Öffnungszeiten

Banken und staatliche Einrichtungen schließen an nationalen Feiertagen. Einige Bars und Clubs haben während Wahlen und an bestimmten Feiertagen geschlossen, wenn kein Alkohol verkauft werden darf. In Einkaufszentren gibt es Banken, die bis spät geöffnet haben.

Banken Mo–Fr 8.30–16.30 Uhr; Geldautomaten 24 Std.

Bars 18–24 oder 1 Uhr

Behörden Mo–Fr 8.30–16.30 Uhr; einige sind mittags geschlossen

Clubs 20–2 Uhr

Geschäfte 10–19 Uhr

Restaurants 8–22 Uhr

Ankunft

Suvarnabhumi International Airport (Bangkok) Airport Rail Link (45 B, 30 Min.) zum Bahnhof Phaya Thai, Busse zur Th Khao San (60 B, 1 Std.), Taxis (250–400 B, 1 Std.) rund um die Uhr.

Don Mueang International Airport (Bangkok) Vier Buslinien nach Bangkok, u. a. eine zur Th Khao San (50 B, 1 Std.), Taxis (250–400 B, 1 Std.) rund um die Uhr, kostenloser Shuttlebus (1 Std.) zum Suvarnabhumi.

Chiang Mai International Airport Taxis (150 B, 15 Min.) rund um die Uhr ins Stadtzentrum.

Phuket International Airport Busse (100 B, 1 Std.) nach Phuket (Stadt), Taxis (500–700 B, 30 Min.–1 Std.) und Minivans (200–300 B, bis 2 Std.) zu den Stränden und nach Phuket (Stadt).

Sicher unterwegs

Insgesamt ist Thailand ein sicheres Reiseland, doch sollte man vorsichtig sein, besonders wenn man es mit Fremden (Thais und Ausländern) zu tun hat und allein unterwegs ist.

Angriffe auf Reisende sind recht selten, kommen aber vor.

Drogenbesitz kann zu einem Jahr Gefängnis oder mehr führen. Erheblich schärfer wird Drogenhandel bestraft, u. U. mit der Todesstrafe.

Alle Angebote von Fremden für kostenloses Einkaufstouren oder Hilfe beim Sightseeing sollte man ablehnen. Das sind Betrugsmaschen, bei denen Kommission kassiert wird.

Mehr zum Thema **Unterwegs vor Ort** s. S. 827

Thailand für Einsteiger

Näheres siehe Praktische Informationen (S. 807)

Checkliste

- Gültigkeit des Reisepasses überprüfen (min. 6 Monate sind vorgeschrieben)
- Bei einem Aufenthalt von mehr als 30 Tagen Visum bei der Botschaft beantragen
- Reise- und Tauchversicherung abschließen, internationalen Führerschein besorgen
- Ärztliche Untersuchung fürs Tauchen machen
- Gegebenenfalls Bank und Kreditkartenunternehmen über die Reisepläne informieren

Mitnehmen

- Führerschein, internationaler Führerschein
- Thailändisches Reisewörterbuch
- GSM-fähiges Handy und Ladegerät
- Sonnenhut und -brille
- Sandalen
- Ohrstöpsel
- Gegebenenfalls Regenkleidung und Schutzhüllen fürs Gepäck

Top-Tipps für den Thailand-Trip

- Authentische Thai-Aromen gibt's auf Märkten und an Imbissen.
- Öffentliche Verkehrsmittel sind billig und eine tolle Möglichkeit, in den Alltag der Thais einzutauchen.
- Städte und Viertel erkundet man am besten mit dem Leihfahrrad.
- Ein paar Sätze auf Thai und ein Lächeln kommen immer gut an.
- Vorsicht, Betrüger: Juwelenverkäufe „nur heute" in Bangkok, „supergünstige" Transportpreise, windige Schneider usw.
- Man sollte wissen, wie man feilscht, ohne fies zu sein.
- Thais nicht am Kopf berühren!
- Nicht mit dem Fuß auf etwas zeigen!
- Eher konservativ kleiden (Schultern bedeckt; nicht zu viel Bein). Beim Besuch buddhistischer Tempel die Schuhe ausziehen!
- Sich von Politik fernhalten und keine abfälligen Bemerkungen über die Königsfamilie machen – das steht unter Strafe!

Richtig angezogen

Am besten in tropischer Hitze ist leichte, lockere Kleidung. Man sollte auch eine Jacke einpacken, die vor Regen schützt und wärmt. In Tempeln braucht man Kleidung, die Knie und Ellbogen bedeckt. Und für einen Club in Bangkok oder ein feines Restaurant in Phuket sollte was Schickes dabei sein.

Übernachten

Eine Unterkunft zu finden ist in Thailand kein Problem. Wer auf Nummer sicher gehen will, bucht für die ersten paar Nächte im Voraus und sucht dann vor Ort – es sei denn, man steuert besonders beliebte Reiseziele an.

Pensionen Familiengeführte Unterkünfte sind am besten, von einfach (Bett und Ventilator) bis luxuriös (Bad und Klimaanlage).

Hotels Von Boutique bis Business: Die Hotels bieten meist moderne Zimmer und manchmal einen Pool.

Hostels Ebenso wie die Standards der Pensionen gestiegen sind, sind auch Hostels moderner und stylischer geworden.

Geld

Meistens muss man bar bezahlen. Einige Reisebüros und gehobenere Hotels, Restaurants, Malls und Geschäfte akzeptieren auch ausländische Kreditkarten.

Mehr Infos gibt's auf S. 815.

Feilschen

Thais haben kein Problem mit Leuten, die gut feilschen. Dabei lässt man grundsätzlich den Verkäufer das erste Angebot machen. Dann fragt man, ob es nicht günstiger ginge. Das führt normalerweise zu einem Preisnachlass. Jetzt ist es an einem selbst, ein Gegenangebot zu machen. Man setzt immer niedrig an, wobei man nicht anfangen sollte zu feilschen, wenn man gar nichts kaufen will. Wer mehrere Artikel erstehen will, hat natürlich größere Chancen auf einen niedrigeren Preis. Selbstverständlich ist es hilfreich, die Verhandlungen freundlich und entspannt anzugehen.

Trinkgeld

Trinkgeld wird im Allgemeinen nicht erwartet, ist aber gern gesehen. Eine Ausnahme stellt das Rückgeld bei einer hohen Restaurantrechnung dar: Kostet eine Mahlzeit 488 B und man begleicht sie mit einer 500 B Note, werden einige Thais die Differenz dem Servicepersonal überlassen. In vielen Hotel- und gehobenen Restaurants wird eine Servicegebühr in Höhe von 10 % auf die Rechnung aufgeschlagen.

Sprache

In Touristenorten sprechen viele Leute Englisch, Busfahrer, Markthändler und Taxifahrer aber oft nicht. Es hilft, wenn man die Zahlen und etwas Thai beherrscht.

Thailand hat eine eigene Schrift. Straßen- und Ortsnamen sind zwar in lateinischer Schrift angegeben, doch ist die Transkription uneinheitlich. Auch werden die Buchstaben nicht immer so ausgesprochen, wie man es erwarten würde.

Etikette

Thais sind im Allgemeinen sehr gastfreundlich und verständnisvoll. Einige Tabus und Verhaltensregeln sollte man dennoch kennen:

Monarchie Keine abfälligen Bemerkungen über die Königsfamilie! Alles mit dem Bild des Königs, auch Geld, ist respektvoll zu behandeln.

Tempel Ellbogen und Knie bedecken. Vor Betreten eines Tempels Schuhe ausziehen! Mit untergeschlagenen Beinen sitzen, um die Füße zu verstecken. Frauen sollten nie Mönche oder deren Sachen berühren. Auf Gehwegen Mönchen ausweichen, in Verkehrsmitteln sich nicht neben einen Mönch setzen.

Sittsamkeit Niemals nackt im Meer baden oder oben ohne sonnen. Auf dem Weg vom/zum Strand etwas überziehen.

Körpersprache Thais nicht am Kopf berühren und darauf achten, wohin die Füße zeigen; sie sind wörtlich und metaphorisch der unterste Teil des Körpers.

Das Gesicht wahren Konflikte löst man mit einem Lächeln. Verärgerung oder gar offener Streit gilt als beschämend.

Essen

Thailändische Esslokale decken die gesamte Palette ab. Tische reservieren muss man nur in einigen wenigen sehr renommierten Restaurants.

Straßenstände Straßenstände stellen in Thailand die am weitesten verbreitete Verpflegungsmöglichkeit dar: Man findet sie fast überall, ob tagsüber oder abends.

Shophouse-Restaurants Hinsichtlich Komfort und Preis eine Stufe höher als die Straßenstände sind diese halboffenen Esslokale, die mit das beste Essen im Land servieren.

Restaurants Die thailändische Restaurantszene ist in Sachen Küche, Einrichtung und Preis riesig und vielfältig.

Was gibt's Neues?

Was gibt's Neues in Thailand? Mittlerweile können sich Besucher an einem elefantenfreundlichen Schutzgebiet erfreuen sowie am ersten an einem Strand gelegenen Einkaufszentrum. Und dank neuen Bahnen und Bussen kommt man jetzt noch leichter durchs Land.

Elefantenabenteuer

ChangChill (S. 344) ist das einzige Elefantenreservat Nordthailands, das von World Animal Protection als elefantenfreundlich ausgezeichnet wurde. Besucher können die Dickhäuter von einer Aussichtsplattform beobachten, etwas über ihr Verhalten erfahren, für sie Essen sammeln und mit den Mahouts plaudern.

Einkaufszentrum am Strand

In Hua Hin hat Thailands erste Mall am Strand eröffnet und ist bei Einheimischen wie Touristen ein echter Renner. Das trendige, moderne Seenspace (S. 543) mit Betonwänden und Freiluftbereichen umfasst Restaurants, Geschäfte, einen Strandclub und ein Boutiquehotel.

Strandsäuberungen

Die Initiative Trash Heroes (https://trashhero.org) wird an Thailands Stränden immer beliebter: Auf Phuket, Ko Samui, Ko Chang und den meisten anderen bekannten Stränden und Inseln sammeln Freiwillige Müll.

INSIDERWISSEN

WAS IST LOS IN THAILAND?

Barbara Woolsey und David Eimer, Lonely Planet Autoren

In den Jahren 2020 und 2021 fanden in Bangkok regelmäßig politische Proteste statt, größtenteils organisiert und angeführt von Studenten. Im Rahmen der Demokratiebewegung haben Tausende Thais auf den Straßen und in den sozialen Medien protestiert; vielen von ihnen zeigten als Zeichen der Einheit den Drei-Finger-Gruß aus dem Film *Die Tribute von Panem – The Hunger Games*.

Die Demonstranten forderten eine neue Verfassung und eine Reform der Monarchie. 2019 wurde bei den Neuwahlen Premierminister Prayut Chan-o-cha, der ehemalige Anführer der Militärjunta, in seinem Amt bestätigt. Im Rahmen einer dreitägigen Zeremonie wurde in Bangkok König Maha Vajiralongkorn, Rama X., gekrönt.

Zumeist waren die Proteste friedlich, doch sie zeigten, dass das Land politisch nach wie vor gespalten ist: Die Menschen im Norden und Nordosten halten weiterhin treu zur Partei des ins Exil verbannten ehemaligen Premierministers Thaksin Shinawatra, während Prayuts Anhänger unter der traditionellen Elite, der städtischen Mittelschicht und den Wählern im Süden des Landes zu finden sind.

Der wichtigste Grund für die Spaltung ist der riesige Graben zwischen Reich und Arm: 2018 war Thailand offiziell das ungleichste Land der Welt. Außerdem werden sich immer mehr Menschen der wachsenden Herausforderungen für Thailands Umwelt bewusst: Die größten Probleme sind die steigende Luftverschmutzung in den großen Städten und die Auswirkungen des Tourismus auf Strände und Küsten.

Noch mehr Visafreiheit

Inzwischen sind Besucher aus 64 Ländern von der Visumspflicht befreit. Besucher aus diesen Ländern können 30 Tage im Land bleiben, egal ob sie auf dem Luft-, Land- oder Seeweg einreisen.

Singha Nakhon

Mit seinen alten Mauern, vergessenen Gräbern und den zerbröselnden, vom Dschungel verschluckten Militärforts am Ufer des Songkhla Lake ist Singha Nakhon ein echter Traum für Geschichtsfans.

SkyWalk in Bangkok

Der SkyWalk auf dem King Power Mahanakhon (S. 86), dem höchsten Gebäude Thailands, bietet einen unvergleichlichen und haarsträubenden Rundumblick auf die Bangkoker Stadtlandschaft. Der Glasbodenbalkon hängt 78 Stockwerke über der Erde.

Besser Bahn fahren

2021 eröffnete die State Railway of Thailand (S. 830) den größten Bahnhof Südostasiens. Die funkelnagelneue Bang Sue Grand Station im nördlichen Bangkok soll das Verkehrschaos der Stadt lindern helfen und mit neuen Bahnen das Reisen durchs Land erleichtern. Mit seinen 26 Gleisen auf vier Etagen kann der Bang Sue täglich 600 000 Fahrgäste abfertigen. Der 100 Jahre alte Vorgänger, der Hua Lamphong, soll zum Museum werden.

Phuket Smart Bus

Der Phuket Smart Bus (S. 670) verkehrt vom Flughafen von Phuket an den Stränden der Westküste vorbei nach Rawai. Für 500 B ist ein Dreitagespass erhältlich.

Stehpaddeln in Kanchanaburi

Mittlerweile kann man auf dem Kwae Yai und anderen Flüssen in Kanchanaburi stehpaddeln (S. 198) – eine neue Art, Thailands atemberaubendste Landschaften zu erleben.

HÖREN, SEHEN & FOLGEN

Tipps und aktuelle Neuigkeiten gibt's auf www.lonelyplanet.com/thailand/travel-tips-and-articles.

twitter.com/thailandfanclub Offizieller Twitter-Account der Tourism Authority of Thailand (@ThailandFanClub).

twitter.com/bangkokpostnews Offizieller Twitter-Account der englischsprachigen Zeitung *Bangkok Post* (@BangkokPost News).

instagram@thailandluxe Atemberaubende Bilder aus ganz Thailand.

The Bangkok Podcast (www.bangkokpodcast.com) Podcast auf Englisch zu allem, was die thailändische Hauptstadt so einzigartig und wunderbar macht.

KURZ & BÜNDIG

Foodtrend Regionale Thai-Restaurants der Spitzenklasse

Zahl der Inseln Thailands 1430

Zahl der in Thailand gesprochenen Sprachen 74

Einwohner 69,3 Mio.

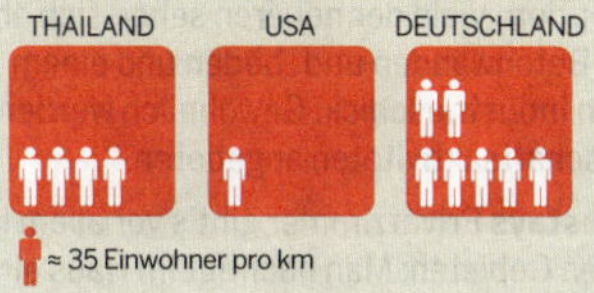

Zollfrei in Bangkok

Mit seinen zollfreien Einkäufen muss man nicht bis zum Heimflug warten – auf geht's ins King Power Mahanakhon (S. 153) mit vier Etagen voller zollfreier Waren. Und man kann sich hier sogar die Mehrwertsteuer erstatten lassen.

Unterkunft

Weitere Unterkünfte werden im Abschnitt Reiseziele vorgestellt (ab S. 65)

Unterkunftarten

➡ **Pensionen** Am besten sind die familiengeführten Pensionen. In kleineren Orten sind sie vielleicht altmodisch und einfach, mit Gemeinschaftsbad und alten Ventilatoren. Doch meist sind eigenes Bad, Klimaanlage und TV Standard.

➡ **Hotels** Thailand bietet eine breite Palette an Hotels mit zumeist modernen Zimmern. Budget- und Mittelklassehotels gibt's im ganzen Land, während sich Boutiquehotels vor allem in Bangkok und Chiang Mai tummeln. Vier- und Fünfsternehäuser auf internationalem Niveau findet man in den großen Städten und in den teureren Urlaubsorten am Meer.

➡ **Hostels** In Großstädten und auf teuren Inseln sind Hostels im europäischen Stil oft die beste Budgetoption. Viele der neueren sehen sich ähnlich, mit Betonwänden und -böden und einem gewissen Industrieschick. Gewöhnlich werden Gemeinschaftsaktivitäten angeboten.

➡ **Homestays** Privatzimmer gibt's vor allem in ländlichen Gebieten: Man nächtigt im Haus einer Familie; Essen ist im Preis inbegriffen.

➡ **Unterkünfte in Nationalparks** In den meisten Nationalparks sind Bungalows und/oder Campingplätze verfügbar. Die Bungalows sind oft einfach – und ohne WLAN. Oft können Zelte und Campingausrüstung geliehen werden.

Preiskategorien

Großstädte & Strandresorts

Die folgenden Preise beziehen sich auf ein Doppelzimmer mit Bad in der Hauptsaison.

$ bis 1000 B

$$ 1000–4000 B

$$$ über 4000 B

Anderswo

Die folgenden Preise beziehen sich auf ein Doppelzimmer mit Bad in der Hauptsaison.

$ bis 600 B

$$ 600–1500 B

$$$ über 1500 B

Die besten Unterkünfte

Für Sparfüchse

Thailand bietet eine große Bandbreite an Budgetunterkünften, von Hostels und Pensionen bis zu altmodischen Hotels. Hostels sind überall vorhanden, vor allem jedoch in den beliebtesten städtischen Zielen. Auch preiswerte Pensionen findet man im ganzen Land. Billige Hotels gibt's hauptsächlich in kleineren Orten abseits der Touristenpfade.

➡ Infinity Beach Hostel (S. 594) Sehr preisgünstiges Hostel nur Meter vom Strand auf Ko Pha-Ngan.

➡ Chern (S. 105) Die großen Dorms und die Privatzimmer sind für Bangkok ein Schnäppchen.

➡ Pak-Up Hostel (S. 705) Das beliebteste Hostel in Krabi (Stadt) bietet komfortable Dorms.

➡ Paradise Cottage (S. 513) Gut geführtes und erholsames Retreat am Lonely Beach auf Ko Chang.

➡ Riverside Guest House (S. 264) Reizendes altes Holzhaus am Fluss in Lampang.

➡ Nok Chan Mee Na (S. 389) Saubere, gemütliche Bungalows in einem fotogenen Reisfeld.

Für Familien

Thailand ist ein extrem kinderfreundliches Reiseziel, sodass Familien mit Kindern überall willkommen sind. Die besten familienfreundlichen Unterkünfte finden sich jedoch auf den Inseln – vor allem auf Phuket, Ko Samui, Ko Lanta und Ko Chang – sowie an den Stränden am Festland. Sehr beliebt bei Familien ist die Region südlich von Hua Hin. In abgeschiedeneren Gegenden sind Pools und andere Beschäftigungsmöglichkeiten seltener vorzufinden.

➡ Samui Jasmine Resort (S. 547) Kinderbecken, Babysitting und Krippenservices in Strandresort auf Ko Samui.

➡ The Sands (S. 657) Resort in Khao Lak mit tollem Wasserpark, mehreren Pools und Spielplätzen.

➡ Dolphin Bay Resort (S. 548) Resort in Pranburi mit Feriencampflair; der Strand ist auf der anderen Straßenseite.

➡ Phi-Phi Island Village (S. 721) Eine ganz eigene Welt an einem schönen weißen Strand auf Ko Phi-Phi.

➡ Fern Resort (S. 316) Alteingesessener Klassiker in Mae Hong Son mit Pools, Naturlehrpfaden und riesigem Garten.

➡ Awana House (S. 356) Für Kinder reißt sich das Personal dieser Pension in Chiang Mai die Beine aus.

Für Alleinreisende

In Thailand sind zu allen Zeiten so viele Touristen unterwegs, dass Alleinreisende, die auch allein bleiben möchten, vor Herausforderungen stehen. Die Hostels auf den Inseln und in den Hauptzielen am Festland wie Bangkok, Chiang Mai und Pai arrangieren Touren und Events, während einige Pensionen gemeinschaftliche Abendessen organisieren, bei denen man andere Reisende trifft.

➡ Common Grounds (S. 302) Das geselligste und partyfreundlichste Hostel in Pai.

➡ Chic Lipe (S. 753) Boutique-Hostel auf Ko Lipe mit Restaurant, Bar und Bibliothek.

➡ Sri Pat Guest House (S. 356) Herausragende Flashpacker-Bleibe in Chiang Mai.

➡ BB Lonely Beach (S. 513) Backpackertreff am Partystrand von Ko Chang.

➡ Lub d (S. 115) Unterhaltsames Hostel in Bangkok mit Bar und zahlreichen Spielen.

➡ King's Home (S. 540) Familiengeführte Pension in Hua Hin mit einladendem Flair.

In der freien Natur

Thailand bietet zahlreiche Unterkünfte in Gebieten, die weit vom Trubel der Städte und beliebtesten Touristenorte entfernt sind. Sie reichen von Bleiben am Mekong bis zu Öko-Resorts auf Inseln und in den Wäldern und Bergen Nordthailands. Unterhaltung für Kinder bieten abseits der Strände große Gärten und viele Gelegenheiten zur Tierbeobachtung.

➡ Sang Tong Huts (S. 316) Individuell gestaltete Bungalows aus Bambus und Holz inmitten von Wald außerhalb von Mae Hong Son.

➡ Bann Makok (S. 518) Boutique-Öko-Resort in den Mangroven auf dem idyllischen Ko Kut.

➡ Bulunburi (S. 304) Elf Bungalows in einem abgeschiedenen Tal mit Reisfeldern und Bächen bei Pai.

➡ Viking Natures Resort (S. 720) Affen im Dschungelgarten, ein Strand und mit Treibholz gestaltete Unterkünfte auf Ko Phi-Phi.

➡ Rai Saeng Arun (S. 243) Entspanntes Öko-Resort direkt am Mekong außerhalb von Chiang Khong.

➡ Railay Great View Resort (S. 712) Reetgedeckte Bungalows im Tropenschick in einem baumbestandenen Garten auf Railay mit privatem Strand.

Buchung

In Thailand eine Unterkunft zu finden ist kein Problem. Zur Sicherheit kann man für die ersten paar Nächte ein Zimmer buchen; danach kann man vor Ort schauen, es sei denn, man steuert die beliebtesten Touristenziele an. An bestimmten Feiertagen und zu den Hauptreisezeiten können Unterkünfte jedoch rar sein.

Lonely Planet (www.lonelyplanet.com/thailand/hotels) Unabhängige Besprechungen sowie Empfehlungen für die besten Unterkünfte.

Agoda (www.agoda.com/country/thailand.html) Asiatisches Buchungsportal mit der gesamten Palette von Unterkünften von Hostels bis zu Luxusresorts.

Travelfish (www.travelfish.org/country/thailand) Unabhängige Besprechungen mit viel Leser-Feedback.

Monat für Monat

TOP-EVENTS

Songkran, April

Khao Phansaa, Juli

Vegetarierfest, Oktober

Loi Krathong, November

Januar

Das Wetter ist trocken und kühl, die Touristenhauptsaison wird eingeläutet.

Chinesisches Neujahr

Thais mit chinesischen Wurzeln feiern das chinesische neue Mondjahr *(đrùđ jeen)* mit einer Woche Hausputz und Feuerwerk.

Februar

Immer noch Hauptsaison, doch es ist weniger voll als im Dezember und Januar. Aus der winterlichen Heimat kommen sonnen- und vergnügungshungrige Touristenscharen nach Thailand.

Blumenfest

Chiang Chiang Mai zeigt sich drei Tage lang in floraler Pracht. Höhepunkt ist die Parade der mit Blumen geschmückten Festwagen.

Makha Bucha

Makha Bucha *(mah·kah buh·schah)* erinnert an den Tag, an dem 1250 *arhant* (erleuchtete Buddhisten) von Buddha die Grundsätze des Buddhismus empfingen. Es fällt auf den Vollmond des dritten Mondmonats und ist ein offizieller Feiertag.

März

Die heiße und trockene Jahreszeit rückt näher, während die Strände leerer werden. Die thailändischen Studenten haben Semesterferien und machen sich zu Sightseeingtrips auf den Weg.

Mangosaison

Mangos haben von März bis Juni Saison und werden vor den Augen der Kunden aufgeschnitten, mit Klebreis in ein Behältnis gepackt und mit einem Kokosmilch-Dressing garniert.

Drachenfeste

Während der windigen Jahreszeit „kämpfen" Drachen über dem Sanam Luang in Bangkok und überall im Land um die Lufthoheit.

April

Das Wetter ist heiß und trocken; die Touristensaison neigt sich dem Ende zu. Man muss weit im Voraus reservieren, denn wegen Songkran ist das ganze Land unterwegs.

Poy Sang Long

Während des bunten buddhistischen Fests (Ende März/Anfang April in Mae Hong Son und Chiang Mai) werden junge männliche Shan (Tai Yai) zu Novizen geweiht. Bei den Prozessionen sind die Sieben- bis Vierzehnjährigen mit Kostümen, Kopfschmuck und Schminke herausgeputzt.

Songkran

Das Neujahrsfest (13.–15. April) beginnt respektvoll und wird dann zur Wasserschlacht. Bei den morgendlichen Tempelbesuchen werden heilige Buddha-Bilder zeremoniell mit Wasser besprengt. Dann füllen die Thais ihre Wasserpistolen und machen sich auf zur „Straßenschlacht".

Mai

Kurz vor der Regenzeit bitten die Thais mit diversen Festen um viel Regen

und eine reiche Ernte. Die Preise sind niedriger und es sind weniger Touristen unterwegs, aber es ist immer noch erbarmungslos heiß.

Raketenfest

Im Nordosten, wo der Regen oft spärlich ist, basteln die Dorfbewohner Bambusraketen *(bâng fai)*, die in den Himmel geschossen werden und für Niederschlag sorgen sollen. Das Fest wird in Yasothon, Ubon Ratchathani und Nong Khai gefeiert.

Königliche Pflugzeremonie

Mit dieser königlichen Zeremonie wird auf der Basis von Astrologie und alten brahmanischen Ritualen die Reispflanzsaison eingeläutet. Vor einen Holzpflug werden heilige Ochsen gespannt und pflügen den Boden des Sanam Luang in Bangkok.

Visakha Bucha

Visakha Bucha *(wí·săh·kà boo·chah)* fällt auf den 15. Tag des zunehmenden Mondes im sechsten Mondmonat und erinnert an Buddhas Geburt, Erleuchtung und *parinibbana* (Tod).

Juni

In einigen Landesteilen erkennt man die Regenzeit nur am Nachmittgsschauer. Der restliche Tag ist frei für Musik und Spaß. In diesem Monat ist Zwischensaison.

Früchtefest in Chanthaburi

Bei diesem Fest (Ende Mai/Anfang Juni) kann man alle möglichen Obstsorten probieren – z. B. Mangostanen, Rambutans, Longkongs, Longanfrüchte, Salakfrüchte und die geruchsintensiven Durianfrüchte.

Hua Hin Jazz Festival

Mitte Juni huldigen Jazzer in dieser Königsresidenz dem verstorbenen König, einem Könner am Saxophon und Komponisten.

Phi Ta Khon

Der heilige buddhistische Tag Bun Phra Wet erlebt im Dörfchen Dan Sai in Nordostthailand eine karnevalistische Erneuerung. Gläubige hüllen sich in „Geister"-Kostüme und ziehen Holzphalli schwingend und Reiswhisky trinkend durch die Gassen. Im Juni oder Juli.

Pattaya International Music Festival

Bei diesem Gratis-Event treten in Pattaya Pop- und Rockbands aus ganz Asien auf und locken busseweise Studenten aus Bangkok an.

Juli

Mit dem Beginn der Regenzeit bereiten sich die Gläubigen auf das buddhistische Fasten vor. In den Ferien kommen die Touristen.

Asahna Bucha

Zum Vollmond des achten Mondmonats erinnert Asahna Bucha an Buddhas erste Predigt, in der er die vier edlen Wahrheiten der Religion beschrieb. Der Tag gilt als einer der höchsten Feiertage des Buddhismus.

Khao Phansaa

Der Tag nach Asahna Bucha kennzeichnet den Beginn der buddhistischen Fastenzeit (der erste Tag des abnehmenden Mondes im achten Mondmonat), in der Männer traditionell Mönche werden. In Ubon Ratchathani sind die traditionellen Kerzenopfer zu Wachsskulpturen geworden, die festlich präsentiert werden.

Geburtstag des Königs

Der 28. Juli ist ein Feiertag zu Ehren des Königs.

August

Bedeckter Himmel und tägliche Schauer prägen die Mitte der Regenzeit und zumindest theorisch sind nun weniger Reisende unterwegs.

Geburtstag der Königin

Der Geburtstag der Königinmutter (12. Aug.) ist ein offizieller Feiertag und Thailands Muttertag.

Oktober

Die religiösen Vorbereitungen für das Ende der Regenzeit und der buddhistischen Fastenzeit beginnen. Der Monsun geht (fast überall im Land) zu Ende.

König-Chulalongkorn-Tag

Rama V. wird an seinem Todestag im Königlichen

Palast in Bangkoks Stadtteil Dusit die Aufwartung gemacht. Findet am 23. Oktober statt.

Ork Phansaa

Das Ende der buddhistischen Fastenzeit (drei Mondmonate nach Khao Phansaa) wird mit der *gà·tĭn*-Zeremonie gefeiert, bei der die Mönche neue Roben erhalten.

Vegetarierfest

Das neuntägige Fest der Fleischesabkehr wird gemäß der chinesischen Überzeugung gefeiert, dies reinige Körper und Geist. In Phuket artet es etwas aus, wenn die Prozessionsteilnehmer völlig in Trance zu menschlichen Fleischspießen werden. Gewöhnlich Ende September/Anfang Oktober.

Bangkok Biennale

Von Oktober bis Februar findet seit 2018/19 jedes zweite Jahr die Bangkok Biennale statt, ein neues Megafestival. Dabei sind an öffentlichen Plätzen in ganz Bangkok Arbeiten einiger der bekanntesten und angesagtesten Künstler Asiens zu sehen. Die nächste Ausgabe soll 2022/23 stattfinden.

November

Die kühle Trockenzeit hat begonnen, und wer früh anreist, entgeht den Touristenmassen. Die Strände sind einladend und die Landschaft ist üppig.

Loi Krathong

Eins der beliebtesten Feste Thailands ist Loi Krathong, das am Tag des ersten Vollmonds im zwölften Mondmonat gefeiert wird. Kleine, kunstvoll gefaltete Boote, die *kràthong* oder *grà·tong*, werden mit Blumen und Kerzen verziert auf den Gewässern ausgesetzt.

Lopburi Monkey Festival

Am letzten Sonntag im November werden die Makaken der Stadt mit einem Bankett verwöhnt und beim Schlemmen von den Gläubigen beobachtet und gefeiert.

Dezember

Die Hauptsaison ist zurück: Der Himmel reißt wieder auf, die Strandresorts füllen sich und Ferienstimmung macht sich breit.

Chiang Mai Red Cross & Winter Fair

Das zehntägige Fest Ende Dezember erinnert mit seinen kulturellen Veranstaltungen und gut besuchten (und zahlreichen) Imbissständen ein wenig an eine ländliche Kirmes.

Geburtstag von Rama IX.

Mit Paraden und weiteren Veranstaltungen wird am 5. Dezember des Geburtstags des verstorbenen Königs gedacht; auch Vatertag wird gefeiert.

Reiserouten

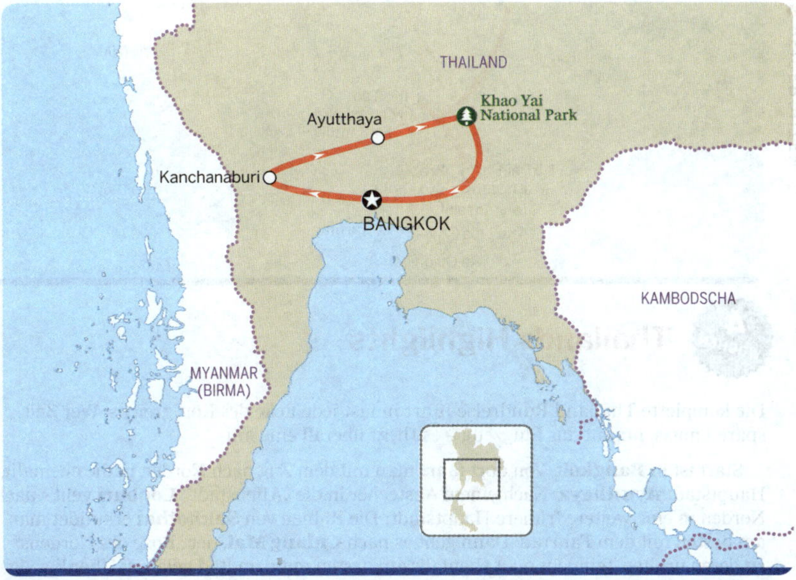

1 WOCHE

Bangkok & Umgebung

Auch Traveller, die nur wenig Zeit haben, können Dschungel, Tempel und thailändische Kultur erkunden – und das in Bangkoks nächster Umgebung.

Nach der Besichtigung der wichtigsten Tempel der **Hauptstadt** sowie dem Besuch von Märkten und Spitzenrestaurants fährt man mit dem Zug durch die malerische Landschaft nach **Kanchanaburi**. Dort genießt man ein Bad im siebenstufigen Erawan-Wasserfall, bevor es zum Besuch des ergreifenden Hellfire Pass Memorial geht. Es erinnert an Tausende von Kriegsgefangenen, die hier beim Bau der berüchtigten Todesbahn im Zweiten Weltkrieg ums Leben kamen. In den Wäldern der Umgebung kann man kurze Wanderungen machen oder eins der vielen Abenteuer-Angebote nutzen, wie z. B. an einer Seilrutsche durch die Baumwipfel „fliegen" oder den Fluss Kwai erkunden.

Im Minivan fährt man nach **Ayutthaya** und radelt dort zu den beeindruckenden Ruinen der ehemaligen Hauptstadt. Dann geht es über Pak Chong in den **Khao Yai National Park**. Bei einer Tageswanderung durch den Dschungel hält man Ausschau nach Elefanten und Tigern, bevor man nach einer Nacht unter dem Sternenzelt wieder zurück nach Bangkok fährt.

4 WOCHEN

Thailands Highlights

Die komplette Thailand-Rundreise führt in fast jede Ecke des Königreichs. Wer Zeit sparen muss, nimmt das Flugzeug – es fliegt überall eins hin.

Start ist in **Bangkok**. Von dort fährt man mit dem Zug nach Norden in die ehemalige Hauptstadt **Ayutthaya**. Nach einem Abstecher in die „Affenstadt" **Lopburi** geht's nach Norden in eine weitere frühere Hauptstadt: Die Ruinen von **Sukhothai** erkundet man am besten mit dem Fahrrad. Dann geht es nach **Chiang Mai**, der „Rose des Nordens", zu deren uralten Tempeln man ebenfalls am besten mit dem Rad gelangt. Über kurvige Bergstraßen erreicht man das Partystädtchen **Pai**. Noch tiefer in den Bergen liegt das stark vom benachbarten Myanmar beeinflusste **Mae Hong Son**.

Wieder zurück in Chiang Mai locken nun die Strände der Inseln im Golf von Thailand: **Ko Samui** für exklusiven Badeurlaub, **Ko Pha-Ngan** zum Faulenzen am Strand und Partymachen, **Ko Tao** zum Tauchen und Schnorcheln.

An der Andamanenküste auf der anderen Seite warten felsige Kalksteininseln. **Ko Phi-Phi** ist die schönste, teuerste und feierfreudigste. Das kleine **Ko Jum** bewahrt noch das Strandhütten-Hippie-Flair, das ansonsten zügig verschwindet. Obwohl zu einer Hochburg des Pauschaltourismus geworden, ist **Ko Lanta** immer noch berühmt für seine tollen Tauchgründe. Kletterer bleiben auf dem Festland in **Krabi** und Railay.

Wer noch immer nicht genug von Strand und Meer hat, reist weiter zu den **Trang-Inseln**, den legendären Kalksteininseln, die wie riesige Felsen aus dem Wasser aufragen. Alternativ bieten sich die idyllischen Inseln vor Satun an: das aufstrebende, noch nicht so teure **Ko Bulon Leh**, das ländlich-rustikale **Ko Tarutao** und das entspannte **Ko Lipe**.

Oder man lässt die Strände südlich von Krabi aus und begibt sich auf einen Kulturtrip in den landwirtschaftlich geprägten Nordosten. Über Bangkok geht's durch den **Khao Yai National Park** nach Nakhon Ratchasima (Khorat), dem Startpunkt für Touren zu den Angkor-Ruinen in **Phimai**. Als nächstes folgt **Phanom Rung** mit den eindrucksvollsten Angkor-Tempeln in Thailand – und rund herum gibt es weitere Tempel zu sehen.

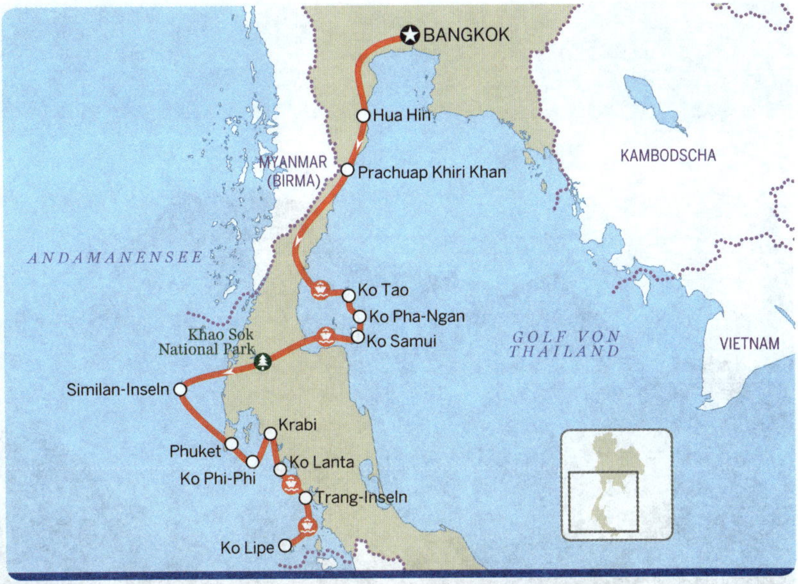

3 WOCHEN Inseln & Strände im Süden

Wer all die schönsten Strände Thailands besuchen möchte, muss sein Inselhopping geschickt planen. Bei der folgenden Tour wird nur zu Land und zu Wasser gereist, doch wer weniger Zeit hat, kann auch fliegen.

Von **Bangkok** geht's nach **Hua Hin**, einem noblen Ferienort mit unzähligen Kettenhotels direkt am Strand, und weiter nach **Prachuap Khiri Khan**. Dort mietet man ein Motorrad und kurvt an der Küste entlang zu kleinen Buchten und ruhigen Stränden.

Dann beginnt das Inselhopping. Von Chumphon schippert man nach **Ko Tao**. Dort macht man einen Tauchkurs oder schnorchelt ein paar Tage lang in den Küstenriffs, bevor man nach **Ko Pha-Ngan** übersetzt. Wer für Vollmondpartys nichts übrig hat, sucht sich ein ruhiges Plätzchen auf dieser hübschen Insel. Ausruhen und sich verwöhnen lassen (oder weiter Party machen) kann man dann auf **Ko Samui**. Mit der Fähre geht es zum Verkehrsknotenpunkt Surat Thani und weiter mit einem der stündlich abfahrenden Busse in den **Khao Sok National Park**. Das Festlands-Strandparadies Khao Lak ist ein idealer Ausgangspunkt für Tauchgänge vor den **Similan-Inseln** sowie den Surin-Inseln weiter nördlich. Bei den mehrtägigen Tauchtouren an Bord eines Schiffes hat man reichlich Gelegenheit, sich zwischen Rochen, Haien und Seepferdchen zu tummeln. Wieder aufgetaucht geht es weiter nach **Phuket**, der größten Insel Thailands mit ihren vielen Attraktionen. Ein Tagesausflug in den Nationalpark Ao Phang-Nga ist ein Muss!

Eine kurze Bootsfahrt von Phuket entfernt liegt **Ko Phi-Phi**. Obwohl auf der Partyinsel die Nächte durchgefeiert werden, sieht sie am nächsten Morgen wieder fantastisch aus. Von hier aus kommt man gut aufs Festland und kann die tolle Küste von **Krabi** erkunden. Am besten fährt man mit einem Langboot zum Strand von Railay und/oder mit der Fähre direkt auf die idyllische Insel **Ko Lanta** und genießt die ruhige Einsamkeit. Ebenfalls mit der Fähre geht es weiter nach Süden an den herrlichen **Trang-Inseln** vorbei auf die beliebte, aber trotzdem noch atemberaubende Insel **Ko Lipe**. Von dort kann man mit dem Schnellboot zurück aufs Festland fahren, wenn es Zeit für die Heimreise wird.

SOUTHTOWNBOY STUDIO / SHUTTERSTOCK ©

Oben: Wanderer, Doi Chiang Dao (S. 382)

Unten: Wat Phra That Phanom (S. 429)

3 WOCHEN Nordthailand

Diese Bergregion mit Dörfern der Bergvölker an der Grenze zu Myanmar und Laos bietet sich wunderbar zum Wandern an.

Die ideale Basis ist **Chiang Mai** mit seinen Meditations-, Sprach- und Massagekursen. Von hier geht's zum Bergörtchen **Pai** zum Wandern und Feiern. Nächster Halt ist **Soppong**, ein Mekka für Höhlenkundler. Weiter geht's nach **Mae Hong Son**: Die abgeschiedene Region ähnelt eher Myanmar als Thailand. Letzter Stopp ist der kleine Ort **Mae Sariang**; er genießt einen guten Ruf für nachhaltiges Trekking.

Zurück in Chiang Mai plant man die Weiterfahrt nach Chiang Rai. Mehr Berge gibt's in **Chiang Dao**. Anschließend führt die Tour über das reizende Dorf **Tha Ton** im Zickzackkurs auf den Gebirgskamm und in die Teesiedlung **Doi Mae Salong**. In **Chiang Rai** nächtigt man dann in einer Bergvölker-Privatunterkunft und unternimmt kulturell interessante Wanderungen. Weiter geht's nach **Chiang Saen** und **Sop Ruak**, einst Teil des berüchtigten Goldenen Dreiecks. Den Besuchermassen weicht man nach **Phayao** aus, einem netten Städtchen mit Tempeln. Schließlich kehrt man nach Chiang Mai zurück.

2 WOCHEN Mekong

Die schönste Route durch den ländlichen Nordosten Thailands, den Isan, führt am Mekong entlang, der die Grenze zu Laos bildet. Berühmte Sehenswürdigkeiten gibt's hier kaum, dafür aber jede Menge Kultur, einen althergebrachten Lebensstil, entspannte Menschen und interessante Privatunterkünfte.

Los geht's in **Nong Khai**, einen Katzensprung von Laos mit Grenzübergang dorthin. Wem es hier zu hektisch ist, der folgt dem Mekong Richtung Osten nach **Bueng Kan**, einem staubigen Örtchen mit einem Tempel auf einem Felsen und mehreren Privatunterkünften in der Nähe, von wo aus ein Revier wilder Elefanten zu erreichen ist. **Nakhon Phanom** wartet mit einer malerischen Flusspromenade auf, das winzige **That Phanom** mit einem berühmten laotischen Tempel, in dem zu Jahresbeginn ein buntes Fest gefeiert wird.

Ein wenig Urbanität bietet anschließend **Ubon Ratchathani**, umgeben vom **Pha Taem National Park**, von Stromschnellen und von Kunsthandwerksdörfern. Von hier kann man nach Pakse in Laos ausreisen oder mit dem Nachtzug nach Bangkok zurückkehren.

Abseits der üblichen Pfade: Thailand

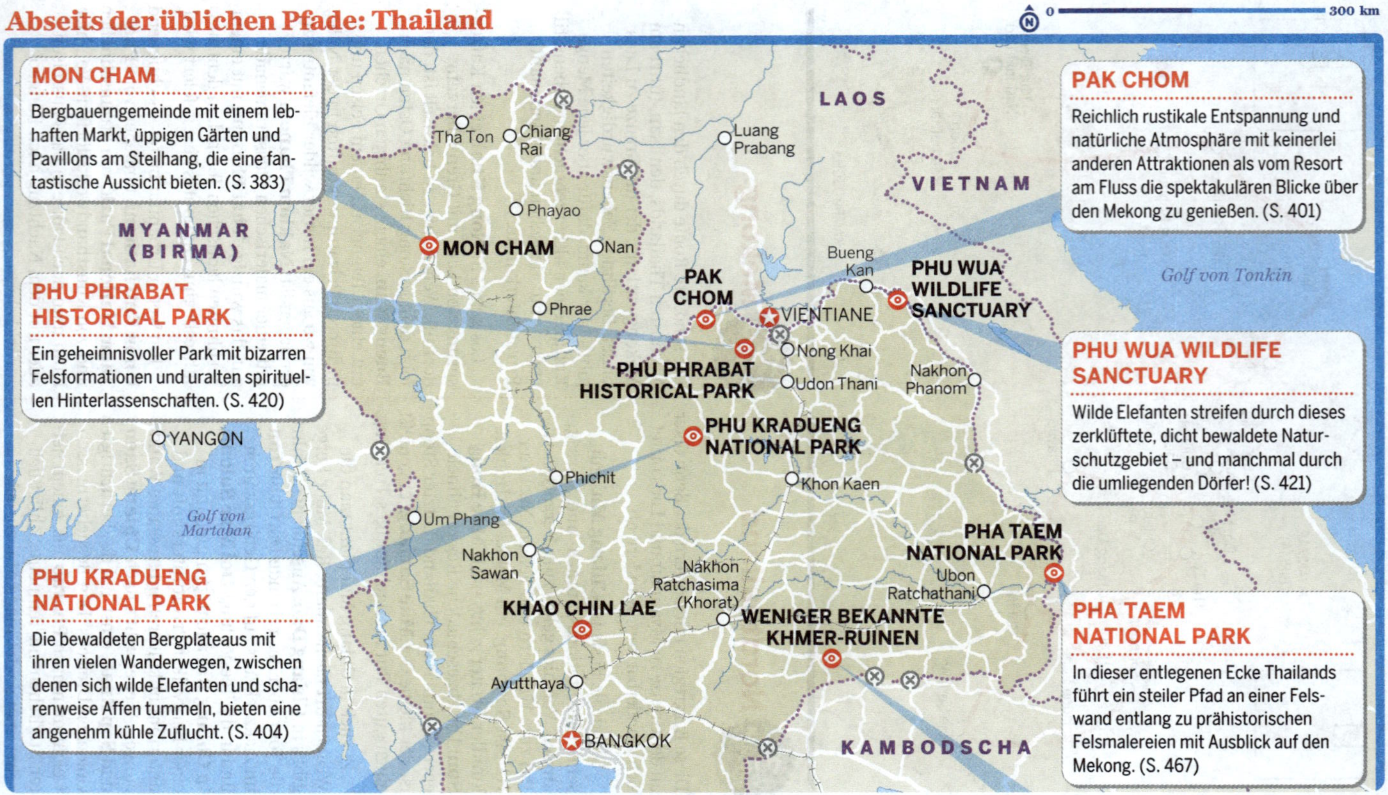

KHAO CHIN LAE
Zerklüfteter Berg bei Lopburi mit Wäldern und Sonnenblumenfeldern. 436 Stufen führen zu einer abgeklärten Buddhastatue hinauf. (S. 190)
KUIBURI NATIONAL PARK
Im Park nahe der Grenze zu Myanmar ist die Chance, wilde Elefanten zu sehen, praktisch garantiert. (S. 546)
KO BULON LEH
Erstaunlich wenig besuchte Insel mit verträumten Sandstränden, ohne Geldautomaten und mit Strom nur am Abend (wenn man Glück hat). (S. 755)
KO SUKORN
Ko Sukorn ist ein Paradies mit goldgelben Stränden und Kautschukplantagen, der perfekte Ort, um ins Dorfleben einzutauchen. (S. 743)
KO TARUTAO
Tarutao, Teil eines Meeresparks, ist so weit südlich, dass es praktisch in Malaysia liegt. Aber wenn es um einsame alabasterweiße Strände geht, ist die Insel ein Top-Favorit. (S. 749)
WENIGER BESUCHTE KHMER-RUINEN
Ein Motorrad mieten und einen Tag lang die faszinierend unbekannten Khmer-Ruinen aufspüren, die sich in den Reisfeldern rund um Phanom Rung verstecken. (S. 454)
Phetchaburi
KUIBURI NATIONAL PARK
Prachuap Khiri Khan
Chanthaburi
PHNOM PENH
Ho-Chi-Minh-Stadt
VIETNAM
GOLF VON THAILAND
Chumphon
Ranong
Ko Tao
Ko Pha-Ngan
Ko Samui
Surat Thani
Surin-Inseln
Similan-Inseln
ANDAMANENSEE
Phuket (Stadt)
KO SUKORN
KO BULON LEH
Satun
Pattani
KO TARUTAO
Pulau Langkawi
Kota Bharu
MALAYSIA

Reiseplanung

Aktivitäten

Thailand bietet jede Menge Aktivitäten: Da gibt es das Meer und viele Inseln zu entdecken, Urwälder und Berge zu erkunden und eine vielfältige Kultur zu erleben. Adrenalinjunkies finden Seilrutschen über den Wäldern, Kurse im *moo·ay tai* (Thaiboxen) und tolle Tauchplätze. Wer's nicht ganz so aufregend mag, kann Spas besuchen, sich massieren lassen oder Kochkurse belegen.

Reisezeit

Januar–März

Die hier witzigerweise als kalt bezeichnete Jahreszeit ist ideal für Freiluftaktivitäten, zumal die Temperaturen warm, aber nicht zu heiß sind. Zum Wandern in den nördlichen Provinzen eignet sich diese Jahreszeit besonders gut.

November–April

In der Andamanensee ist die Sicht jetzt teils unglaublich. Zwischen Mai und Oktober erleben die Resorts eine Flaute oder sind wegen der Regenzeit ganz geschlossen.

Januar–September

Das Tauchmekka Ko Tao ist bei Tauchern fast das ganze Jahr über das bevorzugte Ziel. Dennoch sind viele Resorts hier und auf den nahe gelegenen Inseln von Oktober bis Dezember wegen der Regenzeit geschlossen.

Tauchen & Schnorcheln

Die Gewässer vor Thailands Küsten sind ein Paradies für Taucher. Fast alle bedeutenden Tauchspots liegen im Süden, doch auch an der Ostküste gibt es gute Plätze fürs Korallen- und Wracktauchen. Am besten sucht man sich einen umweltbewussten Anbieter.

Reiseziele

Surin- & Similan-Inseln Sowohl die Surin-Inseln (S. 649) als auch die Similan-Inseln (S. 658) sind fantastische Nationalparks. Der Surin umfasst fünf Inseln 60 km vor der Küste, der Similan neun Granitinseln ganz in der Nähe. Die hiesigen Tauchspots zählen wegen ihrer Meeresbewohner, der tollen Sicht (bis zu 35 m) und der Unterwasserschluchten zu den besten der Welt. In Phuket und am Hat Khao Lak kann man Tauchgänge und Trips mit Bordübernachtung in allen Schwierigkeitsstufen buchen.

Hin Daeng & Hin Muang Die abgelegenen, von Ko Lanta (S. 724) aus erreichbaren Felsen machen nicht viel her, aber unter Wasser sieht die Sache ganz anders aus: Dort erblickt man oft Mantarochen und Barrakudas. Wegen der Tiefen von bis zu 40 m und der starken Strömungen sollte man hier unbedingt Taucherfahrung haben.

Ko Tao Tauchanfänger können auf Ko Tao (S. 604) am preiswertesten und am besten ihren Open-Water-Schein machen. Und für Nichttaucher gibt's hier viele tolle Buchten zum Schnorcheln.

Oben: Taucher in der Andamanensee

Unten: Kochkurs, Chiang Mai (S. 330)

Wandern & Trekken

Im Norden Thailands gibt es exzellente Wanderrouten mit Wasserfällen, Urwäldern und Bergen. Übernachten kann man bei Bergvölkern oder im Zelt in der Wildnis. Neben Wanderungen kann man auch Radtouren, Kajaktrips und Raftingausflüge buchen. Es ist ratsam, einen umweltbewussten Anbieter zu wählen.

Reiseziele

Chiang Mai (S. 330) Die Provinzhauptstadt im Norden ist der wichtigste Ausgangspunkt für Wanderungen, darunter Tagesausflüge zum Doi Inthanon (S. 388), dem höchsten Berg Thailands. Eingefleischte Wanderer zieht es zu abgelegenen Orten wie dem Um Phang Wildlife Sanctuary (S. 296). Oder sie lassen sich von Guides Survival-Techniken beibringen.

Loei (S. 395) Es gibt ein paar spektakuläre Wandermöglichkeiten in Loei. Dazu gehört auch der Phu Kradueng National Park (S. 404), wo man auf einem 5,5 km langen Trail zum Hochplateau gelangen und durch Kiefernwälder und Savannen wandern kann.

Spas & Yoga

In zahllosen Weltklasse-Spas kann man sich bestens verwöhnen lassen. Auch Yoga wird vielerorts angeboten: Im ganzen Land gibt's Kurse und Retreats.

Reiseziele

Phuket (S. 665) bietet wahrscheinlich die größte Ansammlung an tollen Spas in Thailand, aber auch Bangkok (S. 93), Chiang Mai (S. 351) und Ko Samui (S. 570) können sich sehen lassen.

In Bangkok gibt's zahlreiche Yogastudios, doch mit den besten Retreats warten die Inseln im Süden auf, vor allem Ko Pha-Ngan (S. 590) und Ko Samui, aber auch Chiang Mai und Pai (S. 301) in Nordthailand haben einiges zu bieten.

Thai-Küche

Wie die Thais kochen zu lernen steht bei vielen Besuchern ganz oben auf der Liste. Viele thailändische Köche geben ihre Tricks gerne weiter und nehmen Foodies mit auf Märkte, um ihnen etwas über die Zutaten beizubringen.

Reiseziele

Bangkok Thailands Hauptstadt beherbergt die größte Ansammlung von Thai-Kochschulen (S. 98).

Chiang Mai Die Küche des Nordens bringen einem zahlreiche Kochschulen in Chiang Mai (S. 352) näher, teils mit Schwerpunkt auf vegetarischer oder Bio-Küche.

Thaiboxen

Wer schon mal davon geträumt hat, Thaiboxer zu werden, kann sich hier in einem Trainingslager in Sachen allgemeiner Fitness und Ring- und Fußarbeit im *moo·ay tai* (auch *muay Thai*) ausbilden lassen.

Reiseziele

Bangkok Die Hauptstadt Thailands beherbergt eine Reihe Schulen jeden Schwierigkeitgrades. Für Anfänger eignen sich besonders gut Fitnessstudios wie das Jaroenthong Muay Thai Gym (S. 97).

Pattaya Der **Fairtex Sports Club** (Karte S. 487; ☎038 253888; www.fairtexpattaya.com; 179/185–212 Mu 5, Th Pattaya Neua; Sessions 800 B) hat tolle Einrichtungen und zielt auf ausländische Besucher ab – ungeachtet ihrer Fitness oder ihrer Kampferfahrung. Ab und an schauen auch Landesmeister und Kämpfer der gemischten Kampfkünste vorbei.

Chiang Mai Hier gibt es mehrere hervorragende Sportclubs im Thaiboxen, z. B. das Lanna Muay Thai Boxing Camp (S. 354).

Damnoen Saduak Floating Market (S. 160), Ratchaburi

Reiseplanung

Essen & Trinken wie die Thais

Feurige Currys, Nudeln ohne Ende, Meeresfrüchte und tropisches Obst, von dem man bisher nur träumen konnte – in der Thai-Küche ist all das vertreten. Wer die ganze kulinarische Herrlichkeit erleben will, muss sich mit den Speisen der verschiedenen Regionen und Volksgruppen vertraut machen.

Essen rund ums Jahr

Sommer (März–Juni)

In der heißesten Zeit des Jahres ist vor allem frisches Obst angesagt: Voll ausgereifte Durians, Mangos, Mangostans und Litschis bersten vor Süße und Geschmack.

Regenzeit (Juli–Oktober)

Kulinarischer Höhepunkt der Regenzeit ist jedes Jahr das Vegetarierfest (üblicherweise Ende Sept. oder Anfang Okt.). Besonders ausgiebig wird das Fest in Städten mit großer chinesischer Bevölkerung wie Bangkok, Phuket und Trang gefeiert.

Winter (November–Januar)

In der sehr kurzen kühleren Jahreszeit öffnen in allen größeren Städten die Biergärten, die zumeist auch typisch thailändische Getränke ausschenken, die so reichhaltig sind, dass sie fast schon eine Zwischenmahlzeit darstellen.

Kulinarische Erlebnisse

Himmlisch

➡ **Saawaan** (S. 129) Das Bangkoker Sternerestaurant ist eins der besten Thai-Restaurants weltweit.

➡ **Gaa** (S. 131) 10- bis 12-Gänge-Menüs mit exquisiter indischer und Thai-Küche in Bangkok.

➡ **Dining on the Rocks** (S. 578) Ko Samuis ultimatives Esserlebnis: Man schlemmt auf Veranden, die über den Wellen zu schweben scheinen.

➡ **Khao Soi Lam Duan Fah Ham** (S. 366) Das beste *kôw soy* (Weizen-Eier-Nudeln in Curry-Brühe) in Chiang Mai.

➡ **Jek Pia** (S. 541) Das familiengeführte Lokal in Hua Hin serviert seit über 50 Jahren erstklassige Meeresfrüchte.

➡ **Blue Rice** (S. 201) Meisterhafte Gewürzmischungen in kreativen Speisen am Fluss in Kanchanaburi.

Gut & günstig

➡ **MBK Food Island** (S. 133) Günstige Einführung mit Klassikern der thailändischen bzw. thailändisch-chinesischen Küche; in Bangkok.

➡ **Paa Suk** (S. 226) Hat einige der besten Nudelgerichte des Nordens zu günstigen Preisen; in Chiang Rai.

➡ **Bang Ian Night Market** (S. 184) Auf dem quirligen Markt in Ayutthaya gibt's u. a. leckeren Fisch vom Grill und *roh·đee săi măi* (Crêpes mit Zuckerwatte-Füllung).

➡ **Talat Pratu Chang Pheuak** (S. 364) Hunger mitbringen: Auf dem Schlemmermarkt in Chiang Mai warten regionale Spezialitäten wie das berühmte *kôw kăh mŏo* (geschmorte Schweinshaxe mit Reis) der markanten „Dame mit dem Cowboyhut".

➡ **Jek Pia** (S. 541) Top-Restaurant, in dem mehrere von Hua Hins besten Köchen arbeiten.

➡ **Krua Talay** (S. 628) Exzellente Meeresfrüchte in reizvollem Garten-Ambiente in Nakhon Si Thammarat.

➡ **Sai Ngam** (S. 444) Die *pàt mèe pímai* (lokaltypische Bratnudeln) der Restaurants in Phimai sind ein Muss.

Spezialitäten

Currys & Suppen

Das Thai-Wort *gaang* wird etwa wie „Gang" (für „Bande") ausgesprochen und oft mit Curry übersetzt. Tatsächlich steht es aber für alle Gerichte mit viel Flüssigkeit – sowohl für Suppen (wie *gaang jèut*) als auch für klassische Currys auf Basis von Chilipasten, für die die thailändische Küche berühmt ist. Für Letztere werden diverse frische Zutaten (oft z. B. Chilis, Galgant, Zitronengras, Schalotten, Knoblauch, Salz, Garnelenpaste, geriebene Schale der Kaffir-Limette) in einem Steinmörser zu aromatischem *krêu·ang gaang* zerstampft, einer sehr kräftigen, dicken Paste.

Wohlbekannt ist auch Thailands süßsaure *đôm-yam*-Suppe, deren oft samtige Konsistenz täuscht: Dahinter lauert feurige Schärfe, für die *prík kêe nŏo* (Mini-Chilis) oder ein halber Teelöffel *nám prík pŏw* (geröstete Chilipaste) verantwortlich sind. Zitronengras, Kaffir-Blätter und Limonensaft verleihen der *đôm yam* ihre charakteristische Würze.

Salate

Der landesweit verbreitete *yam* ist ebenso typisch für Thailand wie Currys. Der säuerlich-pikante Salat basiert meist auf Seafood,

Fleisch oder Gemüse. Limettensaft sorgt dabei für die Säure, während die Schärfe von jeder Menge Chilis kommt. *Yam* wird meist auf Zimmertemperatur serviert; die Resthitze gekochter Zutaten macht manche Varianten jedoch lauwarm. Das Gericht eignet sich als Beilage und als *gàp glâam* (Snack bei nächtlichen Kneipentouren).

Reis

In Thailand gehört Reis einfach zum Essen dazu und im größten Teil des Landes ist ein Gericht ohne Reis nicht akzeptabel. Thailand beherbergt auf über der Hälfte des Ackerlandes die weltweit fünftgrößte Anbaufläche von Reis, auf der außerdem ein beträchtlicher Teil der Bevölkerung arbeitet. Reis ist für Thailands Esskultur so wichtig, dass *gin kôw* (wörtl. „Reis essen") hier das gebräuchlichste Wort für „essen" ist und *Gin kôw rĕu yang*? („Haben Sie schon Reis gegessen?") zu den häufigsten Grußformeln zählt.

Kurzgebratenes & Frittiertes

Pàt-Gerichte (Kurzgebratenes) wurden einst von Chinesen nach Thailand ge-

Gaang kĕe·o wăhn (grünes Thai-Curry; S. 52)

THAI-NUDELGERICHTE

Einige thailändische Nudelgerichte können *hâang* („trocken") bestellt werden: Dann werden die Nudeln nur mit so viel Brühe serviert, dass sie feucht bleiben.

➡ **Bà·mèe** Weizen-Eier-Nudeln, gewöhnlich serviert mit gegrillten Schweinefleischstreifen, Grüngemüse und vielleicht Wan Tans.

➡ **Gŏo·ay jáp** Reisnudeln und Schweinsinnereien, serviert in einer duftenden, pfeffrigen Brühe; beliebt bei Thai-Chinesen.

➡ **Gŏo·ay đěe·o kaang** Thai-muslimisches Gericht mit Reisnudeln, serviert mit Curry-Brühe, oft mit Tofu, hartgekochtem Ei und Erdnüssen als Verzierung.

➡ **Gŏo·ay đěe·o lôok chín** Reisnudeln und meist klare Brühe mit Schweinefleisch- oder Fischbällchen (manchmal auch Rind oder Huhn); eine der häufigsten Nudelarten des Landes. Wer *gŏo·ay đěe·o* bestellt, wird nach der gewünschten Nudelart gefragt, von *sên lék* (dünnen Nudeln) bis zu *sên yài* (breiten Nudeln).

➡ **Gŏo·ay đěe·o reu·a** Nudel-Bowls mit Schweine- oder Rindfleisch und einem Aroma, das vom Tierblut herrührt, in dem die Nudeln zubereitet werden.

➡ **Kà·nŏm jeen** Das nach der verwendeten Nudelart benannte Gericht kombiniert dünne Reisnudeln mit einer meist milden Curry-artigen Brühe und Kräutern. *Kà·nŏm jeen* variiert je nach Region und ist eins der billigsten Nudelgerichte des Landes.

➡ **Kôw soy** Gericht aus Nordthailand mit Weizen-Eier-Nudeln in einer sämigen, duftenden Brühe auf Curry-Basis.

➡ **Yen đah foh** Fleischklößchen, Würfel gekochten Bluts und knuspriges Grüngemüse werden kombiniert in einer einzigartigen purpurnen Brühe. Besonders beliebt in Bangkok.

Thai-Pfannkuchen, *kà·nŏm buang*

bracht. Oft basieren sie auf Originalrezepten – z. B. *pàt pàk bûng fai daang* (kurzgebratener Wasserspinat mit Knoblauch und Chili). Andere Varianten wie das *pàt pèt* (wörtl. „pikantes Kurzgebratenes") sind thailändisch-chinesische Kombinationen.

Tôrt (in Öl frittieren) kommt hauptsächlich bei Snacks wie *glôo·ay tôrt* (frittierte Bananen) oder *ḃò·ḃée·a* (Frühlingsrollen) zur Anwendung. Eine Ausnahme ist der weit verbreitete *ḃlah tôrt* (frittierter Fisch).

Nám Prík

Die pikanten Dips auf Chilibasis werden in Thailand eher privat als in Restaurants kredenzt – meist mit Reis, Gemüse und Kräutern. Sie sind extrem regional geprägt: Anhand der jeweiligen *nám-prík*-Version lässt sich theoretisch feststellen, in welcher Provinz man gerade verweilt.

Obst

Thailand wartet mit vielen großartigen Früchten auf: Allein *má·môo·ang* (Mangos) gibt's hier in einem Dutzend Sorten, die alle in verschiedenen Reifestadien genossen werden. Ebenfalls weit verbreitet sind *sàp·ḃà·rót* (Ananas), *má·lá·gor* (Papayas) und *đaang moh* (Wassermelonen), die überall von Straßenkarren verkauft werden (oft bestreut mit einem Mix aus Salz, Zucker und Chilipulver).

Weniger bekannte Beispiele für tropische Früchte sind:

➡ **Durian** *(tú·ree·an)* Thailands Königin der Früchte ist wegen ihres intensiven Aromas und Geruchs (je nach Wahrnehmung von Vanille bis Zwiebeln) auch das anrüchigste Obst des Landes.

➡ **Guave** *(fa·ràng)* Grüne, apfelähnliche Frucht mit rosafarbenem oder weißem Fleisch, das süß und knackig schmeckt; stammt ursprünglich aus Südamerika und heißt auf Thai „westlicher Ausländer".

➡ **Jackbaumfrucht** *(kà·nŭn)* Die grüne riesige Frucht – sie gilt als die größte der Welt – enthält wachsgelbe Spalten, die wie ein Mix aus Ananas und Banane schmecken und an Juicy-Fruit-Kaugummi erinnern.

➡ **Langsat** *(long·gong)* Unter der gelblichen Schale verbergen sich Spalten aus duftendem, perlmuttartigem Fruchtfleisch (schmeckt ähnlich wie Litschi).

Rambutan

➡ **Litschi** *(lín·jèe)* Das durchsichtige Fruchtfleisch unter der pinkfarbenen Schale erinnert an Weintrauben. Meist nur von April bis Juni erhältlich.

➡ **Longan** *(lam yai)* Eine Art harte Mini-Litschi mit süßem, duftendem Fruchtfleisch; beim Essen nach dem Schälen die harten Kerne ausspucken!

➡ **Mangostane** *(mang·kút)* Thailands Königin der Früchte hat eine harte, lilafarbene Schale. Diese umhüllt Segmente aus weißem und wunderbar duftendem Fruchtfleisch (teils mit harten Kernen).

➡ **Pomelo** *(sôm oh)* Diese „Grapefruit auf Steroiden" besteht aus süßlich-herben Segmenten unter einer dicken, markant grünen Schale. Diese einschneiden, die weiße Haut darunter abpellen und die Spalten auseinanderbrechen, um das Fruchtfleisch genießen zu können.

➡ **Rambutan** *(ngó)* Manche Assoziationen zum Aussehen dieser Frucht sind in vornehmer Gesellschaft tabu. Das durchsichtige, süße Fruchtfleisch unter der haarigen Schale wird vom Kern abgeknabbert.

➡ **Salakfrucht** *(sàlà)* Sieht aus wie eine mutierte Erdbeere und wird wegen der schuppigen Haut auch Schlangen(haut)frucht genannt. Das weiche Innere schmeckt wie eine unreife Banane.

➡ **Sternfrucht** *(má·feu·ang)* Prunkt nach dem Aufschneiden mit aparter Sternform; das gelbe Fruchtfleisch mit süß-säuerlichem Aroma soll eine blutdrucksenkende Wirkung haben.

➡ **Wasserapfel** *(chom·pôo)* Längliche Frucht mit glatter, glänzender Schale (rot oder rosafarben) und blassem, wässrigem Fleisch. Super Durstlöscher!

➡ **Zimtapfel** *(nóy nàh)* Die grüne Schale mit Knubbeln verhüllt süßes, körnig-klebriges Fruchtfleisch mit harten, schwarzen Samenkernen.

Süßigkeiten

Süßes wird in Thailand generell nicht als Dessert nach einem Hauptgericht genossen, sondern nur zum Frühstück oder als Snack. *Kŏrng wăhn* („süße Sachen") sind kleine Kalorienbomben, die oft leicht salzig schmecken; die Hauptzutaten sind Kokosraspeln, Kokosmilch, Reismehl (aus weißem oder Klebreis), gekochter Klebreis, Tapioka, Mungobohnenstärke, gekochte Wasserbrotwurzel (Taro) und Früchte.

Eher in Richtung europäisches Süßgebäck gehen Thailands *kà·nŏm* (etwa „süße Häppchen"). Davon sind wohl die Varianten im Bananenblatt am beliebtesten – vor allem *kôw đôm gà·tí* und *kôw đôm mát*, deren Klebreisfüllung jeweils mit *gà·tí* (Kokosmilch) gedämpft wird.

DIE VIER GRUNDAROMEN

Thailands Küche wird oft mit feuriger Schärfe assoziiert. Die meisten Gerichte stehen jedoch für eine feine Balance zwischen vier Grundaromen: süß, sauer, salzig und scharf. Erreicht wird diese z. B. mit einem Schuss Limettensaft, einer Prise Zucker, etwas Fischsauce, einem Esslöffel fermentierter Sojabohnen oder einem gezielten Spritzer Essig. Bestandteil vieler landestypischer Rezepte sind auch Bitterstoffe, die häufig in Form von Gemüse oder Kräutern hinzugefügt werden. Unabhängig von den jeweiligen Zutaten ist das Ziel aber immer dasselbe: eine köstliche Balance aus vier intensiven und deutlich unterscheidbaren Grundaromen.

Oben: *Bà ·mèe* (Weizen-Eier-Nudeln) mit Schweinefleisch

Unten: Thailändischer Eistee

RegionaleSpezialitäten

Südthailand

Nur nur Warnung: In einem Land voller würziger Regionalküchen sind die Gerichte Südthailands zweifellos die schärfsten. Außerdem ist das Essen der Südprovinzen meist sehr salzig und Fisch und Meeresfrüchte spielen eine große Rolle.

Zentralthailand

In Zentralthailand liebt man süß-herzhafte Aromen; viele Gerichte umfassen Süßwasserfisch, Schweinefleisch, Kokosmilch und Palmzucker – häufige Zutaten in den Ebenen Zentralthailands.

Nordthailand

Das Essen Nordthailands ist wohl das am wenigsten scharfe ganz Thailands: Es basiert eher auf bitteren Aromen und getrockneten Gewürzen. Dank der Vorliebe für Gemüse ist es außerdem sehr saisonal. Das am häufigsten eingesetzte Fleisch stammt vom Schwein, aber auch Huhn wird oft verarbeitet; als Beilage dient gewöhnlich *kôw něe·o* (Klebreis).

THAILÄNDISCHE ESSKULTUR

- Ausgewogene Balance zwischen Aromen und Texturen ist in Thailand sehr wichtig. So bestellen Tischgesellschaften Curry, gedünsteten oder gebratenen Fisch, Gemüse aus dem Wok und Suppe – für den richtigen Mix aus kalt und warm, süß und sauer, salzig und ungewürzt.
- Ob zu Hause oder im Restaurant: Thailändisches Essen wird immer „familiär" auf großen Platten serviert. Von diesen nimmt man sich jeweils immer nur einen Löffel – wer seinen Teller wie im Westen vollhäuft, gilt bei Thais als gierig bzw. gefräßig.
- Traditionell verwenden Thais einen Servierlöffel oder den eigenen Löffel, um mundgerechte Portionen von den Gemeinschaftsplatten zu nehmen und über dem Reis auf ihrem Teller zu verteilen. Das Ergebnis befördern sie per Gabel zurück auf den Löffel und mit diesem schließlich in den Mund.
- Mit Stäbchen werden nur chinesische Gerichte aus Schüsseln sowie alle Gerichte in China-Restaurants gegessen. In beiden Fällen liegen die Stäbchen schon bereit.

Fusionsküchen

Thailändisch-chinesisch

Vermutlich brachten chinesische Arbeiter und Händler einst den Wok plus diverse Nudelgerichte nach Thailand. Probiertipps:

- **Kôw kăh mŏo** Geschmorte Schweinshaxe mit Reis (oft auch mit Grüngemüse und einem hartgekochten Ei) ist eine typische thai-chinesische Einzelmahlzeit. Serviert wird sie z. B. in den **Soi 10 Food Centres** (Karte S. 102, Soi 10, Th Silom; Hauptgerichte 50–100 B; ⌚Mo–Fr 8–15 Uhr; Ⓜ Si Lom, Ausgang 2, Ⓢ Sala Daeng, Ausgang 1) und auf anderen Straßenmärkten.
- **Kôw man gài** Reis mit Hühnerfleisch, stammt ursprünglich von der chinesischen Insel Hainan, ist aber heute in fast ganz Bangkok verbreitet. Besonders gut ist die Version im **Boon Tong Kiat Singapore Chicken Rice** (Karte S. 112; 440/5 Soi 55/Thong Lor, Th Sukhumvit; Hauptgerichte 80–300 B; ⌚10–22 Uhr; ❄; Ⓢ Thong Lo, Ausgang 1/3 & Taxi).
- **Bà·mèe** Chinesische Weizen-Eier-Nudeln, die meist mit gegrillten Schweinefleischstreifen, etwas grünem Gemüse und/oder Wan-Tan-Teigtaschen serviert werden. In Bangkok bietet Mangkorn Khăo (S. 125), ein Straßenstand in Chinatown, eine gute Version.
- **Săh·lah þow** Die beliebten gedämpften Teigtaschen mit süßer oder herzhafter Füllung sind in Bangkok ein beliebter Imbiss.
- **Gŏo·ay đĕe·o kôoa gài** Breite Reisnudeln, die mit Ei, Hühnerfleisch und Tintenfisch in Knoblauchöl gebraten werden – ein beliebtes thai-chinesisches Gericht.

Thailändisch-muslimisch

Im späten 14. Jh. kamen Muslime aus Indien und dem Nahen Osten nach Thailand. Im Gepäck hatten sie eine Küche, die auf Fleisch und getrockneten Gewürzen basierte. Fast 700 Jahre später ist dieser kulinarische Einfluss immer noch spürbar.

GONZALO AZUMENDI / ALAMY STOCK PHOTO ©

Amita Thai Cooking Class (S. 98)

Typische Gerichte im thailändisch-muslimischen Stil:

➡ **Gaang mát·sà·màn** Das „muslimische Curry" wird mit viel Kokosmilch und, im Gegensatz zu den meisten thailändischen Currys, mit getrockneten Gewürzen zubereitet. Wie bei vielen thai-muslimischen Gerichten liegt der Fokus auf der Süße. In gehobenen Restaurants wie dem nahm (S. 130) in Bangkok werden oft Versionen serviert, die nicht *halal* sind.

➡ **Kôw mòk** Das als Biryani in der muslimischen Welt verbreitete Gericht gibt's auch in Bangkok (hier aber mit Hühnchen, einer süß-sauren Sauce und Hühnerbrühe).

KOCHKURSE

Die eintägigen Kochkurse beginnen in der Regel mit dem Besuch des Marktes, wo die Zutaten eingekauft werden, bevor es dann mit der Zubereitung von Currypasten, Suppen, Currys, Salaten und Desserts losgeht.

➡ **Amita Thai Cooking Class** (S. 98) Thai-Kochkurse in einer familiengeführten Schule am Kanalufer in Bangkok.

➡ **Small House Chiang Mai Thai Cooking School** (S. 352) Lokalpatriotische Schule in Chiang Mai mit Kursen in nordthailändischer Küche.

➡ **Apple & Noi Thai Cooking** (S. 198) Kurse in ländlicher Umgebung bei Kanchanaburi.

➡ **Borderline Teashop** (S. 290) Kurse in Mae Sot mit Gerichten aus Thailands Nachbarland Myanmar.

➡ **Samui Institute of Thai Culinary Arts** (S. 570) Schule auf Ko Samui, bietet auch Kurse im Obstschnitzen an.

➡ **Phuket Thai Cookery School** (S. 668) Kurse mit täglich wechselnden Gerichten auf Ko Sireh.

Chicken *sà·đé* (Satay)

➡ **Sà·đé** (Satay) Die pikante Erdnusssauce, die zu diesen Grillspießen serviert wird, stammt nicht, wie oft vermutet, aus der Thai-Küche, sondern kam über Malaysia ins Land.

➡ **Má·đà·bà** Das in Malaysia und Indonesien unter dem Namen *murtabak* bekannte Gericht besteht aus *roh·đee*, die pikant oder auch süß gefüllt und knusprig gebraten werden. Erhältlich ist es bei Karim Roti-Mataba (S. 123) in Bangkok.

➡ **Sà·làt kàak** Der „muslimische Salat" (wobei *kàak* eine etwas abwertende Bezeichnung für Menschen oder Dinge aus Indien und/oder dem muslimischen Kulturbereich ist) besteht aus Eisbergsalat, festen Tofustücken, Gurke, hartgekochten Eiern, Tomaten und Erdnusssauce.

Vegetarier & Veganer

Vegetarismus ist in Thailand nicht sonderlich weit verbreitet. Viele Touristenlokale sind jedoch auf Vegetarier eingerichtet. Die Alternative sind die paar wenigen *ráhn ah·hăhn mang·sà·wí·rát* (vegetarische Restaurants), in denen sich Vegetarier günstiges Essen vom Büfett holen können. Die Gerichte sind dabei fast immer rein vegan (sprich: ohne jegliche Tierprodukte).

Auf Thai heißt „Ich bin Vegetarier/in" *pŏm gin jair* (für Männer) bzw. *dì·chăn gin jair* (für Frauen). Frei übersetzt bedeutet dies jeweils „Ich esse nur Vegetarisches" – und bezieht sich damit auch auf den Komplettverzicht von Tierprodukten.

ESSEN: GLOSSAR

a·ròy – „köstlich" auf Thai
bà·mèe – Weizenmehlnudeln mit Ei
đôm yam – Thailands bekannte Suppe mit säuerlich-scharfem Geschmack
gaang – Curry
gài – Huhn
gŏo·ay đĕe·o – allgemeines Wort für Nudelsuppe
kà·nŏm – thailändische Süßigkeiten
kôw – Reis
kôw nĕe·o – Klebreis
lâhp – „Salat" mit Hackfleisch
mŏo – Schweinefleisch
nám dèum – Trinkwasser
nám ɓlah – Fischsauce
nám prík – Dips auf Chili-Basis
pàk – Gemüse
pàt – gebraten
pàt see·éw – breite Reisnudeln, mit Gemüse und Schweinefleisch gebraten
pàt tai – dünne Reisnudeln, mit Ei und Gewürzen gebraten
pèt – pikant
ɓèt – Ente
ɓlah – Fisch
pŏn·lá·mái – Obst
prík – Chili
ráhn ah·hăhn – Restaurant
tôrt – frittiert
yam – thailändische Salatvariante

Kulinarische Highlights

Rezepte aus vier Regionen, Einflüsse aus Ländern von China bis zum Nahen Osten, viele Zutaten und verschiedene Schärfegrade: Bei Thailands Küche verliert man schnell den Überblick. Hilfreiche Anhaltspunkte liefert die Kurzübersicht mit Gerichten, die man unbedingt probieren sollte:

1. Đôm yam

Die „saure Thai-Suppe" steht auf vielen Speisekarten. Der Name beschreibt die saure und zugleich feurig-scharfe Kräuterbrühe aber nur unzureichend.

2. Pàt tai

Die gebratenen dünnen Reisnudeln mit Ei, Tofu und Garnelen, verfeinert mit Fischsauce, Tamarinde und getrocknetem Chili, sind zum Aushängeschild für die Thai-Küche geworden.

3. Gaang kĕe·o wăhn

Die Kombination aus Kokosmilch und pikanter Kräuterwürzpaste ist im Ausland als „grünes Curry" bekannt. Sie verkörpert Thailands einzigartige Aromen und Zutaten wie kaum etwas anderes.

4. Yam

Die Thai-„Salate" kombinieren Fleisch oder Seafood mit Kräutern und säuerlich-scharfem Dressing.

5. Lâhp

Der Hackfleisch-„Salat" mit geröstetem Reispulver, Limette, Fischsauce und frischen Kräutern ist ein Paradebeispiel für die rustikale Küche des Nordostens.

6. Bà·mèe

Die Weizen-Ei-Nudeln, meist mit gebratenem Schweine- und/oder Krabbenfleisch, sind Standard an den Imbissständen in Thailand, kommen aber aus China.

7. Kôw mòk

Thailands Biryani-Version aus goldgelbem Reis, Hühnerfleisch, pikanter Brühe und süß-saurem Dip.

8. Sôm·đam

„Papaya-Salat" trifft es nicht genau: Für das äußerst scharfe Gericht werden Streifen aus unreifen Papayas mit Tomaten, Spargelbohnen, Chili, Limettensaft und Fischsauce in einem Mörser zerstampft.

9. Kôw soy

Diese Suppe aus Thailands Norden, eine cremige und komplex gewürzte Kokosmilch-Brühe mit Weizen-Ei-Bandnudeln, ist auch anderswo sehr beliebt.

10. Pàt pàk bûng fai daang

Knackiges grünes Gemüse, das mit viel Chili und Knoblauch kurz angebraten wird, ist ein wahres Seelentrösteressen nach Thai-Art.

QUYNH ANH NGUYEN / GETTY IMAGES ©

TELLYVISION / SHUTTERSTOCK ©

MARK WEINS / LONELY PLANET ©

NARIN NONTHAMAND / SHUTTERSTOCK ©

NENEULTIMATE / SHUTTERSTOCK ©

CHOCKDEE ROMKAEW / SHUTTERSTOCK ©

PAUL_BRIGHTON / SHUTTERSTOCK ©

MOXUMBIC / SHUTTERSTOCK ©

CBENJASUWAN / SHUTTERSTOCK ©

PIYATO / SHUTTERSTOCK ©

Reiseplanung

Für jeden der richtige Strand

Thailand hat zu viele schöne Strände, um nur einen zu wählen! Selbst wer zum wiederholten Mal kommt, steht vor der Qual der Wahl, zumal sich der Tourismus so rasant entwickelt, dass man die Strände nach einigen Jahren kaum wiedererkennt. Strände und Inseln werden hier kurz porträtiert, sodass jeder seinen Traumstrand finden kann.

Die besten Strände für ...

Ruhe und Action zugleich

Ko Mak Strandbarszene, leicht zu erkundende, breite Sandstrände.

Ko Phayam Mit dem Rad geht es über Nebenwege zu menschenleeren Stränden oder zur nächsten Party.

Hat Mae Nam Ruhiger Strand auf Ko Samui, doch ganz in der Nähe gibt's jede Menge Action.

Ko Bulon Leh Entspannte Stimmung und großes Freizeitprogramm.

Kulturelle Einblicke

Ko Yao Noi Die thai-muslimische Fischerinsel beeindruckt mit einer schönen Karstlandschaft.

Ko Sukorn Eine von Landwirtschaft und Fischerei geprägte Insel voller Mangroven und Wasserbüffel.

Ko Phra Thong Mit den Moken („Seenomaden") kann man seltene Orchideen entdecken.

Hua Hin In diesem urbanen Strandparadies kann man sich unter die Mittelschichts-Thais mischen.

Der Preis fürs Paradies

Der Charakter eines Ferienorts hängt vor allem von den Preisen ab. In Gegenden mit überwiegend Mittelklasse-Unterkünften trifft man unter den Sonnenschirmen und auf den vielen Schnorcheltouren vor allem Pauschaltouristen und Strandurlauber an.

Beschaulicher geht es in den teureren Ferienorten zu. Die Bilderbuchstrände von Surin und Ao Bang Thao auf Phuket gehören zu den ruhigeren der Insel, bieten aber gute Restaurants und Cocktailbars. Auf Ko Kut vor der Ostküste befinden sich an eher unberührten Stränden hübsche Resorts, während an den abgelegenen Stränden im Nordosten von Ko Samui einige der luxuriösesten Anlagen ganz Thailands stehen. Je kostspieliger eine Unterkunft, desto mehr Abgeschiedenheit und Ruhe bietet sie.

Nur an den abgelegensten Stränden des Landes findet man noch ein paar einsame Strandhütten, z. B. auf Ko Mak, Ko Wai, Ko Lanta und Ko Pha-Ngan.

Gute Erreichbarkeit ab Bangkok

Die Strände in der Nähe von Bangkok sind nicht mehr auch die, die am schnellsten zu erreichen sind. Inzwischen steuern Fluglinien Touristenziele wie Phuket und

Ko Samui auch direkt an – was den Umweg über die Hauptstadt erübrigt. Und von Bangkok kommt man mit dem Flugzeug bequem in den Süden.

Wer nicht fliegen möchte, aber nur wenig Zeit hat, reist von Bangkok aus am besten nach Ko Samet (etwa 4 Std.) oder in die nächstgelegenen Ferienorte Bang Saen (1 Std. mit dem Bus) und Pattaya (1½ Std.). Auf dem Festland sind die am nächsten gelegenen Strandorte Cha-am in 2½ Stunden und Hua Hin in drei Stunden zu erreichen. In nur sechs Stunden ist man auf Ko Chang, während man zu den Inseln in der südwestlichen Golfregion mindestens zehn Stunden braucht. Wer es eilig hat und mit dem Bus unterwegs ist, sollte auf die Andamanenküste eher verzichten.

Aktivitäten

Tauchen & Schnorcheln

Thailand ist ein Paradies für Taucher und Schnorchler. Die schönste Unterwasserwelt haben die Andamanenküste und Ko Tao am unteren Golf. Auf Inseln wie Ko Samui und Ko Lanta kann man zwar an den Stränden nicht besonders gut schnorcheln, es gibt aber Touren zu nahen Spots, wo man Korallen und Fische und mit etwas Glück sogar Meeresschildkröten oder auch Haie sieht. An der Küste bieten Ko Chang und Ko Kut eine Tauchszene mit Wracks.

Kultur

Für einen unverfälschten Einblick in die thailändische Kultur sollte man kleinere Küstenstädte wie Trang, Surat Thani oder Nakhon Si Thammarat, unbekanntere Inseln wie Ko Si Chang oder Ko Sukorn oder auf den anderen weniger besuchte Ecken wie die Südküste von Ko Samui oder die Ostküste von Ko Lanta ansteuern. Doch selbst in Patong oder auf Ko Phi-Phi kann man erleben, was sich jenseits der Resorts verbirgt, indem man an den Imbissbuden etwas isst. Ein freundliches Lächeln hilft fast immer, wenn man mit den Einheimischen ins Gespräch kommen möchte.

Klettern

Railay und das nahe Tonsai sind die Kletter-Eldorados im Süden Thailands, ideal für Anfänger wie auch erfahrene Kletterer, mit einer entspannten Stimmung. Ein paar weniger frequentierte Routen gibt's außerdem rund um das Städtchen Krabi. Langsam, aber sicher entwickeln sich auch die Ko-Yao-Inseln zu einem beliebten Ziel, vor allem für erfahrene Kletterer. Ko Tao zieht ebenfalls Sportkletterer an.

NACHTLEBEN IM PARADIES

Partytauglichkeit

1: Tote Hose Surin- und Similan-Inseln, Laem Son National Park, Hat Pak Meng, Hat Chang Lang, Ko Phra Thong

2: Leichtes Flimmern Ko Tarutao, Ko Libong, Prachuap Khiri Khan, Ko Wai

3: Es gibt eine Bar Ko Yao, Ao Khanom

4: Es gibt mehrere Bars Hat Khao Lak, Ao Thong Nai Pan (Ko Pha-Ngan), Ko Kut, Ko Mak

5: Es gibt überall Bars Hua Hin, Bo Phut (Ko Samui), Ao Nang

6: Es gibt Partys am Strand Ko Phayam, Railay

7: Auch noch nach Mitternacht Ko Lanta, Ko Chang, Ban Tai (Ko Pha-Ngan), Ton Sai

8: Und zwar volle Pulle! Hat Lamai (Ko Samui), Ko Lipe, Ko Samet

9: Was war gestern Abend? Hat Chaweng (Ko Samui), Pattaya, Ko Tao

10: Ich will nicht wissen, was gestern Abend war Patong (Phuket), Ko Phi-Phi, Hat Rin (Ko Pha-Ngan)

Wandern

In den Festlands-Nationalparks wie Khao Sok gibt's die meisten Möglichkeiten für Dschungelwanderungen. Aber auch auf den bewaldeten Inseln wie Ko Chang, Ko Pha-Ngan und sogar Phuket ist ein tolles Angebot an Wanderwegen zu finden; oft führen sie zu Wasserfällen oder Aussichtspunkten mit Blick auf das blaue Meer.

Sicherheit

Wer einen Motorroller oder ein Motorrad mietet, ist eventuell nicht versichert. Meistens ist die Versicherung nicht inbegriffen

JIRAPHOTO/SHUTTERSTOCK ©

Oben: Ang Thong Marine National Park (S. 619)

Unten: Surin Islands Marine National Park (S. 649)

– und im Falle eines Unfalls kommt die Versicherung zu Hause vielleicht nicht für den entstandenen Schaden auf. Für medizinische und Reparaturkosten wird man meist haftbar gemacht. Wer keinen thailändischen oder internationalen Führerschein hat, macht sich zudem strafbar. Man sollte immer auf Sand oder Kies auf der Straße achten, vor allem nach Regenfällen nicht mehr als 40 km/h fahren und komplett auf Alkohol verzichten. Und nicht vergessen: Helm auf!

Tödliche Badeunfälle passieren leider immer wieder. Rote und gelbe Warnflaggen sollten unbedingt beachtet werden, denn oft gibt es keine Rettungsschwimmer. Gefährlich sind vor allem tückische Strömungen, die einen aufs offene Meer hinaustreiben. Wird man in tieferem Wasser von einem Brandungsrückstrom erfasst, sollte man nicht versuchen, dagegen anzukämpfen, weil man so gefährlich schnell ans Ende seiner Kräfte kommt. Besser ruft man um Hilfe und lässt sich von der Strömung treiben. Von weiter draußen ist es meist leichter, wieder zurückzuschwimmen. Da die Strömungskanäle meist schmal sind, kann man versuchen, parallel zur Küste zu schwimmen, um aus dem Sog zu kommen.

Die Warnhinweise vor Würfelquallen an manchen Stränden sollten unbedingt beachtet werden. Der Hautkontakt mit Würfelquallen kann lebensbedrohlich sein; zwar sind tödliche Unfälle eher selten, doch gab es allein rund um Ko Pha-Ngan 2014/15 in zwölf Monaten zwei Todesopfer.

Beim Schwimmen ist unbedingt auf Jetskis und Longtail-Boote zu achten – man sollte nicht davon ausgehen, dass die Fahrer nach Schwimmern Ausschau halten.

Die Folgen des Tourismus

Thailands Inseln und Strände zählen zu den beliebtesten Zielen in Südostasien. Das hat zu massiver Erschließung geführt: Die beliebtesten Strände der Golf- und Andamanenküste strotzen jetzt vor Sonnenliegen, Jetskis und luxuriösen All-inclusive-Resorts.

Die touristische Infrastruktur ist inzwischen am Limit, besonders in der Hauptsaison im Winter. Immer größere Hotels und Resorts ersetzen kleine Pensionen und Strandhütten und bedrohen die Ökosysteme.

Auf kleinen, aber vollen Inseln wird es immer schwerer, für frisches Wasser und eine nachhaltige Entsorgung des Mülls zu sorgen. Die Verschmutzung des Wassers und große Besucherzahlen können die Korallenriffe schädigen. Doch man kann dazu beitragen, die Auswirkungen des Tourismus abzumildern:

➡ Unbekanntere Inseln und Strände ansteuern wie Ko Kut, Ko Mak und Ko Wai an der Ostküste oder Ko Yao Noi, Ko Chang (Ranong) oder Ko Phayam an der Andamanenküste.

➡ Außerhalb der Hochsaison reisen – Juni bis Oktober ist am billigsten.

➡ Bei Tour- und Tauchanbietern auf Nachhaltigkeit und Sicherheitsvorkehrungen achten!

➡ Müll sorgsam entsorgen!

➡ Beim Tauchen und Schnorcheln vorsichtig sein; in Meeresparks Korallen zu schädigen oder zu entfernen ist strafbar und die Ausrüstung sollte das Riff nicht berühren.

REISEZEIT

REGION	JAN.–MÄRZ	APRIL–JUNI	JULI–SEPT.	OKT.–DEZ.
Bangkok	bis März heißer	heiß & feucht	Regenzeit	bis Dez. kühlt es ab
Ostküste	Hochsaison, die im März langsam zu Ende geht	Regenzeit beginnt im Mai	Monsun: auf den kleineren Inseln ist alles geschlossen	kühleres Wetter, niedrigere Hotelpreise
Nördliche Golfküste	heiß & trocken	heiß & trocken	gelegentlich Regen & starker Wind	gelegentlich Regen & starker Wind
Südliche Golfküste	klar & sonnig	heiß & trocken	klar & sonnig, zunehmender Wind & Regen auf Ko Tao	Monsun & raue See
Nördliche Andamanenküste	Hochsaison, hohe Preise	Nebensaison mit launischem Wetter	Regenzeit & Surfsaison	die Hochsaison beginnt
Südliche Andamanenküste	Hochsaison	Monsun beginnt meist im Mai	Regenzeit: einige Resorts schließen	Sonne & Touristenströme

THAILANDS INSELN & STRÄNDE IM ÜBERBLICK

STRÄNDE	PAUSCHAL-TOURISTEN	BACK-PACKER	FAMILIEN	PARTYS	TAUCHEN/SCHNOR-CHELN	BESONDERHEITEN
Ko Chang & Ostküste						
Ko Samet	✓	✓		✓		hübsche Strände, nicht weit von Bangkok
Ko Chang	✓	✓		✓	✓	international, mittelmäßige Strände, Urwald
Ko Wai		✓	✓		✓	einfach; Tagesausflügler, abends wie ausgestorben
Ko Mak	✓	✓	✓			mittelmäßige Strände, tolle Stimmung
Ko Kut	✓	✓	✓			hübsch, nur teilweise erschlossen, toll für Ruhe
Hua Hin & nördliche Golfküste						
Hua Hin	✓	✓	✓			international, von Bangkok aus gut zu erreichen
Pranburi	✓		✓			ruhig, bei Bangkok
Ban Krut	✓		✓			relaxt, bei Thais beliebt
Bang Saphan Yai		✓	✓			billiger Festlandsstrand
Ko Samui & südliche Golfküste						
Ko Samui	✓	✓	✓	✓		international, gesellig
Ko Pha-Ngan	✓	✓	✓	✓	✓	beliebte Strände mit Saufgelagen am Hat Rin
Ko Tao	✓	✓	✓	✓	✓	jede Menge Tauchschulen
Ang Thong		✓	✓			Karstlandschaft, rustikal
Ao Khanom		✓	✓			ruhig, kaum bekannt
Phuket & Andamanenküste						
Ko Chang (Ranong)		✓			✓	rustikal und abgelegen
Ko Phayam		✓	✓			ruhig, wird bekannter
Surin- & Similan-Inseln			✓		✓	Tauchtouren mit Übernachtung an Bord
Ko Yao	✓	✓	✓			dürftige Strände, aber nettes Flair, tolle Landschaft
Phuket	✓	✓	✓	✓	✓	international, gesellig
Ao Nang	✓	✓	✓		✓	touristisch, bei Railay
Railay	✓	✓	✓			Kletterhochburg, mit ein paar tollen Stränden
Ko Phi-Phi	✓	✓		✓	✓	hübsche Partyinsel
Ko Jum	✓	✓	✓			mittelmäßiger Strand, nettes Flair
Ko Lanta	✓	✓	✓		✓	anständige Strände
Trang-Inseln	✓	✓	✓		✓	Ko Ngai prima für Kinder
Ko Bulon Leh		✓	✓		✓	hübsch, kaum bekannt
Ko Tarutao		✓	✓			entstehender Nationalpark
Ko Lipe	✓	✓	✓	✓	✓	Hotspot, gute Strände, gut für *visa runs*
Ko Adang		✓			✓	beliebt bei Tagesausflüglern

Reiseplanung

Mit Kindern

Auf der Suche nach einem exotischen Ziel, das auch Kinder verkraften? Thailand hat alles: Strände, Berge, wilde Tiere, funkelnde Tempel und quirlige Märkte – hier gibt's etwas für jedes Alter.

Kinder lieben ...

Strände

Hua Hin (S. 535) Vielleicht der familienfreundlichste Strand Thailands.

Pattaya (S. 486) Trotz des schlechten Rufs bietet dieser Badeort jede Menge Aktivitäten für Familien mit Kindern.

Hat Chaweng (S. 569) Der beliebteste Strand von Ko Samui hat etwas für Kinder jeden Alters.

Ko Chang (S. 505) Leichter Zugang zum Ozean.

Outdooraktivitäten

Ancient City (S. 169) Freilichtmuseum außerhalb von Bangkok mit Modellen der berühmtesten Monumente des Landes.

River Kwai Canoe Travel Services (Karte S. 197; ☎087 001 9137, 086 168 5995; riverkwaicanoe@yahoo.com; 11 Th Mae Nam Khwae; ⌚unterschiedlich) Kajakspaß für Anfänger in Kanchanaburi in Zentralthailand.

Lumphini Park (S. 86) Der größte Park im Zentrum von Bangkok lockt mit Paddelbooten, Spielplätzen und großen Waranen.

Chiang Mai (S. 329) Die Provinz bietet zahlreiche Wandermöglichkeiten, die sich teils auch für Kinder eignen.

Indooraktivitäten

Bangkoks Malls sind Magnete für Teenager aus dem In- und Ausland, doch es gibt auch jede Menge andere Beschäftigungen in geschlossenen Räumen.

Spartipps

Übernachten

Viele Hotels und Pensionen haben Familienzimmer mit genügend Platz für vier Personen. Einige Hotels stellen auf Wunsch Kinderbettchen zur Verfügung, jedoch nicht immer kostenlos.

Essen gehen

Familien mit Kindern sind in Restaurants stets willkommen, doch nur wenige bieten billigere Gerichte für Kinder an.

Verkehrsmittel

Kinder unter drei und bis zu einer Größe von 100 cm fahren mit der State Railway of Thailand (S. 830) sowie mit Skytrain und U-Bahn in Bangkok gratis. Für Kinder unter zwölf und bis zu einer Größe von 150 cm gibt's Ermäßigungen.

In Bussen und auf Fähren fahren Kleinkinder und Babys umsonst mit. Einige Fährbetreiber gewähren für Kids bis zu einer Größe von 150 cm Rabatte.

Aktivitäten

Einige Attraktionen und Museen bieten für Kinder unter zwölf Tickets zum halben Preis. Kinder unter drei kommen meist umsonst rein.

Art in Paradise (S. 344) In dieser Galerie in Chiang Mai können Kids vor verrückten Hintergründen für Fotos posieren.

Children's Discovery Museum (S. 105) In diesem kürzlich renovierten Bangkoker Museum macht das Lernen Spaß.

KidZania (Karte S. 94; ☎02 683 1888; www.bangkok.kidzania.com; 991/1 Rama I, 5. OG, Siam Paragon; Erw. 640–800 B, Kind 700–1350 B; ⏲Mo–Fr 10–17, Sa & So 10.30–20 Uhr; Ⓢ Siam, Ausgang 3/5) Raffinierter Indoorspielplatz im Siam Paragon (S. 154) im Zentrum von Bangkok.

Museum of Siam (S. 77) Eine Einführung in die Kultur Thailands, auch für Kids.

Verkehrsmittel

BTS, Bangkok Der Skytrain ist bei kleineren Kindern ein Hit.

Chao Phraya Express Boat (S. 164) Die spaßigste Art der Fortbewegung in Bangkok sind die Flussfähren.

Radfahren Viele Radtouranbieter haben auch Räder und Helme für Kinder.

State Railway of Thailand (S. 830) Viele Kinder mögen Nachtzüge; von den unteren Schlafkojen können sie sich die Bahnhöfe und das allgemeine Treiben anschauen.

Region für Region

Bangkok & Umgebung

Museen und jede Menge Aktivitäten – die Kids lieben die Haie und die Pinguine im Sea Life Ocean World (S. 91) – sowie Parks, Märkte und viele klimatisierte Einkaufszentren mit Kinos und Restaurants.

Zentralthailand

In Lopburi (S. 187) geben freche Affen den Ton an – endlos faszinierend für Kinder. Kids jeden Alters halten gern nach Tieren Ausschau und genießen ein Bad in den Wasserfällen des Erawan National Park (S. 204) in der Provinz Kanchanburi.

Nordthailand

Hier gibt's die tollsten Höhlen und Wasserfälle Thailands wie den Nam Tok Thilawsu (S. 295) sowie Wildwasser-Rafting und Tierschutzgebiete.

Provinz Chiang Mai

Ein Hit bei den Kleinen sind die Nachtzüge von Bangkok nach Chiang Mai (S. 379), aber auch die Elefanten in Burm and Emily's Elephant Sanctuary (S. 385).

Nordostthailand

In dieser wenig besuchten Region werden Kinder wie kleine Promis behandelt. Der Khao Yai National Park (S. 445) punktet mit Elefanten und Gibbons, Nong Khai mit einem vergnüglichen Raketenfest (S. 407).

Ko Chang & Ostküste

Thailands zweitgrößte Insel, Ko Chang (S. 505), bietet seichtes Wasser mit sanften Wellen – ideal für den Nachwuchs. Kids über sieben können im **Tree Top Adventure Park** (www.treetopadventurepark.com; Ao Bailan; 1250 B; ⏲9–17 Uhr) wie Tarzan durch die Bäume schwingen.

Hua Hin & nördliche Goldregion

Die langen Sandstrände von Hua Hin (S. 535) sind vielleicht die kinderfreundlichsten von ganz Thailand. Die Nationalparks Kuiburi (S. 546) und Kaeng Krachan (S. 527) locken mit wilden Elefanten und Gibbons.

Ko Samui & südwestliche Golfregion

Auf den Inseln hier gibt's herrliche Strände und Schnorchelmöglichkeiten, auf Ko Samui (S. 566) Essoptionen und Outdooraktivitäten ohne Ende.

Phuket & Andamanenküste

Die atemberaubendsten Strände Thailands und einige der familienfreundlichsten Inseln wie Ko Lanta (S. 724), Phuket hat alles, von Stränden und Nationalparks bis zu Aquarien und Tierschutzgebieten.

Gut zu wissen

In diesem Buch weist das Symbol 👪 auf familienfreundliche Angebote hin.

Tiere Zwar schauen Kinder gern den vielen Affen Thailands zu, doch sollte man nicht vergessen, dass es sich um wilde Tiere handelt, die beißen. Auch bei Straßenhunden sollte man vorsichtig sein: Einige sind aggressiv und übertragen Krankheiten wie Tollwut.

Aufmerksamkeit Die Thais lieben Kinder und bedenken sie mit viel Aufmerksamkeit, was aber manchen Kindern zu viel ist. Dann sagt man einfach, er oder sie ist schüchtern *(„kîi ai")*.

Essen gehen Das thailändische Essen ist für seine Gewürze bekannt, doch es finden sich immer ein paar für Kinder geeignete Gerichte – das Personal fragen! Hochstühle für Kleinkinder gibt's nur selten.

Kinderwagen In Thailand sind die Bürgersteige oft uneben und schmal – oder es gibt gar keine. Für Kleinkinder sind Rückentragen ideal.

Reisezeit Wer sich nicht sicher ist, dass sein Kind die Hitze verträgt, sollte in der Nebensaison (Juli–Okt.) fahren; dann regnet es zwar, aber meist nur kurz.

Städte Thailändische Städte sind laut, chaotisch und voll. Vor Hitze und Chaos kann man gut in klimatisierte Einkaufszentren fliehen; gut sind auch Hotels mit Pools.

Verkehrsmittel Die Straßen Thailands sind gefährlich. Wer ein Auto mietet, sollte daran denken, dass es nur selten Kindersitze gibt. Immer mehr Radläden verleihen Kinderräder und -helme.

Nützliche Quellen

Lonely Planet Kids (www.lonelyplanetkids.com) Jede Menge Aktivitäten und toller Blog.

Family Fun Thailand (www.familyfun.tourismthailand.org) Ermäßigungen für Familien in Hotels, für Aktivitäten und in Restaurants in ganz Thailand.

Thailand for Children (www.thailandforchildren.com) Tipps zu den besten Zielen für Kinder.

Tourism Thailand (www.tourismthailand.org) Offizielle Website der Tourism Authority of Thailand.

Kids' Corner

Wie bitte?

Hallo	sà-wàt-dee
Tschüss	lah gòrn
Danke	kòrp kun
Mein Name ist ...	pŏm/dì-chăn chêu ... (m/w)

Wusstest du?

- Siamkatzen kommen aus Thailand.
- In Thailand soll es Unglück bringen, sich mittwochs die Haare schneiden zu lassen.

Schon probiert?

Tak-ka-tæn – Frittierte Heuschrecken

Thailand im Überblick

Bangkok & Umgebung

Kultur
Essen
Nachtleben

Pilgerstätten

Die Tempel am Chao Phraya sind nationale Pilgerstätten, sie bergen hochverehrte religiöse Symbole und sind die größten Schaukästen klassischer Kunst und Architektur im Land.

Globale Küche

Diese Stadt liebt Essen. Man bekommt es überall – von Handwagen und Wok-Imbissen, in feinen Restaurants und stylischen Cafés. Jede Expat-Community Bangkoks hat ihr eigenes kulinarisches Angebot, sodass exotische Genüsse aus fast jeder Ecke des Globus erhältlich sind.

Bier & Cocktails

Nach wie vor ist ein Plastiktisch voller Gläser mit Chang-Bier der Inbegriff von Ausgehen in Bangkok – Dachterrassen mit Brise und Cocktails kommen auf Instagram aber deutlich besser. In der Stadt wimmelt es von hippen Studenten, die die Indie-Clubs und Diskos füllen.

S. 66

Zentralthailand

Kultur/Geschichte
Berge
Ausflugsziele

Imposante Ruinen

Die Ruinen von Ayutthaya, dem mächtigsten Königreich Thailands, gehören zum Weltkulturerbe, in den Überresten Lopburis regieren heute Affen und in Kanchanaburi wird der Kriegsgefangenen gedacht, die an der „Todeseisenbahn" arbeiteten.

Nationalparks

Kanchanaburi ist das Tor zu den nebelverhangenen, von Flüssen und Wasserfällen geformten Bergen im Westen Thailands. Dank der Nationalparks ist dies eine der urtümlichsten Ecken.

Flucht aus dem Alltag

Sangkhlaburi und Thong Pha Phum sind unwiderstehliche Refugien. Die Anreise ist einfach, die Abreise fällt dagegen schwer.

S. 172

Nordthailand

Geschichte
Berge
Essen

Alte Stadtstaaten

Im Norden Thailands sind überall die Überreste alter Stadtstaaten mit ihren befestigten Mauern und buddhistischen Monumenten zu finden.

Dramatische Landschaft

Die Hügel und Berge hier bilden eine spektakuläre Kulisse. Die von Minderheiten bewohnten Bergdörfer sind die Highlights von Provinzen wie Chiang Rai und Mae Hong Son.

Sauer & bitter

Das kühlere Klima des Nordens bestimmt die von sauren und bitteren Aromen geprägten Speisen der Region, die wiederum von der Thai-, Shan-, Burma- und Yunnan-Küche beeinflusst sind. Das bekannteste Gericht der Region ist *kôw soy,* ein mildes Curry mit Nudeln.

S. 214

Provinz Chiang Mai

Geschichte
Essen
Outdoorabenteuer

Befestigte Stadt

Chiang Mai, ein erfrischendes Gegenstück zum chaotischen Bangkok, präsentiert mit seiner befestigten Altstadt Geschichte und Kultur Nordthailands. Neben Sightseeing genießt man Koch-, Sprach- und Massage-Kurse.

Vegetarisches Essen

Nordthailand hat dank dem kühleren Klima und der Nähe zur Provinz Yunnan in China und zu Myanmar seine eigene einzigartige Küche. Chiang Mai ist ein Paradies für Vegetarier.

Raus ins Grüne

Jenseits des Stadtrands harrt eine üppige Berglandschaft der Erkundung, ob auf matschigen Wanderungen, bei Flusspadddeltouren oder beim Seilrutschen.

S. 328

Nordostthailand

Kultur/ Geschichte
Natur
Feste

Die alten Khmer

In der südlichen Isan-Region lag die Fernstraße des antiken Khmer-Reiches. In Phanom Rung und Phimai kann man Ruinen aus jener Zeit sowie viele weitere imposante Tempel bewundern.

Wildes Terrain

Zu den Nationalparks der Region zählen die immergrünen Wälder des Khao Yai und die bizarren Felsformationen des Phu Phrabat. Und der Mekong lockt mit schöner Landschaft und tollen Resorts Besucher an.

Feste feiern

In der heißen Jahreszeit wird im Nordosten viel gefeiert. Wild und spektakulär sind etwa die Raketenfeste und das Fest Phi Ta Khon.

S. 390

Ko Chang & Ostküste

Strände
Tauchen/ Schnorcheln
Kleinstädte

Meerblick

Das von Dschungel bedeckte Ko Chang wird wegen des Tropen-Feelings und der Partys geliebt. Das stille Ko Kut punktet mit Einsamkeit, Ko Mak versprüht relaxtes Insel-Flair und das kleine Ko Wai bietet traumhafte Ausblicke.

Unterwasserwelten

Der Meerespark um Ko Chang strotzt vor Tauchspots auch für Anfänger. Seeberge und Felsnadeln dienen Fischen und Schildkröten als Schutz.

Ländlicher Charme

Das oft übersehene Chanthaburi ist bekannt für seinen Edelsteinmarkt am Wochenende und sein restauriertes Hafenviertel. Einen eher schlichten Charme verströmt dagegen Trat.

S. 478

Hua Hin & nördliche Golfregion

Geschichte
Strände
Essen

Königliche Refugien

Mehrere Könige flohen aus Bangkok hier an die Küste, z. B. nach Phetchaburi mit seinem alten Hügelpalast und nach Hua Hin, dem Küstenrefugium Ramas IX.

Strände

Strandfans lieben Prachuap Khiri Khan, eine ruhige Stadt mit Karstbuchten, oder Hua Hin, einen modernen Urlaubsort mit allen Annehmlichkeiten, ideal für Familien und Paare.

Meeresfrüchte

Dank ihrer Nähe zu Bangkok ist die bei heimischen Touristen beliebte Region ein Mekka für Fisch und Meeresfrüchte, serviert auf dem quirligen Nachtmarkt von Hua Hin, von Straßenhändlern in Cha-am und in Restaurants am Meer.

S. 524

Ko Samui & südwestliche Golfregion

Strände
Tauchen/ Schnorcheln
Nachtleben

Inselhopping

Die Inseln in der südwestlichen Golfregion stehen bei Inselhoppern hoch im Kurs. Ko Samui bietet klassische Strandurlaube in Resorts an weißen Stränden, Ko Pha-Ngan verströmt mit seinen lauschigen Buchten ein alternativeres Flair.

Tauchschulen

Ko Tao wird von Tauchern für das warme Wasser und die günstigen Preise geschätzt, aber Ko Pha-Ngan kommt gleich dahinter.

Strandpartys

Bei den Vollmondpartys verwandelt sich Ko Pha-Ngan in einen gigantischen Strand-Rave, mit Eimern voller Alkohol, Leuchtfarben und allerlei promillegesteuerten Faxen.

S. 562

Phuket & Andamanenküste

Landschaft
Strände
Tauchen/ Schnorcheln

Naturwunder

Kalksteinberge ragen aus dem juwelenfarbenen Wasser auf. Dank der Outdooranbieter in Krabi, Trang und Ko Yao sind die Felsnadeln ein atemberaubender Abenteuerspielplatz.

Strände

Strände gibt's hier für jeden Geschmack. Phuket bietet vor allem Spaß für die Massen sowie echten Luxus. Einen Abstecher lohnen auch das entspannte Ko Lanta und das immer beliebtere Ko Phayam.

Meeresparks

Große Fische, Korallengärten, versunkene Wracks – tauchen und schnorcheln kann man hier etwa in den berühmten Meeresparks Similan und Surin.

S. 636

Reiseziele in Thailand

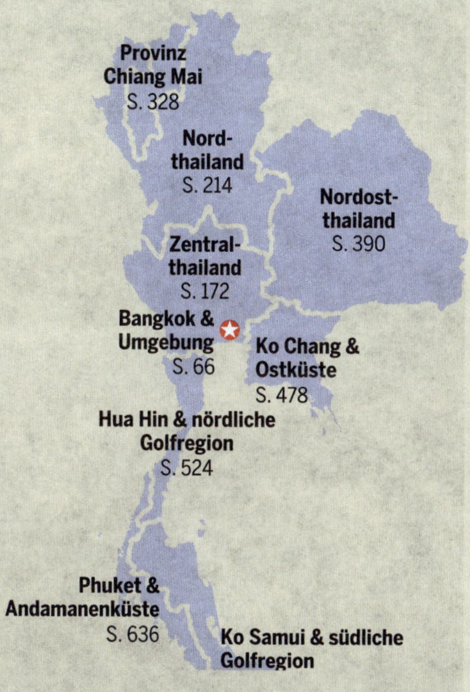

KURZ & BÜNDIG

EINWOHNER
9 600 000

ZAHL DER WOLKENKRATZER
92

BESTER FREILUFTMARKT
Chatuchak Weekend Market (S. 156)

GRÜNE LUNGE
Lumphini Park (S. 86)

SONNEN-UNTERGANGS-SPOT
Wat Arun (S. 76)

REISEZEIT

Nov.–Feb. Mit relativ kühlem und trockenem Wetter die beste Zeit für Bangkok, dafür aber voll und teuer.

März–Juni Jetzt wird's klebrig und ungemütlich. Linderung schaffen Dachterrassen und Pools – schön, da es nun leerer ist.

Juli–Okt. Regenzeit und Überschwemmungen sind nicht jedermanns Geschmack. Dafür sind die Unterkünfte billiger.

Lumphini Park (S. 86) und Skyline von Bangkok
ANEK SOOWANNAPHOOM/SHUTTERSTOCK ©

Bangkok & Umgebung

Same same, but different. Diese thai-englische Redewendung mit der Bedeutung „ganz gleich und doch anders" ziert mittlerweile viele T-Shirts und könnte als Sinnbild für Bangkok stehen: eine Stadt, in der Vertrautes und Exotisches zusammentreffen wie die verschiedenen Geschmacksrichtungen auf einem Teller *pàt tai* (gebratene Nudeln).

Hier findet man riesige klimatisierte Einkaufszentren direkt neben 200 Jahre alten dörflichen Behausungen, Tempel mit goldenen Türmen inmitten von neonbeleuchteten Rotlichtvierteln und einen zähfließenden Verkehr, den Longtail-Boote auf dem königlichen Fluss überholen. Wer kulinarische Abenteuer nicht scheut und auf weiße Tischdecken verzichten kann, für den gibt's kein besseres Schlaraffenland.

Das Alltagsleben findet größtenteils auf den Straßen statt. Hier kann man eine Bootsfahrt mit dem Besuch eines versteckten Markts verbinden, in den Gassen von Chinatown über eine Opernvorstellung stolpern oder abends in Sukhumvit das Nachtleben der dynamischen Stadt auskosten.

INHALT

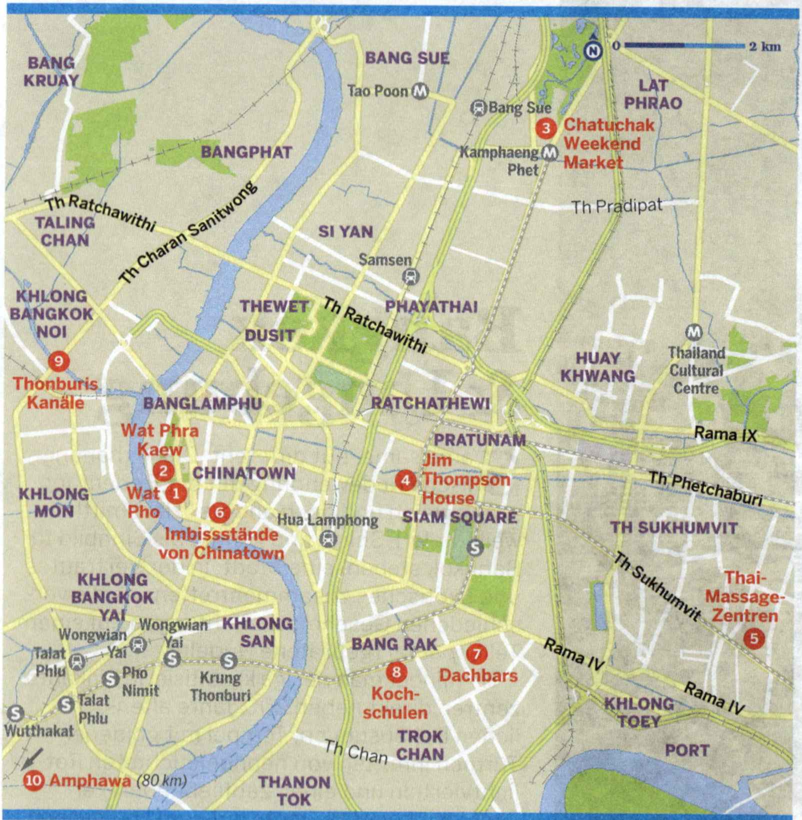

Highlights

1 Wat Pho (S. 69) Die atemberaubende, riesige Darstellung eines liegenden Buddha betrachten

2 Wat Phra Kaew (S. 72) Im majestätischen Komplex des Großen Palasts im Glanz des Smaragd-Buddhas baden

3 Chatuchak Weekend Market (S. 156) Seine Baht für bunte Souvenirs und Vintage-Klamotten verprassen

4 Jim-Thompson-Haus (S. 89) Das Beste der thailändischen Architektur bewundern

5 Thai-Massage (S. 93) Sich in einem der sehr günstigen Massagezentren herrlich durchkneten lassen

6 Chinatown (S. 126) An den Straßenimbissen von Chinatown in einen kulinarischen Rausch fallen

7 Dachbars (S. 143) Von einer Bar aus den Sternen und den Lichtern der Wolkenkratzer zuprosten

8 Kochschulen (S. 98) Bei einem Kochkurs die Zubereitung authentischer thailändischer Gerichte und den richtigen Einsatz der Gewürze erlernen

9 Thonburis Kanäle (S. 111) Bei einer Bootsfahrt von einer Sehenswürdigkeit zur nächsten schippern

10 Amphawa (S. 168) In dem Städtchen am Kanal außerhalb Bangkoks idyllische Holzgebäude erkunden

Geschichte

Seit dem späten 18. Jh. ist die Geschichte Bangkoks praktisch mit der Geschichte Thailands identisch. Viele der Ereignisse, die die Geschicke des Landes prägten, haben hier stattgefunden, und heute stehen Sprache und Kultur der Stadt repräsentativ für das ganze Land. Einst wäre dies unvorstellbar gewesen, denn ursprünglich gab es hier kaum mehr als einen unbedeutenden chinesischen Handelsposten. Da aber heute annähernd 10 Mio. Menschen in Bangkok wohnen, wird die Stadt weiterhin Thailands Geschichte formen.

Die Moderne

Im Jahr 1855 unterschrieb König Rama IV. (König Mongkut; reg. 1851–1868) den Bowring-Vertrag mit dem Vereinigten Königreich, der die exklusive ökonomische Ausrichtung Siams auf China beendete. Die Unterzeichnung dieses Dokuments und die anschließende Herrschaftszeit Ramas V. (König Chulalongkorn; reg. 1868–1910) führten zu einer Periode verstärkten europäischen Einflusses auf Siam.

In seiner Herrschaftszeit ließ Rama V. 120 neue Straßen in Bangkok bauen. 1893 wurde Bangkoks erste Bahnlinie eröffnet; ein Jahr später folgte eine elektrische Straßenbahn mit einer Länge von 20 km. Im Jahr 1900 erschienen in Bangkok drei Zeitungen in englischer Sprache.

Im Jahr 1924 gründeten einige thailändische Studenten in Paris die Khana Ratsadon (Volkspartei oder „Initiatoren des politischen Wandels“). Die Gruppe diskutierte Ideen zur Schaffung einer künftigen Staatsform nach dem Vorbild westlicher Demokratien. Ein unblutiger Staatsstreich brachte die Gruppe 1932 an die Macht. König Rama VII. (König Prajadhipok; reg. 1925–1935) stimmte der Umwandlung des Landes von einer absoluten in eine konstitutionelle Monarchie zu. Somit wurde Bangkok zum Zentrum einer gewaltigen neuen Bürokratie. Zusammen mit der wachsenden Bedeutung der Stadt als Welthandelshafen entwickelte sie sich für die Siamesen zum Eldorado der wirtschaftlichen Möglichkeiten.

Jüngere Vergangenheit

Im Januar 2001 wurde der Milliardär und ehemalige Polizeioberst Thaksin Shinawatra nach einem erdrutschartigen Sieg bei den Parlamentswahlen Premierminister – den ersten Wahlen unter den strengen Regeln der Verfassung von 1997. Trotz zahlreicher Kontroversen wurde Thaksin bei den Wahlen von 2005 der erste thailändische Regierungschef, der gleich im Anschluss an seine erste Amtszeit wiedergewählt wurde. 2006 jedoch wurde Thaksin des Machtmissbrauchs beschuldigt und es wurden ihm Interessenskonflikte vorgeworfen.

Bei den Parlamentswahlen 2011 wurde Yingluck Shinawatra, die jüngere Schwester Thaksins, der damals im Exil war, zur Premierministerin gewählt. Im Mai 2014 befand das thailändische Verfassungsgericht Yingluck und neun Minister ihres Kabinetts des Machtmissbrauchs für schuldig und zwang sie zum Rücktritt. Daraufhin nutzte das Militär das entstandene Machtvakuum, verhängte am 20. Mai das Kriegsrecht und erklärte zwei Tage später offiziell, dass es die Macht im Land übernommen hatte. Im August 2014 legte der ehemalige Oberbefehlshaber der thailändischen Armee, Prayut Chan-o-cha, seine Uniform ab, um Premierminister zu werden.

Am 13. Oktober 2016 verstarb im Alter von 89 Jahren König Bhumibol, der am längsten amtierende Monarch Thailands und der gesamten Welt. Es wurde ein Jahr der Trauer ausgerufen, das mit einem 90 Mio. US$ teuren Begräbnis im Großen Palast in Bangkok endete. Die Amtsgeschäfte übernahm nun sein Sohn Maha Vajiralongkorn, der schon während der Krankheit seines Vaters viele königliche Pflichten übernommen hatte.

Drei Jahre nach dem Tod von Thailands verehrtem König Rama IX. wurde Maha Vajiralongkorn im Mai 2019 offiziell zum neuen Herrscher des Landes gekrönt. Mit seiner Krönung nahm er gemäß der dynastischen Tradition den Titel Rama X. an.

Im März 2019 fanden im Zuge der Bemühungen, Thailand zurück zur Demokratie zu führen, Parlamentswahlen statt. Da diese jedoch kein eindeutiges Mandat ergaben, ernannte das Parlament den ehemaligen Armeechef Prayut Chan-o-cha zum Premierminister des Landes.

Sehenswertes

Ko Ratanakosin & Thonburi

Beinahe alle berühmten Sehenswürdigkeiten Bangkoks befinden sich in den beiden benachbarten Stadtteilen Ko Ratanakosin und Thonburi. Diese sind relativ kompakt, sodass man die meisten und vielleicht sogar alle Sehenswürdigkeiten an einem (allerdings schweißtreibenden) Tag abklappern kann.

★Wat Pho BUDDHISTISCHER TEMPEL
(วัดโพธิ์/วัดพระเชตุพน, Wat Phra Chetuphon; Karte S. 78; www.watpho.com; Th Sanam Chai; 200 B; 8.30–18.30 Uhr; Tien Pier) Unter Bangkoks Hauptsehenswürdigkeiten ist der Wat Pho unser absoluter Favorit und (etwas) weniger überfüllt als der benachbarte Wat Phra Kaew (S. 72). Die Anlage kann einige

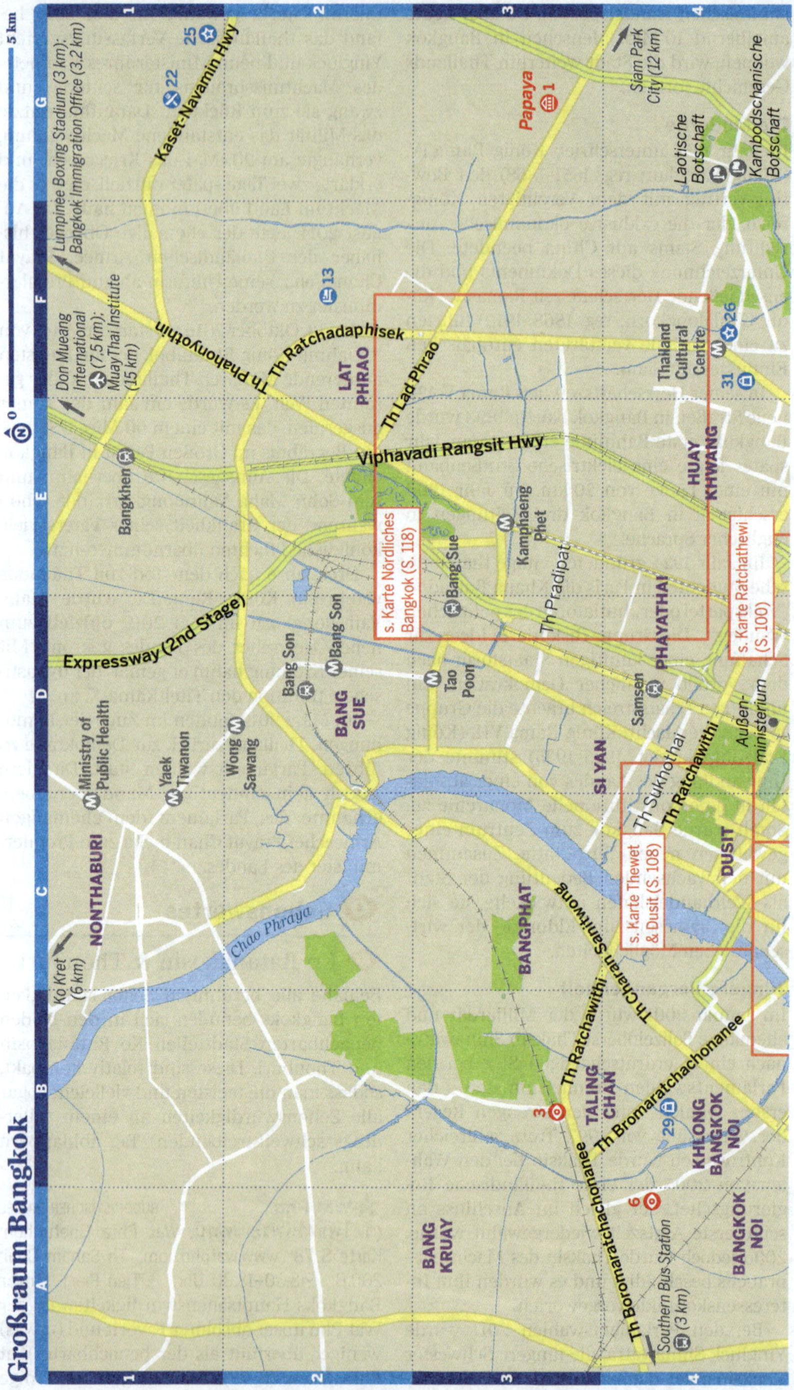
Großraum Bangkok
0
5 km
Kaset-Navamin Hwy
Th Phahonyothin
Th Ratchadaphisek
Th Lad Phrao
Viphavadi Rangsit Hwy
Expressway (2nd Stage)
Th Pradipat
Th Sukhothai
Th Ratchawithi
Th Charan Sanitwong
Th Bromaratchachonanee
Th Boromaratchachonanee
Chao Phraya
Lumpinee Boxing Stadium (3 km); Bangkok Immigration Office (3.2 km)
Don Mueang International (7.5 km); MuayThai Institute (15 km)
Siam Park City (12 km)
Ko Kret (6 km)
Southern Bus Station (3 km)
Papaya
Laotische Botschaft
Kambodschanische Botschaft
Thailand Cultural Centre
Bangkhen
Bang Sue
Bang Son
Kamphaeng Phet
Tao Poon
Samsen
Außenministerium
Ministry of Public Health
Yaek Tiwanon
Wong Sawang
LAT PHRAO
HUAY KHWANG
PHAYATHAI
BANG SUE
SI YAN
DUSIT
NONTHABURI
BANGPHAT
TALING CHAN
KHLONG BANGKOK NOI
BANGKOK NOI
BANG KRUAY
s. Karte Nördliches Bangkok (S. 118)
s. Karte Ratchathewi (S. 100)
s. Karte Thewet & Dusit (S. 108)
1
3
6
13
22
25
26
29
31
A
B
C
D
E
F
G
1
2
3
4

Bangkok Noi (Thonburi)
19
18
BANGLAMPHU
s. Karte Ko Ratanakosin, Banglamphu & Thonburi (S. 78)
CHINATOWN
KHLONG MON
KHLONG BANG LUANG
THONBURI
s. Karte Chinatown & Phahurat (S. 84)
Hua Lamphong
30
KHLONG BANGKOK YAI
Phuttamonthon 1
Th Phetkasem
Th Lat Ya
KHLONG SAN
Th Charoen Krung
Wongwian Yai
Bang Wa
Talat Phlu
Pho Nimit
Krung Thonburi
Wutthakat
DAO KHANONG
8
Th Ratchaphruk
Th Charoen Nakhon
s. Karte Ufergebiet (S. 90)
28
10
17
Th Taksin
THANON TOK
Rama III
Th Suksawat
RATBURANA
Rama II
Chalerm Mahanakhon Expwy
RATCHATHEWI
15
PRATUNAM
SIAM SQUARE
s. Karte Siam Square & Pratunam (S. 94)
Lumphini Park
s. Karte Silom & Sathon (S. 102)
Th Silom
SATHORN
23
12
20
s. Karte Lumphini Park & Rama IV (S. 88)
TROK CHAN
21
4
27
Rama IV
Makkasan
Rama IX
Makkasan (Bangkok City Air Terminal)
Soi 21 (Asoke)
Th Phetchaburi
TH SUKHUMVIT
KHLONG TOEY
Th Sukhumvit
s. Karte Th Sukhumvit (S. 112)
KHLONG TOEY
PORT
5
Bang Kachao
2
7
Chao Phraya
24
KHLONG TAN
9
Soi 71
11
Phra Khanong
14
16
Ramkhamhaeng
Suvarnabhumi International (16 km)
Cottage (12 km)
On Nut
PHRA KHANONG
Bang Chak
Punnawithi
Udom Suk
BANGNA
Bearing (1,5 km)
Bang Na
A
B
C
D
E
F
G
5
6
7
8

Großraum Bangkok

Highlights
1 Papaya ... G3

Sehenswertes
2 Bang Nam Pheung Market ... F8
3 Chang Chui ... B3
4 Gallery VER ... D7
5 Si Nakhon Kheun Khan Park ... E7
6 Taling Chan Floating Market ... A4
7 Wat Bang Nam Pheung Nok ... F8

Aktivitäten, Kurse & Touren
8 Amita Thai Cooking Class ... B7
9 Coran ... F6
10 Manohra Cruises ... C7
11 SpiceRoads ... G6

Schlafen
12 All That Bangkok ... D6
13 Be My Guest Bed & Breakfast ... F2
14 Beat Hotel ... G6
15 Cacha Art Hotel ... D5
16 Refill Now! ... G5
17 W Home ... C7

Essen
18 Chawang ... B5
19 Dao Tai ... B5
20 Le Cabanon ... D6
Ruam Tai ... (s. 18)
21 Sühring ... E7
22 Yusup ... G1

Ausgehen & Nachtleben
23 JAM ... D6
24 Tuba ... F5

Unterhaltung
25 Parking Toys ... G1
26 Siam Niramit ... F4
27 Tawandang German Brewery ... E7

Shoppen
28 Asiatique ... C7
29 Central Pinklao ... B4
30 Lhong 1919 ... C6
31 Talat Rot Fai ... F4

Superlative für sich verbuchen: den größten liegenden Buddha der Stadt, Thailands größte Sammlung von Buddha-Darstellungen und das älteste Bildungszentrum im Königreich. Das Highlight von Wat Pho ist der unglaublich eindrucksvolle **Liegende Buddha**, der beinahe zu groß für sein Zuhause in einem Pavillon am Westrand des Tempelkomplexes ist.

Das weitläufige Gelände des Wat Pho umfasst 8 ha Land. Die wichtigsten Attraktionen liegen nördlich der Th Chetuphon, die Klosteranlagen südlich. Die Tempelanlage ist auch das nationale Zentrum für die Lehre und Erhaltung der traditionellen Thai-Medizin, zu der auch die Thai-Massage gehört. Rama III. hatte diese Einrichtung initiiert, als die Tradition vom Aussterben bedroht war. Die berühmte Massageschule verfügt über zwei **Massage-Pavillons** (Karte S. 78; Thai-Massage ab 540 B pro Std.; 9–16 Uhr) auf dem Tempelgelände sowie zusätzliche Räume in der Ausbildungseinrichtung (S. 99) außerhalb des Tempels.

Beim Tempel des Liegenden Buddha ist es ein übliches öffentliches Ritual, ein paar Münzen (die Almosen verkörpern) in eine Reihe von Metallschalen hinter der Buddha-Statue zu legen. Wer nicht genügend Münzen dabeihat, kann bei einem Tempelwächter Geld wechseln. Der Tempel darf nur ohne Schuhe betreten werden. Am Eingang erhalten Besucher eine Plastiktüte, in die sie ihre Schuhe wickeln können, um sie beim Tempelbesuch bei sich zu tragen. Danach wird die wiederverwendbare Tüte in einen Sammelbehälter gelegt.

Im Eintritt ist eine Gratisflasche Wasser inbegriffen – die man nicht verschmähen sollte. Die Ausgabestelle ist an einem Stand beim Tempel des Liegenden Buddha. In der Anlage sind lange Röcke bzw. Hosen sowie Hemden bzw. Blusen mit langen Ärmeln zu tragen.

★ **Wat Phra Kaew** BUDDHISTISCHER TEMPEL
(วัดพระแก้ว; Karte S. 78; Th Na Phra Lan; 500 B; 8.30–15.30 Uhr; Chang Pier, Maharaj Pier) Der architektonisch atemberaubende Tempelkomplex ist das spirituelle Herz des thailändischen Buddhismus und der Monarchie, symbolisch vereint im heiligsten Bildnis des Landes, dem Smaragd-Buddha. Neben dem Tempelkomplex befindet sich der Große Palast (S. 73), die ehemalige Residenz des thailändischen Monarchen, einst eine geschlossene Stadt mit komplizierten Ritualen und gesellschaftlichen Rängen. Das Gelände wurde 1782, im ersten Jahr Bangkoks als Hauptstadt, geweiht und ist heute die größte Attraktion der Stadt und natürlich auch eine Pilgerstätte für ergebene Buddhisten. Weitere Informationen siehe S. 74.

➡ **Smaragd-Buddha**
Nachdem man den Wat Phra Kaew betreten hat, trifft man auf die *yaksha*, muskulöse

Wächterriesen aus dem *Ramakian*, der thailändischen Version des indischen Epos *Ramayana*. Dahinter befindet sich ein Hof: Hier beherbergt der *bòht* (Ordinationshalle) den Smaragd-Buddha (auch Jade-Buddha genannt). Die spektakulären Verzierungen drinnen und draußen lenken Erstbesucher davon ab, dem Bildnis ihre Hochachtung zu zollen. Und das hat seinen Grund: Der Smaragd-Buddha ist nur 66 cm groß und befindet sich hoch über den Gläubigen im Haupttempelgebäude, sodass der vergoldete Schrein fesselnder ist als die kleine Figur, die er umhüllt. Niemand weiß sicher, woher der Buddha stammt und wer ihn geschaffen hat, doch urkundlich erwähnt wird er das erste Mal im 15. Jh. in Chiang Rai in Nordthailand. Stilistisch scheint er dem 13. oder 14. Jh. anzugehören.

Aufgrund seines königlichen Status ist der Smaragd-Buddha zeremoniell in monastische Roben gehüllt. Inzwischen gibt es drei königlichen Roben: jeweils eine für die heiße, regenreiche und kühle Jahreszeit. Die drei Roben werden zu Beginn einer jeden Jahreszeit feierlich vom König selbst gewechselt.

➡ Ramakian-Wandbilder

Außerhalb des *bòht* befindet sich eine Steinstatue der chinesischen Göttin der Barmherzigkeit, Kuan Im. Ganz in der Nähe gibt's zwei Kuhfiguren, die das Jahr der Geburt Ramas I. repräsentieren. In dem 2 km langen Gang rund um den Komplex zeigen 178 Wandbilder Szenen aus dem gesamten *Ramakian*; los geht's am Nordtor und dann im Uhrzeigersinn um den Komplex herum.

Die Geschichte beginnt mit dem Helden Rama (der grüngesichtigen Figur) und seiner Braut Sita, der schönen barbusigen Maid. Das junge Paar wird zusammen mit Ramas Bruder aus dem Wald verbannt. In dieser idyllischen Kulisse verkleidet sich der böse König Ravana (die Figur mit vielen Armen und Gesichtern) als Eremit, um Sita zu kidnappen.

Rama verbündet sich mit Hanuman, dem Affenkönig (dargestellt als weißer Affe), um Ravana anzugreifen und Sita zu retten. Zwar verfügt Rama über den noblen Stammbaum, doch der eigentliche Held ist Hanuman – er ist loyal, mutig und clever. Auf dem Weg zum märchenhaften Ende folgen Szenen großer Schlachten und Listen, bis Ravana endlich getötet wird. Nachdem sie einen Feuertest bestanden haben, der ihre Loyalität prüfen sollte, sind Sita und Rama schließlich triumphal vereint.

Wenn die Tempelanlage von Touristen überrannt scheint, so ist es bei den Wandbildern doch gewöhnlich schön ruhig und schattig. Der Eintritt zum Tempel ist im Eintritt zum Großen Palast inbegriffen.

★ Großer Palast PALAST

(พระบรมมหาราชวัง; Karte S. 78; Th Na Phra Lan; 500 B; ⌚8.30–15.30 Uhr; Chang Pier, Maharaj Pier) Der Große Palast (Phra Borom Maharatchawang) ist Teil des größeren Komplexes, der auch den Wat Phra Kaew (S. 72) umfasst. Die ehemalige königliche Residenz wird heute nur noch für zeremonielle Zwecke genutzt. Besucher können sich die Außenanlagen des Großen Palastes anschauen sowie vier der verbleibenden Palastgebäude, die durch ihren königlichen Pomp beeindrucken. Auch hier müssen Besucher lange Röcke bzw. Hosen sowie Hemden oder Blusen mit langen Ärmeln tragen. Am Kartenhäuschen können auch Guides angeheuert werden; Audioguides gibt's für 200 B.

Auf 94,5 ha stehen hier mehr als 100 Gebäude, die 200 Jahre königlicher Geschichte und architektonischer Experimente widerspiegeln. Die Architektur der königlichen wie der sakralen Gebäude ist zumeist dem Ratanakosin-Stil (Altbangkoker Stil) zuzuordnen.

Die **Borombhiman-Halle** am Ostrand des Komplexes ist ein französisch angehauchter Bau, der Rama VI. (König Vajiravudh; reg. 1910–1925) als Residenz diente. Dieses Gebäude lässt sich heute nur durch die eisernen Tore betrachten. Im April 1981 nutzte es General San Chitpatima als Hauptquartier für einen Putschversuch. Die **Amarindra-Halle** westlich davon diente ursprünglich als Gerichtssaal, wird inzwischen aber für die seltenen Krönungszeremonien genutzt.

Das größte der Palastgebäude ist der **Chakri Mahaprasat** (Großer Palastsaal) mit seinen drei Flügeln. Das Äußere des nach Plänen britischer Architekten 1882 fertiggestellten Baus ist durch eine merkwürdige Stilmischung aus italienischer Renaissance und traditioneller thailändischer Architektur geprägt. Dieser Stil wird oft *fa·ràng sài chá·dah* (Westler mit dem Kopfschmuck eines klassischen thailändischen Tänzers) genannt, da jeder Flügel von einem *mon·dòp* (einer reich verzierten Turmspitze) gekrönt ist. Den ursprünglichen Plänen zufolge sollte das Gebäude mit einer Kuppel gekrönt werden, doch Rama V. (König Chulalongkorn; reg. 1868–1910) ließ sich von einem thailändischen Dach überzeugen. Das höchste der

Wat Phra Kaew & Großer Palast

BANGKOKS WICHTIGSTE RELIGIÖSE UND ROYALE MONUMENTE ERKUNDEN

Der erste Bereich, den Touristen betreten, ist die als Wat Phra Kaew bezeichnete buddhistische Tempelanlage. Ein überdachter Weg führt rund um das Gelände, dessen Innenwände mit ❶ ❷ **Wandmalereien von Szenen aus dem *Ramakian*** geschmückt sind. Die 178 Bilder, die die Kämpfe Ramas bei der Befreiung seiner entführten Frau Sita zeigen, sind der thailändischen Fassung des indischen Hindu-Epos *Ramayana* entnommen und entstanden in der Herrschaftszeit Ramas I. (reg. 1782–1809).

Nachdem man die Bilder bewundert hat, geht es durch eines der von ❸ **Yakshas** (Wächterdämonen) bewachten Tore in den inneren Bereich. Das wichtigste Gebäude hier ist der ❹ ***bòht* (Ordinationshalle)**, in dem der ❺ **Smaragd-Buddha** untergebracht ist.

Kinnaris
Diese anmutigen Wesen, halb Schwan, halb Frau, stammen aus der hinduistisch-buddhistischen Mythologie. Sie stehen vor dem Prasat Phra Thep Bidon.

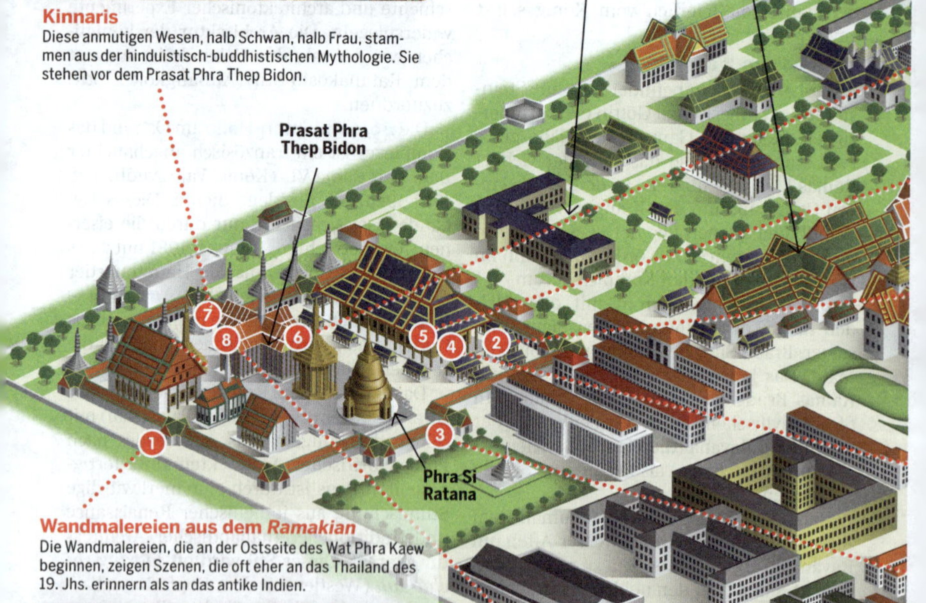

Wandmalereien aus dem *Ramakian*
Die Wandmalereien, die an der Ostseite des Wat Phra Kaew beginnen, zeigen Szenen, die oft eher an das Thailand des 19. Jhs. erinnern als an das antike Indien.

Hanumans
Reihen der spitzbübischen Affengottheiten aus der hinduistischen Mythologie stützen die unteren Geschosse zweier kleiner *chedis* nahe dem Prasat Phra Thep Bidon.

Östlich davon befindet sich die Obere Terrasse, der erhöhte Bereich mit den **6 Turmspitzen der drei Haupt-Chedis**. Das mittlere Gebäude, das Phra Mondop, beherbergt buddhistische Handschriften. Hier gibt es auch mehrere bemerkenswerte mythische Figuren, darunter winkende **7 Kinnaris** und Grimassen schneidende **8 Hanumans**.

Durch das Westtor gelangt man nun in den Bereich des Großen Palasts, wo nur wenige Gebäude für die Öffentlichkeit zugänglich sind. Das beachtenswerteste Bauwerk ist der 1882 errichtete **9 Chakri Mahaprasat**. Die Fassade dieser Halle zeichnet sich durch eine einzigartige Mischung aus westlicher und traditionell thailändischer Architektur aus.

mon·dòp, in der Mitte, enthält die Asche von Königen der Chakri-Dynastie; die flankierenden *mon·dòp* beherbergen die Asche zahlreicher Chakri-Prinzen, die nicht auf den Thron gelangten. Das letzte Gebäude im Westen ist die **Dusit-Halle** im Ratanakosin-Stil, die früher als Ort für Audienzen diente und später zur königlichen Begräbnishalle umgemodelt wurde.

Bis Rama entschied, dass für alle Männer eine Frau genügen muss, selbst für einen König, waren die riesigen königlichen Harems im Bereich des Inneren Palastes (nicht öffentlich zugänglich) untergebracht und wurden von kampferprobten Wächterinnen beschützt. Die Intrigen und Rituale dieser geschlossenen Gesellschaft leben in dem fiktiven Epos *Four Reigns* von Kukrit Pramoj weiter: Es folgt einem Mädchen namens Phloi, das in der Königlichen Stadt aufwächst. Weitere Informationen siehe S. 74.

★Wat Arun BUDDHISTISCHER TEMPEL

(วัดอรุณฯ; Karte S. 78; www.watarun.net; abseits der Th Arun Amarin; 50 B; ⌚8–18 Uhr; ⛴Flussfähre ab Tien Pier, ⛴Chao Phraya Express Boat) Nach dem Fall Ayutthayas übernahm König Taksin hier an einem Schrein feierlich die Macht und errichtete einen Königspalast sowie einen Tempel für den Smaragd-Buddha. Der Tempel wurde nach dem indischen Gott der Morgendämmerung (Arun) benannt und stand für die wortwörtliche und symbolische Gründung eines neuen Ayutthaya. Heute ist der Tempel eines der größten Wahrzeichen Bangkoks und einer der wenigen buddhistischen Tempel, die man erklimmen darf.

Sein markantestes Merkmal – den 82 m hohen *prahng* (Turm im Khmer-Stil) – erhielt der Wat Arun aber erst, als sowohl die Hauptstadt als auch der Smaragd-Buddha nach Bangkok umzogen. Mit dem Bau des Turms wurde in der ersten Hälfte des 19. Jhs. unter Rama II. (König Phraphutthaloetla Naphalai; reg. 1809–1824) begonnen; fertiggestellt wurde er erst später unter Rama III. (König Phranangklao; reg. 1824–1851). Steile Stufen führen hinauf zur Spitze, von wo sich ein atemberaubender Blick auf den Chao Phraya bietet. Von Weitem sind die kunstvollen **Blumenmosaike** nicht zu erkennen, die aus bunten Scherben chinesischen Porzellans gefertigt wurden – eine übliche Form der Tempelverzierung zu Beginn der Rattanakosin-Periode, als chinesische Schiffe im Hafen Bangkoks tonnenschwere Ladungen in Form von altem Porzellan abluden.

Die wichtigste Buddha-Darstellung des Tempels wurde angeblich von Rama II. persönlich entworfen. Die **Wandmalereien** stammen aus der Zeit von Rama V. (König Chulalongkorn; reg. 1868–1910). Am eindrucksvollsten ist eine Abbildung von Prinz Siddhartha, wie er außerhalb seiner Palastmauern Geburt, Alter, Krankheit und Tod begegnet – eine Erfahrung, die ihn dazu brachte, sein weltliches Leben aufzugeben. Die Asche von Rama II. ist im Fundament des hier vorherrschenden Buddha-Bildnisses begraben.

Vom Tien Pier verkehren regelmäßig Fähren über den Fluss zum Wat Arun. Auch das Chao Phraya Express Boat hält am Anleger des Tempels.

Nationalmuseum MUSEUM

(พิพิธภัณฑสถานแห่งชาติ; Karte S. 78; 4 Th Na Phra That; 200 B; ⌚Mi–So 9–16 Uhr; ⛴Chang Pier, Maharaj Pier) Das thailändische Nationalmuseum beherbergt eine eindrucksvolle Sammlung von Gegenständen aus der gesamten schillernden Vergangenheit des Landes. Die meisten Gebäude der Museumsanlage wurden 1782 als Palast für den Prinzen Wang Na, Vizekönig von Rama I., erbaut. Rama V. wandelte den Palast dann 1874 in ein Museum um. Heute verteilen sich drei Dauerausstellungen über mehrere Gebäude. In der Hauptabteilung, der **Galerie der thailändischen Geschichte**, sind einige der schönsten Buddha-Bildnisse und Darstellungen von Hindu-Gottheiten des Landes zu sehen.

Siriraj Medical Museum MUSEUM

(พิพิธภัณฑ์นิติเวชศาสตร์สงกรานต์นิยมเสน; Karte S. 78; 2. OG, Adulyadejvikrom Bldg, Siriraj Hospital; 200 B; ⌚Mi–Mo 10–16 Uhr; ⛴Wang Lang/Siriraj Pier, Thonburi Railway Station Pier) Dieses Museum der Anatomie, Pathologie und Forensik zeigt eine recht außergewöhnliche, um nicht zu sagen makabre Sammlung mumifizierter Leichname, zweiköpfiger Föten und von Krebs befallener menschlicher Organe sowie verschiedene Gliedmaßen, Mordwaffen und Beweismittel von Tatorten. Zwar sollen diese Exponate eigentlich der Bildung dienen und nicht dazu, dass den Besuchern übel wird, doch Exponate wie der konservierte Körper von Si Ouey führen oft zu Letzterem: Si Ouey war ein Serienmörder, der in den 1950er-Jahren mehrere Kinder ermordete und dann verspeiste, bevor er schließlich hingerichtet wurde.

ZUNGENBRECHER

Bei der Fertigstellung des Königsbezirks von Ko Rattanakosin im Jahr 1785 erhielt die siamesische Hauptstadt im Rahmen einer dreitägigen Weihezeremonie, an der Zehntausende Siamesen teilnahmen, einen neuen Namen: „Krungthep Mahanakhon Amonratanakosin Mahintara Ayutthaya Mahadilok Popnopparat Ratchathani Burirom Udomratchaniwet Mahasathan Amonpiman Avatansathit Sakkathattiya Witsanukamprasit". Dieses Wortungetüm lässt sich wie folgt übersetzen: „Stadt der Devas, große Stadt [und] Residenz des heiligen Juwels Indras [Smaragd-Buddha], uneinnehmbare Stadt des Gottes, große Hauptstadt der Welt, geschmückt mit neun wertvollen Edelsteinen, reich an gewaltigen königlichen Palästen, die dem himmlischen Heim des wiedergeborenen Gottes gleichen, Stadt, die von Indra geschenkt und von Vishvakarman gebaut wurde".

Verständlicherweise nannten ausländische Händler die Hauptstadt weiterhin Bang Makok, was schließlich zu Bangkok verkürzt wurde – unter diesem Namen ist die Stadt heute weltweit bekannt. Natürlich wissen alle Thais, was mit „Bangkok" gemeint ist, verwenden aber selbst die Kurzform Krung Thep (Stadt der Devas). Wenn vom Großraum Bangkok gesprochen wird, nennen sie diesen Krung Thep Mahanakhon (Metropole der Stadt der Devas).

Museum of Siam — MUSEUM

(สถาบันพิพิธภัณฑ์การเรียนรู้แห่งชาติ; Karte S. 78; Th Maha Rat; 200 B; ⌚ Di–So 10–18 Uhr; 👪; ⛴ Tien Pier) Das unterhaltsame Museum bedient sich verschiedener Medien, um die Wurzeln des thailändischen Volkes und seiner Kultur zu erkunden. Das Gebäude europäischen Stils aus dem 19. Jhs. beherbergte früher das Handelsministerium. Die Ausstellungen sind äußerst engagiert zusammengestellt und modern interaktiv aufbereitet, was für Thailands Museen nicht unbedingt üblich ist. Sie sind auch erfrischend ausgewogen und behandeln viele Fragen zu den Ursprüngen des Landes und seiner Menschen.

Amulettmarkt — MARKT

(ตลาดพระเครื่องวัดมหาธาตุ; Karte S. 78; Th Maha Rat; ⌚ 7–17 Uhr; ⛴ Chang Pier, Maharaj Pier) Der geheimnisvolle, faszinierende Markt nimmt die Gehwege entlang der Th Maha Rat und der Th Phra Chan ein und erstreckt sich bis zu dem dichten Netz aus überdachten Marktbuden südlich der Tha Phra Chan. Bester Zugangspunkt ist der gut ausgeschilderte Trok Mahathat. Hier wird vor allem mit kleinen Talismanen gehandelt, die bei Sammlern, Mönchen, Taxifahrern und Leuten mit gefährlichen Berufen begehrt sind.

Potenzielle Käufer, häufig schon mit zahlreichen Amuletten behängt, feilschen hier um Preise und blättern Kataloge mit teilweise astronomisch teuren Amuletten durch. Der Markt ist ein hervorragendes Plätzchen, um herumzuschlendern und die Männer (seltener Frauen) zu beobachten, die mit Lupen die winzigen Amulette studieren, um versteckte Bedeutungen und mit Glück den einen oder anderen echten Schatz zu finden.

Royal Barges National Museum (Nationalmuseum der Königlichen Barkassen) — MUSEUM

(พิพิธภัณฑสถานแห่งชาติเรือพระราชพิธี; Karte S. 78; Khlong Bangkok Noi oder 80/1 Th Arun Amarin; Eintritt 100 B, Erlaubnis zum Fotografieren 100 B; ⌚ 9–17 Uhr; ⛴ Phra Pin Klao Bridge Pier) Die königlichen Barkassen sind sehr schmale, besonders aufwendig verzierte Boote, die für zeremonielle Prozessionen eingesetzt werden. Diese Tradition reicht zurück bis in die Ayutthaya-Ära, als Reisen (sowohl vom gemeinen Volk als auch von der Königsfamilie) vorrangig per Boot unternommen wurden. Wenn sie gerade nicht im Einsatz sind, kann man die Barkassen in diesem interessanten Museum in Thonburi besichtigen. Am bequemsten erreicht man das Museum vom Phra Pin Klao Bridge Pier aus mit dem Motorradtaxi (den Fahrer bitten, zum *reu·a prá têe nâng* zu fahren). Oder man geht einfach zu Fuß.

Saranrom Royal Garden — PARK

(สวนสราญรมย์; Karte S. 78; zw. Th Ratchini, Th Charoen Krung & Th Sanam Chai; ⌚ 5–21 Uhr; ⛴ Tien Pier) Diese Grünanlage im viktorianischen Stil könnte auch als Park in Europa durchgehen. In der Zeit Ramas IV. befand sich hier die königliche Residenz, doch nachdem 1935 Rama VII. abgedankt hatte, diente der Palast als Hauptquartier der Volkspartei, die die Übergabe der Macht orchestrierte. Zurück blieb die Grünanlage, die 1960 für die Allgemeinheit geöffnet wurde.

Ko Ratanakosin, Banglamphu & Thonburi

0
500 m
BANGLAMPHU
PHAHURAT
Soi 1
Soi 2
Soi 3
Soi 4
Soi 6
Th Samsen
Th Chakrabongse
Th Kraisi
Th Tani
Th Rambuttri
Th Khao San
Soi Damnoen Klang Neua
Th Ratchadamnoen Klang
Soi Damnoen Klang Tai
Th Tanao
Th Din So
Th Mahanop
Soi Nava
Th Phraeng Nara
Th Bamrung Meuang
Wat Suthat
Rommaneenart Park
Khlong Lod
Soi Phraya Si
Th Atsadang
Th Triphet
Th Burapha
Th Phahurat
Th Mahachai
Th Charoen Krung
Th Chakrawat
Th Yaowarat
Th Suapa
Th Wora Chak
Soi Ban Bat
Th Boriphat
Goldener Berg
Phanfa Leelard Pier
Th Damrong Rak
Khlong Saen Saeb
Th Lan Luang
Th Nakhon Sawan
Th Ratchadamnoen Nok
Th Phra Sumen
Th Wisut Kasat
Th Prachathipatai
Khlong Phadung Krung Kasem
Tourism Authority of Thailand
s. Karte Chinatown & Phahurat (S. 84)

Ko Ratanakosin, Banglamphu & Thonburi

Highlights
1 Goldener Berg ... H4
2 Großer Palast ... C5
3 Wat Arun ... C7
4 Wat Pho ... D6
5 Wat Phra Kaew ... D5
6 Wat Suthat ... F5

Sehenswertes
7 Amulettmark ... C4
8 Lak Meuang ... D5
9 Museum of Siam ... D7
10 Nationalmuseum ... C3
11 Royal Barges National Museum ... A2
12 Sanam Luang ... D4
13 Saranrom Royal Garden ... D6
14 Silpakorn-Universität ... C5
15 Siriraj Medical Museum ... A3
16 Thammasat-Universität ... C3
17 Thanon Khao San ... E3
18 Wat Bowonniwet ... F2
19 Wat Ratchanatdaram ... G4
20 Wat Saket ... H4

Aktivitäten, Kurse & Touren
21 Meditationszentrum Wat Mahadhatu ... C4
22 Grasshopper Adventures ... F3
23 Jaroenthong Muay Thai Gym ... D2
24 Massage Pavilions ... D6
25 Velo Thailand ... F1
26 Wat Pho Thai Traditional Massage School ... C7

Schlafen
27 Arom D ... C7
28 Arun Residence ... C7
29 Aurum: The River Place ... C7
30 Baan Dinso 2 ... F4
31 Buddy Lodge ... E3
32 Casa Nithra ... F1
33 Chakrabongse Villas ... D7
34 Chern ... G5
35 Chillax Resort ... F2
36 Feung Nakorn Balcony ... E6
37 Hotel Dé Moc ... G2
38 Lamphu Treehouse ... F2
39 Nanda Heritage ... H2
40 NapPark Hostel ... E2
41 Niras Bankoc ... G5
42 Nouvo City Hotel ... E2
43 Old Capital Bike Inn ... G3
44 Penpark Place ... E1
45 Praya Palazzo ... D1
46 Rambuttri Village Plaza ... E2
47 Riva Surya ... D2
48 Royal ThaTien Village ... C7
49 Sala Ratanakosin ... C7
50 Samsen Sam Place ... E1
51 Suneta Hostel Khaosan ... E2
52 Villa Cha-Cha ... E2
53 Villa Phra Sumen ... G3
54 Vivit Hostel ... E4
55 Warehouse ... E4
56 Wild Orchid Villa ... D2

Essen
57 Bangkok Poutine ... E1
58 Err ... D7
59 Jay Fai ... G5
60 Karim Roti-Mataba ... D1
61 Khun Daeng ... D2
62 Krua Apsorn ... F4
63 Likhit Kai Yang ... H2
64 Ming Lee ... C5
Nopparat ... (s. 60)
65 Pua-Kee ... E1
Sala Rattanakosin ... (s. 49)
66 Savoey ... B4
67 Seven Spoons ... H3
68 Sheepshank ... D1
69 Shoshana ... E2
70 Thip Samai ... G5
71 Tonkin Annam ... C7
72 Wang Lang Market ... B4
73 ZeZe ... D2

Ausgehen & Nachtleben
74 Amorosa ... C7
75 Babble & Rum ... D2
76 Center Khao Sarn ... E3
77 Commé ... D2
78 Gecko Bar ... D2
79 Hippie de Bar ... D3
80 Ku Bar ... G3
81 Macaroni Club ... E2
82 Madame Musur ... D2
Mitramit ... (s. 65)
Mulligans ... (s. 31)
83 Phra Nakorn Bar & Gallery ... E3
84 Post Bar ... F1
Rooftop ... (s. 49)
85 The Club ... E3
86 The Roof Bar ... E3

Unterhaltung
87 Adhere the 13th ... E1
88 Brick Bar ... E3
Brown Sugar ... (s. 80)
89 jazz happens! ... D2
90 Molly Bar ... E3
91 Rajadamnern-Stadion ... H2

Shoppen
92 Heritage Craft ... E5
93 Khao San Market ... E3
94 Lofty Bamboo ... E3
95 Mowaan ... F5
96 Nittaya Thai Curry ... E2

Praktisches
Büro des Nationalmuseums ... (s. 10)

Banglamphu

In diesem Teil Bangkoks gibt's eher wenige Sehenswürdigkeiten, bei denen meist nicht viel los ist. Zumeist handelt es sich um buddhistische Tempel. Die meisten kann man auf einem halbtägigen Bummel abklappern.

★ Wat Suthat BUDDHISTISCHER TEMPEL

(วัดสุทัศน์; Karte S. 78; Th Bamrung Meuang; 100 B; ⌚8.30–21 Uhr; Klorng-Boot bis Phanfa Leelard Pier) Der Wat Suthat ist nicht nur riesig und beeindruckend, sondern genießt auch den wichtigsten königlichen Tempelrang. Im Inneren des *wí·hăhn* (Heiligtum für eine Buddha-Skulptur) befinden sich aufwendige Wandgemälde, die *jataka* (Geschichten aus Buddhas Leben) zeigen, sowie der 8 m hohe **Phra Si Sakayamuni**, Thailands größte noch erhaltene Bronzestatue aus der Sukhothai-Ära, die im 14. Jh. in der einstigen Hauptstadt Sukhothai gegossen wurde. Die Asche von Rama VIII. (König Ananda Mahidol; reg. 1935–1946) wird im Sockel des Bildnisses aufbewahrt.

★ Goldener Berg BUDDHISTISCHER TEMPEL

(ภูเขาทอง, Phu Khao Thong; Karte S. 78; abseits der Th Boriphat; Eintritt zum Gipfel 50 B; ⌚7.30–17.30 Uhr; Klorng-Boot bis Phanfa Leelard Pier) Selbst wer so langsam genug von den ganzen Wats hat, sollte den kurzen Weg auf den Goldenen Berg in Angriff nehmen. Serpentinenartige Stufen schlängeln sich über einen künstlich angelegten Hügel, auf dem knorrige Bäume Schatten spenden (an einigen hängen Schilder in englischer Sprache), vorbei an Gräbern und Bildern reicher Wohltäter. Oben angekommen wird man mit einem 360-Grad-Panorama von Bangkoks fotogenster Seite belohnt.

Nach dem Einsturz eines großen Stupas, mit dessen Bau unter Rama III. (König Phranangklao; reg. 1824–1851) begonnen wurde und dessen Untergrund zu weich war, um ihn zu tragen, schuf man einen künstlichen Hügel aus Erde und Backstein. Die so entstandene Anhöhe wurde von allerlei Gräsern überwuchert, bis Rama IV. (König Mongkut; reg. 1851–1868) einen kleinen Stupa auf ihrem Gipfel erbaute. Rama V. (König Chulalongkorn; reg. 1868–1910) erweiterte den Bau später und stellte in ihm eine Buddha-Reliquie aus Indien (eine Gabe der britischen Regierung) auf. Die Betonmauern wurden während des Zweiten Weltkriegs hinzugefügt, um eine Erosion zu verhindern.

Jedes Jahr im November findet auf dem Gelände ein Festival statt, bei dem auch eine zauberhafte Prozession mit Kerzen zum Goldenen Berg zieht.

Thanon Khao San STADTVIERTEL

(Karte S. 78; Th Khao San, Banglamphu; Phra Athit/Banglamphu Pier) Die Th Khao San hat im Lauf der Jahre einen erheblichen Imagewandel hingelegt: von einem schäbigen Backpacker-Ghetto der 1980er-Jahre hin zum stimmungsvollen Zentrum für gehobenen Backpacker-Tourismus der Gegenwart. Doch die unausrottbare Energie und der Reiz der Fußgängerstraße ist nach wie vor vorhanden. Zusammen mit ein paar bunten Nebenstraßen bildet die kultige Straße ein einzigartiges touristisches Ökosystem mit ausgezeichneten Übernachtungs-, Verpflegungs- und Ausgehmöglichkeiten für Reisende aller Art.

Wat Ratchanatdaram BUDDHISTISCHER TEMPEL

(วัดราชนัดดาราม; Loha Prasat; Karte S. 78; Th Mahachai; ⌚8–17 Uhr; Klorng-Boot bis Phanfa Leelard Pier) Dieser Tempel wurde in den 1840er-Jahren für Rama III. (König Phranangklao; reg. 1824–1851) errichtet. Die Bauweise soll von den Metalltempeln abgeleitet sein, die vor über 2000 Jahren in Indien und Sri Lanka entstanden. Daher überrascht es nicht, dass der Tempel im Volksmund auch *loha prasat* genannt wird, „Eisenpalast" auf Sanskrit. Hinter den formellen Gärten der Anlage werden auf einem bekannten Markt *prá krêu·ang* (buddhistische Amulette) in allen Größen, Formen und Stilen verkauft.

ANGEMESSEN KLEIDEN

Bei den meisten großen Sehenswürdigkeiten Bangkoks handelt es sich um heilige Stätten, und Besucher sollten sich angemessen kleiden und verhalten. Besonders in den Wat Phra Kaew und den Großen Palast wird nicht hineingelassen, wer seine Haut nicht genügend bedeckt hat. Kurze Hosen, ärmellose Hemden, Tops mit Spaghettiträgern, tiefsitzende Hosen sind nicht erlaubt, also alles, was mehr freilässt als den Kopf und die Unterarme. Wer nicht angemessen gekleidet ist, wird in eine Garderobe gebracht und muss dort einen Sarong überziehen – das führt zu längeren Wartezeiten und unnötigen Verzögerungen.

Wat Bowonniwet BUDDHISTISCHER TEMPEL

(วัดบวรนิเวศวิหาร; Karte S. 78; www.watbowon.org; Th Phra Sumen; ⏲8.30–17 Uhr; ⛴Phra Athit/Banglamphu Pier) Der 1826 gegründete Wat Bowonniwet wird umgangssprachlich auch Wat Bowon genannt und ist der nationale Sitz der Klostersekte Thammayut, die eine reformierte Version des thailändischen Buddhismus praktiziert. Wer damit nichts anfangen kann, sollte den Tempel wenigstens wegen der bemerkenswerten Wandgemälde des *bòht* (Ordinationshalle) besuchen, darunter thailändische Darstellungen des westlichen Lebens im frühen 19. Jh. (vermutlich dienten Zeitschriftenillustrationen als Vorlage). Hier wird die Asche des ehemaligen Herrschers Rama IX. verwahrt. Aufgrund seines königlichen Status sollten Besucher hier besonders auf angemessene Kleidung achten.

Rama IV. (König Mongkut; reg. 1851–1868), der als Gelehrter, nicht als König gesehen werden wollte, begründete diese Sekte und rief damit die königliche Tradition der Ordination in diesem Tempel ins Leben. Tatsächlich war Mongkut sogar mehrere Jahre lang Abt des Wat Bowon. Rama IX. (König Bhumibol Adulyadej; reg. 1946–2016) und Rama X. (König Maha Vajiralongkorn, reg. seit 2016) sowie mehrere andere männliche Mitglieder der Königsfamilie waren hier als Mönche auf Zeit ordiniert.

Wat Saket BUDDHISTISCHER TEMPEL

(วัดสระเกศ; Karte S. 78; abseits der Th Boriphat; ⏲tagsüber; ⛴Klorng-Boot bis Phanfa Leelard Pier) Die Wandgemälde im Wat Saket zählen zu den schönsten im Land. An einem Pfeiler hinter der Buddha-Statue sind einige recht anschauliche Darstellungen der buddhistischen Hölle zu sehen. Der Wat Saket befindet sich unmittelbar östlich des Goldenen Bergs (S. 81) innerhalb derselben Anlage.

Chinatown

Die bekanntesten Sehenswürdigkeiten von Chinatown sind seine Tempel, doch wer sich auf Erkundungen auf eigene Faust einlässt, findet in den gewundenen Straßen und auf den wuseligen Märkten weitere Gründe für einen Besuch.

★**Wat Traimit (Goldener Buddha)** BUDDHISTISCHER TEMPEL

(วัดไตรมิตร, Tempel des Goldenen Buddha; Karte S. 84; Th Mittaphap Thai-China; 40 B; ⏲8–17 Uhr; ⛴Marine Department Pier, Ⓜ Hua Lamphong, Ausgang 1) Besuchermagnet des Wat Traimit ist zweifellos die eindrucksvolle, 3 m hohe und 5,5 t schwere **Buddhastatue aus massivem Gold**, die glänzt wie – nun ja, wie Gold eben. Die im anmutigen Sukhothai-Stil gearbeitete Statue wurde vor etwa 65 Jahren „entdeckt", als sie beim Umzug innerhalb der Tempelanlage vom Kran fiel und der Gipsmantel, der sie bis dahin verborgen hatte, zersprang. Man vermutet, dass die Umhüllung hinzugefügt wurde, um die Statue während einer Belagerung gegen Ende der Sukhothai-Ära oder während der Ayutthaya-Ära vor marodierenden birmanischen Invasoren zu schützen.

Der Tempel selbst soll aus dem frühen 13. Jh. stammen. Zahlreiche Spenden und ein konstanter Touristenstrom haben dafür gesorgt, dass genügend Geld floss, und so ist die Statue nun in einem imposanten vierstöckigen Gebäude aus Marmor untergebracht, dem Phra Maha Mandop. Das 2. Geschoss beherbergt das **Yaowarat Chinatown Heritage Center** (นิทรรศการพระพุทธมหาสุวรรณปฏิมากร; Karte S. 84; 100 B; ⏲Di–So 8–17 Uhr), ein kleines, aber fesselndes Museum mit Multimedia-Exponaten über die Geschichte von Bangkoks Chinatown und ihrer Bewohner. In der **Phra Buddha Maha Suwanna Patimakorn Exhibition** (น'ทรรศก"รพระพุทธมห"สุวรรณปต'ม"กร; Karte S. 84; 100 B; ⏲Di–So 8–17 Uhr) im dritten Stock erfährt man, wie die Statue geschaffen und entdeckt wurde und wie sie an ihren aktuellen Aufenthaltsort gelangt ist.

★**Talat Mai** MARKT

(ตลาดใหม่, New Market; Karte S. 84; Soi Yaowarat 6/Charoen Krung 16; ⏲6–18 Uhr; ⛴Ratchawong Pier, Ⓜ Hua Lamphong, Ausgang 1 & Taxi) Mit fast zwei Jahrhunderten Geschichte auf dem Buckel ist die Bezeichnung „Neuer Markt" für diesen Handelsplatz eigentlich nicht mehr ganz passend. Ungeachtet dessen ist dies der authentischste chinesische Markt Bangkoks. Jedem, der schon einmal in China war, werden die getrockneten Lebensmittel, Würzmischungen, Gewürze und Saucen bekannt vorkommen. Selbst wer sich nicht außerordentlich für Kulinarisches interessiert, wird in der hektischen Atmosphäre (Achtung vor Motorrädern, die sich zwischen den Fußgängern hindurchschlängeln!), die sich mit ungewohnten Anblicken und exotischen Düften vermischt, ein surreales Sinneserlebnis haben.

★**Talat Noi** STADTVIERTEL

(ตลาดน้อย; Karte S. 90; abseits der Th Charoen Krung; ⏲7–19 Uhr; ⛴Marine Department Pier)

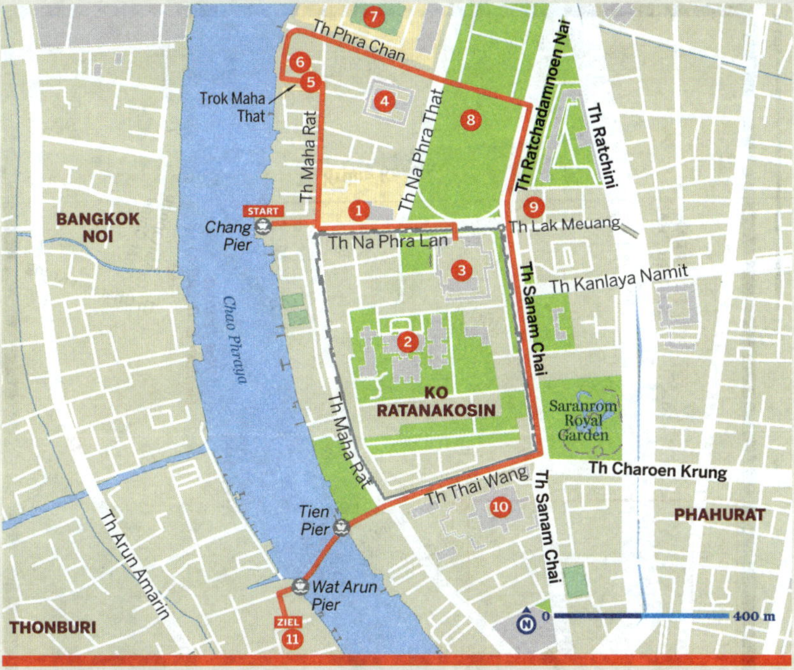

Spaziergang
Ko Ratanakosin

START CHANG PIER
ZIEL WAT ARUN
LÄNGE/DAUER 4 KM/3–5 STUNDEN

Die meisten Top-Sehenswürdigkeiten Bangkoks liegen im ehemaligen Königsbezirk Ko Rattanakosin. Am besten startet man früh und kleidet sich gemäß den Vorschriften der Tempel dezent.

Vom Chang Pier spaziert man die Th Na Phra Lan nach Osten. Nach einem Abstecher zur 1 **Silpakorn-Universität** (มหาวิทยาลัยศิลปากร; Karte S. 78; 31 Th Na Phra Lan; Chang Pier, Maharaj Pier), Thailands bedeutendster Kunsthochschule, geht's weiter zum Haupttor des 2 **Großen Palasts** (S. 73) mit dem heiligen 3 **Wat Phra Kaew** (S. 72), der dem Smaragd-Buddha geweiht ist.

Nun kehrt man zurück zur Th Maha Rat und folgt ihr Richtung Norden durch eine Gegend mit Kräuterapotheken und Amulettverkäufern. Zur Rechten liegt der 4 **Wat Mahathat**, eine der renommiertesten buddhistischen Hochschulen Thailands.

Jetzt zweigt man links in die 5 **Trok Maha That** mit dem 6 **Amulettmarkt** (S. 77) ab. Durchquert man den Markt Richtung Norden, weichen die Amuletthändler bald Straßenimbissen. Wenig später ist die 7 **Thammasat-Universität** (มหาวิทยาลัยธรรมศาสตร์; Karte S. 78; www.tu.ac.th; 2 Th Phra Chan; Chang Pier, Maharaj Pier) erreicht, die für ihre juristischen und politologischen Fakultäten bekannt ist.

Vom Phra Chan Pier überquert man die Th Na Phra That und läuft weiter nach Osten bis zum 8 **Sanam Luang** (สนามหลวง; Karte S. 78; zw. Th Na Phra That, Th Ratchadamnoen Nai & Th Na Phra Lan; tagsüber; Chang Pier, Maharaj Pier), dem „Königlichen Feld". Auf dessen Ostseite führt die Th Ratchadamnoen Nai nach Süden zum 9 **Lak Meuang** (ศาลหลักเมือง; Karte S. 78; Ecke Th Sanam Chai & Th Lak Meuang; 6.30–18.30 Uhr; Chang Pier, Maharaj Pier), wo Bangkoks Schutzgeist wohnt. Weiter nach Süden folgt man der Th Sanam Chai und biegt dann rechts in die Th Thai Wang ein zum Eingang des 10 **Wat Pho** (S. 69) mit dem kolossalen Liegenden Buddha. Abschließend geht's vom Tien Pier mit der Fähre über den Fluss zum 11 **Wat Arun** (S. 76).

Chinatown & Phahurat

Chinatown & Phahurat

Highlights
1 Talat Mai E3
2 Wat Traimit (Goldener Buddha) F4

Sehenswertes
3 Blumenmarkt A2
Phra Buddha Maha Suwanna Patimakorn Exhibition .... (s. 2)
4 Sampeng Lane D2
5 Wat Mangkon Kamalawat E2
6 Wat Pathum Khongka Ratchaworawihan E4
Yaowarat Chinatown Heritage Center .... (s. 2)

Schlafen
7 @Hua Lamphong G4
8 Loy La Long E4
9 Shanghai Mansion E3
10 Wanderlust BKK F3

Essen
11 Boo·a loy nám kĭng E3
12 Gŏo·ay đĕe·o kôo·a gài E3
13 Hoon Kuang E3
Hua Seng Hong .... (s. 13)
14 Jék Pûi E2
15 Khun Yah Cuisine F3
Mangkorn Khăo .... (s. 11)
16 Nai Mong Hoi Thod E2
17 Nay Hong E1
18 Nay Lék Ûan E3
19 Pat Tai Ratchawong D3
20 Royal India C2
21 Seafood-Stände an der Thanon Phadungdao E3
22 Yoo Fishball E3

Ausgehen & Nachtleben
23 El Chiringuito F3
24 Let the Boy Die F1
25 Pijiu Bar F3
Teens of Thailand .... (s. 25)
26 Tep Bar F3

Unterhaltung
27 Sala Chalermkrung B1

Hier, abseits der Th Charoen Krung, offenbart sich dem Besucher ein Mikrokosmos des einheimischen Lebens. Das Viertel ist nach einem kleinen *(nôi)* Markt *(đà·làht)* benannt, der sich an der stimmungsvollen Soi Wanit 2, die parallel zur Th Charoen Krung verläuft, zwischen der Soi 22 und Soi 20 erstreckt. Wer hier umherschlendert, kann auf seinem Weg durch die strahlförmigen Gassen, die alle irgendwie miteinander verbunden scheinen, in ölverschmierte Maschinenläden, Lebensmittelläden, Lagerhäuser und die Wohnzimmer der Anwohner hineinspicken. Mit seinen zerbröselnden Häusern, der bunten Wandkunst und den baumgesäumten Gassen ist dies ein tolles Gebiet für einen kleinen Bummel und zum Fotografieren.

Blumenmarkt
MARKT

(ปากคลองตลาด; Pak Khlong Talat; Karte S. 84; Th Chakkaraphet; ⌚24 Std.; Flower Market Pier) 2016 wurde Bangkoks berühmter Blumenmarkt, auch Pak Khlong Talat genannt, im Zuge von Aufräumungsbemühungen in eine Halle verlegt. Nun befinden sich die Stände mit feinen Orchideen, Rosen und Nelken in einem riesigen Lagerhaus. Die beste Zeit für einen Besuch ist der späte Abend: Dann werden aus dem Landesinneren die frische Blumen angeliefert, die dann am folgenden Tag verkauft werden.

Wat Mangkon Kamalawat
BUDDHISTISCHER TEMPEL

(วัดมังกรกมลาวาส; Karte S. 84; Ecke Th Charoen Krung & Th Mangkon; ⌚6–18 Uhr; Ratchawong Pier, Ⓜ Hua Lamphong, Ausgang 1 & Taxi) Weihrauchschwaden und Gesänge bilden die Kulisse in diesem Mahayana-Buddhisten-Tempel im chinesischen Stil. Rund um den Tempel bieten Verkäufer Speisen für die Götter an – gedünstete Teigtaschen in Lotusblütenform und Orangen –, die dem Tempel für verschiedene Verdienste gespendet werden. Der Tempel stammt von 1871 und ist das größte und wichtigste religiöse Gebäude in der Gegend. Während des jährlichen Vegetarierfests (S. 102) herrscht hier ein besonders lebendiges religiöses und kulinarisches Treiben.

Rosenkranzkirche
KIRCHE

(วัดแม่พระลูกประคำกาลหว่าร์; Karte S. 90; Ecke Th Yotha & Soi Wanit 2; ⌚Messe auf Thai Mo–Sa 19.30, So 8, 10 & 19.30 Uhr; Marine Department Pier) Als 1787 Portugiesen über den Fluss ins heutige Talat Noi (S. 82) in Chinatown umzogen, erhielten sie dieses Stück Land, auf dem sie die Rosenkranzkirche errichteten. Auf Thailändisch heißt sie Wat Kalawar, vom portugiesischen Wort *calvario* (Kalvarienberg). Im Laufe der Jahre verlief sich die portugiesische Gemeinde, und die Kirche verfiel. Später wurde sie dann aber von Vi-

KHAO SAN: EINE LANGE GESCHICHTE

Die Th Khao San (*kâw săhn* bedeutet „ungekochter Reis") ist eins der berühmtesten Kinder des Zeitalters der Individualreisen. Natürlich war das nicht immer so. Zu Beginn war sie nur eine von vielen unscheinbaren Straßen im alten Bangkok. Die ersten Gästehäuser entstanden hier 1982, und je mehr Backpacker in den 1980er-Jahren herkamen, desto mehr wurden die alten Holzhäuser eines nach dem anderen in Billigabsteigen umgewandelt. Nach dem Erscheinen von Alex Garlands Roman *Der Strand* (1996), dessen Handlung in dem schäbigeren Abschnitt der Khao San einsetzt, wurde es für Backpacker, die nach Südostasien kamen, so etwas wie ein Initiationsritus, hier abzusteigen.

Der Erfolg von Garlands Roman und des darauf basierenden Films brachte die Khao San in Richtung Mainstream, wobei das Schäbige romantisiert wurde und das Klischee des ungewaschenen alternativen Backpackers aufkam. Auch rückte die seit Langem schwelende Kontroverse über die Th Khao San an die Spitze aller Backpackerunterhaltungen in der ganzen Region. Durch all die Werbung hat sich die Khao San weiterentwickelt: Statt der von Wanzen verseuchten Absteigen gibt's heute Boutiquehotels, und die massenkompatiblen TV-Bars von früher, in denen Raubkopien von Filmen gezeigt wurden, haben sich in hippe Designerbars verwandelt, in denen sich schicke Backpacker in Designerklamotten tummeln.

Aber die interessanteste Veränderung ist wohl, wie die Thais die Khao San inzwischen sehen. Einst als billiger, schmutziger Treff von *fa·ràng kêe ngók* (knausrigen Ausländern) abgeschrieben, ist Banglamphu heute das angesagteste Viertel der Stadt. Die lange verspotteten unabhängigen Traveller und ihre modernen Ideen übten auch auf die Bangkoker Gegenkultur-Kids einen gewissen Reiz aus, die ihrerseits für eine gute Auswahl kleiner Bars, Bio-Cafés und Läden sorgten. Tatsächlich erwies sich das Alternativvölkchen Bangkoks als die thailändische Würze, die dem Schmelztiegel zuvor noch gefehlt hatte.

etnamesen und Kambodschanern übernommen, die aufgrund der Indochinakriege ihre Heimat hatten verlassen müssen: Heute bilden sie zusammen mit chinesischsprachigen Gläubigen den Großteil der Gemeinde.

Sampeng Lane MARKT

(สำเพ็ง; Karte S. 84; Soi Wanit 1; ⏲8–18 Uhr; ⛴Ratchawong Pier, Ⓜ Hua Lamphong, Ausgang 1 & Taxi) Die Soi Wanit 1, gemeinhin als Sampeng Lane bekannt, ist ein schmales Sträßchen, das parallel zur Th Yaowarat verläuft und die Geschäftsviertel Chinatown und Phahurat in zwei Hälften teilt. Der durch Chinatown verlaufende Abschnitt der Sampeng Lane ist von Großhandelsläden gesäumt, die Haarschmuck, Stifte, Aufkleber, Haushaltswaren und alles Mögliche verkaufen, das piept und blinkt. In der Nähe der Th Chakrawat findet man vor allem Edelstein- und Schmuckgeschäfte. Am Wochenende ist es hier furchtbar voll, und wer sich an all den Wagen, Motorrädern und anderen Hindernissen vorbeiquetschen will, benötigt schon turnerische Fähigkeiten.

Ufergebiet, Silom & Lumphini

Diese drei benachbarten Viertel beeindrucken nicht unbedingt mit großartigen Attraktionen, sondern laden eher zum gemütlichen Bummeln ein. Doch unterwegs gibt's auch ein paar Sehenswürdigkeiten, die den Abstecher hierher auf jeden Fall lohnen.

★ SkyWalk at King Power Mahanakhon AUSSICHTSPUNKT

(Karte S. 102; ☎02 677 8721; www.kingpowermahanakhon.co.th/skywalk; 114 Th Naradhiwas Rajanagarindra; Aussichtsetage/Dach 850/1050 B; ⏲10–24 Uhr; Ⓢ Chong Nonsi, Ausgang 3) Von diesem zweistöckigen Aussichtspunkt oben im King Power Mahanakhon, dem derzeit höchsten Gebäude Thailands, bieten sich unschlagbare Rundblicke auf die Stadtlandschaft Bangkoks. Auf dem schwindelerregenden SkyWalk umherzugehen, einem Balkon mit Glasboden 78 Stockwerke und 310 m über der Erde, ist schon wirklich atemberaubend. Doch wer mag, kann nachher bei einem kräftigen Sundowner in der Freiluftbar eine Etage darüber auf 314 m Höhe seine Nerven beruhigen. Weniger nervenaufreibend ist die Aussichtsetage im 74. Stock, die außerdem 200 B billiger ist.

★ Lumphini Park PARK

(สวนลุมพินี; Karte S. 88; zw. Th Sarasin, Rama IV, Th Witthayu/Wireless Rd & Th Ratchadamri; ⏲4.30–21 Uhr; 👪; Ⓜ Lumphini, Ausgang 3, Si Lom, Ausgang 1, Ⓢ Sala Daeng, Ausgang 3/4, Ratchadamri, Ausgang 2) Der nach Lumbini, Buddhas Geburtsort in Nepal, benannte Lumphini Park ist mit 58 ha der größte und beliebteste Park im Zentrum von Bangkok. Er umfasst einen künstlichen See, gepflegte Rasenflächen, bewaldete Teile, Gehwege und erschreckend große Warane, die sich zu den menschlichen Besuchern gesellen. Der Park bietet die beste Möglichkeit, Bangkok zu entfliehen, ohne die Stadt zu verlassen. Ursprünglich handelte es sich bei dem Park um ein königliches Schutzgebiet, doch 1925 erklärte es Rama VI. (König Vajiravudh; reg. 1910–1925) zum öffentlichen Park.

★ Bangkok-Museum — MUSEUM

(พิพิธภัณฑ์ชาวบางกอก; Karte S. 90; 273 Soi 43, Th Charoen Krung; Di–So 9–16 Uhr; Si Phraya/River City Pier) GRATIS Das Bangkok-Museum beleuchtet in drei Holzbungalows vom frühen 20. Jh. eine oft vernachlässigte Ära der Stadtgeschichte. Das Hauptwohngebäude wurde 1937 für die Familie Surawadee erbaut und ist gefüllt mit schönen Holzmöbeln, Porzellan und anderen Dingen eines Familienlebens der Vor- und Nachkriegszeit. Im benachbarten zweistöckigen Shophouse sind ähnliche Gegenstände zu sehen. Das dritte Gebäude entstand 1929 als Praxis für einen britischen Arzt, der jedoch schon kurz nach seiner Ankunft in Thailand starb.

Das Museum wird im Rahmen einer lockeren Führung in stockendem Englisch besucht, und es auch darf gern fotografiert werden.

MR-Kukrit-Pramoj-Haus — HISTORISCHES GEBÄUDE

(บ้านหม่อมราชวงศ์คึกฤทธิ์ปราโมช; Karte S. 102; 02 286 8185; Soi 7, Th Naradhiwas Rajanagarindra; Erw./Kind 50/20 B; 10–16 Uhr; Ⓢ Chong Nonsi, Ausgang 5) Der charmante Gebäudekomplex, in dem einst der Schriftsteller und Staatsmann Mom Ratchawong Kukrit Pramoj (1911–1995) lebte, ist heute der Öffentlichkeit zugänglich. Umgeben von einem gepflegten Garten, gewähren die fünf Teakhäuser den Besuchern einen Einblick in die traditionelle thailändische Kunst und Architektur. Man erfährt auch einiges über den früheren Besitzer der Anlage, der von 1974 bis 1975 Ministerpräsident von Thailand war, über 150 Bücher schrieb und 20 Jahre darauf verwendete, dieses Anwesen auszuschmücken.

Queen Saovabha Memorial Institute — ZOO

(สถานเสาวภา, Schlangenfarm; Karte S. 102; Ecke Rama IV & Th Henri Dunant; Mo–Fr 9.30–15.30,

GALERIEBUMMEL IN SILOM

Upper Silom und das Nachbarviertel Sathorn beherbergen einige der besseren Bangkoker Galerien für Gegenwartskunst. Hier kann man sich gut einen Überblick über die aktuelle Kunstszene Thailands verschaffen.

Kathmandu Photo Gallery (Karte S. 102; 02 234 6700; www.kathmanduphotobkk.com; 87 Th Pan; Di–Sa 11–18 Uhr; Ⓢ Surasak, Ausgang 1/3) GRATIS Die einzige Galerie Bangkoks, die sich ausschließlich der Fotografie widmet, residiert in einem reizend restaurierten chinesisch-portugiesischen Shophouse.

Bangkok CityCity Gallery (Karte S. 88; 083 087 2725; www.bangkokcitycity.com; 13/3 Soi Attakarn Prasit; Mi–So 13–19 Uhr; Ⓜ Lumphini, Ausgang 2) GRATIS Die moderne kleine Galerie bietet wechselnde Ausstellungen mit den Arbeiten thailändischer Künstler, die oft von der Pop-Art beeinflusst sind, sowie gelegentliche Performances.

Number 1 Gallery (Karte S. 90; 02 630 2523; www.number1gallery.com; 19 Soi 21, Th Silom; Mo–Sa 11–19 Uhr; Ⓢ Surasak, Ausgang 1) GRATIS Die Kunstgalerie hat sich mit publikumsträchtigen Ausstellungen zeitgenössischer thailändischer Künstler wie Vasan Sitthiket, Sutee Kunavichayanont und Thaweesak Srithongdee einen Namen gemacht.

Gallery VER (Karte S. 70; 02 103 4067; www.galleryver.com; 10 Soi 22, Th Naradhiwas Rajanagarindra; Mi–So 12–18 Uhr; Ⓢ Chong Nonsi, Ausgang 5 & Taxi) GRATIS Die große Galerie hat schon verschiedensten etablierten wie aufstrebenden thailändischen Künstlern eine Bühne geboten.

H Gallery (Karte S. 102; 085 021 5508; www.hgallerybkk.com; 201 Soi 12, Th Sathon Neua/North; Mi–Mo 10–18 Uhr; Ⓢ Surasak, Ausgang 1/3) GRATIS Die H Gallery in einem umgebauten Holzhaus gilt als eine der führenden privaten Galerien der Stadt.

Lumphini Park & Rama IV

Lumphini Park & Rama IV

Highlights
1 Lumphini Park B2

Sehenswertes
2 Bangkok CityCity Gallery C3

Aktivitäten, Kurse & Touren
3 Babylon C4
4 Banyan Tree Spa B3

Schlafen
5 LUXX XL B1
6 Metropolitan by COMO B3
7 S1 Hostel C4
8 Siri Sathorn A3
9 Sofitel So B3
10 Sukhothai B3

Essen
11 Baan C2
12 Bitterman B3
13 Issaya Siamese Club D4
14 nahm A3
15 Polo Fried Chicken C1
16 Saawaan A4

Ausgehen & Nachtleben
17 Moon Bar B3
Park Society .... (s. 9)
18 Smalls A4
19 Wong's Place C4

Unterhaltung
20 Bangkok Screening Room B3

Sa & So bis 13 Uhr; 👪; M Si Lom, Ausgang 2, S Sala Daeng, Ausgang 1/3) GRATIS Auf Asiens ältester Schlangenfarm werden Antiseren hergestellt. Dazu werden die Tiere „gemolken" und das so gewonnene Gift wird Pferden injiziert. Diese produzieren ein Gegengift, das entnommen und gereinigt wird. Im Amphitheater im Freien gibt es regelmäßiges

Schaumelken (Mo–Fr 11 Uhr) sowie weitere Vorführungen mit Schlangen (Mo–Fr 14.30, Sa & So 11 Uhr). Letztere sind ein ziemliches Spektakel, wenn die Wärter vorführen, wie gut sie etwa eine wütende, 3 m lange Königskobra im Zaum halten können. Im Büro kann man für die Schlangen eine Spende hinterlassen.

Die Anlage beherbergt in Käfigen aus Glas und Metall alle möglichen Schlangen, vor allem aber Pythons unterschiedlicher Größe.

Siam Square, Pratunam, Phloen Chit & Ratchathewi

In diesem Teil der Stadt gibt's zwar etliche Einkaufszentren, außer dem Jim-Thompson-Haus (S. 89) und ein paar Kunstgalerien allerdings kaum Sehenswürdigkeiten.

★ Jim-Thompson-Haus

HISTORISCHES GEBÄUDE

(เรือนไทยจิมทอมป์สัน; Karte S. 94; ☎02 218 7368; www.jimthompsonhouse.com; 6 Soi Kasem San 2; Erw./Stud. 200/100 B; ⏲9–18 Uhr, Besuch nur mit Führung, alle 30 Min.; ⛴Klorng-Boot bis Sapan Hua Chang Pier, Ⓢ National Stadium, Ausgang 1) Das dschungelartig bewachsene Anwesen war einst das Heim des namensgebenden amerikanischen Seidenhändlers und Kunstsammlers. Der 1906 in Delaware geborene Thompson war während des Zweiten Weltkriegs für kurze Zeit in Thailand für das Office of Strategic Services (den Vorgänger der CIA) tätig. Nach dem Krieg ließ er sich in Bangkok nieder, als er auf die von Hand hergestellte Seide seines Nachbarn aufmerksam wurde und sein Geschäftssinn geweckt worden war. Er schickte Muster des feinen Stoffes an Modehäuser in Mailand, London und Paris und baute sich allmählich weltweit einen festen Kundenstamm auf.

Neben Textilien sammelte Thompson auch Teile diverser abgebrochener alter Häuser, die er 1959 an ihrem heutigen Standort wieder aufbaute. Einige stammen aus der alten Hauptstadt Ayutthaya, andere – wie das erste Haus, das man bei der Führung betritt – stammen aus Baan Khrua (S. 91) und wurden mit Flößen über den *klorng* (Kanal; auch „khlong" ausgesprochen) geschafft. Beim Wiederaufbau wurden die Außenwände nach innen gekehrt, sodass die Fachwerkkonstruktion zu erkennen ist. Im Haupthaus sind auch Thompsons kleine, aber feine Sammlung asiatischer Kunst und seine persönlichen Habseligkeiten ausgestellt.

Thompsons Geschichte endet jedoch nicht mit seiner informellen Herrschaft als am besten angepasster Ausländer Bangkoks. Bei einem nachmittäglichen Spaziergang im Jahr 1967 in den Cameron Highlands im Westen Malaysias verschwand Thompson spurlos. Im selben Jahr wurde seine Schwester in den USA ermordet. Das lieferte Stoff für die unterschiedlichsten Verschwörungstheorien: Steckten kommunistische Spione dahinter? Oder geschäftliche Konkurrenten? Oder gar ein hungriger Tiger? Das Rätsel wurde zwar nie gelöst, aber die Hinweise des amerikanischen Journalisten Joshua Kurlantzick in seinem Porträt von Thompson, *The Ideal Man*, legen nahe, dass die lautstarke antiamerikanische Haltung, die Thompson in seinen späteren Jahren einnahm, ihn zu einem potenziellen Ziel der CIA machte.

Traveller sollten sich vor den gut gekleideten Schleppern in der *soi* (Gassen) nahe dem Thompson-Haus in Acht nehmen, die ihnen weismachen wollen, das Museum sei geschlossen, um sie in windige Läden zu locken.

★ Bangkok Art & Culture Centre

GALERIE

(BACC; หอศิลปวัฒนธรรมแห่งกรุงเทพมหานคร; Karte S. 94; www.bacc.or.th; Ecke Th Phayathai & Rama I; ⏲Di–Sa 10–21 Uhr; Ⓢ National Stadium, Ausgang 3) GRATIS Dieses große moderne Gebäude im Zentrum von Bangkok hat sich zu einem der drei wichtigsten Standorte der Gegenwartskunstszene der Stadt entwickelt. Neben drei Stockwerken und 3000 m² Ausstellungsflächen gibt's hier Geschäfte, Privatgalerien, Cafés und eine Kunstbibliothek. Auf der Website kann man sich über aktuelle Ausstellungen informieren.

★ Suan-Pakkad-Palastmuseum

MUSEUM

(วังสวนผักกาด; Karte S. 100; www.suanpakkad.com; Th Si Ayuthaya; 100 B; ⏲9–16 Uhr; Ⓢ Phaya Thai, Ausgang 4) Das oft übersehene Suan Pakkad ist ein echtes Schmuckstück. Die acht traditionellen thailändischen Holzhäuser dienten einstmals als Residenz der Prinzessin Chumbon von Nakhon Sawan und waren davor eine Salatfarm (in Thai bedeutet Suan Pakkad „Salatfarm"). Im Innern der Pfahlbauten sind Kunst, Antiquitäten und weitere Einrichtungsgegenstände ausgestellt. Das sorgsam gepflegte Gelände mit seinen Enten, Schwänen und einem halb abgeschlossenen Garten gleicht einer wunderbar friedlichen Oase.

Ufergebiet

s. Karte Silom & Sathon (S. 102)

Ufergebiet

Highlights
1 Bangkok-Museum D3
2 Talat Noi B1

Sehenswertes
3 Rosenkranzkirche B2
4 Number 1 Gallery D6

Aktivitäten, Kurse & Touren
Co van Kessel Bangkok Tours .... (s. 22)
5 Oriental Spa A5
Supanniga Cruise .... (s. 22)

Schlafen
6 Centre Point C6
7 Loftel 22 .... B1
8 Mandarin Oriental B5
9 Peninsula Hotel A5
10 Swan Hotel C5

Essen
11 80/20 .... C2
12 Fou de Joie B1
Le Normandie .... (s. 8)
13 Muslim Restaurant C5
14 Never Ending Summer A3

Ausgehen & Nachtleben
15 Maggie Choo's D5
16 River Vibe A1
17 Sky Bar C6
18 Tropic City C2
Viva & Aviv .... (s. 22)

Unterhaltung
Bamboo Bar .... (s. 8)
Sala Rim Naam .... (s. 5)
19 Three Sixty A3

Shoppen
20 ICONSIAM A4
21 OP Place C5
22 River City B2

YELO House GALERIE
(Karte S. 94; www.yelohouse.com; 20/2 Soi Kasem San 1; ⌚Mi–Mo 11–20 Uhr; Ⓢ National Stadium, Ausgang 1) Kunstgalerie? Markt für Vintage-Kleidung? Coworking-Space? Café/Restaurant? Das YELO House ist so cool, dass sich kaum genau sagen lässt, was es eigentlich ist. Also halten wir's mit der Website, die das Haus als Multifunktionsraum für Kreative definiert. In der Praxis bedeutet das, dass man hier durch Vintage-Klamotten und Keramik stöbern, sich eine Ausstellung anschauen oder im Café am Kanal einen Espresso schlürfen kann.

Erawan-Schrein DENKMAL
(ศาลพระพรหม; Karte S. 94; Ecke Th Ratchadamri & Th Phloen Chit; ⌚6–23 Uhr; Ⓢ Chit Lom, Ausgang 8, Siam, Ausgang 6) GRATIS Der Erawan-Schrein wurde ursprünglich 1956 erbaut und war ein letzter verzweifelter Versuch, eine Unglücksserie rund um den Bau eines damals als Erawan Hotel bekannten Hotels zu beenden. Er ist dem Hindu-Gott Brahma geweiht, dem Schöpfer des Universums. Im August 2015 explodierte in der Nähe des Schreins eine Bombe. Dabei wurden 20 Menschen getötet und der Schrein wurde leicht beschädigt. Er wurde ausgebessert und war zwei Tage später wieder geöffnet.

Baan Khrua STADTVIERTEL
(บ้านครัว; Karte S. 94; Klorng-Boot bis Sapan Hua Chang Pier, Ⓢ National Stadium, Ausgang 1) Das am Kanal gelegene Viertel stammt aus jenen turbulenten Jahren Ende des 18. Jhs., als muslimische Cham aus Kambodscha und Vietnam an der Seite des neuen thailändischen Königs kämpften und als Dank dafür dieses Stück Land östlich der neuen Hauptstadt erhielten. Die Einwanderer brachten die Tradition des Seidenwebens mit sich in die neue Heimat, und nachdem sie den Khlong Saen Saeb ausgehoben hatten, um besser an den Fluss angebunden zu sein, stieg die Zahl der Bewohner immer weiter.

Sea Life Ocean World AQUARIUM
(Karte S. 94; www.sealifebangkok.com; 991/1 Rama I, UG, Siam Paragon; Erw./Kind ab 1090/890 B; ⌚10–21 Uhr; Ⓢ Siam, Ausgang 3/5) Mehr als 400 Fisch- und Schalentierarten und sogar Pinguine bevölkern diese riesige unterirdische Einrichtung. Leute mit Tauchschein können auch mit Haien tauchen (kostenpflichtig); außerdem gibt's Hai- und Pinguinfütterungen. Tierschutzorganisationen weisen jedoch darauf hin, dass Interaktionen mit in Gefangenschaft gehaltenen Tieren für diese Stress bedeutet.

Thanon Sukhumvit

Die Th Sukhumvit kann kaum mit Sehenswürdigkeiten punkten, sondern ist in erster Linie eine Ausgeh- und Shoppingmeile.

★ **Siam Society & Kamthieng House** MUSEUM
(สยามสมาคม & บ้านคำเที่ยง; Karte S. 112; www.siam-society.org; 131 Soi 21/Asoke, Th Sukhumvit; Erw./Kind 100 B/frei; ⌚Di–Sa 9–17 Uhr; Ⓜ Suk-

humvit, Ausgang 1, Ⓢ Asok, Ausgang 3 oder 6) Das Kamthieng House entführt Besucher in ein Dorf des nördlichen Thailands. In einem traditionellen Holzhaus erfährt man anhand verschiedener Ausstellungen Wissenswertes über Alltagsrituale, Volksglaube und die alltäglichen Hausarbeiten. Das Museum wird von der Siam Society betrieben, mit der es sich auch die Räumlichkeiten teilt. Die Siam Society ist Herausgeber des renommierten *Journal of the Siam Society* und beherzter Hüter der thailändischen Kultur.

Subhashok The Arts Centre GALERIE
(SAC; Karte S. 112; www.sac.gallery; 160/3 Soi 33, Th Sukhumvit; Di–So 10–18 Uhr; Ⓢ Phrom Phong, Ausgang 6 & Taxi) In einer Wohnstraße, die von der Th Sukhumvit abgeht, versteckt sich diese große Galerie, eine der ambitioniertesten der Stadt. In Zusammenarbeit mit der Pariser Galerie Adler präsentiert sie bekannte und oft politisch motivierte Künstler der thailändischen Kunstszene.

Khlong Toey Market MARKT
(ตลาดคลองเตย; Karte S. 112; Ecke Th Ratchadaphisek & Rama IV; 5–10 Uhr; Ⓜ Khlong Toei, Ausgang 1) Von diesem Großmarkt – einem der größten der Stadt – stammen die meisten Lebensmittel, die Reisende während ihres Bangkok-Aufenthalts verputzen. Am besten kommt man früh am Morgen und bringt eine Kamera mit. Auch wenn manche Ecken des Markts nicht eben fotogen sind, geben die munteren Fischhändler und die Haufen von Durianfrüchten tolle Motive für Schnappschüsse ab. Gegen 10 Uhr haben die meisten Händler schon ihren Kram zusammengepackt und sind weg.

Thewet & Dusit

In den vergangenen Jahren wurden die meisten königlichen Gemäuer und Parks in Dusit zu verschiedenen Zeiten für Besucher geschlossen, ohne Hinweis darauf, wann sie wieder geöffnet werden. Wenn staatliche Festakte oder königliche Zeremonien stattfinden, gelten in dem Gebiet oft Beschränkungen für den Fahrzeug- und Fußgängerverkehr.

★ Wat Benchamabophit BUDDHISTISCHER TEMPEL
(วัดเบญจมบพิตร/วัดเบญจะฯ; Karte S. 108; Ecke Th Si Ayuthaya & Rama V; 50 B; 8–17 Uhr; Thewet Pier, Ⓢ Phaya Thai, Ausgang 2/4 & Taxi) Viele Thailand-Reisende kennen diesen Tempel von der Rückseite der 5-Baht-Münze. Der allgemein nur Wat Ben genannte Tempel wurde aus weißem, aus Italien importiertem Marmor gefertigt. Der auffällige *bòht* (Ordinationshalle) des Tempels wurde im späten 19. Jh. unter Rama V. erbaut. Die Asche des Königs befindet sich im Sockel der zentralen Buddhafigur, einer Kopie des Phra Phuttha Chinnarat in Phitsanulok, Nordthailand.

Wat Thevarat Kunchorn BUDDHISTISCHER TEMPEL
(วัดเทวราชกุญชร; Karte S. 108; Th Si Ayuthaya; 8–17 Uhr; Thewet Pier) Die Ursprünge dieses buddhistischen Tempels am Fluss beim Thewet Pier reichen zurück in Vor-Ratanakosin-Zeiten, er wurde jedoch unter späteren Königen erweitert und renoviert. Im Inneren verbergen sich interessante Wandmalereien mit Geschichten aus der Buddha-Überlieferung. Touristen verirren sich nur selten hierher – daher ist dies eine tolle Möglichkeit, thailändische Tempelarchitektur in relativer Ruhe zu bewundern.

Nördliches Bangkok

Die wichtigsten Sehenswürdigkeiten der nördlichen Stadtteile Bangkoks sind ihre beliebten Märkte, die sich gleichermaßen an Einheimische wie auch Touristen wenden.

★ Papaya MUSEUM
(Karte S. 70; www.papaya55.com; Soi 55/2 Lat Phrao; 9–18.30 Uhr; Ⓜ Lat Phrao, Ausgang 2 & Taxi) GRATIS Was für den wortkargen Betreiber des Papaya als privates Hobby begann, entwickelte sich im Lauf der Jahre zu einer umwerfenden Sammlung von Artefakten aus dem 19. und 20. Jh., die in den Ausstellungsräumlichkeiten von Lagerhausgröße jeden Quadratzentimeter füllen. Art-déco-Möbel, Bierschilder aus den 1960er-Jahren, Superheldenstatuen, Filmprojektoren, Fernsehgeräte, Schreibmaschinen, kleine Sofas, Piaggio-Motorroller, Lampenschirme, Videorekorder, Wanduhren, Schaufensterpuppen, – die Liste nimmt kein Ende. Viele der Gegenstände stehen theoretisch zum Verkauf, doch der Eigentümer verlangt astronomische Preise, damit seine Sammlung nicht schrumpft.

Chang Chui MARKT
(ช่างชุ่ย; Karte S. 70; www.changchuibangkok.com; 460/8 Th Sirindhorn; Do–Di 11–23 Uhr) Ein verlassenes Flugzeug, Craftbier-Theken, ein hipper Friseurladen, Bühnen, ein Blumenladen in Totenkopfform, ein Insekten-Restaurant und vieles mehr – dieser schwer in Worte zu fassende Markt ist eine der buntesten und aufregendsten Neueröffnungen

der letzten Jahre in Bangkok. Er umfasst 18 verschiedene Gebäude, die alle aus wiederverwerteten Materialien bestehen. Einige der Verkaufsstätten sind tagsüber geöffnet, doch die beste Zeit für einen Besuch ist am Wochenende abends, wenn der Ort die Atmosphäre des Chatuchak Weekend Market hat, nur künstlerischer und raffinierter.

Aktivitäten

Spas & Massagen

Nach den Lehren der traditionellen Thai-Heilkunst sind Kräuter und Massagen fester Bestandteil der Gesundheitsvorsorge und Schönheitspflege. Mit anderen Worten: Um sich in Bangkok eine Massage zu gönnen, braucht man keine Entschuldigung. Und das ist auch gut so, denn mit großer Wahrscheinlichkeit kann die Stadt den Titel „Welthauptstadt der Massage" für sich beanspruchen. Was für eine Massage man sich genau gönnen möchte, steht jedoch auf einem anderen Blatt. Das Angebot reicht von der traditionellen Thai-Massage bis zum stilvollen „Spa-Erlebnis". Und auch unter dem Begriff „Spa" kann sich vieles verbergen: Es gibt zwar viele Verwöhn-Einrichtungen, doch manche Spas konzentrieren sich heute eher auf den medizinischen als auf den sinnlichen Aspekt, während in den luxuriösen Resort-Spas eine ganze Palette anregender Schönheitskuren und Anwendungen im Angebot sind.

★ Oriental Spa SPA

(Karte S. 90; ☎02 659 9000; www.mandarinoriental.com; Mandarin Oriental; Massage- & Spa-Paket ab 2900 B; ⏲9–22 Uhr; ⛴Oriental Pier & Hotel-Shuttleboot) Das Oriental in einer reizenden Villa am Westufer des Chao Phraya gilt als eines der führenden Spas weltweit und setzt die Maßstäbe für Spa-Anwendungen asiatischen Stils. Wer einen langen Flug hinter sich hat, wird Gefallen an der Jetlag-Massage finden. Alle Anwendungen müssen allerdings vorab gebucht werden.

Banyan Tree Spa SPA

(Karte S. 88; ☎02 679 1052; www.banyantreespa.com; 21. OG, Banyan Tree Hotel, 21/100 Th Sathon Tai/South; Massage-/Spa-Paket ab 2800/6000 B; ⏲10–22 Uhr; Ⓜ Lumphini, Ausgang 2) Das Hotel-Spa verdankt seinen guten Ruf dem gut ausgebildeten Personal und der High-Tech-Ausstattung. Hier kann man sich mit Anwendungen auf Basis thailändischer Traditionen oder mit einzigartigen Kuren verwöhnen lassen.

Divana Massage & Spa SPA

(Karte S. 112; ☎02 261 6784; www.divanaspa.com; 7 Soi 25, Th Sukhumvit; Massage ab 1200 B, Spa-Paket ab 3000 B; ⏲Mo–Fr 11–23, Sa & So 10–23 Uhr; Ⓜ Sukhumvit, Ausgang 2, Ⓢ Asok, Ausgang 6) Das noble Divana hat sich mit seinem intimen und erholsamen Ambiente in einem Gartenhaus einen einzigartigen thailändischen Touch bewahrt. Geboten werden verschiedene Wellness- und Massageanwendungen. Dies ist eine von zahlreichen Filialen der Kette in ganz Bangkok.

Spa 1930 SPA

(Karte S. 94; ☎02 254 8606; www.spa1930.com; 42 Th Ton Son; Thai-Massage ab 1000 B, Spa-Paket ab 3500 B; ⏲9.30–21.30 Uhr; Ⓢ Chit Lom, Ausgang 4) Im unaufdringlichen und stilvollen Spa 1930 können sich Entspannungssuchende ganz ohne aufgesetzte Esoterikmusik oder Inhaltsstoffe, die man eher auf einer Dinnerparty erwarten würde, zurücklehnen. Das Angebot ist schlicht (Gesichts- und Körperpflege sowie Körpermassage); die Peelings und Ölmassagen sollen entspannen und verjüngen.

Babylon SPA

(Karte S. 88; ☎02 679 7984; www.babylonbangkok.com; 34 Soi Nantha; Sauna 230–350 B; ⏲10.30–22.30 Uhr; Ⓜ Lumphini, Ausgang 2) Bangkoks berühmteste Schwulensauna ist nach wie vor sehr beliebt bei Besuchern, viele davon

THAI-MASSAGE FÜR ANFÄNGER

Die am meisten verbreitete Variante ist die traditionelle Thai-Massage *(nôo·at păan boh·rahn)*. Das klingt zwar entspannend, doch manchmal erinnert es in der Praxis mehr an Thaiboxen als an Shiatsu. Die Thai-Massage basiert auf den Gesundheitsprinzipien des Yoga: Zum Einsatz kommen Techniken wie Ziehen, Dehnen, Biegen und Akupressur. Bei guter Ausführung hat man nach der traditionellen Massage Schmerzen, fühlt sich aber belebt. Zu einer Ganzkörpermassage gehören in der Regel Kampferbalsam oder Kräuterwarmwickel. Vorsicht: „Ölmassage" ist manchmal ein Codewort für Sex-Massage. Eine Fußmassage ist wahrscheinlich die beste Art und Weise, um vom Sightseeing müde Füße wieder auf Trab zu bringen.

Siam Square & Pratunam

s. Karte Lumphini Park & Rama IV (S. 88)

Siam Square & Pratunam

kommen aus Singapur und Hong Kong. Es gibt auch eine Unterkunft im B&B-Stil.

Yunomori Onsen & Spa ONSEN

(Karte S. 112; www.yunomorionsen.com; 120/5 Soi 26 (Soi Ari), Th Sukhumvit; Onsen 450 B, Massage ab 450 B; ⏲10.30–23 Uhr; Ⓢ Phrom Phong, Ausgang 4 & Taxi) Bangkok als Ganzes könnte man oft als einzige große Sauna betrachten, doch wer ein wenig raffinierter ins Schwitzen kommen will, sollte diesem *onsen* (japanisches Thermalbad) einen Besuch abstatten. Das Thermalwasser wird aus Süd-Thailand herangekarrt und in die offenen, nach Geschlechtern getrennten Becken gegossen. Neben Sauna, Dampfbad und Tauchbecken gibt es auch Massagen und andere Spa-Anwendungen.

Health Land MASSAGE

(Karte S. 102; ☎02 637 8883; www.healthlandspa.com; 120 Th Sathon Neua/North; Massage ab 600 B; ⏲9–23 Uhr; Ⓢ Surasak, Ausgang 1/3) Die Hauptfiliale eines alteingesessenen thailändischen Massage-Miniimperiums befindet sich in Sathorn und bietet in sauberem Ambiente verschiedene sehr preisgünstige Massagen und Wellnessanwendungen. Das Personal ist hervorragend ausgebildet und der Salon ist so beliebt bei Einheimischen und Touristen, dass man besonders fürs Wochenende telefonisch reservieren muss.

Baan Dalah MASSAGE

(Karte S. 112; ☎02 653 3358; www.baandalahmindbodyspa.com; 2 Soi 8, Th Sukhumvit; Thai-Massage ab 500 B; ⏲10–24 Uhr; Ⓢ Nana, Ausgang 4)

Kleines Spa in günstiger Lage mit diversen Angeboten von Fußmassage bis hin zur Ganzkörper-Thai-Massage.

Asia Herb Association MASSAGE
(Karte S. 112; ☎02 392 3631; www.asiaherbassociation.com; 58/19-25 Soi 55/Thong Lor, Th Sukhumvit; Thai-Massage ab 500 B, mit Kräuterwickel 1½ Std. 1100 B; ⌚9–24 Uhr; Ⓢ Thong Lo, Ausgang 3) Diese Kette in japanischem Besitz betreibt mehrere Filialen an der Th Sukhumvit und hat sich auf Massagen mit *prà·kóp* (traditionelle thailändische Kräuterwickel), angereichert mit 18 verschiedenen Kräutern, spezialisiert.

Coran MASSAGE
(Karte S. 70; ☎02 726 9978; www.coranbangkok.com; 94-96/1 Soi Ekamai 10, Soi 63/Ekamai, Th Sukhumvit; Thai-Massage ab 600 B/Std.; ⌚11–22 Uhr; Ⓢ Ekkamai, Ausgang 3 & Taxi) Das erstklassige, unauffällige Spa befindet sich in einer thailändischen Villa. Angeboten werden auch Aromatherapie und Thai-Massage.

Yoga, Pilates & Meditation

Mittlerweile sprießen die Yogastudios – und mit ihnen die unzähligen Tafeln mit lächelnden Gurus – schneller als Pilze bei einer Vollmondparty aus dem Boden. Man zahlt etwa 500 B für eine Sitzung.

Absolute You YOGA
(Karte S. 94; ☎02 252 4400; www.absoluteyou.com; Th Phloen Chit, 4. OG, Amarin Plaza; Unterricht ab 750 B; Ⓢ Chit Lom, Ausgang 6) Das größte Bangkoker Yogastudio lehrt Bikrams-Hot-Yoga, aber auch viele andere Stile. Für bestimmte Kurse sind Pauschalpreise möglich.

The Pilates Studio GESUNDHEIT & FITNESS
(Karte S. 94; ☎02 650 7797; www.pilates.co.th; 888/58-59 Mahatun Plaza, Th Phloen Chit; Unterricht ab 550 B; ⌚8–19 Uhr; Ⓢ Phloen Chit, Ausgang 2) Eine sehr gute Wahl für alle, die in Bangkok eine Einführung und Übung in Pilates suchen.

Meditationszentrum Wat Mahadhatu MEDITATION
(Karte S. 78; ☎02 222 6011; Abschnitt 5, Th Maha Rat, Wat Mahathat; Spenden willkommen; ⌚Unterricht 13 & 18 Uhr; ⛴ Chang Pier, Maharaj Pier) Dieses kleine Zentrum im Wat Mahathat bietet täglich zwei- bis dreistündige, ungezwungene Meditationskurse an. Die Kursleiter sprechen Englisch. Längere Aufenthalte mit Unterricht, Unterkunft und Verpflegung können arrangiert werden, von den Teilnehmern wird allerdings erwartet, dass sie sich strikt an die Verhaltensregeln halten.

Moo·ay tai (Thaiboxen)

Jaroenthong Muay Thai Gym KAMPFSPORT
(Karte S. 78; ☎02 629 2313; www.jaroenthongmuaythaikhaosan.com; Th Phra Athit; Unterricht ab 600 B; ⌚Schnupperstunden 10–11.30 & 14–20 Uhr; ⛴ Phra Athit/Banglamphu Pier) Das viel gepriesene Kampfsportzentrum hat überall im Land Filialen und nun auch ein Trainingszentrum in Gehweite zur Th Khao San. Anfänger können einfach reinschauen und im klimatisierten Center eine Trainingsstunde absolvieren, Fortgeschrittene dürfen auch längere Trainingsprogramme machen.

Abendliche Schiffsrundfahrten

Eine abendliche Rundfahrt auf dem Chao Phraya ist ein Schlüsselerlebnis einer jeden Bangkok-Reise. Abends sind zahlreiche Jachten und Katamarane unterwegs und pendeln auf einem Abschnitt des Flusses immer hin und her, während die Passagiere an Bord ein Abendessen genießen, das von edel bis kitschig und von elegant bis lärmend reichen kann – je nach Reisebudget und Geschmack.

★ **Supanniga Cruise** BOOTSTOUR
(Karte S. 90; ☎02 714 7608; www.supannigacruise.com; River City; Cocktail/Dinner-Rundfahrt 1250/3250 B; ⌚Fahrten 16.45–17.45 & 18.15–20.30 Uhr; ⛴ Si Phraya/River City Pier) Ein wenig Leben in die etwas müde Bangkoker Szene der Abendrundfahrten bringt dieser Anbieter, der mit dem gleichnamigen Thai-Restaurant (S. 127) in Verbindung steht. Auf dem Programm stehen z. B. eine Cocktailtour zum Sonnenuntergang wie auch eine Fahrt mit Abendessen, bei dem die gleichen Speisen serviert werden, denen das Restaurant seinen ausgezeichneten Ruf verdankt.

Manohra Cruises BOOTSTOUR
(Karte S. 70; ☎02 476 0022; www.manohracruises.com; Anantara Riverside Resort & Spa; Rundfahrten 2300 B; ⛴ Sathorn/Central Pier & Hotel-Shuttleboot) Diese Fahrten werden mit einem restaurierten Reiskahn aus Teakholz absolviert, und wahrscheinlich gibt's hier das beste Essen und Ambiente aller Abendrundfahrten Bangkoks. Los geht's beim Anantara Riverside Resort & Spa, erreichbar mit dem Hotel-Shuttleboot vom Sathorn/Central Pier.

Sport

Nationalstadion SCHWIMMEN
(Karte S. 94; Rama I; 100 B; ⌚Mo–Sa 8–17 Uhr; Ⓢ National Stadium, Ausgang 2) Der staatliche Sportkomplex beherbergt ein Becken mit Wettkampfmaßen. Hier kann man prima

schwimmen, sollte die eigene Unterkunft nicht über einen Pool verfügen.

Noah Tennis Club TENNIS
(Karte S. 112; ☎02 259 8425; www.noahbkk26.com; 12/74 Atthakawee, Th Rama 4; Platz/Halle 650/1200 B pro Std.; ⏰7–22 Uhr; Ⓢ Phrom Phong, Ausgang 4 & Taxi) Noah ist einer der schönsten Tennisvereine Bangkoks. Hier kann man zu einer erfrischenden Session auf einem der vier Hartplätze vorbeischauen. Wem es zu heiß oder nass ist, weicht einfach in die klimatisierte Halle aus. Einzelne Spieler können jemanden anheuern (350 B), um ein paar Bälle zu spielen. Schläger können geliehen werden. Plätze telefonisch reservieren!

Aspire Club FITNESSSTUDIO
(Karte S. 112; ☎080 118 4114; www.theaspireclub.com; 725 Th Sukhumvit, 8. OG, Metropolis Bldg; Tag/Woche 650/2500 B; ⏰Mo–Fr 6–21, Sa & So 8–18 Uhr; Ⓢ Phrom Phong, Ausgang 3) Das Aspire ist eins der zahlreichen hochmodernen Fitnessstudios der Stadt, hat aber den Vorteil, dass es für Touristen, die ihre Muskeln stählen oder ihren Kreislauf auf Trab halten wollen, eine Tages- bzw. Wochenkarte bietet.

Kurse

Kochen

In Bangkok alles Essbare zu probieren, ist eine Sache, später zuhause Freunden die gleichen Gerichte zu kredenzen, eine ganz andere. Der Besuch einer thailändischen Kochschule gilt daher schon fast als Muss für viele Bangkok-Reisende – und stellt sich für manche als ein absoluter Höhepunkt heraus.

Die Kurse unterscheiden sich in Preis und Qualität. Ein typischer Halbtagskurs sollte zumindest eine Einführung in die landestypischen Zutaten und Gewürze beinhalten und es Kursteilnehmern ermöglichen, bei den Vorbereitungen in der Küche und beim Kochen einiger Gerichte mitzumachen. Bei den meisten Kochkursen bekommt man auch eine Auswahl ausgedruckter Rezepte. Der Unterricht endet meist mit einem gemeinsamen Mittagessen, das man selbst zubereitet hat.

★ **Cooking with Poo & Friends** KOCHKURS
(☎080 434 8686; www.cookingwithpoo.com; Unterricht 1500 B; ⏰8.30–13 Uhr; 👪) Diese beliebte Kochschule wurde von einer Bewohnerin der Khlong-Toey-Slums gegründet. Die Kurse werden noch immer in ihrem Viertel abgehalten und beinhalten die Zubereitung von drei Gerichten, einen Besuch auf dem Khlong Toey Market (S. 92) und den Transport zum und vom Emporium-Einkaufszentrum.

★ **Amita Thai Cooking Class** KOCHKURS
(Karte S. 70; ☎02 466 8966; www.amitathaicooking.com; 162/17 Soi 14, Th Wutthakat, Thonburi; Unterricht 3000 B; ⏰Do–Di 9.30–13 Uhr; ⛴Klorng-Boot vom Maharaj Pier) Piyawadi

VERSINKT BANGKOK?

Wer schon mal in der Regenzeit in Bangkok war, hat sie wahrscheinlich selbst erlebt: Überschwemmungen, nach denen die Straßen der Stadt eher wie Flüsse aussehen. Während diese Überschwemmungen ursprünglich jahreszeitlich auftraten, gehen einige Wissenschaftler davon aus, dass die Stadt von solchen Phänomenen in der Zukunft weitaus häufiger und vielleicht auch in schlimmerem Ausmaß als bisher heimgesucht werden wird.

Ein großer Teil Bangkoks wurde auf weichem Ton errichtet und die Wissenschaft vermutet, dass durch das Gewicht all der Hochhäuser der Boden zusammengepresst wird. Einige Forscher meinen, dass die Stadt mit einer Geschwindigkeit von 10 bis 20 mm pro Jahr sinkt, was durch den unregulierten Verbrauch von Grundwasser verstärkt wird. Und das nur 2 m über dem Meeresspiegel liegende und nur 50 km vom Golf von Thailand entfernte Bangkok wird außerdem vom steigenden Meeresspiegel bedroht. Der Direktor des thailändischen Katastrophenwarnzentrums hat vorhergesagt, dass die Stadt 2030 1,5 m tief im Wasser versunken sein wird, um 2100 gänzlich im Meer verschwunden zu sein.

Zu den vorgeschlagenen Gegenmaßnahmen zählt eine riesige Meeresschutzmauer im Golf von Thailand, doch angesichts von Kosten in Höhe von 3 Mrd. US$ will davon kaum jemand etwas hören. Es ist auch schon vorgeschlagen worden, die Hauptstadt an einen ganz anderen Ort zu verlagern. Bisher scheint es aber so, als würde Bangkok sein drohendes Schicksal bis zur nächsten Regenzeit wieder vergessen: Dann wird die Stadt durch die Überschwemmungen wieder daran erinnert.

„Tam" Jantrupon gibt in einem am Kanal gelegenen Haus in Thonburi einen der charmantesten Kochkurse der Stadt und legt dabei eine ansteckende Begeisterung an den Tag. Der Kurs beinhaltet einen Ausflug in einen Kräutergarten und die Anleitung zur Zubereitung von vier Gerichten. Im Preis inbegriffen ist auch die Anfahrt, in diesem Fall die Bootsfahrt ab dem Tha Maharaj.

Blue Elephant Thai Cooking School KOCHKURS

(Karte S. 102; ☎02 673 9353; www.blueelephant.com; 233 Th Sathon Tai/South; Unterricht ab 3295 B; ⌚Mo–Sa 8.45–13 & 13.30–16.30 Uhr; Ⓢ Surasak, Ausgang 2/4) Bangkoks international bekannteste Thai-Kochschule veranstaltet von Montag bis Samstag zwei Kochkurse pro Tag. Morgens besucht man dabei auch einen lokalen Markt, am Nachmittag gibt's eine detaillierte Einführung in die Zutaten der thailändischen Küche.

Issaya Cooking Studio KOCHKURS

(Karte S. 94; ☎02 160 5636; www.issayastudio.com; 1031 Th Phloen Chit, Eatthai, UG, Central Embassy; Unterricht ab 1200 B; ⌚11–21 Uhr; Ⓢ Phloen Chit, Ausgang 5) Die vom Bangkoker Starkoch Pongtawat „Ian" Chalermkittichai ins Leben gerufene Kochschule bietet Unterricht zur Zubereitung von Gerichten aus seinem Restaurant Issaya Siamese Club (S. 128). Außerdem gibt's Kurse im Backen, für Desserts und im Cocktailmixen. Ein Blick auf den Veranstaltungskalender zeigt, was gerade ansteht. Es können auch auf Kundenwünsche zugeschnittene Kurse und Privatstunden mit dem Meister höchstpersönlich vereinbart werden.

Thai-Massage

Wat Pho Thai Traditional Massage School GESUNDHEIT & WELLNESS

(Karte S. 78; ☎02 622 3551; www.watpomassage.com; 392/32–33 Soi Phen Phat; Unterricht ab 2500 B, Thai-Massage ab 540 B pro Std.; ⌚Unterricht 9–16 Uhr, Massage 9–20 Uhr; ⛴Tien Pier) Dieses Institut, das zum nahegelegenen Tempel (S. 69) gleichen Namens gehört, hat Kurse in traditioneller Thai-Massage für Anfänger und Fortgeschrittene im Angebot. Die Einsteigerkurse dauern fünf Tage (insg. 30 Std.) und befassen sich mit Ganzkörpermassagen oder Fußmassagen. Auch wer hier keinen Kurs belegt, kann einfach auf eine Thai-Massage vorbeischauen. Die Schule liegt außerhalb des Tempelgeländes in einem renovierten Bangkoker Shophouse in der Soi Phen Phat.

Phussapa Thai Massage School GESUNDHEIT & WELLNESS

(Karte S. 112; ☎02 204 2922; www.facebook.com/phussapa; 25/8 Soi 26 (Soi Ari), Th Sukhumvit; Unterricht ab 6000 B, Thai-Massage 250 B pro Std.; ⌚Unterricht 9–16 Uhr, Massage 11–23 Uhr; Ⓢ Phrom Phong, Ausgang 4) Ein schon seit Langem in Bangkok lebender Japaner betreibt diese Massageschule. Der Grundkurs in Thai-Massage geht über fünf Tage und umfasst insgesamt 30 Stunden.

Die Phussapa Thai Massage School bietet außerdem kürzere Kurse für Fuß- und Eigenmassagen.

Sprache

Union Language School SPRACHE

(Karte S. 94; ☎02 214 6033; www.unionthailanguage.com; 7. OG, 328 CCT Office Bldg, Th Phayathai; Kurse ab 7000 B; Ⓢ Ratchathewi, Ausgang 1) Die Union-Sprachschule hat nach allgemeinem Urteil die besten und intensivsten thailändischen Sprachkurse – hier lernen viele Missionare – und bietet zu gleichen Teilen Grammatik und Kommunikation. Die Grundlagen legt ein Kurs mit 80 Stunden in vier Wochen.

AAA SPRACHE

(Advance Alliance Academy Thai Language School; Karte S. 100; ☎02 045 1427; www.aaathai.school; 35 Th Phaya Thai, 10. OG, Wannasorn Tower; Unterricht 700 B pro Std.; Ⓢ Phaya Thai, Ausgang 4) Die preiswerte AAA wurde von einer Gruppe erfahrener Sprachlehrer von verschiedenen Schulen eröffnet und erfreut sich einer treuen Anhängerschaft.

Moo·ay tai (Thaiboxen)

MuayThai Institute KAMPFSPORT

(☎082 985 1115; www.muaythai-institute.net; Rangsit Stadium, 336/932 Th Prachatipat, Pathum Thani; 10-tägiger Kurs ab 8000 B; Ⓜ Chatuchak Park, Ausgang 2 & Taxi, Ⓢ Mo Chit, Ausgang 3 & Taxi) Dieses Institut ist an das angesehene World Muay Thai Council angeschlossen und bietet einen Grundlagenkurs im Thaiboxen (bestehend aus drei Stufen) sowie die passenden Kurse für Trainer, Schiedsrichter und Kampfrichter.

☞ Geführte Touren

Stadtspaziergänge & Thementouren

Chili Paste Tours TOUREN

(☎094 552 2361, 085 143 6779; www.foodtoursbangkok.com; Touren ab 2000 B) Bietet kulinarische Führungen durch Bangkoks ältere Viertel an.

Ratchathewi

Ratchathewi

Highlights
1 Suan-Pakkad-Palastmuseum A4

Aktivitäten, Kurse & Touren
2 AAA A3

Schlafen
3 Bizotel B3
4 K Maison B3
5 The Bangkokians C3

Essen
6 Doy Kuay A1

Ausgehen & Nachtleben
7 Glen Bar B3
8 Mitr Bar A3
Sky Train Jazz Club .... (s. 8)

Unterhaltung
9 Saxophone Pub & Restaurant B2

Asian Trails TOUREN
(Karte S. 94; ☎02 626 2000; www.asiantrails.travel; 9. OG, SG Tower, 161/1 Soi Mahadlek Luang 3) Dieser Anbieter veranstaltet Touren im Auftrag von ausländischen Reisemaklern, u. a. auch Touren abseits der ausgetretenen Pfade.

Radtouren

Grasshopper Adventures RADFAHREN
(Karte S. 78; ☎02 280 0832; www.grasshopperadventures.com; 57 Th Ratchadamnoen Klang; Touren halber/ganzer Tag ab 1350/2400 B; ⌚8.30–18.30 Uhr; Klorng-Boot bis Phanfa Leelard Pier) Der renommierte Anbieter veranstaltet verschiedene einzigartige Radtouren in und rund um Bangkok, darunter eine Abendtour und eine Tour durch die historische Zone der Stadt.

Velo Thailand RADFAHREN
(Karte S. 78; ☎089 201 7782, 02 628 8628; www.velothailand.com; 29 Soi 4, Th Samsen; Touren

1100 B; ⌚Touren 9 & 13 Uhr; ⛴Phra Athit/Banglamphu Pier) Velo ist ein kleiner und persönlicher Radtourenanbieter in Banglamphu. Die drei- bis vierstündigen Bangkok-Touren führen z. B. durch Thonburi. Dazu kommen Touren in größerer Entfernung, etwa in Hua Hin.

Co van Kessel Bangkok Tours RADFAHREN
(Karte S. 90; ☎02 639 7351; www.covankessel.com; Soi 24, Th Charoen Krung, River City; Touren ab 950 B; ⌚6–19 Uhr; ⛴River City Pier) Die ursprünglich von einem Holländer betriebene Firma organisiert diverse Touren in Chinatown, Thonburi und Bangkoks grünen Zonen. Die meisten sind reine Radtouren, bei einigen gehören jedoch auch Spaziergänge und Bootsfahrten mit dazu. Start ist jeweils am Büro des Veranstalters im Einkaufszentrum River City.

ABC Amazing Bangkok Cyclists RADFAHREN
(Karte S. 112; ☎081 812 9641; www.realasia.net; 10/5-7 Soi Aree, Soi 26, Th Sukhumvit; Touren ab 1300 B; ⌚Touren tgl. um 8, 10, 13 & 18 Uhr; 👪; Ⓢ Phrom Phong, Ausgang 4) Der alteingesessene Anbieter veranstaltet Vor- und Nachmittags- sowie ganztägige Touren durch Bangkok und seine Vororte.

SpiceRoads RADFAHREN
(Karte S. 70; ☎02 381 7490; www.spiceroads.com; 45 Soi Phanni, Soi Pridi Banomyong 26; ⌚Mo–Fr 9–18, Sa 10–15 Uhr) Bietet verschiedene regionale Radtouren, von Tages- und Abendtouren durch Bangkok, Zentral-Thailand und Chiang Mai bis zu einwöchigen Touren von Thailand in die Nachbarländer.

Fluss- & Kanalfahrten

Am einfachsten und preiswertesten lassen sich die Attraktionen am Fluss mit den öffentlichen Chao-Phraya-Express-Booten (S. 165) erkunden. Die meisten Fähren Richtung Norden fahren bis zum Nonthaburi Pier, die meisten Richtung Süden zum Sathorn Pier (auch Central Pier genannt) nahe dem BTS-Bahnhof Saphan Taksin (manche Boote fahren auch noch weiter nach Süden bis zum Wat Ratchasingkhon). Wer die Kanäle hautnah erleben will, kann eines der Longtail-Boote chartern.

Asian Oasis BOOTSTOUR
(Karte S. 94; ☎088 809 7047; www.asian-oasis.com; 7. OG, Nai Lert Tower, 2/4 Th Witthayu/Wireless Rd; Ⓢ Phloen Chit, Ausgang 1) An Bord einer Flotte aus restaurierten Reisbarkassen mit altmodischem Charme und modernen Annehmlichkeiten geht es auf dem Chao Phraya entweder flussauf- oder flussabwärts von bzw. nach Ayutthaya. Der Ausflug beinhaltet außerdem eine Busfahrt in die jeweils entgegengesetzte Richtung. Der Preis variiert je nach Saison und Richtung.

Feste & Events

Viele thailändische Feste richten sich nach dem Mondkalender und fallen daher jedes Jahr auf einen anderen Tag des Gregorianischen Kalenders. Genaue Termine erfährt man bei den örtlichen Touristeninformationen.

Chinesisches Neujahr KULTUR
(⌚Jan. oder Feb.) Thai-Chinesen feiern den Beginn des neuen Mondjahrs eine Woche

WEISSE ELEFANTEN

Im Englischen wird mit *white elephant* auch ein lästiger Gegenstand bezeichnet, der mehr Mühe bereitet, als er wert ist. Aber woher kommt dieser Ausdruck? Die Antwort liegt im heiligen Status, den die Könige von Thailand, Kambodscha, Laos und Myanmar einst weißen Elefanten zudachten.

Die Tradition erwuchs aus der Geschichte, in der Buddhas Mutter von einem weißen Elefanten geträumt haben soll, der ihr, bevor sie das Kind gebar, eine Lotusblüte schenkte, ein Symbol der Reinheit und der Weisheit. Daraus wurde abgeleitet, dass ein Monarch, der einen weißen Elefanten besaß, ein gerechter und wohlwollender Herrscher war. In der gesamten Region ging jeder Albino-Elefant sofort in den Besitz der Krone über. Die Gesetze verboten es, dass weiße Elefanten zur Arbeit eingesetzt wurden – sie hatten also trotz ihres erhabenen Status keinerlei praktischen Nutzen, mussten aber teuer versorgt werden.

Auch im heutigen Thailand haben sich weiße Elefanten ihren geheiligten Status bewahrt. Von 1855 bis 1916 zierte ein weißer Elefant die Fahne Siams. Der inzwischen verstorbene König Bhumibol Adulyadej besaß elf Exemplare, mehr als jeder andere Monarch zuvor. Einst wurden die Tiere im Chitlada-Palast in Bangkok gehalten, doch nun residieren sie an drei verschiedenen Orten im Landesinneren.

Silom & Sathon

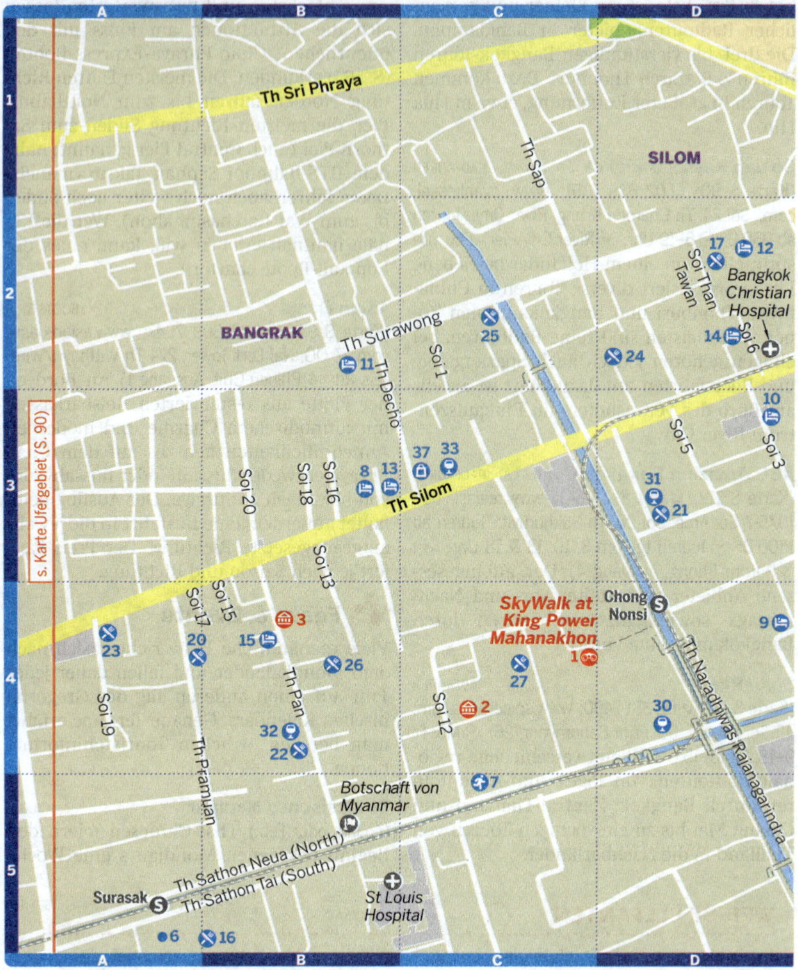

lang mit Hausputz, Löwentänzen und Feuerwerk. Die meisten Festivitäten finden in Chinatown statt. Der Termin variiert.

Songkran KULTUR
(⌚Mitte April) Die Feierlichkeiten um das thailändische Neujahrsfest sind zu einer Wasserschlacht geworden, in der *alle* Teilnehmer (ob gewollt oder nicht) mit Hochleistungswasserpistolen und Wasserbomben beschossen werden. Die heftigsten Schlachten finden auf der Th Silom und der Th Khao San statt. Das Fest dauert drei Tage.

Bangkok Art Biennale KUNST
(⌚Okt.–Feb.) Die erste Bangkok Art Biennale 2018/19 sorgte mit Ausstellungen von Werken der bekanntesten Künstler Asiens an öffentlichen Plätzen in ganz Bangkok für Furore. In mehreren Tempeln, Einkaufszentren, Gebäuden und Piazzas der ganzen Stadt waren kostenlos Installationen und andere Kunstwerke zu sehen. Die nächste Biennale soll 2022/23 stattfinden.

Vegetarierfest ESSEN & TRINKEN
(⌚Sept. oder Okt.) Ein neuntägiges chinesisch-buddhistisches Festival mit gelb beflaggten

Straßenständen, die unzählige fleischlose Köstlichkeiten feilbieten. Die meisten Stände finden sich in Chinatown. Der Termin für die Feierlichkeiten variiert von Jahr zu Jahr.

Loi Krathong KULTUR

(⌚Nov.) Ein wunderschönes Vollmondfestival, bei dem in der Nacht des ersten Vollmonds kleine Boote aus Bananenblättern auf dem Chao Phraya schwimmen. Eine der besten Orte zur Beobachtung der Festivitäten ist die Promenade beim Asiatique (S. 153). Ein alternativer Ort für das Ritual ist der See im Lumphini Park (S. 86).

Schlafen

Wer bei einem typischen Bangkoker Hotel unwillkürlich an den zweiten Teil von *Hangover* denken muss, wird sich freuen zu hören, dass es in der Stadt eine große Auswahl an modernen Hostels, Pensionen und Hotels gibt. Die meisten Unterkünfte in Bangkok bieten ein exzellentes Preis-Leistungs-Verhältnis und der Wettbewerb ist so groß, dass es jede Menge Rabattangebote gibt. Und abgesehen von einigen kleineren Boutiquehotels muss man in der Regel nicht mal vorab buchen.

Ko Ratanakosin & Thonburi

Wer in Ko Rattanakosin oder Thonburi absteigt, hat die meisten berühmten Sehenswürdigkeiten Bangkoks gleich vor der Tür. Der Blick auf den Fluss und viele charmante Mittelklasseunterkünfte an der Th Maha Rat sind weitere Vorteile. Nachteilig ist allerdings, dass Bars und Restaurants hier relativ dünn gesät sind, sodass man sich in die neueren Teile Bangkoks schleppen muss.

Arom D HOSTEL **$$**

(Karte S. 78; ☎02 622 1055; www.aromdhostel.com; 336 Th Maha Rat; B/Zi. mit Frühstück 800/2250 B; ❄@📶; ⛴Tien Pier) Die hübschen Zimmer haben alle ein gleiches Dekorationsschema. Darüber hinaus gibt's einladende Gemeinschafsbereiche, z. B. die Dachterrasse, Computer und ein Café im Erdgeschoss. Das Hostel bietet nicht viel Platz und könnte etwas mehr Zuwendung vertragen, hat aber auf jeden Fall Stil. Außerdem liegt es mitten im Herzen des Hipsterviertels Tien.

Royal ThaTien Village HOTEL **$$**

(Karte S. 78; ☎095 151 5545; www.theroyalthatien.com; 392/29 Soi Phen Phat; EZ & DZ ab 900 B; ❄@📶; ⛴Tien Pier) In zwei umgebauten Shophouses sind hier zwölf recht schlichte Zimmer untergebracht, aber es gibt viel Platz und die Ausstattung mit Fernseher, Kühlschrank, Klimaanlage und glänzendem Parkett sowie die gemütliche, heimelige Atmosphäre machen diese Bleibe empfehlenswert. Sie ist sehr beliebt – also am besten vorab buchen.

★ **Sala Ratanakosin** HOTEL **$$$**

(Karte S. 78; ☎02 622 1388; www.salaresorts.com/rattanakosin; Soi Tha Tian; DZ mit Frühstück ab 4000 B; ❄@📶; ⛴Tien Pier) Das Sala wirkt schick und modern und scheint nicht so recht in das ehemalige Lagerhaus zu passen,

Silom & Sathon

Highlights
1 SkyWalk at King Power Mahanakhon C4

Sehenswertes
2 H Gallery C4
3 Kathmandu Photo Gallery B4
4 M.R.-Kukrit-Pramoj-Haus E5
5 Queen Saovabha Memorial Institute E1

Aktivitäten, Kurse & Touren
6 Blue Elephant Thai Cooking School A5
7 Health Land C5

Schlafen
8 Amber B3
9 Café Ice Residence D4
10 HQ Hostel D3
11 kokotel B2
12 Siam Heritage D2
13 Silom Art Hostel B3
14 Smile Society D2
15 Warm Window B4

Essen
16 Chef Man B5
17 Daimasu D2
18 Hai E2
19 Il Bolognese E5
20 Kalapapruek A4
21 Le Du D3
22 Luka B4
23 Saravana Bhavan A4
24 Soi 10 Food Centres D2
25 Somboon Seafood C2
26 Suananda B4
27 Supanniga Eating Room C4

Ausgehen & Nachtleben
28 Balcony E2
29 DJ Station F2
30 House on Sathorn D4
31 Namsaah Bottling Trust D3
32 Opus B4
33 Scarlett C3
34 Telephone Pub E2
35 Vesper E3

Unterhaltung
36 Patpong E2

Shoppen
37 House of Chao C3
38 Jim Thompson E1
King Power Mahanakhon ..... (s. 1)
39 Tamnan Mingmuang E2

in dem es residiert. Die 15 Zimmer sind in Schwarz und Weiß gehalten und verfügen über offene Bäder. Durch große Fenster blickt man auf den Fluss und den Wat Arun (S. 76). Die Zimmer groß zu nennen, wäre sicher übertrieben, aber Trendbewusste dürften sich hier wohlfühlen.

★ Arun Residence HOTEL $$$
(Karte S. 78; ☎02 221 9158; www.arunresidence.com; 36–38 Soi Pratu Nokyung; DZ mit Frühstück ab 4200 B; ; Tien Pier) Das mehrstöckige Holzhaus in strategisch guter Lage am anderen Flussufer direkt gegenüber vom Wat Arun (S. 76) hat viel mehr zu bieten als einen tollen Ausblick. Den sieben Zimmern gelingt es, gemütlich und stilvoll zu wirken (am besten sind die Suiten mit Balkon im obersten Stock). Es gibt auch einladende Gemeinschaftsbereiche, darunter eine Bibliothek, eine Dachbar und ein Restaurant. Reservierung unerlässlich!

Chakrabongse Villas HOTEL $$$
(Karte S. 78; ☎02 222 1290; www.chakrabongsevillas.com; 396 Th Maha Rat; DZ mit Frühstück ab 6000 B; ; Tien Pier) Die märchenhafte Anlage rund um einen immer noch genutzten Königspalast von 1908 umfasst drei luxuriöse, aber beengte Zimmer und vier größere Suiten und Villen, teilweise mit tollem Flussblick. Es gibt hier auch einen Pool, einen dschungelartigen Garten und eine erhöhte Terrasse, auf der man romantisch am Flussufer speisen kann. Reservierung erforderlich.

Aurum: The River Place HOTEL $$$
(Karte S. 78; ☎02 622 2248; www.aurum-bangkok.com; 394/27–29 Soi Pansuk; DZ mit Frühstück ab 3700 B; ; Tien Pier) Die zwölf Zimmer spiegeln nicht unbedingt das stattliche europäische Äußere dieses umgebauten Shophouse wider, aber sie sind komfortabel, modern und gut ausgestattet. Die meisten haben außerdem Blick auf den Chao Phraya. Günstig ist auf jeden Fall die ruhige Lage abseits des Trubels auf der Th Maha Rat.

Banglamphu

Banglamphu hat noch immer die meisten Budgetunterkünfte Bangkoks. Andererseits ist hier inzwischen auch die gesamte Palette an Unterkünften vertreten, die Bangkok zu bieten hat. Auch die vielen Möglichkeiten zum Essen, Ausgehen und Shoppen sind gute Gründe für eine Bleibe in Banglamphu – auch wenn man sich irgendwie vom Rest Bangkoks abgeschnitten fühlt.

★ **Chern** HOSTEL $

(Karte S. 78; ☎02 621 1133; www.chernbangkok.com; 17 Soi Ratchasak; B/Zi. 350/900 B; ❄@📶; ⛴Klorng-Boot bis Phanfa Leelard Pier) Die großen, offenen Bereiche und die kräftigen Weißtöne lassen dieses Hostel fast überirdisch wirken. Die Achtbettdorms sind überdurchschnittlich gut, doch besonders eindrucksvoll sind die Privatzimmer mit schön minimalistischer Einrichtung, großem Schreibtisch, Fernseher, Safe, Kühlschrank und viel Platz – zu diesem Preis echte Schnäppchen!

Niras Bankoc HOSTEL $

(Karte S. 78; ☎02 221 4442; www.nirasbankoc.com; 204–206 Th Mahachai; B/DZ mit Frühstück ab 400/1300 B; ❄📶; ⛴Klorng-Boot bis Phanfa Leelard Pier) Das in einem alten Shophouse untergebrachte Niras bildet ein Gegenstück zu den vornehmlich modernen Hostels der Stadt und verströmt eine bezaubernd altmodische Atmosphäre. Dunkles Holz und Stilmöbel prägen die Dorms mit vier und sechs Betten wie auch die Privatzimmer, die sich teils Bäder teilen. Das Personal ist freundlich, im Erdgeschoss gibt's ein gemütliches Café und die Lage ist sehr stimmungsvoll.

NapPark Hostel HOSTEL $

(Karte S. 78; ☎02 282 2324; www.nappark.com; 5 Th Tani; B 440–550 B; ❄@📶; ⛴Phra Athit/Banglamphu Pier) Das beliebte Hostel bietet Dorms unterschiedlicher Größe: Die kleinsten und teuersten haben sechs kojenartige Betten; diese Dorms sind mit Stromanschluss, Mini-TV, Leselampe und WLAN ausgestattet. Kulturelle Aktivitäten und einladende Gemeinschaftsbereiche sorgen dafür, dass man all diese Dinge vielleicht gar nicht benötigt. Vorm Haus befindet sich ein geschäftiger Straßenmarkt, auf dem Reiseandenken und -accessoires verkauft werden.

Wild Orchid Villa HOTEL $

(Karte S. 78; ☎02 629 4378; www.wildorchidvilla.com; 8 Soi Chana Songkhram; EZ/DZ mit Frühstück 450/1000 B; ❄📶🏊; ⛴Phra Athit/Banglamphu Pier) Die billigeren Zimmer des Hotels mit Ventilator und Gemeinschaftsbad gehören zu den winzigsten in der ganzen Stadt, sind aber wie die meisten Zimmer im Wild Orchid sauber und ordentlich und Teil eines freundlichen Gesamtpakets. Tolle Pluspunkte sind das beliebte Restaurant mit Gerichten mehrerer Landesküchen und der Pool. Das Hotel ist extrem beliebt, daher auf jeden Fall reservieren!

Suneta Hostel Khaosan HOSTEL $

(Karte S. 78; ☎02 629 0150; www.sunetahostel.com; 209–211 Th Kraisi; B/Zi. mit Frühstück ab 470/1200 B; ❄@📶; ⛴Phra Athit/Banglamphu Pier) Die nette, entspannte Atmosphäre, das einzigartige Retro-Design (manche Dorms sind wie Schlafwagenwaggons gestaltet), die zentrale Lage gleich abseits der Hauptstraße und der freundliche Service machen das Suneta zu einem hervorragenden Hostel.

Vivit Hostel HOSTEL $

(Karte S. 78; ☎02 224 5888; www.vivithostel.com; 510 Th Tanao; B/Zi. mit Frühstück 450/1000 B; ❄📶; ⛴Klorng-Boot bis Phanfa Leelard Pier) Vorhänge mit Blumenmuster, Bilder von Blumen und Standuhren verleihen diesem Hostel eine überwältigende altmodische Atmosphäre, obwohl es erst 2017 eröffnet wurde. Die Dorms sind zwar etwas fade, haben aber ein exzellentes Preis-Leistungs-Verhältnis.

GROSSE ABENTEUER FÜR KLEINE LEUTE

Die nördlichen Vororte von Bangkok beherbergen einige kinderfreundliche Museen und Freizeitparks. Die unten genannten sind von der BTS-Station Mo Chit und vom MRT-Bahnhof Chatuchak Park allesamt mit dem Taxi zu erreichen.

Children's Discovery Museum (พิพิธภัณฑ์เด็ก; Karte S. 118; Th Kamphaeng Phet 4, Queen Sirikit Park; ⏲Di–So 10–16 Uhr; 👪; Ⓜ Chatuchak Park, Ausgang 1, Ⓢ Mo Chit, Ausgang 1) GRATIS In diesem Museum macht das Lernen Spaß, mit Exponaten vom Bauen bis zu Kultur.

Siam Park City (☎02 919 7200; www.siamparkcity.com; 203 Th Suansiam; Erw./Kind 25/20 US$; ⏲10–18 Uhr; Ⓜ Chatuchak Park, Ausgang 2 & Taxi, Ⓢ Mo Chit, Ausgang 1 & Taxi) Mit mehr als 30 Kirmesfahrten und einem Wasserpark mit dem größten Wellenbad der Welt.

Dream World (☎02 577 8666; www.dreamworld.co.th; 62 Mu 1, Th Rangsit-Nakornnayok, Pathum Thani; ab 1200 B; ⏲Mo–Fr 10–17, Sa & So bis 19 Uhr; Ⓜ Chatuchak Park, Ausgang 2 & Taxi, Ⓢ Mo Chit, Ausgang 1 & Taxi) Großer Freizeitpark mit einem (natürlich sehr beliebten) Schneeraum.

★ **Nouvo City Hotel** HOTEL $$
(Karte S. 78; ☎ 02 282 7500; www.nouvocityhotel.com; 2 Soi 2, Th Samsen; EZ & DZ mit Frühstück ab 1600 B; ; Phra Athit/Banglamphu Pier) Das moderne und luxuriöse Nouvo im Samsen-Viertel vermarktet sich als Halal-Herberge für hauptsächlich muslimische Reisende. Für den Preis sind die Zimmer nicht gerade geräumig, doch sie sind gut ausgestattet und in netten Farbtönen gehalten und mit guten Möbeln eingerichtet. Dazu kommen ein Pool und ein Spa sowie eine ruhige Lage am Kanal. Für Gläubige gibt's auch Gebetsräume.

★ **Lamphu Treehouse** HOTEL $$
(Karte S. 78; ☎ 02 282 0991; www.lamphutreehotel.com; 155 Wanchat Bridge, abseits der Th Prachathipatai; DZ mit Frühstück ab 1650 B; @; Klorng-Boot bis Phanfa Leelard Pier) Trotz seines Namens steht das attraktive Mittelklassehotel fest auf dem Boden und bietet dazu ein tolles Preis-Leistungs-Verhältnis. Die mit Holz verkleideten Zimmer sind attraktiv, einladend und gepflegt, und die Sonnenlounge auf dem Dach, der Pool, das Internetcafé, das Restaurant sowie die ruhige Lage am Kanal tun ihr Übriges, sodass man hier nicht mehr wegwill. Die Erweiterung in der Nähe erhöht die Chance, dass es mit einer Reservierung klappt.

Warehouse HOTEL $$
(Karte S. 78; ☎ 02 622 2935; www.thewarehousebangkok.com; 120 Th Bunsiri; DZ mit Frühstück ab 2000 B; @; Klorng-Boot bis Phanfa Leelard Pier) Holzpaletten, die als Möbel dienen, gelbschwarze Kunst an den Wänden, freiliegende Armaturen und weitere industrielle Elemente tragen ihren Teil zum Fabrikflair des „Lagerhauses" bei. Und dennoch erwarten die Gäste in diesem Mittelklassehotel 36 tolle, funktionale und recht große, wenn auch nicht gerade günstige Zimmer.

Chillax Resort HOTEL $$
(Karte S. 78; ☎ 083 099 0638; www.chillaxresort.com; 272 Soi 2, Th Samsen; DZ mit Frühstück ab 2700 B; @; Phra Athit/Banglamphu Pier) Hier ist der Name (eine Kombination aus chillen und relaxen) Programm. Das riesige Hotel buhlt mit einer merkwürdigen Mischung aus Stil und Kitsch um Reisende. Die neonartige lila Beleuchtung passt bestens zu den Möbeln in Rosa und Beige in den komfortablen, gepflegten Zimmern. Das Haus liegt am Ende einer ruhigen Gasse in Kanalnähe.

Nanda Heritage HOTEL $$
(Karte S. 78; ☎ 02 282 2900; www.nandaheritage.com; 632 Th Wisut Kasat; DZ mit Frühstück ab 2000 B; ; Klorng-Boot bis Phanfa Leelard Pier) Das moderne Designhotel orientiert sich an dem Teakhaus, das einst hier war, und den noch immer in der Umgebung stehenden Holzgebäuden. Die in dezenten Erdtönen gestalteten Zimmer sind gut ausgestattet und haben geräumige angeschlossene Badezimmer. Das Nanda ist eine clevere Wahl für alle, die es raffinierter mögen, aber auch die Action auf der Th Khao San in der Nähe wissen wollen.

Villa Cha-Cha HOTEL $$
(Karte S. 78; ☎ 02 280 1025; www.villachacha.com; 36 Th Tani; DZ 1300 B; ; Phra Athit/Banglamphu Pier) Balinesische Statuen, faulenzende Hotelgäste, ein großes Restaurant und ein winzig kleiner Pool – das alles verbirgt sich in diesem etwas versteckt liegenden, aber beliebten Hotel. Bei der Innenausstattung der Zimmer wurden einige etwas unbeholfene Gestaltungsversuche unternommen (beispielsweise die Aktportraits an den Wänden), der eigentliche Reiz geht hier vielmehr von der geselligen Urlaubsatmosphäre aus.

Baan Dinso 2 HOTEL $$
(Karte S. 78; ☎ 096 556 9795; www.baandinso.com; 78/3 Th Ratchadamnoen Klang; EZ/DZ mit Frühstück ab 1250 B; ; Klorng-Boot bis Phanfa Leelard Pier) Das Hotel mit Blick auf die wohl berühmteste Kreuzung Bangkoks bietet 27 moderne Zimmer. Das gesamte Spektrum an Unterkünften wird hier abgedeckt: von winzigen Einzelzimmern mit Gemeinschaftsbad bis hin zu den geräumigeren Zimmern, meistens mit Blick auf das Demokratiedenkmal. Das quirlige Traveller-Ghetto Th Khao San ist nur etwa 400 m entfernt.

Buddy Lodge HOTEL $$
(Karte S. 78; ☎ 02 629 4477; www.buddylodge.com; 256 Th Khao San; EZ & DZ ab 1200 B; @; Phra Athit/Banglamphu Pier) Der riesige Komplex mit Pool, Fitnessraum und McDonald's-Filiale beherbergt außerdem 70 komfortable, gut ausgestattete Zimmer, die an ein luftiges Herrenhaus in den Tropen erinnern. Wer fünf Tage oder länger bleibt, kommt gewöhnlich in den Genuss von Rabatten. Das Hotel umfasst außerdem eine beliebte Bar und ein cooles Geschäft für Kunsthandwerk.

WIE MAN SICH BETTET ...

Hostels

Reisende mit dürftig gefüllter Reisekasse bekommen für nur 300 B ein Dormbett oder ein Minizimmer mit Gemeinschaftsbad. Der neueste Trend in Bangkok sind schicke „Flashpacker"-Hostels an der Grenze zwischen billig und Mittelklasse. Hier kostet ein Bett zwischen etwa 400 und 800 B.

Wer mit knappem Budget reist, findet in Bangkok unzählige Übernachtungsmöglichkeiten, von Hightech-Dorms mit Etagenbetten in einem brandneuen Hostel bis zu gemütlichen Etagenbetten in einem renovierten Shophouse in Chinatown. (Wer mehr Privatsphäre wünscht, bekommt in fast allen Bangkoker Hostels auch Privatzimmer.)

Pensionen

Bei den im Buch genannten Pensionen *(guesthouses)* handelt es sich um Privatunterkünfte in den Häusern von Familien. Pensionen und ähnliche Billighotels befinden sich meist in eher unpraktisch gelegenen Ecken des alten Bangkoks (Banglamphu, Chinatown und Thewet). Was man hier an Übernachtungskosten spart, geht dann wahrscheinlich für Taxifahrten drauf. Eine Nacht in einer Pension kostet ab etwa 500 B.

Hotels

Die billigsten Hotels haben meist Gemeinschaftsbäder und stellen vielleicht noch nicht einmal Handtücher bereit. Einige verfügen nur über Ventilatoren oder schalten die Klimaanlage nur zu bestimmten Zeiten an. Falls WLAN geboten wird, ist es meist kostenlos.

„Mittelklasse" bezeichnet heutzutage ungefähr ein eigenes Zimmer mit Klimaanlage, Kühlschrank, warmem Wasser, Fernseher und kostenlosem WLAN. Jedoch kann es vorkommen, dass ein Hotelzimmer über all das Genannte verfügt, dafür aber keinen Ausblick oder sogar kein Fenster hat. Die Frühstücksangebote reichen von Buffets mit Toast und fettigen Spiegeleiern bis zu gesunderen Varianten mit Joghurt oder Obst.

In der Spitzenklasse wird all das geboten, was man auf diesem Niveau erwartet. Swimmingpools sind Standard, genauso wie Fitnessstudios und Businesscenter, Restaurants und Bars. Das Frühstück kommt oft als Buffet daher.

Hotel Dé Moc HOTEL **$$**
(Karte S. 78; ☎02 629 2100; www.hoteldemoc.com; 78 Th Prachathipatai; EZ & DZ mit Frühstück ab 1300 B; ❄@📶🏊; ⛴Klorng-Boot bis Phanfa Leelard Pier) Mit ihren hohen Decken und den großen Fenstern wirken die Zimmer in diesem Hotel aus den 1960er-Jahren geräumig. Die Möblierung und die Fassade scheinen allerdings noch im vorigen Jahrhundert festzustecken. Auf dem Gelände gibt's auch einen einladenden, wunderbar altmodischen Pool mit Café. Zu den gut durchdachten Extras zählen der kostenlose Transport zur Th Khao San und Gratis-Fahrräder.

Rambuttri Village Plaza HOSTEL **$$**
(Karte S. 78; ☎02 282 9162; www.rambuttrivillage.com; 95 Soi Ram Buttri; EZ/DZ ab 700/900 B; ❄📶🏊; ⛴Phra Athit/Banglamphu Pier) Das Hotel mittlerer Größe an der Hauptstraße Soi Ram Buttri genießt einen in Jahrzehnten gewachsenen Ruf für ein unschlagbares Preis-Leistungs-Verhältnis. Mit seinen zahlreichen kompakten, aber sauberen und gut ausgestatteten Zimmern, einem Hof im Erdgeschoss mit Restaurants und Läden und einem hübschen Terrassenpool ist dies eine sowohl praktische als auch komfortable Bleibe.

Old Capital Bike Inn HOTEL **$$**
(Karte S. 78; ☎02 629 1787; www.oldcapitalbkk.com; 609 Th Phra Sumen; DZ mit Frühstück ab 3200 B; ❄@📶; ⛴Klorng-Boot bis Phanfa Leelard Pier) Das alte Shophouse ist der Inbegriff eines Flitterwochen-Hotels. Es bietet zehn dekadente, opulente Zimmer mit intensivem Farbschema und Holzmöbeln. Wie der Name schon sagt, dreht sich hier alles um Drahtesel, die auch kostenlos verliehen werden.

Villa Phra Sumen HOTEL **$$**
(Karte S. 78; ☎080 085 0085; www.villaphrasumen.com; 457 Th Phra Sumen; DZ mit Frühstück ab 2000 B; ❄@📶; ⛴Klorng-Boot bis Phanfa Leelard Pier) Direkt am Kanal liegt, umgeben von einem Garten, das Hotel Villa Phra Sumen, das von einer abgeschiedenen, geheimnisvollen Atmosphäre geprägt ist. Die 24 etwas beengten (und etwas überteuerten) Zimmer

Thewet & Dusit

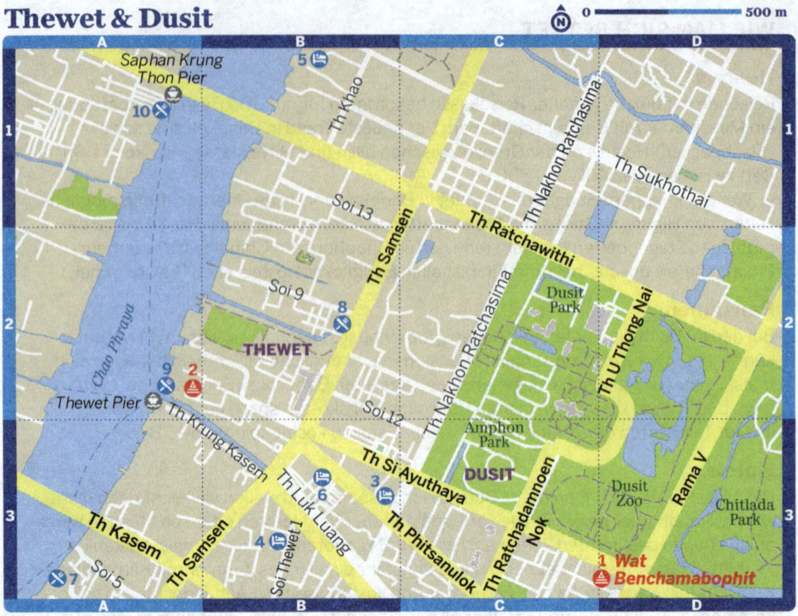

Thewet & Dusit

Highlights
1 Wat Benchamabophit........D3

Sehenswertes
2 Wat Thevarat Kunchorn........A2

Schlafen
3 Hi Baan Thewet........B3
4 Phra-Nakorn Norn-Len........B3
5 Siam........B1
6 SSIP Boutique........B3

Essen
7 Khinlom Chom Saphan........A3
8 Krua Apsorn........B2
9 Steve Café & Cuisine........A2
10 Water Front........A1

sind alle mit Balkon und modernen Annehmlichkeiten ausgestattet. Das Personal ist zudem sehr aufmerksam.

★ **Praya Palazzo** HOTEL $$$
(Karte S. 78; ☎02 883 2998; www.prayapalazzo.com; 757/1 Somdej Prapinklao Soi 2; DZ mit Frühstück ab 3600 B; ❄ 📶 🏊; ⛴ Hotel-Shuttleboot ab Phra Athit/Banglamphu Pier) Nachdem sie über 30 Jahre vor sich hingeschlummert hatte, wurde diese am Fluss gelegene Villa aus dem 19. Jh. in Thonburi 2011 als attraktives Boutiquehotel wiedergeboren. Die 17 Zimmer sind ein bisschen klein, und nicht von jedem hat man einen unverstellten Blick auf den Fluss, aber die sorgfältige Renovierung, die hübsche Möblierung mit Antiquitäten und die idyllisch anmutende Atmosphäre machen es zu einem Boutiquehotel mit echtem kolonialem Charme.

Da das Hotel auf einer Kanalinsel liegt und nur übers Wasser zu erreichen ist, ist es keine gute Wahl für Nachteulen, dafür aber ein ausgezeichnetes Refugium für Flitterwöchner, Schlafhungrige und Menschen, die Abgeschiedenheit lieben.

Riva Surya HOTEL $$$
(Karte S. 78; ☎02 633 5000; www.nexthotels.com; 23 Th Phra Athit; DZ mit Frühstück ab 4300 B; ❄ @ 🏊; ⛴ Phra Athit/Banglamphu Pier) Das frühere Apartmentgebäude wurde in ein Hotel umgebaut, das in diesem Teil der Stadt zu den designorientierteren seiner Art zählt. Die 68 Zimmer in Grau- und Schwarztönen sind mit modernen Möbeln ausgestattet. Die Deluxe und Riva Rooms verfügen außerdem noch über einen tollen Flussblick, sie sind allerdings nicht immer geräumig. Im kleinen Pool wird's zuweilen recht voll.

Chinatown

In Chinatown gibt's ein paar preiswerte Budget- und Mittelklasseunterkünfte. Außerdem liegt es dank der Nähe zum Hauptbahnhof günstig für Ausflüge in die Umgebung. Nachteile sind der Lärm, die Luftverschmutzung und die relativ weite Entfernung zum BTS-Skytrain-Netz und zum „neuen" Bangkok.

Wanderlust BKK HOSTEL $

(Karte S. 84; ☎089 757 7770; 149-151 Rama IV; B 350 B, DZ ab 700 B; ❄ 📶; Ⓜ Hua Lamphong, Ausgang 1) Das hippe Hostel ist von einem fast schon steril wirkenden Ambiente im Industrie-Stil geprägt. Es gibt Dorms mit vier bis acht Betten, ein paar enge private Zimmer, wovon die billigsten ein Gemeinschaftsbad haben, und ein total schickes Café-Restaurant im Erdgeschoss. Das Wanderlust hat zwar nicht das beste Preis-Leistungs-Verhältnis in Chinatown, dafür aber den größten Image-Faktor.

Loftel 22 HOSTEL $

(Karte S. 90; ☎086 807 1144; 952 Soi 22, Th Charoen Krung; B 250–400 B, Zi. mit Gemeinschaftsbad 700–1300 B; ❄ @ 📶; ⛴ Marine Department Pier, Ⓜ Hua Lamphong, Ausgang 1) In zwei benachbarten Shophouses bietet das Hostel stilvolle, einladende Dorms und Privatzimmer, alle mit Gemeinschaftsbad. Pluspunkte sind der freundliche Service und die Lage in einer der stimmungsvollsten Ecken von Chinatown.

@Hua Lamphong HOSTEL $

(Karte S. 84; ☎02 639 1925; www.hualamphong hostel.com; 326/1 Rama IV; B 350 B, Zi. 900–1100 B; ❄ @ 📶; Ⓜ Hua Lamphong, Ausgang 1) Dieses Hostel punktet nicht nur mit dem einfachsten Zugang zum Hauptbahnhof von Bangkok, sondern ist auch sauber und gut geführt. Ein besonders gutes Preis-Leistungs-Verhältnis bieten die Privatzimmer – einige von ihnen sind riesig und haben einen Balkon. In Sachen Bequemlichkeit, Komfort und Einrichtungen zählt das Hostel sicher zu den besten der Stadt.

★ Shanghai Mansion HOTEL $$

(Karte S. 84; ☎02 221 2121; www.shanghaimansion.com; 479–481 Th Yaowarat; Zi./Suite mit Frühstück ab 2100/3500 B; ❄ @ 📶; ⛴ Ratchawong Pier, Ⓜ Hua Lamphong, Ausgang 1 & Taxi) Dieses preisgekrönte Boutiquehotel ist mit Abstand die stilvollste Unterkunft in Chinatown (wenn nicht sogar in ganz Bangkok). Es erinnert mit dem Buntglas, den zahllosen Lampen, kräftigen Farben und seinem ironischen Chinatown-Kitsch unweigerlich an Shanghai um das Jahr 1935. Wer so richtig in die Vollen gehen möchte, lässt sich eines der größeren Zimmer zur Straße hin geben. Sie haben hohe Fenster und sind deshalb heller. Das Hotel liegt mitten im stimmungsvollen Zentrum von Chinatown.

★ Loy La Long HOTEL $$$

(Karte S. 84; ☎02 639 1390; www.loylalong.com; 1620/2 Th Songwat, Wat Pathum Khongka Ratchaworawihan; EZ/DZ mit Frühstück 2700/4900 B; ❄ 📶; ⛴ Ratchawong Pier, Ⓜ Hua Lamphong, Ausgang 1 & Taxi) Ein rustikaler Retro-Charme prägt die sechs Zimmer in dem Teakholzhaus mit jeder Menge Flair. Hinzu kommt noch die prestigeträchtige Lage direkt über dem Chao Phraya, was dem Hotel ein geheimnisvolles Flair verleiht. Der einzige Haken ist, dass das Hotel schwer zu finden ist: Man folgt der Th Songwat und geht dann durch den **Wat Pathum Khongka Ratchaworawihan** (วัดปทุมคงคาราชวรวิหาร; Karte S. 84; abseits der Th Songwat; ⏲ tagsüber; ⛴ Marine Department Pier, Ⓜ Hua Lamphong, Ausgang 1 & Taxi) zum Fluss.

Feung Nakorn Balcony HOTEL $$$

(Karte S. 78; ☎02 622 1100; www.feungnakorn.com; 20 Soi Fuang Thong, Th Fuang Nakhon; EZ/DZ mit Frühstück 2500/4000 B; ❄ @ 📶; ⛴ Memorial Bridge Pier) Das Hotel in einer ehemaligen Schule bietet 42 große, helle und luftige Zimmer rund um einen einladenden Garten im Innenhof. Zu den Annehmlichkeiten gehören die kostenlose Minibar, der Safe und der Flachbild-TV, die alle zur Standardausrüstung zählen. Darüber hinaus hat das Hotel eine ruhige, abgeschiedene Lage weit weg von der Hauptstraße und kompetente Angestellte. Alles in allem ist dies eine charmante und einladende (wenn auch nicht unbedingt preiswerte) Bleibe.

Ufergebiet, Silom & Lumphini

In diesen benachbarten Stadtvierteln gibt's einige fantastische Unterkünfte der Budget- und Luxusklasse, jedoch relativ wenig dazwischen.

★ Warm Window HOSTEL $

(Karte S. 102; ☎02 235 8759; www.warmwindow silom.com; 50/18–19 Th Pan; B/DZ mit Frühstück ab 360/1200 B; ❄ @ 📶; Ⓢ Surasak, Ausgang 1/3) Diese schicke Adresse, noch eher ein Neuling in der sich ständig verändernden Hostelszene von Silom, bietet zwei fantastische Zehnbettdorms mit bequemen, hinter Vorhängen versteckten Herbergsbetten mit eleganter Holzvertäfelung. Ein absolutes Schnäppchen sind die Privatzimmer. Und wer nach einem langen Tag in der Stadt mal ein Päuschen braucht, ist im Café unten bestens aufgehoben.

Smile Society HOSTEL $

(Karte S. 102; ☎ 095 228 2415; www.smilesocietyhostel.com; 130/3–4 Soi 6, Th Silom; B/Zi. ab 260/950 B; ❄@📶; Ⓜ Si Lom, Ausgang 2, Ⓢ Sala Daeng, Ausgang 1) Teils Boutiquehotel, teils Hostel: Die vierstöckige Unterkunft bietet kleine, aber komfortable und gut ausgestattete Zimmer sowie Dorms mit makellosen Gemeinschaftsbädern. Hinzu kommen die zentrale Lage, das unfassbar gute Feedback der Gäste, hilfsbereite, englischsprachige Angestellte sowie ein paar weitere Extras. Durch den praktisch identischen Anbau nebenan ist nun auch genügend Platz für die steigende Gästezahl des immer beliebteren Hostels.

All That Bangkok HOSTEL $

(Karte S. 70; ☎ 094 493 6637; www.allthatbangkokhostel.com; 4 Soi 11, Yaek 5, Th Sathon Tai/South; B 450–550 B; ❄@📶; Ⓢ Chong Nonsi, Ausgang 5) Dieses Boutiquehostel versteckt sich an einer kleinen Wohnstraße. Oben befinden sich drei gemischte Dorms mit 19 bequemen Betten sowie ein Zimmer mit eigener Dusche (1900 B). Im Erdgeschoss gibt's in einem Café im Industriestil Nitro-Kaffee aus dem Zapfhahn und recht gute Eier Benedikt für nur 95 B. Da die BTS-Hochbahn ganz in der Nähe ist, kann man sich leicht durch die Stadt bewegen.

Silom Art Hostel HOSTEL $

(Karte S. 102; ☎ 02 635 8070; www.silomarthostel.com; 198/19–22 Soi 14, Th Silom; B/Zi. 450/950 B; ❄@📶; Ⓢ Chong Nonsi, Ausgang 3) Das skurrile, künstlerisch angehauchte, bunte und lustige Silom Art Hostel kombiniert Recycling-Materialien, unkonventionelle Möblierung und farbenfrohe Wandmalereien zu einer für Bangkok einmaligen Unterkunft. Es dreht sich aber nicht alles nur um Stil: Die Betten und Zimmer sind funktional und komfortabel, und es gibt viele ansprechende Gemeinschaftsbereiche.

S1 Hostel HOSTEL $

(Karte S. 88; ☎ 02 679 7777; 35/1–4 Soi Ngam Du Phli; B/Zi. ab 330/900 B; ❄@📶; Ⓜ Lumphini, Ausgang 1) Das riesige Hostel hat Dorms und Zimmer, die schlicht, aber attraktiv in Primärfarben gestaltet sind. Dank der vielen Einrichtungen (Waschküche, Küche, Dachgarten) und der bequemen Lage in Gehweite zur MRT ist dies eine sehr preisgünstige Option.

HQ Hostel HOSTEL $

(Karte S. 102; ☎ 02 233 1598; www.hqhostel.com; 5/3–4 Soi 3, Th Silom; B/Zi. 480/1750 B; ❄@📶; Ⓜ Si Lom, Ausgang 2, Ⓢ Sala Daeng, Ausgang 2) Das HQ ist ein Flashpackerhostel mit geschliffenem Beton im Industriestil. In einem schmalen mehrstöckigen Gebäude mitten im Bankenviertel von Bangkok bietet es Vier- bis Sechsbettdorms, ein paar Doppel- und Dreibettzimmer (einige davon mit Bad) und einladende Gemeinschaftsbereiche.

★ **kokotel** HOTEL $$

(Karte S. 102; ☎ 02 235 7555, 02 026 3218; www.kokotel.com; 181/1–5 Th Surawong; EZ/DZ mit Frühstück 1600/2600 B; ❄@📶; Ⓢ Chong Nonsi, Ausgang 3) Das kokotel, wahrscheinlich eine der familienfreundlichsten Unterkünfte der Stadt, bietet große, sonnige Zimmer mit bauschigen Betten, einen großen Kinderspielplatz und ein Café (mit Rutsche!). Das Preis-Leistungs-Verhältnis ist toll, besonders angesichts der zentralen Lage, und von Zeit zu Zeit finden dazu noch Rabattaktionen statt.

★ **Siam Heritage** BOUTIQUEHOTEL $$

(Karte S. 102; ☎ 02 353 6166; www.thesiamheritage.com; 115/1 Th Surawong; DZ mit Frühstück ab 1800 B; ❄@📶🏊; Ⓜ Si Lom, Ausgang 2, Ⓢ Sala Daeng, Ausgang 1) Etwas abseits der viel befahrenen Th Surawong versteckt sich dieses noble Boutiquehotel mit heimeligem thailändischem Charme – und im mittleren Preissegment ist dies dazu noch ein absolutes Schnäppchen! Die 73 Zimmer sind von Seide und dunklem Holz mit schicken Designelementen und durchdachten Annehmlichkeiten geprägt. Auf dem Dach befindet sich ein einladender Bereich mit Garten, Pool und Spa, und alles wird von einem Team aus zuvorkommenden und professionellen Angestellten in Schuss gehalten. Sehr zu empfehlen!

Amber HOTEL $$

(Karte S. 102; ☎ 02 635 7272; www.amberboutiquesilom.com; 200 Soi 14, Th Silom; DZ mit Frühstück 1500–1800 B; ❄@📶; Ⓢ Chong Nonsi, Ausgang 3) Angesichts der allgegenwärtigen Designthemen – etwa marokkanisch, chinesisch-portugiesisch oder modern – könnte man meinen, das Amber lege mehr Wert auf Stil als auf Komfort. Aber nichts hier ist zu schrill oder übertrieben, und die 19 geräumigen, lichterfüllten Zimmer bieten mit ihren vielen Annehmlichkeiten und der ruhigen Lage ein exzellentes Preis-Leistungs-Verhältnis. Häufig gibt's Angebote zu noch besseren Preisen – ein echtes Schnäppchen!

Café Ice Residence PENSION **$$**
(Karte S. 102; ☎ 02 636 7373; cafeiceresidences@gmail.com; 44/2 Soi 8, Th Sathon Neua/North; DZ mit Frühstück ab 2400 B; ❄ @ 📶; Ⓢ Chong Nonsi, Ausgang 2) Die makellos saubere, edle Villa wirkt mit ihren neun einladenden, geräumigen und komfortablen Zimmern eher wie ein Zuhause als ein Hotel. Das Haus ist dezent, aber schön eingerichtet und beherbergt außerdem ein Thai-Restaurant. Es liegt an einer ruhigen Nebenstraße, die nach Norden von der Hauptstraße von Sathorn abzweigt.

W Home PENSION **$$**
(Karte S. 70; ☎ 02 291 5622; www.whomebangkok.com; Yaek 8, Soi 79, Th Charoen Krung; EZ/DZ mit Frühstück 1200/1500 B; ❄ @ 📶; Ⓢ Saphan Taksin, Ausgang 2 & Taxi) Zwar liegt die Pension in einem 60 Jahre alten, renovierten Haus etwas abgeschieden, aber das macht zum Teil auch ihren Reiz aus. Freundliche Gastgeber, vier kleine, aber schön und klug eingerichtete Zimmer (eins davon mit eigenem Bad), einladende Gemeinschaftsbereiche und ein authentisches Flair runden das Ganze ab.

Die Soi 79 zweigt etwa 1 km südlich der Saphan Taksin von der Th Charoen Krung ab. Das W Home liegt 250 m östlich der Hauptstraße.

Swan Hotel HOTEL **$$**
(Karte S. 90; ☎ 02 235 9271; www.swanhotelbkk.com; 31 Soi 36/Rue de Brest, Th Charoen Krung; EZ/DZ 1000/1500 B; ❄ @ 📶 🏊; ⛴ Oriental Pier)

VENEDIG DES OSTENS

Bangkok wurde früher auch das „Venedig des Ostens" genannt, da die Stadt von einem hochentwickelten Netz aus *klorng* (auch *khlong*) durchzogen war, künstlich angelegten Kanälen, die die Einwohner als Transportmittel für sich selbst und für ihre Waren nutzten. Am Westufer des Chao Phraya in Thonburi kann man jedoch einen Einblick in die von Wasser geprägte Vergangenheit der Stadt erhaschen.

Thonburis Netz aus Kanälen und Nebenflüssen wimmelt auch heute noch von einer bunten Flotte an Wasserfahrzeugen – von Kanus bis hin zu mit Reis beladenen Frachtkähnen –, und die Vordertüren der auf Stelzen erbauten Wohnhäuser, Handelshäuser und Tempel öffnen sich zum Wasser hin. Die Anwohner sind davon überzeugt, dass diese Wasserwege sie vor den saisonalen Überflutungen schützen, von denen die Hauptstadt immer wieder heimgesucht wird. Der **Khlong Bangkok Noi** ist von Pflanzen und historischen Tempeln gesäumt, entlang des kleineren **Khlong Mon** stehen vorwiegend Wohnhäuser. Der **Khlong Bangkok Yai** verläuft dort, wo der Fluss früher auch verlief – bevor der Kanal gebaut wurde, um die Durchfahrt zu beschleunigen. Die Longtail-Boote, die überall auf diesen und den übrigen Kanälen Thonburis verkehren, kann man heutzutage chartern (am Tha Chang und Tha Tien, beide auf der Ko Ratanakosin). Die Preise an diesen Anlegestellen sind etwas höher als an anderen Orten und viel Verhandlungsspielraum gibt es auch nicht, aber die Wahrscheinlichkeit, dass man betrogen wird oder hinterher Trinkgelder oder andere unerwartete Gebühren erhoben werden, ist hier am geringsten.

Bei einer Bootstour fährt man meist über den Khlong Bangkok Noi und den Khlong Mon und kommt am Royal Barges National Museum (Nationalmuseum der königlichen Barkassen; S. 77), am Wat Arun (S. 76) und einem Tempel am Wasser vorbei, an dem Fische gefüttert werden. Längere Ausflüge führen auch noch über den Khlong Bangkok Yai und schließen teilweise noch den Besuch einer Orchideenfarm ein. Am Wochenende besteht zudem die Möglichkeit, dem Taling Chan Floating Market (S. 160) einen Besuch abzustatten. Die meisten Anbieter haben festgelegte Routen, wer aber ein bestimmtes Ziel im Kopf hat, kann sich auch dorthin schippern lassen. Die Touren werden im Allgemeinen zwischen 8 und 17 Uhr angeboten.

Wem der Sinn nach einem längeren und individuelleren Ausflug steht, dem bietet **Pandan Tour** (☎ 096 937 8803; www.thaicanaltour.com; Touren ab 2400 B) eine ganze Reihe von Ausflügen (vorwiegend ganztägig) an. Eine günstigere Alternative sind die **Longtail-Boote für Pendler** (Karte S. 78; Chang Pier; ⏲ 4.30–19.30 Uhr; ⛴ Chang Pier) vom Tha Chang bis nach Bang Yai am nördlichsten Ende des Khlong Bangkok Noi. Um wieder zurückzukommen, muss man allerdings umsteigen, und oft wird Ausländern davon abgeraten, mit diesen Booten zu fahren.

Th Sukhumvit

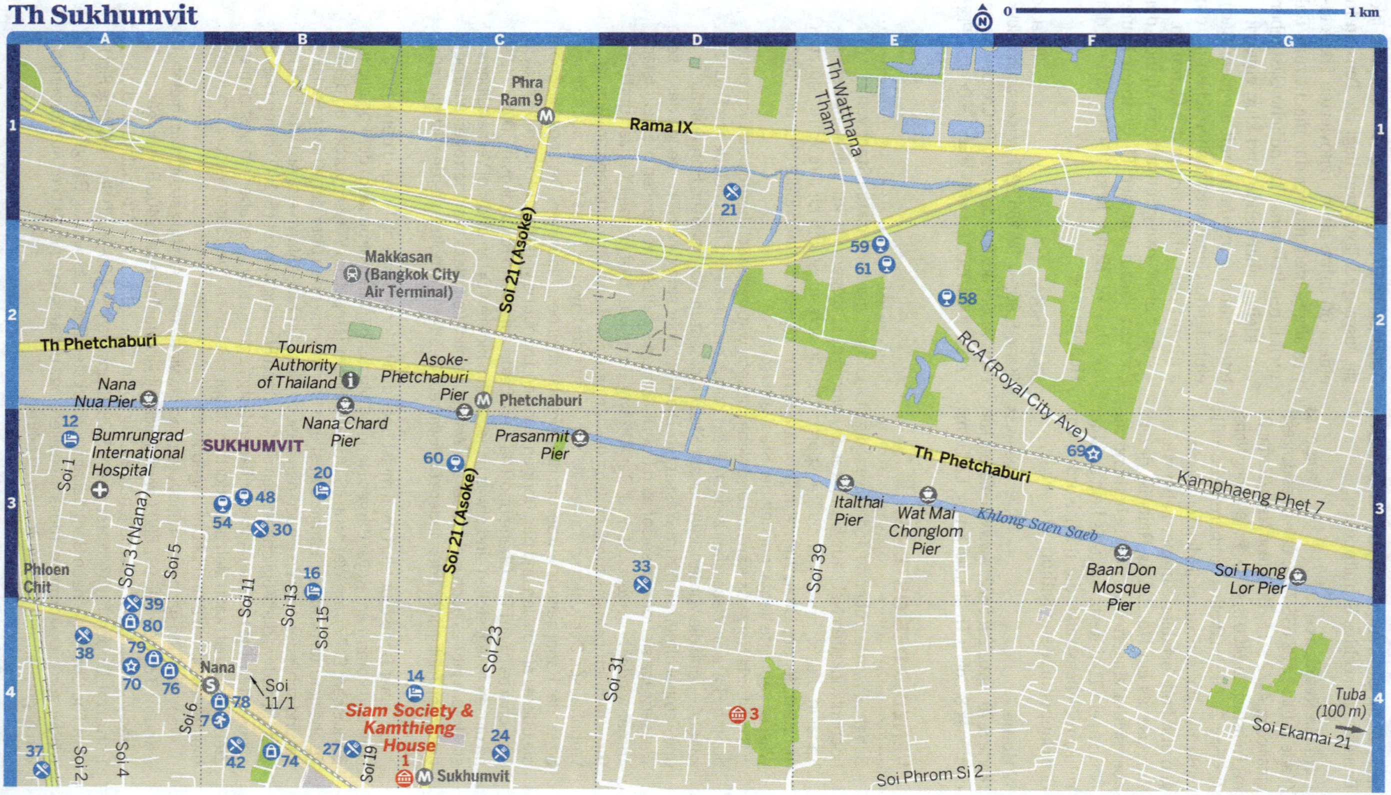

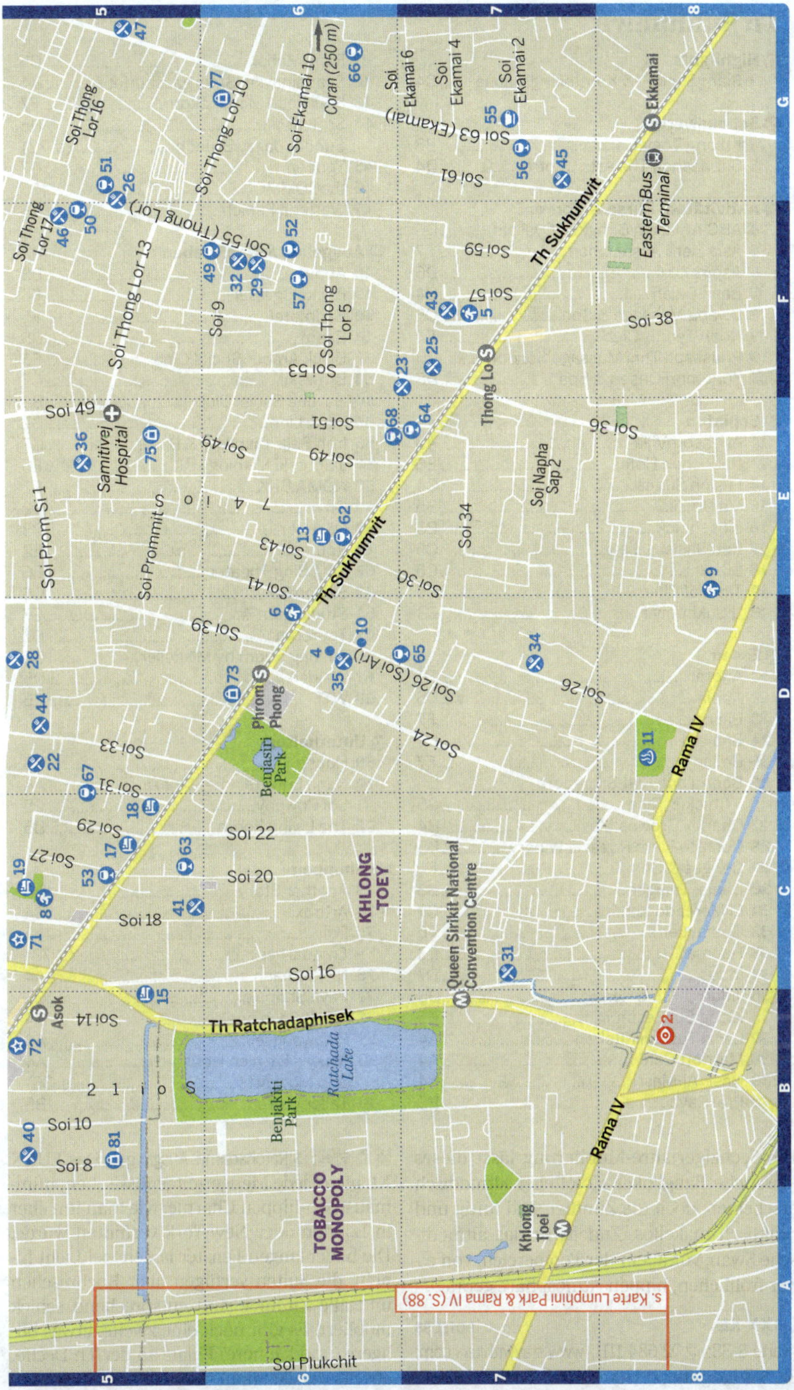
Th Sukhumvit
Th Ratchadaphisek
Rama IV
Soi 63 (Ekamai)
Soi 55 (Thong Lor)
Soi 26 (Soi Ari)
Soi Ekamai 10
Soi Ekamai 6
Soi Ekamai 4
Soi Ekamai 2
Coran (250 m)
Soi Thong Lor 10
Soi Thong Lor 16
Soi Thong Lor 17
Soi Thong Lor 13
Soi Thong Lor 5
Soi 9
Soi 61
Soi 59
Soi 57
Soi 53
Soi 51
Soi 49
Soi 47
Soi 43
Soi 41
Soi 39
Soi 33
Soi 31
Soi 29
Soi 27
Soi 38
Soi 36
Soi 34
Soi 30
Soi 26
Soi 24
Soi 22
Soi 20
Soi 18
Soi 16
Soi 14
Soi 12
Soi 10
Soi 8
Soi Napha Sap 2
Soi Prom Si 1
Soi Prommit
Soi Plukchit
Samitivej Hospital
Eastern Bus Terminal
Ekkamai
Thong Lo
Phrom Phong
Asok
Queen Sirikit National Convention Centre
Khlong Toei
Benjasiri Park
Benjakiti Park
Ratchada Lake
KHLONG TOEY
TOBACCO MONOPOLY
s. Karte Lumphini Park & Rama IV (S. 88)

Th Sukhumvit

Highlights
1 Siam Society & Kamthieng House........C4

Sehenswertes
2 Khlong Toey Market..............B8
3 Subhashok The Arts Centre..............D4

Aktivitäten, Kurse & Touren
4 ABC Amazing Bangkok Cyclists..........D6
5 Asia Herb Association..............F7
6 Aspire Club..............D6
7 Baan Dalah..............B4
8 Divana Massage & Spa..............C5
9 Noah Tennis Club..............E8
10 Phussapa Thai Massage School..........D6
11 Yunomori Onsen & Spa..............D8

Schlafen
12 AriyasomVilla..............A3
13 Cabochon Hotel..............E6
14 Fusion Suites..............C4
15 Ma Du Zi..............B5
16 Mövenpick..............B3
17 RetrOasis..............C5
18 S31..............C5
19 Tints of Blue..............C5
20 U Sukhumvit..............B3

Essen
21 Anotai..............D1
22 Appia..............D5
23 Bacco..............F7
24 Bharani..............C4
25 Bo.lan..............F7
26 Boon Tong Kiat Singapore Chicken Rice..............G5
27 Charley Browns Mexicana..............B4
28 Cocotte Farm Roast & Winery..............D5
29 Congee & Curry..............F6
30 Daniel Thaiger..............B3
31 El Mercado..............C7
32 Gokfayuen..............F6
33 Haoma..............D3
34 Indus..............D7
35 Jidori Cuisine Ken..............D6
36 Klang Soi Restaurant..............E5
37 Lenzi Tuscan Kitchen..............A4
38 Marriott Café..............A4
39 Nasir Al-Masri..............A4
40 Prai Raya..............B5
41 Rang Mahal..............C5
42 Scandinavian Smorgaasbuffet..............B4
43 Soul Food Mahanakorn..............F7
44 Sri Trat..............D5
Sunday Jazzy Brunch..............(s. 72)
45 Teppen..............G7
46 theCOMMONS..............F5
47 Wattana Panich..............G5

Ausgehen & Nachtleben
48 Above 11..............B3
49 Backstage Bar..............F6
50 Badmotel..............F5
51 Beam..............G5
52 Black Amber Social Club..............F6
53 Brewski..............C5
54 Havana Social Club..............B3
55 Ink & Lion..............G7
56 Iron Balls Distillery & Bar..............G7
57 J Boroski Mixology..............F6
58 NOMA BKK..............E2
59 Onyx..............E2
60 Q&A Bar..............C3
61 Route 66..............E2
62 Sing Sing Theater..............E6
63 Sky on 20..............C5
64 Studio Lam..............E7
65 Taproom..............D7
66 Tasting Room by Mikkeller..............G6
67 Walden..............D5
68 WTF..............E6

Unterhaltung
69 House..............F3
70 Nana Entertainment Plaza..............A4
71 Soi Cowboy..............C5
72 The Living Room..............B5

Shoppen
73 Another Story..............D6
74 Artbox..............B4
75 Duly..............E5
Emquartier..............(s. 73)
76 Nickermann's..............A4
77 Paya Shop..............G6
78 Raja's Fashions..............B4
79 Rajawongse..............A4
80 Ricky's Fashion House..............A4
Sop Moei Arts..............(s. 36)
81 Tailor on Ten..............B5

Die Sechzigerjahre-Möblierung lässt dieses klassische Bangkoker Hotel eher altmodisch erscheinen, doch die Zimmer sind luftig und praktisch makellos. Zudem ist das altmodische Swan, vor allem der Poolbereich, von einer fröhlichen, hippen Atmosphäre geprägt.

LUXX XL HOTEL **$$**

(Karte S. 88; ☎02 684 1111; www.staywithluxx.com; 82/8 Th Langsuan; Zi. 1700–2400 B, Suite ab 2500 B; ❄@📶🏊; Ⓢ Ratchadamri, Ausgang 2) Das LUXX XL bietet jede Menge zeitgenössischen, minimalistisch-hippen Charme, wie man ihn eher in London oder New York vermuten würde. Die bodenlangen Fenster lassen viel Licht hinein, die Suiten verfügen über Kochnischen und alle Zimmer sind entsprechend schick möbliert. Es gibt noch eine zweite, etwas billigere (und kleinere) Filiale an der Th Decho, abseits der Th Silom.

★ Peninsula Hotel HOTEL $$$
(Karte S. 90; ☎02 020 2888; www.peninsula.com; 333 Th Charoen Nakhon; DZ mit Frühstück ab 8800 B; ❄@📶🏊; ⛴Hotel-Shuttleboot ab Sathorn/Central Pier) Das unvergleichliche und zeitlose Pen hat alles: die Lage am Fluss, den langjährigen Ruf als eins der besten Luxushotels der Welt und mit den besten Service in der ganzen Stadt. Die prächtigen Zimmer sind eine echte Freude und ein opulentes Frühstück unter freiem Himmel am Fluss ist ein perfekter Auftakt für den Tag.

★ Metropolitan by COMO HOTEL $$$
(Karte S. 88; ☎02 625 3333; www.comohotels.com; 27 Th Sathon Tai/South; Zi./Suite mit Frühstück ab 5100/8700 B; ❄@📶🏊; M Lumphini, Ausgang 2) Von außen hat sich das ehemalige Bangkoker YMCA kaum verändert, aber drinnen offenbart sich eines der schicksten, ansprechendsten Hotels der Stadt. Die 171 Zimmer sind in betörenden Farben mit Schwarz, Weiß und Gelb gestaltet. Die City-Zimmer sind allerdings etwas beengt, wogegen die zweistöckigen Penthouse-Suiten schon fast wie richtige Wohnungen wirken.

★ Sukhothai HOTEL $$$
(Karte S. 88; ☎02 344 8888; www.sukhothai.com; 13/3 Th Sathon Tai/South; Zi./Suite mit Frühstück ab 5000/7300 B; ❄@📶🏊; M Lumphini, Ausgang 2) Dies ist eines der nobelsten Luxushotels Bangkoks. Wie der Name schon vermuten lässt, findet man hier Ziegelstupas, Innenhöfe und alte Skulpturen, die für eine friedliche, tempelartige Atmosphäre sorgen. Im krassen Kontrast dazu stehen die Zimmer mit hochmodernen Fernsehern, Telefonen und teilweise sogar Hightech-Toiletten.

Sofitel So HOTEL $$$
(Karte S. 88; ☎02 624 0000; www.sofitel.com; 2 Th Sathon Neua/North; DZ mit Frühstück ab 6400 B; ❄@📶🏊; M Lumphini, Ausgang 2) Dies ist eins einer Handvoll großer, doch hipper Hotels bekannter Ketten in Bangkok. Das Design basiert auf den vier Elementen, sodass es keine zwei Zimmer gibt, die völlig gleich sind. Alle Bleiben sind dennoch groß, stilvoll, modern und frisch. Vom Infinitypool bieten sich fabelhafte Ausblicke auf die Skyline von Bangkok hinterm Lumphini Park.

Siam Square, Pratunam, Phloen Chit & Ratchathewi

Diese benachbarten Viertel bieten eine gute Bandbreite an Budget- und Mittelklasse-Unterkünften. Gut sind auch die zentrale Lage und der leichte Zugang zu Restaurants, Geschäften und den öffentlichen Verkehrsmitteln.

★ Lub d HOSTEL $
(Karte S. 94; ☎02 612 4999; www.lubd.com/siamsquare; 925/9 Rama I; B/Zi. mit Frühstück ab 900/1400 B; ❄@📶; S National Stadium, Ausgang 1) Der Name ist ein Wortspiel mit dem thailändischen *làp dee*, was „schlaf gut" bedeutet. Aber die nette Stimmung in diesem modern anmutenden Hostel sorgt dafür, dass viele Gäste die ganze Nacht aufbleiben. Zur Unterhaltung gibt's einen einladenden Gemeinschaftsbereich mit Spielen und einer Bar, außerdem durchdachte Extras von Waschmaschinen bis hin zu einem Kinosaal.

Chao Hostel HOSTEL $
(Karte S. 94; ☎02 217 3083; www.chaohostel.com; 8. OG, 865 Rama I, Siam@Siam Bldg; B/Zi. 550/1400 B; ❄@📶; S National Stadium, Ausgang 1) Mit modern-minimalistischer Einrichtung, thailändischen Design-Elementen sowie viel offenem Raum gehört das Chao zu den elegantesten Hostels in Bangkok. Die Dorms mit jeweils sechs Betten und eigenem Bad sind geräumig und es gibt mehrere einladende Gemeinschaftsbereiche.

Boxpackers Hostel HOSTEL $
(Karte S. 94; ☎02 656 2828; www.boxpackershostel.com; 39/3 Soi 15, Th Phetchaburi; B/4BZ ab 420/1800 B; ❄📶; S Ratchathewi, Ausgang 1 & Taxi) Das moderne schlichte Hostel hat in seinen Dorms Platz für vier bis zwölf Personen, meist in Etagenbetten, teilweise auch in Doppelbetten. Zu den gemütlichen Gemeinschaftsbereichen zählen im Erdgeschoss ein Café und ein Loungebereich mit Billardtisch. Das angeschlossene Hotel bietet 14 kleine, aber ähnlich ansprechende private Zimmer.

K Maison BOUTIQUEHOTEL $$
(Karte S. 100; ☎02 245 1953; www.kmaisonboutique.com; Soi Ruam Chit; DZ mit Frühstück ab 2200 B; ❄📶; S Victory Monument, Ausgang 4) Das Foyer mit seinem unschuldigen Weiß, den geschwungenen Marmorverzierungen und den blauen Akzenten verrät, was einen in diesem Boutiquehotel erwartet. Die 21 Zimmer sind im selben Stil gehalten und auf eine feine, ansprechende Weise bescheiden. Und wer jetzt denkt, dass es hier nur ums Image geht, der sei beruhigt: Das K Maison ist zugleich auch zweckmäßig und komfortabel.

The Bangkokians PRIVATZIMMER $$
(Karte S. 100; 02 642 5497; www.thebangkokians.com; 335/1 Soi 12, Th Ratchaprarop; DZ mit Frühstück 1500 B; ; S Victory Monument, Ausgang 1/3 & Taxi) Wer von den Standardhotels genug hat, kann in diesem wie eine Privatunterkunft wirkenden Hotel absteigen. Die Zimmer in vier Bungalows in einem netten Garten bieten viel Platz, viel natürliches Licht und thailändischen Charme alter Schule. Eingecheckt wird im Hotel de Bangkok ganz in der Nähe.

Cacha Art Hotel HOTEL $$
(Karte S. 70; 02 216 8950; www.cachahotel.com; 156/5–9 Th Phetchaburi; EZ/DZ mit Frühstück 1200/1600 B; ; S Ratchathewi, Ausgang 3) Dem überall verbreiteten Industrieschick-Look wird in diesem reizenden, wenn auch etwas unpraktisch gelegenen kleinen Hotel mit thailändischen und Elefanten-Elementen frischer Atem eingehaucht. Die 35 Zimmer sind mit stylischen, funktionalen Möbeln und bunten Wandmalereien versehen; in einigen der billigsten Zimmer gibt's allerdings keine Fenster. Pluspunkte sind etwa eine Waschküche und ein Café im Erdgeschoss.

Bizotel HOTEL $$
(Karte S. 100; 02 245 2424; www.bizotelbkk.com; 104/40 Th Rang Nam; DZ mit Frühstück ab 1900 B; ; S Victory Monument, Ausgang 4) Hübsch und hell und voller nützlicher Annehmlichkeiten – die Zimmer hier könnten gut und gerne auch das Doppelte kosten. Dic Lage in einem relativ ruhigen Teil der Stadt ist ein weiteres Plus. Hinzu kommen die hilfsbereiten, freundlichen Angestellten.

★ **Siam@Siam** HOTEL $$$
(Karte S. 94; 02 217 3000; www.siamatsiam.com; 865 Rama I; DZ mit Frühstück ab 3300 B; ; S National Stadium, Ausgang 1) Ein scheinbar willkürlicher Mix aus Farben und industriellen bzw. recycelten Materialien ergibt einen Stil, den man nur als „Schrottplatz-Chic" bezeichnen kann – im positiven Sinne natürlich. Die Zimmer, die sich auf die Etagen 14 bis 24 verteilen, bieten einen umwerfenden Blick auf die Stadt. Es gibt hier auch ein Restaurant auf dem Dach und einen bestens gepflegten Pool im 11. Stock.

★ **Hansar** HOTEL $$$
(Karte S. 94; 02 209 1234; www.hansarbangkok.com; 3 Soi Mahadlekluang 2; Suite mit Frühstück ab 6000 B; ; S Ratchadamri, Ausgang 4) Das Hansar punktet mit Stil und einem guten Preis-Leistungs-Verhältnis. Alle 94 Zimmer sind hübsch mit riesigen Bädern und großen Schreibtischen ausgestattet. Das Top-Angebot des Hauses sind aber die kleinsten (und billigsten) Wohnstudios mit Kochnische, Waschmaschine und freistehender Badewanne. Zudem gehört, jedenfalls in den meisten Studios, auch ein Balkon dazu.

Lit Bangkok Hotel & Residence HOTEL $$$
(Karte S. 94; 02 612 3456; www.litbangkok.com; 36/1 Soi Kasem San 1; DZ mit Frühstück ab 3400 B; ; S National Stadium, Ausgang 1) Das moderne, architektonisch auffallende Hotel wartet mit Zimmern unterschiedlichen Stils auf, die jedoch alle effektvolle Akzentbeleuchtung aufweisen. Am besten schaut man sich ein paar an, da sie wirklich sehr unterschiedlich sind, und einige Einrichtungen wie eine Dusche, die vom Wohnbereich aus einzusehen ist, sind sicher nicht jedermanns Geschmack.

Hotel Indigo HOTEL $$$
(Karte S. 94; 02 207 4999; www.ihg.com; 81 Th Witthayu/Wireless Rd; DZ mit Frühstück ab 4900 B; ; S Phloen Chit, Ausgang 5) Das Indigo ist zwar Teil einer internationalen Kette, doch das Hotel versprüht trotzdem jede Menge lokalen Charme und hat sich gut an die Geschichte und Kultur Bangkoks angepasst. Es ist retro, modern, typisch Thai und künstlerisch angehaucht zugleich. Viele der 192 Zimmer bieten einen Blick auf die grüneren Teile des Botschaftsviertels, und allesamt sind sie mit farbenfrohen Möbeln und zweckmäßigen Annehmlichkeiten ausgestattet.

Okura Prestige HOTEL $$$
(Karte S. 94; 02 687 9000; www.okurabangkok.com; 57 Th Witthayu/Wireless Rd; DZ mit Frühstück ab 7700 B; P; S Phloen Chit, Ausgang 5) Der Bangkoker Ableger einer japanischen Hotelkette ist, anders als viele andere große Hotels in Bangkok, bewusst nicht stylisch. Aber die minimalistische, fast besinnlich-ruhige Atmosphäre und die feinen, durchdachten und ausgesprochen japanischen Details im Foyer und in den 240 Zimmern muss man einfach mögen. Online sind hin und wieder beträchtliche Rabatte zu bekommen.

Thanon Sukhumvit

Die Th Sukhumvit beherbergt einen großen Anteil der Bangkoker Unterkünfte, der Schwerpunkt liegt jedoch auf Herbergen von Luxusketten. Viele der Hotels liegen weit hinten in Nebenstraßen und bieten daher den ganzen Tag über jede halbe Stunde Gratis-Shuttles zur nächsten BTS-Station.

Refill Now! HOSTEL $
(Karte S. 70; ☎02 713 2044; www.refillnow.co.th; 191 Yaek 5, Soi Pridi Bhanom Yong 42, Soi 71, Th Sukhumvit; B/Zi. 365/1450 B; ❄@📶🏊; S Phra Khanong, Ausgang 3 & Taxi) In dieser Unterkunft fühlt man sich vielleicht auch in einem Dorm recht gut aufgehoben. Die Zimmer und Dorms sind stilvoll minimalistisch; Letztere verfügen zwischen den Doppelstockbetten über witzige Trennschirme zum Runterziehen. Es stehen auch Dorms nur für Frauen zur Verfügung. Dazu gibt's einen hippen Bereich zum Chillen und oben ein Massagezentrum.

★ **Tints of Blue** HOTEL $$
(Karte S. 112; ☎099 289 7744; www.tintsofblue.com; 47 Soi 27, Th Sukhumvit; DZ mit Frühstück 2000–2200 B; ❄📶🏊; M Sukhumvit, Ausgang 2, S Asok, Ausgang 6) Die friedliche Lage in einer grünen, ruhigen Straße spiegelt sich auch in den abgeschieden, heimelig und warm wirkenden Zimmern mit Kochnische, viel Platz, Sonnenlicht und Balkon wider. Für diesen Preis sind sie außerdem ein Schnäppchen. Auf der Terrasse gibt's einen länglichen, jedoch winzigen Pool; dazu kommt ein kleines Fitnessstudio für eine kurze Kardio-Session.

★ **Mövenpick** HOTEL $$
(Karte S. 112; ☎02 119 3100; www.movenpick.com/en/asia/thailand/bangkok/bangkok; 47 Soi 15, Th Sukhumvit; DZ mit Frühstück ab 3000 B; ❄@📶🏊; S Nana, Ausgang 3) Dieses fantastische Hotel hält eine nette Überraschung bereit: Es schafft es nämlich, luxuriöse Annehmlichkeiten der Spitzenklasse zu Preisen zu bieten, die am oberen Ende der Mittelklasse liegen. Die Zimmer sind durchdacht eingerichtet, geräumig und luftig. Ein tolles Örtchen für eine entspannende Runde ist der allerdings eher kleine Dachpool.

S31 HOTEL $$
(Karte S. 112; ☎02 260 1111; www.s31hotel.com; 545 Soi 31, Th Sukhumvit; DZ mit Frühstück ab 3500 B; ❄📶🏊; S Phrom Phong, Ausgang 5) Die frechen Muster und Grafiken – sowohl innen als auch außen – machen das S31 zu einer spaßigen und erfrischenden Wahl. Durchdachte Details wie Kochnischen mit großen Kühlschränken, übergroße Betten und Kurse (Thaiboxen und Yoga) beweisen, dass Stil hier nicht nur eine leere Hülle ist. Wer online bucht, kann saftige Rabatte abgreifen. Zwei weitere Niederlassungen finden sich in der Soi 15 und Soi 33.

WOHNUNGSMIETE

Wer länger als nur ein paar Tage in Bangkok bleiben möchte, kann auf zahlreiche Alternativen zum traditionellen Hotel zurückgreifen, etwa Airbnb und Serviced Apartments. Zwar bietet Airbnb (www.airbnb.com) eine große Auswahl an Unterkünften in der Stadt, doch diese wurden in Thailand vor ein paar Jahren für illegal erklärt, da viele Privatwohnungen ohne offizielle Gewerbelizenz vermietet wurden. Trotz der Regelung werden auch heute noch Privatwohnungen angeboten.

Die überall in der Stadt zu findenden Serviced Apartments bieten für längere Aufenthalte die Vorteile von Hotels (Portier, Zimmerservice) sowie extra Einrichtungen wie Küche und Waschmaschine zu einem ähnlichen Preis wie ein Hotel oder sogar noch billiger. Die meisten Anbieter sind auch bereit, Gäste für nur kurze Zeit zu beherbergen. Zu den empfehlenswerten Apartmentangeboten zählen:

Siri Sathorn (Karte S. 88; ☎02 266 2345; www.sirisathorn.com; 27 Soi Sala Daeng 1; Suite mit Frühstück ab 3500 B; ❄@📶🏊; M Lumphini, Ausgang 2, S Sala Daeng, Ausgang 2) Schicke moderne Apartments ab 60 m² Größe inklusive Shuttlebus, Spa und professionellem Service.

Centre Point (Karte S. 90; ☎02 266 0521; www.centrepoint.com; 1522/2 Soi Kaysorn 1, Th Charoen Krung; DZ mit Frühstück ab 2400 B; ❄@📶🏊; ⛴ Sathorn/Central Pier, S Saphan Taksin, Ausgang 3) Einer der größten Anbieter Bangkoks von Serviced Apartments, mit fünf Immobilien in der Stadt.

Urbana (Karte S. 94; ☎02 250 6666; www.urbanahospitality.com; 55 Th Langsuan; Suite mit Frühstück ab 3700 B; ❄📶🏊; S Chit Lom, Ausgang 4) Renommierter Anbieter von Serviced Apartments mit zwei Immobilien in Bangkok.

Nördliches Bangkok

Nördliches Bangkok

Sehenswertes

1 Children's Discovery Museum B2
2 Or Tor Kor Market B2

SSchlafen

3 Capital Mansion B3
4 Siamaze D3
5 The Yard A4
6 Yim Bangkok D4

Essen

7 Baan Pueng Chom A3
8 Cantina Wine Bar & Italian Kitchen A4
9 Kaobahn B4
10 Khua Kling Pak Sod A4
11 Puritan A4
12 Yang Gao Gorn B3

Ausgehen & Nachtleben

13 Aree A3
14 Fake Club The Next Gen D3
15 O'glee A4

U Sukhumvit HOTEL $$
(Karte S. 112; ☎02 651 3355; www.uhotelsresorts.com/usukhumvitbangkok; 81 Soi 15, Th Sukhumvit; DZ mit Frühstück ab 2100 B; ❄📶🏊; Ⓜ Sukhumvit, Ausgang 3, Ⓢ Asok, Ausgang 5) Das moderne Hotel ist nach den thailändischen Regionen gestaltet. Die Zimmer sind farbenfroh, geräumig, gut ausgestattet und mit lebendigen rustikalen Elementen versehen. Eine solide Mittelklassebleibe und angesichts der Preise ein Schnäppchen.

Beat Hotel HOTEL $$
(Karte S. 70; ☎02 178 0077; www.beathotelbangkok.com; Soi 71, Th Sukhumvit; DZ ab 1500 B; ❄@📶🏊; Ⓢ Phra Khanong, Ausgang 3) Die jugendliche Atmosphäre dieses künstlerisch angehauchten Hotels ist schon im Foyer

spürbar und setzt sich in den 54 Zimmern fort. Die Quartiere sind alle unterschiedlich gestaltet – die einen verfügen über bunte, bodenlange Wandmalereien, andere sind in einer auffallenden Farbe gestrichen. Der Aufpreis für die supergroßen Deluxe-Zimmer lohnt sich.

RetrOasis HOTEL $$
(Karte S. 112; ☎ 02 665 2922; www.retroasishotel.com; 503 Th Sukhumvit; DZ 1300–1900 B; ❄ 📶 🏊; Ⓜ Sukhumvit, Ausgang 2, Ⓢ Asok, Ausgang 6) Das ehemalige Schäferstündchen-Hotel aus den 1960er-Jahren wurde in eine witzige Mittelklassebleibe umgewandelt. Der bunte Anstrich und der einladende zentrale Pool verleihen dem Hotel eine junge, frische Atmosphäre, während die altmodische Möblierung und die Architektur das wahre Alter des Hauses verraten.

Fusion Suites HOTEL $$
(Karte S. 112; ☎ 02 665 2778; www.fusionbangkok.com; 143/61-62 Soi 21/Asoke, Th Sukhumvit; EZ/DZ mit Frühstück 1600/2800 B; ❄ @ 📶; Ⓜ Sukhumvit, Ausgang 1, Ⓢ Asok, Ausgang 1) Das Fusion ist ein für den Preis unverhältnismäßig hipper Laden. Die unkonventionelle Einrichtung verleiht den Zimmern jede Menge Stil, wenn auch die billigsten etwas düster sein können. Die teuersten Zimmer verfügen über Whirlpools.

★ **AriyasomVilla** HOTEL $$$
(Karte S. 112; ☎ 02 254 8880; www.ariyasom.com; 65 Soi 1, Th Sukhumvit; DZ mit Frühstück ab 6400 B; ❄ @ 📶 🏊; Ⓢ Phloen Chit, Ausgang 3) Die schöne, renovierte Villa aus den 1940er-Jahren liegt am Ende der Soi 1 hinter einem Wall aus tropischen Pflanzen und ist eines der offenkundigsten Geheimnisse Bangkoks. Die 24 geräumigen Zimmer sind sorgsam mit durchdachten thailändischen Designelementen und kostbaren, antiken Möbeln bestückt. Es gibt hier auch ein Spa und einen einladenden tropischen Pool. Weit im Voraus buchen!

Das vegetarische Frühstück wird in dem tollen verglasten Speiseraum serviert.

Cabochon Hotel BOUTIQUEHOTEL $$$
(Karte S. 112; ☎ 02 259 2871; www.cabochonhotel.com; 14/29 Soi 45, Th Sukhumvit; DZ mit Frühstück ab 5800 B; Ⓟ ⊖ ❄ 📶 🏊; Ⓢ Phrom Phong, Ausgang 3) Das Cabochon, was „poliertes Juwel" bedeutet, ist tatsächlich ein Diamant im rauen Bangkok. Die lichterfüllten, schnörkellosen Zimmer sind voll mit durchdachten Kuriositäten, z. B. alten Telefonen, Schreibmaschinen, Schildkrötenpanzern, Modellflugzeugen und altem Teegeschirr. Darüber hinaus gibt's noch einen Pool auf dem Dach und das gemütliche Restaurant Thai Lao Yeh mit leckeren thailändischen und laotischen Gerichten im Straßenimbiss-Stil.

Das angenehme Hotel verbirgt sich an der stillen Soi 45.

Ma Du Zi HOTEL $$$
(Karte S. 112; ☎ 02 615 6400; www.maduzihotel.com; Ecke Th Ratchadaphisek & Soi 16, Th Sukhumvit; DZ mit Frühstück ab 5700 B; ❄ @ 📶; Ⓜ Queen Sirikit National Convention Centre, Ausgang 4) Der thailändische Name bedeutet in etwa „schau doch mal rein", was angesichts der Tatsache, dass man hier nur mit Reservierung ein Zimmer bekommt und eben nicht einfach so reinschauen kann, nicht so richtig passen will. Aber wer einmal drin ist, findet hinter dem Tor ein modernes, gehobenes Hotel mittlerer Größe in dunklen, eleganten Farbtönen vor. Besonders toll sind die riesigen Badezimmer, in denen sich Badewannen mit Türen und minimalistische Duschen befinden.

Thewet & Dusit

Thewet und Dusit beherbergen in einem munteren Viertel am Fluss eine Handvoll recht guter billiger Unterkünfte – gut für Leute, die es weniger touristisch mögen als etwa im nahen Banglamphu.

Hi Baan Thewet HOSTEL $
(Karte S. 108; ☎ 02 281 0361; www.hi-baanthewet.com; 25/2 Th Phitsanulok; EZ/DZ/3BZ 500/850/1200 B; ❄ @ 📶; ⛴ Thewet Pier) Das etwas anstaltsmäßige Hostel gehört zum globalen Jugendherbergsnetz Hostelling International und wartet mit 14 gut ausgestatteten Zimmern in Pastelltönen im Retrostil auf. Die einladenden Gemeinschaftsbereiche mit freundlicher Buntglas-Vertäfelung und die schattige, ruhige Lage abseits des Trubels sorgen für einen recht angenehmen und komfortablen Aufenthalt.

Samsen Sam Place PENSION $
(Karte S. 78; ☎ 02 628 7067; www.samsensam.com; 48 Soi 3, Th Samsen; Zi. ohne/mit Klimaanlage ab 430/770 B; ❄ @ 📶; ⛴ Thewet Pier) Die farbenfrohe, renovierte alte Villa ist eine der heimeligsten Unterkünfte in Samsen, wenn nicht gar in ganz Bangkok, und erhält gute Kritiken für den freundlichen Service und die ruhige Lage. Die extrem sauberen Zimmer sind gut ausgestattet. Wer mit eher

MANDARIN ORIENTAL

Das **Mandarin Oriental** (Karte S. 90; ☎ 02 659 9000; www.mandarinoriental.com; 48 Soi 40/Oriental, Th Charoen Krung; DZ/Suite mit Frühstück ab 20 000/46 000 B; Oriental Pier), heute eine berühmte Grande Dame, begann sein Dasein als eine Seefahrer-Version der Pensionen an der Th Khao San. Die ursprünglichen Eigentümer, zwei dänische Kapitäne, verkauften das Haus an Hans Niels Andersen, den Gründer der großen East Asiatic Company. Andersen verwandelte das Hotel in einen kultivierten Palast mit stattlicher Architektur und luxuriösen Standards. Er beauftragte einen italienischen Architekten, S. Cardu, mit dem Entwurf für den heutigen „Autorenflügel", damals das fantastischste Gebäude der Stadt, das nicht vom König in Auftrag gegeben worden war.

Die restliche Geschichte des Hotels wird ganz von seinen berühmten Gästen getragen. Ein in Polen geborener Seefahrer namens Joseph Conrad stieg hier 1888 ab. Das Hotel brachte ihm Glück: Er erhielt sein erstes Kommando auf dem Schiff *Otago* für die Fahrt von Bangkok nach Port Adelaide in Australien. Daraus bezog er Ideen für seine Geschichten. William Somerset Maugham stolperte mit Malaria im fortgeschrittenen Stadium ins Hotel. In seinem Fieberdelirium hörte er den deutschen Manager mit dem Arzt debattieren, wie ein Tod im Hotel dem Geschäft schädigen könne. Von seiner Reise durch Südostasien berichtet Maugham in *The Gentleman in the Parlour: A Record of a Journey from Rangoon to Haiphong*, das dem Hotel literarischen Ruhm verschaffte. Weitere bekannte Gäste waren u. a. Noël Coward, Graham Greene, John le Carré, James Michener, Gore Vidal und Barbara Cartland. Einige Schriftsteller behaupten heute, dass man mit einem Aufenthalt im Hotel eine Schreibblockade lösen könne. Allerdings müsste jeder Schriftsteller, der sich heute hier einmieten wollte, schon einen sehr beträchtlichen Vorschuss kassiert haben ...

dürftig gefüllter Reisekasse unterwegs ist, wählt vielleicht eines der wenigen Zimmer mit Ventilator und Gemeinschaftsbad.

★ Phra-Nakorn Norn-Len HOTEL $$
(Karte S. 108; ☎ 02 628 8188; www.phranakornnornlen.com; 46 Soi Thewet 1; DZ mit Frühstück 2200–4200 B; Thewet Pier) Das helle, heitere Hotel inmitten einer großen, abgeschirmten Gartenanlage, die im Stil des alten Bangkoks, ist eine stimmungsvolle Bleibe und bietet ein hervorragendes Preis-Leistungs-Verhältnis. Die 31 Zimmer sind ansprechend mit Antiquitäten und Gemälden ausgestattet – und angesichts der angebotenen Massagen und der zahllosen Möglichkeiten zum friedlichen Relaxen macht es nichts, dass sie keine Fernseher haben.

Casa Nithra HOTEL $$
(Karte S. 78; ☎ 02 628 6228; www.casanithra.com; 176 Th Samsen; DZ mit Frühstück ab 2300 B; Thewet Pier) Die 74 Zimmer des modernen Hotels sind in irdenen Brauntönen gehalten und dezent in einer Mischung aus modern und thailändisch eingerichtet. Die Luxuszimmer sind ein bisschen größer und verfügen außerdem über freistehende Badewannen. Oft wird im Internet mit Ermäßigungen gelockt.

SSIP Boutique BOUTIQUEHOTEL $$
(Karte S. 108; ☎ 02 282 1899; www.ssiphotelthailand.com; 42 Th Phitsanulok; DZ mit Frühstück ab 2200 B; Thewet Pier) Hübsche Kacheln, schwere Holzmöbel, antike Einrichtungsgegenstände: Die 20 Zimmer dieses stilvollen Mittelklassehotels sind liebevoll darauf getrimmt worden, ein Bangkoker Flair alter Schule zu erzeugen. Moderne Annehmlichkeiten (Fernseher, Kühlschrank, Safe) und aufmerksames und effizientes Personal sorgen für einen Aufenthalt auf der Höhe der Zeit. Ohne Frühstück kostet die Übernachtung etwa 500 B weniger.

Penpark Place HOTEL $$
(Karte S. 78; ☎ 02 628 8896; www.penparkplace.com; 22 Soi 3, Th Samsen; EZ/DZ 700/1200 B; Thewet Pier) Die ehemalige Fabrik wurde in ein Hotel mit gutem Preis-Leistungs-Verhältnis und einer breiten Palette an Zimmern zu unterschiedlichen Preisen umgewandelt. Die Zimmer im Originalgebäude bieten kaum mehr als Bett und Ventilator, doch im Anbau gibt's eine Handvoll gut ausgestatteter Zimmer und Suiten (1900 B). Hübsche Rasenflächen und viel Grünzeug komplementieren das stimmige Gesamtpaket.

★ Siam HOTEL $$$

(Karte S. 108; ☎ 02 206 6999; www.thesiamhotel.com; 3/2 Th Khao; DZ mit Frühstück ab 18 900 B; ❄@📶🏊; ⛴ Hotel-Shuttleboot ab Sathorn/Central Pier) Das Heritage-Hotel im Retroschick am Flussufer ist wie eine Zeitmaschine in die 1930er-Jahre: Art-déco-Elemente, Marmorböden, von Bananenstauden gesäumte Höfe und wunderschöne Antiquitäten sorgen für ein edles Übernachtungserlebnis. Die Zimmer sind verschwenderisch ausgestattet, während die Villen mit Dachterrasse und Tauchbecken noch eins draufsetzen. Eine absolute Freude ist der Pool am Fluss.

Nördliches Bangkok

Außerhalb von Bangkoks Zentrum findet man Unterkünfte mit hervorragendem Preis-Leistungs-Verhältnis, vor allem in der Budget- und Mittelklasse. Trotz verbessertem Nahverkehr fühlt sich die Übernachtung abseits des Zentrums dennoch eher wie eine Notlösung an.

Siamaze HOSTEL $

(Karte S. 118; ☎ 02 693 6336; www.siamaze.com; 90 Soi 17, Th Ratchadaphisek; DZ mit Frühstück ab 700 B; ❄@📶; Ⓜ Sutthisan, Ausgang 4) Das Siamaze ist ein unauffälliges, lässiges Budgethotel mit großen privaten Zimmern. Die billigeren Zimmer teilen sich Gemeinschaftsbäder, die teureren haben eigene Toiletten. Dazu gibt's durchdachte, praktische Einrichtungen. Wer nicht unbedingt an einer Haupttourismusader wohnen muss, ist mit dem Siamaze hervorragend bedient.

The Yard HOSTEL $

(Karte S. 118; ☎ 089 677 4050; www.theyardhostel.com; 51 Soi 5, Th Phahonyothin; B/Zi. mit Frühstück ab 500/1350 B; ❄📶; Ⓢ Ari, Ausgang 1) Dieses flippige Hostel besteht aus zehn umfunktionierten Schiffscontainern. Da ist klar, dass weder die Dorms noch die privaten Zimmer besonders groß sind; sie sind aber dennoch hübsch und gemütlich und teilen sich so einladende Gemeinschaftsbereiche wie den Innenhof (der als Namensgeber diente und auch als Bar herhält) und eine Küche.

Yim Bangkok HOSTEL $

(Karte S. 118; ☎ 080 965 9994; www.yimbangkok.com; 70 Th Pracha Rat Bamphen; B/Zi. mit Frühstück ab 450/1450 B; ❄📶; Ⓜ Huay Khwang, Ausgang 1) Das Vororthostel ist bunt zusammengewürfelt eingerichtet; in den Dorms stehen vier bis sechs bequeme Hightech-Herbergsbetten. Dazu gibt's ein paar gut ausgestattete Doppelzimmer. Das Hostel liegt zwar weit entfernt von irgendwelchen Sehenswürdigkeiten, dafür aber nahe an der MRT.

Be My Guest Bed & Breakfast PENSION $

(Karte S. 70; ☎ 080 999 5560; 35/189 Soi 36, Th Ratchadaphisek; DZ 700 B; ❄📶; Ⓜ Lat Phrao, Ausgang 4 & Taxi) Die billige, aber gemütliche Pension in einem Wohnviertel bietet saubere, geräumige Zimmer. Der Preis ist unschlagbar, jedoch sollte man sich vor der Buchung über die Entfernung zum Stadtzentrum im Klaren sein. Der nächste MRT-Bahnhof ist etwa 2 km entfernt.

Capital Mansion HOTEL $$

(Karte S. 118; ☎ 02 278 7979; 1371 Th Phahonyothin; DZ mit Frühstück ab 1800 B; ❄📶🏊; Ⓢ Saphan Khwai, Ausgang 1) Nach vorherigen Inkarnationen als Basis für US-Soldaten und Botschaft der Volksrepublik China ist das ehemalige Capital Hotel jetzt ein Hotel für normale Reisende. Durch die umfassende Renovierung sind nicht alle Spuren von 1962 getilgt worden, doch die Zimmer sind groß und sauber, wenn auch etwas nüchtern. Extrapunkte gibt's für den Pool.

Essen

Nirgendwo sonst ist die Liebe der Thailänder zum Essen so offensichtlich wie in Bangkok. Für Außenstehende sieht das Leben eines Bangkokers aus wie eine Aneinanderreihung von Mahlzeiten und Snacks, hin und wieder unterbrochen von Abstechern zur Arbeit – nicht umgekehrt. Wer sich darauf einstellt, wird einen Urlaub voller Gaumenfreuden erleben.

Ko Ratanakosin & Thonburi

Im Gegensatz zum restlichen Bangkok gibt's in Ko Rattanakosin nicht viele Restaurants oder Imbisse (und noch weniger in Thonburi) – und die, die es hier gibt, servieren vor allem Thai-Gerichte. Die besten befinden sich im Tien Village, einem winzigen Hipsterviertel an der Th Maha Rat. Wer internationale Küche vorzieht, fährt besser nach Banglamphu.

Ming Lee THAI, CHINESISCH $

(Karte S. 78; 28–30 Th Na Phra Lan; Hauptgerichte 70–100 B; ⏲ 11.30–16 Uhr; ⛴ Chang Pier, Maharaj Pier) Direkt gegenüber vom Wat Phra Kaew (S. 72) befindet sich in einem Shophouse dieses jahrzehntealte Restaurant. Auf der Karte stehen westliche und chinesische Gerichte (z. B. gedämpfte Zunge) sowie thailändische Standardgerichte wie pikanter Salat mit Rindfleisch. Es gibt kein englischsprachiges Schild; das Restaurant belegt das erste Shophouse in dem gekalkten Gewerbegebäude gegenüber der Nordseite des Wat Phra Kaew, wenn man vom Chang Pier aus hinkommt.

Wang Lang Market THAI $

(Karte S. 78; Trok Wang Lang; Hauptgerichte 40–80 B; Mo–Fr 10–15 Uhr; Wang Lang/Siriraj Pier) Vom Siriraj Hospital erstreckt sich dieser lebhafte Markt gen Süden, mit Essensständen und einfachen Restaurants. Im Angebot sind hier etwa Nudeln und Curry auf Reis. Mittags wird der Markt von den Büroangestellten der Gegend geradezu gestürmt.

★ Tonkin Annam VIETNAMESISCH $$

(Karte S. 78; 093 469 2969; 69 Soi Tha Tien; Hauptgerichte 150–300 B; Mi–Mo 11–22 Uhr; ; Tien Pier) Die Einrichtung im minimalistischen Retro-Stil mag Anhänger einer hippen Ethno-Küche abschrecken, doch das Tonkin-Annam serviert ein paar der besten vietnamesischen Gerichte Bangkoks. Wie wär's mit *phó* (Nudelsuppe), der leckeren Tarte oder einem pfeffrigen Bananenblütensalat? Einige der Gerichte findet man nirgendwo sonst, z. B. *bánh bèo* (gedämpftes Reismehl mit Schweinefleisch), eine Spezialität aus Hue.

Savoey THAI $$

(Karte S. 78; 02 024 1317; www.savoey.co.th; 1. OG, Maharaj Pier, Th Maha Rat; Hauptgerichte 160–400 B; 11–21.30 Uhr; ; Maharaj Pier) Diese Kette mit anderen Filialen in der Stadt strotzt nicht gerade vor Flair, doch es gibt durchgehend gutes Essen, Blicke auf den Fluss, eine Klimaanlage und eine Karte mit zahlreichen Fischgerichten. An kühlen Abenden kann man wunderbar auf der Terrasse am Fluss sitzen.

Err THAI $$

(Karte S. 78; 02 622 2292; abseits der Th Maha Rat; Hauptgerichte 100–350 B; Di–So 11–16 & 17–21 Uhr; ; Tien Pier) Man denke an all die verschiedenen würzigen, knusprigen und geräucherten Fleischleckereien, die man auf der Straße findet und stelle sich nun vor, dies alles würde auch in einem flippigen Retro-Lokal gepaart mit thailändischen Cocktails und Bieren aus lokalen Kleinbrauereien serviert – willkommen im Err. Das Err (ein umgangssprachlicher Ausdruck für eine Vereinbarung) scheint zu gut, um wahr zu sein, man darf es aber ruhig glauben: Es ist real!

Sala Rattanakosin THAI $$$

(Karte S. 78; 02 622 1388; www.salaresorts.com/rattanakosin; Soi Tha Tian; Hauptgerichte 250–700 B; 11–15.30 & 17.30–23 Uhr; ; Tien Pier) Das ausgezeichnete Thai-Restaurant im gleichnamigen Hotel mit fabelhaftem Blick durch die bodentiefen Fenster über den Fluss auf den Wat Arun (S. 76) besticht sowohl durch seine Lage als auch sein Essen. An weiß gedeckten Tischen servieren freundliche Kellner in elegantem Ambiente Gerichte aus Nord- und Zentralthailand mit gelegentlichem westlichem Einschlag. Fürs Wochenende telefonisch reservieren!

Banglamphu

Banglamphu ist berühmt für die zentralthailändische Küche alter Schule, die in diesem Stadtteil überwiegt. Internationale Speisen gibt's an der Th Khao San, wo man ein paar Fast-Food-Ketten sowie ausländische und vegetarische Restaurants findet.

★ Thip Samai THAI $

(Karte S. 78; 313 Th Mahachai; Hauptgerichte 50–250 B; 17–2 Uhr, jeden 2. Mi geschl.; Klorng-Boot bis Phanfa Leelard Pier) Dieser Laden serviert angeblich die ultimative Version von *pàt tai*. Allabendlich warten hungrige Gäste draußen auf dem Bürgersteig auf einen Tisch. Es geht schnell vorwärts, man sollte also nicht einfach wieder weggehen, wenn 50 Leute in der Schlange anstehen. Am Ende wird die Geduld mit einem Teller des köstlichen Gerichts belohnt.

Khun Daeng THAI $

(Karte S. 78; Th Phra Athit; Hauptgerichte 50–100 B; Mo–Sa 11–21.30 Uhr; Phra Athit/

STRASSENNAMEN

Die Bangkoker Straßennamen scheinen oft unaussprechlich zu sein, und die Widersprüchlichkeit romanisierter Namen und Schreibweisen hilft da auch nicht wirklich weiter. Zum Beispiel wird die Straße Th Ratchadamri manchmal „Rajdamri" buchstabiert. Und eine der beliebtesten Adressen für ausländische Botschaften ist eine Straße, die sowohl als Wireless Rd als auch als Th Witthayu (*wí·tá·yú* ist Thailändisch für „Radio") bekannt ist.

Banglamphu Pier) Dieses beliebte Lokal serviert *gŏo·ay jáp yoo·an,* auf der Karte als „vietnamesische Nudeln" beschrieben. Das Gericht wurde von vietnamesischen Migranten nach Nordostthailand mitgebracht und vereint in einer leicht zähflüssigen Brühe pfeffrige Schweinswurst, ein Wachtelei, dünne Reisnudeln und als Verzierung knusprige gebratene Schalotten. Es gibt kein englisches Schild – einfach Ausschau nach einer weiß-grünen Ladenfront und jeder Menge Gästen halten.

Pua-Kee THAI $

(Karte S. 78; Th Phra Sumen; Hauptgerichte 50–90 B; 9–16 Uhr; Phra Athit/Banglamphu Pier) Hier lockt der zentralthailändische Klassiker *gŏo·ay đěe·o đôm yam*, Fischkloßnudeln mit Zucker, Limone und getrockneten Chilis, serviert mit einem knusprigen frittierten Wan Tan. Kein englisches Schild – das Lokal befindet sich neben der klar gekennzeichneten Makalin Clinic.

Karim Roti-Mataba THAI $

(Karte S. 78; 136 Th Phra Athit; Hauptgerichte 50–140 B; Di–So 9–22 Uhr; ; Phra Athit/Banglamphu Pier) Das typische Bangkoker Lokal serviert leckere thai-muslimische Gerichte wie *roti*, *gaang mát·sà·màn* („muslimisches Curry"), Biryani, säuerliches Fisch-Curry und *má·đà·bà* (mit Fleisch und Ei gefüllte frittierte Pfannkuchen). Es gibt noch einen klimatisierten Speiseraum oben und draußen ein paar kahle Tische für Stammgäste und neugierige Urlauber.

★ **Krua Apsorn** THAI $$

(Karte S. 78; www.kruaapsorn.com; Th Din So; Hauptgerichte 100–350 B; Mo–Sa 10.30–20 Uhr; ; Klorng-Boot bis Phanfa Leelard Pier) Das Restaurant im Cafeteria-Stil ist sowohl bei Mitgliedern der thailändischen Königsfamilie als auch bei Restaurantkritikern sehr beliebt. Eigentlich sind alle angebotenen Gerichte aus Zentral- und Südthailand lecker, die Stammgäste schwören aber auf die dekadenten Krabben mit gelbem Chili aus der Pfanne und auf die *tortilla española*, also das Krabbenomelett.

Eine weitere Filiale (S. 136) gibt's an der Th Samsen in Thewet und Dusit.

Shoshana ISRAELISCH $$

(Karte S. 78; 88 Th Chakrabongse; Hauptgerichte 80–300 B; 10–23.30 Uhr; ; Phra Athit/Banglamphu Pier) Dies ist eines der am längsten bestehenden israelischen Restaurants auf der Khao San. Mit seiner Einrichtung, etwa den kitschigen Kunstwerken an den Wänden und den Tischsets aus Plastik, erinnert es irgendwie an ein großelterliches Wohnzimmer. Bei den frittierten Gerichten kann man nichts falsch machen; sie sind alle sehr lecker. Dazu sollte man unbedingt den köstlichen Auberginen-Knoblauch-Dip probieren.

ZeZe ISRAELISCH $$

(Karte S. 78; 02 282 2774; 45 Th Chakrabongse; Hauptgerichte 100–300 B; 8–24 Uhr; ; Phra Athit/Banglamphu Pier) In diesem geselligen Shophouse serviert freundliches Personal, das auch im Reisebüro des Hauses arbeitet, fabelhaftes israelisches Essen nach Hausmacherart. Tipps: die pfannengerührte Hühnchenleber und der Muskelmagen mit Zwiebeln, Rotwein und Balsamessig. Auch Vegetarier kommen nicht zu kurz.

Nopparat THAI $$

(Karte S. 78; 132 Th Phra Athit; Hauptgerichte 100–300 B; Mi–Mo 10.30–21.30 Uhr; ; Phra Athit/Banglamphu Pier) Das stylische Restaurant mit Blumenbildern und Porträts der Königsfamilie an den nackten Betonwänden serviert mit das beste thailändische Essen in dieser Ecke der Stadt. Hier gibt's keine

SÜDTHAILÄNDISCHE RESTAURANTS IN THONBURI

Das Gebiet um das Siriraj Hospital in Thonburi gehört zu den besten Adressen in Bangkok für südthailändische Küche, die sich hier wohl wegen des nahegelegenen Bahnhofs, von dem vor allem Züge in den Süden fahren, festsetzen konnte. Insbesondere zwischen Soi 8 und Soi 13 der Th Wang Lang finden sich viele authentische Curryläden südthailändischer Art, darunter das **Dao Tai** (Karte S. 70; 508/26 Th Wang Lang; Hauptgerichte ab 30 B; 7–20.30 Uhr; Wang Lang/Siriraj Pier), das **Ruam Tai** (Karte S. 70; 376/4 Th Wang Lang; Hauptgerichte ab 40 B; 7–20 Uhr; Wang Lang/Siriraj Pier) und das **Chawang** (Karte S. 70; 375/5–6 Th Wang Lang; Hauptgerichte ab 40 B; 7–19 Uhr; Wang Lang/Siriraj Pier). Auf eine Speisekarte kann man verzichten, weil es überall Schalen und Tröge mit vorbereiteten Currys, Suppen, Pfannengerichten und Würzsaucen gibt: Man deutet einfach auf das, was einem besonders lecker zu sein scheint.

aufgemotzten Versionen konventioneller Gerichte, mit den Gewürzen wird nicht gegeizt und die Speisen sind nicht für westliche Gaumen optimiert – hier kommt alles so auf den Tisch, wie es eigentlich sein soll.

Bangkok Poutine INTERNATIONAL $$
(Karte S. 78; www.facebook.com/bangkokpoutine; Th Samsen; Hauptgerichte 100–200 B; ⏲11–23 Uhr; ❄✍; ⛴Phra Athit/Banglamphu Pier) Nachdem man den frittierten Skorpion bezwungen hat, geht's an die Poutine (Pommes mit Käsebruch und Bratensauce). Der Laden wird von Leuten aus Québec betrieben und ist die richtige Adresse für alle, die Lust auf frankofonen Pop oder auf das neueste Eishockeyspiel haben. Dazu gibt's Gerichte verschiedener Landesküchen: von thailändisch bis hin zu libanesisch; darunter finden sich ebenfalls viele vegetarische Speisen.

★ **Jay Fai** THAI $$$
(Raan Jay Fai; Karte S. 78; 327 Th Mahachai; Hauptgerichte 200–1000 B; ⏲Di–Sa 14–2 Uhr; ⛴Klorng-Boot bis Phanfa Leelard Pier) Mit einer Skibrille geschützt rührt der siebzigjährige Jay Fai über einem Holzfeuer eifrigst in den Pfannen und Töpfen: Er ist bekannt für Bangkoks köstlichste (und teuerste) Krebsomeletts und für sein *pàt kêe mow* (breite Reisnudeln mit frittierten Meeresfrüchten und thailändischen Kräutern). Der Preis ist allerdings aufgrund der großen Menge an Meeresfrüchten und der besonderen Art des Frittierens, bei der das Gericht so gut wie kein Öl aufsaugt, durchaus berechtigt.

Chinatown

Beim Stichwort Chinatown denken die meisten Bangkoker sofort an Straßenimbisse, die vor allem gleich abseits der Th Yaowarat zu finden sind.

Im Westen des Viertels liegt Phahurat, das Bangkoker Little India, gespickt mit kleinen indischen und anderen Restaurants vom indischen Subkontinent, die sich in der winzigen Soi (Gasse) abseits der Th Chakkraphet drängen.

Yoo Fishball CHINESISCH $
(Karte S. 84; 433 Th Yaowarat; Hauptgerichte 100–120 B; ⏲10–23 Uhr; ⛴Ratchawong Pier, Ⓜ Hua Lamphong, Ausgang 1) Das Yoo serviert sicher mit die besten Fischklößchen der Stadt. Extrem köstlich sind auch die Garnelen-Wan Tan, die frittierten Taro-Bällchen und die Fischküchlein. Wer sich nicht entscheiden kann, bestellt einfach das Spezialgericht des Hauses, eine Suppe mit gemischten Bällchen.

Nay Hong STREETFOOD $
(Karte S. 84; Th Yukol 2; Hauptgerichte 50–100 B; ⏲17–22 Uhr; ⛴Ratchawong Pier, Ⓜ Hua Lam-

UMSTRITTENE SPEISEN

Viele der prahlerischen, neonbeleuchteten Restaurants an der Th Yaowarat, der Hauptstraße von Chinatown, bewerben Suppen, die aus zwei obskuren, aber geschätzten Zutaten zubereitet sind: aus Vogelnestern und Haifischflossen.

Die fraglichen Vogelnester bestehen nicht etwa aus Zweigen und Gras, sondern es handelt sich bei ihnen um den gehärteten Speichel einer Salanganenart. Die Nester werden von den Wänden von Inselhöhlen in Südthailand entfernt; dann werden sie rehydriert und von Verunreinigungen gesäubert, bevor sie mit einer Brühe zusammen als Suppe serviert werden. Zwar besteht diese aus geleeartigen, geschmacklosen Fäden – oft werden Honig und Ei zur Suppe hinzugefügt, um ihr Geschmack zu verleihen –, doch bei den Chinesen gilt die Suppe als Delikatesse; außerdem glaubt man, dass sie gut für die Haut ist. Je nach Farbe und Reinheit eines Vogelnests kann eine Schüssel Suppe 2000 B oder sogar mehr kosten. Die Nester können nachhaltig geerntet werden, aber teils werden auch zu viele entnommen.

Viele derselben Restaurants, die Vogelnestsuppen anbieten, verkaufen auch Haifischflossensuppe. Dies ist eine weitere chinesische Delikatesse, der gesundheitsfördernde Eigenschaften zugeschrieben werden. In den vergangenen Jahren ist Haifischflossensuppe jedoch stark in die Kritik geraten: Viele Tierschützer haben darauf hingewiesen, dass die Flossen auf eine Art und Weise beschafft werden, die weder nachhaltig noch ethisch ist. Oft werden die Haie gefangen, um ihnen die Flossen abzuschneiden, und dann werden sie wieder ins Wasser geworfen, wo sie verenden. Trotz der Kritik ist die Haifischflossensuppe auf den Speisekarten in der Bangkoker Chinatown noch immer prominent vertreten.

phong, Ausgang 1) Zur Belohnung für das Aufspüren dieses winzigen Ladens gibt's hier einen Teller mit köstlichem *gŏo·ay đĕe·o kôo·a gài* (in Knoblauchöl gebratene flache Reisnudeln mit Hühnchen und Ei). Keine englischsprachige Karte und kein englisches Schild! Um hierher zu gelangen, geht's von der Ecke Th Suapa und Th Luang weiter nach Norden, dann rechts in die erste Seitenstraße; das Nay Hong liegt am Ende der Gasse.

Khun Yah Cuisine THAI $

(Karte S. 84; abseits der Th Mittaphap Thai-China; Hauptgerichte ab 50 B; ⌚Mo–Fr 6–13.30 Uhr; ⛴Ratchawong Pier, Ⓜ Hua Lamphong, Ausgang 1) Das Khun Yah ist günstig gelegen für eine Mittagspause nach dem Besuch im Wat Traimit (Goldener Buddha; S. 82). Spezialisiert ist es auf die aromatischen Currys, Relishes und Pfannen- und Nudelgerichte Zentralthailands. Mittags sind schon viele Gerichte ausverkauft. Das Khun Yah hat kein englisches Schild (und auch keine Karte auf Englisch); es befindet sich östlich des Goldener-Buddha-Tempels im selben Komplex.

Nai Mong Hoi Thod CHINESISCH $

(Karte S. 84; 539 Th Phlap Phla Chai; Hauptgerichte 100–200 B; ⌚Di–So 11–21 Uhr; ⛴Ratchawong Pier, Ⓜ Hua Lamphong, Ausgang 1) Das Restaurant ist berühmt für seine köstlichen *hŏy tôrt* – Austernomeletts mit frittierten Eiern und Mollusken in klebrigem Teig. Die Omeletts lassen sich in klein, mittel und groß bestellen; Austern kann man auch gegen Muscheln tauschen. Auch der gebratene Reis mit Krebs ist recht gut, aber den Rest kann man eher vergessen.

Mangkorn Khăo STREETFOOD $

(Karte S. 84; Ecke Th Yaowarat & Th Yaowaphanit; Hauptgerichte ab 50 B; ⌚Di–So 18–24 Uhr; ⛴Ratchawong Pier, Ⓜ Hua Lamphong, Ausgang 1) Köstliche Wan Tan und – falls der Appetit dafür noch reicht – *bà·mèe* (chinesische Weizennudeln) stehen bei diesem renommierten Händler im Mittelpunkt. Es gibt keine englische Karte, aber die meisten Gäste wählen eins der beiden genannten Gerichte, also ist die Auswahl kein Problem.

Jék Pûi STREETFOOD $

(Karte S. 84; Th Mangkon; Hauptgerichte ab 50 B; ⌚Di–So 15–20 Uhr; ⛴Ratchawong Pier, Ⓜ Hua Lamphong, Ausgang 1) Das Jék Pûi ist ein Essensstand ohne Tische, der wegen seiner Thai-Currys im chinesischen Stil ungeheuer beliebt ist. Tipp: das *gaang kĕe·o wăhn lôok chín plah grai*, ein mildes grünes Curry mit Fischklößchen. Keine englische Karte!

80/20 INTERNATIONAL $$

(Karte S. 90; ☎099 118 2200; 1052-1054 Th Charoen Krung; Hauptgerichte 250–450 B; ⌚Di–So 18–23 Uhr; ❄📶; ⛴Si Phraya/River City Pier, Ⓜ Hua Lamphong, Ausgang 1) Das 2019 frisch renovierte 80/20 besticht noch immer mit dem, was es perfekt schafft: Es nimmt thailändische und westliche Zutaten und Gerichte und mischt alles ordentlich, sodass etwas ganz Eigenes entsteht. Besonders die oftmals ins Herzhafte gehenden Desserts lohnen die Anfahrt. Ein erfrischender Luftzug in der ansonsten konservativen Gastroszene Chinatowns.

Fou de Joie FRANZÖSISCH $$

(Karte S. 90; 831 Soi 31, Th Charoen Krung; Hauptgerichte ab 200 B; ⌚Mi–So 18–24 Uhr; ❄; ⛴Marine Department Pier, Ⓜ Hua Lamphong, Ausgang 1) Im Fou de Joie mit einem Retro-Hongkong-Motto zu speisen ist wie als Komparse in einem Wong-Kar-wai-Film mitzuwirken. Die französischen Crêpes und Käseplatten sowie die Grillgerichte oben sind mehr als reine Pflichterfüllung und bieten zudem ein hervorragendes Preis-Leistungs-Verhältnis.

Hoon Kuang CHINESISCH $$

(Karte S. 84; 381 Th Yaowarat; Hauptgerichte 100–250 B; ⌚Mo–Sa 12–19.30 Uhr; ❄; ⛴Ratchawong Pier, Ⓜ Hua Lamphong, Ausgang 1) In diesem eher ruhigen, alteingesessenen Klassiker wird das Essen der Straßen von Chinatown in klimatisiertem Komfort dargeboten. Die Empfehlungen des Hauses sind an der Tür abgebildet. Einen Versuch unbedingt wert ist das Garnelen-Curry mit flachen Reisnudeln, eine einzigartige Vermählung zweier chinesisch-thailändischer Gerichte, Krabben in Currypulver und kurz angebratene Nudeln – man fragt sich, warum die beiden je getrennt serviert wurden.

Seafood-Stände an der Thanon Phadungdao STREETFOOD $$

(Karte S. 84; Ecke Th Phadungdao & Th Yaowarat; Hauptgerichte 100–400 B; ⌚Di–So 16–24 Uhr; ⛴Ratchawong Pier, Ⓜ Hua Lamphong, Ausgang 1) Nach Sonnenuntergang verwandeln sich die Stände – von denen jeder behauptet, besser als der Nachbar zu sein – in ein kulinarisches Gewimmel mit offenen Grills, lautstarken Verkäufern, Auslagen voller auf Eis gelegten Meeresfrüchte und chaotischen Sitzbereichen auf dem Bürgersteig. Die meisten Kunden sind zwar ausländische

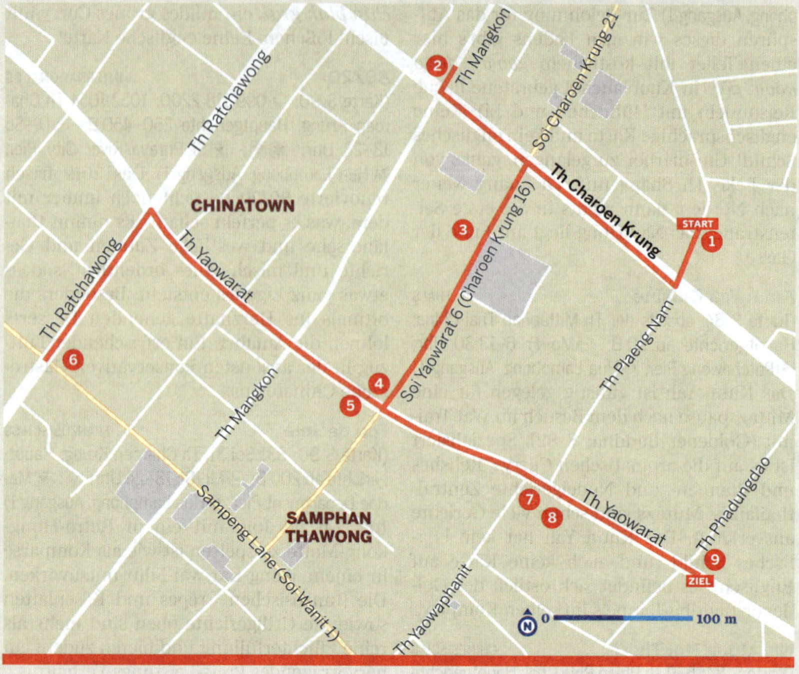

Spaziergang
Kulinarisches Chinatown

START ECKE TH PLAENG NAM & TH CHAROEN KRUNG
ZIEL ECKE TH YAOWARAT & TH PHADUNGDAO
LÄNGE/DAUER 1,5 KM/2–3 STUNDEN

Los geht's von der Kreuzung Th Plaeng Nam/ Th Charoen Krung die Th Phlap Phla Chai Richtung Norden bis zum 1 **Nai Mong Hoi Thod** (S. 125). Das Lokal ist für seine köstlichen *hŏy tôrt* (Austernomeletts) bekannt.

Zurück an der Th Charoen Krung folgt man dieser nach rechts bis zur Th Mangkon. Das 2 **Jék Pûi** (S. 125) auf der linken Seite ist für seine Currys berühmt. Danach läuft man auf der Th Charoen Krung zurück und dann links zum Markt 3 **Talat Mai**. Anschließend geht man rechts bis zur Kreuzung mit der Th Yaowarat zu einem Stand, an dem 4 **gŏo·ay đĕe·o kôo·a gài** (Karte S. 84; Soi 6, Th Yaowarat; Hauptgerichte ab 40 B; ⌚ Di–So 17–22 Uhr; ⛴ Ratchawong Pier, Ⓜ Hua Lamphong, Ausgang 1) verkauft werden, gebratene Reisnudeln mit Hühnchen, Ei und Knoblauchöl.

Am Ende der Gasse findet man sich auf der Th Yaowarat wieder und überquert diese zum geschäftigen Markt auf der anderen Straßenseite. Der erste Verkäufer rechts, 5 **Nay Lék Ûan** (Karte S. 84; Soi Yaowarat 11; Hauptgerichte ab 50 B; ⌚ 17–24 Uhr; ⛴ Ratchawong Pier, Ⓜ Hua Lamphong, Ausgang 1), bietet *gŏo·ay jáp nám săi*, eine pfeffrige Brühe mit Nudeln und Schweineinnereien. Weiter die Th Yaowarat nach Westen und links in die Th Ratchawong serviert linker Hand das 6 **Pat Tai Ratchawong** (Karte S. 84; Th Ratchawong; Hauptgerichte ab 40 B; ⌚ Di–So 19–23 Uhr; ⛴ Tha Ratchawong, Ⓜ Hua Lamphong, Ausgang 1 & Taxi) das gleichnamige Gericht.

Wieder zurück auf der Th Yaowarat geht's nach rechts und vorbei an der Kreuzung mit der Soi Yaowarat 6. Rechts lockt das 7 **Mangkorn Khăo** (S. 125) mit *bà·mèe* (Weizennudeln nach chinesischer Art), Schweinefleisch vom Grill und Wan Tan. Weiter die Th Yaowarat nach Osten liegt das 8 **Boo·a loy nám kĭng** (Karte S. 84; Ecke Th Yaowarat & Th Yaowaphanit; Hauptgerichte ab 40 B; ⌚ Di–So 17–23 Uhr; ✎; ⛴ Ratchawong Pier, Ⓜ Hua Lamphong, Ausgang 1): Hier gibt's mit schwarzem Sesam gefüllte Teigbällchen in einer pikanten Ingwerbrühe. Schließlich biegt man an der nächsten Kreuzung links zu den gut besuchten 9 **Seafood-Ständen** (S. 125) an der Th Phadungdao ab.

Touristen, aber das hat keinen Einfluss auf das heitere Ambiente, das witzige Erlebnis und die niedrige Rechnung.

Hua Seng Hong CHINESISCH $$
(Karte S. 84; 371-373 Th Yaowarat; Hauptgerichte 80–350 B; ⏲9–21 Uhr; ❄; ⛴Ratchawong Pier, Ⓜ Hua Lamphong, Ausgang 1) Die vielfältige Karte des Hua Seng Hong umfasst z. B. geschmorte Entenfüße, einen Meeresfrüchte-Feuertopf, Weichschalenkrabben in Currypulver, gebratenen Reis mit Krabben und verschiedenste Nudelgerichte – eine tolle Adresse also für Freunde der chinesischen Küche. Wer mittags kommt, kann einige Dim Sum bestellen und hat dabei die Wahl aus einem vielfältigen Angebot an Teigtaschen.

Royal India INDISCH $$
(Karte S. 84; 392/1 Th Chakkaraphet; Hauptgerichte 150–300 B; ⏲10–22 Uhr; ❄✍; ⛴Memorial Bridge Pier) Das winzige Restaurant ist schon seit Langem das zuverlässigste Speiselokal in Bangkoks indischem Viertel. Die Kebabs und *naans* (Fladenbrote aus dem Ofen) können mit denen in den *dhabas* (kleinen Esslokalen) von Delhi durchaus mithalten. Vegetarier freuen sich sicher über das cremige *palak paneer* (Frischkäsewürfel in Spinatsauce) zum gewählten Brot.

Ufergebiet, Silom & Lumphini

Silom und Lumphini beherbergen einige der beliebtesten Restaurants Bangkoks, viele davon an stillen Gassen weit entfernt vom allgemeinen Tumult. Hier gibt's alles von schnörkellosen Speisen am Straßenrand bis zur Top-Fusionsküche – für jeden Geldbeutel und Geschmack ist etwas dabei. Das Gebiet am Fluss wiederum ist ideal für nobles Dinieren in den Restaurants der Luxushotels.

Hai THAI $
(Somtam Convent; Karte S. 102; 2/4-5 Th Convent; Hauptgerichte 60–150 B; ⏲Mo–Fr 11–21, Sa bis 17 Uhr; Ⓜ Si Lom, Ausgang 2, Ⓢ Sala Daeng, Ausgang 2) Dieses erschwingliche, beliebte und alteingesessene Restaurant ist der perfekte Ort, um *lâhp* (pikanter „Salat" mit Kräutern und Hackfleisch), *sôm·đam* (würziger grüner Papayasalat) und andere Isan-Gaumenfreunden aus Nordostthailand zu probieren. Die absoluten Highlights der Karte sind das suppige Huhn mit Zitronengras und Kokosmilch und der fein gegrillte Schweinenacken. Mittags muss man sich den Tisch mit anderen Gästen teilen.

Saravana Bhavan SÜDINDISCH $
(Karte S. 102; ☎02 635 4556; 663 Th Silom; Hauptgerichte 100–250 B; ⏲9.30–22.30 Uhr; ❄✍; Ⓢ Surasak, Ausgang 1) Diese renommierte Auslandsfiliale der legendären indischen Restaurantkette bietet eine fabelhafte Auswahl an vegetarischen Gerichten aus Südindien. Gut sind vor allem die *dosai* (knusprige Reismehlfladen), das *ghee pongal* (herzhafter Pudding aus gemahlenem Reis und Linsen) und das *vada* (frittierte herzhafte Doughnuts aus Linsenteig). Sehr empfehlenswert für Vegetarier mit einer Vorliebe für indische Aromen!

Zwar grenzt das Restaurant an die Th Silom, doch der Eingang und die Treppe hoch ins Restaurant im 1. Stock befinden sich an der Westseite des Gebäudes an der Soi 19.

Muslim Restaurant THAI $
(Karte S. 90; 1354–6 Th Charoen Krung; Hauptgerichte 50–170 B; ⏲7–17.30 Uhr; ⛴Sathorn/Central Pier, Ⓢ Saphan Taksin, Ausgang 3) Wer sich in dieses uralte Lokal mit blauen Wänden verirrt, erhält einen Eindruck davon, wie die Restaurants in Bangkok früher mal aussahen. Wie die Einrichtung scheint sich auch die Karte in der jahrzehntelangen Geschichte des Restaurants kaum verändert zu haben. Die Biryanis, Currys und Samosas wirken eher indisch angehaucht als thailändisch. Mit einem einzigartigen Geschmack wartet das Rinderhirncurry auf.

★ **Supanniga Eating Room** THAI $$
(Karte S. 102; www.supannigaeatingroom.com; 28 Soi 10, Th Sathon Neua/North; Hauptgerichte 150–350 B; ⏲11.30–14.30 & 17.30–23.30 Uhr; ❄📶; Ⓢ Chong Nonsi, Ausgang 1/5) Das Supanniga verfügt in Bangkok über drei Ableger (und bietet auch eine sehr beliebte abendliche Essensrundfahrt), doch diese Filiale in Sathorn ist in puncto Ambiente und Service vielleicht die beste. Geboten wird eine fabelhafte Auswahl an Gerichten aus Nordthailand, mit Spezialitäten wie gegrillten Isan-Würstchen, pfannengebratenem sonnengetrocknetem Rinder-*jerky* und mit Schweinshack gefülltem Baby-Tintenfisch. Nach einem Tisch oben fragen – da ist's ruhiger.

Chef Man CHINESISCH $$
(Karte S. 102; ☎02 212 3789; 33/1 Th Sathon Tai/South, Hotel Eastin Grand Sathon; Hauptgerichte 150–350 B; ⏲11–14.30 & 18–22 Uhr; ❄; Ⓢ Surasak, Ausgang 4) Freunde von Teigtaschen sollten mittags dieses elegante Restaurant ansteuern: Dann kommen hier aus der offenen

Küche einige der besten Dim Sum und *siu mai* (offene chinesische Teigtaschen) überhaupt auf den Tisch. Andere Speisen im Sichuan-Stil wie köstliche Enten-, Fisch- und Gemüsegerichte sind ebenfalls zu haben. Abends treffen sich hier meist einheimische Familienoberhäupter mit ihrem Anhang.

Bitterman INTERNATIONAL $$

(Karte S. 88; ☎02 636 3256; www.bittermanbkk.com; 120/1 Soi 1/1, Th Sala Daeng; Hauptgerichte 240–420 B; ⏲11–23 Uhr; ❄📶; M Lumphini, Ausgang 2, S Sala Daeng, Ausgang 4) Das schattige Gewächshaus ist das Gegenstück zu den Stahlbauten im Zentrum von Silom und bietet fürs Speisen am Tag eine willkommene Erholung von der Hitze. Zu den Gerichten zählt Hausmannskost vom Feinsten wie Toast mit Pulled Pork, überbackene Makkaroni mit Käse und britische Fisch and Chips. Sonntag gibt's von 12.30 bis 16.30 Uhr einen Brunch mit DJ-Klängen.

Issaya Siamese Club THAI $$

(Karte S. 88; ☎02 672 9040; www.issaya.com; 4 Soi Sri Aksorn; Hauptgerichte 250–500 B; ⏲11.30–14.30 & 18–22.30 Uhr; ❄; M Khlong Toei, Ausgang 1 & Taxi) Das in einer charmanten Villa aus den 1920er-Jahren untergebrachte Issaya ist ein erstklassiges Restaurant für Thai-Kost. Auf der Karte stehen in Soße getränkte Fleischspeisen, aber auch leichtere Gerichte mit Zutaten aus dem restauranteigenen Bio-Garten. Zu empfehlen sind beispielsweise die Weichschalenkrabben in Eiersauce und das cremige Massaman-Curry mit Lamm – danach weiß man, warum das Issaya als eines der besten Thai-Lokale Bangkoks gilt.

Das Restaurant ist schwierig zu finden; am besten nimmt man ein Taxi über die Soi Ngam Du Phli.

Baan THAI $$

(Karte S. 88; ☎02 655 8995; www.baanbkk.com; 139/5 Th Witthayu/Wireless Rd; Hauptgerichte 250–400 B; ⏲Mi–Mo 11–14.30 & 18–22.30 Uhr; ❄; M Lumphini, Ausgang 3) Die schicke, moderne Inneneinrichtung täuscht etwas darüber hinweg, dass es sich beim Baan um ein familiengeführtes Restaurant handelt. Auf der Karte dominieren reichhaltige Rezepte aus für die thailändische Küche zentralen Zutaten sowie einige wenige eher obskure Gerichte, die zur Hausmannskost zählen, wie die scharfe Eiersuppe mit fünf Gewürzen – all das zeugt von der Hingabe des Hauses zum kulinarischen Erbe des Landes.

Never Ending Summer THAI $$

(Karte S. 90; ☎02 861 0953; 41/5 Th Charoen Nakhon; Hauptgerichte 250–450 B; ⏲11–23 Uhr; ❄📶; ⛴River City Pier & Shuttlefähre) Sein kitschiger Name wird dem gehobenen Thai-Restaurant in einem ehemaligen Lagerhaus am Fluss nicht annähernd gerecht. Hier kann man sich unter elegante Einheimische mischen, die sich Thai-Gerichte wie Wassermelonenwürfel mit Fisch, Zucker und frittierten Schalotten oder schmackhafte grüne Currys mit Schwein und frischem, extrascharfem Chili schmecken lassen.

Daimasu JAPANISCH $$

(Karte S. 102; 9/3 Soi Than Tawan; Hauptgerichte 100–300 B; ⏲17.30–1 Uhr; ❄📶; M Si Lom, Ausgang 2, S Sala Daeng, Ausgang 1) In diesem behaglichen japanischen Restaurant im Retrostil liegt der Schwerpunkt auf *yakiniku* (selbst gegrilltes Fleisch): Dieser Kulinarikstil erfreut sich unten den thailändischen Millennials gerade größter Beliebtheit. Die winzigen, köstlichen Beilagen reichen von knusprigen Gurkenspießen in deftiger Marinade bis zu einem leicht bitteren Salat mit hauchdünnen Auberginenscheiben.

Luka CAFE $$

(Karte S. 102; ☎02 637 8558; www.lukabangkok.format.com; 64/3 Th Pan; Hauptgerichte 190–350 B; ⏲9–18 Uhr; ❄📶; S Surasak, Ausgang 3) Das äußerst beliebte Café in Silom serviert den ganzen Tag über Brunchspeisen und Seelentröster wie Trüffel-Pilz-Omeletts, Schakschuka und mit Honig glasierte Ente mit Orangensalat. Der Kaffee kommt aus Nordthailand und es gibt auch einige feine Teemischungen. Die Tische stehen in Räumlichkeiten, die sich das Luka mit dem Haushaltswarengeschäft Casa Pagoda teilt, sodass man nach der Mahlzeit noch ein bisschen Krimskrams für Zuhause einkaufen kann.

Das Café ist haustierfreundlich und es dient einer Gruppe digitaler Nomaden als Arbeitsplatz.

Polo Fried Chicken THAI $$

(Kai Thort Jay Kee; Karte S. 88; 137/1-3 Soi Sanam Khli/Polo; Hauptgerichte 50–200 B; ⏲11–21 Uhr; ❄; M Lumphini, Ausgang 3) Auch wenn das *sôm·đam* (scharfer grüner Papayasalat), der Klebereis und das *lâhp* (scharfer Hackfleisch-Salat) in diesem ehemaligen Straßenstand den Eindruck erwecken, es handele sich um ein nordostthailändisches Lokal, stammt das Brathähnchen, das dem Restaurant als Namensgeber diente, eher aus dem Süden des Landes. Bedeckt mit einer dicken

Schicht knusprig gebratenen Knoblauchs ist es aber dann doch eine für Bangkok typische kulinarische Erfahrung.

Kalapapruek THAI $$
(Karte S. 102; 02 236 4335; 27 Th Pramuan; Hauptgerichte 150–300 B; Mo–Sa 8–18, So bis 15 Uhr; Surasak, Ausgang 1/3) Das altehrwürdige Thai-Restaurant verfügt über zahlreiche Filialen und Einkaufszentrumsableger in der ganzen Stadt, doch am schönsten ist vielleicht das ursprüngliche Restaurant an der Th Pramuan: Hier vertilgen einheimische Familien mittags köstliches Essen in großen Portionen. Die vielfältige Karte umfasst thailändische Spezialitäten aus fast allen Regionen des Landes, Tagesgerichte und manchmal auch saisonale Leckereien.

Somboon Seafood CHINESISCH $$
(Karte S. 102; 02 233 3104; www.somboonseafood.com; Ecke Th Surawong & Th Naradhiwas Rajanagarindra; Hauptgerichte 200–450 B; 16–23 Uhr; Chong Nonsi, Ausgang 1) Das hektische, altmodische Restaurant mit großem Speisesaal, in dem sich alles um Meeresfrüchte dreht, genießt einen sehr guten Ruf – nicht zuletzt für sein Krebscurry, das das beste der Stadt sein soll. Auch der in Soja geschmorte Seebarsch *(plah grà·pong nêung see·éw)* zählt zu Somboons Spezialitäten und sollte, wie alle thailändischen Fischgerichte, mit einer großen Portion *kôw pàt poo* (gebratener Reis mit Krebsfleisch) bestellt werden. Am besten schmeckt das alles, wenn man so viele Freunde wie möglich dazu einlädt.

Suananda INDISCH $$
(Karte S. 102; 109 Th Pan; Hauptgerichte 120–250 B; Mo–Sa 10–21.30 Uhr; Surasak, Ausgang 1/3) Das klitzekleine Naturkostcafé mit Yoga-Motto in einer kleinen Wohngasse bietet eine wunderbare Bandbreite an kreativen vegetarischen indischen Gerichten. Besonders beliebt sind z. B. die Spinat-Hirse-Crêpe und das *paneer* (Frischkäse) in cremiger Joghurtsauce. Erhältlich sind außerdem mehrere kombinierte Speisen auf einer Platte. Hin und wieder findet hier auch Yoga-Unterricht statt – bei Interesse einfach nachfragen!

★ **Saawaan** THAI $$$
(Karte S. 88; 02 679 3775; www.saawaan.com; 39/19 Soi Suan Phlu; Menü 2450 B; 18–24 Uhr; Chong Nonsi, Ausgang 5) Zwei außergewöhnlich talentierte Köche führen ein Restaurant, das sicher zu den besten Thai-Restaurants weltweit zählt. Das schicke Lokal – der Name bedeutet „Himmel" – bietet ein siebengängiges Verkostungsmenü, das nach Kochtechniken zusammengestellt ist, mit Gerichten, die zwar grundsätzlich thailändisch sind, aber mit der Kreativität, der Finesse und dem Flair zubereitet werden, die eines Sternerestaurants würdig sind – denn das ist es!

Freuen darf man sich auf Gerichte aus Seeigeln, wilden Betelblättern oder Reisfeldkrebsen oder auch auf schräge Desserts wie Bitterschokolade mit einem Hauch stinkiger Durianfrucht. Ohne Reservierung – und schickes Outfit – läuft hier nichts.

MONTAGSBLUES

Bangkoks Straßenimbisse und familiengeführte Restaurants haben teils frustrierend uneinheitliche Öffnungszeiten. Wer sich also nach Chinatown aufmacht, um an einem bestimmten Stand zu essen, sollte über einen Plan B verfügen. Montag ist generell ein schlechter Tag: Dann haben viele Imbisse und Esslokale geschlossen.

★ **Le Du** INTERNATIONAL $$$
(Karte S. 102; 092 919 9969; www.ledubkk.com; 399/3 Soi 7, Th Silom; Hauptgerichte 600–1200 B; Mo–Sa 18–22 Uhr; Chong Nonsi, Ausgang 4) Das Le Du, ein Spiel mit dem thailändischen Wort für „Jahreszeit", vermählt thailändische Speisen mit westlichen Aromen und nutzt dekonstruierende Zubereitungstechniken des 21. Jhs. zur Verarbeitung frischer, saisonaler Zutaten – darunter ein paar ungewöhnliche Sachen wie im Frühling Meerträubelalgen.

Das Rundum-Speiseerlebnis mit kreativen Nachspeisen offerieren die brillant geplanten und dargebotenen Probiermenüs (4/6 Gänge 2990/3590 B). Reservierung ist ein Muss.

★ **Le Cabanon** FRANZÖSISCH $$$
(Karte S. 70; 092 568 4444; 44 Soi Akhan Sangkhro; Hauptgerichte 1100–1800 B; 18–23 Uhr; Chong Nonsi, Ausgang 5 & Taxi) Das Freiluftrestaurant in einem gemütlichen Bungalow legt den Schwerpunkt auf Fisch und Meeresfrüchte. Hierher sollte kommen, wem der Sinn nach einem großen Teller mit gedämpften Muscheln, saftigen, in Butter geschmorten Jakobsmuscheln oder frischen Austern steht, die noch immer

nach dem Meer riechen. Die Preise sind gesalzen, doch beim Wochenendbrunch (Sa & So 12–15 Uhr) gibt's eine Drei-Gänge-Mahlzeit für 950 B.

★ Il Bolognese ITALIENISCH $$$

(Karte S. 102; ☎02 286 8805; www.ilbolognesebangkok.com; 139/3 Soi 7, Th Naradhiwas Rajanagarindra; Hauptgerichte 300–550 B; ⏲11.30–14.30 & 18–23 Uhr; ❄📶; Ⓢ Chong Nonsi, Ausgang 5) Das fabelhafte Restaurant wird von einem leidenschaftlichen und tatkräftigen italienischen Koch geführt und serviert in zwanglosem, aber dennoch stilvollem Ambiente eine robuste Auswahl norditalienischer Köstlichkeiten. Zu empfehlen sind die Auberginenbällchen mit Tomatensauce und Stracciatella, gefolgt von einem deftigen Grillhühnchen oder einer der luftigen Pizzas – auch Vegetarier kommen auf ihre Kosten. Zum Essen passt bestens ein guter italienischer Wein oder ein Bier.

Der Haupteingang des Restaurants liegt gen Norden an der Soi Thian Siang, doch in der Praxis ist der Hintereingang an der Soi 7 sowohl zu Fuß als auch per Taxi leichter zu erreichen.

★ Sühring DEUTSCH $$$

(Karte S. 70; ☎02 287 1799; www.restaurantsuhring.com; 10 Soi 3, Th Yen Akat; Hauptgerichte 1800–2500 B; ⏲17.30–21.30 Uhr; ❄; Ⓜ Khlong Toei, Ausgang 1 & Taxi) Die beiden deutschen Köche Mathias und Thomas Sühring präsentieren verschiedene Familienrezepte in explosiven Varianten, die man rahmen und in ein Museum für moderne Kunst hängen könnte. Der Service ist warmherzig und tadellos, und trotz der Gourmetzubereitung und schicken Präsentation hat man das Gefühl, bei einem Freund zu Hause zu Gast zu sein. Da ist das Geld gut angelegt – weit im Voraus buchen!

★ nahm THAI $$$

(Karte S. 88; ☎02 625 3333; www.comohotels.com; 27 Th Sathon Tai/South, EG, Metropolitan Hotel; Abendmenü 2500 B, Hauptgerichte 300–700 B; ⏲12–14 & 18.30–22 Uhr; ❄; Ⓜ Lumphini, Ausgang 2) Im heutigen Gedränge erstklassiger Restaurants steht das nahm inzwischen vielleicht nicht mehr ganz an der Spitze, doch nach wie vor zählt es zu den besten Thai-Restaurants der Stadt. Das von der talentierten Köchin Pim, einer der besten der Stadt, geführte Restaurant serviert stets kreative und edle Gerichte wie Zackenbarsch in Tamarinden-Ingwer-Brühe oder das pfannengerührte „wütende Rind".

Wer hier gesichtsloses, gentrifiziertes Thai-Essen für Ausländer erwartet, darf sich auf eine Überraschung einstellen: Die Gerichte sind hier so scharf und würzig, wie sie sein müssen. Reservieren!

Le Normandie FRANZÖSISCH $$$

(Karte S. 90; ☎02 659 9000; www.mandarinoriental.com; Soi 40/Oriental, Mandarin Oriental; Hauptgerichte 2100–3300 B; ⏲Mo–Sa 12–14 & 19–22 Uhr; ❄; ⛴ Oriental Pier) Im heutigen Bangkok gibt's jede Menge gehobener Restaurants, dennoch hat sich das Le Normandie seine Nische erhalten und ist bis heute die einzige Adresse für ein gehobenes Diner „kontinentaler" Art. Ein ständig wechselndes Team aus Michelin-prämierten Gastköchen und einige der dekadentesten Zutaten halten das Niveau auf höchstem Stand. Kleiderordnung beachten (kein Einlass ohne Jackett!). Weit im Voraus reservieren!

Siam Square, Pratunam, Phloen Chit & Ratchathewi

Im Zentrum von Bangkok sind hungrige Mäuler auf Foodcourts in den Einkaufszentren sowie auf Hotel- und Kettenrestaurants angewiesen. Aber auch hier ist man in Thailand, und wer es schafft, die 08/15-Atmosphäre auszublenden, dem tun sich einige gute Verpflegungsmöglichkeiten auf.

Doy Kuay THAI $

(Karte S. 100; Soi 18, Th Ratchawithi; Hauptgerichte ab 40 B; ⏲8–17 Uhr; Ⓢ Victory Monument, Ausgang 3) Im Gebiet rund um das Victory Monument gibt's jede Menge schlichte Restaurants, die reichhaltige, scharfe „Boot-Nudeln" anbieten – der Name stammt daher, weil diese Gerichte einst direkt von Booten aus verkauft wurden, die auf den Flüssen und Kanälen im zentralen Thailand herumschipperten. Wir empfehlen besonders das Doy Kuay, das am Rand des Kanals am nördlichen Ende der Soi 18 in der Th Ratchawithi zu finden ist. Es gibt hier keine englischsprachige Speisekarte und auch kein Schild auf Englisch.

Somtam Nua THAI $

(Karte S. 94; 392/14 Soi 5, Siam Sq; Hauptgerichte 80–120 B; ⏲11–21.30 Uhr; ❄; Ⓢ Siam, Ausgang 4) In puncto Geschmack oder Authentizität kann das Somtam zwar nicht mit den Straßenständen mithalten, wer aber Wert auf eine gute Portion Papayasalat legt, für den ist diese klimatisierte, angesagte Location genau richtig, um Spezialitäten aus Nordostthailand zu kosten. Abends muss man sich auf Wartezeiten einstellen.

Sanguan Sri THAI $

(Karte S. 94; 59/1 Th Witthayu/Wireless Rd; Hauptgerichte 80–200 B; Mo–Sa 10–15 Uhr; Phloen Chit, Ausgang 2) In diesem Thai-Lokal alter Schule ist die englische Karte recht kurz, doch eine bessere Bestellstrategie besteht gewöhnlich darin, einfach auf die köstlichen Speisen zu weisen, die um einen herum konsumiert werden. Draußen gibt's kein englischsprachiges Schild – deshalb nach dem bunkerartigen Betonbau Ausschau halten, in dem sich mittags die Büroangestellten drängen.

★ **Hong Bao** CHINESISCH $$

(Karte S. 94; 092 667 2992; 5. OG, Central Embassy, Th Phloen Chit; Dim Sum 100–300 B, Hauptgerichte 250–450 B; 11–22 Uhr; Phloen Chit, Ausgang 5) Volkes Stimme meint, dass dieses kantonesische Restaurant einige der besten Teigtaschen Bangkoks serviert – Freunde dieser Speise sollten also auf jeden Fall hier vorbeischauen. Auf der umfangreichen Karte stehen köstliche Sachen wie gedämpfte Radieschenküchlein und eine feurige Fischsuppe in einer Brühe, in der gefühlt 1 Mio. Chilis herumschwimmen. Keine Reservierung möglich.

Ban Khun Mae THAI $$

(Karte S. 94; 02 250 1952; www.bankhunmae.com; 458/6–9 Soi 8, Siam Sq; Hauptgerichte 150–350 B; 11–23 Uhr; Siam, Ausgang 2/4) Das beliebte Restaurant besteht inzwischen seit über 20 Jahren und serviert einem endlosen Strom Einheimischer und Touristen auch weiterhin Tag für Tag Thai-Klassiker bester Qualität. Besonders toll ist der gedämpfte Schnapper mit Limone in einer Zitronen-Chili-Brühe, aber auch die Vorspeisen und anderen Hauptgerichte können sich sehen lassen.

Open House CAFE $$

(Karte S. 94; 02 119 7777; www.centralembassy.com/anchor/open-house; 1031 Th Phloen Chit, 6. OG, Central Embassy; Hauptgerichte 100–200 B; 10–22 Uhr; Phloen Chit, Ausgang 5) Das Café im noblen Einkaufszentrum Central Embassy (S. 155) ist ein schicker, lichterfüllter Mehrzweckraum, gestaltet vom selben Team, das auch die Zentralen von YouTube und Google in Tokio entwarf. Auf der offenen Fläche verteilen sich Restaurants, Galerien, ein Buchladen und ein luftiger Balkon zum Verweilen mit einem 180-Grad-Blick auf die quirlige Th Sukhumvit. Hier kann man sich mit einem Eis-Latte stärken und dank schnellem WLAN seine Mails checken.

La Monita MEXIKANISCH $$

(Karte S. 94; 02 651 5605; www.lamonita.com; 888/26 Mahatun Plaza, Th Phloen Chit; Hauptgerichte 150–400 B; 11.30–22 Uhr; Phloen Chit, Ausgang 2) Die Karte hier sieht eher nach Texas als nach Tijuana aus, doch in netter Atmosphäre werden hier herzhafte Gerichte wie *queso fundido* (ein Tiegel mit geschmolzenem Käse) und Burritos serviert. Auch zehn Jahre nach der Eröffnung ist die Qualität noch immer gleich gut und eine treue Kundschaft kommt immer wieder gern hierher.

Nuer Koo CHINESISCH $$

(Karte S. 94; 991/1 Rama I, 4. OG, Siam Paragon; Hauptgerichte 100–650 B; 11.30–22 Uhr; Siam, Ausgang 3/5) Sieht so die Zukunft des Straßenstands aus? Das in einem Einkaufszentrum angesiedelte Nuer Koo serviert eine Luxusversion der bescheidenen Rindfleischnudeln. Sein Stück vom Rind sucht man selbst aus (auch vom Kobe-Rind aus Japan) und genießt es dann mit leckerer Brühe im klimatisierten Ambiente. Da geraten die guten alten Tage schnell in Vergessenheit.

Koko THAI $$

(Karte S. 94; 262/2 Soi 3, Siam Sq; Hauptgerichte 100–250 B; 11–21.30 Uhr; Siam, Ausgang 2) Das lockere, Café-artige Restaurant ist perfekt für Fleischesser wie auch Fleischverächter: Neben zahlreichen vegetarischen Speisen gibt's hier auch einige Thai-Gerichte auf Fleischbasis wie etwa ein Penang-Curry mit zartem Schweinefleisch oder mit thailändischen Kräutern servierten frittierten Fisch.

Coca Suki THAI $$

(Karte S. 94; 02 251 6337; 416/3–8 Th Henri Dunant; Hauptgerichte 100–400 B; 11–23 Uhr; Siam, Ausgang 6) Das Coca Suki ist beliebt bei einheimischen Familien. Die Spezialität ist *sù·gêe*, ein Eintopf auf Brühebasis, in den man rohe Zutaten tunkt. Das Coca bietet das Gericht schon lange an und die Filiale am Siam Square zeigt, dass man trotzdem modern sein möchte. Ein Tipp für alle, die es scharf mögen: die würzige Brühe *tom yam* probieren.

★ **Gaa** INTERNATIONAL $$$

(Karte S. 94; 091 419 2424; www.gaabkk.com; 68/4 Soi Langsuan; Menü 3200 B; Mi–Mo 18–

21.30 Uhr; ❄✍; Ⓢ Ratchadamri, Ausgang 2) Das in höchsten Tönen gelobte Restaurant wird von der Sterneköchin Garima Arora geführt, einem Schützling des ehemaligen Bangkoker Kochs Gaggan Anand – verfeinert hat sie ihre Kunst im berühmten Noma in Kopenhagen. Die Spezialität hier sind klassische indische und thailändische Gerichte, die mit modernen Kochtechniken zur Perfektion gebracht und in kunstvollen, zehn bis zwölf Gänge umfassenden Verkostungsmenüs aufgetischt werden. Mit Weinbegleitung – falls gewünscht – verdoppelt sich die Rechnung. Unbedingt vorab reservieren!

★ Lenzi Tuscan Kitchen ITALIENISCH $$$

(Karte S. 112; ☎02 001 0116; www.lenzibangkok.com; 69/1–2 Soi Ruam Rudi 2; Hauptgerichte 600–1200 B; ⌚12–14 & 18–22.30 Uhr; ❄; Ⓢ Phloen Chit, Ausgang 4) Das stilvolle Lenzi verkörpert das, was die italienische Küche auszeichnet: aus den allerbesten Zutaten durch eine einfache, schnörkellose Zubereitung komplexe Aromen entstehen zu lassen. Die Preise sind gepfeffert, doch hat man einen Bissen von den langsam gegarten Ravioli mit Taleggio-Käse und Trüffelsauce oder vom gerösteten sardischen Seebarsch gekostet, weiß man ganz genau, wofür man zahlt.

Nonna Nella ITALIENISCH $$$

(Karte S. 94; ☎02 038 2184; www.nonna-nella.com; 87/2 Th Witthayu/Wireless Rd, EG, All Seasons Pl; Hauptgerichte 300–500 B; ⌚11.30–22 Uhr; ❄✍; Ⓢ Phloen Chit, Ausgang 2) Viele italienische Expats in Bangkok beharren darauf, dass das Nonna Nella die beste Pizza der Stadt backt. Gemäß dem Namen wird hier an die Küche einer italienischen Großmutter angeknüpft – daher gibt's fabelhafte Seelentröster wie einen luftigen Caprese-Salat, eine vollmundige Pizza Margherita oder auch eine am Spieß gebratene Porchetta.

Saneh Jaan THAI $$$

(Karte S. 94; ☎02 650 9880; 130–132 Th Witthayu/Wireless Rd, Glasshouse at Sindhorn; Menü 1600–2500 B, Hauptgerichte 390–680 B; ⌚11.30–14 & 18–22 Uhr; ❄; Ⓢ Phloen Chit, Ausgang 2 & Taxi) Das Saneh Jaan, ein tolles Restaurant mit altmodischem Flair, versammelt auf seiner Karte interessante, ungewöhnliche und köstliche thailändische Gerichte, viele davon mit einem südlichen Einschlag. Die Preise spiegeln das halbformelle Ambiente des Speisesaals wider, aber die Portionen sind großzügig. Mittags und abends bieten Menüs eine gute Auswahl der Gerichte. Keine Shorts, Flipflops oder Sandalen!

Sra Bua by Kiin Kiin THAI $$$

(Karte S. 94; ☎02 162 9000; www.srabuabykiinkiin.com; 991/9 abseits der Rama I, EG, Siam Kempinski Hotel; Menü 1850–3200 B, Hauptgerichte 480–900 B; ⌚12–15 & 18–22.30 Uhr; ❄✍; Ⓢ Siam, Ausgang 3/5) Über die Töpfe wachen hier ein Thailänder und ein Däne, dessen Kopenhagener Restaurant Kiin Kiin einen Michelin-Stern einheimsen konnte, und dementsprechend international ist auch die Herangehensweise ans thailändische Essen. Heimische Zutaten werden von der Molekularküche in die Mangel genommen. So entstehen unkonventionelle thailändische Gerichte wie *tom-kha*-Schnee, Pilze und eingelegte Zitrone.

Ginza Sushi-Ichi SUSHI $$$

(Karte S. 94; ☎02 250 0014; www.ginza-sushiichi.jp/english/shop/bangkok.html; 494 Th Phloen Chit, EG, Erawan Bangkok; Mittagsmenü ab 1800 B, Abendmenü ab 5000 B; ⌚Di–Sa 12–14.30 & 18–23, So 12–14.30 & 18–22 Uhr; ❄; Ⓢ Chit Lom, Ausgang 8) Das klitzekleine Restaurant, die Bangkoker Filiale eines Tokioter Sternerestaurants, ist vielleicht die beste Adresse der Stadt für Sushi. Die Zusammensetzung der Menüs hängt davon ab, was am Vortag auf den Märkten Tokios erhältlich war. Das bedeutet auch, dass das Ginza Sushi-Ichi am Tag nach japanischen Feiertagen nicht öffnet. Näheres auf der Website.

Thanon Sukhumvit

Mit der größten Auswahl internationaler Restaurants in der Stadt ist diese schier endlose Straße der richtige Ort, wenn man für die Dauer einer Mahlzeit vergessen will, dass man in Thailand ist.

Wattana Panich CHINESISCH $

(Karte S. 112; 336-338, Soi 63/Ekamai; Nudelsuppe 100 B; ⌚Di–So 9.30–20 Uhr; ❄; Ⓢ Ekkamai, Ausgang 3 & Taxi) Der Familienbetrieb ist vor allem für seinen Rindfleischeintopf bekannt, zubereitet mit unterschiedlichen Stücken Fleisch und einer Brühe, die seit 45 Jahren quasi ununterbrochen köchelt. Jeden Tag wird die überschüssige Brühe über Nacht gekühlt und dann am nächsten Morgen mit frischen Zutaten in den Kessel gegeben. Das jahrelange langsame Köcheln verleiht der Brühe unnachahmliche subtile Aromen.

Der Gastraum im Erdgeschoss erinnert an vergangene Zeiten, während der komfortable klimatisierte Raum oben stylische Millennials anzieht.

Congee & Curry THAI $

(Jok Bangkok; Karte S. 112; ☎095 896 6692; 159/1 Soi 55/Thong Lor, Th Sukhumvit; Hauptgerichte 50–250 B; ⏲7–24 Uhr; ❄; Ⓢ Thong Lo, Ausgang 3) Trotz des knallgelben Schilds ist das Congee & Curry unter den Massagesalons und Nobelrestaurants an der Soi 55 (Thong Lor) leicht zu übersehen. Dank seines breiten Angebots an Thai-Currys ist das Lokal sowohl bei Einheimischen als auch bei Ausländern beliebt. Tipp: die erschwinglichen, den ganzen Tag über erhältlichen Curry-Sets mit einem Curry nach Wahl mit *roti* oder Reis, *tom-yam*-Suppe, Hühnchenwurst und pfannengerührtem Gemüse.

Klang Soi Restaurant THAI $

(Karte S. 112; Soi 49/9, Th Sukhumvit; Hauptgerichte 100–250 B; ⏲Di–So 11–14.30 & 17–22 Uhr; ❄; Ⓢ Phrom Phong, Ausgang 3 & Taxi) In dieses Restaurant an der Sukhumvit geht die typische thailändische Großmutter essen. Auf der kopierten Karte stehen altbewährte Spezialitäten aus Zentral- und Südthailand sowie ein paar westliche Gerichte. Das Restaurant befindet sich am Ende der Soi 49/9 im Komplex des Racquet Club.

Gokfayuen CHINESISCH $

(Karte S. 112; www.gokfayuen.com; 161/7 Soi Thong Lor 9; Hauptgerichte 80–150 B; ⏲11–23.30 Uhr; ❄; Ⓢ Thong Lo, Ausgang 1/3 & Taxi) Das Gokfayuen gibst sich alle Mühe, in Bangkok klassische Hongkong-Nudelgerichte neu zu kreieren. Zu den hausgemachten Nudeln aus Weizenmehl und Ei passen gebratenes Schweinefleisch, gedämpftes Gemüse mit Austernsauce und ein Milchtee Hongkonger Art.

★ Soul Food Mahanakorn THAI $$

(Karte S. 112; ☎02 714 7708; www.soulfoodmahanakorn.com; 56/10 Soi 55/Thong Lor, Th Sukhumvit; Hauptgerichte 150–350 B; ⏲17.30–24 Uhr;

BANGKOKS BESTE FOODCOURTS

Rund um den Siam Square befinden sich einige der größten Einkaufszentren Bangkoks mit zugehörigen Foodcourts. Hier kann man wunderbar die Vielfalt der thailändischen Küche austesten. Das Essen ist generell günstig, die Speisekarten sind in Englisch verfasst und Klimaanlagen gibt es ebenfalls. Meist geht man zunächst an eine Kasse und kauft Gutscheine oder eine Karte mit Guthaben; das Wechselgeld erhält man dann später an der gleichen Kasse zurück.

MBK Food Island (Karte S. 94; 6. OG, MBK Center, Ecke Rama I & Th Phayathai; Hauptgerichte 50–150 B; ⏲10–21 Uhr; ❄✎; Ⓢ National Stadium, Ausgang 4) In der Mutter aller Foodcourts verkaufen Dutzende Anbieter thailändisch-chinesische, regionale thailändische und internationale Speisen.

Food Republic (Karte S. 94; Ecke Rama I & Th Phayathai, 4. OG, Siam Center; Hauptgerichte 50–200 B; ⏲10–22 Uhr; ❄✎; Ⓢ Siam, Ausgang 1) Der schönste Foodcourt der Stadt bietet in einem offenen, modernen Ambiente eine gute Mischung aus thailändischen und internationalen (überwiegend asiatischen) Ständen.

Eathai (Karte S. 94; 1031 Th Phloen Chit, UG, Central Embassy; Hauptgerichte 60–350 B; ⏲10–22 Uhr; ❄✎; Ⓢ Phloen Chit, Ausgang 5) Der weitläufige Foodcourt bietet thailändische Kost aus fast allen Ecken des Landes, u. a. von mehreren renommierten Restaurants und Imbissen Bangkoks.

Gourmet Paradise (Karte S. 94; 991/1 Rama I, EG, Siam Paragon; Hauptgerichte 50–200 B; ⏲10–22 Uhr; ❄✎; Ⓢ Siam, Ausgang 3/5) Im geschäftigen Gourmet Paradise sind internationale Fastfoodketten, einheimische Restaurants und Stände im typischen Foodcourt-Stil vertreten; der Schwerpunkt liegt auf Süßwaren.

Food Loft (Karte S. 94; 6. OG, Central Chidlom, 1027 Th Phloen Chit; Hauptgerichte 80–400 B; ⏲10–22 Uhr; ❄✎; Ⓢ Chit Lom, Ausgang 5) Dieser Foodcourt in einem Warenhaus war der Vorreiter des Konzepts gehobener Foodcourts. Hier gibt's Gerichte u. a. der indischen, italienischen und japanischen Küche.

FoodPark (Karte S. 94; 97/11 Th Ratchadamri, 4. OG, Big C; Hauptgerichte 30–90 B; ⏲9–21 Uhr; ❄; Ⓢ Sky Walk via Chit Lom, Ausgang 9) Die Auswahl hier ist nicht unbedingt inspirierend, aber die Portionen sind groß und billig und repräsentativ für die Art von Fastfood, die Thailänder mögen.

❄📝; Ⓢ Thong Lo, Ausgang 1/3) Das moderne thailändische Lokal ist beliebt wegen seiner Seelentröster. Die Karte mit köstlichen Interpretationen rustikaler thailändischer Gerichte hat sich seit Jahren ebenso wenig verändert wie die hervorragende Qualität des Essens. Von der Bar kommen köstlich kräftige Drinks mit thailändischem Einschlag sowie Cocktails und ein paar Craftbiere. Reservierung empfehlenswert.

★ Sri Trat THAI $$

(Karte S. 112; ☎02 088 0968; www.facebook.com/sritrat; 90 Soi 33, Th Sukhumvit; Hauptgerichte 200–450 B; ⊙Mi–Mo 12–23 Uhr; ❄; Ⓢ Phrom Phong, Ausgang 5) Das fabelhafte Restaurant ist auf die einmalige Küche der ostthailändischen Provinzen Trat und Chanthaburi spezialisiert, die von starken, leicht süßlichen Kräuteraromen und frischen Meeresfrüchten bestimmt ist. Die hiesigen Gerichte wird man anderswo in der Stadt nicht finden. Das liegt auch daran, dass das Restaurant von einer Familie geführt wird und die meisten Gerichte aus der Familienküche stammen.

★ Indus INDISCH $$

(Karte S. 112; ☎086 339 8582; www.indusbangkok.com; 71 Soi 26/Soi Ari, Th Sukhumvit; Hauptgerichte 150–400 B; ⊙11.30–14.30 & 18–22.30 Uhr; ❄📝; Ⓢ Phrom Phong, Ausgang 4) Solange niemand das Gegenteil beweist, gilt das Indus als bestes traditionelles indisches Restaurant Bangkoks. Die nordindischen Klassiker wie Biryani, Kebab, *dhal* (würzige Linsensuppe) und die vielen vegetarischen Currys auf Tomaten- oder Joghurtbasis sind hier ebenso gut wie in den besten Restaurants Neu-Delhis. Wer richtig zuschlagen möchte, gönnt sich das Buffet für 990 B.

Charley Browns Mexicana MEXIKANISCH $$

(Karte S. 112; ☎02 244 2553; www.facebook.com/charleybrownsmexicana; 19/9 Soi 19, Th Sukhumvit; Hauptgerichte 150–350 B; ⊙12–23 Uhr; ❄; Ⓢ Asok, Ausgang 1) Der Hang von Küchenchef Primo zum prallen Leben zeigt sich auch in der Karte dieses vergnüglichen und respektlosen Restaurants mit authentischer mexikanischer Provinzküche. Am besten lässt man die üblichen Tacos und Burritos links liegen und probiert die *albondigas* (Fleischbällchen) oder die *pescadilla*, eine mit Seebarsch gefüllte frittierte Maistortilla. Wagemutige können sich zu ihrem Mahl eine Margarita mit Jalapeños reichen lassen. Manchmal gibt's auch Gelegenheit zum Tanzen.

theCOMMONS MARKT $$

(Karte S. 112; www.thecommonsbkk.com; 335 Soi 17, Soi 55/Thong Lor, Th Sukhumvit; Hauptgerichte 200–500 B; ⊙8–24 Uhr; ❄📝; Ⓢ Thong Lo, Ausgang 1/3 & Taxi) Das hippe Thong wird durch dieses marktartige Freiluftlokal, in dem verlässliche Namen wie Soul Food 555, Peppina und Meat & Bones vertreten sind, noch cooler. Man findet hier auch einen Kafferöster, eine Bar mit Craftbier und einen Weinverkauf. Es ist ein idealer Ort, um einen entspannten Abend zu verbringen und zuzuhören, wie Leute Jack Johnson musikalisch nacheifern.

Daniel Thaiger AMERIKANISCH $$

(Karte S. 112; ☎084 549 0995; www.facebook.com/danielthaiger; Soi 11, Th Sukhumvit; Burger ab 260 B; ⊙11–20 Uhr; ❄; Ⓢ Nana, Ausgang 3) Bangkoks beliebteste Burger mit sehr saftigem Rind oder Lamm serviert dieses amerikanisch geführte Restaurant, das aus einem Foodtruck erwachsen ist und nun in einem winzigen Shophouse an der Soi 11 residiert. Zu den Beilagen zählen knusprige Pommes und wunderbar knusprige (und beliebte) Zwiebelringe. Dazu gibt's eine umfangreiche Auswahl importierter Biere.

Auch seinen Foodtruck betreibt Daniel noch – auf der Facebook-Seite ist nachzulesen, wo er unterwegs ist.

Prai Raya THAI $$

(Karte S. 112; Soi 8, Th Sukhumvit; Hauptgerichte 150–600 B; ⊙10.30–22.30 Uhr; ❄; Ⓢ Nana, Ausgang 4) Der Bangkoker Ableger des Kultlokals in Phuket bringt in einer reizenden gekalkten Villa die einzigartig würzige, teils auch chinesisch beeinflusste Küche des Südens in die Stadt. Die Beschreibungen auf der Karte ergeben nicht immer einen Sinn, doch wer aus den „beliebten Speisen" wählt, macht sicher nichts falsch, z. B. mit dem frittierten Fisch in Tamarinden-Sauce und dem Krebsfleisch in einem gelben Curry mit Kokosmilch.

Teppen JAPANISCH $$

(Karte S. 112; www.facebook.com/TeppenThailand; 14/2 Soi 61, Th Sukhumvit; Gerichte 150–700 B; ⊙18–24 Uhr; ❄; Ⓢ Ekkamai, Ausgang 1) Dies ist eine sehr beliebteste Bangkoker *izakaya* (japanische Esskneipe). Auf der Karte steht praktisch alles, was man für eine herzhafte japanische Mahlzeit benötigt, von Edamame als Vorspeise bis zum Rindsinnereieneintopf. Zum Essen passt hervorragend japanisches Bier.

Jidori Cuisine Ken JAPANISCH $$

(Karte S. 112; ☎02 661 3457; www.facebook.com/jidoriken; abseits der Soi 26 (Soi Ari), Th Sukhumvit; Hauptgerichte 80–350 B; ⏲17–23 Uhr; ❄; Ⓢ Phrom Phong, Ausgang 4) Das gemütliche japanische Restaurant serviert schmackhafte Tofu-Gerichte, leckere Salate und ausgezeichnete Desserts. Praktisch alles ist hier überdurchschnittlich, aber das Highlight sind die rauchigen, perfekt marinierten Hähnchenspieße. Reservierung empfohlen.

Bharani THAI $$

(Karte S. 112; ☎02 644 4454; 96/14 Soi 23, Th Sukhumvit; Hauptgerichte 150–300 B; ⏲11–22 Uhr; ❄; Ⓜ Sukhumvit, Ausgang 2, Ⓢ Asok, Ausgang 3) Das gemütliche familiengeführte Thai-Restaurant bietet ein bisschen von allem, von Ochsenschwanzeintopf bis zu mit Shrimpspaste gebratenem Reis. Aber vor allem kommen die Gäste wegen der reichhaltigen „Bootsnudeln" hierher – ihren Namen verdanken sie der Tatsache, dass sie früher von Booten aus verkauft wurden, die auf den Kanälen Zentralthailands unterwegs waren. Die Einrichtung ist eine nostalgische Reise zurück in die Familientraditionen des Restaurants.

Nasir Al-Masri ORIENTALISCH $$

(Karte S. 112; 4/6 Soi 3/1, Th Sukhumvit; Hauptgerichte 160–350 B; ⏲24 Std.; ❄ 🖉; Ⓢ Nana, Ausgang 1) Das Nasir Al-Masri ist eines von mehreren orientalischen Restaurants an der Soi 3/1 und leicht an seinem Edelstahl-„Motto" vom Boden bis zur Decke zu erkennen. Die Küche des Nahen und Mittleren Ostens ist oft vor allem von Fleisch, Fleisch und nochmals Fleisch geprägt, doch hier stehen auch mehrere köstliche *mezze* (kleine Gerichte) auf Gemüsebasis auf der Karte.

★ **Cocotte Farm Roast & Winery** ITALIENISCH $$$

(Karte S. 112; ☎092 664 6777; www.cocotte-bangkok.com; Soi 39, Th Sukhumvit; Hauptgerichte 390–790 B; ⏲11–14.30 & 18–24 Uhr; ❄; Ⓢ Phrom Phong, Ausgang 1) Das Cocotte bringt eine gute Auswahl an Bioprodukten vom Bauernhof aus Bangkok und Chiang Mai auf den Tisch und vermählt sie mit edlen Weinen. Zu den zahlreichen Spezialitäten des Hauses zählen das langsam geröstete Enten-Confit, das Rindertatar mit Pickles und das gegrillte Knochenmark mit Rinderbäckchen-Marmelade. Besonders fürs Wochenende unbedingt reservieren!

★ **Bacco** ITALIENISCH $$$

(Osteria da Sergio; Karte S. 112; www.bacco-bkk.com; 35/1 Soi 53, Th Sukhumvit; Antipasti 200–400 B, Hauptgerichte 350–700 B; ⏲Mo–Fr 11.30–14.30 & 17.30–24, Sa & So 11–24 Uhr; ❄ 🖉; Ⓢ Thong Lo, Ausgang 1) Die leicht kitschige In-

SONNTAGSBRUNCH

Der Sonntagsbrunch hat sich zu einer modernen thailändischen Tradition entwickelt, besonders bei den Expats, und die Hotels an der Th Sukhumvit bieten mit die besten und vielfältigsten Brunches der Stadt. Hier unsere Favoriten:

Rang Mahal (Karte S. 112; ☎02 261 7100; www.facebook.com/Rangmahal; 26. OG, Rembrandt Hotel, 19 Soi 18, Th Sukhumvit; Hauptgerichte 300–650 B; ⏲Mo–Sa 17–24, So 12–15 & 17–24 Uhr; ❄ 🖉; Ⓜ Sukhumvit, Ausgang 2, Ⓢ Asok, Ausgang 6) Zum Ausblick aus dem 26. Stock gibt's ein indisches Buffet und eine Liveband – dies ist eines der beliebtesten Sonntagsziele der Expats aus Südasien in Bangkok.

Sunday Jazzy Brunch (Karte S. 112; ☎02 649 8888; www.sheratongrandesukhumvit.com/sundayjazzybrunch; 1. OG, Sheraton Grande Sukhumvit, 250 Th Sukhumvit; Buffet Erw. 2500–3700 B, Kind 1250 B; ⏲So 12–15 Uhr; ❄ 🖉; Ⓜ Sukhumvit, Ausgang 3, Ⓢ Asok, Ausgang 2) Wem der Sinn nach mehr als nur nach Essen steht, dem bietet der Sonntagsbrunch im Sheraton Live-Jazz in allen Speiselokalen des Hotels.

Marriott Café (Karte S. 112; ☎02 656 7700; 4 Soi 2, Th Sukhumvit, EG, JW Marriott; Buffet 2500 B; ⏲So 12–15 Uhr; ❄ 🖉; Ⓢ Nana, Ausgang 2) Der festliche Sonntagsbrunch in dieser amerikanischen Hotelkette gleicht einem ganzjährig gefeierten Erntedankfest.

Scandinavian Smorgaasbuffet (Karte S. 112; Stable Lodge, 39 Soi 8, Th Sukhumvit; Buffet 600 B; ⏲Sa & So 12–15 Uhr; ❄ 🖉; Ⓢ Nana, Ausgang 4) Statt Meeresfrüchten gibt's hier eingelegten Fisch und statt Roastbeef schwedische Frikadellen – in diese Richtung geht dieses einzigartige Wochenendbuffet mit einem ausgezeichneten Preis-Leistungs-Verhältnis.

neneinrichtung dieser Osteria (italienisches Weinlokal) dient als Ablenkung von der fabelhaften italienischen Karte. Neben den vielen köstlichen Antipasti liegt der Schwerpunkt auf Brot, von der Pizza bis zum *piada*-Fladenbrot – Tipp: die mit Rauke und Käse gefüllte *piada*. Außergewöhnlich gut sind die Fleischklassiker wie das Ossobuco, die geschmorte Rinderbrust und das Saltimbocca. Für den Abend reservieren!

★ Bo.lan THAI $$$

(Karte S. 112; ☎ 02 260 2962; www.bolan.co.th; 24 Soi 53, Th Sukhumvit; Menü 3280–3680 B; ⏲ Di–Fr 18–22.30, Sa & So 12–14.30 & 18–22.30 Uhr; ❄ ✎; S Thong Lo, Ausgang 1) Gehobenes Thai-Essen ist oft mehr Schmuck als Geschmack, doch das Bo.lan bildet eine Ausnahme. Bo und Dylan (Bo.lan ist ein Wortspiel mit Ausdrücken für „uralt") nähern sich der thailändischen Küche quasi auf wissenschaftliche Weise, und die großzügig bemessenen Menüs mit geschmacksintensiven Gerichten sind ein Ausfluss ihres Studiums (Speisen à la carte werden nicht angeboten, dafür aber auch vegetarische Menüs). Reservierung empfohlen.

El Mercado EUROPÄISCH $$$

(Karte S. 112; ☎ 099 078 3444; www.elmercadobangkok.com; 490 Phai Singto Alley; Hauptgerichte 500–800 B; ⏲ Di–Fr 12–15 & 18–22.30, Sa & So 12–22 Uhr; ❄ ✎; M Queen Sirikit National Convention Centre, Ausgang 1) Der nette Freiluftkomplex umfasst ein Restaurant, eine Metzgerei, eine Käsehandlung, eine Bäckerei und einen Lebensmittelladen. In diesem beliebten Restaurant gibt es herzhafte Hausmannskost wie Grillhühnchen, Thunfischsteaks und Rindertatar. Die Käse- und Aufschnittplatten (ab 2090 B) lassen sich gut zu einem Gläschen Prosecco teilen, während man sich in der Küche um die Hauptgerichte kümmert.

Appia ITALIENISCH $$$

(Karte S. 112; ☎ 02 261 2056; www.appia-bangkok.com; 20/4 Soi 31, Th Sukhumvit; Hauptgerichte 400–1000 B; ⏲ Mo–Sa 18–23, So 11.30–14.30 & 18–23 Uhr; ❄ ✎; S Phrom Phong, Ausgang 5) Hausgemachte Pasta, langsam gegartes Fleisch und ein sorgsam ausgewähltes Sortiment relativ günstiger Weine sind die Pluspunkte dieses Restaurants mit römischer Küche im Lazio-Stil. Zwar sind die Preise gesalzen, doch mit Sicherheit zählt das Restaurant zu den besten der Stadt für ein italienisches Abendessen. Reservierung empfohlen.

Haoma INDISCH $$$

(Karte S. 112; ☎ 02 258 4744; www.haoma.dk; 231/3 Sukhumvit Rd; Menü 2390–2890 B; ⏲ Di–Fr 18–23, Sa & So 11.30–15 & 18–23 Uhr; ❄ ✎; M Phetchaburi, Ausgang 1) 🍃 Auf Bangkoks erster *urban farm* gesellen sich zu kreativen Speisen Cocktails aus den fast 40 Speisekräutern aus dem eigenen Garten. Küchenchef Deepanker Khosla baut die allermeisten Zutaten auf seinem Bauernhof in Chiang Mai an. Seine neoindische Küche, eine Verbeugung vor seiner Herkunft, wird in einem Menü mit neun bis 13 Gängen serviert. Auch ein vegetarisches Abendmenü ist erhältlich.

Thewet & Dusit

Thewet lässt vielleicht kulinarische Vielfalt vermissen, trumpft dafür aber mit einem tollen Blick auf den Fluss auf. Dusit hat gastronomisch wenig zu bieten.

★ Likhit Kai Yang THAI $

(Karte S. 78; abseits der Th Ratchadamnoen Nok; Hauptgerichte 50–200 B; ⏲ 10–20.30 Uhr; ❄ 📶; ⛴ Thewet Pier, S Phaya Thai, Ausgang 3 & Taxi) Das jahrzehntealte Restaurant gleich hinter dem Rajadamnern-Stadion (S. 148) ist der Ort, wo sich die Einheimischen vor einem Muay-Thai-Kampf ein nordostthailändisches Mahl leisten. Der freundliche, Englisch sprechende Besitzer lotst einen durch den Bestellvorgang, man sollte sich aber nicht das köstliche, mit Kräutern abgeschmeckte „verkohlte Brathähnchen" entgehen lassen. Der Laden hat kein Schild in lateinischer Schrift, ist aber an der knallrosa Ladenfront und dem überwältigenden Duft von geröstetem Knoblauch zu erkennen, der von drinnen entströmt.

Seven Spoons INTERNATIONAL $$

(Karte S. 78; ☎ 02 629 9214; 22–24 Th Chakraphatdi Phong; Hauptgerichte 250–450 B; ⏲ 11–15 & 18–23.30 Uhr; ❄ ✎; ⛴ Thewet Pier, S Phaya Thai, Ausgang 1/3 & Taxi) Dunkles Holz, alte Landkarten und Drucke an den nackten Betonwänden und eine Karte voller vegetarischer Speisen – in einer so altmodischen Ecke von Bangkok erwartet man so ein kosmopolitisches Restaurant eher nicht. Wer mag, hält sich an einen der vielen Tagessalate oder gönnt sich eine Pasta mit Ochsenzunge und cremiger Pilzsauce. Dazu werden Weine und Craftbiere kredenzt.

★ Krua Apsorn THAI $$

(Karte S. 108; www.kruaapsorn.com; 503-505 Th Samsen; Hauptgerichte 150–400 B; ⏲ Mo–Sa

10.30–20 Uhr; ❄ 📶; ⛴ Thewet Pier) Dies ist das Stammhaus des gemütlichen, preisgekrönten und auch von der Königsfamilie besuchten Restaurants. Die Kundschaft besteht aus großen Familien und Damen mittleren Alters; in dem Restaurant bilden geschmacksintensive Meeresfrüchte- und Gemüsegerichte aus dem zentralen und südlichen Thailand den Mittelpunkt der Küche. Sehr beliebt sind nach wie vor das Krebsfleisch in Currypulver und das grüne Curry mit Fischbällchen. Keine Reservierung möglich; letzte Bestellungen um 19.30 Uhr.

Water Front THAI $$
(Karte S. 108; Th Ratchawithi, Saphan Krung Thon Pier; Hauptgerichte 150–220 B; ⌚17–24 Uhr; 👪; ⛴ Saphan Krung Thon Pier) Das vom touristischen Teil von Thewet aus gesehen auf der anderen Seite des Flusses gelegene nette Restaurant wird gern von Einheimischen frequentiert, die sich hier zu opulenten Abendessen versammeln. Das köstliche Essen ist meist thailändisch, an den meisten Abenden erklingt ein bisschen Livemusik, und die schöne Lage am Fluss ist ideal für ein geruhsames, aber auch besonderes Speiseerlebnis.

Die meisten Gerichte lassen sich hier für den Gaumen von Kindern abmildern. Um hierherzukommen, nimmt man von Thewet die Fähre einen Stopp bis Saphan Krung Thon. Nach dem Abendessen kann man über die Krung-Thon-Brücke, die das dunkle Wasser des Chao Phraya überspannt, zurück nach Thewet spazieren.

Steve Café & Cuisine THAI $$
(Karte S. 108; ☎ 02 281 0915; www.stevecafeandcuisine.com; 68 Soi 21, Th Si Ayuthaya; Hauptgerichte 150–450 B; ⌚11–22.30 Uhr; ⛴ Thewet Pier) Das kultivierte Thai-Restaurant am Fluss wartet mit Fotos von Mitgliedern der Königsfamilie und von Promis an den alten Wänden auf; der Speisebereich nimmt einen fabelhaften Balkon mit Blick auf den Chao Phraya ein. Auf der Karte stehen viele tolle Thai-Gerichte, und das Personal bleibt auch bei großem Andrang einheimischer und ausländischer Gäste freundlich und effizient.

Hierher geht's von der Th Si Ayutthaya durch den Wat Thevarat Kunchorn (S. 92), bis man den Fluss erreicht. Die Einheimischen weisen einem gern den Weg.

Khinlom Chom Saphan THAI $$
(Karte S. 108; ☎ 02 628 8382; www.khinlomchomsaphan.com; 11/6 Soi 3, Th Samsen; Hauptgerichte 150–450 B; ⌚11.30–24 Uhr; ⛴ Thewet Pier) Die Gäste zieht es dank der Kombination aus Flussblick und leckeren Seafood-Gerichten in dieses Freiluftrestaurant, das zugleich ein Pub ist. Da der Laden bei den Einheimischen, besonders bei großen Familien, sehr beliebt ist, sollte man vorab telefonisch einen Tisch am Flussufer reservieren.

Nördliches Bangkok

Ein Ausflug in Bangkoks nördliche Vorstädte ist zwar zeitaufwendig, kann sich aber kulinarisch lohnen, da viele Restaurants hier ihre Speisen unverfälscht zubereiten, d.h. ohne Anpassung an den Geschmack der Ausländer. Die Randgebiete der Stadt eignen sich auch gut, um die regionale thailändische Küche kennenzulernen.

Yusup THAI $
(Karte S. 70; 531/12 Kaset-Navamin Hwy; Hauptgerichte 50–150 B; ⌚8.30–15 Uhr; Ⓢ Mo Chit, Ausgang 3 & Taxi) Das thailändische Schild vor dem Restaurant verkündet stolz *rah·chah kôw mòk* (König des Biryani), und das Yusup bietet in der Tat hervorragendes Biryani und außerdem saure Ochsenschwanzsuppe und leckeres *gaang mát·sà·màn* („muslimisches Curry"). Zum Dessert kann man *roh·đee wăhn* versuchen, einen knusprigen Pfannkuchen mit gesüßter Kondensmilch und Zucker – für kalorienbewusste Westler ein echter Graus!

Wer zum Yusup gelangen will, nimmt vom BTS Mo Chit ein Taxi Richtung Norden und erklärt dem Fahrer, man wolle bis zur Kreuzung Kaset und von dort nach rechts in die Th Kaset-Navamin. Das Yusup befindet sich auf der linken Seite, rund 1 km hinter der ersten Ampel.

Kaobahn THAI $
(Karte S. 118; ☎ 081 442 7777; www.facebook.com/kaobahn; Aran Bicicletta, 128/10 Soi, Th Phahonyothin; Hauptgerichte 50–120 B; ⌚Fr–Mi 11–21 Uhr; ❄; Ⓢ Ari, Ausgang 2) Kaobahn bedeutet Hausmannskost und das beschreibt gut die hier servierten schlichten, aber sehr aromatischen zentralthailändischen Gerichte. Es gibt ein iPad mit Bildern der Gerichte. Die Palette an Speisen reicht von einem reichhaltigen scharfen roten Curry mit Schweinefleisch und Kürbis bis zu einem Dip aus gegrillten Makrelen. Das Lokal hat kein Schild in lateinischer Schrift; nach dem schwärzlichen Tor mit der Nummer 128/10 Ausschau halten!

Baan Pueng Chom THAI $$
(Karte S. 118; ☎ 02 279 4204; Soi Chua Chit, abseits der Soi 7/Ari, Th Phahonyothin; Hauptgerichte

150–350 B; ⌚Mo–Sa 11–14 & 16–22 Uhr; ❄; S Ari, Ausgang 1) Heutzutage muss man sich in die nördlichen Vorstädte Bangkoks aufmachen, um ein derartiges Thai-Restaurant alter Schule zu finden. Das Restaurant in einem von Wasserläufen durchzogenen Dschungelgarten hat eine dicke, illustrierte Speisekarte, auf der typisch geschmacksintensive, wohlriechende Thai-Gerichte stehen, die man anderswo kaum findet. Wer drinnen einen Platz haben möchte, sollte vorher anrufen.

Khua Kling Pak Sod THAI $$

(Karte S. 118; ☎02 617 2553; 24 Soi 5, Th Phahonyothin; Hauptgerichte 150–400 B; ⌚11–14.30 & 17.30–21.30 Uhr; ❄; S Ari, Ausgang 1) Die Küche Südthailands ist wahrscheinlich die schärfste des Landes – wer beim Essen also ins Schwitzen kommen möchte, kann das auch gleich in einem komfortablen Restaurant mit weißen Tischdecken tun. Zu den empfehlenswerten Gerichten in dem eleganten Lokal zählen das namengebende *khua kling,* in einer feurigen Currypaste gebratenes Hackfleisch, und *mŏo hong,* duftiger, fast bonbonartiger geschmorter Schweinebauch, eine chinesisch-thailändische Spezialität aus Phuket.

Puritan DESSERTS $$

(Karte S. 118; 46/1 Soi Ari 5, Th Phahonyothin; Desserts ab 120 B; ⌚Di–Fr 13–22, Sa & So 11–22 Uhr; ❄; S Ari, Ausgang 1) „Ein Ritter, der eine Tiara trägt" – dies könnte dieses Lokal sehr gut auf den Punkt bringen, obwohl man die Kronleuchter, ausgestopften Tiere, Engelsfiguren und anderen antiquierten, europabegeisterten Details schon selbst gesehen haben muss. Dazu verspeist man etwas aus dem ausgezeichneten Angebot an Kuchen und Pasteten.

Yang Gao Gorn THAI $$

(Karte S. 118; ☎099 024 2021; www.facebook.com/YangGaoGorn; 3/2 Soi 14, Th Phahonyothin; Hauptgerichte 80–250 B; ⌚11.30–22 Uhr; ❄; S Ari, Ausgang 3 & Taxi) In einem gemütlichen Haus in einer Vorortstraße bietet das Yang Gao Gorn der Lage entsprechend thailändische Kost im Hausmacherstil wie etwa süße und deftige Salate, schwere Currys und scharfes Pfannengerührtes. Das Angebot ist sicher nicht das eines durchschnittlichen Thai-Restaurants, aber es gibt eine Karte auf Englisch und die freundlichen, des Englischen mächtigen Besitzer können den Gästen beim Bestellen unter die Arme greifen.

Anotai VEGETARISCH $$

(Karte S. 112; ☎02 641 5366; www.facebook.com/anotaigo; 976/17 Soi Rama 9 Hospital, Rama IX; Hauptgerichte 150–300 B; ⌚Do–Di 10–21.30 Uhr; ❄🖉; M Phra Ram 9, Ausgang 3 & Taxi) Das gehobene, alteingesessene und äußerst beliebte Restaurant bietet eine große Auswahl an thailändischen und italienischen vegetarischen Gerichten. Außerdem verfügt das Lokal über einen eigenen Gemüsemarkt und einen Biohof, woher ein großer Teil der frischen Zutaten stammt.

Cantina Wine Bar & Italian Kitchen ITALIENISCH $$$

(Karte S. 118; ☎02 038 5114; www.cantinabkk.com; 4 Soi Ari Samphan 3; Hauptgerichte 400–600 B; ⌚17–24 Uhr; ❄; S Ari, Ausgang 3) Der Boom Aris bescherte dem Viertel auch erstklassige Restaurants mit meist asiatischer Küche, doch dieses legere Pizza- und Pasta-Lokal bereichert die Szene mit nobler Küche im westlichen Stil. Auf den neapolitanischen Pizzas finden sich regionale Zutaten, je nach Saison stehen Austern hoch im Kurs, und die Tröpfchen aus der Neuen wie auch der Alten Welt auf der langen Weinkarte sind zu sehr vernünftigen Preisen zu haben.

Ausgehen & Nachtleben

Wer beim Nachtleben in Bangkok nur an Go-Go-Bars denkt, ist schlecht unterrichtet: Wie in jeder Metropole reicht das Angebot von trashig bis hochklassig und deckt die gesamte Palette ab.

Ko Ratanakosin & Thonburi

Genauso wie Restaurants sind auch Bars in Ko Rattanakosin selten, es gibt aber eine wachsende Zahl von Hotelbars am Flussufer. Glücklicherweise ist das Nachtleben von Banglamphu nur eine kurze Taxifahrt entfernt. In Thonburi herrscht in Sachen Nachtleben mehr oder weniger tote Hose.

Rooftop BAR

(Karte S. 78; www.salaresorts.com/rattanakosin; Soi Tha Tian, 5. OG, Sala Rattanakosin; ⌚17–23 Uhr; ⛴Tien Pier) Die Freiluftbar auf dem Hotel Sala Rattanakosin hat die Latte für den besten Blick auf den Wat Arun auf der anderen Seite des Flusses bei Sonnenuntergang um einiges höher gelegt – wenn es einem denn gelingt, den Tempel durch den Wall aus Selfie-schießenden Touristen zu erspähen. Am schönsten sind die Fotos, wenn das Licht des Tempels gerade angeschaltet wurde und der Himmel noch ein wenig leuchtet.

Amorosa BAR

(Karte S. 78; www.arunresidence.com; 36–38 Soi Pratu Nokyung, Arun Residence; ⌚17–24 Uhr; ⛴Tien Pier) Das Amorosa auf dem Hotel Arun Residence nutzt seine Lage direkt über dem Fluss und gegenüber vom Wat Arun (S. 76). Die Cocktails hauen einen nicht um, doch dabei zuzuschauen, wie die Boote über den Fluss schippern, während der Wat Arun glüht, ist eine wunderbare Art, bei Sonnenuntergang diese Bangkoker Flussszenerie zu genießen.

Banglamphu

Die quirlige Th Khao San ist eine der besten Ausgehstraßen der Stadt. Die Szene in Banglamphu war früher fast ausschließlich von Ausländern geprägt, aber in den letzten Jahren haben sich die Einheimischen dazugesellt, besonders an der Th Phra Athit. Wem es an der Hauptstraße zu voll ist, kann in die stilleren Läden an der Soi Ram Buttri und Th Samsen ausweichen.

★Mitramit TEEHAUS

(Karte S. 78; 32 Th Phra Sumen; ⌚Sa–Do 14–23 Uhr; ⛴Phra Athit/Banglamphu Pier) Das winzige, stimmungsvolle Shophouse, eine tolle moderne Interpretation des klassischen Bangkoker Teehauses, serviert köstliche Mischungen erstklassiger Tees aus China und anderen Anbaugebieten. An einem der jadegrünen Marmortische kann man das gewünschte Gebräu bestellen, zu dem gratis Süßspeisen gereicht werden. Der Eigentümer ist eine wahre Schatztruhe an kulturellen Infos über Thailand.

★Ku Bar BAR

(Karte S. 78; www.facebook.com/ku.bangkok; 3. OG, 469 Th Phra Sumen; ⌚Mi–Mo 19–24 Uhr; ⛴Klorng-Boot bis Phanfa Leelard Pier) Wer von den Red-Bull-Cocktails die Nase voll hat, findet in der Ku Bar das genaue Gegenteil der Khao-San-Partyszene. Ein winziges Schild führt zu der drei Stockwerke hohen Treppe. Oben gelangt man in den fast komisch minimalistischen Raum. Die raffinierten Cocktails mit Obst und Gemüse (mit Namen wie Lychee, Tomato, Pineapple/Red Pepper) und die seltsame Musik verstärken die Underground-Atmosphäre.

Commé BAR

(Karte S. 78; 100/4–5 Th Phra Athit; ⌚18–1 Uhr; ⛴Phra Athit/Banglamphu Pier) Zu erkennen ist das Commé an den alten Motorrädern, aber wahrscheinlich hört man es schon, bevor man es sieht. Dies … schen Hipstern belie… sche halboffene Bar … einen lauten, feuch… der Piste im thailänd…

Babble & Rum

(Karte S. 78; www.nex… Athit, Hotel Riva Surya; ⌚… Banglamphu Pier) Eine der wenigen Bars am Fluss an diesem Abschnitt des Chao Phraya. Es locken Ausblicke zum Sonnenuntergang und erfrischende Brisen sowie zur Happy Hour großzügige Drinks.

Macaroni Club BAR

(Karte S. 78; 36 Th Rambuttri; ⌚24 Std.; ⛴Phra Athit/Banglamphu Pier) Derzeit scheint es in Banglamphu einen (unerklärlichen) Trend zu Pubs mit Strandmotto zu geben. Wem dieser Stil zusagt, der kann sich in dieser bizarr benannten Bar mit einem fruchtigen Cocktail inmitten von Osterinselköpfen und Bambusdeko niederlassen.

Madame Musur BAR

(Karte S. 78; www.facebook.com/madamemusur; 41 Soi Ram Buttri; ⌚8–24 Uhr; ⛴Phra Athit/Banglamphu Pier) Das Madame Musur erspart einem die Fahrt Richtung Norden nach Pai, denn es bietet jene schwer fassbare Mischung aus Nordthailand, *The Beach* und Th Khao San. Hier kann man gut quatschen, trinken und die Leute beobachten. Dank einer kleinen Karte mit nordthailändischen Gerichten (100–250 B) kann man in der Bar auch ganz gut essen.

The Club CLUB

(Karte S. 78; www.facebook.com/theclubkhaosanbkk; 123 Th Khao San; Eintritt Fr & Sa 120 B; ⌚21–3 Uhr; ⛴Phra Athit/Banglamphu Pier) Zu den Gästen des höhlenartigen Tanzlokals in der Mitte der Th Khao San zählen sowohl Einheimische als auch Backpacker. Infos zu anstehenden Events und Gast-DJs stehen auf der Facebook-Seite.

Center Khao Sarn BAR

(Karte S. 78; Th Khao San; ⌚10–2 Uhr; ⛴Phra Athit/Banglamphu Pier) Die Terrasse unter freiem Himmel bietet Logenplätze zum Beobachten der endlos vorbeiziehenden Menschen auf der Th Khao San. In der Bar im Obergeschoss spielen später am Abend Bands.

Phra Nakorn Bar & Gallery BAR

(Karte S. 78; www.facebook.com/Phranakornbarandgallery; 58/2 Soi Damnoen Klang Tai; ⌚18–

Spaziergang
Kneipentour in Banglamphu

START SHEEPSHANK
ZIEL HIPPIE DE BAR
LÄNGE/DAUER 1,5 KM/3–6 STUNDEN

Diese Kneipentour bietet Ausblicke auf den Fluss, die Gelegenheit, Leute zu beobachten, Livemusik und spätabendlichen Trubel. Los geht's im 1 **Sheepshank** (Karte S. 78; www.sheepshankpublichouse.com; 47 Th Phra Athit; Hauptgerichte 300–650 B; ⌚Di–Sa 18–24 Uhr; ❄; ⛴Phra Athit/Banglamphu Pier), einem Gastropub am Fluss, der für seine klassischen Cocktails bekannt ist. Wer noch Platz für ein paar Tapas hat, folgt der Uferpromenade nach Westen zum 2 **Babble & Rum** (S. 139), dem stylischen Freiluftrestaurant mit Bar des Hotels Riva Surya.

Von der Th Phra Athit geht's in die Soi Chana Songkhram und dann links in die Soi Ram Buttri. In der vergnüglichen, einfachen 3 **Gecko Bar** (Karte S. 78; Ecke Soi Chana Songkhram & Soi Ram Buttri; ⌚10–1 Uhr; ⛴Phra Athit/Banglamphu Pier) kann man schön Leute beobachten. Dasselbe gilt für das 4 **Madame Musur** (S. 139) ein paar Türen weiter; hier gibt's außerdem leckere nordthailändische Gerichte.

Nun ist es Zeit für Livemusik. Die Th Chakrabongse (der Verlängerung der Th Samsen) nach Norden geht's zur alteingesessenen Bluesbar 5 **Adhere the 13th** (S. 150), oder man steuert die 6 **Molly Bar** (Karte S. 78; 108 Th Rambuttri; ⌚17–2 Uhr; ⛴Phra Athit/Banglamphu Pier) in der Th Rambuttri an.

Schließlich erreicht man durch die Susie Walking St die Th Khao San. Hier lohnt sich ein Stopp im 7 **Mulligans** (Karte S. 78; www.mulligansthailand.com; 256 Th Khao San, Buddy Lodge; ⌚15–4 Uhr; ⛴Phra Athit/Banglamphu Pier), der irischen Bar in der Buddy Lodge, oder stattdessen ein Blick von oben auf den Aufmarsch der Passanten aus der 8 **The Roof Bar** (Karte S. 78; Th Khao San; ⌚17–24 Uhr; ⛴Phra Athit/Banglamphu Pier) oder auf Straßenhöhe im lauten, trubeligen 9 **Center Khao Sarn** (S. 139). Als netter Abschluss bietet sich die 10 **Hippie de Bar** (S. 141) an.

24 Uhr; ⛴Klorng-Boot bis Phanfa Leelard Pier) Die Phra Nakorn Bar and Gallery mit ihrer bunten Einrichtung und wechselnden Ausstellungen liegt eine Armlänge entfernt vom Hype der Th Khao San und wird gern von thailändischen Studenten und Künstlertypen besucht. Am besten steuert man gleich das luftige Dach an und bestellt etwas vom billigen und leckeren Thai-Essen der Bar.

Hippie de Bar BAR
(Karte S. 78; 46 Th Khao San; ⌚15–2 Uhr; ⛴Phra Athit/Banglamphu Pier) Das Hippie punktet mit einer coolen Retroatmosphäre und Sitzgelegenheiten drinnen und draußen. Dazu gibt's einen für Bangkok einzigartigen Mix aus Indie und Pop auf die Ohren. Trotz ihrer Lage auf der Th Khao San sieht man in der Bar überraschend wenige ausländische Gesichter. Ein toller Ort, um mit Einheimischen ins Gespräch zu kommen.

Chinatown

Durch ein paar künstlerisch angehauchte und Hipsterbars an der Soi Nana und der Th Charoen Krung ist Chinatown zu einer interessanten Adresse im Hinblick auf das Nachtleben geworden. Jedoch ist es das immer noch eher für ruhige Typen, die sich unterhalten wollen; Feierfreudige müssen sich anderswo umschauen.

★ **Let the Boy Die** KLEINBRAUEREI
(Karte S. 84; 425 Th Luang; ⌚17–24 Uhr; Ⓜ Hua Lamphong, Ausgang 1) Diese Kneipe mit dem skurrilen Namen eröffnete 2015 als Bangkoks erste Craftbier-Bar. Angesichts der thailändischen Alkoholgesetze, die damals dem handwerklichen Brauen im Wege standen, musste der Laden zwei Jahre lang eine Pause einlegen, kam dann aber als Kleinbrauerei zurück mit zwölf örtlich produzierten Bieren vom Fass wie dem nussigen Stout oder dem IPA im amerikanischen Stil.

★ **Tep Bar** BAR
(Karte S. 84; 69–71 Soi Nana; ⌚Di–So 19–24 Uhr; Ⓜ Hua Lamphong, Ausgang 1) Solch eine elegante und unterhaltsame Bar hätte in Chinatown niemand erwartet. Das Tep erreicht dies durch ein modernes Interieur mit thailändischen Akzenten und gehaltvolle Cocktails – es gibt sogar ein paar leckere einheimische Biere auf Reisbasis. Dazu kommen köstliche Snacks und lauter thailändischer Live-Folk (Do–So).

Tropic City BAR
(Karte S. 90; www.tropiccitybkk.com; Soi 28, Th Charoen Krung; ⌚Di–So 19–2 Uhr; ⛴Si Phraya/River City Pier) Die coole, in einer stillen Gasse versteckte LGBTIQ-freundliche Bar ist ein wunderbares Plätzchen, um den Abend ausklingen zu lassen. Die Musik ist trippig, der Pisco Sour sehr ansprechend und die fröhliche Gästeschar besteht zumeist aus einer Mischung aus Hipstern und alteingesessenen Expats. Wenn's drinnen voll wird, tummeln sich die Gäste auch im winzigen Außenbereich.

Pijiu Bar CRAFTBIER
(Karte S. 84; www.facebook.com/pijiubar; 16 Soi Nana; ⌚Di–So 18–24 Uhr; ⛴Ratchawong Pier, Ⓜ Hua Lamphong, Ausgang 1) In dieser klassischen Retro-Bar trifft der Wilde Westen auf das alte Shanghai. Der Schwerpunkt liegt mit vier wechselnden Craftbieren vom Fass eindeutig auf Bier (*pijiu* ist das chinesische Wort für Bier), aber vielleicht noch verlockender sind die Wurstplatten (300 B) mit geräucherten und gepökelten Fleischwaren aus einigen der besten Läden in Chinatown.

Teens of Thailand BAR
(TOT; Karte S. 84; 76 Soi Nana; ⌚Di–So 19–24 Uhr; 📶; Ⓜ Hua Lamphong, Ausgang 1) Durch die winzige Holztür dieses umgebauten Shophouse gelangt man in die wohl trendigste Bar an der Soi Nana in Chinatown. In dem künstlerisch angehauchten Lagerhaus-Interieur servieren hippe Barkeeper kreative Gin-Cocktails. Dazu werden schalenweise und ohne Ende geröstete Kastanien gereicht. Tipp: das Jasmin-Reis-Bier mit Port – einfach köstlich!

El Chiringuito BAR
(Karte S. 84; www.facebook.com/elchiringuitobangkok; 221 Soi Nana; ⌚Do–So 18–24 Uhr; 📶; Ⓜ Hua Lamphong, Ausgang 1) Die Bar im Retrostil bietet Sangria, spanischen Gin und spanische Barsnacks, aber manchmal auch Kunstausstellungen. Wie der Name schon vermuten lässt, ist dies ein Etablissement mit Spanien-Faible; man darf sich also auf köstliche kleine Speisen wie Tortillas, Tapasteller und frittierte *patatas* (Kartoffelwürfel) zu den Drinks freuen.

River Vibe BAR
(Karte S. 90; 8. OG, River View Pension, abseits der Soi Charoen Phanit; ⌚17.30–23 Uhr; 📶; ⛴Marine Department Pier, Ⓜ Hua Lamphong, Ausgang 1) Wer sich die überteuerten Cocktails in Bang-

koks gehobenen Dachbars nicht leisten kann oder will, wird angesichts des ausgezeichneten Flussblicks vom Dach dieser Pension kaum den Eindruck haben, etwas versäumt zu haben, besonders angesichts der tollen Lage an einer weiten Biegung des Chao Phraya. Bier gibt's ab 80 B, einfaches thailändisches Essen für 130 bis 250 B.

Ufergebiet, Silom & Lumphini

Silom wartet mit einer soliden Auswahl an fröhlichen Pubs, kultivierten Bars und hippen Clubs auf, von denen viele LGBT-freundlich sind. Toll ist auch ein Sonnenuntergangsdrink in einer der immer angesagteren Dachbars der Gegend. Sowohl am Fluss als auch in Lumphini gibt's einige stilvolle Terrassenbars.

★ Smalls BAR
(Karte S. 88; www.facebook.com/smallsbkk; 186/3 Soi Suan Phlu; ⌚19–2 Uhr; Ⓢ Chong Nonsi, Ausgang 5) Das Smalls ähnelt einer typischen New Yorker Jazzbar. Zu den Markenzeichen gehören eine Drehtür, ein ironisch-üppiges Interieur, eine einladende Dachterrasse, essensspezifische Themenabende (Infos auf der Facebook-Seite) und Live-Jazz am Mittwoch und Freitag. Die Cocktails des Hauses sind stark und der empfehlenswerte Absinth wird großzügig eingeschenkt.

★ Vesper BAR
(Karte S. 102; www.vesperbar.co; 10/15 Th Convent; ⌚17.30–1 Uhr; 📶; Ⓜ Si Lom, Ausgang 2, Ⓢ Sala Daeng, Ausgang 2) Eine der beliebtesten Ausgehadressen in Bangkoks Geschäftsviertel ist dieses täuschend klassisch anmutende Restaurant mit Bar. Der Schwerpunkt des Vesper liegt auf den Cocktails. Dazu gehören mehrere wiederbelebte Klassiker und gemixte Drinks, die sechs Wochen in Fässern aus Weißeiche abgelagert werden. Wer am Wochenende vorbeischauen möchte, sollte einen Tisch reservieren.

Opus WEINBAR
(Karte S. 102; 64 Th Pan; ⌚18–24 Uhr; 📶; Ⓢ Surasak, Ausgang 1/3) Diese gehobene Kombi aus Weinbar und italienischem Restaurant verfügt über einen der besseren Weinkeller Bangkoks. Das elegante Etablissement auf der Rückseite eines eher unkonventionellen Bürohauses richtet sich an betuchte Freunde edler Tröpfchen; dazu passt schön das ausgezeichnete italienische Essen. Keine Shorts, T-Shirts und Flipflops!

House on Sathorn BAR
(Karte S. 102; W Bangkok, 106 Th Sathon Neua/North; ⌚12–24 Uhr; 📶; Ⓢ Chong Nonsi, Ausgang 1/5) Diese edle Bar befindet sich in einem von Bangkoks reizendsten alten Gemäuern, einem denkmalgeschützten Haus, früher Wohnhaus, Hotel und zuletzt während des Kalten Kriegs Botschaft der Sowjetunion. Die Drinks sind kreativ und teuer, lohnen jedoch den Preis, denn dafür erhält man Zugang zu diesem wunderbar stimmungsvollen Ambiente.

Das Haus gehört zum Hotel W und teilt sich mit dieser Luxusadresse das Grundstück.

Namsaah Bottling Trust BAR
(Karte S. 102; www.namsaah.com; 401 Soi 7, Th Silom; ⌚17–1 Uhr; 📶; Ⓜ Si Lom, Ausgang 2, Ⓢ Chong Nonsi, Ausgang 4) Das Namsaah ist wirklich irre: Es residiert in einem restaurierten Herrenhaus, das in einem unpassenden grellen Pink angestrichen ist und drinnen mit Samurai-Rüstungen und Neonlicht überrascht. Die Restaurant-Bar-Kombi ist bekannt für ihre besonderen Versionen klassischer Cocktails (z. B. Mojitos mit Mango-Chili-Garnierung) und eine Karte mit soliden Klassikern wie andamanischen Thunfischsteaks in gelbem Curry.

Maggie Choo's BAR
(Karte S. 90; www.maggiechoos.com; Fenix Silom, UG, Novotel Bangkok, 320 Th Silom; ⌚19.30–2 Uhr; Ⓢ Surasak, Ausgang 1) Dies ist ein ehemaliger Banktresor mit Opiumhöhlenflair, geheimen Gängen und sich herumfläzenden Frauen in Seidenkleidern. Da vergisst man leicht, dass es sich bei dem Maggie Choo's eigentlich um eine Bar handelt – daran erinnern aber auch die kreativen und leicht süßlichen Cocktails. Manchmal finden Dragshows und Jazzkonzerte statt – Näheres siehe Website.

DJ Station GAY
(Karte S. 102; www.dj-station.com; Soi 2, Th Silom; Eintritt ab 150 B; ⌚21–2 Uhr; Ⓜ Si Lom, Ausgang 2, Ⓢ Sala Daeng, Ausgang 3) Dies ist einer von Bangkoks und ganz Asiens legendärsten schwulen Tanzclubs. Das Publikum ist eine Mischung aus einheimischen schwulen Berufstätigen und ein paar Westlern. Wenn es hier schon voll ist, kann man es in irgendeinem der anderen ähnlichen Läden hier in der Straße oder Umgebung versuchen.

Scarlett WEINBAR
(Karte S. 102; 188 Th Silom, 37. OG, Hotel Pullman Bangkok; ⌚18–1 Uhr; 📶) Die edle Bar samt

NIGHTLIFE AN DER ROYAL CITY AVENUE (RCA)

Tagesüber ist die Royal City Ave – die alle als RCA kennen – nur eine öde Geschäftsstraße, aber am Freitag- und Samstagabend verwandelt sie sich in eine der beliebtesten Vergnügungsmeilen der Stadt. Manche der größeren Clubs locken Tausende an, dennoch werden oft die Ausweise kontrolliert und die Kleiderordnung ist strikt – wer mit Shorts oder Sandalen aufkreuzt, bleibt draußen.

Onyx (Karte S. 112; www.facebook.com/onyxbkk; RCA/Royal City Ave; Eintritt 500 B; ⌚21–2 Uhr; Ⓜ Phra Ram 9, Ausgang 3 & Taxi) Dies ist der wahrscheinlich eleganteste Club an der RCA, wie schon die deftigen Eintrittspreise und das geschniegelte Klientel verraten. Anstehende DJ-Events werden auf der Facebook-Seite angekündigt.

Route 66 (Karte S. 112; www.route66club.com; 29/33–48 RCA/Royal City Ave; Eintritt 300 B; ⌚21–2 Uhr; Ⓜ Phra Ram 9, Ausgang 3 & Taxi) Der große Club ist so alt wie die RCA selber, hat aber dank häufiger Renovierungen und Erweiterungen nichts von seiner Beliebtheit eingebüßt. Der Hauptsaal wird mit den Top 40 der Hip-Hop-Charts beschallt, es gibt allerdings mehrere, unterschiedlich ausgerichtete „Levels", wo alles von Thai-Pop bis zu Livemusik gespielt wird.

NOMA BKK (Now Our Mother's Angry; Karte S. 112; www.facebook.com/NOMABKK; 21/66 RCA/Royal City Ave; ⌚19–2 Uhr; Ⓜ Phra Ram 9, Ausgang 3 & Taxi) Die coole und legere Bar bietet billiges Bier und veranstaltet hin und wieder Konzerte und Hip-Hop-Jamsessions. Bei den jungen Kreativen der Stadt ist die Bar äußerst beliebt.

★ Studio Lam BAR, CLUB

(Karte S. 112; www.facebook.com/studiolambangkok; 3/1 Soi 51, Th Sukhumvit; ⌚Di–So 18–1 Uhr; Ⓢ Thong Lo, Ausgang 3) Das Studio Lam ist ein Anbau des megahippen Plattenlabels ZudRangMa und prunkt mit einem Soundsystem jamaikanischer Art, das extra für die DJ-Sets (Weltmusik und Retro-Thai) und die gelegentlichen Liveshows aufgebaut wurde. An der Bar sind einige fabelhafte selbstgemixte Aufgussgetränke wie Ingwer und Rhabarber vorrätig, die den Cocktails unvergleichliche Aromen verleihen. Am Wochenende ist es hier rappelvoll.

★ WTF BAR

(Karte S. 112; www.wtfbangkok.com; 7 Soi 51, Th Sukhumvit; ⌚Di–So 18–1 Uhr; 📶; Ⓢ Thong Lo, Ausgang 3) Die coole und freundliche Nachbarschaftsbar beherbergt gleichzeitig auch noch eine Galerie. Künstlerisch interessierte Einheimische und in Bangkok lebende Ausländer treffen sich hier zu klassischen Cocktails, Livemusik und DJ-Events, Lesungen, Kunstausstellungen und leckeren Bar-Snacks. Und in einer Sache sind sich Gäste und Autoren auf jeden Fall einig: Das WTF erhält die volle Punktzahl. Der Negroni wird hier eher würzig gemixt und ist bei Weitem der beste ganz Bangkoks.

★ Tuba BAR

(Karte S. 70; www.facebook.com/tubabkk; 34 Raum 11–12 A, Soi Thong Lor 20/Soi Ekamai 21; ⌚11–2 Uhr; Ⓢ Ekkamai, Ausgang 1/3 & Taxi) Teils Lagerraum für abgedrehte Antiquitäten, teils Restaurant, teils freundliche Nachbarschaftskneipe: Dieser skurrilen Bar mangelt es weder an Vielfalt noch an Atmosphäre. Am besten bestellt man sich sein Getränk gleich flaschenweise (was übrigbleibt, wird für den nächsten Besuch aufgehoben) und gönnt sich die leckeren Chicken Wings oder das köstliche frittierte *lâhp* (würziger Salat aus Hackfleisch).

Tasting Room by Mikkeller KLEINBRAUEREI

(Karte S. 112; www.tastingroombkk.com; 26 Yaek 2, Soi Ekamai 10; ⌚17–24 Uhr; Ⓢ Ekkamai, Ausgang 1/3 & Taxi) Die vielbesprochene dänische „Bohème"-Brauerei bietet in ihrer Bangkoker Filiale mehr als 30 Biere vom Fass. Man findet neben einer einladenden Atmosphäre und den guten Barsnacks sowohl einheimische Biersorten (Sukhumvit Brown Ale) als auch verrückte Biere; unter Letzteres fällt z. B. das Beer Geek, ein helles Stout mit 13 % Alkohol.

Havana Social Club CLUB

(Karte S. 112; www.facebook.com/pg/havanasocialbkk; Soi 11, Th Sukhumvit; ⌚18–2 Uhr) Wer die Telefonzelle gefunden und den Geheimcode gewählt hat – dabei greift einem der Türsteher unter die Arme –, kann das vorrevolutionäre Havanna betreten. Das Havana, teils Bar, teils Tanzclub, bietet Livemusik, tolle Drinks und ein Publikum voller Expats, die allesamt die richtigen Tanzschritte zu beherrschen scheinen. Keine Shorts, Sandalen, Flipflops oder Rucksäcke – mit anderen Worten: schick anziehen!

Q&A Bar BAR

(Karte S. 112; ☎02 664 1445; www.qnabar.com; 235/13 Soi 21/Asoke, Th Sukhumvit; ⏲19–2 Uhr; Ⓜ Phetchaburi, Ausgang 1) Das Interieur dieser Bar erinnert an einen modernistischen Speisewagen der 1950er-Jahre oder eine Flughafenlounge. Die kurze Cocktailkarte entspricht nicht ganz dem klassischen Muster, aber man legt Wert auf einen altmodischen Dresscode und entsprechende Manieren. Es empfiehlt sich, im Voraus einen Tisch zu reservieren.

Sky on 20 DACHBAR

(Karte S. 112; ☎02 009 4999; www.novotelbangkoksukhumvit20.com; 26. OG, Novotel, 19/9 Soi Sukhumvit 20; ⏲17–1 Uhr; 📶; Ⓢ Phrom Phong, Ausgang 2) Mit Drinks für durchschnittlich 250 B hat das Sky on 20 den Ruf, ein entspannter Ort für einen günstigen Drink bei Sonnenuntergang zu sein. Electro und House dröhnen durch die Freiluftbar mit kreisförmigen Sofas und Polstersesseln sowie mit Blick auf den Sirikit-See und den Benjasiri Park. Drinks, die mit dem Saft regionaler Früchte gemixt werden, stehen im Vordergrund. Das ausziehbare Schutzdach sorgt dafür, dass man auch in der Regenzeit im Trockenen sitzt.

Brewski DACHBAR

(Karte S. 112; ☎02 302 3333; 489 Th Sukhumvit, Soi 27, 30/F Radisson Blu Plaza; ⏲17–1 Uhr; 📶; Ⓢ Asok, Ausgang 3) Dachbars stehen gemeinhin für eine fette Rechnung, daher ist das Brewski eine echte Freude. Mit Drinks ab 90 B ist die bierlastige Dachbar ein chilliger Laden für alle, die einen Abend 30 Stockwerke über der wuseligen Th Sukhumvit verbringen wollen. Geboten werden an der gut sortierten Theke 100 Craftbiere und Cidres sowie zwölf Biere vom Fass wie das Vedett Extra White und Wild Turkey Bourbon Stout.

Wer Hunger hat, kann sich auf einem der Barhocker auf dem Balkon niederlassen und einen Wagyu-Burger oder eine thailändische Isan-Wurst bestellen. Über Sonderangebote und Werbeaktionen informiert die Website.

Ink & Lion KAFFEE

(Karte S. 112; www.facebook.com/inkandlioncafe; 1/7 Soi Ekamai 2, Th Sukhumvit; ⏲9–18 Uhr; Ⓢ Ekkamai, Ausgang 1/3) Das kleine Ink & Lion im reizenden Ekkamai-Viertel bietet neben starkem handgebrühtem Kaffee und süßen Soja-Honig-Drinks wechselnde Kunst einheimischer Künstler an den Wänden. Die Bohnen werden in kleinen Mengen selbst geröstet – man kann eine Tüte für zuhause erwerben – und zum Kaffee gibt's süße Leckereien wie Kokoskuchen von der nahen Size S Bakery.

Taproom CRAFTBIER

(Karte S. 112; www.taproombkk.com; 51 Soi 26 (Soi Ari), Th Sukhumvit; ⏲17–24 Uhr; Ⓢ Phrom Phong, Ausgang 4) Wer noch immer nicht glaubt, dass Craftbier das derzeit angesagteste Getränk in Bangkok ist, bei dem räumt dieser Laden auch die letzten Zweifel aus. Aus 26 Zapfhähnen fließen abwechselnd die Lieblingsgebräue der Bierliebhaber wie BrewDog, Flying Dog, Stone und Hitachino. Unter der Woche halten Akustikkonzerte und am Wochenende DJs die Leute bei Laune.

Backstage Bar BAR

(Karte S. 112; www.facebook.com/backstagecocktailbarbkk; 205/22–23 Soi 55, Th Sukhumvit; ⏲19–1 Uhr; Ⓢ Thong Lo, Ausgang 1/3 & Taxi) Das Backstage gehört zum Boutiquehotel Playhaus und führt das Theatermotto des Hotels fort mit einem Ambiente, das an eine Theatergarderobe erinnert: Die Bar versteckt sich hinter dicken Samtvorhängen und die Drinks des Tages sind auf Spiegeln angeschrieben. Das aufmerksame Personal serviert klassische Cocktails mit besonderem Einschlag wie z. B. den innovativen und holzigen Earthbeet aus Rote-Bete-Tequila, Campari und Mezcal.

Sing Sing Theater BAR

(Karte S. 112; www.singsingbangkok.com; Soi 45, Th Sukhumvit; ⏲Di–So 21 Uhr–open end; Ⓢ Thong Lo, Ausgang 1) In dieser wunderbar skurrilen und hochdynamischen Kombination aus Bar und Club schweben Tänzerinnen in Cheongsams oder Neon-Raumanzügen (je nach Abend) durch geheime Räume, über hohe Plattformen und auf winzige Tanzflächen. Die hochprozentigen Getränke verstärken noch das Gefühl, dass man in einer chinesischen Opiumhöhle gelandet ist.

Beam CLUB

(Karte S. 112; www.beamclub.com; 72 Courtyard, 72 Soi 55/Thong Lor, Th Sukhumvit; ⏲Mi–Sa 20–2 Uhr; Ⓢ Thong Lo, Ausgang 1/3 & Taxi) Top-DJs, die House und Techno auflegen, ein bunt gemischtes Publikum und eine Tanzfläche, die im wahrsten Sinn des Wortes vibriert, machen das Beam derzeit zum Top-Club Bangkoks. Über besondere Events informiert die Website.

Black Amber Social Club
BAR

(Karte S. 112; www.facebook.com/blackambersocialclub; Soi 55/Thong Lor 6; ⏲12–2 Uhr; S Thong Lo, Ausgang 1/3 & Taxi) Das Black Amber ist ein echter Geheimtipp – und sollte es auch bleiben! Ein düsteres, opulentes Ambiente (mit z. B. einem vollständigen Straußenskelett), Kellner mit Schnäuzern (das Black Amber ist verbunden mit einem gleichnamigen Barbier) und eine Getränkekarte, die sich nah am Scotch hält, verleihen der Bar ein echtes Flüsterkneipenflair.

Iron Balls Distillery & Bar
BAR

(Karte S. 112; Parklane, Soi 63/Ekamai, Th Sukhumvit; ⏲18–2 Uhr; S Ekkamai, Ausgang 1/3) Kupferne Rohrleitungen, beliebig verteilte einmalige Antiquitäten, Deckenplatten aus Zink und reihenweise Glasfläschchen und kugelförmige Gefäße machen diese Bar zu einer der am fantastischsten eingerichteten in ganz Bangkok. Die angeschlossene Destillerie liefert die Ausgangsprodukte für die hauptsächlich auf Gin basierenden Cocktails der Bar.

J Boroski Mixology
BAR

(Karte S. 112; www.josephboroski.com; abseits der Soi 55/Thong Lor, Th Sukhumvit; ⏲19–2 Uhr; 📶; S Thong Lo, Ausgang 1/3 & Taxi) Der namengebende Mixer hat sowohl Adressen als auch Cocktailkarten abgeschafft, um das moderne Gegenstück zu einer Flüsterkneipe zu schaffen. Man erzählt dem Personal an der Bar einfach, welche Sachen man mag, und dann schaffen die Mixer aus erstklassigen Spirituosen und einzigartigen Zutaten etwas Denkwürdiges. Die Bar liegt an einer nicht beschilderten Gasse bei der Soi Thong Lor 6.

Walden
BAR

(Karte S. 112; 7/1 Soi 31, Th Sukhumvit; ⏲Di–Sa 19–1 Uhr; S Phrom Phong, Ausgang 5) Hinter der hyperminimalistischen Atmosphäre dieser Bar erkennt man die andächtigen japanischen Anklänge, die sie zu einem der einladendsten Lokale vor Ort machen. Auf der kurzen Karte stehen Longdrinks japanischer Art, Craftbiere aus den USA und einfache, leckere Barsnacks.

Badmotel
BAR

(Karte S. 112; www.facebook.com/badmotel; 331/4–5 Soi 55/Thong Lor, Th Sukhumvit; ⏲17–1 Uhr; S Thong Lo, Ausgang 1/3 & Taxi) Das Badmotel vermählt das Moderne mit dem Kitschigen sowie das Weltläufige mit dem Thailändischen auf eine Art, die bei den Bangkoker

DAS ZEITALTER DES CRAFTBIERS

Irgendwann um das Jahr 2016 brach in Bangkok plötzlich die Craftbier-Manie aus. Inmitten der Bierindustrie, die zum größten Teil von Massenbieren wie Singha, Chang und Leo beherrscht wird, schufen sich Craftbier-Brauer langsam, aber sicher ihre Nische: Für die anspruchsvollen Bierkenner der Stadt produzierten sie in kleinen Mengen Ales und Stouts.

Streng genommen ist das Brauen von Bier in kleinen Mengen in Thailand immer noch illegal. Neuere Auslegungen des Gesetzes ermöglichten den Verkauf einiger Craftbiere in bestimmten Kleinbrauereien, solange sie vom Fass kommen und nicht aus der Flasche. Dennoch wird man in jedem größeren Supermarkt der Stadt von der Menge an Craftbier in Flaschen schier erschlagen. Chalawan, Chatri, Liger, Red Truck, Whale, Bussaba – die Marken sind so vielfältig wie die Sorten, von milden Weizenbieren und nussigen Stouts bis zu köstlichen hopfenbetonten IPAs. Genialerweise haben die Kleinbrauer dem Gesetz ein Schnippchen geschlagen, indem sie das Brauen und Abfüllen in ein Nachbarland verlagert haben und das fertige Bier wieder als legalen Importartikel nach Thailand einführen. Dank der Zölle wird das Bier dadurch zwar teurer, doch gemessen an der großen Beliebtheit der Craftbiere in den Bangkoker Kneipen scheint das niemandem etwas auszumachen.

Das Ganze ist natürlich nur ein Nischenmarkt, der die Verkaufszahlen der großen Massenbiere kaum beeinträchtigt. Doch die Bangkoker Kleinbrauer hoffen nicht nur auf eine baldige Veränderung der Gesetzeslage, sondern sie widmen sich ihrer Braukunst auch mit großer Leidenschaft und weiten den Horizont der Bierlandschaft der Stadt mit jedem neuen Tag.

Trendsettern gut ankommt. Das zeigt sich auch in Getränken, in denen Rum mit Hale's Blue Boy, einem thailändischen Getränkeklassiker für Kinder, kombiniert wird, und in Barsnacks wie *nâm prík òng*, einem Dip im nordthailändischen Stil, serviert mit Pappadams.

Above 11 BAR
(Karte S. 112; www.aboveeleven.com; Soi 11, Th Sukhumvit, 33. OG, Fraser Suites Sukhumvit; ⏲18–2 Uhr; S Nana, Ausgang 3) Diese kultivierte Dachbar bietet neben Ausblicken auf Bangkoks weltläufigstes Viertel auch DJ-Sets und köstliche lateinamerikanische Snacks und Hauptgerichte. Bei den Bangkoker Expats erfreut sich besonders der Pisco Sour großer Beliebtheit.

Thewet & Dusit

Neben den Restaurants am Fluss, die gleichzeitig als Freiluftbars fungieren, gibt's in dieser Ecke der Stadt kaum Nachtleben. Glücklicherweise sind Banglamphu und die Th Khao San nur einen Katzensprung zu Fuß oder mit dem Taxi entfernt.

Post Bar BAR
(Karte S. 78; 161 Th Samsen; ⏲19–1 Uhr; ⛴ Thewet Pier) Falls „chinesisches Pfandhaus" als Designmotto akzeptabel ist, dann hat die Post Bar es glänzend umgesetzt. Die dunklen Holzwände dieser schmalen Shophouse-Bar sind mit thailändischem Retro-Kitsch bedeckt, im Hintergrund läuft klassischer Rock, das Fingerfood ist passend würzig und die Gästeschar überwiegend thailändisch.

Nördliches Bangkok

Das nördliche Bangkok ist ziemlich groß, aber seit Jahren spielt sich das hiesige Nachtleben in dem Abschnitt ab, der als Royal City Ave bekannt ist. In dem Gebiet, das allgemein Ari genannt wird, gibt es immer eleganter werdende Restaurants, die auch als Bars fungieren.

O'glee BAR
(Karte S. 118; www.facebook.com/ogleeari1; Soi Ari 1, Soi 7/Ari, Th Phahonyothin; ⏲17.30–24 Uhr; S Ari, Ausgang 3) Name und Dekor dieser Bar erinnern vage an einen irischen Pub. Aber statt Kleeblatt-Klischees serviert die charmante thailändische Betreiberfamilie eine erstaunliche Auswahl importierter Craftbiere (teils als Flaschenbier, teils vom Fass). Dazu gibt's köstliche Snacks und kleine Speisen.

Aree BAR
(Karte S. 118; Ecke Soi Ari 4/Nua & Soi 7/Ari, Th Phahonyothin; ⏲18–1 Uhr; S Ari, Ausgang 3) Freiliegende Ziegel, dicke Teppiche und warme Beleuchtung lassen das Aree gemütlicher wirken als eine durchschnittliche Bar in Bangkok. Es gibt Livemusik (Di–So ab 20 Uhr), zeitgemäße thailändische Häppchen und eine vergleichsweise raffinierte Auswahl an Drinks.

Fake Club The Next Gen CLUB
(Karte S. 118; www.facebook.com/fakeclubthenextgen; 222/32 Th Ratchadaphisek; ⏲20–2 Uhr; M Sutthisan, Ausgang 3) Der alteingesessene beliebte Schwulentreff liegt weit entfernt vom Schwulenviertel an der Th Silom. Hier erwarten einen Livemusik, kitschige Choreographien und zahlreiche Laser.

Unterhaltung

Moo·ay tai (Thaiboxen)

★ **Rajadamnern Stadium** ZUSCHAUERSPORT
(สนามมวยราชดำเนิน; Karte S. 78; www.rajadamnern.com; abseits der Th Ratchadamnoen Nok; Tickets 3./2. Klasse/Clubklasse/Ring 1000/1500/1800/2000 B; ⏲Kämpfe Mo, Mi & Do 18.30, So 15 & 18.30 Uhr; ⛴ Thewet Pier, S Phaya Thai, Ausgang 3 & Taxi) Das Rajadamnern Stadium ist Bangkoks älteste und altehrwürdigste Arena für *moo·ay tai* (Thaiboxen; auch *muay Thai* geschrieben). Tickets sollte man auf jeden Fall an den offiziellen Ticketschaltern oder im Internet kaufen, nicht bei den Schleppern und Schwarzhändlern, die vor dem Eingang herumhängen.

Kinder bis zu einer Größe von 120 cm haben freien Eintritt – bei den Kämpfen geht's oft blutig zu, daher sollte man kleinere Kinder besser nicht mitnehmen. Rechts von den Kartenschaltern gibt's einen Andenkenladen mit allen möglichen Sachen, die mit dem Sport zu tun haben, wie etwa Handschuhe und die bunten Hosen, wie sie die Kämpfer tragen. Der Laden ist während der Kämpfe geöffnet.

Lumpinee Boxing Stadium ZUSCHAUERSPORT
(สนามมวยลุมพินี; ☎02 282 3141; www.lumpineemuaythai.com; 6 Th Ramintra; Tickets 3./2. Klasse/Ring 1000/1500/2000 B; ⏲Kämpfe Di & Fr 18, Sa 16 & 20 Uhr; M Chatuchak Park, Ausgang 2 & Taxi, S Mo Chit, Ausgang 3 & Taxi) Die zweite der wichtigsten Boxarenen Bangkoks befindet sich in einer modernen Veranstaltungsstätte hoch im Norden der Stadt.

Livemusik

★ Brick Bar LIVEMUSIK
(Karte S. 78; www.brickbarkhaosan.com; UG, Buddy Lodge, 265 Th Khao San; Eintritt Sa & So 150 B; ⌚20–2 Uhr; ⛴Phra Athit/Banglamphu Pier) In diesem Kellerclub, einer unserer Lieblings-Livemusikadressen in Bangkok, tritt jeden Abend eine andere Liveband vor einem fast ausschließlich thailändischen Publikum auf. Am Ende des Abends tanzen die Gäste gern mal auf den Tischen. Es kann extrem voll werden, daher sollte man früh kommen.

★ Bamboo Bar LIVEMUSIK
(Karte S. 90; ☎02 659 9000; www.mandarinoriental.com; 48 Soi 40/Oriental, Mandarin Oriental; ⌚So–Do 17–0.30, Fr & Sa bis 1.30 Uhr; ⛴Oriental Pier) Nach mehr als 65 Jahren ist die Bamboo Bar im Mandarin Oriental immer noch eine der besten Spielstätten für Livejazz in der Stadt. Die Gastkünstler kommen aus aller Welt – wer da ist, steht auf der Website. Die Musik startet jeden Abend um 21 Uhr.

★ The Living Room LIVEMUSIK
(Karte S. 112; ☎02 649 8888; www.thelivingroomatbangkok.com; 250 Th Sukhumvit, Ebene 1, Sheraton Grande Sukhumvit; ⌚18–24 Uhr; Ⓜ Sukhumvit, Ausgang 3, Ⓢ Asok, Ausgang 2) Vom Äußeren sollte man sich nicht täuschen lassen: Die scheinbar langweilige Hotel-Lounge verwandelt sich jeden Abend in den besten Jazzschuppen der Stadt. Die bequemen Sofas, alle in Hörweite der Musik, machen dem Namen des Lokals alle Ehre. Am besten informiert man sich vorab, welcher Saxofonist oder Drummer gerade da ist. Nach 20.30 Uhr wird ein Eintritt von 300 B erhoben.

Saxophone Pub & Restaurant LIVEMUSIK
(Karte S. 100; ☎02 246 5472; www.saxophonepub.com; 3/8 Th Phayathai; ⌚18–2 Uhr; Ⓢ Victory Monument, Ausgang 2) Auch nach 30 Jahren bleibt das Saxophone die beste Adresse für Livemusik. Es ist ein dunkler Veranstaltungsort mit persönlichem Flair, in dem man seinen Stuhl einfach vor die Bühne stellt und der Band damit so nahe kommt, dass man die Schweißperlen zählen kann. Wer dann doch lieber etwas Abstand zu den Musikern hält, der schaut sich die Blues-, Jazz-, Reggae- und Rockauftritte vom Balkon aus an.

Tawandang German Brewery LIVEMUSIK
(Karte S. 70; www.tawandang.com; Ecke Rama III & Th Naradhiwas Rajanagarindra; ⌚17–1 Uhr; Ⓢ Chong Nonsi, Ausgang 5 & Taxi) In der riesigen Musikhalle von der Größe eines Hangars herrscht das ganze Jahr über Oktoberfest-

BOXEN & TRETEN

Thailands uralter Kampfsport *moo·ay tai* (oder *muay Thai*), offiziell Phahuyut genannt (von den Pali-Sanskrit-Wörtern *bahu*, Arm, und *yudh*, Kampf), ist eine der bemerkenswertesten Leidenschaften des Landes. Viele Kampfsportler sind sich darüber einig, dass *moo·ay tai* die effizienteste und effektivste Nahkampfart ist, die je praktiziert wurde.

Nachdem die Siamesen 1767 bei Ayutthaya eine Niederlage erlitten hatten, befanden sich unter den Gefangenen, die nach Birma verschleppt wurden, mehrere herausragende *moo·ay boh·rahn*-Kämpfer (*moo·ay tai* ist davon abgeleitet). Ein paar Jahre später wurde ein Fest veranstaltet, bei dem einem der thailändischen Kämpfer, Nai Khanom Tom, befohlen wurde, zur Unterhaltung des Königs gegen einige prominente birmanische Kämpfer anzutreten, um herauszufinden, welche Kampfkunst die effektivste ist. Einen nach dem anderen fertigte Nai Khanom Tom problemlos neun Gegner ab; als Belohnung wurden ihm laut Überlieferung Geld oder schöne Frauen angeboten. Heutzutage ist ein *moo·ay tai*-Festival in Ayutthaya nach Nai Khanom Tom benannt.

Anfangs waren die Fäuste der Kämpfer für eine größtmögliche Wirkung der Schläge bei minimaler Schädigung der Knöchel in dickes Pferdefell gehüllt. Mit Baumrinde und Muscheln wurde die Leiste geschützt. Doch angesichts zahlreicher Todesfälle und Verletzungen verbot die thailändische Regierung das Thaiboxen in den 1920er-Jahren. In den 1930er-Jahren wurde der Sport dann mit neuen Regeln wiederbelebt. Die Kämpfe wurden auf fünf Drei-Minuten-Runden begrenzt, mit jeweils zwei Minuten Pause dazwischen. Die Kämpfer mussten normale Boxhandschuhe und Boxershorts tragen und ihre Füße wurden abgeklebt – es werden keine Schuhe getragen. Jedoch sind immer noch alle Teile des Körpers als Ziel erlaubt und mit allen Körperteilen außer dem Kopf darf der Gegner angegriffen werden. Üblich sind hohe Tritte in den Nacken, Ellbogenstöße ins Gesicht und an den Kopf, Kniestöße in die Rippen und tiefe Tritte gegen die Waden.

stimmung. Das thailändisch-deutsche Essen ist lecker, und das hauseigene Gebräu durchaus trinkbar. Die allabendlichen Bühnenshows verleiten das Publikum zum Mitsingen. Die Musik beginnt gegen 20.30 Uhr.

Parking Toys LIVEMUSIK
(Karte S. 70; ☎ 02 907 2228; 17/22 Soi Mayalap, abseits des Kaset-Navamin Hwy; ⏰19–2 Uhr; M Chatuchak Park, Ausgang 2 & Taxi, S Mo Chit, Ausgang 3 & Taxi) Das Parking Toys ist einer der besten Livemusikschuppen Nord-Bangkoks und veranstaltet abwechslungsreiche Gigs mit Bands, deren Stile von Rockabilly bis hin zu Electro-Funk-Jam reichen. Um zum Parking Toys zu kommen, nimmt man vom BTS Mo Chit (oder dem MRT Chatuchak Park) ein Taxi Richtung Norden und bittet den Fahrer, zur Kaset-Kreuzung zu fahren und dort rechts auf die Th Kaset-Navamin abzubiegen; das Parking Toys befindet sich gleich hinter der zweiten Verkehrsampel auf dieser Straße.

jazz happens! LIVEMUSIK
(Karte S. 78; 62 Th Phra Athit; ⏰Fr–Mi 17–24 Uhr; 📶; ⛴ Phra Athit/Banglamphu Pier) Das mit der Silpakorn-Universität, Thailands bekanntester Kunsthochschule, verbundene jazz happens! ist eine Bühne für aufstrebende Musiktalente. An den meisten Abenden gibt's vier Konzerte, und auch dank einer riesigen Auswahl an Barsnacks ist in dieser klitzekleinen Bar für gute Unterhaltung gesorgt.

Brown Sugar LIVEMUSIK
(Karte S. 78; www.brownsugarbangkok.com; 469 Th Phra Sumen; ⏰Di–Do & So 17–1, Fr & Sa bis 2 Uhr; ⛴ Klorng-Boot bis Phanfa Leelard Pier) Der alteingesessene Livemusikschuppen befindet sich in einem höhlenartigen Shophouse. Die Musik – von Funk bis Jazz – beginnt an den meisten Abenden um 20 Uhr und zieht vor allem am Wochenende viele Einheimische an.

Adhere the 13th LIVEMUSIK
(Karte S. 78; www.facebook.com/adhere13thblues bar; 13 Th Samsen; ⏰18–24 Uhr; ⛴ Phra Athit/Banglamphu Pier) Die winzige Blues-Bar hat alles, was eine echte Nachbarschaftskneipe haben sollte: viele Stammkunden, kaltes Bier und wärmende Musik von der meisterhaften hauseigenen Band (Beginn gegen 22 Uhr). Hier kennt jeder jeden, man muss also nicht schüchtern sein und mischt sich am besten einfach direkt unter die Leute.

Theater

Sala Chalermkrung THEATER
(Karte S. 84; ☎ 02 224 4499; www.salachalerm krung.com; 66 Th Charoen Krung; Tickets 800–1200 B; ⏰Vorstellung Fr 19.30 ,Uhr; ⛴ Memorial Bridge Pier, M Hua Lamphong, Ausgang 1 & Taxi) Dieses Bangkoker Art-déco-Wahrzeichen, ein 1933 erbautes ehemaliges Kino, ist eine der letzten verbliebenen Spielstätten, in denen man *kŏhn* erleben kann (ein Maskentanz-Drama, das auf den Geschichten des *Ramakian* beruht, der thailändischen Version des indischen *Ramayana*). Das wöchentliche traditionelle Tanztheater wird von Laser-Grafiken, einem Hightech-Soundsystem und englischen Untertiteln begleitet. Auch Konzerte und andere Veranstaltungen finden hier statt; detaillierte Infos erfährt man auf der Website.

GO-GO-BARS

Prostitution ist zwar eigentlich verboten, blüht aber in Bangkok. Wegen des Einflusses des organisierten Verbrechens und der Korruption wird es wohl noch lange dauern, bis die bestehenden Gesetze auch wirklich durchgesetzt werden. Aber anders als in westlichen Medien oft dargestellt, ist die Atmosphäre der Bangkoker Rotlichtviertel weniger von Kriminalität und Ausbeutung geprägt (obwohl beides zweifellos vorhanden ist) als von Vulgarität und Langeweile.

Patpong (Karte S. 102; Th Phat Phong & Soi Phat Phong 2; ⏰18–2 Uhr; M Si Lom, Ausgang 2, S Sala Daeng, Ausgang 1) war in den 1980er-Jahren für seine wilden Sex-Shows berüchtigt. Heute ist es mehr ein Spektakel für Gaffer als für Leute mit ungewöhnlichem Sexualverhalten. Inzwischen sind vor allem **Soi Cowboy** (Karte S. 112; Soi Cowboy; ⏰16–2 Uhr; M Sukhumvit, Ausgang 2, S Asok, Ausgang 3) und **Nana Entertainment Plaza** (Karte S. 112; Soi 4, Th Sukhumvit; ⏰16–2 Uhr; S Nana, Ausgang 2) für käuflichen Sex bekannt. Dabei ist es nicht so, dass die gesamte Prostitution auf Besucher aus dem Westen ausgerichtet wäre. Die Th Thaniya, die von der Th Silom abzweigt, ist von Massagesalons für japanische Expats und Touristen gesäumt; die riesigen Massagesalons außerhalb des Zentrums von Bangkok haben fast ausschließlich Thailänder als Kunden.

Sala Rim Naam THEATER
(Karte S. 90; ☎ 02 659 9000; www.mandarinoriental.com; Mandarin Oriental; Tickets inkl. Abendessen Erw./Kind 2900/2300 B; ⌚ Abendessen 19–22.30 Uhr, Tanzshow 19.45 Uhr; ⛴ Oriental Pier & Hotel-Shuttleboot) Das geschichtsträchtige Mandarin Oriental veranstaltet als Ergänzung zu einem Luxusdinner in einem opulenten thailändischen Pavillon auf der anderen Flussseite in Thonburi traditionelles Tanztheater. Die Preise sind weit über dem Durchschnitt, doch die Aufführungen werden hoch gelobt, genauso wie das Menü, das während der Vorstellung serviert wird.

Siam Niramit THEATER
(Karte S. 70; ☎ 02 649 9222; www.siamniramit.com; 19 Th Thiam Ruammit; Tickets ab 1500 B; ⌚ Vorstellungen 20 Uhr; M Thailand Cultural Centre, Ausgang 1 & Zugang per Shuttlebus) Dieses zauberhafte Königreich, ein Kulturfreizeitpark, versetzt die Besucher mit einer bunten Bühnenshow mit traditionellen Aufführungen in eine Disney-Version des alten Siam. Dargestellt werden das Lanna-Königtum, der buddhistische Himmel und thailändische Feste. Am MRT-Bahnhof Thailand Cultural Centre steht ein kostenloser Shuttlebus bereit: Er verkehrt von 18 bis 19.45 Uhr jede Viertelstunde.

Kinos

★ **Major Cineplex** KINO
(Karte S. 94; ☎ 02 129 4635; www.majorcineplex.com; Th Rama I, 5. OG, Siam Paragon; S Siam, Ausgangs 3/5) Neben Thailands größtem IMAX-Kino gibt es hier auch das Blue Ribbon Screen, ein Kino mit maximal 72 Plätzen, wo man mit Kissen, Decken, kostenlosen Snacks und Getränken sowie einer 15-minütigen Massage verwöhnt wird, und das Enigma mit Sofas für verliebte Pärchen, Cocktails und Essen.

Apex Scala KINO
(Karte S. 94; ☎ 02 251 2861; Soi 1, Siam Sq; S Siam, Ausgang 2) Das Scala, ein 1960er-Jahre-Kino im Zentrum von Bangkok, zeigt neben aktuellen Hollywood-Streifen auch Filme aus vergangenen Zeiten.

Bangkok Screening Room KINO
(Karte S. 88; www.bkksr.com; 1/3–7 Soi 1, Sala Daeng; ⌚ Filmvorführungen Di–Do 16.15–20.30, Fr & Sa 11.15–20.30 Uhr; M Si Lom, Ausgang 2) Zwar wartet Bangkok mit zahlreichen Dingen auf, die Touristen anlocken – tollem Wetter, fantastischen Bars, unschlagbarem Essen, niedrigen Preisen –, doch es ist nicht gerade als Filmparadies bekannt. Das versucht dieses Filmtheater mit einem Indie-Film nach dem anderen zu ändern. Das aktuelle Programm, u. a. mit den Werken aufstrebender thailändischer Regisseure, steht auf der Website.

Karten für einen der nur 50 Plätze im einzigen Kinosaal bucht man am besten einen Tag im Voraus. Vor Ort kann man sich vor dem Film dann noch ein Craftbier gönnen.

Gewöhnlich im Juli wird hier das jährliche Bangkok LGBT Film Festival organisiert.

House KINO
(Karte S. 112; www.facebook.com/houseRCA; 3. OG, RCA Plaza, RCA/Royal City Ave; M Phetchaburi, Ausgang 1 & Taxi) Das House, Bangkoks erstes und größtes Arthauskino, zeigt jede Menge ausländische Filme, die nicht aus Hollywood stammen. Infos zum Programm gibt's auf der Facebook-Seite des Kinos.

Shoppen

Kreditkarte und Baht bereithalten, denn Shoppen ist in Bangkok schwer angesagt. An praktisch jeder Straßenecke finden sich Verkäufer, Händler und improvisierte Stände, und darüber hinaus besitzt Bangkok einen der größten Freiluftmärkte der Welt und einige der größten Einkaufszentren in Südostasien.

Banglamphu

Das Shoppen in Banglamphu konzentriert sich auf Straßenmärkte und eine Handvoll Geschäfte mit traditionellen Artikeln.

Heritage Craft KUNSTHANDWERK
(Karte S. 78; www.heritagecraft.org; 35 Th Bamrung Meuang; ⌚ Mo–Fr 11–18 Uhr; ⛴ Klorng-Boot bis Phanfa Leelard Pier) Hier gibt es Kunsthandwerk fürs gute Gewissen: Diese neue Boutique dient qualitativ hochwertigen heimischen Waren als stimmungsvoller Ausstellungsraum. Einigen der Produkte liegt der Herstellungsgrundsatz des Fair Trade zugrunde. Verkauft werden unter anderem Seide aus Thailands Nordosten, Körbe aus dem Süden und Schmuck aus dem Norden. Darüber hinaus ist das zugehörige Café ebenfalls äußerst einladend.

★ **Khao San Market** GESCHENKE & SOUVENIRS
(Karte S. 78; Th Khao San; ⌚ 10–24 Uhr; ⛴ Phra Athit/Banglamphu Pier) Die Straße mit den meisten Pensionen in Banglamphu ist Tag und Nacht ein Basar für die unverzichtbaren

Dinge der Backpacker-Gemeinde: vulgäre T-Shirts, Raubkopien von beliebten Filmen und Fernsehserien, Hanfklamotten, unechte Designerkleidung, Selfie-Sticks, Orangensaft und die unvermeidlichen quakenden Holzfrösche. Etwas für echte Sparfüchse!

Mowaan GESUNDHEIT & WELLNESS
(Karte S. 78; 9 Soi Thesa; ⌚9–17 Uhr; Klorng-Boot bis Phanfa Leelard Pier) Schon seit fast 100 Jahren produziert diese Marke gemäß der thailändischen Naturheilkunde aus Kräutern Lutschbonbons, Inhalatoren, Öle und Salben. Selbst wer sich bei bester Gesundheit fühlt, sollte sich diese Reise in die Vergangenheit in dem tadellos erhaltenen Verkaufsraum nicht entgehen lassen.

Lofty Bamboo KUNSTHANDWERK
(Karte S. 78; Erdgeschoss, Buddy Lodge, 265 Th Khao San; ⌚10.30–20 Uhr; Phra Athit/Banglamphu Pier) Keine Zeit für einen Abstecher ins nördliche Thailand? In diesem Laden findet man die gleichen farbenfrohen, vom Kunsthandwerk der Hügelvölker inspirierten Kleidungsstücke, Stoffe und andere Handarbeiten wie auf den Märkten in Chiang Mai und Chiang Rai. Mit einem Kauf unterstützt man zudem die wirtschaftliche Selbstversorgung von Dörfern im Hinterland.

Nittaya Thai Curry ESSEN & TRINKEN
(Karte S. 78; 136-40 Th Chakrabongse; ⌚Mo–Sa 9–19 Uhr; Phra Athit/Banglamphu Pier) Nur der Nase nach: Das Nittaya ist in ganz Thailand berühmt für seine kräftigen, hochwertigen Curry-Pasten. Man nimmt sich ein paar Dosen für spätere Dinnerpartys und stöbert in der Snacks- und Geschenkeabteilung, wo Bangkok-Besucher sich mit örtlichen Spezialitäten für die Freunde und Familien zu Hause in den Provinzen eindecken.

Chinatown

Zwar ist Chinatown wohl das geschäftsträchtigste Viertel Bangkoks, doch die meisten der hier angebotenen Waren sind reine

CHINATOWNS EINKAUFSSTRASSEN

Chinatown ist quasi ein riesiges Einkaufszentrum in Form eines Stadtviertels, in dem die verschiedenen Straßen als Abteilungen eines Kaufhauses fungieren. Hier ein kleiner Wegweiser:

Th Charoen Krung Am westlichen Ende der Straße bei der Kreuzung mit der Th Mahachai befinden sich mehrere Läden für alte Schallplatten. Den nächsten Block nimmt der **Talat Khlong Ong Ang** ein, ein Markt für alle möglichen gebrauchten und neuen Elektrogeräte. Weiter östlich ist bei der Th Mahachak der **Talat Khlong Thom**, ein Zentrum für Eisenwaren. Westlich der Th Ratchawong findet man alles Nötige für ein chinesisches Begräbnis.

Th Yaowarat Vor 100 Jahren war hier eine Geflügelfarm. Heute ist es eine Goldstraße – das größte Zentrum für den Goldhandel des ganzen Landes. An der Th Yaowarat wird in neonbeleuchteten Läden, die eher wie Schreine denn wie Geschäfte aussehen, Gold nach *bàht* (15 g) verkauft. Bei der Kreuzung mit der Th Ratchawong werden die Bedürfnisse von Touristen aus China und Singapur befriedigt: Hier gibt's Trockenobst und Nüsse, kitschige Talismane und allerlei Zubehör für chinesische Feste. In dieser Gegend gibt's auch noch ein paar chinesische Apotheken, die nach Holzrinden und uralten Geheimnissen duften.

Sampeng Lane (S. 86) Am östlichen Ende der Gasse gibt's Plastik in Hülle und Fülle, von Federmäppchen bis zu Schreibstiften, außerdem ausgestopfte Tiere, Haarteile und genügend Klunker für ein Rap-Video.

Talat Mai (S. 82) Der uralte Lebensmittelmarkt erstreckt sich zwischen der Th Yaowarat und der Th Charoen Krung an der engen Gasse. Dies ist Bangkoks typischster chinesischer Markt, und wer schon mal in China gewesen ist, dem kommen die Waren, Gewürze und Saucen sicher vertraut vor.

Talat Noi (S. 82) Der „kleine Markt", ein reizender Mikrokosmos des Alltagslebens, erinnert an vergangenen Zeiten, mit Gassen, die sich um sich selbst winden wie Schlangen, die sich selbst in den Schwanz beißen. Hier kann man wunderbar herumbummeln und fotografieren.

Gebrauchsgüter und somit für Touristen kaum interessant.

★Lhong 1919 EINKAUFSZENTRUM
(Karte S. 70; 248 Th Chiangmai, Khlong San; ⌚10–22 Uhr; ⛴Shuttleboot des Einkaufszentrums ab Sathorn/Central Pier, S Krung Thonburi, Ausgang 1/3 & Taxi) Dieses Einkaufszentrum in einer Reihe restaurierter alter chinesischer Lagerhäuser am Westufer des Chao Phraya verbindet den Charme des 19. Jhs. mit einem kultivierten Einkaufserlebnis, das die Designerläden und Boutiquen in den Gemäuern versprechen. An der Flusspromenade des Komplexes locken außerdem einige gute Restaurants.

Ufergebiet, Silom & Lumphini

Am Flussufer und in Silom kann man bestens hochwertige Kunst, Kunsthandwerksartikel und Antiquitäten erstehen. Dazu kommen noch die gehobenen Einkaufszentren am Fluss.

★ICONSIAM EINKAUFSZENTRUM
(Karte S. 90; www.iconsiam.com; 299 Charoen Nakhon Rd; ⌚10–22 Uhr; ⛴Sathorn/Central Pier & Shuttleboot des Einkaufszentrums) Die gigantische Mall am Chao Phraya bietet auf sechs Etagen Gelegenheit zum Luxusshoppen mit allem von nobel bis Kette. Dazu kommen noch zwei Foodcourts für jeden Geschmack und Geldbeutel. Für Abwechslung sorgen zudem Spezialitäten-Restaurants, ein mehrstöckiges japanisches Kaufhaus, das stark beworbene River Museum im 8. Stock und ein Kino mit zwölf Sälen.

Anfahrt während der Öffnungszeiten des Einkaufszentrums mit dem kostenlosen Shuttleboot ab dem Sathorn/Central Pier.

★Asiatique MARKT
(Karte S. 70; Soi 72–76, Th Charoen Krung; ⌚16–24 Uhr; ⛴Sathorn/Central Pier & Shuttleboot des Einkaufszentrums) Der Asiatique ist einer der beliebtesten Nachtmärkte der Stadt und residiert in einer Reihe von Lagerhäusern am Chao Phraya. Feilgeboten werden Kleidung, Kunsthandwerk und Souvenirs, außerdem gibt's mehrere Ess- und Trinkgelegenheiten sowie ein 60 m hohes Riesenrad. Zwischen 16 und 23.30 Uhr fahren hierher regelmäßig kostenlose Shuttleboote ab dem Sathorn (Central) Pier.

King Power Mahanakhon EINKAUFSZENTRUM
(Karte S. 102; 114 Th Naradhiwas Rajanagarindra; ⌚10–24 Uhr; S Chong Nonsi, Ausgang 3) Der große Duty-Free-Shop in den ersten vier Etagen des Mahanakhon-Wolkenkratzers wird von King Power betrieben, einem thailändischen Duty-Free-Unternehmen, dem auch der englische Fußballverein Leicester City gehört. Wer das möchte, kann sich hier also schon vor dem Rückflug zollfrei mit Waren eindecken – und sich an einem Schalter im Erdgeschoss für teure Sachen sogar noch die Mehrwertsteuer erstatten lassen.

OP Place ANTIQUITÄTEN
(Karte S. 90; Soi 36, Th Charoen Krung; ⌚11–19 Uhr; ⛴Oriental Pier) Dieses Einkaufszentrum ist sehr viel dezenter als viele andere in Bangkok und ein guter Ort, um authentische Kuriositäten, Antiquitäten und seltene Sammlerstücke zu erwerben. Zwar ist das meiste recht teuer, doch dafür erhält man Qualität und authentische Waren.

River City ANTIQUITÄTEN
(Karte S. 90; www.rivercity.co.th; 23 Th Yotha; ⌚10–22 Uhr; ⛴Si Phraya/River City Pier) Der 3. und 4. Stock dieses Einkaufszentrums am Fluss beherbergt gehobene Kunst- und Antiquitätenläden. Die allermeisten Stücke scheinen aus Myanmar zu stammen, einige auch aus Kambodscha und Nepal. Im 2. Stock gibt's Räumlichkeiten, in denen von Zeit zu Zeit schön kuratierte Ausstellungen mit Kunst, Skulpturen und Multimedia-Werken zu sehen sind.

Jim Thompson MODE & ACCESSOIRES
(Karte S. 102; www.jimthompson.com; 9 Th Surawong; ⌚10–21 Uhr; M Si Lom, Ausgang 2, S Sala Daeng, Ausgang 3) Die größte Jim-Thompson-Filiale der Stadt verkauft bunte Seidentaschentücher, Tischsets, Umhänge, Kissen und eine ganze Kollektion modischer Hemden und Kleider, mit denen man sich schön selbst verwöhnen kann, die sich aber auch gut als Mitbringsel eignen.

Tamnan Mingmuang KUNSTHANDWERK
(Karte S. 102; 2. OG, Thaniya Plaza, Th Thaniya; ⌚10–19 Uhr; M Si Lom, Ausgang 2, S Sala Daeng, Ausgang 1) Wer über die Schwelle dieses museumsartigen Ladens tritt, den umfängt der erdige Geruch nach getrocknetem Gras und gebeiztem Holz. Gewebte Gegenstände aus Rattan, *yahn lí·pow* (eine farnartige Kletterpflanze) oder Wasserhyazinthen sowie fein beschnitzte Kokosnussschalen sind exquisite Souvenirs, die langlebiger sind als viele schickere Dinge, die man draußen in den Straßen findet.

House of Chao ANTIQUITÄTEN
(Karte S. 102; 9/1 Th Decho; ⌚10–19 Uhr; Ⓢ Chong Nonsi, Ausgang 3) Dieser Antiquitätenladen auf drei Ebenen ist passenderweise in einem alten Geschäftsgebäude untergebracht. Hier gibt's alles für das kolonialzeitliche Herrenhaus, von dem man schon so lange träumt. Besonders interessant sind die verschiedenen verwitterten Türen, Torbögen, Pforten und Gitter, die hinter dem Ausstellungsraum in dem überdachten Bereich zu finden sind.

Siam Square, Pratunam, Phloen Chit & Ratchathewi

In dem Gebiet um den Siam Sq findet sich die höchste Konzentration von Einkaufszentren – wer auf edle Marken steht, ist hier richtig. Billige Klamotten ohne Markenlogo werden gleich nördlich in der Gegend von Pratunam angeboten.

★ **Siam Discovery** EINKAUFSZENTRUM
(Karte S. 94; www.siamdiscovery.co.th; Ecke Rama I & Th Phayathai; ⌚10–22 Uhr; Ⓢ Siam, Ausgang 1) Mit einem offenen, fast marktartigen Ambiente und einer eindrucksvollen Vielfalt einmaliger Artikel von Haushaltswaren bis zu Kleidung (darunter viele Stücke thailändischer Modeschöpfer) ist das angesagte Siam Discovery mit Abstand das modebewussteste Einkaufszentrum der Stadt. Neben den Geschäften sollte man sich auch die Kioske anschauen, wo es oft einige hervorragende in Thailand designte Artikel gibt.

★ **MBK Center** EINKAUFSZENTRUM
(Karte S. 94; Ecke Rama I & Th Phayathai; ⌚10–22 Uhr; Ⓢ National Stadium, Ausgang 4) Der achtstöckige Markt in einem Einkaufszentrum ist zu einer von Bangkoks Top-Attraktionen geworden. Jedes Wochenende sind hier die Hälfte der Einwohner der Stadt (und die meisten ihrer Besucher) dabei anzutreffen, wie sie die unzähligen kleinen Stände und Läden durchkämmen und in den angebotenen Waren herumstöbern.

Das MBK ist Bangkoks billigste Möglichkeit, Handys und Handyzubehör zu kaufen (4. OG). Auch recht gut ist es für Kameras (EG und 5. OG). Der große Foodcourt (6. OG) ist einer der besten der Stadt.

Kinokuniya BÜCHER
(Karte S. 94; Rama I, 4. OG, Siam Paragon Mall; ⌚10–21 Uhr; Ⓢ Siam, Ausgang 4) Die Filiale einer der bekanntesten Buchhandelsketten Asiens ist die größte Buchhandlung mit englischsprachigen Büchern Thailands, mit einem gewaltigen Angebot an Bestsellern, Klassikern und Kritiker-Lieblingen. Dazu kommen Übersetzungen bekannter fremdsprachiger Bücher sowie eine ausgezeichnete Auswahl thailändischer und ausländischer Zeitschriften.

Siam Paragon EINKAUFSZENTRUM
(Karte S. 94; www.siamparagon.co.th; 991/1 Rama I; ⌚10–22 Uhr; Ⓢ Siam, Ausgang 3/5) Das Siam Paragon ist sowohl ein klimatisierter Stadtpark wie auch ein Einkaufszentrum und beherbergt die Sea Life Ocean World (S. 91), das Major Cineplex (S. 151) und das Gourmet Paradise (S. 133), einen riesigen Foodcourt im Untergeschoss. Dazu kommen jede Menge Geschäfte für alles von Kleidung, Andenken, Accessoires und Elektroartikeln bis hin zu Autos von Rolls-Royce und McLaren! Im 3. Stock ist Kinokuniya, Thailands größte englische Buchhandlung.

CentralWorld EINKAUFSZENTRUM
(Karte S. 94; www.centralworld.co.th; Th Ratchadamri; ⌚10–22 Uhr; Ⓢ Sky Walk über Chit Lom, Ausgang 9/Siam, Ausgang 6) Mit mehr als 500 Geschäften und 100 Restaurants auf acht Etagen ist das CentralWorld eins der größten Einkaufszentren Südostasiens.

★ **Siam Square** EINKAUFSZENTRUM
(Karte S. 94; Rama I; ⌚11–21 Uhr; Ⓢ Siam, Ausgang 2/4) Die Shoppingzone unter freiem Himmel ist ein Paradies für Teenager. Popmusik dröhnt aus blechernen Lautsprechern, und haufenweise junger Leute in hippen Klamotten tummeln sich zwischen den Fastfood-Restaurants und den winzigen Boutiquen. Ein toller Ort, um Marken- und Designersachen aufzuspüren, die man sonst nirgendwo findet, auch wenn man für die meisten Kreationen eine superschlanke Figur braucht.

Elephant Parade GESCHENKE & SOUVENIRS
(Karte S. 94; www.elephantparade.com; Ecke Rama I & Th Phayathai, 4. OG, Siam Discovery; ⌚10–22 Uhr; Ⓢ Siam, Ausgang 1) Statt eine Elefantenshow zu besuchen – die laut Tierschützern den Tieren oft Schaden zufügt –, kann man an diesem Stand etwas erwerben. Die Spielzeuge und der Nippes mit Elefantenmotto sind schön und machen Spaß, und 20 % der Erlöse gehen an Elefantenschutzprojekte.

Objects of Desire Store HAUSHALTSWAREN
(ODS; Karte S. 94; www.facebook.com/objectsofdesirestore; Ecke Rama I & Th Phayathai, 3. OG, Siam Discovery; ⌚10–22 Uhr; Ⓢ Siam, Ausgang 1)

Dieses Geschäft, eine Art Pop-up-Laden, ist auf schön designte moderne Keramiken, Papierprodukte, Möbel und andere Haushaltswaren spezialisiert, zumeist geschaffen von Kunsthandwerkern in Thailand. Außerdem veranstaltet das Geschäft handwerkliche Workshops – siehe Facebook-Seite.

Central Embassy EINKAUFSZENTRUM
(Karte S. 94; www.centralembassy.com; Th Phloen Chit; ⌚10–22 Uhr; S Phloen Chit, Ausgang 5) Dies ist eines der nobelsten Einkaufszentren im Herzen von Bangkok mit zahllosen Designerläden und edlen Restaurants auf fünf Etagen.

Platinum Fashion Mall KLEIDUNG
(Karte S. 94; www.platinumfashionmall.com; 644/3 Th Phetchaburi; ⌚9–20 Uhr; Klorng-Boot bis Pratunam Pier, S Ratchathewi, Ausgang 4) Dieses fünfstöckige Einkaufszentrum mit Verbindung zum Bangkoker Textilviertel unmittelbar nördlich der Th Phetchaburi bietet eine endlose Auswahl an billiger markenloser Kleidung.

Gin & Milk KLEIDUNG
(Karte S. 94; www.facebook.com/ginandmilkstore; Rama I, 3. OG, Siam Center; ⌚10–21 Uhr; S Siam, Ausgang 1) Das Geschäft bietet Herrenmode von Lederschuhen bis zu Accessoires in Stilen, die von traditionell bis hochaktuell reichen.

Karmakamet HAUSHALTSWAREN
(Karte S. 94; www.karmakamet.co.th; Th Ratchadamri, 3. OG, CentralWorld; ⌚10–21.30 Uhr; S Sky Walk über Chit Lom, Ausgang 9/Siam, Ausgang 6) Die Duftkerzen, der Weihrauch, die ätherischen Öle und anderen duftenden und nichtduftenden Artikel dieser Marke sind nicht nur edle Haushaltsaccessoires, sondern auch schöne Mitbringsel.

Flynow KLEIDUNG
(Karte S. 94; www.flynowbangkok.com; Rama I, 3. OG, Siam Center; ⌚10–21 Uhr; S Siam, Ausgang 1) Das Flynow ist ein alteingesessener Pionier der Bangkoker Modeszene und kreiert Damenmode, die auch schon auf internationalen Modemessen vorgeführt wurde.

Thann KOSMETIK
(Karte S. 94; www.thann.info; Th Ratchadamri, EG & 2. OG, CentralWorld; ⌚10–22 Uhr; S Sky Walk über Chit Lom, Ausgang 9/Siam, Ausgang 6) Mit diesen kräuterbasierten Wellnessprodukten duftet man wie der junge Frühling. Die Seifen, Shampoos und Cremes sind rein natürlich und haben ihre Wurzeln in der traditionellen thailändischen Medizin. Auch sind sie stylisch genug, um neben noblen Beauty-Marken zu bestehen.

GLÜCKSZAHLEN

Die 4. Etage des MBK Center ähnelt einem Markt für digitale Produkte. In einem verwirrenden Labyrinth aus Ständen gibt's alles, was mit Handys zu tun hat: neue Mobiltelefone, neue Handynummern und SIM-Karten. Selbst wer nicht ständig erreichbar sein möchte, sollte sich das Chaos und die Manie hinsichtlich der Telefonnummern hier zu Gemüte führen. Auf Computerausdrucken sind die erhältlichen Nummern zu sehen – hier wird die Telefonnummer zur Handelsware. Je mehr Glück eine Telefonnummer verheißt, desto teurer ist sie; für Nummern, die größtenteils aus Neunen bestehen, wurden schon mehrere Tausend Dollar hingeblättert – sie sollen im Andenken an den früheren König Rama IX. (König Bhumibol Adulyadej; reg. 1946–2016) Glück verheißen – und auch, weil das thailändische Wort für „neun" dem für „Fortkommen" ähnelt.

Tango MODE & ACCESSOIRES
(Karte S. 94; www.tangothailand.com; 3. OG, Siam Center, Rama I; ⌚10–21 Uhr; S Siam, Ausgang 1) Diese thailändische Marke ist auf coole Ledersachen spezialisiert, doch unter all den Stickereien und klobigen Edelsteinen ist das Leder oft fast gar nicht zu erkennen.

Siam Center EINKAUFSZENTRUM
(Karte S. 94; www.siamcenter.co.th; Rama I; ⌚10–21 Uhr; S Siam, Ausgang 1) Das Siam Center, Thailands erstes Einkaufszentrum, öffnete 1976 die Pforten, doch dank einer Verjüngungskur kann es sein Alter gut verbergen. Im 3. Stock lassen sich bestens etablierte thailändische Marken erkunden.

Central Chidlom EINKAUFSZENTRUM
(Karte S. 94; www.central.co.th; 1027 Th Phloen Chit; ⌚10–22 Uhr; S Chit Lom, Ausgang 5) Das Central gilt in Sachen Qualität und Auswahl gemeinhin als die beste Warenhauskette Thailands und hat in Bangkok außer dieser noch 13 weitere Filialen.

Thanon Sukhumvit

Die Th Sukhumvit deckt das gesamte Spektrum der Bangkoker Shoppingszene ab: Hier gibt es noble Einkaufszentren, Straßenmärkte, originelles Kunsthandwerk und Mode thailändischen Ursprungs.

Emquartier EINKAUFSZENTRUM
(Karte S. 112; www.theemdistrict.com; 693–695 Th Sukhumvit; 10–22 Uhr; S Phrom Phong, Ausgang 1) Dies ist wohl eine der schicksten Malls Bangkoks, mit Marken, die man anderswo vielleicht nicht findet. Oder man verliert sich in der Helix, einer scheinbar unendlichen Spirale von Restaurants und Geschäften.

Artbox MARKT
(Karte S. 112; Soi 10, Th Sukhumvit, Chuvit Garden; 15–1 Uhr; S Nana, Ausgang 4) Der Hipstermarkt mit Ständen in umgemodelten Schiffscontainern lockt abends Horden junger Bangkoker an. Besonders am Wochenende ist an den Ständen mit Kleidung, Accessoires, Essen und Trinken jede Menge los.

Paya Shop HAUSHALTSWAREN
(Karte S. 112; 02 711 4457; www.payashop.net; 203 Soi Ekamai 5; Mo–Sa 10–18 Uhr; S Thong Lo, Ausgang 1 & Taxi) Hier gibt's Flachgewebeteppiche, Töpferwaren, Möbel aus recyceltem Holz, geflochtene Körbe und Nippes, alles zusammengetragen von einem Ehepaar aus Chiang Mai. Die meisten bunten Stoffartikel wie Kissen, Tischsets und Servietten wurden von Bewohnern des Berglands hergestellt und das Personal kann die Herkunft der einzelnen Artikel erklären – eine schöne Adresse für denkwürdige Souvenirs.

Another Story HAUSHALTSWAREN
(Karte S. 112; 4. OG, Emquartier, Th Sukhumvit; 10–22 Uhr; S Phrom Phong, Ausgang 1) Der selbsternannte Lifestyle-Conceptstore lässt sich wahrscheinlich treffender als eine interessante Ansammlung cooler Sachen beschreiben. Selbst wenn man nichts kaufen möchte, lohnt sich ein Stöbern durch die einzigartigen, in Thailand hergestellten Sachen wie Keramik aus Prempacha in Chiang Mai, Lederwaren von Marken wie Labrador oder Duftseifen, Öle und Kerzen von BsaB.

Duly KLEIDUNG
(Karte S. 112; 02 662 6647; www.laladuly.co.th; Soi 49, Th Sukhumvit; 10–19 Uhr; S Phrom Phong, Ausgang 1) Hochwertige italienische Stoffe und erfahrene Schneider machen das Duly zu einer der besten Schneidereien in Bangkok für schicke Hemden.

Sop Moei Arts KUNSTHANDWERK
(Karte S. 112; www.sopmoeiarts.com; Soi 49/9, Th Sukhumvit; Di–Sa 9.30–17 Uhr; S Phrom Phong, Ausgang 3 & Taxi) Der Bangkoker Verkaufsraum dieser gemeinnützigen Organisation präsentiert die bunten Stoffkreationen der Karen-Weber aus Mae Hong Son in Nordthailand. Der Laden liegt am Ende der Soi 49/9 im Komplex des Racquet Club.

Nördliches Bangkok

Ferienkaufforgien sind der beste Grund, um den nördlichen Vororten Bangkoks einen Besuch abzustatten. Selbst wer nichts kaufen möchte, bekommt auf den Märkten der Gegend einen bunten und hektischen Eindruck von den zahlreichen Facetten des thailändischen Alltags, mit Bergen von Lebensmitteln, von Bergvölkern hergestellten Artikeln, Outfits für Haustiere und Billigklamotten.

★ **Chatuchak Weekend Market** MARKT
(ตลาดนัดจตุจักร, Talat Nat Jatujak; Karte S. 157; www.chatuchakmarket.org; 587/10 Th Phahonyothin; Sa & So 9–18 Uhr, Pflanzen Mi & Do 7–18 Uhr, Großhandel Fr 18–24 Uhr; M Chatuchak Park, Ausgang 1, Kamphaeng Phet, Ausgang 1 & 2, S Mo Chit, Ausgang 1) Der Chatuchak, auch Jatujak oder einfach JJ Market genannt, zählt zu den größten Freiluftmärkten der Welt und scheint alles zu haben, was man käuflich erwerben kann, von altmodischen Sneakern bis hin zu Babyeichhörnchen. Man sollte für den Besuch einen ganzen Tag einplanen, da es hier viel zu sehen, zu erleben und zu kaufen gibt. Wer den Massen und der Hitze entgehen möchte, kommt am besten schon recht früh – idealerweise gegen 10 Uhr. Beim **Chatuchak Park Office** (Karte S. 157; Sa & So 9–18 Uhr) in der Nähe des nördlichen Endes der Markt-Sois 1, 2 und 3 gibt es ein Informationszentrum sowie eine Bank mit Geldautomaten und Wechselschaltern.

Lagepläne und Toiletten befinden sich überall auf dem Markt.

Freitags von etwa 20 bis 24 Uhr öffnen einige Verkäufer, vor allem solche, die Kleidung, Accessoires und Essen anbieten, auf dem Chatuchak ihre Stände. Auch werktags werden hier morgens ein paar Verkaufsstände und gegenüber der Südseite des Marktes täglich ein Gemüse-, Pflanzen- und Blumenmarkt aufgebaut. Ein Teil des letztgenannten Marktes ist auch als **Or Tor Kor Market** (องค์กรตลาดเพื่อเกษตรกร; Karte S. 118; Th Kamphaeng Phet 1; 8–18 Uhr; M Kamphaeng Phet, Ausgang 3) bekannt und verkauft fantastisches, riesengroßes Obst sowie Meeresfrüchte. Es gibt zudem einen ziemlich guten Foodcourt.

Chatuchak Market

Chatuchak Market

Essen

1 Café Ice ... C1
2 Foontalop ... A4
3 Saman Islam ... B3
4 Toh-Plue ... B3
5 Viva 8 ... C1

Ausgehen & Nachtleben

6 Viva's ... A3

Shoppen

7 AnyaDharu Scent Library ... B4
8 Baan Sin Thai ... A4
9 Chatuchak Weekend Market ... B3
10 D-narn ... B3
11 JJ Mall ... A1
12 Kitcharoen Dountri ... C1
13 Marché ... B3
14 Meng ... A4
15 Orange Karen Silver ... A3
16 Papachu ... B2
17 Pariwat A-nantachina ... C1
18 PL Bronze ... B3
19 Preecha Ceramic ... B3
20 Roi ... A3
21 Spice Boom ... A4
22 Ton-Tan ... C2
23 Tuptim Shop ... C2

Ist man erst einmal ins Innere des Chatuchak vorgedrungen, kommt es einem so vor, als gäbe es hier weder Ordnung noch einen Ausweg. Der Markt ist jedoch in ziemlich schlüssige Abschnitte aufgeteilt. Der Uhrenturm hilft ganz gut bei der Orientierung.

➡ Antiquitäten, Kunsthandwerk & Souvenirs

Abschnitt 1 ist der richtige Ort, um sich mit Bronzestatuen, alten LPs und anderen Antiquitäten mit religiösen Motiven einzudecken. Mehr weltliche Kunst und Kunst-

BANGKOKER NOBELSCHNEIDER

An der Th Sukhumvit (S. 155) tummeln sich zwischen den BTS-Stationen Nana und Asoke zahlreiche Schneider, einige davon mit weitaus besserem Renommee als andere. Hier eine Auswahl:

Tailor on Ten (Karte S. 112; ☎ 084 877 1543; 93 Soi 8, Th Sukhumvit; ⏲ Mo–Sa 9.30–19 Uhr) Dieses Bekleidungsgeschäft ist nicht das billigste der Stadt, hat aber dank der Festpreise und der guten handwerklichen Qualität einen sehr guten Ruf und treue Stammkunden.

Raja's Fashions (Karte S. 112; ☎ 02 253 8379; www.rajasfashions.com; 160/1 Th Sukhumvit; ⏲ Mo–Sa 10.30–20 Uhr; Ⓢ Nana, Ausgang 4) Mit seinem fotografischen Gedächtnis für Namen gibt Bobby einem das Gefühl, dass man genauso wichtig ist wie all die Botschafter, ausländischen Politiker und Offiziere, die er im Verlauf der Jahrzehnte schon eingekleidet hat.

Rajawongse (Karte S. 112; ☎ 02 255 3714; www.dress-for-success.com; 130 Th Sukhumvit; ⏲ Mo–Sa 10.30–20 Uhr; Ⓢ Nana, Ausgang 2) Eine weitere legendäre, alteingesessene Bangkoker Schneiderei. Jesses und Victors Kreationen sind besonders bei US-amerikanischen Einwohnern und Besuchern begehrt.

Ricky's Fashion House (Karte S. 112; ☎ 02 254 6887; www.rickysfashionhouse.com; 73/5 Th Sukhumvit; ⏲ Mo–Sa 11–22, So 13–17 Uhr; Ⓢ Nana, Ausgang 1) Für den legereren Stil seiner maßgeschneiderten Hosen und Hemden heimst Ricky jede Menge Lob von Einheimischen und ausländischen Expats ein.

Nickermann's (Karte S. 112; ☎ 02 252 6682; UG, Landmark Hotel, 138 Th Sukhumvit; ⏲ Mo–Sa 11–20 Uhr; Ⓢ Nana, Ausgang 2) Die Damen der Geschäftswelt schwärmen von Nickermanns maßgeschneiderten Hosenanzügen. Bestens kennt man sich hier auch mit Ballkleidern aus.

handwerk, darunter Musikinstrumente und Produkte der Bergvölker, sind in den Abschnitten 25 und 26 zu finden. **Baan Sin Thai** (Karte S. 157; Abschnitt 24, Stand 130, Soi 1; ⏲ Sa & So 9–18 Uhr) verkauft *kŏhn*-Masken und altes thailändisches Spielzeug; beides sind hervorragende und lustige Mitbringsel. Kitcharoen Dountri (S. 160) ist auf thailändische Musikinstrumente – z. B. Flöten, Pfeifen und Trommeln – sowie auf CDs mit klassischer thailändischer Musik spezialisiert. Skurrile Geschenke sind das täuschend echte Obst und Gemüse aus Plastik bei **Marché** (Karte S. 157; Abschnitt 17, Stand 254, Soi 1; ⏲ Sa & So 9–18 Uhr); das nahe gelegene **Papachu** (Karte S. 157; Abschnitt 17, Stand 23; ⏲ Sa & So 9–18 Uhr) verkauft das Gleiche, aber in Miniaturausführung.

Wer keine Lust auf Verbrauchsgüter hat, findet in Abschnitt 7 eine wahre Open-Air-Galerie. Ein sehr guter Anbieter von Wandgemälden mit Bangkok als Motiv ist **Pariwat A-nantachina** (Karte S. 157; Abschnitt 7, Stand 117, Soi 63/3; ⏲ Sa & So 9–18 Uhr).

Neue und alte birmanische Lackwaren gibt's in den Läden des Abschnitts 10, darunter auch den **Tuptim Shop** (Karte S. 157; Abschnitt 10, Laden 261, Soi 19; ⏲ Sa & So 9–18 Uhr). **Meng** (Karte S. 157; Abschnitt 26, Stand 195, Soi 8; ⏲ Sa & So 9–18 Uhr) bietet einen verstaubten Mischmasch von skurrilen Antiquitäten aus Thailand und Myanmar.

➡ Kleidung & Accessoires

Kleidung dominiert den Großteil des Chatuchak-Markts, angefangen von Abschnitt 8 bis hin zu Abschnitt 24, jeweils in den Abschnitten mit gerader Zahl. In den Abschnitten 5 und 6 sind Secondhand-Klamotten für jede nur denkbare thailändische Jugend-Subkultur von Punk bis Cowboy erhältlich. An der Soi 7, an der Grenze zwischen Abschnitt 12 und 14, findet man vor allem Underground-Hip-Hop- und Skatermode.

Etwas anspruchsvollere unabhängige Labels sind in den Abschnitten 2 und 3 vertreten, während man in den Abschnitten 8 und 10 Bekleidung in Touristengrößen und andere Textilien erhält.

Wer auf der Suche nach Accessoires ist, findet mehrere Läden in den Abschnitten 24 und 26, z. B. Orange Karen Silver (S. 159), das sich auf klobigen Silberschmuck und ungeschliffene Halbedelsteine spezialisiert hat.

➡ Essen & Trinken

Bei akutem Chatuchak-Koller (unleidliches Verhalten aufgrund von Dehydrierung oder

Hunger) sorgen die thailändischen Gerichte und Snacks der vielen Imbissstände zwischen den Abschnitten 6 und 8 für Abhilfe. Zu den altbewährten Favoriten gehören **Foontalop** (Karte S. 157; Abschnitt 26, Stand 319, Hauptgerichte 50–80 B; ⌚ Sa & So 10–18 Uhr), ein unglaublich beliebtes Isan-Restaurant, und das **Café Ice** (Karte S. 157; Abschnitt 7, Stand 267; Hauptgerichte 200–400 B; ⌚ Sa & So 10–18 Uhr), ein westlich-thailändischer Fusion-Imbiss mit gutem, wenn auch überteuertem *pàt tai* und leckeren Früchteshakes. **Toh-Plue** (Karte S. 157; gegenüber Abschnitt 17; Hauptgerichte 150–400 B; ⌚ Sa & So 12–20 Uhr) mit allen üblichen Thai-Gerichten und **Saman Islam** (Karte S. 157; Abschnitt 16, Stand 34, Soi 24; Hauptgerichte 40–100 B; ⌚ Sa & So 10–18 Uhr), ein thailändisches-muslimisches Restaurant, das ein leckeres Hühnchen-Biryani auftischt, sind weitere gute Optionen für hungrige Mäuler. **Viva 8** (Karte S. 157; www.facebook.com/Viva8JJ; Abschnitt 8, Stand 371; Hauptgerichte 150–300 B; ⌚ Sa & So 9–22 Uhr) hat einen DJ und einen Koch, der riesige Paella-Pfannen zubereitet. Gegen Abend lockt die Café-Bar **Viva's** (Karte S. 157; Abschnitt 26, Stand 161; ⌚ Sa & So 10–22 Uhr) mit Bier und Livemusik.

➡ Haushaltswaren & Dekor

In der westlichen Ecke des Marktes, vor allem in den Abschnitten 8 bis 26, findet man größtenteils Haushaltswaren jeder Art, von billigen Plastikeimern bis hin zu teuren Woks aus Messing. Hier ist ein besonders guter Ort, um sich mit günstiger thailändischer Keramik einzudecken, von Seladon-Ware bis hin zu traditionellen Schüsseln im Hahnendesign aus Lampang.

PL Bronze (Karte S. 157; Abschnitt 25, Stand 185, Soi 4; ⌚ Sa & So 9–18 Uhr) hat eine riesengroße Auswahl von Edelstahlbesteck und Ton-Tan (S. 161) verkauft Teller, Schüsseln und andere Küchenutensilien, die aus Kokosnuss- und Zuckerpalmen hergestellt werden.

Wer seinem Haushalt etwas mehr Würze verleihen möchte, stattet dem Spice Boom (S. 161) einen Besuch ab. Dort gibt's getrocknete Kräuter und Gewürze sowohl zum Verzehr als auch zu Dekozwecken. Weitere Highlights für die feine Nase sind z. B. die handgemachten Seifen, Lotionen, Badesalz und Peelingcremes bei D-narn (S. 160) oder die wohlriechenden Parfums und Ölessenzen von AnyaDharu Scent Library (S. 161).

➡ Haustiere

Einen unterhaltsamen Schaufensterbummel versprechen die Welpen und Katzenbabys, die in den Abschnitten 13 und 15 angeboten werden. In der Soi 9 von Abschnitt 13 handeln mehrere Läden ausschließlich mit Bekleidung für Haustiere. Der Abschnitt war in der Vergangenheit für den illegalen Verkauf von Wildtieren berüchtigt, inzwischen ist dieses Geschäft aber größtenteils in den Untergrund verdrängt worden.

➡ Pflanzen & Garten

Der innere Teil der Abschnitte 2 bis 4 hat eine riesige Auswahl von Topfpflanzen, Blumen, Kräutern und Obst im Angebot und außerdem Zubehör, um dies alles angemessen zu hegen und zu pflegen. Viele dieser Läden haben auch mittwochs und donnerstags geöffnet.

Talat Rot Fai MARKT

(Rot Fai Night Market; Karte S. 70; Esplanade Complex, 99 Th Ratchadaphisek; ⌚ 17–1 Uhr; Ⓜ Thailand Cultural Centre, Ausgang 4) Einen vergnüglichen und unbeschwerten Abend mit viel Essen, Alkohol und billigem Shopping bietet ein Ausflug zum Talat Rot Fai, einem der beliebtesten Nachtmärkte Bangkoks mit Ständen und Holzschuppen auf einem offenen Grundstück hinter dem Einkaufszentrum Esplanade an der Th Ratchadaphisek. Besonders voll ist es oft am Wochenende, aber dann macht's noch mehr Spaß.

Preecha Ceramic KUNSTHANDWERK

(Karte S. 157; Abschnitt 19, Stand 196, Chatuchak Weekend Market, Th Phahonyothin; ⌚ Sa & So 10–18 Uhr; Ⓜ Chatuchak Park, Ausgang 1, Kamphaeng Phet, Ausgang 1 & 2, Ⓢ Mo Chit, Ausgang 1 & 3) Bietet unterschiedliche Keramik aus Thailand wie die typischen Schüsseln mit Hühnermotiv aus Lampang.

JJ Mall EINKAUFSZENTRUM

(Karte S. 157; Th Kamphaeng Phet 2; ⌚ 10–19 Uhr; Ⓜ Kamphaeng Phet, Ausgang 1 & 2, Chatuchak Park, Ausgang 1, Ⓢ Mo Chit, Ausgang 1) In dem modernen Einkaufszentrum neben dem Chatuchak Weekend Market gibt's schöne Souvenirs, handgefertigte Artikel und Minimöbel.

Der Name JJ Mall bezieht sich eigentlich speziell auf diesen Teil des großen Chatuchak Weekend Market, wird aber oft auch für den gesamten Markt benutzt.

Orange Karen Silver MODE & ACCESSOIRES

(Karte S. 157; Abschnitt 26, Stand 229, Soi 34/8, Chatuchak Weekend Market, Th Phahonyothin; ⌚ Sa & So 9–18 Uhr; Ⓜ Chatuchak Park, Ausgang 1, Kamphaeng Phet, Ausgang 1 & 2, Ⓢ Mo Chit, Ausgang 1) Der Stand auf dem Chatuchak Weekend Market ist auf klobigen Silberschmuck und ungeschnittene Halbedelsteine spezialisiert.

Kitcharoen Dountri MUSIK
(Karte S. 157; Abschnitt 8, Stand 464, Chatuchak Weekend Market, Th Phahonyothin; ⌚ Sa & So 9–18 Uhr; M Chatuchak Park, Ausgang 1, Kamphaeng Phet, Ausgang 1 & 2, S Mo Chit, Ausgang 1) Der Stand auf dem Chatuchak Weekend Market verkauft thailändische Musikinstrumente wie Flöten und Trommeln sowie CDs mit klassischer thailändischer Musik.

D-narn KOSMETIK
(Karte S. 157; Abschnitt 19, Stand 203, Soi 1, Chatuchak Weekend Market, Th Phahonyothin; ⌚ Sa & So 9–18 Uhr; M Kamphaeng Phet, Ausgang 1 & 2, Chatuchak Park, Ausgang 1, S Mo Chit, Ausgang 1) Feine Düfte in Form von handgemachten Seifen, Cremes, Salzen und Peelings verkauft

SCHWIMMENDE MÄRKTE

Fotos von *đà·làht nám* (schwimmenden Märkten), deren Holzkanus voll mit farbenfrohen exotischen Früchten beladen sind, prägen seit Jahrzehnten das offizielle touristische Profil Thailands. Diese Märkte werden inzwischen jedoch fast nur noch für Touristen aus dem In- und Ausland abgehalten – von denen sie auch abhängig sind, denn dank der Straßen und Motorräder erledigen die Bangkoker ihre Besorgungen schon längst lieber trockenen Fußes. Trotzdem lohnen einige der schwimmenden Märkte in Thailand durchaus einen Besuch.

Tha Kha Floating Market (ตลาดน้ำท่าคา; Tha Kha, Samut Songkhram; ⌚ Sa & So 7–12 Uhr plus 2., 7. & 12. Tag des zunehmenden & abnehmenden Mondes) Dieser Markt wirkt am „echtesten“: Hier hat eine Handvoll Verkäufer am Ufer eines offenen, ländlichen *klorng* (Kanal, auch *khlong* geschrieben), der von Kokospalmen und alten Holzhäusern gesäumt ist, angelegt. Es können Bootsfahrten (50 B pro Pers., 45 Min.) auf dem Kanal arrangiert werden und überall werden leckere Snacks und Früchte verkauft. Hin kommt man mit einem der morgendlichen *sŏrng·tăa·ou* (20 B, 45 Min.) vom Marktplatz in Samut Songkhram aus.

Amphawa Floating Market (ตลาดน้ำอัมพวา; Amphawa; Gerichte 30–80 B; ⌚ Fr–So 16–21 Uhr) Der Schwimmende Markt von Amphawa in der Provinz Samut Songkhram wird nahe dem Wat Amphawa abgehalten. Hier gibt es vor allem Lebensmittel und Touri-Schnickschnack, und da der bei Besuchern aus Bangkok beliebte Markt nur am Wochenende stattfindet, kann es sehr hektisch zugehen.

Taling Chan Floating Market (ตลาดน้ำตลิ่งชัน; Karte S. 70; Khlong Bangkok Noi, Thonburi; ⌚ Sa & So 7–16 Uhr; S Wongwian Yai, Ausgang 3 & Taxi) Dieser Markt, außerhalb von Bangkok an der Zufahrtsstraße zum Khlong Bangkok Noi, sieht aus wie jeder andere Frischmarkt: Er ist voller Obst- und Gemüseverkäufer aus dem Umland. Die Überraschung erlebt man am Kanal, wo schwimmende Docks als Speisebereich dienen; die Küchen bilden die an den Docks festgebundenen Kanus. Taling Chan liegt in Thonburi und ist mit einem Taxi vom BTS-Bahnhof Wongwian Yai oder mit dem klimatisierten Bus 79 (16 B, 25 Min.) erreichbar, der an der Th Ratchadamnoen Klang hält.

Damnoen Saduak Floating Market (ตลาดน้ำดำเนินสะดวก; Damnoen Saduak, Ratchaburi; ⌚ 7–12 Uhr) Der 100 Jahre alte schwimmende Markt, einst eine der berühmtesten Sehenswürdigkeiten des Landes, ist inzwischen im Grunde ein schwimmender Souvenirstand für die zahllosen Pauschaltouristen. Das Ganze ist schamlos kommerziell: Für eine Tour über den Markt muss man ein Boot mieten (800/3000 B pro Pers./Boot), mit dem man durch ein Netz an Kanälen schippert und das an so gut wie jedem Stand hält, der zu weit überhöhten Preisen allerlei billigen Nippes verhökert (inklusive Kommission für den Bootsführer). Busse zum Dorf Damnoen Saduak fahren vom Southern Bus Terminal in Thonburi (100 B, 2 Std., 6–21 Uhr regelmäßig).

Don Wai Market (ตลาดดอนหวาย; Don Wai, Nakhon Pathom; ⌚ 7–18 Uhr) Dieser Markt am Flussufer in der Provinz Nakhon Pathom schwimmt eigentlich gar nicht, war aber in seinen Anfangszeiten im frühen 20. Jh. ein schwimmender Markt für Pomelo- und Jackfruchtbauern und -händler. Anreise am besten per Minivan (50 B, 40 Min.) vom Central Pinklao in Thonburi.

D-narn an einem Stand auf dem Chatuchak Weekend Market.

Roi KLEIDUNG
(Karte S. 157; Abschnitt 25, Stand 268, Soi 4, Chatuchak Weekend Market, Th Phahonyothin; ⌚ Sa & So 9–18 Uhr; Ⓜ Kamphaeng Phet, Ausgang 1 & 2, Chatuchak, Ausgang 1, Ⓢ Mo Chit, Ausgang 1) Der Marktstand verkauft handgewebte Baumwollschals, Kleidung und Accessoires aus dem Norden Thailands.

AnyaDharu Scent Library PARFÜM
(Karte S. 157; Abschnitt 3, Stand 3, Soi 43/2, Chatuchak Weekend Market, Th Phahonyothin; ⌚ Sa & So 9–18 Uhr; Ⓜ Kamphaeng Phet, Ausgang 1 & 2, Chatuchak Park, Ausgang 1, Ⓢ Mo Chit, Ausgang 1) Parfüms und ätherische Öle gibt's bei der AnyaDharu Scent Library, einem Stand auf dem Chatuchak Weekend Market.

Spice Boom LEBENSMITTEL
(Karte S. 157; Abschnitt 26, Stand 246, Soi 8, Chatuchak Weekend Market, Th Phahonyothin; ⌚ Sa & So 9–18 Uhr; Ⓜ Kamphaeng Phet, Ausgang 1 & 2, Chatuchak Park, Ausgang 1, Ⓢ Mo Chit, Ausgang 1) Der Stand auf dem Markt bietet getrocknete Kräuter und Gewürze sowohl zum Essen als auch als Dekoration.

Ton-Tan KUNSTHANDWERK
(Karte S. 157; Abschnitt 8, Stand 460, Soi 15/1, Chatuchak Weekend Market, Th Phahonyothin; ⌚ Sa & So 9–18 Uhr; Ⓜ Kamphaeng Phet, Ausgang 1 & 2, Chatuchak Park, Ausgang 1, Ⓢ Mo Chit, Ausgang 1) Der Stand auf dem Chatuchak Weekend Market ist auf Teller, Schüsseln und andere Utensilien aus Kokos- und Zuckerpalme spezialisiert.

ℹ Praktische Informationen

GELD

Die meisten Geschäfte, Restaurants, Cafés und Hotels nehmen sowohl Bargeld als auch Karten; am weitesten verbreitet sind Visa und MasterCard. Bei Straßenhändlern kann man nur bar bezahlen.

INTERNET & TELEFON

In Bangkok kann man kaum 100 m gehen, ohne ein WLAN-Signal zu empfangen. In Pensionen, Cafés und vielen Restaurants ist WLAN Standard. Die Netze der Handyanbieter werden kontinuierlich ausgebaut und verstärkt. Wer eine thailändische Touristen-SIM-Karte kauft, kann das kostenlose WLAN-Netz des Providers in Einkaufszentren, an BTS-Stationen und auf öffentlichen Plätzen in der ganzen Stadt nutzen.

MEDIEN

- Die wichtigsten englischsprachigen Zeitungen in Bangkok sind die *Bangkok Post* (www.bangkokpost.com) und das Wirtschaftsblatt *Nation* (www.nationmultimedia.com).
- *Bangkok 101* (www.bangkok101.com) ist eine touristenfreundliche Zeitschrift mit Informationen zu Events und Veranstaltungen; *BK* (www.bk.asia-city.com) bietet einen etwas mehr in die Tiefe gehenden Veranstaltungskalender, während *Coconuts Bangkok* (https://coconuts.co/bangkok) Veranstaltungen auflistet und skurrile Nachrichten aus der Region meldet.
- Richard Barrow (@RichardBarrow) liefert auf Twitter lesenswerte Infos für Traveller.

LGBTIQ+ UNTERWEGS

Für schwule Männer hält Bangkok jede Menge Ausgeh- und Unterhaltungsangebote bereit, doch weit weniger Läden identifizieren sich als Einrichtungen allein für lesbische Frauen.

MEDIZINISCHE VERSORGUNG

Die folgenden Krankenhäuser haben alle Englisch sprechende Ärzte und Angestellte sowie Einrichtungen der Spitzenklasse:

Bangkok Christian Hospital (Karte S. 102; ☎ 02 625 9000; 124 Th Silom; Ⓜ Si Lom, Ausgang 2, Ⓢ Sala Daeng, Ausgang 1) Modernes Krankenhaus im Zentrum von Bangkok.

BNH (Karte S. 102; ☎ 02 022 0700; www.bnhhospital.com; 9/1 Soi Convent; Ⓜ Si Lom, Ausgang 2, Ⓢ Sala Daeng, Ausgang 2/4) Modernes, zentral gelegenes Krankenhaus.

Bumrungrad International Hospital (Karte S. 112; ☎ 02 066 8888; www.bumrungrad.com; 33 Soi 3, Th Sukhumvit; ⌚ 24 Std.; Ⓢ Nana, Ausgang 1) International anerkanntes Krankenhaus.

Samitivej Hospital (Karte S. 112; ☎ 02 022 2222; www.samitivejhospitals.com; 133 Soi 49, Th Sukhumvit; ⌚ 24 Std.; Ⓢ Phrom Phong, Ausgang 3 & Taxi) Renommiertes modernes Krankenhaus.

St Louis Hospital (Karte S. 102; ☎ 02 838 5555; www.saintlouis.or.th; 215 Th Sathon Tai/South; Ⓢ Surasak, Ausgang 4) Modernes Krankenhaus, von Einheimischen bevorzugt.

NOTFALL

Die Rufnummer für die Polizei fungiert in ganz Thailand als allgemeine Notrufnummer. Man kann über sie auch einen Krankenwagen rufen oder ein Feuer melden.

Gebietsvorwahl	☎02
Landesvorwahl	☎66
Telefonauskunft (kostenlos)	☎1133
Vorwahl für Auslandsgespräche	☎001, ☎007
Polizei	☎191

POST

Thailand verfügt über ein effizientes Postwesen und die Gebühren sind recht niedrig. Die Postämter sind unter der Woche von 8.30 bis 16.30 und samstags von 9 bis 12 Uhr geöffnet.

Hauptpost (Karte S. 90; ☎02 105 7400; Th Charoen Krung; ⏲Mo–Fr 9.30–17.30 Uhr; ⛴Oriental Pier)

SICHER UNTERWEGS

Im Allgemeinen ist Bangkok eine sichere Stadt, doch es lohnt sich, die folgenden Hinweise im Hinterkopf zu behalten, um nicht auf die zahlreichen Abzocker und Betrüger der Stadt hereinzufallen:

Abzocke mit Edelsteinen Wer kein Edelsteinhändler ist, sollte in Thailand keine ungefassten Steine kaufen. So einfach ist das!

Heute geschlossen Man sollte alle „freundlichen" Einheimischen ignorieren, die einem einreden wollen, eine Attraktion sei wegen eines buddhistischen Feiertags oder zwecks Reinigung geschlossen.

Tuk-Tuk-Fahrten für 20 B Diese angeblichen „Touren" übergehen alle Sehenswürdigkeiten und führen stattdessen zu diversen windigen Juwelenläden und Schneidereien, die den Schleppern eine Kommission zahlen.

WANDEL: DIE EINZIGE KONSTANTE

Die touristische Landschaft Bangkoks verändert sich schneller, als Wasser den Chao Phraya hinunterfließt. Manchmal schließen Restaurants auf dem Höhepunkt ihres Erfolgs die Pforten oder ziehen plötzlich an eine andere Adresse um. Bars wechseln den Namen und verändern über Nacht ihr Angebot an Essen, während Hotels und Shophouses quasi pausenlos renoviert werden. Die Moral von der Geschicht': Man muss auf Überraschungen gefasst sein, sich dem Lauf der Dinge anpassen und den Wandel jederzeit freudig begrüßen.

Taxifahrten zu einem Festpreis Man sollte sich nie auf eine Fahrt zu einem vorgeschlagenen Festpreis einlassen, denn der wird in der Regel dreimal so hoch sein wie der Preis bei Benutzung des Taxameters.

Freundliche Fremde Bei schick gekleideten Männern, die einen fragen, woher man kommt und wohin man will, ist äußerste Wachsamkeit geboten.

TOURISTENINFORMATION

Bangkok Information Center (Karte S. 78; ☎02 225 7612-4; 17/1 Th Phra Athit; ⏲Mo–Fr 8–19, Sa & So 9–17 Uhr; ⛴Phra Athit Pier) Spezifische Infos zur Stadt für Touristen.

Tourism Authority of Thailand (TAT; ☎02 134 0040, Callcenter 1672; www.tourismthailand.org; 2. OG, zw. Gate 2 & 5, Suvarnabhumi International Airport; ⏲24 Std.) Die TAT hat einen Schalter am Suvarnabhumi International Airport.

Tourism Authority of Thailand (TAT; Karte S. 78; ☎02 283 1500, landesweit 1672; www.tourismthailand.org; Ecke Th Ratchadamnoen Nok & Th Chakraphatdi Phong; ⏲8.30–16.30 Uhr; ⛴Klorng-Boot bis Phanfa Leelard Pier) Filiale in Banglamphu.

An- & Weiterreise

BUS

Busse, die die staatlichen Busbahnhöfe nutzen, sind weitaus verlässlicher und weniger von Diebstählen geplagt als die privaten Busse, die von der Th Khao San oder anderen beliebten touristischen Zentren fahren.

Vom **Suvarnabhumi Public Transport Centre** (☎02 132 1888; Suvarnabhumi International Airport), der 3 km vom Suvarnabhumi International Airport entfernt ist, fahren regelmäßig Busse nach Aranya Prathet (zur kambodschanischen Grenze), nach Chanthaburi, Ko Chang, Nong Khai (zur laotischen Grenze), nach Pattaya, Rayong, Trat und Udon Thani. Vom Flughafen fährt ein kostenloser Shuttlebus hierher.

Vom **Eastern Bus Terminal** (Karte S. 112; ☎02 391 2504; Soi 40, Th Sukhumvit; Ⓢ Ekkamai, Ausgang 2) starten Busse nach Pattaya, Rayong, Chanthaburi und zu anderen Zielen im Osten, aber nicht zum Grenzübergang bei Aranya Prathet. Die meisten Einheimischen nennen ihn *sà·tăh·nie èk·gà·mai* (Busbahnhof Ekkamai). Er befindet sich nahe der BTS-Station Ekkamai.

Das hektische **Northern & Northeastern Bus Terminal** (Mo Chit; Karte S. 118; ☎Busse in den Nordosten 02 936 2852, Durchwahl 602/605, Busse in den Norden 02 936 2841, Durchwahl 325/614; Th Kamphaeng Phet; Ⓜ Kamphaeng Phet, Ausgang 1 & Taxi, Ⓢ Mo Chit, Ausgang 3 & Taxi) gleich nördlich des Chatuchak-Parks wird gemeinhin als *kŏn sòng mŏr chít* (Busbahnhof Mo Chit) bezeichnet– nicht mit der BTS-Station

FLUGHAFENHOTELS

Wer sich wegen eines sehr frühen Abflugs oder einer späten Ankunft sorgt, kann in einem der folgenden Hotels übernachten:

Novotel Suvarnabhumi Airport Hotel (☎ 02 131 1111; www.novotelairportbkk.com; Suvarnabhumi International Airport; Zi. mit Frühstück ab 5300 B; ❄@📶; 🚉 Suvarnabhumi Airport & Hotel-Shuttlebus, Ⓢ Phra Khanong, Ausgang 3 & Taxi) Bietet mehr als 600 Luxuszimmer auf dem Gelände des Suvarnabhumi International Airport.

The Cottage (☎ 02 727 5858; www.thecottagebangkokairport.com; 888/8 Th Lad Krabang; Zi. mit Frühstück 900–1700 B; ❄@📶🏊; 🚉 Suvarnabhumi Airport & Hotel-Shuttlebus, Ⓢ Phra Khanong, Ausgang 3 & Taxi) Solides Mittelklassehotel nahe dem Suvarnabhumi International Airport und in Gehweite zu Ess- und Shoppinggelegenheiten; verfügt über einen Flughafen-Shuttle.

Sleep Box (☎ 02 535 7555; www.sleepboxbymiracle.com; Terminal 2, Don Mueang International Airport; EZ & DZ 1800 B; ❄📶) Endlich gibt es eine Alternative zum Dösen im Wartebereich des Don Mueang International Airport. Die Zimmer sind zwar winzig, haben aber angeschlossene Bäder, Wasser, WLAN und sogar Verpflegungs-Coupons. Es gibt auch Kurzvermietungen und Duschen (300 B).

Amari Don Mueang Airport Hotel (☎ 02 566 1020; www.amari.com/donmuang; 333 Th Choet Wutthakat; DZ mit Frühstück ab 2400 B; ❄@📶🏊; Ⓜ Chatuchak Park, Ausgang 2 & Taxi, Ⓢ Mo Chit, Ausgang 3 & Taxi) Hotel mit internationalem Standard gleich gegenüber dem Don Mueang International Airport.

Mo Chit verwechseln! Busse fahren von hier zu allen Zielen im Norden und Nordosten sowie zu Zielen im Ausland, darunter Pakse (Laos), Phnom Penh (Kambodscha), Siem Reap (Kambodscha) und Vientiane (Laos). Um den Busbahnhof zu erreichen, nimmt man die BTS (Skytrain) bis Mo Chit oder die MRT (Metro) bis Kamphaeng Phet und steigt in die Stadtbusse 3, 77 oder 509 um oder nimmt ein Taxi oder Motorradtaxi.

Das **Southern Bus Terminal** (Sai Tai Mai; Karte S. 167; ☎ 02 422 4444, Callcenter 1490; Th Boromaratchachonanee), allgemein als *săi đâi mài* bekannt, liegt ein gutes Stück westlich des Bangkoker Zentrums. Von hier aus fahren nicht nur alle Busse Richtung Süden, sondern auch die Busse nach Kanchanaburi und ins westliche Thailand. Am bequemsten ist dieser Busbahnhof mit dem Taxi zu erreichen, alternativ nimmt man an der Th Ratchadamnoen Klang die Busse 79, 159, 201 oder 516.

FLUGZEUG

Vom **Suvarnabhumi International Airport** (☎ 02 132 1888; www.airportthai.co.th; Samut Prakan) 30 km östlich des Zentrums von Bangkok hoben 2006 die ersten kommerziellen Flüge ins In- und Ausland ab. Der Name des Flughafens, „goldenes Land“ auf Sanskrit, wird *sù·wan·ná·poom* ausgesprochen und erbte vom alten Flughafen Don Mueang den Flughafencode BKK. Auf der Website des Flughafens stehen die aktuellen Ankunfts- und Abflugzeiten.

Bangkoks zweiter Flughafen, der **Don Mueang International Airport** (☎ 02 535 1192; www.airportthai.co.th; Don Mueang), befindet sich 25 km nördlich des Zentrums von Bangkok und war früher der wichtigste der Stadt. Nach der Inbetriebnahme des Suvarnabhumi wurde der Flugverkehr hier 2006 eingestellt, jedoch nur ein paar Jahre später wieder aufgenommen: Nun ist der Flughafen die Anlaufstelle der Billigflieger mit dem neuen Flughafencode DMK. Auslandsflüge nutzen den Terminal 1, Inlandsflüge den Terminal 2.

ZUG

Der Bahnhof **Hua Lamphong** (Callcenter 1690; www.railway.co.th; abseits der Rama IV; Ⓜ Hua Lamphong Ausgang 2) ist der Hauptbahnhof der Stadt. Die hiesigen Schlepper sollte man ignorieren und die Reisebüros meiden. Die Fahrpläne und Preise zu einzelnen Zielen findet man auf der offiziellen Website der State Railway of Thailand (www.railway.co.th/main/index_en.html).

Der kleine, auch als Thonburi bekannte Bahnhof **Bangkok Noi** (☎ Callcenter 1690; www.railway.co.th/main/index_en.html; abseits der Th Itsaraphap; 🚉 Thonburi Railway Station) bietet Fahrten nach Kanchanaburi, Nakhon Pathom und Nam Tok.

Der winzige Bahnhof **Wongwian Yai** (Karte S. 70; ☎ 02 465 2017, Callcenter 1690; www.railway.co.th/main/index_en.html; abseits der Th Phra Jao Taksin; Ⓢ Wongwian Yai, Ausgang 4 & Taxi) ist der Ausgangspunkt für den Pendlerzug nach Samut Sakhon (auch Mahachai genannt).

Unterwegs vor Ort

Bangkok wirkt auf den ersten Blick chaotisch und undurchdringlich, aber das Verkehrssystem wird schrittweise verbessert. Egal wie oft man mit der BTS, der MRT oder mit den Fähren unterwegs ist – irgendwann bleibt jeder mal in zähflüssigem Straßenverkehr stecken, doch sind die Verkehrsstaus inzwischen nicht mehr ganz so schlimm wie früher.

BTS Die Hochbahn verkehrt von 6 bis 24 Uhr. Tickets gibt's für 16 bis 52 B.

MRT Die Metro verkehrt von 6 bis 24 Uhr. Tickets kosten zwischen 16 und 42 B.

Taxi Außerhalb des Berufsverkehrs sind Bangkoks Taxis wirklich günstig. Die Grundgebühr liegt bei 35 B.

Chao Phraya Express Boat Verkehrt von 6 bis 20 Uhr. Eine Fahrt kostet pauschal 15 B (orangefarbene, grüne oder gelbe Flagge). Eine Fahrt im Touristenboot kostet 60 B.

Klorng-Boot Bangkoks Kanalboote fahren an den meisten Tagen von 5.30 bis 20 Uhr. Für die Tickets bezahlt man zwischen 9 und 19 B.

Bus Die Busse in Bangkok sind langsam und das Netz ist unübersichtlich; die Kosten für die Tickets liegen zwischen 10 und 25 B.

BTS & MRT

Die Hochbahn **BTS** (Skytrain; ☎ Callcenter 02 617 6000, Touristeninformation 02 617 7341; www.bts.co.th), auch Skytrain (*rót fai fáa*) genannt, braust durch das „neue" Bangkok (Silom, Sukhumvit und Siam Sq). Die Linien kreuzen sich am Bahnhof Siam und verkehren regelmäßig zwischen 6 und 24 Uhr. Eine Fahrkarte kostet 16 bis 52 B, eine Tageskarte 140 B. Die meisten Fahrkartenautomaten nehmen nur Münzen an, aber an den Infoschaltern kann man Geld wechseln.

Die Bangkoker Metro, die **MRT** (☎ 02 354 2000; www.transitbangkok.com), ist am hilfreichsten für Traveller, die in der Gegend um die Th Sukhumvit oder Th Silom wohnen und zum Bahnhof Hua Lamphong wollen. Eine Fahrkarte kostet zwischen 16 und 42 B. Die Züge fahren regelmäßig zwischen 6 und 24 Uhr.

Zuletzt wurden beide Netze in mehrere Richtungen weiter ausgebaut, um mit dem wachsenden Pendlerverkehr fertig zu werden; der Ausbau soll bis 2023 schrittweise abgeschlossen werden.

BUS

Das öffentliche Bussystem der Stadt wird von der **Bangkok Mass Transit Authority** (☎ 02 246 0973, Zentrale 1348; www.bmta.co.th) betrieben.

➡ Da der Verlauf der Busrouten oft verwirrend ist und die Taxis hier so günstig sind, muss man wirklich extrem knapp bei Kasse sein, um den Bus zum Verkehrsmittel seiner Wahl zu machen.

➡ Für die Fahrt in einem klimatisierten Bus zahlt man 12 bis 25 B, Tickets für einen normalen Bus (mit Ventilatoren) beginnen bei 10 B.

➡ Die meisten Linien verkehren zwischen 5 und 22 oder 23 Uhr. Die Nachtbusse beginnen um 3 oder 4 Uhr ihre Fahrten und stellen den Betrieb dann am Vormittag ein.

FAHRRAD

In den letzten Jahren ist das Radfahren in Bangkok ungeheuer beliebt geworden. Der Verkauf von Fahrrädern erlebt einen Boom und der 23 km lange Radweg um den Suvarnabhumi International Airport erfreut sich bei den Radfahrern der Stadt als Wochenendtour immer größerer Beliebtheit. Es gibt sogar ein Fahrrad-Sharing-Programm (www.punpunbikeshare.com) – auf den Bürgersteigen der Hauptstraßen nach den Ständen mit dem Namen „Pun Pun" Ausschau halten! Trotz alledem ist Bangkok aber wegen gefährlicher Straßen, dichtem Verkehr, Hitze, Luftverschmutzung und fehlenden Radwegen noch lange kein Ort, in dem man das Fahrrad sicher, geschweige denn bequem, als Transportmittel einsetzen kann.

VON/ZU DEN FLUGHÄFEN

Suvarnabhumi International Airport Airport Rail Link: Von der BTS-Station Phaya Thai zum Suvarnabhumi (45 B, 30 Min., 6–24 Uhr). AC-Bus vom Suvarnabhumi zur Th Khao San (60 B, 6–20 Uhr). Taxi (300–400 B plus 50 B Flughafenzuschlag und evtl. Autobahnmaut).

Don Mueang International Airport Vier Buslinien: A1 zur BTS-Station Mo Chit (50 B, 7.30–23.30 Uhr); A2 zur BTS-Station Victory Monument (50 B, 7.30–23.30 Uhr); A3 nach Lumphini Park (50 B, 7.30–23.30 Uhr); A4 nach Sanam Luang (50 B, 7.30–23.30 Uhr). Taxi (300–350 B plus 50 B Flughafenzuschlag).

MOTORRADTAXI

➡ Motorradtaxis (sogenannte *motorsai*) dienen im verstopften Bangkok zwei Zwecken. Am bekanntesten und beliebtesten sind sie als integraler Bestandteil des öffentlichen Verkehrs für die Verbindung von einer Hauptstraßenkreuzung, z. B. der Th Sukhumvit, bis zum Ende der von dort ausgehenden Sois (Straßen). Die Fahrer tragen bunte, nummerierte Westen und sammeln sich an beiden Enden der Sois. Die Fahrt kostet in der Regel 10 bis 20 B. Für Mitfahrer werden Helme bereitgehalten, deren Hygiene jedoch zweifelhaft ist.

➡ Der andere Zweck der *motorsai* besteht darin, dem Verkehr ein Schnippchen zu schlagen, indem sie sich durch ihn hindurchschlängeln. Man nennt dem Fahrer das Ziel, vereinbart den Preis (zwischen 20 B für eine kurze Strecke und bis zu 150 B für eine Fahrt quer durch die

Stadt), setzt den Schutzhelm auf und spricht ein Stoßgebet zu einem Gott, an den man glaubt.

SCHIFF/FÄHRE

Kanallinien

Auf dem Khlong Saen Saep verkehren Kanaltaxis (Banglamphu nach Ramkhamhaeng); sie sind eine einfache Art, um von Banglamphu zum Jim-Thompson-Haus, in die Einkaufszentren am Siam Sq (für beides am Sapan Hua Tha Chang aussteigen) und zu anderen weiter östlich auf der Th Sukhumvit gelegenen Zielen zu kommen (allerdings muss man dafür am Tha Pratunam umsteigen).

➡ Diese Boote werden hauptsächlich von Pendlern genutzt und legen nur wenige Sekunden am Pier an – entweder man springt sofort auf oder man bleibt zurück.

➡ Eine Fahrkarte kostet zwischen 12 und 15 B; die Boote fahren unter der Woche ungefähr von 5.30 bis 19.15 Uhr (Sa 6–18.30, So 6–18 Uhr).

Flussfähren

Das Unternehmen **Chao Phraya Express Boat** (☎ 02 445 8888; www.chaophrayaexpressboat.com) bietet den wichtigsten Fährservice auf dem Chao Phraya. Die Hauptanlegestelle wird Sathorn/Central Pier oder Saphan Taksin genannt und bietet einen Anschluss an die BTS (Station Saphan Taksin).

➡ Die Boote verkehren zwischen 6 und 19 Uhr. Die Fahrkarte muss übrigens immer als Beweis dafür aufgehoben werden, dass man bezahlt hat (es ist allerdings eine reine Formalität).

➡ Am häufigsten gibt es die mit orangefarbenen Flaggen gekennzeichneten Boote. Diese verkehren vom Wat Rajsingkorn im Süden Bangkoks nach Nonthaburi im Norden und halten an allen wichtigen Anlegestellen (15 B, 6–19 Uhr regelmäßig).

➡ Die mit grünen und gelben Flaggen gekennzeichneten Boote lassen unterwegs ein paar Anleger aus und sind daher etwas schneller als die Boote mit orangefarbener Flagge. Von ihnen verkehren allerdings weniger.

➡ Ein Touristenboot mit blauer Flagge (60 B, 9.30–17.30 Uhr alle 30 Min.) fährt vom Sathorn/Central Pier zum Phra Athit/Banglamphu Pier und hält unterwegs an den Anlegestellen wichtiger Sehenswürdigkeiten. Es gibt auch einen Tagespass für 200 B. Sofern man aber nicht vorhat, an jenem Tag wirklich sehr viel mit dem Boot zu fahren, lohnt sich das Ticket nicht.

➡ Es gibt auch Dutzende Fähren, die über den Fluss setzen. Sie fahren bis spät in die Nacht alle paar Minuten; die Überfahrt kostet 3 B.

➡ Private Longtail-Boote können für Sightseeing-Touren am Phra Athit/Banglamphu Pier, am Chang Pier, am Tien Pier und am Oriental Pier gechartert werden.

TAXI

➡ Obwohl viele Besucher, die erstmals in Bangkok sind, ihre Zweifel haben, sind die Taxis der Stadt in der Regel neu und komfortabel und ihre Fahrer höflich und hilfsbereit. Taxis sind damit ein ausgezeichnetes Verkehrsmittel, um durch die Stadt zu kommen.

TIPPS ZUM TAXIFAHREN IN BANGKOK

➡ Niemals ein Taxi nehmen, dessen Fahrer den Taxameter nicht anstellen will. Solche Taxifahrer parken meist vor Hotels und in touristischen Gebieten. Besser nimmt man ein Taxi, das gerade vorbeifährt.

➡ Bangkoker Taxifahrer versuchen in der Regel nicht, einen „auf eine Rundfahrt" mitzunehmen, wie das in manchen anderen Ländern vorkommt. Sie verdienen mehr durch einen guten Umschlag der Kunden.

➡ Man sollte wissen, dass viele Bangkoker Taxifahrer Saisonarbeiter vom Land sind und sich deshalb nicht unbedingt auskennen.

➡ Wenn ein Fahrer sich weigert, einen zu einem bestimmten Ziel zu bringen, ist der Grund meist, dass er das gemietete Taxi zu einem bestimmten Zeitpunkt abgeben muss. Ob er seinen Kunden sympathisch findet oder nicht, spielt dabei keine Rolle.

➡ Nur sehr wenige Taxifahrer in Bangkok sprechen einigermaßen Englisch, eine in thailändischer Schrift aufgeschriebene Adresse kann dabei helfen, Missverständnisse zu vermeiden. Viele Hotels bieten Visitenkarten mit ihrer Adresse auf Thailändisch.

➡ Ältere Taxis mögen weniger komfortabel sein, sie haben aber in der Regel erfahrenere Fahrer. Solche Taxis gehören nämlich meist ihren Fahrern, während die neuen in der Regel nur gemietet sind. Gelb-grüne und weiß-rosa Taxis werden zumeist von erfahrenen Taxichauffeuren gefahren, denen das Taxi selbst gehört, während Taxis anderer Farben von angeheuerten Fahrern mit unterschiedlicher Erfahrung gesteuert werden.

- Alle Taxis sind verpflichtet, den Taxameter zu benutzen. Der Grundpreis beträgt 35 B, und Fahrten zu den meisten Zielen im Zentrum von Bangkok kosten zwischen 60 und 100 B. Die Autobahnmaut von 25 bis 120 B (je nach Start- oder Endpunkt der Fahrt) muss der Fahrgast bezahlen.
- App-basierte gelb-grüne Taxis sind über Grab erreichbar und stellen zusätzlich zum Taxameterpreis eine Gebühr von 20 B in Rechnung.
- Hat man etwas im Taxi vergessen, ist die beste (aber immer noch geringe) Chance, die Sachen zurückzubekommen, ein Anruf bei der Nummer 1644.

Taxi-Apps

App-basierte Alternativen zu traditionellen Taxis, die in Bangkok operieren, sind folgende:

All Thai Taxi (www.allthaitaxi.com; 02 018 9799)

GrabTaxi (www.grab.com/th)

Achtung: Von den Besitzern gesteuerte Privatfahrzeuge, die über Grab vermittelt werden, sind eigentlich illegal; nur die lizenzierten gelbgrünen Taxis sind legal. Jedoch sind jede Menge Privatfahrzeuge als Grab-Taxis unterwegs und es ist nichts Ungewöhnliches, wenn als Grab-Wagen ein stylischer SUV oder eine coole Limousine aufkreuzt – es sei denn, man fragt speziell nach einem Taxi.

TUK-TUK

- Bangkoks berühmte Tuk-Tuks (ausgesprochen *đúk đúk;* eine Art motorisierte Rikscha) werden von den Thailändern für kurze Fahrten benutzt, für die sich der Grundpreis eines Taxis nicht lohnt. Für Ausländer gehören diese Erstickungsanfälle auslösenden Gefährte zum Bangkok-Erlebnis dazu. Fast alle quetschen sich irgendwann wenigstens einmal hinein, obwohl die Fahrt heftig überteuert ist und es wegen des niedrigen Dachs auch nichts zu sehen gibt.
- Tuk-Tuk-Fahrer sind berüchtigt für kleine „Abstecher" zu Juwelen- und Seidengeschäften oder Massagesalons, die ihnen eine Kommission zahlen. Auf dem Weg zu „kostenlos" zu besuchenden Tempeln trifft man auf „hilfsbereite" Einheimische, die einen noch zu weiteren Abzockstätten locken wollen. Daher sollte man alle ignorieren, die einem unglaublich günstige Fahrten für 20 B anbieten.
- Die meisten Tuk-Tuk-Fahrer nehmen Travellern überhöhte Preise ab; ortsansässige Ausländer nutzen dieses Verkehrsmittel nie. Auch für kürzeste Strecken fordern die Fahrer 100 B oder mehr. Man kann versuchen, sie auf 50 B für eine kurze Fahrt herunterzuhandeln. Am besten unternimmt man die Fahrt nachts, wenn die Luftverschmutzung (vielleicht) nicht so stark ist. Wer einmal gefahren ist, wird wissen, dass Taxis billiger, sauberer, kühler und ruhiger sind.

RUND UM BANGKOK

Die Bangkok Metropolitan Region, wie sie offiziell heißt, umfasst sechs Provinzen, die an die Stadt Bangkok angrenzen – zusammen ergibt das ein Gebiet von mehr als 7500 km² Größe mit rund 10 Mio. Einwohnern. Aufgrund ihrer Nähe und der leichten Erreichbarkeit umfasst das Bangkok-Kapitel auch ein paar Orte in diesen Nachbarprovinzen, die von der Stadt aus im Rahmen von Tagesausflügen erreichbar sind.

Ko Kret

Eines der von Bangkok aus am leichtesten zu erreichenden Ausflugsziele ist Ko Kret. Die künstliche „Insel" entstand, nachdem vor fast 300 Jahren als Abkürzung für eine langgezogene Biegung des Flusses Chao Phraya ein Kanal ausgehoben wurde. In der Gegend finden sich einige der ältesten Siedlungen der Mon, die vom 6. bis 10. Jh. n. Chr. die herrschende Kultur in Zentralthailand darstellten. Heute ist Ko Kret ein sehr beliebtes Ziel für Wochenendausflüge und überdies bekannt für seine handgefertigten Terrakotta-Töpfe und den geschäftigen Wochenendmarkt.

Sehenswertes

Auf Ko Kret gibt es ein paar durchaus sehenswerte Tempel. Interessant ist beispielsweise der schiefe Stupa im **Wat Poramai Yikawat** (วัดปรมัยยิกาวาส; Ko Kret, Nonthaburi; ⏲9–17 Uhr; 🚌166 & Flussfähre ab Wat Sanam Neua). Doch das echte Highlight hier ist die wunderbar idyllische Atmosphäre am Flussufer. Ein 6 km langer gepflasterter Weg umrundet die Insel. Man kann ihn zu Fuß oder mit dem Rad erkunden. Leihfahrräder gibt's an der Anlegestelle (50 B pro Tag). Alternativ kann man dort auch ein Boot für bis zu zehn Personen mieten (500 B). Zur typischen **Inseltour** gehören unbedingt ein Zwischenstopp in einem Batik-Atelier und bei einer Süßwarenfabrik und am Wochenende der Besuch eines schwimmenden Marktes.

Ko Kret ist für seine **handgetöpferten Tonwaren** bekannt, die überall auf den Bangkoker Märkten verkauft werden. Übrigens: Wer bei irgendeinem Verkäufer auf der Insel einen Eiskaffee bestellt, erhält eine kleine Tasse als Souvenir. Ein Spaziergang vom Wat Poramai Yikawat, gleich ob in Richtung Ost- oder Nordküste, führt zu verschiedenen aufgegebenen Brennöfen oder

Rund um Bangkok

Rund um Bangkok

Sehenswertes

1 Ancient City D3
2 Bang Pu Beach D3
3 Damnoen Saduak Floating Market A3
4 Don Hoi Lot A3
5 Don Wai Market B2
6 Dream World D1
7 Siam Park City D2
8 Tha Kha Floating Market A3
9 Wat Poramai Yikawat C1

Aktivitäten, Kurse & Touren

10 MuayThai Institute C1

Schlafen

11 Amari Don Muang Airport Hotel C1
12 Cottage D2
13 Novotel Suvarnabhumi Airport Hotel D2
Sleep Box .... (s. 11)

Essen

Pa Ka Lung .... (s. 9)
14 Fischrestaurants A3

Unterhaltung

15 Lumpinee Boxing Stadium C1

Praktisches

16 Bangkok Immigration Office C1

Transport

17 Suvarnabhumi Public Transport Centre D2

aber Töpfereien, in denen emsig gearbeitet wird. Unterwegs stößt man auf zahlreiche Souvenirstände wie auch Restaurants.

Wer Ko Kret an einem Werktag besucht, wird vermutlich der einzige Tourist sein. Am Wochenende sieht die Sache ganz anders aus, denn Ko Kret ist ein äußerst beliebtes Ausflugsziel der städtischen Thais. Dann gibt es auch viel mehr zu essen, zu trinken und zu kaufen – aber eben auch viel mehr Menschen.

Essen

An den Wochenenden strömen die Einheimischen scharenweise nach Ko Kret, wo sie gerne frittierte Snacks und typisch thailändische Süßwaren genießen – diese werden an den Essensständen an den quirligen Marktgassen verkauft. Ein Snack, den man sich keinesfalls entgehen lassen sollte, ist *khâw châa,* ein ungewöhnliches, aber wirklich leckeres Gericht der Mon-Küche mit pikanten Häppchen und kaltem Duftreis.

Pa Ka Lung THAI $

(Restaurant River Side; Ko Kret; Hauptgerichte 50–80 B; ⌚Mo–Fr 8–16, Sa & So bis 18 Uhr; 🚌166 & Flussfähre ab Wat Sanam Neua) Der Foodcourt unter freiem Himmel mit englischsprachiger Karte ist ein guter Ort, um *khâw châa* und andere örtliche Gerichte zu probieren. Er liegt am nördlichen Ufer der Insel unweit des Wat Poramai Yikawat.

De Pala THAI $$

(Ko Kret; Hauptgerichte 100–200 B; ⌚Sa & So 10–21 Uhr; 🚌166 & Flussfähre ab Wat Sanam Neua) Das entspannte Restaurant auf einem hübschen, von Farnen beschatteten Grundstück am Kanal ist vielleicht das schönste Esslokal auf Ko Kret: Hier kann man seine Erkundungen wunderbar mit einem kühlen Bier und köstlichen rustikalen Thai-Gerichten ausklingen lassen. Am Wochenende wird's hier mittags recht voll, sodass man vielleicht auf einen Tisch warten muss.

An- & Weiterreise

Ko Kret befindet sich in Nonthaburi, rund 15 km nördlich vom Zentrum Bangkoks. Die coolste Art der Anreise hierher ist es, am Nonthaburi Pier, dem nördlichen Endpunkt des Chao Phraya Express Boat, ein viersitziges Schnellboot zu chartern. Die spannende 20-minütige Fahrt über den Chao Phraya in einem schmalen Boot, das über dem Wasser zu schweben scheint, macht großen Spaß und kostet 1000 B hin und zurück – wer will, kann noch versuchen zu handeln. Der Bootsführer holt einen dann zu einer vereinbarten Zeit in Ko Kret ab, nachdem man sich dort alles angeschaut hat.

Abenteuerlustige nehmen den Bus 166 vom Victory Monument oder ein Taxi bis Pak Kret, bevor sie am Wat Sanam Neua mit der Fähre (2 B, 5–21 Uhr) den Fluss überqueren.

Amphawa

☎034 / 5000 EW.

Die meisten Leute kommen nach Amphawa (อัมพวา), einem verschlafenen Dorf am Kanal, um sich einen Eindruck von der halbländlichen Lage und dem entspannten Lebensrhythmus hier zu machen. Die Gentrifizierung macht sich allmählich schon bemerkbar, aber die Kanäle, die Holzbauten, die stimmungsvollen Cafés und der dümpelnde Verkehr auf dem Wasser verbreiten immer noch jede Menge Charme. Am Wochenende findet hier ein schwimmender Markt statt (S. 160). Wer aber werktags nach Amphawa kommt, wird wahrscheinlich der einzige Tourist vor Ort sein.

Sehenswertes & Aktivitäten

Ein paar Schritte von Amphawas zentralem Steg entfernt liegt der **Wat Amphawan Chetiyaram** (วัดอัมพวันเจติยาราม; abseits der Rte 6006, Amphawa, Samut Songkhram; ⌚tagsüber) GRATIS, ein anmutiger Tempel, der an eben jener Stelle stehen soll, wo sich einst das Wohnhaus von Rama II. befunden hat. Ein kurzer Spaziergang vom Tempel führt zum **King Buddhalertla (Phuttha Loet La) Naphalai Memorial Park** (อุทยานพระบรมราชานุสรณ์ พระบาทสมเด็จพระพุทธเลิศหล้านภาลัย; abseits der Rte 6006, Amphawa, Samut Songkhram; 20 B; ⌚8.30–17 Uhr), einem Museum, das in einer Ansammlung traditioneller zentralthailändischer Häuser untergebracht ist. Diese stehen auf 1,5 ha landschaftsgärtnerisch gestaltetem Boden. Das Museum ist Rama II. gewidmet und verfügt sogar über eine Bibliothek mit antiken Büchern aus dem Siam des frühen 19. Jhs.

Bei Dunkelheit gleiten **Longtail-Boote** durch Amphawas ruhende Gewässer, auf denen man den sternenähnlichen Tanz der *hìng hôy* (Glühwürmchen) beobachten kann, die in der Regenzeit besonders zahlreich vertreten sind. Von Freitag bis Sonntag werden von den Piers aus Touren angeboten. Ein Platz im Boot kostet 100 B. An allen anderen Tagen zahlt man 600 B für eine zweistündige Fahrt.

Don Hoi Lot STRAND

(ดอนหอยหลอด; Samut Songkhram) Die zweitberühmteste Touristenattraktion von Amphawa ist eine Bank versteinerter Muscheln an der Mündung des Mae Nam Mae Klong unweit von Samut Songkhram. Die Muschelschalen stammen von *hǒy lòrt* (Muscheln mit einer röhrenartigen Schale). Die Muschelbank ist im April und Mai am besten zu sehen, weil dann der Wasserstand des Flusses am niedrigsten ist.

Um hierher zu gelangen, nimmt man vor dem Somdet Phra Phuttalertla Hospital von Samut Songkhram an der Kreuzung von Th Prasitpattana und Th Tamnimit einen Pick-up (10 B, ca. 15 Min.). Oder man chartert am Anleger beim Mae Klong Market *(tâh đà·làht mâa glorng)* ein Boot für die reizvolle, etwa 45-minütige Fahrt (ca. 1000 B).

Schlafen & Essen

Amphawa ist bei Wochenendausflüglern aus Bangkok extrem populär, und fast jedes zweite Haus scheint Fremdenzimmer zu ver-

ABSTECHER

SAMUT PRAKAN

Samut Prakan, eine der sechs Provinzen in der Bangkok Metropolitan Region, ist ein ausgedehnter Vorort, der sich für einen interessanten Tagesausflug ab Bangkok anbietet. Zunächst nimmt man die BTS bis Bang Na, dann ein Taxi zum Fähranleger am Wat Bang Na Nork. Nach einer kurzen Fährfahrt ist die künstliche Insel **Bang Kachao** erreicht, die auch als Bangkoks „grüne Lunge" bekannt ist. Hier kann man den **Si Nakhon Kheun Khan Park** (สวนศรีนครเขื่อนขันธ์; Karte S. 70; ⌚6–19 Uhr; S Bang Na, Ausgang 2 & Taxi) GRATIS erkunden, einen riesigen botanischen Garten – toll für Wanderer, Vogelbeobachter und Radfahrer. Außerdem beherbergt die Insel den stimmungsvollen, ländlich geprägten **Bang Nam Pheung Market** (ตลาดบางน้ำผึ้ง; Karte S. 70; ⌚Sa & So 8–15 Uhr; S Bang Na, Ausgang 2 & Taxi) sowie den **Wat Bang Nam Pheung Nok** (วัดบางน้ำผึ้งนอก; Karte S. 70; ⌚tagsüber; S Bang Na, Ausgang 2 & Taxi), einen 250 Jahre alten buddhistischen Tempel.

Mit der Erkundung von Bang Kachao lässt sich problemlos der ganze Vormittag füllen. Unterwegs säumen Essensstände den Weg und auf dem Bang Nam Pheung Market wird an mehreren Ständen interessantes Essen aus der Gegend angeboten. Nach dem Mittagessen begibt man sich zurück zur BTS-Linie und nimmt eine Bahn zum südlichen Endhaltepunkt in Kheha. Von hier sind es zehn Minuten mit dem Taxi zum **Bang Pu Beach** (บางปู; Th Sukhumvit, Bang Pu; ⌚tagsüber; S Kheha, Ausgang 3/4 & Taxi), quasi Bangkoks Meerespromenade. Hier kann der späte Nachmittag und frühe Abend damit verbracht werden, Seemöwen zu füttern und den Sonnenuntergang zu fotografieren. Dann geht's mit dem Skytrain zurück in die Stadt.

In der **Ancient City** (เมืองโบราณ, Muang Boran; www.muangboranmuseum.com; 296/1 Th Sukhumvit; Erw./Kind 700/350 B; ⌚9–19 Uhr; S Bearing, Ausgang 1) kann man sich Miniatur-Versionen der berühmtesten historischen Monumente Thailands anschauen. Die Ancient City behauptet von sich, das größte Freiluftmuseum der Welt zu sein. Da es hier in der Regel ruhig und nur selten überlaufen ist, lässt sich das Gelände prima mit dem Fahrrad (im Eintrittspreis inbegriffen) erkunden. Die Ancient City befindet sich östlich von Bangkok in der benachbarten Provinz Samut Prakan und ist am bequemsten mit dem Shuttlebus des Parks zu erreichen, der vom BTS-Bahnhof Bearing fährt; die Abfahrtszeiten stehen auf der Website.

mieten. Das Angebot deckt die ganze Palette von schlichten Zimmern, in denen kaum mehr als eine Matratze auf dem Boden und ein Moskitonetz vorhanden ist, bis hin zu gehobenen Unterkünften im Stil einer Pension ab. Zimmer mit Ventilator gibt's ab ca. 400 B, Zimmer mit Klimaanlage (oft mit Gemeinschaftsbad) ab rund 1500 B. Werktags sind die Zimmer um die Hälfte günstiger.

ChababaanCham Resort HOTEL $$$
(☎081 984 1000; www.chababaancham.com; Th Rim Khlong; Zi. mit Frühstück 1500–2400 B; ❄📶) Unmittelbar am Kanal liegt diese Unterkunft mit attraktiven, modernen und geräumigen Maisonette-Zimmern. Die teureren Optionen haben noch einen Loungebereich auf dem Dach.

Baan Ku Pu HOTEL $$$
(☎081 941 1249; Th Rim Khlong; Bungalows mit Frühstück 1600–2000 B; ❄📶) Das „Resort" im thailändischen Stil bietet Holzbungalows auf einem relativ ruhigen Gelände am Kanal. Im Übernachtungspreis inbegriffen ist ein üppiges Frühstück mit heimischen Speisen.

Fischrestaurants FISCH & MEERESFRÜCHTE $
(Don Hoi Lot, Samut Songkhram; Hauptgerichte 80–200 B; ⌚10–22 Uhr) Die Straße zum Don Hoi Lot ist von Fischrestaurants gesäumt, die fast alle köstliche Gerichte mit *hŏy lòrt* bieten, dem Schalentier, dem die Gegend ihren Namen verdankt. Englisch wird allerdings kaum gesprochen; eine englische Karte oder ein Schild mit lateinischer Schrift darf man nicht erwarten.

ℹ An- & Weiterreise

Vom **Southern Bus Terminal** (Sai Tai Mai; ☎02 422 4444, Callcenter 1490; Th Boromaratchachonanee) in Thonburi steigt man in irgendeinen Bus Richtung Damnoen Saduak und lässt sich in Amphawa (80 B, 2 Std., 6–21 Uhr regelmäßig) absetzen. Alternativ fahren häufig Minivans nach Samut Songkhram (auch Mae Klong genannt; 80 B, 1½ Std, 6–21 Uhr regelmäßig). Dort kann man in der Nähe des

Markts in einen *sŏrng·tăa·ou* (Pick-up; 10 B) steigen, der einen nach zehnminütiger Fahrt in Amphawa absetzt.

Nakhon Pathom

034 / 120 000 EW.

Nakhon Pathom (นครปฐม) ist eine typisch zentralthailändische Stadt mit dem Phra Pathom Chedi als sichtbarer Rechtfertigung für ihren Anspruch auf den Titel der ältesten Siedlung des Landes. Auch der Name der Stadt, der sich aus der Pali-Bezeichnung „Nagara Pathama" („erste Stadt" auf Sanskrit) ableitet, scheint dieser Prahlerei etwas Legitimität zu verleihen.

Die moderne Stadt ist ziemlich verschlafen, aber an diesem Ort kann man den Alltag der Thais auf einfache Art und Weise kennenlernen und seine frisch erworbenen Sprachkenntnisse unter Leuten anwenden, die derartige Bemühungen auch wirklich zu schätzen wissen.

Sehenswertes

Phra Pathom Chedi BUDDHISTISCHER TEMPEL

(พระปฐมเจดีย์; 60 B; Tempel tagsüber, Museum Mi–So 9–16 Uhr) Mit über 120 m Höhe ist der riesige Stupa eines der höchsten buddhistischen Bauwerke der Welt. Sein Sanskrit-Name bedeutet ungefähr so etwas wie „erstes Monument", ein Hinweis auf seinen Status als sehr alter unter den sakralen Bauten Thailands. Die Stätte zu erkunden ist angenehm und erholsam; im Komplex lassen sich problemlos zwei Stunden damit verbringen, sich die gewaltige Kuppel, die kleineren Schreine und die Gläubigen anzuschauen, die hier Rituale vollführen und beten. Der Stupa befindet sich unmittelbar südlich des Bahnhofs.

Der Originalstupa wurde im frühen 6. Jh. von den Theravada-Buddhisten aus Dvaravati errichtet. Aber im frühen 11. Jh. eroberte der Khmer-König Suriyavarman I. von Angkor die Stadt und errichtete einen brahmanischen *prang* (Stupa im Hindu-/Khmer-Stil) über dem Heiligtum. Die Birmanen von Bagan unter König Anawrahta plünderten die Stadt im Jahr 1057, und der *prang* lag in Trümmern, bis ihn Rama IV. (König Mongkut) im Jahr 1860 restaurieren ließ.

Auf der Ostseite des Bauwerks, im *bòht* (Ordinationshalle), befindet sich ein **Buddha im Dvaravati-Stil** und in europäischer Haltung, die der eines Buddhas im Wat Phra Meru in Ayutthaya ähnelt. Er könnte möglicherweise sogar von dort stammen.

Interessant sind auch die vielen chinesischen Skulpturen, die in grünlichen Stein gehauen sind und als Ballast im Boden chinesischer Dschunken des 19. Jhs. nach Thailand kamen. Gegenüber vom *bòht* befindet sich ein **Museum** mit interessanten Dvaravati-Skulpturen und jeder Menge altem Krimskrams. Innerhalb des Chedi-Komplexes befindet sich der **Lablae Cave**, ein künstlicher Tunnel, der einen Schrein mit mehreren Buddha-Figuren beherbergt.

Der **Wat**, der den Stupa umgibt, genießt den höchsten Tempelrang des Königreichs (Rachavoramahavihan) und ist einer von nur sechs Tempeln in Thailand, denen diese Ehre zuteilwird. Die Asche von König Rama VI. ist im Sockel des Phra Ruang Rochanarit begraben, einem großen, stehenden Buddha aus der Sukhothai-Ära, im nördlichen *wí·hăhn* (Altarraum) des Wat.

Essen

In Nakhon Pathom gibt's an der Straße zwischen dem Bahnhof und dem Phra Pathom Chedi den großartigen Don Wai Market (S. 160) mit vielen guten und günstigen Straßenimbisse und Restaurants.

An- & Weiterreise

Nakhon Pathom liegt 64 km westlich von Bangkok. Die Stadt hat keinen zentralen Busbahnhof, aber die meisten Transportmittel kommen in der Nähe des Marktes und des Bahnhofs an und fahren dort auch ab.

Am bequemsten und schnellsten kommt man von Bangkok nach Nakhon Pathom mit dem Minivan, Abfahrt am südlichen Busterminal (70 B, 1 Std, normalerweise 6–18 Uhr).

Außerdem gibt's den ganzen Tag über regelmäßige Zugverbindungen von Bangkoks Bahnhof Hua Lamphong (20–60 B, 1 Std.).

KURZ & BÜNDIG

EINWOHNER
20 Mio.

LÄNGE DER TODES-EISENBAHN
415 km (S. 199)

SCHÖNE STUPAS
Wat Phra Si Sanphet (S. 176)

SPANNENDES GESCHICHTS-MUSEUM
Thailand-Burma Railway Centre (S. 195)

FASZINIERENDER HÖHLENTEMPEL
Wat Ban Tham (S. 196)

REISEZEIT

Okt.–Jan. Das sind noch die „kühlsten" Monate.

Feb.–Juni
Heißeste Zeit. Im hochgelegenen Sangkhlaburi und in den Nationalparks der Umgebung kann man Luft holen.

Juni–Okt.
Willkommen in der Regenzeit. Ayutthaya und Lopburi liegen in der Ebene und bekommen so viel Regen und Hitze ab wie Bangkok.

Wat Tham Seua (S. 196), Kanchanaburi

Zentral-thailand

Die Vergangenheit ist allgegenwärtig in Zentralthailand. Ayutthaya, die alte Hauptstadt des Königreichs Siam, ist heute praktisch ein Freilichtmuseum mit unzähligen Tempeln und Ruinen. In Kanchanaburi erinnern bewegende Mahnmale an Tausende von Toten, die beim Bau der „Todeseisenbahn" im Zweiten Weltkrieg ums Leben kamen.

Eine große Attraktion ist auch die Natur. Die zerklüftete Berglandschaft in Kanchanaburi birgt viele spektakuläre Wasserfälle und eindrucksvolle Höhlen. Weiter im Norden leben an der Grenze zu Myanmar verschiedene Ethnien friedlich nebeneinander. Im schönen Sangkhlaburi lockt ein erfrischender See, im Thong Pha Phum National Park können Gäste in Baumhäusern übernachten.

Lopburi, die alte zweite Hauptstadt von Siam, ist eine herrliche Mischung aus Natur und Geschichte. Sie ist vor allem bekannt für die vielen Affen, die die alten Khmer-Tempel bevölkern.

Inhalt

Highlights

1. In **Ayutthaya** (S. 176) zwischen rätselhaften Ruinen und riesigen Buddha-Statuen herumradeln
2. **Kanchanaburi** (S. 193) Die grauenvolle Geschichte der „Todeseisenbahn“ erfahren
3. **Erawan National Park** (S. 204) Die sieben Stufen des Wasserfalls hinaufsteigen und in den tiefblauen Becken baden
4. **Prang Sam Yot** (S. 188) Lopburis berühmten Tempel aus dem 13. Jh. bewundern, der von Affenhorden bewacht wird
5. **River Resorts** (S. 208) In die schwimmenden Resorts inmitten der Wildnis von Nam Tok flüchten
6. **Saphan Mon** (S. 209) Von der längsten Holzbrücke Thailands auf den glasklaren See von Sangkhlaburi blicken
7. **E-Thong** (S. 207) Auf der steilen kurvenreichen Straße voller Schlaglöcher in das malerische Grenzdorf fahren

NAKHON SAWAN
PHETCHABUN
11
Sawang Arom
1/AH2
Hua Thanon
Phaisali
UTHAI THANI
Huay Thap Salao
Uthai Thani
Hang Nam
Tak Fa
333
32
Wong Sawang
Thung Men
Wat Sing
Ta Khli
Nong Muang
Chainat
11
Hua Chang
CHAI NAT
32
Ban Rai
Chang Thong
Prasuk
Ban Mi
LOP BURI
Hankha
1
Huay Taphoen
Krasiaw Reservoir
Singburi
Huay Krasiaw
SING BURI
Dan Chang
4 Lopburi
333
Sam Chuk
Nong Khon
SUPHAN BURI
32
ANG THONG
SARABURI
Sa Krachom
Ang Thong
Nong Ri
Suphanburi
Mae Nam Nakhon Nayok
32
U-Thong
1 Ayutthaya
Bo Phloi
340
PHRA NAKHON SI AYUTTHAYA
309
Thung Khok
Bang Pa In
PATHUM THANI
3358
Bang Sai
Lat Ya
323
Pathum Thani
2 Kanchanaburi
Kamphaeng Saen
Mae Nam Tha Chin
NAKHON PATHOM
NONTHABURI
Don Mueang International Airport
Dan Makham Tia
Nonthaburi
KRUNG THEP MAHA NAKHON
Nakhon Pathom
Nong Tak Ya
338
Thonburi
BANGKOK
4
Chom Beung
SAMUT PRAKAN
SAMUT SAKHON
4
Samut Prakan
RATCHABURI
Ratchaburi
Samut Sakhon

PROVINZ AYUTTHAYA

Ayutthaya

53 000 EW.

Die heutige Stadt (อยุธยา) ist übersät mit geheimnisvollen Tempelruinen, die von der Zeit als eine der wohlhabendsten und kosmopolitischsten Städte der Welt zeugen. Die alte Hauptstadt von Siam besaß zahlreiche vergoldete Tempel und kostbare Paläste, bis sie 1767 von den Birmanen erobert und zerstört wurde. Die Überreste erlauben dennoch einen faszinierenden Einblick in die Vergangenheit als blühendes Handels- und Kunstzentrum. Angesichts der meterhohen Stupas kann man sich leicht vorstellen, welchen atemberaubenden Anblick die Königsstadt einst geboten hat.

Sehenswertes

Auf der Insel

Die Insel bildete früher das Stadtzentrum. Heute befinden sich hier die wichtigsten Sehenswürdigkeiten von Ayutthaya, darunter die berühmten Tempel Wat Mahathat und Wat Phra Si Sanphet sowie zwei Nationalmuseen.

★ Wat Ratchaburana RUINE

(วัดราชบูรณะ; Th Chee Kun; 50 B, Ticket für 6 Tempel 220 B; ⏲8–18.30 Uhr; P) Der *prang* (Turm im Khmer-Stil) der großen Tempelanlage ist das auffälligste Gebäude der Stadt. An den Ecken stehen riesige Garuda-Statuen aus Gips, und der Tempel ist von kleineren Stupas umgeben. Wer nicht an Höhen- oder Platzangst leidet und auch mit Fledermäusen kein Problem hat, kann in den *prang* hineinklettern und Thailands größte Krypta besuchen. Ihre Wände sind mit verblichenen Buddha-Bildern aus der frühen Ayutthaya-Periode geschmückt.

Der Tempel wurde 1424 von König Borom Rachathirat II. als Grabmal für seine beiden Brüder errichtet, die sich gegenseitig im Kampf um den Thron getötet hatten.

★ Wat Phra Si Sanphet RUINE

(วัดพระศรีสรรเพชญ์; 50 B, Ticket für 6 Tempel 220 B; ⏲8–18.30 Uhr) In dieser bezaubernden Tempelruine bilden drei erhaltene Stupas einen der unvergesslichsten Anblicke Ayutthayas. Der im späten 15. Jh. erbaute Königstempel befand sich auf einem Palastgelände und war das Vorbild für den Wat Phra Kaew und den Königspalast in Bangkok. Der Tempel enthielt einst einen 16 m hohen stehenden Buddha (Phra Si Sanphet), der mit mindestens 143 kg Gold überzogen war. Er wurde von den birmanischen Eroberern eingeschmolzen.

Wat Mahathat RUINE

(วัดมหาธาตุ; Th Chee Kun; 50 B, Ticket für 6 Tempel 220 B; ⏲8–18.30 Uhr; P) Die meistfotografierte Attraktion Ayutthayas befindet sich in dieser Tempelanlage: Ein Buddha-Kopf aus Sandstein, der von dem Wurzelgeflecht eines Bodhi-Baumes umrankt ist. Der im Jahr 1374 während der Herrschaft von König Borom Rachathirat I. gegründete Wat Mahathat war Sitz des obersten Patriarchen und der bedeutendste Tempel des Königreichs. Der *prang* im Zentrum erhob sich einst 43 m in die Höhe, verfiel aber, lange bevor die Birmanen in die Stadt einfielen. Er wurde mehrere Male wieder aufgebaut und verfiel erneut im Jahr 1911.

Die in der Stupa-Ruine gefundenen Kostbarkeiten sind nun im Chao Sam Phraya National Museum (S. 177) zu sehen.

Der Tempel ist die meistbesuchte Sehenswürdigkeit in Ayutthaya. Deshalb sollte man entweder sehr früh oder sehr spät hierherkommen.

Ayutthaya Night Market NACHTMARKT

(อยุธยาไนท์มาร์เก็ต; Krung Sri Market; Th Si Sanphet; ⏲Fr–So 16.30–22 Uhr; P) GRATIS Neben einer unglaublichen Auswahl an Essen (darunter auch so exotische Dinge wie gebratene Schmetterlingserbsen) wird an den strohgedeckten Ständen auch Kunsthandwerk verkauft. Die Verkäufer tragen meist alte Trachten. Außerdem werden auf dem Markt auch Bootsfahrten angeboten, es gibt Musik und Schwertkämpfe (19 und 20.30 Uhr).

KOMBITICKET

Ein Pass für die sechs größten Ruinen kostet 220 B, ist 30 Tage gültig und kann an jeder Ruine gekauft werden. Er gestattet den Eintritt zum:

- Wat Ratchaburana (S. 176)
- Wat Phra Si Sanphet (S. 176)
- Wat Phra Ram (S. 177)
- Wat Mahathat (S. 176)
- **Wat Maheyong** (วัดมเหยงค์; Soi Wat Maheyong; 50 B; ⏲8–18 Uhr; P)
- Wat Chai Wattanaram (S. 179)

Wihan Phra Mongkhon Bophit BUDDHISTISCHER TEMPEL

(วิหารพระมงคลบพิตร; ⌚8–17 Uhr) GRATIS Neben dem Wat Phra Si Sanphet (S. 176) beherbergt dieses Heiligtum eine der größten bronzenen Buddha-Statuen Thailands. Die 12,5 m (mit Sockel 17 m) hohe Figur stammt vermutlich aus dem 15. Jh. und ist mit Gold überzogen. Sie wurde um 1700 durch ein Feuer, das durch einen Blitzeinschlag verursacht wurde, schwer beschädigt. Weitere Schäden entstanden, als die Birmanen in die Stadt einfielen. Im 20. Jh. wurden der Buddha und das Gebäude restauriert, sie sind heute die wichtigsten Sehenswürdigkeiten in Ayutthaya.

1956 spendete der birmanische Premierminister 200 000 Baht für die Restaurierung des Gebäudes als Wiedergutmachung für die Zerstörung der Stadt vor 200 Jahren.

Wat Lokayasutharam RUINE, STATUE

(วัดโลกยสุธาราม; abseits der Th Khlong Thaw; ⌚tagsüber; P) GRATIS Vor dem Tempel mit dem gefährlich schiefen *prang* aus der frühen Ayutthaya-Zeit liegt ein 42 m großer Buddha. Der 1954 restaurierte Buddha ist eine wichtige Pilgerstätte für die Thais.

Aufdringliche Verkäufer bieten Lotusblüten als Opfergabe an.

Million Toy Museum MUSEUM

(พิพิธภัณฑ์ล้านของเล่นเกริกยุ้นพันธ์; ☎081 890 5782; www.milliontoymuseum.com; Th U Thong; 50 B; ⌚Di–Fr 9.30–16, Sa & So 9.30–17 Uhr; P) Tausende Spielzeuge aus allen Epochen sind in diesem Privatmuseum zu sehen. Die Ausstellungsstücke sind bunt zusammengewürfelt: So stehen seltene Porzellan-Elefanten und japanische *kokeshi*-Holzpuppen neben aufziehbaren Robotern und alten Rennautos, billigen Nikolaus- und Shrek-Figuren. Doch es ist nicht nur Spielzeug zu sehen. Die riesige Sammlung enthält auch alte Keramiken und Kokosmesser.

Chao Sam Phraya National Museum MUSEUM

(พิพิธภัณฑสถานแห่งชาติเจ้าสามพระยา; ☎035 241587; Th Rotchana; 150 B; ⌚Di–So 9–16 Uhr; P) Prachtstück des besten Museums in Ayutthaya ist der königliche Goldschatz (Schmuck, Haushaltsutensilien, Votivbilder und Spucknäpfe), der in den Krypten der Tempel Wat Mahathat (S. 176) und Wat Ratchaburana (S. 176) gefunden wurde. Außerdem sind wunderbar geschnitzte Teakholztüren und zahllose Buddha-Statuen (die teilweise aus dem 7. Jh. stammen) zu sehen.

INSIDERWISSEN

TEMPELETIKETTE

Ayutthayas Ruinen sind Symbole des Königtums und der Religion, den beiden Grundlagen der thailändischen Gesellschaft. Deshalb sollte man sie mit Respekt besuchen. Das bedeutet: keine Selfies mit dem Kopf über dem Kopf Buddhas oder anstelle eines fehlenden Buddha-Kopfes. Nur wenn es ausdrücklich erlaubt ist, sollte man in einem Stupa nach oben klettern. Ansonsten dürfen die Ruinen nicht betreten werden.

In einem zweiten Gebäude dahinter wird die Geschichte der thailändischen Töpferei von uralten Figuren bis zum modernen Keramikgeschirr präsentiert.

In dem Holzhaus zwischen den beiden Gebäuden werden Wechselausstellungen gezeigt. Das Museum soll demnächst um weitere Kunstwerke aus Ayutthayas Tempel erweitert werden.

In den vielen Teichen der Anlage leben riesige Wasserwarane.

Wat Phra Ram RUINE

(วัดพระราม; abseits der Th Naresuan; 50 B, 6-Tempel-Ticket 220 B; ⌚8–18.30 Uhr P) Obwohl er nicht besonders gut erhalten ist, lohnt der hohe zentrale *prang* (Turm im Khmer-Stil) in diesem Wat einen Besuch. Der Tempel wurde vermutlich 1369 an der Stelle erbaut, wo König U Thong (der erste König des Ayutthaya-Reichs) eingeäschert worden ist. Einzelheiten der Tempelgeschichte sind jedoch unklar. Er lockt auch nur wenige Besucher an.

Thai Boat Museum MUSEUM

(พิพิธภัณฑ์เรือไทย; ☎035 241195; www.thaiboatmuseum.com; Th Ho Rattanachai; Eintritt gegen Spende; ⌚Di–So 9.30–12 & 13–16.30 Uhr) Wer glaubt, ein Gewürzboot von einem *sam pan* unterscheiden zu können, sollte sich dieses interessante kleine Privatmuseum nicht entgehen lassen, das vollgestopft ist mit Holzbooten (echte und Modelle). Viele dieser Boote kann man heute noch auf Ayutthayas Flüssen sichten. Man muss an der Tür läuten, um eingelassen zu werden.

Ayutthaya Tourist Center MUSEUM

(ศูนย์ท่องเที่ยวอยุธยา; ☎035 246076; Th Si Sanphet; ⌚8.30–16.30 Uhr; P) GRATIS Bevor man zu den Ruinen aufbricht, sollte man unbedingt

Ayutthaya

0
1 km
Chedi Phu Khao Thong (850 m)
Th Ayutthaya – Pa Mok
Hua Ro Market (300 m)
Ko Loi
Immigration
Th Dusit
Mae Nam Lopburi
Th U Thong
Th Pamaphrao
Naresuan Soi 2
Mae Nam Pa Sak
Ayutthaya Historical Park
Wat Ratchaburana
Wat Phra Si Sanphet
Th Naresuan
Soi 6
Th Ho Rattanachai
Soi 2
Bahnhof
Northern Bus Terminal
(5 km)
Chao Phraya
Wat Tha Ka Rong
Beung Phra Ram
Th Chee Kun
Th Bang Ian
Th Khlong Makhamriang
Pa Thon Soi 4
Th Pa Thon
Th Rotchana
Saphan Pridi Damrong
Th Khlongtho
Th Si Sanphet
Th Watkluay
Somdet Phra Sri Nakharin Park
Phra Nakorn Si Ayutthaya Hospital
Wat Chai Wattanaram
Bang Pa In (25 km)

Ayutthaya

Highlights
1 Wat Chai Wattanaram A4
2 Wat Phra Si Sanphet C2
3 Wat Ratchaburana D2
4 Wat Tha Ka Rong A2

Sehenswertes
5 Ayutthaya Night Market C3
6 Ayutthaya Tourist Center C3
7 Baan Hollanda F4
8 Chao Sam Phraya National Museum ... D3
9 Million Toy Museum B1
10 Pom Phet Fort E3
11 St. Joseph B4
12 Thai Boat Museum E2
13 Wat Lokayasutharam B2
14 Wat Mahathat D2
15 Wat Na Phra Men C1
16 Wat Phanan Choeng F4
17 Wat Phra Ram C2
18 Wat Phutthai Sawan C4
19 Wihan Phra Mongkhon Bophit C2

Aktivitäten, Kurse & Touren
20 Ayutthaya Boat & Travel E3
21 Recreational Ayutthaya Biking F1
22 Tour With Thai F1

Schlafen
23 Ayothaya Riverside House A3
24 Baan Are Gong F2
25 Baan Boonchu E2
26 Baan Bussara F2
27 Baifern C4
28 Chantana House F1
29 Nakara Hostel E2
30 Sala Ayutthaya C4
31 Tamarind Guesthouse E2
32 Tony's Place F1

Essen
33 Ban U-Thong E3
34 Bang Ian Night Market E2
35 Coffee Old City E2
36 Earl Restaurant E2
37 Gai Yang Mae Pong Sri F1
38 Lung Lek D1
39 Malakor D1
40 Pae Krung Gao F3
41 Roti-Săi-Măi-Stände C4
42 Sainam Pomphet F3
43 Talat Nam Wat Tha Ka Rong A2
Tony's Place .... (s. 32)

Ausgehen & Nachtleben
44 Coffee House E2

Praktisches
Tourism Authority of Thailand .... (s. 6)

Transport
45 Busfahrkartenschalter E2
46 Minivan-Haltestelle F2
47 Minivans nach Bangkok E2
48 Pak Khlong Tho C4

die Ausstellung im ehemaligen Rathaus der Stadt besuchen. Sie erzählt die Geschichte und Kultur des Königreichs Ayutthaya von den Anfängen bis in die Gegenwart. In einem Raum ist das Ayutthaya National Art Museum untergebracht, in dem Wechselausstellungen stattfinden.

Im Untergeschoss befindet sich die Touristeninformation (S. 185).

Pom Phet Fort — RUINE

(ป้อมเพชร; Th U Thong) GRATIS Die 6,5 m hohen und 14 m dicken Mauern der Festung von 1580 waren einst die vorderste Verteidigungslinie der Insel. Obwohl sie stark verwittert sind, geben sie doch ein tolles Fotomotiv ab und bieten einen schönen Ausblick auf den Fluss.

Außerhalb der Insel

Auch wenn diese Seite des Flusses wesentlich weniger Besucher anzieht als die Insel, stehen hier doch einige der schönsten Tempel von Ayutthaya, wie der Wat Yai Chai Mongkhon und Wat Chai Wattanaram. Sie alle sind gut mit dem Fahrrad zu erreichen.

Die Tempel sind auch gut bei den abendlichen Bootstouren (S. 182) um die Insel zu sehen.

★ Wat Chai Wattanaram — RUINE

(วัดไชยวัฒนาราม; Rte 3469; 50 B, 6-Tempel-Ticket 220 B; ⌚8–18.30 Uhr; P) Dieser Tempel ist Ayutthayas beeindruckendste Sehenswürdigkeit. Er hat einen 35 m hohen zentralen *prang* (Turm im Khmer-Stil) und ist sehr gut erhalten. Besonders in der Morgendämmerung und bei Sonnenuntergang ist er ein prachtvoller Anblick. Auf den stark erodierten Relieftafeln auf der Rückseite der Stupas rund um den Tempel sind die Szenen aus Buddhas Leben noch gut zu erkennen.

König Prasat Thong erbaute den Tempel zu Ehren seiner Mutter, und die Ähnlichkeit mit Angkor Wat in Kambodscha ist durchaus gewollt. Der Bau begann 1630 und wurde erst 30 Jahre später beendet.

Der Tempel liegt gegenüber der südwestlichen Ecke der Insel.

★ Wat Yai Chai Mongkhon
BUDDHISTISCHER TEMPEL

(วัดใหญ่ชัยมงคล; Rte 3477; 20 B; ⌚6–18 Uhr; P) Die fotogene Ruine 2 km südöstlich der Insel beeindruckt vor allem durch den 60 m hohen glockenförmigen *chedi* (Stupa), unter dem sich eine Krypta befindet. Dort werfen die Besucher Münzen in einen Eimer, um Glück zu haben. Draußen kann man durch die wunderbar gestalteten Gärten spazieren und die vielen kleineren Stupas und Buddha-Statuen bewundern.

In dem 1357 von König U Thong erbauten Tempel lebten einst Mönche nach ihrer Priesterweihe in Sri Lanka. Nach seinem Sieg über die Birmanen fügte König Naresuan 1593 den fantastischen *chedi* hinzu. Seitdem heißt er „Tempel des glorreichen Sieges".

Wat Na Phra Men
BUDDHISTISCHER TEMPEL

(วัดหน้าพระเมรุ; Tambon Lum Phli; 20 B; ⌚tagsüber; Gebäude 8–17 Uhr; P) Der Tempel beherbergt einen wunderbaren 6 m hohen Buddha, der von rotbraunen Säulen umgeben ist. Er ist einer der wenigen Tempel, die der birmanischen Zerstörungswut 1767 entgingen, denn er diente als Hauptquartier und Waffenlager der birmanischen Armee. Der *bòht* (Ordinationshalle) des immer noch bewohnten Tempels ist wesentlich größer als heutzutage üblich. Die Buddha-Statue trägt „königliche" Gewänder, die auf die späte Ayutthaya-Zeit verweisen. Im Gegensatz zur englischen Hinweistafel ist der Buddha aber nicht aus Gold, sondern aus Bronze.

★ Wat Tha Ka Rong
BUDDHISTISCHER TEMPEL

(วัดท่าการ้อง; ⌚5–18 Uhr; P) GRATIS Mit animierten Geistern, überlebensgroßen Krähen und glühenden Buddhas wirkt der gruselige und zugleich verspielte Tempel eher wie ein Umzugswagen beim Karneval. Er enthält Hunderte von buddhistischen, hinduistischen und animistischen, auch einfach nur witzigen Statuen. So sind die Geisterfiguren mit Bewegungsmeldern ausgestattet und legen die Hände zum *wâi* (Thaigruß) zusammen, sobald ein Besucher vorbeigeht. Der Tempel befindet sich nordwestlich der Insel.

Am Wochenende findet ganz in der Nähe ein schwimmender Markt statt (S. 184).

> **i VERHALTEN GEGENÜBER ELEFANTEN**
>
> Bei den großen Tempeln von Ayutthaya werden kurze Elefantenritte angeboten. Wir raten dringend davon ab, denn diese Ritte sind für die Elefanten nicht artgerecht.

Wat Phutthai Sawan
BUDDHISTISCHER TEMPEL

(วัดพุทไธศวรรย์; Rte 3469; ⌚Tempel tagsüber, Prang 8–17.30 Uhr; P) GRATIS Stimmungsvolle Ruinen und lebhaften Tempelkult kann man im Wat Phutthai Sawan erleben. König U Thong ließ den Tempel 1353 am Südufer des Chao Phraya errichten. Hier lebte er mit seinem Hof, bevor er die Stadt auf der Insel gründete. Es ist einer der wenigen Tempel, die nicht von den Birmanen zerstört wurden. Und so ragt der schneeweiße *prang* aus der späten Ayutthaya-Zeit immer noch stolz über den ältesten Teil des Tempels hinaus. Nachts wird er wunderbar beleuchtet.

Im Inneren des *prang* befinden sich ein großes Reliquiengewölbe, ein liegender Buddha und unzählige Fledermäuse. Wer den Turm hinaufsteigt, sollte deshalb unbedingt Schuhe tragen.

Rund um den *prang* stehen goldene Buddhas auf Mosaiksockeln. Östlich davon befindet sich eine weitere Ruine, in der ein imposanter Stein-Buddha liegt.

Westlich des Säulengangs (zwischen dem modernen *prang* und den Königsstatuen) steht der massive braun-weiße Abtpalast. Im oberen Stockwerk sind verblasste Wandmalereien aus dem 17. Jh. zu sehen.

Wat Phanan Choeng
BUDDHISTISCHER TEMPEL

(วัดพนัญเชิง; Rte 3477; 20 B; ⌚tagsüber, Gebäude 8–17 Uhr; P) Der belebte Tempel wurde vermutlich 1324 errichtet (also 26 Jahre vor der Gründung Ayutthayas). Mittendrin erhebt sich der 19 m hohe Phra Phanan Choeng-Buddha (alias Luang Po To). Der riesige Buddha sitzt im meterhohen *wí·hăhn* (Heiligtum). Die Wände sind mit 10 800 kleinen Buddha-Bildern geschmückt.

Die Gebäude vor der Halle sind mit historischen Wandmalereien geschmückt. Am Fluss befinden sich noch drei farbenfrohe chinesische Schreine und ein Steg, auf dem man Fische füttern kann.

St. Joseph
KIRCHE

(วัดนักบุญยอแซฟ; www.jsyutya.com; Rte 3469; ⌚8–17 Uhr; P) GRATIS 1673 überließ König Narai den Franzosen das Land neben der christlich-vietnamesischen Siedlung und spendete Geld für den Bau der ersten St.-Joseph-Kirche. An die Stelle dieser ersten Holzkirche wurde schon bald eine Backsteinkirche

AYUTTHAYAS AUSLÄNDISCHE VIERTEL

Zwei Gründe, warum Ayutthayas Herrscher so erfolgreich waren, waren ihre gewandte Diplomatie und ihre Toleranz gegenüber anderen Kulturen und Religionen. Zu Hochzeiten lebten hier mehr als 40 verschiedene ethnische Gruppen. Menschen aus umliegenden Orten – Mon, Lao und Khmer, aber auch Chinesen – lebten mehr oder weniger frei mitten unter den Einheimischen. Alle, die von weither kamen, etwa Inder, Perser, Javaner und Malaien, erhielten Land vom König (meist im Süden der Insel), damit sie eigene Siedlungen errichten konnten.

Baan Hollanda (บ้านฮอลันดา; ☎035 245683; www.baanhollanda.org; Soi Khan Rua, Mu 4; ⌚Mi–So 9–16 Uhr; Ⓟ) In dem winzigen „Holländerhaus" ist eine kleine, informative Ausstellung zur Geschichte der Holländer in Thailand von 1604 bis heute. Damals kam die Niederländische Ostindienkompanie (VOC) nach Ayutthaya. Hinter dem Haus sind die ausgegrabenen Fundamente des zweiten Handelsbüros von 1634 zu sehen. In der Bootswerft daneben sind klassische Holzboote ausgestellt.

Das englische Dorf war südlich von hier, es gab auch ein chinesisches Dorf, doch von beiden ist nichts mehr erhalten.

Japanisches Dorf (หมู่บ้านญี่ปุ่น; ☎035 259867; 25/3 Mu 7, Tambon Kohrian; Erw./Student 50/20 B; ⌚Mo–Fr 9.30–18, Sa & So 8.30–18 Uhr; Ⓟ) Das kleine Museum inmitten gepflegter, von Frangipani gesäumten Gärten erzählt die Geschichte der etwa 1500 Japaner, die hier im 17. Jh. eine Siedlung errichteten. Einige waren Kaufleute, die meisten waren Christen, die vor der Verfolgung in ihrer Heimat flohen. In den beiden Sälen wird auch ein Film gezeigt.

Portugiesisches Dorf (หมู่บ้านโปรตุเกส; Rte 3469; ⌚9–16 Uhr; Ⓟ) Die Portugiesen waren im 16. Jh. die ersten Europäer, die sich in Ayutthaya niederließen. Auf dem ehemaligen Friedhof sind Überreste von Skeletten zu sehen. Ursprünglich waren mehr als 200 Portugiesen und konvertierte Christen hier begraben. Hinter dem Friedhof befinden sich die Fundamente der **Kirche San Petro** von 1540, der ersten Kirche, die in Thailand errichtet wurde.

Hinter dem Haus steht auch ein Geisterhäuschen im thailändischen Stil mit den Figuren der Heiligen Josef und Paulus.

gebaut, die aber die Birmanen zerstört haben. Die heutige dunkelgelbe Kirche im romanischen Stil wurde 1891 fertiggestellt.

Rund um die Kirche herum leben viele Katholiken.

Feste & Events

Wai Kru Muay Thai Ceremony KULTUR
(⌚Mitte März) Jedes Jahr strömen die Fans nach Ayutthaya, um den berühmten Thaiboxern zu huldigen. Die Besucher können bei *moo·ay tai*-Wettkämpfen zuschauen, selbst Unterricht nehmen, die Herstellung der Schwerter beobachten und der heiligen Wai-Kru-Zeremonie beiwohnen, in der die Boxer ihren Lehrern danken.

Ayutthaya World Heritage Fair LICHTSHOW
(⌚Dez. oder Jan.) Höhepunkt der Veranstaltung Mitte Dezember sind die Sound-and-Light-Shows (200–500 B) im Wat Mahathat (S. 176). Auch die anderen Tempel und Gebäude werden wunderbar beleuchtet.

Schlafen

Ayutthaya hat Unterkünfte für jeden Geldbeutel zu bieten. Die meisten Backpacker buchen ein Zimmer in der Naresuan Soi 2 (auch „Soi Farang" genannt), doch es gibt auch gute Hostels und preiswerte Pensionen auf der Insel. Die Unterkünfte im Westen der Insel sind nicht so günstig gelegen, dennoch sehr schön, wenn man nichts gegen den Lärm der gelegentlich vorbeifahrenden Boote hat.

★ **Ayothaya Riverside House** PENSION $
(☎081 644 5328; www.facebook.com/ayothayariversidehouse; 17/2 Mu 7, Tambon Banpom; DZ/FZ ohne Bad 400/1200 B, DZ auf dem Boot 1500 B; Ⓟ❄📶) Die wunderbare Pension am westlichen Ufer des Chao Phraya bietet schöne Zimmer mit Ventilatoren, Moskitonetzen und Gemeinschaftsbad im Holzhaus oder mit Satin und Holz ausgestattete Zimmer mit Klimaanlage auf einem klassischen Holzboot.

GEFÜHRTE TOUREN

Viele Pensionen organisieren Führungen durch die Dörfer, eine größere Auswahl und Flexibilität bieten aber Agenturen wie **Tour with Thai** (☎086 982 6265, 035 958226; http://tour-with-thai.business.site; Naresuan Soi 2; ⏲8.30–19 Uhr).

Das beste Angebot ist eine zweistündige Bootsfahrt am Nachmittag (200 B pro Pers.). Nach der Umrundung der Insel werden die Tempel Wat Phanan Choeng (S. 180), Wat Phutthai Sawan (S. 180) und Wat Chai Wattanaram (S. 179) besichtigt. Es ist eine bequeme, wenn auch hektische Art, die drei großartigen Tempel zu besuchen. Alternativ kann man ein Boot mieten (ab 700 B pro Std.) und die Tempel auf eigene Faust besuchen. Die Boote bekommt man bei Unternehmen mit der Aufschrift „Boat trip" im Nordosten der Insel neben dem Immigration Office (S. 185).

Ayutthaya Boat & Travel (☎081 733 5687; www.ayutthaya-boat.com; Ecke Th Chee Kun & Th Rotchana; ⏲Mo–Sa 9–17 Uhr) bietet Bootsfahrten auf einem ehemaligen Reisfrachter mit Mittag- oder Abendessen sowie mehrtägige Rad- und Bootstouren mit Übernachtung bei Gastfamilien an.

Recreational Ayutthaya Biking (☎021 072500; www.ayutthayabiking.com; 141 Mu 1, Rte 3053; ⏲8–17 Uhr) organisiert Radtouren.

Private Führungen durch die Ruinen bietet der sehr empfehlenswerte **Mr Pok** (☎081 253 9037; 300 B pro Std.) an.

Die Besitzer sind superfreundlich. Die Umgebung ist ein bescheidenes Wohnviertel jenseits der Insel, in das sich keine Touristen verirren. Die Hauptsehenswürdigkeiten der Stadt sind jedoch gut mit dem Fahrrad zu erreichen.

Nakara Hostel HOSTEL $
(☎086 428 9246; www.facebook.com/nakarahostelayutthaya; Th Bang Ian; B 200–230 B, DZ mit Gemeinschaftsbad 550 B; ❄📶) Das neue Hostel liegt sehr zentral zwischen dem Historical Park und der Soi Farang. Es ist blitzsauber, und der freundliche Besitzer tut alles für seine Gäste. Die Schlafsäle haben sechs oder zehn Betten und abschließbare Schränke. Die Zimmer sind zwar schön, aber überteuert.

Baan Are Gong PENSION $
(☎081 595 3018, 087 107 0745; siriratsantitr@yahoo.co.th; Soi Tambon Kramang; DZ/3BZ/FZ mit Klimaanlage 600/750/1400 B, DZ/3BZ mit Gemeinschaftsbad & Ventilator 400/600 B; ❄📶) Die Pension ist zwei Minuten vom Bahnhof entfernt am östlichen Ufer des Pasak. Die Zimmer mit knarrenden Böden und viel Charakter befinden sich in einem 100 Jahre alten Teakhaus. Weder die traditionellen Zimmer im Obergeschoss noch die modernen im Erdgeschoss sind schallisoliert, doch sie sind sehr sauber, und auf der Holzterrasse kann man herrlich entspannen.

Chantana House PENSION $
(☎089 885 0257, 035 323200; chantanahouse@yahoo.com; 12/22 Naresuan Soi 2; DZ mit Ventilator/Klimaanlage 400/500–550 B; P❄📶) Die einfachen, blitzsauberen Zimmer in einem umgebauten Wohnhaus bieten wahrscheinlich das beste Preis-Leistungs-Verhältnis der gesamten Backpackermeile. Das Personal ist freundlich, spricht aber kaum Englisch.

★ **Ban Boonchu** PENSION $$
(☎095 548 4662; 19/5 Pa Thon Soi 4; 2BZ/3BZ inkl. Frühstück 1000/1400 B; P❄📶) Die bezaubernde Kittiya vermietet in ihrem Holzhaus drei Zimmer, die heimelig, gemütlich und voll historischem Charme sind. Es ist eine der freundlichsten Unterkünfte und sehr günstig gelegen, um die Ruinen zu besuchen.

★ **The Treehouse** PENSION $$
(☎081 627 6455; https://the-tree-house-organicfarm.business.site/; Mu 6, Ban Koh; Zi. inkl. Frühstück 900–1200 B; P📶) 🍃 Die sehr spezielle Unterkunft 4 km nördlich der Insel ist vor allem für Abenteuerlustige geeignet. Es gibt drei Zimmer und eine riesige Terrasse. Die Verbindungsbrücke zwischen ihnen ist aus Holz, eines der Zimmer ist tatsächlich in einem Baumhaus. Die Zimmer sind klein und einfach mit Stockbetten oder Matratzen auf dem Boden und Außenbädern.

Die Zutaten für das Frühstück kommen aus dem Biogarten der freundlichen Besitzerin. Außerdem kann man im Mae Lam Lopburi schwimmen oder mit dem Kajak fahren.

Man muss mindestens zwei Nächte bleiben und unbedingt vorher reservieren.

★ **Tamarind Guesthouse** PENSION $$
(☎089 010 0196, 081 655 7937; www.facebook.com/tamarindthai; unweit Th Chee Kun; DZ & 2BZ 650–900 B, FZ 1200 B; ❄📶) Der Service in dieser Pension, die sich in einem hübschen Holzgebäude befindet, könnte nicht freundlicher sein. Das Gebäude versteckt sich an einer zwielichtigen Straße gegenüber dem Wat Mahathat (S. 176) und verströmt trotz der Nähe zu bedeutenden Sehenswürdigkeiten das Flair eines heimeligen Rückzugsorts. Wie in vielen Holzhäusern knarzen die Böden, und die dünnen Wände eignen sich nicht unbedingt für Gäste mit leichtem Schlaf. Die traditionelle Deko (buntes Glas und Holz) ist aber mehr als ein Ausgleich.

★ **Baifern** PENSION $$
(☎035 242051; www.baifernhomestay.com; Th Khlongtho; DZ & 2BZ inkl. Frühstück 1200–1750 B; P❄📶) Eine der stilvollsten Pensionen in Ayutthaya. Die Zimmer bieten Platz für bis zu vier Personen; die Preise hängen von der Größe ab. Sie sind mit traditionellen Stoffen und antik wirkenden Möbeln ausgestattet. Es gibt einen einladenden Aufenthaltsraum und einen Garten, in dem Katzen leben (leider auch viele Moskitos). Vor Ort gibt es außerdem ein Restaurant (Hauptgerichte rund 120 B), das leckere Thaigerichte serviert.

Baan Bussara PENSION $$
(☎081 655 6379, 086 344 6186; www.facebook.com/Baanbussara; Th Bang Ian; Zi. 650 B; ❄📶) Die Pension in ruhiger Lage zwischen der Soi Farang und dem Bang Ian Night Market (S. 184) ist eine der besten in dieser Preisklasse. Die freundlichen Besitzer sind sehr aufmerksam, die großen Zimmer sauber, gemütlich und mit Kühlschrank und Schreibtisch ausgestattet.

Tony's Place PENSION $$
(☎035 252578; www.facebook.com/TonysPlaceBedBreakfast; Naresuan Soi 2; DZ/FZ mit Klimaanlage 600–850/1200–1500 B, DZ mit Ventilator und Gemeinschaftsbad/eigenem Bad 200/400 B; ❄📶🏊) Mit den großen charaktervollen Zimmern ist die Pension ideal für Luxus-Backpacker und Familien. Es gibt auch einen kleinen Swimmingpool und ein großes **Restaurant** (Naresuan Soi 2; Hauptgerichte 70–590 B; ⏲8–22 Uhr; 📶✍) im Freien, in dem man gut andere Traveller kennenlernen kann. Die schönsten Zimmer sind im Obergeschoss, die billigsten Zimmer im Anbau sehr einfach.

Die Pension ist auch ideal für Nachtschwärmer, denn gleich um die Ecke gibt's jede Menge Bars.

Sala Ayutthaya BOUTIQUEHOTEL $$$
(☎035 242588; www.salaayutthaya.com; 9/2 Th U Thong, Mu 4; DZ inkl. Frühstück 5870–11 680 B; P❄📶🏊) Beim Eintreten erinnert das Sala Ayutthaya dank der labyrinthartigen Backsteinalkoven, die in schneeweiße, mit Holz dekorierte Zimmer führen, und des minimalistischen Pool- und Spa-Bereichs an einen Wat. Das hervorragende (aber teure) Restaurant und auch einige Zimmer bieten Ausblick auf den Wat Phutthai Sawan (S. 180) auf der anderen Seite des Flusses. Besonders magisch ist der Ausblick nachts, wenn der Wat angestrahlt wird.

Essen

Der jahrhundertelange Einfluss ausländischer Kaufleute führte zu einer äußerst vielseitigen Küche in Ayutthaya. Zu den typischen Gerichten zählen Flussgarnelen, *roti săi măi* (mit Zuckerwatte gefüllte Crêpes) und „Bootsnudeln" (*gŏo·ay đĕe·o reu·a;* Nudelsuppe mit Schweinefleisch in einer Brühe, manchmal aus Soja und Schweineblut). Die Restaurants am Fluss sind meist ziemlich teuer, bieten aber hohe Qualität bei tollem Ausblick.

Earl Restaurant THAI $
(Th Naresuan; Hauptgerichte 45–80 B; ⏲8–22 Uhr; ✍) Frisches, geschmackvolles Essen, günstige Preise und der Blick auf den Wat Mahathat sind ideal für ein leckeres Mittag- oder Abendessen. Und während man *gaang gà·tí* (rotes Curry) oder *lâhp* (gewürzter Hackfleischsalat) genießt, erfährt man vom Earl alles Wissenswerte über Ayutthaya.

Sainam Pomphet THAI $
(Th U Thong; Hauptgerichte 70–400 B; ⏲10–22 Uhr; P📶) Die Spezialität in diesem hervorragenden Restaurant am Fluss sind *pàt pŏng gà·rèe* (Spinnenkrabben), die hier entweder gedämpft oder in Curry gebraten serviert werden. Gedämpfte Fischgerichte (in einer Terrine) sind ebenfalls beliebt. Wer keine Meeresfrüchte mag, kann sich an verschiedenen anderen Thaigerichten gütlich tun – einen Versuch wert sind die Ananas-Spareribs oder der scharfe Froschsalat.

Die Tische draußen stehen direkt am Wasser, und jeden Abend gibt's Livemusik. Alles in allem ein typisch thailändisches Restaurant.

Malakor THAI $
(www.facebook.com/papayayoda; Th Chee Kun; Hauptgerichte 70–380 B; ⌚Restaurant 10.30–22, Café 8–20 Uhr; 📶🖉) Das Restaurant in einer Holzhütte ist zwar sehr touristisch, serviert dennoch authentische Thaiküche wie Wels-Curry, *pàd gàprow gài* (Hähnchen mit Basilikum) und auch westliche Gerichte. Wer es nicht ganz so scharf mag, muss Bescheid sagen. Das Personal ist extrem langsam.

Im Café im Untergeschoss gibt's guten Latte und eisgekühlten Kaffee mit Brownies oder Blaubeerkuchen.

Bang Ian Night Market NACHTMARKT $
(Th Bang Ian; Hauptgerichte ab 30 B; ⌚16.30–22 Uhr; 🅿) Der große, lebhafte Nachtmarkt in der gleichnamigen Straße bietet von gebratenem Fisch bis zu gegrillten Bananen alles, was man für ein leckeres Abendessen braucht. Am östlichen Ende stehen sogar ein paar Tische bereit.

Lung Lek NUDELN $
(Th Chee Kun; Hauptgerichte 20–50 B; ⌚Mo–Fr 8–16, Sa & So 8–16.30 Uhr) Das winzige, von den Einheimischen heiß geliebte Lokal serviert die besten *gŏoay đĕeo reua* („Bootsnudeln") der Stadt. „Onkel Lek" gibt's schon seit vier Jahrzehnten.

Gai Yang Mae Pong Sri THAI $
(Th Pamaphrao; Hauptgerichte 40–80 B; ⌚8.30–17 Uhr) Das winzige Isan-Restaurant (nordostthailändische Küche) in einer Seitenstraße der Soi Farang serviert seit vier Jahrzehnten scharfen *sôm·đam* (Papayasalat) und saftiges *gài yâhng* (mariniertes und gegrilltes Hähnchen).

Auf der englischen Speisekarte stehen auch einige Gerichte aus Zentralthailand.

Coffee Old City CAFÉ $
(Th Chee Kun; Hauptgerichte 59–129 B; ⌚Mo–Sa 8–17.30 Uhr; 📶🖉) In dem Café gegenüber dem Wat Mahathat (S. 176) läuft die Klimaanlage immer auf höchster Stufe. So kann man hier eine erfrischende Pause bei der Tempelbesichtigung einlegen. Es gibt Nudelsuppe mit Shrimps, belegte Croissants, scharfe *kêe mow*-Spaghetti und natürlich zahllose Kaffeespezialitäten. An den Wänden stehen Schränke mit traditioneller Thaikunst.

Talat Nam Wat Tha Ka Rong MARKT $
(Hauptgerichte ab 20 B; ⌚Sa & So 8–17 Uhr; 🅿) Auf diesem schwimmenden Markt werden nicht nur Lebensmittel, sondern auch fertige Gerichte angeboten. Einen freien Platz zum Verzehr zu finden ist allerdings nicht ganz einfach. Die Boote liegen auf dem Chao Phraya hinter dem Wat Tha Ka Rong (S. 180).

Roti-Săi-Măi-Stände DESSERTS $
(Th U Thong; ab 35 B; ⌚6–23 Uhr) Das Dessert *roti săi măi* (Zuckerwatte-*roti*) wurde in Ayutthaya erfunden und wird in der ganzen Stadt verkauft. Die Stände vor dem Krankenhaus sind besonders berühmt.

Gebrauchsanweisung: Man kaufe eine Tüte, rolle die dünnen Fäden aus geschmolzenem Palmzucker zusammen und lege sie in einen süßen Teigfladen.

★ **Pae Krung Gao** THAI $$
(Th U Thong; Hauptgerichte 60–700 B; ⌚10–20 Uhr; 🅿📶) Das völlig überladene Restaurant serviert beste Thaiküche. Besonders beliebt scheinen die gegrillten Flussgarnelen zu sein, doch auch das *gaang kĕe·o wăhn* (grünes Curry) und der Lotusstängel-Salat sind sehr lecker.

Ban U Thong THAI $
(Th U Thong; Hauptgerichte 80–390 B; ⌚10–21.30 Uhr; 📶) Dies ist eines der vielen Flussrestaurants mit Terrasse direkt am Mae Nam Chao Phraya. Es hat sich auf Meeresfrüchte spezialisiert wie gegrillte Flussgarnelen und gebratenen Fisch, serviert aber auch guten *sôm·đam* (würziger Papayasalat), scharfes *gaang Ъàh* (Waldcurry) und guten Bananenblüten-Salat.

Ausgehen & Nachtleben

Die meisten Reisenden besuchen die Bars in der Naresuan Soi 2 (Soi Farang). Eine typisch thailändische Bar mit allabendlicher Livemusik ist das **Coffee House** (Th Naresuan; ⌚18–24 Uhr; 📶) – trotz des unpassenden Namens.

Praktische Informationen

GELD

Auf der Insel gibt's mehrere Banken in der Th Naresuan. Die **Krungthai Bank** (KTB; Erdgeschoss des Amporn Department Store, Th Naresuan; ⌚10–13 & 14–17.30 Uhr) im Kaufhaus Amporn hat auch eine Wechselstube, die am Wochenende geöffnet hat. Die Banken mit umfassendem Service auf oder in der Nähe der Insel sind abends und am Wochenende geschlossen. Die Filialen im Einkaufszentrum **Ayutthaya City Park** (www.ayutthayacitypark.com; Hwy 32; ⌚So–Do 10–21, Fr & Sa 10–22 Uhr; 📶) sind dagegen geöffnet.

IMMIGRATION

Immigration Office (☎035 328411; Th U Thong; ⌚Mo–Fr 8.30–12 & 13–16.30 Uhr)

MEDIZINISCHE VERSORGUNG

Phra Nakorn Si Ayutthaya Hospital (☎035 211888; www.ayhosp.go.th/ayh; Th U Thong) Das staatliche Krankenhaus beim Historical Park hat eine Notfallambulanz.

Rajthanee Hospital (☎035 335555; www.rajthanee.com; Hwy 309) Das private Krankenhaus liegt 4 km östlich der Insel und hat einige Englisch sprechende Ärzte.

NOTFÄLLE

Es gibt einen **Stand der Touristenpolizei** (Th Si Sanphet; ⌚7–18 Uhr) beim Eingang zum Wat Phra Si Sanphet. Die Dienststelle der **Touristenpolizei** (☎1155, 035 241446; Th Si Sanphet) befindet sich etwas weiter südlich.

SICHER UNTERWEGS

Beim Radfahren sollte man Taschen und Rucksäcke am Körper tragen und nicht in Körbe legen, da sie dort leicht gestohlen werden können. Nachts sind in den Straßen viele streunende Hunde unterwegs. Unbedingt Abstand halten und nicht direkt in die Augen sehen!

TOURISTENINFORMATION

Tourism Authority of Thailand (TAT; ☎035 246076; tatyutya@tat.or.th; Th Si Sanphet; ⌚8.30–16.30 Uhr) Unterhält einen Schalter, an dem es Karten und Tipps gibt; im Ayutthaya Tourist Center (S. 177).

ℹ An- & Weiterreise

AUTO

Die Fahrt von Bangkok nach Ayutthaya in einem privaten Auto kostet zwischen 1000 und 1500 B (einige hundert Baht mehr als ein Taxi), je nach Verhandlungsgeschick und dem genauen Abfahrtsort. Lässt man sich dann auch noch den ganzen Tag in Ayutthaya herumfahren, kostet es rund 2000 B mit dem Taxi und 3000 B mit dem Auto. Im Preis inbegriffen sind jeweils Benzinkosten und Mautgebühren.

BUS & MINIVAN

Ayutthaya hat zwei Minivan-Haltestellen auf der Insel. Von der **đà·làht tâh rót jôw prom** (Naresuan Soi 2) südlich der Backpacker-Meile fahren Minivans nach Suphanburi (Umsteigen nach Kanchanaburi), Saraburi (Umsteigen nach Pak Chong und Khorat) und Lopburi. Eineinhalb Blöcke weiter westlich ist die **Station** (Th Naresuan), wo die Minivans nach Bangkok starten. Achtung: Wer mit einer sehr großen Tasche unterwegs ist, muss im Minivan einen zweiten Sitzplatz buchen.

Die Minivans nach Chiang Mai, Sukhothai und andere Orte im Norden fahren vor dem **Terminal sai nĕua** (☎035 335413; Hwy 32) 5 km östlich der Insel ab. Die Tickets werden ohne Aufschlag im **Bus Ticket Office** (Th Naresuan; ⌚7–17 Uhr) im Stadtzentrum verkauft. Ein Tuk-Tuk oder Motorradtaxi vom Terminal zur Insel kostet 150 bzw. 70 B.

Wer sein Ticket im Hotel kauft, bezahlt einen kräftigen Aufpreis. In diesem Aufpreis (in der Regel rund 150 B pro Platz) ist jedoch der Transport zur Haltestelle und manchmal auch noch eine Dusche vor der Abfahrt enthalten. Viele Pensionen verkaufen auch Plätze in privaten Minivans, die nach Kanchanaburi (350 B, 2½–3 Std., 9 Uhr) und Aranya Prathet an der kambodschanischen Grenze (500 B, 4–4½ Std., 5-mal tgl.) fahren. Die privaten Minivans holen ihre Gäste im Hotel ab, fahren aber nur, wenn genügend Passagiere gebucht haben.

SCHIFF/FÄHRE

Es verkehren keine öffentlichen Boote zwischen Bangkok und Ayutthaya. Die „Tagesausflüge" auf dem Fluss, die Reisebüros in Bangkok anbieten, sind in Wirklichkeit halbtägige Busfahrten nach Ayutthaya und zum Bang Pa In Palace mit einer dreistündigen Bootsfahrt in Bangkok am Schluss oder am Anfang der Tour.

ZUG

Ayutthayas **Bahnhof** (☎035 241521; Rte 3053) liegt sehr günstig am Fluss gegenüber der Insel. Die Züge sind in der Regel langsamer als Busse und Minivans, mit Ausnahme der Züge in den Khao Yai National Park (Bahnhof Pak Chong). Die Züge nach Bangkok halten zuerst in Bang Sue und Don Muang (am Flughafen), bevor sie in Hua Lamphong einfahren.

Wer Ayutthaya in einem Tagesausflug besuchen will, bevor es mit dem Nachtzug weitergeht, kann sein Gepäck im Bahnhof deponieren (6–23 Uhr; 10 B pro Tasche). In den meisten Pensionen kann man für 30 B duschen.

ℹ Unterwegs vor Ort

AUTO & TUK-TUK

Tuk-Tuks stehen überall bereit. Allerdings unterscheiden sich die Tuk-Tuks in Ayutthaya von den klassischen Fahrzeugen in anderen Städten durch ihre froschmaulartige Haube vorne, wodurch sie irgendwie an Darth Vader erinnern. Der erste vom Fahrer genannte Preis ist meist viel zu hoch. Eine einfache Fahrt auf der Insel sollte nicht mehr als 50 bis 100 B kosten. Wer mit dem Tuk-Tuk die Sehenswürdigkeiten besuchen will, zahlt 200 B pro Stunde. Für einen halben oder

BUSSE AB AYUTTHAYA

ZIEL	PREIS (IN B)	DAUER (STD.)	HÄUFIGKEIT
Bangkok (Don Mueang Airport)	60	1	häufig (Minivans)
Bangkok Northern Bus Terminal (Mo Chit)	60	1½	häufig (Minivans)
Bangkok (Pinklao – am nächsten zur Khao San Rd)	70	1½	alle 30 Min. (Minivans)
Bangkok Southern Bus Terminal	70	1½	alle 30 Min. (Minivans)
Chiang Mai	412–823	8½–10	12-mal tgl.
Lopburi	60	1½	alle 30 Min. (Minivans)
Saraburi	45	2	häufig
Sukhothai	263–338	6–7	6-mal tgl.
Suphanburi	80	1–1½	häufig (Minivans)

ZÜGE AB AYUTTHAYA

ZIEL	PREIS (IN B)	DAUER (STD.)	HÄUFIGKEIT
Bang Pa In	3–20	¼	16-mal tgl.
Bangkok Bahnhof Hua Lamphong	15–345	1½–2	häufig
Chiang Mai	221–1898	10–13	5-mal tgl.
Nong Khai	202–2302	8–10½	4-mal tgl.
Pák Chong	23–363	2–3	10-mal tgl.
Ubon Ratchathani	195–2268	7–10½	8-mal tgl.

ganzen Tag sollte man einen Rabatt aushandeln. Ein Tuk-Tuk vom Busbahnhof im Norden in die Altstadt kostet rund 150 B. Wenn der Preis extrem niedrig erscheint, kann es sein, dass es nur der Preis pro Person und nicht für das ganze Fahrzeug ist. Motorradtaxis stehen ebenfalls überall bereit und kosten nur halb so viel wie ein Tuk-Tuk.

Der Preis für ein Auto mit Fahrer beträgt 300 B pro Stunde oder 2000 B pro Tag, inklusive Benzin. Das Auto kann entweder übers Hotel oder bei **Nong Car Rental** (☎ 084 775 3409; www.facebook.com/CarRentCarNong) gebucht werden.

FAHRRAD & MOTORRAD

Radfahren ist die ideale Art, die Stadt zu erkunden. Viele Pensionen verleihen Fahrräder (50 B pro Tag) und Motorräder (200 B), und auch gegenüber dem Wat Ratchaburana (S. 176) gibt es mehrere Verleihe, ebenso bei den beiden Fähranlegern am Bahnhof. Im Südwesten der Insel gibt's noch den Verleih **Pak Khlong Tho** (☎ 087 668 7238; Ecke Th U Thong & Th Khlongtho; ⌚ 6.30–20 Uhr).

Die Räder werden entweder für 24 Stunden oder für einen Tag verliehen. Deshalb unbedingt nachfragen!

SCHIFF/FÄHRE

Es gibt vier Fähren über den Fluss, die sich stark voneinander unterscheiden. Am besten sind die Fähren, die zwischen dem **Bahnhof** (5 B pro Pers. bzw. Fahrrad; ⌚ 5–20 Uhr) und dem **Chao Phrom Market** (5 B pro Pers. bzw. Fahrrad; ⌚ 5–20 Uhr) sowie zwischen dem **Wat Khun Phrom** (3/5 B pro Pers./Fahrrad oder Motorrad; ⌚ 24 Std.) und **Sampao Lom** (3/5 B pro Pers./Fahrrad oder Motorrad; ⌚ 24 Std.) verkehren. Beide fahren regelmäßig. Die Tickets werden an einem Tisch am Fluss gegenüber der Insel verkauft.

Die Fähren zwischen **Pom Phet** (10 B pro Pers. bzw. Fahrrad; ⌚ 7–18 Uhr), **Wat Bang Kracha** (10 B pro Pers. bzw. Fahrrad; ⌚ 7–18 Uhr) und **Wat Phanan Choeng** (10 B pro Pers. bzw. Fahrrad; ⌚ 7–18 Uhr) verkehren seltener und haben keine festen Fahrzeiten. Das heißt, man muss am Pier warten, bis sie ablegen. Weiter westlich verkehrt eine Fähre zwischen dem **Phra Nakorn Si Ayutthaya Hospital** (*tâh reua nâh rohng pá·yah·bahn*; 3 B pro Pers.; ⌚ 24 Std.) und dem **Wat Phutthai Sawan** (*tâh reua nâh rohng pá·yah·bahn*; 3 B pro Pers.; ⌚ 24 Std.). Es ist eine reine Personenfähre, selbst Fahrräder dürfen nicht mitgenommen werden.

Rund um Ayutthaya

Die meisten Tagesausflüge von Bangkok nach Ayutthaya beinhalten auch den überwältigenden Bang Pa In Palace.

★Bang Pa In Palace PALAST
(พระราชวังบางปะอิน; 100 B; ⌚8–17 Uhr, letzter Einlass 16 Uhr; P) In den 19 ha großen Gärten des Bang Pa In Palace verteilen sich kunstvoll verzierte Gebäude. Er wurde erstmals im 17. Jh. genutzt und im 19. Jh. von den Königen Rama IV. und V. wiederbelebt, wobei Letzterer für die nachträglichen Zusätze im europäischen Stil verantwortlich war. Heute weisen die gepflegten Gärten eine bunte Mischung architektonischer Stile auf, u.a. im **Wehart Chamrun** im chinesischen Stil, im orange-rot gestreiften Observatorium **Ho Withun Thasana** (1881) und in einem thailändischen **Pavillon**, der auf dem Wasser zu schweben scheint. Um angemessene Kleidung wird gebeten.

Die Palastanlagen eignen sich hervorragend für einen Spaziergang; alternativ kann man einen elektrischen Buggy mieten (1 Std. 400 B, danach 100 B pro Std.), in dem man zugleich der Sonne entkommt.

Den Palast erreicht man mit dem Zug ab Ayutthaya (3–12 B, 15 Min., 6-mal tgl.). Von hier aus nimmt man ein Motorradtaxi (rund 20 B) oder Tuk-Tuk (ab 60 B) zum 1,7 km entfernten Palast. Wer mit dem eigenen Fahrzeug anreist, kann auf dem großen Parkplatz in der Nähe parken (30 B pro Fahrzeug).

Private Taxifahrten von Ayutthaya kosten rund 1300 B (einfache Strecke).

Wat Niwet Thamaprawat BUDDHISTISCHER TEMPEL
(วัดนิเวศธรรมประวัติราชวรวิหาร; Bang Pa In; ⌚tagsüber; P) GRATIS Der einzigartige leuchtend gelbe *ubosot* (Zeremonienhalle) auf einer Insel im Chao Phraya gegenüber dem Bang Pa In Palace (s. o.) ist im Stil einer gotischen europäischen Kathedrale gehalten. Auch der Stupa ist einzigartig, denn er enthält eine Buddha-Reliquie. Der Innenraum ist mit typisch europäischen Buntglasfenstern und filigranen Goldverzierungen ausgestattet.

Eine kostenlose, von einem Mönch betriebene **Seilbahn** gegenüber dem Palastparkplatz auf der anderen Seite des Flusses (Spendenbox) befördert Besucher.

PROVINZ LOPBURI

Lopburi

161 000 EW.

In Thailands „Affenstadt" werden eindrucksvolle Khmer-Tempel von einer haarigen Armee bewacht. Die anbetungswürdigen Unruhestifter haben das Sagen in der Stadt, und man kann ihnen schlichtweg nicht entkommen – für viele Besucher sind die Affen in der Tat die größte Attraktion in Lopburi (ลพบุรี).

Lopburi ist eine der ältesten Städte Thailands. Sie entstand während der Dvaravati-Periode (6.–10. Jh.), trug damals jedoch den Namen „Lavo". Die heutigen Paläste und Tempel, die sich in unterschiedlichen Sta-

INSIDERWISSEN

AFFENZAUBER

Erwachsene Männer laden ihre Steinschleudern, alte Frauen schnappen sich zwei Meter lange Stangen, und Touristen schreien oder posieren für Fotos: Willkommen in Lopburi, einer Stadt, die einen hoffnungslosen Kampf gegen die Herrschaft der Affen führt! Hunderte Rhesus- und Javaneraffen (und Kreuzungen der beiden Spezies) streifen durch die Altstadt, über Dächer und Stromleitungen. Sie klettern auf Autos, rutschen Markisen hinunter, streiten sich um Essensreste – und veranstalten auf diese Art und Weise eine ununterbrochene Unterhaltungsshow, die die „Stadt der Affen" zu einem Touristenmagneten gemacht hat.

Affen mögen niedlich sein, aber sie sind Wildtiere. Man sollte in der „Affenzone" kein Essen (oder irgendetwas, das wie Essen aussieht) offen tragen – sonst kann man mit einem Blitzdiebstahl rechnen. Wer beklaut wird, sollte sich nicht wehren: Affen beißen, und wer gebissen wird, braucht medizinische Versorgung! Man sollte auch vermeiden, zwischen ihnen durchzulaufen (es sei denn, man hat einen Regenschirm).

dien des Verfalls befinden, stammen aus der nachfolgenden Zeit der Khmer und der Ayutthaya-Epoche. König Narai (reg. 1657–88) machte Lopburi zur zweiten Hauptstadt und lockte damit viele ausländische Würdenträger an.

In der „Altstadt", die sich nordwestlich des Bahnhofs erstreckt, befinden sich die Tempel und Ruinen. Die „Neustadt" im Osten bietet die besten Unterkünfte.

Die Hauptsehenswürdigkeiten können gut an einem Tag besichtigt werden, doch es lohnt sich, einen Tag länger zu bleiben, um die Gebirgslandschaft mit Sonnenblumenfeldern (November bis Januar) und Fledermaushöhlen zu erkunden.

Sehenswertes

★ Prang Sam Yot RUINE

(ปรางค์สามยอด; Ecke Th Wichayen & Th Prang Sam Yot; 50 B, Kombiticket 150 B; ⏲ 8.30–18 Uhr) Lopburis berühmteste Attraktion ist für ihre Türme ebenso berühmt wie für ihre Affen. Die drei miteinander verbundenen Türme wurden von den Khmer im 13. Jh. als Tempel im Stil des Mahayana-Buddhismus aus Laterit und Sandstein erbaut. Im 17. Jh. veränderte ihn König Narai im Stil des Theravada-Buddhismus. Davor war der Tempel vermutlich eine Zeit lang dem Gott Shiva gewidmet. Im Inneren befinden sich zwei zerstörte Buddha-Statuen ohne Kopf, ein dritter, vollständiger Buddha sitzt fotogen vor dem zentralen Turm.

Der Zugang erfolgt durch eine schwere Metalltür, die vor den Affen schützen soll. Die Affen hier sind besonders frech, und wem das zu viel wird, kann sich im Kassenhäuschen einen Stock ausleihen.

Für den Tempel gilt das Kombiticket.

★ Phra Narai Ratchaniwet MUSEUM

(วังนารายณ์ราชนิเวศน์, Somdet Phra Narai National Museum; ☎ 036 414372; Eingang in Th Sorasak, 150 B; ⏲ Museum Mi–So 8.30–16.30 Uhr, Gelände tgl. 7.30–17 Uhr) Das Museum ist im ehemaligen Königspalast untergebracht und erzählt die Geschichte der Stadt in einer ausgezeichneten Ausstellung. Der Palast wurde ab 1665 mit der Hilfe von französischen und italienischen Ingenieuren gebaut. Nach König Narais Tod wurde er zunächst verlassen, von König Rama IV. (reg. 1851–68) aber wieder genutzt. Heute sind hier vor allem prähistorische Schmuckstücke und Khmer-Statuen zu sehen. Im 3. Stock sind auch Gegenstände aus König Ramas Besitz ausgestellt.

Eine Ausstellung ist König Narai gewidmet. In den Phra-Pratiap-Gebäuden hinter dem Palast lebten einst die Königinnen, Gemahlinnen und andere Frauen aus der Umgebung des Königs. Heute werden die Gebäude für Wechselausstellungen und als Lagerräume genutzt.

Nach dem Besuch des Museums sollte man noch durch den gepflegten Park mit seinen Bäumen und Ruinen spazieren und König Narais Elefantenställe sowie die Banketthalle für ausländische Besucher besichtigen.

Der Zugang erfolgt durch das Pratu-Phayakkha-Tor in der Th Sorasak.

> **TICKETS**
>
> Das Tagesticket (150 B) gilt für den Prang Sam Yot, Wat Phra Si Ratana Mahathat, Ban Wichayen und den abgelegenen, wenig besuchten **Kraison Siharat Palace** (พระที่นั่งไกรสรสีหราช; Yen Palace; Soi Bun Pradit; 50 B; ⏲ 8.30–16 Uhr; 🅿).

San Phra Kan SCHREIN

(ศาลพระกาฬ; Th Wichayen; ⏲ 5.30–17.30 Uhr) GRATIS Lopburis heiligste Stätte liegt am Kreisverkehr in der Altstadt. Sie umfasst einen modernen Schrein (1951) vor dem Laterit-Fundament eines umgestürzten *prang* aus der Khmer-Zeit, der als „der höchste Schrein" bekannt war. Die Hauptstatue im Inneren ist ein vierarmiger Vishnu-Körper im Lopburi-Khmer-Stil, auf dem ein Buddha-Kopf aus der Ayutthaya-Zeit sitzt.

Da die Menschen die Affen den ganzen Tag mit Milch, Keksen, Obst und anderen Leckereien füttern, sind sie äußerst zudringlich. Außerdem werden von 8 bis 1 Uhr nachts ständig *lam*-Tänze vorgeführt. Sowohl mit dem Füttern als auch mit den Tänzen bedanken sich die Menschen beim „Schwarzen Gott", dem guten Geist der Stadt, und hoffen auf die Erfüllung ihrer Wünsche.

Wat Phra Si Ratana Mahathat RUINE

(วัดพระศรีรัตนมหาธาตุ; Th Na Phra Kan; 50 B, Kombiticket 150 B; ⏲ 8.30–16.30 Uhr) Fast alle Teile dieser großen Tempelanlage stammen aus der Ayutthaya-Zeit. Der 31 m hohe *prang* im Zentrum wurde Ende des 13. Jhs. von den Khmer errichtet und ist bis heute der höchste in Lopburi. Der wunderbare Turm besteht überwiegend aus Laterit und Gips. Für den Tempel gilt das Kombiticket.

Lopburi

Lopburi

Highlights
1 Phra Narai Ratchaniwet B2
2 Prang Sam Yot C1

Sehenswertes
3 Ban Wichayen A1
4 Prang Khaek B2
5 San Phra Kan C2
6 Wat Phra Si Ratana Mahathat C3

Schlafen
7 Little Lopburi Village A4
8 Nett Hotel B2
9 Noom Guesthouse C2
10 Pee Homestay D2

Essen
11 Khao Tom Hor C2
12 Matini C2
13 Nachtmarkt C2
Noom Restaurant .... (s. 9)
14 Vietnamese Restaurant by Khun Dai ... B4

Ausgehen & Nachtleben
15 Come On Bar C3
16 Lopburi Art Gallery D4
17 Sahai Phanta B3

Wat Phra Phutthabat BUDDHISTISCHER TEMPEL
(วัดพระพุทธบาท; abseits Hwy 1, Saraburi; ⏲ tagsüber; P) GRATIS Der Tempel ist eine der heiligsten Stätten des thailändischen Buddhismus. Mit seinem Bau wurde 1624 begonnen, nachdem man eine Vertiefung in einem Felsen entdeckt hatte, die einem Fußabdruck glich. Nach der örtlichen Überlieferung hinterließ ihn Buddha, als er diese Region einst besuchte. Der Fußabdruck ist heute im Boden eines faszinierenden *mon·dòp* (viereckiger Turm) zu sehen. Aus ganz Thailand kommen die Gläubigen hierher, um kleine Goldblättchen darauf zu legen.

Ban Wichayen RUINE
(บ้านวิชาเยนทร์; Th Wichayen; 50 B, Kombiticket 150 B; ⌚8.30–16 Uhr) Diese Anlage, im europäischen Stil von König Narai erbaut, diente als Residenz für ausländische Botschafter. Der Name geht auf die (falsche) Annahme zurück, dass es das Haus des berüchtigten griechischen Kaufmanns Constantine Phaulkon war, dessen offizieller Titel „Chao Phraya Wichayen" lautete und der einer der wichtigsten Berater des Königs war. Das mittlere der drei Gebäude war einst eine katholische Kirche, deren Türen und Fenster aber im thailändischen Stil geschmückt waren. Für die Anlage gilt das Kombiticket.

Prang Khaek RUINE
(ปรางค์แขก; Th Songkhram; ⌚24 Std.) GRATIS Die drei Backsteintürme aus dem 10. Jh. sind die ältesten Gebäude in Lopburi. Sie wurden von den Khmer vermutlich zu Ehren des Hindugottes Shiva erbaut. Nach ihrem Einsturz baute sie König Narai wieder auf und fügte zwei weitere Türme hinzu.

Sie stehen etwas unglücklich eingezwängt zwischen zwei Straßen mitten in der Stadt.

Feste & Events

King Narai Fair KULTUR
(⌚Mitte Feb.) Das einwöchige Fest wird jährlich am Phra Narai Ratchaniwet (S. 188) abgehalten. Gefeiert wird der meistverehrte Monarch von Ayutthaya, der Lopburi in ein kulturelles und diplomatisches Zentrum verwandelte. Während der Feierlichkeiten werden traditionelle Zeremonien nachgestellt und andere kulturelle Aktivitäten veranstaltet, es gibt u.a. einen „Retro-Markt", auf dem Muscheln als alte Währung zum Einsatz kommen.

Es gibt auch eine Sound-and-Light-Show mit nachgestellten Schlachten. Außerdem finden Elefantenprozessionen statt.

Monkey Festival KULTUR
(⌚Ende Nov.) Für Lopburis pelzige Bewohner ist dies der beste Tag des Jahres: Wunderschöne Tische werden mit Früchten und Süßigkeiten beladen und viermal täglich den Affen dargeboten. In der ganzen Stadt findet außerdem ein Straßenfest samt Tanzvorführungen statt.

Das Fest findet in der Regel am letzten Sonntag im November statt.

Schlafen

Budgetzimmer sind in der Altstadt die einzige Alternative. In der Neustadt gibt's eine bessere Auswahl an Hotels, die jedoch zumeist weit im Osten der Stadt liegen. Aber auch hier fehlen immer noch wirklich gute Optionen.

ABSEITS DER ÜBLICHEN PFADE

KHAO CHIN LAE

Die zerklüfteten Berge, die man am Horizont von Lopburi sieht, sind ein lohnendes Ausflugsziel für Outdoor- und Tempelfans.

Der schöne **Wat Khao Chin Lae** (วัดเขาจีนแล, Pfauentempel; ⌚tagsüber; P) GRATIS thront auf dem südöstlichen Ende der Gebirgskette, 15 km von Lopburi entfernt. Hier leben Hunderte von Pfauen. Der Wat bietet einen fantastischen Ausblick auf die von dichtem Wald bedeckten Berge und die **Sonnenblumenfelder** (die von November bis Januar blühen). Für die Sonnenblumen ist Lopburi ebenso bekannt wie für die Affen. 5 km östlich des Tempels liegt der **Ang Sap Lek** (อ่างเก็บน้ำซับเหล็ก; ⌚tagsüber) GRATIS, ein Stausee mit Restaurants auf Flößen und Piers, in denen man gut zu Mittag oder Abend essen kann.

Wer einen Adrenalinkick braucht, bucht beim Noom Guesthouse (S. 191) eine Klettertour. Dabei klettert man zumeist auf dem 240 m hohen kahlen Felsen hinter dem **Wat Pa Suwannahong** (nordöstlich des Wat Khao Chin Lae). Ebenso aufregend ist die große **Fledermaushöhle** im **Kao Ta Kra Thong** (วัดเขาตะกร้าทอง, Wat Kao Ta Kra Thong; ⌚tagsüber; P) GRATIS. Bei Sonnenuntergang brechen hier Hunderttausende von Fledermäusen zu ihrer nächtlichen Jagd auf. Noom bietet Halbtagestouren (800–1250 B für 1–5 Pers.) zum Felsen und zur Höhle sowie zum Wat Phra Phutthabat (S. 189) mit dem berühmten Fußabdruck Buddhas, der schon in der Provinz Saraburi liegt.

Wer nur die Sonnenblumenfelder sehen will, fährt mit dem Bus in Richtung Wang Muang (15 B, 30–45 Min., etwa stündl.) und steigt bei der Abzweigung nördlich des Wat Khao Chin Lae aus. Von dort sind die Felder schon zu sehen.

Pee Homestay HOMESTAY $

(☎086 164 2184; www.lopburimassage.com; Soi Promachan; DZ mit Ventilator/Klimaanlage 280–360/340–500 B;) Das Haus nordöstlich des Bahnhofs gehört der freundlichen Kosmetikerin und Masseurin Kanaree. Es herrscht eine sehr entspannte, traditionelle Atmosphäre. Die blitzsauberen Zimmer haben ein eigenes Bad mit kaltem Wasser. Der Preis richtet sich nach der Größe.

Kanaree verleiht auch Fahrräder. Wer drei Nächte bleibt, bezahlt nur für zwei.

Noom Guesthouse PENSION $

(☎036 427693; Th Phraya Kamjat; B 180 B, DZ/3BZ ohne Bad & mit Ventilator 350/600 B, DZ mit Klimaanlage 550 B;) Der sehr *farang*-freundliche Familienbetrieb hat Schlafsäle in einem Holzhaus und kleine Bungalows hinter dem Haus. Auch wer nicht hier übernachtet, kann ein Motorrad mieten (ab 300 B), eine Klettertour buchen oder im Restaurant (s. u.) essen und andere Backpacker kennenlernen.

Nett Hotel HOTEL $

(☎036 411738; netthotel@hotmail.com; Soi Ratchadamnoen 2; DZ/2BZ mit Ventilator 350/450 B, DZ/2BZ/3BZ mit Klimaanlage 500/550/590 B; P) Die Besitzer (denen auch das Noom Guesthouse gehört) haben mit frischer Farbe und neuen Fliesen den altmodischen Betonklotz in ein hübsches Hotel verwandelt. Auf der eingezäunten Dachterrasse kann man gut die Affen beobachten. Allerdings leben auch einige Affen im Haus und hinterlassen ihre Duftmarken. Deshalb sollte man die Zimmer einem „Geruchstest" unterziehen, bevor man sich entscheidet. Die billigsten Zimmer haben eine Dusche mit kaltem Wasser.

Little Lopburi Village PENSION $$

(☎085 484 2691, 061 475 2384; www.homestayinthai.com; Mu 2, Soi Rongsurakao; DZ/FZ 1300/1500 B, DZ mit Ventilator & Gemeinschaftsbad 500 B; P) Die großen Holzbungalows im Garten einer ruhigen Wohngegend sind nur ein paar Schritte von den Hauptsehenswürdigkeiten in Lopburi entfernt. Die Zimmer sind zwar etwas überteuert, doch sie zählen zu den besten der Stadt. Die Englisch sprechenden Besitzer sind sehr gastfreundlich. Im Familienzimmer liegen die Matratzen auf dem Boden. Unbedingt vorher reservieren!

Windsor Park HOTEL $$

(☎036 411689; abseits Hwy 3196; DZ/2BZ/3BZ inkl. Frühstück 650/680/800 B; P) Das pfirsichfarbene Hotel 1 km südlich des Bahnhofs hat nicht die allerbesten Zimmer in Lopburi, bietet aber die beste Kombination aus guter Qualität und Lage. Nebenan gibt's Bungalows in ähnlicher Qualität. In beiden sind die vorbeifahrenden Züge gut zu hören, aber es fahren nicht sehr viele.

Den Gästen werden Fahrräder zur Verfügung gestellt, und sie werden bei ihrer Ankunft in der Stadt abgeholt.

Essen

Der bescheidene **Nachtmarkt** (Th Na Phra Kan; Hauptgerichte ab 30 B; ⏲16–22 Uhr) bietet eine große Auswahl an preiswerten Gerichten. In der Th Phraya Kamjat und Th Sorasak gibt's gute Restaurants. Generell ist die Restaurantszene kein Pluspunkt der Stadt.

Vietnamese Restaurant by Khun Dai VIETNAMESISCH $

(☎036 411220; 43 Th Sorasak; Hauptgerichte 40–100 B; ⏲11–19.30 Uhr;) Eine freundliche Thailänderin serviert vietnamesisches Essen wie ausgezeichnetes würziges Schweinefleisch, *pho* und Frühlingsrollen mit Hackfleisch.

Khao Tom Hor THAI, CHINESISCH $

(☎036 411672; www.facebook.com/khaotomhor.lopburi; Th Na Phra Kan; Hauptgerichte 40–150 B; ⏲17–3 Uhr;) Das immer gut besuchte Restaurant serviert thailändisch-chinesische Gerichte wie *plaa salid tôrd* (frittierter Salzfisch) und gebratener Tofu mit Chili. Das Essen ist köstlich, das Personal flink. Ein Platz im einzigen Raum mit Klimaanlage kostet 10 B.

Matini INTERNATIONAL $

(18 Th Phraya Kamjat; Hauptgerichte 50–350 B; ⏲9 Uhr–open end;) Der kostenlos nutzbare Pool, das Blues-Brothers-Motiv an der Wand und das gute Essen (thailändisch und westlich) sorgen dafür, dass der Laden rege durch Backpacker frequentiert wird. Man kann innen und außen sitzen und sich großzügige Portionen gut gewürzter Currys (darunter einige vegetarische Optionen) schmecken lassen, Smoothies schlürfen oder bei ein paar späten Bierchen entspannen.

In der heißen Jahreszeit ist hier geschlossen.

Noom Restaurant INTERNATIONAL $

(☎036 427693; Th Phraya Kamjat; Hauptgerichte 40–205 B; ⏲8–21.30 Uhr;) Dieses Restaurant gehört zur gleichnamigen Pension (S. 19). Das tolle Frühstück reicht von Müsli bis zu *jóhk* (Reissuppe). Später gibt's dann *pàt tai*, Massaman-Curry und Spaghetti.

Bua Luang THAI, CHINESISCH $$

(☎036 413009; www.facebook.com/bualuang.1980; Hwy 1; Hauptgerichte 65–380 B; ⏲9.30–22 Uhr; ℗📶🖉) Das große Wahrzeichen am östlichsten Ende der Stadt hat einen Speiseraum mit weißen Tischdecken und eine schattige Terrasse. Auf der typisch thailändisch-chinesischen Speisekarte stehen Gerichte wie *pàt pŏng gà·rèe* (Krabben in gelbem Curry), gedämpfter weißer Schnapper und das Lieblingsgericht der Einheimischen: gebratene Sonnenblumensprossen.

Ausgehen & Nachtleben

Die meisten Einheimischen gehen in der Neustadt aus, doch in der Altstadt gibt es einige gute Bierkneipen. Bei den Travellern am beliebtesten sind das Noom (S. 191) und das Matini (S. 191). In beiden kann man mit Cocktails am Swimmingpool feiern. Die Einheimischen trinken dagegen ihr Bier lieber im **Come On** (Th Wat Phra That; ⏲wechselnde Öffnungszeiten) und ihren Whisky bei Livemusik im **Sahai Phanta** (Soi Sorasak; ⏲20 Uhr–open end).

Die **Lopburi Art Gallery** (☎083 009 6175; www.facebook.com/Lopburi-Art-Gallery 209314409929805; Th Kosapan; ⏲10–21 Uhr; 📶) ist ideal, um ganz entspannt grünen Tee, Ovomaltine, Longan-Saft und Pommes zu genießen. In den drei Stockwerken befinden sich auch Galerien und Ateliers einheimischer Künstler.

Praktische Informationen

GELD

In der Th Songkhran im Norden der Altstadt gibt's mehrere Banken, darunter auch die **Siam Commercial Bank** (Th Songkhram; ⏲Mo–Fr 8.30–15.30 Uhr), die jedoch weder abends noch am Wochenende geöffnet sind. Zu diesen Zeiten sind nur die Banken in den Einkaufszentren am Highway 1 in der Neustadt geöffnet.

IMMIGRATION

Das **Immigration Office** (☎036 424686; Rte 1036; ⏲Mo–Fr 8.30–12 & 13–16.30 Uhr) verlängert Visa.

MEDIZINISCHE VERSORGUNG

Im **Mueang Narai Hospital** (โรงพยาบาลเมืองนารายณ์; ☎036 420666; www.mueangnarai.com; Hwy 1; ⏲24 Std.) kann man Affenbisse und größere Verletzungen behandeln lassen. Es liegt am östlichsten Ende der Stadt.

NOTFALL

Das Büro der **Touristenpolizei** (☎036 424515; Th Narai Maharat) ist in der Neustadt.

TOURISTENINFORMATION

Das Büro der **Tourism Authority of Thailand** (TAT; ☎036 770096; tatlobri@tat.or.th; Th Narai Maharat; ⏲8.30–16.30 Uhr) hat hilfsbereites Personal, liegt aber sehr ungünstig in der Neustadt. Eine gute Quelle für Infos über Lopburi ist auch das Noom Guesthouse (S. 191).

BUSSE AB LOPBURI

ZIEL	PREIS (IN B)	DAUER (STD.)	HÄUFIGKEIT
Ayutthaya	60	1½	alle 30 Min. (Minivan)
Bangkok	110–120	2½	häufig (Minivan)
Nakhon Ratchasima (Khorat)	148	3½–4	alle 30 Min. (Minivan)
Nakhon Ratchasima (Khorat)	164	4–4½	6-mal tgl. (Bus)
Pak Chong	80	2	alle 30 Min. (Minivan)
Pak Chong	95	2½	6-mal tgl. (Bus)
Saraburi	38	1	häufig (Minivan)

ZÜGE AB LOPBURI

ZIEL	PREIS (IN B)	DAUER (STD.)	HÄUFIGKEIT
Ayutthaya	13–340	½–1½	16-mal tgl.
Bangkok Hua Lamphong	28–374	2–3½	16-mal tgl.
Chiang Mai	252–2353	9–12	5-mal tgl.
Phitsanulok	49–1546	3–5	11-mal tgl.

An- & Weiterreise

Die Verbindungen nach Ayutthaya (70 km) und Bangkok (150 km) sind schnell und häufig, Busverbindungen in andere Orte gibt's kaum.

BUS & MINIVAN

Lopburi liegt weit abseits des wichtigsten Nord-Süd-Highways und hat nur wenige direkte Busverbindungen. Wer nach Kanchanaburi möchte, sollte in Ayutthaya oder Bangkok umsteigen. Lopburis **Busbahnhof** (☎ 036 411888; Sa Kaew Circle) befindet sich 2,5 km östlich der Altstadt.

Abgesehen vom Busbahnhof fahren Minivans nach Bangkok auch am **nördlichen** (beim Schrein San Phra Kan) und **südlichen** Ende der Th Na Phra Kan ab. Letztere Station hat sogar einen klimatisierten Warteraum.

ZUG

Lopburi liegt an der Eisenbahnstrecke in Richtung Norden. So kann man hier gut einen Zwischenstopp einlegen, bevor man weiter nach Chiang Mai fährt. Der **Bahnhof** (☎ 036 411022; Th Na Phra Kan) ist in der Altstadt und hat eine Gepäckaufbewahrung (15 B pro Tasche) und Duschen (10 B).

Unterwegs vor Ort

Sŏrng·tăa·ous (Th Ratchadamnoen; 8 B) fahren von der Th Ratchadamnoen in die Th Wichayen und am San Phra Kan vorbei zum Busbahnhof. *Săhm·lórs* (Fahrradrikscha) und Motorradtaxis verkehren in der gesamten Altstadt (20 B) und fahren auch zum Busbahnhof (40 B). Das Noom Guesthouse (S. 191) und **Boom Cafe** (www.facebook.com/BOOMCAFELopburi; Th Sorasak; Fahrrad/Motorrad 60/300 B pro Tag; ⏲10–20 Uhr) verleihen Motorräder (300 B pro Tag), Letzteres auch Fahrräder (60 B).

PROVINZ KANCHANABURI

Angesichts der atemberaubenden Natur der Provinz Kanchanaburi (กาญจนบุรี), scheint es paradox, dass diese Region vor allem für die schrecklichen Ereignisse rund um die „Todeseisenbahn" im Zweiten Weltkrieg bekannt ist. Ein Besuch der Kriegsdenkmäler in der Provinzhauptstadt ist jedoch ein Muss, ehe man ins Innere der Provinz vordringt, um die Parks und Schutzgebiete des Western Forest Complex, eines der größten Schutzgebiete Asiens, zu erkunden. Hier gibt's zahllose, leicht zu erreichende Wasserfälle und Höhlen, doch auch anspruchsvollere Wanderer kommen im dichten Urwald dieser wilden Region auf ihre Kosten.

Sangkhlaburi im äußersten Norden der Provinz ist eine der ethnisch vielfältigsten Städte in Thailand. Zahlreiche Bewohner flüchteten einst vor der Gewalt in Myanmar. Daneben entstanden internationale NGO-Communitys.

Noch etwas weiter entfernt ist der kleine Außenposten E-Thong, der um ein Haar zur Geisterstadt geworden wäre und unbedingt einen Besuch wert ist.

Kanchanaburi

94 600 EW.

Neben dem hektischen modernen Zentrum und den Ausblicken auf den Fluss birgt Kanchanaburi eine dunkle Seite der Geschichte, über das Gedenkstätten und Museen Auskunft geben. Während des Zweiten Weltkriegs benutzten die Alliierten Kriegsgefangene und asiatische Zwangsarbeiter, um eine Eisenbahntrasse von Thailand nach Birma (Myanmar) zu bauen. Die grauenvolle Geschichte wurde nach der Veröffentlichung von Pierre Boulles Buch *Die Brücke am Kwai* weltweit bekannt. Die Erzählung beruht auf wahren Begebenheiten und wurde 1957 verfilmt. Kriegsfriedhöfe, Museen und eine Fahrt auf einem Abschnitt der sogenannten „Todeseisenbahn" locken viele Besucher nach Kanchanaburi.

Kanchanaburi ist aber auch ein idealer Ausgangspunkt, um Thailands wilden Westen zu erkunden. Im Norden gibt's ausgezeichnete Nationalparks und herrliche Resorts am Fluss, die zumeist gut mit öffentlichen Verkehrsmitteln zu erreichen sind.

Sehenswertes

In der Stadt

★**Death Railway Bridge** HISTORISCHE STÄTTE
(สะพานข้ามแม่น้ำแคว; Die Brücke am Kwai; ⏲24 Std.) GRATIS Die von Kriegsgefangenen und Zwangsarbeitern gebaute 300 m lange Brücke ist eng verbunden mit der Geschichte der „Todeseisenbahn" von Thailand nach Birma. Ihr Mittelteil wurde 1945 von den Alliierten zerstört, nur die äußeren Bogen sind Originale. Man darf allein über die Brücke gehen; Sicherheitspunkte bieten Schutz, wenn Züge vorbeifahren. Rund um die Brücke gibt es Imbiss- und Souve-

Kanchanaburi (Provinz)

nirstände, sodass hier oft Jahrmarktatmosphäre herrscht. Wer den ganzen Trubel vermeiden möchte, sollte frühmorgens oder spätabends herkommen.

Die drei alten Züge im **Park** in der Nähe des Bahnhofs wurden im Zweiten Weltkrieg eingesetzt. Am anderen Ufer befindet sich auf der rechten Seite der farbenfrohe **Schrein Kuan-Im**. Vom ruhigen Garten des Schreins hat man einen tollen Blick auf die Brücke. An der Südseite des Schreins befindet sich das einzigartige **Grabmal des chinesischen Soldaten**. Unter seinem riesigen Helm blicken traurige Augen hervor. Von ei-

ner zweiten (Holz-)Brücke, die die Japaner 100 m flussabwärts bauten, ist nichts mehr zu sehen.

Ende November/Anfang Dezember wird mit einer Sound-and-Light-Show (S. 198) die traurige Geschichte der „Todeseisenbahn" (S. 199) erzählt.

★ Thailand-Burma Railway Centre MUSEUM
(ศูนย์รถไฟไทย-พม่า; ☎034 512721; www.tbrconline.com; 73 Th Jaokannun; Erw./Kind 150/70 B; ⌚9–17 Uhr) Das ausgezeichnete Museum hat einen Mittelweg gefunden zwischen Geschichte und Fakten auf der einen Seite und persönlichen Berichten auf der anderen, in denen von den Zuständen die Rede ist, die die Kriegsgefangenen und andere Zwangsarbeiter aushalten mussten. Das Museum erklärt Kanchanaburis Rolle im Zweiten Weltkrieg, aber der Großteil der Ausstellung ist dem Leben der Bahnarbeiter gewidmet, angefangen mit ihrem Transport, zusammengepfercht in Güterwaggons, über ihr Leben in den von Krankheiten verseuchten Arbeitslagern im Dschungel bis hin zum Schicksal der Überlebenden nach dem Zweiten Weltkrieg. Man sollte genug Zeit mitbringen, um sich das Video mit den Originalberichten der Kriegsgefangenen und auch der japanischen Soldaten anzusehen.

Eine Ausstellung im Obergeschoss zeigt Artefakte aus dem Krieg. Ein 3 m hohes Diorama erklärt, wie der Hellfire Pass zu seinem Namen kam.

Für den Besuch des Museums sollte man sich mindestens eine Stunde Zeit nehmen. Wer tiefer in die Geschichte des Krieges und der Eisenbahn in Kanchanaburi eintauchen möchte, kann eine entsprechende Tour buchen. Die Touren dauern entweder einen halben Tag (ab 100 B für 2 Pers.) oder mehrere Tage und müssen unbedingt im Voraus gebucht werden. Weitere Infos gibt's auf der Website (unter „Railway Pilgrimages").

Heritage Walking Street STRASSE
(ถนนปากแพรก; Th Pakprak) In dieser Straße scheint die Zeit stehengeblieben zu sein. Die vielen Gebäude im sinoportugiesischen, thailändischen, vietnamesischen und chinesischen Stil stammen aus den 1920er- und 1930er-Jahren und sind sehr gut erhalten. 20 Häuser sind mit blassgelben Tafeln versehen, auf denen ihre Geschichte, Architektur und derzeitigen Besitzer beschrieben werden. Einige Gebäude stehen auch im Zusammenhang mit dem Bau der „Todeseisenbahn" (S. 199).

Ein Spaziergang sollte am restaurierten **Stadttor** (ประตูเมือง; Th Lak Meuang) beginnen.

JEATH War Museum MUSEUM
(พิพิธภัณฑ์สงคราม; Ecke Th Wisuttharangsi & Th Pak Phraek; 50 B; ⌚8–17 Uhr) Das kleine Mu-

seum von 1977 ist vor allem dem schrecklichen Leiden der Kriegsgefangenen gewidmet, die die „Todeseisenbahn" bauen mussten. Ihre Fotos, Briefe und Zeichnungen sowie persönliche Gegenstände und Kriegsgerät, wie eine auf die Brücke abgeworfene, nicht gezündete Bombe, vermitteln einen bewegenden Einblick. In einem der drei Räume ist eine nachgebaute Bambushütte (*attap*) zu sehen, in denen die Kriegsgefangenen lebten.

JEATH ist übrigens das Akronym der Länder, die am Bau der „Todeseisenbahn" beteiligt waren: Japan, England, Australien/Amerika, Thailand und Holland. Das Akronym erscheint auch auf Schildern am **WWII Museum** (พิพิธภัณฑ์สงครามโลกครั้งที่สอง; Kunstgalerie & Kriegsmuseum; Th Mae Nam Khwae; 40 B; ⌚8–18 Uhr), was sehr verwirrend ist, denn die beiden Museen haben nichts miteinander zu tun.

Kanchanaburi War Cemetery FRIEDHOF
(สุสานทหารพันธมิตรดอนรัก, Friedhof der Alliierten; Th Saengchuto; ⌚tagsüber) GRATIS Der größere der beiden Kriegsfriedhöfe in Kanchanaburi, makellos erhalten von der Commonwealth War Graves Commission, liegt mitten in der Stadt. Von den 6982 hier begrabenen Soldaten war fast die Hälfte britisch, der Rest kam hauptsächlich aus Australien und den Niederlanden. Wenn man am Friedhofseingang steht, liegen rechts ausschließlich britische Opfer, vorn links sind die Gräber der Australier, und hinten links liegen niederländische und unbekannte Soldaten, während die Eingeäscherten ganz hinten links die letzte Ruhe fanden.

Die sterblichen Überreste der amerikanischen Kriegsgefangenen wurden in die USA überführt. Wer nach einem bestimmten Grab sucht, kann im Register am Eingang nachschlagen.

Außerhalb der Stadt

★ Wat Ban Tham BUDDHISTISCHER TEMPEL
(วัดบ้านถ้ำ; Tambon Khao Noi; ⌚Tempel tagsüber, Treppe 8–17 Uhr; P) GRATIS In der Gegend um Kanchanaburi sind Höhlentempel fast so gewöhnlich wie Lebensmittelläden in einer Stadt, aber dieser hier ist einer der interessantesten. Eine Treppe führt hinauf in den „Schlund des Drachen" und weiter in die Haupthöhle.

Der Wat Ban Tham ist 10 km südöstlich der Stadt (4 km vor dem Wat Tham Seua) am Südufer des Flusses.

Ein Teil des großen Felsens soll wie die volkstümliche Sagenfigur Mae Nang Bua Kli aussehen, eine unschuldige Frau, die von ihrem Ehemann getötet wurde. Deshalb ist der Felsen auch das ganze Jahr über „bekleidet". Hoch über ihr steht die Statue von Phra Siwali (einem bedeutenden Schüler Buddhas), die an einem wolkenlosen Morgen von einem Sonnenstrahl beleuchtet wird. Vom Höhleneingang führt eine metallene Treppe den Berg hinauf zu kleineren Schreinen und einem fantastischen Aussichtspunkt. Unterhalb des Gipfels liegt die Höhle **Tham Man Wichit**, mit Treppen, Beleuchtung und schönen Felsformationen.

Wat Tham Khao Pun BUDDHISTISCHER TEMPEL
(วัดถ้ำเขาปูน; Rte 3228; 30 B; ⌚6–18 Uhr; P) Dieser Höhlentempel liegt Kanachanaburi am nächsten. Er ist ein verwirrendes Labyrinth aus beleuchteten Gängen. Der gut markierte Rundweg ist teilweise sehr eng und rutschig, doch der Anblick der Schreine unter Kalksteinvorsprüngen ist einzigartig. Obwohl der Tempel zu jeder Bootstour gehört, wird er doch wenig besucht, sodass man meist allein mit den Fledermäusen ist. Er liegt 4 km südwestlich der Stadt hinter dem Chungkai War Cemetery.

Chungkai War Cemetery FRIEDHOF
(สุสานทหารพันธมิตรช่องไก่; Rte 3228; ⌚tagsüber; P) GRATIS Auf dem Friedhof an der Stelle eines der größten Gefangenenlager der Alliierten sind 1426 Commonwealth-Soldaten und 313 Niederländer begraben. Die Gefangenen mussten ihr eigenes Krankenhaus und ihre eigene Kirche bauen, viele starben in dem Krankenhaus. Der Friedhof liegt am Fluss, 2,5 km südwestlich der Wat Thewa Sangkharam Bridge, und ist gut mit dem Fahrrad zu erreichen. Er ist kleiner und weniger besucht als der Kanchanaburi War Cemetery in der Stadt, doch ebenso gut gepflegt.

Wat Tham Seua BUDDHISTISCHER TEMPEL
(วัดถ้ำเสือ; Tambon Muang Chum; ⌚tagsüber; P) GRATIS Das Herz dieses Tempels auf einem Berg ist ein imposanter 18 m hoher Buddha, der mit einem goldenen Mosaik bedeckt ist. Gläubige versuchen hier, Verdienste zu erwerben, indem sie Münzen auf kleine Tabletts auf dem Förderband werfen, das die Spenden zu einer Sammelschale in der Mitte führt, in die sie klingelnd und klirrend hineinfallen. Eine Fahrt mit der Seilbahn (20 B pro Pers.) zum Tempel macht Spaß, aber man kann natürlich auch zu Fuß gehen.

Kanchanaburi

Kanchanaburi

Highlights
1 Death Railway Bridge ... A1
2 Thailand–Burma Railway Centre ... C2

Sehenswertes
3 Stadttor ... D3
4 Heritage Walking Street ... D3
5 JEATH War Museum ... D4
6 Kanchanaburi War Cemetery ... C2
7 Wat Thewa Sangkharam ... C3
8 WWII Museum ... A1

Aktivitäten, Kurse & Touren
Apple & Noi Thai Cooking ... (s. 13)
9 Good Times Travel ... B4
10 Mellow Adventures ... A3
11 River Kwai Canoe Travel Services ... B4
12 Toi's Tours ... B4

Schlafen
13 Apple's Retreat ... B2
14 Blue Star Guesthouse ... A3
15 Good Times Resort ... A3
16 Natee the Riverfront ... B4
17 Ploy Resort ... B4
18 PY Guesthouse ... D4
19 T&T Hostel ... B4
20 Tara Raft ... C2
21 U Dee Room & Coffee ... A3

Essen
Blue Rice ... (s. 13)
22 JJ Market ... C2
23 Keeree Tara ... A1
24 On's Thai-Issan ... B4
25 Rahn Pa Kit ... A3
26 Royal Nine Restaurant ... A3
27 Suk Jai Floating Market ... C3
28 Zap Zap ... C2

Ausgehen & Nachtleben
Ave ... (s. 24)
29 Baan Sitthisang ... D3

Um den Haupt-Buddha gibt es mehrere Stupas in verschiedenen Stilen. Die größte ist neun Stockwerke (69 m) hoch und mit Wandgemälden übersät. Die Wandgemälde – die meisten mit Kriegsbezug – erzählen Kanchanaburis Geschichte oder sie zeigen Buddha-Abbildungen (darunter viele seltene Haltungen). Die namensgebende **Tigerhöhle**, deren Eingang von bunt gestrichenen Tigerstatuen flankiert wird, befindet sich am Sockel des Hügels, rechts von der Seilbahn. In der großen Halle neben der Höhle ist die Mumie eines Mönches zu sehen.

Nebenan befindet sich der **Wat Tham Khao Noi** im chinesischen Stil, der von außen wesentlich interessanter ist als von innen.

Der Wat Tham Seua ist 14 km südöstlich der Innenstadt von Kanchanaburi. Um hierher zu gelangen, überquert man die südlichste Brücke, biegt in die erste Straße links ein und geht am Fluss entlang. Öffentliche Verkehrsmittel gibt's nicht.

Aktivitäten

★SUP Hire Thailand WASSERSPORT

(☎090 975 9718; www.supkanchanaburi.com; Hwy 323, Tambon Kaeng Sian; ⏲wechselnde Öffnungszeiten) Der verantwortungsvolle Veranstalter bietet Kurse und Touren im Stehpaddeln (SUP) und verleiht auch nur die Bretter. Material und Personal sind gleichermaßen gut. Bei den unterschiedlich langen Touren paddelt man auf einem schönen Abschnitt des Mae Nam Kwae Yai außerhalb der Stadt. Es gibt auch zwei Stunden „Probeunterricht" (450 B pro Pers., Einzelunterricht 800 B). Manchmal werden die SUP-Touren mit Radtouren auf hochwertigen Hybrid-Bikes kombiniert.

Kurse

★Apple & Noi Thai Cooking KOCHEN

(☎062 324 5879, 034 512017; www.applenoikanchanaburi.com/apple-noi-cooking; Blue Rice Restaurant, Mu 4, Ban Tamakham; 1950 B pro Pers.; ⏲Di, Mi, Fr & Sa) Wer *sôm·đam* nicht von *đôm yam* zu unterscheiden weiß, kann es bei Khun Noi lernen. In ihren beliebten Kochkursen legt sie viel Wert auf einheimische Rezepte und saisonale Zutaten. Die Kurse beginnen jeweils mit dem Einkauf auf dem Markt und enden damit, dass die vier Gerichte gemeinsam gegessen werden. Die Kurse müssen lange im Voraus gebucht werden.

Es gibt auch mehrtägige Kurse.

Geführte Touren

Für die Besichtigung der vielen Sehenswürdigkeiten außerhalb der Stadt bieten sich geführte Touren an. Für kleine Gruppen ist es aber in der Regel günstiger, ein Auto mit Fahrer zu mieten und die Sehenswürdigkeiten auf eigene Faust zu besichtigen. Eine Tagestour kostet im Allgemeinen rund 800 bis 1200 B pro Person (der Preis ist zumeist verhandelbar). Im Preis inbegriffen sind Eintrittsgelder, Mittagessen und Rafting auf dem Bambusfloß. Viele Touren beinhalten auch die „Besichtigung" von Tigern und Elefantenritte, von denen wir ausdrücklich abraten. Sie schaden den Tieren und machen alle Bemühungen um Umwelt- und Naturschutz zunichte.

Zu den alteingesessenen empfehlenswerten Veranstaltern gehören u. a. **Good Times Travel** (☎081 913 7758, 034 624441; www.goodtimes-travel.com; Th Mae Nam Khwae; Tagestour ab 800 B pro Pers.; ⏲9–21 Uhr) und **Toi's Tours** (☎034 514209, 081 856 5523; Th Mae Nam Khwae; Tagestour ab 790 B pro Pers.; ⏲7–22 Uhr), das ähnliche Touren anbietet. Sehr beliebt ist die Tagestour zu den Erawan Falls (S. 204), dem **Hellfire Pass** (พิพิธภัณฑ์ช่องเขาขาด; ☎034 919605; Hwy 323; ⏲Museum 9–16 Uhr, Gelände tagsüber; P) GRATIS und der Holzbrücke der „Todeseisenbahn" nahe der Tham Krasae (S. 199). Für längere und abenteuerlichere Touren wie etwa zum Wasserfall Huay Mae Khamin im Sri Nakarin Dam National Park (S. 204) oder Trekkingtouren durch den Dschungel reicht die Nachfrage meist nicht aus. Solche Touren werden aber als Privatführungen vom tierfreundlichen Veranstalter **Mellow Adventures** (☎084 727 1959; www.mellowadventures.com; 295/5 Th Mae Nam Khwae; ⏲9–17 Uhr) durchgeführt. Für eine ganz neue Perspektive bietet sich Stehpaddeln (s. o.) durch die schöne Flusslandschaft an.

Auch das Thailand-Burma Railway Centre (S. 195) organisiert Touren in und um Kanchanaburi.

Feste & Events

River Kwai Bridge Week LIGHTSHOW

(Death Railway Bridge; 100–500 B; ⏲Ende Nov./Anfang Dez.) Höhepunkt dieses zehntägigen Festes ist die Klang-und Licht-Show, bei der die dramatische Geschichte der „Todeseisenbahn" von Kanchanaburi (S. 199) erzählt wird, die unter grauenvollen Bedingungen von Kriegsgefangenen und asiati-

DER BAU DER TODESEISENBAHN

Die sogenannte „Todeseisenbahn" war ein erstaunliches Meisterwerk der Ingenieurskunst zu einem unglaublich hohen Preis an Menschenleben. Kriegsgefangene und Zwangsarbeiter mussten die Bahn mit Dynamit und einfachsten Werkzeugen in den Fels schlagen. Mehr als 12 000 Kriegsgefangene und rund 90 000 Zwangsarbeiter (zumeist Malaien, Chinesen und Inder) starben an Krankheiten, wegen der schlechten Hygiene, fehlender medizinischer Versorgung und durch die brutale Behandlung in den Lagern. Viele Thais riskierten ihr Leben und versuchten den Kriegsgefangenen (Australier, Amerikaner, Briten und Holländer) zu helfen, konnten jedoch nur wenig ausrichten.

Die 415 km lange Eisenbahn wurde während der japanischen Besetzung Thailands im Zweiten Weltkrieg (1941–45) gebaut. Sie sollte den Nachschub nach Birma (Myanmar) für die japanische Eroberung des westlichen Asiens sicherstellen.

Aufgrund des gebirgigen Terrains mussten 688 Brücken gebaut werden. Die meisten waren Gerüstbrücken aus Holz wie die bei der häufig besuchten **Tham Krasae** (ถ้ำกระแซ; Tambon Lum Sum; ⏲24 Std.; P) GRATIS. Die Brücke über den Kwai bei Kanchanaburi, die heute nur noch Death Railway Bridge heißt (S. 193), war die einzige Stahlbrücke. Sie wurde mehrmals von alliierten Bomben zerstört, musste von den Kriegsgefangenen aber immer wieder aufgebaut werden. Nach der japanischen Niederlage zogen sich die Truppen vor allem über diese Brücke zurück.

Das nördliche Ende der Bahnstrecke fehlt, doch Thailands Eisenbahn (SRT) betreibt immer noch einen 130 km langen Abschnitt der ursprünglichen Strecke zwischen Nong Pladuk südöstlich von Kanchanaburi und Nam Tok.

schen Zwangsarbeitern gebaut wurde. Als Ausgleich für die düstere Schau gibt's Feuerwerk, Konzerte und einen Essensmarkt.

Schlafen

Es gibt jede Menge (zumeist schöner alter) Unterkünfte in der Th Mae Nam Khwae. Die Straße ist zentral gelegen und nicht weit entfernt von der Brücke und dem Bahnhof (S. 193). Viele Unterkünfte liegen direkt am oder sogar auf dem Fluss. In der Stadt gibt's auch einige Luxusresorts, die besseren verteilen sich aber auf die ländliche Umgebung und sind nur mit dem Auto zu erreichen. Hier verbringen auch viele Bangkoker gern ihr Wochenende. Deshalb muss man lange im Voraus reservieren.

In der Stadt

★Blue Star Guesthouse PENSION $
(☎034 512161, 064 984 4329; www.bluestar-guesthouse.com; 241 Th Mae Nam Khwae; DZ & 2BZ mit Ventilator/Klimaanlage 450/450–750 B, DZ & 2BZ im Bungalow mit Ventilator/Klimaanlage 300/550–650 B, 3BZ im Bungalow mit Klimaanlage 650 B; P❄📶) Der hübsche Familienbetrieb liegt direkt am Fluss inmitten der Natur. Die Pension besteht aus zwei Teilen: einem Hauptgebäude mit Zimmern und Bungalows auf Stelzen im Wald dahinter. In den Bungalows gibt's kein oder nur schwaches WLAN, dafür werden die Gäste mit der Musik von Grillen und Vögeln unterhalten. Es ist eine der besten Budgetunterkünfte in der Stadt, und das Personal ist sehr hilfsbereit.

T&T Hostel PENSION, HOSTEL $
(☎034 514846; www.facebook.com/Hostelkanchanaburi; Th Mae Nam Khwae; B 250 B, Zi. mit Gemeinschaftsbad & Ventilator 200–300 B, DZ & 2BZ 500–800 B; P❄📶) Die Eigentümerfamilie wohnt selbst in dem kleinen Haus am Fluss. So fühlt man sich in der Pension eher wie in einer Gastfamilie mit all den Vorteilen (Gastfreundlichkeit) und Nachteilen (gelegentlicher Lärm), die das mit sich bringt. Seit der umfassenden Renovierung ist die Pension noch schöner und eine der besten Unterkünfte in dieser Preisklasse. In den Zimmern auf dem Floß liegt die Matratze auf dem Boden.

PY Guesthouse PENSION $$
(☎081 208 4937; witaya1962@gmail.com; Soi Chai Chumpon 3; 2 BZ 750 B; P❄📶) Die kleine Pension liegt in einem Garten in einer reinen Wohngegend. Die Zimmer haben nicht so viel Charakter wie die Gemeinschaftsbereiche, sind jedoch sehr sauber. Die Besitzer tun alles für ihre Gäste.

Frühstück kostet extra, und es werden Fahrräder verliehen.

Tara Raft PENSION $$

(☎092 829 9419; www.tararoom.com/raft.html; Th Rong Hip Oi; DZ & 2BZ 700–900 B; P ❄ 📶) Obwohl nur 350 m vom Treiben in der Th Mae Nam Khwae entfernt, ist die traditionelle Pension in der Th Rong Hip Oi eine Oase der Ruhe. Die Zimmer im Haus sind nichts Besonderes, die Zimmer auf den Flößen dafür die besten der Stadt. Sie sind hell und schön ausgestattet mit guten Matratzen, Fernseher, Minikühlschrank und Safe.

Ploy Resort PENSION $$

(☎090 964 2653; www.ployresorts.com; 79/2 Th Mae Nam Khwae; DZ 1000–1900 B, 3BZ 1500 B, FZ 2200–3000 B; P ❄ 📶 🏊) Mit cremefarbenen Wänden und dunklen Holzmöbeln sind die Zimmer der schicken Resortpension recht nobel. Sie gehen alle auf einen kleinen Garten hinaus. Die besten Zimmer sind im Stil eines Cottage, doch die billigsten Zimmer im 2. Stock sind auch sehr gemütlich und bieten ein gutes Preis-Leistungs-Verhältnis. Der Hof mit mehreren Ebenen ist einer der schönsten Orte der Stadt, um mit Blick auf den Fluss zu entspannen.

U Dee Room & Coffee PENSION $$

(☎099 365 5449; www.facebook.com/udeecoffee; 295/9 Th Mae Nam Khwae; DZ & 2BZ 700 B; ❄ 📶) Die hellen und blitzsauberen Zimmer über einem Café befinden sich außerhalb der lauten Touristenmeile, sodass man hier ruhig schlafen kann. Das Personal steht nur zur Verfügung, wenn das Café geöffnet ist (ca. 9–18 Uhr). Man kann es aber auch sonst um Hilfe bitten. Der Kaffee ist ausgezeichnet.

Apple's Retreat PENSION $$

(☎034 512017, 062 324 5879; www.applenoikanchanaburi.com; Mu 4, Ban Tamakham; DZ & 2BZ inkl. Frühstück 1090 B; P ❄ 📶) Die mit den Besitzern des Apple & Noi verwandten Gastgeber bieten 16 einfache Zimmer in einem ruhigen Teil der Stadt. Die Zimmer sind klein und recht schlicht (es gibt nur eine Plattform mit Matratzen statt Betten), doch die gute Lage und die freundlichen Gastgeber, die sich bestens in der Gegend auskennen, sorgen für eine treue Stammkundschaft. Den Besitzern gehört auch das Restaurant Blue Rice (S. 201).

Natee the Riverfront HOTEL $$$

(☎034 518777; www.nateetheriverfront.com; Th Mae Nam Khwae; DZ & 2BZ inkl. Frühstück 2150–3750 B; P ❄ 📶 🏊) Das schöne, nagelneue Hotel hoch über dem Fluss bietet einen großartigen Ausblick – leider nicht für alle, denn viele der Balkone sind so weit nach hinten versetzt, dass die Aussicht versperrt ist. Die Standardzimmer sind ziemlich klein, haben jedoch einen Whirlpool, Holztäfelung und Blick auf den Fluss. Zur Terrasse mit Sitzsäcken und zum Restaurant am Fluss muss man durch einen Gang unter dem Swimmingpool gehen.

Good Times Resort HOTEL $$$

(☎090 143 4925; www.goodtimesriverkwai.com; 265/5 Th Mae Nam Khwae; DZ & 2BZ/3BZ inkl. Frühstück 1500–2500/1850–2400 B; P ❄ 📶 🏊) Die Zufahrtstraße ist nicht gerade vertrauenerweckend, doch jenseits des Parkplatzes wartet eine von Palmen gesäumte Oase am Fluss. Die großen Zimmer sind lichtdurchflutet und mit schönen Farbakzeenten gestaltet. Sie gehen alle auf den Garten mit Swimmingpool hinaus. Das gute Restaurant (Hauptgerichte 100–350 B) ist direkt am Fluss. Mit 1500 B sind die Zimmer aber etwas überteuert. Das gut gelaunte Personal ist sehr hilfsbereit.

Außerhalb der Stadt

Ban Sabai Sabai PENSION $$

(☎089 040 5268; www.bansabaisabai.com; 102/3 Mu 4, Nong Bua; DZ/FZ 400–800/1600–2150 B; P ❄ 📶) Die Pension wird ihrem Namen voll und ganz gerecht: „Haus der Entspannung". Die vielen Zimmer rund um einen blühenden Garten sind einfach, aber sehr gepflegt, und die Besitzer tun alles, damit sich ihre Gäste wie zu Hause fühlen. Die Pension liegt auf dem Land, rund 7 km westlich der Stadt am Hwy 323 (in der Straße nach dem riesigen Esso-Schild).

Busse fahren in der Nähe vorbei, man kann sich aber auch in der Stadt abholen lassen. Die Pension verleiht Motorräder.

★ Oriental Kwai Resort RESORT $$$

(☎061 673 0670; www.orientalkwai.com; 194/5 Mu 1, Tambon Lat Ya; Cottages inkl. Frühstück 2900–6200 B; P ❄ 📶 🏊) Dieses Resort unter thai-niederländischer Leitung bietet eine exklusive Atmosphäre. Die vier Cottages in einem halbwilden Garten sind üppig mit thailändischen Skulpturen und Stoffen ausgestattet und haben ochsenblutfarbene Wände. Zu den Annehmlichkeiten gehören Kühlschrank und Flachbild-TV. Zwei Cottages sind auf Familien ausgelegt und bieten

Platz für bis zu sechs Personen. Das Resort befindet sich 13 km nordwestlich der Stadt, fast 2 km abseits der Straße zum Erawan Nationalpark (S. 204).

X2 River Kwai RESORT $$$
(☎034 552124; www.x2resorts.com/resorts/river-kwai; Tambon Nong Ya; Suite inkl. Frühstück 4700–9300 B; P❄📶🏊) Freundliche Mitarbeiter und viel Wasser dominieren in diesem schicken Resort an einem idyllischen Flussabschnitt 10 km südwestlich der Stadt. Das X2 bietet fantastische Designzimmer mit teils schieferverkleideten Wänden und moderner Kunst. Die Zimmer auf dem Dach haben sogar eine eigene Sonnenterrasse, die XFloat-Luxe-Zimmer einen privaten Kajakanleger.

Das Resort ist nur mit einem eigenen Fahrzeug zu erreichen. Am Wochenende unbedingt im Voraus reservieren!

Essen

Rahn Pa Kit THAI $
(Th Mae Nam Khwae; Hauptgerichte 30–80 B; ⏲7–20 Uhr) Die Straßenküche mit dem gelben Schild am Eingang zum Blue Star Guesthouse ist eine gute Alternative zu der sonst üblichen mittelmäßigen Küche der Pensionen. Die beiden Frauen servieren sehr gute Standardgerichte.

Royal Nine Restaurant INTERNATIONAL $
(Th Mae Nam Khwae; Hauptgerichte 50–400 B, Pizza ab 200 B; ⏲14–23 Uhr; 📶) Auf der Speisekarte des kleinen Straßenrestaurants stehen thailändische und westliche Gerichte wie Grünes Curry, gegrillter norwegischer Lachs und Holzofenpizza, die für thailändische Verhältnisse richtig gut ist. Besitzer Kay ist eine unerschöpfliche Quelle für Infos über Kanchanaburi: Wer ins Hinterland reisen will, sollte hier auf jeden Fall kurz vorbeischauen.

Suk Jai Floating Market MARKT $
(ตลาดน้ำสุขใจ; www.facebook.com/market71000; Wat Thewa Sangkharam; ⏲Fr 17.30–20.30 Uhr; P) Trotz des Namens schwimmt dieser Markt nicht, sondern findet am Flussufer statt. Es gibt vor allem Essen und das in Form von Snacks wie gebratene Pilze und Grillwürstchen. Außerdem gibt's Livemusik. Der Markt findet jeden Freitagabend neben dem großen Stupa des **Wat Thewa Sangkharam** (วัดเทวสังฆาราม; Wat Neua; Th Song Khwae; ⏲tagsüber, Wandmalereien 9–15 Uhr; P) GRATIS statt.

Zap Zap THAI $
(Th Mae Nam Khwae; Hauptgerichte 40–150 B; ⏲11–21.30 Uhr; 📶) Trotz des umfangreichen Angebots von *pàt tai* bis Panang-Curry kommen die meisten Gäste wegen dem gut gewürzten Isan-Gericht *sôm·đam*. Der Salat mit gebratener Papaya ist eine interessante Mischung aus Thai- und Isanküche.

On's Thai-Issan VEGETARISCH $
(☎087 364 2264; www.onsthaiissan.com; Th Mae Nam Khwae; Hauptgerichte 70–80 B; ⏲10–21 Uhr; ❄✍) On und ihre Tochter bieten nicht die typische vegane Thaiküche *jay'*, sondern kochen gesund mit viel Geschmack und angenehmer Schärfe. Die riesigen Portionen von Ingwertofu und Massaman-Curry werden mit braunem Reis serviert.

Die freundliche On gibt auch Kochkurse, bei denen in zwei Stunden drei Gerichte gekocht werden (600 B).

JJ Market MARKT $
(Kanchanaburi Plaza; Th Saengchuto; Hauptgerichte ab 30 B; ⏲17.30–22 Uhr) Auf dem beliebten Nachtmarkt kann man gut essen und shoppen (Mittwoch ist Secondhand-Tag). Zu essen gibt's gegrillten Tintenfisch, Mango-Klebreis und alle möglichen Spieße.

★ **Blue Rice** THAI $
(www.applenoikanchanaburi.com/our-apples-restaurants; Mu 4, Ban Tamakham; Hauptgerichte ab

INSIDERWISSEN

UMGANG MIT ELEFANTEN

Touren in die Umgebung von Kanchanaburi beinhalten oftmals auch Elefantentrekking. Zum Schutz der Elefanten (S. 810) raten wir von solchen Touren dringend ab, egal, wie gut der Veranstalter das jeweilige Elefantencamp darstellt. Wer trotzdem an einer solchen Tour teilnehmen will, sollte neben dem Elefanten gehen, statt auf ihm zu reiten, und ihm auch ein Bad im Fluss erlauben.

Das einzige wirklich empfehlenswerte Elefantencamp in Kanchanaburi ist **Elephant Haven** (☎053 272855; www.elephantnaturepark.org; Sai Yok; Erw./Kind 2500/1250 B für 1 Tag, 5800/2900 B für 2 Tage) 🍃. In diesem Refugium steht das Wohlergehen der Elefanten an erster Stelle.

135 B; ⌚10.30–15 & 17–22 Uhr, in der Nebensaison nur abends; P 📶 ✎) Meisterhafte Gewürzmischungen, eine kreative Karte und friedvolle Blicke auf den Fluss machen das Blue Rice zu einem der beliebtesten Restaurants in Kanchanaburi. Das Massaman-Curry, die Spezialität des Hauses, ist perfekt zubereitet. Auf der Karte stehen darüber hinaus viele neu interpretierte thailändische Klassiker, beispielsweise *yam sôm oh* (Pomelosalat) und Hühnchen-Kokosnusssuppe mit Bananenpflanzen.

★ **Keeree Tara** THAI $$
(☎034 513855; www.facebook.com/keereeTara; 431/1 Th Mae Nam Khwae; Hauptgerichte 75–450 B; ⌚10–24 Uhr, letzte Bestellung 21.30 Uhr; P) Das edle Flussrestaurant befindet sich weiter flussaufwärts, abseits des Trubels rund um die Brücke. Abends kann man auf der schwimmenden Terrasse sitzen und den Blick auf die Brücke genießen. Auf der Speisekarte stehen feine Thaigerichte von Klassikern bis zu regionalen Spezialitäten wie Riesenflussgarnelen in Tamarindensoße und Rotes Flussschnecken-Curry.

Wer dann immer noch nicht satt ist, kann zwischen thailändischen Desserts wie *đa·go peu·ak* (Taroperlen in Kokosmilch) und französischen Kuchen und weißer Mousse au chocolat wählen.

Ausgehen & Nachtleben

Bars für jeden Geschmack findet man am südlichen Ende der Th Mae Nam Khwae. Viele haben Billardtische und Sportfernsehen (vor allem die vielen auf Australier und Briten ausgerichteten Bars). Ein Schnaps kostet 10 B.

Zwischen den Backpacker-Bars finden sich auch in Kanchanaburi einige Sex-Bars.

★ **Baan Sitthisang** CAFÉ
(Th Pakprak; ⌚8–18 Uhr; 📶) In dem schlüsselblumengelben Gebäude in der Heritage Walking Street (S. 195) kann man bei einer Tasse gutem Kaffee und einem leckeren Stück Gebäck in die Geschichte eintauchen. Das Haus aus dem Jahr 1920 gehört seit Generationen derselben Familie und ist eines der besterhaltenen Gebäude in dieser geschichtsträchtigen Straße.

Ave CRAFTBIER
(Th Mae Nam Khwae; ⌚12–24 Uhr; 📶) In dem kleinen Lokal kann man herrlich sitzen und die Leute beobachten. Es verzichtet auf die üblichen billigen Drinks und laute Musik und bietet stattdessen Dutzende Sorten Craftbier zumeist von thailändischen Brauereien. Zu essen gibt's die üblichen Thaigerichte. Das Personal ist sehr freundlich.

ℹ Praktische Informationen

GELD

Die meisten Banken befinden sich in der Th Saengchuto nahe dem Busbahnhof (s. u.). Zwei Wechselstuben vor dem WW II Museum (S. 196) haben zu den normalen Geschäftszeiten geöffnet.

IMMIGRATION

Das **Immigration Office** (☎034 564279; www.kan-immigration.com; Hwy 3429; ⌚Mo–Fr 8.30–12 & 13–16.30 Uhr) liegt ziemlich unpraktisch im Süden der Stadt. Hier werden Visa verlängert.

MEDIZINISCHE VERSORGUNG

Das **Thanakarn Hospital** (☎034 540601; abseits Th Saengchuto) ist das beste Krankenhaus für Ausländer.

NOTFALL

Das Büro der **Touristenpolizei** (☎034 512795; Th Mae Nam Khwae) liegt sehr zentral in der Th Mae Nam Khwae. Ein kleiner **Stand** (⌚9–18 Uhr) befindet sich bei der Death Railway Bridge.

TOURISTENINFORMATION

Die **Tourism Authority of Thailand** (TAT; ☎034 511200; tatkan@tat.or.th; Th Saengchuto; ⌚8.30–16.30 Uhr) hat ein sehr nützliches, aber nicht zentral gelegenes Büro beim Busbahnhof.

ℹ An- & Weiterreise

BUS & MINIVAN

Kanchanaburis **Busbahhof** (☎034 515907; Th Lak Meuang) befindet sich im Stadtzentrum neben dem Uhrenturm, mittlerweile fahren aber mehr Minivans als Busse (nicht vergessen: Bei einer Minivanfahrt muss man für große Rucksäcke oder Taschen eine zusätzliche Fahrkarte kaufen).

Wer nach Ayutthaya will, muss zuerst nach Suphanburi fahren. Richtung Süden geht's schneller, in Ratchaburi statt in Bangkok umzusteigen, aber es fahren nur alte Busse ohne Klimaanlage dorthin. Minivans nach Bangkok fahren bis 19 Uhr ab.

Einmal pro Tag fährt außerdem ein privater Minivan direkt nach Ayutthaya und holt die Gäste zuvor in der Pension ab (350 B, 2½–3 Std., 13.30 Uhr).

BUSSE AB KANCHANABURI

ZIEL	PREIS (IN B)	DAUER (STD.)	HÄUFIGKEIT
Bangkok Northern Bus Terminal (Mo Chit)	120	3	häufig (Minivans)
Bangkok Southern Bus Terminal (Sai Tai Mai)	110	3	häufig (Minivans)
Chiang Mai	555–865	10–12	3-mal tgl. (8.30, 18, 19 Uhr)
Hua Hin	220	3½	stündl.
Nong Khai	495	12	1-mal tgl. (19 Uhr)
Ratchaburi	55–65	3	stündl.
Sangkhlaburi (über Thong Pha Phum)	130–192	4–5	4-mal tgl.
Suphanburi	55–70	2	alle 30 Min.
Thong Pha Phum	80–115	2½–3	alle 30–45 Min.

ZUG

Kanchanaburi liegt an der Eisenbahnlinie Thonburi–Nam Tok (Züge halten nicht am Bahnhof Hua Lamphong), die auch eine Teilstrecke der Death Railway (S. 199) umfasst. Die SRT bewirbt die Strecke als historische Route und verlangt von Ausländern 100 B für jede einfache Fahrt, unabhängig von der Länge. Die Züge (ab Thonburi 7.50 und 13.55 Uhr; 2½ Std.) sind 3.-Klasse-Züge, sprich: Es gibt Holzbänke und keine Klimaanlage, und man sollte nicht erwarten, dass sie pünktlich fahren. Wer einen Tagesausflug nach Kanchanaburi plant und nur wenig Zeit hat, sollte lieber den Bus nehmen. Die Züge nach Thonburi (3 Std.) starten in **Kanchanaburi** (☎ 034 511285; Th Saengchuto) um 7.19 und 14.48 Uhr.

Der interessanteste Teil der Strecke beginnt hinter Kanchanaburi, wenn der Zug über die Death Railway Bridge (S. 193) fährt, und endet im Bahnhof von Nam Tok (2 Std., ab Bahnhof Kanchanaburi um 6.07, 10.35 und 16.26 Uhr), der in der Nähe des Hellfire Pass (S. 198) liegt. Die meisten Leute, die von Kanchanaburi nach Nam Tok fahren, steigen an dem kleinen **Bahnhof** bei der Death Railway Bridge ein. Deshalb sollte man am Hauptbahnhof in der Stadt zusteigen, um einen Platz zu bekommen (auf der linken Seite des Zuges hat man den besten Ausblick). Alternativ kann man ein „special car"-Ticket buchen: Es kostet 300 B und beinhaltet einen garantierten Sitzplatz (keine Stehplätze), Snacks und eine „Dankesurkunde". Die Tickets werden neben dem Stand der Touristenpolizei bei der Brücke verkauft.

Neben den regulären Zügen bietet die SRT auch spezielle Fahrten an (Sa & So 6.30 Uhr, mit Ventilator/Klimaanlage 120/240 B), die vom Bahnhof Hua Lamphong über den Phra Pathom Chedi (S. 170) in der Provinz Nakhon Phatome, die Death Railway Bridge und Tham Krasae (S. 199) nach Nam Tok führen. Dabei werden auch die jeweiligen Sehenswürdigkeiten besichtigt.

ℹ Unterwegs vor Ort

FAHRRAD & MOTORRAD

Kanchanaburi ist sehr weitläufig, es ist möglich, zu den Sehenswürdigkeiten zu laufen, doch mit einem Fahrrad ist es angenehmer. Fahrräder (50 B pro Tag) und Motorräder (200 B) werden von vielen Pensionen und Geschäften in der Th Mae Nam Khwae vermietet. **Yanee** (☎ 081 586 8428; Th Mae Nam Khwae; ⏲ 6.30–21 Uhr) beim Büro der Touristenpolizei hält seine Räder gut instand und hat bis spätabends geöffnet. SUP Hire Thailand (S. 198) vermietet hochwertige Hybrid-Bikes (150 B pro Tag).

ÖFFENTLICHE VERKEHRSMITTEL

Motorradtaxis, viele mit Beiwagen, in den mehrere Personen und große Gepäckstücke passen, sind viel praktischer als Tuk-Tuks. Eine Fahrt vom Busbahnhof in die Hotelgegend dürfte 60 B kosten.

Gelbe und blaue *sŏrng·tăa·ou* (Pick-ups) fahren für 10 B pro Passagier die Th Saengchuto auf und ab (am Friedhof aussteigen, um in die Hotelgegend zu kommen!). Man kann am Westrand des Busbahnhofs (S. 202) einsteigen. Orangefarbene *sŏrng·tăa·ou* dienen eher als Taxis, als dass sie auf regulären Routen verkehren.

SCHIFF/FÄHRE

Longtail-Boote können bei der Death Railway Bridge (S. 193) und dem JEATH War Museum (S. 195) gechartert werden. Das Standardprogramm umfasst eine eineinhalb-stündige Tour zum Chung Kai War Cemetery (S. 196), zum Wat

Tham Khao Pun (S. 196) und – je nachdem, wo sie beginnt – entweder zur Brücke oder zum Museum. Der Fixpreis für bis zu sechs Personen beträgt 800 B, ist aber mitunter verhandelbar.

Rund um Kanchanaburi

Die Provinz Kanchanaburi ist eine üppig grüne, gebirgige Naturschönheit. Im Erawan National Park und Sri Nakarin Dam National Park gibt's viele Wasserfälle mit herrlichen Schwimmbecken. Im wunderbaren Sai Yok National Park kann man mit Longtail-Booten fahren, Wasserfälle besuchen und tagelang wandern.

★ **Erawan National Park** NATIONALPARK

(อุทยานแห่งชาติเอราวัณ; ☎ 034 574222; Erw./Kind 300/200 B, Auto/Motorrad 30/20 B; ⏲ Parkeingang 8–16 Uhr, Wasserfall Stufen 1–3 8.30–17, Stufen 4–7 8.30–16 Uhr; Ⓟ) Ein Bad in den himmelblauen Becken unterhalb der **Erawan-Fälle** ist das Highlight in diesem 550 km² großen Park. Der siebenstufige Wasserfall donnert durch den Wald in die Tiefe, und das Baden unterhalb dieses kristallklaren Wasserfalls ist bei Einheimischen ebenso beliebt wie bei Touristen. Die ersten drei Stufen erklimmt man leicht; wer weiter hinauf möchte, braucht Wanderschuhe und Ausdauer, um die 2 km lange, steile Strecke zu bewältigen (die Anstrengung lohnt sich aber, um den Besuchermassen in den ersten beiden Becken zu entgehen).

Wasserratten sollten Badesachen (und ein T-Shirt) mitbringen und nicht vergessen, dass sie den Badebereich mit einer Armee knabbernder Fische teilen. Darüber hinaus haben Affen schon das eine oder andere Kleidungsstück der badenden Besucher entführt. Auf Ebene vier gibt es eine natürliche Steinrutsche und auf Ebene sechs die wenigsten Badegäste. Buggys (Erw./Kind 30/15 B) fahren Besucher mit eingeschränkter Mobilität zur ersten Stufe. Picknickfans sollten darauf achten, dass Essen und Getränke nicht auf Stufe drei und die darüber liegenden Stufen mitgenommen werden dürfen. Wasserflaschen sind erlaubt, aber um Vermüllung zu vermeiden, werden Besucher gebeten, ihre Flaschen zu registrieren und 20 B Pfand zu hinterlassen (die bekommt man auf den Rückweg zurück, wenn man seine Wasserflasche vorzeigt).

Um den Menschenmassen am Wasserfall zu entgehen, kann man eine von einem Ranger geführte Tour buchen (beim Besucherzentrum: Es gibt keinen Festpreis, jeder bezahlt, was er will). Die Wanderung auf dem 5 km langen **Khao Hin Lan Pee Trail** führt durch den Wald direkt zu Stufe fünf des Wasserfalls. Die wenig besuchte Höhle **Tham Phra That** (ถ้ำพระธาตุ; Erawan National Park; ⏲ 8–16 Uhr; Ⓟ) ist voller glitzernder Kalksteinformationen. Es gibt noch weitere fantastische Höhlen im Nationalpark, doch sie sind schon seit Jahren geschlossen.

Der Park wurde nach Erawan benannt, dem dreiköpfigen Elefanten aus der Hindu-Mythologie, dem die oberste Stufe des Wasserfalls angeblich ähnlich sieht. Laubmischwald bedeckt über 80 % des Parks, aber es gibt auch trockene immergrüne Wälder und trockene Dipterocarp-Wälder sowie große Bambuswälder. Tiger, Elefanten, Sambare, Gibbons, Rote Riesengleithörnchen, Königskobras und Nashornvögel leben in dem Park – rund um den Wasserfall und auf den wenigen Wegen im Park sind sie jedoch nicht zu sehen. Nur Affen und Wildschweine wagen sich bis an die Wasserfälle heran.

Die **Parkbungalows** (☎ 02 562 0760; http://nps.dnp.go.th/reservation.php?option=home; Erawan National Park; Bungalow 800–2400 B, Zeltmiete für 2/4 Pers. 120/300 B, eigenes Zelt 30 B pro Pers.; Ⓟ❄) bieten Platz für zwei bis acht Personen. Es gibt einen Campingplatz, wo Zelte auch verliehen werden.

Erawan ist 65 km nördlich von Kanchanaburi. Ab Kanchanaburi fahren die Busse (50 B, 1½ Std.) stündlich von 8 bis 17.50 Uhr und zwar direkt zum **Besucherzentrum**, das rund um die Uhr besetzt ist. Der letzte Bus zurück in die Stadt fährt um 17 Uhr und ist am Wochenende proppenvoll. Kundenfänger versuchen am Busbahnhof, die Besucher zu überreden, einen privaten Fahrer anzuheuern, statt den Bus zu nehmen, aber das ist nicht nötig.

★ **Sri Nakarin Dam National Park** NATIONALPARK

(อุทยานแห่งชาติเขื่อนศรีนครินทร์; Khuean Srinagarindra National Park; ☎ 082 290 2466; Erw./Kind 300/200 B, Auto/Motorrad 30/20 B; ⏲ Wasserfall 6.30–17 Uhr; Ⓟ) Besucher des Erawan National Park würden Wasserfälle gerne ohne die Menschenmassen sehen? Sie sollten den **Nam Tok Huay Mae Khamin** besuchen. Obwohl der traumhaft schöne Wasserfall in dem 1532 km² großen Park 45 km nordwestlich von Erawan über eine gut befestigte Straße zu erreichen ist, kommen doch nur wenige Besucher hierher. So ist es hier im Gegensatz zu den Erawan-Wasserfällen wunderbar ruhig und friedlich.

GRENZÜBERGANG NACH MYANMAR: VON PHU NAM RON NACH HTEE KHEE

Dieser Grenzübergang ist immer noch recht abenteuerlich. Visa für Myanmar werden an der Grenze nicht ausgestellt, und E-Visa werden nicht akzeptiert. Der nächste Ort, um ein Visum zu bekommen, ist die **Botschaft** (Karte S. 102; ☎ 02 233 7250; www.mfa.go.th; 132 Th Sathon Neua/North, Bangkok; ⊙ Mo–Fr 9–12 & 13–15 Uhr; Ⓢ Surasak, Ausgang 1/3) in Bangkok.

Anreise zur Grenze Es gibt täglich etwa sechs Busse (70–80 B, 2 Std.) und Minivans (100 B, 1½ Std.), die ab 9 Uhr vom Busbahnhof Kanchanaburi (S. 202) direkt zur Grenze fahren. Wer früh aufbricht, kann es in einem Tag nach Dawei in Myanmar schaffen, aber falls nötig, gibt's auch Pensionen beiderseits der Grenze.

An der Grenze Nachdem man in Thailand seinen Ausreisestempel erhalten hat, kann man mit einem Motorradtaxi (100 B) zum Immigration Office Myanmars fahren (6 km). Der Grenzübergang ist von 6–18 Uhr (5.30–17.30 Uhr Myanmar-Zeit) geöffnet. Die Formalitäten sind unkompliziert, wenn sie auch auf beiden Seiten ein bisschen langsam vonstatten gehen. Vor allem frühmorgens herrscht großer Andrang von speziellen „Visa-Vans".

Weiterreise Beim Immigration Office in Thailand wird man an Minivan-Fahrer verwiesen, die einen für 800 B pro Nase nach Dawei bringen, aber der Preis ist manchmal verhandelbar. Die Fahrt nach Dawei kann man auch im Voraus bei **Hello Dawei Travel & Tours** (☎ 09 44362 7636; www.hellodawei.com; 661 Pakaukukyaung St; ⊙ 8–20 Uhr) buchen. In Myanmar fahren Minibusse für 20 000 Kyat ab, sobald sie voll sind. Das kann nachmittags zum Problem werden. Die fünfstündige Fahrt nach Dawei führt durch eine wunderbare Gebirgslandschaft. Die Straße ist teilweise befestigt, aber trotzdem holprig, doch Besserung ist in Sicht.

Auch der Huay Mae Khamin besteht aus sieben Stufen. Man erreicht sie auf einem schönen Waldweg und darf überall schwimmen. Der Weg beginnt auf Stufe vier und führt zunächst zu Stufe eins hinunter, die als schönste gilt. Von dort geht es wieder 1100 m nach oben. Wer nicht viel Zeit hat, kann sich auf diesen, schöneren, Teil beschränken. Flussaufwärts führt ein Kiesweg (hin & zurück 2350 m) zu den Stufen fünf bis sieben. Bei Stufe fünf befindet sich anstelle des Wasserbeckens nur noch eine Doline (Senke). Von diesem Weg zweigen kleinere Wege ab. Sie sind jedoch nicht markiert und werden kaum genutzt. Wer zu allen sieben Stufen gehen will, sollte mindestens drei Stunden einplanen.

In der Regenzeit (vor allem im September und Oktober) sollte man vorher bei der Touristeninformation (S. 202) in Kanchanaburi anrufen. Viele Wege sind dann wegen Überflutung nicht begehbar.

Es gibt gute **Bungalows und einen Campingplatz** (Bungalow 900–1800 B, Zeltmiete für 3 Pers. 300 B, eigenes Zelt 30 B pro Pers.; Ⓟ), jeweils mit Blick auf den See.

Der Wasserfall ist 110 km von Kanchanaburi entfernt. Öffentliche Verkehrsmittel gibt's in dieser Gegend nicht. Ein Mietwagen ab Kanchanaburi kostet mindestens 2000 B pro Tag.

Muang Sing Historical Park — RUINEN

(อุทยานประวัติศาสตร์เมืองสิงห์; ☎ 034 670264; Rte 3455; 100 B, Auto/Motorrad 50/20 B; ⊙ 8–17 Uhr; Ⓟ) Die Überreste der „Löwenstadt", dem westlichsten Außenposten der Khmer, verteilen sich auf einem 102 ha großen Gelände, das von einer 4,5 m langen Mauer umgeben ist. Vermutlich war die Stadt sowohl ein militärischer Stützpunkt als auch eine Handelsstation auf dem Weg entlang des Mae Nam Khwae Noi. Die restaurierten Gebäude wurden fast ausschließlich aus Laterit im Bayon-Stil errichtet. Damit datieren sie von Ende des 12., Anfang des 13. Jhs., als der buddhistische König Jayavarman VII. regierte.

Es gibt zwei große Hauptgebäude und die Überreste von zwei weiteren Gebäuden. Der Hauptschrein **Prasat Muang Sing** (#1 auf dem Übersichtsplan) steht im Zentrum und ist nach Osten ausgerichtet (die bevorzugte Ausrichtung von Angkor-Tempeln). Im Inneren befinden sich nachgebildete Statuen des achtarmigen Bodhisattva Avalokitesvara und der Göttin Prajnaparamita. Letztere stand wohl ursprünglich in dem anderen großen Schrein hinter diesem. Die Teiche wurden vermutlich für religiöse Zeremonien genutzt.

Außerhalb der Stadtmauer befinden sich noch sieben Ringe von Festungsmauern und Gräben, die vom Haupteingang aus gut zu sehen sind. Direkt neben dem Fluss ist eine prähistorische Grabstätte mit zwei Skeletten, Tonwaren und Schmuck, vermutlich 2000 Jahre alt.

Muang Sing liegt 33 km westlich von Kanchanaburi. Der Bahnhof Tha Kilen (100 B) ist 1,5 km entfernt. Am besten kommt man jedoch mit einem eigenen Fahrzeug, denn die Züge fahren nur selten, und das Gelände ist sehr weitläufig.

Sai Yok National Park NATIONALPARK
(อุทยานแห่งชาติไทรโยค; ☎034 686024; Erw./Kind 300/200 B, Auto/Motorrad 30/20 B; ⌚tagsüber) Höhlen, Wasserfälle und Wanderwege durch den Wald prägen den 958 km² großen Nationalpark, der trotzdem nicht überlaufen ist. Die Hauptsehenswürdigkeiten sind gut vom **Besucherzentrum** (⌚8–16.30 Uhr) aus zu erreichen. Dazu zählt auch der weithin bekannte **Nam Tok Sai Yok Yai** (น้ำตกไทรโยคใหญ่ (Wasserfall Sai Yok Yai), der kurz, aber spektakulär in den Mae Nam Khwae Noi hinabstürzt. Wesentlich beeindruckender als der Wasserfall sind die hohen Klippen, die man am besten von einem Boot aus sieht. Die Bootsfahrten (400 B, 45 Min.) starten bei der Hängebrücke.

Hier beginnt auch ein guter Wanderweg zu einer Höhle, in der die äußerst seltenen, nur 3 cm großen Schweinsnasenfledermäuse leben, und zu Überresten der „Todeseisenbahn" aus dem Zweiten Weltkrieg (S. 199). Die Bahn führte einst mitten durch den heutigen Nationalpark.

Im Park kann man in alten **Bungalows** (☎02 562 0760; http://nps.dnp.go.th/reservation.php?option=home; Sai Yok National Park; Bungalow 800–2100 B; Ⓟ), auf einem Campingplatz (Zeltmiete 225 B, eigenes Zelt 30 B pro Pers.) oder in einfachen, aber witzigen **Resorts auf dem Floß** (☎081 805 6467; www.facebook.com/atRAFTsaiyok; DZ & 2BZ/3BZ inkl. Frühstück 1000/2000 B; Ⓟ) übernachten.

Der Sai Yok National Park liegt am Highway von Kanchanaburi nach Thong Pha Phum. Busse, die auf dieser Strecke fahren (mit Ventilator/Klimaanlage 55/75 B, 1½ Std., alle 30–45 Min.), halten bei Bedarf an der Abzweigung zum Park. Mit einem Tuk-Tuk (30/50 B pro Pers./Fahrzeug) kann man dann die letzten 3,5 km zum Park fahren. Für die Rückfahrt ist es möglich, beim Besucherzentrum ein Tuk-Tuk zu bestellen.

Nam Tok

Für Traveller, die die alte Strecke der „Todeseisenbahn" (S. 199) ab Kanchanaburi abfahren, ist Nam Tok (น้ำตก) das Endziel. Aber Nam Tok kann auch als Ausgangsbasis für den Besuch von geheimnisvollen Höhlen, friedvollen Flüssen und luxuriösen Flussresorts dienen.

Die Züge halten zwar am Bahnhof Nam Tok, doch man kann noch 1,5 km weiter bis zum Nam Tok Sai Yok Noi fahren. Der Wasserfall ist sehr schön (sofern er Wasser führt), aber auch dicht belagert von Thaifamilien, die hier baden und picknicken. Oberhalb des Wasserfalls befindet sich die kleine Höhle Tham Sai Yok, 20 km weiter liegt die schöne große Höhle Tham Lawa.

Sehenswertes

Tham Lawa HÖHLE
(ถ้ำละว้า, Höhle; Sai Yok National Park, Tambon Wang Krachae; ⌚8–16.30 Uhr; Ⓟ) Die 280 m lange, schwach beleuchtete Lawa-Höhle besteht aus mehreren großen Kammern mit Stalaktiten, Stalagmiten und anderen faszinierenden Felsformationen. Für die Besichtigung sollte man eine Taschenlampe mitbringen oder bei den Rangern eine ausleihen. Die Höhle ist im Eintrittspreis des Sai Yok National Park enthalten (das Tagesticket gilt auch für die anderen Sehenswürdigkeiten im Park). Der 20 km lange Weg über die Landstraße ist ab Nam Tok Sai Yok Noi gut ausgeschildert.

Die Höhle liegt abseits des Flusses und ist mit einem Boot ab dem Pak Saeng Pier neben dem Boutique Raft Resort gut zu erreichen. Die Hin- und Rückfahrt dauert eine Stunde und kostet rund 1200 B.

Nam Tok Sai Yok Noi WASSERFALL
(น้ำตกไทรโยคน้อย, Wasserfall; Hwy 323; ⌚tagsüber; Ⓟ) GRATIS Der schöne Wasserfall ist auch unter dem Namen Nam Tok Khao Pang bekannt und bei Thais sehr beliebt. An den Wochenenden kommen sie in Scharen hierher, um zu baden und zu picknicken. Außerdem steht hier auch eine **japanische Dampfeisenbahn aus dem Zweiten Weltkrieg**.

Der Wasserfall ist 1,5 km nordwestlich des Bahnhofs Nam Tok nördlich des Highway 323 und gut ausgeschildert. Man kann aber auch den Gleisen folgen.

Oberhalb des Wasserfalls und 100 m hinter dem Staudamm befindet sich die kleine **Höhle Tham Sai Yok** (8–17 Uhr). Auf die zwei Buddha-Statuen fällt genau ein Sonnenstrahl. Hinter ihnen befindet sich ein heiliger Felsen in Schlangenform, den man nur sehen kann, wenn man eine Taschenlampe dabeihat.

Auch wenn die Höhle zum Sai Yok National Park gehört, wird hier kein Eintritt verlangt.

Schlafen & Essen

Allein für die ruhigen friedlichen Unterkünfte am Fluss – am Ufer oder auf einem Floß – lohnt es sich, nach Nam Tok zu kommen. Die Unterkünfte gibt's in allen Preisklassen. Sie befinden sich sämtlich in der ländlichen Umgebung des Ortes, sodass man ein eigenes Fahrzeug oder einen Mietwagen benötigt. Die Unterkünfte in der Stadt sind sehr einfach und maximal für eine Nacht geeignet.

Da die meisten Touristen in ihrem Resort auch essen, ist die Restaurantszene nicht gerade spektakulär. Es gibt jedoch viele Restaurants am Highway, mehr oder weniger weit entfernt vom Wasserfall.

Yayei Homestay PENSION **$$**
(☎081 008 2121; www.facebook.com/yayeihomestay; DZ & 2BZ 700–790 B, mit Gemeinschaftsbad 500 B; P ❄ 📶) Die einfache, aber gemütliche Pension liegt in einer kleinen Straße zwischen dem Bahnhof und dem Wasserfall (jeweils 700 m). Das Personal ist freundlich, die Matratzen sind gut, und hinter dem Haus erhebt sich ein schöner Kalksteinfelsen. Die besten Zimmer gehen auf die Terrasse im 2. Stock hinaus.

Fahrräder und Motorräder können gemietet werden (s. u.), sollten aber im Voraus reserviert werden.

Boutique Raft Resort RESORT **$$$**
(☎064 137 6909, 081 353 1056; www.boutique raft-riverkwai.com; Mu 3 Tambon Tha Sao; DZ & 2BZ inkl. Frühstück 2600–6000 B; P ❄ 📶) Das kleine Resort mit schwimmenden Bambus- und Holzzimmern ist 3 km südlich des Bahnhofs Nam Tok. Es ist nicht so luxuriös wie die teureren Floßresorts, doch sein Geld wert. Weniger anspruchsvolle Reisende fühlen sich dort sehr wohl. Jedes Zimmer hat eine eigene Terrasse, auf der man den Flößen auf dem Fluss zusehen oder im Swimmingpool am Fluss schwimmen kann.

An- & Weiterreise

Züge nach Kanchanaburi (100 B, 2 Std.) fahren am **Bahnhof Nam Tok** (☎034 565181) um 5.20, 12.55 und 15.30 Uhr ab. Busse zwischen Kanchanaburi (mit Ventilator/Klimaanlage 40/50 B, 5–55 B, 1½ Std.) und Thong Pha Phum (mit Ventilator/Klimaanlage 50/70 B, 1 Std.) fahren mindestens alle 30 Minuten. Vier Busse fahren weiter bis nach Sangkhlaburi (mit Ventilator/Klimaanlage 100/150 B, 4 Std.); der letzte fährt gegen 14.30 Uhr ab.

Unterwegs vor Ort

Yayei Homestay (s. o.) zwischen dem Bahnhof und dem Wasserfall und einige Hotels in der Stadt vermieten Motorräder für rund 350 B pro Tag. Yayei vermietet auch Fahrräder (50/150 B für 2 Std./Tag), doch sie sind uralt.

E-Thong

300 EW.

E-Thong (อีต่อง; sprich E-Dong), der „Berg der Götter", liegt mitten im märchenhaften Nebelwald und ist eine einzigartige Kleinstadt. In dem multikulturellen Außenposten an der Grenze zu Myanmar boomte in den 1940er- und 1950er-Jahren der Abbau von Zinn und Wolfram. Aufgrund der vielen Todesfälle im Bergbau wurde die Region auch *mĕuang pĕe·lôrk* (Geistermine) genannt. Dann wurde der Bergbau fast völlig eingestellt, doch in den 2000er-Jahren erlebte das Dorf einen neuen Aufschwung, als es die Bangkoker als Wochenendziel entdeckten. Mittlerweile kommen auch ausländische Touristen, es wird aber immer noch kaum Englisch gesprochen.

Sehenswertes

Bei der Reise nach E-Thong ist der Weg das Ziel. Die „399" auf T-Shirts und Stickern bezeichnet die Anzahl der Kurven, die die Straße von Thong Pha Phum durch den dichten Wald hierher aufweist.

Am Ortsrand sind noch **Überreste des Bergbaus** (เหมืองปิล็อก; ⊙tagsüber; P) GRATIS zu sehen. Und es gibt natürlich auch einen **Tempel** (วัดอีต่อง; Wat E-Thong; ⊙tagsüber) GRATIS. Die wirkliche Attraktion des Dorfes ist der dichte Nebel, der von April bis Januar oft über dem Ort liegt. Deshalb ist es

LUXUS AM FLUSS

In Zentralthailand gibt's zahllose Resorts auf Flößen und Hotels direkt am Wasser, in Nam Tok (S. 206)sind sie besonders schön. Das **River Kwai Resotel** (☎ Hotel 081 734 5238, Reservierung 02 642 5497; www.riverkwairesotel.net; Mu 5 Tambon Wang Krajae; DZ & 2BZ/3BZ inkl. Frühstück 1500–3000/2850 B; P ❄ 📶 🏊) hat strohgedeckte Chalets inmitten von üppigen Gärten. Sie sind modern ausgestattet und haben Bäder in Steinoptik. Im Schwesterresort **FloatHouse** (☎ Hotel 084 725 8686, Reservierung 02 642 5497; www.thefloathouseriverkwai.com; Mu 5 Tambon Wang Krachae; DZ & 2BZ inkl. Frühstück 5950 B; P ❄ 📶) schaukeln die luxuriösen Zimmer auf Flößen im Fluss.

Beide sind nur mit dem Longtail-Boat zu erreichen (im Preis inbegriffen). Die Boote legen am **Phutakien Pier**, 2 km westlich des Hwy 323, ab. Dort kann man auch parken.

auch verwunderlich, dass die Besucher vor allem zu zwei Aussichtspunkten in den Bergen strömen. Der hohe **Noen Chang Suek** (เนินช้างศึก; ⏲ Sonnenaufgang–Sonnenuntergang; P) GRATIS 2,7 km (davon 1,2 km zu Fuß) weit im Süden bietet von seinem Gipfel einen fantastischen Ausblick (sofern es nicht gerade nebelig ist). Der **Noen Sao Thong** (เนินเสาธง; ⏲ Sonnenaufgang–Sonnenuntergang; P) GRATIS, 750 m weit im Westen, ist nicht ganz so hoch, dafür leichter zu erreichen.

Schlafen & Essen

Trotz der geringen Größe hat E-Thong mehr als zwei Dutzend Pensionen und Homestays in und außerhalb des Orts. Die meisten sind recht einfach, doch einige können in puncto Design, Komfort und Annehmlichkeiten durchaus mit denen in großen Städten mithalten. Sie bezeichnen sich alle selbst als „Homestays", doch nur wenige nehmen Gäste tatsächlich in ihrem Wohnhaus auf. Die Unterkünfte haben auch keine Klimaanlage, denn hier ist es das ganze Jahr über angenehm kühl.

Zu E-Thongs einzigartigem Status gehört auch, dass die Restaurants und Cafés so ganz anders sind. Ebenso überraschend ist das überwältigende Angebot an Meeresfrüchten – E-Thong ist nur 50 km Luftlinie entfernt von der Andamanensee und bezieht die frischen Meeresfrüchte aus Myanmar.

Pilok Hill House PENSION $$

(☎ 080 781 5702; www.pilokhillhouse.com; DZ & 2BZ/4BZ Loft inkl. Frühstück 1000–1500/2500 B; P 📶) Die freundliche und gut geführte Pension liegt in einem schattigen Garten am Hügel am östlichen Ortsrand. Es ist wohl die beste Unterkunft in E-Thong. Die Zimmer mit Fliesenboden sind groß und luftig, gehen jedoch auf einen Fußballplatz hinaus. Die Pension liegt am Ende der Hauptstraße, die Rezeption befindet sich in dem kleinen Holzhaus.

Ban Mahat Geeratee PENSION $$

(☎ 082 293 7747; DZ/FZ 1100/2500 B; 📶) Das nagelneue, für örtliche Verhältnisse sehr große Haus ist am westlichen Stadtrand direkt am Teich. Die Standardzimmer sind recht gut (die Matratzen könnten besser sein), und die schöne Dachterrasse lädt zum Entspannen ein. In den Familienzimmern liegen die Matratzen direkt auf dem Boden.

★ **Nong Noi Restaurant** THAI $

(⏲ 7–19.30 Uhr) Das älteste Restaurant in E-Thong (seit 1999) ist nur eine Wellblechhütte mit Plastikstühlen. Das Essen – zumeist thailändische Klassiker, aber auch birmanisches *gaang hang lay*-Curry – ist jedoch ausgezeichnet. Der freundliche Besitzer Nong Noi spricht sogar ein bisschen Englisch.

Krua Je Ni THAI $

(Hauptgerichte 40–500 B; ⏲ 7–20 Uhr; 📶) Das ungezwungene Restaurant befindet sich in der Mitte der großen Fußgängerzone (gut zu erkennen an den Tierkarrikaturen und roten chinesischen Laternen). Es serviert eine gute Auswahl an thailändischen Gerichten, doch es ist vor allem für seine ausgezeichneten Meeresfrüchte bekannt wie *ɓoo pàt pǒng gà·rèe* (gelbes Krabbencurry).

An- & Weiterreise

Von Thong Pha Phum führt eine 70 km lange, kurvige Straße in Richtung Westen nach E-Thong. Der Grenzübergang nach Myanmar ist geschlossen.

AUTO

Wer mit dem eigenen Auto fährt, sollte sich auf viel Verkehr einstellen und sehr defensiv fahren.

Die schmale, kurvenreiche Straße ist zwar in recht ordentlichem Zustand, doch immer wieder tauchen Schlaglöcher aus dem Nichts auf ebenso wie einheimische Fahrer.

Fahrzeuge mit auswärtigem Kennzeichen dürfen zumeist nicht in die winzige Innenstadt fahren. Es gibt jedoch Parkplätze in der Nähe der Teiche.

BUS

Je nach Nachfrage verkehren *sŏrng·tăa·ou* (Pick-ups, 70 B, 2–2½ Std.) bis zu viermal täglich zwischen E-Thong und Thong Pha Phum. Laut Fahrplan starten sie in E-Thong um 6.30, 7, 7.30 und 8 Uhr und kehren um 10.30, 11.30, 12.30 und 13 Uhr zurück. Manchmal nehmen sie keine Passagiere mit. Deshalb vorher unbedingt nachfragen! Anfangs- und Endstation ist beim Thong Pha Phum National Park. Wer nur von Thong Pha Phum zum Nationalpark fährt, bezahlt den vollen Fahrpreis (20 B) für die 8 km lange Fahrt zwischen dem Park und E-Thong.

Rund um E-Thong

Thong Pha Phum National Park NATIONALPARK

(อุทยานแห่งชาติทองผาภูมิ; ☎034 510979; Erw./Kind 200/100 B, Auto/Motorrad 30/20 B; P) Dieser wenig erkundete Park erstreckt sich über eine zerklüftete Bergkette entlang der birmanischen Grenze. Der für Nebel und seinen kühlen Regenwald bekannte Park ist morgens ergreifend schön, vor allem wenn in der kalten Jahreszeit alles dunstverhangen ist. Nur ein kleiner Teil des Parks ist zugänglich. Dort können die Besucher zu Wasserfällen wandern und in der **Tarzan Treetop Accommodation** (☎National Park Service 02 562 0760, Besucherzentrum 034 510979; http://nps.dnp.go.th/reservation.php?option=home; Thong Pha Phum National Park; Zi. 1500 B, eigenes Zelt 30 B pro Pers., Zeltmiete für 4 Pers. 225 B; P) am Ende der schönsten und kurvigsten Straße Thailands übernachten.

Im Park leben zahllose Tiere wie Elefanten, Tiger, Bären, Serowe (asiatische Bergziegen), Marmorkatzen und Fleckenmusangs. Sie sind jedoch alle sehr scheu, so dass man sie kaum zu Gesicht bekommt. Ganz anders die Mutjaks und Kaliffasane, die am **Besucherzentrum** (8–16.30 Uhr) vorbei und über das Gelände der Unterkunft spazieren.

Der Park ist auch weithin bekannt für die von Rangern geführten Trekkingtouren mit Übernachtung zum 1249 m hohen **Khao Chang Pheuk** (hin & zurück 16 km), der einen atemberaubenden Panoramablick bietet. Die Touren sind abhängig vom Wetter, finden aber zumeist von Ende November bis Januar statt. Sie beginnen zwar in E-Thong, doch die Teilnehmer müssen sich zuvor bis 7 Uhr im 8 km entfernten Besucherzentrum registrieren lassen. Eine Tour kostet 2500 B für bis zu zehn Personen (die Parkverwaltung stellt die Gruppen zusammen); für einen Aufpreis gehen auch Träger mit. Die Teilnehmerzahl ist begrenzt, sodass man im Voraus reservieren sollte. Unterwegs muss man auf Blutegel gefasst sein.

Die Ranger bieten (gegen ein kleines Trinkgeld) auch eine weniger anspruchsvolle Tour (4 km) durch den Wald an, die in zwei Stunden vom Besucherzentrum zum **Doi Tong Pala** führt. 5 km südwestlich des Besucherzentrums befindet sich der 34 m hohe **Wasserfall Jokkadin**. Der Weg ist allerdings sehr steil.

Der Nationalpark liegt 62 km westlich von Thong Pha Phum. Die kurvenreiche Straße ist gut befestigt, aber voller Schlaglöcher. Gelbe *sŏrng·tăa·ou* (Pick-ups) nach E-Thong (70 B; 2¼ Std.) fahren beim Besucherzentrum vorbei.

Sangkhlaburi

8000 EW.

Nur wenige Ort in Thailand sind so multikulturell wie Sangkhlaburi (สังขละบุรี), wo Karen, Mon, Birmanen und einige Lao den Thai zahlenmäßig weit überlegen sind. Die meisten sind hier geboren, andere flohen aus Myanmar. Außerdem gibt's noch eine kleine, aber weithin bekannte Gemeinde ausländischer Mitarbeiter von Nichtregierungsorganisationen.

Wie andere Orte am Ende der Welt ist auch Sangkhlaburi ideal zum Ausspannen und um die Seele baumeln zu lassen. Obwohl die Stadt so abgelegen und verschlafen ist, wird sie bei einheimischen Touristen immer beliebter. So gibt's hier jede Menge Resorts und Restaurants, zumeist an dem von Bergen umschlossenen Stausee Khao Laem mit Blick auf die bezaubernde Holzbrücke.

Sehenswertes

★ Saphan Mon BRÜCKE

(สะพานมอญ; ⌚24 Std.) GRATIS Sangkhlaburis legendäre 447 m lange Holzbrücke ist die größte in Thailand. Sie trägt den Spitznamen „Brücke des Glaubens“, da sie größtenteils in Handarbeit erbaut wurde. Die Brücke verbindet das Hauptdorf, in dem vor allem Thais und Karen leben, mit der

Mon-Siedlung. Dieses bemerkenswerte Dorf (das offiziell Ban Wang Ka heißt, von den Einheimischen aber nur Ban Mon genannt wird) lohnt eine Erkundung. Hier sieht man Stumpen rauchende Frauen, Sarong tragende Männer und mit *thanaka* verzierte Gesichter. Die gelbe Paste wird aus Baumrinde hergestellt und dient sowohl dem Schutz vor der Sonne als auch der Verschönerung des Gesichts.

Am Ende der Brücke (auf der Mon-Seite) befindet sich ein typischer thailändischer **Souvenirmarkt**, der Karen-T-Shirts und -Kleider und andere Souvenirs verkauft. Wer die Straße von der Brücke aus bergauf geht und an der Hauptstraße links abbiegt, gelangt zum **Mon-Markt** (Talat Wat Wang; Rte 3024; ⏲6–12 Uhr; 🅿).

Auf dieser Seite der Brücke erhalten die Mönche morgens (6.30 Uhr) besonders viele Almosen. Während die Touristen (zumeist aus Bangkok) ihre Spenden auf reich verzierten Tabletts darbieten, begnügen sich die Mon mit der traditionellen Portion Reis.

Chedi Phuttakhaya BUDDHISTISCHER TEMPEL
(เจดีย์พุทธคยา; Chedi Luang Phaw Uttama; Rte 3024; ⏲tagsüber; 🅿) GRATIS Der spektakuläre Stupa auf einer Halbinsel auf der (südlichen) Mon-Seite des Sees ist 59 m hoch. Er wurde nach dem Vorbild des Mahabodhi-Stupas im indischen Bodhgaya errichtet. Die mit Gold überzogene Fassade im Art-déco-Stil weist viele Nischen mit kleinen Buddha-Statuen auf.

Stausee Khao Laem SEE
(เขื่อนเขาแหลม) Der von grünen Hügeln umschlossene riesige See entstand in den 1980er-Jahren mit dem Bau des **Vajiralongkorn Dam** (Khao Laem Dam, เขื่อน วชิรลงกรณ์; ⏲6–18 Uhr; 🅿) GRATIS. Zwei der vielen im See verschwundenen Dörfer wurden an der heutigen Stelle wieder aufgebaut und durch die Brücke Saphan Mon miteinander verbunden. Von den ursprünglichen Dörfern sind nur noch Überreste dreier Tempel zu sehen. Man kann mit einem Boot hinfahren und dabei auch das ruhige Leben am See genießen.

Wat Si Suwannaram BUDDHISTISCHER TEMPEL
(วัดศรีสุวรรณาราม; Th Si Suwankhiri; ⏲tagsüber; 🅿) GRATIS Frauen und Männer der Karen kommen an den meisten Tagen (keine festen Zeiten) zu dem auffälligen Tempel am Ortsrand, um Baumwollstoffe zu weben. In ihrer Werkstatt hinter dem eigentlichen Tempel ist auch eine kleine Ausstellung staubiger Körbe und Schüsseln zu sehen.

Wat Wang Wiwekaram BUDDHISTISCHER TEMPEL
(วัดวังก์วิเวการาม; Rte 3024; ⏲tagsüber; 🅿) GRATIS Der nächstgelegene Tempel, der von der Brücke aus gerade so sichtbar ist, ist das spirituelle Zentrum der Mon in ganz Thailand. Der Tempel wurde von Luang Phaw Uttama (1910–2006) errichtet. Der *wí·hăhn* (Heiligtum) hat drei üppig verzierte grün-gelbe Türme. Der gigantische Schrein ist das Grabmal des hoch verehrten Mönches.

Luang Phaw Uttama floh 1949 vor dem Bürgerkrieg in Myanmar nach Thailand, wo er zu einer wichtigen Stütze der Mon-Gemeinschaften in beiden Ländern und eine angesehene buddhistische Führungspersönlichkeit in Thailand wurde.

Aktivitäten

Boat Rides BOOTSFAHRTEN
(300–500 B pro Boot) Eigner auf beiden Seiten der Brücke bieten Bootsfahrten zu den Tempelruinen im See an. Die Fahrt zu allen drei Tempeln (500 B) dauert etwa eine Stunde. Man kann aber auch nur zum Wat Wang Wiwekaram Gao fahren (300 B). Die Boote bieten Platz für bis zu sechs Personen.

Am besten ist es frühmorgens, aber auch am späten Nachmittag kurz vor Sonnenuntergang ist wenig los.

Baan Unrak FREIWILLIGENARBEIT
(บ้านอุ่นรัก; ☎034 510778; www.baanunrak.org) Baan Unrak kümmert sich in diesem Heim um rund 150 verwaiste oder verlassene Kinder, darunter junge Mon und Karen. Freiwillige Helfer (insbesondere Englischlehrer, aber auch Büroangestellte und Handwerker aller Art) sind immer willkommen. Kost und Logis sind frei für Volunteers, die sechs Monate oder länger hierbleiben; Helfer, die kürzer bleiben, werden gebeten, 150 US$ pro Woche (bis max. 900 US$) für Unkosten zu spenden.

Viele der Kinder im Baan Unrak sind aus dem benachbarten Myanmar geflohen, weil sie dort verfolgt wurden, während andere im Grenzgebiet geboren wurden und keine Ausweispapiere besitzen. Neben dem Kinderheim hilft Baan Unrak alleinstehenden Müttern, bietet medizinische Versorgung, betreibt eine Tierauffangstation, eine Bäckerei und ein Souvenirgeschäft, um einheimischen Frauen ein Einkommen zu verschaffen.

Kurse

Villa Scenns Cookery KOCHEN

(☎080 602 3184; www.scenns.com; Th Ton Phueng; ab 680 B pro Pers.) Die charmante Scenn veranstaltet professionelle thailändische Kochkurse sowohl für Vegetarier als auch für Personen mit anderen Ernährungsbedürfnissen oder -vorlieben. Die als klassische Tänzerin und Köchin ausgebildete Scenn vermittelt die Geheimnisse der Zubereitung von saisonalen Gerichten und lehrt die Gäste diverse Menüs (von birmanisch bis nordthailändisch).

Individuell eingerichtete Zimmer stehen in der kleinen, familiengeführten Pension (s. u.) ebenfalls zur Verfügung.

Geführte Touren

Sangkhlaburi Jungle Trekking WANDERN & TREKKING

(☎085 425 4434; jarunsaksri1@gmail.com) Der Wald rund um Sangkhlaburi ist wilder und weniger besucht als die meisten anderen Trekkingziele in Nordthailand. „Jack", der über jahrelange Erfahrung als Guide verfügt, kann Ausflüge für verschiedene Fitnesslevels und für Familiengruppen zusammenstellen, die abenteuerlichste Option ist die einwöchige Trekkingtour zur Grenze zu Myanmar – von Sangkhlaburi nach Um Phang – mit Übernachtungen in Karen-Dörfern entlang des Weges.

Die Preise hängen von der Größe der Gruppe und der Länge des Ausflugs ab. Ab drei Personen muss man mit rund 2000 B pro Nase und Tag rechnen. Zelt und Schlafsack muss man selbst mitbringen oder für einen Aufpreis leihen.

Lake Explorer BOOTSFAHRTEN

(☎02 821 5503; https://gobeyond.asia/thailand/kanchanaburi/the-lake-explorer-4-days; ab 46 800 B pro Pers.) Der in Bangkok ansässige Veranstalter bietet viertägige Hausboot-Touren mit drei Übernachtungen auf dem Stausee Khao Laem (S. 210) inklusive verschiedener Aktivitäten wie Kajakfahren, Kochkurse und Besichtigung von Dörfern.

Schlafen

Am Wochenende und rund um Feiertage muss man lange im Voraus buchen. Oder man kommt von Montag bis Freitag, wenn die Wochenendausflügler nicht da sind.

★ **J Family Homestay** HOMESTAY $

(☎081 763 2667, 034 595511; Th Ton Phueng; EZ/2BZ mit Gemeinschaftsbad 200/300 B; P 📶) Die Matratzen liegen auf dem Boden, im Bad gibt's nur kaltes Wasser, aber das Haus ist sehr sauber. Die freundliche Familie lässt die Gäste an ihrem Leben teilhaben. Das Familienoberhaupt Kamsai spricht auch Englisch. Das Haus in einer kleinen Straße westlich des Wat Si Suwannaram (S. 210) hat ein Namensschild.

Sweetville Home PENSION $

(☎063 232 9101; Th Ton Phueng; DZ 450–600 B; P 📶) Die nagelneue Pension mit drei Zimmern liegt am nördlichen Ende der Th Ton Phueng, ganz in der Nähe der Brücke und weit weg vom Verkehrslärm. Sie hat eine gute Lage und ein gutes Preis-Leistungs-Verhältnis. Die Matratzen sind hart, und es gibt (noch) kein WLAN, aber die sauberen Zimmer mit Klimaanlage kosten genauso viel wie die Zimmer in älteren Häusern mit Ventilator und Gemeinschaftsbad.

★ **P Guesthouse** PENSION $$

(☎081 450 2783, 034 595061; www.p-guesthouse.com; Th Si Suwankhiri; DZ mit Ventilator/Klimaanlage 400/950 B, Handtuch 30 B; P ❄ 📶) Nicht viele Budgetoptionen verfügen über eine derartige Aussicht. Aus den aus Stein und Holz errichteten Quartieren blickt man auf ruhiges Wasser. Der Familienbetrieb vermietet Zimmer mit Ventilator und Gemeinschaftsbädern (mit kaltem Wasser); die Zimmer mit Klimaanlage haben eigene Bäder und die beste Aussicht. Das Restaurant (Hauptgerichte 50–150 B) eignet sich hervorragend, um ein bisschen herumzulümmeln. Kanus können quasi vor der Haustür geliehen werden.

Die Besitzer organisieren auch gute Tagesausflüge in den umliegenden Wald.

Phu Than Resort RESORT $$

(☎084 750 1648; Th Ton Phueng; Bungalow 1000–1600 B; P ❄ 📶) Auch wenn die hübschen Holzbungalows im Grünen weit entfernt vom Fluss liegen – keine Aussicht! – und auch schon älter sind (einige Bäder sind etwas schimmelig), bietet das kleine Resort doch ein gutes Preis-Leistungs-Verhältnis und hat mehr Charakter als die meisten Resorts in Sangkhlaburi.

★ **Villa Scenns** PENSION $$$

(☎080 602 3184; www.scenns.com; Th Ton Phueng; DZ/2BZ inkl. Frühstück 1500–1800/1600 B; P ❄ 📶) Die außergewöhnliche Pension bietet kuriose Zimmer mit Holzmöbeln und bequemen Betten, eine Küche für die Gäste, Gemeinschaftsraum und Garten. Jedes Zimmer hat ein eigenes Bad, doch zwei davon sind außerhalb. Die freundlichen Besitzer Scenn und Charlie sind sehr gesellig und geben wertvolle Tipps.

Überdies bieten sie ausgezeichnete Kochkurse (S. 211), die im Voraus gebucht werden müssen.

Essen & Ausgehen

Sangkhlaburi hat viele gute Touristenrestaurants, die von Pizza bis *pàt tai* alles bieten. Einheimisches Essen findet man auf den Märkten beiderseits des Flusses, insbesondere auf dem Nachtmarkt. Hier kann man auch die Mon-Spezialität *kà·nŏm jeen nám yah yùak* (frische Reisnudeln mit Fischsoße) probieren.

★ Sangkhlaburi Night Market NACHTMARKT $
(Th Thetsaban 5; ⌚15.30–20.30 Uhr) Auf dem kleinen, sehr beliebten Markt gibt's ebenso viele Mon- und birmanische Gerichte wie thailändische. Unbedingt probieren sollte man *yam kôw soy* aus Myanmar (Nudel- und Tofusalat mit Tomatensauce, in jeder gewünschten Schärfe serviert).

Baan Unrak Bakery BÄCKEREI $
(☎034 595 006; www.baanunrak.org; Th Si Suwankhiri; Snacks 5–55 B, Hauptgerichte 45–165 B; ⌚8–20 Uhr; P 🛜 🖉) 🍃 Das überwiegend vegane Café gehört zur gemeinnützigen Organisation Baan Unrak (S. 210). Es bietet fleischloses *pàt tai*, grünes Curry, Pizzaschnitten (die besser schmecken, als sie aussehen) und Schokodonuts. Außerdem werden Trekkingtouren organisiert.

★ Ahahn Puen Mueang 7 Yang THAI $
(Th Thetsaban 5; Hauptgerichte 20 B; ⌚14.30–20.30 Uhr) Der freundliche Familienbetrieb „7 einheimische Gerichte“ in der südöstlichen Ecke des Nachtmarkts (erkennbar an der großen roten Speisekarte) serviert Gerichte aus Birma, der Karen und der Mon.

Toy's Restaurant THAI $
(Th Sangkhlaburi; Hauptgerichte 35–80 B; ⌚Sa–Do 8–20 Uhr; 🛜) Der aus Nong Khai stammende Toy bereitet einfache, aber köstliche Gerichte aus ganz Thailand zu, wie Massaman-Curry, *pàt tai*, *lâhp* im Isan-Stil (mit Kräutern gewürzter Hackfleischsalat) und gebratenes Hühnchen.

Rahn Nai Bon THAI $
(Th Uttama Nuson Soi 7; Hauptgerichte 30–40 B; ⌚5–19 Uhr) Das einfache Restaurant den Berg hinauf gegenüber dem Mon-Markt (S. 210) serviert die beste Mon-Küche der Stadt. Spezialität des Hauses ist *gaang hang lay*-Curry mit *mŏo* (Schweinefleisch), *Ƀlah* (Fisch) oder *gài* (Hühnchen). Englisch spricht hier niemand, doch man darf in die Töpfe schauen, bevor man bestellt.

Samprasob Restaurant THAI $$
(www.samprasob.com; Th Samprasob; Hauptgerichte 80–340 B; ⌚16.30–21 Uhr; P 🛜) Das Restaurant eines Resorts hoch über der Mon-Brücke bietet einen fantastischen Blick auf den See. Zum Glück ist das Essen ebenso gut wie die Aussicht. Das Angebot reicht von der örtlichen Spezialität Farnsalat mit Austerndressing bis zu gebratenen Garnelen mit Tamarindensoße.

The Dog House BAR
(www.facebook.com/thedoghousebarsangkla; Th Si Suwankhiri; ⌚Do–Di 17–23 Uhr; 🛜) In der schlichten kleinen Bar treffen sich Freiwillige, Reisende und Einheimische. Es gibt Bier und einen Billardtisch (sonntags kostenlos). Die Wände sind mit Hundefotos geschmückt, denn der Erlös der Bar geht an die Tierauffangstation Baan Unrak (S. 210).

Blend Cafe KAFFEE
(www.facebook.com/BlendCafe.Thai; Th Thetsaban 1; ⌚8–18 Uhr; 🛜) Das erfrischende Café ist mit bunt zusammengewürfeltem Mobiliar eingerichtet. Neben den üblichen Kuchen, Kaffees und fruchtigen Sodas wird hier auch der Premiumkaffee Doi Chang aus Nordthailand ausgeschenkt.

Praktische Informationen

Im winzigen Stadtzentrum gibt's einige Geldautomaten und Banken, darunter **Krungthai** (Th Thetsaban 2; ⌚Mo–Fr 8.30–16.30 Uhr).

Sangkhlaburi Hospital (☎034 595030; Th Sangkhlaburi; ⌚24 Std.) Einige Ärzte sprechen Englisch. Bei einer ernsthaften Erkrankung sollte man nach Kanchanaburi oder Bangkok fahren.

An- & Weiterreise

Sangkhlaburi ist rund 210 km nördlich von Kanchanaburi und über eine malerische Straße in gutem Zustand zu erreichen.

BUS

Ein **Parkplatz** (Ecke Th Si Suwankhiri & Th Thetsaban) westlich des Stadtzentrums dient als Busbahnhof. Rote Busse fahren nach Kanchanaburi (mit Ventilator/Klimaanlage 130/160 B, 4–5 Std., 6.45, 8.15, 9.30 & 13.15 Uhr), klimatisierte Busse der 1. Klasse rollen täglich zum Mo-Chit-Terminal in Bangkok (304 B, 7–8 Std., 8.30 Uhr). Die Fahrkarten für Letztere werden nicht vor Ort verkauft, sondern in einem kleinen **Büro** (☎ 065 561 9962; Th Thetsaban 1; ⌚7–19 Uhr) östlich der Haltestelle neben dem Blend Café. **Minivans** (Th Sangkhlaburi bei der Th Thetsaban 1) nach Kanchanaburi (175 B, 4 Std., stündl. von 6–16 Uhr) fahren auf der anderen Seite des Markts, zwei Blocks östlich des Busbahnhofs.

Der einzige reguläre Halt der Minivans zwischen Sangkhlaburi und Kanchanaburi ist Thong Pha Phum (mit Ventilator/Klimaanlage 70/80 B, 1½ Std.). Wer woanders aussteigen möchte, z. B. am Sai Yok National Park (S. 206), muss den vollen Fahrpreis bis nach Thong Pha Phum bzw. Kanchanaburi bezahlen.

ℹ Unterwegs vor Ort

J Family Homestay (S. 211) und P Guesthouse (S. 211) vermieten Motorräder (200 B pro Tag), Letzterer auch Fahrräder (100 B) und Kanus (60/250 B pro Std./Tag).

Ein Motorradtaxi zwischen den Pensionen und dem Stadtzentrum oder der Brücke kostet rund 20 B.

KURZ & BÜNDIG

EINWOHNER
6 Millionen

NATIONALPARKS
31

MALERISCHER SEE
Kwan Phayao
(S. 246)

SOZIALE TREKKING-TOUR
Rai Pian Karuna
(S. 222)

BESTE NÖRDLICHE CURRYSUPPE
Khao Soi Pa Orn
(S. 243)

Nov.–Jan. Die Tagestemperaturen in höheren Regionen sind recht angenehm. Nachts kann das Thermometer aber mancherorts fast bis zum Gefrierpunkt fallen.

März–Mai Die Tagestemperaturen erreichen über 40 °C; oft vernebelt Rauch von Brandrodungen die Luft.

Juni–Okt. Die Regenzeit eignet sich nicht zum Wandern. Ansonsten sind die Schauer heftig, aber kurz.

Höhle, Mae Hong Son (S. 311)

Nordthailand

Nordthailands Hauptattraktion ist das wunderbare, schroffe Terrain. In den bewaldeten Bergen verstecken sich die berühmtesten Wasserfälle und Höhlen Thailands sowie Stromschnellen und Dschungeltrails. Das Gebiet ist auch ein Mekka für Outdoor-Aktivitäten.

Die Nähe zu Laos und Myanmar verleiht der Region einen einzigartigen, multikulturellen Touch, und angesichts der birmanischen, chinesischen und Shan-Einflüsse in Städten wie Doi Mae Salong und Mae Hong Son fragen sich manche Reisende, in welchem Land sie eigentlich sind.

Andererseits gilt der Süden der Region als die Wiege eines Großteils der Thai-Kultur. Geschichtsfans werden die Historical Parks in Sukhothai und Kamphaeng Phet lieben. Und wer nicht gerade auf Trekking- oder Tempeltour ist, kann vollkommen in Pais Partyszene eintauchen.

INHALT

Highlights

1 **Nam Tok Thilawsu** (S. 295) Auf einer Wander- und Raftingtour den schönsten Wasserfall des Landes besuchen

2 **Doi Mae Salong** (S. 231) In die einzigartige Kultur der abgeschiedenen chinesischen Außenposten von Nordthailand eintauchen

3 **Sukhothai Historical Park** (S. 268) Eine Zeitreise zurück in Thailands „Goldenes Zeitalter" unternehmen

4 **Tham Lot** (S. 309) Einige der größten Höhlen des Landes erforschen oder ein paar der rund 200 weiteren in der Region

5 **Mae Hong Son** (S. 311) Relaxen in diesem entspannten Städtchen mit seinem ausgeprägten

birmanischen und Shan-Ambiente

6 **Pai** (S. 299) Tagsüber auf Outdoor-Abenteuer und nachts auf Kneipentour in der angesagtesten Backpacker-Destination des Nordens gehen

7 **Lampang** (S. 261) Die coolen Cafés, Designhotels und tollen Märkte dieses nordthailändischen Hipster-Treffs aufsuchen

8 **Von Chiang Khong nach Phayao** (S. 245) Mit einem Mietfahrzeug eine der faszinierendsten Strecken des Landes befahren

9 **Nan** (S. 247) In dieser selten besuchten Stadt nahe Laos wie die Einheimischen leben

Geschichte

Bezeichnend für die Geschichte Nordthailands sind die Machtwechsel innerhalb einer ganzen Reihe eigenständiger Fürstentümer. Einer der wichtigsten frühen kulturellen Einflüsse im Norden ging vom Mon-Königreich in Hariphunchai (heute Lamphun) aus, das vom späten 8. bis ins 13. Jh. das Sagen hatte. Die Hariphunchai-Kunst und -Buddha-Statuen sind äußerst bemerkenswert; zahlreiche gute Beispiele finden sich im Hariphunchai National Museum (S. 259) in Lamphun.

Die Thais, die wahrscheinlich etwa seit dem 7. Jh. aus China einwanderten, vereinten im 13. Jh. mehrere Fürstentümer unter sich – es entstand Sukhothai, das den Mon schließlich Hariphunchai entriss. 1238 erklärte sich Sukhothai zu einem unabhängigen Königreich, das unter seinem ersten König Si Intharathit schnell seine Einflusssphäre ausweitete. Aus diesem Grund – und auch weil das Königreich die moderne thailändische Kunst und Kultur stark prägte – gilt Sukhothai als das erste wirkliche Thai-Königreich.

Im Jahr 1296 gründete König Mengrai die Stadt Chiang Mai, nachdem er Hariphunchai unterworfen hatte. Später wurde Chiang Mai, das im 14. und 15. Jh. eine Allianz mit Sukhothai bildete, ein Teil des größeren Königreichs Lan Na Thai (Land der Millionen Reisfelder), kurz Lanna. Dieses Reich erstreckte sich im Süden bis nach Kamphaeng Phet, im Norden bis nach Luang Prabang in Laos. Das „Goldene Zeitalter“ Lannas war das 15. Jh. Für eine kurze Zeit wurde die Hauptstadt von Sukhothai nach Phitsanulok (1448–1486) verlegt, und Chiang Mai wurde ein wichtiges religiöses und kulturelles Zentrum. Doch im 16. Jh. schwand die Macht vieler Thai-Allianzen. Die Schwäche machten sich die Birmanen zunutze, die Chiang Mai 1556 eroberten und danach Lanna zwei Jahrhunderte lang beherrschten. Nachdem die Birmanen 1767 Ayutthaya erobert hatten, gruppierten sich die Thais neu und eroberten 1774 unter König Kawila Chiang Mai zurück, während die Birmanen in den Norden zurückgedrängt wurden.

Im späten 19. Jh. unternahm König Rama V. von Bangkok Anstrengungen, die Nordregion mit dem Kern Thailands zu verbinden, um so die koloniale Bedrohung abzuwehren. Die Fertigstellung der nördlichen Bahnlinie nach Chiang Mai im Jahr 1921 stärkte diese Verbindungen, sodass die Nordprovinzen schließlich im frühen 20. Jh. mit dem Königreich Siam verschmolzen.

SPICKZETTEL FÜR NORDTHAILAND

Nordthailand erstreckt sich über ein relativ großes Gebiet mit zahlreichen Orten, Völkern und Kulturen. Aber wer kann schon alles besuchen? Man muss also wohl oder übel ein paar Kriterien aufstellen und eine Vorauswahl treffen. Um die Reiseplanung zu erleichtern, hier ein paar Anregungen.

Schönes Kunsthandwerk Nan (S. 247)

Exotische Lebensmittelmärkte Mae Sot (S. 290)

Schmackhafte Lokalküche Chiang Rai (S. 219)

Leckere Nudeln Sukhothai (S. 267)

Freundliche Einheimische Phrae (S. 254)

Interessante Kulturwanderwege Provinz Chiang Rai (S. 219)

Faszinierende Naturwanderungen Provinz Mae Hong Son (S. 299)

Schöne alte Architektur Lampang (S. 261)

Spannende unbekannte alte Ruinen Kamphaeng Phet (S. 285)

Ausgeprägte Backpacker-Partyszene Pai (S. 299)

Besuchenswerte Stadt abseits der ausgetretenen Pfade Phayao (S. 246)

An- & Weiterreise

FLUGZEUG

Wer es eilig hat, findet in Nordthailand erstaunlich gute Flugverbindungen. Zum Zeitpunkt der Recherche hatte die THAI-Tochter Nok Air (S. 259) das größte Regionalnetz (inkl. Flüge zwischen mehreren Provinzhauptstädten der Region und Bangkok oder Chiang Mai). Andere einheimische Fluggesellschaften, die Ziele im Norden bedienen, sind z. B.:

AirAsia (www.airasia.com) Innerhalb von Nordthailand verbindet AirAsia den Don Mueang International Airport (Bangkok) mit Chiang Rai, Nan und Phitsanulok.

Bangkok Airways (www.bangkokair.com) Steuert in Nordthailand z. B. Chiang Rai, Lampang, Mae Hong Son und Sukhothai an.

Thai Lion Air (www.lionairthai.com) Bedient nordthailändische Ziele wie Chiang Rai und Phitsanulok.

INSIDERWISSEN

NORDTHAILÄNDISCH

Thailands Regionaldialekte unterscheiden sich deutlich und können sogar für thailändische Muttersprachler unverständlich sein, sofern sie mit einer bestimmten Ausprägung nicht vertraut sind. Früher reagierten die Menschen in Nordthailand oft beleidigt, wenn Außenstehende versuchten, sie auf *găm méuang* (die umgangssprachliche Bezeichnung für diesen Dialekt) anzusprechen. Dieses Verhalten ging auf die Zeit zurück, als die Zentralthailänder ihre Landsleute aus dem Norden als rückständig ansahen und sich über ihre Sprache lustig machten. Heute sind die meisten Nordthais stolz auf ihre Sprache, und wer ein paar der folgenden Wörter und Sätze kennt, wird die Einheimischen für sich erwärmen, mit ihnen reden und sogar flirten können oder ihnen wenigstens ein Lächeln abgewinnen.

Ôo găm méuang bòr jâhng Ich kann kein Nordthailändisch.

A yăng gór? Was haben Sie gesagt?

An née tôw dai? Wie viel kostet das?

Mee kôw nêung bòr? Haben Sie Klebreis?

Lám đáa đáa köstlich

Mâan lâ ja/stimmt

Yin dee nôe Danke

Bòr mâan nein

Gàht Markt

Jôw (Eine von Frauen benutzte Höflichkeitsform, entspricht dem zentralthailändischen *ka*)

Thai Smile (www.thaismileair.com) Hat Flüge von/nach Chiang Rai und Mae Hong Son.

AUF DEM LANDWEG

So gut wie die gesamte Region lässt sich per Bus und zunehmend auch per Minivan erreichen. Eine Ausnahme bilden die Gemeinden an der birmanischen Grenze, wo hauptsächlich *sŏrng·tăa·ou* (auch: *songthaew*; umgebaute Pickups) unterwegs sind.

Am bequemsten kommt man mit dem Zug in den Norden Thailands. Allerdings führt nur eine einzige Hauptstrecke nach Norden, und die ist vergleichsweise langsam.

Unterwegs vor Ort

Immer mehr Besucher entscheiden sich dafür, Nordthailand mit einem Mietfahrzeug zu erkunden. Natürlich birgt Thailands Straßenverkehr gewisse Risiken. Dennoch lässt sich das Land so am einfachsten kennenlernen, und man hat jederzeit die Möglichkeit, die ausgetretenen Pfade zu verlassen. Auto- und Motorradvermieter gibt's in den meisten urbanen Zentren.

PROVINZ CHIANG RAI

Die Provinz Chiang Rai (จังหวัดเชียงราย), Thailands nördlichste Provinz, hat in geografischer Hinsicht viel zu bieten. Während die Berge im äußersten Osten zu den spektakulärsten des Landes gehören, ähneln die tief gelegenen Flussebenen des Mekong im Nordosten denen, die man viel weiter südlich in Isan vorfindet. Ferner grenzt die Provinz an Myanmar und Laos. Dank dieser Grenznähe zählt Chiang Rai zu den ethnisch vielfältigsten Provinzen Thailands. Es gibt hier eine beträchtliche Zahl von Angehörigen der Bergvölker-Minderheiten, Shan- und anderen Thai-Völkern sowie Immigranten aus China.

Chiang Rai

☎053 / EW. 77 000

Die freundliche Kleinstadt mit ihrer entspannten Atmosphäre, der leckeren lokalen Küche und den preiswerten Unterkünften lohnt einen Besuch. Und dies, obwohl die Provinz Chiang Rai so viele Attraktionen hat, dass ihre Hauptstadt oft übersehen wird. Sie ist außerdem der logische Ausgangspunkt für Exkursionen in die abgelegenen Ecken der Provinz.

Phaya Mangrai gründete Chiang Rai (เชียงราย) im Jahr 1262 als eine Stadt des laotisch-thailändischen Königreichs Lanna. Erst 1786 wurde Chiang Rai dem Königreich Siam zugeschlagen und erhielt 1910 den Status einer Provinz.

Chiang Rai

Sehenswertes

★ Mae Fah Luang Art & Culture Parks

MUSEUM

(ไร่แม่ฟ้าหลวง; www.maefahluang.org; 313 Mu 7, Ban Pa Ngiw; Erw./Kind 200 B/frei; ⌚8.30–17.30 Uhr Di–So) Neben dem Museum, das eine der größten Sammlungen von Lanna-Artefakten in Thailand beherbergt, befinden sich auf dem großen, sorgsam gepflegten Gelände antike und zeitgenössische Kunstwerke, buddhistische Tempel und weitere Gebäude. Die Anlage liegt rund 4 km westlich des Zentrums von Chiang Rai. Die Fahrt dorthin im Tuk-Tuk oder Taxi kostet bis zu 100 B.

Haw Kaew, das Parkmuseum, besitzt eine Sammlung von überwiegend aus Teakholz gefertigten Gegenständen und Kunst aus der ehemaligen Lanna-Region sowie einen Raum für Wanderausstellungen.

Haw Kham, ein 1984 aus den Überresten von 32 Holzhäusern erbauter tempelähnlicher Turm, bildet so etwas wie das Herzstück des Parks. Das immense Bauwerk – angeblich beeinflusst vom aus der Lanna-Ära stammenden Wat Pongsanuk in Lampang – mit seiner scheinbar über weißem Sand kauernden Buddha-Statue und den flackernden Kerzen gleicht atmosphärisch einer indigenen Kultstätte.

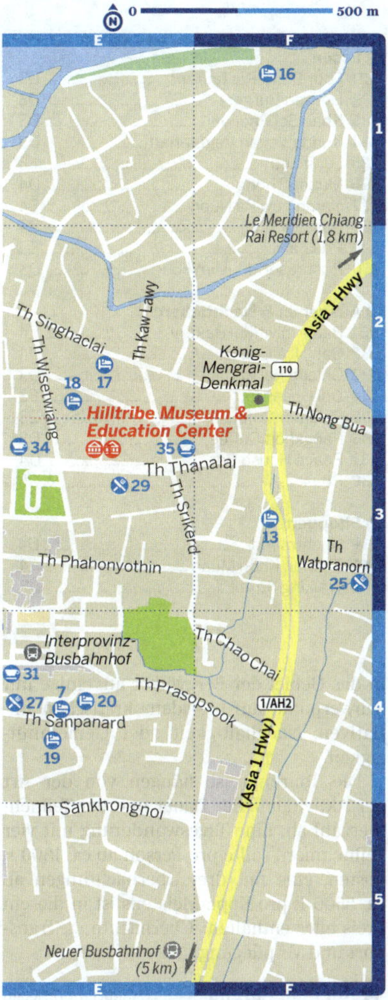

Vielleicht muss man die Mitarbeiter bitten, den **Haw Kham Noi** aufzuschließen: ein Gebäude, in dem volkstümliche, wunderschöne buddhistische Wandgemälde aus einem demontierten Teaktempel in Phrae untergebracht sind.

★Hilltribe Museum & Education Center MUSEUM

(พิพิธภัณฑ์และศูนย์การศึกษาชาวเขา; www.pdacr.org; 3. Stock, 620/25 Th Thanalai; 50 B; ⏲Mo–Fr 9–18, Sa & So 10–18 Uhr) Dieses Museum und Kulturzentrum sollte man besuchen, bevor man eine Trekkingtour zu den Bergvölkern unternimmt. Das Zentrum, das von einer gemeinnützigen Organisation betrieben wird, macht zwar optisch wenig her, bietet aber jede Menge interessante Informationen über die verschiedenen Ethnien in Thailand und alles, was mit ihnen zusammenhängt.

Wat Phra Kaew BUDDHISTISCHER TEMPEL

(วัดพระแก้ว; Th Trairat; Spenden erwünscht; ⏲Tempel 7–19 Uhr, Museum 9–17 Uhr) Der ehrwürdigste buddhistische Tempel der Stadt hieß im örtlichen Dialekt ursprünglich Wat Pa Yia (Bambuswaldkloster). Die Hauptgebetshalle ist eine mittelgroße, gut erhaltene Holzkonstruktion. Der achteckige *chedi* (Stupa) dahinter stammt aus dem späten 14. Jh. und ist typisch für den Lanna-Stil. Das angrenzende, zweistöckige Teakholzgebäude ist ein Museum, in dem diverse Lanna-Artefakte ausgestellt werden.

Oub Kham Museum MUSEUM

(พิพิธภัณฑ์อูบคำ; www.oubkhammuseum.com; Th Nakhai; Erw./Kind inkl. Führung 300/200 B; ⏲8–17 Uhr) Das leicht skurrile private Museum beherbergt eine eindrucksvolle Sammlung von Utensilien aus buchstäblich jeder Ecke des früheren Lanna-Reichs. Die Gegenstände, von denen einige wahrhaft einzigartig sind, reichen von einem Vorkosterlöffel aus Affenknochen, den die Könige Lannas benutzten, bis hin zu einem bemerkenswert geschnitzten Thron aus Chiang Tung in Myanmar.

Das Museum liegt 2 km westlich des Stadtzentrums und ist etwas schwierig zu finden. Die Fahrt dorthin im Tuk-Tuk kostet um die 60 B.

Wat Phra Singh BUDDHISTISCHER TEMPEL

(วัดพระสิงห์; Th Singhaclai; Spenden erwünscht; ⏲tagsüber) Der Tempel datiert bis ins späte 14. Jh. zurück; die ältesten erhaltenen Gebäude sind typisch nordthailändische Holzkonstruktionen mit niedrigen, geschwungenen Dächern. Die eindrucksvollen Holztüren des Haupt-*wihăhn* (Heiligtum) wurden angeblich von Künstlern aus der Gegend mit Schnitzereien verziert. Drinnen befindet sich eine Kopie des verehrten Phra-Singh-Buddhas aus Chiang Mai.

Tham Tu Pu & Buddha Cave BUDDHISTISCHER TEMPEL

(ถ้ำตู๊ปู่/ถ้ำพระ; Th Ka Salong; ⏲tagsüber) GRATIS Wenn man über die Mae-Fah-Luang-Brücke (befindet sich direkt nordöstlich vom Stadtzentrum) auf die Nordseite des Mae Nam Kok geht, gelangt man zur Abzweigung nach Tham Tu Pu und zur-Buddha-Höhle. Beide Attraktionen sind für sich allein genommen

Chiang Rai

Highlights
1 Hilltribe Museum & Education Center... E3

Sehenswertes
2 Uhrturm ... D3
3 Oub Kham Museum ... A4
4 Wat Phra Kaew ... C2
5 Wat Phra Singh ... D2

Aktivitäten, Kurse & Touren
PDA Tours & Travel ... (s. 1)

Schlafen
6 Baan Bua Guest House ... D4
7 Baan Warabordee ... E4
8 Bed & Bike Poshtel ... D3
9 Ben Guesthouse ... B4
10 Chiangrai Hotel ... D3
11 Connect Hostel ... D5
12 De Hug ... A4
13 FUN-D Hostel ... F3
14 Happy Nest Hostel ... D5
15 Hi Chiangrai ... D4
16 Legend of Chiang Rai ... F1
17 Moon & Sun Hotel ... E2
18 Nak Nakara Hotel ... E2
19 Na-Rak-O Resort ... E4
20 Sleepy House ... E4

Essen
21 Four Stars Restaurant ... D3
22 Heaven Burger ... D3
23 Khao Soi Phor Jai ... D3
24 Kunda Vegan Vegetarian ... D3
25 Lung Eed ... F3
26 Muang Thong ... D4
27 Namnigew Pa Nuan ... E4
28 Paa Suk ... B4
29 Phu Lae ... E3
30 Rosprasert Muslim Food ... D3

Ausgehen & Nachtleben
31 BaanChivitMai Bakery ... E4
32 Cat 'N' A Cup ... D4
33 Chiang Rai Ramluek ... D3
34 Doi Chaang ... E3
35 Palamer Cafe ... E3
36 Pangkhon Coffee ... D3
37 Peace House Bar ... D4
38 Roast ... C5

Shoppen
39 Nachtmarkt ... D4
40 Thanon Khon Muan ... A4
41 Walking Street ... D3

nicht wirklich überwältigend. Aber die Landschaft ist wunderschön, so dass sich der Abstecher für eine gemütliche Fahrrad- oder Motorradtour anbietet.

Zunächst geht es 1 km die Straße entlang, dann biegt man auf einen unbefestigten Weg ab und folgt diesem 200 m bis zum Fuß einer Kalksteinklippe, wo steile Stufen zur Hauptkammer mit einer staubigen Buddha-Statue hinaufführen – das ist **Tham Tu Pu**.

Fährt man auf derselben Straße noch 3 km weiter (dem Schild „Buddha Images Cave" folgen!), erreicht man die **Buddha-Höhle** am Mae Nam Kok, in der sich ein winziger, aber regelmäßig genutzter buddhistischer Tempel befindet. Hier leben ein einsamer Mönch und zahlreiche Katzen. Der Tempel gehörte zu den Orten, die König Rama V. zu Beginn des 20. Jhs. bei einer Reise in diese Region seines Reiches besuchte.

Uhrturm WAHRZEICHEN
(หอนาฬิกา; Th Phahonyothin) Chiang Rais Uhrturm ist nachts beleuchtet und ein beliebtes Fotomotiv.

Geführte Touren

Beinahe jedes Gästehaus, Hotel und Reisebüro in Chiang Rai bietet Trekkingtouren in das Gebiet der Bergvölker an, einige mit Schwerpunkt auf basisdemokratischen Initiativen, Nachhaltigkeit oder Gemeinnützigkeit.

Die Tourenpreise hängen von der Art der Aktivitäten, der Dauer und der Teilnehmerzahl ab. Eine Tageswanderung mit vier Teilnehmern sollte pro Person ab ca. 1300 B kosten, eine mit drei Übernachtungen ab ca. 3500 B pro Kopf. Meistens ist in diesem Preis alles enthalten: Übernachtung, Transport und Verpflegung.

★ **Rai Pian Karuna** WANDERN & TREKKING
(☎062 246 1897; www.facebook.com/raipiankaruna; Wanderungen 2000–5000 B) Gemeindebasierter Veranstalter mit sozialer Ausrichtung, der u. a. Kochkurse, einwöchige Freiwilligenjobs und Wanderungen (ein- oder mehrtägig) organisiert. Hinzu kommen Homestay-Aufenthalte in Akha-, Lahu- und Lua-Dörfern im Bezirk Mae Chan nördlich von Chiang Rai.

Chiang Rai Bicycle Tours RADFAHREN
(☎053 774506, 085 662 4347; www.chiangraibicycletour.com; Halb-/Ganztagstouren ab 1250/1850 B) Empfehlenswerte Radtouren in die Umgebung von Chiang Rai. Das Büro liegt 7 km südlich der Stadt: zwecks Tourbuchung anrufen oder mailen.

Mirror Foundation WANDERN & TREKKING
(☎053 719554; www.thailandecotour.org; 1-/2-/3-Tagestreks ab 2800/4300/5650 B) Die Touren dieser NGO sind etwas teurer als bei anderen Anbietern. Dafür unterstützen Kunden direkt die Ausbildung der einheimischen Guides. Die Treks (1–3 Tage) besuchen die Akha-, Karen- und Lahu-Dörfer im Bezirk Mae Yao nördlich von Chiang Rai.

Thailand Hilltribe Holidays WANDERN & TREKKING
(☎085 548 0884; www.thailandhilltribeholidays.com; 1-/2-Tageswanderung für 4 Pers. 1600/3200 B) Nachhaltig ausgerichtete Touren und Homestay-Aufenthalte im Gebiet von Chiang Rai.

PDA Tours & Travel WANDERN & TREKKING
(☎053 740088; Hilltribe Museum & Education Center, 3. Stock, 620/25 Th Thanalai; Wanderungen 1200–3900 B; ⏲Mo–Fr 9–18, Sa & So 10–18 Uhr) Die NGO veranstaltet ein- bis dreitägige Treks; die Gewinne fließen in Gemeindeprojekte, z. B. in die AIDS-Prävention, in mobile Kliniken, in Ausbildungsstipendien und in den Aufbau dorfeigener Sparkassen.

Kurse

Cook Thai Yourself KOCHEN
(☎081 844 9913; www.facebook.com/CTYchiangrai; Kurse ab 1000 B; ⏲Kurse 9–15 Uhr) Der Veranstalter wird für seine ganztägigen „Gastro-Abenteuer" gelobt, die 20 Minuten von Chiang Rai entfernt in etwas ländlicher Umgebung stattfinden. Vor dem Kochkurs geht's auf den Markt zum Einkaufen der Zutaten. Preise inklusive Shuttle.

Suwannee Thai Cooking Class KOCHEN
(☎084 740 7119; www.thaicookingclasschiangrai.com; Kurse 1250 B; ⏲Kurse 9.30–14 Uhr) Suwannees Kochkurse umfassen einen Marktbesuch und die Zubereitung von vier Gerichten. Ihr Haus liegt ca. 3 km außerhalb des Zentrums, sie holt die Kursteilnehmer aber normalerweise von den meisten zentral gelegenen Hotels und Pensionen ab.

Schlafen

Chiang Rai hat eine große Auswahl Unterkünften, in der Regel zu einem vernünftigen Preis. Die Budget-Herbergen konzentrieren sich im Zentrum rund um die Th Jetyod. Die meisten Mittelklassehotels sind ein paar Schritte von der Innenstadt entfernt. Die Luxushotels stehen vor allem außerhalb des Zentrums.

Zentrum

Bed & Bike Poshtel HOSTEL $
(☎064 848 6566; bedandbikechiangrai@gmail.com; 869/53-54 Th Thaiviwat; B im 4-/8-B-Dorm 240/220 B, Zi. inkl. Frühstück 500–700 B; ❄📶) Das gepflegte Hostel ist im Industriedesign gehalten: Metall, Holz und Steinfußböden. Die Dorms sind fensterlos, aber gut ausgestattet, mit Trennvorhängen, Leselampen und Schließfächern. Die Privatzimmer teilen sich saubere Bäder. In der Café-Bar unten gibt's einen Billardtisch. Auch Radverleih.

FUN-D Hostel HOSTEL $
(☎053 716777; www.facebook.com/FunDHostelChiangRai; 753 Th Phahonyothin; B 230 B, Zi. 650 B, jeweils inkl. Frühstück; ❄📶) Das ordentliche Hostel liegt über einem Café-Restaurant mit Bar. Die Dorms (6–8 Betten) mit sauberen Gemeinschaftsbädern sind hell und geräumig. Es gibt auch zwei große, gut ausgestattete Privatzimmer zu angemessenen Preisen. Motorradvermietung und kostenloser Fahrradverleih.

Connect Hostel HOSTEL $
(☎053 711672; www.facebook.com/connecthostel; 935/20 Th Phahonyothin; B in 6-/4-B-Dorm 200/250 B, Zi. 650 B, jeweils inkl. Frühstück; ❄📶) Diese relativ neue Unterkunft bekommt positives Feedback. Die sauberen Dorms haben eigene Badezimmer, ausreichend Schließfachstauraum und durch Vorhänge abgetrennte Betten. Kostenloser Radverleih und Wanderungen können organisiert werden. Das Hostel liegt 600 m südlich der Innenstadt.

Moon & Sun Hotel HOTEL $
(☎053 719279; 632 Th Singhaclai; Zi. 399-699B; ❄📶) Von außen macht das Hotel nicht viel her, doch die Zimmer sind günstig, wenn auch etwas in die Jahre gekommen. Das billigste bekommt wenig natürliches Licht ab, die teureren sind groß, hell und haben Himmelbetten und Sofas. Hier steigen mehr Einheimische als Ausländer ab.

Baan Bua Guest House PENSION $
(☎053 718880; baanbua@yahoo.com; 879/2 Th Jetyod; Zi. 350–600 B; ❄📶) Das um einen ruhigen Garten gruppierte stille, freundliche Gästehaus ist eine ordentliche Budget-Unterkunft mit 17 ein bisschen bejahrten Zimmern ohne TV. Das billigste besitzt nur einen Ventilator, doch alle sind sauber und haben jeweils einen kleinen Hof. Das Baan Bua vermietet auch ein traditionelles Haus mit Holzböden und vier Schlafzimmern (2100 B).

Sleepy House PENSION $$
(☎064 114 9919; www.facebook.com/sleepyhousecr; 90/5 Th Sanpanard; Zi. inkl. Frühstück 1100–1500 B; ❄📶) Diese neue Unterkunft in einer Wohnstraße liegt fußläufig zum Busbahnhof. Die zwölf Zimmer sind nicht groß, aber makellos, modern und gut ausgestattet; die Betten stehen auf Podesten. Es gibt auch einen kleinen Gemeinschaftsbereich im Freien.

Na-Rak-O Resort HOTEL $$
(☎081 951 7801; www.facebook.com/narakoresort; abseits Th Sanpanard; Zi. inkl. Frühstück 900–1300 B; P❄📶) *Nâh·rák* bedeutet „niedlich" – die passende Bezeichnung für dieses versteckt liegende Hotel, dessen helle Zimmer in Pastellfarben gehalten sind. Die Betten sind im chinesischen Stil vom Boden abgesetzt, die Bäder geräumig und die Mitarbeiter freundlich.

Happy Nest Hostel HOSTEL $$
(☎053 715031; www.happynesthostel.com; 931 Phahonyothin Rd; B in 6-/8-B-Dorm 370/320 B, Zi. 800–1400 B; ❄📶) Es ist ein wenig teurer als andere Hostels der Stadt, aber dafür entschädigt das lichte, frische Haus mit effizientem Personal, einem Café im Erdgeschoss und mehreren Chillout-Bereichen auf den drei Stockwerken. Die Dorms verfügen über anständige Betten und Schließfächer; die Privatzimmer fallen eher klein aus. Fahrradverleih und Organisierung von Touren und Wanderungen.

Chiangrai Hotel HOTEL $$
(☎053 711266; www.thechiangraihotel.com; 519 Th Sookathit; Zi. 790–1220 B; ❄📶) Mitten im Stadtzentrum liegt das Chiangrai Hotel, ein gut gemanagtes Budget- bis Mittelklassehotel mit Zimmern auf drei Etagen rund um ein luftiges Atrium. Die weißgetünchten Zimmer sind kompakt, aber sauber und haben gute Betten. Es gibt Möglichkeiten zum Wäschewaschen sowie eine Fahrrad- und Motorradvermietung.

Baan Warabordee HOTEL $$
(☎053 754488; warabordee59@hotmail.com; 59/1 Th Sanpanard; Zi. inkl. Frühstück 800–1100 B; ❄📶) Diese dreistöckige Thai-Villa wurde in ein ruhiges Hotel mit gutem Preis-Leistungs-Verhältnis verwandelt. Die Zimmer sind mit dunklem Holz und hellen Textilien eingerichtet. Den Gästen steht ein einladender Garten zur Verfügung. In der Nebensaison (Mai–Okt.) darf mit 30 % Rabatt gerechnet werden.

Hi Chiangrai HOTEL $$$
(☎053 716699; www.hichiangrai.com; 902/3 Th Phahonyothin; Zi. inkl. Frühstück 1700–2700 B; ❄📶🏊) Ein gepflegtes, bei chinesischen Reisenden beliebtes Hotel mit modernen, kompakten Zimmern rund um ein Atrium samt Mini-Indoor-Schwimmbad – eine Rarität in Chiang Rai. Manche Zimmer verfügen über einen Balkon, alle über ordentliche Betten und Safes.

Nak Nakara Hotel HOTEL $$$
(☎053 717700; www.naknakara.com; 661 Th Uttarakit; Zi. 2800–3800 B, Suite 5400 B, jeweils inkl. Frühstück; ❄📶🏊) Das moderne, geräumig anmutende Hotel verfolgt ein mehr oder weniger geglücktes Lanna-Gestaltungskonzept. Die Zimmer liegen an einem hübschen Pool und schattigen Garten, haben allerdings recht kleine Bäder und wenig Charakter. Komfortabel sind sie trotzdem, und das Personal ist hilfsbereit.

Außerhalb der Stadt

Ben Guesthouse PENSION $$
(☎053 716775; www.benguesthousechiangrai.com; 351/10 Soi 4, Th Sankhongnoi; Zi. 400–600 B, Suite 1200 B; ❄📶🏊) In der makellosen Anlage gibt es alles: preiswerte Zimmer mit Ventilator, riesige Suiten und sogar einen Pool. Die Zimmer sind einfach, aber recht großzügig geschnitten und teilen sich lange Balkone. Die Pension liegt 1,2 km vom Zentrum entfernt, am Ende der Soi 4 an der Th Sankhongnoi (an der Kreuzung mit der Th Phahonyothin heißt die Straße Th Sathanpayabarn).

De Hug HOTEL $$$
(☎053 711789; www.dehughotel.com; Rte 1211; Zi. inkl. Frühstück 1400–2500 B; ❄📶🏊) De Hug ist ein vierstöckiger Hotelkomplex. Die geräumigen Zimmer sind modern ausgestattet und eingerichtet. Die Bäder fallen für den Preis etwas eng aus, dafür gibt's einen Pool und ein Restaurant. Trotz allem Komfort fühlt sich das Hotel richtig heimelig an, und die Angestellten sind nett. Es liegt 2 km westlich vom Zentrum gegenüber dem Oub Kham Museum. Die Fahrt im Tuk-Tuk hierher kostet ca. 60 B.

★ **Le Meridien Chiang Rai Resort** HOTEL $$$
(☎053 603333; www.lemeridien.com; 221/2 Th Kwaewai; Zi. 7000–9000 B, Suite 20 000 B, jeweils inkl. Frühstück; ❄📶🏊) Chiang Rais größte Luxusherberge steht ca. 2 km außerhalb des Zentrums an einem schönen Abschnitt des

Flusses Mae Nam Kok. Die Zimmer sind riesig und in Grau, Weiß und Schwarz gehalten; sie sind so gut ausgestattet, wie man bei diesen Preisen erwarten darf. Auf dem Gelände gibt's zwei Restaurants, einen Infinitypool, ein Fitnesscenter und ein Spa.

Legend of Chiang Rai HOTEL $$$
(☎053 910400; www.TheLegend-ChiangRai.com; 124/15 Th Kohloy; Zi. 9900–17 500 B, Bungalow 27 500–38 000 B, jeweils inkl. Frühstück; ❄📶🏊) Das Nobelresort am Fluss hat die Atmosphäre eines traditionellen Lanna-Dorfs. Lu-

INSIDERWISSEN

NORDTHAILAND: REGIONALKÜCHE

Die Küche der thailändischen Nordprovinzen zeugt vom relativ kühlen Klima und den ausgeprägten Jahreszeiten in der Region – ebenso von einer Vorliebe für Schweinefleisch, Gemüse und Frittiertes aller Art. Im landesweiten Vergleich ist das hiesige Essen wohl am saisonalsten geprägt und am mildesten gewürzt. Eine häufige Zutat sind getrocknete Kräuter (teils bitter).

Paradoxerweise sind authentische Regionalgerichte außerhalb von Chiang Mai und den anderen nördlichen Großstädten leider oft recht rar bzw. werden generell nur von wenigen Restaurants serviert: Die meisten dieser Spezialitäten gibt's bei Ständen in Beuteln zum Mitnehmen. Unbedingt probieren:

Đam sôm oh Nordthailändische Version des *sôm·đam* (pikanter Salat) mit Grapefruit statt grünen Papayas.

Đôm yam Nordthailändische Version der beliebten Thai-Suppe; enthält ein paar getrocknete Gewürze, die ansonsten auch für den *lâhp kôo·a* verwendet werden.

Gaang hang·lair Reichhaltiges Curry mit Schweinefleisch, das oft bei Festen und Zeremonien serviert wird; das Gericht ist birmanischen Ursprungs (*hang* ist eine Abwandlung des birmanischen Wortes *hin* für Curry). Es lässt sich gut im **Phu Lae** (673/1 Th Thanalai; Hauptgerichte 120–250 B; ⏲11–15 & 17–22 Uhr) in Chiang Rai probieren.

Kà·nŏm jeen nám ngée·o Frische Reisnudeln in einer säuerlichen Brühe mit Tomaten und viel Schweinefleisch; am besten im **Paa Suk** (Chiang Rai; S. 226) genießen.

Kâap mŏo Frittierte Schweineschwarte; eine häufige und leckere Beilage in Nordthailand.

Kôw gân jîn Mix aus Reis und Blut, der in Bananenblättern gedünstet und mit Knoblauchöl serviert wird – z. B. im **Paa Suk** (Chiang Rai; S. 226).

Kôw soy Beliebtes Nudelcurry, das eventuell aus Myanmar stammt und von chinesischen Händlern nach Nordthailand gebracht wurde; für eine milde, aber leckere Variante empfiehlt sich das **Khao Soi Phor Jai** (Chiang Rai; S. 226).

Lâhp kôo·a Regionale Version (wörtl. „gebratener *lâhp*") des berühmten thailändischen Hackfleisch-„Salats", der hier mit einem einzigartigen Mix aus getrockneten Gewürzen gebrutzelt wird; am besten im **Pu Som Restaurant** (203/1 Th Khamyot; Hauptgerichte 35–95 B; ⏲9–21 Uhr) in Nan kosten.

Lôo Frittierte Innereien und knusprige Nudeln, die mit einem Mix aus Currypaste und frischem Blut garniert werden; wohl das gewöhnungsbedürftigste aller Regionalgerichte und vor allem in der Provinz Phrae zu finden.

Năam Vergorenes rohes Schweinefleisch – eine säuerliche Delikatesse, die viel besser schmeckt als erwartet.

Nám prík nùm Klebreis, halbgares Gemüse und frittierte Schweineschwarte mit einer klebrigen, pikanten Paste; für diese werden grüne Chilis, Schalotten und Knoblauch zuerst gegrillt und dann püriert. Auf fast allen Abendmärkten Nordthailands erhältlich.

Nám prík òrng Chili-Dip im Shan-Stil aus Tomaten und Hackfleisch – eine Art nordthailändische Bolognese.

Sâi òo·a Gegrillte Schweinswurst, mit vielen frischen Kräutern verfeinert; am besten im **Muu Thup** (Mae Sariang; S. 325) bestellen.

xuriöses Understatement prägt die romantischen Zimmer mit Rattan-Elementen und beruhigenden Pastelltönen, Regenbrause und Terrasse oder Balkon. Das Spa mit uferseitigem Infinitypool rundet das Verwöhnpaket ab. Kräftige Online-Rabatte

Essen

Zur Abendessenszeit wird man in Chiang Rai mit ziemlicher Sicherheit zum Nachtmarkt geschickt. Aber eine Warnung: Das Essen dort ist höchstens durchschnittlich. Wer am Wochenende in der Stadt ist, hält sich besser an die Verkäufer auf den Freiluftmärkten Thanon Khon Muan und dem Straßenmarkt, die eine gute Auswahl lokaler Gerichte bieten.

★Heaven Burger BURGER $

(1025/5 Th Jetyod; Hauptgerichte 99–129 B; ⌚8–21 Uhr;) Inhaberin und Betreiberin des Lokals ist die clevere Jane, eine Angehörige der Akha-Minderheit. Es ist rustikal eingerichtet, mit zusammengewürfelten Gartenmöbeln und abgesägten Türen als Tischplatten. Das Essen ist sagenhaft – Ganztagsfrühstück und vor allem erstklassige Burger, darunter eine tolle Veggie-Option; alle Burger stecken in selbst gebackenen Brötchen, begleitet von gratinierten, frittierten Kartoffelschalenchips.

★Lung Eed THAI $

(Th Watpranorn; Hauptgerichte 40–60 B; ⌚Mo–Sa 11–21 Uhr) In diesem einfachen Ladenrestaurant gibt's eines der leckersten Gerichte Chiang Rais. An der Wand hängt zwar eine englischsprachige Speisekarte, man sollte sich aber auf keinen Fall das köstliche *lahp gai* (mit einheimischen Kräutern gebratenes Hähnchenhackfleisch, gekrönt von knusprig frittierter Hähnchenhaut, Schalotten und Knoblauch) entgehen lassen.

Das Restaurant befindet sich etwa 150 m östlich der Rte 1/AH2.

★Khao Soi Phor Jai THAI $

(Th Jetyod; Hauptgerichte 40–50 B; ⌚8–16 Uhr) Das Phor Jai serviert neben Schüsseln mit dem namengebenden Nudelcurry (mild, aber lecker) noch ein paar weitere regionale Spezialitäten. Es gibt keine Beschilderung in lateinischer Schrift – daher nach dem offenen Shophouse mit weiß-blauer Fassade Ausschau halten.

Namnigew Pa Nuan ASIATISCH $

(Th Sanpanard; Hauptgerichte 35–220 B; ⌚9–17 Uhr) Das tolle, halboffene Restaurant ohne Beschilderung in lateinischer Schrift (nach der Bambustür suchen) kredenzt einen einzigartigen Mix aus vietnamesischen und nordthailändischen Gerichten. Im spaßigen Ambiente warten hier leckeres Essen und freundlicher Service – leider nur bis 17 Uhr.

Paa Suk THAI $

(Th Sankhongnoi; Hauptgerichte 35–45 B; ⌚9–15 Uhr) Im bei Einheimischen beliebten Paa Suk gibt's reichhaltiges *kà·nŏm jeen nám ngée·o* (frische Reisnudeln mit einer Brühe aus Tomaten und Rind- oder Schweinefleisch) in großen Schüsseln. Das Restaurant liegt an der Th Sankhongnoi zwischen Soi 4 und Soi 5. Keine Beschilderung in lateinischer Schrift; auf das gelbe Schild achten.

Rosprasert Muslim Food THAI $

(Th Itsaraphap; Hauptgerichte 50–100 B; ⌚7–20 Uhr) Das Ladenrestaurant neben der Moschee in der Th Itsaraphap hat schmackhafte thai-muslimische Spezialitäten, darunter leckeres *kôw mòk gài* (die Thai-Version von Chicken Biryani). Auch die Ochsenschwanzsuppe und *kôw soy* (Curry-Nudel-Suppe) sind gut. Auf dem englischen Schild steht „Muslim Food".

★Kunda Vegan Vegetarian VEGETARISCH $$

(www.kundacafe.com; 372 Trairat Rd; Hauptgerichte 150–360 B; ⌚9–17 Uhr;) Weder Tofu noch WLAN und auch keine Reservierungsmöglichkeit gibt's in diesem erfreulichen Neuzuwachs in der Essenszene von Chiang Rai, der zwei Etagen eines ehemaligen Geschäftes einnimmt. Bei veganem oder vegetarischem Frühstück, Crêpes, Salaten und köstlichen Smoothies relaxt man auf Kissen und erfreut sich am Old-School-Holzdekor. Alles – Brot, Pesto, Jogurt und Hummus – wird täglich frisch zubereitet.

Four Stars Restaurant THAI $$

(423/3 Th Baanpa Pragarn; Hauptgerichte 45–240 B; ⌚So–Fr 10–21 Uhr;) Dank des zuverlässig köstlichen *kôw soy*, einem Nudel-Fleischgericht mit Currybrühe, ist dieses Lokal ein Dauerbrenner sowohl bei Touristen als auch bei Einheimischen. Die *sâi òo·a* (nordthailändische Wurst mit Kräutern) schmeckt aber auch gut. Ansonsten sind klassische Reis- und Nudelgerichte zu haben.

Muang Thong ASIATISCH $$

(Ecke Th Sanpanard & Th Phahonyothin; Hauptgerichte 50–300 B; ⌚24 Std.) Thais und Traveller schlagen gleichermaßen gern in diesem schon lange bestehenden Open-Air-Lokal

NICHT VERSÄUMEN

CAFÉ-KULTUR IN CHIANG RAI

Das relative kleine Chiang Rai hat beneidenswert viele Spitzencafés im westlichen Stil. Hauptgrund dafür: In den abgelegeneren Ecken der Provinz Chiang Rai wird ein Großteil von Thailands besten Kaffeebohnen kultiviert.

BaanChivitMai Bakery (www.bcmthai.com/home; Th Prasopsook; ⌚Mo–Fr 8–18, Sa & So bis 17 Uhr; 📶) Die beliebte Bäckerei serviert neben prima Kaffee aus regionalen Bohnen auch überraschend authentische Süßwaren à la Schweden und Gerichte bzw. Sandwiches auf westliche Art. Die Einnahmen gehen an die Organisation BaanChivitMai, die Wohnheime und Ausbildungsprojekte für vernachlässigte, verwaiste oder HIV-infizierte Kinder betreibt.

Palamer Cafe (881/8 Th Nongsrijang; ⌚Di–Fr 10–20, Sa & So 10–22 Uhr; 📶) Ein stilvolles und dennoch entspanntes Café. Hier gibt's Kaffee aus nationalen und internationalen Bohnen in edlem Ambiente. Auch eine gute Bäckerei gehört dazu.

Doi Chaang (Th Thanalai; ⌚6.30–19.30 Uhr; 📶) Der führende Kaffeeproduzent der Provinz verkauft seine Bohnen nunmehr bis nach Kanada und Europa.

Pangkhon Coffee (Th Sookathit; ⌚7–18 Uhr; 📶) Regionaler Kaffee mit Aussicht auf Chiang Rais vergoldeten Uhrturm.

Roast (Th Sankhongluang; ⌚7.30–17 Uhr) Die „Filterkaffeebar" behandelt regionale Bohnen mit äußerstem Respekt. Rund 1,2 km vom Zentrum entfernt liegt die Th Sankhongluang einen Block südlich des Chiang Rai Technical College.

zu, wo es die übliche Palette schmackhafter, salziger und würziger chinesisch-thailändischer Gerichte gibt.

Ausgehen & Nachtleben

Die Th Jetyod ist eine recht schäbige Bar-Meile. Auch in den Nebenstraßen siedeln sich zunehmend mehr Bars im thailändischen Stil an, manche mit Livemusik.

Cat 'N' A Cup CAFÉ
(Ecke Th Phahonyothin & Th Prasopsook; ⌚11–22 Uhr; 📶) Kaffee und Kuchen hier sind ganz okay, aber was dieses Café bei Ein- und Ausheimischen so wahnsinnig beliebt macht, sind die 25 Katzen unterschiedlichster Rassen. Manche Katzen lassen sich gern streicheln, andere strafen die Besucher mit Verachtung. Nach einem harten Tag abhängen, dann ziehen sich die Fellnasen nach oben in ihren luxuriösen Katzenschlafsaal zurück.

Peace House Bar BAR
(Th Jetyod; ⌚18–24 Uhr; 📶) Das Peace House hält in Chiang Rai die Rasta-Fahne hoch. Es bietet einen Billardtisch, an einigen Abenden der Woche Livemusik, entspannte Vibes und einen schattigen Garten, wo sich Leute treffen, die gern ihre eigenen Zigaretten drehen.

Chiang Rai Ramluek BAR
(Th Phahonyothin; ⌚16–24 Uhr) Die beliebte Bar mit Restaurantbetrieb empfiehlt sich für einen lokaltypischen Ausgeh-Abend. Keine Ausschilderung in lateinischen Buchstaben; Livemusik und Freilufttische dienen daher als Erkennungszeichen.

Shoppen

Thanon Khon Muan MARKT
(Th Sankhongnoi; ⌚So 18–21 Uhr) Am Sonntagabend wird der Abschnitt der Th Sankhongnoi westlich der Soi 2 für den Verkehr gesperrt. An den Ständen wird Kleidung, Kunsthandwerk und ortstypisches Essen angeboten. An der Kreuzung mit dem südlichen Ende der Th Phahonyothin trägt die Th Sankhongnoi den Namen Th Sathanpayabarn.

Walking Street MARKT
(Th Thanalai; ⌚Sa 16–22 Uhr) Wenn man an einem Samstagabend in der Stadt ist, sollte man sich diesen Straßenmarkt nicht entgehen lassen. Hier werden unter freiem Himmel alle möglichen für Chiang Rai typischen Dinge angeboten, von Kunsthandwerk bis zu regionalen Speisen. Der Markt erstreckt sich über die Th Thanalai vom Hilltribe Museum bis zum großen Lebensmittelmarkt.

Night Bazaar MARKT
(abseits der Th Phahonyothin; ⌚18–23 Uhr) Chiang Rais Abendmarkt liegt neben dem Busbahnhof hinter der Th Phahonyothin. Dieser Markt ist zwar viel kleiner als der in Chiang Mai, bietet aber auch ein recht gutes Sortiment an Kunsthandwerk und Touristensouvenirs.

Praktische Informationen

In der Th Phahonyothin und der Th Thanalai befinden sich viele Banken mit Wechselschalter und Geldautomaten.

An- & Weiterreise

BUS & MINIVAN

Der **Interprovinz-Busbahnhof** (☎ 053 715952; Th Prasopsook) im Zentrum bedient Ziele innerhalb der Provinz Chiang Rai. Zudem starten dort ein paar Minivans und (meist langsame) Busse mit Ventilatorkühlung zu einigen anderen Zielen im übrigen Nordthailand.

Wer Ziele außerhalb von Chiang Rai besuchen will, muss 5 km südlich der Stadt den **neuen Busbahnhof** (☎ 053 773989; Rte 1/AH2) benutzen. *Sŏrng·tăa·ou* (Pickups) pendeln häufig zwischen den beiden Busbahnhöfen (15 B, 15 Min., 6–17.30 Uhr). Man kann aber auch den purpurroten Bus nehmen, der den Flughafen mit den Busbahnhöfen verbindet (6–18 Uhr, alle 40 Min., 20 B).

Von Chiang Rai fährt ein internationaler Direktbus nach Luang Prabang (Laos). Außerdem gibt es Busse nach Bokeo und Huay Xai (beide in Laos), wo Busanschluss nach Kunming (China), Luang Nam Tha (Laos) und Vientiane (Laos) besteht.

FLUGZEUG

Rund 8 km nördlich der Stadt liegt der **Chiang Rai International Airport** (Mae Fah Luang International Airport; ☎ 053 798000; www.chiangraiairportthai.com) mit Büros der Fluglinien, Restaurants, Autovermietern, Wechselstube und Post. Ein neuer Bus verbindet den Flughafen mit den beiden Busbahnhöfen von Chiang Rai (6–18 Uhr, alle 40 Min., 20 B). Taxis fahren von hier aus für 160 B in die Stadt. In Gegenrichtung verlangt **Chiang Rai Taxi** (☎ 053 773477) rund 130 B nach Taxameter.

Vor Ort besteht Flugverbindung zum Don Mueang International Airport (15-mal tgl.) und Suvarnabhumi International Airport (ab 1290 B, 1 Std. 20 Min., 14-mal tgl.) in Bangkok. Zum Zeitpunkt der Recherche gab es nur internationale Direktflüge nach Kunming, China, mit **China Eastern** (☎ 089 850 5889, landesweit 02 636 6980; www.ceair.com; King's Romans, Chiang Rai International Airport; ⏲ 8.30–17 Uhr).

NICHT VERSÄUMEN

HIMMEL & HÖLLE: TEMPEL RUND UM CHIANG RAI

Gleich außerhalb von Chiang Rai liegen zwei der skurrilsten, sehenswertesten und am stärksten beworbenen Attraktionen der Provinz: der Wat Rong Khun und das Baandam.

Die meisten Buddhisten-Tempel Thailands haben eine jahrhundertelange Geschichte. Der Bau des **Wat Rong Khun's** (วัดร่องขุ่น; Weißer Tempel; abseits der Rte 1/AH2; 50 B; ⏲ 8–17.30 Uhr) GRATIS begann jedoch erst 1997 nach einem Entwurf des einheimischen Stararchitekten Chalermchai Kositpipat (ursprünglich ein Kunstmaler). Es ist ein faszinierendes Bauwerk, das aus der Entfernung wie aus schimmerndem Porzellan gemacht aussieht. Hinein in den Schrein geht's über eine Brücke und einen Teich mit ausgestreckten Armen (Symbol für das Begehren). Das Innere zieren nicht die üblichen Szenen aus Buddhas Leben: Der Künstler stellt das *samsara* (Kreislauf von Werden und Vergehen) vielmehr mit modernen Bildern dar. So sind beispielsweise neben einem Flugzeug beim Einschlag in die Twin Towers auch Keanu Reeves als Neo im Film *Matrix*, Elvis, Hello Kitty und Superman zu sehen.

Der Wat Rong Khun liegt rund 13 km südlich von Chiang Rai und ist ab dort mit jedem Bus von Chiang Rais Interprovinz-Busbahnhof erreichbar, der die englische Aufschrift „White Temple" (20 B, 40 Min., 6.15–18.22 Uhr häufig) trägt.

Das bizarre **Baandam** (บ้านดำ, Schwarzes Haus; Nang Lae abseits der Rte 1/AH2; Erw./Kind 80 B/frei; ⏲ 9–17 Uhr) nach einem Entwurf des thailändischen Nationalkünstlers Thawan Duchanee ist ein recht düsteres Gegenstück zum Wat Rong Khun: Der Komplex besteht aus mehreren Gebäuden, die größtenteils schwarz gestrichen und unheilverkündend mit Tierfellen bzw. -knochen, Geweihen und Schädeln gestaltet sind.

Herzstück ist eine Art schwarzer Höhlentempel mit einem langen Esstisch aus Holz und Stühlen aus Hirschgeweihen – gewissermaßen der Speisesaal des Teufels. Die anderen Bauten beherbergen u. a. brustförmige weiße Schlafzimmer, dunkle Bäder mit Phallus-Elementen und eine „Kapelle", die ebenfalls mit Fellen und Knochen ausstaffiert ist.

Das Baandam liegt 13 km nördlich von Chiang Rai und ist ab dort mit allen Bussen in Richtung Mae Sai erreichbar (ca. 20 B).

BUSSE AB CHIANG RAI

ZIEL	PREIS (B)	DAUER (STD.)	HÄUFIGKEIT
Bangkok	544–890	11–12	8.30–19.50 Uhr häufig (neuer Busbahnhof)
Bokeo (Laos)	220	3	10 & 16.30 Uhr (neuer Busbahnhof)
Chiang Khong	65	2	6–17 Uhr häufig (Interprovinz-Busbahnhof)
Chiang Mai	129–258	3–7	6.15–19.30 Uhr häufig (Interprovinz-Busbahnhof)
Chiang Saen	37	1½	6–17 Uhr häufig (Interprovinz-Busbahnhof)
Huay Xai (Laos)	220	3	10 Uhr (neuer Busbahnhof)
Lampang	137–274	4–5	8.40, 10, 13.20 Uhr (Interprovinz-Busbahnhof)
Luang Prabang (Laos)	950	18	Mo, Mi, Fr, So 12.30 Uhr (neuer Busbahnhof)
Mae Chan (nach Mae Salong/Santikhiri)	25	45 Min.	6–17 Uhr häufig (Interprovinz-Busbahnhof)
Mae Sai	39	1½	6–17 Uhr häufig (Interprovinz-Busbahnhof)
Mae Sot	416	12	8.40 Uhr (neuer Busbahnhof)
Nakhon Ratchasima (Khorat)	569–664	12–13	6.30–19.20 Uhr 4-mal tgl. (neuer Busbahnhof)
Phayao	60–120	1½–2	8.40, 10, 13.20 Uhr (Interprovinz-Busbahnhof)
Phitsanulok	304–355	6–7	6.30–19.30 Uhr stündl. (neuer Busbahnhof)
Phrae	185–216	4	6–18 Uhr häufig (neuer Busbahnhof)
Sukhothai	231	8	7.30–10.30 Uhr stündl. (neuer Busbahnhof)
Ubon Ratchathani	884	12	14 Uhr (neuer Busbahnhof)

SCHIFF/FÄHRE

Zwischen Chiang Rai und Tha Ton (Chiang Mai) verkehren Passagierboote auf dem Mae Nam Kok. Sie legen unterwegs in Ban Ruam Mit an und starten 2 km nordwestlich der Stadt am **CR Pier** (☎053 750009; ⏲7–16 Uhr). Ein Tuk-Tuk dorthin kostet ca. 80 B.

Nach der Abfahrt (tgl. 10.30 Uhr) brauchen die Boote etwa eine Stunde bis nach Ruam Mit (100 B) und rund drei Stunden bis nach Tha Ton (400 B). Alternativ lassen sie sich auch privat mieten (ca. 800 B/3 Std.). Bei niedrigem Wasserstand schaffen es die Boote vielleicht nicht ganz bis nach Tha Ton.

ℹ Unterwegs vor Ort

Im Zentrum von Chiang Rai geht's ziemlich gut zu Fuß oder Fahrrad voran. Räder (ab 50 B/Tag) und Motorräder (ab 200 B/Tag) vermieten Unterkünfte, Reisebüros und Geschäfte in der Stadt. Tuk-Tuks versammeln sich im Umkreis des Busbahnhofs und verlangen ungefähr 30 bis 50 B pro Person zu Zielen in der Stadt.

Preiswerte Taxis mit Taxameter von Chiang Rai Taxi (S. 228) sind in der Stadt und Umgebung unterwegs. Ansonsten findet man auch Taxis bei den Busbahnhöfen.

NORDTHAILAND: MOTORRADTOUREN

Ein guter Einstieg für Motorradfahrer in Nordthailand ist der Samoeng Loop (100 km), der in einem halben Tag zu bewältigen ist. Ab Chiang Mai führt die Strecke über Rte 107, 1096 und 1269 Richtung Norden. Mit zahlreichen Kurven in herrlicher Landschaft vermittelt sie einen guten Eindruck davon, was bei längeren Touren durch die Region zu erwarten ist. Der ebenfalls beliebte Chiang Rai Loop (470 km; Rte 107, 1089 und 118) passiert u. a. die malerischen Ortschaften Fang und Tha Ton auf dem Weg nach Chiang Rai, wo sich ein Aufenthalt empfiehlt.

Der Klassiker im Norden ist der Mae Hong Son Loop (600 km) ab Chiang Mai, der den 1864 Kurven der Rte 1095 folgt. Unterwegs kann in Pai, Mae Hong Son und Mae Sariang übernachtet werden. Über die Rte 108 geht's dann wieder zurück nach Chiang Mai. Ein vergleichsweise unbekannterer, aber gleichsam spaßiger Tagestrip folgt Rte 1155 und 1093 ab Chiang Khong (Provinz Chiang Rai) zur wenig besuchten Stadt Phayao. Dabei durchquert man ein paar der spektakulärsten Berglandschaften Thailands.

Die beste Informationsquelle für Motorradtouren im Norden ist **Golden Triangle Rider** (GT Rider; www.gt-rider.com). Er veröffentlicht eine Reihe hervorragender Motorrad-Tourenkarten auf seiner Website, dazu eine Menge Infos zu Motorradverleih (inkl. bewährter Verleihfirmen in Chiang Mai und Chiang Rai) und Motorradversicherungen. Außerdem gibt's auf der Seite zahlreiche Tourenvorschläge mit entsprechenden Karten sowie ein interaktives Forum.

Ban Ruam Mit

☎053 / EW. 3000

Der Name Ban Ruam Mit (บ้านร่วมมิตร) bedeutet „gemischtes Dorf", und das ist eine gute Beschreibung des am Fluss gelegenen Ortes, in dem Angehörige ethnischer Gruppen wie Thai, Karen, Lisu und Akha leben. Ban Ruam Mit , nur 20 km von Chiang Rai entfernt und per Boot oder Straße erreichbar, ist ein guter Ausgangspunkt für Ausflüge in die hügelige Umgebung.

Sehenswertes & Aktivitäten

Viele Besucher kommen wegen Elefantenritten nach Ban Ruam Mit. Bessere und wesentlich tierfreundlichere Alternativen sind Wanderungen zu den zahlreichen Bergdörfern in der Umgebung sowie zu den hiesigen Thermalquellen und dem Nationalpark.

Pha Soet Hot Spring THERMALQUELLE
(บ่อน้ำพุร้อนผาเสริฐ; Ban Pha Soet; Erw./Kind 30/10 B; 8.30–18 Uhr) Das heiße Wasser dieser Naturquelle wird in einen Gemeindepool geleitet. Es stehen auch Zimmer zur Verfügung (50–80 B). Ban Pha Soet liegt etwa 3 km westlich von Ban Ruam Mit.

Lamnamkok National Park NATIONALPARK
(อุทยานแห่งชาติลำน้ำกก; 8–16.30 Uhr) Dieser 2002 gegründete Nationalpark ist einer der jüngsten Thailands. Er weist Wasserfälle und vor allem eine Thermalquelle auf, die nur einen kurzen Fußmarsch vom Verwaltungsgebäude entfernt ist. Längere Exkursionen sind nur mit Guide möglich. Die Parkverwaltung befindet sich ca. 3 km westlich von Ban Ruam Mit.

Schlafen & Essen

In Ban Ruam Mit gibt es ein paar einfache Lokale. Alle ansässigen Hotels haben eigene Restaurants.

Akha Hill House HOTEL $
(☎089 997 5505; www.akhahill.com; Zi. 300–500 B, Bungalows 600–2000 B; ❄📶) Das wunderschön gelegene, aber wenig berauschende Hotel befindet sich an einem steilen Hang in Richtung des Dorfes Akha. Die Unterkünfte reichen von Zimmern mit Ventilator und Gemeinschaftsbad bis hin zu geräumigen Bungalows mit Klimaanlage. Die meisten Gäste übernachten hier im Rahmen von Trekking-Paketen, die unterschiedlich beurteilt werden. Das Hotel befindet sich 5 km südlich von Ban Pha Soet.

★ **Bamboo Nest de Chiang Rai** PENSION $$
(☎089 953 2330, 095 686 4755; www.bamboonest-chiangrai.com; Bungalows inkl. Frühstück & Abendessen 1100–1400 B) Obwohl diese einzigartige Unterkunft in dem Dorf Lahu nur eine Autostunde von Chiang Rai entfernt ist, fühlt man sich hier doch wie in einer anderen Welt. Die Unterbringung erfolgt in einfachen, aber geräumigen Bambushütten auf einem steilen Hügel mit Blick über Terrassenreisfelder.

Strom wird ausschließlich mittels Sonnenkollektoren erzeugt. Den Laptop kann man also getrost zu Hause lassen und stattdessen Aktivitäten wie Vogelbeobachtungstouren, Wandern und vieles mehr genießen.

Das Bamboo Nest ist ca. 2 km vom Verwaltungsgebäude des Lamnamkok National Park entfernt. Wer mindestens zwei Nächte bleibt, kann sich kostenlos in Chiang Rai abholen/dorthin zurückbringen lassen.

An- & Weiterreise

Die meisten Traveller besuchen Ban Ruam Mit im Rahmen einer Tagestour von Chiang Rai, denn es gibt keine öffentlichen Transportmittel vom Dorf in die Umgebung. Eine Alternative und gleichzeitig die landschaftlich reizvollste Art, von Chiang Rai herzukommen, bietet eine Fahrt im Langboot. Um 10.30 Uhr startet täglich ein Passagierschiff am CR Pier, 2 km nordwestlich von Chiang Rai (100 B, 1 Std.); in einem Charterboot kostet die Fahrt 800 B. Boote in die entgegengesetzte Richtung halten gegen 14 Uhr in Ban Ruam Mit. Wer das Schiff von Ban Ruam Mit verpasst hat, oder falls keins verkehrt: Ein Taxi nach Chiang Rai kostet 500 B; am besten erkundigt man sich in den Restaurants und Läden an der Anlegestelle.

Doi Mae Salong (Santikhiri)

☎053 / EW. 20 000

Das stimmungsvolle Dorf in den Hügeln hinter Chiang Rai ist ein Stück China in Thailand: Gegründet wurde Doi Mae Salong (ดอยแม่สลอง) von früheren KMT-Soldaten aus der chinesischen Provinz Yunnan, die 1949 nach dem Sieg der Kommunisten aus China geflohen waren. Deren Nachkommen bewahren die Kultur dieser einzigartigen Gemeinschaft bis heute. So kommunizieren die älteren Einheimischen nach wie vor hauptsächlich im Yunnan-Dialekt, und die Menschen schauen mehr chinesisches als thailändisches TV. Dieselbe Präferenz pflegen sie beim Essen. Inzwischen ist Doi Mae Salong ein bekanntes Touristenziel. Die chinesische Atmosphäre in Hügellage, die zahlreichen Bergvölker und die großen Teeplantagen machen diesen Ort landesweit einzigartig. Hier kann man prima ein paar Tage lang relaxen und die Umgebung auf eigene Faust erkunden.

Sehenswertes & Aktivitäten

Das Shin Sane Guest House und das Little Home Guesthouse verteilen Gratiskarten, die mehr oder weniger genau den Weg zu regionalen Siedlungen der Akha, Lisu, Mien, Lahu und Shan beschreiben. Zu den nächstgelegenen Akha- und Lisu-Dörfern ist es nicht mal ein halber Tagesmarsch.

Die besten Wanderrouten verlaufen nördlich von Mae Salong zwischen Ban Thoet Thai und der birmanischen Grenze. Vor dem Aufbruch dorthin muss man unbedingt die aktuelle Sicherheitslage checken, denn an diesem Abschnitt der Grenze herrscht ein schwungvoller Drogenhandel.

Das Shin Sane Guest House organisiert auch **Ponytreks** (600 B pro Pers., ca. 3–4 Std.) zu vier nahegelegenen Dörfern. Die Ponys tragen aber nur Personen, die nicht mehr als 60 kg wiegen.

Wat Santikhiri AUSSICHTSPUNKT
(วัดสันติคีรี) Um den großartigen Ausblick vom Wat Santikhiri genießen zu können, muss man den Markt überqueren und die 718 Stufen hinaufsteigen (oder das Motorrad bzw. Auto nehmen). Der Wat folgt der Mahayana-Tradition des Buddhismus und ist im chinesischen Stil erbaut.

Morning Market MARKT
(ตลาดเช้าดอยแม่สลอง; abseits der Rte 1130; ⏲6–8 Uhr) An der T-Kreuzung nahe dem Shin Sane Guest House findet täglich ein winziger, bunter und belebter Morgenmarkt statt. Dieser lockt neben Ortsansässigen auch Angehörige der Bergvölker aus den umliegenden Bezirken an – da lohnt sich frühes Aufstehen!

Chinese Martyr's Memorial Museum MUSEUM
(พิพิธภัณฑ์วีรชนอดีตทหารจีนคณะชาติภาคเหนือ; abseits der Rte 1130; 20 B; ⏲8–17 Uhr) Südlich der Abzweigung zum Grabmal des KMT-Generals befindet sich das Chinese Martyr's Memorial Museum, ein Gebäude im chinesischen Stil, in dem ein paar mittelprächtige Ausstellungsstücke zum Thema KMT in Thailand – Schlachten, Migration, Kultur – zu sehen sind.

Schlafen

Es gibt sehr viele Budget- und Mittelklassehotels in Doi Mae Salong. Die Preise sind – außer in der Hauptsaison (Nov.–Jan.) – oft verhandelbar. Das kühle Klima bringt es mit sich, dass nur wenige Unterkünfte mit einer Klimaanlage ausgestattet sind.

In der Stadt

Shin Sane Guest House PENSION $
(☎053 765026; www.shinsaneguesthouse.com; Rte 1130; Zi. 400 B, Bungalow 800 B; 📶) Die bejahr-

ABSEITS DER ÜBLICHEN PFADE

BAN THOET THAI: DAS DORF DES OPIUMKÖNIGS

Rund 20 km nördlich von Mae Salong liegt in einem schmalen Flusstal das multiethnische Dorf Ban Thoet Thai (บ้านเทอดไทย) – Heimat von Shan und Chinesen sowie Akha, Tai Lü, Lahu, Hmong, Lua und Lisu – mit Wildwest-Grenzatmosphäre samt zwielichtiger Vergangenheit.

Am bekanntesten ist der Ort wohl als eins der Hauptquartiere von Khun Sa, dem berüchtigsten unter den Drogenbossen des Goldenen Dreiecks. Zwischen den 1960ern und 1980ern befehligte Khun Sa, seines Zeichens halb Shan, halb Chinese, eine 20 000-Mann starke Armee und beherrschte den Opium- und Heroinhandel im Goldenen Dreieck, eine praktisch gesetzlose Region im Grenzgebiet von Thailand, Myanmar, China und Laos. Damals war Ban Thoet Thai vom Rest Thailands durch das unwegsame, gebirgige Territorium und das Fehlen befestigter Straßen so gut wie abgeschlossen.

Rund 500 m nördlich vom örtlichen Markt liegt sein ehemaliges Wohnhaus. Das darin befindliche **Khunsa Museum** (พิพิธภัณฑ์ขุนส่า; ⏲8–17 Uhr) GRATIS informiert heute über den Opiumkönig und die Kultur bzw. Geschichte der Shan. Unbedingt auch das „VIP-Wohnzimmer" mit einer gruseligen, lebensgroßen Wachsfigur von Khun Sa besichtigen!

Die beste Bleibe in Ban Thoet Thai ist das **Rim Taan Guest House** (☎053 730209; rimtaan_guesthouse@hotmail.co.th; 15 Mu 1, Thoet Thai; Zi. & Bungalows 500–1200 B; ❄📶). Es liegt etwa in der Dorfmitte und hat Bungalows mit Ventilatoren sowie Zimmer mit Klimaanlagen in attraktiver Gartenlage am Fluss. Das **Restaurant Ting Ting** (Hauptgerichte 40–150 B; ⏲7–21 Uhr) ganz in der Nähe hat länger geöffnet als andere Lokale im Dorf; auf der englischen Speisekarte stehen leckere chinesische Gerichte.

Um von Chiang Rai nach Ban Thoet Thai zu kommen, kann man jeden Bus am Interprovinz-Busbahnhof (S. 228) nehmen, der Richtung Norden nach Mae Sai oder Chiang Saen fährt, und in Mae Chan am Markt aussteigen (20 B, 45 Min., 6–18.30 Uhr häufig). Blaue *sŏrng·tăa·ou* (Passagier-Pickups) fahren am Markt von Mae Chan nach Ban Thoet Thai ab, sobald sie voll besetzt sind (50 B, 1 Std.). Motorradtaxifahrer in Mae Salong verlangen für die Hin- und Rückfahrt nach Ban Thoet Thai 500 B, einschließlich Wartezeit.

ten Zimmer in Originalgebäude von Mae Salongs ältestem Hotel sind spartanisch und haben Gemeinschaftsbäder. Viel komfortabler präsentieren sich die Bungalows und die Quartiere im neueren Anbau, die jeweils mit TV und eigenen Bädern aufwarten. Das Gästehaus steht nahe der T-Kreuzung mit dem Morgenmarkt.

Sabaidee Maesalong HOTEL $

(☎085 705 5570; Rte 1130; Zi. 600 B; 📶) Die Budget-Zimmer hier sind nicht umwerfend – Fliesenböden und vorsintflutliche Ausstattung –, punkten aber mit Balkon und toller Aussicht übers Dorf und die Berge ringsum. Es wird kaum Englisch gesprochen, der Besitzer ist gastfreundlich.

★ **Baan Hom Muen Li** HOTEL $$

(Osmanthus; ☎053 765455; osmanhouse@hotmail.com; Rte 1130; Zi. inkl. Frühstück 1200–1500 B; ❄📶) Die 22 Zimmer des stilvollen Hotels im Herzen der Stadt sind kunstvoll im chinesischen Stil (klassisch oder modern) eingerichtet. Am besten nimmt man eins der kostspieligeren im Obergeschoss, denn die haben große Balkone mit herrlichem Blick auf die Teeplantagen. Kein Schild in lateinischer Schrift vorhanden.

Little Home Guesthouse PENSION $$

(☎053 765389; www.maesalonglittlehome.com; Rte 1130; Zi. & Bungalows 800–1000 B; ❄📶) Unweit der Marktkreuzung findet man dieses große Gebäude mit gelbem Anstrich. Dahinter stehen ein paar hübsche Bungalows mit sehr gutem Preis-Leistungs-Verhältnis. Alle Quartiere sind geräumig, sauber und sonnig. Die teureren haben Klimaanlage und die Bungalows Balkone. Die Inhaber sind freundlich und hilfsbereit.

Außerhalb der Stadt

Maesalong Flower Hills Resort RESORT $$

(☎053 765496; www.maesalongflowerhills.com; Rte 1130; Zi. & Bungalows 800–2800 B, jeweils inkl. Frühstück; ❄📶🏊) Die unterschiedlich großen Bungalows inmitten einer wunderbar gestalteten Grünanlage – einem Paradebeispiel für Landschaftsgärtnerei – haben durchweg Balkon und Ausblick. Die billigeren Zimmer fallen teils dunkel aus, und der Ausblick ist gleich null. Es gibt einen großen Pool. Die Anlage eignet sich gut für Familien.

Phumektawan Resort HOTEL $$
(☎052 029832; www.phumaketawanresort.com; Rte 1130; Zi. 900–1500 B, VIP Zi. 2500 B; ❄📶) Phumektawan ist keine echte Ferienanlage, doch die Zimmer liegen an einem Hang, was ihnen spektakuläre Aussichten beschert. Von der riesigen Gemeinschaftsterrasse ist der Blick sogar noch umwerfender. Die Zimmer sind unterschiedlich groß, aber durchweg modern, gut ausgestattet und mit Balkon. Da östlich vom Stadtrand gelegen, sollte man möglichst über ein eigenes Transportmittel verfügen.

★ **Phu Chaisai Resort & Spa** RESORT $$$
(☎053 910500; www.phu-chaisai.com; abseits der Rte 1130; Bungalow inkl. Frühstück 4200–11 200 B; ❄📶) Dieses Resort auf einem abgeschiedenen Hügel ist die ausgefallenste Unterkunft in der Gegend von Mae Salong. Je mehr Geld hingeblättert wird, desto größer der Bungalow und schöner die Aussicht. Aber jeder Bungalow weist Bambusmöbel, bequeme Betten und einen Balkon auf. Die Lage ist traumhaft, der Wellnessbereich heimst Besucher-Bestnoten ein.

Maesalong Mountain Home HOTEL $$$
(☎084 611 9508; www.maesalongmountainhome.com; abseits der Rte 1130; Zi. & Bungalow 1000–3300 B; ❄📶) Super für Selbstfahrer oder Gäste, die nichts gegen einen Fußmarsch haben: Rund 1 km östlich vom Zentrum (auf das orangefarbene Schild achten) liegt dieses ruhige Hotel am Ende einer steilen, unbefestigten Piste. Auf einem bewirtschafteten Bauernhof findet man hier 15 einfache, aber gemütliche und helle Bungalows mit breiten Balkonen und großen Bädern.

Essen & Ausgehen

Sweet Maesalong CAFÉ
(Rte 1130; Hauptgerichte 50–150 B; ⌚8.30–17 Uhr; 📶) Wer mehr Koffein braucht, als die Teeblätter hergeben, findet in diesem modernen Café eine große Auswahl von Kaffeespezialitäten aus regionalem Anbau. Es gibt auch überraschend aufwendige Backwaren und Tellergerichte. Das Sweet Maesalong liegt ungefähr in der Ortsmitte.

★ **Salima Restaurant** CHINESISCH $$
(Rte 1130; Hauptgerichte 50–250 B; ⌚9–20 Uhr) Das Salima gehört zu den freundlichsten örtlichen Restaurants und serviert das beste Essen der Stadt. Darunter sind u. a. Köstlichkeiten im muslimisch-chinesischen Stil (z. B. reichhaltiges Rindfleisch-Curry à la Yunnan oder säuerlich-pikanter Thunfischsalat mit Teeblättern). Das *kôw soy* (chinesische Eiernudeln mit Rindfleisch in Curry-Brühe) und die anderen Nudelgerichte schmecken ebenso lecker. Im Salima wird kein Alkohol ausgeschenkt. Das Restaurant liegt fünf Minuten zu Fuß südlich vom 7-Eleven.

★ **Sue Hai** CHINESISCH $$
(Rte 1130; Hauptgerichte 40–300 B; ⌚8–21 Uhr; 📝) Das östlich des Zentrums gelegene Lokal ist das authentischste Yunnan-Restaurant in Mae Salong. Es bietet Spezialitäten wie gebratene Pilze aus der Region mit Sojasauce und köstliches luftgetrocknetes Schweinefleisch mit frischem Chili. Zum Sue Hai gehört auch ein Teeladen.

Cafe Yes I Do CAFÉ
(Rte 1130; ⌚8–19 Uhr; 📶) In dem netten Café gibt's Kaffees und Tees, Smoothies und einfache Thai-Gerichte. Das große Plus ist die luftige Terrasse mit wunderbarer Sicht über die Landschaft südlich von Mae Salong.

ℹ Praktische Informationen

An der Hauptstraße von Mae Salong finden sich ein paar Geldautomaten, die ausländische Karten akzeptieren.

ℹ An- & Weiterreise

Mit öffentlichen Verkehrsmitteln gestaltet sich die Anreise ab Chiang Rai am einfachsten, indem man per Bus nach Mae Chan fährt und zu einem grünen *sŏrng·tăa·ou* nach Doi Mae Salong (50 B, 1 Std.) umsteigt. Diese Pickups fahren am Marktgelände ab, sobald sie voll sind. Es ist ratsam, morgens in Mae Chan einzulaufen, denn später am Tag werden die Transportmittel weniger. Man kann auch für 500 B ein eigenes *sŏrng·tăa·ou* chartern. Alternativ halten Busse auf dem Weg nach Mae Sai in Ban Pasang, wo sich *sŏrng·tăa·ou* mieten lassen (ca. 400 B). In Gegenrichtung starten *sŏrng·tăa·ou* nahe der 7-Eleven-Filiale in Doi Mae Salong.

Auf dem Landweg ist Doi Mae Salong auch ab Tha Ton (Chiang Mai) erreichbar. Dorthin geht's in Gegenrichtung mit *sŏrng·tăa·ou*, die nahe dem Little Home Guesthouse aufbrechen (60 B, 1 Std., 4-mal tgl.).

ℹ Unterwegs vor Ort

Der Großteil von Doi Mae Salong ist gut zu Fuß erkundbar. Wer die Umgebung erforschen will und/oder Probleme mit dem bergigen Terrain hat, kann beim 7-Eleven eins der dort wartenden Motorradtaxis nehmen. Ein paar Unterkünfte vermieten Motorräder (ca. 200 B/Tag.).

Mae Sai

☎053 / EW. 28 000

Mae Sai (แม่สาย), Thailands nördlichste Stadt, scheint auf den ersten Blick kaum mehr zu sein als ein großer Markt unter freiem Himmel. Westlich und südlich des Grenzübergangs nach Myanmar erstrecken sich jede Menge Stände und Geschäfte. An sich hat Mae Sai also wenig zu bieten, kann jedoch als Ausgangsbasis für Exkursionen ins „Goldene Dreieck" und nach Doi Mae Salong dienen. Die meisten Traveller nutzen den Ort als Zwischenstation auf dem Weg von oder nach Myanmar, genauer gesagt, den Shan-Staat gleich jenseits der Grenze.

Sehenswertes

Wat Phra That Doi Wao BUDDHISTISCHER TEMPEL

(วัดพระธาตุดอยเวา; Soi 1, Th Phahonyothin; ⌚tagsüber) GRATIS Einen großartigen Blick über die myanmarische Grenzstadt Tachileik hat man, wenn man nahe der Grenze die Stufen auf den Hügel zum Wat Phra That Doi Wao hinaufsteigt. Dieser Wat wurde angeblich zum Andenken an ein paar Tausend Soldaten aus Myanmar errichtet, die hier 1965 bei Kämpfen gegen KMT-Verbände fielen. (In der Stadt kursieren verschiedene Versionen, auch eine, in der die KMT-Soldaten die Helden sind.)

Mae Sai

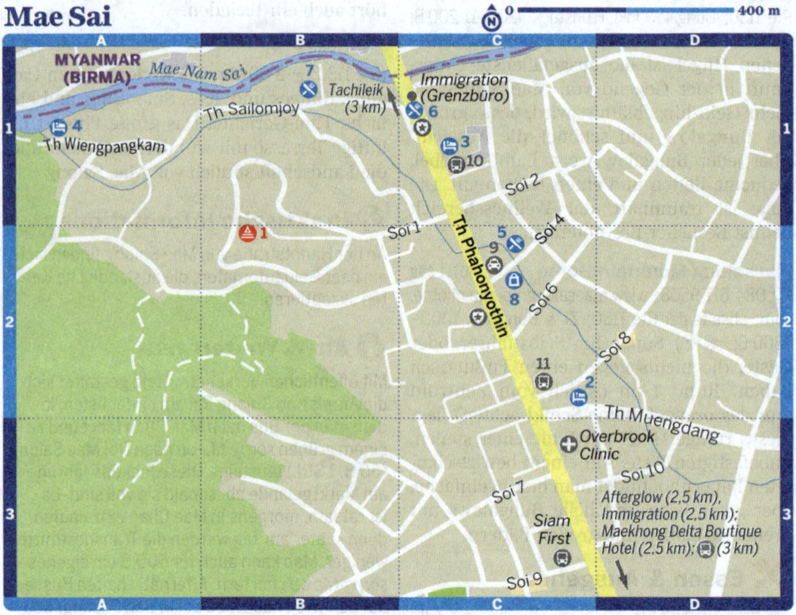

Mae Sai

Sehenswertes
1 Wat Phra That Doi Wao B2

Schlafen
2 Baan Sabai Maesai C2
3 Khanthongkham Hotel C1
4 Maesai Guest House A1

Essen
5 Bismillah Halal Food C2
Kangyuan .... (s. 5)
6 Nachtmarkt C1
7 Sukhothai Cuisine B1

Shoppen
8 Edelsteinmarkt C2

Transport
9 Motorradtaxis zum Busbahnhof C2
10 Sŏrng·tăa·ou zum Busbahnhof C1
11 Sŏrng·tăa·ou nach Sop Ruak & Chiang Saen C2

Schlafen

Maesai Guest House HOTEL $
(☎053 732021; 688 Th Wiengpangkam; Bungalows 400–800 B; ❄📶) Die schon lange existierende Ansammlung überwiegend ventilatorgekühlter, rustikaler Bambusbungalows steht am schmutzigen Mae Nam Sai, direkt gegenüber von Myanmar. Die Bungalows sind unterschiedlich groß – je teurer, desto mehr Platz bekommt man. Aber alle haben ordentliche Betten und einen Balkon. Die Mitarbeiter sind freundlich, und ein Bar-Restaurant am Wasser gibt's auch.

Baan Sabai Maesai PENSION $$
(☎062 031 2233; www.facebook.com/BaanSabaiMaesai; Soi 8, Th Phahonyothin; Zi. inkl. Frühstück 900 B; ❄📶) Versteckt in einer Gasse abseits der Soi 8 liegt das Baan Sabai Maesai. Seine individuell gestalteten Zimmer sind groß, hell und modern; die Einrichtung wurde vom hilfsbereiten, Englisch sprechenden Besitzer selbst entworfen. Es gibt einen Gemeinschaftsbereich im Erdgeschoss, einen Motorradverleih (200–300 B/Tag) und eine Tourenvermittlung.

Afterglow Hostel HOSTEL $$
(☎053 734188; www.afterglowhostel.com; 139/5 Th Phahonyothin; Zi. 600–800 B, Bungalow 500 B; ❄📶) Die wahrscheinlich hippste Unterkunft in Mae Sai: Das Afterglow hat gut ausgestattete, dank Steinwänden minimalistisch anmutende Zimmer über einem Café sowie genauso stilvolle Bungalows hinter dem Haus. Dorms gibt es keine. Leider liegt es ca. 4 km von der Grenze entfernt.

Maekhong Delta Boutique Hotel HOTEL $$
(☎053 642517; www.maekhonghotel.com; 230/5-6 Th Phahonyothin; Zi. 1000–1200 B, Suite 1500–2600 B, jeweils inkl. Frühstück; ❄📶) Dieses Hotel hat einen seltsamen Namen – denn schließlich liegt das Delta des Mekong im fernen Süden von Vietnam. Noch skurriler ist, dass die Zimmer mit ihrer hellen Holzvertäfelung irgendwie an eine Skihütte erinnern. Trotzdem wirken sie einladend. Allerdings sind's von hier aus fast 4 km bis zur Grenze. In diesem Hotel steigen mit Vorliebe thailändische und andere asiatischen Reisegruppen ab.

Khanthongkham Hotel HOTEL $$
(☎053 734222; www.ktkhotel.com; 7 Th Phahonyothin; Zi. inkl. Frühstück 1200 B; ❄📶) Das Hotel mit chinesischem Inhaber nur ein paar Schritte von der Grenze hat geräumige, in hellem Holz gehaltene Zimmer. Viele haben jedoch kein Fenster, daher sollte man sich sein Zimmer vorsichtshalber erst zeigen lassen.

Essen

Täglich gibt es einen großen **Nachtmarkt** (Th Phahonyothin; Gerichte 30–60 B; ⏲17–23 Uhr) in der Th Phahonyothin. Tagsüber findet man Snack- & Getränkeverkäufer vor der Polizeistation in der Th Phahonyothin.

Bismillah Halal Food INTERNATIONAL $
(Soi 4, Th Phahonyothin; Hauptgerichte 40–100 B; ⏲7–16 Uhr) In dem gemütlichen, begehrten Restaurant gibt es hervorragendes Biryani, ganz zu schweigen von allen erdenklichen muslimischen Speisen, von Masala über *roti* bis zu Samosas, sowie einige malaysisch inspirierte Gerichte. Früh herkommen, denn das Biryani ist schnell weg.

Sukhothai Cuisine THAI $
(399/9 Th Sailomjoy; Hauptgerichte 40–60 B; ⏲7–17 Uhr) Das Personal dieses Semi-Freiluftrestaurants serviert neben den Sukhothai-Nudeln auch Satay und ein paar andere Thai-Klassiker. Da kein Schild in englischer Sprache auf das Lokal hinweist: Es handelt sich um das belebte Restaurant direkt an der Ecke.

★ **Kangyuan** CHINESISCH $$
(Soi 4, Th Phahonyothin; Hauptgerichte 60–220 B; ⏲9–22 Uhr; 📶) Wer authentische chinesische Küche liebt, ist hier goldrichtig, nicht zuletzt, weil das Lokal länger geöffnet hat als die meisten anderen in Mae Sai. Die Gerichte verraten einen leichten Sichuan-Einfluss – würzige Nudeln mit Rind und Hotpot (am besten in der Gruppe verzehren), aber Dumplings und Vegetarisches stehen ebenfalls auf dem Speiseplan. Die Mitarbeiter sprechen kein Englisch, doch die Preise auf der bebilderten Speisekarte sind immerhin in römischen Zahlen angegeben.

Shoppen

Edelsteinmarkt MARKT
(Soi 4, Th Phahonyothin; ⏲8–16 Uhr) Auf dem Freiluft-Edelsteinmarkt in Mae Sai sollten nur Leute einkaufen, die auch etwas von Edelsteinen verstehen.

Praktische Informationen

In Grenznähe gibt's mehrere Bankfilialen mit Geldautomaten und Geldwechselmöglichkeiten.

Overbrook Clinic (☎053 734422; 20/7 Th Phahonyothin; ⏲8–20 Uhr) Ableger des modernen Krankenhauses in Chiang Rai.

Thai Immigration Office (Grenzbüro ☎053 733261; Th Phahonyothin; ⏲6–21 Uhr) Am Anfang der Grenzbrücke.

VERKEHRSMITTEL AB MAE SAI

Busse

ZIEL	PREIS (B)	DAUER (STD.)	HÄUFIGKEIT
Bangkok	581–904	12–13	5.30 & 6.15 & 16.30–19.45 Uhr häufig
Chiang Mai	160–319	5	6.15–18 Uhr, 9-mal tgl.
Chiang Rai	39	1½	5.45–18 Uhr häufig
Mae Sot	416	12	6.45 Uhr
Phayao	122	3	5.15–18 Uhr, 6-mal tgl.
Phitsanulok	344	8	5 Uhr
Phrae	225	5	5 Uhr

Minivans & Sŏrng·tăa·ou

ZIEL	PREIS (B)	DAUER (STD.)	HÄUFIGKEIT
Chiang Rai	50	1	6–16 Uhr häufig Minivans
Chiang Saen	50	1	9–12 Uhr stündl. *sŏrng·tăa·ou*
Fang	120	3	8 & 14 Uhr Minivans
Sop Ruak (Goldenes Dreieck)	40	45 Min.	9–12 Uhr stündl. *sŏrng·tăa·ou*
Tha Ton	140	2	7, 8 & 14 Uhr Minivans

Touristenpolizei (☎115; Th Phahonyothin; ⏲8.30–18 Uhr) Unterhält einen Stand direkt vor dem Immigration Office an der Grenze.

ℹ Anreise & Unterwegs vor Ort

Mae Sais **Busbahnhof** (☎053 646403; Th Phahonyothin) liegt 4 km von der Grenze entfernt. **Sammel-sŏrng·tăa·ou** pendeln zwischen dem Busbahnhof und einer Haltestelle an der Kreuzung der Soi 2 mit der Th Phahonyothin (15 B, 15 Min., 6–18 Uhr). Alternativ fahren **Motorradtaxis** von/zu einer Haltestelle an der Kreuzung der Th Phahonyothin mit der Soi 4 (40 B).

Wenn man nach Bangkok möchte, kann man sich den Weg zum Busbahnhof sparen, wenn man sein Ticket bei **Siam First** (☎053 731504; an der Ecke Soi 9 & Th Phahonyothin, keine Ausschilderung in lateinischen Buchstaben, ⏲8–16 Uhr) gleich neben dem Motorradgeschäft an der Kreuzung mit der Soi 9 kauft.

An der Th Phahonyothin ist Höhe Soi 8 eine Bushaltestelle ausgewiesen. Von hier aus fahren *sŏrng·tăa·ou* nach Sop Ruak und Chiang Saen.

Eine Fahrt im Ort mit einem *sŏrng·tăa·ou* kostet 15 B, mit einem Motorradtaxi (beim Markt zu finden) ist man für 20 bis 40 B unterwegs.

Chiang Saen

☎053 / EW. 11 000

Chiang Saen (เชียงแสน) ist der Inbegriff eines verschlafenen Flussstädtchens, war aber einst die Stätte eines früheren Thai-Königreichs, dessen Ursprünge im 7. Jh. liegen sollen. Die Überbleibsel dieses Reiches sind über Chiang Saen verteilt – zu den noch erhaltenen Relikten gehören mehrere *chedis* (Stupas), Buddha-Bildnisse, *wí·han*-Säulen (Heiligtum) und Teile der Stadtbefestigung aus gestampftem Lehm. Später war Chiang Saen locker mit anderen nordthailändischen Königreichen verbunden, im 18. Jh. auch mit Myanmar, und wurde erst in den 1880er-Jahren ein Teil Siams.

Heutzutage gehen riesige Flusskähne mit Früchten, Maschinenteilen und allen möglichen Importgütern aus der chinesischen Provinz Yunnan in Chiang Saen vor Anker und sorgen so dafür, dass die alte Handelsroute zwischen China und Siam betriebsam bleibt. Trotz dieser Handelsaktivitäten hat sich die Stadt nicht großartig verändert und ist deshalb auch ein angenehmerer Aufenthaltsort als das vergleichsweise hektische, touristische Sop Ruak, das sogenannte „Goldene Dreieck", 9 km östlich.

◉ Sehenswertes & Aktivitäten

Wat Pa Sak HISTORISCHE STÄTTE
(วัดป่าสัก; abseits der Rte 1290; Historischer Park 50 B; ⏲ Mi–So 8.30–16.30 Uhr) GRATIS Vom Pratu Chiang Saen (historisches Haupttor am westlichen Stadtrand) sind's rund 200 m bis zum Historischen Park mit den Überresten des Wat Pa Sak. Unter den insgesamt sieben Ruinenstätten der Anlage ist auch der Haupt-*chedi* aus der Mitte des 14. Jhs. Dieser paart Elemente des Hariphunchai- und

Sukhothai-Stils mit vermutlich Bagan-Einflüssen und vielen schönen Stuckreliefs.

Chiang Saen National Museum MUSEUM
(พิพิธภัณฑสถานแห่งชาติเชียงแสน; 702 Th Phahonyothin; 100 B; ⌚Mi–So 9–16 Uhr) Das relativ kleine, aber eindrucksvolle Museem zeigt archäologische Fundstücke der Gegend, Buddha-Darstellungen und Ausstellungen zu den hiesigen Bergvölkern.

Wat Phra That Pha Ngao BUDDHISTISCHER TEMPEL
(วัดพระธาตุผาเงา; abseits der Rte 1129; ⌚tagsüber) GRATIS 3 km südlich der Stadt befindet sich im Dorf Sop Kham dieser buddhistische Tempelkomplex mit einer großen Gebetshalle, die errichtet wurde, um eine teilweise freigelegte Statue aus der Chiang-Saen-Ära zu schützen. Außerdem gibt es hier ein wunderschönes, goldfarbenes Handschriftendepot (*hŏr đrai*) aus Teakholz. Eine steile Straße führt hinauf zu einer Tempelpagode auf einem Hügel, von dem aus man einen herrlichen, weiten Blick auf die Umgebung und den träge fließenden Mekong hat.

Wat Pha Khao Pan BUDDHISTISCHER TEMPEL
(วัดผ้าขาวป้าน; Th Rimkhong; ⌚tagsüber) Auf dem Gelände dieses aktiven Wat in Flussnähe steht ein wunderbarer Lanna-*chedi*. Auf dem großen, viereckigen Sockel befinden sich in Nischen auf allen vier Seiten im Lanna-Stil gestaltete gehende Buddhas. Der nach Osten schauende Buddha ist in der Mudra-Pose (eine symbolische Handgeste) dargestellt, die „nach Regen rufen“ bedeutet: Beide Hände zeigen an den Seiten der Statue nach unten

GRENZÜBERGANG NACH MYANMAR: VON MAE SAI NACH TACHILEIK

Der Grenzübergang Mae Sai–Tachileik ist beliebt für Visaverlängerungen mithilfe kurzfristiger Aus- und Wiedereinreise. Die Weiterreise in Myanmar ist nicht ganz unproblematisch. Die Bestimmungen für den Grenzübertritt können sich jederzeit ändern – daher den aktuellen Stand unbedingt rechtzeitig vor dem Start ermitteln!

Anreise zur Grenze Von den meisten Unterkünften in Mae Sai sind's ein paar Gehminuten bis zum Grenzposten der thailändischen Einwanderungsbehörde.

An der Grenze Nach den üblichen Ausreiseformalitäten beim Thai Immigration Office geht's über die Brücke und dann zum Büro des Myanmar Immigration Office. Wer bereits ein Visum für Myanmar besitzt, kann nun auf dem Landweg nach Kyaingtong (alias Kengtung) oder mit dem Flugzeug zu anderen Zielen im Land weiterreisen.

Traveller ohne Myanmar-Visum bekommen recht einfach ein Tagesvisum für den Besuch von Tachileik. Etwas komplizierter gestaltet sich der Erhalt eines Zweiwochen-Visums für einen Aufenthalt in Kyaingtong.

Tagesausflügler berappen 500 B für einen birmanischen Ausweis mit begrenzter Gültigkeit und müssen ihren eigenen Reisepass an der Grenze hinterlegen. Bis auf ein paar Restaurants und Läden hat Tachileik nicht viel zu bieten – hier kann man überall in Baht bezahlen, während die Preise denen drüben in Thailand entsprechen. Allerdings gibt's vor Ort auch einen interessanten Morgenmarkt und einige ganz nette Teestuben.

Wer Kyaingtong besuchen will und noch kein Visum für Myanmar hat, geht nach dem Grenzübertritt direkt zum Büro von Myanmar Travels & Tours (MTT): Den dortigen Beamten ist eine exakte Reiseroute anzugeben; zudem muss man drei Passfotos mitbringen und 10 US$ bzw. 500 B bezahlen. Dann gibt's einen provisorischen Ausweis mit zwei Wochen Gültigkeit, während der eigene Reisepass an der Grenze zu hinterlegen ist – um sicherzustellen, dass die Ausreise auf identischem Wege erfolgt. Obendrein ist für die ganze Aufenthaltsdauer ein Guide anzuheuern (1000 B/Tag zzgl. 400 B „Begleitungssteuer“). Idealerweise kümmert man sich schon vorab um einen Guide aus Kyaingtong, der einen an der Grenze abholt. Andernfalls erfolgt durch MTT die Zuweisung eines Führers, für den während des ganzen Aufenthalts auch Kost und Logis zu bezahlen sind. Zu den empfehlenswerten Guides in Kyaingtong zählen **Freddie** (Sai Yot; ☎+95 9490 31934; yotkham@gmail.com) und **Leng** (☎+95 9490 31470; sairoctor.htunleng@gmail.com).

Weiterreise Busse nach Kyaingtong (10 000 K, 5 Std., 8–8.30 & 11.30–12.30 Uhr) starten an Tachileiks Busbahnhof, der 2 km von der Grenze entfernt liegt (*sŏrng·tăa·ou*/Motorradtaxi 20/50 B). Alternativ warten dort auch Taxis (ab 60 000 K) und Sammeltaxis (15 000 K, Abfahrt erst, wenn alle Sitzplätze besetzt sind).

Chiang Saen

Chiang Saen

Sehenswertes
1 Chiang Saen National Museum A2
2 Wat Pa Sak A2
3 Wat Pha Khao Pan C1

Aktivitäten, Kurse & Touren
4 Mekong River Trips C2

Schlafen
5 Amphai Hotel C1
6 Tararin B2

Essen
7 108 Pun Pun B2
8 Imbissstände am Abend B2
9 Kiaw Siang Hai C1
10 Straßenmarkt C2

Transport
11 Busse nach Chiang Rai & Chiang Mai... C2
12 Motorradverleih B2
13 Sombat Tour B2
14 Sŏrng·tăa·ou nach Hat Bai C3
15 Sŏrng·tăa·ou nach Sop Ruak & Mae Sai C2

– eine Geste, die in Laos üblich ist, in Thailand jedoch weniger.

Mekong River Trips BOOTSFAHRTEN
(☎085 392 4701; Th Rimkhong; ⏲8–17 Uhr) Von der Anlegestelle nach Sop Ruak fahren Schnellboote (einfache Strecke/hin & zurück pro Boot 700/800 B, 1 Std.) oder die ganze Strecke bis Chiang Khong (einfache Strecke/hin & zurück pro Boot 3500/4000 B, 1½ Std.).

Schlafen

Tararin HOTEL $
(☎053 777445; abseits der Th Phahonyothin; Zi. 600 B; ❄📶) Das anonyme Tararin erinnert mit seinen um einen großen Parkplatz gelegenen Zimmern an ein amerikanisches Motel der 1980er-Jahre. Die Räumlichkeiten sind ein bisschen altmodisch, aber die Lage ist prima, und die Preise sind günstig für eine Stadt, die keine Hostels hat.

Pak-Ping-Rim-Khong PENSION $$
(☎053 650151; www.facebook.com/PakPingRimKhong; 484 Th Rimkhong; Zi. inkl. Frühstück 1200 B; ❄📶) Saubere, gemütliche Zimmer ordentlicher Größe, manche mit Balkon, bietet diese gepflegte Villenanlage, nur durch eine Straße vom Ufer des Mekong getrennt. Bei unserer Recherche war gerade ein Anbau im Entstehen.

Amphai Hotel PENSION $$
(☎092 892 9561; Th Nhongmoon; Zi. 400–800 B; ❄📶) Das ehemalige Jay Nay heißt jetzt

Amphai und besitzt einfache, moderne und saubere Zimmer rings um einen Vorhof. In den teureren Zimmern sind die Betten besser. Ruhige Lage und freundliche Mitarbeiter.

Gin's Maekhong View Resort & Spa HOTEL $$$
(☎053 650847; www.ginmaekhongview.com; 225 Th Rimkhong; inkl. Frühstück Zi. 1500 B, Bungalows 2000 B; ❄📶🏊) Hier hat man die Wahl: eins der geräumigen, komfortablen und attraktiven Zimmer oder einen der drei ziemlich beengten Bungalows am Flussufer. Es gibt einen Pool und ein großes Sonnenblumenfeld sowie einen Massage-Spa und ein Café. Gin's liegt rund 1 km nördlich der Innenstadt von Chiang Saen unweit der rekonstruierten Stadtmauer.

Viang Yonok PENSION $$$
(☎053 650444; www.viangyonok.com; abseits der Rte 1016; Bungalows inkl. Frühstück 2100–2450 B; ❄📶🏊) Der Schwerpunkt in dieser gepflegten Anlage mit sieben komfortablen, modernen Holzboden-Bungalows liegt auf Aktivitäten: Pool, Sauna, Kraftraum, Fahrrad- und Kajakverleih sowie organisierte Vogelbeobachtungstouren. Ein weiterer Vorzug ist die ruhige Lage beim Chiang-Saen-See. Die Unterkunft befindet sich ungefähr 5 km westlich von Chiang Saen in Ban Khu Tao.

Essen

Preiswerte Nudel- und Reisgerichte bekommt man an den **Imbissständen** (Hauptgerichte 30 B–60 B) in der Nähe der überdachten Bushaltestelle in der Th Phahonyothin. Mit Einbruch der Dunkelheit bieten **Imbissstände** (Th Phahonyothin; Hauptgerichte 30–60 B; ⏲16–22 Uhr) direkt westlich von hier ihre Speisen an. Samstagabends wird ein Abschnitt der Th Rimkhong für den Verkehr gesperrt. Dann gibt es auf dem wuseligen **Straßenmarkt** (Th Rimkhong; Hauptgerichte 30-60 B; ⏲Sa 16–22 Uhr) viele kulinarische Angebote.

★ **Jinda's Kitchen** THAI $
(Rte 1290; Hauptgerichte 30–100 B; ⏲8–16 Uhr; 📶) In diesem Restaurant am Straßenrand werden seit mehr als 50 Jahren regionale Gerichte serviert, u. a. leckere *kà·nŏm jeen nám ngée·o* (frische Reisnudeln in einer scharfen Schweinefleisch-Tomaten-Brühe). Das Lokal liegt ungefähr auf halber Strecke zwischen Chiang Saen und Sop Ruak.

Kiaw Siang Hai CHINESISCH $
(44 Th Rimkhong; Hauptgerichte 50–120 B; ⏲8–21 Uhr) Das einigermaßen authentische China-Restaurant wird gern vom chinesischem Bootspersonal frequentiert, dessen Kähne in Chiang Saen festmachen. Probierenswert: die guten Dumplings, pikanter gebratener Tofu auf Sichuan-Art oder eine der chinesischen Kräutersuppen.

Das Restaurant hat kein Schild in lateinischen Buchstaben, ist aber an den riesigen Tonkrügen vor dem Eingang zu erkennen.

108 Pun Pun THAI $
(Th Phahonyothin; Hauptgerichte 40–150 B; ⏲8–17 Uhr) Mit den schattigen Tischen im Freien, den einfachen, aber leckeren Reis- und Nudelgerichten sowie Kaffee, Smoothies und Eiscremes lädt das Lokal zu einer Mittagspause ein.

Praktische Informationen

Chiang Saen Hospital (☎053 777017; Rte 1016; ⏲24 Std.) Dieses staatliche Krankenhaus liegt gleich südlich des Wat Pa Sak.

Immigration Office (☎053 777118; Th Rimkhong; ⏲Mo–Fr 8.30–16.30 Uhr) Örtliches Hauptbüro.

Polizei (Th Phahonyothin; ⏲24 Std.) Die Hauptwache von Chiang Saen.

Siam Commercial Bank (Th Phahonyothin; ⏲Mo–Fr 8.30–16.30 Uhr) Tauscht ausländisches Geld um und hat einen Geldautomaten.

Touristeninformation (☎053 777084; Th Phahonyothin; ⏲Mo–Sa 8.30–16.30 Uhr) Zeigt neben guten Modellen der Hauptruinen auch Fotos verschiedener *chedis* – vor, während und nach deren Restaurierung.

An- & Weiterreise

Blaue sŏrng·tăa·ou (Th Phahonyothin) warten zwischen 7 und 15 Uhr an einem Stand am östlichen Ende der Th Phahonyothin auf Fahrgäste nach Sop Ruak (20 B) und Mae Sai (50 B). Wer nach Chiang Khong will, nimmt am Stand in der Th Rimkhong südlich des am Flussufer gelegenen Immigration Office ein **grünes sŏrng·tăa·ou** (Th Rimkhong) in Richtung Hat Bai (50 B, 9–14 Uhr, 1 Std.), wo man in ein anderes *sŏrng·tăa·ou* umsteigen muss.

Chiang Saen hat keinen richtigen Busbahnhof, es ist vielmehr eine überdachte Haltestelle (Th Phahonyothin) am östlichen Ende der Th Phahonyothin, an der die Busfahrer ihre Fahrgäste ein- und aussteigen lassen. Von dieser **Haltestelle** aus fahren viele Busse nach Chiang Rai (37 B, 1½ Std., 5.30–17.30 Uhr) und ein Bus pro Tag nach Chiang Mai (205 B, 5 Std., 9 Uhr).

Sombat Tour (☎053 650788; Th Phahonyothin; ⏲8.20–16 Uhr) schickt täglich zwei VIP-Busse nach Bangkok (958 B, 12 Std., 16 & 17 Uhr). Abfahrt ist vor dem kleinen Büro in der Th Phahonyothin.

Unterwegs vor Ort

Motorradtaxis (kurze Stadtfahrten ab 20 B) warten gegenüber der Bushaltestelle und in deren Nähe.

Chiang Saen und Umgebung lassen sich gut per Zweirad erkunden. Der lokale **Motorradverleih** (☎ 089 429 5798; 247/1 Th Phahonyothin; pro 24 Std. Fahrrad/Motorrad 80/200–300 B; ⌚ 8–19 Uhr) mit angeschlossenem Friseurladen sowie der **Fat Free Bike Shop** (www.fatfreebike.com; Th Rimkhong; ⌚ 9–17 Uhr) vermieten Motorräder und Mountainbikes.

Sop Ruak

☎ 053 / EW. 2000

Myanmar, Thailand und Laos stoßen in Sop Ruak (สบรวก) aufeinander, dem Mittelpunkt des „Goldenen Dreiecks" am Zusammenfluss von Nam Ruak und Mekong. Die beiden Opiummuseen der Stadt lohnen einen Besuch, außerdem kann man mit einem Bootsausflug eine nette Stunde verbringen. Aber eigentlich bleiben die meisten Traveller hier nur, wenn sie ein Zimmer in einem der herausragenden Luxushotels der Region gebucht haben.

Sehenswertes & Aktivitäten

An den örtlichen Anlegern lassen sich ganztägig Mekong-Touren mit Longtail-Booten arrangieren (pro Std. 500 B/Boot, max. 5 Pers.). Bei der Ankunft in Laos wird eine separate Einreisesteuer (40 B pro Pers.) fällig.

★ Hall of Opium MUSEUM

(หอฝิ่น; Rte 1290; Erw./Kind 200 B/frei; ⌚ Di–So 8.30–16 Uhr) Einen Kilometer nördlich von Sop Ruak hat die Mae Fah Luang Foundation auf einem 40 Hektar großen Gelände gegenüber dem Anantara Golden Triangle Resort & Spa die 5600 Quadratmeter große Hall of Opium errichten lassen. Die Multimedia-Ausstellungen umfassen eine faszinierende Geschichte des Opiums sowie eindringliche und informative Exponate zu den Folgen des Opiummissbrauchs für den Einzelnen und die Gesellschaft. Sehr ausgewogen und absolut zu empfehlen.

House of Opium MUSEUM

(บ้านฝิ่น; Rte 1290; 50 B; ⌚ 7–19 Uhr) Das kleine, aber interessante Museum befasst sich mit der Geschichte der Opiumkultur. Es zeigt u. a. verschiedene Gerätschaften, die beim Pflanzen, Ernten, Gebrauch und Handel mit dem *Papaver somniferum*-Harz benutzt werden, wie Pfeifen, Gewichte und Waagen. Das Museum befindet sich am Südostende von Sop Ruak, schräg gegenüber der riesigen Buddha-Statue am Phra Chiang Saen Si Phaendin.

Goldenes Dreieck & Umgebung

0 — 20 km

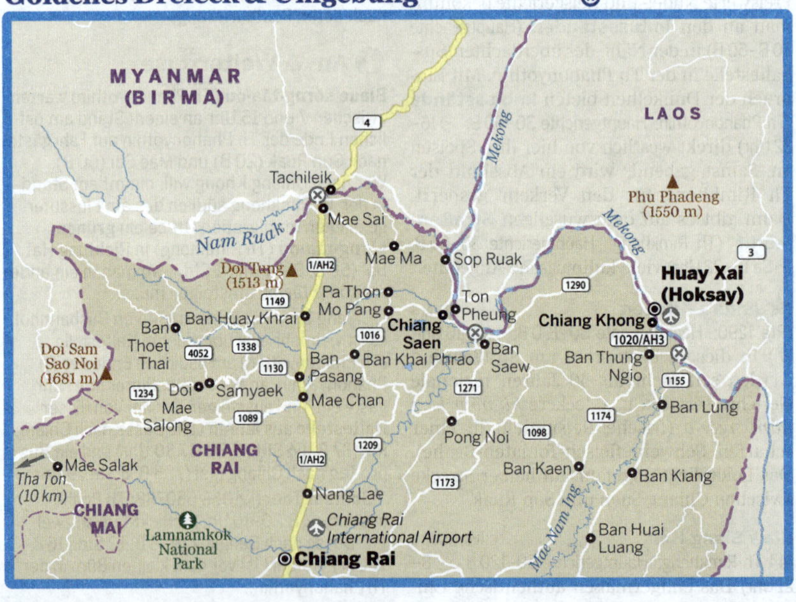

INSIDERWISSEN

DAS GOLDENE DREIECK – FRÜHER & HEUTE

Historisch bezieht sich der Begriff „Goldenes Dreieck" auf eine geografische Region, die sich über Tausende Quadratkilometer nach Myanmar, Laos, Thailand und in die chinesische Provinz Yunnan hinein erstreckt und in der der Opiumhandel florierte. Vom Beginn des vorigen Jahrhunderts bis in die 1980er-Jahre hinein war diese Region weltweit das größte Anbaugebiet von *Papaver somniferum*, dem Schlafmohn, aus dem Opium gewonnen wird. Armut, fehlende Infrastruktur und das Fehlen staatlicher Strukturen in den weitgehend von Rebellen beherrschten Gebieten führten dazu, dass der Anbau der Pflanzen und der Transport des gewonnenen Opiums, das dann zu Heroin raffiniert in alle Welt gelangte, fast ungestört vor sich ging.

Die berüchtigtste Figur im Drogenhandel des Goldenen Dreiecks war Khun Sa, ein Shan-chinesischer Warlord, den die Presse als „Opiumkönig" betitelte. Ab den späten 1960ern schlossen Khun Sas Privatarmee, in Doi Mae Salong ansässige ehemalige KMT-Kämpfer und andere Warlords der Region ein Bündnis, das praktisch ein Monopol auf den weltweiten Opiumhandel erlangte.

Nach zwei gescheiterten Attentaten auf sein Leben bot Khun Sa 1988 der australischen Regierung an, die gesamte Opiumernte für 50 Mio. AUS$ pro Jahr an sie zu verkaufen. Damit würde, so behauptete er, der weltweite Heroinhandel zum Erliegen kommen. Den USA unterbreitete er eine ähnliche Offerte, doch beide Staaten schlugen das Angebot aus. Die US-amerikanische DEA setzte ein Kopfgeld von 2 Mio. US$ auf seine Ergreifung aus. Schließlich ergab sich Khun Sa 1996 den birmanischen Behörden. Myanmar weigerte sich jedoch, den Warlord an die USA auszuliefern, sodass Khun Sa 2007 schließlich unbehelligt als freier Mann in Yangon (Rangun) starb.

Khun Sas Kapitulation schien das Ende der Vorherrschaft des Goldenen Dreiecks im globalen Opiumhandel zu besiegeln. Und tatsächlich hat seit Beginn des 21. Jhs. der Goldene Halbmond in Afghanistan das Goldene Dreieck von der Spitzenstellung als Opiumproduzent verdrängt. Doch Myanmar ist nach wie vor zweitgrößter Opiumproduzent der Welt – vieles davon geht jetzt nach China und wird dort in Heroin verwandelt. Auch in Laos wird weiterhin Opium angebaut, allerdings in kleinerem Maßstab als in Myanmar.

Nur verschwindend geringe Mengen Mohn wachsen heute noch in Thailand, doch Hoteliers und Tourveranstalter in Chiang Rai haben aus der berühmt-berüchtigten Bezeichnung natürlich Kapital geschlagen und das kleine Dorf Sop Ruak zum „Goldenen Dreieck" erklärt. Aus Sicht der Tourismusindustrie war das ein voller Erfolg: Sop Ruak steht nun auf dem Programm jeder Reisegruppe, obwohl wahrscheinlich das einzige Opium, das die Besucher zu Gesicht bekommen, das in Museen ausgestellte ist. Auch andere Teile der Provinz Chiang Rai profitieren von der exotischen Reputation des Goldenen Dreiecks: Das ehemalige Hauptquartier von Khun Sa in Ban Thoet Thai wird nun als kleine Touristenattraktion vermarktet.

Schlafen & Essen

Die regionalen Resorts veranstalten Aktivitäten mit Elefanten (z. B. Ausritte) für Besucher, die dabei keine moralischen Bedenken haben. Direkt am Mekong findet man mehrere Touristenrestaurants.

★ Four Seasons Tented Camp HOTEL $$$
(☎053 910200; www.fourseasons.com; Zelt pro Nacht alles inkl. 95 000–115 000 B; ❄☜≋) Wenn es Zeit und Geldbeutel erlauben, ist dieses von Safaris inspirierte Resort, das eine ungewöhnliche Wohnerfahrung in Thailand bietet, ein Muss. Die „Zelte" sind luxuriös und mit Dingen ausgestattet, die an kolonialzeitliche Safaris erinnern. Der Mindestaufenthalt beträgt zwei Nächte, zu den täglich angebotenen Aktivitäten gehören u. a. Ausflüge im Longtail-Boot und Wellnessanwendungen.

Anantara Golden Triangle Resort & Spa HOTEL $$$
(☎053 784084; www.anantara.com; Rte 1290; pro Nacht alles inkl. Zi./Suite 42 700/58 700 B; ❄☜≋) Das preisgekrönte Resort liegt auf einem großen, schön gestalteten Gelände gegenüber der Hall of Opium. Die Zimmer verbinden thailändische und internationale Gestaltungsmotive, alle haben Balkon mit Mekong-Blick. Annehmlichkeiten wie Whirl-

pool, Squash- und Tennisplätze, Fitnessstudio, Sauna und Spa runden das Luxusangebot ab. Aktivitäten wie Kochkurse sind in den meisten Pauschalangeboten enthalten.

An- & Weiterreise

Häufig fahren *sŏrng·tăa·ou* nach Chiang Saen (20 B, 15 Min., 7–12 Uhr) und Mae Sai (40 B, 30 Min., 8–13 Uhr, alle 40 Min.), die man einfach an der Hauptstraße heranwinkt. Aber auch eine 9 km lange Fahrradfahrt auf der ebenen Strecke von Chiang Saen nach Sop Ruak ist nicht anstrengend.

Chiang Khong

053 / EW. 14 500

Chiang Khong (เชียงของ) war früher ein wichtiger Markt für die regionalen Bergvölker und ein Handelszentrum mit dem nördlichen Laos. Schon lange kommen Traveller auf dem Weg nach und von Laos durch diese Fluss-Niederlassung. 2013 wurde allerdings eine Brücke über den Mekong eröffnet, die Chiang Khong mit Huay Xai in Laos verbindet, und seither übernachten weniger Besucher hier. Trotzdem existiert noch eine kleine Backpacker-Szene mit einer ansehnlichen Zahl von Gästehäusern sowie ein paar Restaurants und Bars.

Von Huay Xai führt eine zweitägige Slow-Boat-Tour oder eine 14-stündige Busfahrt nach Luang Prabang. Man kann von Huay Xai aus auch schnell und einfach in die chinesische Provinz Yunnan reisen.

Schlafen

Die meisten der rund 45 Unterkünfte in Chiang Khong liegen im Budget-Segment.

Namkhong Resort HOTEL $

(053 791055; tigerkriang911@hotmail.com; 94/2 Th Sai Klang; Zi. inkl. Frühstück 200–800 B;) Gleich abseits der Hauptstraße liegt dieser halb versteckte Hotelkomplex mit hübschen Holzgebäuden und Tropenpflanzen. Die Unterkunft ist sehr begehrt, und selbst die günstigsten Zimmer mit Ventilatoren und Gemeinschaftsbädern sind schnell belegt. Die teuersten Zimmer haben Klimaanlage und ein eigenes Bad. Es gibt ein Restaurant und sogar einen Pool.

Rim Nam House HOTEL $

(081 884 4586, 053 655680; abu_bumpbump@sanook.com; abseits der Th Sai Klang; Zi. 500 B;) Das Preis-Leistungs-Verhältnis der Zimmer in dieser Unterkunft am Fluss stimmt: Sie sind schlicht, sauber und nicht zu beengt, haben gute Betten, Holzfußböden und Balkone mit Flussblick. Das Hotel liegt in einer ruhigen Straße und hat kostenlose Mietfahrräder für Gäste.

Baanrimtaling PENSION $

(053 791613, 084 615 5490; maleewan_th@yahoo.com; 99/4 Soi 19, Th Sai Klang; B 100 B, Zi. 150–450 B;) In dem altbewährten, rustikalen Gästehaus mit großem Garten am Flussufer gibt es unterschiedliche einfache, zumeist ventilatorgekühlte Zimmer. Die Ausstattung beschränkt sich aufs Notwendigste, das Ambiente ist familiär. Langzeitgäste erhalten einen Rabatt, wenn der exzentrische Besitzer sie gut leiden kann. Das Baanrimtaling befindet sich südlich der Märkte in einer stillen Wohnstraße; Fahrrad- und Motorradverleih.

Baan-Fai Guest House PENSION $

(053 791394; baanfai-chiangkhong@hotmail.com; 108 Th Sai Klang; Zi. 200–650 B;) Das einladende Holzhaus hat im Hauptgebäude sechs Zimmer mit Klimaanlage und Bad, während die billigeren Zimmer nur Ventilator und Gemeinschaftsbad besitzen. Zu einigen Zimmern gehört ein kleiner Balkon. Die Schallisolierung lässt zu wünschen übrig, dafür gibt's ein Café sowie eine Fahrrad- und Motorradvermietung.

Funky Box HOSTEL $

(093 278 2928; thehubchiangkhong@gmail.com; Soi 2, Th Sai Klang; B 100 B, DZ/2BZ 250–350 B;) Der Name ist Programm: In einem kastenartigen Anbau warten hier 16 Dormbetten mit Ventilatorkühlung. Außerdem fünf Privatzimmer mit Ventilator und Gemeinschaftsbad. Die Matratzen sind ein wenig durchgelegen, aber für eine oder zwei Nächte sind sowohl die Dorms als auch die Privatzimmer durchaus annehmbar. Verleiht Mountainbikes und arrangiert Kajak- und Wandertrips. Zum Hostel gehört eine Bar namens Hub.

★ **Sleeping Well Hostel** HOSTEL $$

(097 280 4040; info.sleepingwell@gmail.com; 10/8 Th Sai Klang; B 190 B, Zi. 490–1090 B;) Der 8-Betten-Dorm und die Zimmer in einem stilvollen vierstöckigen Gebäude mit Wendeltreppe sind makellos und frisch, mit Weiß- und Holzakzenten. Die Zimmerbandbreite ist groß: Die günstigsten haben Gemeinschaftsbäder, die teuersten eigene Dachterrassen. Es gibt überall Gemeinschaftsbereiche sowie ein Café-Restaurant im Erdgeschoss.

Chiang Khong

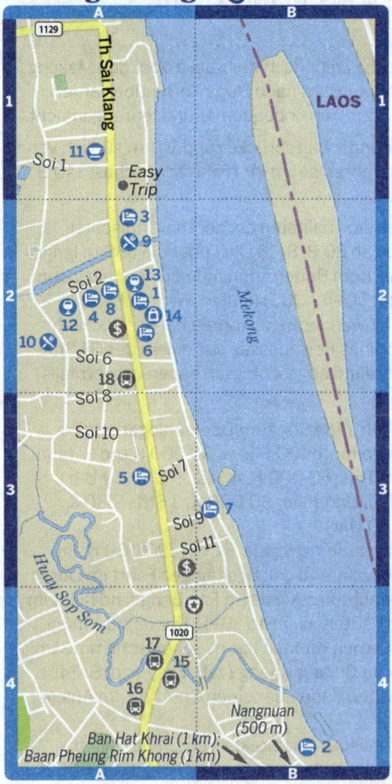

Chiang Khong

Schlafen

1 Baan-Fai Guest House A2
2 Baanrimtaling B4
3 Chiangkhong Teak Garden Riverfront Hotel A2
4 Funky Box A2
5 Namkhong Resort A3
6 Namkhong Riverside Hotel A2
7 Rim Nam House B3
8 Sleeping Well Hostel A2

Essen

9 Bamboo Mexican House A2
10 Khao Soi Pa Orn A2

Ausgehen & Nachtleben

11 Cafe de Lao A1
12 Hub A2
13 Rin Bar A2

Shoppen

14 Walking Street A2

Transport

15 Busse nach Chiang Mai & Phayao A4
16 Busse nach Chiang Rai A4
17 Sombat Tour A4
18 Sŏrng·tăa·ou nach Hat Bai A2

Namkhong Riverside Hotel HOTEL $$

(☎053 791801; www.namkhongriverside.com; 174–176 Th Sai Klang; Zi. inkl. Frühstück 1200–1500 B; ❄📶) Das gut geführte dreistöckige Hotel bietet viele saubere, ordentliche Zimmer, von denen die meisten einen eigenen Balkon mit Blick auf den Fluss besitzen. Riesig sind die Zimmer nicht, aber modern ausgestattet, und der Flussblick ist schön. Auch das angeschlossene Restaurant ist okay.

★ **Rai Saeng Arun** RESORT $$$

(☎096 565 9495; www.raisaengarun.com; Rte 4007; Bungalows inkl. Frühstück 4200–5000 B; ❄📶🍃) Das umweltfreundliche Resort, 22 km von Chiang Khong an der Rte 4007, vereint 14 Holzbungalows auf einem atemberaubenden Gelände am Mekong. Die stilvollen, komfortablen Bungalows haben Balkone, Freiluftduschen und sind durch Holzstege über Reisfelder miteinander verbunden. Das Restaurant bezieht seine Zutaten aus dem resorteigenen Biogarten.

Chiangkhong Teak Garden Riverfront Hotel HOTEL $$$

(☎053 792008; www.chiangkhongteakgarden.com; 666 Th Sai Klang; Zi. inkl. Frühstück 2500–3000 B; ❄📶🏊) Das ehemalige Ibis Styles ist die Nobelherberge von Chiang Khong. Die Größe der einladenden Zimmer mit Balkonen stimmt – die teureren bieten Flussblick, Mini-Jacuzzis und Zimmersafes. Zum Hotel gehören ein Pool am Fluss sowie eine schattige Bar/Restaurant-Anlage. Für hiesige Verhältnisse sind die Zimmer etwas überteuert.

Essen & Ausgehen

Während der Touristensaison gibt's an der Hauptstraße die **Walking Street** (Th Sai Klang; ⏲ca. Nov.–Mai Mi & Sa 18–22 Uhr) mit einer anständigen Auswahl an Regionalküchen.

★ **Khao Soi Pa Orn** THAI $

(Soi 6, Th Sai Klang; Hauptgerichte 30–60 B; ⏲8–16 Uhr) Nordthailands berühmte Nudelsuppe *kôw soy* mit Curry wird in Chiang Khong mit klarer Brühe ohne Curry gekocht und mit einem reichhaltigen Mix aus pikanten Zutaten (u. a. Schweinehack) garniert. Es schmeckt superlecker, und kein thailändischer Tourist verlässt die Stadt, ohne in diesem Lokal eingekehrt zu sein. Auf der Spei-

GRENZÜBERGANG NACH LAOS: VON CHIANG KHONG NACH HUAY XAI

Ende 2013 wurde die Vierte Thailändisch-Laotische Freundschaftsbrücke über den Mekong eröffnet. Seitdem dürfen Ausländer nicht mehr per Boot nach Huay Xai hinüberfahren. Dies hat die Einreise nach Laos für die meisten Touristen unbequemer und teurer gemacht.

Anreise zur Grenze Ausgangspunkt ist die Freundschaftsbrücke rund 10 km südlich von Chiang Khong. Ab dessen Zentrum oder Markt fahren *săhm·lór* (Fahrradrikschas; 140 B) und weiße Passagier-Pickups (50 B) zur Brücke.

An der Grenze Nach dem Erledigen der Ausreiseformalitäten bei der thailändischen Ein-wanderungsbehörde geht's per Shuttlebus (ab 20 B, 8–18 Uhr) über die 630 m lange Brücke. Nach der Ankunft in Huay Xai auf laotischem Boden können Ausländer ein Visum für Laos (30 Tage Gültigkeit, je nach Nationalität 30–42 US$) kaufen. Wer noch kein Visum für Thailand hat, bekommt von dessen Einwanderungsbehörde bei der Rückkehr eines mit 30 Tagen Gültigkeit, sofern im Besitz eines Reisepasses aus einem der 64 Staaten, die ein Visumbefreiungsabkommen mit Thailand abgeschlossen haben (andernfalls 15 Tage).

Weiterreise Vom laotischen Brückenende fahren *săhm·lór* zum Bootsanleger und zu Huay Xais neuem Busbahnhof – jeweils für exorbitante 100 B bzw. 30 000 K pro Person. Busse verbinden Huay Xai z. B. mit Luang Nam Tha (60 000 K, 4 Std., 9 & 12.30 Uhr), Luang Prabang (120 000 K, 14 Std., 12 & 16 Uhr), Udomxai (90 000 K, 8 Std., 9.30 & 13 Uhr) und Vientiane (230 000 K, 25 Std., 11.30 Uhr).

Traveller mit mehr Zeit können auch das langsame **normale Boot** (220 000 K, tgl. 11.30 Uhr) nach Luang Prabang nehmen, wobei während der zweitägigen Fahrt im Dorf Pak Beng übernachtet wird. Wichtig: Die Übernachtungskosten in Pak Beng sind nicht im Ticketpreis enthalten. Die **Schnellboote** (350 000 K, 6–7 Std., 9–11 Uhr häufig) möglichst meiden: Mit diesen lärmigen und unbequemen Kähnen hat es schon schlimme Unfälle gegeben! Bei Buchung über ein Reisebüro in Chiang Khong (z. B. Easy Trip; S. 245) sind die Bootstickets zwar etwas teurer, beinhalten dann aber einen Shuttle zum Anleger und Proviant für unterwegs.

Wer schon ein Visum für China hat, kann von Huay Xai direkt nach China reisen: Man nimmt den Bus nach Luang Nam Tha, wo täglich Busse nach Jinghong (100 000 K, 6 Std., 8 Uhr) in der Provinz Yunnan fahren.

sekarte stehen auch ein paar Reisgerichte. Das Restaurant hat keine Ausschilderung in lateinischen Buchstaben, liegt aber direkt neben dem riesigen Highway-Wegweiser mit Entfernungsangaben.

Nangnuan THAI $

(Hauptgerichte 100–200 B; ⌚8–21 Uhr) Hier liegt der Schwerpunkt auf Süßwasserfisch aus dem Mekong. Die umfangreiche Karte beschreibt die verschiedenen Zubereitungsarten. Wer möchte, kann sich an einen Esstisch auf der hübschen Terrasse am Fluss setzen. Das Restaurant liegt rund 1 km südlich der Stadt am Ende der Straße Richtung Ban Hat Khrai.

Bamboo Mexican House INTERNATIONAL $$

(Th Sai Klang; Hauptgerichte 160–280 B; ⌚8–20.30 Uhr; 📶🖉) Der Betreiber ist ein gitarrespielender Hippie mit einer Vorliebe für mexikanische Speisen. Deshalb stehen in diesem gechillten, lang etablierten Lokal neben Pasta und ein paar Thai-Gerichten Burritos, Enchiladas und Tacos auf dem Speiseplan. Guten Kaffee und leckere selbstgemachte Backwaren (Brot, Kuchen) gibt's obendrein. Das Lokal öffnet schon früh und verkauft auch Lunchboxen für die Bootsfahrt nach Luang Prabang.

Cafe de Lao CAFÉ

(58 Th Sai Klang; ⌚9–17.30 Uhr; 📶) Chiang Khongs coolstes Café verbirgt sich in einem schattigen Holzgebäude mit vielen Sofas. Der Kaffee und die Smoothies sind hervorragend, ebenso die kleine Auswahl nordthailändischer und laotischer Gerichte. Ein wunderbares Plätzchen, um ein paar Stunden auszuspannen.

Hub BAR

(thehubchiangkhong@gmail.com; Soi 2, Th Sai Klang; ⌚4–23 Uhr; 📶) Das Hub gehört zum Hostel

Funky Box nebenan: Die belgischen und thailändischen Eigentümer servieren belgische Biere und ordentliche Cocktails (ab 140 B). Es gibt auch einen Billardtisch und eine „Kuschelecke" mit Sitzkissen. Hier trifft sich die kleine Expatgemeinde von Chiang Khong.

Rin Bar BAR
(Th Sai Klang; ⌚16–24 Uhr; 📶) Die meistbesuchte der Bars auf Chiang Khongs Vergnügungsmeile bietet einen Billardtisch, Sport-TV und, wenn man unbedingt will, Karaoke. Die Rin Bar hat auch eine Speisekarte mit Thai- und westlichen Klassikern.

ℹ Praktische Informationen

An der Th Sai Klang gibt's eine Reihe Bankfilialen mit Geldautomaten und Umtausch-Service für ausländische Währungen, zum Beispiel die **Siam Commercial Bank** (Th Sai Klang; ⌚8.30–15.30 Uhr) und die **Government Savings Bank** (Th Sai Klang; ⌚8.30–15.30 Uhr).

Easy Trip (☎086 997 7246; www.discoverylaos.com; 183 Th Sai Klang; ⌚9–19 Uhr) Professionelles Reisebüro, das auch Bus- und Bootstouren in Laos organisiert.

Polizei (Th Sai Klang) Örtliche Hauptwache.

ℹ An- & Weiterreise

Chiang Khong hat einen **Busbahnhof** (☎053 792000; Rte 1020) 3 km südlich der Stadt, ausschließlich für Busse nach Bangkok. Aber es ist nicht notwendig hinzufahren, denn die dort abfahrenden Busse halten auch in der Stadt, in der Nähe des Markts oder am Büro von **Sombat Tour** (☎053 791644; Rte 1020; ⌚6–17 Uhr), beide südlich vom Stadtzentrum. Busse zu anderen Destinationen wie **Chiang Rai** (Rte 1020), **Chiang Mai** und **Phayao** (Rte 1020) lassen Fahrgäste ebenfalls an verschiedenen Stellen unweit der Märkte ein- und aussteigen. Täglich fahren Minivans nach Chiang Mai (350 B, 5–6 Std., 10 & 17 Uhr), die Passagiere bei ihren Unterkünften abholen. Wer nach **Chiang Saen** möchte, muss zuerst an einem Stand auf der Th Sai Klang ein *sŏrng·tăa·ou* nach **Hat Bai** (Th Sai Klang) nehmen (50 B, 1 Std., ca. 8 Uhr) und dort in ein anderes *sŏrng·tăa·ou* Richtung Chiang Saen umsteigen.

ABSEITS DER ÜBLICHEN PFADE

AUTO & MOTORRAD: VON CHIANG KHONG NACH PHAYAO

Start Chiang Khong

Ziel Phayao

Länge/Dauer 225 km; sechs Stunden

In Chiang Khong können Selbstfahrer eine Top-Tour unternehmen: Die Rte 1155 und 1093 gehören zu Thailands spektakulärsten Straßen. Entlang der thailändisch-laotischen Grenze geht's unterwegs an steilen Berghängen, Wasserfällen, herrlichen Aussichtspunkten und Nationalparks vorbei. Wer ein Endziel braucht, fährt zum wenig besuchten Phayao mit vielen Unterkünften und gutem Essen weiter.

Ab Chiang Khong führt die Tour zunächst entlang der Rte 1020 direkt nach Süden und folgt den Schildern zum Nationalpark **Phu Chi Fa** nahe der Grenze zu Laos. Für thailändische Verhältnisse ist die Beschilderung ungewöhnlich klar. Dennoch empfiehlt sich ergänzend die Karte *Golden Triangle* von Golden Triangle Rider (www.gt-rider.com).

Im Bergdorf Doi Pha Tang mit schlichten Unterkünften und Restaurants empfiehlt sich dann ein schneller Abstecher zum **Pratu Siam** (1653 m), der zu Thailands eindrucksvollsten Aussichtspunkten zählt.

Die Rte 1093 wird jetzt merklich schmaler und einsamer, je mehr man sich dem **Phu Chi Fa** nähert. Dieser Gipfel mit Panoramablick bis hinüber nach Laos ist über verschiedene Routen erreichbar (am beliebtesten: über Ban Rom Fah Thai). Auf beiden Bergseiten gibt's diverse Unterkünfte und ein paar einfache Restaurants.

Nach dem Passieren des Phu Chi Fa heißt's entlang der Rte 1093 auf die Wegweiser nach **Ban Huak** achten. Rund 2 km vor der Grenze zu Laos liegt dieses malerische Dorf in der Provinz Phayao. Dort gibt's einen Grenzmarkt (10. & 30. Tag des Monats) und Privatunterkünfte. In der Nähe stürzt mit dem **Nam Tok Phu Sang** ein einzigartiger Thermalwasserfall zu Tal.

Von Ban Huak aus nun den Schildern nach Chiang Kham folgen und dann Rte 1021 Richtung Chun nehmen: Ab dort geht's über Dok Kham Tai recht rasch nach Phayao.

Am Stück dauert der ganze Trip mindestens sechs Stunden (inkl. Foto-, Kaffee- und Imbisspausen).

ZIEL	PREIS (B)	DAUER (STD.)	HÄUFIGKEIT
Bangkok	592–921	13	7.25 & 3–16.30 Uhr häufig
Chiang Mai	202–395	6–7	7.30, 9.45 & 10.30 Uhr
Chiang Rai	65	2½	4.30–16 Uhr alle 30 Min.
Phayao	108–139	3	7.30 & 10.30 Uhr

Unterwegs vor Ort

Eine Reihe von Unterkünften in der Stadt verleihen Fahrräder (ab 100 B/Tag) und Motorräder (ab 200 B/Tag).

Phayao

054 / EW. 20 000

Die wenig besuchte Kleinstadt Phayao (พะเยา) ist eine der hübscheren Städte in Nordthailand. Durch ihre Lage am Kwan Phayao, einem ausgedehnten Feuchtgebiet, wirkt die Stadt naturnah, was man von den meisten anderen thailändischen Städten nun wirklich nicht behaupten kann. Die baumgesäumten Straßen, Tempel und alten Holzhäuser der „Innenstadt" von Phayao wecken Erinnerungen an das alte Thailand. Und die Einheimischen scheinen sich tatsächlich darüber zu freuen, dass sich Besucher die Mühe gemacht haben, hier vorbeizukommen.

Das friedliche Phayao ist daher der perfekte Ort, um auf dem Weg nach oder von Chiang Rai einen Stopp einzulegen oder um hier eine Autotour ab Chiang Khong ausklingen zu lassen.

Sehenswertes & Aktivitäten

★ Kwan Phayao SEE

(กว๊านพะเยา) Dieses große Gewässer ist der größte Sumpf in Nordthailand und ein Symbol für Phayao. Der Sumpf ist zwar natürlichen Ursprungs, aber der Wasserspiegel wird künstlich reguliert, weil das Feuchtgebiet sonst außerhalb der Regenzeit austrocknen würde. Der inmitten von Bergen gelegene Sumpf ist weit malerischer, als man erwarten würde – hier kann man herrliche Sonnenuntergänge erleben.

Abends sieht man Rudermannschaften auf dem Wasser trainieren, und von der Anlegestelle am Südende der Th Chaykawan werden **Bootsfahrten** zu den Überresten des **Wat Tiloke Aram** unternommen, eines 500 Jahre alten, versunkenen Tempels.

Neben verlorenen buddhistischen Artefakten gibt es in dem Feuchtgebiet mindestens 50 endemische Fischarten. In einem kleinen **Fischzuchtgebiet** kann man für 5 B die Fische füttern.

Wat Sri Khom Kham BUDDHISTISCHER TEMPEL

(วัดศรีโคมคำ; Th Chaykawan; tagsüber) GRATIS Phayaos wichtigster Tempel soll von 1491 stammen, doch das heute sichtbare Gebäude wurde erst 1923 vollendet. Die riesige Gebetshalle beherbergt den Phra Jao Ton Luang, die mit 18 m Höhe größte Buddha-Statue des Landes aus der Chiang-Saen-Ära. Einer Legende nach soll die Errichtung dieser Statue mehr als 30 Jahre in Anspruch genommen haben. Das Bildnis ist zwar nicht das schönste oder am besten proportionierte Buddha-Bild in Thailand, aber dennoch eindrucksvoll.

Phayao Cultural Exhibition Hall MUSEUM

(หอวัฒนธรรมนิทัศน์; Th Chaykawan; 40 B; 8.30–16.30 Uhr) Das zweistöckige Museum ist mit jeder Menge Ausstellungsstücken vollgestopft. Zu den Highlights gehören eine einzigartige „schwarze" Buddha-Statue und zwei sich umschlingende versteinerte Krabben, die als „Wonder Lover" bezeichnet werden. Einige weitere Beschriftungen auf Englisch wären nett. Das Museum befindet sich neben dem Wat Sri Khom Kham, rund 2 km vom nördlichen Ende der Th Chaykawan entfernt.

Boat Rides BOOTSFAHRTEN

(Th Chaykawan; 30 B pro Pers.; 8–18 Uhr) An einer Anlegestelle am Südende der Th Chaykawan werden Bootsfahrten zum Wat Tiloke Aram angeboten.

Schlafen & Essen

Cozy Nest Boutique Hotel HOTEL $$

(054 071222; www.cozynestroom.com; 59 Th Ratchawong; Zi. inkl. Frühstück 800–1000 B, Suite 2000 B;) Ein schickes, modernes Hotel mit tüchtigen Mitarbeitern und einwandfreien, geräumigen Zimmern, die über ordentliche Bäder, bequeme Betten und kleine Balkone verfügen. Die Gäste dürfen kostenlos die hauseigenen Fahrräder benutzen. Nur ein paar Schritte vom See entfernt und sehr begehrt, daher frühzeitig buchen.

Huanpak Jumjai PENSION $$

(054 482659; 37/5-6 Th Prasat; Zi. 800 B;) Gleich abseits der Th Chaykawan liegt diese ruhige, familiengeführte Pension ein paar Gehminuten vom Seeufer entfernt. Die großen und sauberen Zimmer haben eine

schicke Holzeinrichtung, aber nur die in den oberen Stockwerken bieten Balkone mit Seeblick. Gäste können kostenlos Fahrräder ausleihen.

Gateway Hotel HOTEL $$
(☎054 484333; www.phayaogateway.com; 7/36 Soi 2, Th Pratu Khlong; Zi. 900–1100 B, Suite 2000–2300 B, jeweils inkl. Frühstück; ❄ 📶 🏊) Das Gateway am Busbahnhof ist augenscheinlich das beste Haus am Platz, d. h. von Phayao. Die geräumigen Zimmer wirken wie ein wenig verschlissene Mittelklasse-/Businesshotelzimmer, verfügen jedoch über alle Einrichtungen, die man von dieser Art Unterbringung erwartet. Es gibt auch einen Pool und ein schlichtes Fitnesscenter.

★**Khao Soi Saeng Phian** THAI $
(Th Thakawan; Hauptgerichte 30–50 B; ⏲8.30–17 Uhr) Das familiengeführte Restaurant, einen Häuserblock vom Seeufer entfernt, produziert eine der besten Versionen von *kôw soy* (nordthailändisches Nudelcurry) in diesen Breitengraden. Die gehaltvolle, köstliche Brühe gibt's wahlweise mit Hähnchen oder Rindfleisch. Keine englische Speisekarte vorhanden, aber es wird ein wenig Englisch gesprochen.

Nachtmarkt THAI $
(Th Rob Wiang; Hauptgerichte 30–60 B; ⏲6–22 Uhr) Einen großen Nachtmarkt gibt's allabendlich an der Nordseite der Th Rob Wiang.

Chue Chan THAI $$
(Th Chaykawan; Hauptgerichte 80–240 B; ⏲10–22.30 Uhr) Von Phayaos vielen Uferrestaurants loben die Gourmetkritiker vor allem das Chue Chan. Auf der langen Speisekarte mit Abbildungen und englischer Beschriftung stehen schmackhafte Gerichte, die man anderswo nicht bekommt, z. B. gefüllte Schweinehaxe und sauren gebratenen Fisch mit Ei.

ℹ Praktische Informationen

In der Th Donsanam unweit des Morgenmarkts gibt's mehrere Banken mit Geldautomaten und Wechselschalter.

ℹ An- & Weiterreise

Phayaos **Busbahnhof** (☎054 431488; Th Pratu Khlong) verdankt seine gute Auslastung der Lage der Stadt an der wichtigsten Nord-Süd-Autobahn Thailands.

Neben Bussen fahren auch Minivans nach Chiang Rai (63 B, 1 Std., 7.15–19.30 Uhr, alle 30 Min.) und Phrae (102 B, 2 Std., 7–19.30 Uhr, alle 30 Min.).

ZIEL	PREIS (B)	DAUER (STD.)	HÄUFIGKEIT
Bangkok	484–753	11	8.30–21 Uhr 18-mal tgl.
Chiang Khong	108–139	3½	12.45 & 16.30 Uhr
Chiang Mai	111–221	5	8–17.45 Uhr 10-mal tgl.
Chiang Rai	60	2	7.30–19 Uhr häufig
Lampang	87	3	10.20 & 12 Uhr
Mae Sai	122–190	3	14.15 Uhr
Mae Sot	315	5	10.10 Uhr
Nan	119	4	13.45 Uhr
Sukhothai	183	6	9 & 12 Uhr

PROVINZ NAN

Die größte Anziehungskraft der abgeschiedenen Provinz Nan (จังหวัดน่าน) ganz oben im nordöstlichen Winkel Thailands geht von ihrer wunderschönen Natur aus. Interessant ist auch die ethnische Zusammensetzung der Bevölkerung, die sich von der in den anderen Nordprovinzen deutlich unterscheidet. Außerhalb des Tals des Mae Nam Nan bilden die Mien das zahlenmäßig größte Bergvolk, gefolgt von den Hmong. In Nan verstreut leben noch vier unbekanntere Volksgruppen, die man außerhalb dieser Provinz kaum findet: Tai Lü, Mabri, Htin und Khamu.

Nan

☎054 / EW. 20 000

Aufgrund der abgeschiedenen Lage ist Nan (น่าน) kein Ziel, über das man zufällig stolpert. Aber wer sich die Zeit für einen Abstecher genommen hat, wird mit einer entspannten Stadt belohnt, die eine reiche Geschichte und jede Menge Kultur zu bieten hat.

Viele der Bewohner Nans sind Tai Lü, Nachfahren von Einwanderern aus Xishuangbanna im Südwesten der chinesischen Provinz Yunnan. Dieses kulturelle Erbe zeigt sich in der Kunst und Architektur der Stadt, besonders in ihren schönen Tempeln. Die Reste der alten Stadtmauer und mehrere alte Wats künden hingegen vom früheren Einfluss Lannas.

Sehenswertes

★ Wat Phumin BUDDHISTISCHER TEMPEL

(วัดภูมินทร; Ecke Th Suriyaphong & Th Pha Kong; Spenden erwünscht; ⏲ tagsüber) Nans berühmtester buddhistischer Tempel ist bekannt für seine feinen Wandmalereien , die im späten 19. Jh. von dem Tai-Lü-Künstler Thit Buaphan geschaffen wurden. Von außen hat der Tempel die Form eines kreuzförmigen *bòht* (Ordinationshalle). Er wurde 1596 errichtet und unter der Herrschaft von Chao Anantavorapitthidet (1867–1874) restauriert. Der aufwendige vierseitige Altar in der Mitte des *bòht* ist an jeder Seite mit einem sitzenden Buddha im Sukhothai-Stil geschmückt.

★ Nan National Museum MUSEUM

(พิพิธภัณฑสถานแห่งชาติน่าน; Th Pha Kong; ⏲ Mi–So 9–16 Uhr) GRATIS Das 1973 eröffnete Museum ist im 1903 erbauten Palast der letzten beiden Feudalfürsten von Nan untergebracht. Seine Ausstellungsstücke zu den ethnischen Minderheiten von Nan, zur Lokalgeschichte und zum Buddhismus machen es zu einem der besseren Provinzmuseen Thailands; die meisten Exponate sind auch in englischer Sprache beschriftet.

Im Erdgeschoss sind Ausstellungen zu den verschiedenen ethnischen Gruppen, die in der Provinz leben, zu sehen. Gezeigt werden u. a. Silberarbeiten, Textilien, traditionelle Gegenstände und Stammestrachten. Der 2. Stock widmet sich der Geschichte Nans, archäologischen Funden, der regionalen Architektur, königlichen Insignien, Waffen, Keramiken und sakraler Kunst. Die Buddha-Sammlung umfasst einige seltene Exemplare im Lanna-Stil, ferner einige im regionalen Stil, also mit „langen Ohren".

Im 2. Stock ist auch ein seltener „schwarzer" Elefantenstoßzahn zu sehen, den der Khün-Herrscher von Chiang Tung (Kengtung) vor über 300 Jahren dem Fürsten von Nan geschenkt hat – so jedenfalls die Legende.

Wat Phra That Chae Haeng BUDDHISTISCHER TEMPEL

(วัดพระธาตุแช่แห้ง; abseits der Rte 1168; ⏲ tagsüber) Die Brücke über den Mae Nam Nan führt Richtung Südosten aus Nan hinaus. Rund 2 km dahinter thront mit diesem buddhistischen Tempel von 1355 der heiligste Wat der Provinz auf einem Hügel. Mauern umgeben das viereckige Gelände mit Stadt- und Talblick. Ab dem Zentrum fahren Motorradtaxis hierher (hin & zurück ca. 100 B).

Der *bòht* (Ordinationshalle) weist Tai-Lü-Einflüsse auf. Er besitzt ein dreistufiges Dach mit holzgeschnitzten Traufen und Drachenreliefs über den Türen. Neben dem *bòht* thront auf einem großen, quadratischen Sockel ein vergoldeter *chedi* im Lanna-Stil; wer spätnachmittags herkommt, sieht das Bauwerk im Abendlicht regelrecht erglühen.

Wat Phra That Chang Kham BUDDHISTISCHER TEMPEL

(วัดพระธาตุช้างค้ำ; Ecke Th Suriyaphong & Th Pha Kong; ⏲ tagsüber) Die Entstehungszeit des nach dem Wat Phra That Chae Haeng zweitwichtigsten Tempels der Stadt ist unbekannt. Sein 1458 wieder aufgebauter Haupt-*wí·hăhn* (Heiligtum) enthält einen riesigen sitzenden Buddha und verblasste Wandbilder, die teilweise schon restauriert sind. Mitte des 20. Jhs. ließ angeblich ein Mönch die Bilder immer wieder übertünchen, weil er dachte, sie lenkten die Gläubigen von seiner Predigt ab! Im *wí·hăhn* befinden sich auch einige Schriftrollen aus der Lanna-Periode (in Lanna-Schrift), die nicht nur die üblichen buddhistischen Inhalte verewigen, sondern auch über die Geschichte, das Rechtswesen und die Astrologie ihrer Zeit Auskunft geben. Seitlich davon steht ein *tam·mâht* (ein *dhamma*-Sitz, der von Mönchen beim Unterricht verwendet wurde). Der *chedi* hinter dem *wí·hăhn* stammt aus dem 14. Jh., vielleicht der Entstehungszeit des Tempels. Wie die Stupas in Sukhothai und Si Satchanalai wird auch dieser von Elefantenstatuen getragen.

Neben dem *chedi* steht ein kleiner, unscheinbarer *bòht* (Ordinationshalle) aus derselben Zeit. Der Abt des Wat Phra That Chang Kham weiß eine interessante Geschichte über den *bòht* und das Buddha-Bildnis zu erzählen, das einst darin enthalten war. Demnach wollte 1955 der Historiker A. B. Griswold den 145 cm großen Buddha kaufen. Der schreitende Buddha schien eine plumpe Gipsfigur im Sukhothai-Stil zu sein. Nachdem Griswold dem Abt 25 000 B geboten hatte, begann er mit dem Abtransport des Buddhas – dabei bröckelte jedoch der Gips ab und offenbarte einen darunter liegenden, echten Sukhothai-Buddha aus purem Gold. Unnötig zu sagen, dass der Abt den Buddha – sehr zum Leidwesen Griswolds – nicht mehr gehen ließ. Vermutete Griswold, was sich unter dem Gips verbarg? Der Abt will es nicht verraten.

Die Statue wird heute in einem Glasabteil des *hŏr đrai* (Handschriften-Bibliothek), aufbewahrt; dieser befindet sich neben dem

Nan

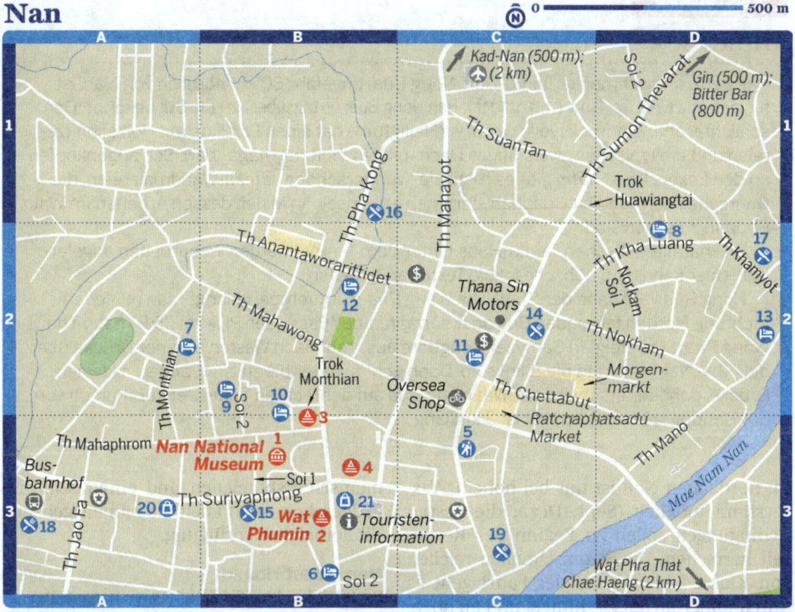

Nan

Highlights
- 1 Nan National Museum B3
- 2 Wat Phumin B3

Sehenswertes
- 3 Wat Hua Khuang B3
- 4 Wat Phra That Chang Kham B3

Aktivitäten, Kurse & Touren
- 5 Fhu Travel C3

Schlafen
- 6 Ban Himwat Hostel B3
- 7 Banban Nannan Library A2
- 8 Nan Boutique Hotel D2
- 9 Nan Guest House B2
- 10 Nan Lanna Hotel B2
- 11 Pukha Nanfa Hotel C2
- 12 Sukkasem Hotel B2
- 13 Yindee Traveller's Lodge D2

Essen
- 14 Crazy Noodle C2
- 15 Hot Bread B3
- Khao Soi Ton Nam .... (s. 15)
- 16 Nachtmarkt B1
- 17 Pu Som Restaurant D2
- 18 Rak Khun A3
- 19 Wan Da C3

Shoppen
- Ngennan .... (s. 11)
- 20 Peera A3
- 21 Walking Street B3

wí·hǎhn. Die Handschriften-Bibliothek ist die größte ihrer Art in Thailand.

Wat Hua Khuang BUDDHISTISCHER TEMPEL
(วัดหัวข่วง; Ecke Th Mahaphrom & Th Pha Kong; ⏲tagsüber) Dieser Tempel hat einen markanten *chedi* (Stupa) mit vier Buddha-Nischen und Elementen im Lanna- bzw. Lan-Xang-Stil. Hinzu kommen ein schöner *hŏr đrai* (Handschriften-Bibliothek) aus Holz und ein bemerkenswerter *bòht* (Ordinationshalle) mit geschnitzter Holzveranda im Luang-Prabang-Stil. Unter der geschnitzten Holzdecke im Inneren steht ein gewaltiger Altar mit *nagas* (göttliche Wesen; halb Mensch, halb Schlange). Das Gründungsjahr des Schreins ist unbekannt. Den Stilelementen zufolge könnte dies einer von Nans ältesten Wats sein.

Aktivitäten

Nan hat nichts, was mit der organisierten Trekking-Maschinerie in Chiang Rai oder Chiang Mai vergleichbar wäre. Die meisten Besucher, vor allem auch die Thais, bewegen sich hier lieber auf dem Wasser als zu Fuß. Wildwasser-Rafting auf dem Mae Nam Wa

ABSTECHER

NONG BUA

Das nette und schmucke Tai-Lü-Dorf Nong Bua, ungefähr 30 km nördlich von Nan, ist für den **Wat Nong Bua** (วัดหนองบัว; Ban Nong Bua; ⏲tagsüber) im Lü-Stil bekannt. Der schlichte, aber eindrucksvolle *wí·hăhn* (Heiligtum) hat einen Portikus mit Holzschnitzereien und ein typisches zweistufiges Dach mit geschnitzten *naga*- bzw. Schlangenköpfen an den Ecken. Im *wí·hăhn* gibt es rustikale, wunderschöne *Jataka*-Wandmalereien, die wahrscheinlich von Thit Buaphan stammen – demselben Maler, dessen Arbeiten im Wat Phumin zu sehen sind.

Im charakteristischen Tai-Lü-Haus hinter dem Tempel werden Webarbeiten angefertigt – hier kann man hübsche lokale Textilwaren kaufen.

Nong Bua liegt nahe der Stadt Tha Wang Pha. Zum Tempel gelangt man mit jedem Richtung Norden fahrenden Bus oder *sŏrng·tăa·ou* (Passagier-Pickup; 35 B) nach Tha Wang Pha. Man steigt in Samyaek Longbom aus, geht nach Westen zu einer Brücke über den Mae Nam Nan und biegt links ab. Dann geht's weiter bis zu einer anderen kleinen Brücke, dahinter erscheint der Wat Nong Bua auf der rechten Seite. Der Fußmarsch von der Hauptstraße bis zum Wat ist 3 km lang.

im nördlichen Nan ist nur bei hohem Wasserstand möglich (Sept.–Dez.); die besten Bedingungen sollen zu Beginn der Regenzeit herrschen. Die Stromschnellen reichen von Klasse I bis IV; auf der Fahrt geht es durch unberührten Dschungel und an abgelegenen Dörfern vorbei.

Fhu Travel WANDERN & TREKKING
(☎054 710636, 081 287 7209; www.facebook.com/fhutravel; 453/4 Th Sumon Thevarat; Trekking 1800 B pro Pers.; ⏲9–17 Uhr) Der alteingesessene Veranstalter organisiert eintägige Treks rund um Nan sowie Kajak- (ab 1500 B) und Raftingtouren (ab 2500 B).

Schlafen

Ban Himwat Hostel HOSTEL $
(☎091 858 6516; www.facebook.com/BanHimwatHostel; 31 Soi 1, Th Pha Kong; B 400 B; 📶) Es gibt nichts auszusetzen an diesem relativ neuen Hostel, das überwiegend von thailändischen Reisenden frequentiert wird. Die Dorms mit sechs oder zehn Betten haben gute Matratzen und eigene Badezimmer. Das Hostel liegt in einer ruhigen Gegend und bietet seinen Gästen ein schattiges Freigelände sowie kostenlose Fahrradbenutzung.

Banban Nannan Library PENSION $
(☎089 859 5898; www.facebook.com/BanbanNannan; 14/1 Th Monthian; Zi. 350–550 B, FZ & Zi. mit Klimaanlage 1000–1500 B; ❄📶) Das verwinkelte Holzhaus mit einladendem Garten hat fünf Gästezimmer: Die günstigsten besitzen Ventilatoren und Gemeinschaftsbäder. Das einzige Zimmer mit Klimaanlage ist sehr gemütlich und verfügt über eine eigene Terrasse. Abgesehen von zahlreichen Gemeinschaftsbereichen und einem Café im Erdgeschoss steht auch die namensgebende Bibliothek zur Verfügung.

Nan Guest House HOTEL $
(☎081 288 8484, 054 771849; www.nanguesthouse.net; 57/15 Soi 2, Th Mahaphrom; Zi. 350–600 B; ❄📶) In einem ruhigen Wohngebiet, nur einen kurzen Spaziergang von den berühmtesten Tempeln Nans entfernt, liegt dieses altgediente, gut in Schuss gehaltene Hotel. Es hat zehn altmodische, einigermaßen geräumige Zimmer. Die günstigsten besitzen Ventilatoren und teilen sich die Badezimmer. Auf der großartigen Dachterrasse kann man nach den Tempelbesichtigungen gut entspannen.

Yindee Traveller's Lodge HOTEL $
(☎081 806 0347; www.yindeetravellerslodge.com; 200/17 Th Mano; B 350 B, Zi. 900–1000 B; ❄📶) Das noch recht neue Hostel direkt am Fluss hat eine Dachterrasse – schön bei Sonnenuntergang und für ein Bier. Die Dorms sind gut ausgestattet: Schließfächer, eigene Beleuchtung, Vorhänge und gute Matratzen. Außerdem gibt es zwei kompakte Privatzimmer und kostenlose Fahrradnutzung.

Nan Lanna Hotel HOTEL $$
(☎054 772720; Trok Monthian; Zi. 790 B, FZ 1090 B; ❄📶) Die kühlen Zimmer des Hotels bekommen wenig Tageslicht ab, überzeugen aber mit viel Platz, großen Bädern und hübschem Retro-Design. Ein weiterer Pluspunkt ist die Lage in der Nähe von Nans berühmtesten Tempeln.

Sukkasem Hotel HOTEL $$
(☎054 772555; sukkasemhotel@hotmail.com; 119-121 Th Anantaworarittidet; Zi. 450–1400 B; ❄📶)

Das Sukkasem Hotel liegt an einer verkehrsreichen Straße (jedenfalls für Nan-Verhältnisse). Seine modernen, minimalistischen Zimmer weisen Holzböden und weiße Wände auf. Die billigsten sind zwar nicht riesig, aber noch preisgünstig. Fahrrad- und Motorradverleih.

★ Pukha Nanfa Hotel HOTEL $$$
(☎054 771111; www.pukhananfahotel.co.th; 369 Th Sumon Thevarat; Zi. 2600–3900 B, Suite 4700 B, jeweils inkl. Frühstück; ❄📶) Mit viel Liebe zum Detail wurde das frühere Nan Fah Hotel vom Langweiler zur zauberhaften Boutique-Bleibe umgebaut. So warten hier nun 14 gemütliche Nobelzimmer mit Antikholz und Deko-Elementen aus der Region auf (Textilien, Kunstwerke, Handwerksgegenstände). Historische Werbeplakate und Fotos tragen zum altmodischen Ambiente bei. Obendrein liegt das Hotel sehr praktisch und hat freundliches Personal.

★ Nan Boutique Hotel HOTEL $$$
(☎054 775532; www.facebook.com/nanboutiquehotel; 1/11 Th Kha Luang; Zi. inkl. Frühstück 2200–3400 B; ❄📶) Diese supergepflegte, ruhige Anlage lässt zwar den Old-School-Charakter einiger anderer Unterkünfte von Nan vermissen, entschädigt dafür aber mit einigen der attraktivsten, modernsten und bestausgestatteten Zimmer der Stadt. Es bietet überdies kostenlosen Flughafen- und Busbahnhof-Transport, Gratis-Fahrradbenutzung sowie einen Wellnessbereich auf dem Gelände.

Essen & Ausgehen

Auf dem städtischen **Nachtmarkt** (Th Pha Kong; Hauptgerichte 30–60 B; ⏲16–22 Uhr) gibt's ein paar ordentliche Imbissstände. Noch besser ist der Walking Street Market am Samstag (S. 253) mit nordthailändischen Gerichten, die man mitnehmen oder vor Ort an Tischen verzehren kann.

Crazy Noodle THAI $
(Th Kha Luang; Hauptgerichte 30–60 B; ⏲8.30–20.30 Uhr; 📶) Die Einheimischen halten den Besitzer für *ting-tong* (verrückt), also passt der Name des Lokals. Aber der Mann ist freundlich und macht einen ziemlich normalen Eindruck. Seine mit zartem Schweinefleisch belegten Nudeln mit der würzigen Brühe dazu sind auf jeden Fall lecker.

Khao Soi Ton Nam THAI $
(38/1-2 Th Suriyaphong; Hauptgerichte 40–55 B; ⏲8–16 Uhr) In diese Gaststätte, die zum Hot Bread (S. 452) eine Tür weiter gehört, zieht

NICHT VERSÄUMEN

WANDBILD-PRACHT IM WAT PHUMIN

Der Wat Phumin (S. 248) ist Nordthailands Sixtinische Kapelle: Die Motive seiner Wandmalereien zieren heute alles Mögliche – ob Nippes auf Chiang Mais Nachtmarkt oder Postkarten in Bangkok. Doch trotz der scheinbar fröhlichen Szenen entstanden die Bilder in einer Zeit, in der Nan seinen Status als halbautonomes Königreich verlor. So stehen einige der Darstellungen für politische und soziale Kommentare – eine Seltenheit in Thailands Sakralkunst.

In Auftrag gegeben wurden die Bilder einst von Jao Suliyaphong (Nans letzter König). Sie illustrieren u. a. mit der *Khaddhana Jataka* eine recht unbekannte Episode aus einem früheren Leben Buddhas. Nach dem tollen Buch *Reading Thai Murals* des Thai-Historikers David K. Wyatt ist dies einzigartig in der buddhistischen Welt. Die Geschichte auf der linken Seite der nördlichen Tempelwand zeigt ein Waisenkind, das seine Eltern sucht. Wyatt zufolge wurde sie gezielt als Metapher für das Königreich Nan ausgewählt, das ebenfalls seine „Familie" verlor: die Thai-Königreiche von Sukhothai, Chiang Mai und Ayutthaya.

Die Wandbilder bestechen allein schon durch ihre Ästhetik. Das ist umso erstaunlicher, wenn man bedenkt, mit welch beschränkter Farbpalette der Künstler Thit Buaphan auskommen musste. Faszinierend an den Malereien ist auch ihre realitätsnahe Darstellung des Alltags in Nan am Ende des 19. Jhs. Beispielsweise sind auf der Westwand drei Angehörige eines Bergvolks sehr detailliert dargestellt: Einer der Männer hat einen riesigen Kropf, während ein bellender Hund andeutet, dass es sich bei der Gruppe um Fremde handelt. Ebenfalls zu sehen sind diverse Männer mit Frauenschals, die häufig traditionelle Frauenarbeiten verrichten; hierbei handelt es sich um ein paar der frühesten Darstellungen von *gà·teu·i* (auch *kàthoey* geschrieben; thailändische transgender Personen und Transvestiten).

ABSEITS DER ÜBLICHEN PFADE

BAN BO LUANG: SALT WELL VILLAGE

Ban Bo Luang (บ้านบ่อหลวง; auch bekannt als Ban Bo Kleua, „Salzquellendorf") ist ein malerisches Dorf der Htin südöstlich des Nationalparks Doi Phu Kha. Die Menschen hier leben von der Salzgewinnung aus den örtlichen Salzquellen. Die wichtigsten Salzquellen der Gemeinde sind leicht zu finden, sie liegen ungefähr in der Dorfmitte.

Wenn man mit einem eigenen Transportmittel unterwegs ist, eignet sich das Dorf gut als Ausgangspunkt, um die Höhlen, Wasserfälle und Minoritätendörfer des nahegelegenen **Doi Phu Kha National Park** (อุทยานแห่งชาติดอยภูคา; 082 194 1349, Unterbringung 02 562 0760; www.dnp.go.th; 200 B) zu erkunden. Ein paar Kilometer nördlich von Ban Bo Luang befindet sich der **Khun Nan National Park** (อุทยานแห่งชาติขุนน่าน; 084 483 7240; www.dnp.go.th; Erw./Kind 100/50 B; 8–16.30 Uhr). Von seinem Besucherzentrum führt ein 2 km langer Weg zu einem Aussichtspunkt, von dem aus man einen Blick auf die Dörfer der Gegend und hinüber nach Laos hat. In beiden Parks gibt es Übernachtungsgelegenheiten in einfachen Bungalows oder Zweipersonenzelten, die für 400 B/ Nacht vermietet werden.

Mit Abstand die beste Unterkunft in Ban Bo Luang ist **Boklua View** (054 778140, 081 809 6392; www.bokluaview.com; Zi. & Bungalows inkl. Frühstück 1950 B;), eine attraktive, tadellose Urlaubshotelanlage an einem Hang mit Blick auf das Dorf und den Fluss. Sie bietet elf Backstein-/Bambus-Bungalows (während der Recherche waren weitere im Bau) und ein einwandfreies Restaurant. Das Dorf selbst hat ein paar bescheidene Esslokale aufzuweisen, darunter das **Hua Saphan** (Hauptgerichte 70–120 B; 9–21 Uhr). Es hat keine Beschilderung in lateinischer Schrift, steht aber direkt am Fuß der Brücke.

In Ban Bo Luang gibt es nur einen einzigen Geldautomaten. Also am besten Bargeld mitbringen!

Ban Bo Luang erreicht man von Nan aus mit dem Bus nach Pua (50 B, 2 Std., 6–17 Uhr stündl.). Am 7-Eleven aussteigen, die Schnellstraße überqueren und ein *sŏrng·tăa·ou* (80 B, 1 Std., 8.30 & 9.30 Uhr) nehmen, dessen Endstation Ban Bo Luang ist. Nach Pua starten *sŏrng·tăa·ou* in der Nähe der T-Kreuzung in Bo Luang um 9 und 10.30 Uhr. Ein Taxi von Nan nach Ban Bo Luang kostet 1500 B.

es die Leute wegen der feinen *kôw soy* (nordthailändische Curry-Nudelsuppe, entweder mit Hähnchen- oder Rindfleisch).

Wan Da THAI $

(Th Kha Luang; Hauptgerichte 30–50 B; 7–16 Uhr) Diese Restaurantlegende serviert so ziemlich alles, von Currys auf Reis bis hin zu Satay. Insider bestellen *kà·nŏm jeen* (frische Reisnudeln mit diversen Toppings).

Rak Khun THAI $

(abseits der Th Jao Fa; Hauptgerichte 60–210 B; Mo–Sa 11–22 Uhr) Dieses alteingesessene Lokal ohne Ausschilderung in lateinischen Buchstaben in neuen Räumlichkeiten am Busbahnhof ist der Renner bei den Einheimischen. Unbedingt das *gaì tôrt má·kwàan* (Brathähnchen mit regionalen Gewürzen) oder den *yam pàk gòot* (Salat aus Farnkraut) probieren! Die englische Speisekarte ist schwieriger zu verstehen als die thailändische (die hat nämlich Fotos).

Hot Bread INTERNATIONAL $

(38/1-2 Th Suriyaphong; Hauptgerichte 40–140 B; 8–16 Uhr;) Das zauberhafte Café-Restaurant mit Retro-Thema serviert u. a. viele Frühstücksoptionen im westlichen Stil (z. B. das leckere namengebende Brot aus eigener Produktion). Hinzu kommen weitere westliche sowie thailändische Gerichte.

★ **Gin** INTERNATIONAL $$

(www.facebook.com/ginrestaurant; 83/3 Th Sumon Thevarat; Gerichte 100–250 B; 11–22 Uhr) Das gemütliche Lokal macht nicht viel her, aber was die Küche an einem Mix aus thailändischer und internationaler Kochkunst liefert: Respekt! Zum Beispiel knackige, farbenfrohe Thai-Salate und innovative Hauptgerichte wie Blaukrabben mit Mango und weißer Schnapper an Tomatenpüree und Paprika. Man serviert auch Pasta und die besten Steaks in Nan.

★ **Bitter Bar** COCKTAILBAR

(56 Th Sumon Thevarat; 18–24 Uhr;) Ein völlig unerwarteter Fund im weltabgeschiedenen Nan ist diese elegante, einladende Bar. Im Speakeasy-Stil geht es eine nicht ausgeschilderte Treppe hoch in den 2. Stock eines traditionellen Holzhauses. Dort erwarten

Gäste eine richtige Theke mit Barhockern und auch ein paar Tische. Der Barmann versteht sein Geschäft: Der Boden wackelt, wenn er seinen Cocktailshaker schüttelt.

Shoppen

In Nordthailand gehört Nan zu den besten Pflastern für Souvenirjäger. Gute Mitbringsel sind z. B. regionale Textilien – vor allem Webereien im Tai-Lü-Stil. Dessen Markenzeichen sind Blumen-, Geometrie- oder Tiermuster aus schwarzem und rotem Garn auf weißer Baumwolle. Ebenfalls sehr hochwertig sind die Produkte der örtlichen Hmong (Applikationen), Mien (Stickereien) und Htin (Flechtkörbe 0bzw. -matten aus Gräsern und Bambusfasern).

Walking Street MARKT
(Th Pha Kong; ⌚Fr–So 17–22 Uhr) Von Freitag bis Sonntag wird die Th Pha Kong vor dem Wat Phumin nachmittags für den Straßenverkehr gesperrt. Dann eröffnen dort Verkaufsstände mit Essen, Textilien, Bekleidung und regionalem Kunsthandwerk.

Ngennan SILBERWAREN
(430/1 Th Sumon Thevarat; ⌚7–18 Uhr) Kleiner, aber feiner Laden mit Riesenauswahl an Silberwaren von regionalen Designern bzw. Herstellern, darunter Hmong- und Yao-Schmuckstücke wie Arm- und Halsbänder sowie Ohrringe.

Peera KLEIDUNG
(26 Th Suriyaphong; ⌚8–18 Uhr) Ein paar Gehminuten vom Wat Phumin entfernt gibt es hier hochwertige Textilien (vor allem Damenröcke und -blusen, aber auch einige Herrenhemden) von regionalen Herstellern. Ausschau nach dem winzigen englischen Schild halten.

Praktische Informationen

Bangkok Bank (Th Sumon Thewarat; ⌚Mo–Sa 8.30–16.30 Uhr) Geldautomaten und -umtausch.

Polizei (☎Notruf 24 Std. 191; Ecke Th Suriyaphong & Th Sumon Thevarat; ⌚24 Std.) Örtliche Hauptwache.

Siam Commercial Bank (Th Anantaworarittidet; ⌚Mo–Sa 8.30–16.30 Uhr) Geldautomat und -umtausch.

Touristeninformation (☎054 751 169; Th Pha Kong; ⌚8.30–12 & 13–16.30 Uhr) Hilfreiches Büro hinter den Läden und Cafés gegenüber dem Wat Phumin.

Touristenpolizei (☎landesweit 1155; Th Suriyaphong; ⌚24 Std.) Die Nan-Filiale der Touristenpolizei.

An- & Weiterreise

Der **Nan Nakhon Airport** liegt rund 3 km nördlich der Stadt. **AirAsia** (☎054 772635, landesweit 02 515 9999; www.airasia.com; Nan Nakhon Airport; ⌚7–16.30 Uhr) hat Flugverbindungen zum Don Mueang International Airport (Bangkok, ab 1000 B, 1½ Std., 3-mal tgl.). **Klay Airport Taxi** (☎086 188 0079; Nan Nakhon Airport) bietet Flughafenshuttles (ca. 100 B pro Pers.) an.

Alle Busse, Minivans und *sŏrng·tăa·o* (Passagier-Pickups) ab Nan benutzen den **Busbahnhof** (☎054 711 662; Th Jao Fa) am südwestlichen Stadtrand (Motorradtaxi zum Zentrum 30 B).

Zweimal wöchentlich fährt ein Bus nach Luang Prabang in Laos und täglich verkehren Minivans

BUSSE & MINIVANS AB NAN

Zusätzlich zu den im Folgenden genannten Bussen fahren auch täglich Minivans nach Ban Huay Kon an der Grenze zu Laos (95 B, 3 Std., 5–12 Uhr 5-mal tgl.) und Phrae (83 B, 2 Std., 5.30–18 Uhr alle 40 Min.).

ZIEL	PREIS (B)	DAUER (STD.)	HÄUFIGKEIT
Bangkok	464–790	10–11	8–10 & 18.15–19.45 Uhr häufig
Chiang Mai	197–395	6	7.30–17 Uhr häufig & 22.30 Uhr
Chiang Rai	181	6	9 Uhr
Lampang	203	4	8.30–22.30 Uhr häufig
Luang Prabang (Laos)	660	9	Di & Fr 8 Uhr
Phayao	190	4	7.30 & 13.30 Uhr
Phitsanulok	181	4	7.45–17.15 Uhr 5-mal tgl.
Phrae	110	2½	8.30–22.30 Uhr 8-mal tgl.
Pua (nach Doi Phu Kha National Park)	50	2	6–17 Uhr stündl.

GRENZÜBERGANG NACH LAOS: VON BAN HUAY KON NACH MUANG NGEUN

Rund 140 km nördlich von Nan liegt das verschlafene Bergdorf Ban Huay Kon nahe der laotischen Grenze. Am Samstagmorgen findet hier ein Grenzmarkt statt. Die meisten Traveller reisen aber wegen des Grenzübertritts nach Laos an.

Anreise zur Grenze Minivans fahren von Phrae nach Ban Huay Kon (über Nan; 95 B, 3 Std., 5–12 Uhr 5-mal tgl.). In Gegenrichtung (Abfahrt 9.15, 10, 11, 12 & 15 Uhr) bedienen sie Nan (95 B, 3 Std.), Phrae (172 B, 5 Std.) und den Bahnhof in Den Chai (200 B).

An der Grenze Nach dem Durchqueren des thailändischen Grenzpostens können Ausländer ein 30-Tage-Visum für Laos kaufen (je nach Nationalität 30–42 US$, ab 16 Uhr & Wochenende zzgl. 1 US$/50 B).

Weiterreise Optional geht's nun weiter zum laotischen Dorf Muang Ngeun (2,5 km) mit dem Phouxay Guesthouse. Von der winzigen Haltestelle am Dorfmarkt fahren *sŏrng·tăa·ou* nach Hongsa (40 000 K, 1½ Std., 14–16 Uhr).

nach Ban Huay Kon, wo sich ein Grenzübergang nach Laos befindet.

Alle Busse Richtung Chiang Mai und Bangkok halten unterwegs am Bahnhof in Den Chai (Provinz Phrae).

Unterwegs vor Ort

Avis (061 386 9646, landesweit 02 251 1131; www.avisthailand.com; Nan Nakhon Airport; 8–19 Uhr) und **Thai Rent A Car** (054 059649, landesweit 1647; www.thairentacar.com; Nan Nakhon Airport; 8–18 Uhr) haben Schalter am Flughafen von Nan.

Motorradtaxis findet man in der Umgebung des Busbahnhofs, sie verlangen ab 20 B für Fahrten innerhalb der Stadt. **Nan Taxi** (084 610 7777, 054 773555) betreibt Taxis mit Taxametern.

In einigen Unterkünften kann man kostenlos Fahrräder benutzen oder Motorräder mieten. **Oversea Shop** (054 710258; 488 Th Sumon Thevarat; 8.30–17.30 Uhr) und **Thana Sin Motors** (TS; 089 953 0896; 1–7 Th Sumon Thevarat; Mo–Sa 8a–17 Uhr) vermieten Motorräder (ab 250 B).

PROVINZ PHRAE

Phrae (จังหวัดแพร่) ist eine ländliche, gebirgige Provinz, bei der man vor allem an Teakholz denkt. Trotz des landesweiten Verbots der Abholzung ist von den Teakwäldern nicht mehr viel übrig – und dieser Rest ist auch noch gefährdet.

Phrae

054 / EW. 20 000

Das geschichtsträchtige Phrae (แพร่) hatte früher einmal eine Schlüsselstellung im Teakholzhandel inne. Davon zeugen eine faszinierende Ansammlung alter Holzvillen. Diese Tatsache, zusammen mit üppiger Vegetation, wunderbaren Tempeln und der bezaubernden Flusslage, lässt vermuten, dass die Kleinstadt wohl ein etablierter Stopp auf dem Touristenpfad ist. In Wirklichkeit jedoch wird Phrae selten von Besuchern angesteuert – umso besser für diejenigen, die es doch tun.

Es ist ein herrlicher Ort, um einmal ein paar Tage runterzuschalten, gemächlich zu den kleinen Sehenswürdigkeiten zu schlendern und sich die köstlichen Lokalspeisen schmecken zu lassen. Die Bewohner von Phrae – darunter viele Mönche – gehören bestimmt zu den freundlichsten Menschen in ganz Thailand, was den Aufenthalt hier noch einmal angenehmer macht.

Sehenswertes

Wat Luang BUDDHISTISCHER TEMPEL

(วัดหลวง; Soi 1, Th Kham Leu; tagsüber) Der älteste Wat in Phrae stammt wahrscheinlich aus der Gründungszeit der Stadt im 12. oder 13. Jh. Auf dem Tempelgelände befindet sich ein Museum, das Tempelantiquitäten, Keramiken und religiöse Kunst aus der Lanna-, Nan-, Bago- und Mon-Ära zeigt.

Die Veranda des Haupt-*wí·hahn* (Heiligtum) ist im klassischen Luang-Prabang-/Lan-Xang-Stil erbaut, wurde aber leider mit verwittertem Laterit ummauert. Gegenüber der Vorderseite des *wí·hahn* liegt das Pratu Khong, ein Teil des ursprünglichen Stadttors. Es wird nicht mehr als Tor genutzt, sondern beherbergt die Statue des Chao Pu, eines frühen Lanna-Herrschers.

Der Phra That Luang Chang Kham, der große achteckige *chedi* im Lanna-Stil, ruht auf einem quadratischen Fundament und wird auf allen vier Seiten von Elefanten getragen. So wie es auch andernorts in Phrae und Nan zu sehen ist, wird der *chedi* zuweilen mit Tai-Lü-Stoffen umhüllt.

Das **Museum** zeigt Tempelantiquitäten, Keramiken und religiöse Kunst. Der sitzende Buddha im 2. Stock, der im 16. Jh. in Phrae angefertigt wurde, ist besonders sehenswert. Es sind auch einige Fotos aus dem 19. Jh. ausgestellt; was sie zeigen, wird auf Schildern in englischer Sprache kurz erläutert. Abgebildet sind beispielsweise Szenen einer grausamen Enthauptung.

Normalerweise ist das Museum nur an Wochenenden geöffnet, doch die Mönche machen auf Wunsch werktags auch mal eine Ausnahme.

Wat Phra Non BUDDHISTISCHER TEMPEL

(วัดพระนอน; Th Phra Non Neua; ⌚tagsüber) Westlich des Wat Luang steht ein weiterer, 300 Jahre alter Wat. Seinen Namen hat er von der hoch verehrten liegenden Buddha-Statue im Inneren. Der *bòht* (Ordinationshalle) wurde vor rund 200 Jahren gebaut. Der Wat zeichnet sich durch ein eindrucksvolles Dach, einen separaten, zweigeteilten Portikus und eine vergoldete, mit Ramayana-Szenen geschmückte Schnitzfassade aus. Der *wí·hăhn* beherbergt das Buddha-Bildnis, das in mit Perlen und Metallplättchen verzierte Tai-Lü-Stoffe eingehüllt ist.

Wat Phra That Cho Hae BUDDHISTISCHER TEMPEL

(วัดพระธาตุช่อแฮ; abseits der Rte 1022; ⌚tagsüber) GRATIS Der Wat auf einem Hügel ist nach den Stoffbahnen benannt, die Gläubige um ihn herumwickeln. Er ist für seinen 33 m hohen *chedi* (Stupa) mit Goldbeschlag berühmt und gehört wie der Wat Doi Suthep (Chiang Mai) zu den wichtigsten Pilgerstätten Nordthailands.

Über mehrere Ebenen führen *naga*-Stufen zum Tempelkomplex hinauf. Das recht kitschige Innere des *bòht* (Ordinationshalle) zieren eine vergoldete Holzdecke, Rokoko-Säulen und Wandmosaike von Lotusblüten. Das hiesige Buddha-Bildnis (Phra Jao Than Jai; ähnelt dem Phra Phuttha Chinnarat in Phitsanulok) erfüllt angeblich die Kinderwünsche von Frauen, die ihm Opfergaben darbringen.

Rund 9 km südöstlich von Phrae liegt der Tempel abseits der Rte 1022. Erreichbar ist er mit *sŏrng·tăa·ou*, die in Phrae nahe dem Talat Phrae Preeda an der Th Chaw Hae starten (20 B, 6–16.30 Uhr; ansonsten Privatmiete 400 B).

Wat Jom Sawan BUDDHISTISCHER TEMPEL

(วัดจอมสวรรค์; Th Ban Mai; ⌚tagsüber) Dieser Tempel abseits der Altstadt wurde im späten 19. und frühen 20. Jahrhundert von hiesigen Shan erbaut und weist überall Shan- und birmanische Einflüsse auf. Ein kupfergekrönter *chedi* neben dem Tempel hat einen Großteil seines Stucks verloren und enthüllt das kunstvolle Mauerwerk darunter. Seitdem er kürzlich renoviert wurde, ist der Wat Jom Sawan eher ein Museumsstück als ein Tempel.

Schlafen

★ **Phoomthai Garden** HOTEL $$

(☎054 627359; www.phoomthaigarden.com; 31 Th Sasiboot; Zi. 1200–1500 B, Suite 2000 B, jeweils inkl. Frühstück; ❄📶🏊) Das Hotel liegt zwar ein gutes Stück Fußweg von der Altstadt entfernt (300 m südlich der ehemaligen Stadtmauer), ist aber wahrscheinlich die beste Wahl in Phrae. Die Zimmer sind zweckmäßig eingerichtet, geräumig und mit großen, bequemen Betten ausgestattet. Die meisten haben einen Balkon mit Aussicht auf den hübschen Pool und Garten. Das Hotel ist bei Reisegruppen beliebt.

Hug Inn HOTEL $$

(☎062 572 0077; www.huginnphraehotel.com; 6/1 Teesaban Rd 2; Zi. inkl. Frühstück 1000 B, FZ 1700–2200 B; ❄📶) Das Hug Inn ist eins der wenigen zeitgenössischen Hotels im Stadtzentrum und bietet zwölf überschaubare, gut ausgestattete Zimmer – manche mit freiliegenden Ziegelmauern – in einem im Industrieschick gehaltenen Block. Zum Haus gehören ein Café und ein schöner Garten. Das Hotel erfreut sich einer ruhigen Lage in

NATURSCHUTZGEBIET „GEISTERLAND“

Der Name **Phae Meuang Phi** (แพะเมืองผี; abseits der Rte 101; ⌚6–18 Uhr) bedeutet „Geisterland“: In dem Provinzpark ragen bizarre Erd- und Felssäulen wie riesige Pilze empor, was aber wohl eher durch Erosion entstanden ist und nicht von paranormalen Vorgängen herrührt. Der Park hat ein paar Spazierwege und Aussichtspunkte und liegt rund 18 km nordöstlich von Phrae abseits der Rte 101. Er wird nicht von öffentlichen Verkehrsmitteln angefahren, ist aber mit privat gemieteten *sŏrng·tăa·ou* erreichbar (ca. 600 B).

Phrae

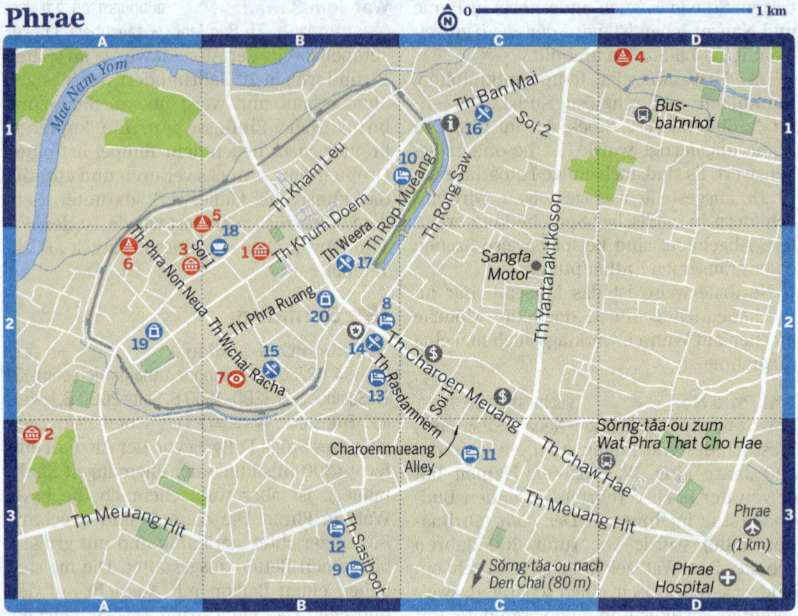

Phrae

Sehenswertes
- 1 Khum Jao Luang B2
- 2 Pratubjai House A3
- 3 Vongburi House A2
- 4 Wat Jom Sawan D1
- 5 Wat Luang B1
- 6 Wat Phra Non A2
- 7 Wichairacha House B2

Schlafen
- 8 Gingerbread B & B B2
- 9 Huern na na B3
- 10 Hug Inn C1
- 11 Mee Bed & Breakfast C3
- 12 Phoomthai Garden B3
- 13 Taris Art Hotel B2

Essen
- 14 Gingerbread House Café & Gallery B2
- 15 Khao Soi Klang Wiang B2
- 16 My Vietnamese C1
- Nachtmarkt .... (s. 20)
- 17 Pan Jai B2

Ausgehen & Nachtleben
- 18 Je Bar B2

Shoppen
- 19 Kat Korng Kow A2
- 20 Maw Hawm Anian B2

einer Gasse gegenüber dem kleinen Gefängnis von Phrae.

Taris Art Hotel HOTEL $$
(☎054 511122; www.tarisarthotel.com; 69 Th Rasdamnern; Zi. inkl. Frühstück 1100–1500 B; ❄📶) Das aus den 60ern stammende Hotel wurde in stylischen Schwarz- und Grautönen neugestaltet. Allerdings fühlen sich die Zimmer eher düster als kunstvoll an, sind aber groß und komfortabel. Die Mitarbeiter sind freundlich, und die Gäste können kostenlos Fahrräder ausleihen.

Mee Bed & Breakfast HOTEL $$
(☎054 061073; www.facebook.com/meebedandbreakfast; 16/5 Th Rasdamnern; Zi. inkl. Frühstück 690 B; ❄📶) In einem würfelartigen Bau warten hier zwölf Zimmer im schicken Industriestil. Sie bekommen wenig Licht ab, doch manche besitzen einen kleinen Balkon. Viel Platz, Wandbilder, kostenlose Leihfahrräder und angenehme Atmosphäre.

Gingerbread B & B B&B $$
(☎054 523671; wimonmat_p@hotmail.com; 94/1 Th Charoen Meuang; Zi. inkl. Frühstück 800–

1200 B; ❄📶) Über dem gleichnamigen Café warten fünf tadellose, gemütliche Zimmer auf Gäste. Am besten sind die drei ganz oben, die sich einen Balkon teilen. Alle sind mit ordentlichen Betten, guten Bädern, TVs und Kühlschränken ausgestattet.

★ **Huern na na** HOTEL $$$
(☎054 524800; www.huernnana.com; 7/9 Th Sasiboot; Zi. 2600 B, Suite 5500 B, jeweils inkl. Frühstück; ❄📶🏊) Die geräumigen Zimmer von Phraes nobelstem Hotel sind im nordthailändischen Stil (modern und traditionell) eingerichtet. Zudem bieten sie angenehme Extras: Die Suiten verfügen über Whirlpools oder Kochecken. Außerdem gibt es einen Wellnessbereich, Restaurant und Pool. Rund 250 m südlich der Th Meuang Hit liegt das Hotel abseits der Th Sasiboot.

Essen & Ausgehen

In Phraes Restaurants und auf dem **Nachtmarkt** (Th Rop Mueang; Hauptgerichte 30–60 B; ⏲6–22 Uhr) gibt es sowohl thailändische als auch nordthailändische Gerichte.

Gingerbread House Café & Gallery THAI $
(94/1 Th Charoen Meuang; Hauptgerichte 60–150 B; ⏲8–17 Uhr; 📶) Das in Backstein und Holz gehaltene Café mit Klimaanlage bietet sich als Rückzugsort vor der Sonne an. Es hat westliches Frühstück sowie einfache Reis- und Nudelgerichte. Außerdem gibt's guten Kaffee und Smoothies und sogar ein kleines Kunsthandwerksgeschäft.

Khao Soi Klang Wiang THAI $
(Th Wichai Racha; Hauptgerichte 40–99 B; ⏲10–14 Uhr) Hier wird nur ein einziges Gericht serviert: Schüsseln voll erstklassigem *kôw soy* (Nudelsuppe mit Currybrühe). Man kann eine normal große *(regular)* oder eine „Jumbo"-Schüssel bestellen, dazu Rind-, Schweine- oder Hühnerfleisch. Das Lokal hat kein Schild in lateinischen Buchstaben.

Pan Jai THAI $
(2 Th Weera; Hauptgerichte 35–80 B; ⏲8–16 Uhr) Das bei den Einheimischen wegen seiner angenehmen, halboffenen Gartenlokalatmosphäre begehrte Restaurant lockt mit *kôw soy* (Nudelsuppe mit Currybrühe), *kà·nŏm*

NICHT VERSÄUMEN

HISTORISCHE VILLEN IN PHRAE

Dank des lukrativen Handels mit Teakholz hat Phrae viele schöne alte Villen, die teilweise besichtigt werden können:

Vongburi House (บ้านวงศ์บุรี; 50 Th Kham Leu; Eintritt 30 B; ⏲9–17 Uhr) Das zweistöckige Teakhaus (erb. 1897–1907) des letzten Prinzen von Phrae ist nun ein Privatmuseum. Errichtet wurde es für Luang Phongphibun und dessen Frau Chao Sunantha, die damals eine profitable Teakkonzession in der Stadt besaßen. In vielen der 20 Räume stehen Teakantiquitäten aus dem späten 19. Jh. Zu sehen gibt's auch Dokumente (u. a. Sklavereikonzessionen aus dem frühen 20. Jh.), Fotos und anderes aus den alten Tagen der Teakdynastie.

Khum Jao Luang (คุ้มเจ้าหลวง; Th Khum Doem; ⏲8.30–16.30 Uhr) GRATIS Der imposante Bau von 1892 mixt Architekturstile Thailands und Europas miteinander. Hier wohnte einst der letzte Chao Luang (Fürst) von Phrae. Das Haus diente später als Gouverneursresidenz und ist heute ein Museum zur Regionalgeschichte (keine Infotafeln auf Englisch). Besichtigen kann man auch das Kellergeschoss, in dem Sklaven und Gefangene untergebracht waren und auch gezüchtigt wurden.

Wichairacha House (คุ้มวิไชยราชา; 8 Th Wichai Racha; ⏲tagsüber) GRATIS Die wunderschöne Teakvilla soll 1898 von Kunsthandwerkern aus Guangzhou (Kanton) erbaut worden sein. Der bereits angelaufene Umbau zum Museum war zum Zeitpunkt der Recherche noch längst nicht abgeschlossen.

Pratubjai House บ้านประทับใจ; Eintritt 100 B; ⏲8–17 Uhr) Das große Baan Pratubjai (Eindrucksvolles Haus) im nordthailändischen Stil besteht aus über 130 Teak-Stämmen, die mehr als 300 Jahre alt sind. Aufgrund des recht kitschigen Dekors trifft das „eindrucksvoll" im Namen nicht ganz zu. Die Villa ist etwas schwer zu finden: Am besten durch das Westtor der früheren Stadtmauer gehen, den Schildern folgen und dann nach der Schule rechts abbiegen. Lauffaule nehmen ein *săhm·lór* (Fahrradrikscha; ca. 60 B).

jeen (frische Reisnudeln mit verschiedenen Curries und Kräutern), Reisgerichten und leckerem Hähnchen- und Schweinefleisch-Satay. Nach dem gelben Schild Ausschau halten.

My Vietnamese VIETNAMESISCH $$
(Th Ban Mai; Hauptgerichte 90–280 B; ⌚11–21 Uhr; 📶) In dem hellen Lokal werden neben einigen nordthailändischen Speisen vor allem vietnamesische Klassiker mit thailändischem Touch zubereitet: *pho* (Nudeln), *banh xeo* (mit Fleisch oder Gemüse gefüllte Pfannkuchen) und *bun cha* (gebratenes Schweinefleisch und Nudeln). Es besitzt auch eine überdachte Terrasse.

Je Bar CAFÉ
(Th Kham Leu; ⌚Di–Fr 9–18, Sa & So bis 17 Uhr; 📶) Der Name ist irreführend, denn es handelt sich nicht um eine Bar, sondern um ein Café. Dieses befindet sich im Erdgeschoss eines traditionellen Holzhauses mitten im ältesten Viertel von Phrae. Hier kann man sich prima beim Tempel- und Villenhopping ein Weilchen vor der Hitze zurückziehen.

Shoppen

Phrae ist bekannt für das unverwechselbare *sêua môr hôrm* (typisches Bauernhemd Nordthailands). Der Stoff dafür ist mit Indigo gefärbt und wird gleich außerhalb der Stadt in Ban Thung Hong hergestellt. In Phrae sind die Hemden z. B. in dem Laden **Maw Hawm Anian** (36 Th Charoen Meuang; ⌚8–20 Uhr) erhältlich.

Kat Korng Kow MARKT
(Th Kham Leu; ⌚Sa 2–20 Uhr) Auf dem Freiluftmarkt am Westende der Th Kham Leu gibt's vor allem Essen, aber auch Souvenirs und Kunsthandwerk.

VERKEHRSMITTEL AB PHRAE

Bus

ZIEL	PREIS (B)	DAUER (STD.)	HÄUFIGKEIT
Bangkok	418–650	8	4.30–21 Uhr häufig
Chiang Khong	197	4½	12.30 Uhr
Chiang Mai	146–293	4	6–0.20 Uhr häufig
Chiang Rai	157	4	5–18 Uhr häufig
Lampang	83	2	6–0.20 Uhr häufig
Mae Sai	190–381	5	10.30, 11.30 & 15.30 Uhr
Nan	101–157	2	2.10–22 Uhr 8-mal tgl.
Phayao	102–204	2	10.30–16 Uhr 5-mal tgl.
Phitsanulok	122–244	3	8–22.15 Uhr 10-mal tgl.
Sukhothai	132	3	11.30 & 14.30 Uhr

Minivan

ZIEL	PREIS (B)	DAUER (STD.)	HÄUFIGKEIT
Ban Huay Kon (Grenze zu Laos)	202	5	3–12 Uhr 5-mal tgl.
Chiang Rai	189	4½	5–18.30 Uhr stündl.
Lampang	90	2	6–17.20 Uhr stündl.
Nan	94	2	3–18.50 Uhr häufig
Phayao	118	2	5–18 Uhr stündl.

Zug

ZIEL	PREIS (B)	DAUER (STD.)	HÄUFIGKEIT
Bangkok	200–967	9–11	8-mal tgl.
Chiang Mai	93–598	4–6	6-mal tgl.
Lampang	23–603	2	6-mal tgl.
Phitsanulok	30–600	3½	8-mal tgl.

Praktische Informationen

Bangkok Bank (Th Charoen Meuang; ⏲Mo–Fr 8.30–16.30 Uhr) Mit Geldautomat.

Krung Thai Bank (Th Charoen Meuang; ⏲Mo–Fr 8.30–16.30 Uhr) Mit Geldautomat.

Phrae Hospital (☎054 522444; Th Chaw Hae) Hauptkrankenhaus südöstlich von Phrae.

Polizei (Th Charoen Meuang; ⏲24 Std.) Örtliche Hauptwache.

Tourism Authority of Thailand (TAT; ☎054 521 127, landesweit 1627; tatphrae@tat.or.th; Th Ban Mai; ⏲8.30–16.30 Uhr) Das Büro liegt gleich östlich vom Stadtzentrum; das hilfsbereite Personal (darunter Freiwillige) spricht Englisch.

An- & Weiterreise

Der winzige Phrae Airport liegt 2,5 km östlich vom Zentrum. Zum Zeitpunkt der Recherche bestand dort lediglich Verbindung mit **Nok Air** (☎054 522189, landesweit 1318; www.nokair.com; ⏲8–17 Uhr) zum Don Mueang International Airport (Bangkok; ab 1800 B, 80 Min., 2-mal tgl.). Shuttlevans von **Fly Smile** (☎094 629 5151; Phrae Airport; ⏲Mo–Sa 8–17 Uhr) fahren vom Flughafen zu örtlichen Hotels.

Ungewöhnlich für Thailand: Phraes **Busbahnhof** (☎054 511800; abseits der Th Yantarakitkoson) liegt fußläufig zu ein paar Unterkünften.

Den nächstgelegenen Bahnhof findet man 23 km weiter südlich in **Den Chai** (☎054 613260, landesweit 1690; www.railway.co.th). Dorthin fahren **blaue sŏrng·tăa·ou** (40 B, 40 Min., 6.30–17.30 Uhr häufig; ansonsten Privatmiete 400 B), die vor dem Phrae Vocational College an der Th Yantarakitkoson starten.

Sŏrng·tăa·ou zum Wat Phra That Cho Hae (20 B, ⏲6–16.30 Uhr) fahren an der Th Chaw Hae von einer Haltestelle nahe Talat Phrae Preeda ab; außerhalb der angegebenen Zeiten kann man ein *sŏrng·tăa·ou* für 400 B mieten.

Unterwegs vor Ort

Altstadtfahrten per *săhm·lór* kosten rund 40 B. Am Busbahnhof warten Motorradtaxis, die 20–40 B für eine Stadtfahrt verlangen.

Sangfa Motor (☎054 521598; 163/8 Th Yantarakitkoson; 200 B/24 Std.; ⏲8–16.30 Uhr) verleiht Motor- und Fahrräder. In vielen Pensionen und Hotels dürfen die Gäste kostenlos Fahrräder ausleihen.

LAMPHUN

☎053 / EW. 14 000

Die ruhige Provinzhauptstadt am Ufer des Mae Kuang (ein Nebenfluss des Mae Ping) ist vor allem für kulturell interessierte Chiang-Mai-Besucher ein lohnendes Ziel. Lamphun (ลำพูน) gehört zu Thailands ältesten Niederlassungen (womit aber kaum geworben wird). Die Festungsmauer und die alten Tempel sind Überbleibsel aus jenen Tagen, in denen Lamphun der nördlichste Außenposten des Mon-Dvaravati-Reichs und Hauptstadt des eigenständigen Königreichs Hariphunchai (750–1281 n. Chr.) war. Über dieses regierte zeitweise die Mon-Königin Chama Thewi, die unter Thailands historischen Herrschern einen Ehrenplatz einnimmt.

Die 26 km lange Anfahrt auf einer ehemaligen Schnellstraße zwischen Chiang Mai und Lamphun ist wunderschön; streckenweise bilden die Kronen riesiger Flügelfruchtbäume (Dipterocarpaceen) ein Blätterdach über der Fahrbahn.

Sehenswertes

Wat Phra That Hariphunchai BUDDHISTISCHER TEMPEL
(วัดพระธาตุหริภุญชัย; Th Inthayongyot; ⏲tagsüber) Lamphuns bekanntester Tempel reicht noch in die Mon-Zeit zurück: Er wurde 1044 (nach anderen Datierungen 1108 oder 1157) an der Stelle des früheren Palasts von Königin Chamadevi errichtet.

Zum Tempel gehören einige interessante Bauten, schöne Buddha-Statuen und zwei alte *chedis* im originalen Hariphunchai-Stil. Der Tempelbezirk bröckelte vor sich hin, bis Khru Ba Sriwichai, ein berühmter Mönch aus Nordthailand, in den 1930er-Jahren für seine Renovierung sorgte.

Hariphunchai National Museum MUSEUM
(พิพิธภัณฑสถานแห่งชาติหริภุญไชย; Th Inthayongyot; ⏲Mi–So 8–16 Uhr) GRATIS Gegenüber dem Wat Phra That Hariphunchai befindet sich auf der anderen Straßenseite das informative Hariphunchai National Museum. Im Inneren sind eine Reihe von Artefakten aus der Mon- und Lanna-Zeit sowie Buddha-Figuren aus der Ära des Dvaravati-Reichs ausgestellt. In einem Saal werden Steininschriften in Mon- und Thai-Lanna-Schrift gezeigt. Die Begeisterung des Kurators für sein Museum und Lamphuns kulturelles Erbe wirkt ansteckend. Der kleine Buchladen des Museums hat auch einige englischsprachige Titel. Zur Zeit der Recherche waren Renovierungsarbeiten im Gange.

Wat Chama Thewi BUDDHISTISCHER TEMPEL
(วัดจามเทวี; Th Chamadevi; ⏲tagsüber) Im Wat Chama Thewi gibt's einen ungewöhnlichen Hariphunchai-*chedi* (Stupa) zu bestaunen.

ABSTECHER

DOI KHUN TAN NATIONAL PARK

Dieser 225 km² große Nationalpark liegt in den Bergen zwischen den Provinzen Lamphun und Lampang. Die hiesige Landschaft mit vielen Wildblumen (u. a. Orchideen, Lilien, Ingwerlilien) erstreckt sich zwischen Bambuswäldern im Flachland (auf 350 m Höhe) und den Kiefern auf dem Gipfel des Doi Khun Tan (1363 m). Bei den gut ausgeschilderten Wanderrouten reicht die Palette von kurzen Varianten im Umkreis der Parkverwaltung (dort gibt's auch Karten) bis zu Treks zu den vier örtlichen Berggipfeln. Einer der Wege führt zu einem Wasserfall, dem Nam Tok Tat Moei (hin & zurück 7 km).

An Wochenenden in der kühlen Jahreszeit ist der Park sehr gut besucht. Durch die Berge verläuft Thailands längster Eisenbahntunnel (1352 m). Tausende Arbeiter aus Laos schufteten hier sechs Jahre lang, bevor der Tunnel im Jahr 1921 in Betrieb genommen wurde – mehrere Arbeiter sollen während der Bauarbeiten Tigern zum Opfer gefallen sein.

Bungalows (500–2700 B), in denen zwei bis neun Traveller unterkommen können, sowie ein Restaurant befinden sich in der Nähe der Parkverwaltung.

Der Haupteingang zum Park liegt direkt beim Bahnhof Khun Tan. Abfahrtszeiten und Fahrpreise bei der State Railway of Thailand/Thailändischen Staatsbahn (S. 830) telefonisch erfragen oder auf der Website nachschauen! Am Bahnhof angekommen, überquert man die Gleise und läuft über den steilen, markierten Weg 1,3 km bis zur Parkverwaltung. Wer mit dem Auto anreist, folgt der Autobahn von Chiang Mai nach Lampang bis zur Ausfahrt Mae Tha; von dort sind es 18 km über eine ausgeschilderte, steile und unbefestigte Straße.

Das Bauwerk entstand ungefähr im 13. Jh., zwei *chedis* stammen aus dem 8. Jh. Seither wurde es viele Male restauriert und präsentiert heute eine Mischung aus verschiedenen Architekturstilen. Jede Seite des *chedis* weist fünf Reihen mit je drei Buddha-Figuren auf. Die noch relativ neuen stehenden Buddhas sind im Dvaravati-Stil gehalten.

Der Tempel ist ca. 1,5 km vom Wat Phra That Hariphunchai entfernt; einfach vor dem Hariphunchai National Museum auf ein Motorradtaxi steigen (20 B).

Feste & Events

Lam Yai Festival ESSEN & TRINKEN
(⌚2. Woche im Aug.) Lamphuns Agrarprodukt Nr. 1 wird jedes Jahr mit Umzugswagen voller Longan-Früchte und natürlich der Wahl der Miss Lam Yai gefeiert.

Songkran KULTUR
(⌚Mitte April) Falls einem Chiang Mais Wasserschlachten zu wild sind, empfiehlt sich die zahmere bzw. traditionellere Version in Lamphun.

Schlafen & Essen

Da Lamphun so nahe bei Chiang Mai liegt, wird man hier wohl kaum übernachten.

In Lamphuns Hauptstraße, direkt südlich vom Wat Phra That Hariphunchai, gibt es mehrere recht ordentliche Nudel- und Reislokale.

Dao Kanong THAI $
(340 Th Charoen Rat; Hauptgerichte 60–100 B; ⌚10–21 Uhr) Rund 1,5 km östlich des Wat Phra That Hariphunchai serviert dieses alteingesessene Lokal viele nordthailändische Gerichte.

Shoppen

Kad Khua Moong Tha Sing MARKT
(Th Rop Mueang Nai; ⌚8–17 Uhr) Auf dem Souvenirmarkt gleich östlich des Wat Phra That Hariphunchai gibt es Regionalprodukte wie Seide und getrocknete *lam yai* (Longan-Früchte).

An- & Weiterreise

Weiße Minivans fahren von Chiang Mai aus häufig nach Lamphun (25 B, alle 30 Min., 6.30–18.10 Uhr). Sie starten in Chiang Mai vom Busbahnhof Chang Pheuak, von einer Haltestelle in der Th Praisani vor dem Talat Warorot und von einer weiteren östlich des Flusses an der Th Chiang Mai-Lamphun, gleich südlich des Büros der Tourist Authority of Thailand (TAT). Auch am Busbahnhof Chang Pheuak in Chiang Mai hat man Anschluss. Busse und *sŏrng·tăa·ou* können einen in Lamphun in der Th Inthayongyot an der Haltestelle vor dem National Museum und dem Wat Phra That Hariphunchai absetzen.

Von der Haltestelle vor dem Hariphunchai National Museum und vom städtischen Busbahnhof an der Th Sanam fahren Minivans (25 B, 30 Min., 6–19.30 Uhr) zurück nach Chiang Mai.

PROVINZ LAMPANG

Die große und bergige Provinz Lampang (จังหวัดลำปาง) war früher ein Zentrum der Holzwirtschaft, ist aber heute mehr für Bergbau und Töpferei bekannt. In wunderschöner Landschaft warten hier u. a. eine nette Provinzhauptstadt und mehrere der berühmtesten buddhistischen Tempel Nordthailands.

Geschichte

Zwar wurde die Provinz Lampang bereits während der Dvaravati-Periode im 7. Jh. besiedelt, Legenden berichten jedoch davon, dass die Stadt Lampang vom Sohn der Hariphunchai-Königin (heutige Lamphun) Chama Thewi gegründet wurde. Diese spielt eine wichtige Rolle in der Geschichte des Hariphunchai-Königreichs.

Wie Chiang Mai, Phrae und andere ältere Städte des Nordens wurde auch das moderne Lampang in Form eines Rechtecks angelegt, mit einer Stadtmauer umgeben und entlang eines Flusses (hier dem Mae Wang) gebaut. Am Ende des 19. und zu Beginn des 20. Jhs. war Lampang zusammen mit dem nahe gelegenen Phrae ein wichtiger Umschlagplatz für den nationalen und internationalen Handel mit Teakholz. Eine große britische Holzgesellschaft stellte Vorarbeiter aus Myanmar ein, die mit der Teakholzindustrie vertraut waren. Diese sollten Holzfäller aus Thailand und Myanmar ausbilden. Zusammen mit anderen Teakhändlern aus Myanmar, die ebenfalls in Lampang ihren Geschäften nachgingen, sponserten diese gut bezahlten Vorarbeiter in der Stadt den Bau von mehr als einem Dutzend Tempeln. In einigen der beeindruckendsten Wats Lampangs und der wunderschönen alten Häuser entlang der Th Talad Gao ist das Erbe dieser Handwerker bis heute zu entdecken.

Lampang

054 / EW. 53 000

Mit ihrer reizvollen, beschaulichen Flusslage, den zahlreichen wunderschönen alten Gebäuden und einigen der malerischsten Märkte Nordthailands sollte Lampang (ลำปาง) eigentlich ein begehrtes Traveller-Ziel sein. Während Ausländer erst noch dem Zauber Lampangs erliegen müssen, zieht es mittlerweile Thailänder aus allen Ecken des Königreichs in Scharen an. Das hat zur Entstehung einer wachsenden Zahl hipper Cafés und Restaurants mit ausgezeichneter Küche sowie stilvoller Hotels geführt. Und das macht Lampang zu einer wunderbaren Destination für Reisende, die einen weniger touristischen Ort im Norden suchen, wo es noch etwas zu entdecken gibt.

Sehenswertes

Th Talad Gao STRASSE

(ถนนตลาดเก่า) Lampangs Uferstraße mit alten Tempeln, Wohn- und Ladenhäusern zeugt von der multikulturellen Geschichte: Hier kann man thailändische, britische, chinesische und birmanische Architektur bewundern. Es findet auch der wöchentliche Straßenmarkt (S. 266) statt.

Wat Phra Kaew Don Tao BUDDHISTISCHER TEMPEL

(วัดพระแก้วดอนเต้า; abseits der Th Phra Kaew; 20 B; tagsüber) Der Haupt-*chedi* zeigt Hariphunchai-Einfluss, während der *mon·dòp* (kleiner, quadratischer Schrein mit spitz zulaufendem Dach) daneben erst aus dem Jahr 1909 stammt.

Der *mon·dòp* ist mit Glasmosaiken im typisch birmanischen Stil verziert und birgt ein Buddha-Bild im Mandalay-Stil. Zwischen 1436 und 1468 beherbergte dieser Wat den Smaragd-Buddha, der insgesamt in vier Wats in Nordthailand untergebracht war, ehe er nach Bangkok in den Wat Phra Kaew kam.

PFERDEKUTSCHEN

Lampang ist die einzige Stadt Thailands, in der immer noch Pferdekarren unterwegs sind. Diese kunterbunten Kutschen befördern heute überwiegend nur noch Touristen. Sie sind mit Plastikblumen geschmückt und werden von Fahrern mit Cowboyhüten gelenkt. Im Angebot sind neben Touren am Mae Wang entlang (300 B, 30 Min.) auch Varianten mit Zwischenstopps am Wat Phra Kaew Don Tao und Wat Si Rong Meuang (400 B, 1 Std.).

Von etwa 5 bis 21 Uhr warten Pferdekarren gegenüber dem Pin Hotel (Th Suandawg) und gleich östlich vom Markt an der Th Boonyawat.

Lampang

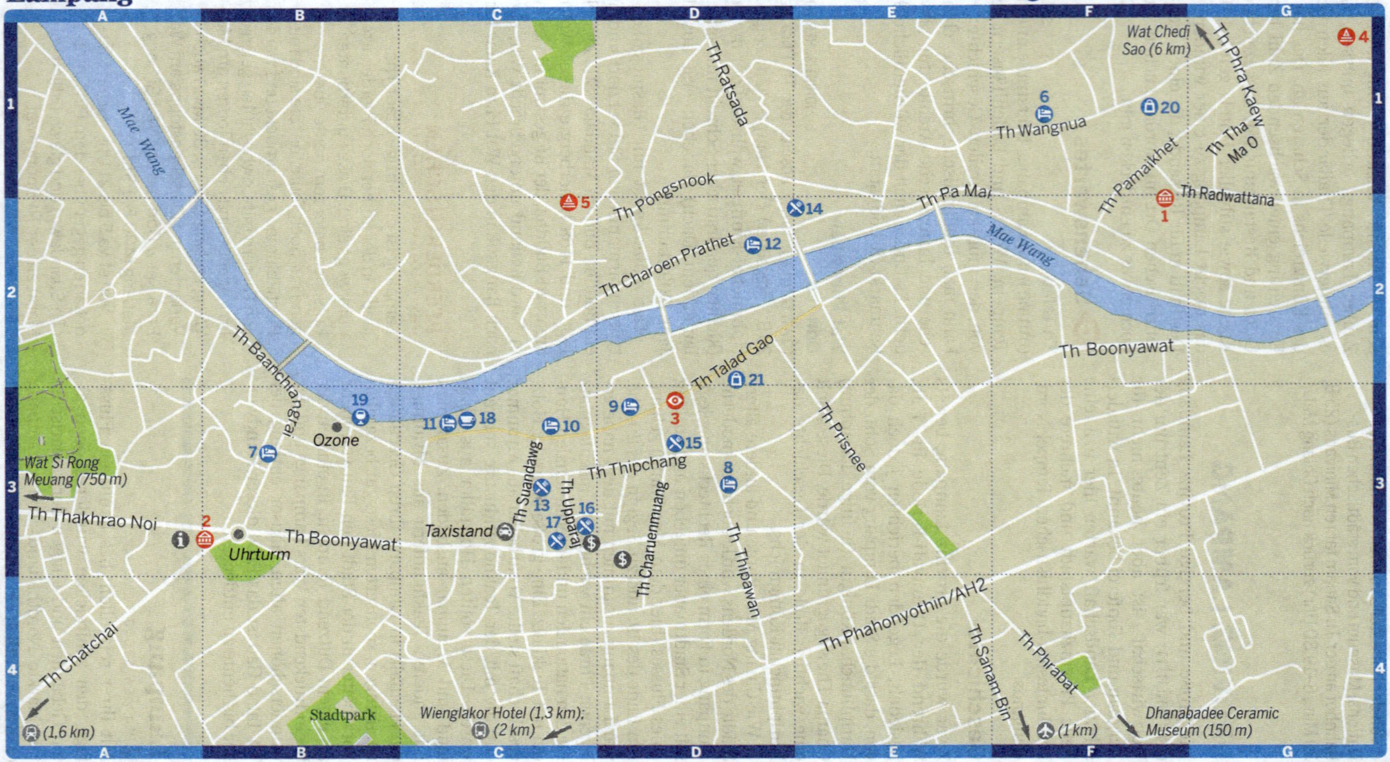
0
500 m
A
B
C
D
E
F
G
1
2
3
4
Mae Wang
Mae Wang
Wat Chedi Sao (6 km)
Th Phra Kaew
Th Tha Ma O
Th Radwattana
1
Th Pamaikhet
20
Th Wangnua
6
4
Th Pa Mai
Th Ratsada
14
Th Pongsnook
5
Th Charoen Prathet
12
Th Talad Gao
21
3
9
10
11
18
19
Ozone
7
Th Baanchiangrai
Th Boonyawat
Th Boonyawat
Th Prisnee
Th Thipchang
15
8
Th Suandawg
13
Th Upparaj
16
17
Taxistand
Th Charuenmuang
Th Thipawan
Th Phahonyothin/AH2
Th Sanam Bin
Th Phrabat
Wat Si Rong Meuang (750 m)
Th Thakhrao Noi
2
Uhrturm
Th Chatchai
(1,6 km)
Stadtpark
Wienglakor Hotel (1,3 km);
(2 km)
(1 km)
Dhanabadee Ceramic Museum (150 m)

Lampang

Sehenswertes

Schlafen

Essen

Ausgehen & Nachtleben

Shoppen

Eine Ausstellung von Lanna-Artefakten kann im Museum des Wats, dem **Lan Na Museum** (พิพิธภัณฑ์ล้านนา; Wat Phra Kaew Don Tao; Eintritt gegen Spende; ⌚7–18 Uhr), bestaunt werden.

Dhanabadee Keramikmuseum MUSEUM
(พิพิธภัณฑ์เซรามิคธนบดี; abseits der Soi 1, Th Phrabat; Eintritt inkl. Führung 100 B; ⌚9–17 Uhr) Dhanabadee hat angeblich Thailands landestypische „Hühnchenschalen" erfunden. Über deren Geschichte und Herstellung informiert die Firma seit 2013 in diesem Museum, das auch englischsprachige Führungen veranstaltet (9–16 Uhr immer zur vollen Stunde).

Das Museum liegt rund 500 m südlich der Th Phahonyothin/AH2.

Baan Sao Nak MUSEUM
(บ้านเสานัก; 85 Th Radwattana; 50 B; ⌚10–17 Uhr) Das auf 116 quadratischen Teakpfeilern ruhende riesige Teakhaus wurde 1895 im traditionellen Lanna-Stil errichtet und war die Residenz einer örtlichen *kun·yǐng* („Herrin"); heute dient es als Museum. Das Gebäude ist mit Antiquitäten aus Thailand und Myanmar möbliert, aber das wirklich Sehenswerte sind das Haus und der gepflegte Park.

Wat Pongsanuk Tai BUDDHISTISCHER TEMPEL
(วัดปงสนุกใต้; Th Pongsnook; ⌚tagsüber) Obwohl der Tempel bei seiner Renovierung viel von seinem ursprünglichen Charakter verloren hat, ist der *mon·dòp* im Wat Pongsanuk Tai immer noch eines der wenigen verbliebenen hiesigen Beispiele für die alte Tempelarchitektur im Lanna-Stil, bei der zu den Seiten offene Holzgebäude bevorzugt wurden. Der mit Schnitzereien verzierte Holzdurchgang am Eingang zur Nordtreppe vermittelt einen Eindruck davon, wie der Tempel früher ausgesehen hat.

In einer Reihe musealer Räume auf dem Tempelgelände sind Artefakte aus der Region ausgestellt, englischsprachige Erklärungen sind jedoch kaum vorhanden.

Wat Si Rong Meuang BUDDHISTISCHER TEMPEL
(วัดศรีรองเมือง; Th Thakhrao Noi; ⌚tagsüber) Der Wat Si Rong Meuang wurde Ende des 19. Jhs. von Kunsthandwerkern aus Myanmar erbaut. Das Tempelgebäude ist im Myanmar-„Stufenstil" mit Zinndächern und aufwendig geschnitzten Holzgiebeln gestaltet.

Phum Lakhon Museum MUSEUM
(พิพิธภัณฑ์เมืองของชาวลำปาง; Ecke Th Chatchai & Th Thakhrao Noi; ⌚Mo–Fr 8.30–16.30 Uhr) GRATIS Das kleine, bezaubernde Museum informiert anhand multimedialer Exponate über die Geschichte, die Menschen und die Kultur von Lampang.

Schlafen

★ **Hug Lampang** HOTEL $
(☎054 224999; www.huglampangboutiquehotel1.com; 59–61 Th Thipawan; Zi. 590–790 B; ❄📶) Ein ehemaliges Bankgebäude wurde in ein stilvolles, geräumiges Boutiquehotel umgemodelt. Wer im Stadtzentrum Mittelklassekomfort zu Budget-Preisen sucht, ist im Hug am besten aufgehoben. Man sollte eins der teureren Zimmer nehmen, denn die haben ein Sofa, einen großen Balkon und riesige Fenster, die viel Licht einlassen. Kostenloser Fahrradverleih und ein Café im Erdgeschoss.

Old Town Boutique Hostel BOUTIQUEHOTEL $
(☎054 017019; Th Talad Gao; Zi. inkl. Frühstück 400–600 B; ❄📶) Die Location ist perfekt und die sieben Zimmer verteilen sich über ein gepflegtes traditionelles Holzhaus und einen neuen Anbau hinten im Garten. Am besten sind die Zimmer im Haus: liebevoll eingerichtet und gemütlich, allerdings be-

sitzen nur drei ein eigenes Bad. Kostenlose Fahrradbenutzung. Es wird nur rudimentär Englisch gesprochen.

★ **Auangkham Resort** PENSION $$
(☎054 221305; www.auangkhamlampang.com; 51 Th Wangnua; Zi. inkl. Frühstück 1100–1350 B; ❄📶) Der Name Resort ist etwas irreführend, das Auangkham ist eine hervorragend geführte Boutique-Pension. Die 14 hellen, großen und luftigen Zimmer haben Balkone mit Aussicht auf einen schönen Garten. Der freundliche Service mit prima Extras (z. B. kostenlose Leihfahrräder) trägt zur friedvollen Atmosphäre bei. Zudem findet der Kulturstraßenmarkt am Freitag (S. 266) in unmittelbarer Nähe statt.

★ **Riverside Guest House** PENSION $$
(☎054 227005; www.theriverside-lampang.com; 286 Th Talad Gao; Zi. 700–1200 B, FZ 2400 B, jeweils inkl. Frühstück; ❄📶) Dieser Komplex aus aufgemöbelten, mit Grün umgebenen Holzhäusern direkt am Fluss ist eine der angenehmeren Unterkünfte in Lampang. Noch näher am Fluss könnten die acht Zimmer wirklich nicht liegen! Draußen gibt's viele Tische im Schatten, an denen man essen oder sich unterhalten kann, und bei Bedarf werden Touren organisiert. Am besten nimmt man

NICHT VERSÄUMEN

WAT PHRA THAT LAMPANG LUANG

Zu dem uralten buddhistischen Tempelkomplex (วัดพระธาตุลำปางหลวง; abseits der Rte 1034; ⏲tagsüber) gehören mehrere interessante Sakralbauten, darunter der wohl schönste Lanna-Schrein Nordthailands: der offene **Wihan Luang**. Der eindrucksvolle *wí·hăhn* (Heiligtum) von 1476 gilt als ältestes erhaltenes Holzgebäude des Landes. Das dreistufige Holzdach wird von mächtigen Teakholzpfeilern gestützt. *Jataka*-Wandbilder (Szenen aus den früheren Leben Buddhas) aus dem frühen 19. Jh. zieren die Holztafeln auf der Innenseite des oberen Umgangs.

Der vergoldete *mon·dòp* (kleiner viereckiger Turmbau) im hinteren Bereich des *wí·hăhn* beherbergt ein Buddha-Bildnis, das 1563 gegossen wurde.

Von 1476 stammt der kleine und schlichte **Wihan Ton Kaew** nördlich des Haupt-*wí·hăhn*. Hinter diesem erhebt sich der 45 m hohe *chedi* (Stupa) im Lanna-Stil, der 1449 errichtet und 1496 restauriert wurde.

Der **Wíhan Nam Taem** nördlich des *chedis* wurde im frühen 16. Jh. errichtet und zeigt erstaunlicherweise immer noch Spuren der ursprünglichen Wandmalereien, die damit zu den ältesten des Landes gehören.

Das älteste Gebäude im Tempelkomplex ist der aus dem 13. Jh. stammende **Wíhaan Phra Phut**, der südlich des Haupt-*chedis* zu finden ist.

Leider ist es nur Männern erlaubt, das mit einer Camera obscura erzeugte Abbild des *wí·hăhn* und des *chedis* im **Haw Phra Phutthabaht**, einem kleinen weißen Gebäude hinter dem *chedi*, zu betrachten. Das Bild wird (auf dem Kopf stehend) durch ein kleines Loch auf ein weißes Tuch projiziert; selbst die Farben der Gebäude sind genau zu erkennen.

Auf dem Gesims über dem Eingang zu dem Tempelkomplex beeindruckt ein Drachenrelief – derartige Reliefs waren einst in nordthailändischen Tempeln üblich, sind heute aber nur noch selten zu finden. Das Eingangstor stammt angeblich bereits aus dem 15. Jh.

Im Arboretum vor den südlichen Toren des Wats befinden sich drei sehenswerte Museen. Sie zeigen Buddha-Figuren und verschiedene Gegenstände.

Der Wat Phra That Lampang Luang liegt 18 km südwestlich von Lampang in Ko Kha. Mit öffentlichen Verkehrsmitteln erreicht man ihn von Lampang aus, indem man auf der Th Boonyawat ein blaues *sŏrng·tăa·ou* (20 B) in Fahrtrichtung Osten anhält und dann von der Haltestelle in Ko Kha die restlichen 3 km bis zum Tempel mit dem Motorradtaxi (60 B) zurücklegt. Ein *sŏrng·tăa·ou* von Lampangs Busbahnhof kostet für die einfache Strecke 400 B, und für ein Taxi hin und zurück zahlt man genauso viel.

Mit dem Auto oder Fahrrad geht es von Lampang über die Th Phahonyothin/AH2 Richtung Süden bis zur Ausfahrt Ko Kha, danach folgt man der Straße über eine Brücke und hält sich rechts. Nun 3 km der Ausschilderung folgen und über eine weitere Brücke fahren, dann kommt links der Tempel in Sicht!

eins der beiden Zimmer im Obergeschoss des Haupthauses, denn die haben große Balkone mit Blick auf den Mae Wang.

Flat White Cafe & Poshtel HOTEL $$
(☎061 794 7962; www.facebook.com/flatwhitecafexposhtel; 344/4 Th Baanchiangrai; Zi./FZ 990/1600 B; ❄📶) An den sechs schneeweißen, geräumigen und hellen Zimmern im Obergeschoss mit guten Betten und Bädern gibt es nichts auszusetzen. Das strahlend weiße, minimalistische Café unten zieht Lampangs Hipster an.

Karpenter HOTEL $$
(☎093 226 6059; www.karpenterlampang.com; Th Nah Guam; Zi. inkl. Frühstück 1500 B; ❄📶) Das designbewusste Karpenter bezeichnet sich selbst als „postmoderne Scheune". Und tatsächlich prägt rustikaler Minimalismus die acht Zimmer mit freiliegenden Holz-, Beton- und Stahlelementen. Die bequemen Betten ruhen nach chinesischem Vorbild auf Plattformen. Allerdings liegt das Ganze einen etwas längeren Fußmarsch von Lampangs „Stadtzentrum" entfernt.

Villa Rassada HOTEL $$
(☎054 018547; www.facebook.com/VillaRassada; 35 Th Charoen Prathet; Zi. inkl. Frühstück 790–1190 B; ❄📶) Über den Mae Wang geht's zu diesem modernen Hotel mit attraktiven Zimmern ordentlicher Größe. Alle besitzen gute Badezimmer, Safes und Balkone, manche haben auch Flussblick.

Prink PENSION $$
(☎080 993 5651; 262–264 Th Talad Gao; Zi. 600–800 B; ❄📶) Eins der nobelsten historischen Gebäude in der Th Talad Gao wurde in dieses relaxte Gästehaus verwandelt. Die sechs Zimmer über einem coolen Café und Eiscremeladen teilen sich die Badezimmer und sind in einem lustigen Retro-Stil gehalten. Einige lassen allerdings Fenster vermissen und machen daher ein etwas klaustrophobisches Gefühl. Man kann das umgehen, indem man nach einem der teureren Zimmer mit Balkon fragt. Kein Hotelschild in lateinischer Schrift vorhanden.

Wienglakor Hotel HOTEL $$$
(☎097 924 4345, 054 316430; www.lampangwienglakor.com; 138/35 Th Phahonyothin/AH2; Zi. 1600–3200 B, Suite 3500 B, jeweils inkl. Frühstück; ❄📶) Der Eingangsbereich von Lampangs bestem Spitzenklassehotel ist geschmackvoll mit Teakholz und Elementen im nordthailändischen Tempelstil gestaltet. Dies setzt sich auch in den Luxuszimmern mit separaten Wohnbereichen und begehbaren Kleiderschränken fort. Das vornehme Freiluft-Hausrestaurant mit Karpfenteich verleiht dem Ganzen einen klassischen Touch. Das Hotel liegt 1,5 km westlich vom Zentrum an der Kreuzung von Th Phahonyothin/AH2 und Th Duangrat.

ABSEITS DER ÜBLICHEN PFADE

WAT LAI HIN

Wer den Wat Phra That Lampang Luang als Selbstfahrer besichtigt, sollte in der Nähe von Ko Kha auch den schönen **Wat Lai Hin** (วัดไหล่หิน; abseits der Rte 1034; ⏲tagsüber) besuchen. Der winzige Bau wurde von Künstlern aus Kengtung (alias Kyaingtong bzw. Chiang Tung) in Myanmar errichtet und gehört zu den typischsten Lan-Na-Tempeln der ganzen Gegend. Seine Architektur beeinflusste maßgeblich das Design des Dhara Dhevi Hotel in Chiang Mai und den Kulissenbau für den thailändischen Kino-Kassenschlager *Suriyothai – Die Kriegsprinzessin (2001).*

Die Mönche öffnen das interessante Folkloremuseum auf dem Gelände gerne für Besucher.

Anreise ab Ko Kha: Die Straße zum Wat Phra That Lampang Luang nehmen und ca. 1 km vor diesem der Abzweigung zum Wat Lai Hin folgen (6 km).

Essen & Ausgehen

Lampangs Nachtleben beschränkt sich auf ein paar Bars, die sich zumeist am Westende der Th Thipchang konzentrieren.

★ **Phat Thai Yay Fong** THAI $
(Th Boonyawat; Hauptgerichte 40–120 B; ⏲Mo–Sa 17–20 Uhr) Wie bereiten Thais im Norden ihr *pàt tai* zu? Natürlich mit Schweinehack und -schwarte. An diesem äußerst begehrten Stand gibt's Reis- und Nudelgerichte. Er steht unmittelbar östlich vom Wat Suan Dok und ist nicht in lateinischer Schrift ausgeschildert.

Mae Hae THAI $
(1017 Th Upparaj; Hauptgerichte 30–50 B; ⏲11–19.30 Uhr) Wer seine Foodie-Street-Credibility erhöhen möchte, schmaust in diesem altbewährten Ladenrestaurant nach nordthailändischem Vorbild. In Ermanglung einer Speisekarte wird einfach auf das Gericht gezeigt, das einen anlächelt: Suppe, Curry,

Dip oder Salat. Das Lokal befindet sich in dem hellblauen Gebäude ohne Schild in lateinischer Schrift.

Abendmarkt MARKT $
(Th Ratsada; Hauptgerichte 40–150 B; ⌚16–20 Uhr) Für Selbstversorger und Leute, die an hiesigem Essen interessiert sind, lohnt sich unbedingt ein Besuch auf Lampangs allabendlich stattfindendem Markt mit seinen Körben voll dampfendem Klebreis und Dutzenden Kleinigkeiten zum Probieren.

Aroy One Baht THAI $
(Ecke Th Suandawg & Th Thipchang; Hauptgerichte 25–110 B; ⌚16–23 Uhr; 📶) An manchen Abenden scheint sich ganz Lampang in diesem Holzhaus zu tummeln – für einen Tisch auf der Terrasse oben ist mit Wartezeit zu rechnen. Das ist kein Wunder, denn das Essen ist köstlich und unglaublich günstig und das Ambiente entspannt und fröhlich.

Long Jim AMERIKANISCH $$
(Th Charuenmuang; Hauptgerichte 170–480 B; ⌚Di–So 17–21 Uhr; 📶📝) Bei Long Jim gibt's Pizza wie in New York sowie Calzone, Pasta, Suppen und Salate. Alles unter Aufsicht eines echten Amerikaners und seiner thailändischen Frau. Die Einheimischen lieben das Lokal!

★ **MAHAMITr** CAFÉ
(278 Th Talad Gao; ⌚8–18 Uhr; 📶) Das edle Café mit Tischen drinnen und draußen ist in eine friedliche Gegend am Flussufer umgezogen. Hier nimmt man die Kaffeezubereitung ernst und verwendet daher nur nordthailändische Bohnen. Es liegt etwas von der Straße zurückversetzt.

The Riverside BAR
(328 Th Thipchang; ⌚11–24 Uhr; 📶) In der weitläufigen Holzbar mit großer Terrasse direkt am Mae Wang wird an den meisten Abenden Livemusik geboten. Auf der umfangreichen Speisekarte stehen die üblichen lokalen und westlichen Gerichte.

Shoppen

Walking Street MARKT
(Th Talad Gao; ⌚Sa & So 16–22 Uhr) Am Samstag- und Sonntagabend wird die zauberhafte Th Talad Gao für den Verkehr gesperrt, um Platz für Kunsthandwerks-, Souvenir- und Imbissstände zu schaffen.

Cultural Street MARKT
(Th Wangnua; ⌚Fr 17–20 Uhr) Ein dem Straßenmarkt ähnelsnder, jedoch weniger auf Touristen abzielender Kulturmarkt findet jeden Freitagabend auf der anderen Seite des Flusses in der Th Wang Nuea statt.

VERKEHRSMITTEL AB LAMPANG

Bus

ZIEL	PREIS (B)	DAUER (STD.)	HÄUFIGKEIT
Bangkok	457–711	9	8.15–22.20 Uhr häufig
Chiang Mai	71–143	2	12.10–23 Uhr häufig
Chiang Rai	150–193	4	6.30–15 Uhr häufig
Mae Sai	236–367	6	10.15, 11 & 12 Uhr
Mae Sot	243–378	4	10.15, 12.15 & 14.50 Uhr
Nan	158–203	4	9.20–24 Uhr 5-mal tgl.
Phayao	95–122	3	7, 9.45 & 12 Uhr
Phitsanulok	169–259	4½	6.20–20.45 Uhr stündl.
Phrae	83–165	2	9.20–24 Uhr 5-mal tgl.
Sukhothai	169–218	3½	6.30–20 Uhr 8-mal tgl.

Zug

ZIEL	PREIS (B)	DAUER (STD.)	HÄUFIGKEIT
Bangkok	216–1572	12	5.25–9.22 Uhr 5-mal tgl.
Chiang Mai	23–50	3	6.30–18 Uhr 5-mal tgl.
Phitsanulok	48–1222	5	12.47–23.53 Uhr 5-mal tgl.

ℹ Praktische Informationen

Mehrere Banken mit Geldautomaten, darunter die **Krung Thai Bank** (Th Boonyawat; ⌚ Mo–Fr 8.30–16.30 Uhr) und **Siam Commercial Bank** (Th Boonyawat; ⌚ Mo–Fr 8.30–16.30 Uhr), befinden sich entlang der Th Boonyawat.

ℹ An- & Weiterreise

Lampangs **Flughafen** (☎ 054 821505; abseits der Th Phahonyothin/AH2) liegt ca. 1,5 km südlich vom Zentrum am Ostende der Th Phahonyothin/AH2. Zum Zeitpunkt der Recherche waren hier nur zwei Gesellschaften vertreten: **Bangkok Airways** (☎ 054 821522, landesweit 1771; www.bangkokair.com; ⌚ 6.30–18.30 Uhr) mit Verbindungen zum/ab dem Suvarnabhumi International Airport (Bangkok; 1899 B, 1½ Std., 3-mal tgl.) und **Nok Air** (☎ 094 494 3440, landesweit 1318; www.nokair.com; ⌚ 8–18.30 Uhr) mit Flügen zum/ab dem Don Mueang International Airport (Bangkok; 1599 B, 1½ Std., 3-mal tgl.). Taxis fahren vom Flughafen in die Stadt (50 B/Pers. bzw. 100 B/Fahrzeug).

Lampangs **Minivan- und Busbahnhof** (☎ 054 218219; Ecke Th Phahonyothin/AH2 & Th Chantarasurin) liegt fast 2 km südlich der Innenstadt und ist mit dieser per *sŏrng·tăa·ou* (20 B, 15 Min., 3–21 Uhr häufig) verbunden. Vom Terminal fahren Minivans nach Chiang Mai (87 B, 1½ Std., 6–16 Uhr häufig) und Phrae (90 B, 2 Std., 6.40–17.20 Uhr häufig).

Lampangs historischer **Bahnhof** (☎ 054 217 024, landesweit 1690; www.railway.co.th; Th Phahonyothin/AH2) von 1916 liegt rund 2,5 km außerhalb der Innenstadt und einen guten Fußmarsch von den meisten örtlichen Unterkünften entfernt. Mit Tuk-Tuks (*đúk đúk* ausgesprochen) besteht Verbindung zum/ab dem Zentrum (ca. 80 B).

ℹ Unterwegs vor Ort

Lampangs Zentrum lässt sich auch zu Fuß erkunden. Leihfahrräder (Vorlage des Reisepasses erforderlich) gibt's u. a. beim hiesigen Büro der **Tourism Authority of Thailand** (TAT; ☎ 054 237229, landesweit 1672; Th Thakhrao Noi; ⌚ Mo–Fr 9–16 Uhr). Für Touren in die Umgebung empfiehlt sich der **Taxistand** (☎ 054 217233; Th Suandawg; ⌚ 6.30–17 Uhr) beim Pin Hotel, oder man nimmt in der Nähe des Marktes ein *sŏrng·tăa·ou*. Drahtesel und Motorräder vermietet **Ozone** (395 Th Thipchang; Tagesmiete Fahrrad 60 B, Motorrad 250–500 B; ⌚ 8–20 Uhr).

Am Lampang Airport bekommt man Mietwagen bei **Eddy Rent A Car** (☎ 095 641 7080; www.eddy-rentacar.com, Lampang Airport; ⌚ 7–19 Uhr).

PROVINZ SUKHOTHAI

Die meisten Besucher der Provinz Sukhothai (จังหวัดสุโขทัย) kommen wegen der legendären Ruinen des ehemaligen Königreichs, eine der größten und populärsten Sehenswürdigkeiten Thailands.

Die Blütezeit des Königreichs Sukhothai (Wachsendes Glück) dauerte von der Mitte des 13. Jhs. bis zum späten 14. Jh. Diese Periode wird oft als „Goldenes Zeitalter" der Thai-Kultur bezeichnet. Die sakrale Kunst und Architektur jener Ära gelten als klassischer Thai-Stil in Reinform. Die Überreste der alten Hauptstadt (als *meuang gòw* bzw. Altstadt bezeichnet) umfassen ein rund 45 km² großes Gebiet mit teilweise wiederaufgebauten Ruinen und zählen zu Thailands beliebtesten Geschichtsstätten.

Ebenfalls sehr sehenswert sind die anderen regionalen Ruinenstätten aus der Zeit der Königreiche von Si Satchanalai und Chaliang.

Sukhothai

☎ 055 / EW. 37 000

Die Marktstadt Sukhothai (สุโขทัย; oft Neu-Sukhothai genannt) liegt 12 km östlich des Sukhothai Historical Park am Mae Nam Yom. Das Städtchen ist nicht sonderlich interessant, aber ruhig, und dank guter Verkehrsverbindungen und preiswerter Unterkünfte eine prima Ausgangsbasis für Ruinentouren.

Geschichte

Sukhothai gilt als die erste Hauptstadt Siams, auch wenn das so nicht ganz stimmt. Bis 1238 war das Gebiet Teil eines Khmer-Reichs, dann verbündeten sich die beiden Thai-Herrscher Pho Khun Pha Muang und Pho Khun Bang Klang Hao und schufen ein neues Thai-Königreich.

Die Sukhothai-Dynastie herrschte 200 Jahre lang und brachte neun Könige hervor. Der berühmteste war König Ramkhamhaeng, der von 1275 bis 1317 regierte. Ihm wird die Entwicklung der thailändischen Schrift zugeschrieben, seine Inschriften gelten als die erste thailändische Literatur überhaupt. Unter Ramkhamhaeng breitete sich das Königreich aus und umfasste am Ende ein Gebiet, das größer war als das heutige Thailand. Doch 1438, wenige Monarchen später, fiel Sukothai an Ayutthaya.

Sehenswertes

★ Sukhothai Historical Park HISTORISCHE STÄTTE

(อุทยานประวัติศาสตร์สุโขทัย; ☎055 697527; Zugang zum Zentral-, Nord- & Westbereich jeweils 100 B, plus 10 B für Fahrrad; ⏲Zentralbereich 6.30–19.30, Sa bis 21 Uhr, Nord- & Westbereich 6.30–19.30 Uhr) Die Ruinen des Sukhothai Historical Park zählen zu Thailands eindrucksvollsten Welterbestätten. Innerhalb der alten Stadtmauern findet man hier die Überreste von 21 historischen Stätten sowie vier große Teiche. Außerhalb davon liegen 70 weitere Stätten in einem Umkreis von 5 km. Die Ruinen sind in fünf Zonen unterteilt. Für die zentrale, nördliche und westliche Zone gilt jeweils ein extra Eintrittspreis von 100 B. Wichtig zu wissen: Motorräder und Autos sind im Park nicht mehr zugelassen.

Charakteristisch für die Architektur der Tempel von Sukhothai sind die klassischen Lotusknospen-*chedis,* von konischen Spitzen gekrönte rechteckige Bauten auf dreistufigen Sockeln. Manche Stätten weisen andere kunstvolle Bauweisen auf, die während einer bestimmten Periode äußere Einflüsse übernommen und modifiziert haben, wie glockenförmige singhalesische und zweistufige Srivijaya-*chedis.*

Der Park ist weitläufig und lässt sich ungeachtet seiner Beliebtheit für gewöhnlich ganz in Ruhe erkunden. Einige der faszinierendsten Ruinen befinden sich außerhalb der Stadtmauern, daher ist ein Fahrrad erforderlich, um wirklich alles sehen zu können. Man kann für die Parkbesichtigung auch E-Buggies mieten (2–4 Pers., ohne/mit Fahrer 200/400 B/Std.).

Zentraler Bereich

Im **Zentralbereich** (โซนกลาง; 100 B, plus 10 B fürs Fahrrad; ⏲So–Fr 6.30–19.30, Sa bis 21 Uhr) befinden sich einige der faszinierendsten Ruinen des Parks. Am Samstagabend wird er größtenteils mit Flutlicht beleuchtet und ist bis 21 Uhr geöffnet.

Wat Mahathat HISTORISCHE STÄTTE

(วัดมหาธาตุ; ⏲Zentralbereich, Sukhothai Historical Park; 100 B, plus 10 B fürs Fahrrad; ⏲So–Fr 6.30–19.30, Sa bis 21 Uhr)) Sukhothais größter Wat stammt aus dem 13. Jh. Er ist von Ziegelmauern (206 x 200 m) und einem Wassergraben umgeben, der den äußeren Rand des Universums und den kosmischen Ozean darstellen soll.

Die *chedis* weisen das berühmte Lotusknospenmotiv auf, und zwischen den zerstörten Säulen des alten *wí·hăhn* (Heiligtum) thronen immer noch stattliche Buddha-Statuen. Innerhalb der Klostermauern stehen nicht weniger als 198 *chedis*. Viele halten diese Ruinen, in denen es wahrhaftig viel zu entdecken gibt, für das geistige und administrative Zentrum der alten Stadt.

Wat Si Sawai HISTORISCHE STÄTTE

(วัดศรีสวาย; ⏲Zentralbereich, Sukhothai Historical Park; 100 B, plus 10 B fürs Fahrrad; ⏲So–Fr 6.30–19.30, Sa bis 21 Uhr) Gleich südlich vom Wat Mahathat liegt dieser buddhistische Schrein (erbaut 12.–13. Jh.) mit malerischem Wassergraben und drei Türmen im Khmer-Stil. Die Khmer errichteten den Bau ursprünglich als Hindu-Tempel.

Wat Sa Si HISTORISCHE STÄTTE

(วัดสระศรี, Kloster des Heiligen Wasserbeckens; Zentralbereich, Sukhothai Historical Park; 100 B, plus 10 B fürs Fahrrad; ⏲So–Fr 6.30–19.30, Sa bis 21 Uhr) Westlich der Bronzestatue von Ramkhamhaeng (dritter König von Sukhothai) steht dieser schlichte Wat im klassischen Sukhothai-Stil auf einer Insel. Zu sehen gibt's hier einen großen Buddha, einen *chedi* und die Säulen eines zerstörten *wí·hăhn.*

Ramkhamhaeng National Museum MUSEUM

(พิพิธภัณฑสถานแห่งชาติรามคำแหง; Sukhothai Historical Park; 150 B; ⏲9–16 Uhr) Nahe dem Eingang zum Zentralbereich bietet dieses Museum einen guten Einstieg für die spätere Erkundung der Ruinen des Historical Park. Unter den eindrucksvollen Ausstellungsstücken aus der Sukhothai-Zeit ist auch eine Replik der berühmten Ramkhamhaeng-Inschrift, die das älteste Beispiel für die Thai-Schrift sein soll. Hinweis: Der Museumseintritt ist nicht im Zugang zum Zentralbereich enthalten.

Wat Trapang Thong BUDDHISTISCHER TEMPEL

(วัดตระพังทอง; abseits der Rte 12; ⏲tagsüber) Der kleine Wat mit schönen Stuckreliefs steht neben dem Ramkhamhaeng National Museum und wird bis heute benutzt. Er liegt in einem großen Teich mit Lotusblüten und ist über einen Steg zugänglich. Das Becken soll der Originalschauplatz des thailändischen Loi-Krathong-Festes sein und liefert den Großteil des Wassers für Sukhothais heutige Einwohner.

Nördlicher Bereich

Der **Nordbereich** (โซนเหนือ; 100 B, plus 10 B fürs Fahrrad; ⏲6.30–19.30 Uhr) befindet sich

Sukhothai Historical Park

Sukhothai Historical Park

Highlights
1 Sukhothai Historical Park C2

Sehenswertes
2 Ramkhamhaeng National Museum C2
3 Sukhothai Historical Park, zentraler Bereich C2
4 Sukhothai Historical Park, nördlicher Bereich C1
5 Wat Chang Lom D2
6 Wat Mahathat C2
7 Wat Phra Phai Luang B1
8 Wat Sa Si B2
9 Wat Si Chum A1
10 Wat Si Sawai B3
11 Wat Trapang Thong C2

Schlafen
12 Le Charme Sukhothai D3
13 Legendha D2
14 Orchid Hibiscus Guest House D3
15 Thai Thai Sukhothai Guesthouse D3
16 Tharaburi Resort D3
17 Wake Up @ Muang Kao C2

Essen
18 Sukhothai Kitchen D3

500 m nördlich der alten Stadtmauern und ist leicht mit dem Fahrrad zu erreichen.

Wat Si Chum HISTORISCHE STÄTTE
(วัดศรีชุม; Nordbereich, Sukhothai Historical Park; 100 B, plus 10 B fürs Fahrrad; ⌚6.30–19.30 Uhr) Dieser Wat hat einen eindrucksvollen *mon·dòp* (Versammlungshalle: kleiner, quadratischer, von einer Spitze gekrönter Bau) mit einem 15 m hohen, sitzenden Buddha aus Ziegeln und Stuck. Die elegante Fingerhaltung des Buddhas ist ein beliebtes Fotomotiv. Archäologen mutmaßen, dass das Bildnis den in der berühmten Ramkhamhaeng-Inschrift (S. 268) erwähnte „Phra Atchana“ zeigt. Ein nach oben führender Durchgang in der Mauer des *mon·dòp* wurde gesperrt, ein Blick auf die *jataka*-Inschriften an der Decke bleibt einem daher verwehrt.

Wat Phra Phai Luang HISTORISCHE STÄTTE
(วัดพระพายหลวง; Nordbereich, Sukhothai Historical Park; 100 B, plus 10 B fürs Fahrrad; ⌚6.30–19.30 Uhr) Dieser Wat liegt etwas isoliert. Seine drei Türme im Khmer-Stil aus dem 12. Jh. sind größer als die des Wat Si Sawai in der zentralen Zone. Möglicherweise lag hier das Zentrum Sukhothais unter der bis 1238 andauernden Herrschaft der Khmer aus Angkor.

Westlicher Bereich

Der **Westbereich** (โซนตะวันตก; 100 B, plus 10 B fürs Fahrrad; ⌚6.30–19.30 Uhr) Sukhothais liegt am fernsten Punkt 2 km westlich der alten Stadtmauern und ist die größte Zone. Neben dem Wat Saphan Hin findet man hier mehrere Ruinen vor, weitgehend zerfallen. Zur Erkundung dieser Zone benötigt man ein Fahrrad.

Wat Saphan Hin HISTORISCHE STÄTTE
(วัดสะพานหิน; Westbereich, Sukhothai Historical Park; 100 B, plus 10 B fürs Fahrrad; ⌚6.30–19.30 Uhr) Dieser Wat steht auf einem Hügelkamm, der die Ebene um 200 m überragt. Sein Name bedeutet „Steinbrücke" in Anspielung auf den noch erhaltenen Pfad und die Stufen aus Schiefer, die zum Tempel hinaufführen. Von der Tempelanlage sind nur ein paar *chedis* und die Ruine des *wí·hăhn* erhalten, die aus zwei Reihen von Lateritsäulen um einen 12,5 m hohen, auf einem Backsteinsockel stehenden Buddha besteht. Die Stätte befindet sich 3 km westlich der früheren Stadtmauer. Von oben hat man einen guten Blick auf die Ruinen Sukhothais im Südosten und die Berge im Norden und Süden

Außerhalb des Zentrums

Außerhalb der stärker frequentierten Bereiche mit Eintrittspflicht liegen weitere sehenswerte Stätten.

Sangkhalok-Museum MUSEUM
(พิพิธภัณฑ์สังคโลก; Rte 1293; Erw./Kind 100/50 B; ⌚8–17 Uhr) Das kleine, informative Museum gibt eine ausgezeichnete Einführung zum berühmtesten und weithin exportierten Erzeugnis des antiken Sukhothai: Keramik.

Im Erdgeschoss sind eine eindrucksvolle Sammlung originaler thailändischer Töpferwaren, die in der Gegend gefunden wurden, und einige importierte Stücke aus Vietnam, Burma und China zu sehen. Im 2. Stock folgen Werke aus Ton, die keine Gebrauchsgegenstände, sondern wahre Kunstwerke sind, darunter einige schöne und seltene Keramik-Buddhas.

Das Museum liegt ungefähr 2,5 km östlich des Zentrums von Neu-Sukhothai; die Fahrt mit dem Tuk-Tuk dorthin kostet um die 100 B.

Wat Chetupon HISTORISCHE STÄTTE
(วัดเชตุพน; abseits der Rte 1272, Südbereich, Sukhothai Historical Park; ⌚24 Std.) Etwa 1,4 km südlich der alten Stadtmauern liegt dieser Tempel, der einst einen quadratischen *mon·dòp* (*chedi*-artiger Turm) besaß. Auf dessen vier Seiten befand sich früher je ein Buddha in klassischer Haltung (sitzend, liegend, stehend, gehend). Die anmutigen Linien des gehenden Buddhas sind bis heute erkennbar.

Wat Chedi Si Hong HISTORISCHE STÄTTE
(วัดเจดีย์สี่ห้อง; abseits der Rte 1272, Südbereich, Sukhothai Historical Park; ⌚24 Std.) Am Haupt-*chedi* dieses Wats direkt gegenüber dem Wat Chetupon sind noch große Teile der originalen Stuckreliefs mit den lebensecht wirkenden Darstellungen von Elefanten, Löwen und Menschen erhalten.

Wat Chang Lom HISTORISCHE STÄTTE
(วัดช้างล้อม; abseits der Rte 12, Ostbereich, Sukhothai Historical Park; ⌚24 Std.) Der Wat Chang Lom liegt abseits der Rte 12 in der östlichen Zone rund 1 km östlich vom Hauptparkeingang. Der große, glockenförmige *chedi* wird am Sockel von 36 Elefantenfiguren getragen.

Aktivitäten & Geführte Touren

Cycling Sukhothai RADFAHREN
(☎055 612519, 085 083 1864; www.cycling-sukhothai.com; abseits der Th Jarodvithithong; Halbtages-/Tages-/Abendtouren 800/990/450 B; 👪) Der belgische Radsportfan Ronny Hanquart lebt seit rund 20 Jahren in Sukhothai. Unter seinen Thementouren ist z. B. die Historical Park Tour, die auch weniger besuchte Wats und Dörfer ansteuert. Sein Firmenbüro liegt 1,2 km westlich des Mae Nam Yom, abseits der Th Jarodvithithong in Neu-Sukhothai; ein Gratis-Shuttle kann organisiert werden. Anhänger und Kindersitze sind vorhanden.

Sukhothai Bicycle Tour RADFAHREN
(☎086 931 6242; www.sukhothaibicycletour.com; 34/1 Th Jarodvithithong; halber Tag 750 B, ganzer Tag 1050–1150 B) Ein ortsansässiger thailändischer Veranstalter, dessen unterschiedliche Radtouren durchweg positives Feedback bekommen.

Feste & Events

Loi Krathong KULTUR
(⌚Nov.) Der Historical Park Sukhothai gehört landesweit zu den beliebtesten Veranstaltungsorten für dieses fünftägige Fest im November. Auf dem Programm stehen zauberhafte Laternenflöße, Feuerwerk, Volkstänze und eine Sound- & Lightshow.

Neu-Sukhothai

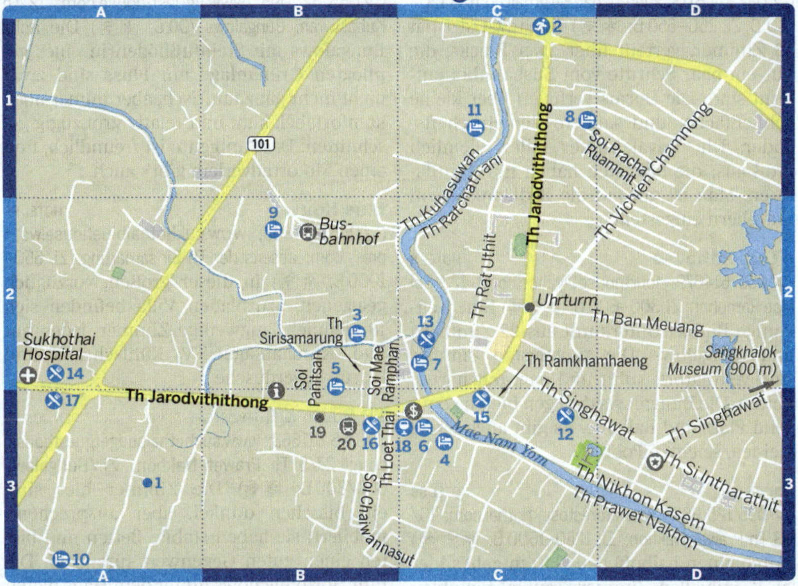

Neu-Sukhothai

Aktivitäten, Kurse & Touren
1 Cycling Sukhothai ... A3
2 Sukhothai Bicycle Tour ... C1

Schlafen
3 4T Guesthouse ... B2
4 Ban Thai ... C3
5 Blue House ... B2
6 Foresto ... C3
7 J&J Guest House ... C2
8 Ruean Thai Hotel ... C1
9 Rueangsrisiri ... B2
10 Sabaidee House ... A3
11 Sila Resort ... C1
TR Room & Bungalow ... (s. 6)

Essen
12 Dream Café ... C3
13 Fueang Fah ... C2
14 Jayhae ... A2
15 Nachtmarkt ... C3
16 Poo Restaurant ... B3
17 Tapui ... A3

Ausgehen & Nachtleben
18 Chopper Bar ... C3

Transport
19 Prasert Motorcycle Services ... B3
20 Sŏrng·tăa·ou zum Sukhothai Historical Park ... B3

Schlafen

Neu-Sukhothai bietet einige Budget-Unterkünfte, deren Preis-Leistungs-Verhältnis zu den besten in Nordthailand gehört. Saubere, freundliche Hotels und Pensionen sind massenhaft vorhanden, viele bieten hübsche Bungalows, kostenlose Abholung vom Busbahnhof und Gratis-Leihfahrräder.

Immer mehr Unterkünfte entstehen in Parknähe, vor allem solche der Spitzenklasse. Während des Loi-Krathong-Fests schießen die Preise in die Höhe.

Neu-Sukhothai

Ban Thai PENSION $

(☎055 610163; banthai_guesthouse@yahoo.com; 38 Th Prawet Nakhon; Zi. & Bungalows 350–800 B; ❄📶) Das Ban Thai, Neu-Sukhothais ältestes Gästehaus, ist eine entspannte und freundliche Unterkunft. Die günstigsten Zimmer sind spartanisch und haben nur Ventilatoren, aber die niedlichen kleinen Bungalows rund um einen schönen Garten sind ihr Geld wert.

Rueangsrisiri PENSION $

(☎087 314 6113; anuntachai18@gmail.com; B 120–180 B, Zi. 250–650 B; ❄📶) Rueangsrisiri hat 53 Zimmer, verteilt über zwei Blocks, die nur ein paar Schritte vom Busbahnhof entfernt sind. Die Dorms verfügen über kleine Schließfächer und saubere Gemeinschaftsbäder. Die Privatzimmer fallen ziemlich groß aus; die billigsten haben nur Ventilatoren. Man ist gut auf die Bedürfnisse von Travellern eingestellt.

4T Guesthouse HOTEL $

(☎055 614679; fourthouse@yahoo.com; 122 Soi Mae Ramphan; Zi. 300–600 B; ❄📶≋) Eine weitläufige Budget-Unterkunft aus 22 Zimmern und Bungalows. Die günstigsten Zimmer sind ventilatorgekühlt und eng, mit harten Betten. Die Bungalows dagegen bieten genügend Platz und Balkone. Es gibt auch einen kleinen, seichten Pool.

Foresto HOTEL $$

(☎095 125 9689; www.forestosukhothai.com; 16/1-3 Th Prawet Nakhon; Zi. 1250–1600 B; ❄📶≋) Durch einen halboffenen Garten geht's hier zu 15 stilvollen Zimmern mit akzeptablen Badezimmern. Zur Auswahl stehen geräumige Quartiere im Hauptgebäude und neuere Wohnstudios mit großen Fenstern, die wie Glaswürfel aussehen. Extrapunkte gibt's für den Pool.

Sabaidee House HOTEL $$

(☎055 616303; www.sabaideehouse.com; 81/7 Th Jarodvithithong; Zi. inkl. Frühstück 500–800 B; ❄📶≋) Das fröhliche Sabaidee in etwas ländlicher Umgebung vermietet sieben schicke Bungalows in einem schattigen Garten und vier weniger umwerfende Zimmer mit Gemeinschaftsbad im Hauptgebäude. Zum Hotel gehören ein Pool und ein Restaurant. Es liegt rund 200 m vor der Kreuzung mit der Rte 101, versteckt in einer ruhigen Gasse, abseits der Th Jarodvithithong (auf das Schild achten).

Sila Resort HOTEL $$

(☎055 620344; www.silaresortsukhothai.com; 3/49 Th Kuhasuwan; Zi. 400–600 B, Bungalows 750–1500 B, jeweils inkl. Frühstück; ❄📶) Auf dem hübschen Hotelgelände stehen blühende Bäume, eine Zuckerbäcker-Thai-Villa, Holzbungalows, Statuen, typische ferienanlagemäßige Häuser und ein Restaurant. Die modernen Zimmer sind gut ausgestattet und in Schuss gehalten – nur geräumig sind sie nicht. Das Sila liegt ein gutes Stück vom Zentrum Neu-Sukhothais entfernt.

J&J Guest House PENSION $$

(☎055 620095; www.jjguest-house.com; 12 Th Kuhasuwan; Bungalows 700 B; ❄📶) Die acht Bungalows mit Steinfußböden in einer gepflegten Grünanlage am Fluss sind zwar nicht mehr ganz taufrisch, aber immer noch komfortabel, kühl und relativ großzügig geschnitten. Das Ambiente ist freundlich, und einen Motorradverleih gibt's auch.

Blue House HOTEL $$

(☎055 614863; www.sukhothaibluehouse.wordpress.com; abseits der Th Sirisamarung; Zi. 650–1000 B; ❄📶) In dieser großen, vorzüglich gelegenen, azurblauen Villa befinden sich 18 ziemlich langweilige Zimmer, jedes mit Bad, Klimaanlage, TV, Kühlschrank und Warmwasserdusche.

TR Room & Bungalow PENSION $$

(☎055 611663; www.sukhothaibudgetguesthouse.com; 27/5 Th Prawet Nakhon; Zi./Bungalows 600/800 B; ❄📶) Die Zimmer hier sind ein bisschen dunkel, aber ansprechend möbliert; sie haben stabile Betten und bieten einen guten Gegenwert fürs Geld. Die fünf Holzbungalows hinter dem Haus bieten mehr Platz und verfügen über Balkone.

★Ruean Thai Hotel HOTEL $$$

(☎055 612444; www.rueanthaihotel.com; 181/20 Soi Pracha Ruammit; Zi. 1480–2180 B, Suite 4000–4600 B, jeweils inkl. Frühstück; ❄📶≋) Auf den ersten Blick könnte man diesen auffälligen Komplex für einen buddhistischen Tempel oder ein traditionelles Thai-Haus halten. Die Zimmer im Obergeschoss sind sehr thailändisch dekoriert, die Zimmer am Pool sind etwas moderner, und hinten gibt's noch ein Betongebäude mit einfachen Zimmern mit Klimaanlage. Der Service ist freundlich und effektiv, und das Ganze wirkt wie eine Ferienanlage. Bei Anruf gibt's einen Gratis-Abholservice vom Busbahnhof.

Sukhothai Historical Park

★Thai Thai Sukhothai Guesthouse HOTEL $$

(☎055 697022; www.thaithaisukhothai.com; abseits der Rte 1272; Zi. 1000–1250 B, Bungalows 1400 B, jeweils inkl. Frühstück; ❄📶≋) Das hier ist kein „Gästehaus", sondern ein hervorragendes Hotel, das Bestnoten bei den Gästen erzielt. Besonders bezaubernd fallen die Bungalows mit ihren großen Balkonen aus, aber auch die Zimmer sind durchweg geschmackvoll eingerichtet, geräumig und up to date. Der Service ist für Sukhothai-

Verhältnisse spitzenmäßig, beim Hotelpool wurde am Umfang nicht gespart.

★ **Orchid Hibiscus Guest House** HOTEL $$
(☎055 633284; www.orchidhibiscus-guesthouse.com; 407/2 Rte 1272; Zi./Bungalows 900/1500 B, jeweils inkl. Frühstück; ❄📶🏊) Die Zimmer und Bungalows verteilen sich über zwei Gelände. Beide haben jeweils einen Pool und sind von einem einladenden, gepflegten Garten voller Pflanzen und Blumen umgeben. Die Zimmer sind geräumig, makellos, mit hübschen Details, Gestaltungsakzenten und Himmelbetten. Das Orchid Hibiscus liegt an der Rte 1272 ca. 500 m von der Rte 12 entfernt – die Ausfahrt zwischen Km 48 und Km 49 ist die richtige.

Wake Up @ Muang Kao PENSION $$
(☎062 419 6924; www.facebook.com/WakeUpAtMuangKaoBoutiqueHotel; 1/1 Rte 12; Zi. 1000 B; ❄📶) Wenn es bei Privatunterkünften so etwas wie eine Flashpacker-Bleibe gibt, dann diese hier. Die fünf Zimmer sind geräumig und geschmackvoll und ortstypisch dekoriert. Ein freundliches Ehepaar aus dem Ort betreibt die Unterkunft und bringt frischen Wind nach Alt-Sukhothai.

Legendha HOTEL $$$
(☎055 697214; www.legendhasukhothai.com; Rte 12; Zi. 3400–3900 B, Villa 8000 B, jeweils inkl. Frühstück; ❄📶🏊) Wasser, traditionelle Architektur und viel Grün verleihen dem vielgepriesenen Resort die Atmosphäre eines nordthailändischen Dorfs. Sehr positiv sind auch das engagierte Personal, der Pool und die relative Nähe zum Historical Park. Zudem sind die Zimmer dank fortlaufender Renovierung attraktiver denn je.

Tharaburi Resort HOTEL $$$
(☎055 697132; www.tharaburiresort.com; 321/3 Rte 1272; Zi. 3600–4200 B, Suite 5000 B, jeweils inkl. Frühstück; ❄📶🏊) Dieses Boutiquehotel fühlt sich edel und gleichzeitig traditionell an mit seinen drei Gebäuden rings um einen Lotusteich, die insgesamt 13 Zimmer und Suiten beherbergen. Die Zimmer sind thematisch gestaltet (thailändisch, marokkanisch, japanisch, chinesisch) und mit nachgebildeten Antiquitäten und Seidenstoffen ausstaffiert, während die Suiten wie Miniwohnungen wirken. Eine stilvolle, wenn auch etwas überteuerte Bleibe.

Le Charme Sukhothai HOTEL $$$
(☎055 633333; www.lecharmesukhothai.com; 9/9 Rte 1272; Zi. & Bungalows 2500–4500 B; ❄📶🏊) Auf den ersten Blick scheint dieses Hotel nichts Besonderes zu sein. Bei näherer Betrachtung entdeckt man hier aber einladende Bungalows in fröhlichen Farben, die über einen Holzsteg miteinander verbunden sind. Drumherum erstreckt sich ein üppiger Garten mit Lotusteichen. Die schlichten, aber großen und geschmackvoll eingerichteten Zimmer haben Balkone mit Blick auf die vielen Wasserflächen. Außerdem gibt's auf dem Hotelgelände auch ein Spa.

ABSTECHER

SENIORENHEIM FÜR ELEFANTEN

Rund 8 km außerhalb des Dorfs Baan Tuek (Provinz Sukhothai) können Gäste des tollen **Boon Lott's Elephant Sanctuary** (www.blesele.org; pro Pers. 6000 B/Übernachtung inkl. Essen & Shuttles) gerettete und „pensionierte" Arbeitselefanten in deren natürlichem Habitat beobachten. Im Rahmen eines ein- oder mehrtägigen Besuchs wird man in alle lokalen Alltagsaspekte (z. B. Wiederaufforstung, Führen der Dickhäuter zu den Weidegebieten) mit einbezogen.

Die drei Teakholz-Gästebungalows für jeweils zwei Personen unbedingt rechtzeitig reservieren!

Essen & Ausgehen

Sukhothais Spezialität sind *gŏo·ay đĕe·o sù·kŏh·tai* (Nudeln im Sukhothai-Stil), die in leicht süßlicher Brühe mit gemahlenen Erdnüssen, dünnen grünen Bohnen und unterschiedlich zubereitetem Schweinefleisch serviert werden. Die meisten Restaurants befinden sich in Neu-Sukhothai, darunter ein kleiner, akzeptabler **Nachtmarkt** (Th Ramkhamhaeng; Hauptgerichte 30–60 B; ⏲6–22 Uhr). Die Straße zum Historical Park säumen auch einige Imbissstände und einfache Touristenlokale.

★ **Jayhae** THAI $
(abseits der Th Jarodvithithong; Gerichte 40–120 B; ⏲7–16 Uhr; 📶) Kein Aufenthalt in Sukhothai wäre komplett ohne die lokaltypischen Nudeln vom Jayhae. Das extrem beliebte Lokal serviert auch *pàt tai* und leckeren Kaffee. Es liegt ca. 1,3 km westlich vom Mae Nam Yom.

Tapui THAI $
(abseits der Th Jarodvithithong; Gerichte 40–80 B; ⏲7.30–16 Uhr) Das Tapui war nach eigenen

ABSTECHER

BAUER FÜR EINEN TAG

Das **Organic Agriculture Project** (☎055 647290; abseits der Rte 1195; halber Tag inkl. Mittagessen 900 B; ⏲Do–Di 8–17 Uhr) auf dem Bio-Bauernhof beim Flughafen Sukhothai ermöglicht es Besuchern, Thailands traditionelle Landwirtschaft kennenzulernen:

Zuerst zieht man die typische Kleidung eines thailändischen Reisbauern an und fährt per *ee đàan* (traditionelles Nutzfahrzeug) zum Einsammeln von Enteneiern. Dann folgen ein Ritt auf einem Wasserbüffel, der Besuch einer Orchideenfarm und Einblicke in die verschiedenen Arbeitsschritte beim Reisanbau (inkl. eigenhändiges Pflanzen und Ernten). Den Abschluss bildet ein zwangloser Kochkurs, bei der eine Mahlzeit aus den Bio-Produkten des Hofs zubereitet wird. Auf Wunsch gibt's englischsprachige Guides (rechtzeitige Reservierung erforderlich).

Zum Komplex gehört auch ein Restaurant (Hauptgerichte 50–120 B, geöffnet Do–Di 8–17 Uhr) mit Essen aus den Hoferzeugnissen.

Das Gelände liegt 27 km von Neu-Sukhothai entfernt an der Straße zum Flughafen und ist nicht mit öffentlichen Verkehrsmitteln erreichbar. Wer kein eigenes Transportmittel hat, kann den Minivan-Service von Eddy Rent A Car in Anspruch nehmen.

Angaben das allererste Restaurant mit *gŏo·ay đĕe·o sù·kŏh·tai* (Nudeln à la Sukhothai) auf der Karte. Der Laden besteht quasi nur aus einem Backsteinboden unter einem Blechdach. Er befindet sich ca. 1,3 km westlich des Mae Nam Yom und hat weder eine Beschilderung in lateinischer Schrift noch eine englische Speisekarte, aber man kann sich an den Bildern auf der Karte orientieren.

Poo Restaurant INTERNATIONAL $

(24/3 Th Jarodvithithong; Hauptgerichte 50–250 B; ⏲9–23 Uhr; 📶) Falls sich jemand fragt, woher der Name stammt: Das Poo wurde nach seinem ursprünglichen Besitzer benannt. Es ist ein traveller-freundliches Lokal und serviert alles, von leckeren Sukhothai-Nudeln bis zu Thai- und westlichen Klassikern. Und zwar in großen Portionen. Außerdem eignet es sich prima für einen Drink am Abend: Es gibt Cocktails und eine überschaubare Auswahl belgischer Biere.

Sukhothai Kitchen THAI $$

(Rte 1272; Hauptgerichte 95–280 B; ⏲10–22 Uhr; 📶) Das große, luftige Restaurant konzentriert sich um einen Garten mit dem obligatorischen Lotusteich. Die Speisekarte umfasst thailändische und nordthailändische Gerichte sowie ein paar westliche. Es ist nobler als die Esslokale in der Nähe des Sukhothai Historical Park.

Dream Café THAI $$

(86/1 Th Singhawat; Hauptgerichte 120–350 B; ⏲5–23 Uhr; ✍) Umgeben von einer kunterbunten, geschmackvollen Einrichtung mit jeder Menge Nippes wähnt man sich hier praktisch in einem Antiquitätenladen. Am wichtigsten ist aber, dass das freundliche und kompetente Personal leckeres Essen serviert. Zu empfehlen sind z. B. die gut zubereiteten *yams* (thailändische „Salate").

Fueang Fah THAI $$

(107/2 Th Kuhasuwan; Gerichte 60–350 B; ⏲10–22 Uhr; 📶) Wer es Einheimischen mit Durchblick gleichtun will, speist in diesem alteingesessenen Lokal am Fluss. Spezialität des Hauses ist Süßwasserfisch wie der leckere *fried fish* (Bratfisch), der ganz oben auf der englischsprachigen (aber kaum verständlichen) Karte steht. Das rein auf Thai beschriftete Restaurantschild kommt gleich hinter der Brücke an der Th Kuhasuwan in Sicht.

Chopper Bar BAR

(Th Prawet Nakhon; ⏲17–24 Uhr; 📶) In der Restaurantbar dieser im 2. Stock gelegenen Bar mit leichtem Cowboy-Einschlag vergnügen sich Einheimische wie Reisende von morgens bis spät in die Nacht bei Speis (die Karte wurde zuvorkommenderweise in „scharf" und „nicht scharf" aufgedröselt), Trank und Livemusik. Auf der Dachterrasse lassen sich kühle Abende genießen. Die Bar gehört dem besten Schlosser von Sukhothai – nur für den Fall, dass jemand sich mal ausschließt.

ℹ Praktische Informationen

Im Zentrum von Neu-Sukhothai gibt's überall Bankfilialen mit Geldautomaten (vor allem westlich des Mae Nam Yom). Weitere Geräte findet man in der Altstadt.

Kasikorn Bank (Th Jarodvithithong; ⌚ Mo–Sa 8.30–16.30 Uhr) Hat einen Geldautomaten, der internationale Karten annimmt.

Polizei (☎ 055 611010, Notruf 24 Std. 191; Th Singhawat; ⌚ 24 Std.) In Neu-Sukhothai.

Siam Commercial Bank (Rte 12; ⌚ Mo–Fr 8.30–16.30 Uhr) Diese Bank ist nicht weit vom Sukhothai Historical Park entfernt.

Sukhothai Hospital (☎ 055 610280; Th Jarodvithithong) Gleich westlich von Neu-Sukhothai.

Tourism Authority of Thailand (TAT; ☎ 055 616228, landesweit 1672; www.tourism-thaiand.org; Th Jarodvithithong; ⌚ 8.30–16.30 Uhr) Das Büro, rund 750 m westlich der Brücke in Neu-Sukhothai, hat eine recht gute Auswahl an Karten bzw. Broschüren, einige Mitarbeiter sprechen Englisch.

Touristenpolizei (☎ 1155; Rte 12; ⌚ 24 Std.) Eine Touristenpolizeistation gibt's in der Nähe des Sukhothai Historical Park.

An- & Weiterreise

Der **Sukhothai Airport** (abseits der Rte 1195) liegt 27 km nördlich der Stadt. Momentan ist hier nur **Bangkok Airways** (☎ 055 647224, landesweit 1771; www.bangkokair.com; Sukhothai Airport; ⌚ 7–18 Uhr) mit Flügen zum/ab dem Suvarnabhumi International Airport (Bangkok; ab 1890 B, 1 Std. 15 Min., 2-mal tgl.) vertreten. Minivans von **Eddy Rent A Car** (☎ 055 647220; Sukhothai Airport; ⌚ 7–19 Uhr) verbinden den Flughafen mit Neu-Sukhothai und dem Sukhothai Historical Park. Alternativ bieten **AirAsia** (☎ Phitsanulok 094 719 3645, landesweit 02 515 9999; www.airasia.com; ⌚ 7–18.30 Uhr) und **Nok Air** (☎ Phitsanulok 055 301051, landesweit 1318; www.nokair.co.th; ⌚ 6–19 Uhr) über den Flughafen Phitsanulok einen Minivan-Transfer nach/ab Alt- und Neu-Sokhothai an (Fahrzeit knapp 60 Min.).

Der **Busbahnhof** (☎ 055 614529; Rte 101) liegt fast 1 km nordwestlich von Neu-Sukhothais Zentrum, das von hier aus z. B. per Motorradtaxi erreichbar ist (ca. 50 B). Alternativ ein beliebiges *sŏrng·tăa·ou* in Richtung Historical Park nehmen: Diese Vehikel halten auf dem Weg stadtauswärts am Busbahnhof (20 B, 10 Min., 6–17.30 Uhr häufig).

Wer nahe dem Historical Park wohnt, kann am Büro von **Win Tour** (☎ 099 135 5645; Rte 12; ⌚ 6–21.50 Uhr) in Busse nach Bangkok (338–395 B, 6 Std., 8.20, 12.20 & 21.50 Uhr) und Chiang Mai (225–290 B, 5 Std., 6.40, 9.50, 12.22 & 14 Uhr) steigen.

Unterwegs vor Ort

Fahrten per *săhm·lór* (Fahrradriksch a) innerhalb von Neu-Sukhothai kosten maximal 40–50 B.

VERKEHRSMITTEL AB SUKHOTHAI

Bus

ZIEL	PREIS (B)	DAUER (STD.)	HÄUFIGKEIT
Bangkok	255–382	6–7	7.50–22.40 Uhr alle 30 Min.
Chiang Mai	211–390	5–6	6.20–2 Uhr häufig
Chiang Rai	256	9	6.40 & 21 Uhr
Kamphaeng Phet	74	1½	7.50–22.40 Uhr alle 30 Min.
Khon Kaen	310–410	7	10.30–24 Uhr 7-mal tgl.
Lampang	220	3	6.20–2 Uhr häufig
Mae Sot	153–191	3	2 & 13.15 Uhr
Mukdahan	550	10	19.50 & 21.30 Uhr
Phitsanulok	52	1	7.50–22.40 Uhr alle 30 Min.
Sawankhalok	28	1	6.40–17 Uhr stündl.
Si Satchanalai	49	1½	6.40–17 Uhr stündl.

Minivan & Sŏrng·tăa·ou

ZIEL	PREIS (B)	DAUER (STD.)	HÄUFIGKEIT
Kamphaeng Phet	60	2	*sŏrng·tăa·ou* 9–16 Uhr häufig
Mae Sot	153	3	Minivans 9.15–14.15 Uhr 4-mal tgl.
Phitsanulok	42	1	7.30–17 Uhr stündl.
Sukhothai Historical Park	30	30 Min.	*sŏrng·tăa·ou* 6–17.30 Uhr häufig

Sŏrng·tăa·ou (Stand an der Th Jarodvithithong; 30 B; ⏲6–17.30 Uhr) pendeln recht regelmäßig zwischen Neu-Sukhothai und dem Historical Park Sukhothai (30 B, 30 Min.). Motorradtaxis verbinden die Stadt jeweils für 120 B mit dem Busbahnhof und dem Historical Park.

Letzteren erkundet man am besten per Drahtesel. Leihfahrräder (30 B/5 Std., 6–18 Uhr) gibt's bei Läden vor dem Parkeingang

Motorräder (ab 200 B/24 Std.) vermieten zahlreiche Unterkünfte in Neu-Sukhothai sowie **Prasert Motorcycle Services** (215/2 Th Jarodvithithong; ⏲7–17 Uhr).

Si Satchanalai-Chaliang Historical Park

Die aus dem 13. bis 15. Jh. stammenden Ruinen der alten Städte Si Satchanalai und Chaliang liegen zwischen friedvollen Hügeln eingebettet 50 km nördlich von Sukhothai. Der **Si Satchanalai-Chaliang Historical Park** (อุทยานประวัติศาสตร์ศรีสัชนาลัย-เชลียง (abseits der Rte 101; Kombiticket mit Wat Chao Chan & Si Satchanalai Centre for Study & Preservation of Sangkalok Kilns 250 B; ⏲8.30–16.30 Uhr) umfasst rund 720 ha und ist von einem 12 m breiten Graben umgeben. Chaliang, 1 km weiter südöstlich, ist die ältere der beiden Städte. Es wurde schon im 11. Jh. gegründet, die beiden Tempel stammen aus dem 14. Jh.

Die nahe gelegenen Städte Ban Hat Siaw und Sawankhalok sind die wichtigsten Versorgungszentren der Gegend.

Sehenswertes

Wat Chang Lom HISTORISCHE STÄTTE
(วัดช้างล้อม; Si Satchanalai-Chaliang Historical Park; 100 B, Kombiticket mit Wat Chao Chan & Si Satchanalai Centre for Study & Preservation of Sangkalok Kilns 250 B; ⏲8–16.30 Uhr) Dieser wunderschöne Tempel bildete einst das Zentrum der alten Stadt Si Satchanalai. Elefantenfiguren umgeben den glockenförmigen *chedi* (Stupa), der etwas besser erhalten ist als sein Gegenstück in Sukhothai. Laut einer Inschrift wurde der Tempel zwischen 1285 und 1291 von König Ramkhamhaeng erbaut.

Wat Khao Phanom Phloeng HISTORISCHE STÄTTE
(วัดเขาพนมเพลิง; Si Satchanalai-Chaliang Historical Park; 100 B, Kombiticket mit Wat Chao Chan & Si Satchanalai Centre for Study & Preservation of Sangkalok Kilns 250 B; ⏲8–16.30 Uhr) Auf dem Hügel mit Blick auf den Wat Chang Lom finden sich die Reste des Wat Khao Phanom Phloeng. Erhalten sind u. a. ein *chedi*, ein großer sitzender Buddha und Steinsäulen, die früher das Dach des *wí·hăhn* trugen. Von hier aus kann man die Anlage dieser einst großen Stadt prima erkennen.

Auf dem etwas höheren Hügel westlich des Phanom Phloeng ragt ein großer *chedi* im Sukhothai-Stil in die Höhe – der einzige Überrest des Wat Khao Suwan Khiri.

Wat Chedi Jet Thaew HISTORISCHE STÄTTE
(วัดเจดีย์เจ็ดแถว; Si Satchanalai-Chaliang Historical Park; 100 B, Kombiticket mit Wat Chao Chan & Si Satchanalai Centre for Study & Preservation of Sangkalok Kilns 250 B; ⏲8–16.30 Uhr) Neben dem Wat Chang Lom liegt die Ruine dieses Wat. Hier stehen sieben Reihen von *chedis*, deren größter die Kopie eines *chedis* des Wat Mahathat in Sukhothai ist. Der *wí·hăhn* aus Ziegeln und Mörtel ist ebenfalls sehenswert: Seine Gitterfenster sehen aus, als wären sie aus gedrechseltem Holz gefertigt – eine alte indische Technik, die man in ganz Südostasien findet.

Wat Nang Phaya HISTORISCHE STÄTTE
(วัดนางพญา; Si Satchanalai-Chaliang Historical Park; 100 B, Kombiticket mit Wat Chao Chan & Si Satchanalai Centre for Study & Preservation of Sangkalok Kilns 250 B; ⏲8–16.30 Uhr) Dieser *chedi* im singhalesischen Stil südlich des Wat Chedi Jet Thaew stammt aus dem 15. oder 16. Jh. und ist daher etwas jünger als die anderen Ruinen von Si Satchanalai. Die Stuckreliefs am großen Laterit-*wí·hăhn* vor dem *chedi* – der mittlerweile von einem Blechdach geschützt wird – stammen aus der Ayutthaya-Periode, in der Si Satchanalai als Sawankhalok bekannt war. Die Goldschmiede in der Umgebung fertigen noch immer *nahng pá·yah* an, ein Muster, das diesen Reliefs nachempfunden ist.

Wat Phra Si Ratana Mahathat HISTORISCHE STÄTTE
(วัดพระศรีรัตนมหาธาตุ; Si Satchanalai-Chaliang Historical Park; 20 B; ⏲8–16.30 Uhr) Diese Ruinen bestehen aus einem großen Laterit-*chedi* aus den Jahren 1448 bis 1488, der zwischen zwei *wí·hăhns* steht. Einer der *wí·hăhns* birgt einen großen, sitzenden Buddha im Sukhothai-Stil, einen kleineren, stehenden Buddha und ein Basrelief des berühmten schreitenden Buddhas, der so typisch für den fließenden, scheinbar knochenlosen Sukhothai-Stil ist. Der andere *wí·hăhn* enthält einige weniger bedeutende Bildnisse.

Wat Chao Chan HISTORISCHE STÄTTE
(วัดเจ้าจันทร์; Si Satchanalai-Chaliang Historical Park; 100 B, Kombiticket mit Si Satchanalai & Si Satcha-

Si Satchanalai-Chaliang Historical Park

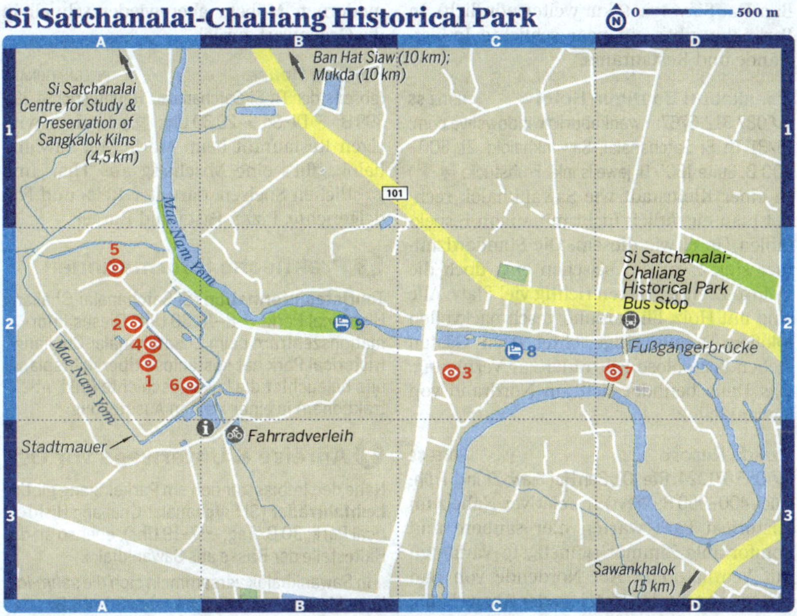

Si Satchanalai-Chaliang Historical Park

Sehenswertes

1 Si Satchanalai-Chaliang Historical Park A2
2 Wat Chang Lom A2
3 Wat Chao Chan C2
4 Wat Chedi Jet Thaew A2
5 Wat Khao Phanom Phloeng A2
6 Wat Nang Phaya A2
7 Wat Phra Si Ratana Mahathat D2

Schlafen

8 Papong Homestay C2
9 Sisatchanalai Heritage B2

nalai Centre for Study & Preservation of Sangkalok Kilns 250 B; ⏲8–16.30 Uhr) Die Hauptattraktion hier ist ein großer Turm im Khmer-Stil (ähnlich den späteren Türmen von Lopburi), der wahrscheinlich aus der Regierungszeit des Khmer-Königs Jayavarman VII. (1181–1217) stammt. Der Turm wurde restauriert und befindet sich in recht gutem Zustand. Der dachlose *wí·hăhn* rechts beherbergt die Umrisse eines großen, stehenden Laterit-Buddhas, den Sonne und Witterung fast vollständig zerbröselt haben. Eintritt wird hier nicht immer verlangt.

Si Satchanalai Centre for Study & Preservation of Sangkalok Kilns MUSEUM
(ศูนย์ศึกษาและอนุรักษ์เตาสังคโลก; 100 B, Kombiticket mit Si Satchanalai & Wat Chao Chan 250 B; ⏲8–16.30 Uhr) 5 km südlich der Ruinen von Si Satchanalai sind in diesem Zentrum große freigelegte Brennöfen und viele erhaltene Keramiken zu sehen. Die Exponate sind interessant, englischsprachige Erläuterungen fehlen aber.

Sawanworanayok National Museum MUSEUM
(พิพิธภัณฑสถานแห่งชาติสวรรควรนายก; 69 Th Phracharat; 50 B; ⏲Mi–So 9–16 Uhr) Im Ort Sawankhalok zeigt das Museum, das sich auf der westlichen Uferseite nahe dem Wat Sawankhalam befindet, eine eindrucksvolle Sammlung von Artefakten aus dem 12. bis 15. Jh. Im Erdgeschoss sind Keramiken aus der Region ausgestellt, im Obergeschoss mehrere wunderschöne Buddha-Statuen der Sukhothai-Ära aus Stein und Bronze.

Schlafen & Essen

Nahe den historischen Stätten sind größtenteils nur einfache Homestays und Hotels vorhanden. Alternativen findet man z. B. in Sawankhalok (15 km südlich des Parks) und

Ban Hat Siaw (ca. 9 km weiter nördlich). In Parknähe gibt's ein paar schlichte Imbissstände und Restaurants.

Swankaburi Boutique Hotel HOTEL $$
(☎087 312 6767; swankaburi@windowslive.com; 15/31 Th Si Satchanalai, Sawankhalok; Zi. 600–900 B, Suite 1600 B, jeweils inkl. Frühstück; ❄📶) In einer Kleinstadt wie Sawankhalok rechnet man eigentlich nicht mit einem respektablen Hotel wie diesem. Die Standardzimmer sind zwar ein bisschen eng, doch die Deluxe-Zimmer bieten richtig viel Platz. Alle sind mit Holz, Fliesen und geschmackvollen lokalen Details eingerichtet. Den Gästen stehen kostenlose Fahrräder zur Verfügung. Das Haus befindet sich am Nordrand von Sawankhalok.

Mukda Resort HOTEL $$
(☎055 671024; Rte 101, Ban Hat Siaw; Zi. inkl. Frühstück 400–950 B; ❄📶) In relativer Nähe zum Historical Park warten hier saubere und komfortable Zimmer (günstigste Varianten mit Ventilatoren). Am Nordende von Ban Hat Siaw steht das Hotel an der Abzweigung nach Uttaradit.

Sisatchanalai Heritage HOTEL $$
(☎095 162 3545, 055 615423; www.sisatchanalaiheritage.com; Chaliang; Zi. 1500 B, Bungalows 1000 B, jeweils inkl. Frühstück; ❄📶) Die Anlage am Fluss – mit Restaurant und Coffeeshop – im Si Satchanalai-Chaliang Historical Park hat zehn nette, kompakte Bungalows und drei große Familienzimmer. Kostenloser Fahrradverleih für Hausgäste.

Papong Homestay PENSION $$
(☎055 631557, 087 313 4782; abseits der Rte 1201, Chaliang; Zi. inkl. Frühstück 600 B; ❄📶) Ein von Einheimischen geführtes Gästehaus in der Nähe des Si Satchanalai-Chaliang Historical Park mit fünf sauberen, gut ausgestatteten Zimmern mit eigenen Bädern.

Sukhothai Heritage Resort RESORT $$$
(☎055 647564; www.facebook.com/sukhothaiheritageresort; 999 Mu 2; Zi. 2700–3700 B, Suite 5600–8000 B, jeweils inkl. Frühstück; ❄📶🏊) Diese noble, ländlich anmutende Anlage liegt nahe dem Flughafen fast 32 km vom Historical Park Si Satchanalai-Chaliang entfernt. Niedrige Backsteinbauten und Häuser mit Spitzdächern verteilen sich um grüne Felder und friedliche Lotusteiche und gipfeln in einem tempelartigen Ambiente – wenn man so will eine Fortsetzung des Historical Park. Die Zimmer holen einen mit großen TVs und modernen Möbeln aber wieder schnell in die Gegenwart zurück.

Puu-Yaa House INTERNATIONAL $
(abseits der Th Si Satchanalai; Hauptgerichte 39–399 B; ⏲Di–So 9–20.30 Uhr; 📶) In dem winzigen Restaurant beim Markt von Sawankhalok gibt's eine Mischung aus Thai- und westlichen Speisen, darunter Reis- und Nudelgerichte, Pizza, Pasta und Burger.

ℹ Praktische Informationen

Touristeninformation (Si Satchanalai-Chaliang Historical Park; ⏲8–16.30 Uhr) Dieses Informationszentrum beim Si Satchanalai-Chaliang Historical Park hat kostenlose Übersichtspläne und beleuchtet die Lokalgeschichte (inkl. Attraktionen) in einer kleinen Ausstellung.

ℹ Anreise & Unterwegs vor Ort

Nahe den Imbissständen am Parkeingang gibt's **Leihfahrräder** (Si Satchanalai-Chaliang Historical Park; 30 B/Tag; ⏲7–19 Uhr), ebenso an der Haltestelle der Busse aus Sawankhalok.

In Sawankhalok versammeln sich die *sǎhm·lór* beim Markt; Stadtfahrten kosten 30–40 B.

BUS

Der Historical Park Si Satchanalai-Chaliang liegt an der Rte 101 zwischen Sawankhalok und Ban Hat Siaw. Von Neu-Sukhothai nimmt man den Bus nach Si Satchanalai (49 B, 1½ Std., 6–17 Uhr stündl.) oder einen der beiden Busse nach Chiang Rai (49 B, 6.40 & 9.30 Uhr) und lässt sich bei der *meuang gòw* (Altstadt) absetzen.

Wer von Sawankhalok zum Park will, kann am Busbahnhofsbüro im Süden der Stadt einen **Bus** (Rte 1180; 7.20–15 Uhr, 15 B, alle 1½ Std.) zum **Si Satchanalai-Chaliang Historical Park Bus Stop** (Rte 101) und nach Sukhothai sowie Phitsanulok nehmen.

Busse nach Bangkok (☎055 642037; Rte 1180) fahren bei einem anderen Büro unweit der Innenstadt ab (364 B, 6 Std., 8.30, 9.30, 10.30, 21 und 21.30 Uhr).

ZUG

Sawankhaloks alter **Bahnhof** ist eine der örtlichen Sehenswürdigkeiten. König Rama VI. ließ extra eine 60 km lange Bahnstrecke von Ban Dara (einer kleinen Ortschaft an der Hauptbahnstrecke nach Norden) nach Sawankhalok bauen, um die Ruinen besuchen zu können. Es gibt einen täglich verkehrenden Spezialexpress von Bangkok nach Sawankhalok (512 B, 7 Std., 3.50 Uhr, Ankunft 10.50 Uhr). Der Zug fährt um 18.01 Uhr nach Bangkok zurück, wo er um 4 Uhr ankommt. Man kann diesen Zug auch nur bis Phitsanulok (350 B, 3½ Std., 15.59 Uhr) nehmen.

PROVINZ PHITSANULOK

Die Provinz Phitsanulok (จังหวัดพิษณุโลก) hat sehenswerte Naturattraktionen und eine angenehme Provinzhauptstadt mit zahlreichen Verköstigungs- und Unterbringungsmöglichkeiten zu bieten. Trotzdem betrachten die meisten Besucher diese Provinz in erster Linie als Sprungbrett für Besuche der alten Ruinen in den Nachbarprovinzen und weniger als eigenständige Destination.

Phitsanulok

055 / EW. 67 000

Nach Phitsanulok (พิษณุโลก) kommen wenige Besucher auf eigene Faust, dafür aber ziemlich viele Reisegruppen. Die quirlige, sympathische Stadt besitzt einige interessante Stätten und Museen, allen voran den Wat Phra Si Ratana Mahathat (S. 276), in dem sich eine der meistverehrten Buddha-Figuren des Landes befindet.

Wer in Eigenregie losziehen will, kann Phitsanulok als Basis für einen Besuch der nahe gelegenen Nationalparks von Thung Salaeng Luang (S. 282) und Phu Hin Rong Kla (S. 284) nutzen; Letzteres war früher einmal das strategische Hauptquartier der Kommunistischen Partei Thailands (KPT).

Sehenswertes

★ Sergeant Major Thawee Folk Museum MUSEUM

(พิพิธภัณฑ์พื้นบ้านจ่าทวี; Th Wisut Kasat; Erw./Kind 50/25 B; 8.30–16.30 Uhr) Dieses faszinierende Museum beherbergt eine bemerkenswerte Sammlung von Werkzeugen, Textilien und Fotos aus der Provinz Phitsanulok. Außerdem zeigt es zahlreiche Exponate vergangener Jahrzehnte, zusammengetragen vom namensgebenden Sergeant Major Thawee. Das Museum verteilt sich auf fünf traditionelle, thailändische Gebäude. Alle Ausstellungsstücke sind mit informativen Beschreibungen in englischer Sprache versehen. Wer sich fürs Kochen interessiert, findet hier den Nachbau einer traditionellen thailändischen Küche und verschiedene Fallen zum Fangen von Wild.

★ Wat Phra Si Ratana Mahathat BUDDHISTISCHER TEMPEL

(วัดพระศรีรัตนมหาธาตุ; Th Phutta Bucha; Tempel 6–21 Uhr, Museum Mi–So 9–17.30 Uhr) GRATIS Der Haupt-*wí·hăhn* (Heiligtum) dieses Tempels, den die Einheimischen kurz Wat Yai nennen, wirkt von außen klein, er beherbergt aber den **Phra Phuttha Chinnarat**, eine der meistverehrten und kopierten Buddha-Figuren Thailands – nur dem Smaragd-Buddha in Bangkoks Wat Phra Kaew kommt noch ein höherer Stellenwert zu.

Es heißt, der Bau dieses Wat sei 1357 unter der Regentschaft von König Li Thai in Auftrag gegeben worden. Als der Wat fertiggestellt war, wollte der König drei prächtige Bronze-Buddhas in seinem Inneren sehen. Deshalb ließ er namhafte Bildhauer aus Si Satchanalai, Chiang Saen und Hariphunchai (Lamphun) sowie fünf brahmanische Priester kommen. Die ersten beiden Bronzegüsse klappten auf Anhieb, für den dritten – die herrlichste der drei Statuen – benötigte man aber drei Anläufe. Ein weiß gewandeter Weiser, der – so die Legende – aus dem Nichts erschienen sei, habe bei diesem entscheidenden Guss geholfen, um im nächsten Augenblick wieder zu verschwinden. Das Bild erhielt den Namen Chinnarat-Buddha (Siegreicher König) und wurde das Prunkstück des *wí·hăhn*. Die anderen beiden Statuen, Phra Chinnasi und Phra Si Satsada, brachte man später nach Bangkok in den Wat Bowonniwet, den königlichen Tempel.

Der Phra Phuttha Chinnarat ist im späten Sukhothai-Stil gehalten. Einzigartig ist der flammenartige Heiligenschein um Kopf und Brustkorb, der unten zu beiden Seiten der Statue in drachenähnliche Schlangenköpfe ausläuft. Der Kopf dieses Buddha ist etwas breiter als im Sukhothai-Stil eigentlich üblich: Dadurch wirkt die Statue ganz besonders majestätisch.

Ein Heiligtum auf der einen Seite wurde in ein **Museum** umgewandelt, in dem uralte Buddha-Figuren, Keramiken und weitere historische Artefakte ausgestellt sind.

Obwohl der Tempel so heilig ist, fordern ohne Unterlass laute Lautsprecherdurchsagen zum Spenden auf. Auch thailändische Musiker, eine Reihe von Händlern, die von Kräutern bis zu Lotterielosen alles Mögliche verhökern, mehrere Geldautomaten und Hunderte Besucher erzeugen eine hektische Atmosphäre. Man sollte frühmorgens kommen (am besten vor 7 Uhr), wenn man in Ruhe meditieren oder auch nur Fotos machen möchte. Und grundsätzlich immer in angemessener Kleidung erscheinen – also keine Shorts oder ärmellose Oberteile tragen!

Wat Ratburana BUDDHISTISCHER TEMPEL

(วัดราชบูรณะ; Th Phutta Bucha; tagsüber) GRATIS Auf der anderen Straßenseite gegenüber

Phitsanulok

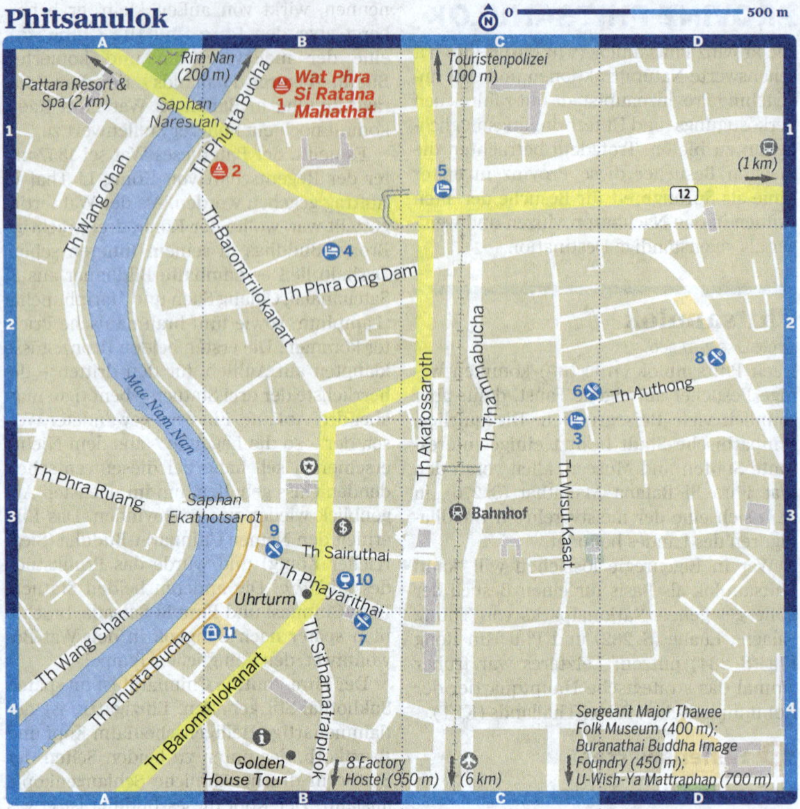

Phitsanulok

Highlights
1 Wat Phra Si Ratana Mahathat B1

Sehenswertes
2 Wat Ratburana B1

Schlafen
3 Ayara Grand Palace C3
4 Karma Home Hostel B2
5 Nap Corner Hostel C1

Essen
6 Ban Mai C2
7 Cafe Veggie B4
8 Nachtmarkt D2
9 Paknang B3

Ausgehen & Nachtleben
10 In Town B3

Shoppen
11 Nachtbasar B4

dem Wat Phra Si Ratana Mahathat steht der Wat Ratburana, der weniger Besucher anzieht, aber in mancherlei Hinsicht sogar interessanter ist als sein berühmter Nachbar. Neben einem *wí·hăhn* mit einem 700 Jahre alten vergoldeten Buddha, einer *bòht*-Kapelle mit schönen Wandmalereien, die aus der Mitte des 19. Jhs. stammen, und zwei *hŏr đrai* (Handschriften-Bibliotheken) aus Holz birgt die Tempelanlage auch ein paar merkwürdige Sehenswürdigkeiten, die einen faszinierenden Einblick in die Glaubenspraktiken des thailändischen Buddhismus vermitteln: Da ist zunächst unübersehbar ein mit Girlanden geschmücktes großes Holzboot. Mit ihm reiste König Rama V. einst zu einem offiziellen Besuch in Phitsanulok an. Heute glaubt man, das Boot erfülle all jenen ihre Wünsche, die ein Opfer darbringen und dann drei- oder neunmal unter der gesamten Länge des Bootsrumpfs durchkriechen. Neben dem *wí·hăhn* steht ein heiliger Baum mit Leitern zu beiden Seiten. Gläubige klettern hinauf, hinterlassen eine Opfergabe, läuten eine Glocke und klettern wieder herunter. Diese Aktion wird insgesamt drei- oder neunmal durchgeführt. Direkt neben dem Baum hängt ein riesenhafter Gong, der einen besonderen summenden Ton von sich gibt, wenn er auf die richtige Art und Weise gerieben wird.

Neben jeder dieser heiligen Einrichtungen steht ein Wächter, der nicht nur die Opfergaben wie Münzen, Weihrauch und Blumen einsammelt, sondern Besuchern auch genaue Anweisungen gibt, wie jedes Ritual auszuführen ist, wie oft etwas wiederholt, was geopfert und welches Gebet vorgetragen werden muss.

Buranathai Buddha Image Foundry WERKSTATT
(โรงหล่อพระบูรณะไทย; 26/43 Th Wisut Kasat; 20 B; ⌚8–17 Uhr) GRATIS Schräg gegenüber vom Sergeant Major Thawee Folk Museum befindet sich die kleine Buranathai Buddha Image Foundry, die ebenfalls Oberfeldwebel Thawee gehörte. Hier werden Bronze-Buddhas aller Größen gegossen. Besucher können bei der Arbeit zuschauen und in einer detaillierten Fotoausstellung einiges über das Wachsausschmelzverfahren lernen. Bei manchen größeren Stücken dauert die Fertigstellung über ein Jahr. In dem kleinen Souvenirladen gibt es Bronze-Buddhas zu kaufen.

Schlafen

Karma Home Hostel HOSTEL $
(☎088 814 1268; www.facebook.com/karmahomehostel; Soi Lang Wat Mai Apaiyaram; B 200–250 B, Zi. 420 B; ❄📶) Das gemütliche Hostel verfügt über zwei offene Dorms und ein Privatzimmer; gekrönt wird das Ganze von einer Dachterrasse, auf der jede Menge Hängematten baumeln. In der von einem englisch-thailändischen Paar gemanagten Herberge herrscht Traveller-Stimmung, es gibt abendliche Kneipen- und Restaurantausflüge und Mietfahrräder.

Nap Corner Hostel HOSTEL $
(☎091 389 4361; www.facebook.com/napcornerhostel; 77 Th Akatossaroth; B 300 B, Zi. 500 B; ❄📶) Die kompakten Dorms dieses freundlichen Hostels haben Bäder und kleine Schließfächer. Die Betten sind hart – wie in allen Hostels von Phitsanulok –, und aufgrund der Lage in der Nähe der Bahnschienen und Hauptstraßen kann es ein wenig geräuschvoll zugehen. Dafür gibt's einen kostenlosen Radverleih für Gäste.

8 Factory Hostel PENSION $$
(☎098 265 9658; www.facebook.com/the8factory; 174/11 Th Sithamatraipidok; Zi. inkl. Frühstück 688–988 B; ❄📶) Auch wenn der Name etwas anderes vermuten lässt: Dies ist kein Hostel, denn es gibt keine Dormbetten, sondern ansehnlich große, bequeme Zimmer mit abgeschliffenem Holz und ein paar Industrieschick-Details. Im Erdgeschoss befinden sich ein amerikanisch gestaltetes Café und Restaurant, und kostenlose Fahrräder für Gäste gibt's auch. Das Haus liegt südlich vom Bahnhof, ein Stückchen entfernt von der Innenstadt.

Ayara Grand Palace HOTEL $$
(☎055 909999; www.ayaragrandpalacehotel.com; Th Authong; Zi. inkl. Frühstück 1000–2400 B; ❄📶🏊) Pastelltöne à la 1990er-Jahre, Imitate von offenen Kaminen und allgegenwärtiges Blumendekor machen das Ayara ziemlich kitschig. Aber es wird tadellos geführt, und die Zimmer sind groß und gut ausgestattet, mit Schließfächern und ordentlichen Betten. Die teuersten Zimmer fallen riesig aus. Zum Ayara gehören ein kleiner Pool und ein Restaurant.

★ **Pattara Resort & Spa** HOTEL $$$
(☎055 282966; www.pattararesort.com; 349/40 Th Chaiyanupap; Zi. 3800–4500 B, Villa 7500–9000 B, jeweils inkl. Frühstück; ❄📶🏊) Das Resort ist Phitsanuloks nobelste Unterkunft. Rund 2 km westlich vom Zentrum gibt's hier riesige Zimmer mit großen Bädern und breiten Balkonen, von denen man auf Lotusteiche und einen Pool schaut. Am besten sind die zwei Villen mit Privatpools und die beiden Stelzenvillen am Rand des größten Lotusteichs. Auch ein Fitness- und Wellnesscenter sind vorhanden.

Essen & Ausgehen

Rim Nan THAI $
(5/4 Th Phutta Bucha; Hauptgerichte 35–50 B; ⌚7–16 Uhr) Gleich nördlich des Wat Phra Si Ratana Mahathat säumen mehrere einander ähnliche Restaurants die Th Phutta Bucha. Das reizvollste darunter ist das halboffene, mit Pflanzen geschmückte Rim Nan. Alle diese Lokale servieren *gŏoay·đĕe·o hôy kăh* (wörtl. „Baumelnde-Beine-Nudeln"). Der Name kommt von den Sitzbänken, auf de-

ABSEITS DER ÜBLICHEN PFADE

WASSERFÄLLE & STROMSCHNELLEN: DIE GRÜNE ROUTE

Zwischen Phitsanulok und Lom Sak folgt die Rte 12 (alias Green Route bzw. Grüne Route; 130 km) dem malerischen Lam Nam Khek mit vielen Stromschnellen. Abseits der Strecke warten Wasserfälle, Resorts und zwei Nationalparks (Phu Hin Rong Kla sowie Thung Salaeng Luang).

Das TAT-Büro in Phitsanulok verteilt gute Karten zu den Attraktionen unterwegs. Die ersten beiden Wasserfälle namens **Nam Tok Sakhunothayan** (bei Km 33) und **Kaeng Song** (bei Km 45) sind nicht unbedingt Pflicht und am Wochenende oft stark überlaufen. Der dritte Wasserfall namens **Kaeng Sopha** (bei Km 72) ist ein vergleichsweise größeres Areal mit kleinen Kaskaden, Stromschnellen und Felsformationen. Letztere laden zum Herumwandern ein und sind je nach aktueller Niederschlagsmenge mehr oder weniger sichtbar. Bei ausreichendem Wasserstand (meist Sept.–Nov.) organisieren alle regionalen Resorts **Wildwasser-Raftingtouren** auf dem Lam Nam Khek. Inzwischen wird für den Kaeng Sopha die ziemlich heftige Zutrittsgebühr von 500 B verlangt.

Weiter östlich entlang dieses Abschnitts der Rte 12 liegt mit dem 1262 km² **Thung Salaeng Luang National Park** (อุทยานแห่งชาติทุ่งแสลงหลวง; ☎055 268019, Unterkünfte 02 562 0760; www.dnp.go.th; Rte 12; Eintritt Erw./Kind 500/300 B; ⏲8–17 Uhr) eines der größten und bedeutendsten Naturschutzgebiete Thailands. Die Parkverwaltung am Eingang (bei Km 80) informiert über örtliche Wander- und Übernachtungsmöglichkeiten.

Selbstfahrer können bei Km 100 Richtung Süden abbiegen und der Rte 2196 nach **Khao Kho** (Khow Khor) folgen, wo sich in den 1970er-Jahren ein weiteres Berglager der Kommunistischen Partei Thailands (KPT) befand.

Nach dem Abstecher geht's entweder zurück zum Highway Phitsanulok–Lom Sak oder von der Rte 2196 über die Rte 2258 zur Rte 203. Diese führt nordwärts weiter nach Lom Sak und gen Süden nach Phetchabun.

Fast entlang der ganzen Grünen Route gibt's Unterkünfte im Resort-Stil. Budget-Unterkünfte ballen sich nahe Kaeng Song (bei Km 45) und in den Nationalparks. Am Nam Khek warten mehrere Uferrestaurants mit toller Aussicht und kühler Brise auf.

Zwischen Phitsanulok und Lom Sak verkehren Busse (100 B, 5.50–18 Uhr). Für maximale Flexibilität empfiehlt sich aber ein eigenes Vehikel – z. B. von den Autovermietern am Flughafen Phitsanulok (S. 284).

nen die Gäste mit baumelnden Beinen sitzen und ihre Schüsseln leerfuttern.

Nachtmarkt MARKT $

(Th Phra Ong Dam; Hauptgerichte 30–60 B; ⏲17–24 Uhr) Der Markt beiderseits der Th Phra Ong Dam nördlich der Th Authong bietet die übliche Auswahl an Thai-Streetfood.

★ **Ban Mai** THAI $$

(93/30 Th Authong; Hauptgerichte 80–200 B; ⏲11–22 Uhr) Ein Abendessen in diesem Lokalfavoriten erinnert an ein Mahl bei den eigenen Großeltern: Inmitten von altmodischem Mobiliar wird hier über alles Mögliche diskutiert, während eine dicke Katze über den Speiseraum zu herrschen scheint. Besonders lecker sind z. B. *gaang pèt bèt yâhng* (Curry mit gegrillter Ente) oder *yam dà krái* (Salat mit Kräutern und Zitronengras). Mangels Ausschilderung in lateinischen Buchstaben muss man auf den gelben Bau gegenüber dem Hotel Ayara Grand Palace achten.

Cafe Veggie INTERNATIONAL $$

(Th Phayarithai; Hauptgerichte 165–250 B; ⏲11.30–21 Uhr; 📶) Ungeachtet des Namens ist dies kein echtes vegetarisches Restaurant. Doch können sich die Gäste ihren eigenen Salatteller zusammenstellen, und einen Veggie-Burger gibt's auch. Die meisten Gerichte auf der Karte fallen unter den Begriff „westliches Soulfood": Fish and Chips, Steaks und Pasta, und alles schmeckt gut.

Paknang INTERNATIONAL $$

(Th Sairuthai; Hauptgerichte 60–500 B; ⏲10–23 Uhr) Diese Ecke des alten Phitsanulok ist das chinesische Viertel der Stadt, und in diesem schon lange existierenden Restaurant wird gute Thai-/China-Küche geboten. Besonders lecker sind die mit Kräutern gewürzten Suppen; auf der umfangreichen Karte stehen auch viele Fischgerichte. Die meisten Speisen kosten zwischen 100 und 180 B.

In Town BAR

(Th Phayarithai; ⏲18–24 Uhr; 📶) Das in einem umgebauten Kaufhaus untergebrachte In

Town mit freiliegenden Backsteinmauern und Hockern an einer Holztheke ist wahrscheinlich die edelste Bar von Phitsanulok. Im Kühlschrank lagert eine beachtliche Reihe ausländischer Biere (manche kommen auch vom Fass), und die Cocktails werden fachmännisch kredenzt.

U-Wish-Ya Mattraphap BAR
(www.facebook.com/Uwishya; 36/110 Th Chan Wetchakit; ⏲17–24 Uhr; 📶) Eine Biker-Bar im thailändischen Stil – was den Laden im Vergleich zu manchen westlichen Pendants viel freundlicher macht. Geboten sind hier auch diverse Kneipen-Häppchen à la Thailand und unaufdringliche Livemusik an den meisten Abenden.

Shoppen

Nachtbasar MARKT
(Th Phutta Bucha; ⏲19–24 Uhr) Phitsanuloks Night Bazaar lohnt einen Besuch, wenn man günstige Kleidung oder eine Fußmassage braucht. Hier gibt's auch gutes Essen. Das südlichste Restaurant an der Fressmeile ist auf *pàk bûng loy fáh* (wörtlich „am Himmel fliegende Gewächse") spezialisiert: Der Koch brät einen Schwung Gemüse im Wok und wirft es dann durch die Luft einem Kellner zu, der es mit einem Teller auffängt!

Praktische Informationen

Mehrere örtliche Bankfilialen haben Geldautomaten und -umtausch. Weitere Automaten findet man im Komplex des Wat Phra Si Ratana Mahathat.

Golden House Tour (☎055 259973; 55/37-38 Th Baromtrilokanart; ⏲Mo–Sa 7–19 Uhr) Erfahrenes Reisebüro, das u. a. Flugtickets bucht und Überlandtouren im Bereich von Phitsanulok arrangiert, darunter Wohnmobiltouren zum Phu Hin Rong Kla National Park.

Krung Thai Bank (Th Naresuan; ⏲Mo–Fr 8.30–16.30 Uhr) Mit Geldautomat.

Polizei (☎Notruf 24 Std. 191; Th Baromtrilokanart) Das Polizeirevier von Phitsanulok.

Tourism Authority of Thailand (TAT; ☎055 252742, landesweit 1672; tatphlok@tat.or.th; 209/7-8 Th Baromtrilokanart; ⏲8.30–16.30 Uhr) Hier gibt's hilfsbereites Personal,

VERKEHRSMITTEL AB PHITSANULOK

Bus & Minivan

Ergänzend zu den im Folgenden genannten Bussen fahren Minivans nach Bangkok (280 B, 4½ Std., 6.30–18.30 Uhr stündl.), Mae Sot (196 B, 4 Std., 8–15 Uhr 4-mal tgl.) und zum Sukhothai Historical Park (50 B, 1½ Std., 5.20–18 Uhr häufig).

ZIEL	PREIS (B)	DAUER (STD.)	HÄUFIGKEIT
Bangkok	288–382	5–6	8.45–23 Uhr stündl.
Chiang Khong	298	10	9 Uhr
Chiang Mai	220–337	6	6–12.40 Uhr häufig
Chiang Rai	258–332	7–8	5.30–13 Uhr 6-mal tgl.
Kamphaeng Phet	80	2	5–18 Uhr 9-mal tgl.
Lampang	259	4	6–12.40 Uhr häufig
Lom Sak (Grüne Route)	100	1–2	5.50–18.15 Uhr stündl.
Mae Sai	291–374	7	5.30, 8 & 13 Uhr
Nakhon Thai (zum Phu Hin Rong Kla National Park)	75	2	5–18 Uhr stündl.
Nan	193	6	7.30, 11.30, 14.30 & 17.30 Uhr
Phrae	122–157	4	6–17.30 Uhr 9-mal tgl.
Sukhothai	42	1	5.30–18 Uhr stündl.

Zug

ZIEL	PREIS (B)	DAUER (STD.)	HÄUFIGKEIT
Bangkok	69–1354	5–7	10-mal tgl.
Chiang Mai	65–1135	7–9	6-mal tgl.
Lampang	98–1022	5	5-mal tgl.

Gratisstadtpläne und kostenlose Broschüren für Stadtspaziergänge auf eigene Faust. Das Büro ist auch für die Provinzen Sukhothai, Phichit und Phetchabun zuständig.

Touristenpolizei (☎ landesweit 1155; Th Akatossaroth) Das Touristenpolizei-Büro von Phitsanulok.

An- & Weiterreise

Der **Phitsanulok Airport** (☎ 055 301002) befindet sich ca. 5 km südlich der Stadt. Eine Taxifahrt dorthin bzw. ab dort kostet 150 B. AirAsia (S. 275), Nok Air (S. 275) und **Thai Lion Air** (☎ Callcenter 02 529 9999; www.lionairthai.com; ⌚7–19 Uhr) verbinden Phitsanulok mit dem Don Mueang International Airport (Bangkok; jeweils ab 695 B, 55 Min., 1-mal tgl.).

Phitsanuloks **Busbahnhof** (☎ 055 212090; Rte 12) liegt 2 km östlich der Stadt am Hwy 12. Er wird von allerlei Minivan- bzw. Buslinien bedient und ist daher ein praktischer Transitpunkt. Tuk-Tuks und Motorradtaxis verbinden das Terminal mit dem Zentrum (jeweils 60 B).

Phitsanuloks **Bahnhof** (☎ 055 258005, landesweit 1690; www.railway.co.th; Th Akatossaroth) hat eine Gepäckaufbewahrung und liegt in Laufentfernung zu diversen Unterkünften. Er ist ebenfalls ein wichtiger Knotenpunkt: Hier halten fast alle Züge in der Region Richtung Norden oder Süden.

Unterwegs vor Ort

In Phitsanulok sind Darth-Vader-artige *sǎhm·lór* (Fahrradrikschas) unterwegs. Über deren Fahrpreise zu diversen Zielen im Stadtgebiet (ab 60 B) informiert ein Schild vor dem Bahnhof. Zudem verkehren vor Ort auch ein paar **Taxis** (☎ 055 338888), und beim Bahnhof und Busbahnhof finden sich einige Motorrikschas.

Am Flughafen gibt's Mietwagen bei **Avis** (☎ 089 969 8672, landesweit 02 251 1130; www.avisthailand.com; Phitsanulok Airport; ⌚7–21 Uhr), **Budget** (☎ 055 301020, landesweit 02 203 9222; www.budget.co.th; Phitsanulok Airport; ⌚7–18 Uhr), **Eddy Rent A Car** (☎ 081 534 1535; www.eddy-rentacar.com; Phitsanulok Airport; ⌚5–17 Uhr) oder **Thai Rent A Car** (☎ 055 301058, landesweit 1647; www.thairentacar.com; Phitsanulok Airport; ⌚7–20.30 Uhr). Die Gebühren beginnen bei rund 900 B/Tag.

Phu Hin Rong Kla National Park

Das Gebiet dieses heutigen Nationalparks war früher ein wichtiger Stützpunkt der Kommunistischen Partei Thailands (KPT). Davon ist nicht mehr viel zu erkennen, doch dafür entschädigen die Naturschönheiten des Parks reichlich: Wasserfälle, Wanderwege und ungewöhnliche Felsformationen.

Geschichte

Der Berg Phu Hin Rong Kla war zwischen 1967 und 1982 strategisches Hauptquartier der Kommunistischen Partei Thailands (KPT) und ihres bewaffneten Arms, der Volksbefreiungsarmee Thailands (People's Liberation Army of Thailand, PLAT). Der abgelegene, leicht zu verteidigende Gipfel war wie gemacht für die Rebellen. In der nur 300 km entfernten chinesischen Provinz Yunnan wurden die Kader der KPT in revolutionärer Taktik geschult. 1979 fand das jedoch ein Ende, nachdem sich die chinesischen mit den vietnamesischen Kommunisten überworfen hatten und die KPT auf die Seite Vietnams gewechselt war.

Beinahe 20 Jahre lang galt das Gebiet um Phu Hin Rong Kla als Schlachtfeld zwischen Regierungs- und kommunistischen Truppen. 1972 startete die thailändische Regierung eine Großoffensive gegen die PLAT, mit der sie vergeblich versuchte, diese vom Berg zu fegen. Das Lager der KPT am Phu Hin Rong Kla wurde besonders aktiv, als die thailändische Armee im Oktober 1976 hunderte Studenten während des Arbeiter-Studenten-Aufstands in Bangkok tötete. Viele Studenten flohen daraufhin, schlossen sich der KPT an und gründeten ein Krankenhaus und eine Schule für politische und militärische Taktik.

Nachdem die PLAT bis 1978 auf 4000 Mitglieder angewachsen war, startete die thailändische Armee 1980 und 1981 neue Angriffe. Und diesmal gelang es ihr, der KPT Gebiete abzuringen. Doch der entscheidende Schlag gegen die KPT erfolgte erst 1982, als die Regierung allen Studenten eine Amnestie anbot, die sich nach 1976 den Kommunisten angeschlossen hatten. Dass die Studenten ihr den Rücken kehrten, brach der Bewegung, die mittlerweile dringend auf frische Kräfte angewiesen war, das Rückgrat. Ein letzter militärischer Vorstoß Ende 1982 zwang die PLAT zur Kapitulation. Zwei Jahre später wurde der Phu Hin Rong Kla zum Nationalpark erklärt.

Sehenswertes

Der 307 km² große **Phu Hin Rong Kla National Park** (อุทยานแห่งชาติภูหินร่องกล้า; ☎ 055 233527; www.dnp.go.th; Erw./Kind 500/300 B; ⌚8.30–17 Uhr) wartet mit zerklüfteten Bergen und Wäldern, Felsbrocken und Wildblumen auf. Die Parkverwaltung befindet sich auf einer Höhe von ca. 1000 m, sodass es hier selbst in der heißen Jahreszeit immer angenehm kühl ist. Die Hauptattraktionen sind nicht allzu weit von der Hauptstraße, die durch den Park führt, entfernt. Zu ihnen gehören die Reste der KPT-Festung – eine rustikale Versammlungshalle, die für politische und militärische Taktik benutzt wurde – und das KPT-Verwaltungsgebäude. Die Gebäude im Park sind aus Holz und Bambus und besitzen weder Wasser- noch Stromversorgung – sie veranschaulich, wie primitiv die Lebensbedingungen waren.

Im Parkverwaltungsgebäude ist ein bescheidenes **Museum** untergebracht, das ein paar mitgenommene Relikte aus der KPT-Ära zeigt, die allerdings nur wenig auf Englisch erklärt werden. Am Ende der Straße in den Park liegt ein kleines Weiße-Hmong-Dorf.

Im Park gibt es auch Wasserfälle, Wanderwege und malerische Aussichtspunkte sowie interessante Felsformationen: die Lan Hin Pum genannten Felsvorsprünge und das Lan Hin Taek genannte Gebiet mit tiefen Felsspalten, in denen sich die Truppen der PLAT (People's Liberation Army of Thailand) bei Luftangriffen versteckten. Im Besucherzentrum sind Karten erhältlich.

An den Wochenenden und an Feiertagen ist am Phu Hin Rong Kla manchmal recht viel los. Wer es ruhig mag, sollte lieber unter der Woche herkommen.

Pha Chu Thong HISTORISCHE STÄTTE
(ผาชูธง, Felsen der roten Fahne; Phu Hin Rong Kla National Park) Ein 1 km langer Weg führt zum Pha Chu Thong, auf dem die Kommunistische Partei Thailands nach militärischen Erfolgen die rote Fahne hisste. In dieser Gegend befinden sich auch ein Luftschutzbunker, ein Aussichtsposten und die Überreste des KPT-Hauptquartiers. Bevor die thailändischen Behörden eine Straße bauen ließen, war dieser Teil des Areals so gut wie nicht zu erreichen.

Schlafen & Essen

Im Phu Hin Rong Kla National Park gibt's lediglich Unterkünfte des **Forstministeriums** (Royal Forest Department; ☎ 02 562 0760; www.dnp.go.th; Zelt für 3 Pers. 225 B, Bungalow 800–3000 B), die online oder telefonisch reserviert werden müssen. Golden House Tour (S. 283) nahe dem TAT-Büro in Phitsanulok kann bei der Buchung von Unterbringung im Park behilflich sein. Das einzige Restaurant (mit Cafeteria) befindet sich in der Nähe des Park-Besucherzentrums.

An- & Weiterreise

Die Phu Hin Rong Kla Nationalparkverwaltung ist ca. 125 km von Phitsanulok entfernt. Um dorthin zu kommen, nimmt man zunächst einen der frühen Busse nach Nakhon Thai (75 B, 2 Std., 5–18 Uhr stündl.). Dort kann man in der Nähe des Marktes ein *sŏrng·tăa·ou* zum Park chartern (700 B). Golden House Tour (S. 283) bietet von Phitsanulok aus einen Tagesausflug an (Auto & Fahrer 1800 B zzgl. Benzin). Reizvoll ist auch eine Tour mit dem Motorrad; die Strecke ist nicht sehr befahren. Allerdings benötigt man eine starke Maschine, um die Hügel auf dem Weg zum Phu Hin Rong Kla zu bezwingen.

KAMPHAENG PHET

☎ 055 / EW. 29 000

Kamphaeng Phet (กำแพงเพชร), auf halbem Weg zwischen Bangkok und Chiang Mai gelegen, zählt zu den schöneren unter Thailands Provinzhauptstädten. Obwohl sie eine der geschichtsträchtigsten Städte ist, sind hier nicht viele Touristen.

Der Name der einstmals befestigten Stadt bedeutet wörtlich „Diamantmauer" – das war eine Anspielung auf die Stärke der Stadtmauern. Diese Sicherheitsvorkehrungen waren auch geboten, da die Stadt das Sukhothai- und später das Ayutthaya-Königreich gegen Angriffe aus Myanmar oder Lanna schützen sollte. Teile der Mauern sind heute noch zu sehen, ebenso die eindrucksvollen Ruinen mehrerer religiöser Gebäude. Die moderne Stadt erstreckt sich an einem seichten Abschnitt des Mae Nam Ping und besitzt noch viele traditionelle Holzhäuser.

Sehenswertes

Der **Kamphaeng Phet Historical Park** (อุทยานประวัติศาสตร์กำแพงเพชร; Eintritt ohne/mit Festung 100/150 B; ⌚6–18 Uhr) ist eine Welterbestätte. Die Gebäuderuinen aus dem 14. Jh. stammen etwa aus derselben Zeit wie die bekannteren Bauten des Königreichs Sukhothai. An den buddhistischen Stätten von Kamphaeng Phet wurde aber noch fast 200 Jahre lang weitergebaut – bis in die Ayutthaya-Periode hinein. So sind sie gleichermaßen vom Sukhothai- und Ayutthaya-Stil geprägt. Dieser Mix aus buddhistischer Kunst ist landesweit einzigartig. Der Park ist in zwei verschiedene Bereiche unterteilt.

Kamphaeng Phet

Kamphaeng Phet

Highlights
1 Kamphaeng Phet Historical Park B2

Sehenswertes
2 Kamphaeng Phet National Museum C2
3 Shiva-Schrein C2
4 Befestigte Stadt B2
5 Wat Khu Yang D3
6 Wat Phra Borommathat A3
7 Wat Phra Kaew B2
8 Wat Phra That B2

Schlafen
9 Chakungrao Riverview C4
10 Grand View Resort B4
11 Kor Chokchai Hotel D4
12 Navarat Heritage Hotel D4
13 Scenic Riverside Resort A1
14 Three J Guest House D3

Essen
15 Bamee Chakangrao D4
16 Burger Co C4
17 Kitti D4
18 Mae Ping Riverside B3
20 Nachtmarkt C4
19 Nachtmarkt C2

Ausgehen & Nachtleben
21 Elizabeth Coffee C4

Befestigte Stadt

Der **ummauerten Zone** (100 B, mit Kamphaeng Phet Historical Park 150 B; 6–18 Uhr) gleich nördlich des modernen Kamphaeng Phet verdankt die Stadt ihren Namen. Hier lebten einst Mönche der *gamavasi* („Leben in der Gemeinschaft"). Vom Zentrum aus ist es ein ziemlich langer Fußmarsch dorthin, eine Motorradtaxifahrt kostet etwa 40 B.

Wat Phra Kaew HISTORISCHE STÄTTE
(วัดพระแก้ว; Kamphaeng Phet Historical Park; 100 B; ⏲6–18 Uhr) Der vormalige Tempel neben einem zu Ruinen zerfallenen Gebäude, das wohl einst der Herrscherpalast war, bildet das Zentrum der ummauerten Stadt. Man erblickt einen riesigen liegenden Buddha und mehrere kleinere Buddha-Statuen, die durch Verwitterung derart schlank und porös geworden sind, dass sie beinahe an die Skulpturen von Alberto Giacometti erinnern.

Wat Phra That HISTORISCHE STÄTTE
(วัดพระธาตุ; Kamphaeng Phet Historical Park; 100 B; ⏲6–18 Uhr) Die Ruinen dieses ehemaligen Tempels zeichnen sich vor allem durch einen von Säulen umgebenen *chedi* im Kamphaeng-Phet-Stil aus, der auf einem runden Sockel aus Backstein und Laterit steht.

Außerhalb der Stadt

Die meisten der Ruinen von Kamphaeng Phet befinden sich in der großen Zone (Eintritt 100 B) etwa 1,5 km nördlich der Stadtmauer. In dieser Gegend lebten früher Mönche der *aranyavasi* („Leben im Wald"). Neben dem Wat Phra Si Iriyabot und dem Wat Chang Rob gibt es noch mehr als 40 andere Anlagen, u. a. sechs weitere, die erst vor Kurzem freigelegt wurden. Von denen sieht man allerdings nicht viel mehr als ein paar Mauerreste und hier und da ein verwittertes Buddha-Bildnis. Am Eingang befindet sich ein sehr gutes Besucherzentrum (S. 289), bei dem man auch Fahrräder (30–50 B/Tag) leihen kann. Eine Motorradtaxifahrt von Kamphaeng Phets Zentrum zum Eingang kostet ungefähr 80 B.

Wat Phra Si Iriyabot HISTORISCHE STÄTTE
(วัดพระสี่อิริยาบถ; Kamphaeng Phet Historical Park; 100 B; ⏲6–18 Uhr) Das Highlight ist ein hochragender *mon·dòp* (das kleine Gebäude mit quadratischem Sockel und Spitzturm in einem Wat) mit den verwitterten Überresten von im klassischen Sukothai-Stil gearbeiteten stehenden, sitzenden, gehenden und liegenden Buddha-Figuren.

Wat Chang Rob HISTORISCHE STÄTTE
(วัดช้างรอบ; Kamphaeng Phet Historical Park; 100 B; ⏲6–18 Uhr) Der Name dieser Ruine („Von Elefanten umringter Tempel") ist Programm: Insgesamt 68 Stuckelefanten zieren das Fundament des Schreins.

Noch mehr Sehenswertes

Kamphaeng Phet National Museum MUSEUM
(พิพิธภัณฑสถานแห่งชาติกำแพงเพชร; Th Pindamri; 100 B; ⏲ Mi–So 9–16 Uhr) Kamphaeng Phets sehenswertes Museum beherbergt eine große Sammlung von Artefakten aus der Gegend um Kamphaeng Phet, u. a. die größte hinduistische Bronzeplastik Thailands. Das Bildwerk befand sich früher in dem nahe gelegenen **Shiva-Schrein** (ศาลพระอิศวร; abseits der Th Pindamri) GRATIS, doch 1886 stahl ein deutscher Missionar Hände und Kopf (sie wurden später zurückgegeben).

Wat Phra Borommathat BUDDHISTISCHER TEMPEL
(วัดพระบรมธาตุ; abseits der Rte 1078; ⏲tagsüber) Jenseits des Mae Nam Ping liegen die Ruinen des Wat Phra Borommathat in einem Gebiet, das schon lang vor der Blütezeit von Kamphaeng Phet besiedelt war. Die noch sichtbaren Überreste stammen aber aus der postklassischen Sukhothai-Periode. Der Tempelkomplex weist einige kleine und einen großen *chedi* aus der späten Sukhothai-Periode auf, der heute von einem Schirmdach im birmanischen Stil bekrönt ist – eine Zutat aus dem frühen 20. Jhs.

Wat Khu Yang BUDDHISTISCHER TEMPEL
(วัดคูยาง; Soi 1, Soi Ratchavithee; ⏲tagsüber) In dem buddhistischen Tempel gleich nördlich des Zentrums von Kamphaeng Phet ist ein schöner hölzerner *hŏr đrai* (Handschriften-Bibliothek) aus dem 19. Jh. zu bewundern.

Aktivitäten

Phra Ruang Hot Springs THERMALQUELLEN
(บ่อน้ำพุร้อนพระร่วง; Ban Lan Hin; 30 B; ⏲8–18 Uhr) Rund 20 km von Kamphaeng Phet entfernt findet man an der Straße nach Sukhothai diese Thermalquellen, die quasi die thailändische Version eines ländlichen Kurbads sind. Ihr angeblich heilkräftiges Warmwasser wird in sieben Einzelbecken (Benutzung je 50 B) geleitet. Zudem gibt's vor Ort mehrere Einrichtungen, die traditionelle Thai-Massagen anbieten.

Öffentliche Verkehrsmittel fahren nicht hierher; über das Three J Guest House (S. 288) lassen sich aber Shuttles arrangieren. Für die Hin- und Rückfahrt ist mit insgesamt 600 B zu rechnen.

Schlafen

Three J Guest House PENSION $
(☎055 713129, 081 887 4189; www.threejguesthouse.com; 79 Soi 1, Soi Ratchavitee; Zi. 300–900 B; ❄📶) Die günstigsten Zimmer in dieser altbewährten Unterkunft haben Ventilatoren und Gemeinschaftsbäder, die teureren Klimaanlage. Alle liegen rund um einen Garten mit Pflanzen und Steinen. Es gibt Fahrräder (50 B/Tag) und Motorräder (200 B/Tag) zum Ausleihen. Der hilfsbereite Eigentümer bietet auch Homestay auf seiner Farm am Seeufer, 34 km westlich von Kamphaeng Phet.

Kor Chokchai Hotel HOTEL $
(☎055 711247; 19-43 Soi 8, Th Rachadaumnoen 1; Zi. 280–360 B; ❄📶) Die betagten Zimmer in diesem Old-School-Thai-Hotel – die Räume mit Klimaanlage sind museumsreif – weisen mitgenommene Holzmöbel und durchgelegene Schaumstoffmatratzen auf. Aber sie sind sauber, die Lage ist ideal und der Preis stimmt. Die günstigsten Zimmer haben Ventilatoren. Es gibt kein Hotelschild in lateinischer Schrift.

Grand View Resort HOTEL $
(☎055 798104; 34/4 Mu 2, Nakhon Chum; Zi. & Bungalows 290–890 B, jeweils inkl. Frühstück; ❄📶) Wird auch Grand River Resort genannt und ist eins von einer Handvoll für thailändische Touristen gedachten „Resorts“ am Westufer des Mae Nam Ping. Die Zimmer besitzen wenig Eigencharakter; das Highlight sind die sechs kompakten Bungalows, die auf Flößen im Fluss dümpeln. Nicht in lateinischer Schrift ausgeschildert, man spricht kaum Englisch.

★ **Navarat Heritage Hotel** HOTEL $$
(☎055 711219; www.navaratheritage.com; 2 Soi 21, Th Tesa 1; Zi. 900–1400 B, Suite 13 000 B, jeweils inkl. Frühstück; ❄📶) Das *Heritage* (Erbe) im Hotelnamen erinnert an das Originalhotel aus den 1970ern. Seither wurde es umfassend modernisiert; die Zimmer sind die besten der Stadt, und der Service ist tadellos. Die kostspieligeren Zimmer erfreuen mit Flussblick. Ansonsten gibt's ein kleines Fitnesscenter und kostenlosen Fahrradverleih für Gäste.

Chakungrao Riverview HOTEL $$
(☎055 714900; www.chakungraoriverview.com; 149 Th Thesa 1; Zi. 850–1100 B, Suite 3500 B, jeweils inkl. Frühstück; ❄📶) Es fühlt sich inzwischen ziemlich in die Jahre gekommen an, doch bietet Kamphaeng Phets vornehmstes Hotel aus fast allen Zimmern Aussicht auf den Fluss. Sie sind von ordentlicher Größe und haben Balkone; die Badezimmer allerdings fallen klein und spartanisch aus. Die Mehrausgabe für die teureren Zimmer lohnt sich, denn dort sind die Betten besser. Normalerweise wird Rabatt gewährt.

Scenic Riverside Resort HOTEL $$$
(☎055 722009; www.scenicriversideresort.com; 325/16 Th Thesa 2; Bungalows inkl. Frühstück 1500–3700 B; ❄📶🏊) Ein griechisches Fischerdorf, dessen Gebäude thailändisch-verspielt eingerichtet wurden: So kann man sich dieses schrullig-spaßige Resort in netter Lage am Fluss ungefähr vorstellen. Die sieben kuppelförmigen, geräumigen Villen mit weißem Verputz und Steinböden werden innen von allerlei Kitsch (u. a. Stoffpuppen) geziert und teilen sich einen kleinen Pool.

Essen & Ausgehen

Günstiges Thai-Essen gibt's auf dem großen, belebten **Nachtmarkt** (Th Thesa 1; Hauptgerichte 30–60 B; ⏲16–22 Uhr) unweit vom Fluss. Ein kleinerer **Nachtmarkt** (Th Rachadumnoen 1; Hauptgerichte 30–60 B; ⏲16–21 Uhr) wird am städtischen Fußballplatz abgehalten.

★ **Bamee Chakangrao** THAI $
(Ecke Soi 9 & Th Rachadumnoen 1; Hauptgerichte 30–90 B; ⏲9–15 Uhr) Dünne Eiernudeln aus Weizenmehl *(bà·mèe)* sind eine Spezialität von Kamphaeng Phet. Und dieses berühmte, freundliche Restaurant ist eine der besten Adressen, um sie zu probieren. Hinter dem Haus werden die Nudeln täglich frisch zubereitet. Zudem kommt hier auch Satay mit Schweinefleisch auf den Tisch. Das Lokal hat keine Ausschilderung in lateinischer Schrift; zu erkennen ist es an den grünen Wimpeln an der Ecke.

Burger Co INTERNATIONAL $$
(141 Th Thesa 1; Hauptgerichte 70–299 B; ⏲11–22 Uhr; 📶) Die Burger in diesem thailändisch-südafrikanischen Lokal sind lecker, aber dasselbe gilt auch für die Steaks, Pasta und viele der Thai-Gerichte, die in ordentlicher und sauberer Umgebung serviert werden. Beliebt bei Einheimischen und Besuchern gleichermaßen.

Kitti INTERNATIONAL $$
(Ecke Th Vijit 2 & Th Bamrungrat; Hauptgerichte 50–380 B; ⏲10–14 & 16–21 Uhr) Kittis Schwerpunkt liegt auf chinesischer Küche, vieles davon mit Meeresfrüchten (die Preise für Fisch richten sich nach dem Gewicht). Unsere Empfehlung: das ungewöhnliche, aber köstliche Brathähnchen mit Cashewnüssen,

BUSSE AB KAMPHAENG PHET

Ergänzend zu den im Folgenden genannten Bussen fahren auch noch Minivans nach Mae Sot (140 B, 3 Std., 9–16 Uhr stündl.) und Sukhothai (65 B, 1 Std., 9–16 Uhr). Letzteres wird auch von *sŏrng·tăa·ou* bedient (65 B, 2 Std., 8–12 Uhr 3-mal tgl.).

ZIEL	PREIS (B)	DAUER (STD.)	HÄUFIGKEIT
Bangkok	281–395	5	9.30–23 Uhr häufig
Chiang Mai	216	5	9–23 Uhr stündl.
Chiang Rai	371–433	7	12.30 & 18 Uhr
Lampang	205–239	4	13.30 & 17.30 Uhr
Mae Hong Son	851	11	22 Uhr
Mae Sot	162	3	3 & 4 Uhr
Phayao	212–326	6	12.30 & 18 Uhr
Phitsanulok	80	2½	7–18 Uhr stündl.
Sukhothai	74	1	7–16 Uhr stündl.

begleitet von knuspriger Schweineschwarte und eingelegtem Gemüse. Ein Schild in lateinischer Schrift sucht man vergebens.

Mae Ping Riverside THAI $$

(50/1 Mu 2, Nakhon Chum; Hauptgerichte 80–350 B; ⌚5–22 Uhr) Hier am Westufer des Mae Nam Ping werden ordentliches Essen – die Spezialität ist Fisch –, Fassbier und Livemusik geboten. Es gibt noch einige ähnliche Lokale an diesem Uferabschnitt. Man spricht ein wenig Englisch; kein Schild in lateinischer Schrift vorhanden.

Elizabeth Coffee CAFÉ

(Ecke Th Thesa 1 & Soi 9; ⌚10.30–21 Uhr; 📶) Das kühle, helle Café mit Freiterrasse bietet sich als Rückzugsort vor der Hitze an. Auf der Karte stehen Kaffee, Tee, Smoothies und Säfte, außerdem Reis- und Nudelgerichte und ein paar westliche Speisen.

ℹ Praktische Informationen

An den flussnahen Hauptstraßen und an der Th Charoensuk unterhalten die meisten thailändischen Großbanken Filialen mit Geldautomaten, darunter die **Bangkok Bank** (Th Charoensuk; ⌚ Mo–Sa 8.30–16.30 Uhr).

Polizei (☎ Notruf 24 Std. 191; Rte 101) Kamphaeng Phets Hauptwache.

Visitor Centre (Kamphaeng Phet Historical Park; 100 B; ⌚8–16 Uhr) Das hervorragende Besucherzentrum am Eingang zum Kamphaeng Phet Historical Park verleiht auch Fahrräder (30–50 B/Tag).

ℹ An- & Weiterreise

Kamphaeng Phets **Busbahnhof** (☎ 055 799103; Rte 101) befindet sich ca. 1 km westlich des Mae Nam Ping. Motorradtaxis (50 B) und *sŏrng·tăa·ou* (20 B, 7.30–15 Uhr häufig) verkehren zwischen dem Bahnhof und der Stadt. Wer aus Sukhothai oder Phitsanulok kommt, sollte in der Altstadt oder am Kreisverkehr in der Th Thesa 1 aussteigen, um sich so die Rückfahrt im *sŏrng·tăa·ou* in die Stadt zu ersparen.

Wenn man nach Bangkok (218–395 B, 5 Std., 9–23 Uhr häufig) will, lässt sich der Busbahnhof ganz umgehen, indem man sein Busticket bei **Win Tour** (☎ 055 713971; Th Kamphaeng Phet, ⌚8–23 Uhr) kauft und dort in der Nähe des Kreisverkehrs einsteigt.

ℹ Unterwegs vor Ort

Motorradtaxis oder Tuk-Tuks sind in Kamphaeng Phet dünn gesät. Daher empfiehlt es sich, ein Fahrrad oder Motorrad zu mieten – z. B. im Three J Guest House (S. 288; Fahrrad/Motorrad pro Tag 50/200 B).

PROVINZ TAK

Die große, gebirgige Provinz Tak (จังหวัดตาก) hat wegen ihrer Nähe zu Myanmar eine komplexe Geschichte und weist einen einmaligen kulturellen Mix auf.

Vielleicht aufgrund ihrer Abgelegenheit ist die Provinz Tak noch recht unerschlossen. Das zusammenhängende Naturschutzgebiet, das aus dem Um Phang Wildlife Sanctuary, dem Nationalpark Thung Yai Naresuan, dem Huay Kha Kaeng Wildlife Sanctuary und den Nationalparks Khlong Lan und Mae Wong besteht, ist einer der größten Naturräume Thailands und eines der umfangreichsten intakten Naturwaldgebiete Südostasiens.

Doch seitdem der Grenzübergang Mae Sot–Myawaddy der wichtigste zwischen Thailand und Myanmar ist und Mae Sot sich selbst zur Handelszone ernannt hat, ist Tak nicht mehr so isoliert wie früher, und der sich ausdehnende internationale Handel wird bestimmt zu steigenden Besucherzahlen führen.

Mae Sot

☎055 / EW. 40 750

Mae Sot (แม่สอด) gehört zu den kulturell vielfältigsten Städten Thailands. Das liegt vor allem an der relativ abgeschiedenen Lage an der Grenze zu Myanmar. Das multikulturelle Ambiente führt dazu, dass viele Besucher länger bleiben als ursprünglich vorgesehen.

In den Straßen herrscht ein bunter ethnischer Mix: Birmanen in ihren *longyi* (Sarongs), Hmong- und Karen-Frauen in den traditionellen Kostümen der Bergvölker, bärtige Muslime, thailändische Armeekommandos und ausländische Mitarbeiter von Nichtregierungsorganisationen prägen das Stadtbild. Man hört hier genauso oft birmanisch und Karen wie Thai, die Ladenschilder in den Straßen sind mit thailändischen, birmanischen und chinesischen Schriftzeichen bedeckt, und die Tempelarchitektur in Mae Sot ist überwiegend birmanisch geprägt. Mae Sot ist zudem zum wichtigsten Jade- und Edelsteinzentrum an der Grenze geworden; der Handel liegt überwiegend in den Händen chinesischer und muslimischer Einwanderer aus Myanmar. Der nahegelegene Grenzübergang nach Myawaddy in Myanmar ist mittlerweile der verkehrsreichste zwischen den beiden Ländern.

Sehenswertes & Aktivitäten

Border Market MARKT

(ตลาดริมน้ำเมย; Rte 12/AH1; ⌚7–19 Uhr) Auf dem großen Grenzmarkt am thailändischen Ufer des Mae Nam Moei gibt's u. a. Alltagsgegenstände aus Myanmar, Schwarzmarktklamotten, chinesische Billigelektronik und Essen. Der Markt liegt 5 km westlich der Stadt und ist mit in Richtung Grenze fahrenden *sŏrng·tăa·ou* ab der Th Chid Lom erreichbar (20 B, ca. 6–18 Uhr häufig).

Highland Farm Gibbon Sanctuary FREIWILLIGENARBEIT

(☎081 727 1364; www.gibbonathighlandfarm.org) Dieses Reservat für verwaiste, ausgesetzte und misshandelte Gibbons bietet Freiwilligen die Möglichkeit, einen Monat lang bei der täglichen Routinearbeit mitzuhelfen. Im Schutzgebiet leben übrigens auch Makaken. Wer sich für einen Freiwilligen-Arbeitseinsatz interessiert, muss sich rechtzeitig per Telefon oder über die Website anmelden.

Yoga For Life YOGA

(☎083 092 2772; Irawadee Resort, 758/1 Th Intharakhiri; Yogastunde 250 B; ⌚Yogastunden Mo–Sa 9.30, 17 & 18.15 Uhr) Der tägliche Yogaunterricht, der von den Leuten von Yoga For Life abgehalten wird, findet im Irawadee Resort (S. 292) statt. Es werden auch Kurse angeboten.

Herbal Sauna SAUNA

(Wat Mani, Th Intharakhiri; 20 B; ⌚12–18 Uhr) Im Wat Mani gibt's eine Kräutersauna mit getrennten Bereichen für Männer und Frauen. Die Sauna liegt im hinteren Bereich des Klostergeländes, noch hinter den *gù·đì* (Mönchszellen).

Kurse

★**Kochkurse** KOCHEN

(☎055 546584; www.borderlinecollective.org; Borderline Shop, 674/14 Th Intharakhiri; 1000 B; ⌚Di–So 9–12 & 15–18 Uhr) In diesen Kursen lernt man, vier verschiedene Shan-, birmanische und Karen-Gerichte zuzubereiten. Außerdem gehören ein Besuch auf dem Markt und ein Kochbuch dazu, des Weiteren die Möglichkeit, die kulinarischen Ergebnisse im angrenzenden Café gemeinsam mit den anderen Teilnehmern zu verspeisen. Je größer die Gruppe wird, desto niedriger kann der Preis pro Teilnehmer angesetzt werden. Das Ganze findet im Borderline Teashop (S. 293) statt.

Schlafen

Viele Unterkünfte in Mae Sot gehören zur Budget-Kategorie und sind vor allem auf Mitarbeiter von Nichtregierungsorganisationen und ausländische Freiwillige eingestellt, die monatelang vor Ort bleiben.

Phan Nu House PENSION $

(☎081 886 2950; phannuhouse@gmail.com; 563/3 Th Intharakhiri; Zi. 250–500 B; ❄📶) Phan Nu ist eine durchaus annehmbare Budget-Option mit 20 Zimmern in zwei von der Straße zurückversetzten Gebäuden. Die teureren teilen sich Gemeinschaftsbalkone, die billigsten werden nur von Ventilatoren gekühlt. Die Zimmer sind großzügig geschnitten, sauber und haben einigermaßen gute Bet-

Rund um Tak & Mae Sot

ten, mit Schreibtischen und Kühlschränken ausgestattet. Beliebt bei ausländischen Freiwilligen.

★ Ban Thai Guest House HOTEL $$
(☎055 531590; banthai_mth@hotmail.com; 740 Th Intharakhiri; Zi. 350–1200 B; ❄📶) Das Ban Thai besteht aus einem abgeschiedenen, stillen Gelände mit sieben umgewandelten Thai-Häusern mit geräumigen, stilvollen, suitenähnlichen Zimmern, die über große Bäder sowie Möbel und Textilien im thailändischen Stil verfügen. Im Haupthaus gibt's auch zwei günstige ventilatorgekühlte Zimmer. Hier steigen viele NGO-Mitarbeiter und regelmäßig zurückkehrende Reisende ab, daher ist es ratsam, frühzeitig zu buchen.

Picturebook Guesthouse HOTEL $$
(☎090 459 6990; www.picturebookthailand.org; 125/4-6 Soi 19, Th Intharakhiri; Zi. inkl. Frühstück 600–800 B; ❄📶) Die zehn kompakten Zimmer in einem hübschen Garten weisen geschliffene Betonwände, künstlerische Details und passende Holzmöbel auf. Das freundliche, hilfsbereite Personal arbeitet hier im Rahmen eines gemeinnützigen Ausbildungsprogramms. Die Unterkunft versteckt sich in der Soi 19 (kein Straßenschild) direkt hinter dem Hotel J2, etwa 1 km östlich von Mae Sot.

Baan Rabiangmai HOTEL $$
(☎055 532144; baanrabiangmaimaesot@gmail.com; 3/21 Th Don Kaew; Zi. inkl. Frühstück 800–1500 B; ❄📶) Solch ein gut geführtes und ausgestattetes Hotel ohne Schnickschnack sollte es überall geben: Die 19 modernen Zimmer haben Kochnischen, Sitzecken und kleine Balkone. Für 30 B/Tag kann man ein Fahrrad mieten.

J2 HOTEL $$
(☎055 536161; www.facebook.com/j2maesot; 149/8 Th Intharakhiri; Zi. 890–1200 B, Suite 2000–2200 B, jeweils inkl. Frühstück; ❄@📶) Das gut gemanagte J2 hat tüchtiges Personal sowie 47 geräumige und moderne, wenn auch nicht besonders stilvolle Zimmer, manche

Mae Sot

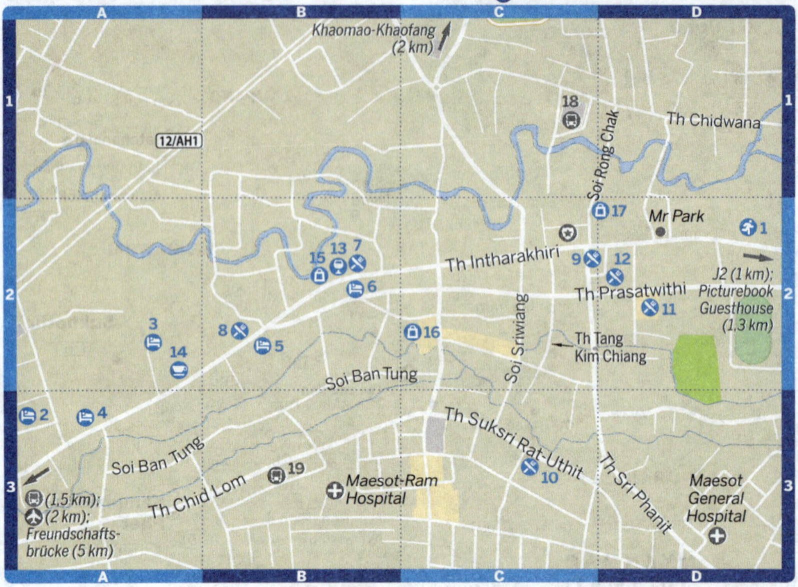

Mae Sot

Aktivitäten, Kurse & Touren
- Kochkurs .... (s. 15)
- 1 Herbal Sauna D2
- Yoga For Life .... (s. 4)

Schlafen
- 2 Baan Rabiangmai A3
- 3 Ban Thai Guest House A2
- 4 Irawadee Resort A3
- 5 Phan Nu House B2
- 6 Sleep Nest Hostel B2

Essen
- 7 Bai Fern B2
- Borderline Teashop .... (s. 15)
- 8 Casa Mia B2
- 9 Krua Canadian C2
- 10 Lucky Garden Tea Shop C3
- 11 Nachtmarkt D2
- 12 Phat Thai Mae Sot D2

Ausgehen & Nachtleben
- 13 Border Booze B2
- 14 Braverly A2

Shoppen
- 15 Borderline Shop B2
- 16 Municipal Market C2
- 17 Walking Street D2

Transport
- 18 Minivans nach Kamphaeng Phet & Sŏrng·tăa·ou nach Mae Sariang C1
- 19 Sŏrng·tăa·ou zur Freundschaftsbrücke/zum Grenzmarkt B3

mit Balkon. Die Betten sind bequem und die Bäder ausreichend groß. Lage: Rund 1 km östlich des Zentrums von Mae Sot.

Irawadee Resort HOTEL $$

(☎055 535430; www.irawadee.com; 758/1 Th Intharakhiri; Zi./Suite 1200/2100 B, jeweils inkl. Frühstück; ❄📶) Die einladenden, bequemen und modernen Zimmer im Irawadee sind in einem vagen Thai-Lanna-Thema gestaltet, mit Betten auf Plattformen nach traditioneller chinesischer Art. Riesig sind die Zimmer nicht gerade, doch die Bäder sind geräumig und haben Freiluftduschen.

Essen & Ausgehen

Die kulinarische Vielfalt im multikulturellen Mae Sot ist größer als in jeder anderen Ecke Thailands. Prima frühstücken kann man in der Gegend gleich südlich der Musjid Nurulislam: **Muslimische Restaurants** servieren dort süßen Tee, *roti* und *nanbya* (Brot aus dem Tandur). Auf dem geschäftigen

Tagesmarkt (S. 294) gibt's birmanische Kost wie Currys mit Reis oder *mohinga* (Myanmars inoffizielles Nationalgericht). Auf dem **Nachtmarkt** (Th Prasatwithi; Hauptgerichte 30–60 B; ⌚18–23 Uhr) wird vor allem thailändisches und chinesisches Essen angeboten.

Borderline Teashop BIRMANISCH $
(www.borderlinecollective.org; Borderline Shop, 674/14 Th Intharakhiri; Hauptgerichte 20–70 B; ⌚Di–So 7.30–21 Uhr; 📶✎) Dieses gemütliche Café in einem schönen, schattigen Garten erfreut mit einer kleinen, aber feinen birmanisch inspirierten Karte, auf der leckere vegetarische Sachen stehen, darunter Salate, Nudelgerichte und Süßspeisen. Wenn einem das Essen schmeckt, kann man überlegen, sich für einen der Kochkurse (S. 290) hier anzumelden.

Lucky Garden Tea Shop BIRMANISCH $
(Th Suksri Rat-Uthit; Hauptgerichte 20–85 B; ⌚5–20 Uhr) Wer nicht plant, über die Grenze nach Myanmar zu reisen, kann hier authentische birmanische Teehausatmosphäre schnuppern: Biryanis, birmanische Currys und Salate und süßer Tee bis zum Abwinken.

Phat Thai Mae Sot THAI $
(Th Prasatwithi; Hauptgerichte 40–60 B; ⌚12–21 Uhr) Das gemütliche Lokal kredenzt lokaltypisches *pàt tai* mit Schweineschwarte und gegrilltem Schweinefleisch. Mangels Ausschilderung in lateinischer Schrift auf das halboffene, rustikale Holzgebäude mit einem Metalldach achten, das von einem Baum gestützt wird.

Casa Mia INTERNATIONAL $
(Th Intharakhiri; Hauptgerichte 35–250 B; ⌚7.30–21.30 Uhr; ✎) In dem rustikalen Restaurant erwartet die Gäste eine Riesenauswahl hausgemachter italienischer Pasta, darunter auch vegetarische, alle zu ausgesprochen fairen Preisen. Davon abgesehen gibt's Pizza, westliche Frühstücksangebote, thailändische und birmanische Speisen sowie ein paar gute Desserts.

★ **Khaomao-Khaofang** THAI $$
(www.khaomaokhaofang.com; 382 Rte 105; Hauptgerichte 100–790 B; ⌚11–15 & 17–22 Uhr; ✎) Hier speist man wie in einem luxuriösen Urwald, denn in dem Lokal wurden Kandelaber durch Weinranken, Orchideen und viel fließendes Wasser ersetzt. Es ist das stimmungsvollste Esslokal der Stadt und hat ausgezeichnetes nordthailändisches Essen. Probieren sollte man einen der köstlichen *yams* (würzige Salate auf thailändische Art). Auch die Fischgerichte sind wärmstens zu empfehlen. Das Restaurant liegt rund 2 km nördlich der Innenstadt von Mae Sot.

Bai Fern INTERNATIONAL $$
(660 Th Intharakhiri; Hauptgerichte 59–490 B; ⌚8–22 Uhr; 📶✎) Das Bai Fern ist nicht nur unprätentiös und freundlich, sondern auch überraschend gut. Altbewährt ist seine westliche Kost wie Frühstück, Steaks, Pasta und Pizza. Aber hier lässt sich auch wunderbar die birmanische Küche probieren; wenn man den Mitarbeitern sagt, dass man birmanisch essen möchte, empfehlen sie einige Sachen, die nicht auf der Karte stehen. Ansonsten gibt's noch jede Menge thailändische und vegetarische Alternativen.

Krua Canadian INTERNATIONAL $$
(www.facebook.com/KruaCanadianRestaurant; 3 Th Sri Phanit; Gerichte 70–550 B; ⌚8–14 & 17–21 Uhr; 📶✎) Dave, der namensgebende kanadische Restaurantbetreiber und schon lange in Mae Sot ansässig, hat mit das beste Essen der Stadt für *faràng* (Ausländer). Besonders begehrt sind die mexikanischen Vorspeisen, die auf der abwechslungsreichen Speisekarte stehen. Die Portionen fallen großzügig aus. Dave ist auch eine zuverlässige Informationsquelle für Regionalinfos, und das Lokal dient als eine Art Treffpunkt der hiesigen Expat- und NGO-Gemeinde.

Border Booze BAR
(Th Intharakhiri; ⌚Mo–Sa 18–24 Uhr; 📶) Diese nette Bar ist wahrscheinlich die ausländerfreundlichste Kneipe in Mae Sot. Hier gibt's Biere, Kurze, Cocktails, gute Musik und entspannte Stimmung. Es wird auch Essen serviert, das aus dem Restaurant nebenan stammt.

Braverly CAFÉ
(www.braverly.com; 738 Th Intharakhiri; ⌚Di–Do 8.30–17, Fr & Sa bis 20 Uhr; 📶) Für Mae-Sot-Verhältnisse ist das lichtdurchflutete Braverly richtig stylisch. Es hat Bagels, Panini, Salate und lokalen Kaffee, Sofas und Schaukelstühle. Das Café ist das Outlet einer Organisation, die Frauen ethnischer Minderheiten aus dem Grenzgebiet zwischen Thailand und Myanmar für Tätigkeiten in Gastronomie und Hotellerie ausbilden.

Shoppen

Mae Sot ist der wichtigste Umschlagplatz für Jade und Edelsteine an der Grenze zwischen Thailand und Myanmar. Es macht

Spaß, in den glitzernden Schätzen in den Edelsteinläden an der Th Prasatwithi, gleich östlich vom Morgenmarkt, herumzuwühlen. Wer sich nicht ganz ausgezeichnet mit Edelsteinen auskennt, sollte beim Einkaufen Vorsicht walten lassen.

★ **Municipal Market** MARKT
(abseits der Th Prasatwithi; ⌚6–18 Uhr) Mae Sots städtischer Markt gehört zu den größten und belebtesten in Thailand. Hier gibt es haufenweise exotische Waren aus Myanmar, darunter Bücher, *thanaka*-Stäbchen (daraus wird das gelbe Pulver gemacht, das man in vielen birmanischen Gesichtern sieht: ein natürlicher Sonnenschutz), Beutel mit eingelegten Teeblättern und Samt-Flip-Flops aus Mandalay (in Myanmar „Slippers" genannt).

Borderline Shop KUNSTHANDWERK
(www.borderlinecollective.org; 674/14 Th Intharakhiri; ⌚Di–So 9–19 Uhr) Der altbewährte Laden verkauft Kunsthandwerk, das von geflüchteten Frauen und Frauen ethnischer Minderheiten hergestellt wird. Die Gewinne gehen an eine Fraueninitiative und an eine Stiftung, die Kindern hilft. Die Galerie oben verkauft Gemälde lokaler Künstlerinnen. Im Haus wird außerdem ein Kochkurs (S. 290) abgehalten, und es gibt einen Teegarten (S. 293).

Walking Street MARKT
(Soi Rong Chak; ⌚Sa 17–21 Uhr) Jeden Samstagabend wird die kleine Straße an der Polizeiwache für den Verkehr gesperrt. Dann verkaufen hier die Händler an ihren Ständen Kunsthandwerk, Kleidung und Essen.

ℹ Praktische Informationen

Im Stadtzentrum gibt's mehrere Bankfilialen mit Geldautomaten und Geldwechsel. Wechselstuben finden sich auch beim städtischen Markt.

Immigration (☎055 563000; Rte 12/AH1; ⌚8.30–16.30 Uhr) Das Büro an der Freundschaftsbrücke verlängert auch Visa.

Maesot General Hospital (☎055 531229; 175/16 Th Sri Phanit; ⌚24 Std.) Größtes Krankenhaus der Stadt.

Polizei (☎Notruf 24 Std. 191; Th Intharakhiri; ⌚24 Std.)

Touristenpolizei (☎Notruf 1155; Rte 12/AH1; ⌚24 Std.) Polizeiwache nahe der Freundschaftsbrücke.

ℹ An- & Weiterreise

Mae Sots winziger **Flughafen** (☎055 563620; Rte 12/AH1) liegt ca. 2 km westlich der Stadt. Zum Zeitpunkt der Recherche bestand dort lediglich Verbindung mit **Nok Air** (☎Mae Sot Airport 055 563883, landesweit 1318;

VERKEHRSMITTEL AB MAE SOT

Bus

ZIEL	PREIS (B)	DAUER (STD.)	HÄUFIGKEIT
Bangkok	290–616	7–8	8–21.15 Uhr 12-mal tgl.
Chiang Mai	315–490	5–6	6.15 & 10 Uhr
Chiang Rai	407	9	7 Uhr
Lampang	243–378	4	6.15, 7 & 10 Uhr
Mae Sai	700	12	7 Uhr
Phitsanulok	196	4	7–14.40 Uhr 6-mal tgl.
Sukhothai	153	3	7–14.40 Uhr 6-mal tgl.

Minivan & Sŏrng·tăa·ou

Minivans nach Kamphaeng Phet (abseits der Th Chidwana) fahren an einem kleinen Markt im Zentrum von Mae Sot ab. Hier halten auch *sŏrng·tăa·ou* nach Mae Sariang noch einmal, nachdem sie am Busbahnhof losgefahren sind.

ZIEL	PREIS (B)	DAUER (STD.)	HÄUFIGKEIT
Kamphaeng Phet	140	3	Minivans 8–16 Uhr stündl.
Mae Sariang	200	6	*sŏrng·tăa·ou* 5.45–12 Uhr stündl.
Um Phang	140	4	*sŏrng·tăa·ou* 6–13 Uhr stündl.

VON MAE SOT NACH MAE SARIANG

Die Route 105 verläuft von Mae Sot aus nordwärts entlang der Grenze zu Myanmar bis nach Mae Sariang (226 km) in der Provinz Mae Hong Son. Die kurvenreiche, geteerte Straße führt durch die kleinen Dörfer **Mae Ramat**, **Mae Salit**, **Ban Tha Song Yang** und **Ban Sop Ngao** (Mae Ngao). In den dichten Wäldern in diesen Teilen der Provinz finden sich vereinzelte Teakbaumbestände, und die in der Gegend ansässigen Karen verwenden gelegentlich noch Arbeitselefanten.

Der **Nam Tok Mae Kasa** zwischen Km 13 und 14 ist ein sehenswerter Wasserfall mit einer Höhle. In dem nahe gelegenen Dorf Mae Kasa gibt es eine Thermalquelle.

In Mae Ramat sollte man sich den **Wat Don Kaew** hinter der Bezirksverwaltung anschauen. In ihm befindet sich ein großer Marmor-Buddha im Mandalay-Stil.

Nach ein paar Straßensperren kommt man bei Km 58 durch **Mae La**, wo sich Thailands größtes Camp für Flüchtlinge aus Myanmar befindet. Hier leben schätzungsweise 50 000 Geflüchtete, zumeist Karen.

Bei Km 94, in der Nähe von Ban Tha Song Yang (es gibt noch ein Dorf gleichen Namens weiter nördlich), befinden sich die ausgedehnten Kalksteinhöhlen von **Tham Mae Usu**. Vom Highway aus führt ein 2 km langer Fußmarsch zur Tham Mae Usu. Achtung: In der Regenzeit verschließt der Fluss, der durch die Höhle fließt, ihren Eingang!

Schließlich ist bei **Ban Tha Song Yang** das nördliche Ende der Provinz Tak erreicht. Dieses Karen-Dorf liegt wunderschön am Rand von Kalksteinklippen am Ufer des Flusses Moei. Es ist die letzte größere Siedlung in Tak, ehe es bergauf in die dichten Dschungel und Berge des Nationalparks Mae Ngao in Mae Hong Son geht.

Ban Sop Ngao, wenig mehr als ein Dorf an der Straße mit dem Sitz der Parkverwaltung, ist der erste Ort, durch den man in der Provinz Mae Hong Son fährt. Von dort sind es weitere 40 km bis nach Mae Sariang, wo es an Verpflegung und Unterkünften nicht mangelt.

Vom Busbahnhof in Mae Sot fahren *sŏrng·tăa·ou* (nach Mae Sariang (200 B, 6 Std., 5.45–12 Uhr stündl.).

www.nokair.co.th; ⌚9–17.30 Uhr) zum/ab dem Don Mueang International Airport (Bangkok; ab 2029 B, 75 Min., 5-mal tgl.).

Fast alle auf Fernstrecken verkehrenden *sŏrng·tăa·ou*, Minivans und Busse benutzen Mae Sots **Busbahnhof** (☎ 055 563435; Rte 12/AH1), der neben dem Flughafen liegt (Motorradtaxi ca. 60 B).

ℹ Unterwegs vor Ort

Mae Sots Zentrum lässt sich größtenteils gut zu Fuß erkunden. Innenstadtfahrten per Motorradtaxi oder *săhm·lór* (Fahrradrikscha) kosten jeweils 40 B. **Taxi Mae Sot** (☎ 055 030357, 098 101 9345; www.facebook.com/taximaesot) verbindet den Flughafen per Taxi für 100 B mit der Stadt.

Von einer Haltestelle an der Th Chid Lom fahren **sŏrng·tăa·ou** (Th Suksri Rat-Uthit) zur Freundschaftsbrücke (20 B, 15 Min., 6–18 Uhr regelmäßig).

Thai Rent A Car (☎ 099 060 0500, landesweit 02 737 8888; www.thairentacar.com; Mae Sot Airport, Rte 12/AH1; ⌚9.30–18.30 Uhr) hat einen Mietwagenschalter am Mae Sot Airport und Motorradverleihstellen in der Stadt, z. B. **Mr Park** (☎ 055 533900; 304-304/1 Th Intharakhiri; 200–250 B/24 Std.; ⌚8–17 Uhr).

Um Phang

Um Phang (อุ้มผาง), am Zusammenfluss von Mae Nam Klong und Huay Um Phang, ist ein abgelegenes Dorf, in dem sowohl Thai als auch Karen zu Hause sind. Im Umkreis von Um Phang gibt es mehrere Karen-Dörfer, darunter einige noch recht archaische. Dort sind Elefanten kein ungewöhnlicher Anblick, besonders in **Palatha**, einem traditionellen Karen-Dorf 25 km südlich von Um Phang. Auf den Veranden der Häuser in diesem Dorf sieht man daher viele *yaeng* (Elefantensättel) und anderes Sattel- und Zaumzeug zur Bändigung der grauen Riesen.

Die meisten Besucher kommen allerdings, um Thailands größten Wasserfall, den Nam Tok Thilawsu, und das Um Phang Wildlife Sanctuary (S. 296), in dem sich der Wasserfall befindet, zu sehen. Das Schutzgebiet ist ein beliebtes Ziel für Raftingtouren und Wanderungen.

Sehenswertes

★ **Nam Tok Thilawsu** WASSERFALL

(น้ำตกทีลอซู) Mit 200 m Höhe und in der Regenzeit bis zu 400 m Breite ist dieser Wasserfall im Um Phang Wildlife Sanctuary der größte in Thailand. Die Thais, die in dieser Hinsicht keinen Spaß verstehen, betrachten den Nam Tok Thilawsu auch als den schönsten Wasserfall in ihrem Land. Hinter dem Wasserfall befinden sich eine flache Höhle und mehrere Stellen, an denen man schwimmen kann.

Der leichte, 2 km lange Weg von der Verwaltung bis zum Wasserfall ist als **Naturlehrpfad** ausgebaut. Rund um den Wasserfall erstreckt sich zu beiden Seiten des Flusses einer von Thailands dichtesten Urwäldern; die Wandermöglichkeiten in der Gegend sind absolut einmalig. In dem Wald soll es mehr als 1300 Palmenarten geben, und auch Riesenbambus und Würgefeigen sind hier zu finden. Am besten kommt man in der Zeit von November bis Februar (nach der Regenzeit), wenn die 200 m hohen und 400 m breiten Kalksteinfelsen am Mae Nam Klong vom Wasser überströmt sind und der Nam Tok Thilawsu besonders beeindruckend aussieht. In den letzten Jahren wurde die Zufahrtstraße zum Verwaltungsgebäude in der Regenzeit (Juni–Sept.) zeitweilig geschlossen, um Umweltschäden einzudämmen. In der Zeit kann man den Wasserfall trotzdem besuchen, jedoch nur im Rahmen eines dreistündigen Raftingtrips mit anschließender 30 Minuten langer Geländewagenfahrt bis zum Verwaltungsgebäude.

Man kann bei der Parkverwaltung zelten (30 B), braucht dafür aber ein eigenes Zelt und sollte für die Zeit zwischen November und Januar seinen Platz vorab reservieren. Nur während dieser Monate ist das schlichte Restaurant vor Ort mit Sicherheit geöffnet.

Die meisten Leute besuchen den Wasserfall im Rahmen einer organisierten Tour. Eine Tagestour von Um Phang kostet ab 2500 B pro Person (bei mindestens zwei Teilnehmern). Auch ein Besuch auf eigene Faust ist möglich, allerdings sind innerhalb des Reservats keine Privatfahrzeuge erlaubt. Ist man mit dem eigenen Auto unterwegs, fährt man unmittelbar nördlich von Um Phang auf die Rte 1167 ab. Nach 12 km biegt man am Polizeikontrollpunkt links in die Rte 1288 ein. Nun geht's 6 km weiter bis zur Kontrollstelle des Schutzgebiets, wo man das Eintrittsgeld (200 B zzgl. 30 B/Auto) bezahlt. Hier muss man das Fahrzeug abstellen und für die 25 km bis zum Sitz der Parkverwaltung ein *sŏrng·tăa·ou* (2000 B) mieten.

Wer kein eigenes Auto hat, nimmt ein *sŏrng·tăa·ou* Richtung Poeng Kloeng bis zum Kontrollpunkt des Reservats (30 B, 6.30–15.30 Uhr, stündlich).

Um Phang Wildlife Sanctuary TIERSCHUTZGEBIET
(เขตรักษาพันธุ์สัตว์ป่าอุ้มผาง; ☎055 577318, 088 427 5272; 200 B; ⏲8–16.30 Uhr) Rund 50 km von Um Phang entfernt liegt dieses Naturschutzgebiet in Richtung Sangkhlaburi (Provinz Kanchanaburi). Nahe der örtlichen

GRENZÜBERGANG NACH MYANMAR: VON MAE SOT NACH MYAWADDY

Die 420 m lange Freundschaftsbrücke verbindet Mae Sot mit Myawaddy im myanmarischen Bundesstaat Kayin. Wichtig: In Myanmar ist es 30 Minuten früher als in Thailand.

Anreise zur Grenze *Sŏrng·tăa·ou* pendeln zwischen Mae Sot und der Freundschaftsbrücke (20 B, 6–18 Uhr häufig). Abfahrt am Hauptmarkt von Mae Sot.

An der Grenze Die Ausreiseformalitäten erledigt man beim **Thai Immigration Booth** (☎055 563004; Rte 12/AH1; ⏲5.30–20.30 Uhr) an der Brücke. Für Ausländer gibt es eine separate Schlange, also nicht mit den Einheimischen zusammen anstellen. Nach Überquerung der Brücke geht's zum **Myanmar Immigration Booth** (☎95 0585 0100; Bayint Naung Rd; ⏲5–20 Uhr, Myanmar-Zeit). Wer ein Visum für Myanmar hat, kann bleiben oder zu anderen Zielen weiterreisen. An diesem Übergang kann man Myanmar mit einem E-Visum betreten oder verlassen. Wer kein Visum hat, muss bei den Beamten einen befristeten Ausweis kaufen (500 B), der den Aufenthalt in Myawaddy bis 20 Uhr am selben Tag gestattet. Der eigene Reisepass muss so lange an der Grenze hinterlegt werden.

Weiterreise Geldautomaten, Banken und Wechselstuben finden sich gleich südlich der Brücke auf der Myanmar-Seite. Weiße Sammelbusse und Taxis nach Mawlamyine (10 000 K, 4–5 Std., 6–16 Uhr häufig) und Hpa-an (10 000 K, 6 Std., 6–16 Uhr) warten 100 m südlich der Brücke. Busse nach Yangon (12 000 K, 10–12 Std., 9–17 Uhr) fahren bei einem Büro an der Hauptstraße ab, rund 250 m südlich der Brücke.

Um Phang

Aktivitäten, Kurse & Touren
1 Napha Tour ... B1
Trekker Hill ... (s. 5)

Schlafen
2 Garden Huts ... A2
3 K & K Guest House ... B2
4 Se Heng Chai Resort ... A2
5 Trekker Hill ... B1
6 Tu Ka Su Cottage ... A2
7 Umphangburi Resort ... A2

Essen
8 Abendmarkt ... B2
9 Udom & Joy Restaurant ... B2

Ausgehen & Nachtleben
Ban Kru Sun ... (s. 3)
10 Sawasdee Umphang ... A2

Praktisches
11 Krankenhaus ... B1

Transport
12 Sŏrng·tăa·ou nach Mae Sot ... A1
13 Sŏrng·tăa·ou nach Poeng Kloeng ... B1

Parkverwaltung stürzt der Wasserfall Nam Tok Thilawsu (S. 295) zu Tal. Zusammen mit dem Huay Kha Kaeng Wildlife Sanctuary (ebenfalls eine Welterbestätte) und den Nationalparks Thung Yai Naresuan, Khlong Lan und Mae Wong bildet Um Phang das größte Schutzgebiet des Landes. Dieses schützt u. a. die größten intakten Urwälder Südostasiens.

Tham Ta Khu Bi HÖHLE
(ถ้ำตะโค๊ะบิ) Von Ban Mae Klong Mai, das von Um Phang aus wenige Kilometer nördlich am Highway Richtung Mae Sot liegt, führt die Rte 1167 in südwestlicher Richtung an der thailändisch-myanmarischen Grenze entlang. Am Weg liegt das Höhlensystem Tham Ta Khu Bi, was in der Sprache der Karen „flache Mango" heißen soll. Guides gibt's hier nicht, und man braucht eine Taschenlampe.

Aktivitäten

Die meisten Unterkünfte und sämtliche Reisebüros in Um Phang vermitteln kombinierte Trekking- und Raftingtrips in die Gegend. In Um Phang halten sich überwiegend Thai-Touristen auf, daher sprechen nicht viele Guides Englisch, sie haben wenig Erfahrung im Umgang mit ausländischen Besuchern.

Ein typischer Ausflug von drei Tagen und zwei Nächten besteht sowohl aus Rafting als auch Wandern. Meistens ist ein Abstecher zum Nam Tok Thilawsu und Umgebung dabei, und es können auch längere oder kürzere Trips organisiert werden.

Die Raftingtouren reichen von eintägigen Touren auf dem Mae Klong von Um Phang nach Nam Tok Thilawsu bis zu dreitägigen Exkursionen von Palatha bis zum Nam Tok Thi Lo Re, einem weiteren imposanten Wasserfall. Die beste Raftingzeit ist zwischen November und Februar.

Ein weiteres Raftinggebiet ist Um Phang Khi nordöstlich von Um Phang. Offiziell gibt es hier zum Höhepunkt der Regenzeit 47 (einige Raftinganbieter behaupten sogar 67) Stromschnellen der Klasse III (mittelschwer) und der Klasse IV (schwer). Die Raftingsaison von Um Phang Khi ist nur kurz (Aug.–Okt.), da zu anderen Zeiten der Wasserpegel zu niedrig ist.

Die Kosten sind all-inclusive und beginnen bei etwa 4000 B pro Person (bei mindestens zwei Teilnehmern) für eine dreitägige Rafting- und Trekking-Exkursion.

Trekker Hill WANDERN & TREKKING, RAFTING
(☎055 561090, 081 280 0842; Soi 2, Th Pravatpriwan) Der empfehlenswerte Veranstalter hat die meisten englisch sprechenden Guide zur Verfügung und bietet verschiedene ein- bis dreitägige Treks an.

Boonchuay Tour WANDERN & TREKKING, RAFTING
(☎055 561020, 081 379 2591; abseits der Rte 1090) Mr Boonchuay spricht ziemlich gut Englisch und bietet unterschiedliche Wander- und Raftingtrips an. Seine Guides sind es gewohnt, ausländische Wanderer zu führen. Telefonische Anmeldung erforderlich.

ABSEITS DER ÜBLICHEN PFADE

GRENZDÖRFER

Die Route 1288 führt zum Kontrollposten des Um Phang Wildlife Sanctuary und dann über mehr als 70 km weiter zum Handelsdorf **Poeng Kloeng** (บ้านเปิงเคลิ่ง). An der Grenze zu Myanmar leben Karen, Birmanen, Talaku und Thai.

In dem unscheinbaren Ort werden offenbar hauptsächlich Schwarzmarkt-Zigaretten aus Myanmar verkauft und Betelnüsse und Durianfrüchte produziert. Hauptgrund für die anstrengende Anreise ist vor allem der Besuch des Nachbardorfs **Letongkhu** (เลตองคุ), das 12 km weiter südlich am Ende einer holprigen Bergpiste liegt:

Spärlichen anthropologischen Informationen zufolge hängen die Einwohner der Lagu- oder Talaku-Sekte an, die angeblich einen Mix aus Buddhismus, Schamanismus und Animismus praktiziert. Dörfer dieser Glaubensrichtung haben einen spirituellen Führer. Dieser *pu chaik* (auf Thai *reu·sĕe* bzw. Seher oder Weiser) trägt sein langes Haar meist zum Dutt geflochten und je nach Untersekte weiße, gelbe oder braune Gewänder.

Wichtig: Beim Besuch von Letongkhu bitte keinerlei Gebäude ohne Erlaubnis oder Einladung betreten und niemals ungefragt fotografieren oder filmen! Zudem ist Übernachten im Dorf nicht immer gestattet.

Fünfmal täglich fahren *sŏrng·tăa·ou* (Passagier-Pickups) von Um Phang nach Poeng Kloeng (100 B, 2½ Std., zwischen 6.30 und 15.30 Uhr). Regelmäßige Verkehrsmittel nach Letongkhu gibt es keine. Wer nicht von Poeng Kloeng aus hinlaufen oder an einer geführten Dorftour teilnehmen will, kann in Um Phang einen Geländewagen mit Fahrer (ca. 5000 B) mieten.

Napha Tour WANDERN & TREKKING, RAFTING
(☎082 146 0681, 055 561287; napatour_2@yahoo.com; Soi 2, Th Pravatpriwan) Napha veranstaltet vor allem Raftingtouren, bietet ganz unterschiedliche Ausflüge an und hat englischsprechende Guides.

Schlafen

Viele Unterkünfte in Um Phang sind auf große thailändische Reisegruppen eingestellt. In der Hauptsaison (Okt.–März) kann es in Um Phang voll werden, besonders an den Wochenenden.

K & K Guest House PENSION $
(☎087 846 1087; micky.s55@hotmail.co.th; Th Sukhumwattana; Zi. 500 B; ❄📶) Mitten im Gewühl und Gewusel der „Downtown" von Um Phang befindet sich dieses moderne Gebäude mit fünf geräumigen, sauberen Zimmern, die über ordentliche Betten verfügen. Im Garten hinter dem Haus stehen noch drei Gästebungalows. Die Zimmer im Obergeschoss haben kleine Balkone und schöne Ausblicke. Der freundliche Besitzer spricht ein wenig Englisch.

Se Heng Chai Resort HOTEL $
(☎055 561605; Rte 1090; Zi. 500 B; ❄📶) Das zweistöckige, gepflegte „Resort" gleich westlich der Stadt vermietet 13 saubere und moderne Zimmer. Es hat keine Ausschilderung in lateinischer Schrift, ist aber das größte Gebäude auf dem Hügel.

Trekker Hill HOTEL $
(☎081 280 0842, 055 561090; Soi 2, Th Pravatpriwan; Zi. 300 B; 📶) Diese Unterkunft besteht aus sechs ventilatorgekühlten Steilhang-Hütten mit Matratzen auf dem Boden. Also ziemlich rustikal, aber es gibt Warmwasser und im Gemeinschaftsbereich WiFi. Die hier angebotenen Rafting- und Trekkingtrips sind empfehlenswert.

Umphangburi Resort RESORT $$
(☎055 561576; www.umphangburiresort.com; abseits der Rte 1090; Zi. inkl. Frühstück 700–1200 B; ❄📶) Die Hotelanlage am Fluss bietet 19 gepflegte, moderne, helle und gut in Schuss gehaltene Bungalows sowie Raftingtrips in der Hochsaison (Nov.–Dez.). Man spricht ein wenig Englisch.

Tu Ka Su Cottage HOTEL $$
(☎055 561295; www.tukasu.com; abseits der Rte 1090; Zi. 600–1800 B; ❄📶) Diese Gruppe von attraktiven Cottages aus (Back-)Stein ist die komfortabelste und gepflegteste Bleibe in Um Phang. Die Zimmer fallen für den Preis etwas schlicht aus, haben aber Klimaanlage, TV, Kühlschrank und helle Bäder. Drum herum erstreckt sich ein Garten mit Blumen und Obstbäumen.

Garden Huts HOTEL $$
(☎087 073 7509, 055 561093; Rte 1090; Zi. inkl. Frühstück 350–900 B; ❄📶) Eine reizende ältere Dame mit begrenzten Englischkennt-

nissen verwaltet diese Ansammlung recht geräumiger Budget-Bungalows unterschiedlicher Ausstattung in einem liebevoll gepflegten Garten am Flussufer. Den Gästen stehen ein paar nette Aufenthaltsbereiche und Sitzecken zur Verfügung. Die Mehrzahl der Zimmer besitzt nur einen Ventilator, und die Betten sind hart: wie die Thailänder es bevorzugen.

Essen & Ausgehen

Von November bis Februar wird freitag- und samstagabends ein kleiner, guter **Abendmarkt** (Soi 9, Th Pravatpriwan; Hauptgerichte 30–60 B; ⌚ Nov.–Febr. Fr & Sa 15–21 Uhr) abgehalten.

Udom & Joy Restaurant THAI $
(Th Sukhumwattana; Gerichte 35–40 B; ⌚6–18 Uhr) Hier gibt's Reis- und Nudelgerichte, darunter ein schmackhaftes *kà·nŏm jeen* (Curry auf Reisnudeln). Die Eigentümer sprechen ein wenig Englisch.

Ban Kru Sun CAFÉ
(Th Sukhumwattana; ⌚8–23 Uhr; 📶) Das Lokal gehört einem thailändischen Musiker und erfüllt zwei verschiedene Aufgaben: Tagsüber dient es als Coffee- und Souvenirshop, wo lokale Produkte verkauft werden, abends serviert man Reis- und Nudelspeisen sowie eine kleine Auswahl an Pasta. Hinter dem Haus befindet sich ein kleiner, schattiger Garten.

Sawasdee Umphang BAR
(Rte 1090; ⌚18–24 Uhr) Die einzige echte Bar von Um Phan ist gleichzeitig auch Friseurgeschäft und Tattoo-Studio. Wer weder einen neuen Haarschnitt noch sich etwas Neues stechen lassen möchte, setzt sich vorne im Freien mit einem Bier oder Cocktail hin und hört der unaufdringlichen Livemusik zu.

Praktische Informationen

In Um Phang gibt's Banken und mehrere Geldautomaten.

Krankenhaus (abseits der Th Ratpattana; 24 Std.) Das städtische Krankenhaus.

Polizei (☎ Notruf 24 Std. 191; Th Sukhumwattana; ⌚24 Std.) Das Polizeirevier von Um Phang.

An- & Weiterreise

Sŏrng·tăa·ou nach Mae Sot (Th Pravatpriwan) fahren von einer Haltestelle am Nordende der Th Pravatpriwan (130 B, 4–5 Std., 6.30–12.30 Uhr stündl.) ab.

Sŏrng·tăa·ou nach Poeng Kloeng (Th Ratpattana) starten von einer Haltestelle an der Th Ratpattana, nahe dem Krankenhaus (100 B, 2½ Std., 6.30–15.30 Uhr stündl.).

PROVINZ MAE HONG SSON

Die abgelegenste Provinz Thailands ist nur über kurvenreiche Gebirgsstraßen (จังหวัดแม่ฮ่องสอน) oder mit einem der gelegentlich stattfindenden Flüge in die Provinzhauptstadt zu erreichen. Das Land ist gebirgig, dicht bewaldet und dem Einfluss vom Meer her wehender Winde entzogen. Die Luft ist oft dunstig: im Winter durch Bodennebel, in der heißen Jahreszeit aufgrund von Brandrodung. Die Provinz liegt an der Grenze zu Myanmar, deshalb sind hier ethnische Minderheiten (hauptsächlich Karen, aber auch einige Hmong, Lisu und Lahu) sowie birmanische und Shan-Immigranten aus dem Nachbarland vertreten.

Mae Hong Son ist dank seiner Naturschönheiten – insbesondere Wasserfälle und Höhlen – inzwischen ein etabliertes Reiseziel. Die meisten Besucher kommen jedoch nicht weiter als bis nach Pai und lassen noch viel Platz für diejenigen, die in weniger besuchte Gegenden vordringen.

Pai

☎053 / EW. 3000

Wer zum ersten Mal nach Pai (ปาย) kommt, hat vielleicht den Eindruck, auf einer thailändischen Backpacker-Insel gelandet zu sein, bloß ohne Strände: Im „Stadtzentrum" scheint es mehr Pensionen als Privathäuser zu geben. Überall findet man hier Reiseveranstalter und Restaurants, während abends Livemusik und Partys angesagt sind.

Bislang konnte Pais Popularität jedoch der fast bilderbuchreifen Lage in einem Gebirgstal mit jeder Menge Möglichkeiten für Naturabenteuer nichts anhaben. Die Tempel der Stadt sowie der quirlige Nachmittagsmarkt zeigen, dass Pai seinen transnationalen Status mit Wurzeln in der Shan-Kultur von Myanmar nicht vergessen hat. Und auch nicht, dass es ein wichtiger Verkehrsknotenpunkt für die ethnischen Minderheiten ist, die in den nahegelegenen Bergen leben. Abseits der Hauptstraße warten jede Menge ruhige Unterkünfte. Zahlreiche Aktivitäten halten die Besucher bei Laune, und die re-

Mae Hong Son (Provinz)

laxte Atmosphäre führt dazu, dass manche Traveller einfach nicht mehr wegwollen.

Sehenswertes

Die meisten örtlichen Attraktionen liegen außerhalb des Zentrums, was ein Leihmotorrad erforderlich macht.

Wat Phra That Mae Yen BUDDHISTISCHER TEMPEL
(วัดพระธาตุแม่เย็น; ⏲tagsüber) Von dem Tempel oben auf einem Hügel bietet sich ein fantastischer Blick ins Tal. Von der Hauptkreuzung spaziert man 1 km nach Osten zum Fuß der nach oben führenden Treppe (353 Stufen). Mit einem Fahrzeug kann man aber auch die 400 m lange befestigte Straße zum Gipfel nehmen, die einer anderen Route folgt.

Pai Canyon NATURSCHUTZGEBIET
(กองแลนปาย; Rte 1095; ⏲tagsüber) Die Pai-Schlucht liegt rund 8 km außerhalb der Stadt an der Straße nach Chiang Mai. Dort führt eine Treppe zu einem Aussichtspunkt mit Blick auf hohe Felsen und das Tal von Pai. Die beste Zeit für den Aufstieg ist früh am Morgen, wenn es noch nicht so heiß ist, oder bei Sonnenuntergang – dann ist die Aussicht am schönsten.

Tha Pai Hot Springs THERMALQUELLEN
(บ่อน้ำร้อนท่าปาย; Erw./Kind 300/150 B; ⏲7–18 Uhr) Von der Stadt aus führt eine befestigte Straße (7 km) südostwärts zu diesem gepflegten Park am anderen Ufer des Mae Nam Pai. Durch das Gelände fließt ein malerischer Bach, dessen Wasser sich hier und da mit dem der heißen Quellen mischt. Ergebnis sind einige angenehme Badestellen. Das Thermalwasser speist auch die Becken von nahegelegenen Spas.

Wat Nam Hoo BUDDHISTISCHER TEMPEL
(วัดน้ำฮู; Ban Nam Hoo; ⏲tagsüber) GRATIS Der Wat Nam Hoo liegt rund 2 km westlich von Pai und beherbergt eine heilige Buddha-Figur, aus deren Kopf einst heiliges Wasser ausgetreten sein soll. Diese Stätte ist bei thailändischen Besuchern beliebt; auf dem Gelände wird ebenfalls ein kleiner Markt abgehalten.

Ban Santichon DORF
(บ้านสันติชล) Die kitschigen Foto-Ops in traditioneller chinesischer Kleidung, die Musikbeschallung, Teeverkostungen, Ponyritte, billigen Nachbildungen der Chinesischen Mauer und der **Gipfel-Aussichtspunkt** (จุดชมวิว บ้านสันติชล; Ban Santichon; 20 B; ⏲4.30–18 Uhr) lassen Ban Santichon wie ein Disneyland mit China-Motto erscheinen. Tatsächlich übersteigt die Zahl der chinesischen Besucher oft die der rund 1000 Nachkommen von Migranten aus der chinesischen Provinz Yunnan, die hier ansässig geworden sind. Aber das angebotene Yunnan-Essen ist vorzüglich. Das Dorf liegt rund 4 km westlich von Pai.

Aktivitäten

Rafting & Kajakfahren

In der Regenzeit (ca. Juni–Okt.) ist Rafting auf dem Mae Nam Pai sehr beliebt. Die Touren führen von Pai nach Mae Hong Son, wobei die Stromschnellen je nach Wasserstand zwischen Kategorie I und V rangieren. Die All-Inclusive-Preise beinhalten neben Rafting- und Campingausrüstung auch Versicherung, Verpflegung und wasserdichte Taschen. Pro Person liegen sie etwa zwischen 1800 (1 Tag) und 3400 B (2 Tage).

Pai Adventures RAFTING
(☎062 293 5978, 053 699326; www.paiadventures.com; 138 Th Chaisongkhram; ⏲10.30–22 Uhr) Die Raftingtouren (ein- oder zweitägig, Juni–Okt.) dieses renommierten Veranstalters können mit Wanderungen und anderen Aktivitäten kombiniert werden. Die Teilnehmer erhalten nach Beendigung der Tour ein kostenloses Video, das sie beim Bewältigen der

Stromschnellen zeigt. Bei entsprechender Nachfrage wird auch ein Dschungel-Survival-Kurs angeboten.

Thai Adventure Rafting RAFTING
(☎053 699111; www.thairafting.com; Th Chaisongkhram; ⌚10–21 Uhr) Die erfahrene Firma unter französischer Leitung bietet ein- und zweitägige Raftingtrips an. Unterwegs besuchen die Teilnehmer einen Wasserfall, ein fossiles Riff und Thermalquellen. Übernachtet wird im ständigen Ufercamp des Veranstalters. Auch kombinierte Rafting-/Trekkingtrips sind möglich.

Wandern & Trekking

Die All-Inclusive-Preise für geführte Gruppentreks (mind. 2 Pers.) beginnen bei 1000 B pro Nase und Tag. Die meisten Wanderungen besuchen die Lisu-, Lahu- und Karen-Dörfer im Bereich des benachbarten Soppong (Pangmapha). Gebucht werden kann bei den meisten Unterkünften oder in jedem Reisebüro.

Duang Trekking WANDERN & TREKKING
(☎084 741 8648, 065 421 1418; lungteng1@gmail.com; Th Chaisongkhram; ⌚7–21 Uhr) Eine altbewährte, lokale Agentur für Trekking, Wildwasser- und Bambusfloß-Rafting, Kajakfahren und Tagestouren. Die Preise für Trekking beginnen bei 1000 B pro Tag und Person (mind. 2 Teilnehmer), für Kajakfahren und Wildwasser-Rafting bei 1800 B pro Person und Tag (ebenfalls mind. 2 Teilnehmer).

Massagen, Wellness & Yoga

Viele Einrichtungen bieten traditionelle Thaimassagen ab etwa 150 B pro Stunde an. Reiki, Kristallheilung, Akupunktur, Reflexzonentherapie und weitere nichtindigene Heilverfahren sowie Yoga werden ebenfalls angeboten. Einfach Ausschau halten nach entsprechenden Schildern, Infos gibt es auch im monatlich erscheinenden *Pai Events Planner*. Außerdem nutzen ein paar der örtlichen Unternehmen, die alle ca. 1,5 km nordwestlich der Thermalquellen von Tha Pai (S. 300) angesiedelt sind, das Thermalwasser.

Bodhi Tree Yoga YOGA
(☎084 251 8060; www.bodhitreeyogapai.com; abseits der Th Raddamrong; Unterricht 250 B; ⌚Klassen 9 & 17 Uhr) Das in einem edlen alten Teakholzhaus in einer ruhigen Gasse untergebrachte Bodhi Tree veranstaltet 90-minütige Kurse in Ashtanga, Bhakti, Hatha, Yin und Yang und noch mehr. Die Lehrkräfte bekommen gute Beurteilungen von den Kursteilnehmern.

Pai Traditional Thai Massage GESUNDHEIT & WELLNESS
(PTTM; ☎083 577 0498; 68/3 Soi 1, Th Wiang Tai; Massage pro 1/1½/2 Std. 200/300/400 B, Sauna 100 B, 3-tägiger Massagekurs 3500 B; ⌚9–21 Uhr) Die Einrichtung gibt's schon lange. Sie gehört Einheimischen und hat sehr gute nordthailändische Massagen im Angebot. In der Sauna (nur Nov.–Febr.) kann man in Heilkräutern schwelgen. Die dreitägigen Massagekurse beginnen jeweils montags und freitags und nehmen täglich drei Stunden in Anspruch.

Pai Hotsprings Spa Resort GESUNDHEIT & WELLNESS
(☎053 065748; www.paihotspringsparesort.com; 84-84/1 Mu 2, Ban Mae Hi; Thermalbäder 100 B, Massagen 350 B/Std.) Resortmäßiges Hotel, das auch Massagen (8–17 Uhr) und Thermalbäder (7–19 Uhr) anbietet.

Kurse

Die Kurspalette in Pai reicht von Trommeln und Yoga in allen Erscheinungsformen bis hin zu Zirkusakrobatik. Über das aktuelle Angebot informieren z. B. die in jedem Café ausliegenden Flyer, der *Pai Events Planner* (PEP) oder der *Pai Explorer* (www.facebook.com/PaiExplorer).

Xhale Yoga Pai GESUNDHEIT & YOGA
(☎089 758 3635; www.xhaleyogapai.com; 5 Tage ab 14 500 B) Wer eine Auszeit braucht, kann hier Yogakurse mit fünf Übernachtungen (Mo–Sa) buchen. Der Unterricht für Anfänger und Fortgeschrittene findet in den Gebirgsausläufern außerhalb von Pai statt. Der Preis beinhaltet neben Yoga und Meditation auch Unterkunft, tolles Essen und den Besuch einer nahegelegenen Thermalquelle. Der stets gut gelaunte und lächelnde Lehrer Bhud ist ein Sonnenschein. Das herzliche Ambiente ist frei von Konkurrenzgetue.

Savoei (A Taste of Pai) KOCHEN
(☎085 620 9918; Th Chaisongkhram; 700–750 B; ⌚9.30–13.30 & 16–20 Uhr) Halbtägige Kurse inklusive Marktbesuch und Zubereitung von vier Gerichten.

Pai Cookery School KOCHEN
(☎081 706 3799; www.facebook.com/paicookeryschool; Th Wanchalerm; 600–750 B; ⌚11–13.30 & 14–18.30 Uhr) Weit über 20 Jahre Erfahrung hat dieser Veranstalter vorzuweisen, der täg-

Pai

lich verschiedene Kochkurse mit drei bis fünf Gerichten offeriert. Der Nachmittagskurs umfasst einen Einkaufsabstecher zum Markt. Interessenten müssen sich einen Tag vorher melden. Es kann sein, dass sie umgezogen sind; vorsichtshalber anrufen oder auf Facebook nachschauen.

Sitjemam Muay Thai KAMPFSPORT

(☎083 321 2230; www.sitjemammuaythai.com; Ban Mae Na Toeng; Tag/Woche 700/2000 B; ⌚ Unterricht 8–10 & 4–18 Uhr) Rund 5 km nördlich von Pai liegt dieses rustikale Trainingslager von *moo·ay tai* (Muay Thai). Es existiert schon eine ganze Weile und ist für Anfänger gedacht.

Schlafen

Pai erfreut sich angeblich mehr als 500 Hotels, Hostels, Gästehäuser und Resorts, und es kommen immer wieder neue hinzu. Dennoch kann es passieren, dass sich auf dem Höhepunkt der inländischen Touristensaison (Dez.–Jan.) kein freies Bett findet. Unbedingt vorbuchen.

In der Stadt

Aufgrund seiner Beliebtheit (vor allem bei thailändischen Touristen) hat Pai nun jede Menge Mittel- und Spitzenklassehotels. In Zentrumsnähe gibt's aber immer noch günstige Zimmer.

★ **Common Grounds Pai** HOSTEL $

(☎062 034 8509; www.commongroundspai.com; abseits der Th Chaisongkhram; B/Zi. 295/895 B; ❄📶) Das Common Grounds ist das beste und geselligste Hostel in Pai. Es hat gepflegte, gemütliche Sechs-Betten-Dorms mit Schließfächern und eigenen Badezimmern. Die zweistöckigen Privatzimmer weisen gute Betten, große Fenster und glatte Zementwände auf. Es gibt einen geräumigen Gemeinschaftsbereich mit Bar, und das Hostel organisiert Abendveranstaltungen an ver-

Pai

Sehenswertes

Aktivitäten, Kurse & Touren

Schlafen

Essen

Ausgehen & Nachtleben

Shoppen

Transport

schiedenen Orten in Pai. Es liegt am Fluss, unweit vom Hauptgeschehen.

Pai Country Hut HOTEL $
(☎087 779 6541; www.paicountryhut.com; Ban Mae Hi; Bungalows 500–700 B; 📶) Dieses Hotel vermietet bescheidene, saubere Bungalows aus Bambus, meist mit eigenen Bädern und einladenden Hängematten auf den kleinen Veranden. Es liegt zwar nicht direkt am Fluss, ist aber die attraktivste von einigen ähnlichen Budget-Unterkünften in Ufernähe.

Juno Hostel HOSTEL $
(☎095 342 5332; junohostel@gmail.com; Th Khetkelang; B 200 B; ❄📶) Wie viele der neueren Hostels liebt auch das Juno glatte Zementwände und -böden. Es besitzt nur Dorms, die mit bequemen Betten und großen Schließfächern versehen sind. Alle teilen sich saubere Badezimmer. Im Erdgeschoss gibt's eine kleine Gemeinschaftsecke.

Giant Guest House PENSION $
(☎085 681 2440; Th Wiang Tai; Bungalows 250–400 B; 📶) Das Giant, eine Backpacker-Herberge wie von anno dazumal, hat mitgenommene, ventilatorgekühlte Bambusbungalows, die sich über einen weitläufigen Garten am Fluss verteilen. Es gibt aber auch einige besser instandgehaltene Zimmer mit Betonwänden. Die billigsten teilen sich die Badezimmer und bieten an Komfort gerade einmal eine Matratze auf dem Fußboden. Wer das authentische Pai-Hippie-Feeling sucht, ist hier goldrichtig.

Tayai's Guest House PENSION $
(☎053 699579; abseits der Th Raddamrong; Zi. & Bungalows 400–700 B; ❄📶) Die Pension auf einem ruhigen, schattigen Gelände einen Steinwurf vom Hauptgeschehen entfernt, hat einfache, aber saubere Zimmer mit Ventilatoren oder Klimaanlagen sowie Bungalows. Die meisten sind mit einem kleinen Balkon versehen, und die Betten sind annehmbar. Wird von einem freundlichen älteren Paar geführt.

Pai River Villa HOTEL $$
(☎053 699796; pairivervillaresort@gmail.com; 7 Th Wiang Tai; Bungalows inkl. Frühstück 800–1500 B; ❄📶) Die zehn AC-Bungalows hier sind geräumig und stilvoll. Sie erfreuen sich ordentlicher Badezimmer und breiter Balkone, die zum Relaxen bei Fluss- und Bergblick einladen. Die vier Bungalows mit Ventilatoren dagegen fallen viel beengter aus. Allen gemeinsam ist die friedvolle Lage.

Breeze of Pai Guesthouse HOTEL $$
(☎081 998 4597; www.facebook.com/BreezeOfPai; Soi Wat Pa Kham; Zi. & Bungalows 700–1000 B; ❄📶) Auf dem gepflegten Gelände in Flussnähe warten neun einfache Zimmer mit Parkettböden und sechs geräumige, schlichte Bungalows in einem hübschen Garten auf Gäste. Das Hotel befindet sich nahe der Action, doch ohne die Geräuschbelästigung.

Heart of Pai Resort HOTEL $$
(☎053 699984; www.heartofpai.com; Th Rangsiyanon; Zi. 700–800 B; ❄📶) Die anonymen, aber geräumigen und gut in Schuss gehaltenen Zimmer hier sind mit bequemen Betten, modernen Bädern und großen Balkonen ausgestattet. Sie verteilen sich auf mattgelbe Gebäude, die zwischen schlanken Palmen auf einem einsamen Gelände stehen. Das Hotel liegt zehn Minuten Fußweg vom Hauptgeschehen entfernt; nachts ist es ruhig.

Palm House PENSION $$
(☎098 786 8520; www.facebook.com/palmhouse.pai; Th Wanchalerm; Zi. 400–800 B; ❄📶) Das Palm House hat neun Zimmer mit Ventilatoren oder Klimaanlagen in einem zweistöckigen Haus in einer stillen Gasse. Die Zimmer sind schmucklos (mit weißen Wänden und Kachelfußböden), aber relativ geräumig und mit Balkonen geschmückt. Die billigeren Ventilatorzimmer bieten weniger Platz. Die Mitarbeiter sind freundlich und hilfsbereit – wenn sie gerade da sind.

Hotel des Artists HOTEL $$$
(☎053 699539; www.hotelartists.com; 99 Th Chaisongkhram; Zi. inkl. Frühstück 4400–5200 B; ❄📶) Die traditionelle alte Shan-Villa ist heute eins der schönsten Boutiquehotels in Pai. Die 14 leicht beengten Zimmer paaren asiatisches und westliches Design auf so geschmackvolle wie attraktive Art. Die Betten stehen auf erhöhten Plattformen. Alle Quartiere haben Balkone; die teureren Zimmer am Fluss sind größer und bieten die schönste Aussicht.

Pai Vimaan Resort HOTEL $$$
(☎053 699403; www.paivimaan.com; 73 Th Wiang Tai; Zi. 2500 B, Bungalows 5000 B, jeweils inkl. Frühstück; ❄📶) Die Highlights hier sind die fünf Zelt-Bungalows am Flussufer. Sie sind riesig und mit Klimaanlagen, Whirlpool, großen TV-Bildschirmen und anderen modernen Annehmlichkeiten ausgestattet: Glamping in Spitzenausführung. Aber auch die großen, hellen Zimmer können sich sehen lassen, mit ihren breiten Terrassen und der Aussicht auf den Fluss. Das Hotel liegt nicht weit vom Geschehen auf einem gepflegten, zum Fluss hin abfallenden Gelände.

Rim Pai Cottage HOTEL $$$
(☎053 699133; www.rimpaicottage.com; 99/1 Th Chaisongkhram; Bungalows 2200–3300 B; ❄📶🏊) Diese Hotelanlage wirkt wie ein idyllisches Dorf: An einem ruhigen und wunderschön bewaldeten Abschnitt des Mae Nam Pai stehen hier geschmackvoll eingerichtete Bungalows (Okt.–Feb. inkl. Frühstück). Dazwischen laden viele lauschige Uferplätzchen zum Relaxen ein. Die alten Holzbungalows sind charmanter als ihre neueren Pendants aus Beton und daher vorzuziehen.

Pai Village Boutique Resort & Farm HOTEL $$$
(☎053 698152; www.paivillage.com; 88 Th Wiang Tai; Bungalows inkl. Frühstück 3000–6500 B; ❄📶🏊) Das gepflegte, tadellos gemanagte Hotel stellt eine Luxusversion der schlichten Backpacker-Bambus-Bungalows bereit. Die 38 Holzhütten sind klein, aber fein und verfügen über Zimmersafes und Terrassen mit Sitzkissen. Sie stehen dicht beieinander in einem hübschen Garten. Inzwischen müssten auch ein Pool und ein neuer Anbau fertig gestellt sein.

Außerhalb der Stadt

Wer ein eigenes Fahrzeug hat, findet außerhalb des Zentrums von Pai viele Unterkünfte. Die meisten sind auf thailändische und nicht so sehr auf ausländische Touristen ausgerichtet. Es handelt sich somit überwiegend um Anlagen der mittleren und gehobenen Preisklasse mit Bungalows, die über eine Klimaanlage verfügen.

Spicypai Backpackers HOSTEL $
(☎088 294 2004; Mae Yen; B 180 B; 📶) Die Betten in den großen, halboffenen Dorms bestehen aus Plastikmatratzen auf Bambusgestellen. Das Ganze könnte direkt aus einer Folge von *Survivor* stammen. Die Gemeinschaftsbereiche haben Hängematten unter einem Sonnenschutzdach und eine Lagerfeuerstelle, in Übereinstimmung mit der rustikalen Gesamterscheinung. Dazu passt auch die Lage an einem Schotterpfad, umgeben von Reisfeldern. Das Hostel liegt 750 m östlich von Mae Nam Pai, abseits der Straße zu den Tha Pai Hot Springs.

★ **Bulunburi** HOTEL $$
(☎053 698302; Ban Pong; Bungalows inkl. Frühstück 750–3000 B; ❄📶🏊) Die verführerisch

idyllische Lage in einem winzigen, verborgenen Tal mit Reisfeldern und Bächen ist genauso verlockend wie die hübsche Unterkunft. Die elf Bungalows – von kleinen Zimmern mit Ventilator bis zu großen Häusern mit zwei Schlafzimmern – sind nicht superschick, aber gut ausgestattet und gemütlich. Es ist ratsam, lang im Voraus zu buchen, denn manche Gäste bleiben hier monatelang. Das Hotel liegt rund 2,5 km außerhalb des Zentrums an der Straße nach Mae Hong Son – die gut ausgeschilderte Abzweigung befindet sich rund 1 km hinter Pai.

Sipsongpanna HOTEL $$
(☎053 698259; www.facebook.com/paisipsongpanna; Wiang Nua; Bungalows inkl. Frühstück 1000–1500 B; ❄📶) Am Flussufer findet man hier u. a. fünf rustikale, kunterbunte und leicht skurrile Lehmziegelbungalows mit Betten auf Podesten. Diese Quartiere haben zudem Glasschiebetüren, durch die man auf breite Balkone gelangt. Traditionalisten wählen stattdessen einen der drei alten Holzbungalows. Das Hotel liegt ca. 2,5 km vom Zentrum entfernt, abseits der Straße nach Mae Hong Song. Die deutlich beschilderte Zufahrt zweigt etwa 1 km außerhalb von Pai ab.

Pairadise HOTEL $$
(☎053 698065; www.pairadise.com; Ban Mae Hi; Zi. & Bungalows 600–1500 B; ❄📶🏊) Das gepflegte Resort thront auf einem Bergrücken direkt vor den Toren der Stadt über dem Pai-Tal. Die stilvollen, geräumigen Bungalows sind mit vergoldeten Lotus-Wandmalereien verziert und haben ordentliche Bäder und Terrassen mit Hängematten. Sie sind alle um einen von einer Quelle gespeisten Badeteich angeordnet. Es gibt auch einige billigere Zimmer mit Ventilator. Das Hotel befindet sich ca. 750 m östlich des Mae Nam Pai; auf das Schild gleich hinter der Brücke achten!

Bueng Pai Farm PENSION $$
(☎089 265 4768; www.paifarm.com; Ban Mae Hi; Bungalows 1000–2000 B; 📶🏊) In ländlicher Umgebung, rund 2,5 km südöstlich von Pai, liegt diese Unterkunft mit zwölf geräumigen Bungalows aus Holz und Bambus. Sie besitzen Ventilatoren und sind wunderschön um einen großen Fischteich herum angeordnet. In den Wintermonaten versammelt man sich am Lagerfeuer. Ansonsten können die Gäste das ganze Jahr über den Pool und eine Gemeinschaftsküche nutzen und Angelausrüstung ausleihen. Die „Farm" liegt abseits der Straße, die zu den Tha Pai Hot Springs führt; auf die Wegweiser achten.

WASSERFÄLLE RUND UM PAI

Rund um Pai gibt's ein paar Wasserfälle, die vor allem nach der Regenzeit (Okt.–Anfang Dez.) einen Besuch lohnen. Der am nächsten gelegene und meistbesuchte ist der **Nam Tok Mo Paeng** (น้ำตกหมอแปง) mit seinen natürlichen Badebecken. Der Wasserfall ist über die Straße, die auch zum Wat Nam Hoo führt, von Pai insgesamt rund 8 km entfernt – zu Fuß ist das eine ganz schön lange Strecke, aber mit dem Fahrrad oder Motorrad lässt sie sich prima bewältigen. Ähnlich weit von Pai entfernt, aber genau entgegengesetzt, liegt der **Nam Tok Pembok** (น้ำตกแพมบก), gleich abseits der Straße nach Chiang Mai. Am weitesten weg ist der **Nam Tok Mae Yen** (น้ำตกแม่เย็น). Er befindet sich an der unbefestigten Straße, die östlich aus Pai herausführt – der Marsch dorthin dauert mehrere Stunden.

Pai Phu Fah HOTEL $$
(☎081 906 2718; www.paiphufah.com; Ban Mae Hi; Zi. & Bungalows 300–800 B; ❄📶) Diese Ansammlung alter sowie einiger neuer Bungalows, alle mit Strohdächern, liegt am Rand eines fotogenen Reisfeldes. Die älteren sind ein wenig mitgenommen, lichtarm und haben durchgelegene Betten. Die neueren bieten mehr Platz und sind gepflegter, aber ebenfalls sehr schlicht. Das Ganze liegt rund 650 m östlich von Mae Nam Pai an der Straße zu den Tha Pai Hot Springs.

★ **Pai Island** RESORT $$$
(☎053 699999; www.paiislandresort.com; Bungalows 6000–8000 B, Villen 18 000–28 000 B, jeweils inkl. Frühstück; ❄📶🏊) Ein Mix aus polynesischen und afrikanischen Stilelementen prägt dieses beliebte und stylische Resort. Die zehn freistehenden luxuriösen Bungalows und Villen mit schneeweißem Interieur und recht viel Privatsphäre befinden sich auf Inseln, die über Brücken miteinander verbunden sind. Sie verfügen über eigene Whirlpools und große halboffene Bäder. Der Service ist wahrscheinlich der hervorragendste in ganz Pai. Die Anlage liegt ca. 700 m nördlich der Stadt an der Straße nach Mae Hong Son.

★ **Puripai Villa** HOTEL $$$
(☎053 065175; www.puripaivilla.com; Zi. 3200 B, Villa 6500–12 000 B, jeweils inkl. Frühstück; ❄📶🏊)

Diese architektonische Augenweide von Hotel würde man eher in einer Großstadt vermuten, weniger an einem Hang mit Blick aufs Pai-Tal. Die Zimmer sind designbewusst, schick und geräumig; von den jeweils dazugehörenden Balkonen hat man traumhafte Ausblicke. Die Mehrzimmervillen bieten noch mehr Platz, und jede verfügt über eine Küche und einen eigenen Pool. Das Hotel befindet sich ungefähr 3 km vom Stadtzentrum entfernt an der Straße nach Mae Hong Son. Um dorthin zu kommen, sollte man nach der gut ausgeschilderten Abzweigung gleich hinter der Start- und Landebahn des Flughafens, ca. 1,3 km von Pai entfernt, Ausschau halten.

Phu Pai HOTEL $$$

(☎053 065111; www.phupairesort.com; Mae Na Theung; Bungalows 2150–2550 B, Suite 3550 B, jeweils inkl. Frühstück; ❄📶🏊) Die schöne, sich selbst als „Kunstresort" bezeichnende, idyllisch wirkende Anlage bietet 40 Luxusbungalows im ortstypischen Stil. Das Highlight ist die Aussicht: Die meisten Bungalows stehen direkt an Reisfeldern, und vom Infinitypool genießt man den Blick übers Pai-Tal.

Das Hotel befindet sich ungefähr 4 km vom Stadtzentrum entfernt an der Straße nach Mae Hong Son. Um dorthin zu kommen, sollte man nach der gut ausgeschilderten Abzweigung gleich hinter der Start- und Landebahn des Flughafens, ca. 1,3 km von Pai entfernt, Ausschau halten.

Pai Treehouse HOTEL $$$

(☎081 911 3640; www.paitreehouse.com; Mae Hi; Bungalows 1000–2500 B, Suite 3000–5500 B, jeweils inkl. Frühstück; ❄📶) Wenn es nicht gelingt, eins der sechs entzückenden, kompakten Baumhäuser zu ergattern (sie gehen weg wie warme Semmeln), gibt es hier noch einige andere attraktive und viel größere Bungalows, von denen viele nah am Fluss stehen. Auf dem weitläufigen Gelände leben Elefanten, und auf dem Mae Nam Pai schwimmen Flöße. Es herrscht eine familienfreundliche Atmosphäre. Das Resort liegt 6 km östlich von Pai, kurz vor den Thermalquellen von Tha Pai.

Pripta Boutique Resort HOTEL $$$

(☎053 065750; www.facebook.com/Pripta-Boutique-Resort; 90 Mu 3, Mae Hi; Bungalows inkl. Frühstück 2000 B; ❄📶) Die an einem Hang erbaute Hotelanlage am Rand des Pai-Tals umfasst zwölf elegante Bungalows mit Strohdach. Die Zimmer sind riesig, mit hohen Decken und großen Balkonen, auf denen die Whirlpools stehen, die ihr Wasser aus den nahegelegenen Thermen beziehen. Das Pripta ist rund 7 km südlich von Pai, zwischen den Tha Pai Hot Springs und der Rte 1095.

Essen & Ausgehen

Pai hat eine eindrucksvolle Restaurantauswahl zu bieten. Es wird aber schnell klar, dass sich die Speisekarten vieler Lokale gleichen wie ein Ei dem andern. Trotzdem kann man gute Esslokale finden, darunter eine kontinuierlich steigende Zahl hochwertiger vegetarisch/veganer Lokale. Abends stellen Imbissverkäufer entlang der Th Chaisongkhram und Th Rangsiyanon Stände und umgebaute VW-Busse mit allen möglichen Speisen und Getränken auf. Besonders zahlreich sind sie in der Hauptsaison (Nov.–Febr.).

★ Larp Khom Huay Poo THAI $

(Ban Huay Pu; Hauptgerichte 50–100 B; ⏲8–20 Uhr; 📶) Keine Lust auf Weizengras und Tofu? Dann nichts wie hin zu diesem Lokal im Zeichen des Fleisches! Pflicht ist die Spezialität des Hauses: das *larp moo kua*, ein *lâhp* (gebratenes Schweinehack mit Kräutern und Gewürzen) im nordthailändischen Stil. Dazu gibt's Klebreis, bittere Kräuter und eiskaltes Bier – eine der besten Mahlzeiten in ganz Pai. Auch die Suppen und Bambuswürmer sind köstlich. Das Restaurant liegt ca. 1 km nördlich der Stadt an der Straße nach Mae Hong Son. Der Speisenschärfegrad wird den Wünschen der Gäste angepasst.

★ Om Garden Cafe INTERNATIONAL $

(abseits der Th Raddamrong; Hauptgerichte 60–140 B; ⏲ Mi–Mo 8.30–17 Uhr; 📶✎) Fleischlose Versionen internationaler Gerichte, frisch

YUNNAN-RESTAURANTS

In Ban Santichon, 4 km westlich von Pai, werden in mehreren Freiluftrestaurants die traditionellen Gerichte der hier ansässigen Yunnanesen serviert. Auf dem Speisezettel stehen beispielsweise *màntŏ* (Dampfnudeln), die hier mit in chinesischen Kräutern geschmorten Schweinsfüßen serviert werden, Schupfnudeln und mehrere Spezialitäten aus lokal angebauten Lebensmitteln und exotischen Zutaten wie schwarzem Hühnchen. Hauptgerichte kosten 40 bis 250 B; die meisten Lokale haben von 7 bis 20 Uhr geöffnet.

gepresste Säfte, ein einladender schattiger Garten, ein schwarzes Brett mit Yoga-Kursangeboten, der eine oder andere Hippie: Hier gibt's so ziemlich alles, was man von einem Lokal namens Om Garden erwarten würde – nur nicht, dass das Essen wirklich köstlich ist. Es ist nicht ausschließlich vegetarisch; das Angebot umfasst auch Meze, Frühstücks-Burritos, Salate und Pasta sowie Gebäck und hervorragenden Kaffee.

★ Maya Burger Queen AMERIKANISCH $
(www.facebook.com/MayaBurgerQueen; Th Wiang Tai; Hauptgerichte 80–165 B; ⏲13–22 Uhr; 📶🖉) Burger sind in Pai schwer angesagt und schmecken im Maya Burger Queen wohl am besten. Ob die weichen, leicht süßlichen Brötchen oder die gehaltvolle Knoblauch-Mayo zu den dick geschnittenen Pommes: Hier ist alles selbstgemacht. Und es gibt nicht weniger als sechs Veggie-Burger-Optionen.

Na's Kitchen THAI $
(Th Raddamrong; Hauptgerichte 60–200 B; ⏲5–22 Uhr) Frau Na – die ihr Restaurant nicht jeden Tag öffnet – kocht ihre thailändischen und nordthailändischen Gerichte mit Liebe und serviert sie in einem spartanischen, halboffenen Lokal. Trotz aller Schlichtheit drängen sich hier sowohl Einheimische als auch Besucher.

Charlie & Lek Restaurant THAI $
(Th Rangsiyanon; Hauptgerichte 55–125 B; ⏲11–21.30 Uhr; 📶🖉) Bei Charlie & Lek ist man ohne besondere Zugeständnisse auch auf ausländische Gäste eingestellt. Es bietet Thai-Klassiker und ein paar nordthailändische Spezialitäten in einfachem Ambiente, das bei Gästen gut ankommt. Auch vegetarische Speisen sind zu haben.

Chew Xin Jai VEGAN $
(abseits der Th Rangsiyanon; Hauptgerichte 49–139 B; ⏲8–19 Uhr; 📶🖉) Das Chew Xin Jai hebt sich aus der wachsenden Zahl vegetarisch/veganer Lokale in Pai hervor, indem es der Küche einen chinesischen Einschlag verpasst: gebratener Reis nach Taiwan-Art, Dumplings, Frühlingsrollen und eine Pseudo-Entensuppe. Da es kein Schild in lateinischer Schrift hat, muss man nach dem chinesisch anmutenden Gebäude mit den drei chinesischen Schriftzeichen suchen.

Cafecito TEX-MEX $
(www.facebook.com/cafecitopai; Hauptgerichte 70–190 B; ⏲9–17 Uhr; 📶🖉) In dem freundlichen Restaurant/Café gibt's leckere Tex-Mex-Klassiker wie Fisch-Tacos, Burritos oder Quesadillas sowie mexikanische Frühstücksgerichte, alles unter der Oberaufsicht eines US-Amerikaners. Und weil wir hier in Pai sind, stehen auf der Karte auch viele vegetarische Gerichte. Das Lokal liegt an der unbeschilderten Straße neben dem örtlichen Polizeirevier, ca. 600 m südlich der Th Rangsiyanon.

DIE BAR-SZENE VON PAI

Was die Kneipenszene von Pai angeht, kann man über den Daumen gepeilt sagen, dass sich die meisten Freiluft- und VW-Bus-Cocktailbars entlang der Th Chaisongkhram finden, während sich die meisten Schankstuben in der Th Wiang Tai konzentrieren. In der Th Rangsiyanon gibt's Restaurant-Bars, wie man sie aus den Gästehäusern kennt, und ein paar Freiluftbars/-clubs warten am Ostende der Th Raddamrong, gleich hinter der Brücke, auf Nachtschwärmer.

Good Life INTERNATIONAL $
(Th Wiang Tai; Hauptgerichte 50–220 B; ⏲8–22 Uhr; 📶🖉) Kefir, Kombucha, Rübensaft und Weizengras sagen eigentlich alles über die Atmosphäre in dem vielfältigen und beliebten Café. Aber es sind auch Kaffee, Kräutertees, Softdrinks und alkoholische Getränke zu haben. Auf der umfangreichen Speisekarte stehen thailändische und internationale Gerichte (viele davon vegetarisch). Von Montag bis Mittwoch finden um 11 Uhr kostenlose Meditationssitzungen statt.

Baan Benjarong THAI $
(179 Th Rangsiyanon; Gerichte 90–170 B; ⏲11–13 & 17–20 Uhr) Einheimische Familien besuchen gern dieses klassische Restaurant am südlichen Stadtrand neben einem Reisfeld, denn es hat mit die besten Thai-Gerichte der Stadt – z. B. gesalzene und geschmorte Krabben in Kokosmilch oder einen Salat aus Bananenblüten, Garnelen und Hähnchenfleisch.

Nong Beer THAI $
(Ecke Th Khetkalang & Th Chaisongkhram; Hauptgerichte 40–250 B; ⏲9–22 Uhr; 📶🖉) Das Nong Beer ist Ausländer gewöhnt und seit Langem für seine günstigen und authentischen Thai-Gerichte (einige davon vegetarisch) beliebt. Die Auswahl reicht von *kôw soy* (Nudeln mit Curry) bis zu Currys mit Reis und umfasst auch eine Reihe vegetarischer Speisen.

Evening Market THAI $
(Th Raddamrong; Hauptgerichte 30–60 B; ⏲15–19 Uhr) Der Abendmarkt (tgl. ca. 15 Uhr–Sonnenuntergang) empfiehlt sich für einheimische Köstlichkeiten zum Mitnehmen.

Pai Siam Bistro INTERNATIONAL $$
(Th Chaisongkhram; Hauptgerichte 70–395 B; ⏲9–23.30 Uhr; 📶✍) Das helle, elegante Lokal mit bequemen Sofas hat mediterran inspirierte Spezialgerichte, Thai-Tapas und eine kleine Auswahl leckerer Kuchen und Gebäckstücke. Man kann auch Cocktails und verschiedene Weine bestellen.

Witching Well INTERNATIONAL $$
(www.witchingwellrestaurant.com; 97 Th Wiang Tai; Hauptgerichte 165–580 B; ⏲10.30–22 Uhr; 📶✍) Eine umfangreiche Weinkarte erwartet die Gäste dieses schicken Bistros nach europäischem Vorbild, mit freiliegenden Backsteinwänden und Zementfußboden. Die Küche erfüllt die Erwartungen: ästhetisch angerichtete Mittelmeerspeisen, Tapas und Steaks. Der Service ist gut. Besonders zu empfehlen sind die wunderbaren Frühstücksmenüs.

Don't Cry BAR
(Th Raddamrong; ⏲16 Uhr–spät) In dieser Reggae-Bar gleich drüben am anderen Flussufer wähnt man sich auf Ko Phangan. Wenn es hier richtig swingt (vor 23 Uhr braucht man gar nicht aufzukreuzen), fühlt es sich wie ein lässiger Semi-Freiluft-Club an. Der Laden ist fast jeden Abend rappelvoll mit jungen Backpackern und macht erst zu, wenn der letzte Schluckspecht nach Hause wankt.

Shoppen

Walking Street MARKT
(Th Chaisongkhram & Th Rangsiyanon; ⏲6–22 Uhr) Jeden Abend wird im Stadtzentrum ein Straßenmarkt aufgebaut. An den Ständen gibt's Essen, Kleidung, Souvenirs und Krimskrams. Mit Abstand am meisten Betrieb herrscht während der Hauptsaison (Nov.–Febr.).

Praktische Informationen

In der Th Rangsiyanon und der Th Chaisongkhram sind mehrere Wechselstuben, Banken und Geldautomaten zu finden.

Der *Pai Events Planner* (PEP) ist ein kostenloses, monatlich erscheinendes Blatt, das Informationen über kulturelle Events, Reiseziele und die Neueröffnungen von Kneipen und Restaurants enthält; man bekommt ihn problemlos an verschiedenen Orten überall in der Stadt.

Polizei (☎053 699191, Notruf 24 Std. 191; Th Rangsiyanon; ⏲24 Std.) Die Hauptwache von Pai.

An- & Weiterreise

Alle öffentlichen Verkehrsmittel von und nach Pai werden an der **Minivan-Station** (Th Chaisongkhram) abgefertigt. Es ist ratsam, Tickets einen Tag im Voraus zu kaufen.

Ziel	Preis (B)	Dauer (Std.)	Häufigkeit
Chiang Mai	150	3–4	7–17 Uhr stündl.
Mae Hong Son	150	3–4	8.30 Uhr
Soppong (Pangmapha)	100	1½	8.30 Uhr

Aya Service (☎053 699888; www.ayaservice.com; 22/1 Th Chaisongkhram; Motorradverleih 140–200 B/24 Std.; ⏲7–22 Uhr) unterhält auch klimatisierte Minivan-Busse nach Chiang Mai (150 B, 3 Std., 7–17.30 Uhr stündl.).

Unterwegs vor Ort

Pai lässt sich größtenteils gut per pedes erkunden. Motorradtaxis warten am **Stand** (Th Chaisongkhram) neben der Minivan-Station (Preisbeispiele: 50 B zum Dorf Ban Santichon, 100 B zum Wasserfall Nam Tok Mo Paeng).

In der Stadt gibt es zahlreiche Motorradverleihfirmen (ab 100 B/Tag), darunter **Duan-Den** (☎053 699966; 20/1 Th Chaisongkhram; Motorräder 100–150 B/24 Std.; ⏲7.30–21 Uhr), das auch Fahrräder vermietet (ab 50 B/Tag).

Soppong

Das verträumte Soppong (สบป่อง; alias Pangmapha; eigentlich der Name des ganzen Bezirks) ist ein kleines Marktstädtchen, rund eine Stunde nordwestlich von Pai und ca. 70 km von Mae Hong Son entfernt. Soppong selbst hat nicht viel zu bieten. Die Umgebung mit dichten Wäldern, rauschenden Flüssen und spektakulären Kalksteinfelsen ist jedoch Nordthailands bestes Revier für Höhlenerkundungen. Diesbezüglich am leichtesten zugänglich ist die Tham Lot (S. 309), viele andere warten noch darauf, erforscht zu werden. In der Gegend liegen zudem mehrere Dörfer der Shan, Lisu, Karen und Lahu, die sich im Rahmen von Wanderungen besuchen lassen.

Sehenswertes & Aktivitäten

Die besten Infos über Höhlenwanderungen und Trekkingtouren in der Umgebung bekommt man von dem Betreiber der Cave

Lodge (S. 310). Hier kann man erfahrene einheimische Guides anheuern, es lassen sich auch empfehlenswerte Kajak-, Wander- und Höhlentouren organisieren. Die Lodge befindet sich 9 km von Soppong entfernt in der Nähe der Höhle Tham Lot.

★**Tham Lot** HÖHLE
(ถ้ำลอด; ab 150 B; ⏲8–17.30 Uhr) Etwa 9 km nordöstlich von Soppong befindet sich die Tham Lot – sprich *tâm lôrt*, auch bekannt als *tâm nám lôrt* –, eine große Kalksteinhöhle mit eindrucksvollen Stalagmiten, „Sarghöhlen" (s. Kasten) und einem breiten Bach. Zusammen mit der Tham Nam Lang weiter westlich gehört sie zu den größten bekannten Höhlen Thailands. Die Gesamtlänge der Höhle beträgt 1600 m, der Teil, durch den sich der Bach schlängelt, ist 600 m lang.

Ohne Guide darf man die Höhle nicht besichtigen. Am Eingang muss man sich eine Gaslaterne geben lassen und für 150 B einen Guide anheuern (dieser führt max. 3 Pers.). Bambusfloßfahrten (max. 3 Pers., einfache Strecke 300 B, hin & zurück 400 B) vom Eingang bis zum Ausgang führen durch die Säulenhöhle, die Puppenhöhle und die Sarghöhle. Wer keine Rückfahrt bucht, kann außerhalb der Höhle zurücklaufen (20 Min.). Das geht aber nur in der Trockenzeit (ca. Nov.–Mai). In dieser Zeit ist es auch möglich, zur Puppenhöhle zu waten und von dort ein Floß bis zum Ausgang zu nehmen (200 B). Wer bei Sonnenuntergang am Ausgang ist, kann zusehen, wie Hunderttausende Mauersegler in die Tham Lot hineinfliegen und ihre Schlafplätze auf den Stalagmiten in Beschlag nehmen.

Es gibt noch drei Nebenhöhlen, die über Leitern zu erreichen sind. Auf den Leitern sind manchmal sehr viele Leute unterwegs; man muss also aufpassen, wohin man den Fuß setzt. Um den ganzen Komplex zu entdecken, sollte man ca. 1½ Stunden veranschlagen. Während der Regenzeit (Aug.–Okt.) ist aufgrund des Wasserpegels teilweise nur eine Höhle geöffnet.

Ein **Nature Education Centre** (ศูนย์ศึกษาธรรมชาติและสัตว์ป่าถ้ำน้ำลอด; ⏲8–17.30 Uhr) be-

NICHT VERSÄUMEN

DIE HÖHLEN VON PANGMAPHA

Der Bezirk Pangmapha (900 km²) ist bekannt für seine vielen Höhlen, von denen bisher über 200 entdeckt wurden. Eine der berühmtesten davon ist – neben der Tham Lot – die **Tham Nam Lang**, die 20 km nordwestlich von Soppong bei Ban Nam Khong liegt: Dieses 8,5 km lange Gangsystem soll in puncto Rauminhalt eines der größten weltweit sein.

Viele der regionalen Höhlen sind eigentlich unterirdische Flussläufe (teils sogar mit Wasserfällen, Seen und „Sandstränden"). Die augenlose, eigenständige Höhlenfischgattung *Cryptotora thamicola* kann Wasserfälle hinaufklettern und kommt weltweit nur in zwei Höhlen vor, die beide in Pangmapha liegen. In anderen Höhlen der Gegend gibt's aufgrund giftiger Gase oder wegen Sauerstoffmangels nur wenig bzw. gar kein Leben.

Mehr als 85 der 200 Kalksteinhöhlen des Bezirks beherbergen uralte Särge (bis zu 9 m lang) aus ganzen Teakholzstämmen, die meist auf Holzgerüsten ruhen und laut Datierung per Radiokarbonmethode ca. 1200 bis 2200 Jahre alt sind. Die fast immer mit Schnitzereien verzierten Enden der Särge weisen thailändischen Archäologen zufolge mindestens 50 verschiedene Gestaltungsmuster auf. Die regionalen Shan bezeichnen diese Grabhöhlen als *tâm pĕe* (Geisterhöhlen) oder *tâm pĕe maan* (Sarghöhlen). Niemand weiß, wer die Särge gezimmert hat und warum sie hierhergebracht wurden. In den meisten Höhlen stehen aber weniger als zehn Särge – was vermuten lässt, dass nur bestimmte Personen das Recht auf eine so aufwendige Bestattung hatten. Ähnliche Särge wurden in Karstregionen westlich von Bangkok sowie auf Borneo, in China und auf den Philippinen entdeckt. In Pangmapha findet man jedoch weltweit die meisten Exemplare aus jener Epoche.

Am einfachsten zu besichtigen sind die **Sarghöhle** (ถ้ำผีแมน; Rte 1095; Erw./Kind 20/10 B; ⏲8.30-17 Uhr) gleich hinter dem Pangmapha Hospital (2 km westlich von Soppong) und deren Pendants in der **Tham Lot** (S. 309; 9 km nordöstlich von Soppong). Mehrere Sarghöhlen werden derzeit wissenschaftlich erforscht und sind daher für Besucher gesperrt. John Spies von der **Cave Lodge** (S. 310) dürfte aber wissen, wo dies gerade nicht der Fall ist. Zudem hilft sein informatives Buch *Wild Times* bei Höhlentrips vor Ort.

herbergt eine einfache Ausstellung über die Gegend sowie Reste von Töpferwaren, die in der Höhle gefunden wurden.

Schlafen & Essen

In Soppong finden sich ein paar einfache Esslokale sowie Essensstände. Die meisten sind ab 20 Uhr geschlossen. Manche Unterkünfte verfügen über ein eigenes Restaurant. Es gibt auch eine Reihe **Freiluftrestaurants** (Hauptgerichte 30–70 B; ⏲9–18 Uhr) vor dem Eingang zum Park Tham Lot mit einfachen Thai-Gerichten.

Lemonhill Garden PENSION $

(☎064 828 6107; gunnerchiangmai55@gmail.com; Rte 1095; Zi. & Bungalows 300–500 B, FZ 1000 B; ❄📶) Das zentral in Soppong gelegene Lemonhill Garden hat eine Reihe verblichener, mitgenommener Zimmer, die auf den Nam Lang hinausgehen. Manche sind etwas besser als die anderen, daher sollte man sich mehrere zeigen lassen. Nur das Familienzimmer ist mit einer Klimaanlage versehen.

★ **Cave Lodge** PENSION $$

(☎053 617203; www.cavelodge.com; Tham Lot Village; Zi. & Bungalows 300–2000 B; 📶) Hier handelt es sich um eine der legendärsten Unterkünfte Nordthailands (und womöglich das erste Gästehaus der Provinz Mae Hong Son). Inhaber John Spies ist ein Experte für die Region. Die Zimmer und Bungalows reichen von schlichten Räumen mit Gemeinschaftsbad bis zu immer noch rustikalen, aber gut ausgestatteten mit mehr Platz. Alle kleben an einem Hang mit Blick auf den Nam Lang.

★ **Little Eden Guesthouse** HOTEL $$

(☎053 617053; www.littleeden-guesthouse.com; Rte 1095; Zi. & Bungalows 400–1600 B; ❄📶🏊) Rund um einen kleinen Pool stehen fünf kompakte, gepflegte Häuser mit Ventilatoren, und die vier Zimmer mit Klimaanlagen im Haupthaus sind hübsch und geräumig. Die Hauptattraktion sind die schmucken zweistöckigen „Häuser", die sich ideal für Familien und Reisegruppen eignen: Diese stilvollen Quartiere punkten mit Wohnzimmern, Terrassen (inkl. Hängematten) und interessant verwinkelten Grundrissen. Es gibt ein Restaurant und die Möglichkeit, Trekking- und Raftingtrips zu buchen.

Soppong River Inn HOTEL $$

(☎082 998 5345; www.soppong.com; Rte 1095; Zi. & Bungalows 500–1400 B; ❄📶) Hier gibt's moderne Zimmer in zwei verwinkelten Gebäuden und eine Handvoll individuell gestalteter Bungalows mit hohen Decken, manche mit Ventilator, andere mit Klimaanlage. Die Anlage besteht aus einem dschungelartigen Garten am Flussufer mit verschlungenen Pfaden. Der Eigentümer ist freundlich, ein Restaurant ist auch vorhanden. Das Hotel befindet sich am Westrand der Stadt, in Fußnähe zur Minivan-Haltestelle.

Baan Cafe Nature Resort HOTEL $$

(☎053 617081; khunjui@yahoo.com; Rte 1095; Zi. 600 B, Bungalows 1200 B; 📶) Die parkartige Anlage am Nam Lang liegt ca. 750 m westlich von Soppongs Minivan-Haltestelle in Brückennähe. Neben blitzsauberen Zimmern mit Ventilatoren gibt es hier moderne Bungalows mit offenen Kaminen, Flussblick vom Balkon und sehr gutem Preis-Leistungs-Verhältnis.

Praktische Informationen

Im Zentrum von Soppong, unweit vom 7-Eleven, gibt's zwei Geldautomaten.

Anreise & Unterwegs vor Ort

Das einzige öffentliche Transportmittel von und nach Soppong sind Minivans. Abfahrts- und Ankunftsort ist eine **Haltestelle** (Rte 1095) in der Nähe des örtlichen Marktes, schräg gegenüber der Tankstelle.

Vor der 7-Eleven-Filiale in Soppong brechen Motorradtaxis Richtung Tham Lot und Cave Lodge auf (jeweils 70 B pro Pers.). Zu diesen Zielen fahren alternativ auch private Pickup-Trucks (300 B/6 Pers.).

Castrol Bike Point (☎053 617185; Rte 1095; ⏲7–18 Uhr)

Leihmotorräder gibt's bei **Pasine Motorbike Hire** (☎053 617185; Rte 1095; Tagesmiete 250 B ⏲7–18 Uhr) am westlichen Stadtrand.

MINIVANS AB SOPPONG

ZIEL	PREIS (B)	DAUER (STD.)	HÄUFIGKEIT
Chiang Mai	250	5	8–18.30 Uhr stündl.
Mae Hong Son	100	1½	10.30–18.30 Uhr stündl.
Pai	100	1	8–18.30 Uhr stündl.

Mae La-Na

In einem malerischen Gebirgstal 6 km abseits der Rte 1095 liegt Mae La-Na (แม่ละนา), ein winziges Shan-Dorf, wie von der Außenwelt abgeschnitten. Das Dorf nimmt schon längere Zeit an einem Homestay-Programm teil, in der Umgebung lassen sich auch Höhlen erkunden. Da es in Mae La-Na weder Banken noch Geldautomaten gibt, ist es ratsam, Bargeld mitzubringen.

Sehenswertes & Aktivitäten

Die berühmteste Attraktion vor Ort ist die **Tham Mae La-Na**, eine 12 km lange Höhle, durch die ein Bach fließt. Zwar bieten örtliche Guides an, einen durch die Höhle zu führen, aber wirklich auf Schaulustige eingerichtet ist man hier nicht – Besucher könnten fragile Höhlenformationen zerstören und den Lebensraum der empfindlichen Höhlenfische schwer beeinträchtigen. Besser besucht man nur die nahe gelegenen Höhlen **Tham Pakarang** (Korallenhöhle) und **Tham Phet** (Diamantenhöhle), in denen es interessante Wandformationen zu sehen gibt. Guides (200 B) kann man tagsüber im größten Dorfladen und an der Tankstelle engagieren. Manche Höhlen sind eventuell während der Regenzeit nicht zugänglich.

Mae La-Na ist auch ein guter Ausgangspunkt für interessante Wanderungen. Viele der schönsten Landschaften von Mae Hong Son liegen im Bereich einer Tageswanderung, außerdem gibt es in der Nähe mehrere Dörfer der Roten und Schwarzen Lahu. Man kann auch eine 15 km lange halbe Schleife von Mae La-Na über die Tham Lot abwandern. Khun Ampha, die Besitzerin des Maelana Garden Home, stellt eine einfache Karte zur Verfügung.

Schlafen & Essen

Vor Ort gibt's weder Restaurants noch Imbissstände. Hungrige müssen sich daher in ihrem Homestay oder im Maelana Garden Home stärken.

Maelana Garden Home PENSION $
(☎081 706 6021; Zi./Bungalows 300/400 B; 📶) Die wunderschöne Pension im Bauernhof-Look liegt am Dorfrand. Neben einfachen Zimmern mit Ventilatoren in zwei Holzgebäuden gibt's hier auch ein paar Nurdach-Bungalows aus Bambus. Gäste werden optional mit authentischer Shan-Küche verköstigt (100 B pro Pers.). Wer rechtzeitig vorher anruft, kann sich an der Rte 1095 (150 B) oder in Soppong (400 B) abholen lassen. Alternativ einfach beim Dorfladen mit Tankstelle nach Khun Ampha fragen – sie kümmert sich dann um die Abholung.

Homestay Programme HOMESTAY $
(Ban Mae La-Na; 100 B pro Pers. und Nacht) Zwei Dutzend Haushalte im Bereich von Mae La-Na nehmen an einem Homestay-Programm teil, dessen Gewinne in einen kommunalen Fonds fließen. Auf Wunsch werden Mahlzeiten zubereitet (100 B pro Pers.). Interessenten können beim hölzernen Verwaltungsbüro (nur sporadisch besetzt!) am Dorfeingang oder direkt bei allen hiesigen Häusern mit Homestay-Schild nachfragen.

An- & Weiterreise

Mae La-Na liegt 13 km westlich von Soppong an einer Kreuzung, wird aber nicht von öffentlichen Verkehrsmitteln bedient. Ein Motorradtaxi ab Soppong kostet 200 B.

Mae Hong Son

☎053 / EW. 7000

Mae Hong Son (แม่ฮ่องสอน), das malerisch und einsam inmitten bewaldeter Berge an einem stillen See liegt, entspricht genau den Vorstellungen, die sich viele Traveller von einem typisch nordthailändischen Städtchen machen. Der spürbare myanmarische Einfluss stört das Bild genauso wenig wie der etwas raue Charakter eines Grenzorts, denn schließlich bleibt man hier von Tuk-Tuks und Schleppern weitgehend verschont. Das heißt aber nicht, dass Mae Hong Son ein völlig unerschlossenes Städtchen wäre: Reisegruppen kommen schon seit Jahren hierher. Trotzdem ist Mae Hong Son viel ruhiger als etwa Pai. Das dennoch große Aktivitätsangebot – von Bootsausflügen bis zu Trekkingtouren – sorgt dafür, dass Traveller mit einmaligen Erlebnissen rechnen können.

Geschichte

Mae Hong Son war die längste Zeit seiner kurzen Existenz von Thailand geografisch, politisch und kulturell getrennt. Die Stadt wurde im frühen 19. Jh. als ein Ausbildungslager für Elefanten gegründet und blieb lange wenig mehr, bis 1856 wegen der Kämpfe in Myanmar Tausende Shan in die Region strömten. Später blühte Mae Hong Son als Zentrum der Holzfällerei auf und blieb ein unabhängiges Königreich, das König Rama V. schließlich 1900 mit dem Königreich Siam vereinte.

Mae Hong Son

Sehenswertes

Angesichts der bunten Farben, weißen Stupas und glänzenden Zinkverzierungen der Tempel Mae Hong Sons, die im birmanischen und im Shan-Stil errichtet wurden, kann man sich schon fragen, in welchem Land man sich hier eigentlich befindet.

★ Wat Phra That Doi Kong Mu — BUDDHISTISCHER TEMPEL

(วัดพระธาตุดอยกองมู; ⏲tagsüber) Dieser Tempelkomplex (alias Wat Plai Doi) thront westlich der Stadt auf dem Doi Kong Mu (1500 m). Seine beiden *chedis* im Shan-Stil (erb. 1860 und 1874) beherbergen die Asche verstorbener Mönche aus dem birmanischen Shan-Staat. Auf dem Gelände gibt's auch ein Café und einen kleinen Touristenmarkt.

Vom großen und schlanken Buddha (stehende Haltung) hinter dem Wat schaut man auf das Gebiet westlich des Bergrückens. Besonders eindrucksvoll wirkt dabei das Nebelmeer, das sich jeden Morgen unten im Tal sammelt. Ansonsten fällt der herrliche Blick auf die Stadt und die umliegenden Täler.

Von der Th Pha Doong Muay Do führt eine lange Treppe hinauf zum Tempel auf der Hügelspitze; der Aufstieg ist aber leichter als eventuell erwartet. Lauffaule nehmen ein Motorradtaxi ab der Stadt (hin & zurück 120 B).

Wat Jong Klang — BUDDHISTISCHER TEMPEL

(วัดจองกลาง; Th Chamnansatit; ⏲tagsüber) Der Wat Jong Klang beherbergt 100 Jahre alte *Jataka*-Glasmalereien und ein **Museum** (พิพิธภัณฑ์วัดจองกลาง; Wat Jong Klang, Th Chamnansatit; Eintritt gegen Spende; ⏲8–18 Uhr) mit 150 Jahre alten Holzpuppen aus Myanmar, die einige der Qualen aus dem Rad des Lebens darstellen. Der Tempel wird nachts beleuchtet und spiegelt sich im Nong Jong Kham, was Besucher gern fotografieren. Hinweis: Einige der Geländebereiche sind für Frauen tabu – bei Schreinen des birma-

Mae Hong Son

Highlights
1 Wat Phra That Doi Kong Mu A2

Sehenswertes
2 Wat Hua Wiang C1
3 Wat Jong Kham C3
4 Wat Jong Klang C3
Wat Jong Klang Museum .... (s. 4)
5 Wat Kam Kor B2
6 Wat Phra Non A3

Aktivitäten, Kurse & Touren
7 Friend Tour C2
8 Nam Rin Tour C2
9 Rosegarden Tours B2

Schlafen
10 Baan Mai Guest House D2
11 Boondee House B1
12 Friend House C2
13 Jongkham Place D2
14 Mountain Inn & Resort B4
15 Palm House C3
16 Piya Guesthouse C3
17 Romtai House C3
18 Sarm Mork Guest House C3

Essen
19 77 Wine & Coffee House B2
20 Fern Restaurant B3
21 Little Good Things C4
22 Maesribua C2
23 Morning Market C1
24 Night Market C1
25 Salween River Restaurant & Bar C2

Aktivitäten, Kurse & Touren
26 Coffee Morning D2
27 Crossroads B2
28 Sunflower C2

Shoppen
29 Manerplaw/Ethnic Echoes B2
30 Walking Street C3

nischen Shan-Buddhismus ist dies keine Seltenheit.

Wat Hua Wiang BUDDHISTISCHER TEMPEL
(วัดหัวเวียง; Th Phanich Wattana; ⌚tagsüber) Dieser Wat, gleich westlich von Mae Hong Sons Morgenmarkt, ist berühmt für seinen *bòht* (Ordinationshalle), der ein kunstvolles Stufendach aus Holz besitzt und eine hochverehrte Buddha-Bronzestatue aus Mandalay (Myanmar) beherbergt.

Wat Jong Kham BUDDHISTISCHER TEMPEL
(วัดจองคำ; Th Chamnansatit; ⌚tagsüber) Dieser Tempel neben dem Wat Jong Klang wurde vor fast 200 Jahren von den Thai Yai (oder Shan) erbaut, die etwa die Hälfte der Einwohner der Provinz Mae Hong Son ausmachen.

Wat Phra Non BUDDHISTISCHER TEMPEL
(วัดพระนอน; Th Pha Doong Muay Do; ⌚tagsüber) Der Wat Phra Non hat den größten liegenden Buddha in Mae Hong Son.

Wat Kam Kor BUDDHISTISCHER TEMPEL
(วัดกำก่อ; Th Pha Doong Muay Do; ⌚tagsüber) Dieser Tempel im birmanischen Stil ist für seinen einmaligen überdachten Korridor bekannt.

Aktivitäten

Trekking

Mae Hong Sons Lage am Rand bewaldeter Berge macht es zu einem hervorragenden Ausgangsort für Wanderungen in die Umgebung. Trekking ist hier nicht so weit verbreitet und kommerziell organisiert wie anderswo, Besucher, die bereit sind, sich die Stiefel schmutzig zu machen, dürfen mit relativ unberührter Natur und abgeschiedenen Dörfern rechnen.

Mehrtageswanderungen in Gruppen von zwei Personen kosten 1000 bis 3000 B pro Person und Tag. Wie überall in Thailand reduzieren sich die Tagespreise beträchtlich bei größeren Gruppen und längeren Touren.

★ **Nature Walks** WANDERN & TREKKING
(☎089 552 6899; www.naturewalksthai-myanmar.com) Die Trekkingtouren mit Nature kosten vielleicht mehr als anderswo, dafür ist aber der aus Mae Hong Son stammende Chan wahrscheinlich auch der beste Guide in der Stadt. Die Treks reichen von eintägigen Wanderungen durch die Natur bis zu mehrtägigen Touren quer durch die Provinz. Chan arrangiert auch maßgeschneiderte Touren, beispielsweise die Orchideentour von März bis Mai.

★ **Nam Rin Tour** WANDERN & TREKKING
(☎053 614454; rutsiri506@gmail.com; Th Khunlumprapas; ⌚8–21 Uhr) Der sarkastische Mr. Dam wirbt zwar mit *bad sleep, bad jokes* (schlechter Schlaf, schlechte Witze), seine Trekkingtouren bekommen aber gute Kritiken. Die Preise beginnen bei 1500 B pro Person und Tag (mind. 2 Teilnehmer). Mr. Dam verfolgt die löbliche Praxis, keine Besucher in die Dörfer der „Langhals"-Kayan zu bringen oder irgendwelche Touren mit Elefanten anzubieten. Wie er völlig zu Recht

sagt, wollen die Elefanten ihre Zeit nicht mit Menschen verbringen.

Friend Tour TREKKING
(☎053 611647, 086 180 7031; 21 Th Pradit Jong Kham; ⊙8–18.30 Uhr) Der renommierte Veranstalter mit über 20 Jahren Erfahrung bietet Trekking- und Bambusfloß-Raftingtouren sowie Tagesausflüge an. Er verleiht auch Motorräder (150–300 B/Tag) und vermittelt Mietwagen (ab 1100 B/Tag).

Bootsausflüge

Fahrten mit Longtail-Booten auf dem nahen Mae Nam Pai sind beliebt. Angeboten werden sie von Gästehäusern und Agenturen. Die meisten Bootstouren beginnen in Tha Pong Daeng, 4 km südwestlich von Mae Hong Son. Die Boote fahren 15 km stromabwärts bis zum „Langhals"-Dorf Huay Pu Keng (750 B, 1 Std.) oder noch weiter bis zum 20 km von der Anlegestelle entfernten Grenzposten Ban Nam Phiang Din (900 B, 1½ Std.), ehe es zurückgeht. In den Booten finden maximal acht Passagiere Platz.

Begehrt ist auch Bambusfloß-Rafting auf dem Mae Nam Pai. Die meisten Trekking-Agenturen und Gästehäuser bieten eintägige kombinierte Trekking- und Raftingtrips für rund 1250 B an.

Spas & Wellness

Phu Klon Country Club SPA
(ภูโคลน คันทรีคลับ; ☎053 282579; www.phuklon.co.th; Schlammpackung 80–700 B, Massage 250–450 B/Std.; ⊙8–18.30 Uhr) Diese Anlage, von ihren Besitzern als „Country Club" bezeichnet, wird als Thailands einziges Schlammbad angepriesen. Phu Klon liegt 16 km nördlich von Mae Hong Son in Mok Champae. Wer kein eigenes Fahrzeug hat, kann das täglich nach Ban Ruam Thai oder Mae Aw verkehrende *sŏrng·tăa·ou* (25 B) nehmen. Dann muss man allerdings sehen, wie man wieder zurückkommt. Die Quelle wurde 1995 von Geologen entdeckt. Vor der Anwendung wird der Schlamm pasteurisiert und zusätzlich mit Kräutern versetzt. Bäder im Thermalbad und Massagen werden hier ebenfalls angeboten.

MOTORRADTOUR: DER MAE HONG SON LOOP

Start Chiang Mai

Ziel Chiang Mai

Länge/Dauer 600 km; vier Tage

Eine der beliebtesten Motorradtouren in Nordthailand ist diese Rundtour, die in Chiang Mai beginnt und fast die gesamte Länge der Provinz Mae Hong Son durchmisst, bevor sie eine Schleife zurück in die Stadt beschreibt.

So richtig los geht's 34 km nördlich von Chiang Mai, wo man auf die Rte 1095 abbiegt und sich in die erste der 1864 Kurven legt. Es geht langsam voran und der Aufstieg beginnt beinahe sofort. Das Gute an der Strecke ist, dass unterwegs reichlich Übernachtungsmöglichkeiten verfügbar sind – viele Orte mit guten Unterkünften und Essoptionen liegen weniger als 70 km voneinander entfernt, Fahrer können also regelmäßig die Durchblutung ihres Hinterteils regenieren. Zudem gibt's in vielen der Übernachtungsstopps auch etwas zu sehen, sodass auch kulturelle Erkundungen nicht zu kurz kommen. **Pai**, 130 km von Chiang Mai entfernt, ist dank seiner vielen Unterkünfte und Lokale der beliebteste Zwischenstopp, **Soppong** 40 km weiter dagegen bietet die Gelegenheit, die Tham Lot (S. 309) zu besuchen, eine der größten Höhlen Thailands. **Mae Hong Son**, 65 km von Soppong entfernt, fasziniert mit einem Mix aus ethischen Minoritäten und kulturellen Einflüssen von jenseits der nahegelegenen Grenze zu Myanmar.

Ab **Khun Yuam** 70 km südlich von Mae Hong Son kann man entweder die Rte 1263 nach **Mae Chaem** nehmen und via **Doi Inthanon**, den höchsten Gipfel des Landes, nach Chiang Mai zurückkehren, oder man fährt weiter Richtung Süden bis **Mae Sariang** und folgt der Rte 108 den ganzen Weg über **Hot** zurück nach Chiang Mai, wobei hier die Entfernungen zwischen den Orten größer sind und am besten mit einem leistungsfähigeren und bequemeren Motorrad bewältigt werden.

Ein exzellenter Wegbegleiter ist die *Mae Hong Son Loop Guide Map* von Golden Triangle Rider, die in den meisten Buchläden in Chiang Mai erhältlich ist. Die Karte beinhaltet genaue Entfernungen zwischen den Örtlichkeiten entlang des Rundkurses ebenso wie mögliche Abstecher und andere nützliche Informationen.

Pha Bong Hot Springs THERMALQUELLEN
(บ่อน้ำร้อนผาบ่อง; ☎053 686033; Ban Pha Bong; Privatwanne/-raum 50/400 B; ⊙8 Uhr–Sonnenuntergang) Elf Kilometer südlich von Mae Hong Son im Shan-Dorf Pha Bong liegt dieser öffentliche Park mit Thermalquellen. Man kann hier eine Badewanne oder einen Baderaum mieten und sich massieren lassen (150 B/Std.). Alle Minivans Richtung Süden halten bei den Quellen.

Geführte Touren

Rosegarden Tours TOUREN
(☎053 611681; www.rosegarden-tours.com; 86/4 Th Khunlumprapas; Tour ab 700 B; ⊙8.30–21 Uhr) Der Schwerpunkt dieses Veranstalters mit englisch- und französischsprachigen Führern liegt auf Kultur und Sightseeing. Er organisiert auch Bambusfloß-Rafting und Wanderungen.

Tour Merng Tai TOUREN
(☎086 311 5631, 053 611979; www.tourmerngtai.com) Dieser Anbieter veranstaltet überwiegend Tagestouren in die Umgebung von Mae Hong Son, man kann aber auch Bambusfloß-Rafting- und Radtouren mit ihm unternehmen.

Feste & Events

Jong Para Festival RELIGION
(⊙ca. Okt.) Das wichtige regionale Fest wird im Oktober gegen Ende der buddhistischen Regenklausur gefeiert – drei Tage vor Vollmond im elften Mondmonat (das genaue Datum variiert dementsprechend von Jahr zu Jahr).

Zu Beginn des Fests bringen einheimische Shan den Mönchen in einer Prozession, bei der auf Stangen montierte Palastmodelle getragen werden, Opfergaben in die Tempel. Es finden Volkstheater- und Tanzvorführungen auf dem Gelände der Wats statt – einige davon bekommt man nur in Nordwestthailand zu sehen.

Loi Krathong KULTUR
(⊙Nov.) An diesem nationalen Feiertag im November – bei dem normalerweise *grà·tong* (kleine Lotusflöße) auf den nächstgelegenen Teich, See oder Fluss gesetzt werden – lassen die Einwohner von Mae Hong Son vom Wat Phra That Doi Kong Mu Ballons, sogenannte *grà·tong sà·wăn*, aufsteigen.

Poi Sang Long Festival RELIGION
(⊙März) Die Wats Jong Klang und Jong Kham stehen im Mittelpunkt dieses Fests im März, bei dem Shan-Jungen in einer *boòat lôok gâaou* genannten Zeremonie zu Mönchsnovizen ordiniert werden. Nach dem Brauch der Shan tragen die Jungen dabei keine einfachen weißen Gewänder, sondern verzierte Kostüme, Blumenkopfschmuck und Schminke.

> **NICHT VERSÄUMEN**
>
> **NATURLEHRPFAD MAE SAKUT**
>
> Keine Zeit für eine Trekking-Tour in Mae Hong Son? Dann vermittelt der **Mae Sakut Nature Trail** (20 B; ⊙8–17 Uhr) im Nam Tok Mae Surin National Park wenigstens etwas Eindruck von der natürlichen Schönheit der Region: Dieser Rundwanderweg (5 km, relativ einfach) durch Bambus- und Teakbaumwälder passiert Wasserfälle, Aussichtspunkte und Wildblumen (saisonal).
>
> An der Straße zum Fern Resort beginnt die Route rund 7 km nördlich von Mae Hong Son. Etwa 200 m hinter dem Resort muss man sein Fahrzeug an einer Straßensperre abstellen und die Nutzungsgebühr bezahlen.

Schlafen

In Mae Hong Son gibt's genügend Unterkünfte, allerdings keine richtigen Hostels. Außerhalb der Hochsaison (Nov.–Febr.) werden üblicherweise Preisreduzierungen von bis zu einem Drittel gewährt.

In der Stadt

Friend House PENSION $
(☎053 620119; 20 Th Pradit Jong Kham; Zi. 150–500 B; 📶) Das schon lange bestehende Friend House ist eine Budget-Herberge mit einfachen, sauberen Zimmern mit Ventilatoren und Matratzen auf dem Boden. Die kostspieligeren sind geräumiger und haben eigene Bäder. Die Flusslage ist ein Bonus; von dem kleinen Garten aus reicht der Blick bis hinüber zum Wat Jong Klang.

Sarm Mork Guest House PENSION $
(☎082 192 2488, 053 612122; sarmmork@hotmail.com; Th Chamnansatit; Zi. 500–600 B; ❄📶) Drei hübsche grüne Bungalows und zwei große Zimmer umfasst diese ruhige Unterkunft östlich vom See: alle gepflegt und mit Klimaanlage, TV und Kühlschrank versehen. Das Haus wird von einer freundlichen Familie geführt.

Boondee House PENSION $$
(☎ 088 435 9258; boondeehouse@gmail.com; 6 Th Pha Doong Muay Do; Zi. 800–1000 B; ❄ 📶) Die 17 geräumigen Gästezimmer verteilen sich über zwei Gebäude. Mit ihren weißen Wänden und Fliesenböden sind sie eher schmucklos, besitzen jedoch ordentliche Betten, Schreibtische, TVs und Kühlschränke. Es gibt auch mehrere Gemeinschaftsbereiche. Die Mitarbeiter sind hilfsbereit. Das Boondee liegt in einer ruhigen Wohnstraße, nur fünf Minuten zu Fuß vom See entfernt.

Jongkham Place PENSION $$
(☎ 053 614294; 4/2 Th Udom Chaonited; Zi. 700–1500 B; ❄ 📶) Die familiengeführte Pension am Seeufer ist ausgesprochen sauber. Die drei Zimmer werden durch vier attraktive Holzbungalows und zwei Suiten im Penthousestil ergänzt. Alle haben Klimaanlage. Es wird nicht viel Englisch gesprochen, aber die Familie ist freundlich.

Palm House PENSION $$
(☎ 085 969 0989, 053 614022; pondxxxx@gmail.com; 22/1 Th Chamnansatit; Zi. 600–800 B; ❄ 📶) Das Palm House besitzt 22 Zimmer, teilweise in einem stilvollen neuen Gebäude mit freiliegenden Backsteinmauern und moderner Ausstattung untergebracht, teilweise im schlichteren, älteren Originalgebäude. Die Zimmer sind alle ausreichend groß. Der hilfsbereite Besitzer spricht Englisch und kann Transportmittel organisieren.

Mountain Inn & Resort HOTEL $$
(☎ 053 611803; www.mhsmountaininn.com; 112/2 Th Khunlumprapas; Zi. 1200–1500 B, Suite 4500 B, jeweils inkl. Frühstück; ❄ @ 📶 🏊) Das Mountain Inn vermietet ein bisschen altmodische, aber saubere und gemütliche Zimmer mit Holzböden und dekorativen Elementen im Thai-Stil. Die Ausstattung umfasst TV, Kühlschrank und Klimaanlage. Von den Quartieren schaut man auf einen hübschen Hofgarten mit einem Pool, einem kleinen Teich, Bänken und Sonnenschirmen. Die Superior-Zimmer haben eine Terrasse mit Poolblick. Das Hotel ist beliebt bei Reisegruppen und Thai-Beamten, die der Stadt einen offiziellen Besuch abstatten.

Romtai House PENSION $$
(☎ 053 612437; www.maehongson-romtai.com; Th Chamnansatit; Zi. & Bungalows 500–1000 B; ❄ 📶) Hinter den Tempeln am Seeufer versteckt sich das Romtai House mit gesichtslosem Rezeptionsbereich und ansehnlicher Unterkunftsauswahl. Diese reicht von schlichten, großen und sauberen Zimmern bis zu vergleichsweise attraktiven Bungalows mit Blick auf die Fischteiche in einem üppigen Garten. Räder können gemietet werden.

Piya Guesthouse HOTEL $$
(☎ 053 611260; piyaguesthouse@hotmail.com; 1/1 Th Khunlumprapas; Bungalows 700 B; ❄ 📶 🏊) Nur ein paar Schritte von dem See mitten in Mae Hong Son entfernt ist diese tadellose Bungalow-Anlage mit Garten und einem kleinen, einladenden Pool. Die Zimmer sind gut ausgestattet und bequem; die Bäder können allerdings etwas muffig riechen.

Außerhalb der Stadt

★ **Sang Tong Huts** HOTEL $$
(☎ 053 611680; www.sangtonghuts.org; abseits der Th Maka Santi; Bungalows 1200–1600 B, FZ 2400 B; 📶 🏊) Diese Ansammlung nachhaltiger Bungalows aus Bambus und Holz ohne TV, aber mit Ventilator, ist in einem weitläufigen, baumbestandenen Garten direkt vor der Stadt angesiedelt und besitzt jede Menge Charakter. Jede Hütte ist von innen und außen individuell gestaltet – bei manchen führen Treppenstufen ins Bad. Sie stehen weit auseinander, um Privatsphäre zu gewährleisten. Es ist eine wunderschöne, begehrte Unterkunft, und das macht eine rechtzeitige Reservierung ratsam.

Das Hotel liegt ca. 1 km nordöstlich der Th Khunlumprapas unweit der Th Maka Santi. Anreise: In Richtung Pai fahren, an der Kreuzung vor Mae Hong Sons nördlichster Ampelanlage nach links abbiegen und dann den Schildern folgen.

★ **Fern Resort** RESORT $$$
(☎ 053 686110; www.fernresort.info; abseits der Rte 108; Bungalow inkl. Frühstück 2000–2500 B; ❄ 📶 🏊) Das altbewährte Resort gehört zu den angenehmsten Unterkünften in Nordthailand. Die 37 einfachen, gemütlichen Holzbungalows stehen inmitten terrassenartig angelegter Reisfelder und Bäche – und zwar weit genug voneinander entfernt, dass die Privatsphäre gewahrt bleibt. TVs sucht man hier vergeblich, dafür gibt's aber zwei Pools, einen Pétanque-Platz und Naturlehrpfade im angrenzenden Mae Surin National Park: Langweilig wird es also schon mal nicht. Das Fern liegt 7 km südlich der Stadt. Gäste können sich kostenlos vom Flughafen oder Busbahnhof abholen lassen, außerdem fahren dreimal täglich Shuttles von und nach Mae Hong Son, die am Fern Restaurant halten (S. 318).

Imperial Tara Mae Hong Son Resort HOTEL $$$
(☎053 684444-9; www.imperialhotels.com; Rte 108; Zi. inkl. Frühstück 2200–4500 B; ❄☎☒) Die 104 geschmackvoll eingerichteten Zimmer in dem exklusiven Hotel sind alle mit Holzdielen und Balkonen ausgestattet. Die Terrassen mit Fenstertüren sind eine willkommene Abwechselung zur Konzeption der üblichen Businesshotels. Zu den Einrichtungen gehören ein großer Swimmingpool, ein kleines Fitnesscenter und eine Sauna. Das Hotel steht etwa 2 km südlich der Stadt.

Essen & Ausgehen

In Mae Hong Son zielen mehrere Restaurants und Imbissstände speziell auf Touristen ab. Die einzigartigen Shan-Köstlichkeiten der Stadt gibt's aber nur in vergleichsweise rustikalem Ambiente – beispielsweise auf dem Morgen- oder **Nachtmarkt** (Th Phanich Wattana; Hauptgerichte 30–60 B; ⊙4–20 Uhr).

★ **Little Good Things** INTERNATIONAL $
(www.facebook.com/littlegoodthings; abseits der Th Khunlumprapas; Hauptgerichte 40–100 B; ⊙Mi–So 9–15 Uhr; ☎✍) Das kleine, verführerische vegane Café-Restaurant lockt mit Frühstücksmenüs und leichten, thailändisch beeinflussten Mahlzeiten, alle fleischlos, mit Liebe gekocht, gesund, unglaublich günstig und vor allem: köstlich. Manchmal schließt es während der Regenzeit (Juni–Sept.) einen Monat lang.

★ **Morning Market** THAI $
(abseits der Th Phanich Wattana; Hauptgerichte 20–50 B; ⊙18–21 Uhr) Der örtliche Morgenmarkt

INSIDERWISSEN

DIE DÖRFER DER „LANGHALS"-KAYAN

Diese Dörfer sind Mae Hong Sons bekannteste – und zugleich umstrittenste – Touristenattraktion. Der Spitzname „Langhals" entstand wegen der Gewohnheit einiger Frauen der Kayan (oder Padaung, wie die Shan sagen), schwere Messingspiralen um den Hals zu tragen. Diese Halsspirale drückt auf das Schlüsselbein und den Brustkorb, weshalb der Hals unnatürlich lang aussieht. Ein weit verbreiteter Irrglaube ist, dass die Hälse abknicken und die Frauen ersticken würden, wenn sie die Spiralen ablegten. In Wirklichkeit legen die Frauen die Spiralen ohne jedes Problem ab und an (wer abends herkommt, sieht, dass die Frauen dann keinen Halsschmuck tragen), und es gibt auch keinen Beweis, dass diese Angewohnheit ihre Gesundheit beeinträchtigt.

Niemand weiß, wie dieser Brauch entstanden ist. Einer Theorie zufolge sollten die Spiralen die Frauen für Männer anderer Völker unattraktiv machen, nach einer anderen sollten sie Tiger daran hindern, sie am Hals zu packen und fortzuschleppen. Wahrscheinlich aber handelt es sich nur um ein Modeaccessoire. Bis vor Kurzem war der Brauch schon so gut wie verschwunden, hat aber durch das Geld aus dem Tourismus und wohl auch durch örtliche Behörden, die von den Kayan-Frauen profitieren wollen, neuen Auftrieb erhalten.

Die Dörfer stehen jetzt auf dem Programm vieler Tourveranstalter und sind ein wichtiger Touristenmagnet von Mae Hong Son geworden. Viele bezeichnen die Dörfer – nicht ganz unberechtigt – als Menschenzoos, uns erinnern sie aber mehr an bizarre ländliche Märkte, weil die Frauen das meiste Geld mit dem Verkauf von Souvenirs und Getränken einnehmen. Die Padaung, mit denen wir gesprochen haben, behaupten, sie seien mit ihrer momentanen Situation ganz zufrieden, aber die Staatenlosigkeit, die sie mit allen anderen Flüchtlingen aus Myanmar teilen, ist sicher kein beneidenswerter Zustand: Die Bauern, die sich früher selbst versorgten, sind heute auf den Tourismus und auf fremde Hilfe angewiesen.

Die am meisten besuchte „Langhals" -Gemeinde ist die von **Huay Pu Keng**. Ihr Besuch ist Teil der Longtail-Bootstouren ab Tha Pong Daeng. Eine Handvoll Kayan-Familien leben auch in **Kayan Tayar**, unweit des Shan-Dorfs Ban Nai Soi, 35 km nordwestlich von Mae Hong Son.

Sämtliche Kayan-Niederlassungen außerhalb von Mae Hong Son können auf eigene Faust besucht werden, sofern man über ein Transportmittel verfügt. Ansonsten organisiert auch jedes Reisebüro in Mae Hong Son eine Tour. Pro Besucher wird in jedem Dorf 200 B Eintrittsgebühr fällig. Wer per Boot kommt, zahlt pro Person 20 B extra.

THAM PLA NATIONAL PARK

Die am meisten beworbene Attraktion des **Tham Pla National Park** (อุทยานแห่งชาติถ้ำปลา; Rte 1095; Erw./Kind 100/50 B; ⏲8–18 Uhr) bildet die Tham Pla (oder Fischhöhle), eine mit Wasser gefüllte Höhle, in der Hunderte Bachkarpfen einer bestimmten Art leben. Der Park liegt 16 km nördlich von Mae Hong Son und kann mit jedem Minivan Richtung Norden erreicht werden. In den Unterkünften arrangiert man den Transport für 1000 B.

In der Nähe der Höhle sieht man die Statue eines Hindu-Weisen namens Nara, der die heiligen Fische vor Gefahren beschützen soll. Die Karpfen werden bis zu 1 m lang und sind nur in den Provinzen Mae Hong Son, Ranong, Chiang Mai, Rayong, Chanthaburi und Kanchanaburi zu finden. Sie ernähren sich von Grünzeug und Insekten, die Einheimischen halten sie aber für Vegetarier und füttern sie deshalb ausschließlich mit Obst und Gemüse (gibt's am Parkeingang zu kaufen).

Dem Besuch in diesem Park fehlt vielleicht ein eigentlicher Höhepunkt, es sei denn, man genießt es, Karpfen beim Herumtollen zuzusehen. Doch das Schutzgebiet ist ein idyllischer und schattiger Aufenthaltsort – und Verpflegungsmöglichkeiten und Picknicktische fehlen auch nicht.

ist prima zum Frühstücken. Am Nordende verkaufen mehrere Stände ungewöhnliche Gerichte wie *tòo·a poo ùn* (Nudeln mit dickem Schälerbsenbrei und „frittiertem Tofu" à la Myanmar). An anderen Ständen entlang derselben Straße gibt's eine regionale Version von *kà·nŏm jeen nám ngée·o* (dünne Reisnudeln mit Schweinefleisch-Tomatensoße), oft gekrönt mit *kàhng pòrng*, einem Shan-Snack aus paniertem, frittiertem Gemüse.

Salween River Restaurant & Bar INTERNATIONAL $
(23 Th Pradit Jong Kham; Hauptgerichte 70–280 B; ⏲8–22 Uhr; 📶✎) Salween ist ein Old-School-Travellertreff mit einem Speisenangebot, das von Burgern bis birmanisch reicht, dazu Biere und Cocktails und ein paar Regale voller Taschenbücher. Im Unterschied zu den meisten ähnlichen Lokalen schmeckt das Essen im Salween richtig gut, deshalb ist es auch ein Dauerbrenner.

Chom Mai Restaurant THAI $
(abseits der Rte 108; Hauptgerichte 50–290 B; ⏲8.30–15.30 Uhr; 📶✎) Die englischsprachige Karte des Chom Mai ist recht kurz. Probieren sollte man unbedingt das *kôw mòk gài* (thailändisches Biryani) oder die so leckere wie reichhaltige *kôw soy* (nordthailändische Nudelsuppe mit Curry).

Das Lokal liegt ca. 4 km südlich von Mae Hong Son an der Straße nach Tha Pong Daeng. Es hat keine Ausschilderung in lateinischer Schrift, ist aber an einem Doi-Chaang-Kaffeeschild zu erkennen.

Maesribua THAI $
(Ecke Th Pradit Jong Kham & Th Singha-nat Barm Rung; Hauptgerichte 30–60 B; ⏲8–13 Uhr) Im Stile einer Shan-Großmutter serviert „Tante Bua" hier allerlei lokaltypische Currys, Suppen und Dips (jeweils täglich wechselnd). Eine kleine Speisekarte auf Englisch ist zwar vorhanden, aber man kann auch einfach schauen, was lecker aussieht, und draufzeigen.

Fern Restaurant THAI $$
(Th Khunlumprapas; Hauptgerichte 65–290 B; ⏲10.30–22 Uhr; 📶✎) Fern ist das nobelste Restaurant von Mae Hong Son, mit Tischdecken, professionellem Service und an manchen Abenden gediegener Hintergrundmusik. Die Küche ist ordentlich: Die lange Speisekarte enthält sowohl thailändische als auch lokale Shan-Gerichte, darunter eine leckere *sour-and-spicy*-Suppe. Es gibt auch ziemlich viele fleischlose Optionen.

77 Wine & Coffee House INTERNATIONAL $$
(Th Khunlumprapas; Hauptgerichte 60–490 B; ⏲7.30–22.30 Uhr; 📶) Bietet guten Kaffee und einige Weine (sowie ausländische Biere), aber es ist das Essen, das die Gäste in dieses hübsche Lokal mit ruhigem Garten zieht. Einige japanische Gerichte verstecken sich zwischen dem umfangreichen Angebot an herkömmlichen Thai- und westlichen Speisen, und die Frühstücksgerichte verhelfen zu einem guten Start in den Tag.

Coffee Morning CAFÉ
(☎053 612234; 78 Th Singha-nat Barm Rung; ⏲7.30–17.30 Uhr; 📶) Der stimmungsvollste Ort für eine Erfrischungspause in Mae Hong Son könnte durchaus dieser Café-Buchladen im Erdgeschoss eines traditionellen Holzhauses sein. Man macht es sich mit einem

Buch in einem Ledersessel gemütlich und genießt dabei Kaffee, Tee, Smoothies und/oder Kuchen.

Sunflower BAR
(Th Pradit Jong Kham; ⌚8–22 Uhr; 📶) Das Sunflower ist genau genommen ein Restaurant (Hauptgerichte 80–260 B), das mit seinem niedrigen, balkengestützten Steindach dem Haus von Fred Flintstone nachempfunden wurde. Doch seine Terrasse und die Lage direkt am See prädestinieren es zum idealen Ort für einen Sundowner oder Abenddrink. Manchmal gibt's abends Loungemusik, dazu plätschert ein kitschiger künstlicher Wasserfall, und das Essen ist auch nicht zu verachten.

Crossroads BAR
(61 Th Khunlumprapas; ⌚8–24 Uhr; 📶) Die mitgenommene Bar ist in jeder Hinsicht eine Kreuzung: Sie liegt an einer der wichtigsten Straßenkreuzungen in Mae Hong Son, und das Publikum reicht von Backpacker-Greenhorns bis zu wettergegerbten Einheimischen. Die Gäste können thailändische und westliche Standardgerichte bestellen und im Obergeschoss Billard spielen.

Shoppen

Nahe dem Südende der Th Khunlumprapas lassen sich ein paar gut sortierte Souvenirshops finden.

Manerplaw/ Ethnic Echoes KUNST & KUNSTHANDWERK
(Th Khunlumprapas; ⌚Okt.–Febr. 7.30–22 Uhr, März–Sept. ab 17 Uhr) Die zusammengehörenden Geschäfte verkaufen nur authentische Textilien regionaler Bergstämme sowie andere in der Region produzierte traditionelle Sachen.

Walking Street MARKT
(Th Pradit Jong Kham; ⌚Okt.–Febr. 5–22 Uhr) Von Oktober bis Februar verwandeln sich die Straßen um den Nong Jong Kham abends in einen wuseligen Straßenmarkt mit Kunsthandwerk und Imbissständen.

Praktische Informationen

Am Südende der Th Khunlumprapas und in anderen Gegenden der Stadt gibt es Banken mit Geldautomaten und Geldwechselmöglichkeiten.

Maehongson Living Museum (27 Th Singhanat Barm Rung; ⌚8.30–16.30 Uhr; 📶) In Mae Hong Sons früherem Busbahnhof aus Holz informiert dieses hübsche Museum über die lokale Kultur, Küche und Architektur – allerdings größtenteils nur auf Thai. Ansonsten gibt's hier auch Gratis-WLAN und ein paar englischsprachige Stadtpläne bzw. Broschüren.

Srisangwal Hospital (☎053 611378; Th Singhanat Barm Rung) Größtes Krankenhaus der Stadt.

Tourism Authority of Thailand (TAT; ☎053 612982, landesweit 1672; www.tourismthailand.org/Mae-Hong-Son; Th Ni-wet Pi-sarn; ⌚8.30–16.30 Uhr) Einfache Infobroschüren plus Stadtpläne.

Touristenpolizei (☎053 611812, landesweit 1155; Th Singhanat Barm Rung; ⌚8.30–16.30 Uhr) Die Touristenpolizei-Filiale von Mae Hong Son.

An- & Weiterreise

Mae Hong Sons winziger **Flughafen** (abseits der Th Phanich Wattana) hat tägliche Flugverbindungen mit Chiang Mai. **Sombat Tour** (☎053 684222; Mae Hong Son Bus & Minivan Terminal, abseits der Th Nawa Khotchasan) schickt täglich große, moderne Busse nach Bangkok, auch gibt es zwei alte Abendbusse nach Chiang Mai. Ansonsten fahren von/nach Mae Hong Son nur Minivans oder *sŏrng·tăa·ou*.

BUSSE & MINIVANS AB MAE HONG SON

Mae Hong Sons **Bus & Minivan Terminal** (abseits der Th Nawa Khotchasan) liegt 1 km südlich der Stadt; eine Fahrt per Tuk-Tuk oder Motorradrikscha kostet in die/aus der Stadt 60 B.

ZIEL	PREIS (B)	DAUER (STD.)	HÄUFIGKEIT
Bangkok (Bus)	851–1134	15	16 & 16.30 Uhr
Chiang Mai (Bus)	350	8–9	20 & 21 Uhr
Chiang Mai (Minivan)	250	6	7–17 Uhr stündl.
Khun Yuam (Minivan)	100	1½	8 & 14 Uhr
Mae Sariang (Minivan)	200	3½	8 & 14 Uhr
Pai (Minivan)	150	2½	7–17 Uhr stündl.
Soppong (Minivan)	100	1½	7–17 Uhr stündl.

Unterwegs vor Ort

Das Zentrum von Mae Hong Son lässt sich leicht zu Fuß erkunden. Einige Motorradtaxis findet man in der Nähe des Eingangs zum Morgenmarkt und am Busbahnhof; Stadtfahrten kosten 20 bis 40 B. An beiden Orten verkehren auch ein paar Tuk-Tuks; mit ihnen kostet eine Stadtfahrt ab 50 B.

Da die meisten Sehenswürdigkeiten von Mae Hong Son außerhalb der Ortschaft liegen, ist es klug, ein Motorrad oder Fahrrad zu mieten. Fahrradverleih bieten verschiedene Unternehmen in der Stadt, z. B. **Titan** (Th Khunlumprapas; 100 B/Tag; ⏲10–19 Uhr). Andere vermieten Motorräder, darunter **Friend Tour** (☎053 611647, 086 180 7031; 21 Th Pradit Jong Kham; Motorrad 150–300 B/Tag, Pkw ab 1100 B/Tag; ⏲8–18.30 Uhr) und **JD** (☎084 372 6967; Th Ni-wet Pi-sarn; 150–250 B/Tag; ⏲8–18 Uhr).

Mae Aw (Ban Rak Thai)

Das abgeschiedene Mae Aw (แม่ออ; auch Ban Rak Thai genannt) liegt beinahe auf der Grenzlinie zum Staat Kayin in Myanmar rings um ein Reservoir. Gegründet wurde die Stadt von früheren KMT-Soldaten aus Yunnan, die nach dem Sieg der Kommunisten (1949) aus China geflohen waren. Auch heute noch sind die Menschen und die Architektur hier stark chinesisch geprägt, und viele Einwohner sprechen Mandarin oder Yunnan-Dialekte. Die Haupteinnahmequellen stellen Tourismus und Tee dar (Mae Aw liegt inmitten von Teeplantagen); das Lokalgebräu kann in zahlreichen Gaststätten verkostet werden. Mehrere Restaurants bieten Yunnan-Küche.

In der Nähe von Mae Aw drängt sich das winzige Shan-Dorf **Ban Ruam Thai** (บ้านรวมไทย) an einen von Kiefern gesäumten Stausee.

Feste & Events

Teeverkostungsfest KULTUR
(Mae Aw; ⏲Febr.) Beim Teeverkostungsfest von Mae Aw feiert das Dorf sein Renommee als Lieferant von ausgezeichnetem Oolong-, Jasmin- und Grüntee, die auf den Plantagen ringsum angebaut werden. Zum festlichen Treiben gehören auch Ausflüge zu den Plantagen sowie Kulinarisches aus der Yunnan-Küche und Musik.

Schlafen & Essen

Mae Aw und Ban Ruam Thai lassen sich von Mae Hong Son aus leicht per Tagestour besuchen. Die beiden Dörfer warten aber auch mit diversen einfachen Unterkünften für Übernachtungswillige auf.

Ping Ping Guest House PENSION $
(☎084 481 9707; Mae Aw; Zi. 300–600 B; 📶) Dieses Gästehaus und ein paar ganz ähnliche Einrichtungen rund um Mae Aws Stausee bieten Unterbringung in Lehmziegel-Bungalows. Die Zimmer haben Ventilatoren und keine Extras. Es gibt zwar ein englisches Hinweisschild, doch es wird kein Englisch gesprochen.

Pala Coffee & Guest House PENSION $$
(☎083 571 6668; www.facebook.com/Pala-Coffee-Pang-ung; Ban Ruam Thai; Zi. inkl. Frühstück 1000–2000 B; 📶) Das Pala ist das erste Gästehaus von Ban Ruam Thai und besteht aus mehreren schlichten, spartanischen Backsteinbungalows und einigen neueren, besser ausgestatteten (aber immer noch einfachen) Zimmern mit glatten Zementwänden. Alle sind überteuert, erfreuen sich aber einer schönen Lage am Hang, umgeben von Kaffee- und Teepflanzen, Obstbäumen und Riesenbambus und bieten wunderbare Ausblicke. Zum Haus gehören eine Cafeteria und ein Restaurant.

★ **Gee Lee Restaurant** CHINESISCH $$
(Mae Aw; Hauptgerichte 80–600 B; ⏲8–19 Uhr; 📶📝) Das Gee Lee gehört zu Mae Aws ältesten Touristenrestaurants mit chinesischer Küche im Yunnan-Stil und hat eine kleine Speisekarte in englischer Sprache. Geschmorte Schweinshaxe und Gemüse aus dem Wok sind die Spezialitäten des Hauses. Das Lokal hat keine Ausschilderung in lateinischer Schrift, es handelt sich um das niedrige, weiße Gebäude mit dem roten Dach am Seeufer, kurz vor der Abzweigung zum Dorfzentrum.

Praktische Informationen

In Mae Aw oder Ban Ruam Thai gibt es keine Banken mit Automaten, die ausländische Karten akzeptieren. Bargeld mitbringen.

An- & Weiterreise

An einem **Stand** (Th Phanich Wattana) gegenüber von Mae Hong Sons Markt starten 4-mal tgl. *sŏrng·tăa·ou* Richtung Mae Aw. Zwei fahren nach Ban Ruam Thai (80 B, 1 Std., 9.30 & 15.30 Uhr; Gegenrichtung ab Ban Ruam Thai um 10 Uhr), während zwei in Mae Aw enden (80 B, 1 Std., 10 & 12 Uhr; Gegenrichtung ab Mae Aw um 7.30 und 13 Uhr). Hinweis: Die letzten beiden Fahrzeuge nach Mae Aw brechen jeweils bei Vollbelegung auf, was mitunter erst ein paar Stunden nach den offiziellen Abfahrtszeiten der Fall ist. Jedes Reisebüro oder Gästehaus in Mae Hong Son kann für rund 1500 B ein Fahrzeug vermitteln.

Alternativ lässt sich der Trip auch sehr gut per Mietmotorrad absolvieren. Davor aber unbedingt volltanken: Die einzige Tankstelle unterwegs liegt in Ban Na Pa Paek am Ende eines sehr langen Anstiegs.

Khun Yuam

053 / EW. 7000

Der ehemals verkehrsreiche Handelsposten – die Grenze zum Kayin-Staat in Myanmar ist nur 35 km entfernt – Khun Yuam (ขุนยวม) war im Zweiten Weltkrieg ein wichtiger Stützpunkt der japanischen Armee. Heute ist es ein kleines, verschlafenes Städtchen an einem Berghang zwischen Mae Sariang und Mae Hong Son. Als solches bietet es sich für einen erholsamen Abstecher zwischen den Besuchen bekannterer Destinationen an; gut möglich, dass gerade keine anderen Ausländer im Ort herumspazieren. In der Umgebung gibt es ein paar kleine Sehenswürdigkeiten sowie Hmong-, Karen- und seltene Lawa-Dörfer.

Sehenswertes

Thai-Japan Friendship Memorial Hall MUSEUM

(อนุสรณ์สถานมิตรภาพไทย-ญี่ปุ่น; Rte 108; Erw./Kind 100/50 B; 8.30–16.30 Uhr) Am nördlichen Ende des Ortes steht die Thai-Japan Friendship Memorial Hall, in der die Rolle von Khun Yuam als japanische Militärbasis im Zweiten Weltkrieg erklärt wird. Für eine so kleine Stadt ist das Museum erstaunlich gut. Nach einem kurzen Film (mit englischen Untertiteln) über die Geschichte und Kultur von Khun Yuam besichtigt man Expo-

ABSEITS DER ÜBLICHEN PFADE

AUTOTOUR: VON MAE HONG SON NACH MAE AW

Start Mae Hong Son

Ziel Mae Aw

Länge/Dauer 43 km; zwei Stunden

Ein lohnender Tagesausflug ab der Provinzhauptstadt **Mae Hong Son** führt zum stimmungsvollen Dorf Mae Aw, das 43 km nördlich von Mae Hong Son direkt an der Grenze zu Myanmar liegt.

Die Straße nach Mae Aw ist sehr schön. Sie führt zuerst durch hübsche Uferdörfer der Shan wie **Mok Champae** und dann plötzlich bergauf durch eine eindrucksvolle Berglandschaft. Für Zwischenstopps bieten sich der **Pha-Sua-Wasserfall**, ca. 5 km den Berg hinauf, und der **Pang-Tong-Sommerpalast** an, eine wenig benutzte Königsresidenz ein paar Kilometer hinter dem Wasserfall.

Bei Ban Na Pa Paek kann man einen interessanten Abstecher machen, wenn man dort links abbiegt und 6 km bis zum Shan-Dorf **Ban Ruam Thai** weiterfährt. In dem Ort gibt es mehrere einfache Unterkünfte und Restaurants. Die Straße endet 500 m weiter bei **Pang Ung**, einem friedlichen, von Kiefern umgebenen Gebirgsstausee, der für thailändische Tagesausflügler so etwas wie die „thailändische Schweiz" ist.

Von Ban Na Pa Paek geht es 6 km weiter bis nach **Mae Aw**. Dort leben überwiegend Nachfahren von Soldaten aus Yunnan, die nach dem Sieg der Kommunisten 1949 aus China geflohen waren. Man hört hier wahrscheinlich genauso viel Yunnan-Dialekt wie Thai (viele Anwohner sprechen auch Mandarin). Und auch in den hiesigen Restaurants bekommt man eher eine abgewandelte Yunnan-Küche als thailändische Gerichte. Das wichtigste Produkt der Gegend ist Tee – ringsherum befinden sich überall Teeplantagen –, und Mae Aw eignet sich prima zum Teeprobieren und -kaufen.

Hinter Mae Aw verläuft eine kurze asphaltierte Straße vom Dorf zu einem Grenzübergang nach Kayin in Myanmar. Er darf in beide Richtungen nur von Einheimischen überquert werden. Wer sein Motorrad oder Auto abstellt, um sich ein wenig die Beine zu vertreten, muss aufpassen, nicht aus Versehen die Grenzlinie zu überschreiten. In der Gegend blüht der Schmuggelhandel. Daher ist es ratsam, in Mae Aw nachzufragen, in welchen Gebieten man gefahrlos wandern kann.

ABSEITS DER ÜBLICHEN PFADE

HOMESTAYS: MUANG PON

Gleich südlich von Khun Yuam organisiert das malerische, traditionelle Shan-Dorf Muang Yuam, seit mehr als zehn Jahren die **Muang Pon Homestay-Programme** (☎087 181 2286; pro Pers. 400 B/Übernachtung inkl. Frühstück & Abendessen), bei dem rund 15 Haushalte mitmachen. Der Preis beinhaltet neben Frühstück und Abendessen auch Sightseeing plus Teilnahme am Dorfalltag (z. B. traditionelles Handwerk, Herstellung lokaltypischer Süßigkeiten, Mitarbeit in der Landwirtschaft).

Die Einheimischen teilen ihre Wohnung und ihr Wissen gern mit den Gästen, allerdings sind ihre Englischkenntnisse ziemlich begrenzt.

Muang Pon liegt 10 km südlich von Yuam und wird von allen Minivans nach Mae Sariang oder Chiang Mai bedient.

nate zur Anwesenheit der Japaner in Khun Yuam, zur Regionalgeschichte und -kultur. Nach Kriegsende blieben einige japanische Soldaten im Ort und heirateten einheimische Frauen. Der letzte japanische Soldat, der sich in der Gegend niedergelassen hatte, ist im Jahr 2000 gestorben.

Ban Mae U Khaw DORF

(บ้านแม่อูคอ) 25 km von Khun Yuam entfernt und erreichbar über die Rte 1263 liegt an den Hängen des Doi Mac U Khaw das Hmong-Dorf Ban Mae U Khaw. Ende November ist das Gebiet ein einziges Blütenmeer, wenn die *dòrk boo·a đorng*, die Mexikanischen Sonnenblumen, blühen. Die Thais sind so begeistert von dem malerischen Anblick, dass in dieser Zeit alle Unterkünfte ausgebucht sind.

Wat To Phae BUDDHISTISCHER TEMPEL

(วัดต่อแพ; ⊙tagsüber) Etwa 6 km westlich von Khun Yuam liegt an einem Bach der stimmungsvolle Wat To Phae, in dem es einen *chedi* (Stupa) im Mon-Stil und einen sehr gut erhaltenen *wí·hăhn* (Heiligtum) im birmanischen Stil zu bestaunen gibt. Im aus Holz erbauten Hauptgebäude befindet sich ein exquisiter, 150 Jahre alter *kalaga wí·hăhn* (ein bestickter und paillettenbesetzter Wandbehang) aus Myanmar. Er wird durch Vorhänge geschützt, die man aber öffnen darf.

Nam Tok Mae Surin WASSERFALL

(น้ำตกแม่สุรินทร์; abseits der Rte 1263; 200 B) Der 100 m hohe Nam Tok Mae Surin im bergigen Mae Surin National Park ist angeblich der höchste Wasserfall Thailands. Am eindrucksvollsten präsentiert er sich während der Regenzeit (Juni–Sept.). Der Park liegt rund 32 km nordöstlich von Khun Yuam und lässt sich nur mit einem eigenen Transportmittel erreichen.

Schlafen & Essen

In Khun Yuam finden sich einige bescheidene Reis- und Nudellokale am nördlichen Ortsrand in der Nähe des 7-Eleven sowie im Süden des Ortes an der Ostseite der Rte 108. Die meisten davon schließen um 20 Uhr.

Ban Farang HOTEL $

(☎053 622086; www.facebook.com/banfarang; 499 Th Ratburana; Zi. & Bungalows 400–1000 B, jeweils inkl. Frühstück; ❄📶) Nahe der Minivan-Haltestelle in Richtung nördliches Ortsende weisen Schilder den Weg zu dieser sehr sauberen Bungalow-Anlage, die abseits der Hauptstraße an einem bewaldeten Hang liegt. Die günstigeren Quartiere mit Ventilatoren sind schlicht und düster, haben aber eigene Terrassen. Die teureren Varianten haben Klimaanlage, TV und Kühlschrank.

Mitkhoonyoum Hotel HOTEL $$

(☎053 691057; www.mitkhoonyoum.com; Rte 108; Zi. 500–1000 B, Bungalow 1500 B; ❄📶) Die altbewährte Unterkunft an der Hauptstraße hat einfache Zimmer mit Ventilator, aber auch geräumigere, gut ausgestattete, mit Holz verkleidete und mit Klimaanlage versehene Zimmer und Bungalows. Alle sind tadellos in Schuss, wenn auch ein wenig dunkel, und haben ordentliche Badezimmer. Der Inhaber spricht Englisch, und man kann Fahrräder mieten (100 B/Tag).

Praktische Informationen

An der Hauptstraße befinden sich ein paar Banken mit Geldautomaten.

An- & Weiterreise

Die einzigen öffentlichen Verkehrsmittel nach/von Khun Yuam sind Minivans oder *sŏrng·tăa·ou*. Minivans fahren an einer **Haltestelle** (Rte 108) in einem Vorhof im Norden des Ortes ab, unweit einer Schule. *Sŏrng·tăa·ou* nach Mae Hong Son (80 B, 2 Std., 7 und 7.30 Uhr) starten von einer **Haltestelle** (Rte 108) gegenüber der Polizeiwache.

Ziel	Preis (B)	Dauer (Std.)	Häufigkeit
Chiang Mai	300	5–6	6–18 Uhr 5-mal tgl.
Mae Hong Son	100	1½	8.30 Uhr
Mae Sariang	150	2	6–18 Uhr 5-mal tgl.

Mae Sariang

☎053 / EW. 21 000

Mae Sariang (แม่สะเรียง) wird ganz allmählich immer beliebter. Die Gründe sind die schöne Lage am Fluss und die Tatsache, dass es ein günstiger Ausgangspunkt für nachhaltigen Tourismus, Rafting- und Wandertouren ist. Es gibt in der Gegend mehrere Siedlungen von Bergvölkern, vor allem rund um Mae La Noi 30 km nördlich der Stadt. Die Region südlich der Stadt ist überwiegend gebirgiges Urwaldgebiet und umfasst die beiden Nationalparks Salawin und Mae Ngao.

Mae Sariang ist ein ruhiges, freundliches Städtchen, das von relativ wenigen Reisenden besucht wird. Doch diejenigen, die hier Halt machen, bleiben oft länger als geplant.

Sehenswertes

Phra That Jom Thong BUDDHISTISCHER TEMPEL

(พระธาตุจอมทอง; abseits der Rte 105; ⏲tagsüber) Die riesige, goldene Buddha-Statue auf dem Hügel bietet wunderbare Ausblicke auf Mae Sariang und Umgebung. Die Anlage befindet sich 3 km südlich der Stadt abseits der Straße nach Mae Sot.

Wat Jong Sung & Wat Si Bunruang BUDDHISTISCHER TEMPEL

(วัดจองสูง/วัดศรีบุญเรือง; abseits der Th Wiang Mai; ⏲tagsüber) Die beiden Shan-birmanischen Tempel stehen nebeneinander gleich an der Hauptstraße von Mae Sariang. Der 1896 errichtete Wat Jong Sung ist der interessantere und besitzt schlanke *chedis* im Shan-Stil und Klostergebäude aus Holz.

Aktivitäten & Geführte Touren

Wenn es um Trekkingtouren, Naturwanderungen oder andere Outdoor-Aktivitäten, geht ist die Gegend um Mae Sariang wohl eine der besten Nordthailands. Sogar einige in Chiang Mai ansässige Veranstalter bringen Leute hierher. Zwei Touranbieter aus Mae Sariang organisieren lohnende Exkursionen, und auch einige Gästehäuser stellen bei Bedarf Wander- und Raftingtrips auf die Beine. Die Preise liegen bei Gruppen von mindestens zwei Personen zwischen 2000 und 5000 B pro Tag und Person. Bambusfloß-Rafting kostet rund 6000 B pro Tag und Person für mindestens zwei Teilnehmer.

Dragon Sabaii Tours WANDERN & TREKKING

(☎085 548 0884; www.thailandhilltribeholidays.com) Bietet normalerweise Touren mit Ausgangspunkt Chiang Mai, kann aber auch Treks von Mae Sariang aus organisieren. Im Vordergrund stehen Öko- und Kulturtourismus hauptsächlich im Gebiet von Mae La Noi gleich nördlich von Mae Sariang. Man besucht eventuell die Dörfer der Bergvölker, ohne zu stören, kann aber auch Homestays mit Freiwilligenarbeit buchen, bei denen man mit Angehörigen dieser Völker gemeinsam kocht und auf den Feldern arbeitet. Alle Angebote sind so gestaltet, dass auch die örtlichen Gemeinden etwas davon haben.

Mae Sariang Tours 1980 WANDERN & TREKKING, RAFTING

(☎088 404 8402; maesariang.man@gmail.com) Der Inhaber dieser Firma lässt sich am liebsten Mae Sariang Man nennen und ist ein erfahrener Trekker. Seine ökobewussten Wander- und Raftingtouren beziehen einheimische Gemeinden aktiv mit ein. Die Touren durch Dschungelgebiete und Nationalparks finden nicht nur rund um Mae Sariang statt, sondern auch in Sop Moei und sogar auf der anderen Seite der Grenze in Myanmar. Da er kein Büro in der Stadt hat, muss man ihn per Telefon, E-Mail oder auf Facebook („Mae Sariang Tours 1980") kontaktieren, um einen Ausflug zu planen.

Northwest Tour WANDERN & TREKKING

(☎086 420 4907; Northwest Guest House, 81 Th Laeng Phanit) Dieser Veranstalter organisiert Wanderungen zu Karen-Dörfern und in die Natur rund um Mae Sariang und Sop Moei.

Schlafen

PS@Riverview Guesthouse PENSION $

(☎053 681049; www.facebook.com/psRiverview; 79 Th Laeng Phanit; Zi. 250–450 B; ❄📶) Die günstigste der mit Flussblick gesegneten Herbergen von Mae Sariang besitzt elf einfache Zimmer akzeptablen Umfangs mit Warmwasserbädern. Nur die teuersten haben Klimaanlage. Der Betreiber ist gastfreundlich,

Mae Sariang

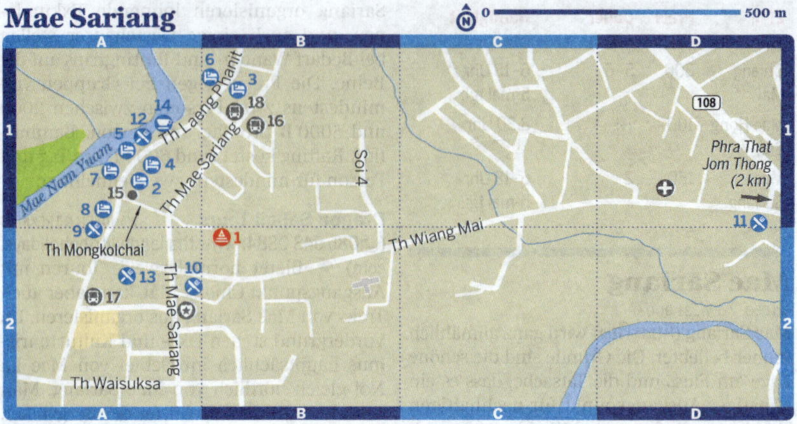

Mae Sariang

Sehenswertes
1 Wat Jong Sung & Wat Si Bunruang B2

Aktivitäten, Kurse & Touren
Northwest Tour .... (s. 4)

Schlafen
2 Above The Sea A1
3 Chok Wasana B1
4 Northwest Guest House A1
5 PS@Riverview Guesthouse A1
6 River Bank Guest House B1
7 Riverhouse Hotel A1
8 Riverhouse Resort A1

Essen
9 Coriander in Redwood A2
10 Intira Restaurant A2
11 Muu Thup D1
12 Sawaddee Restaurant & Bar A1
13 Sunday Market A2

Ausgehen & Nachtleben
14 Barnana Cafe A1

Transport
15 Mr Beum Bike Rental Shop A1
16 Sombat Tour B1
17 Sŏrng·tăa·ou nach Mae Sam Laep A2
18 Sŏrng·tăa·ou nach Mae Sot B1

und es gibt einen kleinen Gemeinschaftsbereich zum Biertrinken am Flussufer.

Northwest Guest House PENSION $
(☎086 420 4907; patiat_1@hotmail.com; 81 Th Laeng Phanit; Zi. 200–500 B; ⏱Okt.–März; ❄📶) Die preiswertesten Zimmer in diesem gemütlichen Holzhaus haben Ventilatoren, Gemeinschaftsbäder und Matratzen auf dem Fußboden. Die kostspieligeren bieten etwas mehr Platz und natürliches Licht sowie Klimaanlagen und eigene Bäder. Den Gästen stehen kostenlos Fahrräder zur Verfügung, und Treks und Touren können organisiert werden. Das Gästehaus ist von April bis September geschlossen.

★ **Riverhouse Hotel** HOTEL $$
(☎053 682323; www.riverhousehotelgroup.com; 77 Th Laeng Phanit; Zi. inkl. Frühstück 900–1100 B; ❄📶) Teakholz, stilvolles Dekor und eine tolle Lage am Fluss machen dieses Boutiquehotel zur besten örtlichen Unterkunft. Die klimatisierten Zimmer haben deckenhohe Fenster und riesige Balkone mit Aussicht aufs Wasser. Gäste haben Zugang zum Pool des Riverhouse Resort (S. 325), das etwas weiter südlich an der Th Laeng Phanit vom selben Team geleitet wird.

Chok Wasana PENSION $$
(☎053682132;www.chok-wasana.com;104ThLaeng Phanit; Zi. inkl. Frühstück 800–1000 B; ❄📶) Die Pension mit dem Ambiente eines privaten Wohnhauses ist eine gute Option, wenn man auf Flussblick verzichten kann. Die sechs gepflegten Zimmer punkten mit TVs, großen Kühlschränken und viel Platz.

Above The Sea HOTEL $$
(☎091 859 5264, 053 682264; www.abovethesea maesariang.com; Th Laeng Phanit; Zi. inkl. Früh-

stück 1200–1500 B; ❄📶🏊) Das Hotel hat neun anständig große, gut ausgestattete Zimmer im künstlerisch angehauchten Industrieschick, verteilt auf zwei Etagen. Auch ein geräumiges „Familienzimmer“ mit bescheidener Küchenzeile ist dabei. Die Zimmer unten gehen auf den Pool hinaus, die oben teilen sich einen breiten Gemeinschaftsbalkon. Es gibt ein Bar-Restaurant und einen Motorradverleih.

River Bank Guest House PENSION **$$**
(☎053 682787; riverbankmaesariang@gmail.com; Th Laeng Phanit; Zi. 600–800 B, FZ 1500 B; ❄📶) Die Zimmer in diesem hübschen Haus am Ufer sind mit Hartholz ausgekleidet und haben Terrassen. Es lohnt sich, 200 B mehr für eins der Zimmer im Obergeschoss zu berappen, denn sie sind lichtdurchflutet. Ein Highlight hier ist der zum Flussufer hin gelegene, stilvolle und einladende Gemeinschaftsbalkon.

Riverhouse Resort HOTEL **$$$**
(☎053 683066; www.riverhousehotelgroup.com; Th Laeng Phanit; Zi. inkl. Frühstück 1800–2800 B; ❄@📶🏊) Das Resort in der Nähe des vom selben Team tadellos gemanagten Riverhouse Hotel steht am Fluss und besitzt einen Pool. Die Zimmer mit Holzfußböden sind einladend, für den Preis jedoch etwas spartanisch. Die kostspieligeren punkten mit Jacuzzi und Zimmersafe. Gratis-Fahrradverleih für Gäste.

Essen & Ausgehen

In der Th Laeng Phanit, nördlich der Kreuzung mit der Th Mongkolchai, befinden sich am Flussufer die unterschiedlichsten Bars.

★ **Muu Thup** THAI **$**
(Th Wiang Mai; Hauptgerichte 35–175 B; ⏲8–18 Uhr) Das Muu Thup serviert authentische und sehr schmackhafte Grillfleisch-Gerichte à la Nordthailand. Das namengebende *mŏo đùp* (Schweinefleisch, nach dem Grillen weichgeklopft) ist immer eine gute Wahl. Das Lokal hat keine Ausschilderung in lateinischer Schrift, ist aber an dem Heer von hungrigen Einheimischen zu erkennen, die sich um einen rauchenden Grill versammeln.

Sunday Market THAI **$**
(Th Wiang Mai; Hauptgerichte 30–60 B; ⏲So 15–20 Uhr) Wer sonntags in Mae Sariang ist, muss unbedingt diesen winzigen, aber lohnenden Markt besuchen: Hier gibt's Regionalküche in eindrucksvoller Auswahl.

Sawaddee Restaurant & Bar THAI **$**
(Th Laeng Phanit; Hauptgerichte 50–180 B; ⏲18–24 Uhr; 📶✍) Wie in einer Strandbar kann man hier bestens bei Bier und Aussicht auf das Wasser (in diesem Fall der Mae Nam Yuam) relaxen. Auf der langen Speisekarte stehen viele vegetarische Optionen. Die Inhaber liefern prima Infos zu lohnenden Sehenswürdigkeiten bzw. Aktivitäten in der Umgebung.

ABSTECHER

SALAWIN NATIONAL PARK & MAE SAM LAEP

Der **Salawin National Park** อุทยานแห่งชาติสาละวิน; ☎053 071429; 100 B) schützt 722 km² Landfläche in den Bezirken Mae Sariang und Sop Moei. Seine dichten Wälder bestehen aus asiatischen Rothölzern und Teakbäumen (darunter das angeblich zweitgrößte Exemplar des Landes).

Eine kurvige Bergstraße (50 km) führt ab Mae Sariang durch den Park. Kurz vor ihrem Ende liegt das Handelsdorf **Mae Sam Laep** (แม่สามแลบ). Der typisch raue Grenzort wird von Flüchtlingen aus Myanmar bewohnt.

In Mae Sam Laep starten Flussbootstouren auf dem Mae Nam Salawin. Sie passieren ungewöhnliche Felsformationen im unberührten Dschungel und durchqueren gelegentlich Myanmar-Territorium. Zudem schippern Charterboote von hier aus südwärts nach Sop Moei (ca. 2000 B, 1½ Std., 25 km) und nordwärts zur Nationalpark-Rangerstation bei Tha Ta Fang (ca. 1500 B, 1 Std., 18 km). Hinzu kommen unregelmäßig verkehrende Passagierboote (Hinweis: Preisverhandlung sind ohne solide Thai-Kenntnisse sehr schwierig!).

Nahe dem Morgenmarkt in Mae Sariang brechen *sŏrng·tăa·ou* an der Th Laeng Phanit Richtung Mae Sam Laep (100 B, 2 Std., 7–12 Uhr 5-mal tgl.) auf.

VERKEHRSMITTEL AB MAE SARIANG

ZIEL	PREIS (B)	DAUER (STD.)	HÄUFIGKEIT
Bangkok	581–904	12	4–19.30 Uhr 4-mal tgl.
Chiang Mai	200	4–5	7–22 Uhr 10-mal tgl.
Khun Yuam	150	3	10–18 Uhr 5-mal tgl.
Mae Hong Son	150	3–4	7 & 14 Uhr

Intira Restaurant THAI $

(Th Wiang Mai; Hauptgerichte 80–250 B; ⌚8–21 Uhr; 📝) Das beliebte Intira bietet konstant leckere Thai- und nordthailändische Gerichte, darunter einige mit einzigartigen Zutaten wie vor Ort angebauten und geernteten Shiitake-Pilzen und Fisch aus dem Mae Nam Moei. Auch ein paar vegetarische Sachen sind darunter. Man spricht etwas Englisch.

Coriander in Redwood THAI $$

(Th Laeng Phanit; Hauptgerichte 100–470 B; ⌚11–22 Uhr; 📶) Das schickste Restaurant der Stadt residiert in einem schönen, luftigen Holzgebäude und macht viel Wind um seine Steaks. Sehr lecker sind auch die thailändischen Gerichte, etwa die verschiedenen *nám prík* (Chili-Dips). Zur Abkühlung nachmittags bieten sich Eis und Eiskaffee an.

Barnana Cafe CAFÉ

(Th Laeng Phanit; ⌚7–18 Uhr; 👪) Ein familienfreundliches Café mit Farbstiften für die Kinder, Sofas und Ledersesseln, in denen man bequem zurückgelehnt den Flussblick genießen kann. Neben Kaffee und Smoothies gibt's Frühstück und eine kleine Auswahl Pasta und Thai-Gerichte.

ℹ Praktische Informationen

In Mae Sariang gibt's mehrere Bankfilialen mit Geldautomaten sowie Geldwechsel (vor allem zu finden am Westende der Th Wiang Mai).

Krankenhaus (☎053 681032; 74 Th Wiang Mai; ⌚24 Std.) Größtes Krankenhaus der Stadt.

Polizei (☎Notruf 24 Std. 191; Th Mae Sariang; ⌚24 Std.) Örtliche Hauptwache.

ℹ An- & Weiterreise

Abgesehen von Bussen nach Bangkok, betrieben von **Sombat Tour** (☎053 681532; Th Mae Sariang; ⌚7–19.30 Uhr), ist Mae Sariang nur per Minivan oder *sŏrng·tăa·ou* mit der Außenwelt verbunden. Minivans fahren im Vorhof eines **Minibus-Bahnhofs** (abseits der Rte 108) ab, der ein paar Kilometer nördlich der Stadt unweit der Rte 108 liegt.

Gelbe *sŏrng·tăa·ou* nach **Mae Sam Laep** (Th Laeng Phanit; 100 B, 2 Std., 7–12 Uhr 5-mal tgl.) fahren an einer Haltestelle in der Th Laeng Phanit ab, die *sŏrng·tăa·ou* nach **Mae Sot** (Th Mae Sariang; 200 B, 6 Std., 6.30–12 Uhr stündl.) von einer überdachten Haltestelle auf der Straßenseite gegenüber von Sombat Tour.

ℹ Unterwegs vor Ort

Motorräder (200 B/Tag) und Fahrräder (50–100 B/Tag) verleihen der **Mr Beum Bike Rental Shop** (☎084 485 2525; Th Mongkolchai; ⌚6–18 Uhr) und auch einige wenige Gästehäuser.

KURZ & BÜNDIG

EINWOHNER
1.7 Mio.

HÖHE DES DOI INTHANON
2565 m über dem Meeresspiegel (der höchste Berg Thailands, S. 388)

VERSTECKTER TEMPEL
Wat Pha Lat (S. 345)

BESTER MARKT
Talat Warorot (S. 341)

BELIEBTER WANDERWEG
Monk's Trail (S. 349)

REISEZEIT

Nov–Jan In der kühlen Jahreszeit ist das Wetter mild und es regnet kaum.

März–Juni Das Thermometer klettert auf über 35 °C. Im März und April wird die Luftqualität schlechter und in Chiang Mai herrscht Smog.

Mai–Okt. Der Monsun-Regen ist im August und September am stärksten.

Wat Chedi Luang (S. 335), Chiang Mai
SEAN PAVONE/SHUTTERSTOCK ©

Provinz Chiang Mai

Die Metropole des Nordens ist nur eine Nachtreise mit dem Zug und doch Welten vom Trubel Bangkoks entfernt. Die frühere Hauptstadt des Volks der Lanna, die einst vom Königreich Siam der birmanischen Herrschaft entrissen wurde, ist eine faszinierende Stadt voller funkelnder Klöster, chaotischer Märkte, moderner Einkaufszentren und ruhiger Wohnstraßen, die auch gut in ein Dorf passen würden.

Chiang Mai wirkt eher ländlich als großstädtisch, aber die verführerische Stadt ist ein Magnet für Reisende aller Art, von Backpackern über junge Familien und um die Welt tingelnde Ruheständler bis zu den Heerscharen chinesischer Touristen. Historische Klöster und Kochkurse sind nur ein Teil des Vergnügens: In den bewaldeten Bergen der Provinz rund um Chiang Mai kann man wunderbar raften, wandern, mountainbiken und anderen adrenalinlastigen Aktivitäten nachgehen. Die meisten Besucher begeben sich zumindest einmal aus der Stadt hinaus, um Elefanten zu sehen oder experimentelle Farmen und üppige botanische Gärten zu besuchen.

Inhalt

CHIANG MAI

053 / 201 000 EW.

Der frühere Sitz des Lan-Na-Königreichs ist ein herrlich ruhiges und entspanntes Fleckchen, um zu relaxen und die Batterien wieder aufzuladen. In der Stadt warten zahlreiche Aktivitäten – man kann aber auch einfach durch die Nebenstraßen schlendern und eine Stadt entdecken, deren Atmosphäre und Lebensstil noch fest in der Thai-Kultur verwurzelt ist.

Rund um das alte Chiang Mai (เชียงใหม่) ist eine ausufernde moderne Stadt gewachsen, die von einem Gewirr aus Superhighways umringt wird. Dennoch ist das historische Stadtzentrum nach wie vor erstaunlich ruhig und erinnert eher an eine schläfrige Provinzstadt als an eine geschäftige Hauptstadt. Wer in irgendeine Richtung geradewegs aus der Stadt hinausfährt, landet rasch in der üppig grünen ländlichen Umgebung, in der rauschende Wasserfälle inmitten unberührter Regenwälder, stille Wats und friedliche Dörfer locken, aber auch zahlreiche Märkte und Elefantenschutzzentren.

Geschichte

König Phaya Mengrai (oft auch „Mangrai" geschrieben) gebührt der Ruhm, im 13. Jh. von seiner Hauptstadt Chinag Sen aus das Königreich Lanna gegründet zu haben. Doch sein erster Versuch, bei Wiang Kum Kam am Ufer des Mae Ping eine neue Hauptstadt zu errichten, scheiterte nach wenigen Jahren: Die Stadt wurde nach einer Überflutung endgültig aufgegeben.

1296 verlegte König Mengrai seine Hauptstadt an einen idyllischeren Ort zwischen dem Fluss und dem Berg Doi Suthep und gab der vielversprechenden Stadt den Namen Nopburi Si Nakhon Ping Chiang Mai (abgekürzt zu Chiang Mai, was „neue ummauerte Stadt" bedeutet). Im 14. und 15. Jh. dehnte sich das Königreich Lanna bis nach Kamphaeng Phet im Süden und bis ins laotische Luang Prabang im Norden aus. Doch 1556 fiel die Stadt an birmanische Eindringlinge, die sie 200 Jahre lang besetzt hielten.

Nachdem Ayutthaya 1767 an die Birmanen gefallen war, formierte sich die geschlagene thailändische Armee unter Phraya Taksin im heutigen Bangkok neu und startete einen Feldzug gegen die birmanische Besatzungsmacht. Chao Kavila (auch „Kawila" geschrieben), ein Stammesführer aus dem benachbarten Fürstentum Lampang, half dabei, Nordthailand von der birmanischen Herrschaft zu „befreien" und wurde der König des nordthailändischen Staates, sodass Chiang Mai unter die Herrschaft des Königreichs Siam geriet.

Unter Kavila entwickelte sich Chiang Mai zu einem wichtigen Handelszentrum, wobei das reichlich vorhandene Teakholz eine wichtige Rolle spielte. Rund um die Innenstadt wurden gewaltige Ziegelmauern gebaut. Viele der späteren Tempel im birmanischen Stil wurden von wohlhabenden Teakholzhändlern errichtet, die in dieser Periode aus Birma einwanderten. In ihrer Folge kamen die Missionare und die britischen Teakholz-Konzessionäre, die in der Altstadt Villen im Kolonialstil bauten.

Der Untergang des halbautonomen Staates Lanna war nur eine Frage der Zeit. Angesichts der Ausdehnung der Kolonialherrschaft im benachbarten Birma und Laos machte Bangkok Chiang Mai 1892 zu einem Verwaltungssitz, und die Prinzessin Dara Rasmi wurde nach Bangkok geschickt, um eine der offiziellen Begleiterinnen von König Rama V. zu werden, was die Bindungen zwischen den beiden königlichen Familien verstärkte.

Die Fertigstellung der nördlichen Eisenbahnlinie nach Chiang Mai 1922 sorgte schließlich für den Anschluss des Nordens an Zentralthailand, und 1933 wurde Chiang Mai eine Provinz des Königreichs Thailand. Dennoch blieb Chiang Mai bis 2001 relativ unentwickelt. Erst damals beschloss der aus Chiang Mai stammende Premierminister Thaksin Shinawatra, die Stadt durch den Ausbau des Flughafens und den Bau von Superhighways zu modernisieren.

Eine Hochgeschwindigkeitsbahn nach Bangkok, die die Reisezeit auf dreieinhalb Stunden verkürzen wird, ist noch in der Planungsphase, doch 2017 wurde mit dem Bau des ersten Abschnitts begonnen.

Sehenswertes

In Chiang Mai gibt's jede Menge Tempel, Märkte und Museen sowie weitere Sehenswürdigkeiten außerhalb der Altstadt entlang der Highways.

Altstadt

Tempel prägen die Silhouette der Altstadt, Mönche in orangefarbenen Roben mischen sich unter die Touristenströme, und die Atmosphäre ist eher die einer Provinzstadt als die einer modernen, geschäftigen Großstadt Das ruhige Ambiente eines Wohnorts ist aber

Highlights

1 Monk's Trail (S. 349) Mit Mönchen vom Wat Pha Lat zum Wat Phra That Doi Suthep wandern

2 Talat Warorot (S. 341) Ins zeitlose Handelszentrum von Chiang Mai eintauchen

3 Ethische Elefanten-begegnungen (S. 385) Die wunderbaren Tiere beobachten und kennenlernen

4 Sticky Waterfall (S. 384) Bei einem Tagesausflug in den Märchenwald den Wasserfall hinaufsteigen

5 Kao Soi Fueng Fah (S. 366) Das leckerste *kôw soy* finden

6 Doi Inthanon (S. 388) Durch den Wald zum höchsten Gipfel Thailands wandern

7 Kochkurse (S. 352) Das perfekte grüne Curry kochen

8 In Chiang Mai mit Mönchen plaudern (S. 335) Herausfinden, was die Männer in den orangefarbenen Roben motiviert

9 Sunday Walking Street (S. 375) Bei der größten Shopping-Tour der Stadt mitmachen

Chiang Mai

A
B
C
D
1
2
3
4
5
6
7
Chiang Mai Zoo (500 m); Doi Suthep-Pui National Park (14 km)
43
14
7
2
Rte 11 (Th Superhighway)
Th Huay Kaew
45
Th Morakot
32
s. Karte Westliches Chiang Mai (S. 346)
Rte 121 (Th Klorng Chonprathan)
Th Nimmanhaemin
Th Sirimungklajarn
Th Hutsadisawee
23
63
Palaad Tawanron (1,5 km); Monk's Trail (2,5 km)
30
Th Suthep
58
Th Bunreuangrit
Th Arak
Th Suthep
Pratu Suan Dok
10
39
17
25
71
55
5
Th Samlan
16
Th Mahidon
Th Thiphanet
Th Hai Ya
56
Chiang Mai International Airport
Th Mahidol
65
61
69
Th Wualai
53
70
54
74
Hang Dong (14 km); Doi Inthanon National Park (75 km)

0
1 km
E
F
G
H
1
2
3
4
5
6
7
66
Th Chotana (Th Chang Pheuak)
12
44
52
8
Soi 4
Elephant Monument
72
Sanam Gila (Stadion)
Th Sanan Kila
Th Atsadathorn
Th Wang Singkham
Mae Ping
36
38
35
37
21
Th Ratanakosin
Saphan Ratanakosin
Th Muang Samut
Th Charoenrat (Th Faham)
Arcade Terminal (1 km); Central Festival (1km); Sub-Zero Ice Skate Club (1 km); Star Avenue Lifestyle Mall (1,1 km); Hauptpost (1,5 km)
67
Th Chetuphon
Th Kaew Nawarat
59
31
Th Bamrungrat
Th Mani Nopharat
Th Si Phum
Th Wichayanon
Th Wiang Kaew
Th Phra Pokklao
Th Ratchaphakhinai
Th Chaiyaphum
Th Taiwang
Th Praisani
20
57
46
22
18
51
Th Ratwithi
Th Inthawarorot
Th Chang Moi
6
4
3
48
60
Th Ratchadamnoen
Th Tha Phae
62
41
Nawarat Bridge
33
First Church
Th Charoen Muang
34
49
Th Ratchamankha
Th Moon Muang
Th Kotchasan
Th Loi Kroh
Th Kamphaeng Din
Th Chang Khlan
47
Eisenbrücke
26
(700 m); Dhara Dhevi (4 km)
29
40
68
73
Th Chiang Mai-Lamphun
Th Bamrungburi
Th Chang Lor
Th Rat Chiang Saen
s. Karte Chiang Mai Zentrum (S. 336)
19
13
42
64
24
15
9
28
Th Wualai
Th Nontharam
Th Suriwong
27
11
1
Th Pracha Samphan
Th Rakaeng
Th Charoen Prathet
Mae Ping
50
Th Ratuthit
Wiang Kum Kam (5 km); Lamphun (37 km)

Chiang Mai

Sehenswertes
1 Art in Paradise G6
2 Chiang Mai National Museum D1
3 Philatelic Museum G4
4 Pung Tao Gong Ancestral Temple G4
5 Suan Buak Hat D5
6 Talat Ton Lam Yai G4
7 Wat Chet Yot C1
8 Wat Ku Tao E2
9 Wat Srisuphan E6
10 Wat Suan Dok C4
11 Weave Artisan Society E6

Aktivitäten, Kurse & Touren
12 Chetawan Thai Traditional Massage School E2
13 Chiang Mai Mountain Biking & Kayaking G5
14 Lanna Muay Thai B1
15 Mae Ping River Cruise H6
16 Small House Chiang Mai Thai Cooking School D6
17 Wat Suan Dok Meditation Retreat C5

Schlafen
18 137 Pillars G4
19 Anantara Resort & Spa G5
20 Baan Orapin G4
21 Hollanda Montri G3
22 Hotel des Artists Ping Silhouette G4
23 Kantary Hills B3
24 Na Nirand H6
25 Rachamankha D5
26 Riverside House H5
27 Thanatee Boutique Hotel F6
28 Tri Yaan Na Ros E6

Essen
29 Anusarn Food Centre G5
30 Bird's Nest Cafe D4
31 David's Kitchen H3
32 Imm Aim Vegetarian and Bike Cafe D2
33 Kao Soi Fueng Fah G4
34 Khao Soi Islam Noodles G5
35 Khao Soi Lam Duan Fah Ham H2
36 Khao Soi Samoe Jai H2
37 Laap Kao Cham Chaa H3
38 Oxygen Dining Room H2
39 Pun Pun C4
40 River Market G5
41 Riverside Bar & Restaurant G4
42 Service 1921 .... G5
43 Talat Na Mor A1
44 Talat Thanin E2
45 Tikky Cafe C2
46 Woo G4

Ausgehen & Nachtleben
47 Bus Bar G5
48 Good View G4
49 Khagee Cafe H5
50 Namton's House H6
51 Vieng Joom On Teahouse G4

Unterhaltung
52 Chiang Mai Boxing Stadium E2
53 Old Chiang Mai Cultural Centre D7

Shoppen
54 Central Airport Plaza D7
Elephant Parade .... (s. 20)
55 Mengrai Kilns D5
56 Saturday Walking Street D6
57 Sop Moei Arts G4
58 Talat Ton Phayom B4
59 Thai Tribal Crafts Fair Trade H3
60 Vila Cini H4

Praktisches
61 Immigration Office C7
62 Chiang Mai Municipal Tourist Information Centre G4
63 Chiang Mai Ram Hospital D3
64 Französisches Konsulat G6
65 Japanisches Konsulat C7
66 Lanna Hospital F1
67 McCormick Hospital H3
68 Tourism Authority of Thailand H5
69 Tourist Assistance Centre C7

Transport
70 Budget Car Rental D7
71 Cat Motors D5
72 Chang Pheuak Bus Terminal E3
73 Sŏrng·tăa·ou-Haltestelle Saphan Lek ... H5
74 Thai Rent a Car C7

im Begriff, sich zu verändern: Die Büros der Provinzverwaltung werden wegverlegt, Einwohner verkaufen ihre Häuser, und Großbaustellen tauchen auf.

Suan Buak Hat PARK
(สวนสาธารณะหนองบวกหาด; Karte S. 332; Th Bamrungburi; ⏲5–21 Uhr; 👪) Der einzige öffentliche Park in der Altstadt ist eine herrliche Oase der Ruhe, insbesondere am Spätnachmittag, wenn die Sonne hinter dem Horizont verschwindet. Morgens und abends treffen sich die Einheimischen hier zum Tai Chi, Yoga, Joggen, auf dem Spielplatz und an den Teichen, um Fische und Enten zu füttern oder einfach eine Bastmatte zu mieten (15 B), um sich zu entspannen und einen Schwatz mit den Nachbarn zu halten.

Wats & religiöse Stätten

Das Highlight eines Besuchs der Altstadt ist die Erkundung der Tempel, die an fast jeder Straßenecke stehen und Heerscharen Pilger, Touristen und hiesige Gläubige anziehen. Ruhiger ist es am späten Nachmittag, wenn die Touristenmassen verschwinden und die Mönche zum Abendgebet erscheinen. Besucher sind willkommen, sollten sich aber an die buddhistischen Verhaltensregeln halten: während der Gebete ruhig sein, mit den Fußspitzen nicht in Richtung von Buddha-Figuren und Mönchen weisen, zurückhaltend kleiden (Schultern und Knie bedecken).

★Wat Phra Singh BUDDHISTISCHER TEMPEL
(วัดพระสิงห์; Karte S. 336; Th Singharat; ⏲5–20.30 Uhr) Wat Phra Singh dominiert ein gewaltiges, mit Mosaikintarsien geschmücktes *wí·hăhn* (Heiligtum). Die prächtigen Tempelgebäude und die makellos gepflegte Anlage, auf der sich Kaffeestände und Massagepavillons verteilen, zeugen von seinem Reichtum. Pilger kommen zum Tempel, um die berühmte Buddha-Statue namens **Phra Singh** (Löwen-Buddha) anzubeten, die sich im Wihan Lai Kham, einer kleinen Kapelle direkt südlich vom *chedi* (Stupa) im hinteren Teil der Tempelanlage befindet.

Die elegante Buddha-Statue soll aus Sri Lanka nach Thailand gekommen sein und erhielt 1367 einen Schrein. Auch die Kapelle selbst ist mit ihren vergoldeten *naga*-(Schlangen)-Giebeln und prächtigen *lai·krahm* (Goldmuster in Schablonentechnik) im Innern sehr beeindruckend.

Trotz des hohen Status des Phra Singh ist wenig über die Statue bekannt, die mehr mit Buddha-Statuen aus Nordthailand als mit solchen aus Sri Lanka gemeinsam hat. Noch mysteriöser ist, dass sich in Thailand noch zwei weitere, fast identische Statuen befinden, eine im Nationalmuseum Bangkok und eine im Wat Phra Mahathat Woramahawihan in Nakhon Si Thammarat. Ungeachtet ihrer Herkunft hat sich die Statue zum zentralen Ort der religiösen Feierlichkeiten während des Songkran-Fests entwickelt.

Ein weiterer interessanter Bau in der Klosteranlage ist die erhöhte Tempelbibliothek in einem eleganten Pavillon aus Teakholz und Stuck namens **Ho Trai**, der mit Basrelief-Engeln im Stil des Wat Jet Yot verziert ist. Der Haupt-*chedi* des Tempels steht auf einem klassischen achteckigen Fundament im Lanna-Stil und wurde 1345 von König Pa Yo erbaut; oft wird er von Gläubigen mit Streifen orangefarbenen Stoffes umwickelt.

★Wat Chedi Luang BUDDHISTISCHER TEMPEL
(วัดเจดีย์หลวง; Karte S. 336; Th Phra Pokklao; Erw./Kind 40/20 B; ⏲5–22.30 Uhr) Der Wat Chedi Luang ist nicht so prächtig wie der Wat Phra Singh, doch sein 1441 erbauter, teilweise zerstörter *chedi* im Lanna-Stil ist viel höher, und im weitläufigen Komplex rund um den Stupa herrscht eine besonders eindringliche Atmosphäre. Der berühmte Phra Kaew (Smaragd-Buddha), der sich heute im Wat Phra Kaew in Bangkok befindet, saß bis 1475 in der östlichen Nische; stattdessen lässt sich eine Replik aus Jade bewundern.

Der *chedi* war möglicherweise das größte Bauwerk im antiken Chiang Mai, doch sein Dach wurde entweder im 16. Jh. bei einem Erdbeben oder 1775 durch Kanonen bei der Rückeroberung der Stadt von den Birmanen zerstört – niemand weiß es genau. Wie die meisten alten Bauwerke in Chiang Mai lag der Chedi Luang in Trümmern, als die mo-

MIT MÖNCHEN PLAUDERN

Wer mehr über den Buddhismus erfahren möchte, kann sich in vielen Tempeln Chiang Mais mit Novizen unterhalten, die ihr Englisch verbessern wollen und dabei den Touristen die Prinzipien und Regeln des klösterlichen Lebens erklären. Diese „Monk Chats" sind eine faszinierende Gelegenheit, mehr über die Riten und Praktiken zu erfahren, denen sich die meisten Thai-Männer zumindest einmal im Leben unterziehen. Bei den Gesprächen sollte man unbedingt angemessen gekleidet sein, also Schultern und Knie bedecken. Die rituellen Tabus erfordern, dass Frauen Mönche und deren Besitztümer nicht berühren und ihnen nie direkt etwas reichen.

Wat Suan Dok (S. 348) Die „Monk Chats" finden montags bis freitags von 16 bis 17 Uhr in einem speziellen Raum statt.

Wat Srisuphan (S. 344) Veranstaltet die Gesprächsrunden dienstags, donnerstags und samstags von 17.30 bis 19.15 Uhr, direkt vor einer Meditation.

Wat Chedi Luang An einem Tisch unter einem schattigen Baum kann man täglich von 8 bis 17 Uhr mit Mönchen sprechen.

Chiang Mai Zentrum

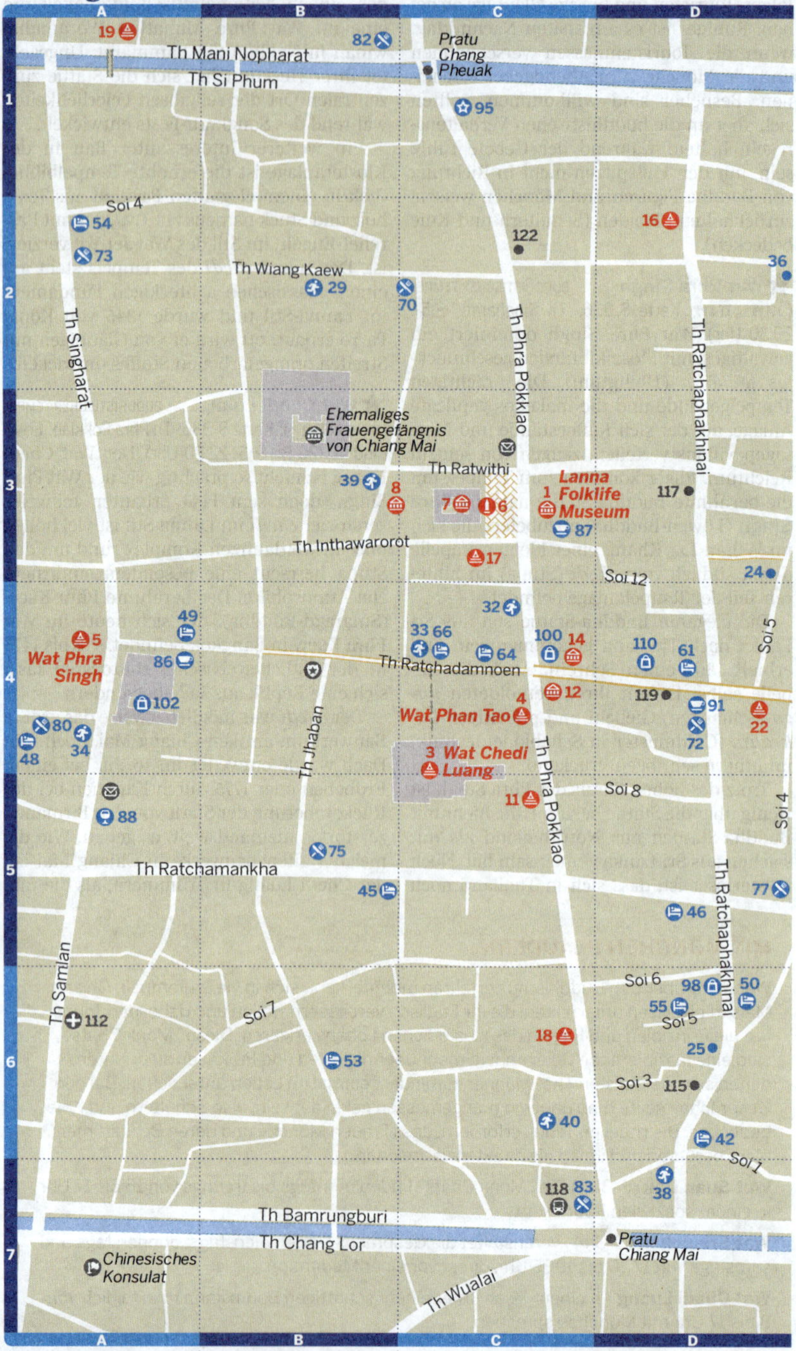

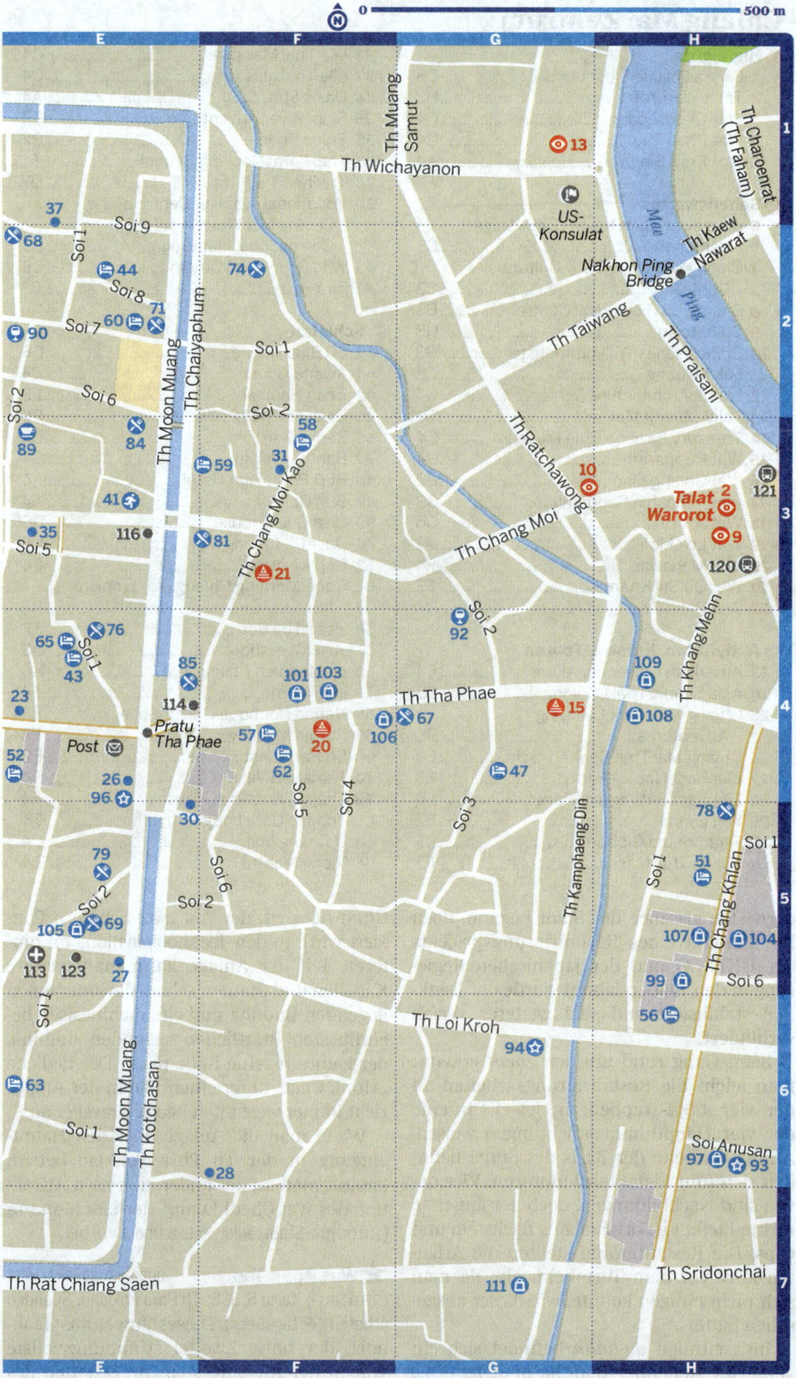

PROVINZ CHIANG MAI CHIANG MAI

Chiang Mai Zentrum

Highlights
1 Lanna Folklife Museum ... C3
2 Talat Warorot ... H3
3 Wat Chedi Luang ... C4
4 Wat Phan Tao ... C4
5 Wat Phra Singh ... A4

Sehenswertes
6 Anusawari Sam Kasat (Dreikönigsdenkmal) ... C3
7 Chiang Mai City Arts & Cultural Centre ... C3
8 Chiang Mai Historical Centre ... B3
9 Chinatown ... H3
10 Chinesisches Willkommenstor ... G3
11 Làk Meuang ... C5
12 Lanna Architecture Center ... C4
13 Talat Muang Mai ... G1
14 Treasury Pavilion Coin Museum ... C4
15 Wat Bupparam ... G4
16 Wat Chiang Man ... D2
17 Wat Inthakhin Saduemuang ... C3
18 Wat Jet Lin ... C6
19 Wat Lok Moli ... A1
20 Wat Mahawan ... F4
21 Wat Ou Sai Kham ... F3
22 Wat Phan On ... D4

Aktivitäten, Kurse & Touren
23 American University Alumni ... E4
24 Asia Scenic Thai Cooking ... D3
25 Chiang Mai Rock Climbing Adventures ... D6
26 Chiang Mai Thai Cookery School ... E4
27 Elephant Nature Park ... E5
28 Elephant Retirement Park ... F6
29 Fah Lanna ... B2
30 Flight of the Gibbon ... E5
31 Lanna Thai Massage School ... F3
32 Lila Thai Massage ... C4
33 Lila Thai Massage ... C4
34 Oasis Spa ... A4
35 Siam River Adventures ... E3
36 Spice Roads ... D2
37 Thai Farm Cooking School ... E1
38 Trailhead ... D7
39 Vocational Training Centre of the Chiang Mai Women's Correctional Institution ... B3
40 Wild Rose Yoga Studio ... C6
41 Zira Spa ... E3

Schlafen
42 60 Blue House ... D6
43 Awana House ... E4
44 Baan Hanibah ... E2
45 Baan Huen Phen ... B5
46 Banjai Garden ... D5
47 Banthai Village ... G4
48 BED Phrasingh Hotel ... A4
49 Buri Gallery ... A4
50 Diva Guesthouse ... D6
51 DusitD2 Chiang Mai ... H5
52 Gap's House ... E4
53 Good Morning Chiang Mai Tropical Inn ... B6
54 Hostel by Bed ... A2
55 Julie Guesthouse ... D6
56 Le Meridien Chiang Mai ... H6
57 Mo Rooms ... F4
58 Natlen Boutique Guesthouse ... F3
59 Purple Monkey ... F3
60 Sri Pat Guest House ... E2
61 Tamarind Village ... D4
62 Thapae Boutique House ... F4
63 Thapae Gate Lodge Guesthouse ... E6
64 U Chang Mai ... C4
65 Vieng Mantra ... E4

derne Renaissance der Stadt begann, doch im Rahmen eines Restaurierungsprojekts der UNESCO und der japanischen Regierung in den 1990er-Jahren wurde das Denkmal stabilisiert und sein weiterer Verfall verhindert.

Beim Gang rund um den *chedi* erkennt man leicht die Restaurierungsarbeiten an den vier *naga*-Treppen, die jeweils in eine der vier Haupthimmelsrichtungen weisen. An der Südseite der Basis des Stupa befinden sich fünf Elefantenskulpturen. Vier davon sind Nachbildungen, doch der äußerste rechte Elefant ist original aus Backstein und Gips. Die Restauratoren stellten die Arbeiten kurz vor dem Turmhelm ein, da man sich nicht einigen konnte, wie dieser ausgesehen hatte.

Im zentralen *wí·hăhn* befindet sich ein verehrter stehender Buddha namens **Phra Chao Attarot**, der von zwei Schülern flankiert wird. In den Teakholzpavillons im hinteren Teil der Anlage kann man weitere Kapellen und Statuen sehen, darunter einen liegenden Buddha und einen chinesisch beeinflussten, stattlichen sitzenden Buddha, der kaum in seine Robe passt. Der tägliche „Monk Chat" unter einem Baum der Anlage zieht immer viele interessierte Traveller an.

Wenn man die Anlage über den Haupteingang in der Th Phra Pokklao betritt, kommt man an der anderen großen Attraktion des Wat Chedi Luang, der **Làk Meuang** (หลักเมือง, Stadtsäule; ⊙tagsüber) vorbei.

★Wat Phan Tao — BUDDHISTISCHER TEMPEL

(วัดพันเถา; Karte S. 336; Th Phra Pokklao; Spenden erbeten; ⊙tagsüber) Dieses Juwel aus Teakholz, der ohne Zweifel stimmungsvollste Wat in der Altstadt, steht im Schatten des

Wat Chedi Luang (S. 335) in einer mit im Wind flatternden orangefarbenen Fahnen geschmückten Anlage. Das Kloster setzt dem Teakholzhandel ein Denkmal, denn seine riesige Gebetshalle wird von 28 massiven Teakholzsäulen getragen und ist von einer dunklen Teakholztäfelung umgeben. Mittendrin steht eine besonders elegante Buddha-Statue aus Gold. Besonders eindrucksvoll ist der Kontrast zwischen den orangefarbenen Roben der Mönche und dem dunklen Holz während des Abendgebets.

Über der Fassade erhebt sich die prächtige Skulptur eines Pfaus über einem Hund, die für das astrologische Geburtsjahr des früheren königlichen Bewohners steht. Das Kloster ist einer der zentralen Orte während des Festivals Visakha Bucha im Mai oder Juni; dann zünden Mönche rund um den Teich der Anlage Hunderte Butterlampen an.

Wat Chiang Man BUDDHISTISCHER TEMPEL
(วัดเชียงมั่น; Karte S. 336; Th Ratchaphakhinai; Spenden erbeten; ⏲ tagsüber) Chiang Mais ältester Tempel wurde auf Geheiß des Gründers der Stadt, Phaya Mengrai, um 1296 errichtet. Eine Steinplatte vor der *ubosot* (Ordinationshalle) mit einer Inschrift von 1581 ist der älteste bekannte Hinweis auf die Gründung der Stadt. Im Haupt-*wí·hăhn* befindet sich zudem die älteste bekannte Buddha-Statue des Königreichs Lanna, die 1465 gegossen wurde.

Museen

In der Altstadt gibt's drei großartige historische Museen – das Lanna Folklife Museum, das Chiang Mai City Arts & Cultural Centre und das Chiang Mai Historical Centre – die sich in mehreren Häusern im thailändischen Kolonialstil befinden, in denen früher die Stadtverwaltung untergebracht war. Man kann ein einfaches Ticket für alle drei Museen kaufen; es ist eine Woche gültig und kostet 180/80 B (Erw./Kind).

★ Lanna Folklife Museum MUSEUM
(พิพิธภัณฑ์พื้นถิ่นล้านนา; Karte S. 336; ☎053 217 793; www.cmocity.com; Th Phra Pokklao; Erw./Kind 90/40 B, Kombiticket Erw./Kind 180/80 B; ⌚Di–So 8.30–17 Uhr) Das einfallsreiche Museum im Gebäude des ehemaligen Provinzgerichts im thailändischen Kolonialstil stellt in einer Reihe von lebensgroßen Dioramen das Dorfleben der Lanna nach. Dabei wird die *lai·krahm*-(Schablonentechnk) bei Keramiken ebenso erklärt wie *fon lep*, ein mystischer Lanna-Tanz mit langen Metallfingernägeln, und der komplizierte Symbolismus der verschiedenen Elemente der Lanna-Klöster.

Chiang Mai Historical Centre MUSEUM
(หอประวัติศาสตร์เมืองเชียงใหม่; Karte S. 336; ☎053 217793; www.cmocity.com; Th Ratwithi; Erw./Kind 90/40 B, Kombiticket Erw./Kind 180/80 B; ⌚Di–So 8.30–17 Uhr) In einem luftigen Gebäude im Lanna-Stil hinter dem Chiang Mai City Arts & Cultural Centre widmet sich dieses Museum der Geschichte der Provinz Chiang Mai und zeigt Exponate zur Geschichte der Hauptstadt, zur birmanischen Okkupation und zur modernen Ära des Handels und der Vereinigung mit Bangkok.

Chiang Mai City Arts & Cultural Centre MUSEUM
(หอศิลปวัฒนธรรมเชียงใหม่; Karte S. 336; ☎053 217793; www.cmocity.com; Th Phra Pokklao; Erw./Kind 90/40 B, Kombiticket Erw./Kind 180/80 B; ⌚Di–So 8.30–17 Uhr) Dieses Museum in der früheren Provinzhalle, einem stattlichen Gebäude im thailändischen Kolonialstil von 1927, gibt einen tollen Überblick über die Geschichte Chiang Mais. Dioramen, Fotos, Artefakte und audiovisuelle Exponate führen die Besucher durch die entscheidenden Kämpfe und Siege der Stadtgeschichte, von den ersten Siedlungen bis zum Bau der Eisenbahnlinie. Oben befindet sich ein

NOCH MEHR SEHENSWERTE WATS IN DER STADT

Wer von der religiösen Architektur Thailands nicht genug bekommen kann, findet in der Altstadt und und in den Straßen ringsum Dutzende weitere historische Tempel. Hier ein paar Vorschläge für lohnende Erkundungen:

Wat Inthakhin Saduemuang (วัดอินทขิลสะดือเมือง; Karte S. 336; Th Inthawarorot; gegen Spende; ⌚5–21 Uhr) Der einsame Tempel in der Th Inthawarorot beherbergte ursprünglich die *làk meu·ang* (Stadtsäule). Das vergoldete Teakholz-*wí·hăhn* (Heiligtum) ist eines der am schönsten proportionierten Gebäude der Stadt.

Wat Phan On (วัดพันอ้น; Karte S. 336; Th Ratchadamnoen; gegen Spende; ⌚6–17 Uhr) Der goldene *chedi* (Stupa) des wohlhabenden Tempels ist mit vergoldeten Buddhas in Nischen geschmückt, die mit *lai·krahm* (Goldmuster in Schablonentechnik) verziert sind. Nach Sonnenuntergang besuchen die Gläubigen scharenweise den Tempel. Beim Sunday Walking Street Market (S. 375) wird der Innenhof zum Food Court.

Wat Jet Lin (วัดเจ็ดลิน หรือ วัดหนองจลิน; Karte S. 336; Th Phra Pokklao; gegen Spende; ⌚4–18 Uhr) In dem freundlichen Wat wurden im 16. Jh. die Lanna-Könige gekrönt. Heute sind noch eine Reihe riesiger Gongs, ein großer alter *chedi* im *mon·dòp*-Stil und ein großer vergoldeter, wohl proportionierter Buddha zu sehen.

Wat Lok Moli (วัดโลกโมฬี; Karte S. 336; 298/1 Th Mani Nopharat; gegen Spende; ⌚6–18 Uhr) Der elegante Holztempel ist mit Terracotta-Skulpturen geschmückt. Das *wí·hăhn* hat ein spektakuläres dreistufiges Dach, und bei dem hohen, runden *chedi* sind noch die ursprünglichen Stuckverzierungen erhalten.

Wat Ou Sai Kham (วัดอู่ทรายคำ; Karte S. 336; Th Chang Moi Kao; gegen Spende; ⌚7–18 Uhr) Im zentralen *wí·hăhn* des freundlichen Tempels befinden sich beeindruckende Buddhas aus Jade und große Jade- und Nephrit-Steine.

Wat Mahawan (วัดมหาวัน; Karte S. 336; Th Tha Phae; gegen Spende; ⌚6–18 Uhr) An dem schönen weiß getünchten Tempel ist deutlich der Einfluss der birmanischen Holzhändler zu erkennen, die hier zur Andacht kamen. Der *chedi* und die Türen im birmanischen Stil sind üppig mit Stuckfiguren wie Engeln und mythischen Kreaturen verziert.

INSIDERWISSEN

DIE TEAKHOLZ-ÄRA IN CHIANG MAI

Obwohl Chiang Mai niemals europäische Kolonie war, weisen viele Sehenswürdigkeiten einen europäischen Einfluss auf. Diese stammen aus der Zeit, als britische und US-amerikanische Teakholzkonzessionäre hier ein Vermögen mit dem Holz aus den Wäldern der Umgebung machten.

Eines der spektakulärsten Relikte aus dieser Zeit ist die mit Holz verkleidete **First Church** (คริสตจักรที่ ๑ เชียงใหม่; Karte S. 332; Th Chiang Mai-Lamphun) am Ostufer südlich der Nawarat Bridge, die 1868 von der Laos-Mission aus North Carolina errichtet wurde. Etwas weiter südlich befindet sich die Eisenbrücke, die als Ersatz für die ältere zerstörte Nawarat Bridge gebaut wurde. Ihre Stahlträger wurden im englischen Cleveland hergestellt. Nach der örtlichen Überlieferung ist auch die berühmte Memorial Bridge in Pai kein Relikt aus dem Zweiten Weltkrieg, sondern wurde in den 1970er-Jahren mit den Trägern der alten Nawarmat Bridge in Chiang Mai gebaut.

In entgegengesetzter Richtung am Westufer befindet sich das ehemalige **Postamt** im kolonialen Stil, in dem heute ein kleines **Briefmarkenmuseum** (พิพิธภัณฑ์ตราไปรษณียากร; Karte S. 332; Th Praisani; ⌚Di–So 9–16 Uhr) GRATIS untergebracht ist. Rund um die Kreuzung von Th Ratwithi and Th Phra Pokklao in der Altstadt stehen weitere alte Verwaltungsgebäude sowie die ehemalige **Provinzhalle**, in der heute das Chiang Mai City Arts & Cultural Centre (S. 340) untergebracht ist, und das ehemalige **Provinzgericht**, heute das Lanna Folklife Museum (S. 340). Alle zeigen deutlich den Einfluss der vornehmen britischen Holzhändler, die im 19. und 20. Jh. 60 % der Teakholzindustrie in Chiang Mai kontrollierten.

Von den prachtvollen Herrenhäusern der Teakholzkonzessionäre ist zumeist nicht viel übrig, doch die Architektur wurde von der Familie der Lanna-Könige übernommen. Eines der am besten erhaltenen Herrenhäuser aus dieser Zeit ist das bemerkenswerte Lanna Architecture Center (S. 341). Es gehörte einst Prinz Jao Maha, der es von 1889–93 errichten ließ. Heute sind hier interessante Modelle zu sehen, die den Wandel der Lanna-Architektur im Laufe der Jahrhunderte zeigen. Weitere Beispiele für diesen einzigartigen Stil sind das ehemalige britische Konsulat und heutige Restaurant Service 1921 im Anantara Resort (S. 361), das Hauptgebäude der 137 Pillars (S. 361) und der Dara Pirom Palace (S. 382) in Mae Rim.

gut gemachter Nachbau eines hölzernen Lanna-Dorfs.

Lanna Architecture Center MUSEUM
(ศูนย์สถาปัตยกรรมล้านนา; Karte S. 336; www.lanna-arch.net; 117 Th Ratchadamnoen; ⌚Di–Sa 9–17, So 13–20Uhr) GRATIS Das Museum ist in der schönen Villa untergebracht, die von 1889–1893 erbaut wurde und einst Prinz Jao Maha gehörte. Es stellt einige interessante Modelle aus, die den Wandel der Lanna-Architektur im Lauf der Jahrhunderte zeigen.

Treasury Pavilion Coin Museum MUSEUM
(ศาลาธนารักษ์; Karte S. 336; Treasury Pavilion, 52 Th Ratchadamnoen; ⌚Mo–Fr 8.30–16 Uhr) GRATIS Ein kurzer Besuch in diesem kleinen staatlichen Museum lohnt sich, um die bizarren Formen zu sehen, die das thailändische Geld im Lauf der Jahre hatte, von gehämmerten Münzen über runde Silberbälle bis zu Barren.

Östlich der Altstadt & am Fluss

Hinter dem Pratu Tha Phae liegt Chiang Mais traditionelles Handelsviertel mit großen Basaren und traditionellen Ladenhäusern, die sich bis hinunter zum Fluss ziehen.

★ **Talat Warorot** MARKT
(ตลาดวโรรส; Karte S. 336; Ecke Th Chang Moi & Th Praisani; ⌚6–17 Uhr) Chiang Mais ältester öffentlicher Markt, der Warorot (auch „Waroros“) ist ein wunderbarer Ort, um die thailändische Seele der Stadt zu erleben. Neben Souvenirverkäufern gibt es hier unzählige Stände, die alles Mögliche für gewöhnliche thailändische Haushalte verkaufen: Woks, Spielzeug, Fischernetze, eingelegte Teeblätter, Perücken, Dampfgarer für Klebreis, thailändische Würste, *kâab mŏo* (Schweineschwarte), lebende Welse und winzige Statuen für Geisterhäuser.

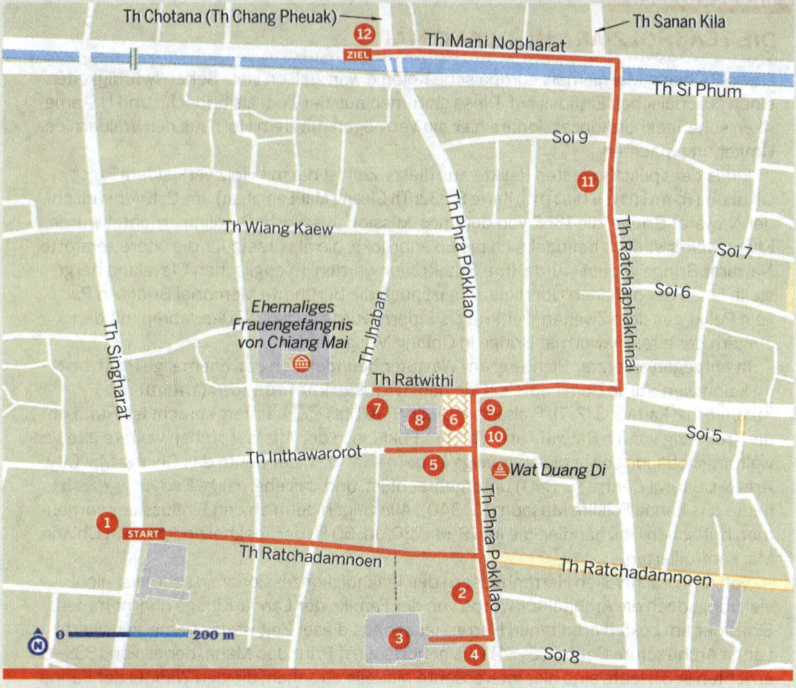

Spaziergang **Altstadttempel**

START WAT PHRA SINGH
ZIEL TALAT PRATU CHANG PHEUAK
LÄNGE/DAUER 2,5 KM/FÜNF STUNDEN

Kein Besuch in Chiang Mai ohne Tempeltour: Los geht's mit dem schönsten, dem 1 **Wat Phra Singh** (S. 335), in dem sich die am meisten verehrte Buddha-Statue, der Löwenbuddha, befindet. Die Th Ratchadamnoen entlang und nach rechts in die Th Phra Pokklao gelangt man zum prächtigen Teakholz-*wí·hăhn* des 2 **Wat Phan Tao** (S. 338), den man unbedingt besuchen sollte, und dem massiven 3 **Wat Chedi Luang** (S. 335), dem größten und großartigsten Lanna-*chedi* der Stadt. Hier geht man einmal ehrfürchtig im Uhrzeigersinn um den Stupa herum und schaut dann kurz in den 4 **Làk Meuang** hinein (S. 338; nach buddhistischen Regeln dürfen das nur Männer), um die hoch verehrte Stadtsäule zu bewundern.

Weiter geht's entlang der Th Phra Pokklao in Richtung Norden bis zur Kreuzung mit der Th Inthawarorot, wo sich mitten auf der Straße das fotogene *wí·hăhn* des 5 **Wat Inthakhin Saduemuang** (S. 340) erhebt. Im Mittelalter befand sich die Stadtsäule in einem Schrein dieses Tempels. Einen Block weiter nördlich erhebt sich der 6 **Anusawari Sam Kasat** (อนุสาวรีย์สามกษัตริย์; Karte S. 336; Th Phra Pokklao), wo man den drei Lanna-Königen, die Chiang Mai gründeten, huldigen kann. Von hier ist sind auch die drei ausgezeichneten Museen der Stadt zu sehen: das luftige 7 **Chiang Mai Historical Centre** (S. 340) im Lanna-Stil, das große 8 **Chiang Mai City Arts & Cultural Centre** (S. 340) im kolonialen Stil von 1927 und das 9 **Lanna Folklife Museum** (S. 340), wohl das beste Museum der Stadt (für alle drei gilt ein Kombi-Ticket). Für eine kleine Stärkung, einen Tee oder Eiskaffee bietet sich jetzt das 10 **Café de Museum** (S. 371) an.

Dann läuft man auf der Th Ratchaphakhinai weiter nach Norden zum alten stimmungsvollen 11 **Wat Chiang Man** (S. 339), dem ältesten Tempel einer Stadt voller alter Tempel. Zum Schluss spaziert man zum Burggraben und genießt im 12 **Talat Pratu Chang Pheuak** (S. 364) das fantastische *kôw kăh mŏo* (langsam gegarte Schweinshaxe mit Reis) der „Cowboy Hat Lady".

Ein halber Tag vergeht hier wie im Flug, während man durch die Gänge schlendert, den Einheimischen beim Einkaufen zuschaut und um Dinge feilscht, die man zu Hause gut brauchen kann.

Den Markt hat man erreicht, wenn der Verkehr zum Stillstand kommt und sich Karren voller Waren zwischen den Autos hindurchschlängeln. Die Lage am Fluss ist kein Zufall, denn traditionell wurden die meisten landwirtschaftlichen Produkte, die in Chiang Mai verkauft wurden, mit dem Boot auf dem Mae Ping von den Farmen in die Stadt gebracht.

An den Talat Warorot grenzt der Talat Ton Lam Yai, der größte Blumenmarkt der Stadt, und im Süden schließen sich weitere Basare mit „trockenen" und „feuchten" Nahrungsmitteln, Stoffhändlern, chinesischen Goldschmieden und Kleidungsständen an. Am Nordende des Basarbereichs drängen sich Obsthändler, die bergeweise Litschis, Longan-, Mangostan- und Rambutanfrüchte verkaufen. *Săhm·lór* (Fahrradrikschas) – inzwischen ein ziemlich seltener Anblick in der Stadt – warten darauf, die Kunden mit ihren Einkäufen nach Hause zu kutschieren.

Talat Ton Lam Yai MARKT

(ตลาดต้นลำไย; Karte S. 332; Th Praisani; ⌚24hr) Der an den Talat Warorot angrenzende Talat Ton Lam Yai geht von einem überdachten Markt für Haushaltsgegenstände in einen lebhaften Blumenmarkt *(gàht dòrk mái)* über, der sich zu beiden Seiten des Flusses in der Th Praisani erstreckt. Die Floristen sind schon fast Architekten und errichten aus Blüten und Bananenblättern fantastische Skulpturen für Feste und Schreine in Wohnhäusern.

Jasminduft schwebt wie Parfüm durch die Wege, und Tag und Nacht halten Taxifahrer vor der Tür, um aromatische Bänder mit Minirosen und Jasminblüten für ihr Fahrzeug zu kaufen. Der Markt ist rund um die Uhr geöffnet, doch der Löwenanteil des Handels wird nach Einbruch der Dunkelheit abgewickelt, wenn die Mittagshitze abgeklungen ist. Während großer Festivals wie Loi Krathong und dem Blumenfest herrscht Hochbetrieb.

Tagsüber werden auf dem Talat Ton Lam Yai auch frische und feuchte Nahrungsmittel verkauft. Die Stände im Inneren des mehrstöckigen Gebäudes bieten buddhistische Dekomaterialien, Spielzeug, getrocknete Lebensmittel und Kleidung an.

Maiiam Contemporary Art Museum MUSEUM

(☎052 081737; www.maiiam.com; 122 Mu 7, Tonpao, San Kamphaeng; Erw./Student/Kind unter 12 Jahren 150/100 B/frei; ⌚Mi–Mo 10–18 Uhr; Ⓟ) Das Museum, am „Kunsthandwerker-Highway" zwischen Chiang Mai und San Kamphaeng gelegen, zeigt die einzige Sammlung zeitgenössischer thailändischer und südostasiatischer Kunst in ganz Thailand. Das kleine innovative Museum in einem ehemaligen Lagerhaus verleiht dem recht ländlichen Chiang Mai einen Hauch städtischer Kultur. Es gibt auch ein Restaurant und einen kleinen Souvenirshop.

Neben der Präsentation der Privatsammlung einer Familie finden auch Wechselausstellungen statt. Damit zeigt das Museum eine ganz andere thailändische Kunst als die immer gleichen traditionellen Holzschnitzereien, Tempelmalereien und historische Handwerksarbeiten.

Talat Muang Mai MARKT

(ตลาดเมืองใหม่; Karte S. 336; Th Praisani; ⌚24 Std.) Auf Chiang Mais Großhandelsobstmarkt bricht jeden Morgen hektische Aktivität aus: Riesige Ladungen Mangos, Durian-, Rambutan- und Longanfrüchte, Wassermelonen, Wasseräpfel, Maracujas und so ziemlich jeder anderen tropischen Frucht, die es gibt (und die gerade Saison hat), werden am Ostufer von Lastwagen geladen und an Besitzer von Fruchtsaftständen und Markthändler verkauft.

Chinatown STADTVIERTEL

(ไชน่าทาวน์; Karte S. 336; Th Chang Moi) Die Gegend, die von den Märkten Warorot und Ton Lam Yai geprägt wird, ist zugleich die kleine Chinatown der Stadt, die hinter dem aufwendigen **Chinesischen Willkommenstor** (ประตูต้อนรับจีน; Karte S. 336; Th Chang Moi) über die Th Chang Moi beginnt. Im Basargebiet verteilt befinden sich Dutzende kleine konfuzianische Tempel, ein paar chinesische Apotheken und viele chinesische Schmuckgeschäfte, die in strahlendem Rot dekoriert sind, einem traditionellen Symbol für Glück.

Mit dem Bau des riesigen Tempels der Samakkee Charity Foundation hat die Gegend jedoch an Bedeutung verloren.

Südlich des Blumenmarkts in der Th Praisani steht der **Pung Tao Gong Ancestral Temple** (ศาลเจ้าปุงเถ่ากง; Karte S. 336; Th Praisani; ⌚6–21 Uhr) GRATIS. Beim chinesischen Neujahrsfest führt hier immer ein kleiner Umzug vorbei.

INSIDERWISSEN

CHIANG MAI MIT KINDERN

Bei Familien ist Chiang Mai sehr beliebt, sowohl wegen seines entspannten Flairs als auch wegen der unzähligen angebotenen Aktivitäten. Am besten wählt man ein Hotel mit Pool aus und plant die Tage, ohne sie zu überladen. Mit einem gecharterten *rót daang* (wörtlich „roter Lastwagen", die als Sammeltaxis dienen) oder Tuk-Tuk ist man unabhängig und kann die Stadt in aller Ruhe erkunden. Der **Suan Buak Hat** (S. 334) hat den schönsten Spielplatz in der Altstadt. Restaurants mit der vertrauten westlichen Küche gibt's in der Altstadt und in den Einkaufszentren.

Einen Tag sollte man für den Besuch eines Elefantencamps reservieren – **ChangChill** (ช้างหนาว; ☎064 340 6776; http://changchill.com; 45/2 Mu 19, Baan Pratumuang; ganzer Tag Erw./Kind 2500/1800 B; ⏲10–15 Uhr) und **Burm and Emily's Elephant Sanctuary** (S. 385) sind die ethisch verantwortungsvollsten – und einen Tag für den **Sticky Waterfall** (S. 384). Kinder ab sechs können seilrutschen bei **Flight of the Gibbon** (S. 349). Kinder lieben auch die bunten Tempel, die zumeist auf einem ruhigen und verkehrsfreien Gelände liegen. Am interessantesten sind: **Phra That Doi Suthep** (S. 346), **Pha Lat** (S. 345), **Suan Dok** (S. 348), **Umong Suan Phutthatham** (S. 347), **Chedi Luang** (S. 335) und **Phra Singh** (S. 335). Die drei **Museen** (S. 340) in der Altstadt haben moderne, kinderfreundliche Ausstellungen. Im **Chiang Mai Zoo** (สวนสัตว์เชียงใหม่; ☎053 221179; www.chiangmaizoo.com; 100 Th Huay Kaew; Erw./Kind 150/70 B, Kombiticket für Zoo & Aquarium 520/260 B; ⏲8–16.30 Uhr; 👪) und bei der **Chiang Mai Night Safari** (เชียงใหม่ไนท์ซาฟารี; ☎053 999000; www.chiangmainightsafari.com; Rte 121; Tour Erw./Kind 800/400 B; ⏲11–22 Uhr; 👪) kann man wilde Tiere beobachten.

An übermäßig heißen Tagen kann man sich in die eisgekühlten Einkaufszentren mit ihren Multiplex-Kinos und Aktivitäten für Kinder flüchten. Im Central Festival gibt's die **Sub-Zero-Eisbahn** (☎053 288868; www.subzeroiceskate.com; 3. St., Central Festival; 90 Min. an Wochentagen/Wochenende 250/300 B; ⏲Mo–Fr 11–22, Sa & So 10–22 Uhr). Hier stehen sogar Mitarbeiter bereit, die die Kleinen bei ihren ersten Schritten auf dem Eis begleiten. Der **Grand Canyon Water Park** (☎061 796 3999; http://grandcanyonwaterpark.velaeasy.com; 202 Mu 3, Namprae; Erw./Kind 550/400 B; ⏲9–19 Uhr) ist besonders für ältere Kinder geeignet, die einen Adrenalinkick brauchen.

Wat Bupparam BUDDHISTISCHER TEMPEL
(วัดบุปผาราม; Karte S. 336; Th Tha Phae; 20 B; ⏲5–20 Uhr) Der reich verzierte Tempel zeigt deutlich den Einfluss der birmanischen Teakholzhändler, die im 19. Jh. nach Chiang Mai einwanderten. Die auffällige Dharma-Halle beherbergt unten eine *mon·dòp* (Bibliothek), oben einen Gebetsraum. Der markanteste Bau der Anlage ist der windschiefe *wí·hăhn* aus Teak mit Spiegelmosaiken im klassischen Lanna-Stil.

Der *chedi* am hinteren Ende der Anlage ist im birmanischen Mon-Stil gebaut, vier *singha* (Löwen) aus Gips schmücken sein Fundament.

Art in Paradise MUSEUM
(พิพิธภัณฑ์อาร์ตอินพาราไดซ์; Karte S. 332; http://chiangmai-artinparadise.com; 199/9 Th Chang Khlan; Erw./Kind 400/200 B; ⏲9–20.30 Uhr (letzter Einlass 19 Uhr); 👪) Das witzige Museum hat viele optische Täuschungen in 3-D wie steil abfallende Klippen, Filmkulissen, einen Raum ohne Schwerkraft und einen fliegenden Teppich. Kinder sind begeistert, und die Erwachsenen können wie Kinder herumalbern und witzige Fotos schießen.

Südlich der Altstadt

Die Richtung Südosten durch die Stadt führende Hauptstraße, die Th Wualai, ist für ihre **Silbergeschäfte** berühmt. Die gesamte Straße ist vom Hämmern der Schmiede erfüllt, die kunstvolle religiöse Bilder und ornamentale Muster in Schüsseln, Schmuckkästchen und Schmuckteller aus Silber oder – häufiger – aus Aluminium schlagen. Hier findet auch der lebhafte Saturday Walking Street Market (S. 375) statt.

Wat Srisuphan BUDDHISTISCHER TEMPEL
(วัดศรีสุพรรณ; Karte S. 332; Soi 2, Th Wualai; ⏲6–18 Uhr) Es überrascht nicht, dass die Silberschmiede der Th Wualai das Kloster ihres Schutzherrn ebenso kunstvoll dekoriert haben wie die Waren in ihren Geschäften. Die „Silber"-*ubosot* ist mit Silber-, Nickel- und

Aluminiumtäfelungen verkleidet und mit aufwendigen Treibarbeiten verziert. Dadurch wirkt sie wie ein riesiges Schmuckkästchen, besonders nachts, wenn das Kloster von farbigen Lichtern angestrahlt wird.

Der Wat Srisuphan wurde 1502 gegründet, doch vom ursprünglichen Wat ist außer einigen Teakholzsäulen und Dachbalken im Haupt-*wí·hăhn* wenig erhalten. Die Wandbilder im Inneren prägt ein interessanter Stilmix aus Elementen des Taoismus, Zen- und Theravada-Buddhismus. Interessant ist auch die Ganesha-Statue aus Gold und Silber, die unter einem silbernen *chatra* (Schirm) neben der *ubosot,* sitzt – ein Zeichen für die Vermischung von Hinduismus und Buddhismus in Thailand.

Da die *ubosot* aktiv als Ordinationshalle genutzt wird, darf sie nur von Männern betreten werden. Der Haupttempel darf kostenlos betreten werden, die *ubosot* kostet jedoch 50 B Eintritt.

Weave Artisan Society KULTURZENTRUM

(สานสังคมช่างฝีมือ; Karte S. 332; ☎080 071 3218; https://weaveartisansociety.com; 12/8 Soi 3, Th Wualai; ⌚9–18 Uhr) Das nagelneue Kulturzentrum südlich der Altstadt ist zugleich Galerie, Café, Buchladen und Theater für alle Sinne. Man kann also eine Theatervorstellung oder Ausstellung einheimischer Künstler besuchen oder einfach nur gemütlich Kaffee trinken. Aktuelle Veranstaltungen wie Workshops zum Bauen mit Bambus, Weben oder Färben mit natürlichen Farben werden auf der Homepage angekündigt.

Wiang Kum Kam HISTORISCHE STÄTTE

(เวียงกุมกาม; Rte 3029; Führung mit Pferdekutsche/Bahn 300/400 B; ⌚8–17 Uhr) Die erste Stadt, die 1286 am Ufer des Mae Ping als Hauptstadt des Lanna-Reiches gegründet wurde, Wiang Kum Kam, wurde im 16. Jh. wegen Überflutungen aufgegeben. Die ausgegrabenen Ruinen liegen an den kurvigen Straßen eines verschlafenen Dorfes 5 km südlich von Chiang Mai.

Die Zeit hat vom Wiang Kum Kam merklich ihren Tribut gefordert, doch die Backsteinsockel und Ruinen der *chedis* sind noch immer eindrucksvolle Zeugen seiner früheren Pracht.

Das wichtigste Bauwerk der Stätte ist der **Wat Chedi Liam** mit seinem hohen *chedi* aus Gips, der in Dutzende Nischen für Buddha-Statuen unterteilt ist – eine Reminiszenz an den berühmten indischen Mahabodhi-Tempel. Tatsächlich entstand der Turm erst bei einer recht fantasievollen Restaurierung durch einen birmanischen Kaufmann im Jahr 1908. In der Stätte wurden über 1300 mit Inschriften versehene Steinplatten, Backsteine, Glocken und *chedis* ausgegraben, von denen einige im Besucherzentrum ausgestellt sind. Die bedeutendste archäologische Entdeckung war eine vierteilige gravierte Steinplatte, die sich heute im Chiang Mai National Museum befindet, und die eines der ältesten bekannten Beispiele für die thailändische Schrift zeigt.

Die meisten Besucher erkunden die Ruinen mit der Pferdekutsche oder der kleinen Bahn, die vom Besucherzentrum aus die Rte 3029 entlangfahren. Wer einen eigenen fahrbaren Untersatz hat, nimmt die Th Chiang Mai–Lamphun (Rte 106), folgt der ausgeschilderten Straße bis hinter einen kleinen Kreisverkehr mit einem Brunnen und biegt an der T-Kreuzung links ab, um zum Wat Chedi Liam zu kommen.

Westlich der Altstadt

Das moderne Chiang Mai hat sich westlich der Altstadt in Richtung Doi Suthep und der Chiang Mai University ausgedehnt, doch in den Straßen verteilt liegen auch einige historische Sehenswürdigke2iten. Die Hauptattraktion ist das Viertel Nimmanhaemin mit seinen trendigen Restaurants und Geschäften.

★ **Wat Pha Lat** BUDDHISTISCHER TEMPEL

(วัดผาลาด) Der im Dschungel versteckte Bergtempel liegt auf dem Weg zum Wat Phra That Doi Suthep. Der alte Steintempel hat kunstvolle Schnitzereien, eine von *nagas* flankierte Treppe und unzählige buddhistische Statuen. Ein Steg führt über einen Wasserfall mit Felsplatten und bietet einen atemberaubenden Blick auf Chiang Mai. Bis 2018 wurde der Tempel kaum besucht, doch dann berichteten immer mehr Reisende und Expats von seiner Schönheit. Heute ist der „Monk's Trail„ (der Weg der Mönche durch den Dschungel von der Stadt zum Tempel) längst ein offenes Geheimnis.

Laut der Überlieferung machte 1355 ein weißer Elefant von König Kuena an der Stelle des späteren Wat Pha Lat eine Rast und starb kurz darauf an der Stelle des späteren Wat Phra That Doi Suthep. Der König befahl die Errichtung der beiden Tempel. Der versteckte Dschungeltempel Wat Pha Lat wurde zum Zwischenstopp der Mönche auf ihrem Weg zum größeren, prachtvol-

Westliches Chiang Mai

Westliches Chiang Mai

Aktivitäten, Kurse & Touren
1 Burma Study Centre........B3
2 Fah Lanna........A3

Schlafen
3 Artel Nimman........B3
4 Baan Say-La........A2
5 Bunk Boutique........D2
6 Hotel Noir........B2
7 Lab Poshtel........B2
8 Yesterday Hotel........A2

Essen
9 Anchan Noodle........C3
10 Free Bird Cafe........C3
11 Ginger Farm Kitchen........B1
12 Italics........B2
13 Kinlum Kindee........B2
14 Larder Cafe & Bar........A2
15 L'Elephant........C3
16 Neau-Toon Rod Yiam........B2
17 Nong Bee's Burmese Restaurant and Library........A2
18 Smoothie Blues........A2
19 Somtum Der........B1
20 Tong Tem Toh........A2

Ausgehen & Nachtleben
21 Hotel Yayee........B3
Parallel Universe of the Lunar 2 on the Hidden Moon........(s. 11)
22 Rise Rooftop........B2
23 Ristr8to........A2
24 Warmup Cafe........A3

Unterhaltung
25 Sangdee Gallery........C3

Shoppen
26 Doi Tung........A1
27 Kad Suan Kaew Shopping Centre........D3
28 Maya Lifestyle Shopping Center........B1
29 One Nimman........B1
30 Shinawatra Thai Silk........D2
31 Srisanpanmai........A1

leren Wat Phra That. Nach dem Bau der Straße 1935 zogen in den Wat Pha Lat ebenfalls Mönche ein und machten ihn zu einem bedeutenden Ort der Meditation.

Viele Besucher schätzen es sehr, dass es hier immer noch keine Essensstände und Souvenirshops gibt.

★ Wat Phra That Doi Suthep BUDDHISTISCHER TEMPEL
(วัดพระธาตุดอยสุเทพ; Th Huay Kaew, Doi Suthep; 30 B; ⌚5–21 Uhr) Der Wat Phra That Doi Suthep, der in den Bergen thront und auf die Stadt zu blicken scheint, ist einer der heiligsten Tempel Nordthailands, und jedes

Schulkind in Chiang Mai lernt die Legende seiner Gründung. Der Wat selbst ist ein sehr schönes Beispiel nordthailändischer Architektur. Man erreicht ihn über eine steile Treppe mit 306 Stufen, die von mit Mosaiken geschmückten *naga* (Schlangen) flankiert wird. Der Aufstieg erlaubt Gläubigen, sich buddhistische Verdienste zu erwerben.

König Keu Naone gründete das Kloster 1383 als Schrein für ein Knochenstück, das aus der Schulter des historischen Buddhas stammen soll. Ein Wandermönch aus Sukhothai brachte das Knochenstück mit. Am Fuß des Berges zerbrach es in zwei Teile. Eines davon befindet sich in einem Schrein im Wat Suan Dok (S. 348), das zweite wurde an einem heiligen weißen Elefanten befestigt, der durch den Dschungel wanderte, bis er starb und so den Ort für das Kloster bestimmte.

Die Terrasse am oberen Ende der Treppe zieren Brotfruchtbäume, Schreine, Steingärten und Denkmäler, darunter eine Statue des weißen Elefanten, der die Reliquie zu ihrem heutigen Aufbewahrungsort trug. Vor dem Betreten des Innenhofes erweisen Kinder der Statue eines echsenartigen Wächterdrachens namens „Mom" die Ehre.

Auf einer Treppe geht es hinauf zur inneren Terrasse, wo ein Fußweg um den golden glänzenden *chedi* führt, in dem die Reliquie aufbewahrt wird. Der krönende fünfstufige Schirm oben auf dem *chedi* erinnert an Chiang Mais Unabhängigkeit von Birma und an seine Vereinigung mit Thailand. An den Schreinen, die ihn umgeben und die Buddha-Stuatuen in verschiedenen Posen und aus den unterschiedlichsten Materialien enthalten, stehen Pilger Schlange, um Lotusblüten und andere Opfergaben abzulegen.

Innerhalb der Klosteranlage veranstaltet das Doi Suthep Vipassana Meditation Center (S. 354) diverse religiöse Begegnungsprogramme für Besucher.

Rót daang (wörtlich „Rote Trucks") fahren zwischen dem unteren Ende der Treppe und verschiedenen Orten in Chiang Mai, z. B. dem Zoo (40 B/Pers.) und dem Wat Phra Singh (50 B/Pers.), starten aber erst, wenn genug Fahrgäste da sind. Der Fahrpreis ist abhängig von der Laune des Fahrers. Die Besucher können auch eine Fahrt mit dem gesamten *rót daang* vereinbaren oder die „Grab Car"-App nutzen. Viele Besucher kommen mit Mountainbikes aus der Stadt, und man kann auch von der Universität aus laufen.

Bhubing Palace GÄRTEN

(พระตำหนักภูพิงค์, Phra Tamnak Bhu Bing; ☎053 223065; www.bhubingpalace.org; Th Huay Kaew, Doi Suthep; 50 B; ⏲8.30–11.30 & 13–15.30 Uhr) Das friedliche Gelände des Winterpalasts der königlichen Familie oberhalb des Wat Phra That Doi Suthep ist für Besucher geöffnet (wenn die Königsfamilie nicht anwesend ist). Die Bekleidungsvorschrift ist sehr streng: Röcke und Hosen müssen mindestens halblang sein, die Schultern bedeckt – ein Tuch reicht nicht aus. Dank des kühlen Gebirgsklimas können die königlichen Gärtner hier „exotische" Pflanzen wie Rosen anpflanzen, die ein Magnet für viele thailändische Besucher sind.

Im oberen Bereich befindet sich ein See, in dem manchmal Fontänen zu vom früheren König persönlich komponierter Musik tanzen.

Wat Umong Suan Phutthatham BUDDHISTISCHER TEMPEL

(วัดอุโมงค์; Soi Wat Umong, Th Khlong Chonprathan; 20 B; ⏲tagsüber) Dieser Tempel ist nicht zu verwechseln mit dem kleinen Wat Umong in der Altstadt. Der große Waldtempel ist bekannt für seine Lage mitten im Wald und seinen alten *chedi*, der um 1380 für den „verrückten" Mönch Therachan errichtet wurde. Der *chedi* steht auf einer Backsteinplattform, die von unzähligen Gängen „durchlöchert" ist. Die Gänge sind mit Wandmalereien, teilweise im Original, und hochverehrten Buddha-Statuen geschmückt. Bemerkenswert ist auch ein Stupa im Stil von Sri Lanka.

Weitere jahrhundertealte Überreste von Buddha-Statuen liegen im Gebüsch rund um die Plattform. Die hier lebenden Mönche züchten Kühe, Rotwild, Hühner und sogar englische Bullterrier. Die *gù·dì* (Quartiere der Mönche) liegen an einem schönen künstlichen See. Hinter dem *chedi* steht auch ein recht hagerer Buddha aus schwarzem Stein im birmanischen Stil.

Wat Phra That Doi Kham BUDDHISTISCHER TEMPEL

(วัดพระธาตุดอยคำ; Mae Hia; Spenden erbeten; ⏲6–18 Uhr) Zu dem schönen Tempel hoch über der Stadt führt eine mit *naga* geschmückte Treppe vom Royal Park Rajapruek hinauf. Mit seinem goldenen *chedi*, den riesigen Buddha-Statuen und einem traumhaften Ausblick ist er eine interessante und ruhigere Alternative zum Wat Phra That Doi Suthep. Am einfachsten kommt man hierher mit einem Leihmotorrad oder einem gecharterten *rót daang*: Auf der Rte 121 den Schildern zum Royal Park Rajapruek folgen und im Kreisverkehr vor dem Eingang rechts abbiegen.

Royal Park Rajapruek GÄRTEN
(ถนนมหกรรมพืชสวนโลก; www.royalparkrajapruek.org; Rte 121, Mae Hia; Erw./Kind 200/150 B; ⌚8–18 Uhr) Der weitläufige formelle Garten wurde 2006 als Teil der Chiang Mai International Horticultural Exposition (Internationale Gartenausstellung) zusammen mit neun anderen staatlichen Gärten und sechs Firmengärten von Regierungen aus aller Welt gespendet. Auf dem Papier klingt das Ganze ziemlich bombastisch, doch eigentlich ist es nur ein üppig grüner und friedlicher Garten. Im Mittelpunkt steht ein riesiger Pavillon in Form eines Wat, in dem ziemlich überschwängliche Ausstellungen zu Ehren der thailändischen Königsfamilie gezeigt werden.

Wat Suan Dok BUDDHISTISCHER TEMPEL
(วัดสวนดอก; Karte S. 332; Th Suthep; Spende erbeten, Eintritt Halle 20 B; ⌚tagsüber) Dieses bedeutende Kloster wurde 1373 auf dem Gelände eines früheren Blumengartens errichtet und beherbergt in einem Schrein die eine Hälfte einer heiligen Buddha-Reliquie; die andere Hälfte wurde von einem weißen Elefanten zum Wat Phra That Doi Suthep gebracht. Der zentrale *chedi* ist ein vergoldetes glockenförmiges Bauwerk, das sich spektakulär über ein Meer aus makellos weißen Gedenk-*chedi* erhebt, die zu Ehren von Mitgliedern der thailändischen Königsfamilie aufgestellt wurden. Im Hintergrund ragt der neblige Kamm des Doi Suthep auf.

In einem hangarähnlichen zentralen *wí·hăhn* befindet sich ein riesiger stehender Buddha, der fast an die Decke stößt. Zu einem Spaziergang lädt der Gedenkgarten mit dem weiß getünchten *chedi* vor dem Kloster ein, in dem die Asche von Generationen der Lanna-Königsfamilien ruht.

Auf dem Gelände befindet sich auch die Mahachulalongkorn Buddhist University, an deren beliebten „Monk Chats" (S. 335) und Meditationsklausuren in englischer Sprache oft auch Ausländer teilnehmen.

Nördlich der Altstadt

Ein kurzes Stück nördlich vom Pratu Chang Pheuak (Tor des weißen Elefanten) steht das **Elephant Monument** (อนุสาวรีย์ช้าง; Karte S. 332; Th Chotana), zwei Stuckpavillons mit Elefantenstatuen, die König Chao Kavilo 1800 erbaut haben soll.

Chiang Mai National Museum MUSEUM
(พิพิธภัณฑสถานแห่งชาติเชียงใหม่; Karte S. 332; ☎053 217665; Rte 11/Th Superhighway; 100 B; ⌚Mi–So 9–16 Uhr) Das vom Fine Arts Department der thailändischen Regierung verwaltete Museum ist der wichtigste Bewahrer von Lanna-Artefakten und der Geschichte Nordthailands. Es informiert ausführlich über die geografischen Gegebenheiten, die Kulturgeschichte, die ehemaligen Königreiche und die Kunst der Lanna.

Taschen sind in den kostenlosen Schließfächern am Ticketschalter zu deponieren. Damit sich der Besuch des Museums lohnt, sollte man ihn mit dem Wat Jet Yot und dem chinesischen Friedhof verbinden.

Wat Chet Yot BUDDHISTISCHER TEMPEL
(วัดเจ็ดยอด; Karte S. 332; Rte 11/Th Superhighway; Spenden erbeten; ⌚8.30–17 Uhr) König Tilokarat begann 1455 mit dem Bau des Tempels, um den angeblichen Niedergang des Buddhismus zu verhindern. Ein großer Teil des Originalstucks ist noch intakt, und er wird von *jèt yôrt* (sieben Türmen) gekrönt, einem Symbol für die sieben Wochen, die Buddha nach seiner Erleuchtung im indischen Bodhgaya verbrachte. So soll es sich bei dem Wat um eine Kopie des Mahabodhi-Tempels in Bodhgaya handeln. Wissenschaftler vermuten allerdings, dass die Pläne von einer Votivtafel aus Ton kopiert wurden, die den Tempel aus einer verzerrten Perspektive darstellt.

Das Hauptgebäude wurde 1476 fertiggestellt, ein Jahr vor dem Achten Buddhistischen Weltkonzil. Sein historischer *wí·hăhn* ist mit verwitterten Stuckreliefs verziert, die *deva* (engelhafte buddhistische Geister) abbilden. In der Anlage verteilt stehen weitere Kapellen und *chedis* sowie viele alte Feigenbäume, an denen Gläubige Stangen befestigt haben, um religiöse Verdienste zu erwerben.

Wat Ku Tao BUDDHISTISCHER TEMPEL
(วัดกู่เต้า; Karte S. 332; Soi 6, Th Chotana/Th Chang Pheuak; Spenden erbeten; ⌚6–18 Uhr) Hinter dem Stadion Muang Chiang Mai befindet sich der malerische, 1613 erbaute Wat Ku Tao, der viele birmanische und konfuzianische Elemente aufweist. Der markante *chedi* soll an einen Stapel Wassermelonen erinnern, daher der Name (*tao* bedeutet im nordthailändischen Dialekt „Melone"). Im Tempel wird die Asche von Tharawadi Min

aufbewahrt, dem Sohn des birmanischen Königs Bayinnaung, der von 1578 bis 1607 über Lanna herrschte.

Aktivitäten

Abenteueraktivitäten

★ Monk's Trail WANDERN

Die Wanderung auf dem verträumten, sehr beliebten „Mönchsweg" zum Wat Pha Lat (S. 345) dauert rund 45 Minuten. Der Weg beginnt hinter der Chiang Mai University und schlängelt sich durch den dichten Dschungel hindurch zum Tempel. Die Mönche, die den Weg regelmäßig gehen, tragen nur Sandalen, doch Touristen sollten wegen der vielen losen Steine und steilen Anstiege besser feste, geschlossene Schuhe tragen. Und Insektenschutzmittel mitbringen! Für den Besuch des Tempels ist angemessene Kleidung erforderlich.

Um den Anfang des Weges zu erreichen, geht man bis zum Ende der Universitätsmauer in der Th Suthep und folgt der ausgeschilderten Straße rechts in Richtung des **Palaad Tawanron** (☎053 216039; https://paladtawanron.com; unweit der Th Suthep; Hauptgerichte 160–380 B; ⏰11–24 Uhr) bis zum Hintereingang des Zoos. Dort links abbiegen und den Fernsehturm ansteuern, wo ein braunes Schild den Startpunkt des Weges markiert.

Vom Wat Pha Lat geht's dann entweder mit einem *sŏrng·tăa·ou* zurück in die Stadt (60 B) oder man entscheidet sich, auf dem Weg weiterzulaufen. Er führt entlang des Flusses (und der Stromleitungen) bis zum Wat Phra That Doi Suthep (S. 346). Das dauert etwa 75 Minuten.

★ Green Trails ABENTEUERAKTIVITÄTEN

(☎053 141356; www.green-trails.com; 111/70 Th Mahidol; Trekking für 2 Pers. ab 2900 B) Der bewährte, umweltfreundliche und sozial eingestellte Veranstalter kann Trekkingtouren zum Doi Inthanon, Trips mit Übernachtung nach Ban Mae Kampong, spezielle tierfreundliche Elefantenbegegnungen und mehr arrangieren. Besonders schön sind die mehrtägigen Touren nach Akha, Lisu, in die Palong-Dörfer in Chiang Dao und die Hmong-Dörfer in Mae Rim.

Trailhead RADFAHREN & MOUNTAINBIKEN

(Karte S. 336; ☎095 538 0202; www.trailhead.co.th; 48-50 Soi 1, Th Pra Pokklao; Radtour halber/ganzer Tag ab 1199/1999 B; ⏰7.30–20 Uhr) Die Mountainbike- und Radtouren in Chiang Mai und Umgebung sind sehr beliebt. Außerdem gibt's noch eine Boots- und Radtour zum Sticky Waterfall (S. 384) und verschiedene mehrtägige Touren nach Doi Suthep-Pui (S. 357), Chiang Dao und zu anderen Zielen.

Siam River Adventures RAFTING

(Karte S. 336; ☎089 515 1917; www.siamrivers.com; 17 Th Ratwithi; ab 1800 B/Tag; ⏰8.30–20 Uhr) Der Veranstalter von Wildwasserrafting und Kajaktouren ist seit dem Jahr 2000 im Geschäft und genießt wegen seiner Professionalität und der hohen Sicherheitsstandards einen guten Ruf. Die Guides erhalten ein spezielles Rettungstraining, und an besonders gefährlichen Flussabschnitten stehen zusätzliche Mitarbeiter mit Wurfleinen bereit. Die Touren können mit Elefantenbegegnungen und Übernachtungen in Dörfern kombiniert werden.

Chiang Mai Rock Climbing Adventures ABENTEUERTOUREN

(CMRCA; Karte S. 336; ☎053 207102; www.thailandclimbing.com; 55/3 Th Ratchaphakhinai; Kletterkurs ab 3995 B, Tagespass für Kletterhalle 250 B; ⏰8–20 Uhr) Der sehr erfahrene und engagierte Besitzer von CMRCA hat die Klettersteige am Kalksteinfelsen Crazy Horse Buttress selber angelegt und pflegt sie regelmäßig. Die anspruchsvollen Touren entsprechen den französischen Niveaus 5a bis 8b+. Neben Kletter- und Höhlentouren für alle Leistungsstufen bietet er auch jeden Morgen um 8 Uhr einen Shuttle zu dem Felsen an (hin & zurück 395 B; einen Tag im Voraus buchen!).

Der Veranstalter hat auch 50 neue Klettertouren an einem Kalksteinfelsen in Lampang ausgearbeitet und fährt mit unregelmäßig verkehrenden Bussen dorthin. Die erforderliche Ausrüstung wird pro Stück oder als Gesamtpaket für zwei Kletterer (1875 B) verliehen.

Flight of the Gibbon SEILRUTSCHEN

(Karte S. 336; ☎053 010660; www.flightofthegibbon.com; 29/4-5 Th Kotchasan; Tagestour 4199 B; ⏰8–17.30 Uhr) Dieser Veranstalter hat einst den Zipline-Hype in Thailand ausgelöst. Sein „Spinnennetz" von insgesamt 5 km Länge spannt sich im Blätterdach des von Gibbons bevölkerten Waldes bei Ban Mae Kampong, eine Autostunde östlich von Chiang Mai. Die Tagestour beinhaltet auch den optionalen Besuch eines Dorfes mit Mittagessen und die Wanderung zu einem Wasserfall. Es gibt auch mehrtägige Touren mit Übernachtung in einer Gastfamilie und Touren mit verschiedenen Aktivitäten.

2019 kam es zu einem Todesfall, als ein 25-jähriger Tourist abstürzte. Für die Zeit der Ermittlungen war das Unternehmen geschlossen, veröffentlichte danach jedoch keinerlei Informationen und nahm den Betrieb wieder auf.

Elefantenbegegnungen

Chiang Mai ist einer der beliebtesten Orte in Thailand, um Elefanten zu begegnen. Fast täglich scheinen neue Elefantencamps zu eröffnen, wenngleich viele immer noch Pakete mit Elefantenreiten auf Holzsätteln, zirkusähnlichen Shows und Büffelkarrenfahrten oder Bambusfloßfahrten auf dem nächstgelegenen Fluss anbieten. Die besseren Camps offerieren anstelle von Ausbeutung die Interaktion mit den Dickhäutern: Die Besucher laufen mit den Elefantenherden mit und füttern und waschen die Tiere, verzichten aber auf Aktivitäten, die dem Wohlergehen der Tiere schaden.

TIERFREUNDLICHE BEGEGNUNGEN MIT ELEFANTEN

Elefanten wurden in Thailand jahrtausendelang als Last- und Arbeitstiere genutzt, die Baumstämme aus den Wäldern schleppten und die Kutschen der thailändischen Königsfamilie zogen. Die elefantenköpfigen Gottheiten Erawan und Ganesha werden von Buddhisten und Hindus gleichermaßen verehrt. Selbst der Umriss Thailands wird als Elefantenkopf gedeutet, dessen Rüssel in den Isthmus eintaucht.

Mit dem Verbot des Holzeinschlags im Jahr 1989 waren Tausende Elefanten plötzlich arbeitslos, und ihre Hüter und Mahouts (Elefantenführer) mussten andere Möglichkeiten finden, mit ihren Tieren Geld zu verdienen. So entstanden die Elefantencamps in Chiang Mai, wo die Elefanten mit zirkusähnlichen Auftritten die Touristen unterhalten und sie durch die Wälder tragen. Seit einigen Jahren wird jedoch verstärkt darauf hingewiesen, dass dies den Tieren schade.

Besonders umstritten sind Elefantenritte, denn die dafür verwendeten *howdahs* (Sänften) belasten die Wirbelsäule erheblich und können zu schweren Schädigungen führen. Auch bei den zirkusähnlichen Auftritten können sich die Elefanten verletzen. Viele Camps ketten die Elefanten auch an und halten sie einzeln. Außerdem werden der traditionelle *ankus* und ähnliche Metallhaken zur Führung der Tiere eingesetzt. Von staatlicher Seite werden die Camps kaum oder gar nicht überwacht, denn die Behörden betrachten die Elefanten immer noch als Transportmittel. Viele Tiere sind mittlerweile auch psychisch gestört, was sich in Angriffen auf Menschen zeigt.

Doch es gibt Alternativen. Nach Aussagen von Aktivistengruppen sollten Elefanten im Idealfall nicht angekettet sein und die Möglichkeit haben, auf großzügigen Anlagen (für die selten genug Land vorhanden ist) ihre eigenen sozialen Gruppen zu bilden. Statt auf den Elefanten zu reiten, sollten die Besucher nur beobachten, wie sich die Elefanten ohne menschlichen Einfluss verhalten. Eine Zeitlang wurde auch empfohlen, beim Baden der Elefanten mitzuhelfen, doch seit 2018 raten Tierschützer auch davon ab. Das Problem sei, dass Elefanten, die mit Menschen zusammengebracht würden, dafür trainiert und streng kontrolliert werden müssten (was wiederum nur mit Hilfe von Ketten, Haken und Stangen möglich sei). Außerdem können Elefanten sehr gut allein baden, wobei in verantwortungsvollen Camps die Besucher aus der Entfernung zuschauen können.

Immer öfter ist es möglich, zum Schutz der Elefanten beizutragen, ohne das unbehagliche Gefühl zu haben, eigentlich Teil des Problems zu sein. Tatsache ist, dass die Elefanten nicht wieder in die Wildnis entlassen werden können und dass das Geld der Touristen oft die einzige Quelle für die langfristige Pflege und Betreuung der Tiere ist. Wissenschaftler betonen, dass die besten Camps eine veterinärmedizinische Abteilung haben, wo Verletzungen und Krankheiten behandelt werden können. Wer auf einem Elefanten reitet, sollte direkt auf den Schultern sitzen, was weniger schädlich ist als die hölzernen *howdahs*. Tierschützer fordern jedoch, dass das Reiten auf Elefanten generell verboten werden sollte, da es für die Tiere eine brutale Misshandlung bedeutet, wenn sie „lernen" müssen, Reiter zu akzeptieren. Gruppen wie die ACEWG (Asiatische Arbeitsgruppe für Elefanten in Gefangenschaft) und Elefantenprojekte in ganz Asien arbeiten mit Gemeinden und Veranstaltern zusammen, um verantwortungsvolle und nachhaltige Programme zu entwickeln. Das große Ziel ist natürlich die Verbesserung der Lebensbedingungen der Elefanten.

Thai Elephant Care Center ELEFANTENBEGEGNUNG
(☎053 206247; www.thaielephantcarecenter.com; Mae Sa; Eintritt 250 B, halber/ganzer Tag 2000/3000 B) Dieses kleine Zentrum in Mae Sae, ca. 25 km nordwestlich von Chiang Mai, wurde gegründet, um für Elefanten zu sorgen, die für die Holzfällercamps und Elefantenshows zu alt waren. Reiten ist hier nicht möglich, stattdessen füttern die Besucher die Senioren mit Gras, Kräutern und Bananen, helfen bei ihrem Bad und besuchen den Friedhof, auf dem die an Altersschwäche gestorbenen Elefanten ruhen.

Elephant Nature Park ELEFANTENBEGEGNUNG
(Karte S. 336; ☎053 272850, 053 818754; www.elephantnaturepark.org; 1 Th Ratchamankha; 1-/2-tägige Tour 2500/5800 B) Der Elephant Nature Park, eines der ersten Reservate für befreite Elefanten in Chiang Mai, war unter der Führung seines Gründers Sangduen (Lek) Chailert ein Pionier der Bewegung, die auf das Reiten und Shows verzichtete und den Schutz der Elefanten an erste Stelle setzte. Im Mittelpunkt des Besuchs steht die Begegnung zwischen Tieren und Menschen: Man verbringt den Tag, indem man die Mahouts und ihre Herden begleitet und beim Waschen und Füttern der Elefanten hilft. Wie in allen besseren Elefantencamps, wurden die hier lebenden Elefanten aus Holzfällercamps und den Gruppen von Showveranstaltern befreit. Das schönste Erlebnis ist es, die Interaktion zwischen den Elefanten zu beobachten: Baby-Elefanten, die ein spielerisches Tauziehen mit den Stoßzähnen veranstalten, Familien, die sich ein gemeinsames Schlammbad gönnen, und ältere Elefanten, die sich um blinde oder behinderte Mitglieder der Herde kümmern. Der Hauptpark befindet sich im Mae-Taeng-Tal, 60 km von Chiang Mai entfernt. Neben den Elefanten leben hier auch gerettete Hunde, Katzen, Kühe, Pferde, Enten und Hühner. Die Tagestouren beinhalten ein vegetarisches Mittagsbüfett. Längere Aufenthalte, die Freiwilligenarbeit einschließen, sind ebenfalls möglich.

Elephant Retirement Park ELEFANTENBEGEGNUNG
(Karte S. 336; ☎081 671 9110; www.elephantretirementpark.com; Soi 5, 5 Th Kotchasan; Halb-/1-Tages-Touren 1700/2600 B) Der Betreiber in Mae Taeng folgt ethischen Prinzipien und bietet Begegnungen mit Elefanten beim Laufen, Füttern und Baden an, aber kein Reiten. Die Herden können eigene Familiengruppen bilden. Für Besucher, die keine direkte Begegnung mit den Elefanten wünschen, gibt's ein „elephant observation lunch", also ein Mittagessen, bei dem man die Elefanten beobachten kann. Das Ganze dauert sechs Stunden, inklusive Abholung in der Stadt und dem Guide, und kostet 2000 B.

Massage & Wellness

★Zira Spa SPA
(Karte S. 336; ☎053 222288; www.ziraspa.com; 8/1 Th Ratwithi; Behandlungen 700–6200 B; ⏲10–22 Uhr) Das Zira Spa liegt an einer der Hauptstraßen im Zentrum Chiang Mais. Seine Behandlungen und Massagen gehören zu den besten der ganzen Region – und es gibt sie zu einem guten Preis. Die umfangreicheren Pakete muss man im Voraus buchen, ein oder zwei der 30-, 60- oder 90-minütigen Anwendungen können aber für denselben Tag arrangiert werden.

Fah Lanna SPA
(Karte S. 346; ☎053 416191; www.fahlanna.com; 4/1 Soi 15, Th Nimmanhaemin; Thai-Massage 30/60 Min. 350/700 B, Pakete 2800–5500 B; ⏲10–22 Uhr) Das Massagestudio im trendigen Stadtviertel Nimman ist nagelneu. Das Bambushaus mit Stuck ist in Naturfarben gehalten und mit Werken nordthailändischer Künstler geschmückt. Es gibt elf Behandlungsräume und eine Suite. Die Behandlungen reichen von (echter) traditioneller Thai-Massage bis zu umfangreichen Paketen mit Reflexzonenmassage, (Ganzkörper-)Peeling und Dampfbad.

Es gibt eine **Filiale** (Karte S. 336; 57/1 Th Wiang Kaew; 1 Std. traditionelle Thai-Massage 700 B; ⏲10–22 Uhr) in der Altstadt.

Wild Rose Yoga Studio YOGA
(Karte S. 336; ☎089 950 9377; www.wildroseyoga.org; Soi 4, 15/2 Th Phra Pokklao; Kurse 250–300 B; ⏲tgl. offene Kurse; Kursplan auf der Homepage) Das Studio beim Pratu Chiang Mai ist schon von Weitem am Weihrauchduft und den Blütenblättern auf dem Weg zu erkennen. In einem malerischen Teakhaus bietet das alteingesessene Studio täglich Kurse in fortgeschrittenem Yoga und verschiedene Workshops an. Es arbeitet seit Jahren mit den gleichen Lehrern zusammen und hat eine treue Stammkundschaft.

Lila Thai Massage MASSAGE
(Karte S. 336; ☎053 327043; Th Phra Pokklao; Standard-/Kräuter-Bodypeeling ab 250/600 B; ⏲10–22 Uhr) Das vom früheren Direktor des

Frauengefängnisses der Stadt gegründete Lila Thai beschäftigt Absolventinnen des Massageausbildungsprogramms des Gefängnisses. Es gibt sieben Filialen in der Altstadt, darunter eine in der **Th Ratchadamnoen** (Karte S. 336; ☎053 327243; Th Ratchadamnoen; Standard-/Öl-Massage ab 250/550 B; ⏲10–22 Uhr).

Oasis Spa MASSAGE
(Karte S. 336; ☎053 920111; www.oasisspa.net; 4 Th Samlan; Massage ab 1200 B) In einem ruhigen Garten voller Pavillons im Lanna-Stil verwöhnt der Salon seine Kunden mit hochwertiger traditioneller Thai-Massage inklusive Peeling, Bodywrapping und Ayurveda-Behandlungen.

Vocational Training Centre of the Chiang Mai Women's Correctional Institution MASSAGE
(Karte S. 336; ☎053 122340; 100 Th Ratwithi; Traditionelle oder Fuß-Massage ab 200 B; ⏲8–16.30, Sa & So 9–16.30 Uhr) In dem Zentrum werden ehemalige weibliche Häftlinge zu Masseurinnen ausgebildet. Das Café nebenan bietet sich für ein Heißgetränk nach der Massage an.

Freiwilligenarbeit

Burma Study Centre FREIWILLIGENARBEIT
(Karte S. 346; www.burmastudy.org; 302/2 Soi 13, Th Nimmanhaemin; ⏲Mo–Fr 11.30–20, Sa 11.30–18 Uhr) Das gemeinnützige Gemeindezentrum veranstaltet englischsprachige Kurse für birmanische Migranten, die in Thailand leben. Viele Studenten sind schlecht bezahlte Arbeiter, deren Bildungsweg infolge der politischen Instabilität Myanmars oder wegen des Heimatverlusts unterbrochen wurde. Mithilfe ihrer Leihbücherei sowie mit Buchdiskussionen und Filmvorführungen informiert das Zentrum die internationale Gemeinde Chiang Mais zudem über Themen rund um Myanmar.

Kurse

In Chiang Mai bieten viele örtliche Künstler und Handwerker Kurse an, um die traditionellen Handwerke, insbesondere Weben, zu erlernen. Das Thai Tribal Crafts Fair Trade (S. 373) bietet täglich Webkurse mit einem Experten an und die Weave Artisan Society (S. 345) organisiert Workshops zum Bauen mit Bambus, Weben und Färben mit Naturfarben.

Kochen

★ **Small House Chiang Mai Thai Cooking School** KOCHKURS
(Karte S. 332; ☎095 674 4550; www.chiangmaithaicooking.com; 19/14 Th Thiphanet; Gruppenkurs 1500 B/Tag, Einzelunterricht ab 3500 B/Tag) Die herrlichen Kochkurse finden in einem gemütlichen Haus außerhalb von Chiang Mai statt. Im Preis inbegriffen ist der Transport und der Besuch des örtlichen Markts. Gekocht werden nordthailändische Gerichte. In den kleinen Gruppen mit zwei bis vier Personen fühlt man sich fast wie unter Thailändern.

DIE SMOGSAISON VERMEIDEN

Die Zeit, während der Chiang Mai jedes Jahr im Smog der Abgase und verbrannten Felder erstickt, dauert immer länger und wird immer gefährlicher. Früher beschränkte sich die Smogsaison auf die Monate März und April, und der Smog war recht erträglich. Doch seit 2019 taucht der Smog schon im Januar auf und hält sich bis Mitte Mai. Im März und April ist die Luftqualität dann so schlecht wie nie und enthält jede Menge gefährlicher Partikel. Deshalb raten wir Besuchern dringend davon ab, im März und April nach Chiang Mai zu reisen.

Wer trotzdem in dieser Zeit in der Stadt landet, muss darauf gefasst sein, dass Berge und Gebäude in einem gelblichen Nebel verschwinden. Außerdem ist die Luft völlig verräuchert und der Brandgeruch setzt sich in Kleidern und Haaren fest. Oberflächen sind mit einem schmierigen Film bedeckt, und dicke Staubwolken hängen über der Stadt. Empfindliche Menschen klagen über entzündete Augen, Halsschmerzen, Husten, Probleme mit den Nebenhöhlen, Bronchitis, Atemprobleme und Asthma-Anfälle.

Nur der Regen schafft Abhilfe, doch in den letzten Jahren wurden die Niederschläge in der Region immer unzuverlässiger. Wer während der Smogsaison in der Gegend ist, sollte in den heißesten Stunden des Tages das Haus nicht verlassen und eventuell eine FFP2-Schutzmaske tragen, die hier N95 oder KN95 heißt. Der Air Quality Index (AQI) für die Luftqualität der Stadt wird in Echtzeit auf http://aqicn.org/city/chiang-mai angezeigt, und es gibt auch die sehr nützliche App Air4Thai.

GEFÜHRTE WANDERUNGEN IN CHIANG MAI

Jedes Jahr wandern tausende Touristen in Nordthailand, um die fantastische Berglandschaft zu sehen, die traditionellen Bergvölker zu besuchen und Elefanten zu begegnen. Daraus hat sich eine riesige Industrie entwickelt, doch die sehr kommerziellen Wanderreisen erfüllen nicht immer die Erwartungen an ein Abenteuer.

Das Standardangebot umfasst die einstündige Fahrt im Minibus nach Mae Taeng oder Mae Wang, die kurze Wanderung zu einem Elefantencamp, Rafting auf dem Bambusfloß und bei mehrtägigen Touren auch die Übernachtung in einem Bergdorf. Viele Budget-Pensionen drängen ihren Gästen diese Touren auf, weil sie eine Provision kassieren. Wenn die Gäste ablehnen, werden sie auch schon mal aufgefordert, sich eine andere Bleibe zu suchen. Im Angebot sind immer auch Elefantenritte, doch davon raten wir dringend ab, weil es den Tieren schadet.

Diese Touren sind zwar sehr beliebt, können aber zu Elefantencamps führen, die sich nicht wirklich um das Wohlergehen der Tiere kümmern. Besuche der Bergvölker können auch enttäuschend sein, weil in vielen Dörfern heute eine bunte Mischung von Ethnien lebt und die indigenen Bewohner angesichts der chinesischen und birmanischen Einwanderer ihr traditionelles Leben zumeist aufgegeben haben. Rafting-Touren sind oft gemächliche Fahrten auf einem ruhigen Fluss statt adrenalinhaltige Wildwasserabenteuer.

Wer echte Abenteuer erleben will, muss solche Touren auf eigene Faust unternehmen: ein Motorrad mieten und damit die Nationalparks nördlich und südlich von Chiang Mai erkunden. Chiang Dao ist ein ausgezeichnetes Basislager für Dschungeltouren. Um Elefanten in ihrer natürlichen Umgebung zu erleben, verbringt man einen Tag im Elephant Nature Park (S. 351) und raftet danach mit Siam River Adventures (S. 349) im Wildwasser. Wer die Kultur der Bergvölker kennenlernen will, muss in weiter entfernte Regionen reisen, was aber in einem Tagesausflug von Chiang Mai aus nicht zu schaffen ist. In diesem Fall fährt man am besten nach Tha Ton und bucht dort eine mehrtägige Trekkingtour.

Asia Scenic Thai Cooking KOCHKURS
(Karte S. 336; ☎053 418657; www.asiascenic.com; 31 Soi 5, Th Ratchadamnoen; halbtägiger Kurs 800–1000 B, Tageskurs 1000–1200 B; ⏲halbtägiger Kurs 9–14 & 17–21 Uhr, Tageskurs 9–15 Uhr) Khun Gayrays Kochkurse finden entweder in der Stadt oder auf einem friedlichen Bauernhof außerhalb statt. Sie umfassen Suppen, Currys, Pfannengerichte, Salate und Desserts – nach einem Tag kann man also schon ein dreigängiges Menü kochen.

Chiang Mai Thai Cookery School KOCHKURS
(Karte S. 336; ☎053 206388; www.thaicookeryschool.com; 47/2 Th Moon Muang; Kurse ab 1450 B) Eine der ältesten Kochschulen Chiang Mais wird von Fernsehkoch Sompon Nabnian und seinem Team geführt. Die Unterrichtseinheiten finden in ländlicher Umgebung außerhalb Chiang Mais statt. Es gibt eine spezielle abendliche Master Class für nordthailändische Köstlichkeiten, die Sompon Nabnian selbst leitet.

Thai Farm Cooking School KOCHKURS
(Karte S. 336; ☎081 288 5989; www.thaifarmcooking.com; 38 Soi 9, Th Moon Muang; Kurs 1500 B) Die Kochkurse finden auf einem friedlichen Bio-Bauernhof 17 km außerhalb von Chiang Mai statt. Der Transport hin und zurück in die Stadt ist im Preis inbegriffen.

Thaimassage

Lanna Thai Massage School GESUNDHEIT & WELLNESS
(Karte S. 336; ☎053 232547; http://lannathaimassageschool.net; 37 Th Chang Moi Kao; 10-tägiger Kurs einzeln/Gruppe 14 300/8300 B) Die angesehene Schule in der Nähe des Wat Chomphu ist vom Ministerium für Bildung und Gesundheit anerkannt. Die Schüler lernen auch die Zubereitung von Behandlungskräutern aus frischen Zutaten.

Thai Massage School of Chiang Mai GESUNDHEIT & WELLNESS
(TMC; ☎053 854330; www.tmcschool.com; 203/6 Th Chiang Mai-Mae Jo; Grundkurs ab 8500 B) Die sehr bekannte Schule nordöstlich der Stadt bildet staatlich anerkannte Masseure und Masseurinnen aus. Die Grundausbildung ist in drei Phasen gegliedert, und es gibt auch einen Intensivkurs für Massagelehrer.

Chetawan Thai Traditional Massage School GESUNDHEIT & WELLNESS
(Karte S. 332; ☎053 410360; www.watpomassage.com; 7/1-2 Soi Samud Lanna, Th Pracha Uthit; allg. Kurs 12 000 B; ⏲8–18 Uhr) Die Schule außer-

NICHT VERSÄUMEN

FLUSSFAHRTEN

Vor dem Bau von Straßen und Eisenbahn war der Mae Ping die einzige Verkehrsroute, auf der Waren nach Chiang Mai gelangten. Auf den Märkten am Flussufer handelte das Lanna-Königreich mit dem restlichen Thailand, über die Seidenstraße mit ganz Asien. Auf dem Fluss wurde alles von Obst und Gemüse bis zu Baumstämmen transportiert, doch mit dem Bau der Eisenbahn 1922 verlor er diese Funktion.

Heute verkehren nur noch wenige Boote auf dem ruhigen Mae Ping, und diese sind vor allem Ausflugsboote, die einen herrlichen Blick auf die Stadt erlauben. Mae Ping River Cruise (S. 355) bietet Touren, die beim Wat Chaimongkhon in der Th Charoen Prathet südlich des Stadtzentrums beginnen, längere Touren zum Wiang Kum Kam (S. 345) und Dinner Cruises. Auch das Riverside Bar & Restaurant (S. 366) organisiert sehr beliebte Dinner Cruises.

Wer dagegen selbst aktiv werden möchte, kann mit Chiang Mai Mountain Biking & Kayaking (S. 380) auf dem Mae Ping in die Wälder nördlich der Stadt paddeln.

halb der Stadt in der Nähe der Rajabhat University ist eine Filiale der weithin anerkannten Massageschule Wat Pho in Bangkok.

Meditation

Wat Suan Dok Meditation Retreat GESUNDHEIT & WELLNESS
(Karte S. 332; ☎084 609 1357; www.monkchat.net; Wat Suan Dok, Th Suthep; 1-/2-tägige Klausur gegen Spende/800 B; ⊙Mo–Fr) Die zum Wat Suan Dok (S. 348) gehörige Buddhist University veranstaltet in einem 40 Min. entfernten Zentrum zwei- bis viertägige Meditationsklausuren. Man sollte sich im Voraus anmelden und erhält dann weitere Informationen.

Northern Insight Meditation Centre GESUNDHEIT & WELLNESS
(☎053 278620; Wat Ram Poeng, Th Suthep Muang; gegen Spende) Die Kurse, die im Wat Ram Poeng 4 km südlich von Chiang Mai stattfinden, beginnen um 4 Uhr morgens. Die Mahlzeiten werden schweigend eingenommen. Der Intensivkurs für Fortgeschrittene und/oder sehr stark Interessierte dauert 26 Tage oder länger.

Doi Suthep Vipassana Meditation Center GESUNDHEIT & WELLNESS
(☎053 295012; www.fivethousandyears.org; Wat Phra That Doi Suthep, Th Huay Kaew; gegen Spende) Auf dem Gelände des Wat Phra That Doi Suthep (S. 346) bietet dieses Zentrum Menschen aller Erfahrungsstufen Übungs-Retreats für Meditation, die vier bis 21 Tage dauern.

Moo·ay Tai (Thaiboxen)

Santai Muay Thai KAMPFSPORT
(☎082 528 6059; www.muay-thai-santai.com; 79 Mu 9, San Kamphaeng; ab 4000/13 000 B pro Woche/Monat) Die Schule wird von ehemaligen Preisboxern geleitet, die ihre Schüler für Wettkämpfe trainieren. Sie liegt östlich der Stadt.

Lanna Muay Thai KAMPFSPORT
(Karte S. 332; ☎053 892102; 161 Soi Chang Khian, Th Huay Kaew; ab 400/2200/8000 B pro Tag/Woche/Monat) Die Schule unterrichtet auch Ausländer. Hier hat auch schon der berühmte Transgender-Boxer Parinya Kiatbusaba trainiert, der viele Meistertitel gewonnen hat.

Sprache

Payap University SPRACHKURS
(☎053 851478; http://ic.payap.ac.th; Kaew Nawarat Campus, Th Kaew Nawarat; Sprachkurs 8000 B) Die von der christlichen Kirche in Thailand gegründete Privatuniversität bietet Thai-Intensivkurse an, die jeweils 60 Std. dauern.

American University Alumni SPRACHKURS
(AUA; Karte S. 336; ☎053 214120; www.learnthaiinchiangmai.com; 24 Th Ratchadamnoen; Gruppenkurse 5300 B) Veranstaltet 60-stündige Thai-Kurse mit je zwei Unterrichtsstunden täglich von Montag bis Freitag. Auch Privatunterricht ist möglich.

Geführte Touren

★ **Chiang Mai on Three Wheels** GEFÜHRTE TOUREN
(☎053 141356; www.chiangmaionthreewheels.com; 111/70 Th Mahidol; 4-stündige Tour für 2 Pers. 1700 B) Es gibt kaum eine bessere Möglichkeit, Chiang Mai zu erkunden, als per langsamem, ruhigem *săhm·lór* (dreirädrige Fahrradrikschas; auch *săamláw* geschrieben), mit dem man perfekt die Lebensart des Landes kennenlernen kann. Diese Organisa-

tion hilft der sterbenden Branche, indem sie Traveller mit dem Fahrer, der oft kein Englisch spricht, und einem englischsprachigen Guide zusammenbringt. Der gesamte Profit geht an die Fahrer und soll die Branche unterstützen.

Mae Ping River Cruise BOOTSFAHRTEN
(Karte S. 332; ☎053 274822; www.maepingriver cruise.com; Wat Chaimongkhon, 133 Th Charoen Prathet; 2-stündige Fahrt ab 550 B; ⏲9–17 Uhr) Die Fahrten inklusive einer längeren Fahrt zum Wiang Kum Kam (1000 B) und der Dinner Cruises (750 B/Pers.) beginnen beim Wat Chaimongkhon südlich des Stadtzentrums in der Th Charoen Prathet. Dort gibt's ein kleines Freiluft-Café, das auch Eis anbietet.

Chiang Mai Street Food Tours ESSEN & TRINKEN
(☎085 033 8161; www.chiangmaistreetfoodtours.com; Tour 950/600 B pro Erw./Kind) Die Feinschmecker-Führungen über die Morgen- und Nachtmärkte der Stadt sind eine tolle Einführung in die nordthailändische Küche.

Click and Travel RADTOUR
(☎053 281553; www.chiangmaicycling.com; 158/40-41 Soi Mu Ban Wiang Phing 5; halbtägige/ganztägige/mehrtägige Touren ab 990/1500/5350 B; ⏲9–18 Uhr; 👪) Click and Travel veranstaltet familienfreundliche Radtouren mit Schwerpunkt Kultur zu Tempeln und Sehenswürdigkeiten innerhalb und außerhalb des Zentrums. Es stehen auch Kinderräder und Anhänger verschiedener Art zur Verfügung.

Feste & Events

Songkran NEUJAHR
(⏲Mitte April) Das traditionelle thailändische Neujahrsfest (13.–15. April) wird in Chiang Mai mit ansteckender Begeisterung gefeiert, darum ist die Stadt einer der besten Orte des Landes, um dieses Fest zu erleben. Tausende Menschen versammeln sich zu beiden Seiten des Wassergrabens, um einander und Passanten mit Wasser zu bespritzen. Am Wat Phra Sing werden gesetztere Songkran-Rituale durchgeführt.

Loi Krathong RELIGION
(⏲Okt./Nov.) Entlang des Mae Ping wird dieses auch Yi Peng genannte Mondkalenderfest gefeiert, bei dem die Flussgeister mit kleinen, lotusblütenförmigen Booten geehrt werden und Tausende beleuchtete Laternen in den Himmel aufsteigen.

Jai Thep MUSIK
(https://jaithepfestival.com; Jan./Feb.) Das bei Touristen immer beliebter werdende Kunst- und Musikfestival wird im Januar oder Februar in ganz Chiang Mai gefeiert. Dabei gibt's Workshops und verschiedene Aufführungen (Theater, Tanz, Feuershows, Zirkus und vieles mehr).

Blumenfest KULTUR
(⏲Anfang Feb.) Ein Meer aus Blüten! Zu dem dreitägigen Fest gehören Blumenausstellungen, Kultur-Events und Schönheitswettbewerbe sowie eine Blumenparade von Saphan Nawarat nach Suan Buak Hat.

Chinesisches Neujahr NEUJAHR
(⏲Feb.) Die chinesischen Bewohner der Stadt feiern das Neujahrsfest im Februar mit chinesischem Essen, Löwentänzen und mehr.

Poy Sang Long (Poy Luang) RELIGION
(⏲meist April) Die dreitägige Weihezeremonie, die auf das Shan-Volk in Myanmar zurückgeht, wird in verschiedenen Wats der Stadt gefeiert. Dabei schminken sich sieben- bis 14-jährige Jungen und kleiden sich in bunte Kostüme, die Buddhas Jugend als verwöhnter Prinz symbolisieren.

Chiang Mai Red Cross & Winter Fair KULTUR
(⏲Dez.–Jan.) Das zehntägige Fest wirkt mit seinen kulturellen Veranstaltungen und gut besuchten nordthailändischen Imbissständen ein wenig wie eine ländliche Kirmes. Die Einnahmen kommen wohltätigen Zwecken zugute. Hauptveranstaltungsort ist das Chiang Mai City Arts & Cultural Centre.

Inthakhin-Fest RELIGION
(⏲Mitte Mai) Das religiöse Fest im Wat Chedi Luang soll die Schutzgottheit der Stadt besänftigen und für rechtzeitigen Monsunregen sorgen. Der Tempel ist der Wohnort der Gottheit.

Schlafen

Altstadt

In der Altstadt gibt's buchstäblich Hunderte Unterkünfte. Am besten wohnt man in den kleinen Gassen, die die Hauptstraßen miteinander verbinden.

Hostel by Bed HOSTEL $
(Karte S. 336; ☎053 217215; www.hostelbybed.com; Th Singharat; B inkl. Frühstück 450–700 B, DZ ab 1250 B; @📶) Zwar findet man für

den Preis, den man hier für ein Bett im Schlafsaal zahlt, in Chiang Mai auch ein ganzes Zimmer, doch dafür bekommt man für sein Geld jede Menge erfreuliche Extras, z. B. ein gutes Frühstück, eine schicke Küche und ein großes Bett mit Vorhang. Zudem ist das Hostel blitzsauber. Die Gemeinschaftsbereiche laden dazu ein, mit anderen Gästen ins Gespräch zu kommen. Die Lage in der Nähe günstiger Straßenimbisse ist auch nicht ganz schlecht.

Die Zimmer sind auch ganz in Ordnung, wenn man etwas Privatsphäre möchte.

Diva Guesthouse PENSION $

(Karte S. 336; ☎053 273851; www.divaguesthouse.com; 84/13 Th Ratchaphakhinai; B 130–190 B, EZ/DZ ab 330/380 B; ❄@📶) Das Diva, eine lebhafte, leicht unkonventionelle Pension in der geschäftigen Th Ratchaphakhinai, hat das komplette Backpacker-Paket: Betten im Schlafsaal, winzige Budgetzimmer, Abenteuertouren, Internetzugang, Ambient-Musik sowie gebratenen Reis und *sà·dé* (gegrilltes Fleisch mit Erdnusssauce) im Café unten. Vom Schlafsaal bis zum Familienzimmer sind alle Quartiere mit Ventilator oder Klimaanlage ausgestattet.

Banjai Garden PENSION $

(Karte S. 336; ☎085 716 1635; www.banjai-garden.com; 43 Soi 3, Th Phra Pokklao; DZ mit Ventilator 450 B, mit Klimaanlage 550–1200 B; ❄📶) Die ruhige Atmosphäre und der hübsche Garten des Banjai, das sich in einem ordentlichen Holzhaus befindet, laden zum Entspannen ein. Zur Auswahl stehen einfache, aber saubere Zimmer mit Ventilator, die ein tolles Preis-Leistungs-Verhältnis aufweisen, sowie bessere Zimmer mit Klimaanlage. Hier fühlt man sich, als wäre man in einem Thai-Haus zu Besuch.

60 Blue House PENSION $

(Karte S. 336; ☎086 919 2777; www.60bluehouse.com; 32-33 Th Ratchaphakhinai; B 250 B, EZ/DZ ab 350/400 B; ❄📶) Ein ansprechendes, sauberes und farbenfrohes Hostel mit Achtbettschlafsälen und sauberen Privatzimmern mit Gemeinschaftsbad. Besitzer Khun Tao ist eine wahre Goldgrube für lokale Infos, sodass die Gäste immer wissen, was sie so alles unternehmen können und wie sie dort hinkommen. Angesichts des hohen Standards ein echtes Schnäppchen!

Gap's House PENSION $

(Karte S. 336; ☎053 278140; www.gaps-house.com; 3 Soi 4, Th Ratchadamnoen; EZ/DZ inkl. Frühstück ab 420/550 B; ❄📶) Der überwucherte Garten dieser langjährig beliebten Backpacker-Bleibe ist ein richtiger Dschungel, dessen entspannte Gemeinschaftsbereiche viel Privatsphäre bieten. Die schlichten Budgetzimmer befinden sich in traditionellen Holzhäusern. Die Besitzerin veranstaltet auch Kochkurse.

Julie Guesthouse HOSTEL $

(Karte S. 336; ☎053 274355; www.julieguesthouse.com; 7 Soi 5, Th Phra Pokklao; B 200–250 B, DZ mit/ohne Bad ab 360/300 B; 📶) Das Julie erfreut sich anhaltender Beliebtheit, obwohl das mehr am Preis als am Komfort liegt. Für wenig mehr als den Preis eines Smoothies bekommt man schon ein schlichtes Bett im Schlafsaal, schuhkartonartige Privatzimmer kosten nur wenig mehr. Abends versammeln sich die Traveller auf der überdachten Dachterrasse.

★ **Sri Pat Guest House** HOTEL $$

(Karte S. 336; ☎053 218716; http://sri-pat-guesthouse.hotelschiangmai.net; 16 Soi 7, Th Moon Muang; DZ ab 1500 B; ❄📶🏊) Eine herausragende Flashpacker-Pension mit allem Drum und Dran: WLAN, Pool, Gemeinschaftsbereichen mit Holzböden, verstreuten Buddha-Statuen und schick gefliesten Zimmern mit Flachbildfernseher und Thai-Akzenten. Hier kriegt man viel Charakter fürs Geld, und die Angestellten sind fröhlich und freundlich.

Awana House HOTEL $$

(Karte S. 336; ☎053 419005; www.awanahouse.com; 7 Soi 1, Th Ratchadamnoen; DZ mit Ventilator 495 B, mit Klimaanlage 700–1000 B; ❄@📶🏊) Die beste Pension in der Gegend um das mittelalterliche Stadttor Pratu Tha Phae hat Zimmer für jeden Geldbeutel, die alle blitzsauber sind, und einen Mini-Pool mit kaltem Wasser, der sich unter der Terrasse im Erdgeschoss verbirgt. Je teurer die Zimmer, desto komfortabler und schöner gestaltet sind sie. Auf der Dachterrasse gibt's einen Bereich zum Chillen mit Blick über das alte Chiang Mai.

Die Mitarbeiter sind großartig und reißen sich für Kinder ein Bein aus, darum ist das Haus bei Familien sehr beliebt. Im Voraus buchen!

Good Morning Chiang Mai Tropical Inn HOTEL $$

(Karte S. 336; ☎053 272113; www.goodmorningchiangmai.com; 29/5 Soi 6, Th Ratchamankha; DZ inkl. Frühstück 1300–2000 B; ❄📶🏊) Ein entspannender Swimmingpool, tolles Früh-

HEILIGE BERGE

Die oft im feuchten Nebel versteckten **Doi Suthep** (1676 m) und **Doi Pui** (1685 m) sind die heiligsten Berge in Nordthailand und mit dichtem Urwald bedeckt. Ein 265 km² großes Gebiet rund um die beiden Gipfel unweit von Chang Mai ist als **Doi Suthep-Pui National Park** (อุทยานแห่งชาติดอยสุเทพ – ปุย; ☎053 210244; Th Huay Kaew; Erw./Kind 200/100 B, Camping für 2 Pers. mit/ohne Zelt 255/60 B, Bungalow 400–2500 B; ⌚8.30–16.30 Uhr) geschützt. Der Nationalpark lockt scharenweise Naturliebhaber und Pilger zum Wat Phra That Doi Suthep (S. 346) an.

Mit zunehmender Höhe wird der Regenwald zum Nebelwald, in dessen moosbedeckten Bäumen und riesigen Farnen mehr als 300 Vogelarten und 2000 Farn- und Blumenarten leben. Der Park ist auch ein Traum für Mountainbiker. Viele Veranstalter in Chiang Mai bieten anspruchsvolle Mountainbike-Touren auf Trails an, die die Bergvölker früher als Jagd- und Handelswege nutzten.

Die Unterkünfte im Park eignen sich als komfortables Basislager. Ein 2 km langer Weg führt vom Campingplatz direkt zum Doi Suthep hinauf, wobei oben nur der unheimliche Nebel über den Bäumen zu sehen ist.

Wie in anderen Nationalparks der Gegend gibt's auch im Doi Suthep jede Menge rauschender Wasserfälle, darunter der **Nam Tok Monthathon** rund 2,5 km abseits der befestigten Straße, der das ganze Jahr über Wasser führt und mehrere Becken hat. Schwimmen kann man am besten während oder direkt nach dem Monsun, doch der Park kostet Eintritt. Der am Anfang der Straße zum Doi Suthep gelegene **Nam Tok Wang Bua Bahn** ist dagegen kostenlos. Er ist auch eher eine Folge von Stromschnellen als ein richtiger Wasserfall. Trotzdem planschen die Einheimischen gerne in ihm.

Oberhalb des Bhubing Palace (S. 347) befinden sich einige Hmong-Dörfer: **Ban Doi Pui** abseits der Hauptstraße ist eigentlich ein Touristenmarkt in schwindelnder Höhe. Wesentlich interessanter ist **Ban Kun Chang Kian**, ein Kaffeebauerndorf gut 500 m hinter dem Campingplatz Doi Pui (die Parkmitarbeiter nach dem Weg fragen!). *Rót daang* (wörtlich „rote Lastwagen", die als Sammeltaxis dienen) fahren vom Parkplatz des Wat Phra That Doi Suthep nach Ban Doi Pui (60 B) und Ban Kun Chang Kian (hin & zurück 200 B).

Der Parkeingang ist 16 km nordwestlich des Zentrums von Chiang Mai. *Rót daang* (Sammeltaxis) fahren von der Chiang Mai University (Eingang in der Th Huay Kaew) zu verschiedenen Orten im Nationalpark. Eine einfache Fahrt zum Wat Phra That Doi Suthep kostet 50 B, zum Bhubing Palace 80 B. Für rund 600 B kann man auch ein ganzes *rót daang* chartern und sich einen halben Tag durch den Park fahren lassen.

stück und die ruhige Lage südlich des Wat Phra Singh sprechen für die gemütliche Pension in einer Villa im pseudo-spanischen Stil. Die Zimmer haben Möbel aus Naturholz, superfrische Bettwäsche und große, geschmackvolle Bäder. Ausgezeichnetes Preis-Leistungs-Verhältnis.

Baan Hanibah BOUTIQUEHOTEL $$
(Karte S. 336; ☎053 287524; 6 Soi 8, Th Moon Muang; EZ/DZ ab 1000/1600 B; ❄📶) Das entspannte Boutique-Refugium steht in einer ruhigen Gasse im Herzen der Altstadt und wird durch einen Garten voller duftender Frangipani-Bäume vom Getümmel abgeschirmt. Hinter dem kunstvoll gestalteten Eingangstor befindet sich ein umgebautes Teakholzhaus mit kleinen, sehr stilvollen Zimmern, die mit wallenden Vorhängen und Thai-Elementen gestaltet sind.

Thapae Gate Lodge Guesthouse PENSION $$
(Karte S. 336; ☎095 135 9433; https://thapaegatelodge.thailandhotels.site; 38/7 Soi 2, Th Moon Muang; DZ ab 800 B; ❄📶) Eine noblere Version eines typischen Thai-Hauses mit einfachen, aber preiswerten Backpacker-Zimmern, die teilweise recht groß sind und/oder Balkone haben. 2017 bekam das Haus neue Besitzer, die es renovierten. Das köstliche Frühstück ist die zusätzlichen 100 B allemal wert.

★ **Tamarind Village** HOTEL $$$
(Karte S. 336; ☎053 418 8969; www.tamarindvillage.com; 50/1 Th Ratchadamnoen; DZ inkl. Frühstück ab 5200 B, Suite 8200–10 700 B; ❄📶🏊) Die Anlage im stimmungsvollen Lanna-Stil erstreckt sich in bester Lage abseits der Th Ratchadamnoen auf dem Gelände einer al-

UNTERWEGS IN CHIANG MAI

Verkehrshinweise in und außerhalb der Altstadt beziehen sich zumeist auf die vier Haupttore:

Pratu Tha Phae (Osten) Von hier geht es in der Th Tha Phae in Richtung Osten zum Fluss, Talat Warorot und Night Bazaar.

Pratu Chang Pheuak (Norden) Von hier führt die Th Chotana (Th Chang Pheuak) in Richtung Norden zum Chang Pheuak Bus Terminal und zur Rte 107 in den Norden der Provinz.

Pratu Suan Dok (Westen) Von hier geht es in der Th Suthep in Richtung Westen zur Chiang Mai University, zum Doi Suthep und dem Amüsierviertel um die Th Nimmanhaemin.

Pratu Chiang Mai (Süden) Von hier führt die Th Wualai in Richtung Südwesten zum Saturday Walking Street Market und zur Rte 108 in den Süden der Provinz.

ten Tamarindenplantage und besticht durch mühelose Eleganz. Durch geflieste überdachte Pavillons gelangt man zu schönen, versteckten Gärten, und hohe, alte Bäume spenden am riesigen Pool und in den Gärten Schatten. Die Zimmer könnten einer Design-Zeitschrift entsprungen sein und sind mit wunderbaren Stoffen und Kunstobjekten thailändischer Bergvölker eingerichtet. Für Kinder ab einem Jahr wird ein Babysitter-Service angeboten.

Das Restaurant Ruen Tamarind (S. 365) serviert wunderbar präsentierte Thai-Gerichte, und das opulente Spa offeriert die gesamte Bandbreite von Anwendungen.

U Chang Mai BOUTIQUEHOTEL $$$
(Karte S. 336; ☎053 327000; www.uhotelsresorts.com/uchiangmai; 70 Th Ratchadamnoen; DZ ab 6000 B; ❄📶🏊) Das charmante Hotel mitten in der Altstadt hat eine hervorragende Lage und ausgezeichnetes Personal. Die Apartments befinden sich rund um den ehemaligen Gouverneurspalast aus dem 19. Jh., in dem ein Spa, die Bibliothek und die Rezeption untergebracht sind. Zwischen den Gebäuden befinden sich zwei tiefe Schwimmbecken. Das hoteleigene Restaurant serviert gutes Thai-Essen.

BED Phrasingh Hotel BOUTIQUEHOTEL $$$
(Karte S. 336; ☎053 271009; www.bed.co.th; Soi 1, Th Samlan; DZ ab 2250 B; ❄📶🏊) Das moderne, von wildem Wein überwucherte Hotel mit seiner prägnanten schwarzen Fassade ist das beste einer kleinen Kette, die mittlerweile in vier Orten der Provinz vertreten ist. Es liegt in einer kleinen Straße unweit der besten Sehenswürdigkeiten und vieler einheimischer Restaurants. Es ist unglaublich beliebt, deshalb sollte man im Voraus buchen.

Baan Huen Phen BOUTIQUEHOTEL $$$
(Karte S. 336; ☎053 281100; www.baanhuenphen.com; 117/1 Th Ratchamankha; DZ inkl. Frühstück 2000–5500 B, Suite 5500 B; ❄📶🏊) Das noble Hotel in der Nähe des gleichnamigen Restaurants hat große gemütliche Zimmer mit makellosen Bädern und Balkonen zur Vorderseite hinaus. Es gibt einen schönen kleinen Swimmingpool und jede Menge Kunsthandwerk und Antiquitäten aus Hang Dong im Gemeinschaftsbereich.

Vieng Mantra HOTEL $$$
(Karte S. 336; ☎053 326640; www.viengmantra.com; 9 Soi 1, Th Ratchadamnoen; DZ inkl. Frühstück 2500–3200 B; ❄@📶🏊) Mit seinem Pool im Hof und dem gepflegten Garten ist das Vieng Mantra, ein ordentliches Hotel in der kurvigen Soi 1, eine kleine Oase. Das Angebot reicht von sehr schlichten bis zu eleganten Deluxe-Unterkünften mit runden Diwanen und dicken Seidenkissen. Die Balkons haben eingebaute Sitzmöbel und gewähren Ausblick auf den leuchtend blauen Pool.

Tri Yaan Na Ros BOUTIQUEHOTEL $$$
(Karte S. 332; ☎053 273174; www.triyaannaros.com; 156 Th Wualai; DZ inkl. Frühstück 2300–2500 B; ❄📶🏊) Das bezaubernde Hotel hinter einem Restaurant südlich der Touristenmeile Th Wualai ist im eleganten historischen Stil ausgestattet und entspricht vermutlich am besten einem traditionellen thailändischen Wohnhaus in Chiang Mai. Die Zimmer haben Himmelbetten, luftige Vorhänge und jede Menge dunkles Holz und antike Buddhas. Außerdem gibt's einen schönen Swimmingpool im ruhigen Hof.

Buri Gallery PENSION $$$
(Karte S. 336; ☎053 416500; www.burigallery.com; 102 Th Ratchadamnoen; DZ inkl. Frühstück 1700–3500 B; ❄📶🏊) Das Buri Gallery liegt nur

ein paar Schritte vom Wat Phra Singh entfernt und ist die perfekte Basis, um die Altstadt zu erkunden. Die Zimmer verstecken sich hinter dem Café und dem Garten in mehreren umgebauten Teakholzgebäuden und umgeben einen Pool, der sich prima für Familien eignet. Die Villen sind zwar teuer, aber mit einzelnen Lanna-Kunstwerken dekoriert, und die besten haben einen Balkon, von dem aus man sich den Sonnenuntergang anschauen kann.

Villa Duang Champa HOTEL $$$
(Karte S. 336; ☎053 327199; www.villaduangchampa.today; 82 Th Ratchadamnoen; DZ inkl. Frühstück 2380–2980 B; ❄📶) Das Hotel liegt supergünstig zum Walking Street Market (S. 375). Die luftigen Zimmer haben polierte Betonfußböden, antike Terrassentüren, bunt zusammengewürfeltes Mobiliar, kleine Nischen, in die die Sonne hineinscheint, und jede Menge kolonialen Charme. Das Personal ist sehr freundlich und hilfsbereit, was das Haus noch angenehmer macht.

Rachamankha HOTEL $$$
(Karte S. 332; ☎053 904111; www.rachamankha.com; 6 Soi 9, Th Rachamankha; DZ/Suite inkl. Frühstück 12 387–14 022/29 891 B; ❄@📶🏊) Wer das Rachamankha betritt, fühlt sich in ein altes Kloster oder ein mittelalterliches Dorf versetzt. Die miteinander verbundenen Innenhöfe führen vorbei an makellosen Gärten zu schattigen Pavillons mit Terrakottafliesen, die Statuen und alte Kunstwerke schmücken. Auch die Zimmer sind opulent und bestechen mit einzigartigen Antiquitäten, Himmelbetten und dezenter Eleganz.

Östlich der Altstadt

Hier mag es zwar nicht so heimelig sein wie in der Altstadt, aber die Th Tha Phae ist mindestens genauso praktisch, wenn es um Besichtigungen und das Nachtleben geht – sie liegt sogar näher am Night Bazaar.

★ **Purple Monkey** HOSTEL $
(Karte S. 336; ☎099 150 5534; https://purplemonkey-chiang-mai.business.site; 56/6 Th Chaiyaphum; B/DZ mit Ventilator/Klimaanlage inkl. Frühstück 150/400/480 B; ❄📶) Das 2019 außerhalb des östlichen Stadtrands von Chiang Mai eröffnete Hostel hat eine gleichnamige, äußerst beliebte ältere Schwester in Pai. Die Zimmer in dem fünfstöckigen Gebäude sind ausreichend groß und sauber, aber der wichtigste Pluspunkt sind die gesellige Stimmung und die vielen Angebote wie Kneipentouren und Partys auf dem Dach. Das Hostel ist ganz in der Nähe von Märkten und Bars.

Natlen Boutique Guesthouse PENSION $$
(Karte S. 336; ☎053 233179; www.natlenboutiqueguesthouse.com; 2/4 Soi Wat Chompu, Th Chang Moi; DZ 1000–2400 B; ❄📶🏊) Die fantasievoll gestalteten Zimmer dieser unauffälligen Pension, die gleich außerhalb der Stadtmauer liegt, verteilen sich auf mehrere farbenfrohe Gebäude. Am besten gefiel uns der hellblaue Pool mit den Sprudlern. In den Gassen ringsum befinden sich viele interessante Wats. Zum Thapae-Stadttor geht man nur fünf Minuten.

Thapae Boutique House HOTEL $$
(Karte S. 336; ☎053 284295; www.thapaeboutiquehouse.com; 4 Soi 5, Th Tha Phae; DZ/Suite ab 1000/2350 B; ❄📶) Freundliches, in die Jahre gekommenes Hotel mit genügend Wandbildern, Thai-Textilien und hölzernen Ornamenten, um das „Boutique" im Namen zu rechtfertigen. Es liegt sowohl in der Nähe der Altstadt als auch des Night Bazaar. Die Zimmer haben ihre beste Zeit hinter sich, punkten jedoch mit Charakter, und das Frühstück ist im Preis enthalten.

★ **Banthai Village** HOTEL $$$
(Karte S. 336; ☎053 252789; www.banthaivillage.com; 19 Soi 3, Th Tha Phae; DZ inkl. Frühstück 3600–4800 B, Suite 5600–7800 B; ❄@📶🏊) Die Anlage ähnelt tatsächlich einem Dorf, das in die Stadt versetzt wurde. Das Hotel erstreckt sich über mehrere Holzhäuser mit Balkonen, die sich um einen idyllischen Pool und einen üppig mit Strelitzien bepflanzten Garten gruppieren. Die Zimmer sind mit niedrigen Holzbetten, dunklen Möbeln, verstreuten Kissen und traditionellen dreieckigen Thai-Kissen dezent im historischen Stil gestaltet.

Thanatee Boutique Hotel BOUTIQUEHOTEL $$$
(Karte S. 332; ☎053 274500; www.thannateeboutiquehotel.com; 2/3-7 Th Rajchiangsan; DZ inkl. Frühstück 1620–1750 B; ❄📶🏊) Das vierstöckige Hotel in einem ruhigen Wohngebiet südöstlich der Altstadt bietet Luxus zum günstigen Preis. Die Zimmer sind klein und düster, die Bäder eng, doch das dunkle Holz, die schöne Thai-Kunst und das fantastische Design des ganzen Hauses machen das mehr als wett – nicht zu vergessen der spektakuläre Koi-Teich. Die Besitzer holen ihre Gäste kostenlos am Flughafen ab und bringen sie auch wieder hin.

RESORTS AUF DEM LAND

Wem es in der Innenstadt von Chiang Mai zu hektisch ist, kann sich in die malerischen Resorts auf dem Land abseits der Superhighways zurückziehen und sich zwischen nebelverhangenen Bergen, grünen Feldern und tropischen Wäldern entspannen. Folgende Resorts sind in weniger als zwei Stunden von Chiang Mai aus zu erreichen:

Proud Phu Fah (053 879389; www.proudphufah.com; Rte 1096, Km 17; DZ inkl. Frühstück 5500–15 000 B;) Das elegante und stimmungsvolle Designer-Hotel liegt mitten im Dschungel an der Mae-Sa–Samoeng-Schleife.

Tharnthong Lodges (081 961538; www.tharnthonglodge.com; DZ 1200–4000 B;) Das von diversen Stilrichtungen geprägte Dschungelresort bei Mae Kampong besteht aus Chalets. Das Gelände ist von plätschernden Bächen durchzogen, zwischen weit verstreut stehenden Statuen hoppeln Kaninchen.

Four Seasons Chiang Mai (S. 382) Die Lodges des supernoblen, wunderschönen Resorts bei Mae Rim verteilen sich im Regenwald und in Reisfeldern, die von den einheimischen Bauern bewirtschaftet werden.

Dhara Dhevi (053 888888; www.dharadhevi.com; 51/4 Th Chiang Mai–San Kamphaeng, abseits Rte 1006; DZ ab 12 500 B;) Chiang Mais elegantestes Luxushotel befindet sich in einem bezaubernden mittelalterlichen Lanna-Dorf, in dem die Bauern noch ihre Reisterrassen bewirtschaften. Es liegt 5 km östlich der Stadt.

Kaomai Lanna Resort (053 481201; www.kaomailanna.com; Rte 108, San Pa Thong; DZ inkl. Frühstück 1800–8000 B;) Das Resort besteht aus einer Reihe alter Tabakschuppen, die zu schicken Hotelzimmern umgebaut wurden. Es werden Touren in die Kunsthandwerkerdörfer der Umgebung organisiert, und es gibt ein schönes Café.

Chai Lai Orchid (086 923 0867; www.chailaiorchid.com; 202 Mu 9, Tambon Mae Win, Mae Wang; DZ 1500–1800 B;) Die Ansammlung gemütlicher Dschungelhütten befindet sich mitten im Wald und ist über eine Fußgängerbrücke über den Mae Wang zu erreichen.

Panviman Chiang Mai (053 879 5405; www.panvimanresortchiangmai.com; 197/2 Mu 1, Tambol Pongyeang; DZ inkl. Frühstück ab 8000 B;) Das Bergresort oberhalb der Mae-Sa–Samoeng-Schleife hat üppig ausgestattete Häuschen, ein gutes Thai-Restaurant und jede Menge Annehmlichkeiten.

Mo Rooms HOTEL $$$
(Karte S. 336; 053 280789; www.morooms.com; 263/1-2 Th Tha Phae; DZ inkl. Frühstück 2800–3900 B;) Ein Designhotel im urbanen Gewand: Der bloße Beton und die plastischen Holzelemente kontrastieren mit Naturmaterialien. Alle Zimmer wurden von verschiedenen thailändischen Künstlern thematisch nach Tieren des chinesischen Tierkreises gestaltet und zeigen daher visionäre Ideen der Inneneinrichtung. Unsere Lieblingszimmer sind das Monkey („Affe") mit seinem geflochtenen Bett und das Horse („Pferd") mit dem surrealen Bett-Baum.

Hinter dem Haus gibt's einen mit Kieselsteinen gesäumten Pool, vorne ein asiatisches Fusionsrestaurant. In der Nebensaison kosten die Zimmer nur noch rund 1500 B.

Le Meridien Chiang Mai HOTEL $$$
(Karte S. 336; 053 253666; www.lemeridienchiangmai.com; 108 Th Chang Khlan; DZ ab 4800 B;) Dieses Businesshotel vor den Toren des Night Bazaar bietet modernes, elegantes Ambiente. Die kühlen, ruhigen Flure führen zu großen, modernen Zimmern, in denen die Bäder durch Glaswände von den Zimmern getrennt sind, um Tageslicht durchzulassen. Der Infinitypool mit Blick auf die Berge ist ein großer Pluspunkt. Gäste ohne Reservierung bekommen oft günstigere Preise.

DusitD2 Chiang Mai HOTEL $$$
(Karte S. 336; 053 999999; www.dusit.com; 100 Th Chang Khlan; DZ ab 3550 B;) Das DusitD2 ist ein Stück moderner Minimalismus mitten im Chaos des Night Bazaar. Die dominierende Farbe Orange zieht sich von der Lobby bis in die Designerzimmer. Zu den Einrichtungen des Hotels gehören ein Pool und ein Fitnessraum mit Stadtblick.

Flussufer

Die Viertel an beiden Flussufern sind weniger touristisch, liegen aber immer noch nah genug am Nachtmarkt und den Restaurants am Ostufer.

Hollanda Montri PENSION $

(Karte S. 332; ☎053 242450; www.hollandamontri.com; 365 Th Charoenrat/Th Faham; DZ mit Ventilator/Klimaanlage ab 550/750 B; ❄📶) Eine preisgünstige Alternative zu den Backpacker-Unterkünften in der Altstadt, die in Gehweite zu den Uferrestaurants liegt. In die Altstadt sind es zu Fuß 30 Minuten. Die Zimmer sind sehr einfach, dafür ist die Lage am Fluss ruhig. Das Personal organisiert auch Leihfahrräder und -motorräder.

Riverside House PENSION $$

(Karte S. 332; ☎053 241860; www.riversidehousechiangmai.com; 101 Th Chiang Mai-Lamphun; DZ inkl. Frühstück 1000–1300 B; ❄@📶🏊) Die schlichten, aber makellos sauberen und recht großen Zimmer verteilen sich auf drei Gebäude. Am teuersten sind die im zentralen Gebäude, das am Pool und abseits des Verkehrslärms liegt, doch alle Zimmer sind ihr Geld wert. Tolles Preis-Leistungs-Verhältnis und eine gute Option für Familien! Trotz des Namens und der Lage kann man den Fluss allerdings nicht sehen.

★ **Hotel des Artists Ping Silhouette** BOUTIQUEHOTEL $$$

(Karte S. 332; ☎053 249999; www.hotelartists.com; 181 Th Charoenrat/Th Faham; DZ inkl. Frühstück ab 3720 B; ❄📶🏊) Mit viel Chinoiserie-Deko und zwei Pferdestatuen der Tang-Dynastie neben dem rechteckigen Koi-Teich verweist das elegante, minimalistische Hotel auf die chinesischen und europäischen Wurzeln seines Stadtviertels. Das hoteleigene Café erinnert an einen chinesischen Laden, doch die Zimmer sind nobel und modern mit hohen Decken und schönen Terrassen. Der Meerwasserpool ist himmlisch!

★ **Baan Orapin** B&B $$$

(Karte S. 332; ☎053 243677; www.baanorapin.com; 150 Th Charoenrat/Th Faham; DZ inkl. Frühstück 1800–4000 B; ❄📶🏊) Das familiengeführte Baan Orapin ist ein stattliches Teakholzhaus inmitten eines ruhigen privaten Gartens. Die Familie der Besitzer lebt hier seit 1914. Die Gästezimmer befinden sich in eleganten Villen auf dem Grundstück und sind mit schönen Möbeln und Stoffen eingerichtet.

Na Nirand BOUTIQUEHOTEL $$$

(Karte S. 332; ☎053 280988; www.nanirand.com; 1/1 Soi 9, Th Charoen Prathet; DZ ab 7500 B; ❄📶🏊) Ein riesiger, 100 Jahre alter Regenbaum beschützt das romantische Hotel am Ufer des Mae Ping. In einem restaurierten Teakholzhaus sind ein Spa und eine kleine Bibliothek untergebracht. Die noblen Ferienhäuschen rund um den schönen Swimmingpool sind mit kunstvollen Holzschnitzereien, Lanna-Textilien und Rattanmöbeln einheimischer Handwerker ausgestattet. Die großen Bäder haben freistehende Badewannen und Rainshower-Duschen.

Das hauseigene Restaurant **TIME Riverfront Cuisine & Bar** serviert leckere Fusionsküche neben dem Regenbaum direkt am Fluss.

137 Pillars BOUTIQUEHOTEL $$$

(Karte S. 332; ☎02 079 7137, 053 247788; https://137pillarschiangmai.com; 2 Soi 1, Th Nawatgate; DZ ab 20 000 B; ❄🏊) Das elegante Resort ist um das Baan Borneo herum angelegt, ein altes Teakholzhaus, das einst von Louis Leonowens, Rajah Brook und anderen als Holzhandelszentrum genutzt wurde. Der luxuriöse Kolonialstil setzt sich auch in den Zimmern fort, die mit viel Teakholz, historischen Fliesen und geräumigen Bädern ausgestattet sind. Auf dem Grundstück gibt's mehrere hohe Bäume, einen schicken Pool, zwei Restaurants und sogar ein kleines Museum.

Anantara Resort & Spa DESIGNHOTEL $$$

(Karte S. 332; ☎053 253333; www.anantara.com/en/chiang-mai; 123 Th Charoen Prathet; DZ inkl. Frühstück ab 10 000 B; ❄@📶🏊) Hier würde James Bond absteigen, wenn er nach Chiang Mai käme: Das Anantara liegt auf dem weitläufigen Gelände des stattlichen ehemaligen britischen Konsulats und weist die perfekte Mischung aus topmodernem Design und historischer Eleganz auf. Die Zimmer sind hinreißend – Naturholz in unterschiedlichen Farbtönen, raumhohe Fenster, Flachbild-TVs, Balkone mit Diwanen – und bieten alle Ausblick auf das vom Zen-Buddhismus inspirierte Grundstück und den Fluss.

In dem ehemaligen Konsulat befindet sich auch das Restaurant Service 1921 (S. 366). Außerdem gibt's einen schönen Swimmingpool im Garten und einen Teich, auf dem nachts Laternen schwimmen.

Westlich der Altstadt

Wer westlich der Altstadt übernachtet, hat es nicht weit bis zur Chiang Mai University und den angesagten Bars und Restaurants in der Th Nimmanhaemin.

Lab Poshtel HOSTEL $
(Karte S. 346; ☎063 361 4426; https://thelabposhtel.com; 64 Th Sirimungklajarn; B 490 B, DZ inkl. Frühstück 1090 B; ❄📶) Das Boutiquehostel erinnert tatsächlich an ein Labor. Der helle stylische Gemeinschaftsbereich ist über und über mit Bechergläsern, Laborkitteln, aufgespießten Insekten und anatomischen Tafeln dekoriert. Trotz der schrägen Ausstattung ist die Atmosphäre recht gemütlich, und das hauseigene Café, der Lifestyle-Shop und die skurrile Freiluftbar sind fantastisch.

Bunk Boutique HOSTEL $
(Karte S. 346; ☎091 859 9656; bunkboutique@hotmail.com; 8/7 Th Ratchaphuek; B 250–500 B, DZ 900–1200 B; ❄📶) In dem Hostel in einem großen Apartmentblock hinter der Th Huay Kaew stehen Gästen erstklassige Vierbettzimmer zur Verfügung. Die hellen Betten haben Vorhänge, die für Privatsphäre sorgen, und jeder bekommt ein eigenes Schließfach. Wenn genug Betten frei sind, kann man ein Vierbettzimmer als Privatzimmer mieten.

Baan Say-La PENSION $$
(Karte S. 346; ☎053 894229; www.baansaylaguesthouse.com; 4 Soi 5, Th Nimmanhaemin; DZ mit Ventilator/Klimaanlage 600/900 B; ❄📶) In dieser Boutiquepension in einem Ladenhaus in der Th Nimmanhaemin gibt's Zimmer in ganz unterschiedlichen Stilrichtungen – modernistisch, traditionell, blumig-kolonial –, und die Besitzer sorgen dafür, dass alles tipptopp und ordentlich ist. Etwas Günstigeres dürfte man so nah am Zentrum des Geschehens nicht finden.

Hotel Noir BOUTIQUEHOTEL $$$
(Karte S. 346; ☎064 351 7007; www.hotelnoir.co.th; 5/8 Th Nimmanahaemin; DZ ab 1800 B; ❄📶) Die erstklassige Lage in der Th Nimman, der ruhige schattige Hof und der freundliche Service sind die großen Pluspunkte dieses kleinen, idyllischen Boutiquehotels. Die Zimmer sind minimalistisch ausgestattet, aber dennoch äußerst gemütlich und mit schönem Blick auf die Straße. Den Gästen stehen auch Retro-Fahrräder zur Verfügung.

Kantary Hills HOTEL $$$
(Karte S. 332; ☎053 222111; www.kantarycollection.com; Soi 12, Th Nimmanhaemin; DZ 3800–7200 B, Apt. ab 50 000 B/Monat; ❄📶🏊) Das makellos gepflegte Kantary Hills bietet stilvolle Apartments mit Küche in einem riesigen, abgeschlossenen Komplex, der sich etwas abseits des Getümmels der Th Nimmanhaemin befindet. Es ist bei Geschäftsleuten und Diplomaten sehr beliebt. Die nüchternen Studios sind überteuert, doch die Apartments mit einem bzw. zwei Schlafzimmern sind ziemlich luxuriös.

Artel Nimman BOUTIQUEHOTEL $$$
(Karte S. 346; ☎053 213143; www.facebook.com/theartelnimman; Soi 13, Th Nimmanhaemin; DZ ab 1700 B; ❄📶) Wir lieben Hotels mit gläsernen Schiebetüren, und im Artel gibt es sie reichlich! Das modernistische Gebäude besticht mit runden Fenstern, poliertem Beton, geometrischen Formen und kontrastierenden Materialien, und die Zimmer sind cool, ruhig und kreativ. Das Haus wurde hauptsächlich aus recycelten Materialien gebaut und ist durch und durch nett.

Yesterday Hotel BOUTIQUEHOTEL $$$
(Karte S. 346; ☎053 213809; www.yesterday.co.th; 24 Th Nimmanhaemin; DZ ab 3200 B; ❄📶) Im Zentrum des Geschehens auf der Th Nimmanhaemin ermöglicht das Yesterday eine kleine Reise in die jüngere Vergangenheit: Die Gemeinschaftsbereiche sind mit Vintage-Drucken, alten Phonografen, Bakelit-Telefonen und altmodischen Röhren-TVs gestaltet. Die Zimmer prägt ein subtileres Flair der Jahrhundertmitte.

Essen

Das beste Essen gibt's auf den Nachtmärkten der Stadt (S. 364), die sich um die Haupttore der Altstadt und andernorts ausbreiten. Ein typisches Beispiel für die chinesisch inspirierte Liebe zu Schweinefleisch ist die nordthailändische Spezialität *sâi òo·a* (Schweinefleischwurst). Eine gute *sâi òo·a* sollte pikant und würzig sein und subtile Zitronengras-, Ingwer- und Kurkuma-Aromen aufweisen. Man bekommt sie auf allen Lebensmittelmärkten.

Altstadt

★ **SP Chicken** THAI $
(Karte S. 336; 9/1 Soi 1, Th Samlan; Hauptgerichte 40–170 B; ⌚10–17 Uhr) Chiang Mais bestes Hähnchen wird jeden Tag in diesem winzigen Café in der Nähe des Wat Phra Singh frisch gegrillt. Das Speisenangebot reicht von Salaten bis zu Suppen, doch die meisten Gäste essen einfach ein halbes (90 B) oder ganzes (170 B) Hähnchen und dippen das Fleisch in die scharfen, herben Saucen, die bereitstehen.

INSIDERWISSEN

KÖSTLICHES KÔW SOY

Chiang Mais inoffizielles „Nationalgericht" ist *kôw soy*, Weizeneiernudeln in Curry-Brühe, die mit eingelegtem Gemüse, Zwiebelringen und frittierten Knuspernudeln serviert werden. Das Gericht stammt angeblich von den Kaufleuten aus Yunnan, die auf der Seidenstraße nach Chiang Mai kamen. Das beste *kôw soy* gibt's in der **Halal Street** (Soi 1, Th Charoen Prathet) in der Nähe des Night Bazaar. Unserer Meinung nach serviert das Kao Soi Fueng Fah (S. 366) das mit Abstand beste, doch die Einheimischen bevorzugen das einfachere und etwas salzige Gericht des Khao Soi Islam Noodles (S. 365).

Ausgezeichnetes *kôw soy* gibt's auch rund um den **Wat Faham** in der Th Charoenrat (oder Th Faham), nördlich der Brücke über die Th Ratanakosin am Ostufer des Mae Ping. Unsere Lieblingsküche ist hier das Khao Soi Lam Duan Fah Ham (S. 366). Das unscheinbare Lokal ist mittags voller Einheimischer, die das üppige *kôw soy* schlürfen. Das **Khao Soi Samoe Jai** (Karte S. 332; 391 Th Charoenrat/Th Faham; Hauptgerichte 40–70 B; ⌚8–17 Uhr) nebenan ist auch gut.

★ Lert Ros THAI $
(Karte S. 336; Soi 1, Th Ratchadamnoen; Hauptgerichte 30–160 B; ⌚12–21 Uhr) Beim Betreten des kleinen Lokals im lokalen Stil kommt man am Hauptgang vorbei: leckerem ganzem Buntbarsch, der auf Kohle gegrillt und mit einem feurigen Dip nach Isan-Art serviert wird. Mit Klebreis als Beilage ist dieses schlichte Gericht eines der köstlichsten Essen Chiang Mais. Auf der Karte stehen auch fermentiertes, in Bananenblättern gegrilltes Schweinefleisch, Currys und *sôm·đam* (pikanter grüner Papayasalat).

★ Talat Pratu Chiang Mai MARKT $
(Karte S. 336; Th Bamrungburi; Hauptgerichte ab 40 B; ⌚4–12 & 18–24 Uhr) Der Markt ist die Speisekammer der Stadt, denn hier werden von morgens bis abends Lebensmittel und frisch zubereitete Gerichte verkauft. Wer den Mönchen etwas Gutes tun möchte, sollte frühmorgens kommen und die von einer Marktfrau vorbereiteten Spenden (20 B) kaufen. Sie erklärt auch, wie man die Spenden korrekt überreicht. Um die Mittagszeit wird es ruhiger, doch abends wird der Markt zum beliebten Nachtmarkt.

Blue Diamond VEGETARISCH $
(Karte S. 336; ☎053 217120; 35/1 Soi 9, Th Moon Muang; Hauptgerichte 65–260 B; ⌚Mo–Sa 7–21 Uhr; 🖉) Das Restaurant auf einem schattigen Gelände mit Wasserfall und Koi-Teich hat eine abenteuerliche Speisekarte mit köstlichem Frühstück, Sandwiches, Salaten, Currys, Pfannengerichten und seltsamen Fusionsgerichten wie *đôm yam* (saure Thai-Suppe) mit Makkaroni. Zum Restaurant gehört ein schöner Laden, in dem frische Lebensmittel, Gewürz- und Kräutermischungen, Gebäck und biologische Seifen und Öle verkauft werden.

Huen Phen THAI $
(Karte S. 336; ☎053 277103; 112 Th Ratchamankha; Hauptgerichte mittags 30–100 B, abends 80–200 B; ⌚8.30–16 & 17–22 Uhr) Das Huen Phen serviert in einem mit altem Krimskrams und Pflanzen geschmückten Haus, das eher wie ein Garten wirkt, eine breite Palette nordthailändischer Gerichte, die meist sehr lecker sind. Es ist unglaublich beliebt – wer nicht früh da ist, muss lange warten. Wir waren vom Schweinecurry auf birmanische Art begeistert.

Bird's Nest Cafe MEDITERRAN $
(Karte S. 332; ☎095 914 0265; https://facebook.com/birdsnestcafe; 11 Soi 3, Th Singharat; Hauptgerichte 100–180 B; ⌚Mi–Mo 8.30–16.30 Uhr; 🖉) Das ruhige kleine Café serviert thailändisches und mediterranes Essen in einem zweistöckigen Teakholzhaus. Das Frühstück mit Shakshuka und Kartoffelbrei ist der Hit, aber die Gerichte aus einheimischen Bio-Produkten, das hausgemachte Brot und Joghurt sowie die Salatdressings und Cookies sind ebenfalls lecker und passen perfekt zu der gemütlichen Einrichtung.

Für Veganer gibt's ein eigenes Frühstücksmenü mit drei Gängen.

Goodsouls Kitchen VEGAN $
(Karte S. 336; ☎088 819 9669; 52/2 Th Singharat; Hauptgerichte 100–180 B; ⌚7–22 Uhr; 🖉) Die vegane Thai-, westliche und Fusionsküche hier ist gut für Leib und Seele. Einige Gerichte sind für hiesige Verhältnisse zwar recht teuer (z. B. Kartoffel-Wedges für 120 B), andere sind günstiger. Dennoch ist das vielseitige Lokal bei Veganern und

INSIDERWISSEN

ESSEN AUF DEM MARKT

Es ist allgemein bekannt, dass man das beste Essen in Chiang Mai an Straßenständen und auf den fantastischen Nachtmärkten findet. Jeden Abend gegen 17 Uhr beginnen die Verkäufer in der Altstadt mit dem Aufbau ihrer Essens-, Smoothie-, Bier- und Getränkestände. Jeder Stand hat seine eigene Spezialität: von gegrilltem Flussfisch über *pàt gà prow* (gebratenes Hühnchen oder Fleisch mit Chili und heiligem Basilikum) bis zu westlichen Steaks, gegrillten Garnelen und „Tornado-Kartoffeln" (eine ganze Kartoffel, die spiralförmig aufgeschnitten und frittiert wird).

Auch auf den Tagesmärkten gibt's jede Menge Essensstände und Verkäufer, die vor Ort *gàp kôw* (vorgekochte Eintöpfe und Currys mit Reis) und andere Mahlzeiten zum Mitnehmen zubereiten. Natürlich sind auch die Saturday und Sunday Walking Street Markets (S. 375) voller Essensstände. Das beste Essen gibt's auf diesen Märkten:

Talat Pratu Chiang Mai (S. 363). Tagsüber werden hier frische Lebensmittel und Lunchpakete verkauft, abends das auf den Nachtmärkten übliche Essen. Hier ist es immer rappelvoll, insbesondere aber beim Saturday Walking Street Market in der Th Wualai.

Talat Pratu Chang Pheuak (Karte S. 336; Th Mani Nopharat; Hauptgerichte ab 30 B; ⏲17–23 Uhr) Der weitläufige Markt westlich des Nordtores ist einer der populärsten Nachtmärkte Chiang Mais. Hier gibt's neben dem üblichen Essen auch bestes *kôw kăh mŏo* (langsam gegarte Schweinshaxe mit Reis) von der „Cowboy Hat Lady" – ihr Stand ist nicht zu verfehlen!

Talat Somphet (Karte S. 336; Soi 6, Th Moon Muang; Hauptgerichte ab 30 B; ⏲8–19 Uhr) Der kleine Lebensmittelmarkt nördlich des Pratu Tha Phae wird abends zum Nachtmarkt. Auf diesem Markt kaufen viele Kochschulen ein.

Talat Ton Phayom (Karte S. 332; Th Suthep; ⏲8–18 Uhr) Der Markt abseits der Th Suthep ist sehr beliebt bei einheimischen Touristen, die hier die typischen Lebensmittel Nordthailands wie *kâap mŏo* (Schweineschwarte) einkaufen.

Der Talat Warorot (S. 341) ist Chiang Mais ältester Markt und bietet jede Menge nordthailändisches Essen (Hauptgerichte ab 30 B).

Talat Thanin (Siri Wattana; Karte S. 332; abseits der Th Chotana/Th Chang Pheuak; Hauptgerichte ab 30 B; ⏲5–19 Uhr) Der große Markt abseits der Th Chotana (Th Chang Pheuak) nördlich der Altstadt hat sich auf Essen zum Mitnehmen spezialisiert. In riesigen Töpfen und Pfannen werden Fischeintopf, Currys und Pfannengerichte zubereitet und auch zusätzliche Würzmischungen verkauft.

Talat Na Mor (Karte S. 332; Malin Plaza, Th Huay Kaew; Hauptgerichte ab 40 B; ⏲17–22 Uhr) Der lebhafte Nachtmarkt mit günstigen Preisen und riesiger Auswahl wird vor allem von Studenten besucht. Die Studentenrestaurants in der Th Huay Kaew ganz in der Nähe sind auch sehr interessant.

Fleischessern gleichermaßen beliebt. Der Pilz-Burger ist der Hit.

Good Morning Chiang Mai INTERNATIONAL $
(Karte S. 336; 29/5 Soi 6, Th Ratchamankha; Frühstück & Hauptgerichte 80–150 B; ⏲8–20 Uhr) Dieses Café einer Pension in der Nähe des Wat Phra Jao Mengrai ist bei hier lebenden Ausländern sehr beliebt. Es serviert internationales Frühstück, von Bergen an Pfannkuchen bis zu europäischen Klassikern und mit *đôm yam* aromatisierter Pasta. Man kann im mit Filmsouvenirs geschmückten Café oder im Garten am Pool essen.

Dada Kafe VEGETARISCH $
(Karte S. 336; Th Ratchamankha; Hauptgerichte 75–180 B; ⏲Mo–Sa 9.30–21.30 Uhr; 🖉) Das winzige Restaurant serviert vitaminreiche, geschmackvolle und gesunde vegetarische Gerichte und Smoothies. Zutaten wie Pollen und Weizengras werden in Fruchtshakes verwandelt, und auf der Karte stehen auch vegetarische Burger, Omeletts, Salate, Sandwiches und Currys mit braunem Reis.

★ **Ginger & Kafe @ The House** THAI $$
(Karte S. 336; ☎053 287681; www.thehousebygingercm.com; 199 Th Moon Muang; Hauptgerichte

160–390 B; ⌚10–23 Uhr) Mit den antiken Möbeln, gemütlichen Sofas und dem feinen Porzellan fühlt man sich in dem Restaurant des Boutiquehotels The House wie in einer thailändischen Luxusvilla. Das Essen ist hervorragend und wird großartig präsentiert. Besonders empfehlenswert ist das Massaman-Curry mit langsam gegartem Rindfleisch in Limetten-Kokosmilch. Dem Besitzer gehören auch die schicke Modeboutique und schöne Cocktailbar nebenan.

Fahtara Coffee THAI $$

(Karte S. 336; ☎053 416191; www.fahtara.coffee; 57/1 Th Wiang Kaew; Hauptgerichte 250–450 B; ⌚8–21 Uhr; 📶) Das schöne Thai-Café im verträumten Fah Lanna Spa (S. 351) in der Altstadt macht alles richtig. Der ausgezeichnete Kaffee stammt von indigenen Bergbauern. Das herzhafte Frühstück, die Fruchtshakes, gesunden Salate und Thai-Gerichte sind alle lecker und werden wunderbar präsentiert. Die Gartenterrasse ist mit farbenfrohen Kissen, Sonnenschirmen und einem riesigen Deko-Wasserrad geschmückt.

Overstand Coffee Shop CAFÉ $$

(Karte S. 336; ☎085 711 2762; www.facebook.com/OverstandCoffee; Soi 2, 19/3 Th Ratchamankha; Hauptgerichte 100–220 B; ⌚8–15.30 Uhr; 📶🖊) Westliches Frühstück, starker einheimischer Kaffee und eine gewisse Haltung machen das alteingesessene Café zum Lieblingslokal der Expats, die auch die hochwertigen Zutaten und große Auswahl von Gerichten schätzen. Neben Eiern und Speck in unzähligen Variationen gibt's auch vegetarische, vegane und glutenfreie Gerichte. Die Wände sind mit Werken einheimischer Künstler geschmückt. Eine Filiale befindet sich in der Soi 5, 29 Nimmanhaemin.

Mit Mai CHINESISCH $$

(Karte S. 336; Th Ratchamankha; Hauptgerichte 60–900 B; ⌚10–22 Uhr) Wer es nicht in die Bergdörfer der chinesischen Yunnan in Nordthailand schafft, kann hier zumindest ihre Spezialitäten genießen. Die kurzgebratenen Gerichte sind alle sehr lecker, aber am besten ist der luftgetrocknete Yunnan-Schinken. Es gibt kein lateinisches Namensschild, doch das Lokal ist direkt neben dem Wat Pha Khao.

Girasole ITALIENISCH $$

(Karte S. 336; ☎053 276388; Kad Klang Wiang, Th Ratchadamnoen; Hauptgerichte 120–450 B; ⌚11–23 Uhr) In der winzigen Kad-Klang-Wiang-Arkade beweist das Girasole, dass seine Pizzas wirklich zu den besten der Stadt gehören. Hier kommen sogar Peperoni und andere Zutaten zum Einsatz, die hierzulande nur schwer aufzutreiben sind. Innen und im Freien gibt es mehrere Sitzbereiche. Das Angebot reicht von fabelhaften Pasta-Gerichten über *secondi piatti* bis zu leckerem *gelato* zum Dessert.

Ruen Tamarind THAI $$$

(Karte S. 336; 50/1 Th Ratchadamnoen; Hauptgerichte 250–580 B; ⌚7–10 & 11–23 Uhr; 🖊) Wer mal richtig gut essen gehen möchte, bekommt in diesem Restaurant im Tamarind Village (S. 357) exzellente nordthailändische Speisen in gepflegtem Ambiente mit Blick auf den Hotel-Pool. Gerichte wie *yum tawai gài* (pikanter Hähnchensalat mit Tamarinden-Dressing) werden wie Kunstwerke präsentiert, und Musiker spielen während des Essens auf.

Östlich der Altstadt

Am frühen Morgen werden an Ständen in der kleinen Chinatown (S. 343) Chiang Mais *nám đow·hôo* (Sojamilch) und längliche *youtiao* (Donuts im chinesischen Stil) verkauft. Die beste sâi òo·a *sâi òo·a* (Schweinefleischwurst) bekommt man an den **Dom Rong** genannten Ständen in der Halle für Trockenwaren auf dem Talat Warorot (S. 341).

Asa VEGAN $

(Asa Kitchen; Karte S. 336; ☎087 304 3220; www.facebook.com/asakitchenandstudio; 217 Th Tha Phae; Hauptgerichte ab 125 B; ⌚9.30–19 Uhr; 🖊) Die kleine Garküche serviert nährstoffreiche vegane Gerichte wie birmanische und thailändische Kräutersalate, cremige Currys und Reis-Bowls mit farbenprächtigem Gemüse. Asa bedeutet „Freiwilligenarbeit" und so ist es weit mehr als nur ein Café. Oben finden spontane Yogakurse statt, und das Restaurant organisiert verschiedene Workshops und Einsätze von Freiwilligen.

Khao Soi Islam Noodles THAI $

(Karte S. 332; Soi 1, Th Charoen Prathet; Hauptgerichte ab 50 B; ⌚7.30–17 Uhr) Nach Meinung der Einheimischen gibt's hier die besten *kôw soy* (Weizeneiernudeln in Curry-Brühe), aber wir fanden sie nicht so geschmackvoll und viel salziger als in anderen Restaurants in der Straße. Die Portionen sind jedoch riesig.

Hideout FRÜHSTÜCK $

(Karte S. 336; Th Sithiwongse; Frühstücksgerichte 55–160 B; ⌚Di–So 8–17 Uhr; 🅿) Das Hideout liegt versteckt, doch in Chiang Mai lebende Ausländer, die westliches Frühstück und Kaffee mögen, finden es einen Tick besser als die Konkurrenz. Es serviert perfekt zubereitete Eier, nach Wunsch gebratenen Schinken, hausgemachte Müslis und Joghurts, fantasievolle Sandwiches mit frischem Brot und ausgezeichnetes Bananenbrot.

Thanom Phochana THAI $

(Karte S. 336; Th Chayaphum; Hauptgerichte 60–80 B; ⌚Mo–Fr 11–13 & 17–20 Uhr) Das Restaurant hat zwar die Atmosphäre einer Cafeteria im Krankenhaus, doch die zentralthailändischen Gerichte sind hier ebenso gut wie in Bangkok. Es gibt kein Namensschild in Englisch – nur ein Schild mit der Aufschrift „Please Dress Politely" (auf angemessene Kleidung wird hier sehr viel Wert gelegt) – und auch keine englischsprachige Speisekarte. Man zeigt einfach auf das, was einem lecker erscheint.

Kao Soi Fueng Fah THAI $

(Karte S. 332; Soi 1, Th Charoen Phrathet; Hauptgerichte 40–60 B; ⌚7.30–21 Uhr) Von den vielen muslimischen Lokalen in der Halal St, die auf *kôw soy* (Weizeneiernudeln in Curry-Brühe) spezialisiert sind, ist dies das beste, denn es wird auch Rind- oder Hühnchenfleisch zu den Nudeln angeboten.

Swan BIRMANISCH $

(Karte S. 336; 48 Th Chaiyaphum; Hauptgerichte 70–150 B; ⌚11–23 Uhr) Das ungewöhnliche Restaurant östlich der Altstadt bietet eine kulinarische Reise ins Nachbarland. Auf der Speisekarte stehen Gerichte wie Salate mit Teeblättern und Wassernabelkraut und *gaang hang lay* (saures Dry Curry mit Schweinefleisch, Tamarinden und Erdnüssen). Der schattige Hof bietet Zuflucht vor dem Verkehr.

Flussufer

Östlich des Mae Ping finden sich gute gehobene Restaurants.

★ Laap Kao Cham Chaa THAI $

(Karte S. 332; Th Ratanakosin; Hauptgerichte 50–200 B; ⌚Mo–Sa 12–21 Uhr) Dank des großen, leider verstorbenen Anthony Bourdain ist aus dem einfachen Straßenstand unter einem Regenbaum (von dem es den Namen hat) ein beliebtes Straßenrestaurant mit authentischem nordthailändischem Essen geworden. Auf Plastikstühlen genießt man riesige Portionen von Salat mit Pomelo-Püree und Thai-*lâhp* (mit rohem oder gekochtem Rind- oder Schweinefleisch) und Krabbenpaste.

Oder aber so abenteuerliche Gericht wie gebratene Schweinezunge oder in Knoblauch gebratenen Frosch. Dazu gibt's Singha-Bier. Keine englische Speisekarte.

★ Khao Soi Lam Duan Fah Ham THAI $

(Karte S. 332; 352/22 Th Charoenrat/Th Faham; Hauptgerichte ab 40 B; ⌚9–16 Uhr) Die Th Faham am Ostufer nördlich der Brücke über die Th Ratanakosin ist die *kôw soy* (Weizeneiernudeln in Currybrühe)-Meile von Chiang Mai. Das Khao Soi Lam Duan Fah Ham ist das beste Restaurant hier und hat eine treue Stammkundschaft.

★ Woo CAFÉ $$

(Karte S. 332; ☎052 003717; www.woochiangmai.com; 80 Th Charoenrat/Th Faham; Hauptgerichte 150–500 B; ⌚10–22 Uhr; 📶) Das moderne stylische Café am Fluss hat ein Rundum-Angebot von köstlichen Gerichten, zeitgenössischer Kunst und sonstigen Waren. Auf der riesigen Speisekarte stehen u. a. Thai-Gerichte, Salate und hausgemachte Backwaren sowie Getränke aller Art. Die Wände sind mit avantgardistischer Kunst geschmückt, und es finden regelmäßig Ausstellungen thailändischer Künstler statt.

Riverside Bar & Restaurant INTERNATIONAL $$

(Karte S. 332; ☎053 243239; www.theriversidechiangmai.com; Th Charoenrat/Th Faham; Hauptgerichte 100–370 B, Dinner Cruise Erw./Kind 180/90 B; ⌚10–1 Uhr) Fast alle Besucher von Chiang Mai landen irgendwann einmal hier. Das Restaurant in einem alten Teakholzhaus wirkt wie ein Hard Rock Cafe auf dem Land. Jeden Abend spielt eine Band bis spät in die Nacht. Auf der Terrasse am Fluss oder dem Balkon im Obergeschoss sitzt man besonders schön und kann die abendliche Kühle des Mae Ping genießen.

Die beliebten Dinner Cruises auf dem Fluss beginnen jeden Abend um 20 Uhr. In 75 Minuten fahren die Boote an schönen alten Tempeln und Wohnhäusern vorbei. Lange im Voraus buchen!

Service 1921 SÜDOSTASIATISCH $$

(Karte S. 332; ☎053 253333; 123 Th Charoen Prathet; Hauptgerichte 180–600 B; ⌚12–23 Uhr; 🖉) Das panasiatische Restaurant des Anantara Resort & Spa (S. 361) scheint direkt aus einem Agentenfilm zu stammen. Das Personal ist im Stil der 1920er-Jahre gekleidet, die Speisekarte steckt in einem „Top-

Secret"-Umschlag und die Innenausstattung erinnert an die Büros des MI6. Das alles ist kein Zufall, denn die prachtvolle Teakholzvilla war einst der Sitz des britischen Konsulats. Auf Wunsch dürfen die Gäste auch den geheimen Raum hinter dem Bücherregal sehen.

River Market THAI $$
(Karte S. 332; ☎053 234493; https://therivermarket.com; Th Charoen Prathet; Hauptgerichte 155–500 B; ⏲11–23 Uhr) Das River Market setzt mehr auf seine Lage als auf seine Küche. Der abendliche Blick über die beleuchtete Eisenbrücke macht bei einem romantischen Abendessen wirklich Eindruck. Auf der Karte stehen alle typisch thailändischen Gerichte.

Oxygen Dining Room INTERNATIONAL $$$
(Karte S. 332; ☎053 931999; X2 Chiang Mai Riverside, 369/1 Th Charoenrat; Verkostungsmenü mittags 990 B, abends ab 1990 B; ⏲7–10.30, 11.30–14.30 & 18.30–22.30 Uhr) In den abenteuerlich kreativen Verkostungsmenüs ist der französische Einfluss auf die südostasiatische Küche nicht zu übersehen. Einige Beispiele: *lâhp*-Kroketten und *khao soi gai* mit in Nudelblättern gehülltes Hühnchen in Kokosschaum. Der rundum verglaste Speiseraum bietet einen tollen Blick auf den Mae Ping und die Berge.

Unbedingt noch Platz lassen für den süßen Mangoreis!

Westlich der Altstadt

In der Th Nimmanhaemin und den angrenzenden Gassen gibt's großartige internationale Küche, allerdings können Lokale hier über Nacht auftauchen oder verschwinden.

Kinlum Kindee THAI $
(Karte S. 346; ☎064 614 0817; www.facebook.com/Kinlumkindee; 25 Soi 9, Th Nimmanhaemin; Hauptgerichte 60–120 B; ⏲11–21.30 Uhr) Getreu seinem Namen „Iss gut, iss lecker" serviert das Restaurant gehobene nordthailändische Küche, für die es hochwertige Zutaten aus nachhaltigem lokalem Anbau verwendet. Das Restaurant vertreibt seine Gerichte auch auf Märkten und online, doch nur im Restaurant gibt's Spezialitäten wie *sâi òo·a* und *nám prík nùm*, die für mehrere Personen serviert werden.

Tong Tem Toh THAI $
(Karte S. 346; ☎053 894701; www.facebook.com/TongTemToh; 11 Soi 13, Th Nimmanhaemin; Hauptgerichte 57–177 B; ⏲7–21 Uhr) Das trendige Café im schlichten Garten eines Teakholzhauses serviert köstliche, authentische nordthailändische Küche. Auf der Karte stehen neben den üblichen Speisen auch lokale Spezialitäten wie *nám prík ong* (Chili-Paste mit Gemüse zum Dippen), *gaang hang lay* (birmanisches Schweinecurry mit Erdnüssen und Tamarinde) sowie gewagtere Gerichte mit Schlangenköpfen und Ameiseneiern.

Tikky Cafe THAI $
(Karte S. 332; ☎098 796 2182; www.facebook.com/tikkycafe; 20 Th Taeparak; Hauptgerichte 50–80 B; ⏲9.30–20 Uhr) Das Café in einem neuen ruhigen Wohngebiet nordöstlich der Th Nimman gibt's erst seit 2019. Es ist den weiten Weg allemal wert. Das farbenfrohe Café hat sich auf leckere Fruchtsäfte spezialisiert, die perfekt zu den gesunden Thai-Salaten, Nudel- und Reisgerichten passen (bei denen die Gäste den Schärfegrad selbst bestimmen können). Die gewebten Tischdecken und ein Koi-Teich sorgen für eine friedliche Stimmung, die im Gegensatz zur voll besetzten Theke steht.

Nong Bee's Burmese Restaurant and Library BIRMANISCH $
(Karte S. 346; 28 Soi 1, Th Nimmanhaemin; Hauptgerichte 30–60 B; ⏲10–21 Uhr) Der Name ist etwas irreführend, denn der Straßenstand verfügt keineswegs über eine Bibliothek. Doch die Salate mit Teeblättern und Wassernabelkraut sind köstlich und die Preise unglaublich niedrig. Es gibt auch nordthailändische Spezialitäten wie gebratene Nudeln mit Schweinehackfleisch oder gebratenen Reis mit Meeresfrüchten.

Free Bird Cafe VEGAN $
(Karte S. 346; ☎099 351 4404; www.facebook.com/FreeBirdCafe; Soi 9, 14 Sirimungklajarn; Hauptgerichte ab 95 B; ⏲Di–Sa 9–21, So 9–17 Uhr;) Das erste Café „für eine gute Sache" in Chiang Mai unterstützt die Künstler der Gemeinde und bietet Sprachkurse für Flüchtlinge aus Myanmar an. Das vegane Restaurant ist aber auch bekannt für seine scharfen Shan-Salate und ein gutes Frühstücksmenü, das es den ganzen Tag über gibt. Außerdem werden Secondhand-Kleidung und Waren zur Müllvermeidung wie wiederverwendbares Geschirr, offene Shampoos, Seifen und vieles mehr verkauft.

Somtum Der THAI $
(Somtum Der Chiang Mai; Karte S. 346; ☎090 325 1181; www.facebook.com/SomtumDerChiang

mai; One Nimman, Soi 1; Hauptgerichte 65–150 B; ⌚11–22, Sa & So 10–22 Uhr) Das freundliche, gutgelaunte Restaurant serviert authentische Isan-Gerichte wie verschiedene Arten von *sôm·đam* (scharfer Salat mit grüner Papaya), würzige Suppen, frittiertes Hähnchen und gegrilltes mariniertes Schweinefleisch, alles mit Klebreis. Wie bei den Einheimischen üblich, sollte man hier viele Gerichte für mehrere Personen bestellen.

Obwohl die Filialen in Bangkok und New York mit Michelin-Sternen ausgezeichnet wurden, ist das ungezwungene, gemütliche Restaurant auf dem Teppich geblieben und bietet seine Gerichte immer noch ab 65 B an.

Neau-Toon Rod Yiam THAI $

(Karte S. 346; Soi 11, Th Nimmanhaemin; Hauptgerichte 60–100 B; ⌚9.30–20, Sa & So 9.30–18 Uhr) In der günstigen Eckkneipe kann man sich selbst eine leckere Suppe zusammenstellen. Dabei hat man die Wahl zwischen Reis und verschiedenen Arten von Nudeln sowie Fleisch von einfachem Hühnchen bis zu Rinderinnereien. Auch die Schärfe kann man selbst bestimmen. Es gibt aber auch gutes *kôw soy* und Fleischeintopf.

Anchan Noodle THAI $

(Karte S. 346; ☎084 949 2828; www.facebook.com/anchannoodle; Soi 9, Th Sirimungklajarn; Hauptgerichte 40–70 B; ⌚8–16 Uhr) Nein, es ist keine optische Täuschung: Die Nudeln sind wirklich blau. Die sogenannten *anchan*-Nudeln werden mit den blauen Schmetterlingserbsenblüten gefärbt und hier für die typische *gŏo·ay·đĕe·o*-Nudelsuppe verwendet, die ähnlich schmeckt wie anderswo auch. Auch der Latte Macchiato hier ist blau gefärbt.

Imm Aim Vegetarian and Bike Cafe VEGETARISCH $

(Karte S. 332; ☎092 798 2436; 10 Th Santhitham; Hauptgerichte 45–90 B; ⌚10–21 Uhr; 📶) 🌿 Das vegetarische Restaurant war ursprünglich eine Filiale des Pun Pun. Obwohl mittlerweile selbstständig, wird das Gemüse immer noch beim Bauernhof des Pun Pun gekauft. Besonders lecker sind das Pad Thai und die frischen Frühlingsrollen, zu denen Ingwertee passt. Es gibt auch eine Bioschokoladenfabrik im Haus.

Pun Pun VEGETARISCH $

(Karte S. 332; www.punpunthailand.org; Wat Suan Dok, Th Suthep; Hauptgerichte 40–90 B; ⌚8–16 Uhr; 📶) 🌿 Im hinteren Teil des Wat Suan Dok versteckt sich dieses bei Studenten beliebte Café, in dem man vegetarische Thai-Gerichte probieren kann, die mit wenig bekannten Kräuter- und Gemüsesorten und viel Vollkorngetreide zubereitet werden. Die Zutaten stammen vom hauseigenen Konzept-Bauernhof, der zugleich ein Bildungszentrum für nachhaltiges Leben ist.

Smoothie Blues INTERNATIONAL $

(Karte S. 346; 32/8 Th Nimmanhaemin; Hauptgerichte 95–200 B; ⌚7.30–20 Uhr) Das bei Expats beliebte Restaurant serviert tolles Frühstück – Pfannkuchen, Sandwiches, Müsli, diverse Eiergerichte von Omeletts aus reinem Eiweiß bis zu göttlichen Eiern Benedict – und natürlich Smoothies und frische Säfte.

Larder Cafe & Bar CAFÉ $$

(Karte S. 346; ☎052 001594; 3/9 Th Suk Kasame; Hauptgerichte 130–270 B; ⌚8.30–15 Uhr; 📶) In der hippen Th Nimman gibt's jede Menge freundliche kleine Cafés, die gesundes Müsli, Salate und guten Kaffee bieten. Das Larder ist eines der besten, denn hier gibt's neben dem Üblichen auch Hot Dogs zum Frühstück, spezielle Eiergerichte, Kürbistoast und sogar Steaks. Außerdem wird eine große Auswahl an glutenfreien, vegetarischen und veganen Gerichten geboten.

Italics ITALIENISCH $$

(Karte S. 346; ☎053 216219; www.theakyra.com/chiang-mai; 22/2 Soi 9, Th Nimmanhaemin; Pizza 260–550 B; ⌚7–23 Uhr; ❄📶) Die moderne schwarze Ausstattung und die riesigen goldenen Kronleuchter sind zwar sehr interessant, Pasta und Hauptgerichte sind innovativ, die Cocktails lecker, aber die Leute kommen vor allem wegen der perfekten Pizza. Wir träumen immer noch von der Akyra mit Mozzarella, Pilzen, Salami, Bacon, Blauschimmelkäse und Trüffelpaste.

Ginger Farm Kitchen THAI $$

(Karte S. 346; ☎089 433 7493; www.facebook.com/gingerfarmkitchen; One Nimman, Th Nimmanhaemin; Hauptgerichte 115–175 B; ⌚10–23 Uhr) Das außergewöhnliche Thai-Restaurant im Einkaufszentrum One Nimman hat auch einen Bioladen, in dem frische Lebensmittel von der **Ginger Farm** (จินเจอร์ฟาร์ม; ☎052 004473; 34/1 Mu 12, Hang Khawe Soi 9, Saraphi; ⌚Mo–Fr 10–19, Sa & So 9–20 Uhr; 👪) verkauft werden. Auf der Speisekarte stehen Gerichte wie gebratener Seebarsch mit Kräutern, gebratene Ananas mit gegrillten Flussgarnelen und Pomelo-Salat mit Krabbenpaste. Das Schwesterrestaurant Ginger & Kafe (S. 364) ist auch hervorragend.

L'Elephant FRANZÖSISCH $$$

(Karte S. 346; ☎097 970 8947; http://lelephantchiangmai.com; 7 Soi 11, Th Sirimungklajarn; Menü mittags/abends ab 550/670 B; ⌚Di–So 11.30–16 & 17.30–22 Uhr) Wer das immer gleiche Straßenessen nicht mehr sehen kann, findet in dieser eleganten Oase butterzartes Rinder-Carpaccio, herzhaften Eintopf mit Ochsenzunge und zartes, aber dennoch knuspriges Enten-Confit. Das Personal ist freundlich und aufgeweckt, die bezaubernden Räume, Flure und der Garten sind mit schönen Kunstwerken und Antiquitäten geschmückt. Das Verkostungsmenü bietet ein tolles Preis-Leistungs-Verhältnis.

Andere Stadtviertel

Die Lokale außerhalb der Stadt werden von den Thais vor allem zu besonderen Anlässen besucht.

★ **Huean Jai Yong** THAI $

(64 Mu 4, Th San Kamphaeng; Hauptgerichte 30–80 B; ⌚Di–So 10–16 Uhr) Das Juwel außerhalb der Stadt serviert eine seltene, sehr authentische nordthailändische Küche, die auf den traditionellen Gerichten der birmanischen Shan und ihrer Lanna-Vorfahren beruht. Besonders zu empfehlen sind das *lâhp* mit Tilapia oder rohem Schweinefleisch und die scharfe Suppe mit (einem ganzen) Frosch oder getrocknetem Fisch und Ameiseneiern. Dazu gibt's frischen Fruchtsaft.

Nic's Restaurant & Playground THAI $$

(☎087 007 3769; www.nics.asia; Th Ratchapruek; Hauptgerichte 150–400 B; ⌚Di–So 11.30–22 Uhr; 🖉👪) Das familienfreundliche Restaurant bietet die perfekte Mischung aus westlichen und thailändischen Gerichten sowie einen fantasievollen Bambus-Spielplatz für Kinder. Es gibt auch eine gute Auswahl an vegetarischen und veganen Gerichten, Wein und Bier sowie glutenfreie Desserts. Die Einheimischen feiern hier gerne ihre Geburtstage mit jeder Menge Aktivitäten, üppigen Dekorationen und Unterhaltung.

David's Kitchen FRANZÖSISCH $$$

(Karte S. 332; ☎091 068 1744; https://davidskitchen.co.th; 113 Th Bamrungrat; 4-Gänge-Menü 1450 B, Hauptgerichte 460–2600 B; ⌚Mo–Sa 18–22 Uhr) Das ewige Lieblingsrestaurant gut betuchter Reisender bietet eine fröhliche, elegante Atmosphäre und den besten Service in Chiang Mai. Das Essen ist, nun ja, ganz ordentlich. Die Garnelen-Ravioli in Hummersauce sind sehr schmackhaft, die Gerichte des schon seit Langem angebotenen Menüs sind gut zubereitet, aber nichts Besonderes.

In der Wein- und Tapas-Bar **Piccolo** und auf der von Kerzen beleuchteten Terrasse gibt's abends Livemusik. Zudem werden alle Weine offen ausgeschenkt.

Ausgehen & Nachtleben

Chiang Mai hat drei Hauptgegenden zum Ausgehen: die Altstadt, das Flussufer und die Th Nimmanhaemin. Irgendwann während ihres Aufenthalts in der Stadt landen fast alle im Riverside (S. 366) oder im Good View am Ostufer des Mae Ping.

Bars & Clubs

★ **Good View** BAR

(Karte S. 332; www.goodview.co.th; 13 Th Charoenrat/Th Faham; ⌚10–1 Uhr) Mit einer großen Speisekarte voller thailändischer, japanischer und westlicher Gerichte (Hauptgerichte 100–400 B) sowie allabendlicher Livemusik lockt das Good View viele Einheimische an. Dabei wechseln sich die Mitglieder der House-Bands ständig an den Instrumenten ab.

Cru Wine Bar WEINBAR

(Karte S. 336; ☎089 552 2822; www.facebook.com/CRUwinebarcm; 8-10 Th Samlan, 2. St.; Glas Wein 150–300 B; ⌚Di–So 18–24 Uhr) Zu Chiang Mais einziger Weinbar führt eine winzige, gut versteckte Treppe hinauf. Doch die Mühe lohnt sich: Die gemütliche Bar ist mit dunklen Holzmöbeln eingerichtet und märchenhaft beleuchtet. Die ausgewählte, ständig wechselnde internationale Weinkarte passt gut zu dem kleinen Angebot leckerer Tapas.

Hotel Yayee DACHBAR

(Karte S. 346; ☎099 269 5885; 17/5 Soi Sai Naam Peung; ⌚17–23.30 Uhr) Die Dachbar im 5. Stock des Hotels mit Blick auf den Doi Suthep und die Th Nimmanhaemin ist ideal, um bei hervorragenden Cocktails den Sonnenuntergang zu beobachten. Die mit Farn geschmückte Bar gehört einem populären thailändischen Schauspieler und ist eine der besten Dachbars in Chiang Mai.

Rise Rooftop DACHBAR

(Karte S. 346; Soi 9, 22/2 Th Nimmanhaemin; ⌚15–1 Uhr) Die Dachbar bietet ausgezeichnete Cocktails und einen Infinitypool, der von transparenten Glaswänden umgeben ist und nachts farbig beleuchtet wird. Sonntagabends steigen ab 23 Uhr Poolpartys und Bands spielen ab 19 Uhr auf.

INSIDERWISSEN

KAFFEERAUSCH IN CHIANG MAI

Wer mit geschlossenen Augen durch Chiang Mai läuft, landet irgendwann unweigerlich in einem der zahllosen Cafés. Es gibt zwar auch Filialen der internationalen Ketten, doch die meisten Cafés sind unabhängig und verkaufen den Kaffee der Bergvölker und indigenen Gemeinschaften in der Region. Der Anbau des erstklassigen Arabica-Kaffees wurde hier als Ersatz für das Opium eingeführt. Viele Cafés rösten ihre Bohnen sogar selbst und servieren einen Kaffee, den man sonst in Melbourne oder San Francisco erwarten würde. Den besten Kaffee in Chiang Mai gibt's hier:

Graph (Karte S. 336; ☎086 567 3330; www.graphdream.com; 25/1 Soi 1, Th Ratwithi; Kaffee 80–220 B; ⊙9–17 Uhr; 📶) Das Café ist bekannt für seinen Nitrokaffee und mit seinen Mitarbeitern am gesamten Herstellungsprozess beteiligt. Es gibt jeweils eine Filiale in der Altstadt und im One Nimman.

Akha Ama Cafe (Karte S. 336; www.akhaama.com; 175/1 Th Ratchadamnoen; ⊙8–17.30 Uhr; 📶) Das nette kleine Café gehört dem geschäftstüchtigen Akha, der als Erster aus seinem Dorf studieren konnte.

Ristr8to (Karte S. 346; ☎053 215278; www.ristr8to.com; Th Nimmanhaemin; Espresso-Spezialitäten ab 88 B; ⊙7–18 Uhr) Der von der australischen Kaffeekultur inspirierte Besitzer lernte das perfekte Rösten in den USA. Der Kaffee wird mit Angabe des Koffeingehalts und kunstvoll verziertem Milchschaum serviert. Es gibt noch zwei Filialen rund um die Nimmanhaemin.

Khagee (Karte S. 332; Soi 1, Chiang Mai-Lamphun; Espresso-Spezialitäten 75 B; ⊙Mi–So 10–17 Uhr; 📶) Das Café im japanischen Stil ist unglaublich beliebt. Zum einfachen, aber fast perfekten Kaffee gibt's frisches Brot und Gebäck.

Wawee Coffee (Karte S. 336; www.waweecoffee.com; Th Ratchadamnoen, Kad Klang Wiang; Getränke ab 50 B; ⊙Mo–Sa 8–21, So 8–23 Uhr; 📶) Die klimatisierten Filialen der Café-Kette sind allgegenwärtig in Chiang Mai. Sie sind jedoch nicht besonders gut.

Bus Bar BAR
(Karte S. 332; ☎084 173 3113; 79/1 Th Loi Kroh; ⊙19–24 Uhr) Bei der witzigen Freiluft-Bar westlich der Eisenbrücke steht tatsächlich ein roter Doppeldeckerbus, in dem die Gäste ihren Mojito oder Whisky aus dem Eimer trinken und die Livemusik genießen können. Ansonsten besteht die Bar aus Tischen mit Kerzen und Ständen mit Thai-Essen.

We Didn't Land on the Moon Since 1987 BAR
(Karte S. 336; ☎085 499 6245; www.facebook.com/wedidntlandonthemoonsince1987chiangmai; Soi 2, Th Tha Pae; ⊙Mi–Sa 17–24 Uhr) In der winzigen Bar in einer ruhigen Gasse kommt man sich eher vor wie im Künstlerstudio eines Freundes. Zu trinken gibt's das Übliche (Singha, SangSom und Mojito), doch das spendable, feuchtfröhliche Publikum sorgt für einen unvergesslichen Abend.

Parallel Universe of the Lunar 2 on the Hidden Moon BAR
(Karte S. 346; ☎092 706 0736; www.facebook.com/puol2ohm; 1 Th Nimmanhaemin, One Nimman, 5. St.; ⊙17–23.30 Uhr) Das trendige „Paralleluniversum" bietet eine große Auswahl an Craft-Bieren. Es gibt zehn Sorten einheimischer und ausländischer Kleinbrauereien vom Fass und viele weitere Flaschenbiere. Mindestens ebenso gut wie das Bier sind die Lage auf dem Dach und der atemberaubende Ausblick.

Namton's House CRAFT-BIER
(Karte S. 332; Th Chiang Mai-Lamphun; ⊙Do–Di 15–23.30 Uhr) Hier gibt's Chiang Mais größte Auswahl an einheimischen Craft-Bieren, weitere einheimische Kreationen wie Lychee-Honigmet und eine Reihe internationaler Biere. Der Service ist freundlich, es gibt einen Biergarten und gelegentlich Livemusik. Und eine kleine Karte mit Barsnacks.

Warmup Cafe CLUB
(Karte S. 346; ☎053 400677; www.facebook.com/warmupcafe1999; 40 Th Nimmanhaemin; ⊙19–1 Uhr) Das weitläufige Warmup, ein Veteran an der Th Nimmanhaemin, rockt seit 1999 und zieht zu später Stunde ein junges, hippes Publikum an. Im Hauptraum läuft Hip-Hop, in der Lounge dröhnen Elektro-Bässe, und im Garten spielen Rockbands Soli.

Cafés & Teehäuser

Vieng Joom On Teahouse TEEHAUS
(Karte S. 332; ☎053 303113; https://vjoteahouse.com; 53 Th Charoenrat/Th Faham; Tee ab 120 B; ⏰10–19 Uhr; 📶) Das vornehme rosafarbene Haus am Mae Ping serviert jeden nur erdenklichen Tee: Früchtetee, blumigen Tee, gemischten Tee, Eistee, chinesischen Tee und natürlich „High Tea“ mit Etageren voller Desserts, Früchte, Sandwiches und anderer Köstlichkeiten. Man kann drinnen und direkt am Fluss sitzen. Es gibt auch ganze Mahlzeiten mit beliebigem Tee. Im Laden vorne wird u. a. abgepackter Tee verkauft.

Khun Kae's Juice Bar SAFTBAR
(Karte S. 336; ☎081 022 9292; Soi 7, Th Moon Muang; Getränke ab 40 B; ⏰9–19.30 Uhr) Für uns die beste Saftbar in Chiang Mai. Die frischen Früchte werden tonnenweise zu köstlichen Mischungen gepresst und in riesigen Portionen serviert – und das alles zu lächerlich niedrigen Preisen.

Café de Museum CAFÉ
(Karte S. 336; Lanna Folklife Museum, Th Ratwithi; Kaffee ab 80 B; ⏰9–18 Uhr; 📶) Der ideale Ort, um sich vom Besuch der Museen in der Altstadt zu erholen. Die Auswahl an heißem oder gekühltem Kaffee sowie Kaffeekreationen ist riesig. Man kann im gemütlichen klimatisierten Innenraum oder auf der Terrasse vor dem Lanna Folklife Museum (S. 340) sitzen.

Raming Tea House CAFÉ
(Karte S. 336; Th Tha Phae; Getränke 50–120 B; ⏰8.30–18 Uhr; 📶) Das elegante Café aus der viktorianischen Ära hinter dem Geschäft Siam Celadon (S. 373) serviert neben geschmackvollen Thaigerichten und westlicher Küche auch thailändische Bergtees. Es ist ein traumhaftes Fleckchen für einen Tee und einen Snack. Wer sich an den nachmittäglichen Teebüfetts mit Snacks und Desserts bedienen möchte, zahlt ab 190 B.

☆ Unterhaltung

Livemusik

Nicht nur in den speziellen Livemusik-Locations, auch im Riverside und im Good View treten jeden Abend Bands auf.

★**Old Chiang Mai Cultural Centre** TANZ
(ศูนย์วัฒนธรรมเชียงใหม่; Karte S. 332; ☎053 202993; https://oldchiangmai.com; 185/3 Th Wualai; ab 570 B/Pers.; ⏰19–22 Uhr) In dem in ganz Thailand einzigartigen Khantoke-Dinner-Theater kann man interaktiv in die Lanna-Kultur eintauchen. Die Gäste sitzen auf dem Boden auf Strohmatten und genießen nordthailändische Gerichte, die wie in Thai-Familen üblich auf Rattantabletts serviert werden. Dazu spielen Musiker mit traditionellen Instrumenten auf und kostümierte Tänzer zeigen u. a. den Schwerttanz.

Der absolute Publikumsliebling ist der „Tanz der Langen Nägel“ mit dem abschließenden Feuerwerk. Zu essen gibt's ein leckeres All-you-can-eat-Büfett, doch die Getränke kosten extra (und sind total überteuert). Man kann aber auch ein Ticket mit nachfüllbarer Wasserflasche oder Kräutertees kaufen.

★**North Gate Jazz Co-Op** LIVEMUSIK
(Karte S. 336; www.facebook.com/northgate.jazzcoop; 95/1-2 Th Si Phum; ⏰19–24 Uhr) In dem kleinen Jazzclub sind jeden Abend ebenso viele Gäste wie Musiker anwesend. Die experimentellen Jamsessions der einheimischen und auswärtigen Musiker dauern meist bis spät in die Nacht. Ihre Musik ist so mitreißend, dass die Leute regelmäßig auf der Straße mitfeiern. Man sollte unbedingt früh da sein, um einen Platz zu bekommen.

Chiang Mai Cabaret Show VARIETÉ
(Karte S. 336; Anusarn Night Bazaar, Th Chang Khlan; inkl. 1 Bier 290 B/Pers.; ⏰21.30–23.30 Uhr) Das sogenannte „Ladyboy Cabaret“ ist die spektakulärste Show in Chiang Mai. Jeden Abend treten dafür Transvestiten und Transgender-Künstler in karnevalähnlichen Kostümen auf, tanzen aufreizend und „singen“ zum Playback von kraftvoller, zumeist amerikanischer Popmusik. Manchmal kommt es zu recht stürmischen Interaktionen mit dem Publikum, trotzdem fühlen sich auch ganz normale Menschen hier wohl. Man muss früh da sein, um einen guten Platz zu bekommen.

Sangdee Gallery LIVEMUSIK
(Karte S. 346; ☎053 894955; www.sangdeeart.com; 5 Soi 5, Th Sirimungklajarn; ⏰Di–Sa 14–24 Uhr) Das Sangdee ist gleichzeitig Galerie, Musikclub, Bar und Café und wird von Chiang Mais Kreativen geliebt, die hier Livemusik, DJ-Sets und Kunstausstellungen genießen.

Moo-ay Tai (Thaiboxen)

In Chiang Mai gibt es drei beliebte *moo-ay tai* (Thaiboxen; auch *muay Thai*)-Stadien – das **Thapae Boxing Stadium** (Karte S. 336; ☎089 434 5553; Th Moon Muang; Tickets 500–1500 B; ⏰Mo–Sa 21–24 Uhr), das **Loi Kroh**

Boxing Stadium (Karte S. 336; ☎063 242 4614; Th Loi Kroh; Tickets 400–600 B; ⌚Di–Fr 9–24 Uhr) und das **Chiangmai Boxing Stadium** (Karte S. 332; ☎081 594 4151; 177 Soi 4, Th Chotana/Th Chang Pheuak; Tickets ab 600 B; ⌚20.30–23.30 Uhr), in denen eine Mischung aus thailändischen und internationalen Kämpfern in den Ring steigen. Puristen mögen die Szene verglichen mit dem echten *moo·ay tai* im Süden etwas gekünstelt finden.

Kino

In allen großen Einkaufszentren gibt's schicke Multiplex-Kinos, die die neuesten Thai- und Hollywood-Streifen zeigen. Karten kosten zwischen 100 und 350 B (Letzteres für Deluxe-Sessel mit Bedienung). Wer Lust auf einen Film hat, kann z. B. ins Maya Lifestyle Shopping Center (S. 375), zur Central Airport Plaza (S. 379), ins **Central Festival** (www.central.co.th; Rte 11, Faham; ⌚Mo–Do 11–21.30, Fr 11–22, Sa & So 10–22 Uhr) oder ins nicht so protzige, aber preiswertere **Kad Suan Kaew Shopping Centre** (Karte S. 346; www.kadsuankaew.co.th; Th Huay Kaew; ⌚10–21 Uhr) gehen.

Shoppen

Chiang Mai ist Thailands Kunsthandwerkszentrum, denn hier wird eine unglaubliche Menge und Vielfalt an Kunsthandwerk produziert, von Textilien der Bergvölker über Holz- und Korbflechtarbeiten bis zu Kopien von Antiquitäten (die oft nicht als solche ausgewiesen sind). Das schönste und Chiang-Mai-typischste Einkaufserlebnis der Stadt bieten die Märkte Saturday Walking Street und Sunday Walking Street (S. 375).

NICHT VERSÄUMEN

DIE KORBSTRASSE

Bambusmatten und Hüte aus Bananenfasern oder Schilfgras sind typische Mitbringsel aus Südostasien und werden überall auf den Straßenmärkten in Chiang Mai angeboten. Die Thais verwenden Korbwaren aber auch für eine ganze Reihe anderer Dinge wie Kissen, Schemel, Fischreusen und Lampenschirme. In speziellen **Korbläden** in der Th Chang Moi östlich der Stadtmauer finden sich alle möglichen Korbwaren. Korbtabletts und Reiskörbe eignen sich gut als Souvenirs, weil sie leicht und gut zu transportieren sind.

Altstadt

HQ Paper Maker KUNST & KUNSTHANDWERK
(Karte S. 336; ☎053 814717; www.hqpapermaker.com; 3/31 Th Samlan; ⌚8–18 Uhr) Dieses faszinierende Geschäft verkauft handgeschöpftes *(săh)* Maulbeerpapier in einer erstaunlichen Vielfalt von Farben und Mustern, darunter wunderbares marmoriertes Papier, das an die ersten und letzten Seiten gebundener Bücher aus dem 19. Jh. erinnert. Man kann sich auch nach dem zwanglosen dreistündigen Papierherstellungskurs für 800 B pro Person (mindestens zwei Teilnehmer) erkundigen.

Mengrai Kilns KERAMIK
(Karte S. 332; www.mengraikilns.com; 79/2 Th Arak; ⌚8–17 Uhr) Im Südwesten der Altstadt pflegt Mengrai Kilns die Tradition der thailändischen Seladontöpferei und verkauft Kochgeschirr, Tafelservices, Dekorationsartikel und christliche Krippen im westlichen Stil.

Chaitawat Bikeshop SPORT & OUTDOORAKTIVITÄTEN
(Karte S. 336; 75/4 Th Ratchaphakhinai; ⌚Mo–Sa 10–18 Uhr) Der Fahrradladen führt ein breites Sortiment und hat auch Teile für Räder aller großen ausländischen Marken vorrätig.

Lost Book BÜCHER
(Karte S. 316; Th Ratchamankha; ⌚8–18 Uhr) Seit mehr als 27 Jahren werden in dem beliebten Secondhand-Laden englische Romane, Reiseführer und Karten verkauft.

Herb Basics KOSMETIK
(Karte S. 336; www.herbbasicschiangmai.com; Th Phra Pokklao; ⌚Mo–Fr 9–19, Sa 9–18, So 10–22 Uhr) Ein toller Laden für duftenden Kräuterbalsam, Peelings, Cremes, Seifen und Shampoos, die alle in Chiang Mai aus natürlichen Inhaltsstoffen hergestellt werden. Es gibt weitere Geschäfte in Chiang Mai, darunter auch eine **Filiale** (Karte S. 336; www.herbbasicschiangmai.com; Th Tha Phae; ⌚Mo–Fr 9–20, Sa 9–18, So 14–22 Uhr) in der Th Tha Phae und ein kleines Geschäft am Flughafen.

Östlich der Altstadt

Elephant Parade KUNST & KUNSTHANDWERK
(Karte S. 332; ☎053 111849; www.elephantparade.com; Th Charoenrat/Th Faham; ⌚10–20 Uhr; 👪) Die von Künstlern und Prominenten des gemeinnützigen Unternehmens geschaffenen Skulpturen von Babyelefanten sind überall in Chiang Mai zu sehen. In dem Geschäft informiert das Unternehmen über die Not der Elefanten und verkauft Skulpturen in al-

INSIDERWISSEN

SHOPPEN BEI NACHT

Manchmal könnte man meinen, ganz Chiang Mai sei ein einziger riesiger Souvenirmarkt, und nirgends ist dieser Eindruck stärker als auf dem **Chiang Mai Night Bazaar** (Karte S. 336; Th Chang Khlan; ⏲18–24 Uhr) zwischen dem Fluss und der Stadtmauer. Jeden Nachmittag bauen Hunderte Verkäufer ihre Stände auf beiden Straßenseiten auf und bieten Boxer-Shorts aus Seide, T-Shirts mit „I Love Chiang Mai"-Aufdruck, Minigeisterhäuser, Silberschmuck der Bergvölker, getrocknete Mango, geschnitzte Seifen, Holzelefanten, Modell-Tuk-Tuks, Buddha-Gemälde, Stoffe, Teddybär-Dioramen und Selfiesticks an. Der hektische Markt ist der moderne Nachfolger der Handelskarawanen aus Yunnan, die hier auf der Seidenstraße vorbeizogen. Genau wie damals wird auch heute noch hart gefeilscht.

Innerhalb des Night Bazaar gibt's auch zwei große überdachte Märkte, den **Night Bazaar** (Karte S. 336; Th Chang Khlan; ⏲19–24 Uhr) und den **Kalare Night Bazaar** (Karte S. 336; Th Chang Khlan; ⏲19–24 Uhr). In beiden wird mehr oder weniger das gleiche verkauft wie auf der Straße, allerdings auch Holzschnitzereien, Gemälde und Kunsthandwerk. Im lauten Kalare Night Bazaar gibt's zudem noch eine Bluesbar auf einem Podium mitten im Markt.

In der Th Chang Khlan südlich der Th Loi Kroh befindet sich der luftigere **Anusarn Night Bazaar** (Karte S. 336; Th Chang Khlan; ⏲17–22 Uhr). Auf dem teilweise überdachten Markt findet man Schmuck der Bergvölker, Holzelefanten, geschnitzte Seifenblüten und sonstiges Kunsthandwerk. Außerdem gibt's gute getrocknete Mango und andere Trockenfrüchte aus der Region sowie jeden Abend das heißgeliebte Chiang Mai Cabaret (S. 371), wo Transvestiten und Transgender-Künstler auftreten. Rund um den Markt befinden sich viele Massagestudios und Fisch-Spas.

Außerdem gibt's jede Menge Fastfood-Stände, die ausgezeichneten *kôw soy*-Lokale in der Halal St (Soi 1, Th Charoen Prathet) und einige touristische Meeresfrüchtestände im **Anusarn Food Centre** (Karte S. 332; Anusarn Night Bazaar, Th Chang Khlan; Hauptgerichte 60–350 B; ⏲17–22 Uhr). Ein weiterer lauter **Nachtmarkt** (Karte S. 336; Th Chang Khlan; Hauptgerichte ab 40 B; ⏲18–23 Uhr) befindet sich nördlich der Halal St. Dort gibt's eine gute Auswahl an thailändischen Standardgerichten.

Tuk-Tuk and *rót daang* sind rund um die Kreuzung von Th Loi Kroh und Th Chang Khlan unterwegs und bringen die Besucher mit ihren Einkäufen nach Hause.

len Größen. Wer möchte, kann die Skulptur auch noch bemalen.

John Gallery KUNST
(Karte S. 336; Th Tha Phae; ⏲9–21 Uhr) Die 1980 eröffnete Galerie bietet eine verwirrende Sammlung von Gemälden auf Baumwolle, Postkarten und Felsstücke, die oft mit Wohlfühl- oder kreativen Zitaten verziert sind. Außerdem werden staubige Stickereien und Kunstwerke der Bergvölker, „Hexenbücher" und andere Kuriositäten angeboten. Die Sachen sind alle überteuert, wurden aber mit so viel Herzblut gesammelt, dass man schon ein paar Baht ausgeben sollte.

Von oben hat man einen schönen Blick auf den verfallenden *chedi* hinter dem Haus.

Sop Moei Arts BEKLEIDUNG
(Karte S. 332; www.sopmoeiarts.com; 150/10 Th Charoenrat/Th Faham; ⏲9–22 Uhr, Sa 9–17 Uhr) 🍃 Das Geschäft unterstützt die wirtschaftliche Entwicklung der Karen-Dörfer in der Provinz Mae Hong Son und verkauft dafür hochwertiges Kunsthandwerk, Textilien und Korbwaren der Bergvölker.

Thai Tribal Crafts Fair Trade KLEIDUNG
(Karte S. 332; ☎053 241043; www.ttcrafts.co.th; 208 Th Bamrungrat; ⏲Mo–Sa 9–17 Uhr) 🍃 In dem Fair-Trade-Laden der Mission beim McCormick Hospital werden Körbe und kunstvolle Stickereien aus den Provinzen verkauft. Jeden Werktag finden von 9–12 und 13–16 Uhr Webkurse der Bergvölker (1200 B) statt. Montagvormittags gibt's keinen Kurs.

Siam Celadon KERAMIK
(Karte S. 336; www.siamceladon.com; 158 Th Tha Phae; ⏲8.30–18 Uhr) Das alteingesessene Unternehmen verkauft in einem hinreißenden, mit Laubsägearbeiten bedeckten Teakholzhaus aus der Zeit der britischen Teakholzkonzessionäre feine Seladonkeramik mit

sich einer super Lage und fängt die frische Brise vom Fluss dank seines großzügigen Grundrisses voll ein. Die Zimmer sind jedoch inzwischen etwas abgenutzt und einige Teile des Hauses müffeln etwas. Wem das nichts ausmacht, der kann hier ein Zimmer mit Flussblick ergattern. Es gibt auch eine Terrasse mit Blick auf den Fluss sowie ein Restaurant samt Bar am Flussufer.

Riverfront Hotel HOTEL **$$**
(☎042 633348; www.riverfrontmukdahan.com; Th Samran Chaikhongtai; DZ & 2BZ mit Frühstück ab 850 B, mit Flussblick ab 1250 B; P❄@📶) Das Hotel beim Markt wird von einer reizenden älteren Dame geführt, die gut Englisch spricht, und ist geschmackvoll eingerichtet mit viel Holz und kühlen Bodenfliesen. Die meisten der billigsten Zimmer bieten von den kleinen Balkonen einen beschränkten Blick auf den Fluss, doch andere Zimmer kosten die Lage am Fluss voll aus.

Hotel de Ladda HOTEL **$$$**
(☎042 611499; www.hoteldeladda.com; Th Samran Chaikhongtai; DZ mit Frühstück ab 2400 B; P❄📶≋) Die erste Adresse in Mukdahan bietet große, schicke Zimmer im europäischen Stil direkt am Mekong. Jedes Zimmer punktet mit Flussblick und einem Balkon. In einem kleinen Garten am Fluss gibt's einen Pool, außerdem sind ein Fitnessstudio und ein Spa vorhanden.

Essen

★Bao Pradit THAI **$**
(Th Samran Chaikhongtai; Hauptgerichte 30–300 B; ⏲11–22 Uhr; P📶) Das Restaurant liegt zwar ein gutes Stück südlich des Zentrums, bietet aber authentische Isan-Gerichte wie *gôry kài mót daang* (roher Fleisch-„Salat" mit Eiern von Feuerameisen) und *gang wăi* (Rattan-Curry). Die englische Speisekarte gibt so manches Rätsel auf (hier werden nicht wirklich Pythonschlangen serviert). Aber immerhin, es gibt eine. Es ist nämlich eher selten, dass derartige Restaurants eine englische Karte haben.

Abends erklingt thailändische Volksmusik *(pleng pêua chee·wít)*. Ein englisches Schild ist nicht vorhanden; der Eingang liegt gegenüber von einem großen limonengrünen Gebäude.

Nachtmarkt MARKT **$**
(Th Song Nang Sathit; ⏲16–21 Uhr) Mukdahans Nachtmarkt ist das quirligste Örtchen der Stadt fürs Abendessen. Hier gibt's das übliche Angebot à la Thailand und Isan. Etwas Besonderes sind aber definitiv die vietnamesischen Händler, von denen ein paar auch *băhn dah* verkaufen. Für diese „vietnamesische Pizza" wird ein knuspriger Cracker mit weich gekochten Nudeln, Schweinefleisch und Frühlingszwiebeln belegt; auf Wunsch kommt noch ein Ei hinzu.

Es gibt jede Menge Köstlichkeiten zum Mitnehmen wie Grillspieße, gegrillten Fisch und frisches Obst, doch viele der Stände mit Suppen, Nudeln u. Ä. haben auch kleine Tische und Stühle, sodass man unter freiem Himmel ein schnörkelloses Mahl genießen kann.

Saigon Kitchen VIETNAMESISCH **$**
(68/1 Th Phitak Santirat; Hauptgerichte 40–150 B; ⏲8–20.30 Uhr) Nicht besonders schick, aber für viele ist dies das beste vietnamesische Restaurant in Mukdahan, mit herausragenden Frühlingsrollen (deren Haut so dünn ist, dass sie durchsichtig ist) sowie Suppen, Nudelgerichten, herzhaften Pfannkuchen und „vietnamesischer Pizza". Es gibt kein englisches Schild und es wird auch kein Englisch gesprochen, aber es gibt eine englische Karte mit Fotos.

Goodmook* INTERNATIONAL **$$**
(☎042 612091; Th Song Nang Sathit; Hauptgerichte 80–400 B; ⏲Di–So 9–17 Uhr; ❄📶) Angenehmes Restaurant im coolen Retro-Schick, mit Kunst an den Wänden, toller Musik und gutem Kaffee. Auf der Speisekarte steht ein guter Mix aus (teuren, aber leckeren) thailändischen und internationalen Gerichten. Super, um spontan Kontakt mit Travellern aus Thailand und westlichen Ländern zu knüpfen.

Praktische Informationen

Krung Thai Bank (Th Song Nang Sathit; ⏲Mo–Fr 10–18 Uhr) Liegt im Stadtzentrum und hat an Wochentagen lange geöffnet. Wer am Wochenende eine Bank braucht, muss eins der Einkaufszentren an der Schnellstraße nördlich des Busbahnhofs aufsuchen.

Immigration Office (☎042 674072; ⏲Mo–Fr 8.30–12 & 13–16.30 Uhr) Für Visaverlängerungen. Das Büro befindet sich nördlich der Stadt an der Brücke. Es liegt südlich des großen Grenzübergangs und ist schwer zu finden.

Mukdahan International Hospital (☎042 611222; www.mukinter.com/en; Th Samut Sakdarak; ⏲24 Std.) Gutes Privatkrankenhaus.

An- & Weiterreise

Auf der Rte 211 sind es etwa drei Stunden Fahrt bis nach Ubon Ratchathani, aber wer einen rissiger Glasur. Nach dem Bummel im Geschäft lädt das angeschlossene Raming Tea House (S. 371) zu einer Tasse Tee ein.

Suriwong Book Centre BÜCHER
(Karte S. 336; 54 Th Sridonchai; ⌚10–19 Uhr) Das Suriwong Book Centre ist eine Institution der Stadt. Oben befindet sich ein gut sortierter Buchladen mit großem Sortiment, im Erdgeschoss ein Zeitschriftenladen mit vielen internationalen Magazinen von *Elle* bis *Wallpaper*.

Nakorn Kasem KUNST & KUNSTHANDWERK
(Karte S. 336; ☎053 275063; 231-3 Th Tha Phae; ⌚Mo–Sa 8–20 Uhr) Einer von mehreren familiengeführten Antiquitätenläden, die Keramik, Statuen, Schnitzarbeiten und Bronzen verkaufen, deren Alter und Echtheit aber schwer zu überprüfen ist. Man sollte einfach etwas auswählen, was einem gut gefällt, statt nach einer Geldanlage zu suchen.

Praewphun Thai Silk BEKLEIDUNG
(Karte S. 336; ☎053 275349; 83-85 Th Tha Phae; ⌚8.30–17 Uhr) Das in den 1960er-Jahren eröffnete Geschäft verkauft Seide aller Art, sowohl als Kleidung als auch als Meterware.

Kesorn Arts KUNST & KUNSTHANDWERK
(Karte S. 336; 154-156 Th Tha Phae; ⌚9.30–18 Uhr) Dieser vollgestopfte Laden, der Traum jedes Sammlers, handelt seit Jahren mit alten Produkten der Bergvölker. Er hat sich hauptsächlich auf Textilien, Lackwaren und Schmuck spezialisiert.

Vila Cini MODE & ACCESSOIRES
(Karte S. 332; www.vilacini.com; 30-34 Th Charoenrat/Th Faham; ⌚8.30–21 Uhr) In einem charaktervollen Teakholzhaus mit Marmorböden und einer schmalen, klapprigen Treppe verkauft Vila Cini hochwertige, handgefertigte Kleidung aus Seide und Baumwolle, deren Look an die Marke Jim Thompson erinnert.

SOZIALES SHOPPEN

Chiang Mai wird oft als Thailands gutes Gewissen bezeichnet, denn Dutzende Nichtregierungsorganisationen versuchen, die Armut der Dorfbewohner in den Bergen der Umgebung zu lindern. Man kann diese Bemühungen unterstützen, indem man in den speziell eingerichteten Kunsthandwerkerzentren einkauft. Hier einige Beispiele:

- Studio Naenna
- Doi Tung
- Sop Moei Arts (S. 373)
- Thai Tribal Crafts Fair Trade (S. 373)

Westlich der Altstadt

★ **Studio Naenna** BEKLEIDUNG
(www.studio-naenna.com; 138/8 Soi Chang Khian; ⌚Mo–Fr 9–17 Uhr) Hier sind die Farben der Berge in die mit Naturmaterialien gefärbten Baumwoll- und Seidenstoffe eingewebt. Das Studio Naenna ist Teil eines Projekts zur Bewahrung der traditionellen Weberei und Stickerei. In dieser Werkstatt kann man den gesamten Herstellungsprozess beobachten. Die Waren werden auch im **Adorn with Studio Naenna** in der Th Nimmanhaemin (10–19 Uhr) verkauft.

Baan Kang Wat KUNST & KUNSTHANDWERK
(www.facebook.com/Baankangwat; 123/1 Mu 5 Muang, Th Baan Ram Poeng, Suthep; ⌚Di–Sa 10–18, So 7–18 Uhr) Das abseits gelegene Baan Kang Wat ist den weiten Weg wert, und sei es nur, um die malerische Architektur zu bewundern. Die Künstler-Enklave unter freiem Himmel besteht aus mehreren kleinen Ateliers, Kunsthandwerksstätten, heimeligen Cafés und einem Gemeinschaftsgarten voller Sukkulenten in Töpfen.

In der gleichen Straße befinden sich viele weitere Werkstätten, Geschäfte und Cafés. Fotoapparat nicht vergessen!

One Nimman EINKAUFSZENTRUM
(Karte S. 346; ☎052 080900; www.onenimman.com; 1 Th Nimmanhaemin, Suthep; ⌚11–23 Uhr; 👪) Das vielseitige Einkaufszentrum bietet hochwertige Bekleidung aus Chiang Mai, Kunst und Cafés. Außerdem gibt's einen Freiluft-Food Court, regelmäßige Märkte und sogar kostenlose Salsa- und Yoga-Kurse. Das Sammelsurium von Backstein-, Beton- und Holzgebäuden passt eher in eine europäische Hauptstadt als nach Nordthailand, aber irgendwie scheint es zu funktionieren.

Das Ende 2017 eröffnete Einkaufszentrum wurde schnell zum Dreh- und Angelpunkt des trendigen Stadtviertels Nimmanhaemin. Besonders erwähnenswert sind das Geschenke- und Souvenir-Kaufhaus im 2. Stock und die einheimischen Geschäfte Monsoon Tea, Graph Cafe und Outfit of the Day im Erdgeschoss.

Doi Tung MODE & ACCESSOIRES
(Karte S. 346; www.doitung.org; Th Nimmanhaemin; ⌚10–19 Uhr) Dieses sehr schicke Waren-

NICHT VERSÄUMEN

„WALKING STREET MARKETS" AM WOCHENENDE

Bangkok hat den Chatuchak Weekend Market, Chiang Mai die „Walking Street Markets" am Wochenende – karnevalähnliche Straßenmärkte, für die samstags und sonntags die Hauptverkehrsstraßen in der Stadt gesperrt werden. In den Straßen werden dann Souvenir- und Essensstände aufgebaut und Straßenkünstler treten auf.

Samstagabends findet der **Saturday Walking Street Market** (ถนนเดินวันเสาร์; Karte S. 332; Th Wualai; ⌚Sa 16–23 Uhr) in der Th Wualai statt, die vom Pratu Chiang Mai in südwestlicher Richtung verläuft. Einheimische und Touristen aus der ganzen Welt drängen sich in der Straße und feilschen um geschnitzte Seifen, neuartige Hundehalsbänder, Holzschnitzereien, Buddha-Gemälde, Schmuck der Bergvölker und Kräuterheilmittel.

Dazu gibt's einen wilden Musikmix der umherziehenden Straßenmusiker wie blinde Gitarrenspieler, Schlagerduos und frühreife Schulkinder mit Mikrofonen. Und dazwischen die allgegenwärtigen Essensstände. Zudem wird auch im nahen Talat Pratu Chiang Mai (S. 363) Streetfood angeboten. Um dem Trubel zu entgehen, kann man sich in den Wat Srisuphan (S. 344) flüchten, dessen silberne *ubosot* (Kapelle) nachts in Regenbogenfarben beleuchtet wird.

Am Sonntagnachmittag zieht der ganze Jahrmarkt weiter in die Th Ratchadamnoen am anderen Ende der Stadt. Dort findet dann der ebenso lautstarke **Sunday Walking Street Market** (ถนนเดินวันอาทิตย์; Karte S. 336; Th Ratchadamnoen; ⌚So 18–23 Uhr) statt. Auf diesem ist sogar noch mehr los, denn die Höfe der Wats an der Straße werden auch zu Essensmärkten. Wer sonntags hier unterwegs ist, trifft die gleichen Verkäufer und Musiker wie am Abend zuvor in der Th Wualai. Die Märkte sind eine wichtige Einkommensquelle der einheimischen Familien, und viele Verkäufer fertigen die ganze Woche über die Waren an, die sie dann samstags und sonntags verkaufen.

haus ist Teil eines Entwicklungshilfeprojekts für ländliche Dörfer in der Provinz Chiang Rai und bis unter die Decke mit handgearbeiteten Schals, Tischdecken, Kleidungsstücken und Krawatten vollgestopft. Viele davon sind aus wunderschönen Stoffen in dezenten, modernen Farben gearbeitet. Für ein Tischtuch muss man mit ca. 3500 B rechnen.

Maya Lifestyle Shopping Center EINKAUFSZENTRUM
(Karte S. 346; www.mayashoppingcenter.com; Th Huay Kaew; ⌚11–22, Sa & So 10–22 Uhr) Hinter einer geometrischen Fassade verbirgt sich das schickste Einkaufszentrum in Chiang Mai. Hier sind alle großen internationalen Marken vertreten, es gibt ein ganzes Stockwerk voller Elektronik, einen guten Supermarkt, ein Multiplex-Kino und ausgezeichnete Restaurants im 4. Stock.

Shinawatra Thai Silk BEKLEIDUNG
(Karte S. 346; www.shinawatrathaisilk.co.th; 18 Th Huay Kaew; ⌚9–18 Uhr) Das altehrwürdige familiengeführte Seidengeschäft hatte sich schon einen Namen gemacht, ehe der Neffe des Besitzers, Thaksin Shinawatra, Premierminister wurde (inzwischen im Exil). Das Sortiment ist etwas weniger elegant und etwas biederer als anderswo, doch die Auswahl an Tüchern, Hemden, Krawatten und dergleichen ist gut.

In San Kamphaeng gibt's auch einen Ausstellungsraum, wo man alles über die Herstellung von Thai-Seide erfährt.

Srisanpanmai MODE & ACCESSOIRES
(Karte S. 346; ☎053 217243; 6 Soi 1, Th Nimmanhaemin; ⌚10–18.30 Uhr) In der Auslage des Geschäftes stapeln sich Lanna-Textilien wie Schals und Tücher aus Seide und Baumwolle sowie Trachten der Bergvölker. Diese eignen sich auch hervorragend als Mitbringsel.

ℹ Praktische Informationen

BOTSCHAFTEN & KONSULATE

Chinesisches Konsulat (Karte S. 336; ☎053 280380; http://chiangmai.china-consulate.org; 111 Th Chang Lor, Tambon Haiya; ⌚Mo–Fr 9–11.30 & 15–16 Uhr)

Indisches Konsulat (☎053 441618; Sanpakwan; ⌚Mo–Fr 9–12 Uhr)

GELD

Alle großen thailändischen Banken haben in ganz Chiang Mai Filialen und Geldautomaten, und die meisten betreiben in der Altstadt kleine Wechselschalter mit Geldautomaten.

IMMIGRATION

Immigration Office (Karte S. 332; ☎ 053 201755; www.chiangmaiimm.com; 71 Th Sanambin; ⏲ Mo–Fr 8.30–16.30 Uhr) In Chiang Mais Einwanderungsbehörde werden Visa verlängert und andere Formalitäten erledigt.

INTERNETZUGANG

Fast alle Hotels, Pensionen, Restaurants und Cafés der Stadt bieten kostenlosen WLAN-Zugang. Das Mobilfunknetz der Stadt ist hervorragend, allerdings können die Roaming-Gebühren für Thailand extrem hoch sein.

MEDIEN

- Die englischsprachige Wochenzeitschrift *Chiangmai Mail* ist eine gute Quelle für lokale Informationen.
- Die kostenlosen Traveller-Zeitschriften *Citylife, Chang Puak* und *Chiang Mai Mag*; enthalten interessante Artikel, Stadtpläne und Werbung.

MEDIZINISCHE VERSORGUNG

Apotheken, in denen Englisch gesprochen wird, gibt es in der Th Ratchamankha and Th Moon Muang.

Centre of Thai Traditional & Complementary Medicine (Karte S. 336; ☎ 053 934899; ttcmmedcmu@gmail.com; 55 Th Samlan; ⏲ 8–20 Uhr) Das von der Medizinischen Fakultät geführte Krankenhaus bietet Check-ups nach westlichem Vorbild, thailändische Kräutertherapie und chinesische traditionelle Medizin.

Chiang Mai Ram Hospital (Karte S. 332; ☎ 053 920300; www.chiangmairam.com; 8 Th Bunreuangrit) Das modernste Krankenhaus der Stadt.

Lanna Hospital (Karte S. 332; ☎ 052 134777; www.lanna-hospital.com; Rte 11/Th Superhighway) Modernes, gut ausgestattetes Krankenhaus.

McCormick Hospital (Karte S. 332; ☎ 053 921777; www.mccormick.in.th; 133 Th Kaew Nawarat) Früheres Missionskrankenhaus; gut für kleinere Behandlungen.

Mungkala Traditional Medicine Clinic (Karte S. 336; ☎ 053 278494; 21-27 Th Ratchamankha; ⏲ Mo–Sa 9–12.30 & 14–19 Uhr) Staatlich lizensierte Klinik, die Akkupunktur, Massage und chinesische Kräutermedizin einsetzt.

POST

Hauptpost (☎ 053 241070; Mae Khao Mu Soi 4; ⏲ Mo–Fr 8.30–16.30, Sa & So 9–12 Uhr) Weitere günstig gelegene Filialen befinden sich in der **Th Samlan** (Karte S. 336; Th Samlan; ⏲ Mo–Fr 8.30–16.30, Sa 9–12 Uhr), **Th Praisani** (Karte S. 332; Th Praisani; ⏲ Mo–Fr 8.30–17, Sa 9–16 Uhr), **Th Phra Pokklao** (Karte S. 336; Th Phra Pokklao; ⏲ Mo–Sa 9–16 Uhr) sowie am Flughafen und an der Universität.

Postladen (Karte S. 336; Th Ratchadamnoen; ⏲ Mo–Fr 8–20 Uhr, Sa 8–16 Uhr) Berechnet die offiziellen Gebühren der thailändischen Post; die Mitarbeiter sind darauf spezialisiert, unförmige Waren für den Versand zu verpacken.

SICHER UNTERWEGS

Verglichen mit Bangkok ist Chiang Mai für Traveller ein sehr entspanntes Pflaster. Die größten Ärgernisse:

- Besonders zu Stoßzeiten ist der Verkehr eine Plage. Vorsicht beim Überqueren verkehrsreicher Straßen – Motorräder und *rót daang* (wörtlich „rote Lastwagen"; Sammeltaxis) missachten oft die Vorfahrt!
- Im März und April kann sich ein rauchiger, staubiger Dunst bilden, weil die Bauern ihre Felder abbrennen. In dieser Zeit reist man besser nicht nach Chiang Mai.
- Denguefieber bricht während des Monsuns häufig aus. Um einer Infektion vorzubeugen, sollte man sich vor Moskitos schützen, besonders tagsüber.
- 2019 starb ein Tourist beim Seilrutschen mit Flight of the Gibbon. Im Grand Canyon Water Park sind mehrere Reisende ertrunken, nachdem sie von den Klippen ins Wasser gesprungen sind.

Polizei (Karte S. 336; ☎ 053 276040, 24-Std.-Notruf 191; 169 Th Ratchadamnoen)

Touristenpolizei (☎ 053 212147, 24-Std.-Notruf 1155; 196 Soi Sriwichai; ⏲ 6–24 Uhr) Die ehrenamtlichen Mitarbeiter sprechen diverse Sprachen.

TOURISTENINFORMATION

Chiang Mai Municipal Tourist Information Centre (Karte S. 332; ☎ 053 252557; Th Tha Phae; ⏲ Mo–Fr 8.30–12 & 13–16.30 Uhr) Städtische Touristeninformation in der Nähe des Night Bazaar.

Tourism Authority of Thailand (TAT; Karte S. 332; ☎ 053 248604; www.tourismthailand.org; Th Chiang Mai-Lamphun; ⏲ 8–17 Uhr) Die Mitarbeiter sprechen Englisch und haben Stadtpläne und Reiseinfos über ganz Thailand.

Tourist Assistance Centre (Karte S. 332; ⏲ 7–23 Uhr) Touristeninformation am Chiang Mai International Airport.

ℹ An- & Weiterreise

BUS

Chiang Mai besitzt zwei Busbahnhöfe. *Sŏrng·tăa·ou* (Passagier-Pick-ups) fahren von festen Haltestellen zu Städten in der Umgebung.

Chang Pheuak Bus Terminal

Das **Chang Pheuak Bus Terminal** (Karte S. 332; Th Chang Pheuak) befindet sich gleich nörd-

VERKEHRSMITTEL AB CHIANG MAI

ZIEL	FLUGZEUG	BUS	MINIVAN	ZUG
Bangkok	ab 540 B, 70 Min., häufig	488–759 B, 10 Std., häufig		231–1653 B, 10–12 Std., 5-mal tgl.
Chiang Khong		202–451 B, 6½ Std., 1-mal tgl.		
Chiang Rai		166–288 B, 4 Std., häufig		
Hanoi (Vietnam)	ab 1320 B, 90 Min., 2-mal tgl.			
Ho Chi Min Stadt	ab 1500 B, 2 Std., 4-mal wöchentl.			
Khon Kaen	ab 1020 B, 70 Min., 2-mal tgl.	535 B, 12 Std., 5-mal tgl.		
Khorat (Nakhon Ratchasima)		540–662 B, 12 Std., 11-mal tgl.		
Lampang		66–143 B, 1½ Std., stündl.	83 B, 1 Std., stündl.	
Luang Prabang (Laos)	ab 3030 B, 1 Std., 4-mal wöchentl.	1200 B, 20 Std., 9 Uhr (Mo, Mi, Fr, Sa, So)		
Mae Hong Son	ab 1170 B, 40 Min., 3-mal tgl.		250 B, 5 Std., 3-mal tgl.	
Nan		197–254 B, 6 Std., 6-mal tgl.		
Nong Khai		890 B, 12 Std., 1-mal tgl.		
Pai	ab 1170 B, 45 Min., 2-mal tgl.		150 B, 3 Std., stündl.	
Phuket	ab 2160 B, 2 Std., 8-mal tgl.	1646 B, 22 Std., 1-mal tgl.		
Sukhothai		225–290 B, 5–6 Std., stündl.		
Ubon Ratchathani		802 B, 15 Std., 5-mal tgl.		
Udon Thani	ab 1170 B, 1 Std., 3-mal tgl.	594–832 B, 11 Std., 4-mal tgl.		
Vientiane (Laos)		890 B, 10 Std., 1-mal tgl.		

lich der Altstadt in der Th Chotana (Th Chang Pheuak). Von hier fahren die meisten Busse in den Norden der Provinz Chiang Mai. Staatliche Busse fahren regelmäßig nach:

Chiang Dao 40 B, 1½ Std., alle 30 Min.
Hot 50 B, 2 Std., alle 20 Min.
Samoeng 90 B, 2 Std., 6-mal tgl.
Tha Ton 92 B, 4 Std., 7-mal tgl.

Lokale blaue *sŏrng·tăa·ou* fahren nach Lamphun (30 B, 1½ Std., häufig), gelbe *sŏrng·tăa·ou* fahren nach Mae Rim (30 B, 30 Min., häufig). Klimatisierte Minibusse nach Chiang Dao (150 B, 2 Std. stündl.) starten in der Soi Sanam Gila hinter dem Busbahnhof.

Arcade Bus Terminal

Chiang Mais zentraler **Fernbusbahnhof** (Th Kaew Nawarat) liegt ca. 3 km nordöstlich vom Stadtzentrum in der Nähe der Kreuzung Th Kaew Nawarat und Rte 11. Von hier fahren alle Fernbusse, mit Ausnahme der Busse in den Norden der Provinz Chiang Mai. Hierher muss, wer nach Bangkok oder in andere thailändische Großstädte fahren will. Ein gechartertes *rót daang* („rote Lastwagen", die als Sammeltaxis

BUSSE AB CHIANG MAIS ARCADE TERMINAL

ZIEL	PREIS (IN B)	DAUER (STD.)	HÄUFIGKEIT
Bangkok	488–759	10	häufig
Chiang Khong	202–451	6½	1-mal tgl.
Chiang Rai	166–288	4	häufig
Khon Kaen	535	12	5-mal tgl.
Khorat (Nakhon Ratchasima)	540–662	12	11-mal tgl.
Lampang	66–143	1½	stündl.
Lampang (Minivan)	83	1	stündl.
Lamphun	30	1	stündl.
Luang Prabang (Laos)	1200	20	9 Uhr (Mo, Mi, Fr, Sa, So)
Mae Hong Son (Minivan)	250	5	3-mal tgl.
Mae Sai	205–234	5	7-mal tgl.
Mae Sariang	104–187	4–5	6-mal tgl.
Mae Sot	290	6	3-mal tgl.
Nan	197–254	6	6-mal tgl.
Nong Khai	890	12	1-mal tgl.
Pai (Minivan)	150	3	stündl.
Phayao	142–249	3	stündl.
Phitsanulok	210–320	5–6	häufig
Phrae	133–266	4	4-mal tgl.
Phuket	1646	22	1-mal tgl.
Sukhothai	225–290	5–6	stündl.
Ubon Ratchathani	802	15	5-mal tgl.
Udon Thani	594–832	11	4-mal tgl.
Vientiane (Laos)	890	10	1-mal tgl.

dienen) vom Zentrum zum Busbahnhof kostet etwa 60 B, ein Tuk-Tuk 80 bis 100 B. Zwei Buslinien verbinden die Busbahnhöfe mit der Stadt: Linie B1 hält am Bahnhof und am Stadttor Tha Phae (15 B, 6–18 Uhr, stündl.), Linie B2 hält am Stadttor Tha Phae und am Chiang Mai International Airport (15 B, 6–18 Uhr, stündl.)

Es gibt zwei Terminalgebäude mit Dutzenden Ticketschaltern privater und staatlicher Busgesellschaften. Theoretisch fahren von **Gebäude 2** die Busse nach Norden und von **Gebäude 3** die Busse nach Süden, doch tatsächlich starten an beiden Terminals Busse zu den meisten Zielen. Hinter Gebäude 2 befindet sich ein drittes Depot, das ausschließlich vom privaten Busunternehmen **Nakornchai Air** (www.nca.co.th; Arcade Bus Terminal, Th Kaew Nawarat) genutzt wird, das Luxusbusse nach Bangkok und in fast jede Stadt Thailands bietet.

Es gibt kaum Service-Einrichtungen für Reisende. Neben den beiden Terminalgebäuden befinden sich einige regionale Restaurants und eine Gepäckaufbewahrung (8–20 Uhr, 30 B/Gepäckstück). Wer Zeit totzuschlagen hat, kann hinüber zur **Star Avenue Lifestyle Mall** (Arcade Bus Terminal; ⏲ 24 Std.) am Gebäude 3 gehen, wo es klimatisierte Cafés und Restaurants gibt.

Regelmäßig verkehrende internationale Busse fahren von Chiang Mai über Bokeo nach Luang Prabang, nach Luang Namtha und nach Udom Xai. Mit dem Bus kommt man auch nach Nong Khai (zur Weiterfahrt nach Vientiane).

FLUGZEUG

Chiang Mai International Airport Beim Exit 9 des Ankunftsterminals befindet sich der Flughafentaxi-Service. Die Fahrt in die Altstadt kostet rund 150–170 B. Die günstigeren Shuttle-Busse und Minibusse kosten nur 40 B. Ein Uber- oder Grab-Taxi kostet rund 60 B.

Internationale und Inlandsflüge starten und landen auf dem **Chiang Mai International Airport** (Karte S. 332; ☎ 053 922000; www.chiangmaiairportonline.com) 3 km südwestlich der Altstadt.

Die Flugpläne variieren je nach Saison und touristischer Nachfrage. Tickets nach Bangkok kosten ab 540 B. Flüge in den Süden kosten ab 2160 B nach Phuket und 1080 B nach Surat Thani. Die folgenden Fluggesellschaften wickeln den Großteil des Inlandsflugverkehrs ab:

Air Asia (Karte S. 336; ☎080 902 2636, in Thailand 02 515 9999; www.airasia.com; 416 Th Tha Phae; ⏲10–20.30 Uhr)

Bangkok Airways (Karte S. 346; ☎053 289338, in Thailand 1771; www.bangkokair.com; Room 302, Kantary Terrace, 44/1 Soi 12, Th Nimmanhaemin; ⏲Mo–Fr 8–12 & 13–17.30 Uhr)

Nok Air (☎02 088 8955, in Thailand 1318; www.nokair.com)

Thai Smile (☎in Thailand 02 118 8888; www.thaismileair.com)

Thai Airways International (THAI; Karte S. 336; ☎053 902999; www.thaiairways.com; 240 Th Phra Pokklao; ⏲Mo–Sa 8–17 Uhr)

Auch das Angebot von Direktflügen von Chiang Mai in die Nachbarstaaten wächst schnell. Es gibt Linienflüge nach Kuala Lumpur (Malaysia), Yangon (Myanmar) und zu Zielen in ganz China.

Lao Airlines (Karte S. 346; ☎053 223401; www.laoairlines.com; 2/107 Th Huay Kaew; ⏲Mo–Fr 8.30–17, Sa 8.30–12 Uhr) hat Direktflüge nach Luang Prabang und Vientiane. Seltener verkehren Flüge z. B. nach Dong Hoi (Vietnam, Transfer nach Ho-Chi-Minh-Stadt). Wer nach Kambodscha will, muss über Bangkok fliegen.

Im Flughafen gibt's eine Gepäckaufbewahrung (7–21 Uhr, 200 B/Tag), eine Postfiliale (8.30–20 Uhr), Banken, Souvenirgeschäfte und ein Tourist Assistance Centre (S. 376). Wer Zeit zu überbrücken hat, kann den Highway ein Stück zurück bis zur großen **Central Airport Plaza** (Karte S. 332; www.centralplaza.co.th; Rte 1141/Th Mahidol; ⏲Mo–Fr 11–21, Sa & So 10–21 Uhr) laufen.

SM Travel (Karte S. 336; ☎053 281045; www.yourtripthailand.com; 87-95 Th Ratchadamnoen; ⏲8–18 Uhr) In dem Büro in der Altstadt kann man Flüge und Touren buchen.

SŎRNG·TĂA·OU

Von mehreren Haltestellen fahren *sŏrng·tăa·ou* (Geländewagen) zu Städten unweit Chiang Mais. Die Fahrpreise liegen bei 30 B, und alle Strecken werden den ganzen Tag lang häufig bedient.

Sŏrng-tăa-ou-Haltestelle Talat Warorot (Karte S. 336; Th Praisani) Weiße und gelbe *sŏrng·tăa·ou* fahren nach Doi Saket im Nordosten, blaue nach Lamphun im Süden und grüne in die Gegend nördlich von Chiang Mai.

Sŏrng-tăa-ou-Haltestelle Saphan Lek (Karte S. 332; Th Chiang Mai-Lamphun) Blaue *sŏrng·tăa·ou* fahren nach Lamphun.

Sŏrng-tăa-ou-Haltestelle Pratu Chiang Mai (Karte S. 336; Th Bamrungburi) Gelbe *sŏrng·tăa·ou* fahren in die Gegend südwestlich von Chiang Mai.

Sŏrng-tăa-ou nach San Kamphaeng (Karte S. 336; Th Khang Mehn) Die weißen *sŏrng·tăa·ou* verlassen die Stadt in Richtung Osten.

ZUG

Der **Bahnhof von Chiang Mai** (☎053 245363, in Thailand 1690; Th Charoen Muang) liegt etwa 2,5 km östlich der Stadt. Auf der Hauptstrecke zwischen Bangkok und Chiang Mai fahren die Züge fünfmal täglich. Die Regierung hat versprochen, zukünftig mehr in den Bahnverkehr zu investieren und eine neue Hochgeschwindigkeitsstrecke zwischen Chiang Mai und Bangkok zu errichten. Am Bahnhof gibt es einen Geldautomaten, eine Gepäckaufbewahrung (6–18 Uhr, 50 B/Gepäckstück) und einen Vorverkaufsschalter (Ticketverkauf nur gegen Vorlage des Passes).

Zwischen Chiang Mai und dem Bahnhof Hua Lamphong in Bangkok fahren vier verschiedene Zugtypen: Rapid, Sprinter, Express und Special Express. Am komfortabelsten sind die über Nacht fahrenden Special-Express-Züge, die um 17 und 18 Uhr in Chiang Mai starten und um 6.15 bzw. 6.50 Uhr in Bangkok ankommen. In umgekehrter Richtung fahren sie um 18.10 und 19.35 Uhr am Bahnhof Hua Lamphong ab. Die Fahrpläne ändern sich jedoch regelmäßig, daher sollte man sich die aktuellen Fahrzeiten auf der Website der State Railway of Thailand (www.railway.co.th) anschauen.

Zum Zeitpunkt der Recherche galten nach Bangkok folgende Fahrpreise:

3. Klasse (Bankplatz) 231–271 B

2. Klasse (Sitz mit verstellbarer Rückenlehne) 391–641 B

2. Klasse Schlafwagen (mit Ventilator) 531–581 B

2. Klasse Schlafwagen (Klimaanlage) 751–1041 B

1. Klasse Schlafwagen (Klimaanlage) 1253–1653 B

ℹ Unterwegs vor Ort

In Chiang Mai bieten sowohl Uber als auch Grab ihre Dienste an, und trotz anhaltender Drohungen, diese zu begrenzen oder zu verbieten, waren beide zum Zeitpunkt der Recherche gut im Geschäft. Fahrten innerhalb der Stadt kosten durchschnittlich 50 B.

AUTO & PICK-UP

Mietwagenfirmen, die Autos und Pick-ups verleihen, finden sich in der ganzen Stadt, besonders aber in der Th Moon Muang. Man sollte allerdings darauf achten, dass sie eine vollständige Haftpflichtversicherung sowie einen ebensolchen Pannenschutz anbieten, und die Versicherungsbedingungen prüfen, damit klar ist, was die Versicherung abdeckt und was nicht. Die meisten Firmen verlangen eine Bargeldkaution zwischen 5000 und 10 000 B.

Die Standardmietpreise für Kleinwagen mit 1,5 l Hubraum ohne Kilometerbegrenzung beginnen bei 1000 B pro Tag; das Benzin ist nicht im Preis enthalten. Zu den renommierten Autovermietern zählen:

Budget Car Rental (Karte S. 332; ☎ 053 202871; www.budget.co.th; 201/2 Th Mahidol) Gegenüber der Central Airport Plaza.

North Wheels (☎ 053 874478; www.northwheels.com; 70/4-8 Th Chaiyaphum; ⏲ 8–18 Uhr) Bietet den Transfer vom und zum Hotel, 24-Stunden-Notfallhilfe auf der Straße und eine umfassende Versicherung.

Thai Rent a Car (Karte S. 332; ☎ 053 904188; www.thairentacar.com; Chiang Mai International Airport; ⏲ 7–20 Uhr)

BUS

Das 2018 gegründete Unternehmen **RTC City Bus** (☎ 052 060001; http://rtccitybus.com; 20 B/Fahrt; ⏲ 6 Uhr–spät) bietet nun die günstigste und bequemste Art, Chiang Mai zu erkunden. Die geräumigen klimatisierten Busse verkehren auf neun Linien, die über die Handy-App CM Transit in Echtzeit verfolgt werden können. Die App zeigt die Haltestellen, Fahrstrecken und aktuellen Standorte der Busse an, die auch über kostenloses WLAN verfügen.

Bezahlt wird beim Einsteigen entweder in bar (20 B/Fahrt) oder mit der aufladbaren Rabbit Card. Die Karten sind bei den RTC-Schaltern am Flughafen, in Einkaufszentren und manchmal auch beim Busfahrer erhältlich und können in Lebensmittelläden und Fastfood-Restaurants aufgeladen werden. Eine gute Alternative für Reisende ist die Tourist Card, die 180 B für einen ganzen Tag oder 400 B für drei Tage kostet.

Wer mitfahren will, muss die Busse per Handzeichen anhalten.

FAHRRAD

Ein Fahrrad ist eine gute Option, um sich in Chiang Mai zu bewegen, auf den Ringstraßen um die Altstadt sollte man aber vorsichtig sein. Klapprige Räder mit gebogenem Lenker kann man für etwa 50 B am Tag oder 300 B pro Woche in Pensionen und Geschäften in der Altstadt leihen. Die Räder sollte man aber vor der Ausleihe gut inspizieren, gerade die Bremsen können sehr problematisch sein.

Wer sich ein besseres Rad leihen möchte, kann bei **Chiang Mai Mountain Biking & Kayaking** (Karte S. 332; ☎ 081 024 7046; www.mountainbikethailand.com; 92/1-2 Th Si Donchai; Touren 1250-2700B; ⏲ 7–22 Uhr), Trailhead (S. 349) und **Spice Roads** (Karte S. 336; ☎ 053 215837; www.spiceroads.com; 1 Soi 7, Th Moon Muang; halb-/ganz-/mehrtägige Touren ab 1200/4000/26 000 B) gute ausländische Rennräder (100–400 B/Tag) und Mountainbikes (250–1000 B/Tag) mieten. Ersatzteile für ausländische Räder verkauft der Chaitawat Bikeshop (S. 372).

MOTORRAD

Leihmotorräder und -roller sind in Chiang Mai extrem beliebt. Agenturen und Pensionen verleihen alles von Automatikrollern mit 100 cm^3 (ab 150 B/Tag) über stärkere Honda Dreams (ab 350 B) bis zu großen Straßen- und Geländemotorrädern mit bis zu 650 cm^3 Hubraum (700–2000 B). Kleinere Maschinen eignen sich gut, um durch die Stadt zu fahren, doch wer die Bergstraßen rund um Chiang Mai erkunden will, sollte sich für ein Motorrad mit mindestens 200 cm^3 entscheiden.

Mr Mechanic (Karte S. 336; ☎ 053 214708; www.mr-mechanic1994.com; 4 Soi 5, Th Moon Muang; Roller/Motorrad/Auto pro Tag ab 250/600/800; ⏲ 8–18 Uhr) und **Cat Motors** (Karte S. 332; ☎ 090 729 9090; https://catmotors.net; 197/1 Th Ratchamanka; pro Tag/Woche/Monat ab 200/1200/3000 B; ⏲ 8–18 Uhr) sind wohl die besten Verleiher Chiang Mais in puncto Versicherung und Support. Sie bieten eine neue, gut gewartete Fahrzeugflotte und eine umfassende Versicherung. Mr Mechanic hat zwei weitere Filialen in der **33 Th Ratchaphakhinai** (Karte S. 336; ☎ 053 214708; www.mr-mechanic1994.com; 33 Th Ratchaphakhinai; Roller/Motorrad/Auto pro Tag ab 250/600/800 B; ⏲ 8–18 Uhr) und in der **135/1 Th Ratchaphakhinai** (Karte S. 336; ☎ 053 214708; www.mr-mechanic1994.com; 135/1 Th Ratchaphakhinai; Roller/Motorrad/Auto pro Tag ab 250/600/800 B; ⏲ 8–18 Uhr).

Toon's Bikes (Karte S. 336; ☎ 053 207124; www.chiangmai-motorcycle-rental.com; 17 Th Ratchamankha; pro Tag 200–2500 B) vermietet gut gewartete Motorräder von 125 bis 300 cm^3 Hubraum. Hier kriegt man auch Tipps zu Touren und kann sich das Motorrad reparieren lassen. In der Nebensaison sind die Preise verhandelbar.

FAHRZEUGVERSICHERUNG

Wer in Chiang Mai ein Motorrad, einen Roller oder ein Auto mietet, sollte das Kleingedruckte der Versicherungspolice sehr sorgfältig lesen. Viele Firmen vermieten die Fahrzeuge nur mit der einfachsten Haftpflichtversicherung, die nur bezahlt, wenn man jemanden bei einem Unfall verletzt. Die eigene medizinische Versorgung und Schäden am gemieteten oder beschädigten Fahrzeug sind nicht versichert. Auch wenn das Fahrzeug gestohlen wird, muss man für den vollen Schaden aufkommen. Deshalb sollte man nur bei einer Firma mieten, die vollen Versicherungsschutz bietet und die einzelnen Deckungssummen im Vertrag nennt.

In Thailand besteht Helmpflicht, und die Polizei errichtet häufig Checkpoints, um die Einhaltung zu kontrollieren. Außerdem muss man immer einen Ausweis mit Lichtbild und einen Internationalen Führerschein bei sich tragen, um diesen bei Polizeikontrollen vorzeigen zu können. In der Regel ist die Polizei mit einem ausländischen Führerschein zufrieden, doch wer gar keinen Führerschein vorweisen kann, zahlt eine Strafe von 500 B und hat noch eine Gnadenfrist von drei Tagen.

Auf eine gute Versicherung zu verzichten, um ein paar Baht zu sparen, kann letztlich viel teurer werden. Man sollte immer einen Verleiher wählen, der Pannenschutz und eine vollständige Versicherung anbietet. Die meisten Versicherungen enthalten eine Selbstbeteiligung in Höhe von 1500 B bei Unfällen und von 10 000 B, wenn das Motorrad gestohlen wird; darum sollte man die bereitgestellte Kette mit Vorhängeschloss immer benutzen!

Die meisten Verleiher verlangen den Reisepass als Sicherheit. Dabei gibt es zwar selten Probleme, doch bessere Agenturen akzeptieren als Alternative auch eine Bargeld-Kaution zwischen 5000 und 10 000 B (keine Kreditkartenzahlung!).

Tipps zu Touren rings um Chiang Mai gibt's auf der Seite von Golden Triangle Rider (www.gt-rider.com).

ÖRTLICHE VERKEHRSMITTEL

Rót daang (wörtlich: „Rote Lastwagen") sind Sammeltaxis. Sie fahren die Straßen auf und ab und sammeln Fahrgäste ein, die in ihre Richtung unterwegs sind. Es gibt keine festen Routen, am besten fragt man daher einfach den Fahrer, ob er zum gewünschten Ziel fährt. Kurze Strecken kosten ab 30 B, längere (z. B. von der Altstadt zur Th Nimmanhaemin) 40 B.

Die Fahrer sind auch gern bereit, das gesamte Fahrzeug zu einem höheren Preis zu vermieten, z. B. für Tagestouren außerhalb der Stadt. Wenn das Fahrzeug am Straßenrand parkt, statt die Straße entlangzufahren, wartet der Fahrer meist auf Kunden, die es chartern wollen. In jedem Fall ist das Ganze mit wenig Stress verbunden; die meisten *rót daang* sind Familienunternehmen, bei denen der Mann fährt und die Frau die Route plant und sich ums Geld kümmert.

Tuk-Tuks können grundsätzlich nur gechartert werden und sind teurer als *rót daang*, doch dafür hat man den erfrischenden Fahrtwind im Haar und kommt schneller durch den starken Verkehr. Die Preise für kurze Fahrten betragen ab 60 B und können nachts bis auf 100 B ansteigen, allerdings muss man für diese Preise gut feilschen können. Manche Fahrer können aufdringlich sein und versuchen, ihre Fahrgäste zu den Attraktionen zu bringen, bei denen sie eine Provision erhalten. In Chiang Mai gibt's immer noch einige *săhm·lór* (dreirädrige Fahrradrikschas), die für etwa 20 B kurze Strecken rund um den Talat Warorot zurücklegen.

> **TUK-TUK ODER SŎRNG·TĂA·OU?**
>
> Tuk-Tuks sind teurer und die Fahrer hauen einen gerne übers Ohr. Andererseits fahren sie direkt zum gewünschten Ort und sprechen zumeist auch Englisch. *Sŏrng·tăa·ous* sind billiger und ihre Fahrer zumeist ehrlicher (weil sie oft auch von den Thais genutzt werden), doch die Verständigung ist oft problematisch und sie nehmen auch nicht immer den kürzesten Weg. Die Fahrt im *sŏrng·tăa·ou* ist aber eine gute Möglichkeit, mit Einheimischen in Kontakt zu kommen.

TAXI

Taxis mit Taxametern, die man einfach heranwinken kann, sind in der Stadt eine Seltenheit. Man kann aber bei **Cnx Taxi Chiang Mai** (☎ 095 675 0676; www.cnxtaxichiangmai.com) ein Taxi bestellen – innerhalb der Stadt kostet die Fahrt kaum mehr als 200 B.

NÖRDLICHE PROVINZ CHIANG MAI

Nördlich der Stadt Chiang Mai, in Richtung der Grenze zwischen Nordthailand und dem Südosten Myanmars, erheben sich zu beiden Seiten des Mae Ping bewaldete Berge. Mit einem gecharterten *rót daang* („Rote Lastwagen", die als Sammeltaxis unterwegs sind) oder einem Leihmotorrad (mit ausreichend PS) kann man hoch hinauf in die Berge fahren und Nationalparks, spektakuläre Aussichtspunkte, Farmen des Königlichen Projekts und Dörfer der Bergvölker besuchen. Auf der Webseite www.gt-rider.com haben Motorradfahrer Berichte über ihre Touren in dieser Region veröffentlicht.

Mae Rim

☎ 053 / 7480 EW.

Die nächste Stadt nördlich von Chiang Mai, das schläfrige Mae Rim (แม่ริม), erreicht man von der Stadt nach einer problemlosen, 30 km langen Fahrt auf der Rte 107. Hier kann man den ehemaligen Palast der Prinzessin Dara Rasmee besuchen und am Stausee Huay Teung Thao entspannen.

Sehenswertes

Elephant Poopoopaper Park MUSEUM
(☎053 299565; www.poopoopaperpark.com; 87 Mu 10, Th Maeram; 50 B; ⏲9–17.30 Uhr;) In dem raffinierten umweltfreundlichen kleinen Park erfahren die Besucher alles über die faszinierende Herstellung von Papier aus Elefantendung. Das Verfahren ist frei von Chemikalien, verbraucht keine Bäume und beschäftigt die ethnischen Minderheiten der Bergdörfer. Der Dung wird eingestampft und zu Papier gestrichen oder gerollt. Der Papierverkauf erfolgt nach dem Fair-Trade-Prinzip.

Während der Führung können die Besucher das Papier zu Lesezeichen, Fächern, Grußkarten und sogar Perlenschmuck verarbeiten. Es gibt auch ein schönes Café und einen Picknickplatz.

Dara Pirom Palace MUSEUM
(พระตำหนักดาราภิรมย์; 20 B; ⏲Di–Sa 9–17 Uhr) Dara Rasmee, die letzte Prinzessin des Königreiches Lanna, verbrachte ihr Lebensende in dieser stattlichen Residenz aus dem 19. Jh., die ganz im klassischen thailändischen Kolonialstil erbaut ist: mit hohen Decken, eleganten Laubsägearbeiten und Holzveranden. In den Räumen sind Familienschmuck, Fotos und persönliche Gegenstände ausgestellt, die das Leben und die Zeit der Prinzessin in Erinnerung rufen.

Der Palast liegt auf dem Gelände des Polizeikomplexes von Mae Rim auf der Westseite der Rte 107; hinter der Polizeiwache biegt man rechts ab und folgt den Schildern vorbei am Landeplatz des Polizeihubschraubers.

Huay Teung Thao Reservoir SEE
(อ่างเก็บน้ำห้วยตึงเฒ่า; 50 B; ⏲7–19 Uhr) Für Thais ist ein Stausee nicht einfach nur ein Wasserspeicher, sondern auch ein Erholungs- und Ausflugsziel erster Güte. An diesem großen See gleich westlich der Stadt versammeln sich Familien, um zu schwimmen, am Strand herumzuplanschen oder am Ufer in höhergelegenen Bambushütten zu picknicken – wie an einem Tag am Strand.

Es gibt auch einige zwangslose Restaurants am See, die so abenteuerliche Thai-Gerichte wie „gebratenen Frosch" oder „tanzende Shrimps" anbieten.

Um zum See zu kommen, nimmt man erst die Rte 107, biegt dann nach Südwesten auf die Rte 121 ab und fährt am Schrein Khuang Phra Chao Lanna nach rechts über die Brücke.

Schlafen & Essen

★ **Four Seasons Chiang Mai** RESORT $$$
(☎053 298181; www.fourseasons.com; 502 Mu 1, Th Mae Rim–Samoeng Kao, unweit Rte 1096; DZ ab 21 900 B;) Auf dem weitläufigen Gelände des luxuriösen Resorts im Regenwald bei Mae Rim verteilen sich Pavillons mit Kuppeldächern und Ferienhäuser für Selbstversorger. Es ist umgeben von kunstvoll angelegten Gärten und Reisterrassen, die von Bauern in traditioneller Kleidung bewirtschaftet werden. Die mit fließenden Stoffen und Antiquitäten ausgestatteten Zimmer könnten aus einem Designer-Magazin stammen. Es gibt auch ein ausgezeichnetes **Thai-Restaurant** (Hauptgerichte 310–590 B, Verkostungsmenü ab 2200 B; ⏲7–10.30 & 12–22 Uhr), ein preisgekröntes Spa, einen Tennisplatz und weitere Annehmlichkeiten eines Fünf-Sterne-Hotels.

Huay Teung Thao Restaurant THAI $
(☎080 135 2045; Huay Teung Thao; Hauptgerichte 80–180 B; ⏲7–18 Uhr) Eins der zwanglosen Restaurants am See. Hier gibt es scharfe Salate, gegrilltes oder gebratenes Fleisch und einige abenteuerliche Gerichte wie in Knoblauch gebratenen Frosch und *goong ten* alias „tanzende Shrimps". Der Name bezieht sich darauf, dass die winzigen Süßwassershrimps sich noch bewegen, wenn sie mit Chili, Fischsauce und Limette vermischt und dann auch lebendig gegessen werden. Die Besucher bestellen zumeist ihr Essen im Restaurant und bringen es dann in die höhergelegenen Bambushütten.

An- & Weiterreise

Mae Rim erreicht man leicht mit dem Bus oder *sŏrng·tăa·ou* (30 B, 30 Min., häufig) vom Busterminal Chang Pheuak in Chiang Mai.

Chiang Dao

☎053 / 15 000 EW.

Nach Chiang Dao (เชียงดาว), das in einem üppig grünen Dschungel im Schatten eines mächtigen Kalksteinbergs liegt, kommen einheimische Touristen, um der Hitze des Tieflands zu entfliehen. Oberhalb des Dorfes auf dem Weg zum Gipfel des Doi Chiang Dao (2175 m) wird es noch kühler. Der Wald ist bei Vogelfans und Wanderern beliebt. Am Fuß des Bergs befindet sich am Eingang zu einer der tiefsten Kalksteinhöhlen Thailands ein hoch verehrter Wat.

ABSEITS DER ÜBLICHEN PFADE

MON CHAM

Ein lohnendes Ausflugsziel mit Motorrad oder gechartertem *rót daang* (wörtlich „roter Lastwagen") ist das landwirtschaftliche Wunderland **Mon Cham** (ม่อนแจ่ม; Nong Hoi Mai) GRATIS auf dem Berg, das auch bei Thai-Touristen immer beliebter wird. Es gibt einen geschäftigen Markt, zwanglose Restaurants, üppige Gärten und Bambuspavillons auf den Klippen. All das ist Teil des königlichen Nong Hoi Project zur Unterstützung des Hmong-Volkes. Dank des Projekts erzielen die Dorfbewohner ein recht hohes Einkommen aus dem nachhaltigen Anbau von Erdbeeren, Kohl, Kräutern und Lavendel. Die in allen Farben leuchtenden Terrassenfelder sind ein spektakulärer Anblick.

Die Besucher können die hier angebauten Produkte und Fruchtliköre probieren oder Selfies machen in den **blühenden Gärten** (Erw./Kind 20/10 B). Man kann auch ein traditionelles **Formula Hmong** (Mon Cham; Fahrt für 1/2 Pers. 50/80 B; ⏲7–18 Uhr) mieten und zu zweit den Berg hinabsausen. Danach kann man im entspannten **Rai Phor Doi Coffee** (Mon Cham; Kaffee 50–70 B, Hauptgerichte 60–100 B; ⏲6–22 Uhr) Kaffee trinken oder Thai-Suppe essen, oder man besucht das Mineralbad **Onsen @ Moncham** (☎053 111606; www.onsenmoncham.com; 293 Mu 2, Tambon Pong; Tageskarte für 2 Pers. ab 2200 B; ⏲8–22 Uhr).

Wer dann immer noch nicht zurückfahren möchte, kann in einem Zelt mit Holzboden oder einem Bungalow übernachten. Das kostet zumeist rund 2000 B pro Nacht. Eine gute Option ist das **Phu Fasai** (Mon Cham; DZ ab 2000 B), eine entspannte Unterkunft in einem traditionellen Hmong-Dorf hoch über einem zauberhaften Tal.

Busse nach Chiang Dao halten in dem modernen Dorf, das auf der Ostseite der Rte 107 liegt, doch die meisten Traveller fahren zum nahe gelegenen Dorf Ban Tham westlich der Hauptstraße, wo sich alle Unterkünfte und der berühmte Höhlentempel befinden.

Sehenswertes

Doi Chiang Dao Wildlife Sanctuary
NATURSCHUTZGEBIET

(ดอยเชียงดาว, Doi Luang; 200 B; ⏲Nov.–März) Der in dichten tropischen Wald gehüllte Doi Chiang Dao ragt dramatisch über den umliegenden Ebenen auf. Dieses Dschungelparadies ist mit über 300 hier beheimateten Vogelarten ein Topziel des Landes, um Vögel zu beobachten, und einer der besten Orte der Welt, um Riesenkleiber und Burmafasane zu sehen. Die steile Wanderung zum Gipfel dauert einen ganzen Tag, als Belohnung lockt eine spektakuläre Aussicht auf die Bergmassive ringsum. Eine Tagestour kostet zwischen 1000 und 2000 B pro Person, eine Zweitagestour mit Übernachtung 5000 B pro Person.

Wer nur einen kleinen Eindruck von der herrlichen Landschaft gewinnen will, biegt an der Kreuzung vor der Gruppe von Unterkünften in Ban Tham rechts ab und folgt der herrlichen, kurvigen Bergstraße, die durch den Wald auf den Kamm hochführt. Das ist allerdings eine schwierige Strecke, man braucht schon einen starken Motor, um die Steigungen zu bewältigen.

Pha Daeng National Park
NATIONALPARK

(อุทยานแห่งชาติผาแดง; ☎053 046370; www.dnp.go.th; Erw./Kind 100/50 B, Camping 30 B/Pers., Fahrzeug 50 B) Über die Rte 1178 erreicht man den nördlich von Doi Chiang Dao gelegenen Pha Daeng National Park mit seiner üppigen grünen Dschungellandschaft und einer bemerkenswerten Vogelwelt. Er flankiert die Grenze zu Myanmar und ist von einem System tiefer Höhlen durchsetzt. Man kann zum Gipfel wandern, außerdem gibt's einige reizvolle Aussichtspunkte und ein paar sprudelnde Wasserfälle. Beim Hauptquartier des Nationalparks kann man in Bungalows (600–2500 B) übernachten.

Die beliebtesten Sehenswürdigkeiten des Parks sind der Nam Tok Sri Sangwan (der Wasserfall beim Hauptquartier des Parks unweit der Hauptstraße) und die Thermalquellen Pong Arng (tgl. 8–18 Uhr). Der Wasserfall wirkt wie eine Miniaturausgabe des populären Sticky Waterfall (S. 384). Er ist 20 m hoch, und die drei malerischen Kalksteinstufen laden zum Entspannen oder Picknicken ein. Etwa 3 km weiter südlich sind die Thermalquellen in zwei natürlichen Becken gefasst, deren Wasser zwischen 58 und 64 °C warm ist.

ABSTECHER

DEN STICKY WATERFALL HINAUF

Schon mal einen Wasserfall hinaufgestiegen? Beim **Nam Tok Bua Tong (Sticky Waterfall)** (น้ำตกบัวตอง; Si Lanna National Park; ⌚6–18 Uhr) im Si Lanna National Park (einen Tagesausflug von Chiang Mai entfernt) ist genau das möglich, und zwar auch für Besucher, die nicht über Zauberkräfte oder spezielle Kletterkünste verfügen. Das Geheimnis liegt nicht in den perfekt wie aus dem Bilderbuch geformten Felsen mit rauer Oberfläche, sondern in der kalziumhaltigen Quelle, die den dreistufigen, 100 m hohen Wasserfall speist. Die Ablagerungen auf dem Felsen verhindern, dass sich rutschige Algen bilden.

Wer die von Wald gesäumten Flanken hochgeklettert ist, kann oben ein Picknick mit traumhaftem Ausblick machen oder auch zur Quelle wandern. Der Startpunkt ist mit einem Schild mit der Aufschrift „Namphu Chet Si" markiert.

Die meisten Einheimischen und Touristen kommen mit dem Motorrad hierher, doch die 60 km lange Fahrt kann bis zu zwei Stunden dauern. Eine andere Möglichkeit ist das Chartern eines *rót daang* für rund 1000 B oder eine geführte Tour. Die meisten Veranstalter in Chiang Mai bieten die Tour an, manchmal auch in Verbindung mit dem Wat Phra That Doi Suthep (S. 346). Der Preis ist abhängig von der Größe der Gruppe. Wer mit dem eigenen Fahrzeug kommt, fährt zunächst auf der Rte 1001 in Richtung Osten bis zum Hinweisschild für den Wasserfall. Dort biegt man rechts ab und fährt noch gut 3 km weiter bis zum Parkplatz.

Wat Tham Pha Plong BUDDHISTISCHER TEMPEL
(สำนักสงฆ์ถ้ำผาปล่อง; Ban Tham; Spende erbeten; ⌚tagsüber) Dieser schöne, friedliche Waldtempel liegt am Rand des Chiang-Dao-Massivs. Eine steile *naga*-Treppe führt durch den Wald hinauf zu einer Felsspalte, in der einst der verehrte Meditationsmeister Luang Pu Sim praktizierte. Hier fühlt man sich weit, weit weg von dem ganzen touristischen Getümmel. Der Parkplatz des Tempels liegt rund 1 km weiter die Straße entlang, vorbei an den Chiang-Dao-Unterkünften.

Wat Tham Chiang Dao HÖHLE
(ถ้ำเชียงดาว, Chiang-Dao-Höhle; 40 B; ⌚7–17 Uhr) Dieser Waldtempel liegt in einem hübschen Gebiet, in dem es vor Dschungelschmetterlingen nur so wimmelt, am Eingang zur kühlen Chiang-Dao-Höhle, einem kühlen Gewirr aus Tunneln und Gängen, das sich mehr als 10 km weit unter dem Kalksteinmassiv des Doi Chiang Dao erstreckt. Für Buddhisten ist die Höhle ein beliebter Rückzugsort, um zu meditieren, eine Art Erweiterung des eigentlichen Tempels. Die verschlungenen, kurvenreichen Gänge sind mit Stalaktiten und Stalagmiten übersät.

Die Kammern am Anfang des Tunnelnetzes, die Tham Sua Dao und Tham Phra Non genannt werden, sind elektrisch beleuchtet. Der interessanteste Abschnitt der Höhlen ist aber unbeleuchtet; man muss einen Guide mit Gaslaterne anheuern (200 B), um sie zu erkunden – so hilft man zugleich einem Dorfbewohner, seinen Lebensunterhalt zu verdienen. Tatsächlich arbeiten die Guide als Freiwillige, daher ist ein Trinkgeld von 50 B angemessen und wird erwartet. Der Weg führt durch enge Durchgänge zu anderen großen Kammern – Tham Mah (735 m), Tham Kaew (474 m) und Tham Nam (660 m) – und der Guide zeigt unterwegs Fledermauskolonien und interessante Kalksteinformationen, die nach Tieren benannt sind, denen sie ähneln. Am Ende des beleuchteten Abschnitts erreicht man einen kleinen, aber hochverehrten liegenden Buddha in einer kleinen Vorkammer.

Der örtlichen Legende zufolge lebte in der Höhle einst ein *reu·sĕe* (Asket, heiliger Mann), der die Geister dazu bewegen konnte, in den Höhlen mehrere magische Wunder zu schaffen: einen Strom, der dem Sockel eines Buddhas aus massivem Gold entspringt, einen Lagerraum mit göttlichen Textilien und eine Stadt der *naga* (mythische Schlangen). Diese wundersamen Erscheinungen sollen sich aber tiefer im Inneren des Berges befinden, hinter der letzten beleuchteten Höhle.

Schlafen & Essen

Chiang Dao Hut PENSION $
(☎053 456625; http://chiangdaohut.com; 303 Moo 5; Bungalow ab 315 B; 📶) Diese hübsche Gruppe von Bungalows und Zimmern liegt in einem zu einem Fluss abfallenden Tal in

der Nähe des Wat Tham Chiang Dao. Die einfacheren Unterkünfte haben Gemeinschaftsbäder mit warmem Wasser, die Atmosphäre ist passend leger und gemächlich. Das Freiluft-Restaurant **Hut Kitchen** auf der anderen Straßenseite serviert schmackhaftes Essen.

Chiang Dao Nest 2 BOUTIQUEHOTEL $$
(☎089 545 9302; www.chiangdaonest.com; Ban Tham; Bungalow 995–3500 B; ❄📶) Die Bambusbungalows stehen in einem friedlichen Garten mit Blick auf die von Dschungel bedeckten Berge. Hier fühlt man sich binnen Minuten, als ob man zur Familie gehörte. Unbedingt die erstklassige Thai-Cuisine im schicken Terrassenrestaurant voller Blumen und Grünpflanzen probieren! Einen Massageservice gibt es vor Ort ebenfalls.

Chiang Dao Nest PENSION $$
(☎053 456242; www.chiangdaonest.com; Bungalow 995–3500 B; @📶🏊) Die Pension, die Chiang Dao erst auf die touristische Landkarte gebracht hat, ist ein bezauberndes ländliches Refugium mit komfortablen Hütten mit Wänden aus geflochtenem Bambus in einem prächtigen tropischen Garten voller schattenspendender Pavillons, in denen man es sich mit einem guten Buch gemütlich machen kann. Es gibt einen Swimmingpool am Waldrand mit Blick auf die Berge und einen Pavillon mit Tischtennisplatte.

Malee's Nature Lovers Bungalows PENSION $$
(☎081 961 8387; www.maleenature.com; Camping 200 B/Pers., Bungalow 900–2200 B; 📶🏊) In dieser üppig grünen Pension an der Straße nach Tham Pha Plong, deren Besitzerin Malee leidenschaftliche Orchideenzüchterin ist, gibt's einfache, saubere Hütten mit warmer Dusche in einem gepflegten Garten voller Orchideen. Die Bewohner der billigsten Zimmer teilen sich Gemeinschaftsbäder, die schickeren Hütten haben ein eigenes Bad. Eine Hütte befindet sich hoch über der Erde– ideal für Vogelfreunde, die von hier aus prima beobachten können, was sich in den Baumkronen tut.

★ **Chiang Dao Nest** INTERNATIONAL $$
(☎053 456242; www.chiangdaonest.com; Hauptgerichte 315–695 B; ⏲8–15.30 & 18–21.30 Uhr; 📝) Das Restaurant ist unbestritten das kulinarische Highlight der Gegend und lohnt allein schon den Weg von Chiang Mai. Es gibt importiertes Ale, edle Weine und raffinierte moderne europäische Küche, wie man sie mitten im Dschungel nicht erwarten würde, etwa Lachs in Filoteig mit grüner Tapenade. Von November bis Februar gibt's jeden Donnerstagabend ein All-you-can-eat-Barbecue. Eine ebenso fantastische Thai-Küche bietet das Nest 2 (S. 385) etwas weiter die Straße entlang.

BURM AND EMILY'S ELEPHANT SANCTUARY

Das gemeinnützige **Burm and Emily's Elephant Sanctuary** (BEES; ☎086 197 2519; http://bees-elesanctuary.org; 188/1 Tambon Chang Keung, Mae Cham; Tageskarte ab 1000 B, mit Übernachtung ab 1500 B; ⏲8–17 Uhr) ist ein Seniorenheim für Elefanten und eine kleine Tierauffangstation. Hier arbeiten die Menschen für die Elefanten und nicht umgekehrt. Es leben nur drei Elefanten hier, dazu aber jede Menge Katzen, Hunde und verletzte Wildtiere, die die Station gerettet hat und wieder fit für das Leben in der Wildnis macht. Besucher und freiwillige Mitarbeiter erfahren hier viel über asiatische Elefanten. Sie können sie beobachten, ihr Futter vorbereiten, die Ställe reinigen und sich auch um die anderen Tiere kümmern.

Die meisten Besucher bleiben für eine Woche, doch es sind auch kürzere Aufenthalte möglich wie eine Übernachtung (Montag oder Donnerstag) oder drei Nächte (von Montag bis Donnerstag oder von Dienstag bis Freitag). Die Unterkünfte im Thai-Stil sind einfach und haben Matratzen auf dem Boden, Moskitonetze und Ventilatoren. Es gibt nur Gemeinschaftsbäder, allerdings mit westlichen Toiletten. Wer nur für einen Tag kommt, muss den Transport selbst organisieren.

Natürlich reiten die Besucher nicht auf den Elefanten, baden sie nicht und interagieren auch sonst nicht mit ihnen, weil das als schädlich und gefährlich für alle Beteiligten gilt. Besucher, die mehrere Tage bleiben, können auch Englisch unterrichten, Bäume pflanzen, Kochen lernen, Tempel und Weberdörfer besichtigen sowie Tubing auf dem Fluss machen. Das Camp liegt 2½ Stunden südwestlich von Chiang Mai, und wer mag, kann sich abholen und wieder zurückbringen lassen.

ABSTECHER

KOCHEND HEISSE QUELLEN

In der Nähe der Landwirtschaftsstation Ban Meuang Chom rund 10 km westlich von Fang liegt der schöne **Doi Pha Hompok National Park** (อุทยานแห่งชาติดอยผ้าห่มปก, Doi Fang/Mae Fang National Park; ☎084 483 4689, 052 080801; www.dnp.go.th; Erw./Kind 300/150 B, Auto/Motorrad/Fahrrad 30/20/10 B, Camping 30 B/Pers., Bungalow 1000–2000 B; ⏲7–19 Uhr). In dem Park befindet sich ein öffentliches Spa bei den wunderbaren Thermalquellen *bor náam hórn* (nordthailändisch) mitten im Wald. Von privaten Badehäusern (Erw./Kind 50/20 B) bis zu öffentlichem Swimmingpool (20/10 B), Sauna (30/10 B) und Massagen gibt's hier alles, was so richtig gut tut. Um hierher zu kommen, fährt man von der Rte 107 auf die Rte 5054 und folgt den Hinweisschildern.

Die Quellen liegen in einem herrlich friedlichen Wald. Ein Holzsteg führt über eine Wiese, in der überall die kochend heißen Quellen sprudeln und Dampffontänen in die Höhe schießen. Am Wochenende ist es vorbei mit der Ruhe, denn dann kommen hier *sŏrng·tăa·ou* (Pickup-Lastwagen) voller Thais aus Fang an, die in den Quellen baden und Eier kochen. Als Unterkünfte stehen einfache, aber gemütliche Bungalows und ein Campingplatz zur Verfügung. Der Platz verleiht auch die notwendige Campingausrüstung.

Außerhalb der Anlage mit den Thermalquellen erheben sich die von dichtem Wald bedeckten Berge mit zahllosen Wanderwegen und Campingplätzen. Viele Besucher erklimmen den 2285 m hohen Doi Pha Hompok, den zweithöchsten Berg Thailands. Meistens übernachtet man dann unterhalb des Gipfels und steigt erst frühmorgens hinauf, um den spektakulären Sonnenaufgang zu beobachten. Im Winter beträgt die durchschnittliche Temperatur auf dem Gipfel nur 2 °C, im Sommer 14 °C.

Shoppen

Tuesday Market MARKT

(⏲Di 7–12 Uhr) Auf Chiang Daos Dienstagsmarkt verkaufen Händler Kunsthandwerk der Bergvölker. In der Regenzeit kommen jedoch nur wenige Leute her.

An- & Weiterreise

Chiang Dao liegt 72 km nördlich von Chiang Mai an der Rte 107. Busse verkehren nach Chiang Mai (40 B, 1½ Std., alle 30 Min.) und Tha Ton (63 B, 2½ Std., 5-mal tgl.). Auch tuckern klimatisierte Minivans nach Chiang Mai (150 B, 2 Std., stündl.).

Unterwegs vor Ort

Zu den Unterkünften in der Nähe des Höhlentempels fahren Motorradtaxis für 100 B und von der Bushaltestelle im Dorf Chiang Dao *sŏrng·tăa·ou* für 150 B. Die meisten Unterkünfte verleihen Fahrräder (ab 150 B) und Motorräder (ab 350 B). Man kann auch für rund 1000 B ein *sŏrng·tăa·ou* für einen Tag chartern und sich damit zum Pha Daeng National Park, zu den Bergdörfern (1500 B) oder durch das Doi Chiang Dao Wildlife Sanctuary (2500 B) fahren lassen.

SÜDLICHE PROVINZ CHIANG MAI

Direkt südöstlich von Chiang Mai liegt das Ping-Tal, eine fruchtbare landwirtschaftliche Ebene, die sich bis zu den dicht bewaldeten Bergen erstreckt. Im Südwesten erhebt sich der höchste Berg Thailands, der Doi Inthanon (2565 m).

San Kamphaeng & Bo Sang

33 000 EW.

San Kamphaeng (สันกำแพง) liegt ca. 14 km südöstlich von Chiang Mai an der Rte 1006 und war früher ein berühmtes Produktionszentrum für Baumwolle, Seide und andere handwerkliche Erzeugnisse, doch viele der kleinen Fabriken sind fort, und die verbliebenen wirken ein wenig, als ob sie vom Glück verlassen wären. *Sŏrng·tăa·ou* und *rót daang*-Fahrer in Chiang Mai drängen Touristen sehr zu Touren nach San Kamphaeng, um dort Fabriken und Werkstätten zu besuchen, von denen sie eine Provision erhalten.

Unbedingt besuchen sollte man aber das faszinierende „Schirmdorf" Bo Sang (บ่อสร้าง) gleich westlich von San Kamphaeng. Hier gibt es eine Reihe von Souvenirgeschäften, Ausstellungsräumen und Werkstätten, die in erster Linie Papier sowie Bambusschirme und Regenschirme herstellen. Die Erzeugnisse sind allerdings nicht gerade billig, und man findet ganz ähnliche auch auf dem Nachtmarkt in Chiang Mai.

Aktivitäten

Thermalquellen San Kamphaeng THERMALQUELLEN
(☎053 037101; Erw./Kind 100/50 B; ⏲7–18 Uhr) Diese Thermalquellen etwa 36 km östlich von Chiang Mai sind ein wahres Vergnügen. In einem weitläufigen ländlichen Garten locken öffentliche und private Badehäuser, Massagepavillons und der gemächliche, heiße Fluss, in dem man seine müden Knochen einweichen kann.

Am Wochenende kommen scharenweise Einheimische zum Picknicken und kochen im heißen Dampf, der mit 100 °C aus dem Boden aufsteigt, Eier. Unter der Woche ist es hier aber still und friedlich, nur der Dampf zischt und rauscht aus den Ventilen. Wer komplett ins Wasser eintauchen will, zahlt 100/50 B (Erw./Kind) für ein Bad im öffentlichen Mineralpool oder 65 B für 15 Minuten in einem privaten Badehaus. Man kann in einfachen, aber komfortablen **Zimmern** (ab 750 B mit Benutzung des Swimmingpools) übernachten. Außerdem gibt's einen **Campingplatz** (300 B/Pers.) und mehrere **Restaurants**.

Schicker übernachtet man in den sauberen, komfortablen Bungalows des **Roong Aroon Hot Spring Resort** (☎053 101981; DZ ab 1600 B; ❄), das seine eigenen Thermalquellen hat. Es befindet sich ein paar Kilometer hinter den Hauptquellen.

Feste & Events

Bo Sang Umbrella Festival KUNST
(Bo Sang; ⏲Ende Jan.) Ende Januar zieht beim erstaunlich untouristischen Schirmfestival *(têt·sà·gahn rôm)* eine bunte Schirmparade durch die Hauptstraße von Bo Sang.

An- & Weiterreise

Weiße *sŏrng·tăa·ou* nach San Kamphaeng (15 B, 30 Min.) fahren regelmäßig in der Gasse südlich des Markts Talat Warorot in Chiang Mai ab; weiße *sŏrng·tăa·ou* nach Bo Sang (20 B, 25 Min.) starten am Ufer in der Th Praisani.

Hang Dong

☎053 / 83 300 EW.

Hang Dong (หางดง) etwa 15 km südlich von Chiang Mai an der Rte 108 gelegen, brachte es mit der Herstellung und dem Verkauf von Möbeln, Holzschnitzarbeiten, Antiquitäten (echten und Kopien) und Kunsthandwerk zu Wohlstand. Hang Dongs „Möbelmeile", die Th Thakhilek, führt von der Rte 108 nach Osten in Richtung Ban Tawai; sie zweigt gleich südlich des Marktes ab. Die Straße säumen Dutzende Antiquitäten- und Kunsthandwerksläden, die alles Erdenkliche verkaufen, von aufwendig gestalteten alten chinesischen Hochzeitsbetten (zu astronomischen Preisen) über gigantische buddhistische Holzschnitzereien und birmanische Lackkästen bis zu preiswerterem und kompakterem thailändischem Krimskrams.

Essen

Pankled Coffee Corner THAI $
(☎053 433779; Soi 9, Tambon Khun Khong; Hauptgerichte 50–120 B; ⏲8.30–17.30 Uhr) Das Restaurant mit Café in Ban Tawai ist ein Lieblingslokal der Einheimischen. Nach dem Besuch der Kunsthandwerkerläden kann man sich hier mit nord- und südthailändischen Gerichten, darunter einem ausgezeichneten *pàt tai*, verwöhnen lassen.

Shoppen

Gut umschauen kann man sich bei **De Siam** (☎053 441545; www.desiam-antiques.com; Th Thakhilek, Ban Tawai; ⏲8.30–17.30 Uhr) nach extravaganten antiken Betten und Schränken; bei **Mandala** (☎081 490 9251; Th Thakhilek, Ban Tawai; ⏲Mo–Sa 9–17 Uhr) nach japanischen Erbstücken; bei **Siripat Antique** (☎053 433 246; Th Thakhilek, Ban Tawai) nach Reproduktionen von Antiquitäten und riesigen Holzschnitzarbeiten; bei **Chilli Antiques & Arts** (☎087 919 8750; 125 Th Thakhilek, Ban Tawai; ⏲9–17 Uhr) nach erstklassigen thailändischen und birmanischen Buddhas; bei **World Port Services** (☎053 434200; www.legendscollection.com; Th Thakhilek, Ban Tawai; ⏲Mo–Sa 8–17 Uhr) nach kleinerem Kunsthandwerk und birmanischen Lackarbeiten; und bei **Crossroads Asia** (☎092 984 4105; www.crossroadsasia.com; 214/7 Th Thakhilek, Ban Tawai; ⏲9–17 Uhr) nach ethnischer Kunst und Textilien aus 26 Ländern.

Ban Tawai Tourism Village KUNST & KUNSTHANDWERK
(www.ban-tawai.com; ⏲8–17 Uhr) Das etwa 2 km östlich von Hang Dong gelegene Ban Tawai ist ein riesiger, fußgängerfreundlicher Touristenmarkt mit Hunderten kleiner Läden, die Kunsthandwerk und Schnickschnack verkaufen, mit dem man sein Zuhause verschönern kann. Ins Leben gerufen wurde das gigantische Projekt von einheimischen Holzschnitzern, die für ihr Talent und ihre großen Produktionsmengen bekannt sind.

Heute werden die Holzarbeiten in großem Stil von Werkstätten produziert. Das

Ganze ist sehr kommerziell. In sechs überdachten „Zonen" gibt's hier die gleichen kunsthandwerklichen Erzeugnisse und Souvenirs wie auf den Walking-Street-Märkten in Chiang Mai. Angesichts von Schildern mit Aufschriften wie „antiques made to order" (Antiquitäten auf Bestellung) sollte man schon ins Grübeln kommen, wie alt die angebotenen Antiquitäten wirklich sind.

An- & Weiterreise

Hang Dong ist vom Pratu Chiang Mai aus mit dem *sŏrng·tăa·ou* (30 B, 20 Min.) zu erreichen; einfacher ist es allerdings, einen *rót daang* (1000–1500 B für 3 Std.) zu chartern, denn dann kann man auch das nahe Ban Tawai besuchen.

Doi Inthanon National Park

Der höchste Berg Thailands, der Doi Inthanon (ดอยอินทนนท์), erhebt sich 2565 m über dem Meeresspiegel – eine beeindruckende Höhe für das Königreich. In dem 482 km² großen **Nationalpark** (อุทยานแห่งชาติดอยอินทนนท์; ☎053 286729; http://nps.dnp.go.th; Erw./Kind 300/150 B, Auto/Motorrad 30/20 B; ⏲4–18 Uhr), der sich rund um dieses Granitmassiv erstreckt und in undurchdringlichen Dschungel gehüllt ist, befinden sich Wanderwege und Wasserfälle. Wenn die Hitze in Chiang Mai unerträglich wird, kommen die Einheimischen zu Tagesausflügen zum Doi Inthanon, besonders während der Neujahrsferien, wann man am Gipfel das seltene Ereignis Frost erleben kann.

Sehenswertes

Wasserfälle

In der Regenzeit saugt das Hochland den Regen wie ein Schwamm auf, und von dort strömt es dann in wilden Fluten über acht spektakuläre Wasserfälle hinunter ins Tiefland. Wegen der Gefahr von Sturzfluten sollte man zwar nicht schwimmen, doch die Wasserfälle sind nach Regenfällen spektakulär und wunderschön.

Der am leichtesten zugängliche Wasserfall ist der **Nam Tok Mae Klang** in der Nähe der Km-8-Markierung und der Abzweigung von der Rte 108 (die ausgeschilderte Straße direkt vor dem Eingang zum Nationalpark nehmen); am Wochenende kommen aber viele Thais zum Picknick und sogar Reisebusse, sodass es ziemlich voll werden kann. Eine Straße in der Nähe der Km-21-Markierung führt zum **Nam Tok Wachirathan**, der in einem bewaldeten Becken liegt. Sein riesiger, aufgewühlter Wasserschleier fällt 50 m in die Tiefe und kann nach starkem Regen so laut sein wie ein AC/DC-Konzert. Am Parkplatz verkaufen mehrere Stände leckeres Essen. Der **Nam Tok Siriphum** bei der Km-30-Markierung wirkt wie ein zarter silberner Schleier, wenn man ihn vom nahen Dorf Ban Khun Klang aus betrachtet.

Dörfer

Im Park liegen auch einige Dörfer von Bergvölkern, umgeben von recht malerischen Reisterrassen. Die meisten Angehörigen der Bergvölker arbeiten heute auf Farmen und in Blumengärtnereien an den unteren Berghängen. Der Besuch des Hmong-Dorfs **Ban Khun Klang** in der Nähe der Nationalpark-Verwaltung lohnt sich wegen des Blicks auf den Wasserfall Siriphum.

Aktivitäten

Die meisten Besucher steuern geradewegs die Stupas und den Gipfel an. Den einzigen leichten Zugang in den Wald bietet der rutschige Ang Ka Trail (ein 360 m langer Plankenweg), der in der Nähe der Km-48-Markierung in den Nebelwald führt. Der Kew Mae Pan Nature Trail, eine anspruchsvollere Dschungelwanderung, beginnt in der Nähe der Km-42-Marke.

Am Gipfel des Doi Inthanon (2565 m) ist der Wald kühl und dunkel, und wegen der Kondensation der warmen, feuchten Luft, die von unten aufsteigt, bildet sich oft Nebel. Die Atmosphäre ist fast überirdisch und manchmal auch ein wenig gespenstisch. Man sollte es den thailändischen Besuchern gleichtun und eine Jacke und einen Schirm oder Regenponcho für den Fall plötzlicher Schauer mitnehmen.

Zum Gipfel selbst führt ein 50 m langer Weg, der in der Nähe der Radarstation gleich hinter den beiden *chedis* des Doi Inthanon beginnt. Am Ende stehen ein Schild mit der Aufschrift „Highest Point in Thailand" und ein Schrein für einen der letzten Lanna-Könige (Inthawichayanon). Eine großartige Aussicht darf man nicht erwarten, von den Terrassen der beiden *chedis* sieht man mehr. Das winzige Café am Fußweg wird auch von Weißhaubenhäherlingen und anderen exotischen Vögeln frequentiert.

Ang Ka Nature Trail WANDERN

Der 360 m lange Plankenweg durch den Nebelwald unterhalb des Gipfels des Doi Inthanon ist ideal für alle, die nur wenig Zeit oder kleine Kinder haben oder einfach nur eine leichte Wanderung unternehmen möchten. Der Weg schlängelt sich durch ein Torfmoor voller alter mit Farn und Moos überwucherter Bäume und roter Rhododendren, die alle in dichtem Nebel liegen. Mit etwas Glück erblickt man auch einen Grünschwanz-Nektarvogel. Der Weg durch den „Wald im Mantel", wie ihn die Einheimischen nennen, ist das ganze Jahr über begehbar. Es ist auch kein Guide nötig. Der Startpunkt ist gegenüber dem Parkplatz.

Kew Mae Pan Nature Trail WANDERN
(200 B; ⌚ Nov.–Juni) Der 3 km lange Weg beginnt bei der Km-42-Markierung und führt an einer Reihe von Aussichtspunkten und einem Wasserfall vorbei. Ein Guide ist unbedingt erforderlich (im Eintrittspreis enthalten) und sollte beim Hauptquartier des Parks gebucht werden. In der kühlen Trockenzeit von November bis Februar ist die Aussicht am besten.

Schlafen & Essen

Im Park übernachten können Besucher in komfortablen Bungalows (die schönsten mit Blick aufs Wasser) in der Nähe des Nationalparkinformationszentrums im Dorf Ban Khun Klang, nahe der Km-31-Markierung. Am Nam Tok Mae Pan kann man auch zelten (eigene Ausrüstung mitbringen). Restaurants gibt's in den Hotels. Am Highway, wo die meisten Busse halten, gibt's einen großen Food Court.

Wenn man in der Nähe des Parkeingangs übernachten will, ist eine der besten Optionen ein Homestay im von Reisfeldern umgebenen Karen-Dorf Ban Mae Klang Luang. Über den Reisterrassen stehen die sauberen Holzhütten des **Mae Klang Luang View** (☎086 189 4075; Bungalow 1000 B), unserer Lieblingsunterkunft im Dorf. Es gibt aber auch viele andere Möglichkeiten, wobei die Preise um die 500 B liegen.

Einige annehmbare Unterkünfte befinden sich am Fuß des Berges, etwa 40 km vom Gipfel entfernt in der Nähe der Kreuzung der Rte 1009 und der Rte 108; die netteste ist das **Nok Chan Mee Na** (☎088 762 3627; nokchanmeena184@gmail.com; 184 Ban Luang, Chom Thong; DZ inkl. Frühstück ab 500 B; ❄📶🏊), das sich in einem Dorf hoch über einem Reisfeld befindet. Dahinter liegt, nur 29 km von Chiang Mai entfernt, das grandiose, friedliche Boutiqueresort Kaomai Lanna (S. 360).

An- & Weiterreise

Die meisten Besucher kommen mit dem eigenen Fahrzeug oder im Rahmen einer Tour von Chiang Mai. Mit dem Motorrad oder Moped dauert die Fahrt von und nach Chiang Mai jeweils etwa zweieinhalb Stunden.

Wer mit öffentlichen Verkehrsmitteln in den Park will, nimmt zunächst einen Bus von Chiang Mai nach Chom Thong (60 B) an der Rte 108. Von der Highway-Kreuzung fahren gelegentlich öffentliche *sŏrng·tăa·ou* in den Park, aber nur zum Gipfel und zurück. Angesichts des Risikos, festzusitzen, ist es sinnvoller, ein ganzes *rót daang* für die Hin- & Rückfahrt zu chartern (ca. 1000 B).

Mae Kampong

☎053 / 360 EW.

Etwa 50 km nordöstlich von Chiang Mai versteckt sich im grünen Dschungel oberhalb der Rte 1317 das kleine Dorf Ban Mae Kampong, das sich zu einem unkonventionellen Rückzugsort für Traveller entwickelt hat, die der Kommerzialisierung Chiang Mais entkommen und das dörfliche Leben wiederentdecken wollen. Die meisten Besucher kommen im Rahmen einer Zipline-Tour von Flight of the Gibbon (S. 349) in diese Gegend, doch es lohnt sich auch, auf eigene Faust herzukommen, um das Dorf und den Dschungel ringsum zu erkunden.

Mae Kampong (แม่กำปอง), das 1300 m hoch liegt, ist in der Gegend als Produktionszentrum für *mêeang* (eingelegte Teeblätter) bekannt, und viele kleine Cafés an der Straße durchs Dorf servieren den hiesigen Kaffee. Die steile Straße führt weiter durch den Wald bis zum **Chae Son National Park** (อุทยานแห่งชาติแจ้ซ้อน; ☎054 380000, 089 851 3355; Erw./Kind 200/100 B), der mit Wasserfällen, Thermalquellen und Cottages lockt.

Schlafen

Das Community Ecotourism Committee vermittelt lokale **Homestays** (☎089 559 4797; Mae Kampong; ab 560 B/Pers.). Man kann aber auch einfach in Häusern mit einem „Homestay"-Schild fragen. Green Trails (S. 349) und Flight of the Gibbon (S. 349) in Chiang Mai arrangieren auch Minibustouren mit Übernachtung.

Alternativ kann man einige Kilometer bergab von Ban Mae Kampong in den Tharnthong Lodges (S. 360) übernachten.

An- & Weiterreise

Von Chiang Mai fahren keine öffentlichen Verkehrsmittel, man erreicht das Dorf aber leicht mit einem anständigen Motorrad oder einem gecharterten *rót daang* – von der Stadt einfach die Rte 1317 vorbei an Mae On nach Ban Huai Kaew nehmen und dann rechter Hand der ausgeschilderten Straße folgen!

KURZ & BÜNDIG

EINWOHNER
22 Mio.

ZAHL DER NATIONALPARKS
26

SCHÖNER TEMPEL
Wat Phu Thok (S. 422)

BESONDERER SCHREIN
Sala Kaew Ku (S. 406)

BESTE ISAN-KÜCHE
Ting Song Tam (S. 400)

REISEZEIT

Nov.–Feb. In den kühlen Monaten ist es angenehm warm.

März–Mai Die Temperaturen steigen bis fast auf 40 °C. Das Reisen kann zwar anstrengend sein, aber dafür gibt's wunderbare Feste.

Juni–Okt. Während der Regenzeit ist der Isan am schönsten. Meist regnet es nur nachmittags ein bisschen.

Aussichtspunkt Phu Thok (S. 399), Chiang Khan
ADCHARIN CHITTHAMMACHUK/SHUTTERSTOCK ©

Nordost-thailand

Der Nordosten ist Thailands vergessenes Hinterland. Die Isan (อีสาน) genannte Region vermittelt ein Bild dessen, wie Thailand früher war: Reisfelder, so weit das Auge reicht, Wasserbüffel, die durch Schlammlöcher waten, Seidenweber, die zu Hause am Webstuhl sitzen, und Rikschafahrer, die kräftig in die Pedale treten, um ihre Fahrgäste durch die Straßen zu kutschieren. Wer ein Faible für Authentizität hat, wird hier voll und ganz auf seine Kosten kommen.

Schon nach kurzer Zeit entdeckt man große Unterschiede, aber auch viele Ähnlichkeiten zum restlichen Thailand. Sprache, Essen und Kultur sind eher laotisch als thailändisch geprägt – mit herzhaften kambodschanischen und vietnamesischen Zutaten. Es lohnt sich, einen etwas längeren Aufenthalt in dieser Region einzuplanen, denn hier gibt es einige der schönsten historischen Stätten, Nationalparks und Feste Thailands. Touristisch ist die Gegend noch recht unerschlossen (kaum jemand spricht Englisch), aber fantastische Sehenswürdigkeiten und die alltäglichen Erlebnisse machen den Besuch zum Highlight.

INHALT

Highlights

1. **Prasat Phanom Rung** (S. 452) Auf einen erloschenen Vulkan zu Thailands eindrucksvollsten Khmer-Ruinen kraxeln
2. **Khao Yai National Park** (S. 445) Im ältesten Nationalpark Thailands nach Elefanten, Gibbons und Hirschen Ausschau halten
3. **Nong Khai** (S. 405) Im altbewährten Traveller-Hotspot des Isan am Mekong chillen
4. **Pha Taem National Park** (S. 467) Auf einem Pfad an einer Felswand entlang zu 1000 Jahre alten Felszeichnungen wandern
5. **Phu Kradueng National Park** (S. 404) Zum Hochplateau dieses Nationalparks mit seinen vielen Affen hochsteigen
6. **Phimai** (S. 442) Thailands größte Khmer-Ruinen bestaunen, das Vorbild für den Angkor Wat in Kambodscha
7. **Chiang Khan** (S. 398) In dem reizenden Ort am Fluss in einem umgebauten hölzernen Shophouse nächtigen
8. **Prasat Ta Meuan** (S. 466) Den Besuchermassen von Phanom Rung in den stilleren Ruinen dieses Khmer-Komplexes aus dem Weg gehen
9. **That Phanom** (S. 429) Den 53 m hohen buddhistischen Stupa bewundern, ein Sinnbild des Isan
10. **Nakhon Phanom** (S. 424) In der fahrradfreundlichsten Stadt der Region am Mekong entlangradeln

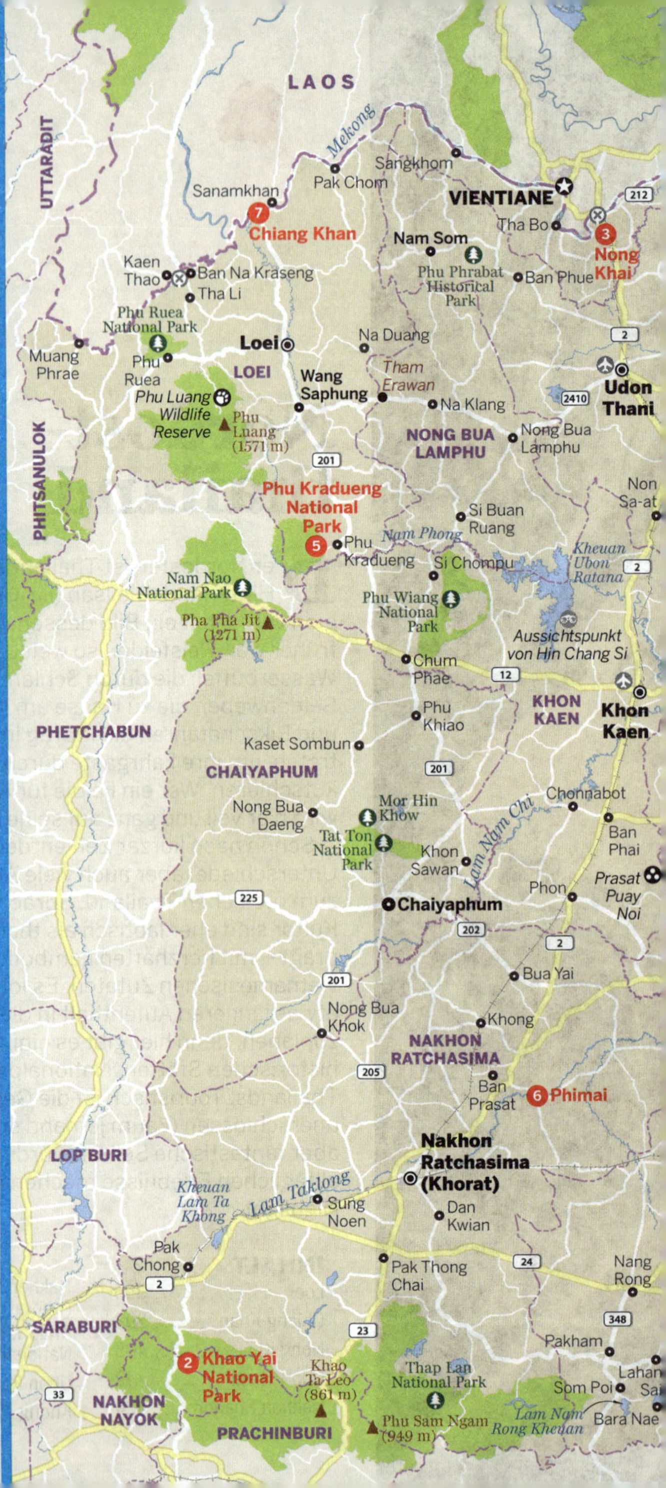

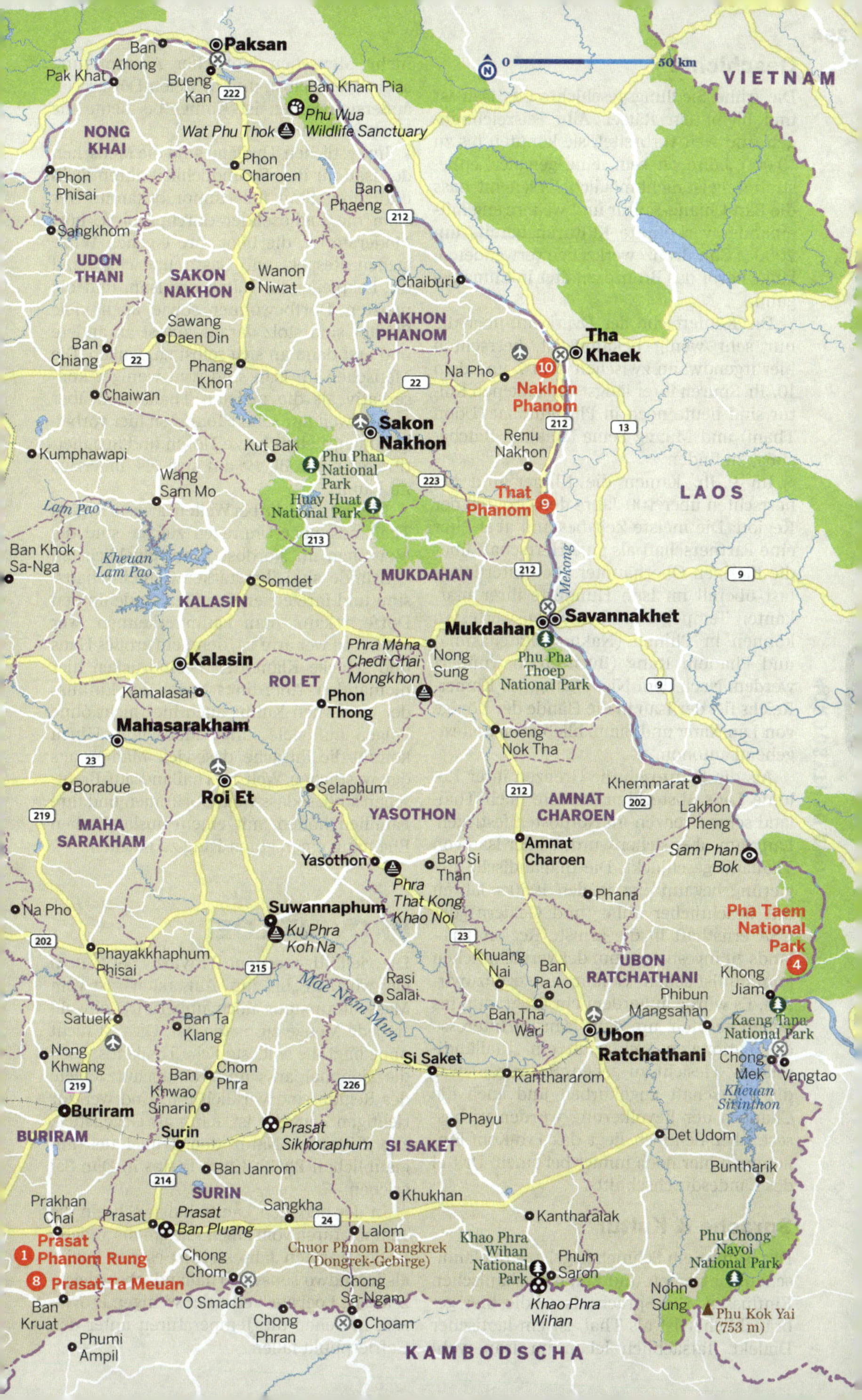

Paksan
Ban Ahong
Pak Khat
Bueng Kan
222
Ban Kham Pia
Phu Wua Wildlife Sanctuary
Wat Phu Thok
NONG KHAI
Phon Charoen
Phon Phisai
Ban Phaeng
212
Sangkhom
UDON THANI
SAKON NAKHON
Wanon Niwat
Chaiburi
VIETNAM
0
50 km
Sawang Daen Din
NAKHON PHANOM
Ban Chiang
22
Phang Khon
Tha Khaek
10
Na Pho
Nakhon Phanom
Chaiwan
Sakon Nakhon
212
13
Kut Bak
Renu Nakhon
Kumphawapi
Phu Phan National Park
Wang Sam Mo
223
Huay Huat National Park
That Phanom
9
LAOS
Lam Pao
Ban Khok Sa-Nga
Kheuan Lam Pao
213
Mekong
MUKDAHAN
212
9
Somdet
KALASIN
Savannakhet
Mukdahan
Phra Maha Chedi Chai Mongkhon
Nong Sung
Kalasin
Phu Pha Thoep National Park
ROI ET
9
Kamalasai
Phon Thong
Mahasarakham
Loeng Nok Tha
23
Borabue
Roi Et
Selaphum
Khemmarat
212
AMNAT CHAROEN
202
219
MAHA SARAKHAM
YASOTHON
Lakhon Pheng
Amnat Charoen
Sam Phan Bok
Yasothon
Ban Si Than
Phra That Kong Khao Noi
Phana
Na Pho
Suwannaphum
Pha Taem National Park
Ku Phra Koh Na
23
202
Phayakkhaphum Phisai
4
215
Khuang Nai
UBON RATCHATHANI
Ban Pa Ao
Khong Jiam
Rasi Salai
Mae Nam Mun
Phibun Mangsahan
Satuek
Ban Ta Klang
Ban Tha Wari
Kaeng Tana National Park
Ubon Ratchathani
Nong Khwang
Chom Phra
Si Saket
Chong Mek
Vangtao
Kantharalak
219
Ban Khwao Sinarin
226
Kheuan Sirinthon
Buriram
Phayu
BURIRAM
Surin
Prasat Sikhoraphum
SI SAKET
Det Udom
Ban Janrom
Buntharik
214
SURIN
Khukhan
Prakhan Chai
Prasat
Prasat Ban Pluang
Sangkha
24
Kantharalak
Lalom
Phu Chong Nayoi National Park
Prasat Phanom Rung
1
Khao Phra Wihan National Park
Chuor Phnom Dangkrek (Dongrek-Gebirge)
Chong Chom
Phum Saron
8
Prasat Ta Meuan
Chong Sa-Ngam
Nohn Sung
Ban Kruat
O Smach
Khao Phra Wihan
Chong Phran
Choam
Phu Kok Yai (753 m)
Phumi Ampil
KAMBODSCHA

Geschichte

Die frühe Siedlungsgeschichte des Isan ist und bleibt ein Rätsel. Alte Felszeichnungen sind weit verbreitet, sie könnten bis zu 10 000 Jahre alt sein, eine genaue Zeitbestimmung ist nicht möglich. Es scheint, dass die Ban-Chiang-Kultur und weitere eng miteinander verknüpfte Kulturen bereits um 2000 v. Chr. Bronzewerkzeuge verwendeten, lange bevor das Bronzezeitalter in China begann.

Die Königreiche der Dvaravati, über die nur sehr wenig bekannt ist, herrschten hier irgendwann zwischen dem 7. und dem 10. Jh. Spuren ihrer längst versunkenen Kultur sind heute noch in Phu Phrabat (Udon Thani) und Muang Sema (Nakhon Ratchasima) zu finden.

Im 9. Jh. kamen die Khmer und beherrschten über 400 Jahre den Großteil der Region. Die meiste Zeit bestand aber eher eine Partnerschaft als eine Herrschaft über die hiesigen Oberhäupter. Sie hinterließen fast überall im Isan Hunderte ihrer markanten Tempel – die bemerkenswertesten können in Phimai (Nakhon Ratchasima) und Phanom Rung (Buriram) bewundert werden. Nach dem Niedergang des Khmer-Reichs fiel der Isan in die Hände der Könige von Lan Xang und Siam, blieb aber weitestgehend autonom.

Als die Franzosen die Grenzen ihrer Kolonie Laos absteckten, musste auch Thailand seine Grenzen im Nordosten festlegen. Langsam, aber sicher wurde so der Isan von Thailand geschluckt. Die thailändische Regierung begann erst in den 1960er-Jahren mit beachtlicher Hilfe (und Geldern) der USA ernsthaft in die ärmste Region Thailands zu investieren, um der vermeintlichen kommunistischen Gefahr entgegenzuwirken. Es wurde außerdem ein Programm ins Leben gerufen, um dem Isan im Interesse der nationalen Solidarität ein „thailändischeres“ Gesicht zu geben. So wurde zwar die Wirtschaft angekurbelt und auch die Chancen der Bevölkerung wurden verbessert, aber dennoch liegt das Pro-Kopf-Einkommen hier noch immer bei einem Drittel des Landesdurchschnitts.

Sprache & Kultur

Der Isan ist ein Schmelztiegel aus thailändischen, laotischen und kambodschanischen Einflüssen. Die Sprache Isan, die hier gebräuchlicher ist als Thai, ist ein laotischer Dialekt. Tatsächlich leben im Isan wohl mehr Menschen laotischer Abstammung als in Laos selbst, und in vielen Dörfern im äußersten Süden ist Khmer bis heute die Hauptsprache.

Im restlichen Thailand sind die Menschen des Isan für ihre Freundlichkeit, ihren Fleiß und ihren Sinn für Humor bekannt: Wer etwa die Radiosender durchprobiert, hört Moderatoren, die über ihre eigenen Witze lachen. Respekt und Gastfreundschaft sind die Eckpfeiler im Alltag des Isan, und die meisten Dorfbewohner sowie auch viele Städter sind stolz darauf, zuerst an andere und erst dann an sich selbst zu denken. Die Menschen im Isan sind weit weniger konservativ als die meisten Thailänder, aber gerade weil nur selten Touristen hier vorbeikommen, ziehen kurze Hosen und Spaghettiträger mehr Blicke auf sich als anderswo im Land.

Dies ist zwar die bei Weitem ärmste Region Thailands, aber Umfragen zufolge sind die Menschen im Nordosten am glücklichsten – Gründe sind ihr starker Gemeinschaftssinn und ihre engen Familienbande. In den Dörfern kann man kaum erkennen, wer reich und wer arm ist, denn ein großes Haus und schicke Klamotten beeindrucken hier niemanden. Allerdings bleibt der Einfluss der modernen Kultur auch hier nicht ohne Folgen auf viele junge Menschen. Hinzu kommt die Tatsache, dass viele Männer aus der westlichen Welt in Thailand auf Brautschau sind, sodass viele Dorffrauen und ihre Familien hoffen, mit einem ausländischen Ehemann einen guten Fang zu machen.

PROVINZ LOEI

Die vielfältige, schöne Provinz Loei (จังหวัดเลย; wörtlich „bis zum Äußersten“) ist vom Massentourismus noch unberührt, obwohl sie jede Menge zu bieten hat. Dies ist nicht unbedingt die wildeste Ecke Thailands, doch die Nationalparks und Naturschutzgebiete der Region sind wirklich toll. Und wer zur richtigen Zeit hier ist, kann als Gegenstück zur Stille der Natur den Trubel des unglaublichen Phi-Ta-Khon-Festes in Dan Sai erleben.

In der bergigen Landschaft wechseln die Temperaturen vom einen Extrem ins andere: In der warmen Jahreszeit ist es hier heißer als irgendwo sonst in Thailand, aber gleichzeitig ist Loei auch eine der wenigen Provinzen, in denen die Temperaturen unter den Gefrierpunkt fallen.

Loei (Provinz)

Die meisten Bewohner sind „Tai Loei". Es wird angenommen, dass sie aus Luang Prabang über Chiang Mai hierherkamen. Sie sind stolz auf ihre eigenständige Kultur und überall sind in den Tempeln einzigartige Opfergaben zu sehen; oft ist auch der Tai-Loei-Dialekt zu hören.

Loei

☎042 / 22 700 EW.

In der relativ kleinen Provinzhauptstadt Loei (เลย) findet man sich schnell zurecht. Da sie für Touristen nichts Besonderes zu bieten hat, legen die meisten Traveller hier nur einen kurzen Zwischenstopp auf ihrem Weg in die Nationalparks und Kleinstädte der Provinz ein. Es gibt einige gute Unterkünfte, die die Stadt zu einem angenehmen und praktischen Ausgangspunkt für die Erkundung der Provinz Loei machen – ebenso wie das Craftbier!

Sehenswertes & Aktivitäten

Phu Bo Bit Forest Park AUSSICHTSPUNKT
(วนอุทยานภูบ่อบิด; Rte 2138; ⌚5–19.30 Uhr) Die etwa 1400 steilen Stufen hinauf zum Aussichtspunkt Phu Bo Bit führen vorbei an einer Buddha-Höhle und sind ein gutes Training für den Besuch der Nationalparks in der Provinz. Oben wird die Mühe des Aufstiegs (1,5 Std. hin & zurück) dann mit einem herrlichen Rundumblick auf die Stadt und die umliegenden Berge belohnt.

Der Park liegt ca. 3 km vom Stadtzentrum entfernt an der Rte 2138. Ein Tuk-Tuk hin und zurück kostet inklusive Wartezeit um die 250 B. Viele Einheimische kommen zum Sonnenuntergang hierher und bleiben bis nach Einbruch der Dunkelheit, um die Lichter Loeis zu bewundern. Beleuchtet ist der Weg eigentlich bis 20 Uhr, es heißt aber, dass das Licht schon früher ausgeschaltet wird, sodass man gegen 19.30 Uhr wieder unten sein sollte.

Loei

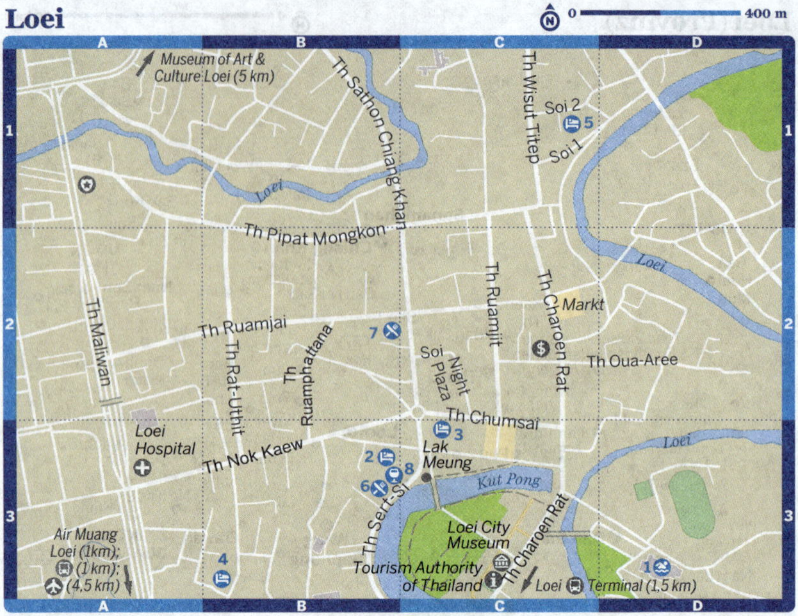

Loei

Aktivitäten, Kurse & Touren
1 Swimmingpool des Loei Palace Hotel ... D3

Schlafen
2 Baan Sabai ... B3
3 King Hotel ... C3
Loei Palace Hotel ... (s. 1)
4 Loei Village ... B3
5 Sugar Guesthouse ... C1

Essen
6 Khao Tom Raeng Ngan ... B3
Noi Tam Suea @ Loei ... (s. 6)
7 Phuloei Coffee ... B2

Ausgehen & Nachtleben
8 Outlaw Brewing ... B3

Museum of Art & Culture Loei MUSEUM
(ศูนย์วัฒนธรรมจังหวัดเลย; ☎042 835223; Rte 201; ⏰8.30–16.30 Uhr) GRATIS Das kleine, auch als „Maloei Museum" bekannte Museum befindet sich 5 km nördlich der Stadt auf dem Gelände der Rajabhat Universität. In der ersten Galerie steht ein animatronischer Dinosaurier (in der Nähe wurden versteinerte Fußabdrücke gefunden) und in der zweiten kann man sich anhand von einigen Exponaten über die Kultur der „Tai Loei" und das Phi-Ta-Khon-Fest (S. 402) informieren. Wer in das Museum möchte, sollte sich unten im Büro melden, damit aufgeschlossen wird.

Swimmingpool des Loei Palace Hotel SCHWIMMEN
(Th Charoen Rat; 90 B) Auch Tagesbesucher können den Pool im Top-Hotel von Loei nutzen.

Geführte Touren

Das Sugar Guesthouse (s. u.) und der unabhängige Guide **Poppy** (☎088 698 3995; borntobe_travel@hotmail.com) veranstalten zu angemessenen Preisen Tagesausflüge nach **Suan Hin Pha Ngam** (สวนหินผางาม; ☎094 514 9231; Tour 50 B pro Pers., Traktorfahrt 20 B pro Pers.; ⏰Besucherzentrum 8–17.30 Uhr, letzte Abfahrt zum Berg 16.30 Uhr) und in andere Orte in der Provinz Loei.

Schlafen

★ **Sugar Guesthouse** PENSION $
(☎089 711 1975; sugarguesthouse@gmail.com; Soi 2, Th Wisut Titep; EZ mit Ventilator 200–270 B, DZ mit Klimaanlage 380 B; P ❄ @ 📶) Pension mit einfachen, blitzblanken Zimmern (die mit Ventilator teilen sich ein Bad). Der freundliche Besitzer Pat spricht Englisch, verleiht

Fahrräder und Motorräder und organisiert Touren zu verschiedenen Sehenswürdigkeiten in der Provinz.

Baan Sabai HOTEL $
(☎042 811132; baansabai.loei@gmail.com; abseits der Th Nok Kaew; 2BZ/DZ 350/400 B; P ❄ 📶) Das hübsche kleine Hotel mit Terrakotta-Dachziegeln bietet makellos saubere Zimmer mit Klimaanlage, Fernseher und kleinem Balkon. Man spricht kein Englisch und es gibt auch kein englisches Schild, aber das Hotel bietet ein gutes Preis-Leistungs-Verhältnis.

King Hotel HOTEL $$
(☎042 811225; kinghotel.loei@hotmail.com; Th Chumsai; DZ mit Frühstück 600–800 B; P ❄ 📶) Königlich? Nicht wirklich! Aber seit der gründlichen Modernisierung dieses alten Klassikers versprechen die schlichten, hübschen, stilvollen Zimmer einen angenehmen Aufenthalt. Die Zimmer sind um einen Hof angeordnet und trotz der Lage im Stadtzentrum sehr ruhig. Ohne Frühstück kosten die Zimmer nur 450 B.

Loei Village HOTEL $$
(☎042 833599; www.loeivillages.com; Soi 3, Th Nok Kaew; DZ mit Frühstück 990–1500 B; P ❄ 📶) Schon der Empfang mit einem kalten Willkommensgetränk zeigt, dass Service in diesem schicken Hotel großgeschrieben wird. Auch das Dekor, das gute Frühstücksbuffet und kleine Extras wie Minibar und Gratissnacks machen dieses Hotel zu einer der besten Bleiben der Stadt. Für die Gäste gibt's kostenlos Leihräder. Das Personal ist ausgesprochen hilfsbereit. Die Zimmer sind allerdings ein bisschen überteuert.

Loei Palace Hotel HOTEL $$$
(☎042 815668; www.mosaic-collection.com/loeipalace; Th Charoen Rat; mit Frühstück DZ 1600–3000 B, Suite 3500–5000 B; P ❄ @ 📶 🏊) Loeis nobelstes Hotel ist ein altmodischer Kasten, der jedoch an einen netten Park grenzt und sich mit seinen geräumigen Zimmern mit Holzmöbeln einen gewissen Charme bewahrt hat. Mit Rabatten kosten die Zimmer teils nur die Hälfte. Es gibt einen Pool und einen Fitnessraum und es können Fahrräder gemietet werden (halber/ganzer Tag 50/100 B).

Essen & Ausgehen

★ **Khao Tom Raeng Ngan** THAI $
(☎042 033050; Th Sert-Si; Hauptgerichte 60–120 B, Fisch 250–380 B; ⏰17–3 Uhr; 📶) Dieses große, halboffene Lokal mit schnellem und freundlichem Service ist so belebt wie die Straße, an der es liegt. Neben der namengebenden Reissuppe *(kôw đôm)* kommen auch Dutzende andere, ebenso empfehlenswerte Gerichte auf die Tische. Es gibt eine englische Karte und zum Essen kann man sich ein kühles Bier (ab 75 B) bestellen.

Phuloei Coffee CAFÉ $
(Th Ruamjai; Kaffee ab 45 B, Hauptgerichte 60–150 B; ⏰8–20.30 Uhr; 📶) Das angenehme, freundliche Café serviert hervorragenden Kaffee aus regionalem Anbau und köstliche Backwaren. Außerdem gibt's eine (englische) Karte mit thailändischen Hauptgerichten.

Noi Tam Suea @ Loei THAI $
(Th Sert-Si; Hauptgerichte 35–40 B; ⏰9–20 Uhr; 📶) In dem beliebten Restaurant werden die üblichen Isan-Gerichte serviert, u. a. *plah pŏw* (gegrillter Fisch) und Enten-*lâhp* sowie diverse weniger bekannte Speisen wie *sôm·đam* aus *đôrng-dêng*-Nudeln, eine superdicke Variante der typischen *kà·nŏm-jeen*-Nudeln. Hier ist englischfreie Zone.

★ **Outlaw Brewing** CRAFTBIER
(☎096 695 8784; Th Sert-Si; Bier 120–160 B; ⏰Di–So 19–24 Uhr; 📶) Wer hätte das erwartet: In

GRENZÜBERGANG NACH LAOS: VON NA KRASENG NACH KAEN THAO

Ausländer bekommen Visa für Laos an der kaum benutzten thailändisch-laotischen Freundschaftsbrücke Nam Heuang in Amphoe Tha Li, 60 km nordwestlich von Loei.

Anreise zur Grenze Ein internationaler Bus fährt täglich von Loei nach Luang Prabang in Laos (700 B, 10 Std.) über Sainyabuli (500 B, 7 Std.). Die Busse starten um 8 Uhr in Loei. Es gibt hier kein anderes öffentliches Verkehrsmittel zur thailändischen Grenze.

An der Grenze Der Grenzübergang ist von 8 bis 18 Uhr geöffnet. Hier ist nie viel los.

Weiterreise Wenn man irgendwie auf anderem Wege und nicht mit dem internationalen Bus zur Grenze gekommen ist, kann man in einem Tuk-Tuk (50 B) zwischen den beiden Grenzposten verkehren. In Kaen Thao kommt man aber nur schwer weiter.

Loei ist einer der engagiertesten Braumeister Thailands ansässig. In der kleinen Kneipe kann man schön eins seiner Craftbiere, in denen exotische Zutaten wie Pampelmuse und Durian verarbeitet sind, oder ein anderswo gebrautes Bier aus der Flasche probieren.

Praktische Informationen

Krung Thai Bank (Th Oua-Aree; ⌚9–17 Uhr) Die einzige Bank im Stadtzentrum mit langen Öffnungszeiten.

Loei Hospital (☎042 862123; Th Maliwan) Das beste Krankenhaus in Loei.

Tourism Authority of Thailand (TAT; ☎042 812812; tatloei@tat.or.th; Th Charoen Rat; ⌚8.30–16.30 Uhr) Hier bekommt man eine gute Landkarte; hilfsbereites Personal, das aber kaum Englisch spricht.

Touristenpolizei (☎042 867364, landesweit 1155; Th Pipat Mongkon)

An- & Weiterreise

BUS

Loeis **Busbahnhof** (☎042 833586; Th Maliwan) liegt südlich der Stadt. **Air Muang Loei** (☎042 832042; Busbahnhof Loei) bietet einen guten VIP-Service nach Bangkok an. *Sŏrng·tăa·ou* nach Chiang Khan fahren bis in die Nähe des Stadtzentrums, Busse setzen ihre Fahrgäste allerdings recht weit vor der Stadt ab.

Ziel	Preis (B)	Dauer (std.)	Häufigkeit
Bangkok	360–655	9–10	6–22.35 Uhr ständl.
Chiang Khan	34	1	6.30–23.45 Uhr 9-mal
Chiang Khan (sŏrng tăa ou)	35	1½	5.30–19.45 Uhr alle 30 Min.
Chiang Mai	436–570	10	15.30, 20.30, 21.30, 23.30 Uhr
Dan Sai	60–134	1½–2	10.30, 12, 14.20, 15.30, 20.30, 21.30, 23.30 Uhr
Khon Kaen	125	4	3.45–18.10 Uhr alle 30 Min.
Nakhorn Ratchasima	252–342	7	5.30–16.30 Uhr ständl.
Nong Khai	140	7–8	6 Uhr
Pak Chom (sŏrng tăa ou)	60	2½	6–17 Uhr ständl.
Phitsanulok	202–266	5	10, 12, 14.20, 15.30, 20.30, 21.30, 23.30 Uhr
Udon Thani	90–115	2½–3	4–17 Uhr alle 30 Min.

FLUGZEUG

Nok Air (☎088 874 0883, landesweit 02 900 9955; www.nokair.com; Loei Airport; ⌚6–16 Uhr) und **Air Asia** (☎042 844629, landesweit 02 515 9999; www.airasia.com; Loei Airport; ⌚9–17 Uhr) fliegen von Loei zum Bangkoker Flughafen Don Mueang. Zusammen bieten sie täglich drei Flüge an (ab etwa 900 B).

Ein Taxi vom 5 km südlich der Stadt gelegenen **Flughafen** (☎042 811520) ins Zentrum kostet um die 150 B. Ein Tuk-Tuk vom Busbahnhof zum Flughafen kostet 100 B.

Unterwegs vor Ort

Sŏrng·tăa·ou (10 B) fahren vom Busbahnhof ins Stadtzentrum, ein Tuk-Tuk kostet zwischen 50 und 60 B. Auch zu Fuß (1,5 km) ist es kein Problem: Am Hinterausgang des Bahnhofs geht man links, rechts vorbei am Cafe Mona, dann am Ende der Gasse wieder rechts. Am großen Markt am Ende der Straße biegt man links in die Th Charoen Rat, von der man links in die Th Sert-Si gehen kann.

In Loei verkehren auch ein paar wenige Taxis. Sie warten am Busbahnhof und am Flughafen auf Gäste, Taxameter werden nicht angeschaltet.

Das Sugar Guesthouse (S. 396) vermietet Fahrräder (50 B pro Tag) und Motorräder (250 B pro Tag).

Chiang Khan

☎042 / 6100 EW.

Was einst ein verschlafenes, kaum bekanntes Städtchen am Mekong mit unzähligen traditionellen Holzhäusern war, ist inzwischen ein angesagtes Ziel für Thailänder, mit vielen Souvenirläden und „Selfie-Orten". Trotzdem ist Chiang Khan (เชียงคาน) noch immer ein netter Ort, der einen Besuch lohnt. Den herrlichen Blick auf den Fluss und die Berge in Laos gibt es weiterhin, ebenso die alten Gebäude und die tagsüber herrschende Ruhe, bevor der allabendliche Run auf die Geschäfte einsetzt. Jeden Abend verwandelt sich die Th Chai Khong in einen wuseligen Nachtmarkt mit Straßenmusikanten, Künstlern und Essensbuden. In der heißen, regnerischen Jahreszeit (April–Sept.) geht es in Chiang Khan weniger geschäftig zu.

Sehenswertes

Chiang Khan Vernacular House Learning Centre HISTORISCHES GEBÄUDE

(แหล่งเรียนรู้บ้านพื้นถิ่นเชียงคาน; Soi 19; ⌚tagsüber) GRATIS Diese bescheidene, aber faszinierende Einrichtung bietet Informationen auf Englisch und Thai über die verschiedenen Arten von traditionellen Holzhäusern

Chiang Khan

Chiang Khan

Sehenswertes
1 Chiang Khan Vernacular House Learning Centre D1

Schlafen
2 Buppa Boutique Hotel C1
3 Chiang Khan Guesthouse D1
4 Garage A3
5 Norn-Nab-Dao A2
6 Old Chiangkhan Boutique Hotel D1

Essen
7 Jer Loei B2
8 Rabiang Rim Khong B2
9 Ting Song Tam D2

Ausgehen & Nachtleben
10 Husband & Wife B2

Transport
11 Nok Air D1

in Chiang Khan. Sie befindet sich unter einem solchen 120 Jahre alten Wohnhaus einer Familie.

Phu Thok AUSSICHTSPUNKT

(ภูทอก) In den kühlen Monaten pilgern Besucher von Chiang Khan zum nahe gelegenen Berg Phu Thok, um den Sonnenaufgang und die Aussicht auf das „Nebelmeer" zu genießen. Wer kein eigenes Vehikel hat, kann Fahrten über das eigene Hotel arrangieren. Dabei geht es zunächst per Tuk-Tuk zum Berg (100 B pro Pers.) und dann mit einem *sŏrng·tăa·ou* (25 B pro Pers.) hinauf zu dessen Gipfel.

Kaeng Khut Khu NATUR

(แก่งคุดคู้) Die berühmte Biegung des Mekong vor der prachtvollen Bergkulisse mit Blick auf die Stromschnellen ist ein beliebter Zwischenstopp. Hier lassen sich auch Bootstouren unternehmen (100 B pro Pers.). Der Aussichtspunkt liegt 5 km stromabwärts der Stadt; die Fahrt mit dem Tuk-Tuk kostet hin und zurück 100 B pro Person.

Im umliegenden Park verkaufen zahlreiche Händler die Kokossüßigkeit *má·prów gâew*, eine örtliche Spezialität, die auch in der Stadt erhältlich ist. Hier kann man auch gut *gûng-paa* (knusprig gebratene Garnelen) probieren, die ein wenig wie Frisbees aussehen, und *gûng đên* (tanzende Garnelen), kleine Schüsseln mit lebenden Garnelen.

Aktivitäten

Viele Pensionen organisieren Bootsausflüge nach Kaeng Khut Khu oder in die weitere Umgebung. Wegen der tollen Berglandschaft sind solche Touren absolut empfehlenswert,

INSIDERWISSEN

MILDE GABEN AM MORGEN

Ein Tablett mit Lebensmitteln zu kaufen, um es den Mönchen auf ihrem morgendlichen Rundgang zu geben (*dàk baht*), ist in Chiang Khan ein gut gehendes Geschäft geworden, vor allem durch die Besucher aus Bangkok. Man sollte es aber unterlassen, denn es entspricht nicht der hiesigen Tradition, nach der man die Schalen der Mönche nur mit Klebreis füllen darf – andere Nahrungsmittel sollten als Spende zum Tempel gebracht werden. Neben dieser Bitte heißt es auf den in der Th Chai Khong angebrachten Schildern mit den Dos and Don'ts u. a. auch, dass man keine Abfälle auf die Straße werfen und sich leise verhalten soll.

vor allem bei Sonnenuntergang. Die Preise hängen von den Benzinpreisen ab, eine typische einstündige Tour kostet für bis zu 15 Personen um die 800 B.

Wer auf eigene Faust nach Kaeng Khut Khu kommt, kann dort Bootstouren für 100 B pro Person unternehmen.

Feste & Events

Phi Kon Nam KULTUR
(Ban Na Sao; Mai oder Juni) Das kaum bekannte Phi-Kon-Nam-Fest in Ban Na Sao, 7 km südlich von Chiang Khan, ist Teil des Bun Bâng Fai (Raketenfest; S. 467) im Dorf, mit dem der Regen herbeigelockt werden soll. Es fällt zeitlich mit dem Visakha Bucha zusammen. Die Einheimischen glauben, dass die Seelen ihrer Kühe und Büffel nach dem Tod im Ort herumziehen. Um sie zu ehren und mit ihnen zu kommunizieren, ziehen sie wilde Büffelmasken und bunte Kostüme an.

Schlafen

Chiang Khan Guesthouse PENSION $
(086 325 7958; guesthouse.ck@gmail.com; 282 Th Chai Khong; DZ mit Ventilator/Klimaanlage 200/500 B;) Diese einfache Unterkunft im traditionellen Stil mit knarrenden Dielen und Blechdach ist total abgenutzt und deshalb auch so billig – ein echtes Schnäppchen ist Zimmer 1 mit Ventilator und Flussblick für 200 B. Von der Gemeinschaftsterrasse im 2. Stock blickt man auf den Fluss und der immer lächelnde Besitzer Ong sorgt dafür, dass man sich hier schnell wie zu Hause fühlt.

Garage BOUTIQUEHOTEL $
(081 565 4330; Th Srichiang Khan; EZ/DZ/3 BZ/4 BZ 500/600/700/800 B;) Die originelle kleine Pension für Hipster unter den Touristen bietet ein raues, städtisches Lagerhausflair mit Autowerkstattmotto und fünf individuell ausgestatteten Zimmern, darunter eins mit einem Doppelbett in einem umgebauten VW-Camper. Der Eigentümer Jo spricht Englisch und betreibt um die Ecke auch noch eine Bar mit selbst gebrautem Bier.

Buppa Boutique Hotel PENSION $$
(089 694 3336, 042 821705; 340 Th Chai Khong; DZ 1000–1200 B;) Die Inhaber dieser Unterkunft mit drei Zimmern haben historische Familienerbstücke von 1925 mit Modernem kombiniert, und das Ergebnis kann sich sehen lassen. Mehr als anderswo in Chiang Khan fühlt man sich hier in die gute alte Zeit zurückversetzt. Von zwei der Zimmer blickt man auf den Fluss. Frühstück gibt's keins, aber dafür Tee und Kaffee im gemütlichen Wohnbereich.

Old Chiangkhan Boutique Hotel BOUTIQUEHOTEL $$$
(088 340 3999; Soi 20, Th Chai Khong; DZ mit Frühstück 1600–1800 B; P) Das stattliche alte Thai-Wohnhaus von 1852 ist in ein Hotel verwandelt worden. Um einen Innenhof liegen geschmackvoll eingerichtete Zimmer mit Doppelbetten. Die teureren Zimmer haben Blick auf den Mekong.

Norn-Nab-Dao HOTEL $$$
(086 792 0215; Soi 3; mit Frühstück DZ & 2BZ 1700–2200 B, 4 BZ 2900 B; P) Dieses Hotel ist nicht komplett aus Holz, verbreitet aber dennoch einen gewissen Charme. Die nett gestrichenen Zimmer sind rund um einen zentralen Innenhof angeordnet, die vier Endzimmer bieten einen grandiosen Blick auf den Fluss. Diese Unterkunft ist eine gute Wahl für alle, die keinen Wert auf Luxus legen und sich nicht mit den nervigen Marotten vieler anderer Unterkünfte in Chiang Khan auseinandersetzen wollen.

Essen & Ausgehen

★ **Ting Song Tam** THAI $
(088 029 8251; Soi 21, Th Srichiang Khan; Hauptgerichte 30–100 B; 8.30–18 Uhr) Dieses Lokal ist eins unserer Lieblingsrestaurants in der Provinz Loei. Hier gibt es die üblichen Isan-Gerichte, die Spezialität sind aber *đôrng-dêng*-Nudeln (eine superdicke

Variante der *kà·nŏm-jeen*-Nudeln), die für jede Bestellung frisch hergestellt werden. Sie passen gut zu *sôm·đam* (50 B), können aber auch mit Chili-Sauce und Gemüse gegessen werden. *Kôw þûn rórn*, eine Spezialität aus Chiang Khan, wird gern mit *gài yâhng* (gegrilltes Hühnerfleisch) gegessen.

Ein englischsprachiges Hinweisschild findet man hier nicht. Gut zu erkennen ist das Restaurant jedoch an den Waschmaschinen vor dem Essbereich.

★ Rabiang Rim Khong THAI $

(Soi 10, Th Chai Khong; Hauptgerichte 60–250 B; ⌚10.30–21.30 Uhr) Dieses Lokal war bei den Einheimischen schon lange vor dem Touristenboom beliebt. Die Preise sind mittlerweile etwas gestiegen und das Gebäude wurde umgebaut, aber die Qualität ist so gut wie eh und je.

Jer Loei THAI $

(เจอเลย; 379 Th Chai Khong; Hauptgerichte 80–150 B; ⌚17–24 Uhr; 📶) Vom Dekor bis hin zur Musik ist hier alles typisch thailändisch. Die Tische stehen so dicht am Fluss, dass man den Sonnenuntergang bewundern kann. Auf der kleinen Speisekarte stehen viele Thai-Salate und *đôm sâep* (Isan-Suppe).

★ Husband & Wife CAFÉ

(Soi 8, Th Chai Khong; Kaffee ab 40 B, Mahlzeiten 50 B; ⌚7–21 Uhr; 📶) Dies ist das angenehmste einer Reihe niedlicher Cafés an der Th Chai Khong. Es ist voller Pflanzen und wartet mit Holzfensterläden auf. Neben ausgezeichnetem Kaffee gibt's hier Tee, Smoothies und eine Handvoll köstlicher Thai-Gerichte (Reis, Nudeln, Suppen). Gäste werden freundlich empfangen und oben befinden sich noch drei einfache, aber schicke Zimmer (1000 B, ohne eigenes Bad 600 B).

ℹ Praktische Informationen

Immigration Office (☎042 821911; Soi 26, Th Chai Khong; ⌚Mo–Fr 8.30–12 & 13–16.30 Uhr) Visaverlängerungen.

ℹ An- & Weiterreise

BUS

Sŏrng·tăa·ou (Passagier-Pick-ups) nach Loei (35 B, 1½ Std.) starten etwa alle 30 Minuten von einer Haltestelle in der Th Srichiang Khan (Ecke Soi 26). Sie fahren Richtung Westen durch die Soi 23 und dann Richtung Süden auf den Hwy 201. Es ist möglich, an der Strecke zuzusteigen. Busse nach Loei (34 B, 1 Std., 6.30–15.30 Uhr stündl.) starten am Busbahnhof **Nakhonchai Transport** (☎042 821905; Hwy 201) und fahren bis nach Khorat (283 B, 7 Std.).

Eine direkte Verbindung nach Nong Khai gibt es nicht. Am schnellsten kommt man über Loei und Udon Thani dorthin. Schöner ist aber die Fahrt über die malerische Uferstraße. Dazu mit dem *sŏrng·tăa·ou* Richtung Loei nach Süden bis Ban Tad (20 B, 30 Min.) fahren und dort in den Bus nach Nong Khai umsteigen, der um 6 Uhr in Loei abfährt, oder in ein *sŏrng·tăa·ou*, das von Loei nach Pak Chom fährt.

Vier Unternehmen, **Air Muang Loei** (☎082 642 1629; Soi 23, Th Srichiang Khan), **999 VIP** (☎089 893 2898; Soi 9), **Phu Kradung Tours** (☎089 842 1524; Tankstelle, Hwy 201) und **Sun Bus** (Hwy 201), fahren nach Bangkok (10–11 Std.). Los geht's morgens und am frühen Abend vor den jeweiligen Büros. Die Fahrkarten kosten zwischen 419 B und 652 B; 999 VIP und Sun Bus bieten den besten Deluxe-Service.

FLUGZEUG

Air Asia und Nok Air bieten über den Flughafen Loei einen Fly-and-Ride-Service zu Bangkoks Flughafen Don Mueang an. Treffpunkt von Air Asia ist das Old Chiangkhan Boutique Hotel, **Nok Air** (Triple Z Hostel; ☎097 319 9097; Soi 20) nutzt das Triple Z Hostel.

ℹ Unterwegs vor Ort

Die meisten Hotels stellen ihren Gästen kostenlos Fahrräder zur Verfügung. Ansonsten kann man sich auch überall in der Stadt für 50 B pro Tag einen Drahtesel leihen. Motorräder (250 B pro Tag) leiht man sich am besten in der Soi 9, wo es drei Vermieter gibt.

Pak Chom

☎042

Etwa 70 km östlich von Chiang Khan liegt die verschlafene Stadt Pak Chom (ปากชม) am Mekong, die eigentlich nicht mehr ist als ein großes Dorf und das Marktzentrum der Region. Abgesehen von dem spektakulären Blick auf den Fluss, der den des Schwesterorts um Längen schlägt, hat Pak Chom nichts Sehenswertes zu bieten. Und in einer derart schönen Gegend fehlen natürlich auch hervorragende Resorts nicht. Ein tolles Ziel für alle, die rustikales Relaxen und natürlichen Charme lieben.

Schlafen & Essen

Obwohl oder vielleicht gerade weil Pak Chom so abgelegen ist, gibt es hier hervorragende Unterkünfte für jeden Geldbeutel.

In der Stadt findet man ein paar Restaurants, aber die meisten Touristen essen im Resort.

★ Mekong Riverside Resort & Camping
RESORT $$

(☎082 272 7472; www.mekongriverside.com; Hwy 211; DZ mit Frühstück ab 1350 B, Camping 150 B pro Pers.; P❄📶) Die entzückende Unterkunft mit Postkartenblick auf den Mekong ist vor allem bei Travellern beliebt. Betreiberin Khun Ben und ihr Ehemann Mike liefern zahllose Infos über die Gegend und geben gute Tipps zu Aktivitäten und Sehenswertem. Die vier Zimmer sind einfach, aber geschmackvoll und gemütlich eingerichtet. Reservieren!

Man kann auch zelten, benötigt dafür jedoch seine eigene Ausrüstung. Eine abendliche Bootstour ist hier quasi ein Muss; das Restaurant des Resorts serviert ausgezeichnetes Essen (Hauptgerichte 80–400 B) aus aller Welt.

Rim Nam Kong Homestay & Camping
PRIVATZIMMER $$

(☎099 125 0461; Hwy 211; DZ mit Frühstück 600–900 B, Camping im eigenen/gemieteten Zelt 150/200 B pro Pers.; P❄📶) Die charmante, freundliche, nett eingerichtete Unterkunft scheint sich aus Chiang Khan aufs Land verirrt zu haben. Die Mitglieder der tollen Gastfamilie sprechen ein hervorragendes Englisch. Alle Zimmer verfügen über ein eigenes Bad, mit Ausnahme des Zimmers mit dem besten Blick auf den Fluss. Die Unterkunft befindet sich 1 km westlich des Ortes, auf Wunsch wird man an der Bushaltestelle abgeholt.

ℹ An- & Weiterreise

Pak Choms Bushaltestelle befindet sich auf dem Marktplatz, 500 m östlich der Kreuzung. Große *sŏrng·tăa·ou* fahren von 5.50 bis 12 Uhr stündlich und dann noch einmal um 16 Uhr nach Loei (60 B, 2½ Std.). Zwischen Pak Chom und Chiang Khan verkehren keine öffentlichen Verkehrsmittel. Man muss mit einem *sŏrng·tăa·ou* in Richtung Loei nach Ban Tad (45 B, 1½ Std.) fahren und dort in ein *sŏrng·tăa·ou* nach Chiang Khan (20 B, 30 Min.) umsteigen. Um 5, 10 und 15 Uhr fahren nichtklimatisierte Busse nach Nong Khai (80 B, 4 Std.).

Dan Sai

☎042

362 Tage im Jahr ist Dan Sai (ด่านซ้าย) ein harmloses kleines Städtchen mit einem kleinen Markt und einer staubigen Hauptstraße. An den restlichen drei Tagen verwandelt sich der Ort aber in den Schauplatz eines der muntersten und lautesten Feste im ganzen Land, das Phi Ta Khon. Der ansonsten friedvolle Ort ist vielleicht nicht jedermanns Sache, aber wer die Langsamkeit liebt und einen guten Einblick in das Leben hier bekommen möchte, für den ist Dan Sai genau das Richtige.

◉ Sehenswertes

Phi Ta Khon Museum
MUSEUM

(พิพิธภัณฑ์ผีตาโขน; Th Kaew Asa; ⏲8.30–16.30 Uhr) GRATIS Der Wat Phon Chai, der Tempel hinter dem großen weißen Tor, spielt bei den Phi-Ta-Khon-Festlichkeiten eine wichtige Rolle – somit ist er also ein passendes Zuhause für dieses Museum, das auch als Dansai Folk Museum bekannt ist. Es beherbergt eine Sammlung von Kostümen, die während des Festes getragen werden, und eine Ausstellung über die Herstellung der Masken. Es gibt nur wenige Erläuterungen auf Englisch, aber die Masken sind trotzdem interessant. Von der Haltestelle Dan Sai an der Fernstraße der Nebenstraße Richtung Dan Sai folgen – dann ist das Museum nach 200 m auf der rechten Seite.

✱ Feste & Events

Phi Ta Khon Festival
KULTUR

Das Phi-Ta-Khon-Fest verbindet ein buddhistisches Fest (Phra Wet) mit dem Raketenfest (Bun Bâng Fai; S. 467). Das Ergebnis ist ein seltsamer Mix aus angeheiterter Karnevalsstimmung und gruseliger Maskerade à la Halloween.

Die Ursprünge des Festes liegen im Dunkeln. Einige der Elemente scheinen jedoch mit Geisterkulten der Thaivölker (möglicherweise der Thai Dam) zusammenzuhängen. Den genauen Termin des Festes (meist irgendwann im Juni) verkündet das einheimische Medium Jao Phaw Kuan, über das sich die Schutzgottheit der Stadt offenbart. Am ersten Tag des Fests vollführt Jao Phaw Kuan ein Opfer, um Phra Upakud – einen erleuchteten Mönch mit übernatürlichen Kräften, der sich entschloss, sich in einen Block weißen Marmors zu verwandeln, um bis in alle Ewigkeit unter Wasser zu leben – einzuladen, in die Stadt zu kommen. Dann legen die Einheimischen ausgeflippte Kostüme und Masken an, um – angestachelt von *lôw kŏw* (Whisky aus Reis) – zwei Tage lang durchzutanzen, bevor sie am dritten Tag ihre Raketen starten und zum Tempel ziehen, um Gebeten zu lauschen. Diesem einzigartigen Fest ist das Phi Ta Khon Museum gewidmet.

INSIDERWISSEN

ISAN-KÜCHE

Die kulinarischen Kreationen des Isan sind ein Mix aus laotischer und thailändischer Küche. Die heilige Dreifaltigkeit der nordöstlichen Küche – *gài yâhng* (mariniertes Grillhähnchen), *sôm·đam* (pikanter Papayasalat) und *kôw nĕe·o* (Klebreis) – ist fester Bestandteil der hiesigen Kultur. Wichtige Zutaten der meisten Gerichte sind auch Chili und scharfer Paprika. Auswärtige – und das schließt auch die meisten anderen Thailänder ein – sind keine Fans von *þlah ráh*, einer vergorenen Fischsauce, die aussieht wie Schlamm. Für die Menschen im Isan ist sie aber für eine gute Küche von zentraler Bedeutung. Enthält ein *sôm·đam* keine Fischsauce, ist es kein richtiges *sôm·đam*.

Fisch beherrscht die Speisekarte im Isan. Zu den beliebtesten Arten gehören *þlah dùk* (Wels), *þlah chôrn* (Quergestreifter Schlangenkopffisch) und *þlah boo* (Sandgrundel), aber in letzter Zeit sind auch gezüchtete Tilapia (*þlah nin*) immer öfter auf den Tellern zu finden. Insekten waren früher ein traditionelles Hauptnahrungsmittel einheimischer Familien und sind auch heute noch ein sehr beliebter Snack. Seidenweberinnen essen die gekochten Seidenraupenlarven beim Arbeiten und auf so gut wie jedem Nachtmarkt gibt's einen Insektenverkäufer. So sieht man draußen auf dem Land mitunter violette Lichter, die zum Fang von riesigen Wasserläufern *(maang dah)* dienen, aus denen eine aromatische Chili-Paste *(prík maang dah) hergestellt wird.*

Neben *gài yâhng, sôm·đam, kôw nĕe·o* und den schon genannten Insekten bieten die folgenden Speisen einen guten Einstieg in die Küche des Isan:

lâhp Thailands berühmter „Hackfleisch-Salat" – wie er gewöhnlich genannt wird – stammt eigentlich aus dem Isan und ist, wenn er hier serviert wird, eines der schärfsten Gerichte des ganzen Landes. Manchmal kommt er auch roh auf den Tisch, der Verzehr ist aber wegen der Gefahr von Bakterien und Parasiten nicht zu empfehlen. Statt Fleisch können als Basis auch andere Sachen wie etwa Pilze dienen.

nám đòk Eigentlich das gleiche wie *lâhp*, jedoch wird das in Streifen geschnittene Fleisch gegrillt und nicht gewürfelt und gekocht.

đôm sâap Die Isan-Version von *đôm yam* (scharf-saure Suppe). Sie enthält meistens Innereien und Sehnen, also die nach der Zubereitung von *lâhp* übrig gebliebenen Weichteile eines Tieres.

súp nòr mái Das manchmal mit „Bambussprossen-Salat" übersetzte *súp* ist eigentlich eher eine Sauce zum Dippen und weitaus weniger scharf als die meisten anderen Isan-Gerichte.

gaang òrm Dieses typische Isan-Curry enthält viele Kräuter und ist nur schwach gewürzt. Wie in allen Isan-Currys ist auch hier keine Kokosmilch enthalten.

gaang hèt Für dieses „Pilz-Curry", ein weiteres beliebtes Gericht des Nordostens, wird oft Tamarinde verwendet, um ihm einen leicht säuerlichen Geschmack zu verleihen. Die Mischung ist in der Regel jahreszeitlich abhängig: Es kommt darauf an, welche Pilze gerade im Wald zu finden sind.

sâi gròrk ee·săhn Fermentiertes Schweinefleisch ist für das säuerliche Aroma der „Isan-Wurst" verantwortlich. Klebreis, Knoblauch und Salz kommen ebenfalls mit rein.

þlah pŏw Gegrillter Fisch in Salzkruste mit einer Füllung aus Pandanussblättern und Zitronengras.

Schlafen & Essen

Homestay PRIVATZIMMER $
(☎088 491 4319, 042 892339; B/2BZ & DZ 200/550 B; Ⓟ) Mehrere Dörfer bei Dan Sai betreiben schon seit mehreren Jahren ein erfolgreiches Homestay-Programm mit Privatunterkünften und die Familien kümmern sich bestens um westliche Gäste. Wenn sie nicht zur Arbeit müssen – die meisten Gastgeber, die Englisch sprechen, sind Lehrer –, nehmen sie sie mit zu typischen Alltagserledigungen. Organisiert werden kann alles über Kawinthip Hattakham.

Baan Chan Bhu HOTEL $
(☎042 891072, 081 561 7530; Rte 2013; DZ 600 B; ❄📶) Die Zimmer hier sind schlicht, aber

sehr gepflegt. Das zweistöckige Hotel ist zwar nichts Besonderes, aber für Dan Sai überdurchschnittlich gut. Wenn niemand da ist, wenn man ankommt, oben nachschauen! Das Hotel liegt an der Fernstraße, 500 m von der Bushaltestelle Dan Sai Richtung Phitsanulok.

PhuNaCome Resort RESORT $$$
(042 892005; www.phunacomeresort.com; Rte 2013; DZ mit Frühstück 4200–6500 B; P ❄ @ 📶 ≋) Das Luxusresort holt aus der Lage auf dem Land das Beste heraus. In der Küche werden Bioreis und Gemüse verarbeitet, das auf dem Grundstück angebaut wird. Auch Seife und Waschmittel stellt das Resort selbst her. Die Standardzimmer und einige coole strohgedeckte Holzcottages im Stil des Isan säumen eine Reihe von Teichen. Sowohl Zimmer als auch Hütten sind opulent und hübsch und bieten schöne Ausblicke.

In der Lobby gibt's eine Bibliothek, einen Massageservice und ein Restaurant mit thailändischem und westlichem Essen (nur für Gäste) und es können Fahrräder ausgeliehen werden. Da das Resort keine Chemikalien einsetzen möchte, ist der Pool mit Salzwasser gefüllt. Das Resort liegt 2,5 km Richtung Loei gleich abseits der Fernstraße.

★ **Baan Doen Cake & Coffee** CAFÉ $
(Rte 2013; Kaffee ab 45 B, Smoothies 55 B, Burger 69–99 B; 9–17.30 Uhr; 📶) Das funkige Café an der Straße bietet tollen Kaffee und spektakulär gute Smoothies aus frischem Obst sowie hausgemachte Cookies und Kuchen und ein paar verschiedene Gourmet-Burger. Das Café liegt 100 m Richtung Loei an der Fernstraße.

Nachtmarkt MARKT $
(Th Kaew Asa; 16–21.30 Uhr) An ein paar Lebensmittelwagen gegenüber vom städtischen Markt von Dan Sai, gleich hinter dem Kunsthandwerksladen Kawinthip Hattakham, wird Thai- und Isan-Essen angeboten, u. a. die hiesige Version von *sôm·đam* ohne Fischsauce.

Shoppen

★ **Kawinthip Hattakham** GESCHENKE & SOUVENIRS
(กวินทิพย์หัตถกรรม; 042 892339, 086 862 4812; 197/1 Th Kaew Asa; 8–19 Uhr) In diesem Geschäft für Phi-Ta-Khon-Masken und andere Dinge, die mit dem Fest in Verbindung stehen, kann man schön herumstöbern und ungewöhnliche Mitbringsel kaufen. Außerdem kann man Fahrräder leihen (100 B pro Tag), es gibt Kaffee aus Loei und der Laden managt das Homestay-Programm. Er liegt an derselben Straße wie das Phi Ta Khon Museum, nur rund 500 m weiter und auf der linken Seite.

Praktische Informationen

Bangkok Bank (Rte 2013; 10.30–19 Uhr) Die Bank im Tesco-Lotus ist die einzige in Dan Sai, die abends und am Wochenende geöffnet ist.

An- & Weiterreise

Die Zahl der Busse, die Dan Sai anfahren, hat in den letzten Jahren abgenommen, doch von Loei aus kann man recht leicht mit dem Bus herkommen. Die Busse von zwei Busunternehmen halten an der Bushaltestelle von Dan Sai in der Nähe der Kreuzung der Th Kaew Asa und der Rte 2013. Von den insgesamt sieben Bussen, die zwischen Loei (60–134 B, 1½–2 Std.) und Phitsanulok (64–90 B, 3 Std.) verkehren, fahren die meisten gen Osten nach Loei und passieren den Ort nachts, zwei kommen aber auch nachmittags durch Dan Sai.

Zwei Minivans (80 B, 1½ Std., 11–15 Uhr) – sie parken gegenüber vom 7-Eleven beim städtischen Markt – fahren nach Lomsak, wo man problemlos Anschluss nach Phitsanulok im Westen oder Khon Kaen im Osten hat; die fahrplanmäßigen Abfahrtszeiten sind jedoch sehr theoretisch. Außerdem gibt es vier Busse nach Bangkok (342 B, 9 Std., 8, 12.30, 10.30 & 22 Uhr) über Lomsak. Los geht's gegenüber von der PT-Tankstelle an der Rte 2013 westlich der Kreuzung.

Phu Kradueng National Park

Der **Phu Kradueng National Park** (อุทยานแห่งชาติภูกระดึง; 042 810833; 400 B; Weg auf den Gipfel Okt.–Mai 7–14 Uhr) ist einer der beliebtesten Nationalparks in Thailand. Auf dem namensgebenden Gipfel zu übernachten ist für viele Studenten aus der Region eine Art Initiationsritus. Der Park umfasst ein Hochplateau mit vielen Wanderwegen, Felsen und Wasserfällen. Thailands zweiter Nationalpark liegt in einer Höhe von bis zu 1316 m. In seinen höchsten Lagen ist es immer recht kühl (Jahresdurchschnittstemperatur 20 °C), und die Flora ist eine Mischung aus Kiefernwald und Savanne. In dem 348 km² großen Park leben viele verschiedene Waldtiere, darunter Elefanten, Goldschakale, Kragenbären, Sambarhirsche, Seraue, Makaken und Weißhandgibbons.

Während der Schulferien (März–Mai & vor allem über Neujahr) kann es im Park ausgesprochen voll werden. Von Juni bis September ist er geschlossen.

Aufstieg auf den Phu Kradueng

Am Fuß des Berges gibt's ein kleines Besucherzentrum, wo man sich vor dem Aufstieg registrieren sollte, sowie einen Läden und Esslokale, aber fast alles andere findet sich oben. Der Hauptweg auf den Phu Kradueng ist 5,5 km lang; man braucht drei bis vier Stunden, um hinaufzuklettern. Der Marsch ist zwar anstrengend (1200 Höhenmeter sind zu überwinden), aber wenn der Weg trocken ist, nicht besonders schwierig, da an den meisten steilen Abschnitten Stufen sind. Im Abstand von ungefähr 1 km sind an der landschaftlich schönen Strecke Rastplätze mit Imbissständen eingerichtet. Oben angekommen, sind es noch weitere 3 km bis zum Hauptbesucherzentrum und zu den Unterkünften. Träger transportieren das Gepäck der Besucher an Bambusstangen befestigt nach oben (30 B/kg). Aus Sicherheitsgründen darf man den Aufstieg nicht nach 14 Uhr beginnen.

Wanderung am Gipfel

Am schönsten ist der Pfad, der in einem bewaldeten Tal an sechs Wasserfällen vorbeiführt. Das gilt sogar noch nach November, wenn die Fälle weitestgehend ausgetrocknet sind. Über den ganzen Berg verteilen sich viele Felsen mit Aussichtspunkten, von denen aus man den wunderbaren Sonnenunter- und -aufgang genießen kann.

Schlafen & Essen

Die Restaurants oben auf dem Berg sind abends so lange geöffnet, wie Gäste da sind. Auch unten gibt es Restaurants und Geschäfte.

Campingplatz des Phu Kradueng National Park CAMPINGPLATZ $
(☎042 810833; 30 B pro Pers. mit eigenem Zelt, Leihzelt 200 B) Auf dem Berg können 5000 Personen campen. Schlafsäcke (30 B), Matten (20 B) und Kissen (10 B) können geliehen werden. Aus den Duschen kommt kaltes Wasser, die Einrichtungen sind jedoch ganz solide.

Bungalows des Phu Kradueng National Park BUNGALOWS $
(☎042 810833; http://nps.dnp.go.th/reservation.php; Bungalow 900–3600 B) Der Phu Kradueng National Park bietet eine Auswahl an geräumigen Bungalows mit Platz für sechs bis zwölf Personen.

Praktische Informationen

Vor dem Aufstieg sollte man sich im **unteren Besucherzentrum** (☎042 810833; ⏲7–17 Uhr) registrieren und sich dann im **oberen Besucherzentrum** (⏲6–19 Uhr) melden, um die Unterkunft zu organisieren.

An- & Weiterreise

Busse, die zwischen Loei (53 B, 1½ Std., alle 30 Min.) und Khon Kaen (91 B, 2½ Std.) verkehren, halten in dem Ort Phu Kradueng. Von dort kommt man mit einem *sŏrng·tăa·ou* (30 B pro Pers., gesamtes Fahrzeug 300 B) oder mit dem Motorradtaxi (100 B) zum 10 km entfernten Fuß des Berges.

Der **Parkeingang** (400 B; ⏲Okt.–Mai) befindet sich etwa 500 m vor dem unteren Besucherzentrum; hier bezahlt man auch die Eintrittsgebühr.

PROVINZ NONG KHAI

Die schöne Provinz Nong Khai (จังหวัดหนองคาย) liegt an einem schmalen Abschnitt des Mekong. Da sie auf der Strecke nach Vientiane in Laos liegt, das nur einen Katzensprung über die Freundschaftsbrücke entfernt ist, gehört die Provinz zu Nordostthailands beliebtesten Reisezielen. Der surreale Skulpturenpark Sala Kaew Ku ist auf jeder Reise durch die Region ein Muss. Die Städtchen und Tempel am Mekong westlich der Provinzhauptstadt laden Reisende zum Entschleunigen ein.

Nong Khai

☎042 / 47 600 EW.

Nong Khai (หนองคาย), am Ufer des Mekong direkt gegenüber von Vientiane in Laos, ist seit Langem bei Travellern sehr beliebt – und das nicht nur wegen der Nähe zur laotischen Hauptstadt und der Unmengen Bananenpfannkuchen. Verführt von den traumhaft rosafarbenen Sonnenuntergängen und dem gemächlichen Lebenstempo bleiben viele Besucher letztendlich länger als geplant.

Geschichte

Früher gehörte dieses Gebiet die meiste Zeit zum Königreich von Vientiane (Wiang Chan), das selbst zwischen Unabhängigkeit und Tributpflicht an Lan Xang und Siam schwankte. 1827 ermächtigte Rama III. den thailändischen Fürsten Thao Suwothamma

Rund um Nong Khai

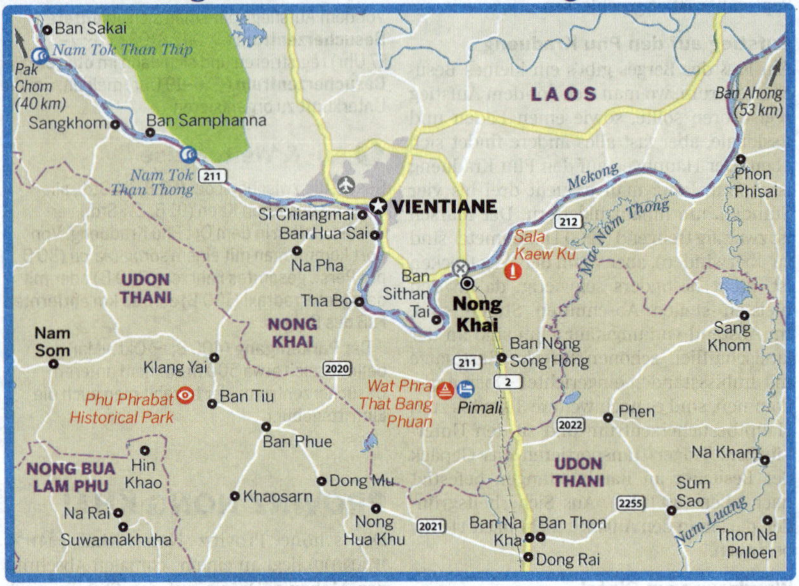

zur Gründung von Meuang Nong Khai an der Stelle der heutigen Stadt. Er wählte diesen Ort, da die umliegenden Sümpfe *(nong)* die Verteidigung der Stadt erleichterten.

Als die Franzosen 1893 Westlaos von Thailand abspalteten, forderten sie, dass im Abstand von 25 km zum Fluss keine thailändischen Soldaten stationiert sein dürften. Deshalb zogen Soldaten und Verwaltung gen Süden, gründeten Udon Thani und aus Nong Khai wurde tiefste Provinz.

Genau 101 Jahre später läutete die Eröffnung der 30 Mio. US$ teuren und 1174 m langen Saphan Mittaphap Thai-Lao (thailändisch-laotische Freundschaftsbrücke) eine neue Ära ein, in der sich Nong Khai zu einem regionalen Handelszentrum und Verkehrsknotenpunkt entwickelte. Von ihrem Lebensgefühl her ist Nong Khai aber noch immer eine Kleinstadt.

Sehenswertes

★ Sala Kaew Ku SKULPTURENPARK

(ศาลาแก้วกู่, Wat Khaek; 40 B; ⏲7–18 Uhr) Sala Kaew Ku gehört zu Thailands rätselhaftesten und auch beeindruckendsten Attraktionen. Der im Lauf von über 20 Jahren von dem Mystiker Luang Pu Boun Leua Sourirat (gest. 1996) angelegte Park beherbergt ein sonderbares und wunderschönes Sammelsurium von Zementstatuen, die Buddha, Shiva, Vishnu und andere göttliche Wesen darstellen sollen. Der Hauptschrein ist vollgestopft mit unzähligen kleineren Skulpturen verschiedener Art und Herkunft sowie mit Fotos von Luang Pu aus verschiedenen Zeiten seines Lebens. Sein Leichnam ruht unter einer Glaskuppel, umgeben von blinkenden Lichtern.

Nach eigenen Angaben fiel Luang Pu als Kind in ein Loch, in dem er einen Asketen namens Kaewkoo getroffen hat. Dieser weihte ihn in die mannigfaltigen Geheimnisse der Unterwelt ein und stellte so die Weichen dafür, ein brahmanischer Yogi-Priester und Schamane zu werden. Luang Pu entwickelte seine ganz eigene Mischung aus hinduistischer und buddhistischer Philosophie und fand in dieser Region auf beiden Seiten des Mekong eine große Anhängerschaft. Er startete sein Projekt ursprünglich auf der laotischen Seite des Flusses, wo er bis zur kommunistischen Machtübernahme 1975 lebte.

Manche Skulpturen sind recht amüsant. Kinder begeistert vor allem der Elefant, der gelassen durch ein Rudel menschenähnlicher Hunde stampft (dies soll verdeutlichen, dass man sich nicht stören lassen soll vom Tratsch der anderen). Die höchste Skulptur ist ein 25 m großer Buddha, der auf einer zusammengerollten *naga* (Schlangengottheit) unter dem spektakulären Baldachin einer siebenköpfigen Schlange sitzt. Unbedingt sehenswert ist auch das Rad des Lebens, das man durch einen gigantischen „Mund" betritt. Eine Erklärung findet man auf der Rückseite des praktischen Plans des Skulpturenparks, der im Mut Mee Garden Guesthouse erhältlich ist.

Alle Busse von Nong Khai in Richtung Osten passieren die Straße zum Sala Kaew Ku (10 B). Der Park ist etwa fünf Gehminuten von der Schnellstraße entfernt. Ein Tuk-Tuk kostet hin und zurück ca. 250 B (inkl. 1 Std. Wartezeit). Man kann auch mit dem Fahrrad dorthin fahren (30 Min.). Die malerische Strecke ist auf der Karte des Mut Mee Garden Guesthouse eingezeichnet.

Wat Pho Chai BUDDHISTISCHER TEMPEL
(วัดโพธิ์ชัย; Th Phochai; ⏲tagsüber, Ubosot 6–18.30 Uhr) GRATIS Im Zentrum von Nong Khais heiligstem Tempel sitzt der Luang Po Phra Sai. Diese große Buddha-Statue aus der Lan-Chang-Zeit ist über und über mit Gold, Bronze und Edelsteinen bedeckt. Ihr Kopf besteht aus purem Gold, der Körper aus Bronze. Das *ùt·sà·nít* (flammenförmiges Kopfornament) ist mit Rubinen besetzt. Vor Ort sollen sich viele Wunder zugetragen haben. Daher gehört dieser königliche Tempel zum Pflichtprogramm der meisten thailändischen Besucher.

Phra That Klang Nam BUDDHISTISCHER STUPA
(พระธาตุกลางน้ำ) GRATIS Der „Stupa in der Mitte des Flusses", manchmal Phra That Nong Khai genannt, ist die Ruine eines *chedis* im laotischen Stil mitten im Fluss und nur in der Trockenzeit bei niedrigem Wasserstand zu sehen – im Laufe des Jahres variiert dieser um rund 13 m. In der Mitte des 18. Jhs. wurde der Stupa vom mäandernden Mekong verschluckt und stürzte 1847 zusammen.

Obwohl er zerstört ist, ist er nach wie vor heilig. Wenn er zu sehen ist, schmücken ihn die Leute mit bunten Stoffen. Abends leuchtet am Ufer in der Nähe hell der **Phra That La Nong** (พระธาตุหล้าหนอง; Th Rimkhong) GRATIS, ein moderner *chedi* nach dem Vorbild des Originals.

Wat Noen Phra Nao Wanaram BUDDHISTISCHER TEMPEL
(วัดเนินพระเนาวนาราม; Hwy 212; ⏲tagsüber) GRATIS Dieser mitten im Wald südlich der Stadt gelegene Wat ist ein angesehenes Zentrum für *vipassana*-(Einsichts-)Meditation auf einem schönen, schattigen Gelände. Die sehr aufwendig mit Schablonen und Mosaiken verzierte Tempelarchitektur steht in markantem Gegensatz zu der sonst asketischen Ästhetik von Waldklöstern. Auf dem Gelände gibt es viele vietnamesische Gräber, manche Statuen wären auch in Sala Kaew Ku (S. 406) nicht deplatziert.

Tha Sadet Market MARKT
(ตลาดท่าเสด็จ; Th Rimkhong; ⏲8.30–18 Uhr) Der Markt ist das beliebteste Ziel der ganzen Stadt. Fast jeder liebt es, durch die Gänge der Markthalle zu bummeln, obwohl das Ganze eine gigantische Touristenfalle ist. Verkauft wird hier der übliche Mix aus Klamotten, Elektronik, Essen und allerlei Krimskrams – zumeist Importware aus Laos und China. Dazwischen gibt's aber auch ein paar Läden mit witzigen und hochwertigen Artikeln.

Aktivitäten

Pantrix Yoga GESUNDHEIT & WELLNESS
(www.pantrix.net; Soi Mutmee; 9900 B pro Woche) Hier bieten erfahrene Lehrer Wochen- und Monatskurse in Yoga für ernsthaft Interessierte an (keine Übernachtungsmöglichkeiten). Jeden Tag gibt's von 14 bis 15 Uhr kostenlose Yoga-Sitzungen. Das Studio liegt an der Gasse zum Mut Mee Garden Guesthouse, wo man auch den Weg gewiesen bekommt.

Healthy Garden MASSAGE
(☎042 423323; Th Banthoengjit; Thai-/Fußmassage 170/200 B pro Std.; ⏲8–20 Uhr) Offeriert die wirkungsvollsten Behandlungen der Stadt (Fußmassagen und traditionelle Thaimassagen) in klimatisierten Räumlichkeiten.

Feste & Events

Songkran KULTUR
(⏲Mitte April) Während des Songkran wird die kostbare Statue des Luang Po Phra Sai vom Wat Pho Chai im Rahmen eines Umzugs durch die Stadt getragen.

Raketenfest KULTUR
(⏲Ende Mai/Anfang Juni) Das Raketenfest (S. 467, *bun bâng fai)* von Nong Khai beginnt am Visakha-Bucha-Tag.

Chinesisches Drachenfest KULTUR
(⏲gewöhnlich Nov.) Besonders vergnüglich ist Nong Khais Version des chinesischen Drachenfests, das zehn Tage lang mit Drachentänzen, Akrobaten, chinesischer Oper und jeder Menge Knallkörpern gefeiert wird.

Anusahwaree Prap Haw Festival STRASSENKARNEVAL
(⏲5.–15. März) Das Anusahwaree Prap Haw Festival ist das größte Straßenfest der Stadt.

Nong Khai Zentrum

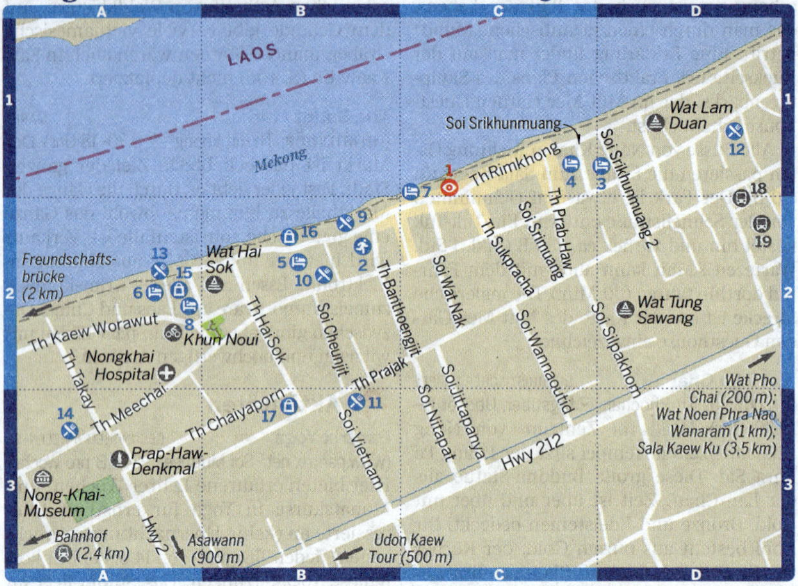

Nong Khai Zentrum

Sehenswertes
1 Tha Sadet Market C1

Aktivitäten, Kurse & Touren
2 Healthy Garden B2
Pantrix Yoga .... (s. 6)

Schlafen
3 Ban Sai Thong D1
4 E-San Guesthouse C1
5 Khiangkhong Guesthouse B2
6 Mut Mee Garden Guesthouse A2
7 Na Rim Khong River View C1
8 Siri Guesthouse A2

Essen
9 Daeng Namnuang B2
10 Darika Bakery B2
11 Dee Dee Pohchanah B3
Khao Soi .... (s. 10)
12 Mae Ut D1
13 Nagarina A2
14 Saap Lah A3

Shoppen
15 Hornbill Books A2
16 Nong Khai Walking Street Market B2
17 Village Weaver Handicrafts B3

Transport
18 Nakhonchai Air D2
19 Busbahnhof D2

Schlafen

Nong Khais Budgetunterkünfte sind vollständig auf den nicht abreißenden Strom von Backpackern ausgerichtet und gehören zu den besten im Isan. Es gibt auch viele gute Unterkünfte der Mittelklasse.

★ **Mut Mee Garden Guesthouse** PENSION $
(☎042 460717; www.mutmee.com; Soi Mutmee; DZ 220–1200 B; ❄📶) Nong Khais Budgetklassiker punktet mit einem wunderbar ruhigen, fast süchtig machenden Garten am Fluss, in dem sich an den meisten Abenden unzählige Traveller tummeln. Es gibt eine große Auswahl an Zimmern (die preiswertesten mit Gemeinschaftsbad, die teuersten mit tollem Balkon), die rund um eine strohgedeckte Gartenlounge angeordnet sind. Der Inhaber Julian gibt gern sein umfangreiches Wissen über die Gegend an seine Gäste weiter.

E-San Guesthouse PENSION $
(☎086 242 1860; 538 Soi Srikhunmuang; DZ mit Ventilator & Gemeinschaftsbad 300 B, mit Klimaanlage 500 B; P❄📶) Das kleine, wunderschön restaurierte Haus in Flussnähe mit langer Veranda ist eine stimmungsvolle Unterkunft für Backpacker. Die Zimmer mit Klimaanlage in einem Neubau sind nett, haben aber nicht den Charme der Räume im älteren Haus. Gäste können Fahrräder kostenlos benutzen. In der gleichen Straße gibt's noch zwei weitere Pensionen in Holzhäusern.

Khiangkhong Guesthouse HOTEL $
(☎042 422870; Th Rimkhong; DZ mit Ventilator/Klimaanlage 400/500 B; P❄📶) Dieser von einer Familie geführte Betonturm ist ein Zwischending aus Pension und Hotel. Die Terrasse im 3. Stock punktet mit Frischluft und Flussblick. Gleiches gilt für einige der Zimmer. Leihfahrräder sind umsonst.

Siri Guesthouse HOTEL $
(☎042 420299; Soi Hai Sok; DZ/2BZ 500/600 B; P❄📶) Dieses zuverlässige Hotel dient vielen als Alternative, falls der berühmte Nachbar, das Mut Mee Garden Guesthouse (S. 408), voll ist. Den Zimmern mangelt es an Flair, doch sie haben Veranden und es gibt eine kleine Gartenlounge.

Ban Sai Thong PENSION $$
(☎081 975 6451; Soi Srikhunmuang 2, Th Rimkhong; DZ mit Frühstück 600 B; P❄📶) Die Holzkonstruktion mit dem großen Ziegeldach verleiht dem modernen Gebäude ein wenig historisches Flair. Die neun geräumigen Zimmer haben vorn Veranden mit Sitzgelegenheiten. Für Gäste gibt's kostenlose Leihfahrräder.

Na Rim Khong River View BOUTIQUEHOTEL $$$
(☎042 412077; www.narimkhongriverview.com; Th Rimkhong; DZ mit Frühstück 2500 B; ❄📶) Das neue Boutiquehotel ist zwar überteuert, doch es hat superstylische Zimmer mit viel Platz und flotter Einrichtung. Jedes Zimmer hat Flussblick und einen Balkon sowie ein eigens geschaffenes Kunstwerk über dem Bett.

Essen

Mae Ut VIETNAMESISCH $
(637 Th Meechai; Hauptgerichte 50–100 B; ⏲9.30–16 Uhr) In diesem kleinen Lokal, das an Omas Küche erinnert, gibt es nur vier Gerichte, darunter Frühlingsrollen, *khâo gee·ab pàhk mŏr* (frische Nudeln mit Schweinefleisch) und die vietnamesische Version einer Pfannkuchenpizza. Es ist faszinierend, dabei zuzuschauen, wie das Essen frisch auf großen Bananenblättern zubereitet wird. Es gibt kein englisches Schild und große Englischkenntnisse darf man hier nicht erwarten, doch der Empfang ist freundlich.

ABSEITS DER ÜBLICHEN PFADE

RETREAT AUF DEM LAND

Pimali (☎042 089725; www.pimali.org; DZ mit Frühstück 2200 B; P❄📶) ist eine gemeinnützige Organisation, die arme Jugendliche (hauptsächlich Waisen) aus der Gegend im Hotel- und Gastgewerbe ausbildet. Die Auszubildenden kümmern sich um vier schicke, voll eingerichtete Bungalows mit Blick über Reisfelder und um ein elegantes Restaurant, in dem Thai-, Isan- und europäische Speisen serviert werden. Das Resort befindet sich 20 km von Nong Khai entfernt auf dem Land. Der Transfer (eine Strecke) kostet 300 B.

Khao Soi THAI $
(949 Th Meechai; Hauptgerichte 40–50 B; ⏲8–15 Uhr) Wem die Aromen Nordthailands fehlen, dem hilft das kleine Lokal mit dem passenden Namen aus der Klemme. Wer's (noch) nicht weiß: Bei *khao soi* (Curry-Nudelsuppe) handelt es sich um das berühmteste Gericht Nordthailands. Freundlicher Betreiber.

Darika Bakery THAI $
(Sweet Cake & Coffee; Th Meechai; Hauptgerichte 40–150 B; ⏲5.30–15 Uhr; 🌿) Dieses Lokal ist schwer einzuordnen. Geleitet wird es von einer reizenden alten Dame, die neben thailändischen Standardgerichten viele internationale Klassiker (z. B. gebackene Kuchen, Bananenpfannkuchen) zubereitet. In gemütlicher Atmosphäre gibt's hier Frühstück und Mittagessen. Aber auch nur für einen Kaffee (Pulverkaffee, aufgebrüht oder traditionell-thailändisch) ist ein Besuch zu empfehlen.

Dee Dee Pohchanah THAI $
(1155/9 Th Prajak; Hauptgerichte 50–150 B; ⏲11–1 Uhr; 📶) Wie gut ist das Dee Dee eigentlich? Die Antwort gibt der allabendliche Andrang – davon aber nicht abschrecken lassen! Das Open-Air-Lokal ist jeden Abend rappelvoll, funktioniert aber wie eine gut geölte Maschine, sodass man nie lange warten muss.

Saap Lah THAI $
(Th Meechai; Hauptgerichte 25–150 B; ⏲8.30–19.30 Uhr) In dem einfachen offenen Lokal

gibt's ausgezeichnetes *gài yâhng (gegrilltes Hühnerfleisch), sôm·đam* (pikanter grüner Papayasalat) und andere Isan-Gerichte – hierher gelangt man, indem man einfach seiner Nase folgt.

Nagarina THAI $$
(081 975 0516; Th Rimkhong; Hauptgerichte 50–480 B; 10–21 Uhr) Das schwimmende Restaurant unterhalb des Mut Mee Garden Guesthouse (S. 408) ist auf Thai- und Isan-Gerichte (vorwiegend Fisch) spezialisiert. Die Preise sind zwar etwas hoch, aber dafür ist die Qualität entsprechend. An den meisten Abenden wird gegen 17 oder 17.30 Uhr ein einstündiger Sonnenuntergangstörn angeboten (80 B; mind. 10 Gäste; Essen mind. 30 Min. vor dem Ablegen bestellen).

Daeng Namnuang VIETNAMESISCH $$
(Th Rimkhong; Hauptgerichte 70–270 B; 6–20.30 Uhr; P) Das große Restaurant am Fluss ist in Nong Khai zu einer Institution geworden. Die Massen strömen von auswärts hierher, um ganze Kofferräume und Reisetaschen mit *năam neu·ang* (Schweinefleisch-Frühlingsrollen zum Selbermachen) zu füllen.

Ausgehen & Nachtleben

Es gibt mehrere kleine Bars am Fluss zwischen dem Mut Mee Garden Guesthouse und dem Tha-Sadet-Markt, die vor allem auf Traveller und hier lebende Ausländer ausgerichtet sind. Wer ins thailändische Nachtleben eintauchen will, folgt der sich an den Mekong schmiegenden Th Rimkhong über den Tha-Sadet-Markt hinaus nach Osten. Man kommt an einer Reihe von Restaurants und Bars vorbei, die Abendessen und Drinks servieren. Manche wirken bodenständig, andere modern.

Shoppen

Nong Khai Walking Street Market MARKT
(Sa 16–22 Uhr) Jeden Samstagabend gibt es auf der Promenade ein Straßenfest mit Musik, handgefertigten Produkten und Essensständen. Der Markt ist kleiner, aber netter als ähnliche Straßenmärkte in Chiang Mai.

Village Weaver Handicrafts KUNSTHANDWERK
(042 422651; 1020 Th Prajak; 8–19 Uhr) Der Laden verkauft hochwertige, handgewebte Stoffe und Kleidung (Konfektionsware oder auf Bestellung) und unterstützt damit Entwicklungsprojekte in der Gegend um Nong Khai. Die *màt-mèe*-Baumwollstoffe sind hier ausgesprochen gut.

Hornbill Books BÜCHER
(Soi Mutmee; Mo–Sa 10–19 Uhr) Kauft und verkauft Bücher auf Englisch, Französisch und in anderen Sprachen.

Praktische Informationen

Im Einkaufszentrum **Asawann** (Hwy 2; 10–21 Uhr) gibt es Banken mit langen Öffnungszeiten.

Immigration Office (042 990935; Hwy 2; Mo–Fr 8.30–12 & 13–16.30 Uhr) 1 km südlich der Freundschaftsbrücke. Hier kann man sein thailändisches Visum verlängern lassen.

Nongkhai Hospital (042 413456; Th Meechai; 24 Std.) Notfallambulanz rund um die Uhr.

An- & Weiterreise

BUS

Der **Busbahnhof von Nong Khai** (042 421246) befindet sich in unmittelbarer Nähe der Th Prajak, ca. 1,5 km von den meisten Pensionen am Fluss entfernt. Es fährt nur ein Bus direkt nach Nakhon Phanom, man kann aber auch in mehreren Etappen über Bueng Kan oder Udon Thani nach Nakhon Phanom fahren.

Kleinbusse starten an der Grenze/Brücke (beim 7-Eleven) nach Udon Thani (50 B, 7–19 Uhr, stündl.); sie fahren zum alten Busbahnhof oder zur Central Shopping Mall.

Nakhonchai Air (042 420285) bietet den besten Busservice zwischen Nong Khai und Bangkok (536–714 B, 9 Std., 10, 19.45 & 20.30 Uhr).

Ziel	Preis (B)	Dauer (std.)	Häufigkeit
Bangkok	329–714	10–11	spätnachmittags & früh abends häufig, tagsüber stdl.
Bangkok (Suvarnabhumi International Airport)	464	10	20 Uhr
Bueng Kan (Minivan)	150	2½	6–17.50 Uhr alle 45 Min.
Chiang Mai	750–820	12	19 Uhr
Kanchanaburi	495	12	19 Uhr
Khon Kaen	120–155	3½–4	7–18 Uhr stündl.
Loei	140	7–8	7.30 Uhr
Nakhon Phanom	200	7–8	11 Uhr
Nakhon Ratchasima	257–409	6	6–20.45 Uhr stündl.
Sangkhom	60	2½	11, 15 Uhr
Udon Thani (Minivan)	50	1	5.30–19 Uhr häufig

GRENZÜBERGANG NACH LAOS: VON NONG KHAI NACH VIENTIANE

Anreise zur Grenze Wer schon ein Visum für Laos hat, steigt am Busbahnhof von Nong Khai am besten in einen Direktbus nach Vientiane (55 B, 1½ Std., 7.30–18 Uhr, 6-mal tgl.). Ein Bus fährt auch nach Vang Vieng (270 B, 6 Std., 9.40 Uhr). Einen Aufpreis von 5 B zahlt man für die Busse an Wochenenden und Feiertagen sowie für die Busse um 7.30 und 18 Uhr nach Laos.

Wer sich sein Visum an der Grenze besorgen will (6–22 Uhr), nimmt ein Tuk-Tuk. Vom Busbahnhof muss man mit 100 B rechnen, vom Stadtzentrum mit 60 B. Wenn man nicht gerade in einer großen Gruppe unterwegs ist, gibt es keinen Grund, die Dienste eines Visa-Servicebüros in Anspruch zu nehmen. Man sollte sich nicht von einem Fahrer dazu überreden lassen.

Man kann auch mit dem Zug nach Laos fahren (es gibt an beiden Bahnhöfen Einreiseschalter). Allerdings fahren die Züge nicht bis nach Vientiane durch, sodass dies nicht zu empfehlen ist. Die 15-minütige Fahrt (20–30 B, Abfahrt 7.30 & 14.45 Uhr) endet am Bahnhof Thanaleng (alias Dongphasay) gleich hinter der Brücke. Dort ist man dann der Gnade von Tuk-Tuk-Fahrern ausgesetzt, die Wucherpreise nehmen.

An der Grenze Wer den thailändischen Ausreisestempel in seinem Pass hat, kann problemlos mit einem Bus (15–20 B) über die Brücke zur manchmal gut besuchten laotischen Einreisestelle fahren, wo man ein 30 Tage gültiges Visum erhält.

Weiterreise Von der Grenze aus sind es ca. 20 km nach Vientiane. Viele Busse, Tuk-Tuks und Taxis warten auf Fahrgäste, und es ist ein Leichtes, andere Traveller zu finden, mit denen man sich die Kosten teilen kann.

FLUGZEUG

Der nächstgelegene Flughafen befindet sich 55 km weiter südlich in Udon Thani. Das Reisebüro **Udon Kaew Tour** (☎ 042 411530; Th Pranang Cholpratan, Hwy 212; ⌚8.30–17.30 Uhr) bietet Flughafen-Shuttles mit Minivans an (200 B pro Pers.): Bei der Fahrt in die Stadt kann man sich an seinem Hotel oder an der Brücke absetzen lassen. Wer zum Flughafen will, muss dagegen zum Büro gehen. Tickets am besten im Voraus kaufen!

ZUG

Vom **Bahnhof von Nong Khai** (☎ 042 411637, landesweit 1690) 2 km westlich des Stadtzentrums fährt tagsüber ein Expresszug nach Bangkok (2./3. Klasse 498/253 B, 9½ Std., 7.45 Uhr), abends fahren drei Expresszüge (10 Std., 11 bzw. 11½ Std., 18.30, 18.50 & 19.40 Uhr). Nur der letzte Nachtzug hat Schlafwagenplätze (1./2. Klasse ab 1357/898 B).

Der Tageszug und die beiden späteren Nachtzüge fahren über Udon Thani (30 Min.), Khon Kaen (2 Std.) und Ayutthaya (8 Std.). Der frühere Abendzug fährt über Udon Thani, Khon Kaen, Nakhon Ratchasima (4 Std.), Pak Chong (6 Std.) und Ayutthaya.

Unterwegs vor Ort

Wegen des geringen Verkehrsaufkommens in der Stadt und der Nähe zum Land eignet sich Nong Khai perfekt zum Radeln. Viele Pensionen stellen ihren Gästen kostenlos Fahrräder zur Verfügung. Wer sich eins mieten muss, findet bei **Khun Noui** (☎ 081 975 4863; Th Kaew Worawut; ⌚8–16 Uhr) an der Straße gegenüber vom Eingang des Mut Mee (S. 408) verlässliche Fahrräder (50 B pro Tag) und Motorräder (200 B). Wenn er nicht da ist, einfach einen der in der Nähe stehenden Tuk-Tuk-Fahrer ansprechen, die ihn dann anrufen – und schon kommt er in Windeseile.

Taxis mit Taxameter warten am Busbahnhof und an der Brücke auf Kunden. Im Allgemeinen einigt man sich über einen Preis und lässt das Taxameter aus. Ein Tuk-Tuk aus der Gegend um das Mut Mee zum Busbahnhof oder zur Brücke kostet 60 B bzw. 100 B für zwei Personen.

Sangkhom

☎ 042 / 3500 EW.

Der kleine Ort Sangkhom (สังคม) liegt gegenüber der laotischen Insel Don Klang Khong und bietet sich für alle, die zwischen Nong Khai und Loei dem Lauf des Mekong folgen, als Rastplatz an. Mit besonderen Sehenswürdigkeiten außer dem Ausblick auf den Fluss kann das Örtchen nicht aufwarten, doch es gibt einige schöne Ziele in der Umgebung.

Sehenswertes

Wat Pha Tak Sua BUDDHISTISCHER TEMPEL
(วัดผาตากเสื้อ; abseits der Rte 211; ⌚6–18 Uhr) GRATIS Der Waldtempel mit Blick hinunter auf

das Städtchen ist zwar nur 2 km Luftlinie, aber 19 Straßenkilometer entfernt. Früher wurde in dem Tempel ernsthaft meditiert, heute geht es hier eher kommerziell zu. Ganze Menschenmassen kommen wegen des umwerfenden Blickes auf den Mekong hierher – es gibt sogar einen „Sky Walk" mit Glasboden. In der kalten Jahreszeit sieht man am frühen Morgen den Nebel im Tal aufsteigen. Der überwucherte Pfad, den die Mönche früher allmorgendlich für ihre Bitte um Almosen benutzten (was sie jetzt in der Stadt tun), beginnt östlich der Stadt unmittelbar vor Kilometerstein 81. Man nimmt die Soi 5, geht am letzten Haus vorbei und biegt dann bei den Mango- und Papayabäumen rechts ab.

Nam Tok Than Thip WASSERFALL
(น้ำตกธารทิพย์; ⏲tagsüber) GRATIS Der dreistufige Wasserfall Nam Tok Than Thip 13 km westlich von Sangkhom (2 km abseits der Rte 211) ist der größte Wasserfall der Region. Die unterste Stufe hat eine Fallhöhe von 30 m, die zweite, die gut über Treppen zu erreichen ist, stürzt 100 m in die Tiefe. Die oberste Stufe mit einer Fallhöhe von 70 m ist im Walddickicht kaum zu erkennen.

Schlafen

Bouy Guesthouse PENSION $
(☎091 050 7426, 042 441065; toy_bgh@hotmail.com; Rte 211; DZ mit Ventilator/Klimaanlage 250/500 B; P❄@📶) Sangkhoms altehrwürdige Lodge besteht, wie der stets lächelnde Inhaber erklärt, zwar nur aus ein paar „einfachen Hütten", doch die sind aus gutem Grund beliebt. Die Strohhütten mit Ventilator verfügen über Holzterrassen mit Hängematten, und die Lage am Fluss gleich westlich des Ortes sorgt für Entspannung pur. Der Preis für die klimatisierten Bungalows vorn ist angemessen, es mangelt ihnen aber leider sowohl an Ausblick als auch an Atmosphäre. Man kann Fahrräder/Motorräder (50/ 200 B pro Tag) leihen.

Sangkhom River View HOTEL $$
(☎042 441088; Rte 211; DZ 600–1500 B; P❄📶) Das attraktive Hotel mit hölzernen Laufstegen und dekorativem Mauerwerk ist etwas für diejenigen, die Wert auf gewissen Komfort legen. Rund 1,5 km östlich vom Stadtzentrum warten hier ein gutes Restaurant und viele Zimmer mit Flussblick.

Tantawan THAI $
(Sunflower Restaurant; Rte 211; Hauptgerichte 40–250 B; ⏲8–21 Uhr; 📶) Dieses Lokal ist die erste Wahl für viele Sangkhom-Besucher, denn es bietet gutes Essen und einen tollen Blick. Auf der Speisekarte stehen die üblichen Thai- und Isan-Gerichte (der Mekong-Fisch-*lâhp* ist sehr zu empfehlen) sowie Pasta.

An- & Weiterreise

Ab Nong Khai fahren zwei klapprige Busse mit Ventilator nach Sangkhom (60 B, 2½ Std., 11 & 15 Uhr). Ein dritter Bus um 7.30 Uhr fährt nicht immer. Zurück nach Nong Khai geht's um 6.30 und 11.30 Uhr. Da der Ort keine Haltestelle hat, müssen vorbeifahrende Busse per Handzeichen herangewinkt werden.

PROVINZ UDON THANI

Die Provinz Udon Thani (จังหวัดอุดรธานี) wird von ihrer schrillen, überfüllten und ziemlich nichtssagenden Hauptstadt dominiert. Doch die Welterbestätte Ban Chiang, das reizvolle „Rote Lotusmeer" (Red Lotus Sea) und der geheimnisvolle Phu Phrabat machen diese Provinz zu einem faszinierenden Ziel.

Udon Thani

☎042 / 153 000 EW.

Udon Thani (อุดรธานี) ist eine laute Großstadt mit einer der größten Ausländergemeinden Thailands. Während des Vietnamkriegs befand sich hier einer der größten US-Luftwaffenstützpunkte. In der Folge wurde die Stadt zum wichtigsten Verkehrs- und Wirtschaftszentrum der Region. Die Stadt selbst hat nichts zu bieten, was man unbedingt sehen muss. Dafür gibt es aber in der Umgebung einige höchst interessante Orte.

Sehenswertes

Nong Prajak Park PARK
(สวนสาธารณะหนองประจักษ์) In den späten Nachmittagsstunden kommt Leben in Udons beliebtesten Park, in dem viele farbenfrohe Attraktionen zu sehen sind, z. B. ein riesiges Gefäß im Ban-Chiang-Stil und eine gewaltige Gummiquietscheente, die zum Wahrzeichen Udons geworden ist. Am meisten los ist am Seeufer in der Th Thesa, von wo aus man einen besonders schönen Blick auf den Sonnenuntergang hat. Dort befinden sich auch viele Restaurants, Töpferateliers, in denen man selbst Hand anlegen kann, und **Massagestände** (Th Thesa; 180 B

pro Std.; ⌚8–22 Uhr). Am Nordostufer gibt es einen Fahrradverleih (S. 418).

Udon Thani Thai-Chinese Cultural Centre KULTURZENTRUM
(ศูนย์วัฒนธรรมไทย-จีน; Th Nittayo; ⌚9–19 Uhr) GRATIS Das Kulturzentrum beherbergt einen wunderschönen Garten, einen Teeladen und das **Moral Museum** mit ausgezeichneten Exponaten zur Geschichte der chinesischen Community in Udon Thani, zur chinesischen Kultur und zu Konfuzius. Montags und dienstags spielt von 16 bis 19 Uhr ein kleines chinesisches Orchester.

Udon Thani Museum MUSEUM
(พิพิธภัณฑ์เมืองอุดรธานี; Th Phosri; ⌚Di–So 8.30–16.30 Uhr) GRATIS Das Museum in einem Gebäude aus den 1920er-Jahren im Kolonialstil, das einst eine Mädchenschule beherbergte, bietet eine recht interessante vielseitige Sammlung von Geologie bis Kunsthandwerk. Es gibt einige Erläuterungen auf Englisch, doch die Multimedia-Installationen sind nur auf Thai.

Sanjao Pu-Ya TEMPEL
(ศาลเจ้าปู่ย่า; Th Nittayo; ⌚tagsüber) GRATIS Der große chinesische Tempel am Südufer des Nong-Bua-Sees zeugt von dem Reichtum der hiesigen thailändisch-chinesischen Gemeinschaft. Der Pu-Ya-Schrein im Zentrum beherbergt kleine Bilder der chinesischen Götter Pu (Großvater) und Ya (Großmutter).

Feste & Events

Thung Si Meuang Fair KULTUR
(⌚Dez.) In den ersten 15 Dezembertagen feiert Udon die Thung Si Meuang Fair mit regionaltypischen Kulturdarbietungen und den üblichen Möglichkeiten zum Shoppen und Essen. Für die ersten zehn Tage werden die Statuen Pu und Ya aus dem Tempel Sanjao Pu-Ya (S. 413) in einen temporären Schrein im Thung Si Meuang Park gebracht. Der Umzug der Statuen am 1. und 10. Dezember wird jeweils von großen Prozessionen und einem 99 m langen Drachen begleitet.

Schlafen

★ **Udon Backpackers** HOSTEL $
(☎086 858 4969; Soi Fairach 1; B 320 B, DZ 350 B; ❄📶) Das superzentrale Hostel im urbanen Industriestil mit Betonböden und nackten Backsteinwänden bietet Herbergsbetten mit Vorhängen, Leselampen und Steckdosen. Es gibt auch ein paar Doppelzimmer mit Ventilator, doch die meisten Zimmer sind Dorms. Die Atmosphäre ist toll und die Betreiber sehr hilfsbereit. Gäste können kostenlos Fahrräder nutzen oder auch im coolen Café abhängen.

Whereder Poshtel HOSTEL $
(☎088 214 2555; www.whereder.com; 212–214 Th Prajak Sinlapacom; B/DZ 450/1200 B; ❄📶) Ein Aufzug im Stil eines Lagerhaus-Metallkäfigs befördert die Gäste hoch vom relaxten Café im Erdgeschoss zu den superschicken Dorms mit Vorhängen, Leselampen und Steckdosen an den Betten sowie zu den gleichermaßen schicken, wenn auch etwas überteuerten Doppelzimmern. Ganz oben gibt's dann noch eine Netflix-Gemeinschaftslounge. Für ein Hostel ist die Übernachtung teuer, doch dafür ist es eben *posh* (nobel) – ein Hostel für Erwachsene.

Pakdee House HOTEL $
(☎080 461 9600; Th Thepburi; DZ 450 B; P❄📶) Das saubere, gut geführte Hotel ist weitaus besser als viele andere Unterkünfte der gleichen Preisklasse in dieser Gegend. Das Pakdee House liegt zwar nicht mitten im Zentrum, dafür aber in einem Stadtviertel mit vielen Studenten und Restaurants.

Oldie & Sleepy Hostel HOSTEL $
(☎088 697 9406; oldie.sleepy.hostel@gmail.com; Th Adunyadet; B mit Frühstück mit Ventilator/Klimaanlage 220/250 B; ❄📶) Wie der Preis schon vermuten lässt, sind die Zimmer einfach. Alles in allem ist diese Unterkunft aber eine fantastische Bleibe. Die Gastfreundlichkeit von Pear und Thong sowie die coolen Abende in der gediegenen Lounge mit leisem Jazz im Hintergrund haben schon viele Gäste veranlasst, länger als geplant zu bleiben. Es gibt eine Küche und massenhaft Reisetipps, außerdem kostenlos zu leihende Fahrräder.

★ **Jamjuree Home** PENSION $$
(☎042 241727, 087 951 7940; 10/9 Th Banchang; DZ mit Frühstück 950–1290 B; P❄@📶) „Home" ist genau die richtige Bezeichnung, denn die Gastgeber wohnen im Erdgeschoss dieser traumhaften Pension mit vier Zimmern. Die modernen, gemütlichen Zimmer gehören zu den saubersten im ganzen Isan. Die beiden größeren haben Kochecken. Die Lage ist zwar nicht die touristenfreundlichste, aber es gibt in der Umgebung viele gute Restaurants und der Nong-Prajak-See (S. 412) ist nur zehn Gehminuten entfernt. Fahrräder stehen den Gästen kostenlos zur Verfügung.

Udon Thani

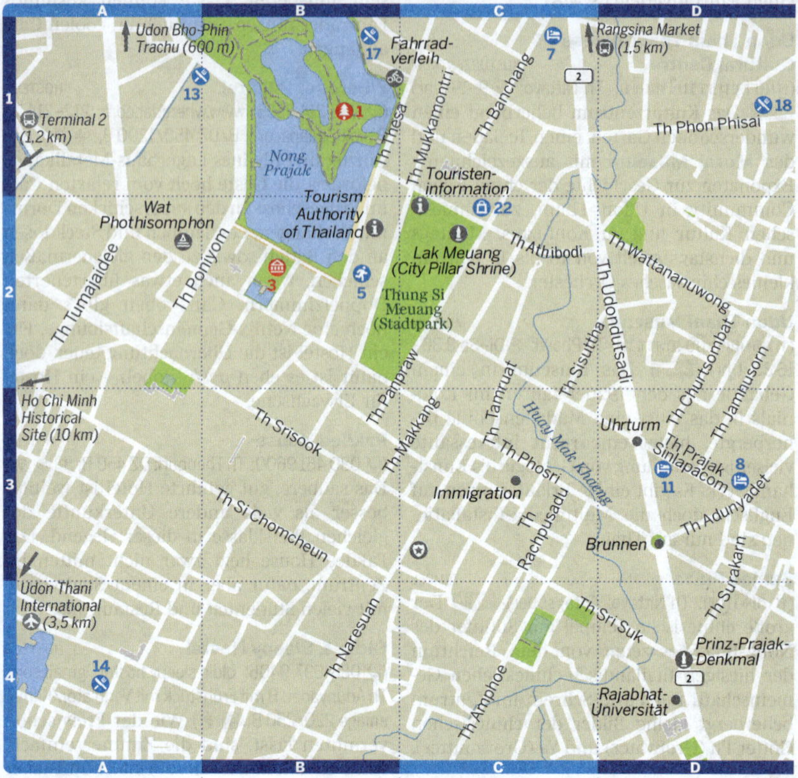

Udon Thani

Sehenswertes
- 1 Nong Prajak Park B1
- 2 Sanjao Pu-Ya F4
- 3 Udon Thani Museum B2
- 4 Udon Thani Thai-Chinese Cultural Centre F4

Aktivitäten, Kurse & Touren
- 5 Massage B2

Schlafen
- 6 Centara E3
- 7 Jamjuree Home C1
- 8 Oldie & Sleepy Hostel D3
- 9 Pakdee House E4
- 10 Udon Backpackers E3
- 11 Whereder Poshtel D3

Essen
- 12 Centre Point Night Market F3
- 13 Good Everything A1
- 14 Grey Cabin A4
- 15 Phetkasem E3
- 16 Preecha Night Market E3
- 17 Rabiang Phatchanee B1
- 18 Samuay & Sons D1
- 19 UD Bazaar F3

Shoppen
- 20 Central Plaza E3
- 21 UD Town F4
- 22 Udon City Walking Street C2

Transport
- 23 Bus Terminal 1 .... E4
- 24 Central Plaza Van Station E3
- Nakhonchai Air .... (s. 23)

Brown House HOTEL $$ (☎042 322888; www.brownhousehotel.com; 234/5 Moo 1, Rim Nhong Bua 6; mit Frühstück DZ & 2BZ 1300–1700 B, 3BZ 1600 B; P❄@🛜≋) Das tolle Hotel bietet beinahe ländliches Flair: Den Mittelpunkt bildet ein Infinitypool mit Blick

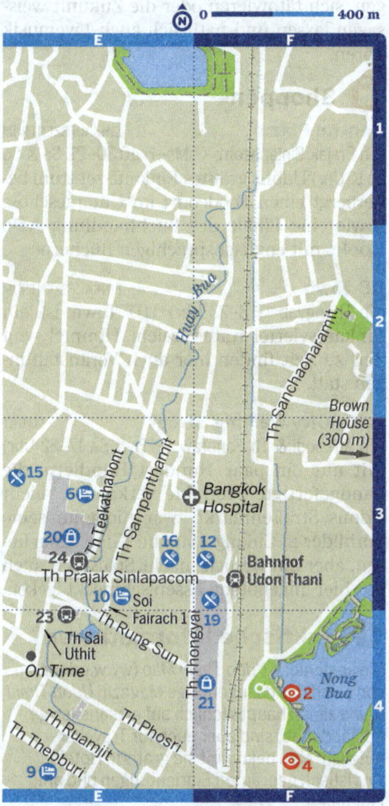

auf einen See voller Lotusblüten. Das Brown House liegt zwar abgeschieden, schickt jedoch mehrmals am Tag für seine Gäste ein eigenes Tuk-Tuk in die Stadt. Die Zimmer sind groß und gemütlich und dezent eingerichtet.

Centara HOTEL $$$

(☎042 343555; www.centarahotelsresorts.com; Th Teekathanont, abseits der Th Prajak Sinlapacom; DZ & 2BZ ab 1880 B, mit Frühstück ab 2400 B; P ❄ @ 📶 🏊) Das große Hotel mit hübscher Lobby und zuvorkommendem Personal macht wirklich einen guten Eindruck. Der bestätigt sich auch in der Qualität der Zimmer. Sie liegen um ein riesiges Atrium, das gleichzeitig gespenstisch ruhig und seltsam attraktiv ist, fast wie aus einem Sci-Fi-Film.

Essen

Udons Einwohner lieben ihre Nachtmärkte über alles. Die drei nebeneinanderliegenden Märkte vor dem Bahnhof, Centre Point, Preecha und UD Bazaar bieten eine beeindruckende Auswahl an Lebensmitteln. Aufgrund der vielen hier lebenden Ausländer ist auch viel westliches Essen im Angebot.

★ UD Bazaar MARKT $

(Th Prajak Sinlapacom; ⏲11–23 Uhr) Der größte der vielen Nachtmärkte in Udon Thani ist auch einer der Märkte mit dem vielseitigsten Speisenangebot. Außerdem gibt es eine Bühne für Livemusik. Ein paar Lokale servieren auch Mittagessen, aber eigentlich geht es erst gegen 16 Uhr so richtig los.

Centre Point Night Market MARKT $

(⏲16–22 Uhr) Rund die Hälfte des auf diesem Nachtmarkt angebotenen Essens ist Isan-Kost, u. a. gegrillter Fisch und geröstete Insekten.

Preecha Night Market MARKT $

(⏲16–22 Uhr) Auf diesem Nachtmarkt überwiegen Essensstände mit niedrigen Preisen. Eine Frau serviert die örtliche Spezialität *kôw pee·ak*, eine Suppe mit dicken Reisnudeln und Schweinefleisch, die gewöhnlich nur tagsüber angeboten wird. Die Suppe ähnelt der *gŏo·ay jáp yoo·an*, aber mit anderen Nudeln.

★ Samuay & Sons THAI $$

(Th Phon Phisai; Hauptgerichte 79-280 B; ⏲Di–So 11–14.30 & 17–21.30 Uhr; 📶) Das kleine Lokal mit offener Küche ist Isans Version eines trendigen Soho-Bistros. Der Betreiber und Küchenchef serviert ein paar Thai- und Isan-Standards wie *panang curry* und *om curry* mit Algen. Mit seinen Fusionsgerichten und aufgepeppten alten Rezepten wie Tapioka-Shrimpsbällchen und Entenconfit mit Kokosmilch und Mangokonfitüre unterscheidet er sich von der Konkurrenz.

Phetkasem THAI $$

(Th Adunyadet; Hauptgerichte 78–358 B; ⏲18–24 Uhr; P 📶) In diesem Gartenrestaurant treffen sich gern Freunde zum Essen und Trinken. Auf der Speisekarte stehen die üblichen Thai- und Isan-Gerichte, aber auch weniger Übliches wie *plah nêung búay* (gedünsteter Fisch in chinesischer Pflaumensauce) und *lâhp mah·mâh*, eine witzige Variante des klassischen Isan-Gerichts – statt Fleisch werden Instantnudeln verwendet.

Grey Cabin INTERNATIONAL $$

(Th Sinchaithani; Hauptgerichte 80–285 B; ⏲10–21.30 Uhr; P 📶) In der Gegend um die Central Plaza/Soi Farang gibt es viele Restaurants mit Essen für *farangs*. Bei Weitem am besten ist aber dieses von Mutter und Tochter betriebene Lokal 2 km südlich des Nong-Prajak-Sees. Zu den verschiedenen frisch zubereiteten, leckeren Gerichten gehören u. a. mit Ahornsenf glasierter Lachs, Pasta mit Hühnchenpesto, Apfel- und Briesalat, gegrillter Käse aus drei Sorten, Seafood-Ramen und Thai-Pilzsalat.

Rabiang Phatchanee THAI $$

(Th Suphakit Janya; Hauptgerichte 60–300 B; ⌚10–23 Uhr; ❄📶) Diese große Lokal am Ostufer des Sees serviert all die üblichen Thai-Klassiker, aber auch diverse, die man bislang wahrscheinlich noch nie probiert hat, z. B. Fischmagensalat und gebratene Ente mit Krebsfleisch in Bratensauce. Gegessen wird entweder draußen auf der Terrasse oder in klimatisierten Räumen. Achtung: Einige der Preise auf der Speisekarte beziehen sich auf 100 g (ข'ดละ).

Good Everything INTERNATIONAL $$$

(Th Poniyom; Hauptgerichte 190–690 B; ⌚10–22 Uhr; P📶🍴) Das weiße Cottage mit Garten scheint geradewegs aus dem ländlichen England zu stammen. Auf den Tisch kommen frische und gesunde Gerichte wie Lachs mit Spinat, geröstete Kürbissuppe und Salate im *farang*-Stil. Qualitativ hochwertiger Kaffee und Tee sind ebenfalls im Angebot. Es zählt zu den teuersten Restaurants der Stadt; den vielen Stammgästen zufolge sind die Preise jedoch angemessen.

Ausgehen & Nachtleben

Das Nachtleben von Udon findet überwiegend vor dem Bahnhof statt. Viele, aber bei Weitem nicht alle Bars hier sind schäbig. Das Restaurant Phetkasem ist eine coole Alternative. Auch die drei Nachtmärkte bieten allerlei Abwechslung. Außer zu essen kann man hier Klamotten kaufen, Karaoke singen, sich tätowieren oder die Zukunft weissagen lassen und natürlich auch Livemusik hören.

DAS PATTAYA DES NORDOSTENS

Udon hat die größte und am leichtesten erkennbare Sextourismus-Szene im ganzen Isan. Die Gegend um die Th Sampanthamit (die manchmal auch „Soi Falang" genannt wird, „Ausländergasse") wirkt abends ziemlich schmierig – selbst tagsüber muss man ständig „Hello, Massaaaage" über sich ergehen lassen. Zum Glück gibt es hier aber auch andere Angebote für Ausländer.

Shoppen

Central Plaza EINKAUFSZENTRUM

(Th Prajak Sinlapacom; ⌚Mo–Fr 10.30–21, Sa & So ab 10 Uhr) Udons größtes Einkaufszentrum beherbergt einen Foodcourt im Untergeschoss sowie eine Filiale der Buchhandlung **Asia Books** mit englischsprachigen Büchern.

UD Town EINKAUFSZENTRUM

(Th Thongyai; ⌚8–23 Uhr) UD Town ist ein Einkaufsviertel unter freiem Himmel; von Zeit zu Zeit finden hier auch Veranstaltungen statt.

Udon City Walking Street MARKT

(Th Athibodi & Th Panpraw; ⌚Fr & Sa 17–22 Uhr) Mit nur ein paar Hundert Händlern, die handgefertigte Produkte verkaufen, reicht Udons Straßenmarkt zwar nicht an seine Vorbilder in Chiang Mai und Khon Kaen heran, aber ein Besuch macht Spaß und auch das hier angebotene Essen schmeckt lecker.

Praktische Informationen

Die kostenlose *Udon Thani Map* (www.udonmap.com) und das dazugehörige Magazin *Udon Thani Guide* zielen hauptsächlich auf ortsansässige Ausländer ab, sind aber auch für Traveller nützlich. Man bekommt sie gratis in Hotels, touristisch geprägten Einrichtungen und am Flughafen.

Immigration Office (☎042 249982; Th Phosri; ⌚Mo–Fr 8.30–12 & 13–16.30 Uhr) Visaverlängerungen.

Tourism Authority of Thailand (TAT; ☎042 240616; tatudon@tat.or.th; Th Thesa; ⌚8.30–16.30 Uhr) Hier wird kaum Englisch gesprochen.

Touristeninformation (☎085 010 3837; ⌚So–Do 8–17, Fr & Sa 8–18 Uhr; 📶) Hier gibt's Infos über die ganze Provinz Udon Thani.

Bangkok Hospital (☎042 343111; Th Thongyai; ⌚24 Std.) Das beste Krankenhaus in Udon Thani.

Touristenpolizei (☎042 211291; Th Naresuan)

An- & Weiterreise

BUS

Die meisten Busse und Minivans starten in der Innenstadt an dem leicht chaotischen **Bus Terminal 1** (☎042 221916; Th Sai Uthit). **Nakhonchai Air** (☎1624; Th Sai Uthit) bietet den besten VIP-Service nach Bangkok. Achtung, einige Minivans nach Nong Khai fahren von hier zum Busbahnhof, andere zur Grenzbrücke. Die meisten Fahrzeuge nach Nong Khai halten am

ABSTECHER

RED LOTUS SEA

Es ist wirklich ein See voller pinkfarbener Seerosen und überall in Udon sind Bilder der **Red Lotus Sea** (ทะเลบัวแดง, Nong Han; Kumphawapi District) zu sehen. Das „Rote Lotusmeer" ist eine der Hauptattraktionen des Isan, aber nur wenige Ausländer finden den Weg hierher. Man sollte mit einem Boot (300–500 B für bis zu 10 Pers.) auf die Mitte des Sees hinausfahren, je früher am Morgen, desto besser, denn die Blüten beginnen sich gegen 10.30 Uhr zu schließen, mittags sind sie dann vollständig geschlossen.

Die Saison hängt von Mutter Natur ab. Sie beginnt in der Regel Ende Oktober und dauert bis Ende Februar. Am schönsten ist der Anblick oft, aber nicht immer, im Januar.

Der Hauptzugangspunkt zum Nong Han – wie der See eigentlich heißt – befindet sich 40 km südöstlich der Stadt Udon in Ban Dieam. Es gibt dermaßen viele Straßenschilder, dass man den See gar nicht verfehlen kann. Öffentliche Verkehrsmittel hierher gibt es nicht, es werden aber Halbtagesausflüge (499 B pro Pers.) angeboten. Los geht's um 6.30 Uhr vor dem McDonald's im UD Town (S. 416). Termine sollte man sich im Hotel bestätigen lassen oder aber im Büro der Tourism Authority of Thailand in Udon Thani anrufen, denn es ändert sich etwas von Jahr zu Jahr.

Rangsina-Markt nördlich der Stadt, um weitere Fahrgäste aufzupicken. Ab dem Rangsina-Markt kann man auch zum Phu Phrabat Historical Park gelangen. Für den Kauf eines Bustickets nach Laos ist ein Visum für Laos Voraussetzung. Für den Bus wochentags um 18 Uhr und für alle Busse, die an Wochenenden oder Feiertagen starten, muss man 5 B extra hinblättern.

Fast direkt neben dem Bus Terminal 1 befindet sich die **Central Plaza Van Station** (Th Prajak Sinlapacom). Hier starten Minivans nach Nong Khai (55 B, 1 Std., 6–20 Uhr alle 30 Min.), Bueng Kan (200 B, 3½ Std., 5–19 Uhr alle 30 Min.) und Roi Et (209 B, 4 Std., 5–17.40 Uhr) über Khon Kaen (90 B, 2 Std.) sowie Busse nach Chiang Mai (594 B, 12 Std., 10.45, 17.45, 18.45, 20.45 Uhr), Nakhon Phanom (221 B, 3 Std., 5.15, 5.30, 22 Uhr) und Roi Et (139–150 B, 4½ Std., 6–17 Uhr alle 30 Min.) über Khon Kaen (76–80 B, 2½ Std.). Vom **Bus Terminal 2** (☎042 214914) an der westlichen Ringstraße fahren weniger Busse ab, die meisten nur in Städte im Westen wie Loei (90–115 B, 2½–3 Std., 4.50–17.50 Uhr alle 30 Min.), Phitsanulok (311–493 B, 7 Std., 7.30–20.50 Uhr alle 2 Std.) und Chiang Mai (760 B, 12 Std., 7.15, 14.30, 19.15, 20.30 Uhr).

FLUGZEUG

Thai Smile (☎042 246697, landesweit 1181; www.thaismileair.com; Udon Thani Airport; ⏲7.30–19 Uhr) fliegt von Udon Thani zum Bangkoker Suvarnabhumi International Airport, **Air Asia** (☎landesweit 02 515 9999; www.airasia.com; Udon Thani Airport; ⏲7–21 Uhr), **Thai Lion Air** (☎025 299999; www.lionairthai.com; Udon Thani Airport; ⏲6–20 Uhr) und **Nok Air** (☎landesweit 02 900 9955; www.nokair.com; Udon Thani Airport; ⏲6.15–19.30 Uhr) steuern den Bangkoker Flughafen Don Mueang an. Jede Fluggesellschaft startet vier- oder fünfmal täglich, die Preise betragen pro Strecke ca. 900 B.

Es gibt auch täglich Direktflüge nach Chiang Mai (Nok), Hat Yai (Thai Lion), Phuket (Air Asia) und Pattaya (Air Asia). Flugtickets gibt's online und im Reisebüro **On Time** (☎042 247792; ontimethailand@gmail.com; Th Sai Uthit; ⏲Mo–Sa 8–17, So 9–15 Uhr), einem von mehreren Reisebüros in der Nähe des Busterminals 1.

Einige Hotels holen ihre Gäste kostenlos am Flughafen ab. Kleine Shuttlebusse ins Stadtzentrum kosten 80 B pro Person. Tickets sind am Schalter „Limousine Service" erhältlich.

Trotz des Namens starten am **Udon Thani International Airport** (☎042 244426) keine Flüge ins Ausland.

ZUG

Zwischen Bangkok (Sitzplatz 95–457 B, 1.-Kl.-Schlafwagen oben/unten 1117/1317 B, 9½–11 Std.) und dem **Bahnhof Udon Thani** (☎042 222061) verkehren täglich sechs Züge, drei am frühen Abend (19.05, 19.38, 20.20 Uhr) und drei tagsüber (5.55, 8.16, 13.40 Uhr). Fünf Züge fahren täglich Richtung Norden nach Nong Khai (11–48 B, 1 Std., 3.13, 5.44, 7.07, 11.21, 16.58 Uhr).

ℹ Unterwegs vor Ort

Sŏrng·tăa·ou (10 B) fahren auf festgelegten Routen durch die Stadt. Die Linie 6 (weiß) ist recht praktisch, weil sie (mit einem Schlenker zur Kreuzung Th Prajak-Surakarn) über die Th Udondutsadi, vorbei am Rangsina-Markt bis zum Bus Terminal 2 fährt. Es gibt auch zwei Stadtbusse (20 B): City Bus 21 folgt der Th Udondutsadi von der Universität gen Norden bis zum Rangsina-Markt; City Bus 20 folgt der Th Phosri und verbindet die beiden Busbahnhöfe und den Flughafen miteinander. Auf der *Udon Thani Map* (www.udonmap.com) sind alle Bus- und *sŏrng·tăa·ou*-Strecken eingezeichnet.

Auf der Straße kann man nur selten ein **Taxi** (☎042 244554, 042 343239) anhalten, aber vor dem Bus Terminal 1, dem Einkaufszentrum Central Plaza und dem Flughafen warten welche auf Fahrgäste. Die Fahrer machen die Taxameter nicht an. Tuk-Tuks (die hier „Skylab" heißen) gibt's aber überall. Die Fahrt vom Central Plaza zum Nong Prajak Park kostet meist 60 B.

Lek Car Rental (☎086 059 3028; www.lekcarrentaludonthani.com) ist eine angesehene Autovermietung. Rund um das Einkaufszentrum Central Plaza gibt's einige kleine Autovermieter. **Avis** (☎089 969 8678; www.avisthailand.com; Udon Thani International Airport; ⏲7–21 Uhr), **Thai Rent a Car** (☎082 668 5057; www.thairentacar.com; Udon Thani International Airport; ⏲6.30–21 Uhr) und andere bekannte Autovermieter haben Niederlassungen am Flughafen.

Fahrräder (1-/2-/3-Sitzer 20/40/50 B pro Std.; ⏲Mo–Fr 10–20, Sa & So ab 8 Uhr) kann man am Nordostufer des Sees im Nong Prajak Park mieten.

Ban Na Kha

☎042 / 6360 EW.

Ban Na Kha (บ้านนาข่า) 16 km nördlich der Stadt Udon ist ein ausgezeichnetes Ziel, um Stoffe zu kaufen. Im Ort gibt es außerdem zwei sehenswerte Tempel.

Sehenswertes

Wat Na Kha Taewee BUDDHISTISCHER TEMPEL

(วัดนาคาเทวี; ⏲tagsüber) GRATIS Der Wat Na Kha Taewwat pee wurde von einem Wandermönch gegründet, der ein Loch entdeckt hatte, aus dem er das Geräusch und den Rauch einer *naga* vernahm. Er stopfte das Loch mit einem Gesteinsbrocken zu und beschloss, sich dort niederzulassen. Das Loch zwischen dem *ubosot* und dem Stupa ist heute ein bedeutender lokaler Schrein. Unter dem gigantischen Buddha sind Töpferwaren und menschliche Skelette ausgestellt, die während der verschiedenen Baumaßnahmen rund um den Tempel ausgegraben wurden.

Wat Tung Toomkam BUDDHISTISCHER TEMPEL

(วัดทุ่งตูมคำ; ⏲tagsüber) GRATIS Dieser kleine schattige Tempel 700 m südöstlich des Ortes beherbergt ausgefallene buddhistische Kunst, darunter viele mit Münzen bedeckte Buddhas.

Shoppen

Markthalle MARKT

(⏲7–18 Uhr) Hier gibt's Dutzende von Läden, die eine tolle Palette an Seide und Baumwolle verkaufen, sowohl als Rohstoff als auch als fertige Kleidung. Viel davon wird hier im Bezirk von Hand gewebt, doch es sind auch andere Stile aus Thailand und Laos erhältlich. Viele der kleineren Läden haben nur am Wochenende und an Feiertagen geöffnet.

Mae Bah Pah Fai KUNSTHANDWERK

(☎042 206104; ⏲8–17.30 Uhr) Dieses Geschäft gegenüber dem Eingang des Wat Na Kha Taewee bietet eine gute Auswahl an Stoffen: Besonders exquisit ist das *mát·mèe*. Hinten ist ein Stück 100 Jahre alter *kít*-Stoff zu sehen.

An- & Weiterreise

Sŏrng·tăa·ou (15 B, 30 Min.) der Linie 3 fahren von der Th Udondutsadi in Udon Thani nach Ban Na Kha, ebenso wie der seltener verkehrende

BUSSE & MINIVANS AB BUSTERMINAL 1

ZIEL	PREIS (B)	DAUER (STD.)	HÄUFIGKEIT
Bangkok	423–658	8–10	alle 30 Min.
Bueng Kan	208	4	4.10–16.10 Uhr stündl.
Khon Kaen	76–120	2½	5–16.50 Uhr häufig
Khon Kaen (Minivan)	80	2	6–20 Uhr häufig
Nakhon Phanom	147–200	4	4.30–16.20 Uhr alle 45 Min.
Nong Khai (Minivan)	50	1	6–20 Uhr alle 30 Min.
Pattaya	441–636	11	4.30–21 Uhr stündl.
Suvarnabhumi Airport	392	8	21 Uhr
Vang Vieng (Laos)	320	7	8.30 Uhr
Vientiane (Laos)	80	2	8–18 Uhr 8-mal

„Weiße Bus". Auch die zwischen Udon Thani und Nong Khai verkehrenden Minivans setzen ihre Fahrgäste auf Wunsch hier ab, man muss aber den vollen Preis (50 B) zahlen.

Ban Chiang

☎042 / 5050 EW.

Ban Chiang (บ้านเชียง), eine der bedeutendsten archäologischen Stätten Südostasiens, wurde 1966 entdeckt, als ein Soziologiestudent aus Harvard dort auf einer Wanderung stolperte und direkt vor seiner Nase den Rand eines vergrabenen Gefäßes fand. Als er sich umsah, entdeckte er weitere Stücke und vermutete, auf eine Begräbnisstätte gestoßen zu sein. Bald darauf begann man mit Ausgrabungen und förderte einen Schatz von Artefakten und Dutzende menschlicher Skelette zutage. Das Museum gehört zu den besten in Thailand, eine Ausgrabungsstätte ist freigelegt.

Ban Chiang wurde 1992 von der Unesco zum Weltkulturerbe erklärt.

Sehenswertes

Zwar ist das Dorf Ban Chiang ein wichtiges Touristenziel, doch es ist nach wie vor ein sehr traditionelles Örtchen, sodass sich schon ein kleiner Bummel lohnt.

Ban Chiang National Museum MUSEUM

(พิพิธภัณฑสถานแห่งชาติบ้านเชียง; inkl. Begräbnisstätte 150 B; ⌚Mi–So 9–16 Uhr) Dieses ausgezeichnete Museum, das mithilfe der Smithsonian Institution errichtet wurde, beherbergt Unmengen von Tonwaren aus allen Ban-Chiang-Perioden sowie unzählige Speerspitzen, Sicheln, Angelhaken, Schöpfkellen, Halsketten und andere Metallobjekte. Die (englisch beschilderten) Exponate gewähren einen hervorragenden Einblick in die ferne Vergangenheit der Region, es ist aber anzumerken, dass Archäologen die angegebenen Daten auf der Grundlage neuer Erkenntnisse revidiert haben. Weil die Gegenstände nun nicht ganz so alt sind, hat sich das Museum gegen die Angabe dieser Daten entschieden.

Wat Pho Si Nai Burial Site ARCHÄOLOGISCHE STÄTTE

(หลุมขุดค้นทางโบราณคดีวัดโพธิ์ศรีใน; Eintritt im Museumsticket enthalten, Mo frei; ⌚8.30–18 Uhr) 700 m östlich des Ban-Chiang-Nationalmuseums – vom Museum links und dann immer weiter gehen – befindet sich die größte freigelegte Begräbnisstätte. Es ist die einzige, die von Besuchern besichtigt werden kann. Hier sieht man, wie 52 Verstorbene zwischen 300 v. Chr. und 200 n. Chr. in Einzelgräbern mit Töpferwaren beigesetzt wurden. Aufgrund von Überschwemmungen ist die ganze Stätte jetzt ein Nachbau: Die Skelette sind aus Harz – die echten befinden sich im Museum.

Sor Hong Daeng Ban Chiang Weaving Group KUNSTHANDWERKSZENTRUM

(กลุ่มทอผ้าฝ้ายย้อมครามบ้านเชียง ส.หงษ์แดง; ☎086 221 2268; ⌚9–17 Uhr) GRATIS Eine Gruppe von Weberinnen fertigt zumeist mit Indigo gefärbte Baumwollstoffe, u. a. *mát·mèe*. Besucher sind willkommen. Das Zentrum ist 800 m zu Fuß vom Museum entfernt: Wenn man aus dem Museum kommt, sich links halten, die erste Straße rechts abbiegen, dann am Ende links – dann ist es auf der linken Seite.

> **ABSEITS DER ÜBLICHEN PFADE**
>
> **DAS „AFFENDORF" VON UDON THANI**
>
> Wie ein Mini-Lopburi: Im ansonsten gewöhnlichen Marktflecken **Kumphawapi** (กุมภวาปี) 50 km südöstlich von Udon Thani lebt ein Trupp Affen Seite an Seite mit den menschlichen Einwohnern. Zu Hause sind sie im Park im Ortszentrum, doch häufig sind sie auch anderswo unterwegs, um es sich auf Gebäuden bequem zu machen. Vom Busterminal 1 von Udon Thani verkehren alle halbe Stunde Busse (30–35 B, 1 Std.) hierher.

Schlafen & Essen

Ein Zimmer zu finden sollte nicht schwierig sein. Beim Museum gibt's drei oder vier recht gute Privatunterkünfte, meist in traditionellen Holzhäusern. Man spricht kaum Englisch, aber der Empfang ist freundlich.

Boon Rung Homestay PRIVATZIMMER $

(☎081 739 9273, 083 666 4671; DZ 600 B; ❄📶) Das Boon Rung, die beste der drei oder vier Privatunterkünfte beim Museum, befindet sich in einem traditionellen Holzhaus auf Stelzen: Die Familie wohnt im 1. Stock, darunter sind die drei geräumigen Gästezimmer. Diese grenzen an eine große Veranda. Im Garten voller Pflanzen gibt's ein nettes kleines Café, **Puan Coffee**. Das Haus liegt in der Gasse direkt gegenüber vom Museum.

ABSEITS DER ÜBLICHEN PFADE

PHU PHRABAT HISTORICAL PARK

Die Geschichte des geheimnisvollen und mystischen **Phu Phrabat Historical Park** (อุทยานประวัติศาสตร์ภูพระบาท; ☎042 219837; 100 B; ⌚8.30–16.30 Uhr) mit seinen vielen bizarren Felsspitzen, seinen Felsblöcken, die die Größe eines Wals haben, und seinen gewagt ausbalancierten Steinbrocken ist nicht wirklich bekannt. Der Geschichtspark Phu Phrabat zählt zu den beeindruckendsten Sehenswürdigkeiten und Erfahrungen des Isan. In prähistorischer Zeit wurden viele der Felsformationen in diverse religiöse Stätten verwandelt. Besonders zahlreich sind buddhistische *sema*-Steine, die vermutlich vor etwa 1000 bis 1200 Jahren während der Dvaravati-Periode entstanden, und der Boden unter einigen Felsüberhängen wurde sorgfältig zu glatten Plattformen gemeißelt. Die Khmer fügten der Stätte später ein paar hinduistische Elemente hinzu. Außerdem weisen mehrere Felsvorsprünge prähistorische Malereien auf, die man am besten an den nebeneinanderliegenden Tham Wua und Tham Khon bewundern kann. Die Bilder beweisen, dass sich hier wohl schon vor 3000 Jahren eine religiöse Stätte befand.

Highlight des Parks ist der **Hor Nang Usa**. Dieser Felsen in Form eines auf dem Schaft stehenden Stiefels beherbergt einen Schrein. Ganz in der Nähe befindet sich der **Bo Nang Usa**, ein von Menschenhand in den massiven Fels geschlagener 5 m tiefer Schacht. An vielen Felsformationen informieren Schilder über die jeweiligen Namen – oft Anspielungen auf die Legende von Prinzessin Nang Usa und Prinz Tao Baros. Wer Lust hat, kann sich die Geschichte online unter www.timsthailand.com/nang-usa-story anhören.

Eine Kletterpartie über die Felsformationen zum **Pha Sa Dej** am Rand des Steilhangs wird mit einer großartigen Aussicht auf die Farmen und Wälder in der Ferne belohnt. Ein ganzes Netz von Wanderwegen führt vorbei an den vielen Attraktionen. Der Park lässt sich gemächlich in zwei Stunden erkunden; es lohnt sich aber, hier deutlich mehr Zeit zu verbringen. Der abgelegene Rundweg im Norden hat weniger Sehenswertes zu bieten. Südlich vom Eingang steht der **Wat Phra Phutthabaht Bua Bok**, dessen gleichnamiger *chedi* im laotischen Stil einen Fußabdruck Buddhas birgt. Auch hier gibt es Felsen wie im Park, die allerdings kleiner und nicht so interessant sind.

Schlafen & Essen

Im Park gibt es keine Unterkünfte. Die nächsten befinden sich in Ban Phue. Vor Ort gibt's einen einfachen Nudel-und-Reis-Laden und in Ban Tiu, dem Dorf am Fuß des Hügels, ein gutes Isan-Restaurant (wenn man auf den Parkeingang blickt, 50 m rechts).

Anfahrt

Der Park ist 65 km von Udon Thani und Nong Khai entfernt und kann von beiden Städten im Rahmen eines Tagesausflugs besucht werden.

Die *sŏrng·tăa·ou* vom Busbahnhof in Nong Khai nach Ban Phue (60 B, 1½ Std., 7.30, 8, 8.30 Uhr) fahren über Tha Bo. Die Fahrzeuge vom Rangsina-Markt in Udon Thani fahren über Ban Phue nach Ban Tiu (*sŏrng·tăa·ou*/Minivan 35/100 B, 2/1½ Std., ab 6 Uhr stündl.), dem Dorf am Fuß des Hügels. Dort kann man für die letzten 5 km bergauf ein Motorradtaxi (hin & zurück 100 B) nehmen.

Tuk-Tuks von Ban Phue nach Ban Tiu kosten hin und zurück ca. 350 B, Motorradtaxis etwa die Hälfte. Viel billiger sind die vorbeikommenden *sŏrng·tăa·ou* (15 B). Das letzte Fahrzeug von Ban Phue zurück nach Nong Khai startet um 16 Uhr, das nach Udon kurz nach 17 Uhr.

Krua Fah Nao THAI $

(Hauptgerichte 50 B; ⌚8–16 Uhr) Die „Kalte Himmelsküche" schräg gegenüber vom Museumseingang serviert recht gute Thai-Standardgerichte und hat auch eine englische Karte.

ℹ An- & Weiterreise

Von Udon Thani fährt man mit dem Bus Richtung Sakon Nakhon oder Nakhon Phanom und steigt in Ban Nong Mek (35 B, 45 Min., alle 30 Min.) aus, wo man für die letzten 8 km nach Ban Chiang ein Tuk-Tuk (1 oder 2 Pers., 100 B hin & zurück) nimmt.

PROVINZ BUENG KAN

Bueng Kan

☎042 / 4850 EW.

Das kleine Bueng Kan (บึงกาฬ) ist ein ganz normales Städtchen, in dem die meisten Traveller nur zum Umsteigen auf dem Weg zum Wat Phu Thok einen Zwischenstopp einlegen. Die einzige Attraktion des Ortes ist der **thailändisch-laotische Markt** (ตลาดไทย-ลาว; Soi Buengkan; ⏲Di & Fr 4–13 Uhr). Wer möchte, kann sich am späten Nachmittag auch den zahlreichen Einheimischen zu einem Bummel über die Flusspromenade anschließen. Freitag- und samstagabends findet hier ein **Straßenmarkt** statt.

Schlafen & Essen

An der Flussuferstraße gibt's in der Nähe des Büros der Einwanderungsbehörde eine Handvoll Restaurants und Cafés.

Rachawadee Hotel HOTEL $
(☎042 492119; www.rachavadeehotel.com; Th Bungkan; DZ 450 B; P❄📶) Das L-förmige Hotel in ruhiger und günstiger Lage hat einfache, aber saubere und für den Preis gute Zimmer – die besten Budgetzimmer in Bueng Kan. Es ist zwei Blocks von der Uferpromenade entfernt am Nordwestrand des Orts (linkerhand, wenn man auf den Fluss blickt). Für Gäste stehen kostenlos ein paar klapprige alte Räder zur Verfügung. Kein Schild auf Englisch.

The One HOTEL $$
(☎042 492234; www.theonehotel-bk.com; Hwy 212; DZ mit Frühstück ab 790 B; P❄@📶🏊) Das Top-Hotel von Bueng Kan draußen an der Schnellstraße – vom Busbahnhof rund 100 m nach links gehen – ist nicht gerade überwältigend, bietet aber ein ausgezeichnetes Preis-Leistungs-Verhältnis und für den Preis einen tollen Service. Der Pool ist mit seinen Rutschen für Kinder wie ein kleiner Wasserpark; außerdem gibt's einen Fitnessraum, für Gäste kostenlose Drahtesel und ein Restaurant.

Praktische Informationen

Bangkok Bank (Hwy 212; ⏲10.30–19 Uhr) Im Ort sind jede Menge Geldautomaten vorhanden, doch dies ist die einzige Bank in Bueng Kan, die abends und am Wochenende geöffnet ist. Sie befindet sich im Tesco-Lotus neben dem Hotel The One.

Immigration Office (☎042 491832; Th Bungkan; ⏲Mo–Fr 8.30–16.30 Uhr) Für Visaverlängerungen – vor 15 Uhr da sein! Das Büro liegt an einer Straßenecke mit Blick auf den Fluss. Geht man von der Hauptkreuzung beim Hotel The One in den Ort, liegt es irgendwann auf der rechten Seite. Wer auf dem Weg nach Laos ist, braucht hier nicht vorbeizuschauen.

An- & Weiterreise

Bueng Kan ist der Verkehrsknotenpunkt der Provinz und besitzt einen überdimensionalen **Busbahnhof** (☎042 491302; Hwy 212) östlich der Stadt an der Schnellstraße. Es fährt nur ein Bus täglich direkt nach Nakhon Phanom, man kann die Fahrt aber auch in mehreren Etappen zurücklegen.

Ziel	Preis (B)	Dauer (std.)	Häufigkeit
Bangkok	511–874	13	6.30 & 7 Uhr, 16.30–18.15 Uhr 12-mal
Nakhon Phanom	130	4	14 Uhr
Nong Khai	120	2½–3	15 Uhr
Nong Khai (Minivan)	150	2½	6–18 Uhr alle 40 Min.
Udon Thani	208	4	5–15 Uhr stündl.
Udon Thani (Minivan)	200	3½	6–18 Uhr alle 40 Min.

Unterwegs vor Ort

In Bueng Kan gibt's keine Taxis und Autovermietungen und Tuk-Tuks stehen mehr oder weniger nur am Busbahnhof (50 B ins Ortszentrum) zur Verfügung, doch der Ortskern von Bueng Kan ist klein genug für Erkundungen zu Fuß. Das Flussufer ist von der Schnellstraße ca. 1 km entfernt.

Phu Wua Wildlife Sanctuary

Das 186 km² große **Phu Wua Wildlife Sanctuary** (เขตรักษาพันธุ์สัตว์ป่าภูวัว; ☎081 260 1845; 100 B) gehört zu den größten und besten Naturschutzgebieten im Isan. Die vielen freiliegenden Felsen und ein paar große Hügel verleihen der Gegend eine wilde Schönheit. Im Wald gibt es mehrere große Wasserfälle, die aber nur in oder kurz nach der Regenzeit (vorwiegend Juli–Sept.) Wasser führen. Auch leben hier über 40 Elefanten. Als Besucher kann man ihnen durchaus begegnen – die besten Chancen bestehen in der Regenzeit in der Nähe des Dorfes Ban Kham Pia

ABSTECHER

DER WUNDERSAME FELSENTEMPEL VON BUENG KAN

Mit seinem Netz aus verwitterten Treppen und Wegen in und an einem riesigen Sandsteinfelsen ist der **Wat Phu Thok** (วัดภูทอก; ⌚6–17 Uhr, 10.–16. April geschl.) eines der Wunderwerke der Region. Die halsbrecherischen Wege, von denen aus man einen fabelhaften Blick auf die Umgebung hat, führen vorbei an Schreinen und *gù·đì* (Mönchshütten), die verstreut um den Berg auf Klippen und in Höhlen liegen. Eine letzte Kletterpartie über Wurzeln und Felsbrocken bringt einen zu einem Wäldchen auf dem Gipfel, der als „siebente Ebene" bezeichnet wird.

Wer sich beeilt und alle Abkürzungen nutzt, kann in gut einer Stunde oben und wieder unten sein – aber warum? Man sollte diese Kletterpartie lieber genießen. Wegen der Abgeschiedenheit dieses Ortes kommen Mönche und *mâa chee* (Nonnen) aus ganz Thailand hierher, um zu meditieren. Besucher sollten sich also bei ihrer Erkundungstour ruhig und respektvoll verhalten.

Der Klostergründer Luang Pu Juan starb 1980 bei einem Flugzeugabsturz zusammen mit anderen hochverehrten Waldmönchen, als sie zu den Geburtstagsfeierlichkeiten von Königin Sirikit nach Bangkok reisen wollten. Luang Pu Juans Besitztümer und einige Knochenreste befinden sich in dem mit fantastischen Skulpturen geschmückten Marmor-*chedi*, der unterhalb des Berges in einem prächtigen Garten steht.

Tuk-Tuks von Bueng Kan zum Wat Phu Thok kosten hin und zurück inkl. einige Stunden Wartezeit 1000 B (der Preis ist verhandelbar). Günstiger wird's, wenn man mit dem Bus von Bueng Kan nach Siwilai (20–30 B, 45 Min.) fährt und dort in ein Tuk-Tuk umsteigt (400 B). Wer einen frühen Bus nach Bueng Kan nimmt, kann den Wat Phu Thok im Rahmen eines Tagesausflugs von Nong Khai besuchen. Es ist aber nicht unbedingt erforderlich, nach Nong Khai zurückzufahren, denn es gibt auch Minibusse und Busse, die von Bueng Kan nach Udon Thani fahren.

Auto- oder Radfahrer fahren 27 km über Bueng Kan hinaus bis nach Chaiyaphon, biegen dann rechts auf die Rte 3024 ab und folgen den Schildern zum Chet Si und anderen Wasserfällen. Diese liegen im Phu Wua Wildlife Sanctuary (S. 421) und lohnen den Abstecher sowohl wegen der seltsamen Felsformationen als auch wegen der Wasserfälle, die aber nur von Mitte Mai bis Dezember Wasser führen. Nach 17,5 km rechts abbiegen und noch 4 km weiterfahren.

– und manchmal sind sie auch außerhalb des Parks zu sehen. Doch hat es in letzter Zeit vermehrt durch Elefanten verursachte Todesfälle gegeben, sodass man nicht allein im Park unterwegs sein sollte. Außerdem gibt's im Park Affen, Muntjaks und ziemlich viele Vogelarten.

Sehenswertes & Aktivitäten

Die beiden größten Wasserfälle, der Nam Tok Chet Si („Sieben-Farben-Wasserfall") und der Nam Tok Tham Phra („Mönchshöhlen-Wasserfall"), befinden sich östlich der Rte 3024 in der Nähe des Wat Phu Thok. Der Tham Phra ist per Boot (8–16 Uhr, 30 B pro Pers.) zu erreichen, Ausländer zahlen einen überhöhten Eintritt von 200 B.

Wandern

Während man die verschiedenen Wasserfälle, die an den umliegenden Straßen ausgeschildert sind, mit dem Motorrad auf eigene Faust besichtigen kann, kann man im eigentlichen Park nur bis zum Besucherzentrum fahren – danach geht's nur noch zu Fuß weiter. Manchmal darf man die Wege allein begehen, manchmal auch nicht. Auf jeden Fall ist das nicht zu empfehlen, da die Wege unbefestigt sind und teilweise durch dichten Wald führen; außerdem besteht immer das Risiko, aggressiven oder verschreckten wilden Elefanten zu begegnen. Man kann theoretisch mit einem Parkranger wandern, doch das muss im Voraus organisiert werden: Dafür muss man vorab schriftlich einen diesbezüglichen Antrag beim Department of National Parks, Wildlife and Plant Conservation in Bangkok stellen. Von den Angestellten des Parks spricht kaum jemand Englisch.

Ein empfehlenswerter Führer (halber/ganzer Tag/mit Übernachtung ca. 400/600/800 B) ist Bunloed, der Eigentümer von Bunloed's Huts: Er kennt sich bestens aus und weiß Bescheid über die potenziellen Gefahren, die von wilden Tieren ausgehen.

Bunloed hält auch Tipps und Karten zur Erkundung der Dörfer in der Umgebung bereit, ob zu Fuß oder mit dem Fahrrad oder Motorrad.

Schlafen & Essen

Im Park selbst gibt's keine Unterkünfte, aber das nächste Dorf, Ban Kham Pia, ist nur 3 km vom Besucherzentrum entfernt und beherbergt eine fabelhafte Privatunterkunft, Bunloed's Huts. Unterkünfte sind außerdem im nahen Bung Khla an einem herrlichen Abschnitt des Mekong vorhanden – das beste Preis-Leistungs-Verhältnis bietet das Mon Prasit Resort. Bueng Kan eignet sich vielleicht auch als Ausgangspunkt für einen Besuch des Tierschutzgebiets Phu Wua, doch wer wandern möchte, sollte besser in der Nähe nächtigen.

Essbares bekommt man in jedem der Städtchen rund um den Park und einigen der umliegenden Dörfer, nicht aber im Naturschutzgebiet selbst. In der Regenzeit gibt's am Nam Tok Chet Si und Nam Tok Tam Phra ein paar Essensbuden.

★ **Bunloed's Huts** PRIVATZIMMER $

(☎087 861 0601; www.bunloedhuts.jimdo.com; Ban Kham Pia; EZ im Bungalow 260–300 B, DZ im Bungalow 320–360 B, EZ/DZ mit Gemeinschaftsbad 200/260 B, im eigenen Zelt 1/2 Pers. 80/100 B, Mahlzeiten 60–100 B; P 📶) Bunloed und Angelina (er ist Thailänder, sie Französin) heißen Gäste in dieser reizenden Ansammlung von selbst gebauten Hütten am Rand des stillen Dorfs Ban Kham Pia beim Phu Wua Wildlife Sanctuary willkommen. Dies ist nicht nur die beste Unterkunft für die Erkundung des Phu Wua, sondern auch eine für ihre Gastfreundlichkeit berühmte Privatunterkunft, die einen seltenen Einblick in den Alltag eines traditionellen Isan-Dorfs gewährt.

Bunloed errichtete diese Anlage als Privatunterkunft in seinem Heimatdorf. Er entwarf und baute die Bambushütten für die Gäste, die offene Küche mit Lehmwänden und den Speisebereich wie auch das Haus der Familie aus Lehmziegeln. Außerdem pflanzte er all die tropischen Bäume und Pflanzen im Garten wie Orchideen, Ananas, Kokospalmen, Mangos, Mangostanen und Rambutans – alles bio. Er fungiert auf Anfrage auch als Parkguide (halber/ganzer Tag/mit Übernachtung ca. 400/600/800 B) oder gibt einfach nur Tipps zur Erkundung der Gegend auf eigene Faust. Die Gäste können kostenlos Fahrräder nutzen und Motorräder mieten, es gibt köstliches Isan-Essen und die beiden Eigentümer stellen einen gern den *mát·mèe*-Weberinnen und Reisbauern des Dorfes vor. Die Unterkunft ist von Reisfeldern umgeben, von denen die meisten Bunloeds Brüdern und Schwestern gehören.

Hier haben die Gäste die seltene Gelegenheit, das traditionelle Leben im Isan mit einer Familie zu erleben, die Englisch und Französisch spricht und die Bedürfnisse und Erwartungen sowohl ausländischer Touristen als auch der Dorfbewohner kennt. Die Unterbringung ist einfach, aber gemütlich. Man schlummert zu den zauberhaften Klängen des Waldes ein und erwacht mit dem Krähen der Dorfhähne. Hierher kommt man für einen oder zwei Tage und will dann gar nicht wieder weg.

Wer mit dem Bus anreist, den holt Bunloed im Dorf Ban Don Chik an der Fernstraße ab, aber es sind auch nur 3 km zu Fuß. Die Unterkunft ist nicht ausgeschil-

GRENZÜBERGANG NACH LAOS: VON BUENG KAN NACH PAKSAN

Zwar machen das nur sehr wenige Reisende, doch es ist möglich, den Mekong von Bueng Kan nach Paksan zu überqueren – aber nur, wenn man schon ein Visum für Laos hat.

Anreise zur Grenze Der Pier befindet sich 2,5 km nordwestlich des Orts und dort werden auch die Einreiseformalitäten erledigt. Ein Tuk-Tuk ab dem Ortszentrum kostet 60–70 B.

An der Grenze Wochentags fahren von 8.30 bis 16 Uhr regelmäßig Boote (60 B pro Pers.) über den Fluss, am Wochenende unregelmäßig. Sie legen ab, sobald rund 20 Passagiere zusammengekommen sind. Wer die gesamten 1200 B fürs ganze Boot hinblättert, kann sofort fahren.

Weiterreise Am laotischen Ufer warten Tuk-Tuks, doch die Fernstraße und ein paar Hotels sind nur einen kleinen Marsch vom Bootsanleger entfernt.

dert – es ist das erste Grundstück links der Schule am Ende des Dorfs.

Mon Prasit Resort HOTEL $

(☎ 042 499147; Bung Khla; DZ mit Ventilator 300 B, mit Klimaanlage 350–600 B, Bungalow 600 B; P ❄ 📶) Bung Khla steht ganz im Zeichen seiner Lage: direkt am Mekong und mit den bewaldeten „Schlangenbergen" am gegenüberliegenden Flussufer in Laos. Die Zimmer dieses einfachen Hotels sind sauber, aber klein. Auf jeden Fall lohnt es sich, etwas mehr für einen der sechs Holzbungalows am Fluss auszugeben: Hier kann man den zauberhaften Ausblick gleich von der eigenen Veranda aus genießen.

Von der Fernstraße ins Dorf abbiegen, am Fluss nach links und dann der Straße zur anderen Seite eines kleinen Nebenflusses folgen – und bald ist man beim Resort.

An- & Weiterreise

Für den Besuch von Phu Wua benötigt man einen fahrbaren Untersatz, es sei denn, man wohnt bei Bunloed's Huts in Ban Kham Pia. Leihmotorräder gibt es offiziell weder in Bung Khla noch in Bueng Kan.

Am einfachsten kommt man mit dem täglich zwischen Nong Khai (100 B, 3½–4 Std.) und Nakhon Phanom (130 B, 3–4 Std.) verkehrenden Bus nach Ban Kham Pia. Der Fahrer lässt einen auf Wunsch im 3 km entfernten Ban Don Chik raus. Dort wird man von Bunloed abgeholt oder man geht einfach zu Fuß. Zwischen Bueng Kan und Ban Phaeng fahren stündlich auch Minivans (5.30–15.30 Uhr), die an Bung Khla und Ban Don Chik (50 B) vorbeikommen. Wer aus der anderen Richtung kommt, nimmt in Nakhon Phanom einen Minivan nach Ban Phaeng (80 B, 2 Std., 12.30, 13.30, 14.30, 16 Uhr) und steigt dann in einen Minivan nach Ban Don Chik oder Bung Khla (50 B, 45 Min.) um.

PROVINZ NAKHON PHANOM

Die Provinz Nakhon Phanom (จังหวัดนครพนม) ist stark von laotischen und vietnamesischen Einflüssen geprägt. Sie wird vom Mekong begrenzt und hat viele höchst heilige Tempel. Allgemein warten in dieser Region mehr subtile als offensichtliche Highlights – darunter interessante historische Stätten und viele Stellen mit super Flussblick. Und schließlich wäre da mit dem gewaltigen Wat Phra That Phanom auch noch ein Pflichtziel für alle, die sich für die Kultur des Isan interessieren.

Nakhon Phanom

☎ 042 / 22 710 EW.

Nakhon Phanom (นครพนม) bedeutet „Stadt der Berge". Die sanft gewellten Zuckerhutgipfel liegen jedoch alle jenseits des Flusses drüben in Laos. Somit können sie von Besuchern zwar bewundert, aber nicht erklommen werden. Dennoch bieten sie vor allem bei einem nebligen Sonnenaufgang einen tollen Anblick.

Nakhon Phanoms Tempel wurden in einem ganz besonderen Stil errichtet: Im Lan-Chang-Reich war die Stadt ein bedeutendes Zentrum. Später entsandten die Thai-Könige ihre besten Kunsthandwerker hierher, um neue Gebäude zu errichten. Schließlich verbreitete sich dann über den Mekong hinweg noch ein starker französischer Einfluss.

Sehenswertes

Mekong Walking Street MARKT

(ถนนคนเดินแม่น้ำโขง; Th Sunthon Wijit; ⌚ Fr–So 16–21.30 Uhr) Der Straßenmarkt bietet kaum Kunsthandwerk, dafür aber jede Menge Souvenirs und natürlich Essen. Die historischen Gebäude verleihen ihm eine nette Atmosphäre.

Former Governor's Residence Museum MUSEUM

(จวนผู้ว่าราชการจังหวัดนครพนม (หลังเก่า); Th Sunthon Wijit; Erw./Kind 50/20 B; ⌚ Mi–So 9–17 Uhr) Das auch Museum Juan genannte Museum in einem wunderschön restaurierten Herrenhaus von 1925 am Fluss zeigt viele Fotos vom alten Nakhon Phanom (viele auch auf Englisch beschriftet). Im hinteren Bereich sind Exponate über die beleuchtete Bootsprozession (Lai Reua Fai) zu sehen und alte Kochutensilien. Bai-Tong, Inhaber des Souvenirladens und Künstler, kann hervorragend Englisch und viele gute Tipps geben.

Ho Chi Minh House MUSEUM

(บ้านโฮจิมินห์; ☎ 042 522430; Ban Na Chok; Spende erwünscht; ⌚ tagsüber) GRATIS Die beste der drei Stätten, die im Dorf Ban Na Chok (S. 426) mit Ho Chi Minh in Verbindung stehen, ist der Nachbau des einfachen Holzhauses, in dem „Onkel Ho" 1928 und 1929 gelegentlich wohnte und seine Widerstandsbewegung plante. Einige der Einrichtungsstücke sollen Originale sein. Es handelt sich um ein privates Museum in einem üppigen Garten voller Blumen und Obstbäume hinter dem Haus einer Familie, die sehr stolz darauf ist.

Nakhon Phanom

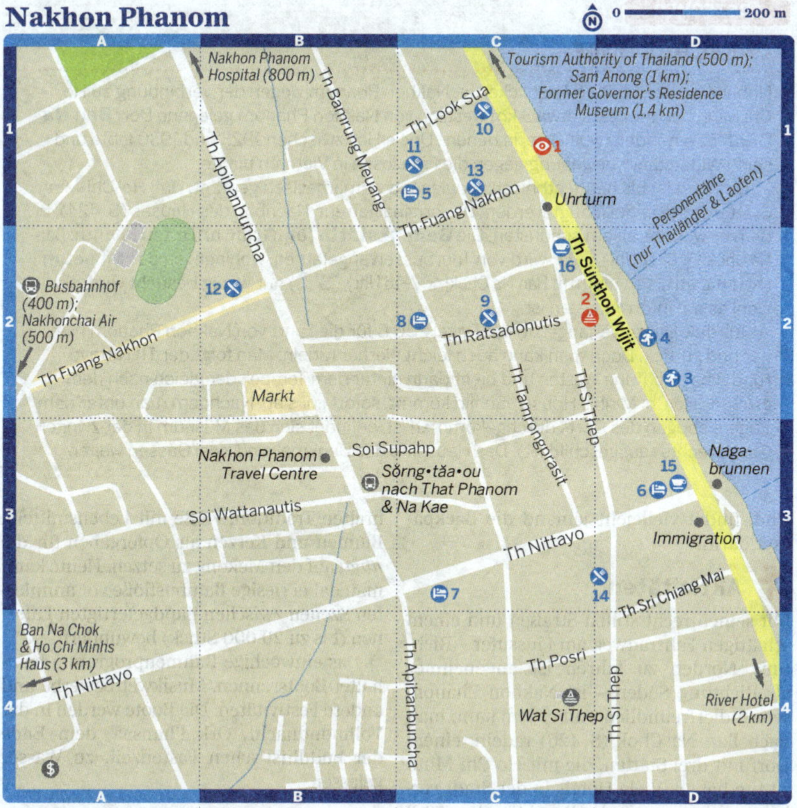

Nakhon Phanom

Sehenswertes
1 Mekong Walking Street C1
2 Wat Okat C2

Aktivitäten, Kurse & Touren
3 Maekhong Paradise Sunset Dinner Cruise D2
4 Thesaban Sunset Cruise D2

Schlafen
5 777 Hometel C1
6 Landmark Nakhon Phanom Hotel D3
7 SP Residence C3
8 Windsor Hotel C2

Essen
9 Aunt Kaew's Noodles C2
10 Champasak C1
11 Little Home C1
12 Nachtmarkt B2
13 Ohio C1
14 Phornthep Naem Nueang D3

Ausgehen & Nachtleben
15 Cafe Le Landmark D3
16 P Cafe C2

Wat Okat BUDDHISTISCHER TEMPEL
(วัดโอกาส; Th Sunthon Wijit; tagsüber) GRATIS
Der Wat Okat ist älter als die Stadt selbst. Er beherbergt den Phra Tiow und den Phra Tiam – zwei heilige Buddha-Figuren aus goldbeschlagenem Holz, die sich auf dem höchsten Piedestal im *wí·hăhn* (Heiligtum) befinden. Der Phra Tiam (rechts) ist eine Replik, da das Original im Jahr 2010 gestohlen wurde. Uns gefallen besonders die wunderschönen modernen Wandgemälde: Sie erzählen in Bildern, wie der Phra Tiow und der Phra Tiam einst von Laos aus auf Flößen über den Mekong gebracht wurden.

ABSTECHER

ONKEL HOS DORF

Neben wunderschönen Ausblicken ist Nakhon Phanom wegen der Verbindung zu Ho Chi Minh bekannt. Das etwa 3 km westlich von Nakhon Phanom gelegene Dorf **Ban Na Chok** ist einer der zwölf Orte, in denen „Uncle Ho" zwischen 1928 und 1930 lebte und seine Widerstandsbewegung gegen die Franzosen in Vietnam plante.

Das Dorf ist bis heute ethnisch vorwiegend vietnamesisch geprägt. Drei Ho-Chi-Minh-Stätten können besichtigt werden. Der originalgetreue Nachbau des Hauses (S. 424), in dem er wohnte, ist am schönsten. Die **Gedenkstätte** (อนุสรณ์สถานประธานโฮจิมินห์; Ban Na Chok; ⌚8–17 Uhr) GRATIS wird von Tourbussen angefahren, wohingegen das **Museum** (พิพิธภัณฑ์ประธานโฮจิมินห์; Ban Na Chok; ⌚7–16 Uhr) GRATIS) nur wenig besucht wird, obwohl es am informativsten ist.

Tuk-Tuk-Fahrer verlangen in der Regel 200 B für die Fahrt von Nakhon Phanom hierher und zurück. Doch man kann auch leicht hierher radeln: Man folgt der Th Nittayo rund 3 km Richtung Westen und biegt dann hinter dem Tempel, der gleich nach dem großen „Ho Chi Minh's House"-Schild kommt, sofort links ab. Nachdem man unter dem Zugangsbogen des Dorfs durchgekommen ist, befindet sich das Museum in der zweiten Gasse rechts (ausgeschildert). Das Haus und das Denkmal sind zwei Gassen weiter.

Und, findet vielleicht jemand die Backpacker darin?

Aktivitäten

Mit seinen recht stillen Straßen und einem schattigen Fahrradweg am Flussufer – Richtung Norden zu fahren ist angenehmer als Richtung Süden – ist Nakhon Phanom sehr radlerfreundlich. Außerdem kann man nach Ban Na Chok (S. 426) radeln, einem Dorf mit drei Stätten, die mit Ho Chi Minh zu tun haben. Viele Hotels in der Stadt verleihen Fahrräder, in der Regel für etwa 50 B pro Tag.

Maekhong Paradise Sunset Dinner Cruise BOOTSFAHRT
(☎089 780 7179; Th Sunthon Wijit; Erw./Kind 200/100 B) Auf der zweistündigen Abendrundfahrt mit dem größeren der beiden Ausflugsschiffe der Stadt sind jede Menge Thai- und Isan-Speisen im Angebot. Abfahrt ist um 18 Uhr.

Thesaban Sunset Cruise BOOTSFAHRT
(☎086 230 5560; Th Sunthon Wijit; pro Pers. 50 B) Die Stadt bietet einstündige Bootsfahrten auf dem Mekong an Bord der alten *Thesaban* an, die gegenüber vom Indochina-Markt vor Anker liegt. Los geht's um ca. 17 Uhr, Snacks und Getränke sind erhältlich.

Feste & Events

Lai Reua Fai KULTUR
(⌚Ende Okt./Anfang Nov.) Nakhon Phanom ist berühmt für seine beleuchtete Bootsprozession: Dies ist eine moderne Version der uralten Tradition, Flöße mit Lebensmitteln, Blumen und Kerzen als Opfergaben für die *naga* auf den Mekong zu setzen. Heute kann man dabei riesige Bambusflöße vor animierten Szenen zwischen handgefertigten Laternen (bis zu 20 000 Stück) bewundern.

Das einwöchige Rahmenprogramm beinhaltet Bootsrennen, Musikwettbewerbe und andere Festivitäten. Die Boote werden in der Vollmondnacht, Ork Phansaa, dem Ende der buddhistischen Fastenzeit, zu Wasser gelassen.

Schlafen

Windsor Hotel HOTEL $
(☎042 511946; 272 Bamrung Meuang; EZ mit Ventilator 300 B, DZ & 2BZ 450 B; P❄📶) Die beste der Billigbleiben im Zentrum von Nakhon Phanom und früher eindeutig eine Top-Adresse. Heute ist das Hotel frisch gestrichen und makellos sauber, und mit seinen großen Zimmern mit Fernseher und kleinem Kühlschrank bietet es ein recht gutes Preis-Leistungs-Verhältnis. Oben genießt man einen Ausblick auf die Berge. Es gibt ein englisches Schild, aber ansonsten wird kein Englisch gesprochen.

SP Residence HOTEL $$
(☎042 513505; Th Nittayo; DZ 590–800 B; P❄@📶) Die Zimmer des schlichten, modernen Hotels wirken weniger wohnheimmäßig, als Fassade und Flure befürchten lassen könnten. Das Haus steht nicht direkt an der Straße, sodass in den Zimmern kaum Lärm zu hören ist. Das Personal ist sehr freundlich und man kann Fahrräder leihen (die erste

Stunde gratis). Es gibt kein englisches Schild – nach dem minzgrünen Gebäude Ausschau halten!

777 Hometel HOTEL $$
(Tong Jed Hometel; ☎042 514777; Th Tamrongprasit; DZ mit Frühstück 600–800 B; P ❄ @ ᯤ) Man sollte sich von dem kastenartigen Äußeren nicht abschrecken lassen, denn die Zimmer sind ziemlich schick. Außerdem punktet das Haus mit spitzenmäßigem Management, angemessenen Preisen und den wohl freundlichsten Angestellten in ganz Nakhon Phanom. Es können auch Fahrräder geliehen werden.

Landmark Nakhon Phanom Hotel HOTEL $$
(☎042 530890; Th Nittayo; DZ & 2BZ mit Frühstück 950–1250 B, Suite 2800 B; ❄ ᯤ) Das relativ neue, stylische kleine Hotel erfreut sich einer tollen Lage, die sich in den Preisen niederschlägt. Die eleganten Zimmer sind gut ausgestattet. Die Zimmer hinten (950 B) verfügen über kein natürliches Licht, sodass man sich besser eins nach vorn raus mit Balkon (1250 B) gönnt. Noch besser sind die fabelhaften Suiten mit Flussblick.

River Hotel HOTEL $$
(☎042 522999; www.therivernakhonphanom.com; Th Sunthon Wijit; DZ/2BZ ab 990/790 B; P ❄ ᯤ) Das vielleicht beste Hotel von Nakhon Phanom steht direkt am Fluss, aber leider rund 2 km südlich des Stadtzentrums. Das stylische und moderne Hotel bietet opulente Zimmer, guten Service und eine tolle Aussicht. Nur schade, dass es so weit vom Schuss liegt!

Essen

Aunt Kaew's Noodles NUDELN $
(ก๋วยเตี๋ยวป้าแก้ว; Th Ratsadonutis; Nudeln 50 B; ⏲Mo–Sa 8–15 Uhr) Das Tantchen, das über diesem einfachen, offenen und bei den Einheimischen enorm beliebten Nudelhaus herrscht, zaubert köstliche Gerichte mit Glasnudeln, dicken Scheiben Rindfleisch und knusprigen Bohnensprossen. Zum Essen gibt's eine Tasse Eistee gratis dazu und man wird herzlich empfangen.

Little Home THAI $
(Th Tamrongprasit; Hauptgerichte 60–80 B, Kaffee ab 40 B; ⏲11–19 Uhr; ❄ ᯤ) Das moderne Café-Restaurant mit großen Fenstern bietet neben gutem Kaffee eine ordentliche Auswahl an Thai-Gerichten sowie ein paar westliche wie Makkaroni oder Spaghetti.

Sam Anong THAI $
(Th Samut Bunhan; Hauptgerichte 40–250 B; ⏲8–20 Uhr; ❄ ᯤ) Das schnörkellose Lokal ist eine tolle Adresse für bodenständige Isan-Speisen. Das *gài yâhng* (gegrilltes Hühnerfleisch) ist mit das beste in ganz Nakhon Phanom. Außerdem kann man zwischen normalem und schwarzem Klebreis wählen. Wenn man dem Flussufer folgt, ist das Lokal hinter dem Büro der Tourism Authority of Thailand in der dritten Straße links und dann gleich auf der linken Seite.

Phornthep Naem Nueang VIETNAMESISCH $
(Th Si Thep; Hauptgerichte 40–200 B; ⏲6–16 Uhr) Klassisches, chaotisches Lokal mit einer großen Auswahl an vietnamesischen Gerichten, darunter das namensgebende *năam neu·ang* (Frühlingsrollen mit Zutaten nach Wahl). Zum Frühstück wird *khài gràtá* (kleine Pfanne mit Eiern und Würstchen obendrauf) serviert. Das Lokal befindet sich direkt gegenüber vom alten Kino beim Srithep Hotel. Es gibt kein Schild mit lateinischen Schriftzeichen.

Nachtmarkt THAI $
(Th Fuang Nakhon; ⏲16–22 Uhr) Nakhon Phanoms Nachtmarkt ist groß und das Speisenangebot vielfältig (Thai, Isan, vietnamesisch, international), aber es gibt nur wenige Möglichkeiten zum Sitzen.

Ohio THAI $$
(Th Fuang Nakhon; Hauptgerichte 69–169 B, Seafood 150–300 B; ⏲17–4 Uhr; ᯤ) Das beliebte Restaurant hat in den 25 Jahren seines Bestehens unzählige Veränderungen über sich ergehen lassen müssen. Momentan kommt es farbenfroh und klassisch daher und passt somit besser nach Bangkok als nach Nakhon Phanom. Egal, das Essen ist und war immer gut. Auf der Speisekarte stehen hauptsächlich thailändische Fischgerichte, es gibt aber auch diverse Isan- und westliche Speisen. Auch gut für Craftbier und Cocktails spät am Abend.

Champasak FISCH & MEERESFRÜCHTE $$
(☎042 514541; Th Sunthon Wijit; Hauptgerichte 40–400 B; ⏲10–22 Uhr; ❄ ᯤ) Das Champasak ist auf Fisch aus dem Mekong spezialisiert. Die Betreiberin, Tochter von Mekong-Fischern, kennt sich mit Fisch bestens aus und ist stolz auf ihr Angebot. Der Laden verfügt über eine Klimaanlage, aber auch über Sitzbereiche draußen. Den Weg durch die lückenhaften englischen Beschreibungen der Standardgerichte der Thai-, Isan- und

vietnamesischen Küche weisen die Bilder auf der Speisekarte. Es gibt kein englisches Schild – nach dem großen Gebäude in knalligem Orange Ausschau halten!

Ausgehen & Nachtleben

Nach dem Abendessen locken die entspannten, schönen Bars am Fluss in alten Shophouses an der Th Sunthon Wijit nördlich des Uhrturms.

Cafe Le Landmark CAFÉ
(Th Nittayo; Kaffee ab 50 B, Tee & Smoothies 80 B; ⌚6–22 Uhr) Das nette kleine Café gehört zum Landmark Nakhon Phanom Hotel und bietet neben gutem Kaffee und Tee auch Smoothies sowie Croissants und merkwürdigerweise 16 verschiedene Arten Toast, von Toast mit Erdbeermarmelade bis zu Toast mit gerupftem Schweinefleisch und Salatcreme. Im klimatisierten Inneren kann man toll auskühlen, aber auch draußen auf der überdachten Terrasse lässt es sich gut aushalten.

P Cafe CAFÉ
(Th Si Thep; Espresso 40 B; ⌚7.30–19.30 Uhr; 📶) Kaffee, Tee, italienische Limo, Smoothies und eine Eleganz, die in Nakhon Phanom ihresgleichen sucht. Alte Fotos, bequeme Stühle und ein Klavier sorgen für eine nette, relaxte Atmosphäre. Hier gibt's kein richtiges Essen, aber zumindest Cookies, Kuchen u. Ä.

Praktische Informationen

Bangkok Bank (Tesco-Lotus, Th Nittayo; ⌚10.30–19 Uhr) Bank im Stadtzentrum mit langen Öffnungszeiten, auch am Wochenende.

Immigration Office (☎042 532644; www.nakhon phanom-imm.com; Th Sunthon Wijit; ⌚Mo–Fr 8.30–12 & 13–16.30 Uhr) Visaverlängerungen.

Tourism Authority of Thailand (TAT; ☎042 513490; tatphnom@tat.or.th; Th Sunthon Wijit; ⌚8.30–16.30 Uhr) Hier gibt's Infos über die Provinzen Nakhon Phanom, Sakon Nakhon und Mukdahan.

Nakhon Phanom Hospital (☎042 511422; www.nkphospital.go.th; Th Apibanbuncha) Das beste Krankenhaus der Stadt.

An- & Weiterreise

BUS

Der **Busbahnhof** (☎042 513444; Th Fuang Nakhon) von Nakhon Phanom befindet sich einen kurzen Fußmarsch westlich des Stadtzentrums. Von hier fahren Busse nach Nong Khai (200 B, 7–8 Std., 11 Uhr), Udon Thani (147–200 B, 4 Std., 7.15–17 Uhr alle 45 Min.), Khon Kaen (212 B, 5 Std., 5.50–21.30 Uhr 13-mal) und Ubon Ratchathani (155–200 B, 4½ Std., 7, 8.30 & 14 Uhr). **Nakhonchai Air** (☎042 191299) hat Luxusbusse ab dem Busbahnhof.

Die meisten Traveller fahren mit Minivans nach Ubon Ratchathani (182 B, 4 Std., 5.45–16 Uhr, stündl.) und Mukdahan (80 B, 2½ Std., 5.30–18 Uhr häufig). Alle Busse legen einen Zwischenstopp in That Phanom (40 B, 1 Std.) ein. Zwischen 16.30 und 19.30 Uhr fahren viele Busse nach Bangkok (554–862 B, 11–12 Std.); zwei weitere Busse machen sich morgens um 7.30 und 7.45 Uhr auf den Weg nach Bangkok, drei Busse fahren nach Chiang Mai (737 B, 14–15 Std., 9, 15 & 17 Uhr).

Sŏrng·tăa·ou nach That Phanom (50 B, 1½ Std., 7–17 Uhr häufig) warten in der Nähe der Kasikornbank im Stadtzentrum auf Fahrgäste.

FLUGZEUG

Nakhon Phanoms Flughafen liegt 20 km westlich der Stadt. **Air Asia** (☎042 531571, landesweit 02 515 9999; www.airasia.com; Nakhon Phanom Airport; ⌚8–17 Uhr) fliegt mehrmals täglich zum Bangkoker Flughafen Don Mueang. **Nok Air** flog die Stadt eine Zeitlang nicht mehr an.

GRENZÜBERGANG NACH LAOS: VON NAKHON PHANOM NACH THA KHAEK

Anreise zur Grenze Es fahren zwar Passagierfähren über den Mekong nach Tha Khaek in Laos, sie sind aber Thais und Laoten vorbehalten. Traveller müssen die thailändisch-laotische Freundschaftsbrücke 3 nördlich der Stadt nehmen. Am einfachsten steigt man am Busbahnhof in Nakhon Phanom in einen Bus, der direkt nach Tha Khaek fährt (wochentags/Wochenende 70/75 B, 8–17 Uhr, 8-mal tgl.).

An der Grenze Die thailändische Grenze ist von 6–22 Uhr geöffnet. Alle Einreiseformalitäten werden auf der Brücke erledigt. Ein laotisches Visum bekommt man bei der Einreise. Wenn vietnamesische Arbeiter scharenweise die Grenze passieren wollen, geht es hier ziemlich chaotisch zu.

Weiterreise Die Busse warten häufig, bis sie genügend Fahrgäste haben, sodass man nach Tha Khaek oft mehr als zwei Stunden braucht.

doch könnte die Gesellschaft den Flugverkehr zwischen Nakhon Phanom und Bangkok inzwischen wieder aufgenommen haben. Flugtickets sind im **Nakhon Phanom Travel Centre** (☎ 042 520999; Th Apibanbuncha; ⏲ Mo–Sa 8.30–18 Uhr) erhältlich. Ein Taxi vom Flughafen in die Stadt kostet zwischen 150 und 200 B.

ℹ Unterwegs vor Ort

Tuk-Tuk-Fahrer verlangen für eine Fahrt vom Busbahnhof zu den meisten Zielen in der Stadt 40 B für ein oder zwei Personen und für die Fahrt nach Ban Na Chok (S. 426) und zurück 200 B. In Nakhon Phanom gibt es auch einen **Taxi-Service** (☎ 080 903 7222); die Fahrer warten am Busbahnhof, Taxameter werden nicht benutzt.

Sŏrng·tăa·ou nach Na Kae starten bei der Kasikornbank. Sie kommen an der Abzweigung zu Ho Chi Minhs Haus vorbei (15 B, 10 Min.); von dort muss man noch 1 km zu Fuß gehen.

Avis (☎ 062 597 3611, landesweit 02 2511131; www.avisthailand.com; Nakhon Phanom Airport; ⏲ 8–19.30 Uhr), **Budget** (☎ 042 531592, landesweit 02 203 9222; www.budget.co.th; Nakhon Phanom Airport; ⏲ 8–18 Uhr) und **Thai Rent a Car** (☎ 042 530681, landesweit 1647; www.thairentacar.com; Nakhon Phanom Airport; ⏲ 9–19 Uhr) sind am Flughafen von Nakhon Phanom vertreten, auch das **River Hotel** (S. 427) vermietet Autos. Der Preis für ein Auto ohne Fahrer beträgt ca. 1200 B pro Tag, mit Fahrer 500 B mehr. Das River Hotel und **777 Hometel** (S. 427) verleihen Motorräder (250 B pro Tag).

Nakhon Phanoms verkehrsarme Straße und der Radweg am Fluss, der gen Norden bis zur Brücke führt, laden zum Radeln ein. Die meisten Hotels stellen ihren Gästen Fahrräder kostenlos zur Verfügung. Wenn nicht, kann man sich auch einen Drahtesel in einem der Hotels wie 777 Hometel leihen.

That Phanom

☎ 042 / 11 680 EW.

Die Spitze des gigantischen *chedis* im Wat Phra That Phanom ragt hoch über die kleine, friedliche Stadt That Phanom (ธาตุพนม) hinaus. Der Turm zählt zu den bedeutendsten Wahrzeichen der Region und ist ein wichtiger Pfeiler der Isan-Identität. Einige historische Gebäude runden den Besuch in der Mekong-seitigen Hälfte der Stadt ab.

Sehenswertes

★ **Wat Phra That Phanom** BUDDHISTISCHER TEMPEL
(วัดพระธาตุพนม; Th Chayangkun; ⏲ 5–21 Uhr) GRATIS Dieser Tempel ist wunderschön. Selbst wer keine Tempel mehr sehen kann, wird beeindruckt sein. In seinem Zentrum steht ein *tâht*, wie es seinesgleichen im heutigen Laos keinen zweiten mehr gibt. Er wird von Buddhisten aus beiden Ländern hoch verehrt und ist 53,6 m hoch; ein 16 kg schwerer, mit Edelsteinen verzierter Schirm aus reinem Gold setzt noch einmal 4 m obendrauf. Bei Dunkelheit wird der Stupa spektakulär angeleuchtet, sodass ein Besuch am

That Phanom

That Phanom

Highlights
1 Wat Phra That Phanom A2

Sehenswertes
2 Stupa-Nachbau A2
3 Tai-Lao Open-Border Market B1
4 That Phanom Museum A2

Schlafen
5 Baan Ing Oon Guesthouse B3
6 Kritsada Rimkhong Hotel B1
7 That Phanom Place A3
8 That Phanom Riverview Hotel B1

Essen
9 Dao Thong B2
Krua Kritsada Rimkhong .... (s. 6)
10 Nachtmarkt B2
11 Pugtukhong B2

Abend etwas ganz Besonderes ist – dann erschallen im ganzen Komplex Gebetsgesänge und Gongs.

Der Legende nach soll Buddha selbst nach Thailand gereist sein und verfügt haben, dass ein Stück seines Brustbeins als Reliquie in einem an dieser Stelle zu errichtenden *chedi* aufbewahrt werden sollte. Und so geschah es dann auch 535 v. Chr., acht Jahre nach seinem Tod. Historiker datieren den ersten Bau auf etwa das 9. Jh. n. Chr. Danach waren Umbauten an der Tagesordnung. 1690 wurde der Turm auf 47 m aufgestockt. Das heutige Aussehen geht auf das Jahr 1941 zurück. Während schwerer Regenfälle im Jahr 1975 stürzte der Turm allerdings ein, wurde 1978 aber wieder aufgebaut. In einem Teich vor dem Tempel zeigt ein **Nachbau** (พระธาตุองค์เดิมจำลอง) GRATIS, wie der kleine Originalstupa ausgesehen haben könnte. Nachahmungen sowohl des heutigen als auch der älteren *tâhts* findet man überall im Isan.

Hinter dem Kloster, das den Reliquienturm umgibt, liegen ein schattiger kleiner Park mit mehreren Statuen und ein **Museum** (พิพิธภัณฑ์รัตนโมลีศรีโคตรบูรณ์; ⏲8.30–16 Uhr) GRATIS. Nördlich davon findet man den einst größten Gong Thailands, südlich gibt es einen Markt mit Essen und Kunsthandwerk für die vielen thailändischen Besucher.

Tai-Lao Open-Border Market MARKT

(ตลาดนัดไทยลาว; Th Rimkhong; ⏲Mo & Do 5–14 Uhr) Dieser herrlich wuselige Markt findet jeden Montag und Donnerstag am Fluss statt. Angeboten wird überwiegend dasselbe wie auf anderen thailändischen Märkten. Es kommen aber ein paar Händler aus Laos rüber und verkaufen Kräuter, Wurzeln, Pilze, Fledermäuse und andere Produkte aus dem Wald.

Feste & Events

That Phanom Festival KULTUR

(⏲Ende Jan./Anfang Feb.) Besucher strömen aus ganz Thailand und Laos herbei, um dem *tâht* zu huldigen. Neun Tage lang sind die Straßen dann mit Marktständen gefüllt, es treten viele erstklassige *mŏr-lam*-Ensembles auf und die ganze Stadt steht Kopf. Am Morgen des Ork Phansaa, der das Ende der buddhistischen Fastenzeit markiert, führen Phu-Tai-Tänzerinnen vor dem Wat Phra That Phanom ihren „Pfauentanz" auf.

Schlafen

Zum That-Phanom-Fest steigen die Preise und die Zimmer sind schon früh ausgebucht.

★ **Baan Ing Oon Guesthouse** HOTEL $

(☎042 540111; baaningoonguesthouse2@gmail.com; Th Phanom Phanarak; DZ mit Frühstück 490–790 B; P❄📶) Die Unterkunft ist einen Block vom Fluss entfernt und bietet saubere, komfortable Zimmer zu einem fairen Preis. In dem neuen Gebäude im klassisch französischen Indochina-Stil (das Nachbarhaus ist ein echtes Original) herrscht eine angenehme Atmosphäre. Die Betreiber sprechen nur wenig Englisch, sind aber sehr freundlich und hilfsbereit. Für die Gäste stehen kostenlose Fahrräder zur Verfügung.

Kritsada Rimkhong Hotel HOTEL $

(☎083 005 8621; Th Rimkhong; DZ mit Frühstück 500–600 B; P❄@📶) Es gibt einen Mix aus älteren und neueren Zimmern und keins ist besonders umwerfend. Am besten sind die beiden Zimmer im 2. Stock mit schönem Blick auf den Fluss – nachfragen, ob eins frei ist! Wenn man im Hotel anruft und der freundliche Inhaber (spricht Englisch) gerade anwesend ist, holt er einen gratis am Busbahnhof ab. Gästen stehen kostenlos Fahrräder zur Verfügung.

That Phanom Riverview Hotel HOTEL $$

(☎042 541555; www.thatphanomriverviewhotel.com; Th Rimkhong; DZ & 2BZ mit Frühstück 850–1300 B; P❄@📶) Die Zimmer von That Phanoms größter und bester Bleibe sind für ihren Preis recht schlicht. Dafür entschädigen sie mit jeder Menge Platz und Tageslicht. Service und Extras entsprechen dem zu erwartenden Niveau. Zudem gibt's hier kostenlose Leihfahrräder für Gäste. Hinweis: Trotz des Hotelnamens bieten die meisten Quartiere nur wenig oder gar keine Aussicht.

That Phanom Place HOTEL $$

(☎042 532148; thatphanomplace@gmail.com; Th Chayangkun; DZ/2BZ mit Frühstück 790/890 B; P❄📶) Die freundliche Unterkunft, hinter dem gleichnamigen Restaurant zurückversetzt von der Straße, hat viel Liebenswertes: erstklassige Zimmer, in denen ein frisches Lüftchen weht, faire Preise, und auch das (zumeist Englisch sprechende) Personal ist top. Aber leider liegt das Hotel nicht am Fluss, sondern 500 m entfernt an der Schnellstraße. Es gibt kostenlose Fahrräder für Gäste.

Essen & Ausgehen

In den Restaurants am Fluss kann man abends wunderbar bei einem Bier oder einem *lôw kŏw* (Thai-Whiskey) relaxen. An der Kreuzung der Th Chayangkun und der Th Chayangkun 2 südlich vom *tâht* befinden sich außerdem ein paar Thai-Bars.

Dao Thong VIETNAMESISCH $
(Th Phanom Phanarak; 40–150 B; 7.30–20.30 Uhr;) Das größte Restaurant in That Phanom richtet sich vor allem an Reisegruppen, doch das Essen (vorwiegend vietnamesisch und etwas Isan-Kost) ist ausgezeichnet, und es gibt eine englische Karte. Leo, eine Hälfte des jungen Paars, das das Lokal betriebt, spricht gut Englisch. Wer ihn erwischt, wenn nicht viel los ist, kriegt hier eine tolle Mahlzeit.

Das Restaurant hat kein englisches Schild, aber das angeschlossene **Cafe Higherland** (Kaffee ab 30 B) hat eins.

Pugtukhong THAI $
(091 057 0351; Th Rimkhong; Hauptgerichte 40–150 B; 10 Uhr–open end;) Khun Maew, der Englisch spricht, hält viele Infos über die Gegend parat und serviert köstliche Thai- und Isan-Standards. Die großen Portionen verputzt man mit Blick auf den Fluss. Auch gut für das eine oder andere Bierchen später am Abend.

Krua Kritsada Rimkhong THAI $
(Th Rimkhong; Hauptgerichte 40–200 B; 8–22 Uhr; P) Die Speisen – mit Schwerpunkt auf Spezialitäten der Mekong-Region – sind durchweg köstlich. Außerdem ist es hier ruhiger als in vielen anderen Restaurants am Fluss, obwohl es eine Karaoke-Anlage gibt (sie wird aber nur selten benutzt).

Nachtmarkt MARKT $
(15.30–21.30 Uhr) Auf That Phanoms Nachtmarkt gibt es vorwiegend Speisen aus dem Isan, aber auch ein paar Stände mit thailändischem und vietnamesischem Essen. Alles ist zum Mitnehmen.

Praktische Informationen

Im Stadtzentrum finden sich mehrere Banken mit normalen Öffnungszeiten. Wer am Wochenende oder abends Geld braucht, geht am besten zur **Bangkok Bank** (10.30–19 Uhr) im Tesco-Lotus-Einkaufszentrum an der Th Chayangkun nördlich der Stadt.

An- & Weiterreise

Von That Phanoms neuem **Busbahnhof** (Rte 2030), der recht unpraktisch westlich der Stadt liegt (eine Tuk-Tuk-Fahrt zum Fluss kostet etwa zwischen 30 und 40 B), fahren Busse nach Ubon Ratchathani (162 B, 4½ Std., 7-mal tgl.), Udon Thani (160–180 B, 5 Std., 4-mal tgl.) und Bangkok (473–818 B, 11–12 Std., 7.20, 8 Uhr und 11 Busse zwischen 17–19 Uhr). Minivans fahren nach Nakhon Phanom (40 B, 1 Std., 6–16 Uhr häufig) und Ubon Ratchathani (145 B, 4 Std., 6.30–17 Uhr stündl.) über Mukdahan (40 B, 1 Std.).

Die meisten Leute fahren aber nicht am Busbahnhof ab, denn die Minivans halten auch direkt südlich des *tâht* in der **Th Chanyangkhun**. Wer nach Nakhon Phanom will, kann eins der **sŏrng·tăa·ou** (Th Chayangkun) (50 B, 1½ Std., 7–16 Uhr häufig) nehmen, die 300 m nördlich des *tâht* an der Schnellstraße abfahren.

Unterwegs vor Ort

That Phanom kann man gut zu Fuß erkunden, aber auch eine Radtour am Fluss macht Spaß. Die meisten Hotels halten für ihre Gäste Drahtesel bereit.

PROVINZ MUKDAHAN

Die Provinz Mukdahan (จังหวัดมุกดาหาร) und ihre Hauptstadt lassen viele Traveller links liegen, obwohl sie eine schöne Landschaft und historische Tempel am Mekong zu bieten haben.

Mukdahan

042 / 34 290 EW.

Nach Mukdahan (มุกดาหาร), an den Ufern des Mekong gegenüber der laotischen Stadt Savannakhet gelegen und von den Einheimischen kurz *múk* genannt, verirren sich bislang nur wenige Besucher – und das, obwohl die hiesige thailändisch-laotische Freundschaftsbrücke 2 eine Straßenverbindung von Thailand nach Laos und weiter nach Vietnam bietet. Es ist zwar kein wirklich aufregender Ort, hat aber für einen ruhigen Tag in netter Atmosphäre genug Interessantes zu bieten.

Sehenswertes

Hor Kaew Mukdahan MUSEUM
(หอแก้วมุกดาหาร; Th Samut Sakdarak; 50 B; 8–18 Uhr) Dieser 65 m hohe Turm ist ein Blickfang, der anlässlich des 50. Thronjubiläums von König Rama IX. errichtet wurde. Im neuneckigen Sockel befindet sich ein interessantes Museum mit (auch auf Englisch erläuterten) Exponaten zu den acht ethnischen Gruppen der Provinz. Eine tolle Aussicht und einige weitere historische Artefakte bietet

Mukdahan

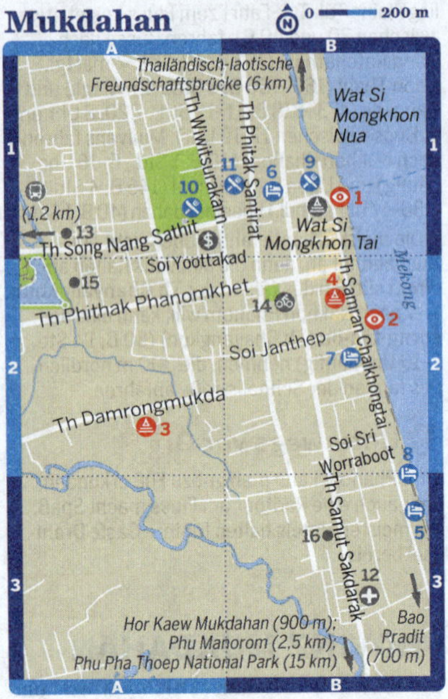

Mukdahan

Sehenswertes

1 Hor Jao Mae Song Nang Pi Nong........B1
2 Talat Indojin........B2
3 Wat Pa Silawiwek........A2
4 Wat Yod Kaeo Sivichai........B2

Schlafen

5 Hotel de Ladda........B3
6 Huanum Hotel........B1
7 Riverfront Hotel........B2
8 Riverview Maekhong Hotel........B3

Essen

9 Goodmook*........B1
10 Nachtmarkt........A1
11 Saigon Kitchen........B1

Praktisches

12 Mukdahan International Hospital......B3

Transport

13 Air Asia........A1
14 LA Bicycle........B2
15 Ploy Travel........A2
16 Ying Mongkhol Motor........B3

der Panoramasaal *(The 360° of Pleasure in Mukdahan by the Mekong)* im 50. Stock. In der Kugel auf der Spitze sitzt eine Buddha-Figur, die aus massivem Silber bestehen soll.

Indochina Market MARKT
(ตลาดอินโดจีน, Talat Indojin; Th Samran Chaikhongtai; ⌚8–17 Uhr) Unter Thailändern ist Mukdahan vor allem wegen seines Marktes, der sich auf und unterhalb der Promenade erstreckt, bekannt. Die meisten thailändischen Reisegruppen auf dem Weg nach Laos und Vietnam halten hier, um billiges Essen, Kleidung und diversen Krimskrams aus China und Vietnam sowie Seiden- und Baumwollstoffe aus dem Isan zu kaufen. Dank eines umfangreichen Renovierungsprojekts, das nie zu enden scheint, mussten die Händler schon vor über zwei Jahren in temporäre Straßenstände umziehen.

Wat Pa Silawiwek BUDDHISTISCHER TEMPEL
(วัดป่าศิลาวิเวก; Th Damrongmukda; ⌚tagsüber) GRATIS Der Waldtempel am Stadtrand ist weniger wegen irgendwelcher religiösen oder künstlerischen Aspekte besuchenswert, sondern vielmehr wegen der hier lebenden Affen. Sie halten sich im hintersten Teil des Tempels auf und sind am frühen Morgen besonders aktiv.

Phu Manorom AUSSICHTSPUNKT
(ภูมโนรมย์; ⌚4–19 Uhr) GRATIS Von diesem Berg südlich der Stadt hat man einen beeindruckenden Blick auf Laos und den Mekong. Der Tempel steht in einem kleinen Garten, in dem gerade auch noch eine 84 m hohe Buddha-Statue errichtet wird. Der Ort, an dem man tolle Fotos machen kann, wird als ideal zum Bewundern von Sonnenuntergängen beworben, aber wahrscheinlich wird man nur in Gesellschaft der Mönche sein.

Feste & Events

Mukdahan Thai Tribal Festival KULTUR
(Red Cross Fair; ⌚9.–17. Jan.) Auf dem Platz vor der Provinzverwaltung *(săh·lah glahng)* findet das Mukdahan Thai Tribal Festival statt. Neben den üblichen Aktivitäten stehen dabei auch Tänze und andere kulturelle Vorführungen der acht ethnischen Gruppen Mukdahans auf dem Programm.

Schlafen

Huanum Hotel HOTEL $
(☎042 611137; Th Samut Sakdarak; DZ/2BZ mit Ventilator & Gemeinschaftsbad mit kaltem Wasser 200/350 B, Suite-DZ/2BZ 350/450 B; P❄📶) Mukdahans Klassiker ist eine freundliche, zuverlässige und saubere Bleibe. Das Hotel ist für die meisten Backpacker die erste Wahl.

Riverview Maekhong Hotel HOTEL $
(☎087 945 4949; Th Samran Chaikhongtai; DZ 450–750 B; P❄📶) Das stille Hotel erfreut

BUSSE AB MUKDAHAN

Mukdahans **Busbahnhof** (☎ 042 611207; Rte 212), in dem es einen netten kleinen Coffeeshop gibt, liegt 2 km westlich der Stadt an der Rte 212. Aus dem Zentrum erreicht man ihn mit den gelben *sŏrng·tăa·ou* (10 B, 6.30–17 Uhr), die gen Norden auf der Th Samut Sakdarak und gen Westen auf der Th Phithak Phanomkhet unterwegs sind. Ein Tuk-Tuk vom Busbahnhof ins Stadtzentrum kostet 50 B. Wer zum Phu Pha Thoep National Park will, steigt vor dem Pornpetch-Markt in ein *sŏrng·tăa·ou* nach Don Tan.

ZIEL	PREIS (B)	DAUER (STD.)	HÄUFIGKEIT
Bangkok	477–778	10–11	vormittags stündl., 17–20 Uhr häufig
Khon Kaen	161–214	4½	3.30–16 Uhr stündl.
Khon Kaen (Minivan)	240	4½	4–18 Uhr alle 45 Min.
Nakhon Phanom (Minivan)	80	2½	5.30–18 Uhr häufig
Nakhon Ratchasima	272	7	5.45–18.30 Uhr stündl.
That Phanom (Minivan)	40	1	5.30–18 Uhr häufig
Ubon Ratchathani	100–140	2½	11–15.45 Uhr stündl.
Ubon Ratchathani (Minivan)	125	2½	6–17 Uhr alle 30 Min.
Udon Thani	175–200	5	8.45–15.30 Uhr stündl.
Udon Thani (Minivan)	180	5	6.30–17.30 Uhr stündl.
Yasothon	103	2	5.45, 6.45, 8.45, 10.30, 12, 16 Uhr
Yasothon (Minivan)	84	2	5.30–18.10 Uhr alle 30 Min.

ganzen Tag erübrigen kann, nimmt besser die Nebenstraßen am Mekong entlang, die durch eine wunderschöne ländliche Region führen.

FLUGZEUG

Mukdahan hat keinen Flughafen, aber **Air Asia** (☎ landesweit 02 515 9999; www.airasia.com; Mukdahan Grand Hotel, Th Song Nang Sathit) und Nok Air (S. 417) bieten einen täglichen Fly-and-Ride-Service zu den Flughäfen in Nakhon Phanom und Ubon Ratchathani an. Air Asia startet am Hotel Mukdahan Grand, Nok Air am nahe gelegenen Ploy Palace Hotel. **Ploy Travel** (☎ 042 614599; Ploy Palace Hotel, Soi Ploy 1; ⌚ 8–17 Uhr) verkauft im Ploy Palace Hotel Tickets und organisiert auch Kleinbusse zum Flughafen Udon.

ℹ Unterwegs vor Ort

In Mukdahan kann man recht gut radeln. Zwar nicht direkt in der Stadt, aber am Mekong gen Norden über mehrere kleine Straßen, vorbei an historischen Tempeln, idyllischen Stromschnellen und durch schöne ländliche Gegenden. Außerdem gibt es einen Radweg bis fast zum südlich der Stadt gelegenen Phu Pha Thoep National Park. **LA Bicycle** (Th Samut Sakdarak; 100 B pro Tag; ⌚ 8–17 Uhr) verleiht Secondhand-Mountainbikes.

ℹ GRENZÜBERGANG NACH LAOS: VON MUKDAHAN NACH SAVANNAKHET

Anreise zur Grenze Thailänder und Laoten können von Mukdahans Stadtzentrum aus mit einem der Boote über den Mekong fahren. Alle anderen müssen über die Brücke. Am einfachsten steigt man am Busbahnhof in Mukdahan in einen Bus, der direkt nach Savannakhet (45–50 B, 7.30–19 Uhr, stündl.) fährt. An den Wochenenden, an Feiertagen und außerhalb der Geschäftszeiten wird ein Aufpreis von 5 B fällig.

An der Grenze Der Grenzübergang ist von 6–22 Uhr geöffnet. Je nach Länge der Schlangen am Einreiseschalter kann es ein bis zwei Stunden dauern, bis man die Grenze überquert hat. An der Grenze hat man Zeit genug, um sich ein Visum für Laos zu besorgen.

Weiterreise Von Savannakhet fahren Busse in verschiedene Orte in Laos und Vietnam.

Ying Mongkhon Motor (☎ 086 428 1338, 042 613993; Th Samut Sakdarak; Leihmotorrad ab 200 B pro Tag; ⏲ Mo–Fr 8–17, Sa 8–16.30 Uhr) wirbt in vielen Hotels unter dem Namen Tony Rental für seine Motorräder.

Die Grundgebühr für Fahrten mit **Taxi Mukdahan** (☎ 042 613666; ⏲ 6–24 Uhr) beträgt auf dem Taxameter 60 B. Manchmal kann man den Preis aber auch einfach aushandeln.

Phu Pha Thoep National Park

Obwohl er nur eine Fläche von 48 km² abdeckt, bietet der hügelige **Phu Pha Thoep National Park** (อุทยานแห่งชาติภูผาเทิบ; ☎ 089 619 7741, 094 289 2383; 200 B, Auto/Motorrad 30/20 B) viele schöne Sehenswürdigkeiten, von denen die großen pilzförmigen Felsformationen am bekanntesten sind. Die wichtigste Felsgruppe befindet sich direkt hinter dem Besucherzentrum; um sie herum stehen von Oktober bis Dezember die Wildblumen in Blüte. Abgesehen davon gibt es mehrere Aussichtspunkte auf Felsspitzen sowie den Nam Tok Phu Tham Phra, einen malerischen Wasserfall (nur Mai–Nov.) mit einer Grotte am oberen Ende, in der Hunderte kleiner Buddha-Figuren stehen. Die gut markierten Wege führen in wenigen Stunden und ca. 4 km an all diesen Sehenswürdigkeiten vorbei. Zur Tham Fa Mue Daeng, einer Höhle mit antiken Malereien, muss man vom Hauptbereich des Parks aus erst 8 km fahren und dann noch 1,5 km wandern.

Schlafen & Essen

Im Park gibt es **Campingplätze** (mit eigenem Zelt 30 B pro Pers., 4-Pers.-Leihzelt 300 B) und beim Besucherzentrum einen **Bungalow** mit drei Zimmern (☎ 094 289 2383; http://nps.dnp.go.th/reservation.php; Bungalow 1800 B).

Beim Besucherzentrum gibt es außerdem ein Isan-Restaurant, in dem *gài yâhng* (mariniertes Grillhähnchen), *sôm·đam* (pikanter Papayasalat) und *blah pŏw* (gegrillter Fisch) serviert werden. Normalerweise kann man bis 18 Uhr seine Bestellung aufgeben, um sicher zu sein, sollte man aber nicht nach 17 Uhr dort sein. Es gibt auch ein paar Läden, in denen man Instantnudeln und Snacks bekommt.

Praktische Informationen

Das Personal im **Besucherzentrum** (☎ 094 289 2383; ⏲ 8.30–16 Uhr) ist sehr hilfsbereit. Hier kann man auch Ranger für den Besuch der Tham Fa Mue Daeng buchen.

An- & Weiterreise

Der Park liegt 15 km südlich von Mukdahan und ist über die Rte 2034 zu erreichen. Ein Radweg an der Fernstraße macht das Radeln einigermaßen sicher und problemlos.

Die vom Pornpetch-Markt, 300 m nördlich vom Hor Kaew Mukdahan, nach Don Tan fahrenden *sŏrng·tăa·ou* (20 B, 30 Min., alle 30–45 Min.) kommen an der Abzweigung zum Park vorbei. Von hier sind 1,3 km zu Fuß zum Besucherzentrum. Man kann aber auch den *sŏrng·tăa·ou*-Fahrer bitten, von seiner Strecke abzuweichen und einen direkt hinzubringen; die meisten werden das für 100 B gern tun. Auch die Busse, die vom Busbahnhof von Mukdahan nach Ubon Ratchathani fahren, kommen an diesem Abzweig vorbei. Bis 16.30 Uhr sollte man wieder an der Abzweigung sein, um noch einen Bus oder ein *sŏrng·tăa·ou* zurück in die Stadt zu erwischen.

PROVINZ NAKHON RATCHASIMA

Wenn man nur einen einzigen Tag für die Erkundung Thailands zur Verfügung hätte, dann sollte man ihn wohl in Khorat (จังหวัดนครราชสีมา), wie Thailands größte Provinz Nakhon Ratchasima (นครราชสีมา) ursprünglich hieß und auch heute noch oft genannt wird, verbringen. Die meisten Besucher kommen hierher, um den Dschungel des Khao Yai zu erkunden, des ältesten Nationalparks Thailands. Weil er so ungeheuer groß und trotzdem leicht zugänglich ist, kann man hier besser Tiere beobachten als anderswo in Thailand.

Der Khao Yai ist zwar eindeutig das touristische Highlight der Provinz, aber Geschichtsfans können bei den restaurierten Ruinen von Phimai einen Einblick in die Blütezeit der Angkor-Periode bekommen.

Die Stadt Khorat selbst hat als Reiseziel nur wenig zu bieten. Aber mit einer ordentlichen Auswahl an Hotels und Restaurants ist sie eine gute Basis für den Isan-Aufenthalt.

Nakhon Ratchasima (Khorat)

☎ 044 / 166 000 EW.

Nakhon Ratchasima (นครราชสีมา) ist eine belebte Großstadt mit nur wenigen Sehenswürdigkeiten. Sie dient den meisten Travellern als Tor zum Isan. Khorat, wie die meisten

Nakhon Ratchasima (Khorat)

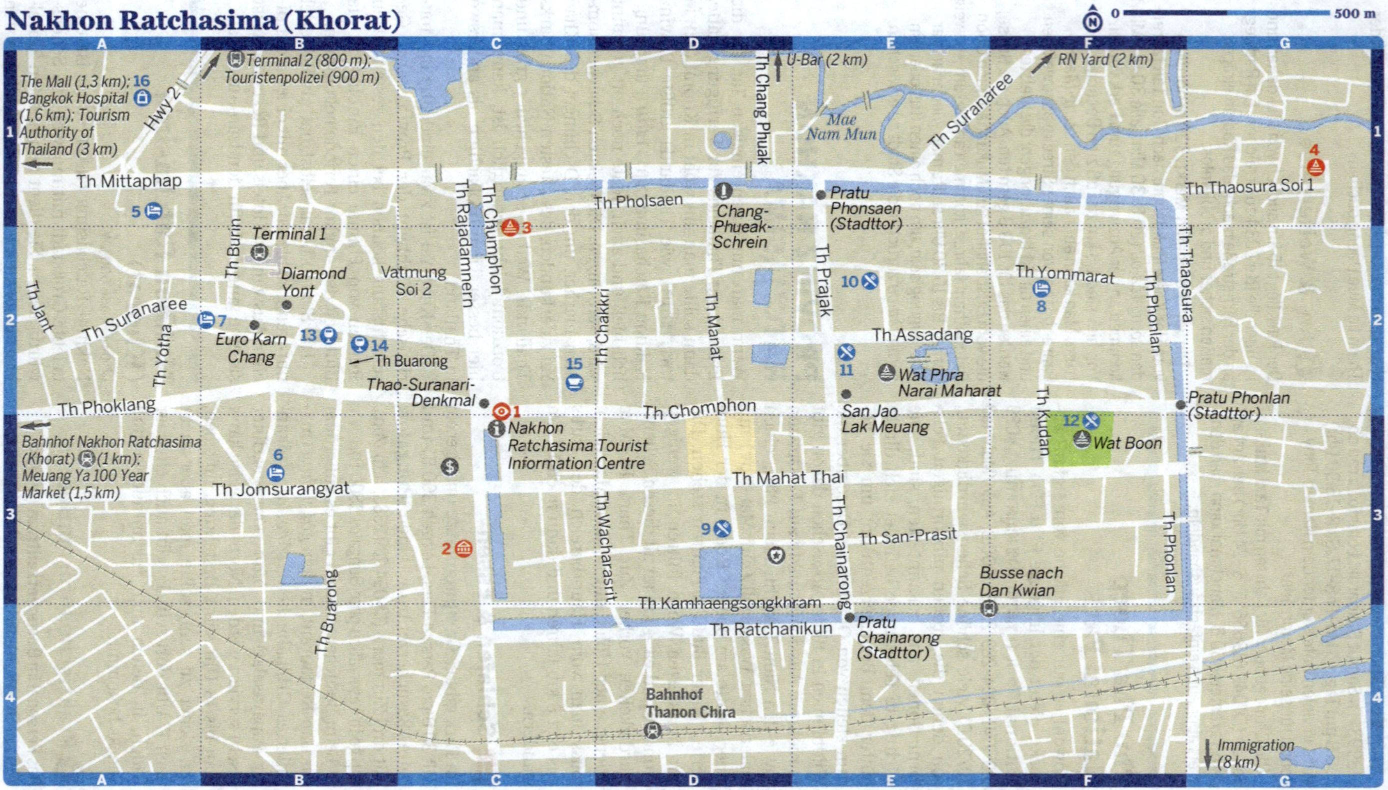

Nakhon Ratchasima (Khorat)

Sehenswertes
1 Chumphon-Tor C2
2 Maha Viravong National Museum C3
3 Wat Phayap C2
4 Wat Salaloi G1

Schlafen
5 Fortune Rajpruek Hotel A1
6 Rom Yen Garden Place B3
7 Sansabai House B2
8 Thai Inter Hotel F2

Essen
9 Chez Andy D3
10 Daya's Cafe E2
11 Third World Cafe E2
12 Wat Boon Night Bazaar F3

Ausgehen & Nachtleben
13 Some Might Say B2
14 Tiger is Coming B2
15 Yellow Pumpkin C2

Shoppen
16 Terminal 21 .... A1

Einheimischen die Stadt nennen, hat einen ausgeprägten Sinn für die regionale Identität (die Einwohner bezeichnen sich selbst als *kon koh·râht* und nicht als *kon ee·săhn*). Am authentischsten sind die ruhigeren Ecken, z. B. das östliche Viertel am historischen Festungsgraben, wo der Alltag noch seinen traditionellen Gang geht und wo man eher auf einen 1 m langen Waran als auf andere Traveller trifft.

Sehenswertes

Maha Viravong National Museum
MUSEUM

(พิพิธภัณฑสถานแห่งชาติมหาวีรวงศ์; Th Rajadamnern; 50 B; ⌚Mi–So 9–16 Uhr) Die Sammlung des nur selten besuchten Museums ist sehr klein, aber hervorragend. Zu sehen sind prähistorische Töpferwaren (unbedingt auch einen Blick in die hinteren Bereiche werfen), Bronzestatuen der Khmer und eine Reihe von Buddha-Figuren aus verschiedenen Epochen von der Dvaravati- bis zur Rattanakosin-Ära.

Wat Salaloi
BUDDHISTISCHER TEMPEL

(วัดศาลาลอย; Soi 1, Th Thaosura; ⌚tagsüber) Khorats interessantester Tempel wurde vermutlich 1827 von der Lokalheldin Thao Suranari und deren Ehemann gegründet. Die eine Hälfte ihrer Asche ruht hier in einem kleinen Stupa (die andere in ihrem Denkmal). Vor Ort lassen sich außerdem Sängertruppen anheuern, die dann zu Thaos Ehren ein Ständchen zum Besten geben. Eine kleine Statue der Heldin sitzt betend in dem Teich vor dem preisgekrönten *bòht* (Ordinationsraum) des Tempels.

Der 1967 erbaute *bòht* ähnelt einer chinesischen Dschunke und beherbergt ein großes weißes Buddha-Bildnis in der „den Ozean besänftigen"-Positur. Der *bòht* und andere Gebäude sind mit Töpfereien aus Dan Kwian, einem Dorf in der Nähe, geschmückt. Anderswo auf dem Gelände befinden sich die Schreine verschiedener Geister, die mit dem Buddhismus wenig zu tun haben.

Thao-Suranari-Denkmal
HEILIGTUM

(อนุสาวรีย์ท้าวสุรนารี; Th Rajadamnern; ⌚24 Std.) GRATIS Thao Suranari, liebevoll auch Ya Mo (Großmutter Mo) genannt, gilt in dieser Region als eine Art Wonder Woman. Sie war während der Herrschaft von Rama III. die Frau des Vizegouverneurs und wurde zur Heldin, als sie im Jahr 1826 erfolgreich eine Häftlingsrevolte organisierte, nachdem Chao Anou von Vientiane im Zuge seines Aufstands gegen Siam die Stadt Khorat erobert hatte. Ya Mo soll, so eine Version der Legende, die Frauen davon überzeugt haben, die laotischen Soldaten zu verführen (in einer anderen Version schaffte sie es, die Männer betrunken zu machen), damit die thailändischen Männer dann in einem Überraschungsangriff die Soldaten zurückschlagen und ihre Stadt retten konnten.

Wat Phayap
BUDDHISTISCHER TEMPEL

(วัดพายัพ; Th Pholsaen; ⌚tagsüber, Höhlenschrein 8–17 Uhr) GRATIS Dem Abt des Wat Phayap kam einst zu Ohren, dass Sprengungen für einen Steinbruch eine wunderschöne Höhle in der Provinz Saraburi zerstörten. So rettete er einige von deren Bestandteilen – darunter Stalaktiten, Stalagmiten und andere unglaubliche Felsformationen. Damit schmückte er einen Raum unterhalb seiner Residenz und schuf auf diese Weise einen einzigartigen Schrein.

Die Wände und – was sehr ungewöhnlich ist – das Dach des schönen neuen *bòht* neben der Höhle bestehen aus geschliffenem Granit.

Chumphon-Tor
TOR

(ประตูชุมพล; Th Chumphon) Dies ist das einzige Stadttor, das im Original erhalten ist. Es war

Teil der 1656 von Franzosen auf Befehl von König Narai (Ayutthaya) errichteten Stadtmauer. Ein Nachbau der Mauer befindet sich an der Nordostecke des Wassergrabens.

Hier an diesem Tor versammelten sich die Truppen, bevor sie in die Schlacht zogen.

Feste & Events

Kerzenumzug KULTUR

(Juli) Anlässlich des Khao Phansaa, der die buddhistische Fastenzeit einläutet, gibt's in Khorat einen Kerzenumzug.

Thao Suranari Festival KULTUR

(23. März–3. April) Khorat vibriert förmlich beim Thao-Suranari-Fest, bei dem in der Stadt die namensgebende Heldin gefeiert wird. Das Spektakel mit Umzügen, Theateraufführungen und anderen Events findet in der Th Rajadamnern statt.

Schlafen

Sansabai House HOTEL $

(044 255144; www.sansabai-korat.com; Th Suranaree; DZ mit Ventilator 300 B, mit Klimaanlage 450–1000 B; P ❄) Die saubere, ruhige und freundliche Unterkunft, seit Langem die beste Budgetbleibe in Khorat, hat geräumige Zimmer mit guten Matratzen, Minikühlschränken und kleinen Balkonen. Wer ohne Klimaanlage auskommt: Die Zimmer mit Ventilator bieten ein besonders gutes Preis-Leistungs-Verhältnis. Hinterm Haus ist ein kleines Restaurant-Café (7–20 Uhr).

Rom Yen Garden Place HOTEL $$

(044 260116; www.romyenhotel.com; Th Jomsurangyat; DZ ab 990 B; P ❄) Die schicke Unterkunft mit moderner, einladender Atmosphäre ist ein toller Newcomer in Khorats Hotelszene. Die gemütlichen, hübschen Zimmer haben ein gutes Preis-Leistungs-Verhältnis, es gibt einen Pool, ein Fitnessstudio und vorn eine große Terrasse. Da das Haus nicht direkt an der Straße steht, ist Lärm hier kein Problem. Frühstück gibt's für 200 B pro Person.

Thai Inter Hotel HOTEL $$

(044 247700; Th Yommarat; DZ mit Frühstück 650 B; P ❄ @) Das kleine Hotel wartet mit einer merkwürdigen Stilmischung auf. Die Lobby ist heimelig, die Zimmer sind komfortabel, wenn auch klein, und das Mobiliar ist ein bisschen abgenutzt, aber die Lage des Hotels in der Nähe recht guter Restaurants, Cafés und Bars ist praktisch.

Fortune Rajpruek Hotel HOTEL $$$

(044 079900; www.fortunehotelgroup.com; Th Mittaphap; 2BZ/DZ mit Frühstück ab 1400/1600 B; P ❄ @) Das altehrwürdige Hotel wurde 2017 renoviert und umbenannt und wirkt neuer, als es eigentlich ist. Die Zimmer sind geräumig und komfortabel, es gibt einen Pool und einen Fitnessraum und das Haus ist zentral gelegen.

Essen

Khorat ist in kulinarischer Hinsicht nicht schlecht, sowohl was Thai- als auch westliches Essen angeht. Die besten Nachtmärkte finden weit vom Zentrum entfernt statt, aber für Gourmets lohnt sich der Abstecher. In den riesigen modernen Einkaufszentren der Stadt gibt's außerdem gute Foodcourts; dem Stadtzentrum am nächsten ist das Terminal 21 (S. 439).

RN Yard MARKT $

(Th Suranari; 16–22 Uhr;) Wegen der Auswahl (Thai, Isan und mehr) und Qualität betrachten viele Einheimische diesen Nachtmarkt als den besten. Die meisten Kunden holen sich ihr Essen ab, es gibt im hinteren Teil aber auch einen sich über zwei Ebenen erstreckenden Sitzbereich. Der Night Baan Koh (NBK) auf der gegenüberliegenden Straßenseite ist ein billiger Straßenmarkt à la Chiang Mai. Er befindet sich direkt nördlich vom Hotel The Imperial.

Wat Boon Night Bazaar MARKT $

(Th Chomphon; 17–21.30 Uhr) Auf dem größten Nachtmarkt der Altstadt gibt's Thai- und Isan-Gerichte auch zum Mitnehmen.

INSIDERWISSEN

SPEZIALITÄTEN AUS KHORAT

Zwei Spezialitäten, die man unbedingt probieren muss, sind **sôm·đam koh·râht** (aus denselben Zutaten wie die milde *sôm·đam*-Version aus Zentralthailand, jedoch im Isan-Stil mit fermentierter Fischsauce) und **pàt mèe koh·râht**: Es ähnelt *pát tai*, ist aber geschmacksintensiver, hat Chilipfeffer und wird mit einer regionalen Art von weichen Reisnudeln *(mèe koh·râht)* zubereitet. *Pàt mèe koh·râht* ist in der Provinz Nakhon Ratchasima weit verbreitet, sonst aber kaum auf der Speisekarte zu finden.

Third World Cafe AMERIKANISCH $

(Th Assadang; Burger 120–150 B, Beilagen 80 B, Kaffee 50 B; ⏲Mo–Sa 12–22 Uhr; 📶) Diese Hipster-Burgerschmiede präsentiert sich jung und freundlich und bietet verschiedene saftige Burger, z. B. mit knusprigem Brathühnchen oder Pulled Pork, jeweils auf einem Grill vor dem Café gebrutzelt. Es gibt auch Beilagen, obwohl die Burger eh schon mit einer kleinen Portion Pommes serviert werden. Nett ist auch der grenzenlos nachgeschenkte Kaffee.

★ **Daya's Cafe** THAI $$

(256/17 Yommarat Rd; Kaffee 35–50 B, Hauptgerichte 80–300 B, Burger 110–300 B; ⏲Fr–Mi 8–19 Uhr; ❄) Das Daya's, eins einer Reihe von funkigen kleinen Cafés an diesem Abschnitt der Th Yommarat, ist ein freundlicher Laden mit gutem Kaffee. Wirklich herausragend sind aber die köstlichen handgemachten Burger und die exquisit dargebotenen Thai-Gerichte.

Chez Andy INTERNATIONAL $$$

(☎044 289556; Th Manat; Hauptgerichte 350–950 B; ⏲11–23 Uhr; P📶) Dieses Lokal unter Schweizer Leitung ist nicht einer der üblichen Westlertreffs, sondern ein echtes Restaurant, nicht nur eine Bar, die auch Essen serviert. Es wird von einem Koch geführt und ist sehr ambitioniert, gewöhnlich mit Erfolg. Auf der europäisch ausgerichteten Karte stehen z. B. geschmorte Lammhüfte, Fondue, Pizza, Paprikaschnitzel und grünes Curry. Und man kann schön zwanglos draußen sitzen.

Ausgehen & Nachtleben

★ **Yellow Pumpkin** CAFÉ

(Soi Samranjit; Kaffee 55–65 B, Kuchen 95 B; ⏲Fr–Mi 10–19 Uhr; 📶) Dieses Café, das sich in einer winzigen Gasse östlich des Thao Suranari Monument versteckt – von der Th Assadang die zweite Gasse rechts nehmen –, wird von einheimischen Kennern für seinen erstklassigen Kaffee, die Matcha Lattes und den köstlichen Karottenkuchen geschätzt.

Some Might Say CRAFTBIER

(201/1 Th Suranaree; Bier 140–190 B; ⏲Di–So 18–24 Uhr) Dies ist der beliebteste einer Handvoll Craftbier-Läden, die in der Stadt aufgemacht haben. Zu den Bierspezialitäten hier zählen ein Kokosnuss-IPA und ein Zitronengras-Kölsch.

Tiger is Coming BAR

(173 Th Suranaree; Bier 80–450 B, Hauptgerichte 150–250 B; ⏲18–24 Uhr) Diese lebhafte Bar an der Ecke Th Suranee und Th Buarong macht sich abends auf dem Bürgersteig breit. Sie bietet Hunderte Flaschenbiere aus aller Welt, die zumeist um die 200 B kosten. Geboten werden außerdem Cocktails und thailändische Gerichte.

Shoppen

Terminal 21 EINKAUFSZENTRUM

(www.terminal21.co.th/korat; Th Mittaphap; ⏲10–22 Uhr) Dies ist eins der größten und glamourösesten Einkaufszentren der Region Isan. Jede Etage steht unter einem Motto wie Paris oder Tokio. Hier kann man nicht nur shoppen und essen, sondern es gibt auch ein Kino – einige Filme laufen auf Englisch oder mit englischen Untertiteln –, eine Eislaufbahn und einen 110 m hohen Aussichtsturm.

Praktische Informationen

Immigration Office (☎044 212997; Division 4, 323 Moo 9, Ban Nong Bua Sala; ⏲Mo–Fr 8.30–12 & 13–16 Uhr) 8 km südlich der Stadt nicht weit vom Hwy 224.

Touristeninformation (Th Rajadamnern; ⏲9–17 Uhr) Der von der Stadt betriebene, manchmal unbesetzte Info-Kiosk befindet sich in der Nähe des Thao Suranari Monument.

Tourism Authority of Thailand (TAT; ☎044 213666; tatsima@tat.or.th; 2102-2104 Th Mittaphap; ⏲8.30–16.30 Uhr) Khorats TAT-Niederlassung liegt unpraktisch 3 oder 4 km westlich des Stadtzentrums neben dem Sima Thani Hotel. Das Personal spricht kaum Englisch.

Bangkok Hospital (☎044 429999; www.bangkokhospital.com; Th Mittaphap) Mit rund um die Uhr geöffneter Notaufnahme und vielen Ärzten, die Englisch sprechen.

Polizei (☎044 242010; Th San-Prasit; ⏲24 Std.)

Touristenpolizei (☎044 370356; Hwy 2)

An- & Weiterreise

BUS

In Khorat gibt es zwei Busbahnhöfe. **Terminal 1** (Bor Kŏr Sŏr Nèung; ☎044 242899; Th Burin) im Stadtzentrum bedient Bangkok (191 B, 3½–4 Std., häufig) und die meisten Städte in der Provinz, darunter Pak Chong (56–72 B, 1½–2 Std., 5.30–18.30 Uhr, häufig) und Pak Thong Chai (21 B, 1 Std., häufig). Minivans nach Pak Chong (66 B, 1½ Std., 6.30–20 Uhr, häufig) fahren ebenfalls hier ab. Busse zu den meisten anderen Zielen sowie weitere Busse und Minivans nach Bangkok starten am viel größeren **Terminal 2** (Bor Kŏr Sŏr Sŏrng; ☎044 256007; Hwy 2) nördlich des Stadtzentrums. Busse nach **Dan Kwian** (14 B, 30 Min.) starten regelmäßig in der Altstadt östlich des Pratu Chainarong.

BUSSE & MINIVANS AB TERMINAL 2

ZIEL	PREIS (B)	DAUER (STD.)	HÄUFIGKEIT
Aranya Prathet (Grenze zu Kambodscha)	157	4	5.30, 9, 12, 15, 16 Uhr
Ayutthaya (Minivan)	132	3½–4	6, 7, 8, 17, 18 Uhr
Bangkok	148–508	4	häufig
Bangkok (Minivan)	171	4	6.30–19.30 Uhr häufig
Chiang Mai	526–613	13	3–20.30 Uhr 7-mal
Khon Kaen	146–220	3½–4	häufig
Khon Kaen (Minivan)	126	3–3½	6.40–18.30 Uhr alle 40 Min.
Krabi	924	16	16.50 Uhr
Loei	252–342	7	5–24 Uhr stündl.
Lopburi	164	4–4½	6, 8, 10.45, 13.30 Uhr
Lopburi (Minivan)	148	3½–4	4.50–18.30 Uhr alle 40 Min.
Nang Rong	119	2	4.50–20.10 Uhr alle 30 Min.
Nang Rong (Minivan)	64	2	4.30–20.10 Uhr alle 30 Min.
Nong Khai	257–409	6	11-mal, zumeist nachmittags
Mukdahan	297	7–8	6.15, 8.30, 12.30, 14.30, 18.30 Uhr
Phimai	50	1	5–22 Uhr alle 30 Min.
Phimai (Minivan)	50	1	10–17.30 Uhr stündl.
Surin	115–218	4	alle 30 Min.
Trat	324	8–9	1, 3, 8.30, 10.30, 11.45, 21 Uhr
Ubon Ratchathani	248–386	7–8	stündl.
Udon Thani	178–300	5½	häufig
Vientiane (Visum für Laos erforderlich)	900	6	12 Uhr

ZUG

Viele Züge halten am **Bahnhof Khorat** (☎ 044 242044). Zwar verkehren sie weniger häufig als Busse, dafür sind sie aber sehr viel bequemer, sicherer und billiger. Die Fahrkarten braucht man nicht im Voraus zu buchen, höchstens für die Nachtzüge nach Bangkok – man kann sie einfach am Bahnhof kaufen.

Züge fahren u. a. nach Bangkok über Ayutthaya (50–425 B, 4–6 Std., tagsüber 5-mal, nachts 5-mal), Ubon Ratchathani (58–453 B, 5–6 Std., 11-mal tags & nachts), Pak Chong (zum Khao Yai National Park; 18–251 B, 1½ Std., 8.22–18.47 Uhr 6-mal), Khon Kaen (37 B, 3 Std., 6.20, 8.29 & 15.55 Uhr) und Udon Thani (56 B, 5 Std., 6.20 & 15.55 Uhr).

Der kleinere **Bahnhof Thanon Chira Junction** (Jira Train Station; ☎ 044 242363) liegt näher an der Altstadt und ist daher eventuell ein bequemerer Startpunkt.

ℹ Unterwegs vor Ort

Es gibt feste *sŏrng·tăa·ou*-Routen (8 B) durch die Stadt. Aber selbst Einheimische finden sich nur schwer in dem verwirrenden System aus Zahlen und Farben zurecht. Die meisten Vehikel tuckern an der Kreuzung Th Suranaree und Th Rajadamnern vorbei. Wenn man irgendwo hinwill, sollte man einfach dorthin gehen und sich durchfragen. Das gelbe *sŏrng·tăa·ou* der Linie 1 mit den weiß-grünen Streifen fährt auf der Th Suranaree nach Westen und hält am Bahnhof, an der Touristeninformation und an The Mall. Das weiße *sŏrng·tăa·ou* der Linie 1 mit den gelb-grünen Streifen hält ebenfalls am Bahnhof. Das weiße *sŏrng·tăa·ou* der Linie 6 mit rot-gelben Streifen fährt auf der Th Rajadamnern gen Norden direkt vorbei an The Mall. Das weiß-blaue *sŏrng·tăa·ou* der Linie 7 ohne Streifen, das weiße *sŏrng·tăa·ou* der Linie 10 mit rot-gelben Streifen und das weiße *sŏrng·tăa·ou* der Linie 15 mit violetten Streifen fahren auf der Th Rajadamnern nach Norden zum Bus Terminal 2. Das weiß-blaue *sŏrng·tăa·ou* der Linie 7 fährt vor dem Bahnhof Thanon Chira Junction vorbei.

Innerhalb der Stadt kostet eine Tuk-Tuk-Fahrt zwischen 50 und 80 B. Normale Motorradtaxis und *săhm·lór* kosten weniger. **Taxis** (☎ 095 602 3636; ⌚ 24 Std.) mit Taxameter warten nur am Busterminal 2 und an **The Mall** (www.themall.co.th; Th Mittaphap; ⌚ 10–22 Uhr) auf Fahrgäste. Wer anderswo eins braucht, muss anrufen. Es ist aber fast unmöglich, den Fahrer dazu zu überreden, den Taxameter anzustellen.

Euro Karn Chang (☎ 088 355 9393; 241 Th Suranaree; ⏲ Mo–Sa 8–17 Uhr) und **Diamond Yont** (☎ 081 878 7367; 100 Th Suranaree; ⏲ Mo–Sa 8.30–16 Uhr, So kürzer) verleihen Motorräder (ab 250 B pro Tag) für Fahrten in der Provinz Nakhon Ratchasima.

Korat Car Rental (☎ 081 877 3198; www.koratcarrental.com) verlieht Autos mit und ohne Fahrer.

Ban Prasat

☎ 044 / 1590 EW.

Vor rund 3000 Jahren entwickelte sich bei Ban Prasat (บ้านปราสาท) am Ufer des Mae Nam Than Prasat eine primitive Ackerbaukultur, die eng mit der von Ban Chiang verknüpft war und etwa 1500 Jahre überdauerte. Die Menschen bauten Reis an, domestizierten Tiere, stellten farbige Töpferwaren her, webten Stoffe und schmiedeten Metallwerkzeuge. Die Geheimnisse dieser frühen Zivilisation kamen im Jahr 1991 bei umfangreichen archäologischen Ausgrabungen ans Licht. Einige der Stätten blieben als Touristenattraktionen freigelegt, ein Teil der Funde ist in einem Museum zu bewundern.

Südlich des Museums gibt es eine Familie, die zu Hause noch der Seidenweberei nachgeht. Besucher sind willkommen.

Sehenswertes

Ban Prasat Excavation Pits ARCHÄOLOGISCHE STÄTTE

(แหล่งโบราณคดีบ้านปราสาท; ⏲ tagsüber) GRATIS Im Dorf sind drei Ausgrabungsgruben mit Skelettnachbildungen (die Originale wurden im Lauf der Zeit beschädigt) und vor Ort belassene Töpferwaren von den Ausgrabungen im Jahr 1991 zu sehen.

Ban Prasat Museum MUSEUM

(พิพิธภัณฑ์บ้านปราสาท; ⏲ 8–16.30 Uhr) GRATIS Das kleine, aber gute Museum beherbergt einige der in Ban Prasat gefundenen Gegenstände. Außerdem wird erläutert, wie der Dorfalltag zu jener Zeit aussah und wie er heute aussieht.

Schlafen & Essen

Bei der Übernachtung in Privatunterkünften ist das Abendessen enthalten; zur Mittagszeit stehen ein paar *gŏo·ay đĕe·o*-Wagen im Ort, u. a. auch einer auf der Straße gegenüber vom Museum. Freitagabends findet an der Brücke ein **Nachtmarkt** (⏲ Fr 15–18 Uhr) statt.

Ban Prasat Homestay PRIVATZIMMER $

(☎ 081 725 0791, 044 213 666; inkl. Abendessen 250 B pro Pers.) Viele Familien, von denen einige ein bisschen Englisch sprechen, nehmen an einem preisgekrönten Homestay-Programm teil, bei dem Dorfbewohner in ihren Häusern Besucher aufnehmen und ihnen Alltagsaktivitäten wie Korbflechten und Ackerbau zeigen. Die teilnehmenden Familien haben Schilder an ihren Häusern, idealerweise sollte man jedoch im Voraus reservieren – am besten einen Thailändisch sprechenden Menschen bitten, das für einen zu erledigen.

An- & Weiterreise

Ban Prasat liegt 45 km nordöstlich von Khorat und 1,5 km vom Hwy 2 entfernt. Busse (35 B, 1 Std.) Richtung Norden setzen ihre Fahrgäste an der Kreuzung ab. Von dort bringen einen Motorradtaxis zu allen Stätten (60 B pro Pers.). Aber Achtung, oft ist nur ein Fahrer unterwegs.

Muang Sema Historical Site

Etwa auf halber Strecke zwischen Nakhon Ratchasima (Khorat) und Pak Chong liegt die antike, einst bedeutende Stadt Muang Sema (โบราณสถานเมืองเสมา), über die heute nur wenig bekannt ist. Im 7. oder 8. Jh. war sie zunächst ein Dvaravati-Außenposten, und es wird vermutet, dass sie die Hauptstadt eines kleinen Königreichs war. Später – wahrscheinlich im 10. Jh. – wurde sie von den Khmer besetzt, obwohl der Mahayana-Buddhismus weiterhin neben dem Hinduismus existierte. Viele Artefakte sind im Phimai National Museum zu sehen.

Abgesehen von einem beeindruckenden, liegenden Buddha sind der Großteil der Fundamente und die Festungsgräben nur noch Ruinen. Muang Sema ist nicht spektakulär, der Besuch lohnt sich aber, weil man hier das Gefühl hat, wirklich abseits der ausgetretenen Pfade zu sein. Am Tempel gibt es außer ein paar Schildern mit Erklärungen keinerlei touristische Infrastruktur – und höchstwahrscheinlich auch keine anderen Besucher.

Sehenswertes

Wat Dhammachakra Semaram BUDDHISTISCHER TEMPEL

(วัดธรรมจักรเสนาราม; ⏲ tagsüber) GRATIS Der vor Ort als Wat Phra Norn („Tempel des Liegenden Buddha“) bekannte Tempel ist bedeutsam, da er einen 1300 Jahre alten,

13,3 m langen liegenden Buddha beherbergt, von den Dvaravati aus Sandsteinblöcken geschaffen. Dies ist der älteste liegende Buddha Thailands.

Bo Eka RUINEN
(บ่ออีกา) GRATIS Diese Ruine mitten im Hauptwassergraben ist nach dem Wat Dhammachakra Semaram die bedeutendste der Ruinen von Muang Sema. Auf den Schildern der Stätte ist sie als Monument 1 bezeichnet. Sie stammt aus der Zeit der Khmer und stellte sicher einen typischen *prang* (Stupa im Khmer-Stil) dar, doch alles, was heute noch auf dem Sockel zu sehen ist, sind ein *yoni*, die Basis für Lingas, und ein *somasutra*, der Kanal, durch den heiliges Wasser aus dem Heiligtum floss, nachdem damit das wichtigste sakrale Bildnis gewaschen worden war.

Die Straße hierher beginnt nur 500 m vom Wat Dhammachakra Semaram.

Schlafen & Essen

Bei der historischen Stätte gibt's keine Unterkünfte, doch in Sung Noen und draußen an der Fernstraße sind Hotels und Pensionen vorhanden.

Im Tempel werden Snacks verkauft. Das nächste Dorf, Ban Hin Tang, hat ein paar Reis- und Nudelläden; Sung Noen hat zahlreiche Restaurants.

An- & Weiterreise

Muang Sema ist 37 km von Khorat entfernt. Zwischen Khorat und Pak Chong verkehrende Minivans halten an der Schnellstraße. Von dort kann man für die letzten 8 km ein Motorradtaxi (ca. 150 B) nehmen. Allerdings dauert es manchmal recht lange, bis man eins auftreiben kann. Ein paar Busse (22 B, 45 Min.) fahren vom Terminal 1, Regionalzüge (6–63 B, 30 Min., 5-mal tgl.) verkehren zwischen Khorat und der Stadt Sung Noen, die 4,5 km von der historischen Stätte entfernt ist. Dort findet man in der Regel schneller ein Motorradtaxi.

Phimai

044 / 9770 EW.

Mitten in der unscheinbaren Kleinstadt Phimai (พิมาย) steht eine der besterhaltenen Tempelanlagen aus der Khmer-Zeit. Prasat Phimai, das stark an Angkor Wat in Kambodscha erinnert, lag einst an einer wichtigen Handelsroute zwischen der Khmer-Hauptstadt und den nördlichen Gebieten des Königreichs.

Aufgrund der Lage mitten im Zentrum dieser kleinen, netten Stadt ist Prasat Phimai nicht nur eine der beeindruckendsten uralten Sehenswürdigkeiten in Thailand, sondern auch eine der am leichtesten zugänglichen. Phimai ist im Rahmen eines Tagesausflugs leicht von Nakhon Ratchasima (Khorat) aus zu erreichen. Wer es geruhsamer mag, kann aber auch von Phimai aus eine Tagestour nach Khorat unternehmen.

Sehenswertes

★ **Phimai Historical Park** HISTORISCHE STÄTTE
(อุทยานประวัติศาสตร์พิมาย; 044 471568; Th Ananthajinda; 100 B; 7–18 Uhr, Besucherzentrum 8.30–16.30 Uhr) Prasat Phimai gehört zu Thailands eindrucksvollsten Ruinen aus der Khmer-Zeit, und das sowohl hinsichtlich der Größe als auch der vielen komplexen Details. Obwohl er als Mahayana-Buddhistentempel errichtet wurde, zeigen die Reliefs zahlreiche hinduistische Gottheiten. Viele Gestaltungselemente – vor allem der unverkennbare *prang*-Turm des **Hauptschreins** – wurden später in Angkor Wat benutzt. Hier stand bestimmt schon im 8. Jh. ein Tempel, obwohl die meisten der noch vorhandenen Gebäude Ende des 11. Jhs. von dem Khmer-König Jayavarman VI. errichtet wurden.

Man betritt die Anlage über eine kreuzförmige **Naga-Brücke**, die symbolisch für den Weg von der Erde in den Himmel steht, und geht dann weiter durch das **Südtor** der Außenmauer, die ein Gebiet von 565 m mal 1030 m umschließt. Die Ausrichtung nach Süden (wenn auch nicht genau südlich) ist ungewöhnlich, weil die meisten Khmer-Tempel nach Osten ausgerichtet sind. In der Literatur heißt es oft, dass Phimai nach Süden zeigt, um eine Fluchtlinie mit der Hauptstadt zu bilden. Diese Theorie wird von Historikern aber zurückgewiesen, da die Anlage nicht direkt nach Angkor ausgerichtet ist.

Ein erhöhter Gang, der früher ein Ziegeldach hatte, führt in das innere Heiligtum und zum 28 m hohen Hauptschrein aus weißem Sandstein, der mit wunderschönen Reliefs bedeckt ist. Im benachbarten **Prang Brahmathat** befindet sich eine Replik der Steinskulptur des Angkor-Königs Jayavarman VII. im Schneidersitz, der sehr stark an einen sitzenden Buddha erinnert. Das Original ist im Nationalmuseum von Phimai.

Sachkundige Studenten aus der Gegend fungieren gelegentlich als Guide, aber nur wenige sprechen Englisch. Doch zum Glück

Phimai

Phimai

Highlights
1 Phimai Historical Park B3

Sehenswertes
2 Meru Bhramathat C3
3 Phimai National Museum C1
4 Pratu Chai C4

Schlafen
5 Benya Guesthouse C3
6 Moon River Resort Phimai C1
7 Phimai Paradise Hotel C3
8 Phimai Paradise House C3

Essen
9 Barai Coffee C3
10 Mee Gaan C4
11 Talat Jae Jae D4

gibt es diverse Tafeln mit Erklärungen und im Besucherzentrum gleich hinter dem Eingang eine kostenlose Broschüre, die einen recht guten Überblick über den Komplex bietet.

Phimai National Museum MUSEUM
(พิพิธภัณฑสถานแห่งชาติพิมาย; ☎044 471167; Th Tha Songkran; 100 B; ⏲9–16 Uhr) Das Phimai-Nationalmuseum ist eins der größten und besten im Isan und unbedingt einen Besuch wert. Es steht am Rand des Sa Kwan, einem Wasserbecken der Khmer aus dem 12. Jh. Die beiden großen Gebäude beherbergen eine schöne Sammlung von Khmer-Skulpturen nicht nur aus Phimai, sondern auch aus weiteren Ruinenstätten im Isan. Obwohl die Khmer-Zeit den Schwerpunkt bildet, gibt es auch Artefakte aus Muang Sema (S. 441), bemerkenswerte trompetenhalsförmige und

schwarze Phimai-Keramiken aus Ban Prasat (S. 441) und Buddha-Bildnisse aus verschiedenen Epochen.

Sai Ngam PARK
(ไทรงาม; ⌚tagsüber) Etwas östlich der Stadt überwuchert Thailands größter und ältester Banyan-Baum eine ganze Insel. Der „Wundervolle Banyan" ist mindestens 350 Jahre alt und ein echter Gigant: Das Gewirr aus knorrigen Stämmen und miteinander verbundenen Ästen sieht aus wie ein kleiner Wald.

Pratu Chai TOR
(ประตูชัย, Victory Gate) Das unter König Jayavarman VII. errichtete Siegestor im Süden der Stadt ist das am besten erhaltene und wichtigste der drei noch vorhandenen Stadttore, da es an der Straße nach Angkor stand. Vom Osttor ist nur noch eine Ruine übrig. Die Stadtmauer stand auf dem Erddamm daneben.

Meru Bhramathat RUINE
(เมรุพรหมทัต; Th Buchayan) GRATIS Meru Bhramathat ist ein umgestürzter, aus der späten Ayutthaya-Ära (18. Jh.) stammender Backstein-Stupa. Sein Name geht auf eine Sage zurück, der zufolge an eben dieser Stelle König Bhramathat eingeäschert wurde.

Kuti Rusi RUINE
(กุฏิฤาษี; ⌚tagsüber) GRATIS Bei der kleinen Ruine handelt es sich um den Tempel für ein Gesundheitszentrum, im frühen 13. Jh. erbaut unter Jayavarman VII. Wie es für Khmer-Tempel typisch ist, ist er nach Osten ausgerichtet, jedoch um die gleiche Gradzahl abweichend wie der Prasat Phimai.

Feste & Events

Phimai Festival KULTUR
(⌚Mitte Nov.) Beim Phimai-Fest Mitte November (normalerweise am zweiten Wochenende) wird die Geschichte der Stadt mit kulturellen Darbietungen, Sound-&-Light-Shows (Tickets 200–600 B) und Drachenboot-Rennen gefeiert.

Schlafen

Benya Guesthouse PENSION $
(☎044 471541, 081 976 2471; Th Ananthajinda; DZ 399 B; P❄📶) Die makellose kleine Pension genießt eine unschlagbare Lage direkt gegenüber vom Geschichtspark und wird von einer superfreundlichen jungen Frau geführt, die sehr gut Englisch spricht. Die Zimmer sind klein, aber gepflegt und sauber und verfügen über Klimaanlage, Fernseher und kleines Bad. Die Pension liegt an einer Nebenstraße neben dem 7-Eleven. Fahrräder können gratis genutzt werden.

Phimai Paradise Hotel HOTEL $
(☎086 468 8402, 044 287565; www.phimaiparadisehotel.com; Th Samairujee; DZ/3BZ 550/800 B; P❄@📶🏊) Nicht besonders schick, aber dieses Hotel nahe der einen Seite des Geschichtsparks bietet seit vielen Jahren die besten Zimmer im Ort. Ein netter Bonus ist der Pool. Fahrräder können für 100 B pro Tag geliehen werden, das Frühstück kostet 170 B.

Moon River Resort Phimai PENSION $$
(☎061 4236 939; www.moon-river-resort-phimai.com; Soi 2, Ban Sai Ngam Patana; DZ 600–800 B; P❄📶) Diese Pension unter thailändisch-deutscher Leitung in fast ländlicher Lage am Nordufer des Flusses (der zum Sprung ins kühle Nass einlädt) bietet einfache, aber gute Holz- und Betonhütten. Die Hütten stehen mitten im Grünen und sind durch tolle Stege miteinander verbunden. Die Unterkunft befindet sich direkt vor den Toren der Stadt an der Straße nach Khorat, 1 km vom Eingang in den Geschichtspark entfernt. Gäste können sich Fahrräder und Motorräder ausleihen.

Essen

Die Buden beim Sai Ngam (Phimais hochverehrtem Banyanbaum) bieten morgens und mittags Thai- und Isan-Standardgerichte wie *pàt pàt mèe pimai* – das ist dasselbe wie *pàt mèe koh·râht*, nur würziger und mit anderen Nudeln. Auch einige Restaurants im Ort haben es auf der Karte.

Talat Jae Jae MARKT $
(ตลาดจอแจ; Th Suriya Uthai; ⌚5–8 Uhr) Auf dem kleinen, morgens stattfindenden Markt kann man wunderbar frühstücken.

Barai Coffee CAFÉ $
(☎085 611 5841; Th Ananthajinda; Sandwiches 20–30 B, Waffeln 30–40 B, Kaffee ab 40 B, Smoothies 70 B; ⌚8.30–17 Uhr; ❄📶) Direkt am Eingang zum Geschichtspark gibt's praktischerweise Kaffee und dank Klimaanlage auch kühle Luft. Außerdem gibt's Smoothies, Sandwiches und Waffeln sowie Sitzmöglichkeiten im Garten hinterm Haus.

Mee Gaan THAI $$
(☎061 414 5585; Ecke Th Chomsudasadet & Th Haruethairom; Hauptgerichte 65–250 B, Fischgerichte 400–650 B; ⌚9–21 Uhr; ❄📶) Der freundliche

Neuling verströmt ein Café-Flair, wartet aber mit Essen in Restaurantqualität auf – die beste Speiseadresse im Ort. Die Spezialität des Hauses ist ein köstliches *pad mee mee gaan* (65 B), die eigene Version von *pàt mèe koh·râht*, aber es gibt auch Reisgerichte, Thai-Currys, Meeresfrüchte und den ganzen Tag über Frühstück. Dazu kommen kaltes Bier und Kaffee und auch der Kuchen kann sich sehen lassen.

An- & Weiterreise

Busse (50 B, 1 Std.) und Minivans (50 B, 1 Std.) nach Phimai starten den ganzen Tag über etwa alle 30 Minuten an Khorats Busterminal 2. Alle Busse auf dem Weg in die und aus der Stadt fahren an den offiziellen Haltestellen am **Pratu Chai** (Th Haruethairom) und am **Uhrturm** (Th Buchayan) vorbei, außerdem halten sie an verschiedenen Stellen auf der Straße nördlich der Stadt, beispielsweise am Museum. Minivans halten nur an Phimais ungünstig gelegenem **Busbahnhof**. Wer nach Norden will, steigt in den Bus nach Tala Khae (13 B, 15 Min.) und sucht sich dort einen Anschluss. Mitunter muss man etwas warten.

Unterwegs vor Ort

Phimai ist nicht allzu groß, daher kann man den Ort auch recht gut zu Fuß erkunden. Wer aber ein wenig Zeit mitbringt und mehr von der Stadt und ihrer Umgebung sehen möchte, sollte sich im **Boonsiri Guesthouse** (☎ 044 471159; Th Chomsudasadet; halber/ganzer Tag 40/80 B) oder im **Phimai Paradise House** (☎ 044 471918, 086 468 8402; www.phimaiparadisehotel.com; Th Chomsudasadet; mit Frühstück 2BZ 500 B, DZ 600–800 B; P ❄ @ 📶) (100 B pro Tag) ein Fahrrad mieten oder bei **New Motorbike** (☎ 044 481880; Th Ananthajinda; 300 B pro Tag; ⏲ Mo–Sa 8–17 Uhr) ein Motorrad leihen und auf Erkundungstour gehen.

Khao Yai National Park

Thailands ältestes und meistbesuchtes Naturschutzgebiet, der **Khao Yai** (อุทยานแห่งชาติเขาใหญ่; ☎086 092 6529; 400 B, Auto/Motorrad 50/30 B; ⏲Zutritt 6–18 Uhr), steht weit oben auf der Liste der bedeutendsten Nationalparks der Welt. Auf einer Fläche von 2168 km² beheimatet der Khao Yai einen der größten unberührten Monsunwälder des asiatischen Festlands – Grund genug für die Unesco, ihn (als Teil des Dong-Phayayen-Khao-Yai-Waldes) zum Weltnaturerbe zu erklären. Aber trotz seiner Größe gehört er zu den thailändischen Nationalparks, die auch für unabhängig reisende Traveller problemlos zu erreichen sind.

Sehenswertes & Aktivitäten

Der Park umfasst fünf Waldtypen, von denen jeder vor Tieren strotzt. Es gibt gute Wanderwege und einige fantastische Wasserfälle, die in der Regenzeit ein donnerndes Spektakel liefern.

Erkundungen auf eigene Faust sind problemlos machbar, da das englischsprachige Personal im Besucherzentrum sehr hilfsbereit ist. Es können Motorräder und Fahrräder geliehen werden und Besucher mit Auto nehmen meist gerne Fußgänger mit. Aber auch geführte Touren sind erschwinglich und leicht zu organisieren.

Die größere Region Pak Chong rund um den Park ist eine beliebte Ausflugsadresse der Bangkoker. Für viele von ihnen spielt der Nationalpark keine Rolle, denn es wimmelt hier geradezu von Maisständen, Einkaufszentren und Gokart-Bahnen, sodass Familien ein ganzes Wochenende lang genug zu tun haben, ohne je einen Gedanken an die Natur zu verschwenden. Aber auch außerhalb des Parks gibt es einige Sehenswürdigkeiten, die keine Touristenfallen sind und durchaus einen Besuch lohnen.

Im Park

★ **Nam Tok Haew Narok** WASSERFALL
(น้ำตกเหวนรก; ⏲7–17 Uhr) Der Nam Tok Haew Narok („Höllenschlucht-Wasserfall") liegt ganz im Süden des Khao Yai National Park, 23 km vom Besucherzentrum entfernt. Seine drei Stufen sind zusammen 150 m hoch; somit ist dies der größte Wasserfall des Parks. Das obere Ende der ersten, 50 m hohen Stufe ist über einen 800 m langen asphaltierten Weg leicht zu erreichen, doch von dort sind es 199 steile Stufen hoch zum Aussichtspunkt. Die zweite und dritte Stufe der Fälle sind nicht zugänglich.

Nam Tok Haew Suwat WASSERFALL
(น้ำตกเหวสุวัต; ⏲7–17 Uhr) Der hübscheste Wasserfall des Parks, der 25 m hohe Nam Tok Haew Suwat, spielte eine wichtige Rolle in Danny Boyles Film *Der Strand*. Er führt ganzjährig Wasser – in der heißen Jahreszeit allerdings nur sehr wenig – und man kann bis ans untere Ende hinuntergehen; Baden ist allerdings nicht erlaubt. Der Haew Suwat ist nicht nur mit dem Auto, sondern auch über Wanderwege zu erreichen.

Nam Tok Kong Kaew WASSERFALL
(น้ำตกกองแก้ว) Der kleine Nam Tok Kong Kaew ist nur 150 m vom Besucherzentrum des Khao Yai National Park entfernt.

Khao Yai National Park

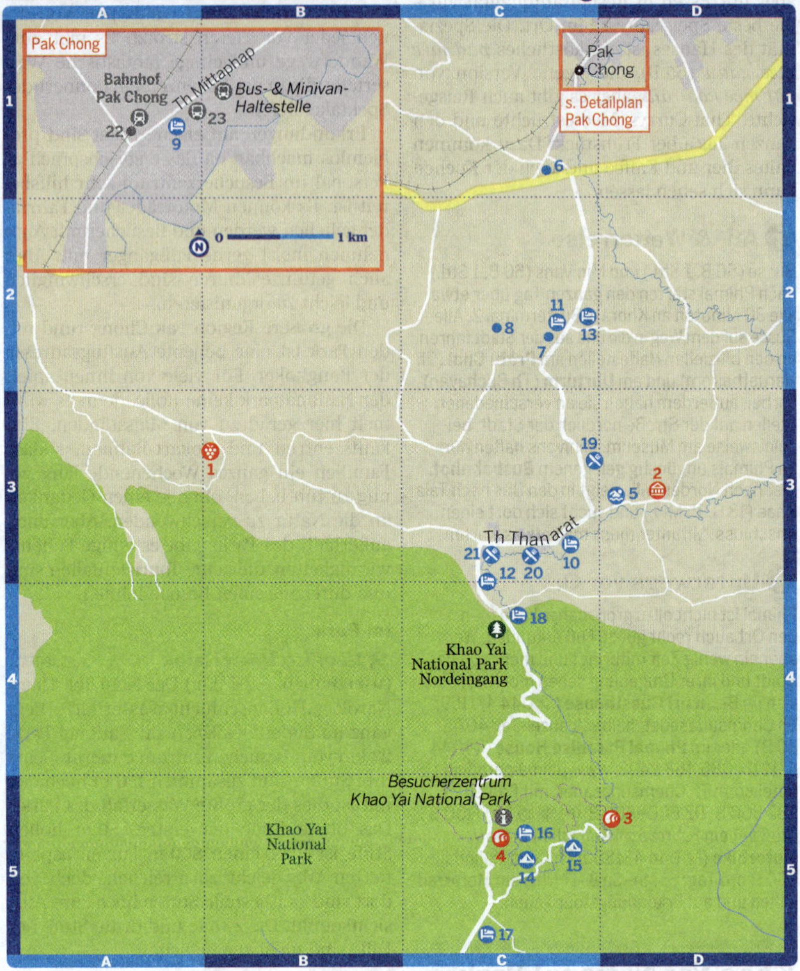

Pha Diew Dai Viewpoint AUSSICHTSPUNKT
(จุดชมวิวผาเดียวดาย) Mit einer Höhe von über 1100 m ist dies der eindrucksvollste der Aussichtspunkte im Khao Yai National Park. Und meist ist hier auch nicht viel los. Der Aussichtspunkt gehört zu einem einfachen 500 m langen Plankenweg, der 14 km vom Besucherzentrum beginnt.

Außerhalb des Parks

Ban Tha Chang Spring SCHWIMMEN
(Tambon Mu Si; ⌚24 Std.) GRATIS Diese kristallklaren, von Quellwasser gespeisten Lagunen sind ein sehr beliebtes Badeziel. Sie sind leicht zu erreichen und von der Straße zu sehen. Wenn man Richtung Pak Chong fährt, biegt man beim Hinweisschild zur Belle Villa rechts ab und hält sich links.

Khao Yai Art Museum GALERIE
(เขาใหญ่ อาร์ต มิวเซียม; ☎044 756060; ⌚10–17.30 Uhr) GRATIS Die ausgezeichnete private Galerie beherbergt in drei Räumen moderne Kunst von einigen der führenden Künstler Thailands wie Anupong Chantorn und Lampu Kansanoh sowie einen Skulpturengarten. Sie liegt 3 km östlich der Th Thanarat: Wenn man Richtung Pak Chong fährt, biegt man beim Hinweisschild zur Belle Villa rechts ab und hält sich links, fährt an

Khao Yai National Park

Sehenswertes
1 GranMonte B3
2 Khao Yai Art Museum D3
3 Nam Tok Haew Suwat D5
4 Nam Tok Kong Kaew C5

Aktivitäten, Kurse & Touren
5 Ban Tha Chang Spring D3
6 Bobby's Apartments & Jungle Tours C1
7 Greenleaf Guesthouse & Tour C2
8 Khao Yai Nature Life & Tours C2
Abendsafaris .... (s. 4)

Schlafen
9 At Home Hostel A1
10 Balios C3
11 Greenleaf Guesthouse C2
12 Hotel des Artists C3
13 Khao Yai Garden Lodge C2
14 Khao Yai National Park – Lam Tha Khong Campground C5
15 Khao Yai National Park – Pa Kluai Mai Campground C5
Khao Yai National Park – Zone 1 .... (s. 4)
16 Khao Yai National Park – Zone 2 .... C5
Khao Yai National Park – Zone 3 .... (s. 16)
17 Khao Yai National Park – Zone 4 .... C5
18 San Khao Yai Guesthouse C4

Essen
19 Khrua Khao Yai C3
20 Roma Sausage C3
21 Yaek Kut Kha Night Market C3

Transport
22 Bahnhof Pak Chong A1
Ratchasima Tour .... (s. 23)
23 Sŏrng·tăa·ou zum Khao Yai National Park A1

den Badenden in der Ban-Tha-Chang-Quelle vorbei und folgt dann den Schildern.

GranMonte WEINGUT
(กราน-มอนเต้; ☎044 009543; www.granmonte.com; Tour inkl. Verkostung 450 B pro Pers.; ⏱ Touren unter der Woche 10, 11.30, 13.30, 15 & 16 Uhr, Wochenende 11, 13.30 & 15 Uhr) Auf dem Spitzenweingut 16 km vom Eingang zum Khao Yai National Park entfernt ist Nikki Lohitnavy zu Hause, Thailands erste Önologin. Das schön gelegene Gut bietet Touren (buchen!), einen Gourmetshop, luxuriöse Unterkünfte und ein edles Restaurant. Es liegt an der Straße von Muak Lek zum Khao Yai, der direkten Route von Bangkok zum Khao Yai (bei Km 144 abfahren).

Wanderwege

Es gibt fünf Wanderwege durch den Wald, die Besucher auf eigene Faust in Angriff nehmen können. Für alle anderen benötigt man einen Führer. Parkranger können über das Besucherzentrum als Guides (je nach Dauer 500–1000 B/Gruppe) angeheuert werden. Sie begleiten einen auch bei längeren Wanderungen querfeldein, das geht aber nur, wenn der Führer Englisch oder man selbst Thai spricht. Solche Touren sollte man lieber mit einem privaten Guide unternehmen, den man über Reisebüros (S. 448) oder Hotels vor Ort buchen kann.

Egal, wo man wandert, man sollte immer feste Schuhe und lange Hosen tragen. In der Regenzeit gibt es viele Blutegel. Zwar helfen Mückenschutzmittel, sie fernzuhalten, aber die „Blutegelsocken", die im Besucherzentrum verkauft werden, sind ein sehr viel besserer Schutz.

Trail 1 (1,2 km) Der Kong Kaew Waterfall Nature Trail ist ein befestigter Rundweg, der an der Hängebrücke hinter dem Besucherzentrum beginnt. Er ist nicht schwer, hat aber ein paar steile Abschnitte.

Trail 2 (3 km) Der leichte Weg verbindet die Wasserfälle Haew Suwat (S. 445) und Pa Kluai Mai miteinander. Kurz hinter dem Pa Kluai Mai sind oft Krokodile im Fluss zu sehen. Zum Zeitpunkt der Recherche war dieser Weg gesperrt. Vor einer Wanderung sollte man sich im Besucherzentrum über den Stand der Dinge informieren.

Trail 3 (3,3 km) Ausgangspunkt des etwas anstrengenden Marsches zum Aussichtsturm Nong Phak Chi (S. 448) ist der kleine Parkplatz bei km 33. Er bietet mit die besten Tier- und Vogelbeobachtungsmöglichkeiten im Khao Yai. Daher trifft man hier auf viele Tourgruppen. Zurück zum Besucherzentrum kann man dann Trail 5 nehmen.

Trail 4 (2,7 km) Leichte, relativ wenig benutzte Strecke zu einem Aussichtspunkt am Sai Sorn Reservoir.

Trail 5 (5 km) Der Weg mit guten Möglichkeiten zum Beobachten von Vögeln und anderen Tieren beginnt etwas südlich des Besucherzentrums und endet am Aussichtsturm Nong Phak Chi. Lässt sich gut mit Trail 3 kombinieren.

Trail 6 (8 km) Der längste ausgeschilderte Weg im Park führt vom Besucherzentrum zum Haew-Suwat-Wasserfall. Früher konnte man den Weg auf eigene Faust in Angriff nehmen. Da es aber kein ausgetretener Trampelpfad ist, haben sich viele Leute verlaufen, einige mussten sogar schon im Wald übernachten. Jetzt benötigt man einen Guide. Im Großen und Ganzen ist die Strecke nicht allzu schwer, es gibt aber ein paar holprige Bereiche und Anhöhen.

Tierbeobachtung

Sowohl dank seiner Größe als auch dank der Vielfalt an Habitaten ist der Khao Yai eines der besten Gebiete Thailands zur Beobachtung von Tieren. Der Park – die höchste Erhebung ist mit 1351 m der Khao Rom – umspannt fünf Vegetationszonen: immergrünen Regenwald (100–400 m), halb-immergrünen Regenwald (400–900 m), Laubmischwald (Nordhänge, 400–600 m), immergrünen Bergwald (über 1000 m) und Savanne/Sekundärwald in Gebieten, wo Landwirtschaft und Abholzung betrieben wurde, bevor das Gebiet unter Schutz gestellt wurde.

Im Park tummeln sich etwa 200 Elefanten und andere Säugetiere wie Tiger, Leoparden, Bären, Gaur, Muntjaks, Otter, verschiedene Gibbons und Makaken sowie ziemlich große Pythons. Auf Khao Yais Vogelliste stehen 392 Arten, außerdem lebt hier eine der größten Nashornvögelpopulationen Thailands, darunter auch der Doppelhornvogel (*nôk gòk* oder *nôk gah·hang*).

An der Straße durch den Park findet man mehrere **Aussichtspunkte** und **Salzlecksteine** (die frühmorgens und abends manchmal Elefanten anlocken). Am wahrscheinlichsten sieht man Elefanten auf einer **Abendsafari** (☎086 092 6529; 500 B/Fahrzeug mit bis zu 10 Pers.; ⌚19 & 20 Uhr), die auch gute Chancen bietet, Stachelschweine und Schakale zu Gesicht zu bekommen. Gibbons wird man morgens hören, aber um sie zu sehen, muss man etwas wandern – auf Trail 1 (S. 447) könnte man Glück haben. Einen Tiger zu sichten, ist wie ein Sechser im Lotto. Mit Sicherheit wird man aber Sambars sehen, denn sie versammeln sich morgens und nachmittags rund um das Besucherzentrum und den Campingplatz Lam Tha Khong. Makaken tummeln sich den ganzen Tag auf den Straßen im Park.

Vom **Aussichtsturm Nong Phak Chi** blickt man auf einen kleinen See und einen Salzleckstein. Einen besseren Ort, um Tiere zu beobachten, gibt's im ganzen Park nicht. Der kürzeste Weg (900 m) zum Turm, ein breiter, leichter Pfad, beginnt 1,8 km nördlich des Besucherzentrums. Es führen aber auch zwei Wanderwege (S. 447) dorthin.

Geführte Touren

Die meisten Hotels und Resorts um den Khao Yai arrangieren Touren im Park. Dies ist die beste Art und Weise eines Besuchs, da gute Guides den Teilnehmern Tiere zeigen, die sie allein gar nicht entdecken würden.

Drei etablierte Anbieter – **Greenleaf Guesthouse & Tour** (☎089 424 8809; www.greenleaftour.com; Km 7,5, Th Thanarat; ganztägige Tour 1500 B), die **Khao Yai Garden Lodge** (☎044 936352, 094 191 9176; www.khaoyaigarden-lodge.net; Km 7, Th Thanarat; DZ mit Frühstück 950 B; P❄@📶🏊) und **Bobby's Apartments & Jungle Tours** (☎086 262 7006; www.bobbysjungletourkhaoyai.com; abseits der Th Mittaphap, Pak Chong) – beherrschen den Markt für Budget-Touren. Ihre Touren werden schon seit Langem immer wieder gelobt, obwohl die Unterkünfte vorwiegend auf Backpacker ausgerichtet und nicht jedermanns Sache sind. Die normalen Touren dauern anderthalb Tage und kosten rund 1500 B pro Person. Viele Leute verzichten aber auf den halben Tag. Mittagessen, Snacks, Trinkwasser und „Blutegelsocken" sind immer im Preis enthalten, manchmal werden die Teilnehmer auch kostenlos im Ort Pak Chong abgeholt. Das Ganztagesprogramm umfasst einen morgendlichen Spaziergang durch den Wald, um nach Tieren Ausschau zu halten, einen Besuch bei einem Wasserfall und eine Fahrt über die Straßen des Parks auf der Suche nach Elefanten. Beim Halbtagesprogramm wird außerhalb des Parks eine Höhle besucht, man badet in einer Quelle und beobachtet, wie aus einer Berghöhle eine Unzahl von Faltlippenfledermäusen hervorströmt.

Khao Yai & Beyond (☎089 946 1906; www.khaoyaiandbeyond.com) ist ein kleiner Veranstalter, der sich auf Touren in abgelegene Gegenden spezialisiert hat. Es wird in Zelten im Wald übernachtet, die Campingausrüstung wird gestellt. Ein bekannter Guide, der **Vogelbeobachtungstouren** anbietet, ist Tony, der **Khao Yai Nature Life & Tours** (☎096 565 5926; www.khaoyainaturelifetours.com) betreibt.

Der Park selbst veranstaltet einstündige Abendsafaris, bei denen man mit Scheinwerfern Ausschau nach Tieren hält.

Schlafen

An der Th Thanarat (Rte 2090), der Straße, die zum Park führt, gibt's Dutzende Unterkünfte, dazu noch jede Menge in dem mäßig attraktiven Ort Pak Chong. Die meisten Unterkünfte bieten Transfers von/nach Pak Chong; bei den beliebten Budgetunterkünften sind diese kostenlos, wenn man bei ihnen auch eine Tour bucht. Die meisten Unterkünfte bieten unter der Woche und in der Nebensaison Rabatte von bis zu 40 %.

Die beste Kulisse fürs Übernachten stellt natürlich der Park selbst dar. Im Park gibt es Campingplätze und eine Reihe von Zimmern und Bungalows, die allerdings alle ohne Klimaanlage sind. Einige verfügen aber über Fernseher und Kühlschrank. Montags bis donnerstags gilt ein Rabatt von 30 %. Achtung: Die Reservierung muss über die nervige Website des Nationalparks (http://nps.dnp.go.th/reservation.php; Vorauszahlung erforderlich) oder persönlich im Park erfolgen. Telefonische Reservierungen sind nicht möglich. Außer an Wochentagen in der Nebensaison sind die Unterkünfte oft ausgebucht. Leihzelte stehen fast immer zur Verfügung.

Im Park

Khao Yai National Park – Campingplatz Pa Kluai Mai CAMPINGPLATZ $

(☎086 092 6529; http://nps.dnp.go.th/reservation.php; Khao Yai National Park; mit eigenem Zelt 30 B pro Pers., Leih-Campingausrüstung 285 B (Zelt 225 B, Schlafsack 30 B, Isomatte 20 B, Kissen 10 B); P) Der kleinere und stärker bewaldete Campingplatz liegt 2 km vom Lam Tha Khong Campground entfernt und ist für Naturliebhaber der bessere der beiden. Backpacker sollten wissen, dass hier am späten Nachmittag nur wenig Verkehr vorbeikommt.

Khao Yai National Park – Campingplatz Lam Tha Khong CAMPINGPLATZ $

(☎086 092 6529; http://nps.dnp.go.th/reservation.php; Khao Yai National Park; mit eigenem Zelt 30 B pro Pers., Leih-Campingausrüstung 285 B (Zelt 225 B, Schlafsack 30 B, Isomatte 20 B, Kissen 10 B); P) Der größere und modernere der beiden Campingplätze im Khao Yai liegt 6 km vom Besucherzentrum entfernt an der Straße zum Nam Tok Haew Suwat (S. 445). Hier kann es sehr voll werden und auch laut, wenn viele thailändische Studenten da sind, was an den meisten Wochenenden und in den Ferien der Fall ist.

Khao Yai National Park – Zone 4 BUNGALOWS $$

(Thanarat; ☎086 092 6529; http://nps.dnp.go.th/reservation.php; Khao Yai National Park; DZ 800 B, Bungalow 3000–3500 B; P) Diese Anlage ist größer und nicht so waldig wie die in Zone 2, doch dank der schönen Bergblicke ist es hier ebenso schön. Es gibt viele Vögel (und möglicherweise auch andere Tiere) sowie einen Beobachtungsturm. Neben Bungalows mit zwei bzw. drei Schlafzimmern für vier bis sechs Personen umfasst die Anlage auch einfache Zimmer; die Zimmer für vier Personen teilen sich Gemeinschaftsbäder. Die Anlage liegt 5 km südlich vom Besucherzentrum gleich abseits der Hauptstraße.

Khao Yai National Park – Zone 3 ZIMMER $$

(Suratsawadee; ☎086 092 6529; http://nps.dnp.go.th/reservation.php; Khao Yai National Park; 2BZ 800 B; P) Unter einem großen „Jugendcamp"-Schlafsaal, wo es möglicherweise laut, aber meistens leer ist, gibt es hier in die Jahre gekommene, aber dennoch komfortable Zimmer mit großer Veranda davor. Verpflegung ist hier nicht erhältlich. 1,5 km vom Besucherzentrum.

★ **Khao Yai National Park – Zone 2** BUNGALOWS $$$

(Thio That; ☎086 092 6529; http://nps.dnp.go.th/reservation.php; Khao Yai National Park; Bungalow 2000–2400 B; P) Thio That, die kleinste Anlage, ist ein nettes Örtchen an einem schattigen Hang 2,5 km vom Besucherzentrum. Es gibt fünf Bungalows mit jeweils zwei Schlafzimmern und Bädern mit Betten für sechs bzw. acht Personen. Ein Restaurant ist nicht vorhanden. Die Anlage befindet sich an einer Sackgasse, auf der nur sehr wenig Verkehr herrscht – wer hier übernachten möchte, sollte also über ein eigenes Fahrzeug verfügen.

Khao Yai National Park – Zone 1 BUNGALOWS $$$

(Kong Kaew; ☎086 092 6529; http://nps.dnp.go.th/reservation.php; Khao Yai National Park; Bungalow 2400–9000 B; P) Diese Anlage liegt auf einem schattigen, aber engen Gelände hinter dem Besucherzentrum und bietet große Bungalows für Gruppen.

Außerhalb des Parks

Greenleaf Guesthouse PENSION $

(☎089 424 8809; www.greenleaftour.com; Km 7,5, Th Thanarat; DZ 300 B) Der Spezialist für billige Kao-Yai-Touren verfügt auch über eine einfache, aber nette kleine Pension mit Zimmern mit Ventilator, die an einem schattigen Garten liegen; vorne gibt's ein Restaurant. Hier werden keine Fahrräder oder Motorräder verliehen, aber die *sŏrng·tăa·ou*, die zwischen Pak Chong und dem Parktor pendeln, kommen hier vorbei.

San Khao Yai Guesthouse BUNGALOWS $$
(☎086 245 7882; www.sankhaoyaitour.com; Th Thanarat; Bungalow 800 B; P❄📶) Die farbenfrohen Cottages stehen nur 100 m vom Parkeingang entfernt. Sie sind einfach, sehr sauber und einen Tick besser als die meisten Budgetunterkünfte in der Gegend. Außerdem gibt es keine bessere Bleibe, wenn man nicht im Park übernachten, aber früh am Morgen Tiere beobachten will. In der Unterkunft werden Motorräder (500 B pro Tag; 20 000 B oder Pass als Kaution) verliehen und Touren organisiert. Essbares und Bier gibt's ebenfalls.

★ **Hotel des Artists** HOTEL $$$
(☎044 297444; hoteldesartists@gmail.com; Km 22, Th Thanarat; DZ mit Frühstück ab 2800 B; P❄@📶≋) Das geschmackvolle Hotel setzt eher auf Schick im französischen Kolonialstil als auf Naturverbundenheit. Dennoch lässt der Bergblick hinter dem Haus keinen Zweifel daran, wo man sich gerade befindet. Die großartigen, aber kleinen Zimmer gehen hinaus auf einen ungewöhnlichen, schlanken Pool.

Balios HOTEL $$$
(☎044 365971; www.balioskhaoyai.com; Km 17, Th Thanarat; DZ mit Frühstück 2700–4600 B; P❄@📶≋) Die erste Luxuslodge beim Khao Yai ist auf Höhe der Zeit und präsentiert sich leicht italienisch angehaucht. Alle Zimmer haben Terrassen mit Blick auf den Pool oder die schönen Gärten und sind geschmackvoll gestaltet.

In Pak Chong

At Home Hostel HOSTEL $
(☎081 490 6601; Pak Chong; B 280–300 B, DZ 600–750 B; ❄📶) Das freundliche Hostel wird von hilfsbereitem Personal geführt, das ausgezeichnet Englisch spricht, und ist das beste einer Handvoll Hostels in Pak Chong. Es werden Motorräder verliehen (300 B pro Tag), doch zum Park ist es von hier ein weiter Weg. Das Hostel befindet sich an der Gasse schräg gegenüber vom 7-Eleven – in der Nähe fahren die *sŏrng·tăa·ou* zum Park ab.

Vom Bahnhof geht man direkt geradeaus, biegt an der Hauptstraße links ab und nimmt dann die zweite Straße rechts.

Essen

Im Park selbst gibt's an allen Stellen, an denen viel los ist, z. B. am Besucherzentrum, bei den Campingplätzen und an einigen der Wasserfälle, Restaurants, doch sie schließen alle früh, sodass man entsprechend planen muss. Beim Besucherzentrum bekommt man bis 18 Uhr etwas zu essen, anderswo sind die Zeiten nicht festgelegt. Außerhalb des Parks säumen zahlreiche Restaurants die Th Thanarat, darunter überraschend viele, die italienisches Essen servieren.

Yaek Kut Kha Night Market MARKT $
(แยกกุดคล้า; Km 20, Th Thanarat; ⏲15.30–19.30 Uhr) Auf dem quirligen Nachtmarkt wird Essen zum Mitnehmen verkauft. In der Gegend sind auch vormittags ein paar Straßenstände geöffnet.

Roma Sausage INTERNATIONAL $$
(Km 18, Th Thanarat; Hauptgerichte 80–850 B; ⏲So–Di & Do 10.30–21.30, Fr & Sa bis 23 Uhr; P📶) Das lockere Freiluftlokal befindet sich an einem der belebtesten Abschnitte der Th Thanarat. Aus der Küche kommen sowohl gute Thaigerichte (gelbes Curry mit Makrele und knuspriges Tofu-*lâhp*) als auch europäische Speisen (geräucherte Chicken Wings, Entenconfit und ultra-dünne Pizza).

Khrua Khao Yai THAI $$
(Km 13,5, Th Thanarat; Hauptgerichte 100–270 B; ⏲9–20 Uhr, wenn viel los ist, bis 21 Uhr; P📶🖉) Diese offene Hütte erfreut sich bei Ausflüglern aus Bangkok großer Beliebtheit dank der Qualität des Essens und der Betonung gesunden Essens mit Speisen wie Pilz-*đôm yam* und pfannengerührten Sonnenblumensprossen. Auf der englischen Karte stehen nur wenige Speisen – man sollte also nachfragen, wenn das Gewünschte nicht draufsteht.

Praktische Informationen

Besucherzentrum des Khao Yai National Park (☎086 092 6529; Khao Yai National Park; ⏲6–21 Uhr, besetzt ab 8 Uhr) Freundliche, sachkundige Mitarbeiter, von denen viele wirklich gut Englisch sprechen. Es gibt auch Info-Tafeln, die einen kurzen Überblick über die Ökologie im Park vermitteln. Hinten befindet sich zudem ein kleines **Café** mit einer Terrasse mit Blick auf den Fluss.

An- & Weiterreise

Zwischen 6 und 17 Uhr knattern alle 30 Minuten **sŏrng·tăa·ou** (Th Mittaphap, Pak Chong) über die 30 km lange Strecke von Pak Chong über die Th Thanarat bis zum Nordeingang des Parks (40 B, 1 Std.). Los geht's vor dem 7-Eleven in der Nähe der Hirschstatue. Bis zum Besucherzentrum sind es dann weitere 14 km. Die Wachleute weisen die Fahrer gern an, die Leute bis dorthin zu fahren, wenn es sich um eine große Gruppe handelt. Oder man leiht beim San Khao Yai Guesthouse (S. 450) am Tor ein Motorrad. Das letzte *sŏrng·tăa·ou* zurück nach Pak Chong startet gegen 15 Uhr.

Pak Chong hat keinen Busbahnhof. Alle Busse fahren im Stadtzentrum in der Hauptstraße ab. Zwischen 5 und 18 Uhr halten die häufig verkehrenden Minivans (66 B, 1½ Std.) und die gelegentlich verkehrenden 2.-Klasse-Busse nach Khorat (56 B, 2 Std.) an der **Bushaltestelle** (Th Mittaphap, Pak Chong) ca. 500 m nordöstlich der Hirschstatue in der Nähe des *đà·làht kàak*-Marktes. Minivans nach Bangkok (160 B, 3 Std., alle 30 Min.) fahren auf beiden Straßenseiten in der Nähe der Hirschstatue ab. 1.-Klasse-Busse nach Bangkok (133 B, 3 Std.) und Khorat (72 B, 1½ Std.) halten bei **Ratchasima Tour** (☎044 312131; Th Mittaphap, Pak Chong) auf der anderen Seite der Schnellstraße – von der Hirschstatue aus gesehen; der letzte Bus nach Bangkok startet um 20 Uhr. Wenn Minivans (von Khorat kommend) nach Ayutthaya (100 B, 2½ Std.) und Lopburi (80 B, 2 Std.) freie Plätze haben, was meistens der Fall ist, halten sie direkt gegenüber vom *đà·làht kàak*-Markt (bei den Bänken auf der Verkehrsinsel warten).

Nach Pak Chong kommt man auch mit dem **Zug** (☎044 311534) aus Bangkok (86–292 B, 4–4½ Std., alle 2 Std.) und Khorat (18–251 B, 1½ Std., alle 2 Std.) sowie von anderen Orten im Isan. Die Züge verkehren nicht so häufig wie die Busse und Minivans, sind aber viel komfortabler, sehr viel billiger und auch sehr viel sicherer. Fahrkarten müssen nicht im Voraus gebucht werden; man kann sie einfach am Bahnhof kaufen und den nächsten Zug besteigen. Expresszüge sind sehr viel teurer als normale Züge: Sie haben keine 3. Klasse, die sonst das beste Preis-Leistungs-Verhältnis bietet.

Nach Ayutthaya gibt es weder eine direkte Busverbindung noch viele Minivans, sodass der Zug (23–363 B, 2–3 Std., 10-mal tgl.) die beste Verbindung darstellt.

Wer mit dem eigenen Fahrzeug aus Bangkok kommt, erreicht den Park auch über einen zweiten, selten benutzten Eingang in der Provinz Prachinburi.

Unterwegs vor Ort

Sehenswertes und Serviceeinrichtungen liegen recht weit auseinander, sodass man ohne Fahrzeug nicht allzu weit kommt. Es ist aber wirklich kein großes Problem, tagsüber im Park eine Mitfahrgelegenheit zu finden. Das birgt aber auch Gefahren, sodass man den Park besser nur mit eigenem fahrbarem Untersatz besuchen sollte, wenn man nicht laufen will.

Motorräder verleihen das San Khao Yai Guesthouse (S. 450) (500 B pro Tag, Kaution 20 000 B oder Pass) in der Nähe des Parkeingangs und verschiedene Läden an der Hauptstraße durch Pak Chong, darunter Thai Yen in der dem Bahnhof gegenüberliegenden Straße.

Leihräder gibt's im Park beim Besucherzentrum (50/200 B pro Std./Tag). Aber Achtung: Der Park heißt „Großer Berg" und zwischen den einzelnen Zielen geht es oft hoch und runter.

PROVINZ BURIRAM

Das Städtchen Buriram (บุรีรัมย์) punktet mit einer freundlichen Atmosphäre, hat für Touristen aber kaum Sehenswertes. Die südlichen Gegenden der Provinz haben allerdings ein paar Attraktionen aus der Khmer-Zeit zu bieten, die man einfach gesehen haben muss. Krönendes Highlight unter den Dutzenden von Khmer-Ruinen, die hier überall in der Landschaft verstreut zu finden sind, ist Phanom Rung. Dieser wunderschön restaurierte Tempelkomplex steht auf einem erloschenen Vulkan. Das spektakulärste Khmer-Monument in Thailand lohnt auf jeden Fall die Anreise – selbst für Leute, die schon den Angkor Wat in Kambodscha gesehen haben, ist die Anlage beeindruckend.

Nang Rong

☎044 / 21 260 EW.

Ein großes Angebot an Dienstleistungen und eine gute Auswahl an Hotels machen das freundliche, aber gesichtslose Städtchen Nang Rong (นางรอง) zur besten Ausgangsbasis für Trips in den Geschichtspark Phanom Rung.

Schlafen

P California Inter Hostel PENSION $

(☎081 808 3347; www.pcalifornianangrong.webs.com; Th Sangkakrit; DZ mit Ventilator 250–350 B, mit Klimaanlage 450–650 B; P ❄ 📶) Die tolle Pension im Osten der Stadt hat helle, nett eingerichtete Zimmer und einen schattigen Innenhof, in dem man schön frühstücken kann (100 B). Der Inhaber, Khun Wicha, spricht Englisch, kennt sich in der Gegend perfekt aus, hält für Gäste Karten der Umgebung bereit und gibt auch Tipps für Erkundungen.

Für Gäste gibt's kostenlose Leihfahrräder, Motorräder kann man für 250 B pro Tag leihen. Die Pension liegt 2,5 km vom Busbahnhof entfernt: nach links gehen, rechts auf die Fernstraße abbiegen und dann immer weitergehen, bis man rechts das Schild sieht. Ein Motorradtaxi/Taxi kostet 50/60 B, doch wer vorher anruft, wird abgeholt.

Nang Rong Hotel HOTEL $
(☎044 631014; Th Phradit Pana; DZ 450 B; ❄📶) Das neue Billighotel bietet schlichte, aber schicke und saubere Zimmer und im Gegensatz zu anderen Unterkünften liegt es mitten im Ort. Fahrräder können kostenlos genutzt werden. Das Hotel liegt 2 km vom Busbahnhof entfernt: nach rechts gehen, am Ende links und dann immer weiter, vorbei an den Seen, bis man das Hotel rechter Hand erblickt.

Socool Grand Hotel HOTEL $$$
(☎044 632333; www.socoolgrand.com; Th Sapakitkoson; DZ mit Frühstück 1500–2500 B; P❄📶🏊) Das tatsächlich coole Hotel mit Boutique-Flair, schönem Schwarz-Weiß-Dekor und funkigen Korbmöbeln ist die beste Unterkunft, die Nang Rong zu bieten hat. Es gibt geräumige, helle, komfortable Zimmer und einen großen Pool- und Fitnesskomplex. Das Hotel liegt 1,5 km vom Busbahnhof entfernt: nach links gehen, dann rechts auf die Fernstraße abbiegen und auf der linken Seite nach dem Schild Ausschau halten.

Nachtmarkt MARKT $
(Sankhakrit; ⏲Fr & Sa 17–22 Uhr) Der überraschend große Nachtmarkt wartet mit jeder Menge Thai-Essen auf. Zumeist ist das Essen zum Mitnehmen, doch ein paar Stände haben auch Tische und Stühle für ein schnörkelloses Abendmahl. Der Markt ist 400 m westlich des P California Inter Hostel (wenn man aus dem Hostel kommt, links) bzw. einen Block hinter dem Nang Rong Hotel.

ℹ An- & Weiterreise

Nang Rongs **Busbahnhof** (☎044 631517) liegt im Westteil der Stadt. Hier halten alle Busse, die aus den großen Städten im südlichen Isan kommen oder dorthin fahren, darunter Surin (80–100 B, 2 Std., alle 30 Min.), Ubon Ratchathani (144–265 B, 6–7 Std., 12-mal tgl.), Khorat (60–95 B, 2 Std., stündl.), Pak Chong (125 B, 3 Std., stündl.) und Bangkok (231–300 B, 6–7 Std., stündl.).

ℹ Unterwegs vor Ort

Das P California Inter Hostel (S. 451) verleiht Motorräder (250 B pro Tag) und hat auch Karten der Umgebung. Außerdem bietet es Phanom-Rung-Touren (halber Tag mit dem Auto 700 B). Auch das Baan Bong Pha Om, das näher bei den Hauptruinen liegt, verleiht Motorräder (250 B pro Tag). **Taxis** (☎093 551 4175, 092 478 0529) warten am Busbahnhof. Die Hin- und Rückfahrt nach Phanom Rung kostet um die 1000 B; wer auch nach Muang Tam will, muss 200 B drauflegen.

Phanom Rung Historical Park

Der Prasat Phanom Rung (พนมรุ้ง; „Großer Bergtempel"), das spektakulärste Khmer-Denkmal in Thailand, thront 200 m über den Reisfeldern auf dem Gipfel eines erloschenen Vulkans. Allein wegen des grandiosen Eingangs und des Aussehens ist dieses Heiligtum ein Muss für jeden, der in der Gegend ist.

Etwa 8 km weiter unten steht der wunderschöne, aber oft wenig beachtete Prasat Muang Tam („Unterer Stadttempel"), der ebenfalls zum Geschichtspark gehört. Er ist kleiner und nicht so vollständig, aber aufgrund der hier herrschenden Ruhe – nicht selten hat man den Tempel für sich allein – und des einzigartigen Designs ziehen ihn viele Besucher seinem berühmten Nachbarn vor.

Sehenswertes

★ **Prasat Phanom Rung** RUINEN
(ปราสาทเขาพนมรุ้ง; ☎044 666251; 100 B, Kombiticket mit Prasat Muang Tam 150 B; ⏲6–18 Uhr) Die Lage des Prasat Phanom Rung ist einfach umwerfend. Das Heiligtum thront 200 m über den Reisfeldern auf dem Gipfel eines erloschenen Vulkans. Im Südosten ist das Dongrek-Gebirge in Kambodscha zu sehen, und auch genau in dieser Richtung lag früher die Hauptstadt des Khmer-Reichs. Der Tempel wurde zwischen dem 10. und 13. Jh. als hinduistisches Monument für Shiva erbaut. Der größte Teil entstand während der Herrschaft von König Suriyavarman II. (reg. 1113–1150).

Unterhalb des Haupttheiligtums befindet sich – hinter der langen Reihe von Souvenirläden – ein **Informationszentrum** (ศูนย์ข้อมูลพนมรุ้ง; ⏲8.30–16.30 Uhr) GRATIS mit Artefakten, die hier gefunden wurden, und einer Ausstellung über den Bau und die 17 Jahre dauernden Restaurierungsarbeiten. Man bekommt hier eine kostenlose Info-Broschüre oder kann einen Thailändisch sprechenden

Rund um Phanom Rung

Rund um Phanom Rung

Highlights
1 Prasat Muang Tam B1
2 Prasat Phanom Rung B1

Sehenswertes
Informationszentrum Phanom Rung .... (s. 2)
3 Prasat Ta Meuan D2
4 Wat Khao Angkhan A1

Schlafen
5 Baan Bong Pha Om B1
6 Hotel de l'Amour B1
Nang Rong Hotel .... (s. 7)
7 P California Inter Hostel A1
8 Socool Grand Hotel A1
9 Thanyaporn Homestay B2

Essen
Nachtmarkt von Nang Rong .... (s. 7)

Praktisches
Informationszentrum Muang Tam .... (s. 1)

Guide anheuern (der Preis ist verhandelbar). Wer keine Lust hat, den Berg hinaufzukraxeln, kann bis zum oberen Parkplatz (50 B/Auto) fahren; allerdings ist dort die Broschüre in der Regel nicht erhältlich und man verpasst die fabelhafte Promenade, die zum Haupttor führt.

Tatsächlich ist die **Promenade** einer der bemerkenswertesten Teile von Phanom Rung. Sie beginnt an einem Hang 400 m östlich des Hauptturms und führt über drei irdene **Terrassen** zu einer kreuzförmigen Plattform, auf der wohl einst ein Holzpavillon stand. Rechts daneben befindet sich der **Phlab Phla**, der Ort, an dem die Königsfamilie vor Betreten der Tempelanlage gewaschen und angekleidet wurde. Von dort geht's hinunter zu einem 160 m langen **Prozessionsweg**, der von Sandsteinsäulen mit Kapitellen in Form von Lotusknospen im Stil der frühen Angkor-Zeit gesäumt ist. Dieser Weg endet an der ersten und größten von drei **Naga-Brücken**, die von 16 fünfköpfigen *nagas* im klassischen Angkor-Stil getreulich bewacht wird. Wie bei allen Khmer-Tempeln markieren diese symbolischen „Brücken" den Übergang vom Irdischen ins Himmlische.

Oben führt die prachtvolle **Ostgalerie** zum Hauptheiligtum. Der **Hauptturm** hat an allen vier Seiten eine Galerie. In den Stürzen und Giebeldreiecken über den Türen und an verschiedenen bedeutenden Stellen an der Außenseite kann man hervorragende Skulpturen der beiden Gottheiten Shiva und Vaishnava bewundern. Am Osteingang der **mandapa** (Halle vor dem Hauptturm) befinden sich ein Nataraja (Tanzender Shiva) und der bekannte Narai-Bandhomsindhu-Türsturz mit der Zerstörung bzw. der Wiedergeburt des Universums. Am Südeingang sind die Reste von Shiva und Uma auf ihrem Reitbullen Nandi zu sehen. Den Mittelpunkt des Hauptturms bildet ein Shivalingam, davor befindet sich eine beeindruckende Nandi-Statue.

★ Prasat Muang Tam RUINEN
(ปราสาทเมืองต่ำ; ☎044 666251; 100 B, Kombiticket mit Prasat Phanom Rung 150 B; ⏲6–18 Uhr) Der restaurierte Khmer-Tempel Prasat Muang Tam in dem kleinen Dorf Khok Meuang ist eine ideale Ergänzung zum nur 8 km nordwestlich gelegenen Phanom Rung. Der

ABSEITS DER ÜBLICHEN PFADE

WEITERE KHMER-RUINEN RUND UM PHANOM RUNG

Wer sich an Ruinen von Khmer-Tempeln noch immer nicht sattgesehen hat, findet in der Gegend um Phanom Rung noch eine Vielzahl weniger bekannter Anlagen, die einen Eindruck von der großen Bedeutung vermitteln, die diese Region im Khmer-Reich einst hatte. Die meisten Reisenden finden diese Orte nicht allzu interessant, doch eine Fahrt durch das Reisanbaugebiet gewährt einen tiefen Einblick in das Leben auf dem Land – und ist garantiert eine Erleuchtung! Der Eintritt in alle der im Folgenden beschriebenen tagsüber geöffneten Anlagen, die vom Fine Arts Department bis zu einem gewissen Grad restauriert wurden, ist kostenlos.

Kuti Reusi Nong Bua Rai liegt direkt östlich unterhalb von Phanom Rung. Die ähnliche, aber stimmungsvollere Anlage **Kuti Reusi Khok Meuang** befindet sich gleich nordwestlich von Prasat Muang Tam auf der anderen Straßenseite des Baray Muang Tam.

Vom **Prasat Khao Plaibat** ist nicht mehr viel übrig, doch der Weg dorthin ist abenteuerlich und man wird mit tollen Blicken auf den Phanom Rung und das Dongrek-Gebirge an der kambodschanischen Grenze belohnt. Der nur selten benutzte Weg beginnt am Wat Khao Plaibat 3 km von Prasat Muang Tam entfernt. Man passiert das Tor (obwohl sich dort ein Schild mit der Aufschrift „Mönchszone, kein Eingang" auf Thailändisch befindet, wurde uns versichert, dass es okay ist, diesen Weg zur Ruine zu nehmen) hinter der riesigen Buddha-Figur, biegt am *gù·dì* (Mönchsquartier) rechts ab und schlüpft dann durch einen Stacheldrahtzaun. Von hier nimmt man den Weg nach rechts, dann leicht links den Hügel hinauf und folgt den Bäumen, die mit orangefarbenen Bändern geschmückt sind. Der Aufstieg auf den Hügel dauert normalerweise keine halbe Stunde – zumindest wenn man nicht vom Weg abkommt, was jedoch recht wahrscheinlich ist. Man muss einfach immer nur nach oben laufen, dann kommt man unweigerlich an.

Im **Prasat Khok Ngio** 3 km vor Pakham gibt's ein kleines, schmuddeliges Museum mit alten Töpfen, menschlichen Knochen und Buddha-Figuren, die bei Ausgrabungen rund um den Tempel gefunden wurden.

Der **Prasat Thong** (alias Khok Prasat), der in der Nähe des Marktes mitten im Ort Ban Kruat liegt, ist nur klein, und den drei Türmen fehlen die Spitzen. Ein Zwischenstopp lohnt sich aber allemal.

Der für den Bau dieser antiken Anlage verwendete Sandstein stammt aus dem weitläufigen **Lan Hin Dtat Ban Kruat** (Ban-Kruat-Steinbruch), der am besten vom Wat Lan Hin Dtat südwestlich des Ortes Ban Kruat zu sehen ist. Mehrere Abbruchkanten sind entlang des 1 km langen, befestigten Pfades östlich des Parkplatzes zu sehen. Die größte Abbruchkante befindet sich 100 m weiter unten an einem Nebenweg. Am Parkplatz nimmt man den Pfad nach rechts hinter der Buddha-Statue, dann taucht sie gleich hinter dem letzten *gù·dì* auf.

Ganz in der Nähe von Ban Kruat befinden sich auch die beiden Brennöfen **Tao Nai Chian** und der größere **Tao Sawai**, die zwischen dem 9. und dem 13. Jh. den Großteil des Khmer-Reichs mit Keramikwaren versorgten. Heute sind sie kaum mehr als zwei überdachte Haufen aus Erde und Ziegeln.

Schließlich bietet sich noch ein Besuch des Prasat Ta Meuan (S. 466) in der Provinz Surin an, der von Phanom Rung nur 55 km entfernt ist.

Tempel stammt vom Ende des 10. oder Anfang des 11. Jhs. und wird im Allgemeinen wegen seiner Größe, Atmosphäre und der Qualität der Restaurierungsarbeiten als der drittinteressanteste Tempelkomplex des Isan bezeichnet. Für viele ist es der Lieblingstempel, denn er wird nur von wenigen Leuten besucht (mit etwas Glück hat man ihn ganz für sich allein).

Der als Shiva-Schrein erbaute Komplex hat einen ungewöhnlichen Grundriss. Am bemerkenswertesten ist, dass von den fünf Türmen (der Hauptturm konnte nicht wieder aufgebaut werden) drei vorn und zwei hinten angeordnet sind, anstatt wie üblich in Fünfer-Kreuzform. Muang Tam ist der einzige Khmer-Tempel mit vier L-förmigen Becken an jeder Ecke.

Am besten beginnt man den Rundgang im kleinen **Informationszentrum** (⊙8–16.30 Uhr) GRATIS beim Baray Muang Tam (einem von den Khmer angelegten, 510 m auf 1090 m großen Wasserbecken). Dort gibt's eine gute Ausstellung über die Anlage.

Trips mit dem Motorradtaxi oder Auto nach Phanom Rung lassen sich mit einem Abstecher nach Muang Tam für zusätzlich 100 bzw. 200 B kombinieren.

Feste & Events

Phanom Rung Festival KULTUR

(⊙April) Phanom Rung ist nach Osten ausgerichtet, und viermal im Jahr scheint die Sonne durch alle 15 Eingänge des Heiligtums. Die perfekte Sonnenkonstellation ist vom 3. bis 5. April und vom 8. bis 10. September bei Sonnenaufgang sowie vom 5. bis 7. März und vom 5. bis 7. Oktober (in Schaltjahren jeweils einen Tag früher) zu bewundern. Zu diesen Zeiten ist der Park länger geöffnet. Während der betreffenden Tage im April feiern die Einheimischen das Phanom-Rung-Fest mit uralten Brahmanen-Zeremonien und modernen Sound- & Lightshows.

Schlafen

Die beste Bleibe unter dem sehr begrenzten Angebot an Unterkünften in der direkten Umgebung der Tempelanlage ist das Thanyaporn Homestay, eine tolle Budgetpension ganz in der Nähe des Prasat Muang Tam (8 km bergab von Phanom Rung). Eine andere Möglichkeit ist das wunderbare Baan Bong Pha Om im Dorf Ban Ta Pek, denn hier werden auch Motorräder verliehen. Die meisten Leute übernachten jedoch in Nang Rong, dem nächstgelegenen Ort, wo man ebenfalls Motorräder leihen kann.

★**Baan Bong Pha Om** PENSION $

(☎084 236 5060, 095 620 5932; Ban Ta Pek; DZ mit Frühstück 490–1000 B; P❄📶) Diese Unterkunft bringt etwas künstlerisches Flair ins ländliche Buriram mit all seinen Reisfeldern. Die Familienpension ist witzig, nett und absolut entspannend. Viele der 14 kreativ gestalteten Zimmer stehen auf Stelzen, sie haben Balkone und Duschen im Freien. Andere befinden sich in umgebauten Schiffscontainern und die besten – die House Rooms (690 B) und der Big Room (1000 B) – sind schon fast der pure Luxus und ihren Preis unbedingt wert.

Der schön chaotische, halboffene Café-Bar-Bereich bietet sich wunderbar zum Chillen bei einem kühlen Bier oder einer Tasse Filterkaffee an und der Reggae liebende Betreiber sorgt mit ein paar sorgsam ausgewählten Stücken für eine passende Untermalung. Dies ist auch eine ideale Basis für die Erkundung von Phanom Rung: Die Pension liegt näher bei den Ruinen als Nang Rong und man kann auch Motorräder leihen (250 B pro Tag).

Hierher gelangt man, indem man irgendeinen der zwischen Khorat und Surin verkehrenden Busse nimmt und sich an der Kreuzung in Ban Tako absetzen lässt; von dort kann man mit einem Motorradtaxi ins Dorf Ban Ta Pek gelangen. Die Pension ist im Dorf ausgeschildert; sie liegt 700 m westlich der Dorfkreuzung. Wer vorher anruft, wird aber auch von der Kreuzung in Ban Tako abgeholt.

Thanyaporn Homestay PENSION $

(☎087 431 3741; DZ mit Frühstück 500–800 B; P❄📶) Die moderne und behagliche Pension liegt nur 500 m südwestlich der Ruine des Prasat Muang Tam – vom Komplex aus rechts gehen, dann wieder rechts und bald liegt die Pension auf der linken Seite. Wer hier nächtigt, kann das Dorfleben genießen, ohne auf Komfort zu verzichten. Auf dem Schild gibt's keinen englischen Namen – nach dem orangefarbenen Gebäude an der Ecke mit der Beschriftung „Homestay & Guesthouse" Ausschau halten!

Zwar kann man von den Ruinen von Muang Tam hierher zu Fuß gehen, von Phanom Rung ist man jedoch 8 km bergab entfernt. Es sollte aber kein Problem sein, eine Mitfahrgelegenheit zu ergattern.

Hotel de l'Amour HOTEL $$$

(☎044 651555; www.hotel-delamour.com; Rte 24, Prakhon Chai; mit Frühstück Zi. 3445–3700 B, Suite 8240 B; P❄@📶🏊) Das echte Viersternehotel im kleinen Ort Prakhon Chai ist in dieser abgeschiedenen Gegend ein echter Fund. Hier ist jeder Quadratzentimeter schön und um die Gäste sorgt sich richtig ausgebildetes, wenn auch eher scheues Personal. Zwar sind die opulenten Zimmer überteuert, insbesondere angesichts des kargen Frühstücks, doch in dieser Preisklasse hat das Hotel hier keinerlei Konkurrenz.

Hierher kommt man auch ohne eigenes Gefährt, denn das Haus liegt direkt an der wichtigsten Schnellstraße von Bangkok nach Surin. Das Hotel organisiert private Touren mit dem Auto nach Phanom Rung and Muang Tam (1900 B pro Auto) und verleiht außerdem Motorräder (400 B pro Tag).

Anreise & Unterwegs vor Ort

Es gibt keine öffentlichen Verkehrsmittel nach Phanom Rung oder Muang Tam. Die beste Budgetlösung ist ein Leihmotorrad (250 B pro Tag) vom P California Inter Hostel (S. 451) in Nang Rong oder vom Baan Bong Pha Om (S. 455) im Dorf Ban Ta Pek. In Ban Ta Pek gibt's mittlerweile keine Motorradtaxis mehr. In Nang Rong kann man ein Motorradtaxi (600 B hin & zurück) oder ein Auto mit Fahrer (1000 B) nehmen. Weiter nach Muang Tam kommen für das Motorrad/Auto noch 100/200 B dazu.

Wenn man in einer Gruppe unterwegs ist, ist die eintägige Standardtour des P California Inter Hostel nach Phanom Rung and Muang Tam (700 B pro Auto) eine gute Option. Wer möchte, kann auch noch den Wat Khao Angkhan und ein Seidenweberdorf besuchen.

Ansonsten kann man mit dem Bus von Nang Rong (oder mit irgendeinem der Busse zwischen Khorat und Surin) zur viel befahrenen Ban-Tako-Kreuzung (20–30 B, 20 Min., alle 30 Min.) 14 km östlich von Nang Rong fahren, von wo Motorradtaxis für die Fahrt nach Phanom Rung in der Regel 300 B (inkl. Wartezeit) nehmen. Von Travellern, die der thailändischen Sprache nicht mächtig sind, verlangen sie allerdings manchmal mehr. Auch Busse von weiter her (Pak Chong, Surin etc.) halten hier. Wer nur einen Tagesausflug hierher macht, muss nicht erst nach Nang Rong fahren.

PROVINZ UBON RATCHATHANI

Obwohl die Provinz Ubon Ratchathani sicher (จังหวัดอุบลราชธานี) zu Thailands interessantesten gehört, wird es nur wenig besucht. Die geschichtsträchtige Hauptstadt hat jede Menge Charme zu bieten, genauso wie das entspannte Flussdorf Khong Jiam und die faszinierenden Nationalparks in der Nähe. Die Landschaft am Mekong ist oft ebenso bizarr wie herrlich und im Pha Taem National Park gibt's so viel zu sehen, dass man mehrere Tage beschäftigt ist. Das entlegene, vom Dschungel bedeckte Dreiländereck Thailand, Laos und Kambodscha ist jetzt nach dem Vorbild des „Goldenen Dreiecks" in Nordthailand wegen der prächtigen Dschungellandschaft des Phu Chong Nayoi National Park als „Smaragddreieck" bekannt.

Ubon Ratchathani

☎045 / 86 800 EW.

Nur wenige Städte in Thailand belohnen zielloses Umherstreunen so reich wie Ubon Ratchathani (อุบลราชธานี). Wer den unvermeidlichen Stau auf den Zufahrtsstraßen überstanden hat, dem zeigt sich die „Königliche Stadt der Lotusblüte" von ihrer schönsten Seite. An den Mae Nam Mun, den zweitlängsten Fluss Thailands, schmiegt sich das historische Zentrum südlich der Th Kheuan Thani, in dem es so geruhsam zugeht wie sonst kaum in den großen Ballungszentren der Region. Es gibt hier derart viele interessante Tempel, dass an Kultur interessierte Traveller ihre wahre Freude haben werden.

Ubon kam im Vietnamkrieg als Stützpunkt der US-Luftwaffe zu Wohlstand und hat sich in der Zwischenzeit zu einem Finanz-, Bildungs- und Landwirtschaftszentrum gemausert. Der Ort ist kein berühmtes Touristenziel, aber die Nähe zum Grenzübergang zwischen Thailand und Laos in Chong Mek sorgt für einen kleinen, aber steten Zustrom an Travellern, die ihren Aufenthalt hier meist durchaus genießen.

Sehenswertes

Tempel

Wat Thung Si Meuang BUDDHISTISCHER TEMPEL
(วัดทุ่งศรีเมือง; Th Luang; ⏲tagsüber) GRATIS Das unter der Herrschaft von Rama III. (1824–1851) erbaute Wat Thung Si Meuang beherbergt eine in ausgezeichnetem Zustand erhaltene klassische *hŏr đrai* (Tripitaka-Halle). Wie viele andere *hŏr đrai* steht auch diese zum Schutz der kostbaren Schriften (auf Palmenblättern) vor Termiten auf Stelzen mitten in einem Teich. Sie steht offen, sodass man einen Blick ins Innere werfen kann. Die originalen Wandmalereien in dem kleinen *bòht* neben der *hŏr đrai* zeigen das Leben zur Zeit von Rama III. und sind in bemerkenswert gutem Zustand.

Wat Ban Na Meuang BUDDHISTISCHER TEMPEL
(วัดบ้านนาเมือง; ⏲tagsüber) GRATIS Der auch Wat Sa Prasan Suk genannte Tempel unterscheidet sich in vielerlei Hinsicht von allen anderen. Am auffälligsten ist der *bòht* auf einem Boot, einer mit Keramik verkleideten Nachbildung der königlichen Barke *Suphannahong* des verstorbenen Königs Rama IX., auf der auch die Skulpturen der kompletten Crew zu finden sind. Der *wí·hăhn* hat ebenfalls einen Sockel in Form eines Bootes. Dieses ähnelt der zweitwichtigsten königlichen Barke *Anantanagaraj* und steht mitten in einem echten Teich.

Hierbei handelt es sich nicht um rein künstlerische Schöpfungen: Das Wasser repräsentiert unsere Begierden, das Boot ist

ABSTECHER

BERGTEMPEL

Obwohl die aus Sandstein bestehenden Dvaravati-Grenzsteine aus dem 8. oder auch 9. Jh. diesem buddhistischen Tempel, dem **Wat Khao Angkhan** (วัดเขาอังคาร; ⌚tagsüber) GRATIS in einem Wald auf einem erloschenen Vulkan, ein hohes Alter bescheinigen, ist es seine moderne Bauweise, die ihn so interessant macht. Der *bòht* und diverse andere auffällige Gebäude wurden 1982 in einem ungewöhnlichen Neo-Khmer-Stil errichtet, der an die Zeit des Kaiserreichs erinnert. Die von birmanischen Künstlern gefertigten *Jataka*-Wandmalereien in dem *bòht* sind mit englischsprachigen Erklärungen versehen.

Der Tempel beherbergt auch eine Pagode im chinesischen Stil und einen 29 m langen liegenden Buddha. Außerdem hat man von hier einen wunderschönen Blick auf die umliegenden Berge.

Der Tempel ist sowohl von Nang Rong als auch von Phanom Rung etwa 20 km entfernt; es gibt keine öffentlichen Verkehrsmittel. Der Weg ist jedoch recht gut ausgeschildert und der Tempel ist mit einem Leihmotorrad von Nang Rong wie auch von Ban Ta Pek leicht zu erreichen.

ein Symbol dafür, über ihnen zu stehen. Der Auftraggeber dieser Schöpfungen, Luang Pu Boon Mi, verstarb 2001. Unter dem großen Buddha befindet sich ein Denkmal für ihn, seine sterblichen Überreste sind jedoch in der *săh·lah* neben dem Boots-*bòht*. Hierher gelangt man, indem man unter einer riesigen Statue von Airavata (Erawan auf Thai) hindurchgeht, dem dreiköpfigen Elefanten-Reittier der Hindu-Göttin Indra.

Der Tempel befindet sich nördlich des Flughafens. *Sŏrng·tăa·ou* der Linie 8 kommen in der Nähe vorbei – dem Fahrer sagen, dass man zum Tempel möchte, sonst biegt er nicht in die kleine Straße ab.

Wat Si Pradu BUDDHISTISCHER TEMPEL
(วัดศรีประดู่; Th Buraphanok; ⌚tagsüber) GRATIS Der hübsche, moderne *bòht* dieses Tempels erinnert an einen aufsteigenden Flügel, der im Inneren eine eindrucksvolle Atmosphäre schafft. Zu sehen sind wunderschöne Wandgemälde, z. B. das *Jataka* (Erzählungen aus dem Leben Buddhas), und viele farbenfrohe Wesen aus dem mythischen Himmapan-Wald.

Einige Frauen aus der Nachbarschaft stellen in mehreren Häusern auf dem Grundstück verschiedene Kunsthandwerksgegenstände her.

Wat Phra That Nong Bua BUDDHISTISCHER TEMPEL
(วัดพระธาตุหนองบัว; Th Thammawithi; ⌚tagsüber, Chedi 7–19 Uhr) GRATIS Der spektakuläre, in Gold und Weiß funkelnde *chedi* bietet einen umwerfenden Anblick. Er erinnert vage an den Mahabodhi-Stupa im indischen Bodhgaya (wo Buddha Erleuchtung erfuhr). In seinem Inneren befindet sich ein weiterer wunderschöner goldener *chedi*, der 1956 anlässlich des 2500-jährigen Bestehens des Buddhismus errichtet wurde. Der 55 m hohe äußere *chedi* kam erst 12 Jahre später dazu.

Der Tempel befindet sich am Stadtrand und ist mit einem *sŏrng·tăa·ou* der Linie 10 zu erreichen.

Wat Sri Ubon Rattanaram BUDDHISTISCHER TEMPEL
(วัดศรีอุบลรัตนาราม; Th Uparat; ⌚tagsüber) GRATIS Der *bòht* des bedeutenden Tempels sollte an den Wat Benchamabophit (S. 92) in Bangkok erinnern, doch die meisten Thais kommen hierher, um den 7 cm großen Topaz-Buddha drinnen zu sehen. Der als Phra Kaew Butsarakham bekannte Buddha kam bei der Gründung Ubons angeblich aus Vientiane hierher und zählt zu den heiligsten Besitztümern der Stadt. Er befindet sich hoch oben an der Rückwand hinter Glas und ist fast gar nicht zu erkennen. Bei dem Bildnis direkt vor dem größten Buddha handelt es sich um eine Kopie; Kopien in Originalgröße kann man auch kaufen.

Wat Jaeng BUDDHISTISCHER TEMPEL
(วัดแจ้ง; Th Nakhonban; ⌚tagsüber) GRATIS Der etwa zur selben Zeit wie die Stadt gegründete Wat Jaeng verfügt über einen schönen *bòht* im Lan-Xang-Stil von 1887 mit großen *naga*-Traufenklammern an den Seiten, Krokodilen an den Treppen und Airavata mit zwei mythologischen Löwen oben an der Holzfassade. Jeden Mittwoch findet im Tempelbereich ein Markt statt.

Ubon Ratchathani

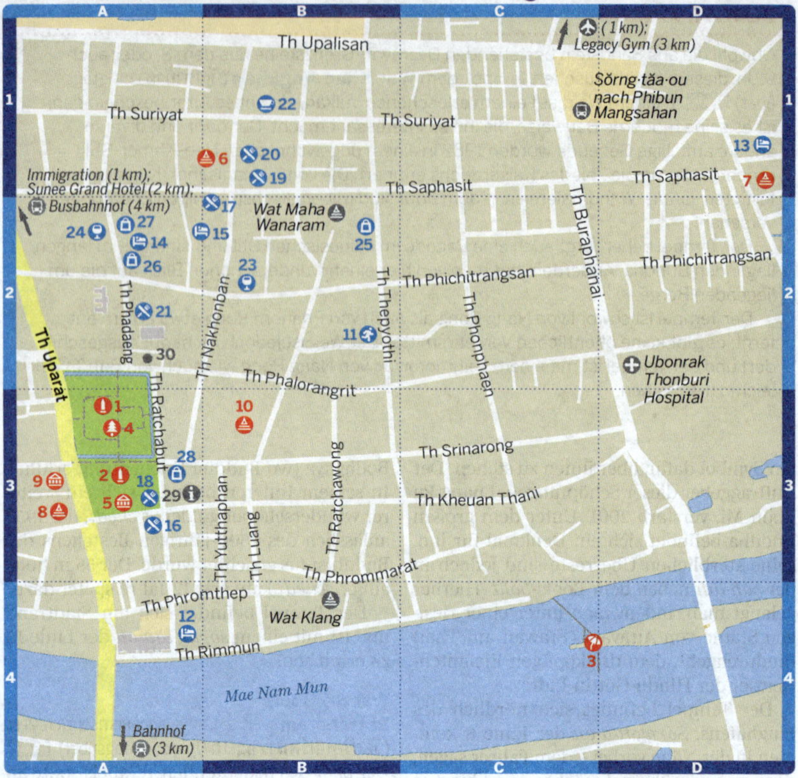

Andere Sehenswürdigkeiten

Ubon Ratchathani National Museum MUSEUM
(พิพิธภัณฑสถานแห่งชาติอุบลราชธานี; Th Kheuan Thani; 100 B; ⏲Mi–So 9–16 Uhr) Dieses sehr informative Museum ist im ehemaligen Rathaus (errichtet 1918) untergebracht. Es zeigt viele Exponate – von Buddhas aus der Dvaravati-Zeit über eine 2000 Jahre alte Dong-Son-Bronzetrommel bis hin zu in Ubon gefertigten Textilien und raffinierten kleinen Tierfallen. Wertvollster Besitz des Museums aber ist eine Ardhanarisvara-Statue aus dem 9. Jh., die die Verschmelzung Shivas mit seiner Gemahlin Uma zu einem Wesen verkörpert. Von diesen Figuren wurden in Thailand nur zwei gefunden.

Wat Sri Ubon Rattanaram Museum MUSEUM
(พิพิธภัณฑ์วัดศรีอุบลรัตนาราม; Th Uparat; ⏲Mi–So 9–16 Uhr) GRATIS In dem Tempel wurde eine schöne alte Holz-*săh·lah* (Halle) in ein Museum für religiöse Objekte verwandelt. Das Highlight ist die Sammlung von *đoô prá đraipìdòk* aus dem 18. Jh. – Schränkchen für die Aufbewahrung von heiligen Palmblattschriften.

Thung Si Meuang PARK
(ทุ่งศรีเมือง) Den Mittelpunkt dieses Parks im Stadtzentrum bildet die gewaltige Betonplastik eines **Kerzenumzugs** (ต้นเทียนเฉลิมพระเกียรติ ทุ่งศรีเมือง). Südlich davon befindet sich der **City Pillar Shrine** (ศาลเจ้าหลักเมือง, San Lak Meuang).

Hat Wat Tai STRAND
(หาดวัดใต้) GRATIS Während der heißen, trockenen Monate von Februar bis Mai zieht es die Einheimischen zu diesem Inselstrand im Mae Nam Mun: Dann ist bei niedrigem Wasserstand hier Sand zu sehen. Vom Nordufer führt eine coole provisorische Bambusbrücke zur Insel und auf dem Wasser gibt's dann Restaurants auf Bambusflößen.

Ubon Ratchathani

Aktivitäten

Ubonvej Thai Massage MASSAGE
(☎045 260345; 113 Th Thepyothi; 1/2-stündige Massage ab 200/280 B; ⌚9.30–22 Uhr) An der Eingangstür steht in fetten Lettern „No Sex", was auch der Wahrheit entspricht. In den klassischen Räumlichkeiten werden vielerlei unterschiedliche Massagen angeboten, nicht nur die üblichen Thai-Varianten. Es wird hier auch etwas Englisch gesprochen.

Legacy Gym KAMPFSPORT
(☎045 264708, 089 627 8423; www.legacygymthailand.com; Th Srisangthong; Unterricht halber/ganzer Tag 400/700 B, Training mit Unterkunft ab 12 500 B pro Monat) Inhaber dieser *moo·ay tai*-Schule (Thaiboxen) 3 km nordöstlich der Stadt ist der ehemalige philippinisch-dänische Profi-Thaiboxer Ole Laursen, der heute in Ubon lebt. Das Kursangebot, u. a. Pauschalpakete mit Training und Unterkunft, eignet sich sehr gut für Besucher aus dem Westen – für echte Kämpfer ebenso wie für Leute, die nur ihre Fitness verbessern wollen. Männer und Frauen trainieren zusammen (spezielle „Frauenkurse" gibt es nicht).

Feste & Events

Kerzenfest KULTUR
(Kabuan Hae Tian; ⌚gewöhnlich im Juli) Ubons berühmtes Kerzenfest entstand unter der Herrschaft von Rama V., nachdem der damalige Gouverneur das Raketenfest (S. 467) für zu gefährlich erklärt hatte. Aus den ursprünglich einfachen Formen sind heute (mithilfe von Innenrahmen) gigantische, aufwendig gearbeitete Wachsfiguren geworden. Der Umzug ist Teil des Khao Phansaa (hierunter versteht man den Beginn der buddhistischen Fastenzeit).

Die preisgekrönten Kerzen werden nach dem Umzug drei Tage lang an der Th Srinarong neben dem Wat Thung Si Meuang ausgestellt. Bis zum nächsten Juni, wenn das Wachs für neue Kerzen eingeschmolzen wird, werden die meisten Schöpfungen in den Tempeln der Stadt wie dem Wat Si Pradu (S. 457) und dem Wat Phra That Nong Bua (S. 457) zwischengelagert. Das Fest ist sehr beliebt bei thailändischen Touristen, sodass die Hotels der Stadt lange im Voraus ausgebucht sind.

Lai Reua Fai KULTUR
(⌚Ende Okt./Anfang Nov.) Beim Ork Phansaa (dem Ende der buddhistischen Fastenzeit) findet in Ubon eine einfache Lai Reua Fai (beleuchtete Bootsprozession) statt.

Schlafen

28 Rachabutr Hostel HOSTEL $
(☎089 144 3789; 28 Th Ratchabut; B 180–230 B, Zi. mit Ventilator 280–380 B, mit Klimaanlage 430 B;

❄📶) Die nette, einladende Unterkunft in toller Lage wird von einer reizenden älteren Dame geführt und ist sehr backpackerfreundlich. Die einfachen Zimmer (in den Dorms liegen dünne Matratzen auf dem Fußboden) haben nur Gemeinschaftsbäder, aber dafür mit ihrem bunt zusammengewürfelten Mobiliar und den knarrenden Holzböden viel Charme. Einige bieten auch einen beschränkten Blick auf den Fluss. Es werden auch Motorräder verliehen (200 B).

Phadaeng Hotel HOTEL $
(☎045 254600; thephadaen@gmail.com; Th Pha daeng; DZ/2BZ 500/600 B; P❄@📶) Das Phadaeng ist eins der Hotels mit dem besten Preis-Leistungs-Verhältnis in Ubon. Es bietet gepflegte, nett eingerichtete Zimmer, die fast wie funkelnagelneu aussehen, u. a. mit Großbildfernseher und Schreibtisch. Die Unterkunft ist nur ein paar Minuten vom Park Thung Si Meuang entfernt, ein großer Parkplatz schirmt die Zimmer vor dem Straßenlärm ab. Das Hotel wird innen mit Duplikaten klassischer Gemälde aufgepeppt. Leihräder kosten 50 B pro Tag.

★**Outside Inn** PENSION $$
(☎088 581 2069; www.theoutsideinnubon.com; 11 Th Suriyat; DZ mit Frühstück 650–799 B; P❄@📶) Eine nette kleine Garten-Lounge sorgt für eine lockere und gleichzeitig gesellige Atmosphäre. Die großen gemütlichen Zimmer sind mit geschmackvollen Möbeln aus Recyclingholz eingerichtet. Die Betreiber Brent und Tun sind tolle Gastgeber, servieren leckeres Essen (S. 461) und können viele Tipps geben, was man in der Gegend besichtigen und unternehmen kann.

Zu den Hauptattraktionen der Stadt ist es allerdings ein weiter Weg. Aber es gibt Leihräder (für Gäste gratis; für alle anderen 50 B pro Tag) und Motorräder (250 B pro Tag). *Sŏrng·tăa·ou* der Linie 10 fahren zum Busbahnhof.

T3 House HOTEL $$
(☎045 244911; t3house.ubon@gmail.com; Soi Saphasit 1, Th Saphasit; DZ 600–700 B; P❄📶) Eine solide Unterkunft für diesen Preis. Das moderne Hotel punktet mit Qualität: Regenduschen, schnelles Internet und ausgezeichnete Matratzen. Da sich das T3 House am Ende einer kleinen *soi* versteckt, ist es hier recht ruhig. Das Frühstück ist nicht inbegriffen, aber in der Lobby gibt's ein kleines Café.

Sunee Grand Hotel HOTEL $$$
(☎045 352900; www.suneegrandhotel.com; Th Chayangkun; DZ mit Frühstück ab 1800 B; P❄@📶🏊) Das Hotel ist zwar nicht wirklich „Grand“, aber Ubons bestes. Von den stilvollen Lampen bis hin zum superschnellen Service erfüllt es alle Erwartungen. In der Lobby steht ein Klavier, man kann sich vom Flughafen abholen lassen, es gibt einen Wellnessbereich und in dem benachbarten Einkaufszentrum ein Kino und einen kleinen Aquapark auf dem Dach. Meist gibt's Standardzimmer schon für 1400 B.

Essen

★**Rung Roj** THAI $
(Th Nakhonban; Hauptgerichte 60–140 B; ⏰Mo–Sa 10–20.30 Uhr) In dieser Institution in Ubon wird ausgezeichnetes Essen serviert, das nach alten Familienrezepten und nur aus frischen Zutaten zubereitet wird. Viele Gäste schwören auf den Ochsenzungeneintopf. Von außen wirkt das Ganze eher wie eine Villa und weniger wie ein Restaurant, innen werden klassischer Rock 'n' Roll der 1950er- und 1960er-Jahre und das passende Design geboten.

Porntip Gai Yang Wat Jaeng THAI $
(Th Saphasit; Hauptgerichte 40–130 B; ⏰8–18 Uhr) In diesem einfachen Lokal sieht es aus, als ob ein Tornado hindurchgefegt wäre, aber die Köche erzeugen in ihrer Küche einen Sturm ganz anderer Art. Viele Leute halten das Lokal für das beste in Sachen *gài yâhng* (Grillhähnchen), *sôm·đam* (pikanter grüner Papayasalat), Würstchen und anderer Gerichte der klassischen Isan-Küche. Die Gäste speisen im Schuppen (mit Ventilator) vorne oder hinten mit Klimaanlage.

Nachtmarkt MARKT $
(Th Kheuan Thani; ⏰16.30–23 Uhr) Obwohl der Nachtmarkt in Ubons Zentrum kleiner ist als erwartet, so ist er doch eine ausgezeichnete Adresse fürs Abendessen, vor allem, wenn am Wochenende auch noch der Walking Street Market (S. 461) stattfindet. Angeboten werden thailändische, vietnamesische und Isan-Gerichte.

Jam GRILL $
(Th Saphasit; klein/groß 89/119 B; ⏰15.30–23 Uhr) *Mu kratha* (หมูกระทะ), „Schweinepfanne“, ist sehr beliebt in Thailand. Dabei handelt es sich um eine Kombination aus koreanischem Barbecue und chinesischem Feuertopf: Auf einem Tischgrill bereitet man sich sein Essen selbst zu, das Fleisch auf der heißen Platte und das Gemüse in der Brühe. Das kleine Speisenset in diesem lebhaften Freiluft-Restaurant ist genug für eine

oder zwei Personen. Ein englisches Schild ist nicht vorhanden.

Chiokee THAI $

(307–317 Th Keuan Thani; Hauptgerichte 30–200 B; ⌚6–14.30 Uhr) In diesem klassischen Frühstücksladen verweilen ältere Herrschaften bei *congee* (Reisbrei), Tee und Zeitung. Den restlichen Tag über erfreut es sich nicht so viel Zuspruchs, doch auf der Karte stehen sämtliche Thai-Klassiker, sodass man hier auch gut zu Mittag speisen kann.

Sam Chai Cafe THAI $

(Th Phadaeng; Hauptgerichte 35–70 B, Kaffee 15 B; ⌚5.30–13.30 Uhr) Das immer gut besuchte Frühstückslokal ist nicht wirklich ein Café. Hier gibt's *kôw đôm* (Reissuppe), *gŏo·ay đĕe·o* (Nudelsuppe), *kài gà·tá* (Spiegelei mit Würstchen) und traditionellen Thai-Kaffee. Der Service ist blitzschnell. Alles in allem eine tolle Erfahrung. Es gibt kein englisches Schild, dafür aber eine übersichtliche, gut übersetzte englische Karte.

Outside Inn MEXIKANISCH $

(11 Th Suriyat; Hauptgerichte 50–225 B; ⌚11–14.30 & 17–21 Uhr; P📶🍴) Das Restaurant einer Pension (S. 460) hebt sich durch gutes mexikanisches Essen ab, das für Thailand weit über dem Durchschnitt liegt, aber auch das thailändische Essen ist köstlich. Auf der Karte stehen außerdem Sandwiches und jede Menge Cocktails.

Ausgehen & Nachtleben

★ LIFE Roaster CAFÉ

(Th Suriyat; ⌚Do–Di 7–18 Uhr) Kaffee-Enthusiast Nut hat oben in Chiang Mai seine eigene Kaffeeplantage und in diesem funkigen, reizenden Café aus Holz röstet er seine eigenen Bohnen, um daraus den wahrscheinlich besten Kaffee der Stadt zu zaubern. Essen gibt's nicht, nur ein paar Bäckerei-Köstlichkeiten, und auch der benachbarte Nudelladen ist nicht schlecht.

Ubon Tap Taste House CRAFTBIER

(Th Phichitrangsan; ⌚17–24 Uhr) Die hier gebotenen Craftbiere sind allesamt importiert und nicht etwa vor Ort gebraut, doch die moderne, familiengeführte Bar bietet gleichzeitig bis zu 14 Biere vom Fass sowie viele weitere in der Flasche.

Wrong Way BAR

(Th Phadaeng; ⌚Mo–Sa 16–24, So ab 18 Uhr) Die freundliche, zwanglose Café-Bar mit offener Fassade und gemütlicher Atmosphäre ist der perfekte Ort für ein schnelles Getränk an der Straße.

Shoppen

Punchard KUNSTHANDWERK

(☎089 719 9570; www.punchard.net; Th Phadaeng; ⌚Do–Di 9–18.30 Uhr) Dieser Laden ist zwar teuer, hat aber die beste Allround-Auswahl an kunsthandwerklichen Erzeugnissen in ganz Ubon. Verkauft werden hier vor allem Seidenstoffe und Einrichtungsgegenstände. Viele der Artikel sind nach alten Methoden in modernem Design hergestellt.

Khampun KUNSTHANDWERK

(☎045 424121; Th Phadaeng; ⌚9–18 Uhr) Ubons bekanntester Seidenspezialist hat ein paar exquisite Stoffe, oft mit Originalmustern, die anderswo nicht zu finden sind. An zwei Tagen vor dem Kerzenfest (S. 459) veranstaltet der Inhaber ein Mini-Kulturfest in seinem grandiosen Atelier vor den Toren der Stadt.

Walking Street Market MARKT

(Th Srinarong; ⌚Fr–So 18–22.30 Uhr) Der witzige, junge Markt findet an den Wochenenden

GRENZÜBERGANG NACH KAMBODSCHA: VON CHONG CHOM NACH O SMACH

Anreise zur Grenze Wegen der Kasinos in Kambodscha fahren viele öffentliche Kleinbusse (45 B, 1½ Std., 5.30–18.30 Uhr, häufig) von Surins Busbahnhof nach Chong Chom an der kambodschanischen Grenze.

An der Grenze Die kambodschanische Grenze ist von 7 bis 22 Uhr geöffnet, Visa gibt's vor Ort. Am Einreiseschalter nach Thailand werden am Wochenende und frühmorgens/spätnachmittags Gebühren in Höhe von 5 B fällig.

Weiterreise Zwei Busse fahren von O Smach zum City Angkor Hotel in Siem Reap (350 B, 3 Std., 8 & 17 Uhr). Ein „Taxi" (Fahrer warten an der Grenze auf Gäste) für die Fahrt nach Siem Reap sollte höchstens 2000 B kosten. Man kann warten, bis man zu mehreren ist, und sich dann die Kosten teilen, das klappt im Allgemeinen aber nur vormittags.

in der Th Srinarong und in einem Teil des Parks Thung Si Meuang (S. 458) statt.

Rawang Thang KUNSTHANDWERK

(Th Kheuan Thani; ⌚8.30–19 Uhr) Der niedliche kleine Laden hat sich auf Baumwollwaren spezialisiert und verkauft witzige, abgefahrene Hemden, Kissen, Postkarten, Bilderrahmen und jede Menge Schnickschnack. Vieles haben die Besitzer, ein freundliches Ehepaar, selbst entworfen und hergestellt.

Camp Fai Ubon TEXTILIEN

(Th Thepyothi; ⌚8.30–17 Uhr) Dieser Laden, der als Peaceland ausgeschildert ist, bietet dem Besucher ein gutes Sortiment an erschwinglicher, stylischer, moderner Kleidung aus Thailand, dazu Taschen und Stoffe (viele davon mit Naturfarben gefärbt). Am Flughafen gibt's einen Ableger.

Praktische Informationen

Im Stadtzentrum sind jede Menge Geldautomaten zu finden. Banken gibt's außerdem im Einkaufszentrum des Sunee Grand Hotel (S. 460).

Tourism Authority of Thailand (TAT; ☎045 243770; tatubon@tat.or.th; 264/1 Th Kheuan Thani; ⌚8.30–16.30 Uhr) Hat hilfsbereite Angestellte und einen Gratisstadtplan.

Tourist Assistance Centre (☎086 361 4291; Ubon Ratchathani Bus Terminal) Das vom Tourismus- und Sportministerium geführte Zentrum hat Zweigstellen am Busbahnhof, Bahnhof und Flughafen.

Immigration Office (☎045 312133; Rajabhat University; ⌚8.30–12 & 13–16.30 Uhr) Auf dem Campus der Rajabhat University.

Ubonrak Thonburi Hospital (☎045 429100; Th Phalorangrit) Das beste Privatkrankenhaus in Ubon mit rund um die Uhr geöffneter Notfallambulanz.

Touristenpolizei (☎045 251451; Hwy 217) Die Dienststelle der Touristenpolizei befindet sich außerhalb der Stadt an der Straße nach Phibun Mangsahan.

An- & Weiterreise

BUS

Ubons **Busbahnhof** (☎045 316085; Hwy 231) befindet sich nördlich der Stadt. Ins Zentrum kommt man mit den *sŏrng·tăa·ou* der Linien 2, 3 und 10. Den besten Service nach Bangkok bietet **Nakhonchai Air** (☎045 955999) mit eigener Haltestelle auf der gegenüberliegenden Straßenseite des Hauptbusbahnhofs. Nakhonchai Air verkauft aber auch Fahrkarten und holt Fahrgäste am Hauptbahnhof ab.

Die frühmorgens von Ubon Ratchathani nach Phibun Mangsahan (40 B, 1½ Std., 6, 7, 8 Uhr) fahrenden **sŏrng·tăa·ou** stehen vor dem Ban-Du-Markt.

FLUGZEUG

Air Asia (☎045 255762, landesweit 02 515 9999; www.airasia.com; Ubon Ratchathani Airport; ⌚7–19 Uhr), **Nok Air** (☎landesweit 02 900 9955; www.nokair.com; Ubon Ratchathani Airport; ⌚7–19 Uhr) und **Thai Lion Air** (☎landesweit 02 529 9999; www.lionairthai.com; Ubon Ratchathani Airport; ⌚6–19 Uhr) fliegen zusammen zwölfmal täglich zum Bangkoker Flughafen Don Mueang (1 Std.). Die Preise liegen in der Regel unter 1000 B. **Thai Smile** (☎087 776 2266, landesweit 1181; www.thaismileair.com; Ubon Ratchathani Airport; ⌚7–19.30 Uhr)

GRENZÜBERGANG NACH LAOS: VON UBON RATCHATHANI NACH PAKSE

Anreise zur Grenze Fast alle Traveller fahren mit dem Bus, der von Ubon Ratchathani direkt nach Pakse fährt (200 B, 3 Std., 9.30 & 14.30 Uhr). Die Busse warten an der Grenze so lange, bis man sein Visum für Laos hat. Chong Meks kleiner Busbahnhof wird auch von Minivans aus Ubon Ratchathani (120 B, 2 Std., alle 30 Min.) über Khong Jiam und Phibun Mangsahan und Bussen aus Bangkok (484–638 B, 12 Std., 5-mal tgl.) angefahren. Vom Busbahnhof zur Grenze sind es 600 m. Motorradtaxis kosten 20 B.

An der Grenze Der Grenzübergang ist von 6 bis 20 Uhr geöffnet. Die Grenze passiert man meist problemlos zu Fuß durch einen unterirdischen Tunnel. Obwohl es nach Betrug aussieht, ist auf der laotischen Seite wochentags nach 16 Uhr und an Wochenenden und Feiertagen ganztags eine zulässige Überstundengebühr zu zahlen. Die Abzocke besteht darin, dass die Beamten 100 B verlangen, obwohl es in Wirklichkeit nur 10 000 K (ca. 40 B) kostet. Wer eine Quittung verlangt, zahlt den korrekten Preis. Manchmal verlangen die Beamten diese Gebühr auch zu anderen Zeiten, bestehen normalerweise aber nicht wirklich darauf.

Weiterreise Pakse erreicht man in ca. einer Stunde in einem der häufig verkehrenden Minivans (20 000 K, 45 Min.) oder im *sŏrng·tăa·ou*. Sie stehen auf einem staubigen/matschigen Parkplatz etwa 500 m vom laotischen Einreisebüro entfernt.

BUSSE AB UBON RATCHATHANI

ZIEL	PREIS (B)	DAUER (STD.)	HÄUFIGKEIT
Bangkok	414–556	10	4–24 Uhr stündl., 16–20 Uhr häufig
Chiang Mai	707–790	12–14	7.30, 12.45, 13.45, 14.45, 15.45, 17.45, 18.30 Uhr
Chong Mek (Grenze zu Laos)	120	2	5–18 Uhr alle 30 Min.
Khon Kaen	176–244	4½–5	5.30–17.40 Uhr alle 30 Min.
Khong Jiam	40	1½	5–18 Uhr alle 30 Min.
Mukdahan	130	2½	5.45, 7.30, 8.40, 11.30, 13 Uhr
Mukdahan (Minivan)	111	2½	6–17.30 Uhr alle 30 Min.
Nakhon Ratchasima (Khorat)	248–386	7–8	5–20 Uhr stündl.
Nang Rong	144–265	5–6	5–20 Uhr stündl.
Pakse (Laos)	200	3	9.30 & 14.30 Uhr
Rayong	515–801	13	7, 7.15, 17, 18, 19.30, 19.45, 20, 20.15 Uhr
Surin	130–202	3½	5–20 Uhr stündl.
Udon Thani	284–332	7	5.30–17.40 Uhr alle 30 Min.
Yasothon	66–99	2	5.30–17.30 Uhr stündl.
Yasothon (Minivan)	80	2	5.30–17.30 Uhr stündl.

startet täglich zu Bangkoks Suvarnabhumi International Airport (1 Std.); die Tickets sind etwas teurer. Nach Chiang Mai kommt man mit Nok Air.

Sakda Travel World (☎ 045 254333; www.sakdatour.com; Th Phalorangrit; ⌚ Mo–Sa 8.30–18 Uhr) verkauft Flugtickets, hat Leihwagen und organisiert geführte Touren.

ZUG

Zu Ubons **Bahnhof** (☎ 045 321004; Th Sathani) in Warin Chamrap südlich des Flusses fahren *sŏrng·tăa·ou* der Linie 2. Es verkehren täglich acht Züge zwischen Ubon und Bangkok (3./2. Klasse/Schlafwagen ab 205/331/631 B, 8½–12 Std.). Schlafwagenzüge fahren um 19 (10 Std.), 19.30 (11 Std.) und 20.30 Uhr (11 Std.). Alle Züge halten auch in Si Saket, Surin und Khorat.

ℹ Unterwegs vor Ort

In der ganzen Stadt verkehren nummerierte *sŏrng·tăa·ou* (10 B). Die praktischste Linie ist die Nr. 2: Sie verkehrt durchs Stadtzentrum und am TAT-Büro vorbei zwischen dem Bahnhof und dem Busbahnhof.

Eine Tuk-Tuk-Fahrt im Zentrum kostet etwa 50 B. Taxis mit Taxameter (Grundgebühr 40 B) warten am Busbahnhof, Bahnhof und Flughafen und sind auch sonst in der Stadt leicht zu finden. Im Normalefall benutzen die Fahrer ihre Taxameter.

Das Phadaeng Hotel (S. 460) und das Outside Inn (S. 460) verleihen Fahrräder für 50 B pro Tag.

An Ubons Flughafen sind die großen Autovermieter vertreten, darunter **Avis** (☎ 090 197 2262, landesweit 02 251 1131; www.avisthailand.com; Ubon Ratchathani Airport; ⌚7–21.30 Uhr), **Budget** (☎ 081 261 4360, landesweit 02 203 9222; www.budget.co.th; Ubon Ratchathani Airport; ⌚7–20 Uhr), **Hertz** (☎ 092 509 1441, landesweit 02 266 4666; www.hertzthailand.com; Ubon Ratchathani Airport; ⌚8–20 Uhr), **Sixt** (☎ 092 223 1296, landesweit 1798; www.sixtthailand.com; Ubon Ratchathani Airport; ⌚7–20 Uhr) und **Thai Rent a Car** (☎ 092 284 0220, landesweit 1647; www.thairentacar.com; Ubon Ratchathani Airport; ⌚7–20 Uhr) sowie mehrere lokale Vermieter wie **Chow Watana** (☎ 045 242202; Ubon Ratchathani Airport; ⌚7.30–19.30 Uhr). Das Outside Inn kann Fahrzeuge mit Fahrer zu guten Preisen organisieren und ist auch ein zuverlässiger Motorradvermieter (250 B pro Tag). Wer ein Bike für eine längere Zeit mietet, bekommt einen Preisnachlass.

Ban Pa-Ao

☎ 045 / 1400 EW.

Ban Pa-Ao (บ้านปะอาว) ist sehr berühmt für seine Messing- und Bronzegegenstände, die im Wachsausschmelzverfahren aus langen Wachssträngen hergestellt werden. Alte Gegenstände, die mit dieser Methode gefertigt wurden, kann man in vielen Museen bewundern, so auch in Ban Chiang, aber dies ist der einzige Ort in Thailand, in dem sie noch angewandt wird.

Ban Pa-Ao ist auch ein Seidenweberdorf. Am Ortseingang befindet sich ein Seidenzen-

INSIDERWISSEN

DAS „ELEFANTENDORF" VON SURIN

In dem rund 50 km von Surin entfernten kleinen Kui-Dorf **Ban Ta Klang** (บ้านตากลาง), dem „Elefantendorf", leben Menschen und Dickhäuter Seite an Seite. Zwar ist es in Thailand bekannt, erzeugt aber auch gemischte Gefühle. Die Hauptattraktion – vor allem für die thailändischen Touristen – ist die **Elephant World** (Elephant Study Centre; ☎044 145050; 100 B; ⌚10–11 & 14–15 Uhr), das einzige Elefanten-Camp im Isan. Im Mittelpunkt steht hier eine zirkusartige Elefantenshow, bei denen die Tiere für die sie anstachelnden Zuschauer erniedrigende Tricks vorführen müssen. Wenn man durchs Dorf spaziert, sieht man außerdem zahlreiche angekettete Elefanten. In der Nähe gibt es aber auch moderne, ethisch vertretbare Elefantenprogramme, die zu den besten Thailands gehören. Im Rahmen dieser Programme wird sich gut um die Tiere gekümmert und es gibt weder Ausritte noch zeigen die Dickhäuter irgendwelche Tricks.

Das alte **Surin Project** (☎084 482 1210; www.surinproject.org; Ban Ta Klang; mit VP 13 000 B pro Pers. & Woche) und das neuere **Elephant Lover Home** (☎081 618 5232; www.elephantnaturepark.org; Khun Chai Thong; mit VP 15 000 B pro Pers. & Woche) werden vom angesehenen Elephant Nature Park (S. 351) in Chiang Mai unterstützt und sind keine Reservate zur Rettung von Elefanten. Sie schaffen vielmehr Arbeitsplätze für die hiesigen Mahouts (Elefantenführer), und die Dickhäuter müssen keine Tricks zeigen, nicht mit Touristen ausreiten und sind auch nicht angekettet (S. 810). Die beiden Programme ähneln sich im Wesentlichen. Man kann die Elefanten ausführen, mit ihnen baden, sie zusammen mit den Mahouts pflegen und verschiedene kulturelle Aktivitäten unternehmen. Und anders als bei den typischen Elefanten-Programmen in Thailand wohnt man hier in einem Dorf.

Einwöchige Programme mit Unterkunft und Verpflegung können über die Website www.elephantnaturepark.org gebucht werden. Kürzere Aufenthalte sind möglich, wenn freie Plätze vorhanden sind. Einfach direkt bei den Projekten anrufen! Das Mindestalter beträgt 16 Jahre.

In Ban Ta Klang gibt's ein paar einfache, aber recht gute Restaurants, in denen man morgens, mittags und abends etwas zu essen bekommt, sowie zwei klimatisierte Coffeeshops, allesamt an der Straße außerhalb der Elephant World.

Anreise

Sŏrng·tăa·ou fahren von Surins Busbahnhof nach Ban Ta Klang (50 B, 2 Std., 6–16 Uhr stündl.). Von Surin wiederum verkehren regelmäßig Busse nach Nang Rong (2 Std.), Nakhon Ratchasima (Khorat; 4 Std.), Ubon Ratchathani (3½ Std.) und Bangkok (7–8 Std.). Eventuell muss man nach Ban Ta auf halber Strecke in Chom Phra in ein anderes *sŏrng·tăa·ou* umsteigen. Das letzte *sŏrng·tăa·ou* macht sich um 16 Uhr auf den Rückweg nach Surin.

Die Haltestelle der *sŏrng·tăa·ou* befindet sich gleich außerhalb der Elephant World, die auch der einzige Ort ist, der gut auf Englisch ausgeschildert ist. Das Surin Project ist 100 m weiter an der Ecke bei der ersten Kurve auf der linken Seite. Das Elephant Lover Home befindet sich 9 km nördlich im Dorf Khun Chai Thong.

trum mit einem Laden (die *màt-mèe*-Qualität ist hier ausgezeichnet) und einigen Webstühlen. Im Wat Burapa Pa-Ao Nuea gibt's außerdem ein wundervolles Museum mit verschiedenen historischen Artefakten und Kunsthandwerk aus dem Dorf.

Sehenswertes

Ban Pa-Ao Brassware Centre WERKSTATT
(ศูนย์ทองเหลืองบ้านปะอาว, Soon Thorng Leuang Ban Pa-Ao; ☎094 505 6292; ⌚8–16.30 Uhr) GRATIS Hier kann man Ban Pa-Aos berühmten Messingkünstlern, die das einzigartige Wachsausschmelzverfahren anwenden, über die Schulter schauen. Sie stellen Glocken, Schüsseln und viele andere Gegenstände vor Ort her. Da nicht jeden Tag jeder Arbeitsschritt ausgeführt wird, ist es Glückssache, was man zu sehen bekommt. Ein Schild mit Fotos und englischem Text erklärt das komplette Verfahren. Das Zentrum befindet sich vor dem Ort am Waldrand.

Wat Burapa Pa-Ao Nuea Museum MUSEUM

(พิพิธภัณฑ์วัดบูรพาปะอาวเหนือ; ⌚8–17 Uhr) GRATIS Es ist überraschend, in einem derart entlegenen Dorf ein so prächtiges Museum vorzufinden. Es befindet sich im Wat Burapa Pa-Ao Nuea und beherbergt diverse historische Artefakte (vorwiegend Töpferwaren, alte Geldstücke und Dong-Son-Bronzetrommeln) und Kunsthandwerksgegenstände aus der Gegend. Man muss sich im Tempel von einem Mönch den Schlüssel geben lassen, denn das Museum ist abgeschlossen.

Ban Pa-Ao Silk Centre VERKAUFSRAUM

(ศูนย์ทอผ้าไหมบ้านปะอาว; ☎082 153 7364; ⌚8–16.30 Uhr) GRATIS Das Seidenzentrum, auch „Native Exhibition Centre" genannt, bietet ausgezeichnete Stoffe zum Verkauf, viel davon auf natürliche Weise gefärbt, sowie ein paar Webrahmen, wenn auch das Weben zumeist zu Hause stattfindet. Das Zentrum befindet sich am Ortseingang auf der linken Seite.

Schlafen

Ban Pa-Ao Village Homestay PRIVATZIMMER $

(☎081 076 1249, 085 613 4713; inkl. 3 Mahlzeiten 350 B pro Pers., ohne Essen 200 B) Das Homestay-Programm des Dorfs richtet sich eigentlich an thailändische Reisegruppen, doch jeder kann hier absteigen, wenn in der Gruppe zumindest eine Person Thailändisch spricht – keiner der Gastgeber spricht Englisch. Mindestens zwei Tage im Voraus buchen!

An- & Weiterreise

Ban Pa-Ao ist 3,5 km vom Hwy 23 und etwa 14 km von Ubon Ratchathani entfernt. Minivans von Ubon nach Maha Chana Chai fahren an dem Abzweig vorbei (30 B, 20 Min., 6.30–17.30 Uhr alle 30 Min.); von dort kann man ein Motorradtaxi nehmen (20 B pro Strecke).

Khong Jiam

☎045 / 6500 EW.

Khong Jiam (โขงเจียม), oft auch Khong Chiam, liegt auf einer malerischen Halbinsel am Zusammenfluss des rötlich-braunen Mekong und des bläulichen Mun. Wegen der unterschiedlichen Tönung des Wassers wird diese Stelle Mae Nam Song Si (Zweifarbenfluss) genannt. Das Farbenspiel kann man normalerweise zwar auch vom Ufer aus bewundern, aber von einem Boot aus ist es natürlich faszinierender. Wenn die Flüsse viel Wasser führen (Juni–Okt.), bildet das farblich unterschiedliche Wasser kleine Wirbel und blubbert ganz eigenartig – ähnlich wie heiße Lava. Das Farbenspiel ist in dieser Zeit aber weniger deutlich zu sehen.

Sehenswertes

Wat Tham Khuha Sawan BUDDHISTISCHER TEMPEL

(วัดถ้ำคูหาสวรรค์; Rte 2222; ⌚tagsüber) GRATIS Ein Abstecher zu diesem viel besuchten Tempel oberhalb von Khong Jiam lohnt sich allein schon wegen der herrlichen Aussicht (sie ist am besten vom Glockenturm). Doch dieser Tempel hat noch mehr zu bieten: einen wunderschönen *chedi* mit neun Spitzen, einen komplett weißen *bòht* (Zeremonienhalle), einen Garten voller Orchideen (die in der kalten Jahreszeit blühen), einen der größten Gongs Thailands und in einem gläsernen Sarg auf dem prächtigen Altar den mit Blattgold bedeckten Leichnam des Abts Luang Pu Kam.

Hierher kann man fahren oder man geht am Ende des Orts die *naga*-Treppe hoch.

Geführte Touren

Flusstouren BOOTFAHRTEN

(☎089 283 9825, 090 234 5511; 600 B pro Boot; ⌚8–17 Uhr) Die halbstündigen Erlebnistouren auf einem der mit einem Sonnenschutz ausgestatteten Boote für zwölf Personen sind ein absolutes Muss in Khong Jiam. Im Angebot sind auch längere Trips in die Nationalparks Kaeng Tana (800 B pro Boot; 1½ Std. hin & zurück inkl. Zeit für eine Wanderung im Park) und Pha Taem (2000 B pro Boot; 2 Std. hin & zurück, aber man kann nicht aussteigen; S. 467).

Schlafen & Essen

Nach Khong Jiam verirren sich nicht viele *farangs* (Westler), aber weil der Ort bei Thailändern derart beliebt ist, gibt es hier jede Menge Unterkünfte. Es ist keine schlechte Idee, in der Hauptsaison ein Zimmer im Voraus zu buchen.

In der Nähe der Haltestelle für Busse und Minivans an einem Ende der zum Fluss führenden Hauptstraße gibt's einen guten Lebensmittelmarkt. An der Hauptstraße sind auch kleine Restaurants und nette Cafés zu finden. Auch am Fluss befinden sich mehrere Esslokale, darunter auch das eine oder andere schwimmende Restaurant auf dem Mekong. Der Blick kostet natürlich, aber das ist es wert.

Khongchiam Place HOTEL $

(☎045 351046; Th Phookhamchai; DZ 400 B; P ❄ 📶) Von den kleinen und einfachen, aber

ABSTECHER

PRASAT TA MEUAN

Die stimmungsvollsten Khmer-Ruinen in Surin sind drei Stätten im Wald an der kambodschanischen Grenze. Sie sind als **Prasat Ta Meuan** (ปราสาทตาเมือน; ⌚9–15 Uhr) bekannt und liegen an der alten Route zwischen Angkor Wat und Phimai (S. 442). Die erste Anlage, der eigentliche Prasat Ta Meuan, wurde zur Zeit Jayavarmans VII. (1181–1210) als Teil einer Raststätte für Reisende erbaut. Es ist ein ziemlich kleiner Tempel mit einem aus Laterit-Steinblöcken bestehenden Heiligtum mit zwei Türen und fünf Fenstern. Es ist nur noch ein Sandstein-Türsturz mit einem meditierenden Buddha übrig.

Die Anlagen beginnen 10,3 km südlich von Ban Ta Miang (an der Rte 224, 23 km östlich von Ban Kruat) und sind über eine kurvige Straße zu erreichen, auf der mehr Kühe als Autos unterwegs sind. Man braucht ein eigenes Fahrzeug, und der Besuch ist von Phanom Rung (S. 452) aus genauso bequem wie von Surin City. Die Öffnungszeiten beachten: Wegen der Nähe zur Grenze schließt die Anlage früh. Solange man nicht im Wald herumläuft, besteht aber keine Gefahr.

sehr sauberen Zimmern mit insgesamt gutem Preis-Leistungs-Verhältnis in einem auffallend gelben Gebäude blickt man auf den Rasen vorm Haus. Dieses steht einen Block südlich der Hauptstraße.

Ban Pak Mongkhon PENSION $
(☎045 351352; Th Kaewpradit; DZ/FZ ab 400/700 B; P❄☜) Von einfachen Zimmern mit Ventilator bis zu den vier niedlichen Holzhäuschen im thailändischen Stil: Diese auch unter dem Namen Mongkhon Resort bekannte Pension an der durch den Ort führenden Hauptstraße bietet etwas für fast jeden Geschmack. Pluspunkte sind auch die freundlichen Betreiber, die sich bestens auskennen, und die Fahrräder, die die Gäste kostenlos nutzen können. Reservierung empfohlen.

Baansuan Rimnam Resort RESORT $$
(☎085 493 3521; Th Rimmoon; DZ mit Frühstück ab 800 B; P❄☜) Dieses stille Resort befindet sich in einem kleinen Teakwäldchen am Mae Nam Mun. Die klimatisierten Blockhütten-Bungalows passen perfekt in die Umgebung und bieten zudem Ausblicke auf den Fluss. Aufgrund ihrer Lage ist die Anlage sehr zu empfehlen. Anreise: Auf der Hauptstraße des Orts in Richtung Fluss gehen, hinter der letzten Reihe von Restaurants und Cafés nach rechts abbiegen und dann den Schildern zum Resort folgen.

Tohsang Khongjiam Resort HOTEL $$$
(☎045 351174; www.tohsang.com; DZ mit Frühstück ab 4500 B; P❄@☜≋) Das Tohsang ist geprägt von noblem Understatement und nutzt seine Lage direkt am Südufer des Mae Nam Mun optimal aus. Der Luxuscharakter mag für diesen ländlichen Teil Thailands vielleicht etwas unpassend erscheinen. Doch das Hotel ist keinesfalls glamourös und hat ein sehr ruhiges Ambiente. So fügt es sich prima in die urige Umgebung ein. Hier gibt's zudem Fahrräder, Kajaks, ein Spa und ein Freiluftrestaurant mit tollem Flussblick. Das Hotel liegt rund 3,5 km außerhalb der Stadt auf der anderen Seite des Flusses.

ℹ An- & Weiterreise

Alle öffentlichen Verkehrsmittel halten an der großen Schnellstraßenkreuzung vor dem Ort. **Minivans** fahren den ganzen Tag lang alle 30 Minuten nach Ubon Ratchathani (80 B, 1½ Std.), Phibun Mangsahan (40 B, 30 Min.) und Chong Mek (40 B, 30 Min.) an der Grenze zu Laos. **Busse nach Bangkok** fahren um 7.30 und um 16.30 Uhr (526 B, 10 Std.).

ℹ Unterwegs vor Ort

Das Restaurant **Baan Steak** (☎081 299 8980; 300 B pro Tag; ⌚6–21 Uhr) verleiht Motorräder (300 B pro Tag). Einige Hotels, darunter das Ban Pak Mongkhon und das Tohsang, können auch Fahrzeuge mit Fahrer organisieren.

Kaeng Tana National Park

Auf dem Weg von oder nach Khong Jiam gelangt man über den Pak-Mun-Damm zum **Kaeng Tana National Park** (อุทยานแห่งชาติแก่งตะนะ; ☎045 252722; 200 B). Der Mae Nam Mun umspült hier zunächst die dicht bewaldete Don Tana (Insel Tana), die über zwei lange Hängebrücken mit dem Festland verbunden ist, und sprudelt dann munter über die wunderschönen (in der Regenzeit unter Wasser liegenden) Stromschnellen gleichen Namens, vorbei an ein paar kleinen, aber fotogenen Felsen. Am Ende der Trockenzeit tauchen die großen, natürlich entstandenen Aushöhlungen im Fels auf.

Am Besucherzentrum beginnen ein paar gute, kurze Wanderwege: Der 1,5 km lange

Gipfelweg zum Aussichtspunkt Lan Pha Phueng ist besonders malerisch. Außerdem kann man 500 m durch den Wald bis zur ersten Hängebrücke gehen und über sie zur Insel gelangen. Der breite, wunderschöne Wasserfall Nam Tok Tad Ton im Süden des Parks ist nur 300 m von der Hauptstraße entfernt.

Schlafen & Essen

In der Nähe des Besucherzentrums gibt es **Bungalows** (☎045 406888; http://nps.dnp.go.th/reservation.php; 5/10 Pers. 1000/2000 B; Ⓟ) und einen **Campingplatz** (mit eigenem Zelt 30 B pro Pers., Leihzelt 2/3/5 Pers. 150/250/300 B; Ⓟ).

Das einfache Restaurant, in dem die Speisen auf Bestellung zubereitet werden, öffnet früh und schließt je nach Anzahl der Gäste. Und es gibt einen kleinen Laden, in dem man Snacks und Instantnudeln bekommt.

Praktische Informationen

Besucherzentrum des Kaeng Tana National Park (☎045 252722; ⏲8–16 Uhr) Hat allgemeine Informationen über den Park.

An- & Weiterreise

Auf dem Landweg ist der Park 14 km von Khong Jiam entfernt. Es gibt keine öffentlichen Verkehrsmittel dorthin. Von Khong Jiam kann man aber leicht mit einem Leihmotorrad herkommen. Oder man fährt ab Khong Jiam mit einem Boot flussaufwärts und lässt sich für einen kurzen Besuch im Park absetzen (hin & zurück 800 B, 1½ Std.).

Pha Taem National Park

Ein langer Felsen namens Pha Taem ist das Herzstück des wunderschönen, aber wenig bekannten, 340 km² großen **Pha Taem National Park** (อุทยานแห่งชาติผาแต้ม; ☎045

INSIDERWISSEN

RAKETENFESTE

Mitten in der heißen Jahreszeit scheint Thailands Isan zu explodieren – es ist Festivalzeit. Höhepunkt sind die turbulenten Raketenfeste im sechsten Mondmonat (Mai & Juni). Diese Feste bieten nicht nur die Gelegenheit, sich zu betrinken, wie wild in den Straßen zu tanzen und das Schicksal durch das Abfeuern riesiger selbst gebastelter Raketen herauszufordern, sondern auch, den vorbuddhistischen Gott Phaya Taen daran zu erinnern, dass es an der Zeit wäre, Regen zu schicken.

Die Legenden hinter dem Fest variieren von Ort zu Ort, doch meistens gibt's in ihnen einen Konflikt zwischen Phaya Khan Khak, dem „Krötenkönig" (laut einigen Versionen ist dies eine von Buddhas Daseinsformen vor seiner Erleuchtung), und Phaya Taen, der entweder viele Jahre lang vergaß, Regen zu schicken, oder ihn zurückhielt, was unten auf der Erde zu zahllosen Todesfällen führte. Nachdem sie ihren Konflikt beigelegt hatten, versprach Phaya Taen, jedes Jahr Regen zu schicken.

So ziemlich jedes Dorf im Isan feuert mindestens eine Rakete ab, und viele Orte veranstalten ein wirklich riesiges Fest. Zweifellos am ausgelassensten und berühmtesten ist aber das **Raketenfest in Yasothon** (Bun Bâng Fai; ⏲2. Wochenende im Mai), das auch offiziell von der Tourism Authority of Thailand beworben wird.

Die meisten großen Raketenfeste steigen am Wochenende, wobei der Samstag den Umzügen gehört und sonntags das Feuerwerk stattfindet. Die Feste sind beileibe nicht spontan, sondern erfordern monatelange Planungen. Die einzelnen Dörfer opfern zahlreiche Stunden, um die Kostüme und die Musik zu organisieren, die Tänzer auszubilden und die Festwagen für den Umzug zu bauen – wie auch, um die Raketen selbst herzustellen.

Die großen, kunstvoll gestalteten Festwagen sind in der Regel goldfarben angestrichen, die Rakete selbst ist mit einem *naga*-Kopf geschmückt. Jedem Festwagen folgen Dutzende oder gar Hunderte Tänzer und Musiker die Straße entlang vorbei an der Bude der Preisrichter. Das Dorf, das gewinnt, heimst eher Ruhm als Gold ein, doch das eigentliche Ziel ist *sà·nùk* (Spaß), nicht der Sieg.

Früher bestanden die Raketen aus Bambusrohren mit Schwarzpulverfüllung, heute werden jedoch Kunststoffrohre verwendet. Die größten Exemplare können bis zu 3 m lang und mit bis zu 120 kg Schießpulver gefüllt sein. In Verbindung mit dem kräftigen Alkoholkonsum steigt das Verletzungsrisiko stark an. Unfälle – selbst tödliche – sind keine Seltenheit. Besucher sollten ihre fünf Sinne beisammenhalten und die Sicherheitstipps der Einheimischen nicht unbedingt für bare Münze nehmen.

252581; 400 B, Auto/Motorrad 30/20 B) am Mekong. Von ganz oben hat man einen herrlichen Blick über den Mekong bis nach Laos, den man sich nicht entgehen lassen sollte. Weiter unten führt ein fabelhafter schattiger Weg zu prähistorischen Felsmalereien.

In der Wildnis nördlich des Felsens gibt es noch mehr Beispiele uralter Kunst, grandiose Wasserfälle (die von Juni bis Dezember Wasser führen) und zu seltsamen Formen erodierte Felsen wie etwa die unter dem Namen Sao Chaliang bekannten pilzförmigen Felsformationen.

Viele Thais kommen hierher, um den Sonnenaufgang zu bewundern. Auf dem Felsen Pha Cha Na Dai (um hinzukommen, benötigt man einen Geländewagen) sieht man die Sonne in Thailand zuerst aufgehen. Eine Minute später geht sie dann am Felsen Pha Taem auf.

Sehenswertes

★ Pha Taem NATURMERKMAL

(ผาแต้ม) Die Felsmalereien, die mindestens 1000 Jahre alt sind (wahrscheinlich noch viel älter), befinden sich an einem Felsen unten beim Besucherzentrum. Ein fantastischer, schattiger Weg (4 km, ca. 2 Std.), der in den Fels geschnitten wurde, führt an vier Gruppen von Malereien vorbei und dann in einer Schleife zum Besucherzentrum zurück. Dargestellt sind u. a. *plah bèuk* (Mekong-Riesenwelse), Elefanten, menschliche Hände, geometrische Muster und Fischreusen, die so ähnlich aussehen wie die großen, die heute noch benutzt werden.

Die zweite Aussichtsplattform befindet sich vor der eindrucksvollsten Bildgruppe. Doch sollte man sich auf keinen Fall Gruppe 4 weiter oben in der Felswand entgehen lassen – allerdings ist sie nur über einen sehr heiklen Pfad zu erreichen, der nur mit größter Vorsicht genutzt werden sollte!

Nam Tok Saeng Chan WASSERFALL

(น้ำตกแสงจันทร์) Einer der ungewöhnlichsten Wasserfälle, den man wohl jemals sehen wird, ist der Saeng Chan („Mondstrahl"). Er stürzt durch ein Loch, das sich in den überhängenden Felsen gebildet hat, in die Tiefe. Wasser führt er von Juni bis Dezember, am tollsten ist es aber, wenn es gerade regnet.

Nam Tok Soi Sawan WASSERFALL

(น้ำตกสร้อยสวรรค์) Der 25 m hohe Wasserfall Nam Tok Soi Sawan führt von Juni bis Dezember Wasser. Vom Besucherzentrum fährt man 19 km dorthin und geht dann die letzten 500 m zu Fuß. Man kann aber auch in Begleitung eines Rangers eine ca. 15 km lange Wanderung (meist in praller Sonne) über die Klippe zum Wasserfall machen, was allerdings im Voraus organisiert werden muss.

In der Nähe des Wasserfalls findet man laut Parkprospekt das größte **Blumenfeld** Thailands. Die Blütezeit ist von Oktober bis Januar, am schönsten ist es hier aber im November und Dezember.

Schlafen & Essen

Auf der anderen Seite des Parkplatzes beim Besucherzentrum befinden sich zwei Restaurants. Nur eins ist auch in der Regenzeit geöffnet, schließt aber in der Regel vor Sonnenuntergang. Instantnudeln, Snacks und Kaffee bekommt man hinter dem Besucherzentrum im **Cliff Cafe**, von dem sich außerdem herrliche Ausblicke bieten. Auch an der Straße, die zum Park führt, gibt's ein paar Restaurants.

Campingplatz im Pha Taem National Park CAMPINGPLATZ $

(mit eigenem Zelt 30 B pro Pers., 4-Pers.-Leihzelt 225 B; P) Der einfache Campingplatz des Pha Taem liegt halb abgeschieden 2 km vom Besucherzentrum entfernt. Bei den Bungalows ist ein weiterer Campingplatz, der aber schlechter ist und nur wenig genutzt wird.

Bungalows im Pha Taem National Park BUNGALOWS $$

(045252581; http://nps.dnp.go.th/reservation.php; 6-Pers.-Bungalow mit Ventilator 1200 B, 5-Pers.-Bungalow mit Klimaanlage 2000 B; P) Im Pha Taem National Park stehen fünf karge, aber komfortable Bungalows 2 km vom Besucherzentrum. Nur einen Katzensprung entfernt bieten sich schöne Blicke auf den Mekong.

Pha Taem & Kaeng Phisamai Riverside RESORT $$

(087 249 3173; www.pk-riverside.com; DZ & Bungalow mit Frühstück 1000–3000 B; P) Das „PK Riverside" ist eine bunte Mischung. Die Zimmer sind ein bisschen überteuert und am Wochenende, wenn hier jede Menge junge Thais absteigen, die sich von den vielen Selfie-Stationen auf dem Gelände angezogen fühlen, kann es laut werden. Doch die Ausblicke sind wunderbar und dies ist das beste der „Resorts" an der unbefestigten Straße unterhalb des Pha Taem National Park.

Praktische Informationen

Besucherzentrum des Pha Taem National Park (045 252581; 5–18 Uhr) Zeigt Exponate zu den uralten Malereien im Park und zur hiesigen Natur und verfügt über kostenlose Parkpläne. Hier können auch Guides für Trekkingtouren organisiert werden. Wer mehr als nur eine kurze Wanderung unternehmen möchte, sollte vorher anrufen und einen Guide buchen. Für den tollen Wanderweg vorbei an der Felswand mit den Felszeichnungen des Parks benötigt man keinen Guide.

ℹ An- & Weiterreise

Pha Taem liegt 18 km (über die Rte 2112) von Khong Jiam entfernt und ist nicht mit öffentlichen Verkehrsmitteln zu erreichen, doch ab Khong Jiam kommt man mit einem Mietmotorrad oder -auto hierher. Tuk-Tuk-Fahrer nehmen für die Hin- und Rückfahrt 600 B. Bootsfahrten ab Khong Jiam kosten hin und zurück 2000 B, doch man kann nicht aussteigen und den Park erkunden.

PROVINZ KHON KAEN

Die Provinz Khon Kaen (จังหวัดขอนแก่น), für viele Besucher aus Nordthailand das Tor zum Isan, ist ein interessanter Mix aus Alt und Neu. Das Leben auf dem Land ist noch immer von Landwirtschaft und Textilherstellung geprägt, während die ständig wachsende, moderne Hauptstadt gewaltig boomt.

Khon Kaen

☎043 / 122 370 EW.

Als Standort der größten Universität im Nordosten und als bedeutender Wirtschaftsknotenpunkt präsentiert sich Khon Kaen (ขอนแก่น) jung, gebildet und voller Dynamik. Die Stadt würde zwar besser auf die Liste jener Orte passen, in denen es sich gut leben lässt, als auf die der Reiseziele von Travellern, bietet aber dennoch genügend interessante Sehenswürdigkeiten und gute Einrichtungen, die einen Zwischenstopp lohnen.

Sehenswertes

Bueng Kaen Nakhon SEE

(บึงแก่นนคร) Der 100 ha große See ist der schönste Ort in der Stadt und lädt zu einem entspannten Bummel ein: Die Wege an seinem Ufer verbinden ein paar interessante Orte. Einen Fahrradverleih (S. 475) und einen Tretbootverleih gibt's in der Nähe des abends stattfindenden Rim Bueng Market (S. 473), außerdem lässt sich der See leicht zu Fuß umrunden (45 Min.).

★ **Wat Nong Wang** BUDDHISTISCHER TEMPEL

(วัดหนองแวง; Th Robbung; ⏲tagsüber, Stupa 6–18 Uhr) GRATIS Am Südende des Sees steht der **Phra Mahathat Kaen Nakhon**. Der atemberaubende, neunstöckige Stupa im Herzen des bedeutenden Tempels ist die Hauptattraktion in Khon Kaen. Hier findet man interessante, moderne Wandmalereien zur Kultur des Isan und Geschichte Khon Kaens. Es gibt auch diverse historische Ausstellungsstücke, etwa eine Sammlung seltener Buddha-Bildnisse im 4. Stock und eine Aussichtsterrasse im 9. Stock. Die Mönche öffnen die Tür zu den oberen Stockwerken gegen 7.30 Uhr und schließen sie gegen 17 Uhr.

★ **Walking Street Market** MARKT

(ถนนคนเดิน; Th Na Sunratchakan; ⏲Sa 17–22 Uhr) Wie auf den Wochenendmärkten in Chiang Mai bieten auch auf diesem (viel weniger touristischen) Markt in der Th Na Sunratchakan Hunderte Verkäufer ihre Waren an, etwa Bilderrahmen, Handtaschen, T-Shirts, Postkarten und andere handgefertigte Produkte. Tänzer, Musiker und Straßenkünstler zeigen ihr Können. Der ganze Platz ist mit Laternen im chinesischen Stil geschmückt, was zur fröhlichen Atmosphäre beiträgt.

Wat Pho Ban Nontan BUDDHISTISCHER TEMPEL

(วัดโพธิ์บ้านโนนทัน; Th Pho Thisan; ⏲tagsüber) GRATIS Der friedvolle Tempel mit seinem berühmten Meditationszentrum steht ganz in der Nähe des Sees auf einem Grundstück voller Bäume. Er ist älter als die Stadt selbst und verfügt über einen in ganz Thailand einzigartigen *săh·lah*. Das Erdgeschoss ist mit kunstvoll gemeißelten Bäumen, Tieren und Dorfszenen, die alte Sprichwörter des Isan darstellen, verziert. Unter dem *bòht* befindet sich ein kleines Museum. Dieser Tempel ist übrigens auch ein genialer Ort für eine Thai-Massage.

Sanjao Bueng Tao Gong Ma TEMPEL

(ศาลเจ้าปึงเถ่ากงม่า; Th Robbung; ⏲6–18 Uhr) GRATIS Dies ist der größte und imposanteste chinesische Tempel in Khon Kaen. Besonders schön ist er abends und manchmal kann man dann Leute Drachen- und Löwentänze üben sehen. Im Park gegenüber befindet sich eine große Statue von Guan-Im, der chinesischen Göttin der Barmherzigkeit.

Khon Kaen National Museum MUSEUM

(พิพิธภัณฑสถานแห่งชาติขอนแก่น; Th Lang Sunratchakan; 100 B; ⏲Mi–So 9–16 Uhr) Die Sammlung bietet Artefakte aus prähistorischer Zeit bis zur Gegenwart. Highlights sind Tonwaren aus Ban Chiang und ein wunderschöner Dvaravati-*bai-săir-mah* (Tempel-Grenzstein), der zeigt, wie Prinzessin Pimpa mit

Khon Kaen

ihren Haaren Buddhas Füße säubert. Die Exponate aus Haushalt und Landwirtschaft vermitteln einen Eindruck dessen, was man auf dem Land zu sehen bekommt. Leider sind die englischen Erklärungen dürftig.

Talat Banglamphu-Bobae MARKT
(ตลาดโบเบ๊/ตลาดบางลำภู; Th Klang Muang; ⌚24 Std.) Die benachbarten Märkte Banglamphu und Bobae direkt im Herzen der Stadt stellen die größte und vielfältigste Verpflegungsmöglichkeit von Khon Kaen dar. Die Märkte sind rund um die Uhr geöffnet, doch abends ist abseits der Stände auf der Th Namuang am meisten los.

Wat That BUDDHISTISCHER TEMPEL
(วัดธาตุ; Th Robbung; ⌚tagsüber, Chedi 8–18 Uhr) GRATIS Dieser alte Tempel verfügt über einen großen *bòht* und einen *chedi*. Letzterer stammt von 1789, doch wurde er in neuerer Zeit komplett neu errichtet. Er ist von einem Wandelgang mit zahlreichen Buddha-Bildnissen gesäumt und kann auch betreten werden.

Hong Moon Mung MUSEUM
(โฮงมูนมังเมืองขอนแก่น; Th Robbung; 90 B; ⌚Di–Sa 9–17 Uhr) Das gut gestaltete Museum im Amphitheater beim See Bueng Kaen Nakhon liefert mit Hilfe von Dioramen und

Khon Kaen

Exponaten eine gute Einführung in die Isan-Region bis zurück in den Jura.

Aktivitäten & Kurse

Tretboote BOOTSFAHRTEN
(Bueng Kaen Nakhon; ab 16.30 Uhr 50 B pro Std., bis 16.30 Uhr unabhängig von der Dauer 50 B) Am Seeufer sind beim Rim Bueng Market Tretboote zu leihen.

Centrum Health Massage MASSAGE
(☎089 711 8331; veenasspa@gmail.com; Soi Supatheera; Kurse 3500–15 000 B) Im Hotel Khon Kaen Centrum gibt Veena Kurse in Thai-Massage auf Englisch und Thailändisch. Angeboten werden verschiedene Kurse; ein siebentägiger Kurs in traditioneller Thai-Massage kostet 6500 B.

Geführte Touren

Thai Dream Tours MEDITATION
(☎089 711 8331; www.thaidreamtours.com; Soi Supatheera) Die Spezialität der geselligen Besitzerin und Führerin Veena, die auch das Centrum Health Massage und das Hotel Khon Kaen Centrum leitet, sind individuell auf Kundenwünsche zugeschnittene Meditationstouren zu Waldtempeln im ganzen Isan und sonstige Ausflüge. Eine Halbtagestour für zwei Personen kostet etwa 1500 B.

Isan Explorer KULTUR
(☎085 354 9165; www.isanexplorer.com) Isan Explorer ist auf „entschleunigte“ Kulturtouren im ganzen Isan spezialisiert, z. B. auf Elefantenbegegnungen, bei denen auf das Wohl der Tiere geachtet wird (keine Ausritte, keine Ketten). Ebenfalls im Angebot sind Vogelbeobachtungs- und Trekkingtouren in den Bergen westlich von Khon Kaen.

Festivals

Ende November finden an zwölf Tagen zeitgleich die **Seidenmesse** und das **Phuk-Siaw-Fest** statt. Rund um das Provinzrathaus *(săh·lah glahng)* huldigt das Fest der Tradition des *pòok sèeo*. Bei diesem Freundschaftsritual binden sich Einheimische gegenseitig *fâi pòok kăan* (heilige Bändchen) um die Handgelenke. Außerdem gibt es einen Umzug, regionaltypische Musik und viele Einkaufsmöglichkeiten.

Schlafen

Slove U House HOSTEL $
(☎094 530 2028; Th Sri Nual; 150 B pro Pers.; 📶) Das klitzekleine Hostel über einem ausge-

zeichneten Coffeeshop (S. 473) hat lediglich kleine Matratzen auf dem Fußboden und Duschen mit kaltem Wasser. Die eigentliche Attraktion hier sind die stets lächelnden Gastgeber – und der Preis.

Khon Kaen Centrum HOTEL $
(☎081 574 0507; Soi Supatheera; mit Frühstück DZ 500–750 B, 3BZ 750–1250 B; P❄📶) Diese Bleibe sieht von außen aus wie ein gewöhnliches kleines Hotel im Thai-Stil. Doch die Details machen das Ganze zu etwas Besonderem: Mit ihrer hochwertigen weißen Einrichtung wirken die Zimmer ziemlich eindrucksvoll. Zudem liegen sie im hinteren Bereich des Gebäudeblocks und bekommen daher kaum Straßenlärm ab. Der Inhaber (wohnt vor Ort) legt großen Wert auf Service und Sauberkeit. Gäste können Fahrräder und Motorräder ausleihen.

Charoenchit House HOTEL $
(☎043 227300; www.chousekk.com; Th Chuanchun; DZ mit Frühstück 500–600 B; P❄📶) Das Hotel gleich nördlich des Sees ist eine solide Budgetoption. Es ist sauber und die modernen, geräumigen Zimmer bieten ziemlich viele Extras fürs Geld. Es ist also kein Wunder, dass diese Unterkunft recht beliebt ist. Englisch wird keins gesprochen, aber das Personal ist äußerst hilfsbereit.

Piman Garden HOTEL $$
(☎043 334111; www.pimangardenhotel.com; Th Klang Muang; DZ 800–1900 B; P❄📶) Das abseits der Straße rund um einen hübschen tropischen Garten gelegene Piman bietet Ruhe und Privatsphäre mitten im Stadtzentrum. Die meisten der schönen Zimmer haben Balkone oder Veranden. Frühstück kostet 120 B pro Person.

Pullman Raja Orchid HOTEL $$$
(☎043 913333; www.pullmankhonkaen.com; abseits der Th Prachasumran; mit Frühstück DZ 2400–3400 B, Suite ab 4700 B; P❄@📶🏊) Die umwerfende Lobby gibt in Khon Kaens Top-Hotel den Ton an. Die Unterkunft im Herzen der Stadt bietet u. a. einen luxuriösen Wellnessbereich, einen Pool, einen Fitnessraum, eine deutsche Kleinbrauerei und schön eingerichtete Zimmer. Etwas Abbruch tut dem Ganzen jedoch die etwas schäbige Umgebung mit zahlreichen Bars, Nachtclubs und Massagesalons.

Wer nicht den hämmernden Bässen der nahen Nachtclubs lauschen möchte, sollte auf jeden Fall auf einem Zimmer nach vorne raus bestehen. Der Aufpreis für die besseren Zimmer lohnt sich.

Essen

★ Turm-Rom THAI $
(Th Chetakhon; Hauptgerichte 49–169 B; ⏰17.30–1 Uhr; 📶) Die Kombination aus einer der besten Küchen in der Stadt und dem überdachten Garten macht das tolle Lokal selbst bei Regen zum perfekten Ort für ein spätabendliches Essen. Das *pá·sá plah chôrn* (sauerscharfes Curry mit Schlangenkopffisch) und der *đam tùa mŏo gròrp* (pikanter Spargelbohnensalat mit gebratenem Schweinefleisch) sind besonders gut, aber auch alle anderen Gerichte sind lecker.

Manchmal erklingt abends Livemusik.

★ Somtom Internet THAI $
(Soi Namuang 19; Hauptgerichte 35–65 B; ⏰8–21.30 Uhr) In diesem schnörkellosen Restaurant ist immer viel los. Und das aus gutem Grund! In ganz Khon Kaen gibt es keinen besseren *sôm·đam*. Aus der Küche kommen aber auch Grillhähnchen, Klebreis und Bratfisch. Hier kann niemand Englisch, aber das ist nicht schlimm, denn alles, was angeboten wird, ist auf einem Tisch vor dem Lokal zu sehen. Man muss also nur mit dem Finger zeigen, worauf man Appetit hat.

★ Gai Yang Rabeab THAI $
(☎043 243413; Th Theparak; Hauptgerichte 45–60 B, ganzes Hähnchen 160 B; ⏰9–15 Uhr) In der Provinz Khon Kaen gibt's vielen Thais zufolge die landesweit leckersten *gài yâhng* (marinierte Brathähnchen). Diesbezüglich gilt das schlichte Lokal mit Regionalküche als bestes der Stadt. Wer das Brathähnchen möchte, muss ein ganzes bestellen – also mit großem Hunger oder einer Begleitung im Schlepptau hier auflaufen!

Pa Ouan 2 THAI $
(Th Robbung; Hauptgerichte 40–280 B; ⏰9–20 Uhr; 📶) Das beliebte Isan-Restaurant direkt neben dem Wat Nong Wang und mit Blick auf den See von der Terrasse im Obergeschoss bietet eine Karte mit allem von *gài yâhng* und Enten-*lâhp* bis zu 19 Sorten *sôm·đam*. Im Vergleich zur thailändischen Karte ist die englische mini – wer also die komplette kulinarische Bandbreite des Restaurants ausschöpfen möchte, sollte mit einem Thailänder hier aufkreuzen.

Nan Yuan Noodles CHINESISCH $
(Th Namuang; Nudeln 45–55 B, Hauptgerichte mit Ente 120–260 B; ⏰11–21 Uhr; ❄) Die beliebte Kette mit südchinesischen Restaurants macht das Bestellen leicht mit einer englischen bebilderten Karte. Hier gibt's neben

den Nudeln, für die die Kette bekannt ist, auch Gerichte mit Reis, Suppe und Bratente.

Rim Bueng Market MARKT $
(ตลาดริมบึง; Th Robbung; Snacks 5–50 B; ⌚16–21 Uhr) Der quirlige kleine Abendmarkt am See umfasst einen ganzen Abschnitt mit Essensständen, an denen alles von Grillspießen und -fisch bis zu tropischen Früchten und Mango-Klebreis erhältlich ist. Außerdem kann man dabei zusehen, wie thailändische Süßigkeiten wie *kà·nŏm* gemacht werden. Auf dem Markt wird auch Secondhandkleidung verkauft und es gibt Stände, an denen man Töpferwaren selbst bemalen kann.

Nachtmarkt MARKT $
(Th Reunrom; ⌚17–24 Uhr) Der größte Nachtmarkt der Stadt bietet billiges, aber köstliches Essen.

Tawan Thong VEGAN $
(☎043 330389; Th Ammart; Hauptgerichte 35–45 B; ⌚6–14 Uhr; P 📶 🚭) In einem großen, luftigen Speisesaal mit fast ebenso großer offener Küche bietet das Tawan Thong jede Menge rein vegetarische Kost und freundliches Personal. Das Essen ist so gut, dass auch viele Nichtvegetarier hier einkehren.

Ausgehen & Nachtleben

★ **Slove U Coffee** CAFÉ
(☎095 651 7121; Th Sri Nual; Kaffee ab 40 B, Matcha Latte 75 B, Smoothies 95 B; ⌚8–20 Uhr; 📶) Da in Khon Kaen viele junge Leute wohnen, gibt's auch viele gute Cafés – das freundliche, bunt eingerichtete Slove U mit einer Terrasse vorne ist vielleicht das beste. Die Bohnen aus Chiang Mai werden in einem aus der Türkei stammenden traditionellen Röster selbst geröstet, es werden ein paar Fahrräder verliehen und im Obergeschoss gibt's ein Hostel (S. 471).

Der La Jazz BAR
(Soi Namuang 25; Cocktails 180–280 B, Lager Glas/Krug 85/260 B, Craftbier 200–300 B; ⌚18–24 Uhr) Dies sind zwei Bars in einer: Auf dem Hauptterrassenbereich serviert das Der La Jazz Cocktails und eiskaltes Bier – hier erklingt auch jeden Abend ab 21 Uhr Livemusik – und in einer Ecke bietet die Monsakod Tap Bar rund ein Dutzend Craftbiere. Außerdem ist noch ein ausgezeichnetes Café angeschlossen.

Yentek BAR
(Th Langmuang; Bier ab 80 B; ⌚17–24 Uhr) Das Schönste am Yentek, das in einem reizenden alten Holzhaus residiert, ist der schattige Hof vorne, wo an den meisten Abenden ab etwa 20 Uhr Livemusik geboten wird. Es gibt eine umfassende Speisekarte (nur auf Thailändisch, aber mit ein paar Fotos), aber viele Leute möchten in stimmungsvollem Ambiente einfach nur etwas trinken.

U-Bar CLUB
(Soi Khlong Nam; ⌚20–2 Uhr) Die U-Bar ist ein gut besuchter Club mit Livemusik, in dem auch oft berühmte Bands aus Bangkok auftreten. Das Publikum ist jünger als in den zahlreichen anderen Bars der Gegend.

Shoppen

Sueb San KUNSTHANDWERK
(21/2 Th Klang Muang; ⌚Mo–Sa 8–18.30 Uhr) Der niedliche kleine Laden hinter einem Panflöten-Bogen verkauft mit Naturfarben behandelte Stoffe sowie schöne handgefertigte Notizbücher, Postkarten, Taschen und andere Souvenirs. Geführt wird er von einer reizenden Dame.

Prathammakhant KUNSTHANDWERK
(☎043 224080; Th Reunrom; ⌚Mo–Sa 9–18.30, So 9–17 Uhr) Hier gibt's eine beeindruckend große Auswahl an Seidenstoffen und Seidenkleidung sowie viele andere Souvenirs.

Ton Tann Green Market MARKT
(Th Mittraphap; ⌚17–22.30 Uhr) Hier verkaufen viele Händler moderne, handgefertigte Kunsthandwerksgegenstände. Es gibt auch einen Modebereich und eine **Kunstgalerie**

ABSTECHER

MONUMENTALE KHMER-RUINEN

Der aus dem 12. Jh. stammende **Prasat Puay Noi** (ปราสาทเปือยน้อย; ⌚tagsüber) GRATIS ist die größte und interessanteste Khmer-Ruine im nördlichen Isan. Von ihren Ausmaßen ist die Anlage vergleichbar mit dem Prasat Muang Tam in Buriram, sie ist aber in einem schlechteren Zustand. In dem nach Osten ausgerichteten Gebäude befindet sich in der Mitte ein großes Heiligtum aus Sandstein, das von einem teilweise eingefallenen *prang* (Stupa im Khmer-Stil) überragt wird und von Lateritmauern mit zwei Haupttoren umgeben ist. Einige ausgezeichnete, intakte Reliefs, etwa von Shiva auf seinem Bullen Nandi, befinden sich an dem Giebel der Hinterwand der „Bibliothek". Mit öffentlichen Verkehrsmitteln kommt man nicht hierher.

(หอศิลป์ต้นตาล; Th Mittraphap; ⏲16.30–22 Uhr) GRATIS sowie zahlreiche Restaurants.

Central Plaza EINKAUFSZENTRUM
(Th Srichan; ⏲10–21 Uhr) Eins der größten Einkaufszentren im Isan. Hier gibt's eine Filiale von **Asia Books** mit englischsprachigen Büchern.

Praktische Informationen

BOTSCHAFTEN & KONSULATE

Chinesisches Konsulat (Th Robbung; ⏲Mo–Fr 9–12 Uhr) Touristenvisa nur für thailändische Staatsangehörige und ortsansässige Personen.

Laotisches Konsulat (☎043 393402; Hwy 2; ⏲Mo–Fr 8–12 & 13–16 Uhr) Nördlich der Stadt, gegenüber vom Raja City Housing Estate. Für das Visum benötigt man ein Passbild, Bearbeitungszeit 10 Minuten. Bezahlung nur in Baht zu einem schlechten Wechselkurs. Es ist billiger, sein Visum an der Grenze in Dollar zu bezahlen.

Vietnamesisches Konsulat (☎043 242190; Th Chatapadung; ⏲Mo–Fr 9–11.30 & 14–16.30 Uhr) Für das Visum benötigt man ein Passbild, Bearbeitungszeit 1 Stunde. Das Konsulat befindet sich 400 m nördlich der Ampel beim Khon Kaen Hospital in der Th Srichan.

GELD

Die Banken in den drei größten Einkaufszentren Central Plaza (S. 474), TukCom und Fairy Plaza haben lange Öffnungszeiten.

MEDIZINISCHE VERSORGUNG

Bangkok Hospital Khon Kaen (☎043 042888; www.bangkokhospitalkhonkaen.com; Th Maliwan) Das beste Privatkrankenhaus in der Stadt. 24-Stunden-Notaufnahme.

NOTFALL

Touristenpolizei (☎043 465385; 24/222 Th Mittraphap, Tambon Sila, abseits des Hwy 2) Unpraktisch 5 km nördlich des Stadtzentrums gelegen.

TOURISTENINFORMATION

Immigration Office (☎043 465242; Hwy 2; ⏲Mo–Fr 8.30–12 & 13–16.30 Uhr) Im 2. Stock eines der Hauptgebäude des New Bus Terminal.

Tourism Authority of Thailand (TAT; ☎043 227714; tatkhkn@tat.or.th; Th Robbung; ⏲8.30–16.30 Uhr) Verteilt Stadtpläne und beantwortet auch Fragen zu umliegenden Provinzen. Englisch wird eher wenig gesprochen.

An- & Weiterreise

BUS

Khon Kaen ist ein geschäftiger Verkehrsknotenpunkt. Von hier fahren Direktbusse in fast alle Städte im Isan und in anderen Provinzen. Da das **Old Bus Terminal** (☎043 237472; Th Prachasamoson) nun geschlossen ist, nutzen alle Gesellschaften das **New Bus Terminal** (☎043 471562; Th Liang Muang Khon Kaen), auch als Bus Terminal 3 bekannt, an der Ringstraße. Die besten Busse nach Bangkok bietet **Nakhonchai Air** (☎02 939 4999, landesweit 1624; www.nakhonchaiair.com). Sie fahren den ganzen Tag über etwa alle 30 Minuten, darunter auch sechs „1st-Class"-VIP-Busse.

Nakhonchai Air (wie auch einige andere Busunternehmen) unterhält noch immer ein Büro im stillgelegten **Old Air-conditioned Bus Terminal**

BUSSE AB DEM NEW BUS TERMINAL VON KHON KAEN

ZIEL	PREIS (B)	DAUER (STD.)	HÄUFIGKEIT
Bangkok	340–487	7	6.30–1 Uhr häufig
Chiang Mai	410–739	12	4.20–21 Uhr 14-mal
Khorat	146	3½	3.30–1 Uhr häufig
Khorat (Minivan)	126	3	6.40–18 Uhr alle 45 Min.
Nong Khai	120–155	3½–4	7–15 Uhr stündl.
Phitsanulok	192–247	6	4.20, 6.20, 10.30, 18, 19 Uhr
Roi Et	92–107	2	5.30–16 Uhr stündl.
Surin	205	5	4–16 Uhr alle 2 Std.
Suvarnabhumi Airport	317	6½	22.50 Uhr
Ubon Ratchathani	244	4½–5	5.30–16 Uhr stündl.
Udon Thani	95	2½	5.30–20 Uhr alle 30 Min.
Udon Thani (Minivan)	80	2	5–19.15 Uhr häufig
Vientiane (Visum für Laos erforderlich)	180–185	4	8.15 & 15 Uhr

(Th Klang Muang) und bietet seinen Kunden einen stündlich verkehrenden Shuttlebus zum New Bus Terminal an.

Die meisten Minivans benutzen zwar den regulären Busbahnhof, starten aber den ganzen Tag über auch am Old Air-conditioned Bus Terminal nach Udon Thani und Khorat sowie vom Einkaufszentrum **Central Plaza** (Hwy 2) nach Udon Thani und Roi Et.

FLUGZEUG

Der Flughafen liegts 6 bis 7 km nordwestlich des Zentrums. In den letzten Jahren hat die Zahl der Flüge zum **Khon Kaen Airport** (☎043 468173) stark zugenommen, wodurch Flüge nach Bangkok noch immer preiswert sind; selbst kurzfristig bekommt man noch Flüge für unter 1000 B. **Thai Smile** (☎landesweit 1181; www.thaismileair.com; Khon Kaen Airport; ⏲7–21 Uhr) fliegt mehrmals täglich zum Suvarnabhumi International Airport. **Air Asia** (☎02 515 9999; www.airasia.com; ⏲5.30–20.30 Uhr), **Nok Air** (☎landesweit 02 900 9955; www.nokair.com; Khon Kaen Airport; ⏲April–Sept. 6–20 Uhr, Okt.–März 7–22 Uhr) und **Thai Lion Air** (☎landesweit 02 529 9999; www.lionairthai.com; Khon Kaen Airport; ⏲Mo–Sa 7.30–18.30, So 9–20 Uhr) starten jeweils mehrmals täglich zum Don Muang International Airport. Air Asia fliegt auch einmal pro Tag nach Chiang Mai und Hat Yai.

Das **Büro von Thai Airways in Khon Kaen** (☎043 227701; www.thaiairways.com; Pullman Raja Orchid; ⏲Mo–Fr 8–17 Uhr) verkauft Tickets für Flüge mit Thai Smile und für Langstreckenflüge der Thai Airways.

Mehrere Hotels, darunter auch das Pullman, setzen bei allen am Flughafen in Khon Kaen ankommenden Flügen Shuttlebusse (100–150 B pro Pers.) ein, die man auch benutzen kann, wenn man nicht in diesen Hotels übernachtet. Taxis am Flughafen stellen ihre Taxameter an, es ist ein Flughafen-Aufpreis von 50 B zu zahlen.

ZUG

Nach Bangkok gibt es vom **Bahnhof Khon Kaen** (☎043 221112) einen Expresszug am Morgen (2./3. Klasse 399/227 B, 7½ Std., 9.32 Uhr) und drei am Abend (Schlafwagen 1./2. Klasse ab 1198/809 B, 20.26, 21.12 & 21.49 Uhr). Nach Nakhon Ratchasima verkehren drei Regionalzüge (3. Klasse 38 B, 3 Std., 7.50, 14.30 & 15.33 Uhr) und ein Express (2./3. Klasse 297/188 B, 2 Std., 20.26 Uhr). Nach Nong Khai fahren am Tag zwei Züge: ein Nahverkehrszug (3. Klasse 35 B, 9.30 Uhr, 7½ Std.) und ein Expresszug (2./3. Klasse 290/185 B, 2 Std., 15.32 Uhr).

ℹ Unterwegs vor Ort

Sŏrng·tăa·ou (Passagier-Pick-ups; 9 B) sind regelmäßig auf festen Routen in der ganzen Stadt unterwegs. Die praktischsten Linien (die alle am Old Air-conditioned Bus Terminal in der Th Klang Muang vorbeifahren) sind die Linie 4, die am Einreisebüro und am laotischen Konsulat vorbeifährt, die Linie 8, die zum Wat Nong Wang und nach Nordwesten zur Universität fährt, die Linie 10 (Richtung Norden), die nahe oder manchmal auch vor dem vietnamesischen Konsulat vorbeifährt, und die Linie 21, mit der man zum Nationalmuseum kommt. Der **Khon Kaen City Bus** (15 B) fährt rund um die Uhr vom New Bus Terminal vorbei am Central Plaza und am Old Bus Terminal durch die Stadt und zurück. Einige deutlich gekennzeichnete Busse fahren bis zum Flughafen.

Tuk-Tuks sind die teuerste Option für individuelle Fahrten (50–70 B zu den meisten Zielen im Stadtzentrum). Die meisten Leute benutzen sie trotzdem, denn **Taxis mit Taxameter** (☎043 342800, 043 465777; Grundgebühr 30 B, Bestellgebühr 20 B) bekommt man auf der Straße selten, und wenn man eins bestellt, muss man lange darauf warten. So ziemlich die einzigen Orte, an denen man ein wartendes Taxi oder Motorradtaxi (innerhalb der Stadt 30–40 B) findet, ist an den Busbahnhöfen, am Flughafen und am Einkaufszentrum Central Plaza. Die Taxifahrer, die am Busbahnhof stehen, sind aber nicht bereit, das Taxameter anzustellen.

Es gibt zahlreiche Autovermieter rund um das Einkaufszentrum TukCom. Bekannte Unternehmen wie **Thai Rent a Car** (☎043 468178; www.thairentacar.com; Khon Kaen Airport; ⏲24 Std.) und **Budget** (☎043 345460; www.budget.com; Khon Kaen Airport; ⏲7–20 Uhr) haben Außenstellen am Flughafen. **Khun Wanchai** (☎089 984 5503), ein Taxifahrer, der gut Englisch kann, nimmt etwa 3000 B (inkl. Benzin) für einen eintägigen Ausflug in der Provinz Khon Kaen und etwas mehr für Fahrten in entferntere Gegenden.

Bueng Kaen Nakhon Bike Hire (Th Robbung; 30–50 B pro Std., 100–150 B pro Tag; ⏲12–20 Uhr) verleiht diverse Fahrräder, darunter auch Zwei- und Dreisitzer.

Chonnabot

☎043 / 4000 EW.

Chonnabot (ชนบท) liegt mitten in einer der besten Seidenweberregionen Thailands und ist in erster Linie wegen seiner erstklassigen *mát·mèe*-Stoffe berühmt. Der kleine Ort 55 km südwestlich von Khon Kaen gilt als beliebtes Einkaufsziel. In der Th Sriboonruang – alias Silk Rd – gibt es viele kleine Geschäfte, die neben Stoffen (sowohl Seiden- als auch Baumwollstoffen) auch Kleidungsstücke verkaufen. Im **Museum Sala Mai Thai** (หอนิทรรศการผ้าไหมไทย, Thai Silk Exhibition Hall; ☎043 286160; ⏲Mo–Fr 8–17, Sa & So 9–17 Uhr) GRATIS, einem kleinen Museum außerhalb des Ortes, kann man alle Gerätschaften bewundern, die zur Herstellung von Seidenstoffen benötigt werden. Spannender ist es aber, den Webern zu Hause an ihren Webstühlen über die Schulter zu gucken und ihre Kunstfertigkeit zu bewundern. Einfach auf der Silk Rd gen Westen oder Norden spazieren, dort sind mehrere Weber ansässig.

Chonnabot ist einen kurzen Besuch wert, die meisten Leute reisen aus Khon Kaen an. In Ban Phai gibt's nicht weit von Chonnabot an der Fernstraße außerdem einige gute Hotels.

Im Ort gibt es ein paar einfache Restaurants und ein nettes Café an der Th Sriboonruang. Ein ausgezeichneter Kaffeewagen parkt oft an dem Wartehäuschen, wo man auf die *sŏrng·tăa·ou* zurück nach Ban Phai warten kann.

An- & Weiterreise

Touranbieter in Khon Kaen veranstalten Ausflüge nach Chonnabot. Wer Zeit hat, kann aber auch mit öffentlichen Verkehrsmitteln hierherfahren. Man nimmt einfach einen Bus (35 B, 1 Std., alle 30 Min.) oder Zug (8–39 B, 30 Min., 7.50, 9.10 & 13.55 Uhr) nach Ban Phai, wo man in ein *sŏrng·tăa·ou* nach Chonnabot (13 B, 20 Min., 7–17 Uhr alle 30 Min.) umsteigt. Die *sŏrng·tăa·ou* fahren vom Busbahnhof von Ban Phai etwa 200 m vom Bahnhof – wenn man aus dem Bahnhof kommt, nach rechts gehen und die zweite Straße links nehmen: Dann ist der Busbahnhof rechter Hand. Von Ban Phai fahren nachmittags zwei Züge (15.06 & 18.41 Uhr) zurück nach Khon Kaen.

Phu Wiang National Park

Ein Geologe, der nach Uran suchte, entdeckte hier im Jahr 1976 eine riesige Kniescheibe. Bei den daraufhin eingeleiteten Ausgrabungsarbeiten fanden Paläontologen das 15 m lange Fossil eines Pflanzenfressers, der später nach der Prinzessin Sirindhorn *Phuwiangosaurus sirindhornae* genannt wurde. Das Dino-Fieber brach aus (was auch die vielen Dinosaurierfiguren in Khon Kaen erklärt), und nachdem noch weitere Funde gemacht wurden, erklärte man das Gebiet zum **Phu Wiang National Park** (อุทยานแห่งชาติภูเวียง; ☎043 358073; 200 B, Auto/Motorrad 30/20 B).

Der Park liegt in einem hufeisenförmigen Gebirge mit nur einem einzigen Zugang. Wiang Kao, der Distrikt in diesem Gebirge, ist ein Obstanbaugebiet, das sich wunderbar mit dem Auto erkunden lässt und einen guten Einblick in das traditionelle Leben auf dem Land bietet.

Sehenswertes

Die meisten Besucher kommen hierher, um sich die Fossile von Dinos anzuschauen, die in einigen **Ausgrabungsstätten** (แหล่งขุดค้นไดโนเสาร์; 8.30–16.30 Uhr) zu bewundern sind. Der Abschnitt im Norden hat eine neue Straße, über die man bequem zu den **Fußstapfen der Dinos** (รอยเท้าไดโนเสาร์หินลาดป่าชาด) und zu Phu Wiangs größtem und bestem **Wasserfall** (น้ำตกตาดฟ้า) kommt.

Außerhalb des Parks befinden sich das **Phu Wiang Dinosaur Museum** (พิพิธภัณฑ์ไดโนเสาร์ภูเวียง; ☎043 438206; Erw./Kind 60/30 B; Di–So 9–17 Uhr) und der fotogene **Si Wiang Dinosaur Park** (อุทยานไดโนเสาร์ศรีเวียง; tagsüber) GRATIS.

Schlafen & Essen

Phu Wiang wird meistens im Rahmen eines Tagesausflugs von Khon Kaen besucht. Es geht aber auch anders. Es gibt ein paar Hotels außerhalb des Parks und zwei einfache Campingplätze im Park. Im Ort selbst kann man bei Gastfamilien übernachten (der Aufenthalt muss aber vorab über ein Reisebüro in Khon Kaen organisiert werden). Wer campen will, muss sich im Besucherzentrum anmelden. Verpflegung nicht vergessen.

Beim Besucherzentrum gibt es ein einfaches Restaurant, das aber nachmittags schließt. Eine größere Auswahl hat man außerhalb des Parks.

Pruksa Garden House HOTEL $
(☎043 291639; http://pruksagardenhouse.com; Phu Wiang–Nong Kae Rd; DZ mit Frühstück 400–900 B; P) Das beste Hotel in der Gegend um den Phu Wiang National Park befindet sich in einiger Entfernung von den Bergen in der Stadt Phu Wiang. Die unterschiedlich großen Bungalows in ruhiger Umgebung haben ein gutes Preis-Leistungs-Verhältnis.

Chuan Chom Resort HOTEL $
(☎080 450 2502; chuanchomresort@gmail.com; DZ 600 B; P) Die limonengrünen Bungalows gegenüber vom Museum wirken nicht mehr taufrisch, doch für eine Nacht sind sie immer noch akzeptabel, wenn man so nah wie möglich beim Nationalpark sein möchte. Recht gut ist das Restaurant vorne.

Tat Fa Campsite CAMPINGPLATZ $
(☎043 358073; mit eigenem Zelt 30 B pro Pers., 3-Pers.-Leihzelt 325 B; P) Dies ist der bessere der beiden Campingplätze im Phu Wiang National Park. Er befindet sich in der Nähe des Tat-Fa-Wasserfalls. Einfacher, einsam gelegener Campingplatz.

An- & Weiterreise

Der Parkeingang befindet sich 90 km westlich von Khon Kaen. Minivans (100 B, 2 Std., 6–18 Uhr 6-mal) fahren von Khon Kaens Old Air-conditioned Bus Terminal bis zum Nationalpark und vorbei am Phu Wiang Dinosaur Museum.

Nam Nao National Park

Eins der wertvollsten Naturschutzgebiete Thailands, der **Nam Nao National Park** (อุทยานแห่งชาติน้ำหนาว; ☎081 962 6236; Hwy 12; 200 B, Auto/Motorrad 30/20 B), erstreckt sich auf einer Fläche von 966 km² über das Phetchabun-Gebirge westlich von Khon Kaen. Bei einer Durchschnittshöhe von 800 m ist es hier das ganze Jahr über recht kühl (*nám nŏw* bedeutet „das Wasser fühlt sich kalt an"), und im Dezember und Januar kann es sogar Frost geben. Zwischen die Laub- und Nadelwälder mischen sich einige große Bambushaine.

Der Nam Nao National Park liegt im Western Isaan Forest Complex, einem 6000 km² großen Areal aus acht miteinander verbundenen Naturschutzgebieten und mit reichem Tierbestand. Hier gibt es so viele Elefanten, dass der Campingplatz und die Bungalows durch einen elektrischen Zaun geschützt sind. Wer etwas Glück hat, erspäht vielleicht Malaienbären, Gaur (Wildrinder), Schuppentiere, Goldschakale, Muntjaks und Gibbons. Es gibt sogar ein paar wenige Tiger. Zudem bevölkern mehr als 200 Vogelarten den Wald, darunter Doppelhornvögel und Silberfasane. Da hier die Sicht ausgesprochen gut ist, gibt es in Thailand eigentlich kaum einen besseren Ort, um Vögel zu beobachten.

Sehenswertes & Aktivitäten

Vom Besucherzentrum ausgehend führen vier beschilderte Wanderwege (1, 3, 4,5 bzw. 5,8 km) durch eine Vielzahl von Habitaten. Wer andere Orte im Park erkunden will, benötigt einen Ranger, so auch für die besten Tierbeobachtungsspots südlich der Fernstraße. **Scheinwerfer-Trips** (800 B pro LKW) können im Besucherzentrum organisiert werden.

Phu Khor Viewpoint AUSSICHTSPUNKT
(จุดชมวิวภูค้อ; Hwy 12, Nam Nao National Park) Phu Khor bietet zwar zu jeder Zeit einen grandiosen Blick, ist aber bei Sonnenaufgang am tollsten. Der große Berg am Horizont ist der Phu Kradueng (S. 404). Phu Khor liegt 5 km westlich des Besucherzentrums und ist von der Schnellstraße in nur fünf Minuten bergauf zu erreichen. Kleintransporter bringen die Besucher zu den Aussichtspunkten (50 B pro Pers. oder 600 B pro Fahrzeug). Einen Sitzplatz muss man im Besucherzentrum reservieren.

Tham Pha Hong Viewpoint AUSSICHTSPUNKT
(จุดชมวิวถ้ำผาหงษ์; Hwy 12, Nam Nao National Park) 11 km vom Besucherzentrum befindet sich der nächstgelegene Ort für einen guten Ausblick zum Sonnenuntergang. Zum Aussichtspunkt verkehren Pick-up-Trucks für 70 B pro Person bzw. 840 B pro Fahrzeug – im Besucherzentrum reservieren!

Nam Tok Haew Sai WASSERFALL
(น้ำตกเหวทราย; Hwy 12, Nam Nao National Park) Der Nam Tok Haew Sai liegt etwa 900 m von dem Parkplatz am Fahrbahnrand entfernt und ist ein wunderschöner Wasserfall, der über mehrere Gesteinsschichten 20 m in die Tiefe stürzt. Etwas weiter unten an dem gleichen Weg befindet sich der kleinere Nam Tok Sai Thong. Der Besuch der beiden Wasserfälle lohnt sich nur in oder kurz nach der Regenzeit. Der Spaziergang dorthin ist aber zu jeder Jahreszeit schön.

Schlafen & Essen

Die Unterkünfte im Nam Nao sind für thailändische Nationalparks überdurchschnittlich gut. Die billigsten **Bungalows** (☎081 962 6236; http://nps.dnp.go.th/reservation.php; Bungalow 4–12 Pers. 1000–4000 B; P), in denen vier bis 30 Personen übernachten können, sind recht alt; die teureren sind groß, modern und sehr gemütlich. Auch der **Campingplatz** (☎081 962 6236; mit eigenem Zelt 30 B pro Pers., Camping-Set (Zelt, Schlafsäcke, Kissen & Bodenmatten) für 2 Pers. 250 B; P) ist gut.

Es gibt zwei sehr gute Restaurants (geöffnet normalerweise von ca. 6–20 Uhr), die Thai- und Isan-Gerichte servieren, sowie in der Nähe des Besucherzentrums einen kleinen Lebensmittelladen, wo man Snacks bekommt. Wer nachmittags bestellt, kann sich sein Essen abends ins Zimmer oder auf den Campingplatz bringen lassen.

An- & Weiterreise

Vom New Bus Terminal in Khon Kaen nimmt man einen Bus Richtung Phitsanulok, aber nicht vergessen, dem Fahrer oder Fahrkartenkontrolleur zu sagen, dass man in Nam Nao (175 B, 2½ Std.) aussteigen möchte. Der Eingang zum Park liegt an der Hauptstraße, das Besucherzentrum und sämtliche Unterkünfte liegen 1,5 km weiter in den Park hinein.

KURZ & BÜNDIG

EINWOHNER
3 Mio.

ENTFERNUNG VON BANGKOK NACH KO SAMET
168 km

TOLLE TAUCHSPOTS
Ko Rang (S. 509)

BESTES SEAFOOD-RESTAURANT
Pan & David Restaurant (S. 486)

BESONDERER SCHREIN
Sanctuary of Truth (S. 486)

REISEZEIT

Dez.– März Hochsaison, auf Ko Chang und Ko Samet ist am meisten los und die Preise sind hoch. Es ist durchgehend sonnig und trocken.

Okt./Nov. Am Ende der Regenzeit ist die Landschaft üppig grün und die Preise sind moderat.

April Kurz vor dem Monsunregen ist es heiß, doch die meisten Boote fahren noch. Dies ist eine gute Reisezeit, vor allem um Songkran.

Sanctuary of Truth (S. 486), Pattaya
AMNAT30/SHUTTERSTOCK ©

Ko Chang & Ostküste

Die beiden Inseln Ko Samet und Ko Chang locken die meisten Traveller an Thailands Ostküste. Doch auch das Festland hat viele Attraktionen zu bieten – insbesondere den zauberhaft altmodischen Charme von Trat und Chanthaburi und natürlich die Expat-Enklave Pattaya.

Ko Samet ist die nächstgelegene große Insel im Umkreis von Bangkok und bei Luxus-Backpackern sehr beliebt. Weiter unten an der Küste liegt die zweitgrößte Insel Thailands: Auf Ko Chang kann man tauchen, an den Stränden der Westküste relaxen, durch dichten Dschungel wandern und – nach ausreichender Erholung – in eine turbulente Partyszene eintauchen.

Deutlich weniger Reisende zieht es nach Si Racha und Bang Saen, dabei lohnen beide mit ihren Seafood-Lokalen einen Zwischenstopp, Bang Saen punktet darüberhinaus mit einem langen Strand. In direktem Kontrast dazu steht das laute, wilde Pattaya mit seinem ausschweifenden Nachtleben, aber auch diversen familienfreundlichen Attraktionen.

INHALT

Highlights

1 Ko Chang (S. 505) Auf Thailands zweitgrößter Insel schnorcheln und durch den Dschungel wandern

2 Ko Kut (S. 518) Am Traumstrand der südöstlichen Insel die Seele baumeln lassen

3 Ko Wai (S. 522) Auf der winzigen Nachbarinsel von Ko Chang mit den Fischen im glasklaren Wasser schwimmen

4 Ko Samet (S. 492) Auf der bezaubernden Insel von Bucht zu Bucht wandern

5 Chanthaburi (S. 499) Durch die schöne Altstadt am Fluss bummeln

6 Trat (S. 502) In dem altmodischen Geschäftsviertel mit den vielen Holzhäusern auf Zeitreise gehen

7 Ko Si Chang (S. 485) Vom netten Si Racha aus einen Tagesausflug auf die friedliche Ko Si Chang unternehmen

8 Pattaya (S. 486) Wasserparks, Seilrutschen und andere Attraktionen im überraschend familienfreundlichen Pattaya genießen

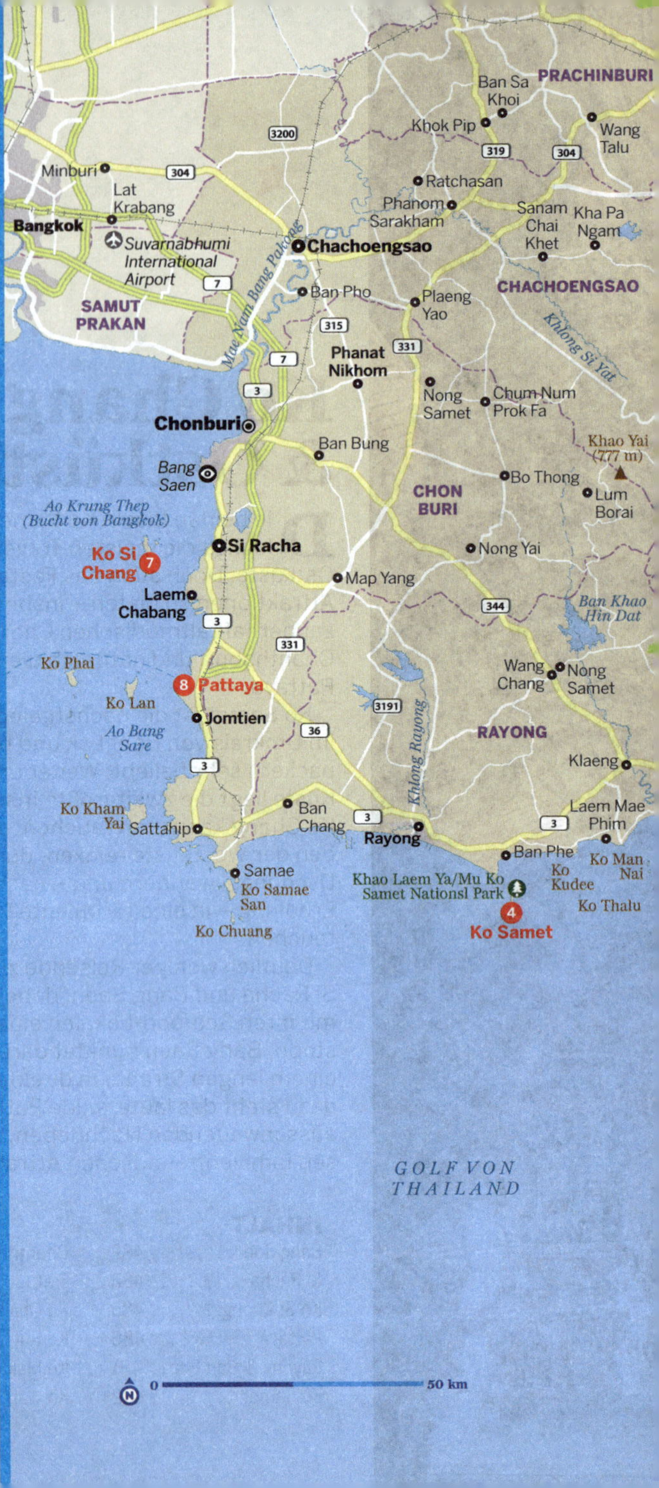

Kabin Buri
33
SA KAEO
Ta Phraya
Sa Kaew
Lam Prachinburi
Non Mak Mun
348
Ang Sila
Huay Jot
33
Khao Chakan
Watthana Nakhon
Aranya Prathet
Poipet
Sisophon
Sai Diaw
3395
Non Sao-Eh
317
Khlong Hat
Khao Takrup (660 m)
Wang Mai
KAMBODSCHA
Khao Daeng
Thun Khanan
Khao Soi Dao Nua (1566 m)
Tamun
Battambang
CHANTHABURI
Khao Chamao (1024 m)
Pung Ngon
Nong Chek Soi
Nong Khla
Ban Pakard
Takra
Psar Pruhm
Pong Nam Ron
Pailin
Khao Khitchakut National Park
Khao Chamao-Khao Wong National Park
317
Si Yaek Kong Din
3
Makham
Khung Wiman
Tha Mai
5 Chanthaburi
Chang Thun
Ban Pa-Ah
Laem Sadet
Nam Tok Phlio National Park
Chao Lao
Ta Chalap
Chak Yai
Nong Sii
Laem Sing
Khlung
3157
Pong
Dan Chumpon
Laem Ko Proet
Tha Chot
3271
3394
TRAT
Bang Kradan
Trat
6
Ban Noen Sung
3156
Laem Muang
Laem Ngop
Ao Trat
318
KAMBODSCHA
Tha Sen
Laem Sok
1
Ko Chang
Hat Mai Rut
Mu Ko Chang National Marine Park
Ko Khlam
3
Mai Rut
Ko Wai
Hat Ban Chun
Ko Kradat
Ko Ran
Ko Mak
Khlong Yai
Ko Mai Si
2 Ko Kut
Hat Lek
Koh Kong

Bang Saen

☎0984 / 45 000 EW.

Mit seiner Nähe zu Bangkok ist der Badeort Bang Saen (บางแสน) ein beliebtes Wochenendziel für die Stadtbewohner. Der schöne 4 km lange Strand ist von Palmen gesäumt. Dicht an dicht stehen die Liegestühle unter Sonnenschirmen. Am südlichen Horizont ist die Skyline von Pattaya zu erkennen, doch das ist eine völlig andere Welt. Bang Saen ist immer noch ein sehr thailändischer Badeort mit besonders leckeren Meeresfrüchten.

Sehenswertes

Nezha Sathaizhu Temple BUDDHISTISCHER TEMPEL

(ศาลเจ้าหน่าจาซาไท้จื้อ, Wihahn Tepsatit Pra Giti-chairloem; Ang Sila; ⌚8–17 Uhr; P) GRATIS Vor dem prachtvollen Tempel im chinesischen Stil erhebt sich eine mächtige Säule, die Himmel und Erde symbolisiert. Das Innere des vierstöckigen Baus wird von komplexen Malereien und herrlichen Skulpturen geziert. Das Dekor umfasst viele Drachen und Fledermäuse, die jeweils Glückssymbole sind. Die Einheimischen beten und opfern hier regelmäßig. Wer Letzteres selbst tun will, bekommt bereitwillig die Rituale erklärt. Rund 5 km nördlich von Bang Saens Strand liegt der Tempel an der Hauptstraße in Ang Sila.

Khao Sam Muk HÜGEL

(เขาสามมุข, Affenberg; ⌚Straße 5–23 Uhr) Auf dem kleinen Hügel leben Hunderte gieriger Rhesusaffen mit flinken Händen. Achtung: Die Tiere auf keinen Fall füttern, da sie sonst noch aggressiver werden!

Mangrove Forest Conservation Centre NATURSCHUTZGEBIET

(ศูนย์ศึกษาธรรมชาติและอนุรักษ์ป่าชายเลนเพื่อการท่องเที่ยว; ☎038 398268; Ang Sila; ⌚8.30–18.30 Uhr) GRATIS Das Gebiet ist so unbekannt, dass selbst viele Einheimische nichts von seiner Existenz wissen. Durch die Mangroven führt ein 2 km langer Rundweg aus Holzplanken. Zu sehen gibt's hier u. a. Krebse, Herzmuscheln und Schlammspringer. Interessant sind auch die Geräusche und Gerüche.

Schlafen & Essen

Song Row Guesthouse PENSION $

(☎038 193545; Soi 1, Bang Saen Sai 1; DZ mit/ohne Bad 400/300 B) Die Pension ist gleich die erste in einer langen Reihe von Unterkünften in dieser Straße hinter dem Strand. Es gibt kein englisches Namensschild, doch die Pension ist gut an den roten und weißen rautenförmigen Fliesen zu erkennen. Der Familienbetrieb bietet makellose Zimmer mit eigenem oder Gemeinschaftsbad. Das schönste Zimmer hat ein eigenes Bad, einen großen Kühlschrank und einen Balkon zur Straße hinaus. Warmes Wasser und Klimaanlage kosten jeweils 50 B extra.

Alice Hostel HOSTEL $

(☎096-8489984; www.facebook.com/alices2019; B/DZ 350/700 B) Das hellrote Hostel mit Café und Bar im Haus steht in günstiger Lage am großen Kreisverkehr beim Strand. Die Schlafsäle und Zimmer sind hell und luftig, die Gemeinschaftsbäder blitzsauber, und es gibt eine perfekt ausgestattete Küche. Deutlich besser als die Budget-Pensionen in der Nachbarschaft!

Andy's Seafood SEAFOOD $$

(Bang Saen Sai 1 nahe Soi 1; Hauptgerichte 120–350 B; ⌚17–24 Uhr) Andy's ist das lebhafteste Meeresfrüchterestaurant in dieser Straße hinter dem Strand. Unter sanft rauschenden Palmen genießt man gedämpften Zackenbarsch, gebratene Muscheln mit Chili und Basilikum oder überbackene Glasnudeln mit großen Garnelen.

An- & Weiterreise

In der Nähe des Hauptabzweigs nach Bang Saen fahren auf beiden Seiten der Th Sukhumvit Minivans und Busse zu folgenden Zielen ab:

Bangkok 80–110 B, 1 Std.

Pattaya 40 B, 30 Min.

Suvarnabhumi Airport 110 B, 1 Std., stündl.

Rote *sŏrng·tăa·ou* (Pickups) fahren nach Si Racha (15 B, 20 Min., 5.30–21 Uhr), blaue der Linie 1 fahren von Bang Saen nach Ang Sila.

Si Racha

☎038 / 24 000 EW.

Si Racha (ศรีราชา; sprich „Si Ra-tscha") ist das Tor zum besuchenswerten Inselchen Ko Si Chang, einer einzigartigen Mischung aus Tradition und Moderne. Bis heute sieht man hier farbenfrohe Fischerboote mit knarrenden Planken und Geräten zum Fang von Tintenfischen – inzwischen erblickt man daneben aber auch riesige Containerschiffe, die im benachbarten Hafen von Laem Chabang anlegen. Außerdem überschatten die Ergebnisse eines Baubooms zunehmend die traditionellen Flachbauten im Stadtzentrum.

Das Zentrum von Si Racha ist eine Art Klein-Tokio: In den örtlichen Sushi-Restau-

Si Racha

Si Racha

Sehenswertes
1 Ko Loi A1

Schlafen
2 Samchai Resort B3
3 Seaview Sriracha Hotel B3

Essen
4 My One B3

Ausgehen & Nachtleben
5 Common Room C3
6 Teab Ta B3

Transport
7 Busse nach Bangkok C4
8 Minivans nach Bangkok D3
9 Minivans nach Pattaya und Rayong D3
10 Sŏrng·tăa·ou nach Pattaya & Bang Saen B4

rants und Karaokebars treffen sich zahllose Japaner, die in der regionalen Industrie arbeiten. Si Rachas wahres Herz ist jedoch der malerische Hafenbereich mit geschäftigen Piers, einem ruhigen Gesundheitspark und baufälligen Pensionen auf Stelzen.

Sehenswertes

Ko Loi INSEL

(เกาะลอย) Auf der über eine 800 m lange Straße mit dem Festland verbundenen Felseninsel gibt es neben dem Fähranleger auch einen kunstvoll verzierten thailändisch-chinesischen Tempel und einen Aussichtsbereich mit Blick auf den eindrucksvollen Sonnenuntergang.

Schlafen

Samchai Resort PENSION, HOSTEL $

(☎081 963 1855; Soi 10, Th Jermjompol; DZ 350–900 B; ❄📶) Das große und sehr individuelle Samchai am Hafen hat eine vielfältige

Auswahl an Zimmern, die von zweckmäßigen „Schachteln" ohne Fenster bis hin zu klimatisierten Suiten mit Meerblick reicht. Die billigeren Zimmer haben nur einen Ventilator. Es ist Si Rachas beste Budget-Option am Wasser. Der hilfsbereite Inhaber spricht auch Englisch.

Seaview Sriracha Hotel HOTEL $$
(☎038 325700; seaview_hotel@hotmail.com; 50-54 Th Jermjompol; DZ inkl. Frühstück 990–1590 B; ❄@📶) Das sehr zentral am Wasser gelegene Hotel hat freundliches Personal, große gemütliche Zimmer mit Klimaanlage und TV und ein gutes Restaurant. Die Zimmer hinten sind mit Blick aufs Meer und die Piers und wesentlich ruhiger als die vorderen Zimmer, in denen man den Verkehrslärm hört. Es gibt keinen Aufzug.

Essen & Ausgehen

My One VIETNAMESISCH $
(☎089 693 3270; 14/10 Th Surasak 1; Hauptgerichte 50–160 B; ⊙9–21 Uhr) Das schlichte Lokal mit thailändisch-vietnamesischer Küche serviert allerlei frische und gesunde Gerichte (z. B. Salate und Frühlingsrollen aus Reispapier). Es gibt kein englisches Namensschild, doch es ist gut am Kaffee-Karren vor dem Eingang zu erkennen.

Mum Aroi SEAFOOD $$
(☎038 771555; Soi 8, Th Jermjompol; Hauptgerichte 160–550 B; ⊙10–23 Uhr; 📶) Der Name „köstliche Ecke" ist Programm: Die Stufenterrassen des Mum Aroi sind in Si Racha der beste Ort, um beim Vertilgen von Meeresfrüchten direkt aufs Wasser und das Fanggerät für Tintenfische zu schauen. Am Eingang stehen zahlreiche Aquarien mit Fischen und Meeresfrüchten. Der Preis für die meisten Gerichte richtet sich nach dem Gewicht. Das Restaurant ist direkt am Wasser 1 km nördlich von Ko Loi.

Common Room CAFÉ
(☎089 777 6419; 73 Th Jermjompol; ⊙Di–So 9–21 Uhr) Backsteinwände, weiche Sofas und jede Menge Krimskrams sowie guter starker Kaffee und leckerer Kuchen machen das Café zu einer Oase der Ruhe im Trubel von Si Racha.

Teab Ta CRAFTBIER
(www.facebook.com/teabtasriracha; Soi 16, Th Jermjompol; ⊙Mo–Fr 17–24, Sa & So 16–24 Uhr; 📶) Am langen Pier kredenzt das Teab Ta eine tolle Auswahl an Craftbieren aus aller Welt (darunter einige europäische Spitzengebräue zu europäischen Preisen). Die Uferterrasse mit schöner Aussicht ist super für den Sundowner. Auf der Speisekarte stehen typische Snacks von der Bar und schlichte Gerichte für recht wenig Geld. Aus den Boxen kommt moderne und sorgsam zusammengestellte Indie-Musik.

Praktische Informationen

Immigration Office (☎038 312571; www.immchonburi.go.th; 3/1 Th Jermjompol; ⊙Mo–Fr 8.30–16.30 Uhr) Einreisebehörde.

Krung Thai Bank (www.ktb.co.th; Ecke Th Surasak 1 & Th Jermjompol; ⊙Mo–Fr 8.30–16.30 Uhr) Mit Geldautomat und Wechselstube.

Samitivet Sriracha Hospital (☎038 324111; Soi 8, Th Jermjompol)

Anreise & Unterwegs vor Ort

Si Racha hat keinen richtigen Busbahnhof. Nahe dem Kaufhaus Robinson Department Store an der Th Sukhumvit (Hwy 3) brechen Minivans u. a. gen **Bangkok**, **Pattaya und Rayong** auf. **Busse**

VERKEHRSMITTEL AB SI RACHA

ZIEL	BUS	MINIVAN	ZUG
Bangkok Eastern Bus Terminal (Ekamai)	100 B, 1½ Std., 5–20 Uhr stündl.		
Bangkok Hua Lamphong			ab 30 B, 3¼ Std, Mo–Fr 1-mal tgl.
Bangkok Northern Bus Terminal (Mo Chit)	110 B, 2 Std., 5–19.30 Uhr stündl.		
Bangkok Suvarnabhumi International Airport	110 B; 1 Std.; 5.10–20 Uhr stündl.		
Bangkok Victory Monument		100 B; 1½ Std.; 5–20 Uhr alle 30 Min.	
Pattaya		40 B; 30 Min., häufig	

und Minivans fahren auch beim nahegelegenen Elektronik-Kaufhaus Tuk Com ab.

In der Nähe von Si Rachas südlichem **Uhrenturm** starten weiße *sŏrng·tăa·ou* (Passagier-Pickups) zum Naklua-Markt in Pattaya (40 B, 45 Min., 6–18 Uhr). Von der gleichen Stelle aus fahren auch orangefarbene *sŏrng·tăa·ou* nach Bang Saen (20 B, 20 Min., 6–18 Uhr).

Für Stadtfahrten mit Motorradtaxis bezahlt man 30 bis 40 B.

Ko Si Chang

☎038 / 5000 EW.

Ko Si Chang (เกาะสีชัง), einst eine Sommerresidenz des thailändischen Königshauses, versprüht die Atmosphäre eines Fischerdorfs. Hier warten genügend Attraktionen für einen netten Tagesausflug ab Si Racha, und für diejenigen, die sich entspannen wollen, gibt es außerdem prima Unterkünfte. Am Wochenende ist vergleichsweise mehr los: Dann kommen viele Thailänder auf die Insel, um Seafood zu essen, Selfies am Meer zu knipsen und in örtlichen Tempeln zu beten.

Am besten erkundet man die Insel mit einem Roller, den man am Pier mieten kann, denn es gibt nur wenig Autoverkehr.

Sehenswertes & Aktivitäten

Einige Einheimische veranstalten Schnorcheltrips zur benachbarten Ko Khang Khao (Fledermausinsel), wo auch ein guter Strand wartet. Ab dem Hauptpier fahren alternativ Schnellboote (400 B) dorthin.

Am Hat Tham Phang werden Kajaks für 200 B pro Stunde vermietet. Nach Ko Khang Khao paddelt man etwa 45 Minuten.

Phra Chudadhut Palace HISTORISCHE STÄTTE

(พระจุฑาธุชราชฐาน; ⌚9–17 Uhr) GRATIS Dieser Palast war früher eine Sommerresidenz von König Chulalongkorn (Rama V., reg. 1868–1910). Nach einer kurzen Besetzung der Insel durch Frankreich (1893) wurde er jedoch aufgegeben. Der herrliche Hauptthronsaal (auch bekannt als Vimanmek Teak Mansion) aus vergoldetem Teakholz wurde 1910 nach Bangkok gebracht. Übrig blieb eine gartenartige Anlage mit recht unauffälligen Gebäuden im viktorianischen Stil, die teils Museen (Mo geschl.) beherbergen. Ab dem Fährkai sind es 15 Gehminuten bis zum Palast.

San Chao Pho Khao Yai BUDDHISTISCHER TEMPEL

(ศาลเจ้าพ่อเขาใหญ่) GRATIS Die wohl eindrucksvollste Sehenswürdigkeit der Insel: Der prachtvolle Tempel mit vielen Drachen stammt aus jenen alten Tagen, in denen chinesische Handelsschiffe im Schutz der Insel vor Anker gingen. Heute feiern zahllose chinesische Touristen ihr Neujahrsfest im Februar auf Ko Si Chang. Zum Tempel gehören mehrere Höhlenschreine sowie Aussichtsplattformen mit schönen Blicken auf die Insel und das Meer. Der Komplex liegt gleich nördlich des Dorfs.

Sichang Healing House MASSAGE

(☎081 572 7840; abseits Th Makham Thaew; Massage 300–600 B; ⌚Do–Di 9–16 Uhr) Die zauberhafte Besitzerin dieses Paradiesgartens spricht Englisch und bietet verschiedene tolle Massagen (300–600 B) an. Zudem verkauft sie selbstgemachte Gesundheitsprodukte und vermietet schlichte Zimmer mit Bambuswänden (300 B).

Schlafen & Essen

Rim Talay Resort HÜTTEN $

(☎089 091 6974; Th Makham Thaew; DZ 800–1500 B) Die Unterkunft hinter dem Pan & David Restaurant besteht aus soliden Hütten und Bungalows auf einem weitläufigen Gelände, zu dem auch ein Trockendock mit charaktervoll umgebauten Fischerbooten gehört.

Somewhere Ko Sichang BOUTIQUEHOTEL $$

(☎038 109400; www.somewherehotel.com; 194/1 Mu 3, Th Thewawong; DZ inkl. Frühstück 2600–3600 B; P❄≋) Das moderne und stilvolle Hotel ist ein erholsames, charmantes Refugium mit Swimmingpool und Meerblick. Die 20 stylischen Zimmer sind riesig und mit maritim angehauchtem Dekor ausgestattet. Die meisten punkten außerdem mit Meerblick und einem Balkon. Für einen Aufenthalt sprechen auch das schöne Hausrestaurant Verandah und das engagierte Personal.

Charlie's Bungalows PENSION $$

(☎061 749 4242; Th Makham Thaew; DZ 1000–1100 B; P❄📶) Die ganz in Weiß gehaltenen Bungalows stehen in einem Garten und sind mit TVs und DVD-Playern ausgestattet. Das Personal ist freundlich und hilfsbereit. Für Wochenenden und Feiertage im Voraus buchen!

FlowerBlue CAFÉ $

(☎081 305 5544; www.facebook.com/flowerblue.coffee; Hauptgerichte 70–280 B; ⌚7–22 Uhr; 📶) Besucher aus Bangkok schätzen das trendige Café mit stets belebter Atmosphäre für seine Klimaanlage und seine fairen Preise.

Auf der Karte stehen u.a. Frühstück, Burger und Kaffeespezialitäten. Echte Pflanzen und Blumenbilder zieren die ansprechenden Räumlichkeiten.

★ Pan & David Restaurant INTERNATIONAL, THAI $$

(☎038 216629; www.ko-sichang.com; 167 Mu 3, Th Makham Thaew; Hauptgerichte 150–450 B; ⏲Mo, Di, Do & Fr 10–22.30, Sa & So 8.30–22 Uhr;) Fleisch von freilaufenden Hühnern, selbstgemachtes Eis, eine anständige Weinkarte, tolles thailändisches Essen und ein paar italienische Gerichte machen das Pan & David immer zur guten Wahl. Das Restaurant hat sich auf frische Meeresfrüchte – Tintenfisch, Krabben, Garnelen und Fisch – direkt vom Boot spezialisiert.

ℹ Praktische Informationen

Auf der Internetseite des Restaurants Pan & David (www.ko-sichang.com) findet man viele nützliche Infos über die Insel.

Die **Kasikornbank** (99/12 Th Atsadang; ⏲8.30–15.30 Uhr) hat einen Geldautomaten und eine Wechselstube. Außerdem gibt's einen Geldautomaten bei 7-Eleven am Anfang des Piers.

ℹ Anreise & Unterwegs vor Ort

Am Koi Loi Pier von Si Racha starten Boote nach Ko Si Chang (einfache Strecke 50 B, 45 Min., 7–20 Uhr stündl.). Diese kurven beim Auslaufen um die vielen Frachter vor Anker in der Bucht herum. In Ko Si Chang starten die Boote stündlich von 6–19 Uhr.

Auf Ko Si Chang fahren Motorradtaxis vom Pierende für 30 bis 50 B zu beliebigen örtlichen Zielen. Touren mit geschmückten *săhm·lór* (oder auch *săamláw*; Fahrradrikschas) klappern für 250 B die wichtigsten Sehenswürdigkeiten der Insel ab.

Am Pier kann man Motorräder (pro Std./Tag/24 Std. 80/250/300 B) ausleihen.

Pattaya

☎038 / 320 000 EW.

Auch wer genau weiß, was einen in Pattaya erwartet, wird doch von der Fülle sinnlicher Eindrücke überrascht. Das multikulturelle, supertouristische Pattaya (เมืองพัทยา) hat ein paar hervorragende Unterkünfte und Restaurants. Zudem säumen viele familienfreundliche Resorts die umliegende Küste. Die Stadt selbst ist jedoch kein Tropenparadies und gilt mit Hunderten von Bierkneipen, Go-Go-Bars und Massagesalons zu Recht als Sex-Metropole. Ansonsten steht Pattaya im Zeichen des „normalen" Massentourismus: Zu zahllosen Sonnenanbetern und ausländischen Pensionären gesellt sich hier ein hektischer und fast konstanter Strom von riesigen Tourgruppen. Etwas ruhiger und entspannter ist es außerhalb des Zentrums.

Die Stadt erstreckt sich rund um den Rand der halbmondförmigen **Ao Pattaya**. In den 1960er-Jahren war diese weite Bucht eins von Thailands ersten Stranddomizilen, in denen US-Soldaten aus Vietnam ihren Fronturlaub verbrachten. Auf Süd-Pattaya (Pattaya Tai) konzentriert sich bis heute das örtliche Nachtleben, während Nord-Pattaya (Pattaya Neua) vergleichsweise vornehmer ist.

◉ Sehenswertes

Sanctuary of Truth BUDDHISTISCHES DENKMAL

(ปราสาทสัจธรรม; ☎038 367 2229; www.sanctuaryoftruth.com; Soi Naklua 12; Erw./Kind 450/225 B; ⏲8–18 Uhr) Das ganz aus Holz, aber ohne einen einzigen Nagel errichtete Heiligtum der Wahrheit, das zudem einen himmlischen Blick aufs Meer bietet, lässt sich am besten als visionären Lebensraum beschreiben, einer Mischung aus Kunstinstallation, religiösem Schrein und Kulturdenkmal. Die Architektur ist ebenso beeindruckend wie die Lage, denn die vier Flügel des Heiligtums sind jeweils der thailändischen, kambodschanischen (Khmer), chinesischen und indischen religiösen Bilderkunst gewidmet.

Anek Kusala Sala MUSEUM

(อเนกกุศลศาลา/วิหารเซียน, Viharn Sien; ☎038 343555; abseits der Th Sukhumvit, Sattahip; 50 B; ⏲8–17.30 Uhr) Das bei Reisegruppen beliebte Museum zeigt über 300 eindrucksvolle chinesische Kunstwerke, vor allem Bronze- und Messingstatuen, die sowohl historische Persönlichkeiten als auch buddhistische, konfuzianische und taoistische Gottheiten darstellen. Gegründet wurde es von dem in China aufgewachsenen Thai Sanga Kulkobkiat zur Förderung der Freundschaft zwischen beiden Ländern.

Um zu dem 16 km südlich des Zentrums von Pattaya gelegenen Museum zu gelangen, fährt man mit einem *sŏrng·tăa·ou* (25 B) in Richtung Sattahip und steigt an der Abzweigung zum Wat Yangsangwaram aus. Von dort lässt man sich mit einem Motorradtaxi die letzten 5 km zum Museum fahren. Den Fahrer sollte man bitten, zu warten, damit man auf jeden Fall wieder zur Hauptstraße zurückkommt. Mit eigenem Fahrer kostet die Hin- und Rückfahrt zum Museum 1500 B.

Pattaya

Pattaya

Sehenswertes
1 Delfin-Kreisverkehr ... C1
2 Wat Phra Yai ... A4

Aktivitäten, Kurse & Touren
3 Fairtex Sports Club ... C1

Schlafen
4 Birds & Bees Resort ... A4
5 Garden Lodge Hotel ... C1
6 Nonze Hostel ... B3
7 Rabbit Resort ... A5
8 Sleep Cafe Hostel ... C1

Essen
9 Five Star J ... B3
10 La Baguette ... C1
11 Sketch Book Art Cafe ... A5
12 Thepprasit Market ... C4

Ausgehen & Nachtleben
13 Gulliver's ... C1
14 Hot Tuna ... B3

Transport
15 Bangkok Airways ... C1
16 Bell Travel Service ... D1
17 Busbahnhof ... D1

DIE STRÄNDE VON PATTAYA

Pattayas Strände wurden in den letzten Jahren immer sauberer: Rauchen und Müll wegwerfen sind verboten, der Strand selbst wurde verbreitert. Nachdem jedoch gut 400 Mio. Baht für die Strandgewinnung ausgegeben waren, spülte ein ungewöhnlich starker Monsunregen Anfang 2019 die Hälfte wieder ins Meer. Seitdem wird erneut an der Rückgewinnung des Strandes gearbeitet.

Hunderte von Booten, die direkt vor der Küste ankern, machen das Schwimmen am Stadtstrand jedoch recht unappetitlich. Deshalb sollte man zum Jomtien Beach weiter südlich gehen. Der Hat Dongtan ist schwulen- und lesbenfreundlich, der Rest sehr familienfreundlich. Im Norden liegt der ruhige und schöne Naklua Beach.

Schöne Strände gibt's auch in Bang Sare, einem Viertel mit vielen Resorts rund 20 km südlich von Pattaya.

Die schönsten Strände der Gegend sind auf Ko Samae San, einem winzigen Inselchen mit guten Schnorchelbedingungen, sowie der unter Aufsicht der thailändischen Marine stehende Hat Nahng Ram, beide 35 km südlich von Pattaya.

Wat Phra Yai BUDDHISTISCHE STÄTTE
(วัดพระใหญ่, Großer Buddha) Der riesige goldene Buddha des Wat Phra Yai sitzt auf einem bewaldeten Hügel zwischen Jomtien und Süd-Pattaya. Er stammt noch aus der Zeit, als Pattaya ein kleines, unbedeutendes Fischerdorf war. Das Ganze ist nur einen kurzen Fußmarsch vom südlichen Ende der Walking St entfernt.

Ko Lan INSEL
(เกาะล้าน) Scharen von Tagesausflüglern strömen auf die kleine Insel, die 7 km vor Pattaya liegt. Am Wochenende tummeln sich an den fünf Stränden tausende Besucher, die sich mit Bananenbooten und anderen Wasserfahrzeugen vergnügen. Die Fähren fahren vom Pier Bali Hai am südlichen Ende der Walking St zum Hauptdorf der Insel und zum Tawaen-Strand. In der Beach Rd kann man auch ein Speedboat chartern. Das letzte Boot fährt um 18 Uhr zurück.

Aktivitäten

Ramayana Water Park WASSERPARK
(☎033 005929; www.ramayanawaterpark.com; Erw./Kind 1440/1040 B; ⏲10–18 Uhr; 👪) Mit seinen vielen Becken und Rutschen bietet dieser Badepark super Spaß für die ganze Familie. Außerdem gibt's Bars und Buffetrestaurants. Etwa 20 km südöstlich von Pattaya kann man hier auch Handtücher und abschließbare Spinde mieten. Auf der Website gibt's Pauschalangebote mit Shuttles.

Flight of the Gibbon ABENTEUERSPORT
(☎053 010660; www.flightofthegibbon.com; Tour 3999 B) Zwischen Pattaya und Bangkok führt dieser Seilrutschen-Parcours (3 km, 26 Plattformen) durch die Baumwipfel des Khao Kheow Open Zoo. Die ganztägigen Touren lassen sich um zusätzliche Aktivitäten erweitern (z. B. Zoobesuch, Meistern eines Hindernis-Parcours im Dschungel). Kinder ab einer Körpergröße von 100 cm dürfen allein die Seilrutsche benutzen; kleinere bzw. jüngere Kids können Tandemfahrten mit Erwachsenen unternehmen. Die Besucher werden kostenlos in Bangkok oder Pattaya abgeholt.

Schlafen

Für thailändische Verhältnisse sind Pattayas Unterkünfte ziemlich teuer. Es werden jedoch immer mehr Hostels für Backpacker und recht preiswerte Mittelklassehotels eröffnet. Aufgrund der starken Konkurrenz findet man in allen Kategorien auch immer wieder günstige Angebote. Unterkünfte im Stadtzentrum oder Süd-Pattaya sind zwar in der Regel günstiger, aber auch näher am laut pulsierenden Nachtleben. Die bekannten Hotels konzentrieren sich auf Nord-Pattaya und Teile von Naklua. Budget-Optionen gibt's in Soi Bua Khao und Jomtien.

Sleep Cafe Hostel HOSTEL $
(☎063 360 0005; www.sleepcafehostel.com; 78/84 Soi 1, Th Pattaya 2; B/DZ 450/1000 B; ❄📶) Das makellose Hostel in einem ruhigen Wohngebiet in Nord-Pattaya (gegenüber dem Art in Paradise) ist im eleganten japanischen Stil ausgestattet. Im ganzen Haus gibt's Klimaanlagen und WLAN, außerdem einen Sicherheitsdienst und ein Café im Untergeschoss. Die Dorms sind nach Frauen und Männern getrennt.

Nonze Hostel HOSTEL $
(☎038 711112; www.nonzehostel.com; Th Hat Pattaya; EZ/2BZ 600/1300 B; ❄📶) Schlafsäle sind

doch von gestern! Direkt am Meer lockt das Nonze mit Blick aufs Wasser und sehr schickem Innendesign im Industriestil. Die winzigen Einzel- und Zweibettzimmer sind quasi übereinander angeordnete Schlafkabinen – ziemlich interessant und schnuckelig, sofern man nicht an Platzangst leidet. Die Varianten mit zwei Betten sind vergleichsweise etwas geräumiger. Bei den Gemeinschaftsbädern gibt's nichts zu meckern, und die Lage in der Nähe der Walking St ist ideal für Nachtschwärmer.

Garden Lodge Hotel HOTEL $$
(038 429109; www.gardenlodgepattaya.net; Ecke Soi 20 & Th Naklua; DZ/Bungalow/Suite 1200/-1700/3000 B; P ❄ ≋ ≊) Das Garden Lodge am angenehmeren Ende von Pattaya ist eine gute Wahl für Familien und bei deutschen Urlaubern sehr beliebt. Rund um die altmodischen Zimmer erstreckt sich ein Landschaftsgarten mit einem großen Pool.

★ **Rabbit Resort** RESORT $$$
(038 251730; www.rabbitresort.com; Hat Dongtan, Jomtien; DZ inkl. Frühstück 3000–9000 B; P ❄ @ ≋ ≊) Das Rabbit deklassiert Pattayas meiste andere Unterkünfte in puncto Qualität: Die separat stehenden und äußerst stilvollen Bungalows bzw. Villen prunken mit Design und Kunst à la Thailand. Das Resort liegt zwischen Jomtien und Pattaya Tai. Auf dem ruhigen Strandgelände mit viel Grün gibt's auch zwei Pools (einer davon speziell für Familien). Der großartige Service trägt zum hervorragenden Preis-Leistungs-Verhältnis bei. Die Obergeschosszimmer sind besonders hell und attraktiv.

Birds & Bees Resort RESORT $$$
(038 250556; www.cabbagesandcondoms.com; Soi 4, Th Phra Tamnak; DZ 2500–11000 B; P ❄ @ ≋ ≊) Diese tropische Gartenanlage verfügt über zwei Pools und geräumige Quartiere. Sie unterstützt außerdem mit ihren Einnahmen die bemerkenswerte Arbeit der gemeinnützigen Hilfsorganisation PDA, die sich für die Entwicklung auf dem Land engagiert. Die günstigsten Zimmer im Birds & Bees Resort haben keine Fenster. Die Anlage selbst ist sehr attraktiv: An verschlungenen Fußwegen stehen Schilder mit skurrilen und nachdenklich stimmenden Kommentaren zur aktuellen Lage der Dinge. Gäste genießen direkten Strandzugang.

Essen

Die meisten Restaurants befinden sich im Amüsierviertel. Sie alle und auch die Meeresfrüchtemärkte sind im Allgemeinen überteuert und nicht gut. In den anderen Stadtteilen und außerhalb der Stadt gibt's jedoch ausgezeichnete Restaurants, die den weiten Weg lohnen.

Bang Sare, wo an den Wochenenden immer viel los ist, wartet mit trendigen internationalen und thailändischen Restaurants auf.

Thepprasit Market MARKT $
(Ecke Th Thepprasit & Th Sukhumvit; Snacks 30–80 B; Fr–So 16–22 Uhr) Neben allerlei Krimskrams und Unmengen von Klamotten gibt es auf dem gut besuchten Nachtmarkt am Wochenende auch eine große Auswahl an Smoothies, Nudelgerichten und Snacks.

★ **Sketch Book Art Cafe** INTERNATIONAL, THAI $$
(038 251625; 478/938 Mu 12, Th Tha Phraya; Hauptgerichte 125–325 B; 8.30–22 Uhr) Das großartige Café mit Künstlertouch und vielen Pflanzen bietet willkommene Erholung vom üblichen Pattaya-Vibe: Es liegt in einem großen Garten und wird innen von selbstgemalten Bildern des Inhabers geziert. Zu den frischen Thai-Gerichten auf der ellenlangen Karte gibt's leckere Smoothies. Westliche Gerichte kosten mindestens 300 B. Wer selbst kreativ den Pinsel schwingen will, kann hier auch alles Nötige dafür kaufen.

Glass House THAI $$
(081 266 6110; www.glasshouse-pattaya.com; Soi Najomtien 10, Hat Jomtien, Sattahip; Hauptgerichte 120–650 B; 11–24 Uhr; ≋) Die Gäste des komplett verglasten Strandlokals mit romantischer Atmosphäre vergraben ihre Zehen im warmen Sand, während die Kellner Seafood, Pizza und Steak servieren. Die Qualität der thailändischen Gerichte ist besonders hoch. Das Lokal liegt rund 9 km südlich von Pattayas Zentrum in Jomtien.

Five Star J VEGETARISCH $$
(www.fivestarj.com; 313/37 Th Pattaya Tai; Hauptgerichte 70–400 B; 11–23 Uhr; ✎) Das alteingesessene vegetarische und vegane Restaurant liegt nahe am Geschehen und hat eine treue Stammkundschaft. Das winzige Lokal ist makellos und hat Klimaanlage und WLAN. Von Nudeln über Currys bis zu vegetarischer Pizza und Tofugerichten ist alles sehr gut.

La Baguette CAFÉ, BÄCKEREI $$
(038 421707; www.labaguettepattaya.com; 164/1 Mu 5, Th Naklua; Hauptgerichte 260–340 B; 8–24 Uhr; ❄ ≋) Das schicke französische Café nördlich des Delfin-Kreisverkehrs serviert

ausgezeichnete Salate, Crêpes, Croissants und natürlich Baguette sowie verschiedene Sorten Kaffee und Tee. Der lichtdurchflutete Raum ist mit schönen alten Sofas ausgestattet. Am Wochenende sollte man reservieren. Es gibt noch eine Filiale in der Straße nach Jomtien.

Ausgehen & Nachtleben

Trotz dem Überangebot an immer gleichen Bierbars gibt's doch auch einige Bars, in denen man ganz in Ruhe etwas trinken kann. Die meisten gehören zu den Hotels am Strand.

Die Walking St ist recht ordinär, doch die vielen Bars sind immer noch seriöser als die Schuppen im Rotlichtviertel direkt hinter dem Strand. Auch die Soi 6 ist voller derber Bierbars.

Hot Tuna BAR
(Walking St; ⏲21 Uhr–open end) Zwischen den Touristenfallen in der Walking St gibt's einige Bars mit Livemusik, darunter hat das Hot Tuna die besten Coverbands. Sie spielen die ganze Nacht auch Wünsche der Gäste und das zumeist fehlerfrei.

Gulliver's BAR
(www.gulliverbangkok.com; Th Hat Pattaya; ⏲15–2 Uhr; 📶) Die recht pompöse Fassade im Neo-Kolonialstil und die kleine US-Freiheitsstatue täuschen: Das Gulliver's ist eine recht gewöhnliche Sportsbar am Strand. Für den Laden sprechen jedoch das anständige Bier, der gute Service, die Klimaanlage und die Abwesenheit von Bardamen.

Praktische Informationen

GELD

Banken und Geldautomaten gibt's überall.

IMMIGRATION

Immigration Office (☎038 252750; www.immigration.go.th; Soi 5, Hat Jomtien; ⏲Mo–Fr 8.30–12 & 13–16.30 Uhr).

INFOS IM INTERNET

Pattaya Mail (www.pattayamail.com) Eine von Pattayas englischsprachigen Wochenzeitungen.

Pattaya One (www.pattayaone.news) Interessante Einblicke in die dunkleren Seiten der Stadt.

Love Pattaya (https://lovepattayathailand.com) Bietet alles, was Sie schon immer über die Szene in Pattaya wissen wollten.

NOTFALL

Die Touristenpolizei hat ihre **Zentrale** (☎Notfall 1155; tourist@police.go.th) neben dem Büro von Tourism Authority of Thailand an der Th Phra Tamnak. Sie betreibt auch Posten an den Stränden von **Pattaya** und Jomtien.

Das **Bangkok Pattaya Hospital** (☎038 259999; www.bangkokpattayahospital.com; 301 Mu 6, Th Sukhumvit, Naklua; ⏲24 Std.) bietet erstklassige medizinische Versorgung.

SICHER UNTERWEGS

➡ Das größte Problem in Pattaya ist der Alkohol, der immer wieder zu Verkehrsunfällen und Schlägereien führt.

➡ Man sollte immer alle Wertsachen im Zimmersafe des Hotels lassen!

➡ Auch sollte man keine Jet-Skis mieten, da es immer wieder zu vorgetäuschten „Beschädigungen" kommt.

TOURISTENINFORMATION

Tourism Authority of Thailand (TAT; ☎038 428750; www.tourismthailand.org; 609 Th Phra Tamnak; ⏲8.30–16.30 Uhr) Das hilfsbereite Personal des Büros an der nordwestlichen Ecke des Parks Rama IX hält Broschüren und Stadtpläne bereit.

An- & Weiterreise

BUS & MINIVAN

Der zentrale **Busbahnhof** (Th Pattaya Neua) befindet sich in der Th Pattaya Neua und bietet Verbindung nach Bangkok sowie mit **Bell Travel Service** (☎084 427 4608; www.belltravelservice.com; Th Pattaya Neua) auch zum dortigen Suvarnabhumi Airport (300 B, 1½–2 Std., 6-mal tgl.). Bei rechtzeitiger Reservierung holt einen Bell Travel vom Hotel ab.

Ebenfalls zum Suvarnabhumi Airport fahren die vergleichsweise deutlich günstigeren Busse (120 B, 2 Std., stündl. 7–21 Uhr) von **Roong Reuang Coaches** (www.airportpattayabus.com), die in Jomtien nahe der Ecke mit der Th Thep Prasit an der Th Tha Phraya starten. Ab der Ecke Th Sukhumvit und Pattaya Klang rollen **Minivans** nordwärts nach Bangkok.

Minivans zur kambodschanischen Grenze brechen an der Ecke Th Sukhumvit und Th Pattaya Tai auf.

Reisebüros im Stadtzentrum arrangieren Minivantrips nach Ko Chang (550 B), Ko Mak (750 B) und Ko Kut (800B).

FLUGZEUG

Pattayas Flughafen heißt **U-Tapao** (UTP; ☎038 245595; www.utapao.com) und liegt 33 km südlich der Stadt. Taxifahrern sollte man unbedingt klar mitteilen, dass dieser Flughafen gemeint ist – andernfalls gehen die Chauffeure eventuell automatisch von Bangkok als Ziel aus!

Bangkok Airways (☎038 412382; www.bangkokair.com; Fairtex Arcade, Th Pattaya Neua),

VERKEHRSMITTEL AB PATTAYA

ZIEL	BUS	MINIVAN	ZUG
Aranya Prathet (nach Kambodscha)	340 B, 5 Std., 5-mal tgl.	260 B, 5 Std., 4–18 Uhr stündl.	
Bangkok Eastern Bus Terminal (Ekamai)	108 B, 2 Std., 4.30–23 Uhr alle 30 Min.	160 B, 2 Std., häufig	
Bangkok Hua Lamphong			ab 31 B, 4 Std, Mo–Fr 1-mal tgl.
Bangkok Northern Bus Terminal (Mo Chit)	117 B, 2½ Std., 4.30–21 Uhr alle 40 Min.	160 B, 2½ Std., häufig	
Bangkok Southern Bus Terminal	119 B, 3 Std., 6–18.30 Uhr alle 2 Std.	150 B, 2½ Std., stündl.	
Ko Samet		160 B, 1 Std., stündl.	
Rayong		80 B, 1½Std., häufig	
Si Racha		40 B, 50 Min., häufig	ab 5 B, 30 Min., Mo–Fr 1-mal tgl.

Air Asia (www.airasia.com) und **Lion Air** (https://lionairthai.com) verbinden Pattaya täglich mit Zielen in ganz Thailand.

Air Asia und ein paar andere Fluglinien bieten zudem Auslandsflüge an. Hinzu kommen regelmäßige Charterflüge.

SCHIFF/FÄHRE

Ein schneller Katamaran verbindet Pattaya mit Hua Hin. Trotz Problemen bei rauer See und der recht hohen Preise wird die neue Verbindung der **Royal Ferry Group** (☎ 038 488999; www.royalferrygroup.com) über den Golf von Thailand offenbar gut angenommen. Die Überfahrt dauert 2 Stunden und kostet 1250 bzw. 1550 B in der Standardkategorie bzw. Businessclass. Zum Zeitpunkt der Recherche verkehrte die Fähre einmal täglich um 13 Uhr.

Boote nach **Ko Lan** (30 B, 45 Min., 11-mal tgl.) legen an Pattayas Pier Bali Hai am südlichen Ende der Walking St ab.

ZUG

Der **Bahnhof von Pattaya** (☎ 038 429285) liegt im Osten der Stadt, in der Nähe der Th Sukhumvit.

Unterwegs vor Ort

Die in Pattaya als „Baht-Busse“ bezeichneten *sŏrng·tăa·ou* (Passagier-Pickups) fahren entlang der Hauptstraßen. Einfach einsteigen und beim Aussteigen 10 B bezahlen! Wer die ganze Strecke von Naklua (oder in umgekehrter Richtung) fahren möchte, muss eventuell am **Delfin-Kreisverkehr** (วงเวียนโลมา; Th Naklua & Pattaya Neua) in Pattaya-Neua umsteigen. Am Kreisverkehr verkehren außerdem Baht-Busse zum Busbahnhof. Wer noch weiterfahren möchte, kann einen ganzen Baht-Bus chartern, sollte aber den Preis unbedingt im Voraus aushandeln.

Motorräder werden für 200 B am Tag vermietet.

Rayong & Ban Phe

☎ 038 / 70 000 EW.

Auf dem Weg nach Ko Samet kommt man höchstwahrscheinlich durch diese beiden Städte. Im großen und weitläufigen Rayong (ระยอง) starten regelmäßig Busse zu allen möglichen Zielen. Rund 18 km weiter östlich liegt der kleine Hafenort Ban Phe (บ้านเพ) mit einem recht schönen Strand und Fährverbindungen nach Ko Samet

Schlafen & Essen

Rayongs zahlreiche Unterkünfte befinden sich größtenteils außerhalb des Zentrums. In Ban Phe gibt's ebenfalls viele Pensionen für unter 700 B. Zudem ist die Verkehrsanbindung nicht gut, und so gibt's eigentlich keinen Grund, länger in den beiden Städten zu bleiben.

La Paillote PENSION $
(☎038 651625; www.lapaillotebanphe.com; Ban Phe; DZ 700–900 B; ❄📶) Von dieser anständigen Budget-Option in Ban Phe ist es nicht weit bis zum Strand und zum Fährhafen. Unter den einfachen, aber komfortablen und gut ausgestatteten Zimmern sind auch gute Optionen für Familien. Weitere Pluspunkte sind das freundliche Personal und das hauseigene Freiluftrestaurant mit Bar.

Rayong President Hotel HOTEL $
(☎038 622771; www.rayongpresidenthotel.com; Soi Klongkhud, abseits der Th Sukhumvit, Rayong; DZ 600–850 B; P❄📶) Rayongs andere Bleiben sind größtenteils besser als diese, liegen aber alle ein gutes Stück außerhalb vom Zentrum. Zudem gehört das Rayong

President zu den wenigen örtlichen Optionen in Laufentfernung zum zentralen Busbahnhof 1. Die ansatzweise renovierten Zimmer haben ein akzeptables Preis-Leistungs-Verhältnis und sind bei Verzicht auf Frühstück günstiger.

Vom Busbahnhof überquert man die Th Sukhumvit und geht dann nach rechts. Bei der Siam Commercial Bank an der Ecke geht es dann links weiter.

Tamnanpar THAI $$

(☎038 652884; 167/6 Mu 7, Ban Phe; Hauptgerichte 150–350 B; ⏲12–24 Uhr; 📶) Obwohl hier regelmäßig Reisebusse einkehren, lohnt sich das eindrucksvolle Resort-Restaurant im Regenwaldstil dennoch. Die im Dschungelstil designten Toiletten sind wirklich sehenswert, und das Thai-Essen ist sehr gut. Es gibt auch einen schönen Wasserpark (Erw./Kind 200/100 B). Das Restaurant ist rund 750 m abseits der Hauptstraße zwischen Rayong und Ban Phe.

An- & Weiterreise

Rayong hat zwei Busbahnhöfe: den zentralen **Busbahnhof 1** und den neueren **Busbahnhof 2** etwa 7 km nordwestlich der Innenstadt. Fernbusse nutzen den Busbahnhof 2. Zwischen den beiden verkehren regelmäßig *sŏrng·tăa·ou* (Passagier-Pickups; 15 B, 20 Min.).

Ab Busbahnhof 2 fahren Minivans zum Eastern (Ekamai) und Northern (Mo Chit) Bus Terminal in Bangkok (jeweils 160 B, 3½ Std., 4.40–20 Uhr stündl.). Unterwegs kann man sich am letzten AirportLink-Bahnhof vor dem Suvarnabhumi Airport absetzen lassen. Weitere Minivans rollen nach Pattaya (100 B, 2 Std.), Chanthaburi (150 B, 2 Std.) und Trat (200 B, 3 Std.).

Von Ban Phe aus schippern normale Boote und Schnellboote regelmäßig nach Ko Samet. Gegenüber vom örtlichen Nuanthip-Pier besteht eine Busverbindung zu/ab dem Eastern Bus Terminal in Bangkok (Ekamai; 170 B, 4 Std., 7–18 Uhr alle 2 Std.).

In Ban Phe brechen Minivans zudem nach Laem Ngop auf, von wo aus Boote nach Ko Chang (250 B, 3 Std., 3-mal tgl.) starten, und zum Victory Monument in Bangkok (200 B, 4 Std., alle 40 Min.). Um nach Pattaya zu kommen, ist es billiger, zunächst nach Rayong zu fahren und dort umzusteigen.

Unterwegs vor Ort

Sŏrng·tăa·ou rollen vom Busbahnhof 1 in Rayong regelmäßig nach Ban Phe (25 B, 30 Min., alle 15 Min.) und fahren dort in die Gegenrichtung vor den Hauptpiers ab.

Ko Samet

Das winzige Ko Samet (เกาะเสม็ด) war lange ein Backpacker-Paradies, das schnell von Bangkok aus zu erreichen war, lockt heute aber viele thailändischen und chinesischen Reisegruppen an. Jedes Wochenende stürmen Scharen von Ausflüglern aus Bangkok die feinen Sandstrände und kleinen Buchten mit azurblauem Wasser, um zu feiern. Derweil sind der Hauptstrand und viele Hotels und Resorts fest in der Hand von Pauschaltouristen aus aller Welt. Während es an den Stränden im Norden jeden Abend Feuershows und Grillpartys gibt, ist der südliche Teil der Insel noch recht ruhig und abgeschieden.

Ko Samet

Sehenswertes

1 Ao Hin Khok C7
2 Ao Phai C3
3 Ao Phutsa C3
4 Ao Prao B2
5 Ao Thian B4
6 Ao Wai B5
7 Ao Wong Deuan B4
8 Hat Sai Kaew D7
9 Khao Laem Ya/Mu Ko Samet National Park B2
10 Aussichtspunkte an der Südspitze A7

Schlafen

11 Ao Nuan Bungalows B3
12 Apaché B5
13 Baan Minnie D6
14 Blue Sky B4
15 La Lune Beach Resort B4
16 Lima Coco Resort B2
17 Mossman House D6
18 Nimmanoradee Resort A7
19 Paradee Resort A6
20 Samed Pavilion Resort C3
21 Samet Ville Resort B5
Silver Sand ..... (s. 20)
22 Tubtim Resort C3
23 Viking Holidays Resort B4

Essen

24 Banana Bar D6
25 Funky Monkey D6
26 Jep's Restaurant C7
27 Kitt & Food D7
28 Ploy Talay D7
29 Sea Breeze C7

Ausgehen & Nachtleben

Audi Bar ..... (s. 25)
30 Breeze B2
31 Talay Bar D2

Ko Samet

0
1 km
Laem Noi Na
Ao Noi Na
Ban Phe (7 km)
Laem Phra
Ao Wiang Wan
Ao Noi
Ao Kham
Sŏrng·tăa·ou-Haltestelle
Na Dan Pier
Ao Klang
International Clinic Ko Samet
NA DAN
s. Detailplan
30
16
Ao Prao
4
Khao Laem Ya/ Mu Ko Samet National Park
9
31
Laem Yai
Ao Hin Khok
Ao Hin Khok
20
2
Ao Phai
3
22
Ao Phutsa (Ao Tub Tim)
11
Laem Rua Taek
Ao Nuan
Ao Nuan
Ao Cho
Ao Cho
Nationalpark-büro
14
7
15
Ao Wong Deuan
GOLF VON THAILAND
Ao Sangthian
5
Ao Thian
23
Ao Lung Dam
12
GOLF VON THAILAND
21
6
Ao Wai
Ao Kiu Na Nai
19
Ao Kiu Na Nok
18
Laem Khut
Nationalpark-büro
Ao Karang
10
0
200 m
13
Ko Samet Health Centre
24
25
17
Hauptbüro der Parkverwaltung
Taxi-stand
28
27
8
29
26
1
A
B
C
D

ABSTECHER

INSELTOUREN

Zusammen mit neun anderen Inseln gehört Ko Samet zum Khao Laem Ya/ Mu Ko Samet National Park. Obwohl auch diese Inseln touristisch etwas erschlossen sind, kommen die meisten Besucher nur für einen Tag. **Ko Kudee** bietet einen hübschen kleinen Sandstrand, klares Wasser zum Schnorcheln und einen kurzen Wanderweg. Auf Ko Man Nai befindet sich mit dem **Rayong Turtle Conservation Centre** ein geschützter Brutplatz für die vom Aussterben bedrohten Meeresschildkröten, über die das kleine Besucherzentrum ausführlich informiert.

Die Veranstalter der Bootsfahrten, die direkt an den beliebten Stränden zu finden sind, haben die verschiedensten Touren im Angebot (ab 500 B pro Pers.).

Doch trotz dieser Beliebtheit und der unmittelbaren Nähe zu Bangkok ist Ko Samet überraschend wenig erschlossen. Das Inselinnere ist noch immer von dichtem Dschungel bedeckt, der bis an die niedrigen Hotels heranreicht. In den Buchten im Süden stehen zumeist nur ein oder zwei Resorts.

Sehenswertes & Aktivitäten

Manche Inseln stehen für Strand-Hopping, während man auf Ko Samet grandiose Buchten entlang eines Küstenpfads abklappert. Dieser passiert auch felsige Landzungen und Wälder voller zirpender Zikaden. Weiter gen Süden werden die Buchten stückweise menschenleerer.

Unter den angebotenen Aktivitäten vor Ort sind Kajakfahren, Parasailing, Tauchen, Schnorcheln, Stehpaddeln (SUP) und Angeln. Die angebotenen Inseltouren kosten zwischen 400 und 1500 B, je nachdem, wie viele Inseln besucht werden.

Schlafen

Obwohl immer mehr Resorts die einstigen Bungalows ersetzen, sind die meisten Unterkünfte auf Ko Samet noch einfach und altmodisch. So sind durchaus Zimmer mit Ventilator für weniger als 700 B zu haben. Ein Bungalow mit Klimaanlage und Meerblick kostet zwischen 1000 und 1500 B. An den Stränden südlich von Hat Sai Kaew gibt's jedoch nur eine Handvoll Unterkünfte. In der Nebensaison und unter der Woche sind die Preise generell niedriger.

Eine Anmerkung zum Thema Lärm: An den Stränden von Hat Sai Kaew, Ao Hin Khok, Ao Phai und Ao Wong Deuan werden jede Nacht lautstarke Partys gefeiert.

Hat Sai Kaew & Na Dan

Nahe dem Fähranleger und in der Verlängerung von Na Dan im Nordosten erstreckt sich der breiteste, belebteste und wildeste Strand der Insel. Am Hat Sai Kaew wimmelt es von Sonnenanbetern, Sarong-Verkäufern, Schnellbooten, Jet-Skis und Restaurants, die praktisch den ganzen Strand für sich beanspruchen. Zusätzlich fallen noch Scharen von Pauschaltouristen ein. Abends wird es dann nochmal lebhafter, wenn mindestens zweimal pro Woche eine Feuershow stattfindet.

Mossman House PENSION $

(☎ 038 644017; Hat Sai Kaew; DZ 800–1200 B; ❄ 📶) Die solide Pension hat große gemütliche Zimmer, die alle auf die Veranda hinausgehen. Viele Bäume sorgen für angenehmen Schatten. Die Pension ist in der Hauptstraße kurz vor dem Kassenhäuschen des Nationalparks. Die hinteren Zimmer sind deutlich ruhiger, denn die Bar auf der anderen Straßenseite ist bis spät in die Nacht geöffnet.

Baan Minnie PENSION, APARTMENTS $$

(☎ 086 691 9662; Silver Park Ave, Na Dan; DZ 1000–1400 B, Apt. ab 2000 B; P ❄ 📶) Hinter der Hauptstraße von Ko Samets Hauptdorf erstreckt sich diese Reihe von Terrassenhäusern mit verschiedenen Unterkünften, darunter sind z. B. gepflegte „Houses" (Apartments; teilweise zwei in einem Gebäude) mit Platz für sechs Personen. Alle Quartiere haben feste, bequeme Matratzen und schickes Dekor der modernen Art, manche auch eine Terrasse mit Sitzgelegenheiten. Hier geht's ziemlich zwanglos zu: Die Gäste sind auf sich allein gestellt.

Ao Hin Khok & Ao Phai

Ao Hin Khok ist ruhiger als Hat Sai Kaew weiter nördlich und wird von einem vergleichsweise jüngeren Publikum besucht. Es gibt jede Menge Unterkünfte und Restaurants.

Jenseits der felsigen Landzunge westlich von Ao Hin Khok liegt die hübsche Bucht Ao Phai. Sie ist bei Backpackern sehr beliebt und hat einige gute Bars und Restaurants.

Silver Sand RESORT $$
(☎038 644300; www.silversandsamed.com; Ao Phai; DZ/3BZ/FZ inkl. Frühstück 2500/3500/4500 B; P ❄) Das ständig wachsende Silver Sand ist momentan noch ein Miniresort mit Läden, einem Restaurant, einer belebten LGBT-Bar und einem Nachtclub. Die Atmosphäre wirkt etwas unpersönlich. Dafür entschädigen die anständigen Zimmer in super Strandlage und nahe am Geschehen.

Samed Pavilion Resort RESORT $$$
(☎089 097 1112; www.samedpavilionresort.com; 89/1 Moo 4, Ao Phai; DZ inkl. Frühstück 2550–6000 B; P ❄ @) Am Rand eines geselligen Poolbereichs verteilen sich die eleganten und geräumigen Unterkünfte des feschen Resorts auf zwei Stockwerke. Dank vieler spezieller Familienzimmer, der Lage abseits der Straße und dem Strandzugang ist dies eine gute Option für Familien. Bei Onlinebuchung sind die Preise am niedrigsten; in der Nachsaison gibt's aber oft direkt reservierbare Sonderangebote. Unter der Woche bezahlt man generell deutlich weniger für die Zimmer.

Ao Phutsa & Ao Nuan

Südlich der Ao Hin Khok und Ao Phai schafft die reizende, sandige Ao Phutsa den Spagat zwischen recht guter Erreichbarkeit und erträglichen Besucherzahlen. Frühmorgens und abends ist der Strand am schönsten.

★ **Ao Nuan Bungalows** BUNGALOWS $$
(☎038 644334, 081 781 4875; Ao Nuan; Bungalow mit Ventilator/Klimaanlage 900–1200/1500–3000 B; ❄) Am Ende einer unbefestigten Piste versteckt sich diese Anlage abseits der Hauptstraße an Samets einziger verbliebener „Boheme-Bucht". Der Dschungelhang mit den reizenden Holzbungalows erstreckt sich bis hinunter zum Meer. Die Zimmerauswahl reicht von einfachen Varianten mit Ventilatoren und Kaltwasser in Gemeinschaftsbädern bis hin zu klimatisierten Romantik-Refugien mit eleganten Terrassenmöbeln. Auf dem Gelände gibt's auch eine Bar und ein schlichtes Restaurant. Wer mehr Action braucht, findet diese ein paar Gehminuten entfernt am Tubtim Beach. Die Zimmer können per SMS gebucht werden.

Tubtim Resort RESORT $$
(☎038 644025; www.samedtubtim.com; 13/15 Moo 4, Ao Phutsa; DZ inkl. Frühstück mit Ventilator/Klimaanlage 630–1050/2100–4500 B; P ❄) Das alteingesessene Resort an der Ao Phutsa (Ao Tub Tim) liegt direkt an einem versteckten Sandstrand. Es bietet eine große Auswahl an Holz-Cottages von einfachen Budget-Hütten mit Ventilator bis zu großzügigen Bungalows mit Klimaanlage. Die Atmosphäre ist sehr gesellig: Jeden Abend gibt's Barbecue, und es gibt eine gute Strandbar und ein Restaurant. Die besten Cottages stehen direkt am Strand, den man vom Bett aus sehen kann.

Ao Wong Deuan & Ao Thian

Ao Wong Deuan („Halbmondbucht") ist nach dem Hat Sai Kaew der lebhafteste Strand auf Samet. Es gibt eine Reihe von Resorts und noch mehr einfache Pensionen. Der breite halbmondförmige Strand mit seichtem Wasser ist besonders gut für Kinder geeignet. Der strahlend weiße Sand ist voller Spuren und Löcher der winzigen Strandkrabben. Die Fähre von Ban Phe auf dem Festland nach Ao Wong Deuan (hin & zurück 140 B) verkehrt zwei- bis dreimal täglich, am Wochenende auch häufiger.

Der mit großen Felsbrocken durchsetzte Sandstrand von Ao Thian ist eine Oase der Ruhe. Er ist einer der lässigsten, entspanntesten Strände auf Ko Samet und unter der Woche herrlich einsam. Am Wochenende fallen Studenten aus Bangkok ein, die näch-

INSIDERWISSEN

EINTRITTSGEBÜHR FÜR DEN STRAND

Ko Samet gehört zum **Khao Laem Ya/Mu Ko Samet National Park** (อุทยานแห่งชาติเขาแหลมหญ้า-หมู่เกาะเสม็ด; ☎038 653034; www.dnp.go.th; Erw./Kind 200/100 B) und verlangt von allen Besuchern eine Eintrittsgebühr (Erw./Kind 200/100 B). Wer in Thailand lebt und arbeitet und dies nachweisen kann, bezahlt nur 40 B wie die Thais. Der Eintritt muss im **National Parks Main Office** (www.dnp.go.th; Hat Sai Kaew; ⏲8.30–20 Uhr) bezahlt werden. Die *sŏrng·tăa·ou* (Passagier-Pickups), die am Pier warten, halten an der Kontrollstelle an, damit die Besucher den Eintritt bezahlen können. Die Eintrittskarte unbedingt für spätere Kontrollen aufbewahren!
Es gibt ein weiteres **Büro des Parks** (Ao Wong Deuan; ⏲8.30–16.30 Uhr) in Ao Wong Deuan. Ansonsten kassieren die Parkranger den Eintritt beim Anlegen der Schnellboote. Das Anlegen am Pier von Na Dan kostet 20 B.

telang den Sternen mit ihren Gitarren huldigen. Es gibt ein paar zwanglose Bungalowanlagen. Das südliche Ende des Strandes wird auch als Ao Lung Dam bezeichnet.

Apaché BUNGALOWS $
(☎081 452 9472; Ao Thian; DZ 800–1500 B; ❄ 📶) Das ultraentspannte Apaché liegt am Südende einer ruhigen Straße. Vielerlei schräge Deko-Elemente und fröhlich-wilde Farben verleihen der Anlage einen gewissen Charakter. Die einfachen Bungalows haben ein akzeptables Preis-Leistungs-Verhältnis. Das Hausrestaurant auf Stelzen ist ebenfalls empfehlenswert.

Blue Sky BUNGALOWS $
(☎089 936 0842; Ao Wong Deuan; DZ 800–1200 B; ❄📶) Das Blue Sky zählt zu den wenigen Budget-Bleiben an der Ao Wong Deuan. An dessen Nordende stehen verwitterte Bungalows auf einer Felszunge. Die freundlichen Inhaber akzeptieren Vorausbuchungen nur ungern.

★ **Viking Holidays Resort** BUNGALOWS $$
(☎038 651126; www.vikingholidaysresort.com; 101/4 Moo 3, Ao Thian; DZ inkl. Frühstück 1500–1800 B; P❄📶🐾) An diesem ruhigen Strandabschnitt liegen mehrere Bungalow-Anlagen mit lässiger Atmosphäre. Eine davon ist das gut geführte Viking mit Teppichböden und dekorativen Muschelketten in hübschen, kompakten Zimmern. Das ausgesprochen freundliche und hilfsbereite Personal spricht gut Englisch. Im Gegensatz zu vielen anderen Optionen auf Ko Samet kann man hier online buchen und den Standort seines Bungalows selbst wählen.

La Lune Beach Resort HOTEL $$$
(☎Ko Samet 089 892 9690, Reservierung in Bangkok 02 260 3592; www.lalunebeachresort.com; Ao Wong Deuan; DZ inkl. Frühstück 3000–7000 B; P❄📶🏊) Das La Lune steht für Samets neue Seite: Stilvolle Nobelresorts am Strand anstatt billiger Hütten. Die 40 Zimmer in sanften Farbtönen (grünlich, grau, weiß) haben künstlich gealterte Holzfußböden. Rund um einen zentralen Pool verteilen sie sich auf die drei Stockwerke eines U-förmigen und zum Strand hin offenen Komplexes. Zu den Annehmlichkeiten zählen Kabelfernsehen, Zimmersafe und Security rund um die Uhr.

Ao Wai

Das zauberhafte Ao Wai wirkt sehr abgeschieden, obwohl es nur 1,5 km von Ao Thian entfernt liegt.

Samet Ville Resort RESORT $$
(☎038 651682; www.sametvilleresort.com; Ao Wai; DZ & Cottage 2000–4000 B, FZ 4500–5800 B; P❄ 📶🏊) Das 4,5 ha große Samet Ville säumt gleich zwei Buchten – Ao Wai und Ao Hin Kleang. Sein grünes Gelände verspricht Ruhe und Erholung in Abgeschiedenheit. Die Zimmer mit verschiedenen Standards liegen alle nur ein paar Schritte vom tollen Strand entfernt. Für den Preis sind sie jedoch ziemlich eng und heruntergekommen. Zudem erscheint das Personal inkompetent.

Ao Prao

Die Ao Prao an Samets Westküste hat einen der schönsten Inselstrände. Sie wirkt recht abgeschieden, wird aber von drei Spitzenklasseresorts gesäumt. Außerdem ist sie sehr beliebt bei thailändischen Tagesausflüglern. Abends kann man bei einem Cocktail den herrlichen Sonnenuntergang beobachten.

Lima Coco Resort RESORT $$$
(☎Bangkok 02 129 1140; www.limaresort.co.th; Ao Prao; DZ inkl. Frühstück 3990–7290 B; ❄📶🏊) An der Ao Prao liegen drei noble Resorts. Das günstigste davon ist das Lima Coco in der Mitte. Über einen Hang hinter dem Strand verteilen sich hier kompakte Zimmer mit weißem Putz und verschiedenen Standards. Für den leicht heruntergekommenen Eindruck entschädigen das engagierte Personal und die Extras wie Massagen am Strand und andere Annehmlichkeiten.

Ao Pakarang & Ao Kiu

Auf der südlichsten Inselspitze dominieren Exklusivität und Diskretion.

Nimmanoradee Resort RESORT $$
(☎038 644271; www.nimmanoradee.com; Ao Pakarang; DZ inkl. Frühstück 3000–3800 B; P❄📶) Das südlichste Resort der Insel paart Idylle mit viel Platz, freundlichem Personal, guten Bademöglichkeiten, einer hübschen kleinen Landzunge und achteckigen Bungalows in fröhlichen Farben. Gäste können Kajaks und Schnorchelausrüstung für Erkundungen ausleihen. Das Personal ist sehr freundlich, und das nette Freiluftrestaurant serviert ausgezeichnetes Essen zu fairen Preisen. Am Wochenende ist es teurer.

Paradee Resort RESORT $$$
(☎038 644284; www.samedresorts.com/paradee; 76 Moo 4, Ao Kiu; Villa inkl. Frühstück 15 000–35 000 B, Suite ab 70 000 B; P❄📶🏊) Das ele-

gante Resort nahe der südlichen Inselspitze (Westseite) gehört auf Samet zu den exklusivsten und luxuriösesten seiner Art. Die hier gebotene Privatsphäre ist vom Feinsten: Die mit Stroh gedeckten Villen haben meist eigene Whirlpools und sind diskret abgeschirmt. Der schöne Strand davor ist praktisch privat. Die Barterrasse auf der anderen Straßenseite punktet mit einem hervorragenden Blick auf den Sonnenuntergang über dem Meer.

Essen

Essen und Service sind auf Ko Samet nicht gerade spektakulär. In den zahllosen Restaurants und Bars gibt's lieblos zubereitetes Thai-Essen und kaltes Bier. Die Restaurants von Hotels und Pensionen veranstalten gelegentlich Grillpartys am Strand mit allen Arten von Meeresfrüchten.

Auch viele billige Thai-Restaurants in der Hauptstraße von Na Dan haben sich auf Meeresfrüchte spezialisiert.

Banana Bar THAI $

(☎038 644033; Na Dan; Hauptgerichte 80–250 B; ⏲11–23.30 Uhr) Die Banana Bar an der Hauptstraße wirkt gleichzeitig heruntergekommen und seltsam attraktiv. Es empfiehlt sich für seine rundum köstliche Thai-Küche zu erschwinglichen Preisen. In recht kleinen Portionen kommen hier z. B. Currys, Salate und Gerichte der Isan- (nordostthailändischen) Küche auf den Tisch.

Funky Monkey INTERNATIONAL $$

(Na Dan; Hauptgerichte 70–450 B; ⏲8.30–23 Uhr; 📶) Das Restaurant beim Eingang zum Nationalpark am Ende der Straße serviert angeblich die beste Pizza auf Ko Samet. Ganz sicher bietet es eine gute Auswahl an internationalem Essen wie englischem Frühstück und Burger sowie die üblichen thailändischen Standardgerichte. Außerdem gibt es gutes Bier, und man lernt andere Traveller kennen.

Kitt & Food SEAFOOD, THAI $$

(☎038 644087; Hat Sai Kaew; Hauptgerichte 100–450 B; ⏲9–22.30 Uhr) Das Kitt & Food ist besser als die meisten anderen Strandrestaurants der Insel, besonders Romantiker werden das Lokal mögen: Die Tische werden hier fast von den Wellen umschwappt. Am besten studiert man die ellenlange Karte gar nicht erst, sondern konzentriert sich gleich auf das Seafood (die Meeresfrüchte sind die Spezialität des Hauses). Gäste können hier zwischen verschiedenen Arten von frischem Fisch (meist aus Zucht) wählen und auch die Zubereitungsweise selbst bestimmen.

Jep's Restaurant INTERNATIONAL $$

(☎038 644112; Ao Phai; Hauptgerichte 150–450 B; ⏲7–23 Uhr) An den Ästen eines großen Baums baumeln Hängelichter über diesem hübschen Strandrestaurant. Auf der langen internationalen Speisekarte mit mexikanischen und italienischen Gerichten sowie Crêpes stehen auch ein paar thailändische Gerichte.

Ploy Talay SEAFOOD, THAI $$

(☎038 644212; Hat Sai Kaew; Hauptgerichte 110–400 B; ⏲11–23 Uhr; 📶) Am Hat Sai Kaew gibt's mehrere mittelmäßige Strandrestaurants. Das betriebsamste davon ist das Ploy Talay, dessen optisch (und olfaktorisch) eindrucksvolle Feuershow (tgl. 20.30 Uhr) stets viele Besucher anlockt. Das Spektakel lässt sich auch vom Strand aus beobachten, wird hier aber bevorzugt bei Seafood in ruhiger Atmosphäre (für die das Personal strikt sorgt) bewundert. Die Essensqualität ist akzeptabel; Gäste bezahlen jedoch in erster Linie für die Lage.

Sea Breeze SEAFOOD, THAI $$

(Ao Phai; Hauptgerichte 70–280 B; ⏲11–23 Uhr) Der Name passt: Die Tische des Meeresfrüchterestaurants stehen direkt am schönen Strand Ao Phai. Es gibt auch Grillgerichte und ein paar westliche Gerichte.

Ausgehen & Nachtleben

Am Wochenende steppt der Bär auf Ko Samet: Reisegruppen aus aller Welt üben sich in Karaoke, die Jugend schüttet sich mit Bier zu und tanzt zur Techno-Musik ab. Vor allem in Hat Sai Kaew, Ao Hin Khok, Ao Phai und Ao Wong Deuan ist ständig Party angesagt.

Audi Bar BAR

(☎084 418 8213; Na Dan; ⏲16–4 Uhr; 📶) Die Audi Bar an der Hauptstraße teilt sich ein Obergeschoss mit einem Fitnessstudio. Inmitten von Pooltischen und Samets typischen Neon-Graffiti schaut man hier prima auf das Treiben auf der Straße hinunter. Die Atmosphäre ist ausgesprochen einladend: Das Personal sorgt dafür, dass sich alle Gäste wohlfühlen. Beim Heimschwanken von den Stranddiscos genehmigen sich viele Nachtschwärmer noch einen Absacker in dem Laden.

Talay Bar BAR

(☎083 887 1588; Hat Sai Kaew; ⏲14–24 Uhr; 📶) Am Ostende des belebtesten Inselstrandes

GRENZÜBERGANG NACH KAMBODSCHA: VON BAN PAKARD NACH PAILIN

Anreise zur Grenze Minivans (☎092 037 6266) fahren in Chanthaburi an einer Haltestelle gegenüber dem River Guest House (S. 500) ab. Dort bucht man auch die Fahrt nach Ban Pakard (200 B, 1½ Std., 10 und 12 Uhr). Vom Busbahnhof fahren auch frühmorgens *sŏrng·tăa·ou* (Passagier-Pickups) ab (100 B, 2 Std.).

An der Grenze Hier geht es sehr viel ruhiger und unkomplizierter zu als am Grenzübergang Poipet weiter nördlich. Für die Einreise benötigt man ein Passbild und muss die Visagebühr von 30 US$ bezahlen. Kambodschanische E-Visa werden hier offiziell nicht anerkannt, doch vereinzelt kamen Reisende damit durch. Hier werden auch grundsätzlich 35 US$ für das Visum verlangt.

Weiterreise Mit dem Motorradtaxi geht es weiter nach Pailin. Von dort fahren regelmäßig Sammeltaxis (5 US$ pro Pers., 1½ Std.) ins malerische Battambang. Danach nimmt man ein Boot nach Siem Reap oder den Bus nach Phnom Penh.

(und somit abseits der Hauptaction) wird der Eingang dieser fetzigen Bar von fröhlichem Dekor, brennenden Fackeln und thailändischen Nationalflaggen geziert. In fröhlicher Atmosphäre relaxt man bei Cocktails und Bier auf dem Sand. Die Getränkekarte hat ein unpraktisches Riesenformat.

Breeze BAR
(☎038 644100; www.samedresorts.com; Ao Prao Resort, Ao Prao; ⏲7–22.30 Uhr; 📶) Das zauberhafte Küstenrestaurant auf der westlichen Inselseite ist super für einen Sundowner. Der Nachteil: Es lässt sich nur mit privaten Verkehrsmitteln oder zu Fuß (2,5 km ab dem Hat Sai Kaew) erreichen.

Praktische Informationen

Auf Ko Samet gibt's viele Geldautomaten. Man findet sie z. B. in einigen Resorts, nahe dem Na Dan Pier oder vor der 7-Eleven-Filiale hinter dem Hat Sai Kaew – ebenso in Ao Wong Deuan, Ao Thian und Ao Phutsa.

Die **Touristenpolizei** (☎24 Std. 1155) ist in der Hauptstraße zwischen Na Dan und Hat Sai Kaew. Es gibt auch einen Posten (☎24 Std. 1155) in Ao Wong Deuan.

International Clinic Ko Samet (☎038 644414, Notruf 086 094 0566; Na Dan; ⏲8–20 Uhr, Notaufnahme 8–24 Uhr) Das private Krankenhaus beim Fähranleger hat Englisch sprechendes Personal.

Das **Ko Samet Health Centre** (☎081 861 7922, 038 644123; ⏲Notaufnahme 24 Std.) ist in der Hauptstraße zwischen Na Dan und Hat Sai Kaew.

An- & Weiterreise

In Ban Phe auf dem Festland gibt's viele Piers, von denen man mit diversen Fährgesellschaften nach Ko Samet schippern kann. Diese Firmen verlangen jeweils dieselben Preise (einfache Strecke/hin & zurück ab Festland 70/100 B, einfache Strecke ab Insel 50 B, 40 Min., 8–17 Uhr stündl.) und steuern alle Ko Samets Hauptpier **Na Dan** (Benutzungsgebühr 20 B) an. Dort legt das letzte Boot zum Festland täglich um 18 Uhr ab.

Wer eine Unterkunft an der Ao Wong Deuan oder weiter südlich hat, kann vom Festland aus per Fähre oder Schnellboot direkt zum Strand fahren (Fähre/Schnellboot 90/300 B, 2- bis 3-mal tgl.).

Die Schnellboote (einfache Strecke 200–500 B) fahren auch direkt zu einem bestimmten Strand, allerdings erst, wenn genügend Passagiere an Bord sind. Alternativ kann man auch ein ganzes Boot für rund 1500 B chartern.

Vorsicht an den Piers von Ban Phe: Dort werden oft überteuerte Tickets für Fähren und Schnellboote angeboten. Zudem wollen einem viele Verkäufer unbedingt einen Schnellboottrip aufschwatzen, z. B. mit der erfundenen Behauptung, dass in den nächsten Stunden keine langsamen, normalen Boote ablegen würden. Die geltenden Ticketpreise hängen im Fenster des Büros aus.

Von Bangkok aus kann man z. B. einen Bus zum Busbahnhof 2 in Rayong nehmen und dort in einen Minivan nach Ban Phe umsteigen. Die meist schnellere Alternative besteht darin, per *sŏrng·tăa·ou* (Passagier-Pickup) zum Busbahnhof 1 (25 B) in Rayong zu fahren und dort in ein weiteres *sŏrng·tăa·ou* nach Ban Phe zu steigen. Keine Direktverbindung nach Rayong besteht jedoch am Suvarnabhumi Airport in Bangkok. Wer dort landet, muss sich nach Pattaya oder zu Bangkoks Eastern Bus Terminal (Ekamai) begeben und dort jeweils gen Rayong bzw. Ban Phe umsteigen.

In Gegenrichtung lassen sich leicht Minivans nach Bangkok (250 B), zum Suvarnabhumi

Airport (500 B), zu den Piers von Ko Chang (250 B) und zu anderen Zielen arrangieren. Die Agenturen in Bangkok (z. B. in der Khao San Rd) verkaufen auch Minibus-Tickets nach Ko Samet zum gleichen Preis.

Unterwegs vor Ort

Das kleine Ko Samet kann hervorragend zu Fuß erkundet werden. Ein Straßennetz verbindet die meisten Orte der Insel.

Grüne **sŏrng·tăa·ou** erwarten die Bootspassagiere am Pier und bringen sie zu den verschiedenen Inselstränden (20–200 B je nach Strand und Passagierzahl). Bei Privatmiete schlagen die Vehikel offiziell mit 150 bis 700 B zu Buche; meist lässt sich aber ein Rabatt aushandeln. „Taxis" warten auch an einer **Haltestelle** (Hat Sai Kaew) vor dem Nationalparkeingang.

In der nördlichen Inselhälfte gibt's fast überall Leihmotorräder (pro Std./Tag 100/300 B, an abgelegeneren Stränden bis zu 500 B/Tag). Die örtlichen Straßen sind gut, dennoch ist Vorsicht auf den steilen Gefällestrecken geboten! Zwischen dem Fährhafen und der südlichen Inselspitze liegen sieben Straßenkilometer. Freunde von vier Rädern können auf Ko Samet auch Golfmobile mieten.

Chanthaburi

☎039 / 126 000 EW.

Chanthaburi (จันทบุรี) ist eine faszinierende Stadt am Fluss, wo jedes Wochenende funkelnde Edelsteine von Saphiren bis Smaragde auf einem lebhaften Straßenmarkt gehandelt werden. In dessen Nähe zeugen die schön restaurierten Ufergebäude der zauberhaften Altstadt vom chinesischen, französischen und vietnamesischen Einfluss auf die örtliche Kultur und Architektur.

Während des 19. Jhs. flohen vietnamesische Christen vor der Verfolgung im damaligen Cochinchina (Südvietnam) nach Chanthaburi. Von 1893 bis 1905 besetzte Frankreich die Stadt anlässlich eines Grenzstreits zwischen Siam und Indochina. In den 1920er- und 1940er-Jahren trafen weitere Vietnamesen ein – dieses Mal auf der Flucht vor der französischen Kolonialherrschaft. Eine dritte Flüchtlingswelle folgte 1975 nach der kommunistischen Machtübernahme in Südvietnam.

Sehenswertes

Chanthaburi ist gut zu Fuß zu erkunden. Besonders sehenswert sind das historische Stadtviertel Chanthaboon und der große King Taksin Park.

★ Chanthaboon Waterfront Community HISTORISCHE STÄTTE
(ชุมชนริมน้ำจันทบูร; Th Sukhaphiban) In dem entzückenden Stadtteil am Ufer des Mae Nam Chanthaburi stehen viele restaurierte Häuser, vor denen ältere Einheimische mit ihren Nachbarn plauschen. Das **Learning House** (ศูนย์เรียนรู้ประจำชุมชนริมน้ำจันทบูร; ☎081 945 5761; 69 Th Sukhaphiban; ⌚Sa & So 10–19 Uhr) GRATIS dokumentiert die Geschichte des Viertels mit Fotos, Gemälden und Bauplänen. Das Obergeschoss beherbergt u. a. Zeichnungen von komplexen Hausbelüftungssystemen, die gleichzeitig chinesische Schriftzeichen und französische Lilien aufweisen.

Vor gut 300 Jahren begannen die Bauern und Kaufleute der Region, ihre Waren auf dem Fluss zu transportieren und ihn als Handelsweg zu nutzen. Später kamen auf dem Fluss chinesische und vietnamesische Händler und Flüchtlinge in die Stadt. Heute stehen in der 1 km langen Straße am Fluss immer noch viele Wohnhäuser, doch locken zunehmend Kunstgalerien, Cafés und Essensstände die Wochenendausflügler aus ganz Thailand.

Edelsteinmarkt MARKT
(ตลาดพลอย; Th Si Chan & Trok Kachang; ⌚Fr–So 9–18 Uhr) Jedes Wochenende wird's laut auf den ansonsten ruhigen Straßen rund um die Th Si Chan (auch bekannt als „Gem Road"): Dann feilschen hier viele Edelsteinhändler schnatternd um die Kostbarkeiten. Ungeachtet der edlen Waren geht's dabei zu wie auf einem normalen thailändischen Markt – die Menschen drängen sich um die provisorisch aufgebauten Tische und untersuchen die losen Steine, die in Kleinmengen darauf liegen.

Kathedrale der Unbefleckten Empfängnis KATHEDRALE
(⌚Mo–Sa 9–12 & 13–15, So 11–15 Uhr) GRATIS Thailands größte Kathedrale steht am Ostufer des Mae Nam Chanthaburi. Aus einer schlichten Kapelle (erb. 1711) wurde hier nach vier Umbauten das heutige Gotteshaus im gotischen Stil. Eindrucksvolle Buntglasfenster und eine Empore verleihen dem Inneren die Atmosphäre eines mittelalterlichen Saals. Über 200 000 Saphire zieren die Marienstatue am Eingang – ein Zeichen der engen Verbindung zwischen Religion und Edelsteinhandel.

Wat Phai Lom BUDDHISTISCHER TEMPEL
(วัดไผ่ล้อม; ☎086 794 8949; ⌚8–17 Uhr) GRATIS Anfang des 18. Jhs. wurde mit dem Bau des

Chanthaburi

Highlights
1 Chanthaboon Waterfront Community ... C2

Sehenswertes
2 Kathedrale der Unbefleckten Empfängnis ... D2
3 Chanthaboon Learning House ... C2
4 Edelsteinmarkt ... C3
5 Wat Phai Lom ... D3

Schlafen
6 Baan Luang Rajamaitri ... C2
7 Chernchan Hostel ... C3
8 River Guest House ... C3

Essen
9 786 Muslim Restaurant ... C3
10 Chanthorn ... C2
11 Jay Pen Yentafo ... D3
12 Koff House ... C3

großen Tempels begonnen. Er besteht aus der hohen, kunstvoll verzierten Ordinationshalle mit Fresken und einem weiteren Gebäude mit einem riesigen liegenden Buddha.

Schlafen

River Guest House PENSION $
(☎090 936 7499; www.facebook.com/theriverguesthouse; 3/5-8 Th Si Chan; DZ 450–700 B, 3BZ/FZ 850/950 B; ❄📶) Direkt am Fluss liegt diese freundliche Pension neben einer lärmigen Brücke. Für die einfachen Betten in den schlichten Zimmern entschädigt ein Sitzbereich mit Blick aufs Wasser. Die günstigsten Quartiere teilen sich ein Gemeinschaftsbad. Die Varianten mit Warmwasser und Klimaanlage sind etwas teurer. Gäste können außerdem Fahrräder und Mopeds ausleihen.

Chernchan Hostel HOSTEL $$
(☎065 573 8841; www.facebook.com/chernchan2017; 43/11-13 Th Tirat; B 450 B, DZ 900–1500 B; ❄📶) An einer ruhigen Gasse in Flussnähe punktet dieses Boutiquehostel mit Leihfahrrädern, freundlichem Personal und markantem Design der modernen Art. Die Zimmer und Schlafsäle sind kompakt, aber komfortabel. Das Café im Untergeschoss des Hostels serviert üppiges Frühstück (nur im Zimmer- und nicht im Bettenpreis enthalten). Es werden auch Fahrräder verliehen.

★ **Baan Luang Rajamaitri** HISTORISCHES HOTEL $$$
(☎088 843 4516; www.baanluangrajamaitri.com; 252 Th Sukhaphiban; Zi. inkl. Frühstück 1690–1990 B, Suite 3290–3490 B; ❄📶) 🍃 Das historische und sorgfältig restaurierte Hotel in

kommunalem Besitz ist nach einem einheimischen Philanthropen benannt. Im Herzen des Uferviertels wartet es mit wunderbar charaktervollen und eleganten Zimmern auf. Dunkles Holzmobiliar, knarrende Bodendielen und eine tolle Uferterrasse verleihen ihm eine großartige Atmosphäre. Die günstigsten Zimmer mit komfortablen Stockbetten und Miniterrassen sind recht klein. Kuriose Antiquitäten zieren das ganze Haus.

Essen & Ausgehen

Die örtlichen Spezialitäten sind Nudeln mit Krabben und Schweinefleisch mit *chamung*-Blättern. Eine Gastromeile säumt die Th Sukhaphiban; im ganzen Zentrum findet man aber noch viele weitere Restaurants. Am anderen Flussufer gibt's einige Freiluftrestaurants, von denen man auf Chanthaboon blickt.

Die charaktervollsten Cafés und Bars in der Th Sukhaphiban haben auch Holzterrassen direkt am Fluss.

786 Muslim Restaurant INDISCH $

(☎081 353 5174; Th Si Chan; Hauptgerichte 50–110 B; ⊙Di–So 9.30–18 Uhr) Muslimische Thais leiten mitten zwischen Chanthaburis vielen Edelsteinläden dieses Restaurant. Serviert werden hervorragende *paratha*, *biryani*, Currys, Fleischbällchen und Chai-Tees.

Jay Pen Yentafo THAI $

(☎039 325430; Wat Phai Lom; Nudeln 100 B; ⊙9–15.30 Uhr) Die pinkfarbene Nudelsuppe mit Krabben gab dem Restaurant im Wat Phai Lom seinen Namen. Die Einheimischen lieben es.

★Chanthorn THAI $$

(102/5-8 Th Benchamarachutit; Hauptgerichte 100–300 B; ⊙9–21 Uhr;) Der freundliche Familienbetrieb eine Straße westlich des Flusses bietet die örtlichen Spezialitäten in hervorragender Qualität: Die *chamung*-Blätter mit Schweinefleisch und die Krabbennudeln „Chanthaburi" sind besonders gut, aber alles andere ist auch ausgezeichnet. Leider schließt es manchmal schon mittags.

Koff House INTERNATIONAL $$

(☎083 649 3395; Tambon Chanthanimit; Kaffee 55–80 B, Hauptgerichte 160–890 B; ⊙Bäckerei 7.30–23 Uhr, Restaurant 8–24 Uhr) Als Bäckereicafé und schickes Restaurant steht das Koff

ABSTECHER

NATIONALPARKS IN DER NÄHE VON CHANTHABURI

In der Nähe von Chanthaburi gibt's zwei kleine Nationalparks, die sich hervorragend für einen Tagesausflug eignen. Beide sind Malariagebiet. Deshalb sollte man die üblichen Vorsichtsmaßnahmen treffen: Insektenschutzmittel benutzen und lange Hosen und Oberteile mit langen Ärmeln tragen.

Der **Khao Khitchakut National Park** (อุทยานแห่งชาติเขาคิชฌกูฏ; ☎039 452074; http://nps.dnp.go.th; 200 B; ⊙8.30–16.30 Uhr) ist 28 km nordöstlich der Stadt. Obwohl er mit 59 km^2 der kleinste Nationalpark Thailands ist, gibt's hier viele Wildschutzgebiete, und es leben noch wilde Elefanten hier. Der Wasserfall Nam Tok Krathing lohnt sich nur direkt nach der Regenzeit. Sehenswert ist aber ein Bergtempel mit einem angeblichen Fußabdruck von Buddha. Den Khao Khitchakut National Park erreicht man mit einem der *sŏrng·tăa·ou* (Passagier-Pickups), die neben dem Postamt an der Nordseite des Marktes von Chanthaburi stehen (35 B, 45 Min.). Das *sŏrng·tăa·ou* hält an der Rte 3249 etwa 1 km von der Parkverwaltung entfernt. Von dort muss man laufen. Die Rückfahrt ist problematisch. Man muss lange warten – oder trampt, wovon wir dringend abraten, weil es zu gefährlich ist.

Der beliebte **Nam Tok Phlio National Park** (อุทยานแห่งชาติน้ำตกพลิ้ว; ☎039 434528; http://nps.dnp.go.th; 200 B; ⊙8–18 Uhr) abseits des Hwy 3 ist 14 km südöstlich von Chanthaburi. Ein angenehmer, 1 km langer Weg führt rund um die Wasserfälle, die in einem Badebecken mit Karpfen enden. Ebenfalls zu sehen sind der komplett mit Moos bedeckte Phra Nang Ruar Lom Stupa (ca. 1876) und der Along Khon *chedi* (ca. 1881). Mit einem *sŏrng·tăa·ou* kann man von der Nordseite des Marktes in Chanthaburi zum Parkeingang fahren (50 B, 30 Min.). Allerdings werden die Passagiere 1 km vor dem Parkeingang abgesetzt. Mit einem gecharterten Fahrzeug kostet es 1500 B.

In beiden Parks kann man auch übernachten, Buchungen telefonisch oder online bei der Parkverwaltung (02 562 0760; www.dnp.go.th).

VERKEHRSMITTEL AB CHANTHABURI

ZIEL	BUS	MINIVAN
Bangkok Eastern Bus Terminal (Ekamai)	180 B, 4 Std., 25-mal tgl.	200 B, häufig
Bangkok Northern Bus Terminal (Mo Chit)	180 B, 4 Std., 4-mal tgl.	200 B, häufig
Nakhon Ratchasima (Khorat)	280 B, 4 Std., alle 2 Std.	
Rayong & Ban Phe		150 B, 2 Std., stündl.
Trat		70 B, 1 Std., häufig

House in starkem Gegensatz zur Altstadt am anderen Flussufer. Das junge Publikum genießt die große Auswahl an Kaffee, Tee und Frühstück im gemütlichen Café. Ältere Gäste bevorzugen eher das internationale Restaurant mit Livemusik nebenan.

Praktische Informationen

Chanthaburi Bangkok Hospital (☎039 319888; www.chanthaburihospital.com; Th Tha Luang; ⏲Notdienst 24 Std.) Im Stadtzentrum.

Anreise & Unterwegs vor Ort

Chanthaburis **Busbahnhof** (Th Saritidet) ist westlich des Flusses. Dort starten auch Minivans.

Für Stadtfahrten mit Motorradtaxis werden 20 bis 40 B fällig.

Trat

☎039 / 22 000 EW.

Trat (ตราด) ist ein wichtiger Verkehrsknotenpunkt in Richtung Ko Chang und Kambodschas Küste. Ein Besuch lohnt sich allein wegen des altmodischen (wenn auch wenig beachteten) Charmes der Stadt. Die meisten Pensionen von Trat befinden sich in den Holzhäusern eines stimmungsvollen Ladenbezirks. Dazwischen spielt sich das typisch thailändische Straßenleben in verwinkelten Gassen ab: Kinder flitzen auf Fahrrädern herum, und Menschen erledigen Besorgungen, während in kleinen Geschäften billiger Schmuck und Alltagsgegenstände verkauft werden.

Sehenswertes

Die oberen Stockwerke eines Kaufmannshauses in der Th Lak Meuang wurden absichtlich in Nistplätze der Salanganen umgewandelt, deren essbare Nester bei den Chinesen als Delikatesse gelten. Essbare Schwalbennester waren ziemlich selten (und teuer), da sie in schwindelerregender Höhe von der Decke bestimmter Höhlen gepflückt werden mussten. In den 1990er-Jahren schafften es jedoch findige Unternehmer, diese Höhlenatmosphäre in mehrstöckigen Geschäftshäusern nachzubauen. Seitdem sind die Schwalbennester ein wichtiger Geschäftszweig in Trat.

Von der Th Thana Charoen kommt man zu dem schönen **Canalside Walkway**, einem malerischen kleinen Weg mit Sitzbänken und Lampen im französischen Stil.

Trat Museum MUSEUM
(พิพิธภัณฑ์วัดบุปผาราม; Th Santisuk; Erw./Kind/Ausländer 5/10/30 B; ⏲Di–Fr 9–16, Sa & So 9.30–16.30 Uhr) Das Museum im wunderbaren Holzgebäude des ehemaligen Rathauses zeigt in sechs Räumen große Informationstafeln (in Englisch und Thai), Modelle und Ausstellungsstücke zur Geschichte der Provinz, ihrer Bevölkerung, Kultur und Archäologie sowie zu wichtigen Ereignissen wie der Seeschlacht von Ko Chang. Die umfassende Ausstellung ist sehr gut gemacht.

Schlafen

In den traditionellen Holzhäusern rund um die Th Thana Charoen sind viele Budget-Hotels untergebracht. Sie sind sehr charaktervoll und im Allgemeinen recht preiswert.

★**Ban Jai Dee Guest House** PENSION $
(☎039 520678, 083 589 0839; banjaideehouse@yahoo.com; 6 Th Chaimongkol; EZ/DZ ohne Bad 250/300 B; 📶) Die ruhige Pension in einem traditionellen Holzhaus nördlich des Flusses vermietet sieben einfache Zimmer, die sich Gemeinschaftsbäder mit Warmwasserduschen teilen. Die künstlerisch veranlagten Inhaber haben die schönen Gemeinschaftsbereiche mit Eigenkreationen (u.a. Gemälde) dekoriert. Zudem liefern sie viele nützliche Infos. Aufgrund des herrlich erholsamen Ambientes und der geringen Zimmerzahl herrscht hier oft volles Haus.

Yotin Guest House PENSION $
(☎089 224 7817; Th Thana Charoen; DZ 300–450 B; ❄📶) Hinter einem typisch altehrwür-

digen Haus in Trats reizender Altstadt warten hübsche sowie einladend renovierte Zimmer mit bunter Bettwäsche und bequemen Matratzen. Die günstigeren Varianten mit Gemeinschaftsbädern oder winzigen eigenen Bädern sind recht kompakt. Das aufmerksame und zuvorkommende Inhaberpaar vermietet auch Fahrräder. Alles in allem eine sehr solide Bleibe.

Artist's Place PENSION $
(☎082 469 1900; pier.112@hotmail.com; 132/1 Th Thana Charoen; DZ inkl. Frühstück mit Ventilator/Klimaanlage 350/800–1000 B; P❄📶) Mr. Phukhao hat die Zimmer seiner Pension individuell mit eigenen Kunstwerken eingerichtet. Seine Kreationen zieren auch den angrenzenden Garten. Die Dreibettzimmer mit Loft sind riesengroß. Die günstigeren Bleiben mit Ventilatoren und Gemeinschaftsbädern sind jedoch düster sowie weitaus weniger charaktervoll. Eingecheckt wird gegenüber im Restaurant Pier 112.

★ **Rimklong Boutique Hotel** BOUTIQUEHOTEL $$
(☎039 523388, 081 861 7181; 194 Th Lak Meuang; DZ 950–1180 B; P❄📶) Der kultivierte und hilfsbereite Mr. Tuu leitet dieses Hotel im Herzen der Altstadt. Die fünf kleinen Zimmer sind blitzsauber. Für die gebotene Qualität (Doppeltüren für den Schallschutz) sind die Preise sehr erschwinglich. Ein paar der Zimmer befinden sich in einem Anbau etwas weiter unten in der Gasse.

Essen & Ausgehen

In Trat speist man hauptsächlich auf Märkten: Auf dem **Tagesmarkt** (Th Tat Mai; ⏲6–17 Uhr) gibt's z. B. *gah·faa bohrahn* (traditioneller Kaffee). Der **Nachtmarkt** (abseits der Th Sukhumvit; Hauptgerichte 10–100 B; ⏲17–21 Uhr) und die **Markthalle** (Soi Sukhumvit; ⏲6–17 Uhr) empfehlen sich für Nudeln zum Mittagessen. Ab Sonnenuntergang säumen Imbissstände die Th Sukhumvit.

Cafe Haven INTERNATIONAL $
(Th Thana Charoen; Hauptgerichte 60–250 B; ⏲7.30–18 Uhr; 📶) Das Restaurant neben dem Sangjun Guesthouse ist eines der besseren in dem alten Hotelviertel. Es ist mit gedrechselten Holzmöbeln eingerichtet. Auf der großen bebilderten Speisekarte stehen Thai-Gerichte, Meeresfrüchte, Pasta und Burger. Ein großes Bier kostet 80 B.

★ **Namchok** THAI $$
(Th Wiwatthana; Hauptgerichte 80–250 B; ⏲10–22 Uhr) Das zwanglose Namchok, das an drei

Trat (Provinz)

Seiten offen ist, ist zu Recht ein Lokalfavorit, vor allem wegen der ausgezeichneten Meeresfrüchte. Auf der englischen Speisekarte stehen aber auch so verführerische Köstlichkeiten wie gebratenes Straußenfleisch mit schwarzem Pfeffer und gebratene Blaukrabben. Das Restaurant hat auch kein englischsprachiges Schild – am besten hält man deshalb nach den Coke- und Chang-Logos sowie den Betonbänken am Eingang Ausschau!

Pier 112 THAI $$
(132/1 Th Thana Charoen; Hauptgerichte 80–200 B; ⏲17–22 Uhr; 📶🖉) Am Flussufer in der Altstadt serviert das Pier 112 neben verlässlich guten Currys auch viele vegetarische Gerichte. Optional kann man draußen in einem Garten mit vielen Pflanzen futtern. Im hauseigenen **Seahouse Cafe** gibt's den ganzen Tag Kaffee, Frühstück und Snacks (ab 7 Uhr).

Cafe Oscar BAR
(Th Thana Charoen; ⏲17 Uhr–open end) In der kabuffmäßigen Eckbar tummelt sich eine bunte Schar von Thais und Auswanderern auf Holzmöbeln. Aus den Boxen schallen Hits der 1970er- und 1980er-Jahre. In der Hauptsaison öffnet der Laden deutlich früher als sonst.

Praktische Informationen

Jede Menge Banken und Geldautomaten gibt's in der Th Sukhumvit (oft auch Th

Trat

Trat

Sehenswertes
1 Tagesmarkt A2
2 Markthalle A2
3 Trat Museum C3

Schlafen
4 Artist's Place B4
5 Ban Jai Dee Guest House B3
6 Rimklong Boutique Hotel B3
7 Yotin Guest House B3

Essen
8 Cafe Haven B4
9 Namchok C1
10 Nachtmarkt A2
11 Pier 112 .... B4

Ausgehen & Nachtleben
12 Cafe Oscar B4

Transport
13 Family Tour A3
14 *Sŏrng·tăa·ou* zum Busbahnhof & nach Laem Sok A2
15 Sŏrng·tăa·ou zu den Fähren nach Ko Chang A2

Ratanuson), darunter auch die **Krung Thai Bank** (Th Sukhumvit; ⏲ Mo–Fr 8.30–16.30 Uhr).

Bangkok Hospital Trat (☎ 039 522555; www.bangkoktrathospital.com; 376 Mu 2, Th Sukhumvit; ⏲ 24 Std.) Das beste Krankenhaus der Region liegt 400 m nördlich vom Stadtzentrum entfernt.

Polizeiwache (☎ 24 Std. 1155; Ecke Th Santisuk & Th Wiwatthana) Liegt ein paar Gehminuten außerhalb der Innenstadt.

An- & Weiterreise

BUS & MINIVAN

Trats **Busbahnhof** ist 2 km außerhalb der Stadt. Von hier fahren Busse zu folgenden Zielen:

Ziel	Preis (in B)	Dauer (Std.)	Häufigkeit
Bangkok Eastern Bus Terminal (Ekamai)	230	4½	7–23.30 Uhr, stündl.
Bangkok Northern Bus Terminal (Mo Chit)	240	5½	2-mal tgl.
Bangkok Suvarnabhumi International Airport	240	4–4½	3-mal tgl.
Chanthaburi	58	1	6-mal tgl.

Minivans fahren folgende Ziele an:

Ziel	Preis (in B)	Dauer (Std.)	Häufigkeit
Bangkok Eastern Bus Terminal (Ekamai)	280	4	8.30–16.30 Uhr, alle 2 Std.
Bangkok Northern Bus Terminal (Mo Chit)	270	4	8.30–16.30 Uhr, alle 2 Std.
Chanthaburi	70	50 Min.	6–18 Uhr, häufig
Hat Lek (zur kambodschanischen Grenze)	120	1½	5–18 Uhr, stündl.
Pattaya	300	3½	8–18 Uhr, alle 2 Std.
Rayong/Ban Phe (nach Ko Samet)	200	3½	8–18 Uhr, alle 2 Std.

Die Minivan-Firma **Family Tour** (☎ 081 940 7380; Th Sukhumvit) bietet Trips nach Bangkok, Phnom Penh und Siem Reap an.

FLUGZEUG

Bangkok Airways (☎ 039 525767; www.bangkokair.com; Trat Airport; ⊙ 8.30–18.30 Uhr) verbindet Trat mit dem Suvarnabhumi International Airport (1 Std., 3-mal tgl.).
Der Trat Airport liegt 3,5 km nordwestlich der Stadt. Ein Sammeltaxi oder Minibus vom Flughafen in die Stadt kostet 500 B, zum Fähranleger nach Ko Chang 300 B.

SCHIFF/FÄHRE

Nach Ko Chang

Rund 30 km südwestlich von Trat liegen westlich von Laem Ngop insgesamt drei Piers, an denen verschiedene Firmen Bootsüberfahrten nach/ab Ko Chang anbieten. Am praktischsten sind dabei die Fahrten mit Koh Chang Ferry (S. 517) ab Tha Thammachat und Centrepoint Ferry (S. 517) ab Tha Centrepoint.

Gleich hinter Trats Markthalle (Th Sukhumvit) starten **sǒrng·tǎa·ou** nach Laem Ngop und zu den Piers (50–80 B pro Pers., Fahrzeug 300 B, 40 Min.). Die *sǒrng·tǎa·ou* holen die Gäste morgens in der Pension ab. Bei direkten Privatfahrten vom Busbahnhof zu den Piers ist der Mietpreis für das Vehikel etwa gleich hoch.

An Bangkoks Eastern Bus Terminal (Ekamai) besteht Verbindung zum Pier Tha Centrepoint (250 B, 5 Std., 3-mal morgens). Die Busse halten unterwegs auch am Busbahnhof des Suvarnabhumi Airport und am Terminal in Trat. In der Gegenrichtung fahren die Busse 2-mal nachmittags in Laem Ngop ab.

Nach Ko Kut

Etwa 22 km südöstlich von Trat liegt **Laem Sok** (Fähranleger Laem Sok), wo man neben dem nächstgelegenen Busbahnhof mit Umsteigemöglichkeit auch den Pier für die Fähren nach/ab Ko Kut findet. Bei rechtzeitiger Reservierung holen die Bootsfirmen ihre Passagiere gratis in Trat ab (im Zentrum oder am Busbahnhof, aber nicht am Flughafen). Mangels öffentlicher Verkehrsmittel bleiben für Fahrten zwischen den Piers von Laem Ngop und Laem Sok nur Taxis (400–500 B). In der Hochsaison kann man sich das aber dank einer direkten Bootsverbindung zwischen Ko Chang und Ko Kut sparen.

Nach Ko Mak

In Laem Ngop fahren auch Schnellboote nach Ko Mak (einfach 450 B, 1 Std., 6-mal tgl.) ab. Die langsamere Fähre (200 B, 3 Std.) legt um 11 Uhr ab.

ℹ Unterwegs vor Ort

Für Stadtfahrten mit Motorradtaxis bezahlt man etwa 20 bis 30 B.

In der Nähe von Trats Markthalle starten *sǒrng·tǎa·ou* (Passagier-Pickups) an der **Th Sukhumvit** (Th Sukhumvit) in Richtung Busbahnhof (je nach Passagierzahl 20–60 B). Eine Privatfahrt zum Flughafen kostet 600 B für das ganze Vehikel.

Im Umkreis der Pensionen gibt's Leihmotorräder (150–200 B/Tag) an der Th Sukhumvit.

Ko Chang

☎ 039 / 10 000 EW.

Das malerische Ko Chang (Elefanteninsel; เกาะช้าง) mit seinen steilen Dschungelhügeln wirkt bis heute ursprünglich und abgeschieden – und das, obwohl einige Teile des Eilands beliebte Ziele für Pauschaltouren sind. Die weiten Buchten an der Westküste werden meist von Streifen aus Pulversand und teils auch von Kiesstränden gesäumt. Die Zahl der Sandstrände ist aber insgesamt recht gering. Hierfür entschädigt eine ungewöhnliche Kombination aus leichtem Naturzugang und großer Partyszene.

Aufgrund der relativen Abgeschiedenheit hat sich Ko Chang langsamer entwickelt als die Inseln im Golf und in der Andamanensee. Obwohl die Insel auch heute noch schwierig zu erreichen ist, reißt der Besucherstrom inzwischen nicht mehr ab. Pauschaltouristen, Backpacker auf der Durchreise nach Kambodscha und strandliebende Pärchen werden über Ko Chang zu den weiter entfernten Inseln des Mu Ko Chang National Marine Park geschleust. Die weitläufigen Resort-Ministädte an der bevölkerungsreichen Westküste haben inzwischen eine bessere Infrastruktur als die eigentliche Insel. Im Südwesten vermitteln die Dörfer Ban Salak Phet und Ban Salak Kok inmitten von Mangrovenwäldern einen Eindruck vom alten Ko Chang.

Sehenswertes

Mu Ko Chang National Marine Park NATIONALPARK

(อุทยานแห่งชาติหมู่เกาะช้าง; ☎039 510927; www.dnp.go.th; Tageskarte Erw./Kind 200/100 B) Der Land- und Meerespark erstreckt sich über den gesamten Archipel und den größten Teil des Inselinneren. Die Schutzmaßnahmen wirken etwas planlos, denn die Besucher müssen nur für bestimmte Wasserfälle die Parkeintrittsgebühr bezahlen (darunter der Khlong Phu, bei dem es ein kleines Besucherzentrum gibt). Die **Hauptverwaltung** (☎039 555080; Ban Than Mayom; ⏲8–17 Uhr) des Nationalparks ist an Ko Changs Ostküste in der Nähe des Nam Tok Than Mayom.

Nacktbaden und Oben ohne sind im Mu Ko Chang National Marine Park gesetzlich verboten. Das gilt somit für alle Strände auf Ko Chang, Ko Kut, Ko Mak und Ko Wai.

Westküste

Dank Buchten und Stränden ist die Westküste der bei weitem am besten erschlossene Teil von Ko Chang. Öffentliche *sŏrng·tăa·ou* machen Strandhopping hier stressfrei und erschwinglich. Die Strände sind teilweise ziemlich felsig, was Schwimmsandalen für Kinder sinnvoll macht. Die Wellen sind meist niedrig und sanft. Bei Sturm und in der Regenzeit (Mai–Okt.) besteht jedoch Gefahr durch starke Brandungsrückströmungen. Am Bang Bao Pier gibt's Tauchschulen, Inselfahrten, öffentliche Verkehrsmittel, gute Geschäfte und Meeresfrüchterestaurants.

Ban Bang Bao DORF

(บ้านบางเบ้า) Dieses frühere Fischerdorf prägt immer noch die traditionelle Bauweise mit miteinander verbundenen Bootsanlegern. Die Bewohner leben aber heute nicht mehr vom Fischfang, sondern haben Teile ihrer Häuser in Souvenirläden und Restaurants verwandelt. Auch wenn der zentrale Pier mittlerweile von Geschäften gesäumt ist, stört dies das malerische Bild kaum. So kommen die meisten Besucher wegen der super Seafood-Gerichte und Einkaufsmöglichkeiten.

Hat Khlong Kloi STRAND

(หาดคลองกลอย) Am östlichen Ende der Ao Bang Bao erstreckt sich dieser schöne Sandstrand, der weit weg vom Pauschaltourismus und trotz zunehmender Beliebtheit immer noch sehr abgeschieden ist. Dennoch gibt's auch hier die üblichen Annehmlichkeiten (Bier, Essen, Obst, Massage) und einige Pensionen. Der Strand ist 1 km von Bang Bao entfernt. Wer nicht laufen will, kann mit einem Sammeltaxi fahren.

Ao Khlong Prao STRAND

(อ่าวคลองพร้าว; Khlong Prao) Der schöne Sandstrand von Khlong Prao erstreckt sich zwischen riesigen Felsvorsprüngen und wird von zwei Flussmündungen durchzogen. Bei Ebbe stöbern die Muschelsucher im feingerippten Sand nach Tierchen und Schalen, die das Wasser zurückgelassen hat. Hauptbeschäftigung am Khlong Prao, der von weitläufigen Luxus-Ferienanlagen beherrscht wird, besteht aber im Faulenzen am Meerwasserpool, denn bei Flut steht der Großteil des Strandes unter Wasser. Ein Highlight ist der Kanal, der von Geschäften auf Stelzen, Meeresfrüchterestaurants und Pensionen gesäumt ist.

Hat Kaibae STRAND

(หาดไก่แบ้) Der Nachbarstrand zum Khlong Prao eignet sich gut für Familien und Pärchen. Der schmale Sandstrand liegt in einer Bucht voller kleiner Inseln und ist noch weitgehend unberührt vom Pauschaltourismus. Dennoch gibt's gute Bars und Restaurants in der Hauptstraße. Man kann mit dem Kajak zu der vorgelagerten Insel Ko Man Nai paddeln oder bei Ebbe am Strand nach Muscheln suchen.

Lonely Beach STRAND

(หาดท่าน้ำ) Der alles andere als „einsame“ Strand ist das Reich der Backpacker auf Ko

Chang und nach Sonnenuntergang (bis mindestens 5 Uhr morgens) der lauteste Ort der ganzen Insel. Die Musik dröhnt in voller Lautstärke, der Wodka wird aus Eimern getrunken. Das südliche Ende ist Kiesstrand, der nördliche Teil in Richtung der Bailan Bay ist Sandstrand. Der eigentliche Name Hat Tha Nam ist längst in Vergessenheit geraten.

White Sand Beach (Hat Sai Khao) STRAND

Der Hat Sai Khao (หาดทรายขาว) ist der längste und luxuriöseste Inselstrand und eher als „Weißer Sandstrand" bekannt. Vor Hotels voller Pauschaltouristen bräunen sich Hardcore-Sonnenanbeter. Nur ganz am nördlichen Ende des Strandes hat sich eine ruhige Backpacker-Enklave erhalten. In der Hauptstraße des Strandortes geht es immer laut und geschäftig zu, dafür bietet sie aber alles, was man braucht.

Hat Kai Mook STRAND

(หาดไข่มุก) Hat Kai Mook bedeutet „Perlenstrand". Konkret kommt der Name allerdings von den großen Kieseln, die hier u. a. mehrere Landzungen bedecken. Rund um Letztere tummeln sich viele Fische. Der Hat Kai Mook eignet sich nicht zum Schwimmen und Sonnenbaden, bietet aber gute Schnorchelmöglichkeiten.

Ostküste

Die noch ruhige und unerschlossene Ostküste von Ko Chang besteht zum größten Teil aus sanften Hügeln, die mit Kokosnuss- und anderen Palmen bedeckt sind, sowie einfachen Fischerdörfern an der Südspitze. Für die Erkundung dieser einsamen Küste voller malerischer Buchten und Mangrovenwälder ist ein eigenes Fahrzeug erforderlich.

Ban Salak Phet DORF

(บ้านสลักเพชร) Das verschlafene Dorf im äußersten Südosten vermittelt einen Eindruck vom alten Ko Chang vor dem Tourismusboom: Bis heute sieht man hier viele Stelzenhäuser, Fischerboote und Hunde, die lang ausgestreckt am Straßenrand gähnen. Vor Ort beginnen auch ein paar gute Wanderrouten.

Ao Salak Kok BUCHT

(อ่าวสลักคอก) Der dichte Mangrovenwald steht unter dem Schutz der einheimischen Fischer, die um seine Bedeutung für das Ökosystem dieser Gegend wissen. Mangroven sind die Kinderstube der Meeresbewohner sowie der hiesigen Vögel und Krustentiere, die hier die nächsten Generationen großziehen. So ist die Bucht mittlerweile eine Hochburg des Ökotourismus. Die Dorfbewohner betreiben ein preisgekröntes Projekt zum Schutz der Umwelt und zur Bewahrung der traditionellen Lebensweise. Dafür vermieten sie Kajaks über die Salak Kok Kayak Station (S. 510) und führen das dazu gehörende Restaurant.

Nam Tok Than Mayom WASSERFALL

(น้ำตกธารมะยม; Parkeintritt 200 B; ⏲8–17 Uhr) Die insgesamt drei Wasserfälle des Flusses Khlong Mayom sind über die Hauptverwaltung des Nationalparks in der Nähe von Nam Tha Than Mayom zu erreichen. Der Blick von oben ist atemberaubend. Ganz in der Nähe sind Inschriftensteine mit den Initialen von Rama V., Rama VI. und Rama VII. zu sehen.

Das Inselinnere

Der überwiegende Teil des gebirgigen Landesinneren von Ko Chang steht als Nationalpark (S. 506) unter Naturschutz. Der dichte

GRENZÜBERGANG NACH KAMBODSCHA: VON HAT LEK NACH CHAM YEAM

Anreise zur Grenze Der nächste Grenzübergang bei Trat ist von Hat Lek nach Cham Yeam und weiter nach Ko Kong. Vom Busbahnhof in Trat fahren Minivans nach Hat Lek (120 B, 1½ Std., 5–18 Uhr stündl.). Die Reisebüros in Trat verkaufen die Minivan-Tickets bis nach Sihanoukville, Phnom Penh und Siem Reap (600 B), doch an der Grenze muss man in einen anderen Bus umsteigen.

An der Grenze Hier ist es üblich, für das kambodschanische Visum statt der offiziellen 30 US$ wesentlich mehr zu verlangen. So behaupten die Beamten, das E-Visum würde 37 US$ kosten oder sie verlangen die Bezahlung von 1200 Baht, was einem sehr schlechten Kurs entspricht. Auf jeden Fall braucht man ein Passbild. Um dem Ärger aus dem Weg zu gehen, kann man versuchen, sich ein E-Visum im Voraus zu besorgen. Betrüger, die behaupten, man benötige auch ein „ärztliches Attest" oder andere Dokumente, kann man getrost ignorieren. Die Grenze ist von 7 bis 20 Uhr geöffnet.

Ko Chang

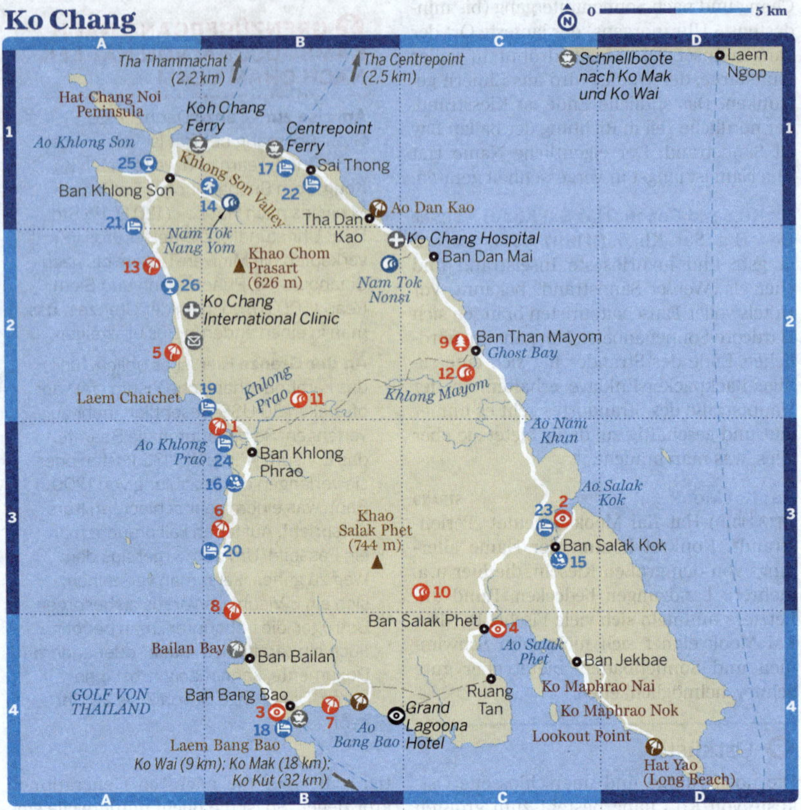

Dschungel, in dem unzählige Arten von Tieren leben, ist von silbern schimmernden Wasserfällen durchzogen.

Nam Tok Khlong Plu WASSERFALL
(น้ำตกคลองพลู; Khlong Prao; Parkeintritt Erw./Kind 200/100 B; ⏲8–16.30 Uhr) Ko Changs größter und eindrucksvollster Wasserfall hat drei Stufen und ein Becken, in dem man (mit Fischen) schwimmen kann. Er ist gut von Khlong Prao aus zu erreichen. Nach 1,5 km auf der Hauptstraße gelangt man zum Parkeingang. Von dort führt ein 600 m langer Weg durch den Dschungel zum Wasserfall hinauf. Besonders spektakulär ist der Wasserfall nach der Regenzeit. Man sollte morgens kommen, um den Massen zu entgehen.

Nam Tok Khiri Phet WASSERFALL
(น้ำตกคีรีเพชร) Der kleine Wasserfall ist 2 km entfernt von Ban Salak Phet. Nach dem 15-minütigen Marsch von der Straße aus kann man im kleinen tiefen Badebecken abtauchen. Hier ist meist weniger los als an den größeren Wasserfällen, und er ist gut von Ao Salak Phet aus zu erreichen.

Aktivitäten

Auf Ko Chang warten zahlreiche Bootstouren – häufig mit Glasbodenbooten und inklusive Zwischenstopps, damit man die Unterwasserwelt beim Schnorcheln entdecken kann. Die Trips beginnen meist in Bang Bao. Typische Trips sind eine Halbtagestour zu drei Inseln mit dem Schnellboot für 800 B und eine Tagestour zu fünf Inseln mit dem Boot/Schnellboot für 700/1000 B.

Tauchen & Schnorcheln

Die Tauchreviere rund um Ko Chang bieten eine Vielfalt an Korallen, Fischen und für Anfänger geeignete, seichte Gewässer.

Das Unterwassergebirge, das sich vor der südlichen Inselspitze im Mu Ko Chang National Marine Park erstreckt, ist nach einer 30-minütigen Bootsfahrt erreicht. Zu den beliebtesten Tauchspots gehören **Hin Luk**

Ko Chang

Sehenswertes

Aktivitäten, Kurse & Touren

Schlafen

Essen

Ausgehen & Nachtleben

Bat und **Hin Rap**, felsige, mit Korallen überzogene Abhänge unter Wasser, die zwischen 18 und 20 m tief liegen und ein Paradies für Schwarmfische und einige Schildkrötenarten sind. In der Nähe von Hin Rap wurde 2013 absichtlich ein 30 m langes Kriegsschiff versenkt, das nun auf der Seite liegt.

Bei Weitem am besten tauchen kann man aber rund um **Ko Rang**. Da die unbewohnte Insel zum Nationalpark gehört, ist die Fischerei hier verboten. Die Sicht ist viel besser als vor Ko Chang und beträgt im Schnitt zwischen 10 und 20 m. Ein beliebtes Tauchrevier ist **Hin Gadeng**, dessen spektakuläre korallenbedeckte Felstürme bis zu 28 m weit zu sehen sind. An der Ostküste von Ko Rang liegt **Hin Kuak Maa**, das auch als „Drei-Finger-Riff" bekannt ist. Das Besondere hier ist eine mit Korallen bedeckte Felswand, die von 2 auf 14 m abfällt und ganze Schwärme marinen Lebens anzieht.

Die flacheren Tauchgebiete von **Ko Yak**, **Ko Tong Lang** und **Ko Laun** sind für Anfänger und Fortgeschrittene gleichermaßen geeignet. Vor den kleinen Felseninselchen, die komplett umrundet werden können, wimmelt es nur so von Korallen, Schwarm- und Kugelfischen, Muränen, Barrakudas, Rochen und manchmal sogar Schildkröten.

Rund 7 km vor Ban Bang Bao liegt mit dem Wrack der **HTMS Chang** ein sehr beliebter Tauchspot. Das 100 m lange Schiff der thailändischen Marine wurde 2012 absichtlich versenkt, um ein künstliches Riff zu schaffen. Es liegt 30 m unter der Wasseroberfläche.

Beim Schnorcheln rund um das riffgesäumte Ko Wai (S. 522) kann man eine Vielzahl farbenprächtiger Hart- und Weichkorallen bewundern. Die Insel ist ein beliebtes Tagesausflugsziel, bietet aber auch einfache Unterkünfte – für mehr Zeit im Riff.

Ko Mak hat zwar vergleichsweise schlechtere Schnorchelspots, ist aber ein anständiges Tauchrevier, auch wenn in den Riffen nicht so viele Fische zu sehen sind wie anderswo.

Auf Ko Wang sind u. a. eintägige Tauchausflüge (meist ab 3000 B) und Kurse mit Zertifikat (z. B. PADI; ca. 15 000 B pro Pers.) im Angebot. Viele örtliche Tauchshops haben auch in der Regenzeit (Mai–Okt.) geöffnet;

BITTE NICHT FÜTTERN!

Bei den Bootstouren rund um die Insel beglücken viele Veranstalter ihre Gäste mit einem Stopp vor einer Felsenklippe, damit sie die dort lebenden Affen füttern können. Das scheint zwar ganz in Ordnung zu sein, hat jedoch große Nachteile: Die Affen werden abhängig von diesen Fütterungen, und wenn die Boote in der Nebensaison nicht mehr so oft kommen, können junge und kranke Affen verhungern, weil sie sich ihre Nahrung nicht mehr im Wald zu besorgen wissen.

Gleiches gilt für Tauchgänge und Bootsausflüge, bei denen die Reste des Mittagessens oder Brot an die Fische verfüttert werden. Natürlich ist es toll, dadurch ganze Schwärme buntschillernder Fische anzulocken, doch diese geben dafür die Korallenriffe auf. Ohne das tägliche „Abknabbern" der Fische wiederum sind die Korallen bald mit Algen überwuchert und können ersticken.

Unterwassersicht und Bedingungen sind dann aber meist schlecht. Hier vier empfehlenswerte Tauchschulen:

BB Divers (☎086 129 2305; www.bbdivers-kohchang.com; Bang Bao; 2 Tauchgänge vom Boot 3000 B) Der gut geführte Tauchveranstalter mit Hauptsitz in Bang Bao ist auch am Lonely Beach und Hat Sai Khao vertreten – ebenso auf Ko Kut und Ko Mak (dort jeweils nur in der Hauptsaison).

Scuba Academy (☎039 611485; www.scubaacademykohchang.com; Bang Bao; Schnorcheln 800 B, 2 Geräte-Tauchgänge 2500 B) Die jüngste Tauchschule auf Ko Chang hat erfahrene Lehrer und Tauchführer und ist zudem recht kostengünstig.

Scubadawgs (☎080 038 5166; www.scubadawgs.com; Bang Bao; 2 Tauchgänge vom Boot 3000 B) Die peppige Firma mit hilfsbereitem und kundenorientiertem Team veranstaltet auch Tauchkurse mit Zertifikat (PADI, RAID).

Chang Diving Centre (☎039 619022; www.changdiving.com; Ban Khlong Prao) Das Chang ist ein Profi-Tauchzentrum mit Leihausrüstung vom Feinsten und exzellentem Lehrpersonal.

Kajakfahren & Stehpaddeln (SUP)

Von einem Seekajak aus betrachtet wirkt Ko Chang sehr eindrucksvoll und erhaben. Das Meer ist hier meistens ruhig, und die vorgelagerten Inseln sind Paddelziele vor der Horizontgrenze. Viele Inselhotels verleihen oben offene Kajaks (ab 300 B/Tag oder auch kostenlos), die sich aber nur für Gelegenheitspaddler und/oder für Fahrten in der Nähe des Ufers eignen. Ernsthafte Wassersportler wenden sich daher besser an den Anbieter **SEA Kayaking** (☎092 475 0444; https://southeastasiakayaking.com; Emerald Cove Resort, Khlong Prao; Tagestour 4000 B).

Von Porn's Bungalows (S. 513) kann man zu der kleinen Insel Ko Man Nai paddeln, die einen schönen Sandstrand hat. Ein Leihkajak kostet 100/400 B pro Stunde/Tag. Auch Stehpaddeln (SUP) wird immer beliebter, vor allem in der ruhigen Flussmündung des Khlong Prao. Die **SUP Station** (Khlong Prao; 1/2 Std. 500/800 B; ⏲10–17 Uhr) im Iyasa Resort in Khlong Prao (500/800 B für 1/2 Std.) und **SUP Adventure Ko Chang** (☎064 7251636; Hat Khlong Kloi; 300 B/Std.) am Hat Khlong Kloi verleihen Bretter.

Salak Kok Kayak Station KAJAKFAHREN
(Chang Spirit Club; ☎087 748 9497; Baan Salak Kok; Leihkajak 200 B/Std.) Mit der Erkundung der Mangrovensümpfe von Ao Salak Kok im Osten der Insel unterstützt man ein preisgekröntes Projekt des Ökotourismus. Der Kajakverleih für Trips in Eigenregie ist ein Projekt der Dorfgemeinschaft zur Förderung des Tourismus bei gleichzeitiger Erhaltung der traditionellen Lebensweise.

Wandern

Auf Ko Chang geht's nicht nur um Strände: Hier gibt's auch eine große Trekking-Szene. Im Inselinneren führen diverse Routen durch dichte Wälder voller Vögel, Affen und Pflanzen. Am Rand des Dschungels sind ein paar Einheimische aufgewachsen, die Englisch sprechen und ihre Geheimnisse heute gern als Guides mit Gästen teilen. Hinweis: Auf der schlechten Karte zum Nationalpark verläuft ein Wanderpfad quer über die Insel. Dieser ist aber schon lange zugewuchert und sollte nur mit einem Guide in Angriff genommen werden.

Tan Trekking WANDERN
(☎089 645 2019; www.thailandadventureguide.com; Wanderung 600–1100 B) Dieser junge Guide mit guten Englischkenntnissen bietet u. a. Aufstiege zur Spitze des Khao Chom Prasart und Tagestreks in der Umgebung des Wasserfalls Khlong Prao an. Hinzu kommen vergleichsweise leichtere Familientouren.

Mr Raht WANDERN
(☎086 155 5693; kohchang_trekking@yahoo.com) Die eintägigen Dschungelwanderungen füh-

ren durch den Süden und Osten der Insel sowie freitags auf den Salak Phet. Es gibt auch mehrtägige Camping-Touren. Die Wanderungen kosten zwischen 500 und 1500 B.

Kochkurse

Auf Ko Chang werden jede Menge Kochkurse angeboten. Sie müssen alle mindestens einen Tag im Voraus gebucht werden.

Ka-Ti Culinary Cooking School KOCHEN
(Khlong Prao; 1500 B; ⌚Mo–Sa 11–15.30 Uhr) Bei den Kursen dieser empfehlenswerten Kochschule wird auch gemeinsam gegessen, und es gibt ein umfangreiches Kochbuch für zuhause. Einen Vorgeschmack auf das Essen bekommt man im ausgezeichneten Restaurant der Schule (S. 516).

Koh Chang Thai Cookery School KOCHEN
(☎039 557243; www.kohchangcookery.com; Blue Lagoon Bungalows, Khlong Prao; Kurse 1800 B) Die Kochkurse im umweltbewussten Blue Lagoon sollen Körper und Geist beleben und sind eine tolle Alternative zum Faulenzen. Die Kurse dauern meist vier Stunden, in denen vier Gänge gekocht werden. Im Voraus buchen.

Happy Turtle KOCHEN
(☎089 252 9287; 1200 B; ⌚10–13 Uhr) Die Kochschule in Bailan Bay bietet Kurse in kleinen Gruppen, die für Reisende im Süden sehr praktisch sind. Außerdem gibt's spontane Yogakurse, Bungalows und ein Restaurant.

Yoga & Wellness

Viele Resorts an der Westküste bieten Yogakurse, Meditation, Wellness-Behandlungen und Spas, die auch Tagesgästen zur Verfügung stehen. Einfach auf entsprechende Flyer achten.

BB Lonely Beach (S. 513) bietet montags bis samstags um 10 und 18.30 Uhr spontane Yogakurse (300 B) und einen komplett ausgestatteten Fitnessraum (200 B/Besuch). Im Spa Koh Chang Resort (S. 515) finden morgens ebenfalls Yogakurse (450 B) statt.

Sima Massage MASSAGE
(☎081 489 5171; Khlong Prao; Massage 250–400 B/Std.; ⌚8–22 Uhr) Unter Einheimischen gilt das Sima als Ko Changs bester Massagesalon – eine Ehre auf einer Insel, die mehr solche Salons als 7-Eleven-Filialen hat. Es befindet sich an der Hauptstraße von Khlong Prao.

Thaiboxen

Im **Ko Chang Thai Boxing Camp** (Ban Bailan; 600 B; ⌚17 Uhr) kann man 2 Stunden täglich trainieren. Die Ausrüstung wird gestellt. Auch Anfänger sind herzlich willkommen.

Die Sabay Bar am White Sand Beach hat einen *moo·ay tai*-Ring und ein Stadion, in dem regelmäßig nationale Wettkämpfe stattfinden.

Freiwilligenarbeit

Koh Chang Animal Project FREIWILLIGENARBEIT
(☎089 042 2347; www.kohchanganimalproject.org; Ban Khlong Son) Verletzte, misshandelte und ausgesetzte Tiere werden von der gemeinnützigen Organisation medizinisch versorgt und in Pflege genommen. Aber auch die Tiere der Inselbewohner werden hier veterinärmedizinisch versorgt, sterilisiert und kastriert. Freiwillige Helfer sind ebenso willkommen wie Spenden. Besonders gefragt sind natürlich Tierärzte und Tierarzthelferinnen, aber auch fachfremde Reisende können sich hier nützlich machen. Vorher telefonisch anmelden.

Wenn man als Adresse „Ban Lisa" (Lisas Haus) in Khlong Son angibt, wissen die meisten *sŏrng·tăa·ou*-Fahrer Bescheid.

Schlafen

Der Pauschaltourismus hat die Hotelpreise auf Ko Chang verdorben. Im Allgemeinen gingen die Preise nach oben, die Qualität aber leider nicht. Das liegt teilweise daran, dass die auf Reisegruppen eingerichteten Hotels garantierte Übernachtungen haben und nicht darauf angewiesen sind, Stammgäste oder Laufkundschaft zufriedenzustellen. Zudem werden die Preise einfach nachgeahmt, sodass preisbewusste Reisende kaum eine freie Auswahl haben.

Gelegentlich finden Backpacker aber immer noch preiswerte Unterkünfte wie ein Bett im Hostel oder eine einfache Hütte für 300 B, insbesondere am Lonely Beach.

Westküste

An der Westküste sind die Unterkünfte am Lonely Beach immer noch am preiswertesten, in Hat Kaibae herrscht das beste Preis-Leistungs-Verhältnis, und am White Sand Beach (Hat Sai Khao) ist alles völlig überteuert.

White Sand Beach

Der White Sand Beach heißt offiziell Hat Sai Khao. Er ist der schönste Strand der Insel, zugleich aber auch der teuerste. Dennoch gibt's am Nord- und Südende jeweils noch ein paar Budget- und Mittelklasseoptionen mit leichtem Zugang zu feinstem Sand. Die Backpacker-Enklave nördlich des KC Grande Resort ist nur zu Fuß über den Strand erreichbar.

Independent Bo's PENSION $
(☎039 551165; White Sand Beach; DZ 300–800 B; 📶) Diese altmodische, komplex verwinkelte Budget-Bleibe mit Boheme-Touch wirkt gleichzeitig skurril, erheiternd und eindrucksvoll: Direkt am Strand findet man hier Hütten aus Treibholz, Schilder mit schrägen Sprüchen und Gemeinschaftsbereiche mit geselliger Hippie-Atmosphäre. Die einfachen Zimmer sind größtenteils recht charmant und werden ausschließlich mit Ventilatoren gekühlt. Bei den Bädern reicht das Spektrum von spartanisch bis hin zu modernisiert. Keine Reservierungen und keine Kinder.

Wie die anderen Unterkünfte an diesem Strandabschnitt ist auch das Bo's nur zu Fuß über den Strand zu erreichen, am besten vom KC Grande weiter südlich.

Starbeach Bungalows PENSION $
(☎089 574 9486; www.starbeach-kohchang.com; White Sand Beach; Bungalow 500–750 B; 📶) Die baufällig wirkende Pension eignet sich super, um in spartanischem Ambiente direkt am schönsten Strandabschnitt zu übernachten. Die Zimmer sind schlicht und verfügen nur über Ventilatoren, warten aber allesamt mit anständiger Ausstattung und Meerblick auf. Die Pension hat auch ein freundliches Hausrestaurant mit Bar. Allerdings akzeptiert sie keine Reservierungen, daher fragt man besser vorab telefonisch oder per SMS nach freien Zimmern. Um hierher zu kommen, läuft man neben der 7-Eleven-Filiale zum Strand hinunter und hält sich dort dann rechts.

Rock Sand Resort PENSION $$
(☎084 781 0550; www.rocksand-resort.com; White Sand Beach; DZ inkl. Frühstück mit Ventilator/Klimaanlage ab 800/2700 B; P ❄ 📶) Das Rock Sand bewirbt sich selbst als „Flashpacker-Bleibe". Es ist die nobelste Option unter den vielen Unterkünften am Nordende des White Sand Beach und in der Hochsaison überteuert. Die Zimmer mit Meerblick und Gemeinschaftsbalkon bieten dennoch was fürs Geld. Über den Strand vor dem Haus hinweg schwappen die Wellen bei Flut bis an die Fundamente heran.

Die Pension ist zu Fuß über den Strand (hinter dem KC Grande) zu erreichen oder von Norden über die gefährlich steile Straße zum White Sand Beach Resort hinauf.

Ao Khlong Prao

Zwischen den Luxusresorts an der Ao Khlong Prao verstecken sich ein paar Budget-Bleiben. In der Hauptstraße gibt's eine Handvoll preiswerter Pensionen, die nur einen Katzensprung vom Strand entfernt sind.

★ **Pajamas Hostel** HOSTEL $
(☎039 510789; www.pajamaskohchang.com; Khlong Prao; B 480–630 B, DZ/FZ 2430/4410 B; P ❄ 📶 🏊) Ein paar Kilometer nördlich der Khlong-Prao-Hauptmeile liegt das großartige Pajamas direkt am Strand. Neben einer sehr relaxten Atmosphäre warten hier auch ein durchgehender Aufenthaltsbereich und Poolblick von der Bar aus. Das Obergeschoss beherbergt gute klimatisierte Schlafsäle mit moderner Ausstattung. Die wirklich erstklassigen Privatzimmer im Untergeschoss punkten mit Coolness, Helligkeit, Betten auf Plattformen und eigenen Terrassen bzw. Balkonen. Das Hostel wird außerordentlich gut geführt und ist rundum blitzsauber.

Riverview Hostel HOSTEL $
(☎096 765 7669; www.riverviewkohchang.com; Khlong Prao; B/DZ 500/900 B; ❄ 📶) Das schöne Hostel direkt am Kanal unweit des Strandes hat blitzsaubere klimatisierte Schlafsäle für Männer und Frauen und auch nur für Frauen sowie ein sehr schönes Doppelzimmer (mit Gemeinschaftsbad) im Obergeschoss.

Tiger Huts BUNGALOWS $
(☎089 833 1503; Khlong Prao; DZ 500–1000 B; 📶) Die altmodischen strohgedeckten Bungalows mit Ventilator sind sehr einfach, stehen aber direkt an einem der ruhigeren Strände von Ko Chang. Es gibt auch ein zwangloses Restaurant mit Bar.

★ **Baan Rim Nam** PENSION $$
(☎087 005 8575; www.iamkohchang.com; Khlong Prao; DZ 1000–1400 B, FZ 1900 B; ❄ 📶) Direkt über den Mangroven an der Flussmündung verspricht dieses fabelhaft umgebaute Fischerhaus einen ungemein ruhigen Aufenthalt. Die fünf attraktiven Zimmer grenzen an eine tolle Uferterrasse. Der auskunftsfreudige Inhaber verleiht kostenlos Kajaks und Kanus für Paddeltrips zum Strand, der 3 Minuten entfernt liegt.

Blue Lagoon Bungalows BUNGALOWS $$
(☎089 515 4617; www.kohchang-bungalows-bluelagoon.com; Ban Khlong Phrao; Bungalow mit

Ventilator/Klimaanlage 500–1500/1100–37100 B; 🅿❄📶) An einer malerischen Flussmündung warten hier viele verschiedene Zimmer und Bungalows in einem uferseitigen Mangrovenhain. Die individuell geschnittenen Bleiben in rustikalem Ambiente sind per Steg mit dem Strand verbunden. Die ganze Anlage ist ökologisch ausgerichtet und es herrscht eine freundliche Bohème-Atmosphäre. Es werden auch zahlreiche Aktivitäten angeboten wie Yoga- und Kochkurse (S. 511).

Hat Kaibae

Mit Boutiquehotels, einfachen Hütten und Bungalows der mittleren Preisklasse verfügt Hat Kaibae wohl über die größte Unterkunftsvielfalt auf der Insel. Dafür besteht der Strand hier nur teilweise aus Sand.

Porn's Bungalows BUNGALOWS $
(☎080 613 9266; www.pornsbungalows-kohchang.com; Hat Kaibae; DZ 500–1200 B; 🅿📶) Das super relaxte Porn's am äußersten Westende des Kaibae Beach kombiniert ein beliebtes **Hausrestaurant** (Hat Kaibae; Hauptgerichte 80–220 B; ⏲9.30–23 Uhr; 📶) mit Holzbungalows, die nur von Ventilatoren gekühlt werden. Tipp: Die vergleichsweise größeren Varianten direkt am Strand bieten eine tolle Aussicht und sind echte Schnäppchen (Zi. ca. 1000 B). Sie lassen sich allerdings nicht reservieren – zu Spitzenzeiten sollte man daher schon vorab nach einer Alternative schauen. Es werden auch Kajaks vermietet.

Garden Resort HOTEL $$
(☎039 557260; www.gardenresortkohchang.com; 98/22 Mu 4, Hat Kaibae; DZ inkl. Frühstück 2500–2400 B; 🅿❄@📶🏊) Das Garden Resort liegt gleich abseits der Hauptstraße, ist aber dennoch ausreichend ruhig und befindet sich in Laufweite zu einem Sandstrand. Große und recht reizende Bungalows säumen hier einen schattigen Gartenpfad, der zu einem netten Poolbereich führt. Ein kleiner Weg führt zum Sandstrand, und ganz in der Nähe gibt's viele beliebte Bars.

Green Resort BUNGALOWS $$
(☎097 110 7094; www.thegreen-kohchang.com; 51/3 Mu 4, Hat Kaibae; DZ 900–1500 B; 🅿❄📶) Dieses Resort liegt zwar gleich abseits der Strandmeile am Hat Kaibae, hat aber eine ruhige Atmosphäre. Rund um eine Rasenfläche verteilen sich recht preiswerte lindgrüne Bungalows.

Chill RESORT $$$
(☎039 552555; www.thechillresort.com; Hat Kaibae; DZ inkl. Frühstück 6500–14 500 B, Suite ab 12 750 B; 🅿❄@📶🏊) Ein cleveres Architekturkonzept prägt das Chill: Alle Erdgeschosszimmer grenzen hier an einen von drei Pools. Die modernen, hellen und sehr geräumigen Quartiere bieten viele Extras. Für das Resort sprechen auch die direkte Strandlage, das äußerst zuvorkommende Personal und die guten Einrichtungen für Familien.

Lonely Beach

Der besonders bei Backpackern und Feierlustigen beliebte Strand ist immer noch die Gegend mit den preiswertesten Unterkünften der Insel, obwohl echte Budget-Bleiben direkt am Strand auch hier recht rar sind. Die Straßen werden von vielen schäbigen Bars und Billigpensionen gesäumt.

★ **Paradise Cottage** BUNGALOWS $
(☎081 773 9337; www.paradisecottageresort.com; 104/1 Mu 1, Lonely Beach; DZ mit Ventilator/Klimaanlage 400–1400/1200–2500 B; 🅿❄📶🏊) House-Musik im Hintergrund, Hängematten mit Meerblick und kleine, aber ansehnliche Zimmer rund um einen Garten machen das gut geführte Paradise Cottage zum herrlich erholsamen Refugium. Die teuersten Quartiere punkten mit Klimaanlage und grandiosem Meerblick. Die günstigsten Varianten haben nur Ventilatoren. Gleich hinter den örtlichen Felsen liegt bei Ebbe eine zu Fuß erreichbare Sandbank frei. Es ist so weit weg von den lauten Clubs, dass man ruhig schlafen kann.

Little Eden BUNGALOWS $
(☎084 867 7459; www.littleedenkohchang.com; Soi 3, Lonely Beach; DZ mit Ventilatotor/Klimaanlage 950/1500 B; 🅿❄📶) Auf der ruhigen Hauptstraßenseite (aber trotzdem in der Nähe des Strandes) liegt diese Gruppe von Holzbungalows, die über komplex verwinkelte Plankenstege miteinander verbunden sind. Die komfortablen Bleiben haben Terrassen, Holzfußböden und Moskitonetze; durch die Fenster dringen allerlei laute Geräusche von Dschungeltieren herein. Für das Little Eden sprechen auch das gute Essen (u. a. das hervorragende Frühstück), der nette Gemeinschaftsbereich und das freundliche Personal.

BB Lonely Beach HOSTEL $
(☎089 504 0543; www.bblonelybeach.com; Lonely Beach; B 250–350 B, DZ mit Ventilator/Klimaanlage ab 550/1000 B; ❄📶🏊) Das BB zählt immer noch zu den besten Backpacker-Unterkünften am Lonely Beach. Die einfachen Schlafsäle und Privatzimmer sind

zwar etwas stickig, bieten aber angesichts der Schnäppchentarife dennoch ein anständiges Preis-Leistungs-Verhältnis. Für jede Menge Action sorgen das beliebte Katzencafé und ein Pool, an dem man prima Kontakt zu anderen Travellern knüpfen kann. Es ist etwas entfernt vom Strand, aber mitten im Geschehen der Hauptstraße.

Oasis Koh Chang BUNGALOWS $$

(☎ 081 721 2547; www.oasis-kohchang.com; 4/28 Mu 1, Lonely Beach; DZ 750–1400 B; P❄📶) Die beste Option am Lonely Beach – hauptsächlich aufgrund seiner Hanglage mit herrlichem Meerblick (vom Baumhaus in 12 m Höhe ist dieser noch grandioser!). Das freundliche Inhaberpaar aus den Niederlanden vermietet geräumige Mittelklasse-Bungalows in vier verschiedenen Standards. Die günstigeren Varianten haben nur Ventilatoren, die besten sind mit Meerblick. Zum Strand sind es 5 Minuten zu Fuß.

Warapura Resort BOUTIQUEHOTEL $$

(☎ 039 558123; www.warapuraresort.com; 4/3 Mu 1, Lonely Beach; DZ inkl. Frühstück 1700–3300 B; P❄@📶🏊) Direkt am Meer überzeugen die hervorragenden Boutique-Bungalows des Warapura mit rustikalem Mobiliar und hellen Farben (Weiß plus ein Hauch von Türkis). Die teureren Varianten warten mit tollen Balkonen, riesigen Bädern und mehr Platz auf; zudem liegen sie näher am Meer. Allerdings ist Schwimmen am örtlichen Strand fast unmöglich. Hierfür entschädigen das Wellenrauschen und der anständige Pool. Es gibt auch ein exklusives Restaurant mit Bar, das aber dennoch gesellig ist.

Ban Bang Bao & Umgebung

Obwohl es zunehmend touristischer wird, ist Ban Bang Bao immer noch zauberhaft. Die Unterkünfte sind hauptsächlich umgebaute Hafenhäuser mit Meerblick, die leichten Zugang zu den Inselfähren und zum schönen Khlong Kloi Beach etwas weiter östlich bieten. Notorische Nachteulen sollten lieber ein Motorrad mieten oder anderswo schlafen: Nach der Abendessenszeit werden *sŏrng·tăa·ou* hier rar und teuer.

Cliff Cottage BUNGALOWS $

(☎ 080 823 5495; www.cliff-cottage.com; Ban Bang Bao; Zelt/DZ/Bungalow 560/730/840 B; ❄📶) Westlich vom Pier werden hier ein paar Dutzend einfache, aber komfortable Hütten und einige Zimmer mit Klimaanlage in Hanglage teilweise von dichter Vegetation verdeckt. Rechts, links und unterhalb der Anlage erstreckt sich eine felsige Bucht. Die meisten Bleiben punkten mit (teils sensationellem) Meerblick. In der Hochsaison stehen auch große „Glamping-Zelte" zur Verfügung. Die Tauchschule Scubadawgs (S. 510) hat hier eine Filiale.

★ **Bang Bao Beach Resort** BUNGALOWS $$

(☎ 093 327 2788; www.bangbaobeachresort.com; Hat Khlong Koi; DZ 1500–2300 B; ❄) Gleich östlich von Bang Bao säumen großartige alte und neue Bungalows eine grüne Rasenfläche am Rand des herrlichen Khlong Koi Beach. Alle Quartiere der äußerst gepflegten sowie professionell geführten Anlage sind klimatisiert und attraktiv mit Holz eingerichtet. Gäste genießen leichten Zugang zu mehreren Restaurants und Strandbars. Hierher geht's entweder bei einem Strandspaziergang ab der Kanalbrücke oder dank einer langen Anfahrt außen rum.

★ **Buddha View** PENSION $$

(☎ 039 558157; www.thebuddhaview.com; Ban Bang Bao; DZ 800–1400 B; ❄📶) Die noble Pension am Pier hat sieben sorgfältig ausgestattete Zimmer mit Holzmöbeln. Vier davon haben ein eigenes Bad, das Gemeinschaftsbad ist aber auch sehr schön. In dem großartigen Restaurant sitzt man an ausgeschnittenen Tischen auf einer Plattform am Wasser, die mit Skulpturen geschmückt ist.

Chaipura Resort BUNGALOWS $$

(☎ 039 558090; www.chaipura.com; 222 Mu 1, Klong Koi; DZ/FZ 2800/3500 B; P❄📶) Die eleganten Bungalows im nordthailändischen Stil sind wunderbar ausgestattet mit hohen Decken, dunkler Holzvertäfelung und modernen Annehmlichkeiten. Sie verteilen sich an einem schön angelegten Hügel oberhalb eines kleinen Sees. Zum schönen Strand und nach Bang Bao sind es nur wenige Gehminuten. Das Personal ist fleißig und das hauseigene Restaurant sehr gut.

Nördliches Inland & Ostküste

Der Norden und Osten von Ko Chang ist weit weniger erschlossen als die Westküste und deshalb wesentlich einsamer. Ein eigenes Fahrzeug ist unabdingbar. Vielleicht sollte man auch in einer Gruppe reisen, um sich nicht ganz so verloren vorzukommen, doch dafür ist es hier ruhig und friedlich.

An der Ostküste gibt es nur ein paar wenige Unterkünfte in Ao Salak Kok und Ao Dan Kao.

★ **Mangrove Hideaway** PENSION $$
(☎080 133 6600; www.themangrovehideaway.com; Ban Salak Phet; DZ 1930–3640 B; ⊙ Juni & Sept. geschl.: ❄📶) Die freundliche Pension mit Ökobewusstsein und Aussicht auf den Mangrovenwald ist eine fabelhafte Wahl: Von den ansprechend minimalistischen Standardzimmern schaut man auf den grünen vorderen Garten. Die luxuriösen Superior-Suiten mit tollen Holzfußböden punkten mit Blick auf das Hausrestaurant und die Mangroven an der Flussmündung. Oben warten ein Massagesalon und ein Whirlpool im Freien auf die Gäste.

Serenity Resort HOTEL $$
(☎088 092 4452; www.serenity-koh-chang.com; Ao Dan Kao; DZ 3250 B, Haus mit 2/3 Schlafzimmern. 6000/7900 B; P❄📶🏊) Das attraktive Serenity ist 1,5 km vom Fährhafen Centrepoint an Ko Changs ruhiger Ostküste entfernt. Die erholsamen stillen Zimmer mit Klimaanlage und weißer Einrichtung sind direkt am Strand, wo es eine Bar und einen Swimmingpool gibt. Dort stehen auch Kajaks und Stehpaddelbretter (SUP) zur Verfügung.

Spa Koh Chang Resort RESORT $$
(☎083 115 6566; www.thespakohchang.com; Ao Salak Kok; DZ inkl. Frühstück 2050–3700 B; P❄📶🏊) Das Resort in üppig grüner Umgebung bei den Mangrovenwäldern hat sich auf Gesundheitsbehandlungen wie Detoxing, Yoga und Meditation spezialisiert. Die elegant eingerichteten Bungalows, die sich den mit Blumen bedeckten Hügel hinaufziehen, sorgen für eine geruhsame Auszeit. Es gibt keinen Strandzugang.

Amber Sands HOTEL $$$
(☎039 586177; www.ambersandsbeachresort.com; Ao Dan Kao; DZ 5100–7650 B; ⊙ Mitte Okt.–Aug.; P❄📶🏊) Das wunderschön gepflegte Gartengelände des tadellos geführten Amber Sands grenzt direkt an einen ruhigen Strand. Die äußerst reizvollen Zimmer haben tolle Holzfußböden und elegantes Mobiliar. Die hauseigene Aussichtsterrasse ist perfekt zum Relaxen. Gäste wähnen sich fernab der Zivilisation, wohnen aber in Wirklichkeit nahe dem Fähranleger und können sich an diesem abholen lassen.

✕ Essen

Fast alle örtlichen Unterkünfte haben Hausrestaurants mit akzeptabler, aber nicht unbedingt erstklassiger Küche. Dennoch kann man auf Ko Chang sehr gut speisen, wobei die besten Lokale meist außerhalb der Touristenzonen liegen. So gibt es z. B. am Pier von Bang Bao ausgezeichnete Seafood-Restaurants.

Funky Monkey CAFÉ $
(☎087 180 4828; Hat Kaibae; Kuchen & Eis 80–120 B; ⊙11–23 Uhr; 📶) Das nette kleine Café voller alter Sofas und Retro-Kunst ist zugleich Cocktailbar, Teehaus und Restaurant. Es ist aber vor allem bekannt für seine gerollte Eiscreme. Der Käsekuchen und die Brownies sind auch sündhaft lecker.

Rasta View THAI $
(Ban Bang Bao; Hauptgerichte 80–240 B; ⊙9–24 Uhr; 📶) Die rustikale Ausstattung in Grün, Rot und Gelb und die Reggae-Musik machen das Restaurant an der Straße hoch über Bang Bao so beliebt. Auf der Speisekarte stehen zumeist thailändische Gerichte wie preiswerte Currys und Nudeln.

★ **Barrio Bonito** MEXIKANISCH $$
(☎080 092 8208; Hat Kaibae; Hauptgerichte 250–320 B; ⊙ Juli–Ende Mai 17–22 Uhr; 📶🍸) Das stilvolle Barrio Bonito im Herzen von Kaibae zählt zu den besten Restaurants der Insel: Am Straßenrand serviert ein zauberhaftes französisch-mexikanisches Paar erfrischende Cocktails zu authentischen und appetitlich angerichteten Köstlichkeiten à la Mexiko (u. a. super Fajitas).

★ **Phu-Talay** SEAFOOD $$
(☎039 551300; 4/2 Mu 4, Khlong Prao; Hauptgerichte 90–300 B; ⊙10–22 Uhr) Direkt am Kanal liegt das hübsche Phu-Talay mit Holzfußböden, blau-weißem Dekor, malerischer Terrasse und einem eigenen Boot, das Gäste von nahegelegenen Unterkünften abholt. Spezialität des Hauses sind Meeresfrüchte (Tipp: die Gerichte mit Blaukrabben, Garnelen oder Fisch nehmen). Im Vergleich zu vielen anderen Seafood-Restaurants auf der Insel ist das Lokal deutlich günstiger.

Dang Seafood SEAFOOD $$
(Lonely Beach; Hauptgerichte 50–300 B, Fisch nach Gewicht; ⊙9–22.30 Uhr) Mit den Plastikstühlen und Tischen unter einer Markise sieht das sehr beliebte Restaurant in der Hauptstraße am Lonely Beach eher wie ein Marktstand aus. Der Fisch liegt auf Eis in der Auslage und wird nach Gewicht berechnet.

Sleepy Owl PIZZA $$
(☎088 525 5575; Lonely Beach; Hauptgerichte 80–120 B, Pizza 195–350 B; ⊙10–22 Uhr; 📶) Das

beliebte Café bietet auch eine Auswahl an Thai-Gerichten, ist aber vor allem für seine Pizza bekannt, die hier deutlich besser ist als in allen anderen Restaurants des Dorfes. Auch ideal für ein spätes Frühstück.

Kung Kra Ta BARBECUE $$
(☎091 738 7429; Hat Kaibae; All you can eat 229 B; ⌚18–23 Uhr) Das All-you-can-eat-Barbecue des Freiluft-Restaurants ist bei Einheimischen und Touristen gleichermaßen beliebt. Die Qualität ist nicht gerade berauschend, aber es ist witzig, sättigend und kostengünstig.

Ka-Ti Culinary THAI $$
(☎081 903 0408; www.facebook.com/katikhruathai; Khlong Prao; Hauptgerichte 120–580 B; ⌚Mo–Sa 11–22, So 17–22 Uhr; 📶) Die Highlights in diesem Lokal sind die Meeresfrüchte, ein paar Gerichte à la Isan und die berühmte selbstgemachte Currysauce. Es gibt auch eine Speisekarte für Kinder. Ka-Tis Kochkurse (S. 511) sind sehr empfehlenswert.

Ausgehen & Nachtleben

Überall an den Stränden werden ständig Partys gefeiert, sei es von den gesetzten Älteren am White Sand Beach oder von den wilden Jüngeren am Lonely Beach. Kai Bae hat zudem eine winzige Walking St mit ein paar Bars, in denen abends der Bär steppt.

★ **Shambhala** BAR
(☎098 579 4381; Siam Royal View, Ao Khlong Son; ⌚Di–Do 11–mind. 22 Uhr) Zum Resort Siam Royal View an Ko Changs Nordspitze gehört diese Bar, die super Cocktails zu fairen Preisen an einem Pool serviert. Die Lage ist perfekt für einen Sundowner: Über grünen Rasen hinweg schaut man wunderbar auf eine bewaldete Halbinsel und einen einsamen Strand mit goldfarbenem Sand. Es gibt auch hochwertige Thai- und internationale Gerichte. Hierher geht's durch den südlichsten Eingang („Marina") des Resorts.

White Elephant SPORTSBAR
(☎039 612211; www.whiteelephantbar.com; 9/22/6-8, Moo 4, White Sand Beach; ⌚7.30–2 Uhr) Mit Livemusik am Freitagabend, alle 14 Tage Quiz und viel internationalem Fußball ist die Bar am White Sand Beach äußerst beliebt bei den vielen Expats der Insel. Es gibt eine Riesenauswahl an internationalen Bieren, und es herrscht die für einen Pub in den Tropen typische Stimmung.

Ting Tong CLUB
(☎091 705 7857; Soi Tian Chai 1, Lonely Beach; ⌚17–4 Uhr) Die laute Musik am Lonely Beach ist schon von Weitem zu hören. In dem legendären Club finden jeden Abend Partys mit ausländischen DJs und Livebands statt. Theoretisch ist er rund um die Uhr geöffnet, tatsächlich geht's aber erst am frühen Abend los und dann bis zum Morgengrauen.

ℹ Praktische Informationen

GELD

Banken mit Geldautomaten und Wechselstuben gibt's an allen Stränden der Westküste.

MEDIZINISCHE VERSORGUNG

Bang Bao Health Centre (☎039 558086; Ban Bang Bao; ⌚8.30–16 Uhr) am Pier. Für kleinere Wehwehchen.

Ko Chang Hospital (☎039 586131; Ban Dan Mai) Das staatliche Krankenhaus mit gutem Ruf und günstigen Behandlungspreisen befindet sich südlich des Fähranlegers.

Ko Chang International Clinic (☎039 551555; www.bangkoktrathospital.com; White Sand Beach; ⌚24 Std.) Das Krankenhaus gehört zur Bangkok Hospital Group und akzeptiert die meisten Reise-Krankenversicherungen, ist aber teuer.

NOTFALL

Der **Posten der Touristenpolizei** (☎1155; Khlong Prao) in Khlong Prao kümmert sich um alle Notfälle.

POST

Ko Chang Post Office (☎039 551240; White Sand Beach; ⌚9–17 Uhr) Ganz am südlichen Ende von Hat Sai Khao.

REISEBÜROS

Nuttakit Tour (☎092 647 3009; nuttakittour@gmail.com; Bang Bao) Das Reisebüro in Bang Bao liegt gleich rechts hinter dem Pier-Eingang und ist etwas besser als seine Konkurrenz: Das freundliche Personal spricht Englisch und arrangiert neben Standardtouren auch individuell gestaltbare Bootstrips.

SICHER UNTERWEGS

➜ Auf der Straße zwischen Ban Khlong Son im Norden und Hat Sai Khao ist größte Vorsicht geboten, denn sie ist gefährlich steil und hat einige scharfe Haarnadelkurven. Bei Sturm kommen noch schlechte Straßenverhältnisse und Schlammlawinen dazu. Wer mit einem gemieteten Motorrad unterwegs ist, sollte zwischen Hat Kaibae und Lonely Beach besonders vorsichtig fahren, vor allem in der Regenzeit. Und grundsätzlich Schutzkleidung tragen!

- Die Polizei führt regelmäßig Drogenrazzien in den Unterkünften der Insel durch. Wer mit Rauschgift erwischt wird, zahlt hohe Geldstrafen oder landet sogar im Gefängnis.
- Vorsichtig sollte man auch bei billigen Fahrscheinen für den Minibus von Siem Reap nach Ko Chang sein, denn meist sind damit betrügerische Provisionszahlungen verbunden, die einen letztendlich viel Zeit und Geld kosten können.
- Die Gefahr, auf Ko Chang an Malaria zu erkranken, ist eher gering. Daher dürfte der ausgiebige Gebrauch von Insektenschutzmitteln als angemessene Prophylaxe ausreichen.

TOURISTENINFORMATION

- Das kostenlose Magazin *Koh Chang Guide* (www.koh-chang-guide.com) ist praktisch überall auf der Insel erhältlich und beinhaltet nützliche Karten der Strände.
- Die umfassende Website I Am Koh Chang (www.iamkohchang.com) ist das Herzensprojekt eines Briten, der auf der Insel lebt.

An- & Weiterreise

Ob ab Bangkok oder Kambodscha: Die Anreise nach Ko Chang dauert immer einen ganzen Tag. Der Trip lässt sich aber nett mit einer Übernachtung in Trat unterbrechen.

Nahe Laem Ngop auf dem Festland starten Fähren zur Insel entweder am Pier Tha Thammachat (**Koh Chang Ferry**; ☎ 039 555188; https://kohchangferries.com; Erw./Kind/Auto einfach 80/30/120 B; ⏲ 6.30–19 Uhr) oder am Pier Tha Centrepoint (**Centrepoint Ferry**; ☎ 039 538196; https://kohchangferries.com; Tha Centrepoint; Erw. einfach/hin & zurück 80/150 B, Kind einfach/hin & zurück 40/70 B, Auto einfach/hin & zurück 100/180 B; ⏲ 6–19.30 Uhr stündl., Mai–Okt. 6–19 Uhr). Die Fähren von Tha Thammachat laufen den Pier Tha Sapparot an, Centrepoint Ferry macht 3 km weiter südlich fest. Vergleichsweise etwas besser und schneller sind die Kähne von Koh Chang Ferry.

Reisebüros auf Ko Chang verkaufen auch Direkttrips mit Boot und Minivan nach Siem Reap (650 B) und Phnom Penh (900 B) in Kambodscha. An der Grenze muss man aber in einen anderen Bus umsteigen.

An Bangkoks Eastern Bus Terminal (Ekamai) besteht Verbindung nach/ab Ko Chang, wobei die Reise jeweils über Chanthaburi und Trat führt. Der direkte **Bus- und Minibus-Service** (☎ 083 794 2122; www.bussuvarnabhumikohchang.com) des Suvarnabhumi International Airport bringt einen dagegen ohne Zwischenstationen ans Ziel.

Von Ko Chang aus gesehen befindet sich der nächstgelegene Flughafen in Trat. Ab dort bietet **Ko Chang Minibus** (☎ 087 785 7695; www.kohchangminibus.com) zu Pauschalpreisen diverse Shuttles zu den Inselstränden an.

Ab Bang Bao im Südwesten von Ko Chang schippert **Bang Bao Boat** (☎ 039 558046; www.kohchangbangbaoboat.com; Ban Bang Bao; ⏲ Nov.–April) in der Hauptsaison über Ko Mak nach Ko Wai, wo wiederum Schnellboote gen Ko Kut aufbrechen.

Während der Hauptsaison fahren zudem Schnellboote ab Bang Bao und Hat Kaibae zu den anderen Inseln.

VERKEHRSMITTEL NACH KO CHANG

START	ZIEL	BOOT	BUS
Bangkok Eastern Bus Terminal (Ekamai)	Laem Ngop, Tha Thammachat		280 B, 6 Std., 2-mal tgl.
Ko Chang	Bangkok Suvarnabhumi International Airport		einfach/hin & zurück 600/900 B, 6–7 Std., 2– 3-mal tgl.
Ko Chang	Ko Kut	Schnellboot 900 B, 2½ Std., 3-mal tgl.; Holzboot & Schnellboot 700 B, 5 Std., 1-mal tgl.	
Ko Chang	Ko Mak	Schnellboot 600 B, 1 Std., 3-mal tgl.; Holzboot 400 B, 2 Std., 1-mal tgl.	
Ko Chang	Ko Wai	Schnellboot 400 B, 30 Min., 3-mal tgl.; Holzboot 300 B, 1 Std., 1-mal tgl.	
Laem Ngop, Tha Centrepoint	Ko Chang	80 B, 40 Min., 6–19.30 Uhr, stündl.	
Laem Ngop, Tha Thammachat	Ko Chang	80 B; 30 Min.; 6.30–19 Uhr, alle 45 Min.	

Unterwegs vor Ort

An den Fähranlegern warten Sammel-*sŏrng·tăa·ou* (Passagier-Pickups), um ankommende Passagiere zu den verschiedenen Stränden zu kutschieren:

Khlong Prao 150 B
Lonely Beach 200 B
White Sand Beach 100 B

Eine Fahrt zwischen benachbarten Stränden kostet 50 bis 200 B. Nach Einbruch der Dunkelheit steigen die Preise dramatisch an, dann werden für die Strecke von Bang Bao zum White Sand 500 B fällig.

Motorräder werden für 150 B am Tag vermietet. Die bergigen und kurvigen Straßen von Ko Chang sind allerdings gefährlich, daher sollte man unbedingt überprüfen, ob das Motorrad einwandfrei funktioniert.

Leihwagen sind eine gute Alternative für Inselerkundungen und gibt's vor Ort bei **Sawadee Koh Chang Travel** (☎086 712 6804; sawadeekohchang@hotmail.co.th; Hat Kaibae; Auto ab 1200 B/Tag; ⊙8.30–20.30 Uhr) und bei ein paar wenigen anderen Anbietern.

Ko Kut

☎039 / 2100 EW.

Für viele ist Ko Kut (เกาะกูด), auch „Koh Kood" geschrieben, die thailändische Insel schlechthin – und das zu Recht: pudrig feine Sandstrände, glasklares Wasser in malerischen Buchten und mehr Kokosnusspalmen als Häuser.

Im Gegensatz zur großen Schwester Ko Chang sucht man Nachtleben, Verkehrschaos oder laute Musik vergebens – obwohl sich auch hier in der Hochsaison langsam eine kleine Livemusik-Szene entwickelt. Die Hauptaktivitäten sind Kajakfahren, Schnorcheln und Wanderungen zu Wasserfällen.

Sehenswertes & Aktivitäten

Ruhige Felsbuchten und Flussmündungen mit Mangroven machen Ko Kut zum tollen Revier für Schnorchler und Kajakfahrer. Entsprechende Leihausrüstung gibt's bei den meisten örtlichen Resorts. Stehpaddelbretter werden vom View Point Cafe (S. 520) für 200/800 B pro Stunde/Tag vermietet.

Ein gutes Dutzend Tauchspots wartet vor der Westküste der Insel. Die örtlichen Tauchschulen bringen ihre Kunden aber auch nach Ko Rang und Ko Mak.

Nam Tok Khlong Chao WASSERFALL
(น้ำตกคลองเจ้า) Die beiden Wasserfälle der Insel sind prima Ziele für Kurzwanderungen. Der größere und beliebtere davon ist der breite Nam Tok Khlong Chao, der malerisch in ein großes Naturbecken hinabstürzt und besonders schön zu Anfang der Trockenzeit ist. Zu diesem geht's entweder über einen kurzen Dschungelpfad ab der Straße oder entlang des Khlong Chao flussaufwärts per Paddeltrip. Der **Nam Tok Khlong Yai Ki** etwas weiter nördlich ist vergleichsweise kleiner, hat aber auch einen großen Naturpool an seinem Fuße.

Paradise Divers TAUCHEN
(☎087 144 5945; www.kohkood-paradisedivers.com; Ban Khlong Chao; 2 Tauchgänge vom Boot 3000 B, Schnorcheln 1000 B) Ko Kuts älteste Tauchschule bietet Tauch- und Schnorcheltrips in kleinen Gruppen zu verschiedenen Tauchspots, auch vor Ko Rang. Der PADI-Zertifizierungskurs kostet ab 11 000 B, ein Scuba-Kurs 4500 B. Die Schule ist etwa 700 m südlich von Hat Khlong Chao.

Schlafen

An jedem Strand im Südwesten gibt's eine Handvoll Unterkünfte. Hat Khlong Chao hat ein paar teure Boutiquehotels, aber auch preiswerte Pensionen, die sich zumeist hinter der Hauptstraße am Strand verstecken. Für Familien geeignet sind die Mittelklasse- und Budget-Unterkünfte in Ao Ngam Kho.

Happy Days PENSION $
(☎065 6097835; happydayskohkood@hotmail.com; Ban Khlong Chao; DZ mit Ventilator/Klimaanlage 600/1000 B) Die einfache Pension hinter Paradise Divers hat neun saubere Zimmer auf zwei Stockwerken. Es gibt eine Cafébar und einen Wäscheservice. Spezielle Angebote für Taucher sind günstiger.

Cozy House PENSION $
(☎089 094 3650; www.kohkoodcozy.com; Hat Khlong Chao; Bungalow mit Ventilator/Klimaanlage 700/1200 B, DZ 1000 B, inkl. Frühstück; ❄📶) Von Ko Kuts bester Backpacker-Bleibe sind es nur zehn Gehminuten bis zum herrlichen Hat Khlong Chao. Zur Auswahl stehen fröhliche, preiswerte Bungalows mit Ventilator oder Klimaanlage und gute Hotelzimmer mit TV, Klimaanlage und Veranda, von der man auf die Mangroven blickt.

★ **Bann Makok** HOTEL $$
(☎088 203 0699; www.bannmakok.com; 10 Moo 4, Khlong Yai Ki; DZ inkl. Frühstück 3200–3800 B; P❄@📶) 🍃 Das in den Mangroven versteckte Boutiquehotel erinnert an ein traditionelles Fischerdorf an einem Pier. Für die

Ko Mak & Ko Kut

Ko Mak & Ko Kut

Sehenswertes
1 Nam Tok Khlong Chao D3

Aktivitäten, Kurse & Touren
2 Koh Mak Divers B3
3 Smile Ko Mak Cooking School B4

Schlafen
4 Ao Kao White Sand Resort B4
5 Banana Sunset B4
6 Bann Makok C3
7 Big Easy A3
8 Monkey Island A3
9 Seavana A3

Einrichtung der acht Zimmer wurde Altholz in nostalgischen Farben verwendet.

Suan Maprao Ko Kut Resort BUNGALOWS $$
(☎086 833 7999; Ao Ngam Kho; DZ 1500–1800 B; P❄📶) Gleich abseits der südlichen Strandstraße wird man hier mit ehrlich gemeinter Herzlichkeit begrüßt. Die hervorragenden Bungalows in einem Garten sind schlicht, aber modern und stilvoll, u. a. dank der Holzverkleidung und den Innenwänden aus geglättetem Beton. Einen kurzen Fußmarsch vom Strand entfernt stehen die Quartiere zwischen hohen Kokospalmen. Im Vorderbereich der attraktiven Anlage befindet sich ein anständiges Restaurant.

Dusita Resort BUNGALOWS $$
(☎081 707 4546; www.dusitakohkood.net; 45 Moo 2, Ao Ngam Kho; DZ/3BZ/FZ 3090/4390/5390 B; P❄📶) Das sehr gepflegte Resort mit weichem Rasen und kunstvoll geschnittenen Hecken ist zu Recht sehr beliebt bei Familien, denn die Kinder können sich frei im großen Garten am Meer bewegen. Die Erwachsenen schätzen die geräumigen, leicht veralteten Holzbungalows, in die sie sich zurückziehen können. Bei Online-Buchung sinkt der Preis.

Essen & Ausgehen

★ Noochy Seafood SEAFOOD $$

(☎086 113 3379; Ao Yai; Hauptgerichte 150–600 B; ⏰9.30–21.30 Uhr) Ao Yai ist ein originelles Fischerdorf auf Stelzen an der Ostküste. Hier gibt's jede Menge ausgezeichnete Meeresfrüchte-Restaurants. Mit aufmerksamem Personal und der tollen Lage am Ende des Piers ist das Noochy das Beste. Zur Auswahl stehen Jakobsmuscheln, Shrimps, Krabben, Bärenkrebse und Tintenfisch. Dazu gibt's Bier.

Hierher kommt man nur mit einem eigenen Fahrzeug oder einem Taxi, das man bitten sollte, zu warten.

Ra Beang Mai THAI $$

(Hat Khlong Chao; Hauptgerichte 100–380 B; ⏰Do–Di 9–21 Uhr; 📶) Das hübsche Lokal ist im Besitz einer freundlichen Familie und liegt in praktischer Nähe zu den Unterkünften im Bereich des Khlong Chao Beach. Sein Speiseraum grenzt an einen netten Freiluftbereich mit rustikalen Holzmöbeln. Zu essen gibt's Salate mit großen Garnelen und Seafood-Currys.

View Point Cafe BAR

(☎081 004 4233; Hat Khlong Chao; ⏰9–21 Uhr) Das View Point ist nicht ganz so schäbig wie die Bars in der Nachbarschaft. Es hat eine fantastische Lage und eine Terrasse direkt am Wasser. Es gibt guten Espresso, anständiges Essen (Hauptgerichte 90–150 B), eine gut bestückte Bar und Stehpaddelbretter zum Mieten (200/800 B pro Std./Tag).

Sunset Bar BAR

(Hat Khlong Chao; ⏰16 Uhr–open end) Die Bar am anderen Flussufer des Hat Khlong Chao ist bei Einheimischen und Expats gleichermaßen vom Sonnenuntergang bis zum frühen Morgen beliebt. Die rustikale Bar bietet einen tollen Blick auf den Fluss und das nördliche Ende des Strands, das Personal ist unkompliziert.

Unterhaltung

Fisherman Hut Music Station LIVEMUSIK

(☎092 639 1469; unweit der Bang Bao Bay; ⏰19–22 Uhr) In der halboffenen Musikbar treten in der Hauptsaison jeden Abend einheimische und auswärtige Livebands auf. Sie ist in der Nähe von Ao Bang Bao.

Praktische Informationen

Es gibt mindestens zwei **Geldautomaten** auf Ko Kut (einer davon beim Hat Khlong Chao), aber keine Banken. Die großen Resorts wechseln Geld und akzeptieren Kreditkarten, doch man sollte auf jeden Fall ausreichend Bargeld mitbringen.

Die **Polizeiwache** (☎1155, 039 525745; ⏰24 Std.) ist in der Nähe des Krankenhauses in Ban Khlong Dam.

Das kleine **Ko Kut Hospital** (☎039 521 852; Ban Khlong Mad; ⏰24 Std.) im Inselinneren ist gut für kleinere Notfälle.

An- & Weiterreise

Rund 22 km südöstlich von Trat, wo sich der nächstgelegene Busbahnhof befindet, benutzen Fähren nach/ab Ko Kut den Festlandshafen nahe Laem Sok (S. 505). An benachbarten Piers sind dort drei Fährgesellschaften und eine Schnellbootfirma vertreten. Passagiere werden jeweils gratis in Trat abgeholt (von Unterkünften und vom Busbahnhof, aber nicht vom Flughafen!). Der Rücktransport kostet 50 B.

BOOTE NACH KO KUT

Die folgenden Boote fahren von Laem Sok zum Ao Salad Pier auf Ko Kut.

GESELLSCHAFT	SCHIFF/FÄHRE	PREIS (IN B)	DAUER (STD.)	HÄUFIGKEIT
Koh Kood Princess	klimatisiert	350	1¾	tgl. 12.30 Uhr
Ko Kut Express	klimatisierte Schnellfähre	500	1¼	tgl. 13 Uhr
Ko Kut Express	Schnellboot	600	1	Nov.–April tgl. 10 & 15 Uhr; zurück 10, 11 & 13 Uhr*
Boonsiri	Katamaran	500	1¼–1¾	tgl. 10.45 Uhr (direkt) & 14.20 Uhr (über Ko Mak & Ko Chang)**

* In der Nebensaison nur am Wochenende und bei gutem Wetter. In der Nebensaison Rückfahrt von Ko Kut um 10 und 12.30 Uhr.

**Von Mitte Mai–Mitte Okt. nur eine Fahrt täglich (13.30 Uhr) und keine Verbindung nach Ko Mak. Freitags auch 10.45 Uhr. Transport von Bangkok (900 B) und dem Flughafen Trat (800 B) möglich.

Schnellboote ab Laem Sok bringen einen nach Möglichkeit direkt zum gewählten Resort. Die normalen Boote schippern dagegen zum **Pier an der Ao Salad** an der nordöstlichen Inselspitze. Von hier geht es dann per Gratisshuttle zum jeweiligen Endziel weiter. Hier einige Fährgesellschaften:

Koh Kood Princess (☎ 086 126 7860; www.kohkoodprincess.com)

Ko Kut Express (☎ 09 05060020; www.kokutexpress.in.th)

Boonsiri (☎ 085 921 0111; www.boonsiriferry.com)

Ab Ko Chang flitzen Schnellboote von zwei Firmen über Ko Wai und Ko Mak nach Ko Kut (900 B, 2½ Std.). Diesbezüglich am günstigsten ist ein Kombitrip (700 B) mit **Bang Bao Boat** (☎ 084 567 8765; www.kohchangbangbaoboat.com; Ao Bang Bao), bei dem das erste Stück bis Ko Mak per Holzboot und das zweite bis Ko Kut per Schnellboot zurückgelegt wird.

Unterwegs vor Ort

Ko Kuts steile Straßen machen Leihfahrräder quasi sinnlos, sofern man kein extrem trainierter Radler ist. Vor Ort gibt es Mietmotorräder für 200 bis 300 B pro Tag.

Ko Mak

☎ 039 / 600 EW.

Auf dem kleinen Ko Mak (เกาะหมาก) (16 km²) gibt's weder rasende Kraftfahrzeuge noch dichte Bebauung, lärmende Bierbars oder überfüllte Strände. Stattdessen bietet das reizende Eiland eine relaxte Atmosphäre und Palmenstrände mit sanften Wellen. Dennoch gibt's auf Ko Mak ein gutes Restaurant und eine Barszene hinter der Ao Khao, ein paar Tauchschulen und Bootsfahrten zu den Inseln in der Umgebung. So kann man auch etwas anderes unternehmen, als nur am Strand zu liegen.

Während der Hauptsaison (Dez.–März) ist Ko Mak vergleichsweise einfacher erreichbar; während der Nebensaison (Mai–Sept.) ruhen viele Bootsverbindungen.

Sehenswertes & Aktivitäten

An der **Ao Pra** im Westen erstreckt sich der schönste Inselstrand, der jedoch größtenteils zum Mira Montra Resort gehört. Fürs Schwimmen und Strandwandern eignet sich aktuell am besten die **Ao Suan Yai** im Nordwesten: Dort wartet ein breiter Sandstreifen mit kristallklarem Wasser.

Die vorgelagerte Insel **Ko Kham** war früher ein beliebtes Tagesziel. Heute ist sie jedoch ein Resort. Besucher können immer noch den dortigen Strand benutzen, müssen nun aber eine Gebühr von 300 B (inkl. Bootsfahrt) dafür bezahlen. Die Boote legen in Ko Mak um 10.30, 13.30 und 15 Uhr ab. Von der Ao Khao fahren auch Boote zur Insel **Rayang Nok** (350 B, 10–16 Uhr). Dort gibt's einen schönen Strand und ein Resort, das Wassersport anbietet.

Koh Mak Divers TAUCHEN
(☎ 083 297 7724; www.kohmakdivers.com; 59/4 Wong Si Ri Rd, Ao Khao; Touren mit 2 Tauchgängen ab 2500 B) Die Tauchschule veranstaltet Tauchtrips zum Mu Ko Chang National Marine Park, der sich ca. 45 Fahrtminuten entfernt befindet. Außerdem bietet sie verschiedene Kurse (wie z. B. Scuba-Kurse für 3500 B) an. Eine Filiale befindet sich in der Straße bei Baan Koh Mak.

Smile Ko Mak Cooking School KOCHEN
(www.smilekohmak.com; Ban Ao Nid; Kochkurs 1200–1300 B; ⏲10–14 & 15–19 Uhr) Die Kochkurse finden in Lengs kleiner Küche beim Ao Nid Pier statt. Es werden vier (auch vegetarische) Gerichte zubereitet und gegessen, und die Teilnehmer bekommen ein Kochbuch.

Schlafen & Essen

Praktisch alle Pensionen und Resorts haben eigene Strandrestaurants. Zudem gibt's ein paar familiengeführte Lokale an der Hauptstraße zwischen dem Monkey Island und dem Makathanee Resort, darunter auch eine deutsche Bäckerei und eine Eisdiele. Weitere Restaurants befinden sich an der Kreuzung in der Nähe des Ao Kao Resort und in der Straße zum Ao Din Pier.

Banana Sunset ZELTE, BUNGALOWS
(☎ 087 416 2026; www.bananasunset.com; Zelt 200 B, DZ im Bungalow 800–1000 B; 📶) Die abgeschiedene Bungalowanlage ist eine schöne Budget-Unterkunft. Ein Zelt im Garten mit Ventilator und Matratze kostet gerade einmal 200 B. Die Bungalows mit angebautem Bad sind bequemer und ebenfalls recht preiswert.

Monkey Island BUNGALOWS $
(☎ 089 501 6030; www.monkeyislandkohmak.com; Ao Khao; DZ mit/ohne Bad 700/500 B, mit Klimaanlage inkl. Frühstück 1200–2000 B; P❄📶) Das Monkey Island vermietet günstige Lehmziegel- und Holzbungalows in drei „affigen" Kategorien (Pavian, Schimpanse, Gorilla) mit witzigen Einrichtungsdetails. Die Bleiben

reichen dabei von spartanischen Hütten bis hin zu schicken Strandvillen. Das hippe Hausrestaurant am Strand serviert anständige Thai-Küche in zwangloser Atmosphäre. Es werden auch Motorräder vermietet.

Big Easy BUNGALOWS $$
(☎098 575 7427; www.bigeasykohmak.com; Ao Khao; Bungalow inkl. Frühstück 2700–3200 B; ❄📶) Die Anlage an einem schönen Strand am nördlichen Ende der Ao Khao hat sieben wunderbare Holzbungalows, die weit entfernt voneinander unter Palmen stehen und damit maximale Privatsphäre garantieren. Das Restaurant mit Terrasse am Strand ist auch ein beliebter Treffpunkt.

Seavana RESORT $$
(☎090 864 5646; www.seavanakohmak.com; Ao Suan Yi; DZ 3000–5500 B; P❄📶🏊) Das erstklassige Resort nahe dem nördlichen Pier punktet u. a. mit freundlichem und kompetentem Personal. Es besteht aus stilvollen weinroten Gebäuden, von denen man auf Kokospalmen, weißen Sand und einen Garten schaut.

Ao Kao White Sand Resort BUNGALOWS $$$
(☎083 152 6564; www.aokaoresort.com; Ao Khao; DZ inkl. Frühstück 5000 B; P❄📶🏊) 🍃 An einer hübschen Bucht vermietet das noble Ao Kao Resort verschiedene stilvolle Betonbungalows, die leichten Zugang zum Strand bieten. Alle Quartiere haben tolle Dachterrassen mit Strohdächern, Hängematten und Meerblick. Unter den vielen Annehmlichkeiten der Anlage sind Sportangebote und ein Massagesalon.

Ball Cafe CAFE $$
(☎081 925 6591; Ao Khao; Hauptgerichte 60–190 B; ⏲8.30–21 Uhr; 📶) Das moderne Café ist in der Straße hinter dem Strand. Es gibt Espresso und verschiedene Tees sowie Baguette, Frühstück und Backwaren.

Little Red Oven PIZZA $$
(☎062 651 9605; 97 Soi Sodsai; Pizza ab 200 B; ⏲12–21 Uhr) Das halboffene Restaurant serviert die beste Holzofenpizza der Insel. Ein Glas Wein kostet ab 150 B. Es ist gut 1,5 km östlich der Ao Kao.

ℹ Praktische Informationen

Es gibt einen internationalen **Geldautomaten** beim Regierungsbüro (neben der Polizeiwache), aber er funktioniert oft nicht. Deshalb sollte man unbedingt genügend Bargeld mitbringen. Die meisten Resorts akzeptieren Kreditkarten.

Es gibt einen praktischen Informationsschalter im **Koh Mak Resort** (☎089 6009597; www.kohmakresort.com; Ao Suan Yai; DZ inkl. Frühstück 2800–6400 B; P❄📶🏊).

Eine kleine **Polizeiwache** (☎1155) befindet sich mitten auf der Insel.

Das **Ko Mak Health Centre** (⏲8.30–16.30 Uhr) in der Inselstraße beim Ao Nid Pier kann Erste Hilfe leisten und einfachere Krankheiten behandeln.

ℹ An- & Weiterreise

Ab Laem Ngop fahren Schnellboote (einfache Strecke 450 B, 1 Std.) zu den Piers an der Ao Suan Yai und Ao Nid. In der Hauptsaison steuert der Katamaran von Boonsiri (S. 521) auf dem Weg nach Ko Kut ebenfalls Ko Mak an (ab dem Festland 400 B). In Laem Ngop legt um 11 Uhr auch ein langsames Holzboot ab (200 B).

In der Nebensaison besteht eine Bootsverbindung ab dem Festland nur ein- bis zweimal pro Tag. Alle örtlichen Unterkünfte holen Gäste gratis am jeweiligen Anleger ab.

Ab Ko Chang schippern Schnellboote nach Ko Wai, Ko Mak und Ko Kut und wieder zurück. Die Fähre von Bang Bao (S. 521; 400 B, 2 Std., 1-mal tgl.) fährt über Ko Wai (300 B) nach Ko Mak und wieder zurück.

ℹ Unterwegs vor Ort

Auf Ko Mak kann man Fahrräder (40 B/Std.) und Motorräder (200 B/Tag) für Erkundungen ausleihen. Sie werden zumeist von den jeweiligen Unterkünften verliehen.

Ko Wai

☎039

Die winzige Insel (เกาะหวาย) ist kaum erschlossen, hat aber glasklares Wasser, völlig

SCHNELLBOOTE AB KO MAK

ZIEL	PREIS (EINFACHE STRECKE)	DAUER	HÄUFIGKEIT
Ko Chang	600 B	1 Std.	3-mal tgl.
Ko Kut	400 B	45 Min.	3-mal tgl.
Ko Wai	400 B	30 Min.	3-mal tgl.
Laem Ngop (Festland)	450 B	1 Std.	6-mal tgl.

SCHNELLBOOTE AB KO WAI

ZIEL	PREIS (EINFACHE STRECKE)	DAUER	HÄUFIGKEIT
Ko Chang	400 B	30 Min.	3-mal tgl.
Ko Kut	700 B	1 Std.	3-mal tgl.
Ko Mak	400 B	30 Min.	3-mal tgl.
Laem Ngop (Festland)	450 B	50 Min.	3-mal tgl.

intakte Korallenriffe, in denen man herrlich schnorcheln kann, und einen fantastischen Blick auf Ko Chang.

Es gibt weder Banken noch Geldautomaten auf Ko Wai, deshalb genügend Bargeld mitbringen.

Schlafen

Es gibt zwei Resorts und drei einfache Bungalowanlagen. Sie alle sind von Mai bis September geschlossen, denn dann ist es oft stürmisch und es kommt zu Überschwemmungen. Mit Ausnahme der Resorts werden die Unterkünfte über Generatoren versorgt. Die Stromversorgung ist aber rationiert und fällt oft aus.

Ko Wai Paradise BUNGALOWS $
(☎081 762 2548; DZ 400–800 B; ⏲Okt.–Mitte Mai) Die rustikalen einfachen Holzbungalows mit Gemeinschaftsbad stehen an einem Bilderbuchstrand an der Westküste. Der Strand ist eine Hochburg für Backpacker. In den spektakulären Korallenriffen tummeln sich aber auch viele Ausflügler, die nur für einen Tag kommen.

Koh Wai Beach Resort BUNGALOWS $$
(☎081 306 4053; www.kohwaibeachresort.com; DZ inkl. Frühstück 2100–3400 B; ⏲Okt.–Mitte Mai; ❄📶) Die hochwertigen Bungalows und Teakholzhäuser stehen wenige Schritte entfernt vom Strand an der Südspitze der Insel. Sie sind mit allen modernen Annehmlichkeiten ausgestattet und nur mit dem Boot zu erreichen.

An- & Weiterreise

- Die Boote nach Ko Wai verkehren von November bis April. Außerhalb dieser Zeit (wenn die meisten Unterkünfte sowieso geschlossen sind) muss man mit einem der wenigen Boote fahren, die über Ko Wai nach Ko Mak schippern.
- Die Schnellboote von Laem Ngop können ihre Passagiere am nächstgelegenen Pier ihrer Unterkunft absetzen. Ansonsten legen sie am zentralen Pakarang Pier an, und man muss 15 bis 30 Minuten durch den Wald laufen.
- Ab Ko Chang schippern Schnellboote nach Ko Wai, Ko Mak und Ko Kut und wieder zurück.
- Die Holzfähre ab Bang Bao (S. 521; 300 B, 1 Std., 1-mal tgl.) fährt von Ko Chang nach Ko Wai und Ko Mak (200 B) und wieder zurück.

KURZ & BÜNDIG

EINWOHNER
250 000

LÄNGE DES HUA HIN BEACH
4 km (S. 538)

SCHÖNE TIERERLEBNISSE
Wildlife Friends Foundation (S. 538)

BELIEBTE BUDDHA-STATUE
Wat Huay Mongkol (S. 538)

BESTES THAI-RESTAURANT
Jek Pia (S. 541)

REISEZEIT

Jan.–März Die besten Monate, um Kitesurfen zu lernen – dann ist das Wasser meist ruhig.

Okt. Zwar der regnerischste Monat, doch ist es hier immer noch trockener als im übrigen Land, sodass nichts gegen einen Besuch spricht.

Nov.–März Die kühlsten Monate – Besucher können in dieser Zeit das „Nebelmeer" im Kaeng Krachan National Park bewundern.

Hat Hua Hin (S. 538)
S-F/SHUTTERSTOCK ©

Hua Hin& nördliche Golfregion

Die nördliche Golfregion ist dank der Nähe zu Bangkok seit Langem die bevorzugte Spielwiese der thailändischen Elite, die sich auf diese Art der Königsfamilie anschließt: Seit Rama IV. haben alle thailändischen Monarchen den Sommer in den diversen Sommerresidenzen der Gegend verbracht. Dem Beispiel der Könige und der Elite folgen zahllose thailändische Urlauber, die die Aussicht auf Spaß und gute Meeresfrüchte an diesen Küstenabschnitt lockt.

Historische Stätten, Nationalparks und lange Sandstrände bieten Besuchern eine attraktive Mischung aus Freiluftaktivitäten und Kultur. Auch immer mehr ausländische Traveller zieht es hierher – angelockt von der Kombination aus unberührter Küstenlandschaft und geruhsamem Provinzleben. Schnorchel- und Tauchspots sind zwar dünn gesät und schwimmen kann man auch nicht sonderlich gut, aber Kitesurfer finden hier die mit Abstand besten Bedingungen in ganz Thailand vor und fühlen sich wie im siebten Himmel.

INHALT

Highlights

1. **Kuiburi National Park** (S. 546) Im Nationalpark mit ein bisschen Glück wilde Elefanten sehen
2. **Khao Sam Roi Yot National Park** (S. 546) Eine Pilgerfahrt zum beleuchteten Höhlenschrein der Tham Phraya Nakhon machen
3. **Phetchaburi** (S. 527) Den Palast auf dem Hügel und die Höhlen erkunden und sich dabei von den Affen necken lassen
4. **Prachuap Khiri Khan** (S. 549) Eine kurvenreiche Motorradtour zwischen Buchten und Kalksteingipfeln unternehmen
5. **Kaeng Krachan National Park** (S. 527) In den Tiefen des Nationalparks tropische Vögel, hangelnde Gibbons und das „Nebelmeer" entdecken
6. **Hua Hin** (S. 535) In dieser Stadt mit zahlreichen guten thailändischen Restaurants essen gehen
7. **Ban Krut & Bang Saphan Yai** (S. 553) Einsame Sandstrände abseits der Backpacker-Route genießen

Phetchaburi

032 / 26 000 EW.

Phetchaburi (เพชรบุรี) liegt nur einen Katzensprung von Bangkok entfernt. Mit ihren Tempeln, Palästen und Höhlenschreinen ist die Stadt ein Pflichtstopp für kulturell interessierte Reisende. Der eigentliche Reiz besteht aber darin, dass Phetburi – wie die Stadt meist genannt wird – ein unberührtes Provinzstädtchen mit Ufermärkten und alten Shophouses aus Teakholz ist. Hier kann man nach Lust und Laune herumspazieren, und es gibt kaum Touristen. Außerdem ist es eine bequeme Zwischenstation auf dem Weg zum Strand.

Historisch gesehen gaben sich in Phetchaburi die Könige, die Südostasien beherrschten, die Klinke in die Hand. Im 11. Jh. siedelten sich die Khmer hier an, auch wenn ihre Herrschaft nur relativ kurz währte. Als die Macht der Khmer schwand, wurde Phetchaburi zu einer strategisch wichtigen Festung der Thai-Königreiche von Sukhothai und Ayutthaya und im 17. Jh. zu einem florierenden Handelsposten zwischen Myanmar (Birma) und Ayutthaya. Die Stadt wird oft als „lebendes Ayutthaya" bezeichnet, weil die hiesigen, noch erhaltenen Tempel den größeren, völlig zerstörten in der einstigen Hauptstadt Ayutthaya ähneln.

Sehenswertes

★ Kaeng Krachan National Park
NATIONALPARK

(อุทยานแห่งชาติแก่งกระจาน; 032 772311; www.thainationalparks.com/kaeng-krachan-national-park; Rte 3432, Besucherzentrum; Eintritt 300 B, Campinggebühr 30 B pro Nacht, Zelt für 2 Pers. 120 B, Schlafsack 30 B; 8–16.30 Uhr) Der größte Nationalpark Thailands liegt der Zivilisation überraschend nahe, schützt jedoch eine dichte Wildnis, in die sich nur relativ wenige Reisende verirren. Besonders gut ist der Park für die Beobachtung von Schmetterlingen und Vögeln. Darüber hinaus ist er als südlichster Lebensraum der nordthailändischen Vogelarten und nördlichster der südthailändischen Vogelarten eine interessante Schnittmenge beider Habitate. Hier sind mehr als 400 Vogelspezies vertreten. Von August bis Oktober ist der Park mit Ausnahme des **Wasserfalls Pa La-U** (น้ำตกป่าละอู; Kaeng Krachan National Park; 8–16.30 Uhr), eines beliebten Ziels für Ausflüge ab Hua Hin, geschlossen.

Im artenreichen Gebiet Ban Krang gibt's einen schönen, 2,5 km langen Naturpfad. Eine nur für Geländewagen geeignete Straße führt zum atemberaubenden Aussichtspunkt Panoen Thung – bevor man sich auf den Weg macht, sollte man sich erkundigen, ob die Straße geöffnet ist.

Wenn der frühe Morgennebel über dem Blätterdach des Waldes liegt, erwacht man auf Zeltplätzen bei Ban Krang und in der Nähe des Wasserfalls Pa La-U zur unheimlichen Sinfonie der Gibbon-Schreie.

Die Parkverwaltung lässt sich ab Phetchaburi und Bangkok auch mit dem Minivan erreichen, jedoch muss man dem Fahrer klarmachen, dass man zum Kaeng Krachan National Park möchte und nicht nur zum Ort Kaeng Krachan.

★ Phra Nakhon Khiri Historical Park
HISTORISCHE STÄTTE

(อุทยานประวัติศาสตร์พระนครคีรี; 032 401006; 150 B, Seilbahn 50 B hin & zurück; Park 8.30–16.30 Uhr, Museum 9–16 Uhr) Der Historische Park thront königlich und in vornehmer Pracht auf dem Khao Wang (Palasthügel) über der Stadt. Rama IV. ließ den Palast und Dutzende umliegende Gebäude 1859

AFFENTHEATER

In Phetchaburi leben eine Menge Makaken, die weder Scham noch Furcht kennen. Einst beschränkte sich ihr Revier auf den Khao Wang im Phra Nakhon Khiri Historical Park, mittlerweile haben sie sich bis zu den umliegenden Gebäuden ausgebreitet. Weitere Affenhorden leben an der Tham Khao Luang (S. 529), am Wat Khao Bandai-It (S. 530) und an weiteren bewaldeten Stellen. Die Affen lungern an den Imbissständen herum oder halten nach Opfern unter den vorbeigehenden Fußgängern Ausschau. Vor allem haben sie es auf Getränke und Plastiktüten abgesehen, weil sie in diesen etwas Essbares vermuten. Man sollte also beides nicht zur Schau stellen. Auch die Tasche mit dem Fotoapparat ist gut festzuhalten. Es reicht nicht aus, die Warnschilder zu beachten und die Affen nicht zu füttern oder anzulocken. Vielmehr muss man zu jeder Zeit äußerst wachsam sein, wenn sie in der Nähe sind. Und die kleinen Kerle beißen auch kräftig zu!

Phetchaburi (Phetburi)

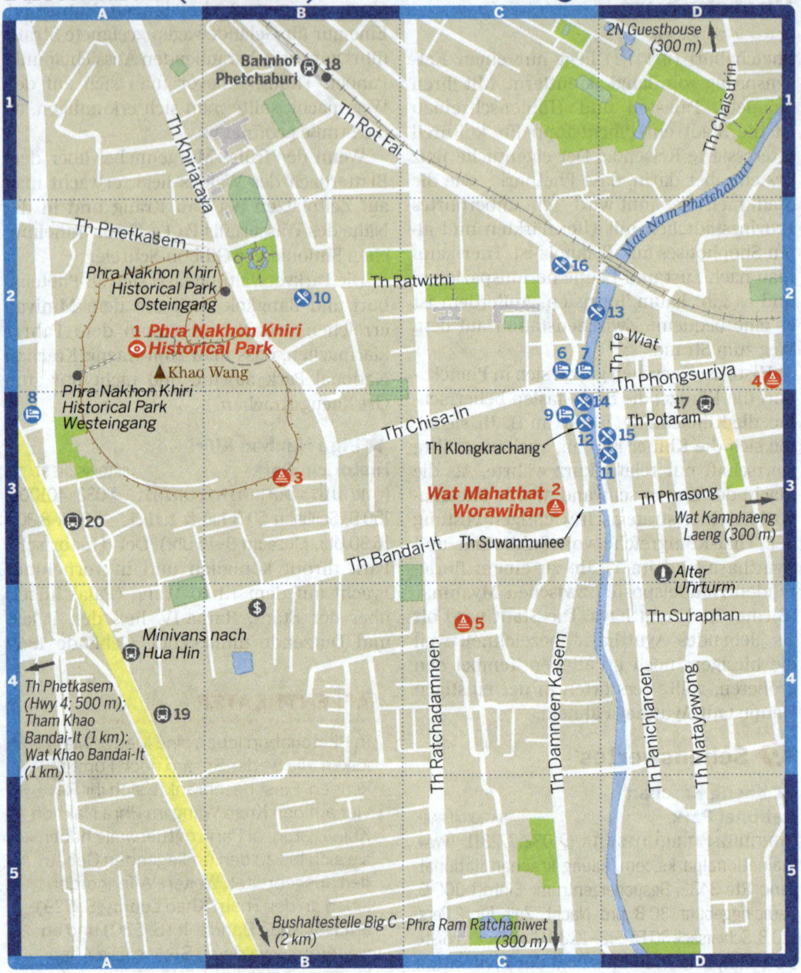

als einen Rückzugsort außerhalb Bangkoks errichten. Dank der Hügellage konnte der König hier seinen astronomischen Interessen frönen. Teile des in einer Mischung aus europäischen, thailändischen und chinesischen Stilen errichteten Palasts sind heute ein **Museum**, in dem die Besitztümer der Herrscher ausgestellt sind.

Mit Kopfsteinen gepflasterte Wege führen vom Palast über den Hügel zu drei Gipfeln, die jeweils von einem Stupa bekrönt sind. Vom mittleren Gipfel ragt der 40 m hohe, weiße Turm des **Phra That Chom Phet** in den Himmel. Im Inneren kann man den Turm bis zur mittleren Höhe besteigen. Auf dem westlichen Gipfel erheben sich der **Wat Phra Kaew Noi** (Kleiner Wat Phra Kaew), ein kleines Gebäude, das entfernt an einen der wichtigsten Tempel Bangkoks erinnert, und der Stupa **Phra Prang Daeng**, dessen Gestaltung Khmer-Einfluss verrät.

Es gibt zwei Zugänge zu dem Gelände. Der vordere **östliche Eingang** (อุทยานประวัติศาสตร์พระนครคีรี ทางเข้าทิศตะวันออก; Th Khiriataya) liegt an der Th Ratwithi und erfordert keinen besonders anstrengenden Fußmarsch. Beim **westlichen Eingang** (อุทยานประวัติศาสตร์พระนครคีรี ทางเข้าทิศตะวันตก; Th Rim Khao Wang) an der gegenüberliegenden Seite des Hügels befindet sich eine

Phetchaburi (Phetburi)

Highlights
1 Phra Nakhon Khiri Historical Park A2
2 Wat Mahathat Worawihan C3

Sehenswertes
3 Wat Phra Phuttaya Saiyat (Wat Phra Non) B3
4 Wat Yai Suwannaram D2
5 Wat Yang C4

Schlafen
6 J.J. Home C2
7 Sabaidee Resort C2
8 Sun Hotel A3
9 White Monkey Guesthouse C3

Essen
10 JM Cuisine B2
11 Kow Chae Mae Awn D3
12 Pagoda Cafe C3
13 Phetchaburi Walking Street C2
14 Rabieng Rimnam C3
15 Rim Nam Market D3
16 Talat Taa Rot Tua C2

Transport
17 Busse nach Cha-am & Hua Hin D3
18 Bahnhof Phetchaburi B1
19 Südliche Bushaltestelle A4
20 Wat Tham Kaew Minivan Station A3

Seilbahn, die hinauf zum Gipfel schwebt (im Juni ist sie zehn Tage lang für Wartungsarbeiten sowie für weitere Tage im Jahr zum Kabelaustausch geschlossen). An beiden Eingängen muss man sich vor Horden unberechenbarer Affen hüten (S. 527). Der Ort ist ein beliebtes Ziel für Schulausflüge – Traveller werden da schnell zu einer ebenso großen Fotoattraktion wie die historischen Gebäude.

★ Wat Mahathat Worawihan BUDDHISTISCHER TEMPEL
(วัดมหาธาตุวรวิหาร; Th Damnoen Kasem; ⊙ tagsüber) GRATIS Der zentral gelegene, glänzend weiße Wat Mahathat ist ein eindrucksvoller Tempel. Sein Prunkstück ist ein 42 m hoher, fünfgeschossiger *prang* (Stupa) im Ayutthaya-Stil, der mit Stuckreliefs verziert ist – eine Spezialität der hiesigen Kunsthandwerker, von der man überall in der Stadt Beispiele erblickt. In dem vorgelagerten *wí·hăhn* (Heiligtum) finden sich bedeutende Wandmalereien aus dem frühen 20. Jh., die allerdings stark beschädigt sind.

Auf dem Weg zum oder aus dem Tempel folgt man am besten der **Thanon Suwannunee** durch das alte Teakhausviertel mit seinen vielen Verkäufern von Lotterielosen, um von der Brücke einen malerischen Blick auf den *prang* zu genießen. An einigen der bemerkenswerten Gebäude an dieser Straße und der Th Klongkrachang sind schöne alte Schilder zu sehen.

Tham Khao Luang HÖHLE
(ถ้ำเขาหลวง; ⊙ Mo–Fr 8–16, Sa & So bis 17 Uhr) GRATIS Rund 4 km nördlich der Stadt befindet sich die Khao-Luang-Höhle, eine spektakuläre Felskammer mit Stalaktiten, die zu Thailands eindrucksvollsten Höhlenschreinen zählt und einer der Lieblingsorte von Rama IV. in seiner Zeit als Mönch war. Steile Stufen führen in die Höhle hinein. An jedem Morgen bei Sonnenschein leuchtet sie im Glanz der Sonnenstrahlen auf, die durch die Deckenöffnung ins Innere gelangen.

Im Laufe des Jahres ändert sich die Szenerie, doch das Sonnenbad findet in der Regel zwischen 9 und 12 Uhr statt – je früher, desto besser. Und man muss an der richtigen Stelle stehen, um das Phänomen zu erleben. Von Februar bis April beleuchtet das Licht das Haupt-Buddha-Bildnis.

Tiefer in der Höhle verbergen sich weitere Kammern und Schreine; der Hinterausgang ist allerdings nicht mehr geöffnet. Der Überlieferung zufolge ließ Rama IV. das Steintor zwischen der Hauptkammer und den anderen zum Schutz für ein Paar errichten, das einst in der Höhle lebte.

Die Höhle befindet sich einen steilen Berg hinauf. Einen Teil des Anstiegs muss man zu Fuß oder per Fahrzeug absolvieren. Ist man am Tempel angekommen, kann man für 15 B in einem Lkw zur Höhle hochfahren und wieder hinunter.

Man muss auf die Begegnung mit zahlreichen frechen Affen (S. 527) eingestellt sein, die auf Beute aus sind; in die Höhle selbst trauen sie sich jedoch nicht.

Manchmal bieten Guides an, Besucher zu begleiten. Notwendig sind sie jedoch nicht; für ihre Dienste erwarten sie ein Trinkgeld.

Phra Ram Ratchaniwet HISTORISCHE STÄTTE
(พระรามราชนิเวศน์, Ban-Peun-Palast; ☎032 42 8506; Th Damnoen Kasem; 100 B; ⊙ 8.30–16 Uhr) Der Bau dieses eleganten Sommerpalasts, einer eindrucksvollen Jugendstilschöpfung, wurde 1910 auf Geheiß Ramas V. (der kurze Zeit nach Baubeginn verstarb) begonnen und 1916 abgeschlossen. Der deutsche Architekt Karl Döhring bediente die Leidenschaft

der Königsfamilie für alles Europäische mit einer Poseidon-Statue, einer Badminton-Anlage, Cherubim aus Keramik, die die doppelte Wendeltreppe schmücken, und einer anpassbaren, für diese Zeit hochmodernen Dusche im Badezimmer des Königs.

Das Fehlen von Einrichtungsgegenständen und zumeist auch anderen Besuchern vermittelt einem hier ein etwas merkwürdiges Gefühl. Das Gebäude befindet sich auf einer Militärbasis; gewöhnlich muss man sich nicht ausweisen, doch am besten nimmt man für alle Fälle seinen Pass mit.

Wat Khao Bandai-It HÖHLE
(ถ้ำเขาบันไดอิฐ; Rte 3171; ⌚8–17 Uhr) GRATIS Das Kloster an einem Hügel 2 km westlich der Stadt erstreckt sich über mehrere große Kammern, die in schlichte Buddha-Schreine und Meditationsräume verwandelt wurden. Es gibt hier einige natürliche Felsformationen und Deckenöffnungen, und in einer Höhle leben viele Fledermäuse, aber trotzdem ist die Anlage bei Weitem nicht so schön wie die Tham Khao Luang (S. 529). Die Höhle ist gut beleuchtet, und der Boden besteht durchgängig aus Beton. Die Kinder, die sich als Guide anbieten, sind daher eigentlich unnötig; wenn man sie aber engagiert, erwarten sie ein Trinkgeld. Beim Aufstieg zu den Höhlen sollte man sich vor den Affen in Acht nehmen (S. 527).

Wat Yai Suwannaram BUDDHISTISCHER TEMPEL
(วัดใหญ่สุวรรณาราม; Th Phongsuriya; ⌚bòht 7–18 Uhr, săh·lah 8–17 Uhr) GRATIS Dieser große, geschichtsträchtige Tempel reicht bis in die Ayutthaya-Ära zurück. Am bedeutendsten sind die verblassten Wandmalereien im hübschen *bòht* (Ordinationshalle), die um 1700 entstanden und damit zu den ältesten erhaltenen thailändischen Tempelwandmalereien zählen. Überwiegend stellen sie Gottheiten dar, die in Reihen angeordnet sind. Das eindringliche Bild an der Eingangswand zeigt den Dämon Mara und seine Armee beim Versuch, Buddha am Erlangen der Erleuchtung zu hindern.

Wat Phra Phuttaya Saiyat (Wat Phra Non) BUDDHISTISCHER TEMPEL
(วัดพระพุทธไสยาสน์/วัดพระนอน; Th Khiriataya; ⌚tagsüber) GRATIS Die Hauptattraktion dieses Tempels, der auch als Wat Phra Non (Tempel des liegenden Buddha) bekannt ist, ist die 43 m lange Figur des liegenden Buddhas, die fast so groß ist wie die Statue im berühmten Wat Pho (S. 69) in Bangkok. Der Publikumsandrang ist hier allerdings weitaus geringer.

Wat Yang BUDDHISTISCHER TEMPEL
(วัดยาง; Th Ratchadamnoen; ⌚tagsüber) GRATIS Dieser Tempel westlich des Stadtzentrums verfügt über eine hundert Jahre alte *hŏr đrai* (Handschriften-Bibliothek); zum Schutz vor Termiten steht sie auf Stelzen in einem Teich. Sie wird nicht mehr genutzt, ist aber noch in einem guten Zustand.

Wat Kamphaeng Laeng BUDDHISTISCHER TEMPEL
(วัดกำแพงแลง; Th Phokarang; ⌚tagsüber) GRATIS Dieser Schrein ist eine Hinterlassenschaft aus dem 13. Jh., als das Khmer-Reich von Angkor vom heutigen Kambodscha bis auf die Malaiische Halbinsel reichte. Er wurde aus Laterit unter dem Khmer-König Jayavarman VII. errichtet, einem der wenigen Khmer-Könige, unter dem der Buddhismus Staatsreligion war. Der spitzenlose Haupt-*prang* mit offenen Eingängen an allen vier Seiten ist umgeben von vier kleineren Gebäuden und Teilen der Lateritmauer, alles in unterschiedlichen Stadien des Zerfalls.

Feste & Events

Phra Nakhon Khiri Fair KULTUR
(งานพระนครคีรี-เมืองเพชร; ⌚Feb.) Das zehntägige provinzielle Fest findet üblicherweise im Februar rund um den Hügel Khao Wang statt. Der Phra Nakhon Khiri Historical Park (S. 527) wird mit Lichtern erleuchtet, und es gibt traditionelle Tanzvorführungen, Kunsthandwerks- und Imbissstände sowie einen Schönheitswettbewerb.

Schlafen

★2N Guesthouse PENSION $
(☎085 366 2451; www.2nguesthouse.blogspot.com; 98/3 Mu 2, Tambol Bankoom; mit Frühstück DZ & 2BZ 600 B, 4BZ 1000 B; P❄☜) Die sechs Zimmer in einem ruhigen Viertel 1,5 km nördlich vom Stadtzentrum sind groß, hell und für den Preis prima. Die Englisch sprechenden Inhaberinnen – es sind Schwestern – machen alles selbst und sind um das Wohl der Gäste bemüht. Sie helfen gern bei der Planung und verleihen kostenlos Fahrräder.

White Monkey Guesthouse PENSION $
(☎090 325 3885; whitemonkey.guesthouse@gmail.com; 78/7 Th Klongkrachang; B/2BZ/DZ/FZ mit Frühstück 350/600/700/1400 B; P❄☜) Die ausgezeichnete Pension hat helle, geräumige, blitzblanke Zimmer in toller Lage (die

billigsten Quartiere haben Gemeinschaftsbad und keine Klimaanlage). Von der Dachterrasse blickt man auf den Phra Nakhon Khiri Historical Park und den Wat Mahathat Worawihan. Das hilfsbereite, Englisch sprechende Personal organisiert gern für Gäste Ausflüge in die Umgebung. Fahrräder werden außerdem kostenlos ausgeliehen.

Sabaidee Resort PENSION $

(☎086 344 4418; sabai2505@gmail.com; 65–67 Th Klongkrachang; Zi. 350–500 B; ❄📶) Die Anlage sieht zwar nicht vielversprechend aus, aber drinnen erwarten einen gute Zimmer rund um Grünzeug und eine schattige Terrasse direkt am Fluss. Von den modernen Zimmern aus Beton und den Bambus-Cottages verfügen nur einige über ein eigenes Bad. Die netten Eigentümer organisieren thailändische Kochkurse; Fahrräder (50 B) und Motorroller (300 B) können ausgeliehen werden.

J.J. Home PENSION $

(☎081 880 9286; www.jjhomephetchaburi.com; 2 Th Chisa-In; Zi. 200–600 B; ❄📶) Die Zimmer hier sind sauber und bieten ein recht gutes Preis-Leistungs-Verhältnis, und die Gäste werden von den hilfsbereiten Betreibern freundlich empfangen. Jedoch kommt von der Straße ziemlich viel Lärm, und kleinere Sachen könnten durchaus besser in Schuss sein. Die billigsten Zimmer sind recht einfach, während die teureren in einem neueren Gebäude auf der anderen Straßenseite über eigene Bäder, Klimaanlage und Gemeinschaftsbalkone verfügen.

Sun Hotel HOTEL $

(☎032 400000; www.sunhotelthailand.com; Th Rim Khao Wang; Zi. mit Frühstück 850–950 B; P❄📶) Das Hotel gegenüber dem Eingang mit der Seilbahn zum Phra Nakhon Khiri Historical Park hat zuvorkommendes Personal und große, langweilige Zimmer, die recht gut sind, aber etwas billiger sein könnten. Im Erdgeschoss gibt's ein nettes Café und einen Fahrradverleih.

Die Lage klingt besser, als sie ist: Außer dem Historical Park ist alles andere von hier aus schlecht zu erreichen.

Essen

Das von Palmzuckerplantagen umgebene Phetchaburi ist berühmt für seine thailändischen Süßwaren wie *kà·nŏm môr gaang* (Eiercreme) und diverse „goldene" Desserts aus Eigelb und Zucker. Diese Süßspeisen sowie Palmzucker findet man auf den meisten Märkten.

Von den nahe gelegenen Obstplantagen kommen erfrischend aromatische *chom·pôo phet* (Phetchaburi-Rosenäpfel – die Früchte schmücken auch viele Straßenschilder), Ananas und *nám-wáh*-Bananen.

★ **Talat Taa Rot Tua** MARKT $

(Th Ratwithi; ⏲16–21 Uhr) Ab dem späten Nachmittag geht es auf dem großen, überdachten Nachtmarkt geschäftig zu. Hier findet man alle üblichen beliebten Thaigerichte sowie Phetchaburis berühmte *kà·nŏm jeen tôrt man* (frische Reisnudeln mit frittierten Curry-Fischfrikadellen). An Sitzplätzen herrscht kein Mangel.

★ **Rabieng Rimnam** INTERNATIONAL $

(☎098 051 5636; rabieng@gmail.com; 1 Th Chisa-In; Hauptgerichte 45–120 B; ⏲8–24 Uhr; 📶) Das Restaurant in einem 1897 erbauten Holzhaus beschwört die Atmosphäre vergangener Tage herauf und serviert gutes Essen – zu empfehlen ist das Palmfrucht-Curry mit Garnelen. Die Englisch sprechenden Inhaber Nid und Tom plaudern gern über Thailand und können bei ihren Reiseratschlägen auf jahrzehntelange Erfahrung zurückgreifen.

Kow Chae Mae Awn THAI $

(ข้าวแช่แม่อร; Th Panichjaroen; 20 B; ⏲9–16 Uhr; 🌶) Mae Awn verkauft ihren berühmten *kôw châe* (gedämpften Reis) mit Fisch, Shrimps oder eingelegtem Daikon im Gang an der südöstlichen Seite des Rim Nam Market. Es gibt nur einige wenige Tische, aber das Geschäft läuft gut, weil die Leute ihr Essen einfach mitnehmen.

Pagoda Cafe KAFFEE, BÄCKEREI $

(95 Th Klongkrachang; Tee & Kaffee ab 35 B; ⏲Di–So 9–18 Uhr; ❄📶) Das kleine Café zieht zahlreiche Studenten an und stellt eine schöne, klimatisierte Rückzugsmöglichkeit vor der Nachmittagssonne dar.

Rim Nam Market MARKT $

(Th Panichjaroen; ⏲5–11 Uhr) Hier kann man sich Essen für sein Frühstück besorgen wie etwa *kà·nŏm jeen tôrt man* (frische Reisnudeln mit frittierten Curry-Fischküchlein) und frisches Obst. Viele der Händler machen ab 8 Uhr schon wieder die Schotten dicht.

Phetchaburi Walking Street MARKT $

(Th Chaisurin; ⏲Sa 16–21 Uhr) Anders als auf typischen Straßenmärkten gibt es hier fast

VERKEHRSMITTEL AB PHETCHABURI

ZIEL	BUS	MINIVAN	ZUG
Bangkok Hua Lamphong			34–1933 B, 3–3½ Std., 12-mal tgl.
Bangkok Southern & Northern (Mo Chit) Bus Terminal		100 B, 2 Std., 3.30–19.30 Uhr häufig	
Bangkok Thonburi			31–136 B, 4 Std., 7.16, 12.56 Uhr
Cha-am	30 B, 1 Std., 5.40–16.30 Uhr stündl. (ab Wat Potaram)	50 B, 45 Min., 5–18.20 Uhr häufig	8–368 B, 40 Min., 5-mal tgl.
Chumphon	328–500 B, 6 Std., 6.30–20 Uhr stündl., 20–22 Uhr häufig		58–2102 B, 5½–6½ Std., 13-mal tgl.
Hua Hin	40 B, 1½ Std., 5.40–16.30 Uhr stündl. (ab Wat Potaram)	80 B, 1 Std., 5–18.20 Uhr häufig	14–1839 B, 1 Std., 15-mal tgl.
Kaeng Krachan National Park		120 B, 1 Std., 7.30–18.30 Uhr stündl.	
Prachuap Khiri Khan	150–200 B, 2½ Std., 6.30–20 Uhr stündl., 20–22 Uhr häufig	150 B, 2½ Std., 5–18.20 Uhr alle 40 Min.	31–1460 B, 2–3 Std., 12-mal tgl.

an jedem Stand etwas zu essen, sodass man sich mit Snacks vollstopfen kann.

JM Cuisine THAI $
(www.jm-cuisine.com; 85 Th Ratwithi; Hauptgerichte 50–100 B; ⏲7–17 Uhr) Bei diesem überdurchschnittlich guten Imbisslokal nicht weit vom Osteingang des Phra Nakhon Khiri gibt's einige wirklich gute Suppen und pfannengerührte Gerichte.

ℹ Praktische Informationen

Eine offizielle Touristeninformation gibt es in der Stadt nicht. Aktuelle Infos erhält man jedoch in den Pensionen. Das Büro der Tourism Authority of Thailand in Cha-am ist für die gesamte Provinz Phetchaburi zuständig

Die **Kasikorn Bank** (Th Bandai-It; ⏲11–19 Uhr) im Einkaufszentrum Phetpaiboon Plaza ist die dem Stadtzentrum nächstgelegene Bank mit längeren Öffnungszeiten.

ℹ An- & Weiterreise

Der Zug ist in der Regel das praktischste und komfortabelste Verkehrsmittel. Phetchaburis **Bahnhof** (☎032 425211; Th Rot Fai) liegt in Gehweite zu den meisten Pensionen.

Nach Bangkok fahren keine Busse mehr, sondern nur noch Minivans. Diese nutzen die neue **Wat Tham Kaew Minivan Station** (Th Bandai-It; *sà·tăh·nee bor kŏr sŏr wát tâm gâaou)* wie auch die Minivans zum Kaeng Krachan National Park.

Die **Minivans** (Phetkasen Hwy) nach Hua Hin, Cha-am und Prachuap Khiri Khan halten 500 m südlich von der Minivan Station an der Straße neben dem Phetcharat Hospital sowie weiter südlich vor dem **Einkaufszentrum Big C** (Phetkasem Hwy). Einige Fernbusse, die die Stadt passieren (nach Norden und nach Süden), halten ebenfalls am Big C; wer sie benutzen will, muss sich aber auf lange Wartezeiten gefasst machen. Busse nach Chumphon und zu Städten im Süden halten an der kleinen **südlichen Bushaltestelle** (Phetkasem Hwy) 300 m südlich des Hospitals. Eine weitere Option nach Hua Hin und Cha-am sind die **gewöhnlichen Busse**, die im Stadtzentrum neben dem Wat Potaram starten.

ℹ Unterwegs vor Ort

Motorradtaxis fahren für 20 bis 40 B sämtliche Ziele im Zentrum an. Phetchaburis vierrädrige Tuk-Tuks (die vor Ort *rót léng* genannt werden) kosten nur wenig mehr. Man kann sie auch für einen ganzen Tag mieten (ca. 700–800 B).

Alle Pensionen vermieten Fahrräder (50 B pro Tag) und Motorräder (150–250 B). Man sollte das Motorrad gleich mit dem Zimmer reservieren, weil viele Pensionen sie von anderswo beziehen und man sonst eine Weile warten muss, bis sie vor Ort verfügbar sind.

Cha-am

☎032 / 35 600 EW.

Der günstige, fröhliche Strandort Cha-am (ชะอำ) ist ein beliebtes Ziel für Arbeiterfamilien und Studenten aus Bangkok. Am Wochenende und an Feiertagen bringen in Neonfarben bemalte Busse (*ching chap tua* genannt) mit laut dröhnender Musik Urlauber in die Stadt. Diese feiern dann typisch thailändische Strandpartys in Form eines Ess- und Trinkmarathons rund um die von Schirmen beschatteten Strandmöbel. Der Strand ist wegen der flachen See besser für Spaziergänge und zum Sonnenbaden als zum Schwimmen geeignet. Fürs Unterhaltungsprogramm sorgen Bananenboote, die hin und her rasen.

Der Phetkasem Hwy führt durch Cha-ams geschäftiges Stadtzentrum, das über die Th Narathip rund 1 km vom Strand entfernt ist. Hier findet man Banken, den Freiluftmarkt, den Bahnhof und die meisten Bushaltestellen. An der Th Ruamjit gibt's viele Geldautomaten und ein paar Wechselstuben mit verlängerten Öffnungszeiten.

Cha-am Forest Park PARK
(วนอุทยานชะอำ; Phetkasem Hwy; ⌚tagsüber) Dieser Park am Stadtrand, vom Strand leicht mit dem Rad zu erreichen, ist nicht für seine Schönheit bekannt, sondern für seine Weißhandgibbons. Diese sind meist in der Mitte des Parks anzutreffen – vom Eingang geradeaus über die Brücke und dann links gehen. Es sind so gut wie immer welche zu sehen. Zwar haben sie keine Angst vor Menschen, sind aber auch nicht vollständig zahm, also ihnen nicht zu nahe kommen!

Feste & Events

Thailand International Kite Festival DRACHEN
(⌚März) In den meisten, aber nicht in allen Jahren fliegen an einem langen Wochenende im März künstlerisch gestaltete Drachen am Himmel über dem Strand.

Gin Hoy, Do Nok, Tak Meuk ESSEN & TRINKEN
(⌚Sept.) Bei diesem jährlich im September stattfindenden Fest kann man wirklich alles erleben. Der Name bedeutet „Schalentiere essen, Vögel beobachten, Tintenfische fangen" und ist ein treffendes Motto für die Attraktionen und örtlichen Traditionen. Hauptsächlich handelt es sich um ein kulinarisches Fest, bei dem diverse Meeresfrüchte im Mittelpunkt stehen, es gibt aber auch Vogelbeobachtungs-Events in nahegelegenen Schutzgebieten sowie abendliche Konzerte.

Schlafen

Cha-am verfügt noch immer über billige, reizlose, dabei zumeist saubere Pensionen in schmalen Beton-Shophouses nahe dem Strand. Es gibt aber auch zunehmend gehobene Unterkünfte. Man sollte möglichst nicht an der schmuddeligen Soi Bus Station übernachten, wenn man gut schlafen will.

Werktags gibt's Preisnachlässe von 30 bis 60 %. Ausschau halten kann man auch nach Angeboten für Pensionszimmer mit Ventilator für 300 B bzw. mit Klimaanlage für 400 B.

Cha Inn @ Cha-Am HOTEL $$
(☎032 471879; www.chainn-chaam.com; 274/34 Th Ruamjit; Zi. mit Frühstück 1200–2000 B; P ❄ 📶) Die Besitzer haben das alte Gebäude mit viel Kreativität in ein schönes, stilvolles Hotel verwandelt, das sich auf erfrischende Weise von den üblichen Unterkünften in Cha-am abhebt. Es gibt ein Restaurant im Erdgeschoss und darüber eine luftige Lounge. Die 17 Zimmer sind groß, komfortabel und genauso schön und subtil gestaltet wie die öffentlichen Bereiche.

Pa Ka Ma PENSION $$
(☎081 986 4060; Soi Cay-ben Tee-wee; Zi. 1000 B; ❄ 📶) Diese Pension mit nur etwas höheren Preisen als der Durchschnitt ist wahrscheinlich die beste Budgetunterkunft in Cha-am. Jedes Zimmer der attraktiv gestalteten Unterkunft hat seinen eigenen Stil, und die nach hinten liegenden besitzen kleine Balkone. Die Badezimmer sind gut, allerdings muss man vielleicht lange warten, bis das Wasser heiß wird. Das Personal spricht nur wenig Englisch. Die Pension liegt in einer unbezeichneten Gasse zwischen den Sois 1 und 2 North. Falls das Haus ausgebucht ist, gibt's in der Nähe noch einige andere gute Alternativen.

Bann Pantai Resort HOTEL $$
(☎032 470155; www.bannpantai.com; 261/2 Th Ruamjit; Zi. mit Frühstück 2300–3500 B; P ❄ 📶 🏊) Das familienfreundliche Hotel ist eleganter als die meisten Hotels in Cha-am und hat einen riesigen Pool sowie ein kleines Fitnesscenter – und der Strand liegt gleich über die Straße. Die Zimmer sind groß und verfügen über hervorragende Betten und Vorderterrassen.

Dream Boutique Hotel HOTEL $$
(☎032 470896; tonypresnell@gmail.com; 235/35 Soi Anatachai; DZ 800–1400 B, FZ 2000 B; ❄ 📶) Die Bezeichnung Boutiquehotel passt nicht, aber das ist auch schon der einzige Kritikpunkt an diesem sehr gut geführten, makellos sauberen Hotel. Die Zimmer sind nicht

VERKEHRSMITTEL AB CHA-AM

ZIEL	BUS	MINIVAN	ZUG
Bangkok Don Mueang International Airport		180 B, 4 Std., 6.30–18.30 Uhr stündl.	
Bangkok Hua Lamphong			40–473 B, 4–4½ Std., 1.40, 4.55, 14.33 Uhr
Bangkok Southern & Northern (Mo Chit) Bus Terminals	241 B, 4½ Std., sporadisch	160 B, 3½ Std., 4.30–19.30 Uhr häufig	
Bangkok Suvarnabhumi International Airport	294 B, 4 Std., 6–18 Uhr stündl.		
Bangkok Thonburi			38–87 B, 4 Std., 6.41, 12.13 Uhr
Hua Hin	30 B, 30 Min., 6.30–17.30 Uhr alle 30 Min.	50 B, 30 Min., 6–19.30 Uhr häufig	6–363 B, 30 Min., 5-mal tgl.
Kanchanaburi		200 B, 3½ Std., 6.40–17.40 Uhr stündl.	
Phetchaburi	50 B, 1 Std., 6.30–16.30 Uhr alle 30 Min.	50 B, 45 Min., 6–19.30 Uhr häufig	8–368 B, 40 Min., 5-mal tgl.

schick, aber voll ausgestattet und haben Balkone, und die Gäste können auf dem Dach abhängen. Es gibt einen Fahrrad- und Motorradverleih.

Das Hotel liegt zwischen den Sois 1 und 2 South, das ist die dritte Soi südlich der Th Narathip.

Raya Resort RESORT $$$

(☎032 472 6412; www.rayaresortchaam.com; 264/2 Th Raumjit; Zi. mit Frühstück 5500–25 000 B; P ❄ 📶 ≋) Das Raya Resort bietet Luxus im Herzen von Cha-am, mit einem schön gestalteten Garten und nur zwölf Zimmern und vier Bungalows in traditionell anmutenden Holzhäusern. Die Einrichtung und Ausstattung sind recht einfach gehalten – der höhere Preis ergibt sich durch das Mehr an Platz und Privatsphäre mit z. B. eigenem kleinem Gartenbereich. Kostenlose Minibar.

Essen & Ausgehen

Vom Liegestuhl aus kann man einen der Straßenhändler heranwinken, die in Plastik verpackte Gerichte verkaufen, oder man bestellt etwas von den vielen nahegelegenen Strandrestaurants mit Lieferservice.

Die besten Meeresfrüchterestaurants finden sich am Angelpier am nördlichen Ende des Strands, gleich dort, wo das Abendessen vielleicht angelandet wurde.

Die größte Ausländerenklave mit kaltem Bier, Billardtischen und Sportfernsehen ist die Soi Bus Station, die erste Straße südlich der Th Narathip. Man kann es aber auch machen wie einige thailändische Touristen und nach Sonnenuntergang mit seiner Flasche in einem Liegestuhl sitzen.

Chong Heang THAI $

(Th Ruamjit; Hauptgerichte 40–350 B; ⏲7–20 Uhr) Das blau-weiße Restaurant sieht nicht gerade einladend aus, doch die Qualität des Essens ist weit über dem Durchschnitt. Hier gibt's die üblichen Thaigerichte wie Currys, *stir-fries* (Pfannengerührtes) und Fisch aus der Gegend.

Krua Medsai Seafood THAI $$

(abseits der Th Ruamjit; Hauptgerichte 40–450 B; ⏲10–22 Uhr; P) Das Freiluftrestaurant serviert hauptsächlich typisch thailändische Gerichte wie gebratenes Huhn mit Knoblauch, grünes Curry und dergleichen, es gibt hier aber auch eine gute Auswahl an Meeresfrüchten, unter denen gebratener Tintenfisch die hiesige Spezialität ist. Das Essen wird einen zwar nicht unbedingt begeistern, aber genauso wenig enttäuschen.

Raya Coffee CAFÉ

(☎032 472570; 246/2 Th Ruamjit; ⏲7–20 Uhr; 📶) Das Raya Coffee direkt am Strand ist ein klimatisierter Zufluchtsort vor der Hitze. Hier lassen sich hübsche Torten, Backwaren und eisgekühlte Getränke genießen. Blumenarrangements und ein Anstrich in Salbeigrün verleihen dem Café eine besondere Eleganz.

Gravity Sky Bar DACHBAR

(☎ 032 708300; www.novotelhuahin.com/hua-hin-restaurants/hua-hin-rooftop-bar/; 854/2 Th Burirom, Novotel Hua Hin Cha Am Beach Resort & Spa; ⏱16–23 Uhr; 📶) Die Gravity Sky Bar im 24. Stock des Novotel bietet ein eindrucksvolles Panorama von Hua Hin und der Küste. Graffiti-Wandbilder von Streetart-Künstlern aus Bangkok, Stühle mit geometrischen Mustern und Popmusik sorgen für ein fröhliches Flair. Mehr als klassische Cocktails und Bier darf man allerdings nicht erwarten. Zur Happy Hour (17–19 Uhr) gibt's zu jedem bestellten Getränk ein weiteres gratis dazu.

ℹ Praktische Informationen

Das Büro der **Tourism Authority of Thailand** (TAT; ☎ 032 471005; tatphet@tat.or.th; Th Phetkasem; ⏱8.30–16.30 Uhr) befindet sich 500 m südlich der Stadt am Phetkasem Hwy. Manche der Angestellten sprechen gut Englisch.

Only Chaam (www.onlychaam.com) ist eine nützliche Website für Touristen in Cha-am.

ℹ An- & Weiterreise

Von der kleinen **Minivan Station** (Soi Bus Station) von **Hua Hin-Pran Tour** (☎ 085 933 8840; Th Sasong) gibt's zwischen 7 und 17.30 Uhr halbstündlich Fahrten nach Bangkok (Southern Terminal & Mo Chit). Alle übrigen öffentlichen Busse und Minivans halten an der Kreuzung des **Phetkasem Hwy** (Phetkasem Hwy) mit der **Th Narathip** (Phetkasem Hwy). Überwiegend handelt es sich dabei um Minivans, da nur wenige Busse aus Hua Hin oder anderen Orten im Süden in Cha-am halten, um Passagiere aufzunehmen. Der Airport Hua Hin Bus (S. 544), der aus Hua Hin zum Bangkoker Flughafen Suvarnabhumi fährt, hält in Cha-am vor der Government Savings Bank, ebenso wie die Busse von Shinnakeart Korat nach Bangkok und Nakhon Ratchasima (388 B, 6 Std., 6-mal tgl.).

Der **Bahnhof** (☎ 032 471159; Th Narathip) liegt westlich des Phetkasem Hwy am Ende der Th Narathip und wird nicht von Expresszügen bedient. Achtung: Im Fahrplan ist Cha-am als „Ban Cha-am" aufgeführt.

Am Strand kann man Taxis (d. h. beliebige Privatautos, die Passagiere befördern) anheuern. Die Fahrt nach Hua Hin kostet 400 B.

ℹ Unterwegs vor Ort

Eine kurze Fahrt mit dem Motorrad (40 B) oder dem Taxi (100 B) bringt einen vom Stadtzentrum zum Strand.

Fahrräder (100 B pro Tag) und Motorräder (200–250 B) kann man an der Th Ruamjit mieten.

Hua Hin

☎ 032 / 63 100 EW.

Das ältestes Seebad Thailands ist keine von Palmen gesäumte, einsame Insel – und vielleicht gerade deshalb umso schöner. Stattdessen bietet Hua Hin (หัวหิน) eine erfrischende Mischung aus Stadt und Meer mit lebhaften Märkten, guten Golfplätzen und Wasserparks, ausgezeichneten Unterkünften und einem Flair, das immer hipper und kosmopolitischer wird. Tatsächlich setzen viele Besucher hier nie einen Fuß auf den Sand.

Mitte der 1920er-Jahre war Hua Hin ein voll entwickelter Ferienort für den Bangkoker Adel – sogar die Könige Rama VI. und Rama VII. ließen sich hier Sommerpaläste erbauen. In Hua Hin fließt zwar noch immer viel Geld, die Stadt ist dennoch ein günstiges Ziel: Meeresfrüchte sind reichlich vorhanden und preiswert, es gibt bequeme öffentliche Verkehrsmittel, und von Bangkok aus kommt man viel schneller und müheloser hierher als zu den Inseln im Süden.

Sehenswertes

Hua Hins Altstadt, ein ehemaliges Fischerdorf, hat sich seine Verbindung zur Vergangenheit bewahrt. Noch heute gibt es ein altes Viertel mit Shophouses aus Teakholz, das von schmalen, krummen Gassen durchzogen ist und an dessen Rand sich Ufergebäude mit Restaurants und Pensionen sowie ein geschäftiger Fischerpier befinden, der noch heute benutzt wird. Am Strand, insbesondere im Norden, erblickt man viele historische, aus Holz erbaute Sommerresidenzen – also beim Strandbummel immer mal wieder landeinwärts schauen!

★ **Cicada Market** MARKT

(ตลาดจักจั่น; ☎080 650 4334; www.cicadamarket.com; Soi Hua Thanon 23, Th Phetkasem, South Hua Hin; ⏱Fr–So 16–23 Uhr) GRATIS Viel besser als der Hua Hin Night Market (S. 543) im Stadtzentrum ist dieser 3,5 km weiter südlich gelegene beliebte Markt, der eine lustige Mischung aus Kulinarischem, Einkaufsmöglichkeiten und Straßenkunst bietet. Das Einkaufserlebnis ist entspannt, da man nicht bedrängt wird. Viele Künstler verkaufen hier handgearbeitetes Heimdekor und Kleidung, und es gibt nicht nur Essen aus Thailand.

Hua Hin

0
400 m
A
B
C
D
1
2
3
4
5
6
7
Plearn Wan (1,2 km); Der (1,8 km); Oasis (1,8 km); Seek35 (1,8 km); Seenspace (1,8 km)
Th Naebkehardt
Th Damrongraj (Soi 51)
Golf von Thailand
Soi 53
Tha Thiap Reua Pramong
Th Chomsin (Soi 55)
Th Naresdamri
Soi 55/1
Soi Ruampow
Soi 70
Th Sasong
Th Dechanuchit
Soi Selekam
Th Phunsuk
Uhrturm
Th Amnuaysin (Soi Hua Hin 74)
Soi Hua Hin 59
Soi Hua Hin 74/2
Th Damnoen Kasem
Soi 63
Bahnhof
Royal Hua Hin Golf Course
Soi 78
Th Liap Thang Rot Fai
Th Phetkasem
Hat Hua Hin
San Paolo Hospital
Soi 88
Soi 88
Bangkok Hospital Hua Hun (500 m)
1
2
3
4
5
6
7
8
9
10
11
12
13
14
15
16
17
18
19
20
21
22
23
24
25
26
27
28
29
30
31
32
33
34
35
36
37
38
39
40
41
42
43
44

Hua Hin

Sehenswertes			
1	Hat Hua Hin	D5	
2	Hua Hin Train Station	B5	
Aktivitäten, Kurse & Touren			
3	Feast Thailand	B2	
4	Hua Hin Adventure Tour	B4	
5	Hua Hin Golf Centre	C4	
6	Hua Hin Golf Tours	A1	
7	North Kiteboarding Club	C7	
8	Thai Massage by the Blind	B3	
9	Thai Thai Massage	C4	
Schlafen			
10	Baan Bayan	D7	
11	Baan Somboon	C5	
12	Centara Grand Beach Resort & Villas	C5	
13	Cloud9 Hotel	B4	
14	Hua Hin Place	B3	
15	King's Home	B4	
16	La Maison	C5	
17	Laksasubha	C5	
18	Love Sea House	C4	
Essen			
19	Baan Gliwang	B1	
20	Carlo	C5	
21	Streetfood Ecke Chomsin/ Naebkehardt	B4	
22	Hagi	C5	
23	Hua Hin Vegan Cafe	B5	
24	Jek Pia	B4	
25	Koti	B4	
26	Pa Jua	C4	
27	Ratama	B2	
28	Sôm·đam Tanontok 51	B2	
29	The Social Salad	C3	
30	Velo Cafe	B3	
Shoppen			
31	Hua Hin Night Market	B4	
Praktisches			
32	Municipal Tourist Information Office	B5	
33	Tourism Authority of Thailand	B4	
34	Tuk Tours	C3	
Transport			
35	Aeknarin Huahin Car Rental	C5	
36	Hua Hin Minivan Station	A2	
37	Hua Hin-Pran Tour	B4	
38	Lomprayah	C5	
39	Lub Sabai Hostel Bike Hire	B3	
40	Busse nach Phetchaburi & Cha-am	B3	
41	Pook Chomsin	B3	
42	Busse & Sŏrng·tăaou nach Pranburi	B4	
43	Minivans & Busse Richtung Süden	B4	
44	Thai Rent A Car	C6	

Ab 20.30 Uhr beginnt die Live-Unterhaltung auf der Bühne, Straßenmusikanten sind immer mit dabei.

Der letzte grüne *sŏrng·tăa·ou* zurück in die Stadt kommt gegen 21 Uhr vorbei.

★ **Wildlife Friends Foundation Thailand Rescue Centre & Elephant Refuge** TIERSCHUTZGEBIET

(มูลนิธิเพื่อนสัตว์ป่า; ☎032 458135; www.wfft.org; Tour inkl. Mittagessen halber/ganzer Tag 1100/1600 B) Das Zentrum 45 km nordwestlich von Hua Hin kümmert sich um mehr als 700 Tiere, darunter Bären, Tiger, Gibbons, Makaken, Loris und Vögel. Angeschlossen ist eine Rettungsstation für Elefanten, in der die Dickhäuter ihren Lebensabend frei von Ketten verbringen. Ein Besuch hier ist ein wunderbarer Tagesausflug – viel besser als die Elefanten- und Tiger-Touristenattraktionen, die häufig bei Touren ins Umland von Hua Hin auf dem Programm stehen. Bei den Führungen des Zentrums hat man überallhin Zugang und erfährt jede Menge über die Tiere und die Geschichte ihrer Rettung. Bei der ganztägigen Führung trifft man auch auf Elefanten. Besucher ohne Anmeldung sind nicht willkommen.

Die Wildlife Friends Foundation Thailand ist eine der aktivsten Gruppen, die etwas für den Schutz der Tiere in Thailand tun, sie betreibt dieses Wildtierasyl: Hier werden misshandelte, verletzte und ausgesetzte Tiere, die nicht mehr ausgewildert werden können, aufgenommen und versorgt.

Der Transfer vom Hotel in Hua Hin oder Cha-am kostet 200 B pro Person, es gibt vor Ort auch eine kleine Lodge (4000 B pro Nacht inkl. Mahlzeiten). Wer den Tieren noch näher kommen will, kann im Zentrum Freiwilligenarbeit (S. 538) leisten.

Ratchaphakdi Park DENKMAL

(อุทยานราชภักดิ์; Hwy 4; ⏲8–18 Uhr) GRATIS Die jeweils 14 m großen und 30 t schweren schönen Bronzestatuen der verehrtesten Könige Thailands beherrschen diesen Park vor einer eindrucksvollen Bergkulisse. Das 22 Mio. US$ teure Projekt südlich der Stadt wurde nach dem Putsch von der Militärregierung ins Leben gerufen, um die Treue zur Monarchie zu fördern.

Baan Silapin GALERIE

(บ้านศิลปิน; ☎086 162 0162; www.huahinartistvillage.wordpress.com; Th Hua Hin-Pa Lu-U; ⏲Di–So

10–17 Uhr) GRATIS Tawee Kasangam, ein Maler aus der Gegend, gründete diese Künstlerkolonie in einem schattigen Wäldchen 4 km westlich der Stadt. Die Galerien und Atelierräume zeigen die Werke von mehr als einem Dutzend Künstlern. Viele von ihnen sind Bangkoks hektischer Kunstwelt entflohen, um sich in die entspannte Atmosphäre Hua Hins mit seiner wunderschönen Berg- und Meereslandschaft zurückzuziehen.

Die Erdhütten im hinteren Bereich beherbergen verspielte Skulpturen. Am Wochenende werden zwanglose **Kunstworkshops** (Erw./Kind 150/100 B pro Std.) angeboten. Sehr entspannend ist der Coffeeshop.

★ Wat Huay Mongkol — BUDDHISTISCHER TEMPEL

(วัดห้วยมงคล; Tambon Thap Tai; ⏲tagsüber) GRATIS Die Statue des verehrten Luang Phor Thad, im Volksmund der großköpfige Mönch genannt, ist eine beliebte buddhistische Pilgerstätte. Der Mönch aus Südthailand soll Wunderwerke vollbracht haben – so soll er Meer- in Süßwasser verwandelt haben –, sodass viele Thais hierherkommen, um zu beten. Zwar erscheinen der Kopf und die Ohren der 12 m hohen Figur übermäßig groß, doch dies dient nur der Darstellung seiner Erleuchtung.

Hat Hua Hin — STRAND

(หาดหัวหิน) Der Hua Hin Beach ist ein zwar angenehmer, aber nicht wirklich hinreißender weißer Sandstrand. Ruhige, graugrüne Wellen schlagen ans Ufer – wunderbar zum Spazierengehen oder Sonnenbaden; zum Schwimmen eignet er sich allerdings nicht, dafür ist das Wasser zu seicht. Besonders in der Regenzeit ist Vorsicht vor Quallen geboten.

Bei Weitem am vollsten ist der Strandabschnitt vor den Hotels Hilton und Centara Grand. Restaurants liefern Leuten, die hier in schattigen Sonnenliegen verweilen, Essen – außer mittwochs, denn dann werden die Liegen entfernt, um den Strand für einen Tag schön aussehen zu lassen. Beliebt sind auch Ponyritte.

Hua Hin Train Station — HISTORISCHE STÄTTE

(สถานีรถไฟหัวหิน; Th Liap Thang Rot Fai) Dieses rot-weiße Wahrzeichen ist der wohl schönste Bahnhof in Thailand. Er wurde 1926 anstelle des ursprünglichen Bahnhofs errichtet. Der Pavillon im viktorianischen Pfefferkuchen-Stil sticht dank der vielen geschnitzten Holzpfeiler und Holzleisten hervor. Da Hua Hin seinen Wohlstand der Bahn verdankt, ist der Bahnhof für die Einwohner ein stolzes Prunkstück, und Nachahmungen dieses Entwurfs finden sich überall in der Stadt.

Aktivitäten

★ Wildlife Friends Foundation Thailand Volunteer Projects — FREIWILLIGENARBEIT

(☎032 458135; www.wildlifevolunteer.org) Wer Tiere mag und sich nicht vor harter Arbeit scheut, kann vielleicht ein bisschen im Wildlife Friends Foundation Thailand Rescue Centre (S. 537) mithelfen: Hier werden verschiedene Tiere gepflegt, die aus Tiershows und vor Besitzern, die sie ausgebeutet haben, gerettet wurden. Vielleicht muss man Elefanten füttern oder ein Gehege für Makaken bauen.

Freiwillige müssen mindestens 18 Jahre alt sein, sich für mindestens eine Woche verpflichten und eine Spende an das Zentrum leisten (ab 350 US$/10 500 B pro Woche). Unterkunft und drei Mahlzeiten am Tag sind inbegriffen.

Monsoon Valley Vineyard — WEINGUT

(☎081 701 0222; www.monsoonvalley.com; 1 Mu 9 Baan Khork Chang Pattana, Nong Plub; Tour 100 B, Weinprobe ab 240 B; ⏲April–Okt. 9–18.30 Uhr, Nov.–März bis 20 Uhr; 👪) Monsoon Valley ist eins der nur wenigen Weingüter Thailands und ein guter Stopp für sowohl Erwachsene als auch Kinder. Es werden Führungen und Verkostungen angeboten sowie Aktivitäten für Kids wie Malen und Mountainbiken. Das angeschlossene Bistro wartet mit einer umfangreichen Karte mit thailändischen und internationalen Gerichten auf.

Das Weingut liegt rund 45 km von Hua Hin entfernt; vom Hua Hin Hills Bistro & Wine Cellar am Villa Market verkehren zweimal am Tag Shuttles zum Weingut und wieder zurück (300 B).

Angeboten wird außerdem eine „Weinsafari" mit einem ganztägigen Besuch auf dem Weingut und im Kuiburi National Park (S. 546) in einem Allradfahrzeug (7000 B, 2 Pers.).

Velo Thailand — RADFAHREN

(☎032 900392; www.velothailand.com; 123/50 Th Hua Tanun; ganztägige Touren ab 3850 B; ⏲Mo–Do 8–18, Fr–So 8–19 Uhr) Die örtliche Filiale eines großen Bangkoker Radtourenanbieters hat verschiedene Touren rund um Hua Hin im Programm, darunter einen halbtägigen Downhill-Mountainbike-Trip in den Hügeln westlich der Stadt. Hochwertige Mountain-

KITESURFEN

Glanz verleihen dem Strand von Hua Hin auch die Kitesurfer, die übers Meer gleiten. Hua Hin ist Thailands Kitesurfing-Hauptstadt dank starker, böiger Winde, flachem Wasser und einem lang gezogenen Strand, an dem man seine Drehungen und Sprünge ausführen kann.

Von hier bis hinunter nach Pranburi bläst der Wind von Oktober bis Dezember aus Nordosten – meist begleitet von vielen Wellen – und dann von Januar bis Mai bei meist glatter See aus Südosten. Aber selbst in der Regenzeit (Mai–Okt.) gibt es viele Tage, an denen der Wind zum Kitesurfen günstig ist.

Hua Hin ist auch einer der besten Orte in Thailand, um Kitesurfen zu lernen. Eine Reihe von Schulen bieten Unterricht an. Ungefähr nach drei Tagen kann man sich allein auf die Wellen wagen. Die Monate Januar bis März sind für Anfänger am besten geeignet, weil in dieser Zeit das Meer ruhiger ist. Die Schulen kümmern sich aber auch um Fortgeschrittene: So kann man sich hier zum Kitesurfing-Lehrer ausbilden lassen.

North Kiteboarding Club (☎083 438 3833; www.nkbclub.com; 113/5 Th Phetkasem, Höhe Soi 67, South Hua Hin; 3-tägiger Anfängerkurs 11 000 B; ⏲Di–So 8–18 Uhr) Das renommierte Unternehmen hat seinen Sitz in Hua Hin, besitzt aber auch Filialen in Chumpon und Phuket. Es betreibt außerdem einen großen Laden und ein Café.

Kiteboarding Asia (☎081 683 1683; www.kiteboardingasia.com; 143/8 Soi 75/1, Th Phetkasem, South Hua Hin; 3-tägiger Anfängerkurs 11 000 B; ⏲8.30–19 Uhr) Das alteingesessene Unternehmen unterhält drei Läden am Strand, in denen man Kitesurfing-Ausrüstung leihen kann und die auch Unterricht anbieten.

bikes können für 300 B pro Tag geliehen werden, mit Rabatten für längere Mietdauer.

Thai Massage by the Blind MASSAGE
(☎081 944 2174; The Naebkenhardt; Thai-Massage 200 B; ⏲7–21 Uhr) Blinde Masseurinnen geben hier traditionelle Kopf-, Fuß- und Körpermassagen sowie einige weitere Anwendungen, darunter Kräuterwickel. Es gibt noch zwei weitere Filialen in größerer Entfernung zum Stadtzentrum.

Thai Thai Massage MASSAGE
(☎084 318 2451; www.thaithaimassagehuahin.com; 20/1 Th Dechanuchit; Thaimassage ab 250 B; ⏲11–22 Uhr) Weniger teuer als in den noblen Luxusspas der Hotels und besser als der Durchschnitt: Die ausgebildeten und freundlichen Masseurinnen dieses renommierten Salons werden allseits hoch gelobt.

Hua Hin Golf Centre GOLF
(☎032 530476; www.huahingolf.com; Th Selakam; ⏲12–21 Uhr) Das freundliche Personal in diesem professionellen, von **Hua Hin Golf Tours** (☎032 530 119; www.huahingolf.com; Soi 41; ⏲6–22 Uhr) geführten Laden informiert über die günstigsten gepflegten Golfplätze, auf denen man sicher sein kann, dass die Affen nicht versuchen, den Spielern die Bälle zu stibitzen. Das Unternehmen organisiert Golfausflüge und vermietet an seine Kunden hochwertige Golfschläger (500–700 B pro Tag).

Kurse

Thai Cooking Course Hua Hin KOCHEN
(☎081 572 3805; www.thai-cookingcourse.com; 19/95 Th Phetkasem, Soi Hua Hin 19; Kurs 1500 B) Angehende Chefköche sollten sich für diesen eintägigen Kochkurs inklusive Marktbesuch, Zubereitung von vier Gerichten (plus Currypaste) und Kochbuch einschreiben. Für den Kurs müssen mindestens drei Teilnehmer zusammenkommen. Die Teilnehmer werden direkt von ihren Hotels abgeholt.

Geführte Touren

Feast Thailand ESSEN
(☎032 510207, 095 461 0557; www.feastthailand.com; 10 Th Naebkehardt, im Raruk Hua Hin Market; ab 1350 B; ⏲Mo–Sa 8.30–16 Uhr) Das kleine Unternehmen veranstaltet sehr zu empfehlende, halbtägige kulinarische Touren. Man wählt seine Tour – entweder zur thailändischen Standardküche oder zu selteneren Spezialitäten – und wird bei seinem Hotel abgeholt. Manchmal gibt's auch Touren, denen man sich spontan anschließen kann.

Hua Hin Bike Tours RADFAHREN
(☎081 173 4469; www.huahinbiketours.com; 8/12 Takiab 6; ganztägige Tour ab 3250 B; ⏲10–20 Uhr) Das Veranstalter-Ehepaar bietet ganz- und mehrtägige Touren durch Hua Hin und in die Umgebung, darunter auch eine viertä-

gige Fahrt von Bangkok nach Hua Hin. Das Paar vermietet außerdem hochwertige Fahrräder (500 B pro Tag, Rabatt für längere Anmietung) an Radfahrer, die auf eigene Faust unterwegs sind, und kann geeignete Routen empfehlen. Die beiden veranstalten außerdem die Langstreckenfahrt **Tour de Thailand** (☎081 173 4469; www.tourdethailand.com), die durchs ganze Land führt und deren Einnahmen wohltätigen Zwecken dienen.

Hua Hin Adventure Tour ABENTEUER
(☎032 530314; www.huahinadventuretour.com; 69/7 Th Naebkehardt; ⌚Mo–Sa 9–18 Uhr) Hua Hin Adventure Tour veranstaltet Aktivausflüge, darunter Kajaktouren im Khao Sam Roi Yot National Park und Wildbeobachtungstouren im Kaeng Krachan National Park.

Feste & Events

Hua Hin Jazz Festival MUSIK
(⌚Juni; 📶) Zu Ehren der privaten Vorliebe des inzwischen verstorbenen Königs Rama IX. (Bhumibol Adulyadej) für Jazzmusik veranstaltet die Stadt, in der sich so viele Königsresidenzen befinden, alljährlich ein Jazzfestival mit thailändischen und internationalen Musikern. Alle Konzerte sind kostenlos. Gewöhnlich findet das Festival im Juni statt.

Schlafen

In der touristischen Altstadt gibt's Unterkünfte für jeden Geschmack. Die besten liegen außerhalb des alkoholgeschwängerten Stadtkerns. Nördlich der Th Chomsin wird die Stadt plötzlich viel ruhiger und ländlicher. Bangkoks trendbewusste Jugend zieht es in dieses Viertel rund um die Th Naebkehardt und die Soi 51. Oder man weicht in den Süden aus: Hier ist der Strand recht ruhig und frei von aufdringlichen Verkäufern.

★ **King's Home** PENSION $
(☎089 052 0490; www.huahinkingshome.blogspot.com; abseits der Th Phunsuk; Zi. 750–950 B; ❄📶🏊) Die von einer Familie geführte Pension hat tolle Preise und viel Charakter: An der Vordertür wird man von einem Kristallkandelaber begrüßt, und auf der Treppe steht die Statue eines Deutschen Schäferhunds. Das ganze Haus einschließlich der sechs kleinen Gästezimmer ist vollgestopft mit Antiquitäten und Kitsch, die für eine anheimelnde Atmosphäre sorgen.

Love Sea House PENSION $
(☎080 079 0922; siamozohlie@hotmail.com; 35 Th Dechanuchit; Zi. 700–900 B; ❄📶) Die nette, von einer Familie geführte Pension präsentiert sich maritim in Blau und Weiß. Die Englisch sprechenden, älteren Inhaber halten die großen Zimmer sehr sauber. Die Unterkunft liegt zwar in der Nähe der Partyzone von Hua Hin, ist aber ungeeignet für Leute, die sich in den Partytrubel stürzen wollen.

Baan Somboon PENSION $
(☎032 511538; baansomboon@gmail.com; 13/4 Soi Hua Hin 63, Th Damnoen Kasem; Zi. 700 B; ❄📶) Mit eingerahmten Fotos als Wandschmuck, polierten Holzböden und einem kleinen Garten wirkt diese Unterkunft an einer sehr ruhigen, zentral gelegenen Soi wie das Haus der verschollenen thailändischen Lieblingstante. Die Zimmer sind zwar klein und altmodisch, aber die Pension ist trotzdem die anheimelndste in ganz Hua Hin.

La Maison BOUTIQUEHOTEL $$
(☎032 533007; www.lamaison-huahin.com; 172/6 Th Naresdamri; Zi. mit Frühstück 3200 B; P❄📶🏊) Die zentrale, doch ruhige Lage und den Swimmingpool des Boutiquehotels La Maison muss man einfach mögen! Die Innenbereiche sind schlicht ausgestattet und in modernen Brauntönen gehalten. Das kleine europäische Frühstück wird im Restaurant am Pool serviert. Vorne gibt's außerdem ein gutes Café.

Cloud9 Hotel HOTEL $$
(☎093 394 4499; www.cloud9hotel.com; 71 Th Naebkehardt; B 500–600 B, Zi. 1820–2520 B, FZ 4200 B; ❄📶) Der 2019 eröffnete Neuling bietet eine tolle zentrale Lage, gemischte Dorms und reine Frauendorms sowie Zimmer für Paare und Familien. Alle sind modern, aber einfach. Das Dach mit seinen Sitzsäcken ist perfekt für einen Sundowner unterm Sternenhimmel.

Hua Hin Place PENSION $$
(☎032 516640; www.huahin-place.com; 43/21 Th Naebkehardt; Zi. 600–1000 B, FZ 1300 B; ❄📶) Es ist nicht ganz klar, ob die recht große Unterkunft ein Hotel oder eine Pension ist, sie fällt aber eher noch in die letztere Kategorie dank der flotten Lounge im Erdgeschoss – diese ist mit museumswürdigen Muscheln, Fotos und anderem Schnickschnack ausstaffiert. Hier können sich die Gäste untereinander austauschen und mit der charmanten Inhaberin plaudern.

Alle Zimmer sind gut ausgestattet – nett sind die Korbmöbel –, und die meisten haben kleine Balkone mit ein bisschen Meerblick. Die Zimmer mit Klimaanlage für 600 B befinden sich an der Gebäudeseite im Erdgeschoss und sind etwas düster, bieten jedoch für Hua Hin ein gutes Preis-Leistungs-Verhältnis – dies ist eine der besten Unterkünfte der Stadt.

★ Baan Bayan HOTEL $$$
(☎032 533 5404; www.baanbayan.com; 119 Th Phetkasem, South Hua Hin; Zi. mit Frühstück 4500–13 500 B; P❄📶🏊) Die Anlage, deren Mittelpunkt ein schönes Teakholzhaus aus dem frühen 20. Jh. bildet, ist ideal für Traveller, die einen Luxusurlaub ohne die überladene Atmosphäre eines großen Resorts erleben wollen. Das Hotel ist luftig, bietet Zimmer mit hohen Decken, hat aufmerksames Personal und liegt direkt am Strand. Die meisten Zimmer stammen aus jüngerer Zeit, wirken aber genauso historisch wie die drei originalen.

Laksasubha HOTEL $$$
(☎032 514525; www.laksasubhahuahin.com; Th 53/7 Naresdamri; Zi. mit Frühstück 3600–14 500 B; P❄📶🏊) Das fantastische Resort, das einem Sprössling der Königsfamilie gehört, bietet 16 begehrte Häuschen mit insgesamt 45 Zimmern. Die Einrichtung ist schnörkellos-dezent, der Service ausgezeichnet. Alles liegt an einem gewundenen Gartenpfad, der zum Strand führt, und es werden jede Menge Aktivitäten für Kinder und Erwachsene angeboten.

Centara Grand Beach Resort & Villas HOTEL $$$
(☎032 512021; www.centarahotelsresorts.com; 1 Th Damnoen Kasem; Zi. mit Frühstück 10 000–15 000 B; P❄@📶🏊) Das historische Railway Hotel wurde 1922 als erstes Hotel der Stadt eröffnet. Im Laufe der Jahrzehnte wurde es renoviert und erweitert, hat seine vornehme Aura aber immer bewahrt – kein anderes Hotel vor Ort hat ein so prächtiges Ambiente. Die Zimmer sind groß, die Einrichtungen fantastisch, das Personal ist auf Zack und den großen Garten schmücken Frangipani und kunstvoll in Form geschnittene Bäume und Sträucher.

Mit seinen zahlreichen angebotenen Aktivitäten ist das Resort ein besonders tolles Ziel für Reisende mit Kindern. Im Coffeeshop The Museum sind Fotos und Originalgegenstände aus den Anfangsjahren zu sehen.

Essen

Hua Hin ist ein fantastisches Ziel für Feinschmecker. Berühmt ist es für seine Meeresfrüchte, doch nur wenige Einheimischen essen diese in der Stadt selbst: Sie bevorzugen die schlichten Restaurants in Ban Takiab südlich der Stadt – in manchen von diesen gibt's Buffets schon für 400 B.

★ Jek Pia THAI $
(51/6 Th Dechanuchit; Hauptgerichte 80–200 B; ⌚6.30–12.30 & 17.30–19.30 Uhr) Das über 50 Jahre alte Restaurant, ein früherer Kaffeeladen, ist heute eines der kulinarischen Topziele von Hua Hin. Die verstorbene Mutter des heutigen Inhabers lud ihre Lieblingsköche ein, sich ihr anzuschließen – so entstand ein Gourmet-Foodcourt, weshalb einen gleich bei der Ankunft ein ganzer Stapel von Speisekarten begrüßt.

Alles ist köstlich, und vielleicht gibt's in ganz Thailand kein besseres *gŏoay đĕeo đôm yam*, eine gemischte Seafoodplatte. Letzte Bestellung eine halbe Stunde vor Schließung.

Pa Jua STREETFOOD $
(Th Naresdamri, gegenüber dem Hilton Hua Hin; Mango-Klebreis 120 B; ⌚9–16 Uhr) Dieser Stand für süßen Klebreis mit Mango ist ein echter Renner – daher gibt's ihn auch schon seit fast 50 Jahren. Man kann Mangos einzeln kaufen oder sie in dem traditionellen thailändischen Dessert mit Klebreis, Kokoscreme und knusprigen gelben Mungbohnen oben drauf genießen. Es gibt nur ein paar Plätze – die meisten Leute nehmen sich ihr Essen mit.

Baan Gliwang THAI $
(☎032 531260; www.baan-gliwang.business.site; Th Naebkehardt; Hauptgerichte 65–285 B; ⌚9–18 Uhr; 📶) Die Palmen, der Blumengarten, die aus Holz gezimmerten historischen Strandhäuser und das Geräusch der Wellen sorgen im „Haus nahe dem Palast" für das perfekte Ambiente. Viele kommen hierher, um Kaffee zu trinken und Kokoskuchen zu essen, aber es gibt auch eine kleine Speisekarte, auf der u.a. Massaman-Curry, gebratener Reis mit Krabben, *kôw châe* (gedämpfter gekühlter Reis) und Caesar-Salad-Wraps stehen. Die Portionen sind hier ziemlich klein!

Streetfood Ecke Chomsin & Naebkehardt STREETFOOD $
(Ecke Th Chomsin & Th Naebkehardt; ⌚6–24 Uhr) An dieser bemerkenswerten Ecke mit Straßenimbissen wird sehr günstige Kost geboten, und trotz des bescheidenen Ambientes gibt's hier ausgezeichnetes thailändisches Essen. Die Action beginnt am frühen Morgen in der Th Naebkehardt rund 50 m süd-

lich der Th Chomsin, später kommen immer mehr Imbisswagen hier und auf der anderen Straßenseite an der Kreuzung hinzu. Beide Stellen sind überdacht, sodass man tagsüber komfortabel schlemmen kann.

Gegen 17 Uhr erobert der bis spät dauernde *dtôo rûng lék* (Kleine Nachtmarkt) die Soi 55/1. Durch ihn kommen noch ein paar Isan-Gerichte aus Nordostthailand zu dem Mix hinzu.

Sôm·đam Tanontok 51 THAI $

(Th Damrongraj/Soi 51; Hauptgerichte 40–190 B; ⏲10–22 Uhr; 📶) Das herausragende Restaurant in einem tollen kulinarischen Viertel bietet echte Isan-Gerichte (S. 403), die von einer Familie aus Khorat zubereitet werden. Es gibt alles, was man erwartet, darunter gegrillten Wels, *gaang orm* (ein milchfreies Curry mit Kräutern und Kokosmilch) und viele Arten von *sôm·đam,* nicht nur mit Papaya, sondern auch mit Gurke und Bambussprossen. Tintenfisch-*lâhp* kommt hier ebenfalls auf den Tisch.

Ein englisches Schild gibt's nicht – einfach nach dem rauchigen Grill Ausschau halten!

Velo Cafe KAFFEE $

(☎032 900392; Th Naebkehardt; Kaffee ab 50 B; ⏲Fr–Mi 7.30–17.30 Uhr; 📶) Coffeeshops gibt's überall in Hua Hin, aber wenige nehmen das Geschäft so ernst wie dieser kleine Laden, der seine Bohnen selbst röstet. Es gibt auch sehr gute Sandwiches.

★ Koti CHINESISCH, THAI $$

(☎095 860 5364; 61/1 Th Dechanuchit; Hauptgerichte 150–500 B; ⏲11–23 Uhr; 🖉) Das 1932 eröffnete thailändisch-chinesische Restaurant ist ein echtes kulinarisches Highlight des ganzen Landes. Thailänder bevorzugen die in der Pfanne gebratenen Austern mit Mehl und Eis, während Ausländer oft das *đôm yam gûng* (Krabbensuppe mit Zitronengras) bestellen. Alle lieben den *yam tálair* (würziger Meeresfrüchtesalat) und das klassische grüne Curry. Auf einen Tisch wird man warten müssen.

The Social Salad INTERNATIONAL $$

(☎081 809 5083; www.thesocialsalad.org; 1/8 Th Chomsin; Hauptgerichte 100–350 B; ⏲8–22 Uhr; 📶🖉) 🍃 Das schlichte, hübsch dekorierte Lokal hat dank seiner Salate für 209 B, die man selbst aus den vielen frischen Biozutaten zusammenstellt, viele treue Stammgäste. Wer keinen Salat mag, findet hier Thai- und Nudelgerichte. Während in fast ganz Thailand noch immer Plastikstrohhalme verwendet werden, kommen hier welche aus Metall zum Einsatz. Zehn Prozent des Gewinns gehen an Programme zum Pflanzen neuer Bäume.

Der THAI $$

(13/14 Soi 35, Seenspace, 2. OG; Hauptgerichte 95–210 B; ⏲12–21 Uhr; ❄) Das Der im Einkaufszentrum Seenspace (S. 543) am Meer serviert Isan-Küche aus dem Nordosten des Landes, so wie sie sein soll: scharf und kräftig gewürzt. Im modernen Ambiente finden sich traditionelle Anklänge wie karierte Servietten und in Weidenkörbchen und Bananenblättern servierte Gerichte. Tipp: der gegrillte Schweinenacken mit Tamarindendip und der *lâhp*-Salat mit Rinderbrust.

Hua Hin Vegan Cafe THAI, WELTKÜCHE $$

(☎092 536 6241; Th Phetkasem; Hauptgerichte 100–250 B; ⏲9.30–21 Uhr; 📶🖉) 🍃 Abgesehen vom Fehlen tierischer Produkte hat dieses moderne Lokal nichts gemein mit den typischen thailändischen veganen Restaurants: Hier gibt's Wein, Knoblauch, eine Klimaanlage, Jazz, Biozutaten und kreative Gerichte. Viele thailändische Speisen – traditionelle oder weniger traditionelle (z. B. Quinoa-*lâhp*) – stehen auf der Karte, aber diese kennt keine Grenzen: Man findet auch Burger mit gegrillter Jackfrucht, eine Kürbis-Carbonara und westafrikanische Erdnusssuppe.

Ratama THAI $$

(12/10 Th Naebkehardt; Hauptgerichte 60–200 B; ⏲8–16.30 Uhr) Die Karte dieses Restaurants reicht von thailändischen Omeletts bis zu einem tollen Panang-Curry, berühmt ist es für seine vielen Entengerichte, u. a. eine Nudelsuppe mit Ente und gebratene Entenschnäbel. Wir empfehlen das *súpêr đeen gài* (*đôm yam* mit Hühnerfüßen), das es auf Wunsch auch mit Entenfüßen gibt.

Das Schild in lateinischer Schrift ist leicht zu übersehen – am besten hält man nach der riesigen Entenfigur Ausschau.

Carlo ITALIENISCH $$$

(☎032 511348; www.carlo-huahin.com; 174/1 Th Naresedamri; Hauptgerichte 150–990 B; ⏲12–22.30 Uhr; 🅿📶🖉) Es gibt diverse italienische Restaurants in Hua Hin, doch in den meisten gibt's nur billige Pizza und Pasta. Eine tolle Adresse für ein schönes Essen und einen netten Abend ist dieses noble Restaurant im Süden der Touristenzone: Es ist durch und durch italienisch, von den Köchen bis zur Weinkarte und vom Seebarsch auf Mailänder Art bis zu den gegrillten Lammkoteletts.

Das Restaurant ist auch mittags geöffnet, aufgrund der fehlenden Klimaanlage wird's hier dann sehr heiß – also kommt man besser abends.

Hagi JAPANISCH $$$
(Th Damnoen Kasem; Hauptgerichte 140–2500 B; 17–23 Uhr, Küche bis 22 Uhr; P) Das Hagi ist ein hübsches Lokal unter freiem Himmel am Rand des Centara Grand und gilt als bester Japaner in Hua Hin – allerdings gibt's auch nicht viel Konkurrenz. Für Gäste, die ihre Mahlzeit zum Erlebnis machen möchten, stehen Teppanyaki-Tische zur Verfügung.

Ausgehen & Nachtleben

★ **Vana Nava Sky** DACHBAR
(032 809999; www.vananavasky.com; 129/129 Th Phetkasem, Holiday Inn; Mo–Sa 17–24, So ab 9 Uhr;) Das Vana Nava Sky ist Hua Hins edelster Cocktailschuppen. Der 2018 eröffnete Kracher im 27. Stock wartet mit Marmorböden und eisengefassten hohen Fenstern für ein bisschen Steampunk-Flair auf. Die Gäste können ihre Drinks an der Bar oder auf der gläsernen Aussichtsterrasse genießen. Die kreativen Cocktails aus aromatisierten Spirituosen und frischen Zutaten können sich durchaus sehen lassen. Sportlich-legere Kleidung ist angesagt.

Erhältlich sind außerdem thailändische, japanische und mediterrane Gerichte. Beim Sonntagsbrunch (888 B) haben die Gäste auch Zugang zum Infinitypool des Holiday Inn.

★ **Airspace** CAFÉ
(063 916 0999; www.airspacehuahin.com; 12/399 Soi Ao Hua Dorn; 9–20 Uhr, Restaurant 11–23 Uhr;) Im wunderschönen Airspace beim Khao Takiab kann man bestens der Sonne entfliehen und vielleicht sogar ein bisschen am Laptop arbeiten. Eisen und Glas, hohe Decken und allerlei Pflanzen schaffen ein Ambiente, das je nach Tageszeit gemütlich oder romantisch wirkt. Neben Kaffee gibt's hier auch Frühstück, das den ganzen Tag über serviert wird, sowie thailändische und internationale Gerichte.

McFarland House TEEHAUS
(032 521234; www.thebarai.com/mcfarland-house-must-visit-hua-hin; 91 Th Khao Takiap, Hyatt Regency; Nachmittagstee für 2 Pers. 600 B, Sonntagsbrunch ab 1499 B; 6.30–22.30 Uhr, Nachmittagstee Mo–Sa 14–16.30 Uhr, Brunchbuffet So 11.30–15 Uhr;) Der alte thailändische Pavillon am Strand ermöglicht eine *teatime* mit tropischem Flair. Der im 19. Jh. aus Teakholz errichtete Rückzugsort ist nach seinem ehemaligen Eigentümer benannt, einem amerikanischen Arzt, der als Missionarssohn in Siam aufwuchs. Heute stellt der zweistöckige Pavillon ein tolles Örtchen für einen *afternoon tea*, einen Sonntagsbrunch oder einen Cocktail zum Sonnenuntergang dar.

Shoppen

★ **Seenspace** EINKAUFSZENTRUM
(092 350 0035; www.seenspace.com/huahin; 13/14 Soi 35; unterschiedlich) Das Seenspace ist Thailands erstes Einkaufszentrum am Meer, was sich noch immer nicht ganz herumgesprochen hat. In einem trendigen Mix aus Betonwänden und offenen Bereichen gibt's Essenstände und klimatisierte Rückzugsorte wie das Isan-Lokal Der (S. 542). Die meisten Besucher lockt der Strandclub **Oasis** (Mo–Fr 12–23, Sa 11–23, So bis 22 Uhr) mit seinen fotogenen Sitzsäcken und dem Infinitypool hierher.

Im Augenblick wird in der Mall mehr Essen als Shopping geboten, mit Ausnahme etwa des schicken Designladens **Seek35** (064 962 3635; seek35.seenspace@gmail.com; Mo–Fr 12–21, Sa & So ab 11 Uhr). Oben befindet sich außerdem ein Boutiquehotel.

Plearn Wan MARKT
(เพลินวาน; 032 520311; www.plearnwan.com; Th Phetkasem, zw. Soi 38 & Soi 40; 10–20 Uhr) Der Plearn Wan („Verlieren Sie sich in der Vergangenheit") ist für thailändische Traveller ein Topziel: Ein Nostalgiemarkt mit kleinen Ständen, die in ihrer Gestaltung an die alten Shophouses in den thailändisch-chinesischen Vierteln von Bangkok und Hua Hin erinnern. Man sieht hier viele alte Fotos, Stilmöbel und Thailänder, die für Fotos posieren.

Hua Hin Night Market MARKT
(Th Dechanuchit; 17–24 Uhr) Hua Hins zwei Blocks langer Nachtmarkt macht dem Strand in Sachen Beliebtheit Konkurrenz. Jeden Abend drängen sich hier die Touristen. Es gibt das übliche Angebot an Raubkopien von Markenklamotten und billigen Souvenirs sowie Dutzende Restaurant-Schlepper, die einem auf der Straße mit ihren Speisekarten vor dem Gesicht herumwedeln.

Praktische Informationen

Bis in den Abend geöffnete Wechselstuben und Geldautomaten sind überall im touristischen Zentrum vorhanden, vor allem in der Th Naresdamri und der Th Damnoen Kasen. Banken mit umfassendem Service gibt's in der Th Phetkasem, Bankfilialen, die auch abends und am Wochenende geöffnet sind, in den Shoppingmalls.

Bangkok Hospital Hua Hin (☎ 032 616800; www.bangkokhospital.com/huahin; Th Phetkasem, Höhe Soi 94, South Hua Hin) Eine Außenstelle der geschätzten landesweiten Krankenhauskette im Süden von Hua Hin.

Hua Hin Immigration Office (☎ 032 905111; Th Phetkasem, Höhe Soi 100, South Hua Hin; ⌚ Mo–Fr 10–17, Sa bis 12.30 Uhr) Das Büro im Untergeschoss des Einkaufszentrums Bluport verlängert Touristenvisa.

Municipal Tourist Information Office (☎ 032 511047; Ecke Th Phetkasem & Damnoen Kasem; ⌚ Mo–Fr 8.30–16.30 Uhr) Hat eine gute kostenlose Karte der Stadt und der Umgebung und beantwortet grundlegende Fragen, die Traveller stellen.

San Paolo Hospital (☎ 032 532576; www.sanpaulo.co.th; 222 Th Phetkasem, South Hua Hin) Das kleine private Krankenhaus südlich der Stadt bei Soi 86 ist eine gute Option bei einfachen Krankheiten und Verletzungen.

Tourism Authority of Thailand (TAT; ☎ 032 513854; www.tourismthailand.org/hua-hin; 39/4 Th Phetkasem, Höhe Soi 55; ⌚ 8.30–16.30 Uhr) Das Personal spricht Englisch und ist sehr hilfsbereit, allerdings hält es sich nur selten an die Öffnungszeiten.

Touristenpolizei (☎ 032 533440; Soi Hua Hin 21) Neben dem Imperial Hua Hin Beach Resort.

Tuk Tours (☎ 080 544 2465, 032 514281; www.tuktours.net; 2/1 Th Chomsin; ⌚ 8.30–20 Uhr) Hilfsbereiter Anbieter, der seine Kunden nicht beschwatzt; hier kann man für ganz Thailand Aktivitäten und Verkehrsmittel buchen.

An- & Weiterreise

Der Zug ist das angenehmste Verkehrsmittel für die Anreise nach Hua Hin, die meisten kommen aber per Minivan. Wer möglichst schnell (ab 3 Std.) von Hua Hin nach Bangkok oder umgekehrt kommen möchte, nimmt ein Privatauto (ab 1600 B). Für denselben Preis kann man in Bangkok auch ein Taxi mieten, muss aber unter Umständen erst handeln.

BUS & MINIVAN

Die Minivans Richtung Norden (darunter nach Phetchaburi, Kanchanaburi und zu vielen Zielen in Bangkok) nutzen die **Hua Hin Minivan Station** (Soi 51), während die **Minivans** (und vereinzelten Busse) Richtung Süden an der Straße neben dem Uhrenturm halten (Th Phetkasem). Minivans fahren zu den meisten Zielen ab ca. 6 Uhr (nach Bangkok und Phetchaburi ab 4 Uhr) bis in den frühen Abend in geringen zeitlichen Abständen.

Von der ruhigen, kleinen **Hua Hin Bus Station** (Th Phetkasem, Höhe Soi 96, South Hua Hin) südlich der Stadt fahren einige wenige Busse nach Bangkok, Chiang Mai, Nakhon Ratchasima (Khorat), Phuket und Ubon Ratchathani ab; die meisten Busse zwischen Bangkok und dem Süden halten jedoch nicht in Hua Hin. Die Tickets sollte man einen Tag im Voraus kaufen.

Busse nach Bangkok vom praktischer gelegenen Southern Bus Terminal können bei Hua Hin-Pran Tour (S. 535) nahe dem Nachtmarkt gebucht werden; die Busse sind allerdings alt. Der **Airport Hua Hin Bus** (☎ 084 697 3773; www.airporthuahinbus.com; Th Phetkasem, beim Hua Hin Airport) fährt vom Flughafen Hua Hin zu Bangkoks Suvarnabhumi International Airport und nach Pattaya. Wer diesen Bus nutzt, kann sich für 100 B per Shuttle zu seinem Hotel bringen lassen – das ist weniger, als ein Tuk-Tuk-Fahrer für die Fahrt in die Stadt verlangt. Die grünen *sŏrng·tǎa·ou* fahren nicht so weit ins Umland.

Gewöhnliche Busse (mit Ventilatoren) starten täglich ungefähr stündlich von der Th Sasong beim Nachtmarkt nach **Pranburi** und von der Th Phetkasem gegenüber der Esso-Tankstelle nach **Cha-am und Phetchaburi** (Th Phetkasem).

FLUGZEUG

Der **Flughafen** (☎ 032 520180; The Phetkasem) liegt 6 km nördlich der Stadt, wird jedoch nur von Charter- und Privatfliegern angesteuert. Versuche, hier einen kommerziellen Flugverkehr zu etablieren, sind in der Vergangenheit stets nach kurzer Zeit gescheitert, aber es wird immer wieder von neuen Versuchen gemunkelt.

SCHIFF/FÄHRE

Lomprayah (☎ 032 532761; www.lomprayah.com; Th Phetkasem; ⌚ 8–24 Uhr) bietet eine kombinierte Bus-Schiff-Verbindung von Hua Hin nach Ko Tao (1050 B, 6–9 Std.) sowie nach Ko Pha-Ngan (1300 B, 9–12 Std.) und Ko Samui (1400 B, 10–13 Std.); Abfahrt ist am Büro um 8.45 und 23.30 Uhr.

Es gibt auch eine **Passagierfähre** (☎ 093 495 9499; www.royalferrygroup.com; Soi Ao Hua Don 3; Business-Klasse 1550 B, VIP-Klasse 7000–14 000 B; ⌚ Abfahrten Pattaya/Hua Hin 16/13 Uhr) zwischen Hua Hin und Pattaya, mit der man Bangkok umgehen kann.

ZUG

Der **Bahnhof von Hua Hin** (☎ 032 511073; Th Liap Thang Rot Fai) ist praktisch gelegen am westlichen Ende der Th Damnoen Kasem. Es verkehren Züge zu den Bahnhöfen Hua Lamphong und Thonburi in Bangkok (42–96 B, 4½ Std., 2-mal tgl.) sowie nach Cha-am (6–

VERKEHRSMITTEL AB HUA HIN

ZIEL	BUS	MINIVAN	ZUG
Bangkok Don Mueang International Airport		200 B, 4½ Std., alle 40 Min.	
Bangkok Ekamai (Eastern Bus Station)		200 B, 4½ Std., stündl.	
Bangkok Hua Lamphong			44–1982 B, 3½–4½ Std., 12-mal tgl.
Bangkok Northern (Mo Chit) Bus Terminal	263 B, 4½ Std., 9, 12, 13.30, 15 Uhr	180 B, 4 Std., häufig	
Bangkok Southern Bus Terminal	155 B, 4½ Std., tgl. 3, 10, 12 & Fr & Sa 16, 21 Uhr	180 B, 4 Std., häufig	
Bangkok Suvarnabhumi International Airport	269 B, 4½ Std., 6–18 Uhr alle 90 Min.		
Bangkok Thonburi			42–96 B, 4½ Std., 2-mal tgl.
Cha-am	20–30 B, 30–45 Min., 6–16 Uhr stündl.	40 B, 30 Min., häufig	6–363 B, 30 Min., 5-mal tgl.
Chiang Mai	735–980 B, 13 Std., 17.30, 18, 18.15 Uhr		
Chumphon	351 B, 5 Std., 10 Uhr		49–2006 B, 4–5 Std., 12-mal tgl.
Kanchanaburi		220 B, 4 Std., stündl.	
Nakhon Ratchasima (Khorat)	347–518 B, 6–7 Std., 10, 18, 21, 23 Uhr		
Pattaya	389 B, 5 Std., 11 Uhr		
Phetchaburi	40 B, 1½ Std., 6–16 Uhr stündl.	100 B, 1 Std., häufig	14–1339 B, 1 Std., 12-mal tgl.
Phuket	637–840 B, 10–11 Std., 10, 12.30, 19, 20.30, 21, 22.30, 24 Uhr		
Prachuap Khiri Khan		80 B, 1½ Std., häufig	19–1403 B, 1–1½ Std., 11-mal tgl.
Pranburi	20 B, 30 Min., 7–15 Uhr alle 30 Min.	30 B, 30 Min., häufig	5–361 B, 30 Min., 3-mal tgl.
Ubon Ratchathani	683–868 B, 12–13 Std., 18, 21, 23 Uhr		

363 B, 30 Min., 5-mal tgl.), Chumphon (49–2006 B, 4–5 Std., 12-mal tgl.), Phetchaburi (14–1339 B, 1 Std., 12-mal tgl.), Prachuap Khiri Khan (19–1403 B, 1–1½ Std., 11-mal tgl.) und Pranburi (5–361 B, 30 Min., 3-mal tgl.).

ℹ Unterwegs vor Ort

Grüne *sŏrng·tăa·ou* (10 B) starten von der Kreuzung Th Sasong und Th Dechanuchit am Nachtmarkt. Zwischen 6 und 21 Uhr fahren sie auf der Th Phetkasem südwärts zum Khao Takiab (und biegen dabei unterwegs nach Osten auf die Th Damnoen Kasem ab) und nordwärts zum Flughafen.

Die Kosten für Tuk-Tuk-Fahrten in Hua Hin sind unverschämt hoch: Sie beginnen bei stolzen 100 B für kurze Trips. Motorradtaxis sind für kürzere Strecken weitaus günstiger (30–50 B), und die Fahrer versuchen in der Regel nicht, Ausländer übers Ohr zu hauen.

Viele Läden überall in der Stadt vermieten Motorräder (200–250 B pro Tag) und einige auch Fahrräder (ca. 100 B pro Tag), z. B. **Lub Sabai Hostel Bike Hire** (☎ 087 142 4224; huahinlubsabaihotel@gmail.com; 136 Th Chomsin; Fahrrad/Motorrad 70/200 B; ⏲ 8–21 Uhr), **Aeknarin Huahin Car Rental** (☎ 081 940 0072; www.thaicarrenthuahin.com; Soi 61;

Motorrad 250 B pro Tag, Auto ab 1500 B; ⏲8–21.30 Uhr) oder **Pook Chomsin** (☎092 828 6002; 142/2 Th Chomsin; Motorrad 200 B pro Tag; ⏲8–21 Uhr). In der Th Damnoen Kasem, der Th Naebkehardt und der Th Chomsin gibt's außerdem jeweils gleich mehrere dieser Läden. Hochwertige Fahrräder vermieten Hua Hin Bike Tours (S. 539) und Velo Thailand (S. 538).

Es gibt überall im Stadtzentrum Tische am Straßenrand, wo man „Taxis" (darunter sind alle Fahrzeuge zu verstehen, die man chartern kann, auch Kleintransporter und Tuk-Tuks) bekommen kann. Die Preise sind weitgehend festgelegt, es lohnt sich dennoch zu feilschen. Man sollte keinem Preis zustimmen, ehe man genau weiß, welches Fahrzeug man bekommt. Die Buchung über das Hotel oder einen Tourveranstalter kostet vielleicht etwas mehr, als wenn man die Sache selbst in die Hand nimmt, ist jedoch zuverlässiger.

Thai Rent A Car (☎083 887 5454; www.thairentacar.com; Th Phetkasem Höhe Soi 84, South Hua Hin; ⏲8.30–18.30 Uhr) ist eine professionelle thailändische Autovermietung mit konkurrenzfähigen Preisen, einer gut gewarteten Autoflotte, Anlieferung ans Hotel und Vermietung von Autos für Fahrten mit Rückgabe an einem anderen Zielort. Das Büro befindet sich neben dem Villa Market.

Pranburi & Umgebung

☎032 / 24 800 EW.

Eine halbe Stunde südlich von Hua Hin befindet sich die „ländliche Vorstadt" des Landkreises Pranburi (ปราณบุรี), eine ruhige Alternative an der Küste mit Boutique-Resorts: Diese sind ideal, wenn man den Massen entkommen, sich dabei aber nicht zu weit von der Zivilisation entfernen will.

Das Herzstück ist die kleine Ortschaft **Pak Nam Pran** („Mündung des Flusses Pranburi"), wo es die größten Resorts, aber nicht viel Strand gibt. Obwohl der Tourismus wächst, ist die Fischerei immer noch der Hauptpfeiler der hiesigen Wirtschaft. Jeden Morgen ankern die Boote im Fluss und löschen ihren Fang – dann beginnt das geruchsintensive Trocknen des Tintenfischs auf großen Gestellen in der Sonne.

Südlich von Pak Nam Pran erstreckt sich ein Sandstrand, und auf der Küstenstraße kann man einen schnellen Ausflug zum **Khao Kalok** („Schädelberg", als Thao Kosa Forest Park ausgewiesen) unternehmen – einer riesigen, zu einer seltsamen Form erodierten Landzunge, die den einzigen wirklich attraktiven Strand in der Gegend schützt.

Sehenswertes

Pranburi ist das Tor zu einem wahren Füllhorn der Natur. Für Gelegenheit zu schönen Ausflügen ins Grüne sorgen die Mangrovenwälder in der Nähe. Nur 40 km entfernt erstreckt sich der Khao Sam Roi Yot National Park, ein Paradies für Vogelfreunde, und 66 km entfernt liegt der stille Kuiburi National Park, wo man fast immer Elefanten zu sehen bekommt.

Der nachhaltig arbeitende Reiseanbieter **Exo Travel** (www.exotravel.com) hat eine gute Datenbank mit Tourenanbietern in den Nationalparks Khao Sam Roi Yot und Kuiburi.

★ Kuiburi National Park — NATIONALPARK

(อุทยานแห่งชาติกุยบุรี; ☎081 776 2410; Rte 4024; Erw./Kind 200/100 B, Wildtierbeobachtungstour 850 B pro Truck; ⏲Touren 14–18 Uhr) Wer würde nicht gern Herden wilder Elefanten sehen, die durch den Wald ziehen oder abends ein Bad genießen? Im *hôoay-léuk*-Abschnitt des Kuiburi National Park nahe der Grenze zu Myanmar und rund 65 km von Pranburi ist ein solches Erlebnis fast garantiert. Die Wildtierbeobachtungsfahrten führen durch den Wald und ehemaliges Ackerland, wo Elefanten leben. Sie sind daran gewöhnt, Fahrzeuge zu sehen, und schenken ihnen wenig Beachtung, sodass man sich hier fast wie bei einer Safari in Afrika fühlt.

Es gibt auch viele Gaure (Wildrinder), die man sehr häufig entdecken kann. Die meisten Fährtensucher sprechen kein Englisch, kennen aber zumindest einige wichtige Wörter. Am besten kommt man nicht samstags, weil dann der Besucherandrang im Park groß ist. Der Park liegt 45 Minuten westlich des Khao Sam Roi Yot National Park – folgt man der Nationalpark-Ausschilderung „wildlife watching", lassen sich beide Parks prima zu einem Besuch kombinieren.

Khao Sam Roi Yot National Park — NATIONALPARK

(อุทยานแห่งชาติเขาสามร้อยยอด; ☎032 821568; www.thainationalparks.com/khao-sam-roi-yot-national-park; Rte 4020, Bang Pu; Eintritt 200 B, Campinggebühr 30 B pro Nacht, Zelt für 2 Pers. 150 B, Schlafsack 30 B; ⏲8–16.30 Uhr) Mächtige Kalksteinfelsen bilden im gut 30 km von Pranburi entfernten Khao Sam Roi Yot National Park, dessen Name „300 Berggipfel" bedeutet, eine felsige, an ein Puzzle erinnernde Landschaft. Fast alle Besucher kommen wegen der **Tham Phraya Nakhon**, einer der spektakulärsten und bei den Thailändern berühmten Höhle. Diese verehrte Höhle beherbergt den **Khuha Kharuehat Pavilion**, eine königliche *săh·lah*, die 1890 für Rama V. gebaut wurde. Ab etwa 10.30 Uhr ist sie normalerweise in das Licht der Vormittagssonne getaucht.

Am **Wat Khao Daeng** kann man überdachte Boote für eine einstündige malerische Fahrt auf dem Khlong Khao Daeng mieten. Man genießt dabei einen tollen Blick in die Berge und sieht Vögel, Makaken, Bindenwarane und Schlammspringer.

In der kühlen Jahreszeit von November bis März steuern zahlreiche Vogelfreunde den Park an, um die mehr als 300 Zug- und Standvögel zu beobachten. Der Nationalpark liegt am Schnittpunkt der ostasiatischen und der australischen Zugvogelroute; im Khao Sam Roi Yot leben u. a. Chinadommeln, Purpurhühner, Zimtsumpfhühner, Schwarzkopfibisse, Schelladler Hindublatthühnchen, und Chinarohrsänger.

Die meisten Besucher kommen im Rahmen eines Tagesausflugs von Hua Hin oder Prachuap Khiri Khan in den Park, jeweils rund 50 km entfernt. Es gibt keinerlei öffentliche Verkehrsverbindungen, sodass man die Anreise selbst organisieren muss. Ein Taxi samt Fahrer kostet von beiden Ausgangsorten etwa 1800 bis 2000 B inklusive Sprit. Wer über Nacht bleiben möchte: In Khao Daeng stehen Bungalows zur Verfügung, doch die meisten Besucher bevorzugen die Unterkünfte außerhalb des Parks am Strand von Hat Sam Roi Yot. Ein Taxi vom Bahnhof oder der Bushaltestelle in Pranburi nach Hat Sam Roi Yot kostet pauschal 400 B.

Für einen Besuch der Höhle Tham Phraya Nakhon ist der wichtigste Ausgangspunkt das Fischerdorf Bang Pu. Es gibt keine Straße zur Höhle, aber man kann mit dem Boot (200 B einfach) zum Laem Sala Beach gelangen – am Ende wird man in seichtem Wasser abgesetzt, holt sich also nasse Füße. Anschließend führt ein steiler, 430 m langer Weg samt Treppe den Berg hoch. Die Restaurants in Bang Pu sind von 6 bis 18 Uhr geöffnet.

Es gibt kein Parktor. Tickets werden bei jeder der Sehenswürdigkeiten im Park verkauft und auch kontrolliert.

Pranburi Forest Park NATURSCHUTZGEBIET
(วนอุทยานปราณบุรี, Wana-Utthayan Pranburi; ☎032 621608; ⏲6–18 Uhr) Gleich nördlich des Flusses Pranburi befindet sich ein ausgedehnter natürlicher Mangrovenwald. Auf einem 1 km langen Plankenweg mit Erläuterungstafeln (einige auch auf Englisch) kann man das Gelände aus der Perspektive eines Schlammbewohners erkunden, und von dem Beobachtungsturm aus überblickt man es aus der Sicht eines Vogels. Bei Flut nehmen die Fischer Besucher zu 40-minütigen Bootstouren (500 B) auf dem Fluss und den kleinen Kanälen mit.

Man erblickt dabei Hunderte von Krabben und für gewöhnlich auch recht viele Vögel, Schlammspringer und Bindenwarane. In manchen Gebieten sind Knallkrebse zu vernehmen. Für Abwechslung ist gesorgt: Das Ökosystem im Wald unterscheidet sich recht stark von dem in den jungen, neu gepflanzten Mangroven am Fluss im **Sirinart Rajini Mangrove Ecosystem Learning Center** (ศูนย์ศึกษาเรียนรู้ระบบนิเวศป่าชายเลนสิรินาถราชินี; Pak Nam Pran; ⏲8–17 Uhr) GRATIS – für Naturfreunde sind beide interessant und lohnen einen Besuch.

Das Naturschutzgebiet ist 14 Fahrtkilometer von Pak Nam Pran entfernt und über

Südlich von Hua Hin

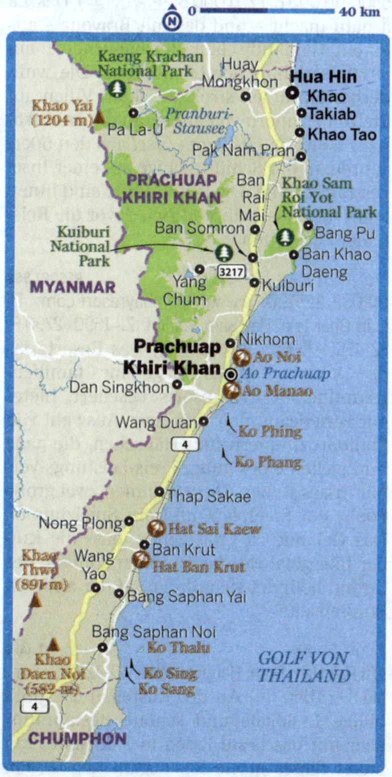

die Rte 1019 zu erreichen, die unterwegs sehr nahe am Strand **Hat Sai Noi** (หาดทรายน้อย) vorbeiführt. Viele Karten zeigen eine direktere, nur halb so lange Route, die allerdings nicht mehr passierbar ist.

Schlafen & Essen

Thongsuk Mini Resort HOTEL $$
(☎098 423 2661; jamsawang38@gmail.com; Zi. 850 B; P ❄ ⓦ) Das Hotel besteht aus neun weißen Bungalows und ist zwar nicht die billigste Adresse in Pak Nam Pran, aber eine gute Budgetoption – hier bezahlt man auch nur rund 100 B mehr als bei anderen Unterkünften. Es gibt kostenlose Leihfahrräder, und die Inhaber sind sehr um die Gäste bemüht, auch wenn sie nur wenig Englisch sprechen. Die Anlage ist zwei Gehminuten von dem Verkehrskreisel entfernt, an dem die Minivans halten.

★ **La a natu Bed & Bakery** BOUTIQUEHOTEL $$$
(☎032 689 9413; www.laanatu.com; südlich vonf Khao Kalok; mit Frühstück & Nachmittagstee Zi. 5500–16 000 B, FZ 11 000 B; P ❄ ⓦ ≋) Das La a natu macht – und das mit Bravour – aus einem thailändischen Reisbauerndorf ein Urlauberlebnis der Luxusklasse. Die wunderbar einsamen strohgedeckten Villen auf Stelzen erinnern von außen an die amerikanische Sitcom *Gilligans Insel* aus den 60er-Jahren, in der Schiffbrüchige auf einer Insel gestrandet sind. Die Unterkünfte sind innen recht luxuriös, während sich davor die Reisfelder ausbreiten.

Dolphin Bay Resort RESORT $$$
(☎032 825190; www.dolphinbayresort.com; Th Liap Chai Tale, Hat Sam Roi Yot; Zi. 1690–2790 B, FZ 4590–7690 B; P ❄ @ ⓦ ≋) Das Resort, das der Dolphin Bay das Image eines familienfreundlichen Urlaubsorts beschert, bietet ein Feriencampflair mit einer Auswahl von Standardzimmern und Häuschen, die ganz im Zeichen eines guten Preis-Leistungs-Verhältnisses stehen. Dazu kommen zwei große Pools, ein Spielplatz und ein Spielzimmer. Das Gelände ist groß genug, dass die Kinder hier gefahrlos herumtollen können; der Strand befindet sich direkt auf der anderen Straßenseite.

Krua Renu THAI $
(Th Pak Nam Pran; Hauptgerichte 40–120 B; ⏲Fr–Mo 8–23 Uhr; P) An der Küstenstraße gibt's billige Esslokale und schöne Restaurants, aber mit das beste Essen in Pak Nam Pran bietet dieses große Restaurant, das 200 m östlich des Verkehrskreisels liegt. Am besten hält man sich an das übliche *dôm yam* oder versucht das *gaang pàh hâang* (getrocknetes Dschungel-Curry).

Es gibt kein englisches Schild – nach den brauen Ziegelmauern und einem Frangipanibaum Ausschau halten!

★ **Chicken and Bee** THAI $$$
(☎092 054 5645; chickenandbee@gmail.com; Sam Roi Yot; Hauptgerichte 100–1000 B; ⏲Do–Di 10–18 Uhr; P ✎) 🍃 Das Chicken and Bee vor der üppigen Kulisse des Khao Sam Roi Yot National Park ist ein Biobauernhof mit Freiluftrestaurant, wo man sich ganz wie zu Hause fühlen kann. Pikante Seafood-Pasta, frisch gepresste Säfte mit essbaren Blüten und Thai-Currys sind nur einige der Highlights auf der ständig wechselnden Karte – toll für Naturfreunde!

Nach dem Essen sollte man auf jeden Fall noch einen Bummel durch die friedvollen Gärten und über den Bauernhof unternehmen.

★ **Boutique Farmers** INTERNATIONAL $$$
(☎081 266 7800; www.theboutiquefarmers.com; Pak Nam Pran; Hauptgerichte 400–550 B; ⏲Fr 17–22, Sa 11–15 & 17–22, So 10–16 Uhr; P ⓦ ✎) 🍃 Küchenchef James Noble hat sich seinen Lebenstraum erfüllt. Das luftige, Cottage-artige Lokal bietet im wahrsten Sinne des Worts *farm-to-table*-Küche: Hinter dem Restaurant gedeihen in biodynamischem Anbau Gemüse und Kräuter; Fisch und Fleisch stammen von kleinen Erzeugern aus der Umgebung. Das Essensangebot, das sich bei vielen Küchen und Einflüssen bedient, wechselt je nach dem, was frisch geerntet wird, täglich. Nur Barzahlung.

An- & Weiterreise

Pak Nam Pran liegt rund 25 km südlich von Hua Hin. Gewöhnliche Busse (30 B, 30 Min., 7–15 Uhr alle 30 Min.), Minivans (30 B, 30 Min., 6–19 Uhr, häufig) und Züge (5–61 B, 30 Min., 11.47, 17.50 & 20.10 Uhr) setzen ihre Passagiere in der Ortschaft Pranburi, 10 km von Pak Nam Pran entfernt, ab; Taxifahrer verlangen für die Fahrt zwischen Pranburi und Pak Nam Tran 200 B. Es fahren auch Minivans (60 B, 1 Std., 5–18.40 Uhr, häufig) und Züge (14–62 B, 1 Std., 4.51, 10.03 & 14.26 Uhr) aus Prachuap Khiri Khan.

Es gibt außerdem ab dem frühen Morgen bis in den späten Nachmittag alle 30 Minuten eine Minibus-Direktverbindung von Pak Nam Pran (Haltepunkt am Verkehrskreisel im Süden der Stadt) nach Bangkok (Busbahnhöfe Mo Chit und Southern, 200 B, 5 Std.). Diese Minivans halten auch in Phetchaburi (140 B, 2 Std.), aber nicht in Hua Hin.

Unterwegs vor Ort

Wer das Gebiet erkunden will, sollte ein Motorrad mieten, weil der öffentliche Nahverkehr hier keine Option ist. Motorräder (ab 250 B pro Tag) bekommt man bei **Luang Utane** (☎084 080 4023; Th Pak Nam Pran; ⏱7–18 Uhr) und in zahlreichen Hotels. Ein Auto mit Fahrer lässt sich über jedes Hotel beschaffen; **Cosmo Car** (☎080 139 6665; gegenüber von Tesco Lotus) in der Ortschaft Pranburi ist eine verlässliche und günstige Autovermietung, allerdings spricht das Personal nur wenig Englisch.

Prachuap Khiri Khan

☎032 / 33 500 EW.

Das verschlafene Städtchen Prachuap Khiri Khan (ประจวบคีรีขันธ์) ist ein angenehm entspannter Ort am Meer und damit das genaue Gegenteil von Hua Hin. Die breite Bucht leuchtet in tropischem Türkis und ist gespickt mit schaukelnden Fischerbooten. Ganz in der Nähe liegen herrliche Strände vor der Kulisse wabenförmiger Kalksteinberge. Solch eine Landschaft findet man sonst nur an der südlichen Andamanenküste!

In den letzten Jahren haben Ausländer den Zauber von Prachuap entdeckt, und einige Bangkoker fahren am Wochenende über Hua Hin hinaus bis in diese Stadt. Die Besucherzahlen sind aber, verglichen mit bekannteren Zielen, immer noch sehr gering, sodass an den Stränden, bei den Bergtempeln und in den vielen ausgezeichneten Fischrestaurants immer noch genügend Platz ist.

Sehenswertes

An der Th Suseuk südlich des Municipal Market 1 (Städtischer Markt 1) stehen noch viele alte Holzhäuser, sodass ein Bummel bei Tag oder Nacht viel Spaß macht. Am ersten Wochenende jedes Monats findet hier der **Suseuk Culture and Fun Street Market** mit viel Essen und Musik statt.

Ao Prachuap BUCHT
(อ่าวประจวบ) Das Aushängeschild der Stadt ist die Ao Prachuap (Prachuap-Bucht), eine elegant gebogene Bucht, die von einer Uferpromenade und spektakulären Landzungen an beiden Enden gesäumt wird. Der Sonnenaufgang ist hier herrlich und ein abendlicher Spaziergang auf der Promenade und am Pier ein beschauliches Vergnügen.

Jenseits der Brücke, nördlich des **Khao Chong Krajok**, erstreckt sich die friedliche Bucht bis zu einem zackigen Berg, der zum **Khao Ta Mong Lai Forest Park** (วนอุทยาน"เขา"ตา"ม่องล่าย; ☎081 378 0026; ⏱tagsüber) gehört. Zu dem langen Sandstrand, der vor dem Forest Park parallel zur Straße verläuft, kommen nur am Wochenende Besucher und auch dann nicht viele, sodass man hier jederzeit gut entspannen und am Strand wandern kann. Das Wasser ist tief genug zum Schwimmen, aber nicht besonders sauber.

Khao Chong Krajok AUSSICHTSPUNKT
(เขาช่องกระจก) Der Khao Chong Krajok (Spiegelberg) am nördlichen Ortsrand bietet einen Ausblick auf die Küste und die Berge an der Grenze zu Myanmar in etwa 15 km Entfernung. Beim Aufstieg über die 396 Stufen hoch zum unter König Rama VI. erbauten Stupa muss man ein paar furchtlosen Affen aus dem Weg gehen.

Wat Ao Noi BUDDHISTISCHER TEMPEL
(วัดอ่าวน้อย; ⏱tagsüber) GRATIS Wenn man hinter der Ao Prachuap nach Norden abbiegt, gelangt man vorbei am Fischerdorf **Ban Ao Noi** – hier legen einige der größeren Boote an und löschen ihre Ladung – nach 2,5 km zu diesem großen Tempel zwischen den beiden Buchten Ao Noi und Ao Khan Kradai. Der Tempel besitzt einen schönen, ohne Nägel aus Teakholz gezimmerten *bòht*. Der Wandschmuck besteht aus umrahmten, bemalten Holzschnitzereien, die Szenen aus Buddhas Leben darstellen. Im Teich vor dem Tempel leben viele Fische, die sich gern von den Gläubigen füttern lassen.

Ao Manao STRAND
(อ่าวมะนาว; ⏱Strandzone 5–19 Uhr, Bergzone 6–18 Uhr) An den Wochenenden zieht es die Einheimischen zur Ao Manao, einer von Inseln durchsetzten Bucht mit einem kurvenförmigen Strand, der innerhalb des Abschnitts 5 eines Stützpunkts der thailändischen Luftwaffe liegt. Dies ist der einzige Strand, an dem die Einheimischen baden, weil hier sowohl das Wasser als auch der Sand sauber sind. Man findet die üblichen Strandeinrichtungen: Restaurants, Liegestühle, Sonnenschirme und Schwimmreifen sowie einige Möglichkeiten für Ablenkungen an Land, darunter Fahrten mit Quads und einen Streichelzoo. Der Strand ist an den Wochenenden voll, werktags aber oft nahezu einsam.

Besucher müssen sich am Eingang des Stützpunkts am Ende der Th Salacheep anmelden. Normalerweise braucht man keinen Reisepass, sollte ihn aber vorsichtshalberdabeihaben, falls ihn doch einmal jemand verlangt. Von dort sind es 2,5 km zum Strand. Gegenüber dem öffentlichen Strand befindet sich an der Bucht der Berg **Khao Lom Muak** (เขาล้อมหมวก; ⌚6–18 Uhr, Museum Sa & So 9–15 Uhr) mit einem Museum zum Zweiten Weltkrieg.

Aktivitäten

Sunset Cruise BOOTSFAHRT
(☎097 982 8795; www.samaowtour.com; Th Chai Thaleh; 300 B) Sam Aow Princess Tour veranstaltet eine kurze Sonnenuntergangs-Kreuzfahrt in der Bucht von Prachuap. Die Bootstour startet abends gegen 17.30 Uhr, wenn genug Interessenten zusammenkommen.

Schlafen

Um seinen Aufenthalt wirklich voll auszukosten, möchte man in dieser Stadt nahe am Meer nächtigen. Hier gibt's keine großen Nobelresorts – die luxuriösesten Unterkünfte sind ein paar recht gute Mittelklassehotels. Andererseits gibt's im Stadtzentrum in Meeresnähe viele kleine Privatunterkünfte und Pensionen. Man kann sich vor Ort einfach ein Zimmer suchen; in der Hauptsaison sollte man fürs Wochenende jedoch rechtzeitig im Voraus buchen.

Safehouse Hostel HOSTEL $
(☎087 909 4770; r_jularat@hotmail.com; 28 Soi 6, Th Salacheep; B 280 B, Zi. 450–800 B; ❄📶) Angesichts der altmodischen, dennoch recht ordentlichen Zimmer ist die Gastgeberin Sherry der eigentliche Grund, warum dieses kleine Hostel so beliebt ist. Sie bemüht sich sehr um ihre Gäste und veranstaltet gute Touren zum Kuiburi National Park (S. 546) und anderswohin. Es gibt eine Gemeinschaftsküche.

Grandma's House BOUTIQUEHOTEL $
(☎089 526 6896; grandmaprachuap@gmail.com; 238 Th Suseuk; Zi. mit Frühstück 690–890 B; ❄📶) Über dem beliebten, altmodisch aufgemachten Café finden sich zwei kleine und ein großes Zimmer, die ganz aus Holz gezimmert und mit einigen echten Antiquitäten ausstaffiert sind. Die Zimmer teilen sich zwei moderne Bäder. Es gibt etwas Straßenlärm, aber nachts ist es normalerweise recht ruhig.

Khao Ta Mong Lai Forest Park Campsite CAMPING $
(☎093 014 9919; Stellplatz 100 B, gemietetes Zelt für 3 Pers. 300 B) Der schattige, wenig benutzte Campingplatz in diesem Park (S. 549) hat mit die saubersten Einrichtungen in Thailand. Es gibt auch schlichte Bungalows, die allerdings für große Reisegruppen gedacht sind. Da der Platz auf der anderen Seite der Bucht gegenüber dem Stadtzentrum liegt, erlebt man hier tolle Sonnenuntergänge.

Yutichai Hotel HOTEL $
(☎032 611055; yutichai_hotel@hotmail.com; 115 Th Kong Kiat; Zi. mit Ventilator 220–350 B, Klimaanlage 500 B; ❄📶) Das alte, aus Holz gezimmerte Hotel direkt am Bahnhof ist ein echtes Stück Geschichte und dabei gepflegt sowie günstig. Die meisten Zimmer (darunter die mit Klimaanlage, eigenem Bad und Warmwasser) befinden sich in dem moderneren, aber immer noch klassischen Betongebäude hinten. Wer einen leichten Schlaf hat, sollte ein Zimmer nach hinten nehmen oder anderswo übernachten.

★ **Prachuap Beach Hotel** HOTEL $$
(☎032 601288; www.prachuapbeach.com; 123 Th Suseuk; DZ & 2BZ 1000 B, 3BZ 1200 B; P❄📶) Das Hotel mit der besten Lage ist wohl das ruhigste der Stadt und liegt in der Nähe vieler guter Restaurants. Es öffnet sich zur Promenade und bietet von den oberen Etagen einen tollen Ausblick. Die Zimmer im 2. Stock sind am billigsten, es lohnt sich aber für 100 B zusätzlich ein höher gelegenes Zimmer zu nehmen – das Hotel hat insgesamt fünf Stockwerke.

De Boutique Hotel HOTEL $$
(☎032 611888; www.deboutiquehotel.com; 141 Th Salacheep; DZ/2BZ/FZ mit Frühstück 1800/2500/2690 B; P❄📶) Die beiden hellgelben Gebäude beherbergen komfortable moderne Zimmer mit schöner, individueller Einrichtung, wenn auch allein die netten Malereien nicht das Label Boutiquehotel rechtfertigen. Wem es nichts ausmacht, zwei Straßen vom Meer entfernt zu übernachten, dem bietet sich hier ein solides Hotel mit praktischer Lage.

Essen

Die Restaurants in Prachuap sind für ausgezeichnete, günstige Meeresfrüchte bekannt, und auch westliche Gerichte lassen sich leicht finden. Auf dem **Städtischen Markt 1** (Municipal Market 1; Th Maitri Ngam; ⌚4–16 Uhr)

Prachuap Khiri Khan

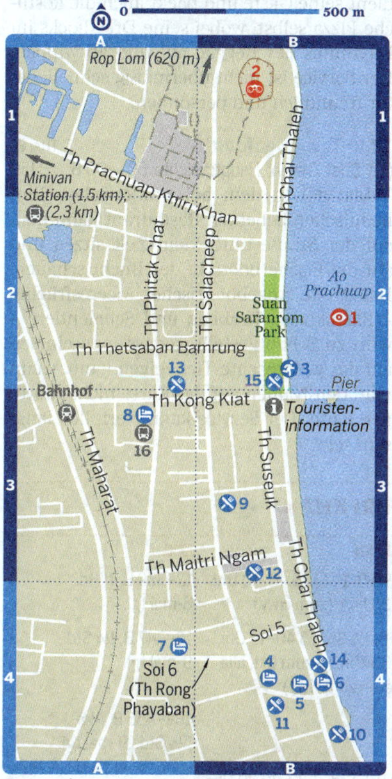

Prachuap Khiri Khan

Sehenswertes
1 Ao Prachuap B2
2 Khao Chong Krajok B1

Aktivitäten, Kurse & Touren
3 Sunset Cruise B2

Schlafen
4 De Boutique Hotel B4
5 Grandma's House B4
6 Prachuap Beach Hotel B4
7 Safehouse Hostel A4
8 Yutichai Hotel A3

Essen
9 Dtom Leuat Mu B3
Grandma's House .... (s. 5)
10 In Town Seafood B4
11 Krua Chaiwat B4
12 Städtischer Markt 1 .... B3
13 Nachtmarkt A2
14 Pizza Khirikhan B4
15 Rim Taley Market B2

Ausgehen & Nachtleben
Cro-magnon .... (s. 4)

Shoppen
Hachi Coffee & Bike Shop .... (s. 10)

Transport
16 Busse nach Bangkok & Phetchaburi A3

bekommt man frische Ananas von den Obstplantagen, die man sich von den Verkäufern aufschneiden lassen kann. Im Stadtzentrum gibt's eine Reihe kleiner **Nachtmärkte** (Th Kong Kiat; ⌚16.30–2 Uhr).

Rim Taley Market MARKT $
(Th Chai Thaleh; ⌚Mo–Do 16–20.30, Fr & Sa 16–21 Uhr) Der „Markt am Meer" ist nicht sehr groß, dafür ideal am Abend, weil man sein Essen dann an der Promenade oder am Pier verzehren kann. Freitags und samstags kommen rund 200 Anbieter zu den wenigen Dutzend hinzu, die hier regelmäßig ihre Stände aufbauen. Dann wird der Markt zur **Walking Street**, auch wenn nur wenig Kunsthandwerk und handgefertigte Waren verkauft werden.

Dtom Leuat Mu THAI $
(Th Salacheep; Suppe 40 B, Reis 5 B; ⌚6–12 Uhr) Dieser Schuppen an einer Ecke serviert nur ein Gericht – die namengebende „Schweineblutsuppe", ein pikante Brühe mit verschiedenen Schweineteilen zusätzlich zum geronnenen Blut. In diesem Lokal ist immer etwas los. Vorne verkaufen Straßenstände Snacks wie *kà·nŏm krók* (Kokos-Pfannkuchen). Wenn alles verkauft ist, wird zugemacht.

Krua Chaiwat THAI $
(Th Salacheep; Hauptgerichte 40–240 B; ⌚Mo–Sa 9–15 & 16.30–20 Uhr; 📶✍) Mit gutem Essen zu kleinen Preisen ist dieses kleine Restaurant bei Einheimischen und Ausländern gleichermaßen beliebt. Thailändisches Essen ist die Spezialität – das *dôm yam* und die Currys sind recht gut –, es gibt aber auch Steaks und ein paar Fusion-Gerichte wie die in der Pfanne gebratenen Spaghetti mit gesalzener Makrele.

Grandma's House CAFÉ $
(238 Th Suseuk; Hauptgerichte 39–159 B, Kaffee ab 35 B; ⌚Mo–Sa 7.30–18, So bis 20 Uhr; 📶) Das coole Café im Erdgeschoss eines renovierten hundert Jahre alten Holzhauses wird von Künstlern geführt und ist ein nettes Plätz-

chen fürs Frühstück oder für einen Kaffee, einen Smoothie oder eine Schokolade.

Rap Lom FISCH & MEERESFRÜCHTE $
(Th Suanson; Hauptgerichte 60–260 B; ⏲10–21 Uhr; P 📶) Das bei den Einheimischen beliebte *pàt pŏng gà·rèe boo* (Krabbencurry) kommt mit großen Stücken süßen Krabbenfleisches auf den Tisch, der *yam tá-lair* (Meeresfrüchtesalat) ist scharf und pikant. Nicht aus dem Meer stammt der Bananenblütensalat.

★ **Pizza Khirikhan** ITALIENISCH $$
(☎081 199 0861; 117 Th Susek; Hauptgerichte 120–200 B; ⏲16–22 Uhr; 📶) Bong, der Eigentümer des Pizza Khirikhan, hat in dieses Restaurant im Südseestil viel Liebe investiert. Die ehemalige Location, eine Strandhütte, ist mit Palmenblättern und Holz nachgebaut worden – entstanden ist so ein tropisches Refugium im Herzen der Stadt. Bong bedient seine Gäste und backt auch die köstliche Pizza selbst, wobei seine Dreadlocks im Rhythmus des Reggae auf und ab wippen. Der Service ist nicht übermäßig schnell, dafür freundlich und persönlich.

★ **In Town Seafood** THAI $$
(Th Chai Thaleh; Hauptgerichte 50–400 B; ⏲15–23 Uhr; P) In dem bei wählerischen Einheimischen beliebten Restaurant kann man auf der Straße unter dem Zelt sitzen und auf die Fischerboote in der Bucht schauen. Das große Angebot frischer Meeresfrüchte – Barrakudas, Krabben und Schalentiere – wird zu Schau gestellt, sodass man einfach auf das gewünschte Tier zeigen kann, wenn man den Namen auf der Karte nicht zuordnen kann. Der Service kann ziermlich langsam sein.

VERKEHRSMITTEL AB PRACHUAP KHIRI KHAN

ZIEL	BUS	MINIVAN	ZUG
Ban Krut	70 B, 1 Std., 3-mal tgl. (zum Ort)	70–90 B, 1 Std., 5.40–19 Uhr alle 30 Min. (zum Hwy)	13–339 B, 1 Std., 8-mal tgl.
Bang Saphan Yai	80 B, 1½ Std., 10-mal tgl. (zum Ort)	100 B, 1½ Std., 5.40–19 Uhr alle 30 Min. (8 zum Ort, alle anderen zum Hwy)	16–347 B, 1¼ Std., 9-mal tgl.
Bangkok Hua Lamphong			168–455 B, 4½–5½ Std., 9-mal tgl.
Bangkok Northern (Mo Chit) Bus Terminal	240 B, 6–7 Std., 15.30 Uhr	220 B, 5 Std., 1.30–19.30 Uhr alle 45 Min.	
Bangkok Southern Bus Terminal	200 B, 5 Std., 9, 11, 13, 1 Uhr	200 B, 5 Std., 3–19 Uhr alle 45 Min.	
Bangkok Thonburi			56–130 B, 6 Std., 4.50, 10 Uhr
Cha-am		120 B, 2 Std., 5–18.40 Uhr häufig	24–415 B, 2 Std., 4-mal tgl.
Chumphon	220 B, 4 Std., 11–24 Uhr stündl.	180 B, 3½ Std., 6–19 Uhr alle 40 Min.	78–1473 B, 2½–3 Std., 10-mal tgl.
Hua Hin		80 B, 1½ Std., 5–18.40 Uhr häufig	19–1363 B, 1–1½ Std., 11-mal tgl.
Phetchaburi	150 B, 2½ Std., 7.30–21 Uhr stündl.	150 B, 2½ Std., 3–19 Uhr alle 40 Min.	31–1460 B, 2–2½ Std., 11-mal tgl.
Phuket	587–913 B, 9–10 Std., 11 Uhr & 20–24 Uhr alle 30 Min.		
Pranburi		60 B, 1 Std., 5–18.40 Uhr häufig	14–392 B, 1 Std., 3-mal tgl.
Ranong		250 B, 4½ Std., 8, 10, 13, 15.30 Uhr	

Ausgehen & Nachtleben

Das Nachtleben konzentriert sich auf die Straße am Strand. Ein paar entspannte Bars finden sich nördlich des Prachuap Beach Hotel; es gibt hier aber nichts, was mit der lauten, zwielichtigen Barszene von Hua Hin vergleichbar wäre.

Cro-magnon CAFÉ
(☎087 664 9514; mangpor99@hotmail.com; Th Salacheep; ⌚10–20 Uhr; 📶) Das selbsternannte Espressostudio Cro-magnon hält mehr als nur Kaffee bereit: Es gibt auch Eisbecher und *kakigōri*, das japanische geschabte Eisdessert. Wenn einem das keine Abkühlung beschert, dann erledigt das die voll aufgedrehte Klimaanlage.

Shoppen

Hachi Coffee & Bike Shop VINTAGE
(☎065 434 4694; Th Suseuk; ⌚So–Fr 10.30–19.30 Uhr; 📶) Hachi, eine Kombination aus Café und Secondhandladen, ist eine wahre Schatztruhe voller Hawaiihemden, Schallplatten und anderer Sachen, die eventuell coole Mitbringsel abgeben könnten. Mit einem Kaffee kann man sich an der Holztheke mit Blick auf die Straße niederlassen. Die Betreiberin, die den Laden nach ihrer Tochter benannt hat, gibt auch gern Reisetipps und verleiht für 100 B am Tag Fahrräder.

Praktische Informationen

Im Stadtzentrum gibt's viele Banken und Geldautomaten. Die nächstgelegenen Banken, die auch abends und an Wochenenden geöffnet sind, befinden sich im Einkaufszentrum Tesco-Lotus draußen am Highway, 3 km westlich des Stadtzentrums.

In der **Touristeninformation** (☎032 604143; Th Chai Thaleh; ⌚Mo–Fr 8.30–12 & 13–16.30 Uhr) am Fuß des Piers gibt's kostenlose Stadtpläne; das Personal spricht auch Englisch.

An- & Weiterreise

Die meisten Busse fahren nicht in die Stadt hinein, sondern halten 4 km nordwestlich des Stadtzentrums am Phetkasem Hwy (Hwy 4) auf einem Gelände, das **sà·tǎh·nee dern rót** (Phetkasem Hwy) genannt wird. Die Tickets werden an der nach Norden führenden Straßenseite verkauft. Wer sicher gehen will, einen Platz zu bekommen, sollte das Ticket einen Tag im Voraus kaufen – die Busse sind oft schon voll besetzt, wenn sie in Prachuap ankommen. Die Ausnahme bilden die vier klimatisierten Busse, die täglich von einer kleinen **Bushaltestelle** an der Th Phitak Chat nach Bangkok (Southern Bus Terminal, 200 B, 9, 11, 13 & 1 Uhr) und Phetchaburi (150 B, stündl.) fahren. Minivans sind das Rückgrat der Verkehrsmittel in Prachuap; sie starten alle von der Minivan Station **kew rót đôo** (Th Prachuap Khiri Khan/Rte 326) an der Kreuzung der Rte 326 und des Hwy 4 nahe der Hauptbushaltestelle. Der **Bahnhof** (☎032 611175; Th Maharat) ist 15 Gehminuten vom Hauptempfangsbereich entfernt.

Unterwegs vor Ort

Prachuap ist klein genug, um zu Fuß zu gehen, man kann zu den meisten Orten aber auch für 30 B ein Motorradtaxi nehmen; zur Bushaltestelle und zur Minivan Station zahlt man 60 B. Die meisten Hotels verleihen Motorräder für 200 bis 250 B pro Tag, einige auch Fahrräder (50 B).

Ban Krut & Bang Saphan Yai

☎032 / 4200/15 100 EW.

Die Strände von Ban Krut (บ้านกรูด) und Bang Saphan Yai (บางสะพานใหญ่) idyllisch zu nennen, wäre zwar übertrieben, aber sie sind in Sachen Schönheit auch keine Nieten. Sie liegen rund 65 bzw. 90 km südlich von Prachuap Khiri Khan, und die meisten Leute kommen nicht wegen der Landschaft, sondern wegen der Einsamkeit her. Hier gibt's keine Hochhäuser, keine Nachtbars und keinen starken Verkehr, der einem beim Lesen, Baden, Essen und Radfahren stört. Ban Krut wird immer beliebter bei thailändischen Familien, ist aber immer noch viel entspannter als Hua Hin. Am Bang Saphan Yai ist man oft ganz sich selbst überlassen, wenn man zwischen den Kokospalmen und dem kristallblauen Meer an dem langen Sandstrand sitzt oder wandert. Die Hauptsaison dauert von November bis März, doch selbst dann ist es wunderbar ruhig an den Stränden.

Sehenswertes

Ban Krut STRAND
Der Strand von Ban Krut ist mittlerweile ein echtes Touristenziel: An der Uferstraße von Ban Krut gibt's eine Reihe von Resorts, Restaurants und Läden, die Schwimmreifen vermieten, und sogar einen 7-Eleven. Familien parken ihre Autos und verbringen den Tag damit, zu essen, zu trinken und den Kindern beim Planschen zuzuschauen. Dennoch geht es hier immer noch viel weniger turbulent zu als an einem typischen Touristenstrand.

Selbst an den Wochenenden in der Urlaubszeit braucht man nicht weit nach Süden zu gehen, um ein einsames Fleckchen Sand zu finden.

Für Erkundungen eignet sich Ban Krut mehr als Bang Saphan Yai. Die von Kokospalmen beschattete Straße Richtung Süden, an der vereinzelt Bauern und Fischer wohnen, ist toll für eine Fahrrad- oder Motorradtour. Der **Phra Mahathat Chedi Phakdi Praka** (พระมหาธาตุเจดีย์ภักดีประกาศ; Rte 1029, Hat Ban Krut; ⌚8–17 Uhr) GRATIS Richtung Norden ist ein wunderschöner moderner Stupa.

Bang Saphan Yai STRAND

In Bang Saphan Yai kann man noch immer schön den ganzen Tag am Strand sitzen: Er klammert sich weiter an das berühmte Strandklischee eines Thailands, wie es vor 30 Jahren war, ehe die Villen mit Pools und die Pauschaltouristen die einsamen Strandgänger verdrängten. Viele Unterkünfte liegen direkt am Hat Suan Luang genannten Strand, und Straßenhändler sind selten.

Bei den Inseln vor der Küste, zu denen **Ko Thalu** mit natürlichen Felsbogen zählt, gibt's von März bis Oktober gute **Tauch- und Schnorchelbedingungen**, die besten im März und April. Die Inseln liegen nahe bei Bang Saphan Yai, aber Ausflüge zu ihnen lassen sich auch von Ban Krut aus vereinbaren.

Schlafen

Beide Strände warten mit Unterkünften für jeden Geldbeutel auf, auch wenn es insgesamt keine große Auswahl gibt. Die meisten Unterkünfte sind werktags ziemlich verwaist und nur stärker an Ferienwochenenden belegt, wenn sich die Bangkoker die Zeit nehmen, über Hua Hin hinaus ins Umland zu fahren. Die meisten Hotels und Resorts erhöhen an normalen Wochenenden ihre Preise kaum oder gar nicht.

Ban Krut

Die meisten Unterkünfte finden sich im geschäftigen Hauptstrandbereich, der 1 km außerhalb des winzigen, aus zeitlosen Shophouses aus Holz bestehenden Dorfs beginnt. Nördlich der von dem Tempel bekrönten Landzunge am Strand Hat Sai Kaew sowie südlich vom Hauptstrand wird es schnell ziemlich einsam; hier liegen nur ein paar zerstreute Resorts zwischen den Kokospalmenhainen.

Siripong Guesthouse PENSION $

(☎032 695070; Hat Ban Krut; Zi. mit Ventilator 250–300 B, Klimaanlage 500 B; P ❄ 📶) Die billigste Unterkunft der Region ist ziemlich kahl, aber die Zimmer sind tatsächlich besser als das ungepflegte Äußere vermuten lässt, und die Unterkunft liegt direkt an der Kreuzung, ein Stück entfernt von den belebtesten Teilen des Strands. Die Zimmer mit Ventilator haben entweder Toiletteneimer im Zimmer oder Gemeinschaftsbäder.

Man spricht ein wenig Englisch. Bei längeren Aufenthalten gibt's Rabatt. Wenn keiner da ist, in den Lebensmittelladen auf der anderen Straßenseite gehen.

Proud Thai Beach Resort PENSION $

(☎089 682 4484; www.proudthairesort.com; Hat Ban Krut; Zi. 800 B; P ❄ 📶) Die acht Holzbungalows mit Terrassen liegen im Schatten der Bäume jenseits der Strandstraße. Sie sind alt, werden aber von dem auch Englisch sprechenden Inhaber gut in Schuss gehalten.

Ban Krut Resort RESORT $$

(☎081 421 1186; www.bankrutresort.com; 212 Tambon Thongchai; Zi. 1000–5400 B; P ❄ 📶 🏊) Die Zimmer dieser Pension sind einfach eingerichtet und haben Balkone, doch die Wände sind ziemlich dünn. Die Unterkunft verfügt über einen kleinen Pool und über eigene Liegen am Strand; Fahrräder können die Gäste kostenlos nutzen.

★ **Baan Grood Arcadia Resort & Spa** RESORT $$$

(☎032 695095; www.bgaresort.com; Ban Krut; mit Frühstück Zi. 1400–3700 B, Suite 3700 B, FZ 7000–11 000 B; P ❄ 📶 🏊) Dieses Resort verleiht dem lockeren Ban Krut einen Hauch von Luxus. Die Zimmer und Häuschen mit Blick in den Garten warten teils mit thailändischen Designelementen auf, und Einrichtungen wie der Pool und die großen Balkone verleihen dem Arcadia trotz der Lage direkt an der wichtigsten Strandstraße eine Art Refugiumsflair. Ganz oben befindet sich eine zweistöckige Villa mit vier Schlafzimmern und eigenem Pool.

Bang Saphan Yai

Der Strand liegt 6 km südlich des größeren Ortes Bang Saphan Yai. Es gibt hier ein paar kleine schicke Resorts sowie eine Reihe sehr schlichter Budgetbungalows mit direktem Strandzugang nördlich der Why Not Bar. Auch landeinwärts gibt's Unterkünfte, aber das läuft dem Zweck eines Aufenthalts hier eigentlich zuwider.

Ploy Bungalows BUNGALOWS $
(☎032 817119; Hat Bang Saphan Yai; Zi. 500–700 B; P❄📶) Diese ruhige, entspannte Anlage besteht aus bunt angestrichenen Betonbungalows. Ein Vorteil für Backpacker besteht darin, dass die Bungalows direkt am Strand alle zu der mit Ventilator ausgerüsteten Variante für nur 500 B zählen. An der Straße liegen noch mehrere andere, ähnlich ausgestattete Unterkünfte. Essen gibt's hier nicht, man muss also ein Stück laufen, um sich zu verpflegen.

★ **The Theatre Villa** HOTEL $$
(☎085 442 9150; www.thetheatrevilla.com; Hat Bang Saphan Yai; Zi. mit Frühstück 1350–2100 B; P❄📶) Das selbst für die Verhältnisse in Bang Saphan ruhige kleine Hotel liegt an einem schönen Strandabschnitt und wird sorgsam gepflegt. Die Zimmer sind hell und sehr komfortabel. Es gibt sie in drei Varianten: Hinten befinden sich hotelartige Zimmer, in der Mitte teurere Bungalows und ganz vorn zwei Zimmer mit Meerblick. Die Anlage befindet sich westlich der Hauptstraße.

Essen & Ausgehen

In Ban Krut dreht sich in den Restaurants an der Strandstraße so gut wie alles um Fisch und Meeresfrüchte, aber es gibt auch ein paar Ausnahmen. Die Einheimischen essen fast ausschließlich an der Straße in die Stadt, wo es ein paar richtige Restaurants, Coffeeshops und neben dem Supermarkt Tesco-Lotus Express einen kleinen Nachtmarkt (15–21 Uhr) gibt. In Bang Saphan Yai gibt's inmitten der Unterkünfte ein paar eher nichtssagende, auf Ausländer ausgerichtete Restaurants – etwas echt Thailändisches ist hier nicht vorhanden.

In beiden Orten finden sich Bars. Das billigste Bier in Ban Krut wird an improvisierten Ständen am Strand schräg gegenüber dem Siripong Guesthouse verkauft – sowohl Einheimische als auch Ausländer hängen hier ab. Das Kasama's hat eine gute Auswahl an Spirituosen.

In Bang Saphan Yai finden sich einige bei Ausländern beliebte Bars. Die **Why Not Bar** liegt am Strand und die **Blue Bar**, in der es einen Billardtisch gibt, fast an der Highway-Kreuzung. In beiden Bars wird oft Livemusik gespielt.

Kasama's Pizza ITALIENISCH $$
(☎081 139 0220; www.kasamapizza.com; Rte 1029, Hat Ban Krut; Hauptgerichte 50–355 B; ⏰10–22 Uhr, in der Nebensaison kürzer; P📶) Das freundliche Lokal gehört zu den am längsten bestehenden Restaurants in Ban Krut und serviert gehaltreiche Sandwiches, Frühstück den ganzen Tag, Pizzas und richtige Schoko-Milchshakes. Und es liefert sogar zum Strand aus. Das Restaurant befindet sich abseits der Zufahrtsstraße hinter dem 7-Eleven.

Praktische Informationen

Infos zur Gegend gibt's auf www.bankrutinfo.com und www.bangsaphanguide.com.

Bankrut Tour & Travel (☎081 736 3086; www.bankrut.co.th; Hat Ban Krut; ⏰8–20 Uhr) Der freundliche und verlässliche Reiseveranstalter im Na Nicha Bankrut Resort gleich vor dem Strand organisiert Tagesausflüge, darunter auch Schnorcheltouren zur Insel Ko Thalu, und Tickets zur Weiterreise wie Fährtickets zu den südlichen Inseln.

An- & Weiterreise

In beiden Ortschaften gibt's Bahnhöfe. Alle 11 Züge vom Bangkoker Bahnhof Hua Lamphong mit Fahrtziel äußerster Süden (69–1667 B, 5–7 Std.) halten am **Bahnhof Bang Saphan Yai** (☎032 691552; Soi Bang Saphan) und sieben auch am **Bahnhof Ban Krut** (☎032 695 004). Die meisten dieser Züge kommen spät in der Nacht durch. Um 7.30 Uhr fährt ein normaler Personenzug vom Bangkoker Bahnhof Thonburi (67–316 B, 7½ Std.). Beide Ortschaften sind per Zug auch aus Prachuap Khiri Khan (16–1355 B, 1 Std.), Chumphon (20–1406 B, 1½–2 Std.) und Hua Hin (33–1469 B, 2 Std.) erreichbar.

Vom Bangkoker Southern Terminal fahren zwischen 7.30 und 24 Uhr rund alle ein oder zwei Stunden Busse nach **Bang Saphan Yai** (Soi Bang Saphan) (275 B, 6 Std.); erster Halt ist Ban Krut. Auf dem Weg nach Norden halten diese Busse in Prachuap Khiri Khan (90 B, 1 Std.) und Phetchaburi (193 B, 3½ Std.), aber nicht in Hua Hin. Die Bushaltestellen in beiden Ortschaften liegen ein kurzes Stück südlich der jeweiligen Bahnhöfe. Gegen eine kleine Gebühr besorgen das eigene Resort oder Bankrut Tour & Travel die Fahrkarten.

Minivans (Rte 3169) starten in Bang Saphan Yai am Highway vor der Sweet Home Bakery im Stadtzentrum nach Prachuap Khiri Khan (100 B, 1 Std., tgl. 8-mal zw. 6.20 und 16.50 Uhr) und Chumphon (80 B, 2 Std., 8.45 Uhr). Der Minivan nach Chumphon nimmt in Ban Krut in der Regel keine Fahrgäste auf, Bankrut Tour & Travel (S. 555) kann dies aber arrangieren, die

Kosten belaufen sich in dem Fall allerdings auf insgesamt 400 B.

Weitere Busse und Minivans halten am Highway rund 10 km westlich beider Ortschaften und fahren nicht in sie hinein. Die meisten Busse auf dieser Route halten bei Bang Saphan Yai, aber nur wenige bei Ban Krut; wenn man es dort versucht, muss man im Zweifel lange warten. Die Fahrt von diesen Haltestellen in den jeweiligen Ort mit einem Motorradtaxi kostet 100 B, für die Strecke zu den Stränden bezahlt man noch mehr.

Zwischen Ban Krut und Bang Saphan Yai gibt's keinen Minivan-Service.

Unterwegs vor Ort

Von den billigsten Resorts abgesehen, holen alle Unterkünfte ihre Gäste in der Stadt kostenlos ab und bringen sie auch wieder zurück. Alle verlangen aber eine Gebühr, wenn man zum Phetkasem Hwy gebracht werden will oder von dort kommt.

Der Strand von Bang Saphan Yai liegt 6 km südlich der Stadt und ist über die Rte 3374 zu erreichen – die Ausfahrt ist wegen der vielen Schilder der Resorts gar nicht zu übersehen. Ban Krut ist 1 km vom Strand entfernt, aber die meisten Unterkünfte liegen weiter vom Ort weg. Für ein Motorradtaxi zum Strand muss man in Bang Saphan Yai 100 B bezahlen, in Ban Krut 20 bis 30 B.

In Ban Krut vermieten das Siripong Guesthouse (S. 554), Bankrut Tour & Travel (S. 555) und mehrere andere nahegelegene Läden rund um die Kreuzung Motorräder für 200 B pro Tag. Am Strand von Bang Saphan Yai verleihen einige Läden Motorräder für 250 bis 350 B. Eine weitere Möglichkeit in der Stadt ist **Tae's Restaurant** (087 919 2910; Soi Bang Saphan; 200–250 B; 14–2 Uhr) gleich am Bahnhof, das Motorräder für 200 bis 250 B vermietet. Dort geht es aber sehr locker zu, weshalb man am besten vorher anruft.

Chumphon

077 / 33 500 EW.

Die Transitstadt Chumphon (ชุมพร) wird vor allem von Travellern auf dem Weg von oder nach Ko Tao, nach Ranong oder Phuket im Süden frequentiert. In Chumphon beginnt der eigentliche Süden Thailands; muslimische Kopftücher sind hier ein vertrauter Anblick.

Im Ort gibt's zwar nicht viel zu tun, während man auf seine Fähre wartet, aber die Stadt ist nicht unangenehm, und die umliegenden Strände bieten Sonne und Sand abseits der Backpacker-Routen. Der schöne **Hat Thung Wua Laen** („Strand der rennenden Kuh"), 15 km nordöstlich der Stadt, ist der bekannteste, bietet viele Einrichtungen für Traveller und ist unter der Woche nahezu verlassen. An den Wochenenden herrscht hier hingegen Hochbetrieb.

Sehenswertes

Chumphon National Museum MUSEUM
(พิพิธภัณฑสถานแห่งชาติชุมพร; 077 504105; 100 B; Mi–So 9–16 Uhr) Dieses Museum gehört zwar nicht zu den größten und besten Nationalmuseen Thailands, aber die ausgestellten prähistorischen Töpferwaren, Äxte und Schmuckstücke aus der Provinz Chumphon sind für Geschichtsbegeisterte durchaus interessant. Außerdem sind Modelle von Haustypen der Region und Fotos vom Taifun Gay zu sehen, der Chumphon im November 1989 heimsuchte. Leider befindet sich das Museum 3 km nördlich des Stadtzentrums, und wenn es regnet, schließt das Personal das Museum früher – am besten ruft man vorher an.

Chumphon Fresh Market MARKT
(ตลาดสดชุมพร; Th Pracha Uthit; 0–15 Uhr) Chumphons wichtigster Markt für frische Lebensmittel erstreckt sich unter einem riesigen Dach. Von hier beziehen die meisten Restaurants der Stadt ihr Fleisch, Obst und Gemüse. Besonders viel los ist am frühen Morgen.

Feste & Events

Chumphon Marine Festival KULTUR
(März) Dieses Fest findet gewöhnlich Mitte März in der Uferstadt Paknam 13 km südöstlich von Chumphon statt. Vier Tage lang gibt's Events, die mit dem Meer zu tun haben, darunter Bootstouren, Sandskulpturen und eine Reinigungsaktion, bei der der Müll unter Wasser eingesammelt wird.

Chumphon Traditional Boat Race KULTUR
(Okt.) Anlässlich des Endes der buddhistischen Fastenzeit (Ork Phansaa), in der Regel im Oktober, treten traditionelle Longtail-Boote bei Rennen auf dem Fluss Lang Suan rund 60 km südlich von Chumphon gegeneinander an. Anders als bei anderen Longtail-Bootsrennen in Thailand muss sich hier ein Mann am Bug des Boots anklammern und eine Fahne halten.

Chumphon

Chumphon

Sehenswertes
1 Chumphon Fresh Market B3

Schlafen
2 Fame Guesthouse B2
3 Salsa Hostel C1

Essen
4 Kook Noy Kitchen C2
5 Nachtmarkt C1
6 Prikhorm A3

Ausgehen & Nachtleben
7 Aeki's Bar B1
8 Farang Bar A2

Praktisches
9 Ocean Shopping Mall C1

Transport
10 Minivans nach Bang Saphan Yai A2
11 Choke Anan Tour C3
12 KP Ferry Ticket and Services B1
13 Minivans nach Ranong A2
14 San Tavee New Rest House B2
15 Minivans nach Surat Thani & Prachuap Khiri Khan C2

Schlafen

Die meisten Reisenden, die in Chumphon übernachten, sind Backpacker, deswegen gibt's hier reichlich Budgetunterkünfte. Die **Th Tha Taphao** mit ihren billigen, älteren Pensionen ist die örtliche Th Khao San. Einige neuere, schickere Hostels finden sich östlich des Bahnhofs an der Th Krumluang Chumphon. Wer lieber am Meer als in der Stadt übernachtet, findet Unterkünfte am **Hat Thung Wua Laen** etwa 15 km nordöstlich der Stadt.

★ **Villa Varich** HOTEL $
(☎081 543 0344; www.villavarich.com; 56/1 Mu 3, Th Poraminmanka Soi 24; mit Frühstück Zi. 700–920 B, Suite 1600 B; P ❄ 📶) Die nur 4 km außerhalb von Chumphon, dennoch tief im Land liegende Villa Varich unterscheidet sich von allen anderen Hotels von Chumphon. Die großen Zimmer sind komfortabel und attraktiv – und viele befinden sich direkt am von Dschungel überwucherten Fluss Tha Taphao; man erwacht mit Vogelgezwitscher. Auf einigen Balkonen stehen Hängematten

zur Verfügung. Tang und Khom sind hervorragende Gastgeber.

Es gibt kostenlose Leihfahrräder und -kajaks, und man kann auch Motorräder (200 B) ausleihen. Ein Tuk-Tuk vom Bahnhof oder vom Busbahnhof bei Choke Anan Tour (S. 559) sowie die Abholung vom Flughafen mit dem Auto kostet 200 B. Es empfiehlt sich, im Voraus zu reservieren.

Salsa Hostel HOSTEL $

(077 505005; www.salsachumphon.com; 25/42 Th Krumluang Chumphon; B/DZ 250/650 B;) Das Hostel östlich des Bahnhofs nahe dem Nachtmarkt zählt zu den besten Adressen in Chumphon. Das Haus ist sauber, freundlich und nicht zu groß, und man bekommt verlässliche Infos zum Ort in ausgezeichnetem Englisch. Und auch die Privatzimmer gehören zu den besten der Stadt, und zwar ungeachtet der Preisklassen.

Fame Guesthouse PENSION $

(077 571077; www.chumphon-kohtao.com; 188 /20–21 Th Sala Daeng; Zi. ohne/mit Bad 250/350 B;) Diese Traveller-Anlaufstelle macht von allem etwas: Es vermietet saubere, schlichte Zimmer an Übernachtungsgäste (oder an Leute, die sich auch nur tagsüber ausruhen wollen), bucht Tickets und vermietet Motorräder. Das angeschlossene Restaurant ist ein wichtiger Traveller-Treff und bietet eine große Palette thailändischer, indischer und westlicher Gerichte.

Chalicha Resort RESORT $$

(077 502888; www.chalicha.com; 185 Mu 9 Tumbon Takdad; Zi. 550–1200 B, Suite 1500 B; P) In dieser preisgünstigen Pension beim Bahnhof von Chumphon sind selbst die billigsten Zimmer geräumig. Vorm Haus kann man parken, außerdem gibt's einen guten klimatisierten Coffeeshop und einen Pool. Fahrräder können kostenlos genutzt werden. Der einzige Unterschied zwischen den Standard- und den etwas teureren Zimmern besteht darin, das Letztere über Wasserkocher und Föhn verfügen.

Chumphon Cabana Resort & Diving Centre HOTEL $$

(089 724 9319; www.chumphoncabanaresort.com; Hat Thung Wua Laen; Zi. mit Frühstück 1000–1500 B; P) Das abseits der Straße an einem schönen Strandabschnitt gelegene Resort ist *die* angesagte Unterkunft am Hat Thung Wua Laen, solange man nicht Wert auf richtigen Luxus legt. Die Zimmer haben Veranden, auf denen man entspannen kann, und sind recht komfortabel, wobei eine Renovierung geplant ist. Eine Abholung von Chumphon kann für 350 B arrangiert werden.

Das Hotel ist in mancher Hinsicht „grün" aufgestellt: So werden für die Speisen im Restaurant **Banana Cabana** die Zutaten teils selbst erzeugt – das Restaurant lohnt übrigens auch dann einen Besuch, wenn man hier nicht übernachtet.

Essen & Ausgehen

Chumphons **Hauptnachtmarkt** (Th Krumluang Chumphon; 16–24 Uhr) bietet eine große Vielfalt an Essen und die Gelegenheit, Leute zu beobachten. Weiteres Straßenessen gibt's abends am südlichen Ende der Th Tha Taphao sowie südlich vom Bahnhof.

Eine der klassischen Kneipen ist die **Farang Bar** (077 501003; 69/36 Th Tha Taphao; Bier ab 80 B, Cocktails ab 100 B; 13–24 Uhr;), doch wer etwas Thailändisches möchte, sollte um die Ecke die von Freiluftbars und -restaurants gesäumte Th Tawee Sinka Soi 1 ansteuern. In der **Aeki's Bar** (089 185 5485; www.aekis-bar-aeksiam-muaythai.business.site; Soi Rot Fai 1; Bier ab 65 B, Cocktails ab 100 B; 15 Uhr bis spät;) warten viele Reisende auf ihren Nachtzug.

★ **Kook Noy Kitchen** THAI $

(Th Suksamur; Hauptgerichte 40–400 B; Mo–Sa 17–4 Uhr;) Das Lokal, das nur aus einem Betonboden, einem Wellblechdach und einer chaotischen Küche besteht, serviert bekannte zentral- und südthailändische Gerichte wie *đôm yam* mit Fleisch von freilaufenden Hühnern und gebratenen Reis mit Krabben. Es stehen aber auch seltenere Speisen auf der Karte, darunter gebratene Entenschnäbel und Flussschnecken.

Pirates Terrace INTERNATIONAL $

(083 066 6772; www.piratesterrace.com; Hat Thung Wua Laen; Hauptgerichte 60–400 B; 7.30–22 Uhr; P) Das beliebte Lokal mitten am Strand eignet sich zum Frühstücken, tagsüber für einen Kaffee und abends für einen Drink. Auf der Karte stehen neben thailändischen Klassikern auch Pizza und Pasta. Außerdem kann man hier Fahrkarten buchen, und für 200 B am Tag werden Motorräder vermietet.

Prikhorm THAI $$

(32 Th Tha Taphao; Hauptgerichte 85–480 B; 11–23 Uhr; P) Das bemüht schicke Lokal

hat Gerichte aus dem gesamten Königreich, von südthailändischem *gaang sôm*-Fischcurry bis zu Pilz-*lâhp* aus dem Nordosten; Letzteres ist eines von vielen vegetarischen Gerichten.

ℹ Praktische Informationen

Immigration Office (☎ 077 630282; www.chumphonimmigration.go.th; 23/11 Mu 1 Tombon Kunkrating; ⏰ Mo–Fr 8.30–12 & 13–16.30 Uhr) Die Einwanderungsbehörde befindet sich neben dem Busbahnhof und kann Touristenvisa verlängern.

Ocean Shopping Mall (Th Krumluang Chumphon) Am Wochenende sowie unter der Woche am frühen Abend sind hier mehrere Banken geöffnet.

Tourism Authority of Thailand (TAT; ☎ 077 502 7756; tatchumphon@tat.or.th; 111/11–12 Th Tawee Sinka; ⏰ 8–17 Uhr) Wahrscheinlich bekommt man alle nötigen Infos in seiner Pension, wenn aber nicht, ist dieses Büro hilfreich. Außerdem erhält man einen guten kostenlosen Stadtplan von Chumphon.

Virajsilp Hospital (☎ 077 542555; www.virajsilp.com; Th Poramin Mankha) Das Privatkrankenhaus bietet eine Notfallversorgung.

ℹ An- & Weiterreise

Für einen Verkehrsknotenpunkt ist Chumphon erstaunlich unorganisiert; es gibt keinen einheitlichen Busbahnhof, und die Fähranlegestelle der Boote nach Ko Tao, Ko Pha-Ngan und Ko Samui ist ein gutes Stück von der Stadt entfernt. Aber Reisebüros und Pensionen weisen einem den rechten Weg und verkaufen Tickets für alle Fähren und Flüge sowie für viele Busse.

BUS

Chumphons **Hauptbusbahnhof** (☎ 077 576796; Rte 41) liegt am Highway, unpraktische 12 km außerhalb von Chumphon. Er wird nicht viel benutzt, und viele Ticketschalter sind die meiste Zeit des Tages unbesetzt, da die wichtigsten Busunternehmen ihre eigenen Haltestellen in der Stadt haben.

Choke Anan Tour (☎ 077 511480; www.chokeanantour.com; abseits der Soi 1, Th Pracha Uthit; ⏰ 4.30–21 Uhr) nahe dem Hauptmarkt hat die meisten Busse nach Bangkok (über Phetchaburi und Prachuap Khiri Khan) und Phuket (über Ranong) sowie einen nach Surat Thani. Die **Minivans nach Ranong** (Th Tha Taphao) fahren von der Th Tha Taphao und die **Minivans nach Surat Thani und Prachuap Khiri Khan** (Th Krumluang Chumphon) vom Chumphon Night Bazaar, vom Bahnhof 500 m die Th Krumluang Chumphon hinunter nahe dem Salsa Hostel (s. 558).

Weitere Busunternehmen finden sich an der Th Nawamin Ruamjai südlich des Bahnhofs. **Suwannatee Tour** (☎ 077 504901; Th Nawamin Ruamjai) betreibt jenseits des Flusses, rund 1 km außerhalb der Stadt, fünf Busse nach Bangkok, darunter einen billigen 2. Klasse, sowie **Minivans nach Nakhon Si Thammarat** (☎ 077 506326; Th Nawamin Ruamjai). Die **Minivans nach Bang Saphan Yai** (Th Nawamin Ruamjai) fahren von einer gelb beschilderten, überdachten Minivan-Haltestelle 400 m südlich der **Tankstelle** (Th Tawee Sinka) ab.

Für die wenigen Ziele, die vom Busbahnhof bedient werden, z. B. Chiang Mai, kann man Tickets in den Pensionen und Reisebüros kaufen. Achtung: Es gibt keine fahrplanmäßige Direktverbindung nach Hua Hin; um dorthin zu kommen, muss man in Prachuap Khiri Khan umsteigen.

FLUGZEUG

Chumphons Flughafen befindet sich fast 40 km vom Stadtzentrum entfernt. Nok Air fliegt am frühen Morgen und am späten Nachmittag zu Bangkoks Flughafen Don Mueang. Auch AirAsia hat einen Flug am Morgen. Fahrten mit dem Flughafenshuttle (150 B pro Pers.) können über die meisten Unterkünfte gebucht werden.

SCHIFF/FÄHRE

Es gibt im Wesentlichen zwei Optionen, um nach Ko Tao zu gelangen. Die eine sind die tagsüber fahrenden modernen Fähren von **Lomprayah** (☎ City 081 956 5644, Pier 077 558214; www.lomprayah.com; Th Krumluang Chumphon; ⏰ 4–18 Uhr) und **Songserm** (☎ 077 506205; www.songserm.com; Pak Nam). Lomprayah ist der bessere und beliebtere Anbieter; Songserm hat den Ruf, schlecht organisiert zu sein und bei seinen Fähre-Bus-Kombitickets den versprochenen Bustransfer nicht bereitzustellen (was allerdings erst bei der Ankunft auf der Insel zum Thema wird). Die Fähren der beiden Unternehmen legen auch in Ko Pha-Ngan und Ko Samui an.

Die zweite Option ist eins der nachts verkehrenden Schiffe verschiedener Unternehmen. Von Montag bis Samstag verkehren Autofähren mit klimatisierten, mit Betten ausgestatteten Zimmern – gewissermaßen Dorms auf See –, am Sonntag ist regelmäßig ein hölzernes Fischerboot unterwegs. Letzteres hat Ventilatoren und Matratzen auf dem Boden, aber keine Klimaanlage. Fahrkarten für die Nachtboote sowie Transfers zu Orten in der Nähe wie Hat Thung Wua Laen lassen sich bei **KP Ferry Ticket and Services** (☎ 094 221 5896; www.chumphon-nightboat.com; ⏰ 3–21 Uhr) gegenüber dem Bahnhof buchen.

Die Fähren legen an verschiedenen Anlegestellen ab; der Transfer zu ihnen kostet zwischen 50 und 100 B. Manchmal werden Tickets verkauft, in denen der Transfer eingeschlossen

VERKEHRSMITTEL AB CHUMPHON

ZIEL	SCHIFF/FÄHRE	BUS	MINIVAN	ZUG
Bang Saphan Yai			80 B, 2 Std., 14, 15.30 Uhr	20–1406 B, 1½–2 Std., 12-mal tgl.
Bangkok Hua Lamphong				82–2224 B, 6½–8 Std., 11-mal tgl.
Bangkok Southern Bus Terminal		358 B, 8 Std., 14-mal tgl. 7.50–22 Uhr		
Bangkok Thonburi				80–383 B, 9½ Std., 7.01 Uhr
Chiang Mai		235 B, 18 Std., 18 Uhr		
Hat Yai		355 B, 7 Std., 8-mal tgl. 7–24 Uhr		79–2205 B, 8–10½ Std., 7-mal tgl.
Hua Hin				49–2006 B, 4–5 Std., 12-mal tgl.
Ko Pha-Ngan (Lomprayah)	1000 B, 3¼–3¾ Std., 7, 13 Uhr			
Ko Pha-Ngan (Songserm)	900 B, 4½ Std., 7 Uhr			
Ko Samui (Lomprayah)	1100 B, 3¾–4¼ Std., 7, 13 Uhr			
Ko Samui (Songserm)	1000 B, 6¼ Std., 7 Uhr			
Ko Tao (Autofähre)	400 B, 6 Std., Mo–Sa 22.30 oder 23 Uhr			
Ko Tao (Lomprayah)	600 B, 1¾ Std., 7, 13 Uhr			
Ko Tao (Songserm)	500 B, 2¾ Std., 7 Uhr			
Ko Tao (Fischerboot am Sonntagabend)	450 B, 6 Std., So 22 Uhr			
Nakhon Si Thammarat			300 B, 5½ Std., 8–14 Uhr alle 2 Std.	
Phetchaburi		358 B, 6 Std., 7.50–22 Uhr 14-mal tgl.		58–2102 B, 5½–6½ Std., 12-mal tgl.
Phuket		370–699 B, 6–7 Std., 5.30–11.50 Uhr, 5-mal tgl.		
Prachuap Khiri Khan		220 B, 4 Std., 7–22 Uhr stündl.	229 B, 3 Std., 6.45–17.30 Uhr alle 45 Min.	34–1473 B, 2½–3 Std., 11-mal tgl.
Ranong		110 B, 2½ Std., 5-mal tgl.	350–400 B, 2½ Std., 7–18 Uhr stündl.	
Surat Thani		166 B, 3 Std., 11-mal tgl.	699 B, 3½ Std., 7–15 Uhr stündl.	34–1933 B, 2–3 Std., 13-mal tgl.

ist, manchmal ist das aber auch nicht der Fall. Man muss immer darauf achten, dass man ein Ticket sowohl für das Schiff als auch für den Bus hat.

ZUG

Die häufig verkehrenden Züge zwischen Bangkok und dem tiefen Süden halten in **Chumphon** (Th Krumluang Chumphon). Reservieren sollte man so weit im Voraus wie möglich. Liegeplätze in der 2. Klasse sind oft am Abfahrtstag verfügbar, selten einmal auch in der 1. Klasse.

ℹ Unterwegs vor Ort

Motorradtaxis (20–30 B pro Fahrt) sind überall in der Stadt zu sehen, die teureren, vierrädrigen Tuk-Tuks sind viel seltener. Ein paar davon stehen aber immer am Bahnhof.

Viele Pensionen vermieten Motorräder für 200 bis 300 B pro Tag. Das **San Tavee New Rest Home** (☎ 089 011 1749; Th Tha Taphao 4; Fahrräder/Motorräder 150/250 B) verleiht auch Fahrräder (150 B pro Tag).

Die gelben *sŏrng·tăa·ou* (Pick-ups) zum Hat Thung Wua Laen (30 B, 30 Min., 5.30–18 Uhr, häufig) starten am **Chumphon Fresh Market** (Th Pracha Uthit) und fahren dann über die Th Sala Daeng nach Norden. Die kleinen weißen *sŏrng·tăa·ou* zum Hauptbusbahnhof und dem Immigration Office (25 B, 30–45 Min., 7–17 Uhr, häufig) starten an der Th Phinit Khadi neben dem City Pillar Shrine. Ein Tuk-Tuk aus dem Stadtzentrum zum Busbahnhof kostet ab 300 B. Außerdem gibt's einen Flughafenshuttle (150 B pro Pers.); die Abholung kann von den Pensionen arrangiert werden.

KURZ & BÜNDIG

EINWOHNER
475 000

BESUCHER AUF KO SAMUI
2,7 Mio./Jahr

SCHÖN SCHNORCHELN
Ao Tanot (S.604)

COCKTAILS ZUM SONNENUNTERGANG
Woobar (S. 581)

ROMANTISCHES RESTAURANT
Tree Tops Sky Dining (S. 577)

REISEZEIT

Feb.–April Nach dem Ende des Monsunregens strahlt die Sonne von früh bis spät.

Jun.–Aug. Zur besten Reisezeit, in der es nur kurz mal leicht regnet, sind in Europa gerade Sommerferien.

Okt.–Dez. Oft sintflutartiger Monsunregen, dafür sinken die Zimmerpreise deutlich (außer um Weihnachten).

Kajakfahren im Ang Thong Marine National Park (S. 619)
KOSOL PHUNJUI/SHUTTERSTOCK ©

Ko Samui & südwestliche Golfregion

Die südwestliche Golfregion lockt mit Thailands ultimativem Trio: Ko Samui, Ko Pha-Ngan und Ko Tao. Diese spektakulären Inseln locken mit pudrigem Sand und smaragdgrünem Wasser Millionen Touristen an. Ko Samui ist quasi der große Bruder unter den dreien und ganz groß im Geschäft. Die vielen Luxusresorts werden mit perfekter Effizienz betrieben. Ko Pha-Ngan ist das mittlere Kind, ein Faulenzer mit Hang zu Dreadlocks und Partys bis in die Morgenstunden. Ko Tao ist das lebenslustige Nesthäkchen, das Outdooraktivitäten liebt und vor Abenteuerlust und Energie strotzt – seine Spezialität sind Tauchen und Schnorcheln.

An die authentischere Festlandküste kommen kaum ausländische Besucher, dabei warten hier rosa Delfine und Wasserfälle an der verschlafenen Ao Khanom und thai-muslimisches Erbe in Singha Nakhon und Pattani. Songkhla lädt zu Strandspaziergängen ein, und in den geschäftigen Städten Nakhon Si Thammarat und Surat Thani ist echter Thai-Alltag zu erleben.

INHALT

Highlights

1. **Ko Tao** (S. 604) Im farbenprächtigen Tauchparadies Nemo finden
2. **Ang Thong Marine National Park** (S. 619) Zu strahlend weißen Stränden paddeln
3. **Ko Pha-Ngan** (S. 585) An einem einsamen Strand an der Ostküste in der Hängematte schaukeln und die Wellen beobachten
4. **Singha Nakhon** (S. 629) Auf der Suche nach dem vergessenen Sultanat Singora durch den Dschungel wandern
5. **Ko Samui** (S. 566) Internationale Sterneküche genießen und schicke Cocktails zum Sonnenuntergang schlürfen
6. **Full Moon Party** (S. 600) Zusammen mit Tausenden an-

deren am Hat Rin auf Ko Pha-Ngan dem Vollmond huldigen

7 **Altstadt von Songkhla** (S. 629) In der schönsten Altstadt des Südens alte sino-portugiesische und traditionelle chinesische Holzhäuser bewundern

8 **Ao Khanom** (S. 623) Seltene rosa Delfine vor der wenig besuchten Küste beobachten

9 **Domsila Viewpoint** (S. 589) Durch den Dschungel an Wasserfällen vorbei zu dem Aussichtspunkt hoch über Ko Pha-Ngan wandern

Ko Samui

DIE GOLFINSELN

Ko Samui

62 500 EW.

Auf Ko Samui (เกาะสมุย) geht einfach alles: sonnenbaden, in der Hängematte dösen, internationale Spitzenküche genießen, am Strand feiern sowie in einem luxuriösen Spa entspannen.

Sehenswertes

★ Na Muang Waterfall 1 WASSERFALL

(น้ำตกหน้าเมือง 1; Karte S. 566; P) GRATIS Der erste von zwei direkt nebeneinanderliegenden Wasserfällen hat seinen Ausgangspunkt an der höchsten Stelle der Insel. Bei voller Stärke ist es ein wunderbarer Anblick, wie das eiskalte Wasser in Felsenpools stürzt und das blaue Meer aufschäumt. Der größere der beiden ist mit 18 m der berühmteste auf Samui. In der Regenzeit stürzt das Wasser in Kaskaden über ätherisch schöne, violette Felsen in die Tiefe, wo sich ein großer Badesee befindet.

★ Fisherman's Village DORF

(หมู่บ้านชาวประมงบ่อผุด; Karte S. 573; Bo Phut) Diese Ansammlung von schmalen chinesischen Shophouses in Bo Phut wurde in einige trendige Boutiquehotels, Restaurants, Cafés und Bars verwandelt. Der dazugehörige Strand ist vor allem im östlichen Teil schmal und grobkörnig, aber Richtung Westen wird er breiter und üppiger. Die Kombination aus schönem Strand und aufgemöbeltem alten Dorf ist großartig, leider wird es in der Hochsaison sehr voll. Abseits davon ist es reizend, ruhig und stressfrei.

Mae Nam Viewpoint AUSSICHTSPUNKT

(จุดชมวิว; Karte S. 566; Eintritt 50 B) Man kann den ganzen Weg hinaufwandern, doch der größte Teil der Strecke zum Aussichtspunkt im Wald vor dem **Tan Rua Waterfall** (น้ำตก

Ko Samui

Hihglights
1 Na Muang Waterfall 1 .... B3

Sehenswertes
2 Ban Hua Thanon C3
3 Coconut Museum B2
Ko Samui Central Mosque .... (s. 2)
Mae Nam Viewpoint .... (s. 4)
Magic Alambic Rum Distillery .... (s. 28)
4 Tan Rua Waterfall B2
5 Wat Plai Laem D1

Aktivitäten, Kurse & Touren
6 Absolute Sanctuary D1
7 Kiteboarding Asia A2
8 Koh Samui Tutor & Vocational School C1
9 Mind Your Language C1
10 Samahita Retreat B4
Spa at the Four Seasons .... (s. 15)

Schlafen
11 Ananas Samui Hostel C4
12 Belmond Napasai B1
Chytalay Palace Hotel .... (s. 7)
13 Conrad Koh Samui A4
14 Farmer's Boutique Resort B1
15 Four Seasons Koh Samui A1
16 Indy Hostel C1
17 Intercontinental Samui Baan Taling Ngam Resort A3
18 Jungle Club C2
19 Shangri-La B1
20 Six Senses Samui D1
21 Sunset Beach Resort & Spa A3

Essen
22 Bang Po Seafood B1
Dining on the Rocks .... (s. 20)
23 Dr Frogs D2
Farmer's Boutique Restaurant .... (s. 14)
Gaon Korean Restaurant .... (s. 16)
Ging Pagarang .... (s. 24)
24 Hemingway's on the Beach B4
25 Hippocampe French Bakery B2
26 Homemade Burgers B1
Hua Thanon Market .... (s. 2)
John's Garden Restaurant .... (s. 19)
Lucky .... (s. 7)
Melayu Samui Seafood .... (s. 2)
Na Thon Night Food Market .... (s. 25)
Pepenero .... (s. 8)
27 Phootawan Restaurant B1
28 Sweet Sisters Cafe B4

Ausgehen & Nachtleben
About Cafe .... (s. 16)
Air Bar .... (s. 17)
29 Beryl Bar A1
30 Buffalo Baby B4
Coffee Island .... (s. 25)
Tree Bridge Coffee .... (s. 4)

Shoppen
Mae Nam Night Market .... (s. 16)
Thanon An Thong .... (s. 7)

Praktisches
31 Bandon International Hospital C2
32 Ko Samui Hospital A2
Touristenpolizei .... (s. 25)

Transport
33 Lomprayah Samui Mae Nam B1
34 Na Thon Pier A2
35 Raja Ferry Port A3
36 Samui International Airport D1
37 Seatran Ferry A2

ต้นเรือ; Karte S. 566) ist auch für Roller geeignet. Der atemberaubende Ausblick über das blaue Meer reicht bis nach Ko Pha-Ngan. Wer mit dem Roller unterwegs ist, kann auf der kurvigen Straße weiter nach Na Thon fahren, wo die Aussicht noch besser ist. Auf dem Rückweg warnen Schilder davor, die Bremsen nicht zu überhitzen.

Wat Plai Laem BUDDHISTISCHER TEMPEL
(วัดปลายแหลม; Karte S. 566; abseits der Chaweng Choengmon Rd; bei Tagslicht) GRATIS Die interessanteste Statue der Insel ist die tausendarmige Guanyin (Kwan Im), die buddhistische Bodhisattva des Mitgefühls, die in diesem um 2004 erbauten, umwerfenden Tempel mit 18 Armen dargestellt ist. Die bunte Statue thront auf einer Insel in einem See direkt neben einem Tempel, der auch über dem Wasser steht. An der Nordseite der Tempelhalle befindet sich eine Statue des heiteren Buddha Maitreya (oder des Buddhas der Zukunft). Die Lage ist absolut malerisch und höchst fotogen.

Ban Hua Thanon DORF
(บ้านหัวถนน; Karte S. 566; Ban Hua Thanon) In dem lebhaften kleinen Dorf lebt Ko Samuis älteste muslimische Gemeinschaft, wo Kopftücher und *pâh sîn* (traditionelles Männergewand) zur Alltagskleidung gehören. Das Leben hier ist vom Islam bestimmt, insbesondere wenn die Bewohner sich freitagmittags im farbenfrohen „Sonntagsstaat" in der hübschen Moschee zum gemeinsamen Gebet versammeln. In den belebten Straßen des Dorfes duftet es überall nach köstlichem muslimischen Straßenessen.

INSIDERWISSEN

DIE STRÄNDE AUF KO SAMUI

Das kleine Samui hat sehr unterschiedliche Sandstrände, die alle leicht erreichbar sind. **Chaweng**, der längste Strand, ist im Norden felsig und ruhig, in der Mitte voll erschlossen und überlaufen und endet wieder im ruhigen **Chaweng Noi**. Am **Hat Lamai** kann man in der Mitte herrlich schwimmen, während das malerische Südende voller riesiger Felsbrocken ist. Von Juli bis Oktober ist das Meer zwar ruhig, aber der starke Nordostwind wirbelt schon den Sand auf, bis er von Dezember bis April für hohe Wellen sorgt. Am Chaweng und Lamai gibt's auch starke Rippströmungen, die selbst für gute Schwimmer gefährlich sein können.

Der **Mae Nam** ist der beste Strand zum Schwimmen an der Nordküste. Auch am **Taling Ngam** und **Lipa Noi** an der Westküste kann man gut schwimmen. Der **Bo Phut** hat groben Sand und trübes Wasser. Der **Ao Thong Sai** ganz im Nordosten ist dagegen sehr schön. Am einsamsten ist der **Ao Phang Ka** im Südwesten.

Ko Samui Central Mosque MOSCHEE
(มัสยิดนูรุ้ลเอียะห์ซาน; Karte S. 566; Ban Hua Thanon; ⌚tagsüber) Die fotogene Moschee mit Kuppel in Grün und Gold mitten in dem muslimischen Dorf wurde im Stil der Mogulen errichtet. Sie kann nur außerhalb der Gebetszeiten besichtigt werden. Durch das Eingangstor mit fünf Kuppeln gelangt man in den großen Gebetsraum, der mit Teppichen ausgelegt ist. Die große, hellgrüne *mehrab* (Gebetsnische) ist nach Mekka (Saudi-Arabien) ausgerichtet. Sie ist mit zwei korinthischen Säulen und arabischen Inschriften mit den Namen „Allah" und „Mohammed" geschmückt. In der Nische steht die wundervoll geschnitzte *mimbar* (Kanzel) aus dunklem Holz. Die Besucher müssen angemessen gekleidet sein, Shorts und freizügige Oberteile sind tabu. Frauen sollten ein Kopftuch tragen.

Orthodoxe Kirche Christi Himmelfahrt KIRCHE
(โบสถ์ออร์โธดอกซ์แห่งสวรรค์; Karte S. 571; ☎081 423 1041; www.churchsamui.com; abseits der Rte 4169; ⌚9–20 Uhr; Ⓟ) GRATIS Die schöne und äußerst fotogene babyblaue russisch-orthodoxe Kirche mit ihren goldenen Zwiebeltürmen (die fast so aussehen wie die Kuppeln der benachbarten Moschee) steht an einem Hang des Wohngebiets. Das Innere der kleinen Kirche ist sehr interessant ausgestattet, z. B. mit vergoldeten Holzpulten mit thailändischen Motiven, einem tollen zweistufigen Kronleuchter aus Gold, Bibeln mit vergoldeten Einbänden und einer Reihe schöner Fresken, darunter eine Darstellung von Christus über der Treppe beim Eingang.

Besucher sollten sich ebenso angemessen verhalten wie beim Besuch eines Tempels oder einer Moschee.

Magic Alambic Rum Distillery DESTILLERIE
(Karte S. 566; ☎080 092 0035; Ban Bang Kao; Proben 100 B; ⌚9–20 Uhr) Die einzige Rumbrennerei Thailands produziert einen Rhum agricole im karibischen Stil (gebrannt aus frischem, fermentiertem Zuckerrohrsaft) in vielen natürlichen Geschmacksrichtungen, darunter ein köstlicher Kokosrum, für den das Kokosfleisch mehrere Monate in Rum durchzieht. In einer schönen Umgebung unter Schatten spendenden Palmen warten ein Video über den Produktionsprozess, ein Verkostungsbereich, ein hervorragendes Restaurant mit französischer und thailändischer Küche und ein Laden auf Besucher.

Coconut Museum MUSEUM
(บ้านมะพร้าว; Karte S. 566; ☎077 421211; www.samuirenong.com; Na Thon; ⌚Mo–Sa 12.30–16.30 Uhr) GRATIS Das winzige Museum dokumentiert Ko Samuis lange Geschichte als Kokoslieferant. Neben der ausführlichen Beschreibung dieser Vergangenheit erklärt das Museum auch, wie man auf eine Kokospalme klettert, und bietet Kochkurse (350 B) und Kurse zur Herstellung von Kokosöl (790 B) an. Im Museumsshop werden tolle Produkte verkauft, die die Einheimischen aus den Kokosnüssen der Insel hergestellt haben.

Aktivitäten

Abenteuer-Aktivitäten

★ **100 Degrees East** TAUCHEN
(Karte S. 573; ☎077 423936; www.100degreeseast.com; Hat Bang Rak; ⌚Dez.–Okt. 9–18.30 Uhr) Höchst professionell und empfehlenswert, mit einem engagierten Team und ausgezeichneten Tauch- und Schnorchelausflügen zum Ang Thong Marine National Park, Ko Tao, Sail Rock und anderen Stätten.

Hat Chaweng

Hat Chaweng

Aktivitäten, Kurse & Touren

1 Blue Stars ... B2
2 Samui Dog & Cat Rescue Centre ... A3
3 Samui Institute of Thai Culinary Arts ... B3

Schlafen

4 Ark Bar Beach Resort ... C2
5 Baan Haad Ngam Boutique Resort & Villas ... D1
6 Library ... B3
7 Pott Guesthouse ... B4
8 Samui Hostel ... B4
9 Tango Beach Resort ... D1

Essen

10 Chaweng Night Food Market ... B2
11 Khaw Glong ... B2
12 Laem Din Market ... B3
13 Tree Tops Sky Dining ... D1
14 Tuk Tuk Backpackers ... C2

Ausgehen & Nachtleben

Ark Bar ... (s. 4)
15 Green Mango ... C2
16 Warm White ... B3

Unterhaltung

17 Paris Follies Cabaret ... C2

Shoppen

18 Central Festival ... B2

Blue Stars KAJAKFAHRTEN
(Karte S. 569; ☎081 894 5032; www.bluestars.info; 82/33 Mu 2, Chaweng Lake Rd; Tour Erw./Kind 2600/1700 B; ⏲10.30–21 Uhr) Viele Veranstalter bieten Schnorchel- und Kajaktouren in den Ang Thong Marine National Park und ganz Ko Samui an, doch Blue Stars genießt den besten Ruf und hat das coolste Boot in Chaweng. Außerdem hat es ein superfreundliches Team, das alles für seine Kunden tut.

Kiteboarding Asia WASSERSPORT
(Karte S. 566; ☎083 643 1627; www.kiteboardingasia.com; 310/10 Mu 3, Na Thon; Kurs 1/3 Tage 4000/11 000 B; ⏲April–Okt. 9–18 Uhr) Bei dem professionellen Veranstalter lernt man superschnell das Kitesurfen im flachen Wasser. Die Niederlassung in Na Thon an der Westküste ist von April bis Oktober geöffnet, eine zweite in Hua Thanon im Südosten von November bis März.

Moo·ay tai (Thaiboxen)

Lamai Muay Thai Camp KAMPFSPORT
(Karte S. 571; ☎087 082 6970; www.lamaimuaythaicamp.com; 82/2 Mu 3, Lamai Beach Rd; Kurs 300/1500 B pro Tag/Woche; ⏲7–19 Uhr) Ko Samuis beste *moo·ay tai* (auch *muay Thai)*-Schule für Thaiboxen bietet sehr professionelle und harte Kurse für alle Leistungsstufen ab blutigen Anfängern. Wer will, kann auch allein in dem gut ausgestatteten Studio trainieren. Es gibt auch Angebote mit Unterkunft und Verpflegung.

Bootsfahrten

Red Baron BOOTSFAHRTEN
(Karte S. 573; ☎083 172 8792; www.redbaron-samui.com; Hat Bang Rak; ab 2500 B) Der „Rote Baron" ist ein altes Segelboot, das in Bang Rak vor Anker liegt und für Tagestouren rund um Ko Samui (Di 9.30 Uhr) und in den Ang Thong Marine Park (Do 8.30 Uhr) in See sticht. Außerdem gibt's Brunch-Trips nach Ko Pha-Ngan (Mi und So 10 Uhr) und Dinner Cruises zum Sonnenuntergang nach Ko Som (Mo, Mi und Fr 16.30 Uhr). Im Preis inbegriffen sind jeweils der Transfer, Essen und Getränke. Das Boot kann auch privat gechartert werden.

Chantara Junk Boat BOOTSFAHRTEN
(Karte S. 573; ☎087 064 3126; www.junk-chantara.com; Bang Rak; ab 3100 B/Pers.) Auf den traditionellen Segelbooten Chantara und Simatara werden Tagestouren zum Sonnenuntergang oder individuelle Touren zum Schnorcheln, Angeln oder Faulenzen an einem abgelegenen, nur mit dem Boot erreichbaren Strand angeboten. Im Preis inbegriffen sind der Transfer ab Hotel, alkoholfreie Getränke, Mittagessen, Snacks und Ausrüstung je nach Bedarf.

Gesundheit & Wellness

Samahita Retreat YOGA
(Karte S. 566; ☎077 920090; www.samahitaretreat.com; Laem Sor Beach; ⏲7–21 Uhr) In versteckter Lage an der Südküste warten hier moderne Einrichtungen und ein engagiertes Trainerteam auf Entspannungssuchende, Wellness-Urlauber und ernstzunehmende Entgiftungswillige. Die Unterkünfte sind weiter oben in einem Appartementblock untergebracht. Die Yogastudios, Wellnesszentren und ein Restaurant mit gesunder Kost liegen direkt am Ufer.

Absolute Sanctuary SPA
(Karte S. 566; ☎077 601190; www.absolutesanctuary.com; Choeng Mon) Entgiftung, Spa, Yoga, Pilates, Fasten, Lifestyle- und Ernährungspakete in einem charmanten marokkanischen Ambiente.

Tamarind Springs MASSAGE
(Karte S. 571; ☎085 926 4626; www.tamarindsprings.com; 205/7 Th Takian, abseits der Rte 4169; Spa-Pakete ab 1500 B; ⏲9–20 Uhr) Weitab vom Strand verbirgt sich das Tamarind in einer ruhigen Kokosplantage. Eine kleine Ansammlung von Villen und Massagestudios ist perfekt in die Natur integriert. Teilweise zieren Granitbrocken die Wände und Böden, anderswo gibt's Privatteiche oder kreative Freiluftbäder.

Spa at the Four Seasons SPA
(Karte S. 566; ☎077 243000; www.fourseasons.com/kohsamui/spa; Bang Po; ab 2900 B; ⏲9–21 Uhr; Villa 22 000–160 000 B) Das luxuriöse Four Seasons auf der felsigen Halbinsel in der nordwestlichen Ecke von Ko Samui hat eines der besten Spas der Gegend: eine berauschende Palette an Behandlungen, um Körper und Seele zu verwöhnen, von Chakra-Balancing bis zu Körperpackungen und Kokosnuss-Pediküre. Man fühlt sich nachher wie verwandelt.

Kochkurse

Samui Institute of Thai Culinary Arts KOCHEN
(SITCA; Karte S. 569; ☎077 413172; www.sitca.com; Chaweng Beach Rd; Kurs 1850 B) Die täglichen Kochkurse werden von engagierten einheimischen Köchen geleitet, die auch die Geschichte und Tradition der Gerichte erklären, bevor sie mit den Teilnehmern leckere Köstlichkeiten wie *Massaman* und *Chu Chee* zubereiten. Die dreistündigen Kurse beginnen jeweils um 11 und 16 Uhr, und zum gemeinsamen Essen darf dann noch jemand dazukommen (250 B).

Sprachkurse

Mind Your Language SPRACHE
(Karte S. 566; ☎077 962088; www.mindyourlanguagethailand.com; 142/7 Mu 1, Bo Phut) Die aus-

Hat Lamai

Hat Lamai

Sehenswertes
1 Orthodoxe Kirche Christi Himmelfahrt ... A3
2 Wat Lamai ... B1

Aktivitäten, Kurse & Touren
3 Lamai Muay Thai Camp ... B2
4 Tamarind Springs ... C1

Schlafen
5 Amarina Residence ... B2
6 New Hut ... C1
7 Rocky's Resort ... A3
Samui Jasmine Resort ... (s. 5)

Essen
8 Kangaroo ... B2
9 La Fabrique ... B1
10 Lamai Day Market ... B1
11 Pad Thai ... C1
12 Radiance ... C1
13 The Dining Room ... A3

Ausgehen & Nachtleben
14 Beach Republic ... D1
Lava Lounge ... (s. 8)

Shoppen
15 Island Books ... C1

gezeichneten Kurse der professionellen und gut zu erreichenden Sprachschule in Bo Phut kosten ab 7900 B (15 Stunden). Einzelunterricht gibt's ab 700 B pro Stunde.

Koh Samui Tutor & Vocational School SPRACHE
(KSTVS; Karte S. 566; ☎077 248228, 086 279 1617; www.kstvs.com; Rte 4169) Für die Sprachkurse dieser Schule erhält man ein Ausbildungsvisum, mit dem man den Aufenthalt auf Ko Samui verlängern kann. Wer wirklich Thailändisch lernen will, ist hier genau richtig. Weitere Infos gibt's auf der Website. Die Kurse kosten ab 200 B pro Stunde, Einzelunterricht ab 600 B.

Freiwilligenarbeit

Samui Dog & Cat Rescue Centre FREIWILLIGENARBEIT
(Karte S. 569; ☎081 893 9443, 077 413490; www.samuidog.org; Soi 3, Chaweng Beach Rd; ⌚9–18 Uhr) Die Organisation hat wahre Wunder bei der Versorgung streunender Hunde bewirkt, indem sie die meisten kastriert, sterilisiert und (gegen Tollwut) geimpft hat. Es werden jedoch immer noch Spenden in Form von Geld und Zeit benötigt. Tierliebhaber können sich bei dem Zentrum melden und in der Auffangstation und Klinik in Ban Taling Ngam mitarbeiten. In der kleineren Niederlassung in Hat Chaweng ist keine

Mitarbeit möglich. Eine Beschreibung der Anfahrt findet sich auf der Homepage.

Schlafen

Hat Chaweng

Das lebhafte, pulsierende Handelszentrum Chaweng ist voller Unterkünfte: von billigen Backpacker-Absteigen bis zu futuristischen Villen mit Pools, die sich zumeist dicht beieinander in der gleichen Straße befinden. Die nördliche Hälfte des Strandes ist die größte Partyzone und die Resorts in dieser Gegend befinden sich in Hörweite der Ark Bar (S. 580) im Zentrum des Geschehens. Wer Wert auf ruhige Nächte legt, sollte sich ein Resort am südlichen Teil des Strandes suchen oder Ohrstöpsel mitbringen.

Samui Hostel HOSTEL $
(Karte S. 569; ☎089 874 3737; Suan Uthit Rd; B 200–300 B, DZ 850 B; ❄@📶) Von außen sieht das Hostel nicht sehr vielversprechend aus, aber die gepflegte, saubere, freundliche und beliebte Unterkunft liegt sehr zentral und bietet schicke Schlafsäle mit Ventilator und Klimaanlage sowie nette klimatisierte Doppelzimmer an der Straßenseite ohne Strand. Der Service ist überdurchschnittlich. Ein beliebter Raum mit Holztischen vorn lädt zum Entspannen und Kontaktaufnehmen ein.

Pott Guesthouse PENSION $
(Karte S. 569; ☎084 184 3084; Suan Uthit Rd; Zi. mit Ventilator/Klimaanlage 300/600 B; ❄📶) Die großen, hellen Betonzimmer in diesem unscheinbaren Wohnblock haben alle ein Bad mit fließend heißem Wasser und Balkon und sind ein echtes Schnäppchen. Mit dem superfreundlichen, hilfsbereiten Personal und der tollen zentralen Lage ist es ideal für Backpacker und Alleinreisende. Die Rezeption befindet sich in einem namenlosen Restaurant an der Hauptstraße genau gegenüber.

★ Jungle Club BUNGALOWS $$
(Karte S. 566; ☎081 891 8263; www.jungleclubsamui.com; Bungalow 1550–2100 B, Haus 2400–6200 B, Suite 4600–6500 B, Villa 4400–11 500 B; P❄@📶🏊) Die gefährliche Fahrt den steilen Hügel hinauf zu der beliebten Unterkunft mitten in der Natur wird mit einem atemberaubenden Ausblick belohnt. Die Bungalowanlage hat auch ein ausgezeichnetes Restaurant und eine tolle Bar. Außerdem gibt's einen entspannten Infinitypool und eine überdachte *săh·lah* (auch *sala*), eine Halle mit gemütlichen Liegen im Freien.

Ark Bar Beach Resort RESORT $$
(Karte S. 569; ☎077 961333; www.ark-bar.com; Chaweng Beach Rd; DZ 1530–2520 B; P❄📶🏊) In dem sauberen und gepflegten Resort, zu dem die beliebte Strandbar Ark Bar (S. 580) gehört, findet sich jede Art von Partygängern. Die modernen, hell gestrichenen Zimmer mit Balkon sind leider nicht weit von der Bar entfernt, aus der den ganzen Tag und bis tief in die Nacht Musik dröhnt.

Tango Beach Resort RESORT $$
(Karte S. 569; ☎077 300451; www.tangosamui.com; 119 Mu 2, Chaweng Beach Rd; DZ 1000–1400 B, Suite 2000–3400 B; ❄📶🏊) Die bunte Lobby lässt einen jugendlichen Vibe vermuten, aber das 2018 renovierte Tango ist eher eine Aneinanderreihung von Standard-Bungalows, die an einem Teakholz-Bohlenweg liegen, der sich zu einem tollen, aber lebhaften Strandabschnitt schlängelt. Das Personal ist freundlich und die Zimmer sind in einem frischen, modernen Thai-Stil gehalten. Alles in allen eine recht gute preiswerte Unterkunft.

Baan Haad Ngam Boutique Resort & Villas RESORT $$
(Karte S. 569; ☎077 332950-7; www.baanhaadngam.com; Chaweng Beach Rd; DZ 2500–8100 B, Villa 3500–4500 B; P❄@📶🏊) Das moderne stylische Resort bietet eine Vielzahl an Zimmern und Villen, die rund um einen schönen botanischen Garten mit kleinen Wasserfällen, Bächen und einem Infinitypool mit Blick aufs Meer liegen. Obwohl es nahe dem Geschehen in Chaweng liegt, ist es eine ausgezeichnete und ruhige Unterkunft mit viel Privatsphäre.

★ Library RESORT $$$
(Karte S. 569; ☎077 422767; www.thelibrarysamui.comth; 14/1 Mu 2, Chaweng Beach Rd; Studio 11 000–13 500 B, Suite 12 500–29 000 B, Villa 26 000–63 000 B; P❄@📶🏊) Die Zimmer heißen hier „Seiten" und es gibt auch tatsächlich eine wunderbare Bibliothek für die Gäste. Das elegante weiße Boutiqueresort mit schwarzen Akzenten, Jalousien und einfarbigen Kunstwerken an den Wänden erstreckt sich rund um einen riesigen rechteckigen Swimmingpool. Das moderne minimalistische Design setzt sich in den großen hellen Zimmern fort.

Bo Phut

Bo Phut

Sehenswertes
1 Fisherman's Village B2

Aktivitäten, Kurse & Touren
2 100 Degrees East C2
3 Chantara Junk Boat D2
4 Red Baron D2

Schlafen
5 Eden B2
Hacienda .... (s. 1)
6 Secret Garden Beach Resort D2
7 Us Hostel B2
8 Zazen A1

Essen
9 2 Fishes B2
10 Bootlegger Gourmet Burgers D2
11 Boy Thai Food D2
Karma Sutra .... (s. 9)
12 The Hut B2
13 Zazen Restaurant A2

Ausgehen & Nachtleben
14 Cafe K.O.B. B2
15 Chez Isa D1
16 Jack Doyle's Irish Pub A2
17 Woobar A1

Shoppen
Baan Ngurn .... (s. 1)
18 Fisherman's Village Night Market A2
19 Wharf A2

Transport
20 Big Buddha Pier D2

Hat Lamai & der Südosten

Am zentralen pudrig-weißen Strandabschnitt von Hat Lamai drängen sich sonnenverbrannte Touristen und liegen die meisten großen Resorts. An den grobkörnigeren Strandenden im Norden und Süden ist es ruhiger und preiswerter. Noch weiter südlich gibt's neben versteckten Luxusresorts auch jede Menge Unterkünfte im einheimischen Stil, die zudem auch wesentlich preiswerter sind, allerdings auch nur schlecht zu erreichen.

Ananas Samui Hostel HOSTEL $
(Karte S. 566; ☎081 567 6650; www.ananashostels.com; unweit von Laem Set; B/2BZ/3BZ/Bungalow 190/590/790/1200 B; P❄📶🏊) Das bezaubernde kleine Hostel steht am Fuße eines von dichtem Dschungel bedeckten Berges. Die unglaublich nette ältere Besitzerin bietet eine ausgezeichnete Unterkunft für alle, die mit eigenem Fahrzeug unterwegs sind, denn das Hostel liegt weit entfernt von jeglichen Hauptstraßen und Ortszentren. Dennoch sollte es in die engere Wahl kommen – bei den Preisen lohnt es sich, einen Roller zu mieten.

New Hut BUNGALOWS $
(Karte S. 571; ☎077 230437; www.newhutbungalow.com; Lamai North; Hütte 300–800 B; ❄📶) Die farbenfrohen einfachen Nurdachhütten stehen direkt am Strand der Golfküste. Mit

ABSTECHER

REIF FÜR DIE INSEL

Wer Ruhe und Abgeschiedenheit sucht, ist auf den Inseln vor Ko Samui richtig. Man verlässt einfach die überlaufene Ostküste in einem Longtail-Boot mit Kurs auf Ko Taen (auch Ko Tan geschrieben) und Ko Mat Sum, zwei dünn besiedelte Inseln vor der Südwestküste, die über das Dorf Thong Krut an der gleichnamigen Bucht zu erreichen sind.

Die mit 7,5 km² größere Insel **Ko Taen** bietet am Hauptstrand gute Schnorchelmöglichkeiten und ein paar Pensionen, darunter die Koh Tan Village Bungalows, und Restaurants. **Ko Mat Sum** ist wesentlich kleiner und kaum besiedelt. Die Insel liegt rund 1 km östlich von Ko Taen und hat nur eine einfache Pension und eine Bar.

In Thong Krut werden überall Boote für die Überfahrt angeboten, darunter auch in den Unterkünften und Restaurants am Strand wie z. B. dem Hemingway's on the Beach (S. 580). Die Fahrt dauert vier bis fünf Stunden und kostet 1500 bis 2500 B für bis zu fünf Personen.

ihrem lebhaften Restaurant und freundlichen Personal ist dies die beste Backpacker-Unterkunft in Lamai. Die billigeren Bungalows haben nur Ventilator und Gemeinschaftsbad, doch der Blick durch die Tür macht dies mehr als wett.

Amarina Residence HOTEL **$$**
(Karte S. 571; ☎077 418073; www.amarinaresidence.com; Lamai; Studio/DZ 1500/2000 B; ❄📶🏊) Das ausgezeichnete kleine Hotel hat zwei Stockwerke mit großen, gefliesten und geschmackvoll eingerichteten Zimmern rund um die Eingangshalle und ein etwas deplatziertes Planschbecken.

★**Rocky's Resort** RESORT **$$$**
(Karte S. 571; ☎077 332888; www.rockyresort.com; abseits der Rte 4169; DZ 3000–5450 B, Suite 4220–9275 B, Villa 10 450–15 400 B; P❄📶🏊) Das Rocky findet mit seinem sehr ruhigen Empfangsbereich und zwei Pools scheinbar mühelos die richtige Balance zwischen Nobelambiente und ungezwungener, geselliger Atmosphäre. An Meerblick herrscht kein Mangel und jedes Zimmer (manche mit Pool) ist mit schönen Möbeln im Thai-Stil mit modernem Touch eingerichtet. In den ruhigeren Monaten sind die Preise unschlagbar.

Samui Jasmine Resort RESORT **$$$**
(Karte S. 571; ☎077 232446; www.samuijasmineresort.com; 131/8 Mu 3, Lamai; DZ 3800–4085 B, Villa 4560 B; P❄📶🏊) Genau in der Mitte des Hat Lamai bietet das mit lackiertem Teakholz und trotzdem gemütlich gestaltete Samui Jasmine ein tolles Preis-Leistungs-Verhältnis. Die preiswerteren Zimmer sind besonders empfehlenswert – von vielen hat man einen tollen Blick aufs Meer und den langen, kristallklaren Pool. In dem sehr familienfreundlichen Resort gibt's auch ein Kinderbecken und Kinderbetreuung.

Bo Phut & der Nordosten

Luxus- und Boutiqueresorts erstrecken sich beiderseits von Fisherman's Village, und es gibt auch einige Mittelklassehotels in der geschäftigen Hauptstraße. Abgesehen vom Us Hostel gibt's jedoch praktisch keine Budgetunterkunft in dieser Gegend. Sparsame Reisende müssen es weiter nördlich versuchen oder im Travellerparadies Chaweng absteigen. Da Bo Phut sehr beliebt bei Familien ist, sind die Unterkünfte in der Hochsaison schnell ausgebucht. Deshalb unbedingt im Voraus buchen!

★**Us Hostel** HOSTEL **$**
(Karte S. 573; ☎098 696 6358; www.ushostelsamui.business.site; abseits der Rte 4169; B/DZ 250/800 B; P❄📶🏊) Das entspannte Hostel ist eine hervorragende Backpacker-Unterkunft. Rund um einen großen Swimmingpool stehen umgebaute Schiffscontainer, die zu einem coolen Hostel mit großer offener Eingangshalle aufeinandergestapelt wurden. Es gibt auch ausgezeichneten Kaffee und Thai-Essen. Die Zimmer sind groß und sauber, das Personal ist superfreundlich und eine unerschöpfliche Quelle an Infos.

Eden BUNGALOWS **$$**
(Karte S. 573; ☎077 427645; www.edenbungalows.com; Fisherman's Village; DZ/Bungalow 1500/1900 B; ❄📶🏊) Die zehn Bungalows und fünf Zimmer verstecken sich in einem hübschen wilden Garten mit einem kleinen Pool in der Mitte. Die günstigeren Unterkünfte sind etwas schäbiger, aber wer etwas mehr bezahlt, bekommt eine stilvolle Suite mit gelben Wänden und natürlichen Holzmö-

beln. Für Familien gibt es zudem ein 100 m^2 großes Apartment mit Küchenzeile.

Secret Garden Beach Resort BUNGALOWS $$
(Karte S. 573; ☎077 332661; www.secretgardensamui.com; Beach Rd; 2BZ/Bungalow 1800/2100–4360 B; ❄📶🏊) Zu dem Resort in holländischem Besitz gehört auch ein ausgezeichnetes Strandrestaurant mit Bar. Die frischen, gut ausgestatteten Bungalows verteilen sich im Garten rund um den Swimmingpool. Zur Livemusik am Sonntagabend kommen Einheimische, Expats und Touristen in Scharen, doch ansonsten ist es hier sehr ruhig.

Hacienda PENSION $$
(Karte S. 573; ☎077 960827; www.samui-hacienda.com; Fisherman's Village; DZ 1860–2350 B, Suite 3160 B; P❄📶🏊) Poliertes Terrakotta und Torbögen verleihen dem Eingang den Charakter einer spanischen Mission. Die bezaubernden Zimmer sind in einem ähnlichen Stil dekoriert, etwa mit Badezimmerwänden aus Kieseln und transparenten Bambuslampen. In den Hacienda Suites ein paar Häuser weiter – dem Zweitgebäude – stehen Gästen kleinere und preiswertere Zimmer zur Verfügung, die meist fensterlos, aber sauber und komfortabel sind. Vom Minipool auf dem Dach bietet sich ein toller Blick aufs Meer.

★ **Six Senses Samui** RESORT $$$
(Karte S. 566; ☎077 245678; www.sixsenses.com/resorts/samui; Samrong; Villa 13 830–32 600 B; P❄@📶🏊) Das versteckte Bambusparadies sollte man sich einfach gönnen. Das Resort auf einem 8 ha großen Felsvorsprung vermählt auf perfekte Weise üppigen Luxus mit rustikalem Charme. Die meisten der 66 Villen haben einen eigenen Betonpool und bieten einen atemberaubenden Blick auf die stille Bucht tief unten. Es gibt auch ein Weltklasse-Spa und zwei erstklassige Restaurants.

Zazen RESORT $$$
(Karte S. 573; ☎077 425085; www.samuizazen.com; Bo Phut; Bungalow 3850–9450 B, Villa 5100–7290 B; P❄@📶🏊) Herzlich willkommen im einzig echten Boutiqueresort auf Samui. Das bezaubernde Haus ist sehr durchdacht und kreativ ausgestattet: Asiatischer Minimalismus trifft hier auf modernes Rokoko und ergibt ein recht geschmackvolles und nettes Ambiente, in dem sich die Gäste am Pool oder auf Liegen am schönsten Abschnitt des Strandes entspannen können. Die Zimmer sind unaufdringlich stylisch.

Mae Nam & die Nordküste

Mae Nam bietet einige ausgezeichnete Unterkünfte, vor allem am oberen Ende der Preisskala, aber auch Budgetreisende finden hier preisgünstige Bungalows.

Indy Hostel HOSTEL $
(Karte S. 566; ☎089 724 6832; www.indyhostelandvilla.com; Mae Nam; B/EZ/DZ 280/350/450 B; ❄📶) In dem hübschen kleinen Hostel am Strand mitten in Mae Nam herrscht eine gute östlich angehauchte Stimmung. Das Personal der idealen Backpacker-Unterkunft ist freundlich und entgegenkommend. Die billigsten Zimmer haben eine winzige, nicht sehr vertrauenserweckende Gemeinschaftsdusche, doch die großen Doppelzimmer sind mit Badewanne.

Shangri-La BUNGALOWS $
(Karte S. 566; ☎077 425189; Mae Nam beach; Bungalow mit Ventilator/Klimaanlage ab 600/1300 B; P❄📶) Für Backpacker und Familien ist dies wirklich ein Shangri La: Die Hütten gehören zu den preisgünstigsten weit und breit und sie liegen an einem der schönsten Strandabschnitte. Das Gelände ist gärtnerisch wenig gestaltet, aber es gibt einen Swimmingpool, die einfachen Bungalows sind sehr gepflegt und die Mitarbeiter freundlich.

Farmer's Boutique Resort BOUTIQUEHOTEL $$
(Karte S. 566; ☎077 447222; Mae Nam; Bungalow 1900–2900 B; P❄📶🏊) Ein von Bambus gesäumter Eingang führt in den ruhigen Familienbetrieb am Fuße eines üppig grünen Berges. Die großen Boutiquevillen sind im traditionellen Thai-Stil ausgestattet. Es gibt einen Gemeinschaftspool und ein großartiges Restaurant (S. 579). Die teuersten Villen haben den besten Ausblick und einen eigenen Swimmingpool. Reisfelder und viel Wasser verstärken noch das ländliche Gefühl.

Belmond Napasai RESORT $$$
(Karte S. 566; ☎077 429200; www.belmond.com; Bang Po; Villa 8000–40 000 B; P❄@📶🏊) Ein schön gestaltetes Gelände heißt müde Traveller willkommen, die bei der Anreise grasende Wasserbüffel und Gärtner in cremefarbenen Tropenhüten passieren. Über das weitläufige Grundstück verteilen sich Villen, deren traditionelles Thai-Dekor von aufwendig geschnitzten Holzornamenten bis zu Bändern aus vor Ort erzeugter Seide und Bambuseinrichtung reicht. Viele bieten ei-

nen traumhaften Blick auf den hauseigenen Strand am blauen Golf von Thailand.

Na Thon & der Westen

Na Thon selbst hat nur wenige interessante Hotels, aber es ist praktisch für Leute, die mit dem Boot ankommen oder abfahren. Weiter südlich befinden sich die zwei besten Hotels der Insel: das Conrad Koh Samui und das Intercontinental Samui Baan Taling Ngam Resort. Beide bieten den besten Blick auf den Sonnenuntergang aller Five Islands.

Chytalay Palace Hotel HOTEL $$

(Karte S. 566; ☎077 421079; 152 Nathon Mu 3; DZ 400–850 B, 3BZ 1000–1300 B; ❄📶) Dieses ruhige Hotel an der Straße am Strand, einen kurzen Marsch südlich vom Pier, hat geräumige Zimmer mit Balkonen zum Meer und mit Blick auf herrliche Sonnenuntergänge. In den Zimmern in der unteren Etage blockieren Stromkabel teilweise die Aussicht, sie kosten aber auch 400 B weniger als die neueren Zimmer oben. Die billigeren Doppelzimmer haben nur einen Ventilator. Alle Zimmer sind mit Duschbädern ausgestattet.

★ **Conrad Koh Samui** RESORT $$$

(Karte S. 566; ☎077 915888; www.conradkohsamui.com; Villa 18 400–43 850 B; P❄📶🏊) Die 81 außergewöhnlichen modernen Strandvillen des prachtvollen Conrad haben alle einen eigenen Infinitypool mit Blick auf das tiefblaue Meer. Hier ist alles luxuriös, ohne übertrieben zu wirken. Dank der Lage an der Westküste ist jeden Abend ein traumhafter Sonnenuntergang zu bewundern. Vier Restaurants, ein guter Weinkeller und ein hervorragendes Spa runden das Angebot ab.

Der Süden

Sunset Beach Resort & Spa RESORT $$

(Karte S. 566; ☎077 428200; www.thesunsetbeachresort.com; Ban Taling Ngam; Zi. 1850–2600 B, Villa ab 3350 B; P❄📶🏊) Während man an der Westküste die schönsten Sonnenuntergänge über den Five Islands beobachten kann, punktet dieses südlich gelegene Resort mit einem ruhigen Kiesstrand, blitzsauberen luxuriösen Zimmern, Villen am Strand und sehr aufmerksamem Personal. Außerdem gibt's kostenlose Mountainbikes, mit denen man das verschlafene Dorf erkunden kann.

Avani Plus Samui RESORT $$$

(☎077 485299; www.avanihotels.com; Ao Phang Ka; Zi. 5860–7080 B, Villa 9900–27 450 B; ❄@📶🏊) Das ehemalige Elements liegt an einem einsamen Strand mit vielen Palmen und Blick auf die Five Islands und ist der ideale Ort für einen meditativen Rückzug oder einen romantischen Pärchenurlaub. Die schicken Zimmer befinden sich in mehrstöckigen Gebäuden; zu den versteckten Villen geht es auf dem Pfad, der zu den Liegen am Strand führt.

Essen

Hat Chaweng

Neben unendlich vielen Bars säumen auch viele Fast-Food-Läden die Hauptstraßen von Chaweng. Sie bieten zumeist ausgezeichnete Burger, Kebabs und natürlich Thai-Gerichte. Abseits der Hauptstraße befinden sich viele Resorts, die oft auch über ein ausgezeichnetes Restaurant verfügen, wie z. B. das Tree Tops Sky Dining.

Laem Din Market MARKT $

(Karte S. 569; Chaweng; Hauptgerichte ab 40 B; ⏲4–24 Uhr) Die vielen Stände des belebten Tagesmarkts bieten neben frischem Obst, Gemüse und Fleisch auch Fertiggerichte an. Besucher können z. B. ein Kilo süßer grüner Orangen kaufen oder nach den Zutaten des am Vorabend genossenen Currys stöbern. Abends empfiehlt sich der benachbarte Nachtmarkt für leckeres Grillhuhn und Currys im südthailändischen Stil.

Chaweng Night Food Market MARKT $

(Karte S. 569; Chaweng Beach Rd; Hauptgerichte ab 60 B; ⏲17–23 Uhr) Obwohl er etwas teurer ist als die anderen Essensmärkte auf der Insel, ist hier immer viel los. Überall sitzen fröhliche Menschen zusammen, trinken Bier und lassen sich einheimische oder westliche Gerichte schmecken, bevor sie sich ins Nachtleben von Chaweng stürzen.

Tuk Tuk Backpackers CAFÉ $

(Karte S. 569; ☎087 268 2575; Chaweng Beach Rd; Hauptgerichte ab 120 B; ⏲10–2 Uhr; 📶) Das großartige, kompromisslose, denkwürdige, freche und riesige Western-Café/Restaurant/Bar im Saloon-Stil an der Chaweng Beach Rd bietet gutes Katerfrühstück, mehrere TVs, Billardtische und alle üblichen Annehmlichkeiten. Außerdem gibt's gute Thai-Gerichte.

Khaw Glong THAI $$

(Karte S. 569; ☎089 154 4560; www.khawglong.com; 200/12, Mu 2, Chaweng Beach Road; Hauptgerichte 200 B; ⏲Di–So 15–22 Uhr) Das beliebte

Thai-Restaurant liegt ein wenig abseits der Hauptstraße und serviert ausgezeichnetes Essen. Es ist gemütlich mit dunklen Holzmöbeln und traditioneller Deko eingerichtet und das Personal ist superfreundlich. Man sollte früh kommen, da es abends immer sehr voll wird.

★ **Tree Tops Sky Dining** FUSION $$$
(Karte S. 569; ☎077 960333; www.anantara.com; 92/1 Mu 2, Chaweng Choengmon Rd; Hauptgerichte 1000 B, Menü ab 4550 B; ⏲So–Fr 18–23, Sa 12–23 Uhr) Das romantischste Restaurant in Chaweng hinter dem Anantara Resort besteht aus miteinander verbundenen Plattformen in den Bäumen, von denen man einen traumhaften Blick aufs Meer hat (vor allem von Tisch 7). Damit ist es ideal für einen besonderen Anlass. Auf der supermodernen Speisekarte stehen keine Gerichte, sondern nur die jeweiligen Zutaten.

Dr Frogs ITALIENISCH $$$
(Karte S. 566; ☎077 448505; www.drfrogs.com; 103 Mu 3, Rte 4169; Hauptgerichte 400 B; ⏲7–24 Uhr;) Ganz oben auf einer felsigen Landspitze kombiniert das Dr. Frogs die schöne Aussicht aufs Meer mit köstlichen Meeresfrüchten, thailändischen und italienischen Klassikern. Die Kulisse ist romantisch, und für gequälte Eltern gibt's vorn im Garten einen Kinderspielplatz. Montags, mittwochs, freitags und samstags gibt's ab 19.30 Uhr Livemusik. Das Personal ist sehr freundlich.

Hat Lamai & der Südosten

Als Strand mit den zweitmeisten Besuchern auf Samui hat Hat Lamai im Vergleich zum benachbarten Hat Chaweng eine überraschend kleine Auswahl an annehmbaren Lokalen zu bieten. Neben der steigenden Zahl an touristischen Restaurants rund um Hat Lamai findet man weiter südlich noch die einheimische Küche, insbesondere auf Märkten wie dem **Hua Thanon Market** (Karte S. 566; Ban Hua Thanon; Hauptgerichte ab 30 B; ⏲6–18 Uhr) und im Restaurant Melayu Samui Seafood im Herzen des muslimischen Dorfs.

Lamai Day Market MARKT $
(Karte S. 571; Lamai; Hauptgerichte ab 30 B; ⏲6–20 Uhr) Auf dem lebhaften Markt werden alle erdenklichen Lebensmittel und auch Gerichte zum Mitnehmen verkauft. Frisches Obst gibt's vor allem in der überdachten Halle. Dort kann man auch zusehen, wie die Verkäufer Kokosmilch herstellen. Etwas weiter wird dann auch Kokoseis verkauft. Der Markt ist neben einer Tankstelle.

Pad Thai THAI $
(Karte S. 571; ☎077 458560; www.manathai.com; Rte 4169; Hauptgerichte 140 B; ⏲12.30–21.30 Uhr;) Das elegante, halboffene Restaurant an einer Ecke des riesigen Manathai-Hotels an der Straße ist absolut erschwinglich und eine fantastische Wahl für pfannengerührte Nudeln sowie Suppennudeln, gefolgt von Kokoseis.

Melayu Samui Seafood SEAFOOD $
(Karte S. 566; ☎081 397 4090; Hat Ban Hua Thanon; Hauptgerichte 150 B; ⏲10–22 Uhr) Das köstliche muslimische Restaurant bietet eine vielseitige thailändische Küche mit frischen Meeresfrüchten vom Markt in Ban Hua Thanon (S. 567). Der Besitzer ist Malaie und stammt aus einer der ältesten muslimischen Familien der Insel. Diese Herkunft schmeckt man deutlich in den süßlich würzigen Gerichten. Es werden auch einfache Bungalows vermietet.

Kangaroo INTERNATIONAL $
(Karte S. 571; ☎099 403 1984; 101/4 Mu 3, Lamai Beach Rd; Hauptgerichte ab 150 B; ⏲13–23 Uhr) Das farbenfrohe, effiziente und freundliche Kangaroo serviert ausgezeichnete Thai- und West-Gerichte und eine Fülle an Meeresfrüchten, darunter Haifischsteak, Barrakuda-Steak und Blaukrabben sowie standardmäßige Hühnchencurrys, brutzelnde Platten, Gerichte mit gebratenem Reis und Pasta.

La Fabrique BÄCKEREI $$
(Karte S. 571; ☎089 951 7559; Rte 4169; Frühstück ab 160 B; ⏲6.30–20 Uhr;) In der geräumigen, französisch angehauchten Boulangerie/Patisserie beim **Wat Lamai** (Karte S. 571; abseits der Rte 4169; ⏲tagsüber) GRATIS abseits der Hauptstraße zerschneiden Ventilatoren die Luft. Der Service ist flott und zuvorkommend. Zur Wahl stehen frisches Brot, Croissants, Gratins, Baguettes, Meringues, Joghurts, Gebäck und ungewöhnlich gute Frühstücksangebote mit frischem Obst.

Radiance INTERNATIONAL $$
(Karte S. 571; ☎077 230985; abseits der Rte 4169; Hauptgerichte 200 B; ⏲7–22 Uhr;) In einem Pavillon am ruhigen Strand wird schlanke Küche serviert. Auf der Karte stehen traditionelle thailändische, italienische und mexikanische Gerichte in gesunder Version sowie vegetarische und vegane Gerichte

und auch Rohkost wie die leckere rohe *tom kha* (Kokossuppe mit grünem Curry).

The Dining Room FRANZÖSISCH $$$
(Karte S. 571; ☎077 332888; www.rockyresort.com; 438/1 Mu 1, Rocky's Boutique Resort, abseits der Rte 4169; Hauptgerichte 300–950 B; ⌚10–23 Uhr) Die Spezialität dieses Strandrestaurants im Rocky's Resort (S. 574) ist das Rinderfilet Rossini. Mit der ausgezeichneten Weinkarte und atemberaubenden Aussicht empfiehlt sich das noble Restaurant für ein romantisches Abendessen.

Bo Phut & der Nordosten

Die besten Strandrestaurants und Lokale gibt's in Fisherman's Village. Sie servieren zumeist ausgezeichnete Meeresfrüchte, sind aber eher teuer. Wer in Bo Phut preiswert essen möchte, muss zum Nachtmarkt am Freitagabend gehen. Weitere Restaurants und Cafés befinden sich in der Straße weiter nördlich am Big Buddha Beach westlich von Choeng Mon.

Boy Thai Food THAI $
(Karte S. 573; ☎083 508 6579; Beach Rd (4171); Hauptgerichte 50 B; ⌚15 Uhr–spät) Die schlichte Strandhütte in der Beach Rd östlich von Bo Phut serviert köstliche Thai-Gerichte bis spät in die Nacht, wenn alles andere schon längst geschlossen ist. Da sie etwas außerhalb der Touristenzone ist, kommen auch viele Einheimische hierher. Besonders empfehlenswert ist die *dôm yam*-Suppe mit Meeresfrüchten.

The Hut THAI $
(Karte S. 573; ☎077 938029; Fisherman's Village; Hauptgerichte 60–550 B; ⌚13–22 Uhr; 📶) Neben einfachen Thai-Spezialitäten zu vernünftigen Preisen serviert die Hütte auch etwas teurere Meeresfrüchte. Wer nicht warten will, sollte sehr früh oder sehr spät kommen, denn die wenigen Tische sind schnell alle besetzt. Das Essen ist lecker und das Personal ist flink, manchmal aber auch etwas mürrisch.

Bootlegger Gourmet Burgers BURGER $$
(Karte S. 573; ☎092 559 5085; 30/44 Mu 4, Chaweng Choengmon Rd; Burger ab 360 B; ⌚8–22.30 Uhr; 📶) Zu Burgern wie „Firestarter", „Hot Chick" und „Gangnam Style" gibt's verschiedene Craft-Biere. In dem kleinen netten Lokal gegenüber dem Pier in Bang Rak kann man gut die Wartezeit auf die Fähre überbrücken.

2 Fishes ITALIENISCH $$
(Karte S. 573; ☎077 901009; www.2fishessamui.com; 79/5 Mu 1, Fisherman's Village; Hauptgerichte ab 250 B; ⌚Di–So 17.30 Uhr–spät) Mit einer klaren Linie und köstlicher meeresfrüchtelastiger Küche sorgt das schicke italienische Restaurant für frischen Wind in der Szene. Die Portionen sind nicht üppig, aber das von Besitzer Leandro persönlich überwachte Personal ist sehr flink.

Karma Sutra INTERNATIONAL $$
(Karte S. 573; ☎088 751 8674; www.karmasutrasamui.com; Fisherman's Village; Hauptgerichte 190–690 B; ⌚8–1 Uhr; 📶) Das hippe, gemütliche Lokal befindet sich beiderseits der Hauptstraße in Fisherman's Village. Es gibt gute internationale und thailändische Gerichte, die man draußen auf der Straße oder im Obergeschoss mit Meerblick genießen kann.

★ **Dining on the Rocks** FUSION $$$
(Karte S. 566; ☎077 245678; www.sixsenses.com/resorts/samui/dining; Choeng Mon; Festpreismenü ab 2800 B; ⌚18–24 Uhr; 📶🍷) Beim entlegenen Six Senses Samui (S. 575) wartet hoch über dem Golf Ko Samuis ultimative kulinarische Erfahrung auf neun freischwebenden Veranden. Nach Sonnenuntergang (und Wein) fühlt man sich, als würde man auf einer Holzbarke auf einem funkelnden Sternenmeer speisen. Alle Gerichte des Festpreismenüs werden von kreativen Köchen ersonnen, die regelmäßig mit Aroma, Konsistenz und Temperatur experimentieren.

Zazen Restaurant FUSION $$$
(Karte S. 573; ☎077 425085; Rte 4169; Hauptgerichte 270–550 B, Menü ab 1300 B; ⌚18.30–23 Uhr; 📶) Mit Kerzenlicht, leiser Musik und Meerblick ist das Restaurant des Zazen Resort (S. 575) ideal für ein romantisches Abendessen zu zweit. Donnerstags und sonntags werden ab 20 Uhr thailändische Tänze vorgeführt. Reservierung empfohlen.

Mae Nam & die Nordküste

In Mae Nam gibt es haufenweise Lokale, von Strandhütten aus Treibholz mit Palmendach, die einen Mix aus Thai-Küche, westlichem Essen und Meeresfrüchtegerichten servieren, bis zu gehobeneren Restaurants, die sich im Netz der von Lilienteichen gesäumten Sträßchen mehr im Inland befinden. Auf keinen Fall sollte man sich den **Mae Nam Night Market** (Karte S. 566; Mae Nam; ⌚Do 17–23 Uhr) am Donnerstag entgehen lassen.

Homemade Burgers BURGER $
(Karte S. 566; ☎085 788 4162; Rte 4169, Mae Nam; Burger ab 80 B; ⏲9.30–22 Uhr;) Die winzige Hütte an der Straße bietet leckere, preiswerte und wirklich hausgemachte Burger und Sandwiches. Neben den üblichen Fleischburgern gibt es auch Veggie- und vegane Burger. Dazu genießt man ein eiskaltes Bier (ab 70 B) im coolen Bambusgarten.

★ **Pepenero** ITALIENISCH $$
(Karte S. 566; ☎077 963353; www.pepenerosamui.com; Rte 4169, Mae Nam; Hauptgerichte 280–520 B; ⏲Mo–Sa 18–22 Uhr;) Das Pepenero ist seit jeher sehr beliebt, und das aus gutem Grund: Das elegant ausgestattete italienische Restaurant hat einen wunderbaren Garten und eine ausgezeichnete Speisekarte (u. a. mit Käse- und Wurstbrettern). Der Hauptgrund für die Treue seiner Stammkundschaft sind aber die fleißigen und geselligen Besitzer.

Bang Po Seafood SEAFOOD $$
(Karte S. 566; ☎077 602208; Rte 4169, Bang Po; Hauptgerichte 200 B; ⏲10–22 Uhr) Ein Test für die Geschmacksnerven: Das Bang Po Seafood gehört zu den ganz wenigen Inselrestaurants mit Ko-Samui-Traditionskost. So beinhalten die Gerichte z. B. rohe Seeigeleier, Baby-Tintenfische, Meerwasser, Kokosmilch und einheimischen Gelbwurz.

Gaon Korean Restaurant KOREANISCH $$
(Karte S. 566; Mae Nam; Hauptgerichte 250–500 B; ⏲Sa–Do 15–23 Uhr;) Direkt in China Town in Mae Nam bietet dieses exzellente Restaurant gegrilltes Fleisch, gegrillten Fisch und gedünstete Meeresfrüchte sowie koreanische Klassiker wie köstliches *bulgogi* (mariniertes Rindfleisch mit Pilzen und Möhren auf einer heißen Platte), Kimchi-Pfannkuchen, koreanisches Eis, ein Kindermenü und eine brutzelnde Auswahl für Vegetarier.

John's Garden Restaurant THAI $$
(Karte S. 566; ☎077 247694; www.johnsgardensamui.com; Mae Nam; Hauptgerichte ab 130 B; ⏲13–22 Uhr;) In diesem entzückenden Gartenrestaurant stehen die Tische zwischen Bambus, Palmen und sorgfältig geschnittenen Hecken. Besonders romantisch wird es, wenn abends die Laternen angehen – deshalb sollte man vorab reservieren, aber nicht den Mückenschutz vergessen (normalerweise wird der auch gestellt, aber Vorsorge ist besser). Die Spezialität unter den thailändischen und europäischen Gerichten ist das ausgezeichnete muslimische *massaman*-Chicken.

Farmer's Boutique Restaurant INTERNATIONAL $$$
(Karte S. 566; ☎077 447222, 098 655 5314; www.farmersboutiqueresort.com/restaurant; Mae Nam; Hauptgerichte 290–890 B; ⏲19–22.30 Uhr;) Das fantastische Farmer's im gleichnamigen Boutiqueresort liegt traumhaft vor einem fotogenen Reisfeld mit grünen Hügeln in der Ferne und ist eine tolle Wahl, besonders wenn in einer sternklaren Nacht die Kerzen flackern. Das überwiegend europäisch inspirierte Essen schmeckt gut und ist schön angerichtet. Das Farmer's bietet einen kostenlosen Abholservice von den Stränden in der Nähe, und das Personal ist sehr aufmerksam.

Na Thon & der Westen

An der ruhigen Westküste gibt es einige der besten Meeresfrüchtegerichte auf Ko Samui sowie einige der besten Ausblicke, vor allem bei Sonnenuntergang. In Na Thon hat man zwar eine große Auswahl, die Restaurants überzeugen allerdings nicht besonders. Dafür gibt es den ausgezeichneten **Night Food Market** (Karte S. 566; Th Chonwithi, Na Thon Pier; Hauptgerichte 70 B; ⏲17–22 Uhr) mit fantastischem Essen. Hier lässt es sich auch gut auf die Fähre zum Festland warten.

Hippocampe French Bakery BÄCKEREI $
(Karte S. 566; Kuchen/Sandwiches 50/100 B; ⏲Mo–Sa 6–18 Uhr;) Neben frisch gebackenem Vollkornbrot serviert das kleine französische Café mit Blick auf die belebte Th Angthong auch leichtes Mittagessen, köstlichen Kuchen und ausgezeichneten Kaffee.

Phootawan Restaurant THAI $$
(Karte S. 566; ☎081 978 9241; Hauptgerichte 150 B; ⏲10–20 Uhr) Wer die Tortur auf sich nimmt, auf einem Roller den Hügel bis zu diesem Restaurant zu erklimmen, wird mit schönen Panoramablicken über die Bäume hinweg belohnt, das Essen ist allerdings eher Mittelmaß. Bei Sonnenuntergang wird es hier jedoch romantisch und zauberhaft.

Lucky INTERNATIONAL $$
(Karte S. 566; ☎077 420392; Na Thon; Hauptgerichte 100–420 B; ⏲Mo–Sa 8–21, So 12–21 Uhr;) Das Restaurant mit Meerblick serviert leckere und sättigende westliche Speisen und Thai-Gerichte. Vor allem wegen der Aussicht bei Sonnenuntergang ist es durchaus

zu empfehlen. Es liegt günstig in der Nähe des Piers, und Besitzer Steve ist eine unerschöpfliche Quelle an Infos.

Der Süden

Ging Pagarang SEAFOOD $

(Karte S. 566; ☎ 081 691 2114; Thong Krut; Hauptgerichte 50 B; ⌚ 11.30–20 Uhr) Nach Meinung der Einheimischen zaubert dieses Strandrestaurant mit die besten Meeresfrüchtegerichte im traditionellen Stil der Insel. Der Familienbetrieb ist sehr schlicht, aber das Essen und der Ausblick sind grandios. Sehr empfehlenswert sind der Meeralgensalat mit Krabben, getrockneter gebratener Tintenfisch und die spektakulär gebratenen Fische oder Garnelen mit Zitronengras.

Sweet Sisters Cafe CAFÉ $

(Karte S. 566; ☎ 086 470 8631; Bang Kao; ⌚ 9–21 Uhr; 📶) Das charmante und gemütliche Café mit einem ansprechenden Innenraum direkt an der Straße im ruhigen Süden von Ko Samui, kurz vor der Abzweigung zur Bucht Ao Bang Kao, ist ein einladender Ort für eine Pause mit Kaffee, Säften und Snacks, während man die Strände, Buchten und Pagoden an der Südküste erkundet.

★ **Hemingway's on the Beach** THAI $$

(Karte S. 566; ☎ 088 452 4433; www.hemingwaysonthebeach.com; abseits der Rte 4170, Ao Thong Krut; Hauptgerichte 225 B; ⌚ Mo–Sa 10–20 Uhr; 📶) Das Lokal am Strand an der Rte 4170, dort, wo diese nach Thong Krut einbiegt, bietet anregende Thai-Gerichte – sowie Jaa's Kochkurse (1500 B/Pers.) – und ist ein sehr guter Grund, die Südwestecke von Ko Samui zu besuchen. Hier locken frische Meeresfrüchte und der Ausblick, vor allem bei Sonnenuntergang. Das Hemingway's arrangiert zudem Longtail- und Schnellboottouren um die Inseln, nach dem Essen kann man sich vor Ort massieren lassen.

Ausgehen & Nachtleben

Seit das neue Gesetz in Kraft getreten ist, wonach alle Bars um 1 Uhr morgens schließen müssen, geht es auf der Insel nachts ruhiger zu als früher. Samuis größte Partyhochburg ist der aufgeweckte und lärmige Hat Chaweng. Dahinter rangieren Lamai und Bo Phut. Der Rest der Insel ist allgemein recht ruhig, da sich das Nachtleben dort normalerweise auf die Hausbars der Resorts beschränkt. Wer beim Sonnenuntergang Cocktails schlürfen will, fährt an die Westküste oder Abschnitte der Nordküste. Zudem öffnen auch immer mehr ausgezeichnete Cafés auf der ganzen Insel.

Hat Chaweng

★ **Warm White** BAR

(Karte S. 569; Chaweng Lake; ⌚ 17–2 Uhr; 📶) Hier hängen die coolen Kids der Insel ab. Zu moderner thailändischer Musik gibt's preiswertes Bier und Cocktails. Abends ist die Terrasse voller junger, hipper Einheimischer, unter die sich nur selten mal ein Ausländer mischt.

Green Mango BAR

(Karte S. 569; ☎ 077 300672; www.thegreenmangoclub.com; Soi Green Mango; ⌚ 21–2 Uhr) Die Bar heißt genauso wie die Straße. Das Green Mango ist seit jeher eine der beliebtesten Bars der Insel: sehr groß, sehr laut und sehr *farang* (westlich) – fast jeder Partygänger in Chaweng schaut hier mal vorbei. Geboten werden grelles Licht, teure Drinks und jede Menge schweißgebadete Körper auf der Tanzfläche.

Ark Bar BAR

(Karte S. 569; ☎ 077 961333; www.ark-bar.com; 159/89, Mu 2, Hat Chaweng; ⌚ 7–2 Uhr) Drinks bekommt die Feiergemeinde an der bunten Bar, die Gäste räkeln sich auf Liegen am Strand und die Party läuft Tag und Nacht. Feuershows beleuchten den Strand nach Sonnenuntergang und DJs legen ab nachmittags Housemusik auf.

Hat Lamai & der Südosten

Lava Lounge BAR

(Karte S. 571; ☎ 080 886 5035; Mu 3, Hat Lamai; ⌚ 16–2 Uhr) Die entspannte Lava Lounge ist eine der besseren Bars in Hat Lamai und wartet mit einer erfrischenden Cocktailkarte auf (99–150 B). Die Happy Hour geht von 16 bis 21 Uhr. Es gibt auch ordentliche thailändische und westliche Snacks.

Beach Republic BAR

(Karte S. 571; ☎ 077 458100; www.beachrepublic.com; 176/34 Mu 4, Hat Lamai; ⌚ 7–23 Uhr; 📶) Das Beach Republic, leicht zu erkennen an den klaffenden strohgedeckten Sonnendächern, könnte das Paradebeispiel eines Drehorts für eine TV-Show über alkohollastigen Strandurlaub sein. Es gibt Planschbecken, gemütliche Lounge-Sessel, eine ellenlange Cocktailkarte und sogar ein Hotel für diejenigen, die die Party nie verlassen wollen. Der Sonntags-Brunch (11.30–15.30 Uhr) ist legendär.

Bo Phut & der Nordosten

★ Woobar BAR

(Karte S. 573; ☎077 915999; www.wkohsamui.com; Bo Phut; ⌚11–23 Uhr; 📶) Die markante Lobbybar des W Retreat mit echtem Wow-Faktor und 270-Grad-Panoramen gibt dem Wort „schick" eine neue Bedeutung. Hierfür sorgen Sitzkisseninseln mitten in einem großen Infinitypool, der sich bis zum unendlichen Horizont erstreckt. Zweifellos Ko Samuis bester Ort, um einen Sundowner bei coolen Musikmixes zu genießen.

Jack Doyle's Irish Pub IRISH PUB

(Karte S. 573; ☎087 689 9417; Mu 181/6, Rte 4169; ⌚11–2 Uhr; 📶) Mit ausgezeichneter Pizza, ständigem Sportfernsehen, Billardtisch und gutem Bier ist das gesellige Pub die Lieblingskneipe britischer Expats. Das ordentliche Essen ist sehr preiswert.

Chez Isa CAFÉ

(Karte S. 573; ☎082 423 9221; Wat Phra Yai; ⌚9.30–19 Uhr; 📶) In dem kleinen, reizenden und bunten Café gibt's keinen Alkohol (da der Wat Phra Yai daneben liegt) und es schließt früh, aber es ist ein wunderbarer Ort, um bei einem Mocktail den Sonnenuntergang zu bewundern oder tagsüber bei einem Kaffee mit Blick aufs Meer zu entspannen.

Cafe K.O.B. KAFFEE

(King of Bread; Karte S. 573; ☎081 829 9045; ⌚8–17 Uhr; 📶) Das hippe kleine Café bietet ausgezeichneten Kaffee und selbstgebackenes Brot und Gebäck. Außerdem gibt's tolles Frühstück und Mittagessen.

Mae Nam & die Nordküste

★ Tree Bridge Coffee KAFFEE

(Karte S. 566; ⌚9–18 Uhr; 📶) Der Zugang zu dem Baumhaus führt über eine Hängebrücke in schwindelerregender Höhe. Dafür wird man mit einem atemberaubenden Blick über den tiefblauen Golf bis nach Ko Pha-Ngan belohnt. Der Kaffee ist hier übrigens auch ganz gut. Das Café ist ideal für eine kurze Pause auf dem Weg zum Tan Rua Waterfall (S. 566).

About Cafe CAFÉ

(Karte S. 566; ☎077 938 167; 160/1, Mu 1, Mae Nam; ⌚Sa–Mo 7.30–17 Uhr; 📶) Wir lieben dieses kleine Café mitten in Mae Nam. Aus dem schicken Innenraum mit schrägen Retro-Gegenständen kann man das Treiben auf der Straße beobachten. Wegen des starken Andrangs ist das Personal manchmal etwas überfordert, doch es lohnt sich, auf den ausgezeichneten Kaffee und das tolle Frühstück zu warten.

Beryl Bar BAR

(Karte S. 566; Hat Laem Yai; ⌚18 Uhr–open end; 📶) Die schäbige, weit abgelegene Bar ist besonders beliebt bei Pärchen wegen der Ruhe und des romantischen Sonnenuntergangs. Die Lage oberhalb einer einsamen zerklüfteten Bucht fühlt sich schon wie das Ende der Welt an. Wem das zu langweilig ist, kann zu dem Höhlentempel mit einem meditierenden Buddha nördlich der Bar wandern. Ansonsten legt man sich einfach auf eine Liege und genießt die atemberaubende Umgebung.

Na Thon & der Westen

Air Bar BAR

(Karte S. 566; ☎077 429100; www.samui.intercontinental.com/air-bar; Intercontinental Samui Baan Taling Ngam Resort, Taling Ngam; ⌚17–24 Uhr; 📶) Von der wundervollen, auf einer Klippe thronenden Freiluftbar in diesem **luxuriösen Resort** (Karte S. 566; DZ 7500–11 500 B, Suite 11 500 B, Villa 15 000–21 500 B; P❄📶🏊) prostet man der untergehenden Sonne zu, während diese im goldenen Golf versinkt. Wer sich nicht losreißen kann, kann sich aus den Tapas und Snacks der ausgezeichneten Karte auch noch eine Mahlzeit zusammenbasteln. Dies ist so ziemlich der romantischste Ort in Na Thon.

Coffee Island CAFÉ

(Karte S. 566; ☎081 656 3399; Th Chonwithi; ⌚7–21 Uhr; 📶) Das Café gegenüber dem Pier ist ideal, um sich zu stärken, bevor man zur Fähre geht. Zum großartigen Kaffee gibt's gutes Frühstück und leichtes Mittagessen. Mit starkem WLAN kann man sich auch bei der Ankunft erst einmal über die Insel informieren.

Der Süden

Buffalo Baby BAR

(Karte S. 566; Ao Bang Kao; ⌚9–21 Uhr; 📶) Ganz unten an der Südküste bei Ao Bang Kao erwacht diese spaßige Strandbar (geführt vom freundlichen Maurice) immer samstags ab 17 Uhr zum Leben, wenn die Bang

Kao Walking Street, ein lebendiger Straßenmarkt mit Livemusik auf einer Bühne direkt im Sand, loslegt.

Unterhaltung

Paris Follies Cabaret VARIETÉ

(Karte S. 569; ☎087 030 8280; Chaweng Beach Rd; ⊙20–24 Uhr; 📶) Das umwerfende und unterhaltsame Varieté bietet jeden Abend um 20, 21, 22 und 23 Uhr einstündige *gà·teu·i-* (auch *kàthoey* geschrieben) Shows mit Transvestiten- und/oder Transgender-Künstlern an, die gleichermaßen von Männern und Frauen besucht werden. Der Eintritt ist frei, aber man muss ein Getränk kaufen (ab etwa 300 B).

Shoppen

Fisherman's Village Night Market MARKT

(Karte S. 573; Fisherman's Village; ⊙Fr 17–23 Uhr) Jeden Freitagabend verwandelt sich in Fisherman's Village die Straße beim Parkplatz **The Wharf** (Karte S. 573; ☎077 425500; Fisherman's Village; ⊙11–23 Uhr) in einen quirligen farbenfrohen Markt voller Stände mit Streetfood, Kunsthandwerk, T-Shirts und billigen Cocktails. Zumeist wird man noch von Livemusik begleitet, während man hier Satay-Spieße und dort klebrigen Mangoreis probiert.

Baan Ngurn SCHMUCK

(House of Silver; Karte S. 573; ☎085 797 9630; Entrance Rd, Fisherman's Village; ⊙11–22 Uhr) Der schöne kleine Schmuckladen hat eine große Auswahl an fein gearbeiteten Armbändern, Ketten und Ohrringen aus Silber. Die Preise reichen von rund 30 B für ein Paar Ohrringe bis zu 8000 B, doch der Besitzer lässt in der Regel mit sich handeln.

Island Books BÜCHER

(Karte S. 571; ☎061 193 2132; www.island-books-samui.com; Tapee Bungalows, abseits der Rte 4169; ⊙11–19 Uhr) Der aus Liverpool stammende Paul Wotham stammt noch aus einer anderen Welt: einer, in der die Menschen lesen und gerne in einem schönen Buchladen stöbern. All diejenigen, die diese Leidenschaft noch teilen, finden hier eine große Auswahl an gebrauchten Büchern – zumeist in Englisch – und Reiseführern.

Thanon An Thong STRASSE

(Karte S. 566; Th Anthong, Na Thon) Nur einen Block vom Pier Richtung Inland befindet sich diese hübsche Straße gesäumt von hölzernen Shophouses, chinesischen Laternen und Singvögeln in Käfigen. In den Souvenirshops bekommt man Produkte und Mitbringsel preiswerter und stressfreier als in Chaweng.

Central Festival SHOPPINGZENTRUM

(Karte S. 569; ☎077 913 000; Chaweng Beach Rd; ⊙11–23 Uhr; 👪) Die helle, glänzende und riesige Monster-Mall ist voller Läden, Cafés und Restaurants. Es gibt einen tollen klimatisierten Restaurantbereich mit Streetfood. Für Kinder gibt's einen Spielplatz und eine Mini-Eisenbahn. Ideal, um der Hitze draußen zu entkommen.

Praktische Informationen

GELD

Es gibt fast überall Geldautomaten. In den meisten Hotels und Restaurants werden Kreditkarten akzeptiert.

INTERNETZUGANG

Alle Unterkünfte, Restaurants und Bars bieten kostenloses WLAN.

MEDIZINISCHE VERSORGUNG

Die vier privaten Inselkliniken liegen alle nahe Chawengs Tesco-Lotus-Supermarkt an der Ostküste, wo sich die meisten Touristen tummeln. Das staatliche Krankenhaus (Samui Hospital) in Na Thon ist seit ein paar Jahren deutlich besser, lässt aber immer noch zu wünschen übrig: Seine Finanzierung basiert auf Samuis offizieller Einwohnerzahl, welche die vielen illegalen Arbeiter nicht erfasst.

Bangkok Hospital Samui (Karte S. 569; ☎077 429500, Notruf 1719; www.bangkokhospitalsamui.com; Rte 4169) Zentral gelegenes und international anerkanntes Krankenhaus in Chaweng. Beste Option bei fast allen Gesundheitsproblemen.

Bandon International Hospital (Karte S. 566; ☎077 332706; abseits der Rte 4169; ⊙24 Std.) Ein privates Krankenhaus mit internationalen Standards der Gesundheitsfürsorge.

Ko Samui Hospital (Karte S. 566; ☎077 913200; www.samuihospital.go.th/weben; Na Thon; ⊙24 Std.) Öffentliches, staatliches Krankenhaus im Süden von Na Thon.

Samui International Hospital (Karte S. 569; ☎077 300394; www.sih.co.th; 90/2 Mu 2, Chaweng Beach Rd; ⊙24 Std.) Internationales Krankenhaus in Chaweng. Rettungsdienst rund um die Uhr und Annahme von Kreditkarten.

NOTFALL

Die **Touristenpolizei** (Karte S. 566; ☎077 430018) ist sehr hilfreich für Infos und bei einer Verhaftung.

POST

In mehreren Inselecken gibt's privat geführte Postfilialen, die jeweils eine kleine Bearbeitungsgebühr verlangen. Fast alle Unterkünfte verschicken frankierte und abgestempelte Post für Gäste.

RECHTSFRAGEN

Die thailändische Polizei lässt Ausländer weitestgehend in Ruhe, aber die Drogengesetze werden teilweise strikt umgesetzt und die Strafen für den Besitz von Drogen können hart sein.

Wird man wegen einer Straftat verhaftet, gestattet einem die Polizei einen Anruf. Sich gegen die Verhaftung zur Wehr zu setzen, macht alles nur noch schlimmer.

Man sollte unbedingt immer eine Kopie des Reisepasses oder des Personalausweises mit sich tragen, da man sich vor der Polizei ausweisen können muss. Obwohl man viele Motorrad- oder Rollerfahrer ohne Helm sieht, ist dieser gesetzlich vorgeschrieben.

Die Touristenpolizei kann in rechtlichen Dingen eine große Hilfe sein.

SICHER UNTERWEGS

Verkehr Die Sirenen der Krankenwagen, die über die Straßen der Insel rasen, sind allgegenwärtig und ein klares Zeichen dafür, dass die Zahl der Verkehrsopfer auf Ko Samui ziemlich hoch ist. Das liegt größtenteils an den vielen (unerfahrenen) Touristen, die Motorräder mieten und viel zu spät bemerken, dass die Kombination von kurvigen Straßen, tropischen Wolkenbrüchen, chaotischem Verkehr und Sand auf den Straßen tödlich sein kann.

Glasscherben am Strand An weniger besuchten Stränden muss man unbedingt auf Glasscherben achten – es ist unfassbar, wie viel zerbrochenes Glas da rumliegt. Am Strand in Na Thon findet man teilweise viele Glasscherben, aber auch an Stränden wie der Sandbank, die nach Ko Ma im Nordwesten der Insel führt, kann man gefährliche Stücke finden. Manche Scherben haben schon abgeschliffene Kanten, die eher rund sind, doch andere sind extrem spitz und scharfkantig.

Starke Strömungen Das Meer von Samui kann wild sein, auch für gute Schwimmer, und es sind auch schon Leute ertrunken – vor allem in Chaweng und Lamai, wo es starke Strömungen gibt. Normalerweise weisen die Hotels mit Schildern oder Sturmflaggen auf Gefahren und Schwimmbedingungen hin. Wer in einen Brandungsrückstrom gerät (eine starke Oberflächenströmung, die einen Richtung Meer zieht), muss parallel zum Ufer schwimmen, um aus der Strömung zu gelangen, oder sich treiben lassen, bis der Sog sich in tieferem Wasser auflöst und man gerettet ist.

Hunde Hunde sind überall auf der Insel – sie vermehren sich wie Kaninchen und können beißen. Das Samui Dog & Cat Rescue Centre (S. 571) passt auf sie auf, kastriert/sterilisiert Straßenhunde und impft sie gegen Tollwut (sie haben es weitestgehend unter Kontrolle, aber wer gebissen, wird, sollte zum Arzt gehen). Die bedrohlichen Hunde lungern in Rudeln bei den Tempeln und an den Stränden herum; vorsichtig sein und sie nicht streicheln.

Lästige Händler Strandhändler werden staatlich registriert und sollten nummerierte Jacken tragen. Bei nicht aufhörender Belästigung durch Händler sollte man sich Hilfe suchen.

TOURISTENINFORMATION

Es gibt kein offizielles Touristenbüro auf der Insel. Touristeninformationen findet man in Hotels und Reisebüros.

Siam Map Company (www.siammap.com) Gibt vierteljährig Broschüren heraus, darunter einen Spa-Führer, einen Restaurant-Führer und ein jährliches Verzeichnis mit Tausenden von Unternehmen und Hotels auf der Insel. Die *Samui Guide Map* ist ausgezeichnet, kostenlos und überall auf der Insel zu finden.

VISAVERLÄNGERUNGEN

Im neuen **Immigration Office** (Karte S. 566; ☎ 077 423440; www.suratimmigration.go.th; Soi 1 Mu 1, Mae Nam; ⏲ Mo–Fr 8.30–12 & 13–16.30 Uhr), das südlich der Rte 4169 in Mae Nam liegt, kann man das Visum verlängern lassen.

Es gibt die Option, drei Monate bis ein Jahr an einem Thai-Sprachkurs auf der Insel teilzunehmen, was einem ein Studentenvisum für die Länge des Aufenthalts garantiert.

ℹ An- & Weiterreise

FLUGZEUG

Ko Samuis **Flughafen** (Karte S. 566; www.samuiairportonline.com) liegt im Nordosten der Insel oberhalb von Chaweng.

Bangkok Airways (www.bangkokair.com) verbindet etwa alle 30 Minuten Ko Samui mit Bangkoks Suvarnabhumi International Airport (65 Min.). Bangkok Airways fliegt auch direkt von Samui nach Phuket, Pattaya, Chiang Mai, Singapur, Kuala Lumpur, Hongkong und andere Städte in Südostasien. Bangkok Airways fliegt auch nach Chéngdū und Guǎngzhōu in China.

Bangkok Airways (Karte S. 569; ☎ 077 601300; www.bangkokair.com; ⏲ 8–17.30 Uhr) ist am Hat Chaweng und am Flughafen zu finden. Der erste und letzte Flug des Tages kosten am wenigsten.

In der Hauptsaison heißt's möglichst rechtzeitig reservieren, da Flüge nach Ko Samui dann oft ausgebucht sind. Falls Letzteres der Fall ist, kann man theoretisch ab Bangkok nach Surat Thani fliegen und dort eine kurze Fahrt mit der Fähre zur Insel machen. Die Flüge nach Surat Thani sind auch billiger.

BETRÜGEREIEN DER VERLEIHER

Selbst wenn man das offensichtlich unbeschädigte Motorrad zurückbringt, verlangen die Verleiher oft exorbitante Zahlungen für angebliche Beschädigungen. Um sich davor zu schützen, sollte man beim Abholen des Motorrads oder Autos möglichst viele Fotos machen und dafür sorgen, dass der Verleiher das mitbekommt. So wird er es eher nicht wagen, unberechtigte Ansprüche anzumelden.

Wenn er es dennoch tut, sollte man ganz ruhig bleiben. Wenn man die Nerven verliert, kann die Situation schnell eskalieren und alles nur noch schlimmer machen.

Im äußersten Notfall sollte man sich dann an die Touristenpolizei und nicht die reguläre Polizei wenden.

SCHIFF/FÄHRE

Auf dem Festland fungieren Tha Thong (Tapee), Don Sak und Chumphon als Haupthäfen in Richtung Ko Samui. Auf Samui legen die meisten Fähren in Na Thon, Mae Nam und Bang Rak an bzw. ab. Schnellfährentickets beinhalten oft den Transfer per Minivan für 150 B.

Zum Festland

Zwischen Samui und dem Festland vekehren jede Menge Fähren.

Die Schnellfähre **Lomprayah** (☎ 077 200932; www.lomprayah.com; Tapee Pier) fährt von Na Thon (600 B; 1:40 Std., 8, 12.45 & 15.15 Uhr) zum Tapee Pier. Bei einigen Fahrten hat man auch Anschluss zum Bahnhof in Phun Phin (700 B), um nach Surat Thani zu gelangen.

Zudem gibt's die langsamere, aber bequemere Autofähre **Seatran** (Karte S. 566; ☎ 077 426001; www.seatranferry.com; abseits der Chonwithi Rd; ab 250 B; ⏲ 4–19 Uhr), die von Bang Rak nach Don Sak (400 B; 1½ Std.) oder von Na Thon über Don Sak nach Surat Thani (inkl. Bustransfer 230 B; 3 Std.) fährt.

Die regelmäßige Autofähre **Raja** (Lipa Noi; Karte S. 566; ☎ 092 274 3423-5, 022 768211-2; www.rajaferryport.com; Lipa Noi Pier; Erw. 130–210 B) nach Don Sak legt in Lipa Noi ab (130 B; 1½ Std.). Das langsame Nachtboot nach Samui (300 B) fährt jeden Abend um 22 Uhr im Zentrum von Surat Thani ab und erreicht Na Thon gegen 6 Uhr. Um 22 Uhr tritt es die Rückfahrt von Na Thon an und erreicht das Festland gegen 4 Uhr. Auf dem Boot auf das Gepäck achten!

Die Fähren von Lomprayah starten auch am **Pralan Pier** (Pralan Pier; Karte S. 566; ☎ 077 950700; www.lomprayah.com; 26/6 Mu 1) in Mae Nam Richtung Chumphon (1100 B; 3¾ Std., 8 und 12.30 Uhr). Etwas preiswerter sind die Fähren von Songserm (www.songserm.co.th), die von Na Thon nach Chumpon fahren (900 B; 6½ Std.).

Nach Ko Pha-Ngan & Ko Tao

Täglich verkehren fast ein Dutzend Fähren zwischen Ko Samui und Thong Sala an der Westküste von Ko Pha-Ngan und viele davon fahren weiter nach Ko Tao. Sie starten vom Raja-Fähranleger, in Na Thon, vom Pralarn Pier und in Bang, benötigen 20 bis 90 Minuten pro Tour und kosten je nach Fähre pro Fahrt 150 bis 300 B nach Ko Pha-Ngan.

Auf direktem Weg nach Hat Rin geht es mit der *Haad Rin Queen*, die viermal täglich zwischen Hat Rin und dem **Big Buddha Pier** (Karte S. 573; Beach Rd (4171); Ticket 200 B; ⏲ 10.30–18.30 Uhr) hin- und herfährt. Das erste Boot fährt von Hat Rin um 9.30 Uhr ab und vom Big Buddha Pier um 10.30 Uhr. Nach der Vollmondparty ist sie doppelt so häufig unterwegs und fährt noch zusätzlich um 7.30 Uhr am selben Tag.

Nach Hat Rin und zu den entlegeneren Stränden von Ko Pha-Ngan geht es einmal täglich auch mit dem kleinen, klapprigen *Thong Nai Pan Express*. Er startet gegen 12 Uhr in Mae Hat auf Ko Samui, fährt nach Hat Rin und dann die Ostküste hinauf und stoppt an allen Stränden bis hinauf zum Thong Nai Pan Noi. Je nach Fahrtziel kosten die Tickets 200 bis 400 B. Bei schlechtem Wetter fährt das Boot nicht.

Bus und Zug-Fähre-Kombitickets

Eine Kombination aus Bus und Fähre ist für den Weg nach Ko Samui praktischer als ein Paket aus Zugfahrt und Fähre, denn so muss man in Phu Phin nicht das Verkehrsmittel wechseln. Die Züge sind allerdings sehr viel komfortabler und geräumiger, besonders nachts. Wer den Zug vorzieht, sollte in Chumphon aussteigen und den restlichen Weg mit dem Lomprayah-Katamaran zurücklegen.

Mehrere Anbieter offerieren Kombitickets für Bus und Fähre. Am schnellsten und komfortabelsten ist der Lomprayah-Service, der täglich um 6 und 21 Uhr in Bangkok startet und um 8 und 12.30 Uhr von Ko Samui nach Bangkok fährt (1300–1450 B, 11–12 Std.).

Unterwegs vor Ort

Achtung: Wer auf Ko Samui unterwegs ist, sieht überall Schilder, die die Entfernung zu bestimmten Bars, Restaurants oder Hotels anzeigen. Für diese Hinweisschilder gilt die Faustregel, dass 300 m etwa 1 km entsprechen.

Roller Die recht preiswerten Roller können überall gemietet werden. Mit einem Roller kommt man auf der Insel überall hin.

Bus *Sŏrng·tăa·ou* (Sammel-Minibusse) sind die einzigen öffentlichen Verkehrsmittel auf der Insel. Sie verkehren häufig zwischen den wichtigsten Orten.

Taxi Neben privaten Taxis fahren hier auch Grab-Taxis (www.grab.com). Beide sind jedoch sehr teuer.

Auto Autovermietungen gibt's überall auf der Insel, doch am besten hält man sich an die internationalen Agenturen am Flughafen. Hier herrscht Rechtsverkehr.

Ko Pha-Ngan

12 500 EW.

Ende der 1970er-Jahre war Ko Pha-Ngan (เกาะพะงัน) noch ein unberührtes Paradies, das Wagemutige anlockte. Seine unschuldigen Tage sind vielleicht schon lange vorbei, aber das sollte einen nicht abschrecken: Diese Golfinsel bietet viel mehr als die Vollmondpartys, durch die sie berühmt geworden ist.

Wer sich die ruhigeren Tage im Mondkalender oder die kleineren, aber immer noch wilden Halbmondpartyzeiten für einen Besuch aussucht, erlebt den wahren Charme der Insel. Außerdem ist es dann leichter, ein Zimmer zu bekommen, die Preise sind vernünftiger und es sind viel weniger Besucher auf der Insel, was mehr Einsamkeit und Ruhe bedeutet. Sogar Hat Rin – Partyhochburg bei Vollmond – ist zu anderen Zeiten ruhig und entspannt, und die Strände sind sauber.

Die ruhigsten Monate sind April bis Juni, wenn die Insel einen Gang herunterschaltet – eine ideale Zeit für einen Besuch mit niedrigeren Preisen, weniger Ellbogen pro Quadratkilometer und mit sichereren Straßen.

Sehenswertes

Neben den wilden Vollmondpartys hält die große Insel im Inland spektakuläre Naturschönheiten bereit, darunter bewaldete Berge, Wasserfälle, unberührten Wald, einen Nationalpark sowie einige der spektakulärsten Strände Thailands.

Neben den gut 20 Wats auf Ko Pha-Ngan, von denen jeder einen ganz eigenen Charakter hat und die man keinesfalls in Strandklamotten, sondern in angemessener Kleidung besuchen sollte, gibt's weitere religiöse Sehenswürdigkeiten, wie die 100 Jahre alte Holzmoschee in der Nähe von Ban Kai.

Hat Rin STRAND

(หาดริน, Hat Rin Nok; Karte S. 588; Baan Haad Rin). Der auch als Sunrise Beach oder Full Moon Party Beach bekannte Strand ist einer von Ko Pha-Ngans schönsten und saubersten Stränden, denn ein Großteil der Einnahmen aus den monatlichen Vollmondpartys fließt in die (unbedingt notwendige) Reinigung des Strandes. Sein Ruf als Partyhochburg schreckt jedoch viele Besucher ab, und so ist es hier zuweilen wundervoll friedlich.

★Hat Than Sadet STRAND

(หาดธารเสด็จ; Karte S. 586; Ⓟ) Der schöne Strand unter Kokospalmen hat sogar das königliche Gütesiegel erhalten, und das im wahrsten Sinn des Wortes: Hinter einer Reihe von Hütten, die fast schon im Wasser stehen, befinden sich riesige (ausgeschilderte) Felsbrocken, in die die drei Könige Rama V, VII und IX ihre Initialen ritzten und ihre Liebe zu der verträumten Bucht in der Mündung des Than Sadet bekundeten. Zu den Felsen gelangt man über eine Holzbrücke, die vom südlichen Ende des Strandes hinter den Hütten auf Stelzen zum Hat

WÜRFELQUALLEN

In den Gewässern vor Ko Pha-Ngan, Ko Samui und Ko Tao wimmelt es nur so von giftigen Quallen, darunter Scheibenquallen, Hydrozoen und Würfelquallen. Die gefährlichste ist die Würfelqualle, eine wirbellose Nesseltierart, deren Stich – mit einem starken Gift, das Nervensystem, Herz und Hautzellen angreift – zum Tode führen kann. Das Wassertier wird bis zu 3 m lang und ist benannt nach der würfelartigen Form seines Körpers. Der Stich der Qualle kann so schmerzhaft sein, dass der Schwimmer in einen Schockzustand gerät und ertrinkt, bevor er das Ufer erreicht. Nach heftigen Regenfällen sind die Nesseltiere besonders zahlreich im Meer anzutreffen.

Auf Ko Pha-Ngan und Ko Samui gibt es die meisten Todes- und Fast-Todesfälle durch Würfelquallen in Thailand. Manche Strände, wie der Hat Rin Nok, sind mit Stationen ausgerüstet, die vor der Gefahr warnen und eine Flasche mit ganz normalem Essig bereithalten, den man für 30 Sekunden auf die betroffene Körperstelle auftragen muss. Unbedingt vermeiden, die Einstichstelle zu kratzen oder zu reiben!

Ko Pha-Ngan

Thong Reng führt. An beiden Stränden kann man gut schwimmen.

Hat Khuat STRAND

(หาดขวด, Bottle Beach; Karte S. 586) Die abgelegene Düne im Norden der Insel hat sich einen Ruf als ruhiges Refugium gemacht und ist darum inzwischen ziemlich beliebt. Am weichen, von grünen Hügeln umgebenen Sandstrand kann man herrlich schwimmen und schnorcheln. Der Strand ist wirklich sehr abgelegen und einsam, denn es führt keine einzige Straße dorthin. Die meisten Besucher kommen mit einem Wassertaxi vom **Hat Khom** (หาดขอม; Karte S. 586; P) oder wandern von Chalok Lam auf dem Bottle Beach Trek (S. 589) durch den Dschungel.

Wat Samai Kongka BUDDHISTISCHER TEMPEL

(วัดสมัยคงคา; Karte S. 586; ☎094 603 3651; ⌚tagsüber; P) GRATIS Durch das wundervolle grün-rot-goldene Tor mit einem Dharmarad gelangt man in den Tempel, der berühmt ist für seine grauenvollen Lehmskulpturen der buddhistischen Hölle. Eine der schrecklichsten Skulpturen zeigt, wie Sünder bei lebendigem Leib in einem mit Totenköpfen verzierten Topf gekocht werden. Einer hat den Kopf eines Hahns, ein anderer wird von einem Wächter in den Hintern gestochen. Es werden auch Meditationen angeboten, die teilweise von Englisch sprechenden Mönchen geleitet werden.

Bulao Malayu Mosque MOSCHEE

(มัสยิดบูเลามะลายู; Karte S. 586; Taladkao Rd, Ban Khai; ⌚tagsüber) Die seltsame Moschee aus dunklem Holz steht auf Stelzen und erinnert stark an ein chinesisches Haus. Sie ist angeblich 100 Jahre alt und wurde mit Hilfe eines *waqf* (Treuhandfonds) einer der ältesten muslimischen Familien von Ko Pha-Ngan gebaut. Die farbenfrohen Gebetsmatten sind alle auf die alte kunstvoll verzierte *mimbar* aus Holz ausgerichtet. Die Moschee

Ko Pha-Ngan

Highlights
1 Hat Than Sadet D2

Sehenswertes
2 Ban Nok C3
3 Bulao Malayu Mosque C3
Chedi Wat Nai .... (s. 2)
4 Deang Waterfall D2
5 Domsila Viewpoint B3
6 Hat Khom B1
7 Hat Khuat C1
8 Hat Thian D4
9 Hat Thong Reng D2
10 Hat Wai Nam D3
11 Hat Yao (East) D3
12 Hat Yuan D4
13 Nam Tok Phaeng B3
14 Wat Phu Khao Noi B3
15 Wat Samai Kongka B2
16 Yang Na Yai Tree C3

Aktivitäten, Kurse & Touren
Apnea Koh Pha Ngan .... (s. 18)
17 Chalok Lam to Hat Khuat Trek B1
18 Chaloklum Diving B1
Lotus Diving .... (s. 18)
19 Sail Rock Divers B1
Wake Up .... (s. 18)
Wat Pho Sauna .... (s. 16)

Schlafen
20 Bamboo Hut D4
21 Boom's Cafe Bungalows C4
22 Bottle Beach II .....
23 Chills Resort ......
24 Divine Comedie .
25 Fantasea Resort
26 Infinity Beach H
27 Kupu Kupu Pha
& Spa by I'Occ
28 Le Palais Hotel........
29 Longtail Beach Resort........
Loyfa Natural Resort .... (s. 23)
Mai Pen Rai .... (s. 1)
Mandalai .... (s. 18)
Pariya Resort & Villas .... (s. 20)
30 Sanctuary D3
31 Smile Bungalows C1

Essen
Bamboo Hut .... (s. 20)
32 Big Bang Art Cafe C2
Chaloklum Food Market .... (s. 18)
33 Crepe's Corner C1
Cucina Italiana .... (s. 18)
Fabio's .... (s. 16)
Fisherman's Restaurant .... (s. 24)

Ausgehen & Nachtleben
34 Amsterdam A3
Bubba's Coffee Bar .... (s. 24)
35 Jam Bar B2
36 Three Sixty Bar B1
37 Viewpoint Cafe C4

wird nur selten benutzt und kann deshalb gut besichtigt werden.

Chedi Wat Nai PAGODE
(เจดีย์วัดใน; Karte S. 586; Ban Nok; P) Die wundervolle Steinpagode aus dem 19 Jh. ist mit Mönchen, Garudas, Dämonen, Elefanten, Nagas und einem merkwürdigen Mann in chinesischem Anzug verziert. Außerdem ist chinesisches Porzellan aus der Ming- und Qing-Dynastie in die Seitenwände gepresst. In einer Nische steht ein goldener Buddha. Die Sockel von zwei weiteren Buddhas sind von großen Bodhi-Bäumen überwuchert, die im Stil von Angkor Wat mit bunten Seidenstoffen geschmückt sind.

Hat Wai Nam STRAND
(หาดหวายน้ำ; Karte S. 586) Der kleine weiße Sandstrand schlängelt sich zwischen Hat Thian und Hat Yao an der eher abgelegeneren Ostküste entlang. Den winzigen Hat Wai Nam erreicht man zu Fuß von Hat Rin auf dem Pfad den Berg hoch, aber das ist der lange Weg (man braucht mindestens 4 Std.), darum ist es empfehlenswert, mit dem Longtail-Boot herzukommen. Belohnt wird man mit einem einsamen Strand und großartigem Wasser.

Hat Thian STRAND
(หาดเทียน; Karte S. 586) Hat Thian ist ein schöner, relativ leerer, naturbelassener Strand im Südosten, zugänglich nur per Boot oder Wanderung von Hat Rin. Vom **Hat Yuan** (หาดยวน; Karte S. 586) ist man zu Fuß über den Felsvorsprung in unter zehn Minuten da. Die längere Route von Hat Rin (der Wanderweg hierher startet nördlich von Hat Rin) dauert über zwei Stunden und es kann heiß werden – deshalb unbedingt was zu Trinken einpacken!

Hat Yao (East) STRAND
(หาดยาว (ตะวันออก); Karte S. 586) Dieser hübsche weiße Sandstrand ist nur zu Fuß oder per Boot erreichbar, was ihm eine umwerfende Atmosphäre von Abgeschiedenheit gibt. Die meisten Besucher kommen mit dem Boot, da man für den 7 km langen Bergpfad von Hat Rin gut vier bis fünf Stunden braucht – nicht loslaufen, wenn es bald dunkel wird.

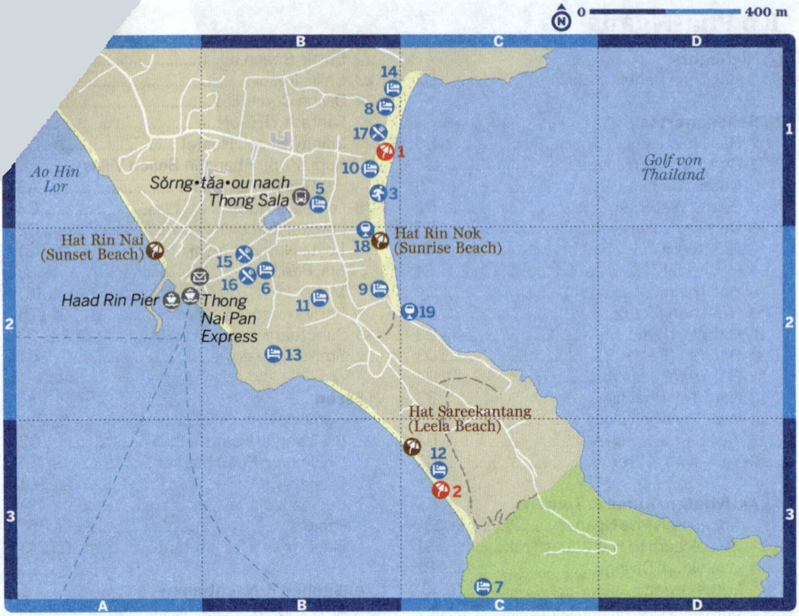

Hat Rin

Sehenswertes
1 Hat Rin B1
2 Hat Sareekantang C3

Aktivitäten, Kurse & Touren
3 Vollmondparty B1

Schlafen
4 Coast A1
5 Delight Resort B1
6 Jungle Gym & Ecolodge B2
7 Lighthouse Bungalows C3
8 Palita Lodge B1
9 Paradise Bungalows B2
10 Pha-Ngan Bayshore Resort B1
11 Same Same Lodge & Restaurant B2
12 Sarikantang Resort & Spa C3
13 Sea Breeze Bungalow B2
14 Seaview Sunrise B1
Tommy Resort .... (s. 10)

Essen
15 Monna Lisa B2
16 Om Ganesh B2
17 Palita Lodge B1

Ausgehen & Nachtleben
18 Cactus Bar B2
Chillin Beachclub .... (s. 10)
19 Rock C2
Sunrise .... (s. 3)
Tommy .... (s. 10)

Shoppen
Fusion Fashion .... (s. 16)

Hat Sareekantang STRAND
(หาดศะรีกันตัง, Leela Beach; Karte S. 588) Der schöne Strand südlich von Hat Rin an der südöstlichen Inselspitze bietet traumhafte Sonnenuntergänge. Am südlichen Ende des Strands beginnt ein Plankenweg, der rund um die Felsen zu den Lighthouse Bungalows (S. 552) führt.

Hat Thong Reng STRAND
(หาดท้องเหรง; Karte S. 586) Der kleinere, sehr abgeschiedene Bruder des Hat Than Sadet befindet sich an dem Weg über die klapprige Holzbrücke unter den Stelzen von Hütten hindurch am südlichen Ende des Strandes (der Weg führt aber nicht um die Landzunge herum). In der hübschen Bucht kann man gut schwimmen. Die paradiesische Einsamkeit wird jedoch von den verlassenen Hütten und Müllbergen hinter dem Strand beeinträchtigt. Folgt man den Spuren der Zivilisation dorthin, sollte man gut achtgeben, wohin man tritt.

Thong Sala

Thong Sala

Aktivitäten, Kurse & Touren
1 The Phangan Thai Cooking Class B2

Schlafen
2 Asia Blue - Beach Hostel Hacienda B2
3 B52 Beach Resort B2
4 Baan Manali Resort A1
5 Charu Bay Villas C2
6 Coco Garden C2
7 Milky Bay Resort D2
8 V-View Beach Resort C2

Essen
9 Ando Loco B2
10 Baraka Phangan A1
11 Fat Cat A2
12 Nira's A1
13 Phantip Food Market A1
14 Vintage Burgers A1

Ausgehen & Nachtleben
Hub .... (s. 12)

Shoppen
15 Phanganer A1
16 Thong Sala Walking Street A2

Transport
17 Lomprayah-Büro A1

die thailändischen Gerichte in seiner gemütlichen Küche zubereitet werden.

Kurse

C&M Vocational School SPRACHE
(Koh Phangan Vocational School; Karte S. 592; ☎089 487 6207; http://thaiculture.education; 84/4 Mu 8, Ban Sri Thanu; ⏲9–17 Uhr) Die große Berufsschule überbrückt mit ihren Kursen in Thailändisch, Kochen, Yoga und Massage die riesige Kluft zwischen den schrillen Vollmondpartys auf Ko Pha-Ngan und der Thai-Kultur.

Schlafen

Hat Rin

Die schmale Halbinsel Hat Rin verfügt über drei getrennte Strände. Der schöne hellgelbe Hat Rin Nok (Sunrise Beach) ist das Epizentrum des Vollmondgetümmels, der Hat Rin Nai (Sunset Beach) ist ein weniger eindrucksvoller Sandstreifen auf der gegenüberliegenden Seite der kleinen Landzunge, und der Hat Seekantang (auch bekannt als Leela Beach), gleich südlich vom Hat Rin Nai, ist ein netter kleiner Strand mit weißem Sand und mehr Privatsphäre. Die drei Strände sind durch Ban Hat Rin (den Ort Hat Rin) verbunden, eine Ansammlung von Restaurants, Hotels und Bars. Von einem Strand zum nächsten sind es zu Fuß nur ein paar Minuten.

Während der Vollmondpartys erlebt Hat Rin die größte Unterkunftskrise Thailands. Dann verlangen viele Bungalowbetreiber einen Mindestaufenthalt von meist fünf Tagen. Wer erst am Tag der Party (oder selbst am Tag zuvor) anreisen will, sollte unbedingt ein Zimmer im Voraus buchen, sonst muss er vielleicht am Strand schlafen (was

Hat Son

Aktivitäten, Kurse & Touren
- 1 C&M Vocational School A3
- 2 Haad Yao Divers B2
- 3 Samma Karuna A3

Schlafen
- 4 Cookies Salad B1
- 5 High Life Bungalows A2
- 6 Salad Hut B1
- 7 Seetanu Bungalows A3
- 8 Shiralea Backpackers Resort B2
- 9 Tantawan Bungalows A2

Essen
- 10 Art in Chai Cafe A3
- 11 Pura Vida B2

Ausgehen & Nachtleben
- Bubba's Roastery .... (s. 11)
- 12 Secret Beach Bar A2

allerdings so oder so passieren könnte, entweder beabsichtigt oder nicht).

Inzwischen gibt es eine an Viehwaggons erinnernde Art von Schlafsälen, in denen eine kaum vorstellbare Zahl an Betten in kleine, dunkle Räume gestopft wird und es nur ein paar Gemeinschaftstoiletten gibt. Außerhalb des Vollmondchaos kosten diese rund 200 B, in der Partyzeit dann aber 650 B und mehr. Doch auch diese miserablen Unterkünfte sind immer schnell ausgebucht. Ständig werden weitere Unterkünfte eröffnet, um der Bettennot zu begegnen.

Vollmondsüchtige können auch auf Ko Samui oder an anderen Stränden von Ko Pha-Ngan übernachten und mit dem Schnellboot zur Party fahren – der Preis hängt von der Entfernung ab, aber das Geld, das man spart, wenn man woanders als in Hat Rin übernachtet, macht das sicher wett. Auf gar keinen Fall sollte man während der Partyzeit auf Ko Pha-Ngan ein Fahrzeug steuern, jeden Monat ereignen sich blutige und oft tödliche Unfälle. Die Zimmerpreise steigen üblicherweise bei Vollmond um 20 % bis 300 %.

Same Same Lodge & Restaurant PENSION $

(Karte S. 588; 077 375200; www.same-same.com; Ban Hat Rin; B 500 B, DZ/2BZ mit Ventilator/Klimaanlage 550/850 B;) Das sympathische Same Same wird von den zwei dänischen Backpackerinnen Christina und Heidi geführt und bietet schlichte, aber helle Zimmer und viel Partyspaß während des Vollmondwahnsinns. Außerhalb dieser Zeit versinkt die Pension in Lethargie, aber es ist eine gute Zeit für einen Aufenthalt. Im soliden Restaurant mit Bar gibt's Holzofenpizza und tolles Bier.

Jungle Gym & Ecolodge RESORT $

(Karte S. 588; 077 375115; www.junglegymandecolodge.com; 110/9 Mu 6, Hat Rin; B/DZ 500/1000 B; P) Neben sauberen Schlafsälen mit vier Betten und Terrasse sowie Doppelzimmern mit Blick auf den Garten bietet das Hostel und Gesundheitszentrum auch jede Menge Freifläche, einen großen Swimmingpool, eine Bar, einen voll ausgestatteten Fitnessraum und *moo·ay tai*-Kurse.

Paradise Bungalows HOSTEL $

(Karte S. 588; 077 375244; www.paradisehaadrin.com; 130/4 Mu 6, Hat Rin; B/2BZ/3BZ 360/540/720 B, Bungalow 595–1085 B;) Die allererste Vollmondparty fand auf dem Gelände dieses Hostels statt. Es ist eines von drei „Paradise"-Häusern und liegt mitten im Geschehen. Deshalb muss man auch lange im Voraus buchen. Das Hostel ist direkt am Strand, zu dem Franchise-Unternehmen gehören auch noch eine Reihe langweiliger Wohneinheiten und zweistöckige Wohnblocks am Hügel.

Lighthouse Bungalows BUNGALOWS $

(Karte S. 588; 077 375075; Hat Sareekantang; Bungalow 480–1350 B;) Diese versteckte

Schlafstätte auf den Felsen südlich von Hat Rin bietet einfache Zimmer mit gutem Preis-Leistungs-Verhältnis und Ventilator sowie Bungalows mit Klimaanlage und tollem Meerblick. Es gibt ein Restaurant bzw. einen Gemeinschaftsbereich mit vielen Kissen und in der Hauptsaison Yogakurse.

Seaview Sunrise BUNGALOWS $$

(Karte S. 588; ☎077 375160; www.seaviewsunrise.com; 134 Mu 6, Hat Rin Nok; DZ mit Ventilator/Klimaanlage 700/800 B, Bungalow 1500–2000 B; P❄📶) Preisbewusste Vollmondfans, die möglichst nah am Meer schlafen wollen, sollten hier buchen (allerdings beträgt der Mindestaufenthalt während des Vollmondwahnsinns fünf Tage). Manche der Hütten hinten im Dschungel sind zwar düster und muffig, aber die soliden Bungalows am Strand sind hell und mit poliertem Holz ausgestattet. Sie blicken auf eine Reihe von Kokospalmen und das Meer.

Sea Breeze Bungalow BUNGALOWS $$

(Karte S. 588; ☎077 375162; www.seabreezekohphangan.com; 94/11 Mu 6, Ban Hat Rin; Bungalow 1250–6000 B; P❄📶🏊) Die abgeschiedene Anlage am Hügel besteht aus einem Labyrinth aus stylischen Bungalows mit Hängematten und traditioneller Ausstattung, die alle Traveller begeistern. Einige stehen auf Stelzen und bieten einen atemberaubenden Blick auf den Strand und das Meer. Die bewaldete Umgebung ist sehr schön, und die Bungalows gibt's in allen Preisklassen. Der Ausblick vom Restaurant auf dem Dach ist einfach toll.

Palita Lodge BUNGALOWS $$

(Karte S. 588; ☎077 375170, 077 375172; www.palitalodge.com; 119 Mu 6, Hat Rin; Bungalow 2000–5500 B; P❄📶🏊) Der freundliche Familienbetrieb befindet sich direkt im Epizentrum der Action. Von außen sehen die großen Betonbungalows zwar ziemlich schäbig aus, doch im Inneren sind sie mit viel Holz und modernem Design ausgestattet. Sie stehen direkt an einem winzig kleinen Strand.

Tommy Resort RESORT $$

(Karte S. 588; ☎077 375215; www.tommyresort.net; 90/13 Mu 6, Hat Rin Nok; DZ 2000 B, Villa 2650–6000 B; P❄📶🏊) Diese trendige Adresse im Herzen von Hat Rin bietet eine gute Balance zwischen Boutique-Chic und heiterem Flashpacker-Stil mit Standardzimmern, Bungalows und Villen mit Pool. An blühenden Bäumen vorbei geht es zu einem entzückenden weißen Sandstreifen. Der Pool in der Mitte ist azurblau gefliest, das Personal hilfsbereit und zuvorkommend.

Delight Resort PENSION $$

(Karte S. 588; ☎077 375527; www.delightresort.com; Ban Hat Rin; DZ 1300–1600 B, 3BZ 2500 B; ❄📶🏊) Im Zentrum von Hat Rin bietet das freundliche Delight angenehme Quartiere in einem Gebäude im Thai-Stil, das subtil mit Designerelementen (wie Wandgemälde von Pfauen) geschmückt ist und zwischen einem einladenden Swimmingpool und einer idyllischen Lagune voller Seelilien eingebettet liegt.

Le Palais Hotel BOUTIQUEHOTEL $$$

(Karte S. 586; ☎077 375558; www.lepalaishotel.com; 117/9 Mu 6, Hat Rin; DZ 9000–25 000 B; P❄📶🏊) Warum jemand Angkor Wat originalgetreu nachbaut, um es dann Le Palais Hotel zu nennen, mag verstehen, wer will. Das spektakulärste Hotel der Insel hat große Zimmer, die im eleganten Stil der Khmer-Könige eingerichtet sind, zwei „Meerwasser"-Pools am Strand und ein großartiges Restaurant.

Coast RESORT $$$

(Karte S. 588; ☎077 951567; www.thecoastphangan.com; 117/21 Mu 6, Hat Rin Nai; DZ 4300–13 000 B, Villa 21 500 B; P❄📶🏊) Das dunkelgraue, spitzwinklige Resort steht an einem schmalen, aber guten Strandabschnitt abseits des Partytrubels. Die schicken Zimmer sind innen mit poliertem Beton gestaltet und die Betten schmücken weiße Laken. Vom Infinitypool blickt man aufs Meer, und der Service ist traumhaft. Das hippe, coole und minimalistische Resort ist einfach toll.

Sarikantang Resort & Spa RESORT $$$

(Karte S. 588; ☎077 375055, 086 789 9541; www.sarikantang.com; 129/3 Mu 6, Hat Sareekantang; Bungalow ab 4400 B; P❄📶🏊) Die cremefarbenen Hütten mit Pfosten und Türbalken aus Teakholz verteilen sich zwischen schwingenden Palmen und bröckelnden, geflügelten Statuen an einem der schönsten Strandabschnitte von Hat Rin. Im zugehörigen Spa kann man sich bei Sonnenuntergang verwöhnen. Im Preis inbegriffen sind auch ein Kochkurs, Kinderclub, Kajaks, Yoga-Kurse und der Transfer vom Hat Rin Pier.

Südliche Strände

Der Ang Thong Marine National Park (S. 619) bietet zwar einen flüchtigen Blick auf die Inseln, doch das Wasser vor den südlichen

Stränden ist nicht so türkisblau wie vielleicht erhofft und die Strände sind auch nicht wirklich abgeschieden. Die Beschreibung der Strände beginnt in Ban Kai und folgt der Küstenlinie in Richtung Thong Sala.

★ **Infinity Beach Hostel** HOSTEL $
(Karte S. 586; ☎ 062 323 3357; www.infinitybeachclub.com; 17/3 Mu 4 Baan Tai; B 220 B; P ❄ 📶 ≋) Das Hostel hat eine der spektakulärsten Lagen überhaupt. Die lächerlich preiswerten Betten in großen Schlafsälen, das Restaurant und die Bar bilden ein Hufeisen rund um den großen Infinitypool, der nur ein paar Meter entfernt ist vom goldgelben Strand mit Palmen, Strohdächern und Liegen. Der einzige Nachteil ist die schwere Erreichbarkeit auf halbem Weg zwischen Thong Sala und Hat Rin.

Asia Blue - Beach Hostel Hacienda BUNGALOWS $
(Karte S. 591; ☎ 098 032 8649; www.asiablue-hostels.com; 100/3 Mu 1, Thong Sala; B 235 B, DZ 940–1060 B, 3BZ 430–1450 B; P ❄ 📶 ≋) Das schicke und zweckmäßige Asia Blue bietet hübsche, blau-weiß gestrichene Bungalows, Zimmer in zweistöckigen Blocks weiter unten und Schlafsäle mit Klimaanlage am Strand. An der Bar am Swimmingpool kann es abends allerdings laut werden. Die Schlafsäle sind recht eng, aber es gibt ein Open-Air-Fitnessstudio und eine Tauchschule.

Coco Garden BUNGALOWS $
(Karte S. 591; ☎ 077 377721, 086 073 1147; www.cocogardens.com; 100/7 Mu 1, Thong Sala; Bungalow 500–1350 B; P ❄ 📶) 🍃 Das großartige Coco Garden, eine der besten Budgetunterkünfte an der Südküste, ist bei Backpackern superbeliebt und sticht die Resorts in der Nähe aus: gepflegtes Gelände, 25 saubere Bungalows und eine ausgezeichnete Strandbar, wo Hängematten warten und ein Restaurant am Strand Frühstück, Mittagessen und Abendessen mit Aussicht serviert.

Boom's Cafe Bungalows BUNGALOWS $
(Karte S. 586; ☎ 081 979 3814; www.boomscafe.com; 32 Mu 4, Ban Khai; Bungalow 600–1000 B; ❄ 📶) Im Boom's fühlt man sich wie beim Besuch seiner thailändischen Familie, von der man nie etwas wusste. Die superfreundliche und hilfsbereite Besitzerin Nok kümmert sich um all ihre Gäste und pflegt alles liebevoll. Keinen kümmert es, dass es keinen Pool gibt, da die Brandung bis fast an die Türschwelle rollt.

Baan Manali Resort BUNGALOWS $$
(Karte S. 591; ☎ 077 377917; www.baan-manali.com; 210/20 Mu 1 Ao Nai Wok, Thong Sala; Bungalow 1150–2200 B, 3BZ/FZ 1700/2000 B; P ❄ 📶 ≋) Das gut geführte Baan Manali mit seinen 14 ruhigen, sauberen Bungalows, die wunderschön unter Kokospalmen versteckt liegen, ist eine angenehme und entspannende Wahl. Es gibt einen Infinitypool und ein ausgezeichnetes Restaurant. Es liegt an einer geschützten Bucht in der Nähe von Thong Sala.

V-View Beach Resort BUNGALOWS $$
(Karte S. 591; ☎ 089 606 2027; www.v-viewbeachresort.com; 100/60 Mu 1; DZ 810–2100 B, Bungalow 2100–3900 B; P ❄ 📶 ≋) Über diesem ruhigen Strandresort weht ein leichter Hauch von Einsamkeit. Auch wenn das Meer hier etwas morastig sein kann: Es gibt reichlich Hängematten und einen schönen Pool, ordentliche Bungalows und einen hilfsbereiten Besitzer.

Divine Comedie RESORT $$
(Karte S. 586; ☎ 091 851 8402; www.divinecomedyhotel.com; 14/8 Mu 1, Ban Tai; DZ & Bungalow 2200–4300 B; P ❄ 📶 ≋) Ein umwerfender Mix aus dem chinesischen Stil der 1920er-Jahre und vielleicht mexikanischer Hacienda-Architektur mit einer Farbpalette, die zwischen Mint und Ocker wechselt – das funktioniert nicht nur, das betört geradezu. Die Boutique-Oase verfügt über 15 Optionen (10 Bungalows, 5 Zimmer). Die Juniorsuiten haben Dachterrassen, die Standardzimmer kleine Balkone, und der lange Infinitypool führt zum schmalen Strand. Keine Kinder unter zwölf.

B52 Beach Resort BUNGALOWS $$
(Karte S. 591; ☎ 077 377927; www.b52resort.com; 31/22 Mu 1, San Chao Road, Thong Sala; Bungalow 1150–1910 B, Villa 1800–3200 B, FZ 2700–3600 B; P ❄ 📶 ≋) Die Bungalows im Thai-Stil haben Strohdächer und polierte Betonfußböden. Ein Weg aus rustikalen Baumstümpfen führt zum Strand hinunter. Es gibt einen Infinitypool und das Personal ist sehr angenehm.

Milky Bay Resort RESORT $$
(Karte S. 591; ☎ 077 332762; www.milkybaythailand.com; 103/4 Mu 1, Ban Tai; DZ/Bungalow/Studio ab 1100/1200/2400 B; P ❄ 📶 ≋) Verschiedene Bungalows im Stil des minimalistischen Schicks mit getönten Fenstern verstecken sich im Schatten hoher Bambushaine auf einem Boden aus Baumrinde und Holzspänen. Ein traumhaftes Bild in Ban

Tai. Zudem gibt's einen überdachten Swimmingpool, eine Sauna, ein Fitnessstudio und Tischtennis.

Charu Bay Villas VILLAS $$$
(Karte S. 591; ☎084 242 2299; www.charubayvillas.com; Ao Bang Charu; Villa & Studio 1500–10 000 B; P❄📶) Diese komplett ausgestatteten Villen in der Bucht von Ao Bang Charu, südöstlich von Thong Sala, lohnen sich preislich (vor allem für Gruppen), zusätzlich gibt's auch ein modernes Fitnessstudio am Meer sowie eine Villa mit zwei Schlafzimmern, Blick auf den Garten und Dachterrasse. Die Beachfront Villa hat drei Schlafzimmer und einen großen Whirlpool und beherbergt locker bis zu zehn Personen.

Westküste

Seit es zwei befestigte Straßen von Thong Sala nach Chalok Lam gibt, hat sich die Westküste gut entwickelt. Die Stimmung ist eine angenehme Mischung aus Yoga und Meditation des New Age sowie der ruhigen Abgeschiedenheit der Ostküste. Leider sind viele Strände der Westküste, insbesondere im Süden, nicht so malerisch schön wie andernorts auf der Insel.

Shiralea Backpackers Resort BUNGALOWS $
(Karte S. 592; ☎077 349217; www.shiralea.com; 58/18 Mu 8, Hat Yao; B 275 B, Bungalow 645–1400 B; P❄📶🏊) Die frisch renovierten Bungalows am Swimmingpool sind sehr einfach, aber die klimatisierten Schlafsäle sind großartig. Die Stimmung in der beliebten Backpacker-Unterkunft ist fröhlich und gesellig, wozu auch die coole Bar mit Fassbier beiträgt. Das Resort ist rund 100 m vom Strand entfernt und sehr beliebt bei jungen Contiki-Reisegruppen.

Seetanu Bungalows BUNGALOWS $$
(Karte S. 592; ☎077 349113; www.seetanu.com; 81/3 Mu 8, Ban Sri Thanu; Bungalow 700–4000 B; P❄📶🏊) Quentin, dem auch die belgische Bierbar nebenan gehört, führt die 17 Bungalows rund um einen hübschen Pool, die direkten Zugang zum schönen Strand mit Sonnenuntergängen bieten. Das Angebot reicht von Zimmern mit Ventilator bis zu Villen mit drei Betten. Reservierung empfohlen.

Salad Hut BUNGALOWS $
(Karte S. 592; ☎081 173 4992; 61/3 Mu 8, Hat Salad; Bungalow 2200–4000 B; P❄@📶🏊) Ein gutes Dutzend zurückhaltender, aber hochwertiger Bungalows im Thai-Stil stehen nur einen Steinwurf entfernt vom Wasser. Der Swimmingpool ist recht klein, aber dafür kann man jeden Abend auf der Teakveranda oder in der Strandbar beobachten, wie die Sonne im goldenen Meer versinkt.

Loyfa Natural Resort BUNGALOWS $$
(Karte S. 586; ☎077 377319, 077 349022; www.loyfanaturalresort.com; 14/1 Mu 8, Ao Sri Thanu; DZ/Bungalow/Suite 1250/1800/2200 B; P❄📶🏊) Loyfa bekommt Bestnoten für sein sympathisches Personal, die entzückenden Gärten, die robusten Hütten mit beeindruckendem Meerblick und die zwei Swimmingpools (einen für den Sonnenaufgang, den anderen für den Sonnenuntergang). Moderne Bungalows säumen die Landspitze bis zu einem privaten Stückchen aschgrauen Strandes.

Chills Resort RESORT $$
(Karte S. 586; ☎089 875 2100; 14/12 Mu 8, Ao Sri Thanu; DZ 1000–2500 B; P❄📶) Die schlichten, aber modernen Zimmer des Chills Resort, das an einem herrlichen, abgeschiedenen Strandabschnitt voller Felsvorsprünge nördlich der Ao Hin Kong liegt, erfreuen sich alle eines friedlichen Meerblicks (vor allem bei Sonnenuntergang) sowie einer frischen Brise und bekommen viel Sonne ab.

Cookies Salad RESORT $$
(Karte S. 592; ☎077 349125, 083 181 7125; www.cookies-phangan.com; Hat Salad; DZ 870–1900 B, Apt. 900 B, Bungalow 1200–2500 B; P❄📶🏊) Die Bungalows im balinesischen Stil stehen an einem steilen Hügel rund um einen zweistufigen Swimmingpool, der in verschiedenen Blautönen gefliest ist. Jeder Bungalow hat eine eigene Veranda mit Hängematte. Die zerzausten Strohdächer und der dichte Wald sorgen für ein rustikal tropisches Flair. Es ist superfreundlich, sehr beliebt und schnell ausgebucht. Wer direkt beim Resort bucht, wird kostenlos in Thong Sala abgeholt.

High Life Bungalows BUNGALOWS $$
(Karte S. 592; ☎077 349114; www.highlifebungalows.com; 59/2 Mu 8, Hat Yao; Bungalow 1300–2750 B; P❄📶🏊) Die 25 Bungalows unterschiedlicher Größe stehen auf einem Felsvorsprung hoch über dem Meer. Vom Infinitypool blickt man direkt aufs azurblaue Wasser. Das Personal ist höflich und aufmerksam.

Tantawan Bungalows BUNGALOWS $$
(Karte S. 592; ☎077 349108; www.tantawanbungalow.com; 51/8 Mu 8, Hat Son; Bungalow 900–3800 B; ❄📶🏊) Das entspannte, angenehme Teakholznest aus elf Bungalows mit Ventila-

toren, Klimaanlage und schönem Pool versteckt sich zwischen Dschungelpflanzen, bietet aber wunderbare Aussichten. Allerdings ist es mit Gepäck ein steiler Aufstieg.

★ Kupu Kupu Phangan Beach Villas & Spa by l'Occitane RESORT $$$
(Karte S. 586; ☎077 377384; www.kupuphangan.com; Ao Nai Wok; Suite/Villa ab 5000/5800 B; P ❄ 📶 🏊) Das hervorragende Resort im balinesischen Stil ist einfach umwerfend. Mit Lilienteichen, meterhohen Palmen und dem Swimmingpool ist es ein Inselparadies wie aus dem Bilderbuch. Die geräumigen Holzvillen sind elegant ausgestattet und haben jeweils ein eigenes Planschbecken. Es gibt auch ein Spa. Das Resort ist direkt am Strand in der Nähe der Felsen und bietet einen tollen Blick auf den Sonnenuntergang.

Nördliche Strände

Die 8 km lange Nordküste zwischen Chalok Lam und Thong Nai Pan ist von dichtem Urwald bedeckt, zwischen dem sich einzelne einsame Strände befinden. Es ist der spektakulärste Küstenabschnitt der Insel.

Fantasea Resort BUNGALOWS $
(Karte S. 586; ☎089 443 0785; www.fantasea-resort-phangan.info; Chalok Lam; Bungalow mit Ventilator/Klimaanlage ab 600/1200 B; P ❄ 📶) Das freundliche Fantasea im äußersten Norden der Insel ist eine der besseren von mehreren familiengeführten Bungalowanlagen am ruhigen, östlichen Ende von Chalok Lam. Davor befindet sich ein schmaler Strand, an dem man ganz gut schwimmen kann, und es gibt einen erhöhten Restaurantbereich im Thai-Stil, der zum Entspannen einlädt.

Smile Bungalows BUNGALOWS $
(Karte S. 586; ☎085 429 4995; www.smilebungalows.com; 74/9 Mu 7, Hat Khuat/Bottle Beach; Bungalow 520–920 B; ⊗ Nov. geschl.) Am westlichen Ende des Hat Khuat (Bottle Beach) bietet das familienbetriebene Smile wahre Abgeschiedenheit und Ruhe sowie eine Auswahl an spartanischen Holzhütten mit Ventilatoren, die an einem bewaldeten Hügel stehen.

Bottle Beach II BUNGALOWS $
(Karte S. 586; Hat Khuat; Bungalow 850 B; 📶) An der östlichsten Ecke des Hat Khuat (Bottle Beach) bieten diese einfachen, türkisen Bungalows den idealen Ort zum Entspannen – solange man kann und wenn man nicht so anspruchsvoll ist.

Longtail Beach Resort BUNGALOWS $$
(Karte S. 586; ☎077 445018; www.longtailbeachresort.com; 2/5 Mu 5, Thong Nai Pan; Bungalow mit Ventilator/Klimaanlage ab 1050/1200 B; P ❄ 📶 🏊) Versteckt am hübschen Südende von Thong Nai Pan am Waldrand – und weit weg vom Vollmondwahnsinn in Full Moon Ko Pha-Ngan – wartet das Longtail mit charmanten Backpackerunterkünften mit Stroh- und Bambusdächern auf, die den Weg durch einen üppigen Garten säumen. Zudem gibt es viele Optionen für größere Gruppen und Familien.

Mandalai BOUTIQUEHOTEL $$
(Karte S. 586; ☎077 374316; www.mandalaihotel.com/web2014; 2/3 Mu 7, Chalok Lam; DZ/Suite 1700/2200 B; ❄ 📶 🏊) Das kleine Boutiquehotel (mit Spa) steht direkt am ruhigen flachen Strand von Chalok Lam. Hier gibt's nur Zimmer, durch deren raumhohe Fenster man direkt auf die orangefarbenen Fischerboote in der Bucht blickt. Der einladende Swimmingpool im kleinen Innenhof ist nur ein paar Meter vom Strand entfernt.

Ostküste

Hier könnte Robinson Crusoe zuhause sein – die Ostküste ist ein Paradies für Einsiedler. Die meisten dieser einsamen Strände sind nur mit dem Boot oder zu Fuß zu erreichen. Zu einigen Orten wie Thong Sala und Hat Rin fahren auch Longtail-Wassertaxis.

Die *Thong Nai Pan Express*-Fähre fährt jeden Tag um 12 Uhr von Hat Mae Nam auf Ko Samui nach Hat Rin und zu den Stränden der Ostküste bis Thong Nai Pan Noi. Die Fähre ist ein klappriges altes Fischerboot und verkehrt nur bei ruhiger See.

Bamboo Hut BUNGALOWS $
(Karte S. 586; ☎098 536 2915; Hat Yuan; Bungalow 500–1000 B; 📶) Das Bamboo Hut liegt wunderbar auf der felsigen Landspitze, die zum Hat Yuan und nach hinten auf das coole, freundliche Hippiedorf im Dschungel zeigt. Es ist sehr beliebt für Yoga-Auszeiten, Meditationstreffs und zur absoluten Entspannung. Die kleinen Bungalows aus dunklem Holz haben Terrassen, das Restaurant bietet eine wunderbare Aussicht und annehmbares Essen.

Sanctuary BUNGALOWS $$
(Karte S. 586; ☎081 271 3614; www.thesanctuarythailand.com; Hat Thian; Bungalow 350/950 B, Villa 1900–6000 B; ❄ 📶) Dieses freundliche Refugium steht mitten im Wald am herr-

lich abgeschiedenen (und nur mit dem Boot zu erreichenden) Hat Thian. Es eignet sich perfekt für einen Urlaub mit viel Yoga und Detox. Die Unterkünfte, die sich auf dem von dichtem Dschungel bedeckten Hügel verteilen, reichen von billigen Schlafsälen bis zu Luxusvillen. Yoga- und Detox-Pakete können überall hinzugebucht werden. Nur Barzahlung!

Pariya Resort & Villas RESORT $$
(Karte S. 586; 087 623 6678; www.pariyahaadyuan.com; 153/2 Mu 6, Hat Yuan; Villa 1800–3200 B;) Die schickste Unterkunft am herrlich weichen Sandstrand Hat Yuan bietet geräumige gemütliche Villen, die recht teuer sind. Das ruhige Resort liegt an einem abgeschiedenen Strand, der nur mit dem Boot zu erreichen ist. Strom gibt's nur vom Generator, und das alles ist nicht einfach, aber gerade deshalb kommt man ja hierher.

Mai Pen Rai BUNGALOWS $$
(Karte S. 586; 093 959 8073; www.thansadet.com; Than Sadet; Bungalow 683–1365 B;) Das reizende, ruhige Refugium beim Fluss am Südende des geruhsamen Than Sadet zaubert Gästen automatisch ein friedliches Lächeln aufs Gesicht. Die Bungalows stehen zwischen denen des benachbarten Plaa auf der hügeligen Landspitze – manche direkt auf den Felsen am Meer – und sind mit Strohflechtarbeiten und Giebeldächern verziert.

Essen

Hat Rin

Hat Rin hat die größte Ansammlung von Restaurants und Bars auf der Insel, doch die meisten sind ziemlich 08/15, zum Essen braucht man nicht eigens hierher zu kommen.

Om Ganesh INDISCH $
(Karte S. 588; 077 375123; Mu 6, Hat Rin Nai; Hauptgerichte 130 B; 923 Uhr;) Das routinierte, alteingesessene Om Ganesh hat eine treue Kundschaft, die die nordindischen Currys, Biryani-Reisgerichte, *roti* und Lassis oder auch die Auswahl an chinesischen Gerichten schätzt.

Palita Lodge SEAFOOD $$
(Karte S. 588; 077 375170; www.palitalodge.com; 119 Mu 6, Hat Rin; Hauptgerichte 150 B) Das Restaurant der Bungalows am der Sunrise Beach (S. 593) bietet leckere Meeresfrüchte und Menüs, die man mit Blick auf den außerhalb der Vollmondzeit herrlich ruhigen Strand genießen kann.

Monna Lisa ITALIENISCH $$
(Karte S. 588; 084 441 5871; www.monnalisathailand.com; 110/7 Mu 6, Hat Rin; Hauptgerichte 230 B; 15–23 Uhr;) Traveller schwärmen noch lange von der Pizza und Pasta hier. Kein Wunder, denn sowohl das Personal als auch den Holzofen hat die Inhaberfamilie aus Italien mitgebracht. Authentischeres italienisches Essen ist auf der ganzen Insel nicht zu finden. Die Inhaber sind sehr freundlich, und es gibt auch einen schönen Außenbereich.

Südliche Strände

In den letzten Jahren hat Thong Sala sehr viele neue ausgezeichnete Restaurants angelockt – es lohnt sich, zum Essen hierher zu kommen. Zusätzlich gibt es einige wohletablierte und ausgezeichnete Cafés, die mitunter das beste Frühstück auf der Insel servieren. Die Straße zwischen Thong Sala und dem Hat Rin ist von einigen sehr guten Restaurants und Cafés gesäumt.

Am Samstagabend von 16 bis 22 Uhr wird eine Nebenstraße in Thong Salas Osten zur **Walking Street** – eine belebte Fußgängerzone, in der vor allem Einheimische ihre Waren verkaufen.

Fat Cat CAFÉ $
(Karte S. 591; 087 622 0541; Taladkao Rd, Thong Sala; Hauptgerichte 90–195 B; Mo–Sa 8.30–15 Uhr;) Das kleine bezaubernde portugiesische Café serviert gesundes üppiges Frühstück mit hausgemachtem Müsli und köstlichem Kaffee. Die ideale Stärkung, bevor man die Insel erkundet.

Nira's BÄCKEREI $
(Karte S. 591; 081 535 5215; Taladkao Rd, Thong Sala; Frühstück ab 80 B; 7–19 Uhr;) Hervorragender Service dank viel Personal, zwei große, helle, miteinander verbundene Räume, superleckere Backwaren, einwandfreier Kaffee (und Raritäten wie Marmite und Vegemite) und moderne Möbel – das Nira's ist in Thong Sala unübertroffen, vielleicht sogar auf der ganzen Insel. Das ist *der* Ort zum Frühstücken. Die Musik ist cool und entspannt. Eine weitere (kleine) Filiale befindet sich in Hat Rin.

Phantip Food Market MARKT $
(Karte S. 591; Mu 1, Thong Sala; Hauptgerichte 60 B; 13–23 Uhr) Der wunderbare Markt in

Thong Sala ist ein Muss für alle, die die einheimische Kultur kennenlernen und dabei preiswertes Streetfood essen möchten. Man hat die Qual der Wahl zwischen würziger Wurst, Satay-Spießen, Frühlingsrollen, Hainan-Hühnchen mit Reis und Kokoseis. Im hinteren Teil des Marktes gibt's auch vegetarische und italienische Stände.

Ando Loco MEXIKANISCH $
(Karte S. 591; ☎085 791 7600; www.andoloco.com; Mu 1, Taladkao Rd, Ban Tai; Hauptgerichte 120 B; ⊙Do–Di 14–23 Uhr) Dieser superbeliebte mexikanische Treff im Freien kommt überall gut an. Extragroße Margaritas schlürfen, leckere Fajitas und ein oder zwei Quesadillas futtern und dann ein paar Kugeln am Billardtisch versenken mit einem oder zwei Tequilas im Stehen – was will man mehr?

Fisherman's Restaurant SEAFOOD $$
(Karte S. 586; ☎084 454 7240; www.fishermansphangan.com; 30/6 Mu 1 Ban Tai; Hauptgerichte 250 B; ⊙13.30–22 Uhr; 📶) In einem Longtail-Boot sitzend blickt man auf den Sonnenuntergang und den felsigen Pier. Nachts, wenn das Lokal erleuchtet ist, hat es das schönste Ambiente der Insel, und das Essen, vom süchtig machenden gelben Krabbencurry bis zur riesigen Seafood-Platte zum Teilen, ist so fantastisch wie die Atmosphäre. Vor allem während der Partyzeit sollte man im Voraus reservieren.

Baraka Phangan NAHÖSTLICH $$
(Karte S. 591; ☎094 797 3675; www.facebook.com/barakaphangan; Thong Sala; Hauptgerichte 80–280 B; ⊙19–23 Uhr; ❄📶✍) Wer den Unterschied zwischen *shakshuka* und *zatar* kennt, ist in dem großen, luftigen und koscheren Restaurant in der Nähe des Zentrums von Thong Sala richtig. Das Hummus mit Shawarma-Lamm ist göttlich. Für Sportliche gibt's auch ein proteinreiches Menü.

Vintage Burgers BURGER $$
(Karte S. 591; ☎099 347 1983; Thong Sala; Hauptgerichte 250 B; ⊙17–22 Uhr; 📶✍👪) Das kleine portugiesische Restaurant ist ganz groß in Sachen Feinschmecker-Burger. Im Angebot sind sechs verschiedene Arten, darunter Veggie-Burger, vegane Burger, mit Thunfisch und auch Kinderburger. Dazu gibt's mit Salz und Oregano gewürzte Pommes, das Ganze in geselliger Atmosphäre.

Fabio's ITALIENISCH $$
(Karte S. 586; ☎077 377180; www.facebook.com/fabiocolapietro66; 10/1 Mu 4, Taladkao Rd, Ban Khai; Hauptgerichte 150–400 B; ⊙Mo–Sa 9–22 Uhr; ❄📶) Ein anheimelndes, authentisches und echt gutes italienisches Restaurant mit goldenen Wänden, cremefarbener Tischwäsche und Bambusmöbeln. Es gibt nur sieben Tische, darum sollte man im Voraus reservieren. Die hausgemachten Delikatessen wie Meeresfrüchte-Risotto, Pizzas und eisgekühlter Limoncello sind frisch und köstlich und werden kunstvoll präsentiert.

Westküste

★ Chana Masala INDISCH $
(☎081 622 3374; Ban Hin Kong; Hauptgerichte 120 B; ⊙So–Fr 11–22 Uhr; ❄📶✍) Zu Bollywood-Hits und unter den Augen der Hindugötter Kali und Baghwan wird hier das beste indische vegetarische Essen der Insel serviert. Besonders gut ist die preisgünstige *thali*-Platte, die aber oft ausgeht. In diesem Fall sind die *dosas* (Reiscrêpes) eine tolle Alternative.

Art in Chai Cafe VEGETARISCH $
(Karte S. 592; Hauptgerichte 90 B; ⊙9–21 Uhr; 📶✍) Das hippe kleine und entspannte Café serviert köstliche vegetarische Thai-Gerichte und dazu aromatischen indischen Chai. Es liegt inmitten der vielen New-Age-Meditationszentren in der Hauptstraße, und so ist es kein Wunder, dass der Besitzer mit den Dreadlocks es im Stil eines indischen Yoga-Zentrums gestaltet hat.

Pura Vida CAFÉ $
(Karte S. 592; ☎094 827 7641; Hat Yao Rd; Frühstück ab 70 B; ⊙Mo–Sa 8.30–17 Uhr; 📶) Das charmante und helle portugiesische Café ist ein verführerischer Stopp auf dem Weg die Westküste hinauf. Das Frühstück ist ausgezeichnet, vor allem die Pancakes und der Naturjoghurt, aber auch ein komplettes Frühstück lohnt sich.

Cookies Cafe CAFÉ $
(Ban Sri Thanu; Hauptgerichte 90 B; ⊙8.30–18 Uhr; 📶) Hier kann man einen guten Kaffee trinken, bevor man sich auf den Weg die Westküste hinauf macht. Dazu gibt's Kokos-Cookies, Datteln, Haferkekse und Eis.

Andere Strände

★ Chaloklum Food Market MARKT $
(Karte S. 586; Chaloklum Pier; Hauptgerichte 40 B; ⊙So 16–23 Uhr) Ko Pha-Ngans bester Markt für einheimisches Essen ist im äußersten Norden. Jeden Sonntag werden am **Pier**

(Karte S. 586; Chalok Lam) des Dorfes rote Tische und Stühle aufgebaut. Sie stehen vor einer Bühne, auf der Bands aus der Region auftreten. An den schier zahllosen Ständen wird Essen verkauft, das man so auf keinem anderen Nachtmarkt bekommt. Man sollte sich unbedingt trauen, auch Ungewöhnliches zu probieren, wie z. B. frittierten Fischbratling oder mit Kokos gewürzten Fisch, der in einem Bananenblatt gegrillt wird.

Als süßen Nachtisch bietet sich *nám chah* an – gezuckerte frische Kokosnuss, die in Palmblättern gegrillt wird. Zum Essen geht man wie die Einheimischen zum Pier, kauft sich für 20 B eine Bastmatte und beobachtet das geschäftige Treiben.

Crepe's Corner CRÊPES $
(Karte S. 586; Thong Nai Pan; ab 70 B; ⌚11–22 Uhr) Der kleine freundliche Crêpes-Stand ist bei Kindern und Erwachsenen gleichermaßen beliebt. Die Crêpes gibt's mit allen erdenklichen Füllungen wie Nutella, Erdnussbutter, Marmelade, Vanille- oder Kokospudding und vieles mehr.

Big Bang Art Cafe CAFÉ $
(Karte S. 586; ☎082 813 5376; Hauptgerichte 60–220 B; ⌚9–18 Uhr; 📶) Das entspannte Café beim Kreisverkehr nach Than Sadet im hügeligen Inland wird von dem energischen Schweizer Künstler Gil und seiner Thai-Frau Na geführt. Es gibt guten Kaffee und kleine Snacks.

Bamboo Hut THAI $$
(Karte S. 586; Hat Yuan; Hauptgerichte 100–300 B; ⌚8–22 Uhr; 📶🖋) Das zwanglose Restaurant gehört zur gleichnamigen Bungalowanlage am abgeschiedenen Hat Yuan. Man kann auf einem thailändischen Kissen auf dem Boden sitzen oder an einem Holztisch auf der luftigen Terrasse am Wasser. Auf der Speisekarte stehen jede Menge vegetarische Spezialitäten und perfekt zubereitete Thai-Klassiker. Dazu gibt's frische Säfte.

Cucina Italiana ITALIENISCH $$
(Jenny's; Karte S. 586; ☎081 594 5682; Chalok Lam; Pizza 180–200 B; ⌚Do–Di 17–24 Uhr) Sieht man einmal vom Sand unter den Füßen und den vorbeiflitzenden Longtail-Booten ab, könnte man meinen, man sei im ländlichen Italien. Der freundliche italienische Inhaber ist ein leidenschaftlicher Koch und bereitet von Pasta bis Tiramisu alles jeden Tag frisch zu. Die rustikale Pizza mit dünnem Teig ist nicht von dieser Welt.

🍷 Ausgehen & Nachtleben

Jeden Monat huldigen Party-Pilger in der Vollmondnacht den Vergnügungsgöttern mit tranceartigen Tänzen, wildem Geschrei und fluoreszierendem Bodypainting. Wer es etwas entspannter mag, findet an der Westküste einige ausgezeichnete Bars, in denen man mit einem gut gefüllten Cocktailglas von einer Hügelkuppe oder über Mangrovenbäumen direkt am Ufer dem blutorangefarbenen Sonnenuntergang zuprosten kann. In Thong Sala gibt's auch ein paar gute Bars. Ko-Pha-Ngans ausgezeichneten Kaffee bekommt man in vielen coolen und trendigen Cafés auf der ganzen Insel.

🍷 Hat Rin

Chillin Beachclub BAR
(Karte S. 588; ☎077 375227; www.phanganbayshore.com; 141 Mu 6, Hat Rin Nok; ⌚16–23 Uhr; 📶) Die entspannte Bar gehört zum **Bayshore Resort** (DZ/3BZ/Suite ab 4050/7800/9000 B; P❄@📶🏊) am Hat Rin. Man sitzt hier an orangefarbene, dreieckige Kissen gelehnt an niederen Tischchen und genießt Cocktails und Livemusik. Vor der Bar ist der Strand, an dem die Wellen leise rauschen.

Rock BAR
(Karte S. 588; ☎093 725 7989; 130/4 Mu 6, Hat Rin Nok; ⌚8 Uhr–open end; 📶) Bei Vollmond bieten sich von der erhöhten Terrasse am hintersten südlichen Ende des Strandes tolle Aussichten – und wunderschöne Panoramen zu jeder anderen Zeit – dazu gibt's leckere Cocktails und verschiedene Platten für eigentlich jeden Geschmack, und das auch während des Vollmondwahnsinns zu sehr vernünftigen Preisen.

Sunrise BAR
(Karte S. 588; ☎077 375144; www.sunrisephangan.com; 136 Mu 6, Hat Rin Nok; ⌚8–2 Uhr; 📶) In der Pool-Bar am Strand lassen die Trance-Beats die mit Graffiti geschmückten Wände wackeln, bei Vollmond ist hier Drum 'n' Bass angesagt. Hier kann man herrlich entspannt den Tag ausklingen lassen.

Cactus Bar CLUB
(Karte S. 588; 146/9 Mu 6, Hat Rin Nok; 📶) Das Tagesrestaurant verwandelt sich abends in einen ohrenbetäubend lauten Club mit Bar, der für seine Feuershows und das junge energiegeladene Publikum bekannt ist. Wer außerhalb des Vollmonds am Strand feiern will, ist hier richtig.

INSIDERWISSEN

VOLLMONDPARTYS AUF KO PHA-NGAN

Niemand weiß, wie und wann genau die erste dieser verrückten **Full Moon Partys** (Karte S. 588; Hat Rin; Eintritt 100 B; ⏲ bei Vollmond, Sonnenuntergang–Sonnenaufgang) stattfand. Viele meinen, dass 1988 erstmals von einer Party berichtet wurde, bei der es sich wahlweise um die Abschiedsfeier eines australischen Backpackers gehandelt haben soll oder um die Feier einer Gruppe von Hippies, die den „Elektro-Partys" auf Samui entkommen wollten. Mittlerweile strömen Zehntausende Feierwütige jeden Monat zum kerosingetränkten Hat Rin (auch Sunrise Beach, S. 585), um von Sonnenuntergang bis Sonnenaufgang durchzutanzen.

Richtig los geht es ab 22 Uhr, wenn sich bis zu 40 000 Menschen wie in Trance auf dem feinen Sand bewegen (selbst in der Nebensaison sind es rund 8000 Menschen). Wer nachtanken oder einfach mal eine Pause machen will, geht in die ausgezeichnete Rock Bar (S. 599) am südlichen Ende des Strands. Aber auch am Strand gibt's viele Stände, die Wodka, Gin, Rum, Whisky (auch mit Cola gemischt) und Red Bull in Eimern verkaufen. Da sind schon so manche böse abgestürzt.

Zwischen dröhnendem Bass und blinkenden Neonlichtern sind brennende Seile gespannt, über die „getanzt" werden soll (was oft zu üblen Verbrennungen führt).

Kritiker bemängeln, dass die Partys ihre fröhliche Unbekümmertheit verlieren und immer kommerzieller werden (was sich kaum verhindern lässt), seit es teilweise sogar zu Gewalttätigkeiten kam und die Inselbehörden 100 B Eintritt verlangen. Dieses Geld wird benötigt, um den Strand zu reinigen und den Sicherheitsdienst zu bezahlen. Auf den Partys läuft auch schon lange nicht mehr nur Trance-Musik, sondern die DJs legen heute Urban- und Dance-Musik, Afro-Beats und Drum 'n Bass auf, um ein breiteres Publikum anzulocken.

Eine Unterkunft sollte man in dieser Zeit lange im Voraus buchen. Wer erst bei der Ankunft anfängt zu suchen, wird kein freies Bett mehr bekommen. Wer in Hat Rin nichts findet, kann sich auch auf Ko Samui einquartieren, allerdings steigen die Shuttle-Preise zur Party ins Unermessliche. Eine Fahrt mit der Fähre kostet 500–1000 B pro Person, ein gechartertes Longtail-Boot rund 3000 B.

Tommy BAR
(Karte S. 588; ☎077 375215; www.tommyresort.net; Hat Rin; ⏲8–2 Uhr; 📶) Eine der größten Bars am Hat Rin lockt die Massen mit Liegen, niederen Tischen, Schwarzlicht, einem Swimmingpool und lauter Vollmondmusik. Die Theke hat die Form einer Arche. Bei den Vollmondpartys darf man (gegen Gebühr) die tolle Aussicht vom VIP-Balkon genießen.

Südliche Strände

Bubba's Coffee Bar CAFÉ
(Karte S. 586; ☎099 164 3478; www.bubbascoffee.com; Mu 1, Ban Tai; ⏲7–18 Uhr; 📶) Das Café gehört zu Bubba's Roastery und serviert den dort gerösteten einheimischen Kaffee zum ausgezeichneten Frühstück. Mit der trendig coolen Innenausstattung und entspannten Atmosphäre ist es sehr beliebt bei den Expats der Insel.

Hub PUB
(Karte S. 591; ☎088 825 4158; Thong Sala; ⏲8–23 Uhr; 📶) Das riesige Pub mit Holzboden, geselligem Personal und der Toplage an der Ecke direkt unten am Pier ist eine Sportsbar und die erste Wahl für die wichtigen Premier-League-Spiele, Fassbier, Cider und ausgezeichnetes Kneipenessen. Hier werden auch Roller und Motorräder vermietet.

Viewpoint Cafe CAFÉ
(Karte S. 586; Ban Khai; ⏲8–24 Uhr; 📶) Auf dem Rückweg vom Hat Rin nach Thong Sala oder Ban Tai parkt man seinen Roller und macht einen Zwischenstopp in dieser Bar am Viewpoint Hotel in wunderbarer Höhenlage über dem Golf. Es gibt Fruchtsmoothies, Kaffee und kleine Snacks. Das Essen ist nur mittelmäßig, aber die Aussicht umwerfend.

Andere Strände

★ **Jam Bar** BAR
(Karte S. 586; Hin Kong; ⏲So & Do 19–2 Uhr) Auf der Bühne der Bar im Freien dürfen die Gäste selbst Musik machen. Den Auftakt macht zumeist Inhaber Robert, der Rockklassiker zum Besten gibt.

NACH BANGKOK, HUA HIN & CHUMPHON

Die Anbieter **Lomprayah** (Karte S. 591; ☎087 887 9791, 07742 3761; www.lomprayah.com; ⏲7–22 Uhr) und **Seatran Discovery** (www.seatrandiscovery.com) offerieren kombinierte Bus-Boot-Pakete (Lomprayah ab ca. 1200 B, Seatran ab 1000 B), die in der Gegend der Th Khao San in Bangkok ihren Startpunkt haben und Hua Hin und Chumphon passieren. Die gesamte Fahrt dauert zwischen 10 und 17½ Stunden.

Auch die Zugfahrt von Bangkok oder Hua Hin nach Chumphon und die Weiterreise mit der Fähre von dort ist recht stressfrei (solange der Zug keine Panne hat, aber das passiert recht oft). Die Bahnfahrt von Bangkok nach Chumphon (ca. 8½ Std.) kostet für einen Sitzplatz in der 2. Klasse 300 B; die Bootsfahrt von Chumphon nach Ko Pha-Ngan nimmt ca. 3 bis 3¾ Stunden in Anspruch und kostet 1000 B.

NACH KO SAMUI

Täglich gibt es etwa ein Dutzend Abfahrten auf der Strecke zwischen Thong Sala und Ko Samui. Die Fähren legen zwischen 7 und 18 Uhr ab und benötigen 20 bis 90 Minuten. Das kostet je nach Boot 150 bis 300 B.

Die *Haad Rin Queen* pendelt viermal täglich zwischen dem **Haad Rin Pier** (Karte S. 588; Hat Rin) und dem Big Buddha Beach (das erste Boot startet in Hat Rin um 9.30 Uhr und verlässt den Big Buddha Beach um 10.30 Uhr). Am Tag nach der Vollmondparty fährt das Schiff doppelt so oft und an demselben Tag noch einmal extra um 7.30 Uhr. Die Fahrt dauert 50 Minuten, und man zahlt 200 B. Das letzte Boot verlässt den Big Buddha Beach um 18.30 Uhr.

Der **Thong Nai Pan Express** (Karte S. 588) ist ein klappriges altes Fischerboot (nichts für Ängstliche), der einmal täglich von Mae Nam auf Ko Samui zum Hat Rin auf Ko Pha-Ngan und dann die Ostküste hinauffährt, wo er auf dem Weg bis zum **Pier** (Karte S. 586; Hat Thong Nai Pan; ab 600 B) beim Thong Nai Pan Noi an allen Stränden anlegt. Je nach Fahrtziel kosten die Tickets 200 bis 400 B.

NACH KO TAO

Lomprayah-Fähren nach Ko Tao (500–600 B) starten um 8.30, 13 und 18.15 Uhr in Thong Sala auf Ko Pha-Ngan und kommen um 9.30, 14.15 und 19.15 Uhr an. Die Fähre von Seatran (500 B, 90 Min.) legt täglich um 8.30, 13.30 und 17 Uhr in Thong Sala ab. Von Hat Rin fahren eine Stunde vor der Abfahrt der Fähren Taxis nach Thong Sala. Die preiswerteren, aber langsameren Boote von Songserm (350 B) starten um 12.45 Uhr von Ko Pha-Ngan, kommen um 14.30 Uhr an und fahren dann weiter nach Chumphon.

NACH SURAT THANI & ZUR ANDAMANENKÜSTE

Täglich fahren vier Boote von Lomprayah (700 B, 2¾ Std.) zum Tapee Pier (nach Surat Thani), alle fahren über Ko Samui. Die Boote legen zwischen 7.20 und 12.30 Uhr in Thong Sala ab. Zwei Boote von Seatran (www.seatrandiscovery.com) (550 B) fahren zudem täglich von Thong Sala nach Donsak (nach Surat Thani), mit einer Busverbindung (750 B) zum Bahnhof von Phun Phin außerhalb der Stadt. Bei gutem Wetter startet jeden Abend um 22 Uhr ein Nachtboot von Surat Thani (400 B, 7 Std.) aus; in der entgegengesetzten Richtung erfolgt die Abfahrt von Ko Pha-Ngan um 21 Uhr.

Kombinierte Boot-Bus-Tickets gibt's in allen Reisebüros; man sagt einfach, wohin man fahren möchte, und sie verkaufen die entsprechenden Reiseabschnitte. Die meisten Reisenden kommen auf der Fahrt von einer Küste zur anderen durch Surat Thani.

ℹ Unterwegs vor Ort

Ein Fahrrad zu leihen, ist keine so gute Idee, es sei denn, man ist fit genug für die Tour de France.

Auf den Hauptstraßen der Insel sind Pick-up-Trucks und *sŏrng·tăa·ou* (Sammelminibusse) unterwegs, nach Sonnenuntergang verdoppeln sich die Preise. Zum Verlassen der Insel sollte man bei der eigenen Unterkunft nach kostenlosen oder ermäßigten Shuttles fragen. Touren von Thong Sala zum Hat Rin kosten 100 B; weiter entfernte Strände kosten entsprechend etwa 150 bis 200 B. Von Hat Rin starten **sŏrng·tăa·ou** (Karte S. 588) nach Thong Sala westlich des Hat Rin Nok.

Ab Thong Sala, Chalok Lam (S. 598) und Hat Rin steuern Longtail-Boote entlegene Ziele wie **Hat Khuat** (Karte S. 586; (Bottle Beach); ab 600 B) und **Hat Than Sadet** (Karte S. 586; ab 600 B) an. Kurztrips sind überall ab 50 B möglich, längere Fahrten kosten bis zu 300 B. Private Charterboote schippern ebenfalls von Strand zu Strand (150 B/15 Min.)

AUTO & MOTORRAD

Ko Pha-Ngan erkundet man am besten mit einem Motorrad oder Roller. Diese kosten zwischen 150 und 300 B pro Tag (bei längerer Mietdauer wird's günstiger). Normalerweise muss man den Pass als Sicherheit hinterlegen (wer plant, die Unterkunft zu wechseln, sollte das berücksichtigen). Benzin wird oft in Flaschen für 40 B pro Liter verkauft, an den Tankstellen ist es aber günstiger.

Beim Mieten des Motorrads oder Rollers sollte man auch nach einem Helm mit Kunststoffvisier fragen. Auch wenn man ihn beim Mieten nicht vorlegen muss, darf man nur mit einem internationalen Führerschein fahren. Wer ohne fährt, bekommt Probleme mit der Polizei (die häufig kontrolliert) und im Fall eines Unfalls auch mit der Versicherung. Deshalb unbedingt einen mitbringen! Für das Befahren unbefestigter Pisten muss das Leihbike unbedingt einer Honda MTX125 entsprechen – Motorroller mit Direktantrieb können da nicht mithalten. Bei Vollmond sollte man die Straßen meiden.

Ko Tao

3000 EW.

Ko Tao (เกาะเต่า) mag zwar die kleinste Insel des Trios Samui-Pha-Ngan-Tao sein, hat damit aber kein Problem. Denn Ko Tao ist zum Tauchmekka im Golf geworden. Die Insel wird immer beliebter und damit auch immer teurer, aber noch herrscht auf diesem mit Dschungel bewachsenen Juwel die lebhafte Atmosphäre von Ko Samui, gepaart mit der lässigen Lebensart von Pha-Ngan. Zudem hat es leicht erreichbare, vielfältige Tauchmöglichkeiten direkt vor der Küste. Hier können sich die Besucher zwischen leuchtend bunten Korallen mit Haien und Rochen tummeln und dann den Tag mit einem Sundowner am weißen Strand verabschieden – und das Tag für Tag. Und auch wenn die Insel ein Synonym für Tauchen ist – hier gibt es viel mehr zu erleben. Wanderer und Einsiedler können im feuchten Küstendschungel eine Episode der Fernsehserie *Lost* nachspielen. Und wer lange genug Robinson Crusoe gespielt hat, stürzt sich in die pulsierende Barszene, wo bis zur Morgendämmerung Action herrscht.

Sehenswertes

★ Ao Tanot — STRAND

Außer kristallklarem Wasser und ausgezeichneten Schnorchelbedingungen bietet die hübsche Bucht Ao Tanot (อ่าวโตนด; Karte S. 606; P) an der Ostküste außerdem ausgezeichnete Möglichkeiten zum Rock-Jumping von einem großen Felsen in der Bucht. Beim Tauchen und Schnorcheln auf Kaiserfische, Forellenbarsche und Wimpelfische achten. Unter Wasser liegt ein versunkener Katamaran. Es gibt viele Resort- und Bungalow-Anbieter für alle, die über Nacht bleiben und den herrlichen Sonnenaufgang bewundern wollen.

★ Ko Nang Yuan — INSEL

(เกาะนางยวน; Karte S. 606; Eintritt 100 B; ⌚10–17 Uhr) Die drei hübschen Inseln vor der Nordwestküste von Ko Tao sind über eine Sandbank miteinander verbunden. Von den höchsten Punkten der Inseln bietet sich eine traumhafte Aussicht. Man kann sie gut in einem Tagesausflug von Ko Tao aus besuchen. Die Boote legen am Lomprayah Pier in Mae Hat ab.

Hat Laem Thian — STRAND

(หาดแหลมเทียน; Karte S. 606) Im Windschatten der Landzunge ist dieser abgeschiedene und geschützte kleine weiße Sandstrand in der Mitte der Ostküste, nördlich von Ao Tanot, ein wunderbarer Ort mit ausgezeichneten Schnorchel- und Rock-Jumping-Möglichkeiten und sehr klarem Wasser. Der Wanderweg hierher ist mühsam (1½ Std. ab Sairee), leichter geht es mit dem Longtail-Boot. Die mit Graffiti besprühte Ruine eines alten Resorts bröckelt vor sich hin.

Wer wandert, sollte feste Schuhe tragen und reichlich Wasser und Sonnenschutz einpacken.

Aktivitäten

Tauchen

Ko Tao ist *der* Ort in Thailand für Tauchanfänger. Die seichten Buchten, die die Insel säumen, sind für den ersten Tauchversuch von Neulingen perfekt geeignet. Das Wasser ist kristallklar, es strotzt nur so vor farbenfrohen Riffen und die Wassertemperatur ist wie in der Badewanne. Da es viele geschützte Tauchstellen gibt, kann man im Meer um Ko Tao das ganze Jahr über tauchen; es kann höchstens während der Regenzeit passieren, dass man ein oder zwei Tage aussetzen muss, wenn das Wasser zu unruhig ist, aber das kommt eher selten vor.

Die besten Tauchspots befinden sich in einem Umkreis von 20 km vor der Küste an Felsen, sogenannten *pinnacles*. Zu den hiesigen Meerestieren gehören Zackenbarsche, Muränen, Fledermausfische, Wimpelfische, Barrakudas, Riesen-Drückerfische, Kaiserfische, Clownfische („Nemos"), Stachelrochen und Riffhaie und auch die riesigen Walhaie kommen regelmäßig zu Besuch.

An der Küste stehen Tauchzentren bereit, um werdende Taucher mit der richtigen Ausrüstung auszustatten und sie in einem dreieinhalbtägigen Open-Water-Kurs samt Zertifikat mit den Grundlagen vertraut zu machen. Die starke Konkurrenz unter den Tauchschulen sorgt dafür, dass die Preise unschlagbar niedrig und das Niveau der Leistungen erstklassig ist. Dutzende Tauchanbieter konkurrieren um das Geld der Urlauber, darum sollte man sich erst in Ruhe um-

INSIDERWISSEN

DIE BESTEN TAUCHSPOTS

Im Allgemeinen kann man sich nicht aussuchen, wo man gerne tauchen möchte. Je nach Wetter und Wasser legen die Tauchschulen jeden Tag die zu besuchenden Tauchspots fest. Tiefe Tauchgebiete wie z. B. Chumphon Pinnacle werden zumeist morgens angefahren. Am Nachmittag geht es zu nicht ganz so tiefen Gewässern wie den Japanese Gardens. Es gibt auch zwei große Schiffswracks vor der Küste.

Wer die Walhaie bei Sail Rock beobachten will, sollte eine Tauchtour in Ko Pha-Ngan buchen.

Chumphon Pinnacle (bis zu 36 m tief) liegt 11 km nordwestlich von Ko Tao und besteht aus vier miteinander verbundenen pinnacles, zwischen denen farbenprächtige Seeanemonen leben. Außerdem tummeln sich hier riesige Stachelmakrelen, Thunfische und graue Riffhaie. Auch Walhaie kommen hier vor.

Green Rock (Karte S. 606) (bis zu 25 m tief) ist ein riesiges Labyrinth aus Höhlen, Grotten und Durchlässen. Hier leben vor allem Rochen, Zackenbarsche und Hornhechte. Toll zum Nachttauchen.

Japanese Gardens (Karte S. 606) (bis zu 16 m tief) zwischen Ko Tao und Ko Nang Yuan ist ideal für Anfänger und zum Schnorcheln. Es gibt jede Menge farbenprächtige Korallen, zwischen denen sich Schildkröten, Stachelrochen und Kugelfische tummeln.

Mango Bay (Karte S. 606) (bis zu 16 m tief) ist ideal für Anfänger, die zum ersten Mal mit einer Flasche auf dem Rücken tauchen. Über dem sandigen Meeresboden schwimmen träge Rifffische.

Lighthouse Bay (Gluay Teun Bay; Karte S. 606) (bis zu 14 m tief) an der Nordostspitze der Insel eignet sich mit seinen herrlichen Korallen auch gut zum Schnorcheln. Hier leben Gelbschwanz-Barrakudas, Papageienfische und Wimpelfische.

Sail Rock (bis zu 40 m tief) ist der am besten von Ko Pha-Ngan erreichbare Tauchspot. Er hat einen riesigen Felskamin mit vertikalem Durchlass, in dem große Tiefseefische wie Barrakudas und Königsdorsche leben. In diesem Gebiet leben auch die meisten Walhaie Südostasiens. Sie haben keine „Saison" mehr, sondern sind das ganze Jahr über anzutreffen.

Southwest Pinnacle (bis zu 28 m tief) besteht aus einer Reihe pinnacles, zwischen denen sich riesige Zackenbarsche und Barrakudas tummeln. Auch Walhaie wurden hier schon beobachtet.

Ao Tanot (S. 604) (bis zu 18 m tief) eignet sich für alle Leistungsstufen und auch zum Schnorcheln. Hier gibt's Engelhaie, Forellenbarsche, Wimpelfische und ein Katamaranwrack.

White Rock (Karte S. 606) (bis zu 29 m tief) Zwischen farbenprächtigen Korallen schwimmen Engelhaie, Clownfische und Drückerfische. Sehr beliebt zum Nachttauchen.

HTMS Sattakut (Karte S. 606) Das 2011 südöstlich von Hin Pee Wee gesunkene Schiff liegt in 30 m Tiefe und ist eines der beliebtesten Schiffswracks.

schauen. Auf der Insel werden mehr Tauchzertifikate ausgegeben als an irgendeinem anderen Ort der Welt.

Ocean Republic Diving TAUCHEN
(Karte S. 608; ☎ 061 462 7661; www.oceanrepublicdiving.com; Mae Hat; Grundkurs 3500 B; ⌚ 8.30–20 Uhr) Die Tauchschule gehört der Organisation Sea Shepard an und setzt sich daher aktiv für den Schutz des Meeres ein. Sie ist eine der freundlichsten Tauchschulen der Insel und bietet hochwertigen Unterricht in kleinen Gruppen (max. vier Teilnehmer) und entspannter Atmosphäre.

Ban's Diving School TAUCHEN
(Karte S. 608; ☎ 077 456466; www.bansdivingresort.com; Hat Sairee; ⌚ 8–19 Uhr) Der gut organisierte Tauchanbieter, der seinen Sitz im gleichnamigen **Resort** (DZ 1110–3500 B; P ❄ @ 🛜 🏊) hat, ist eine der am besten ausgelasteten Tauchschulen der Insel. Der theoretische Unterricht findet in großen Gruppen statt, die Betreuung im Wasser ist dann indi-

Ko Tao

vidueller. Tauchlehrer aus aller Welt sorgen für ein mehrsprachiges Angebot.

Big Blue Diving TAUCHEN
(Karte S. 608; ☎077 456050; www.bigbluediving.com; 15/3 Mu 1, Sairee Beach; ⏲8–19 Uhr) Bei der Tauchschulensuche würde Goldlöckchen wohl Big Blue wählen. Die mittelgroße Firma (nicht zu groß, nicht zu klein) wird für Geselligkeit bei zuverlässig hohem Servicestandard geschätzt. Im hauseigenen Resort kommen Taucher jedes Levels und mit jedem Budget preisgünstig unter, von Backpacker-Schlafsälen bis zu erstklassigen Familienvillen.

Calypso Diving TAUCHEN
(Karte S. 606; ☎084 841 5166; www.diving-calypso.com; 40/20 Mu 3, Ao Tanot; ab 800 B; ⏲8–18 Uhr) Die freundliche, entspannte, aber professionelle deutsche Tauchschule bietet ausgezeichnete Tauchkurse für Anfänger und Profis. Ein Tauchgang am Strand kostet ab 800 B. Es wird auch Schnorchelausrüstung verliehen.

Crystal Dive TAUCHEN
(Karte S. 608; ☎077 456106; www.crystaldive.com; 7/1 Mu 2, Mae Hat; Kurse ab 2500 B; ⏲8–18 Uhr) Diese preisgekrönte Schule (mit Resort) gehört zwar zu den größten Tauchschu-

Ko Tao

len der Insel (und der Welt), sorgt aber mit hervorragenden Lehrern und kleinen Kursen für eine recht persönliche Atmosphäre. Mehrsprachiges Personal, klimatisierte Unterrichtsräume und zwei hauseigene Swimmingpools runden das Paket ab. Crystal bemüht sich außerdem sehr um Projekte zum Schutz der Meere um Ko Tao. Äußerst empfehlenswert. Freitauchen, Unterwasserfilmen und -fotografie, Nachttauchen und Taucherrettung sind ebenfalls im Angebot.

Roctopus Dive TAUCHEN
(Karte S. 608; ☎077 456611, 090 863 1836; www.roctopusdive.com; 17 Mu 1, Sairee Village; Kurse ab 1900 B; ⏲9–18 Uhr) Die beliebte und betriebsame Tauchschule mitten am Sairee Beach bietet ausgezeichnete Kurse für alle Leistungsstufen. Sie reichen von halbtägigem Probetauchen und Open-Water-Kursen für Anfänger bis zu speziellen Kursen für Fortgeschrittene. Mit dem Schnellboot organisiert sie auch Schnorchelausflüge und Cliff Jumping oder vermietet es für private Charterfahrten.

Schnorcheln

Schnorcheln ist eine beliebte Alternative zum Sporttauchen, und eigene Schnorchelabenteuer lassen sich hier leicht organisieren: Kleine Bungalowanlagen an den Ostküstenbuchten verleihen Ausrüstung für 100 bis 200 B pro Tag.

Auf Ko Tao ziehen die meisten Schnorchelfans ohne Guide los. Sie schwimmen selbst zu vorgelagerten Buchten oder fahren mit gemieteten Longtail-Booten weiter raus. Alternativ können bei allen örtlichen Reisebüros geführte Touren gebucht werden, die verschiedene Schnorchelspots rund um die Insel abklappern (500–800 B, meist inkl. Ausrüstung, Mittagessen & Guide bzw. Bootskapitän).

Laem Thian wird wegen seiner kleinen Haie geschätzt, bei **Shark Island** tummeln sich viele Fische, aber – trotz des Namens – keine Haie. Die **Ao Hin Wong** ist für kristallklares Wasser bekannt, während die Lighthouse Bay (S. 605) im Norden mit einem umwerfenden Reichtum an farbenprächtigen Seeanemonen aufwartet. Auch Ao Tanot (S. 604) ist ein sehr beliebter Schnorchelspot.

Tauchschulboote nehmen Schnorchler in der Regel zu vergleichbaren Preisen mit. Hinweis: Das Schnorcheln lohnt sich nur an flacheren Stellen wie beispielsweise Japanese Gardens (S. 605).

Freitauchen

In den letzten Jahren wurde Freitauchen (Tauchen ohne Geräte) immer beliebter und begeistert Taucher ohne jede Erfahrung ebenso wie Sporttaucher.

Wegen der großen Anzahl an qualifizierten Apnoe-Tauchern auf der Insel bieten viele traditionelle Tauchschulen nun auch Freitauchen an (eine Art der Unterwassererkundung mit verschiedenen Techniken des Atemanhaltens statt technischer Tauch-

Mae Hat & Hat Sairee

Mae Hat & Hat Sairee

Aktivitäten, Kurse & Touren

1	Apnea Total	C3
2	Ban's Diving School	B4
3	Big Blue Diving	B1
4	Blue Immersion	B4
5	Crystal Dive	B6
6	Crystal Images	A7
7	Goodtime Adventures	C2
8	Monsoon Gym & Fight Club	C5
9	Ocean Republic Diving	B6
10	Oceans Below	C2
11	Roctopus Dive	C2
12	Shambhala	C2
13	Tech Dive Thailand	C2

Schlafen

14	Ananda Villa	B6
	Ban's Diving Resort	(s. 2)
15	Big Blue Resort	B1
16	Captain Nemo Guesthouse	B6
	Crystal Dive Resort	(s. 5)
	Indie Hostel Koh Tao	(s. 13)
17	Ko Tao Cabana	B1
18	Ko Tao Central Hostel	B6
19	Moov Inn Garden Hostel	B7
20	Palm Leaf Resort	B1
21	Place	D1

Essen

	995 Roasted Duck	(s. 25)
	Bam Bam	(s. 19)
22	Bang Burgers	C3
23	Barracuda Restaurant & Bar	C3
24	Cafe Culture	B3
	Cappuccino	(s. 9)
25	Gallery	C2
	Pranee's Kitchen	(s. 14)
26	Seashell Restaurant	B3
27	Shalimar Indian Restaurant	C2
28	Su Chili	C2
29	This is a Book Cafe	B6
30	Vegetabowl	C4
	Whitening	(s. 4)
31	Zest Coffee Lounge	B7

Ausgehen & Nachtleben

	Chopper's Sports Bar	(s. 28)
	Fishbowl Beach Bar	(s. 2)
32	Fizz beachlounge	C3
33	Lotus Bar	C3
34	Maya Beach Club	B5

Unterhaltung

35	Queen's Cabaret	C3

ausrüstung). Ein empfehlenswerter Apnoe-Tauchveranstalter ist Apnea Total (S. 609). Er hat mehrere Preise in der Welt des Freitauchens gewonnen und ein besonderes Händchen, um Anfängern diesen eindrucksvollen Sport nahezubringen. Ein Schüler-Lehrer-Verhältnis von 3:1 garantiert zudem jede Menge Sicherheit. Blue Immersion hat ebenfalls einen guten Ruf und sehr fähige Mitarbeiter. Die Freitauchpreise auf der Insel sind standardisiert, zweieinhalbtägige SSI-Anfängerkurse schlagen mit 6000 B zu Buche.

Weitere ausführliche Infos über diese spannende Art des Tauchens finden sich in dem hochgelobten Werk *One Breath* von Adam Skolnick.

Blue Immersion TAUCHEN

(Karte S. 608; ☎081 188 8488; www.blue-immersion.com; 136 Mu 1, Sairee Beach; Kurse ab 3000 B; ⏲12–20 Uhr) Diese Tauchschule wurde von Akim Ladhari gegründet, einem der ersten Freitaucher der Welt, der mehr als 100 m Tiefe erreicht hat, und ist der Goldstandard für Freitaucher aller Leistungsstufen. Es gibt neun erfahrene Lehrer, die Kurse kosten zwischen 3000 B für Probetauchen (bis zu 10 m) und 76 000 B für die dreimonatige Ausbildung zum Tauchlehrer. Außerdem steht ein Schlafsaal mit zwölf Betten (490 B) zur Verfügung.

Apnea Total TAUCHEN

(Karte S. 608; ☎081 956 5720, 081 956 5430; www.apneatotal.com; 9/224 Mu 1, Sairee Beach; Kurse 1000–40 000 B; ⏲8.30–20 Uhr) Das kompetente, kontaktfreudige und begeisterte Personal des Veranstalters Apnea Total, der schon mehrere Preise in der Welt des Freitauchens gewonnen hat, haben ein besonderes Händchen dafür, Anfängern diesen eindrucksvollen Sport nahezubringen. Ein Schüler-Lehrer-Verhältnis von 3:1 garantiert zudem jede Menge Sicherheit. Es gibt jede Menge Kurse für Anfänger bis zur Ausbildung von Freitauchlehrern.

Technisches Tauchen & Höhlentauchen

Mit **Tech Dive Thailand** (Karte S. 608; ☎077 456604; www.techdivethailand.com; 14/102 Mu 2, Sairee Beach; ⏲8–18 Uhr) oder einer weiteren der wenigen anderen Tauchschulen, die technisches Tauchen anbieten, können erfahrene Taucher und Hardcore-Jacques-Cousteaus ihre Unterwasserausflüge aufs nächste Level heben und technisches Tauchen ausprobieren. Beim technischen Tauchen, das weit über das kommerzielle Freizeittauchen hinausgeht, erkundet man Tiefen ab 40 m, was mehrere Dekompressionsstufen erfordert.

DIE RICHTIGE TAUCHSCHULE AUF KO TAO FINDEN

Es ist kein Wunder, dass dieses Tauchgebiet besonders beliebt bei Anfängern ist. Doch bevor man sich ins Wasser stürzt, sollte man sich die Tauchschulen hier ansehen und vergleichen.

Am Pier von Mae Hat wimmelt es nur so von Schleppern, die die Neuankömmlinge in ein bestimmtes Tauchresort locken wollen. Doch auf Ko Tao gibt's Dutzende von Tauchzentren. Deshalb sollte man schon vor der Ankunft einige renommierte Schulen auswählen und diese dann abklappern. Dabei sollte man sich ruhig Zeit lassen, um eine fundierte Entscheidung zu treffen. Wer viel Zeit hat, kann sich auch erst einmal auf der Insel umsehen. Hier trifft man auf jede Menge Tauchsüchtige und Tauchlehrer, die gute Tipps geben können.

Der Erfolg eines Tauchkurses hängt zu einem großen Teil vom jeweiligen Lehrer ab und wie man mit ihm oder ihr zurechtkommt. Sehr wichtig ist auch die Größe der Gruppen, der Zustand der Ausrüstung und die Beschaffenheit der Tauchspots.

Die Preise sind auf der ganzen Insel weitgehend standardisiert. Es ergibt also keinen Sinn, nach einem besonders günstigen Angebot zu suchen. Ein **PADI** (www.padi.com) Open-Water-Zertifizierungskurs (OWD) oder **SSI** (www.divessi.com) Open-Water-Zertifikat kostet jeweils zwischen 10 000 und 11 000 B. Immer beliebter werden hier auch **RAID** Open-Water-Kurse (www.diveraid.com), die mit 9500 B zu Buche schlagen. Ein Advanced-Open-Water-Zertifizierungskurs (AOWD) kostet 10 000 B, ein Rettungskurs ebenfalls 10 000 B, der Divemaster-Kurs kostet schlappe 30 000–35 000 B (wobei der Divemaster dann überall anerkannt wird). Wer nur tauchen will, bezahlt rund 1000 B pro Tauchgang oder 7000 B für zehn Tauchgänge. Im Preis inbegriffen sind Ausrüstung, Bootsfahrt, Lehrer/Guides und Snacks. Wer eine eigene Ausrüstung mitbringt, bekommt in der Regel eine Ermäßigung. Vorsicht bei Tauchzentren, die allzu bereitwillig mit dem Preis heruntergehen. Sicherheit hat oberste Priorität, und vermutlich wird daran dann gespart. Der Markt ist recht offen, und so eröffnen immer wieder billige und schlecht geführte Tauchschulen, die supergünstige Preise anbieten. Man sollte sich aber an die alteingesessenen Schulen halten.

Viele Tauchschulen bieten auch billige oder sogar kostenlose Unterkünfte. Vor allem bei Anfängerkursen ist bei den meisten Tauchzentren ein kostenloses Zimmer mit Ventilator enthalten. Hochsaison im Tauchen ist von Dezember bis Januar und von Juni bis August. Außerdem explodiert die Nachfrage nach Tauchkursen nach jeder Vollmondparty auf Ko Pha-Ngan.

Bei einem einzigen Tauchgang kommen außerdem oft verschiedene Atemgasgemische zum Einsatz. Solche Tauchgänge darf nur ein zertifizierter technischer Taucher durchführen. Viele Schulen auf der Insel bieten Trainingskurse an, in denen man verschiedene Zertifizierungen zum technischen Tauchen erhalten kann.

Auch Wracktauchen ist hier ein beliebter Sport. Der Golf ist seit sehr langer Zeit eine wichtige Handelsroute, und so werden hier von alten chinesischen Keramiktransportern bis hin zu japanischen *marus* (Handelsschiffen) ständig neue Wracks entdeckt. Das Wrack der HTMS Sattakut (S. 605) und tiefere Tauchziele eignen sich gut für technische Tauchgänge. Tech Dive Thailand führt eine komplette Online-Datenbank mit Dutzenden Wracks.

Höhlentauchen ist auf Ko Tao schwer angesagt. Die abgebrühtesten Gerätetauchfreaks stehen Schlange, um die halbtägige Fahrt zum Khao Sok National Park zu absolvieren. Der Hauptsee des Parks beherbergt eine verblüffende Unterwasserwelt mit vielen versteckten Grotten, Kalksteinfelsen und lauernden Welsen. In bestimmten Bereichen nähern sich Taucher gefluteten Dörfern, die dem Staudammbau zum Opfer fielen. Bei den meisten Höhlentauchtouren verlässt man Koa Tao mit dem Nachmittagsboot und kehrt am nächsten Tag wieder mit diesem zurück. Übernachtet wird im oder in der Nähe des Parks.

Unterwasserfotografie & -filmen

Wenn das Portemonnaie schon vor Tauch-Zertifikaten überquillt, könnten eine geliehene Unterwasserkamera oder ein Kurs im Unterwasserfilmen interessante Optionen sein. Viele Tauchschulen heuern professionelle Videofilmer an, um Open-Water-

Tauchzertifizierungen zu filmen. Wer sich dafür interessiert, der könnte so nach einem abgeschlossenen Videopraktikum sogar etwas Geld verdienen. Die Tauchveranstalter können den Kontakt zu den sechs Videofilmteams auf der Insel herstellen. Ein Einführungskurs inklusive Videokamera, Tauchen und Anleitung kostet rund 5000 B und kann auch für ein PADI-Zertifikat für Fortgeschrittene verwendet werden. **Crystal Images** (Karte S. 608; ☎ 092 476 4110; www.crystalimageskohtao.com; Mae Hat; ⌚ 6–17 Uhr) und **Oceans Below** (Karte S. 608; ☎ 086 060 1863; www.oceansbelow.net; Sairee Village) bieten Videofilmkurse und -praktika und haben ihre eigenen speziellen Angebote.

Wandern

Ein sehr beliebter Wanderweg führt quer über die Insel zum West Coast Viewpoint. Auf der Straße südlich des Monsoon Gym und über einen Trampelpfad geht man nach oben bis zu einer Gabelung namens Two Views. Dort biegt man nach links ab zum West Coast Viewpoint, der einen herrlichen Blick auf die Westküste der Insel bietet. Auf dem Rückweg kann man bis zur Gabelung gehen und dann links am See vorbei nach Ao Tanot hinunterlaufen. Die gesamte Strecke ist gut 4,5 km lang und dauert eineinhalb Stunden.

Ein anderer schöner Wanderweg folgt der Küste an den Stränden südlich von Mae Hat vorbei und rund um das Kap zum Ao Chalok Ban Kao. Der Weg beginnt beim Charm Churee Villa und führt auf einem Betonweg nach Süden zum Hat Sai Nuan und danach weiter auf einem Trampelpfad über den Berg zum Kap Laem Je Ta Kang. Kurz vor dem Kap biegt man nach Osten ab zum Ao June Juea und geht am Tao Thong 2 Villa vorbei zum Strand von Ao June Juea hinunter. Von dort kann man dann weiter zum Ao Chalok Ban Kao wandern.

Noch mehr Aktivitäten

★ Goodtime Adventures ABENTEUERSPORT
(Karte S. 608; ☎ 087 275 3604; www.goodtimethailand.com; 14/2 Mu 1, Sairee Beach; ⌚ 9–19 Uhr) Mit Goodtime kann man tauchen, durch den Dschungel im Inselinneren wandern, bei Klettertouren mit Abseilen von Fels zu Fels schwingen, seinen Mut beim Klippenspringen testen, Multisport betreiben oder Powerboat fahren (15 000 B). Alternativ dazu stellt man sich direkt all diesen Herausforderungen bei einem ganztägigen Ko-Tao-Abenteuer. Es gibt auch ein eigenes Café mit Bar am Sairee Beach und ein Hostel mit Schlafsälen und Doppelzimmern.

Monsoon Gym & Fight Club KAMPFSPORT
(Karte S. 608; ☎ 086 271 2212; www.monsoongym.com; 41/4 Mu 1, Sairee Beach; spontanes Training 300 B, 6 Einheiten 1500 B, Mitgliedschaft 7000 B/Monat; ⌚ 7–21 Uhr) Dieser beliebte Klub kombiniert *moo·ay tai*-Programme und Schlafsäle mit Klimaanlage (300 B) für Schüler, die sich eingeschrieben haben, die Kampfkunst zu erlernen. Es ist eine anregende Art für diejenigen, Zeit in Ko Tao zu verbringen, die Tauchen nicht reizt. Das gut ausgestattete Studio liegt direkt am Thaiboxing-Ring.

Shambhala YOGA
(Karte S. 608; ☎ 084 440 6755; www.shambhalayogakohtao.com; 14/2 Mu 1, Sairee Beach; ⌚ Mo–Sa 10–12 & 18–19.30, So 10–12 Uhr) Ko Taos führendes Yogastudio, das Schülern seit zwei Jahrzehnten das Verbiegen beibringt, belegt einen schönen hölzernen *säh·lah* auf dem bewaldeten Gelände des Blue Wind Resort. Die zweistündigen Kurse werden von erfahrenen Lehrern geleitet und kosten 300 B (2500 B/10 Std.).

Schlafen

Wenn bei einem Inselbesuch auch Tauchen geplant ist, rundet der jeweilige Tauchveranstalter sein Angebot wahrscheinlich mit kostenlosen oder vergünstigten Übernachtungen ab. Manche Tauchschulen haben hauseigene Quartiere, andere kooperieren mit Bungalowbetreibern. Wichtig: Unterkunftsrabatte gelten nur an den eigentlichen Tauchtagen.

Hat Sairee

Der riesige, eher als Sairee Beach bekannte Strand ist der längste und am stärksten erschlossene Strand der Insel und wird von einer Kette von Tauchanbietern, Bungalowanlagen, Reisebüros, Minimärkten und Kaffeebars gesäumt. Am schönsten und ruhigsten ist das Nordende, in den Bars im südlichen Teil herrscht dafür mehr Partystimmung, und es geht oft recht laut zu. Die meisten Gäste entscheiden sich für diesen Strand, denn er bietet eine tolle Mischung aus herrlicher Landschaft und Action, und die Sonnenuntergänge sind königlich.

Indie Hostel Koh Tao HOSTEL $
(Karte S. 608; ☎ 077 332 524; www.indiekohtao.com; 14/143 Mu 1, Sairee Beach; B/DZ 500/1170 B;

(❄📶) Die recht kleinen Schlafsäle des quirligen, sauberen und preiswerten Hostels beim Sairee Beach sind bei Backpackern sehr beliebt.

Big Blue Resort BUNGALOWS $
(Karte S. 608; ☎077 456050; www.bigbluediving.com; 15/3 Mu 1, Sairee Beach; B/DZ/Bungalow ab 300/600/800 B; P❄📶🏊) Ein Tauchresort mit Sommerlagervibe. Der Tag ist geprägt von Tauchkursen, die Abende werden zusammen beim Essen oder mit Feuershows verbracht. Es gibt schlichte Schlafsäle mit Ventilatoren und sechs Betten, Bungalows mit Klimaanlage und Villen sowie luxuriöse Familienvillen. Manche Zimmer und Unterkünfte sind an einen Tauchkurs bei Big Blue (S. 606) gebunden.

Palm Leaf Resort BUNGALOWS $$$
(Karte S. 608; ☎077 456731; www.palmleafkohtao.com; 15/2 Mu 1, Sairee Beach; Bungalow 2000–4500 B; P❄📶🏊) Die Bungalows und Zimmer im Palm Leaf sind gut, aber nicht spektakulär, doch die Lage am ruhigeren nördlichen Ende des samtigen Sairee Beach ist einfach unschlagbar. Der Dschungel im Hintergrund und die Bungalows direkt am Strand verstärken noch das Flair des tropischen Inselparadieses.

Ko Tao Cabana BUNGALOWS $$$
(Karte S. 608; ☎077 456504; www.kohtaocabana.com; 16 Mu 1, Sairee Beach; Bungalow 5000–16 700 B; P❄📶🏊) Die hervorragende Anlage direkt am Strand bietet ruhige Fachwerkvillen und raue weiße Adobe-Hütten mit Strohdächern, die sich vom Strand mit Felsbrocken den Hügel hinaufziehen. Sie sind über Wege durch den gezähmten Dschungel voller Farne verbunden. Die freistehenden Villen zählen zu den hochwertigsten Unterkünften der Insel.

Mae Hat

Alle ankommenden Fähren legen am Pier des belebten Dorfes Mae Hat an. Fast alle Resorts hier sind mit Blick auf den Strand und in unmittelbarer Nähe des Piers. Daher ist dies nicht der beste Strand, wenn man ein ruhiges Refugium sucht, er ist aber toll für Besucher, die in erster Linie tauchen wollen. Die charmantesten Unterkünfte erstrecken sich jedoch nördlich und südlich vom Pier am Sandstrand.

Moov Inn Garden Hostel HOSTEL $
(Karte S. 608; ☎086 064 8226; www.moovinnkohtao.com; 25/18 Mu 3, Mae Hat; B/DZ 350/415 B; ❄📶) Das coole kleine Hostel liegt sehr günstig am Pier und hat eine tolle entspannte Atmosphäre. Die Schlafsäle sind schön und sauber, und einmal in der Woche findet irgendeine Party in der Bar statt.

Ko Tao Central Hostel HOSTEL $
(Karte S. 608; ☎077 456925; www.kohtaohostel.com; 9/21 Mu 2, Mae Hat; B 300 B; ❄📶) Das saubere, zentrale und freundliche Hostel erkennt man an seinem Londoner U-Bahn-Logo, den Banksy-Wandgemälden und den Metrostreifen. Es gibt tolle Schlafsäle mit 14 Betten für alle, die nur einen praktischen Schlafplatz in der Nähe des Piers brauchen. Die Rezeption befindet sich gegenüber der Reef Bar. Handtücher werden nicht gestellt, also: mitbringen.

Crystal Dive Resort BUNGALOWS $
(Karte S. 608; ☎077 456106; www.crystaldive.com; 7/1 Mu 2, Mae Hat; Bungalow/DZ 400/800 B; ❄📶🏊) Die Bungalows und motelähnlichen Zimmer sind im Allgemeinen für die Kursteilnehmer der gleichnamigen Tauchschule reserviert und für diese auch besonders günstig.

Es stehen aber auch Unterkünfte in den Partnerresorts Koh Tao Regal (www.kohtaoregal.com) und Beach Club (www.thebeachclubkohtao.com) zur Verfügung.

Ananda Villa HOTEL $$
(Karte S. 608; ☎077 456478; www.anandavilla.com; Mae Hat; DZ 1650–1800 B, Bungalow 500–1000 B; ❄📶) Nördlich der Anlegestelle verbreitet dieses freundliche, zweistöckige, cremeweiße Hotel mit Verandas und umgeben von dekorativen Palmen und Tempelbäumen ein koloniales Flair. Die preiswertesten Bungalows haben nur einen Ventilator, aber heißes Wasser.

Captain Nemo Guesthouse PENSION $$
(Karte S. 608; ☎092 364 1031; www.captainnemoguesthouse.com; 9/37 Mu 2, Mae Hat; DZ 950–1750 B, FZ 1500–2300 B; ❄📶) Die fünf Zimmer der beliebten kleinen Pension sind vom Pier aus gut zu Fuß erreichbar und fast immer komplett belegt, darum unbedingt vorher reservieren. Die Besitzer sind freundlich und hilfsbereit und halten alles sauber.

Charm Churee Villa RESORT $$$
(Karte S. 606; ☎077 456393; www.charmchureevilla.com; 30/1 Mu 2, Jansom Bay, Mae Hat; DZ 3600–4600 B, Bungalow 5600–39 100 B; P❄📶🏊) Unter himmelhohen Palmen und abseits vom Getümmel des Piers verstecken sich die Luxusvillen von Charm Churee auf

einem 48 ha großen Dschungelgrundstück und stehen für fernöstliche Verwöhnkultur in voller Pracht. Direkt in die Felswand wurden Treppen gehauen, die sich an Palmen vorbei zu verstreuten Teakholzhütten auf grauen Felsen hinunterwinden. Die Villen punkten mit charmantem, ungehindertem Blick auf die brausende Brandung.

Chalok Ban Ko & der Süden

Am Ao Chalok Ban Ko, auf der Straße etwa 1,7 km südlich von Mae Hat, gibt's eine der größten Unterkunft-Konzentrationen auf Ko Tao. Der schmale, sichelförmige Strand ist an beiden Enden von Felsen eingerahmt. Das milchig weiße Wasser ist recht flach, und bei Ebbe kommt eine Sandbank zum Vorschein, zu der man waten kann, um sich dort zu sonnen. Obwohl er einer der ruhigsten Strände hier ist, gibt's doch eine gute Auswahl an Restaurants, jede Menge Tauchschulen und ein gemäßigtes, aber unterhaltsames Nachtleben.

Dearly Koh Tao Hostel HOSTEL $$
(Karte S. 606; ☎077 332494; www.thedearlykohtaohostel.com; 14/55 Mu 3, Chalok Ban Kao; B/DZ & 3BZ inkl. Frühstück 600–700/2400–3000 B; ❄📶🏊) Das neue Hostel an der Straße, die von Chalok Ban Kao ins Inland führt, vereint alle richtigen Elemente: saubere, komfortable, moderne (aber auch traditionelle) Zimmer, quirliges und freundliches Personal, Rattanmöbel und eine Dachterrasse. Es gibt Schlafsäle und Zimmer sowie einen Swimmingpool.

Ko Tao Resort RESORT $$
(Karte S. 606; ☎077 456133; www.kotaoresort.com; 19/1 Mu 3, Chalok Ban Kao; DZ & Bungalow 1275–4860 B; ❄📶🏊) Die Zimmer in diesem Resort werden nach „Poolseite“ und „Paradieszone“ unterschieden und sind alle gut ausgestattet. Man kann Wassersportausrüstung ausleihen und bekommt an mehreren Bars verschiedene fruchtige Cocktails. Der Blick auf das milchig-blaue Wasser ist umwerfend.

Buddha View Dive Resort BUNGALOWS $$
(Karte S. 606; ☎077 456074; www.buddhaviewdiving.com; 45/1 Mu 3, Chalok Ban Kao; DZ 400–1600 B; P❄@📶🏊) Wie die anderen großen Tauchschulen der Insel bietet auch **Buddha View** (Karte S. 606; ☎077 456074; www.buddhaview-diving.com; 45/1 Mu 3, Chalok Ban Kao; Kurs ab 2500 B; ⏰7–18.30 Uhr) den Kursteilnehmern hier eine preiswerte Unterkunft mit sehr geselliger Atmosphäre.

Tao Thong Villa BUNGALOWS $$
(Karte S. 606; ☎077 423809; www.facebook.com/taothongvilla2; 33/2 Mu 2, Ao Sai Nuan; Bungalow 600–2000 B; ❄📶) Die einfachen Bungalows mit atemberaubender Aussicht sind sehr beliebt bei Langzeitgästen, die Ruhe und Frieden suchen. Sie stehen beiderseits zweier winziger Strände auf einem felsigen Kap auf halber Strecke zwischen Mae Hat und Chalok Ban Kao.

Chintakiri Resort RESORT $$
(Karte S. 606; ☎077 456391; Chalok Ban Kao; DZ 2500 B; P❄📶🏊) Das Chintakiri, das hoch über dem Meer liegt und auf Chalok Ban Kao blickt, ist eine der luxuriöseren Unterkünfte auf Ko Tao. Die Zimmer liegen rund um den Dschungel und haben schneeweiße, lackierte Wände.

New Heaven Resort BUNGALOW $$
(Karte S. 606; ☎077 456045; www.newheavendiveschool.com; 48 Mu 3, Chalok Ban Kao; Bungalow 1500–2500 B; ❄📶) Das New Heaven, das zur gleichnamigen Tauchschule gehört, bietet farbenfrohe Hütten auf einem Hügel hoch über dem unglaublich klaren Wasser, klimatisierte Bungalows mit Meerblick und klimatisierte Glampingzelte ab 800 B.

★ **Jamahkiri Resort & Spa** RESORT $$$
(Karte S. 606; ☎077 456400; www.jamahkiri.com; 21/1 Mu 3, Ao Thian Ok; Bungalow 10 400–12 400 B; P❄📶🏊) In dem weiß verputzten Resort sind zwischen Mosaikmustern und mehrarmigen Statuen auch hölzerne Masken und Fruchtbarkeitsgöttinnen aus Stein verteilt. Wilde Affenschreie betonen das Dschungelthema genau wie die strohgedeckten Dächer und die Abendgesellschaften mit Tiki-Fackeln. Es gibt unheimlich viele Stufen, aber die Aussicht ist umwerfend, das Spa eines der besten und das Tauchzentrum ausgezeichnet.

Strände der Ostküste

Die ruhige Ostküste entspricht zweifellos am besten der Vorstellung eines Inselparadieses. Die Aussicht ist atemberaubend, die Strände sind ruhig, und dennoch sind alle Annehmlichkeiten nicht mehr als zehn Minuten entfernt.

View Rock BUNGALOWS $
(Karte S. 606; ☎077 456548; Hin Wong; Bungalow 500–1000 B; 📶) Das View Rock bietet genau das, was sein Name besagt: beste Aussicht und viele Felsen. Das wilde Durcheinander

an Holzhütten, das an ein Fischerdorf erinnert, steht auf einem steilen Felsen mit atemberaubendem Blick auf die Bucht. Die Bungalows sind einfach und bescheiden, aber sehr sauber. Wenn man auf der Schotterpiste nach Hin Wong hineinfährt, muss man den Schildern in Richtung Norden an den Hin Wong Bungalows vorbei folgen.

Moondance Magic View Bungalow BUNGALOWS $$
(Karte S. 606; ☎ 089 909 0083; www.moondancemagicviewbungalow.com; Ao Leuk; Bungalow mit Ventilator/Klimaanlage 1250/2500 B; ❄ 📶) Für alle, denen es gar nicht einsam genug sein kann. Die malerisch spartanischen Bungalows stehen hoch oben auf den Klippen nordöstlich des Ao Leuk Beach. Das Gefühl der Einsamkeit und der spektakuläre Blick auf den Golf sind wirklich „magisch". Es führt keine Straße hierher, deshalb muss man mit dem Moped kommen oder sich abholen lassen.

Montalay Beach Resort RESORT $$
(Karte S. 606; ☎ 077 456488; www.montalayresort-kohtao.com; Ao Tanote Beach; Bungalow 1440–2250 B; P ❄ 📶 🏊) Das bei Familien beliebte Resort liegt am ruhigen Ao Tanote Beach, weit weg von Trubel und Action. Die einfachen kleinen Bungalows stehen in einem dschungelähnlichen Garten; das sehr gute Restaurant und der kleine Swimmingpool befinden sich auf den Terrassen, die zum weißen Strand hinunterführen.

Das Inland

Earth House BUNGALOWS $
(Karte S. 606; ☎ 086 069 9244; www.theearthhouse-kohtao.com; 2/35 Mu 3; Bungalow 350–600 B; 📶) Die Bungalows neben der gleichnamigen **Bar** (Karte S. 606; ☎ 089 036 3505; www.theearthhouse-kohtao.com; 2/35 Mu 3; ⏱ Mo–Sa 12–24 Uhr) sind eine tolle Alternative zu den üblichen Unterkünften. Es gibt zwar keinen Strand, aber die Bar ist klasse und der Dschungel einfach schön, die Bambusbungalows (mit nur einem Bett) sind zauberhaft rustikal und sauber.

Place RESORT $$$
(Karte S. 608; ☎ 087 887 5066; www.theplacekohtao.com; Villa 8000–9000 B; P ❄ 📶) Das romantische Boutiqueresort hat neun freistehende Luxusvillen, die sich an einem dicht bewaldeten Hügel mit tollem Meerblick verteilen. Es ist das ideale Hotel für die Flitterwochen: Jede Villa hat ein eigenes Planschbecken, und auf Wunsch wird das Essen in der Villa serviert.

Ko Nang Yuan

Zum fotogenen Inselchen Ko Nang Yuan, das direkt vor der Nordwestküste von Ko Tao liegt, geht es problemlos mit dem Lomprayah-Katamaran und mit den Wassertaxis, die vom Mae Hat und Sairee aus starten (einfache Strecke 150 B). Alle Besucher der Insel müssen 100 B Steuern zahlen. In der Hauptsaison kann es dennoch sehr voll werden.

Ko Nangyuan Dive Resort BUNGALOWS $$
(Karte S. 606; ☎ 081 958 1766; www.nangyuan.com; 46 Mu 1, Ko Nangyuan; Bungalow 2500–6000 B; ❄ 📶) Die rustikalen Holz- und Aluminiumbungalows verteilen sich auf drei konischen Inseln, deren Form an Reishüte erinnert und die über eine malerische Sandbank miteinander verbunden sind. Tatsächlich ist dies ein privates Inselparadies, tagsüber herrscht aber wegen der Tagesausflügler viel Betrieb. Das Resort besticht außerdem durch das beste Restaurant auf der Insel. Im Preis enthalten ist auch eine Rundfahrt nach Ko Tao.

Essen

Hat Sairee

★ **995 Roasted Duck** CHINESISCH $
(Karte S. 608; Sairee Village; Hauptgerichte ab 70 B; ⏱ 9–21 Uhr) In diesem gefeierten Lokal steht man durchaus mal an, um einen Platz zu bekommen, und wer sich fragt, um was es hier eigentlich geht: Hier gibt's ausgezeichnete Entengerichte – ab 70 B für eine dampfende Schüssel gebratenem Vogel mit Nudeln, bis zu 700 B für das ganze Tier, und das alles wird im Handumdrehen serviert. Selbst schuld, wer sich das entgehen lässt.

Vegetabowl VEGETARISCH $
(Karte S. 608; ☎ 084 692 77490; www.facebook.com/vegetabowl; 9/5 Island Plaza, Sairee Beach; Bowls ab 120 B; ⏱ 11.30–20 Uhr; 📶 ✍) Das witzige kleine Lokal in einer Seitenstraße gegenüber dem 7-Eleven serviert leckere vegetarische, mexikanische und japanische Bowls, die mit ihrer guten Qualität und entgiftenden Wirkung für Wohlbefinden und Energie sorgen. Es ist mit Abstand das beste vegetarische Restaurant auf Ko Tao mit schnellem Service und freundlichem Personal.

Bang Burgers BURGER $

(Karte S. 608; ☎081 136 6576; Sairee Village; Burger ab 100 B; ⌚10–22 Uhr; ✎) Man muss Geduld mitbringen und in der Schlange warten, um in dem tollen, unglaublich erfolgreichen Burgerladen in Sairee einen der etwa sechs verschiedenen Burger (Cheese, Double Cheese, Red Chilli Cheese) auf der Speisekarte, inklusive einer Veggie-Variante, genießen zu können.

★ **Barracuda Restaurant & Bar** FUSION $$

(Karte S. 608; ☎080 146 3267, 077 457049; www.barracudakohtao.com; 9/9 Mu 1, Sairee Village; Hauptgerichte 250 B; ⌚16–22.30 Uhr; 📶) Der gesellige Chefkoch Ed Jones verköstigt angeblich die thailändische Königsfamilie, wenn sie in der Stadt ist, aber auch Normalsterbliche können für ein paar Baht in den Genuss seiner exquisiten Küche kommen. Einheimische Zutaten werden zu kreativen, frischen Fusionsköstlichkeiten verarbeitet, wie z. B. die Seafood-Platte, das gebratene Barrakudafilet oder die vegetarische Falafel-Platte, dazu empfiehlt sich ein Passionsfrucht-Mojito.

★ **Cafe Culture** CAFÉ $$

(Karte S. 608; ☎077 456808; Sairee Beach; Hauptgerichte 160 B; ⌚8.30–21.30 Uhr; 📶✎) Das bezaubernde Café erstreckt sich vom kleinen Fußweg hinter dem Sairee Beach bis zum Wasser. Zu cooler, sanfter Hintergrundmusik wird den ganzen Tag leckeres Frühstück und leichtes Mittagessen serviert.

Shalimar Indian Restaurant INDSCH $$

(Karte S. 608; ☎089 217 7220; www.facebook.com/shalimarkohtao; 17/59 Mu 1, Sairee Village; Thali ab 250 B; ⌚14–23 Uhr; ✎) Hier gibt's vor allem *thalis* (Fleischplatten). Die vegetarische Variante für 250 B ist sehr sättigend und äußerst preiswert, doch hungrige Fleischesser sollten unbedingt 20 B mehr für die Fleischversion ausgeben. Der luftige Außenbereich ist in zurückhaltendem indischem Stil ausgestattet, die Eingangstür ist mit bemerkenswerten weißen Arabesken verziert.

Seashell Restaurant SEAFOOD $$

(Karte S. 608; Sairee Beach; Hauptgerichte 250 B; ⌚7–22 Uhr; 📶) Die Kombination aus superfrischen Meeresfrüchten, die perfekt zubereitet werden, und dem atemberaubenden Blick auf den Sonnenuntergang machen dieses Restaurant zur ersten Wahl fürs Abendessen. Obwohl man sich das Essen nicht entgehen lassen sollte, kann man auch auf nur einen Cocktail oder ein Bier vorbeikommen.

Gallery THAI $$

(Karte S. 608; ☎077 456547; www.thegallerykohtao.com; 10/46 Mu 1, Sairee Village; Hauptgerichte 240 B; ⌚12–22 Uhr; ❄📶✎) Eines der angenehmsten Lokale im Ort, was sich auch im Essen widerspiegelt. Die Spezialität des Hauses ist das *hor mok maprao on* (Hühner-, Shrimps- und Fischcurry, serviert in einer jungen Kokosnuss), aber das weiße Schnapperfilet in cremiger roter Currysauce ist ebenfalls ausgezeichnet, zudem gibt's eine Auswahl an vegetarischen Gerichten.

Für alle, die sich nicht entscheiden können, bereitet der Koch eine Reihe Vorspeisen und Hauptgerichte (900 B) nach den jeweiligen Vorlieben und mit dem gewünschten Schärfegrad zu.

Su Chili THAI $$

(Karte S. 608; ☎090 141 1577; Sairee Village; Hauptgerichte 180 B; ⌚10–22.30 Uhr; 📶) Das einladende und gut besuchte Su Chili serviert frische und leckere Thai-Gerichte, wobei das freundliche Personal immer fragt, wie scharf das Essen sein soll, und es irgendwie immer passt. Empfehlenswert sind die nordthailändischen Spezialitäten oder die Penang-Currys. Es gibt auch eine Handvoll Gerichte westlicher Hausmannskost für heimwehkranke Esser.

Mae Hat

Bam Bam THAI $

(Karte S. 608; Hauptgerichte 70 B; ⌚10–22 Uhr) Das Bam Bam wird von allen heiß geliebt. Das Essen ist preiswert und wird auch ins Hostel geliefert. Es schmeckt, als ob es die thailändische Oma gekocht hätte. Der einzige Nachteil der Freiluftkneipe an der Ecke ist, dass das Personal etwas überfordert sein kann, wenn zu viel los ist. Da heißt es Geduld haben!

Pranee's Kitchen THAI $

(Karte S. 608; Mae Hat; Hauptgerichte 120 B; ⌚7–22 Uhr; 📶) Dieser alte Mae-Hat-Klassiker tischt himmlische Currys und andere thailändische Köstlichkeiten in einem Freiluftpavillon mit Sitzkissen, Holztischen und TVs auf. Abends um 18 Uhr laufen englischsprachige Filme.

Zest Coffee Lounge CAFÉ $

(Karte S. 608; ☎077 456178; Mae Hat; Hauptgerichte 120 B; ⌚6–16 Uhr; 📶✎) Das Café mit Backsteinwänden, viel Holz und abgewetztem Boden serviert ausgezeichneten Kaffee und tolles Frühstück, das bei jedem Kater hilft. Mit Eiern Benedict fängt der Tag gut an, später gibt's dann belegtes Ciabatta und lecker gefüllte Bagels.

Cappuccino CAFÉ $
(Karte S. 608; ☎077 456870; Mae Hat; Hauptgerichte ab 70 B; ⏲8–23 Uhr; 📶) Das Dekor des Cappuccino rangiert mit seinen Marmortischplatten, Wandspiegeln und guten Grooves irgendwo zwischen dem New Yorker Deli in Seinfeld und einer französischen Brasserie – ein toller Ort, um einen Tag auf Ko Tao mit frischen Croissants und Cappuccinoschaum zu starten.

This is a Book Cafe CAFÉ $
(Karte S. 608; ☎089 041 2020; Mae Hat; Snacks 70–180 B; ⏲7–21 Uhr; 📶) Mit schönen weißen Wänden, Regalen voller Bücher, ein paar hippen Möbeln und einem geblümten Sofa ist das bezaubernde Café genau richtig, um ganz in Ruhe Kaffee, Eis und Gebäck zu genießen.

Whitening INTERNATIONAL $$
(Karte S. 608; ☎077 456199; www.facebook.com/Whiteningsairee; Mae Hat; Hauptgerichte 200 B; ⏲13–1 Uhr; 📶) Das feine, weiße Lokal rangiert irgendwo zwischen Restaurant und schicker Strandbar. Feinschmecker werden die deliziösen Abwandlungen einheimischer und internationaler Gerichte und die ausgezeichnete Pasta mögen. Mit den nackten Füßen im Sand speist man hier zwischen baumelnden weißen Lichterketten. Und das Beste? Es schont die Reisekasse.

Chalok Ban Kao & der Süden

South Beach Cafe CAFÉ $
(Karte S. 606; ☎094 369 1979; Chalok Ban Kao; Hauptgerichte 140 B; ⏲8–22 Uhr; 🖉) Dieser frische, schicke und hübsche Neuzugang in Chalok Ban Kao serviert tolle Burger und üppiges Frühstück. Auf der Karte stehen auch Panini, Salate, Pizzas, Burger, vegane Gerichte, Käsekuchen und Hauswein (99 B/Glas).

I (Heart) Salad CAFÉ $$
(Karte S. 606; ☎087 088 6319; Chalok Ban Kao; Hauptgerichte ab 120 B; ⏲8–14 & 16–21 Uhr; 📶🖉) Das rustikale Lokal serviert viele gesunde Salate mit frischen Zutaten, eine Auswahl an vegetarischen und veganen Gerichten und klebrige Desserts. Dazu gibt's frische Obstsäfte und gesundes Frühstück nur mit Eiweiß. Ideal zum Entgiften!

Cape Restaurant INTERNATIONAL $$$
(Karte S. 606; ☎077 456444; Viewpoint Resort, 27 Mu 3, Chalok Ban Kao; Hauptgerichte 250–1100 B; ⏲7.30–22 Uhr) Das Restaurant bietet mit seiner wunderschönen erhöhten Holzterrasse mit Blick auf die Ao Chalok Ban Kao ein äußerst romantisches Ambiente. Auch das Essen kann mit den besten Küchen von Ko Samui mithalten – einfach mal den geschmorten Bauchspeck oder den ganzen Thunfisch aus dem Ofen probieren. Abgesehen von den australischen Rindfleischgerichten sind die Preise angemessen.

Andere Strände

Lung Pae STEAKS $$
(Karte S. 606; ☎086 287 1039; Hauptgerichte ab 160 B; ⏲10–24 Uhr; 📶) Weitab vom touristischen Geschehen der Insel sitzt „Onkel Pae" auf einer Terrasse im bergigen Dschungel und blickt aufs blaue Meer hinab. Neben allen Arten von Steaks gibt's hier auch jede Menge panasiatische Vorspeisen.

Ausgehen & Nachtleben

Neben den üblichen derben Bars mit nächtlichem Abtanzen bietet Ko Tao auch eine Reihe wunderbarer Lokale, in denen man ganz in Ruhe die faszinierenden Sonnenuntergänge der Westküste genießen kann. Sie befinden sich zumeist in den Hauptstraßen von Mae Hat und am Sairee Beach. Außerdem gibt's noch jede Menge coole Cafés am Strand, die schon frühmorgens öffnen.

★ **Lotus Bar** BAR
(Karte S. 608; ☎077 456 272; Sairee Beach; ⏲8–2 Uhr; 📶) Das Lotus ist der führende Late-Night-Spot an Sairees Nordende und bietet zudem spektakuläre Sonnenuntergänge aus der ersten Reihe. Muskulöse Feuerjongleure wirbeln brennende Fackeln durch die Luft, und die Drinks sind so groß, dass ein Rettungsschwimmer anwesend sein sollte.

Maya Beach Club BAR
(Karte S. 608; ☎080 578 2225; www.mayabeachclubkohtao.com; Sairee Beach; ⏲10–20 Uhr; 📶) Das Maya konkurriert mit dem Fizz um den umwerfendsten Blick auf den Sonnenuntergang und die entspannteste Stimmung. Abends legen DJs auf und es wird Party gemacht. Eine Strandliege schnappen und sich niederlassen.

Fishbowl Beach Bar BAR
(Karte S. 608; ☎062 046 8996; www.facebook.com/fishbowlbeachbar; Sairee Beach; ⏲12–2 Uhr; 📶) Die quirlige Bar bietet einen atemberaubenden Blick auf den Sonnenuntergang. Ab 20 Uhr legen DJs auf und es gibt Feuershows und Livemusik.

Natural High Cafe CAFÉ
(Karte S. 606; ☎077 056 342; ⏲10.30–24 Uhr; 📶) Die schöne erhöhte Terrasse mit Panoramablick auf den Dschungel und Hängematten, entspannte Musik und nostalgische Emailletassen machen das Café zum idealen Ort, um den Tag schön ausklingen zu lassen. Es gibt sogar einen Swimmingpool. Das Café auf dem Hügel ist ab der Straße nach Hat Sai Daeng ausgeschildert.

Chopper's Sports Bar SPORTSBAR
(Karte S. 608; ☎077 456641; www.choppers-kohtao.com; 14/43 Mu 1, Sairee Village; ⏲9–24 Uhr; 📶) Diese feste Institution der Kneipenszene auf Ko Tao ist zumeist rappelvoll. Die zweistöckige Bar bietet Livemusik, TV-Sport, Billard, Kino und anständiges Kneipenessen (Hauptgerichte 220 B). Von 17 bis 20 Uhr ist Happy Hour.

Fizz beachlounge BAR
(Karte S. 608; ☎086 278 7319; Sairee Beach; ⏲12–1 Uhr; 📶) Pünktlich zum Sonnenuntergang sinkt man hier in einen grünen Sitzsack, bestellt einen Designer-Cocktail und lässt sich vom Wellenrauschen und der entspannten Musik einlullen.

☆ Unterhaltung

Queen's Cabaret VARIETÉ
(Karte S. 608; ☎087 677 6168; Sairee Village; ⏲21–24 Uhr; 📶) Jeden Abend ist in dieser anheimelnden Bar etwas anderes los. Das Programm reicht von der typischen Show mit Abba-Glamour bis zu heißen Oben-ohne-Sängerinnen. Männer, die weit vorn sitzen, müssen allerdings damit rechnen, in die Show einbezogen zu werden. Es kostet keinen Eintritt, aber es wird erwartet, dass man einen (recht teuren) Drink zu sich nimmt – aber das ist es absolut wert. Die Show beginnt um 22.15 Uhr.

Shoppen

Hammock Cafe Plaeyuan HAUSHALTSWAREN
(Karte S. 606; ☎082 811 4312; www.facebook.com/hammockcafekohtao; 22/5 Mu 3, Ban Ko Tao; ⏲9am-6pm Sun-Fri; 📶) Das kleine Café in französischer und thailändischer Hand mit Tischen an der Straße nach Chalok Ban Kao verkauft auch eine großartige Auswahl an bunten, von Mlabri handgewebten Hängematten. Für eine Sitzhängematte zahlt man um die 1700 B und bis zu 5000 B für die kunstvollste. Zum Verkauf steht zudem schöner Schmuck.

ℹ Praktische Informationen

GELD

Mehrere Banken säumen die Inselhauptstraße am äußersten Rand von Mae Hat. Fast alle Tauchschulen akzeptieren Kreditkarten gegen eine Bearbeitungsgebühr von 3 %.

Die Geldautomaten an der Westküste befinden sich in Mae Hat und Sairee, insbesondere bei 7-Eleven-Läden, und stehen rund um die Uhr zur Verfügung. Man sollte sie unbedingt nutzen, bevor man in weiter entfernte Regionen aufbricht. Für das Geldabheben wird zumeist eine kleine Gebühr berechnet.

MEDIZINISCHE VERSORGUNG

In der Umgebung von Mae Hat und Sairee gibt es mehrere Tageskliniken und Mini-Krankenhäuser, ernsthafte Gesundheitsprobleme sollte man aber unbedingt auf Ko Samui behandeln lassen.

Ko Tao Hospital (Karte S. 608; ☎077 456490; ⏲24 Std.) Für allgemeine medizinische und zahnärztliche Behandlungen.

NOTFALL

Polizei (Karte S. 608; ☎077 456631) Zwischen Mae Hat und Sairee Beach.

POST

Post (Karte S. 608; ☎077 456861; www.thailandpost.co.th; Mae Hat; ⏲Mo–Fr 9–17, Sa 9–12 Uhr) An der Kreuzung zwischen Ko Taos innerer Inselhauptstraße und Mae Hats „Down Road" (10–15 Gehminuten ab dem Pier).

SICHER UNTERWEGS

Auch wenn ein Mietroller fürs Herumkommen äußerst praktisch ist, ist das hier mit Sicherheit nicht der Ort, um erst fahren zu lernen: Die Straßen von Ko Tao werden zwar immer mehr asphaltiert, sind aber weiterhin ziemlich gefährlich. Die Insel strotzt vor steilen Hügeln und Schotterpisten mit unerwarteten Sandgruben sowie Schlaglöchern in den Teerstraßen. Mit einem Roller sollte man auf den guten Straßen bleiben und bei Unsicherheiten umdrehen. Auch wenn man die Fahrt unbeschadet übersteht, behaupten zwielichtige Vermieter zuweilen, man habe den Roller beschädigt, und verlangen exorbitante Entschädigungszahlungen. Deshalb den Roller genau anschauen und eventuelle Kratzer und Dellen fotografieren, bevor man losfährt. Und immer einen Helm tragen!

TOURISTENINFORMATION

Die staatliche TAT hat auf Ko Tao kein Informationsbüro. Verkehrsmittel und Unterkünfte lassen sich bei den meisten Tauchshops oder den vielen Reisebüros buchen. Solche Dienstleistungen sind jedoch immer mit kleinen Provisionen verbunden.

Koh Tao Complete Guide (www.kohtaocompleteguide.com) Die praktische Website bietet auch einen ausgezeichneten kostenlosen vierteljährlichen Reiseführer.

Koh Tao Online (www.kohtaoonline.com) ist die Online-Version der Infobroschüre über Ko Tao.

An- & Weiterreise

FLUGZEUG

Nok Air (www.nokair.com) fliegt ein- oder zweimal täglich vom Don Mueng Airport in Bangkok nach Chumphon und zurück. Die Flüge von/nach Bangkok kosten zu bestimmten Zeiten nur rund 650 B. In Chumphon gibt es einen nahtlosen Transfer zum Katamaran nach Ko Tao.

SCHIFF/FÄHRE

Der Bootsverkehr wird selten wegen des Wetters unterbrochen, aber während der Monsunzeit (September bis November) kann es ein paar Tage geben, an denen Verbindungen gestrichen werden, wenn die Wellen zu hoch sind.

Nach Ko Pha-Ngan

Der Katamaran von **Lomprayah** (Karte S. 608) verkehrt dreimal täglich (500–600 B); er verlässt Ko Tao um 6, 9.30 und 15 Uhr und erreicht Ko Pha-Ngan gegen 7 10, 10.45 und 16.10 Uhr. Die **Seatran** (Karte S. 608) Discovery Ferry (500 B) bietet die gleiche Verbindung an, legt jedoch erst um 6.30 und 9 Uhr ab. Das **Songserm** (Karte S. 608) Schnellboot (350 B) fährt täglich um 10 Uhr los und kommt um 12 Uhr auf Ko Pan-Ngan an. Die Abholung vom Hotel ist im Preis inbegriffen.

Nach Ko Samui

Der Katamaran von Lomprayah fährt zweimal täglich (600 B) von Ko Tao ab, und zwar um 9.30 und 15 Uhr, und erreicht Mae Nam auf Ko Samui über Ko Pha-Ngan gegen 11.20 und 16.40 Uhr. Ein früheres Schiff (700 B) startet um 6 Uhr nach Na Thon auf Ko Samui und kommt um 7.50 Uhr an. Die Seatran Discovery Ferry (600 B) bietet eine identische Verbindung um 6.30, 9 und 15 Uhr. Das Songserm-Schnellboot (500 B) legt täglich um 10 Uhr ab und erreicht Ko Samui (wieder über Ko Pha-Ngan) um 13.15 Uhr. Die Abholung vom Hotel ist im Preis inbegriffen.

Nach Surat Thani & zur Andamanenküste

Viele Reisende fahren über Ko Pha-Ngan oder Ko Samui nach Surat Thani. Alternativ dazu bucht man einen Katamaran von Lomprayah nach Surat Thani (900–1000 B), von wo es mit dem Bus weitergeht.

Nach Chumphon

Der Hochgeschwindigkeitskatamaran Lomprayah fährt täglich um 10.15 und 14.45 Uhr von Ko Tao nach Chumphon (600 B, 1½ Std.), und ein Songserm-Schnellboot macht dieselbe Fahrt um 15 Uhr (500 B) und kommt um 18 Uhr an. Bei sehr hohen Wellen fahren möglicherweise nicht alle Fähren.

BUS

Bus-Boot-Pakete von/nach Bangkok gibt es in Reisebüros in ganz Bangkok und Südthailand; sie kosten etwa 1100 B. Die Fahrt dauert insgesamt etwas mehr als zehn Stunden. In Chumphon endet die Busfahrt und es geht mit dem Boot weiter. Wer Richtung Bangkok unterwegs ist, kann auch in Hua Hin aussteigen (das Ticket ist genauso teuer wie das nach Bangkok).

ZUG

Auch mit der Bahn können Traveller auf eigene Faust nach Bangkok reisen: Zuerst geht's mit einem Boot nach Chumphon, dann ins Zentrum von Chumphon (oder in irgendeine andere Stadt an der oberen südlichen Golfküste) und von dort mit dem Zug nach Bangkok. Wer aus Bangkok kommt, fährt die gleichen Teilstrecken in entgegengesetzter Richtung. Eine Fahrkarte nach Bangkok in der 2. Klasse kostet ca. 300 B, die Fahrt dauert etwa achteinhalb Stunden.

Unterwegs vor Ort

Bei bereits erfolgter Unterkunftswahl ist es sehr ratsam, rechtzeitig telefonisch einen Shuttle zu organisieren. Viele Tauchschulen bieten ebenfalls kostenloses Abholen bzw. Hinbringen an.

MOTORRAD

Bei Fahrten abseits der gut befestigten Hauptstraßen sind Leihmotorräder eine gefährliche Sache. Denn mit einem zerkratzten Bein oder Schlimmerem hat sich der Tauchkurs schnell erledigt.

Der Tagespreis beginnt bei 150 B für einen Roller, größere Leihmotorräder kosten ab 350 B. Bei Wochen- und Monatsmiete gibt es Rabatte. Von Geländefahrzeugen (ATVs) oder Jetskis sollte man lieber absehen – damit passieren viele Unfälle. Eine Flasche Benzin kostet an der Straße zumeist 50 B (auf Ko Samui und Ko Pha-Ngan 40 B).

SŎRNG·TĂA·OU

An Mae Hats Pier warten viele *sŏrng·tăa·ou* auf die ankommenden Fährpassagiere. Nach Sairee Beach oder Chalok Ban Kao bezahlen Einzelpersonen 200 B. Bei mindestens zweiköpfigen Gruppen werden 100 B pro Nase fällig. Touren von Sairee nach Chalok Ban Kao kosten 150 B pro Gruppenpassagier oder 300 B pro Einzelperson. Diese Preise sind kaum verhandelbar. Wer nicht 200 bis 300 B extra hinblättern will, muss warten, bis alle Taxiplätze belegt sind. Fahrten zur Ostküste sind doppelt so teuer. Zudem erhöhen die Chauffeure ihre Tarife, wenn Regen das Meistern der Inselstraßen erschwert.

WASSERTAXI

Wassertaxis starten in Mae Hat, Chalok Ban Kao und nahe der Vibe Bar am Nordabschnitt des Sairee Beach. Bootsfahrten nach Ko Nang

Yuan kosten mindestens 100 B. Je nach Passagierzahl lassen sich Longtail-Boote für ca. 1500 B pro Tag chartern.

Ang Thong Marine National Park

Die 42 schroffen Dschungelinseln des **Ang Thong Marine National Park** (อุทยานแห่งชาติหมู่เกาะอ่างทอง, Mu Ko Ang Thong Marine National Park; ☎ 077 280222; www.nps.dnp.go.th; Erw./Kind 300/150B) verteilen sich wie die Perlen eines zerrissenen Smaragdhalsbands übers himmelblaue Meer: Jedes einzelne Eiland ist ein naturbelassenes Königreich mit steilen Kalksteinklippen, versteckten Lagunen und perfekten, pfirsichfarbenen Sandstränden. Diese traumhaften Inselchen inspirierten Alex Garland zu seinem Kultroman *The Beach*.

Das Naturschutzgebiet in himmlischen Grün- und Blautönen besucht man am besten im Februar, März oder April. Wegen des starken Seegangs zur Monsunzeit ist der Park im November und Dezember fast immer geschlossen.

Sehenswertes

Alle geführten Touren machen Station an der Parkverwaltung auf **Ko Wua Talap**, der größten Insel des Archipels mit dem besten Aussichtspunkt. Je nach saisonalem Wasserstand und Wetter sind auf **Ko Samsao** und **Ko Tai Plao** natürliche Steinbögen erkennbar. Wegen der recht geringen Meerestiefe (max. 10 m) rund um die Inselkette sind hier große Korallenriffe nur in ein paar geschützten Ecken auf der südwestlichen und nordöstlichen Seite entstanden.

Nahe Ko Tai Plao und Samsao gibt's ein flaches Korallenriff mit ordentlichen, aber keinesfalls hervorragenden Schnorchelmöglichkeiten. An mehreren Stellen können Tauchanfänger flache Höhlen erkunden und bunte Korallengärten, Schildkröten oder Nattern-Plattschwänze (eine hochgiftige Seeschlangenart) bewundern. Pulvrig weiche Sandstrände säumen **Ko Tai Plao**, **Ko Wuakantang** und **Ko Hintap**.

Aussichtspunkt AUSSICHTSPUNKT
(จุดชมวิว; Ko Wua Talap) Dieser Aussichtspunkt bietet den vielleicht tollsten Panoramablick Thailands: Von ganz oben schaut man weit über die schroffen Nachbarinseln, die in faszinierenden Formationen aus dem ruhigen, türkisfarbenen Wasser ragen. Der Aufstieg über den steilen Pfad zum Aussichtspunkt (450 m) dauert ca. eine Stunde. Wanderer sollten feste Schuhe tragen und Sonnenschutz und viel Trinkwasser mitnehmen. Auf den scharfkantigen Kalksteinfelsen sollte man sich angemessen langsam bewegen.

Ein zweiter Pfad führt zur **Tham Bua Bok**, einer Höhle mit lotusförmigen Stalagmiten und Stalagtiten.

Emerald Lake SEE
(เกาะแม่เกาะ; Ko Mae Ko) Der „Smaragdsee" auf Ko Mae Ko wird auch Blaue Lagune oder Inneres Meer genannt und ist ein beeindruckend großer See (250 x 350 m) in der Inselmitte mit himmlisch minzfarbenem Wasser. Besucher dürfen ihn bewundern, aber nicht hinabsteigen: Der See ist für den unreinen menschlichen Körper absolut tabu. In nächster Nähe geht's über mehrere Treppenfluchten hinauf zu einem spektakulären **Aussichtspunkt**.

Geführte Touren

Am besten erlebt man Ang Thong bei einer der vielen geführten Touren ab Ko Samui oder Pha-Ngan. Der Preis beinhaltet normalerweise Mittagessen, Schnorchelausrüstung, Hotelshuttles und einen (hoffentlich!) kompetenten Guide. Luxusresorts bieten oft Privatboote für Gäste-Gruppenausflüge. Manche Mittelklasse- und Budgetunterkünfte betreiben ebenfalls eigene Boote. Falls nicht, stellen sie stressfrei den Kontakt zu Tourveranstaltern her. Tauchzentren auf Ko Samui und Pha-Ngan veranstalten Sporttauchtouren zum Park. Allerdings sind Ang Thongs Tauchspots nicht in der Kategorie Weltklasse zu finden, anders als die rund um Ko Tao und Pha-Ngan.

Oft werden Tourfirmen so schnell wieder geschlossen, wie sie neu eröffnet haben – daher am besten bei der eigenen Unterkunft nach einem aktuellen Verzeichnis fragen! Im Tourpreis sollte immer der Parkeintritt enthalten sein. Wer sich nicht sicher ist, unbedingt nachfragen! Alternativ kann man auch ein Boot chartern, bei den hohen Benzinpreisen ist das aber ein teures Vergnügen.

Schlafen & Essen

Bei den Touren, die Besucher zum Marine National Park hin und zurück fahren, ist normalerweise Essen enthalten. Ein Restaurant gibt's am Hauptbüro des Parks.

Ang Thong Bungalows BUNGALOWS $
(☎ 077 280 222; www.nps.dnp.go.th; Ko Wua Talap; Bungalow 600–1500 B) Die spartanischen Holz-

bungalows sind sehr einfach und sauber, was gut zu der naturbelassenen Umgebung passt. Es gibt kein warmes Wasser, und der Generator wird um 23 Uhr ausgeschaltet. Doch wer mehr Komfort will, kommt ohnehin nicht hierher. Die Bungalows haben zwei, sechs oder acht Betten und können online gebucht werden.

Der gebuchte Bungalow muss innerhalb von zwei Tagen per Banküberweisung bezahlt werden, weil die Buchung sonst verfällt. Ansonsten kann man im Nationalpark nur in speziell ausgewiesenen Gebieten zelten. Die Parkverwaltung verleiht Zelte für 250 B.

Praktische Informationen

Parkverwaltung des Ang Thong National Park (077 280222; www.nps.dnp.go.th; Ko Wua Talap) Es gibt ein Besucherzentrum, Restaurant, Laden und Erste-Hilfe-Zelt sowie einfache Bungalows und einen Campingplatz.

An- & Weiterreise

Den Park erreicht man am besten in einer privaten Tagestour ab Ko Samui oder Pha-Ngan (28 bzw. 32 km entfernt). Die Inseln liegen zwischen Ko Samui und dem Hauptanleger in Don Sak. Sie werden aber nicht von Fähren angesteuert.

PROVINZ SURAT THANI

Surat Thani

077 / 129 500 EW.

Surat Thani (สุราษฎร์ธานี), Thai für „Stadt der guten Menschen", war einst die Hauptstadt des alten Srivijaya-Reichs. Heute hat sich der typisch thailändische Ort zu einem Verkehrsknotenpunkt entwickelt, durch den Waren und Menschen geschleust werden. Kaum ein Traveller legt auf dem Weg zu den beliebten Inseln Ko Samui, Ko Pha-Ngan und Ko Tao hier eine Pause ein, doch wer authentische thailändische Arbeiterstädte und gute südthailändische Snacks mag und gern in chinesischen Tempeln herumschnüffelt, sollte sich die Stadt nicht entgehen lassen.

Sehenswertes

Für die meisten Besucher ist Surat nur eine Durchgangsstation auf ihrem Weg von Küste zu Küste. Dabei lohnt sich ein längerer Aufenthalt durchaus. Zu den Highlights der Stadt gehören der ausgezeichnete **Pra Cha Rat Floating Market** (ตลาดน้ำประชารัฐ บางใบไม้; Bang Bai Mai; Di–So 8–17 Uhr; P) an den Ufern des Mae Nam Bang Bai Mai, der Wat Sai mit seinem netten kleinen **Museum** (082 239 4695; 192 Th Na Meung; 16–20.30 Uhr) GRATIS in einem traditionellen Holzhaus von Anfang des 20. Jhs., die beiden riesigen sitzenden Buddhas im **Wat Tridhammaram** (วัดไตรธรรมาราม; 11 Th Na Mueng; tagsüber) GRATIS und der hübsche **Inselpark** (สวนสาธารณะเกาะลำพู; 4–23 Uhr; P) auf Ko Lamphu.

Schlafen

Wer in der Innenstadt von Surat übernachtet, erlebt eine typisch geschäftige thailändische Stadt, die in krassem Gegensatz zu den touristischen Golfinseln steht. Die Preise sind zwar niedrig, doch wer von hier nur weiter auf die Inseln will, bucht besser die Nachtfähre und spart sich die Übernachtung in der Stadt.

Port Hostel HOSTEL $
(086 595 4444; Th Preedarit; B 250 B;) Das freundliche Hostel in der Nähe des Night Ferry Piers (S. 622) und des Nachtmarkts (S. 621) ist die billigste Unterkunft der Stadt. Eine abgetrennte Koje im großen Schlafsaal kostet hier weit weniger als anderswo ein Stockbett. Die Duschen und Toiletten sind recht klein, aber alles ist blitzsauber und der Blick von der Dachterrasse auf den Fluss ist spektakulär.

My Place @ Surat Hotel HOTEL $
(077 272288; www.myplacesurat.com; 247/5 Th Na Muang; EZ/DZ 229/299–650 B;) Nur Lächeln und kein Staubkörnchen in diesem ausgezeichneten Hotel im Zentrum. Es gibt große, saubere Zimmer, helle Wandfarben, bunte Kissen, moderne Kunst an den Wänden und Duschen mit ordentlichem Druck – und zusätzlich ein sehr gutes Preis-Leistungs-Verhältnis. Es ist zwar eine Budgetunterkunft, aber sie wirkt nicht so; hier wird sich fast jeder wohlfühlen. Frühstück wird in dem mittelmäßigen Café nebenan serviert.

Essen & Ausgehen

In Surat Thani bekommt man überall köstliche Straßensnacks am Mittag und am Abend. Neben dem zentralen Nachtmarkt öffnen jeden Abend auch Stände in der Nähe der Abfahrtskais der Nachtboote zu den Inseln; außerdem findet am Sonntagnachmittag ein **Sonntagsmarkt** (abseits der Route 401;

Surat Thani

Surat Thani

Sehenswertes
1 Wat Sai Museum C1
2 Wat Tridhammaram B3

Schlafen
3 My Place @ Surat Hotel B2
4 Port Hostel B2

Essen
5 Nachtmarkt B1
6 Sweet Kitchen B2

Ausgehen & Nachtleben
7 Cafeteria Co-working Space C2

Transport
8 Motorbike Rentals Surat Thani B3
9 Phanthip C2
10 Busbahnhof Talat Kaset 1 .... C2

So 16–21 Uhr) in der Nähe des TAT-Büros statt. Tagsüber wird an vielen Ständen in der Nähe des Busbahnhofs im Zentrum *kôw gài òp* (mariniertes gebackenes Hühnchen auf Reis) verkauft. Ausgezeichnetes Essen gibt es auch auf dem Pra Cha Rat Floating Market.

★ Nachtmarkt MARKT $
(Sarn Chao Ma; Th Ton Pho; Hauptgerichte ab 35 B; 18–23 Uhr) Eine Mischung an Köstlichkeiten, darunter massenweise mariniertes Fleisch am Spieß, das auf der Zunge zergeht, frische Fruchtsäfte, Nudelgerichte und Nachtische. Der Markt ist zudem wunderbar authentisch, denn er wird zumeist von Einheimischen besucht.

Suratthani Vegetarian VEGETARISCH $
(084 737 5011; abseits der Karunrat; Hauptgerichte 60 B; Mo–Sa 7–17.30 Uhr;) Das beruhigende Plätschern des Buddha-Brunnens und das Motto „Kein Geld, kein Problem, dann kostet das Essen nichts" bestimmen die Atmosphäre des ruhigen versteckten Restaurants. Es serviert gesundes vegetarisches Essen zum Preis von Streetfood. Dazu gibt's kostenlosen Ginseng-Tee und gefiltertes Leitungswasser. Zudem werden Handarbeiten aus recycelten Materialien verkauft und damit das Schulessen für die Kinder der Stadt finanziert.

Sweet Kitchen INTERNATIONAL $
(062 239 4470; Th Bandon; Hauptgerichte ab 80 B; 12–21.30 Uhr;) Das Restaurant

ZIELE AB SURAT THANI

ZIEL	PREIS (B)	DAUER (STD.)
Bangkok	500	9
Hat Yai	270	5
Khanom	100	1½
Krabi	150	2½
Phuket	200	6
Trang	180	2¼

lockt sowohl mit entspannter Musik und einem charmanten, gemütlichen Innenraum als auch mit einer guten Karte und höflichem Service. Die Gerichte reichen von einer ausgezeichneten Meeresfrüchtesuppe über Pasta bis zu Filet Stroganoff und unzähligen thailändischen Speisen. Außerdem gibt es eine gute Auswahl an vegetarischen Optionen.

★ **Cafeteria Co-working Space** KAFFEE
(☎ 077 205206; www.cafeteriathailand.com; 82-86 Th Chomkasen; ⏲ 7–23.30 Uhr; 📶) Das stylische kleine Lokal ist halb Café, halb Weinbar. Die Gäste sitzen auf hippen Retro-Stühlen im holzgetäfelten Innenraum und genießen ihr Essen zu cooler Musik. An einer Wand steht ein raumhoher Schrank voller edler Weine und interessanter Biere. Der Kaffee ist ausgezeichnet, und es gibt auch sehr gutes Essen.

ℹ Praktische Informationen

Geldautomaten gibt's überall im Stadtzentrum, in der Th Na Meuang finden sich viele Banken.

Tourism Authority of Thailand (TAT; ☎ 077 288817; www.tourismthailand.org; 5 Th Talat Mai; ⏲ 8–17 Uhr) Das freundliche Büro südwestlich der Stadt hat Englisch sprechendes Personal und nützliche Broschüren und Karten.

Tourism Assistance Center (☎ 077 310870; Bahnhof Surat Thani; ⏲ 7–21 Uhr) Hier erfährt man alles zum Thema Zugfahren.

Thaksin Hospital (☎ 077 278777; www.thaksinhospital.com; Th Talat Mai; ⏲ 24 Std.) Das beste der drei Krankenhäuser in Surat steht nordöstlich des Stadtzentrums.

ℹ An- & Weiterreise

Surat Thani erreicht man am besten mit dem Bus. Tatsächlich ist der Busbahnhof in der Stadt die wichtigste Drehscheibe für den öffentlichen Verkehr. Bahnhof und Flughafen liegen weit außerhalb der Stadt. Von der Stadtmitte aus verkehren auch die **Nachtboote** und die langsamere Songserm-Fähre.

BUS & MINIVAN

Der Süden lässt sich am praktischsten mit den häufigen Bussen und Minivans erkunden, die am zentralen **Busbahnhof** (Th Tha Thong) in der Stadt abseits der Th Talat Mai, der Hauptverkehrsstraße der Stadt, abfahren. Es gibt Schnellbusse nach Nakhon (120 B, 1½ Std.), Phuket (200 B, 6 Std.) und Hat Yai (270 B, 5 Std.) sowie regelmäßige Minibusse nach Khanom (100 B, 90 Min., stündl.). Die Busse zum Bahnhof starten am **Talat Kaset 1**.

Der „neue" **Busbahnhof** (Bangkok Terminal; ⏲ 5.30–21 Uhr) ist nunmehr ein paar Jahre alt, wird aber von Einheimischen immer noch so genannt. Er liegt 7 km südlich der Stadt in Richtung des Bahnhofs. Er ist vor allem für Verbindungen nach bzw. ab Bangkok zuständig (500–800 B, 9–14 Std.).

FLUGZEUG

Etwa 18 km westlich des Stadtzentrums bietet der **Surat Thani International Airport** (www.suratthaniairport.com; abseits der 41) tägliche Shuttles nach Bangkok von Air Asia (www.airasia.com), Thai Smile (www.thaismileair.com), Thai Lion Air (www.lionairthai.com) und Nok Air (www.nokair.com). Flüge von Bangkok nach Surat Thani sind zwar preiswerter als Flüge nach Samui, allerdings braucht man auch eine ganze Menge Zeit vom Flughafen zu den Golfinseln.

Phanthip (☎ 077 272230; www.phantiptravel.com; Th Talat Mai; ⏲ 8–19 Uhr) und andere Airlines bieten einen praktischen und recht preiswerten Bus-Boot-Shuttle für ihre Flüge, der aber im Voraus gebucht werden muss.

SCHIFF/FÄHRE

Mehrere Unternehmen betreiben Fährverbindungen zu den Inseln, bei denen man sich auch in der Unterkunft abholen lassen kann. Empfehlenswert sind z. B. Lomprayah (S. 584), **Seatran Discovery** (☎ 077 372824; www.seatrandiscovery.com; 17/1 Mu 8, Th Donsak; ⏲ 5–21 Uhr) und auch **Songserm** (☎ 02 629 3415; www.songserm-expressboat.com; Tapee Pier).

Bus-Boot-Kombitickets

Phanthip und andere Unternehmen bieten Travellern direkte Bus-Boot-Kombinationen vom

Stadtzentrum, dem Bahnhof oder Flughafen nach Ko Samui und Ko Pha-Ngan. Sie sind nicht teurer als die Fahrt von Surat aus und können viel Wartezeit und Stress ersparen.

Zudem betreiben diverse Unternehmen Fähren und Schnellboote zwischen Surat Thani und Ko Tao, Ko Pha-Ngan und Ko Samui. Die meisten Boote fahren ab Don Sak (etwa 1 Std. von Surat; der Bustransfer ist im Preis enthalten). Die Busse zu den Seatran-Fähren starten an ihrem eigenen **Busbahnhof** (☎ 077 275063; www.seatrandiscovery.com; 19 Th Talad Mai; ⏱7–18 Uhr) in der Stadt. Die Songserm-Fähren legen mitten in Surat ab, ebenso die Nachtboote, die jedoch deutlich langsamer sind. Bei den meisten Unterkünften kann man diese Tickets auch zu einem etwas höheren Preis als bei den Unternehmen direkt buchen.

Nachtboot

Im Zentrum Surats starten Nachtboote nach Ko Tao (500 B; 8 Std.), Ko Pha-Ngan (400 B; 7 Std.) und Ko Samui (300 B; 6 Std.). Dies sind Frachtschiffe, keine Luxusboote, daher sollte man Essen und Wasser selbst mitnehmen und auf sein Gepäck achten.

ZUG

Wer mit dem Zug ankommt, landet in Phun Phin, einer uninteressanten Stadt 15 km westlich von Surat, wo sich der **Bahnhof Surat Thani** (☎ 077 311213, Zentrale 1690; www.railway.co.th) befindet. Von Phun Phin fahren Busse nach Phuket, Phang-Nga und Krabi – einige davon über Takua Pa, von wo es zum Khao Sok National Park geht. Die Tickets bekommt man bei Verkaufsständen und kleinen Reisebüros wie **Phantip** (☎ 077 272230; www.phantiptravel.com; Bahnhof Surat Thani; ⏱7–21 Uhr) in der Nähe der Restaurants nördlich des Eingangs zum Bahnhof.

Wer die Fahrt tagsüber unternehmen möchte, ist mit den Expresszügen am besten beraten. Nachts sind die klimatisierten Liegewagen die beste Option. Die Züge von Surat nach Bangkok machen in Chumphon und Hua Hin Halt; von Surat Richtung Süden halten sie in Trang, Hat Yai und Sungai Kolok und überqueren dann die Grenze nach Malaysia. Im Bahnhof von Surat Thani gibt es eine Gepäckaufbewahrung, die rund um die Uhr geöffnet ist; pro Tag kostet das Einlagern 40 B. Das Ticketbüro ist ebenfalls rund um die Uhr geöffnet. Die Fahrt nach Bangkok dauert mehr als achteinhalb Stunden und kostet mit Sitzplatz 608 B und im Liegewagen 808 B.

ℹ Unterwegs vor Ort

Klimatisierte Vans von Phanthip (S. 622) zum/ab Surat Thani Airport kosten 100 B pro Person und bringen Passagiere bis zum Hotel, wenn sie im Voraus gebucht werden.

Innerhalb der Stadt sind *sŏrng·tăa·ou* (Sammelminibus) unterwegs, die zwischen 15 und 30 B kosten (vom Zentrum nach Tesco Lotus sind es etwa 30 B). Grab-Taxis (www.grab.com) kosten rund 90 B für eine Fahrt innerhalb der Stadt. Sie können per App bestellt werden.

Ventilatorgekühlte Busse von Orange fahren alle zehn Minuten vom Bahnhof Phun Phin nach Surat Thani (15 B, 25 Min.). Dafür nehmen Taxis nur 200 B für maximal vier Leute, Sammeltaxis 100 B pro Person. Weitere Taxipreise hängen gleich nördlich vom Bahnhof an der Fußgängerbrücke aus.

Bei **Motorbike Rentals Surat Thani** (☎ 081 164 6865; ⏱8–19 Uhr) in der Nähe der Stadtsäule kann man Roller für 250 B pro Tag mieten.

PROVINZ NAKHON SI THAMMARAT

Die Heimat des höchsten Gipfels Südthailands – des Khao Luang (1835 m), ist die Provinz Nakhon Si Thammarat (นครศรีธรรมราช) ist umgeben von den majestätischen Wäldern des Khao Luang National Park. Reisenden ist die Provinz bestens bekannt für den atemberaubenden Wat Phra Mahathat Woramahawihaan in der gleichnamigen Provinzhauptstadt. Mit dem großartigen Nachtmarkt und Museum ist die Hauptstadt ein angenehmer Ort, vor allem wenn man gerade von den Golfinseln kommt und auf der Suche nach ein bisschen echter Thai-Atmosphäre ist.

Ao Khanom an der Ostküste hat eine Reihe schöner langer Strände mit fantastischem Wasser, in dem sich rosa Delfine tummeln. Die Tiere sind jedoch streng geschützt, sodass Jetskis verboten sind. Auch deshalb ist Ao Khanom – in vielerlei Hinsicht – wesentlich ruhiger und angenehmer als z. B. Ko Samui, bietet aber ebenso tolle Sandstrände, tiefblaues Meer und atemberaubende Sonnenuntergänge über dem Golf.

Ao Khanom

Auf halber Strecke zwischen Surat Thani und Nakhon Si Thammarat liegt die malerische Bucht Ao Khanom (อ่าวขนอม)ruhig am blauen Meer. Die Reisenden, die scharenweise auf die nahen Inseln strömen, übersehen diese ursprüngliche Region, die einfach Khanom genannt wird; doch sie ist eine schöne Option für Traveller auf der Suche nach einem friedlichen Strand, der nicht vom Kommerz verschandelt ist. Das Wasser ist frei von Jetskis, um die örtlichen rosa Delfine zu schützen, was diese Region besonders beschaulich und unberührt macht.

Der Strandbereich ist recht lang und besteht eigentlich aus zwei Stränden: dem langen Hauptstrand Hat Nadan und dem kleineren, etwas abgelegeneren Hat Nai Plao. Hinter letzterem Strand liegt der sehr ruhige Hat Thong Yi am Ende der Straße, der wegen seiner wilden Atmosphäre wirklich ein Besuch wert ist. Hier beginnt auch die ausgezeichnete, wenn auch teilweise zugebaute Küstenstraße nach Sichon. Zudem befinden sich in dieser Gegend mehrere unberührte geologische Highlights, darunter Wasserfälle und Höhlen.

Sehenswertes

Hauptattraktion in Khanom sind rosa Delfine, von denen gut 50 Exemplare vor der Küste leben. Die seltenen und vom Aussterben bedrohten Säugetiere mit ihrer leicht rosafarbenen Haut sind praktisch Albinos. Viele Resorts bieten halbtägige Touren mit dem Longtail-Boot zu ihrer Beobachtung an (ab 1200 B für bis zu sechs Personen). Mit etwas Glück kann man die Tiere aber auch vom Pier des Elektrizitätswerks der Stadt oder im alten Fischerdorf Thong Niem, gut 20 km nördlich von Khanom, beobachten.

★ Hat Thong Yi — STRAND

(หาดท้องหยี; P) Um wirklich mal dem Trubel zu entkommen, fährt man auf der Hauptstraße am Strand entlang so weit, wie es geht, bis diese auf die Rte 4073 trifft, biegt dann links ab und folgt der Küste an Hat Nai Plao vorbei weiter Richtung Süden. Bis zum Ende durchfahren, dann landet man schließlich am reizenden und häufig menschenleeren Strand Hat Thong Yi mit fantastischen Blicken zurück auf die Bucht. Ein Restaurant am Strand sorgt für das leibliche Wohl.

Samet Chun Waterfall — WASSERFALL

(น้ำตกเสม็ดชุน) Highlight des Wasserfalls ist das große, tiefblaue Schwimmbecken, in das die Wassermassen über den Hügel hinab hineinstürzen. Daneben gibt's noch kleinere Wasserfälle mit ebenso schönen Schwimmbecken. Aber Achtung: Das Wasser ist eisig kalt! Die Wasserfälle mitten im Dschungel sind wirklich ein recht einsames Paradies; es gibt kaum Besucher, dafür aber spektakuläre Aussichten. Der Weg dorthin führt über eine Schotterpiste und dann noch 20 Minuten zu Fuß den Berg hinauf. Mit einem Roller kommt man näher an den Wasserfall heran.

Khao Wang Thong Cave — HÖHLE

(ถ้ำเขาวังทอง; abseits des Hwy 4014; ⏲9–16 Uhr; P) Die Khao Wang Thong ist ein beeindruckendes Labyrinth aus 17 Höhlen und schmalen Wegen in 150 m Tiefe. Sie besteht aus bizarren Kalksteinformationen, die Dinosauriern, Pagoden und Lotosblumen ähneln, und langen Stalaktiten, die von der Decke herabhängen. In der schwach beleuchteten Höhle leben unzählige Fledermäuse. Man sollte unbedingt feste Schuhe tragen und eine Kopflampe mitbringen. Die Höhle ist unweit des Hwy 4014 zwischen Khanom und Don Sak.

Khao Dat Fa — BERG

(เขาดาดฟ้า; abseits der Rte 4014) Der Khao Dat Fa (732 m), der sich etwa 5 km westlich der Küste am Hwy 4014 (auf die Schilder achten) erhebt, wartet mit einem postkartenwürdigen Blick auf die geschwungene Küste auf. Die Gegend ist touristisch nicht sonderlich entwickelt und der Hügel meistens verwaist, sodass man ungestört anhalten und einige Fotos schießen kann.

Hin Lat Falls — WASSERFALL

(น้ำตกหินลาด; P) Der malerische Hin Lat südlich von Hat Nai Plao ist der kleinste Wasserfall in der Region und am leichtesten zu erreichen. Es gibt Becken, in denen man schwimmen kann, und mehrere Hütten, die Schatten spenden.

Aktivitäten

★ Thong Yi Coastal Drive — PANORAMASTRASSE

(Thong Yi; ⏲tagsüber) Die Straße beginnt beim Racha Kiri Resort (S. 625) und endet 10 km weiter beim **Moon Coffee and Roti** (☎088 696 6035; Sichon; ⏲8–20 Uhr; 📶). Sie windet sich an der Küste entlang, steigt an, fällt ab, umrundet die beiderseits von bewaldeten Bergen gesäumte Landzunge und endet schließlich am tiefblauen Wasser des Golfs. Unterwegs gibt's immer wieder Plattformen, auf denen man die spektakuläre Aussicht genießen kann.

Zur Zeit der Recherche für dieses Buch war der Abschnitt zwischen Hat Thong Yi und Sichon noch im Bau, aber mit einem Roller konnte man dort fahren.

Schlafen

Khanoms Strände sind nach wie vor sehr unauffällig und ein ruhiger Zufluchtsort. Viele Resorts haben nur wenige Gäste, und weil die Anlagen oft lange nicht benutzt werden, können manche Zimmer etwas feucht sein.

Am besten meidet man die großen Hotels und hält sich an die Bungalowanlagen am Strand. Hier ist es nicht wie auf Ko Samui: Die Optionen liegen recht weit voneinander entfernt, man braucht also ein Fahrzeug, um sich ein paar anzusehen.

Suchada Villa BUNGALOWS $
(☎075 300213; Hat Naiplau; Bungalow 800–1000 B; P❄📶) Das Suchada liegt gleich ab von der Hauptstraße und nur fünf Minuten zu Fuß vom Strand. Es ist an seinen bunten, süßen Bungalows erkennbar.

Hallo Villa BUNGALOWS $$
(☎082 413 3338; www.hallovillakhanom.com; Bungalow ab 1100 B; P❄📶🏊) Der Familienbetrieb ist nicht direkt am Strand und dafür näher an der Stadt. Die Bungalows auf Stelzen sind herrlich geräumig und haben ein eigenes Bad, eine Küchenzeile und eine kleine Terrasse.

Sea Breeze House BUNGALOWS $$
(☎081 276 1457; www.naiplao.com; 58/2 Mu 8, Hat Nai Plao; DZ 850–1400 B; P❄📶) Diese reizende Unterkunft unter Schweizer Leitung und in sehr abgeschiedener Lage hat ausgezeichnete Zimmer zum Strand, darunter eine große Suite. Wer Ruhe und Frieden sucht, dazu wunderbare Aussichten auf den Sonnenaufgang und die Chance, rosa Delfine zu sehen, ist hier genau richtig – allerdings braucht man einen fahrbaren Untersatz, um zu einem Lokal zu gelangen.

Khanom Hill Resort BUNGALOWS $$$
(☎081 956 3101; www.khanom.info; 60/1 Mu 8, Hat Naiplau; Bungalow 2900–3900 B; P❄📶🏊) Viele Traveller schwärmen von diesem Resort, das auf einem kleinen Hügel an einem traumhaften weißen Sandstrand liegt. Zur Wahl stehen moderne Betonvillen mit Strohdächern, preiswertere Bungalows im Thai-Stil und große, für Familien geeignete Apartments.

Racha Kiri RESORT $$$
(☎075 300245; www.rachakiri.com; 99 Mu 8; Suite 2655–6255 B; P❄📶🏊) Khanoms Nobelrefugium mit Spa, Pool und eleganten Zimmern ist ein schöner Campus mit weitläufigen Villen. Der hohe Preis schreckt die Massen ab und die Lage ist ruhig. Die Zimmer haben eine Terrasse.

Essen & Ausgehen

Preiswertes Essen gibt's am Mae Nam Khun Nom River nördlich von Khanom in Form von Streetfood-Ständen und einfachen Hütten. Weiter im Inland finden mittwochs und sonntags Märkte statt und die Küstenstraße ist gesäumt von einer Auswahl an Thai- und westlichen Restaurants, alle mit Meerblick.

★ **Tea Roti Mataba Restaurant** THAI $
(☎080 884 6144; Hauptgerichte 30 B; ⏲7–23 Uhr) Das schlichte, sehr beliebte muslimische Restaurant hat sich auf *roti* spezialisiert. Die Tische auf der Straße sind jeden Abend voll besetzt mit Einheimischen. Spezialitäten des Hauses sind süßes, knuspriges *roti* und leckeres *má·tà·bà* (*roti* mit würziger Füllung). Beide sind außergewöhnlich gut und typisch für die muslimische Küche Südthailands. Dazu gibt's süßen indischen Tee.

CC Beach Bar & Bungalows INTERNATIONAL $$
(☎087 893 8745; www.ccbeachbar.com; 28/1 Mu 6, Khanom Beach; Hauptgerichte 100–300 B; ⏲8–24 Uhr 📶) Das Restaurant hoch über der Bucht bietet eine gute Mischung aus Thai- und westlichen Gerichten, darunter herzhaftes englisches Frühstück, Fish & Chips, Gemüse-Currys, Pizza und Salat mit gebratenem Wels. Abends verwandelt es sich in eine fröhliche Bar, die vor allem bei den Expats der Gegend sehr beliebt ist.

Le Petit Saint-Tropez INTERNATIONAL $$
(☎093 727 0063; 52/14 Mu 5; Hauptgerichte ab 300 B; ⏲8–21.30 Uhr; 📶) Das bezaubernde Restaurant ist direkt am Wasser und serviert köstliches französisches und Thai-Essen sowie hervorragende Pizza.

ℹ Praktische Informationen

Neben den beiden 7-Eleven im Süden und Norden von Khanom gibt's jeweils einen Geldautomaten.

Die Polizeistation liegt südlich von Ban Khanom bei der Kreuzung, wo es zum Hat Kho Khao geht.

Das **Krankenhaus** (☎075 529033; www.khanom.org; 91 Mu 3) befindet sich bei der Kreuzung, wo es zum Hat Kho Khao geht. Es ist aber nicht besonders empfehlenswert. Bessere Krankenhäuser gibt's in Surat Thani und Nakhon Si Thammarat.

ℹ An- & Weiterreise

Minivans aus Surat Thani (100 B) und Nakhon (80 B) fahren täglich zu jeder vollen Stunde zwischen 5 und 17 Uhr – wenn sie voll sind – und halten in Khanom, das mehrere Kilometer vom Strand entfernt liegt. Die Minivans starten an der **Khanom Minivan Station**.

Ein Taxi zum/vom Bootsanleger in Don Sak, von wo die Boote zu den Golfinseln fahren, kostet 1000 B, ein Motorradtaxi etwa 300 B.

Unterwegs vor Ort

Von Khanom fahren Motorradtaxis je nach Entfernung für 25 bis 100 B zu den Stränden. Wer im Voraus bucht, wird eventuell vom Personal der Unterkunft kostenlos in Khanom abgeholt.

Traveller, die ihre Unterkunft erreicht haben, kommen dort nur schwer vom Fleck, es sei denn, sie haben ein eigenes Fahrzeug oder buchen eine Tour bei ihrem Hotel. Die beste Lösung ist aber ein Leihroller. Es gibt einen Verleih in der Nähe der Minivan-Station, der rund 200 B pro Tag verlangt, oder **14 Khanom** (☎ 095 069 0670, 083 551 3795; www.the-14-khanom-rent-motorbike-and-car.business.site; ⏰ 8–22 Uhr) bei der südlichen Kreuzung der Stadt. Der Inhaber spricht neben Thai auch Englisch und Französisch.

Nakhon Si Thammarat

☎ 075 / 103 200 EW.

Die historische Stadt Nakhon Si Thammarat (นครศรีธรรมราช) – meist kurz nur „Nakhon" genannt –, in der einer der bedeutendsten Tempel des Königreichs steht, ist ein lohnender Halt zwischen Hat Yai und Surat Thani.

Vor Hunderten Jahren war die Überlandroute zwischen dem Westhafen Trang und dem Osthafen Nakhon Si Thammarat eine von Thailands Haupthandelsverbindungen zur übrigen Welt. Vom einstigen Zustrom kosmopolitischen Dünkels zeugen bis heute die lokale Küche, Tempel und Museen.

Beim Bummel durch die Stadt fallen auch die vielen Moscheen auf, denn Nakhon ist die erste Stadt, in der die starke Präsenz muslimischer Thais im Süden des Landes sichtbar wird.

Sehenswertes

Um sich einen Überblick über Nakhons Kultur und Geschichte zu verschaffen, sollte man zuerst das sehr informative Nationalmuseum besuchen. Danach geht es zum wunderbaren Wat Phra Mahathat im Norden und anschließend zu den Überresten der alten Stadtmauer aus Backsteinen in der Nähe des Parks und öffentlichen Platzes **Sanam Na Meuang** (สนามหน้าเมือง; Th Ratchadamnoen). Die Straßenlampen in der Th Ratchadamnoen sind mit goldenen Statuen der zwölf thailändischen Tierkreiszeichen geschmückt, die zugleich die zwölf Städte symbolisieren, die dem Königreich von Nakhon Si Thammarat einst tributpflichtig waren. Nicht verpassen sollte man schließlich die **Masjid Salah Ud Din** (มัสยิดซอลาฮุดดีน; Th Panead; ⏰ tagsüber) im Zentrum der Stadt, die auch schon Rama IX besucht hat.

★ Wat Phra Mahathat Woramahawihaan — TEMPEL

(Th Si Thamasok; ⏰ 8.30–16.30 Uhr) GRATIS Der atemberaubende Wat Phra Mahathat Woramahawihaan (kurz „Mahathat") ist Südthailands bedeutendster Wat und beherbergt einen imposanten, 77 m hohen weißen *chedi* (Stupa) mit Goldkrone, der in den Himmel ragt. Der Legende zufolge brachten Königin Hem Chala und Prinz Thanakuman vor mehr als 1000 Jahren kostbare Reliquien nach Nakhon und bauten eine kleine Pagode zum Schutz der Kleinode. Seitdem ist der Tempel zu einer weitläufigen Anlage angewachsen, zu der täglich Menschenmassen pilgern, um die beliebten Jatukham-Amulette zu kaufen.

Im Hof stehen weitere graue *chedis* rund um den großen *chedi*. In der Halle befindet sich eine wunderbare Treppe in Rot, Grün und Gold. Unbedingt sehenswert ist auch das Museum mit zahllosen Statuen aus allen Jahrhunderten und Regionen Thailands, darunter auch ein liegender Buddha aus dem 18. Jh. Der Tempel wird oft von Schulklassen besucht, die die Statuen mit Goldblättchen bedecken. Er ist mit einem *sŏrng·tăa·ou* (Sammelminibus) für 10 B ab dem Stadtzentrum zu erreichen.

★ National Museum — MUSEUM

(พิพิธภัณฑสถานแห่งชาติ นครศรีธรรมราช; ☎ 075 341 075; Th Ratchadamnoen; Eintritt 150 B; ⏰ Mi–So 9–16 Uhr; Ⓟ) Wer Nakhon wirklich verstehen will, muss dieses Museum besuchen. Anhand von spektakulären Ausstellungsstücken wird die Geschichte Thailands von der Steinzeit bis in unsere Zeit und die kulturelle Entwicklung von Geburts- bis zu Bestattungsriten erzählt. Die Beschriftungen sind in Thai und Englisch. Glanzstücke der Ausstellung sind eine prähistorische, kunstvoll verzierte, bronzene Mahorethuek-Trommel und eine steinerne Vishnu-Statue aus dem 5. bis 6. Jh. Sie wurde im nahegelegenen Ho Phra Narai gefunden und gilt als älteste Darstellung des Gottes in der Region Nakhon.

Alte Stadtmauer — RUINE

(กำแพงเมืองเก่า จังหวัดนครศรีธรรมราช; Th Ratchadamnoen) Die faszinierenden und gut erhaltenen Überreste der Ziegelsteinstadtmauer

ABSTECHER

KHAO LUANG NATIONAL PARK

Der **Khao Luang National Park** (อุทยานแห่งชาติเขาหลวง; ☎075 300494; www.dnp.go.th; abseits der Rte 4015; Erw./Kind 400/200 B; P), benannt nach dem höchsten Berg in Südthailand, ist eine von dichtem Dschungel bedeckte Gebirgsregion mit einer einzigartigen Flora und Fauna. Er ist bekannt für wunderbare Wanderwege, kühle Flüsse, Wasserfälle und eine reiche Tierwelt. Hier leben 327 Tierarten und unzählige Orchideen, die es sonst nirgendwo auf der Welt gibt. Camping ist erlaubt, und es gibt auch einfache Bungalows (ab 600 B), die über die Website reserviert werden können. Außerdem gibt's ein Restaurant in der Parkverwaltung.

Zu den Tieren, die hier leben, zählen scheue malaiische Tapire, Sumatra-Serowe, Schweinsaffen, Nebelleoparden, Panther, Tiger und Brillenlanguren sowie Steinadler, Bankivahühner und Nashornvögel aller Arten.

Zum Khao Luang Park fährt man mit dem *sŏrng·tăa·ou* (40 B) von Nakhon Si Thammarat auf der Rte 4015 nach Lan Saka. In der Regel fährt der Fahrer noch 10 km weiter bis zur Parkverwaltung (rund 30 m westlich des Zentrums von Nakhon).

stehen in mehreren Abschnitten entlang des Kanals Khlong Na Meuang beim Park und Platz von Sanam Na Muang, auf beiden Seiten der Th Ratchadamnoen.

Schattenspielfigurenmuseum MUSEUM
(บ้านหนังตะลุงสุชาติทรัพย์สิน; Th Si Thamasok Soi 3; ⌚9–16.30 Uhr) GRATIS Es gibt zwei Arten der regionalen Schattenspielfiguren: *năng đà·lung* und *năng yài*. Erstere sind nur 1 m hoch und haben bewegliche Gliedmaßen, Letztere sind fast lebensgroß und haben keine beweglichen Bestandteile. Beide Arten werden aufwendig aus Kuhhaut hergestellt. In Suchart Subsins Puppenhaus gibt es ein kleines Museum, in dem Mitarbeiter das Ausschneiden der Figuren zeigen und kleine Vorführungen geben (50 B).

Im oberen Stockwerk sind Figuren aus dem 18. Jh. und dem Zweiten Weltkrieg zu sehen. Letztere sind kleiner als üblich und verfügen auch über einen Doppeldecker.

Schlafen

Nakhon versprüht den besonderen und authentischen Charme einer echten thailändischen Stadt, auch wenn die Auswahl an Unterkünften nicht besonders ist. Am besten sind die Hotels in der Innenstadt. Sie sind ordentlich, funktional und noch im alten thailändischen Stil vor dem Tourismus-Boom.

Thai Hotel HOTEL $
(Fax 075 314872; 1375 Th Ratchadamnoen; DZ mit Ventilator/Klimaanlage 350/450 B; P❄📶) Nicht weit entfernt vom Bahnhof ist dieses halbwegs schicke Hotel die zentralste Schlafmöglichkeit in der Stadt und absolut annehmbar. Die Wände sind etwas dünn und das WLAN ist unzuverlässig, aber die Zimmer mit TV sind sauber und preisgünstig und die oberen Stockwerke bieten eine gute Aussicht auf das städtische Getümmel. Auch das Personal ist freundlich.

V House Nakhon HOTEL $
(☎075 314777; www.vhouse-nakhon.business.site; 1209/30 Yomaraj Road; DZ 350 B; P❄📶) Das Hotel ist die für Nakhon typische Unterkunft: veraltet, abgenutzt, funktional, (relativ) sauber und billig. Auch wenn es eher wie ein Gefängnis aussieht, wird man kaum etwas äußerlich Ansprechenderes in der Stadt finden. Es liegt zudem recht zentral und das Personal ist freundlich und hilfsbereit, spricht allerdings kein Englisch.

Twin Lotus Hotel HOTEL $$
(☎075 323777; www.twinlotushotel.net; 6 Th Phattanakan Khukhwang; DZ/2BZ 1300–1600 B, Suite 2700–3150 B; P❄📶🏊) Man sieht ihm sein Alter an, aber das 16-stöckige Twin Lotus mit 401 akzeptablen und geräumigen Zimmern ist immer noch eine gute Wahl für den gehobeneren Geschmack in Nakhon. Es gibt einen Fitnessraum, Spa und Swimmingpool. Das Personal spricht Englisch. Zudem gibt's ein passables chinesisches Restaurant im Haus und der Transfer vom und zum Flughafen ist für die Gäste kostenlos.

Essen

Nakhon eignet sich hervorragend, um Gerichte mit einer besonderen südthailändischen Note zu probieren. Auf dem **Nachtmarkt** (Rte 4016; Hauptgerichte 30 B; ⌚16–21 Uhr) bei den Eisenbahngleisen am Fluss verkaufen muslimische Imbissstandbetreiber köstliche *kôw mòk gài* (Hühnchenbiryani), *má·đà·bà* (indisches *roti* mit fleisch- oder Gemüsefüllung) und *roti*. Ein gutes Angebot gibt's auch in der Th Neramit beim Bahnhof – jeden Abend öffnen hier viele Imbissstände.

Chaba Restaurant and Cafe CAFÉ $
(☎098 670 6536; Th Ratchadamnoen; Hauptgerichte 100 B; ⏲9–24 Uhr; ❄📶) Das nette kleine Café mit der süßen Innenausstattung liegt sehr günstig beim Nationalmuseum und bietet sich für eine Pause an. Auf den gemütlichen Lehnstühlen und Sofas kann man leichtes Mittagessen, Salate und guten Kaffee genießen.

Hao Coffee CAFÉ $
(☎075 346563; Rte 4012; Hauptgerichte 30–60 B; ⏲7–16 Uhr; 📶) Das charmante, verschlossene und gut besetzte Café ist immer voller redseliger Einheimischer und auch an Sammlerstücken und Nippes besteht kein Mangel – von Tropenhelmen über Gewehre bis zu verschiedenen alten Keramikwaren und Wanduhren. Ein toller Ort für ein Rühreifrühstück, ein richtiges Essen oder einen Koffeinkick, entweder drinnen oder an den Tischen vorn.

Krua Talay THAI $
(☎075 346724; 1204/29-30 Th Pak Nakhon; Hauptgerichte 120 B; ⏲16–22 Uhr) Unter der Aufsicht einer leutseligen Matriarchin werden hier die besten Meeresfrüchte serviert, die in Nakhon zu bekommen sind. Der Innenraum ist vollgestopft mit buddhistischen Figuren und Ganesha-Statuen. Einfach einen Platz im hübschen Garten suchen und dort den köstlichen Wels mit scharfem Salat oder gebratenes Gemüse in Austernsauce genießen.

Pixzel Caffe CAFÉ $$
(☎086 682 5471; www.facebook.com/pixzelcaffe; 558, Th Ratchadamnoen; Pizza ab 120 B; ⏲Do–Di 9–19 Uhr; ❄📶) Das lässige Café in einem traditionellen Holzhaus gegenüber dem Wat Phra Mahathat (S. 626) serviert köstliche Pizza mit dünnem Teig und Kaffee für Feinschmecker. Es ist sehr beliebt und gemütlich und ideal für eine Stärkung nach der Tempelbesichtigung.

Shoppen

★ **Sip Song Naksat** GESCHENKE & SOUVENIRS
(Die zwölf Königreiche; ☎075 311680; 895 Th Tachang; ⏲8.30–18 Uhr) Der schöne Laden befindet sich im Erdgeschoss eines historischen Holzhauses, das besichtigt werden kann. Er ist der beste unter den vielen in der Th Tachang und verkauft authentisches, in der Region produziertes Kunsthandwerk, Textilien, handgefertigte Schattenspielfiguren aus Leder und Seidenkleidung. Für jeden Geldbeutel gibt's hier etwas Passendes.

Praktische Informationen

In der Th Ratchadamnoen am nördlichen Ende der Innenstadt gibt's mehrere Banken und Geldautomaten.

Polizei (☎075 341054, 1155; 1019/24 Th Ratchadamnoen)

Post (☎075 356135; www.thailandpost.co.th; 724/5 Th Ratchadamnoen; ⏲Mo–Fr 8.30–16.30, Sa & So 9–12 Uhr)

Tourism Authority of Thailand (TAT; ☎075 346 515, tourist hotline 1627; www.tourismthailand.org; Th Na Meuang; ⏲8.30–16.30 Uhr) Befindet sich in einem schönen Haus von 1926 am nördlichen Ende des Sanam Na Muang (Stadtpark) und hat einige nützliche Broschüren, aber niemand spricht hier wirklich Englisch.

An- & Weiterreise

BUS

Normale Busse nach Bangkok fahren am **Busbahnhof** (abseits der Rte 4016) im Westen der Stadt ab, gute 25 Minuten zu Fuß vom Zentrum. Die Fahrt dauert zwölf Stunden und kostet je nach Busklasse 426 bis 851 B. Minibusse nach Hat Yai (140 B, 3 Std.), Surat Thani (120 B, 2½ Std.) und Khanom (80 B, 1½ Std.) starten auch vom Bahnhof, ebenso wie Busse nach Phuket (350 B, 6 Std.).

Wer Nakhon mit dem Minivan verlassen will und eine Haltestelle sucht, sollte auf die kleinen Schalter am Rand der Straßen im Zentrum achten (auch wenn keine Minivans oder Fahrgäste in der Nähe sind). Am besten fragt man aber nach, denn für jedes Fahrziel gibt es einen anderen Abfahrtsort. Minivans nach Krabi und Don Sak fahren vom selben Punkt ab, also aufpassen, dass man das richtige Fahrzeug besteigt! Die Haltestellen liegen in der Nähe der Th Jamroenwithi, Th Wakhit und Th Yommarat.

FLUGZEUG

Thai Lion Air (www.lionairthai.com), Air Asia (www.airasia.com) und Nok Air (www.nokair.com) fliegen sechsmal täglich vom Don Mueang International Airport in Bangkok zum **Nakhon Si Thammarat Airport** (☎075 450545; 📶), 12 km nördlich des Stadtzentrums. Der Flug dauert rund eine Stunde und kostet 1500 B für die einfache Strecke.

ZUG

Von Nakhon nach Bangkok (133–652 B; mit Halt in Hua Hin, Chumphon & Surat Thani, 15 Std.) fahren täglich zwei Züge (13 & 15 Uhr). In die andere Richtung verlassen die Züge Bangkok um 6 und 9.58 Uhr. Sie fahren nach Hat Yai (24 B), der Zug um 6 Uhr auch weiter nach Sungai Kolok (60 B).

Unterwegs vor Ort

Sŏrng·tăa·ou (Sammelminibusse) verkehren in Nord-Süd-Richtung entlang der Th Ratchadamnoen und der Th Si Thammasok (10 B, abends etwas mehr). Fahrten mit Motorradtaxi kosten mindestens 30 B und bis zu 50 B bei längeren Strecken. Ein Motorradtaxi vom Zentrum zur Bushaltestelle kostet 40 B. Eine kurze Fahrt mit dem Grab-Taxi (www.grab.com) kostet 60 B. Das Taxi wird mit der App bestellt.

PROVINZ SONGKHLA

Die zwei Hauptgeschäftszentren der Provinz Songkhla (จังหวัดสงขลา), Hat Yai und Songkhla, leiden weniger unter den politischen Unruhen, die weiter südlich gelegene Städte plagen. Trotzdem gibt es staatliche Reisewarnungen zu diesem Gebiet. Man stolpert nicht gerade über ausländische Backpacker, aber es laufen doch einige Reisende über die lokalen Märkte, genießen die muslimisch-thailändische Fusionküche, relaxen an windigen Stränden und tauchen ein in Hat Yais lebenslustiges und vielseitiges Stadtflair.

Songkhla & Singha Nakhon

☎074 / 163 000 EW.

Auch wenn der majestätische Songkla-See Songkhla (สงขลา) und Singha Nakhon (สิงหนคร) voneinander trennt, sind die beiden Städte doch eng miteinander verbunden. Letztere wurde von muslimischen Sultanen im 17. Jh. gegründet, als sich das Sultanat Singora an der Stelle des heutigen Songkla befand. Die beiden Städte gehören zu den faszinierendsten in Südthailand und sind sehr stolz auf ihre Geschichte.

Sehr beliebt sind sie schon lange bei einheimischen Touristen, die vor allem den allgegenwärtigen Einfluss der thailändischen, chinesischen und malaiischen Bevölkerung schätzen. Zusammen mit den wunderbaren Ruinen zeugen sie von der langen Geschichte als Sultanat und sino-portugiesische Kolonie. Diese kulturelle Vielfalt zeigt sich auch in der regionalen Küche, in der sich die muslimisch-thailändische Küche des Südens mit chinesischen Einflüssen mischt. Zudem entstehen immer mehr moderne künstlerische Locations, die Songkhla und Singha Nakhon zur Kunsthauptstadt des Südens werden lassen.

Sehenswertes

Wer sich für die Geschichte der Städte interessiert, kann in Singha Nakhon die Überreste des ehemaligen Sultanats Singora besichtigen, darunter auch das **Grab** (สุสานสุดตานสุไลมาน; abseits des Hwy 408, Singha Nakhon; ⏲8–24 Uhr) des bekanntesten Sultans Sulaiman Shah sowie die Ruinen der alten Stadtmauer und mehr als ein Dutzend **Festungen** (ป้อมหัวเขาแดง; Fort Khao Daeng; Rte 4222, Singha Nakhon; Ⓟ) GRATIS, die sich über dem Vorgebirge verteilen. Es kann Tage dauern, sie alle zu besuchen.

In Songkhla gibt's schöne Strände und die **Altstadt** (Nang Ngam), die mit den wunderbar restaurierten chinesischen und sino-portugiesischen Gebäuden eine der schönsten in Südthailand ist. Viele Gebäude wurden entweder zu Leinwänden für Straßenkunst oder in Kulturzentren verwandelt, wie z. B. die alte Reismühle in der Nähe der Docks. Zu dem bunten Architekturmix tragen auch Gebäude wie die **Masjid Asassul** (มัสยิดอุสาสนอิสลาม; Th Phattalung; ⏲tagsüber) bei, in denen europäische, indische und thailändische Einflüsse auf die muslimische Gemeinschaft zu erkennen sind. Vor jeder Besichtigung sollte man unbedingt das Nationalmuseum besuchen.

Geführte Touren

Singora Tram Tour AKTIVITÄT

(☎074 312025; Th Jana; ⏲9–15 Uhr) GRATIS Die kostenlosen, 90-minütigen Tram-Touren in einer offenen Bahn beginnen in der Th Jana neben dem **National Museum** (พิพิธภัณฑสถานแห่งชาติสงขลา; ☎074 311728; 13 Th Wichianchom; Eintritt 150 B; ⏲Mi–So 9–16 Uhr, an Feiertagen geschl.). Wer Glück hat, kann einer Führung auf Englisch lauschen. Die Fahrt führt durch den alten Teil der Stadt, vorbei an der Moschee von Songkhla, einem Thai-Tempel und einem chinesischen Schrein und dann hinaus zum Hat Samila.

Schlafen & Essen

Sook Som Boon 2 Hotel HOTEL $

(☎099 472 1648; 14 Th Saiburi; DZ 550–650 B; ❄📶) Das preiswerte Hotel liegt sehr günstig zu den Sehenswürdigkeiten der Stadt und zum **Old Time Market** (Th Chana; ⌚Fr & Sa 16–22 Uhr). Der Besitzer kennt sich gut aus in der Stadt und spricht Englisch. Die Zimmer sind sauber, aber etwas muffig. Die Gäste können auch Fahrräder leihen.

★ Ban Nai Nakhon Boutique Hotel BOUTIQUEHOTEL $$
(☎095 438 9323; dntche@hotmail.com; 166 Th Nang Ngam; DZ 1500 B; ❄) Das schöne Boutiquehotel wird von Hobbyhistoriker Abdu'r Rahman geleitet. Aus der Eingangshalle hat er ein kleines Museum gezaubert – voller Antiquitäten und Kuriositäten im Zusammenhang mit der Geschichte von Songkla oder von seinen Reisen. Auch die Zimmer sind sehr persönlich gehalten, mit breiten traditionellen Betten, klassischen Thai-Möbeln und einem von ihm gestalteten Mosaik.

★ Songkhla Station CAFÉ $
(☎093 771 1181; 10/8 Th Nakhonnok; Hauptgerichte 70 B; ⌚8–19 Uhr; ❄📶👪) In einem restaurierten Gebäude serviert das Café traditionelle Thai-Küche von gebratenen Chicken Wings mit Klebreis bis zu *sôm·đam* (scharfer Papayasalat) und auch westliche Gerichte. Der wunderbar gestaltete Innenraum ist großzügig und bietet jede Menge Spiele und Unterhaltung für Kinder.

★ Books and Cafe KAFFEE
(☎094 396 4179; Th Ramvithi; ⌚8.30–23 Uhr; 📶) Die coole kleine Kaffee-Oase ist nur einen Katzensprung von Songkhlas Altstadt entfernt und damit ideal für eine Pause im Besichtigungsprogramm. Ein gemütliches Sofa und Lehnstühle stehen inmitten von thailändischen und englischen Büchern, im Hintergrund läuft sanfte Musik, und der Kaffee ist perfekt. Es werden auch Fahrräder für 30 B pro Stunde verliehen.

ℹ Praktische Informationen

Banken und Geldautomaten gibt es überall in Songkhla.

Indonesisches Konsulat (☎074 311544; www.kemlu.go.id/songkhla; 19 Th Sadao; ⌚Mo–Fr 8.30–16 Uhr)

Malaysisches Konsulat (☎074 311062; www.kln.gov.my/web/tha_songkhla; 4 Th Sukhum; ⌚Mo–Do 8.15–12 & 13–16.15, Fr 8.15–12 & 14–16.15 Uhr)

Polizei (☎074 321878; www.songkhlapolice.com; Th Laeng Phra Ram)

Post (☎074 312982; www.thailandpost.co.th; Th Wichianchom; ⌚Mo–Fr 8.30–16, Sa 8.30–12 Uhr)

ℹ Anreise & Unterwegs vor Ort

BUS

Der zentrale Busbahnhof befindet sich auf der Songkhla Plaza Alley (abseits der Nakhonnok St) etwa 1,5 km südlich der Altstadt. Täglich fahren drei 2.-Klasse-Busse nach Bangkok (865 B), die unterwegs in Nakhon Si Thammarat, Surat Thani und anderen Orten halten. Busse (21 B) und Minivans (30–40 B) nach Hat Yai benötigen 40 Minuten und starten in der **Th Ramwithi** (Th Ramwithi; ⌚6–20 Uhr). Von hier fahren auch *Sŏrng·tăa·ou* (Sammelminibusse) nach Ko Yo.

SCHIFF/FÄHRE

Auf dem Songkla Lake verkehrt eine Fähre von **Singha Nakhon** (Rte 4222; Fußgänger/Fahrrad & Roller/Auto frei/3/20 B; ⌚5–22 Uhr) nach **Songkhla** (Laem Son On).

ZUG

Da keine Züge mehr durch Songkhla fahren, muss man sich für die meisten Fernziele im Süden nach Hat Yai begeben.

Hat Yai

☎074 / 156 601 EW.

Willkommen im urbanen Zentrum von Südthailand. Durch die Einkaufszentren im westlichen Stil zieht der Duft der geschäftigen Fressbuden, während alte chinesische Männer auf klapprigen Stühlen vor ihren Trödelläden sitzen und das Leben an sich vorbeiziehen lassen. Hat Yai (หาดใหญ่) ist eine interessante Mischung aus Geschäftigkeit und tropischer Gelassenheit und war lange Zeit vor allem bei malaysischen Männern beliebt für einen Wochenendtrip. Es fällt auf, dass der Tourismus in der Stadt noch immer vor allem von Malaysiern beherrscht wird, unter die sich ein paar westliche Expats gemischt haben.

Wer hier Halt macht, um die Stadt zu erkunden, wird mit einigen der leckersten Speisen der Region und dem dynamischen Flair der größten Stadt Südthailands belohnt.

◉ Sehenswertes

★ Hat Yai Municipal Park PARK
(สวนสาธารณะเทศบาลนครหาดใหญ่; ☎074 211898; www.hatyaipark.com; Rte 407; ⌚9–20 Uhr; Ⓟ) Die große Gartenlandschaft erstreckt sich auf einem Hügel 7 km nordöstlich von Hat Yai. Hier befinden sich spektakuläre Tempel, ein Observatorium, Südthailands größter goldener **Buddha** (พระพุทธมงคลมหาราช; ☎074 211898; www.hatyaipark.com; Hat Yai Muni-

cipal Park; ⌚9–20 Uhr; Ⓟ) GRATIS, ein See zum Bootfahren und mit künstlichem Wasserfall sowie Cafés, Essensstände und ein Netz von Radwegen. Der Park ist eine herrliche Oase der Frischluft im oft stickigen Hat Yai. Man kann die Tempel besichtigen und mit der **Seilbahn** (เคเบิ้ลคาร์ หาดใหญ่; ☎074 211898; www.hatyaipark.com; Hat Yai Municipal Park; Erw./Kind 200/100 B; ⌚Mo–Do 9–16, Fr–So 9–17 Uhr; Ⓟ) fahren.

★Khlong Hae Floating Market MARKT
(ตลาดน้ำคลองแห; Ban Khlong Hae; ⌚Fr–So 13–21 Uhr; Ⓟ) Tuk-Tuk-Fahrer und Tourveranstalter bieten Touren zu dem farbenprächtigen und lebhaften Schwimmenden Markt an, der am Wochenende an beiden Ufern des Mae Nam Toei 5 km nördlich der Stadt stattfindet. Die Boote liegen dicht an dicht im Wasser vor dem Wát, doch die meisten Essens- und Souvenirstände stehen am Ufer. Er ist immer supervoll, aber dennoch eine wunderbare Erfahrung des alltäglichen Lebens im ländlichen Songkhla.

Schlafen

Im Zentrum von Hat Yai gibt es in Laufnähe vom Bahnhof Dutzende Businesshotels sowie mehrere Hostels für Backpacker.

Hatyai Dee Hostel HOSTEL $
(☎091 049 2737; 194 Nipat Uthit 1; DZ 250B; ❄📶) Das ruhige, saubere, muslimische Hostel liegt ganz in der Nähe des Bahnhofs, hat ein sehr gutes Restaurant und vermietet Roller ab 300 B. Die Schlafsäle sind sauber und geräumig. Es gibt keine warmen Duschen, aber dafür ist es das ganze Jahr über sehr preiswert.

Hat Yai Backpackers HOSTEL $
(☎080 396 4621; 226 Th Niphat Uthit 1; B 240 B; Ⓟ❄📶) Die angenehme Unterkunft in der Nähe des Bahnhofs hat Frauenschlafsäle mit vier Betten und gemischte Schlafsäle mit acht Betten, die alle sauber und ordentlich sind. Das Personal gibt gern Tipps zum Aufenthalt in Hat Yai.

Centara HOTEL $$
(☎074 352222; www.centarahotelsresorts.com; 3 Th Sanehanusorn; DZ/Apt. ab 1550/2850 B, Suite 5550 B; Ⓟ❄📶🏊) Zentrale Lage, Pool, 244 ausgezeichnete Zimmer, hervorragender Service und wunderschöne Blicke von den oberen Stockwerken, das alles bietet das Centara. Der abendliche Live-Jazz in der Foyerbar bringt noch mehr Stil rein. Das Hotel über dem Central Department Store hat auch ein Spa und einen Fitnessraum, und bietet einen Shuttle-Service vom und zum Flughafen.

Red Planet HOTEL $$
(☎074 261011; www.redplanethotels.com; 152-156 Th Niphat Uthit 2; DZ 900–1700 B; Ⓟ❄📶) Dieses Kettenhotel in sehr zentraler Lage bietet Sauberkeit, Erschwinglichkeit und guten Service in ordentlichen, modernen, funktionalen Zimmern. Atmosphäre und Motiv sind eher reizlos und auf Geschäftsleute ausgerichtet. Doch das Personal ist freundlich und es gibt auch ein Spa.

Essen & Ausgehen

Die Stadt ist die inoffizielle kulinarische Hauptstadt Südthailands und wartet mit muslimischem *roti* und Currys, chinesischen Gerichten wie Nudeln, Reis mit Ente und Dim Sum sowie frischem thailändischem Seafood sowohl von der Golf- als auch von der Andamanenküste auf. Überall locken Imbissstände, besonders gut ist das Angebot aber in der Th Supasarnrangsan. Mahlzeiten kosten hier zwischen 25 und 80 B.

★Nachtmarkt MARKT $
(Th Montri 1; ⌚17–21.30 Uhr) Der Nachtmarkt lockt mit seinen vielen lokalen Gerichten; so bieten beispielsweise mehrere Stände das berühmte frittierte Hühnchen nach Art von Hat Yai sowie *kà·nŏm jeen* (frische Reisnudeln serviert mit Curry) an. Einige Stände verkaufen auch gegrilltes Seafood und gefülltes *roti*, das typische Gericht des Südens. Gegessen wird auf Plastikstühlen.

Daothiam CAFÉ $
(☎074 243268; www.facebook.com/pg/daothiamhadyai; 79/3 Thammanoonvithi Rd; Hauptgerichte ab 60 B; ⌚7–19 Uhr; 📶) Dieses traditionelle chinesische Café bedient seit 1959 Stammkunden aus Hat Yai. An den Wänden hängen gerahmte Banknoten, das Personal ist freundlich und es gibt eine solide Speisekarte mit thailändischen und chinesischen Gerichten und leckeren Frühstücksvarianten. Merkwürdigerweise bedeutet sein Name „Satellit". Das Daothiam liegt gegenüber der Odean Shopping Mall.

Mata Coffee 9 KAFFEE
(☎062 280 1717; Th Manasruedee; ⌚9–19 Uhr; 📶) Die ruhige, angenehm kühle Oase ist ganz in der Nähe des Bahnhofs und ideal, um sich nach einer langen Zugfahrt zu stärken und neu zu organisieren. Unbehelligt von aufdringlichen Tuk-Tuk- und Motorrad-

BUSSE AB HAT YAI

Das Infobüro am zentralen Busbahnhof ist von 4.30 bis 21.30 Uhr geöffnet. Jedes Fahrtziel hat einen eigenen Stand. Die wichtigsten Ziele sind:

ZIEL	PREIS (B)	DAUER (STD.)
Bangkok	698–1086	13
Krabi	253–507	5
Nakhon Si Thammarat	140	3
Ko Samui	404	7
Phuket	355	7
Songkhla	34	1½
Sungai Kolok	270	4
Surat Thani	240	5
Trang	120	2

taxifahrern kann man bei ausgezeichnetem Kaffee und gutem WLAN das weitere Vorgehen planen.

Praktische Informationen

NOTFALL

Touristenpolizei (1. St., Hat Yai Plaza 3, Th Niphat Uthit 3; ⏲24 Std.)

SICHER UNTERWEGS

Angeblich soll die Stadt vor den gewalttätigen Unruhen des tiefen Südens sicher sein, ganz unbehelligt blieb sie aber auch nicht. Das Lee Gardens Plaza Hotel wurde 2012 von Bomben getroffen, wobei im darauffolgenden Feuer vier Menschen starben und 400 verletzt wurden. 2014 explodierten drei Bomben in Hat Yai, acht Menschen wurden verletzt. In den Jahren davor waren Pubs, Malls, Kaufhäuser und Hotels Ziele von weiteren Bombenanschlägen. Seit 2014 hat es aber keine Anschläge mehr gegeben, zumal auch wichtige Verkehrseinrichtungen wie Bahnhof und Flughafen besser gesichert wurden.

Wie die ständig steigende Zahl ausländischer Touristen zeigt, scheint Hat Yai mittlerweile wieder ein sicheres Reiseziel zu sein. Wer nur durchfährt, hat ohnehin nichts zu befürchten. Für alle anderen gelten die üblichen Vorsichtsmaßnahmen, und man sollte auch unbedingt die örtlichen Nachrichten verfolgen.

TOURISTENINFORMATION

Tourism Authority of Thailand (TAT; www.tourismthailand.org/hatyai; 1/1 Soi 2, Th Niphat Uthit 3; ⏲8.30–16.30 Uhr) Die sehr hilfsbereiten Mitarbeiter sprechen hervorragend Englisch und haben Berge von Infos über die gesamte Region.

Dee Travels Hat Yai (Cathay Tour; ☎074 815 400; www.cathaytourthailand.com; 190 Th Niphat Uthit 1; ⏲8–18 Uhr) Dieses ist das beste der vielen Reisebüros im Stadtzentrum.

VISAVERLÄNGERUNGEN

Immigration Office (Th Phetkasem) In der Nähe der Eisenbahnbrücke.

An- & Weiterreise

BUS

Busse zu anderen Provinzen und Minivans in Richtung Süden starten vom **Busbahnhof Hat Yai** (73 Th Chotevittayakul) 2 km südöstlich vom Zentrum. Die meisten Minivans Richtung Norden fahren vom **Minivan Terminal** (Rte 4) 5 km westlich der Stadt ab. Vom Zentrum aus ist dieses Terminal per Tuk-Tuk (80 B) erreichbar. Busse verbinden Hat Yai mit fast allen Orten in Südthailand.

Dee Travels Hat Yai organisiert Minivans zu vielen Zielen im Süden.

FLUGZEUG

Der **Hat Yai International Airport** (☎074 227000; www.airportthai.co.th/en; 📶) liegt ca. 14 km südwestlich der Stadt. Air Asia (www.airasia.com), Nok Air (www.nokair.com), Thai Lion Air (www.lionairthai.com) und Thai Airways (THAI; www.thaiairways.com; 182 Th Niphat Uthit 1) fliegen täglich von und nach Bangkok (Don Mueang Airport). **Thai Airways** (☎074 233433; www.thaiairways.com; Community Mall, 206-207 Th Prachayindee; ⏲Mo–Fr 8–17 Uhr) und Thai Smile (www.thaismileair.com) fliegen zum Bangkok Suvarnabhumi International Airport.

Flughafentaxis (☎099 478 2592; 194 Nipat Uthit 1; 100 B/Pers.; ⏲7–17.15 Uhr) fahren viermal täglich zum Flughafen (7, 10.15, 12.15 und 17.15 Uhr). In einem Privattaxi kostet die Fahrt 320 B, bei Grab (www.grab.com) 250 B.

ZUG

Vier Nachtzüge fahren vom **Bahnhof Hat Yai** (☎1690; www.railwaythailand.com; Th Rotfai) nach Bangkok (259–1749 B; 16 Std.) über

Surat Thani (105 B). Sieben Züge fahren an der Ostküste nach Sungai Kolok (92 B) und zwei Züge westwärts nach Padang Besar (50 B) in Malaysia.

Der Bahnhof hat ein Reservierungsbüro (7–17 Uhr), in dem Tickets 90 Tage im Voraus gekauft werden können. Die Tickets können auch drei Tage im Voraus unter der Telefonnummer 1690 oder fünf Tage im Voraus online unter www.railwaythailand.com gekauft werden. Es gibt auch eine Gepäckaufbewahrung (5–18 Uhr), die 30 bis 50 B für 24 Stunden kostet.

Unterwegs vor Ort

Sŏrng·tăa·ou (Sammelminibusse) verkehren entlang der Th Phetkasem (20 B/Pers.). Stadtfahrten mit Tuk-Tuk oder Motorradtaxis kosten 30 bis 60 B pro Nase. Es gibt auch reguläre Taxis, die jederzeit angehalten werden können, und Grab-Taxis (www.grab.com), die per App gebucht werden können. Mit beiden kostet eine kurze Fahrt rund 70 B.

Wer die Stadt auf eigene Faust erkunden will, leiht sich ein Fahrrad bei **Tyro Bike** (☎ 092 628 2415; www.facebook.com/tyrobike; Th Rajyindee; ⏲ Mo–Sa 9–18 Uhr; 📶) im Osten der Stadt.

TIEFER SÜDEN

Die im äußersten Süden Thailands gelegenen Provinzen Pattani, Yala und Narathiwat sind geprägt durch den Einfluss von Kultur, Sprache, Religion und Geschichte des muslimischen Malaysias und einer regionalen Identität, die auf das malaiische Sultanat der Patani im 16. Jh. zurückzuführen ist. Die meisten Einwohner der Region sprechen einen Dialekt des Malaiischen, da sie ihren malaiischen Cousins jenseits der Grenze ethnisch näher stehen.

Das touristische Potenzial in dieser faszinierenden Region liegt weitestgehend brach, da diese durch seit Langem schwelende Kämpfe muslimischer Separatisten gegen den thailändischen Staat ausgebremst wird. Den wenigen Besuchern steht folglich nur eine begrenzte Infrastruktur zur Verfügung. Der Grenzübergang Sungai Kolok wird zumeist in Richtung Thailand und nur selten in Richtung Malaysia überschritten.

Yala

☎ 073 / 63 000 EW.

Das von Land umgebene Yala (ยะลา) zieht sich nach Süden bis zur malaysischen Grenze und ist die südlichste Provinz Thailands. Die gleichnamige Hauptstadt unterscheidet sich deutlich von anderen thailändischen Großstädten. Die breiten Boulevards und das ordentliche gitterförmige Straßennetz liegen um einen riesigen runden Park herum und wirken sehr westlich. Etwa drei Viertel der Einwohner sind Muslime, außerdem ist Yala

REISEN IN DEN TIEFEN SÜDEN

Zur Zeit der Recherche warnten westliche Regierungen vor nicht absolut notwendigen Reisen in die Provinzen Pattani, Yala and Narathiwat, da es immer wieder zu Überfällen und Bombenanschlägen kam. Doch im Tiefen Süden freut man sich über jeden *farang* (Westler), der hierherkommt. Und die wenigen Ausländer, die kommen, werden herzlich willkommen geheißen und mit viel Aufmerksamkeit bedacht. Touristen und andere Westler wurden auch noch nie Opfer von Unruhen. Dieser Krieg betrifft nur die Einheimischen.

Natürlich kann es immer wieder zu unerwarteten Unruhen kommen, und auch Touristen können von Bomben getroffen werden. Die Separatisten zünden ihre Bomben oft auf Motorrädern, die vor Geschäften, Schulen oder auf Märkten in den Innenstädten von Yala, Pattani, Narathiwat und Sungai Kolok geparkt werden.

Am besten hält man sich nicht allzu lange auf der Straße auf, um nicht zur falschen Zeit am falschen Ort zu sein. Außerdem sollte man frühmorgens und nach Einbruch der Dunkelheit nicht mehr in ländlichen Gebieten unterwegs sein. Es ist auch nicht ratsam, ein Motorrad zu fahren, sofern man nicht klar als Ausländer zu erkennen ist.

Ein weiterer Nachteil der Unruhen ist, dass es praktisch keine touristische Infrastruktur gibt. Deshalb braucht man außerhalb der großen Städte unbedingt ein eigenes Fahrzeug. Es gibt nur wenige Hotels und Restaurants und auch kein Nachtleben. Auch an den herrlichen Stränden gibt's keinerlei Einrichtungen, was aber nicht unbedingt nur von Nachteil sein muss. Zudem wird man in und außerhalb der Städte oft kontrolliert. Vor einer Reise in den Tiefen Süden sollte man sich auf jeden Fall gut über die aktuelle Lage informieren und die Hinweise der heimischen Botschaft beachten.

GRENZÜBERGANG NACH MALAYSIA: VON SUNGAI KOLOK NACH RANTAU PANJANG

Anreise zur Grenze Der thailändische Grenzübergang (5–21 Uhr) ist gut 1,5 km vom Zentrum von Sungai Kolok entfernt. Eine Fahrt mit dem Motorradtaxi kostet rund 30 B.

An der Grenze Dieser Grenzübergang ist völlig stressfrei. Nach Erledigung der Formalitäten geht man einfach über die Harmony Bridge zum malaysischen Grenzübergang.

Weiterreise Sammeltaxis und Busse nach Kota Bharu, der Hauptstadt von Kelantan, fahren 200 m hinter dem Grenzübergang ab. Sammeltaxis kosten 10 RM$ (75 B) pro Person oder 50 RM$ (370 B) für das ganze Fahrzeug. Die Fahrt dauert rund 40 Minuten. Die Fahrt mit dem Bus dauert 1 Stunde und kostet 5,10 RM$ (38 B).

Danach kann man mit dem sogenannten „Dschungelzug" weiter in Richtung Süden fahren, doch der nächste Bahnhof ist in Pasir Mas, was aber von Kota Bharu gut mit Taxi oder Bus zu erreichen ist.

Tak Bai, ebenfalls in der Provinz Narathiwat, und Betong, weiter südlich in Yala, sind auch gute Grenzübergänge für Ausländer, doch Sungai Kolok ist mit Abstand der beste.

eine Universitätsstadt und das Bildungszentrum des tiefen Südens.

Sehenswertes

Yalas größte Sehenswürdigkeit ist der **Wat Kuhapimuk** (วัดคูหาภิมุข, Wat Na Tham oder „Tempel hinter der Höhle"; Na Tham, abseits der 409), der auch eine der bedeutendsten Pilgerstätten Südthailands ist.

Weiter südlich befindet sich in Betong der größte **Briefkasten** in Thailand, der erstmals 1924 aufgestellt wurde.

Schlafen & Essen

Yala ist ein angenehmer Ort, aber viele der preiswertesten Unterkünfte fungieren gleichzeitig als inoffizielle Bordelle. Ansonsten gibt es keine großartige Auswahl an Übernachtungsmöglichkeiten in der Stadt, aber das **Yala Rama** (☎073 212815; 15-21 Th Sri Bamrung; Zi. 650 B; ❄📶) ist eine gute Wahl.

Rund um den Park liegen einige ausgezeichnete Restaurants.

Praktische Informationen

Betong ist ein offizieller, aber ungünstig gelegener Grenzübergang nach Malaysia; nähere Infos gibt's in Yalas **Immigration Office** (☎073 231292; Betong; ⌚8.30–16.30 Uhr).

An- & Weiterreise

Yalas Busbahnhof liegt südlich vom Zentrum. Täglich verkehren drei Busse vom und zum südlichen Busbahnhof in Bangkok (783–1422 B, 15 Std.).

Täglich fahren vier Züge zwischen Bangkok und Yala (18 Std.). Zwei Züge pro Tag pendeln zwischen Yala und Sungai Kolok (3–4 Std.).

Der Bahnhof befindet sich direkt nördlich vom Stadtzentrum.

Busse nach Hat Yai (160 B, 2½ Std.) halten mehrmals am Tag in der Th Sirirot vor dem Büro von Prudential TS Life.

Minivans nach Betong und Sungai Kolok (100 B, 2½ Std.) starten stündlich gegenüber vom Bahnhof.

Pattani

☎073 / 43 700 EW.

Die Provinz Pattani (ปัตตานี), das einstige Herz eines großen muslimischen Fürstentums, das auch die benachbarten Provinzen Yala und Narathiwat umfasste, hat sich nie ganz an die thailändische Herrschaft gewöhnt. Die heutige politische Situation hat zwar die Entwicklung der Region beeinträchtigt, doch die Stadt Pattani kann auf eine 500-jährige Geschichte des Handels mit den berühmtesten Imperialmächten der Welt zurückblicken. Die Portugiesen errichteten hier 1516 einen Handelsposten, 1605 kamen die Japaner durch, 1609 die Holländer, und 1612 ließen die Briten ihre kolonialen Muskeln spielen.

Doch trotz der faszinierenden Geschichte der Stadt hat Pattani außer einigen ganz netten Stränden in der Nähe nicht viel Interessantes zu bieten. Wegen der anhaltenden Aufstände sind all diese Sandstreifen für Individualreisende nicht sicher.

Schlafen & Essen

Wie andere Städte der Region auch bietet Pattani keine großartigen Unterkünfte. Eine recht gute Option ist das **CS Pattani Hotel**

(☎073 336090; www.cspattanihotel.com; 299 Mu 4, Th Nong Jik; Zi. ab 900 B; ❄@📶🏊).

Praktische Informationen

Am südöstlichen Ende der Th Pipit, in der Nähe der Kreuzung mit der Th Naklua Yarang, gibt's mehrere Banken.

Polizei (☎073 348555; 62 Th Pattani Phirom)

Pattani Hospital (☎073 711010; www.pattanihos.com; 2 Th Nong Jik)

Anreise & Unterwegs vor Ort

Minivans und Busse fahren von Pattanis Busbahnhof am Westrand der Stadt ab. Sie fahren mehrmals täglich nach Hat Yai (120 B, 1½ Std.), Narathiwat (120 B, 1½ Std.) und Sungai Kolok (160 B, 2½ Std.).

Busse nach und von Bangkoks südlichem Busbahnhof fahren zweimal täglich (765–1250 B, 14 Std.).

Motorradtaxis verlangen 30 B für kurze Fahrten durch die Stadt, nach Einbruch der Dunkelheit sind aber kaum noch welche zu finden.

Sungai Kolok

☎073 / 78 500 EW.

Sungai Kolok (สุไหงโกลก) ist sicher nicht der schönste Ort, um einen ersten Eindruck vom „Land des Lächelns" zu gewinnen, aber es stellt die wichtigste Verbindung zwischen Thailand und Malaysia dar. Es ist eine etwas schäbige Grenzstadt, die vor allem für Schmuggel und Prostitution bekannt ist. Der Ort wird seltener zum Ziel der Aufständischen als andere große Städte in der Region, und die instabile Lage im tiefen Süden hat den Ruf der Stadt als „Sin City" („Stadt der Sünde") in den vergangenen Jahren etwas aufgeweicht, denn die malaysischen Männer, die für wilde Wochenendtrips nach Sungai Kolok kamen, bevorzugen nun das sicherere Hat Yai. Auch die Zahl der Traveller, die Thailand hier verlassen, sinkt; dafür kommen mehr Touristen aus Malaysia, die sofort in einen Zug Richtung Norden steigen.

Schlafen

Die meisten Hotels hier haben die immer gleiche Qualität zu gleichen Preisen und den gleichen niederen Standard. Viele Billighotels weisen Ausländer grundsätzlich ab.

Merlin Hotel HOTEL $
(☎073 611003; 68 Th Charoenkhet; Zi. 600–700 B; ❄📶) Möbel und Ausstattung sind veraltet, aber das Hotel ist billig und liegt günstig zum Bahnhof.

Praktische Informationen

Geldautomaten und Wechselstuben gibt's in der Nähe des Bahnhofs. Ein Büro der Touristenpolizei befindet sich am Grenzübergang.

Das **Immigration Office** (☎073 611231; www.narathiwatimmigration.go.th; 70 Th Charoenkhet; ⏰Mo–Fr 8–17 Uhr) ist gegenüber dem Merlin Hotel und hat hilfsbereites, Englisch sprechendes Personal.

An- & Weiterreise

Der **Fernbusbahnhof** (Th Asia 18, abseits der 4056) ist in der Th Asia 18, 2 km westlich des Stadtzentrums. Vier Busse fahren täglich vom und zum Southern Bus Terminal in Bangkok (707–1414 B, 17–20 Std.). Von hier fahren auch Minivans nach Hat Yai (270 B, 4 Std.).

Minivans in Richtung Norden nach Narathiwat (70 B, 1 Std.), Pattani (160 B, 2½ Std.) und Yala (110 B, 2½ Std.) starten gegenüber dem Bahnhof vor dem **Genting Hotel** (☎073 613231; 250 Th Asia 18; Zi. 690–790 B; ❄@📶🏊).

Täglich fahren zwei Züge (11.30 und 14.20 Uhr, 18–23 Std.) nach Bangkok. Die Züge im Tiefen Süden sind selten pünktlich und werden oft von Armee und Polizei durchsucht.

Unterwegs vor Ort

Eine Motorradtaxifahrt im Stadtgebiet kostet immer 30 B.

KURZ & BÜNDIG

EINWOHNER
760 000

EXPATS AUF PHUKET
115 000

SCHÖNER STRAND
Hat Nai Harn (S. 677)

BESTER NACHTMARKT
Nachtmarkt in Trang (S. 737)

TOLLE BEACH BUNGALOWS
Castaway Resort (S. 753)

REISEZEIT

Mai Jetzt beginnt die fünf Monate andauernde Regenzeit. Einige Resorts schließen, andere senken ihre Preise.

Sept./Okt. In Phuket und Trang wird das Vegetarierfest gefeiert. Man sieht Gläubige mit durchbohrten Wangen und darf fantastisches Essen erwarten.

Dez. Die Hochsaison beginnt und es herrschen ideale Tauch- und Schnorchelbedingungen.

Klettern an der Thaiwand Wall (S. 710), Railay
ADIREKJOB/SHUTTERSTOCK ©

Phuket & Andamanenküste

Thailands Andamanenküste mit dem türkisblauen Wasser ist eine jener Regionen, bei deren Anblick auf einer Postkarte man sofort zum Aussteiger werden und sein ganzes Leben in Flip-Flops verbringen möchte. Weiße Sandstrände, hohe Kalksteinklippen und mit Dschungel bedeckte Inseln erstrecken sich von der Grenze zu Myanmar bis nach Malaysia entlang der Küste der Andamanensee. Das schillernde Phuket zieht die meisten Gäste an, aber weiter im Norden erwarten einen Tauchspots von Weltklasse, wenig besuchte Inseln und die Wasserfälle und Höhlen der Nationalparks von Phang-Nga. In Richtung Süden wiederum kann man entspannt von Insel zu Insel ziehen, bis man die Grenze zu Malaysia erreicht.

Der Haken? Die Andamanenküste ist kein Geheimtipp mehr, und an ihren Stränden drängen sich immer mehr Backpacker, Pauschaltouristen, Luxus-Jetsetter und alle anderen. Protzige Resorts verdrängen die Bambushütten und thailändischen Rasta-Bars, und Authentizität ist nur noch im Hinterland zu finden. Aber wer ein wenig sucht, kann hier immer noch das Ziel seiner Träume finden.

INHALT

Highlights

1. **Trang-Inseln** (S. 739) Kristallklares Wasser und weiße Sandstrände genießen
2. **Ko Lipe** (S. 751) Über farbenprächtigen Korallen schnorcheln und die nahegelegenen unberührten Inseln erkunden
3. **Phuket** (S. 665) Einen berauschenden Mix aus Luxusunterkünften, tollen Spas und Streetfood-Leckereien erleben
4. **Khao Sok National Park** (S. 651) Durch einen echten Jurassic Park wandern
5. **Railay** (S. 708) Die mächtigen Kalksteinklippen über den herrlichen Stränden bestaunen
6. **Ko Phi-Phi** (S. 716) Sich im himmelblauen Wasser treiben lassen

und dann die Nacht durchtanzen

7 Similan- (S. 658) & **Surin-Inseln** (S. 649) Mit Mantas und Walhaien tauchen

8 Ko Lanta (S. 724) Die kulturell faszinierende Altstadt erkunden oder das entspannte Strandleben genießen

9 Ao Phang-Nga (S. 660) Mit dem Kajak in spektakuläre, halb überflutete Höhlen hineinpaddeln

10 Ko Phayam (S. 645) Der relaxten Strandbar-Atmosphäre verfallen

Ranong

mit Übernachtung an Bord zu den Surin-Inseln und zum Mergui-Archipel in Myanmar (ab 34 900 B) spezialisiert und veranstaltet Tauchkurse fürs PADI-Zertifikat.

Schlafen

Tinidee HOTEL $

(www.tinidee-ranong.com; 41/144 Th Tamuang; Zi. 570 B;) Das Tinidee Inn bietet saubere und ruhige Zimmer in einem Nebengebäude in der Nähe des erheblich größeren Tinidee Hotel. Wer im Inn absteigt, kann die Einrichtungen des Haupthotels wie den ausgezeichneten Pool und die Warmwasserbäder nutzen. Es gibt keinen Aufzug und man muss sein Gepäck mehrere Stockwerke hochschleppen.

Rueangrat Hotel HOTEL $

(092 279 9919; rueangratranong@gmail.com; 240/10 Th Ruangrat; Zi. 790 B;) Die hellen, blitzblanken Zimmer dieser Unterkunft sind von der Straße zurückgesetzt und liegen nahe zu Restaurants und Läden. Alle Zimmer sind mit Kühlschrank, TV und ordentlichen Bädern ausgestattet. Im Foyer gibt's kostenlosen Kaffee, freundliches Personal und gutes WLAN.

Ranong

Aktivitäten, Kurse & Touren

1 Andaman International Dive Center A3
2 A-One-Diving B2
3 Rakswarin Hot Springs D4

Schlafen

4 Galla Hotel A2
5 Madinah Hostel Ranong D3
6 Rueangrat Hotel B2
7 Savika Guesthouse B2
8 Tinidee A3

Essen

9 Tagesmarkt B3
10 Nachtmarkt B4
11 Ranong Hideaway B2

Savika Guesthouse PENSION $
(☎082 217 5483; savikaranong@gmail.com; 240/14 Th Ruangrat; Zi. 1080 B) Die freundliche, familiengeführte Pension unter Leitung eines amerikanisch-thailändischen Paars genießt eine perfekte Lage mitten im Traveller-Zentrum von Ranong. Die Zimmer sind gut ausgestattet mit Kühlschrank, Fernseher und Wasserkocher für Tee und Kaffee. Die Betreiber können bei der Buchung von Boots- und Busfahrkarten helfen und sind eine tolle Infoquelle für Taucher. Ein gutes Preis-Leistungs-Verhältnis bietet das Frühstück im amerikanischen Stil.

Madinah Hostel Ranong HOSTEL $
(☎081 416 0825; madinahhostel_ranong@yahoo.com; Th Kamlangsap; B/Zi. 360/600 B; ❄📶) Das familiengeführte Hostel liegt nur einen kurzen Spaziergang von den Thermalquellen der Stadt entfernt und punktet mit einfachen, aber tadellos gepflegten Zimmern. Das englischsprachige Personal ist überaus hilfsbereit, wenn Gäste Fragen haben oder Fahrkarten buchen müssen. Auch das Frühstück kann sich sehen lassen.

Galla Hotel HOTEL $$
(☎077 880 8989; Th Mung; Zi. 1800 B; ❄📶🏊) Der Neuling in Ranong bietet blütenreine Zimmer mit schickem Design und luxuriösen Anklängen wie etwa Whirlpools in den Suiten. Es gibt ein koreanisches Restaurant, ein gemütliches Café für geeiste Getränke, einen Fitnessraum und draußen einen großen Pool. Das hervorragende Frühstück umfasst verschiedene ostasiatische, thailändische und westliche Speisen.

Essen

Nachtmarkt MARKT $
(abseits des Hwy 4; Hauptgerichte 30–70 B; ⏲14–20 Uhr) Der Nachtmarkt an der Brücke über den Klong Hat Sompaen bietet ausgezeichnete Thai-Gerichte zu tollen Preisen.

Tagesmarkt MARKT $
(Th Ruangrat; Hauptgerichte 40–70 B; ⏲5–24 Uhr) Auf dem quirligen Tagesmarkt von Ranong werden köstliche, preiswerte thailändische und birmanische Speisen angeboten. Der Markt verströmt sehr viel Lokalkolorit.

Ranong Hideaway INTERNATIONAL $$
(☎077 832730; 323/7 Th Ruangrat; Hauptgerichte 110–480 B; ⏲10–23 Uhr; 📶) Das kleine Lokal ist seit Langem ein Lieblingstreff von hier lebenden Ausländern und Geschäftsleuten, die jenseits der Grenze Handel treiben. Es gibt gute Pasta, Pizza, Fleischgerichte, Currys, internationales Frühstück, Bier und ausländische Spirituosen.

Praktische Informationen

Geldautomaten finden sich rund um die Kreuzung der Th Ruangrat mit der Th Tha Meuang. Viele davon akzeptieren auch ausländische Karten.

EINREISE

Andaman Club Immigration Office (abseits der Rte 4004; ⏲7–17 Uhr) Die thailändische Einreisebehörde im Andaman Club 8 km nordwestlich der Stadt.

Ranong Immigration Office (Th Chalermprakiat; ⏲8.30–17 Uhr) Das Haupteinreisebüro 4 km südwestlich der Stadt bearbeitet Visaverlängerungen.

Ranong Immigration Post (Tha Saphan Plaa; ⏲8–17 Uhr) Wer nur kurz einen Abstecher nach Kawthaung (Myanmar) und zurück unternehmen will, kann diese kleine Zweigstelle 5 km südwestlich der Stadt ansteuern: Visumsstempel und Papierkram werden hier effizient erledigt.

NOTFALL

Polizei (Th Dap Khadi) Ranongs Hauptpolizeiwache.

REISEBÜROS

Pon's Place (☎081 597 4549; www.ponplaceranong.com; Th Ruangrat; ⏲8–19.30 Uhr; 📶) Das freundliche Pon's ist Ranongs Anlaufstelle für alles von WLAN über europäisches Frühstück, Motorradvermietung (200–250 B), Flugbuchungen, Visaverlängerungen (1300 B) bis zu Flughafentransfers und Busfahrplänen. Man kann hier auch ein Auto für einen Tagesausflug in den Laem Son National Park (hin & zurück 2000 B) chartern.

An- & Weiterreise

BUS

Der **Busbahnhof** (Th Phetkasem) liegt 1 km südöstlich vom Zentrum. Der blaue *sŏrng·tăa·ou* 2 fährt am Busbahnhof vorbei. Von hier starten Kleinbusse nach Surat Thani (200 B, 3½ Std., 6 & 14 Uhr) und Chumphon (160 B, 2 Std., 7–17 Uhr stündl.).

FLUGZEUG

Der Flughafen Ranong liegt 22 km südlich der Stadt. Nok Air (S. 738) fliegt zweimal täglich zum Bangkoker Don Mueang International Airport.

SCHIFF/FÄHRE

Vom Anleger Tha Ko Phayam (S. 648) 6 km südwestlich des Zentrums fahren täglich um

BUSSE AB RANONG

ZIEL	PREIS (B)	DAUER (STD.)	HÄUFIGKEIT
Bangkok	510–627	9–10	7.30, 8.10, 10.30, 13.30, 15.30, 19.30, 20 Uhr (VIP) & 20.30 Uhr (VIP)
Chumphon	150	2	7–17 Uhr stündl.
Hat Yai	380	7	6, 10 & 20 Uhr
Khao Lak	175	3½	6.30–17.45 Uhr stündl.
Krabi	210	6	7, 10 & 14 Uhr
Phang-Nga	180	5	7, 10 & 14 Uhr
Phuket	245	5–6	6.30–17.45 Uhr stündl.
Surat Thani	190	4–5	6–16 Uhr stündl.

9.30 und 14 Uhr Longtail-Boote (200 B, 2 Std.) nach Ko Chang. In der Hauptsaison halten sie an den Stränden an der Westküste; zurück geht's gegen 8.30 und 13 Uhr. Während des Monsuns fährt nur ein Longtail-Boot (14 Uhr), das am Hauptpier an der Nordostküste anlegt. In der Hauptsaison von November bis April verkehren zwischen der Anlagestelle Tha Ko Phayam in Ranong und dem Anleger an der Nordostküste von Ko Chang täglich zwei Schnellboote (350 B, 30 Min.), in der Nebensaison nur eins.

Vom Tha Ko Phayam fahren um 9.30 und 14 Uhr Fähren nach Ko Phayam (200 B, 2 Std.); die Rückfahrt ist um 8.30 und 15 Uhr. Während der Hauptsaison von November bis April verkehren auf der Strecke von 7.30 bis 17.30 Uhr fast stündlich Schnellboote (350 B, 35 Min.), die zwischen 8 und 16.30 Uhr in Richtung Festland zurückfahren.

Tha Saphan Plaa 5 km südwestlich der Stadt hat Boote nach Kawthaung in Myanmar.

Unterwegs vor Ort

Motorradtaxis (Th Ruangrat) bringen einen für 50 B in der Stadt fast überall hin, u. a. zu den Anlegestellen Tha Ko Phayam, wo man ein Boot nach Ko Chang oder Ko Phayam nehmen kann, und Tha Saphan Plaa, wo die Boote nach Kawthaung in Myanmar ablegen. Der rote **sŏrng·tăa·ou 4** (Th Ruangrat) hält in der Nähe der Anlegestellen (20 B).

Pon's Place hilft beim Mieten von Motorrädern und Autos und betreibt einen Shuttledienst von seinem Büro/vom Flughafen zu den Fähranlegern (70/200 B).

Ko Chang

Die wenig besuchte, ländliche Insel ist in jeder Hinsicht Welten von ihrer viel beliebteren Namensschwester in der Provinz Trat entfernt. Hier geht es wirklich ganz einfach zu, und Strom und WLAN sind immer noch selten. Die ganze Insel ist eine Oase der Ruhe, statt der Hektik des modernen Lebens gibt es hier nur das Rauschen der Wellen. In der Nebensaison (Mai–Okt.) ist's besonders verschlafen und viele Einrichtungen sind ganz geschlossen.

Der breite Ao Yai an der Westküste besitzt im südlichen Abschnitt schwarzweiß marmorierten Sand und glasklares Wasser; wer weißen Sand vorzieht, kommt am nördlichen Strandabschnitt auf seine Kosten. Ein kurzer Weg führt über die Klippen südwärts zum Ao Tadaeng; dieser mit Felsbrocken übersäte Strand ist die schönste Stelle, um auf der Insel den Sonnenuntergang zu erleben.

Im Binnenland liegen die winzige Inselhauptstadt sowie Cashew- und Kautschukplantagen. Unbefestigte Wege ziehen sich kreuz und quer über die Insel, und mit Glück kann man über den Mangroven Seeadler, Andamanen-Schlangenweihen und Nashornvögel sichten.

Aktivitäten

Aladdin Dive Safari TAUCHEN

(☎087 274 7601; www.aladdindivesafari.com; Cashew Resort, Ao Yai; 2 Tauchgänge 5800 B; ⊙Nov.–Mai 10–18 Uhr) Der relativ schicke, etablierte Tauchveranstalter bietet Tagesausflüge zu den Surin- und Similan-Inseln, Open-Water-Tauchkurse (18 700–19 800 B) und Tauchtouren mit Übernachtung an Bord zum Mergui-Archipel (Myanmar), zu den Surin- und Similan-Inseln sowie nach Ko Phi-Phi, Hin Daeng und Hin Muang (15 800–19 800 B).

Om Tao YOGA

(☎085 470 9312; www.omtao.net; Ao Yai; Unterricht 300 B) Der von Deutschen geführte Veranstalter bietet von November bis April täglich Yoga-Sitzungen (8.30 Uhr). Auf Anfrage gibt es Kurse auch zu anderen Terminen.

GRENZÜBERGANG NACH MYANMAR: VON RANONG (STADT) NACH KAWTHAUNG (VICTORIA POINT)

Am einfachsten verlängert man sein Visum mit einem „Visa-Trip" (1300 B), den die Reisebüros in Ranong anbieten, z. B. Pon's Place (S. 642). Man kann die Laufarbeit aber auch gut selbst auf sich nehmen.

Anreise zur Grenze Wenn die Grenze zwischen Thailand und Myanmar geöffnet ist, starten die Boote nach Kawthaung vom Tha Saphan Plaa (S. 643) 5 km südwestlich von Ranong. Der rote *sŏrng·tăa·ou* 4 fährt von Ranong zum Pier (20 B), wo die Kapitäne der Longtail-Boote einen zunächst zur Einreisestelle und dann zu ihrem Boot lotsen (einfache Strecke/hin & zurück 100/200 B pro Pers.). Man sollte sich vergewissern, ob die Preise pro Person oder Fahrt gelten und ob einfach oder hin und zurück. Man braucht eine Fotokopie seines Passes, die man an der Anlegestelle machen kann (5 B).

An der Grenze An der Kontrollstelle in Kawthaung muss man angeben, ob man als Tagesbesucher kommt oder in Kawthaung übernachten will. In letzterem Fall wird eine Gebühr von 10 US$ fällig, zahlbar nur mit einer frischen Banknote. (Die Kapitäne der Longtail-Boote können sie einem bei Schleppern im Hafen für 500 B beschaffen.) Auf der birmanischen Seite wird man von „Helfern" bedrängt, die anbieten, alles Mögliche für einen zu übernehmen, vom Tragen des Tagesrucksacks bis zum Einsammeln von Formularen; dann bitten sie um ein Trinkgeld. Im Allgemeinen sind sie aber eher freundlich als nervig.

Wer nur kommt, um sein Thailand-Visum verlängern zu lassen, ist in etwa zwei Stunden fertig. Bei der Rückkehr nach Thailand muss man berücksichtigen, dass Myanmars Zeit 30 Minuten hinter der thailändischen hinterherhinkt. Dies kann dazu führen, dass man es zwar noch schafft, die Formalitäten an der birmanischen Einreisestelle zu erledigen, die thailändische Einreisestelle (S. 642) aber bereits zu ist. Bei der Ausreise aus Thailand sollte man also unbedingt die Öffnungszeiten der thailändischen Einreisestelle checken. Wer keinen Einreisestempel erhält, muss am nächsten Tag nach Myanmar zurückkehren.

Eine wesentlich schnellere, einfachere und bequemere, wenngleich weniger interessante Alternative bietet der Andaman Club (S. 642) 8 km nordwestlich der Stadt abseits der Rte 4004. An der Anlegestelle wird der Pass unverzüglich abgestempelt. Das Schnellboot nach Myanmar (hin & zurück 950 B, 15 Min./Strecke, 8.30–15.30 Uhr stündl.) bringt einen zu einem schicken Kasino auf der Insel Pulo in Myanmar. Der gesamte Trip dauert eine Stunde.

Weiterreise Man kann in einem der überteuerten Hotels von Kawthaung übernachten, doch zu empfehlen ist das nicht. Wer ein gültiges Visum für Myanmar besitzt, das man vorab bei der Botschaft Myanmars in Bangkok (oder in einem Drittstaat) beantragen muss, kann bis zu 28 Tage im Land bleiben und an jedem gewünschten Ort ausreisen. Es gibt täglich Flüge von Kawthaung nach Yangon (Rangun).

Schlafen & Essen

Die meisten Unterkünfte auf Ko Chang sind schlichte Bambushütten, die meist nur von November bis April vermietet werden. Viel mehr als ein Bett, ein Moskitonetz, ein schlichtes Bad, eine Hängematte und einen kleinen Balkon darf man nicht erwarten. Strom steht nur begrenzt zur Verfügung; einige Unterkünfte werden mit Solar- oder Windenergie versorgt. Die meisten Unterkünfte liegen beim Ao Yai, einige weitere verstecken sich beim Ao Tadaeng, dem Strand, der sich direkt südlich anschließt. Wirkliche Einsamkeit findet man an der Nordwestküste.

Restaurants gibt's nur in den Resorts.

★ **Sangsuree Bungalows** BUNGALOWS $
(☎081 2517726; bungalow.sangsuree@gmail.com; Ao Takien; Bungalow 300–500 B; 📶) Ko Changs Nordwestküste ist übersät mit versteckten Buchten. Das Sangsuree mit sieben schlichten Bungalows liegt gleich über einer und bietet einen schönen Blick aufs Meer. Die von einem bezaubernden Ehepaar geführte Unterkunft verspricht klassische, altmodi-

sche thailändische Insel-Erholung mit gemeinsamen Mahlzeiten und viel Faulenzen. Der sandige Badestrand ist zehn Gehminuten entfernt.

★ **Crocodile Rock** PENSION $
(☎080 533 4138; tonn1970@yahoo.com; Ao Yai; Bungalow 400–700 B; ⏲Okt.–April; 📶) Die einfachen Bambusbungalows mit Metalldächern und Hängematten thronen auf der herrlichen Landzunge im Süden von Ao Yai und bieten einen wunderbaren Blick auf die Bucht. Die tolle Küche verwöhnt die Gäste mit hausgemachtem Joghurt, Brot, Keksen, gutem Espresso und diversen Meeresfrüchte- und vegetarischen Gerichten. Die Anlage ist beliebt; daher vorab reservieren!

Little Italy BUNGALOWS $
(☎084 851 2760; daniel060863@yahoo.it; Ao Yai; Zi. 400–500 B; 📶) Die Anlage am Ao Yai hat gerade einmal drei unter Bäumen stehende makellose Bungalows, die an ein thai-italienisches Restaurant angeschlossen sind. Zwei der Hütten sind aus Beton und Holz, stehen auf Stelzen und haben umlaufende Veranden und Mezzaningeschosse, die dritte ist ebenerdig, besteht aus Beton und bietet ein gefliestes Badezimmer. In der Hochsaison weit im Voraus reservieren!

Eden BUNGALOWS $
(☎080 628 7590, 061 212 9328; Ao Yai; Zi. 300 B) Diese klapprigen, sehr einfachen Bungalows (z. B. ohne Tür fürs Bad) und schnörkellosen Zimmer mit Gemeinschaftsbad am nördlichen Ende der Ao Yai werden von einer freundlichen Familie sauber gehalten, die auch ein sensationelles Massaman-Curry zaubert. Die Anlage genießt die Treue einiger Stammgäste; am Strand gibt's außerdem ein geselliges Restaurant mit Bar. Strom ist von 18 bis 23 Uhr vorhanden.

ℹ Praktische Informationen

Es gibt keine Geldautomaten. Der nächste ist auf Ko Phayam, doch die Insel ist nicht leicht zu erreichen – also genügend Bares für den Aufenthalt hier mitnehmen!

WLAN gibt's in einigen Unterkünften, doch die Verbindungen sind schlecht.

ℹ An- & Weiterreise

Aus dem Zentrum von Ranong fahren *sŏrng·tăa·ou* (Pick-up-Minibusse; 20 B) und Motorradtaxis (50 B) von der Th Ruangrat zur Anlegestelle Tha Ko Phayam nahe Saphan Plaa, von der täglich um 9.30 und 14 Uhr zwei Longtail-Boote (200 B, 2 Std.) nach Ko Chang ablegen. In der Hauptsaison halten sie an den Stränden der Westküste und fahren dann gegen 8.30 bzw. 13 Uhr zurück. Während des Monsuns fährt nur ein Longtail-Boot um 14 Uhr, das am Hauptpier an der Nordostküste anlegt.

In der Hauptsaison (Nov.–April) verkehren täglich zwei Schnellboote (350 B, 30 Min., 8.30 & 10.30 Uhr) zwischen der Anlegestelle Tha Ko Phayam in Ranong und dem Pier an der Nordostküste von Ko Chang. In der Nebensaison fährt nur das Schnellboot um 13.30 Uhr.

In der Hauptsaison setzen die Schnellboote zwischen Ko Phayam und Ranong auf Anfrage häufig auch Passagiere in Ko Chang (350 B) ab oder nehmen sie dort auf, aber dieser Service ist unzuverlässig; man sollte die Buchung von seinem Resort vornehmen (und bestätigen!) lassen. Longtail-Boote nach Ko Phayam (2000 B) kann man über das Koh Chang Resort chartern.

An der Anlegestelle an der Nordostküste warten Motorradtaxis auf ankommende Boote. Die Fahrt von dort zum Ao Yai kostet 100 B.

Ko Phayam

Die bei Familien immer beliebter werdende Insel Ko Phayam gehört offiziell zum **Laem Son National Park** (อุทยานแห่งชาติแหลมสน; ☎077 861431; www.dnp.go.th; Erw./Kind 200/100 B; ⏲8–16.30 Uhr) und ist von herrlichen weißen Stränden gesäumt. Verglichen mit Phuket oder Ko Phi-Phi wirkt die Insel erfrischend natürlich und entspannt. An den spektakulären Küsten im Nordwesten und Südwesten finden sich rustikale Bungalows, kleine Resorts und luftige Strandrestaurants und -bars auf dem Sand. Auf der Insel leben Wildschweine, Affen und viele Vogelarten, darunter Seeadler, Reiher und Nashornvögel.

Das einzige „Dorf" auf der Insel (an der Ostküste bei der Hauptanlegestelle) ist sehr touristisch, aber während eines Fests (z. B. dem Cashew Festival im Februar) erkennt man, dass die Einheimischen ihre Insel noch fest im Griff haben. Schmale Motorradwege, Betonpisten und unbefestigte Wege führen quer durch das bewaldete Inselinnere; einige dieser Straßen sind sehr ausgefahren und gefährlich – unbedingt langsam fahren!

◉ Sehenswertes & Aktivitäten

Ko Phayam besitzt prächtige helle Sandstrände, zwischen November und April darf man aber nicht erwarten, sie für sich allein zu haben.

Die eindrucksvollsten Strände sind die **Ao Yai** (Lange Bucht) im Südwesten und der

Ko Phayam

Ao Khao Kwai (Büffelbucht) im Nordwesten. Auch der **Ao Mea Mai** südlich der Anlegestelle an der Ostküste ist nicht schlecht. Während des Monsuns wird am Ao Yai jede Menge Müll angeschwemmt.

Die Ostküste ist zwar ruhiger und man wohnt nahe beim Dorf, aber die Strände sind nicht so gut. Während des Monsuns peitschen Stürme an die Westküste. Ein wenig geschützter ist der Ao Khao Kwai; noch geschützter vor Winden ist die Ostküste.

Schnorcheln gibt um Ko Phayam nicht viel her – im warmen Meereswasser sind alle Korallen abgestorben. Aber die Surin-Inseln sind nicht weit entfernt. Man kann sich Tauchexpeditionen mit Übernachtung an Bord anschließen oder einfach mit Schnellbooten zu ihnen übersetzen lassen.

Wat Phayam BUDDHISTISCHER TEMPEL

(วัดเกาะพยาม; ⏲ tagsüber) GRATIS Versteckt im Dschungel gleich nördlich der Hauptanlegestelle an der Ostküste von Ko Phayam prunkt dieser Tempel mit einem majestätischen goldenen Buddha, flankiert von einer dreiköpfigen *naga* (Schlange).

Moken-Dorf DORF

(หมู่บ้านชาวเลทะเล) Am westlichen Ende der Buffalo Bay befindet sich ein Dorf der Moken, der „Seenomaden". Vom Ende der

Ko Phayam

Straße muss man durch tiefen Sand laufen und auf einem per Hand gezogenen Ponton einen Fluss überqueren. Auch vom Nordende des Ao Yai ist das Dorf erreichbar (45 Min.). Im Dorf weisen Schilder Touristen an, sich angemessen zu kleiden – keine Bikinis! Am besten geht man mit Fiona dorthin, der australischen Direktorin der örtlichen NGO All For Villages (S. 648), die ein Büro beim Hauptpier hat.

Die meisten Erwachsenen möchten nicht fotografiert werden, aber Kinder zu fotografieren ist meist okay – vorher fragen!

Schlafen & Essen

Viele Resorts sind das ganze Jahr über geöffnet. Stromversorgung rund um die Uhr ist inzwischen fast überall die Norm. In der Hauptsaison sind die Strände an der Westküste als Standquartier am beliebtesten.

Im Dorf an der Ostküste gibt's ein paar wenige Fischlokale, außerdem findet man einige Esslokale an der Westküste. Alle Resorts verfügen über eigene Restaurants.

Ao Yai

Frog Beach House HOTEL $
(083 542 7559; www.frogbeachhouse.com; Ao Yai; Bungalow 500–1400 B;) Die gepflegten Chalets aus Hartholz sind im traditionellen Thai-Stil gestaltet und bieten Holzböden, Badezimmer vor der Tür, Glaswaschbecken und Moskitonetze. Die Häuser stehen hinter einem schönen Sandstrand an einem kleinen Bach am nördlichen Ende des Ao Yai.

Bamboo Bungalows BUNGALOWS $$
(081 273 3437; www.bamboo-bungalows.com; Ao Yai; Bungalow 750–2600 B;) Die smarten, rustikalen Bungalows haben Badezimmer drinnen oder draußen, etwas Deko und Balkone mit Hängematten. Sie verteilen sich über einen grünen Garten gleich hinter dem mittleren Abschnitt des schönen Ao Yai. Das Restaurant am Strand ist recht gut, und man kann Kajaks und Boogiebretter ausleihen. In der Hauptsaison gibt's Strom rund um die Uhr.

Ao Khao Kwai

Heaven Beach BUNGALOWS $$
(082 806 0413; www.ppland-heavenbeach.com; Ao Khao Kwai; Zi. 2000–2500 B;) Das Heaven Beach, ein schönes Resort an einem idyllischen Stück Strand, bietet geflieste Bungalows in Pastelltönen – niedlich, mit viel Flair und sehr geräumig, ohne dabei an Behaglichkeit einzubüßen. Neben Blumenmotiven verfügen sie über Bäder unter freiem Himmel, warme Duschen, den ganzen Tag lang Strom und große Terrassen mit Rattanmöbeln. Das Resort ist familienfreundlich: Sowohl für Kinder als auch Erwachsene werden z. B. Kunstkurse und Kurse in der Schmuckherstellung angeboten.

Mr Gao BUNGALOWS $$
(086 266 0223; www.mr-gao-phayam.com; Ao Khao Kwai; Bungalow 1000–1800 B; @) Die stabilen, gefirnissten Bungalows aus Holz und Backstein oder aus Bambus sind beliebt bei sportlichen Paaren und Familien. Sie sind ziemlich groß und haben vorne Terrassen, geflieste Bäder und Moskitonetze. Der Inhaber Mr Gao ist eine unerschöpfliche Informationsquelle und kann auf der ganzen Insel tolle Tagesausflüge organisieren; er verleiht außerdem Kajaks und organisiert Schnorcheltrips und mehrtägige Touren.

Sun Bungalows & Resort BUNGALOWS $$
(093 132 3655; www.thesunatranong.com; Ao Khao Kwai; Bungalow 1200–3900 B;) Das freundliche Resort am Nordende des Ao Khao Kwai hat einige sehr schicke zweistöckige Holzbungalows mit bequemen Betten, richtigen Bädern und großen Terrassen im oberen Stockwerk. Außerdem gibt's einfachere Bambusbungalows sowie sehr günstige Zimmer in einem Gebäude im hinteren Bereich. Überall kann man leicht Nashornvögel beobachten. Es werden Kajaks verliehen und Bootstouren organisiert.

Flower Power ITALIENISCH $$
(095 882 5573; www.flowerpowervillage.com; Hauptgerichte 150–300 B; 8–21.30 Uhr;) Ein echtes Italien-Erlebnis vermittelt eine

Mahlzeit im Flower Power: Hier bieten die lebhaften Gastgeber Marco und Simona eine unglaubliche Vielfalt an Gerichten wie hausgemachte Gnocchi, Ravioli und Pizza sowie Gerichten aus Thailand und Myanmar. Grandios sind die Spaghetti mit Klaffmuscheln. Auch die authentischen italienischen Nachspeisen und den Kaffee sollte man nicht verschmähen.

Ao Mea Mai

Sabai Sabai BUNGALOWS $
(☎063 142 4507; www.sabai-bungalows.com; Ao Mea Mai; Bungalow 400–1000 B; 📶) Diese alteingesessene gesellige Anlage fünf Fußminuten südlich des Anlegers an der Ostküste hat saubere, preisgünstige Bungalows mit Ventilator. Einige Doppelzimmer warten mit Meerblick, bodengleichen Bädern und ein bisschen Stil auf. Am besten sind die loftartigen Zimmer auf zwei Ebenen mit Balkon. Dazu kommen eine chillige Bar, Hängematten und Filmabende. Die billigsten Bungalows haben kein eigenes Bad.

Fan's Homemade INTERNATIONAL $
(Mahlzeiten 120–200 B; ⏲7.30–17.30 Uhr; 📶) In diesem farbenfrohen Restaurant an der Hauptstraße im Dorf von Ko Phayam zaubern Eigentümerin Fan und ihre Töchter köstliche Sandwiches, Eiskaffees, Salate und leichte Speisen. Die unglaublichen Fruchtshakes muss man mindestens einmal probiert haben!

Praktische Informationen

Es gibt einen **Geldautomaten** im Dorf. Einige Resorts zahlen gegen eine Gebühr von 3 % Bargeld auf Kreditkarten aus.

All For Villages (☎061 192 1322; www.allforvillages.org; ⏲unterschiedlich) Bietet Gesundheits-, Hygiene- und Bildungsdienste für das Moken-Dorf auf Ko Phayam. Hier gibt's auch Infos, falls man das Dorf besuchen möchte.

An- & Weiterreise

Zwei Fähren legen täglich um 9.30 bzw. 14 Uhr von **Tha Ko Phayam**, 6 km südwestlich der Stadt Ranong, nach Ko Phayam ab (200 B, 2 Std.) und kehren um 8.30 bzw. 15 Uhr zurück. In der Hauptsaison (Nov.–April) unternehmen Schnellboote zwischen 7.30 und 16.30 Uhr fast stündlich die Überfahrt zur Insel (350 B, 35 Min.; Rückfahrten zum Festland zwischen 8 und 16.30 Uhr).

In der Hauptsaison legen Schnellboote auf dem Weg von Ko Phayam nach Ranong unterwegs auf Ko Chang (350 B, 20 Min.; 8.30, 9, 12, 12.30, 15 & 15.30 Uhr) an, doch ist dieser Service nicht 100 % zuverlässig.

Unterwegs vor Ort

Die Fahrt mit dem Motorradtaxi von der Anlegestelle nach Ao Khao Kwai/Ao Yai kostet 50/70 B. Die Gehentfernungen sind recht groß: von der Anlegestelle nach Ao Khao Kwai, der nächstgelegenen Bucht, braucht man rund 45 Minuten. Man kann im Dorf (die bessere Option) oder bei größeren Resorts Motorräder (etwa 250 B) mieten – für die genauere Erkundung der Insel ist ein derartiges Gefährt sowieso unverzichtbar.

PROVINZ PHANG-NGA

In der Provinz Phang-Nga (จังหวัดพังงา) führen schlammige Flüsse zwischen von Dschungel bedeckten Bergen zu aquamarinblauen Buchten mit verkarsteten Kalksteinfelsen und Unterwasserlandschaften, die zu den schönsten Thailands gehören.

Dies ist eine Gegend der Nationalparks; vier der schönsten Naturschutzgebiete Thailands liegen ganz in der Nähe. Taucher können die Similan- (S. 658) und Surin-Inseln (S. 649) mit einigen der legendärsten Tauchspots Thailands ansteuern – dies sind auch für Schnorchler lohnende Ziele. Der Khao Sok National Park (S. 651) auf dem Festland ist einer der ältesten Regenwälder der Welt und beherbergt zahlreiche seltene Arten sowie Höhlen und Wasserfälle. Für Leute, die nur faul am Strand abhängen möchten, gibt's um Khao Lak (S. 654) und auf einigen wenig besuchten Inseln in der Nähe passende Strände.

Phang-Nga ist stark von den Jahreszeiten abhängig. Von Mitte Oktober bis Mitte April strömen die Besuchermassen herbei, angelockt vom klaren Wasser, schneeweißen Stränden und farbenfrohen Korallenriffen. Während des Monsuns (Mai–Okt.) kommen viel weniger Leute, sodass man viel Platz hat.

Khuraburi

☎076 / 3480 EW.

Wer nicht aufpasst, kann Khuraburi leicht übersehen, doch Traveller, die mit offenen Augen reisen, werden dieses staubige, aber stimmungsvolle Tor zu den Surin-Inseln durchaus genießen. Hier bieten sich außerdem einige der besten Gelegenheiten für gemeindebasierten Tourismus in ganz Südthailand. Das wirtschaftliche Rückgrat des winzigen Marktstädtchens beiderseits des Hwy 4 bilden Hunderte von Fischern, die Tintenfischen nachstellen.

Ehe die thailändische Regierung anfing, gegen die Schmuggler vorzugehen, hatte die Gegend den schlimmen Ruf, ein Hauptschwerpunkt des Menschenhandels und der illegalen Einwanderung von Myanmar nach Thailand zu sein.

Aktivitäten & Geführte Touren

Informationen für Touristen gibt's bei **Tom & Am Tour** (☎086 272 0588; 298/3 Mu 1, Th Phetkasem; ⏲24 Std.) gegenüber der Busbahnhofsstraße.

Andaman Discoveries TOUR
(☎087 917 7165; www.andamandiscoveries.com; 120/2 Mu 1, Th Phetkasem; 3-tägige Tour 6000 B pro Pers.; ⏲Mo–Fr 8.30–17.30 Uhr) Veranstaltet preisgekrönte, gemeindebasierte ein- und mehrtägige Touren per Fahrrad und mit kulturellen und kunsthandwerklichen Aktivitäten, Schnorchelausflüge zu den Surin-Inseln mit Angehörigen der Volksgruppe der *chao leh* („Seenomaden", Moken), Übernachtungen bei dörflichen Gastfamilien und Ökotouren zum Khao Sok National Park. Die Organisation verwaltet auch Gemeindeprojekte, die freiwillige Helfer aufnehmen, und vermietet Fahrräder (150 B pro Tag). Das Büro befindet sich an einer kleinen Straße am Südrand des Orts.

Schlafen & Essen

In Khuraburi gibt's nur zwei einfache Pensionen, beide in der Nähe des Busbahnhofs an der Hauptstraße.

Am Nordrand des Örtchens gibt's einen guten **Morgenmarkt** (Th Phetkasem; Hauptgerichte 20–40 B; ⏲6–10 Uhr), am Südrand einen kleinen **Nachtmarkt** (Th Phetkasem; Hauptgerichte ab 30 B; ⏲15–19.30 Uhr), außerdem an der Hauptstraße ein paar kleine Restaurants, die meist spätestens um 21 Uhr schließen.

Boon Piya Resort PENSION $$
(☎081 752 5457; 175/1 Th Phetkasem; Bungalow 650 B; ❄📶) In einem Gartengrundstück nicht weit von der Hauptstraße am Nordrand von Khuraburi stehen geräumige, blitzsaubere, moderne Betonbungalows mit gefliesten Böden, kleinen Balkonen und Bädern mit Warmwasser – eine nette Überraschung! Der hilfsbereite Besitzer bucht Transportverbindungen zu den Surin-Inseln und nach Ko Phra Thong.

An- & Weiterreise

Die meisten Busse, die zwischen Ranong (110 B, 2 Std.) und Phuket (165 B, 4 Std.) unterwegs sind, halten in Khuraburi. Um andere Ziele, darunter den Khao Sok National Park zu erreichen, nimmt man einen Bus Richtung Phuket und fährt bis zu dem 55 km südlich gelegenen Takua Pa (75 B, 1¼ Std.).

Die Anlegestelle der Boote zu den Surin-Inseln und nach Ko Phra Thong befindet sich 9 km nordwestlich der Stadt. Der Veranstalter, bei dem man sein Boot bucht, wird für einen kostenlosen Transport zur Anlegestelle sorgen.

Surin Islands Marine National Park

Die fünf wundervollen Inseln, die den **Surin Islands Marine National Park** (อุทยานแห่งชาติหมู่เกาะสุรินทร์; ☎076 491378; www.dnp.go.th; Erw./Kind 500/300 B; ⏲Mitte Okt.–Mitte Mai) bilden, liegen 60 km vor der Küste und sind 5 km von der Meeresgrenze zwischen Thailand und Myanmar entfernt. Intakter Regenwald, geschützte Buchten mit herrlichen weißen Sandstränden und felsige, ins Meer ausgreifende Landzungen prägen diese auf Granitsockeln ruhenden Inseln. Dank des völlig klaren, in Jade- und Türkistönen schillernden Wassers sind Meeresbewohner leicht zu erspähen – außer in der Monsunzeit beträgt die Unterwassersichtweite bis zu 30 m. Die geschützten Gewässer werden von Moken (abgeleitet von *oken*, „Salzwasser", auch abwertend als *chao leh*, „Seenomaden", bezeichnet), einer ethnischen Gruppe malaiischer Abkunft, aufgesucht, die während des Monsuns (Mai–Nov.) auf Ko Surin Tai leben.

Die beiden größten Inseln sind Ko Surin Tai (im Süden) und Ko Surin Neua (im Norden). Die Parkverwaltung, ein Informationsbüro und alle Einrichtungen für Besucher konzentrieren sich in Ao Chong Khad im Südwesten von Ko Surin Neua.

Das Sprungbrett zum Park ist Khuraburi.

Sehenswertes

Ban Moken DORF
(Ao Bon, Ko Surin Tai) In Ban Moken an der Ostküste von Ko Surin Tai sind Besucher willkommen. Nach dem Tsunami vom zweiten Weihnachtstag 2004 hat sich die Volksgruppe der Moken (Seenomaden) in dieser geschützten Bucht neu angesiedelt; in jedem April wird eine große Zeremonie zu Ehren der Ahnen (**Loi Reua**) durchgeführt. Die farbenprächtigen, beschnitzten Bambus-Pfähle,

die in der Gegend aufgestellt sind, symbolisieren die Ahnen der Moken. Die Volksgruppe hatte beim Tsunami, der ihr Dorf zerstörte, keine menschlichen Verluste zu beklagen, weil die Menschen die Zeichen der Natur richtig interpretierten und sich rechtzeitig auf die Hügelspitze zurückzogen.

Vom Surin Islands Marine National Park werden zweistündige Ausflüge von Ko Surin Neua nach Ban Moken (150 B pro Pers., mind. 5 Pers.) angeboten, bei denen man durch das Dorf mit seinen auf Stelzen stehenden Hütten spaziert. Wer auf dem **Chok Madah Trail** (800 m) über den dschungelbewachsenen Hügel zu einem einsamen Strand wandern will, sollte im Dorf die Erlaubnis einholen und einen Guide engagieren. Wer hier Kunsthandwerk kauft, hilft den Dorfbewohnern; auch Kleiderspenden sind willkommen. Hingegen sollte man den Dorfbewohnern keine Süßigkeiten und erst recht keine Alkoholika zukommen lassen, denn der Alkoholismus ist ein wachsendes Problem unter den Moken.

Aktivitäten

Rund um die Parkverwaltung kann man die Ausläufer des Waldes erkunden und Langschwanzmakaken sowie einige der 57 ansässigen Vogelarten erspähen, darunter die an der Andamanensee heimische wunderschöne Kragentaube und den scheuen Rifftriel. Längs der Küste sieht man Brahminenweihe und Riffreiher. Außerdem leben hier zwölf verschiedene Fledertierarten, darunter vor allem Bäume bewohnende Flughunde.

Tauchen & Schnorcheln

Zu den Tauchgebieten im Park gehören **Ko Surin Tai**, **Ko Torinla** (im Süden) und der **HQ Channel** zwischen den beiden Hauptinseln. Auch der 14 km südöstlich gelegene Unterwasserfelsen **Richelieu Rock** gehört zum Park und ist eines der besten, wenn nicht das beste Tauchrevier in der Andamanensee). Mantas lassen sich hier blicken; im März und April werden manchmal auch Walhaie gesichtet.

Im Park gibt es keine Tauchveranstalter; Tauchtouren (vier Tage mit Übernachtung an Bord ab 20 000 B) müssen daher über die Zentren in Khao Lak, Phuket oder Ranong gebucht werden. Der Transport ist meist im Preis inbegriffen. Hinzu kommen die Tauchgebühr im Park (200 B pro Tag) sowie der fünf Tage gültige Nationalparkeintritt (Erw./Kind 500/300 B).

Die Schnorchelbedingungen sind nicht mehr so fantastisch, wie sie einmal waren, weil die Korallenbleiche die Hartkorallen zerstört hat. Immerhin gibt es aber noch viele bunte Fische und Weichkorallen zu bewundern. Die schönsten Weichkorallen sahen wir bei **Ao Mai Yai** vor Ko Surin Neua. Gut schnorcheln und Meeresschildkröten bewundern kann man an den Stränden von **Ao Tao** (Ko Surin Tai) und **Ao Pak Kaad** (Ko Surin Tai) vor der Ost- bzw. Südküste von Ko Surin Tai. Viele Fische schwimmen in den Gewässern vor der winzigen Insel **Ko Pajumba**, doch sind die Korallen dort nicht besonders schön. Hunderte farbenfrohe Fische kann man auch bei **Ao Suthep** (Ko Surin Tai) vor der Nordküste von Ko Surin Tai bewundern.

Die nächstgelegene Dekompressionskammer befindet sich in Phuket. Bei Tauchunfällen nehmen die Veranstalter mit der in Khao Lak stationierten SSS Ambulance (S. 657) Kontakt auf, die die Boote ansteuert und die verletzten Taucher dann südwärts ins Phuket International Hospital bringt.

Halbtägige Schnorchelausflüge (150 B pro Pers., Schnorchelverleih 160 B) starten um 9 und 14 Uhr von der Inselverwaltung. Bei diesen Ausflügen befindet man sich überwiegend in Gesellschaft von Thais, die in der Regel in Rettungswesten herumplanschen. Für beschaulichere Schnorchelabenteuer mietet man sich ein Longtail-Boot vom Nationalpark (3000 B pro Tag) oder besser direkt von den Moken in Ban Moken.

Tourveranstalter in Khuraburi und Khao Lak organisieren Schnorchel-Tagestouren zum Park (Erw./Kind 3700/2500 B).

Greenview Tour SCHNORCHELN
(☎081 895 6186; www.toursurinislands.com; 140/89 Mu 3, Khuraburi; ⌚7.30–21 Uhr) Der in Hinblick auf Sicherheit, Service und Preis-Leistungs-Verhältnis überzeugende Veranstalter bietet ausgezeichnete Schnorchel-Tagesausflüge (Erw./Kind 3500/2100 B) mit kundigen Guides zu den Surin-Inseln. Im Preis sind Transport, Snacks, ein köstliches Mittagessen und die Ausrüstung inbegriffen. Greenview organisiert auch mehrtägige Aufenthalte auf den Surin-Inseln.

Schlafen & Essen

Ko Surin Neua ist die einzige Insel, auf der man übernachten kann. Die **Bungalows des Surin Islands Marine National Park** (☎076 472145; www.dnp.go.th; Ko Surin Neua; Stellplatz 80 B pro Pers., mit gemietetem Zelt 300 B; Zi. 2000–3000 B, ⌚Mitte Okt.–Mitte Mai; ❄)

sind recht gut, wenn auch überteuert. Bei voller Auslastung (mit rund 300 Pers.) wirkt die Anlage überfüllt. Die Besucher sind hauptsächlich Thais, weshalb die Stimmung an ein munteres Ferienlager erinnert. Man kann hier auch zelten (Zelte werden vermietet). Weit im Voraus reservieren!

Die beiden Restaurants im Park liegen bei der Unterkunft und servieren ordentliche thailändische Kost.

Praktische Informationen

Verwaltung des Surin Islands Marine National Park (Ko Surin Neua; ⌚ Mitte Okt.–Mitte Mai 7.30–20.30 Uhr) Bietet Infos zu den Inseln und bucht Unterkünfte.

An- & Weiterreise

Wer nicht im Rahmen einer organisierten Tour hierherkommt, nimmt die Schnellboote der Tourveranstalter (hin & zurück 1800 B, einfache Strecke 1¼ Std.), die gegen 9 Uhr ablegen und zwischen 13 und 16 Uhr zurückkehren. Da Tickets ohne Zeitangabe akzeptiert werden, kann man zu jeder Zeit zurückfahren, sollte sich aber sein Ticket am Vorabend der Abreise von der Parkverwaltung auf Ko Surin Neua bestätigen lassen.

Khao Sok National Park

Nach zu vielen faulen Tagen am Strand bietet sich ein Abstecher aufs Festland zu dem wunderbaren, 738 km² großen **Khao Sok National Park** (อุทยานแห่งชาติเขาสก; ☎ 077 395154; www.khaosok.com; Khao Sok; Erw./Kind 300/150 B; ⌚ 6–18 Uhr) an. Dieser Tiefland-Dschungel (der feuchteste Ort in Thailand) soll mehr als 160 Mio. Jahre alt sein und wäre damit einer der ältesten Regenwälder auf Erden. Wasserfälle und Höhlen verbergen sich in der dichten Vegetation.

Das große Gebiet des Nationalparks ist eines der letzten intakten Habitate für große Säugetiere. In den feuchten Monaten kann man hier Bären, Wildschweine, Gauren, Tapire, Gibbons, Hirsche, Marmorkatzen, wild lebende Elefanten und vielleicht sogar einen Tiger entdecken. Hinzu kommen mehr als 300 Vogelarten, 38 Fledertierarten und eine der größten (und geruchsintensivsten) Blumen der Welt, die immer seltener werdende *Rafflesia kerrii*, die in Thailand nur im Khao Sok National Park vorkommt.

Die beste Zeit für einen Besuch ist die Trockenzeit (Dez.–April). In den Monsun-Monaten (Juni–Okt.) werden die Wege rutschig und Blutegel zur Plage. Andererseits sind die Wasserfälle in dieser Zeit besonders eindrucksvoll.

Sehenswertes & Aktivitäten

Beliebte Aktivitäten sind Kajakfahren (800 B) und, in der Regenzeit, Tubing (500 B. Von Elefantentouren raten wir aus Gründen des Tierschutzes dringend ab.

Chiaw Lan Lake SEE

(เขื่อนเชี่ยวหลาน; Tagestour/mit Übernachtung 1500/2500 B) Der eindrucksvolle, 165 km² große See liegt 65 km (eine Fahrtstunde) östlich der Verwaltung des Khao Sok National Park. Er entstand 1982 durch den riesigen, aus Schieferlehm aufgeschütteten Rajjaprabha- oder Chiaw-Lan-Damm. Die aus dem See aufragenden Kalksteinspitzen erreichen bis zu 960 m und sind damit mehr als dreimal so hoch wie die Formationen in der Bucht von Phang-Nga. Die meisten Besucher des Sees machen eine Tagestour oder eine Tour mit Übernachtung (jeweils inkl. Transport, Boot & Guide).

Örtliche Fischer bieten am Rand des Staudamms Charterboote (2000 B pro Tag), mit denen man die Buchten, Wasserläufe und Seitenarme am Seeufer erkunden kann.

Zwei Höhlen am Südwestufer lassen sich zu Fuß erkunden. In der Höhle **Tham Nam Thalu** GRATIS finden sich eindrucksvolle Kalksteinformationen und unterirdische Wasserläufe. Während der Regenzeit sollte man die Höhle besser meiden – es sind dann schon tödliche Unfälle vorgekommen. Die Höhle **Tham Si Ru** (Chiaw Lan Lake) GRATIS besitzt vier aufeinander zulaufende Gänge, die zwischen 1975 und 1982 von kommunistischen Aufständischen als Versteck genutzt wurden.

Wandern

Die Wandermöglichkeiten im Khao Sok National Park sind ausgezeichnet. Die meisten Pensionen und Veranstalter organisieren Wandertouren (ganzer Tag 1200–2000 B); man sollte darauf achten, dass der Guide zertifiziert ist (diese Führer tragen offizielle Plaketten). Die Parkverwaltung vermittelt verlässliche Guides (1200 B pro Tag).

Einfache Wanderkarten sind bei der Parkverwaltung (S. 653) erhältlich. Von dort kann man auf eigene Faust zum Wasserfall bei **Wing Hin** (2,8 km) wandern. Für Wanderungen zu den Wasserfällen bei **Bang Hua Rad** (3 km), dem elfstufigen Wasserfall bei **Sip-Et Chan** (4 km), zum **Than Sawan** (6 km), dem eindrucksvollsten und einsamsten Wasserfall, sowie zum **Than Kloy** (7 km) benötigt man einen Guide.

Schlafen & Essen

Khao Sok Jungle Hostel HOSTEL $
(☎096 142 6539; www.khaosokcentertour.net; B 250 B) Das kleine Hostel mit nur sechs Dormbetten ist tadellos geführt und sehr gepflegt. Da das Haus so klein ist, schenkt der Eigentümer Sunny jedem Gast besondere Aufmerksamkeit, von Abholungen und Touren bis zu Tipps zu Verkehrsmitteln für die Weiterreise.

Khao Sok Hostel 1 HOSTEL $
(☎089 971 8794; nidmorningmist@gmail.com; 53/7 Mu 6, Khao Sok; B 200 B;) In diesem Hostel sind die Dormbetten durch Vorhänge voneinander getrennt, was für ein bisschen mehr Privatsphäre sorgt. Die Zimmer haben Klimaanlagen, es gibt eine Terrasse und die Gäste können einen Pool abseits des Grundstücks nutzen. Enthalten ist ein Frühstücksbuffet. Dazu kommen bequeme Betten, warmes Wasser und kleine Schließfächer, doch es gibt keinen Gemeinschaftsbereich.

Jungle Huts BUNGALOWS $
(☎096 654 4163; www.khaosokjunglehut.com; 242 Mu 6, Khao Sok; Zi. mit Ventilator/Klimaanlage 400/1200 B;) Diese beliebte Unterkunft umfasst eine Ansammlung ordentlicher, individuell gestalteter Bungalows, die alle über ein Badezimmer und eine Veranda verfügen. Es gibt schlichte, auf Stelzen stehende Bambushütten, größere Holzhütten, rosafarbene Betonbungalows und Zimmer, die von schwindelerregenden Laufgängen abgehen.

Art's Riverview Jungle Lodge PENSION $$
(☎090 167 6818; www.artsriverviewlodge.com; 54/3 Mu 6, Khao Sok; Zi. 1200–2400 B;) Die Lodge in einem Dschungel voller Affen an einem rauschenden Fluss mit einer von Kalksteinklippen gesäumten Badestelle hat die schönste Lage in Khao Sok. Die auf Stelzen stehenden Bungalows bestehen aus Backstein oder Holz oder haben eine Holzverkleidung. Alle sind geräumig und komfortabel und viele bieten Flussblick. Es gibt eine Vielzahl an Unterkünften, darunter auch welche, die für Familien geeignet sind. Eine Reihe familienfreundlicher Aktivitäten werden ebenfalls angeboten. Von der Kreuzung an der Fernstraße geht's 1,5 km die Hauptstraße des Dorfs entlang, bis man das Schild zur Unterkunft erspäht – dann sind es noch einmal 700 m.

Tagesgäste können die hiesige Badestelle besuchen, die auch bei den Einheimischen (sowie den Affen) beliebt ist. Das Frühstücksbuffet ist reichhaltig und schön zubereitet.

★ **Elephant Hills** RESORT $$$
(☎076 381703; www.elephanthills.com; 170 Mu 7, Tambon Klong Sok; 3 Tage all-inclusive ab 20 300 B;) Familien, Backpacker in den Flitterwochen und Alleinreisende – alle sind mit diesem Resort zufrieden. Oberhalb von Mae Nam Sok, am Fuß der von dunstigem Dschungel überwucherten Kalksteinbergen bietet Khao Soks einziges Zeltlager der Spitzenklasse naturverbundenen Luxus nach Serengeti-Art. Die luftigen Zelte sind mit Holzmöbeln, richtigen großen Badezimmern, Oberlichtern und Hängematten auf den Veranden ausgestattet.

Im Preis inbegriffen sind die Mahlzeiten und geführte Wanderungen und Kanutouren den Fluss hinunter mit einem Abend im zugehörigen Elefantenlager. Die zwölf Elefantenkühe (die aus anderen Lagern gerettet wurden, wo sie Touristen durch die Gegend tragen mussten) werden hier freundlich behandelt. Man kann die Dickhäuter füttern, baden und Zeit mit ihnen verbringen – ein einmaliges Erlebnis. Wer will, kann auch eine Nacht in dem schwimmenden **Rainforest Camp** (Chiaw Lan Lake; 3 Tage all-inclusive ab 20 323 B) verbringen. Reservierung erforderlich!

★ **Pawn's Restaurant** THAI $$
(Khao Sok; Hauptgerichte 110–250 B; ⏲9–22 Uhr;) Ein freundliches, rein weibliches Team leitet dieses schlichte, aber zu Recht beliebte offene Esslokal 500 m südwestlich der Nationalparkverwaltung, wo man leckere Currys (von scharfen mit rotem Kürbis und Gemüse bis zu cremigen mit Tofu oder Hähnchen-Massaman) und große, herzhafte Frühstücksgerichte bekommt.

Chao Italian Restaurant ITALIENISCH $$
(☎087 264 2106; Khao Sok; Hauptgerichte 100–320 B; ⏲12–22 Uhr;) Die richtige Adresse für feine Holzofenpizza, zubereitet von einem altgedienten Koch der italienischen Restaurants auf Phuket, sowie für Pasta, Salate und die üblichen thailändischen Currys. Freundliches Personal tischt die Speisen unter dem hohen Strohdach auf. Das Lokal liegt ein paar Minuten südlich der Nationalparkverwaltung.

Praktische Informationen

An der Straße zur Nationalparkverwaltung gibt's mehrere Geldautomaten.

Verwaltung des Khao Sok National Park (☎077 395154; www.khaosok.com; ⏲6–18 Uhr) Bietet praktische Karten und Infos. Sie befindet sich rund 1,8 km nordöstlich der Rte 401; die Ausfahrt liegt nahe Km 109.

An- & Weiterreise

Von Surat nimmt man einen Bus Richtung Takua Pa, von der Andamanenküste einen nach Surat Thani. Die Busse halten an der Rte 401, 1,8 km südwestlich vom Besucherzentrum. Wenn keine Schlepper der Pensionen da sind, muss man bis zu seiner Unterkunft laufen (50–2000 m).

Ein Bus nach Bangkok (1000 B, 11 Std.) fährt täglich um 18 Uhr.

Minivans fahren täglich u. a. nach:

ZIEL	PREIS (B)	DAUER (STD.)	HÄUFIGKEIT
Khao Lak	200	1¼	8.30–18.30 Uhr stündl.
Ko Lanta	800	5	8.30 Uhr
Ko Tao	1000	8	6.30 & 11 Uhr
Krabi	350	3	8.30 Uhr
Phang-Nga	250	2	8.30 Uhr
Surat Thani	200	1	6.30–16 Uhr stündl.

Ko Phra Thong & Ko Ra

Laut einer Legende vergruben Piraten vor vielen Jahrhunderten einen goldenen Buddha im Sand von Ko Phra Thong, der „Insel des Goldenen Buddha". Die Statue wurde nie gefunden, doch die Insel hat heute andere Schätze zu bieten: endlose Sandstrände, Mangroven, eine reiche Vogelwelt und seltene Orchideen.

Die lange, schmale, bewaldete Insel ist mit nur rund 300 Einwohnern so ruhig wie eine Nacht auf dem offenen Meer. Fischen (nach Tintenfischen, Garnelen und Quallen) bleibt der Hauptgewerbezweig; die örtliche Delikatesse ist streng riechendes *gà·Bì* (fermentierte Paste aus Garnelen). An der Südwestküste liegen 10 km unberührter, goldener Sandstrand am blauen Meer.

Unmittelbar nördlich liegt die nahezu verlassene Insel Ko Ra mit ihren goldenen Stränden und Mangroven. Die kleine Insel, die eigentlich nur ein von Dschungel überwucherter Berg ist, besitzt eine beeindruckende Vielfalt an Wildtieren (darunter mehr als 100 Vogelarten, Bengalkatzen, Malaien-Gleitflieger, Wildschweine, Warane, Schuppentiere und Plumploris).

Schlafen & Essen

Mr Chuoi's BUNGALOWS $

(☎087 898 4636, 084 855 9886; www.mrchuoibarandhut.com; Ko Phra Thong; Bungalow 500–750 B; 📶) Die Anlage an der Nordwestküste der Insel umfasst schlichte, hübsche, künstlerisch angehauchte Bungalows aus Holz und Bambus; Strom gibt's nur abends. Vor Ort finden sich ein zahmes Reh, eine lustige Bar und ein ordentliches Restaurant, in dem Mr. Chuoi persönlich für Stimmung sorgt. Wenn man vorher anruft, kann er den Transport nach Ko Phra Thong arrangieren.

Horizon BUNGALOWS $$

(☎081 894 7195; www.horizonecoresort.com; Ko Phra Thong; Bungalow 1300–1900 B) 🍃 Die Ökolodge am Nordweststrand hat sieben geräumige Bungalows aus Holz und Bambus, die mit Ventilatoren ausgestattet sind und Platz für zwei oder vier Personen bieten. Wo immer möglich, wurden natürliche regionale Produkte aus nachwachsenden Rohstoffen verwendet. Horizon organisiert Wanderausflüge auf die Nachbarinsel Ko Ra (1600 B, mind. 3 Pers.) und besitzt die einzige Tauchschule der Insel, **Blue Guru** (☎096 284 8740; www.blue-guru.org; Ko Phra Thong; 2 Tauchgänge 4500–6500 B; ⏲Okt.–Mai) mit einer idealen Lage zur Erkundung der Gewässer rund um die nahegelegenen Surin-Inseln.

BABA Eciolodge BUNGALOWS $$$

(☎081 892 2208, 081 895 2242; www.babaecolodge.com; Ko Phra Thong; Bungalow 3500–8500 B; ⏲Okt.–Mai; 📶) Das schickste Resort der Gegend lockt Yogafans, Paare und Familien an, die ein abgeschiedenes Refugium suchen. Übernachtet wird in individuell gestalteten Holzhäusern mit Naturschick und großen, für Familien geeigneten Häusern in Privatbesitz.

Die Zimmer haben Freiluftbäder und sind mit Holzschnitzereien geschmückt. Durch den Wald und die Gartenanlagen hindurch kann man einen Blick auf den sagenhaften, 10 km langen Strand erhaschen. Alles trifft sich im mit Mosaikboden ausgestatteten Clubhaus mit **Restaurantbar** (Ko Phra Thong; Hauptgerichte 220–400 B; ⏲7.30–21.30 Uhr; 🖉).

An- & Weiterreise

Prinzipiell kann man am Pier von Khuraburi ein Longtail-Boot nach Ko Phra Thong (1500 B hin & zurück, 90 Min.) chartern, aber Bootsführer sind schwer zu finden. Für den gleichen Preis können die eigene Unterkunft auf Ko Phra Thong oder Tourveranstalter und Pensionen in Khuraburi den Transport organisieren.

Khao Lak & Umgebung

Wenn die Leute von Khao Lak sprechen, meinen sie in der Regel die Reihe Strände, die sich an der Westküste der Provinz Phang-Nga rund 70 km nördlich von Phuket erstrecken. Das Gebiet ist eine Basis zur Erkundung der nördlichen Andamanenküste, weil von hier aus leichte Tagesausflüge zu den Similan- und den Surin-Inseln, zu den Nationalparks Khao Sok und Khao Lak/Lam Ru und sogar nach Phuket unternommen werden können.

Am südlichsten Strand, dem **Hat Khao Lak**, gibt's eine Handvoll Resorts und Restaurants. Von hier windet sich die Straße durch die Hügel und vorbei am Khao Lak/Lam Ru National Park zum Ortszentrum. Der hiesige Strand, der **Hat Nang Thong**, liegt in Gehweite zu kleinen Hotels sowie zu Restaurants, Bars, Läden und Tour- und Tauchveranstaltern am Hwy 4.

Rund 2,5 km weiter nördlich am **Hat Bang Niang** mit seinem schmaleren Sandstreifen ist es noch ruhiger.

Die 13 km nördlich des Hat Khao Lak gelegenen Strände **Hat Pakarang** und **Hat Bang Sak** präsentieren sich als ein völlig verschlafener, ununterbrochener Sandstreifen vor einer Kulisse aus dichten Mangroven und Gummibaumplantagen. Hier fühlt man sich wirklich fern allem Welttrubel.

Sehenswertes

Khao Lak/Lam Ru National Park NATIONALPARK

(อุทยานแห่งชาติเขาหลัก-ลำรู่; ☎076 485243; www.dnp.go.th; Erw./Kind 200/100 B; ⏲8–16.30 Uhr) Der gewaltige, 125 km² große Park gleich südlich vom Hat Khao Lak ist eine Collage aus Meeresklippen, 1000 m hohen Bergen, Stränden, Mündungsgebieten, Wasserfällen, bewaldeten Tälern und Mangroven. An Wildtieren finden sich Nashornvögel, Drongos, Tapire, Seraue, Affen, Kragenbären und Bengalenwarane.

Das Besucherzentrum der Parkverwaltung liegt 3 km südlich der Ortschaft Khao Lak abseits des Hwy 4. Es gibt hier wenig Informationsmaterial, aber ein malerisches **Freiluftrestaurant** (nahe Hwy 4, Khao Lak, Hauptgerichte 130–250 B; ⏲8.30–19 Uhr) auf einem schattigen Hang mit Blick aufs Meer. Von hier führt ein leichter Natur-Rundweg (3 km, 1 Std.) südwärts rund um das Kap zum oft einsamen Hat Lek.

Aktivitäten & Geführte Touren

Eintägige Tauch- und Schnorchelausflüge zu den Similan- und Surin-Inseln sind sehr beliebt; wenn möglich, sollte man aber besser eine Tour mit Übernachtung an Bord machen. Da die Inseln rund 70 km vom Festland (1½ Std. per Schnellboot) entfernt liegen, geht es auf solchen Touren ohne die Tagesausflüglermassen deutlich entspannter zu. Tauchveranstalter bieten Touren mit Bordübernachtung ab rund 19 000/35 000 B (3 bzw. 6 Tage) und Tagesausflüge für 5000 bis 6000 B an.

Tagesausflüge beinhalten in der Regel zwei Tauchgänge. Bei den mehrtägigen Touren gleitet man in einem Gebiet, das gemeinhin als einer der zehn besten Tauchspots weltweit gilt, bis zu viermal täglich ins Meer. Zwar wurde das Gebiet um die Similan- und die Surin-Inseln in den letzten Jahren von einer großflächigen Korallenbleiche betroffen, aber der Richelieu Rock (S. 650) im Surin Islands Marine National Park ist immer noch der beste Tauchspot der Region – von März bis April lassen sich hier auch Walhaie blicken. Wegen der riesigen Manta-Rochen sind auch Ko Bon (S. 658) und Ko Tachai (S. 658), die zu den Similan-Inseln gehören, lohnende Tauchspots.

Die meisten Tauchveranstalter heißen bei ausgewählten Tagestauchtrips und Ausflügen mit Bordübernachtung auch Schnorchler willkommen, und Tourveranstalter bieten Tagesausflüge ab 3700 B. Open-Water-Zertifizierungskurse kosten je nach Tauchspot zwischen 10 500 und 16 650 B. Anfänger können sich für rund 6000 B „Discover Scuba"-Touren zu den Similan-Inseln anschließen. In den Preisen ist die Tauchgebühr des Nationalparks (700 B) aber noch nicht enthalten.

Die Tauchsaison bei den Similan- und Surin-Inseln dauert von Mitte Oktober bis Mitte Mai, wenn auch die Nationalparks geöffnet sind. Die Touren im April und Mai finden nur bei geeignetem Wetter statt.

★ Fantastic SCHNORCHELN

(☎076 485998; www.fantasticsimilan.com; Erw./Kind 3200/2200 B; ⏲Mitte Okt.–Mitte Mai) Die urkomischen Schnorcheltouren zu den Similan-Inseln werden von Mitgliedern des örtlichen Travestie-Ensembles geleitet. Vergleichbares gibt es nirgendwo sonst, und zudem kommt man zu den besten Schnorchelstellen. Im Preis inbegriffen ist die Ab-

Khao Lak

Sehenswertes

1 Khao Lak/Lam Ru National Park A5

Aktivitäten, Kurse & Touren

2 Fantastic A4
3 Hat Khao Lak A5
4 Hat Nang Thong A3
5 Khao Lak Land Discovery B3
Pa-kin-na-ka Thai Cooking School .... (s. 8)
6 Sea Bees B3
7 Sea Dragon Dive Center B2

Schlafen

Fasai House .... (s. 8)
8 Les Fleurs House B2
9 Nangthong Bay Resort A3
10 The Sands A2
11 Walker's Inn B4

Essen

12 835 Street Food B3
13 Coconuts A4
14 Go Pong B2
15 Khao Lak/Lam Ru National Park Restaurant A5
16 Nangthong Supermarket B3

Transport

17 Bushaltestelle Richtung Norden B3
18 Bushaltestelle Richtung Süden B3
19 Cheaper Than Hotel B4

holung aus dem Hotel in Phuket oder Khao Lak. Unbedingt online oder telefonisch reservieren!

Sea Dragon Dive Center TAUCHEN
(☎076 485420; www.seadragondivecenter.com; 5/51 Mu 7, Khao Lak; 2 Tauchgänge 6000 B; ⌚9–21 Uhr) Das äußerst effiziente Sea Dragon ist das älteste Tauchunternehmen in Khao Lak und bietet einen hohen Standard. Zur Wahl stehen Schnorchel-Tagesausflüge (3500 B), Wracktauchen (2600 B), Open-Water-Zertifizierungskurse (10 500–15 000 B) und diverse Touren zu den Similan- und Surin-Inseln mit Bordübernachtung (3 Tage ab 10 500 B). Vor dem Büro befindet sich ein kleiner Pool.

Sea Bees TAUCHEN
(☎076 485174; www.sea-bees.com; Th Phetkasem, Khao Lak; 2 Tauchgänge 2900–4900 B; ⌚11–19 Uhr) Der gut organisierte, von Deutschen geführte Veranstalter bietet Tagestouren zu den Similan-Inseln mit zwei Tauchgängen, eintägige Schnuppertrips (8500 B), Open-Water-Kurse (16 650 B), Tauchkurse für Fortgeschrittene und Touren zu den Similan-Inseln mit Bordübernachtung (2 Tage ab 17 500 B). Schnorchler können sich den Tagesausflügen anschließen (2900 B).

Khao Lak Land Discovery ABENTEUER
(☎076 485411; www.khaolaklanddiscovery.com; 21/5 Mu 7, Th Phetkasem, Khao Lak; ⌚6–21.30 Uhr) Der mehrsprachige Veranstalter gehört zu den verlässlichsten in Khao Lak und organisiert abenteuerbetonte Tagesausflüge (Erw./Kind 3000/2450 B) in den Nationalpark Khao Lak/Lam Ru sowie Tages- und Über-Nacht-Ausflüge in den Khao Sok National Park (2 Tage Erw./Kind 7500/6800 B). Auch

Schnorchelausflüge zu den Similan-Inseln (Erw./Kind 3700/2450 B) sind im Angebot.

Kurse

Pa-kin-na-ka Thai Cooking School KOCHEN
(☎088 760 0767; www.pakinnakacookingschool.com) In der kleinen Kochschule der freundlichen, Englisch sprechenden Wandee Rathanapan kann man wunderbar die Zubereitung von ein paar Thai-Gerichten erlernen und zudem köstliches Essen probieren. Die Kurse kosten 1500 B und umfassen neben einem Mittagessen auch einen Ausflug zum Markt.

Schlafen

Im verstopften Zentrum des Orts Khao Lak herrschen billigere Unterkünfte vor, während Ferienanlagen mit drei oder vier Sternen die Küste säumen. Hotels der Spitzenklasse finden sich am Hat Pakarang und Hat Bang Sak. Wer in der Zeit zwischen November und April kommen will, sollte vorab buchen.

Fasai House PENSION $
(☎076 485867; www.fasaihouse.com; 5/54 Mu 7, Khao Lak; Zi. 950 B; ❄@≋) Die Pension, eine der besten Budgetunterkünfte in Khao Lak, überzeugt mit freundlichem Personal und schlichten, blitzblanken, motelartigen Zimmern mit Klimaanlage, die sich in einem netten, gelb getünchten Block um einen kleinen Pool befinden. Das Haus ist eine gute Bleibe für Taucher. Um hinzukommen, hält man auf dem Hwy 4 Richtung Nordende von Khao Lak nach dem Schild Ausschau.

Walker's Inn PENSION $
(☎084 840 2689; www.walkersinn.com; 26/61 Mu 7, Th Phetkasem, Khao Lak; B/Zi. 250/600 B; ❄📶) Das seit Langem bei Backpackern beliebte Walker's wirkt mittlerweile betagt. Die Zimmer sind schlicht und altmodisch, im Dorm gibt's nur Ventilatoren. Aber der Preis stimmt. Der Pub im Erdgeschoss serviert herzhaftes Frühstück und typische thailändische und westliche Gerichte. Es gibt auch einen Motorradverleih (200 B pro Tag).

Les Fleurs House PENSION $$
(☎076 485166; www.lesfleurskhaolak.com; 5/53 Mu 7, Khao Lak; Zi. 800–1200 B; ❄📶) Die hellen Zimmer dieses kleinen Hotels sind tadellos in Schuss und in Pastelltönen gehalten. Es gibt einen kleinen Garten und Topfpflanzen

INSIDERWISSEN

TSUNAMI-FRÜHWARNSYSTEM

Am 26. Dezember 2004 verursachte ein Seebeben vor der Küste Sumatras eine gewaltige Welle, die an die thailändische Andamanenküste brandete, fast 5400 (nach anderen Schätzungen noch wesentlich mehr) Menschenleben forderte und einen Schaden von vielen Millionen US-Dollar verursachte. Das Alltags- und Geschäftsleben auf den Inseln und an der Küste ist inzwischen zur Normalität zurückgekehrt, doch das Ereignis ist nicht vergessen. Vielmehr wurden Maßnahmen ergriffen, damit eine solche Katastrophe sich künftig nicht wiederholt.

2005 rief Thailand ein landesweites Katastrophen-Warnsystem ins Leben – eine Reaktion darauf, wie unvorbereitet das Land auf den Ansturm der Wellen war. Das in Bangkok ansässige Zentrum geht davon aus, dass eine Tsunami-Warnung innerhalb von 15 Minuten, nachdem das Ereignis von den internationalen Warnsystemen registriert wurde, verkündet werden kann.

Die Öffentlichkeit wird über das landesweite Rundfunknetz, Dutzende von Fernsehkanälen sowie durch SMS benachrichtigt. Für Traveller, die nicht Thailändisch sprechen, gibt es Türme an den Stränden gefährdeter Gebiete, von denen aus Warnungen in verschiedenen Sprachen durchgesagt werden; Blinklichter weisen auf die Warnungsmeldung hin. Auf den Inseln und an der Küste weisen heute zahlreiche Schilder den Weg zur Evakuierung ins Landesinnere.

Zur Erinnerung an die Opfer der Katastrophe wurde in Ban Nam Khem, einem Tintenfischerdorf 26 km nördlich von Hat Khao Lak, das durch den Tsunami fast vollständig ausgelöscht wurde, der wellenförmige **Tsunami Memorial Park** (ศูนย์อนุสรณ์สึนามิบ้านน้ำเค็ม; Ban Nam Khem; ⌚24 Std.) GRATIS geschaffen. Im Binnenland liegt 1 km hinter dem Hat Bang Niang an der Stelle, wo es die Welle hingeschleudert hatte, das **Boot 813** (Bang Niang). Unweit davon befinden sich **Tsunami-Museen** (พิพิธภัณฑ์สึนามิ; Hwy 4, Bang Niang; Eintritt jeweils 100–300 B; ⌚9–21 Uhr). Die bewegenden Gedenkstätten waren schon zuvor inoffizielle Pilgerstätten, an denen die Menschen der Opfer gedachten.

sorgen für weiteres heimeliges Flair. Die Zimmer warten mit Klimaanlagen, Fernsehern und Kühlschränken auf. Die freundliche, Englisch sprechende Gastgeberin Wandee bietet außerdem halbtägigen und auch längeren Kochunterricht. Das Haus liegt an einer stillen Gasse etwa 100 m vom Hwy 4 entfernt.

Nangthong Bay Resort RESORT **$$**
(☎076 485088; www.nangthong.com; 13/5 Mu 7, Hat Nang Thong; Zi. 1800–3000 B; ❄@☎≋) Das üppige Grundstück des unprätentiösen Resorts mit vernünftigen Preisen erstreckt sich bis zum Strand und wird von einem großen türkisfarbenen Pool beherrscht. Die freistehenden großen Bungalows sind minimalistisch in schickem Schwarz und Weiß gehalten und bieten bequeme Betten, Balkone und Duschen unter freiem Himmel. Die billigeren Zimmer liegen abseits vom Strand. Insgesamt ist diese Anlage angesichts der Strandlage durchaus lohnend. Das Frühstück ist allerdings eine Enttäuschung.

The Sands RESORT **$$$**
(www.thesandskhaolak.com; Khao Lak; Zi. 6100–12 000 B; ❄☎≋) Das große Resort beeindruckt mit einem grandiosen Wasserpark, mehreren Pools und tollen Spielplätzen für die Kids. Im Preis inbegriffen ist ein Frühstücksbuffet. Es werden zahlreiche Aktivitäten angeboten wie Unterricht im Thaiboxen. Zwar ist das Resort kinderfreundlich, es gibt aber auch einen Pool und einen Gartenbereich nur für Erwachsene. Die Hauptstraße von Khao Lak ist leicht zu Fuß zu erreichen.

Essen

Kulinarische Highlights sind im Ort Khao Lak und an den umliegenden Stränden nicht zu erwarten, es gibt aber ein paar beliebte Treffs, wo Traveller ihre Taucherlebnisse austauschen können. Taucher, die frühmorgens aufbrechen wollen, werden Schwierigkeiten haben, vor 8.30 Uhr ein Frühstück zu bekommen. Am besten deckt man sich also Abend zuvor im **Nangthong Supermarket** (⏲8.30–22 Uhr) mit Proviant ein.

Go Pong THAI **$**
(Th Phetkasem, Khao Lak; Hauptgerichte 50–140 B; ⏲10–23 Uhr) Das fantastische kleine Straßenlokal mit treuem Stammpublikum zur Mittagszeit serviert echte Thai-Küche: gebratene Nudeln, sensationelle scharfe Reisgerichte und aromatische Nudelsuppen. Alle Gerichte sind sehr geschmacksintensiv.

835 Street Food STREETFOOD **$**
(Th Phetkasem, Khao Lak; Gerichte ab 30 B; ⏲12–22 Uhr) Pfannen- und Nudelgerichte, thailändische Suppen, Crêpes und andere Snacks gibt's bei diesen Garküchen hinter einem schmalen Hof.

Coconuts INTERNATIONAL **$$**
(Hauptgerichte 250–360 B; ⏲12–20.30 Uhr) Das hübsche Strandrestaurant bietet eine schöne Auswahl an westlichen und thailändischen Gerichten wie z. B. eine verführerische Meeresfrüchteplatte für zwei Personen, köstlichen Schnapper süß-sauer und einige Pasta-Gerichte. In einer Palmenhütte kann man sich eine Massage gönnen und an einem perfekten Stück Strand die angegessenen Kalorien wieder abspazieren. Für den ultimativen Komfort stehen Liegen am Strand bereit.

Merlin Street FISCH & MEERESFRÜCHTE **$$**
(Hauptgerichte 200–400 B; ⏲12–22 Uhr) An diesem Stück Straße beim Khao Lak Merlin Hotel locken mehrere Fischrestaurants. Bei Sonnenuntergang werden hier die Grills angeworfen und man kann sich aussuchen, welches Lokal einem am besten erscheint. Unter den Grillspeisen am beliebtesten sind Barrakuda, Tintenfisch, Muscheln und Garnelen. Überdies stehen jede Menge europäische, thailändische und indische Gerichte zur Auswahl.

Praktische Informationen

Geldautomaten, Banken und Wechselstuben verteilen sich entlang der Küste. Im Zentrum der Ortschaft Khao Lak gibt's einen **Geldautomaten**.

SSS Ambulance (☎076 209347, Notfall 081 081 9000; ⏲24 Std.) Bei Tauchunfällen bringt die SSS Ambulance die Verletzten in das Phuket International Hospital (S. 668). Auch Opfer von Auto- oder Motorradunfällen werden versorgt.

Anreise & Unterwegs vor Ort

Alle Busse, die zwischen Takua Pa (70 B, 45 Min.) und Phuket (150 B, 2 Std.) unterwegs sind, halten am Hat Khao Lak, wenn man den Fahrer darum bittet. Die Haltestelle der Busse **Richtung Norden** oder **Süden** liegt am Hwy 4.

Minivans fahren täglich nach Ko Samui (850 B, 8 Std., 9 Uhr) und tagsüber stündlich nach Krabi (350 B, 3½ Std., 8–16 Uhr). Die Fahrgäste werden an den Unterkünften abgeholt.

Khao Lak Land Discovery (S. 655) betreibt Minivans zum Phuket International Airport (600 B, 1¼ Std.). Alternativ kann man auch ein Taxi von **Cheaper Than Hotel** (☎086 276 6479,

085 786 1378; cheaperkhaolak1@gmail.com, Hwy 4) zum Flughafen von Phuket (1000 B) und zu Zielen weiter im Süden nehmen. Ansonsten kostet ein Taxi von Khao Lak zum Flughafen 1200 B. Man kann sich auch von einem Bus Richtung Phuket „am Flughafen" absetzen lassen. Man steigt an einer Kreuzung aus, wo in der Regel Motorradtaxis bereitstehen, um einen zum Flughafen zu bringen (10 Min., 100 B).

Zahlreiche Pensionen und Reiseveranstalter vermieten Motorräder (200–250 B pro Tag).

Similan Islands Marine National Park

Der wunderschöne, bei Tauchern in aller Welt bekannte, 70 km² große **Similan Islands Marine National Park** (อุทยานแห่งชาติหมู่เกาะสิมิลัน; ☎076 453272; www.similan-islands.com; Erw./Kind 500/300 B; ⏲Mitte Okt.–Mitte Mai) liegt 70 km vor der Küste der Provinz Phang-Nga. Die glatten Granitinseln sind über dem klaren, blauen Wasser genauso eindrucksvoll wie die Unterwasserwelt: Die Inseln sind mit Regenwald bedeckt und von blendend weißen, von Korallenriffen gesäumten Stränden umgeben. Unglücklicherweise sind viele Steinkorallen durch die Korallenbleiche eingegangen, aber die Weichkorallen und die sonstige Fauna sind noch intakt. Inzwischen wurden die Similan-Inseln allerdings vom Tourismus entdeckt, und viele Strände und Schnorchelstellen sind voller Tagesausflügler. Um der Natur eine Erholungspause zu gönnen, werden die Inseln in der Monsunzeit gesperrt.

Unterkünfte gibt's auf Ko Miang (Insel 4) und Ko Similan. Das Besucherzentrum des Parks und die meisten Einrichtungen befinden sich auf Ko Miang. Die Inseln haben zwar alle einen Namen, man kennt sie aber vor allem unter ihrer jeweiligen Nummer. Hat Khao Lak ist das Sprungbrett zum Park. Die Anlegestelle und die Parkzentrale auf dem Festland befinden sich in Thap Lamu, 12 km südlich (vom Hwy 4 die Rte 4147 nehmen).

Aktivitäten

Tauchen & Schnorcheln

Die Similan-Inseln bieten Tauchspots aller Schwierigkeitsstufen, mit Tauchtiefen von 2 bis 30 m. Felsriffe gibt es bei **Ko Hin Pousar** (เกาะหินพูซ่า, Insel 7) und Tauchhöhlen bei **Hin Pousar** (หินพูซ่า, Elephant Head Rock), wo man auf Meeresbewohner von winzigen Federwürmern und Weichkorallen bis zu Fischschwärmen, Mantarochen und seltenen Walhaien trifft. **Ko Bon** (เกาะบอน) und **Ko Tachai** (เกาะตาชัย) gehören zu den besseren Tauch- und Schnorchelrevieren. Tauchstellen gibt es bei allen sechs Inseln nördlich von **Ko Miang**, während die Inseln 1, 2 und 3 im südlichen Teil des Parks als Schildkrötennistplätze gesperrt sind.

Im Nationalpark gibt es keine Einrichtungen für Taucher, man muss sich also einer Tour anschließen. Die Tauchschulen am Hat Khao Lak organisieren Tagesausflüge (2 Tauchgänge 5000 B) und Touren mit Übernachtung an Bord (3/6 Tage ab ca. 19 000/35 000 B), ebenso auch die Tauchzentren in Phuket (Tagesausflug mit 2 Tauchgängen ab 5600 B, 3 Tage mit Bordübernachtung ab 18 900 B).

Veranstalter in Khao Lak bieten Schnorchelausflüge (1 Tag ab ca. 2900 B). Bei den Tagestouren werden in der Regel drei oder vier Stellen aufgesucht.

Tiere beobachten & Wandern

Der Wald rund um das Besucherzentrum auf Ko Miang besitzt einige Wanderwege und viele Tiere und Pflanzen. Die sagenhafte Nikobarentaube mit ihrer wilden Mähne aus graugrünen Federn ist hier heimisch. Sie gehört zu den 39 im Park vertretenen Vogelarten. Landkrabben mit haarigen Beinen, Flughunde und Gleithörnchen sind im Wald leicht zu erspähen.

Ein schmaler, mit Informationstafeln ausgestatteter Strandweg führt vom Besucherzentrum 400 m nach Osten zu einer kleinen, zum Schnorcheln geeigneten Bucht. Von diesem Weg zweigt der **Viewpoint Trail** (Ko Miang/Insel 4) ab. Nachdem man 500 m (30 Min.) steil bergauf geklettert ist, hat man von oben einen schönen Panoramablick. Ein 500 m langer Weg bringt einen in 20 Minuten vom Besucherzentrum durch den Wald Richtung Westen zum **Sunset Point** (แหลมซันเซ็ท; Ko Miang/Insel 4), einer nach Westen blickenden Granitplattform.

Auf Ko Similan führen ein 2,5 km langer Weg durch den Wald zu einem **Aussichtspunkt** (จุดชมวิวเกาะสิมิลัน; Ko Similan/Insel 8) und ein kürzerer, steiler Aufstieg vom Strand an der Nordküste hinauf zum **Sail Rock** (หินเรือใบ, Balance Rock; Ko Similan/Insel 8), der tagsüber von Besuchern geradezu überflutet ist.

Schlafen & Essen

Ein **Restaurant** (Ko Miang/Insel 4; Hauptgerichte 120–150 B, Mittagsbuffet 230 B; ⏲Mitte

Similan Islands Marine National Park

Okt.–Mitte Mai 7.30–20.30 Uhr) neben dem Parkbüro auf Ko Miang serviert einfache thailändische Gerichte. Für Besucher, die auf Ko Similan übernachten, gibt's dort ebenfalls ein Restaurant. Für Tagesausflüge Proviant mitnehmen!

Unterkünfte im Similan Islands Marine National Park BUNGALOWS $$
(☎076 453272, in Bangkok 02 562 0760; www.dnp.go.th; Ko Miang/Insel 4; Zi. mit Ventilator/Klimaanlage 1000/2000 B, Stellplatz mit gemietetem Zelt 570 B; ⌚Mitte Okt.–Mitte Mai; ❄) Auf Ko Miang gibt's 20 Bungalows, die besten mit Balkonen, sowie Zelte. Man zahlt für die Lage, die Bungalows sind schlicht. Tagsüber kommen viele Reisegruppen vorbei. Strom ist von 18 bis 6 Uhr verfügbar. Gebucht wird im Voraus online, telefonisch oder in der Parkzentrale auf dem Festland in Thap Lamu. Wer zelten will, braucht Insektenschutzmittel gegen die äußerst lästigen Moskitos.

ℹ Praktische Informationen

Besucherzentrum des Similan Islands Marine National Park (Ko Miang/Insel 4; ⌚Mitte Okt.–Mitte Mai 7.30–20 Uhr) Das Besucherzentrum hat Karten und Infos zu den Inseln des Parks.

Verwaltung des Similan Islands Marine National Park (☎076 453272; www.dnp.go.th; 93 Mu 5, Thap Lamu; ⌚8–17 Uhr) In diesem Büro südlich von Khao Lak kann man weit im Voraus Unterkünfte auf den Similan-Inseln buchen.

ℹ An- & Weiterreise

Zu den Similan-Inseln gibt es keine öffentlichen Verkehrsmittel. Theoretisch können Individualreisende bei Tagestourveranstaltern in Khao Lak Überfahrten mit dem Schnellboot buchen (hin & zurück 1900 B, 1½ Std. einfache Strecke), wobei diese individuelles Reisen nicht unterstützen. Die meisten Veranstalter sammeln ihre Passagiere am Hat Khao Lak auf, wenn man aber über den Nationalpark bucht, muss man sich auf eigene Faust zum Büro in Thap Lamu durchschlagen und dort auf einen Transport zur Anlegestelle warten.

Die Tauchzentren und Tourveranstalter am Hat Khao Lak und in Phuket buchen Tagestouren/Touren mit Übernachtung (ab 5000/8500 B), Tauchtouren (3 Tage mit Übernachtung an Bord ab 18 900 B) und mehrtägige Touren. Im Preis sind der Transport zum Park, die Verpflegung und die Unterkunft enthalten. Das alles kostet nur wenig mehr, als wenn man versucht, auf eigene Faust zu den Inseln zu kommen und dort zu bleiben.

Ao Phang-Nga Marine National Park

Die klassische Karstlandschaft des 400 km² umfassenden **Ao Phang-Nga National Park** (อุทยานแห่งชาติอ่าวพังงา; ☎076 481188; www.dnp.go.th; Erw./Kind 300/100 B; ⏲8–16.30 Uhr) wurde berühmt als eine der Kulissen des James-Bond-Films *Der Mann mit dem goldenen Colt*. Hohe steilwandige Klippen umsäumen die 42 Inseln, von denen einige Höhlen besitzen, die nur bei Ebbe zugänglich sind. Die Bucht besteht aus großen und kleinen Gezeitenkanälen, die in Nord-Süd-Richtung durch Thailands größte, unberührt erhaltene Mangrovenwälder führen.

In der Meeres- und Kalksteinwelt des Nationalparks verbergen sich Reptilien wie Bengalenwarane, Bindenwarane, Flugdrachen, Streifenruderschlangen, Bambusottern und Malaiische Mokassinottern. An Säugetieren finden sich u. a. Seraue, Javaneraffen, Weißhandgibbons und Südliche Brillenlanguren.

In der Hauptsaison (Nov.–April) wird die Bucht zu einer verstopften Autobahn für Tagesbesucher. Doch wer am frühen Morgen vorbeikommt (am besten vom Ko-Yao-Archipel aus) oder länger draußen bleibt, kann durchaus ein Stück Strand, Meer und Karst für sich allein haben. Eine Kajaktour ist der beste Weg, das Gebiet kennenzulernen.

Sehenswertes & Aktivitäten

In Tha Dan, 9 km südlich des Zentrums von Phang-Nga, kann man Boote chartern, um die halb überfluteten Höhlen und seltsam geformten Inseln des Nationalparks zu erkunden. Für eine halbtägige Tour zahlt man zwischen 1500 und 2000 B.

Zwei- bis dreistündige Touren (1000 B pro Pers.) führen zu den überlaufenen Inseln **Ko Khao Phing Kan** (เกาะเขาพิงกัน, James Bond Island), **Ko Panyi** (เกาะปันหยี) sowie zu weiteren Zielen im Park. In Tha Surakul, 13 km südwestlich von Phang-Nga in Takua Thung, werden Privatboote zu Preisen vermietet, die denen der Touren entsprechen. Bei der Nationalparkverwaltung kann man Boote (1400 B, max. 4 Pers.) für dreistündige Inselrundfahrten mieten.

In Phuket ist John Gray's Seacanoe (S. 671) die beste Adresse für Kajakfahrten zum Ao Phang-Nga National Park.

Schlafen & Essen

Tourenanbieter in Phang-Nga können die Übernachtung in Privatzimmern auf Ko Panyi arrangieren. Aber die meisten Besucher kommen im Rahmen einer Tagestour von einer der beiden Ko-Yao-Inseln, aus Phuket oder Phang-Nga.

Unterkünfte im Ao Phang-Nga National Park BUNGALOWS $
(☎076 481188, in Bangkok 02 562 0760; www.dnp.go.th; Rte 4144; Bungalow 800–1000 B; ❄) Auf einem ruhigen, schattigen Gelände, 8,5 km südlich des Zentrums von Phang-Nga, stehen schlichte Bungalows mit Klimaanlage, die jeweils Platz für zwei bis drei Personen bieten. Am Ufer gibt's ein einfaches thailändisches Restaurant.

An- & Weiterreise

Vom Zentrum Phang-Ngas fährt man auf dem Hwy 4 ca. 7 km Richtung Süden und biegt dann nach links auf die Rte 4144 ab. Nach 2,6 km ist die Parkverwaltung in Tha Dan erreicht. Gegenüber der Parkverwaltung befindet sich die Anlegestelle, an der man Boote zur Erkundung des Parks mieten kann. Alternativ nimmt man ein *sŏrng·tăa·ou* nach Tha Dan (30 B). Wer eine Tour gebucht hat, wird am Hotel abgeholt.

Phang-Nga

☎076 / 10 800 EW.

Phang-Nga (พังงา) ist eine unterschätzte Kleinstadt in herrlicher Lage in einem Tal vor wunderschönen Kalksteinklippen. Der Hauptgrund für einen Aufenthalt hier ist das Organisieren einer Fahrt zum nahen Ao Phang-Nga Marine National Park, doch auch der Ort selbst lohnt mit seinem Markt, seinen buddhistischen Stätten und seinen Höhlen durchaus eine Erkundung. Außerdem lässt sich Ende September oder im Oktober hier wunderbar das jährliche Vegetarierfest erleben. Die meisten Hotels und Einrichtungen liegen an der Th Phetkasem.

Sehenswertes

Thamtapan-Tempel BUDDHISTISCHE STÄTTE
(สำนักสงฆ์ถ้ำตาปาน; ⌚tagsüber) Der ungewöhnliche buddhistische Komplex – der Name bedeutet „Himmel und Hölle"-Tempel – bietet Höhlenschreine, einen Drachentunnel und eine Ansammlung grotesker Figuren, die das Dasein der Sünder in der Hölle verkörpern. Kinder sind von den teils brutalen Darstellungen, die vielleicht besser in ein Geisterhaus passen, unter Umständen verschreckt. Eine steile Treppe führt hoch zu einem Pavillon mit atemberaubenden Ausblicken aufs Tal. Zwar sind die Statuen hier für Westler womöglich schockierend, doch der Tempelkomplex dient den Thais als Mahnung an die Strafen für Missetaten und stellt eine einzigartige Möglichkeit dar, die thailändische Kultur und Philosophie besser zu verstehen.

Phung Chang Cave HÖHLE
(ถ้ำพุงช้าง; Eintritt 500 B; ⌚8.30–17 Uhr) Durch einen Damm am Eingang dieser Höhle wurde ein künstlicher Fluss geschaffen, den Besucher erkunden können, zuerst mit dem Kajak und dann, wenn die Höhle enger wird, mit einem Bambusfloß. Es werden Stirnlampen gestellt, fotografieren ist jedoch verboten. In der Höhle mit ihren wunderbaren Kalksteinformationen muss man auch ein bisschen durch knietiefes Wasser waten – also passendes Schuhwerk mitnehmen! Für kleine Kinder ist die Abenteuertour nicht geeignet.

Geführte Touren

Sayan Tours BOOTSFAHRTEN
(☎090 708 3211, 076 430348; www.sayantour.com; 269 Th Phetkasem; halber/ganzer Tag 800/1100 B; ⌚7–21 Uhr) Der seit Langem bestehende Veranstalter von Touren durch Ao Phang-Nga bietet Tagesausflüge nach Ko Panyi, Ko Phing Kan und zur (mit Stalaktiten bedeckten) Höhle Tham Lod sowie Touren mit Übernachtung auf Ko Panyi (1950 B).

Schlafen & Essen

Die Th Phetkasem säumen mehrere Pensionen.

Mehrere Imbisse an der Th Phetkasem verkaufen leckeres *kà·nŏm jeen* (dünne Weizennudeln) mit Hähnchencurry, *nám yah* (scharfes Fischcurry) oder *nám prík* (scharfe Sauce). Neben dem 7-Eleven gibt's an der Th Phetkasem einen **Nachtmarkt** (Th Phetkasem; Hauptgerichte ab 30 B; ⌚16–21 Uhr).

Ao Phang-Nga

Thaweesuk Hotel PENSION $
(☎076 412100; www.thaweesuk.com; 79 Th Phetkasem; Zi. mit Frühstück & Ventilator/Klimaanlage 450/800 B; ❄📶) Die einladende Unterkunft wird von einer Familie geführt und residiert in einem historischen Gebäude mit einem farbenfrohen, mit Mosaikboden verzierten Foyer im Norden der Th Phetkasem. Die Zimmer im Erdgeschoss mit Kaltwasser und Ventilator oder Klimaanlage sind schlicht, kompakt und sauber. Die Zimmer mit Warmwasser und Klimaanlage im 1. Stock sind dank lackierter Holzböden deutlich stilvoller. Es gibt auch ein Familienzimmer mit vier Betten. Das Frühstück wird unten in dem wie eine Lounge wirkenden Foyer serviert.

★ **Genesis Garden** INTERNATIONAL $
(☎089 919 3326; 154 Th Phetkasem; Gerichte 50–150 B; ⌚10–20 Uhr; 📶) Das preisgünstige Café mit englischsprachigem Personal liegt versteckt abseits der Hauptstraße und bietet gesunde köstliche Mahlzeiten und einige der besten Smoothies in ganz Thailand. Hauptsächlich wird thailändisches Essen aufgetischt, das aber an westliche Gaumen angepasst ist. Das *pàt tai* ist in verschiedenen Variationen erhältlich und es gibt auch Spaghetti, Suppen, Currys und italienische Limo.

An- & Weiterreise

Der Phang-Nga nächstgelegene Flughafen befindet sich in Phuket, 1½ Fahrtstunden entfernt.

Phang-Ngas **Busbahnhof** (Th Phetkasem) liegt 4 km südlich vom Stadtzentrum. Motorradtaxis berechnen einheitlich 50 B vom/zum Busbahnhof.

ZIEL	PREIS (B)	DAUER (STD.)	HÄUFIGKEIT
Bangkok (1. Klasse)	533–622	12	8.40, 15, 16.30, 17.30, 18.30 & 19.30 Uhr
Bangkok (VIP)	829	12	16, 17, 19 & 20 Uhr
Hat Yai	275	6	8.50, 9.50, 10.50, 12.50 & 13.50 Uhr
Krabi	100	1½	7.30–18 Uhr stündl.
Phuket	100	1½	5.30–17.30 Uhr stündl.
Ranong	170	5	10.15 Uhr
Surat Thani	150	4	9.30, 11.30, 13.30 & 15.30 Uhr
Trang	175	3½	8–16.20 Uhr stündl.

Die Kleinbusse zum Khao Sok National Park (250 B, 2 Std., 8.30, 10.30, 12, 14, 15.30 & 17.30 Uhr) holen/setzen die Fahrgäste an den Unterkünften ab.

Busse fahren täglich nach Takua Pa (150 B, 1½ Std., 8, 10, 11, 12, 14 & 17.20 Uhr), wo man Anschluss nach Khao Lak, Ranong und zum Khao Sok National Park hat.

Ko-Yao-Inseln

Dank der Berge im Inselinneren, der unberührten Strände, der reichen und vielfältigen Vogelwelt und der freundlichen Bevölkerung aus muslimischen Fischern sind Ko Yao Yai (Big Long Island) und Ko Yao Noi (Little Long Island) entspannte Ausgangspunkte, um in die Karstlandschaft von Ao Phang-Nga einzutauchen. Die Inseln gehören zwar zum Nationalpark Ao Phang-Nga (S. 660), sind aber von Phuket und anderswo aus leicht zugänglich.

Ko Yao Noi ist kleiner als die Nachbarinsel, aber auf ihr leben die meisten Menschen. Die kleine, ganzjährig ansässige Bevölkerung lebt vom Fischen, dem Anbau von Kokospalmen und dem Tourismus. Die Insel ist kein klassisches Strandziel: Die Buchten an der Ostküste, an der die meisten Resorts liegen, werden bei Ebbe zu Schlickwatt. Aber der **Hat Pasai** (Ko Yao Noi) an der Südostküste und der **Hat Paradise** (Ko Yao Noi) an der Nordostküste sind einfach prächtig.

Ko Yao Yai ist doppelt so groß und weniger erschlossen als die Nachbarinsel. Die am besten zugänglichen Strände sind der **Hat Lo Pared** (Ko Yao Yai) an der Südwestküste und der puderweiße Hat Laem Haad an der Nordostküste.

Sehenswertes & Aktivitäten

Über die Pensionen oder Anbieter an den Anlegestellen lassen sich problemlos ganztägige Drei-Insel-Schnorcheltouren (2000 B) durch Ao Phang-Nga vereinbaren.

Amazing Bike Tours (S. 671) veranstaltet von Phuket aus beliebte Tagestouren für kleine Gruppen nach Ko Yao Noi. Wer die vielen unbefestigten Straßen auf Ko Yao Noi oder Ko Yao Yai auf eigene Faust erkunden will, kann in vielen Pensionen Räder (250 B pro Tag) mieten; auf Ko Yao Noi ist die Auswahl größer.

Ko Yao Noi

Kajaks (500 B pro Tag) kann man auf Ko Yao Noi an vielen Stellen ausleihen, darunter bei Sabai Corner Bungalows.

★ Six Senses Spa SPA

(076 418500; www.sixsenses.com; 56 Mu 5, zw. Hat Khlong Jark & Hat Tha Khao, Ko Yao Noi; Anwendungen 4200–25 000 B; 8–21 Uhr) Keine Luxusmarke verkörpert naturverbundene Eleganz so wie dieses auf Stelzen stehende „Spa-Dorf" im Six Senses Hideaway. Die Therapeuten sind in Massagetraditionen und Naturheilverfahren aus China, Indien und Thailand ausgebildet. Beim „Signature Yao Noi Ritual" handelt es sich um eine herrliche 3½-stündige Kombination aus Peeling, Massage und Gesichtsbehandlung.

Island Yoga YOGA

(087 387 9475; www.thailandyogaretreats.com; 4/10 Mu 4, Hat Tha Khao, Ko Yao Noi; Kurse 600 B) Die beliebte Yoga-Schule veranstaltet täglich um 10 Uhr Sitzungen, bei denen man einfach vorbeikommen kann, Kurse mit Anmeldung um 7.30 und 16.30 Uhr sowie mehrtägige Yoga- und Tai-Chi-Klausuren.

Mountain Shop Adventures KLETTERN

(083 969 2023; www.themountainshop.org; Tha Khao, Ko Yao Noi; halber Tag 3200 B; 9–19 Uhr) Auf Ko Yao Noi gibt's mehr als 150 Kletterpfade, die Inhaber Mark überwiegend selbst

erschlossen hat. Angeboten werden Touren für Anfänger und Fortgeschrittene; oft fährt man dabei per Boot zu abgelegenen Kalksteinklippen. Marks improvisiertes Büro liegt von der Anlegestelle Tha Kao gleich die Straße hinunter. Am besten nimmt man vorab mit ihm Kontakt auf.

Ko Yao Yai

★ Hat Laem Haad STRAND

(Ko Yao Yai) Der herrliche weiße Hat Laem Haad erstreckt sich an einer palmengesäumten Halbinsel. An einem kleinen Schuppen in der Nähe werden Getränke verkauft; hier gibt's auch eine Toilette und Duschen. Am besten ist der Strand bei Flut. Vom Schiffsanleger aus sind es 1,2 km von der Hauptstraße – der Strand ist gut ausgeschildert.

Elixir Divers TAUCHEN

(☎087 897 0076; www.elixirdivers.com; 2/3 Mu 3, Ko Yao Yai; 2 Tauchgänge 2900–3900 B; ⌚Okt.–April) Ko Yao Yais einzige Tauchschule ist ein kompetenter Veranstalter, der eine Reihe von PADI-Kursen, Tagestouren mit zwei Tauchgängen vor Ort und in Ko Phi-Phi, Touren mit Übernachtung nach Hin Daeng, Hin Muang und zu den Similan-Inseln (22 900 B) sowie Schnorchelausflüge nach Ao Phang-Nga, Krabi und Ko Phi-Phi anbietet. Elixir sorgt auch für den Hin- und Rücktransport von Travellern, die auf Ko Yao Noi übernachten.

Schlafen

Fast alle Unterkünfte auf Ko Yao Noi befinden sich an der Ostküste. Je weiter man nach Norden kommt, umso rauer wird die Straße, und Läden und Restaurants finden sich nur noch sehr selten. Auf Ko Yao Yai gibt's weniger Unterkünfte und es handelt sich zumeist um Resorts.

Ko Yao Noi

Pasai Cottage BUNGALOWS $

(☎089 240 8326; www.pasaicottage.blogspot.com; Hat Pasai, Ko Yao Noi; Bungalow mit Frühstück 800 B; WLAN) In dieser familiengeführten Anlage direkt gegenüber vom Hat Pasai ziehen sich die einfachen Bambusbungalows mit Ventilator an einer Seite des Gartens entlang. Luxus darf man hier nicht erwarten, aber die Bäder sind annehmbar und alle Zimmer verfügen über große Balkone. Dazu kommt ein netter Gemeinschaftsbereich samt Restaurant (Mai–Okt. geschl.). Weitere Restaurants sowie Geschäfte und Bars sind ganz in der Nähe.

Sabai Corner Bungalows PENSION $$

(☎076 597497; www.sabaicornerbungalows.com; Hat Khlong Jark, Ko Yao Noi; Bungalow 1000–1900 B; WLAN) Die schlichten Bungalows mit brummenden Ventilatoren, Moskitonetzen und Terrassen mit Hängematten liegen auf einer felsigen Landzunge und haben einen prächtigen Blick aufs Meer. Seltsamerweise fehlen Verbindungstüren zu den Bädern; man muss nach draußen gehen, um zu ihnen zu gelangen. Das gute, entspannte **Uferrestaurant** (Hauptgerichte 95–300 B; ⌚8–22 Uhr) ist prima zum Abhängen und vermietet Kajaks.

Suntisook BUNGALOWS $$

(☎089 781 6456, 075 582750; www.facebook.com/suntisookkoyaonoi; 11/1 Mu 4, Hat Tha Khao, Ko Yao Noi; Zi. 2000–2200 B; Klimaanlage, WLAN) Die komfortablen, frischen, nicht besonders großen Bungalows aus lackiertem Holz verteilen sich über eine prächtige Gartenanlage, die nur Meter von einem ruhigen Strand entfernt ist. Alle Bungalows haben geräumige Veranden mit Hängematten, Kühlschränke und Topfpflanzen. Die Anlage wird von einer hilfsbereiten thailändischen Familie, die Englisch spricht, effizient geführt. Sie betreiben vor Ort auch ein gutes, authentisches **Restaurant** (Hauptgerichte 60–150 B; ⌚7.30–21 Uhr; WLAN). Kajaks werden vermietet. In der Nebensaison (Mai–Okt.) ist die Anlage manchmal zeitweilig geschlossen.

★ Six Senses Hideaway RESORT $$$

(☎076 418500; www.sixsenses.com; 56 Mu 5, zw. Hat Khlong Jark & Hat Tha Khao, Ko Yao Noi; Villa mit Frühstück 35 000–66 000 B; Klimaanlage, WLAN, Pool) 🍃 Die elegante Fünf-Sterne-Anlage mit 56 Pool-Villen an einem Hang und einem exquisiten Spa in einer Kautschukplantage übertrifft alle Erwartungen. Die Ausblicke zum Sonnenuntergang auf die Ao Phang-Nga sind atemberaubend, der Infinitypool auf den Klippen ist ein Traum, die Loungebar und der weiße Strand passen zu den Schickimickis, die hier unterwegs sind, und das Engagement für ökologische Nachhaltigkeit ist unter den Top-Hotels der Welt wegweisend.

Ko Yao Yai

Thiwson Beach Resort BUNGALOWS $$

(☎081 956 7582; www.thiwsonbeach.com; 58/2 Mu 4, Hat Chonglard, Ko Yao Yai; Zi. mit Frühstück 2000–3600 B; Klimaanlage, WLAN, Pool) Das Thiwson ist sicher mit Abstand die netteste unter den bescheideneren Bungalow-Anlagen auf Ko Yao Yai. Die ordentlichen, mit Stroh oder Wellblech gedeckten Hütten haben polierte Fußböden, Freiluftbäder und breite Terrassen. Sie blicken über den Pool hinweg auf den hübschesten Strand an der Nordostküste, den schönsten der Insel. Die Bungalows direkt am Strand sind die größten, aber die Zimmer mit Ventilator sind in der Nebensaison ein echtes Schnäppchen.

Koh Yao Yai Village RESORT $$$
(☎076 363700; www.kohyaovillage.com; 78 Mu 4, Ko Yao Yai; Zi. 4300–10 200 B; ❄📶🏊) Das umweltfreundliche Resort ist gehoben, aber preislich nicht abgehoben. Es bietet sehr große, elegant möblierte Villen mit Badezimmern im Freien. Die Anlage steht hoch oben in den Bäumen und bietet eine spektakuläre Aussicht über das Meer nach Phuket. Es gibt einen wunderbaren Infinity Pool, ein Spa und ein Restaurant. Die Lage ist praktisch, um an den Hat Laem Haad zu kommen.

Essen

Alle Resorts und Pensionen verfügen über Restaurants, einige sind allerdings von Mai bis Oktober geschlossen. Ansonsten gibt's noch ein paar Esslokale an der Ostküste von Ko Yao Noi, weniger auf Ko Yao Yai.

Chaba Café INTERNATIONAL $
(☎087 887 0625; Hat Khlong Jark, Ko Yao Noi; Hauptgerichte 80–220 B; ⏲Mo–Sa 9–17 Uhr; 🖉) Das niedlich-rustikale Café hinter dem nördlichen Abschnitt des Hat Khlong Jark hat auch eine kleine Galerie und ist geprägt von Pastellfarben, Wänden aus Treibholz und sanfter Musik. Zu dem auf Bio-Zutaten ausgerichteten Angebot gehören mit Honig gesüßte Säfte, Shakes mit Kokosmilch und Avocado, Chrysanthemen-Tee sowie selbst gebackene Panini, Kekse und Kuchen, Suppen, Pasta und Thai-Gerichte.

Pizzeria La Luna ITALIENISCH $$
(☎085 068 9326; zw. Hat Khlong Jark & Hat Tha Khao, Ko Yao Noi; Hauptgerichte 170–320 B; ⏲15–22 Uhr; 📶🖉) Das entspannte, halb offene Straßenrestaurant hat eine große Auswahl an Holzofenpizzas, darunter auch vegetarische, und in der Hauptsaison (Okt.–Mai) auch hausgemachte Pasta, Salate, Kuchen und Vorspeisen. An der Holztheke kann man auch prima einfach nur einen Cocktail schlürfen. Ein netter Bonus ist der Billardtisch hinterm Haus.

★ **Rice Paddy** INTERNATIONAL $$$
(☎082 331 6581, 076 410233; www.ricepaddy.website; Hat Pasai, Ko Yao Noi; Hauptgerichte 180–890 B; ⏲12–22 Uhr, Mai–Okt. auch 18–22 Uhr; 📶🖉) Das niedliche, ganz in Holz aufgemachte Restaurant mit thailändischen und internationalen Gerichten gehört Deutschen und ist etwas Besonderes. Zu den leckeren Speisen gehören kurz gebratenes *sôm đam* (würziger grüner Papaya-Salat), fantastische Falafel und Hummus sowie würzige, mit Früchten verfeinerte Currys und frische Salate. Es gibt auch ausgezeichnete vegetarische Gerichte und anständige Cocktails. Es befindet sich auf einem Hügel im Süden der Insel und ist an der Hauptstraße ausgeschildert.

Praktische Informationen

In Ta Khao, der größten Siedlung auf Ko Yao Noi, gibt's Geldautomaten und ein paar weitere an der Ostküste. Es gibt auch einen Geldautomaten an der Anlegestelle **Tha Bang Rong** (Karte S. 666) auf Phuket, an der Boote nach Ko Yao Noi und Ko Yao Yai ablegen.

Auf Ko Yao Yai finden sich ein paar Geldautomaten. Es ist klug, Bargeld mitzunehmen; andernfalls kann man in die Verlegenheit kommen, nach Tha Bang Rong zurückfahren zu müssen, um an Bargeld zu kommen.

An- & Weiterreise

VON/NACH KRABI

Zwischen 9 und 17.30 Uhr verkehren täglich häufig Longtail-Boote (150 B) zwischen der Tha Khao auf Ko Yao Noi und der Tha Len in Krabi (33 km nordwestlich der Stadt Krabi). Von der Tha Len fahren *sŏrng·tăa·ou* (100 B) über Krabis Busbahnhof zur Th Maharat in Krabi.

VON/NACH PHANG-NGA

Von der Tha Dan in Phang-Nga legt um 13 Uhr eine Fähre nach Ko Yao Noi ab (200 B, 1½ Std.), die um 7.30 Uhr zurückkehrt.

VON/NACH PHUKET

Von Phukets Tha Bang Rong gibt's täglich Schnellboote (200 B, 30 Min., 7.50–17.40 Uhr fast stündl.) sowie Longtail-Boote (120 B, 1 Std., 9.15, 12.30 & 17 Uhr) nach Ko Yao Noi. Manche Boote legen unterwegs an der Tha Klong Hia auf Ko Yao Yai (300 B, 25 Min.) an. Zwischen 6.30 und 16.40 Uhr fahren die Boote nach Phuket zurück.

Von Tha Bang Rong fahren Taxis zu den Resorts auf Phuket (600–800 B); zweimal pro Stunde fahren auch *sŏrng·tăa·ou* (40 B) nach Phuket (Stadt).

VON/NACH KO PHI-PHI & KO LANTA
Von Oktober bis April fahren dreimal pro Woche Schnellboote von/nach Ko Phi-Phi (600 B) und Ko Lanta (600 B).

VON/NACH AO NANG
Von November bis April legt um 11 Uhr ein Schnellboot von der Anlegestelle am Hat Noppharat Thara nach Ko Yao Noi und Ko Yao Yai ab (jeweils 650 B, 45 Min.). Von dort fährt es weiter zum Tha Bang Rong in Phuket und kehrt gegen 15 Uhr zurück.

Unterwegs vor Ort

Zwischen der Tha Manok auf Ko Yao Noi und der Tha Klong Hia auf Ko Yao Yai sind häufig Shuttleboote im Einsatz (50 B). Auf den Inseln sind Tuk-Tuks unterwegs (einfache Strecke ca. 150 B). Die meisten Pensionen vermieten Motorräder (250–300 B pro Tag). Die Fahrt mit dem *sŏrng·tăa·ou* zu den Resorts kostet 100 B.

INSIDERWISSEN

WELCHER STRAND AUF PHUKET IST DER RICHTIGE?

Die meisten Besucher steuern schnurstracks die etablierten geselligen Touristenmagnete Hat Kata (S. 687), Hat Karon (S. 691) und den (zwielichtigeren) **Hat Patong** (หาดป่าตอง; Karte S. 684) an: lange Sandstrände mit Resorts, Restaurants, Bars und sämtlichen anderen Einrichtungen, die man sich nur wünschen kann. Wer es lieber ruhiger und abgeschiedener mag, kann zwischen den Hauptstränden an unscheinbaren Küstenstraßen kleine felsige Buchten aufstöbern oder die weniger touristische Nordwestküste Phukets ansteuern: Hier liegen im Sirinat National Park (S. 702) der Hat Mai Khao (S. 702), Hat Nai Yang (S. 702) und Hat Nai Thon (S. 702). Fünfsterneglamour ohne viel Trubel bieten der **Hat Surin** (หาดสุรินทร์) und die Bucht Ao Bang Thao (S. 698). Im tiefen Süden verströmt Rawai ein relaxtes Flair mit dem schönen Hat Nai Harn (S. 677).

PHUKET

525 700 EW.

Jadegrüne Wellen, unter denen sich Fische in allen Farben des Regenbogens verbergen, umspülen weißgoldene Strände, die vor dem historischen Erbe der Insel strotzen: Phuket (ภูเก็ต), Thailands betörende größte Insel, ist so vielfältig, dass man vielleicht gar nicht wieder wegwill.

Aktivitäten

Die wichtigste Aktivität Phukets ist Tauchen, doch man kann auch schnorcheln, kitesurfen, reiten, Kajak fahren, segeln und surfen, ergänzt durch Abenteuersport ohne Ende.

Tauchen & Schnorcheln

In Bezug auf die Top-Tauchspots in der Andamanensee liegt Phuket beneidenswert zentral. Die vielgerühmten Similan-Inseln (S. 658) sind 100 km nordwestlich, und Dutzende Tauchstätten finden sich rund um die Inseln Ko Phi-Phi (S. 716) und Ko Lanta (S. 724), die 40 bzw. 72 km südöstlich liegen. Die Touren zu diesen Zielen sind von Phuket aus etwas teurer als von etwas näher gelegenen Orten, da man die Transfers berappen muss. Die meisten Veranstalter in Phuket bringen ihre Kunden zu den neun Tauchgebieten rund um die Insel, z. B. **Ko Raya Noi** und **Ko Raya Yai** (auch Ko Racha Noi bzw. Ko Racha Yai genannt), aber diese Stätten rangieren nicht so hoch auf der Hitliste. Am besten ist noch das Riff vor der Südspitze von Raya Noi, wo es Weichkorallen und jede Menge Meeresfische gibt, aber in der Regel bleibt es erfahrenen Tauchern vorbehalten. Mantas und Marmor-Zitterrochen werden hier oft erspäht, gelegentlich auch Walhaie.

Eintägige Touren (mit 2 Tauchgängen) zu nahen Spots beginnen bei etwa 3800 B. Wer nicht tauchen oder nur schnorcheln will, kann meist zu deutlich geringeren Preisen mitfahren. Open-Water-Zertifikate mit dreitägiger Ausbildung gibt's für etwa 11 000 bis 21 000 B. Manche Schulen erheben eine zusätzliche Gebühr für die Ausrüstung.

In Phuket veranstalten viele Anbieter auch Tauchexpeditionen mit Übernachtung an Bord, die zu den Similan-Inseln oder zum Mergui-Archipel in Myanmar führen.

Direkt vor Phuket sind die Bedingungen zum Schnorcheln nicht wirklich berauschend, aber Brille, Schnorchel und Flossen kann man in den meisten Hotelanlagen ausleihen (200 B pro Tag). Wegen größerer Sichtweiten und einer artenreicheren Fauna sind die Bedingungen zum Tauchen und Schnorcheln vor den Küsten der kleinen vor-

Phuket (Provinz)

Phuket (Provinz)

gelagerten Inseln wie Ko Raya Yai und Ko Raya Noi deutlich besser. Einige Tauchanbieter veranstalten auch reine Schnorcheltouren.

Wie auch sonst in der Andamanensee sind die Monate von November bis April die besten zum Tauchen: Dann herrscht gutes Wetter und die See ist glatt und klar. Einige Tauchspots sind während des Monsuns von Mai bis Oktober zwecks Regeneration vielleicht gesperrt. Die meisten Tauchveranstalter arbeiten aber auch in der Nebensaison – sofern das Wetter mitspielt.

Empfehlenswerte Tauchschulen gibt's auf ganz Phuket, besonders in Kata, Karon und Patong.

Surfen

Als Surfziel ist Phuket noch ein Geheimtipp. Sobald im Sommer der Monsun beginnt, türmt sich das Meer zu rollenden Wogen auf. Die besten Wellen gibt's von Juni bis September, und dann finden auch die jährlichen Surfwettbewerbe am Hat Kata Yai (S. 687), Phukets beliebtestem Surfspot, sowie am Hat Kalim gleich nördlich von Patong statt. Der Nautilus Dive & Surf Shop (S. 688) hat sich am Südende des Kata Yai nahe der besten Stelle niedergelassen, an der die Wellen bis zu 2 m hoch werden. Vor dem Jachtclub am Hat Nai Harn (S. 677) gibt es sogar noch höhere Wellen (bis zu 3 m). Vorsicht: Sowohl am Kata als auch am Nai

Harn gibt es einen heimtückischen, lebensgefährlichen Brandungsrückstrom!

Am geschützten Strand **Hat Kalim** brechen sich konstante, bis zu 3 m hohe Wellen – diese hohl brechenden Wellen gelten als die besten der Insel. Am Kalim wird außerdem jedes Jahr eine Meisterschaft ausgetragen. Am nördlichsten Abschnitt des Hat Kamala (S. 693) gibt es gute, 3 m hohe Wellen direkt am Strand; auch hier findet ein Surfwettkampf statt. 1 km weiter nördlich gibt es am Strand von **Laem Singh** (แหลมสิงห์; Karte S. 694; P), der durch eine große Landzunge vom Wind geschützt ist, richtig große und schnelle Wellen, während die Surfbedingungen am Hat Surin zu den anspruchsvollsten auf Phuket gehören.

Hat Nai Yang (S. 702) hat eine konstante, aber leichte Brandung, die sich bereits mehr als 200 m vor der Küste bricht. Bessere Wellen gibt es am Hat Nai Thon (S. 702); die Wellengänge werden mehrmals im Jahr bis zu 3 m hoch. In der Nebensaison kann man an den meisten der genannten Strände Surfbretter leihen (200–300 B pro Std.); meistens wird auch Unterricht angeboten (ab 1200 B).

Seekajakfahren

Mehrere in Phuket ansässige Veranstalter bieten Kanutouren durch die malerische Bucht Ao Phang-Nga (S. 660) mit ihren hohen Karstfelsen, die nordöstlich von Phuket nahe dem Festland aus dem Meer ragen. Mit Kajaks gelangt man auch in halb unter Wasser stehende Höhlen, die für Longtail- und Schnellboote unbefahrbar sind. Im Preis einer ganztägigen Paddeltour (ca. 4000 B pro Pers.) sind die Mahlzeiten, die Ausrüstung und der Transport per Boot inbegriffen. Der beste und bekannteste Anbieter auf der Insel ist John Gray's Seacanoe (S. 671): Er bietet sowohl Tagesausflüge als auch drei- und viertägige Kajak- und Camping-Pauschaltouren nach Ao Phang-Nga und zum Khao Sok National Park (ab 26 750 B).

Kitesurfen

Wie überall erfreut sich dieser Trendsport auch auf Phuket zunehmender Beliebtheit. Die besten Strände dafür sind Hat Nai Yang (S. 702; Mai–Okt.) und Rawai (S. 677; Nov.–März). Die zuverlässigen Anbieter sind Mitglieder der International Kiteboarding Organisation (www.ikointl.com).

Segeln

Phuket gehört zu den Zielen in Südostasien, die besonders oft von Jachten angesteuert werden. An den Küsten liegen die unterschiedlichsten Schiffe vor Anker – von 80 Jahre alten Holzschaluppen bis hin zu den modernsten Hightech-Motorjachten.

An mehreren Orten gibt es Jachthäfen mit ganzjährigen Liegeplätzen. Auskunft über die aktuellen Hafenformalitäten sollte man vorab bei den Marinas einholen. In der Hauptsaison zahlt man für das Chartern eines Boots ohne Skipper pro Tag mindestens 9000 B.

Abenteuersport

An Aktivitäten mit Nervenkitzel (Bungee-Jumping, Seilrutschen) herrscht auf Phuket kein Mangel. Die Sicherheitsstandards und die Qualität der Ausrüstung variieren – es hat schon schwere, auch tödliche Unfälle gegeben. Deshalb sollte man Erkundigungen einholen und, wenn man irgendwelche Bedenken hat, auf das Abenteuer lieber verzichten.

Kochkurse

Beliebte Thai-Kochkurse bieten Boathouse Cooking Class (S. 688) in Kata, die Blue Elephant Cooking School (S. 626) in Phuket (Stadt), die **Phuket Thai Cookery School** (Karte S. 666; ☎082 474 6592; www.phuketthaicookery.com; Hat Pleum Suk; 1 Tag 2900 B; ⏲Do–Di 8–15 Uhr) in Ko Sireh und die Pum Thai Cooking School (S. 636) in Patong.

Feste & Events

Vegetarierfest RELIGION

(⏲Ende Sept.–Okt.) Böller krachen, in der Luft hängt dichter Rauch und Männer und Frauen laufen durch Phuket-Stadt, wobei die Wangen von einigen von Spießen und Messern, aber auch von Lampen und Baumzweigen durchbohrt sind. Willkommen beim Vegetarierfest, einer der buntesten Festlichkeiten auf Phuket: Dann ernähren sich chinesischstämmige Einwohner zum Zwecke der spirituellen Reinigung zehn Tage lang rein vegetarisch.

Praktische Informationen

MEDIZINISCHE VERSORGUNG

Die meisten Tauchunfälle werden im **Phuket International Hospital** (Siriroj International Hospital; Karte S. 666; ☎098 024 9400, 076 361818; www.phuketinternationalhospital.com; 44 Th Chalermprakiat; ⏲24 Std.) versorgt, das über eine Dekompressionskammer verfügt. Es befindet sich 3,5 km nordwestlich der Stadt. Verlässlich ist auch das **Bangkok Hospital Phuket** (Karte S. 666; ☎076 254425; www.

phukethospital.com; 2/1 Th Hongyok Uthit; ⌚24 Std.) 3 km nördlich von Phuket (Stadt).

SICHER UNTERWEGS

- Auf den Schnellstraßen Phukets werden jedes Jahr Tausende von Menschen verletzt oder getötet.
- Besondere Vorsicht sollte man auf den Straßen von Patong nach Karon und von Kata nach Rawai/Hat Nai Harn walten lassen: Hier wurde schon von Überfällen und Messerangriffen spät am Abend von Motorrädern aus berichtet.
- Für Frauen ist barbusiges Sonnenbaden in Thailand absolut tabu.
- Vor den Stränden von Phuket ertrinken (S. 57) jedes Jahr Menschen – also Vorsicht!
- Drogenbesitz kann zu einer einjährigen oder auch längeren Haftstrafe führen. Weitaus strenger sind die Strafen für Drogenschmuggel – sie können bis zur Todesstrafe reichen.
- Betrügereien mit Jetskis sind auf Phuket weit verbreitet. Vor dem Anmieten sollte man sich die Fahrzeuge genau anschauen.
- Es hat schon schwere Bootsunglücke gegeben. Man sollte sich also vergewissern, dass Boote Sicherheits- und Notfallausrüstung dabeihaben. Wenn Zweifel bestehen, einen anderen Anbieter suchen!

TOURISTENINFORMATION

Touristeninformationen gibt's in Phuket (Stadt).

Tourism Authority of Thailand (TAT; Karte S. 672; ☎076 211036; www.tourismthailand.org/Phuket; 191 Th Thalang; ⌚8.30–16.30 Uhr)

Touristeninformation (Karte S. 672; Th Thalang; ⌚9–22 Uhr)

ℹ An- & Weiterreise

FLUGZEUG

Der **Phuket International Airport** (☎076 632 7230; www.phuketairportonline.com) liegt 30 km nordwestlich von Phuket (Stadt).

Die staatliche Fluggesellschaft ist **THAI** (Karte S. 672; www.thaiairways.com; 78/1 Th Ranong; ⌚8–16.30 Uhr), mit Verbindungen nach Bangkok (Suvarnabhumi). AirAsia (S. 687), Nok Air (S. 738) und **Bangkok Airways** (Karte S. 672; ☎076 225033; www.bangkokair.com; 158/2–3 Th Yaowarat; ⌚Mo–Sa 8–17.30 Uhr) bieten ebenfalls Flüge nach Bangkok sowie zu anderen Zielen im Land wie Chiang Mai, Hat Yai und Ko Samui. Internationale Direktflüge gibt's außerdem nach Dubai, Abu Dhabi, Hongkong, Kuala Lumpur, Singapur, Beijing, Shanghai, Seoul, Delhi, Mumbai, Melbourne und Sydney.

AUF DEM LANDWEG

Die Fernbusse (S. 676) nutzen das **Phuket Bus Terminal 2** (Karte S. 666; Th Thepkrasattri) 4 km nördlich von Phuket (Stadt). Busse verkehren u. a. nach Bangkok, Chiang Mai, Chiang Rai, Hat Yai, Ko Samui, Ko Pha-Ngan und Surat Thani.

Die Reisebüros auf Phuket verkaufen Tickets (Preis für die Fähre enthalten) für klimatisierte Minivans zu Zielen in Südthailand, darunter nach Krabi, Ranong, Trang, Surat Thani, Ko Samui, Ko Pha-Ngan und Hat Yai. Der Preis ist in der Regel etwas höher als für den Bus. Viele Minivans nutzen das **Phuket Bus Terminal 1** (Karte S. 672; Th Phang-Nga) in Phuket (Stadt).

ÜBERS MEER

Die **Tha Rassada** (Karte S. 666; Tha Rassada), 3 km südöstlich von Phuket (Stadt), ist die Hauptanlegestelle der Boote von/nach Ko

ℹ TAXIS AUF PHUKET

Zwar ist das thailändische Militär gegen Phukets „Taximafia" vorgegangen, doch nach wie vor sind Taxis auf der Insel mächtig überteuert. Für die 15-minütige Fahrt vom Hat Karon zum Hat Patong werden beispielsweise 400 B verlangt. Preistafeln verkünden den *Höchstpreis* zu bestimmten Zielen, aber die Fahrer lassen sich kaum von diesem Preis herunterhandeln.

Um Abzocke zu vermeiden, sollte man sich die Telefonnummer eines Taxis mit Taxameter notieren und während seines Aufenthalts immer nur denselben Fahrer bestellen. Am leichtesten geht das, wenn man gleich bei der Ankunft ein Taxameter-Taxi vom Flughafen nimmt (dort sind sie am leichtesten greifbar). Die Taxis mit Taxameter stehen 50 m links vom Ausgang des Ankunftsterminals für internationale Flüge. Der festgelegte Preis beträgt 50 B für die ersten 2 km, 12 B pro Kilometer für die folgenden 15 km und für alle folgenden Kilometer je 10 B; hinzu kommt eine „Flughafensteuer" von 100 B. Vom Flughafen aus werden daher theoretisch zu keinem Ziel auf der Insel mehr als 700 B fällig.

Zunehmend beliebter wird in Thailand die Taxi-App Grab (www.grab.com) – sehr praktisch auf Phuket. Über Grab gebuchte Taxis nutzen den Taxameter und schlagen eine kleine Einstiegsgebühr auf, doch nicht immer sind sie günstiger als Taxis, die man auf der Straße heranwinkt. Nicht alle Grab-Fahrer verstehen Englisch, doch die Unterkunft kann bei der Buchung von Taxis helfen.

Phi-Phi, Krabi, Ao Nang, Ko Lanta, zu den Trang-Inseln, nach Ko Lipe und sogar zur Insel Pulau Langkawi in Malaysia (wo es Fährverbindungen nach Penang gibt). Weitere Boote nach Krabi und Ao Nang (über die Ko-Yao-Inseln) starten von der Tha Bang Rong (S. 664) 26 km nördlich der Tha Rassada.

Unterwegs vor Ort

Die öffentlichen Verkehrsmittel auf Phuket sind berüchtigt, wenn es auch langsam etwas besser wird. Zwischen Phuket (Stadt) und den Stränden an der Westküste verkehren *sŏrng·tăa·ou* (Passagier-Pick-ups) und dank dem neuen Phuket Smart Bus kann man nun auch endlich von Strand zu Strand gelangen. Taxis und Tuk-Tuks sind allerdings weiterhin wahnsinnig überteuert.

AUTO & MOTORRAD

Ein Motorrad zu leihen kostet etwa 250 B pro Tag und ist auf der ganzen Insel möglich. Auch Autos kann man ab etwa 1000 B pro Tag fast überall mieten, u. a. am Flughafen und in Phuket (Stadt).

BUS

Der himmelblaue **Phuket Smart Bus** (☎ 086 306 1257; www.phuketsmartbus.com) pendelt von 6 bis 20.15 Uhr ungefähr stündlich zwischen dem Phuket International Airport und Rawai (2 Std.), über Ao Bang Thao, Surin, Kamala, Patong, Karon und Kata. Je nach Länge der Fahrt kostet diese 50 bis 170 B. Es gibt auch ein Dreitagesticket (500 B) oder man erwirbt im Bus selbst eine Prepaid-Smartcard (300 B), die an verschiedenen Stellen auf der ganzen Insel aufgeladen werden kann. Beim Aussteigen aus dem Bus nicht vergessen, sich mit der Karte abzumelden!

SCHIFF/FÄHRE

Der **Chalong Pier** (Karte S. 666; Chalong) wird meist von Jachten und Anbietern von Tauchtouren genutzt.

SŎRNG·TĂA·OU & TUK-TUK

Sŏrng·tăa·ou (Karte S. 672; Th Ranong) in Busgröße verkehren von 7 bis 17 oder 18 Uhr regelmäßig zwischen der Th Ranong in Phuket (Stadt) und den meisten Stränden der Insel (30–40 B pro Pers., 30 Min.–1½ Std.). Oder man mietet sich ein Tuk-Tuk.

Phuket (Stadt)

☎076 / 79 300 EW.

Ehe Flip-Flops, glamouröse Resorts und Selfie-Sticks das Bild bestimmten, war Phuket eine Insel der Kautschukplantagen, Zinnminen und erwerbstüchtigen Kaufleute. Händler aus Arabien, China, Indien und Portugal ließen sich in Phuket (เมืองภูเก็ต) nieder und verwandelten die Stadt in einen farbenfrohen Schmelztiegel der Kulturen.

In der Altstadt ist dieses historische Erbe bis heute deutlich zu erkennen. Die Altstadt ist jedoch auch das Zentrum der Hipster der Insel und lockt insbesondere Künstler und Musiker an, was erkennbar zu einer gewissen Gentrifizierung geführt hat. Hundert Jahre alte *hôrng tăa·ou* (Shophouses) und Wohnhäuser werden restauriert, es taucht bunte Streetart auf und es scheint, als würde jedes zweite Gebäude heute ein angesagtes Café mit Wänden aus geschliffenem Beton beherbergen.

Doch Phuket (Stadt) ist immer noch ein wunderbarer Ort, um zur Abwechslung von den Stränden mal etwas Kultur zu erleben, und problemlos mit *sŏrng·tăa·ou* (Passagier-Pick-ups) zu erreichen. Bei einem Bummel durch die Straßen entdeckt man schöne sino-portugiesische Gebäude, Künstlercafés, ausgefallene Galerien, Boutiquehotels und in Weihrauchschwaden gehüllte chinesisch-taoistische Schreine. Abends locken dann die authentischste Phuket-Küche der Insel und die stark thailändisch geprägte Barszene der Stadt.

Sehenswertes

Phuket Thaihua Museum MUSEUM
(พิพิธภัณฑ์ภูเก็ตไทยหัว; Karte S. 672; ☎076 211224; 28 Th Krabi; 200 B; ⌚9–17 Uhr) Das 1934 gegründete, schicke Museum in einer früheren chinesischen Sprachschule zeigt viele Fotos und auf Englisch erläuterte Ausstellungsstücke zur Geschichte Phukets, angefangen von der chinesischen Einwanderung (viele einflussreiche Familien der Stadt sind chinesischer Abkunft) über die Ära der Zinnminen und das Vegetarierfest (S. 668) bis zur heutigen Küche, Mode und Literatur. Das Gebäude selbst stellt eine bemerkenswerte Mischung europäischer (Art déco, Klassizismus) und chinesischer (das Giebeldach und der Stuck) Architekturstile dar und weist überdies ein Tor aus britischem Eisen auf.

Shrine of the Serene Light SCHREIN
(ศาลเจ้าแสงธรรม, Saan Jao Sang Tham; Karte S. 672; Th Phang-Nga; ⌚8.30–12 & 13.30–17.30 Uhr) GRATIS Eine Reihe chinesischer Tempel bringen Farbe in die Stadt. Besonders stimmungsvoll ist dieser restaurierte Schrein, der sich am Ende einer 50 m langen Gasse versteckt, die inzwischen moderne Wandbilder schmücken. Die Wände sind mit taoistischen Gravuren verziert, das Deckenge-

PROVINZ RANONG

Ranong (จังหวัดระนอง), die nördlichste Provinz der Andamanenküste, besitzt üppige Wälder und ein paar schöne Inseln wie insbesondere Ko Chang und Ko Phayam, die nicht allzu sehr überlaufen sind. Jedoch unterscheidet sich die Provinz deutlich von dem Tropenparadies mit weißem Sand und türkisblauem Meer, das die Broschüren der Reiseveranstalter vermarkten. In der am dünnsten besiedelten und feuchtesten Region Thailands regnet es bis zu acht Monate im Jahr. Es ist sumpfig und Strände sind an der Küste dünn gesät. Die meisten Besucher kommen hierher, weil sie die Grenze nach Myanmar überqueren wollen.

Ranong (Stadt)

077 / 24 561 EW.

Die Stadt Ranong (ระนอง) am östlichen Ufer der trüben, teebraunen Mündung des Mae Nam Pak Chan (Mae Nam Kra Buri) ist nur eine 45-minütige Bootsfahrt von Myanmar entfernt. In der Grenzstadt mit ihrem geschäftigen Hafen leben auch viele Birmanen – teils sind die Gesichter der Frauen mit *thanaka*, einer kosmetischen Paste, bedeckt. Ansonsten hat die Stadt noch Thermalquellen, restaurierte historische Gebäude und ein paar wirklich tolle Garküchen zu bieten.

Ranong war früher ein Provinznest, profitiert aber heute (dank der stabiler werdenden politischen Lage in Myanmar) vom grenzüberschreitenden Handel sowie von seiner Funktion als Durchgangsstation für Touristen auf dem Weg zu den nahegelegenen Inseln Ko Phayam und Ko Chang. Mittlerweile gibt es hier idyllische Boutiquehotels und eine relativ stilbewusste Szene. Außerdem lassen sich hier immer mehr Tauchanbieter nieder, die Touren mit Bordübernachtung zu den Surin-Inseln und zum Mergui-Archipel in Myanmar organisieren, sodass es auch eine kleine Expatszene gibt.

Sehenswertes

Ngao Waterfall National Park NATIONALPARK
(อุทยานแห่งชาติ น้ำตกหงาว; 077 848181; Erw./Kind 100/50 B; 8.30–16.30 Uhr) Der 668 km² große Park 12 km südlich von Ranong schützt einen Regenwald und einen 300 m hohen stufigen Wasserfall. Ein kurzer Weg führt hinauf zu einem Abschnitt der Fälle, wo man in den Bach waten kann. Außerdem gibt's in dem Gebiet die hier beliebten Weißscherenkrabben, eine seltene Süßwasserkrabbe mit einem weißen Körper und einem lila Maul. Das Ticket, das man bei den Thermalquellen erwirbt, gilt sowohl für den Park als auch für die **Pornrang Hot Springs** (บ่อน้ำร้อนพรรั้ง; 077 862103; Erw./Kind 100/50 B; 6–17.30 Uhr).

Wat Ban Ngao BUDDHISTISCHER TEMPEL
(วัดบ้านหงาว; 7–18 Uhr) Das hübsche Refugium am Fuß eines Hügels war einst eine Ruhestätte für buddhistische Pilger. 1987 wurde an der Stelle dann ein Tempel errichtet. Hinter diesem führen Betonstufen hinauf zu einem tollen Ausblick über das Tal. In einem Teich in der Nähe tummeln sich im trüben Wasser große geschützte Fische. Der Tempel liegt rund 13 km südlich von Ranong und ist nicht weit entfernt vom Ngao Waterfall National Park, sodass beide gut zusammen besucht werden können.

Aktivitäten

Spas & Thermalquellen

★ **Namnong Hot Spa** SPA
(084 625 3444; 73/3 Th Phetkasem; Anwendungen 400–1000 B; 11–20 Uhr) Das sehr zu empfehlende Mineralbad in Ranong (Stadt) hat mehr Klasse als die öffentlichen Thermalbäder gegenüber. Man badet in einer eigenen Wanne im Freien und lässt sich anschließend mit Salz abreiben oder gönnt sich eine klassische thailändische Massage.

Rakswarin Hot Springs THERMALQUELLEN
(Th Phetkasem; 5–21 Uhr) Das heilende Wasser sprudelt am südöstlichen Stadtrand so heiß (65 °C) aus einer heiligen Quelle, dass man darin Eier kochen könnte. Die Becken am Fluss haben Fliesen mit Schachbrettmuster und sind mit Duschen, Badetüchern und Sonnenliegen ausgestattet. Man streckt sich aus und lässt die Wärme auf die schmerzenden Glieder wirken. Ein Teil der Anlage wird privat geführt (40 B); er ist sauberer und nicht so voll.

Tauchen

Andaman International Dive Center TAUCHEN
(089 814 1092; www.aidcdive.com; 41/115 Thamuang; Okt.–April) Veranstaltet hauptsächlich längere Exkursionen (6–14 Tage) zum Mergui-Archipel in Myanmar, aber auch ein paar Touren zu den Surin-Inseln. Eine Tauchtour mit vier Übernachtungen an Bord kostet 20 000 B.

A-One-Diving TAUCHEN
(077 832984; www.a-one-diving.com; 256 Th Ruangrat; Okt.–April) Ist auf Tauchtouren

wölbe ist vom Weihrauch geschwärzt. Der Altar ist immer mit brennenden Kerzen und frischen Blumen geschmückt. Die umliegenden sino-portugiesischen Gebäude haben einen schönen neuen Anstrich erhalten. Der Schrein soll 1889 von einer örtlichen Familie errichtet worden sein.

Khao Rang AUSSICHTSPUNKT
(เขารัง, Phuket Hill; Karte S. 666; P) Wer sich die Stadt aus der Vogelperspektive anschauen will, sollte zu Fuß oder motorisiert den Khao Rang 2,5 km nordwestlich des Zentrums von Phuket (Stadt) aufsuchen. Dank der überhängenden Aussichtsplattform hat man einen herrlichen Panoramablick über die Stadt bis zur Bucht von Chalong, nach Laem Phanwa und zum Großen Buddha. Am stillsten ist es hier werktags. Oben gibt's auch ein paar Restaurants und Cafés sowie Affen. Unterwegs lohnt der **Wat Khao Rang** einen Blick. Zu Fuß braucht man eine Stunde zum Aussichtspunkt.

Aktivitäten

★ **John Gray's Seacanoe** KAJAKFAHREN
(Karte S. 666; 076 254505; www.johngray-seacanoe.com; 86 Soi 2/3, Th Yaowarat; Erw./Kind ab 3950/1975 B) Der älteste, angesehenste und bei Weitem umweltbewussteste Anbieter von Kajaktouren auf Phuket. Bei der Tour „Hong by Starlight" geht man den Massen aus dem Weg, paddelt in den Sonnenuntergang und bewundert die berühmte nächtliche Bio-Lumineszenz von Ao Phang-Nga. Wie alle beliebten Marken in Thailand wird der Name „Seacanoe" oft von anderen missbraucht und John Grays Touren gnadenlos kopiert. Das Original hat seinen Sitz 3,5 km nordwestlich von Phuket (Stadt).

Amazing Bike Tours RADFAHREN
(Karte S. 666; 087 263 2031; www.amazingbiketoursthailand.asia; halb-/ganztägige Tour 1900/3200 B; 9–20 Uhr) Der sehr zu empfehlende Abenteuer-Veranstalter bietet halbtägige Radtouren für kleine Gruppen durch die Dörfer im Nordosten Phukets, wunderbare Tagestouren rund um Ko Yao Noi sowie anspruchsvollere dreitägige Abenteuerfahrten im Khao Sok National Park (14 900 B). Im Preis inbegriffen sind das Fahrrad, der Schutzhelm, Mahlzeiten und Wasser.

Kurse

Blue Elephant Cooking School KOCHEN
(Karte S. 672; 076 354355; www.blueelephant.com; 96 Th Krabi; halber Tag 3296 B; 9.30–16.30 Uhr) Hier erlernt man in einem hinreißend restaurierten sino-portugiesischen Gebäude die komplizierte Kunst der thailändischen Königsküche. Angeboten werden halbtägiger Gruppenunterricht (vor- oder nachmittags). Bei den Kursen, die vormittags stattfinden, ist ein Marktbesuch inbegriffen; nachmittags wird auch eine Nachspeise zubereitet. Vorab reservieren!

Schlafen

Phuket (Stadt) bietet unzählige Budgetunterkünfte. In den letzten Jahren hat die Hostelszene stark geboomt und inzwischen gibt es in der Altstadt eine fast überwältigende Zahl an Hostels, Pensionen und Boutiquehotels. In den besten Unterkünften muss man Betten reservieren. Top-Herbergen gibt's hier nur wenige, stattdessen locken Boutiquehotels mit viel Flair.

Borbaboom Poshtel HOSTEL $
(Karte S. 672; 096 634 5025; www.facebook.com/borbaboomphuket; 73/1 Th Rassada; B 300–450 B, DZ 1200 B;) Das frische Borbaboom lockt nicht nur mit lebhaftem jugendlichem Flair, hilfsbereitem, Englisch sprechendem Personal und einem kleinen Dachpool, sondern auch mit gepflegten, modernen Sechser-Dorms, die besten davon im Kapselstil: Jedes Bett verfügt über Licht, Vorhang, Regal und Steckdose. Die recht schicken Privatzimmer sind in Blautönen gehalten und verfügen über Föhne, Bäder und Gemeinschaftsterrassen.

Neighbors Hostel HOSTEL $
(Karte S. 672; 094 343 3399; 93 Th Phang-Nga; B 300–340 B, DZ 600–750 B;) Das freundliche, zentral gelegene und moderne Hostel in einem blassgelben sino-portugiesischen Gebäude mit einem kleinen Café bietet zwei einfache, makellos saubere gemischte Achter-Dorms sowie einen Sechser-Dorm nur für Frauen. Alle Betten haben Schließfächer, Lampen, Steckdosen und Vorhänge. Die beiden kleinen Privatzimmer weisen etwas mehr Farbe und Flair auf und teilen sich ein Bad aus Backstein und geschliffenem Beton.

Art-C House PENSION $
(Karte S. 672; 082 420 3911; www.facebook.com/artchouse; 288 Th Phuket; DZ 800 B;) Nicht viele Pensionen verfügen wie das freundliche und originelle Art-C über eine eigene Kletterwand. Außerdem gibt's hier 13 ordentliche, preiswerte Privatzimmer; die Flure hat der Betreiber selbst mit Wandbildern verziert. Nur die Zimmer im obersten Ge-

Phuket (Stadt)

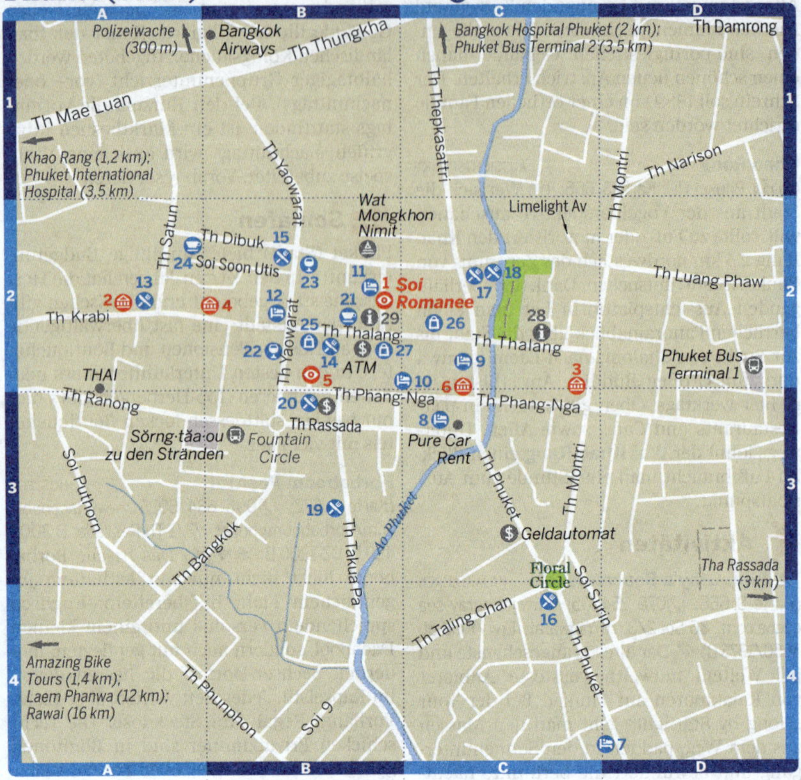

schoss haben Fenster. Das Personal ist hilfsbereit und freundlich und im Erdgeschoss befindet sich ein Café. Ein Aufzug ist allerdings nicht vorhanden. Tagesgäste können sich für 150 B pro Tag an der Kletterwand erproben.

★ Casa Blanca Boutique Hotel BOUTIQUEHOTEL $$
(Karte S. 672; ☎076 219019; www.casablancaphuket.com; 26 Th Phuket; DZ 2300–2800 B; ❄📶🏊) Das ganz in Weiß und Pastelltönen gehaltene, elegant renovierte sino-portugiesische Schmuckstück erhält durch spanisch anmutende Akzente wie gemusterte Fliesen und die von Pflanzen gesäumte Terrasse besonderen Glanz. Moderne Kunst schmückt die in hellen Grün- und Blautönen gestalteten schicken Zimmer. Die Deluxe-Zimmer haben Balkone mit Blick auf die Stadtlandschaft; die ruhigeren Superior-Zimmer blicken auf den Pool. Das Personal ist reizend; in der Lobby mit gefliestem Boden gibt's ein kleines Café.

Für Familien eignet sich besonders die Suite mit zwei Zimmern.

RomManee BOUTIQUEHOTEL $$
(Karte S. 672; ☎089 728 9871; Soi Romanee; DZ 1200 B; ❄📶) Die Boutique-Pension an Phukets schönster Straße hat mit ihrer türkisfarbenen sino-portugiesischen Fassade, den lackierten Betonböden und dem tollen kleinen Lobby-Café **DouBrew** (Karte S. 672; www.facebook.com/DouBrewCoffee; Soi Romanee; ⏲Mo–Sa 8–19, So bis 21 Uhr) definitiv Stil. Die vier geräumigen Zimmer mit Holzböden, farblich akzentuierten Wänden und geschmackvollen Lampen haben eine künstlerische und moderne Anmutung und bieten ein ausgezeichnetes Preis-Leistungs-Verhältnis. Die Treppen sind steil und einen Aufzug gibt es nicht, dafür ist das Personal sehr zuvorkommend.

Einen Block weiter gibt's den Ableger **Rom Manee Classic** (Karte S. 672; ☎092 218 9292; www.facebook.com/TheRomManeeClassic; 4–6 Th Krabi; DZ 1000–1200 B; ❄📶) mit weniger Flair.

Phuket (Stadt)

Essen

In Phuket (Stadt) gibt es tolles Essen, sowohl thailändisches als auch ausländisches, und hier zu speisen ist erheblich billiger als am Strand. Dies ist die Top-Adresse der Insel für authentische südthailändische Küche, besonders für die einzigartige Peranakan-Küche Phukets, in der sich thailändische, chinesische und malaiische Aromen mischen. Restaurants und Cafés findet man in der gesamten Altstadt.

★ **Kopitiam by Wilai** THAI $
(Karte S. 672; ☎083 606 9776; www.facebook.com/kopitiambywilai; 14 & 18 Th Thalang; Hauptgerichte 95–180 B; ⏰Mo–Sa 11–17 & 18.30–21 Uhr; 📶👶) Das familiengeführte Restaurant serviert in einem stimmungsvollen alten Shophouse fabelhafte traditionelle Phuket-Gerichte, z. B. ein *pàt tai* im Phuket-Stil mit einem gewissen Extra, *chai chae* (Nudelsalat mit Chilis) und fantastisches *mee sua* (gebratene Nudeln mit Ei, Gemüse, Garnelen, Seebarsch und Tintenfisch). Dazu trinkt man frischen Chrysanthemen- oder Passionsfruchtsaft. Es gibt zwei Filialen, eine davon mit Klimaanlage, zu beiden Seiten des **Oldest Herbs Shop** (Karte S. 672; Th Thalang; ⏰8–18 Uhr).

Lock Tien STREETFOOD $
(Karte S. 672; Ecke Th Dibuk & Th Yaowarat; Mahlzeiten 35–100 B; ⏰9–17 Uhr) Im wuseligen Foodcourt Lock Tien surren über den Gemeinschaftstischen die Ventilatoren. Geboten wird eine riesige Bandbreite an klassischen Gerichten aus Phuket (Stadt) wie z. B. *popiah sod hokkien* (mit Garnelen oder Gemüse gefüllte frische Frühlingsrollen im Fuji-Stil), pikant-saure Hokkien-Nudelsuppe und *lobha* (Schweinsbäckchen und -innereien), alles zu wunderbar normalen Preisen.

Mee Ton Poe NUDELN $
(Karte S. 672; Th Phuket; Mahlzeiten 50–80 B; ⏰8–20 Uhr; 📶) Direkt am Clock Tower Circle von Phuket (Stadt) lockt das inzwischen in dritter Generation geführte Mee Ton Poe mit Holztischen und roten Plastikstühlen schon seit 1946 die Einwohner von Phuket an, mit erstklassigen Nudelgerichten wie der *mèe nam tom poe* (Hokkien-Nudelsuppe) und dem *mèe pad hokkien* (gebratene gelbe Nudeln mit Schweinefleisch, Garnelen, Fischbällchen und Gemüse in einer Brühe), für das das Lokal bekannt ist.

★ **One Chun** THAI $$
(Karte S. 672; ☎076 355909; 48/1 Th Thepkasattri; Hauptgerichte 100–370 B; ⏰10–22 Uhr; 📶) Das Schwesterrestaurant des renommierten **Raya** (Karte S. 672; ☎076 218155; rayarestaurant@gmail.com; 48/1 Th Dibuk; Hauptgerichte 180–650 B; ⏰10–22 Uhr) hat preiswertere Gerichte, weshalb Einheimische wie auch thailändische Touristen in Scharen herkommen.

NICHT VERSÄUMEN

SINO-PORTUGIESISCHE ARCHITEKTUR

Bei einem Spaziergang durch die Th Thalang, die Th Dibuk, die Th Yaowarat, die Th Ranong, die Th Phang-Nga, die Th Rassada und die Th Krabi kann man sich die architektonischen Schätze sino-portugiesischer Architektur in Phuket (Stadt) anschauen. Zu den prächtigsten Gebäuden gehören die **Standard Chartered Bank** (ธนาคารสแตนดาร์ดชาร์เตอร์ด; Karte S. 672; Th Phang-Nga; Museum Di–So 9–16.30 Uhr), Thailands älteste ausländische Bank, das THAI-Büro (S. 669) und die **alte Post**, in der heute das **Phuket Philatelic Museum** (พิพิธภัณฑ์ตราไปรษณียากรภูเก็ต; Karte S. 672; 158 Th Montri; Di–Sa 9–17.30 Uhr) GRATIS untergebracht ist. Manche der farbenfrohsten Gebäude säumen die **Soi Romanee** (ถนนรมณีย์; Karte S. 672) abseits der Th Thalang – die Gasse beherbergte einst Bordelle, Spielhöllen und Opiumhöhlen.

Die am besten restaurierten Wohnhäuser finden sich an der Th Thalang, der Th Dibuk und der Th Krabi, darunter das **Chinpracha House** (บ้านชินประชา, Baan Chinpracha; Karte S. 672; 076 211167, 076 211281; 98 Th Krabi; 200 B; Mo–Sa 9–16.30 Uhr). Die prachtvolle **Phra Pitak Chinpracha Mansion** von 1903 wurde restauriert und ist heute Sitz des Nobelrestaurants **Blue Elephant** (Karte S. 672; 076 354355; www.blueelephant.com; 96 Th Krabi; Hauptgerichte 350–1000 B, Probiermenüs 1600–2400 B; 11.30–14.30 & 18.30–22 Uhr;) mit angeschlossener Kochschule.

Im One Chun gibt es hervorragende Meeresfrüchte – das Krabbencurry in Kokosmilch ist vielleicht das beste in Phuket (Stadt) –, aber auch ein tolles rotes Curry mit gebratener Ente und *pàk miang* (kurz in der Pfanne gebratene spinatähnliche Blätter). Das Shophouse-Ambiente mit Dekor der 1950er-Jahre, grünen Fensterläden und gefliesten Böden rundet das kulinarische Erlebnis ab.

Tu Kab Khao THAI $$
(Karte S. 672; 076 608888; www.facebook.com/tukabkhao; 8 Th Phang-Nga; Hauptgerichte 160–290 B; 11.30–24 Uhr;) Dieses einladende, 130 Jahre alte sino-portugiesische Gebäude, das sich inzwischen als überaus beliebtes Restaurant für die Küche Phukets präsentiert, schmücken rote Laternen. Mit glänzenden Betonböden, Sesseln und einer Spiegelwand bringt es den Glanz der Alten Welt in ein Restaurant für ortstypische Spezialitäten und erfreut sich besonders bei Wochenendbesuchern aus Bangkok enormer Beliebtheit. Die gefragtesten Gerichte des Lokals wie *mŏo hong*, ein Krebsfleischcurry, basieren auf den Rezepten der Mutter des Betreibers.

★ **Suay** FUSIONSKÜCHE $$$
(Karte S. 672; 087 888 6990; www.suayrestaurant.com; 50/2 Th Takua Pa; Hauptgerichte 400–1000 B; 17–23 Uhr) In diesem umgebauten Haus gleich südlich der Altstadt wird die fabelhafte Fusionsküche des Phuketer Top-Kochs Noi Tammasak serviert; dazu werden feine Weine kredenzt. Zu den absoluten Highlights zählen die pikanten Auberginensalate, die Shanghai-Nudeln mit Süßem Basilikum, das Massaman-Curry mit geschmorter Rinderwange und die gegrillten Lammkoteletts mit Zitronengras und Papaya-Salsa. Zuletzt gab es Pläne für eine neue Cocktailbar und eine Karte mit Tapas im Thai-Stil.

Ausgehen & Nachtleben

In Phuket (Stadt) kann man feiern wie die Einheimischen. Die Bars haben bis weit in die Nacht hinein geöffnet und werden fast ausschließlich von Thais und hier lebenden Ausländern besucht. In den letzten Jahren hat die Szene für handwerklich gemixte Cocktails einen starken Boom erlebt. Und auch die Cafékultur wächst und gedeiht: Phuket (Stadt) wartet mit einigen der besten Coffeeshops der Insel auf.

★ **Bookhemian** CAFÉ
(Karte S. 672; 098 090 0657; 61 Th Thalang; Mo–Fr 9–19, Sa & So bis 20.30 Uhr;) Jede Stadt sollte ein Café haben, das derart cool ist. Mit seinen auf zwei Ebenen verteilten Räumlichkeiten aus Backstein und Beton ist es zugleich Café und Ausstellungsfläche. Im vorderen Raum stehen gebrauchte Bücher zum Verkauf, Fahrräder hängen an der Wand und den Türgriff ziert ein Roman von Gabriel García Márquez. Es gibt guten Kaffee (50–90 B), Säfte, Kuchen sowie den ganzen Tag lang Frühstück (120–150 B).

★ **Shelter Coffee** CAFÉ
(Karte S. 672; www.facebook.com/theshelltercoffeephuket; 97 Th Dibuk; Do–Di 8.30–18 Uhr;) Mit den besten Kaffee (55–150 B) serviert

das legere, experimentelle und mit einem Nationalpreis ausgezeichnete Shelter. Bekannt ist es vor allem für sein 72-Stunden-Cold-Brew. Alle Klassiker werden kunstvoll dargeboten, mit AeroPress-Varianten und Bohnen des Tages. Dazu kommen Tees aus thailändischen Kräutern, wohltuende heiße Schokoladen, ganztägig serviertes Frühstück und Thai-Gerichte (90–160 B). Nach hinten raus schließt sich ein versteckter Garten an.

★ **Dibuk House** COCKTAILBAR

(Karte S. 672; ☎086 796 4646; www.facebook.com/dibukhouse; 39/2 Th Dibuk; ⏰19–2 Uhr) Fliesenböden und flackernde Kerzen prägen die bekannteste Cocktailbar von Phuket (Stadt) in einem umgemodelten sino-portugiesischen Shophouse. Für die örtliche Craft-Cocktail-Szene legt es die Latte sehr hoch. In dem stimmungsvollen Lokal mixen mit Westen bekleidete Barkeeper an der mit Spiegeln versehenen Theke kunstvoll starke, avantgardistische Cocktails (250–350 B). Der delikate Wynn de Fleur besteht z. B. aus Rotbeerentee mit Ginaroma und Aloe, Zitrone und Jasmin.

★ **Club No 43** COCKTAILBAR

(Karte S. 672; ☎099 305 6333; 43 Th Yaowarat; ⏰18 Uhr–open end; 📶) Mit roten Rosen bestückte Hendrick's-Flaschen und ein Tresen aus rotem Backstein schaffen die kreative Kulisse in dieser experimentell ausgerichteten Craft-Cocktail-Lounge. In den Mixturen (300–380 B) wie dem vom *dôm yam* inspirierten 43 Old Town auf einer pikanten Wodkabasis, der in einer Teekanne serviert wird, kommen thailändische Kräuter zum Zuge.

Shoppen

Überall in der Altstadt gibt Es lässig-schicke Boutiquen, die Schmuck, Kleidung für Frauen, Stoffe und Souvenirs verkaufen, sowie skurrile Galerien und Antiquitätenläden. Phuket (Stadt) punktet außerdem mit mehreren guten Märkten, u. a. dem riesigen **Wochenendmarkt** (Naka Market; Karte S. 666; abseits der Th Chao Fa West; ⏰Sa & So 16–22 Uhr) und der **Walking Street** (Karte S. 672; Th Thalang; ⏰So 16–22 Uhr) am Sonntag.

★ **Ranida** ANTIQUITÄTEN, MODE

(Karte S. 672; 119 Th Thalang; ⏰Mo–Sa 10–20 Uhr) In dem eleganten Mode- und Antiquitätengeschäft gibt's antike Buddha-Statuen und andere Skulpturen, Bio-Textilien und ambitionierte, elegante Damenmode, die von alten thailändischen Gewändern und Stoffen inspiriert ist.

Pink Flamingo MODE & ACCESSOIRES

(Karte S. 672; 39/12 Th Yaowarat; ⏰10–20 Uhr) Im selbsternannten „tropischen Conceptstore" in einem schick restaurierten alten Gebäude mit Bögen über der Eingangstür dreht sich alles um fließende Stoffe, kräftige Farben und bestickte handgefertigte Kleider, Kaftane und Accessoires aus Bali. Im Obergeschoss serviert ein Bar-Restaurant inmitten wunderschöner handgemalter Wandbilder mit Flamingos Tapas, Salate und Pasta (105–345 B).

Ban Boran Textiles TEXTILIEN

(Karte S. 672; 51 Th Yaowarat; ⏰Mo–Sa 10.30–18.30 Uhr) Auf den Regalen dieses Ladens stapeln sich hochwertige Seidenschals, birmanische Lackarbeiten, Sarongs, Leinenhemden, bunte Handtaschen und Baumwolltextilien aus Chiang Mai.

Praktische Informationen

Es gibt zahlreiche Geldautomaten in der Th Phuket, der Th Ranong, der Th Montri und der Th Phang-Nga.

Anreise & Unterwegs vor Ort

AUTO & MOTORRAD

In der Th Rassada gibt's billige Autovermieter. Eine gute Wahl ist **Pure Car Rent** (Karte S. 672; ☎076 211002; www.purecarrent.com; 73 Th Rassada; ⏰9–19 Uhr) im Stadtzentrum; weitere gibt's in der Nähe. Für einen Mietwagen zahlt man ca. 1200 B pro Tag (inkl. Versicherung). Die großen Autovermietungsketten am Phuket International Airport nehmen vergleichbare Preise.

Motorräder kann man in der Th Rassada, darunter auch bei Pure Car Rent, und an vielen anderen Stellen in der Stadt für 200 bis 250 B pro Tag mieten.

BUS

Terminal 1 des Busbahnhofs von Phuket (S. 669) wird hauptsächlich von Minivans und dem offiziellen, leuchtend orangefarbenen **Flughafenbus** (www.airportbusphuket.com) genutzt. Letzterer pendelt zwölfmal am Tag über das Denkmal der Heldinnen zum Flughafen (100 B, 1 Std.); Abfahrt am Flughafen ist von 8 bis 20.30 Uhr, von Phuket (Stadt) von 6 bis 18.30 Uhr. Von 7 bis 17 Uhr fahren hier auch ein Nahverkehrsbus (30 B) und Minivans (50 B) nach Patong.

Fernbusse nutzen das Terminal 2 (S. 669) 4 km nördlich von Phuket (Stadt). Zwischen den beiden Terminals pendeln alle 20 Minuten rosa *sŏrng·tăa·ou* (Passagier-Pick-ups) (50 B); an-

BUSSE AB PHUKET, BUSTERMINAL 2

ZIEL	PREIS (B)	DAUER (STD.)	HÄUFIGKEIT	BUSTYP
Bangkok	920	12	16, 17, 17.20, 18, 18.20, 18.30 & 19 Uhr	VIP
	590–685	12	6.30, 13.30, 15, 15.30, 16.30, 17, 17.30, 18 & 18.30 Uhr	klimatisiert
Chiang Mai	1650	24	12.30 Uhr	VIP
Chiang Rai	1750	26	15 Uhr	klimatisiert
Hat Yai	510	7	21.45 Uhr	VIP
	255	7½	7–22 Uhr stündl.	klimatisiert
Khao Sok	180	4	5, 6, 7.30, 8.30, 9.30, 11, 12.30, 13.40 & 15 Uhr	klimatisiert
Ko Pha-Ngan	550	9½ (Bus/Boot)	9 Uhr	klimatisiert
Ko Samui	450	7½ (Bus/Boot)	9 Uhr	klimatisiert
Krabi	145	3	4.50–19 Uhr ca. stündl., 20.50 Uhr	klimatisiert
Phang-Nga	80–100	2	4.50–20.15 Uhr ca. stündl.	klimatisiert
Ranong	225	5	5.30, 7.10–18.10 Uhr stündl.	klimatisiert
Satun	340	8	8.15, 10.15, 12.15 & 20.15 Uhr	klimatisiert
Surat Thani	195–200	5	8, 10, 11, 12 & 14 Uhr	klimatisiert
Trang	230	5	4.50–19 Uhr ca. stündl., 20.50 Uhr	klimatisiert

sonsten kostet die Fahrt 100 B per Motorradtaxi bzw. 300 B mit dem Taxi.

FLUGZEUG

Der Phuket International Airport liegt 30 km nordwestlich von Phuket (Stadt). Die staatliche Fluggesellschaft ist THAI (S. 669), mit Verbindungen nach Bangkok (Suvarnabhumi). Bangkok Airways (S. 669), AirAsia (S. 687) und Nok Air (S. 738) bieten ebenfalls Flüge nach Bangkok sowie zu anderen Zielen im Land wie Chiang Mai, Hat Yai und Ko Samui. Internationale Direktflüge gibt's außerdem nach Dubai, Abu Dhabi, Hongkong, Kuala Lumpur, Singapur, Beijing, Shanghai, Seoul, Delhi, Mumbai, Melbourne und Sydney.

MINIVAN

Vom Terminal 1 des Busbahnhofs (S. 669) 500 m östlich des Zentrums von Phuket (Stadt) fahren Kleinbusse nach Patong (50 B, 7–17 Uhr) und zu Zielen in ganz Südthailand.

ZIEL	PREIS (B)	DAUER (STD.)	HÄUFIGKEIT
Hat Yai	370	7	8–18 Uhr alle 2 Std.
Ko Lanta	280	5	8.30–11.30 Uhr stündl., 13.30 & 15.30 Uhr
Krabi	140	3	6.35–17.55 Uhr 18-mal
Phang-Nga	100	2	5.40–17.20 Uhr 17-mal
Surat Thani	200	4–5	7–17 Uhr stündl.

SŎRNG·TĂA·OU & TUK-TUK

Sŏrng·tăa·ou von der Größe eines Busses fahren zwischen 7 und 17 oder 18 Uhr regelmäßig von einer Haltestelle (S. 670) nahe dem Tagesmarkt zu Phukets Stränden (30–40 B pro Pers., 30–90 Min.); zu anderen Zeiten muss man zu den Stränden ein Tuk-Tuk chartern, was ab 400 B (Rawai, Kata und Ao Bang Thao), 500 B (Patong, Karon und Surin) oder 600 B (Kamala) kostet.

Für eine Stadtfahrt verlangen Tuk-Tuk-Fahrer 100 bis 200 B und Motorradtaxis 50 B.

TAXI

Taxis vom/zum Flughafen kosten 550 B. Leuten, die einem erzählen, die Strände seien nur mit dem Taxi erreichbar, sollte man keinesfalls Glauben schenken. Man kann natürlich trotzdem ein Taxi nehmen: Die Fahrt kostet 500 B nach Patong, 600 B nach Kata und 700 B nach Surin.

Laem Phanwa

Das langgezogene, dicht bewaldete Kap Laem Phanwa (แหลมพันวา) ragt gleich südlich der Stadt Phuket weit ins Meer hinein. Für viele ist es das letzte Überbleibsel dessen, was die Insel früher einmal war: sich selbst überlassene Natur. Erschlossen ist im Wesentlichen nur das Gebiet um den Hafen an der Spitze des Kaps, 12 km südlich von Phuket (Stadt), wo sich eine Reihe von Resorts der Spitzenklasse sowie das Phuket Aquarium finden.

Unberührt sind die Buchten und Strände zu beiden Seiten des Hafens, die von felsigen Landzungen und Mangroven geschützt werden und über eine schattige, kurvenreiche Küstenstraße erreichbar sind. Hier herrschen Ruhe und Frieden.

Sehenswertes & Aktivitäten

Phuket Aquarium AQUARIUM
(สถานแสดงพันธุ์สัตว์น้ำภูเก็ต; Karte S. 666; ☎076 391406; www.phuketaquarium.org; 51 Th Sakdidej; Erw./Kind 180/100 B; ⌚8.30–16.30 Uhr; P) Phukets beliebtes Aquarium befindet sich 12 km südlich von Phuket (Stadt) beim Hafen an der Spitze von Laem Phanwa und gewährt einen Einblick in Thailands herrliche Unterwasserwelt. Die Sammlung von Meeresbewohnern, die hier gezeigt wird, ist zwar nicht gerade die allergrößte, aber alles ist hilfreich in englischer Sprache erläutert. Sehenswert sind die Schwarzspitzen-Riffhaie, die wie Zebras gestreiften Welse und die Zitteraale, die eine Spannung von bis zu 600 V erzeugen können, sowie der 80 Mio. Baht teure Multimedia-Aqua Dome, der 2018 eröffnet wurde.

★ **Cool Spa** SPA
(Karte S. 666; ☎076 371000; www.coolspaphuket.com; Sri Panwa, 88 Mu 8, Th Sakdidej; Anwendungen ab 4500 B; ⌚10–21 Uhr) Dieses elegante Wunderland der Obstwickel, Gesichtsmasken, Peelings und Pools mit feinen blauen Kacheln und sechs Wasserfall-Anwendungsräumen auf einem Hügel mit Blick aufs Meer gehört zu den besten Spas auf Phuket. Die Lage an der südlichsten Spitze von Laem Phanwa ist traumhaft. Bei den Anwendungen kommt eine Mischung aus thailändischen, indischen, birmanischen und schwedischen Techniken zum Einsatz. Die Thai-Massagen werden im klassischen Stil auf einer Bodenmatte durchgeführt.

Essen & Ausgehen

In den Meeresfrüchterestaurants am Hafen kann man die schaukelnden Fischerboote beobachten. Weitere Verpflegungsmöglichkeiten bieten sich in den über die Gegend verteilten Resorts und an der Küstenstraße.

★ **Baba Nest** COCKTAILBAR
(Karte S. 666; ☎076 371000; www.babaphuket.com; Sri Panwa, 88 Mu 8, Th Sakdidej; ⌚17–21 Uhr; 📶) Die elegante, intime Lounge-Dachbar Baba Nest im **Sri Panwa** (Karte S. 666; www.sripanwa.com; 88 Mu 8, Th Sakdidej; mit Frühstück Suite 13 700–24 000 B, 1-Zi.-Villa 21 300–31 000 B; P❄📶🏊) lockt inmitten glitzernder Pools mit schönen Ausblicken aufs Meer und die Inseln – ein wirklich traumhaftes Örtchen! Dies ist einer der besten Treffs zum Sonnenuntergang auf der Insel und überhaupt in ganz Thailand. Gereicht werden schick zubereitete Cocktailklassiker (500–1000 B) und mexikanisch angehauchte Tapas (350 B). Mehrere Wochen im Voraus reservieren; für Reservierungen gilt ein Mindestverzehr von 2000 B.

Die Bar liegt an der Südspitze von Laem Phanwa 12 km südlich von Phuket (Stadt).

An- & Weiterreise

Von der Th Ranong in Phuket (Stadt) fahren von 8 bis 17.30 Uhr *sŏrng·tăa·ou* (30 B) Richtung Südosten nach Laem Phanwa; die letzte Haltestelle ist das Phuket Aquarium. Die Anfahrt ab Phuket (Stadt) per Taxi kostet 400 B.

Rawai

Rawai (ราไวย์) ist ein schöner Ort zum Übernachten und zum Wohnen, daher sieht man in diesem lockeren Abschnitt der Südküste von Phuket viele Pensionäre, Künstler, thailändische und ausländische Unternehmer. Sie werden umsorgt von einem boomenden Dienstleistungssektor, zahllosen Naturkostcafés und jeder Menge Yoga- und *moo·ay tai*-Studios.

Die Gegend ist nicht nur von ihren Stränden geprägt, sondern auch durch steil aufragende, in die Andamanensee abfallende, üppig grüne Küstenhügel, die Phukets schönen südlichsten Punkt Laem Phromthep bilden. In den Hügeln finden sich kleine Wohnanlagen, die nur durch ein paar Straßen verbunden sind. Jedes Jahr kommen aber weitere hinzu und man kann sich förmlich vorstellen, wie die Grundstücksspekulation auch noch den letzten Meeresfrüchtegrill und die letzte Tiki-Bar verdrängt. Man kann nur hoffen, dass bis dahin noch ein paar Jahrzehnte (oder zumindest einige Jahre) vergehen werden. Trotz dieser Entwicklungen ist die Natur immer noch spürbar, ganz besonders am Strand.

Sehenswertes

★ **Hat Nai Harn** STRAND
(หาดในหาน; Karte S. 680) Fragt man einen Einwohner von Phuket nach seinem Lieblingsstrand auf der Insel, dann nennen viele sicher den Hat Nai Harn. Die schöne golden-weiße Sandsichel an türkisfarbenem Wasser auf der Westseite des Laem Phromthep, mit Kasuarinen und einem

Tempel am Meer, zählt immer noch zu den tollsten Orten Thailands zum Schwimmen und Sonnenbaden – in der Nebensaison muss man allerdings auf Brandungsrückströme achten.

★ **Laem Phromthep** AUSSICHTSPUNKT

(แหลมพรหมเทพ; Karte S. 680; Rte 4233) Am südlichsten Punkt der Insel kann man sich anschauen, wie sich die glitzernde Andamanensee um Phuket herumschmiegt. Das Kap wird gekrönt von einem modernen Leuchtturm, der wie eine Betonkrabbe aussieht, sowie einem stimmungsvollen Elefantenschrein voller Blumen, sodass man hier also gut ein bisschen verweilen kann. Zum Sonnenuntergang fallen die Busse ein; wer lieber allein hier sein will, sollte vor 16 Uhr kommen oder einem nur schlecht erkennbaren Fischerpfad bergab folgen, um von der felsigen Halbinsel, die sich ins Meer hinaus erstreckt, den Sonnenuntergang in Ruhe zu genießen.

Chalong Bay Rum BRENNEREI

(ฉลองเบย์รัม ดิสทิลเลอรี่; Karte S. 666; ☎093 575 1119; www.chalongbayrum.com; 14/2 Mu 2, Soi Palai 2, abseits der Th Chao Fa East; Tour 450 B; ⏲11–22 Uhr, Touren 14–18 Uhr stündl.; Ⓟ) Chalong 9 km nördlich von Rawai beherbergt die einzige Brennerei auf Phuket, gegründet vom französischen Paar Marine Lucchini und Thibault Spithakis, die der Alkohol und insbesondere der Rum zusammenführte. Zu Beginn der halbstündigen Führung erhält jeder einen aus ihren köstlichen Erzeugnissen zubereiteten Mojito. Außerdem bietet die Destillerie zweistündige Cocktail-Workshops an (Mo & Do; 1700 B). Am besten bucht man im Voraus, dann erhält man auch Hinweise zur Anfahrt: Die Brennerei liegt 3 km nordöstlich des Chalong Circle; an den Schildern für den Phuket Zoo rechts (Richtung Osten) abbiegen, dann ist die Brennerei kurz darauf ausgeschildert.

Aktivitäten

Charterboote BOOTSFAHRTEN

(Karte S. 680; Hat Rawai) Vom Hat Rawai kann man wunderbar mit Charterbooten zu benachbarten Inseln fahren, die inzwischen sehr beliebt sind. Zu den Zielen von Schnorchelausflügen gehören das ruhige Ko Bon (Longtail-/Schnellboot 1200/2400 B) und Coral Island (1800/3500 B, max. 8 Pers.). Die Preise sind abhängig vom eigenen Verhandlungsgeschick.

Thaiboxen

Rawai ist das Zentrum von Phukets wachsender *moo·ay tai*-Begeisterung. Es gibt ein halbes Dutzend Schulen, wo Schüler (beiderlei Geschlechts) in Trainingslagern mit professionellen Thaiboxern die traditionelle Kampfkunst erlernen. Zu den beliebten Schulen zählen **Kingka Muay Thai** (Karte S. 680; ☎076 226495; www.kingkamuaythai.com; 43/42 Mu 7, Soi Sai Yuan, Th Viset; 600/3000 B pro Session/Woche; ⏲7–19 Uhr), **Sinbi Muay Thai** (Karte S. 680; ☎093 690 3322; www.sinbi-muaythai.com; 100/15 Mu 7, Th Sai Yuan; 400/3000 B pro Session/Woche; ⏲Mo–Sa 7.30–18, So 9–18 Uhr) und, in Chalong, **Tiger Muay Thai** (Karte S. 666; ☎076 367071; www.tigermuaythai.com; 7/35 Mu 5, Soi Taiad, Chalong; 500/3500 B pro Session/Woche; ⏲Mo–Sa 7–19 Uhr).

Kitesurfen

Von etwa November bis April ist Rawai auch bei Kitesurfern beliebt. Zuverlässige Anbieter sind u. a. **Kite Zone** (Karte S. 666; ☎083 395 2005; www.kitesurfthailand.com; Hat Friendship; 1 Std. 1600 B, 3 Tage 10 000–15 000 B; ⏲unterschiedlich) und **Kiteboarding Asia** (Karte S. 666; ☎081 591 4594; www.kiteboardingasia.com; 26/4 Th Viset; 1/3 Tage 4000/11 000 B; ⏲Nov.–April 9–18 Uhr). Während des Monsuns von April bis Oktober bieten viele Schulen Sessions am Hat Nai Yang im Nordwesten Phukets.

Yoga

Das geruhsame Rawai beherbergt einige der renommiertesten Yoga-Schulen Phukets, darunter die **Ganesha Yoga Shala** (Karte S. 680; ☎089 868 2639; www.ganeshayogaphuket.com; 25/7 Soi Salika, Th Viset; Unterricht 350 B; ⏲So–Fr).

Schlafen

Good 9 at Home PENSION $

(Karte S. 680; ☎081 834 3898; www.good9athome.com; 62 Mu 6, Soi Wassana, Hat Rawai; DZ 800 B; ❄📶) An einem hübschen Hof an einer schattigen Straße 300 m nördlich des Hat Rawai befindet sich diese freundliche Unterkunft mit frischen und zeitgemäß eingerichteten Zimmern mit farbenfroh dekorierten Wänden, gefliesten Badezimmern, ein paar Kunstwerken und gutem Preis-Leistungs-Verhältnis. Das limettengrün und grau angestrichene Haus ist gemütlich und tadellos sauber, mit kleiner Kaffeeecke und Leihfahrrädern.

Rawai Beach Resort HOTEL $$

(Karte S. 680; ☎081 311 8189; www.rawaibeachresort.com; 42 Mu 6, Th Viset, Hat Rawai; DZ

ABSTECHER

NATAI – AUSFLUGSZIEL AB PHUKET

Offiziell liegt **Natai** in der Provinz Phang-Nga, es ist aber dennoch nah genug an Phuket für einen problemlosen Tagesausflug ab der Insel. Der wichtigste Grund für einen Abstecher hierher ist es, den Massen auf Phuket zu entkommen und ein wenig Ruhe zu finden, was an dem traumhaft weißen und breiten Sandstrand auch bestens gelingt. In der Gegend gibt's ein paar wenige Unterkünfte, falls man hier übernachten möchte, von Mittelklassehotels bis zu ultraexklusiven Resorts. Einige der Hotels stellen Fahrräder zur Verfügung, mit denen sich die Gegend wunderbar erkunden lässt. Natai liegt 26 km nördlich des Phuket International Airport unmittelbar westlich des Orts Khok Kloi.

Am bekanntesten ist Natai für seine Nobelresorts, allesamt horrend teuer, doch über die Gegend verteilt gibt's auch ein paar Mittelklassebleiben. Das **Lantala Residence** (☎083 421 0803; Khok Kloi; Zi. ab 1600 B) ist eine familiengeführte Anlage mit mehreren Bungalows über einem Teich; jedes Zimmer hat Holzböden, dazu passendes dunkles Mobiliar und einen großen Balkon. Für die kurze Fahrt zum Strand oder zum nahen Tesco-Supermarkt stellen die freundlichen Eigentümer Fahrräder zur Verfügung. Das **Aleenta** (☎in Bangkok 02 514 8112; www.aleenta.com; 33 Mu 5, Ban Natai; Zi. mit Frühstück ab 9400 B; ❄📶🏊) ist ein Boutiquehotel mit schicken, loftartigen Zimmern, die nur durch deckenhohe Fenster von den gemeinschaftlich genutzten Infinitypools getrennt sind.

Die Resorts hier sind sehr stolz auf ihre noble Küche, die auch wirklich erstklassig ist. Für Leute mit schmalerem Geldbeutel gibt's auch ein paar normale Restaurants, z. B. das **Rabiang Lay Seafood Restaurant** (☎061 238 2065; Hauptgerichte 150–400 B; ⏲11–22 Uhr; 📶): Das Strandlokal verströmt ein entspanntes Flair; auf der umfangreichen Karte stehen Garnelenküchlein, Meeresfrüchtesalate, gedämpfter Fisch mit Zitronensauce, Fish and Chips und Getränke zu vernünftigen Preisen. Das Restaurant ist fast perfekt zum Beobachten des Sonnenuntergangs. Nur Barzahlung.

Taxis vom/zum Flughafen von Phuket kosten 700 B. Oder man mietet am Flughafen ein Auto (ab 1000 B pro Tag) und fährt selbst.

1150–2500 B; P❄📶🏊) Der weißgetünchte moderne Komplex gleich gegenüber vom mittleren Hat Rawai auf der anderen Straßenseite wartet in drei Häusern rund um einen Pool mit schlichten, hellen, preiswerten Zimmern auf. Die Zimmer sind wirklich geräumig und die Suiten riesig, mit eigener Lounge. Alle verfügen über Wasserkocher, Kühlschränke und Balkone. Das Personal ist hilfsbereit und es gibt auch eine kleine Bibliothek.

Vijitt RESORT $$$
(Karte S. 680; ☎076 363600; www.vijittresort.com; 16 Mu 2, Th Viset, Hat Friendship; Villa mit Frühstück 6500–30 450 B; P❄📶🏊) Die friedliche Anlage in einem Garten voller Frangipani ist wahrscheinlich Rawais eleganteste. Die Villen prunken mit Kalksteinböden, großen Badewannen, Freiluftduschen und privaten Terrassen (teilweise mit eigenem Pool), von denen aus sich ein prächtiger Blick aufs Meer bietet. Der eindrucksvolle, mehrstufige Infinity Pool hat einen schwarzen Boden und schaut auf den Hat Friendship.

Dank Villen mit mehreren Zimmern und einem Kinderclub ist auch für Familien bestens gesorgt.

Essen

Am Hat Rawai gibt es ein Dutzend privat betriebener Meeresfrüchtegrills, die an der Straße den Fang des Tages zubereiten (Hauptgerichte 90–300 B). Die Gäste sitzen meist auf Plastikstühlen oder auf Decken auf dem Boden an niedrigen Tischen. Welchen Imbiss man wählt, ist eigentlich egal. Der Fisch ist immer frisch, genauso wie die Krabben, die Muscheln, der Tintenfisch, der Hummer und die Riesengarnelen.

German Bakery EUROPÄISCH $
(Karte S. 680; Th Viset; Hauptgerichte 80–200 B; ⏲7.30–16.30 Uhr) Das witzige und freundliche halboffene Restaurant hat in Rawai die besten Backwaren und ist nach wie vor zu Recht eine beliebte Frühstücksadresse. Man bekommt gutes Mischbrot, ausgezeichnete Ananas-Pfannkuchen und Arme Ritter sowie recht gute Bratwurst mit Sauerkraut.

Hat Nai Harn & Hat Rawai

Number 1 Thai Food THAI $
(Karte S. 680; 83/40 Mu 2, Th Viset; Hauptgerichte 100–150 B; ⏲16–24 Uhr) Von den bescheidenen Wurzeln sollte man sich nicht täuschen lassen. Das entzückende Gartenrestaurant bzw. -café im Vorgarten des Kochs serviert köstliches thailändisches Essen wie scharfes *pá·naang*-Curry (mit Kokoscreme), klebrige Tamarindengarnelen, pikante Fischsuppe und den frischen Fang des Tages, ob gegrillt, gedämpft oder gebraten.

★ **Natural Efe Macrobiotic World** VEGETARISCH $$
(Karte S. 680; ☎076 390301; www.macrobioticworld.com; 14/93–94 Mu 1, Th Viset; Hauptgerichte 140–300 B; ⏲9–21 Uhr; 📶🌿) Die chillige Naturkostküche serviert an Holztischen um einen Pool in einem schattigen Hinterhof zuckerfreie vegane Bio-Köstlichkeiten wie Tofu-Sandwiches, Salat mit Trockenobst und Quinoa, Linsensuppe und Frühstücks-Bowls. In der Hauptsaison wird samstags und sonntags ein Bio-Buffet (300 B) angeboten. Außerdem gibt's Tees, frisch gepresste Säfte und Gesundheitsdrinks wie Hanfmilch.

Delish Cafe CAFÉ $$
(Karte S. 680; ☎076 388149; www.facebook.com/DelishCafePhuket; 5/30 Th Viset; Mahlzeiten 140–210 B; ⏲Mo–Sa 7.30–17 Uhr; 📶) Im von Australiern geführten Delish, einem der wunderbaren Cafés in Rawai, locken tolle Angebote an hausgemachten Frühstücksleckereien wie Kaffeebohnen und Avocados aus Chiang Rai, handwerklich hergestellte Marmelade, Müsli mit Obst, gefüllte Croissants und Arme Ritter mit pikanter Mango auf selbst gebackenem Brot. Sitzen können die Gäste auf der blumengesäumten Straßenterrasse oder im klimatisierten Innenraum.

Rock Salt INTERNATIONAL $$$
(Karte S. 680; ☎076 380200; www.thenaiharn.com; 23/3 Mu 1, Th Viset, Hat Nai Harn; Hauptgerichte 500–850 B; ⏲7.30–10 & 12.30–23 Uhr;

Hat Nai Harn & Hat Rawai

Highlights
1 Hat Nai Harn B2
2 Laem Phromthep B4

Aktivitäten, Kurse & Touren
3 Charterboote C3
4 Ganesha Yoga Shala D2
5 Kingka Muay Thai C1
6 Sinbi Muay Thai B1

Schlafen
7 Good 9 at Home C2
8 Nai Harn A2
9 Rawai Beach Resort C3
10 Vijitt D1

Essen
11 Delish Cafe C2
12 German Bakery C1
13 Natural Efe Macrobiotic World B2
14 Number 1 Thai Food C2
Rock Salt .... (s. 8)
15 Sabai Corner A1

Ausgehen & Nachtleben
16 Nikita's C3
17 Reggae Bar B2

) In diesem wunderbar gelegenen Terrassenrestaurant am nördlichen Hat Nai Harn umspülen die Wellen die Felsen unterhalb der Tische. Auf der kreativen mediterran-thailändischen Karte kommen neben saisonalen Biozutaten auch Einflüsse aus aller Welt zum Zuge – so entstehen Gerichte wie eine Erbsenpesto-Pasta, eine Bouillabaisse mit Meeresfrüchten aus Rawai und der gedämpfte oder über Holzfeuer gegrillte Fisch des Tages. Wurst, Käse, Brot und Joghurt stammen allesamt aus eigener Herstellung und auf der eindrucksvollen Weinkarte stehen auch Roséweine aus Thailand.

Das Restaurant gehört zum Luxusresort **Nai Harn** (Karte S. 680; 076 380200; www.thenaiharn.com; 23/3 Mu 1, Th Viset, Hat Nai Harn; DZ mit Frühstück 6960–23 250 B; P) und eignet sich auch bestens für einen schicken Kaffee, Cocktail oder Saft.

Ausgehen & Nachtleben

Nikita's BAR

(Karte S. 680; 076 288703; www.nikitas-phuket.com; Hat Rawai; 9.30–23 Uhr;) Der alteingesessene Freilufttreff blickt gleich westlich des Piers von Rawai hinaus aufs Meer. Zu trinken gibt's preisgünstige Biere und Cocktails, Kaffee, grünen Tee und eine gute Auswahl an Shakes. Wie wär's etwa mit einer Mango-Margarita? Dank ordentlicher Holzoffenpizzas, internationaler Gerichte und vielen Meeresfrüchten ist auch für den Hunger gesorgt.

Reggae Bar BAR

(Karte S. 680; Th Viset; 12 Uhr–open end) Diese kreativ-chaotische Lounge rund um einen alten Holzschuppen bietet klassische Roots-Musik. Tagsüber eine Lederschmiede, verwandelt sich der Laden abends in ein Lokal mit improvisierten Jam-Sessions, Konzerten, Barbecues und Partys, bei denen örtliche Reggaebands und manchmal einige der legendärsten thailändischen Rastas auftreten. Ledergürtel baumeln herunter, die Wände sind mit Kunst gepflastert, und Schwarzlicht-Graffiti bedecken alle offenen Flächen. Die Öffnungszeiten variieren.

Die Bar befindet sich auf der Nordseite des Nai Harn Lake.

An- & Weiterreise

Zwischen dem Anleger von Rawai und dem Phuket International Airport (S. 669; 2 Std.) verkehrt von 6 bis 20.15 Uhr etwa stündlich über Kata, Karon, Patong, Kamala, Surin und Ao Bang Thao der Phuket Smart Bus (S. 670). Die Fahrt kostet je nach Ziel 50 bis 170 B.

Sŏrng·tăa·ou (Passagier-Pick-ups) fahren von der Th Ranong in Phuket (Stadt) nach Rawai (30 B; 7–17.30 Uhr); einige fahren weiter zum Hat Nai Harn (40 B, 8–18 Uhr), aber nicht alle – also unbedingt nachfragen!

Zwischen Rawai/Hat Nai Harn und dem Phuket International Airport (1000 B), Patong (700 B) und Phuket (Stadt) (500 B) verkehren Taxis. Ein Taxi von Rawai zum Nai Harn kostet 200 B.

Hat Patong

076 / 20 900 EW.

In Patong (ป่าตอง) herrscht eine Art Anarchie – am berüchtigtsten Ziel auf Phuket scheiden sich die Geister. Im Zeichen von Beton, Silikon und zweifelhafter Moral gibt's hier für den richtigen Preis fast alles. Das gilt zwar auch für andere Orte in Thailand, aber Patong bekennt sich offen dazu – was natürlich nicht heißt, dass man das auch mögen muss: Einige Besucher meiden diesen Teil Phukets vollständig.

Wer jedoch auf den breiten, weißen Sandstrand und die prächtige halbmondförmige Bucht blickt, versteht, wie alles einmal anfing. Hier gibt es jede Menge Tauchshops und Spas, gehobene Restaurants, Fischgrills am Straßenrand, extravagantes Cabaret, Thaiboxen, staubige Antiquitätenläden und natürlich zahllose Möglichkeiten, die Nacht durchzufeiern – für viele Besucher die Hauptattraktion von Patong.

Mit krebsroten Besuchern in schlecht gefälschten Marken-T-Shirts, endlosen Reisegruppen, dem völligen Fehlen von Stadtplanung und Landschaftspflege und dem ungezügelten Interesse, aus der Midlife-Crisis von Männern aus dem Ausland ein Geschäft zu machen, ist Patong auch unfreiwillig komisch.

Sehenswertes & Aktivitäten

★ Sea Fun Divers — TAUCHEN

(Karte S. 666; ☎ 081 367 4542; www.seafundivers.com; 29 Soi Karon Nui; 2/3 Tauchgänge 3900/4400 B; ⏲ 9–18 Uhr) Am Südrand von Patong bietet der ausgezeichnete professionelle Tauchveranstalter im Le Méridien ein hohes Niveau, tadellosen Service und engagierte, erfahrene Tauchlehrer (er ist aber auch etwas teurer als andere Tauchveranstalter). Schnorchler können für 2900 B an Tages-Tauchtrips teilnehmen. PADI-Open-Water-Kurse kosten 18 400 bis 21 400 B.

Eine weitere Filiale gibt's in Kata (S. 688).

Let's Relax — SPA

(Karte S. 684; ☎ 076 366800; www.letsrelaxspa.com; 184/14 Th Pangmuang Sai Kor; Massage/Anwendung 300–4000 B; ⏲ 10–24 Uhr) Das stille Atrium mit Eukalyptus dieser preisgekrönten thailändischen Kette eignet sich perfekt dazu, eine ideale Entspannungsstrategie auszutüfteln. Lieber eine Fußreflexzonenmassage oder ein blumiges Körperpeeling? Ein thailändisches Kräuterdampfbad vor der Hot-Stone-Massage und der Gesichtsanwendung? Oder gönnt man sich doch vielleicht das allumfassende halbtägige Day-Dream-Paket (4000 B)?

Weitere Ableger gibt's am Südende der Stadt sowie in Karon.

Nicky's Handlebar — ABENTEUER

(Karte S. 684; ☎ 084 824 7777; www.nickyhandlebars.com; 41 Th Rat Uthit; Tour 1/2 Tage inkl. Leihmotorrad ab 9000/21 000 B; ⏲ 7–1 Uhr) Die großen Bikes laden ein, eine Tour zu machen, sind aber nichts für Amateure. Nicky veranstaltet schon über ein Jahrzehnt Harley-Touren auf Phuket und in Phang-Nga. Zweitägige Touren führen durch die Provinzen Phang-Nga und Ranong. Es gibt auch einen Motorradverleih für Erkundungsfahrten auf eigene Faust (ab 4800 B pro Tag). Man braucht seinen heimischen Motorrad-Führerschein.

Nach der Tour kann man sich an der Bar (S. 686) erfrischen.

Pum Thai Cooking School — KOCHEN

(Karte S. 684; ☎ 076 346269; www.pumthaifoodchain.co.th; 204/32 Th Rat Uthit; 3/5 Std. Kurse 1700/3700 B; ⏲ Kurse 11, 16 & 18 Uhr) Dieses Restaurant mit Kochschule (und Filialen in Thailand, Frankreich und Großbritannien) veranstaltet täglich Kurse in kleinen Gruppen. Der beliebte Kurs „Little Wok" (4 Std., 2400 B) umfasst auch einen Marktbesuch und die Teilnehmer erhalten ein Kochbuch. Außerdem gibt's halbstündigen Unterricht für nur ein einziges Gericht (500 B).

Feste & Events

Phuket Pride Week — LGBT

(www.phuket-pride.org; ⏲ April) Bangkok und Pattaya richten große LGBTIQ-Feste aus, aber das Phuket Gay Pride Festival gilt weithin als das beste in Thailand und vielleicht sogar in ganz Südostasien. Seit dem Beginn im Jahr 1999 wurde der Termin mehrmals verlegt (und 2018 bis 2021 fiel das Fest ganz aus), fällt aber in der Regel auf Ende April. Zum Termin strömen (überwiegend männliche) Feierlustige aus aller Welt auf die Insel, vor allem nach Patong.

Schlafen

Die breite Palette an Unterkünften in Patong reicht von freundlichen Pensionen und Party-Hostels bis zu Top-Strandresorts. Zwischen November und April wird es schwierig, in Patong eine Bleibe für unter 1000 B zu finden, wenn man nicht vorab ein Bett in einem Hostel – es gibt einige gute – reserviert hat. In der Nebensaison fallen die Preise erheblich.

★ Lub*d — HOSTEL $

(Karte S. 684; ☎ 076 530100; www.lubd.com; 5/5 Th Sawatdirak; B 650 B, DZ 2600–3200 B, jeweils mit Frühstück; @ 📶 ≋) Hinter einer lagerhausartigen Lobby, die auch als Coworking-Space dient, einem Ring fürs Thaiboxen und einem Bereich mit Pool und Bar verbergen sich in diesem quirligen Boutiquehostel moderne Vierer-Dorms mit Schließfächern, Regalen, Lampen und Steckdosen an den Betten. Die Privatzimmer mit Bad sind hell und stylisch,

NICHT VERSÄUMEN

DER GROSSE BUDDHA VON PHUKET

Der **Große Buddha** (พระใหญ่; Karte S. 666; www.mingmongkolphuket.com; abseits der Rte 4021; ⌚6–19 Uhr; P) GRATIS thront prächtig auf dem Nakkerd Hill, dem schönsten Aussichtspunkt auf Phuket, nordwestlich vom Verkehrskreisel in Chalong. Die 45 m hohe Figur ist von der halben Insel aus sichtbar. Die Anlage ist ein wenig touristisch, aber bimmelnde Glöckchen und wehende Flaggen vermitteln einen munteren Eindruck. Unter dem Zeltdach des goldenen Schreins erweist man seine Verehrung und steigt dann hinauf auf die Plattform, von wo aus man in die perfekte Bucht von Kata und auf den goldenen Strand von Karon blickt und im Südosten die winzigen Kanalinseln in der Bucht von Chalong erkennen kann.

Mit der Errichtung des Big Buddha wurde 2007 begonnen. Die allein durch Spenden finanzierten Gesamtkosten beliefen sich auf rund 100 Mio. Baht – was aber keinen zu stören scheint.

Von der Rte 4021 folgt man 1 km nördlich des Verkehrskreisels in Chalong der Ausschilderung: Die Landstraße führt 5,5 km nach Westen steil hinauf, vorbei an Terrassen mit Bananenhainen und dichtem Dschungel. Außerdem kann man von Karon auch hoch zum Großen Buddha **wandern**: Dies ist eine tolle, anspruchsvolle Klettertour (2,5 km, ca. 1 Std.) durch den Dschungel. Startpunkt ist an der Soi Patak 14. Viel Wasser mitnehmen und früh losgehen!

besonders die „Deluxe"-Zimmer in Weiß und Blau mit gefliesten Bädern und von der Insel inspirierter Wandkunst; die besten haben Balkone mit Hängematten.

Slumber Party HOSTEL $
(Karte S. 684; ☎076 620414; www.slumberpartyhostels.com; abseits der Th Rat Uthit; B 300–450 B; ❄📶) Das 2017 schick aufgehübschte, freundliche Party-Hostel einer Kette ist oft ausgebucht – also reservieren! In den minimalistischen, sauberen Dorms mit Bad finden auf eng beieinanderstehenden Betten mit Vorhängen, Lampen, Regalen und Steckdosen vier, sechs oder zehn Personen Platz. Doch die Gäste zieht es vor allem wegen der lebhaften Traveller-Szene hierher, mit Beerpong, Happy Hour, Ladies' Night und Kneipentouren.

Patong Backpacker Hostel HOSTEL $
(Karte S. 684; ☎076 341196; www.patongbackpacker.thailandhotels.site; 140 Th Thawiwong; B 350–550 B; ❄📶) Das einfache, saubere Budget-Hostel hat eine tolle Lage gleich auf der anderen Seite der Strandstraße, eine einladende Gemeinschaftslounge und freundliches Personal. Die Dorms bieten Platz für vier bis zehn Gäste und gute Matratzen, Schließfächer gibt's an der Rezeption. Das Hostel ist sehr einfach, aber im teuren Patong erfüllt es bei einigermaßen vernünftigen Preisen seinen Zweck.

Priew Wan Guesthouse PENSION $$
(Karte S. 684; ☎076 344441; www.priewwan.com; 83/9 Th Rat Uthit; DZ 1200 B; ❄📶) Die alteingesessene, verlässliche Pension in einem gelb getünchten Haus wird von einer Familie geführt und liegt nur zehn Gehminuten vom Nordende des Hat Patong entfernt. Sie versteckt sich zusammen mit ein paar Essensständen in einer Wohnstraße. Die etwas in die Jahre gekommene Pension bietet zu vernünftigen Preisen recht große, gepflegte Zimmer mit Balkon, Safe, Kühlschrank und TV. Das Personal ist freundlich und in der Nebensaison (April–Okt.) gibt's beträchtlichen Rabatt.

Armoni Patong Beach Hotel HOTEL $$
(Karte S. 684; ☎076 345727; armonihotel8@gmail.com; 92/12 Soi Permpong Pattana 3; DZ 1170–1800 B; ❄📶) Am Ende einer recht ruhigen Gasse nur ein paar Minuten zu Fuß vom Strand und der Th Bangla entfernt bietet das Armoni hilfsbereites Personal und große, helle, saubere Zimmer zu guten Preisen – wenn die Zimmer auch nicht so spannend sind, wie es die mit Kunst geschmückte Lobby vermuten lässt. Die besten haben einen kleinen Balkon und alle verfügen über recht gute Betten, moderne Bäder, Fernseher, Kühlschränke und Schließfächer.

★ **BYD Lofts** APARTMENTS $$$
(Karte S. 684; ☎076 343024; www.bydlofts.com; 5/28 Th Hat Patong; 1-Schlafzi.-Apt. 5400–11 200 B; ❄📶🏊) Die über vier Gebäude verteilte Anlage wirkt wie einer noblen Innenarchitektur-Zeitschrift entsprungen. Die stilvollkomfortablen Apartments sind nur ein paar

Hat Patong

0
200 m
A
B
C
D
1
2
3
4
5
6
7
Hat Kalim (600 m);
Acqua (1 km);
Hat Kamala (6 km)
Th Phra Barami
Good Luck
Shrine
11
Th Phra Barami
ANDAMANEN-
SEE
Kaab Gluay (500 m);
Phuket (Stadt) (13 km)
Th Thawiwong
Th Chaloem Phra Kiat
16
4
13
Th Hat Patong
9
7
Th Rat Uthit
Th Pangmuang Sai Kor
Hat Patong
5
10
Th Sawatdirak
Th Sai Nam Yen
Ao Patong
17
Soi Paradise
AirAsia
ATM
Hat Patong
6
Touristen-
Polizei
15
Th Bangla
Th Thawiwong
ATM
1
Th Rat Uthit
Th Pangmuang Sai Kor
Soi Post Office
Soi Prisanee
2
3
12
Soi Permpong
Pattana 2
8
Soi Kepsap
Rosewood
Phuket
(2,8 km);
Ta Khai
(2,8 km)
Th Rat Uthit
14
Th Nanai
Th Ruamchai
Th Ruamchai
Sŏrng·tăa·ou &
Lokalbusse nach
Phuket (Stadt)
Th Prachanukro
Avis
Phuket Simon Cabaret (800 m);
Hat Karon (5 km);
Hat Kata (9 km)
Galaxy Boxing Stadium (100 m)

Hat Patong

Aktivitäten, Kurse & Touren
1 Let's Relax D5
Nicky's Handlebar ...... (s. 16)
2 Pum Thai Cooking School B6

Schlafen
3 Armoni Patong Beach Hotel B6
4 BYD Lofts C3
5 Lub*d C4
6 Patong Backpacker Hostel B5
7 Priew Wan Guesthouse D3
8 Slumber Party C6

Essen
9 Chicken Rice Briley C3
10 Naughty Nuri's in the Forest C4
11 No 9 2nd Restaurant C2
12 Orchids A6
13 Patong Food Park C3

Ausgehen & Nachtleben
14 Craft Beer Lounge B7
15 Illuzion C5
16 Nicky's Handlebar C3
17 Zag Club C4

Gehminuten vom Strand entfernt und haben weiße Böden und Wände, klare Linien, farbenfrohe Kunst und Balkone. Zu einigen Zimmern gehören eigene Pools. Ansonsten gibt es auch noch den türkisfarbenen Pool auf dem Dach.

Essen

Patong wartet mit zahllosen Restaurants in jeder Preisklasse auf. Die Kunst besteht darin, einen Bogen um die Läden mit verwässerter Thai-Küche und schlecht zubereiteten internationalen Gerichten zu machen. Die schicksten Restaurants findet man am nördlichen Ende der Stadt sowie ein Stück weiter am Hat Kalim, wo es auch einen Nachtmarkt gibt. Abends gibt's überall im Ort günstige Essensstände, z. B. im **Patong Food Park** (Karte S. 684; Th Rat Uthit; Hauptgerichte 50–200 B; ⊙16.30–24 Uhr) und in den Gassen rund um die Th Bangla.

Chicken Rice Briley THAI $
(Karte S. 684; Th Rat Uthit, Patong Food Park; Hauptgerichte 50–200 B; ⊙6–21 Uhr) Dies ist eines der wenigen Lokale im Patong Food Park (S. 685), in denen man auch tagsüber etwas zu essen bekommt, und hier ist fast immer viel los. Die geschmorte Hähnchenbrust wird auf Reis mit einer Schale Hühnerbrühe und kleinen Fleischstücken serviert, die man in die fantastische Chili-Sauce stippen kann. Begehrt sind auch das gebratene Schweinefleisch und der Klebreis mit Mango.

★ **No 9 2nd Restaurant** INTERNATIONAL $$
(Karte S. 684; ☎076 624445; 143 Th Phra Barami; Hauptgerichte 165–800 B; ⊙11.30–23.30 Uhr; 📝) Dank einer einfallsreichen Mischung leckerer thailändischer, japanischer und westlicher Gerichte ist dieses täuschend schlichte Restaurant mit Holztischen und Fotos an den Wänden eines der beliebtesten in Patong. Es ist selten, dass ein Lokal gleichzeitig authentisches Sushi, vegetarische Thai-Currys und Lammkeule anbieten kann, ohne dass es irgendwelche Einbußen an Qualität gibt.

Kaab Gluay THAI $$
(Karte S. 666; ☎076 346832; 58/3 Th Phra Barami; Hauptgerichte 135–250 B; ⊙11–2 Uhr; 📶) Das geschäftige, halb offene Straßenlokal am Nordrand der Stadt zeichnet sich durch authentische, günstige Thai-Gerichte und aufmerksames Personal aus. Man speist unprätentiös unter einem hohen Dach mit Deckenventilatoren. Zu essen gibt's z. B. rotes Curry mit Garnelen, Hühnchen-Satay, Fisch süßsauer, frittiertes Huhn im Honigmantel, klassische Nudel- und Pfannengerichte sowie mehr als 30 würzige thailändische Salate.

Orchids THAI $$
(Karte S. 684; ☎076 340462; 78/3–4 Soi Permpong Pattana 3; Hauptgerichte 85–380 B; ⊙10–23 Uhr) In heimeligem, freundlichem Ambiente mit aufmerksamem Personal gibt's hier fantastisches Thai-Essen. Köstlich ist etwa das *larb gai* (ein Salat mit Hühnerhack und Chili, Minze und Koriander); außerdem serviert das Orchids sämtliche beliebten Nudel-, Reis-, Suppen- und Curry-Klassiker wie etwa *đôm yam gûng*, eine sehr würzige Garnelensuppe. Die Gerichte gibt's auch zum Mitnehmen.

★ **Acqua** ITALIENISCH $$$
(Karte S. 666; ☎076 618127; www.acquarestaurantphuket.com; 324/15 Th Phra Barami, Hat Kalim; Hauptgerichte 400–2000 B, 8-Gänge-Probiermenü 2500–3500 B; ⊙Mitte Juni–Ende Mai 17–23 Uhr; 📶📝) Bei Phukets Top-Italiener kann man in einem schicken Ambiente aus Schwarz und Weiß z. B. hausgebackene Focaccia, köstlich cremigen Büffelmozzarella und mit Kürbis

gefüllte Cappelletti aus eigener Herstellung in einer feinen Gorgonzola-Sauce verzehren. Von fachkundig zubereiteter Pizza und Pasta bis zu sensationellen Meeresfrüchte-Gelagen: Die Küche des sardischen Küchenchefs Alessandro Frau ist exquisit ausgeführt und wundervoll raffiniert. Die meisten Zutaten stammen direkt aus Italien; dazu werden über 400 Weine geboten.

★ Ta Khai THAI $$$

(Karte S. 666; ☎076 356888; www.rosewoodhotels.com; Rosewood Phuket, Th Muen-Ngern, Hat Tri-Trang; Hauptgerichte 290–900 B, Probiermenüs 950–2200 B; ⌚18–24 Uhr; 📶🍸) Das herausragende, am Meer gelegene Restaurant für südthailändische Küche im **Rosewood Phuket** (Villa mit Frühstück 24 000–59 600 B; P❄📶🏊) wartet mit einer von traditionellen Fischerdörfern inspirierten Architektur mit Lotusteichen, einem gläsernen Pavillon und sehr fachkundigen Köchen aus Trang auf und sucht unter den Nobelrestaurants auf Phuket seinesgleichen. Das frische *sôm·đam* wird am Tisch zerstampft; die grünen Gemüsecurrys, die Frühlingsrollen im Phuket-Stil, die gelben Currys mit Krabbenfleisch und das Phuket-Gericht *mŏo hong* (in Pfeffer und Knoblauch geschmortes Schweinefleisch) sind allesamt wunderbar gewürzt. In den Cocktails kommen selbst gezogene Kräuter zum Einsatz. Das Restaurant liegt 2,5 km westlich des Südrands des Hat Patong.

★ Naughty Nuri's in the Forest RIPPCHEN $$$

(Karte S. 684; ☎061 173 0011; www.facebook.com/nnphuket; 112 Th Rat Uthit; Hauptgerichte 250–2000 B; ⌚12–24 Uhr) Im enorm beliebten Phuket-Ableger dieses auf Bali gegründeten Rippchen-Spezialisten in australisch-indonesischem Besitz bevölkern Fleischliebhaber riesige halboffene Räumlichkeiten mit Rattanlampen. Am besten bestellt man die Grillrippchen (1995 B), für die das Lokal bekannt ist; ein echter Renner ist aber auch das pikante Spanferkel. Auf der indonesisch-internationalen Karte steht aber u. a. auch ein vegetarisches Nasi Goreng.

Ausgehen & Nachtleben

Einige Besucher sind der Meinung, dass die Barszene in Patong einem selbst den Appetit auf *pàt tai* verdirbt. Wer aber Lust auf dröhnende Bässe, blinkende Neonreklamen und kurze Röcke hat, wird sich hier wohlfühlen.

Patong ist außerdem das Zentrum der LGBTIQ-Szene (S. 682) von Phuket, besonders die Soi Paradise und der Royal Paradise Complex.

Das Bier-, Club- und Barmädchenmekka ist die **Th Bangla** mit ihren Go-go-Spektakeln mit der üblichen Mischung aus sich windenden Tänzerinnen und gaffenden Männern. Der Techno dröhnt laut, Kleidung gibt es fast keine und die Einrichtungen sind das übliche Kuddelmuddel mit jeder Menge Phallusmotiven. Die Stimmung ist eher Karneval als Sündenpfuhl und es sind stets zahlreiche Gleichgesinnte anwesend, die sich durch die Massen ihren Weg zur Theke kämpfen.

Zag Club SCHWULE

(Karte S. 684; www.facebook.com/phuket.zagclub; 123/8–9 Royal Paradise Complex; ⌚20–4 Uhr) In diesem stets vollen Favoriten an der Soi Paradise gibt's jeden Abend um Mitternacht und um 1.30 Uhr sowie zu einer oder zwei anderen Zeiten glitzernde LGBTIQ-Cabaret-Vorstellungen. Dazwischen wird getrunken und zu dröhnenden Hits der Charts getanzt. In der Regel ist dies die Schwulenbar Patongs, in der am meisten los ist.

Illuzion CLUB

(Karte S. 684; www.illuzionphuket.com; 31 Th Bangla; ⌚21 Uhr–open end) Patongs immer noch angesagtester Megaclub bietet auf mehreren Ebenen ein Durcheinander von Dance- und Akrobatikshows, internationale DJs, Reggaeton-Abende, die ganze Nacht Electro-Rhythmen, LED-Bildschirme und unzählige Bars.

Nicky's Handlebar BAR

(Karte S. 684; ☎084 824 7777; www.nickyhandlebars.com; 41 Th Rat Uthit; ⌚7–1 Uhr; 📶) In der lustigen Biker-Kneipe sind alle willkommen. Die frühere Kaschemme sieht besser aus denn je. Es gibt ein gutes Bierangebot, und auf der Karte stehen westliche und thailändische Gerichte, darunter der nach eigener Aussage schärfste Burger in Thailand. Hier werden auch Harley-Touren veranstaltet und Maschinen vermietet (S. 687).

Craft Beer Lounge CRAFTBIER

(Karte S. 684; www.grandmercurephuketpatong.com; Grand Mercure Phuket Patong, Soi Rat Uthit; ⌚10–23 Uhr) Die schicke zeitgenössische Bierbar hat mehr als 100 internationale Fassbiere und Craftbiere, hauptsächlich aus den USA, sowie einheimische Marken auf Lager. Die Barkeeper bieten auch ordentliche Cocktails, u. a. Mojitos mit Chalong Bay Rum. Happy Hour ist von 18 bis 20 Uhr. Die Lounge versteckt sich hinten im Foyer des Grand Mercure.

Unterhaltung

Phuket Simon Cabaret VARIETÉ
(Karte S. 666; ☎ 087 888 6888; www.phuket-simoncabaret.com; 8 Th Sirirach; Erw. 800–1000 B, Kind 600–800 B; ⏰ Shows 18, 19.30 & 21 Uhr) Rund 500 m südlich von Patong zeigt das Simon bunte Shows, die bei Reisegruppen ungeheuer populär sind und inzwischen auch etwas auf deren Geschmack ausgerichtet sind. Das Theater mit seinen 600 Plätzen ist großartig, die Kostüme mit Federn und Pailletten sind prächtig und die LGBTIQ-Künstler sind überzeugend. Das Haus ist in der Regel ausgebucht – vorab reservieren!

Galaxy Boxing Stadium ZUSCHAUERSPORT
(Karte S. 666; www.galaxyboxingstadium.com; Th Phra Metta/Rte 4055; Stadion/Platz am Ring 1700/2000 B; ⏰ Di 21 Uhr) Die Arena bietet mit Boxern aus Thailand und dem Ausland eine Runde Muay Thai nach der anderen.

An- & Weiterreise

In Patong gibt's ein Büro von **AirAsia** (Karte S. 684; www.airasia.com; 39 Th Thawiwong; ⏰ 11–21.30 Uhr).

Der neue Phuket Smart Bus (S. 670) verbindet Patong mit Karon, Kata, Rawai, Kamala, Surin, Ao Bang Thao und dem Phuket International Airport (6.41–21.18 Uhr ca. stündl., 50–170 B). In Patong hält er auf dem Weg zum Flughafen beim Strand am westlichen Ende der Th Bangla sowie auf dem Weg vom Flughafen vor dem Jung Ceylon.

Vom Flughafen fährt auch ein Sammel-Minibus nach Patong (180 B, mind. 11 Pers.).

Sŏrng·tăa·ou (Karte S. 684; Th Thawiwong) (Passagier-Pick-ups) fahren von der Th Ranong in Phuket (Stadt) zum südlichen Ende des Hat Patong (7.30–18 Uhr, 30 B). Von dort kann man laufen oder ein Motorradtaxi (einfache Strecke 30 B) oder Tuk-Tuk nehmen.

Zwischen dem Bus-Terminal 1 (S. 669) von Phuket (Stadt) und dem südlichen Patong verkehren von 7 bis 17 Uhr ein **Lokalbus** (Karte S. 684; Th Thawiwong) (30 B) und Minivans (50 B).

Taxis vom/zum Flughafen kosten 800 B. Ein Tuk-Tuk nach Betriebsschluss für eine Fahrt ab Phuket (Stadt) zu chartern kostet 500 B.

Unterwegs vor Ort

Fahrten mit einem Tuk-Tuk kosten in Patong rund 200 B.

Zahlreiche Läden vermieten Motorräder (250 B pro Tag); Nicky's Handlebar (S. 682) vermietet Harleys (ab 4800 B pro Tag). Die gesetzliche Helmpflicht wird in Patong strikt durchgesetzt; Kontrollen mit Straßensperren sind jederzeit möglich. Der Autovermieter **Avis** (Karte S. 684; ☎ 062 604 0361; www.avisthailand.com; Baumanburi Hotel, 239/1 Th Rat Uthit; ⏰ 7.30–21 Uhr) befindet sich am südlichen Ende der Stadt. Am nördlichen Ende gibt's eine **Tankstelle** (Karte S. 684; Th Phra Barami; ⏰ 24 Std.).

Hat Kata

Mit seinen beiden schönen, munteren Stränden ist Hat Kata (หาดกะตะ) ein reizvolles Ziel für Touristen aller Art, die mehr Klasse als im nahen Karon haben wollen und auf den Amüsierbetrieb in Patong lieber verzichten. Einsame Strandabschnitte sucht man hier vergebens, dafür kann man aber eine Menge unternehmen. In der Zwischensaison und der Regenzeit kann man surfen und sonst gibt es wundervolle Spas, gutes Essen, ein erstklassiges Yogastudio und ausgezeichnete Unterkünfte. Eine felsige Landzunge teilt den weiß-goldenen Sandstrand in zwei Hälften: Im Norden liegt der **Hat Kata Yai** (หาดกะตะใหญ่; Karte S. 688), im Süden der ruhigere **Hat Kata Noi** (หาดกะตะน้อย; Karte S. 688). An der Verbindungsstraße zwischen ihnen standen die ersten Villen der Reichen auf Phuket.

Die wichtigste Straße, die Th Kata, verläuft parallel zum Strand. Preiswertere Restaurants, Bars und Pensionen finden sich an der Th Thai Na, die gleich südlich der Stelle, wo die Th Kata über den Hügel ins schäbigere Karon führt, ins Inselinnere abzweigt. Am kultiviertesten präsentiert sich der südliche Teil von Kata.

Sehenswertes & Aktivitäten

An Katas beiden Stränden herrschen von April bis November gute Surfbedingungen. Einstündiger Einzelunterricht schlägt mit 1200 B zu Buche, Leihbretter kosten 200/800 B pro Stunde/Tag.

Stehpaddelausrüstung und Kajaks werden vermietet (300/900 B pro Std./Tag).

Wegen sehr starker Brandungsrückströme muss man aber unbedingt die roten Flaggen beachten und darf sich in der Regenzeit nur ins offene Meer wagen, wenn man ein kräftiger und erfahrener Schwimmer ist.

Ko Pu INSEL
(เกาะปู; Karte S. 666) Das unbewohnte, mit Dschungel überzogene Inselchen Ko Pu flim-

mert gleich vor dem Hat Kata Yai (S. 687) über den Wellen und sorgt für herrliche Sonnenuntergänge.

Sea Fun Divers TAUCHEN

(Karte S. 666; ☎076 330124; www.seafundivers.com; Katathani, 14 Th Kata Noi; Tour mit 2/3 Tauchgängen 3900/4400 B; ⏲9–18 Uhr) Der ausgezeichnete, sehr professionelle Tauchveranstalter bietet ein hohes Niveau, tadellosen Service und engagierte, erfahrene Tauchlehrer, ist aber auch etwas teurer als andere Tauchveranstalter. Das PADI-Open-Water-Zertifikat kostet 18 400 bis 21 400 B. An Tagestrips können auch Schnorchler teilnehmen (2900 B).

Rumblefish Adventure TAUCHEN

(Karte S. 688; ☎095 441 8665; www.rumblefishadventure.com; 98/79 Beach Centre, Th Kata/Patak West; Tour mit 2 Tauchgängen 3500–4500 B; ⏲9–19 Uhr) Der schicke Tauchveranstalter im Beach Centre in Kata bietet alle üblichen Kurse, Tagesausflüge sowie Tauchtouren mit Bordübernachtung. Der PADI-Discover-Scuba-Kurs kostet 4500 B, der PADI-Open-Water-Kurs ab 10 900 B. Zum Unternehmen gehört ein kleines, beliebtes **Hostel** (Karte S. 688; ☎095 441 8665; www.rumblefishadventure.com; 98/79 Beach Centre, Th Kata/Patak West; B 350 B, DZ 800–950 B; ❄📶). Taucher erhalten hier erhebliche Rabatte oder in manchen Fällen sogar kostenlos ein Bett. Vorab reservieren!

Baray Spa SPA

(Karte S. 688; ☎076 330979; www.phuketsawasdee.com; Sawasdee Village, 38 Th Kade Kwan; Massage/Anwendung 1200–5000 B; ⏲10–22 Uhr) Dieses Qualitätsspa versteckt sich in einem üppigen tropischen Garten mit Kanälen und Wasserfällen und verströmt ein kultiviertes, romantisches Flair. Neben klassischen Thai-Massagen werden auch abgedrehtere Sachen geboten wie ein Ganzkörper-Kaffee-Peeling, Bruststärkungsbehandlungen mit Seetang oder eine rehydrierende Gesichtsbehandlung.

Nautilus Dive & Surf Shop SURFEN, KAJAKFAHREN

(Karte S. 688; ☎076 330229; www.phuketsurfing.com; 186/1 Th Kata Noi, Hat Kata Yai; Unterricht 1200 B, Surfbrettverleih 200/800 B pro Std./Tag; ⏲9–18 Uhr) Am südlichen Ende des Hat Kata Yai bietet Nautilus neben Leihbrettern auch einstündigen Einzelunterricht im Surfen, außerdem Unterricht im Stehpaddeln (SUP) und Kajakverleih (300/900 B pro Std./Tag).

Hat Karon & Hat Kata

Außerdem im Angebot sind Tauchtrips zu Inseln vor der Küste und zum Gebiet Ko Phi-Phi (Tagestouren mit zwei Tauchgängen 2900 B). Auf der Webseite stehen Infos zu den örtlichen Surfwellen.

Boathouse Cooking Class KOCHEN

(Karte S. 688; ☎076 330015; www.boathouse-phuket.com; 182 Th Koktanod; Kurse 2570–4450 B; ⏲unterschiedlich) Katas nobles Spitzenrestaurant, das Boathouse (S. 691), bietet fantastische ein- und zweitägige Thai-Kochkurse. Es werden vier Gänge zubereitet, inklusive Ausflug zum Markt.

Hat Karon & Hat Kata

Schlafen

Kata bietet eine gute Bandbreite an Unterkünften. Gute Hostels und Pensionen ballen sich nahe dem Nordende von Kata, wo es in Karon übergeht; schickere Hotels und Resorts finden sich weiter südlich Richtung Hat Kata Noi.

Wer ohne gebuchte Unterkunft hier hängenbleibt, findet wahrscheinlich im **Beach Centre** ein Zimmer. Dabei handelt es sich um einen Komplex aus Reihenhäusern mit vielen Pensionen. Von der Th Kata biegt man gleich südlich der Kreuzung mit der Th Thai Na landeinwärts ab; die Zufahrt ist ausgeschildert.

★ Fin Hostel HOSTEL $
(Karte S. 688; ☎088 753 1162; www.finhostelphuket.com; 100/20 Th Kata/Patak West; B 300–600 B, Kapseln 300–1000 B, DZ 1500–3000 B; ❄📶🏊) Das kompetente Hostel mit Surfmotto verteilt sich auf zwei von der Straße zurückgesetzte Gebäude. Die Dorms, darunter auch welche nur für Frauen, sind blitzsauber und haben bequeme Matratzen sowie Lampen und Steckdosen an jedem Bett. Etwas besser sind die „Kapseln“: mit Vorhängen abgetrennte Plätze mit einer Matratze für ein oder zwei Personen. Die bunten Privatzimmer sind mit Sitzsäcken und Kühlschränken ausgestattet. Es gibt einen Gemeinschaftsbereich/Coworking-Space und einen kleinen Pool auf der Dachterrasse. Und die Strände von Kata sind leicht zu Fuß zu erreichen.

Kata Beach Homestay HOSTEL $
(Karte S. 688; ☎089 189 9066; www.kata-beach-homestay-th.book.direct; 9 Th Kade Kwan; B 350 B, DZ 600–900 B; ❄📶) Die einladende, etwas anonyme Kombination aus Hostel und Pension bietet billige Übernachtungsmöglichkeiten in einem Achter-Dorm mit zwei Bädern. Ein bisschen mehr Flair haben die sauberen, kompakten Doppelzimmer – von denen einige heller sind als andere – mit bunten Kissen und Wänden, teils mit, teils ohne Bad. In der großen Gemeinschaftslounge gibt's kostenlos Tee und Kaffee. Der Zugang erfolgt durch das Reisebüro im Erdgeschoss.

OZO Phuket HOTEL $$
(Karte S. 688; ☎076 563600; www.ozohotels.com; Hat Kata; Zi. 3250 B; ❄📶🏊) Der 2019 eröffnete, moderne Block punktet mit einer großen Rezeption unter freiem Himmel und gemütlichen Zimmern mit skandinavischer Schlichtheit und modernen Einrichtungen wie USB-Buchsen in den Wänden. Dazu kommen ein stiller Garten und ein Poolbereich mit Rutsche, ein Fitnessraum und ein Spielbereich für Kinder. Die Lage ist erstklassig, nur zwei Minuten zu Fuß vom Strand entfernt und außerdem ganz in der Nähe zu den Bars und Restaurants von Kata.

Sugar Ohana PENSION $$
(Karte S. 688; ☎083 696 9697; 88/5 Th Kata/Patak West; DZ 2500–3000 B) Von den frischen, modernen Zimmern bis zum stylischen,

ruhigen Café mit gefliestem Boden: Diese freundliche kleine Pension an der Hauptstraße im Zentrum von Kata erfüllt alle Kriterien eines gehobenen Hostels. Die hellen, geräumigen Zimmer verfügen über Schreibtische, Pantoffeln, U-Bahn-Kacheln, viel natürliches Licht und teils auch einen eigenen Balkon.

★ Kata Rocks DESIGNHOTEL $$$
(Karte S. 688; ☎076 370777; www.katarocks.com; 186/22 Th Koktanod; DZ 21 400–33 200 B; P ❄ 📶 🏊) Das schicke, zeitgenössische Luxushotel erstrahlt in reinem Weiß und thront auf den Klippen zwischen den beiden Stränden von Kata. Die Villen sind Apartments von minimalistischem Schick, ausgestattet mit iPad-gesteuerten Musikanlagen, komplett eingerichteten Küchen, Kapsel-Kaffeemaschinen, eigenen Pools und zeitgenössischer Kunst. Halb versenkte Sonnenliegen säumen den blass türkisfarbenen Infinity Pool mit Meerblick. Das innovative Infinite Luxury Spa verbindet traditionelle Anwendungen mit hypermoderner Technologie. Ausgezeichnet ist auch das **Restaurant** (Hauptgerichte 350–1600 B; ⏲6.30–10.30, 11–17.30 & 18–24 Uhr; 📶 📋) mit Meerblick.

Mit einem Tagespass (Haupt-/Nebensaison 5000/3500 B) können Nichtgäste den Pool nutzen. Die Gebühren werden für Essen, Getränke und das Spa angerechnet.

★ Sawasdee Village RESORT $$$
(Karte S. 688; ☎076 330979; www.phuketsawasdee.com; 38 Th Kade Kwan; DZ 4000–15 000 B; ❄ 📶 🏊) Das glamouröse Boutique-Resort verbindet klassischen thailändischen Stil mit marokkanisch anmutenden Zügen und liegt in einer üppigen tropischen Landschaft mit Kanälen, Wasserbecken, Wasserfällen, buddhistischer Kunst und dem hinreißenden Baray Spa (S. 688). Die verzierten Bungalows mit Spitzdach sind nicht groß, haben aber sehr bequeme Betten, Holzböden, Balkendecken und viel Flair. Die Villen sind exquisite, zweistöckige Häuser mit Whirlpool und direktem Zugang zu einem der beiden romantischen Pools.

Essen

Kata BBQ THAI $
(Karte S. 688; www.facebook.com/katabbq; Hat Kata Yai; Mahlzeiten 80–350 B; ⏲8–22.30 Uhr; 📶) Knallrosa Tischdecken, weiße Plastikstühle und ein lächelndes Team sorgen im Kata BBQ, einem von mehreren erschwinglichen Fischlokalen am südlichen Hat Kata Yai, für ein bodenständiges Flair. Köstliche, einfache vegetarische Nudeln aus der Pfanne, gelbes Curry mit Krebsfleisch, mit Ingwer gebratene Garnelen und Massaman-Currys werden serviert zum Rauschen der Wellen.

★ Istanbul Restaurant TÜRKISCH $$
(Karte S. 688; ☎091 820 7173; www.istanbulrestaurantphuket.com; 100/87 Th Koktanod; Mahlzeiten 120–320 B; ⏲Di–Sa 9–22 Uhr) Das nette familiengeführte Lokal ist aus gutem Grund das beliebteste Restaurant mit ausländischer Küche in Kata. Das hervorragende Essen reicht vom großen Frühstück nach europäischer und türkischer Art bis zu authentischen, sehr schmackhaften Hauptgerichten wie *hünkârbeğendi* (Auberginenpüree mit Rindfleisch), Kebab und Pide. Hinzu kommen ausgezeichnete Suppen, Salate und leckere Desserts. Das Restaurant liegt von der Kreuzung mit der Th Kata 700 m die Th Koktanod landeinwärts.

★ Red Duck THAI $$
(Karte S. 688; ☎084 850 2929; www.facebook.com/redduckrestaurant; 88/3 Th Koktanod; Hauptgerichte 240–380 B; ⏲12–23 Uhr, Mai–Sept. Mo geschl.; 📶 📋) Die Gerichte dieses versteckten Esslokals mit winziger Terrasse sind teurer als in anderen Thai-Restaurants in Kata, aber lecker, frei von Glutamat und mit den frischesten Zutaten zubereitet. Besonders gut sind die Meeresfrüchte-Currys und Suppen. Viele der thailändischen Klassiker sind auch als vegane Version erhältlich, z. B. ein Massaman mit viel Gemüse oder ein Gemüse-*larb*. Der Service ist hervorragend. Das Restaurant befindet sich vom südlichen Ende des Hat Kata Yai 600 m landeinwärts.

Sabai Corner INTERNATIONAL $$
(Karte S. 680; ☎089 875 5525; www.sabaicornerphuket.com; Soi Laem Mum Nai, abseits der Rte 4233; Hauptgerichte 160–490 B; ⏲10–22 Uhr; 📶) Auf Phuket gibt's keinen besseren Ausblick als den von der großen Terrasse des Sabai Corner: in der einen Richtung bis nach Karon, in der anderen auf den endlosen Horizont des blauen Meers, das die Insel umspült. Auch das Essen ist nicht schlecht, vom gebratenen Reis, gegrillten Fisch und den scharfen Thai-Currys bis zu Salaten, Pastagerichten und den beliebten Pizzas aus dem Holzofen. Von Kata fährt man auf der Rte 4233 3 km gen Süden in Richtung Rawai/Hat Nai Harn und biegt gleich hinter dem Karon Viewpoint auf die bergab führende Straße ab – nach 1,5 km ist man am Ziel.

★ Boathouse INTERNATIONAL $$$
(Karte S. 688; ☎076 330015; www.boathousephuket.com; 182 Th Koktanod; Hauptgerichte 250–1500 B; ⌚12–23 Uhr) Es ist schon alles ziemlich glamourös im luxuriösen Boathouse am Strand, einem der renommiertesten Restaurants Phukets. Das thailändische und mediterrane Essen wie mit Knoblauch gegrillte Riesengarnelen, ein Massaman-Curry mit Lamm oder ein Carpaccio mit australischem Rinds-Tenderloin ist fabelhaft, die Weinkarte ist für ihren Umfang berühmt, der Service ist aufmerksam und die Ausblicke aufs Meer sind himmlisch. Die besonderen Platten zum Teilen werden direkt am Tisch zubereitet; außerdem gibt's täglich wechselnde Menüs (930–1750 B).

Ausgehen & Nachtleben

★ Art Space Cafe & Gallery BAR
(Karte S. 688; ☎090 156 0677; Th Kade Kwan; ⌚12–24 Uhr) Dieser schräge Mehrzwecklladen ist ohne jeden Zweifel die fabelhafteste und skurrilste Bar auf Phuket. Der bunte Laden ist mit Malereien und Skulpturen geschmückt, die vor allem die weibliche Form feiern. Geführt wird das Lokal vom kreativen Mr Pan und seiner Frau, einer Tattoo-Künstlerin, die hier Cocktails und vegetarische Gerichte (160–400 B) servieren. In der Regel gibt's gegen 20 Uhr Livemusik.

★ Ska Bar BAR
(Karte S. 688; www.skabar-phuket.com; 186/12 Th Koktanod; ⌚13–2 Uhr) Versteckt in den Felsen an der südlichsten Biegung des Hat Kata Yai und scheinbar mit dem Stamm eines großen, alten Banyanbaums verwachsen, ist das lockere Ska mit Rasta-Flair unsere Lieblingsbar für einen Drink zum Sonnenuntergang, serviert von freundlichen thailändischen Barkeepern. Bojen, Papierlaternen und Wimpel baumeln von der Decke und oft gibt's eine Feuer-Show.

After Beach Bar BAR
(Karte S. 688; ☎084 745 9365; Rte 4233; ⌚11–22 Uhr) Der 180 Grad weite Blick von dieser auf Stelzen stehenden strohgedeckten Reggaebar, die sich an eine Klippe über dem Strand von Kata klammert, ist wunderbar: Man blickt auf Meer und Wellen, felsige Halbinseln und von Palmen bedeckte Hügel. Man lauscht Bob Marley und genießt den Sonnenuntergang. Wenn der Feuerball dann versunken ist, leuchten bis zum Horizont die Lichter der Fischerboote. Es gibt hier auch ein sehr aromatisches *pàt tai* (Gerichte 100–400 B).

ℹ Anreise & Unterwegs vor Ort

Vom Phuket International Airport verkehren Minibusse nach Kata (200 B, mind. 11 Pers.).

Der Phuket Smart Bus (S. 670) verbindet Kata mit Karon, Patong, Rawai, Kamala, Surin, Ao Bang Thao und dem Flughafen (6.20–20.35 Uhr etwa stündl., 50–170 B) und hält auch im nördlichen Kata.

Sŏrng·tăa·ou (Karte S. 688; Ecke Th Kata & Th Pak Bang) (Passagier-Pick-ups) fahren von der Th Ranong in Phuket (Stadt) nach Kata (40 B, etwa 7–17 Uhr).

Von Kata gibt's Taxis (S. 670) zum Flughafen von Phuket (1200 B), nach Phuket (Stadt) (600 B), nach Patong (500 B) und Karon (300 B).

Motorräder werden überall vermietet (250 B pro Tag). Taxis verlangen für die Fahrt von Kata Yai nach Kata Noi 200 B.

Hat Karon

Trotz der Megaresorts von Karon findet man hier pro Kopf mehr Liegefläche am Strand als in Patong oder Kata, sodass der Ort weiterhin bei Familien beliebt ist. Je weiter nach Norden man kommt, desto schöner wird der breite, goldene Sandstrand; an der nördlichsten Ecke (erreichbar über eine raue Straße hinter dem Kreisverkehr) wirkt das Wasser wie türkisfarbenes Glas.

Der Hat Karon (หาดกะรน) ist eine Art Zwischending aus Hat Patong und Hat Kata: entspannt, ein bisschen glamourös und ein bisschen anrüchig. An den Straßen und Plätzen hinter dem Strand finden sich recht gute Thai-Restaurants, unglaublich viele russische Hinweisschilder, billige Go-Go-Bars und T-Shirt-Verkäufer. Am mehr auf Pauschaltouristen ausgerichteten nördlichen Teil des Orts befinden sich der Karon Park mit einem künstlichen See vor der Bergkulisse und der Tempel des Orts. Der südliche Ortsteil geht in das elegantere Kata über.

Sehenswertes & Aktivitäten

Hat Karon STRAND
(Karte S. 688) Der 4 km lange Strand mit feinem Sand an der Westküste ist bei Familien mit Kindern beliebt. Zwar wird es hier voll, aber es ist immer genügend Platz, um sich auszubreiten.

In der Nebensaison (April–Okt.) kann man am Südende des Hat Karon Surfunterricht nehmen (1200 B pro Std.) und Surfbretter/Bodyboards (250/150 B pro Std.) ausleihen.

Wanderung zum Big Buddha WANDERN
(Karte S. 688; Soi Patak 14) Von der Soi Patak 14 (gegenüber dem Karon Plaza) in Karon führt eine anspruchsvolle, lohnende Wanderung (1 Std., 2,5 km) durch den üppigen Dschungel hinauf zur Hauptstraße gleich unterhalb des Big Buddha (S. 683) – man folgt den rot-weißen Schildern. Nach der Gabelung der Straße zweigt ein unbefestigter Pfad ab; am Anfang ist er steil, doch bald geht man im Zickzack unter Schatten spendenden Bäumen hindurch, wobei Seile beim Aufstieg helfen.

Wasser mitnehmen und zum Schutz vor der Hitze früh losgehen!

Dive Asia TAUCHEN
(Karte S. 688; ☎076 330598; www.diveasia.com; 23/6 Th Karon/Patak West; Fahrten mit 2/3 Tauchgängen 3400/3900 B; ⏲10–21 Uhr) Der renommierte, alteingesessene Tauchanbieter hat eine Reihe von PADI-Zertifikatskursen (Open Water Diver 9900 B, 3 Tage) sowie Tagesausflüge nach Ko Phi-Phi und Trips mit Bordübernachtung zu den Similan- und Surin-Inseln (ab 23 000 B) im Angebot.

Sunrise Divers TAUCHEN
(Karte S. 688; ☎084 626 4646, 076 398040; www.sunrise-divers.com; 269/24 Th Patak East; Tour mit 3 Tauchgängen 3700 B, Tauchausflug mit Bordübernachtung ab 4900 B pro Tag; ⏲Nov.–April tgl. 10–18 Uhr, Mai–Okt. Mo–Fr bis 16 Uhr) Phukets größter Veranstalter von Touren mit Übernachtung an Bord wird von dem auf Phuket ansässigen Blogger Jamie Monk geführt und organisiert mehrtägige Tauchtouren (von günstig bis luxuriös) nach Ko Phi-Phi, zu den Similan- und Surin-Inseln, zum Mergui-Archipel in Myanmar sowie nach Komodo und Raja Ampat in Indonesien. Es gibt auch eintägige Tauchausflüge, u. a. nach Ko Phi-Phi und zu den Similan-Inseln.

The Spa SPA
(Karte S. 688; ☎076 396139; www.movenpick.com; Mövenpick Resort, 509 Th Karon/Patak West; Massage/Anwendung 1500–2000 B; ⏲9–21 Uhr) Von einem schattigen tropischen Garten gehen Räume ab und überall stehen Schüsselchen mit Frangipani: Dies ist eins der stimmungsvollsten Spas von Karon. Hier wird der Geist revitalisiert und der Körper mit Tamarinde geschrubbt, in Kokos gehüllt und mit Salzen aus dem Toten Meer zum Glühen gebracht. Ein romantisches 2½-stündiges Arrangement für Paare kostet 6700 B.

Schlafen

Doolay Hostel HOSTEL $
(Karte S. 688; ☎062 451 9546; www.doolayhostel.com; 164 Th Karon/Patak West; B 600 B; ❄📶) In diesem modernen, freundlichen Hostel, das gleich auf der anderen Straßenseite gegenüber dem Strand liegt, verteilen sich die Betten auf kompakte Dorms zu vier, sechs und acht Betten. Es gibt gute Matratzen, Schließfächer, Steckdosen und Regale; ein Dorm ist nur für Frauen. Dazu kommen ein heller Gemeinschaftsbereich sowie eine Küche, ein Café und im 2. Stock eine Terrasse mit Sitzsäcken und Meerblick. Reservieren!

Chanalai Hillside Resort HOTEL $$
(Karte S. 666; www.chanalai.com; 10 Th Patak; Zi. 2400 B; ❄📶🏊) Das Hochhaus an einem großen Pool besticht mit atemberaubenden Meerblicken aus jeder Ecke, doch am besten sind sie vom eher kleinen Dachpool. Die sauberen und modernen Zimmer verfügen über durch Glas abgetrennte Badewannen, breite Doppelbetten und Regenduschen. Die Lage etwas abseits vom Strand sorgt für ruhige Nächte, doch zu Restaurants und anderen Einrichtungen ist es trotzdem nicht weit. Das Personal ist hilfsbereit und aufmerksam. In der Nebensaison gibt's erhebliche Rabatte.

Karon Sino House HOTEL $$
(Karte S. 688; ☎089 726 4990; www.karonsinohouse.com; 448/1 Th Patak East; DZ 1600 B) Das moderne Hotel einen Katzensprung vom Wat Suwan Khiri Ket ist im schlichten sino-portugiesischen Stil gehalten, mit sauberen, behaglichen, ordentlichen Zimmern mit Kühlschrank und kleinem Balkon. Die Betonböden zieren bunte Fliesen und die Türen sind in Orangerot gehalten. Der Service trifft genau die richtige Mischung aus freundlich und effizient und man kann Motorräder leihen. Zwar gibt's hier keinen Ausblick, doch das preisgünstige Hotel bietet mehr Flair als seine Nachbarn.

Marina Phuket RESORT $$$
(Karte S. 688; ☎076 330625; www.marinaphuket.com; 47 Th Karon; DZ 6500–22 000 B; P❄📶🏊) Erhöhte Plankenwege führen durch den üppigen, ruhigen Garten zu den im klassischen Thai-Stil aufgemachten komfortablen und abgeschiedenen Zimmern mit Blick aufs Meer oder den Dschungel. Alle haben luftige Terrassen, ein Dekor aus warmem Holz, Teakmöbel und Seidenüberwürfe. In den Villen gibt es auch Whirlpools. Zur An-

lage gehören ein großer, von Wasserfällen gespeister Pool, ein Spa und nicht weniger als vier Restaurants. Sehr aufmerksamer Service.

Essen

Verlässliche, wenn auch nicht sonderlich spannende Thai- und Meeresfrüchterestaurants gibt es am nördlichen Ende des Hat Karon sowie an der Strandstraße nahe dem südlichen Abschnitt des Hat Karon. Das beste kulinarische Angebot gibt's an der Hauptstraße Th Patak East etwas landeinwärts. Auch leicht zu erreichen sind die Restaurants am Hat Kata.

★ Pad Thai Shop THAI $
(Karte S. 688; Th Patak East; Hauptgerichte 50–80 B; Sa–Do 8–18 Uhr) In dem aufgemöbelten Straßenimbiss gibt es geradezu absurd gutes *kôw pàt þoo* (gebratener Reis mit Krabben), *pàt see·éw* (gebratene Nudeln), Hühnchen-Eintopf und Nudelsuppe. Ferner erhält man ein wirklich wundervolles *pàt tai*: süß und pikant, mit Tofu, Ei und Erdnüssen sowie einer Beilage aus Frühlingszwiebeln, Bohnensprossen und Limetten. Toll sind auch die hausgemachten Chilisaucen.

★ Highway Curry NORDINDISCH $$
(Karte S. 688; 083 024 3015; www.highwaycurry.com; 375/2 Th Patak East; Hauptgerichte 180–320 B; 11–23 Uhr;) Das ruhige, von Indern geführte Restaurant mit orangefarbenen Wänden und Holztischen an der Straße zaubert fein gewürzte nordindische Currys, in die man bestens das teigige Naan-Brot tunken kann. Es gibt auch eine eindrucksvolle Auswahl an vegetarischen Speisen, von Samosas und Pakoras bis zu *aloo jeera, shahi paneer* und *chana masala*. Das Personal ist hilfsbereit und man kann das Essen auch zum Mitnehmen bestellen.

★ Eat Bar & Grill GRILL $$$
(Karte S. 688; 085 292 5652; www.eatbargrill.com; 250/1 Th Patak East; Hauptgerichte 200–900 B; Mo–Sa 11–22 Uhr;) Wunderbare Burger und hervorragende Steaks, die zu den besten auf Phuket gehören, hat dieses entspannte Restaurant mit Holztheke, Betonwänden und begrenzten Plätzen (deshalb vorab reservieren!) zu bieten. Auf der Karte stehen auch andere Gerichte, darunter Pasta und Lammkeule, aber Rindfleisch steht eindeutig im Mittelpunkt: nach Kundenwunsch zubereitet, stilvoll angerichtet und angesichts der Qualität auch durchaus günstig. Dazu gibt's ordentliche Cocktails und guten Kaffee.

Anreise & Unterwegs vor Ort

Der neue Phuket Smart Bus (S. 670) hält am Karon Circle und im südlichen Karon/nördlichen Kata und verbindet Karon mit Kata, Patong, Rawai, Kamala, Surin, Ao Bang Thao und dem Phuket International Airport (S. 669) (6.28–20.43 Uhr etwa stündl., 50–170 B).

Vom Flughafen fahren Minibusse nach Karon (200 B, mind. 11 Pers.).

Sŏrng·tăa·ou (Karte S. 688; Th Hat Kata/Patak West) (Passagier-Pick-ups) verkehren zwischen 7.30 und 18 Uhr regelmäßig zwischen Hat Karon und der Th Ranong in Phuket (Stadt) (40 B).

Die Taxifahrt (S. 670) von Karon zum Flughafen von Phuket kostet 1000 B, nach Phuket (Stadt) 550 B, nach Patong 400 B und nach Kata 300 B.

Motorräder (250 B pro Tag) werden von Tourenanbietern vermietet.

Hat Kamala

Kamala (หาดกมลา) beherbergt eine große muslimische Gemeinde; als relaxte Mischung aus dem raueren Karon und dem glamouröseren Surin lockt es ungezwungene Langzeitgäste, Familien, Rentner und junge Pärchen an. Die weite goldene Bucht ist prachtvoll und ruhig. Palmen und Kiefern stehen am grünen, felsigen Nordende; dort ist das Wasser smaragdgrün, und rund um das Felsriff kann man einigermaßen ordentlich schnorcheln. Hinter dem Strand verläuft auf ganzer Länge ein gepflasterter Weg vor den üppigen grünen Hügeln, doch auch hier schreitet die Erschließung voran. Schicke Resorts haben sich bereits in die südlichen Uferklippen hineingefressen, auch Jetskis haben schon ihren Weg nach Kamala gefunden und zwei neue glamouröse Strandclubs am nördlichen Ende der Bucht zeugen von der Hinwendung zum gehobenen Markt – bisher jedoch ist der größte Teil des Orts für Phuket-Verhältnisse nach wie vor recht entspannt.

Sehenswertes & Aktivitäten

Während des Monsuns (Mai–Okt.) kann man am südlichen Abschnitt des **Hat Kamala** (หาดกมลา; Karte S. 694) Surfbretter (300 B pro Std.) und Paddleboards (400 B pro Std.) mieten und Surfunterricht (1500 B) nehmen.

Tsunami Memorial DENKMAL
(อนุสรณ์สถานสึนามิ; Karte S. 694) Kamala gehörte zu den Gebieten auf Phuket, die von dem Tsunami am 26. Dezember 2004 besonders schwer getroffen wurden. Das Denkmal

Hat Kamala, Hat Surin & Ao Bang Thao

„Heart of the Universe" von 2006 gedenkt der Umgekommenen mit einem bewegenden, an eine Welle erinnernden Oval aus Metall, das von dem prominenten thailändischen Künstler Udon Jiraksa geschaffen wurde. Es befindet sich in einem kleinen Park mit Palmen.

Mala Spa SPA

(Karte S. 666; ☎076 358777; www.keemala.com; 10/88 Mu 6, Th Nakasud; Massage 2900–5500 B; ⊙9–21 Uhr) In diesem fabelhaften Spa im märchenhaften Resort Keemala 2 km landeinwärts (südlich) von Kamala bieten fachkundige Therapeuten unter Einsatz von ohne Tierversuche erzeugten Produkten sensationelle Anwendungen, bei denen sich Tradition und Innovation vermählen. Die Massagen, Gesichtsbehandlungen, Körperpeelings und Ganzkörperpackungen, Aromatherapiebäder und Heiltherapien werden in großen Bambushütten mit Freiluftduschen durchgeführt. Tipp: die 90-minütige Bio-Seetang-Packung.

Schlafen

Baan Kamala HOSTEL, PENSION $

(Karte S. 694; ☎076 279053; www.baankamalaphuket.com; 74/42 Soi Pajak, Mu 3; B 450–550 B, DZ 2000 B; ❄@📶) Die einladende Unterkunft, ein Zwischending aus Pension und Hostel,

Hat Kamala, Hat Surin & Ao Bang Thao

Sehenswertes
1 Hat Bang Thao C1
2 Hat Kamala B5
3 Tsunami Memorial B5

Aktivitäten, Kurse & Touren
4 Sun Spa C3
5 Thai Carnation D1

Schlafen
6 Amanpuri Resort A2
7 Baan Kamala B5
8 Benyada Lodge C3
9 ChillHub Phuket Hostel B2
10 Kamala Resotel B5
11 Surin Phuket A2

Essen
12 Bampot D1
13 Blue Lagoon D3
14 Boat Avenue Night Market D1
Isaan Popeye Thai Food .... (s. 7)
15 Mam's Restaurant B5
16 Pesto D1
17 Surin Chill House B2
18 Taste Bar & Grill B5

Ausgehen & Nachtleben
936 Coffee .... (s. 18)
Beach Bar .... (s. 11)
19 Café del Mar B4
20 Phuket Coffee Lab D3

Praktisches
21 ATM B5

Transport
22 Sŏrng·tăa·ou nach Hat Surin & Phuket (Stadt) B5
23 Sŏrng·tăa·ou nach Phuket (Stadt) & Kamala C3

bietet große, helle Dorms mit sechs Betten (inklusive Bettwäsche und Handtücher) für Backpacker und eine Reihe individuell gestalteter Privatzimmer für Anspruchsvollere. Die Betonwände der geräumigen Zimmer sind mit Malereien geschmückt, die Betten sind bequem, die Bäder aber etwas eng. Im Gemeinschaftsbereich steht ein Longtail-Boot voller Kissen.

Kamala Resotel BOUTIQUEHOTEL $$
(Karte S. 694; ☎063 464 6409; www.kamala-resotel.com; 68/16 Mu 3; Zi. 1700–2200 B; ❄ 🏊) Das Art-déco-Gebäude an einer schmalen Straße mit gebogenen Balkonen, die von Kletterpflanzen überwuchert werden, ist von einem wunderbaren Dachpool mit atemberaubenden Ausblicken auf Kamala gekrönt. Die Zimmer sind modern ausgestattet, mit Rauchglasbädern und schwebenden Betten, wenn diese auch für manche Leute vielleicht zu hart sind. Das freundliche Personal bereitet den Gästen einen herzlichen Empfang und versorgt sie mit einem Korb voller Obst. Mit Nebensaison-Rabatten ist dies eine tolle Wahl.

★ **Keemala** RESORT $$$
(Karte S. 666; ☎076 358777; www.keemala.com; 10/88 Mu 6, Th Nakasud; Villa mit Frühstück 22 200–31 600 B; P ❄ 📶 🏊) 🌿 Das erholsame, umweltfreundliche und schöne Resort an einem üppigen Hang 2 km landeinwärts von Kamala ist eines der originellsten, beliebtesten und Instagram-tauglichsten Resorts mit einem Hauch Tolkien-haften Zaubers. Übernachten kann man in kokonartigen Lehmhäuschen mit eigenem Pool, glamourösen Zelten mit Bädern unter freiem Himmel, vogelnestartigen Refugien und Baumhäusern, die zu schweben scheinen. Das ausgezeichnete **Mala Restaurant** (Karte S. 666; ☎076 358777; www.keemala.com; 10/88 Mu 6, Th Nakasud; Hauptgerichte 300–800 B; ⏲7–22 Uhr; 📶 🖉) 🌿 verarbeitet gartenfrische Zutaten, und es gibt auch noch das göttliche Mala Spa.

Essen & Ausgehen

Isaan Popeye Thai Food THAI $
(Karte S. 694; 74/43 Mu 3; Hauptgerichte 80–250 B; ⏲9.30–22 Uhr; 📶) Dank der überzeugenden Kombination aus authentischen, würzigen Gerichten aus Nordostthailand, frischen Meeresfrüchten und klassischen Pfannen- und Nudelgerichten wie einem in ein Omelett gewickelten *pàt tai* ist dies eines der wenigen Restaurants in Kamala, das auch Einheimische besuchen. Das freundliche, schnörkellose Lokal bietet auch westliches Frühstück und ist fünf Gehminuten (500 m) vom Strand entfernt.

Mam's Restaurant INTERNATIONAL $$
(Karte S. 694; ☎089 032 2009; 32/32 Soi 8, Th Hua Khuan Tai; Hauptgerichte 100–350 B; ⏲12–22 Uhr; 🖉) Einen Strandblick gibt's nicht, doch die ortsansässigen Expats schwören auf dieses ruhige, einfache Restaurant mit einer Handvoll Tischen auf der Terrasse eines Wohnhauses. Das Mam's serviert Thai-Klassiker in köstlichen Versionen mit Garnelen, Fleisch oder Gemüse (darunter auch

hervorragende Massaman-Currys mit viel Gemüse), außerdem Burger, Pasta, Kebabs und sogar Fish and Chips. Es liegt 400 m östlich (landeinwärts) der Hauptstraße.

Taste Bar & Grill INTERNATIONAL **$$$**
(Karte S. 694; ☎087 886 6401; www.tastebargrill.com; Th Rim Hat; Hauptgerichte 290–590 B; ⏰6 Uhr–open end; 📶✍) Inmitten bunter Tafeln mit den Tagesangeboten serviert dieses elegante Terrassenrestaurant fabelhafte frische Fladenbrote aus dem Pizzaofen, belegt mit köstlichen Sachen wie gegrillten Auberginen mit Thai-Basilikum und geschmolzenem Mozzarella, außerdem kreative Speisen wie Schnapper in Tamarindenglasur oder Ziegenkäsesalat mit geräucherten Mandeln. Unter den Häppchen im Tapasstil (99–199 B) findet sich alles von Pilz-Bruschetta bis zu Mango-Klebreis.

936 Coffee CAFÉ
(Karte S. 694; ☎081 256 7071; 93/6 Mu 3; ⏰8.30–22 Uhr; 📶) Das kleine Café an der Hauptstraße serviert in freundlicher Atmosphäre eisige Drinks, frische Obstshakes, kleine Frühstücksspeisen, Sandwiches und köstliche Süßspeisen. Der eigentliche Grund für eine Einkehr hier ist aber der perfekt zubereitete warme und kalte Kaffee, der selbst die eingebildetsten Kaffeesnobs zufriedenstellen dürfte. Hier kann's voll werden, also früh da sein!

Café del Mar LOUNGE
(Karte S. 694; ☎081 188 1230; www.cafedelmarphuket.com; 118/19 Mu 3; ⏰11–2 Uhr) Die weltbekannte Ibiza-Marke für den Blick auf den Sonnenuntergang bringt mit diesem Strandclub aus abgenutzt wirkendem Beton am nördlichen Hat Kamala das für sie typische glamourös-chillige Flair nach Phuket. Sonnenschirme in knalligem Orange und Tagesbetten in schickem Weiß säumen den glitzernden Pool; auf einer stufigen Terrasse finden DJ-Sessions und Sonntagsbrunches (ab 1860 B) statt. Auf der globalen Speisekarte (290–900 B) treffen Aufschnittplatten, Pasta mit Riesengarnelen und Massaman-Currys aufeinander.

ℹ Anreise & Unterwegs vor Ort

Mit einem Stopp beim Supermarkt Big C an der Hauptstraße von Kamala verbindet der Phuket Smart Bus (S. 670) Kamala mit Patong, Karon, Kata, Rawai, Surin, Ao Bang Thao und dem Phuket International Airport (6.46–21.16 Uhr etwa stündl., 50–170 B).

Sŏrng·tăa·ou (Karte S. 694; Rte 4233) (Passagier-Pick-ups) fahren von der Th Ranong in Phuket (Stadt) nach Kamala (40 B, 7–17 Uhr). *Sŏrng·tăa·ou* verbinden darüber hinaus Kamala mit Hat Surin (20 B).

Ein Taxi vom/zum Flughafen kostet 700 B, von/nach Surin etwa 200–300 B.

Hat Surin

Mit seinem breiten, hellen Strand, dem Wasser, dessen Färbung von türkis am seichten Ufer zu tiefblau am Horizont übergeht, sowie den üppig grünen, mit Felsbrocken übersäten Landzungen ist Hat Surin (หาดสุรินทร์) einer der schönsten Orte auf Phuket. Surin ist ein überwiegend (aber nicht ausschließlich!) recht exklusives Ziel für wohlhabende Ausländer und Thais und beherbergt mehrere Fünf-Sterne-Resorts, hinreißende Galerien und fabelhafte Boutiquen.

Phukets Vorgehen gegen unlizenzierte Strandrestaurants und Bars hat Surin besonders hart getroffen. Alle Einrichtungen am Strand wurden abgerissen, einige Betreiber haben ihren Sitz weiter die Straße hinauf an die Ao Bang Thao (S. 698) verlegt, andere haben einfach zugemacht. Daher ist der Strand jetzt recht ruhig und es gibt hier weniger Bars und Restaurants als irgendwo sonst an Phukets Westküste. Für einige Besucher ist dies natürlich ein Segen, anderen ist es vielleicht ein wenig zu friedvoll.

Sehenswertes & Aktivitäten

Sun Spa SPA
(Karte S. 694; ☎076 316500; www.twinpalms-phuket.com; Twin Palms, 106/46 Mu 3; Massage/Anwendung 1500–3900 B; ⏰11–20.30 Uhr) In diesem luxuriösen Hotelspa etwas zurückversetzt vom Strand kann man sich mit einer „Travellers' Revival"-Gesichtsbehandlung, einer Körperpackung mit weißem Ton, einem Bad mit thailändischen Kräutern oder eine Massage im Surin-Stil verwöhnen lassen. Außerdem gibt's Massagen für werdende Mütter und die gesamte Palette an Schönheitsangeboten. Sehr empfohlen werden auch die Luxus-Mani- und Pediküren.

Schlafen

Benyada Lodge HOTEL **$$**
(Karte S. 694; ☎081 889 4173; www.benyadalodge-phuket.com; 106/52 Mu 3; DZ mit Frühstück 2800–4500 B; ❄@📶) Das Hotel ist eine freundliche Unterkunft mit vernünftigen Preisen in einem Viertel, das von gehobenen Resorts

bestimmt wird, und liegt nur einige Minuten vom Strand von Surin entfernt. Das Benyada hat 29 große, komfortable Zimmer mit modernem Flair, farblichen Akzenten, Kühlschrank und Möglichkeiten zum Tee- und Kaffeekochen. Die besten verfügen über kleine Balkone und/oder Himmelbetten.

★ Surin Phuket LUXUSHOTEL $$$

(Karte S. 694; ☎076 316400; www.thesurinphuket.com; 118 Mu 3, Hat Pansea; DZ mit Frühstück 11 000–40 000 B; P❄📶🏊) Fast jede Anlage an einem so wundervollen Strand wäre erste Wahl. Aber die „Cottages" und Suiten im Surin, die sich unter dem Blattwerk am Hang verstecken und auf den Hat Pansea blicken, bieten dazu noch erdverbundene und luxuriöse Zimmer und einen wunderbar abstrakten sechseckigen Pool mit schwarzen Kacheln und Meerblick. Außerdem locken ein Restaurant mit mediterranen und thailändischen Gerichten (Hauptgerichte 320–1200 B), ein Spa, Yoga am Strand und eine Bar, ebenfalls am Strand.

Zu vielen der Zimmer muss man ein ganzes Stück hügelauf und über Holzstege laufen. Reizendes Personal!

★ Amanpuri Resort LUXUSHOTEL $$$

(Karte S. 694; ☎076 324333; www.aman.com; Hat Pansea; 1-Schlafzi.-Villa mit Frühstück 1200–4000 US$; P❄📶🏊) Dezent, luxuriös und unglaublich friedlich: Das Amanpuri ist ein Promi-Magnet und eines der besten und exklusivsten Hotels auf Phuket. Bei den anmutigen Bungalows im traditionellen Design ist die Lage am ruhigen Hat Pansea das Entscheidende: Die Cabanas blicken aufs Meer, die Badezimmer sind riesig, und das Dekor wird von warmem Holz bestimmt; einige haben einen eigenen Pool. Aktivitäten aller Art (Yoga, Kajakfahren, Surfen) sind im Angebot, es gibt einen jetschwarzen Pool und erstklassigen Service.

Essen & Ausgehen

Da alle Strandbars, -clubs und -restaurants schließen mussten oder umgezogen sind, ist die kulinarische Szene in Surin ziemlich überschaubar. Die meisten Restaurants befinden sich an der Hauptstraße, der Th Srisoonthorn, in Hotels oder an der Soi gleich landeinwärts vom Strand. Auf dem Parkplatz am Strand versammeln sich einige Essensstände.

Blue Lagoon THAI $

(Karte S. 694; ☎087 923 8235; Th Srisoonthorn; Hauptgerichte 120–200 B; ⏲9–23 Uhr) Das freundliche, familiengeführte, halboffene Lokal gehört zu den wenigen Restaurants, die es in Surin nach dem Abriss der Strandlokale noch gibt. Es serviert leckere Versionen klassischer thailändischer Gerichte, von *sôm·đam* (pikantem Papaya-Salat) bis zu Currys und Nudelsuppen, und westliches Frühstück. Mit seinen karierten Tischdecken, den schaukelnden Laternen und der Terrasse an der Straße ist das Restaurant bodenständiger als die meisten anderen vor Ort.

Surin Chill House INTERNATIONAL $$

(Karte S. 694; ☎076 636254; 107/3 Mu 3; Hauptgerichte 130–450 B; ⏲Di–So 8.30–16 & 18–22 Uhr; 📶👪) Das relaxte Café mit geschliffenem Beton ist vor allem wegen seines Angebots an Kaffee, Kuchen und Frühstück (von Obstsalaten bis zu Omeletts und Waffeln) beliebt. Es serviert aber auch ein bisschen von allem anderen, wie scharfe Thai-Currys und -Salate, Meeresfrüchte, gute Pizza und einige anspruchsvollere internationale Hauptgerichte. Alle Zutaten sind frisch, das Team ist einladend und das Lokal ist sehr familienfreundlich.

Phuket Coffee Lab CAFÉ

(Karte S. 694; ☎080 534 5512; www.facebook.com/phuketcoffeelab; 116/4 Mu 3, Th Srisoonthorn; ⏲Di–So 8–16 Uhr; 📶) In diesem Café mit Betonböden und Industrieflair 700 m landeinwärts vom Hat Surin dreht sich alles um frisch in kleinen Mengen geröstete Kaffeebohnen aus Thailand und dem Ausland. Die fachkundigen Baristas zaubern tollen Kaffee (65–120 B) und bieten zudem professionelle Trainingssessions an. Dazu kommen verlockende Happen (165–220 B) im Brunchstil wie Toast mit Avocado oder Omelett mit Zucchini und Feta.

Beach Bar BAR

(Karte S. 694; ☎076 316400; www.thesurinphuket.com; Surin Phuket, 118 Mu 3, Hat Pansea; ⏲9–24 Uhr; 📶) Die ruhige, pagodenartige Strandbar im schicken Surin Phuket (S. 697) erfreut sich einer herrlichen Lage am südlichen Ende des schönen weißen Hat Pansea. Wenn zum Sonnenuntergang die Laternen angeknipst werden und der Horizont in Rosa- und Orangetönen erstrahlt, ist dies ein traumhaftes Plätzchen. Die Cocktails (180–250 B) präsentieren sich fröhlich-tropisch und vor und nach dem Abendessen gibt's Happy Hours.

Anreise & Unterwegs vor Ort

Der Phuket Smart Bus (S. 670) verbindet Surin mit Kamala, Patong, Karon, Kata, Rawai, Ao

Bang Thao und dem Phuket International Airport (6.37–21.25 Uhr etwa stündl., 50–170 B).

Sŏrng·tăa·ou (Karte S. 694; Th Srisoonthorn) (Passagier-Pick-ups) fahren von der Th Ranong in Phuket (Stadt) zum Hat Surin (40 B, 7–17 Uhr) und dann weiter zum Hat Kamala (20 B).

Taxis warten **vor dem Hotel Twin Palms** (Karte S. 694; Soi Hat Surin 8) und **beim 7-Eleven** (Karte S. 694; Soi Hat Surin 8), beides an der Hauptstrandstraße von Surin. Tuk-Tuks nach Phuket (Stadt) kosten 500 B, Taxis 700 B. Taxis vom/zum Flughafen kosten 500–700 B.

Ein zuverlässiger Autoverleiher in Surin ist **Andaman Car Rent** (Karte S. 694; ☎076 621600; www.andamancarrent.com; 112/12 Mu 3; ⏰9–19 Uhr).

Ao Bang Thao & Cherngtalay

Der hinreißende **Hat Bang Thao** (หาดบางเทา; Karte S. 694), ein 8 km langer weißer Sandstrand, ist der Kitt, der die sehr unterschiedlichen Elemente des Bezirks Cherngtalay (เชิงทะเล) im nordwestlichen Phuket, wo früher Zinn abgebaut wurde, zusammenhält.

Am südlichen Ende der Region mit der Ao Bang Thao (อ่าวบางเทา) finden sich Mittelklasse-Resorts und hier und da ein Strandclub. Weiter landeinwärts liegen ein altes, von Kanälen gesäumtes Fischerdorf, ein paar reiche Villensiedlungen und erstklassige Restaurants. Direkt im Zentrum steht der etwas bizarre Laguna-Phuket-Komplex, eine Reihe von Spitzen-Resorts rund um einen asphaltierten Naturpfad und einen künstlichen See. Am Nordende der Bucht kommt die Natur zu ihrem Recht: Hier erstrecken sich der weiße Strand und das tropische, blaue Meer in die Ferne und bieten jene friedsame Ruhe, wegen der man eigentlich gekommen war.

Cherngtalay erfreut sich immer größerer Beliebtheit bei Expats, und mehr als anderswo auf Phuket ist die Erschließung dieses größtenteils muslimischen Gebiets noch nicht abgeschlossen.

Sehenswertes & Aktivitäten

Thai Carnation SPA

(Karte S. 694; ☎076 325565; 64 Th Laguna; Massage oder Anwendung 500–1400 B; ⏰11–22.30 Uhr) Das eindrucksvoll professionelle und doch wunderbar dezente Spa mit fantastischem Preis-Leistungs-Verhältnis ist mit seinen privaten Massageräumen, gut ausgebildeten Therapeuten und seinem thailändischen Flair ein echter Fund. Mit einer klassischen Thai-Massage, einer indischen Kopfmassage oder einem Asia-Peeling lassen sich alle Spannungen fortzaubern. Das Spa befindet sich 1,5 km östlich (landeinwärts) vom Hat Bang Thao nicht weit vom Eingang zum Laguna-Phuket-Komplex.

Schlafen

Der Laguna-Phuket-Komplex an der Ao Bang Thao umfasst sieben Luxusresorts, einen 18-Loch-Golfplatz und mehr als 30 Restaurants. Zwischen den Hotels verkehren kostenlose Shuttlebusse wie auch Pontonboote, die die miteinander verbundenen Lagunen befahren. Im Süden der Ao Bang Thao liegen erschwinglichere Strandresorts und das attraktive **ChillHub Phuket Hostel** (Karte S. 694; ☎082 291 1925; www.chillhubhostelphuket.business.site; 69/140–142 Mu 3, Hat Bang Thao; B 500–600 B; ❄📶🏊), am nördlichen Ende der Bucht ist das fabelhafte Spitzenresort **Anantara Phuket Layan** (Karte S. 666; ☎076 317200; www.anantara.com; 168 Mu 6, Soi 4, Hat Layan; mit Frühstück DZ 10 140–15 780 B, 1-Schlafzi.-Villa 11 820–38 450 B; P❄📶🏊).

Essen

Cherngtalay hat sich in den letzten Jahren zu einem Feinschmeckermekka entwickelt. Am Eingang zum Laguna Phuket und in den Luxusresorts – in der Hauptsaison reservieren! – finden sich einige der besten internationalen Restaurants auf Phuket. Wer günstig essen will, besucht den **Boat Avenue Night Market** (Karte S. 694; Boat Avenue, 49/14 Th Bandon-Cherngtalay; Mahlzeiten 50–100 B; ⏰Fr 16 Uhr–spät) oder eines der bescheideneren Restaurants am Südende der Ao Bang Thao und an der Hauptstraße, die durch Cherngtalay führt.

Gallery Cafe CAFÉ $$

(Karte S. 666; ☎089 103 7000; 122/4 Th Srisoonthorn; Mahlzeiten 140–350 B; ⏰8–20 Uhr; 📶🌱👪) Das minimalistisch-schicke Café-Restaurant bietet den ganzen Tag über Frühstücksspeisen wie Omeletts mit Spinatfüllung, bunte Smoothie-Bowls, Brot und Bagels aus eigener Herstellung und Avocadomus mit Feta. Der Kaffee wird auf Holztabletts mit mundgerechten Kuchenhappen gereicht; außerdem gibt's Mango-Passionsfrucht-Smoothies. In der stylischen Lounge mit Betonboden, Gemeinschaftstischen, schiffsartigen Fenstern und einer sonnigen Terrasse kann man den ganzen Tag abhängen.

Pesto INTERNATIONAL $$
(Karte S. 694; ☎082 423 0184; Th Bandon-Cherngtalay; Hauptgerichte 140–500 B; ⊙So–Fr 11.30–23, Sa 17–23 Uhr;) Ein in Paris ausgebildeter thailändischer Chefkoch und eine winzige Bude am Straßenrand ergeben zusammen ein fantastisches Lokal für köstliche, günstige Thai- und internationale Gerichte. Mediterran sind die Penne mit Basilikumpesto und die Garnelen-Tagliatelle, thailändisch das Lachssteak auf Mangosalat, das *đôm yam gûng* (sauer-scharfe Garnelensuppe), der frittierte Fisch des Tages und natürlich die Currys wie das in Südthailand sehr beliebte Massaman.

★ **Suay** FUSIONSKÜCHE $$$
(Karte S. 666; ☎093 339 1890; www.suayrestaurant.com; 177/99 Wana Park, Mu 4, Th Srisoonthorn; Hauptgerichte 350–650 B; ⊙16–23 Uhr;) Der Cherngtalay-Ableger des begehrten Suay des Phuketer Spitzenkochs Noi Tammasak eröffnete 2017 in schicken verglasten Räumlichkeiten und ist eine echte Sensation der Fusionsküche. Auf der Karte stehen kreative Gaumenfreuden wie ein Pilz-Carpaccio, mit Zitronengras gegrillte Lammkoteletts, Shanghai-Nudeln mit Basilikum-Pesto und ein Tofusteak mit *kôw soy*-Sauce. Nicht entgehen lassen sollte man sich die Mango-Klebreis-Variante mit Sesameis.

Für Vegetarier gibt's eine eigene Karte voller Köstlichkeiten. Auch das Original-Suay (S. 674) in Phuket (Stadt) ist so beliebt wie eh und je.

★ **Bampot** INTERNATIONAL $$$
(Karte S. 694; ☎093 586 9828; www.bampot.co; 19/1 Mu 1, Th Laguna; Hauptgerichte 550–1200 B; ⊙18–24 Uhr, Mai–Nov. Mo geschl.;) Eisblaue Sitznischen, eine offene Küche und weiße Ziegelwände, an denen Kunstwerke hängen, bilden die Kulisse für Jamie Wakefords ambitionierte, moderne europäisch inspirierte Gerichte wie ein Risotto mit Cashew-Pesto, Lachs mit Knusperhaut und geschmortem Fenchel oder Blumenkohl-Tempura mit Trüffel-Mayo. Dazu kommen fachkundig gemixte Cocktails wie ein BGT auf Ginbasis, ausgezeichnete Weine und ein freundlich-professioneller Service – und fertig ist eins der internationalen Top-Restaurants von Phuket.

★ **Project Artisan** INTERNATIONAL $$$
(Karte S. 666; ☎093 790 9911; www.theprojectartisan.com; 53/17 Mu 6, Rte 4018; Mahlzeiten 200–600 B; ⊙8.30–23 Uhr;) In diesem lässig-schicken, von Bali inspirierten Mehrzweck-Kreativladen im nördlichen Cherngtalay rahmen pfirsichrosa und ananasgelbe Holztüren einen mit Laternen beleuchteten Garten voller Traumfänger. Morgens gibt's zum Frühstück frisch gebackene Backwaren, tropische Smoothie-Bowls, kunstvoll zubereitete Mini-Burger und Bio-Eier aus Phang-Nga, später dann Livemusik, Massagen im Saparod Spa (900–1800 B) und Cocktails und thailändisches Craftbier an der Tipsy Bar, die wie ein Essensstand daherkommt.

Der Laden ist beliebt bei gut betuchten ortsansässigen Expats und dank der Kinderkarte und der Massagen auch bei Familien. Angeschlossen ist eine Bäckerei. Eine Wegbeschreibung gibt's auf der Website.

ℹ Anreise & Unterwegs vor Ort

Mit mehreren Stopps in Ao Bang Thao/Cherngtalay, u. a. am Tesco Lotus an der Rte 4025, verkehrt der Phuket Smart Bus (S. 670) nach Surin, Kamala, Patong, Karon, Kata, Rawai und zum Phuket International Airport (6.25–21.37 Uhr etwa stündl., 50–170 B).

Sŏrng·tăa·ou (Passagier-Pick-ups) verkehren von 7 bis 17 Uhr zwischen der Th Ranong in Phuket (Stadt) und dem Hat Bang Thao (35 B); Tuk-Tuks kosten 450 B.

Taxis vom/zum Flughafen kosten 700 B, von/zu den Stränden im Südwesten Phukets etwa 900 B.

Nordost-Phuket

Die üppig grüne Nordostecke Phukets strotzt vor Wasserfällen, Tempeln, singenden Gibbons und dschungelbewachsenen Hügeln – die schönsten Teile der Gegend sind in der Khao Phra Thaew Royal Wildlife & Forest Reserve (S. 701) geschützt.

Fern der goldenen Strände erstreckt sich unmittelbar nördlich vom **Heldinnendenkmal** (อนุสาวรีย์ท้าวเทพกษัตรีท้าวศรีสุนทร; Karte S. 666; Hwy 402), 13 km nördlich von Phuket (Stadt), das untouristische Thalang (ถลาง). Zwar befindet sich das Denkmal nicht genau im Mittelpunkt der Insel, doch fungiert es als zentraler Kreisverkehr Phukets, wo Straßen aus allen Richtungen zusammentreffen. Thalang ist ein Gebiet, das Traveller eigentlich nur auf dem Weg zu irgendeinem anderen Ziel passieren – und das ist schade, weil es hier einige faszinierende kulturelle Attraktionen zu entdecken gibt, u. a. den Wat Phra Thong (S. 700). Die meisten Besucher passieren das Gebiet um Thalang

NICHT VERSÄUMEN

DAS ELEFANTENASYL VON PHUKET

Das einzige echte **Elefantenasyl** (Karte S. 666; ☎ 088 752 3853; www.phuketelephantsanctuary.org; 100 Mu 2, Paklok, Rte 4027; Erw./Kind 3000/1500 B; ⌚ 9.30–13 & 14–17.30 Uhr; 👪) Phukets ist ein Refugium für Dickhäuter, die beim Einsatz in der Tourismus- oder der Holzindustrie misshandelt wurden. Bei der Morgentour können die Teilnehmer Elefanten füttern; dann folgt man ihnen mit ein paar Metern Abstand auf dem Weg durch den Wald, wo sie Wassermelonen futtern, baden und abhängen. Dies ist eine seltene, naturfreundliche Gelegenheit, von der die meisten Besucher begeistert sind.

Das Schutzgebiet ist ein Schwesterprojekt des renommierten Elephant Nature Park in Chiang Mai. Zuletzt beherbergte es acht Elefantenkühe. Wer mehr Zeit mit den Tieren verbringen will, kann sich für einen, drei oder sieben Tage als freiwilliger Helfer engagieren. Der Preis von 4500, 8000 bzw. 16 000 B, in dem vegetarische Mahlzeiten und – falls erforderlich – die Unterkunft enthalten sind, geht direkt in die Versorgung der Elefanten.

Das Elefantenasyl ist nur im Rahmen von Touren zu erkunden, die alle im Voraus gebucht werden müssen. Inbegriffen ist jeweils ist köstliches vegetarisches Mittagessen oder ein Nachmittagstee. Besucher werden vom Büro in der Nähe abgeholt und nachher wieder zurückgebracht. Auf den Nachmittagstouren mit weniger Elefanten-Interaktion werden die Dickhäuter im Safaristil beobachtet. Vorsicht vor Nachahmer-Asylen und Taxifahrern, die einen für eine Kommission woanders hinfahren!

auf dem Weg zu zwei sehr lohnenden Naturschutzprojekten im Nordosten, dem zu Recht beliebten Phuket Elephant Sanctuary (S. 700) und dem kleineren Phuket Gibbon Rehabilitation Project (S. 702).

Sehenswertes & Aktivitäten

Wat Phra Thong BUDDHISTISCHER TEMPEL

(วัดพระทอง; Karte S. 666; abseits des Hwy 402; ⌚ tagsüber; P) GRATIS Im Mittelpunkt des stillen, 250 Jahre alten „Tempels des Goldenen Buddha" rund 7 km nördlich des Heldinnendenkmals (S. 699) steht eine halb vergrabene Statue, von der nur der Kopf und die Schultern sichtbar sind. Der Überlieferung zufolge erschien das Bildnis einfach aus der Erde, und wer versucht hat, es auszugraben, ist Krankheiten oder schweren Unfällen anheimgefallen. Der Tempel genießt besonders bei den Thai-Chinesen große Verehrung: Sie glauben, dass das Bildnis aus China stammt. Während des Chinesischen Neujahrs strömen Pilger aus Phang-Nga, Takua Pa und Krabi hierher.

Thalang National Museum MUSEUM

(พิพิธภัณฑสถานแห่งชาติถลาง; Karte S. 666; Th Srisoonthorn/Rte 4027; Erw./Kind 200/100 B; ⌚ 9–16 Uhr; P) Das Museum in Thalang erzählt anhand von Exponaten auf Thailändisch und Englisch die Geschichte Phukets von den vorzeitlichen Andamanen-Bewohnern bis zur Zeit des Zinnabbaus. Es erkundet die verschiedenen Ethnien und Dialekte Südthailands und erzählt die Legende von den „beiden Heldinnen", die mit dem Heldinnendenkmal verewigt wurden: Sie wehrten im 18. Jh. angeblich eine birmanische Invasion ab, indem sie mit den Frauen der Insel, die wie Männer verkleidet waren, in die Schlacht zogen. Das Museum liegt 200 m nordöstlich des Heldinnendenkmals abseits der Rte 4027, war jedoch zuletzt zwecks Renovierung auf unbestimmte Zeit geschlossen.

Schlafen & Essen

★ **Point Yamu by Como** RESORT $$$

(Karte S. 666; ☎ 076 360100; www.comohotels.com; 225 Mu 7, Paklok, Laem Yamu; DZ mit Frühstück 10 600–32 200 B; P ❄ 📶 🏊) In der hohen Eingangshalle umrahmen weiße Mosaikpfeiler Teiche, in denen sich die Palmen spiegeln. Diese Fünf-Sterne-Anlage verbindet thailändische Elemente (Mönchsroben-Orange, Hummerfallen als Lampen, buddhistische Symbole) mit einem cool-zeitgenössischen, italienischen Entwurf. Die großen Zimmer (einige mit eigenem Pool) sowie die Villen mit Pool sind königsblau oder türkisfarben gehalten und intensivieren so auf dem gesamten Anwesen den Blick auf das grenzenlose Meer und das Panorama von Ao Phang-Nga.

Die Gäste können im sanftblauen Pool, im blau gefliesten Spa und im privaten Strandclub abhängen oder kostenlos am Yoga, Pilates oder Tai-Chi oder an Radtouren teilnehmen. Für Familien gibt's Villen mit zwei und drei Schlafzimmern und einen Babysitter-Service. Außerdem umfasst das

Resort zwei fantastische Restaurants, eins mit **süditalienischem Essen** (Karte S. 666; Hauptgerichte 430–750 B; ⌚8–23 Uhr; 📶✎), das andere mit gehobener südthailändischer Kost. Die Anlage liegt 20 km nordöstlich von Phuket (Stadt) – und eigentlich will man hier nie wieder weg!

Monkeypod CAFÉ $$

(Karte S. 666; ☎087 909 5252; www.facebook.com/monkeypodcoffeehouse; Rte 4027; Hauptgerichte 140–200 B; ⌚Di–So 8.30–20.30 Uhr; 📶✎) Das moderne, familiengeführte Café, eine markante Erscheinung in minimalistischem Weiß mit bodentiefen Fenstern und einem Blick ins Grüne, ist eine willkommene Überraschung in der Nähe des Phuket Elephant Sanctuary und des Phuket Gibbon Rehabilitation Project. Kaffee, Smoothies und Cafékost sind allesamt köstlich, mit Salaten, Wraps und Kuchen sowie Phuket-Klassikern zu vernünftigen Preisen. Das Café befindet sich 6 km nordöstlich des Heldinnendenkmals.

★ **Breeze** INTERNATIONAL $$$

(Karte S. 666; ☎081 271 2320; www.breezecapeyamu.com; 224 Mu 7, Laem Yamu; Hauptgerichte 750–1600 B, 5-Gänge-Probiermenü 2000 B; ⌚Mi–So 12–22 Uhr; 📶✎) Das elegante, aber dezente Restaurant gehört zu den besten auf Phuket und genießt eine herrliche Lage auf einem Hügel in meerumschlossener Abgeschiedenheit 20 km nordöstlich von Phuket (Stadt). Von dem mit Säulen verzierten offenen Speisesaal blickt man von blauen Sitzsäcken aus auf den Pool und das Meer. Die göttlichen kreativen Gerichte im europäischen Stil sind aus regionalen Zutaten, teils aus eigenem Anbau, zubereitet; die Karte wechselt regelmäßig. Die klassischen Cocktails sind thailändisch abgewandelt. Reservieren!

ℹ An- & Weiterreise

Um zu den meisten Orten in dieser Gegend zu gelangen, benötigt man ein eigenes Fahrzeug oder ein Taxi.

Von Phuket (Stadt) fahren *sŏrng·tăa·ou* (Passagier-Pick-ups) von 7 bis 17 Uhr nach Hat Surin und Ao Bang Thao und kommen unterwegs am Heldinnendenkmal vorbei (30 B). *Sŏrng·tăa·ou* verkehren von 8 bis 15.30 Uhr ebenfalls mehrmals täglich zwischen Phuket (Stadt) und Tha Bang Rong (40 B).

Taxis von Phuket (Stadt) zum Phuket Elephant Sanctuary kosten etwa 700 B. Taxis vom Tha Bang Rong zu den Stränden an der Westküste von Phuket kosten 600 bis 900 B.

Die Fähren von/nach Ko Yao Noi und Ko Yao Yai, von denen einige weiter nach Krabi und/oder Ao Nang fahren, legen am Tha Bang Rong (S. 664) an der Nordostküste von Phuket an.

Khao Phra Thaew Royal Wildlife & Forest Reserve

Entgegen der weit verbreiteten Ansicht besteht Phuket nicht nur aus Sand, Sonne und Meer. Im Nordosten von Phuket umfasst die **Khao Phra Thaew Royal Wildlife & Forest Reserve** (อุทยานสัตว์ป่าเขาพระแทว; Karte S. 666; abseits von Rte 4027 & Hwy 402; Erw./Kind 200/100 B; ⌚9–17 Uhr) 🍃 23 km² unberührten Insel-Regenwald (immergrünen Monsunwald), mit dem 442 m hohen Khao Phra als höchster Erhebung. Das Schutzgebiet beherbergt Wildschweine, Affen, Plumploris, Languren, Gibbons, Hirsche, Zibetkatzen, Flughunde, Kobras, Pythons, Hörnchen und andere kleinere Tiere sowie die seltene endemische, 3 bis 5 m hohe Weiße Elefanten-Palme (*Kerriodoxia elegans*), ein paar Wasserfälle (am besten in der Zeit des Monsuns) und das Phuket Gibbon Rehabilitation Project.

Im Park gibt's keine Unterkünfte, man ist aber mit einem Taxi oder einem Motorrad schnell in anderen Gebieten von Phuket.

Auf der Reservatseite mit dem Bang Pae/Gibbon Project gibt's eine Cafeteria mit einfachem Thai-Essen (Mahlzeiten 150 B) sowie an einem See ein recht gutes Restaurant direkt an der Eingangsschranke des Parks. Oder man steuert das Monkeypod (S. 701) an der Rte 4027 mit Cafékost und gutem Kaffee an.

◉ Sehenswertes & Aktivitäten

Im Schutzgebiet gibt es schöne Hügelwanderungen und einige malerische Wasserfälle, darunter den **Nam Tok Ton Sai** (น้ำตกโตนไทร; Karte S. 666; abseits des Hwy 402; Erw./Kind 200/100 B; ⌚9–17 Uhr) und den **Nam Tok Bang Pae** (น้ำตกบางแป; Karte S. 666; abseits der Rte 4027; Erw./Kind 200/100 B; ⌚9–17 Uhr). Besonders eindrucksvoll sind die Wasserfälle während der Monsunzeit von Juni bis November. Beide sind durch einen 8 km langen Wanderweg verbunden – dafür braucht man wahrscheinlich einen Parkguide.

Auf Anfrage sind Parkranger *vielleicht* bereit, Wanderer durch den Park zu führen: Am besten bei der Ankunft an den Zugangspunkten zum Park nachfragen (Kosten: ca. 1500 B).

Phuket Gibbon Rehabilitation Project TIERSCHUTZGEBIET
(โครงการคืนชะนีสู่ป่า; Karte S. 666; ☎076 260492; www.gibbonproject.org; abseits der Rte 4027; Spende; ⌚So–Fr 9–16.30, Sa bis 15 Uhr; P) Das aus Spenden finanzierte kleine Tierasyl – mit 2100 B kann man einen Gibbon ein Jahr lang sponsern – nimmt Gibbons, die in Gefangenschaft gehalten wurden, in der Hoffnung auf, sie wieder auswildern zu können. Bei den Besuchen kann man den Tieren begegnen. Wer gegen 9 Uhr kommt, hört ihren Morgengesang. Man kommt den Tieren übrigens nicht besonders nahe, was für Kinder vielleicht enttäuschend ist, aber die Freiwilligen hier leisten hervorragende Arbeit. Zu dieser Arbeit gehört es, Informationen für Besucher bereitzustellen, Käfige zu säubern und freigelassene Gibbons zu füttern und zu tracken.

Die Gibbon-Wilderei ist ein großes Problem auf Phuket, zu dem nicht zuletzt auch der Tourismus beiträgt: Gefangene Gibbons werden für Fotos durch die Touristenbars und über die Strände geschleppt. Der letzte wilde Weißhandgibbon Phukets wurde Anfang der 1980er-Jahre gewildert. Wenn möglich, sollte man also auf ein Foto mit einem in Gefangenschaft gehaltenen Gibbon verzichten!

An- & Weiterreise

Der Khao Phra Thaew ist sowohl aus dem Osten als auch dem Westen erreichbar. Vom Heldinnendenkmal fährt man auf der Rte 4027 9 km Richtung Nordosten, biegt dann links (nach Westen) Richtung Nam Tok Bang Pae (ausgeschildert) ab und erreicht nach 1 km das Phuket Gibbon Rehabilitation Project. Oder man fährt vom Heldinnendenkmal auf dem Hwy 402 6 km Richtung Nordwesten und biegt dann Richtung Osten nach Nam Tok Ton Sai ab. Öffentliche Verkehrsmittel fahren hier nicht.

Strände im Norden

Die Nordwestküste Phukets gehört zu den schönsten Teilen der Insel. Wer auf der Suche nach den verbleibenden stillen Stränden der Insel ist, wo Natur und Tourismus noch mehr oder weniger einträchtig nebeneinander her leben, wird hier fündig. Nach einer Viertelstunde Fahrt vom Flughafen erreicht man einige der traumhaftesten und am wenigsten erschlossenen Strände – hier ist der Andrang der Touristen geringer als anderswo und es geht generell ruhiger zu. Der lässige **Hat Nai Thon** (หาดในทอน; Karte S. 666), der lebensfrohe **Hat Nai Yang** (หาดในยาง; Karte S. 666) und der herrliche, 10 km lange **Hat Mai Khao** (หาดไม้ขาว; Karte S. 666) befinden sich alle im Sirinat National Park, dessen Verwaltung am Nai Yang ist.

Kitesurfer strömen von Mai bis Oktober zum Nai Yang. In der Nebensaison ist es in diesem Teil Phukets ziemlich ruhig.

Sehenswertes & Aktivitäten

Während der Monsunzeit (Mai–Okt.) kann man am Hat Nai Yang prima kitesurfen. Mehrere Schulen bieten Unterricht für Kitesurfer, darunter **Kiteboarding Asia** (Karte S. 666; ☎081 591 4594; www.kiteboardingasia.com; 116 Mu 1, Hat Nai Yang; 1 Std. Unterricht 1300 B, 3-tägiger IKO-Kurs 11 000 B; ⌚Mai–Okt. 9–18 Uhr) und Kite Zone (S. 678) mit Sitz in Rawai.

Sirinat National Park NATIONALPARK
(อุทยานแห่งชาติสิรินาถ; Karte S. 666; ☎076 327 152, 076 328226; www.portal.dnp.go.th; 89/1 Mu 1, Hat Nai Yang; Erw./Kind 200/100 B; ⌚6–18 Uhr) Der Sirinat National Park beinhaltet die einzigartigen nordwestlichen Strände Nai Thon (S. 702), Nai Yang (S. 702) und Mai Khao (S. 702) sowie den ehemaligen Nai Yang National Park und das Wildschutzgebiet Mai Khao. Insgesamt umfasst er 22 km² Küstengebiet sowie 68 km² offenes Meer und erstreckt sich vom Nordende der Ao Bang Thao bis zur nördlichsten Spitze Phukets. Die Parkverwaltung samt Unterkünften, einem einfachen Besucherzentrum und einem Restaurant befindet sich am nördlichen Ende des Hat Nai Yang. Die gesamte Gegend ist recht friedvoll und liegt praktischerweise nur eine Viertelstunde vom Phuket International Airport entfernt.

Banana Beach STRAND
(หาดหินกล้วย, Hat Hin Gluai; Karte S. 666; abseits der Rte 4018) Zwar ist der seidige kleine versteckte Strand 2 km südlich des Hat Nai Thon nicht mehr der Geheimtipp, der er einmal war, doch nach wie vor stellt er ein erfrischend naturbelassenes Refugium dar. Von einem winzigen Parkplatz auf der Westseite der kurvenreichen Küstenstraße Rte 4018 kraxelt man durch einen Dschungel aus Kokospalmen hinunter zu dem wunderbar stillen Strand mit Felsen und einem einzigen Restaurant.

Sea Bees TAUCHEN
(Karte S. 666; ☎076 327006; www.sea-bees.com; Slate, 116 Mu 1, Hat Nai Yang; Tour mit 2 Tauchgängen 3500 B; ⌚unterschiedlich) Der Ableger

am Nai Yang des effizienten Anbieters, der auf ganz Phuket aktiv ist, ist auf halbtägige Touren mit zwei Tauchgängen im Meeresabschnitt des Sirinat National Park spezialisiert; Schnorchler können für etwa die Hälfte des Preises mitfahren. Angeboten werden außerdem verschiedene Kurse wie ein Open Water Diver SSI (3 Tage, 16 000 B).

Asia Marine BOOTSFAHRTEN
(Karte S. 666; ☎076 397934; www.asia-marine.net; 141/2 Mu 2, Phuket Yacht Haven Marina, Laem Phrao; ⏰unterschiedlich) Asia Marine war einer der ersten Jachtcharteranbieter Phukets. In der breit gefächerten Flotte gibt's für jeden Geschmack das passende Boot, von schicken Glasfaser-Katamaranen bis zu Holzdschunken. In der Hauptsaison kann man Boote ohne Besatzung ab etwa 9000 B pro Woche chartern.

Coqoon Spa SPA
(Karte S. 666; ☎076 327006; www.theslatephuket.com; Slate, 116 Mu 1, Hat Nai Yang; Massage oder Anwendung 2200–7000 B; ⏰10–20 Uhr) Das fantastische, einzigartige Spa im superstylischen Resort Slate beeindruckt mit Behandlungszimmern, die auf üppige Gärten blicken. Geboten werden u. a. Frangipani-Peelings, Bambuskohle-Packungen, Anne-Semonin-Gesichtsbehandlungen und Detox-Therapien in einer schwebenden „Nest"-Suite. Vorausbuchen!

Phuket Riding Club REITEN
(Karte S. 666; ☎081 787 2455; www.phuketriding club.com; 60/9 Th Thepkasattri, Mu 3, Mai Khao; 1-/2-stündige Ausritte 1200/2200 B; ⏰8–18.30 Uhr) Hier kann man den Traum eines Ausritts in tropischen Gefilden verwirklichen. Der alteingesessene Club veranstaltet kurzweilige ein- oder zweistündige Ausritte an den Stränden und durchs Hinterland im Norden Phukets. Einen Tag im Voraus buchen!

Soi Dog FREIWILLIGENARBEIT
(Gill Daley Foundation; Karte S. 666; ☎076 681029; www.soidog.org; 167/9 Mu 4, Soi Mai Khao 10; Spende; ⏰Mo–Fr 9–12 & 13–15.30, Sa 9–12 Uhr, Touren Mo–Fr 9.30, 11, 13.30 & 14.30, Sa 9.30 & 11 Uhr) 🍃 Rund 2 km landeinwärts vom Hat Mai Khao schützt die gemeinnützige Stiftung Soi Dog Hunderte von Katzen und Hunden (viele wurden vor den illegalen Hundefleischhändlern gerettet). Die Tiere werden sterilisiert oder kastriert und danach an Besitzer vermittelt; außerdem setzt sich die Stiftung für die Stärkung des Tierschutzes ein. Besuchen kann man die Einrichtung im Rahmen einer gründlichen Führung. Die Anlage für „alte Hunde" kann etwas traurig stimmen, aber die Tiere haben hier ein gutes Zuhause. Besucher können mit den Tieren spielen, sie ausführen oder sich für längerfristige Mitarbeit verpflichten.

Schlafen

Neben Spitzenresorts gibt's in dieser Gegend auch günstigere Unterkünfte – für Letztere muss man jedoch weit im Voraus reservieren. Der Mai Khao beherbergt zumeist Luxusresorts, während der Nai Yang die besseren Budget-Unterkünfte aufweist. Am Nai Thon gibt's von beidem ein bisschen.

Pensiri House PENSION $
(Karte S. 666; ☎081 895 9489; www.pensirihouse.com; 112 Mu 5, Hat Nai Yang; DZ 800–1200 B; ❄📶) Das freundliche, effizient betriebene Hat Nai Yang beim Eingang zum glamourösen Resort Slate (S. 703) befindet sich 300 m landeinwärts vom Hat Nai Yang und ist die beste Budgetoption in der Gegend. Es ist bei Travellern beliebt, die hier in der Nähe Freiwilligenarbeit leisten – also frühzeitig reservieren! Die Zimmer in einem schicken neuen Gebäude sind groß, modern und gepflegt, mit Balkon, Fernseher, Kühlschrank, Safe und viel natürlichem Licht.

Die Eigentümer betreiben ganz in der Nähe am Strand auch das Phen's Restaurant (S. 704).

★ Slate RESORT $$$
(Karte S. 666; ☎076 327006; www.theslatephuket.com; 116 Mu 1, Hat Nai Yang; mit Frühstück DZ 8200–24 300 B, Villa 44 900–62 000 B; P❄📶🏊) Das Design dieser Anlage, eines der originellsten Megaresorts auf Phuket, ist von der Geschichte des Zinnbergbaus auf der Insel inspiriert. Zur ausgesuchten Ausstattung gehören Bergbaugerätschaften; die Türen zu den schicken modernen Zimmern und Villen bestehen aus künstlich gealtertem Metall. Die besten Zimmer haben eigene Pools. Zu speisen gibt's u. a. fantastische Thai-Kost im Black Ginger; außerdem locken das fabelhafte Coqoon Spa (S. 703) sowie drei Pools, darunter einer nur für Erwachsene.

Die Aktivitäten reichen von Pilates und Yoga bis zu Stehpaddeln (SUP) und Kajakfahren und man kann auch Fahrräder ausleihen. Für Familien stehen Suiten und Villen mit zwei Zimmern und ein Kinderclub zur Verfügung.

Pullman RESORT $$$
(Karte S. 666; ☎076 303299; www.pullmanphuket arcadia.com; 22/2 Mu 4, Hat Nai Thon; DZ 6000–

12 000 B, Villa 29 000–32 000 B; P❄@📶🏊) Dank der spektakulären Lage hoch auf den Klippen über dem nördlichen Abschnitt des Hat Nai Thon genießen Gäste hier von dem Augenblick, wo sie die Bogenbrücke zur Lobby überschreiten, einen herrlichen Ausblick aufs Meer. Spiegelnde Pools erstrecken sich über dem Meer – auf sie blickt man vom ausgezeichneten Restaurant **Elements** (Hauptgerichte 300–1300 B; ⏲12–22.30 Uhr; 📶). Alle 227 Zimmer und Villen mit Pool sind großzügig, modern und sehr komfortabel, in neutralen Farben gehalten und haben Balkone.

Essen & Ausgehen

Der Hat Nai Yang und der Hat Nai Thon weisen das beste Angebot an Restaurants mit vernünftigen Preisen auf, viele davon am Strand – jedoch nicht unbedingt *auf* dem Strand; dazu kommen noch ein paar billige Essensstände an den Strandstraßen. Wer sich etwas gönnen möchte, findet in den Luxusresorts der Gegend einige guten Nobelrestaurants.

Phen's Restaurant INTERNATIONAL $$
(Karte S. 666; ☎081 895 9489; www.facebook.com/phensrestaurant; Hat Nai Yang; Hauptgerichte 130–450 B; ⏲10–23 Uhr; 📶) Türkis-weiße Tischdecken und aufmerksames Personal machen das Phen's zu einer beliebten Adresse am Strand. Dies ist eines der wenigen Lokale auf Phuket, wo man tatsächlich noch mit den Zehen im Sand essen kann. Serviert werden jede Menge gegrillte frische Meeresfrüchte wie in Zitrone gebratene Krabben, Schnapper in rotem Curry und mit Chilis geräucherte Garnelen sowie Phuket-Klassiker wie Kokos-*pàk miang* (ein spinatartiges Gemüse) und *gaang sôm pla* (Fischcurry auf Art des Südens).

Denselben Leuten gehört auch die beliebte Pension Pensiri House (S. 703) gleich landeinwärts.

Mr Kobi THAI $$
(Karte S. 666; Hat Nai Yang; Hauptgerichte 180–300 B; ⏲10–23 Uhr) Auf dem Schild steht: „Gebrochenes Englisch wird hier perfekt gesprochen", aber der allseits beliebte Mr. Kobi spricht sehr gut Englisch. Er kümmert sich um die Drinks, während Malee die Meeresfrüchte und beliebten Thai-Gerichte zubereitet, die in einem erfrischend unprätentiösen Ambiente inmitten von Flaggen aller möglichen Länder serviert werden. An einer Wand wird die Geschichte des Tsunami von 2004 erzählt.

Coconut Tree THAI $$
(Karte S. 666; Rte 4018, Hat Nai Thon; Hauptgerichte 100–500 B; ⏲10–22 Uhr; 📶) Das relaxte Lokal nahe dem südlichen Ende des Hat Nai Thon bietet gute Meeresfrüchtegerichte wie in der Pfanne gebratene Krabben mit schwarzem Pfeffer, Tigergarnelen, die mit allem Möglichen von gelbem Curry bis zu Bitteringwer zubereitet werden, sowie Currys, Nudeln und Pfannengerührtes. Von der rustikalen, halboffenen Veranda mit Topfpflanzen blickt man über hohe Palmen und Kasuarinen hinaus auf die Andamanensee auf der anderen Straßenseite.

Black Ginger THAI $$$
(Karte S. 666; ☎076 327006; www.theslatephuket.com; Slate, 116 Mu 1, Hat Nai Yang; Hauptgerichte 280–675 B; ⏲18–23 Uhr; 📶🌱) Das an einer Lagune gelegene Restaurant ist nur auf einem handgezogenen Kahn zu erreichen. Es ist ein zauberhaftes Örtchen mit traditionellen *săh·lah* (Hallen) mit Holzwänden und Laternen mit echtem Feuer. Die Karte mit raffinierten thailändischen Gerichten, darunter viele vegetarische, legt den Schwerpunkt auf südthailändische Klassiker wie pfannengebratenes *pàk miang,* reichhaltiges Massaman-Curry und ein Krebscurry auf Reisnudeln. Nicht entgehen lassen sollte man sich das schöne Cashewnusseis. Das Restaurant befindet sich im Luxusresort Slate.

NY Beach Republic LOUNGE
(Karte S. 666; www.facebook.com/nybeachrepublic; Hat Nai Yang; ⏲15–1.30 Uhr; 📶) Dies ist das Äußerste an Nachtleben, das am Nai Yang zu finden ist: Die stylische, palmengesäumte Loungebar samt Restaurant und Sandboden liegt leicht zurückversetzt vom Strand und verfügt über Bambussitznischen, hohe Holztische, Kissen mit nautischen Streifen und einen Billardtisch. Von der Bar kommen fruchtige Mojitos mit Chalong Bay Rum (250 B) und Bierkrüge (200 B); auf der Karte stehen Thai-Gerichte (150–450 B) wie Meeresfrüchte, Suppen, Nudeln und Currys.

An- & Weiterreise

Je nach Strand kosten Taxis vom/zum Flughafen von Phuket (S. 669) 300 bis 600 B, rund 900 B von/nach Patong und 800 bis 1000 B von/nach Phuket (Stadt).

PROVINZ KRABI

Wenn Traveller von der traumhaften Andamanenküste schwärmen, meinen sie meist Krabi (จังหวัดกระบี่). Das Markenzeichen der

Provinz sind die Kalksteinformationen, die sich wie eine riesige, zu Abenteuern einladende Festung an der Küste entlangziehen, aus Inseln emporragen und hinter idyllischen weißen Sandstränden erheben. Kletterer finden ihr Paradies in Ton Sai und Railay, Partyfreaks auf Ko Phi-Phi, Möchtegern-Robinsons auf Ko Lanta, Ko Jum oder einer der anderen mehr als 150 Inseln vor dieser 120 km langen Küste.

Krabi (Stadt)

☎075 / 52 867 EW.

Die geschäftige Stadt Krabi (กระบี่) liegt majestätisch inmitten unglaublich kantig aus den Mangroven aufragender Kalksteinfelsen. Die Stadt ist ein wichtiger Verkehrsknoten mit Pensionen und Reisebüros sowie ein toller Ausgangspunkt für Kajaktouren, Dschungelwanderungen und Tagesausflüge zu den smaragdgrünen Becken und Thermalquellen in der Nähe. Das Nachtleben mit ein paar recht ordentlichen Bars blüht und es herrscht kein Mangel an Restaurants, sodass man hier gut ein paar Tage verweilen kann.

Sehenswertes & Aktivitäten

Viele Unternehmen veranstalten Tagesausflüge nach Khlong Thom, das 45 km südöstlich von Krabi am Hwy 4 liegt. Dabei wird an Thermalquellen und Süßwasserteichen Halt gemacht. Der Preis liegt bei ca. 1200 bis 2000 B inklusive Transport, Guide, Mittagessen und Getränken. Vernünftiges Schuhwerk anziehen! Darüber hinaus gibt's noch andere „Dschungeltouren", Inseltrips und Ausflüge in die Mangroven.

Wat Tham Seua BUDDHISTISCHER TEMPEL

(วัดถ้ำเสือ, Tigerhöhlentempel; ⊙tagsüber) Der weitläufige Hügel- und Höhlentempel-Komplex 9 km nördlich von Krabi (Stadt) ist ein lohnender, nicht allzu anstrengender Tagesausflug. Am Parkeingang beginnt der mörderisch steile Aufstieg, der über 1260 Stufen auf den 600 m hohen Karstgipfel führt. Die 30- bis 40-minütige Kraxelei wird mit dem Blick auf goldene Buddhastatuen, einen vergoldeten Stupa und spektakuläre Sicht auf das Meer hinter Ao Nang belohnt. Man sollte früh aufbrechen und Trinkwasser mitnehmen; auf dem Gipfel gibt es aber Zapfhähne.

Das Beste vom Rest der Anlage erschließt sich auf einer Schleife durch ein kleines bewaldetes Tal hinter dem Kamm, wo sich der *bòht* (Haupthalle) befindet. Hier verbergen sich in mehreren Kalksteinhöhlen Buddha-Bildnisse, Statue und Altäre.

Dies ist eine sakrale Stätte, also den Körper von den Schultern bis zu den Knien bedecken und enge Kleidung vermeiden!

Motorradtaxis ab Krabi kosten hin und zurück 200 B. Ein *sŏrng·tăa·ou* (Pick-up-Minibus) ab der Th Utarakit in Krabi kostet 70 B.

Sea Kayak Krabi KAJAKFAHREN

(☎075 680382, 089 724 8579; www.seakayakkrabi.net) Dieser Veranstalter hat eine Reihe von empfehlenswerten Seekajaktouren im Programm, darunter zur Ao Tha Len (halber/ganzer Tag 900/1500 B) mit ihren hochragenden Meeresklippen, nach Ko Hong (ganzer Tag 2200 B), das für seine smaragdgrüne Lagune berühmt ist, und nach Ban Bho Tho (ganzer Tag 2200 B), wo es Karstformationen und Meereshöhlen mit 2000 bis 3000 Jahre alten Malereien gibt. In den genannten Preisen sind Guide, Abholung, Trinkwasser und ein Mittagessen enthalten.

Schlafen

★ **Pak-Up Hostel** HOSTEL $

(☎075 611955; www.pakuphostel.com; 87 Th Utarakit; B/Zi. 380/850 B; ❄📶) Das immer noch beste Hostel in Krabi hat moderne, klimatisierte Dorms. Die großen, aus Holz gezimmerten Stockbetten sind in die Wand eingebaut und bieten pro Bett ein eigenes Schließfach. Die großen, modernen Gemeinschaftsbäder haben Regenduschen mit Warmwasser. Die beiden Doppelzimmer teilen sich ein Bad, und es gibt auch Dorms nur für Frauen. Das Hostel hat eine muntere Bar und die Atmosphäre ist jugendlich und lustig.

Hometel PENSION $

(☎075 622301; chaoguai_2504@hotmail.com; 7 Soi 10, Th Maharat; B 250 B, Zi. 650–990 B; ❄📶) In dem leicht verfallen aussehenden Gebäude werden Gäste herzlich empfangen. Die Zimmer sind klein und einfach, aber ausreichend – nach einem mit Fenster fragen! Der Vierer-Dorm hat zwar keine Schließfächer, dafür aber ein eigenes Bad. Das Café unten wird gern von Einheimischen aufgesucht und serviert ein tolles *pàt tai*.

Family Tree Hotel BOUTIQUEHOTEL $$

(☎087 499 4544, 075 612562; krabi.familytree@gmail.com; Soi 2, 6 Th Maharat; DZ 1900–2400 B; ❄📶) Das schicke, familiengeführte Bou-

Krabi (Stadt)

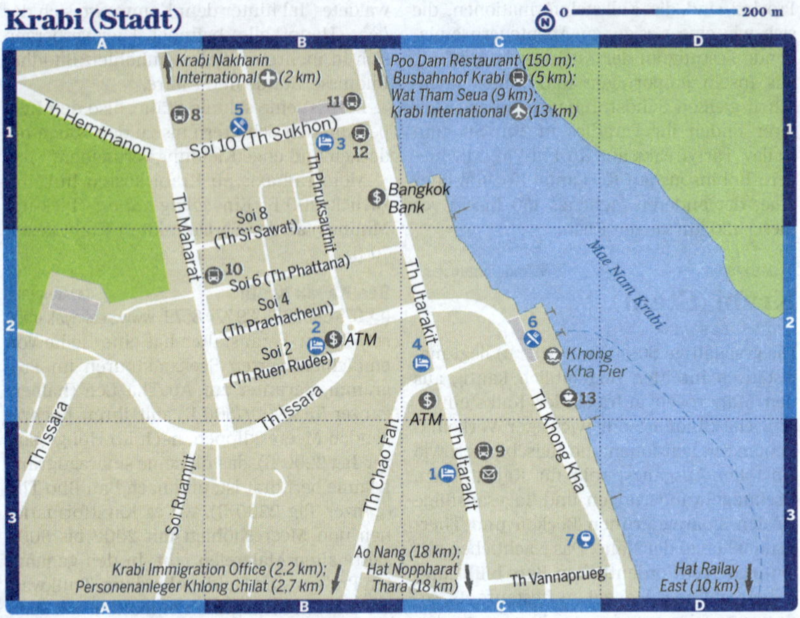

tiquehotel bietet geräumige, helle und luftige Zimmer. Es gibt moderne Bäder, die Waschbecken befinden sich aber in den Schlafzimmern. Alle Zimmer warten mit Fernseher, Kühlschrank und Bohnen für einen frisch aufgebrühten Kaffee auf. Das **Restaurant** (Hauptgerichte 85–350 B; ⏲7.30–17 Uhr; 📶) unten ist bekannt für sein Kaffeeangebot und seine köstlichen Backwaren aus eigener Herstellung.

Chan Cha Lay PENSION $$
(☎075 620952; www.lovechanchalay.com; 55 Th Utarakit; Zi. 400–1400 B; ❄@📶) Die Zimmer dieser reizenden Pension sind in mediterranen Blau- und Weißtönen gestrichen; die Freiluftbäder sind aus weißen Kieseln und poliertem Beton gebaut. Die Zimmer mit Gemeinschaftsbad und Ventilator oder Klimaanlage sind schlicht und klein, aber blitzsauber.

Essen & Ausgehen

Nachtmarkt MARKT $
(Th Khong Kha; Hauptgerichte 30–70 B; ⏲16–22 Uhr) Der Markt neben der Tha Khong Kha ist ein beliebter Ort, um abends etwas zu essen. Man bekommt authentisches *sôm·đam* (scharfen grünen Papayasalat), gebratene Nudeln aus dem Wok, *đôm yam gûng* (Suppe mit Garnelen und Zitronengras), gegrillten Schnapper, Satays aller Art sowie cremige thailändische Desserts und frisch gepresste Säfte. Ein Vorteil ist, dass es auch englischsprachige Speisekarten gibt.

Poo Dam Restaurant FISCH & MEERESFRÜCHTE $
(☎081 700 6590; Th Utarakit; Hauptgerichte 80–120 B; ⏲15–23 Uhr) Das unprätentiöse Restaurant ist bei Einheimischen wie Touristen beliebt und zaubert jede Menge Fisch und Meeresfrüchte, wobei der Fisch je nach Wunsch scharf oder auch weniger scharf zubereitet wird. Das Restaurant befindet sich gegenüber der schwarzen Krebsskulptur an der Esplanade.

★ **May & Mark's** INTERNATIONAL $$
(☎083 716 2488; 34 Th Sukhon; Hauptgerichte 75–250 B; ⏲7–21 Uhr; 📶✎) Im May & Mark's, einem typischen Traveller-Treff, ist immer viel los. Beliebt ist das selbstgebackene Sauerteigbrot und ein Hit ist auch der Kaffee aus frisch gemahlenen Bohnen aus aller Welt. Tipp: das Fusionskostabenteuer, eine Pizza mit einem scharfen Thai-Curry oben drauf. Darüber hinaus gibt es beliebte Thai-Gerichte und internationale Salate, Sandwiches und Hauptgerichte, darunter auch viele Optionen für Vegetarier.

Krabi (Stadt)

Schlafen
1 Chan Cha Lay C3
2 Family Tree Hotel B2
3 Hometel B1
4 Pak-Up Hostel C2

Essen
Family Tree Restaurant .... (s. 2)
5 May & Mark's B1
6 Nachtmarkt C2

Ausgehen & Nachtleben
7 Booze Bar C3

Transport
8 Sŏrng·tăa·ou zur Ao Luk A1
9 Sŏrng·tăa·ou nach Ao Nang & zum Hat Noppharat Thara C3
10 Sŏrng·tăa·ou nach Ao Nang & zum Hat Noppharat Thara B2
11 Sŏrng·tăa·ou nach Ban Laem Kruat ... B1
12 Sŏrng·tăa·ou zum Busbahnhof Krabi B1
13 Tha Khong Kha C2

★ **Booze Bar** BAR
(☎095 037 2474; Th Khong Kha; ⊙15–1 Uhr; ☎) In dieser einladenden Reggaebar erklingt jeden Abend Livemusik – richtig was los ist erst ab 22 Uhr. Von der Holztheke aus kann man die Porträts von Einheimischen an den mit Graffiti überzogenen Wänden bewundern. Es gibt auch einen Billardtisch.

Praktische Informationen

Bangkok Bank (Th Utarakit; ⊙8.30–15.30 Uhr) Tauscht Bargeld, löst Reiseschecks ein und hat Geldautomaten.

Krabi Immigration Office (☎075 611097; 382 Mu 7, Saithai; ⊙Mo–Fr 8.30–16.30 Uhr) Das Büro 4 km südwestlich von Krabi nimmt Visaverlängerungen vor.

Krabi Nakharin International Hospital (☎075 626555; www.krabinakharin.co.th; 1 Th Pisanpob) Liegt 2 km nordwestlich der Stadt.

An- & Weiterreise

BUS

Der **Busbahnhof Krabi** (☎075 663503; Ecke Th Utarakit & Hwy 4) liegt 4 km nördlich des Zentrums von Krabi in Talat Kao.

FLUGZEUG

Der Flughafen befindet sich 14 km nordöstlich von Krabi am Hwy 4. Die meisten Inlandsfluglinien bieten Flüge zwischen Bangkok und Krabi. **Bangkok Air** (www.bangkokair.com) fliegt täglich nach Ko Samui, **AirAsia** (www.airasia.com) nach Chiang Mai.

Ein Taxi vom Flughafen nach Krabi (Stadt) oder umgekehrt kostet 350 B, ein Motorradtaxi 200 B. Reisebüros und das Pak-Up Hostel (S. 705) können Plätze für den Flughafenbus (90 B) besorgen. Mehrere internationale Autovermietungen haben Büros am Flughafen (Auto ab 1100 B).

MINIVAN

Reisebüros fahren mit klimatisierten Minivans und VIP-Bussen zu beliebten Touristenzentren im Süden, aber in denen sitzt man dicht eingezwängt unter anderen Backpackern. Die meisten bieten kombinierte Tickets (Kleinbus und Fähre) nach Ko Samui (650 B, 5 Std.) und Ko Pha-Ngan (750 B, 7 Std.). Weitere (in der Regel preiswertere) Minivans fahren vom Busbahnhof (S. 707) ab. Von Krabi aus gibt es Verbindungen u. a. nach:

ZIEL	PREIS (B)	DAUER (STD.)
Hat Yai	240	4
Ko Lanta	250–300	2½
Phuket	140	2–3
Satun	350	4
Surat Thani	180	2½
Trang	240	2

SCHIFF/FÄHRE

Die Fähren nach Ko Phi-Phi und Ko Lanta legen am **Passagierpier Khlong Chilat** (Tha Khlong Chilat), 4 km südwestlich von Krabi ab. Wer seine Fahrkarte in einem Reisebüro kauft, wird kostenlos zum Pier gebracht.

Hat Railay East Longtail-Boote (150 B, 45 Min.) starten vom **Tha Khong Kha** in Krabi (7.45–18 Uhr). Die Schiffer warten mit dem Ablegen, bis acht Passagiere zusammengekommen sind, man kann aber auch das ganze Boot chartern (1200 B). Die Boote zum Hat Railay West starten in Ao Nang.

Ko Jum Von November bis Ende April machen die Boote nach Ko Lanta einen Halt bei Ko Jum (450 B, 1 Std.), wo einen Longtail-Boote an den Strand bringen.

Ko Lanta Von November bis Ende April legt täglich um 11.30 Uhr ein Boot ab (400 B, 2 Std.). In der Regenzeit kommt man nur mit den häufig verkehrenden, klimatisierten Minivans nach Ko Lanta (250–300 B, 2½ Std.). Diese Kleinbusse fahren ganzjährig.

Ko Phi-Phi Die Boote fahren ganzjährig (300–350 B, 1½–2 Std.; 9, 10.30, 13.30 & 15 Uhr; Rückfahrten 9, 10, 13.30 & 15.30 Uhr). In der Nebensaison (Mai–Okt.) fahren die Boote nicht immer täglich.

BUSSE AB KRABI

ZIEL	PREIS (B)	DAUER (STD.)	HÄUFIGKEIT
Bangkok (VIP)	892	12	17 Uhr
Bangkok (klimatisiert)	587	12	8, 8.20, 16 & 17 Uhr
Hat Yai	260	4½	8.30–19.20 Uhr stündl.
Phuket	140	3	8.30–19.20 Uhr alle 30 Min.
Ranong	250	5	8 & 12 Uhr
Satun	350	5	11, 13, 14 & 15 Uhr
Surat Thani	180	2½	4.30–16.30 Uhr stündl.
Trang	180	2	7.30–17 Uhr alle 30 Min.

Phuket & Ko-Yao-Inseln Die schnellste Verbindung sind Direktboote vom Pier am Hat Noppharat Thara, 19 km südwestlich von Krabi. *Sŏrng·tăa·ou* (50 B) fahren zwischen dem Tha Khong Kha in Krabi und dem Pier am Hat Noppharat Thara; die Taxifahrt kostet 600 B. Mehrmals täglich fahren Boote von der Tha Len (150 B), 33 km nordwestlich von Krabi (Stadt) nach Ko Yao Noi.

SŎRNG·TĂA·OU

Sŏrng·tăa·ou (Pick-up-Minibusse) fahren zwischen 6 und 19 Uhr vom Busbahnhof ins Zentrum von Krabi (Stadt) (25 B) und weiter zum Hat Noppharat Thara (60 B), nach Ao Nang (60 B) und zum Muschelfriedhof an der Ao Nam Mao (60 B); sie nehmen unterwegs Fahrgäste auf.

Die bequemsten Stellen, um sie in Krabi (Stadt) zu erwischen, sind die Th Utarakit und die Th Maharat. Von der Th Maharat fahren *sŏrng·tăa·ou* nach **Ao Luk** (Th Maharat) (80 B, 1 Std., 6–15 Uhr), nach **Ao Nang** und zum **Hat Noppharat Thara** (Th Maharat). Von der Th Utarakit gibt's ebenfalls eine Verbindung nach **Ao Nang** und zum **Hat Noppharat Thara** (Th Utarakit) sowie eine nach **Ban Laem Kruat** (Th Utarakit). In der Gegenrichtung ist die Th Utarakit die beste Stelle für *sŏrng·tăa·ou* zum **Busbahnhof** (Th Utarakit).

In der Hauptsaison fahren *sŏrng·tăa·ou* bis 22 Uhr, ab 19 Uhr jedoch in ausgedünntem Takt und für einen etwas höheren Fahrpreis.

Unterwegs vor Ort

Das Zentrum von Krabi lässt sich zu Fuß erkunden. Die *Sŏrng·tăa·ou* vom Busbahnhof nach Krabi (25 B) halten in der Th Utarakit vor dem River View Hotel. Die meisten Reiseveranstalter und Pensionen, darunter das Pak-Up Hostel, vermieten Motorräder (150 B pro Tag).

Railay

Die märchenhaften Kalksteinfelsen der Provinz Krabi sind auf der Halbinsel Railay (อ่าวไร่เลย์; auch Rai Leh geschrieben), dem ultimativen Kletterparadies an der Andamanenküste, am spektakulärsten. An den prächtigen Felswänden tummeln sich neben den Kletterern Affen, während unten vor einer echten Dschungelkulisse einige der herrlichsten Strände Thailands liegen.

Railay ist 15 Minuten per Boot von Ao Nang entfernt und nur übers Meer erreichbar. Die geschäftigsten Zonen liegen zwischen dem lückenhaften, zum Schwimmen ungeeigneten Strand Hat Railay East und den schönen weißen Sandstränden Hat Railay West und Hat Tham Phra Nang mit ihren Spitzenresorts.

Railay ist heute voller als früher und verzeichnet viele Tagesausflügler, die für jede Menge Bootslärm sorgen. Glücklicherweise ist die Gegend aber immer noch weniger erschlossen als Ko Phi-Phi.

Sehenswertes

Hat Tham Phra Nang — STRAND

(หาดถ้ำพระนาง) Im Wettbewerb um den Titel des schönsten Strands Thailands rangiert der Hat Tham Phra Nang sicher ganz weit vorn: Im Südwesten der Landzunge gelegen, präsentiert er sich als Sichel aus blassem, goldenem Sand, eingerahmt von mit Höhlen gespickten Karstfelsen; aus dem himmelblauen Meer ragen die Inseln Ko Kai (Chicken Island) und Ko Poda hervor. Hier gibt es nur eine einzige Unterkunft: das exklusivste Resort der Halbinsel, das Rayavadee (S. 712).

Tham Phra Nang — HÖHLE

(ถ้ำพระนาง, Prinzessinnenhöhle; Hat Tham Phra Nang) Die Höhle am Ostende von Hat Tham Phra Nang ist ein wichtiger Schrein für die örtlichen (muslimischen und buddhistischen) Fischer, die geschnitzte Holzphalli in der Hoffnung opfern, der hier hausende Geist einer ertrunkenen indischen Prinzessin werde für guten Fang sorgen. Einer Legende zufolge sank hier im 3. Jh. v. Chr. die

Railay

Railay

Sehenswertes

1 Hat Tham Phra Nang C4
2 Sa Phra Nang D4
3 Tham Phra Nang C4

Aktivitäten, Kurse & Touren

4 Diamond Cave D2
Freebird Paddle .... (s. 21)
5 Hidden World D4
6 Highland Rock Climbing D2
7 Hot Rock C3
8 King Climbers C2
9 Muay Thai Wall D3
10 One, Two, Three Wall D3
Railay Dive Center .... (s. 8)
11 Real Rocks D2
12 Thaiwand Wall C3
13 Wee's Present Wall C2

Schlafen

14 Anyavee Railay Resort D2
Blanco Hideout @ Railay .... (s. 17)
15 Railay Garden View D2
16 Railei Beach Club C2
17 Rapala Rockwood Resort D2
18 Rayavadee C3
19 Sand Sea Resort C3
20 Sunrise Tropical Resort C3

Essen

21 Kohinoor C3
Mangrove Restaurant .... (s. 21)
Sunset Restaurant .... (s. 19)
22 The Terrace C4

Ausgehen & Nachtleben

Highland Rock Climbing .... (s. 6)
23 Last Bar D2

Transport

24 Fähranleger D3
Longtail-Boote zur Ao Nam Mao .... (s. 24)
25 Longtail-Boote nach Ao Nang C3
Longtail-Boote nach Krabi .... (s. 24)

Barke, die jene Prinzessin trug. Ihr Geist bezog die Höhle und erweist allen seine Gunst, die ihm Respekt bezeugen.

Sa Phra Nang LAGUNE
(สระพระนาง, See der heiligen Prinzessin) Etwa auf halber Strecke des Wegs vom Hat Railay Ost zum Hat Tham Phra Nang führt ein schwieriger Trampelpfad die bewaldete Klippenwand hinauf zu dieser versteckten Lagune. Zunächst klettert man steil den Hügel hinauf (mit unterstützenden Seilen). Oben geht's nach rechts weiter zur Lagune, zu der man den Hügel hinunterklettern muss. Geht man oben nach links, erreicht man einen spektakulären Aussichtspunkt auf den Klippen. Das Ganze ist ein strapaziöses, aber durchaus machbares kurzes Abenteuer.

Aktivitäten

Am Hat Railay West kann man Kajaks mieten (halber/ganzer Tag 300/500 B).

Freebird Paddle KAJAKFAHREN
(061 953 9913; www.gofreebird.com; Walking St; Kajaktour tagsüber/abends 800/1800 B pro Pers.; 10–21 Uhr) Auf den Touren mit Kajaks mit Glasboden kann man einen Blick in die Tiefe werfen und bei den Abendtouren biolumineszierendes Plankton erleben. Außerdem werden SUP-Touren (tagsüber/abends 800/1800 B) angeboten.

Klettern

Mit seinen Kalksteinklippen, die aus üppigem Dschungel ragen, und seinen perfekten weißen Stränden gehört Railay zusammen mit Ton Sai zu den beliebtesten Kletterzielen weltweit. Man kann hier Monate mit Kletter- und Erkundungstouren verbringen – und viele Leute tun das auch. Für Anfänger hält Railay mehr bereit als Ton Sai.

Die meisten Kletterer starten mit der **Muay Thai Wall** und der **One, Two, Three Wall** am südlichen Ende des Hat Railay East, denn dort gibt es mindestens 40 Routen der Schwierigkeitsgrade 4b bis 8b (französisches System). Die mächtige **Thaiwand Wall** (Hat Railay West) am südlichen Ende des Hat Railay West ist eine nackte Kalksteinklippe mit einigen der anspruchsvollsten Kletterrouten (Schwierigkeitsgrad 6a bis 7c+).

Zu den weiteren erstklassigen Kletterstellen zählen **Hidden World** mit typischen mittelschweren Routen, das wenig bekannte 7c+-Juwel **Wee's Present Wall** (Hat Railay West) und **Diamond Cave** für Anfänger und erfahrenere Kletterer. Ausgezeichnete Infos für Kletterer gibt's unter www.railay.com.

Die Kletteranbieter auf Railay bieten Kurse zu Standardpreisen: 1200 B für einen halben und 2000 B für einen ganzen Tag. Privatunterricht kostet 3500 B für einen halben und 5000 B für einen ganzen Tag. Dreitägige Kurse (6500 B) beinhalten auch das Vorstiegklettern, bei der man sich mit Karabinern an Haken in der Felswand sichert. Von den Kletterschulen können erfahrene Kletterer die Ausrüstung für zwei Personen für rund 1200 B pro Tag ausleihen (die Qualität kann unterschiedlich sein). Die Standardausrüstung besteht aus einem 60 m langen Seil, zwei Klettergurten und Kletterschuhen. Wer auf eigene Faust klettern will, bringt besser seine eigene Ausrüstung mit, am besten auch jede Menge Band- und Expressschlingen, Kreide – in den Tropen sind verschwitzte Hände unvermeidbar – und eine kleine Auswahl an Klemmkeilen und Klemmgeräten für kaum gesicherte Routen. Einige Kletterschulen verkaufen eine kleine Auswahl an importiertem Kletterbedarf.

Real Rocks KLETTERN
(080 718 1351; www.realrocksclimbing.com; Hat Railay East; halber/ganzer Tag 1200/2000 B, 3-tägiger Kurs 6500 B; 8–22 Uhr) Dieser Anbieter unter thailändisch-amerikanischer Leitung wird effizient geführt und erhält gutes Feedback.

Hot Rock KLETTERN
(085 641 9842; www.railayadventure.com; Hat Railay East; halber/ganzer Tag 1200/2000 B, 3-tägiger Kurs 6500 B; 9–20 Uhr) Das Unternehmen gehört einem Pionier des Kletterns in Railay und hat einen guten Ruf.

King Climbers KLETTERN
(081 797 8923; www.railay.com; Walking St; halber/ganzer Tag 1200/2000 B, 3-tägiger Kurs 6500 B; Mo–Fr 8.30–21, Sa & So bis 18 Uhr) Eine der größten, ältesten und angesehensten Kletterschulen.

Highland Rock Climbing KLETTERN
(084 443 9539; www.highlandrockclimbingthailand.weebly.com; Railay Highlands; halber/ganzer Tag 1000/1800 B, 3-tägiger Kurs 6000 B; 8–22 Uhr) Dieser Kletteranbieter befindet sich ganz in der Nähe der besten Kletterrouten der Halbinsel. Außerdem betreibt er ein mit Treibholz geschmücktes **Café** (084 443 9539; Railay Highlands; 8–20 Uhr;) mit gutem Kaffee.

Tauchen & Schnorcheln

Tauchveranstalter in Railay veranstalten Touren zu Tauchstätten in der Gegend. Zwei Tauchgänge kosten 3700 B, ein Open-Water-

Tauchkurs 14 500 B. Angeboten werden auch Tauchausflüge nach Ko Phi-Phi und zum Wrack der King Cruiser (S. 718) für 4900 B. Die meisten Tauchveranstalter aus Ao Nang, wo es die größere Auswahl gibt, holen Teilnehmer auch in Railay ab. Fällig wird eine Nationalparkgebühr (Erw./Kind 400/200 B), die für drei Tage gültig ist, sowie eine Tauchgebühr (200 B pro Tag).

Ganztägige Schnorcheltrips zu vielen Inseln, darunter nach Ko Poda, Ko Hong und Ko Kai, lassen sich über die Resorts und Tourveranstalter ab 1200 B buchen, man kann aber auch Longtail-Boote (halber/ganzer Tag 1800/2800 B) am Hat Railay West chartern. Ein eintägiger Schnorchelausflug nach Ko Phi-Phi kostet 2400 B. Wer nur einfach etwas vor Railay schnorcheln will, kann in den meisten Resorts Taucherbrille und Schwimmflossen für jeweils rund 150 B ausleihen.

Railay Dive Center TAUCHEN

(☎075 819417; www.railay-divecenter.com; Walking St; 2 Tauchgänge 3700 B) Dieses ist das einzige Tauchzentrum auf Railay. Es bietet alles vom Spaßtauchen bis zu Open-Water-Kursen (14 900 B) und Tauchtrips nach Koh Phi-Phi, außerdem geführte Schnorcheltrips (ab 1500 B). In den Preisen sind die Eintrittsgebühren für den Nationalpark nicht enthalten.

Schlafen & Essen

Der Hat Railay West und der Hat Tham Phra Nang sind fest in der Hand gehobener Resorts, am Hat Railay East gibt es zahlreiche Mittelklasse-Unterkünfte. Die besten Budget-Bleiben und eine quirlige Backpacker- und Kletterszene bietet der nicht weit entfernte Hat Ton Sai – dahin sind es zu Fuß nur 15 Minuten über die Landspitze.

Touren mit Übernachtung auf einsamen Inseln lassen sich mit örtlichen Bootseignern vereinbaren, man muss aber seine Campingausrüstung und Verpflegung selbst mitbringen.

Hat Railay West

★ **Railei Beach Club** VILLEN $$$

(☎086 685 9359; www.raileibeachclub.com; Hat Railay West; Haus 2900–28 800 B; ❄📶) Versteckt in einem bewaldeten Gelände, das sich nach hinten bis zu üppig bewachsenen Kalksteinklippen erstreckt, liegen am nördlichen Ende des Strands diese Wohnhäuser im thailändischen Stil. Sie bieten Platz für sechs bis acht Personen und werden im Auftrag der abwesenden Eigentümer vermietet. Die Häuser verfügen über Terrassen, Küchen und alle Annehmlichkeiten. Hinzu kommen noch ein paar kleinere, aber sehr stilvoll mit dunklem Holz ausgekleidete Häuser für zwei Personen. Nur wenige bieten Klimaanlagen.

Sand Sea Resort RESORT $$$

(☎075 819463; www.krabisandsea.com; Hat Railay West; Bungalow mit Frühstück 5000–10 500 B; ❄📶🏊) Dies ist eins von nur wenigen Resorts an diesem herrlichen Strand. Es bietet komfortable Bungalows, urige Cottages und smarte, moderne Zimmern mit allen Annehmlichkeiten. Es gibt zwei friedliche Pools im Grünen; von einem hat man einen Ausblick in die Karstlandschaft. Insgesamt hat das Resort angesichts der Lage ein durchaus vernünftiges Preis-Leistungs-Verhältnis.

Hat Railay East

Blanco Hideout @ Railay HOSTEL $

(☎064 314 3922; www.blancothailand.com; Hat Railay East; B 500–650 B; ❄📶🏊) Das 2018 eröffnete Hostel ist das einzige in Railay. Es befindet sich am Ende einer steilen Treppe und wartet mit herrlichem Ausblick sowie Dorms rund um einen großen, einladenden Pool auf – perfekt für Partys. Alle Dorms verfügen über eigene Bäder und die großen Herbergsbetten haben recht gute Matratzen. Das Hostel organisiert Kneipentouren und Bootspartys.

Anyavee Railay Resort RESORT $$

(☎075 819437; www.anyaveerailay.com; Hat Railay East; Zi. 3050–3600 B; ❄📶🏊) Diese Anlage gehört seit Langem zu den besten Mittelklasseoptionen auf dieser teuren Halbinsel. Die geräumigen Bungalows bieten große Balkone, Kühlschränke und Safes und verteilen sich um einen richtigen Dschungelgarten – in dem sich Affen tummeln – mit einem schönen Pool vor einer Kulisse von Karstfelsen.

Railay Garden View BUNGALOWS $$

(☎088 765 0484; www.railaygardenview.com; Hat Railay East; Bungalow mit Frühstück 1650–2450 B; 📶) Eine steile Treppe führt hinauf zu diesen Bungalows aus Holz und Bambus mit Blechdach und Ventilator; sie stehen auf Stelzen in tropischen Gärten oberhalb der Mangroven am nordöstlichen Ende des Strands. Die einfachen Bungalows sind geräumig und von den besten bieten sich schöne Ausblicke aufs Meer. Ein weiterer Pluspunkt ist die ruhige Lage. Mückenschutzmittel nicht vergessen und für Spaziergänge nach Einbruch der Dunkelheit eine Taschenlampe mitnehmen!

Rapala Rockwood Resort BUNGALOWS $$
(080 973 7778; www.rapalarockwood.com; Hat Railay East; Bungalow 600–1200 B;) Hier kann man seine Hängematte auf der Veranda von einfachen Holzbungalows mit Ventilator – beliebt bei Kletterern – oder auch vor modernen Bungalows aus Beton, Glas und Holz im thailändischen Stil aufspannen. Die teuersten Bungalows verfügen über eine Klimaanlage. Die Lage an einem bewaldeten Hügel sorgt für Besuche von Tieren, frische Brisen, Meerespanoramen und einige steile Treppen. Es gibt ein winziges Planschbecken.

★ **Railay Great View Resort** RESORT $$$
(075 819472; www.railaygreatview.com; Hat Railay East; Bungalow mit Frühstück 6300–7700 B;) Von Nordende des Hat Railay East führt ein Pfad zu diesem abgeschiedenen Naturrefugium. Die Cottages aus Bambus und Holz mit Reetdach dieses Waldparadieses sind romantisch und tropisch-schick mit Bettenden aus Holzgittern, Glas vom Boden bis zur Decke und großen Fenstern in den Bädern, die die Natur hereinholen. Neben einem kleinen privaten Strand gibt's auch einen Infinitypool.

Zum Hat Railay East schippern kostenlose Longtail-Boote oder man geht 20 bis 30 Minuten zu Fuß.

Sunrise Tropical Resort RESORT $$$
(075 819418; www.sunrisetropical.com; Hat Railay East; Bungalow mit Frühstück 3900–6300 B;) Die schicken „Chalets" und „Villen" sind so schön wie die besten am Hat Railay West, aber die Preise entsprechen Hat Railay Ost – sie dürften also mit das beste Preis-Leistungs-Verhältnis in Railay bieten. Die Bungalows haben ein smartes, ruhiges Dekor, Hartholzböden, freistehende Betten oder Matratzen auf Holzplattformen, luxuriöse Badezimmer mit blau gefliesten Böden sowie private Balkone oder Terrassen.

Hat Tham Phra Nang

★ **Rayavadee** HOTEL $$$
(075 817630; www.rayavadee.com; Hat Tham Phra Nang; Pavillon 15 900–51 500 B, Villa 58 500–138 000 B, jeweils mit Frühstück;) Das exklusive Rayavadee belegt eines der wohl schönsten Ufergrundstücke in Thailand. Die zweistöckigen Pavillons mit pilzförmigen Kuppeln stehen auf einem riesigen Gelände voller Banyanbäume, Blumen und unregelmäßiger Teiche und bieten tolle alte Möbel, regionale Wellnessprodukte, alle modernen Einrichtungen und sogar einen Butlerservice. Einige Pavillons haben eigene Pools. Zur Anlage gehören ein erstklassiges Spa, ein Fitnesscenter und nicht weniger als vier Restaurants.

The Terrace ASIATISCH $$$
(Hat Tham Phra Nang; Hauptgerichte 450–1890 B; 11–23 Uhr;) Auf einer Terrasse werden hier gehobene Speisen aus Japan, Vietnam, Indien und Thailand serviert.

Walking Street

Kohinoor INDISCH $$
(081 654 8100; Walking St; Hauptgerichte 100–350 B; 11–23 Uhr;) Das sehr empfehlenswerte indische Restaurant an der Walking Street hat eine umfangreiche Speisekarte. Die Spezialität des Küchenchefs ist das *palak paneer* (Spinat und Frischkäse in grünem Curry). Auch die Pizza ist gut.

Mangrove Restaurant THAI $$
(Walking St; Hauptgerichte 80–350 B; 10–22 Uhr;) Das bescheidene, stets volle Lokal im thailändischen Stil unter einem auf Stelzen stehenden Reetdach zwischen dem Ost- und dem Weststrand von Railay bietet sämtliche Thai-Klassiker, vom Glasnudelsalat und *stir-fry* mit Cashewnüssen bis zu Currys, pikantem *sôm·đam* (würziger Papaya-Salat) und dem wunderbaren mit Eiern gegrillten Klebreis.

Ausgehen & Nachtleben

★ **Tew sLay Bar** BAR
(Hat Railay East; 11–24 Uhr;) In dieser Freiluftbar mit Baumplattformen, Hängematten, Loungekissen und Lichterketten kann man wunderbar chillen. Die erstklassige, abgeschiedene Lage auf einer felsigen Landspitze ermöglicht faule Ausblicke auf den Hat Railay East. Das perfekte Örtchen, um dem Trubel zu entkommen.

Praktische Informationen

Unter www.railay.com finden sich viele Infos zum Ort.

Clinic (084 378 3057; Railay Bay Resort, Hat Railay West; 8–24 Uhr) Behandelt kleinere Verletzungen. Bei ernsthaften Unfällen und Krankheiten muss man nach Krabi oder Phuket fahren.

An- & Weiterreise

Longtail-Boote nach Railay fahren von der Tha Khong Kha in Krabi und vom Ufer in Ao Nang und Ao Nam Mao. Die **Longtail-Boote** (⌚7.45–18 Uhr) nach Krabi starten vom Hat Railay East sowie in Gegenrichtung, sobald acht Passagiere eingestiegen sind (150 B, 45 Min.). Das ganze Boot zu chartern kostet 1200 B.

Die Fahrt mit den Booten vom südöstlichen Ende von Ao Nang zum Hat Railay West (15 Min.) kostet zwischen 8 und 18 Uhr 100 B und von 18 bis 24 Uhr 150 B. Die Boote legen erst ab, wenn acht Passagiere an Bord sind. Private Charterboote fahren für 1200 B. Von Mai bis Oktober endet der Betrieb schon um 17 Uhr. **Longtail-Boote** (⌚8–18 Uhr) fahren nach dem gleichen Fahrplan vom Hat Railay West zurück nach Ao Nang.

Bei starkem Seegang stellen die Boote aus Ao Nang und Krabi den Betrieb ein. Man bekommt aber vielleicht noch ein **Longtail-Boot** (⌚8–18 Uhr) vom Hat Railay East nach Ao Nam Mao (100 B, 15 Min.), von wo aus man per *sŏrng·tăa·ou* (Pick-up-Minibus; 50 B) nach Krabi oder Ao Nang gelangt.

Ganzjährig verkehrt eine Fähre nach Ko Phi-Phi (450 B, 1¼ Std.). In der Hauptsaison von Oktober bis April legt sie um 9.45 und 14.45 Uhr am Hat Railay West ab; Longtail-Boote fahren heran, um Passagiere in Empfang zu nehmen. In der Nebensaison fährt sie um 9.45 Uhr vom **Fähranleger** (Hat Railay East). Die Boote nach Ko Lanta (550 B, 2 Std., tgl. 10.45 Uhr) verkehren nur in der Hauptsaison. Nach Phuket (650 B, 2¼ Std.) startet ganzjährig eine Fähre um 15.15 Uhr. Einige Fähren nehmen vor dem Hat Railay West Passagiere auf.

Ao Nang

Das im Schatten einer atemberaubenden Karstlandschaft gelegene Ao Nang (อ่าวนาง) ist eine laute, chaotische Abfolge von Bars, Restaurants und Hotels. An der Strandesplanade reißt der Verkehrsstrom nie ab, während das türkisfarbene Meer an den goldenen Strand plätschert. Zum Schwimmen ist das Wasser hier eher nicht geeignet, da es durch Ölflecken von dem konstanten Longtail-Bootsverkehr verschmutzt ist.

Wer in klarerem Wasser schnorcheln will, bucht einfach eine Fahrt zu den kleinen Inseln am Horizont. Taucher finden in der Nähe einige erstklassige Tauchstellen. Ao Nang ist kompakt und ein offen touristisches Reiseziel, das man am besten als Ausgangspunkt für den Strand von Railay und die Inseln weiter draußen nutzt.

Aktivitäten

Radfahren

Mit **Krabi Eco Cycle** (☎081 607 4162, 075 656 508; www.krabiecocycle.com; 309/5 Mu 5; halb-/ganztägige Tour 1500/3000 B) kann man auf eine Tour de Krabi gehen. Bei der empfehlenswerten Tagestour radelt man 15,5 km weit durch Kautschukplantagen vorbei an kleinen Dörfern und Thermalquellen bis zum smaragdgrünen Emerald Pool. Das Mittagessen ist bei allen Touren außer der halbtägigen reinen Fahrradtour im Preis inbegriffen.

Tauchen & Schnorcheln

In Ao Nang gibt's zahllose Tauchschulen, die Trips zu 15 Inseln in der Gegend anbieten, z. B. nach Ko Si, Ko Ha, Ko Poda, Yava Bon und Yava Son. Recht einmalig ist das Tauchgebiet vor Ko Mae Urai mit zwei Unterwassertunneln voller Hart- und Weichkorallen. Für einen Ausflug mit zwei Tauchgängen bezahlt man ca. 3200 B.

Andere Touren führen weiter hinaus: für 3500 bis 3900 B zum Wrack der King Cruiser (S. 718) oder nach Ko Phi-Phi sowie für 5300 bis 6000 B nach Hin Daeng, Hin Muang und Ko Haa (S. 732) südlich von Ko Lanta. Ein Open-Water-Kurs kostet ab 14 900 B. Die meisten Tauchveranstalter organisieren auch Schnorchelausflüge (ab 1500 B).

Außerdem zahlt man den Eintritt für den Meerespark (400 B, 3 Tage gültig) sowie eine Tauchgebühr (200 B pro Tag).

Schlafen

★**Glur** PENSION, HOSTEL $

(☎075 695297, 089 001 3343; www.krabiglurhostel.com; 22/2 Mu 2, Soi Ao Nang; B 600 B, DZ mit Frühstück 1200–1500 B; P❄@📶🏊) Das ruhige Glur ist eine fabelhafte Kombination aus Pension und Hostel. Es gehört einem thailändischen Architekten und seiner Frau, die es auch entworfen und gebaut haben und betreiben. Aus Schiffscontainern, Glas, Sicht- und poliertem Beton entstanden luxuriöse Zimmer mit Betten auf Plattformen und Dorms mit durch Vorhänge abgeteilten, türkisfarbenen Stockbetten. Es gibt eine Küche unter freiem Himmel sowie einen hübschen Garten mit einem kleinen Pool.

Die Familienzimmer (2400 B) haben zwei Schlafzimmer. Das Hostel liegt in fußläufiger Entfernung 1,5 km nordöstlich des Zentrums von Ao Nang.

Mini House BOUTIQUEHOTEL $$

(☎075 810678; www.minihouseaonang.com; 675 Mu 2; Zi. mit Frühstück 1850–2500 B; ❄📶) Wandbilder mit Alltagsszenen, Einrichtungen mit warmem Holz, eine luftige Rezeptionslounge und plätscherndes Wasser verleihen dieser Unterkunft ein gewisses Boutique-Flair. Alle Zimmer haben einen Balkon. Das stille Refugium liegt an einer Gasse in der Nähe eines 7-Eleven-Markts rund 1 km vom Strand.

★ Ban Sainai RESORT $$$
(☎075 819333; www.bansainairesort.com; 11/1 Mu 2, Soi Ao Nang; Bungalow mit Frühstück 6000–12 500 B; P❄📶🏊) Das Ban Sainai liegt abseits der Hauptstraße – zum Strand pendelt ein Shuttle – und bietet gemütliche, vermeintlich aus Lehmziegeln bestehende orangefarbene Bungalows mit Reetdach inmitten von Palmen und so nah an den umliegenden Karstfelsen, dass man mit ihnen fast auf Tuchfühlung gehen kann. Die Zimmer sind sehr komfortabel und haben große Balkone, die teuersten sogar Whirlpools. Auch der Pool ist klasse.

Essen & Ausgehen

Krua Ao Nang Cuisine FISCH & MEERESFRÜCHTE $$
(☎075 695260; Soi Sunset; Hauptgerichte 150–400 B; ⏲10–22 Uhr) Das Lokal ist eines der besten (und beliebtesten) von mehreren Meeresfrüchterestaurants mit herrlichem Meerblick an dieser Fußgängergasse am westlichen Ende des Strands. Am Eingang findet man den Fang des Tages in einer schiffsförmigen Eistheke – man zahlt für die Meeresfrüchte pro Kilo. Das Restaurant ist wegen der Aussicht etwas teurer als andere Optionen in Ao Nang.

Thailandia Bar & Restaurant THAI $$$
(☎089 455 6853; 198 Mu 2; Hauptgerichte 120–500 B; ⏲14–23 Uhr; 📶) Tropisches Safariflair, geschmackvolle Thai-Deko, Rohrsessel mit Kissen, Livemusik und stimmungsvolle Beleuchtung – hier zahlt man für das Ambiente ebenso wie für das Essen. Auf der umfangreichen Karte stehen würzige thailändische Speisen wie ein empfehlenswertes Massaman-Curry. Das Restaurant liegt gegenüber von McDonald's.

Last Fisherman BAR
(☎081 267 5338; 266 Mu 2; ⏲10–24 Uhr) Man sitzt an den luftigen Tischen mit Blick auf den Strand oder an der Theke in Form eines Longtail-Boots und genießt in diesem relaxten, beliebten Lokal am südlichen Ende von Ao Nang seinen Drink zum Sonnenuntergang.

Praktische Informationen

Es gibt viele Geldautomaten und Wechselstuben (geöffnet ca. 10–20 Uhr).

An- & Weiterreise

FLUGZEUG

Der Flughafen von Krabi liegt 14 km nordöstlich von Krabi (Stadt) am Hwy 4. Die meisten Fluglinien für Inlandsflüge bieten Verbindungen zwischen Bangkok und Krabi. **Bangkok Air** (www.bangkokair.com) und **AirAsia** (www.airasia.com) haben außerdem regelmäßige Flüge nach Chiang Mai im Programm.

Zwischen 9 und 17 Uhr fahren stündlich weiße Flughafenbusse (150 B), die vor dem McDonald's an der Straße nach Krabi halten. Private Taxis (600 B) und Minivans (150 B) fahren vom/zum Flughafen.

AUF DEM LANDWEG

Sŏrng·tăa·ou (Pick-up-Minibusse) fahren von/nach Krabi (60 B, 30 Min.). Die Strecke führt vom Busbahnhof in Krabi über die Th Maharat zum Tha Khong Kha in Krabi und weiter zum Hat Noppharat Thara, nach Ao Nang und zum Muschelfriedhof. Die Fahrt von Ao Nang zum Hat Noppharat Thara oder zum Muschelfriedhof kostet 30 B.

An der Hauptstraße vermieten Dutzende Läden Motorräder (150–250 B pro Tag). Ein paar Shops vermieten Autos ab 1100 B pro Tag. **Budget Car Hire** (www.budget.co.th) hat einen Schalter am Flughafen von Krabi (Auto ab 1200 B pro Tag).

Minivans (oft kombiniert mit Fähren) fahren täglich Ziele überall im Süden Thailands an.

ZIEL	PREIS (B)	DAUER (STD.)
Khao Sok	400	3
Ko Lanta	400	3
Ko Lipe	1000	6
Ko Pha-Ngan	750	5
Ko Samui	650	4
Ko Tao	900	7
Phuket	450	3

ÜBERS MEER

Der **Ao Nang Long-Tail Boat Service** (am Nordwestende des Hat Ao Nang; ⏲8–16 Uhr, Mai–Okt. bis 14 Uhr) und der **Ao Nang Long-Tail Boat Service Club** (am Südostende des Hat Ao Nang; ⏲8–24 Uhr, Mai–Okt. bis 20 Uhr) betreiben Boote zum Hat Railay West (100–150 B pro Pers., 15 Min.). Die Boote fahren, wenn acht Passagiere eingestiegen sind; man kann das ganze Boot für den Preis von acht Passagieren chartern.

Hat Noppharat Thara

Ao Nangs Bar-, Restaurant- und Hotelmeile geht im Norden nahtlos in Hat Noppharat Thara (หาดนพรัตน์ธารา) über. In dem einst ruhigen Ort am Meer ist heute viel los: Er ist bei Thailändern als Urlaubsziel beliebt. Der lange Sandstrand wird immer naturbelassener, je weiter er sich um die Landzunge zieht, bis man nach 4 km schließlich eine natürliche Lagune erreicht, an der sich die Verwaltung des Hat Noppharat Thara-Mu Ko Phi-Phi National Park befindet.

Sehenswertes

Hat Noppharat Thara-Mu Ko Phi-Phi National Park NATIONALPARK
(อุทยานแห่งชาติหาดนพรัตน์ธารา-หมู่เกาะพีพี; ☎075 661145; www.dnp.go.th; Erw./Kind Ko Phi-Phi 400/200 B, andere Inseln 200/100 B) Dieser Park umfasst 397 km² Küste und Inseln der Provinz Krabi, u. a. Ko Phi-Phi, Ao Nam Mao und den **Shell Cemetery** (สุสานหอย, Gastropod Fossil, Su-San Hoi; Erw./Kind 200/100 B; ⌚8–18 Uhr).

Schlafen & Essen

Unterkunft im Hat Noppharat Thara-Mu Ko Phi-Phi National Park BUNGALOWS, CAMPINGPLATZ $$
(☎075 661145; www.dnp.go.th; Stellplatz 30 B pro Pers., Bungalows 1000 B; ❄) Rustikale, aber gepflegte Bungalows mit Klimaanlagen und Strom rund um die Uhr finden sich gleich jenseits der Strandstraße (kein WLAN). Stellplätze gibt es direkt hinter der Parkzentrale, man braucht aber sein eigenes Zelt, weil Zelte nicht länger vermietet werden. Vorab online oder im **Besucherzentrum** (☎075 661145; www.dnp.go.th; ⌚8–16.30 Uhr) reservieren!

Sabai Resort BUNGALOWS $$
(☎075 637791; www.sabairesort.com; 79/2 Mu 3; Bungalow 1200–3000 B; ❄📶🏊) Dieses Hotel ist die am professionellsten geführte Bungalowanlage in der Gegend. Die gepflegten minzgrünen Bungalows mit Ziegeldach sind mit Ventilator oder Klimaanlage ausgestattet und haben Terrassen aus Kieseln und Beton, von denen aus man auf den unter Palmen liegenden Pool und Blumengärten blickt. Die Zimmer für vier Personen eignen sich für Familien.

★ **Holiday Inn Resort** RESORT $$$
(☎075 810888; www.holidayinnresorts.com; 123 Mu 3; 2800–6500 B; P❄📶🏊) Dies ist kein typisch gesichtsloses Holiday Inn. Die weitläufige Anlage mit gepflegten Gärten, einem luftigen Restaurant und zwei Pools mit vom Wasser aus erreichbarer Bar liegt gleich gegenüber vom Strand. Die Zimmer sind geschmackvoll eingerichtet und kommen in neun verschiedenen Stilen daher. Alle verfügen über Balkone und Ausblicke, einige haben auch direkten Zugang zum Pool. Für Familien gibt's tolle Deals.

★ **Krua Thara** FISCH & MEERESFRÜCHTE $$
(☎075 661166; 82 Mu 5; Hauptgerichte 150–350 B; ⌚11–22 Uhr) Das große Restaurantjuwel unter einem Blechdach ist wegen seiner Meeresfrüchte sehr zu empfehlen. Dabei ist es ganz bescheiden und verarbeitet einfach nur die frischsten Fische, Krabben, Muscheln, Austern, Hummer, Tintenfische und Garnelen zu den verschiedensten Gerichten. Der Schnapper in rotem Curry zählt zu den besten Fischgerichten, die wir je in Thailand gegessen haben – und das waren nicht wenige! Die Bedienung ist supereffizient und das Restaurant ist immer voll.

Wem Fisch und Meeresfrüchte nicht so sehr behagen, für den gibt's andere Versionen sämtlicher thailändischer Klassiker.

Praktische Informationen

Das Besucherzentrum des Hat Noppharat Thara-Mu Ko Phi-Phi National Park informiert über den Nationalpark und bucht Unterkünfte im Park.

An- & Weiterreise

Sŏrng·tăa·ou (Pick-up-Minibusse) zwischen Krabi (60 B) und Ao Nang (30 B) halten am Hat Noppharat Thara.

Boote fahren von der Anlegestelle am Hat Noppharat Thara zu folgenden Zielen:

Ko Phi-Phi *Ao Nang Princess* fährt zwischen ungefähr November und April täglich (450 B, 2 Std.) und zwischen Mai und Oktober mittwochs, freitags und sonntags. Die Boote legen um 9.30 Uhr ab und kehren um 15.30 über Railay von Ko Phi-Phi zurück.

Ko Lanta Um 10.30 Uhr fährt ein Boot von *Ao Nang Princess* nach Ko Lanta (550 B, 2¾ Std.).

Phuket Zwischen November und April ist die schnellste Verbindung nach Phuket das Schnellboot von **Green Planet** (☎075 637488; www.krabigreenplanet.com) nach Tha Bang Rong (1200 B, 1¼ Std.) über Ko Yao Noi und Ko Yao Yai (jeweils 650 B, 45 Min.). Das Boot legt vom Pier am Hat Noppharat Thara um 11 Uhr ab und kehrt um 15 Uhr aus Phuket zurück; der Transport zur Unterkunft in Phuket ist im Preis enthalten. Es gibt noch die *Ao Nang Princess* nach Phuket (700 B, 3 Std., 16 Uhr, Mai–Okt. eingeschränkter Betrieb).

Ko Phi-Phi

Mit traumhaft geschwungenen, hellgelben Stränden und üppigem Urwald sind Phi-Phi Don (เกาะพีพีดอน) und Phi-Phi Leh (เกาะพีพีเล) – die gemeinsam als Ko Phi-Phi bezeichnet werden – zu den beliebtesten Zielen an der Andamanenküste geworden. Ko Phi-Phi Don ist ein hedonistisches Paradies, wo Touristen im azurblauen Meer herumtollen und die ganze Nacht auf dem feinen Sand feiern. Das kleinere Ko Phi-Phi Leh ist unbebaut und frei von Hotels; hohe, zerklüftete Klippen blicken hier hinunter auf Korallenriffe und das kristallklare Wasser. Besucher kommen nur tagsüber oder mit Kreuzfahrten in den Sonnenuntergang.

Durch die ungezügelte Erschließung haben sich das Zentrum von Ko Phi-Phi Don und die Buchten zu beiden Seiten in ein lärmendes Chaos aus Hotels, Restaurants, Bars und Läden verwandelt. Wer es beschaulicher mag, begibt sich zu den hinreißenden weißen Buchten an der Ostküste oder an den weniger erschlossenen Hat Yao im Süden.

Wer sich ökologisch rücksichtsvoll verhält und seine Erwartungen zügelt, kann sich von Ko Phi-Phi immer noch verführen lassen wie schon so viele Traveller. Es kann aber auch sein, dass man hier möglichst schnell wieder weg will.

Sehenswertes

★ Phi-Phi Viewpoint AUSSICHTSPUNKT
(จุดชมวิวเกาะพีพีดอน; Karte S. 717; Ko Phi-Phi Don; 30 B) Der anstrengende, aber lohnende Aufstieg zum Aussichtspunkt führt über Hunderte von Stufen und schmale, kurvenreiche Pfade steil hinauf und dauert etwa 20 bis 30 Minuten. Man folgt der Ausschilderung an der Straße, die Richtung Nordosten aus Ton Sai Village herausführt. Die meisten Besucher werden unterwegs eine Pause einlegen müssen – Wasserflasche nicht vergessen! Die Aussicht von oben ist herrlich. Von hier kann man durch den Dschungel über den Hügel zu den friedvollen Stränden im Osten gelangen.

Aktivitäten

Phi Phi Pirate Boat BOOTSFAHRTEN
(Karte S. 719; ☎092 710 6807; www.phiphipirate.com; Ton Sai Village, Ko Phi-Phi Don; 1200 B pro Pers.; ⌚Touren 13 Uhr) Bei der sensationellen Sonnenuntergangstour rund um Ko Phi-Phi Leh tanzt man auf dem Doppeldeckerboot zu sanften Rhythmen, fährt zwischen den schroffen Klippen von Ao Pi Leh Kajak, schnorchelt und isst schließlich abends vor dem Maya Beach gebratenen Reis. Ein engagiertes, gut organisiertes Team leitet den wundervollen Ausflug. Die Nationalparkgebühren sind im Preis inbegriffen.

Tauchen

Kristallklares Wasser und jede Menge Meereslebewesen sind das ideale Rezept für erstklassige Taucherlebnisse.

Auf Phi-Phi gelten inselweit einheitliche Tauchpreise: PADI/SSI-Open-Water-Zertifizierungskurse kosten 13 800/12 900 B, die üblichen Touren mit zwei Tauchgängen schlagen mit 2500 bis 3400 B und ein „Discover Scuba"-Abenteuer mit 3400 B zu Buche. Ausflüge nach Hin Daeng und Hin Muang, 60 km weiter südlich, sind ab Ko Phi-Phi ein teurer Spaß (5500 B) – etwas günstiger ist es, sich dafür einer Tauch-Crew auf Ko Lanta anzuschließen. Gewöhnlich sind die Nationalparkgebühren (Erw./Kind 400/200 B, gültig für 3 Tage) und die Tauchgebühr von 200 B nicht im Preis inbegriffen.

Princess Divers TAUCHEN
(Karte S. 719; ☎088 768 0984; www.princessdivers.com; Ton Sai Village, Ko Phi-Phi Don; ⌚9.30–22 Uhr) Der empfehlenswerte, mehrsprachige Tauchveranstalter setzt große Boote statt Longtail-Booten oder Schnellbooten ein. Angeboten werden „Discover Scuba"- (3400 B) und SSI/PADI-Open-Water-Kurse (12 900/13 800 B).

Blue View Divers TAUCHEN
(Karte S. 717; ☎094 592 0184; www.blueviewdivers.com; Phi Phi Viewpoint Resort, Ao Lo Dalam, Ko Phi-Phi Don; 2 Tauchgänge 2500 B; ⌚10–20 Uhr) Der professionelle Veranstalter legt Wert auf die Beteiligung örtlicher Gemeinden, Strandsäuberungen und Umweltschutz. Geboten werden Touren mit zwei Tauchgängen (2500 B), abendliche Tauchgänge (1900 B), Schnorcheln mit Haien (1000 B), Open-Water-Kurse (13 800 B) und Discover Scuba (3400 B).

Schnorcheln

Ko Mai Phai (Bamboo Island; Ko Phi-Phi Don), 6 km nördlich von Phi-Phi Don, ist ein beliebtes, flaches Schnorchelgebiet, wo man kleine Haie sehen kann. Gut schnorcheln kann man längs der Ostküste von **Ko Nok**

Ko Phi-Phi Don

Ko Phi-Phi Don

Highlights
1 Phi-Phi Viewpoint C3

Aktivitäten, Kurse & Touren
2 Blue View Divers C3

Schlafen
3 Paradise Pearl Bungalow C4
4 Phi-Phi Island Village B2
5 PP Erawan Palms Resort B1
6 Sunflower Boathouse C3
7 Viking Natures Resort C4
8 Zeavola B1

Essen
Paradise Pearl Bungalow .... (s. 3)

Ausgehen & Nachtleben
Apache Beach Club .... (s. 6)
9 Hippie's Bar C3
Sunflower Bar .... (s. 6)

(nahe der Ao Ton Sai), an der Ostküste von **Ko Nai** sowie vor dem **Hat Yao**. Die meisten Resorts vermieten die Komplettausrüstung (Schnorchel, Brille und Flossen) für 200 B pro Tag.

Schnorchelausflüge kosten zwischen 600 und 1500 B (ohne Nationalparkgebühren); der Preis hängt davon ab, ob man mit einem Longtail- oder einem Schnellboot fährt. Schnorchler können sich auch Tauchtouren anschließen und viele Tauchveranstalter bieten auch spezielle Schnorcheltouren.

Kurse

Pum Restaurant & Cooking School KOCHEN
(Karte S. 719; ☎081 521 8904; www.pumthaifoodchain.com; 125/40 Mu 7, Ton Sai Village, Ko Phi-Phi Don; Kurse ab 1500 B; ⌚Kurse 11, 16 & 18 Uhr) Fans der Thai-Küche können hier sehr emp-

DIE BESTEN TAUCHSSPOTS UM KO PHI-PHI

Leopardenhaie und Echte Karettschildkröten sind bei den Tauchstätten um Ko Phi-Phi ein vertrauter Anblick. Im Februar und März lassen sich rund um Hin Daeng, Hin Muang, Hin Bida und Ko Bida Nok manchmal auch Walhaie erspähen. Die besten Sichtverhältnisse herrschen zwischen November und Februar. Zu den besten Tauchspots um Ko Phi-Phi gehören:

TAUCHSPOT	TIEFE (M)	MERKMALE
Anemone Reef (S. 725)	17–26	Hartkorallenriff mit vielen Seeanemonen und Clownfischen
Hin Bida Phi-Phi (Ko Phi-Phi Don)	5–30	Unterirdische Felszinne mit Hartkorallen, Schildkröten und Leopardenhaien. Gelegentlich kann man auch Mantas und Walhaie beobachten
King Cruiser Wreck (Ko Phi-Phi Don)	12–30	Um die 1997 gesunkene Passagierfähre tummeln sich Schnapper, Leopardenhaie, Barrakudas, Skorpionfische, Feuerfische und Meeresschildkröten
Kledkaeo Wreck (Ko Phi-Phi Don)	14–26	Um das 2014 versenkte ausgemusterte Schiff der thailändischen Marine tummeln sich Feuerfische, Schnapper, Zackenbarsche und Barrakudas
Ko Bida Nok (Ko Phi-Phi Don)	18–22	Karstmassiv mit Gorgonien, Leopardenhaien und Barrakudas; gelegentlich lassen sich auch Walhaie und Mantarochen blicken
Phi-Phi Leh	5–18	Der Rand der Insel ist mit Korallen und Austern bedeckt. Man findet hier Muränen, Kraken, Seepferde und Felspassagen

fehlenswerte Kochkurse besuchen, von zweistündigen (1500 B) über fünfstündige Unternehmungen unter dem Motto „gesunder Lebensstil" bis zu der teuersten Variante: einem ganztägigen Kurs mit Pum höchstpersönlich (7500 B). Man erfährt etwas über die Geheimnisse der Zubereitung einiger der ausgezeichneten Gerichte, die in Pums Restaurant im Ton Sai Village serviert werden, und nimmt ein Kochbuch mit nach Hause.

Schlafen

Besonders in der Hauptferienzeit muss man auf Ko Phi-Phi Don mit einem Mangel an Unterkünften und Wucherpreisen rechnen, daher unbedingt vorab buchen! In der Nebensaison (Mai–Okt.) entspannt sich die Lage und die Preise fallen dramatisch.

Auf Ko Phi-Phi Leh gibt's keine Unterkünfte und man darf dort auch nicht mehr campen. Die einzige Option ist die Übernachtung in einem Boot vor der Küste mit Maya Bay Sleepaboard (S. 721).

Ao Ton Sai & Ao Lo Dalam

Auf der flachen, zugebauten, stundenglasförmigen Landzunge zwischen der Ao Ton Sai und der Ao Lo Dalam drängen sich die Unterkünfte. Das zentrale Ton Sai wird auch das „Touristendorf" genannt.

Ao Lo Dalam ist der traditionelle Backpackerstrand mit vielen schlichten Hostels. Er ist aber vollgestopft mit Menschen, Longtail-Booten, vielen Strandbars und Tagesausflüglern. Nach 21 Uhr verwandelt er sich in einzigen Freiluft-Nachtclub.

Blanco Beach Bar HOSTEL $

(Karte S. 719; ☎061 231 4101; www.blancothailand.com; Ao Lo Dalam, Ko Phi-Phi Don; B 500–600 B; ❄📶) Das sehr einfache, aber moderne Partyhostel bietet enge Vierer- bis Zwölfer-Dorms, aber zum Schlafen sind die Leute eh nicht hier: Jeden Abend steigen in der sehr geselligen Bar Partys. Und man ist nur einen Katzensprung entfernt vom nächtlichen Wahnsinn am Strand.

Rock Backpacker HOSTEL $

(Karte S. 719; ☎081 607 3897; Ton Sai Village, Ko Phi-Phi Don; B 300 B, Zi. Ventilator/Klimaanlage 900/2000 B; ❄📶) Ignoriert man das sehr unfreundliche Management, dann hat man es mit einem ordentlichen Hostel auf dem Hügel über dem Dorf zu tun: Es hat große Dorms mit Stockbetten, kleine Privatzimmer, ein einladendes Restaurant mit Bar und eine rustikale, mit Graffiti bedeckte Fassade. Das ist immer noch eine der günstigeren Unterkünfte in Ton Sai und es gibt hier eine muntere Backpacker-Szene. Keine Reservierung.

Ton Sai Village

Ton Sai Village

Aktivitäten, Kurse & Touren
1 Maya Bay Sleepaboard C3
2 Phi Phi Pirate Boat B3
3 Plankton Sunset Cruise C3
4 Princess Divers C2
5 Pum Restaurant & Cooking School B3

Schlafen
6 Anita Resort B1
7 Blanco Beach Bar C1
8 Ibiza House C1
9 Panmanee Hotel B3
10 Rock Backpacker C2
11 Up Hill Cottage D1

Essen
12 Aroy Kaffeine B3
13 Efe B3
14 Esan Ganeang B2
15 Lebensmittelmarkt B3
16 Only Noodles B2
Unni's .... (s. 13)

Ausgehen & Nachtleben
17 Banana Bar C2
18 Slinky B1

Unterhaltung
19 Kong Siam C2

Up Hill Cottage BUNGALOWS $$
(Karte S. 719; ☎075 601124; www.phiphiuphillcottage.com; 140 Mu 7, Ton Sai Village, Ko Phi-Phi Don; Zi. 2000–2500 B; ❄📶🏊) Die Zimmer der cremefarben angestrichenen Holzbungalows sind in hübschen Pastelltönen gehalten, von denen sich die farbenfrohen Bettdecken und die launig gefliesten Bäder abheben. Die meisten haben eigene Balkone mit (unterschiedlich schönem) Blick auf die Insel.

Es gibt auch einen kleinen Pool. Die Anlage liegt am östlichen Ende der Hauptstraße, die Richtung Norden aus Ton Sai Village hinausführt. Vorsicht mit den vielen Stufen!

Anita Resort RESORT $$
(Karte S. 719; ☎075 601282; www.phiphianitaresort.com; Ao Lo Dalam, Ko Phi-Phi Don; Zi. mit Frühstück 2500–3500 B; ❄📶🏊) Das Resort ein Stückchen zurückversetzt von der Ao Lo Dalam liegt in der Partyzone (sprich: es ist laut), aber angesichts der Preise ist dies einer der besseren Deals auf Ko Phi-Phi. Die großen Zimmer haben gute Betten und moderne Bäder; die Bungalows rund um den Pool sind geschmackvoll eingerichtet mit Lampen aus geschnitzten Elefantenfiguren, vom Boden bis zur Decke reichenden Kopfenden und eigenen Terrassen.

Panmanee Hotel HOTEL $$
(Karte S. 719; ☎075 819379; www.panmaneehotel.com; 287 Mu 7, Ton Sai Village, Ko Phi-Phi Don; Zi. mit Frühstück 2200 B; ❄📶) Das Hotel befindet sich beim Lebensmittelmarkt weit entfernt von den lauten Kneipen (allerdings könnte es sein, dass einen der morgendliche Gebetsruf von der Moschee in der Nähe weckt). Die Zimmer sind komfortabel, wenn auch nicht spektakulär, und verfügen über einigermaßen große, moderne Bäder. Für Erkundungen ist die Lage in der Nähe des Bootsanlegers und zu verschiedenen Stränden ideal.

Ibiza House HOSTEL, BUNGALOWS $$
(Karte S. 719; ☎075 601274, 080 537 1868; www.ibizahouse-phiphiisland.com; Ao Lo Dalam, Ko Phi-Phi Don; B 450–680 B, Zi. mit Frühstück 2000 B, Villa 3200–5000 B; ❄📶🏊) Das Ibiza House ist für seine berühmt-berüchtigten Poolpartys am Strand bekannt. Die Dorms sind normaler Standard, einige haben keine Fenster, aber man kommt ja wegen des großen, ewig beliebten Pools, der an zwei Seiten von der geschäftigen Bar flankiert wird. Die Zimmer und Villen sind groß und sauber und bieten ein besseres Preis-Leistungs-Verhältnis. Auf eine frühe Mütze Schlaf darf man allerdings nicht hoffen ...

Sunflower Boathouse PENSION $$
(Karte S. 717; ☎080 038 3374; sunflowerboathouse@hotmail.com; Ao Lo Dalam, Ko Phi-Phi Don; Zi. 1500–3000 B; ❄📶) In einem reetgedeckten schiffsähnlichen Bau bei der wunderbar gechillten Sunflower Bar (S. 723) am nördlichen Ende der Ao Lo Dalam befinden sich liebevoll gestaltete Zimmer mit dunklem Holz mit Platz und Flair sowie bunten Bettdecken. Einfach und einladend!

Hat Hin Khom

Das Gebiet liegt eine viertelstündige Strand- oder Dschungelwanderung östlich von Ao Ton Sai und wartet mit ein paar kleinen, weißen Sandstränden an felsigen Buchten sowie einigen Mittelklasseresorts auf.

★ **Viking Natures Resort** BUNGALOWS $$
(Karte S. 717; ☎075 819399; www.vikingnaturesresort.com; Hat Hin Khom, Ko Phi-Phi Don; Bungalow mit Frühstück 1750–4500 B; ❄📶) Wenn man nach Atmosphäre sucht, sind diese Bungalows aus dunklem Holz, Stroh und Bambus genau das Richtige: Sie sind mit Treibholz, Muschelvorhängen, aus Stein gemeißelten Waschbecken und farbenfroher Kunst dekoriert und haben Lounge-Bereiche mit Hängematten, von denen aus man einen fabelhaften Ausblick auf Ko Phi-Phi Leh hat. Die Bungalows verteilen sich auf einen steilen Dschungelgarten (den man sich manchmal mit Affen teilen muss) und der bis zu einem kleinen, aber hübschen Strand hinunterreicht.

Die großen Holzlodge-Zimmer verfügen über einladende Veranden – die Mehrausgabe lohnt sich!

Hat Yao

Der muntere, weiße Sandstrand an der Südküste ist ideal zum Baden, man darf aber nicht erwarten, ihn für sich allein zu haben. Von Ton Sai kommt man zu Fuß über den Hat Hin Khom in einer halben Stunde her oder nimmt vom Pier in Ton Sai ein Longtail-Boot (100–150 B).

Paradise Pearl Bungalow RESORT $$$
(Karte S. 717; ☎075 601248; www.phiphiparadisepearl.com; Hat Yao, Ko Phi-Phi Don; Zi. mit Frühstück 3000–5000 B; ❄📶) Der ausgedehnte Komplex aus dunklen thailändischen Holz-Chalets, die mit Kunst ausgestattet sind, versteckt sich auf der felsigen Landzunge an der nördlichen Biegung des hübschen Hat Yao. Die angenehm altmodischen Holzhütten am Strand haben freistehende Betten, Spitzenvorhänge und Tee-/Kaffeemaschinen. Das **Restaurant** (Hauptgerichte 120–400 B; ⏰7.30–22 Uhr; 📶) wird gern von jungen Pärchen besucht und erstreckt sich bis zum Rand des Sands.

Ao Lo Bakao

Der von Palmen gesäumte und von spektakulären Hügeln umgebene feine Sandstrand in der im Nordosten der Insel gelegenen Ao Lo Bakao gehört zu den schönsten auf Ko Phi-Phi – über das blaue Meer blickt man hinüber auf die vorgelagerten Inselchen Ko Mai Phai (Bambusinsel) und Ko Mung (Moskito-Insel). Die Fahrt mit dem Longtail-Boot von der Ao Ton Sai kostet 1000 B.

★ **Phi-Phi Island Village** RESORT $$$
(Karte S. 717; ☎075 628900; www.phiphiisland village.com; Ao Lo Bakao, Ko Phi-Phi Don; Zi. mit Frühstück 9200–26 400 B; ❄📶🏊) Das riesige Resort mit 201 Bungalows aus Holz und Beton, die überwiegend gleich hinter dem Strand inmitten wogender Palmen stehen, ist eine abgeschlossene Welt für sich, in der alles gleich vor Ort ist, darunter zwei Pools, ein Restaurant, ein Café, ein Spa, ein Tauchveranstalter und Tennisplätze. Man braucht sich gar nicht weit von der Unterkunft zu entfernen – der Strand ist ein Juwel aus weißem Pulversand.

Hat Laem Thong

Die Resorts sind hier teuer, aber dieser weiße Sandstrand an der Nordostküste ist trotzdem gut besucht, da er von Tagestouren aus Phuket angesteuert wird. Am Nordende befindet sich zudem eine kleine, vermüllte Siedlung der Moken (Seenomaden). Die Fahrt mit einem an der Ao Ton Sai gecharterten Longtail-Boot kostet 1200 B; die Hotels kümmern sich um den An- und Abtransport ihrer Gäste.

★ **Zeavola** BUNGALOWS $$$
(Karte S. 717; ☎075 627000; www.zeavola.com; Hat Laem Thong, Ko Phi-Phi Don; Bungalow mit Frühstück 11 800–22 600 B; ❄📶🏊) Von Hibiskussträuchern gesäumte Wege führen zu den schattigen Teak-Bungalows mit schicker, entschieden asiatischer Raumaufteilung drinnen und draußen. Alle haben Glaswände an drei Seiten, schöne Armaturen aus den 1940er-Jahren, alte Möbel, große Keramik-Waschbecken, Duschen drinnen und draußen sowie Tee- und Kaffeemaschinen auf der eigenen Terrasse. Der Service ist makellos. Die schönsten Villen bieten eigene Infinity Pools, und es gibt ein fabelhaftes, auf Paare ausgerichtetes Spa.

PP Erawan Palms Resort RESORT $$$
(Karte S. 717; ☎075 627500; www.pperawanpalms.com; Hat Laem Thong, Ko Phi-Phi Don; Zi. mit Frühstück 4800–9300 B; ❄📶🏊) Auf dem Gelände ist aller Stress im Nu verschwunden. Durch

INSIDERWISSEN

MAYA BEACH

Seit Leonardo DiCaprio in der Verfilmung von Alex Garlands *The Beach* hier im Jahr 2000 einen Joint rauchte, ist Ko Phi-Phi Leh eine Pilgerstätte geworden. 2017 wurden an dem einst perfekten Robinson-Crusoe-**Strand** (อ่าวมาหยา, Maya Bay; Ko Phi-Phi Leh) an der Maya Bay, der atemberaubenden, einsamen Filmbucht, mehr als 5000 Besucher und 2000 Boote pro Tag gezählt. Leider hat dieser ausufernde Massentourismus das Ökosystem der Insel Phi-Phi Leh ruiniert: Durch das falsche Ankern der Boote, das unkontrollierte Herumlaufen der Besucher und die Folgen von Müll und Sonnencreme sind geschätzte 80 % der Korallen der Ao Maya zerstört worden. Daher wurde der Strand an der Maya Bay 2018 schließlich gesperrt.

Seit der Schließung scheint sich die Bucht zu erholen. Schwarzspitzen-Riffhaie sind in die Bucht zurückgekehrt und ein Projekt zur Rettung der Korallen hat vielversprechende Ergebnisse gezeitigt. Seit Januar 2022 ist der idyllische Strand an der Maya Bay wieder für Touristen zugänglich. Die thailändischen Behörden haben verlauten lassen, dass zum Schutz der Bucht der Bootsverkehr und die Besucherzahlen eingeschränkt werden. Jedoch kann man den herrlichen weißen Strand an der Maya Bay auch von einem Schiff aus bestaunen – der Anblick ist einfach umwerfend.

Campen am Maya Beach auf Ko Phi-Phi Leh ist nicht mehr erlaubt, man kann mit **Maya Bay Sleepaboard** (Karte S. 719; ☎090 570 9204; www.mayabaytours.com; Ton Sai Village, Ko Phi-Phi Don; 3500 B pro Pers.) die Nacht aber gleich vor der Küste an Bord verbringen. Im Preis inbegriffen sind Verpflegung, Schlafsack und die Nationalparkgebühr; die Touren starten um 15 Uhr und kehren am nächsten Vormittag um 10 Uhr zurück. Das gleiche Team veranstaltet auch die beliebte **Plankton Sunset Cruise** (Karte S. 719; www.mayabaytours.com; Ton Sai Village, Ko Phi-Phi Don; 2000 B pro Pers.) nach Phi-Phi Leh.

Gartenanlagen gelangt man auf gewundenen Pfaden zu den hellen, geräumigen, modernen, aber doch traditionell anmutenden „Cottages" und den kleineren Zimmern, die alle mit Kunst und Kunsthandwerk aus Thailand ausstaffiert sind. Das Resort ist toll gelegen, es gibt eine einladende Pool-Bar und der Service ist freundlich.

Essen

Auf Ko Phi-Phi Don haben die meisten Resorts und Bungalowanlagen Restaurants und an der Ostküste ist man mehr oder weniger auf sie angewiesen. Die Restaurants in Ao Ton Sai sind in den letzten Jahren besser geworden und es gibt ein Angebot ohne Ende, ob für Meeresfrüchte, thailändische oder internationale Küche – Nobelrestaurants sollte man allerdings nicht erwarten. Auf Ko Phi-Phi Leh gibt's keinerlei Speiselokale.

Esan Ganeang THAI $

(Karte S. 719; Ton Sai Village, Ko Phi-Phi Don; Hauptgerichte 70–150 B; ⏲10–24 Uhr) In einer Gasse mit vielen bei Einheimischen beliebten Ladenlokalen bietet das familiengeführte Esan Ganeang fantastische, authentische Gerichte aus der Isan-Region im Nordosten Thailands. Hier erwarten einen feurige Salate und Suppen, mildere Currys und aromatische Nudelgerichte. Zu den Gerichten sollte man unbedingt auch Klebreis bestellen.

Only Noodles THAI $

(Karte S. 719; Ton Sai Village, Ko Phi-Phi Don; Hauptgerichte 70–150 B; ⏲10.30–22.30 Uhr; 📶) Der Name lügt nicht: Dieser beliebte, versteckte Laden serviert schnörkelloses, geschmacksintensives *pàt tai* mit Fleisch, Meeresfrüchten oder Gemüse – je nach Wahl. Es gibt nur zwei einfache Tische draußen an der Straße.

Lebensmittelmarkt MARKT $

(Karte S. 719; Ton Sai Village, Ko Phi-Phi Don; Hauptgerichte 60–80 B; ⏲7–22 Uhr) Das preiswerteste und authentischste Essen auf Ko Phi-Phi gibt's auf diesem Markt nahe der Anlegestelle. Ein paar engagierte, örtliche Standinhäaber bieten hier leckeres *pàt tai*, gebratenen Reis, *sôm·đam* (scharfen grünen Papaya-Salat) und geräucherten Wels.

★ **Aroy Kaffeine** INTERNATIONAL $$

(Karte S. 719; ✆095 257 5452; www.facebook.com/AroykaffeinePhiphiIsland; Ton Sai Village, Ko Phi-Phi Don; Hauptgerichte 130–250 B; ⏲9–21 Uhr; 📶🌱) Die kunstvoll dargereichten glutenfreien, veganen und vegetarischen Gerichte in diesem trendigen Café lassen einem das Wasser im Mund zusammenlaufen. Acai, Spirulina, Chlorella und Kurkuma: Das sind nur einige der Superfoods, die auf der Karte zu finden sind und dann auch auf dem Teller landen. Alle Gerichte hier schmecken köstlich, von den Currys bis zu den Pfannkuchen. Toller Service und herausragender Kaffee!

★ **Efe** TÜRKISCH $$

(Karte S. 719; ✆095 150 4434; www.facebook.com/eferestaurant; Ton Sai Village, Ko Phi-Phi Don; Hauptgerichte 170–600 B; ⏲12–22.30 Uhr; 📶) Die Karte dieses beliebten mediterranen Restaurants im Herzen des „Village" bietet eine tolle Auswahl an Kebabs in brutzelnden Pfannen. Auch die Salate und Wraps sind köstlich und es gibt hier auch prima Burger und Pizza. Das gemütliche Lokal hat drinnen ein paar Tische sowie eine winzige Terrasse. In der Hauptzeit fürs Abendessen wird man auf einen Tisch warten müssen.

★ **Unni's** INTERNATIONAL $$

(Karte S. 719; ✆091 837 5931; www.facebook.com/unnis.phiphi; Ton Sai Village, Ko Phi-Phi Don; Hauptgerichte 140–600 B; ⏲8–23 Uhr; 📶) In dem bei hier lebenden Ausländern beliebten Lokal mit hellem, angenehmem Café-Ambiente gibt's hausgemachte Frühstücks-Bagel mit allem Möglichen von Räucherlachs bis Fleischbällchen sowie Spezialitäten wie Toast mit Avocados und Feta. Zu den ausgezeichneten internationalen Angeboten gehören die großen griechischen Salate, die Pastagerichte, Burritos, Nachos, Burger und Tapas. Die volle Punktzahl gibt's für die Cocktails, das Ambiente und die Karte, auch wenn das Essen überteuert ist.

Ausgehen & Nachtleben

Die laute Partyszene bedröhnt Phi-Phi, doch inzwischen werden Versuche unternommen, den schlechten Ruf ein wenig zu bekämpfen. Aber das kann eine Weile dauern und bis dahin machen eimerweise billiger Whisky, Red Bull und scheußlich süße Cocktails Ko Phi-Phi zur Domäne wilden Feierns und schlimmer Kater.

Vorsicht vor Leuten, die einem an den Stränden Drogen anbieten – es könnte sich um verdeckte Ermittler der örtlichen Polizei handeln.

★ **Hippie's Bar** BAR

(Karte S. 717; ✆085 476 1761; Hat Hin Khom, Ko Phi-Phi Don; ⏲7–24 Uhr; 📶) Diese große, lockere Kombi aus Restaurant und Bar direkt am Strand ist eine willkommene Alternative zum Trubel im Ton Sai Village. Sie bietet ein romantisches Ambiente mit Kerzen auf den Tischen, Laternen in den Bäumen, chilliger Reggaemusik und einer abendlichen Feuershow.

Apache Beach Club CLUB
(Karte S. 717; ☎081 535 4613; www.facebook.com/apachebeachclub; Ao Lo Dalam, Ko Phi-Phi Don; ⏲21 Uhr–open end; 📶) Das Apache hat auf Ko Phi-Phi neben dem Slinky die beste Tanzfläche am Strand und ist perfekt, wenn einem der Sinn nach eimerweise Alk, sich windenden Körpern, Feuershows und lauten, hämmernden Bässen steht.

Banana Bar BAR
(Karte S. 719; ☎087 330 6540; www.facebook.com/BananaBarPhiPhi; Ton Sai Village, Ko Phi-Phi Don; ⏲11–2 Uhr; 📶) *Das* alternative Bar-Ziel in Ton Sai Village für alle, die der House- und Techno-Beschallung am Strand entgehen wollen. Das Banana verteilt sich über mehrere Ebenen. Man sitzt auf dem Dach oder auf Kissen auf den erhöhten Decks rund um die Bar. Der Laden bietet starke Musik und ist bei Leuten beliebt, die sich ihre eigenen Zigaretten drehen. Es gibt hier auch mexikanisches Essen.

Slinky CLUB
(Karte S. 719; www.facebook.com/slinkybeachbarofficial; Ao Lo Dalam, Ko Phi-Phi Don; ⏲21 Uhr–open end; 📶) Immer noch die beste Feuershow am Ao Lo Dalam und immer noch die angesagteste Stranddisco mit dröhnenden Bässen, eimerweise Cocktails (ab 350 B) und massenweise Touristen, die Kontakt suchen, flirten und zur Musik wild herumtanzen.

Sunflower Bar BAR
(Karte S. 717; ☎080 038 3374; Ao Lo Dalam, Ko Phi-Phi Don; ⏲11–2 Uhr; 📶) Das klapprige Schmuckstück aus Treibholz gehört zu den entspanntesten Bars vor Ort. Hier kann man prima ein Bier trinken, während die Sonne im Meer versinkt. Durch den Tsunami von 2004 zerstört, wurde sie aus altem Holz wieder aufgebaut. Die Sitzecken aus Langbooten sind nach den vier Liebsten benannt, die der Inhaber durch die Fluten verloren hat.

☆ Unterhaltung

Kong Siam LIVEMUSIK
(Karte S. 719; www.facebook.com/Kongsiam-Live-Bar-Phi-Phi; Ton Sai Village, Ko Phi-Phi Don; ⏲18–1 Uhr; 📶) In diesem beliebten Lokal, das Thais und *farang* (westliche Ausländer) gleichermaßen anlockt, gibt's jeden Abend Livemusik. Die talentierte Band spielt alles von klassischen Rockcovern bis zu modernen Tönen.

ℹ Praktische Informationen

Geldautomaten gibt's überall im Tourist Village auf Ko Phi-Phi Don, aber nicht an den Stränden der Ostküste und nicht auf Ko Phi-Phi Leh.

Phi-Phi Island Hospital (Karte S. 717; ☎086 476 9420, 075 622151; Ao Ton Sai, Ko Phi-Phi Don) Notfallversorgung am westlichen Ende der Ao Ton Sai. Ernste Fälle sollten umgehend per Boot nach Krabi oder besser noch Phuket gebracht werden.

ℹ An- & Weiterreise

Ko Phi-Phi Don ist von Ao Nang, Krabi, Phuket, Railay und Ko Lanta aus erreichbar. Die meisten Boote legen an der **Tha Ao Ton Sai** (Karte S. 719; Ton Sai Village, Ko Phi-Phi Don) an, einige wenige aus Phuket nutzen aber die isolierte Anlegestelle **Tha Laem Thong** (Karte S. 717; Ko Phi-Phi Don) im Norden. Die Fähren verkehren ganzjährig.

Es gibt auch kombinierte Schiff-Minivan-Tickets zu Zielen in ganz Thailand, z. B. nach Bangkok (850 B, 11 Std., 15.30 Uhr), Ko Samui (500 B, 6½ Std., 10.30 Uhr) und Ko Pha-Ngan (600 B, 7 Std., 10.30 Uhr).

Nach Ko Phi-Phi Leh gelangt man im Rahmen von Touren oder per Longtail- (600–800 B) oder Schnellboot (2500 B).

ℹ Unterwegs vor Ort

Auf Ko Phi-Phi Don gibt es keine richtigen Straßen. Einige Einheimische nutzen zwar

VON/NACH KO PHI-PHI DON

ZIEL	PREIS (B)	DAUER (STD.)	NACH KO PHI-PHI	AB KO PHI-PHI
Ao Nang	450	1¾	9.30 Uhr	15.30 Uhr
Ko Lanta	350–600	1½	8, 11.30, 13 & 16 Uhr	11.30, 15 & 15.30 Uhr
Krabi	350	1½–2	9, 10.30, 13.30 & 15.30 Uhr	9, 11, 14 & 15.30 Uhr
Phuket	350	1¼–2	9, 11, 13, 13.30 & 15 Uhr	9, 11, 14, 14.30 & 15.30 Uhr
Railay	450	1¼	9.45 & 14.45 Uhr	15.30 Uhr

Motorräder, aber Ausländer können nirgendwo welche mieten. Man geht überwiegend einfach zu Fuß, doch können in der Ao Ton Sai Langboote für kurze Fahrten zu anderen Stellen auf beiden Inseln gechartert werden.

Longtail-Boote fahren von der Ao Ton Sai zum Hat Yao (100–150 B), Hat Rantee (700 B), nach Hat Phak Nam und der Ao Lo Bakao (1000 B), nach Laem Thong (1200 B) und zur Wai-King-Höhle (auf Ko Phi-Phi Leh; 1000 B). Wer ein Longtail-Boot für drei oder sechs Stunden chartert, zahlt 1500 bzw. 3000 B; die Charter eines Schnellboots für einen halben Tag kostet 5000 B.

Ko Lanta

☎075 / 10 830 EW.

Lanta (เกาะลันตาใหญ่), die frühere Domäne von Seenomaden, hat sich vom üppig grünen thailändischen Hinterland zu einem Refugium für Besucher aus aller Welt entwickelt, die von den herrlichen kilometerlangen Stränden sowie den ausgezeichneten Tauchmöglichkeiten angelockt werden.

Zwar greift die mäßige touristische Erschließung der Strände an der Westküste langsam weiter aus und auch die Backpackerszene ist nicht schwer zu finden, aber Lanta hat sich dennoch seinen natürlichen Charme bewahren können. Durch das Verbot motorisierten Wassersports wird die

faule Strandstille nur durch das Rascheln der Palmwedel unterbrochen, besonders an der landschaftlich reizvolleren und weniger erschlossenen Südküste.

Abgesehen von einem Bergrücken ist Lanta mehr oder weniger flach und die schlaglochübersäte Hauptstraße, die sich über 22 km vom Nord nach Süd erstreckt, ist gut mit dem Motorrad zu erkunden, ebenso wie die beiden Straßen durchs dschungelbewachsene Inselinnere zu den Stelzendörfern der Seenomaden an der Ostküste.

Ko Lanta ist eine Doppelinsel, aber eigentlich meint man damit das südliche Ko Lanta Yai. Die Boote legen in Ban Sala Dan an der Nordspitze von Ko Lanta Yai an.

Sehenswertes

★ Ban Si Raya DORF

(บ้านศรีรายา, Altstadt von Lanta; Karte S. 730) Ban Si Raya liegt in der Mitte der Ostküste. Sie war der ursprüngliche Hafen der Insel und ihr Handelszentrum, weil arabische und chinesische Handelsschiffe, die zwischen Phuket, Penang und Singapur fuhren, hier einen sicheren Hafen fanden. Die Stimmung unterscheidet sich deutlich von anderen Orten auf der Insel. Einige der anmutigen, auf Stelzen stehenden, gut erhaltenen 100 Jahre alten Holzhäuser und Ladenzeilen wurden zu bezaubernden, stimmungsvollen Gästehäusern umgewandelt. In den Restaurants am Pier speist man frische Meeresfrüchte und blickt auf den Ozean. Drum herum finden sich einige nette unkonventionelle Läden.

In der Saison von November bis April verwandelt sich die Hauptstraße jeden Samstag in eine Walking Street mit Essensständen, DJs, Livemusik und traditionellem thailändischem Tanz.

Tham Khao Maikaeo HÖHLE

(ถ้ำเขาไม้แก้ว; Karte S. 730; ☎089 288 8954; Führungen 300 B) Dieser Komplex aus Höhlen und Tunneln wurde über Jahrmillionen vom Monsunregen aus den Kalksteinspalten herausgefräst. Die Säle voller Stalaktiten und Stalagmiten erreichen teilweise die Größe von Kathedralen, dann wieder gibt es winzige Durchgänge, durch die man sich auf allen Vieren zwängen muss, und schließlich erreicht man sogar einen unterirdischen See. Eine einheimische Familie veranstaltet stündlich Wanderungen zu den Höhlen (Stirnlampen werden gestellt). Das Ganze dauert insgesamt zwei Stunden, und angemessenes Schuhwerk ist für den Besuch unerlässlich. Die Höhle ist an der Hauptstraße ausgeschildert, die vom Hat Khlong Tob zur Ostküste führt. Wegen der Termine vorab anrufen.

Aktivitäten

Tauchen & Schnorcheln

Einige der besten Tauchspot Thailands sind nur einen Katzensprung von Ko Lanta entfernt. Am besten taucht man bei den Unterwasserriffen Hin Muang und Hin Daeng, die man im Boot in zwei Stunden erreicht. Diese einsamen Korallenriffe mitten im Meer sind wichtige Weideplätze für große Meeresfische wie Haie, Thunfische, Barrakudas und gelegentlich auch Walhaie und Mantarochen. Hin Daeng gilt allgemein als Thailands zweitbester Tauchspot nach dem Richelieu Rock (S. 650) nahe der Grenze zu Myanmar.

Die Tauchspots um Ko Haa bieten bei einer Tiefe von 18 bis 34 m konstant gute Sichtverhältnisse, viele Meeresbewohner (darunter Schildkröten) und eine Höhle mit drei Kammern, die als „Kathedrale" bekannt ist. Die Tauchveranstalter auf Ko Lanta bieten auch Touren zum King Wreck (S. 718), zum **Anemone Reef** und zu einigen anderen Tauchplätzen um Ko Phi-Phi an.

Die Tauchsaison auf Ko Lanta dauert von November bis April, doch veranstalten einige Anbieter auch in der Nebensaison Tauchtouren, sofern das Wetter es zulässt. Trips nach Hin Daeng und Hin Muang kosten ab 4000 B, nach Ko Haa zahlt man 3100 bis 4000 B. PADI-Open-Water-Kurse gibt's für 13 700 bis 15 900 B. In den Preisen sind die Nationalparkgebühr (Erw./Kind 400/200 B für 3 Tage) und eine tägliche Tauchgebühr (200 B) in der Regel nicht enthalten. Von Mitte Oktober bis April veranstalten Anbieter überall auf Ko Lanta Schnorchel- und Kajaktouren (1200–1900 B) nach Ko Rok Nok, den Trang-Inseln und zu anderen Inseln in der näheren Umgebung.

Scubafish TAUCHEN
(Karte S. 730; ☎075 665095; www.scubafish.com; Ao Kantiang; 2 Tauchgänge 3500 B; ⌚8–20 Uhr) Der alteingesessene Anbieter legt den Schwer-punkt auf Bildung und Teilnahme an Umweltprojekten. Er betreibt das „Ko Lanta Coral Propagation"-Projekt und bietet Korallen-Vermehrungs-Workshops (5900 B) sowie einen dreitägigen Zertifikatskurs (15 900 B). Weitere Angebote sind z. B. „Liquid Lense", ein Kurs in Unterwasser-Fotografie, Tauchen zur Haiüberwachung, dreitägige Tauch-Pauschaltouren (9975 B), „Discover Scuba" (1 Tag, 5200 B) und der Open-Water-Zertifizierungskurs (15 900 B).

Lanta Diver TAUCHEN
(Karte S. 728; ☎075 668058; www.lantadiver.com; 197/3 Mu 1, Ban Sala Dan; 2 Tauchgänge 3600 B; ⌚Hochsaison 8–21 Uhr, Nebensaison 10–18 Uhr) Der sehr professionelle skandinavische Anbieter hat seinen Sitz nahe dem Pier und kleinere Ableger in den Resorts. Tagestouren mit zwei Tauchgängen nach Hin Daeng und Hin Muang kosten 4000 bis 4900 B, „Discover Scuba" mit zwei Tauchgängen 4500 B und der Open-Water-Zertifizierungskurs 14 400 B.

Blue Planet Divers TAUCHEN
(Karte S. 728; ☎075 668165; www.blueplanetdivers.net; 3 Mu 1, Ban Sala Dan; 2 Tauchgänge 3300 B; ⌚8.30–21 Uhr) Die erste Schule auf Ko Lanta, die sich auf Unterricht im Freitauchen (ab 2700 B) spezialisiert hat, bietet auch Open-Water-Zertifizierung (13 700 B), „Discover Scuba" (4300 B) und Schnorchelausflüge (1500 B).

Yoga

Oasis Yoga (Karte S. 728; ☎085 115 4067; www.oasisyoga-lanta.com; Hat Khlong Dao; ⌚Okt.–Mai) bietet Unterricht (250–400 B), an dem man ohne Anmeldung teilnehmen kann. Sri Lanta (S. 728) bietet ganzjährig Kurse (550 B).

Freiwilligenarbeit

Lanta Animal Welfare FREIWILLIGENARBEIT
(Karte S. 728; ☎084 304 4331; www.lantaanimalwelfare.com; 629 Mu 2, Ban Phra Ae; Besichtigung gegen Spende; ⌚9–17 Uhr) Das alteingesessene Tierasyl und Tierarztzentrum kümmert sich um streunende und verletzte Hunde und Katzen: Sie werden gefüttert, sterilisiert und an Besitzer vermittelt, außerdem unternimmt das Zentrum Impfkampagnen und leistet Öffentlichkeitsarbeit in Sachen Tierschutz. Bei den stündlichen Führungen (40 Min., Mai–Okt. alle 2 Std.) können Besucher die Einrichtungen besichtigen und mit den Katzen spielen. Besucher, die Hunde ausführen wollen, sind willkommen, ebenso Freiwillige, die länger mitarbeiten wollen.

Kurse

Time for Lime KOCHEN
(Karte S. 728; ☎075 684590; www.timeforlime.net; Hat Khlong Dao; ⌚Kurs 16 Uhr) Die beliebte Schule mit Restaurant liegt am südlichen Hat Khlong Dao und veranstaltet ausgezeichnete Kochkurse (2000 B) und kurzweilige Cocktailkurse (440 B). In der Hauptsaison gibt's kombinierte Koch- und Cocktailkurse

für zwei Personen (4000 B). Die Gewinne gehen an Lanta Animal Welfare. Vorab buchen! Im Restaurant vor Ort gibt's montags bis samstags ein Verkostungsmenü (540 B).

Schlafen

Ko Lanta wartet mit jeder Menge langen, schönen goldenen Stränden auf, zumeist an der Westküste. Je nach Lage der Unterkunft erlebt man die Insel auf ganz unterschiedliche Weise. In der Nebensaison (Mai–Okt.) schließen manche Resorts, andere senken ihre Preise um 50 %. In der Hauptsaison ist Reservieren unerlässlich.

Ban Sala Dan

La Chambre HOTEL $$

(Karte S. 728; ☎087 887 5191; www.lachambre.in.th; Ban Sala Dan; Zi. 800–1200 B; 📶) Wer nicht in Strandnähe nächtigen möchte, was eher unwahrscheinlich ist, kann dieses kleine Hotel unmittelbar abseits der Straße zum Bootsanleger in Sala Dan ansteuern. Die Zimmer sind recht komfortabel, mit annehmbaren Betten und Bädern, und die meisten Tauchshops sind nicht weit entfernt. Die billigsten Zimmer haben kein Fenster.

Hat Khlong Dao

Lanta Island Resort BUNGALOWS $$

(Karte S. 728; ☎075 684124; www.lantaislandresort.com; 10 Mu 3, Hat Khlong Dao; Bungalow 1800–5500 B; P ❄ @ 📶 🏊) Die unprätentiösen Bungalows verfügen über in die Jahre gekommenes Mobiliar, aber sie sind sauber und geräumig und säumen einen Garten mit Schatten spendenden Bäumen. Die Lage am Strand ist erstklassig und es gibt dazu noch einen Pool. Die **Island Bar** (⏲12 Uhr–open end; 📶) der Anlage ist ein beliebter Ort für einen Drink zum Sonnenuntergang; in der Hauptsaison (Nov.–April) gibt's Livemusik.

★ **Crown Lanta Resort & Spa** RESORT $$$

(Karte S. 728; ☎075 626999; www.crownlanta.com; Hat Khlong Dao; DZ mit Frühstück 5800–22 000 B; ❄ @ 📶 🏊) Das luxuriöse Crown Lanta erfreut sich einer erstklassigen Lage leicht zurückversetzt vom eigenen weißen Strand jenseits des Nordendes des Khlong Dao. Die Zimmer und Villen sind um zwei Pools herum angeordnet; dazu kommen zwei Restaurants, ein Top-Spa und eine Reggaebar, die etwas unpassend wirkt. Zum Strand sind es drei Minuten zu Fuß – und wer nicht laufen möchte, wird in einem Golfwagen hingefahren.

Hat Phra Ae

Chill Out House HOSTEL $

(Karte S. 728; ☎082 183 2258; www.chillouthouselanta.com; Hat Phra Ae; B 220 B, DZ 280–320 B; ⏲Sept.–April; 📶) Das Treibholz-Baumhaus abseits des Strandes hat drei unterschiedliche, schlichte Dorms, Gemeinschaftsbäder und klapprige Doppelzimmer mit eigenen Bädern. Die Anlage ist schlicht, aber hinsichtlich Stimmung und Preis unschlagbar: Es gibt Schaukeln an der Bar, einen Gemeinschafts-iPod-Anschluss und eine wunderbar entspannende Lounge voller Hängematten. Jeder wird behandelt, als gehöre er zur Familie.

Thai House Beach Resort BUNGALOWS $$

(Karte S. 728; ☎075 684289; www.thaihousebeachresort.net; Hat Phra Ae; Bungalow 900–2500 B; P ❄ 📶) Leicht zurückversetzt vom Strand stehen hier nette Bungalows in verschiedenen Ausprägungen für unterschiedlich gut gefüllte Reisekassen. Die Holzhäuser im traditionellen thailändischen Stil sind geräumig und haben Klimaanlagen, große Kühlschränke und warme Duschen, während die einfachen Bambusbungalows mit Ventilatoren und Moskitonetzen ausgestattet sind. Dazwischen bewegen sich die funktionalen und sauberen Betonbungalows. Das Resort hat eine tolle Lage gleich hinter dem noblen Fat Turtle Beach Bar and Restaurant (S. 731).

Hutyee Boat BUNGALOWS $$

(Karte S. 728; ☎083 633 9723; Hat Phra Ae; Bungalow 600–1200 B; 📶) Das Hippie-Paradies aus großen, schlichten Bungalows auf Stelzen (nur mit Ventilator) versteckt sich in einem Dickicht aus Palmen und Bambus ein Stückchen abseits vom Strand. Die Bungalows bieten geflieste Bäder, kleine Kühlschränke und schaukelnde Hängematten. Die Anlage wird von einer freundlichen muslimischen Familie geführt; der exzentrische Patriarch spricht Englisch.

Somewhere Else BUNGALOWS $$

(Karte S. 728; ☎081 536 0858; Hat Phra Ae; Bungalow 800–1700 B; ⏲Nov.–April; 📶) Hier haben die Gäste die Wahl zwischen einfachen reetgedeckten Bambushütten mit Bädern mit Terrakottafliesen und größeren achteckigen Bungalows aus geschliffenem Beton, allesamt auf einer schattigen Rasenfläche am Long Beach. Das beliebte Restaurant wartet mit einer guten Auswahl an Thai-Klassikern auf.

INSIDERWISSEN

KO LANTA: WO ÜBERNACHTEN?

Ban Sala Dan In dem charaktervollen Ort gibt's ordentliche Budgetunterkünfte. Die Lage ist praktisch wegen der Meeresfrüchterestaurants mit Lokalkolorit und der Bootsanlegestelle, aber unpraktisch, wenn man an den Strand will.

Hat Khlong Dao (หาดคลองดาว) Der einst wunderbare, 2 km lange weiße Sandstrand, wo sich früher prima baden ließ, ist inzwischen so stark erodiert, dass bei Flut gar kein Sand mehr übrig ist. Dies ist ein großes Problem im nördlichen Lanta.

Hat Phra Ae Am sandigen Hat Phra Ae, 3 km südlich von Ban Sala Dan, ist ein großes Touristendorf mit Restaurants für westliche Geschmäcker, Strandbars und den Büros von Touranbietern entstanden. Der Strand beginnt zu erodieren, aber noch gibt es einen schönen Abschnitt an seiner Nordflanke.

Hat Khlong Khong Hier gibt's strohgedeckte Rasta-Bars, Strandvolleyball, Vollmondpartys und gelegentlich stark beworbene „Mushroom-Shakes". Der Strand liegt 9 km südlich von Ban Sala Dan. Noch ist es hier vergleichsweise ruhig, doch die Partys finden jetzt öfter statt als früher. Der schmaler werdende, aber noch immer breite Strand erstreckt sich in beiden Richtungen schier endlos vor dem seichten türkisfarbenen Wasser.

Hat Khlong Nin (S. 728) Die Hauptstraße Richtung Süden gabelt sich 13 km südlich von Ban Sala Dan (hinter dem Hat Khlong Tob). Die linke Straße führt zur Ostküste; die rechte Abzweigung folgt auf 14 km der Küste bis zu Ko Lantas Südspitze. Der erste Strand hier ist der hübsche weiße Hat Khlong Nin; an seinem Nordende gibt es viele kleine Pensionen im Flashpacker-Stil. Einfach Vergleiche anstellen!

Ao Kantiang (S. 728) Die herrliche Bucht mit Sandstränden vor einer Kulisse aus hohen Hügeln liegt im Südwesten und bildet ein eigenes Dorf mit Minimärkten, Motorradverleihern und Restaurants. Die Szene ist hier eher gehoben und das Ganze ist weitab vom Schuss. Wer hier nächtigt, bewegt sich nicht groß fort.

Ao Mai Pai (S. 729) Die üppige, nahezu unbekannte Bucht an der südwestlichen Kurve direkt vor dem Kap bietet Strände, die zu den schönsten auf Ko Lanta zählen. Den Strand säumen elegante Palmenhaine; im Norden gibt's ein Felsenriff, im Süden eine dschungelüberwucherte Landspitze und dazwischen jadegrünes Wasser.

Laem Tanod (แหลมโตนด; Karte S. 730) An der wilden, dschungelbedeckten und bergigen Südspitze gibt's schroffe Felshänge und eine atemberaubende Aussicht.

Ban Si Raya (S. 729) Es gibt einige Pensionen in Ko Lantas oft übersehener, wunderbar altmodischer und unglaublich reicher Altstadt an der Ostküste, die ihren eigenen Boheme-Charme besitzt.

★ **Lazy Days** BUNGALOWS $$$
(Karte S. 728; ☎075 656291; www.lantalazydays.com; Hat Phra Ae; Bungalow mit Frühstück 4400–5200 B; ⏲Okt.–Aug.; ❄📶) Die neun komfortablen Bambusbungalows mit Strohdächern und Balkonen verstecken sich an einer lauschigen Stelle am Ende des Hat Phra Ae. Sie bieten tolle Betten, Kühlschränke und stylische Bäder. Die Anlage hat ein Restaurant.

Hat Khlong Khong

Isara Lanta BUNGALOWS $
(Karte S. 728; ☎088 823 2184; www.isaralanta.com; Hat Khlong Khong; Bungalow 500–1100 B; ⏲Okt.–April; 📶) Das Isara Lanta ist eine beliebte kleine Ansammlung von properen pastellfarbenen Bungalows mit Blechdächern und Akzenten aus geflochtenem Bambus an einem einfachen, von Blumen gesäumten Pfad hinter dem rustikalen, blau-weiß getünchten Restaurant mit Bar.

Bee Bee Bungalows BUNGALOWS $$
(Karte S. 728; ☎081 537 9932; Hat Khlong Khong; Bungalow 700–1000 B; 📶) Die Anlage besteht aus einem Dutzend kreativ gestalteter Bambushütten, die von superfreundlichen Leuten verwaltet werden. Jeder Bungalow ist einzigartig; einige stehen auf Stelzen inmitten der Bäume. Im Restaurant vor Ort gibt es eine Bibliothek mit zerlesenen Taschenbüchern, auf dass man sich nicht langweilt. Beliebt bei Backpackern.

Ko Lanta Nord

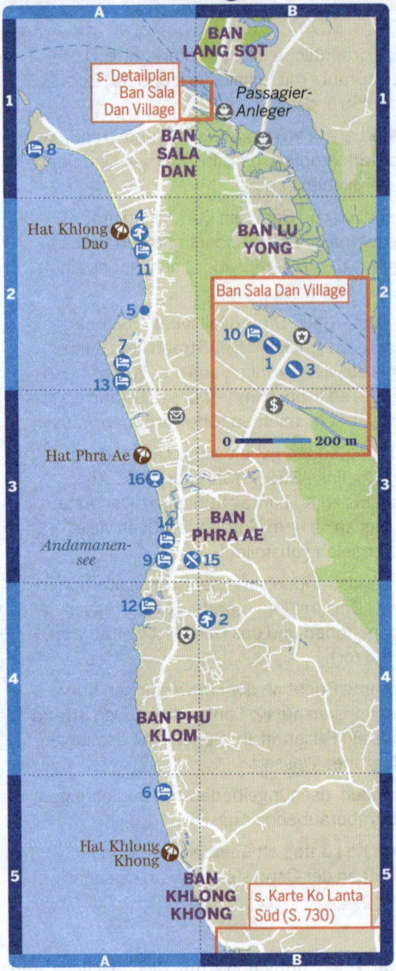

Ko Lanta Nord

Aktivitäten, Kurse & Touren

1 Blue Planet Divers B2
2 Lanta Animal Welfare B4
3 Lanta Diver B2
4 Oasis Yoga A2
5 Time for Lime A2

Schlafen

6 Bee Bee Bungalows A5
7 Chill Out House A2
8 Crown Lanta Resort & Spa A1
9 Hutyee Boat A3
Isara Lanta .... (s. 6)
10 La Chambre B2
11 Lanta Island Resort A2
12 Lazy Days A4
13 Somewhere Else A2
14 Thai House Beach Resort A3

Essen

Fat Turtle Beach Bar & Restaurant .... (s. 14)
15 Patty's Secret Garden A3

Ausgehen & Nachtleben

Island Bar .... (s. 11)
16 Pangea A3

Hat Khlong Nin

Round House BUNGALOWS $$

(Karte S. 730; ☎ 086 950 9424; www.lantaroundhouse.com; Hat Khlong Nin; Bungalow ohne/mit Bad 300–900 B/1200–2200 B, Haus 3000 B; ❄ 📶) In der netten Anlage am Nordende des Strands stehen mehrere Optionen zur Auswahl: Die auf Stelzen stehenden Bambus- und Holzbungalows mit Ventilator sind schlicht und die preiswertesten Unterkünfte haben Gemeinschaftsbäder mit Warmwasser. Sie stehen gleich hinter dem luftigen Strandrestaurant. Daneben gibt es ein cooles rundes Haus aus Lehmziegeln für zwei Personen, Zimmer mit Veranden sowie ein ideal für Familien geeignetes Strandhaus mit Klimaanlage. Für Alleinreisende gibt's Ermäßigungen von bis zu 20 %.

Sri Lanta BOUTIQUEHOTEL $$$

(Karte S. 730; ☎ 075 662688; www.srilanta.com; Hat Khlong Nin; Zi. mit Frühstück 3400–7400 B; P ❄ 📶 🏊) Das bei asiatischen Touristen beliebte Öko-Hotel am südlichen Ende des Strands besteht aus komfortablen Suiten und Holzvillen an einem bewaldeten Hang. In dem von Blumen gesäumten Strandbereich auf der anderen Straßenseite gibt es zwei Pools, ein Restaurant und Massagepavillons. Die Anlage liegt ab vom Schuss, sodass man sich auf stille Nächte freuen darf.

Außerdem werden hier Yoga-Kurse (550 B) und -Retreats angeboten.

Ao Kantiang

Phra Nang Lanta HOTEL $$$

(Karte S. 730; ☎ 075 665025; www.vacationvillage.co.th; Ao Kantiang; Zi. mit Frühstück 4800–9600 B; ❄ 📶 🏊) Die 15 prächtigen Wohnstudios aus Beton, die wie mexikanische Lehmziegelbauten anmuten, könnten durchaus den Seiten einer Innenarchitekturzeitschrift entsprungen sein. In den Innenräumen finden sich klare Linien, viel Hartholz, viel Weiß, bunte Farbakzente, Sitzkissen und Keramik-Waschbecken. Draußen ranken sich Blüten und Blätter über die dem Sonnenschutz dienenden Spalierwände aus Bambus. Der Pool und das Restaurant mit Bar blicken auf den schönen Strand. In der Nebensaison gibt's tolle Angebote.

Ao Mai Pai

La Laanta BOUTIQUEHOTEL $$
(Karte S. 730; 087 883 9977, 087 883 9966; www.lalaanta.com; Ao Mai Pai; Bungalow mit Frühstück 2800–6200 B;) Die von einem jungen, auch Englisch sprechenden thailändisch-vietnamesischen Paar geführte Anlage ist eine der stimmungsvollsten auf Ko Lanta. Die strohgedeckten Bungalows haben polierte Betonböden, Hochbetten und Terrassen, von denen man auf einen sandigen Volleyballplatz blickt, der in den felsigen Strand übergeht. Das lässige **Restaurant** (Karte S. 730; Hauptgerichte 120–350 B; 8–21 Uhr;) bietet schmackhafte Thai-Gerichte, darunter auch viele vegetarische. Die Anlage befindet sich gleich vor dem Mu Ko Lanta National Park.

Für Kinder gibt's Extrabetten und einen eigenen Pool. In der Nebensaison locken erhebliche Preisnachlässe.

Baan Phu Lae BUNGALOWS $$
(Karte S. 730; 075 665100, 085 474 0265; www.baanphulaeresort.com; Ao Mai Pai; Bungalow 1800–2400 B; Okt.–April;) Auf den einsamen Felsen am Nordende des letzten Strands vor Lantas Südspitze stehen die netten, kanariengelben, strohgedeckten Betonbungalows mit Ventilator oder Klimaanlage, farbenfroher Kunst, Bambusbetten und eigenen Veranden. Gleich dahinter thronen klimatisierte Bungalows aus Holz auf Stelzen. Die Betreiber arrangieren Tauch- und Schnorchelausflüge, Kochkurse, Massagen und Verkehrsmittel.

Laem Tanod

Unterkünfte im Mu Ko Lanta National Park BUNGALOWS, CAMPINGPLATZ $
(Karte S. 730; 075 660711, in Bangkok 02 561 4292; www.dnp.go.th; Laem Tanod; Bungalow 1500–3000 B, Stellplatz 40 B pro Pers., mit gemietetem Zelt 300 B) Inmitten zerklüfteter Felsvorsprünge und der tosenden Wogen ist das einsame Gelände rund um die Nationalparkverwaltung ein toller Ort, um hier in Zelten oder in schlichten Bungalows für vier bis acht Personen zu übernachten. Es gibt Toiletten, fließendes Wasser und auch einen Laden, aber sein Essen muss man selbst mitbringen. In der Verwaltung erhält man auch die Genehmigung fürs Campen auf Ko Rok.

Ban Si Raya

Sriraya PENSION $
(Karte S. 730; 075 697045; punpun_3377@hotmail.com; Ban Si Raya; Zi. mit Gemeinschaftsbad 600 B;) Hier nächtigen die Gäste in einem schlichten, aber schön restaurierten chinesischen Shophouse mit dicken Balken. Die Zimmer sind in einem einfachen Industrieschick gehalten, der Balkon reckt sich über das Wasser und das Haus zeigt sich urig und charmant.

★ **Old Times** PENSION $$
(Karte S. 730; 081 854 6000; www.facebook.com/theoldtimeslantabnb; Ban Si Raya; Zi. 500–1700 B;) Diese ausgezeichnete Pension befindet sich in zwei stilvoll aufgemöbelten, 100 Jahre alten Gebäuden aus Teakholz, die sich an der Straße direkt gegenüberstehen. Sie beherbergt makellos stilvolle Zimmer von unterschiedlicher Größe und Preisklasse. Die besten sind hell und mit Schwarzweißfotos geschmückt und ragen auf dem Anlegesteg übers Meer, wo es einen mit Sitzkissen ausgestatteten Gemeinschaftsbereich gibt. Charmant, romantisch und eine echte Freude!

★ **Mango House** PENSION $$
(Karte S. 730; 089 867 1067; www.mangohouses.com; Ban Si Raya; Suite 1650–3000 B, Villa 5800 B;) Die 100 Jahre alten chinesischen Teakhäuser – frühere Opiumhöhlen – stehen auf Stelzen am Hafen. Die originalen, abgewetzten Holzböden sind erhalten, und die Decken sind hoch. Die drei Suiten sind so groß wie Häuser und mit Einbauküchen, Satelliten-TV und Deckenventilator ausgestattet. Hinzu kommen die stilistisch an die Altstadt angepassten Villen am Ufer mit Platz für zwei bis sechs Personen. In der Nebensaison fallen die Preise um 50 %.

Essen

Am günstigsten für Meeresfrüchte sind die Restaurants am Nordrand von Ban Sala Dan, wo auf Veranden über dem Wasser frische Meeresfrüchte nach Gewicht verkauft (inkl. der Zubereitungskosten) und zubereitet werden. Über die gesamte Insel verteilt sind zahlreiche Restaurants mit thailändischer und internationaler Küche, und auch die meisten Resorts haben ihr eigenes Restaurant.

Ko Lanta Süd

Ko Lanta South

Highlights
1 Ban Si Raya D2

Sehenswertes
2 Laem Tanod C4
3 Mu Ko Lanta National Park C4
4 Tham Khao Maikaeo B1

Aktivitäten, Kurse & Touren
5 Scubafish A4

Schlafen
6 Baan Phu Lae C4
7 La Laanta C4
8 Mango House D2
Mu Ko Lanta National Park Unterkünfte .... (s. 21)
9 Old Times D2
10 Phra Nang Lanta A4
11 Round House A1
12 Sri Lanta A2
13 Sriraya D2

Essen
14 Beautiful Restaurant D2
15 Drunken Sailors A3
La Laanta .... (s. 7)
16 Phad Thai Rock'n'Roll B3

Ausgehen & Nachtleben
17 Rasta Baby A1
18 Why Not Bar A4

Shoppen
19 Hammock House D2
20 Malee Malee D2

Praktisches
21 Mu Ko Lanta National Park Verwaltung C4
Mu Ko Lanta National Park Besucherzentrum .... (s. 21)

★ Shanti Shanti Beach House THAI $
(☎084 324 6941; Ban Khlong Tob; Hauptgerichte 70–150 B; ⌚12–22 Uhr; 📶) Das reizende Lokal mit Shabby-Chic-Ambiente mit Treibholz unter freiem Himmel hat alles: eine tolle Lage, kühle Meeresbrisen, eine recht gute Weinkarte und exquisit zubereitete und präsentierte thailändische, französische und Meeresfrüchtegerichte. Am nördlichen Ende des Khlong Tob.

Phad Thai Rock'n'Roll THAI $
(Karte S. 730; ☎080 784 8729; www.facebook.com/phadthairock77; Ao Kantiang; Hauptgerichte 90–150 B; ⌚11–21 Uhr) Es passiert nicht alle Tage, dass das scharf-aromatische *pàt tai* am Straßenrand von einem Gitarristen aufgetischt wird. Hier gibt's nur sechs Gerichte („Jazz" – gebratener Reis –, „Blues" – gebratene Nudeln –, jeweils mit Hühnchen, Schwein, Meeresfrüchten oder Gemüse), die schnell und kunstgerecht in einem schlichten, modernen Ambiente zubereitet werden. Da der Laden beliebt ist und es auch nur sechs Tische gibt, muss man sich auf Wartezeit einstellen.

Patty's Secret Garden THAI $$
(Karte S. 728; ☎092 843 5740; www.pattyssecretgarden.com; 278 Mu 2, Hat Phra Ae; Hauptgerichte 120–320 B; ⌚9–23 Uhr; 📶👪) Das legere, familienfreundliche Lokal in einem schönen schattigen Garten voller Pflanzen und Blumen serviert köstliche Mahlzeiten von gleichbleibender Qualität. Auf der Karte stehen thailändische und westliche Gerichte. Es gibt auch Speisen für Kinder und gutes Frühstück.

Außerdem gibt's einen Ableger in reizvoller Lage am Meer, das Patty's Secret Garden by the Sea am Hat Khlong Khong.

Beautiful Restaurant FISCH & MEERESFRÜCHTE $$
(Karte S. 730; ☎086 282 1777; Ban Si Raya; Hauptgerichte 80–350 B; ⌚10–21 Uhr; 📶) Die Tische des Restaurants am nordwestlichen Ende der Old Town verteilen sich auf vier Bootsstege, die ins Meer hinausreichen. Auf der Karte stehen sämtliche Thai-Klassiker, doch die eigentliche Attraktion sind die Fischgerichte. Sehr zu empfehlen!

Drunken Sailors INTERNATIONAL $$
(Karte S. 730; ☎075 665076; www.facebook.com/drunkensailors; Ao Kantiang; Hauptgerichte 130–200 B; ⌚Juli–April 9–15 & 18–22 Uhr; 📶🖉) Das entspannte Haus ist vollgestopft mit Sitzsäcken, Hängematten und niedrigen Tischen, die bis auf die Terrasse hinausquellen. Auf der Karte stehen leckere Gerichte aus aller Welt mit hochwertigen Zutaten, darunter hausgemachte Pasta, Baguettes, Burger und erstklassige Thai-Gerichte, u. a. perfekt mit Ingwer gewürzte Pfannengerichte und nach Gästewunsch zubereitetes rotes Curry. Der Kaffee, der Kuchen und die Säfte sind weitere Pluspunkte.

★ Fat Turtle Beach Bar & Restaurant INTERNATIONAL $$$
(Karte S. 728; ☎092 612 0953; www.facebook.com/FatTurtleLanta; Hat Phra Ae; Hauptgerichte 120–400 B; ⌚8–22 Uhr; 📶) Die kultivierte Strandbar samt Restaurant befindet sich auf einer hölzernen Plattform oberhalb der Felsen am südlichen Ende des Long Beach – das perfekte Plätzchen für ein romantisches Dinner bei Kerzenschein. Auf der kreativen Karte finden sich sowohl thailändische als auch internationale Speisen wie z. B. ein cremiges Risotto. Große Portionen, ein relaxtes Ambiente und majestätische Ausblicke – all das rechtfertigt die gepfefferten Preise.

Ausgehen & Nachtleben

Wem der Sinn nach vollen Clubs steht, muss sich eine andere Insel suchen. An den meisten Stränden, vor allem rund um den Hat Phra Ae, finden sich lässige Bars mit sanfter Musik bis spät in die Nacht. Alles ist im Fluss, darum sollte man die Plakate überall auf der Insel studieren, wenn man erfahren will, wo gerade ein Event ansteht. In der Nebensaison (Mai–Okt.) ist es sehr ruhig.

★ Pangea BAR
(Karte S. 728; www.facebook.com/pangeabeachbar; Hat Phra Ae; ⌚11–24 Uhr) In dieser sandigen Bar im Herzen des Long Beach können die Gäste in reetgedeckten Cabanas oder auf erhöhten Bodenkissen chillen. Wenn die Sonne untergeht, wird's lauter, mit regelmäßigen DJ-Sessions und beliebten Strandpartys.

★ Why Not Bar BAR
(Karte S. 730; ☎083 644 1333; www.facebook.com/WhyNotBarKohLanta; Ao Kantiang; ⌚11–1 Uhr; 📶) In dem munteren, mit Treibholz verkleideten Strandtreff an der Ao Kantiang hält man sich an die schlichten Dinge: Feuertänzer, starke Cocktails, quirliges Barpersonal und abends fantastische Livemusik. Man setzt sich auf dem erhöhten Deck an einen der niedrigen Holztische.

Rasta Baby BAR
(Karte S. 730; www.facebook.com/RastaBabyBar; Hat Khlong Nin; ⌚9 Uhr–open end; 📶) In der Reggae-Rasta-Bar am Strand kann man leicht ein paar Stunden vertrödeln. Das Ambiente

ABSTECHER

MU KO LANTA NATIONAL PARK

Der 1990 gegründete **Meeresnationalpark** (อุทยานแห่งชาติหมู่เกาะลันตา; Karte S. 730; ☎075 660711, in Bangkok 02 561 4292; www.dnp.go.th; Erw./Kind/Motorrad 200/100/20 B; ⌚8–18 Uhr) schützt 16 Inseln der Ko-Lanta-Gruppe, darunter auch die Südspitze von Ko Lanta Yai. Der Park wird aber zunehmend durch wildwuchernde Bauprojekte an der Westküste von Ko Lanta Yai bedroht. Und auch anderen Inseln in der Gruppe ergeht es nur wenig besser.

Ko Rok Na (เกาะรอกใน) ist immer noch sehr schön: Klippen bilden die Kulisse einer sichelförmigen Bucht, es gibt einen weißen Sandstrand und schöne Korallenriffe. Mit einer bei der Parkverwaltung erhältlichen Genehmigung darf man auf dem benachbarten **Ko Rok Nok** (เกาะรอกนอก) campen. Östlich von Ko Lanta Yai liegt **Ko Talabeng** mit spektakulären Kalksteinhöhlen, die man auf Seekajaktouren (1300 B) besuchen kann. Die Nationalparkgebühr wird beim Besuch jeder der Inseln fällig. Ko Rok Nai, Ko Rok Nok und **Ko Haa** sind vom 16. Mai bis zum 31. Oktober für Besucher gesperrt.

Die Nationalparkverwaltung und das Besucherzentrum befinden sich in Laem Tanod an der Südspitze von Ko Lanta Yai und sind über eine steile, asphaltierte Straße zu erreichen. Es gibt dort einige einfache Wanderwege, zwei benachbarte Strände und einen herrlich malerischen Leuchtturm, außerdem Stellplätze und Bungalows in einer wilden Naturlandschaft.

ist geprägt von geschliffenem Treibholz, Bodenkissen und von der Decke baumelnden Seilen und Muscheln. In einem Laden vorne wird einzigartige handgefertigte Kleidung verkauft. Außerdem gibt's Livemusik und Feuershows.

Shoppen

Malee Malee MODE & ACCESSOIRES
(Karte S. 730; ☎084 443 8581; 55/3 Mu 2, Ban Si Raya; ⌚9–21 Uhr) Ein unkonventionelles Wunderland skurriler, handgemachter Dinge – von im Siebdruckverfahren bedruckten und von Hand bemalten T-Shirts und Seidenschals über Tagebücher, Spielsachen und Babykleidung bis hin zu Malereien, Schmuck und Handtaschen. Die Preise sind günstig, es macht Spaß zu stöbern, und vorn befindet sich ein niedliches Café (Kaffeespezialitäten ca. 80 B).

Hammock House HAUSHALTSWAREN
(Karte S. 730; ☎082 262 9566; www.jumbohammock.com; Ban Si Raya; ⌚10–18 Uhr) Einmalige, hochwertige, farbenfrohe Hängematten, hergestellt von Dorfbewohnern und Angehörigen des bedrohten Bergvolks der Mlabri aus dem Norden Thailands, erhält man in diesem Laden, der in der Nebensaison (Mai–Okt.) manchmal zeitweise geschlossen ist.

Praktische Informationen

GELD

Geldautomaten, die auch ausländische Karten akzeptieren, gibt's im **Norden** (Karte S. 728; Ban Sala Dan), an der **Ostküste** (Karte S. 730; Ban Si Raya) und an der **Westküste** (Karte S. 730; Hat Khlong Nin).

MEDIZINISCHE VERSORGUNG

Ko Lanta Hospital (Karte S. 730; ☎075 697017; Ban Si Raya) Rund 1 km südlich von Ban Si Raya (Altstadt).

NOTFALL

Polizeiwachen gibt's an der **Westküste** (Karte S. 728; Hat Phra Ae) und im **Norden** (Karte S. 728; ☎075 668192; Ban Sala Dan), außerdem einen **Polizeiposten** (Karte S. 730; Ao Kantiang) im Süden der Insel.

TOURISTENINFORMATION

Lanta Pocket Guide (www.lantapocketguide.com) Nützliche Infoquelle.

Besucherzentrum des Mu Ko Lanta National Park (Karte S. 730; ☎081 090 1466, 082 816 6885; Laem Tanod; ⌚8–18 Uhr) Im äußersten Süden von Lanta.

Verwaltung des Mu Ko Lanta National Park (Karte S. 730; ☎075 660711, in Bangkok 02 561 4292; www.dnp.go.th; Laem Tanod; ⌚8–16 Uhr) Ebenfalls im äußersten Süden von Lanta.

An- & Weiterreise

Nach Ko Lanta kommt man mit dem Boot oder im klimatisierten Minivan. Wer auf eigene Faust anreist, muss eine der häufig verkehrenden **Autofähren** (Motorrad/Fußgänger/Auto 20/20/200 B; ⌚6–22 Uhr) von Ban Hua Hin nach Ban Khlong Mak (auf Ko Lanta Noi) nehmen und von dort nach Ko Lanta Yai weiterreisen.

AUF DEM LANDWEG

Minivans sind ganzjährig unterwegs und die einfachste Option, wenn man vom Festland kommt. Sie sind aber in dieser Region immer sehr voll, und Staus an den Autofähren können Verspätungen verursachen. Die meisten Minivans holen Passagiere von den Resorts ab. In der Nebensaison fahren weniger.

Minivans zum Flughafen von Krabi (350 B, 2½ Std.) und zur Stadt Krabi (350 B, 3 Std.) fahren zwischen 6 und 16 Uhr stündlich in beide Richtungen. In Krabi kann man zu anderen Zielen umsteigen, z. B. nach Khao Lak und Bangkok. Von Ko Lanta werden u. a. folgende Ziele angesteuert:

ZIEL	PREIS (B)	DAUER (STD.)	HÄUFIGKEIT
Ko Pha-Ngan	1100	8½	8 Uhr
Ko Samui	1000	6½	8 Uhr
Trang	450	3	8, 9, 10.30 & 13 Uhr

ÜBERS MEER

In Ban Sala Dan gibt's zwei Schiffsanlegestellen. Die der **Passagierfähren** (Karte S. 728; Ban Sala Dan) liegt 300 m von der Haupteinkaufsstraße entfernt, die Autofähren nutzen einen **Anleger** (Karte S. 728; Ban Sala Dan) 2 km weiter östlich.

Von November bis Mitte April fährt die Hochgeschwindigkeitsfähre von Tigerline (S. 739) zwischen Phuket (1500 B, 2 Std.) und Ban Sala Dan (Ko Lanta) und weiter nach Ko Lipe (1700 B, 5 Std.) über Ko Ngai (750 B, 1 Std.), Ko Kradan (850 B, 1½ Std.) und Ko Muk (850 B, 2 Std.). Die Fähre startet um 10 Uhr Richtung Süden, kehrt am Folgetag um 10 Uhr von Ko Lipe zurück, stoppt gegen 15 Uhr in Ko Lanta und fährt anschließend Richtung Norden weiter.

Ko Phi-Phi Fähren zwischen Ko Lanta und Ko Phi-Phi fahren ganzjährig. Die Boote legen in Ko Lanta um 8 und 13 Uhr ab (350 B, 1½ Std.) und fahren von Ko Phi-Phi um 11.30 und 15 Uhr zurück. In der Hauptsaison sind auch Schnellboote zwischen Ko Lanta und Ko Phi-Phi im Einsatz (700–800 B, 1 Std.).

Krabi Von November bis Ende April fahren Schiffe von Ko Lanta zur Anlegestelle Khlong Chilat in Krabi (450 B, 2 Std.; 8.30 & 23.30 Uhr, Rückfahrt ab Krabi 11.30 Uhr). In der Hauptsaison legen sie unterwegs in Ko Jum (400 B, 1 Std.) an.

Phuket Ganzjährig fahren Fähren nach Phuket (800 B, 8 Uhr, in der Nebensaison 13 Uhr), normalerweise muss man aber auf Ko Phi-Phi umsteigen.

Trang-Inseln Zwischen Mitte Oktober und Ende April brausen Schnellboote von Ko Lanta zu den Trang-Inseln; zu den Anbieter gehören der Satun Pak Bara Speedboat Club (S. 739) und Bundhaya Speedboat (S. 739). Sie legen u. a. in Ko Ngai (650 B, 30 Min.), Ko Muk (900 B, 1 Std.), Ko Kradan (1150 B, 1¼ Std.), Ko Bulon Leh (1600 B, 2 Std.) und Ko Lipe (1900 B, 3 Std.) an.

Ko Lanta Noi Eine **Autofähre** (Ko Lanta Noi) und eine **Passagierfähre** (Ko Lanta Noi) verbinden Ko Lanta Noi und Ko Lanta Yai.

Unterwegs vor Ort

Die meisten Resorts schicken Fahrzeuge zu den Fähren – die Fahrt zum Resort ist kostenlos, in umgekehrter Richtung zahlt man zwischen 100 und 400 B. Alternativ nimmt man ein Motorradtaxi vor dem 7-Eleven in Ban Sala Dan; der Preis liegt je nach Entfernung zwischen 50 und 400 B.

Mun Lanta (089 971 7792, 093 576 2637; www.munlanta.com) bietet englischsprachige Privattouren sowie Taxidienste mit klimatisierten Allradfahrzeugen (halber/ganzer Tag 1500/2500 B).

Motorräder (250 B pro Tag) kann man überall (ohne enthaltene Versicherung) mieten, genauso wie Fahrräder (150 B pro Tag). Anbieter in Ban Sala Dan vermieten kleine Geländewagen (1300 B pro Tag).

Ko Jum & Ko Si Boya

Das gleich nördlich von Ko Lanta gelegene Ko Jum (เกาะจำ) und seine niedrige Nachbarinsel Ko Si Boya (เกาะศรีบอยา) sind noch erstaunlich wenig erschlossen, und die wenigen Neubauten verstecken sich unter den Bäumen. Man kann hier kaum etwas anderes tun, als an den langen goldenen Sandstränden von Ko Jum zu wandern (der Strand von Ko Si Boya ist weniger eindrucksvoll) und die erfrischend rustikale Schönheit zu genießen. Die Insel ist 12 km lang und es gibt nur drei kleine Fischerdörfer mit insgesamt etwa 1500 Einwohnern. Sie ist ein tropisches Juwel mit dichtem Dschungel im Inselinneren, bunten Gärten und einem zauberhaften ruhigen Flair.

Ko Jum ist eine Insel, aber die Einheimischen bezeichnen nur den flacheren südlichen Teil von Ko Jum mit diesem Namen, den hügeligen Nordteil hingegen als Ko Pu.

Schlafen & Essen

Die meisten Resorts auf Ko Jum liegen an der Westküste, wo sich die goldenen Sandstrände kilometerweit entlangziehen. Die Erschließung ist hier nur langsam vorangeschritten, aber inzwischen entstehen an der Nordwestküste immer mehr neue Resorts.

Außer in den Resorts gibt's auf Ko Jum nur eine Handvoll Restaurants, vor allem im Fischerdorf Ban Ko Jum. Auf Ko Si Boya speist man in der Anlage Siboya Bungalows (S. 734).

Ko Jum

Bodaeng BUNGALOWS $

(☎081 494 8760; Hat Yao, Ko Jum; Bungalow 200–400 B; ⏲Okt.–April) Dies ist eine altmodische Hippie-Bude mit sehr schlichten Bambusbungalows und ein paar neueren Holzhütten mit eigenem Bad, die sich unter den Bäumen hinter dem Hat Yao verteilen. Es gibt nur die Meeresbrise und keine Ventilatoren, kein WLAN und Hocktoiletten in den Gemeinschaftswaschräumen. Manchmal ist auch der Strom nur eingeschränkt verfügbar. Aber die Inhaberin ist charmant und man wohnt direkt am Strand.

Jungle Hill Beach Bungalows BUNGALOWS $$

(☎081 968 9457; www.junglehillbungalow.com; Ban Ting Rai; Bungalow 500–2500 B; 📶) Die Holzbungalows mit rotem Dach, Balkon und Hängematten erfreuen sich einer dramatischen Lage auf einem Felsen oberhalb eines abgeschiedenen, felsigen Strands, mit schönen Ausblicken übers Meer Richtung Ko Phi-Phi. Die billigeren Bungalows stehen weiter oben in einem Garten, in dem oft neugierige und hungrige Affen zu Besuch sind. Die Bungalows am Strand sind teurer.

Woodland Lodge BUNGALOWS $$

(☎081 893 5330; www.woodland-koh-jum.com; Hat Yao, Ko Jum; Bungalow 1300–1700 B; 📶) Diese Anlage wartet mit geschmackvollen, sauberen Bambushütten mit Ventilator, ordentlichen Strohdächern, polierten Holzböden und Veranden auf, die sich großzügig über ein bewaldetes Gelände verteilen. In den Familienbungalows aus Beton und Holz finden drei Personen Platz. Die freundlichen britisch-thailändischen Besitzer organisieren Bootsausflüge. Das angeschlossene **Fighting Fish Restaurant** (Hat Yao; Hauptgerichte 100–300 B; ⏲7–21 Uhr; 📶) bietet ein gutes Preis-Leistungs-Verhältnis.

★ **Koh Jum Beach Villas** VILLEN $$$

(☎086 184 0505; www.kohjumbeachvillas.com; Hat Yao, Ko Jum; Villa mit Frühstück 13 000–35 000 B; 📶❄) 🍃 Die schickste Unterkunft auf Ko Jum: Die geräumigen, eleganten Wohnhäuser aus Holz mit Wohnzimmer, Küche und Meerblick (einige auch mit einem eigenem romantischen Infinity Pool) liegen in Gartenanlagen voller Frangipani-Bäume und Bougainvilleen vor dem herrlich goldenen Strand. Die Verwaltung legt Wert auf Umweltschutz und soziale Verträglichkeit. Es werden Schnorchel- und Wandertouren sowie Kochunterricht organisiert und es gibt ein hübsches **Restaurant** (Hauptgerichte 250–900 B; ⏲7.30–22 Uhr; 📶).

Die größten Villen haben bis zu fünf Schlafzimmer und sind somit ideal für Familien.

Koh Jum Lodge RESORT $$$

(☎089 921 1621; www.kohjumlodge.com; Hat Yao, Ko Jum; Bungalow mit Frühstück 4500–8000 B; ⏲Nov.–April; 📶❄) Bei der stilvollen Öko-Lodge mit 19 geräumigen Cottages prägen viel Hartholz und Bambus, hauchdünne Moskitonetze, Kokospalmen, thailändische Schnitzereien, Seidenüberwürfe, gepflegte Anlagen, Massagepavillons und vorn ein weißer, gebogener Sandstrand voller Hängematten das Bild. Hier gehen Natürlichkeit und Komfort eine seltene Verbindung ein. Mindestaufenthalt in der Hochsaison: drei Nächte.

Ko Si Boya

Siboya Bungalows BUNGALOWS $

(☎081 979 3344; www.siboyabungalows.com; Ko Si Boya; Bungalow 350 B, Haus 500–1800 B; 📶) Der Strand von Ko Si Boya ist nicht gerade spektakulär, aber die Mangroven sind unberührt und stecken voller Leben. Die einfachen Bambusbungalows liegen in gepflegten Gärten und einige haben bodentiefe Fenster. Die Privathäuser sind groß, stilvoll und erschwinglich. Die Anlage bietet ein tolles Preis-Leistungs-Verhältnis, vor allem wenn man in aller Ruhe in einer Hängematte abhängen möchte. In den familienfreundlichen Häusern finden vier Personen Platz.

An- & Weiterreise

Zwischen November und Mai setzt das Boot von Krabi nach Ko Lanta Passagiere zum vollen Fahrpreis auch in Ko Jum ab (450 B, 1 Std., 11.30 Uhr); das Boot kehrt um 8.30 Uhr von Ko Lanta zurück. In der Hauptsaison fahren täglich um 8.30 Uhr Boote von Ko Jum nach Ko Phi-Phi (600 B, 1½ Std.), die die Passagiere von den Resorts am Hat Yao einsammeln; die Boote fahren um 14 Uhr von Ko Phi-Phi zurück.

Nach Ko Jum fahren ganzjährig Longtail-Boote (100 B, 30 Min.; 9, 10, 11.30, 12, 13, 14.30, 16, 17.30 & 18.15 Uhr, Rückfahrten 6.30, 7.15, 7.40, 8, 8.30, 10.30, 13.30, 14.30 & 16 Uhr) aus Ban Laem Kruat, das 38 km südöstlich von Krabi am Ende der Rte 4036, abseits des Hwy 4, liegt.

Wer von Laem Kruat nach Ko Jum übersetzt, muss beachten, dass die Boote drei verschiedene Piers anlaufen – die Anlegestellen von Ban Ko Jum und Mu Tu sind die praktischsten. Die Pensionen organisieren die Abholung von den Piers, wenn man vorab Bescheid gibt. Ansonsten ist man auf die Freundlichkeit von Fremden angewiesen.

Von Laem Kruat fahren täglich Boote nach Ko Si Boya (50 B, 15 Min.; stündl. 8–17.30 Uhr, Rückfahrten stündl. 6.15–17 Uhr). Für eine Abholung vom Pier bei Siboya Bungalows (S. 734) anrufen!

Sŏrng·tăa·ou (Pick-up-Minibusse) warten in Laem Kruat auf die Boote und fahren über den Flughafen von Krabi und Nua Khlong (wo man Anschluss nach Ko Lanta hat) nach Krabi (100 B).

ℹ Unterwegs vor Ort

Mehrere Läden in Ban Ko Jum und einige Pensionen auf Ko Jum vermieten Fahrräder (100 B) und Motorräder (250 B).

PROVINZ TRANG

Die südlich von Krabi gelegene Provinz Trang (จังหวัดตรัง) hat einen von eindrucksvollen Kalksteinformationen geprägten Abschnitt der Andamanenküste. Sie umfasst auch mehrere herrliche Inseln, die von etwas weniger Besuchern angesteuert werden als die bekannteren Urlaubsziele weiter nördlich. Abenteuerlustige können im üppigen Landesinneren eine eindrucksvolle Natur erleben, zu der Dutzende malerische Wasserfälle und Kalksteinhöhlen gehören. Da die Provinz als Reiseziel weit weniger bekannt ist als Krabi, erblickt man hier eher Kaut-

Trang (Provinz)

schukplantagen als Horden von T-Shirt-Verkäufern. Die Verkehrsverbindungen sind gut; in der Hauptsaison (Nov.–April) gelangt man leicht von einer Insel zur nächsten bis hinunter nach Malaysia.

Trang

075 / 60 700 EW.

Trang (ตรัง) ist eine wunderbar altmodische thailändische Stadt. Die meisten Reisenden nehmen Trang nur als Sprungbrett zu den tropischen Inselparadiesen vor der Küste wahr, doch es ist viel mehr als nur ein Verkehrsknotenpunkt. Wer sich für Kultur, thailändisches Essen oder Märkte interessiert, sollte hier einen oder gar zwei Tage bleiben. Hier vergisst man auf den Fisch- und Fleischmärkten *(wet markets)* schnell die Zeit, bummelt an den Ständen der Straßenhändler vorbei oder genießt einen Kaffee in einem der chinesischen Kaffeehäuser. Und fast immer kann man hier auf irgendeinem Fest ein wenig Lokalkolorit schnuppern. Außerdem ist Trang ein ausgezeichneter Ausgangspunkt für Tagesausflüge zu Höhlen, Wasserfällen und Dschungelpfaden in den nahen Nationalparks.

Die meisten für Touristen wichtigen Einrichtungen befinden sich an der Th Praram VI zwischen Uhrturm und Bahnhof.

Sehenswertes & Aktivitäten

Trang ist eher eine Geschäfts- als eine Touristenstadt. Eine Erkundung lohnen die munteren, bunten Märkte an der **Th Ratchadamnoen** (Th Ratchadamnoen; unterschiedlich) und **Th Sathani** (Th Sathani; unterschiedlich), wo es Obst und Gemüse sowie Fisch und Fleisch in Hülle und Fülle gibt.

Tourveranstalter rund um den Bahnhof und in der Th Praram VI bieten Bootsausflüge zum Hat Chao Mai National Park und zu den Trang-Inseln (850 B, zzgl. Parkgebühr), Schnorcheltrips nach Ko Rok (1700 B pro Pers.) und private Autotouren zu örtlichen Höhlen und Wasserfällen (2000 B, max. 4 Pers.).

Meunram-Schrein TEMPEL
(ศาลเจ้าพ่อหมื่นราม; zw. Th Visetkul & Th Ratsada; tagsüber) GRATIS Hinter den Weihrauchschwaden und einer eher unscheinbaren Fassade verbirgt der chinesische Meunram-Schrein ein überraschend fein gearbeitetes Inneres. Manchmal findet hier südthailändisches Schattentheater statt.

Feste & Events

Vegetarierfest KULTUR
(Okt.) Das buddhistische Fest ist zugleich ein kulinarisches Fest für Vegetarier – durch den Verzicht auf Fleisch erwerben die Teilnehmer sich Verdienst. Trang feiert das wunderbare neuntägige Fest stadtweit in den ersten beiden Oktoberwochen, gleichzeitig mit Phukets Vegetarierfest (S. 668).

Schlafen

Yamawa Guesthouse PENSION $
(075 290477; yamawagh@outlook.com; 94 Th Visetkul; Zi. mit Ventilator/Klimaanlage 350/450 B;) Die Budgetpension hat schlichte, saubere Zimmer mit Kühlschrank, Ventilator oder Klimaanlage und ordentlichem Preis-Leistungs-Verhältnis. Da sie eher unscheinbar ist und auch 1 km vom Bahnhof entfernt liegt, wo sich die meisten Reisebüros befinden, wird sie oft übersehen. Doch die netten einheimischen Betreiber händigen einem detaillierte Karten von Trang aus, haben kluge Ratschläge parat und vermieten Motorräder (250 B pro Tag).

Mitree House PENSION $$
(075 212292; mitreehouse.trang@gmail.com; 6–8 Th Sathani; Zi. 750–1050 B;) Die Pension in toller Lage beim Bahnhof hat makellose, moderne Zimmer mit bequemen Betten und Bädern von ordentlicher Größe. Die billigsten haben kein Fenster, die teureren im Obergeschoss sind groß und hell. Auf beiden Etagen gibt's Gemeinschaftsbereiche, das Personal ist hilfsbereit, und das schlichte Frühstück ist im Preis enthalten. Motorräder werden für 250 B pro Tag vermietet.

Rua Rasada Hotel HOTEL $$$
(075 214230; www.ruarasadahotel.com; 188 Th Phattalung; Zi. mit Frühstück 2280–50 780 B;) Trangs schickstes Hotel, ein mächtiger Monolith, liegt praktisch gegenüber dem Busbahnhof, eine 10-minütige Motorradfahrt (40 B) nordöstlich vom Bahnhof. Von außen sieht es wie ein typisches Businesshotel aus, doch die Zimmer sind sehr groß und komfortabel und der Pool ist riesig. In der Nebensaison darf man normalerweise einen Preisnachlass von 40–50 % erwarten.

Essen & Ausgehen

Trang hat zwei beliebte Nachtmärkte mit vielen Essensständen.

Die Stadt ist berühmt für sein *mŏo yâhng* (knusprig gegrilltes Schweinefleisch), Biskuit-

Trang

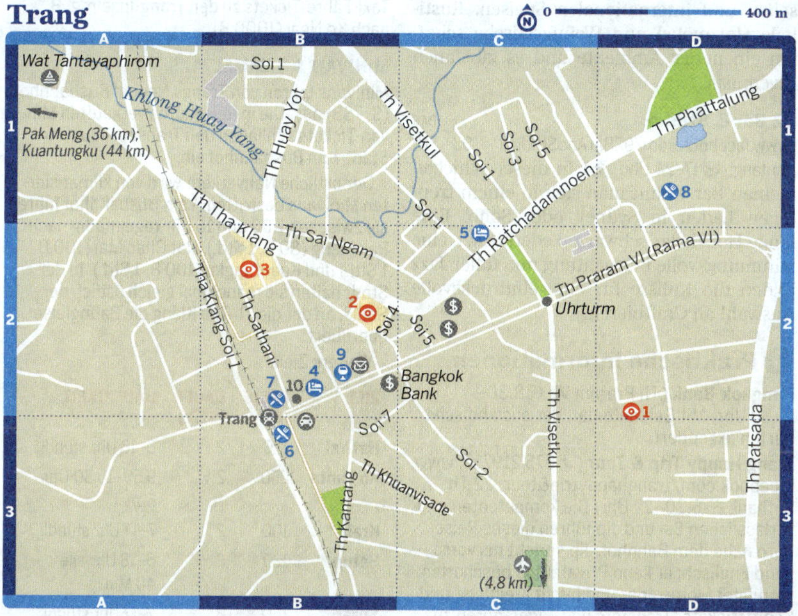

gebäck, sehr frühes *dim sum*-Frühstück und die *ráhn go·Ɓii* (Kaffeehäuser), in denen echter Filterkaffee ausgeschenkt wird. *Mŏo yâhng* bekommt man vormittags in einigen Kaffeehäusern oder auf dem Fisch- und Fleischmarkt in der Th Ratchadamnoen, wo man das Fleisch nach Gewicht bezahlt.

★ Nachtmarkt
MARKT $

(zw. Th Praram VI & Th Ratchadamnoen; Hauptgerichte ab 40 B; ⌚16–21 Uhr) Der sehr empfehlenswerte traditionelle Nachtmarkt macht einem mit Currys, Brathähnchen, Fisch, frittiertem Tofu, *pàt tai* und diversen thailändischen Desserts den Mund wässrig. Man sollte mit leerem Bauch und Abenteuerlust hierherkommen. Am Wochenende gibt's einen zweiten, ähnlich wundervollen **Nachtmarkt** (Hauptgerichte ab 40 B; ⌚Do–So 18–22 Uhr) gegenüber vom Bahnhof.

Kopi
THAI $

(☎075 212516; Th Sathani; Hauptgerichte 25–200 B; ⌚7–17 Uhr; 📶) Das chinesisch-thailändische Café alter Schule mit alten Marmortischen und Deckenventilatoren zaubert schon seit mehr als 60 Jahren leckere Suppen, köstliche gebratene Ente und knuspriges Schweinefleisch. Der traditionelle Kaffee, hier als *kopi* bekannt, wird schwarz und mit Kondensmilch gesüßt serviert.

Trang

Sehenswertes
- 1 Meunram-Schrein D2
- 3 Nass- & Trockenmarkt B2
- 2 Nass- & Trockenmarkt B2

Schlafen
- 4 Mitree House B2
- 5 Yamawa Guesthouse C2

Essen
- 6 Kopi B3
- 8 Nachtmarkt D1
- 7 Nachtmarkt B2
- Wine Corner Bar & Bistro .... (s. 6)

Ausgehen & Nachtleben
- 9 92 Bar & Studio B2

Praktisches
- 10 Trang Happy Trip & Tour B2

★ Wine Corner Bar & Bistro
INTERNATIONAL $$

(☎075 290192; 25–31 Th Sathani; Hauptgerichte 120–360 B; ⌚17–24 Uhr; 📶) Ein unerwarteter Fund in Trang ist dieser recht gute Weinkeller samt Restaurant, betrieben von einem zertifizierten Weinkenner. Hier werden importierte Tröpfchen unter klimatisierten Bedingungen gelagert; passend dazu gibt's eine eindrucksvolle Auswahl an thailändischen und internationalen Speisen. Rustikale Holzmöbel und Weinfasstische schaffen ein nettes Ambiente und es gibt auch Livemusik.

92 Bar & Studio BAR
(www.facebook.com/92BarAndStudio; 93 Th Kantang; ⏲17–24 Uhr; 📶) In dieser schicken kleinen Bar wähnt man sich in einem trendigen Laden in Sydney oder Soho. Eine lange Holztheke, schwarze Lederhocker, eine stimmungsvolle Beleuchtung und toller Jazz bilden die Kulisse für eine eindrucksvolle Auswahl an Craftbieren.

Praktische Informationen

Bangkok Bank (Th Praram VI; ⏲8.30–15.30 Uhr) Mit Geldautomat, der ausländische Karten akzeptiert.

Trang Happy Trip & Tour (☎075 219757; www.facebook.com/tranghappytrip&tour; 22 Th Sathani; ⏲6.30–22 Uhr) Die kompetenten und verlässlichen Sai und Jip führen dieses Reisebüro nahe dem Bahnhof. Jip spricht hervorragend Englisch; er kann Privatautos beschaffen, vermietet Motorräder und bucht Kleinbus- und Schiffstickets/Transfers und Tagestouren zu den Trang-Inseln.

An- & Weiterreise

BUS

Busse fahren von Trangs **Neuem Busbahnhof** (Th Phattalung) 3,5 km nordöstlich vom Bahnhof. Nach Bangkok fahren klimatisierte Busse 1. Klasse (583 B, 12 Std.; 9.30, 16.30, 17 & 17.30 Uhr) sowie komfortablere VIP-Busse mit 24 Plätzen (907 B; 17 & 17.30 Uhr). Von Bangkok starten VIP-Busse/klimatisierte Busse zwischen 18.30 und 19.30 Uhr.

FLUGZEUG

Der Flughafen ist 5 km südlich von Trang. **Air-Asia** (www.airasia.com) und **Nok Air** (www.nokair.com) fliegen ihn täglich aus Bangkok (Don Mueang) an.

Minivans zur Stadt (90 B) stehen bei der Ankunft von Flügen bereit. In der Gegenrichtung kostet die Fahrt mit Taxi, Motorradtaxi oder Tuk-Tuk 100 bis 120 B. Die Reisebüros im Ankunftsbereich des Flughafens verkaufen kombinierte Taxi-Fähre-Tickets zu den Trang-Inseln, z. B. nach Ko Ngai (1000 B).

MINIVAN & SAMMELTAXI

Minivans fahren von Trangs Neuem Busbahnhof (S. 738) aus. Die in Reisebüros verkauften Minivan-Tickets schließen den Transport aus der Stadt zum Busbahnhof ein.

Der örtliche Nahverkehr wird von klimatisierten Minivans bestritten. Vom Busbahnhof fahren sie zwischen 7.30 und 16 Uhr regelmäßig nach Pak Meng (80 B, 1 Std.), Hat Chao Mai (100 B, 1 Std.) und Kuantungku (100 B, 1 Std.). In der Stadt halten sie manchmal gleich östlich der Stelle, an der die Th Tha Klang die Bahngleise überquert.

Weitere Ziele:

ZIEL	PREIS (B)	DAUER (STD.)	HÄUFIGKEIT
Hat Yai	120	2	6–18 Uhr stündl.
Ko Lanta	250	2½	9.50–16.30 Uhr 5-mal
Krabi	100	2	7–17 Uhr stündl.
Satun	120	2	6–18 Uhr alle 40 Min.
Surat Thani	160	3	7–17 Uhr stündl.

ZUG

Nur zwei Züge fahren täglich von Bangkok nach Trang: der Express 83 und der Schnellzug 167, die von Bangkoks Bahnhof Hua Lamphong um 17.05 bzw. 18.30 Uhr abfahren und in Trang am nächsten Morgen um 8.05 bzw. 10.30 Uhr ankommen.

Von Trang fahren diese Züge um 13.30 bzw. 17.25 Uhr ab und kommen in Bangkok um 5.35 bzw. 8.35 Uhr des Folgetags an. Die Preise schwanken von 245 B für die 3. Klasse bis zu 1480 B für die 1. Klasse (klimatisierter Schlafwagen).

Unterwegs vor Ort

Tuk-Tuks und Motorradtaxis sammeln sich am **Taxistand** nahe dem Bahnhof; eine Stadtfahrt kostet 40 B. Reisebüros vermieten Motorräder (250 B pro Tag). Die meisten Büros können auch einen Mietwagen organisieren (200 B pro Tag). Autos kann man auch am Flughafen mieten.

BUSSE AB TRANG

ZIEL	PREIS (B)	DAUER (STD.)	HÄUFIGKEIT
Hat Yai	120	3	5.30–17.30 Uhr alle 30 Min.
Krabi	110	2	5.30–18.30 Uhr stündl.
Phang-Nga	170	4	5.30–18.30 Uhr stündl.
Phuket	230	5	5.30–18.30 Uhr stündl.

Der blaue „Stadtbus" fährt zwischen dem Bahnhof und dem Neuen Busbahnhof (12 B) via Th Sathani.

Trang: Strände & Inseln

Die Landschaft rund um die Strände von Trang ist eindrucksvoll: Kalksteinformationen steigen aus dampfenden Tälern voller Palmen und aus dem wogenden Meer. Große Teile gehören zum Hat Chao Mai National Park: Er nimmt einen großen Teil der Küste von Trang ein und umfasst außerdem zwei Inseln, Ko Muk und Ko Kradan, sowie zahlreiche winzige Inselchen. Und es sind die Trang-Inseln, die hier die eigentliche Attraktion darstellen: Die von üppigem Dschungel bedeckten und von weißen Sandstränden gesäumten Inseln sind weniger erschlossen als andere Inseln an der Andamanenküste und weit weniger bevölkert.

Die Inseln sind ein schönes Ziel für Flitterwöchner – es gibt kaum Nachtleben. Wer die ganze Nacht Party machen will, sollte woanders hinfahren. Trangs Strände sind überwiegend nur Sprungbretter zu den Trang-Inseln und recht schmuddelig.

An- & Weiterreise

Die Boote zu den Trang-Inseln fahren von drei verschiedenen Anlegestellen: Hat Yao, Kuantungku und Pak Meng, die alle eine Autostunde von Trang entfernt sind. Zum Anleger Pak Meng fahren regelmäßig Minibusse (80 B, 1 Std., 7.30–17 Uhr), zu den anderen Anlegestellen fahren sie weniger häufig. Bucht man das Schiffsticket bei einer Reiseagentur in Trang, kümmert diese sich um den Transfer zum Boot.

Von Oktober bis April verkehren Schnellboote von **Tigerline** (☎ 081 358 8989, 075 590490; www.tigerlinetravel.com), **Bundhaya Speedboat** (☎ 075 668043; www.bundhayaspeedboat.com) und dem **Satun Pak Bara Speedboat Club** (☎ 085 670 2282; www.spcthailand.com) zwischen Ko Muk, Ko Kradan und Ko Ngai sowie nach Phuket, Ko Phi-Phi, Ko Lanta und Ko Lipe. Die Schnellboote und Fähren legen selten fahrplanmäßig ab und brauchen für die Fahrten auch meist länger als angegeben. Der offizielle Beginn der Hauptsaison variiert von Jahr zu Jahr und ist außerdem abhängig vom Wetter – aktuelle Fahrpläne finden sich auf den Websites der Bootsbetreiber.

Minivans fahren regelmäßig von Trang zum Hat Chao Mai National Park (100 B, 1 Std., 7.30–16 Uhr).

DER 50-BAHT-PREISAUFSCHLAG

Die Fähren und Schnellboote von Tigerline (S. 739) stoppen, statt anzulegen, oft im Meer vor den Trang- und Satun-Inseln. Für den An- und Abtransport zum Land wird ein Aufschlag von 50 B genommen, den die Bootsleute fordern, sobald man in das Longtail-Boot gestiegen ist. In der Regel tuckern sie erst los, wenn man bezahlt hat. Das Ganze ist etwas nervend, wird aber die Reise nicht ruinieren – einfach Kleingeld griffbereit haben!

Hat Pak Meng & Hat Chang Lang

Die Kalkstein-Karstlandschaft am Hat Pak Meng (หาดปากเมง) ist so spektakulär wie in Railay oder Ko Phi-Phi. Ansonsten ist dies jedoch wenig mehr als ein schmuddeliger Strand und die Anlaufstelle für die Boote vom und zum hübschen Ko Ngai. Gleich südlich liegt vor einer Kulisse aus Kasuarinen der Hat Chang Lang (หาดฉางหลาง), ein schönerer Strand, der aber auch nicht mit denen auf den Nachbarinseln mithalten kann. Die Zentrale des Hat Chao Mai National Park befindet sich am südlichen Ende des Strands.

Zwar ist der Bootsanleger am Pak Meng näher bei den Stränden, doch ist es besser, eine Nacht in Trang zu verbringen, da es an diesem Straßenabschnitt nur begrenzt Übernachtungs- und Verpflegungsmöglichkeiten und Verkehrsverbindungen gibt. Es ist viel praktischer und billiger, sich die Fährtickets bei Reisebüros und Hotels in Trang zu besorgen – der Transfer zum Anleger ist im Preis inbegriffen.

Sehenswertes & Aktivitäten

Reiseveranstalter am Pak Meng organisieren eintägige Bootsausflüge nach Ko Muk, Ko Cheuk, Ko Ma und Ko Kradan sowie eintägige Schnorcheltouren. Im Preis (750 B pro Pers., zzgl. Eintrittsgebühr in den Hat Chao Mai National Park) ist jeweils das Mittagessen enthalten.

Hat Chao Mai National Park NATIONALPARK
(อุทยานแห่งชาติหาดเจ้าไหม; ☎ 075 203308; www.dnp.go.th; Erw./Kind 200/100 B; ⏲ 9–16 Uhr) Der 231 km² große Park umfasst die Küste vom Hat Pak Meng bis nach Laem Chao Mai sowie (neben einer Vielzahl kleinerer Eilande) die Inseln Ko Muk, Ko Kradan und Ko Cheuk. Bei einer Tour längs der Küsten und zwischen den Inseln kann man eventuell gefährdete Dugongs und seltene Riesenstörche sowie häufigere Arten wie Muntjaks, Indische Fischotter, Makaken, Languren, Wildschweine, Schuppentiere, Mangrover-

eiher, Riffreiher, Weißbauchseeadler und Warane beobachten.

Die **Nationalparksverwaltung** (☎075 210-099; www.dnp.go.th; Hat Chang Lang; ⊙8–16 Uhr) befindet sich am südlichen Ende des Hat Chang Lang, an dem die Uferstraße ins Landesinnere abschwenkt.

Schlafen & Essen

Am Hat Chang Lang gibt's ein paar Hotels sowie im Hat Chao Mai National Park einfache Bungalows und einen Campingplatz (Zelte können geliehen werden).

Mehrere einfache, schnörkellose Meeresfrüchterestaurants, die bei thailändischen Tagesausflüglern und Wochenendgästen beliebt sind, finden sich am Hat Pak Meng, wo die Rte 4162 auf die Küste trifft.

Unterkünfte im Hat Chao Mai National Park CAMPINGPLATZ, BUNGALOWS $
(☎075 203308; www.dnp.go.th; Hat Chang Lang; Bungalow 800 B, Stellplatz 30 B pro Pers., mit gemietetem Zelt 225 B; ⊙Mitte Okt.–Mitte Mai) Eine einfache, aber preisgünstige Wahl für Leute, die diese Gegend erkunden möchten, sind die schlichten Hütten mit Ventilator und ausreichend Platz für zwei bis sechs Personen. Oder man zeltet unter den Kasuarinen; es gibt auch ein Restaurant.

An- & Weiterreise

Klimatisierte Minivans fahren zwischen 7.30 und 16 Uhr regelmäßig von Trangs Neuem Busbahnhof (S. 738) in Trang zum Hat Pak Meng (80 B, 1 Std.) und zum Hat Chao Mai (100 B, 1 Std.). Die Taxifahrt aus Trang kostet 1000 B.

Schiffe fahren täglich um 12 Uhr von Pak Meng nach Ko Ngai (350 B, 1 Std.) und fahren um 9 Uhr morgens nach Pak Meg zurück (350 B, 1 Std.). Ein gechartertes Longtail-Boot kostet 1500 B.

Die Verwaltung des Hat Chao Mai National Parks liegt 1 km abseits der Hauptstraße an einer deutlich ausgeschilderten Abzweigung.

Ko Kradan

Mit ihren seidigen weißen Sandstränden, dem seichten, blasstürkisfarbenen Wasser und den Schatten spendenden, sich in der Brise wiegenden Palmen ist die schöne Insel Ko Kradan (เกาะกระดาน) einfach exquisit. Von den wenigen Resorts unter den Bäumen am schlanken Ostküstenstrand bieten sich traumhafte Ausblicke auf Ko Muk, Ko Libong und die dramatische Karstlandschaft, die sich aus dem Meer erhebt. Das Wasser ist sauber, klar und einladend; im Binnenland gibt es einen kleinen, aber üppigen Urwald.

Leider hat sich die Kunde von der Schönheit der Insel verbreitet, sodass das Juwel nun ein beliebter Schnorchelstopp auf Tagestouren zu den Inseln ist. In der Hauptsaison ist es vom späten Morgen bis zum Nachmittag voll, doch wenn die Tagesausflügler wieder weg sind, verwandelt sich die Insel zurück in ein Paradies für Schiffbrüchige.

Sehenswertes & Aktivitäten

Hat Sunset STRAND
(หาดพระอาทิตย์ตก) Am Südende des Hauptstrands führt ein kurzer beschilderter Weg vorbei an der Pension Paradise Lost und über den Kamm zum Hat Sunset, einem meist feuchten und felsigen Stück Sand am offenen Meer mit flammend rosaroten Sonnenuntergängen. Leider sammelt sich an der Westseite der Insel Plastik und Müll, angespült vom Meer.

Hat South SCHNORCHELN
Obwohl die Korallen vor Ko Kradan dezimiert sind, hat man bei ruhigem Wetter gute Schnorchelmöglichkeiten vor dem Südstrand, der von der Pension Paradise Lost am Südende des Hauptstrands aus leicht bei einer zehnminütigen Wanderung über einen ausgeschilderten Dschungelpfad zu erreichen ist.

Schlafen & Essen

★ **Kalume** BUNGALOWS $$
(☎099 195 7340; www.kalumekradan.com; Bungalow mit Frühstück 2600–2900 B; 📶) Das billigste (aber immer noch überteuerte) Strandresort auf Ko Kradan besteht aus einer Reihe von Bambus- und Holzbungalows in einem Garten. Sie sind einfach, aber nett mit Moskitonetzen, Ventilatoren und kalten Duschen in den Bädern, die sich halb unter freiem Himmel befinden. Der perfekte Strand von Kradan ist von den Strand-Cabanas nur einen Katzensprung entfernt – ideal zum Faulenzen und Lesen –, ebenso vom entspannten Restaurant und der Inselbar des Kalume.

Paradise Lost BUNGALOWS $$
(☎080 146 7152; B 300 B, Bungalow 700–1800 B) Das im Binnenland gelegene Anwesen war eine der ersten Unterkünfte auf Ko Kradan und liegt in Gehweite zu allen drei Hauptstränden von Ko Kradan. Es gibt einen luftigen Dorm mit fünf Betten und Ventilator, aber die Bungalows sind schlicht, und die

BOOTE AB KO KRADAN

ZIEL	REEDEREI	PREIS (B)	DAUER (STD.)	HÄUFIGKEIT
Hat Yao (nach Trang)	Tigerline	1050	1	11.30 Uhr
Ko Lanta	Tigerline	950	1½	10.45 & 13.30 Uhr
	Bundhaya Speedboat/Satun Pak Bara Speedboat Club	1150	1¼	10.45/10.50 Uhr
Ko Lipe	Tigerline	1600	3½	11.30 Uhr
	Bundhaya Speedboat/Satun Pak Bara Speedboat Club	1400	2	11.35/11.40 Uhr
Ko Muk	Tigerline	300	15 Min.	11.30 & 14.30 Uhr
	Bundhaya Speedboat/Satun Pak Bara Speedboat Club	300	15 Min.	10.45/10.50 Uhr
Ko Ngai	Tigerline	750	30 Min.	10.45 & 13.30 Uhr
	Bundhaya Speedboat/Satun Pak Bara Speedboat Club	400	45 Min.	10.45/10.50 Uhr

billigsten teilen sich das Bad. Die größeren und teureren Holzbungalows haben eigene Bäder, sind aber auch nur funktional. Die Anlage ist in der Nebensaison geschlossen.

Die offene **Küche** (☎080 146 7152; Hauptgerichte 140–350 B; ⏲8–21 Uhr) tischt schmackhaftes Essen in großen Portionen auf.

Seven Seas Resort RESORT **$$$**
(☎082 490 2442; www.sevenseasresorts.com; Zi. mit Frühstück 6000–12 000 B; ❄📶🏊) Das Boutique-Resort ist die bei weitem eleganteste Option auf Ko Kradan. Die superschicken Zimmer locken mit Terrazzoböden, in tropische Gärten übergehenden Badezimmern drinnen und draußen, riesigen, niedrigen Betten und in einigen Fällen auch eigenen Strandhütten viele skandinavische Traveller an. Am pechschwarzen Infinity Pool serviert das luftige **Restaurant** (☎075 203389; Hauptgerichte 200–1000 B; ⏲7–22 Uhr; 📶) teure thailändische und internationale Gerichte. Das Resort liegt erstklassig in der Mitte des Hauptstrands von Ko Kradan und hat rund um die Uhr Strom.

An- & Weiterreise

Von November bis April fahren täglich um 8.30 und 13 Uhr Boote nach Kuantungku auf dem Festland; im Ticket ist die anschließende Kleinbusfahrt nach Trang (450 B) und zum Flughafen von Trang (600 B) inbegriffen. Ab Trang fahren Kleinbusse mit anschließender Fährfahrt nach Ko Kradan um 11 sowie um 16 Uhr. Für die Fahrt von/nach Kuantungku (1500 B, 45–60 Min.), Ko Muk (800 B, 30 Min.) und Ko Ngai (1500 B, 1 Std.) kann man Longtail-Boote chartern.

Von Oktober bis April verbinden Boote von Bundhaya Speedboat (S. 739) und des Satun Pak Bara Speedboat Club (S. 739) sowie die Fähre von Tigerline (S. 739) von Phuket nach Ko Lipe Ko Kradan mit anderen Inseln. Die Schnellboote und Fähren legen selten fahrplanmäßig ab und brauchen für die Fahrten auch meist länger als angegeben.

Ko Muk

Die Ankunft auf dem mit Dschungel bedeckten Ko Muk (เกาะมุก) ist unvergesslich, gleich ob man an dem weißen Puderzuckerstrand von **Hat Sivalai** (หาดศิวาลัย) im Osten, an dem bescheidenen, Lokalkolorit bietenden **Hat Lodung** (หาดลอด) oder am **Hat Farang** (หาดฝรั่ง) im Südwesten anlegt, wo jadegrünes Wasser an den goldenen Strand grenzt.

Ko Muk ist eine Insel, die zwischen faulen Strandtagen regelrecht zu Erkundungen einlädt, ob zu Fuß oder mit dem Fahrrad, Motorrad oder Kajak. Die Hauptsiedlung an der größten Anlegestelle wirkt authentischer als jene auf vielen Touristeninseln. Die Traveller, die hierherkommen, wollen vor allem die Ruhe genießen und keine wilden Partys feiern. Man gelangt leicht zu den meisten anderen Inseln in der Provinz – daher gibt es einen beständigen Strom von Pauschaltouristen, die den Hat Sivalai unsicher machen, und von Tagesausflüglern aus Ko Lanta, die die Tham Morakot sehen wollen.

Sehenswertes & Aktivitäten

Zwischen Ko Muk und Ko Ngai liegen die beiden Karst-Inselchen **Ko Cheuk** (เกาะเชือก)

und **Ko Waen** (เกาะแหวน), die beide kleine Sandstrände und gute Schnorchelmöglichkeiten bieten.

Viele Resorts verleihen Fahrräder (100–150 B pro Tag) und Motorräder (250 B pro Tag), mehrere vermieten auch Kajaks (100–300 B pro Std.). Man kann durch Kautschukplantagen und muslimische Fischerdörfer (angemessene Kleidung tragen!) wandern.

Tham Morakot HÖHLE
(ถ้ำมรกต, Emerald Cave) Ein schöner Kalksteintunnel führt an der Westküste von Ko Muk 80 m tief in eine Höhle hinein. Kein Wunder, dass hier einst Piraten ihre erbeuteten Schätze versteckten! Man muss durch den teilweise stockfinsteren Tunnel schwimmen, um zu einem kleinen, von hohen Kalksteinwänden umgebenen weißen Sandstrand zu gelangen. Gegen Mittag fällt ein Lichtstrahl von oben hinein. Zur Besichtigung muss man die Nationalparkgebühr (Erw./Kind 200/100 B) entrichten.

Die Höhle nimmt auf den meisten Touren einen prominenten Platz ein, sodass es hier in der Hochsaison unangenehm voll werden kann. Am besten chartert man ein Longtail-Boot (800–1000 B) oder mietet ein Kajak, um bei Tagesanbruch oder am späten Nachmittag hierherzukommen – dann hat man die Höhle ganz für sich allein. Bei Flut kann man nicht in die Höhle hineingelangen.

Schlafen

Die schicksten Unterkünfte sind am Hat Sivalai. Preiswertere Unterkünfte gibt's am Hat Lodung, aber der Strand ist nicht annähernd so schön.

Am halbmondförmigen Hat Farang ist das Meer sauberer. Die hiesigen Strandbungalows sind für das Gebotene überteuert, doch nur einen kurzen Spaziergang landeinwärts gibt's preisgünstige Bleiben – nur Minuten vom Strand entfernt entstehen immer mehr Resorts. Von/zur Anlegestelle kann man ein Motorradtaxi nehmen (50 B, 10 Min.).

Koh Mook Hostel HOSTEL $
(☎089 724 4456; www.kohmookhostel.com; mit Frühstück B/DZ 400/1300 B; ❄📶) Das einzige Hostel auf den Trang-Inseln wird von einer freundlichen muslimischen Familie geführt und umfasst drei recht große und saubere Dorms, von denen einer Frauen vorbehalten ist, sowie ein Doppelzimmer mit Bad. Die Zimmer sind in luftigen Pastelltönen gestaltet. Die angeschlossene Bäckerei mit Café serviert hausgemachtes Brot, Kuchen und Pizza. Das Hostel ist 10 Gehminuten vom Hat Sivalai entfernt.

★ **Nature Hill @ Koh Mook** BUNGALOWS $$
(☎089 014 1614; www.naturehillkohmook.com; Bungalow 2000 B; 📶) Die wunderschönen Bungalows auf einem baumbestandenen Hügel nur fünf Fußminuten vom Hat Farang entfernt sind eine ausgezeichnete Wahl. Das rustikale Design beinhaltet abgenutzt wirkendes Holz, geschliffenen Beton, wiederverwertetes Glas und halboffene Bäder mit Duschen mit Kieselsteinböden. Die Bungalows sind mit Ventilatoren, hohen Decken und Belüftungslamellen ausgestattet. Die Moskitonetze über den Betten verheißen Dschungelromantik.

Es gibt auch Familienbungalows (4000 B). WLAN steht nur im Restaurant zur Verfügung.

Koh Mook Garden Beach Resort BUNGALOWS $$
(☎081 748 3849; kohmookgarden@gmail.com; Hat Lodung; Zi. 1000–1500 B; ❄📶) Das bezaubernd verfallene und sehr entspannte Garden Beach Resort sticht durch seine familiäre Atmosphäre und den sehr hilfsbereiten Gastgeber heraus. Die Bungalows – ältere, schlichte aus Bambus und neuere, komfortablere aus Beton – verteilen sich über einen üppigen Garten, doch der Strand hier ist nicht so schön wie andere auf der Insel. Das angeschlossene Restaurant serviert schmackhaftes thailändisches Essen.

Sivalai RESORT $$$
(☎089 723 3355; www.komooksivalai.com; Hat Sivalai; Bungalow mit Frühstück 5500–8500 B; ❄📶🏊) Auf einer pfeilförmigen, von weißem Sand bedeckten Halbinsel mit Blick auf Karstinseln und das Festland hat das Sivalai die schönste Lage auf Ko Muk. Die eleganten Bungalows aus dunklem Holz sind recht groß und geschmackvoll, einige verfügen über umlaufende Veranden. Es gibt zwei Pools und ein praktisches Spa (Massagen ab 700 B). Das Restaurant befindet sich direkt an der Spitze der Halbinsel.

Kajaks können für 300 B pro Stunde geliehen werden.

Essen

Immer mehr Restaurants eröffnen im Dorf beim Hauptanleger und selbst landeinwärts vom Hat Farang sind ein paar zu finden. Die meisten Resorts verfügen über Restaurants, die auch für Nichtgäste offenstehen.

ABSEITS DER ÜBLICHEN PFADE

KO SUKORN

Das wenig besuchte Ko Sukorn (เกาะสุกร) ist ein Naturparadies mit dunkelgelben Stränden, hellgrünem Meer, von Dschungel überwucherten Landzungen aus schwarzen Felsen sowie Dörfern mit Pfahlbauten, in denen die 2600 muslimischen Einwohner hausen, deren Reis- und Wassermelonenfelder sowie Kautschukplantagen links und rechts der schmalen Asphaltstraßen liegen. Man fährt vorbei an Feldern, auf denen nur Wasserbüffel zu Hause sind, und durch pastellfarbene Dörfer, in denen die Bewohner sich wirklich über die Besucher freuen. Und man schlummert tief in stillen Nächten. Die Stille von Sukorn ist atemberaubend und das authentische Lebensgefühl eine erfrischende Stärkung für abgestumpfte, müde Seelen.

Wenige Hügel, ein tolles Panorama, viel Schatten – aus diesen Gründen lässt sich Ko Sukorn am besten mit einem gemieteten Fahrrad erkunden, zumal man so auch Gelegenheit hat, mit Einheimischen ins Gespräch zu kommen. Am Hauptstrand an der Südwestküste der Insel befinden sich ein paar entspannte Resorts. Wenn man den Strand verlässt, unbedingt so kleiden, dass man die Gefühle der Einheimischen nicht verletzt!

Schlafen

Sukorn bietet nur wenige Unterkünfte, zumeist am netten Strand an der Südwestküste. Das **Yataa Island Resort** (☎089 647 5550; www.yataaresort.com; Ao Lo Yai; Bungalow mit Frühstück 1400–6500 B; ❄📶🏊) hat pastellfarbene klimatisierte Betonbungalows mit grünem Dach, die einen kühlen blauen Pool umrahmen und über Holzveranden verfügen. Das Personal organisiert geführte Inseltouren und hält Leihfahrräder und -motorräder (100/250 B) sowie Karten von Sukorn bereit. Vorm Resort erstreckt sich ein herrlicher langer Strand. Das Restaurant bietet ein gutes Preis-Leistungs-Verhältnis.

Im **Sukorn Cabana** (☎089 724 2326; www.sukorncabanaresort.com; Bungalow mit Frühstück 1200–1800 B; ⏲Mai geschl.; ❄📶) stehen auf abschüssigem, schön gestaltetem Gelände mit Papayas, Frangipanis und Bougainvilleen große, saubere und gepflegte (wenn auch ein wenig alte) Bungalows mit Strohdach, Kühlschrank, Holzverkleidung und gemütlicher Veranda.

Essen

Es gibt ein paar resortunabhängige Esslokale, vor allem in Ban Saimai in der Nähe des Piers, doch alle schließen spätestens um 20 Uhr. Sämtliche Resorts verfügen über Restaurants.

An- & Weiterreise

Am einfachsten kommt man nach Ko Sukorn, wenn man das Resort seiner Wahl beauftragt, den Transport ab Trang zu organisieren (1900 B pro Pers.), und am preiswertesten, wenn man ein *sŏrng·tăa·ou* von Trang nach Yan Ta Khao (80 B, 40 Min.) nimmt und dort nach Ban Ta Seh (50 B, 45 Min.) umsteigt, wo Longtail-Boote nach Ban Saimai (50 B), der Hauptsiedlung auf Ko Sukorn, ablegen, sobald sie voll besetzt sind. Die Pensionen und Reisebüros in Trang organisieren einen Transport per *sŏrng·tăa·ou* und Boot (250–350 B) über Ban Ta Seh nach Ban Saimai; die Fahrt startet in Trang täglich um 11 Uhr. Alternativ kann man von Trang nach Ban Ta Seh auch ein Taxi nehmen (900 B). Die Resorts sind einen 3 km langen Fußmarsch von Ban Saimai entfernt; ein Motorradtaxi für die Strecke kostet 100 B. Man kann auch Longtail-Boote chartern, die einen direkt zu den Strandresorts bringen (400 B).

Ko Yao THAI $
(☎062 485 4591; Hat Farang; Hauptgerichte 80–120 B; ⏲8–21 Uhr; 📶) Das Restaurant samt Bar an einer Klippe kauert über den Felsen am südlichen Ende des Hat Farang und beeindruckt mit umwerfenden Ausblicken aufs Meer. Auf einer rauen Plankenterrasse am Felsen tummeln sich bunt zusammengewürfelte Tische und Stühle. Die Lage ist erstklassig und die thailändischen Gerichte sind in der Regel gut, doch der Service kann schleppend sein.

Hilltop Restaurant THAI $$
(☎084 847 9133; Hauptgerichte 100–300 B; ⏲9–22 Uhr) Das familiengeführte Restaurant gilt

als eins der besten der Insel. Aus regionalen Bio-Zutaten kreiert es alle beliebten thailändischen Gerichte. Das Restaurant befindet sich in einem dschungelartigen Gartenambiente rund 800 m landeinwärts vom Hat Farang.

An- & Weiterreise

Zwischen November und April fahren Schiffe und Longtail-Boote täglich um 12, 13 und 16 Uhr von der Anlegestelle in Kuantungku nach Ko Muk (120–250 B, 30 Min.) und kehren um 8, 9 und 14 Uhr zum Festland zurück. In den übrigen Monaten wird der Betrieb weitgehend eingestellt. Mit kombinierten Kleinbus-Schiff-Tickets kommt man von/nach Trang (350 B, 1½ Std.) und vom/zum Flughafen von Trang (500 B, 1½ Std.). Man kann auch Longtail-Boote von/nach Kuantungku chartern (800 B, 30 Min.).

Von Oktober bis April ist Ko Muk ein Zwischenstopp der Fähre von Tigerline (S. 739) und der Schnellboote von **Bundhaya Speedboat** (☎ 074 750388, 074 750389; www.bundhaya speedboat.com) und des Satun Pak Bara Speedboat Club (S. 739), die Ko Lanta (950 B, 1 Std.), Ko Ngai (350–B, 30 Min.) und Ko Lipe (1400–1600 B, 2 Std.) miteinander verbinden. Die Schnellboote und Fähren legen selten fahrplanmäßig ab und brauchen für die Fahrten auch meist länger als angegeben.

Longtail-Boote von Ko Muk nach Ko Kradan (800 B, 30 Min.), Ko Ngai (1500 B, 1 Std.) und Pak Meng (1500 B, 45–60 Min.) lassen sich leicht am Pier chartern oder auf Nachfrage von der Unterkunft beschaffen.

Ko Ngai

Das von Korallen und klarem Meer umgebene, dicht bewaldete Ko Ngai (เกาะไหง; Ko Hai) macht dem atemberaubenden Ko Kradan den Titel als schönste paradiesische Idylle der südlichen Andamanenküste streitig. Der lange, hellgelbe, vom Wind zerzauste Strand an der Ostküste geht sacht und sandig in das türkisblaue Wasser über. Vorgelagert ist ein Riff, zu dem man gut schnorcheln kann. Die romantische Insel ist ein Paradies für Flitterwöchner, die verträumt am Strand entlangbummeln. Es gibt nur eine Handvoll Resorts und keine einheimische Bevölkerung, sodass es hier besonders abends und nachts sehr still sein kann.

Ko Ngai ist zwar offiziell Teil der Provinz Krabi, aber vom Festland am einfachsten über das 16 km nordöstlich gelegene Pak Meng zu erreichen. In der Hauptsaison ist die Insel beliebt als Anlaufpunkt auf Tagestouren – dann ist hier also mehr los.

Auf Ko Ngai befinden sich einige Tauchzentren (Tauchgänge ab 1300 B). Die Resorts vermieten Schnorchel und Schwimmflossen (300 B pro Tag) sowie Seekajaks (100 B pro Std.). Man kann sich auch halbtägigen Schnorchelausflügen zu nahegelegenen Inseln anschließen (ab 600 B).

Schlafen & Essen

Hier gibt's in erster Linie gehobene Resorts, doch es sind auch ein paar Budget-Unterkünfte entstanden – alle säumen den Hauptstrand an der Ostküste. Nicht alle Resorts sind ganzjährig geöffnet – einige schließen in der Nebensaison für mindestens einen Monat.

Außerhalb der Resorts, die alle eigene Restaurants haben, gibt's keine Speiselokale.

Sea Camp by Sea Open Diving ZELTCAMP $
(☎ 065 265 6255; B 300 B, Zelt 950 B; ⏲ Okt.–April; ❄📶) Das Sea Camp, eine erfreuliche Budget-Unterkunft auf Ko Ngai, bietet in bester Lage am wunderschönen Hauptstrand klimatisierte Zelte mit Moskitonetzen, Gemeinschaftsbädern und Kaltwasserduschen. Der Achter-Dorm mit Etagenbetten könnte einfacher nicht sein – der Boden besteht aus Sand. Es gibt auch ein Restaurant und einen Tauchshop sowie eine beliebte **Bar** (⏲ 10 Uhr–open end; 📶).

Ko Ngai Seafood Bungalows BUNGALOWS $$
(☎ 095 014 1853; kob_1829@hotmail.com; Bungalow 1500–1800 B; 📶) Die einfachen, gepflegten Bungalows mit Steinböden und Ventilatoren sowie Veranden mit Meerblick in der Mitte des Hauptstrands sind sehr familienfreundlich und insgesamt die besten schnörkellosen Strandunterkünfte auf Ko Ngai. Auch das angeschlossene, auf Fisch und Meeresfrüchte spezialisierte **Restaurant** (☎ 081 367 8497; Hauptgerichte 170–300 B; ⏲ 7–21 Uhr; 📶) lohnt auf jeden Fall einen Besuch.

Coco Cottage BUNGALOWS $$$
(☎ 089 724 9225; www.coco-cottage.com; Bungalow mit Frühstück 3300–7900 B; ⏲ Juli–Aug. & Okt.–Mitte Mai; ❄📶) Bei den Cottages am Nordende des Hauptstrands handelt es sich um extravagante Kokospalmhütten mit Blätterdach, Wänden aus Stammholz und Laternen aus Kokosnussschalen, die in einem Dschungelgarten stehen. In den Bungalows mit Meerblick blickt man durch wandhohe Fenster auf die Andamanensee. Weitere Highlights sind Bambusliegen, Massagepavillons und ein ordentliches **Strandrestau-**

BOOTE AB KO NGAI

ZIEL	REEDEREI	PREIS (B)	DAUER (STD.)	HÄUFIGKEIT
Ko Kradan	Tigerline	750	30 Min.	11.15 & 14.15 Uhr
	Bundhaya Speedboat/Satun Pak Bara Speedboat Club	400	25 Min.	11.10/11 Uhr
Ko Lanta	Tigerline	750	1	11 & 13.45 Uhr
	Bundhaya Speedboat/Satun Pak Bara Speedboat Club	650	30 Min.	11.20/11.30 Uhr
Ko Lipe	Tigerline	1600	4	11.15 Uhr
	Bundhaya Speedboat/Satun Pak Bara Speedboat Club	1600	2½	11.10/11 Uhr
Ko Muk	Tigerline	750	1	11.15 & 14.15 Uhr
	Bundhaya Speedboat/Satun Pak Bara Speedboat Club	350	30 Min.	11.10/11 Uhr
Ko Phi-Phi	Tigerline	1200	2½	11 & 13.45 Uhr
	Bundhaya Speedboat/Satun Pak Bara Speedboat Club	1350	2	11.20/11.30 Uhr
Phuket	Tigerline	1800	3½	11 & 13.45 Uhr
	Bundhaya Speedboat/Satun Pak Bara Speedboat Club	1800	3	11.20/11.30 Uhr

rant mit Bar (☎089 724 9225; Hauptgerichte 170–260 B; ⏲7–21.30 Uhr; 📶), das Gerichte der Thai- und der Fusionsküche auftischt.

Thanya Resort BUNGALOWS $$$
(☎075 206967, 086 950 7355; www.kohngaithanyaresort.com; Bungalow mit Frühstück 5250–6900 B; ❄@📶🏊) Diese Anlage am südlichen Ende des Hauptstrands bietet balinesischen Schick. Die Teakbungalows sind etwas dunkel, aber stilvoll und geräumig. Sie haben drinnen Warmwasserduschen und draußen Duschen mit Wassereimern (mal ausprobieren!). Man entspannt an dem herrlichen Pool am Strand, von dessen Terrasse der Blick über den Rasen voller Frangipanis bis hinunter zum Sandstrand geht. Vor Ort gibt es ein **Tauchzentrum** (☎085 056 3455; 1 Tauchgang 1300–1500 B; ⏲Nov.–April 9–19 Uhr) sowie ein **Thai-Restaurant** (☎094 583 2888; Hauptgerichte 150–300 B; ⏲7–20 Uhr; 📶) mit vernünftigen Preisen.

ℹ An- & Weiterreise

Täglich fährt ein Boot von Ko Ngai nach Pak Meng (350 B, 1 Std, 9 Uhr; Rückfahrt nach Ko Ngai 12 Uhr). Man kann auch Longtail-Boote von/nach Pak Meng (1500 B), Ko Muk (1500 B), Ko Kradan (1800 B) und Ko Lanta (2000 B) chartern – bei Ko Ngai Seafood Bungalows (S. 744) nachfragen! Die meisten Resorts arrangieren Transfers zum Festland.

Von Oktober bis April halten Boote von Tigerline (S. 739), des Satun Pak Bara Speedboat Club (S. 739) und von Bundhaya Speedboat (S. 744) auf dem Weg zwischen Phuket und Ko Lipe vor Ko Ngai. Die Schnellboote und Fähren legen selten fahrplanmäßig ab und brauchen für die Fahrten auch meist länger als angegeben.

Die Anlegestelle befindet sich beim Koh Ngai Resort, aber Longtail-Boote (100 B) setzen ihre Passagiere in der Regel an dem Resort ab, in dem sie wohnen.

PROVINZ SATUN

Satun (จังหวัดสตูล), die südlichste Region der Andamanenküste, fristete touristisch bis vor Kurzem ein Schattendasein, aber das hat sich mit der zunehmenden Beliebtheit der weißen Sandstrände von Ko Lipe geändert – aus dem einstigen Backpacker-Geheimtipp wurde ein Strandparadies für die Massen. Der Rest der Provinz ist nach wie vor nur eine Durchgangsstation für Traveller auf dem Weg nach Ko Lanta im Norden oder Pulau Langkawi (Malaysia) im Süden. Dabei verpassen sie die einsamen Strände und Meereshöhlen auf Ko Tarutao, die rauen Naturpfade und rauschenden Wasserfälle auf Ko Adang, die rustikale Schönheit von Ko Bulon Leh und schließlich die unbeschwerte Stadt Satun.

Zwar ist die Bevölkerung der Provinz Satun überwiegend muslimisch, sie blieb aber von den politischen Unruhen in den ebenfalls vorwiegend muslimischen Nachbarprovinzen Yala, Pattani und Narathiwat weitgehend verschont. Rund 60 % der Einwohner sprechen Yawi oder Malaiisch als erste Sprache und die Zahl der wenigen bescheidenen Wats in der Gegend wird von der der Moscheen weit übertroffen.

Satun

074 / 23 800 EW.

Die abgelegene kleine Stadt Satun (สตูล) in einem nebelverhangenen Dschungeltal, das von Kalksteinklippen und einem trüben Fluss eingerahmt wird, ist überraschend geschäftig; immerhin ist sie Hauptort und Mittelpunkt einer Provinz, in der mehr als 300 000 Menschen leben. Von den wenigen Besuchern, die hier durchkommen, sind die meisten auf dem Weg von oder nach Malaysia oder Segler, die ihre Jachten in der hoch angesehenen Werft von Satun preiswert reparieren lassen. Wer sich aber etwas umschaut, findet interessante chinesisch-portugiesische Architektur und Sakralbauten, köstliches Essen, freundlich lächelnde Einwohner und viel authentischen Charme. Das Umland ist schön und lädt zur Erkundung ein.

Sehenswertes & Aktivitäten

Satun National Museum MUSEUM

(พิพิธภัณฑ์สถานแห่งชาติสตูล, Kuden Mansion; Soi 5, Th Satun Thanee; 50 B; ⏲Mi–So 9–16 Uhr) Satuns ausgezeichnetes kleines Museum residiert in einer restaurierten sino-portugiesischen Villa, die 1902 als Residenz für einen geplanten Besuch König Ramas V. erbaut wurde. Im Zweiten Weltkrieg diente das Haus der japanischen Armee als Hauptquartier. Heute werden hier informative Ausstellungen zur Lokalgeschichte, zu den Sitten und Gebräuchen und dem muslimischen Leben im Süden Thailands gezeigt. Die Exponate sind mit guten englischen Erläuterungen versehen.

Monkey Mountain WANDERN

Satuns erfrischend schäbige Schönheit erlebt man bei einem Spaziergang über diesen dschungelbedeckten Kalksteinhügel, der von unzähligen Makaken bewohnt wird. Außerdem kann man hier über eine Brücke zu einem auf Stelzen erbauten Fischerdorf 1 km westlich der Stadt gehen.

Satun

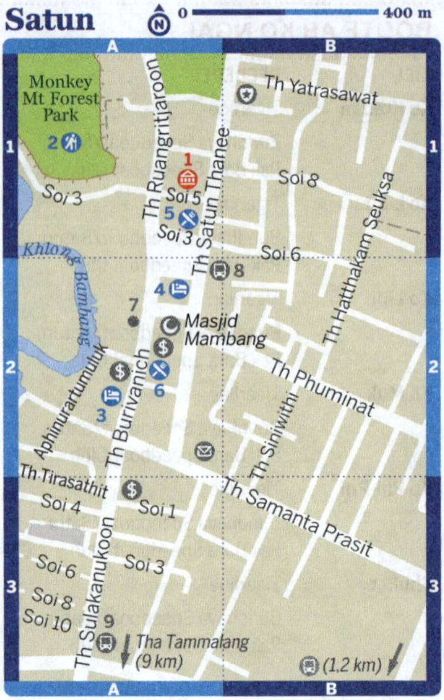

Satun

Sehenswertes
1 Satun National Museum A1

Aktivitäten, Kurse & Touren
2 Monkey Mountain A1

Schlafen
3 On's Guesthouse A2
4 Satun Tanee Hotel A2

Essen
5 Nachtmarkt A1
6 On's Living Room A2

Praktisches
7 Immigration A2

Transport
8 Busse & Minivans nach Trang & Hat Yai A2
9 Sŏrng·tăa·ou nach Tha Tammalang ... A3

Schlafen & Essen

Preiswerte chinesische und muslimische Schnellrestaurants finden sich an der Th Burivanich und der Th Samanta Prasit. Die chinesischen Imbisse sind auf *kôw mŏo daang* (rotes Schweinefleisch mit Reis) spezialisiert, die muslimischen bieten *roti* mit südthailändischem Hähnchen-Curry und die örtliche Version von Biryani. Es gibt auch einen ordentlichen **Nachtmarkt** (abseits der Th Satun Thanee; Hauptgerichte ab 40 B; ⌚17–21 Uhr).

On's Guesthouse PENSION $

(☎081 097 9783; onmarch13@hotmail.com; 17 & 36 Th Burivanich; B 250 B, Zi. 250–600 B; ❄📶) On, Satuns tatkräftige Tourismusmatriarchin, hat ihre alteingesessene Pension so umgemodelt, dass sie sich nun über zwei sich gegenüberstehende Gebäude erstreckt. Die beiden Häuser beherbergen außerdem ihr Restaurant und ihre Bar. Beim Dorm handelt es sich um einen riesigen offenen Raum mit Schließfächern. Dazu kommt eine Palette an Zimmern mit Ventilator und Klimaanlage: Je mehr man auf den Tisch blättert, desto größer und heller werden sie. Alle Zimmer teilen sich Gemeinschaftsbäder.

Satun Tanee Hotel PENSION $

(☎074 712309, 074 711010; www.satuntaneehotel.com; 90 Th Satun Thanee; Zi. mit Frühstück 300–800 B; ❄📶) Hinter der Fassade in Limettengrün und Orange finden sich recht große, moderne Zimmer mit bequemen Betten und Parkettböden sowie im obersten Stock (kein Fahrstuhl) schäbigere, billigere, nicht renovierte Zimmer nur mit Ventilator. Das Ganze wirkt etwas wie ein Wohnheim, aber der Empfang ist freundlich. Kein Frühstück.

On's Living Room INTERNATIONAL $$

(☎081 097 9783; 17 Th Burivanich; Hauptgerichte 70–250 B; ⌚8–20 Uhr; 📶) On ist im winzigen Satun eine Legende. Das Restaurant mit Bar im westlichen Stil nimmt das Erdgeschoss eines umgebauten Shophouse ein – im oberen Stockwerk finden sich Zimmer von On's Guesthouse. Das Thai-Essen hier ist scharf und es gibt außerdem eine gute Auswahl an westlichen Speisen. Das Restaurant ist gemütlich, mit Holz- und Rohrmöbeln und hohen Barhockern.

ℹ Praktische Informationen

Bangkok Bank (Th Burivanich; ⌚Mo–Fr 8.30–15.30 Uhr) Die Filiale hat einen Devisenschalter und einen Geldautomaten.

Immigration Office (☎074 711080; info@satunimmigration.go.th; Th Burivanich; ⌚Mo–Fr 8.30–16.30 Uhr) Das Büro der Einwanderungsbehörde gegenüber dem Uhrenturm bearbeitet Visaanträge und -verlängerungen. Für Traveller ist es einfacher, über den Grenzkontrollpunkt bei Tha Tammalang aus Thailand aus- und wieder einzureisen.

Polizei (Th Satun Thanee) Satuns Hauptwache.

ℹ An- & Weiterreise

Der Satun am nächsten gelegene Flughafen befindet sich zwei Fahrtstunden entfernt in Hat Yai.

BUS

Busse fahren vom **Busbahnhof** von Satun 2 km südlich der Stadt ab. Die **Busse nach Trang** (Th Satun Thanee) (120 B, 2 Std., 5–16.30 Uhr stündl.) nehmen auch am 7-Eleven an der Th Satun Thanee Fahrgäste auf. Sie fahren über La-Ngu (50 B), wo man *sŏrng·tăa·ou* (Pick-up-Minivans) nach Pak Bara (20 B) nehmen kann, die einen zu den Booten nach Ko Lipe und zu anderen Inseln bringen.

ZIEL	PREIS (B)	DAUER (STD.)	HÄUFIGKEIT
Bangkok (klimatisiert)	736	14	7, 14.30, 15 & 16.30 Uhr
Bangkok (VIP)	1331	14	16 Uhr
Krabi	200	5	8.15, 10.15, 12.15 & 20 Uhr
Phuket	358	8	8.15, 10.15, 12.15 & 20 Uhr

MINIVAN

Kleinbusse fahren vom Busbahnhof Satun nach Krabi (200 B, 5 Std., 7 & 14 Uhr), Trang (120 B, 2 Std., 5–17 Uhr stündl.), Hat Yai (100 B, 2 Std., 6–17 Uhr) und zum Flughafen Hat Yai (300 B 2½ Std., 6–17 Uhr); die Minivans nach Hat Yai nehmen auch am 7-Eleven an der Th Satun Thanee Fahrgäste auf.

An manchen Tagen fahren auch Minivans nach Kuala Perlis in Malaysia (400 B). Sie holen die Passagiere von ihren Unterkünften ab. On's Guesthouse (S. 747) kann Tickets besorgen.

SCHIFF/FÄHRE

Von Tha Tammalang (10 km südlich von Satun) fahren täglich zwei Fähren nach Pulau Langkawi (9 & 15.30 Uhr, 350 B) in Malaysia. In umgekehrter Richtung starten täglich um 10.30 Uhr und 17.15 Uhr Fähren von Pulau Langkawi nach Satun (36 RM).

ℹ Unterwegs vor Ort

Das Zentrum von Satun lässt sich leicht zu Fuß erkunden, man kann aber bei On's Guesthouse (S. 747) Fahrräder (150 B pro Tag) und Motorräder (250 B pro Tag) mieten.

Sŏrng·tăa·ou (Pick-up-Minibusse) zum Busbahnhof kosten 40 B pro Person. Die orangefarbenen *sŏrng·tăa·ou* nach **Tha Tammalang** (Th Sulakanukoon) nehmen Fahrgäste am 7-Eleven an der Th Sulakanukoon auf. Stadtfahrten mit Motorradtaxis kosten 50 B.

Pak Bara

☎074 / 3000 EW.

Pak Bara (ปากบารา), 60 km nordwestlich von Satun, ist das wichtigste Sprungbrett zu den bezaubernden Inseln des Ko Tarutao Marine National Park (S. 748). Die Einrichtungen in Pak Bara werden langsam besser, weil immer mehr Touristen kommen, wenn auch fast alle nur auf der Durchreise zu den Inseln sind. Die Übernachtungsoptionen des stillen Fischerörtchens kann man getrost ignorieren und außer tollen Meeresfrüchten gibt's eigentlich nichts, was einen hier hält.

Die Hauptstraße aus La-Ngu (Rte 4052) endet am Pier, der eigentlich eine riesige Wartehalle für die Passagiere der Schnellboote nach Ko Lipe und Ko Tarutao ist, mit Reisebüros, billigen Restaurants, Geldautomaten und Ständen für Strandsachen. Am Pier befindet sich auch das Besucherzentrum des Ko Tarutao Marine National Park; hier kann man Unterkünfte auf Ko Tarutao und Ko Adang buchen, Schnellboottickets kaufen und Campinggenehmigungen bekommen. Reisebüros arrangieren Tagestouren (2000 B) zu den Inseln des Parks.

Praktische Informationen

In der Nähe des Piers sind jede Menge Geldautomaten zu finden und in vielen der hiesigen Reisebüros kann man Geld wechseln.

Besucherzentrum des Ko Tarutao Marine National Park (☎074 783485; Pak Bara Pier; ⏲8–17 Uhr) Das informative Besucherzentrum befindet sich neben dem Pier. Hier kann man Unterkünfte auf Ko Tarutao und Ko Adang buchen, Schnellboottickets kaufen und Campinggenehmigungen für den Nationalpark bekommen.

An- & Weiterreise

BUS

In Satun nimmt man den normalen Bus nach Trang, steigt in La-Ngu (50 B, 30 Min.) aus und fährt dann von dort aus mit einem *sŏrng·tăa·ou* nach Pak Bara (20 B, 20 Min.). Täglich fahren auch ein paar Minivans diese Strecke (60 B). Die Haltestelle des Busses und der Minivans befindet sich vor dem 7-Eleven an der Th Satun Thanee.

MINIVAN

Klimatisierte Minivans fahren zwischen 7.30 und 18.30 Uhr alle 45 Minuten von Hat Yai zur Anlegestelle in Pak Bara (120 B, 2 Std.). Verbindungen von/nach Pak Bara sind u. a.:

ZIEL	PREIS (B)	DAUER (STD.)	HÄUFIGKEIT
Hat Yai	150	2	11.30, 13.30 & 15.30 Uhr
Hat Yai Airport	250	2	11.30, 13.30 & 15.30 Uhr
Ko Lanta	450	3–4	11.30 Uhr
Krabi	450	4	11.30 Uhr
Phuket	650	6	11.30 Uhr
Trang	200	2	11.30 Uhr

SCHIFF/FÄHRE

Von Mitte Oktober bis Mitte Mai fahren um 11.30 Uhr Schnellboote des Satun Pak Bara Speedboat Club (S. 739) vom **Fährhafen** in Pak Bara zur Ao Pante Malacca auf Ko Tarutao (450 B, 30 Min.) und weiter nach Ko Lipe (650 B, 1½ Std.). Zwischen Mitte Oktober und Mitte Mai fahren um 11.30 Uhr Schnellboote nach Ko Tarutao (450 B). Weitere Schnellboote um 9.30, 11.30, 13.30 und 15.30 Uhr steuern direkt Ko Lipe an. Die Rückfahrt von Ko Lipe erfolgt um 9.30, 11.30, 13.30 und 16 Uhr. In der Nebensaison bestehen weniger Verbindungen.

Das Boot nach Ko Bulon Leh (450 B, 30 Min.) legt um 13 Uhr ab und fährt weiter nach Ko Li Pe. Wer das Boot nach Bulon verpasst, kann auch von den örtlichen Fischern ein Longtail-Boot chartern (2000 B, 1½ Std.). In der Nebensaison sind die Verbindungen nach Ko Lipe seltener, es fährt aber generell täglich ein Boot um 11.30 Uhr von Pak Bara nach Ko Lipe (Rückfahrt 9.30 Uhr), sofern das Wetter mitspielt.

Ko Tarutao Marine National Park

Der **Ko Tarutao Marine National Park** (อุทยานแห่งชาติหมู่เกาะตะรุเตา; ☎074 783485; www.dnp.go.th; Erw./Kind 200/100 B; ⏲Mitte Okt.–Mitte Mai) ist eine der schönsten und ursprünglichsten Gegenden Thailands. Er umfasst 51 Inseln, die mit weitgehend intaktem, von Tieren wimmelndem Regenwald bedeckt und von gesunden Korallenriffen und leuchtend weißen Stränden umgeben sind. In ihm kann man Südliche Brillenlanguren, Javaneraffen, Kantschile, Wildschweine, Indische Fischotter, Fischkatzen, Pythons, Bindenwarane, Brahminenweihen, Weißbauchseeadler, Nashornvögel, Riffreiher und Eisvögel erspähen.

Ko Lipe ist zu einem bekannten Touristenziel geworden, und hier wohnen auch die meisten Traveller. Die Insel unterliegt nicht dem Bebauungsverbot, das sonst im Nationalpark gilt, weil es auf ihr Siedlungen der

Urak Lawoi (einer Ethnie der Seenomaden) gibt. Die einzigen weiteren Inseln, auf denen man übernachten kann, sind Ko Tarutao, die größte Insel und Sitz der Parkverwaltung (S. 749), und Ko Adang.

Müll ist ein Problem auf den Inseln. Als Besucher sollte man seinen Teil beitragen und Müll vermeiden. Abgesehen von Ko Lipe ist der Park offiziell von Mitte Oktober bis Mitte Mai geschlossen.

Auf Ko Tarutao und Ko Adang gibt's keine Geldautomaten und Wechselmöglichkeiten – also genügend Bargeld mitnehmen! Auf Ko Lipe herrscht hingegen kein Mangel an Geldautomaten und Wechselmöglichkeiten, ebenso in Pak Bara.

Ko Tarutao

Der Großteil der stolzen 152 km² großen Insel Ko Tarutao (เกาะตะรุเตา) ist mit Dschungel bedeckt, der sich steil bis zu dem 713 m hohen Gipfel, der höchsten Erhebung im Park hinaufzieht; so ist Ko Tarutao eine der urtümlichsten Inseln ganz Thailands. Sie ist zu großen Teilen von Mangrovensümpfen und Kalksteinklippen eingefasst und mit ihren steilen Trails und rauen Straßen im Inselinneren ein tolles Gefilde für fitte Wanderer und Mountainbiker. Die Strände von Ko Tarutao sind weniger einladend, weil das Wasser trüb ist und Müll angeschwemmt wird. Wer einen idyllischen Strand und gute Schnorchelbedingungen sucht, fährt besser nach Ko Adang oder Ko Rawi.

Ko Tarutao hat eine düstere Vergangenheit als Gefängnisinsel – einer der Gründe, warum es nicht erschlossen wurde.

Offiziell ist die Insel von Mitte Mai bis Mitte Oktober für Besucher geschlossen.

Sehenswertes & Aktivitäten

Mit seinem befahrbaren Fluss und langen, asphaltierten Straßen lässt sich Ko Tarutao ideal auf eigene Faust erkunden. In der Parkverwaltung und in einigen der Rangerstationen kann man Kajaks (200/500 B pro Std./Tag) und Mountainbikes (50/250 B) mieten.

Ao Molae STRAND

(อ่าวเมาะและ) Der stille, wunderbar abgeschiedene und weiße Ao Molae ist der schönste Strand auf Ko Tarutao. Dahinter befinden sich eine **Rangerstation** (Mitte Okt.–Mitte Mai 8–17 Uhr), Bungalows und ein Campingplatz, alle sehr hügelige 4 km zu Fuß oder mit dem Rad südlich der Ao Pante Malacca.

Tham Jara-Khe HÖHLE

(ถ้ำจระเข้, Crocodile Cave) Wer dem Fluss, der an der Ao Pante Malacca an der Nordwestküste von Ko Tarutao ins Meer mündet, ins Landesinnere folgt, gelangt zur Tham Jara-Khe, in der früher einmal gefährliche Leistenkrokodile gelebt haben. Bei Ebbe ist die Höhle 1 km weit schiffbar; sie kann im Rahmen von Longtail-Boot-Touren (500 B) besucht werden, die am Anleger an der Ao Pante Malacca starten.

Schlafen & Essen

Schlichte, staatlich verwaltete Bungalows finden sich an der **Ao Pante Malacca** (www.dnp.go.th; Ao Pante Malacca; Zi. 600–1200 B; Mitte Okt.–Mitte Mai) und der **Ao Molae** (www.dnp.go.th; Ao Molae; Zi. 600 B; Mitte Okt.–Mitte Mai). Wasser ist rationiert, und Strom gibt's von 18.30 bis 6 Uhr. An der Ao Molae und der Ao Son kann man auch campen. Die Einrichtungen sind sehr schlicht; oft dringen Affen in die Zelte ein. Man sollte die Zelte also unbedingt gut schließen.

Die Unterkünfte können online oder einfacher beim Besucherzentrum des Parks (S. 748) in Pak Bara gebucht werden.

Schlichte Kantinen mit thailändischem Essen gibt's an der **Ao Pante Malacca** (Ao Pante Malacca; Hauptgerichte 80–180 B; 7.30–14.30 & 17–20.30 Uhr) und der **Ao Molae** (Ao Molae; Hauptgerichte 70–140 B; 7.30–14.30 & 17–20.30 Uhr).

Praktische Informationen

Verwaltung des Ko Tarutao Marine National Park (Ao Pante Malacca; 8–17 Uhr) Hier kann man Kajaks und Mountainbikes leihen.

Ko Tarutao Kite Centre (Ao Pante Malacca; 8–17 Uhr) Karten und Infos zur Gegend.

Rangerstationen gibt's auf der gesamten Insel, an der Ao Molae (S. 749) im Nordwesten, der **Ao Son Ao Son** (Mitte Okt.–Mitte Mai 8–17 Uhr) an der Westküste und der **Ao Taloh Waw** (Mitte Okt.–Mitte Mai 8–17 Uhr) im Osten der Insel.

An- & Weiterreise

Von Mitte Oktober bis Mitte Mai fährt täglich um 11.30 Uhr ein Schnellboot von Pak Bara zum **Fährhafen** (Ao Pante Malacca) an der Ao Pante Malacca auf Ko Tarutao (450 B, 30 Min.). Ein Longtail-Boot ab Pak Bara für bis zu acht Personen kostet hin und zurück 4500 B.

Wer an der Ao Molae wohnt, kommt dorthin von der Ao Pante Malacca mit einem Kleinbus, der bei Nachfrage täglich um 11 oder 13 Uhr fährt (50 B pro Pers.).

Ko Tarutao Marine National Park & Umgebung

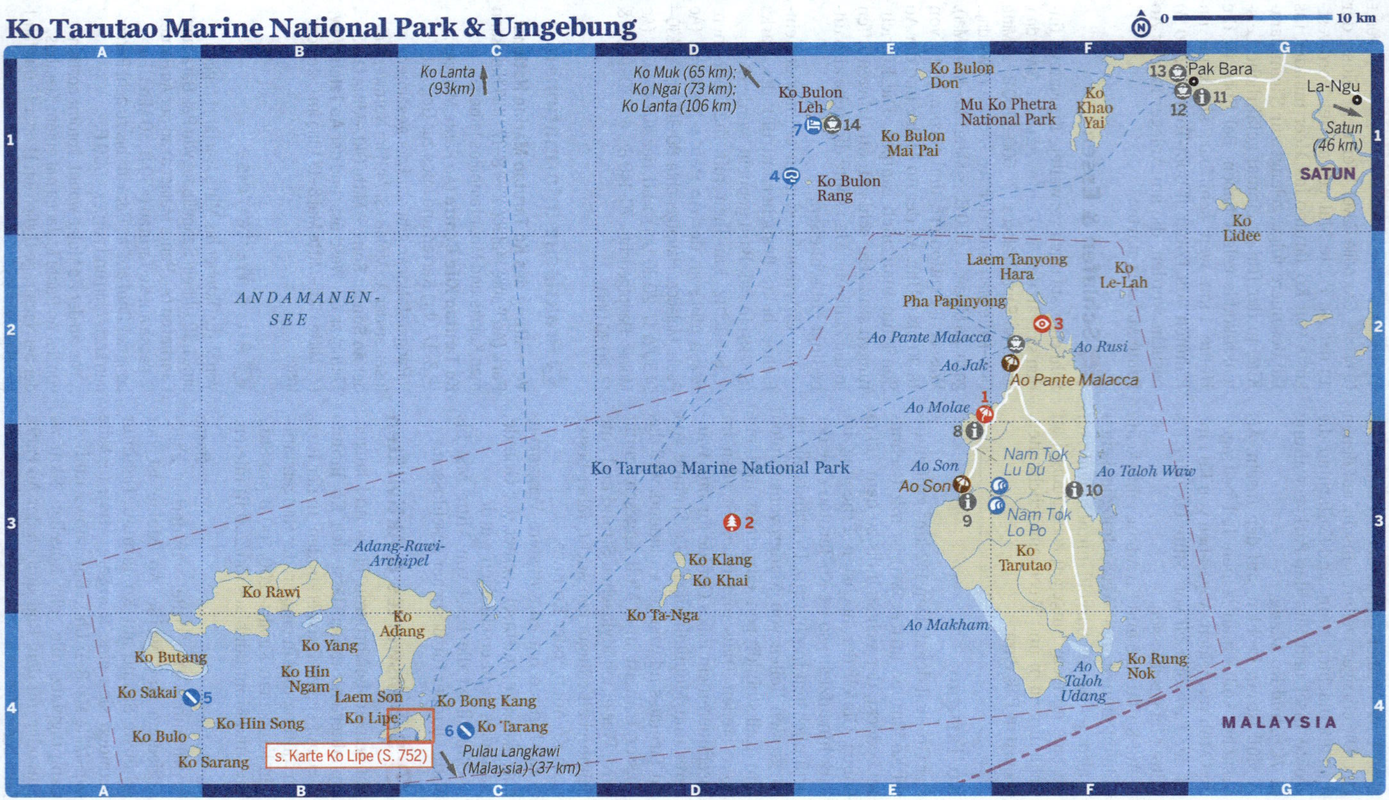

Ko Tarutao Marine National Park & Umgebung

Sehenswertes
1 Ao Molae E2
2 Ko Tarutao Marine National Park D3
3 Tham Jara-Khe F2

Aktivitäten, Kurse & Touren
4 Ko Gai D1
Ko Ma .... (s. 4)
5 Ko Sarang A4
6 Stonehenge C4
White Rock .... (s. 4)

Schlafen
Ao Molae National Park Unterkünfte .... (s. 1)
7 Bulone Resort E1
Chaolae Homestay .... (s. 7)
Pansand Resort .... (s. 7)

Essen
Ao Molae Canteen .... (s. 1)
Bulone Resort Restaurant .... (s. 7)

Ausgehen & Nachtleben
Hug Bulon .... (s. 7)

Praktisches
8 Ranger-Station Ao Molae E3
9 Ranger-Station Ao Son E3
10 Ranger-Station Ao Taloh Waw F3
11 Ko Tarutao Marine National Park Besucherzentrum G1

Transport
12 Fähranleger Pak Bara F1
13 Satun Pak Bara Speedboat Club F1
14 Speedboote nach Pak Bara & Ko Lipe E1

Ko Lipe

Ko Lipe (เกาะหลีเป๊ะ) ist mit zwei schönen weißen Sandstränden gesegnet, die von dschungelbedeckten Hügeln getrennt sind, und liegt in der Nähe geschützter Korallenriffe. Früher war die Insel ein beschauliches Tropenparadies, heute jedoch ist sie das Paradebeispiel für die ungezügelte Erschließung der thailändischen Inseln: Das Zentrum von Ko Lipe hat sich in ein ständig wachsendes Labyrinth aus Hotels, Restaurants, Reisebüros und Läden verwandelt. Das vom Tourismus ausgelöste Wachstum hat zu Problemen bei der Müllentsorgung und Energieversorgung und mit Lärmbelästigung geführt. Die größten Verlierer dabei sind die 700 Einwohner des Seenomadendorfs, deren Vorfahren König Rama V. die Insel 1909 als Wohnsitz überlassen hatte. Jedoch verkauften die Seenomaden das Land in den 1970er-Jahren.

Trotz all der Bautätigkeit blitzt die atemberaubende Schönheit von Ko Lipe noch immer auf: prächtige Strände, sensationelle Tauchspots, ein dschungelüberwuchertes Inselinneres, eine ansteckend freundliche Atmosphäre und eine ganze Reihe Einwohner, die auf Umweltschutz Wert legen. Hier herrscht eher Ruhe als Party, doch die Insel ist nicht mehr das einsame Paradies, das sie einst war.

Sehenswertes & Aktivitäten

Beim Schwimmen sollte man, insbesondere in der Nebensaison, die Longtail-Boote genau im Auge behalten. Badende sind von ihnen schon überfahren worden. Man darf nicht davon ausgehen, dass die Bootsführer einen bemerken.

Zu keiner Jahreszeit sollte man in der schmalen Straße zwischen Ko Lipe und Ko Adang schwimmen – die Strömung ist reißend und kann tödlich sein.

Tauchen

Zwar sind die Tauchbedingungen hier die meiste Zeit des Jahres nicht gerade Weltklasse, aber das Tauchen ist hervorragend, wenn die Unterwassersicht zu Beginn der Regenzeit (Mitte April–Mitte Juni) aufklart. Es gibt einige gute Spots zum Strömungstauchen und zwei wirklich tolle Felsen.

Der **Eight Mile Rock** ist eine Felsnadel im tiefen Wasser, die Teufelsrochen und die sehr seltenen Walhaie anlockt. Dies ist der einzige Tauchspot der Gegend, an dem Tiefseearten zu sehen sind. **Stonehenge** ist bekannt für seine schönen Weichkorallen, die ortsansässigen Seepferdchen, seltene Zebrahaie und die Felsen, denen der Spot seinen Namen verdankt. Auch **Ko Sarang** ist atemberaubend: Hier gibt es prachtvolle Weichkorallen, die sich in der Strömung wiegen und zwischen denen eine derart große Zahl von leuchtend bunten Fischen hin und her flitzt, dass viele diesen Tauchspot für den schönsten rund um Ko Lipe halten.

Um im Ko Tarutao Marine National Park zu tauchen, müssen alle Taucher eine Gebühr von Höhe von 200 B entrichten.

Ko Lipe Diving TAUCHEN
(☎087 622 6204, 088 397 7749; www.kolipediving.com; Walking St; 1/2 Tauchgänge 1700/2800 B; ⏰8–22 Uhr) Der gut organisierte, professio-

Ko Lipe

Ko Lipe

Sehenswertes
1 Ko Kra ... D1
2 Ko Usen ... D3

Aktivitäten, Kurse & Touren
Castaway Divers ... (s. 4)
Davy Jones' Locker ... (s. 6)
3 Ko Lipe Diving ... A1

Schlafen
4 Castaway Resort ... D2
5 Chic Lipe ... C2
6 Koh Lipe Backpackers Hostel ... B2
7 Serendipity ... D3
8 Wapi Resort ... D2

Essen
9 Barracuda ... C2
10 Café Tropical ... C2
11 Elephant Coffee House & Bar ... A1
12 Nee Papaya ... D2

Ausgehen & Nachtleben
13 Castaway ... D2
14 Maya Bar ... A1
15 Reggae Bar ... A2

Praktisches
16 Immigration ... C2

Transport
17 Bundhaya Speedboat ... A2
18 Fähranleger ... C2

nelle Tauchveranstalter erhält ständig glänzende Kritiken für seine speziellen Kurse und Tauchgänge, bei denen der Unterricht im Vordergrund steht. „Discover Scuba" mit zwei Tauchgängen kostet 2800 B; SSI-Zertifizierungskurse belaufen sich auf 14 500 B. In den Preisen ist die Meeresparks-Tauchgebühr von 200 B nicht enthalten.

Davy Jones' Locker TAUCHEN
(☎062 963 4425; www.scubadivekohlipe.com; Hat Pattaya; Tauchgänge ab 3000 B) „Discover Scuba" mit einem Tauchgang kostet 2500 B, die PADI-Open-Water-Zertifizierung 14 500 B (inkl. kostenloser Unterkunft im Koh Lipe Backpackers Hostel). In den Preisen ist die Meeresparks-Tauchgebühr von 200 B nicht enthalten.

Castaway Divers TAUCHEN
(☎083 138 7472; www.kohlipedivers.com; Castaway Resort, Hat Sunrise; 1/2 Tauchgänge 2500/3800 B; ⏲8–18 Uhr) Bietet eine Reihe spezialisierter Kurse (Nachttauchen, Unterwasserfotografie) sowie die PADI-Open-Water-Zertifizierung (13 500 B), Schnorcheltrips (700 B) und

kleinere Tauchausflüge mit Longtail-Booten. In den Preisen ist die Meeresparks-Tauchgebühr von 200 B nicht enthalten.

Schnorcheln

Gute Korallenbänke finden sich an der Südküste sowie rund um **Ko Kra** (เกาะกระ) und **Ko Usen**, die beiden Inselchen gegenüber dem Hat Sunrise (Vorsicht vor ankommenden Longtail-Booten!). Die meisten Resorts vermieten komplette Maske-Schnorchel-&-Schwimmflossen-Sets (100–200 B). Reisebüros und einige Tauchveranstalter organisieren Ausflüge nach Ko Adang, Ko Rawi und zu anderen, von Korallen gesäumten Inseln, bei denen die Teilnehmer an vier verschiedenen Stellen schnorcheln (ab 450 B pro Pers.).

Yoga

Im Castaway Resort gibt's Yoga am Strand (400 B; 7, 9 & 16.30 Uhr).

Schlafen

Immer mehr Resorts auf Ko Lipe bleiben ganzjährig geöffnet. Ein paar bescheidene Bambus-Bungalows halten noch durch, aber immer mehr Resorts machen sich vor allem am Hat Pattaya breit. Wer es ruhiger mag, sollte sich für den weniger überlaufenen Hat Sunset entscheiden. In der Hauptsaison und rund um Feiertage schnellen die Preise in die Höhe, und man sollte rechtzeitig vorab buchen.

★ Chic Lipe HOSTEL $

(☎090 767 6763; www.thechiclipe.com; 447 Mu 7; B ohne/mit Bad 650/750 B, Zi. 1200–2500 B; ❄📶) Das als Boutiquehostel vermarktete Chic Lipe hat herausragende Zimmer mit geschliffenem Beton, abgenutzt wirkendem Holz und modernem Design. In den Dorms stehen große Herbergsbetten und es gibt auch kunstvoll eingerichtete Dorms mit Doppelbetten sowie Doppelzimmer, die die mancher Hotels glatt in den Schatten stellen. Eine gemütliche Bibliothek, eine Kaffeeecke, ein Restaurant, eine Bar, eine schicke Rezeption und schmiedeeiserne Lüster machen dies zu einem wirklich schicken gehobenen Hostel/Hotel.

Koh Lipe Backpackers Hostel HOSTEL $

(☎062 963 4425; www.kohlipebackpackers.com; Hat Pattaya; B 500 B, Zi. 2500–3000 B; ❄📶) Das einzige Hostel auf Ko Lipe ist in einem zeitgenössisch gestalteten Betonblock am westlichen Abschnitt des Hat Pattaya untergebracht. Es gibt nur Gemeinschaftsduschen, aber eigene Schließfächer und WLAN. Vor Ort befindet sich die Tauchschule Davy Jones' Locker (Taucher erhalten Rabatt), und die Lage am Strand ist toll. Im Obergeschoss befinden sich sechs schlichte, aber recht komfortable Privatzimmer mit Klimaanlage.

★ Castaway Resort HOTEL $$

(☎081 170 7605, 083 138 7472; www.castawayresorts.com; Hat Sunrise; Bungalow 2700–4750 B; 📶) Die geräumigen Bungalows aus dunklem Holz mit Hängematten auf den Terrassen, unzähligen Kissen, Ventilatoren und schicken Moderne-trifft-Natur-Bädern sind die besten, die Ko Lipe zu bieten hat. Das einladende Resort gehört auch zu den umweltfreundlichsten. Es gibt ein lässiges Strandcafé und eine **Bar** (☎089 724 2604; www.facebook.com/cornerbarlipe; Hat Sunrise; ⏲15–2 Uhr; 📶), täglich Meditation und Yoga (400 B) und eine gute Tauchschule (S. 751).

Wapi Resort BUNGALOWS $$

(☎089 464 5854; www.wapiresortkohlipe.com; Hat Sunrise; Bungalow mit Frühstück 2800–4800 B; ❄📶) Die von Franzosen geführte Anlage mit niedlichen Bungalows mitten am Hat Sunrise ist enorm begehrt. Die Strandbungalows verfügen über moderne Bäder und große Veranden, doch auch die Gartenbungalows sind nicht weit vom Strand. Im Familienbungalow (6800 B) stehen die Betten Seite an Seite. Sauber, einfach und preisgünstig!

★ Serendipity BUNGALOWS $$$

(☎088 395 5158; www.serendipityresort-kohlipe.com; Hat Sunrise; Bungalow mit Frühstück 6000–14 400 B; ❄📶🏊) Die exquisit gestaltete Anlage steht einsam über dem mit Felsbrocken übersäten Südende des Hat Sunrise und ist über einen Plankenweg zu erreichen. Die geräumigen strohgedeckten Bungalows aus dunklem Holz haben eigene Terrassen mit herrlicher Aussicht, hervorragende Betten und stilvolle Bäder; die teuersten auch Tauchbecken.

Essen & Ausgehen

Es gibt tolle Meeresfrüchte; die besten Restaurants liegen meist im Hinterland. Preiswert essen kann man an den *roti*-Ständen und in den kleinen thailändischen Cafés an der Walking St. Man sollte das Angebot vieler Resorts und Restaurants nutzen, seine Wasserflasche bei ihnen aufzufüllen – es dient der Müllvermeidung.

Nee Papaya THAI $

(☎087 714 5519; Hauptgerichte 80–150 B; ⏲9–23 Uhr) In diesem netten Lokal gibt's jeden

Abend günstigen gegrillten Fisch, alle üblichen Currys (darunter auch ein umwerfendes *pá·naang* mit Rindfleisch), Nudeln und Pfannengerichte (vegetarisch oder mit Rindfleisch, Hühnchen oder Meeresfrüchten), dazu eine Auswahl an scharfen Isan-Gerichten. Die Köchin verwendet auf Wunsch weniger Chili, am besten schmeckt ihr Essen aber, wenn es nach örtlichem Geschmack gewürzt ist, und genau deshalb strömen viele thailändische Touristen hierher.

Café Tropical INTERNATIONAL $$
(☎083 169 1216; www.tropicalkohlipe.com; Walking St; Hauptgerichte 80–400 B; ⏲7–23 Uhr; 📶✍) Die bunten und köstlichen glutenfreien, veganen und vegetarischen Burger und Salate werden hier in großen Portionen gereicht, genauso wie sämtliche Rindfleisch- und Hühnchengerichte. Die Zutaten sind frisch und gesund, zum Kaffee gibt's je nach Wunsch auch Mandel-, Reis- oder Sojamilch und die Säfte mit Grünkohl und Ingwer bringen einen morgens auf Touren.

Barracuda FISCH & MEERESFRÜCHTE $$
(☎089 739 3940; Hauptgerichte 80–250 B; ⏲9–22 Uhr) Jedes zweite Restaurant auf Ko Lipe bietet frische Meeresfrüchte vom Grill, aber dieses schätzen die Einheimischen am meisten. Die anderen Gerichte auf der Karte sind ebenfalls prima, vor allem die Salate. Das verfallene, etwas versteckte Ambiente trägt zu dem Eindruck bei, dass man sich in einem Laden befindet, der auf Thais, nicht auf Ausländer ausgerichtet ist.

Elephant Coffee House & Bar INTERNATIONAL $$
(☎089 657 2178; www.facebook.com/ElephantKohLipe; Walking St; Hauptgerichte 120–420 B; ⏲7–1 Uhr) Die Theke ist ein Longtail-Boot, es werden gebrauchte Bücher verkauft, und Schwarzweißfotos des hiesigen Alltagslebens schmücken die getünchten Betonwände. Das lässige zeitgemäße Café serviert den ganzen Tag fabelhaftes Frühstück, Arme Ritter, ausgezeichneten Kaffee und hausgemachtes Müsli mit tropischen Früchten. Darüber hinaus gibt's frische Salate, Sandwiches, Burger und Pizzas. Abends ist fast immer etwas los, mit zahlreichen Gästen und Livemusik.

★ **Reggae Bar** BAR
(Hat Pattaya; ⏲16–1 Uhr) Wenn die Sonne untergeht, werfen in dieser superlegeren Reggaebar am Hat Pattaya flackernde Kerzen ein traumhaftes Licht auf die Strandmatten und Kissen im Sand. Bei einem Cocktail kann man in die Sterne schauen oder eine spontane Feuershow erleben – dies ist eine der besten Strandbars der Insel.

★ **Maya Bar** BAR
(www.facebook.com/mayabarkohlipe; Walking St; ⏲17–1 Uhr) Dies ist die schickste Bar an der Walking Street, mit „Love"-Slogans, Mobiles aus gefundenen Gegenständen, Kissen auf erhöhten Plattformen, einladenden Diwanen, flackernden Kerzen, einem sandigen Boden und einer Bambus-„Wand". Nach Einbruch der Dunkelheit legen DJs Dance und Electronic auf, während die Cocktails (ab 200 B) ihre Arbeit verrichten.

ℹ Praktische Informationen

Immigration Office (⏲8–16 Uhr) Die Einwanderungsbehörde hat jetzt ihren eigenen offiziellen Kiosk am Hat Pattaya neben dem Bundhaya Resort.

ℹ An- & Weiterreise

Zwischen Mitte Oktober und Mitte Mai fahren Schnellboote von Pak Bara (teils über Ko Tarutao) nach Ko Lipe (650 B, 1½ Std.; 9.30, 11.30, 13.30 & 15.30 Uhr, Rückfahrten nach Pak Bara 9.30, 11.30 & 13.30 Uhr). In der Nebensaison sind die Verkehrsverbindungen vom Wetter abhängig, aber in der Regel fährt täglich um 11.30 Uhr ein Boot direkt von Pak Bara nach Ko Lipe (Rückfahrt 9.30 Uhr).

Von November bis Ende April fährt um 10 Uhr eine Schnellfähre von Tigerline (S. 739) von Ko Lipe über Ko Phi-Phi (1750 B, 7 Std.), Ko Lanta (1700 B, 5 Std.), Ko Muk (1400 B, 3½ Std.), Ko Kradan (1400 B, 3½ Std.) und Ko Ngai (1600 B, 4½ Std.) nach Phuket (2100 B, 8 Std.).

Von Mitte Oktober bis Ende April legen Boote von Bundhaya Speedboat (S. 739) und dem Satun Pak Bara Speedboat Club (S. 739) um 9 Uhr in Ko Lipe nach Ko Lanta (1900 B, 3 Std.) ab; sie fahren über Ko Bulon Leh (600 B, 1 Std.), Ko Kradan (1400 B, 2 Std.), Ko Muk (1400 B, 2 Std.) und Ko Ngai (1600 B, 2½ Std.). Die Schnellboote fahren um 10.30 Uhr von Ko Lanta zurück.

Die Schnellboote und Fähren legen selten fahrplanmäßig ab und brauchen für die Fahrten auch meist länger als angegeben.

Von Mitte Oktober bis Ende April fahren auch Boote von Ko Lipe nach Pulau Langkawi (1000 B, 1½ Std.) in Malaysia.

Egal mit welchem Boot man anreist, sie fahren alle von/zum schwimmenden **Fähranleger** vor dem Hat Pattaya, wo man in ein Longtail-Boot (50 B) umsteigen und 200 B Nationalparkgebühr sowie 20 B „Eintritt" zahlen muss – Letzteres ist Bestandteil einer örtlichen Vereinbarung, die Einheimischen an den Einkünften zu beteiligen. Schnellboote setzen einen *vielleicht* auch direkt am Hat Pattaya ab. In der Nebensaison (Mai–Okt.) legen die meisten Boote am Hat Sunrise an, und es fällt keine Gebühr für die Überfahrt mit einem Longtail-Boot an.

Unterwegs vor Ort

Es gibt wenig Entspannenderes, als zwischen den Dschungelparadiesen von Ko Rawi, Ko Adang und den umliegenden Inselchen herumzuschippern. Am besten heuert man am **Taxibootstand** (Hat Sunrise) am Hat Sunrise einen Kapitän an, der den hiesigen Seenomaden angehört. Kajaks (250 B pro Std.) kann man überall auf der Insel mieten.

Ko Bulon Leh

Das atemberaubende Ko Bulon Leh (เกาะบุโหลนเล) 23 km westlich von Pak Bara ist von dem für die Andamanensee typischen glasklaren Wasser umgeben und besitzt makellose weiße Strände mit hohen Kasuarinen. Die prächtige Insel befindet sich in jener wundervollen Phase, wo die Erschließung zwar so weit fortgeschritten ist, dass man einige Einrichtungen findet, in der die Insel aber noch immer ein stilles Robinson-Crusoe-Flair verströmt.

An der Ostküste erstreckt sich zwischen den beiden wichtigsten Resorts der Insel, dem Bulone Resort und dem Pansand Resort, ein hinreißender weißer Strand. An manchen Abschnitten wird er schmaler, vor allem dort, wo knorrige Mangroven angrenzen oder mächtige ausgebleichte Baumstämme an Land gespült wurden. Das macht es aber auch leicht, ein verstohlenes, schattiges Plätzchen mit traumhafter Aussicht zu finden.

Auf der winzigen Insel steht in den Resorts nur abends Strom zur Verfügung und es gibt keine Geldautomaten – die nächsten gibt's in Pak Bara; genügend Bargeld mitnehmen! Außerdem ist dies ein stark jahreszeitlich geprägtes Ziel: In der Nebensaison gibt's keine touristischen Einrichtungen. Doch die Besucher kehren immer wieder in das verführerische tropische Inselparadies zurück.

Aktivitäten

Sonnenbaden, schwimmen oder einfach den Hauptstrand von Bulon bestaunen, einen wunderschönen weißen Sandstreifen vor ruhigem türkisfarbenem Wasser – all das ist Grund genug, um diesem einsamen Juwel einen Besuch abzustatten. Im üppigen Inneren der Insel bieten sich Wege für Erkundungen an, wenn auch die dschungelüberzogenen Felsen der Westhälfte zu Fuß nicht zugänglich sind.

Dagegen kann man die wilde Schönheit der Nordküste in der tiefblauen, mit Korallenresten durchsetzten Bucht von **Ao Panka Yai** bewundern, wo man auch gut schnorcheln kann. Die Bucht ist über einen

GRENZÜBERGANG NACH MALAYSIA

Bei der Einreise nach Malaysia muss die Uhr um eine Stunde vorgestellt werden.

Von Ko Lipe nach Pulau Langkawi Von Mitte Oktober bis Mitte April fahren Tigerline (S. 739), Bundhaya Speedboat (S. 739) und der Satun Pak Bara Speedboat Club (S. 739) täglich von Ko Lipe nach Pulau Langkawi in Malaysia (1000 B, 1½ Std., Abfahrten 10.30, 11 & 16 Uhr). Zwei Stunden vor der geplanten Abfahrt der Fähre holt man sich im Immigration Office im Zentrum des Hat Pattaya den Ausreisestempel. Im umgekehrter Richtung legen die Schiffe nach Ko Lipe um 9.30 und 14.30 Uhr malaysischer Zeit in Pulau Langkawi ab.

Von Satun nach Kuala Perlis oder Pulau Langkawi Vom Anleger Tha Tammalang (10 km südlich von Satun) fahren jeden Tag zwei Fähren nach Pulau Langkawi in Malaysia (9 & 15.30 Uhr, 350 B). In umgekehrter Richtung fahren die Fähren täglich um 10.30 und 17.15 Uhr von Pulau Langkawi nach Satun. Zuletzt fuhren keine Schnell- oder Longtail-Boote von Satun nach Pulau Langkawi in Malaysia. Man kann aber in Satun einen Minivan (400 B) nach Kuala Perlis in Malaysia nehmen, der den Grenzübergang Wang Prajan/Wang Kelian nutzt. Die Kleinbusse fahren aber nicht täglich. Bustickets gibt's in On's Guesthouse (S. 747) in Satun.

An der Grenze Bürger der EU, der USA, Australiens, Kanadas und mehrerer anderer Länder können ohne vorab beantragtes Visum für bis zu 90 Tage nach Malaysia einreisen. Wer sich nicht sicher ist, unter diese Regelung zu fallen, erkundigt sich vorab bei der nächstgelegenen malaysischen Botschaft oder dem nächsten malaysischen Konsulat und beantragt dort sein Visum.

kleinen, asphaltierten Weg mit **Ao Panka Noi** verbunden, einem Fischerdorf an der nordöstlichen Küste mit schönem Ausblick auf die Karstfelsen, Longtail-Booten, die am Kieselstrand anlegen, und einer Reihe guter, einfacher Restaurants. In der Nähe führt ein ausgeschilderter Pfad nach Westen durch einen Rest von Dschungel und durch Kautschukplantagen – Augen auf, sonst stolpert man über einen der großen Warane auf Bulon! – schließlich südwärts zur **Ao Muang** (Mangobucht), an der eine Tintenfischersiedlung der Urak Lawoi (Seenomaden) liegt.

Vor **Laem Son** in der nordöstlichen Ecke der Insel und die Ostküste hinunter finden sich gute Korallen. Kajaks (200 B pro Std.) kann man im Bulone Resort und im Pansand Resort mieten. Die besten Schnorchelbedingungen herrschen bei Ebbe.

Die Resorts organisieren geführte Schnorcheltrips (2000 B, 4 Std., max. 8 Pers.) zu anderen Inseln in der Ko-Bulon-Gruppe. Diese Trips führen meist auch zu dem kristallklaren Wasser um **Ko Gai** (เกาะไก่) und **Ko Ma** (เกาะแม่), an deren krummen Felsen der Wind und der Zahn der Zeit genagt haben. Den schönsten Anblick bietet **White Rock**, wo Felsnadeln, auf denen Vögel sich niedergelassen haben, steil aus dem offenen Meer ragen. Unter der Wasseroberfläche liegt ein von Muscheln besetztes Felsenriff, um das unzählige bunte Fische schwimmen.

Schlafen & Essen

Die meisten Unterkünfte sind von Mitte April bis November geschlossen. Das Pansand Resort bleibt bis Ende Mai geöffnet.

Um etwas zu essen, lohnt sich der Weg hinüber zur Ao Panka Noi. Es gibt ein paar einheimische Restaurants und Läden in dem muslimischen Dorf zwischen der Ao Panka Noi und der Ao Panka Yai. Alle Resorts verfügen über ein eigenes Restaurant.

Chaolae Homestay BUNGALOWS $
(☎086 290 2519, 086 967 0716; Ao Panka Yai; Bungalow 700 B; ⏲Nov.–April) Schlichte Bungalows aus Bambus und Holz mit Kaltwasserduschen und Hocktoiletten. Die herrlich ruhige, schattige Anlage wird von einer freundlichen Seenomadenfamilie geführt und ist nur ein paar Schritte von den ordentlichen Schnorchelstellen der Ao Panka Yai entfernt. Das Restaurant ist ebenfalls akzeptabel. Kein WLAN.

Pansand Resort BUNGALOWS $$$
(☎081 693 3667; www.pansand-resort.com; Main Beach; Bungalow mit Frühstück 1600–3500 B; ⏲Mitte Okt.–Mai) Unter den hoch aufragenden Bäumen hinter dem wunderbaren weißen Sand verbirgt sich eine Ansammlung von Holzhäuschen mit roten Dächern. Die minimale Einrichtung ist schon etwas in die Jahre gekommen, doch die Häuschen sind geräumig und stehen weit genug auseinander, dass für Privatsphäre gesorgt ist. Im Strandrestaurant kommen köstliche thailändische und internationale Speisen auf den Tisch. Dies ist das einzige Resort auf Bulon, das bis Ende Mai geöffnet hat.

Bulone Resort HOTEL $$$
(☎095 041 6211; www.bulone-resort.com; Main Beach; Bungalow mit Frühstück 3000–4500 B; ⏲Nov.–April; ❄📶) Das Resort sitzt auf dem Nordostkap mit Zugang zu zwei exquisiten weißen Stränden und hat damit die beste Lage auf der Insel. Die niedlichen, weißen Holzbungalows haben schmale Doppelbetten mit Eisengestell und werden gut von der Meeresbrise durchlüftet. Dahinter türmen sich die neuen, auf Stelzen stehenden Bungalows im Stil von Berghütten, die einen prächtigen Ausblick gewähren. Es gibt ein **Restaurant** (☎095 041 6211; www.bulone-resort.com; Hauptgerichte 180–350 B; ⏲Nov.–April 7.30–10 & 18–22 Uhr; 📶) mit thailändischer und internationaler Küche und einen Kaffeeausschank. Auf Wunsch können auch Schnorcheltrips organisiert werden.

Hug Bulon BAR
(Main Beach; ⏲Nov.–April 10 Uhr–open end) Die luftige Strandbar (mit Restaurant) neben dem Pansand Resort ist *die* Adresse für chillige Musik und Sonnenuntergangs-Cocktails. Sehr empfehlenswert ist auch das Essen, sowohl das thailändische als auch das anderer Küchen.

An- & Weiterreise

Von Mitte Oktober bis Ende April fährt täglich um 12.30 Uhr ein Schnellboot von Pak Bara nach Ko Bulon Leh (450 B, 30 Min.). Longtail-Boote bringen einen zu dem seinem Resort am nächsten liegenden Strand (50 B). Zurück nach Pak Bara startet das **Schnellboot** um 9 Uhr aus der Bucht vor dem Pansand Resort. Man kann auch Longtail-Boote von/nach Pak Bara (2000 B, 1½ Std.) chartern.

Von Mitte Oktober bis Ende April fährt täglich um 14 Uhr ein Schnellboot von Ko Bulon Leh nach Ko Lipe (600 B, 1 Std.), das vor dem Pansand Resort stoppt. Das Boot kommt aus Ko Lanta (1600 B, 2 Std.) und stoppt unterwegs in Ko Ngai (1050 B, 1½ Std.), Ko Muk (900 B, 1 Std.) und Ko Kradan (900 B, 1 Std.). Die Rückfahrt startet um 9 Uhr in Ko Lipe.

Thailand verstehen

Geschichte

Thailands Geschichte beginnt mit der Ansiedlung von Einwanderern in einer Grenzregion, die Herrscher ferner Reiche wegen der Aussicht auf Sklaven, Landgewinn und lukrativen Handel für sich begehrten. Das so entstandene Land erlangte schließlich über Sprache, Religion und Monarchie eine nationale Identität. Thailands Könige konnten sich zwar gegenüber dem westlichen Kolonialismus behaupten, mussten ihre absolutistische Herrschaft dann aber wegen Widerstand im Inneren lockern. Seit Einführung der konstitutionellen Monarchie im Jahr 1932 wurde das Land in erster Linie vom Militär regiert – mit ein paar kurzen demokratischen Zwischenspielen.

Frühgeschichte

Über die Kulturen, die in Thailand vor dem 5. und 6. Jh. existierten, ist wenig bekannt. Knochenreste des *Homo erectus*, die mindestens 500 000 Jahre alt sind, wurden in der Provinz Lampang im Norden Thailands gefunden. In Ban Chiang, der bedeutendsten Fundstätte des Landes unweit von Udon Thani, entdeckten Forscher Hinweise auf eine der ältesten Agrargesellschaften der Welt. Im Tal des Mekong sowie auf der Hochebene von Khorat lebten vermutlich schon vor 10 000 Jahren Menschen, die Bauern waren und Bronzewerkzeuge herstellten. Die Höhlenmalereien im Pha Taem National Park bei Ubon Ratchathani sind gut 3000 Jahre alt.

Antike Stätten

- *Ayutthaya Historical Park*
- *Sukhothai Historical Park*
- *Chiang Saen Historical Park*
- *Khmer-Ruinen in Lopburi*
- *Nakhon Si Thammarat National Museum*
- *Phimai Historical Park*

Die ersten Königreiche

Um das 10. Jh. n. Chr. herum wanderte das Volk der Tai, die als die Vorfahren der heutigen Thais gelten, aus dem Süden Chinas in das heutige Südostasien ein. Die Einwanderer sprachen Tai-Kadai und stellten wohl die bedeutendste ethnolinguistische Gruppe in Südostasien dar. Einige von ihnen ließen sich an den Flüssen auf dem Gebiet des heutigen Thailands nieder, andere siedelten in Teilen des heutigen Laos und in der Region des Shan-Staats im heutigen Myanmar.

Sie lebten als Bauern, Jäger und Händler in Dörfern, die sie zu Verwaltungseinheiten zusammenfassten. Diese *meu·ang,* die unter der Herrschaft eines Lehnsherrn standen, bildeten das Fundament des Tai-Reichs. Mit der Zeit breiteten sich die Tai von den Gebirgstälern im

ZEITLEISTE

4000–2500 v. Chr.

Prähistorische Siedler im Nordosten Thailands entwickeln die Töpferei, den Reisanbau und die Bronzeherstellung.

6.–11. Jh.

Die Stadtstaaten der Dvaravati-Kultur breiten sich in Zentralthailand aus, legen ein Netz von Handelsstraßen an, übernehmen die Kultur der Mon und praktizieren den Theravada-Buddhismus.

9.–13. Jh.

Die Khmer dehnen ihre Herrschaft von Angkor nach Thailand aus und errichten dort buddhistische und hinduistische Heiligtümer.

Norden in die zentrale Tiefebene und auf das Hochplateau im Nordosten aus. Dort gab es mehrere bedeutende Handelszentren, die von verschiedenen einheimischen und auswärtigen Machthabern wie den Mon-Dvaravati, den Khmer (aus Kambodscha) und den (malaiischen) Srivijaya beherrscht wurden.

Dvaravati

Das Volk der Mon beherrschte Teile von Birma (heute Myanmar), das westliche Thailand sowie die zentrale Tiefebene. Mit den Mon eng verbunden ist die buddhistische Kultur der Dvaravati, die ihre Blütezeit im 6. bis 9. Jh. erlebte. Über diese Zeit ist aber nur wenig bekannt. Das Zentrum dieser Kultur war vermutlich Nakhon Pathom, von wo aus Handelsrouten nach Birma, Kambodscha, Chiang Mai und Laos führten. Dies belegen die dortigen Buddha-Darstellungen, Tempel und Steininschriften in der Sprache der Mon, die eindeutig der Dvaravati-Kultur zuzuordnen sind.

Die Dvaravati-Kultur war nur eine von vielen Kulturen, die von Indien beeinflusst waren, sich in Südostasien aber eigenständig weiterentwickelten. Für die Wissenschaftler ist sie aber einzigartig, hat sie doch einen Kunstschatz und ein Netz von Handelsstraßen hinterlassen, das die zentrale Basis des modernen thailändischen Staates werden sollte.

Khmer

Das Königreich der Khmer war das „Römische Reich" Südostasiens. Dieses Königreich, das für seine ausgefallene Architektur und Bildhauerei bekannt ist, hatte einen prägenden Einfluss auf die Kunst und Religion in dieser Region. Das im 9. Jh. begründete Khmer-Reich errichtete seine Hauptstadt in Angkor (im heutigen Kambodscha), von wo es bis in das heutige Zentrum und den Nordosten Thailands vordrang. Rund um Tempel im Stil von Angkor errichtete es Verwaltungszentren in Lopburi (damals Lavo), Sukhothai und Phimai (in der Nähe von Nakhon Ratchasima) und verband sie über Straßen mit ihrer Hauptstadt.

Die großen Bauprojekte der Khmer brachten ihre Macht im Grenzgebiet zum Ausdruck und sind beeindruckende Zeugnisse der fortschrittlichsten Techniken der damaligen Zeit. So ist diese Ära der thailändischen Geschichte stark von Elementen der Khmer-Kultur geprägt, z. B. dem Hinduismus, Brahmanismus, Theravada- und Mahayana-Buddhismus.

Srivijaya

Während das thailändische Festland von den Machtzentren im Norden und Westen beeinflusst wurde, war die malaiische Halbinsel wirtschaftlich und kulturell mit den Zivilisationen des Südens verbunden. Vom 8. bis zum 13. Jh. wurde die Halbinsel vom Staatenbund der Srivijaya

Bücher zur Geschichte

Thailand: A Short History (2003, David K. Wyatt)

A History of Thailand (2009, Chris Baker & Pasuk Phongpaichit)

Chronicle of Thailand: Headlines Since 1946 (2010, Hrsg. Nicholas Grossman)

Steinreliefs in Angkor Wat belegen, dass Tais als Söldner in den Truppen der Khmer dienten. Die Khmer bezeichneten diese Tais als „Syam", was 1592 von dem englischen Kaufmann James Lancaster in „Siam" abgewandelt wurde.

Um 1000
Ungefähr zu dieser Zeit gelangen die ersten Thais von Südchina aus in das Gebiet des heutigen Thailands.

1240–1438
Die Herrscher von Sukhothai gründen das erste souveräne Königreich auf thailändischem Boden.

1283
König Ramkhamhaeng führt die erste Thai-Schrift ein.

1292
Chiang Mai wird zur Hauptstadt des Königreichs Lan Na, das über weite Teile Nordthailands herrscht.

beherrscht, die den Seehandel zwischen dem Südchinesischen Meer und dem Indischen Ozean kontrollierten. Die Hauptstadt der Srivijaya war vermutlich Palembang auf Sumatra.

Zu den Stadtstaaten von Srivijaya gehörte auch Tambralinga, dessen Hauptstadt sich nahe des heutigen Nakhon Si Thammarat befand. Im 13. Jh. wurde dieser Staat buddhistisch, während sich die anderen Staaten weiter im Süden dem Islam zuwandten und damit eine religiöse Grenze zogen, die bis heute besteht. Überreste der Srivijaya-Kultur sind noch rund um Chaiya und Nakhon Si Thammarat zu sehen. Auch viele Kunstformen der Srivijaya wie das Schattentheater *năng đà·lung* (Schattentheater) und das klassische Tanzdrama *lá·kon* werden heute noch gepflegt.

König Naresuan wird als Nationalheld verehrt. Als eine Art Kultfigur genießt er besonders bei der thailändischen Armee hohes Ansehen. Der kostspielige Dreiteiler *King Naresuan*, in dem seine Lebensgeschichte erzählt wird, ist ein Kassenschlager und wurde von der thailändischen Regierung mitfinanziert.

Entstehung der Tai-Königreiche

Im 13. Jh. begann der Niedergang der Großreiche. An ihre Stelle traten wohlhabende Stadtstaaten der Tai, deren politische und militärische Herrschaft auf kleine Gebiete begrenzt war. Schließlich gingen die miteinander rivalisierenden Stadtstaaten in mehreren Königreichen auf, in denen sich allmählich eine thailändische Identität entwickelte. Die für die Einigung des Landes bedeutsamsten Königreiche dieser Zeit sind nach heutigem Stand der Forschung Lan Na, Sukhothai und Ayutthaya.

Lan Na

Das Königreich Lan Na im Norden Thailands wurde Mitte des 13. Jhs. von König Mengrai in Chiang Saen am oberen Mekong gegründet. Er zog anschließend weiter nach Süden, wo er 1292 seine Hauptstadt Chiang Mai, „die neue Stadt", errichtete. Der König war ein geschickter Diplomat und schmiedete wichtige Bündnisse mit möglichen Rivalen wie König Muang von Phayao und König Ramkhamhaeng von Sukhothai. Das bronzene Denkmal zur Erinnerung an dieses Bündnis steht noch heute in Chiang Mai. Mengrai gelang es auch, Anfang des 14. Jhs. eine Invasion der Mongolen zu verhindern.

Die Könige von Lan Na werden dafür verehrt, dass sie die im heutigen Thailand weit verbreitete, singhalesische Tradition des Theravada-Buddhismus übernommen und die unverwechselbare Kultur des Nordens bewahrt haben. Allerdings litt das Königreich unter Intrigen im Herrscherhaus und kriegerischen Auseinandersetzungen mit rivalisierenden Mächten, sodass es zu keiner größeren Ausdehnung kam.

Sukhothai

Im 13. Jh. schlossen sich mehrere Thai-Fürsten zusammen und entrissen dem Khmer-Reich die Herrschaft über die zentrale Tiefebene. Ihre neue Hauptstadt nannten sie Sukhothai (Morgenröte der Glückseligkeit). In

1351–1767
Im Königreich Ayutthaya beginnt der Aufstieg der Siamesen.

1511
Portugal gründet die erste ausländische Handelsniederlassung in Ayutthaya, andere europäische Staaten folgen.

1556
Birmanen erobern die Lan-Na-Stadt Chiang Mai, die bis ins 18. Jh. unter ihrer Oberhoheit bleiben wird.

1688
Der Tod des prowestlichen Königs Narai führt zu einer Palastrevolte und zur Vertreibung der Franzosen. Danach existieren bis zu den 1800er-Jahren fast keine Verbindungen zwischen Thailand und dem Westen.

DES KÖNIGS STEINERNES VERMÄCHTNIS

In einer in Stein gemeißelten Inschrift aus dem Jahr 1292 beschreibt König Ramkhamhaeng sein Reich als idyllisch und frei von allen Zwängen und sich selbst als väterlichen Herrscher voller Güte:

> Sukhothai ist ein Land des Wohlstands und des Überflusses. Die Gewässer sind voller Fische, auf den Feldern gedeiht der Reis ... Und wenn ein Bürger dieses Landes eine Klage hat ... König Ramkhamhaeng hört es; er geht und befragt den Mann, untersucht den Fall und trifft eine gerechte Entscheidung.

Nach der englischen Übersetzung von A. B. Griswold und Prasert Na Nagara im *Journal of the Siam Society*, Juli 1971.

den Augen der Thais war Sukhothai das erste wirklich thailändische Königreich und die Epoche gilt als eine Zeit des künstlerischen und kulturellen Aufbruchs.

Am meisten verehrt wird König Ramkhamhaeng, der aus den Schriften der Inder, Mon und Khmer die Thai-Schrift entwickeln ließ und den Theravada-Buddhismus zur Staatsreligion bestimmte.

In seiner Blüte erstreckte sich das Königreich Sukhothai im Süden bis nach Nakhon Si Thammarat, im Norden bis ins obere Mekong-Tal im heutigen Laos und bis nach Bago (Pegu) im Süden Birmas. Von 1448 bis 1486 befand sich Sukhothais Hauptstadt in Phitsanulok, doch zu dieser Zeit ging bereits ein neuer Stern an Thailands Himmel auf: Ayutthaya.

Ayutthaya

Als Mitte des 14. Jhs. die Ära der Khmer zu Ende ging, übernahm das Königreich Ayutthaya die Herrschaft über das Gebiet am Chao Phraya. Es sollte 416 Jahre lang bestehen und sich selbst als bedeutendstes der ersten Königreiche von Siam bezeichnen. Nicht zuletzt durch die Einverleibung großer Teile des Khmer-Reiches konnte es seinen Einflussbereich stark ausdehnen und eine wichtige Rolle beim Aufbau des modernen thailändischen Staates und seines Gesellschaftssystems spielen.

Die Lage auf einer Insel zwischen zwei Flussarmen begünstigte den internationalen Handel im Merkantilismus des 17. Jhs. und machte Ayutthaya reich. Zudem schützte sich das Königreich mit Söldnertruppen und hochwertigen Feuerwaffen aus Portugal. Die Flüsse gewährleisteten auch die Verbindung zum Golf von Thailand und ins Hinterland.

Zur gleichen Zeit „entdeckten" die europäischen Kaufleute Südostasien und in Ayutthaya entstanden viele ausländische Niederlassungen. Die Besucher aus dem Westen berichten von den weltoffenen Märkten und dem kosmopolitischen Königshof in Ayutthaya. So erklärte der

1700
Mit rund einer Million Einwohnern ist Ayutthaya damals die wohl größte Stadt der Welt.

1767
Ayutthaya wird von den Birmanen eingenommen.

1768
König Taksin erklärt Thonburi zur neuen Hauptstadt.

1782
Die Chakri-Dynastie wird begründet und Bangkok zur neuen Hauptstadt erklärt.

DES KÖNIGS FREUNDE

In den 1680er-Jahren lud König Narai viele ausländische Botschafter nach Ayutthaya ein, um fremde Kulturen, Ideen und Produkte kennenzulernen. Parallel importierte sein Hof z. B. Fernrohre, Sanduhren, Papier, Walnussbäume, Käse, Wein und ganze Marmorbrunnen. Narai bekam auch einen Globus von Ludwig XIV. geschenkt und beobachtete zusammen mit französischen Jesuiten eine Mondfinsternis in seinem Palast in Lopburi.

Als Narai schließlich erkrankte, witterten die rivalisierenden Thronaspiranten eine Chance, die Offenheit gegenüber dem Westen zu beenden: Einer von Narais engsten Ratgebern war der griechische Abenteurer Constantine Phaulkon, der später der Verschwörung zum Sturz des kranken Königs beschuldigt wurde. Doch dann putschten die Ankläger selbst, richteten Phaulkon hin und kappten Siams Bande zu Europa.

Wahl-Londoner Engelbert Kaempfer 1690: „Von den Ländern Asiens ist das Königreich von Siam das großartigste."

Von den Khmer hatten die Herrscher von Ayutthaya die höfischen Sitten, die Sprache und die Idee des Königtums übernommen. Der Monarch betrachtete sich selbst eher als den *devaraja* (Gottkönig) der Khmer denn als den gerechten König der Sukhothai *(dhammaraja)*. Das Königreich bezahlte weiterhin Tribut an den Kaiser von China, der diese rituelle Unterwerfung mit Geschenken und Handelsprivilegien belohnte.

Im Königreich galt eine strenge, vielschichtige hierarchische Rangordnung, die zum größten Teil von König Trailok (reg. 1448–1488) festgelegt worden war. Er entwickelte ein ausgeklügeltes System öffentlicher Ämter mit besonderen Titeln und Graden. Der soziale Status eines Bürgers richtete sich nach der Anzahl von Einheiten an Landbesitz, die er sein eigen nannte. Nach diesem Rang einer Person wurden auch Geldbußen und Strafen für Vergehen bemessen. Die Gesellschaft Ayutthayas setzte sich aus den Mitgliedern des Königshauses, dem Adel und den Bürgern zusammen, wobei die Bürger entweder Freie oder Sklaven waren. Freie Bürger unterstanden einem Aufseher aus dem Königshaus oder Adel, für den sie die Hälfte eines jeden Jahres arbeiten mussten. Dabei handelte es sich um persönliche Dienstleistungen, öffentliche Bauarbeiten oder Dienst an der Waffe. Trotz der strengen Ordnung war ein sozialer Aufstieg durchaus möglich, etwa aufgrund besonderer Fähigkeiten, guter Beziehungen (Heirat) oder königlicher Gunst. Diese Gesellschaftsordnung hat sich in bestimmten Elementen bis heute in Thailand gehalten.

Doch der birmanische Expansionismus setzte der Blütezeit Ayutthayas ein Ende. 1569 eroberte König Bayinnaung die Stadt, die von König Naresuan nochmals zurückgewonnen werden konnte. Doch 1765 drang die ehrgeizige birmanische Dynastie der Kongbaung erneut nach Osten

1826
Thailand geht im Anglo-Birmanischen Krieg ein Bündnis mit Großbritannien ein.

1851–1868
König Mongkut (Rama IV.) öffnet sein Land westlichen Einflüssen.

1855
Der zwischen dem Königreich Siam und Großbritannien abgeschlossene Bowring-Vertrag fördert die thailändische Wirtschaft und sichert den Briten in Siam Extraterriorialität zu.

1868–1910
König Chulalongkorn (Rama V.) regiert: Der europäische Imperialismus gewinnt in Siams Nachbarländern zunehmend an Boden.

vor, um den politischen und wirtschaftlichen Rivalen endgültig zu beseitigen. Nachdem die birmanischen Truppen die Hauptstadt ein Jahr lang belagert hatten, wurde sie 1767 schließlich erobert und zerstört. Die Stadt wurde völlig verwüstet und die Bevölkerung ausgelöscht. Auch die Umgebung wurde entvölkert. Die Eroberung und Zerstörung Ayutthayas war so grauenhaft, dass viele Thais bis heute in ihren birmanischen Nachbarn nur erbarmungslose Feinde und Aggressoren sehen.

Die Bangkok-Periode

Mit der Zerstörung Ayutthayas erlosch die Königsdynastie, das Reich versank im Chaos. Der ehemalige General Taksin übernahm die Herrschaft, indem er mögliche Rivalen besiegte. Er verlegte die Hauptstadt nach Thonburi, einem kleinen Ort flussabwärts von Ayutthaya, der besser an die Handelswege angebunden war. Taksin, der Sohn eines Chinesen und einer Thai, festigte seine Macht, indem er den Handel mit China förderte. Nach 15 Jahren auf dem Thron wurde er 1782 vom Militär abgesetzt.

Einer der Putschisten, Chao Phraya Chakri, bestieg den Thron als König Yodfa (Rama I.) und begründete die bis heute regierende Chakri-Dynastie. Der neue König verlegte seine Hauptstadt auf die andere Seite des Mae Nam Chao Phraya, ins heutige Bangkok. In den ersten 100 Jahren der Bangkok-Periode konzentrierten sich die Herrscher auf die Wiederherstellung der kulturellen, politischen und militärischen Macht des zerstörten Ayutthayas. Gleichzeitig dehnten sie ihren Einflussbereich in alle Richtungen aus. Nach der Zerstörung der Hauptstädte von Laos und Kambodscha drängte das Königreich Siam die birmanischen Aggressoren zurück und machte Chiang Mai zum Vasallen. Die besiegten Völker wurden umgesiedelt und trugen beträchtlich zur Steigerung der Reisernte in Siam bei, die größtenteils nach China exportiert wurde.

Anders als die Herrscher Ayutthayas, die sich mit dem Hindu-Gott Vishnu identifiziert hatten, verstanden sich die Chakri-Könige als Verteidiger des Buddhismus. Sie ließen Textsammlungen zusammenstellen, wichtige buddhistische Texte ins Thai übersetzen und königliche Tempel bauen.

Etwa zur gleichen Zeit, Mitte des 19. Jhs., bildeten sich auch eine neue soziale Ordnung und ein marktwirtschaftliches System heraus. Siam öffnete sich dem Westen und übernahm von dort neue Ideen in Wissenschaft und Technik, reformierte sein Schulsystem, die Infrastruktur und die Gesetzgebung. Dabei sollte einer der größten Modernisierer, König Mongkut (Rama IV., reg. 1851–1868), eigentlich gar nicht König werden – 27 Jahre lang hatte er zuvor im Kloster gelebt und dort die Thammayut-Sekte gegründet, die die strenge Disziplin der Mon-Mönche übernommen hatte.

Wahrzeichen aus der Bangkok-Periode

Wat Arun

Wat Phra Kaew & Großer Palast

Dusit Palace Park

1874

Die Sklaverei wird abgeschafft.

1890

Die erste Eisenbahnstrecke des Königreichs führt von Bangkok nach Nakhon Ratchasima.

1893

Im Streit um Gebiete in Indochina blockiert Frankreich den Chao Phraya, die Angst vor der Kolonisierung steigt.

1902

Siam annektiert die Provinzen Yala, Pattani und Narathiwat des ehemaligen Sultanats Patani.

Auf dem Thron gelangt, schloss er Verträge mit westlichen Staaten, die dem Königreich den Zugang zum Weltmarkt öffneten. Außerdem hob er königliche Monopole auf und verlieh den Briten extraterritoriale Rechte.

Mongkuts Sohn Chulalongkorn (Rama V.), der zwischen 1868 und 1910 regierte, unternahm noch wesentlich größere Anstrengungen, um die alte politische Ordnung durch einen modernen Nationalstaat zu ersetzen. Er schaffte die Sklaverei und den Frondienst ab, die es auch nach dem Untergang des Ayutthaya-Reiches noch gegeben hatte. König Chulalongkorn schuf das Berufsbeamtentum, eine Polizei und ein stehendes Heer und ließ Reformen zur Vereinheitlichung der Gesetze, Gerichte und Steuerbehörden durchführen. Mithilfe fortschrittlicher Bewässerungsanlagen und aufgrund des Wachstums der bäuerlichen Bevölkerung konnten die landwirtschaftlichen Erträge Siams gesteigert werden. Schulen nach europäischem Vorbild wurden eingerichtet.

1868 erließ König Mongkut (Rama IV.) ein Gesetz, das Ehemännern verbot, ihre Frauen oder Kinder ohne deren Zustimmung zu verkaufen. Nach dem alten Recht, so hieß es, hatte eine Frau „den Wert eines Wasserbüffels".

Chulalongkorn stützte sich auf ausländische, besonders britische, Berater. So wurde am Königshof auch viel vom jahrhundertealten Protokoll abgeschafft und durch westliche Gepflogenheiten ersetzt. Italienische Künstler gaben der Architektur des Landes ein neues Gesicht und entwarfen z. B. völlig neue Thronsäle.

Wie sein Vater galt auch Chulalongkorn als gewiefter Diplomat, dem es gelang, die europäischen Mächte perfekt gegeneinander auszuspielen und damit die Kolonialisierung seines Reiches zu verhindern. Als Preis für seine Unabhängigkeit musste Thailand jedoch Gebiete an Frankreich (Laos 1893, Kambodscha 1907) und an Großbritannien (drei malaiische Staaten in Birma 1909) abtreten. Auch das ehemalige Königreich Patani fiel 1902 an Großbritannien, das zu dieser Zeit über das heutige Malaysia herrschte, das hinzugewonnene Territorium aber schon fünf Jahre später wieder an Thailand verlor. Viele Bewohner des Tiefen Südens betrachten Thailand weiterhin als Kolonialmacht, die ihr Land besetzt.

Entgegen der jahrhundertealten Traditionen zeigte sich König Chulalongkorn wie sein Vater in der Öffentlichkeit und ließ sich sogar in Bauernkleidung fotografieren. Überdies war sein Konterfei auf Münzen, Briefmarken und Postkarten zu sehen. Chulalongkorn war auch weit gereist: Er hatte Europa, Singapur, Java, Malaysia, Birma und Indien besucht. Von der fremden Kunst und Architektur, die er auf diesen Reisen kennenlernte, ließ er sich beim Bau seiner fantastischen Paläste inspirieren.

Siam, das sich im Lauf des 19. Jhs. zu einem Staat im modernen Sinn mit klar definierten geografischen Grenzen entwickelt hatte, legte 1902 den Namen „Siam" ab und nannte sich fortan Prathet Thai (Land der Thai) oder Ratchaanachak Thai (Königreich der Thai). Schon ab 1913 galten alle Menschen, die innerhalb seiner Grenzen lebten, als „Thai".

1909
Ein Vertrag zwischen Großbritannien und Siam legt dessen Grenzen fest.

1913
König Vajiravudh ordnet an, dass alle Bürger Nachnamen tragen müssen.

1916
Die Chulalongkorn-Universität wird als erste thailändische Universität gegründet.

1917
Siam entsendet Truppen zur Unterstützung der Alliierten im Ersten Weltkrieg.

Demokratie vs. Militär

1932 setzte eine Gruppe junger Offiziere und Beamter, die sich als Khana Ratsadon (Volkspartei) bezeichnete, der absoluten Monarchie ein unblutiges Ende und erwirkte die Einführung einer konstitutionellen Monarchie. Die Anführer der Gruppe hatten die demokratischen Prinzipien während ihres Studiums in Europa kennengelernt.

In den Jahren nach dem Umsturz versuchten verschiedene miteinander rivalisierende Gruppen – Royalisten, Militärs, Bürgerliche – die Oberhand im neuen Machtgefüge zu gewinnen. Selbst die Volkspartei hatte keine einheitliche Vorstellung von einem demokratischen Thailand. Kurz vor den Parlamentswahlen übernahm der militärische Flügel der Partei kurzerhand die Regierung. Sie zwang 1933 den Vorsitzenden

DIE THAILÄNDISCHE MONARCHIE

Der letzte absolute Herrscher Thailands war Prajadhipok (Rama VII.), der nach der Revolution von 1932 die neue Verfassung akzeptierte, abdankte und ins Exil ging. 1935 führte die nun demokratische Regierung die Monarchie jedoch wieder ein: Sie inthronisierte Prajadhipoks Neffen Ananda Mahidol (Rama VIII.), der damals erst zehn Jahre alt war und bis dahin in Europa gelebt hatte. 1946 starb Ananda unter mysteriösen Umständen an einer Schussverletzung. Neuer König wurde 1950 sein jüngerer Bruder Bhumibol (Rama IX.), der bis zu seinem Tod (2016) regierte.

Zu Beginn seiner Regentschaft war Bhumibol in erster Linie eine Galionsfigur der nationalen Einheit. Später unterstützte der Militärdiktator General Sarit (1958–1963) die Rolle des attraktiven Königspaars als Symbol des modernen Thailands. So trafen sich Bhumibol und Sirikit z. B. mit Elvis. Zudem ließen sie sich gezielt wie JFK und Jackie fotografieren – als elegante Vertreter der Nachkriegsgeneration. Durch ländliche Entwicklungsprojekte erlangte Bhumibol seinen Ruf als Held der Armen. 1969 gründete er die Royal Project Foundation, die seitdem u. a. sehr stark zur Reduktion des Schlafmohnanbaus im Gebiet der nördlichen Bergvölker beigetragen hat. Während der Proteste in den 1970er-Jahren vermittelte der König als Friedensstifter zwischen Militär und Demokratiebewegung. Anlässlich einer weiteren Krise im Jahr 1992 rief er außerdem die Führer aller politischen Fraktionen im Palast zusammen, um gewaltsame Straßenproteste zu verhindern.

Während Thailands letzter politischer Krise in den 2000er-Jahren konnte der Einfluss des alternden Bhumibol die Wogen jedoch weniger glätten: Königstreue Thaksin-Gegner ehrten damals die Monarchie mit gelber Kleidung, während prodemokratische Thaksin-Unterstützer den Thron mit Misstrauen beäugten. Bhumibol starb am 13. Oktober 2016. Überlebt wurde er von seiner Frau Sirikit und seinen erwachsenen Kindern – darunter der neue König Maha Vajiralongkorn, der viele Amtspflichten schon während der Krankheit seines Vaters übernommen hatte. Die beim Volk sehr beliebte Prinzessin Sirindhorn führt Bhumibols karitative Bemühungen weiter.

1932
Ein unblutiger Staatsstreich beendet die absolute Monarchie.

1935
König Prajadhipok (Rama VII.) dankt als bislang einziger König in der thailändischen Geschichte ab. Die Regierung wählt Prinz Mahidol zu seinem Nachfolger.

1939
Der englische Name des Landes wird offiziell von Siam in Thailand geändert.

1941
Im Zweiten Weltkrieg dringen japanische Truppen nach Thailand ein.

Als Phibul Songkhram 1939 offiziell den Namen des Landes von „Siam" in „Prathet Thai" (dt. Thailand) änderte, sah man darin eine nationalistische Geste zur Einigung der Tai sprechenden Bevölkerung.

des zivilen Flügels, den in Frankreich ausgebildeten Anwalt Pridi Phanomyong, ins Exil, nachdem er zum Ärger der Generäle einen am Sozialismus angelehnten Wirtschaftsplan eingeführt hatte. Bei den ersten allgemeinen Wahlen Thailands 1937 wurde nur über die Hälfte der Sitze in der neu geschaffenen gesetzgebenden Volksversammlung abgestimmt. General Phibul Songkhram, einer der militärischen Anführer, wurde Premierminister. Dieses Amt bekleidete er von 1938 bis 1944 und noch einmal von 1948 bis 1957.

Phibuls Amtszeit während des Zweiten Weltkriegs war gekennzeichnet von nationalistischen Tendenzen, in deren Mittelpunkt die „Nation" und das „Thai-Sein" standen. Er kollaborierte mit den Japanern und erlaubte ihnen, Thailand als Basis für die Invasion der Staaten in Südostasien zu nutzen. Die Regierung Phibuls hoffte, dadurch die Gebiete zurückzubekommen, die Thailand durch die französische Expansion in Indochina verloren hatte, und wollte dafür auch den USA und Großbritannien den Krieg erklären. Doch Seni Pramoj, der thailändische Botschafter in Washington und Mitglied von *Seri Thai,* der Bewegung zur Befreiung Thailands, weigerte sich, die offizielle Kriegserklärung zu übergeben. Damit bewahrte er sein Land vor den harten Konsequenzen, die die unterlegenen Nationen nach dem Zweiten Weltkrieg auf sich nehmen mussten. General Phibul musste 1944 zurücktreten und wurde als Kriegsverbrecher vor Gericht gestellt.

Nach dem Krieg kam es in Thailand zu einer kurzen demokratischen Blüte: In allgemeinen Wahlen wurde über die Verteilung aller Sitze in der Volksversammlung abgestimmt, mithilfe der 1946 verabschiedeten Verfassung sollten die Militärs in die Schranken gewiesen und mehr demokratische Rechte gewährleistet werden. Doch der Tod von König Ananda setzte all dem ein Ende und lieferte dem Militär den Vorwand, mit General Phibul an der Spitze erneut die Regierung zu übernehmen.

Militärdiktaturen

Als General Sarit Thanarat 1957 die Macht von Phibul übernahm, errichtete er eine Militärdiktatur: Er schaffte die Verfassung ab, löste das Parlament auf und verbot alle politischen Parteien. In den 1950er-Jahren unterstützten die USA sowohl General Sarit als auch die nachfolgenden Militärdiktatoren Thanom Kittikachorn und Praphat Charusathien, die das Land von 1964 bis 1973 beherrschten. Im Gegenzug dafür, dass die USA während des Vietnamkrieges Militärstützpunke in Thailand einrichten durfte, erhielt das Land umfangreiche Wirtschaftsleistungen.

Bis 1973 hatten sich linke Aktivisten – vornehmlich Intellektuelle und Studenten – in einer Oppositionsbewegung zusammengefunden, die auf ihren politischen Kundgebungen von der Militärregierung schließlich die Verabschiedung einer Verfassung verlangten. Als das Militär am

1945

Am Ende des Zweiten Weltkriegs verzichtet Thailand auf die eroberten Gebiete in Laos, Kambodscha und Malaysia.

1946

König Bhumibol Adulyadej (Rama IX.) besteigt den Thron, Thailand wird Mitglied der Vereinten Nationen.

1957

Mit dem Staatsstreich von Sarit Thanarat beginnt die Herrschaft des Militärs, die bis 1973 andauern wird.

1959

Die erste thailändische Tourismusbehörde wird geschaffen.

14. Oktober eine große Demonstration in Bangkok brutal niederschlug, gab es 77 Tote und mehr als 800 Verletzte. Ein Denkmal in der Th Ratchadamnoen Klang in der Nähe des Demokratiedenkmals erinnert an dieses blutige Ereignis. König Bhumibol setzte dem Blutvergießen schließlich ein Ende und zwang Thanom und Praphat, das Land zu verlassen.

In den folgenden Jahren wurde die linksgerichtete Studentenbewegung zunehmend radikaler, weshalb unter Arbeitern und Angehörigen der Mittelschicht die Furcht vor einem hausgemachten Kommunismus um sich griff. Als Thanom 1976 nach Thailand zurückkehrte – angeblich um Mönch zu werden –, wurde er von der königlichen Familie herzlich empfangen. Prompt protestierten Demonstranten an der Thammasat-Universität gegen den in ihren Augen Verantwortlichen für das Massaker vom 14. Oktober 1973. Als rechtsgerichtete antikommunistische Gruppen des bürgerlichen Lagers die Studenten angriffen, kam es zu einem erneuten Blutbad. Daraufhin gingen viele Studenten und Intellektuelle in den Untergrund und schlossen sich den bewaffneten kommunistischen Rebellen an, die als Nationale Befreiungsarmee (People's Liberation Army of Thailand, PLAT) im Dschungel von Nord- und Südthailand kämpften.

Das Land blieb derweil bis Ende der 1980er-Jahre unter der Herrschaft der Militärs, erlebte unter der Regierung des „politischen Soldaten" und Generals Prem Tinsulanonda aber eine Periode politischer und wirtschaftlicher Stabilität. Mit militärischen Aktionen und Amnestieprogrammen gelang es ihm, die kommunistische Guerillabewegung zu zerschlagen. Doch der wirtschaftliche Erfolg hatte auch seine Schattenseite:

Thailand hatte schon 20 Verfassungen, die jeweils nach Staatsstreichen neu formuliert wurden. Der Entwurf für Nr. 20 trat 2016 per Volksentscheid in Kraft. Bei bislang allen Verfassungen wurde die Zahl der Direktmandate im Parlament neu festgelegt – ebenso die Regelung, wer genau auf welche Weise Premierminister werden kann.

DAS LIBERALE GEGENGEWICHT

Der Anwalt Pridi Phanomyong (1900–1983), der in Frankreich studiert hatte, war einer der bürgerlichen Anführer der Revolution von 1932 und Mitbegründer der Volkspartei. Durch eine Verfassung wollte er demokratische Reformen in Thailand einführen und das Eingreifen des Militärs in die Politik per Gesetz verhindern. Er trat für die Verstaatlichung von Land und Produktivkraft ein, wollte die Industrialisierung unter staatlicher Führung und mehr Schutz für Arbeiter. 1934 gründete er die Thammasat-Universität. Außerdem war er die Leitfigur von *Seri Thai*, der Widerstandsbewegung gegen die japanische Besetzung Thailands im Zweiten Weltkrieg, und für kurze Zeit Premierminister.

Obwohl Pridi Phanomyong als erfahrener Staatsmann anerkannt wurde, war er umstritten und den Militärs unter Phibul Songkhram ein ständiger Dorn im Auge. So wurde er von seinen Kritikern als Kommunist beschimpft und unter dem Verdacht des Mordes an König Ananda ins Exil verbannt. Mit dem Ende des Kalten Krieges erscheint sein Vermächtnis in neuem Licht. Man hat die Bedeutung des Gegengewichts erkannt, das seine demokratischen Bemühungen zu den militärischen Interessen bildeten. Im Jahr 2000 ernannte ihn die UNESCO zu einer der großen Persönlichkeiten des 20. Jhs.

1965
Im Vietnamkrieg erlaubt Thailand den USA die Einrichtung von Militärstützpunkten.

1968
Thailand ist Gründungsmitglied des Verbands Südostasiatischer Nationen (ASEAN).

1973
Thailändische Studenten, Arbeiter und Bauern demonstrieren gemeinsam für die Wiedereinsetzung einer demokratischen Regierung.

1976
Das Militär schlägt die Studentenproteste gewaltsam nieder.

Führende Geschäftsleute kritisierten zunehmend die Rolle der Militärs in der Regierung und prangerten ihre Mentalität des Kalten Krieges als mittlerweile überholt an. Ihrer Meinung nach sollte man Kommunisten als Geschäftspartner und nicht als Feinde betrachten.

Die Business-Ära

1988 wurde Premier Prem Tinsulanonda in fairen Wahlen durch Chatichai Choonhavan, Chef der der Partei Chat Thai, ersetzt. Dieser holte Geschäftsleute aus der Provinz, die über beste Verbindungen verfügten, in seine Regierung. Damit verlagerte er die Regierungsmacht weg von den Bürokraten und begann, Thailand in einen asiatischen Tigerstaat zu verwandeln. Doch die politischen Entscheidungen wurden oft wie eine Ware gekauft und verkauft, sodass Chatichai schließlich unter dem Vorwurf der Korruption vom Militär gestürzt wurde. Der Putsch bestätigte einen neuen Trend in der thailändischen Politik: nämlich dass sich Geschäftsleute und Bildungsbürger aus Bangkok mit dem Militär gegen geldgierigen Klüngel aus provinziellen Politikern und Unternehmern verbündeten.

Um 8 und 18 Uhr erklingt im Fernsehen und Radio die thailändische Nationalhymne. Das Video zur Hymne präsentiert Thailand als ein Land, in dem verschiedene Ethnien und Religionen unter der Fahne des Landes vereint in Harmonie zusammenleben

Als sich nach den Parlamentswahlen von 1992 General Suchinda Kraprayoon selbst zum Ministerpräsidenten ernannte, stieß dies auf breiten Widerstand innerhalb der Bevölkerung. Die folgenden Zusammenstöße zwischen Demonstranten und dem Militär gingen als „Schwarzer Mai" in die thailändische Geschichte ein: Unter der Führung des ehemaligen Bürgermeisters von Bangkok, Chamlong Srimuang, protestierten rund 200 000 Menschen, die wegen ihres zunehmenden Wohlstands als „Handymob" bezeichnet wurden, in den Straßen von Bangkok. Die Massendemonstration eskalierten zu drei Nächte dauernden, gewaltsamen Auseinandersetzungen mit schwer bewaffneten Soldaten, die erst durch den Appell von König Bhumibol in der Nacht zum 20. Mai beendet wurden.

Nach dem „Schwarzen Mai" forderten die Anhänger der Demokratie erneut eine Verfassungsreform. In den 1990er-Jahren dominierte im thailändischen Parlament meist die Demokratische Partei, die die Interessen der städtischen Mittelschicht und der Geschäftsleute vertrat. Die größte Unterstützung fand sie in den Ballungsgebieten im Süden, wo die Bewohner der ehemaligen Fischerdörfer längst vom Tourismus und dem Export von Gummi, Zinn und Fisch lebten. Auf der anderen Seite des politischen Spektrums standen die ehemals mit dem Militär verbündeten Politiker in Zentralthailand und die Bewohner der neuen Provinzzentren im landwirtschaftlich geprägten Nordosten, die vor allem an den Finanzspritzen interessiert waren. Diese politischen Konfliktlinien bestehen bis heute.

1997 war es mit dem Wirtschafts-Boom vorbei, und ganz Asien befand sich in der Krise. Thailands Wirtschaft ächzte unter hohen Auslands-

1979
Nach drei Jahren Militärherrschaft werden wieder Parlamentswahlen durchgeführt.

1980
Die Regierung von Prem Tinsulanonda schwächt die Bewegung der aufständischen Kommunisten und findet schließlich eine politische Lösung.

1984
Rote Khmer fliehen nach Thailand. An der Nordostgrenze kommt es in der Folge zu schweren Auseinandersetzungen mit kambodschanischen Truppen, die von Vietnam unterstützt werden.

1988
Chatichai Choonhavan wird der erste gewählte Premierminister seit 1976.

DAS THAILÄNDISCHE PARLAMENT

Schon lange drehen sich die politischen Krisen in Thailand vor allem um die alte Frage zur genauen Struktur der Legislative – und wer dabei die übergeordnete Kontrolle haben soll. In den letzten gut 80 Jahren wurde die thailandische Verfassung 20-mal umgeschrieben. Jedes Verabschieden bzw. Aufheben einer Verfassung resultiert hier in einer Neuverteilung zwischen vom Volk gewählten und ernannten Mitgliedern. Das aktuelle Parlament hat rund 750 Mitglieder, 500 gewählte Abgeordnete und einen 250-köpfigen Senat (Oberhaus), der vom Militär ernannt wird.

schulden, einer Überschuldung des Immobiliensektors und der Abwertung des Baht. In den ersten Monaten der Krise mussten für 1 US$ statt 25 bereits 56 B bezahlt werden. Der Internationale Währungsfonds sprang ein und stützte die thailändische Währung mit mehr als 17 Mrd. US$, verlangte im Gegenzug aber finanzpolitische und juristische Reformen sowie eine Liberalisierung der Märkte.

Nach der Krise war es für die Demokraten ein Leichtes, wieder an die Macht zu gelangen, doch erwiesen sie sich schnell als unfähig, den weiteren wirtschaftlichen Niedergang aufzuhalten.

Die Thaksin-Ära

Im Jahr 2000 besserte sich die Wirtschaftslage ganz allmählich. Der ehemalige Polizist Thaksin Shinawatra, der mit seinen Telekommunikationsunternehmen ein Milliardenvermögen verdient hatte, gewann mit seiner TRT-Partei (für *Thai Rak Thai*, „Thais lieben Thais") die Parlamentswahlen von 2001. Der selbst ernannte Politikunternehmer löste umgehend seine Wahlversprechen für die ländliche Entwicklung ein, erließ den Bauern ihre Schulden, schuf Kapitalfonds für Dörfer und sorgte für eine günstige medizinische Versorgung.

Dank der Verfassungsreform von 1997, bei der die Position des Ministerpräsidenten deutlich gestärkt worden war, erwies sich seine Regierung als eine der stabilsten in Thailands neuerer Geschichte. Die sich erholende Wirtschaft und sein zupackender, wenn auch autoritärer Führungsstil bescherten ihm 2005 einen überwältigenden Wahlsieg und Thailand eine Einparteienregierung. Thaksins Beliebtheit bei den Arbeitern und der Landbevölkerung kannte keine Grenzen.

Doch nur ein Jahr später wurden Thaksin Machtmissbrauch und Interessenkonflikte vorgeworfen, besonders im Zusammenhang mit dem Verkauf seines Familienunternehmens Shin Corporation an die Regierung von Singapur. Den Deal im Wert von umgerechnet 1,88 Mrd. US$ musste er nicht versteuern – als Rechtsgrundlage diente ein neues Telekommunikationsgesetz, an dessen Ausarbeitung er maßgeblich beteiligt

Thaksin Shinawatra war der erste Premierminister in der thailändischen Geschichte, der eine volle Amtszeit von vier Jahren absolvierte. Seine Schwester Yingluck wurde nach drei Jahren abgesetzt.

1991–1992

General Suchinda versucht sich an die Macht zu putschen, König Bhumibol interveniert, um nach den Protesten im „Schwarzen Mai" einen Bürgerkrieg zu verhindern.

1997

Die Wirtschaftskrise in den Tigerstaaten trifft auch Thailand. Die historische „Volksverfassung" wird verabschiedet.

2001

Der in der Telekommunikationsbranche zum Milliardär aufgestiegene Thaksin Shinawatra wird zum Ministerpräsidenten gewählt.

2004

Ein verheerender Tsunami fordert in Thailand mehr als 5000 Todesopfer und zerstört Fischerei- und Tourismusindustrie. Im Süden kommt es wieder zu Aufständen der Muslime.

gewesen war. Nach Massenprotesten in Bangkok, bei denen seine Amtsenthebung gefordert wurde, setzte ihn das Militär am 19. September 2006 in einem unblutigen Staatsstreich ab, und Thaksin ging ins Exil. Bei den anschließenden Parlamentswahlen gewann die von Thaksins Anhängern neu gegründete Partei der Volksmacht und bildete die neue Regierung unter Führung von Samak Sundaravej.

Die 1946 gegründete Demokratische Partei (Phak Prachathipat) ist die älteste bestehende politische Partei in Thailand.

Gegen diese Regierung protestierte ein Bündnis aus Militär und Thaksin-Gegnern, die mittlerweile die Volksallianz für Demokratie (PAD) gegründet hatten. Sie bestand zumeist aus den städtischen Eliten, die bald als „Gelbhemden" bekannt wurden (Gelb ist die Farbe des Wochentags, an dem König Bhumibol geboren wurde). Man ging allgemein davon aus, dass Thaksin während seiner Amtszeit Ambitionen auf den Thron gehabt habe oder zumindest die königliche Erbfolge habe unterbrechen wollen.

Im September 2008 enthob das Verfassungsgericht Samak Sundaravej wegen eines Formfehlers seines Amtes: Als Amtsträger hatte er eine Kochsendung im Fernsehen moderiert, worin das Gericht einen Interessenkonflikt sah. Aus Angst, dass nach Neuwahlen wieder ein Thaksin-Anhänger die Regierung übernehmen würde, besetzten die Gelbhemden im November 2008 eine Woche lang die beiden größten Flughäfen Thailands, Suvarnabhumi und Don Meuang. Schließlich inszenierte das Militär stillschweigend einen Staatsstreich und erwirkte auch einen Gerichtsbeschluss, der Thaksins Marionetten weiter schwächte. Mit der Bildung von Koalitionen in letzter Minute schaffte es der Demokrat Abhisit Vejjajiva schließlich, die Mehrheit der Parlamentsabgeordneten auf sich zu vereinen und sich als 27. Premierminister Thailands vereidigen zu lassen.

Freilich dauerte es nicht lange, bis sich Thaksins Anhänger ihrerseits organisierten und die United Front for Democracy Against Dictatorship bildeten, besser bekannt als die „Rothemden". In ihren Reihen fanden sich vor allem Thais aus dem Norden und Nordosten, aber auch Gegner des Militärputsches, Aktivisten für die Demokratie, Gegner der Monarchie und eingefleischte Thaksin-Anhänger. Es herrschte eine Art Klassenkampf, denn einige Rothemden bekannten sich offen zu ihrer totalen Ablehnung der Aristokratie.

Die heftigste Demonstration der Rothemden fand 2010 statt, als das höchste thailändische Gericht Thaksin des Machtmissbrauchs während seiner Regierungszeit für schuldig befunden und die Beschlagnahmung von 46 Mrd. US$ aus seinem Vermögen angeordnet hatte. Die Rothemden besetzten zwei Monate lang die zentralen Einkaufsstraßen in Bangkok. Sie forderten die Absetzung der Regierung und Neuwahlen. Da Opposition und Regierung keinen Kompromiss fanden, vertrieb das Militär die Demonstranten im Mai 2010 mit Gewalt. Bei den blutigen

2006

König Bhumibol feiert sein 60-jähriges Thronjubiläum. Die Regierung von Ministerpräsident Thaksin wird gestürzt, er geht ins Exil.

2008

Als Kambodscha beantragt, den Khao Phra Wihan als Weltkulturerbe aufzunehmen, kommt es an der Grenze zu Spannungen.

2008

„Gelbhemden" besetzen Flughäfen, die eine Woche lang geschlossen bleiben.

2009

Die Proteste der thaksinfreundlichen „Rothemden" führen zur Absage des 4. Ostasiengipfels in Pattaya. In Bangkok wird der Ausnahmezustand erklärt.

Zusammenstößen starben 91 Menschen, Teile der Innenstadt gingen in Flammen auf; der Schaden durch Brandstiftung wird auf 1,5 Mrd. US$ geschätzt.

Und wieder Demokratie vs. Militär

Bei den Parlamentswahlen 2011 gewann die Thaksin politisch nahe stehende Puea-Thai-Partei die Mehrheit der Mandate. Infolgedessen wurde Thaksins Schwester Yingluck Shinawatra zur ersten Premierministerin Thailands (und überhaupt zur jüngsten Person in diesem Amt) gewählt. Während ihrer gesamten Amtszeit wurde Yingluck jedoch vorgeworfen, nur eine Marionette ihres älteren Bruders Thaksin zu sein. Dieser war nach dem Militärputsch von 2006 ins Exil geflüchtet, um einer Anklage wegen Korruption zu entgehen. Über seinen Einfluss auf die Yingluck-Regierung kursierten in Bangkok diverse Gerüchte: Von seinen Häusern in London, Dubai und Hongkong aus soll sich Thaksin angeblich per Skype bei Kabinettstreffen zugeschaltet haben.

Das Ende der Yingluck-Regierung läutete schließlich die sogenannte Reispreis-Garantie ein, die ursprünglich das Einkommen der Kleinbauern aufbessern sollte: Die Regierung wollte den Bauern ihren Reis über Marktwert abnehmen, ihn dann zwecks Preissteigerung auf dem Weltmarkt zwischenlagern und letztlich mit Profit wieder verkaufen. Doch dieser Plan scheiterte komplett, als Indien sein Exportverbot für Reis aufhob und den Weltmarkt mit dem Getreide überschwemmte. Thailand, bis 2012 der weltgrößte Reisexporteur, konnte beim folgenden Preisverfall nur zusehen und erlitt enormen wirtschaftlichen Schaden. Parallel verschwanden angeblich Millionen Baht in den Taschen von Politikern und Beamten, die für das Umsetzen der Reispreis-Garantie verantwortlich waren. In diesem Zusammenhang wurde Yingluck im Mai 2014 wegen Korruption angeklagt und 2017 für schuldig befunden. Vor ihrer Verhaftung floh sie jedoch wie ihr Bruder außer Landes.

Gleichsam umstritten war Yinglucks missglückter Versuch, die Anklagen gegen diverse Politiker (darunter Thaksin) per Amnestieerlass

In Thailand besteht für alle wahlberechtigten Bürger Wahlpflicht. Nicht wahlberechtigt sind Mönche und andere Mitglieder des Klerus.

EINE EU FÜR SÜDOSTASIEN

Dem Verband Südostasiatischer Nationen (ASEAN Economic Community, AEC; gegründet Ende 2015) gehören insgesamt zehn Länder an. In diesem liberalisierten Wirtschaftsraum nach EU-Vorbild ist der grenzüberschreitende Handels-, Dienstleistungs-, Finanz- und Arbeitsmarkt kaum noch länderspezifisch reguliert. Innerhalb der ASEAN-Region sollen so u. a. Investitionen, der An- bzw. Verkauf von Waren und die Einstellung ausländischer Arbeitskräfte erleichtert werden. Die Umsetzung des Plans geht aber nur zäh voran, da Wirtschaftskraft und Eigeninteressen der Mitgliedsländer jeweils variieren.

2011

Thaksins Schwester Yingluck Shinawatra wird erste Premierministerin Thailands.

2011

Ein verheerendes Hochwasser überschwemmt ganze Industrieregionen.

2012

Im März explodieren mehrere Autobomben im „Tiefen Süden" mit 16 Toten und mehr als 300 Verletzten.

2014

Thailands 13. Militärputsch seit 1932 stürzt Yingluck Shinawatra und deren regierende Puea-Thai-Partei.

aufzuheben: Dies wurde weithin als Auftakt für Thaksins Rückkehr nach Thailand gedeutet. Im Oktober 2013 demonstrierten Scharen von Regierungsgegnern unter der Führung des früheren stellvertretenden Premierministers Suthep Thaugsuban. Dessen regierungsfeindliche Koalition, das sogenannte „Volkskomitee für Demokratische Reformen", forderte die Yingluck-Regierung zum Rücktritt auf, während die Demonstranten weiterhin Bangkoks Straßen belagerten und Teile der Stadt besetzt hielten.

Nach sporadischen Zusammenstößen zwischen Regierungsanhängern und -gegnern enthob das Verfassungsgericht schließlich Yingluck und neun ihrer Minister am 7. Mai 2014 ihrer Ämter. Fünfzehn Tage später übernahm das Militär mit dem 13. Staatsstreich seit 1932 wieder einmal die Herrschaft über Thailand.

Rückkehr zur Militärdiktatur

Am 22. Mai 2014 setzte das thailändische Militär unter General Prayuth Chan-o-cha die gewählte Regierung ab und beendete damit die monatelange politische Krise. Prayuth zufolge war der Putsch nötig, um die Stabilität im Land wiederherzustellen.

Seine Junta namens „Rat für Frieden und Ordnung" (National Council for Peace and Order; NCPO) verhängte sogleich den Ausnahmezustand und brachte ihre Kritiker zum Schweigen. So ordnete sie eine linientreue Berichterstattung in allen Medien an und befahl Internet-Providern, alle regimefeindlichen Inhalte zu blockieren. Im März 2015 sagte Prayuth in einem Interview, dass Abweichler mit Hinrichtung rechnen müssten – seitdem zensieren sich die thailändischen Medien selbst.

Das rigorose Vorgehen betrifft auch den zivilen Sektor: Bislang wurden über 1000 Oppositionelle (Politiker, Akademiker, Journalisten, Blogger und Studenten) von Militärgerichten festgesetzt oder verurteilt. Im März 2015 erklärte der UN-Hochkommissar für Menschenrechte, dass das thailändische Militär den Ausnahmezustand gezielt nutze, um jegliche Opposition zu unterdrücken. Gleichzeitig forderte er volle Meinungsfreiheit für eine echte Diskussionskultur im Land.

Im Vorfeld der unausweichlichen Thronübergabe verschärfte die Junta auch die Verfolgung von Verstößen gegen die strengen Gesetze in puncto Majestätsbeleidigung. So wurde ein Mann im August 2015 zu 30 Jahren Haft verurteilt, weil er auf seiner Facebook-Seite einen angeblich monarchiefeindlichen Artikel geteilt hatte. Gegen die BBC Thai wurde wegen Majestätsbeleidigung ermittelt, nachdem sie 2016 eine Biografie über den neuen König online publiziert hatte.

Während der NCPO damit beschäftigt war, Kritiker mundtot zu machen, ist ihm bislang nicht gelungen, Thailands angeschlagene Wirtschaft wieder anzukurbeln: Seit dem Militärputsch sind Exporte, Brutto-

Thailands buddhistischer Klerus war schon in einige Skandale verwickelt. Bisheriger Höhepunkt ist dabei die Affäre um den Tempel Wat Phra Dhammakaya 2017. Anhänger verbarrikadierten sich im Tempel um den Abt, der wegen Geldwäscherei und Veruntreuung angeklagt wurde, um ihn so vor dem Eingreifen der Polizei zu schützen.

2015 Bei einem terroristischen Bombenattentat am beliebten Erawan-Schrein in Bangkok kommen 20 Menschen ums Leben.

2016 König Bhumibol Adulyadej (Rama IX.) stirbt, sein Sohn besteigt den Thron. Die vom Militär gestützte Verfassung wird erfolgreich per Volksentscheid ratifiziert.

2017 Yingluck Shinawatra, Premierministerin von 2011 bis 2014, flieht vor der Urteilsverkündung in ihrem Korruptionsprozess ins Exil.

2018 Nachdem sie zwei Wochen in einer Höhle in der Provinz Chiang Rai eingeschlossen waren, werden zwölf Schulkinder und ihr Fußballtrainer spektakulär gerettet.

MEDIEN

Die Regierungen Südostasiens sind keine großen Freunde unzensierter Medien, doch in den 1990er-Jahren widersetzte sich Thailand diesem Trend oft und verankerte in der Verfassung von 1997 sogar die Freiheit der Presse, wenn auch mit ziemlich großen Schlupflöchern. Dies endete zu Beginn des 21. Jhs. mit dem Aufstieg von Thaksin Shinawatra, einem Telekommunikations-Milliardär. Mit Thaksin als Premierminister und seiner Partei, die das Parlament kontrollierte, erlebte die Presse jene Art von Zensur und Einschüchterung, wie sie das Land seit den Militärdiktaturen der 1970er-Jahre nicht mehr gesehen hatte. Die Regierung strengte gegen einzelne Personen und gegen Publikationen und Mediengruppen, die peinliche Enthüllungen über das Thaksin-Regime veröffentlicht hatten, eine ganze Litanei von Verleumdungsklagen an.

Nach der Suspendierung Thaksins 2006 erhielten die Medien in der neuen Verfassung wieder ihre alten Freiheitsrechte, doch diese standen nur auf dem Papier und schützten die Presse nicht vor Einschüchterungen, Gerichtsverfahren und Übergriffen. Die Notfallgesetze, die nach dem Putsch in Kraft traten, wurden durch weitreichende Befugnisse zum Schutz der nationalen Sicherheit ergänzt, die oft gegen die Presse angewandt wurden.

Nach dem Putsch von 2014 wurde scharf gegen die Medien und das Recht auf freie Meinungsäußerung vorgegangen. Direkt nach dem Putsch wurden 15 Fernseh- und Radiosender verboten und 100 Websites gesperrt und etwa 1000 Personen – Akademiker, Blogger, Journalisten, Studenten und Oppositionspolitiker – unterschiedlich lange festgehalten. Inzwischen üben die thailändischen Medien Selbstzensur, um nicht in Schwierigkeiten zu geraten, und einige Websites wie der thailändische Teil der Seite von Human Rights Watch werden in Thailand regelmäßig gesperrt.

Immer mehr Menschen werden auch im Rahmen des Gesetzes gegen Computerkriminalität angeklagt, das verstärkt dafür genutzt wird, die Medien, politische Widersacher und Kritiker der Monarchie zum Schweigen zu bringen. Zum Beispiel wurde der Anführer der populären Partei Future Forward auf Basis des Gesetzes angeklagt, in einem Facebook-Post Falschinformationen über die Militärjunta verbreitet zu haben.

inlandsprodukt und ausländische Investitionen stark eingebrochen. Um die Wirtschaft zu stärken, wurde 2016 ein dringend benötigter Investitionsplan in Sachen Infrastruktur angekündigt. Thailands stärkster Wirtschaftsmotor blieb weiterhin der Tourismus, dennoch verzeichnete das Land 2019 das niedrigste Wirtschaftswachstum seit dem Putsch.

Zurück zum politischen Patt

Nach fünf Jahren Verzögerung, während der die Verfassung erneut geändert wurde, fanden im März 2019 die ersten Parlamentswahlen nach dem Putsch von 2014 statt. Die Junta und ihr Anführer, der ehemalige General Prayuth Chan-o cha, führten Wahlkampf unter dem Deckmantel der Partei Palang Pracharath.

2019
Nach dem Putsch von 2014 finden die ersten Parlamentswahlen statt. Der frühere General Prayuth Chan-o cha wird Chef einer Koalitionsregierung.

2019
Vajiralongkorn wird im Rahmen einer dreitägigen Zeremonie in Bangkok zum König Rama X. gekrönt.

2020
Von Studenten angeführte Massenproteste fordern die Reform von Staat und Monarchie.

2020
Im Zuge der Corona-Pandemie schließt Thailand die Grenzen und erlässt eine Pflicht zur Quarantäne in Hotels.

Trotz der Versuche, die Berichterstattung der Medien über die anderen Parteien zu beschränken, und trotz Vorwürfen der Wahlmanipulation erreichte die Palang Pracharath keine parlamentarische Mehrheit. Stattdessen gewann die Partei Pheu Thai, die mit dem Shinawatra-Clan in Verbindung stand, die meisten Sitze und die neue Future Forward Party (Partei Neue Zukunft) erreichte den dritten Platz. Doch unter der aktuellen Verfassung ist der ungewählte, 250 Mitglieder starke Senat, das Oberhaus des Parlaments, ebenfalls an der Wahl des Premierministers beteiligt und so wurde Prayuth im Juni 2019 zum Chef einer Koalitionsregierung berufen.

Die Opposition bildeten Pheu Thai, Future Forward und eine Reihe von Anti-Militär-Parteien. Die Koalition hatte Mühe, Geschlossenheit zu bewahren, und verfügt im Parlament lediglich über eine hauchdünne Mehrheit, sodass in Thailand einmal mehr ein politisches Patt herrscht.

Die 2018 von einem charismatischen thai-chinesischen Geschäftsmann gegründete militärkritische Mitte-Links-Partei Future Forward schreckte das politische Establishment auf, indem sie bei den Wahlen 2019 die drittmeisten Sitze eroberte.

Anti-Establishment-Proteste

Im Februar 2020 löste ein Gerichtsbeschluss zur Auflösung der Partei Future Forward eine Reihe von großen Protestkundgebungen aus, wie sie Thailand bis dahin noch nie erlebt hatte. Die sogenannte Demokratiebewegung, größtenteils von Studenten und jungen Aktivisten organisiert, forderte eine neue Verfassung, eine Reform der Monarchie und den Rücktritt des Premierministers.

Die Regierung versuchte, die Massenproteste einzudämmen, indem sie die Anführer verhaften ließ, ein Demonstrationsverbot verhängte, das aber nicht lange in Kraft blieb, und sogar Bahnhöfe schloss. Im März 2021 wurden mehrere Demonstranten vor Gericht gestellt: Unter anderem wurde ihnen Majestätsbeleidigung vorgeworfen, auf die bis zu 15 Jahre Gefängnis stehen.

Bevölkerung & Kultur

Thailands nationale Identität legt sich wie ein alle vereinender Mantel über die ethnischen und regionalen Unterschiede, die durch eine lange Migrationsgeschichte und die geografische Nähe zu anderen ethnischen Gruppen entstanden sind.

Volksgruppen

Etwa 75 % der Bevölkerung Thailands gehören der Gruppe der Thais an. Bei oberflächlicher Betrachtung könnte man denken, es gäbe eine ethnische Homogenität, es existieren jedoch subtile regionale Unterschiede. In den zentralen Ebenen (Chao-Phraya-Tal) haben die Siam-Thais das Land durch ihre historischen Königreiche vereint und so ihre Sprache und Kultur verbreitet. Heute gilt der Dialekt Zentralthailands als „Hochthailändisch", und die Einheitskultur wird von Bangkok aus durch die Medien und das Bildungssystem in alle Teile des Landes getragen.

Oben Akha-Frauen (S. 778) auf einer Teeplantage, Provinz Chiang Rai

Der Nordosten (Isan) hebt sich seit jeher vom Rest des Landes ab. Hier bestehen engere ethnische und kulturelle Verbindungen zu Laos. In den nordöstlichen Provinzen, die an Kambodscha grenzen, ist der Einfluss der Khmer offensichtlich – in historisch turbulenten Zeiten flohen viele Familien über die Grenze. Die Suay, eine Gruppe einer Minderheitsbevölkerung in der Nähe von Surin und Khorat (Nakhon Ratchasima), sind traditionell Elefantentreiber.

Sprache und Kultur des Volks der Thai Pak Tai im Süden spiegeln die Nähe der Region zum überwiegend muslimischen Malaysia wider. Ihre Sprache ist ein wenig schneller als Hochthailändisch, und muslimischer Volksglaube ist hier stärker in die regionale Kultur eingebettet.

Wenn man Thailands Grenzen anhand seiner ethnischen Gruppen und Kulturen neu ziehen müsste, würde sich Nordthailand mit Teilen Südchinas und des nördlichen Myanmars vereinen. Als ursprüngliche Heimat des Volkes der Tai gilt die Yúnnán-Region in China. Es existieren zudem viele Untergruppen, u.a. die Shan (ethnisch Cousins der Thais, die sich im Hochland Birmas ansiedelten) und die Tai Lü (die in den Provinzen Nan und Chiang Rai und im vietnamesischen Hochland leben).

Nach den Thai-Chinesen stellen die Malaien (4,6%) mit einer Population von knapp unter 9,5 Mio. die zweitgrößte ethnische Minderheit dar und leben meist in den Provinzen im tiefen Süden. Zu den verbleibenden ethnischen Minderheiten, die nur einen sehr geringen Bevölkerungsanteil stellen, gehören auch die nicht thaisprachigen Gruppen der Vietnamesen, Khmer, Mon, Semang (Sakai), Moken (*chow lair*, auch *chao leh* geschrieben; „Menschen des Meeres“ oder „Seenomaden“), Htin, Mabri und Khamu sowie verschiedene Bergvölker. In Bangkok und einigen weiteren Provinzen lebt außerdem eine kleine Zahl europäischer und anderer nicht-asiatischer Ausländer.

Spirituelle Literatur

Being Dharma: The Essence of the Buddha's Teachings (2001; Ajahn Chah)

Thai Folk Wisdom: Contemporary Takes on Traditional Proverbs (2010; Tulaya Pornpiriyakulchai und Jane Vejjajiva)

Sacred Tattoos of Thailand (2011; Joe Cummings)

Thai-Chinesen

Menschen chinesischer Abstammung – Hakka, Teochew, Han-Chinesen oder Kantonesen in der zweiten oder dritten Generation – machen bis zu 14% der Gesamtbevölkerung aus und bilden die weltweit größte chinesische Bevölkerungsgruppe im Ausland. In Bangkok und den nahen Küstenregionen leben viele Einwanderer aus China, die von Anfang bis Mitte des 20. Jhs. aus wirtschaftlichen Gründen ins Land kamen. Im Verlauf der Geschichte brachten wohlhabende Chinesen ihre Töchter als Nebenfrauen am Königshof unter, knüpften so Verbindungen zum Herr-

MIGRANTEN & ASYLSUCHENDE

In Thailand leben und arbeiten nach Schätzungen der Vereinten Nationen rund 3,9 Mio. Arbeitsmigranten, hauptsächlich aus Myanmar, Laos Kambodscha und Vietnam. Die meisten von ihnen sind gering qualifizierte Arbeiter ohne oder mit schlechter Schulbildung aus wirtschaftlich schwachen oder politisch instabilen Gebieten. Meist locken die höheren Löhnen in Thailand die Menschen ins Land. Viele kommen illegal ins Land, oft über Schleuser, und haben keinen Arbeitsschutz, sondern sind vielmehr moderne Sklaven. Der Fischfang, die Textil- und Sexindustrie sowie die Baubranche sind stark von Arbeitsmigranten abhängig.

Thailand ringt seit Langem mit Einwanderungsfragen und der Tatsache, dass viele Vertriebene im Königreich Zuflucht suchen. Aufgrund der nachlassenden Wirtschaftsleistung und der Law-and-Order-Politik der Militärjunta, die das Land von 2014 bis 2019 regierte, wurden in den vergangenen Jahren immer mehr Wanderarbeiter ohne Einreisedokumente abgeschoben. Die thailändische Regierung hat zudem erklärt, bis 2020 alle undokumentierten Migrantenkinder aus dem Königreich abzuschieben – 2019 lebten Schätzungen zufolge zwischen 250 000 und 300 000 in Thailand.

Ein thai-muslimischer Junge beim Gebet

scherhaus und begründeten eine chinesische Blutlinie in Thailand, die sich bis zur königlichen Familie erstreckt.

Die Handelszentren der meisten thailändischen Ortschaften werden von thai-chinesischen Familien betrieben, und vielerorts im Land werden auch chinesische Feste wie das alljährliche Vegetarierfest feierlich begangen.

Thailändische Muslime

Mit etwa 5% der Bevölkerung stellen die Muslime die größte religiöse Minderheit in Thailand dar, die Seite an Seite mit der buddhistischen Mehrheit lebt. Viele der hiesigen Muslime leben im Süden Thailands; eine noch größere Zahl ist über das ganze Land verteilt. Die meisten Muslime im Süden des Landes sind ethnische Malaien und sprechen neben Thailändisch auch Malaiisch oder Yawi (einen malaiischen Dialekt mit arabischen Schriftzeichen). Im Norden Thailands leben auch ziemlich viele chinesische Muslime, die Ende des 19. Jhs. aus der chinesischen Provinz Yúnnán eingewandert sind.

Bergvölker

Die ethnischen Minderheiten in den Bergregionen Nordthailands werden oft als „Bergvölker" oder als *chow kŏw* (Bergmenschen) bezeichnet. Jede Minderheit hat eine eigene Sprache, eigene Bräuche und Trachten und einen eigenen Glauben.

Die meisten von ihnen haben halbnomadische Wurzeln und sind im Lauf der vergangenen 200 Jahre aus Tibet, Myanmar, China und Laos eingewandert oder wurden aufgrund von Konflikten mit lokalen Regierungen aus ihrer Heimat vertrieben. Da sie weder den Industriemächten noch den Entwicklungsländern angehören, werden sie als Menschen der „Vierten Welt" bezeichnet. Sprache und Kultur definieren die Grenzen

Traditionelle Kleidung der Bergvölker mit Silberschmuck

ihrer Welt. Das ehemalige Tribal Research Institute in Chiang Mai hat zehn verschiedene Bergvölker identifiziert, aber möglicherweise existieren bis zu 20. Die Bergvölker integrieren sich immer weiter in die thailändische Bevölkerung, und viele der alten Sitten und traditionellen Gebräuche gehen allmählich verloren. Aufgrund zunehmender Verstädterung leben in vielen Bergdörfern inzwischen Mitglieder diverser ethnischer Gruppen ebenso wie birmanische Migranten.

Viele NGOs in Chiang Mai und Chiang Rai arbeiten mit Bergvölkern zusammen, um deren Bildungsmöglichkeiten und medizinische Versorgung zu verbessern und um ihre Interessen zu vertreten.

Akha (I-kaw)

Angehörige: 80 000
Herkunft: Tibet
Leben heute in: Thailand, Laos, Myanmar, Yúnnán (China)
Glaube: Animismus mit Schwerpunkt auf Ahnenkult; einige Gruppen sind Christen

Die Akha gehören zu den ärmsten ethnischen Minderheiten in Thailand. Die meisten leben in den Provinzen Chiang Mai und Chiang Rai, auf Bergkämmen oder an steilen Hängen in 1000 bis 1400 m Höhe. Sie gelten als geschickte Bauern, werden von der Regierung jedoch oft aus den landwirtschaftlich nutzbaren Gebieten umgesiedelt. Das berühmteste Fest der Akha ist die Schaukelzeremonie: Es findet zwischen Mitte August und Mitte September statt und die Menschen wechseln sich auf riesigen Schaukeln ab, um die bevorstehende Erntezeit zu feiern.

Ihre Familiengeschichte ist für die Akha von großer Bedeutung, und wenn sie sich zum ersten Mal begegnen, folgt zuallererst ein Vortrag über ihre jeweilige persönliche Herkunft, um festzustellen, ob beide einen gemeinsamen Vorfahren haben. Traditionell tragen sie einen Kopfschmuck mit Perlen, Federn und baumelndem Silberornamenten. Mit ihren vielen Dialekten gehört die tonale Akha-Sprache zum Lolo-Zweig der tibetobirmanischen Sprachfamilie.

Hmong (Mong oder Maew)

Angehörige: 151 000
Herkunft: Südchina
Leben heute in: Südchina, Thailand, Laos, Vietnam
Glaube: Animismus
Die Hmong, aufgeteilt in die zwei Untergruppen der Weißen Hmong und der Blauen Hmong, stellen die zweitgrößte Gruppe unter den thailändischen Bergvölkern dar und sind in der Provinz Chiang Mai sehr zahlreich, aber auch in anderen nördlichen Provinzen bestehen kleinere Enklaven. Normalerweise leben sie auf Berggipfeln oder Plateaus über 1000 m Höhe. Das Verwandtschaftssystem ist patrilinear, Polygamie ist bei den Hmong erlaubt.

Die Hmong tragen einfache schwarze Jacken und indigoblaue oder schwarze weite Hosen mit gestreiften Borten (Weiße Hmong) bzw. indigoblaue Röcke (Blaue Hmong) und Silberschmuck. Manchmal werden auch Schärpen um die Taille gebunden und bestickte Schürzen über Bauch und Rücken getragen. Die meisten Frauen binden ihr Haar zu einem Knoten zusammen.

Karen (Yang oder Kariang)

Angehörige: 500 000
Herkunft: Myanmar
Leben heute in: Thailand, Myanmar
Glaube: je nach Gruppe Animismus, Buddhismus oder Christentum
Die Karen sind eine der größten Minderheiten in Thailand. Sie leben meist in Tieflandtälern und betreiben als Ackerbauern eher Wechsel- als Brandwirtschaft. Dank ihrer großen Zahl und ihrer Nähe zur Mehrheitsgesellschaft haben sie sich zum am besten integrierten und wirtschaftlich erfolgreichsten Bergvolk entwickelt. Viele Karen leben seit ihrer Ver-

BERGVÖLKER: LEBENSSTANDARD & STAATSBÜRGERSCHAFT

In der Regel gehört der Lebensstandard der Bergvölker zu den niedrigsten in Thailand. 30 Jahre lang verfolgte die thailändische Regierung eine Politik der Umsiedlung der Bergvölker, durch die ganze Dörfer aus fruchtbaren Gegenden auf unfruchtbares Land ziehen mussten. Die Folge davon war, dass intakte traditionelle Systeme der Subsistenzwirtschaft durch eine Marktwirtschaft abgelöst wurden, in der die Bergvölker Mühe hatten, sich gegen die Konkurrenz zu behaupten; außerdem verloren die Bergvölker ihre althergebrachten Lebensweisen. Zudem wird ihre Situation in den meisten Fällen dadurch verschlechtert, dass sie nicht im Besitz der thailändischen Staatsbürgerschaft sind. Ohne die gelten sie als illegale Bewohner der Landes, in dem sie geboren wurden, und haben nicht das Recht, Land zu besitzen, ihre Kinder zur Schule zu schicken, einen Mindestlohn zu verdienen oder die medizinische Versorgung in Anspruch zu nehmen.

In den zurückliegenden Jahrzehnten wurden an einige Mitglieder der Bergvölker thailändische Ausweiskarten vergeben, die ihnen den Zugang zu nationalen Programmen ermöglichen (zumindest theoretisch – öffentliche Schulen und eine medizinische Versorgung bleiben für viele Familien aufgrund zusätzlicher Gebühren trotzdem unerschwinglich). Andere Bergvolkfamilien haben Aufenthaltsbescheinigungen erhalten, die ihnen das Reisen außerhalb eines bestimmten Bereichs verbieten und damit den Zugang zu Jobs in der mobilen modernen Gesellschaft begrenzen. Seit 2016 hat die thailändische Regierung pro Jahr 16 000 Menschen die Staatsbürgerschaft gewährt. Die Maßnahme ist Teil der thailändischen Bemühungen, die Staatenlosigkeit im Land bis 2024 zu beenden, doch 2019 gab es laut dem Innenministerium noch immer 450 000 staatenlose Personen in Thailand. Dies ist laut dem Hohen Flüchtlingskommissar der Vereinten Nationen die vierthöchste Zahl aller Länder der Erde.

PAKIN SONGMOR / GETTY IMAGES ©

Oben „Langhals"-Frauen der Kayan, Provinz Mae Hong Son (S. 317)

Unten Karen-Dorfbewohnerin, Provinz Chiang Mai

Hmong-Frauen auf Reisfeldern, Provinz Chiang Mai

treibung aus ihren Dörfern in Myanmar in Flüchtlingslagern entlang der thailändisch-birmanischen Grenze.

Unter den Karen gibt es vier Hauptgruppen: die Skaw (Weiße Karen), die Pwo, die Pa-O (Schwarze Karen) und die Kayah (Rote Karen). Die Häuser der Karen stehen auf niedrigen Stelzen, die Dächer reichen oft sehr tief. Traditionell tragen sie dick gewebte Tuniken mit V-Ausschnitt in verschiedenen Farben (unverheiratete Frauen tragen allerdings Weiß). Die Verwandtschaftsstruktur ist matrilinear, und Ehen sind monogam. Die Karen-Sprachen gehören zu den Tonsprachen und zur sinotibetischen Sprachfamilie.

Lahu (Musoe)

Angehörige: 100 000
Herkunft: Tibet
Leben heute in: Südchina, Thailand, Myanmar
Glaube: theistischer Animismus, polytheistisch, einige Gruppen sind Christen

Der thailändische Name des Volkes, *moo seu*, geht auf ein birmanisches Wort für „Jäger" zurück und bezieht sich auf ihre Tradition als Waldvolk. Die Lahu, vom tibetischen Plateau abstammend, leben meist auf etwa 1000 m und sind in abgelegenen Gegenden in Chiang Mai, Chiang Rai und Tak zu finden. Typischerweise leben sie in gemischt-ethnischen Dörfern. Es gibt fünf Hauptgruppen: die Roten Lahu (die zahlenmäßig stärkste Lahu-Gruppe in Thailand), Schwarzen Lahu, Weißen Lahu, Gelben Lahu und die Lahu-Sheleh.

Ihre Häuser bestehen aus Holz, Bambus und Gras und stehen auf kurzen Pfählen. Das Essen ist wahrscheinlich das schärfste aller Bergvolkküchen. Ihre traditionelle Kleidung besteht aus schwarz-roten Jacken mit engen Röcken (Frauen) bzw. grünen bzw. blau-grünen weiten Hosen (Männer). Die Tonsprache der Lahu gehört zum Lolo-Zweig der tibetobirmanischen Sprachfamilie.

Die Lahu sind für ihre strikte Einhaltung der Gleichberechtigung der Geschlechter bekannt, die ihrer dyadischen Weltanschauung geschuldet ist, welche auf Partnerschaft und Kooperation setzt.

Stickereien der Mien

Lisu (Lisaw)

Angehörige: 55 000
Herkunft: Tibet
Leben heute in: Thailand, Yúnnán (China)
Glaube: Animismus mit Ahnenkult und Geisterbesessenheit

Lisu-Dörfer liegen meist in den Bergen in einer Höhe von etwa 1000 m und sind in Thailand in acht Provinzen zu finden: in Chiang Mai, Chiang Rai, Mae Hong Son, Phayao, Tak, Kamphaeng Phet, Sukhothai und Lampang. Für die patrilinearen Clans gilt ein Rechtssystem, das die Lisu unter den Bergvölkern einzigartig macht (bei den meisten anderen liegt alle Macht entweder bei einem Schamanen oder dem Dorfvorsteher).

Die Häuser werden am Boden errichtet und bestehen aus Bambus und Grasdächern. Die Frauen tragen lange bunte Tuniken über ihren Hosen, manchmal auch schwarze Turbane mit Quasten, die Männer weite grüne oder blaue Hosen, die an den Knöcheln festgebunden werden. Da sie eng verwandt sind mit den Akha und Lahu, gehört die Tonsprache der Lisu zum Lolo-Zweig der tibetobirmanischen Sprachfamilie.

Mien (Yao)

Angehörige: 30 000
Herkunft: Zentralchina
Leben heute in: Thailand, Südchina, Laos, Myanmar, Vietnam
Glaube: Animismus mit Ahnenkult, Taoismus, Buddhismus, Christentum

Die Mien verstehen sich gut auf Kunsthandwerk, vor allem Stickereien und Silberarbeiten. Sie siedeln in der Nähe von Bergquellen, größtenteils in den Provinzen Nan, Phayao und Chiang Rai, aber auch in anderen Regionen. Während des Amerikakriegs arbeiteten die Mien mit der CIA im Kampf gegen die Pathet-Lao-Kräfte zusammen und flohen in größerer Zahl nach Thailand.

Die Mien sind stark von chinesischen Traditionen beeinflusst und benutzen chinesische Zeichen zum Schreiben, obwohl in den 1980ern eine einheitliche Schrift entwickelt wurde. Die Verwandtschaftsstrukturen sind patrilinear, Ehen sind polygam. Die Häuser werden am Boden errichtet und bestehen aus Holz oder Bambus und Gras. Frauen tragen Hosen und schwarze, aufwendig bestickte Jacken mit roten Kragen und große dunkle Turbane. Männer tragen schwarze Tuniken und schwarze Hosen. Die Tonsprache Mien gehört zur Sprachfamilie der Hmong-Mien.

Lebensart

Die individuelle Lebensart variiert je nach familiärem Hintergrund, Einkommen und geografischer Lage. Der bei Weitem wohlhabendste Ort des Landes ist Bangkok, auch wenn der Wohlstand allgemein im ganzen Land steigt.

Thais wandern weiterhin wegen der besseren Jobaussichten aus ihren kleinen Dörfern und Städten in die urbanen Zentren ab. Es war lange üblich, dass die Thais einen Teil ihres Gehalts nach Hause zu ihren Eltern schicken oder zur Unterstützung ihrer Kinder einsetzen, die sie zurückgelassen hatten, damit sie im Dorf aufgezogen werden. In manchen sozioökonomischen Schichten ist das auch heute noch der Fall, aber immer mehr Eltern werden selbst wohlhabend und sind nicht mehr auf die Unterstützung ihrer erwachsenen Kinder angewiesen. Tatsächlich haben sich die Verhältnisse eher umgekehrt: Eltern helfen ihren erwachsenen Kindern bei der Anschaffung teurer Autos und von Wohneigentum, das sich diese mit ihren Eingangsgehältern nicht leisten könnten. Als Folge kritisiert die ältere Generation die heutige Jugend häufig für ihr ausuferndes Anspruchsdenken.

Die Bergvolk-Gemeinschaften, die in Höhenlagen über 900 m leben, bauten einst Schlafmohn an. Dank eines königlichen Projekts, das erforscht, welche neuen Feldpflanzen kultiviert werden könnten, sowie verbesserter Infrastruktur ist es damit aber inzwischen weitgehend vorbei.

Im Vergleich dazu gestaltet sich das Leben in den Provinzhauptstädten überall im Land eher traditionell. Beamte – Lehrer und Regierungsangestellte – bilden das Rückgrat der thailändischen Mittelklasse und leben meist in Kernfamilien in Reihenhaussiedlungen außerhalb der Stadtzentren. Geschäftsleute leben im Stadtzentrum, normalerweise in Wohnungen über Ladenlokalen – dies erleichtert das Pendeln und ermöglicht einen recht urbanen Lebensstil.

Aus demografischer Sicht wird Thailand wie die meisten Teile Asiens immer älter. Inzwischen geht man davon aus, dass im Jahr 2050 35 % der thailändischen Bevölkerung über 60 Jahre alt sein werden. Mit derzeitigen 0,3 % ist Thailands Bevölkerungswachstumsrate sehr niedrig; Analysten warnen bereits vor zukünftigem Arbeitskräftemangel und überlasteten Rentenkassen. Frauen konzentrieren sich zunehmend auf Karriere statt aufs Heiraten – der Anteil unverheirateter Frauen macht inzwischen 30 % der Bevölkerung aus.

Thailändische Kultur

Ein großer Teil des kulturellen Wertesystems Thailands gründet auf dem Respekt gegenüber Familie, Religion und Monarchie. In diesem System kennt jeder Einzelne seinen Platz, und thailändische Kinder werden streng zur Anpassung an eine Gruppe und zur Unterdrückung „anstößiger“ Ansichten erzogen. In den meisten sozialen Situationen steht das Schaffen einer harmonischen Atmosphäre an erster Stelle, und Thais sind sehr stolz darauf, wenn ihre Mitmenschen sich bei ihnen wohlfühlen.

Sà·nùk

Im Allgemeinen legen die Thais viel Wert auf *sà·nùk*, was „Spaß“ bedeutet, und alles, was getan werden muss, sollte auf Spaß basieren. Selbst Arbeit und Studium müssen etwas *sà·nùk* mit sich bringen, sonst werden sie automatisch zur Fronarbeit. Das bedeutet nicht, dass Thais nicht arbeiten, sie arbeiten nur am besten in der Gruppe, um nicht zu verein-

Rituelle Opfergaben beim Songkran (thailändisches Neujahr; S. 30)

Daten zum Lebensstil

Durchschnittliches Heiratsalter von thailändischen Männern/Frauen: 28/25 Jahre

Mindestlohn: 325 B pro Tag

Einstiegsgehalt: 12 000–15 000 B pro Monat

samen und das Ganze ein wenig spielerisch anzugehen. Nichts ist für ein Vorhaben tödlicher, als *mâi sà·nùk* (keinen Spaß) zu machen. Thais mixen ihre Aufgaben oft mit einer gesunden Dosis Gemeinschaftlichkeit, die für den Rücken anstrengende Arbeit auf den Reisfeldern genauso wie die Eintönigkeit bei langen Überlandbusfahrten.

Das Gesicht wahren

Bei den Thais ist der Glaube an das Konzept, stets das Gesicht wahren zu müssen, tief verankert. Konfrontationen gehen sie beispielsweise aus dem Weg, und sie bemühen sich immer, sich und andere nicht zu blamieren (es sei denn, das wäre *sà·nùk*). Wer in dieser Kunst perfekt ist, bringt in Unterhaltungen keine negativen Themen zur Sprache, drückt

VERDIENSTE SAMMELN

Pilgerreisen zu berühmten Tempeln sind ein wichtiger Bestandteil des heimischen Tourismus. Das Sammeln von Verdiensten ist eher ein persönliches Ritual als eine Angelegenheit der gesamten Gemeinde. Gläubige kaufen symbolische Opfergaben wie Lotusknospen, Räucherstäbchen oder Kerzen und bringen diese an der wichtigsten Buddha-Abbildung des Tempels dar. Weitere Verdienste bringende Aktivitäten sind Lebensmittelspenden für den Tempel-*sangha*, Meditation (allein oder in Gruppen), den Mönchen beim Singen der *suttas* (buddhistischen Lehrreden) zuhören oder einen *têht*- oder *dhamma*-Vortrag eines Abtes oder eines anderen angesehenen Lehrers besuchen. Auch wenn die thailändische Gesellschaft sich zunehmend säkularisiert, bleibt das Verdienstesammeln doch eine wichtige kulturelle Tätigkeit – wenn sie auch häufiger mit der Erfüllung von Wünschen (etwa Liebe oder akademischen Erfolg zu finden) in Verbindung gebracht wird als mit religiöser Hingabe.

Teeplantage, Provinz Chiang Rai

seine Überzeugung oder Meinung nicht ungeniert aus und behauptet nicht, Experte auf einem bestimmten Gebiet zu sein. Zustimmung und Harmonie gelten als die wichtigsten sozialen Tugenden.

Während Menschen aus dem Westen häufig der Meinung sind, eine hitzige Diskussion sei o.k., empfinden Thais solche Personen, die laut werden, als unhöflich und launisch. Die Beherrschung zu verlieren, bedeutet für alle Anwesenden einen Gesichtsverlust, und Thais, die verärgert wurden, können sehr extrem reagieren. Kleinere Peinlichkeiten wie ein Stolpern oder Hinfallen können eine Gruppe von Thais möglicherweise zum Kichern bringen. Das ist dann aber keine Schadenfreude über das Missgeschick, man will dem Betroffenen nur dabei helfen, sein Gesicht zu wahren, indem man den Zwischenfall einfach weglacht.

Thais sind hinsichtlich ihres Erscheinungsbilds sehr penibel. Viele baden zweimal oder noch öfter am Tag und wundern sich, wenn vermeintlich wohlhabende Ausländer ungepflegt herumlaufen.

Soziale Stellung & Verpflichtungen

Alle Beziehungen in der traditionellen thailändischen Gesellschaft – und auch alle im modernen Thailand – richten sich nach der sozialen Stellung, die durch Alter, Vermögen, Status und die persönliche und politische Weltanschauung definiert ist. Der soziale Rang der Älteren wird *pôo yài* (wörtlich: „große Person") genannt und Eltern, Vorgesetzten, Dorfvorstehern oder Beamten zugeschrieben. Die Stellung der Jüngeren heißt *pôo nóy* („kleine Person"). Der Begriff beschreibt alle, die in der Rangfolge unterhalb einer *pôo yài* stehen. Diese Stufen sind bis zu einem gewissen Grad auch in vielen anderen Gesellschaften auf der Welt erkennbar, doch das Besondere an der thailändischen Form sind die gegenseitigen Verpflichtungen, die „Ältere" und „Jüngere" haben.

Pôo nóy sind verpflichtet, den Älteren Gehorsam und Respekt zu erweisen. Für Menschen mit einem niedrigeren Status geziemt es sich nicht, einen Älteren infrage zu stellen oder zu kritisieren. Für die Arbeitswelt bedeutet das, dass jüngere Mitarbeiter in Besprechungen nicht dazu ermutigt werden, etwas beizusteuern, und dass von ihnen erwartet wird, dass sie kommentarlos tun, was ihr Chef ihnen aufträgt.

Das thailändische Jahr wird ab 543 v. Chr. errechnet, dem Beginn der buddhistischen Ära. Unser Jahr 2022 ist in der buddhistischen Zeitrechnung demnach 2565 BE (für „Buddhist Era"), das Jahr 2023 ist 2566 BE usw.

Im Gegenzug verpflichten sich die *pôo yài*, sich um die *pôo nóy* zu kümmern und sie zu fördern. Es handelt sich also um eine patriarchale Beziehung, in der ein *pôo nóy* um einen Gefallen bitten kann in Bezug auf Geld oder eine Arbeitsstelle. *Pôo yài* bestätigen ihre Stellung, indem sie diese Bitten erfüllen, wenn es ihnen möglich ist; sie abzulehnen, würde einen Gesichts- und Statusverlust bedeuten.

Das Protokoll, das durch die soziale Hierarchie vorgegeben ist, regelt so gut wie jeden Aspekt des Verhaltens der Thais in ihren Familien, Wirtschaftsunternehmen, Schulen und in der Regierung. Gewählte oder ernannte Vertreter stehen auf einer der höchsten Stufen der gesellschaftlichen Leiter und betrachten sich oft als alleinverantwortlich für ihre Mitmenschen – ein starker Widerspruch zum demokratischen Ideal, in dem sie nur das Sprachrohr ihrer Mitmenschen sind. Die komplizierte personelle Hierarchie in Thailand steht einer Zusammenarbeit oft im Weg, besonders, wenn nicht alle Beteiligten denselben Status haben. Dies ist vielleicht auch der Grund, warum es in Bangkok mehrere Museen mit moderner Kunst gibt, die jeweils über unvollständige Sammlungen verfügen, und nicht ein großes, wirklich herausragendes Haus.

Die meisten ausländischen Besucher werden in Form von *pêe* (ältere Geschwister) und *nórng* (jüngere Geschwister) mit einer vereinfachten Version dieser Beziehungsstruktur zu tun haben. Alle Thais sprechen voneinander, indem sie Verwandtschaftsgrade benutzen. Selbst bei Personen, mit denen man nicht blutsverwandt ist, legt man schnell fest, wer *pêe* und wer *nórng* ist. Das ist auch der Grund, weshalb Thais neue Bekannte gleich zu Beginn fragen: „Wie alt bist du?"

Religion

Buddhismus

Etwa 94 % der Thais sind Anhänger des Theravada-Buddhismus, eines Zweiges, der während der Sukhothai-Zeit aus Sri Lanka nach Thailand gekommen ist.

Das große Ziel des Theravada-Buddhismus ist *nibbana* („Nirwana" in Sanskrit), was wörtlich eigentlich „Ausblasen" oder „Auslöschen" aller Begierden und damit allen *dukkha* (Leidens) bedeutet. *Nibbana* ist das Ende des Kreislaufs der Wiedergeburten (sowohl von Augenblick zu Augenblick als auch von Leben zu Leben), der die Existenz bestimmt. In der

GEISTERHÄUSER

Vielen Wohnhäusern oder Behausungen in Thailand ist ein „Geisterhaus" angeschlossen, in dem sich der *prá poom* (Schutzgeist) des Grundstücks aufhalten kann. Laut animistischem Glauben aus vorbuddhistischen Zeiten leben Schutzgeister in Flüssen, Bäumen und an anderen Orten in der Natur und müssen geehrt (und besänftigt) werden. Der Schutzgeist eines bestimmten Grundstücks ist die übernatürliche Entsprechung einer Schwiegermutter: ein verehrtes, aber manchmal störendes Familienmitglied. Um die Geister fröhlich zu stimmen und sie abzulenken, bauen Thais auf ihrem Grundstück aufwendige Behausungen, die an Puppenhäuser erinnern und in denen die Geister komfortabel, aber abgetrennt von den Angelegenheiten der Menschen „leben" können. Um die guten Beziehungen und das persönliche Glück weiter zu fördern, werden täglich Opfergaben wie Reis, Obst, Blumen und Wasser am Geisterhaus dargebracht. Wenn das Haus der Menschen ausgebaut wird, muss auch das Geisterhaus vergrößert werden, um die Geister nicht zu beleidigen. Alle Geisterhäuser müssen von einem brahmanischen Priester geweiht werden.

Oben Novizen, Ayutthaya (S. 176)

Unten Matsayit-Klang-Moschee, Pattani (S. 634)

S_TANONGSAK / GETTY IMAGES ©

Der Theravada-Buddhismus wird oft „südliche Schule" genannt, da er vom Indischen Subkontinent nach Südostasien kam, während der Mahayana-Buddhismus in den nördlichen Regionen Asiens vorherrscht.

Praxis streben die meisten Thai-Buddhisten allerdings eher nach einer Wiedergeburt in einer „besseren" Existenz als nach dem überirdischen Ziel des *nibbana*. Das Konzept der Wiedergeburt wird in Thailand beinahe universell anerkannt, sogar von Nicht-Buddhisten.

Die Vorstellung einer Wiedergeburt weckt bei den Thais auch einen ausgeprägten Sinn für Bescheidenheit und Zusammengehörigkeit. Wenn sie in einem Gebüsch irgendein Krabbeltier sehen, denken sie vielleicht daran, dass auch sie selbst einst ein solches Wesen waren oder dass ein verstorbener Verwandter in einem nicht-menschlichen Körper wiedergeboren wurde. Die Wiedergeburt spiegelt gewissermaßen Thailands gesellschaftliche Schichten wider – im Grunde genommen ist sie entweder eine Belohnung oder eine Bestrafung. Es ist essenziell in der buddhistische Karma-Lehre, die auch im thailändischen Sprichwort *tam dee, dâi dee; tam chôoa, dâi chôoa* („Aus guten Taten folgt Gutes, aus schlechten Taten Schlechtes") zum Ausdruck kommt. Ein guter Mensch kann das Schicksal seines gegenwärtigen und seiner zukünftigen Leben verbessern, indem er Verdienste sammelt *(tam bun)*.

Die buddhistische Hierarchie in Thailand folgt dem Triratana („Drei Juwelen") – dem Buddha, dem *dhamma* (Lehren) und dem *sangha* (buddhistische Gemeinde). Historisch gesehen nimmt der thailändische König seit jeher eine hochverehrte Stellung im Thai-Buddhismus ein und wird oft als halbgöttlich angesehen. Thailändische königliche Zeremonien werden nach wie vor fast ausschließlich von brahmanischen Priestern abgehalten, die die Pflicht haben, die drei Säulen der thailändischen Nation zu erhalten: die Souveränität, die Religion und die Monarchie.

Im Thai-Buddhismus gibt es keinen bestimmten Sabbattag, aber es existieren *wan prá* (heilige Tage), die auf jeden siebten oder achten Tag fallen, abhängig von der Mondphase. Außerdem gibt es diverse religiöse Feiertage, die normalerweise wichtige Ereignisse im Leben Buddhas ehren.

Mönche & Nonnen

Die Gesellschaft erwartet von jedem thailändischen Mann, dass er eine kurze Zeit seines Lebens als Mönch (*bhikkhu* auf Pali; *prá* or *prá pík·sù* auf Thai) verbringt, idealerweise die Zeit nach seinem Schulabschluss, bevor er eine berufliche Laufbahn einschlägt oder heiratet. Traditionell verbringen die Männer drei Monate während der *pan·săh* (buddhistische Fastenzeit) im Wat, die im Juli beginnt und mit der Regenzeit zusammenfällt. Heutzutage gehen die Männer allerdings oft nur noch eine Woche in den Tempel, um als Mönch Verdienste zu sammeln.

Als Zeichen dafür, dass sie allen weltlichen Dingen entsagen, müssen Mönche ihre Haare, Augenbrauen und sämtliche Gesichtsbehaarung abrasieren, solange sie im Kloster wohnen. Außerdem müssen sie ein asketisches Leben ohne Luxus führen und dürfen nur eine Mahlzeit am Tag essen (manchmal auch zwei, abhängig von den Traditionen des jeweiligen Tempels). Mönche, die in der Stadt leben, legen ihren Schwerpunkt für gewöhnlich eher auf die Meditation. Vollordinierte Mönche führen Beerdigungen und Hochzeitszeremonien durch, halten Predigten und unterrichten klösterliche Lehren.

Im Thai-Buddhismus fällt Frauen, die sich ein klösterliches Leben wünschen, nur eine untergeordnete Rolle im Tempel zu, die mit dem vollen Mönchtum nicht gleichzusetzen ist. Eine buddhistische Nonne wird *mâa chee* (Mutter Priesterin) genannt und lebt als *atthasila-* (Acht-Gebote-)Nonne – eine Stellung, die traditionell von Frauen bekleidet wird, die keinen anderen Platz in der Gesellschaft finden konnten. Thailändische Nonnen rasieren sich die Köpfe, tragen weiße Roben und kümmern sich um kleinere Alltagsarbeiten im Tempel. Allgemein gesagt genießen *mâa chee* nicht dasselbe Prestige wie Mönche, und sie spielen auch keine Rolle in den Verdienste bringenden Ritualen der Gläubigen.

Islam

In Thailand gibt es ungefähr 3500 Moscheen – allein in Bangkok sind es über 170. 99 % dieser Moscheen gehören dem sunnitischen Zweig des Islam an (bei dem die islamische Führung in der Einigkeit der Umma, der muslimischen Gemeinde, liegt), 1% gehört zum schiitischen Zweig (in dem die religiöse und politische Autorität den Nachkommen Mohammeds zusteht). Wie in anderen Teilen Asiens finden sich auch im Islam in Thailand sufistische Elemente.

Der Islam kam zwischen dem 13. und 16. Jh. durch den Einfluss der indischen und arabischen Händler und Lehrer nach Südthailand.

Architektur & Künste

Thailand besitzt eine visuell orientierte Kultur, in der das Verständnis von Schönheit und Ästhetik alles prägt – von extravaganten Tempeln und schlichten altmodischen Häusern bis hin zu für das Königshaus geschaffenen Kunstwerken. Tempelbauten und buddhistische Bildhauerei bilden die Hauptformen der traditionellen thailändischen Kunst. Doch auch in der Moderne findet die Kreativität unzählige Ausdrucksformen – von sozialkritischen zeitgenössischen Gemälden bis hin zu Wolkenkratzern. In Sachen Musik ist von Klassik bis Country und Teenie-Pop mit Dance-Beats so ziemlich alles dabei.

Oben Liegender Buddha im Wat Pho (S. 69), Bangkok

Architektur

Am eindrucksvollsten offenbart sich Thailands architektonisches Erbe in den prächtigen buddhistischen Tempeln (Wats). Eines der charakteristischsten Elemente buddhistischer Tempelbauten ist der *chedi* (Stupa), der mit seiner Form die Dauerhaftigkeit des Buddhismus versinnbildlichen soll. In vielen werden Reliquien bedeutender Könige oder des historischen Buddha oder auch Überreste ehrwürdiger Mönche oder Nonnen aufbewahrt. In der thailändischen Tempelarchitektur wurden verschiedene fremde Stile frei miteinander vermischt – vom maiskolbenförmigen Stupa des Khmer-Reichs bis zum glockenförmigen Stupa Sri Lankas ist alles vertreten.

Thailändische Tempel sind stark von der hinduistisch-buddhistischen Ikonografie geprägt. Darstellungen des mythischen Schlangenwesens *naga*, das über Buddha wachte, während dieser meditierte, sind oft an den Eingangsgeländern und Dachgiebeln zu sehen. Auf der Spitze des Tempeldachs befindet sich der *chôr fáh*, eine goldene Gestalt in Form eines fliegenden Vogels.

Die Lotusknospe ist ein weiteres heiliges Motiv unter den verehrten buddhistischen Symbolen und ziert oft die Spitze von Tempeltoren, Verandasäulen und *chedis* aus der Sukhothai-Zeit. Buddha wird häufig

THAILANDS KUNSTPERIODEN

PERIODE	TEMPEL- & CHEDI-STILE	BUDDHA-STILE	BEISPIELE
Dvaravati (7.–11. Jh.)	Stufenförmige *chedi* (Stupas) mit rechteckigem Sockel	Indische Einflüsse; dicker Oberkörper, lange Locken, gebogene Augenbrauen (wie fliegende Vögel), hervorquellende Augen, dicke Lippen und flache Nase	Phra-Pathom-Chedi, Nakhon Pathom; Lopburi Museum, Lopburi; Wat Chama Thewi, Lamphun
Srivijaya (7.–13. Jh.)	Tempel im Stil des Mahayana-Buddhismus; *chedis* im javanischen Stil mit kunstvollen Bogen	Indische Einflüsse; reiche Verzierung, menschliche Züge und leicht verdrehte Taille	Wat Phra Mahathat Woramahawihaan und National Museum, Nakhon Si Thammarat
Khmer (9.–11. Jh.)	Hinduistisch-buddhistische Tempel; *prang* (*chedi* im Khmer-Stil) in Maiskolbenform	Buddha meditierend auf einem Lotuspodest, während die siebenköpfige *naga* für ihn ein Schutzdach formt	Phimai Historical Park, Nakhon Ratchasima; Phanom Rung Historical Park, Surin
Chiang Saen–Lan Na (11.–13. Jh.)	Tempel aus Teakholz; *chedis* mit quadratischem, manchmal achteckigem Sockel und einem vergoldeten Schirm auf der Spitze	Birmanische Einflüsse; mollige Figur, rundes, lächelndes Gesicht und nach oben weisende Fußsohlen, Meditationspose	Wat Phra Singh, Chiang Mai; Chiang Saen National Museum, Chiang Saen
Sukhothai (13.–15. Jh.)	Khmer-inspirierte Tempel; *chedis* mit schmalen Turmspitzen und einer Lotusknospe als Krone	Anmutige Posen, oft „gehend" dargestellt, keine anatomisch korrekten menschlichen Details	Sukhothai Historical Park, Sukhothai
Ayutthaya (14.–18. Jh.)	Klassische Thai-Tempel mit dreistufigem Dach und Ziergiebeln; glockenförmige *chedis* mit sich verjüngender Turmspitze	König der Ayutthaya-Ära mit juwelenbesetzter Krone und königlichen Insignien	Ayutthaya Historical Park, Ayutthaya
Bangkok-Ratanakosin (19. Jh.)	Bunte und vergoldete Tempel im westlich-thailändischen Stil; mosaikbesetzte *chedis*	Wiederbelebter Ayutthaya-Stil	Wat Phra Kaew, Wat Pho und Wat Arun, Bangkok

FRANKVANDENBERGH / GETTY IMAGES ©

Traditionelles Tempelwandbild, Wat Pho (S. 69), Bangkok

meditierend auf einem Podest aus Lotusblüten dargestellt, die an die buddhistischen Lehren erinnern sollen. Die Lotusblume kann selbst in einem fauligen Teich erblühen – eine Metapher dafür, dass religiöse Vollkommenheit auch in schändlichster Umgebung entstehen kann.

Im späten 19. und frühen 20. Jh. begann man in Thailand, traditionelle Architektur mit europäischen Formen zu verbinden. So sind in Hafenstädten wie Bangkok und Phuket schöne Beispiele chinesisch-portugiesischer Architektur entstanden: Gebäude aus stuckverzierten Backsteinen mit kunstvollen Fassaden. Dieser Stil folgte den Händlern der Kolonialzeit über die Meere und wird von den Einheimischen oft auch „Alt-Bangkok" oder „Ratanakosin" genannt.

Kunstmuseen & Galerien

- *National Museum*
- *Bangkok Art & Culture Centre*
- *100 Tonson Gallery*
- *H Gallery*
- *Kathmandu Photo Gallery*
- *Museum of Contemporary Art*
- *Soy Sauce Factory*

Bildende Kunst

Der Großteil der schönsten antiken Kunst Thailands ist in den unzähligen Tempeln des Landes zu sehen. Die vielen staatlichen und privaten Museen Bangkoks konzentrieren sich eher auf moderne Kunst.

Traditionelle Malerei & Bildhauerei

Thailands frühes künstlerisches Schaffen hatte nahezu ausschließlich religiöse Bezüge, wobei Buddha-Skulpturen und Wandmalereien als kontinuierliches visuelles Zeugnis vom Glaubenssystem dienen.

Einen eigenen Kunststil zeigte das Land erstmals während der Sukhothai-Ära, die für ihre anmutigen, abgeklärten Buddha-Figuren berühmt ist. Die Wandmalereien in den Tempeln sind die Hauptform der alten thailändischen Kunst. Die Wandgemälde, die stets einen lehrenden Charakter haben, zeigen *Jataka* (Geschichten aus Buddhas früherem Leben) und die thailändische Version des Hindu-Epos *Ramayana*. Da sie nicht so haltbar sind wie andere Kunstformen, konnten nur sehr wenige Bei-

Bangkok Art & Culture Centre (S. 89)

spiele religiöser Malerei aus der Zeit vor dem 20. Jh. bis heute überdauern. Die frühesten Werke sind im Wat Ratburana in Ayutthaya zu sehen, aber einige der besten können in Bangkok besichtigt werden.

Die Entwicklung der thailändischen religiösen Kunst und Architektur lässt sich in verschiedene Perioden unterteilen, die von der Gunst der herrschenden Hauptstadt geprägt waren. Am besten sind die Besonderheiten einer Periode an den unterschiedlichen *chedi*-Formen (Stupa) und den speziellen Merkmalen der Buddha-Statuen – Gesichtszüge, Verzierungen auf dem Kopf, Gewand und Stellung der Füße bei der Meditation – erkennbar.

Zeitgenössische Kunst

Die Übertragung traditioneller Themen auf die säkulare Leinwand begann Anfang des 20. Jhs., als sich westliche Einflüsse in der Region ausbreiteten. Im Allgemeinen gibt die thailändische Malerei dem Abstrakten den Vorzug vor dem Realismus und hält an der eindimensionalen Perspektive der traditionellen Wandgemälde fest. In der thailändischen Kunst gibt es zwei Haupttrends: die Aktualisierung religiöser Themen und ironisch-sozialkritische Arbeiten. Bei einigen Künstlern gehen diese beiden Trends ineinander über.

Der in Italien geborene Corrado Feroci wird oft als Vater der modernen thailändischen Kunst bezeichnet. 1923 wurde er von Rama VI. nach Thailand eingeladen und baute das Demokratiedenkmal und andere Denkmäler in der Stadt.

In den 1970er-Jahren widmeten sich thailändische Künstler mit abstraktem Expressionismus der Modernisierung buddhistischer Themen. Zu den bedeutendsten Arbeiten gehören der farbenfrohe Surrealismus von Pichai Nirand und die mystischen Bleistift- und Federzeichnun-

REGIONALES KUNSTHANDWERK

Thailand blickt auf eine lange Tradition des Kunsthandwerks zurück, das sich oft von Region zu Region und sogar von Dorf zu Dorf unterscheidet. Zu den thailändischen Töpferarbeiten gehören u. a. die grünlichen Seladon-Waren, die aus rotem Lehm gefertigten Tongefäße von Dan Kwian und die *ben-jà-rong*-Keramik im „Fünf-Farben-Stil" mit aufwendigen, bunten Glasuren auf weißem Porzellan aus Zentralthailand. Das ursprünglich ausschließlich nur für den Königshof hergestellte *ben-jà-rong*-Porzellan basiert auf chinesischen Mustern, Seladon hingegen ist thailändischen Ursprungs.

Aufgrund des Einflusses birmanischer Kunsthandwerker herrscht in Nordthailand eine lange Tradition zur Herstellung von Lackkunst, die eindeutig den verschiedenen Regionen zugeordnet werden kann.

Jede Region Thailands hat ihren eigenen Stil in der Seidenweberei. In alten Zeiten dürften die Webstoffe in etwa denselben Zweck erfüllt haben wie unsere heutigen Visitenkarten. An ihnen ließen sich Stammeszugehörigkeit und manchmal auch der Familienstand ablesen. Auch heute noch wird in den Dörfern die Tradition des Webens fortgesetzt, doch sind die Muster geografisch weniger spezifisch.

gen von Thawan Duchanee. Der auch international bekannte Montien Boonma benutzt für seine Installationen Bestandteile des buddhistischen Verdienstesammelns wie Blattgold, Glocken und Kerzenwachs.

Politisch motivierte Kunst bildet eine Parallelbewegung der thailändischen zeitgenössischen Kunst. In Thailands sich rapide industrialisierender Gesellschaft mussten viele Künstler mit ansehen, wie auf Reisfeldern Fabriken entstanden, wie Wälder zu Asphalt wurden und wie die Erträge in die Taschen derjenigen wanderten, die die richtigen politischen Verbindungen hatten. Manit Sriwanichpoom ist vor allem für seine Reihe *Pink Man on Tour* bekannt, in der er den Künstler Sompong Thawee in einem rosafarbenen Anzug mit rosafarbenem Einkaufswagen zwischen den bekanntesten Attraktionen Thailands zeigt. Der forsche Künstler und Lyriker Vasan Sitthiket, Absolvent des College of Fine Art in Bangkok, ist noch unverhohlener und setzt auf Kontroversen, während er mit Mixed-Media-Installationen die Ausbeutung und Korruption anklagt. Seine oft aussagekräftigen Arbeiten sind in Thailand verboten und werden als landesverräterisch verdammt.

Top-Kunstbücher

- *The Thai House (Ruethai Chaichongrak; 2002)*
- *The Arts of Thailand (Steve Van Beek; 1998)*
- *Flavours: Thai Contemporary Art (Steven Pettifor; 2005)*
- *Bangkok Design: Thai Ideas in Textiles and Furniture (Brian Mertens; 2006)*
- *Buddhist Temples of Thailand (Joe Cummings; 2010)*

In den 1990er-Jahren gab es Bestrebungen, die Kunst aus den Museen heraus in den öffentlichen Raum zu tragen. Navin Rawanchaikul begann in seiner Heimatstadt Chiang Mai mit seinem Gemeinschaftsprojekt „Kunst in die Straßen" und zog dann weiter nach Bangkok, wo er Taxis mit Kunstinstallationen ausstattete und damit ganz wörtlich die Kunst auf die Straßen brachte. Seine anderen Arbeiten sind Wortspiele, z. B. das Mixed-Media-Werk *We Are the Children of Rice (Wine)* von 2002 und sein episches Gemälde mit dem Titel *Super (M)art Bangkok Survivors* von 2004, in dem er seiner Wut gegen die Kommerzialisierung der Museen freien Lauf ließ.

Nachwuchskünstler nutzen die unterschiedlichsten Medien für ihre eher introspektiven Arbeiten. So versucht Maitree Siriboon mit Collagen und Fotos seine persönliche Identität, Sexualität und Transformation zu erklären. Die 1979 geborene thailändisch-japanische Künstlerin Yuree Kensaku erschafft allegorische, manchmal surreale cartoonartige Gemälde mit lebhaften Bezügen zur Popkultur.

Die thailändische Bildhauerei wird mit buddhistischen Statuen in Verbindung gebracht und gilt als stärkste der zeitgenössischen Künste. Beeinflusst von seinem Lehrer Henry Moore schuf der Bildhauer Khien Yimsiri elegante menschliche und mythische Bronzefiguren. Manop Suwanpinta verleiht der menschlichen Anatomie fantastische Formen, die oft auch technologische Aspekte enthalten, etwa aufklappbare Ge-

Oben *Köhn*-Darsteller (S. 799)

Unten Traditioneller Tempelschmuck

IKONTEE / SHUTTERSTOCK ©

WICHITS / GETTY IMAGES ©

Traditionelle Thai-Webkunst (S. 794)

sichter, die einen leblosen Inhalt enthüllen. Kamin Lertchaiprasert erforscht mit seinen Skulpturen spirituelle und Alltagsthemen. Seine Installation *Ngern Nang* (Sitzendes Geld), entstanden zwischen 2004 und 2006, zeigt eine Reihe von Figuren aus Banknoten (die von der Nationalbank ausgemustert wurden) mit poetischen Auslassungen über das Leben und die Liebe.

Während des vergangenen zehn Jahre, die politisch oft unruhig verliefen, verarbeiteten Künstler ihre persönlichen Erfahrungen in Multimedia-Installationen. Darstellungen von Panzern, Waffen, von Gewalt und Protest wurden miteinander verwoben, um Empörung, Trauer, Angst und sogar Apathie auszudrücken. Im Jahr 2012 schuf Vasan Sitthiket mit seiner Reihe *Hypocrisy* (Scheinheiligkeit) eine Sammlung farbenfroher, aber chaotischer Collagen. Chulayarnnons Siriphols Kurzfilm *A Brief History of Memory* (2010) erzählt von den Erfahrungen einer Frau mit gewalttätigen Straßenprotesten.

In den vergangenen Jahren hat sich das Gefühl verstärkt, dass Kunst sich aus rein intellektuellen, politischen oder sogar künstlerischen Kreisen hinaus in den Mainstream bewegt. Die Zahl der Galerien in Bangkok und anderswo hat enorm zugenommen. Im Jahr 2017 wurde Kamin Lertchaiprasert gebeten, Kunst zu schaffen, die die Züge des Skytrain/BTS-Netzes in Bangkok schmücken soll. 2018 fand in Thailand die erste Kunstbiennale des Landes statt, die Bangkok Art Biennale. Die nächste Ausgabe soll 2022/23 stattfinden.

Musik

In Thailand trifft man auf eine reiche Vielfalt musikalischer Genres und Stile – von ruhiger Hofmusik als Begleitung klassischen Tanztheaters bis hin zu dröhnenden House-Beats in den Clubs.

Kórng wong yài-Gongs

Klassische Musik

Das klassische Orchester, das *pèe pâht*, wurde ursprünglich zur Begleitung des klassischen Tanz- und Schattentheaters entwickelt. Heute kann man einfache Aufführungen aber auch bei Tempelfesten und an Touristenattraktionen erleben. Das Ensemble besteht aus fünf bis 20 Musikern, die vor jedem Auftritt der *đà·pohn* (oder *thon*), der doppelseitigen Handtrommel, die dem ganzen Ensemble das Tempo vorgibt, Räucherkerzen und Blumen darbieten.

Die thailändische Standardtonleiter unterteilt die Achttonoktave in sieben Ganztonintervalle ohne Halbtöne. Thailändische Tonleitern wurden erstmals von dem thailändisch-deutschen Komponisten Peter Veit (auch unter dem thailändischen Namen Phra Chen Duriyang bekannt) niedergeschrieben, der 1932 Thailands Nationalhymne komponierte.

Thai-Musik

Auf Deungdutjai (http://deungdutjai.com) gibt's thailändische Pop-Hits mit thailändischen und übersetzten oder transkribierten Texten.

Lôok Tûng & Mŏr Lam

Das sich am besten verkaufende Genre der modernen thailändischen Musik ist das aus den 1940er-Jahren stammende *lôok tûng* (wörtl. „Kinder der Felder"). Grob vergleichbar mit der Country- und Westernmusik in den US spricht diese Musikrichtung vor allem die thailändische Arbeiterklasse an. Traditionell handeln diese Lieder von verlorener Liebe, tragischem frühem Tod und den harten Lebensbedingungen der Bauern. Der traurige Gesangstil reicht von sentimental bis gequält. Oft werden die Sänger von Tänzerinnen im Las-Vegas-Stil begleitet.

Mŏr lam ist der thailändische Blues. Diese Volkstradition ist im Nordosten Thailands und in Laos tief verwurzelt. Die Lieder werden auf der *kaan* gespielt, einem Blasinstrument mit einer Doppelreihe von bambusartigen Röhren in einem Resonanzkörper aus Hartholz. Der älteste Stil ist hauptsächlich noch bei Dorfversammlungen zu hören und zeichnet sich durch einen einfachen, aber durchdringenden Bass-Rhythmus aus.

TRADITIONELLE MUSIKINSTRUMENTE

þèe – hohes Holzblasinstrument, das oft bei Thai-Boxkämpfen zu hören ist

rá·nâht èhk – Schlaginstrument aus Bambus, das einem Xylophon ähnelt

kórng wong yài – in einem Halbkreis angeordnete Klangstäbe

đà·pohn (thon) – eine doppelte Schlagtrommel

pĭn – viersaitiges Instrument, das wie eine Gitarre gezupft wird

sor – schlankes Streichinstrument mit einer Kokosnussschale als Klangkörper

klòo·i – hölzerne Flöte

Oft wird dazu im Isan-Dialekt gesungen. Da die Lieder häufig von unerwiderter Liebe und den Härten des Lebens handeln, hat sich *mŏr lam* in Elektro-Pop-Versionen und mit einer ernsthaft-albernen Seite auch bei der jüngeren Generation durchgesetzt.

Als Wirtschaftsmigranten aus allen Teilen des Landes nach Bangkok kamen, verschmolzen die beiden Genres miteinander und mit anderen Musikformen, was zur gegenseitigen Befruchtung beitrug. So singen die Interpreten heute, oft begleitet von Dance-Rhythmen, z.B. über das Leiden in der Stadt, über die Arbeit in der Fabrik oder auch über das Schicksal, zu dick zu sein.

Thailands berühmteste *lôok-tûng*-Sängerin war Pumpuang Duangjan, die 1992 im Alter von gerade mal 30 Jahren starb. Um sie zu ehren, finanzierte das Königshaus ihre Einäscherung und einen großen Schrein im Wat Thapkradan in Suphanburi. Siriporn Ampaipong führte mit ihrer rauen Stimme die Tradition weiter und ist noch immer sehr beliebt. Die neuen *lôok-tûng*-Prinzessinnen sind Yingli Sijumpon aus Buriram und Baitei R. Siam, die zum Pop übergewechselt ist. Auch Pai Pongraton und Tai Orathai sind Publikumslieblinge. Auu Jeerawat hat dieses Genre akustisch aufgemischt.

Thailändischer Rock & Pop

In den 1970er-Jahren schwappte der politische Folk-Rock – von den Thais *pleng pêu·a chee·wít* (Lieder fürs Leben) genannt – aus den USA und Europa ins Land. Der bald vor allem mit der thailändischen Band Caravan assoziierte Stil steht für eine bedeutende Veränderung der zeitgenössischen thailändischen Musik, in der politische und ökologische Themen die üblichen Liebesgeschichten verdrängten. Während der autoritären Diktatur in den 1970er-Jahren waren viele der Caravan-Songs offiziell verboten. Ein weiterer langjähriger Vertreter dieser Musikrichtung ist Carabao, der mit seiner Mischung aus Rock und Heavy Metal eine ganze Generation von Nachahmern hervorbrachte.

Thailands boomender Teenie-Pop – manchmal auch nur T-Pop genannt – kam in den 1970er- und 1980er-Jahren auf. Hier dreht sich alles um Künstler, die aufgrund ihres guten Aussehens ausgesucht wurden. Thailands King of Pop ist Thongchai „Bird" McIntyre (auch Pi Bird genannt). Sein erstes Album erschien 1986, und seitdem folgte fast jedes Jahr eine neue Platte. Mit seiner Mischung aus Elton Johns Durchhaltevermögen und dem Image als „netter Junge von nebenan" ist er vor allem bei den 30- bis 40-jährigen Thais sehr beliebt. Ein potenzieller Thronfolger ist Chanakan Rattana-udom (Atom), ein Singer-Songwriter, der eine Reihe Hits vorzuweisen hat. Aktuelle Popstars setzen auf kräftige Dance-Beats oder widmen sich schmachtenden Herzen – die Charts werden entsprechend entweder von Balladen oder extrem Tanzbarem angeführt. Und wie auch im Rest der Welt produzieren thailändische

Reality-TV-Shows regelmäßig neue Pop-Sänger, die auf Ruhm aus sind, der aber meist nur von kurzer Dauer ist.

Die 1990er-Jahre waren die Geburtsstunde einer alternativen Popszene – des Indie-Pop. Vorreiter war hier vor allem die unabhängige Plattenfirma Bakery Music. In der Hochphase des Indie-Pop begleitete Modern Dog, eine Band aus vier Absolventen der Chulalongkorn University, eine ganze Generation durch ihren musikalischen Reifeprozess. Eine weitere erfolgreiche Indie-Band war Loso (abgeleitet von *low society* – im Gegensatz zu *hi-so* bzw. Promis), die Carabaos Vorliebe für thailändische volkstümliche Melodien und Rhythmen noch einmal aufgepeppt hat. Im neuen Jahrtausend sind diese Bands auf der Classic-Rock-Schiene gelandet, während das Label Bakery Music inzwischen von einem Konzern aufgekauft wurde.

Die Alternativszene lebt in unterschiedlichen Formen weiter: als Lounge Pop, Garage Rock, Shoegazing oder Electronica. Ihre Protagonisten ändern sich fortwährend, neue Underground-Bands gelingt der Durchbruch – um sich dann, sobald ihre Mitglieder sich in Solokarrieren versuchen, etwas später wieder abzuschaffen. In den 2000er-Jahren schaffte es die aus Khon Kaen stammende Band Tattoo Colour dank eines kleinen Indie-Labels, mehrere Hits zu landen. Mit einer prägnanten Version von Iggy Pops *I Wanna Be Your Dog* läutete 2003 die Electro-Rock-Band Futon ihre Ankunft ein (deren Mitglieder sich später auf Solokarrieren konzentrierten). Die Band Endorphine um die hübsche Da (die später ebenfalls solo weitermachte), sorgte um die Jahrtausendwende mit ihren Hits fast zehn Jahre lang für Wohlfühlmusik.

In den vergangenen Jahren gab es eine subtile Abkehr von gitarrenbasiertem Rock hin zu elektronischer Musik, wobei Künstler wie Clokue, Morg, Koichi Shimizu und Gorn Clw für ihre Sounds mit Lob bedacht wurden. Auch die aufstrebende Rap-Szene hat zunehmend an Popularität gewonnen, schon seit der Jahrtausendwende rappt die Hip-Hop-Band Thaitanium.

Thailand-Playlist

- *That Song (Modern Dog)*
- *The Sound of Siam: Leftfield Luk Thung, Jazz & Molam in Thailand 1964–1975 (Soundway Records Compilation)*
- *Made in Thailand (Carabao)*
- *Best (Pumpuang Duangjan)*
- *I Wanna Be Your Dog (Futon)*
- *Still Resisting (Thaitanium)*

Tanz & Theater

Thailands hohe Künste sind im Niedergang, seit sich der Palast von einer klösterlichen Gemeinschaft entfernt hat. Einige der bedrohten Kunstformen konnten jedoch gerettet und für die wachsende Touristengemeinde wiederbelebt werden. Volkstraditionen sind zwar weiter verbreitet, aber die Zeit des Dorftheaters ist längst vorbei.

Thailands berühmtestes Tanztheater ist das traditionelle Maskenspiel *kŏhn*, das auf dem *Ramakian* basiert, der thailändischen Version des indischen *Ramayana*. Die Geschichte handelt von Prinz Ramas Suche nach seiner geliebten Prinzessin Sita, die von dem zehnköpfigen bösen Dämon Ravana entführt und auf die Insel Lanka verschleppt wurde. Die Tänzer tragen kunstvolle Kostüme und einige der Charaktere Masken.

Jede Region hat ihren eigenen traditionellen Tanzstil, der bei Tempelfesten und Umzügen aufgeführt wird. Gelegentlich treten in Tempeln auch Schreintänzer auf, die von Gläubigen für eine Darbietung angeheuert werden. Schulkinder nehmen oft Tanzstunden im traditionellen thailändischen Tanz.

Das am häufigsten bei buddhistischen Festen vertretene *lí·gair* ist eine laute Theaterform, die vermutlich auf Bühnenrituale zurückgeht, die mit arabischen und malaiischen Händlern nach Südthailand kamen. Es ist eine teilweise improvisierte, bunte Mischung aus folkloristischer und klassischer Musik, ausgefallenen Kostümen, Melodrama, Slapstick-Comedy, sexuellen Anspielungen und topaktuellen Kommentaren.

Puppentheater war bei Königen und Untertanen gleichermaßen beliebt. Beim *lá·kon lék* (kleinen Theater) wurden Marionetten unter-

Schattenspiel

schiedlicher Größe für Aufführungen am Hof ähnlich wie beim *kŏhn* benutzt. Zwei bis drei Puppenspieler waren jeweils notwendig, um die metergroßen Puppen, die mit Drähten an langen Stäben befestigt waren, zu bewegen. Die Geschichten stammen meist aus thailändischen Volkssagen, vor allem aus dem *Phra Aphaimani,* gelegentlich auch aus dem *Ramakian*.

Das Schattenspiel, bei dem in nächtlichen Vorführungen zweidimensionale Figuren zwischen einer Leinwand und einer Lichtquelle bewegt werden, ist in Südostasien seit vielleicht schon fünf Jahrhunderten Tradition. Es kam mit nahöstlichen Händlern auf die Malaiische Halbinsel und ist in Thailand vor allem im Süden zu finden. Wie in Malaysia und Indonesien werden die Schattenspielfiguren auch in Thailand aus getrockneter Büffel- oder Kuhhaut *(năng)* hergestellt. Heute liegt die Hauptstadt des Schattenspiels in Nakhon Si Thammarat, wo es regelmäßig Vorführungen bei Festen gibt. Die Schattenspielfiguren sind heute beliebte Touristensouvenirs.

Kino

Im thailändischen Filmgeschäft gibt es zwei parallele Strömungen: finanziell erfolgreiche und cineastisch wertvolle Filme. Beides überschneidet sich so gut wie nie. Die zunehmende Verbreitung von Online-Streamingdiensten hat das einst florierende neue thailändische Kino verändert, ermöglicht allerdings gleichzeitig Kurzfilmern Zugang zu einem größeren Publikum.

Das populäre thailändische Kino boomte in den 1960er- und 1970er-Jahren, vor allem als der Staat eine Steuer auf Hollywood-Importe erhob und so für einen Wachstumsschub der heimischen Kinobranche sorgte. Die meisten Filme waren billige Actionstreifen mit Titeln wie *nám nôw* (Stinkendes Wasser), aber die unrealistischen (ja sogar unsinnigen) Storys und die prächtigen Farben hinterließen einen bleibenden Eindruck bei den thailändischen Filmemachern von heute.

Um die Jahrtausendwende schaffte das thailändische Kino den Sprung auf die internationalen Leinwände. Teilweise ist das dem Regisseur und Drehbuchautor Pen-Ek Ratanaruang, der am Pratt Institute studierte, und seinen wirklichkeitsnahen, fesselnden Filmen wie *Leben nach dem Tod in Bangkok* (2003) zu verdanken. Apichatpong Weerasethakul (s. u.), Thailands führender Regisseur des Cinèma vérité, hat bereits drei Preise in Cannes erhalten, darunter die Goldene Palme (die höchste Auszeichnung der Filmfestspiele) für seinen Film *Uncle Boonmee erinnert sich an seine früheren Leben* (2010).

Der moderne Alltag mit seinen unzähligen Problemen und Herausforderungen ist Thema vieler aktueller thailändischer Filme. Nawapol Thamrongrattanarit erntete viel Applaus für sein Drehbuch zu *Bangkok Traffic Love Story* (2009) über eine moderne, junge Frau in der Stadt. Sein Debüt als Regisseur feierte er 2012 mit dem Film 36, in dem in 36 statischen Kameraeinstellungen die Themen verlorene Liebe und verlorene Erinnerungen behandelt werden. Sein *Mary is Happy, Mary is Happy* (2013) war ein Filmfestivalhit; für den Film adaptierte Thamrongrattanarit die Twitter-Feeds einer jungen Thailänderin. Der Film *The Blue Hour* (2015) von Anucha Boonyawatana verbindet eine Coming-Out-Geschichte mit magischem Realismus.

Festivalfilme profitieren auch von unabhängigen Filmclubs und Online-Streaming-Anbietern. Auf diese Weise umgehen Low-Budget-Filmemacher die großen Studios, die stets wachsamen Zensoren und die ängstlichen, kontroversenscheuen Filmtheater. Zensiert zu werden klingt vielleicht wie das Aus für einen Film, doch oft befeuert gerade das den Indie-Erfolg und den Kultstatus. 2013 fühlten sich die Zensoren gleich bei zwei politischen Dokumentarfilmen zum Eingreifen bemüßigt: In Pen-Eks historischem Film *Paradoxocracy* mussten kritische Dialoge ausgeblendet werden. Nontawat Numbenchapols *Boundary* wurde anfangs sogar ganz verboten; das Verbot wurde aber nach einem Wider-

Thailändische Filmklassiker

6ixtynin9 (1997)

Yam Yasothon (2005)

Ruang Rak Noi Nid Mahasan (Leben nach dem Tod in Bangkok; 2003)

Ten Years Thailand (2018)

Mekhong Sipha Kham Deuan Sip-et (Mekong Full Moon Party; 2002)

Uncle Boonmee erinnert sich an seine früheren Leben (2010)

APICHATPONG WEERASETHAKUL

Der unabhängige Filmregisseur Apichatpong Weerasethakul stammt aus Bangkok und wurde 2010 für seinen Film *Uncle Boonmee erinnert sich an seine früheren Leben* in Cannes mit der Goldenen Palme ausgezeichnet. Er hat es sich zum Prinzip gemacht, zur Verteidigung seiner Kunst keine Kontroversen zu scheuen. Das *enfant terrible* der thailändischen Filmemacher war Mitbegründer der Free Thai Cinema Movement, einer Widerstandsbewegung gegen das Gesetz von 2007, nach dem Filme vor dem Kinostart einer einstufenden Bewertung unterzogen werden müssen. Dieses Gesetz ermutigte die Zensoren, Kürzungen an Weerasethakuls Film *Syndromes and a Century* zu verlangen. Deshalb erklärt er jetzt, dass er eine Veröffentlichung seines neuesten Spielfilms *Cemetery of Splendour* (2015) in Thailand wegen der Zensur nicht wünsche. Der Film handelt von einer Gruppe von Soldaten, die in einer Klinik wegen einer mysteriösen Schlafkrankheit behandelt werden – das wurde weithin als eine Metapher für Thailands nicht funktionierendes politisches System verstanden.

Der Regisseur hat viele Kurzfilme, Spielfilme und Installationen geschaffen. Internationale Aufmerksamkeit erlangte er 2002 mit seiner erotischen Romanze *Blissfully Yours*, für die er im gleichen Jahr bei den Filmfestspielen in Cannes den Prix Un Certain Regard erhielt, und zwei Jahre später mit seinem Film *Tropical Malady*, der, obwohl er sehr unterschiedlich aufgenommen wurde, den Jurypreis in Cannes einheimste. Weerasethakul widmet sich in seinen stets von seiner Firma Kick the Machine produzierten Filmen vor allem privaten und sozialen Themen, die oft hypnotisch, träumerisch und manchmal sogar surrealistisch mit viel Hintersinn aufbereitet werden.

spruch aufgehoben. 2015 wurde der thailändische Horrorfilm *Arbat* verboten, weil er „unangebrachtes Fehlverhalten" thailändischer Mönche zeige, was als Beleidigung des Buddhismus gewertet wurde.

Die großen Studios mögen Geistergeschichten, Horrorstreifen, historische Epen, Liebesgeschichten und überdrehte Komödien. Aufwendige Historienschinken erfüllen gleich zwei Dienste: Sie bringen in der Regel Geld ein und sie fördern die nationale Identität. Die als Propaganda kritisierte Spielfilmreihe *King Naresuan – Der Herrscher von Siam* dreht sich um den König aus der Ayutthaya-Ära, der eine Invasion der Birmanen abwehrte. Jeder Teil – bislang gibt es sechs davon – war ein Riesenerfolg an den Kinokassen.

In jüngster Zeit widmet sich eine zunehmende Anzahl Filme sozialen und politischen Themen. So folgt Pimpaka Towiras *The Island Funeral* (2016) einer muslimischen Frau auf der Reise durch das konfliktgeplagte Pattani. Anocha Suwichakornpongs *By the Time it Gets Dark* (2016) erzählt von den Auswirkungen des Massakers im Jahr 1976 an der Thammasat-Universität auf das Leben zweier Studenten.

Aber immer mehr entwickelt sich der Horrorfilm zum dominierenden Genre des thailändischen Kinos. Streifen wie *Homestay* (2017) und *Inhuman Kiss* (2019), der 2019 als thailändischer Beitrag für die Oscars ausgewählt wurde, waren sowohl im In- als auch im Ausland an den Kinokassen erfolgreich.

Literatur

Das geschriebene Wort hat in Thailand eine lange Tradition, die bis ins 11. oder 12. Jh. zurückzuverfolgen ist, als das erste thailändische Schriftstück mithilfe des älteren Mon-Alphabets erstellt wurde. Das 30 000 Zeilen lange *Phra Aphaimani* wurde vom Dichter Sunthorn Phu Ende des 18. Jhs. geschrieben und ist das bekannteste Werk der klassischen Literatur Thailands. Wie viele seiner epischen Vorgänger auf der ganzen Welt erzählt es die Geschichte eines verbannten Prinzen, der erst eine Odyssee mit Liebeshändel und Kampfhandlungen hinter sich bringen muss, bevor er siegreich in sein Königreich zurückkehren kann.

Top-Belletristik

The Blind Earthworm in the Labyrinth (Veeraporn Nitiprapha; 2019)

The Lioness in Bloom: Modern Thai Fiction about Women (übersetzt von Susan Fulop Kepner; 1996)

Four Reigns (Kukrit Pramoj; 1991)

Der Jadereiter (John Burdett; 2013)

Fieldwork: A Novel (Mischa Berlinski; 2007)

In der gesamten klassischen Thai-Literatur ist jedoch kein anderes Werk so präsent und derart einflussreich in der thailändischen Kultur wie das *Ramakian.* Sein indischer Vorläufer, das *Ramayana,* kam vor 900 Jahren mit den Khmer nach Thailand und tauchte erstmals auf Steinreliefs am Prasat Hin Phimai und anderen Angkor-Tempeln im Nordosten auf. Schließlich entwickelten die Thais ihre eigene Version des Epos, die zum ersten Mal während der Regentschaft Ramas I. (reg. 1782–1809) niedergeschrieben wurde. Sie umfasst 60 000 Strophen und ist um ein Viertel länger als das Original in Sanskrit.

Zwar blieben die Hauptthemen die gleichen, doch schmückten die Thais das *Ramayana* mit zahlreichen biografischen Details über den Erzbösewicht Ravana (im *Ramakian* Thotsakan oder „zehnhalsig" genannt) und seine Frau Montho aus. Hanuman, der Affengott, unterscheidet sich im thailändischen Epos erheblich durch seinen koketten Charakter (in der Hindu-Version folgt er strikt seinem Keuschheitsgelübde). Eines der klassischen *Ramakian*-Reliefs in Bangkoks Wat Pho zeigt Hanuman, wie er die entblößte Brust eines jungen Mädchens wie einen Apfel umfasst.

Die moderne thailändische Belletristik hat Mühe, mit den Sachtiteln zu konkurrieren, die erheblich mehr gelesen werden; von nur wenigen Autoren werden Werke ins Englische oder gar Deutsche übersetzt. Interessant sind auf jeden Fall Prabda Yoon, die Kurzgeschichten schreibt, und die Romanautorinnen Pitchaya Sudbanthad und Veeraporn Nitiprapha.

Natur & Umwelt

Thailand misst von seiner Nordspitze bis zum Südende 1650 km – eine Strecke, die 16 Breitengrade und eine Vielzahl von Ökozonen umfasst und das Land in ökologischer Hinsicht zu einem der vielfältigsten in Südostasien macht.

Geografie

Thailands seltsame Form wird oft mit einem Elefantenkopf verglichen: Der Rüssel ist die Malaiische Halbinsel, den Rest des Kopfes bilden die Berge im Norden. Von oben angefangen, wird Nordthailand von der Dawna-Tenasserim-Gebirgskette dominiert, einem Südostausläufer des Himalajas. In der Region Zentralthailand wird die Topografie flacher und besteht hauptsächlich aus weiten Ebenen mit Reisfeldern, die von Flüssen gespeist werden, die ebenso verehrt werden wie die Monarchie. Thailands ehrwürdigster Fluss ist der Chao Phraya, dessen Flussdelta die meiste Zeit des Jahres bewirtschaftet wird.

Thailands Umrisse im Norden und Nordosten folgen einem weiteren imposanten Wasserlauf: dem Mekong. Von seiner Quelle im Hochland von Tibet bahnt er sich seinen Weg durch China, Myanmar, Laos, Thailand, Kambodscha und Vietnam ins Südchinesische Meer. Als Arterie Südostasiens ist der Fluss ein echtes Arbeitstier: Er wird für die Energieerzeugung genutzt und sein Pegel steigt und sinkt je nach saisonalem Niederschlag.

Die Landschaft an der Nordostgrenze Thailands wird vom trockenen Khorat-Plateau dominiert, das sich 300 m über die zentralen Ebenen erhebt. Es ist ein karger Landstrich, in dem es nur selten regnet und der Boden völlig „blutleer" ist.

Die Flüsse im Osten des Königreichs fließen in den Golf von Thailand. Der warme, sanfte Golf bietet ideale Bedingungen für Korallen. Weiter im Süden erstreckt sich die Malaiische Halbinsel, eine lange, rüsselförmige Landmasse. Auf der Westseite liegt die Andamanensee, eine herrliche Tropenlandschaft mit atemberaubendem blauem Gewässer und dramatischen Kalksteininseln. An Land ist die Halbinsel von den verbliebenen Regenwaldresten und den Kautschuk- und Palmölplantagen geprägt, die sich immer weiter ausbreiten.

Der durch sechs Länder fließende Mekong macht dem Amazonas in Bezug auf Artenvielfalt Konkurrenz und beherbergt bedrohte und neu entdeckte Arten wie den Khorat-Großmaulfrosch, der mit seinen Fangzähnen Beute schnappt.

Einheimische Tierarten: Fantastische Vielfalt

Im nördlichen Teil Thailands werden die meisten einheimischen Spezies zoologisch als indochinesisch klassifiziert, d. h., sie stammen ursprünglich vom asiatischen Festland. Die Arten aus dem Süden gehören dagegen zur sundaischen Klasse, die auf der Malaiischen Halbinsel, auf Sumatra, Borneo und Java vorkommt.

In Thailand leben vor allem sehr viele Vögel. Mehr als 1000 ziehende und nicht ziehende Arten wurden hier verzeichnet – das sind etwa 10 % aller Vogelarten weltweit. Die kühlen Berge im Norden sind Heimat von Berg- und Zugvögeln wie Fliegenschnäpper und Drosselarten; die trockenen Wälder im Nordosten werden von Nashornvögeln bewohnt; Sumpfvögel bevorzugen die Feuchtgebiete der Zentralregion und sundaische Arten lieben das nassere Klima im südlichen Landesteil.

Neben Vögeln sind in den Nationalparks vor allem Affen zu sehen. Thailand beheimatet fünf Makakenarten, u. a. den Javaneraffen und den Schweinsaffen, vier Spezies der kleineren Schlankaffen und drei Arten Gibbons. Affen überleben manchmal, indem sie sich vom Menschen ein wenig (oder auch ein wenig mehr) domestizieren lassen.

Zu den weiteren Bewohnern der Schutzgebiete und Nationalparks Thailands gehören der Gaur und das Banteng (Rinderarten), der Serau (eine asiatische Ziege), der Sambar-Hirsch, das Muntjak, das Hirschferkel und der Tapir.

Sechs Giftschlangenarten gibt es im Land: die Gemeine Kobra, die Königskobra, den Krait, die gewöhnliche Bambusotter, die Malaien-Mokassinotter und die Kettenviper. Die größte Schlange des Landes ist der Python, eine Würgeschlange, die 10 m (!) Länge erreicht.

Die Meere sind Heimat für Hunderte Korallenarten. Die von diesen winzigen Lebewesen gebildeten Riffe bieten wiederum Fischen, Schalentieren und winzigen Wirbellosen ideale Lebensbedingungen. Hier findet man z. B. einige der kleinsten Fische der Welt (die 1 cm lange Zwerggrundel) und den größten Knorpelfisch (den 12 m langen Walhai); im tieferen Wasser sind Zackenbarsche, Barracudas, Haie, Mantarochen, Marline und Thunfische zu Hause. Auch auf Schildkröten, Wale und Delfine kann man treffen.

Der Western Forest Complex im Nordwesten Thailands umfasst ca. 18 000 km² und 17 Schutzgebiete und gilt mit den hier lebenden 500 Tigern und anderen bedrohten Arten als Paradebeispiel für natürliche Lebensräume.

Bedrohte Tierarten

Thailands berühmteste Tiere sind auch die am stärksten gefährdeten. Der Asiatische Elefant, der kleinere Verwandte des afrikanischen Elefanten, durchstreifte einst in großen Herden die Wälder von Indochina. Doch wilde Elefanten sind wegen des Verlusts ihrer Lebensräume und aufgrund von Wilderei vom Aussterben bedroht. Laut Statistiken des Thai Elephant Conservation Center leben in Thailand heute nur noch ca. 2000 bis 3000 Elefanten in freier Wildbahn; dazu kommen noch etwa 2700 sogenannte domestizierte Elefanten im Land.

Scheue Hinterindische Tiger bejagen Teile von Thailand, besonders das Hinterland zwischen Thailand und Myanmar, doch es werden von Jahr zu Jahr weniger. Genaue Zahlen sind schwer zu ermitteln, doch Experten schätzen, dass in Thailand nur noch 150 bis 200 Exemplare existieren. Obwohl Tigerjagd und -fang verboten sind, töten Wilderer die Raubkatzen weiterhin für Abnehmer im Ausland. Thailand hat seine Maßnahmen zum Schutz der Tiger jedoch verstärkt und 2017 wurden im Khao Yai National Park zum ersten Mal wieder Tigerbabys gesichtet.

Der seltene Dugong (auch Seekuh genannt), ein pflanzenfressendes Meeressäugetier, das in Thailand einst als ausgestorben galt, wiegt bis zu 1000 kg und lebt in einigen kleinen Gebieten um Trang herum. Auch diese Tiere leiden zunehmend unter Lebensraumverlust – und unter den tödlichen Propellern der Touristenboote.

Wälder & Flora

Thailands Dschungel lassen sich in zwei Waldtypen gliedern: Monsunwald (mit einer ausgeprägten Trockenzeit von mindestens drei Monaten) und

BEGEGNUNGEN MIT WILDEN ELEFANTEN

In vielen Nationalparks sind Herden wilder Elefanten zu Hause, die sich abends an Salzteichen und Wasserlöchern sammeln. Diese Parks sind für ihre Elefantenherden bekannt:

Kuiburi National Park (S. 546), bei Prachuap Khiri Khan

Khao Yai National Park (S. 445), nordöstlich von Bangkok in der Provinz Nakhon Ratchasima

Kaeng Krachan National Park (S. 527), südlich von Bangkok in Phetchaburi

ILLEGALER WILDTIERHANDEL

Auch Thailand hat das UN-Artenschutzabkommen (*Convention on International Trade in Endangered Species;* Cites) unterschrieben, ist aber nach wie vor eine wichtige Transportverbindung und ein zentraler Handelsplatz des weltweiten Wildtierhandels. Bedrohte Tiere oder Teile von Tieren werden gewildert oder auf dem Weg nach China oder in die USA durch Thailand geschmuggelt. 2018 zeigte eine Recherche der BBC, dass vom Aussterben bedrohte Tiere wie der Schildschnabel und das Siam-Krokodil in Thailand über Facebook verkauft wurden.

Obwohl das Land ernsthafter als seine Nachbarn versucht, diesen Handel zu stoppen, behindern Korruption und unzulängliche Gesetze die Strafverfolgung.

Regenwald (in dem in über neun Monaten im Jahr Regen fällt). Die am dichtesten bewaldeten Provinzen sind Chiang Mai und Kanchanaburi.

Die Monsunwälder im nördlichen Teil des Landes bestehen aus Laubbäumen, die während der Regenzeit saftig grün sind, in der Trockenzeit jedoch staubig und kahl. Teakbäume gehören zu den wertvollsten Bäumen des Monsunwaldes. Ihre Abholzung ist seit 1989 verboten.

In Südthailand, wo die Niederschläge reichlich und gleichmäßig über das ganze Jahr verteilt sind, werden die Wälder als Regenwald klassifiziert, aber vereinzelt sind auch Monsunwaldgebiete zu finden. Eine wirklich bemerkenswerte Pflanze in einigen südlichen Wäldern ist die *Rafflesia kerrii*, eine niedrig wachsende Pflanze mit riesiger Blüte, die einen Durchmesser von bis zu 80 cm haben kann.

Thailand ist Heimat von fast 75 Küstenmangrovenarten, kleinen, salztoleranten Bäumen, die zahlreichen Fisch- und anderen Tierarten an der Küste als Brutstätte dienen. Da diese Bäume während des Tsunamis in Asien im Jahr 2004 einen wichtigen Schutz darstellten, haben Wiederaufforstungsprogramme an Popularität gewonnen.

Orchideen sind die exquisitesten einheimischen Pflanzen Thailands. Es gibt über 1100 einheimische Arten, und ihre Lebensräume sind vielfältig: Einige sind Bodengewächse, während andere hoch oben in den Bäumen wachsen.

Ein großer Teil Bangkoks liegt rund 1,5 m unter dem Meeresspiegel und die Stadt sinkt immer weiter: rund 2 cm pro Jahr. Einige Wissenschaftler schätzen, dass die Stadt aufgrund des Anstiegs der Meeresspiegel in etwa 15 Jahren unter Wasser stehen könnte.

Umweltprobleme

Küstenerosion & Überfischung

An den Küsten ist die Bodenerosion ein großes Problem: Rund 30 % der thailändischen Küsten sind davon betroffen. Laut einer Studie der Chulalongkorn University von 2018 verliert Thailand in einigen Gebieten jedes Jahr über 5 m seiner Küstenlinie. Dies ist auf die Küstenbebauung, absinkende Landmassen und den Anstieg des Meeresspiegels zurückzuführen. Außerdem werden in Küstenregionen industrielle Abwässer oft nicht ausreichend gereinigt.

Die Küstenerosion belastet zusammen mit den steigenden Temperaturen des Meerwassers die Meeresumwelt Thailands schwer. Doch das größte Risiko für Korallenriffe stellt der Tourismus dar. Unbehandelte Abwässer von Resorts sowie menschengemachte Schadstoffe wie Plastik haben besonders auf die Riffe in der Andamanensee alarmierende Auswirkungen.

Auch die industriell betriebene Fischerei hat gravierende Folgen für den Zustand der Meere. Weil die Fischbestände zusehends schwinden, verzeichnet die Fischerei einen Rückgang des Fangs.

Meeresparks

Ko Tarutao

Mu Ko Chang

Mu Ko Surin Islands & Similan Islands

Abholzung

Der Weltbank zufolge waren 2018 etwa 31,6 % des Landes mit natürlichen Waldflächen bedeckt (im Vergleich zu 53,5 % im Jahr 1961). Der rapide Rückgang der Waldflächen stand in direktem Zusammenhang mit der Industrialisierung, der Verstädterung und der kommerziellen Abholzung. Der Verlust von Waldflächen hat sich auf etwa 0,2 % pro Jahr

LUFTVERSCHMUTZUNG

Am 13. März 2019 galt die Luftqualität in Chiang Mai offiziell als schlechteste weltweit, noch schlechter als die von für ihre schlechte Luft berüchtigten Städten wie Dhaka in Bangladesch und Ulaanbaatar in der Mongolei. Da Bauern im Umland Müll verbrannten, um ihr Land für den Anbau zu säubern, und aufgrund extremer Trockenheit Wälder brannten, wurde Chiang Mai in einen gefährlichen Nebel gehüllt. Auch andere Provinzen im Norden waren betroffen.

Inzwischen ist Luftverschmutzung im gesamten Königreich ein Problem. Im Januar 2019 wurden sämtliche öffentliche Schulen Bangkoks wegen des beißenden Smogs für zwei Tage geschlossen. In Bangkok tragen viele Menschen zum Schutz Atemmasken. Hier ist die Luftverschmutzung vor allem eine Folge der Fabrikemissionen und der Abgase der fast 10 Mio. Fahrzeuge, die die Straßen der Stadt verstopfen.

verlangsamt und der Waldbestand insgesamt hat sich verbessert – 1990 waren nur noch 27,4 % des Landes von Wald bedeckt.

Die thailändische Regierung hat seit den 1970er-Jahren zahlreiche Schutzgebiete geschaffen und es sich zum Ziel gesetzt, die Waldfläche des Landes bis zur Mitte dieses Jahrhunderts auf 40 % auszuweiten. 1989 wurde jegliche Art der Abholzung in Thailand verboten. Heute ist es in ganz Thailand illegal, Bäume zu fällen, aber das Gesetz wird oft missachtet.

Naturforscher sind sich darüber einig, dass die größte Bedrohung für die Flora und Fauna Thailands der Verlust des Lebensraums ist. Zu den in Thailand praktisch bereits ausgestorbenen Arten gehören Koupreys (eine Wildrindart), Schomburgk-Hirsche und Java-Nashörner.

Zahlen & Fakten

Mit einer Fläche von 514 000 km² ist Thailand etwas größer als Spanien.

Bangkok liegt auf dem 14 Grad nördlicher Breite auf einer Höhe mit Chennai, Manila, Guatemala-Stadt und Khartum.

Energieverbrauch

Durch den wachsenden Wohlstand seiner Bürger wird der Oxford Business Group zufolge der Energieverbrauch in Thailand in den nächsten Jahrzehnten um 75 % ansteigen. Thailand versucht, verstärkt Öl- und Gasreserven und alternative Energiequellen – dazu gehört auch Kernkraft – zu erschließen. Derzeit werden drei Viertel des thailändischen Energiebedarfs mit Erdgas gedeckt. Die meisten bekannten Öl- und Gasfelder liegen im Golf von Thailand im Gebiet des sogenannten Pattani Trough.

Thailand stellt auch Biokraftstoffe her, darunter Ethanol aus Zuckerrüben und Maniok sowie Biodiesel aus Palmöl. Die Stromerzeugung, die Landwirtschaft und dic Industrie verursachen den größten Teil der Treibhausgasemissionen des Landes.

Thailand hat es sich zum Ziel gesetzt, im Jahr 2036 6000 MW Strom aus Sonnenenergie zu gewinnen. 2013 ging in Lopburi der erste große Solarpark ans Netz. Außerdem besteht ein großes Potenzial für die Energiegewinnung aus Müll.

Überschwemmungen

Saisonale Überflutungen gehören in einigen Teilen Thailands aufgrund der Monsunregenfälle zur Normalität. Aber inzwischen gibt es nahezu jedes Jahr neue Höchstwasserstände. Die Rekordfluten von 2011 waren die schlimmsten, die Thailand je erlebt hatte. Von den 77 Provinzen Thailands wurden 65 zu Katastrophengebieten erklärt, es gab 815 Tote und Sachschäden in Höhe von geschätzten 45,7 Mrd. US$ – eine der bis dahin kostspieligsten Naturkatastrophen weltweit. Anfang 2017 kamen bei Überschwemmungen in Südthailand 91 Menschen ums Leben und es entstand ein Schaden in Höhe von 4 Mrd. US$.

Viele Umweltexperten machen die von Menschen zerstörten natürlichen Flutbarrieren, veränderte Wasserläufe und die Abholzung dafür verantwortlich. Die zunehmenden Überschwemmungen am Mekong werden oft mit Bauprojekten stromaufwärts in Verbindung gebracht, wo Dämme errichtet werden. Auch die wachsende Zahl von Menschen entlang des Flusses gilt als Ursache. Eine wichtige Rolle spielt auch der Klimawandel.

Praktische Informationen

Verantwortungsbewusst reisen

Thailand ist ein recht unproblematisches Reiseland. Doch ein bisschen Hintergrundwissen über kulturelle Etiketten und thailändische gesellschaftliche Konventionen erleichtert das Reisen noch mehr, sowohl für die Reisenden selbst als auch für andere. Und wer einigen grundsätzlichen Richtlinien im Hinblick auf ein verantwortungsbewusstes Reisen folgt, trägt dazu bei, seinen Fußabdruck als Tourist so gering wie möglich zu halten.

ETIKETTE

Der Monarchie und der Religion (die eng miteinander verbunden sind) wird in Thailand ein Höchstmaß an Achtung entgegengebracht. Aus Furcht, jemanden zu kränken, oder – schlimmer noch – wegen Missachtung der sehr strengen Gesetze des Landes bezüglich Majestätsbeleidigung ins Gefängnis zu wandern, vermeiden es die Thais strikt, die königliche Familie zu kritisieren oder zu verunglimpfen.

Bilder und Statuen des Buddha gelten als heilig. Daher gehört es sich absolut nicht, albern vor einer Buddha-Figur für ein Foto zu posieren oder gar darauf herumzuklettern, auch nicht in Tempelruinen. Da die Mönche in Askese leben, dürfen sie Frauen weder berühren noch von ihnen berührt werden. Wenn eine Frau einem Mönch etwas geben möchte, stellt sie es in Reichweite des Mönchs ab oder platziert es auf seinem „Empfangstuch".

Aus religiösen Gründen betrachten die Thais den Kopf als höchsten und heiligsten Teil des menschlichen Körpers, während die Füße als niedrigste und schmutzigste Körperteile gelten. Dabei haben viele „Fußtabus" durchaus einen praktischen Sinn, denn traditionell essen, schlafen und leben die Thais auf dem Fußboden ihrer Wohnungen. Als Zeichen des Respekts, aber auch aus hygienischen Gründen, werden in Privatwohnungen und Tempeln grundsätzlich keine Schuhe getragen.

Thais berühren einander auch niemals am Kopf oder wuscheln sich gegenseitig als Zeichen der Zuneigung durch die Haare. Berühren sich junge Leute dennoch gegenseitig am Kopf, so handelt es sich um eine Neckerei unter Freunden.

Gesellschaftliche Konventionen & Gestik

Der traditionelle thailändische Gruß ist der *wâi*, bei dem die Handflächen wie zum Gebet aneinandergelegt werden. Wie tief man sich dabei verbeugt und wie hoch die Hände gehalten werden, ist abhängig vom Status der Person, die gerade gegrüßt wird. Kinder werden von Erwachsenen nicht mit dem *wâi* gegrüßt, ebenso wenig das Servicepersonal, wenn es gerade „im Dienst" ist, wobei dies aber im eigenen Ermessen liegt.

In den traditionelleren Regionen Thailands gelten Berührungen zwischen Menschen unterschiedlichen Geschlechts, sei es von Liebespärchen oder Freunden, als unschicklich. Dagegen sind Berührungen unter Frauen bzw. Männern durchaus üblich: Sie gelten als Zeichen von Freundschaft, nicht von sexueller Anziehung.

Im Allgemeinen legen die Thais großen Wert auf sittsame Kleidung, nur bei den Jüngeren ändert sich dies ganz allmählich. Die meisten Thais aus der Provinz baden immer in voller Montur. Deshalb sind hüllenloses Sonnenbaden und „oben ohne" völlig inakzeptabel und mancherorts auch verboten. Und auf dem Weg zwischen Strand und Hotel sollte man etwas überziehen.

VERANTWORTUNGSBEWUSSTER TOURISMUS

Im Großen und Ganzen hat der Tourismus einen positiven Effekt, denn er schafft Arbeitsplätze für junge Leute und sorgt für gute Geschäfte bei den Unternehmern. Und viele Reisende wollen ihr Geld möglichst dort ausgeben, wo es wirklich gebraucht wird, sei es für wohltätige

VERHALTENSREGELN

Unbedingt

Eine respektvolle Haltung einnehmen, wenn die Königs- und Nationalhymnen erklingen! Sie werden im Fernsehen und Radio sowie in öffentlichen Einrichtungen gespielt.

Immer nett lächeln. Macht alles einfacher.

Wer bei Thais zu Hause eingeladen ist, bringt ein Gastgeschenk mit. Hier bieten sich Obst, Getränke oder Snacks an.

Die Schuhe ausziehen! In Wohnungen, Tempeln oder anderen Gebäuden.

Tempel in angemessener Bekleidung besuchen, d. h. Ellbogen und Knöchel bedecken und vor dem Betreten eines Gebäudes mit Buddha-Abbild immer die Schuhe ausziehen!

Wer sich in einem Tempel hinsetzt, sollte dies wie die „kleine Meerjungfrau" tun: Die geschlossenen Beine werden so angewinkelt, dass die Füße nicht auf ein Abbild Buddhas zeigen.

Die rechte Hand auszustrecken und mit der linken Hand den rechten Ellbogen zu umfassen gilt als höfliches Verhalten, wenn man einer anderen Person einen Gegenstand überreicht oder etwas entgegennimmt.

Bloß nicht

Sich ein Buddha-Tattoo stechen lassen (oder ein schon bestehendes zeigen). Das gilt als Sakrileg.

Die Monarchie kritisieren. Die Königsfamilie wird sehr verehrt und ist zudem durch das Majestätsbeleidigungsgesetz geschützt – jetzt mehr denn je.

Füße auf den Tisch oder Stuhl legen. Die Füße gelten als unrein und auf Stühlen sitzen die Menschen.

Auf einen am Boden liegenden Geldschein treten, damit er nicht wegfliegt. Auf den thailändischen Banknoten ist das Antlitz des Königs zu sehen. Füße + Monarchie = schweres Vergehen.

Über andere Personen oder ihre Habseligkeiten hinwegsteigen. Füße gelten als unrein.

Seine Schuhe außen an den Rucksack binden. Sie könnten versehentlich jemanden berühren. Eine Katastrophe!

Einen Thailänder am Kopf berühren. Das wirkt nicht etwa freundlich, sondern gilt als unhöflich.

Mönche und ihre Habseligkeiten berühren. Frauen sollten einen gebührenden Abstand halten, wenn sie an einem Mönch vorbeigehen, und sich außerdem in öffentlichen Verkehrsmitteln niemals neben sie setzen.

Zwecke oder für Projekte, die dazu beitragen, die traditionelle Lebensweise der Menschen zu erhalten. Mit der Förderung des Kunsthandwerks in den Dörfern und der Homestay-Programme hat Thailand gut von diesem Trend profitiert. Immer öfter stehen kleine Tourismusprojekte auch Ausländern offen, die einen Einblick in die traditionelle Lebensweise gewinnen wollen.

Overtourism

2018 kamen 38,3 Mio. Menschen nach Thailand – ein neuer Rekord! Einige Schätzungen gehen davon aus, dass 2030 60 Mio. Reisende nach Thailand kommen werden.

Einige Teile des Landes leiden schon jetzt unter den negativen Auswirkungen zu hoher Besucherzahlen – die touristische Infrastruktur ist dort bereits am Limit. Der Touristenstrom hat überdies negative Folgen für die Umwelt, besonders auf kleinen, aber vollen Inseln, wo es immer schwieriger wird, genügend frisches Wasser zur Verfügung zu haben und den Müll zu entsorgen.

Die thailändischen Tourismusbehörden und der Staat unternehmen schon jetzt Schritte, um die empfindlichsten Gebiete zu schützen. Im Juni 2018 wurde die Maya Bay auf Ko Phi-Phi gesperrt, da Berichten zufolge die Hälfte der dortigen Korallen abgestorben waren. Wahrscheinlich werden in Zukunft auch andere der beliebtesten Inselziele Thailands für einen gewissen Zeitraum gesperrt werden oder es wird Beschränkungen geben.

Die Besucher können ihren Teil dazu beitragen, die Auswirkungen eines ausufernden Tourismus abzufedern. Eine offensichtliche Möglichkeit besteht darin, die beliebtesten Ziele zu meiden – Thailand hat sehr viel mehr zu bieten als nur Bangkok, Chiang Mai, Phuket oder Ko Samui.

Begegnungen mit Elefanten

Elefanten wurden in Thailand schon immer wegen ihrer Stärke, Ausdauer und Intelligenz verehrt. Unter Aufsicht ihrer Mahuts schleppten sie Teakholzstämme aus dem Urwald, transportierten Güter durch unwegsames Gelände und zogen sogar in den Krieg.

Als dann viele der traditionellen Aufgaben der Elefanten von Maschinen übernommen oder gesetzlich verboten wurden, waren die grauen Riesen und ihre Betreuer plötzlich arbeitslos. Einige Mahuts verlegten sich aufs Betteln in den Straßen Bangkoks und anderen Touristenzentren, die meisten Elefanten kamen jedoch in der Tourismusbranche unter, wo sie diverse Arbeiten verrichten müssen: So geben sie u. a. zirkusartige Vorstellungen, lassen in sogenannten Elefantencamps Touristen auf sich reiten oder dienen in sogenannten Mahut-Kursen dem Amüsement von Touristen. Dickhäuter, die für ihre Besitzer keinen Profit mehr einbringen, verleben in Schutzgebieten und Rettungszentren einen bescheidenen Lebensabend.

Einen Elefanten artgerecht zu halten, kostet im Monat etwa 30 000 B (1000 US$); das entspricht dem Monatsgehalt eines Thailänders in der oberen Mittelschicht. In der Tourismusbranche gibt es zudem keine standardisierten bzw. gesetzlich geregelten Vorschriften zur Haltung von Elefanten. So liegt es in den Händen bewusster Konsumenten, die Branche dazu zu ermutigen, gute Lebensbedingungen für die Tiere zur Norm und nicht zur Ausnahme zu machen.

Für die Behauptung von Tierschützern, dass Elefantenritte und Shows den sanften Riesen schaden, liegen immer mehr Beweise vor. Oft werden sie regelrecht misshandelt, damit sie für das Publikum Kunststücke machen. Doch es gibt Hoffnung: Eine kleine, aber wachsende Zahl von Schutzgebieten bietet einen nachhaltigeren Umgang mit Elefanten an, z. B. die Beobachtung von ausgemusterten oder geretteten Elefanten.

Lonely Planet rät von Elefantenritten und -shows in Thailand ab. Touristen sollten zudem nicht auf angebliche Schutzzentren hereinfallen, die in Wirklichkeit Ritte bzw. Shows veranstalten.

TAUCHEN & SCHNORCHELN

- Keine lebenden Meeresorganismen berühren, nicht auf Korallen treten oder Ausrüstungsgegenstände wie Flossen oder Ähnliches über die Riffe ziehen! Die Polypen der Korallen können schon bei der sanftesten Berührung zerstört werden.
- Im seichten Wasser des Korallenmeers keinen Sand aufwirbeln, da die empfindlichen Organismen des Riffs daran ersticken können!
- Nur mit großer Vorsicht in Unterwasserhöhlen tauchen, da sich die Luftblasen an der Decke sammeln können. Dadurch werden Organismen, die sich zuvor im Wasser befanden, plötzlich trockengelegt und sterben ab.
- Die Fische nicht füttern und auch nicht zulassen, dass der Tauchveranstalter Essensreste im Meer entsorgt. Die Fische entwickeln eine Abhängigkeit von dieser Nahrungsquelle und kümmern sich nicht um die Algen auf den Korallen, was das Riff schädigt.

Wandern zu den Bergvölkern

Obwohl die Bergvölker als ethnische Minderheiten am Rande der thailändischen Gesellschaft stehen, gehören sie zu den größten touristischen Attraktionen des Landes. Viele große und kleine Veranstalter organisieren Trekkingtouren zu den Dörfern, um ihre Kultur und Lebensweise vorzustellen.

Wanderer sollten sich bewusst sein, dass die Bergvölker Thailands ihre eigene kulturelle Identität pflegen und viele an ihren animistischen Traditionen mit den damit verbundenen gesellschaftlichen Tabus und Konventionen festhalten. Wer im Rahmen einer organisierten Tour Dörfer der Bergvölker besuchen will, sollte seinen Reiseleiter fragen, welches Verhalten angemessen ist und welches nicht.

FREIWILLIGENARBEIT

Es gibt unzählige Hilfsorganisationen in Thailand. Eine regelmäßig aktualisierte Infoquelle für Freiwilligenjobs

VERANTWORTUNGSVOLL WANDERN

- Bevor man Fotos von Angehörigen der Minderheiten macht, besonders von privaten Momenten in ihren Häusern, sollte man immer um Erlaubnis bitten. In vielen traditionellen Glaubensanschauungen wird das Fotografieren mit Argwohn betrachtet.
- Religiöse Symbole und Rituale respektieren! Totems an Dorfeingängen und sakrale Gegenstände, die von Bäumen hängen, nicht berühren! Nicht Zeremonien beiwohnen – es sei denn, man wird eingeladen.
- Man sollte vermeiden, das Betteln insbesondere von Kindern zu unterstützen. Besser ist es, sich nach Spendenmöglichkeiten für eine Schule zu erkundigen.
- Sich nicht nackt in der Öffentlichkeit zeigen und sich nicht in der Nähe eines offenen Fensters ausziehen, durch das Dorfkinder ins Zimmer spähen können.
- Mit Angehörigen des anderen Geschlechts nicht flirten – es sei denn, man möchte die Person heiraten.
- Nicht mit Dorfbewohnern Alkohol trinken oder Drogen konsumieren; im angeheiterten Zustand kann es zu kulturellen Missverständnissen kommen.
- Dorfbewohner anlächeln, selbst wenn sie einen anstarren. Seinen Guide fragen, wie man in der jeweiligen Sprache „Hallo" sagt.
- In der Öffentlichkeit keine Zärtlichkeiten austauschen – das gilt in einigen traditionellen Glaubensvorstellungen als Beleidigung der Geister.
- Die Tiere der Dorfbewohner in Ruhe lassen, auch frei umherlaufende Schweine; es handelt sich um wertvolle Besitztümer, die nicht der Unterhaltung dienen. Auch Tiere des Dschungels sollte man in Ruhe lassen – in einigen Glaubensvorstellungen gelten diese als Geister, die auf der Erde zu Besuch sind.
- Keinen Müll zurücklassen!
- Sich an die mit den Füßen verbundenen Tabus der thailändischen Kultur halten! Nicht auf die Schwelle eines Hauses treten, nicht die Füße hochlegen, um sie am Feuer zu wärmen, und drinnen keine Schuhe tragen!

ist Volunteer Work Thailand (www.volunteerworkthailand.org). Allerdings sollte man bedenken, dass sich der sogenannte „Volontourismus" zu einem veritablen Geschäft entwickelt hat und nicht jede Organisation hält, was sie Interessierten verspricht. Bevor man sich also für ein Projekt entscheidet, sollte man sich gründlich über die jeweilige Organisation informieren.

Umwelt- & Tierschutz

Diverse NGOs betreiben in Thailand u. a. Naturschutzprojekte oder Auffangzentren bzw. Reservate für Wildtiere, die als Haustiere gehalten wurden. Mithelfen kann man vor Ort auch in Tierkliniken, die sich um zahme Hunde und Katzen kümmern.

Elephant Nature Park (S. 351) Das Elefantenreservat vermittelt siebentägige Engagements bei diversen Partnerorganisationen (z. B. beim Surin Project in der Region Isan oder beim Elephant Haven in Kanchanaburi).

Highland Farm Gibbon Sanctuary (S. 290) Nimmt verwaiste, ausgesetzte und misshandelte Gibbons auf. Freiwillige müssen sich hier für einen Monat verpflichten und bei der Arbeit auf der Farm helfen.

Koh Chang Animal Project (S. 511) Tierärzte und Tierarztpfleger auf Reisen kommen oft vorbei, um hier freiwillig zu arbeiten. Aber auch alle anderen können mithelfen.

Lanta Animal Welfare (S. 725) Das Center auf Ko Lanta nimmt sowohl Besucher zum zwanglosen Hundeausführen als auch Langzeitfreiwillige an.

Phuket Elephant Sanctuary (S. 700) Einwöchige Engagements für bis zu sechs Freiwillige auf einmal.

Samui Dog & Cat Rescue Centre (S. 571) Freiwillige kümmern sich in der Pflegeklinik in Ban Taling Ngam um Hunde und Katzen.

Soi Dog (S. 703) In dem Center in Phuket können Besucher mit den Tieren spielen, die Hunde ausführen oder auch längere Zeit freiwillig arbeiten.

Trash Hero (www.trashhero.org) An elf bekannten Orten überall in Thailand führt diese schnell wachsende Freiwilligenorganisation einmal die Woche Reinigungsaktionen durch.

Wild Animal Rescue Foundation (WARF; ☎02 712 9715; www.warthai.org) Betreibt in Thailand u. a. das Phuket Gibbon Rehabilitation Project, bei dem Freiwillige u. a. die Gehege säubern, die Gibbons füttern und die Spuren ausgewilderter Exemplare verfolgen.

Wildlife Friends Foundation Thailand Rescue Centre and Elephant Refuge (มูลนิธิเพื่อนสัตว์ป่า; ☎032 458135; www.wfft.org; Führungen mit Komplettzugang inkl. Mittagessen halber/ganzer Tag 1100/1600 B) Die hauseigene Tierauffangstation in Phetchaburi (45 km nordwestlich von Hua Hin) kümmert sich mithilfe von Freiwilligen um Malaienbären, Makaken, Gibbons und Elefanten.

Humanitäre Arbeit & Bildung

Wer sich ehrenamtlich engagieren möchte, findet in Nordthailand, insbesondere in Chiang Mai und Chiang Rai, verschiedene Projekte zur Unterstützung benachteiligter Bergvölker. In Chiang Mai, Mae Sot und Sangkhlaburi gibt es Not leidende Gemeinden mit Flüchtlingen und Einwanderern aus Myanmar. Im Nordosten Thailands, dem landwirtschaftlichen Zentrum des Landes, gibt es ebenfalls viele Beschäftigungsmöglichkeiten für ehrenamtliche Lehrer.

Wer nach einem Freiwilligenjob sucht, sollte sich unbedingt im Vorfeld über das Tätigkeitsfeld der jeweiligen Organisation und – was vielleicht noch wichtiger ist – ihre Arbeitsweise informieren. Wird beim Bewerbungsgespräch nicht in erster Linie darauf eingegangen, welche Fähigkeiten der Bewerber mitbringt und wie man diese zu Gunsten der Einheimischen am besten einsetzen könnte, sollten sofort alle Alarmglocken schrillen. Jede Organisation, die einem verspricht, man könne bei ihr arbeiten, was man will, wo man will und wie lange man will, wird wohl kaum in erster Linie die Bedürfnisse der Einheimischen im Auge haben.

Bei allen Organisationen, die mit Kindern arbeiten, sollte der Schutz der Kinder im Vordergrund stehen. Überprüft die Organisation vor der Anstellung angehende Mitarbeiter nicht gründlich, ist größte Vorsicht geboten.

Organisationen für Freiwilligenarbeit sind z. B.:

Baan Unrak (S. 210) Das Heim mit Schule kümmert sich um mehr als 150 verwaiste oder ausgesetzte Kinder.

Open Mind Projects (☎042 413578; www.openmindprojects.org) Vermittelt Freiwilligen Jobs überall in Thailand in der IT-Branche, im Gesundheitswesen, in der Bildung und im gemeindeorientierten Ökotourismus.

Starfish Ventures (www.starfish-adventure.com) Vermittelt Freiwilligen Jobs in der Baubranche, im Gesundheitswesen und in Bildungsprogrammen überall in Thailand.

Allgemeine Informationen

Arbeiten in Thailand

Thailand bietet zahllose Möglichkeiten, einen befristeten Job zu ergattern (vor allem als Englischlehrer bzw. -lehrerin). Wer hier legal arbeiten will, benötigt neben einem Non-Immigrant-Visum auch eine offizielle Arbeitsgenehmigung. Eine solche kann im Voraus bei den diplomatischen Vertretungen Thailands beantragt werden. Ajarn.com (www.ajarn.com) liefert extrem nützliche Hintergrundinfos zum Unterrichten vor Ort und betreibt sogar eine Online-Jobbörse.

Barrierefreies Reisen

Für Reisende mit körperlichem Handicap bietet Thailand bessere Einrichtungen als alle anderen Länder Südostasiens außer Singapur. Mit Seh- und Körperbehinderungen sind Thailands Städte mit ihren hohen Bordsteinen, holprigen und vollen Bürgersteigen und dem hektischen Verkehr jedoch echte Hindernisparcours. In Bangkok können viele Straßen nur auf Fußgängerbrücken überquert werden, zu denen steile Treppen hinaufführen. In allen größeren und kleineren Städten sind risikobereite Rollstuhlfahrer mit Nerven aus Stahl problemloser auf der Straße unterwegs. Rampen oder andere Zugangsmöglichkeiten zu Gebäuden, Bürgersteigen und touristischen Stätten für Rollstuhlfahrer sind selten. Der fehlenden Infrastruktur steht jedoch oft die große Hilfsbereitschaft der Thais gegenüber.

Am Suvarnabhumi Airport in Bangkok sind die Einrichtungen für Reisende mit Behinderung gut. Es stehen Rollstühle und Elektrowagen zur Verfügung, zu allen Ebenen fahren Aufzüge und die Behindertentoiletten sind sauber und gepflegt. Die Bahnverbindung vom Flughafen in die Stadt ist gut auf Reisende mit besonderen Bedürfnissen eingestellt: Die Knöpfe der Aufzüge sind in Braille-Schrift beschriftet, es erfolgt stets eine Ansage und auch Fahrkartenautomaten und Bahnsteige sind rollstuhltauglich. Bei den meisten internationalen Flügen kommen Flugsteige zum Einsatz, was bei den Inlandsflügen am Bangkoker Don Muang Airport und an anderen Regionalflughäfen in Thailand nicht immer der Fall ist. Daher sollte man bei der Buchung die Fluggesellschaft darüber informieren, dass man Rollstuhlfahrer ist oder anderweitig Unterstützung benötigt.

Busse und Boote halten nur so kurz, dass selbst Menschen ohne Behinderung kaum ein- oder aussteigen können, und Fernzüge und Bahnhöfe in der Provinz sind in Sachen Barrierefreiheit ein Lotteriespiel. Der Bangkoker BTS Skytrain ist rollstuhltauglich; an allen Stationen außer der Station Saphan Taksin gibt es Aufzüge. Alle MRT-Metrostationen sind mit Aufzügen ausgestattet und sind rollstuhlgerecht.

INFOS ZUM BARRIEREFREIEN REISEN

Informationen gibt's im englischsprachigen *Accessible Travel Guide* von Lonely Planet, kostenlos downloadbar unter https://shop.lonelyplanet.com/categories/accessible-travel.com.

Die folgenden Reiseveranstalter sind auf barrierefreie Touren und Unterkünfte in Thailand spezialisiert und verfügen über eigene behindertengerechte Fahrzeuge:

Gehandicapten (+31 36 537 6677; http://gehandicapten.com)

Wheelchair Holidays Thailand (+66 8 1375-0792; www.wheelchairtours.com)

Wheelchair Thailand Tours (http://wheelchair-thailand-tours.weebly.com)

Das Personal von BTS und MRT ist außerdem extrem hilfsbereit.

In Thailand werden viele Taxis mit Erdgas betrieben und der Tank befindet sich im Kofferraum, sodass der Platz für Rollstühle und Gehhilfen begrenzt ist. Komplett rollstuhlgerechte Taxis sind nur in Bangkok und Hua Hin verfügbar, sie müssen im Voraus gebucht werden. In Chang Mai gibt's hingegen keine. Die Bangkok Metropolitan Authority hat eine Handvoll Fahrzeuge, hauptsächlich für Einheimische; zu den Bürozeiten kann man sich unter der Nummer ☎1555 nach der Verfügbarkeit erkundigen oder man wendet sich an Wheelchair Taxi Thailand (www.transport-disabled-bangkok.weebly.com). Die meisten Mittelklasse- und Spitzenhotels verfügen über barrierefreie Zimmer, doch der Standard ist sehr unterschiedlich – man sollte sich also vergewissern, dass die Zimmer den Erfordernissen entsprechen, und eventuell Informationen und/oder Fotos anfordern. Die meisten Budget-Hotels und Pensionen wie auch viele Boutiquehotels sind nicht barrierefrei, doch die meisten werden sicher versuchen, so weit wie möglich auf die Bedürfnisse von Reisenden mit Behinderung einzugehen – eventuell muss man Zugeständnisse machen.

Viele thailändische Städte haben mindestens ein modernes Einkaufszentrum. Hier kann man problemlos barrierefrei shoppen und essen und es gibt Behindertentoiletten.

Botschaften & Konsulate

Neben ihren Botschaften in Bangkok (s. unten) unterhalten einige Länder zusätzlich Konsulate in Chiang Mai, Pattaya, Phuket und Songkhla.

Deutschland (☎02 287 9000; www.bangkok.diplo.de; 9 Th Sathon Tai/South; ⌚Mo–Fr 8.30–11.30 Uhr; Ⓜ Lumphini, Ausgang 2)

Kambodscha (☎02 957 5851; 518/4 Soi Ramkhamhaeng 39, Th Pracha Uthit, Bangkok; ⌚Mo–Fr 8.30–12 & 14–17 Uhr; Ⓜ Phra Ram 9, Ausgang 3 & Taxi) Hat auch ein Konsulat in Sa Kaew.

Laos (☎02 539 6667; 502/1-3 Soi Sahakarnpramoon, Th Pracha Uthit/Soi Ramkhamhaeng 39, Bangkok; ⌚Mo–Fr 8–12 & 13–16 Uhr; Ⓜ Phra Ram 9, Ausgang 3 & Taxi)

Malaysia (☎02 629 6800; www.kln.gov.my/web/tha_bangkok/home; 33–35 Th Sathon Tai/South, Bangkok; ⌚Mo–Fr 8–16 Uhr; Ⓜ Lumphini, Ausgang 2) Hat auch ein Konsulat in Songkhla.

Myanmar (☎02 233 7250; www.mfa.go.th; 132 Th Sathon Neua/North, Bangkok; ⌚Mo–Fr 9–12 & 13–15 Uhr; Ⓢ Surasak, Ausgang 1/3)

Österreich (☎02 105 6710; www.bmeia.gv.at/oeb-bangkok; No. 14 Soi Nantha-Mozart, Sathorn Soi 1, South Sathorn Rd, Thungmahamek, Sathorn)

Schweiz (☎02 674 6900; www.eda.admin.ch/countries/thailand/de/home/vertretungen/botschaft.html; 35 Th Witthayu Nuea/North Wireless Rd, Lumphini, Pathum Wan; ⌚Mo–Fr 9–11.30 Uhr)

PREISKATEGORIEN: ESSEN

Die folgenden Angaben gelten jeweils für ein normales Hauptgericht.

$ unter 150 B

$$ 150–350 B

$$$ über 350 B

Fotografieren

Bei Personenaufnahmen ist eine angemessene Zurückhaltung angebracht – soll heißen: Man sollte stets höflich auf Thai um Erlaubnis bitten (die Sätze rechtzeitig und richtig lernen!) und dann auf das verlegene Kopfnicken warten, bevor man fotografiert oder filmt! In regelmäßig besuchten Minoritätenregionen verlangen die Menschen oft Geld als Gegenleistung für Fotos. Die Angehörigen anderer Bergvölker erlauben es dagegen wiederum grundsätzlich nicht, dass Kameras auf sie gerichtet werden.

Frauen unterwegs

Weibliche Alleinreisende sehen sich in Thailand meist nur mit wenigen Problemen konfrontiert. Weit draußen auf dem Land, bei Tempelbesuchen und auf dem Weg zum/vom Strand sollten sich Touristinnen stets respektvoll verhüllen. Vor allem in Großstädten tragen die Thailänderinnen selbst aber alle möglichen Outfits.

Wie überall sonst auf der Welt können Übergriffe und Vergewaltigungen auch in Thailand vorkommen. Weibliche Traveller tun außerdem gut daran, einsame Gegenden nie allein zu erkunden.

Bei Kontakten mit männlichen Einheimischen sollten Frauen immer die örtliche Etikette beachten. Frauen ohne Interesse an romantischen Techtelmechteln sollten keinesfalls glauben, dass männliche Thais hauptsächlich platonisch veranlagt sind.

Freiwilligenarbeit

In Thailand gibt es viele Organisationen (S. 811), bei denen

Freiwilligenarbeit mit kulturellen Erlebnissen kombiniert wird. Die Online-Datenbank von Volunteer Work Thailand (www.volunteerworkthailand.org) führt entsprechende Möglichkeiten auf.

FEIERTAGE

An den im Folgenden genannten Feiertagen haben thailändische Behörden und Banken geschlossen.

1. Januar Neujahr

Februar (Datum variiert) Makha Bucha (buddhistisch)

6. April Chakri-Tag zum Gedenken an Rama I., den Gründer der Chakri-Dynastie

13.–15. April Songkran-Fest

1. Mai Tag der Arbeit

4. Mai Krönungstag

Mai (Datum variiert) Königliche Pflugzeremonie

Mai/Juni (Datum variiert) Visakha Bucha (buddhistisch)

3. Juni Geburtstag der Königin

28. Juli Geburtstag von König Maha Vajiralongkorn

Juli/August (Datum variiert) Asanha Bucha (buddhistisch)

12. August Geburtstag von Königin Sirikit (Muttertag)

13. Oktober König-Bhumibol-Gedenktag

23. Oktober Chulalongkorn-Tag

5. Dezember Geburtstag des verstorbenen Königs Bhumibol (Vatertag)

10. Dezember Verfassungstag

31. Dezember Silvester

Geld

In Thailand gilt größtenteils „Nur Bares ist Wahres“: Nur in einigen Reisebüros und in einigen gehobenen Hotels, Restaurants, Einkaufszentren und Geschäften kann man mit ausländischen Kreditkarten bezahlen.

Geld wechseln

Banken und private Wechselstuben bieten normalerweise die besten Wechselkurse. Beim Umtausch in Baht sind US-Dollar die am häufigsten akzeptierte Währung (gefolgt vom britischen Pfund, dem Euro und dem chinesischen Yuan). Für das Einlösen von Reiseschecks verlangen die meisten Banken eine Provision und zusätzlich eine Bearbeitungsgebühr. Die aktuellen Wechselkurse sind jeweils am Devisenschalter angegeben.

Geldautomaten

Mit Bank- und Kreditkarten aus der Heimat kann man an Geldautomaten landesweit Bares vom eigenen Konto abheben (allerdings nur in Baht). Geldautomaten sind in ganz Thailand zu finden und eine verlässliche Quelle für Bargeld.

Allerdings berechnen die Banken, zu denen die Geräte gehören, für jede internationale Transaktion eine Gebühr von 200 B. Hinzu kommen dann noch die Umtausch- und Fremdnetz- bzw. Auslandsgebühren der eigenen Bank. Vor der Anreise nach Thailand empfiehlt es sich daher, ein spezielles Bankkonto zu eröffnen, mit dem Geldautomaten im Ausland kostenlos genutzt werden dürfen (inkl. Rückerstattung von Gebühren, die an Fremdgeräten anfallen).

Kredit- & Debitkarten

In manchen Geschäften, Hotels und Restaurants kann man mit Kredit- und Bankkarten zahlen. Die am häufigsten akzeptierten Karten sind Visa und MasterCard. American Express wird meist nur in Hotels und Restaurants der Spitzenklasse angenommen.

Vor der Reise sollte man unbedingt seine Bank und das Kreditkartenunternehmen über den geplanten Auslandsaufenthalt informieren, um Kontosperrungen wegen verdächtiger Auslandsaktivitäten zu verhindern.

Trinkgeld

Trinkgelder werden in Thailand zwar gern akzeptiert, aber nicht unbedingt erwartet. Eine gewisse Ausnahme bilden kleinere Beträge bei hohen Restaurantrechnungen, bei denen thailändische Gäste mitunter auf das Wechselgeld verzichten (beispielsweise 12 B bei einer Rechnung von 488 B und Bezahlung per 500-B-Schein). Doch mit echter Spendierlaune hat das nicht viel zu tun; vielmehr soll gezeigt werden: „Ich bin nicht so geldgierig, dass es mir auf jeden einzelnen Baht ankommt.“ Viele Hotelrestaurants und bessere Lokale erheben eine Servicegebühr (10 %) auf den Rechnungsbetrag.

Internetzugang

In Thailands Hotels, Pensionen und Cafés ist WLAN mittlerweile fast schon Standard. In den oberen Stockwerken von mehr-

Klima

Bangkok

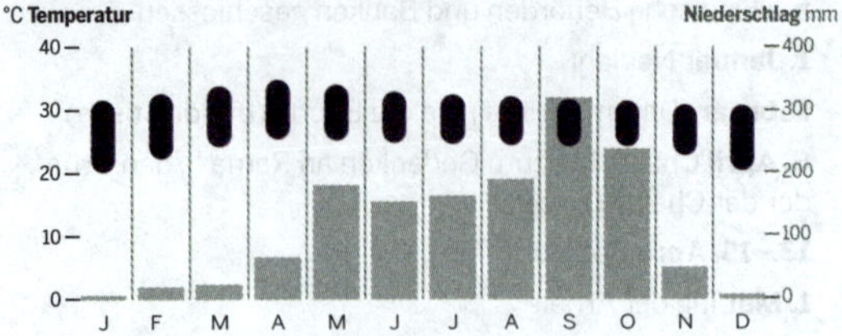

Chiang Mai

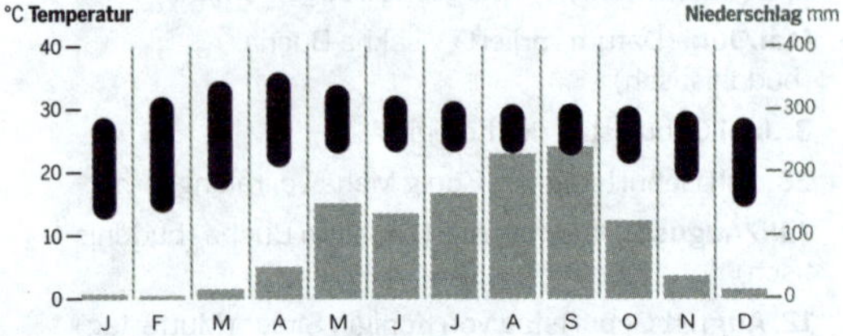

Phuket

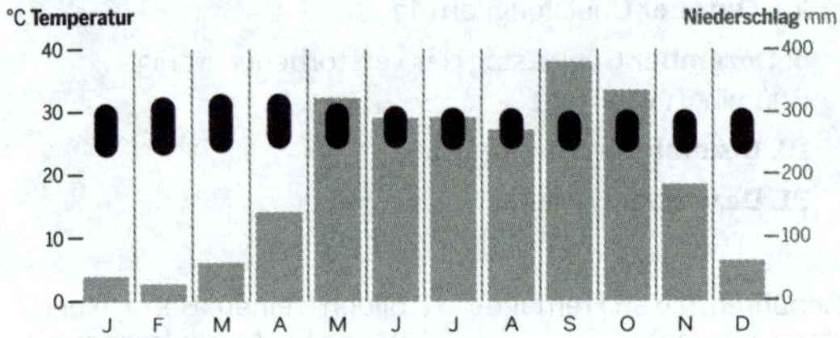

stöckigen Gebäuden ist die Signalqualität aber meist schlechter. Für verlässliches Drahtlos-Surfen empfehlen sich daher Zimmer in der Nähe des bzw. eines Routers. Zudem werden auch Thailands internetfähige Mobilfunknetze immer größer und performanter.

LGBTIQ+ unterwegs

Gegenüber männlichen wie weiblichen Homosexuellen ist Thailands Kultur relativ tolerant. Bangkok, Pattaya und Phuket haben recht bekannte LGBTIQ-Szenen und an allen drei Orten finden jedes Jahr Pride-Events statt. Öffentliche Zärtlichkeitsbekundungen (egal ob homo- oder heterosexuell) sind jedoch strikt verpönt.

Allgemein ist Thailands Kultur immer noch recht konservativ geprägt. Eventuell deshalb fügen sich einheimische Lesben in traditionelle Geschlechterrollen ein: Die „maskulinen" *toms* (von Tomboys) tragen meist kurze Haare und Männerkluft. Ihre „femininen" Gegenstücke bezeichnen sich selbst als *dees* (von Ladys). Lesbische Touristinnen müssen mit verwirrten Reaktionen rechnen, wenn sie nicht klar in eine der beiden Kategorien passen.

2015 erließ Thailand ein Gesetz zur Gleichstellung der Geschlechter, das erste Gesetz des Landes, das vor Diskriminierungen aufgrund des Geschlechts schützt. Zwar sind Transgender und Angehörige des dritten Geschlechts in Thailand in der Öffentlichkeit recht sichtbar, doch leiden sie nach wie vor an Diskriminierungen am Arbeitsplatz und bei Behörden.

Utopia (www.utopia-asia.com) versorgt LGBTIQ-Traveller mit vielen Infos und einem LGBTIQ-Reiseführer zu Thailand.

Notfälle & wichtige Telefonnummern

Landesvorwahl Thailand	☎66
Notfälle	☎191
Internationale Zugangscodes	☎001, 007, 008, 009 (& andere Werbecodes)
Vermittlung für Auslandsgespräche	☎100
Touristenpolizei	☎1155

Öffnungszeiten

An allgemeinen Feiertagen sind Thailands öffentliche Behörden und Banken normalerweise nicht besetzt. Manche Bars bzw. Clubs haben während der Wahlperioden und an bestimmten Feiertagen, an denen Alkoholverbot herrscht, ganz geschlossen. Viele Bankfilialen in Einkaufszentren haben vergleichsweise längere Öffnungszeiten.

Banken Mo–Fr 8.30–16.30 Uhr, Geldautomaten 24 Std.

Bars 18–24 oder 1 Uhr

Behörden Mo–Fr 8.30–16.30 Uhr (teilweise mit Mittagspause 12–13 Uhr)

Clubs 20–2 Uhr

Geschäfte 10–19 Uhr

Restaurants 8–22 Uhr

Post

Die thailändische Post (www.thailandpost.co.th) arbeitet sehr effektiv und verlangt für Inlandssendungen nur wenig Porto. Die meisten Postfilialen auf dem Land sind werktags von 8.30 bis 16.30 Uhr und samstags von 9 bis 12 Uhr geöffnet. Die größeren Hauptfilialen in den Provinzhauptstädten haben teilweise auch den halben Sonntag geöffnet. Um etwas zu versenden, muss man seinen Pass vorzeigen.

Die meisten Postfilialen in den Provinzen verkaufen Versandkartons. Achtung: Niemals Bargeld oder andere Wertsachen auf dem Postweg verschicken!

Der Service für postlagernde Sendungen funktioniert allgemein sehr zuverlässig, auch wenn nur wenige Traveller davon Gebrauch machen. Wer seine Post abholen möchte, muss seinen Reisepass vorlegen und etwas Papierkram erledigen.

Rechtsfragen

Thailands Polizei lässt Ausländer (vor allem Traveller) normalerweise in Ruhe. Die Beamten gehen einem meist aus dem Weg, um nicht Englisch mit Fremden sprechen zu müssen. Besonders bei Bagatellvergehen im Straßenverkehr drücken sie so auch einmal ein Auge zu. Jegliche Drogendelikte werden jedoch rigoros verfolgt. Achtung: Vor allem auf Thailands Inseln sehen manche Polizisten in Gesetzesverstößen von Ausländern mitunter eine Chance, sich mittels Schmiergeldforderung steuerfrei zu bereichern!

Wer wegen irgendeiner Straftat verhaftet wird, darf bei der eigenen Botschaft oder einem Konsulat in Thailand anrufen. Es gibt eine ganze Reihe von Gesetzen, die Dauer und Umstände der Inhaftierung regeln. Die Entscheidungsbefugnis liegt allerdings oft im Ermessen der Polizei. Im Falle von Ausländern fällt dies oft zugunsten des Inhaftierten aus. Trotzdem gilt, wie überall sonst auf der Welt: Wer Polizisten beleidigt oder ihnen anderweitig dumm kommt, macht die Sache nur noch schlimmer.

Das thailändische Gesetz kennt keine Unschuldsvermutung im engeren Sinn. Stattdessen werden Angeklagte als Verdächtige behandelt, über deren Schuld oder Unschuld vor Gericht entschieden wird. Die Prozesse werden meistens schnell in Angriff genommen.

Bei Verhaftungen kann die **Touristenpolizei** (☎24 Std. 1155) äußerst hilfreich sein. Die Beamten haben aber keinerlei Entscheidungsgewalt bei Fällen, die in den Zuständigkeitsbereich der regulären Polizei fallen. Dennoch kann die Touristenpolizei bei Verständigungsproblemen helfen und den Kontakt zur eigenen Botschaft erleichtern. Die Telefon-Hotline der Touristenpolizei nimmt alle möglichen Beschwerden und Notrufe entgegen.

Shoppen

Thailand ist ein Paradies für Schnäppchenjäger. Traveller sollten aber niemals zusammen mit Schleppern, Führern oder „freundlichen Fremden" auf Einkaufstour gehen. Diese Leute erhalten für jeden Kauf eine Provision und treiben die Preise in die Höhe.

Antiquitäten

Authentische thailändische Antiquitäten werden immer rarer. Die meisten Händler verkaufen heutzutage Reproduktionen oder Stücke aus Myanmar. Bangkok und Chiang Mai sind die Zentren des Antiquitäten- bzw. Replikenhandels.

Die Ausfuhr echter Antiquitäten ist genehmigungspflichtig. Zudem dürfen alte und neue Buddha-Darstellungen nur mit Erlaubnis der thailändischen Kunstbehörde

PRAKTISCH & KONKRET

Maße & Gewichte Thailand verwendet das metrische System. Gold und Silber werden in *bàat* (15 g/Einheit) abgewogen.

Radio Landesweit sind über 400 Programme auf AM und FM verfügbar. Zudem sind viele kleinere Stationen und internationale Sender per Online-Stream zu empfangen.

Rauchen Das Rauchen ist seit 2008 in Restaurants und Bars verboten, auch wenn in manchen Bars noch immer geraucht wird.

TV Die sechs terrestrischen TV-Netzwerke Thailands werden durch internationales TrueVision-Kabelfernsehen und immer mehr digitale Kanäle ergänzt.

Zeitungen & Zeitschriften Unter den englischsprachigen Publikationen sind die *Bangkok Post* (www.bangkokpost.com), die wirtschaftslastige *Nation* (www.nationmultimedia.com) und die *KhaoSod English* (www.khaosodenglish.com), die als Parallelausgabe eines thailändischen Mainstream-Blattes erscheint. Zeitungsstände verkaufen auch Wochenmagazine wie *Economist* und *Time*.

FEILSCHEN

Thais respektieren gewiefte Feilscher. Man lässt immer den Verkäufer das erste Angebot machen und fragt dann, ob er mit dem Preis nicht etwas runtergehen könne. In der Regel gewährt er dann einen Nachlass. Jetzt macht man ein Gegenangebot. Immer mit einem niedrigen Angebot beginnen! Wer allerdings nicht wirklich an dem Kauf interessiert ist, sollte auch nicht anfangen zu feilschen. Wer von einem Artikel mehrere Exemplare kaufen will, hat einen größeren Spielraum und kann einen größeren Rabatt aushandeln. Auf jeden Fall ist es hilfreich, bei Preisverhandlungen immer entspannt und freundlich zu bleiben.

Office of the National Museum (4 Th Na Phra That, National Museum; ⌚Di–Fr 9–16 Uhr; ⛴Chang Pier, Maharaj Pier) exportiert werden.

Bekleidung

Bekleidung ist in Thailand zwar generell recht günstig, fällt als Stangenware für europäische Träger aber meist zu klein aus. Ebenso rar sind hier Schuhe für größere Füße. In Touristenhochburgen und großstädtischen Einkaufszentren sind jedoch zunehmend auch größere Konfektionsgrößen erhältlich. Wichtig: Umtauschen ist in Thailand unüblich – daher vor dem Verlassen eines Klamottenladens stets sichergehen, dass alles passt! Auf vielen Märkten gibt's günstige Alltagskluft und in Bangkok findet man Designermode aus dem In- und Ausland.

Thailändisch-indische Sikh-Familien sind seit jeher die Hauptträger von Thailands langer Schneidertradition. In dieser Branche sind Ramschware und provisionsgierige Abzocker aber keine Seltenheit. Vorsicht vor „Schnellschneidereien" mit Abholung am nächsten Tag: Solche Shops lassen in Sachen Material- und Fertigungsqualität sehr oft stark zu wünschen übrig. Am besten lässt man sich daher eine gute Schneiderei von langjährig vor Ort lebenden Ausländern empfehlen und absolviert dort zwei bis drei Anproben.

Edelsteine & Schmuck

Thailand ist führender Exporteur von Schmuck und Edelsteinen – nur Indien und Sri Lanka können da noch mithalten. Die nationalen Rohedelsteinvorkommen sind jedoch fast erschöpft. So werden in Thailand heute hauptsächlich importierte Steine (z. B. aus Kambodscha, Myanmar, Sri Lanka) geschliffen, poliert und verkauft.

Landesweit gibt's jede Menge Edelstein- und Schmuckläden. Doch gleichzeitig leidet diese Branche inzwischen unter Fälschern und Abzockern – so vielen, dass man in Thailand nun nicht mehr sicher und angenehm Schmuck erwerben kann. Wer sich also nicht wirklich gut auskennt, für den gilt: Am besten nur gucken, nicht kaufen!

Gefälschte Produkte

Auf den Straßen von Bangkok, Chiang Mai und anderen Touristenhochburgen floriert der Schwarzmarkthandel mit gefälschten Designerwaren. Diese stammen teils auch aus China oder aus thailändischen Fabriken mit abgelaufener Herstellungslizenz. Niemand behauptet, dass es sich dabei um echte Markenware handelt – zumindest die Verkäufer nicht. Herstellung und Verkauf solcher Artikel sind in Thailand eigentlich offiziell verboten. Internationale Copyright-Schutzorganisationen üben immer wieder Druck auf die Regierung aus, den Produktfälschern das Handwerk zu legen. Doch zu Razzien kommt es nur gelegentlich bei Druck von oben – oder bei ausbleibenden Schmiergeldzahlungen der Händler. Diese praktizieren oft auch zwielichtige Verkaufsmaschen.

Keramik

Landesweit werden alle Arten von handgemachten Tonwaren (alt und neu) verkauft. In Bangkok gibt's massenhaft moderne Keramik, während Chiang Mai für althergebrachte Designs steht. Traditionell getöpfert wird heute z. B. noch in den Dörfern Ko Kret (Großraum Bangkok) und Dan Kwian (Provinz Nakhon Ratchasima).

Lackarbeiten

Chiang Mai ist bekannt für goldfarbene Lackarbeiten auf schwarzem Untergrund (u. a. Möbel, Ziergegenstände). Diese wurden einst traditionell aus Bambus und Teakholz hergestellt, sind aber heute oft aus Mangoholz. Stücke von höchster Qualität haben einen Bambusrahmen, der mit Esels- oder Rosshaar umwickelt ist. Exemplare von minderer Qualität bestehen dagegen komplett aus Bambus. Bei der Produktion werden jeweils mehrere Lackschichten (bei hochwertigen Stücken bis zu sieben) nacheinander auf den Rahmen aufgetragen und nach mehrtägigem Trocknen mit Reisschalenasche (biogener Kieselsäure) abgeschliffen. Anschließend wird die Oberfläche graviert und bemalt. Beim finalen Polieren bleibt dann nur die Farbe in den vertieften Gravuren erhalten. Bei mehrfarbigen Lackarbeiten werden Bemalen und Polieren mehrmals wiederholt.

Hochwertige Stücke mit bis zu fünf Farbtönen sind teils erst nach fünf oder sechs Monaten fertig. Ein wichtiges Qualitätsmerkmal ist die Flexibilität: Bei gut gefertigten Lackschüsseln lassen sich die gegenüberliegenden Ränder aneinanderpressen, ohne dass Schäden entstehen. Ebenfalls relevant sind Qualität und Präzision der Gravierung.

Möbel

Rattan- und Hartholzmöbel sind häufig günstig zu haben, auch maßgefertigt. Die meisten Möbel werden in Chiang Mai produziert, es gibt aber auch viele Filialen in Bangkok. Da das Fällen von Teakbäumen verboten ist und die Bestände an recyceltem Teakholz nahezu erschöpft sind, bestehen heute 70 % der in Thailand für den Export produzierten Möbel aus dem Holz alter Kautschukbäume, die gefällt werden, weil sie kein Latex mehr abgeben.

Stoffe

Nordostthailand ist für *mát·mèe*-Tuch berühmt – die dicken Baumwoll- oder Seidenstoffe ähneln dem indonesischen *ikat* und werden mittels Knüpfbatiktechnik gefärbt. Die *mát·mèe*-Seide aus der Provinz Surin zeigt häufig Farben und geometrische Muster, die auf Khmer-Traditionen beruhen.

In Nordthailand zeigt sich an der Seide der Einfluss der Lanna-Traditionen, die von Thai-Völkern nach Chiang Mai und in die umliegenden Berge gebracht wurden.

Recht schöne Batik gibt es dagegen in Südthailand. Mustermäßig ähnelt sie mehr malaysischer als indonesischer Batik.

In stilisierter Form zieren die traditionellen Stickereien der ethnischen Minderheiten in den Bergen Nordthailands z. B. moderne Taschen oder Schmuckstücke. Der Großteil der vor Ort angebotenen Stickwaren ist allerdings industriell hergestellt. Parallel helfen viele nichtstaatliche Kooperativen den Bergvölkern beim Vermarkten ihres authentischen Kunsthandwerks. Besonders viele solcher Outlets gibt's in Chiang Mai und Chiang Rai.

Sicher unterwegs

Abzocke

Thais können so freundlich und entspannt wirken, dass bei Ausländern mitunter schnell ein falsches Sicherheitsgefühl entsteht. Dies öffnet Abzocke aller Art dann Tür und Tor. Vor allem Bangkok ist bekannt für Betrugsmaschen, bei denen sich falsche Freunde über längere Zeit hinweg das persönliche Vertrauen ihrer Opfer erschleichen und diese dann mit vermeintlichen Schnäppchen kräftig abzocken.

Von Fremden angebotene Hilfe beim Shoppen oder Sightseeing sollten Traveller grundsätzlich ignorieren: Andernfalls wird unweigerlich eine Provision fällig!

Diebstahl & Betrug

Auf persönliche Besitztümer sollte man besonders gut aufpassen. Daher unbedingt immer das Hotelzimmer gut abschließen und die wichtigsten Wertgegenstände (Reisepass, Bargeld, Kreditkarten) stets direkt am Körper tragen! Hotelsafes sind leider nicht in jedem Fall sicher.

Dieselben Vorsichtsmaßnahmen gelten auch unterwegs. Mit einem Schloss versehenes Gepäck schreckt Diebe in Fernreisebussen kaum ab.

Wer mit Kreditkarte bezahlt, sollte den Händler nicht mit der Karte verschwinden lassen und sich vergewissern, dass die Transaktion nur einmal getätigt wurde. Falls möglich, sollte man die Transaktion sofort über eine Handy-App o. Ä. nachprüfen.

Drogenbesitz

Trotz der scheinbar regellosen, lässigen Atmosphäre vor Ort sind jeglicher Besitz, Konsum, Kauf, Verkauf und Schmuggel von Drogen (u. a. Opium, Heroin, Kokain, Amphetamine, Methamphetamine, Ecstasy, Marihuana, halluzinogene Pilze) in Thailand strengstens verboten. Bei Drogenbesitz, -konsum oder -handel müssen auch Ausländer mit sehr unangenehmen Konsequenzen und mindestens einem Jahr Gefängnis rechnen. Drogenschmuggel (offiziell „Grenzübertritt mit illegalen Betäubungsmitteln") wird noch deutlich härter und eventuell sogar mit der Todesstrafe geahndet.

Grenzgebiete & Hotspots

Da Thailand freundliche Beziehungen zu seinen Nachbarländern pflegt, ist der

STAATLICHE REISEINFORMATIONEN

Staatliche Reise-Websites mit nützlichen Infos und aktuellen Warnhinweisen:

Deutschland (www.auswaertiges-amt.de/de/thailand sicherheit/201558)

Österreich (www.bmeia.gv.at/reise-aufenthalt/reise information/land/thailand/)

Schweiz (www.eda.admin.ch/countries/thailand/de/home.html)

REZEPTPFLICHTIGE MEDIKAMENTE

Die meisten rezeptpflichtigen Medikamente dürfen Reisende nach Thailand einführen, mit Ausnahme solcher, die Narkotika und Psychotropika enthalten. Man sollte nie mehr als Medikamente für 30 Tage mitnehmen und diese in der Originalverpackung; außerdem benötigt man eine Bescheinigung oder ein Rezept des Arztes. Näheres findet man auf der Website der thailändischen Food and Drug Administration, http://permitfortraveler.fda.moph.go.th.

Auch auf den Websites der thailändischen Botschaften gibt's Informationen dazu, welche Medikamente nach Thailand eingeführt werden dürfen.

Personen- und Warenverkehr an den meisten Grenzübergängen uneingeschränkt möglich. Aufgrund anhaltender Ausschreitungen im äußersten Süden ist der Grenzübergang zwischen Sungai Kolok und Malaysia möglicherweise gefährlich. Gelegenheitsbesucher sollten zudem die meisten Provinzen mit muslimischer Bevölkerungsmehrheit (Yala, Pattani, Narathiwat und Teile von Songkhla) unbedingt meiden.

Zudem ist es auf jeden Fall ratsam, auf die jeweiligen aktuellen Reisewarnungen des Außenministeriums in der Heimat zu achten.

Schlepper & Provisionshaie

In Bangkok werden Neuankömmlinge häufig von Tuk-Tuk-Fahrern oder anderen „neuen Freunden" zu Stadttouren überredet. Diese enden fast immer in Seiden-, Schmuck- oder Kunsthandwerksläden mit einer extrem aggressiven Verkaufspolitik.

Schlepper bringen Traveller auch zu bestimmten Unterkünften und kassieren dafür von denen eine Provision. Reisebüros sind berüchtigt dafür, frisch eingetroffene Traveller so lange zu bequatschen, bis sie einer Übernachtung in überteuerten, ungünstig gelegenen Hotels zustimmen – und sie selbst dafür eine Provision einstecken.

Manche Reiseagenturen tarnen sich als Vertretungen der staatlichen Tourismusbehörde TAT (Tourism Authority of Thailand).

Strom

Thailand verwendet 220 V Wechselstrom. In die meisten Steckdosen passen zweipolige Rund- oder Flachstecker.

Typ A
120 V / 60 Hz

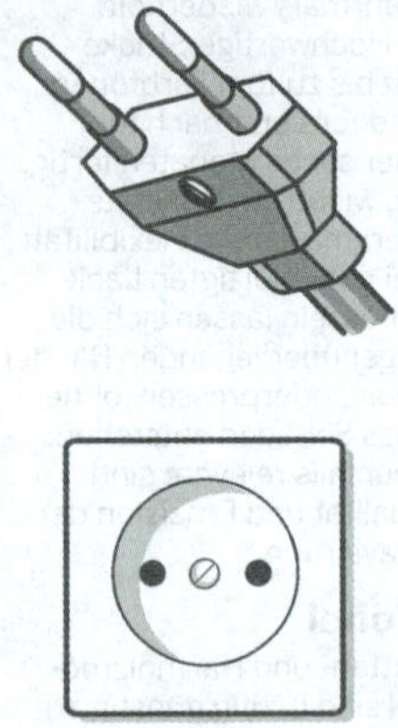

Typ C
220 V / 50 Hz

Telefon

Wer aus Übersee nach Thailand telefonieren will, muss zuerst dessen Ländercode ☎66 wählen. Alle thailändischen Telefonnummern beginnen bei Inlandsgesprächen mit einer 0 (bei Anrufen aus dem Ausland wird die 0 weggelassen). Die nächsten drei Ziffern nach der 0 sind die Ortsvorwahl, die einen festen Teil der Telefonnummer bildet. Bei Handynummern steht hinter der 0 eine 6, 8 oder 9.

Auslandsgespräche

Wer von Thailand aus im Ausland anrufen möchte, wählt nach einem internationalen Zugangscode den jeweiligen Ländercode (beispielsweise ☎49 für Deutschland, ☎43 für Österreich, ☎41 für die Schweiz) und die eigentliche Anschlussnummer (inkl. Ortsvorwahl).

Vor Ort gibt's mehrere internationale Zugangscodes mit unterschiedlichen Minutentarifen. Die Standard-Direktvorwahl der CAT (☎001) gilt in puncto Gesprächsqualität als am besten. Sie ermöglicht Verbindungen in die allermeisten Länder, kostet jedoch auch am meisten. Am zweitbesten ist die etwas günstigere TOT-Vorwahl ☎007. Hierbei hat man noch eine recht verlässliche Gesprächsqualität. Diverse Anbieter offerieren immer wieder Sparpreise; diesbezüglich lohnt es sich, das Internet nach Werbeaktionen mit Zugangscodes zu durchforsten.

Inlandsgespräche

Alle thailändischen Telefonnummern beginnen mit 0, gefolgt von Ortsvorwahl und Anschlussnummer. Die anfängliche 0 ist bei allen Inlandsgesprächen mitzuwählen, muss bei Anrufen aus dem Ausland aber immer weggelassen werden.

Handy

Am einfachsten telefoniert es sich in Thailand mit einer vor Ort erworbenen SIM-Karte.

Vor der Reise sollte man sich vergewissern, dass das eigene Handy auch entsperrt ist.

Thailändische SIM-Karten sind in jedem 7-Eleven und bei den Läden der Handy-Provider erhältlich. SIM-Karten für Touristen gibt's schon für 49 B. Es werden verschiedene Pakete mit Gesprächsguthaben und Datenvolumen angeboten und die Karten können nachträglich mit Guthaben aufgeladen werden. Für den Kauf einer SIM-Karte benötigt man seinen Pass, damit die Karte registriert werden kann.

Thailand nutzt das GSM-Netz. Zu den größten Providern zählen AIS (www.ais.co.th), DTAC (www.dtac.co.th) und True Move (http://truemoveh.truecorp.co.th), allesamt mit 4G-Netz. Die Netzabdeckung und -qualität ändert sich bei den verschiedenen Anbietern von Jahr zu Jahr. Gewöhnlich bieten die Provider Pakete mit Gesprächsguthaben und Datenvolumen je nach Nutzungsumfang.

Toiletten

Typisch asiatische Hocktoiletten werden in Thailand zwar immer seltener, man findet sie jedoch immer noch in älteren Wohnhäusern, schlichten Restaurants, in ländlichen Gegenden oder Busbahnhöfen vor. Gleichzeitig nehmen westliche Sitztoiletten zahlenmäßig zu und sind überall dort vorhanden, wo sich ausländische Traveller tummeln.

Hocktoiletten werden folgendermaßen benutzt: Mit dem Gesicht zur Tür stellt man die Füße auf die Standflächen rechts und links und kauert sich dann über die Bodenöffnung. Zum Säubern des Allerwertesten liegt mancherorts ein wenig Toilettenpapier (5 B) am Toiletteneingang bereit. Wenn das nicht der Fall ist, muss man sich selbst welches mitbringen oder sich eben traditionell mit der Hand und etwas Wasser säubern, das man mit der Plastikkelle oder einer Schüssel aus dem Becken neben der Toilette schöpfen muss. Zum Spülen dann einfach eine ausreichende Menge in den Abfluss nachgießen.

Selbst wenn es Sitztoiletten gibt, verkraften die Rohre eventuell kein Toilettenpapier. In diesem Fall ist ein extra Abfalleimer für benutztes Toilettenpapier und gebrauchte Damenhygieneartikel vorhanden. Manchmal sind auch kleine Wasserschläuche vorhanden – diese Toiletten sind dann sozusagen die thailändische Version eines Bidets.

Touristeninformation

Die **Tourism Authority of Thailand** (TAT; ☎thailandweit 1672; www.tourismthailand.org) fungiert als staatliche Tourismusbehörde und Werbeagentur. Seit 1960 gibt sie hervorragende Broschüren zu Sehenswürdigkeiten heraus. Ihr Hauptsitz in Bangkok wird durch Regionalvertretungen im ganzen Land ergänzt; Kontaktinformationen findet man auf der Website.

Versicherung

Es ist keine schlechte Investition, eine Kasko-Reiseversicherung abzuschließen, um sich im Falle von Diebstahl, Verlust oder gesundheitlichen Problemen abzusichern. Wichtig ist, dass die Versicherung im Notfall den Rücktransport in die Heimat bezahlt. Einige Versicherungsunternehmen schließen gefährliche Aktivitäten wie Gerätetauchen, Motorradfahren und sogar Trekken aus.

Einen vor Ort erworbenen Motorradführerschein erkennen manche Versicherungen nicht an. Eine Versicherung, die die Arztkosten und den Krankenhausaufenthalt sofort bezahlt statt im Nachhinein, kann sehr nützlich sein. Um Ansprüche später geltend machen zu können, müssen sämtliche Unterlagen eingereicht werden.

Visa

Besucher aus 64 Ländern brauchen für maximal 30-tägige Aufenthalte in Thailand kein Visum.

UNTERKÜNFTE ONLINE CHECKEN

Weitere Besprechungen von Unterkünften von Lonely Planet Autoren gibt's auf www.lonelyplanet.com. Neben unabhängigen Besprechungen gibt's hier auch Empfehlungen für die besten Unterkünfte.

Das **thailändische Außenministerium** (Ministry of Foreign Affairs; ☎02 203 5000; www.mfa.go.th; 443 Th Si Ayuthaya) ist für alle Angelegenheiten in Sachen Einreise und Visa zuständig. Achtung: Die Bestimmungen ändern sich regelmäßig. Daher den aktuellen Stand unbedingt rechtzeitig über die Website des MFA oder bei einer diplomatischen Vertretung Thailands ermitteln! Dort gibt's auch jeweils alle Details zum momentanen Prozedere bei Visumsanträgen (inkl. Angaben zu Gebühren). Im Internet fasst Thaivisa (www.thaivisa.com) den aktuellen Stand am besten zusammen.

Visafreiheit & Visa on Arrival

Dank bilateraler Abkommen können Bürger von 64 Ländern (u. a. Deutschland, Österreich, Schweiz) gebühren- und visumfrei nach Thailand einreisen. Direkt bei Ankunft gibt's dabei ein Visum, dessen Gültigkeitsdauer von Staatsangehörigkeit und Art der Einreise abhängt: Flugpassagiere bekommen 15 bis 90 (meist 30) Tage bewilligt, während sich Überlandreisende mit 15 bis 30 Tagen (je nach Nationalität eher Ersteres) begnügen müssen. Aktuelle Details hierzu liefert die Website des **thailändischen Außenministeriums** (Ministry of Foreign Affairs; ☎02 203 5000; www.mfa.go.th; 443 Th Si Ayuthaya). Die Bürger weiterer 19 Länder haben ein Recht auf ein 15 Tage gültiges Visum bei Ankunft *(Visa on Arrival)*.

Non-Immigrant-Visa

Sogenannte Non-Immigrant-Visa haben eine Gültigkeit von 90 Tagen bis zu einem Jahr und sind für Ausländer vorgesehen, die in Thailand Geschäfte tätigen, studieren, im Ruhestand einen längeren Urlaub oder längere Familienbesuche machen wollen. In dieser Visumskategorie gibt es vielfältige Einreisevisa. Wer eine thailändische Arbeitsgenehmigung beantragen will, muss bereits ein Non-Immigrant-Visum besitzen.

Touristenvisa

Bei geplanten Aufenthalten von über 30 Tagen beantragt man am besten rechtzeitig vor dem Start ein 60-Tage-Touristenvisum. Außerdem kann man ein sechs Monate gültiges Touristenvisum mit wiederholter Ein- und Ausreise beantragen; nach jeder Einreise darf man damit bis zu 60 Tage im Land bleiben. Entsprechende Anträge sind bei diplomatischen Vertretungen Thailands in der Heimat zu stellen. Diese erteilen auch Infos zum genauen Prozedere (inkl. aktuelle Gebühren).

> **THAILANDS IMMIGRATION OFFICES**
>
> Visaverlängerungen und andere Formalitäten können in den Einreisebüros in **Bangkok** (☎02 141 9889; www.bangkok.immigration.go.th; Bldg B, Government Centre, Soi 7, Th Chaeng Watthana; ⌚Mo–Fr 8.30–12 & 13–16.30 Uhr; Ⓜ Chatuchak Park, Ausgang 2 & Taxi, Ⓢ Mo Chit, Ausgang 3 & Taxi) und **Chiang Mai** (☎053 201755; www.chiangmaiimm.com; 71 Th Sanambin; ⌚Mo–Fr 8.30–16.30 Uhr) erledigt werden.
>
> Wer in Thailand mit den Behörden zu tun hat, sollte sich in seinen Sonntagsstaat werfen; außerdem sollte man alle Visaangelegenheiten persönlich erledigen und nicht etwa eine andere Person damit beauftragen. Für alle Arten von Visaverlängerungen benötigt man zwei Passfotos und jeweils eine Kopie der Foto- und Visumsseite des Passes.

Visa verlängern & erneuern

Wer über den genehmigten Zeitraum hinaus in Thailand bleiben will, kann bei allen örtlichen Einreisebüros in Thailand einen Antrag zur Verlängerung seines Visums stellen. Die Gebühr für eine Visumsverlängerung beträgt normalerweise 1900 B. Ein normales Visum für 15 oder 30 Tage kann vor Ablauf des Visums um 30 Tage verlängert werden. Ein 60-tägiges Touristenvisum kann nach Ermessen der thailändischen Einreisebehörde um bis zu 30 Tage verlängert werden.

Eine weitere Option für das Erlangen eines neuen Visums (Gültigkeit je nach Nationalität 15–30 Tage) ist kurzfristige Aus- und Wiedereinreise auf dem Landweg. Achtung: Die thailändischen Grenzer haben etwas gegen wiederholtes Einreisen zur Verlängerung der Aufenthaltsdauer und können stets nach eigenem Ermessen verfahren!

Das Bußgeld bei Überziehen der Aufenthaltsdauer beträgt standardmäßig 500 B pro Tag (insg. max. 20 000 B). Bezahlt werden kann es entweder direkt bei Ausreise am Flughafen oder schon vorab bei einem Büro der thailändischen Einwanderungsbehörde. Wer nur einen Tag überzieht, muss aber nichts bezahlen. Von der Bußgeldregelung ganz ausgenommen sind Kinder unter 15 Jahren, die in Begleitung eines Erwachsenen reisen.

In Thailand ansässige Ausländer verlängern ihr Visum am besten bei dem Einwanderungsbüro, das ihrer örtlichen Wohnadresse am nächsten liegt.

Zeit

Thailand liegt sechs Stunden vor der Mitteleuropäischen Zeit. Zeitangaben erfolgen in der Regel gemäß der 24-Stunden-Skala.

Zoll

Wer keine Waren zu verzollen hat, muss bei der Einreise kein Meldeformular ausfüllen. Falls doch, gibt es die Formulare am Einreisepunkt. Die **thailändische Zollbehörde** (☎landesweit 02 667 6000; www.customs.go.th) betreibt eine nützliche Website mit exakten Angaben zu allen Einfuhrbestimmungen für Traveller. Erlaubte Freimengen pro Person:

- Persönliche Gebrauchsgegenstände (Bekleidung und Hygieneartikel) in angemessener Menge
- Professionelle Berufsausrüstung
- 200 Zigaretten
- 1 l Wein oder Spirituosen

Strikt verboten ist die Einfuhr von:

- Feuerwaffen und Munition (sofern sie nicht vorab bei der Polizeibehörde angemeldet sind)
- Illegalen Drogen
- Pornografischen Medien

Bei Ausreise ist eine Exportgenehmigung für alle Repliken und neu gegossenen Buddha-Figuren erforderlich. Bei der Beantragung der Lizenz muss man das bzw. die Objekt(e) zusammen mit jeweils zwei Fotos (von vorn), der Kaufquittung und einer Fotokopie des Reisepasses beim **Office of the National Museum** (4 Th Na Phra That, National Museum; ⌚Di–Fr 9–16 Uhr; ⛴Chang Pier, Maharaj Pier) einreichen. Die Bearbeitung des Antrags kann bis zu vier Tage dauern.

STEUERN & ERSTATTUNGEN

In Thailand wird auf viele Waren und Dienstleistungen eine Umsatzsteuer von 7 % erhoben. Hotels und Restaurants der Mittel- und der Spitzenklasse berechnen zusätzlich einen Serviceaufschlag von 10 %. Kombiniert tauchen die 17 % auf den Rechnungen als „Plus Plus" bzw. „++" auf.

Bei der Ausreise kann man sich die Umsatzsteuer auf Einkäufe, jedoch nicht die auf Lebensmittel oder Hotelübernachtungen, rückerstatten lassen. Wie man das anstellt, erfährt man unter http://vrtweb.rd.go.th.

Verkehrsmittel & -wege

AN- & WEITERREISE

Einreise

Ob per Flugzeug oder auf dem Landweg: Die Einreise nach Thailand geht recht stressfrei vonstatten. Vorzulegen sind ein gültiger Reisepass, die Bordkarte sowie die ausgefüllten Karten für die Ein- und Ausreise. Wer kein Ticket für die Weiterreise und nicht genügend Geld für den Aufenthalt nachweisen kann, dem kann die Einreise verweigert werden, doch in der Praxis ist dies eine reine Formalität und wird nur selten überprüft.

Flugzeug

In der Hauptsaison (Dez.–März) sind Flüge nach/ab Thailand teilweise teuer und schnell ausgebucht. Die Ausreisesteuer ist stets schon im Ticketpreis enthalten.

Flughäfen & Fluglinien

Thai Airways ist Thailands nationale Fluglinie, Bangkok die landesweit größte Drehscheibe für In- und Auslandsflüge. Doch auch die Flughäfen der einzelnen Provinzen wickeln viele nationale und immer mehr internationale Flüge ab. Auslandsverbindung besteht u. a. hier:

Suvarnabhumi International Airport (Karte S. 167; ☎02 132 1888; www.airportthai.co.th; Samut Prakan) Thailands größter Flughafen (sprich: *sù·wán·na·puhm*) befindet sich in Samut Prakan, das 30 km östlich von Bangkok und 110 km von Pattaya entfernt liegt.

Don Mueang International Airport (Karte S. 167; ☎02 535 1192; www.airportthai.co.th; Don Mueang) Liegt 25 km nördlich von Bangkoks Zentrum und wurde 2006 stillgelegt, dann aber als hauptstädtische Drehscheibe für Billig- und Inlandflüge wiedereröffnet.

Phuket International Airport (Karte S. 659; ☎076 632 7230; www.phuketairportonline.com) Wird u. a. von Hongkong, Singapur, Dubai, Seoul und Shanghai aus angeflogen.

Chiang Mai International Airport (Karte S. 332; ☎053 922000; www.chiangmaiairportonline.com) Auslandsverbindungen u. a. zu vielen Großstädten in (Südost-)Asien.

Chiang Rai International Airport (Mae Fah Luang International Airport; ☎053 798000; www.chiangraiairportthai.com) Diverse Auslandsverbindungen (u. a. nach Kunming in China).

Hat Yai International Airport (☎074 227000; www.airportthai.co.th/en; 📶) Auslandsverbindungen u. a. nach Singapur.

Ko Samui Airport (Karte S. 566; www.samuiairportonline.com) Diverse Auslandsverbindungen (z. B. nach Singapur).

Krabi International Airport Diverse Auslandsverbindungen (u. a. nach Chongqing in China,

REISEN & KLIMAWANDEL

Jede Form des Reisens, die auf Brennstoff auf Kohlenstoffbasis beruht, erzeugt CO_2, die Hauptursache des von Menschen verursachten Klimawandels. Modernes Reisen ist von Flugzeugen abhängig, die vielleicht pro Kilometer und Person weniger Kraftstoff als die meisten Autos verbrauchen, aber sehr viel weitere Strecken zurücklegen. Auch die hohen Luftschichten, in die Flugzeuge Treibhausgase (auch CO_2) und Schadstoffe ausstoßen, spielen eine wichtige Rolle beim Klimawandel. Viele Websites bieten „Emissionsrechner", mit denen Reisende die CO_2-Emissionen ihrer Reise ausrechnen und die Auswirkung dieser Treibhausgase mit einem Beitrag für klimafreundliche Projekte in der ganzen Welt ausgleichen können. Lonely Planet gleicht die CO_2-Bilanz aller Reisen der Mitarbeiter und Autoren aus.

Hongkong, Kuala Lumpur und Singapur).

U-Tapao Airport (UTP; ☎038 245595; www.utapao.com) Diverse Auslandsverbindungen (z. B. nach Singapur und Kuala Lumpur sowie zu ein paar russischen und chinesischen Großstädten).

Auf dem Landweg

Thailand grenzt an Kambodscha, Laos, Malaysia und Myanmar. Offizielle Grenzübergänge ermöglichen Überlandreisen in alle Nachbarländer (sowie zwischen diesen). Dank immer besser ausgebauter Fernstraßen und neuer Brücken wird es auch zunehmend einfacher, von Thailand über Laos nach China zu fahren.

Bus, Fahrrad, Auto & Motorrad

In alle Nachbarländer Thailands führen Straßen, die sich mit Bussen, Sammeltaxis oder einem eigenen Fahrzeug nutzen lassen. In manchen Fällen fährt man per Bus zur Grenze, durchquert die Einreisestelle zu Fuß und nimmt dann zur Weiterfahrt einen anderen Bus oder ein Sammeltaxi. Ansonsten (vor allem bei Trips nach Malaysia) hält der Bus zwecks Einreiseformalitäten an der Grenze und setzt dann seinen Weg zum jeweiligen Ziel fort.

Grenzübertritte mit einem eigenen Vehikel erfordern immer einen gewissen Papierkram. Auslandsfahrten mit Mietfahrzeugen sind allgemein nicht gestattet. Man braucht keine Genehmigungen, um ein Fahrrad nach Thailand einzuführen. Es ist aber ratsam, geeignetes Werkzeug und genügend Ersatzteile mitzubringen.

Grenzübergänge

KAMBODSCHA

Direkt an der Grenze gibt's kambodschanische Touristenvisa (30 US$). Man muss ein Passfoto mitbringen und sollte möglichst den Kerlen aus dem Weg gehen, die gegen eine Zusatzgebühr Gesundheitszertifikate oder andere Dokumente anfertigen wollen.

Aranya Prathet–Poipet Direkteste Überlandroute zwischen Bangkok und Siem Reap (nach Angkor Wat), mit einem staatlichen Bus direkt angebunden.

Hat Lek–Krong Koh Kong Küstenübergang bei Touren nach/ab Ko Chang/Sihanoukville.

Ban Pakard–Psar Pruhm Schleichweg ab Ko Chang, der über Chanthaburi nach Battambang und Angkor Wat führt.

Abgeschiedener liegen z. B. die Grenzübergänge Choam–Chong Sa-Ngam oder O Smach–Chong Chom (Achtung: Wegen andauernder Spannungen zwischen Thailand und Kambodscha vorübergehend geschlossen!). Sie sind aber nicht sonderlich praktisch, da drüben in Kambodscha nur mietbare Privatfahrzeuge zur Verfügung stehen.

LAOS

Von Thailands Norden und Nordosten aus geht's recht stressfrei hinüber nach Laos. Entsprechende Touristenvisa (30–42 US$; idealerweise in sauberen, nicht zerknitterten Scheinen) gibt's direkt an der Grenze. Der Antrag erfordert jeweils ein Passfoto. Gelegentlich verlangen die laotischen Grenzer (nach eigenem Ermessen) überhöhte Visumgebühren. Direktbusse verkehren zwischen Großstädten auf beiden Seiten der Grenze, was den Zwischenstopp an dieser jeweils zur reinen Formalität ohne einen Übernachtungsbedarf macht.

Nong Khai–Vientiane Die erste thailändisch-laotische Freundschaftsbrücke über den Mekong gehört zu den Hauptverbindungen von/nach Laos. Von Bangkok aus ist Nong Khai leicht per Bus oder Zug oder per Flugzeug über Udon Thani erreichbar.

Chiang Khong–Huay Xai Dieser Grenzübergang zwischen Nordthailand und Luang Prabang wird von den meisten Direktbussen zwischen Chiang Mai und Chiang Rai nach Laos genutzt. Die vierte thailändisch-laotische Freundschaftsbrücke hat seine Popularität stark gesteigert.

Mukdahan–Savannakhet Die zweite thailändisch-laotische Freundschaftsbrücke vernetzt Thailand, Laos und Vietnam.

Nakhon Phanom–Tha Khaek Die dritte thailändisch-laotische Freundschaftsbrücke verbindet den Nordosten Thailands mit dem südlichen Laos.

Chong Mek–Vangtao Dieser Grenzübergang ist am besten über Ubon Ratchathani (Thailand) erreichbar und eine gute Transitoption in Richtung Pakse (Laos).

Zu den entlegenen Grenzübergängen im Nordosten

TICKETS

In bestimmten Fällen wie etwa bei In- und Auslandstrips können thailändische Reisebüros nach wie vor sehr hilfreich sein. Da ihre Provisionen variieren, empfiehlt sich vorab ein sorgfältiger Angebotsvergleich. Wer mit der Kreditkarte zahlt, genießt einen gewissen Schutz, da die meisten Kreditkartenfirmen Kosten erstatten, wenn man nachweisen kann, dass man den Gegenwert für die Zahlung nicht erhalten hat. Falls ein Reisebüro nur Bargeld akzeptiert, unbedingt alle gebuchten Tickets direkt bei Bezahlung aushändigen lassen und ein Abholen am nächsten Tag kategorisch ablehnen! Nachdem man eine Buchung getätigt oder eine Anzahlung geleistet hat, sollte man bei der Fluggesellschaft anrufen und sich bestätigen lassen, dass eine Buchung erfolgt ist.

In der Hauptsaison (Dez.–März) sind Flüge teilweise teuer und schnell ausgebucht.

FLUGLINIEN IN THAILAND

AirAsia (www.airasia.com) Vom Flughafen Don Mueang nach Buriram, Chiang Mai, Chiang Rai, Hat Yai, Khon Kaen, Krabi, Loei, Nakhon Phanom, Nakhon Si Thammarat, Nan, Narathiwat, Phitsanulok, Phuket, Roi Et, Sakhon Nakhon, Surat Thani, Trang, Ubon Ratchathani und Udon Thani; von Chiang Mai nach Hat Yai, Khon Kaen, Krabi, Pattaya, Phuket und Surat Thani; und von Phuket nach Chiang Mai, Pattaya und Udon Thani.

Bangkok Airways (☎landesweit 1771; www.bangkokair.com) Vom Flughafen Suvarnabhumi nach Chiang Mai, Chiang Rai, Ko Samui, Krabi, Lampang, Pattaya, Phuket, Sukhothai und Trat; und von Chiang Mai nach Ko Samui, Mae Hong Son und Phuket.

Nok Air (ww.nokair.com) Vom Flughafen Don Mueang nach Buriram, Chiang Mai, Chiang Rai, Chumphon, Hat Yai, Khon Kaen, Krabi, Lampang, Loei, Mae Sot, Nakhon Phanom, Nakhon Si Thammarat, Phitsanulok, Phrae, Phuket, Ranong, Roi Et, Sakhon Nakhon, Surat Thani, Trang, Ubon Ratchathani und Udon Thani; von Chiang Mai nach Udon Thani.

Orient Thai (☎landesweit 02 229 4100; www.flyorientthai.com) Von Don Mueang nach Phuket.

Thai Lion Air (☎landesweit 02 529 9999; www.lionairthai.com) Vom Flughafen Don Mueang nach Chiang Mai, Chiang Rai, Hat Yai, Khon Kaen, Krabi, Nakhon Si Thammarat, Phitsanulok, Phuket, Surat Thani, Trang und Ubon Ratchathani; von Hat Yai nach Udon Thani.

Thai Smile (☎landesweit 02 118 8888; www.thaismileair.com) Vom Flughafen Suvarnabhumi nach Chiang Mai, Chiang Rai, Hat Yai, Phuket, Khon Kaen, Krabi, Narathiwat, Surat Thani, Ubon Ratchathani und Udon Thani; und von Chiang Mai nach Phuket.

Thailands gehören Bueng Kan–Paksan (das Visum für Laos ist im Voraus zu organisieren!) und Tha Li–Kaen Thao (Mietverkehrsmittel erforderlich). Unter den abgeschiedenen Optionen in Nordthailand ist z. B. Ban Huay Kon in Nan und Muang Ngeun.

MALAYSIA

Vor allem die Westküste Malaysias ist leicht per Bus, Zug oder sogar Boot erreichbar.

Hat Yai–Butterworth Das Westgleis der Bahnlinie ab Bangkok endet in Butterworth (Festlandszugang nach Penang).

Hat Yai–Padang Besar Auf dem Weg zu verschiedenen Zielen in Malaysia starten Busse und Züge im südthailändischen Transitort Hat Yai. Die Grenzformalitäten werden in Padang Besar erledigt.

Sungai Kolok–Rantau Panjang Obwohl sie theoretisch eine weitere Möglichkeit ist, muss wegen der anhaltenden Gewalt in Thailands tiefem Süden dringend von dieser Route abgeraten werden.

Ko Lipe–Langkawi In der Hauptsaison besteht eine praktische Bootsverbindung zwischen den beiden Andamaneninseln. Es gibt einen Bootsdienst vom Festlandshafen Satun (Thailand) zur Insel Langkawi (Malaysia) und der Stadt Kuala Perlis (malaysisches Festland).

Hinüber nach Malaysia geht's zudem über ein paar kleinere Grenzübergänge. Dafür ist aber jeweils ein eigenes Fahrzeug erforderlich.

MYANMAR

Zwischen Thailand und Myanmar gibt's aktuell vier Grenzübergänge:

Mae Sai–Tachileik Beliebt bei Travellern, die ihr Visum für Thailand erneuern wollen. Ohne vorab erlangtes Visum kann man hier auf birmanischem Boden einen belebten Grenzmarkt besuchen und maximal bis Kyaingtong weiterreisen. Achtung: Alle längeren Überlandtrips durch Myanmar erfordern zwingend eine separate und vorab zu beantragende Genehmigung! Alternativ kann man ab Tachileik nach Mandalay oder Yangon weiterfliegen.

Ranong–Kawthoung Ist u. a. für „Visa Runs" zwischen dem Süden Thailands und Myanmars beliebt.

Mae Sot–Myawaddy Einer der am besten erreichbaren Übergänge bei Überlandreisen zu Zielen im Inneren Myanmars.

Phu Nam Ron–Htee Khee Abgelegener und selten benutzter Übergang, an dem per E-Visum momentan nur die Ausreise aus Myanmar möglich ist. Thailand verhandelt aber gerade mit seinem Nachbarn darüber, hier zukünftig Trips zwischen Bangkok und dem birmanischen Hafen Dawei an der Andamanensee zu erlauben.

Zug

Thailands und Malaysias staatliche Bahnnetze treffen bei Butterworth aufeinander. Dort, rund 93 km südlich der thailändischen Grenze, kann man ein Boot nach Penang nehmen oder mit der Malaysian Railway nach Kuala Lumpur und Singapur weiterfahren.

Mehrere Grenzübergänge bieten die Möglichkeit, mit dem Zug anzureisen und dann drüben im anderen Land direkt auf Straßenfahrzeuge umzusteigen. Beispiele hierfür sind die Übergänge Aranya Prathet–Poipet (Thailand–Kambodscha) und Nong Khai–Vientiane (Thailand–Laos).

Eine weitere Bahnlinie führt zur Thai-Grenzstadt Sungai Kolok an der Ostküste. Wegen der anhaltenden Gewalt in Thailands tiefem Süden raten wir Travellern von dieser Route aber dringend ab!

Übers Meer

Öffentliche Boote verkehren zwischen Thailands Andamanenküste und der malaysischen Insel Langkawi sowie zwischen Ranong und dem Hafen Kawthaung in Myanmar.

UNTERWEGS VOR ORT

Auto & Motorrad

In den meisten Großstädten sowie an Flughäfen findet man thailändische und internationale Autovermieter, die neben normalen Autos auch Geländewagen und Vans verleihen. Einheimische Anbieter sind oft günstiger, haben aber teils Fuhrparks von schwankender Qualität. Vor dem Unterschreiben des Vertrags daher das ganze Vehikel (inkl. Reifenprofil) unbedingt sorgfältig unter die Lupe nehmen!

In größeren Städten und Touristenzentren gibt's Mietmotorräder bei Pensionen und kleinen Familienbetrieben. Feuerstühle lassen sich landesweit relativ einfach ausleihen und sind super für Erkundungen auf eigene Faust geeignet. Bei tagesweiser Ausleihe genügt zumeist der Reisepass als Pfand. Auch Mietmotorräder sollten vorab immer genau inspiziert werden. Und man sollte beim Verleiher grundsätzlich nach einem Schutzhelm fragen – in Thailand herrscht Helmpflicht!

Benzin & Ersatzteile

Thailand hat viele moderne Tankstellen. In ländlicheren Gegenden gibt's *ben·sin/nám·man rót yon* (Benzin; landesweit überall bleifrei) normalerweise am Straßenrand oder bei kleinen Ständen in Dörfern. Lastwagen und teilweise auch normale Autos fahren mit Diesel. Zudem werden vor Ort auch mehrere alternative Kraftstoffe verwendet. Darunter sind Gasohol (Mix aus Benzin und Äthanol; 91 od. 95 Oktan) und durch Kompression verflüssigtes Erdgas. Letzteres treibt die thailändischen Taxis mit Hybridmotoren an.

Führerschein

Wer als Traveller in Thailand ein Kraftfahrzeug (inkl. Motorrad) bewegen will, braucht dafür theoretisch eine internationale Fahrerlaubnis (International Driving Permit, IDP; Achtung: grundsätzlich nur zusammen mit einem nationalen Führerschein gültig!). In der Praxis wird darauf jedoch nicht immer bestanden. Doch wer von der Polizei angehalten wird und keine Geldbuße riskieren möchte, muss ihn vorzeigen.

Verkehrsregeln & Gefahren

In Thailand herrscht Linksverkehr – jedenfalls prinzipiell. Abgesehen davon werden Verkehrsschilder und Tempolimits in aller Regel nicht weiter beachtet.

Verkehrsregel Nummer eins: Das größere Fahrzeug hat stets Vorfahrt. So steht es zwar nicht in der thailändischen Straßenverkehrsordnung, aber im ungeschriebenen Gesetz der Straße. Die erlaubte Geschwindigkeit liegt innerorts bei 50 km/h und auf den meisten Fernstraßen bei 80 bis 100 km/h, doch überall auf den Fernstraßen trifft man auch Schnecken mit 30 km/h und Raser mit 150 km/h.

Man hupt, um das Überholen anzukündigen. Blinker werden gern benutzt, um vor entgegenkommendem Verkehr zu warnen: Ein Blinken nach links bedeutet, man kann überholen, ein Blinken nach rechts warnt vor Gegenverkehr. Wenn der Fahrer vor einem das Rücklicht aufblitzen lässt, heißt das ebenfalls, dass man nicht überholen soll.

Der Verkehr in Bangkok ist chaotisch. Die Straßen sind schlecht ausgeschildert und überall können einem plötzlich Motorräder oder auch ganze Autolawinen auf der eigenen Fahrspur entgegenkommen.

Abgesehen vom landestypischen Missachten der Verkehrsregeln besteht die größte Schwierigkeit beim Fahren außerhalb Bangkoks darin, mit den vielen verschiedenen Vehikeltypen auf derselben Straße klarzukommen. So begegnet man beispiels-

RADFAHREN IN THAILAND

Ländlichere bzw. verkehrsärmere Ecken (z. B. der Ayutthaya und der Sukhothai Historical Park oder Pai) lassen sich prima per Drahtesel erkunden. Leihfahrräder gibt's in Thailand vielerorts schon für 50 B pro Tag, vor allem bei Pensionen; für ein ordentliches Mountainbike wird mehr fällig.

Überall sonst sollte Otto Normaltraveller wegen der schlechten Infrastruktur und der gefährlichen Straßen aber generell aufs Radfahren verzichten (vor allem in Großstädten wie Bangkok) – außer im Rahmen von geführten Touren, die sich an Routen mit wenig Kraftfahrzeugverkehr halten.

Nichtsdestotrotz werden Radtouren durch Thailand immer beliebter. Dies liegt wohl auch daran, dass die meisten Straßen asphaltiert sind und breite Seitenstreifen haben. Bicycle Thailand (www.bicyclethailand.com) liefert gute Infos zum Radeln vor Ort.

weise Lastwagen, Fahrrädern, Motorrädern und Tuk-Tuks, deren Lichter obendrein oft nicht funktionieren. Im ländlichen Raum ist der Fahrzeugverkehr zwar geringer, die Gefahr durch freilaufende Hühner, Hunde und Wasserbüffel aber umso größer.

Versicherung

Alle registrierten Fahrzeuge, die auf Thailands Straßen unterwegs sind, müssen zumindest haftpflichtversichert sein. Die besseren Verleiher bieten Vollkaskoversicherungen für ihre Vehikel an. Bevor man den Mietvertrag unterschreibt, erkundigt man sich am besten genauestens nach der Haftpflichtversicherung und lässt sich die Originaldokumente inklusive Ausstellungsdatum zeigen, denn wer mit einem nicht versicherten Fahrzeug in einen Unfall gerät, hat ein richtiges Problem.

Bus & Minivan

Das thailändische Busnetz ist gut ausgebaut und zuverlässig. Die thailändische Regierung finanziert die Transportgesellschaft *(bò·rí·sàt kŏn sòng)*, die üblicherweise als Baw Khaw Saw (BKS) abgekürzt wird. Jede Stadt und jeder Ort im Land mit Busanschluss hat eine BKS-Haltestelle, wenn auch vielleicht nur in Form einer unbefestigten Haltebucht irgendwo am Straßenrand.

Am verlässlichsten sind in Thailand die Busgesellschaften, die die BKS-Haltestellen benutzen. Diese Gesellschaften sind teilweise staatlich und teilweise private Unternehmen mit Konzession.

Man muss gut aufpassen, um Bus-Kundenfängern und anderen Problemen zu entgehen. Um Busfirmen, die direkt von Touristenzentren (z. B. der Th Khao San in Bangkok) aus operieren, macht man besser einen großen Bogen: Bei solchen Fahrten kommt es immer wieder zu Diebstählen und Provisionspausen.

Bei einer steigenden Anzahl von Zielen verdrängen die Minivans die Busse. Aufgrund ihrer kleineren Dimensionen können sie statt an auswärtig gelegenen Busbahnhöfen gleich am Markt starten. In einigen Fällen bringen sie Passagiere direkt zum Hotel. Ein Tipp noch: Wer die Tollkühnheit der Fahrer nicht unmittelbar miterleben möchte, steigt besser hinten ein!

Busklassen

Am günstigsten und langsamsten sind *rót tam·má·dah* (normale Busse ohne Ventilator), die in jedem Nest halten – ebenso überall, wo jemand ein Handzeichen am Straßenrand gibt. Diese Fahrzeuge existieren noch, verkehren aber nur vereinzelt im ländlichen Raum oder im Nahverkehr.

Bei *rót aa* (klimatisierten Bussen) gibt's entfernungsabhängig verschiedene Klassen: Auf Kurzstrecken sind normalerweise einfache 2.-Klasse-Vehikel ohne Bordtoilette unterwegs. Bei längeren Strecken nehmen Komfort und Extras entsprechend zu. Dies reicht von der 1. Klasse bis hin zu „VIP" oder „Super VIP"; in den letzteren beiden Fällen sind zwecks Liegesitzoption insgesamt weniger Bordplätze vorhanden. Darum wird dann mitunter auch von *rót norn* (Schlafbussen) gesprochen.

Für Fernstrecken empfiehlt sich eine Jacke, da es in den klimatisierten Innenräumen oft arktisch kalt ist. Solche Busse bieten normalerweise einen recht guten Service; manchmal gibt's sogar eine uniformierte „Kabinenbesatzung", die Gratis-Getränke verteilt und Videos einlegt.

Die meisten Nachtbusse halten irgendwo unterwegs

SICHERHEIT IM STRASSENVERKEHR

Thailands Straßen sind gefährlich: Laut Weltgesundheitsorganisation belegte das Königreich im Jahr 2018 in Südostasien den ersten und weltweit den siebten Platz bei tödlichen Verkehrsunfällen. Ausländische Touristen wurden hier schon mehrmals Opfer von schlimmen Busunglücken. Dies hat einige westliche Länder dazu veranlasst, offizielle Hinweise zu Überlandreisen in Thailand herauszugeben. Unter den dabei genannten Gefahren sind z. B. nicht angepasste Geschwindigkeit, rücksichtslose Fahrweise und Fernbus-Chauffeure unter dem Einfluss von Aufputschmitteln.

Obwohl tragische Busunglücke die meisten Schlagzeilen machen, sind Motorräder an fast 75 % aller örtlichen Verkehrsunfälle beteiligt. Trotz offizieller Helmpflicht trägt nicht einmal die Hälfte aller thailändischen Motorradfahrer einen Schutzhelm. Viele Touristen werden verletzt, weil sie unerfahren im Umgang mit Motorrädern und zudem den lokalen Verkehr nicht gewohnt sind.

Motorradneulinge sollten sich stets in verkehrsarmen Ecken mit dem Fahrzeug vertraut machen und sich an kleinere Maschinen (max. 100 cm3 Hubraum) mit Automatikgetriebe halten. Unbedingt immer mit angepasster Geschwindigkeit fahren – vor allem auf rutschigen Straßen oder lockerem Schotter! Für bessere Fahrzeugkontrolle ist es zudem ratsam, die Zuladung so gleichmäßig wie möglich entlang des Rahmens zu verteilen. Und bitte niemals mit der Rücksicht anderer Verkehrsteilnehmer rechnen: Motorräder rangieren in Thailands „Verkehrshierarchie" sehr weit unten!

für eine mitternächtliche Mahlzeit.

Busreservierungen

Fahrten mit klimatisierten BKS-Bussen lassen sich an allen BKS-Busbahnhöfen buchen; alternativ kann man solche Tickets telefonisch reservieren und bei Filialen von 7-Eleven bezahlen. Für normale Busse mit Bordventilatoren sind Reservierungen allerdings nicht möglich. Plätze bei privaten Busunternehmen können über die meisten Hotels und alle Reisebüros gebucht werden.

Flugzeug

Thailändische Inlandsflüge sind weiterhin erschwinglich und starten zumeist vom Don Mueang oder Suvarnabhumi International Airport in Bangkok. Doch auch ab Chiang Mai, Chiang Rai, Hat Yai, Ko Samui, Phuket und Udon Thani geht's (wenn auch weniger häufig) zu Zielen in Thailand.

Nahverkehr

Motorradtaxi

In vielen thailändischen Städten können *mor·đeu·sai ráp jâhng* (Motorradtaxis) für Kurzstrecken gemietet werden. Wenn man kein Gepäck oder nur eine kleine Tasche dabeihat, sind diese Motorräder einfach unschlagbar für eilige Trips durch den Straßendschungel.

In den meisten Städten versammeln sich Motorradtaxis zwecks Passagiersuche in der Nähe von Straßenkreuzungen sowie an Busbahnhöfen und Bahnhöfen. Normalerweise tragen die Chauffeure nummerierte Westen in Orange, Gelb oder Grün. Man sollte den Preis im Voraus aushandeln.

Stadtbusse & sŏrng·tăa·ou

Bangkok besitzt Thailands größtes Stadtbusnetz. Auch in Udon Thani und ein paar anderen Provinzhauptstädten fahren Stadtbusse. Am besten macht man es wie die Einheimischen: Thais stoppen öffentliche Busse, indem sie an einer Haltestelle mit der Handfläche nach unten eine Winkbewegung vollführen. Dann suchen sie sich einen Platz und bezahlen den Fahrpreis meist gleich oder auch teilweise erst später beim Aussteigen.

Anderswo wird der Nahverkehr von *sŏrng·tăa·ou* gewährleistet. Die kleinen Pick-ups tragen auf ihren Ladeflächen zwei einander gegenüberstehende Passagierbänke. Wie Busse sind sie manchmal auf festen Routen unterwegs. Gelegentlich dienen sie aber auch als Sammeltaxis für Fahrgäste mit derselben Reiserichtung. In Touristenzentren lassen sich *sŏrng·tăa·ou* wie normale Taxis mieten – dann aber unbedingt den Fahrpreis im Voraus aushandeln! Normalerweise kann man *sŏrng·tăa·ou* überall entlang ihrer Routen heranwinken und später beim Aussteigen bezahlen.

Je nach Region folgen *sŏrng·tăa·ou* eventuell auch festen Routen ab dem Stadtzentrum, die außerstädtische Gebiete oder sogar Ziele innerhalb der Provinz bedienen.

Skytrain & Metro

Bangkok ist Thailands einzige Stadt, in der Nahverkehrszüge über (BTS) und unter der Erde (MRT) verkehren. Beide Systeme werden weiter ausgebaut, sodass in den nächsten Jahren neue Bahnhöfe und Strecken eröffnet werden.

Taxi

Taxis mit Gebührenzählern sind in Bangkok am besten einheitlich organisiert. Doch auch anderswo gibt's nun immer mehr Firmen, die standardmäßig Taxameter verwenden. Trotzdem muss man mancherorts noch einen Festpreis bezahlen oder den Tarif vorab aushandeln.

Insbesondere in größeren Städten und an wichtigen Touristenorten stehen zudem Taxidienste auf App-Basis zur Verfügung. Der beliebteste App-Fahrdienstservice ist Grab (www.grab.com), der 2018 in Südostasien Uber übernahm. Ein weiterer Dienst ist z. B. All Thai Taxi (www.allthaitaxi.com).

Schiff/Fähre

Thailands typische *reu·a hăhng yow* (Longtail-Boote) heißen so, weil ihre Schrauben am Ende von langen Außenborder-Antriebswellen montiert sind, die weit über das Heck hinausragen. In Bangkok und dessen Nachbarprovinzen fungieren sie als Haupttransportmittel

SĂHM·LÓR & TUK-TUK

Săhm·lór (dreirädrige Fahrradrikschas; auch săamláw buchstabiert) findet man meist in Kleinstädten mit wenig Verkehr und bis heute altmodischer Lebensart.

Die moderne Version der mit Wadenkraft betriebenen *săhm·lór* ist das motorisierte Tuk-Tuk (sprich: đúk dúk). Die laut knatternden Motoren dieser kleinen Nutzfahrzeuge werden meist mit Autogas betrieben und spucken jede Menge Funken.

Wie bei allen anderen Verkehrsmitteln muss der Preis vor dem Start ausgehandelt werden. In Touristenzentren verlangen Tuk-Tuk-Chauffeure oft übertrieben hohe Summen von Ausländern. Somit sollte man bereits vor Fahrtbeginn ein Gespür für angemessene Tarife entwickeln. Hotelangestellte helfen hierbei mit realistischen Angaben.

auf Flüssen bzw. Kanälen – ebenso zwischen bestimmten Inseln.

Zwischen dem Festland und kleinen, wenig besuchten Eilanden verkehren zumeist 8 m bis 10 m lange Holzboote mit Innenbordmotor und Steuerhaus; ein einfaches Dach schützt unterwegs Passagiere und Fracht. Beliebtere Ziele werden standardmäßig von schnelleren Luftkissen-, Tragflügel- oder Speedbooten bedient.

Trampen

Trampen ist nirgendwo auf der Welt vollkommen sicher und daher grundsätzlich nicht zu empfehlen. Per Anhalter reisende Traveller sollten sich bewusst sein, dass sie ein kleines, aber ernst zu nehmendes Risiko eingehen. Heutzutage sieht man Tramper in Thailand am häufigsten in Nationalparks ohne öffentliche Verkehrsanbindung – ansonsten aber kaum noch. So werden die meisten einheimischen Autofahrer nicht verstehen, was der Ausländer mit seinem ausgestreckten Daumen da am Straßenrand eigentlich will. Denn Thais bitten nicht per Daumen um eine Mitfahrgelegenheit, sondern strecken den Arm aus und winken mit nach unten zeigender Handfläche. Mit derselben Geste winken sie auch Busse und Taxis heran. So kann es passieren, dass jemand anhält und auf eine Bushaltestelle hinweist, wenn sich eine solche in der Nähe befindet.

Zug

Thailands Schienennetz verbindet alle vier Ecken des Landes miteinander. Für die lange Reise nach Chiang Mai (Norden) oder Surat Thani (Süden) ist der Zug eine malerische, wenn auch langsame Alternative zum Bus. Die Bahn eignet sich auch super, um vom verkehrsreichen Bangkok aus Kurztrips nach Ayutthaya und Lopburi zu unternehmen.

Das 4500 km lange Gleisnetz der **State Railway of Thailand** (SRT; ☎landesweit 1690; www.railway.co.th) umfasst vier Hauptlinien: Richtung Norden nach Chiang Mai, Richtung Süden nach Sungai Kolok, Richtung Nordosten nach Nong Khai oder Ubon Ratchathani und Richtung Osten nach Aranya Prathet an der kambodschanischen Grenze. Alle Fernzüge starten am Bangkoker Bahnhof Hua Lamphong.

An den Bahnhöfen gibt's englischsprachige Fahrplanausdrucke (bei kleineren Stationen allerdings nicht immer).

Bahnhofsservice

Alle thailändischen Bahnhöfe haben eine Gepäckaufbewahrung bzw. einen „Cloak Room". Bei den meisten gibt's auch einen Ticketschalter, der 15 bis 30 Minuten vor Einfahrt des jeweiligen Zuges öffnet. Hinzu kommen Zeitungshändler, Imbissstände und einige richtige Restaurants.

Klassen

Bei der 1., 2. und 3. Bordklasse der SRT bestehen je nach Zugtyp (Ordinary, Rapid oder Express) erhebliche Unterschiede. 2019 gab die SRT den Kauf von 216 neuen Zügen bekannt, die ab 2022 eingesetzt werden sollen.

1. Klasse – Privatabteile mit zwei Schlafliegen; nur in Zügen der Kategorien Rapid, Express und Special Express.

2. Klasse – Die gepolsterten, meist ausklappbaren Sitze von 2.-Klasse-Großraumabteilen ohne Schlafmöglichkeiten sind ähnlich wie in Bussen paarweise in Fahrtrichtung montiert. Schlafwagen der 2. Klasse haben einander gegenüber angeordnete Sitzpaare. Wenn diese nach vorn gezogen werden, entstehen zwei übereinander liegende Kojen. Die untere bietet mehr Kopffreiheit und ist darum teurer. Kinder bekommen immer diesen Schlafplatz. 2.-Klasse-Waggons (klimatisiert oder ventilatorgekühlt) hängen nur an Schnell- und Expresszügen.

3. Klasse – Normale 3.-Klasse-Wagen haben zwei Bankreihen mit gegenüberliegenden Sitzpaaren. Jede Einzelbank ist eigentlich für zwei bis drei Personen vorgesehen. In überfüllten Zügen auf dem Land scheint das aber niemanden zu kümmern. Die 3. Klasse ist in Expresszügen nicht und in allen Pendlerbahnen des Großraums Bangkok ausschließlich vorhanden.

Preise

Die Zugpreise berechnen sich aus einem Grundtarif und diversen Zuschlägen. Letztere hängen von jeweiligem Zugtyp (Special Express, Express, Rapid oder Ordinary), der Zugklasse und der Entfernung ab. Klimaanlage und Schlafkojen (unten teurer) schlagen dabei mit separaten Extrabeträgen zu Buche.

Reservierungen

Reservierungen sind bis zu 60 Tage vor geplanter Abfahrt möglich – entweder persönlich an allen Bahnhöfen oder gegen Aufpreis über Agenturen. Für Vorausbuchungen aus dem Ausland am besten auf ein lizenziertes und renommiertes Reisebüro zurückgreifen: Die SRT hat ihren Online-Ticketservice inzwischen eingestellt.

Schlafwagenplätze auf den Fernstrecken Bangkok–Chiang Mai und Bangkok–Surat Thani sind immer schnell ausgebucht – daher unbedingt rechtzeitig sichern!

Anders als Schlafkojen sollten Sitzplätze für Kurzstreckentrips mindestens einen Tag im Voraus gebucht werden.

Bei Reiserücktritt gibt's einen Teil des Ticketpreises zurück. Die Höhe der Erstattung berechnet sich nach den verbliebenen Tagen zwischen Stornierung und vorgesehenem Abfahrtstermin. Alle diesbezüglichen Einzelheiten lassen sich im Reisezentrum des Bahnhofs klären.

Gesundheit

Die Gesundheitsrisiken und der Standard medizinischer Einrichtungen hängen vom Aufenthaltsort und von der Art des Reisens ab. Die meisten größeren Städte und die Haupttouristenziele verfügen über eine angemessene bis exzellente medizinische Versorgung. Je weiter man aber in abgeschiedene ländliche Gegenden vordringt, desto größer sind die Gesundheitsrisiken, und desto dünner gesät sind die medizinischen Versorgungseinrichtungen.

Viele Traveller befürchten, sich exotische Viruserkrankungen einzufangen, wenn sie in tropische Breitengrade reisen – dabei bereiten bereits bestehende Krankheiten (z. B. des Herzens) und Unfälle (z. B. im Straßenverkehr) viel häufiger Probleme.

Davon abgesehen sind Atemwegsinfektionen, Durchfall und Denguefieber die größten Gesundheitsrisiken. Zum Glück können die meisten Krankheiten aber relativ leicht vermieden oder behandelt werden.

Diese allgemeinen Informationen können den Rat eines ausgebildeten Reise- oder Tropenmediziners natürlich nicht ersetzen.

VOR DER REISE

Impfungen

Die einzige Impfung, die verlangt wird, ist die gegen Gelbfieber. Der Impfstatus wird aber nur geprüft, wenn man sich sechs Tage vor der Einreise nach Thailand in einem Land aufgehalten hat, das zur Gelbfieberrisikozone gehört. Wer von Afrika oder Südamerika nach Thailand fliegt, sollte vorab klären, ob das ohne Impfnachweis geht.

Alle Thailand-Reisenden sollten zusätzlich zu den Routine-Impfungen wie gegen Masern und Grippe gegen Hepatitis A geimpft sein. Außerdem sind vielleicht Impfungen gegen Typhus, Tollwut und Japanische Enzephalitis sinnvoll.

Idealerweise lässt man sich sechs bis acht Wochen vor der Abreise in speziellen Kliniken für Reisemedizin, Tropeninstituten etc. beraten. Die Centers for Disease Control and Prevention (www.cdc.gov) bieten Infos zum Thema Gesundheit auf Reisen und empfehlen Impfungen.

Krankenversicherung

Wenn die heimische Krankenversicherung die Kosten für Behandlungen im Ausland nicht übernimmt, sollte man eine spezielle Reiseversicherung abschließen – auch dann, wenn man gesund und fit ist, denn Unvorhergesehenes passiert eben immer wieder. Eventuell muss man für risikoreichere Aktivitäten wie Klettern oder Tauchen eine Zusatzversicherung abschließen. Gleiches gilt, wenn man Roller oder Motorrad fahren möchte. In den meisten Krankenhäusern muss man noch vor der Aufnahme „beweisen" (z. B. mit einer Versicherungspolice), dass man die Behandlung bezahlen kann. Am besten erkundigt man sich vor der Reise, wie die Abrechnung abläuft, und bewahrt sämtliche Unterlagen (Arztberichte, Rechnungen etc.) gut auf.

Reiseapotheke

Die persönliche Reiseapotheke sollte die folgenden Dinge beinhalten (die meisten dieser Medikamente kann man auch in Thailand bekommen):

- Abführmittel (Lactulose)
- Abschwellmittel
- Alkoholbasierte Handgels oder Tücher
- Antibakterielle Salbe, z. B. Tyrosur
- Antibiotika gegen Entzündungen der Haut, z. B. Amoxicillin mit Clavulansäure oder Cefalexin
- Antibiotika gegen Reisedurchfall (etwa Norfloxacin oder Ciprofloxacin, auch z. B. Azithromycin) und gegen Giardiasis oder Tropenruhr (z. B. Tinidazol)
- Antihistaminika – es gibt mehrere Alternativen, z. B. Cetirizin bzw. Loratadin für tagsüber und Promethazin für nachts

- Antiseptika, z. B. Jod-Salbe
- Antispasmika gegen Magenkrämpfe, z. B. Buscopan
- bei Neigung zu Blasenentzündung entsprechende Antibiotika
- DEET-haltiges Insektenschutzmittel
- Durchfallmedikamente wie Rehydrationslösungen (z. B. Elotrans), „Stopper" (z. B. Loperamid) und Medikamente gegen Übelkeit
- Erste-Hilfe-Bedarf wie Schere, Pflaster, Verbände, Gaze, Thermometer (ohne Quecksilber!), sterile Nadeln und Spritzen (inkl. Arztbrief), Sicherheitsnadeln, Pinzette
- Fungizidsalbe, z. B. Clotrimazol
- Halstabletten
- Ibuprofen oder andere Entzündungshemmer
- Mittel gegen Magenverstimmung, z. B. Maaloxan
- Migränemittel
- Paracetamol
- Permethrin zur Imprägnierung von Kleidung und Moskitonetzen
- Medikamente gegen Pilzbefall oder Candidose (vaginaler Pilzbefall), z. B. Clotrimazoltabletten oder Diflucankapseln
- Steroidhaltige Salbe gegen allergische Ausschläge, z. B. 1- bis 2 %iges Hydrocortison
- Sonnencreme, Sonnenbrille und Hut
- Verhütungsmittel
- Weitere Arzneimittel gegen vorhandene Gesundheitsbeschwerden
- Für einige rezeptpflichtige Medikamente wie Narkotika und Psychotropika benötigt man vielleicht eine Genehmigung, um sie nach Thailand einzuführen.

INFOS IM INTERNET

International Travel & Health (www.who.int/ith) Informationen der Weltgesundheitsorganisation (WHO).

Centers for Disease Control & Prevention (www.cdc.gov) Länderspezifische Informationen.

- **Travelling Well** (von Dr. Deborah Mills) Gesundheitsleitfaden mit Website (www.travellingwell.com.au).
- **International Association for Medical Assistance to Travellers** (www.iamat.org) Die gemeinnützige Organisation bietet länderspezifische Tipps.

IN THAILAND

Thailand verfügt über ein gutes Gesundheitssystem. Bangkok ist ein wichtiges Ziel für Medizintouristen und hat mehrere international anerkannte Krankenhäuser. Krankenhäuser und Gesundheitszentren gibt es im ganzen Land, sogar in kleinen Städten und Dörfern.

Frauen & Gesundheit

- Das Zika-Virus ist auch schon in Thailand nachgewiesen worden, allerdings wurden in den letzten Jahren keine Fälle mehr gemeldet. Auf der Website der International Association for Medical Assistance for Travellers (www.iamat.org) gibt es aktuelle Informationen zur Zika-Situation.
- Damenhygieneartikel sind in den städtischen Zentren Thailands leicht erhältlich.
- Es empfiehlt sich, ausreichende Vorräte der persönlichen Verhütungsmethode einzupacken, da diese möglicherweise vor Ort nicht verfügbar ist.
- Hitze, Luftfeuchtigkeit und Antibiotika begünstigen Candidosen. Diese Pilzerkrankungen können mit Salben und Clotrimazol behandelt werden. Eine praktische Alternative ist eine Tablette Fluconazol (Diflucan).
- Dehydrierung und lange Busreisen ohne Toilettenpause können zu Blasenentzündungen führen; am besten entsprechende Antibiotika von zu Hause mitbringen!

Infektionskrankheiten

Denguefieber

Diese durch Moskitos übertragene Krankheit breitet sich in Thailand verstärkt aus, vor allem in den Städten. Da es keinen Impfstoff gibt, kann man sich nur schützen, indem man Moskitostiche verhindert. Die Moskitoart, die das Fieber überträgt, ist tagsüber unterwegs – also zu jeder Tageszeit auf der Hut sein! Symptome sind hohes Fieber, starke Kopfschmerzen (vor allem hinter den Augen), Übelkeit und Gliederschmerzen (das Denguefieber hieß einst „Knochenbrecherfieber"), manche Patienten bekommen auch Ausschlag (der sehr stark jucken kann) und Durchfall. In Chiang Mai und auf den südlichen Inseln ist das Risiko besonders hoch. Es gibt keine Behandlungsmöglichkeiten außer Ruhe und Paracetamol. Kein Aspirin oder Ibuprofen nehmen – sie begünstigen etwaige Blutungen! Unbedingt einen Arzt aufsuchen, der die Diagnose stellen und einen überwachen kann!

Das Denguefieber kann sich zum lebensbedrohlichen hämorrhagischen Denguefieber entwickeln, was bei Travellern aber sehr selten vorkommt. Das Risiko steigt, wenn man sich zunächst mit Denguefieber infiziert und dann ein weiterer Virus hinzukommt.

Geschlechtskrankheiten

Die in Thailand am häufigsten durch sexuelle Kontakte übertragenen Krankheiten sind Herpes, Warzen, Syphilis, Tripper und Chlamydien. Menschen, die diese Krankheiten in sich tragen, haben oft keine Symptome. Kondome können Tripper und Chlamydieninfektionen verhindern, nicht aber Warzen oder Herpes. Wer nach einem sexuellen Kontakt Ausschlag, Schwellungen, Ausfluss oder Schmerzen beim Wasserlassen feststellt, sollte zum Arzt gehen. Wenn man während der Reise sexuell aktiv war, sollte man sich zu Hause auf Geschlechtskrankheiten untersuchen lassen.

Hepatitis A

Das Virus wird durch Lebensmittel oder Wasser übertragen und befällt die Leber. Zu den Symptomen zählen Gelbsucht (Gelbfärbung der Haut und der Augäpfel), Übelkeit und Teilnahmslosigkeit. Das Risiko, sich mit Hepatitis A zu infizieren, ist in Bangkok mittlerweile nicht mehr so groß, im Rest des Landes aber unverändert hoch. Es gibt keine Therapie. In seltenen Fällen kann die Krankheit bei Infizierten über 40 Jahren tödlich verlaufen. Wer Thailand bereist, sollte gegen Hepatitis A geimpft sein.

Hepatitis B

Dies ist die einzige durch Geschlechtsverkehr übertragbare Krankheit, die durch eine Impfung vermieden werden kann. Hepatitis B überträgt sich über Körperflüssigkeiten. In einigen Teilen Thailands sind bis zu 20 % der Bevölkerung mit Hepatitis B infiziert, meist ohne davon zu wissen. Zu den Spätfolgen dieser Krankheit gehören Leberzirrhose, Leberkrebs und Tod.

HIV

In Thailand ist HIV mittlerweile eine der häufigsten Todesursachen bei Menschen unter 50 Jahren. Deshalb gilt: Niemals ungeschützten Sex mit Einheimischen haben, ausschließlich sterile Spritzen/Nadeln verwenden und sich besser kein Tattoo stechen lassen!

Influenza

Influenza (Grippe) ist in den Tropen das ganze Jahr über präsent. Die Symptome sind hohes Fieber, Muskelschmerzen, eine laufende Nase, Husten und Halsschmerzen. Grippe ist die am besten durch Impfung vermeidbare Krankheit, die sich Traveller zuziehen könnten, darum sollte jeder über eine Impfung nachdenken. Es gibt keine spezielle Behandlung

SELTEN, ABER ERNST ZU NEHMEN

Filariose Moskitos übertragen die Fadenwurmkrankheit, von der viele Einheimische betroffen sind; am besten alles tun, um Mückenstiche zu vermeiden! (S. 834)

Hepatitis E Wird durch verunreinigtes Essen oder Wasser übertragen und verursacht ähnliche Symptome wie die Hepatitis A; kann bei schwangeren Frauen einen ungünstigen Verlauf nehmen. Beim Essen und Trinken sollte man also entsprechende Hygieneregeln beachten!

Japanische Enzephalitis Viruserkrankung; wird durch Mückenstiche übertragen und kommt besonders oft in ländlichen Gegenden vor; eine Impfung ist sinnvoll, wenn man mehr als einen Monat außerhalb der Städte verbringt bzw. sich in Thailand niederlässt.

Melioidose Wird beim Kontakt zwischen Haut und erregerhaltigem Boden übertragen. Bis zu 30 % der Bevölkerung im Nordosten Thailands sind infiziert. Die Symptome ähneln denen der Tuberkulose (TB). Es gibt keine Impfung, aber Medikamente.

Strongyloidiasis Beim Kontakt zwischen Haut und verunreinigtem Boden wird ein Parasit, der Zwergfadenwurm, übertragen; in der Lokalbevölkerung sieht man das Krankheitsbild häufig. Charakteristisch ist ein strichförmiger Ausschlag am Oberkörper, der kommt und geht. Daran kann sich eine starke Infektion anschließen. Die Krankheit wird medikamentös behandelt.

Tuberkulose Ärzte, Entwicklungshelfer und Langzeitreisende, die viel Kontakt mit Einheimischen haben, sollten Vorkehrungen gegen diese Krankheit treffen. Impfungen für Kinder werden empfohlen, wenn ein Aufenthalt von mehr als drei Monaten geplant ist. Die Hauptsymptome sind Fieber, Husten, Gewichtsverlust, starker Nachtschweiß sowie Müdigkeit. Die Behandlung ist langwierig und beinhaltet diverse Medikationen.

Fleckfieber Das Flohfleckfieber wird, wie der Name sagt, durch einen Flohbiss übertragen, das Milbenfleckfieber entsprechend durch Milben. Die Symptome reichen von Fieber und Muskelkrämpfen bis hin zu Hautausschlägen. Maßnahmen zur Vermeidung von Insektenstichen ergreifen und Doxycyclin (ein Antibiotikum) einnehmen!

Vogelgrippe Die meisten Infizierten hatten zuvor Kontakt mit erkrankten oder toten Vögeln.

außer Ruhe und Paracetamol. Komplikationen wie Bronchitis oder eine Mittelohrentzündung können Antibiotikagaben nötig machen.

Larva migrans cutanea

Diese Krankheit, verursacht durch die Larve des Hakenwurms, tritt besonders oft an Thailands Stränden auf. Der Ausschlag beginnt mit einer kleinen Schwellung und breitet sich linienförmig aus. Der damit verbundene Juckreiz ist besonders nachts sehr stark. Die Krankheit ist medikamentös einfach zu behandeln; der Ausschlag sollte nicht herausgeschnitten oder vereist werden!

Leptospirose

Mit Leptospirose kann man sich durch den Kontakt mit verseuchtem Süßwasser infizieren – häufig tritt die Krankheit nach Rafting- oder Kajaktouren auf. Erstsymptome wie Kopfschmerzen und Fieber sind denen einer Grippe sehr ähnlich. Der Krankheitsverlauf variiert von leichten Beschwerden bis hin zur lebensgefährlichen Erkrankung. Die Diagnose erfolgt durch einen Bluttest. Leptospirose kann mit Doxycyclin behandelt werden.

Malaria

Über diese Krankheit kursieren viele Fehlinformationen. Malaria wird durch einen Parasiten ausgelöst, der durch den Stich einer infizierten Mücke übertragen wird. Fieber ist das Hauptsymptom, doch die Erkrankung kann auch mit Kopfschmerzen, Durchfall, Husten und Schüttelfrost einhergehen – also mit für viele Infektionskrankheiten typischen Symptomen. Eine verlässliche Diagnose ist nur durch einen Bluttest möglich.

In den meisten touristischen Gegenden Thailands, vor allem in Städten oder Badeorten, ist das Malaria-Risiko minimal bis nicht vorhanden – angesichts dessen sollte man sich überlegen, ob man die eventuellen Nebenwirkungen der Malariaprophylaxe in Kauf nehmen will. Wer in ländliche Regionen mit hohem Malariarisiko reisen will, sollte einen Arzt konsultieren und sich über das passende Medikament und die richtige Dosis informieren.

Masern

Diese hoch ansteckende Virusinfektion wird durch Tröpfcheninfektion (Husten und Niesen) oder direkten Kontakt übertragen und ist nach wie vor in Thailand weit verbreitet. Masern beginnen mit hohem Fieber und Ausschlag. Sie können von Komplikationen wie Lungenentzündungen oder Hirnerkrankungen begleitet werden. Es gibt keine spezielle Behandlung. Unbedingt impfen lassen!

Tollwut

Diese unbehandelt immer tödlich verlaufende Krankheit wird durch den Biss oder den Speichel eines infizierten Tieres übertragen. Meist handelt es sich um Hunde oder Affen, aber man sollte nach jedem Tierbiss unverzüglich einen Arzt aufsuchen, um mit der Behandlung zu beginnen. Wenn man sich vor der Reise gegen Tollwut hat impfen lassen, erleichtert das die Behandlung nach dem Biss erheblich.

Die Bisswunde sollte zunächst vorsichtig mit Wasser und Seife ausgewaschen und dann mit einem jodhaltigen Antiseptikum gereinigt werden. Wer keine Tollwutimpfung hat, muss sich so schnell wie möglich Tollwutimmunglobulin spritzen lassen, gefolgt von fünf Dosen Impfstoff in den folgenden 28 Tagen. Wer geimpft ist, benötigt nur zwei nachträgliche Dosen Impfstoff in einem Abstand von drei Tagen.

Typhus

Diese ernsthafte bakterielle Infektion verbreitet sich durch Essen und Wasser. Sie führt zu hohem und immer weiter steigendem Fieber und Kopfschmerzen. Sie kann von trockenem Husten und Magenschmerzen begleitet werden. Typhus wird durch Bluttests nachgewiesen und mit Antibiotika behandelt. Die Impfung wird für alle empfohlen, die länger als eine Woche in Thailand bleiben wollen. Achtung: Die Impfung gewährt keinen 100 %igen Schutz, Vorsicht bei allem, was man isst und trinkt, ist trotzdem geboten!

DAS HILFT GEGEN MOSKITOS

Wer folgende Ratschläge befolgt, wird nicht so schnell von Mücken gestochen:

- DEET-haltige Insektenschutzmittel auf die nackte Haut auftragen
- Unter einem Moskitonetz schlafen, das mit Permethrin imprägniert ist
- Unterkünfte mit Trennwänden und Ventilatoren aussuchen
- In Gegenden mit hohem Malariarisiko die Kleidung mit Permethrin einsprühen
- Langärmlige Oberteile und lange Hosen in hellen Farben tragen
- Mückenspiralen benutzen
- Insektenschutzmittel im Zimmer versprühen, bevor man das Zimmer verlässt

Mit Kindern reisen

Thailand ist ein relativ unbedenkliches Reiseland für Kinder. Vor der Reise können Eltern sich mit einem Spezialisten für Reisemedizin kurzschließen, um abzuklären, ob der Nachwuchs bereit ist für einen Trip nach Thailand. In eine Reiseapotheke speziell für Kinder gehören flüssige Medikamente, da Kinder oft Probleme beim Schlucken von Tabletten haben. Azithromycin ist für Kinder gut verträglich und hilft bei bakteriell verursachtem Durchfall sowie Ohr-, Atemwegs- und Halsentzündungen.

Lesenswert sind u. a. *Travel with Children* von Lonely Planet und *Your Child's Health Abroad* von Jane Wilson-Howarth, besonders für diejenigen, die voraussichtlich längere Zeit unterwegs sein werden.

Medizinische Versorgung & Kosten

Bangkok gilt in den südostasiatischen Ländern als Ort mit erstklassiger medizinischer Versorgung. Privatkrankenhäuser sind teurer als andere Einrichtungen, bieten aber auch einen höheren Standard, und das Personal spricht Englisch. Die Kosten sind im Vergleich zu denen in den meisten westlichen Ländern niedrig.

Reisedurchfall

Durchfall ist die am weitesten verbreitete Erkrankung bei Travellern. In mehr als 80 % der Fälle ist ein Bakterium der Auslöser (es gibt diverse Übeltäter), sodass ein Antibiotikum schnell Abhilfe schaffen kann.

Man spricht von akuter Diarrhö, wenn man innerhalb von 24 Stunden mehr als dreimal wässerigen Stuhl hatte und noch mindestens ein weiteres Symptom hinzukommt, z. B. Erbrechen, Fieber, Krämpfe, Übelkeit oder allgemeines Unwohlsein.

Die Behandlung besteht darin, einer Dehydrierung entgegenzuwirken. Rehydrationsflüssigkeiten sind dafür am besten geeignet. Antibiotika wie Norfloxacin, Ciprofloxacin oder Azithromycin töten die Bakterien schnell. Medizinische Hilfe sollte beansprucht werden, falls ein herkömmliches Antibiotikum nicht anschlägt.

Loperamid stoppt nur den Durchfall, beseitigt aber nicht die Ursache. Es kann trotzdem nützlich sein (z. B. wenn eine lange Busreise ansteht). Bei Fieber oder Blut im Stuhl besser nicht nehmen!

Giardia lamblia ist ein Parasit, der relativ häufig vorkommt. Symptome sind Übelkeit, Aufgedunsenheit, starke Blähungen, Müdigkeit und zeitweise auftretender Durchfall. Der Parasit verlässt den Körper möglicherweise ohne Behandlung, aber das kann Monate dauern. Gut geeignet ist das Medikament Tinidazol; Metronidazol ist eine weitere Option.

Die Amöbenruhr kommt unter Travellern sehr selten vor, kann aber von weniger zuverlässigen Laboren falsch diagnostiziert werden. Die Symptome – Fieber, blutiger Stuhl und allgemeines Unwohlsein – ähneln denen des bakteriell verursachten Durchfalls. Bei Blut im Stuhl sofort einen Arzt aufsuchen! Die Behandlung erfolgt mit zwei Medikamenten: Tinidazol oder Metronidazol töten die Parasiten im Darm, und ein weiteres Medikament tötet die Zysten. Bleibt die Krankheit unbehandelt, können Leberabszesse entstehen.

Umweltrisiken

Essen

Die meisten Durchfallerkrankungen entstehen durch das Essen im Restaurant. Um sie zu vermeiden, sollte man nur frisch zubereitetes Essen zu sich nehmen und generell Speisen meiden, die schon eine Weile auf dem Buffet liegen; Obst sollte geschält und Gemüse gekocht werden. Und am besten isst man in gut besuchten Restaurants.

Hautprobleme

Hitzepocken sieht man in tropischen Regionen häufig. Sie entstehen, wenn sich Schweiß unter der Hautoberfläche staut. Kalte Duschen und Körperpuder helfen.

Dann gibt es noch zwei Pilze, mit denen Reisende

ERSTE HILFE BEI SCHWEREN QUALLENVERGIFTUNGEN

Bei starken, lebensbedrohlichen Vergiftungen muss jemand bei dem Verletzten bleiben, während ein anderer den Notarzt holt. Sollte das Opfer bewusstlos sein, muss man umgehend mit der Reanimation beginnen. Ist der Verletzte bei Bewusstsein, müssen die Stellen, an denen der/die Tentakel die Haut berührt hat/haben, 30 Sekunden lang mit Essig übergossen werden.

Essig hilft auch gegen Stiche von kleineren Quallen. Am besten sofort einen Arzt aufsuchen für den Fall, dass innerhalb der nächsten 40 Minuten weitere Symptome auftreten.

Australien und Thailand arbeiten gemeinsam an einer besseren Klassifizierung der verschiedenen Quallenarten und ihrer Lebensräume. Man hofft, dass sie so zukünftig besser lokalisiert und Unfälle vermieden werden können.

LEITUNGSWASSER

Obwohl es laut Behörden als trinkbar gilt, trinken die Thais kein Leitungswasser und Besucher sollten das ebenfalls nicht tun. Während des Thailandaufenthalts hält man sich besser an in Flaschen abgefülltes oder gefiltertes Wasser.

oft zu kämpfen haben. Einer befällt die Leistengegend, die Achselhöhlen und die Zehenzwischenräume. Zunächst sieht man nichts weiter als einen roten Fleck, dann kommen langsam immer mehr dazu. Normalerweise jucken diese Stellen. Man sollte sie trocken halten, zusehen, dass die Kleidung nicht an ihnen reibt, und ein Antimykotikum wie Clotrimazol oder Lamisil auftragen. Der Pilz *Tinea versicolor* verursacht kleine, helle Flecken, zumeist auf dem Rücken, der Brust und den Schultern (am besten einen Arzt aufsuchen!).

Wenn das Klima feucht ist, entzünden sich Schnitte und Kratzer leicht (passiert z. B. gern, wenn man sich an einer Koralle geschnitten hat). Man sollte Wunden sofort mit sauberem Wasser reinigen und ein Antiseptikum auftragen. Bei eindeutigen Anzeichen für eine Entzündung sofort einen Arzt aufsuchen!

Hitze

Die meisten Reisenden brauchen mindestens zwei Wochen, um sich an die Hitze zu gewöhnen. Am besten beugt man angeschwollenen Füßen und Fußgelenken sowie auf extremes Schwitzen zurückzuführenden Muskelkrämpfen vor, indem man ausreichend viel trinkt und körperliche Anstrengungen um die Mittagszeit vermeidet.

Ein Hitzschlag muss sofort durch einen Arzt behandelt werden. Die Symptome treten ganz plötzlich auf und umfassen Schwächeanfälle, Übelkeit, eine Körpertemperatur von mehr als 41 °C (ohne dass der Patient dabei schwitzt), Schwindel, Verwirrungszustände, den Verlust der Koordinationsfähigkeiten, Anfälle und eventuell sogar Zusammenbrüche und Bewusstlosigkeit.

Insektenstiche & -bisse

Moskitos sind in Thailand das ganze Jahr über aktiv. Die meisten Moskitos sind in der Regenzeit von Mai bis September unterwegs, und zwar tags und nachts. In Thailand verbreiten Moskitos vier Krankheiten: Malaria, Denguefieber, Japanische Enzephalitis und lymphatische Filariose (Anschwellen der Lymphknoten). Am weitesten verbreitet sind Malaria und Denguefieber, doch das Risiko, sich anzustecken, ist niedrig, wenn man die nötigen Vorkehrungen trifft. Indem man ein Insektenschutzmittel benutzt, unter einem Moskitonetz schläft und nachts die Fenster schließt, kann man etwas dagegen tun, überhaupt erst gestochen zu werden.

Wanzen leben in den Ritzen der Möbel oder Wände und kriechen nachts in die Betten, um sich an Menschen gütlich zu tun. Bisse können mit Antihistaminika behandelt werden.

Zecken bekommt man in ländlichen Gegenden schnell. Im Allgemeinen machen sie es sich hinter den Ohren, auf dem Bauch und in den Armbeugen gemütlich. Wer einen Zeckenbiss hat und Symptome wie Schwellungen an der Bissstelle, Fieber oder Muskelschmerzen beobachtet, sollte einen Arzt aufsuchen. Doxycyclin wirkt gegen durch Zecken übertragene Krankheiten.

Blutegel finden sich in feuchten Regenwaldgebieten. Sie übertragen keine Krankheiten, aber ihre Bisse jucken meist heftig und wochenlang und können sich leicht entzünden. Ein jodhaltiges Antiseptikum, das auf den Biss aufgetragen wird, hilft Infektionen zu vermeiden.

Bienen- und Wespenstiche stellen eigentlich nur eine Gefahr für Menschen dar, die allergisch darauf reagieren. Wer eine ausgeprägte Allergie hat, sollte für den Notfall eine Adrenalinspritze mit sich führen. Für alle anderen ist der Schmerz nach dem Stich das Hauptproblem – am besten kühlt man die Stichstelle und nimmt bei Bedarf ein Schmerzmittel.

Parasiten

Unter der einheimischen Bevölkerung sind zahlreiche Parasiten verbreitet, aber Reisende sind eher selten von ihnen betroffen. Um Infektionen durch Parasiten zu vermeiden, sollte man immer Schuhe tragen und nichts Rohes essen, vor allem keinen rohen Fisch, kein rohes Schweinefleisch und kein ungekochtes Gemüse.

Quallen

Wer mit einer Würfelqualle in Berührung kommt, kann mit einer kleineren – aber gleichwohl schmerzhaften! – Blessur davonkommen, schlimmstenfalls jedoch sterben. Es gibt zwei Arten: Manche haben viele Tentakel, andere nur einen.

In thailändischen Gewässern treibt sich auch die gefährlichere der beiden herum – die mit mehreren Tentakeln ausgestattete –, und zwar zumeist während der warmen Monate an sandigen Stränden in der Nähe von Flussmündungen oder in Mangrovenwäldern. Bei einer starken Vergiftung kann ein Erwachsener innerhalb von zwei Minuten sterben.

Es gibt verschiedene Würfelquallen mit nur einem Tentakel. Manche können schwerwiegende Symptome hervorrufen, die als Irukandji-Syndrom bekannt sind. Auch wenn die Wunde harmlos aussieht, können schon fünf bis 40 Minuten später Beschwerden wie Rückenschmerzen, Übelkeit, Erbrechen, Schweißausbrüche und Atemnot auftreten.

Es gibt noch weitere Quallenarten in Thailand, deren Tentakel unangenehme Hautirritationen, aber keine schlimmen Symptome hervorrufen. Schützen kann man sich eigentlich nur, indem man spezielle Kleidung trägt, z. B. Neoprenanzüge.

Schlangen

Es passiert zwar nur selten, dass Reisende von einer Schlange gebissen werden, aber es gibt immerhin mehr als 85 giftige Schlangenarten in Thailand. In Gegenden, in denen Schlangen vorkommen, sollte man deshalb sicherheitshalber immer geschlossene Schuhe und lange Hosen tragen.

Das thailändische Rote Kreuz hat diverse Gegengifte zur Behandlung von Schlangenbissen vorrätig.

Sonnenbrand

Selbst an einem wolkenverhangenen Tag holt man sich unter Umständen rasch einen Sonnenbrand. Man sollte Sonnenmilch mit einem hohen Lichtschutzfaktor benutzen (min. Schutzfaktor 30), nach dem Schwimmen sorgfältig nachcremen und stets einen Hut mit breiter Krempe sowie eine Sonnenbrille tragen. Wer dennoch einen Sonnenbrand abgekriegt hat, sollte die Sonne meiden, bis sich die Haut vollständig erholt hat, kühlende Kompressen auflegen und gegebenenfalls Schmerztabletten einnehmen. Auch Cremes mit 1 % Hydrokortison helfen mitunter (diese sollte man dann zweimal täglich auftragen).

Sprache

Die offizielle Sprache Thailands ist eigentlich der Dialekt, der in Zentralthailand gesprochen und geschrieben wird. Er hat sich als Lingua franca aller thailändischen und nichtthailändischen Bevölkerungsgruppen im Königreich etabliert.

Thai ist eine Tonsprache, d. h., dass die Bedeutung einer einzelnen Silbe durch unterschiedliche Stimmlage (Ton) bei der Aussprache verändert werden kann. Standard-Thai verfügt über fünf Töne: tief, mittel, fallend, hoch und steigend. Die Begriffe hoch, tief und mittel sind relativ; die Tonhöhe hängt immer vom Stimmumfang des Sprechers ab – die Töne sind also nicht festgelegt wie bei einer Notenpartitur.

tiefer Ton – „Flach" wie der mittlere Ton. Er wird relativ tief ausgesprochen (bezogen auf den jeweiligen Stimmumfang), unbetont und gleichmäßig, z. B. bei bàht (Baht, die thailändische Währung).

mittlerer Ton – Wird ebenfalls „flach" ausgesprochen, der Ton befindet sich in der Mitte des Stimmumfangs des Sprechers wie in di („gut"). Es wird kein Akzent auf den Buchstaben gesetzt.

fallender Ton – Beginnt hoch und fällt schnell ab. Die Tonlage ähnelt der deutschen, wenn man jemanden von Weitem ruft, z. B. mâi („nein"/„nicht").

hoher Ton – Fällt Ausländern meist am schwersten. Die Tonlage ist am oberen Ende des Stimmspektrums angesiedelt, der Ton wird so flach gesprochen wie möglich. Ein Beispiel ist máh (Pferd).

steigender Ton – Beginnt tief und steigt dann gleichmäßig an. Erinnert an die Betonung im Fragesatz („Ja?"), z. B. in săhm („drei").

Die thailändische Regierung hat ein Transkriptionssystem eingeführt, das Royal Thai General Transcription System (RTGS), mit dem Thai mit den Buchstaben des lateinischen Alphabets geschrieben werden kann. Es wird für offizielle Dokumente, Straßenschilder und auf Karten verwendet. Dennoch wird man auf Schildern und Speisekarten auch lokale Varianten entdecken. Im Allgemeinen haben wir uns in diesem Band an den am weitesten verbreiteten Schreibweisen orientiert. Achtung: Das Transkriptionssystem orientiert sich am Englischen, weshalb insbesondere auf die unten erläuterte Aussprache der Vokale geachtet werden muss!

Bei den farbig unterlegten Aussprachehilfen trennen die Bindestriche Silben innerhalb eines Wortes voneinander. Manche Silben werden mittels eines Punktes noch weiter unterteilt, um die Aussprache von Mehrfachvokalen zu erleichtern, z. B. mêu·a-rai („als").

Der Vokal a wird wie das erste „e" in „Wecker" gesprochen, das aa wie das „ä" in „mähen"; das ah erinnert an das „a" in „Vater", das ai wird wie „ei" ausgesprochen, air wie in „Flair" ohne „r", eu spricht man wie das „ö" in „Töpfe". Der Laut ew erinnert an ein „ü" und wird mit runden Lippen gesprochen, das oh klingt wie in „ou" (Vokale einzeln sprechen), or wie das „o" in „Horn" und ow wie „au".

Die meisten Konsonanten werden wie im Deutschen gesprochen. Ausnahmen sind das ƃ (ein harter Plosiv, ausgesprochen wie eine Mischung aus „b" und „p"), das đ, ein harter „t"-Laut wie in „Bett", das ng (wie in „Klinge"), das in Thai anders als im Deutschen auch am Wortanfang stehen kann, und das r wie im englischen Wort „run". In der Alltagssprache klingt dieser gerollte Laut häufig wie ein „l".

NOCH MEHR GEFÄLLIG?

Wer noch mehr über die Sprache erfahren und ein paar praktische Wendungen für seine Reise lernen möchte, sollte sich den *Sprachführer Thai* von Lonely Planet zulegen, erhältlich im Buchhandel.

GRUNDBEGRIFFE

Die thailändische Gesellschaftsstruktur gebietet, dass man sich verschiedener Register bedient, abhängig davon, mit wem man spricht. Wir haben hier die dem Kontext entsprechende Form verwendet.

Wer höflich sein will, beendet seinen Satz mit kráp (für Männer) oder kâ (für Frauen). Das bezieht sich auf das Geschlecht des Sprechers; üblicherweise bejaht man so auch Fragen oder drückt Zustimmung aus.

Die männliche bzw. weibliche Form haben wir an den jeweils relevanten Stellen mit den Abkürzungen „m./f." bei der Transkription kenntlich gemacht.

Hallo.	สวัสดี	sà-wàt-di
Tschüss.	ลาก่อน	lah gòrn
Ja.	ใช่	tschâi
Nein.	ไม่	mâi
Bitte.	ขอ	kŏr
Danke.	ขอบคุณ	kòrp kun
Gern geschehen.	ยินดี	yin di
Entschuldigen Sie.	ขออภัย	kŏr à-pai
Entschuldigung.	ขอโทษ	kŏr tôht

Wie geht es Ihnen?
สบายดีไหม — sà-bai di măi

Gut. Und Ihnen?
สบายดีครับ/ค่า แล้วคุณล่ะ — sà-bai di kráp/kâ láa·ou kun lâ (m./f.)

Wie ist Ihr Name?
คุณชื่ออะไร — kun tschêu à-rai

Mein Name ist ...
ผม/ดิฉันชื่อ ... — pŏm/dì-tschăn tschêu ... (m./f.)

Sprechen Sie Englisch?
คุณพูดภาษาอังกฤษได้ไหม — kun pôot pah-săh ang-grìt dâi măi

Ich verstehe nicht.
ผม/ดิฉันไม่เข้าใจ — pŏm/dì-chăn mâi kôw jai (m./f.)

ESSEN & TRINKEN

Ich hätte gern (die Speisekarte).
ขอ (รายการอาหาร) หน่อย — kŏr (rai gahn ah-hăhn) nòy

Was würden Sie empfehlen?
คุณแนะนำอะไรบ้าง — kun náa-nam à-rai bâhng

Das war köstlich!
อร่อยมาก — à-ròy mâhk

FRAGEWÖRTER

Wann?	เมื่อไร	mêu·a-rai
Warum?	ทำไม	tam-mai
Was?	อะไร	à-rai
Wer?	ใคร	krai
Wo?	ที่ไหน	têe năi

Prost!
ไชโย — tschai-yoh

Die Rechnung, bitte.
ขอบิลหน่อย — kŏr bin nòy

Ich esse kein/e/n ...	ผม/ดิฉันไม่กิน ...	pŏm/dì-tschăn mâi dschin ... (m./f.)
Eier	ไข่	kài
Fisch	ปลา	ɓlah
Nüsse	ถั่ว	tòo·a
rotes Fleisch	เนื้อแดง	néu·a daang

Wichtige Begriffe

Abendessen	อาหารเย็น	ah-hăhn yen
Bar	บาร์	bah
Café	ร้านกาแฟ	ráhn gah-faa
Dessert	ของหวาน	kŏrng wăhn
Essstäbchen	ไม้ตะเกียบ	mái đà-dschèe·ap
Flasche	ขวด	kòo·at
Frühstück	อาหารเช้า	ah-hăhn tschów
Gabel	ส้อม	sôrm
Getränkekarte	รายการเครื่องดื่ม	rai gahn krêu·ang dèum
Glas	แก้ว	gâa·ou
heiß	ร้อน	rórn
kalt	เย็น	yen
Löffel	ช้อน	tschórn
Markt	ตลาด	đà-làht
Messer	มีด	mêet
mit	มี	mi
Mittagessen	อาหารกลางวัน	ah-hăhn glahng wan
ohne	ไม่มี	mâi mi
Restaurant	ร้านอาหาร	ráhn ah-hăhn
scharf	เผ็ด	pèt
Schüssel	ชาม	tschahm

ZAHLEN

1	หนึ่ง	nèung
2	สอง	sŏrng
3	สาม	săhm
4	สี่	sèe
5	ห้า	hâh
6	หก	hòk
7	เจ็ด	jèt
8	แปด	ɓàat
9	เก้า	gôw
10	สิบ	sìp
11	สิบเอ็ด	sìp-èt
20	ยี่สิบ	yêe-sìp
21	ยี่สิบเอ็ด	yêe-sìp-èt
30	สามสิบ	săhm-sìp
40	สี่สิบ	sèe-sìp
50	ห้าสิบ	hâh-sìp
60	หกสิบ	hòk-sìp
70	เจ็ดสิบ	jèt-sìp
80	แปดสิบ	ɓàat-sìp
90	เก้าสิบ	gôw-sìp
100	หนึ่งร้อย	nèung róy
1000	หนึ่งพัน	nèung pan
10 000	หนึ่งหมื่น	nèung mèun
100 000	หนึ่งแสน	nèung săan
1 000 000	หนึ่งล้าน	nèung láhn

Speisekarte	รายการอาหาร	rai gahn ah-hăhn
Tasse, Becher	ถ้วย	tôo·ay
Teller	จาน	jahn
Vegetarier	คนกินเจ	kon dschin jair

Fleisch & Fisch

Ente	เป็ด	ɓèt
Fisch	ปลา	ɓlah
Fleisch	เนื้อ	néu·a
Huhn	ไก่	gài
Krebs	ปู	ɓu
Meeresfrüchte	อาหารทะเล	ah-hăhn tá-lair
Rind	เนื้อ	néu·a
Schwein	หมู	mŏo
Tintenfisch	ปลาหมึก	ɓlah mèuk

Obst & Gemüse

Aubergine	มะเขือ	má-kĕu·a
Banane	กล้วย	glôo·ay
Bohnen	ถั่ว	tòo·a
Gemüse	ผัก	pàk
Guave	ฝรั่ง	fa-ràng
Kartoffeln	มันฝรั่ง	man fa-ràng
Kokosnuss	มะพร้าว	má-prów
Limette	มะนาว	má-now
Mango	มะม่วง	má-môo·ang
Mangostane	มังคุด	mang-kút
Nüsse	ถั่ว	tòo·a
Obst	ผลไม้	pŏn-lá-mái
Papaya	มะละกอ	má-lá-gor
Pilze	เห็ด	hèt
Rambutan	เงาะ	ngó
Tamarind	มะขาม	má-kăhm
Tomaten	มะเขือเทศ	má-kĕu·a têt
Wassermelone	แตงโม	đaang moh

Sonstiges

Chilli	พริก	prík
Ei	ไข่	kài
Eis	น้ำแข็ง	nám kăang
Fischsauce	น้ำปลา	nám ɓlah
Nudeln	เส้น	sên
Öl	น้ำมัน	nám man
Pfeffer	พริกไทย	prík tai
Reis	ข้าว	kôw
Salat	ผักสด	pàk sòt
Salz	เกลือ	gleu·a
Sojasauce	น้ำซีอิ้ว	nám si-éw
Suppe	น้ำซุป	nám súp
Tofu	เต้าหู้	đôw hôo
Zucker	น้ำตาล	nám đahn

Getränke

Bier	เบียร์	bi·a
Kaffee	กาแฟ	gah-faa
Milch	นมจืด	nom jeut
Orangensaft	น้ำส้ม	nám sôm
Sojamilch	น้ำเต้าหู้	nám đôw hôo
Tee	ชา	chah
Wasser	น้ำดื่ม	nám dèum
Zuckerrohrsaft	น้ำอ้อย	nám ôy

NOTFALL

Hilfe!	ช่วยด้วย	tschôo·ay dôo·ay
Hauen Sie ab!	ไปให้พ้น	ɓai hâi pón

Rufen Sie einen Arzt!
เรียกหมอหน่อย — rêe·ak mŏr nòy

Rufen Sie die Polizei!
เรียกตำรวจหน่อย — rêe·ak đam·ròo·at nòy

Ich bin krank.
ผม/ดิฉันป่วย — pŏm/dì-tschăn ɓòo·ay (m./f.)

Ich habe mich verlaufen.
ผม/ดิฉัน หลงทาง — pŏm/dì-tschăn lŏng tahng (m./f.)

Wo sind die Toiletten?
ห้องน้ำอยู่ที่ไหน — hôrng nám yòo têe năi

SHOPPEN & SERVICE

Ich hätte gern ...
อยากจะซื้อ ... — yàhk jà séu ...

Ich sehe mich nur um.
ดูเฉย ๆ — du tschĕu·i tschĕu·i

Kann ich mir das genauer ansehen?
ขอดูได้ไหม — kŏr du dâi măi

Wie viel kostet das?
เท่าไร — tôw-rai

Das ist zu teuer.
แพงไป — paang ɓai

Können Sie den Preis senken?
ลดราคาได้ไหม — lót rah-kah dâi măi

Da ist ein Fehler auf der Rechnung.
บิลใบนี้ผิด นะครับ/คะ — bin bai née pìt ná kráp/kâ (m./f.)

UHRZEIT & DATUM

Wie viel Uhr ist es?
กี่โมงแล้ว — gèe mohng láa·ou

Morgen	เช้า	tschow
Nachmittag	บ่าย	bài
Abend	เย็น	yen
gestern	เมื่อวาน	mêu·a wahn
heute	วันนี้	wan née
morgen	พรุ่งนี้	prûng née
Montag	วันจันทร์	wan jan
Dienstag	วันอังคาร	wan ang-kahn
Mittwoch	วันพุธ	wan pút
Donnerstag	วันพฤหัสฯ	wan pá-réu-hàt
Freitag	วันศุกร์	wan sùk
Samstag	วันเสาร์	wan sŏw
Sonntag	วันอาทิตย์	wan ah-tít

UNTERKUNFT

Wo ist ein/e ...?	... อยู่ที่ไหน	... yòo têe năi
Hotel	โรงแรม	rohng raam
Jugendherberge	บ้านเยาวชน	bâhn yow-wá-tschon
Pension	บ้านพัก	bâhn pák
Zeltplatz	ค่ายพักแรม	kâi pák raam

Haben Sie ein ... Zimmer?	มีห้อง ... ไหม	mi hôrng ... măi
Doppelzimmer	เตียงคู่	đi·ang kôo
Einzelzimmer	เดี่ยว	dèe·o
Zweierzimmer	สองเตียง	sŏrng đi·ang

Bad	ห้องน้ำ	hôrng nám
Fenster	หน้าต่าง	nâh đàhng
Klimaanlage	แอร์	aa
Moskitonetz	มุ้ง	múng
Wäscherei	ห้องซักผ้า	hôrng sák pâh

VERKEHRSMITTEL & -WEGE

Öffentliche Verkehrsmittel

Auto	รถเก๋ง	rót gĕng
Boot	เรือ	reu·a

SCHILDER

ทางเข้า	Eingang
ทางออก	Ausgang
เปิด	Offen
ปิด	Geschlossen
ที่ติดต่อสอบถาม	Information
ห้าม	Verboten
ห้องสุขา	Toiletten
ชาย	Männer
หญิง	Frauen

Bus	รถเมล์	rót mair
Fahrradrikscha	สามล้อ	săhm lór
Flugzeug	เครื่องบิน	krêu·ang bin
Motorrad	มอร์เตอร์ไซค์	mor-đeu-sai
Taxi	รับจ้าง	ráp jâhng
Túk-Túk	ตุ๊ก ๆ	đúk đúk
Zug	รถไฟ	rót fai

Wann fährt der ... Bus?	รถเมล์คัน ... มาเมื่อไร	rót mair kan ... mah mêu·a rai
erste	แรก	râak
letzte	สุดท้าย	sùt tái
nächste	ต่อไป	đòr ɓai

Eine ... Fahrkarte, bitte.	ขอตั๋ว ...	kŏr đŏo·a ...
einfache	เที่ยวเดียว	têe·o di·o
Hin- & Rückfahrt	ไปกลับ	ɓai glàp
Ich hätte gern einen ... Platz.	ต้องการที่นั่ง ...	đôrng gahn têe nâng ...
Gang	ติดทางเดิน	đìt tahng deun
Fenster	ติดหน้าต่าง	đìt nâh đàhng

Bahnsteig	ชานชาลา	chan-chah-lah
Ticketschalter	ช่องขายตั๋ว	tschôrng kăi đŏo·a
Fahrplan	ตารางเวลา	đah-rahng wair-lah

Wann ist die Ankunft in (Chiang Mai)?
ถึง (เชียงใหม่) กี่โมง — tĕung (tschi·ang mài) dschèe mohng

Hält er in (Saraburi)?
รถจอดที่ (สระบุรี) ไหม — rót jòrt têe (sà-rà-bù-ree) măi

Bitte sagen Sie mir Bescheid, wenn wir (Chiang Mai) erreichen.
เมื่อถึง (เชียงใหม่) กรุณาบอกด้วย — mêu·a tĕung (tschi·ang mài) gà-rú-nah bòrk dôo·ay

Ich möchte in (Saraburi) aussteigen.
ขอลงที่(สระบุรี) — kŏr long têe (sà-rà-bù-ree)

Auto- & Radfahren

Ich möchte ein/einen ... mieten.	อยากจะเช่า ...	yàhk jà tschôw ...
Auto	รถเก๋ง	rót gĕng
Motorrad	รถมอร์เตอร์ไซค์	rót mor-đeu-sai

Ich möchte ...	ต้องการ ...	đôrng gahn ...
Mein Rad reparieren lassen.	ซ่อมรถจักรยาน	sôrm rót jàk-gà-yahn
ein Rad leihen.	เช่ารถจักรยาน	tschôw rót dschàk-gà-yahn

Ist dies die Straße nach (Ban Bung Wai)?
ทางนี้ไป (บ้านบุ่งหวาย) ไหม — tahng née ɓai (bâhn bùng wăi) măi

Wo ist eine Tankstelle?
ปั๊มน้ำมันอยู่ที่ไหน — ɓâm nám man yòo têe năi

Kann ich hier parken?
จอดที่นี้ได้ไหม — jòrt têe née dâi măi

Wie lange kann ich hier parken?
จอดที่นี้ได้นานเท่าไร — jòrt têe née dâi nahn tôw-rai

Ich brauche einen Mechaniker.
ต้องการช่างรถ — đôrng gahn tschâhng rót

Ich habe einen Platten.
ยางแบน — yahng baan

Ich habe kein Benzin mehr.
หมดน้ำมัน — mòt nám man

Brauche ich einen Helm?
ต้องใช้หมวกกันนอกไหม — đôrng tschái mòo·ak gan nórk măi

WEGBESCHREIBUNGEN

Wo ist ...?
... อยู่ที่ไหน — ... yòo têe năi

Wie lautet die Adresse?
ที่อยู่คืออะไร — têe yòo keu à-rai

Könnten Sie das bitte aufschreiben?
เขียนลงให้ได้ไหม — kĕe·an long hâi dâi măi

Können Sie mir (das auf der Karte) zeigen?
ให้ดู (ในแผนที่) ได้ไหม — hâi doo (nai păan têe) dâi măi

Links/rechts abbiegen.
เลี้ยวซ้าย/ขวา — lée·o sái/kwăh

Es ist ...	อยู่ ...	yòo ...
geradeaus	ตรงไป	đrong ɓai
hinter	ที่หลัง	têe lăng
neben	ข้างๆ	kâhng kâhng
vor	ตรงหน้า	đrong nâh

GLOSSAR

Das Glossar beinhaltet Begriffe aus dem Thai, dem Pali (P) und dem Sanskrit (S), die in diesem Guide verwendet werden. Ein kurzes kulinarisches Glossar ist auf S. 51 zu finden.

ajahn – *(aajaan)* respektvolle Bezeichnung für einen Lehrer; von *acarya* (Sanskrit)

amphoe – *(amphur)* Distrikt, kleinere Gliederungseinheit als Provinz

AUA – American University Alumni

bâhn – *(ban)* Haus; Dorf

Baht – *(bàat)* thailändische Währung

bàht – Gewichtseinheit (15 g); runde Schüssel, in der Mönche Lebensmittelspenden sammeln

BKS – Baw Khaw Saw (thailändisches Akronym für den Verkehrsbetrieb)

bodhisattva (S) – im Theravada-Buddhismus Bezeichnung für die Leben Buddhas vor seiner Erleuchtung

bòht – zentrales Heiligtum in einem Tempel, das für offizielle Zeremonien der Mönche genutzt wird (z. B. Weihen); geht auf den Pali-Begriff *uposatha (ubohsòt)* zurück; s. auch *wí·hǎhn*

bòr nám rórn – Thermalquellen

Brahman – gehört zum Brahmanismus, einer alten religiösen Tradition in Indien, dem Vorläufer des Hinduismus; nicht zu verwechseln mit „Brahmane" (Angehöriger der indischen Priesterkaste)

BTS – kurz für Bangkok Transit System (Skytrain), auf Thai: *rót fai fáh*

ɓah·dé – Batik

CAT – Staatliche Telefongesellschaft

chedi – s. *stupa*

chow – Volk

chow lair – *(chow nám)* halbnomadisches Fischervolk

CPT – Kommunistische Partei Thailands

doy – „Berg" im nordthailändischen Dialekt; in Eigennamen „Doi"

đròrk – *(trok)* Gasse, enger als eine *soi*

fa·ràng – Ausländer aus dem Westen (europäische Wurzeln); auch: Guave

gà·teu·i – *(kàthoey)* das „dritte Geschlecht" in Thailand, gewöhnlich männliche Transvestiten oder Transsexuelle; auch *ladyboys*

gopura (S) – Eingangspavillon in der traditionellen Hindu-Tempelarchitektur, ist häufig bei Tempelanlagen aus der Angkor-Zeit zu erkennen

hàht – Strand; in Eigennamen „Hat" geschrieben

hǒr đrai – eine Tripitaka-Halle (Saal mit buddhistischen Schriften)

hôrng – *(hong)* Raum; in Südthailand sind Inselhöhlen gemeint, die zur Hälfte unter Wasser liegen

Isaan – *(i·sǎhn)* bezeichnet den Nordosten Thailands

jataka (P) – *(chah·dòk)* Geschichte über Buddhas frühere Leben

jin – Chinese

jin hor – wörtlich „galoppierender Chinese", gemeint sind die berittenen yunannesischen Händler

kàthoey – s. *gà·teu·i*

klorng – Kanal; in Eigennamen „Khlong" geschrieben

kǒhn – Tanztheater mit Masken; basiert auf den Ramakian-Erzählungen

kǒw – Hügel oder Berg; in Eigennamen „Khao"

KMT – Kuomintang (chinesische Nationalpartei)

KNU – Karen National Union, politischer Arm der Karen-Volksgruppe

ku – kleiner Stupa, der teilweise hohl und offen ist

kùti – Wohnstätte von Mönchen

lǎam – Kap; in Eigennamen „Laem"

Ladenhaus – meist zweistöckiges Gebäude: Im Erdgeschoss ist ein Geschäft, oben wird gewohnt; auch *shophouse*

làk meu·ang – Stadtsäule

lék – klein; s. auch *noi*

longyi – birmanischer Sarong

lôok tûng – thailändische Countrymusik

lôw kǒw – weißer Whisky, häufig ein selbst gebrannter Reisschnaps

mâa chi – thailändische buddhistische Nonne

mâa nám – Fluss; in Eigennamen „Mae Nam"

mahathat – *(má·hǎh tâht)* Sammelbezeichnung für Tempel, in denen Buddha-Reliquien aufbewahrt werden; vom Sanskrit-Pali-Begriff *mahadhatu*

masjid – *(mát·sà·yít)* Moschee

mát·mèe – Technik zum Batiken von Seiden- und Baumwollfäden und zum Weben komplexer Muster ähnlich dem indonesischen *ikat*; der Ausdruck bezeichnet auch die Muster selbst

meu·ang – Stadt oder Fürstentum

mon·dòp – kleiner Platz, Bauwerk mit Turm in einem *wát*; vom Sanskrit-Begriff *mandapa* abstammend

mu·ay tai – *(muay thai)* Thaiboxen

mǒr lam – eine Musiktradition aus dem Isaan, ähnlich dem *lôok tûng*

naga (P/S) – *(nâhk)* ein mythisches, schlangenähnliches Wesen mit magischen Kräften

ná·kon – Stadt; vom Sanskrit-Pali-Ausdruck *nagara;* in Eigennamen „Nakhon"

nám – Wasser

nám đòk – Wasserfall; in Eigennamen „Nam Tok" geschrieben

neun – Hügel; in Eigennamen „Noen" geschrieben

nibbana (P/S) – Nirvana; in der buddhistischen Lehre der Zustand der Erleuchtung; die Flucht aus dem Wiedergeburtszyklus; auf Thai: *níp·pahn*

noi – *(nóy)* klein, gering (bei Mengen); s. auch *lék*

nôrk – draußen, außerhalb; in Eigennamen „Nok"

ow – Bucht oder Golf; in Eigennamen „Ao"

pâh mát·mèe – *mát·mèe* Stoff

pěe – Geist

pík·sù – ein buddhistischer Mönch; vom Sanskrit-Begriff *bhikshu* und vom Pali-Begriff *bhikkhu*

PLAT – People's Liberation Army of Thailand, thailändische Volksbefreiungsarmee

prá – ein ehrfurchtsvoller Terminus für Mönche, Adelige und Buddha-Statuen; „Phra" in Eigennamen

prá krêu·ang – Amulette von Mönchen, Buddhas oder Gottheiten, die zum Schutz durch die Geister um den Hals getragen werden; auch *prá pim* genannt

prá pum – Erdgeister oder Wächter

prang – *(brahng)* Tempeltürme im Khmer-Stil

prasat – *(brah·sàht)* kleines, reich verziertes Gebäude, das religiösen Zwecken dient – es befindet sich auf dem Tempelgelände, hat einen kreuzförmigen Grundriss und einen spitzen, dünnen Turm; jede Halle in einem Gebäudekomplex, die religiösen Zwecken dient bzw. von Bedeutung für die Monarchie ist

rót aa – blauweißer, klimatisierter Bus

rót norn – Schlafbus

săh·lah – überdachter Saal, an den Seiten offen, für Zusammenkünfte oder auch als Ruhestätte genutzt; vom portugiesischen *sala*, wörtlich übersetzt „Zimmer"

săhm·lór – dreirädrige Fahrradrikscha

samsara (P) – in der buddhistischen Lehre das Reich der Wiedergeburt und Verwirrung

sangha – (P) die buddhistische Gemeinde

Satang – *(sà·đahng)* thailändische Währungseinheit; 100 Satang sind 1 Baht

serow – asiatische Bergziege

sêua môr hôrm – Bauernhemd aus blauer Baumwolle

soi – schmale Straße

Songkran – thailändisches Neujahr, findet Mitte April statt

sŏrng·tăa·ou – (wörtlich „zwei Reihen") Sammelbezeichnung für kleine Transporter mit zwei Sitzreihen hinten, die als Busse/Taxis eingesetzt werden; auch *săwngthăew* geschrieben

SRT – staatliche Eisenbahn Thailands

stupa – konisch geformtes buddhistisches Monument, in dem heilige buddhistische Gegenstände aufbewahrt werden

tâh – Pier, Bootslandesteg; in Eigennamen „Tha" geschrieben

tâht – vierseitiges Buddhareliquium, kommt häufig im Nordosten vor; in Eigennamen „That" geschrieben

tâm – Höhle; in Eigennamen „Tham" geschrieben

tam bun – sich religiösen Verdienst erwerben

tambon – s. *đam·bon*

TAT – Tourism Authority of Thailand, thailändische Tourismusbehörde

Thammayut – eine der beiden Sekten des Theravada-Buddhismus in Thailand; gegründet von König Rama IV. während seiner Zeit als Mönch

thanŏn – *(tà·nŏn)* Straße; in Eigennamen „Thanon" geschrieben, abgekürzt „Th"

T-pop –Teenie-Popmusik

tràwk – s. *đròrk*

trimurti (S) – Dreieinigkeit der Hauptgottheiten des Hinduismus: Brahma, Shiva und Vishnu

Tripitaka (S) – Schriften des Theravada-Buddhismus (Pali: *Tipitaka*)

túk-túk – *(đúk-đúk)* motorisiertes *săhm·lór*

vipassana (P) – *(wí·pàt·sà·nah)* bedeutet „Einsicht"; buddhistische Meditationstechnik

wâi – thailändische Begrüßungsgeste: Handflächen gegeneinander drücken

wan prá – im Buddhismus die heiligen Tage im Monatsverlauf; sie orientieren sich an den Hauptmondphasen (Vollmond, Neumond, Halbmond)

wang – Palast

wát – Tempel-Kloster; kommt vom Pali-Ausdruck *avasa* („Mönchsbehausung"); in Eigennamen „Wat" geschrieben

wí·hăhn – *(wihan, viharn)* jede große Halle in einem thailändischen Tempel, häufig auch für Nichtbuddhisten zugänglich; kommt aus dem Sanskrit: *Vihara* heißt „Behausung, Wohnstatt"

Yawi – traditionelle Sprache in den malaiischen Gebieten auf Java, Sumatra und der malaiischen Halbinsel, weit verbreitet in den meisten südlichen Provinzen Thailands. Die Schrift basiert auf dem klassischen arabischen Alphabet (mit fünf zusätzlichen Buchstaben)

yài – groß

Hinter den Kulissen

WIR FREUEN UNS ÜBER EIN FEEDBACK

Post von Travellern zu bekommen ist für uns ungemein hilfreich – Kritik und Anregungen halten uns auf dem Laufenden und helfen, unsere Bücher zu verbessern. Unser reiseerfahrenes Team liest alle Zuschriften genau durch, um zu erfahren, was an unseren Reiseführern gut und was schlecht ist. Wir können solche Post zwar nicht individuell beantworten, aber jedes Feedback wird garantiert schnurstracks an die jeweiligen Autoren weitergeleitet, rechtzeitig vor der nächsten Auflage.

Wer Ideen, Erfahrungen und Korrekturhinweise zum Reiseführer mitteilen möchte, hat die Möglichkeit dazu auf www.lonelyplanet.com/contact/guidebook_feedback/new. Anmerkungen speziell zur deutschen Ausgabe erreichen uns über www.lonelyplanet.de/kontakt.

Hinweis: Da wir Beiträge möglicherweise in Lonely Planet Produkten (Reiseführer, Websites, digitale Medien) veröffentlichen, ggf. auch in gekürzter Form, bitten wir um Mitteilung, falls ein Kommentar nicht veröffentlicht oder ein Name nicht genannt werden soll. Wer Näheres über unsere Datenschutzpolitik wissen will, erfährt das unter www.lonelyplanet.com/privacy.

DANK VON LONELY PLANET

Vielen Dank an die folgenden Leser, die mit der letzten Ausgabe unterwegs waren und uns wertvolle Hinweise, Tipps und interessante Anekdoten geschickt haben: Amanda Raker, Anke Petra Jellema, Chiara Perrone, Chris Greenlaw, David Elliot, Deirdrei Miller, Don Kanare, Elise van Bussel, Filippo Aroffo, Gwen Gerritsen, Herve Wittebroet, Hugo Steedman, Ian McAlpine, James Ong, Jan Ruigrok, Jens Auff'm Ordt, John Gibbon, Jude Bursten, Ken Joye, Luc Ockers, Maria Alice Pires Rebelo, Michael Falso, Pattama Prangphan, Paul Mayhook, Paul Nordhaus, Peter de Bruyni, Peter Wyeth, Petr Yakovlev, Roger Deacon, Sally Kingsbury, Sarah Petra Hopkins, Simone Willems, Stephan Wijland, Sujiva Dewaraja, Virginia Miller, Megan McCarthy, Moritz Liebald

DANK DER AUTOREN

David Eimer

Danke an all die Einheimischen und Reisenden, die mir unterwegs Tipps gaben, ob absichtlich oder unwissentlich. Besonders zu Dank verpflichtet bin ich Herrn Dam in Mae Hong Son für seine Einblicke in die Region und schlechten Witze, ebenso wie dem birmanischen Typen in Chiang Saen, der mein Fahrrad repariert hat. Dank auch an die LP-Bürobesatzung für ihre Unterstützung.

Anirban Mahapatra

Herzlichen Dank an meine in Bangkok lebenden Freunde Dirk, Melva, Xavier, Roque, Francisco, Seonmi, Bruno und an meine Frau Roshni, die alle über die Zeit meiner Recherche wertvolle Tipps und Einblicke zu ihren Lieblingsorten und Erfahrungen beigesteuert haben. Danke an Tanya Parker für die Gelegenheit, so tief in die fantastische sozio-kulturelle Matrix der Metropole einzutauchen, in der ich inzwischen zuhause bin. Dank auch an meine Koautoren für das Zusammenstellen einer weiteren fabelhaften Neuauflage von *Thailand*, und an die großartigen Bewohner dieses Lands der zahllosen lächelnden Gesichter.

Daniel McCrohan

Riesendank an meine guten Freunde Wez und Ketsara Hunter, nicht nur dafür, dass sie mir vor all den Jahren die Wunder des ländlichen Isan nahegebracht haben, sondern auch, dass sie mir mit Ratschlägen, Übersetzungen, Mitfahrgelegenheiten und wunderbarer Gastfreundschaft durch dieses Projekt geholfen haben. Dank an Wachiraphan Chaimanee und Sunti Chaimanee für die Unterstützung bei Busfahrplänen, an Tim Bewer für seine unschätzbare Isan-Expertise und an Tanya Parker für den Auftrag. Und wie immer alles Liebe an Taotao, Dudu und Yoyo.

Tim Bewer

Ein herzliches *kòrp kun kráp* an die vielen Leute, die bei dieser Aktualisierung meine nicht enden wollenden Fragen beantwortet haben. Und, natürlich, besonderer Dank an meine Frau Suttawan für all ihre Unterstützung.

Paul Harding

Danke an die vielen Leute, die ich unterwegs in Thailand getroffen habe. Danke besonders an Steve, Apai und Pete in Pattaya und Chris und Mike auf Ko Kut. Dank an Tanya Parker und das Team bei LP. Und vor allem alles Liebe und danke an Hannah und Layla dafür, dass sie immer geduldig da sind.

Ashley Harrell

Danke an Redakteurin Tanya Parker und an meine Koautoren für all die harte Arbeit an diesem Buch, an Alana Morgan für die lokale Expertise, an Franz Betgem für Weisheit und Begleitung, an Kellyn Foxman, Ansley Luce und Erik Lokensgard für die exzellenten Tipps, an Alexis Stranberg und Josh Buermann für die Beaufsichtigung des unartigen Köters und an Steven Sparapani dafür, dass er mir dabei zugeschaut hat, wie ich lebende Shrimps aß, und dass er eine aufrichtige Frau aus mir gemacht hat. Ich liebe dich.

Tharik Hussain

Einen Riesendank an meine Thai-„Brüder", die äußerst kenntnisreichen Muhammad Kanzi und Ismail Waiyaveta – eure Unterstützung beim Navigieren des wunderbaren Erbes von Südthailand war unbezahlbar. Ein dickes Dankeschön auch an meinen alten East-End-Kumpel, Abdul Wadud, jetzt in Chiang Mai, für die gemeinsame Zeit und all die Einblicke, die er mir eröffnet hat. Dank auch an meine Redakteurin, Tanya Parker, für ihre umfassende Unterstützung. Und schließlich Riesendank an meine geliebte Frau Tamara für ihre grenzenlose Unterstützung, Ermutigung und Geduld.

Michael Kohn

Einen besonderen Dank an meine Frau Baigalmaa Kohn, die mich auf der Reise begleitet und jeden Moment zu einem Vergnügen gemacht hat. Dank auch an alle, die mir unterwegs Tipps und Ratschläge gaben, besonders in Ranong und auf Ko Phayam. Und danke an die Redakteure, Kartografen und Koautoren, die unermüdlich an diesem Projekt gearbeitet haben.

Olivia Pozzan

Riesendank an Anthony Ham und Paul Harding – ich weiß eure Unterstützung sehr zu schätzen. Besonderer Dank an Pak in Krabi, Mun auf Lanta, Jip in Trang und Alen fürs Teilen von guten Storys und Cocktails auf Lipe. Und natürlich danke an all die wunderbaren Thais, die ich unterwegs getroffen habe, für ihre freundliche Hilfe.

Barbara Woolsey

Ein dickes herzliches Dankeschön an alle, die mich bei dieser Recherche und dem lange gehegten Traum, an einem Lonely Planet Reiseführer über Thailand mitzuarbeiten, unterstützt haben (in keiner besonderen Reihenfolge): Clair Woolsey, Remy Woolsey, René Frank, Marlene Dow und Familie, die Toogoods (Ku, David und Cassie, plus Alex und Dylan Holtman), Andrea Schulte-Peevers, Diana Hubbell, Trish Elliott, Debby Harris, Dixie Michie, Brenda Woolsey-Hartford, Bhec Fernandez, Alyssa Gabrielle und Allexa Scarlet Masongsong, Nolan Janssen sowie Garth und Gloria Pickard.

QUELLENNACHWEIS

Die Angaben auf der Klimakarte stammen von Peel MC, Finlayson BL & McMahon TA (2007) „Updated World Map of the Köppen-Geiger Climate Classification", Hydrology and Earth System Sciences, 11, 1633–44.

Illustration S. 74-75: Michael Weldon

Titelfoto: Wandbilder in Thailands Nationalmuseum (S. 76), Bangkok, Walter Bibikow/AWL Images ©

ÜBER DIESES BUCH

Dies ist die 8. deutsche Auflage von *Thailand*. Sie basiert auf der 18. englischen Auflage von David Eimer, Anirban Mahapatra, Daniel McCrohan, Tim Bewer, Paul Harding, Ashley Harrell, Tharik Hussain, Michael Kohn, Olivia Pozzan und Barbara Woolsey. Die vorige Auflage schrieben Anita Isalska, Tim, Celeste Brash, Austin Bush, David, Damian Harper und Andy Symington.

Dieser Reiseführer wurde produziert von:

Titelredaktion Tanya Parker

Leitung Produktredaktion Daniel Bolger, Kate Chapman, Kathryn Rowan

Kartografie Rachel Imeson, Diana Von Holdt

Produktredaktion Ronan Abayawickrema, Paul Harding

Layout Fergal Condon, Meri Blazevski

Redaktionsassistenz Judith Bamber, Nigel Chin, Michelle Coxall, Laura Crawford, Kate Daly, Gemma Graham, Gabrielle Innes, Kate Morgan, Lauren O'Connell, Charlotte Orr, Lorna Parkes, Susan Paterson, James Smart, Fionnuala Twomey, Anna Tyler, Brana Vladisavljevic

Kartografieassistenz Julie Dodkins, Michael Garrett

Titelbildrecherche Brendan Dempsey-Spencer

Dank an Hannah Cartmel, Bruce Evans, Victoria Harrison, Karen Henderson, Kate Kiely, Kate Mathews, Catherine Naghten, Claire Rourke

Register

Kartenverweise **000**
Fotoverweise **000**

Kartenverweise **000**
Fotoverweise **000**

L

M

Kartenverweise **000**
Fotoverweise 000

REGISTER M-P

U

V

W

Y

Z

REGISTER W-Z

Kartenverweise **000**
Fotoverweise **000**

Kartenlegende

Sehenswertes
- Strand
- Vogelschutzgebiet
- buddhistisch
- Schloss/Palast
- christlich
- konfuzianisch
- hinduistisch
- islamisch
- jainistisch
- jüdisch
- Denkmal
- Museum/Galerie/historisches Gebäude
- Ruine
- schintoistisch
- sikhistisch
- taoistisch
- Weingut/Weinberg
- Zoo/Tierschutzgebiet
- andere Sehenswürdigkeit

Aktivitäten, Kurse & Touren
- bodysurfen
- tauchen
- Kanu/Kajak fahren
- Kurs/Tour
- Sento-Bad/Onsen
- Ski fahren
- schnorcheln
- surfen
- Schwimmbecken
- wandern
- windsurfen
- andere Aktivität

Schlafen
- Unterkunft
- Camping

Essen
- Lokal

Ausgehen & Nachtleben
- Bar/Kneipe
- Café

Unterhaltung
- Unterhaltung

Shoppen
- Shoppen

Praktisches
- Bank
- Botschaft/Konsulat
- Krankenhaus/Arzt
- Internetzugang
- Polizei
- Post
- Telefon
- Toilette
- Touristeninformation
- andere Einrichtung

Geografisches
- Strand
- Tor
- Hütte/Unterstand
- Leuchtturm
- Aussichtspunkt
- Berg/Vulkan
- Oase
- Park
- Pass
- Picknickplatz
- Wasserfall

Städte
- Hauptstadt (Staat)
- Hauptstadt (Bundesland/Provinz)
- Großstadt
- Kleinstadt/Ort

Verkehrsmittel
- Flughafen
- Grenzübergang
- Bus
- Seilbahn/Gondelbahn
- Fahrrad
- Fähre
- Metro/Muni-Station
- Einschienenbahn
- Parkplatz
- Tankstelle
- Skytrain-/Subway-Station
- Taxi
- Bahnhof/Zug
- Straßenbahn
- U-Bahnhof
- anderes Verkehrsmittel

Achtung: Nicht alle der abgebildeten Symbole werden auf den Karten im Buch verwendet

Verkehrswege
- Mautstraße
- Autobahn
- Hauptstraße
- Landstraße
- Verbindungsstraße
- sonstige Straße
- unbefestigte Straße
- Straße im Bau
- Platz/Promenade
- Treppe
- Tunnel
- Fußgänger-Überführung
- Stadtspaziergang
- Abstecher (Stadtspaziergang)
- Pfad/Wanderweg

Grenzen
- Internationale Grenze
- Bundesstaat/Provinz
- umstrittene Grenze
- Region/Vorort
- Meerespark
- Klippen
- Mauer

Gewässer
- Fluss/Bach
- periodischer Fluss
- Kanal
- Wasser
- Trocken-/Salz-/periodischer See
- Riff

Gebietsformen
- Flughafen/Startbahn
- Strand/Wüste
- Friedhof (christlich)
- Friedhof
- Gletscher
- Watt
- Park/Wald
- Sehenswürdigkeit (Gebäude)
- Sportgelände
- Sumpf/Mangrove

DIE AUTOREN

David Eimer
David ist Journalist und Autor, seit er 1990 die Idee einer juristischen Karriere aufgegeben hat. Nachdem er eine Weile in seiner Heimatstadt London und in Los Angeles gearbeitet hatte, zog er 2005 nach Beijing, wo er für diverse britische Zeitungen und Zeitschriften schrieb. Seither ist er viel gereist und hat in verschiedenen Orten in China und in diversen südostasiatischen Großstädten gelebt, darunter Bangkok, Phnom Penh und Yangon. Seit 2006 schreibt er für Lonely Planet über China, Myanmar und Thailand.

Anirban Mahapatra
Anirban ist Reisejournalist, Fotograf & Filmemacher und Autor diverser Auflagen des Lonely Planet Bestseller-Guides *India*, ebenso wie mehrerer regionaler Handbücher. Er hat Lonely Planet Reiseführer über Bangladesch, Sri Lanka & Buthan geschrieben und koordiniert, Content-Modelle entwickelt, Autoren-Workshops für Lonely Planet gehalten und Videos und Dokumentarfilme für internationale Fernsehsender, Unternehmen und Ministerien der indischen Regierung gedreht. Wenn er nicht um die Welt reist, lebt er in Kolkata und Bangkok.

Daniel McCrohan
Mit einem griechischen Vater, einem spanischen Großvater, einer irischen Großmutter und einer chinesischen Frau hat Daniel immer über seine englische Heimat hinaus nach Einflüssen und Inspiration gesucht. Er bereist mit Unterbrechungen seit 25 Jahren die Welt und schreibt seit über zehn Jahren für Lonely Planet Reiseführer (42 bisher, Tendenz steigend). Er ist auf China und Indien spezialisiert, aber reist auch viel in Thailand und hat über die Jahre eine besondere Verbindung mit Isan entwickelt, eine Region, die er sehr mag. Auf Twitter (@danielmccrohan) oder danielmccrohan.com berichtet er von seinen Abenteuern.

Tim Bewer
Während er aufwuchs, reiste Tim nicht viel. Den größten Teil seines Lebens als Erwachsener verwendete er bisher darauf das wettzumachen und hat seitdem 80 Länder besucht, darunter den größten Teil von Südostasien. Nach der Uni arbeitete er kurz als Referent eines Abgeordneten, bevor er das Leben in D. C. aufgab und als Backpacker Westafrika erkundete. Auf dieser Reise entstand die Idee, freiberuflich als Reiseautor und -fotograf zu arbeiten, und dabei ist es bis jetzt geblieben. Er lebt in Khon Kaen und bloggt auf Tim's Thailand (www.timsthailand.com).

Paul Harding
Als Autor und Fotograf ist Paul seit 20 Jahren die meiste Zeit rund um den Globus unterwegs, dabei interessieren ihn besonders entlegene und ausgefallene Orte, Inseln und Kulturen. Er hat an über 50 Lonely Planet Reiseführern für so unterschiedliche Länder und Regionen wie Indien, Belize, Vanuatu, Iran, Indonesien, Neuseeland, Island, Finnland, die Philippinen, Thailand und – sein Heimatland – Australien mitgearbeitet.

Ashley Harrell
Nach einer kurzen Karriere als Haustürverkäuferin von Day Spa-Gutscheinen in Südflorida entschied Ashley, dass sie lieber Autorin werden wollte. Sie ging zur Journalistenschule, überzeugte eine Zeitung sie anzuheuern und begann über Wildtiere, Verbrechen und Tourismus zu schreiben, manchmal alles in einer Story. Ihre Freude am Geschichtenerzählen und ihre Lust auf Unbekanntes wurden durch ausgedehnte Reisen und häufige Umzüge beflügelt – von einem winzigen Apartment in New York auf eine riesige Ranch in Kalifornien in eine Dschungelhütte in Costa Rica. Dort begann sie, für Lonely Planet zu schreiben.

Tharik Hussain
Tharik, in Sylhet, Bangladesch, geboren, aber in East London aufgewachsen, ist freiberuflicher Reiseautor und Journalist und arbeitet gelegentlich auch fürs Radio, sein Spezialgebiet sind muslimische Kulturen. Tharik reist auf der Suche nach vergessenem islamischem Erbe um den Globus und schreibt darüber u. a. für die BBC, Lonely Planet, *Aljazeera* und *Arab News*. Er hat einen Master in Islamischen Studien und lebte eine Weile in Dschiddah in Saudi-Arabien. Tharik ist Mitglied der British Guild of Travel Writers.

Michael Kohn

Michael arbeitet seit über zehn Jahren als Reiseautor. 2003 stürzte er sich kopfüber in die Arbeit für Lonely Planet und übernahm die Kapitel Usbekistan und Kasachstan des Reiseführers *Central Asia*. Seither hat er für LP einige der entlegeneren Ecken Asiens und des Mittleren Ostens erkundet, während er gleichzeitig für internationale Medien berichtete. Zu seinen LP Titeln gehören *Sri Lanka*, *Tibet*, *Mongolia*, *Israel & the Palestinian Territories* und *Trans-Siberian Railway*. Michaels besonderes Interesse gilt der Mongolei, wo er Korrespondent für Bloomberg, die BBC u. a. war. Während seiner Zeit in der Mongolei schrieb er *Lama of the Gobi*, eine Biographie über Danzanravjaa, den Dichter-Mönch des 19. Jhs., und *Dateline Mongolia*, seine persönlichen Erinnerungen an seine Zeit als Reporter in Ulaanbaatar.

Olivia Pozzan

Olivias Karriere als Reiseautorin ergab sich aus einem Leben voller Reisen und Abenteuer. Ihre Abenteuerlust führte sie in Höhlen im Oman, zu Expeditionsrennen in Marokko und auf Bergtreks vom Himalaya bis zu den Alpen. Als Tierärztin arbeitete sie auf entlegenen Viehstationen im Outback und bei einer Kamelexpedition im Herzen Australiens, betäubte in Südafrika Löwen und stand im Mittleren Osten im Dienst eines arabischen Prinzen. Mit so viel Material zur Hand war Schreiben nur der nächste Schritt, ihre Artikel und Bücher erscheinen in aller Welt. Für Lonely Planet war Olivia im Mittleren Osten, in Italien und Australien unterwegs. Olivia ist leidenschaftliche Tierschützerin und hat tiermedizinische Freiwilligenprojekte in Kambodscha geleitet. Wenn sie gerade nicht die exotischsten Orte der Welt bereist, lebt sie als freiberufliche Autorin und Tierärztin an der schönen Sunshine Coast.

Barbara Woolsey

Barbara Woolsey wuchs als Tochter einer philippinischen Mutter und eines irisch-schottischen Vaters in der kanadischen Prärie auf – und diese multikulturelle Herkunft hat eine anhaltende Leidenschaft fürs Geschichtenerzählen über kulturelle und sonstige Grenzen hinweg befeuert. Barbaras Karriere begann in Bangkok, wo sie für die größte englischsprachige Zeitung Thailands arbeitete, anschließend reiste sie als TV-Moderatorin für einen Sender aus Bangkok durch Asien. Seither hat sie per Flugzeug, Bahn und Motorrad beinahe 50 Länder auf fünf Kontinenten erkundet. Zu ihren Highlights gehörte, 3000 km mit dem Motorrad durch Indien zu reisen, aus Wildtierreservaten und Townships in Südafrika zu berichten und Bandenmitglieder in Caracas zu interviewen. Neben der Arbeit für Lonely Planet schreibt Barbara als Journalistin Beiträge für Zeitungen, Magazine und Websites mit Lesern in aller Welt. Die meiste Zeit verbringt sie in ihrer Wahlheimat Berlin.

DIE LONELY PLANET STORY

Ein ziemlich mitgenommenes, altes Auto, ein paar Dollar in der Tasche und Abenteuerlust – 1972 war das alles, was Tony und Maureen Wheeler für die Reise ihres Lebens brauchten, die sie durch Europa und Asien bis nach Australien führte. Die Tour dauerte einige Monate, und am Ende saßen die beiden – erschöpft, aber voller Inspiration – an ihrem Küchentisch und schrieben ihren ersten Reiseführer *Across Asia on the Cheap*. Innerhalb einer Woche hatten sie 1500 Exemplare verkauft. Lonely Planet war geboren. Heute hat der Verlag Büros in Tennessee, Dublin und Beijing, mit einem Netzwerk von über 2000 Mitarbeitern in sämtlichen Ecken des Globus. Sie alle teilen Tonys Überzeugung, dass ein guter Reiseführer drei Dinge tun sollte: informieren, bilden und unterhalten.

Lonely Planet Global Limited
Digital Depot
The Digital Hub
Dublin D08 TCV4
Ireland

Verlag der deutschen Ausgabe:
MAIRDUMONT, Marco-Polo-Str. 1, 73760 Ostfildern,
www.lonelyplanet.de, www.mairdumont.com, lonelyplanet-online@mairdumont.com

Redaktion: Bintang Buchservice GmbH, www.bintang-berlin.de (Dorit Aurich, Katharina Grimm, Jan Haas, Anja Krapat)
Übersetzung: Marion Gref-Timm, Silvia Mayer, Gunter Mühl

An der Übersetzung früherer Auflagen haben außerdem mitgewirkt: Julie Bacher, Dorothee Büttgen, Anne Cappel, Berna Ercan, Tobias Ewert, Derek Frey, Karen Gerwig, Stefanie Gross, Eva-Maria Hilble, Gabriela Huber Martins, Christina Jacobs, Claudia Keilig, Anna Kranz, Jürgen Kucklinski, Laura Leibold, Britt Maaß, Marion Matthäus, Thomas Pampuch, Ute Perchtold, Marion Reuter, Claudia Riefert, Dr. Christian Rochow, Andrea Schleipen, Dr. Frauke Sonnabend, Erwin Tivig, Katja Weber

Thailand
8. deutsche Auflage Oktober 2022, übersetzt von *Thailand, 18th edition*, Oktober 2021, Lonely Planet Global Limited

Printed in Poland

MIX
Papier aus verantwortungsvollen Quellen
FSC® C018236
FSC
www.fsc.org